民国大理院解释例全文
（第1号至第2012号）

郭卫 编著　吴宏耀 郭恒 点校

中国政法大学出版社
2014·北京

声　　明　1. 版权所有，侵权必究。

　　　　　2. 如有缺页、倒装问题，由出版社负责退换。

图书在版编目（CIP）数据

民国大理院解释例全文 / 郭卫编著. —北京：中国政法大学出版社，2014.6
ISBN 978-7-5620-5472-6

Ⅰ.①民…　Ⅱ.①郭…　Ⅲ.①法院－判决－案例－汇编－中国－民国　Ⅳ.D929.6

中国版本图书馆CIP数据核字(2014)第132031号

出 版 者	中国政法大学出版社
地　　址	北京市海淀区西土城路25号
邮寄地址	北京 100088 信箱 8034 分箱　邮编 100088
网　　址	http://www.cuplpress.com（网络实名：中国政法大学出版社）
电　　话	010-58908285（总编室）　58908334（邮购部）
承　　印	北京中科印刷有限公司
开　　本	787mm×1092mm　16
印　　张	89.5
字　　数	1954千字
版　　次	2014年6月第1版
印　　次	2014年6月第1次印刷
定　　价	300.00元

编辑缘起

　　前北京大理院，操统一解释法律之权者，凡十余年。此十余年中，正值我国改良法律之时期，各级法院对于民、刑事件之疑义滋多，而大理院之解释亦不厌长篇累牍，论述学理，引证事实，备极精详；于国民政府之下，除与现行法令抵触外，仍能一律援用。惟其全文，仅散见于历年之《政府公报》；坊间刊本，不过节取其中之片语耳。阅者断章取义，误会原意之处[在]所难免也，编者每引以为憾。忆尝为某号解释，仅见其要旨，致与友人辩论终日，不获解决，欲求该号解释之全文参阅，一时不可易得；乃向各处搜索历年《政府公报》，而又多残缺不全，卒穷数日之奔驰，始于某处检出，不亦劳乎？今岁，觅得有自民元至近年之《北京政府公报》，完全无缺，遂认为搜集大理院解释之最好机会。爰同友人日事搜检，经数月之久，始克蒇事。计自统字一号起至第二千零十二号止，得往返公文凡四千余篇，积成两巨帙，颜曰《大理院解释例全文》，力付剞劂，用以备留心法学者之参考焉。

中华民国十九年六月
郭卫元觉谨识

凡例

　　本书将大理院关于解释法律往来文件悉数搜入。自民国二年一月十五日统字第一号起、至十六年十月二十二日第二千零十二号止，首尾无缺，全豹可窥。

　　查全部号数中，有统字第一百五十一号，因事关秘密，当时未曾公布。其内容，只得暂付缺如。

　　查统字第一千八百八十八号，当时漏未列用，嗣经该院由印铸局于十五年四月二十日在《政府公报》更正。其原文云："顷准大理院书记厅函称，'本院法律解释，前因统字第一八八八号漏编，兹拟自统字第一八八九号起至统字第一九零七号复司法部文止，每号各处递减一号，以免缺漏（例如，原统字第一八八九号，应改为统字第一八八八号，以后依次递推）。特此声明，并希贵局代为录登公报更正等因，合函更正。"本书亦已照此更正，但仍注明原号于本号之下，以便查考。

　　本书经十余度之校对，字字无讹，以便适用者依此考订。

　　本书又另印检查表一册，使应用者便于翻阅，易于印证。表之内容，可分二部，一以统字号次为经，律名条文为纬；一以新旧法律为纲，解释提要为目。全书精义，一览了然。

胡汉民序文

　　客自沪江来，携其所辑前北京政府大理院解释例全文凡二千十二号，求序于余。余曰："斯例之刊，其已晚乎！党国肇兴，聿修法典，主义是遵新理。是［时］方将除旧布新，与民更始，而子今始辑此陈陈之例，以贻当世之士，其有益于殿最耶？"客曰："不然！夫穷研法学，惟理是求。鉴往知来，厥用斯大。无古今、无中外，舍短从长而已。故大陆法系可移于三岛，隋唐律意且传于明清。兹辑之付剞劂也，亦以其近师邻国之意、上溯前代之遗，损益因时，全文可览，钩稽利病，展卷厘然，有殊乎？坊间所辑，东鳞西爪，不成片段者矣。至于奉行主义，以求一贯，则有用法者之权衡，在非斯例所能拘束，而又何晚焉？"余曰："有是哉！子之书，殆为近世法家供参考、后世法家供研究者，不可少也！"

　　因为序之！

中华民国十九年六月
胡汉民识

墨的精篆

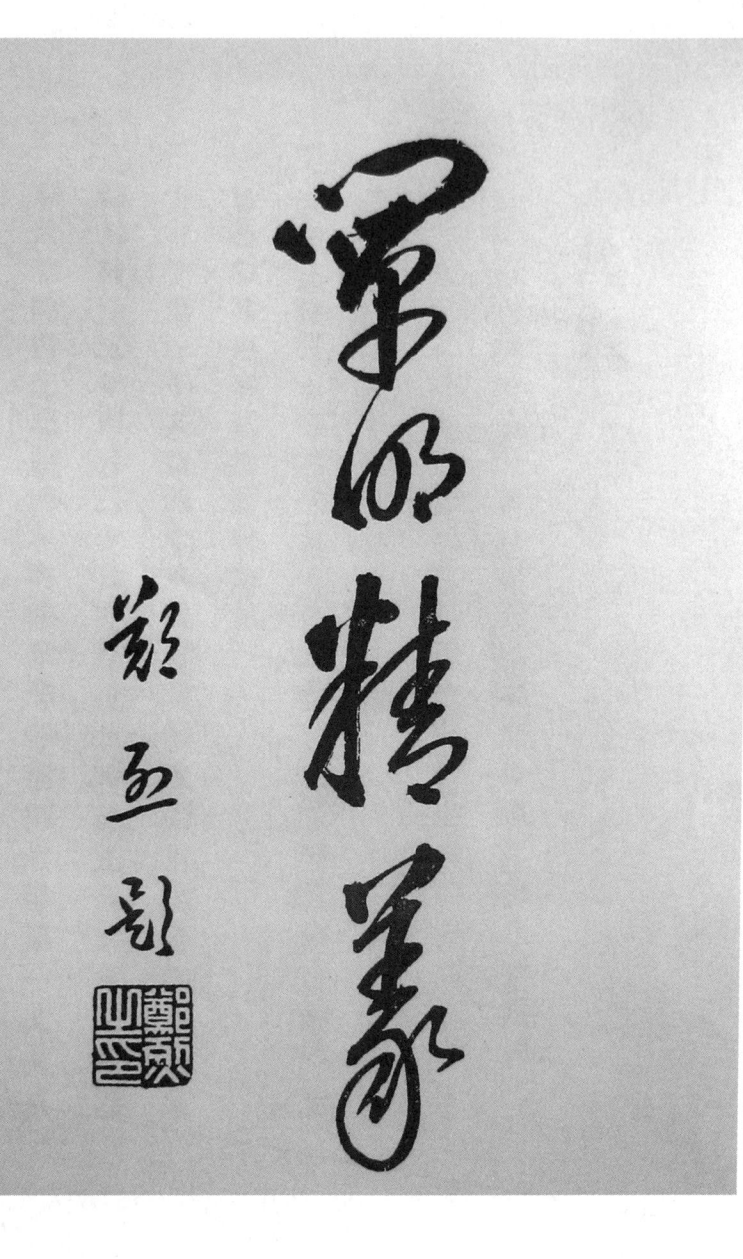

鄭並題

因時制宜

王寵惠

前事不忘

林翔

点校说明

关于本书的点校，兹说明以下几点：

1. 该书点校依据的底本是：中华民国二十年十二月五版《大理院解释例全文》。该书版权页具名如下：

编辑者　郭　衞　元　觉

出版者　萬　籟

经营者　上海法学编译者

　　　　会文堂新记书局

原书《大理院解释例全文》与《大理院解释例全文检查表》分为两册。其中，《全文》一书计1176页，定价大洋二十元；《检查表》系购书附赠，"不另取资"。点校本将其合二为一，并置检查表于解释例全文之前，以便读者检索。

2. 在编排体例上，原书为竖排版，略加句读。点校本改为横排版，增加现代标点符号，以便于阅读。惟因民国公文格式颇为冗繁，且因时局多变，各政权往往又各有自己的公文程式，因此，兹根据裴燕生主编之《历史文书（第二版）》，就民国公文格式说明以下几点：

（1）公文结构

民国公文，有相对固定的格式和行文套路，且各部分的起、止，往往有特定的术语。一般而言，民国公文主要由叙由、正文、结尾三部分构成。

其中，叙由又分为略叙与详叙。略叙，如公函的"迳启者"、令文的"为令遵事"、平行文的"为咨复事"、上行文的"呈为呈请事"等。详叙法，则多为用简洁语言概括文件的内容。

正文，又称本文，一般由依据、申述、归结三部分构成。其中，"依据"部分说明行文的原因或根据。如属于主动发文，一般以"兹"、"呈悉"、"查"、"窃"等开篇。如属于非主动发文，一般先用"奉……令"、"准……函"、"据……呈"等格式化表述说明来文，然后引述来文的内容。在引述来文内容之前，则加"内开"、"函开"、"称"等字样，引述完毕，则以"等因"、"等情"、"等由"字样押尾；然后，用"奉此"、"准此"、"据此"等术语承上转下，接叙已文。

试以统字第2号为例。该号解释例文正文如下：

各省高等审、检厅鉴：

江宁、浙江等省审、检厅电询，"《选举法》规定：'初选、复选，分别向高等地方厅起诉。'刑事应否由同级检察厅起诉"等语。

查《选举法》所规定，系指选举诉讼而言。至犯《暂行律》第八章之罪时，仍应依照普通刑事诉讼程序，由地方或初级检察厅分别起诉，并请转知各级审、检厅查照办理。

大理院

其中，正文部分的第一段是大理院引述来文的内容，以"江宁、浙江等省审、检厅电询"开篇、以"等语"结尾。第二段是大理院的解释，以"查"开篇、以"并请转知各级审、检厅查照办理"结篇。

（2）引述

在阅读解释例文时，最麻烦的是正文依据部分的"引述"。在民国公文中，非主动发文往往以引述来文作为依据。一般而言，如果只引述一件来文，还比较简单；如果是转引两个或两个以上公文的"套引"，则需要留心这些引文的发文主体究竟是谁。

试以统字第275号解释例文为例。该解释例文正文如下：

为咨复事：

准贵院咨开："六月六日据四川高等审判厅歌电称，'窃盗图脱拒捕伤害事主致死，应否照《刑律》第三百七十四条及《惩治盗匪法》第三条第一款处断？乞示遵'等因。事关解释法律，相应咨请详细解释见复，以便饬遵"等因到院。

本院查窃盗事后行强，依《刑律》三百七十一条，当然以强盗论。其伤人致死，自应依《刑律》三百七十四条及《惩治盗匪法》第三条第一款处断，但斟酌情形，仍得适用《刑律》总则之规定，相应咨复贵部转饬查照。

此咨！

在此，第一段引述来文包括两项内容：一是，四川高等审判厅电文，自"盗窃图脱"起，至"乞示遵"止。二是，院咨内容，自"六月六日"起，至"以便饬遵"止。

（3）电文代码

民国时期，以电报处理政务颇为盛行。在电文格式上，则用"电呈"、"电函"、"电令"区分行文主体之间的级别关系。至于发文时间，则用汉字韵母代日。详见以下"韵母代日表"：

韵母日	1	2	3	4	5	6	7	8	9	10	11	12	13	14	15
上平声	东	冬	江	支	微	鱼	虞	齐	佳	灰	真	文	元	寒	删
下平声	先	萧	肴	豪	歌	麻	阳	庚	青	蒸	尤	侵	覃	盐	咸
上 声	董	肿	讲	纸	尾	语		荠	蟹	贿	轸	吻	阮	旱	潸
去 声	送	宋	绛	置	未	御	遇	霁	泰	卦	队	震	问	愿	翰
入 声	屋	沃	觉	质	物	月	曷	黠	屑	药	陌	锡	职	缉	合

韵母日	16	17	18	19	20	21	22	23	24	25	26	27	28	29	30
上平声															
下平声															
上　声	铣	筱	巧	皓	哿	马	养	梗	迥	有	寝	感	俭		
去　声	谏	霰	啸	效	号	个	祃	漾	敬	径	宥	沁	勘	艳	陷
入　声	叶	洽													

对此，研究者解释说，"使用韵母代日，当时习惯上半月用平声字，下半月用仄声字；仄声字中多用上声和去声。阳历中有 7 个月是 31 天，这是韵母上没有的，人们就用'卅一'二字，后进而简化为'世'。韵母中的 30 日，只有一个'陷'字，旧军队觉得'陷'字不吉利，大多使用'卅'字，也有用'全'字代表 30 日的。意思是足用到第三十个韵母。"

3. 在点校本中，对于原文明显缺漏、需予增补的文字，以"[ ]"予以标示。至于明显因排版错误导致的文字错讹，校勘本则直接予以订正，不再一一标注。

该书从文稿录排、校对到最后杀青，历时四载有余。其间，如果没有众多学生的参与并任劳任怨地付出大量的时间和劳动，靠点校者一己之力根本难以胜任。于此，谨向他们的参与致以真挚的谢意：已经毕业离开中国政法大学的 2007 级诉讼法学专业硕士李婷、罗钰；2008 级诉讼法学专业硕士刘畅、李申、郭青、黄少石、张洽闻；2009 级诉讼法学专业硕士童友美、侯为大、杨璐宁、罗静波、王银银、刘念福；2010 级诉讼法学专业硕士马潇、周媛媛、李轩、程飞、陈德品、刘卓立、林科诨、梁梅銮；2010 级刑法专业硕士许晓冰；以及在校 2011 级诉讼法学专业硕士研究生董庆玉；2013 级在校硕士研究生唐彬彬、张蓉蓉、郭云然、李剑锋、楼秋然、刘昭怡、李阳、詹谟畅、张筱悦、王晋妮、孙俐聪等同学。

吴宏耀
2013 年 11 月 25 日　于京西垂虹

目 录

编辑缘起	1
凡例	2
胡汉民序文	1
点校说明	1
大理院解释例全文检查表一	1
大理院解释例全文检查表二	196
大理院解释例全文检查表三	234

大理院解释例全文正文

第 1 号至第 500 号	255
第 500 号至第 1000 号	531
第 1000 号至第 1500 号	804
第 1500 号至第 2000 号	1119
第 2000 号至第 2012 号	1397

附录一 中华民国大理院历任院长	1407
附录二 大理院民国元年至七年度民、刑事庭审判长及推事一览表	1408

大理院解释例全文检查表一

号 数	要 旨	旧 律 律 名	条文	新 律 律 名	条文
1	选举诉讼初选为三级审，复选为二级审。	众议院议员选举法	90		
2	妨害选举，应照普通刑事诉讼程序办理。	刑事诉讼律	308	刑事诉讼法	253
3	结伙入室、拴人勒索，应依俱发罪处断。	暂行新刑律	373 344	刑法	371 316
4	亲属和奸，即无夫妇女，亦应论罪。	暂行新刑律	290	刑法	245
5	府不能为县案控告审。	各省城商埠审判厅筹办事宜管辖门			
6	藩库与商号因存款涉讼，应适用民事诉讼程序。	民事诉讼律	三编		
7	选举诉讼，准用普通民事诉讼程序办理。	民事诉讼律	三编		
8	买卖人口之犯罪，其居间者，若系主谋或助恶，应分别情形，以共犯论。	暂行新刑律	9	刑法	9
	亲告罪，若无代行告诉人，亦无利害关系人声请时，管辖检察官得以职权指定之。	刑事诉讼律	265	刑事诉讼法	217
9	第一审未经辩论之判决，可作控告受理。	刑事诉讼律	372	刑事诉讼法	375
10	"专为公益、不涉阴私"须有二要件：一须证明事实；二须关系公益非专属个人私得之事实。	暂行新刑律	360	刑法	325
11	买卖人口条款所称"某等罚"，应照前清现行刑律罚金刑之标准处断。	暂行刑律补充条例	9		

12	选举诉讼如依现行民诉法例可用缺席判决并有妨害选举罪之嫌疑者，仍依刑诉审级程序另案办理。	民事诉讼律	三编		
13	被害人无上诉权，如有不服只得向检察官申诉，请求提起上诉。	法院编制法	90		
14	八旗官兵现服兵役者，即属军人。都督府条例上并无军事顾问名目，不能认为军属。	暂行新刑律	83	刑法	17
15	夫妇关系之成立以举行相当礼式为要件。	暂行新刑律	291	刑法	254
	以强暴、胁迫、诈术以外之手段引诱男女者，即成立和诱罪，不问有夫无夫。	暂行新刑律	349	刑法	257
16	重婚罪之成立必已举行相当婚娶礼式为要件。	暂行新刑律	291	刑法	254
17	抢夺妇女，应构成略诱罪。	暂行新刑律	349	刑法	315
18	法令有明文规定之刑罚，其性质自于刑法法典内之刑罚无异，当然得向司法衙门请求正式裁判。	刑事诉讼律		刑事诉讼法	
19	报馆损害他人之名誉，虽事后更正，不能阻却犯罪之成立。	暂行新刑律	360	刑法	325
	重婚非亲告罪，检察官可以不待告诉即行检举。	暂行新刑律	291	刑法	254
20	和诱有夫之妇仅构成和诱罪。若有奸通事实，则构成和奸和诱二罪俱发，其妇亦构成和奸。	暂行新刑律	349	刑法	257
	暂刑律第三百四十九条及第三百五十一条略诱、和诱男子，以未满二十岁为限。	暂行新刑律	349	刑法	257
21	放卖国有土地与刑律所谓"征收各项入款"之性质不同，不生刑事问题。官吏违背行政法规，亦不适用刑法上之犯罪。	暂行新刑律	147	刑法	135
22	湮灭证据罪不限于犯罪发觉以后，惟须他人之犯罪案件系属于审判衙门，始为既遂时期。	暂行新刑律	178	刑法	175
23	买卖人口应照前清禁革买卖人口条款处罚。如该条款亦无明文，应依新刑律第十条之规定不为罪。	暂行新刑律	10	刑法	1
24	卖婢为人妻妾，新律及买卖人口条例均无治罪正条，当然不为罪。	暂行新刑律	10	刑法	1

25	供犯罪所用之物以动产为限，房屋当然不能没收。	暂行新刑律	48	刑法	60
26	"配偶"二字，专指已成婚者而言。	暂行新刑律	291	刑法	254
27	和奸有夫之妇，非经本夫告诉不能论罪。	暂行新刑律	294条2项	刑法	259
28	贩卖人口，如甲买自乙，复卖与丙，自系二罪俱发。	暂行新刑律	23	刑法	69
29	前清报律为特别法，刑律为普通法；报律既无规定，当然适用刑律。	暂行新刑律	155	刑法	146
30	赌博罪之成立不问财物贵贱及多寡。	暂行新刑律	276	刑法	278
31	法院因案调卷，并无期限。	民事诉讼律	537		
32	部令未经公布以前，县卷有表示其判决之批验者，不问其形式若何，均认为已经判决。	民事诉讼律			
33	买卖人口条款所称"子女"应从广义解释。如贩卖不归自己抚养监督之他人子女，自系略诱或和诱。	暂行新刑律	349	刑法	257
34	赌博罪中所称"暂时娱乐"者，系指赌饮食之类而言。	暂行新刑律	276	刑法	278
35	从事电车、汽船之业务人犯罪，不能用诉讼代理人。	刑事诉讼律	54	刑事诉讼法	272
36	上级审判衙门据离任官吏之声请决定移转管辖自系违法，惟此种决定非经抗告、由上级审决定撤销不失效力。	刑事诉讼律	19	刑事诉讼法	21
	据刑诉律第十九条第二款以广义解释声请移转者，其声请不能谓之违法。至有无理由、是否正当，须据事实以认定。	刑事诉讼律	19	刑事诉讼法	21
	刑诉律之指定及移转管辖与试办章程之回避不同：一则指审判厅全体而言；一则指审判官个人而言。	刑事诉讼律	19	刑事诉讼法	21
	援用刑诉律第十九条第二款以下决定，未经同律第二十三条、第二十四条、第二十五条之手续，自系违法，但非经上级审撤销不失效力。	刑事诉讼律	19	刑事诉讼法	21
	审判厅为适法之判决，确定后，接上级厅移转管辖决定之通知，其决定当然无效。	刑事诉讼律	19	刑事诉讼法	21

37	买卖妇女为娼，暂行新刑律虽无专条，其原因出于略诱、和诱者，自可适用各本条处断。	暂行新刑律	349	刑法	257
	买卖人口行为，不问是否为娼，在法律上当然不生效力。至构成犯罪与否，须视其有无触犯刑律为准。	暂行新刑律	351	刑法	313
38	刑事被告于上诉后死亡，应由上诉衙门驳回公诉。	刑事诉讼律	339	刑事诉讼法	318
39	宝银不能作为货币。	暂行新刑律	229	刑法	211
40	商人为买空卖空者，应以赌博罪论。	暂行新刑律	276	刑法	278
41	现行编制法系采国家诉追主义，设有检察官，被害人自不能请律师出庭。	刑事诉讼律	308	刑事诉讼法	252
42	兼祧双配在新刑律施行后者，以重婚罪论。	暂行新刑律 暂行新刑律	1 291	刑法	254
43	第二审发见有共犯时，仍应由第一审检察官向同级审判衙门起诉，第二审不得径自宣告罪刑。	刑事诉讼律	384	刑事诉讼法	385
44	检察官不起诉处分可向原厅声明再议；仍被驳斥，不服，可递呈上级检察厅请求照编制法各条为一定处分。亲告罪案件，如亲告人在庭告诉，检察官即时依法为口头起诉者，自应受理。	刑事诉讼律	286	刑事诉讼法	248
	凡依明文或法理所为之决定、命令，除如指挥诉讼等，依据法理、惯例碍难准其抗告者外，余均应受理。	刑事诉讼律	416	刑事诉讼法	415
45	地方自治选举犯罪，应照妨害选举罪办理。	暂行新刑律	分则八章	刑法	分则六章
46	刑之加减，立法本意在审判官按犯人情节行其自由裁量之权。	暂行新刑律	总则十一章	刑法	总则十一章
47	解释戒严法各节：（一）第三条三项所称系指宣告戒严时，应因时机、必要指定地域，宣告为第二项一款或二款之戒严地域而言。（二）第九条二项所称"行政司法官"自当以与戒严地域有地方的关系之行政官司法官为限，而法令所称"地方"概指省以上之区划而言。（三）第九条、十条所称"司法事务"，专指审判以外之行	戒严法	第九条 第十条	戒严条例	第五条 第六条

	政事务而在戒严司令官有预闻之必要者而言。（四）第九条十条所称"受指挥"之意义，系审判以外之事务，而为戒严司令官有预闻之必要者，始受司令官之指挥。（五）戒严司令官对于与军事有关系之民刑案件之执行，仍须于现行法令所许范围内行其监督。通常机关处理执行事务后，自应随时报告。				
48	杀毙奸夫，若将行奸或行奸未毕时，非此不能排除现时侵害者，得以紧急防卫论。	暂行新刑律	15	刑法	36
49	本夫杀死奸夫、奸妇，如系排除现时侵害者，以紧急防卫论。	暂行新刑律	15	刑法	36
50	前清现行律造畜蛊毒杀人条例，新刑律中无该当明文，亦不背乎民国国体，当然继续有效。	暂行新刑律	9	刑法	9
	贩卖咖啡，仍应适用前清现行刑律条例及暂行新刑律施行细则办理。	暂行新刑律施行细则		刑法	276
51	被告人无上诉权，当然不能在审判衙门提起抗告。	刑事诉讼律	416	刑事诉讼法	414
	试办章程中所谓附带犯罪，系与刑事诉讼法草案第二百五十六条二项、第二百五十七条二项相当。	刑事诉讼律	256 257	刑事诉讼法	259 260
52	因戒严所生司法上之效果本分别警备地域与接战地域二种不同，故司令官之职权各异。	戒严法	2	戒严条例	2
	戒严法之军政执法处既不能违法受理无关军事之刑事案件，即不能审讯无关军事案件之人犯。	戒严法	10	戒严条例	7
53	非传唤被告到案不能明其性质因而传集者，不得谓为不应受理而受理。	暂行新刑律	146	刑法	132
54	易科罚金，应依徒刑定其管辖。	暂行新刑律	271	（刑法总则已无易科之条）	271
55	出继子对于本生父母及亲子对于出母，均以尊亲属论。	暂行新刑律	82	刑法	14
56	一村十家毗连，不能认为人密烟稠处所。	暂行新刑律	187	（刑法放火罪已不以此为标准）	
57	军政执法处之判决仍得上诉于司法机关。	民事诉讼律	三编四章		
58	凡以鸦片烟和制造之物，不问其为丸药、为他种形式，皆得依刑律第二百六十六条处断。	暂行新刑律	266	刑法	271

59	控告审发还第一审，应以原判系管辖错误或驳回公诉者为限。	刑事诉讼律	384条2项	刑事诉讼法	385条2项
60	刑律加减例，审判官仍可在范围内酌量处刑。	暂行新刑律	总则十一章	刑法	总则十一章
61	刑诉管辖第十九条所称"上级审判衙门"，系就广义立言。地方厅管辖区域内只一初级厅，则关于本条声请移转管辖，自应直接向高等厅为之，无庸经由地方厅。	刑事诉讼暂行管辖	19	刑事诉讼法	21条2项
62	律师公会之成立，应在司法总长认可其会则之后。	律师暂行章程	27	律师章程	29
63	和诱、重婚为连续犯，以被诱及结婚当时为既遂时期。	暂行新刑律	28	刑法	75
64	既决人犯在监犯罪，仍应照俱发罪办理。	暂行新刑律	24	刑法	72
65	重婚罪包括有夫再嫁而言。	暂行新刑律	291	刑法	254
66	强盗拒捕伤人自系构成第三百七十三条之罪。若所伤系执行职务之官员，则系构成第三百七十三条及一百五十三条之俱发罪。	暂行新刑律	373	刑法	348
	刑律第三百七十三条及第三百七十四条之条件，不问触犯一条件或二条件，皆只构成一罪。	暂行新刑律	373	刑法	348
	数次赌博既非常业又无继续意思者，以数罪论。	暂行新刑律	276	刑法	278
	强盗同时抢夺四家财物，又连伤该四家各一人，但未至笃疾，自系构成四个第三百七十三条三款之罪。	暂行新刑律	373	刑法	348
	强盗侵入第宅将妇女捉至贼巢强奸，与刑律第三百七十四条四款不合，系强盗罪与第二百八十五条之罪俱发。	暂行新刑律	373	刑法	349
	强盗指明目的地行至中途被获者，应以未遂论。	暂行新刑律	379	刑法	348条1项
67	即时判决，应准声明窒碍，并准用上诉期间。	民事诉讼律	531		
68	受缺席判决者，如在上诉期内声明窒碍，应即回复缺席前之程度，更为审判。	民事诉讼律	531		
69	试办章程第一百~十四条系专指刑事执行而言，民事判决仍由该案第一审衙门依法执行。	各级审判厅试办章程	114		

70	民事被告人声请延期,如认为无理由时,可用决定驳回,并可缺席判决。唯在上诉期间内,准其声明窒碍。	民事诉讼律	531		
71	刑事轻微案件,被告虽准取保候审,而审判厅仍可准驳。	各级审判厅试办章程	81	刑事诉讼法	74
	取保候审人逃走,原保人真有藏匿情形,自应依刑律处断。	暂行新刑律	177	刑法	174
72	检察官对于本案有不服时,自应有上诉权。	刑事诉讼律	357条2项	刑事诉讼法	358
73	买卖人口契约应为无效。如有强迫情形,应照刑律处断。	暂行新刑律	358	刑法	318
74	各州县审理案件,抗告方法应分别民、刑办理。	刑事诉讼律 民事诉讼律	416 587	刑事诉讼法	414
75	私放票布,若其行为之目的与意思为预备或阴谋内乱者,依内乱罪处罚。	暂行新刑律	103	刑法	103
	私放票布,其行为之目的与意思若系妨害秩序,应按照刑律妨害秩序罪办理。	暂行新刑律	221	刑法	160
76	民事上诉于诉讼法未颁布前,仍应照试办章程办理。	各级审判厅试办章程	58		
77	民事抗告可斟酌条理,采用民诉法意。	民事诉讼律	87		
78	选举人拒绝收票及故意不投票者,应认为弃权。若签到不及领票者,不能认为到会。	参议院议员选举法	6 7		
79	判决前应征收之诉讼费用,因诉讼法上受诉衙门为审判厅,应由审判厅征收。	各级审判厅试办章程	87		
80	被害人无上诉权,但可请求检察官提起上诉。	法院编制法	90		
81	抗告既为上诉之一种,自应适用上诉期间。	补订高等以下各级审判厅试办章程	5		
82	田房税契章程"典当逾二十年不赎者,即作绝卖",应以时效原理解释。	民律草案	301	民法	924
83	复选当选人,如甲、乙、丙三人同票,甲以抽签当选,乙、丙应认为候补当选人。	众议院议员选举法	77		
84	民事上诉由原审判厅移送上诉衙门,其讼费由审厅征收。	各级审判厅试办章程	87		

85	改组前所有地方及县法院已经审判之案件，均以经第一审论。	民事诉讼律	30		
86	因偷窃而损坏铁路轨道上之物件，应比较妨害交通罪与窃盗罪，从一重处断。	暂行新刑律	26	刑法	74
87	内乱罪案件，应审查事实，分别办理。	刑事诉讼律	6	刑事诉讼法	10
88	判决虽系违法，但未经上级审判衙门撤销，不失其效力。	刑事诉讼律	15	刑事诉讼法	19
89	前清现行律之十等罚，应比照新刑律罚金办理。	暂行新刑律	45	刑法	55
90	民事诉讼中发见刑事案件，应送检察厅起诉。如检察厅不为起诉，则只能就民事范围裁断之。	民事诉讼律	247		
91	刑律第三百七十一条系包括窃盗已遂、未遂而言。但虽窃盗未遂而有该条行为者，仍应以强盗论既遂论。	暂行新刑律	371	刑法	347
92	缓刑期内更犯罪者，其撤销缓刑权应在更犯罪之审判衙门宣告。	暂行新刑律	64	刑法	91
93	毁损测量队木标石点，不能谓为建筑物，应依毁弃损坏罪处断。	暂行新刑律	406	刑法	382
94	买卖人口条款应认有效。至审理上告案件，亦应有判例可循。	暂行刑律补充条例	9		
95	控告审不能援照上告审判例，撤销未经提起控告之判决部分。	刑事诉讼律	381	刑事诉讼法	381
96	现役兵士不能以吏员论。	暂行新刑律	83	刑法	17
97	华洋诉讼合于反诉法理时，仍由本诉审理。	民事诉讼律	318		
98	高等以下之检察厅不得直接请求解释，并不得以具体之案件请求解释。	法院编制律	35		
99	刑律加减例，应从最近解释。	暂行新刑律	总则十一章	刑法	总则十章
100	死罪以下施行办法中非常上告及再审制度，专采被告利益主义。	死罪施行详细办法			
101	番地民情风俗迥异，内地该番例条款在未经颁布新特别法令以前，自属继续有效。	番例条款			
102	赌具并非禁制品。若单纯私藏及贩卖、贩运者，不为罪。	暂行新刑律	10	刑法	1
103	检察厅认法律有疑义者，应呈请总检察厅请求解释。	法院编制法	158条7项		

104	刑事诉讼制度采国家诉追主义，如已逾上诉期间，检察官不得采用被害者之意见，声请回复原状。	法院编制法	90		
105	诉讼通例，惟最高法院判决之可以为先例者，始得称为判决例。	法院编制法	45		
106	律师章程所称"司法事务"，系指司法制度、法令规则及法院处务方法等类而言。"公同利害"则指该章程暨律师待遇等类而言。	律师暂行章程	30	律师章程	32
107	吗啡犯罪，应适用前清现行律中施打吗啡条例。	施打吗啡条例		禁烟法	
108	检察厅应为被告不利益起见请求再审者，不能视为合法。	死罪施行办法			
109	暂行新刑律公布后，关于鸦片等各省自定之条例，当然无效。	暂行新刑律	二十一章	刑法	十九章
110	刑律所称"官员"，系包括法警、庭丁在内。	暂行新刑律	83	刑法	17
111	涂改纸币号数希冀代现者，应以伪造货币论。	暂行新刑律	229	刑法	211
112	检察官如认为有缓刑之必要时，自可适用诉讼通例向法院请求。	暂行新刑律	63	刑法	90
113	未决羁押，指判决确定前之一切羁押而言。即羁押于他机关者，亦包含在内。	暂行新刑律	80	刑法	64
114	接受被裁地初各厅案件，关于上诉期间，自被裁各厅停止之日起至该管衙门接受之前一日止，自可释为意外事故。	各级审判厅试办章程	65		
115	再审确定之案，复备再审理由时，仍准再审。	民事诉讼律	604		
116	故意、过失之分辨，应调查当时之事实。	暂行新刑律	13	刑法	24
117	对于人加暴行而生伤害之结果，虽发生于犯人所预期以外之人，亦应以故意伤害论罪。	暂行新刑律	313	刑法	296
118	已设审检厅地方之刑事案件，一律归审检厅审判。	刑事诉讼律	1	刑事诉讼法	5
119	银锭内搀以恶劣金属使用者，应以诈欺取财论。	暂行新刑律	382	刑法	363
120	命盗不准免除各条，不包未遂犯。	不准免除条款		（此系关于民元之大赦者）	

121	在医师法令及其他医事法规未公布以前,不能援用刑律第三百零八条之罪。	暂行新刑律	308	(刑法已无此规定)	
122	非子女而买卖者,应审酌事实,依略诱及和诱处断。知其情而买者,以共犯论。	暂行新刑律	349	刑法	257
123	律师惩戒与刑法性质不同,当然得以并科。	律师暂行章程	33	律师章程	35
124	下级检察厅对于上级检察官之命令,有服从之义务,不能提起抗告。	法院编制法	98		
125	烟犯于上诉时虽已戒断,苟经第一审合法证明其犯罪,仍不能认为无罪。	刑事诉讼律	377	刑事诉讼法	378
	服食含有鸦片烟丸药,仍应查照二年统字第五十八号解释,依刑律第二百六十六条处断。	暂行新刑律	266	刑法	271
126	携带伪烟料膏,如无鸦片及同性质之成分者,不为罪。若图欺骗他人贩卖得财者,应以诈欺取财论。	暂行新刑律	382	刑法	363
127	刑事须移送预审时,应由公判审判官咨询检察官决定之。	各级审判厅试办章程	24		
128	罚金易监禁,在新刑律颁布以后,自应折算。	暂行新刑律	45	刑法	55
129	试办章程第七十七条之亲属范围,不能以出服与否为断。	各级审判厅试办章程	77		
130	该省贩卖粘贴印花烟土,是否根据法令,有无一定区域,原呈词意未尽明晰,碍难解答。				
131	因疯杀死尊亲属者,可适用精神病行为不为罪之规定,但须用专门医学诊察其有无虚伪为断。	暂行新刑律	12	刑法	31
132	因戒烟服食含有鸦片毒质之丸药,刑律第二百七十一条不能包括。	暂行新刑律	266	刑法	271
133	审判官于判决时认定该犯人应褫夺公权者,虽主刑为死刑或无期徒刑,亦应褫夺其公权。	暂行新刑律	47	刑法	57
134	意图侵占他人坟地,特在其隙地处筑坟墓者,应以诈欺取财未遂罪论。	暂行新刑律	388	刑法	363

135	明知为伪造货币而意图行使，故意买卖之者，应依伪造货币罪处断。	暂行新刑律	232	刑法	212
136	吸食鸦片系以吸食行为为构成要件，凡服食含有鸦片毒质等类之丸药，不能谓之吸食鸦片。	暂行新刑律	266	刑法	271
137	检察官为被告不利益起见提起控诉，如合法定程序，自应受理。	刑事诉讼律	357条2项	刑事诉讼法	358条2项
138	附带私诉之部分，得委任律师代理。	刑事诉讼律	53	刑事诉讼法	345
139	收藏吸食鸦片烟器具，专以供吸食者为限。若通常尚可以供他项用途之器具，不能构成刑律第二百七十三条之罪。	暂行新刑律	273	刑法	277
140	凡典当房地逾期虽久，仍应准照习惯，听其回赎。	民律草案	607	民法	379
141	凡仅具上告书面而未叙理由者，应由原审衙门定一相当期限，令其补呈。如过期尚未补呈，可先将案卷送上告审核办。	民事诉讼律	574		
142	审判官与诉讼人有关系之规定，自可解为包含诉讼代理人在内。	各级审判厅试办章程	12		
143	如本省只一地方厅而遇有声请移转管辖时，得移转于高等厅管辖之县知事。	民事诉讼律	37条1项		
144	国家于私法上行使私人自卫权时，应适用民事法规办理。	民律草案	315	民法	151
145	商人买卖先交押款，临时仍取现货者，与买空卖空有别，不能认为赌博罪。	暂行新刑律	276	刑法	278
146	抗告不能停止假扣押之执行。	民事诉讼律	594		
147	公款存放商号生息，如该号倒闭时，应照破产法规办理，不能较其他债权者有优先权。	破产法规			
	债务人延不履行债务提起诉讼，债权人应得到利息自应算至判决执行之日为止。	民律草案	371	民法	233
	以不动产担保之债权，无论其不动产之占有移转于债权人或不移转于债权人，如该不动产基于不归责于人之事由而灭失者，其损失均由债务人一方负担，债权人不过丧失债权之担保而已。	民律草案	372	民法	231

148	覆判章程第一条"最重主刑",系指法定主刑而言。	覆判章程	1	覆判暂行条例	1
149	已裁判地初合厅之控诉审,应属于高等厅管辖。	刑事诉讼律	347	刑事诉讼法	308
150	意图营利,和诱未满十六岁之妇女者,自应以意图营利略诱罪论。	暂行新刑律	351	刑法	257
151	(此号因秘密未公布)				
152	民事非常上告,因尚无可提起之机会,自可置之弗论。	民事非常上告暂行条例	1		
153	成婚未及六月所生之子,与夫无血统关系,不能认为亲子,但有时仍可称为继父。至对其母则无论何时,均系母子关系。	民律草案	1383		
154	强盗未遂而有拒捕伤害行为者,应负强盗杀人未遂罪之责任。其拒捕放枪击死人之所为,又应均负强盗杀人既遂之责任。	惩治盗匪条例	2	惩治盗匪暂行条例	1
155	盗匪案件应依惩治盗匪条例划一办法办理。	惩治盗匪条例	1	惩治盗匪暂行条例	1
156	上诉不合程序者,应即驳回。如事实或法律上显有错误者,得由检察官提起再审或非常上告。	刑事诉讼律	383	刑事诉讼法	383
157	缓刑办法应与谕知刑罚同时宣告。	刑事诉讼律	501	刑法	90
158	印花税法第十三条,系指印花税法公布后未发生效力前之财物成交而言,并非统括该法未公布前之远近时期。	印花税法	13	印花税暂行条例	
159	官吏犯赃治罪条例依刑律第九条之规定,当然适用刑律。其数罪枉法之赃银,应依俱发罪各科其刑,自不能合并计算。	暂行新刑律	9	刑法	9
160	被告不服上诉,上诉衙门发见原判引律错误,为纠正违法起见,亦可加重其刑。	刑事诉讼律	384	刑事诉讼法	385
161	审查声明窒碍之合法与否,自可调查讯问。至审判官于公开时请求检察官莅庭,虽不适法,不得事前拒绝。	各级审判厅试办章程	111		
162	强盗未遂罪,惩治盗匪条例无明文规定,应依刑律处断。	暂行新刑律	379	刑法	346
163	律师不能包括刑律所称"官员"之内。	暂行新刑律	83	刑法	17

164	高等厅受理刑事上告及控告，抗告期间仍应依试办章程办理。	各级审判厅试办章程	60		
165	覆判章程第三条所列核准及覆审两种决定，不能提起抗告。	修正覆判章程	3	覆判暂行条例	4
166	县知事审理诉讼章程第七条之民事请求，系指附带私诉而言，但判决仍应分别宣告。	县知事审理诉讼暂行章程	7		
167	报纸条例第十条第五款所称"未经公判之案件"，系包括检厅告诉已准、未准之一切案件而言。	报纸条例	10		
168	报馆登载侮辱公署事实，无特别明文规定者，应依刑律处断。	暂行新刑律	155	刑法	146
169	刑事被告辅佐人，不以法定代理人及夫为限。	刑事诉讼律	62	刑事诉讼法	177
170	前清现行律之监候处决、监禁待质，系一种中止诉讼程序，并非判定罪刑之判决，应由该管审厅更为续审。故暂行新刑律施行细则无改订执行之规定。	暂行新刑律施行细则	4		
171	凡参与辩论人，若以审判长所发指挥诉讼之命令或审判长及陪席推事之发问为违法有所不服者，应自向该审判衙门声述异议，即由该审判衙门以决定裁判之，不许遽行声明抗告。	民事诉讼律	590		
	控告审案件如确系当事人两造均明晰自认，于系争事实已属毫无争执，只关于法律上之见解有所不同，并经控告审判衙门询查其情形确当者，则虽在控告审，准其以书面审理，亦无不可。	民事诉讼律	551		
	送达判词，审判厅往往以牌示黏贴判决全文或主文于厅外不复送达，甚或不经宣告之决定，亦以牌示代送达。此种办法按之现行法令，亦属违背，不生效力。	民事诉讼律	174		
	执行上告审职务，除因调查职权内得调查之事实问题关系各点外，概以书面审理。	民事诉讼律	579		
172	覆判案内宣告无罪之被告，仍应一并覆判。至漏未处分之被告，应饬由县知事为第一审审判。	覆判章程	3	覆判暂行条例	3

173	附带私诉之执行，仍应由审判厅依民事执行程序为之。	民事诉讼执行规则	4		
174	亲告罪如被害人亡故，依诉讼通例得由亲属告诉，但不得与被告人之意思相反。	刑事诉讼律	263	刑事诉讼法	214
175	原告诉人对于县知事之判决呈诉不服，应由审厅准驳，但检察官仍可为独立之主张。	县知事审理诉讼暂行章程	38		
176	覆判章程第一条但书所称"并无限制"，窃盗罪及赃物罪当然包括在内，不必详送覆判。	覆判章程	1		
177	单纯强剪头发，只能构成违警罪，不能构成伤害罪。	违警罚法	50	违警罚法	50
178	抗告案件详送文件卷宗，得由原审厅附具意见书，径送上级审。	刑事诉讼律	423	刑事诉讼法	421
179	县知事判决案件，误地方为初级者，由地方厅详送高等厅为第二审审判。	刑事诉讼律	384	刑事诉讼法	385
	刑律第二百八十三条至第二百八十六条之罪，告诉权属于被告人或其亲属；第二百八十九条之罪，告诉权专属于本夫；第二百九十条之罪，告诉权属于尊亲属或本夫；其他《刑律》中亲告罪，告诉权属于被害人，其法定代理人及其夫，亦得独立告诉。	暂行新刑律	294	刑法	252
	第二审发见被告有附带犯罪未经第一审者，依院判例，自可并案公判。	刑事诉讼律	384	刑事诉讼法	385
	无贩卖之故意者，虽收藏鸦片烟亦不能为罪。至意思虽属无形，如果有贩卖意思，自可以有形证据证明。	暂行新刑律	266	刑法	271
180	覆判时发见应依惩治盗匪条例处断之案而县知事误引刑律判决者，应发回原县或其他第一审衙门覆审。	盗匪案件适用法律划一办法	2	修正盗匪案件适用法律暂行细则	3
181	应依惩治盗匪条例处断之案，而县知事误引刑律判决者，应发回原县或其他第一审衙门覆审。	盗匪案件适用法律划一办法	2	修正盗匪案件适用法律暂行细则	3

182	合于惩治盗匪条例而情节极轻之罪，可依刑律酌减。	暂行新刑律	54	刑法	77
183	官吏二人以上共同犯枉法赃至五百元者，虽各人所得未及五百元，亦应以共同正犯论。	官吏犯赃治罪条例	2		
184	法人非有明文规定，不能有犯罪能力，故普通刑律罪刑不能适用。该处如关于特种犯罪，有处罚法人之章规，自应以法人为该种犯罪之被告，否则法人不能为被告。至实施普通刑律上犯罪行为之人，无论系为自己或谋法人之利益，仍应依刑律处罚。	暂行新刑律	2	刑法	3
185	报馆犯罪无特别法规定者，应适用刑律。	暂行新刑律	155	刑法	146
186	检察官口头起诉后，若经补具起诉文或记明笔录者，均可一并判决。	刑事诉讼律	311	刑事诉讼法	224
187	惩治盗匪条例颁布后，本应适用该条例处断案件，地方厅误引刑律判决，上诉时仍应适用惩治盗匪条例处断。	盗匪案件适用法律划一办法	2	修正盗匪案件适用法律暂行细则	3
188	盐务缉私兵系警察之一种，犯普通罪自应归通司常法官署管辖。如系有军籍之军人充当者，应归军法官署管辖。	刑事诉讼律	1	刑事诉讼法	5
189	刑事被告上诉，其相对人为检察官。	刑事诉讼律	379		
	原告诉人对于县知事之判决呈诉不服，应由审厅准驳，但检察官仍可为独立之主张。	县知事审理诉讼暂行章程	38		
190	婚姻预约之有无，非查明不能为刑事判决者，得由刑庭依刑诉程序办理。	刑事诉讼律	326	刑事诉讼法	282
	拐取已聘未婚妻或弟妇、子妇者，仍应以略诱、和诱罪，但可依其情节酌量减轻。	暂行新刑律	349	刑法	257
191	谋杀人已死或将死之际脱取衣物，其行为在已死后者，以有承继人为限，成立窃盗罪，否则为侵占遗失物；其行为在将死时者，成立强盗罪，均与杀人罪俱发。	暂行新刑律	23	刑法	70

192	易科罚金系法院职权,非检察职权,不能径由检察厅处分。	刑事诉讼律	494	刑事诉讼法	500
193	替人受刑,应依便利脱逃罪处断。	暂行新刑律	171	刑法	171
194	原告诉人之呈诉,经高检厅同意者,应以该厅检察官为控告人。	刑事诉讼律	377	刑事诉讼法	378
195	雇员填写税票多收少报而隐匿入己者,应构成侵占罪。	暂行新刑律	392	刑法	357
	中央或地方有指定雇员办理公务之章程或成案者,其雇员自可认为刑律上之官员。	暂行新刑律	83	刑法	17
196	依惩治盗匪法处徒刑之案件,毋庸送覆判。	惩治盗匪法	2	惩治盗匪暂行条例	2
197	前清理藩院则例须斟酌现在情形并现行刑法酌加修改,以便援用。	理藩院则例			
198	县知事兼有检察职权,除亲告罪外,虽无人告诉,亦应侦查起诉。自不能因告诉人不到,即以批示注销。	县知事审理诉讼暂行章程	29		
199	县知事对于自己所为之判决如发见错误时,自可依检察职权提起上诉或再审。	县知事审理诉讼暂行章程	25条3项		
200	原告诉人或其代诉人呈诉不服,其准驳应以决定行之。	县知事审理诉讼暂行章程	38		
	原告诉人对于第二审之决定不服,自应向检察厅呈诉,依上诉程序办理。	县知事审理诉讼暂行章程	38		
	准理以后如经检察官同意者,得以检察官为控告人。	县知事审理诉讼暂行章程	38		
	第二审既有配置之检察官,则关于公诉部分,原告不能委任律师出庭。	县知事审理诉讼暂行章程	38		
201	上诉逾期,经高等厅驳回之案,依法不能作为再审受理。	刑事诉讼律	452	刑事诉讼法	452
202	以他物搀入烟土贩卖,应构成制造烟土及诈欺取财之俱发罪。如并未含有烟质者,应依诈欺取财论。	暂行新刑律	26	刑法	74
203	买良为娼如有和诱、略诱情形,应依刑律各本条处断。	暂行新刑律	351	刑法	257

204	褫夺终身全部公权,除丧廉逆伦犯外,对于其他罪犯之应否褫夺及期限,一任审判官之裁量。	暂行新刑律	47	刑法	57
	刑律第三百三十一条内第三百二十六条之"六"字,显系"一"字误刊。	暂行新刑律	331		
205	戒烟服丸者不为罪,若故意服食含有鸦片烟质之物为吸食之代用者,仍构成吸食鸦片烟罪。	暂行新刑律	271	刑法	275
206	失踪无子,其妻有必要之情形时,自可处分财产。但对手人若系恶意,则失踪者归来,仍可主张撤销。	民律草案	30条2项		
207	无合法之婚约,自可拒绝为婚。	民律草案	1341		
208	惩治盗匪法第五条之"审实"二字,系包括审理及判决在内。	惩治盗匪法	5	惩治盗匪暂行条例	3
209	对于执行命令之抗告,京地审厅民事执行处规则第六条已有规定,自可查照办理。	京师地审厅民事执行处规则	6		
210	制造吗啡系包括含有吗啡之物而生实害者言,故以吗啡制造丸药,仍应依吗啡治罪法处断。	吗啡治罪法	1	禁烟法	6
211	新刑律施行细则为规定新旧律接替时办法,如特别法所引旧律执行程序已为现行法所废止者,自可适用该细则办理。	新刑律施行细则	4	刑法施行条例	2
212	惩治盗匪法第二条之强盗犯其情轻者,可依刑律处断。	暂行新刑律	373	刑法	344
213	因慈善养育之目的而和买对手人所扶助养育保护之人者,不为罪。否则应照补充条例第九条第二项分别论罪。	暂行刑律补充条例	9		
214	和卖关系人以助成强卖或和卖人犯罪之目的,实施收受藏匿之行为者,自应适用补充条例第九条第二项,分别有无预谋论罪。	暂行刑律补充条例	9		
215	冒称一省矿主代表,不能谓为诈称官员。如有诈欺取财行为,应依刑律处断。	暂行新刑律	382	刑法	363
216	原告诉人声请移转管辖,检察官认为无理由者,得径行驳斥。	刑事诉讼律	22	刑事诉讼法	22

217	请求再审，须具备一定条件。	民事诉讼律	605		
218	掠夺人身并无得财意思，事后经人调停得有财物者，应依刑律私擅逮捕监禁等罪科断。	暂行新刑律	344	刑法	316
219	甲、乙两造各向其所在地审判衙门告诉时，应以先受公诉之审判衙门为管辖审判衙门。	刑事诉讼律	15	刑事诉讼法	19
	二处以上之高等厅均为有管辖权之裁判，其裁判又已确定者，以大理院为直接上级审判衙门。	刑事诉讼律	18	刑事诉讼法	20
220	仅收藏罂粟种子，而确能证明其非意图贩卖者，不应处以罪刑。	暂行新刑律	10	刑法	1
221	代买鸦片供人吸食或贩卖者，以从犯论。	暂行新刑律	31	刑法	44
222	既决人犯在监犯罪，应认为再犯。经审判确定后，应别以决定更定其刑。	暂行新刑律	19 24	刑法	67
223	当事人不服判决，于期间内误向他种衙门声明上诉，经其厅送或指示后，即至司法衙门投状者，认为上诉期内已有合法之声明。	民事诉讼律	533		
224	再审之诉，以控告审程序行之。	民事诉讼律	603		
225	夫妇离异，其子女原则上应从父。但有特别约定者，亦得从母，不能听子女自愿。	民律草案	1366		
226	典当房地契约如载明回赎年限，至期业主不愿回赎，典主不愿得业时，得由典主别卖。如所得不及典价，仍可向业主补足。	前清现行律民事有效部分	典卖田宅门	民法	926
227	终审决定除有特别情形（例如再审）外，不准当事人再声明不服。	民事诉讼律	604		
	脱漏未判部分，准其向原衙门声请补充审判，无庸令其再诉。	民事诉讼律	479		
228	卑幼私擅处分其父兄之财产者，与处分他人之财产同。无论契约之相对人是否善意，其物权移转契约无效。	民律草案	8	民法	75
229	未满十六岁之人，不能有效为法律行为。如有表示意思之能力者，其行为只需得其保护人之同意；若并无意思能力者，尚须其保护人代为之，始为有效。	民事诉讼律	58		

230	假冒前清官吏，因而取得民国官吏者，应照刑律伪造文书罪处罚。	暂行新刑律	241	刑法	229
231	民事从参加人得为所辅助之当事人独立声明上诉。如该当事人自行撤销，即失上诉效力，否则该当事人仍认为上诉人，虽未自行到庭辩论，亦不能以懈怠日期论。	民事诉讼律	83		
232	天阉系属残疾，如定婚时未明言，至结婚后发见者，自应准其离异。	民律草案	1345		
233	刑事被告舍弃上诉权，须有亲递之书状或当庭声明记明笔录为有效。	刑事诉讼律	362	刑事诉讼律	372
	挖瞎一目应以废疾论。	暂行新刑律	88	刑法	20
	以一状诬告三人，如行为合诬告条件，当然为同种类想像竞合犯，刑律上应认为三罪俱发。	暂行新刑律	182	刑法	180
			23		69
234	减处徒刑之特别法，盗犯仍应依刑律宣告褫夺公权。	暂行新刑律	380	刑法	355
			46		59
235	代盗收养羊马，应构成受寄赃物罪。其为匪差遣侦探军队驻所并未帮同抢劫者，应以从犯论。	暂行新刑律	397条2项	刑法	376条2项
			31		44
236	便利脱逃被追蹑之人犯者，应构成藏匿被追蹑人罪。	暂行新刑律	177	刑法	174
237	关于解释惩治盗匪条例之文件，自惩治盗匪法通行后，仍继续有效。	盗匪案件适用法律划一办法	3		
238	凡提出上告声明书，经催告仍不提出理由书者，上告衙门为便利起见，得以职权调查原判有无违法，予以判决。	民事诉讼律	576		
239	公诉附带之私诉判决，由审判厅准据民事执行规例执行。	民事诉讼执行规则	4		
240	关于惩治盗匪条例之解释，如不与惩治盗匪法抵触者，仍可援用。	惩治盗匪法	3	惩治盗匪暂行条例	
241	独立私诉并不包含于私诉暂行规则，除有特别规定外，应适用民事诉讼法规办理。	民事诉讼律			
242	官吏犯赃治罪法应从广义解释，虽各县差役犯赃，亦应依该法处断。	官吏犯赃治罪法执行令	1		

243	俱发罪判处五等徒刑,其刑期虽已超过五等范围,仍准易科罚金。	暂行新刑律	44	(刑法已无此项规定)		
244	预审决定,应许被告提起抗告。唯对于抗告之决定,不能再行抗告。	刑事诉讼律	427			
245	挖瞎一目,应以废疾论。	暂行新刑律	88	刑法	20	
246	易监禁处分,固应由指挥执行之检察官以命令执行。	刑事诉讼律	496	刑事诉讼法	500	
	对于易监禁而再易笞刑者,由承审官于宣告本刑时一并宣告。	易笞条例	4			
247	尊亲属伤害卑幼,除该当刑律补充条例第八情形外,应依常律科罪论减。	暂行新刑律	313	刑法	296	
			54		77	
248	卖妻及子女,均应依补充条例第九条处断。	暂行刑律补充条例	9			
249	私放票布即属秘密结社,应受治安警察法之制裁。如图保身家无知附和者,可适用刑律第五十四条处断。	治安警察条例	28			
		暂行新刑律	54	刑法	77	
250	审、检各厅通译生,应认为刑律上之职员。	暂行新刑律	83	刑法	17	
251	上诉人经两次传案不到撤销上诉者,为缺席判决之一种,以用判决或决定行之,均无不可,但应许其依法声明室碍。	各级审判厅试办章程	67			
252	窃盗指明目的地,至中途被获者,应以窃盗未遂论。	暂行新刑律	367	刑法	337	
			17		39	
253	孀妇改嫁,如夫家及女家之祖父母、父母均已亡故,亦无夫家余亲,母家胞妹、服属、大功自可主婚。 童养媳未及成婚而夫死,除已解除关系回归母家者外,关于择配主婚权,以准用前清现行律例为宜。 养女抱养当时并无特别意思表示,应由养父母主婚。	前清现行律民事有效部分	婚姻门			
254	夺刀杀人不能另成强盗罪,弃尸行为应认为杀人之结果,自应依刑律第二十六条之规定,从一重处断。	暂行新刑律	26	刑法	74	

255	检察官因传证请求展期者,可依延展之期间扣除杀伤罪。选用鉴定人实施鉴定后仍无实效者,可依必待进行之期间扣除。	刑事诉讼审限规则	6		
256	初审判决既未确定批令,亦无执行明文,自应继续宣告判决。	刑事诉讼律	354	刑事诉讼法	309
257	仅止谩骂之文牍,不能构成公然侮辱罪。	暂行新刑律	10	刑法	1
258	窝主有共同实施行为,或于实施之际帮助正犯者,应以准正犯论。至引线,亦须照实际情形分别处断。	暂行新刑律	29	刑法	42
	奸夫因奸另犯他罪,奸妇未与共犯,应只论奸罪。	暂行新刑律	289	刑法	256
259	原告诉人不得为控告人。	县知事审理诉讼暂行章程	38		
260	掳人勒赎,虽未得财,应以既遂论。如有应减情形,仍用刑律酌减。	惩治盗匪法	4	惩治盗匪条例	2
261	依惩治盗匪法并刑律处徒刑案件,准其上诉。	盗匪案件适用法律划一办法	3	修正盗匪案件适用法律暂行细则	1
262	依惩治盗匪法处徒刑案件,准其上诉。	盗匪案件适用法律划一办法	3	修正盗匪案件适用法律暂行细则	1
263	经覆判章程之核准,决定其再审程序,以高等厅为原审衙门。	修正覆判章程	1	覆判暂行条例	1
		刑事诉讼律	447	刑事诉讼法	445
264	吸食鸦片,不问曾纳印花与否,均应科罪。	暂行新刑律	271	刑法	275
265	以一行为而诬告多数人者,仍应以数罪俱发论。	暂行新刑律	182	刑法	180
			23		69
266	伪造未经政府准许发行之银行银钱票,应以有价证券论。如已得省长正式允准或追认者,自应依刑律第二百二十九条第三项处断。	暂行新刑律	229	刑法	211
267	判决确定后发觉余罪者,应由该管检察官起诉。	刑事诉讼律	308	刑事诉讼法	253
268	强盗杀人,以实施之际有共同意思者,乃负共同责任。	暂行新刑律	376	刑法	350
			29		42

269	累犯之刑期，应合并计算。	暂行新刑律	19	刑法	65
270	请求指定管辖，须二处以上之审判衙门有积极争议者，始得适用。	刑事诉讼律	18	刑事诉讼法	10
271	捏名禀控，并非虚伪之事实者，应不为罪。	暂行新刑律	10	刑法	1
272	关于典当房地回赎时效，应斟酌典契之有无期限、经过期间之长短、价值相差之比例及收赎之方法，逐一订定，方无窒碍。	民律草案	三编六章四节	民法	三编八章
273	不合法之抗告，原厅得径行驳回。	民事诉讼律	599		
274	试办章程第五十四条及第五十二条规定，均非强行法规。如母子之间或职官、妇女、老幼、废疾为被告，均可类推解释，一律适用。	各级审判厅试办章程	54 53		
275	窃盗图脱伤人致死，应依刑律及惩治盗匪法处断。但斟酌情形，仍得适用刑律总则之规定。	惩治盗匪法 暂行新刑律	3 374	惩治盗匪暂行条例 刑法	1 350
276	原告诉人对于邻县第二审判决如有不服，可直接请求高检厅提起上告。	县知事审理诉讼暂行章程	36		
277	监犯再犯确定后更定其刑，应以决定行之。	刑事诉讼律	480	刑事诉讼法	498
	俱发罪各确定判决中，若有应送覆判案件，无论该判决曾经覆判与否，均应将决定连同各判决并送覆判。	修正覆判章程	1	覆判暂行条例	1
278	侵害财产法益之犯罪，应依鉴定范围计算罪数。	暂行新刑律	367	刑法	337
279	官吏犯赃治罪法，可以适用刑律总则各规定。	暂行新刑律	9	刑法	9
280	伪造契据，应构成刑律第二百四十三条之罪。如经投税由官署黏尾盖印者，更犯第二百四十三条及第二百四十一条之俱发罪，从一重处断。	暂行新刑律	26	刑法	74
281	婢女被人和诱，其主人可认为利害关系人，得声请检察官指定代诉人。	刑事诉讼律	365	刑事诉讼法	217

	公诉权之时效，以最重主刑为计算之标准。	暂行新刑律	69	刑法	98
282	略诱、和诱，以犯罪完成之日为时效之起算点。如离婚在时效到来之后，则公诉权当然消灭，并无中断之可言。	暂行新刑律	69	刑法	97
	妾之身分与妻不同，被略诱、和诱人与犯人为妾而非正式婚姻，刑律第三百五十五条第二项不能适用。	暂行新刑律	355		
283	妨害公务罪被［妨害］之官员，自应声明回避。	县知事审理诉讼暂行章程	5		
		各级审判厅试办章程	10		
284	已判盗匪之罪，经巡按使发见原判引律错误，饬由该被告人所在地审判衙门依法办理，应分别已未确定，依盗匪案件适用划一办法之二，并援用暂行刑律第三十三条及第二十四条规定处断。	盗匪案件适用法律划一办法	2	修正盗匪案件适用法律暂行细则	3
285	上诉期间之起算点。	民事诉讼律	533 572		
286	仅为强盗炊爨，不能以从犯论。	暂行新刑律	31	刑法	44
287	掘墓凿开两棺，应以一罪论。	暂行新刑律	260	刑法	263
288	覆判审发回原审之案，其覆审仍以第一审论。在覆判确定前之拘禁，当然为未决羁押。	修正覆判章程	5	覆判暂行条例	5
289	批与决定实质上虽无区别，但现行规例应用决定者，不得用批；应判决者，不得用决定。	县知事审理诉讼暂行章程	38		
		修正覆判章程	4	覆判暂行条例	4
290	被告人于覆判判决后误认为县判提起控诉者，应认为业经声明不服。如不合法，得以决定驳回，惟仍准其抗告。	修正覆判章程	11	覆判暂行条例	11
291	猥亵邻女，复以妨害生命胁迫女父自缢致死，应依俱发罪论。	暂行新刑律	284 357	刑法	241 319
292	国贼条例之设，本由刑律外患罪推广而出，以有卖国之行为为断，范围本极狭小。	惩办国贼条例	2		
293	宣告判决后不能再讯问证人，唯检察厅之侦查并无制限。	刑事诉讼律	一编三章四节	刑事诉讼法	一编七章

294	养父母应包括在尊亲属之内。养子不受管束，揪打养父母成伤，自应依刑律第三百一十七条处断。	暂行新刑律	317	刑法	298
295	奸夫谋杀本夫，奸妇事前既已拦劝，事后又复喊叫，并无同谋及实施之行为，不能以杀人共犯论，只应科以奸罪。	暂行新刑律	289	刑法	256
296	谋杀逆伦重案，不能仅据自白为判决之根据。依照覆判章程，应为覆审之决定，并提审严密研讯，期无枉纵。	修正覆判章程	3 4	覆判暂行条例	3 4
297	官吏受贿，对于所行职务并无违反法令之结果者，应以不枉法赃论。	官吏犯赃治罪法执行令			
298	县诉章程第三十八、[第三十]九两条关于原告诉人呈诉不服程序，依文理解释，其无理由者，准驳之权应归诸审判衙门，于施行并无窒碍。	县知事审理诉讼暂行章程	38 39		
	附带犯罪以诉讼事实罪实上有牵连者为限，其情形可分五种。本院三年上字二九六号判决已有先例，可资参照。	各级审判厅试办章程	27		
299	第一审有漏未判罪之人，自应发交第一审审判。至第一审对一人已起诉案件而有漏未判罪之部分，可由控告审并为审判。	刑事诉讼律	384	刑事诉讼法	385
	共犯将执行或有病危情形，依诉讼法则本可以他案记录采为本案证据。如必要时亦可通知该管检察厅迅先取供，此种情形不在刑诉草案所谓应急速审理之列。	刑事诉讼律	256 257	刑事诉讼法	292条2项
300	高等分庭之办事权限，应照高等本厅办理。	法院编制法	31		
301	修改覆判章程第八条之控告案件，应照通常控告程序办理。	刑事诉讼律	372	刑事诉讼法	375
302	人事诉讼，如一造不到案而证据确凿者，仍得判决。惟此种判决仍属通常判决，只许上诉，不能声明窒碍。	民事诉讼律	531		
303	检察官对于同一被告人指明数罪起诉，经审判之结果仅成立一罪者，判决主文中只需列举有罪部分之罪刑，唯理由中应将无罪部分列入。	刑事诉讼律	251	刑事诉讼法	323 324

304	审判衙门命令羁押或取保者，检察厅不能取消该命令，但得请求审厅撤销。	刑事诉讼律	108 109	刑事诉讼法	72 74
	吸食有印花税鸦片烟仍构成犯罪。	暂行新刑律	271	刑法	275
305	审理亲告罪中又发见其他亲告罪者，仍须亲告乃论。	刑事诉讼律	236	刑事诉讼法	215
306	原告诉人对于县知事判决呈诉不服，后声请撤销者，应即照准。	各级审判厅试办章程	66		
307	犯罪人保外潜逃，应依脱逃罪处断。	暂行新刑律	168	刑法	170
308	诬告在未至确定审判前自白者，仍免除其刑。	暂行新刑律	182条2项	刑法	184
	被责付之家属犯补充条例第二条之罪者，应依该条三项免除其刑。	暂行刑律补充条例	2		
309	预审或公判中，检厅认为应讯问被告人者，得请求预审推事或审判衙门讯问。若系侦查他案应行讯问，得径行讯问。其笔录中足供预审或公判案件之参考者，应送交预审推事或审判衙门。	刑事诉讼律	65	刑事诉讼法	64
310	案件虽由覆判发发还或交，若覆审后既经控告，其性质自与通常控告案件无异，自不能仍以覆判案件论。	刑事诉讼律	372	刑事诉讼法	375
311	先后行窃，若犯意继续者，应以连续犯论。	暂行新刑律	28	刑法	75
312	于定婚之初不将患有不易治疗之疾病或为常情所厌恶之疾病通知，得彼造之情原，应准解约。	前清现行律民事有效部分	男女婚姻门		
313	控诉衙门以批示却下之控诉案件，当事人于上诉期间内既不抗告，并服执行原判，即认为确定。	民事诉讼律	547		
314	以堂谕代判词之案件，如经当事人合法上诉，自应补作判词。	县知事审理简易案件办法			
315	盗匪案件适用法律划一办法之三前段所谓"应依刑律减处徒刑"，系指刑律第三百七十三条之犯罪，依惩治盗匪法第二条规定，可依该法处死刑并可依刑律分别处徒刑而言。	盗匪案件适用法律划一办法	3		

316	为盗执炊而无故意者，不能为罪。	暂行新刑律	13	刑法	24
317	羞忿自杀以被害人为限，不包括被害人之夫及父母。	暂行新刑律	287条2项	刑法	240条5项
318	预审决定如检察官声明抗告，应提出于原审厅或加其意见书，送上级审。	刑事诉讼律	421	刑事诉讼法	419
319	对于审判决定抗告期间，既无明文规定，自应依普通上诉期间计算。其对于本院声明者，亦应遵照本院上诉期间事例，自翌日起算为十日。	各级审判厅试办章程	60	刑事诉讼法	417
	抗告中未经抗告审或原审以决定停止执行，自应不停止执行。审判衙门对此种声明不能拒绝审判，虽系不遵期间、不合程序者，亦应以决定驳回。	刑事诉讼律	422	刑事诉讼法	420
320	聚众械斗，如有预约并指明处所，且有妨碍地方静谧之虞者，应照骚扰罪暨杀伤罪处断。	暂行新刑律	164 318	刑法	156 300
321	犯罪行为虽系同一事实而情形各别者，应各自构成一罪。	暂行新刑律	24	刑法	72
322	殴落牙齿，以轻微伤害罪论。	暂行新刑律	313条3项	刑法	293条1项
323	监禁尊亲属致自杀者，应依监禁尊亲属处断。	暂行新刑律	345	刑法	317
324	枉法赃应依官吏犯赃治罪法执行令第二条办理。	官吏犯赃治罪法执行令	2		
325	县知事对于应行回避之案径行判决，得依各级审判厅试办章程办理。	县知事审理诉讼暂行章程	5		
326	经征员串吞国税，捏称被劫，藏匿共犯，应依藏匿犯人罪及侵占罪处断。	暂行新刑律	177 392	刑法	356
327	被告人不服检察官之羁押，得请求再议。	刑事诉讼律	289	刑事诉讼法	251
328	同为第一审判衙门发见引律错误，有无改判之权，应分别已、未确定。	盗匪案件适用法律划一办法	2	修正盗匪案件适用法律暂行细则	3
329	两官吏共同得赃至五百元者，依刑律总则共同正犯论。	官吏犯赃治罪条例	2		
330	第一审管辖错误，经判决后上诉于地方厅者，得依刑诉草案第三百八十四条第三项办理。	刑事诉讼律	384条3项	刑事诉讼法	385条3项

331	控告案件，不能适用覆判程序。	刑事诉讼律	372	刑事诉讼法	375
332	盗匪案件第一审误引刑律，经控告审发见，应适用惩治盗匪法处断者，应依划一办法第二之乙款办理。	盗匪案件适用法律划一办法	2	修正盗匪案件适用法律暂行细则	3
333	审判确定后尚未执行，及已在执行中脱逃者，均以累犯罪论。	暂行新刑律	19	刑法	65
334	易刑、缓刑，均以宣告刑为标准，而非以执行刑为标准。故同时宣告数个五等有期徒刑或拘役者，得各别易刑。又同时宣告数个四等有期徒刑以下之刑，亦得缓刑。	暂行新刑律	44 63	刑法	90
	盐店售盐搀和沙水，如照普通市价贩卖，买者亦不知情，则应以诈欺取财论。被害者既非一家，亦应依财产法益之例，以数罪俱发论。	暂行新刑律	382 23	刑法	363 69
335	业主主张地系民地，佃户主张地系佃地之诉讼，其实系争执其地上有无永佃权之存在，自应依民诉律第十一条定其管辖。	民事诉讼律	11		
336	贩运制钱及销毁钱币，律无正条不为罪。	暂行新刑律	10	刑法	1
337	预审决定曾经宣告者，仍应自宣告日始为上诉期间起算点。至检察官于上诉期间内向审厅以言词或书状声明不服者，认为合法上诉。	刑事诉讼律	358	刑事诉讼法	363
338	匿名告发无庸受理，但检察官因其情形亦可以施实侦查。至匿名诬告，应依刑律诬告罪处断。	刑事诉讼律	361	刑事诉讼法	230
		暂行新刑律	182	刑法	180
339	人民向肃政厅告发曾经任职之官员于在职时之行为，以告诉告发官吏论。诬告者，仍构成诬告罪。	暂行新刑律	182	刑法	180
340	受盗嘱托搬运赃物，不得认为帮助犯，应构成搬运赃物罪。	暂行新刑律	397 条 2 项	刑法	376 条 2 项
	保辜期间，除抬验程序仍可酌用外，其他已失其效力。至关于刑律论罪之标准，暂行刑律已有规定。	暂行新刑律	88	刑法	20

	因猥亵行为杀死孕妇，不问是否知其有孕，均属犯俱发罪。若因谋夺产业而故杀孕妇，意在致胎儿于死以绝兄后，应以杀人罪论。	暂行新刑律	311	刑法	282
	刑律第十一条既定责任年龄为十二岁，则未满十二岁之行为当然不为罪。	暂行新刑律	11	刑法	30
341	受匪雇用专探官军消息，在事前以从犯论；在实施中以准正犯论；被获后为便利脱逃者，以脱逃罪论。	暂行新刑律	31 29 171	刑法	44 42 171
342	因贫卖妻可为离婚之原因。知情故买者，不能论罪。	暂行刑律补充条例	9		
343	印花税法之罚金，其性质系行政罚，审、检厅均可直接处分。	印花税法罚金执行规则	2	印花税暂行条例	5
344	预审决定检察官如有不服，得依抗告程序行之。	修改各级审判厅试办章程	22		
	请求惩戒之案，得准请求人撤销。	暂行刑律补充条例	11		
345	覆判案件刑期，应由覆判确定之日起算，唯应斟酌未决折抵之规定。	修正覆判章程	13	覆判暂行条例	13
346	蒙古未设司法机关以前，所有判决死刑、无期徒刑之案件，暂由大理院覆判。	修正覆判章程		覆判暂行条例	
347	掳人价卖，系意图营利以强暴略诱，与刑律第三百五十一条相当。若系三人以上携带凶器犯者，依刑律补充条例规定，得处死刑。	暂行新刑律 刑律补充条例	351 10	刑法	257
	在徒刑执行中复犯二罪，合于累犯条件者，均为累犯，各加本刑一等，再依俱发罪处断。	暂行新刑律	19 23	刑法	65 69
348	强盗同时抢劫三家财物，该三家虽同在一院内居住，若明知其非一家且其财物不属于共同监督范围内者，自应以三罪俱发论。	暂行新刑律	23	刑法	69
	强盗预定某日强抢某家，在未起身时被捕者，系尚在预备时期，并未着手，不能以未遂犯论。	暂行新刑律	17	刑法	39

349	试办章程第十条所称"前审"二字，系指同一之推事在下级审曾参与审理者而言，发还更审之案当然不能包括。惟为维持公平起见更厅易人办理，亦与该章程所称"回避原因"无关。	各级审判厅试办章程	10		
	声请拒却是否正当，由审判厅依通常决定程序办理。	法院编制法	5		
			6		
350	甲走失八年无信，乙善意娶甲妻为妇，毋庸强之归甲。	前清现行律民事有效部分	出妻条		
	合定婚条件之童养媳，准用律例出妻条"夫逃亡三年不还，听其改嫁"之例。事前虽未告官，如逃亡别有证明，即仍有效。	前清现行律民事有效部分	出妻条		
351	新缺席判决，须接连二次不到。	民事诉讼律	506		
352	驳斥不合法上诉之裁判虽经确定，若再上诉，自可一面驳回，一面指示向第一审管辖衙门另诉，仍依通常程序办理。	民事诉讼律	538		
353	同一家长之妾，苟系同为家属，自应认为有亲属关系。	暂行刑律补充条例	12		
354	原告诉人对于原告诉部分之判决声明不服，即属被害人之声明，应归检厅处分。	刑事诉讼律	388	刑事诉讼法	386
355	平除未经埋葬之空坟，只能照毁弃损坏罪处断。	暂行新刑律	405	刑法	381
356	刑律第六十二条"从刑不随主刑加重减轻"之规定，其既遂从刑，若系必褫夺公权者，其未遂亦应褫夺公权。	暂行新刑律	17	刑法	39
			62		89
357	覆审判决改依惩治盗匪法处断之案，仍应查照惩治盗匪法各种程序办理，当然不得上诉。	惩治盗匪法	5	惩治盗匪暂行条例	3
358	未婚夫及姑抑勒童养媳卖娼，准其离异。	前清现刑律民事有效部分	犯奸门		
359	替强盗向人说合，回赎被掳之人，以准正犯论。	暂行新刑律	29	刑法	42
	强窃盗之共同正犯，中途因别故不行，其所谓"别故"，系出于自己任意中止者，为准未遂犯；非出于己意而因他故不行者，为未遂犯。	暂行新刑律	17	刑法	39

	亲告罪之告诉不以书状为限，其到案陈述请求处罚，自可认为有告诉权者之告诉。	刑事诉讼律	263	刑事诉讼法	215
360	因奸酿成其他犯罪，系指奸夫或奸妇犯他罪，其犯罪行为与奸行有相当因果关系而言，且以和奸为限。	暂行刑律补充条例	7		
361	重婚非无效行为，未经取消以前，其告诉仍为有效。	刑事诉讼律	263	刑事诉讼法	215
362	伪造生银，应依诈欺取财罪处断。	暂行新刑律	382	刑法	363
363	胞侄对于出继之伯叔，不得谓为同父周亲。	前清现行律民事有效部分	户役门		
364	女子成年未嫁者，尊亲属有告诉权；孀居者，夫之尊亲属亦有告诉权。	暂行刑律补充条例	6		
365	邮局员洗用旧邮票，应比较伪造文书及诈欺取财罪从一重处断。	暂行新刑律	26	刑法	74
366	妇女犯罪，亦应依法褫夺公权。	暂行新刑律	46条5项	刑法	56
367	县知事被人诬告而撤任者，不能谓为已受惩戒处分。	知事惩戒条例	1	惩治官吏法	2
368	受寄一人之赃虽至数次，不能以连续犯论。	暂行新刑律	28	刑法	75
369	向官署投递白禀，肆行诋毁，不能谓为公然侮辱。	暂行新刑律	155	刑法	146
	共同正犯与准正犯科刑，原不必定须相等。得由有承审官斟酌犯罪情节、犯人性质，分别处断。	暂行新刑律	29	刑法	42
370	为强盗把风乃实施行为之一种，认为共同正犯。立于房门外者，无论认为把风与否，于罪之出入无关。	暂行新刑律	29	刑法	41
371	婚姻须得当事人之同意。	前清现行律民事有效部分	婚姻门		
372	孀妇有子招夫，仍有代理其子管理财产之权。	民律草案	1412条		
373	发还更审案件，原审官毋庸回避。	各级审判厅试办章程	10		
374	县知事以一身兼审判、检察两种职权，其批谕自有决定与检察处分两种性质，应分别办理。	县知事审理诉讼暂行章程	37		

375	犯强盗罪者，审判官得斟酌情形适用惩治盗匪法或刑律。至窃盗临时行强，伙盗在外看守未同下手者，仍以窃盗论。	暂行新刑律	373	刑法	346条3项
			367		337
376	平毁坟墓，如无发掘情形，应依发掘坟墓及毁弃损坏罪，从一重处断。	暂行新刑律	257	刑法	261
			406		282
			26		74
377	王公府夫役人等伪造印照，应构成伪造公文书、公印等罪。如假冒名义放荒勒捐，应构成诈欺取财罪。	暂行新刑律	239	刑法	225
			382		363
378	移尸胁迫，应构成妨害安全及妨害秩序之罪。	暂行新刑律	357	刑法	319
			225		320
379	渎职罪中"行求"二字，须指定具体贿赂，但不限于提供。	暂行新刑律	142	刑法	128
380	庭讯时指官吏受贿毫无实据，应构成侮辱官员罪。	暂行新刑律	155	刑法	146
381	漏未起诉部分，应速通知检厅起诉。	刑事诉讼律	308	刑事诉讼法	253
382	呈诉不服，已逾法定期间者，得由检厅驳斥，毋庸送审。	刑事诉讼律	424	刑事诉讼法	422
383	原告诉人对于第二审裁判，不得呈诉不服。	刑事诉讼律	424	刑事诉讼法	422
384	当事人于判决后仍请续审者，应由原厅依法办理。如仅误解程序非不愿上诉，而递状又在上诉期间内者，准由原厅指令补具上告状，呈送上告审。	民事诉讼律	574		
385	帮助勒赎，如有不能抗拒之危难强制，而出于不得以之行为者，不为罪，或减轻其刑。	暂行新刑律	16	刑法	37
386	未得孀妇同意，私行强嫁取得财礼，其出嫁行为实为卖之变相，应依补充条例第九条适用刑律，照营利略诱论罪。	暂行刑律补充条例	9		
387	试办章程第六十六条所称"检察官"，系包括各级检察官而言。	各级审判厅试办章程	66		
388	县判罚充苦力，如其行为性质系触犯刑律者，应以受徒刑之执行论。	暂行新刑律	19	刑法	65

389	代匪寻购枪炮，系刑律制造收藏军用枪炮罪之事前帮助犯。	暂行新刑律	205	刑法	201
390	盗匪案件，县知事误引刑律，应依盗匪案件适用法律划一办法办理。	盗匪案件适用法律划一办法	2	修正盗匪案件适用法律暂行细则	3
391	治安警察法系特别刑法，审判厅自可援引。	治安警察法			
392	意图财物而杀人者，应依刑律第三百一十一条处断。若杀人而不法取得财物，如谋害行旅等，应以强盗杀人论。	暂行新刑律	311	刑法	282
			376		350
393	意图损害他人业务上信用而假冒商号者，以诈术妨害信用罪处断。	暂行新刑律	359	刑法	330
394	刑律"本夫"系指已成婚之夫而言，未婚夫当然无告诉权。	暂行新刑律	294条2项、3项	刑法	259
395	试办章程所称"诉讼费用"，不能有审判上、审判外之分。	各级审判厅试办章程	84		
396	民事上告及抗告案件，如不遵缴诉讼费用或声请救助者，即视为撤销上诉。	民事诉讼律	125		
397	盗取遗骨勒赎，尚无恐吓情事者，得依刑律第二十六条比较第二百五十八条第二项及第三百八十二条，从重处断。	暂行新刑律	26	刑法	74
			258		262
			382		363
398	盗匪案件再审改处徒刑者，应准上诉或送覆判。	盗匪案件适用法律划一办法	2	修正盗匪案件适用法律暂行细则	
399	数人与一妇和奸，内一人因奸犯罪，余人不知情者，仍候告诉乃论。	暂行新刑律	294	刑法	259
	一妇与数人相奸，若犯意继续者，应以连续犯论。	暂行新刑律	28	刑法	75
400	关于民事上诉期间之起算，应查照司法部通饬办理。	各级审判厅试办章程	61		
401	补充条例之监禁处分与刑罚不同，应分别执行。	暂行刑律补充条例	11		
	官吏于缉获盗匪或内乱罪人，未经长官核准即行枪毙，均应以杀人罪论。	暂行新刑律	311	刑法	282
	明知为略诱妇女而为中保媒证者，不问有无得财，应依实施中帮助正犯，以准正犯论。	暂行新刑律	29	刑法	42

	刑法补充条例第九条和卖、强卖罪之规定,有营利、非营利之区别。如因贫卖子女者,即非营利。	暂行刑律补充条例	9		
	刑事缺席判决声明窒碍,自可准用民诉程序。	民事诉讼律	498		
402	以被告人辩论为根据之判决,既以当事人辩论为根据,仍系对席判决,不能以缺席判决论。	刑事诉讼律	250	刑事诉讼法	180
	刑事声明窒碍期间,准用上诉期间,为十日。	各级审判厅试办章程	60	刑事诉讼法	363
403	官吏滥罚充公并未入已,应依渎职罪处断。又藉案索诈,应以诈欺取财论。	暂行新刑律	148	刑法	134
			382		363
404	乡人扫括盐土意图自用者,不能谓系制造私盐。至私盐治罪法第二条所列数目,自系指净盐而言。	私盐治罪法	2		
405	奸夫被人仇杀,奸妇未经尊亲属告诉,不能论罪。	暂行刑律补充条例	6		
406	装运制钱,无销毁剪边情事,不为罪。	暂行新刑律	10	刑法	1
407	未经牌示又不合法宣示之判决,显然违法,自属无效。	县知事审理诉讼暂行章程	31		
408	变价乃就具体物实施没收处分之一种办法,罚金系抽象的财产罚,二者性质不同,不能混而为一。	暂行新刑律	48	刑法	60
			45		55
409	孀妇和奸,如未因奸酿成他罪,自不能仅以第三人之犯罪,指为与奸行有相当因果关系。若有相奸者之尊亲属告诉,则以和奸论罪。	暂行刑律补充条例	7		
			6		
410	覆判权限,系以法定刑为标准。	高等审判分庭管辖条例			
411	事前同谋图劫事后得赃,虽未行劫,应以共同正犯论。惟伤害事主既非预知,自不应负责。	暂行新刑律	373	刑法	344
			29		42
412	合并刑期之执行,应由审判厅以决定更定其刑。	暂行新刑律	24	刑法	72
413	审判确定后,尚未执行而另犯他罪者,应将后罪判决后,与前罪之刑合并执行。	暂行新刑律	19	刑法	65
414	事前着手后得赃,虽未行劫,应以共同正犯论。	暂行新刑律	29	刑法	42

415	故将连界之他人地址盗卖者,应以诈欺取财论。	暂行新刑律	382条2项	刑法	363条2项
416	再审之诉,不以上告后未经通知答辩为理由。	民事诉讼律	三编五章		
417	知情代运赃物者,系共同侵权行为,应连带任赔偿损害之责。	民律草案	950	民法	185
418	经认知之同姓奸生子,对于异姓乱宗之案亦得有告争权。	前清现行律民事有效部分	卑幼用财条		
419	窃采矿质并冒充矿局总办张贴告示、刊刻印信,应依刑律伪造公文书、公印及矿业条例,从一重处断。	暂行新刑律	26	刑法	74
420	初判失出,应为覆审之决定。	修正覆判章程	4条3项	覆判暂行条例	4条3项
421	共谋上盗,因落后未至盗所,如事后未得赃物者,应以未遂犯论。	暂行新刑律	379	刑法	343条3项
422	以诬告一人之目的向各机关投诉者,应以一罪论。	暂行新刑律	182	刑法	180
423	当事人亡故无人继受时,诉讼程序应即中止。至县判未用正式判决者,由第二审依法办理。	民事诉讼律	238		
424	民事债权案件,诉讼人向未出庭,纯由律师始终完全代理;终审败诉,败诉人离省,可向其在省财产执行,代理人不负何等责任。	民事诉讼执行规则	52		
425	聚众骚扰时,执重要事务之一人犯刑律第一百六十六条之罪,首魁及其余执重要事务者,应共同负责。	暂行新刑律	166	刑法	157
426	诈取墨票,如系流通性质之汇票等,应以诈欺既遂论,否则以未遂论。	暂行新刑律	382	刑法	362
427	告人四罪,有二罪系属虚伪,仍应以诬告论罪。	暂行新刑律	182	刑法	180
428	兼祧双娶后之妻,应认为妾。	暂行刑律补充条例	12		
429	未宣示之判决经被害人逾期上诉,应发交该县补行宣示程序。	县知事审理诉讼暂行章程	31		
430	累犯罪在释放后发觉者,不能更定其刑。	暂行新刑律	21	刑法	67

431	意图杀人而中伤他人者，须以有无预见为断。若有预见，应依被害人数，各论以杀人未遂罪；若无预见，则分别有无过失，而断定其应否论过失杀伤。	暂行新刑律	327	刑法	382条2项
			324		301条1项
432	县判决之上诉期间，应自宣示之日始。如未宣示者，自属无效。	补订高等以下各级审判厅试办章程	5		
433	甲、戊、己合谋捉奸送官，奸夫持刀突出，经戊、己用棍砖格伤，应以正当防卫论。甲取苇枪格伤奸夫倒地并扎伤其足部，应以防卫过当论。	暂行新刑律	15	刑法	36
434	土地管辖权系属于二处审判衙门，声请移转应依刑诉律草案第十六条办理。	刑事诉讼律	16	刑事诉讼法	17条2项
435	高等检察厅对于县知事判决案件，均可声明控诉。至其上诉期间，应依县知事审理诉讼暂行章程计算，并除去在途之日。	各级审判厅试办章程	59		
		县知事审理诉讼暂行章程	40		
436	营汛官兵及警备队军属侦探，均当认为陆军刑事条例之准军人。	陆军刑事条例	8	刑事诉讼法	5
437	舅姑抑勒子妇与人通奸，其本夫知情而不阻止者，许其离异。	前清现行律民事有效部分	犯奸条		
438	私藏军用枪弹，应依刑律私藏军用枪炮罪处断。	暂行新刑律	205	刑法	201
439	三人在途行劫，轻微伤害事主者，仅构成刑律第三百七十四条第一项之罪。	暂行新刑律	374条1项	刑法	344
	单刀、木棍，应认为刑律补充条例第十条之凶器。	暂行刑律补充条例	10		
440	强盗威赫他人因而致死者，应以强盗致人死论。	暂行新刑律	374条3项	刑法	343条2项
441	统字第二百号函内所称"上告"二字，系"上诉"二字之误缮，即指抗告程序而言。	县知事审理诉讼暂行章程	38		

442	伪造钱帖,除官许兑换券外,应以伪造有价证券论。	暂行新刑律	242	刑法	226
	陆军刑事条例与惩治盗匪法之犯罪者,自应依刑律以俱发罪论。	暂行新刑律	23	刑法	69
443	共同实施犯罪行为,应以共同正犯论。唯行为有轻重之别,则处刑亦自有伸缩之余地。	暂行新刑律	29	刑法	42
			54		76
444	两村私斗,如妨害地方静谧者,应认为骚扰罪。因而宰食他人之鸡豕,应以窃盗或侵占分别科断。	暂行新刑律	165	刑法	157
			368		338
			393		358
445	行亲权之父母请求惩戒其子,得直接向审判衙门呈诉。但父在,应以父之意思为断。	暂行刑律补充条例	11		
446	被伤害人因他故致死,应分别伤害轻重处断。	暂行新刑律	88	刑法	20
447	偶然斗牌俱乐,如有赌博财物等情,仍应依赌博罪处断。	暂行新刑律	276	刑法	278
448	兼理司法之甲、乙两县均有土地管辖权,甲县先受公诉,自应定为管辖审判衙门。又甲县为兼理司法县知事,乙县已设地方审检厅,如县知事先有受诉之意思表示者,亦可认为先受公诉。	刑事诉讼律	15	刑事诉讼法	19
449	贿串中证,意欲吞没承当地亩,应以占侵罪论。	暂行新刑律	391	刑法	356
450	被伤害人死于非被所受之伤,不能谓为因果关系。	暂行新刑律	313条3项	刑法	293
451	强盗未遂,惩治盗匪法并未规定,应依刑律处断。	暂行新刑律	379	刑法	344
452	县知事对于甲、乙两人判罚苦力及种树而不引律科刑,虽属裁判失当,但甲、乙不于上诉期间内声明控诉,实自舍弃其上诉权,例应视为确定。过期控诉,合予决定驳回。至后甲再犯罪,亦不能以再犯及俱发论。	刑事诉讼律	376	刑事诉讼法	377

	第一审判处苦力一月并罚钱五十串，以给被害人，未引律条，亦未依据事实认定罪名，自属违法。控诉审衙门应以职权纠正。	刑事诉讼律	384	刑事诉讼法	385
	妇女与人通奸，而有共同谋杀本夫之嫌疑者，初判虽宣告无罪，亦应一并覆判。	覆判章程	3	覆判暂行条例	3
	委人代理上诉，委任状虽未说明代理权限，然未请求票传本人，亦自得因其情形，视为于诉讼上一切行为均为本人代表，得径向代理人传讯。如两次传不到案，即予撤销，于法并无不合。	刑事诉讼律	52	刑事诉讼法	272
453	官员侵占公署财产，应由该管行政官署派人代行私诉。	民事诉讼律	95		
454	前夫之子女与后夫前妻之子女婚配，无血统关系，不在禁止之例。依律夫亡携女适人者，其女从母主婚。	前清现行律民事有效部分	男女婚姻条		
455	承继告争权，限于应继者及其代理人。	前清现行律民事有效部分	卑幼私擅用财条		
456	再审原因所谓"发见可受利益裁判之书状"，系指一切公私书状而言。	民事诉讼律	605条11项		
457	盗卖坟山树木，不得谓为森林，应依窃盗罪处断。	暂行新刑律	367	刑法	337
458	刑律补充条例之监禁处分，纯系惩戒作用，不能认为刑罚制裁。	暂行刑律补充条例	11		
459	共谋上盗，半途己意中止，事后检获余赃藏匿，应以强盗中止及侵占论罪。	暂行新刑律	18 393	刑法	41 358
460	判例与法令解释有歧异者，应以最近之判例或解释为标准。	覆判章程	3	覆判暂行条例	3
461	夫强妻再嫁未得财者，不能以强卖论。但有强暴胁迫者，应依刑律第三百五十八条处断。	暂行新刑律	358	刑法	318
462	强奸未遂用刀伤害妇女致死，应以刑律第二百八十七条第一项第一款处断。	暂行新刑律	287条1项1款	刑法	240条4项
	强奸未遂杀死妇女，适用刑律补充条例第四条处断。	暂行刑律补充条例	4		

463	聚众骚扰而犯杀伤、放火、决水、损坏等罪实施不明者，应共同负责。	暂行新刑律	166 29	刑法	157 42
464	奸夫杀死本夫，奸妇事前并未同谋，实施时又不知情，不能以从犯论。	暂行新刑律	31	刑法	44
465	甲和卖妻乙与丙为妻，而复诬丙奸拐，甲之和卖应依略诱及诬告处断，丙成立罪名与否，应以有无预谋为断。既系和卖，奸非罪自不成立，乙妇应离异归宗。	暂行新刑律	349 182 14	刑法	257
		前清现行律民事有效部分	纵容妻妾犯奸条		180
466	私运火硝，应以贩运军用爆裂物处断。	暂行新刑律	205	刑法	201
467	夫外出无踪，妇与人和奸，其姑之告诉权应以其夫是否失踪为断。如果可认为失踪，应援补充条例以无夫论，其姑告诉当然有效。	暂行刑律补充条例	6		
468	意图酬金而代人收买伪票或票板并交付于人者，系伪造货币罪实施中之帮助犯，应以准正犯论。	暂行新刑律	232 29	刑法	212 42
469	盐务缉私兵与警察性质相同，其犯罪应适用同一之刑律。	陆军刑事条例	1		
470	兄亡以嫂为妻者，或弟亡以弟妇为妻者，既犯婚姻制防。其男女间媾和，即属奸非罪。	暂行新刑律	290	刑法	245
471	售卖或私自修理枪支，均应依刑律第二百零五条处断。	暂行新刑律	205	刑法	201
	持械率众强抢已聘之妇女完娶，应以略诱论罪，惟得酌减。	暂行新刑律	349	刑法	257
472	相奸酿成其他犯罪，系包括亲告罪而言。但所酿成之亲告罪未经亲告时，奸罪自不应论。	暂行刑律补充条例	7		
473	逞凶报复聚众骚扰并毁物伤人者，应构成骚扰及伤害损毁之俱发罪。	暂行新刑律	166	刑法	157 296 382 69

474	虚构事实，一状诬告二人，自应成立二个诬告罪。如诬告人捏造他人之名义，同为告发人并犯，应构成伪造私文书罪。至诬告人本无诬告之意思，因第三者所撰状词竟构成诬告行为，该第三人如有使他人受刑事处分之意思，亦应以诬告论。	暂行新刑律	182 243	刑法	180 224
	甲、乙因地亩纠葛原无涉讼之决意，经丙教唆起诉，藉此渔利，丙若果有诈财行为，应以诈欺取财罪论。	暂行新刑律	382	刑法	363
475	所丁于检查犯人时搜得烟土，匿不陈报，侵没入己，因而加以恐赫，应构成侵占罪。	暂行新刑律	392	刑法	357
	私带料土仅为意图贩卖，尚无买主即被搜获，如无诈欺行为者，不能构成刑律罪名。	暂行新刑律	382	刑法	363
	和奸案，本夫不能有只请究办奸夫，不究其妻之告诉选择权。	暂行新刑律	294条2项	刑法	259
476	强盗未遂，惩治盗匪法并未规定，应依刑律办理。	暂行新刑律	379	刑法	348条2项
477	强盗未遂，应依刑律第三百七十九条所举各本条处断。	暂行新刑律	379	刑法	348条2项
478	强盗罪既遂、未遂，不以得财与否为断。	暂行新刑律	373	刑法	348条1项
479	被告未经第一审判决提起控告，系不合法，仍应由审厅驳回。	刑事诉讼律	383	刑事诉讼法	383
480	凡以私人资格假行政官厅之处分为侵权行为之手段者，被害人得对于加害人向司法衙门提起民事诉讼。	民律草案	948	民法	186
481	初审判决后将卷宗遗失，控告审仍可照控告程序进行。	民事诉讼律	536		
482	县知事裁判，按照县诉章程本无必须送达副本之限制，且于第四十条明定"牌示"字样，故凡牌示有据或以较郑重之手续送达副本者，均认为合法，即起算上诉时间。	县知事审理诉讼暂行章程	40		

483	未成婚男子有犯奸盗而被处徒刑者，其已聘之妻自应许其悔婚另嫁。	前清现行律民事有效部分		男女婚姻门	
484	父在子不得为家财之主体，故子所欠之债无就其祖产执行之理。	前清现行律民事有效部分		别籍异财条	
485	义子既未归宗，无子立嗣，本宗族人自无干涉之余地。又遗弃小儿久失姓氏，已从养家之姓，则无子立嗣，自可择其养家同姓之子为后。	前清现行律民事有效部分		户役门立嗣违法条	
486	控诉案件无理由，未经审理而原告人死亡者，自可驳回。	刑事诉讼律	383	刑事诉讼法	384
487	上级审判衙门指定管辖之案件，自应受理。	刑事诉讼律	15 27条1款	刑事诉讼法	19 20条1项
488	抗告审推事不妨为公判推事及预审推事，亦得加入合议之数。	法院编制法	20		
489	甲、乙、丙、丁共同杀戊，疑为已死，停止实施，丁独自意图灭迹，将戊推水溺死。甲、乙、丙、丁之杀戊行为，应以杀人未遂论。丁推戊入水之所为既无杀意，除成立第二百五十八条之罪外，如有过失，仍应以过失杀论。	暂行新刑律	327 258	刑法	282 262
	甲、乙、丙、丁共杀死甲子戊，甲以戊忤逆而起杀意，惟丙独以戊在有碍其与戊母奸情而决其心，则丙与戊母奸非行为虽未亲告，应依补充条例第七条，仍论刑律第二百八十九条之罪。	暂行刑律补充条例 暂行新刑律	7 289	刑法	256
490	当事人对于声请移转管辖之决定，如违例抗告，仍应上级衙门核办。	刑事诉讼律	417	刑事诉讼法	415
491	指使已嫁之女卖奸，以引诱卖奸论。其女犯奸，既经亲告，亦应依奸非罪处断。	暂行新刑律	288 289	刑法	246 256
492	交付而未收受前之贿赂，仍得没收。	暂行新刑律	48	刑法	60
493	共同行劫虽行为各异，仍应以共同正犯论。	暂行新刑律	373 29	刑法	344 42

494	审判衙门不受检察厅侦查笔录之拘束，第二审审判衙门不受第一审讯问笔录之拘束。	刑事诉讼律	327	刑事诉讼法	281
	连续犯以意思连续为要件，审判官应调查认定之，并不受被告人供述之拘束。	暂行新刑律	28	刑法	75
495	试办章程第二十二条所谓"应付预审案件"，当然不包括初级管辖之案件，自不得以地、初合厅之故，遂谓初级管辖案件亦可预审。	各级审判厅试办章程	22		
	依试办章程第一百零四条规定，除拘役、罚金外，只能请求预审，不能径付公判。	各级审判厅试办章程	104		
496	省议会无弹劾法院之权。	省议会暂行法	17		
497	告诉无效之奸非罪，因奸酿成其他犯罪时，不应论奸罪。	暂行刑律补充条例	7		
498	堂谕代判词认为有效与否，依县所引律文论。	县知事审理诉讼暂行章程	29		
499	受寄漏税物或违禁物，并将原物变更因而获利者，前者不构成刑律上之犯罪，后者应以贩运违禁物之共同正犯。	暂行新刑律	10	刑法	1
			29		42
500	摘发他人丑行，应以妨害信用罪论。至褫夺公权，必须宣告徒刑以上之刑。	暂行新刑律	359	刑法	330
			47		58
501	债务人家产净绝，债权人仍须索取余欠，应令其俟债务人有资财时再行追索。	各级审判厅试办章程	42		
	在教养局未经开设地方，自可以他种方法代此执行，惟仍以限制该当事人自由为限，不得与刑事犯同其待遇或有其他苛待之情事。	县知事审理诉讼暂行章程	45		
502	立继应依顺序，而择贤择爱为例外。	前清现行律民事有效部分	户役门立嫡违法条		
503	县知事应移转管辖案件，高等检察官得径行声请。	刑事诉讼律	19	刑事诉讼法	21
504	强抢妇女成奸并抢掠银物，应依强盗与略诱、强奸各罪俱发处断。	暂行新刑律	373	刑法	348
			349		315
			285		240
			23		69

505	报馆攻诘个人隐私，损害其名誉，以达于公然侮辱之程度者为限，得依妨害名誉罪处断。	暂行新刑律	360	刑法	324
506	甲私种烟苗已滋长后，乙用钱包去，旋乙复得钱转包于丙，正收割时发觉，甲、乙、丙均应构成刑律第二百七十条之罪。	暂行新刑律	270	刑法	274
507	奸通他人之妻并商定同逃，复将奸妇窃取其夫之衣服运往他所者，奸夫应以和奸、和诱、窃盗俱发论罪。	暂行新刑律	23 289 349 367	刑法	69 256 257 337
	持械尾追县谕"不得再行到村滋事"之窃盗嫌疑犯，致令骇怕跑走，自投路旁井中身死，验无伤痕，既无过失可言，应不为罪。	暂行新刑律	10	刑法	1
508	民事判决与和约相反者，从其和约，毋庸执行判决。	民事诉讼执行规则	5条但书		
509	伪造契约抄本或译造官署批示，称系抄录而得，不能成立伪造公私文书罪。	暂行新刑律	239	刑法	225
510	结婚义务系属不可代替行为之性质，不能强制执行。	民事诉讼执行规则	88条2项		
511	误会夫亡改嫁者，夫还，仍负有从前夫之义务。惟妻以改嫁之故对于前夫义断恩绝，强不依从，则结婚义务系属不可代替行为之性质，自亦不能强制执行。	民事诉讼执行规则	88条2项		
512	帮父同谋杀兄，以共同正犯论。	暂行新刑律	311 29	刑法	282 42
513	越级审理案件，如有重大疵累时，应将原案发交第一审审理。	民事诉讼律	551		
514	补充判决，须以当事人之请求有漏判者为限。	民事诉讼律	479		
515	省议会议员为刑事被告，虽在会期中，仍应继续进行。但逮捕该议员时，应得许可。	省议会暂行法	28		
516	看守员役得贿，故纵犯人逃逸，或事后要求贿赂，照渎职罪及纵令脱逸罪从一重处断。若非故纵，委系出于疏忽，应不为罪。	暂行新刑律	140 141 172 26 13	刑法	129 172 172 74 24

517	假称购物入店，乘隙窃取货物，应构成窃盗罪。	暂行新刑律	367	刑法	337
518	杀人后将尸体盛于棺木内掩埋者，只构成杀人罪。	暂行新刑律	311	刑法	282
519	机关员役分享他人诈取之财物，应以诈欺取财罪论。	暂行新刑律	382	刑法	363
520	上告审发还案件，应为第二审判决。	刑事诉讼律	414	刑事诉讼法	413
521	不服县判之上诉期间，以牌示之翌日起算。	县知事审理诉讼暂行章程	40		
522	批示经上级衙门撤销，自应受其拘束。	民事诉讼律	600		
523	村正会首无处罚之权而任意苛罚者，应依诈欺取财罪处断。	暂行新刑律	382 388	刑法	263
524	因子女妻妾有犯奸行为愤而鬻卖，并非图利，自与因贫而卖者无异。	暂行刑律补充条例	9		
525	申请停止执行，可援用刑诉草案程序办理，县知事得径予准许。	刑事诉讼律	489	刑事诉讼法	485
526	收藏烟土专供他人吸食，并不取偿者，应以准正犯论。	暂行新刑律	271	刑法	275
527	蒙古习俗所居皆毡庐毳幕，在卢幕外强抢他人所有物者，应依强盗罪处断。若为结伙三人以上，自应依律加重。	暂行新刑律	370 273	刑法	343 344
528	请求解释法令，以关系法令中疑义者为限。如为条陈办法，不在解释权限以内。	法院编制法	35		
529	本夫于奸所内杀死奸夫并经自首，得以自首情轻，依杀人罪减处。	暂行新刑律	51 54 311	刑法	38 77 282
530	得贿私和命案，诈指他人杀害，致脱正凶于罪，应构成妨害公务罪。事后翻控如未经过起诉时效，自应受理。至私和之贿，律无正条，当然不能没收。其出钱及过付之人，自亦不能论罪。	暂行新刑律	153条2项	刑法	142条2项

	已受徒刑之执行更犯徒刑之罪者，为再犯。再犯加重所科之刑，应与前科未执行之刑合并执行。	暂行新刑律	19	刑法	65
	因贫卖妻，如妻之父母事前同谋，事后分钱，应以共犯论。	暂行新刑律	29	刑法	42
531	卖让、典质、抵偿勋章、奖章等件，如无欺罔情事，自不为罪。	暂行新刑律	10	刑法	1
532	省议会议员于缓刑期内并无禁充议员明文，既未褫夺公权，自不能禁其复充议员。	暂行新刑律	63	刑法	90
533	初判判决回复案件，应为第二审审判。	刑事诉讼律	414	刑事诉讼法	413
534	夫逃亡三年，妇请别嫁，自系特别程序，得以决定裁判。	前清现行律民事有效部分	出妻条		
535	预审及公判中，检察官无论何时，均得行使侦查，但不能妨碍预审及公判之进行。	刑事诉讼律	293	刑事诉讼法	250条1款
536	刑诉律第二十一条"管辖审判衙门"，系指上级审判衙门而言，"请求"二字与"声请"无异。	刑事诉讼律	21	刑事诉讼法	22
537	买良为娼并无诱拐情节者，系意图营利和诱罪。	暂行新刑律	351条2项	刑法	257条2项
538	乡民拒捕杀人未曾致死，县知事不依普通司法程序审判，电巡按使奉准枪毙，不成立杀人罪。	暂行新刑律	14	刑法	34
539	妻被诱拐，纠众抢回，系属防卫行为，应不为罪。	暂行新刑律	15	刑法	37
540	奸夫谋死奸妇之姑，奸妇仅止知情而未同谋实施者，只应科奸罪，不能以杀人共犯论。	暂行刑律补充条例	7	刑法	256
		暂行新刑律	289		
541	散放票布系属秘密结社，应依治安警察法处断。	治安警察法	28		
542	预审中律师不能出庭。在押被告，检厅在起诉前，审厅在起诉后，均得禁止接见他人。	各级审判厅试办章程	25	刑事诉讼法	71
		刑事诉讼律	107		
543	刑律第二百二十五条之解释应分两截，上截指无故侵入者言，下截指，入非无故，受阻止而不退出者言。	暂行新刑律	225	刑法	320

544	县署覆审判决，未传原诉人宣示，即为违法判决。	刑事诉讼律	329		
545	依治安警察法处徒刑之案，其上诉机关仍依通常管辖各节，规定为初级管辖。	治安警察法	9		
			28		
546	私人团体自刊图记钤用，并不成立犯罪。	暂行新刑律	10	刑法	1
	以烟土作聘，既非贩卖，亦非意图贩卖而收藏，不能科以鸦片烟罪。	暂行新刑律	10	刑法	1
547	对于预审决定声明不服者，该衙门应依抗告程序自行裁判。若对于此项裁判不服时，得向上级审判衙门抗告。	刑事诉讼律	416	刑事诉讼法	414
548	随母下堂就养于人而窃取其物者，既非同居亲属，不能免除其刑。	暂行新刑律	367	刑法	337
549	检察官未举示犯罪事实，无由开始预审。	刑事诉讼律	301		
550	寡妇招赘后夫，同谋杀死前夫之母者，应依杀尊亲属处断。	暂行新刑律	312	刑法	283
	诬告无论虚构何种事实，欲使人受何种处分，须申告有管辖权之官署方生效力。	暂行新刑律	182	刑法	180
	诬告自白，律文规定得免其刑，原非必免，检察官不得径为不起诉之处分。但适用微罪不检举之例者，不在此限。	暂行新刑律	182	刑法	180
551	承发吏奉谕带同债务人出外觅保，如有对之施行诈术，致被谕取保之债务人乘间逃逸者，应构成妨害公务罪。	暂行新刑律	153	刑法	142
	刑律第一百五十三条之职务，除法令有明文规定外，并包括官员依正当原因所执行之一切国家公务而言。	暂行新刑律	153	刑法	142
552	县知事以堂谕代判词之案，如有合法上诉，依最近解释判例，可毋庸补作判词。	大理院解释例	统字482号		

553	继承事件，非自己或自己直系卑属依法有承继权而未抛弃者，始得告争，否则既无告争之权。而他人之承继及占有遗产是否合法，可以不问，审判衙门仍应为驳回请求之判决。	前清现行律民事有效部分	立嫡子违法条		
554	证人之罚金，应由审判厅执行。如仍不到，得行拘摄。	各级审判厅试办章程	71		
555	夫以强暴胁迫卖其妻，应构成强卖及略诱罪。和买人亦应构成受强卖人及略诱之俱发罪。但其妻系因夫强卖，自不能成为法律上之婚姻，重婚罪当然无由成立。	暂行刑律补充条例	9		
		暂行新刑律	349	刑法	257
			26		74
			353		258
556	和奸良家妇女，应构成刑律补充条例第六条之罪。和诱之后交回，复行诱去，则又成立一和诱罪，与前罪行为各别。至奸生子女，仍应责令奸夫收养。	暂行刑律补充条例	6		
		暂行新刑律	349	刑法	315
		前清现行律民事有效部分	犯奸门		
557	议会会计员关于收支请求确认，系民事消极确认之诉。	法院编制法	2		
558	邻县上诉判决确定后，除具备再审条件外，别无救济方法。	民事诉讼律	604		
559	未婚前纳妾，婚约相对人不能持为解除之原因。	民律草案	1	民法	1
560	假冒商标，应依伪造私文书罪处断。	暂行新刑律	243	刑法	224
561	服食吗啡者，律无正条，不为罪。	暂行新刑律	10	刑法	1
562	初审公诉未判，专对私诉声明抗告，系独立私诉，应归民庭审理。	私诉规则	22	刑事诉讼法	511
563	合意管辖之规定，仅适用于第一审审判衙门。	民事诉讼律	39		
	上级审判衙门以决定将案件发交下级审判衙门审判者，苟当事人于上诉期间内对之并无不服，则其决定即已确定，下级审判衙门自应受其拘束。即使管辖错误，亦应予以受理。	民事诉讼律	40		
564	族人非有应继资格而在最先顺位者，对于他人之不合承继无告争之权。	前清现行律民事有效部分	立嫡子违法条		

565	关于执行目的物声明之异议,除系主张不动产所有权者应依不动产执行规则办理外,其主张典当权或其他权利者,应照通常诉讼程序,向该管审判衙门起诉。其受诉之审判衙门,亦应依通常诉讼程序审理裁判之,厅长无裁断之权。	不动产执行规则	6		
566	夫妇协议离异,既嫁与人为妾,不能翻异。	前清现行律民事有效部分		嫁娶违律条	
567	提庙产办学,虽系行政处分,但僧道住持或原施主得对于声请提拨人提起民诉。	管理寺庙条例	11	监督寺庙条例	8
568	佃权既可由承佃人自由杜拨,自可查照执行动产不动产以外财产之成例,将该权供执行,惟不得另加限制或其他不利于业主之处置。	民事诉讼执行规则	91		
569	嫂叔缔婚,不能成立夫妻关系。其嫂虽确有奸非罪,然叔在法律上无告诉之权。惟承嗣部分系属单独法律行为,仍不能随之消灭。	前清现行律民事有效部分		婚姻门	
570	私诉管辖,应从所附带之公诉。	私诉规则	19	刑事诉讼法	509
571	参议员选举法施行细则第十三条所称"被选举人",应包括候补当选人。	参议院议员选举法施行细则	13		
572	故买因诈欺所得之物,应以赃物论,并得没收其价银。	暂行新刑律	48	刑法	60
		暂行新刑律	397	刑法	376
573	应回避而不回避之判决,系违法判决,并非无效判决。其案件既经被声明控诉,自可由控诉审依法注销原判,更为判决。	刑事诉讼律	384	刑事诉讼法	385
574	试办章程第九十二条所定办公费,系与食宿费并存,故仍得按里递加办公费。	各级审判厅试办章程	92		
575	试办章程内管辖各条,除与民诉律草案管辖各节抵触之部分外,仍继续有效。惟该章程第九条规定,显与法院编制法审级制度抵触,自不能复认为有效。	各级审判厅试办章程	2节		

编号	内容	法律	条	法律	条
576	居丧嫁娶及出妻义绝,皆旧律为礼教设立防闲。遇有此种案件,适用该律仍宜权衡情法,以剂其平。不得拘迁文义,致蹈变本加厉之弊。	前清现行律民事有效部分	婚姻门		
577	强制执行之决定,实系一种新判决,可就管收抗告先予裁断。	民事诉讼律	600		
578	为人看管掳得之人,即属实施中之帮助犯,应以惩治盗匪法之准正犯论。	惩治盗匪法	4	惩治盗匪条例	2
				惩治盗匪暂行条例	1
579	原上告审推事就请求更审后之抗告不得谓为前审官,无须回避。	各级审判厅试办章程	10		
580	掳人勒赎并杀毙事主,应依惩治盗匪法处断。	惩治盗匪法	30	惩治盗匪暂行条例	1
581	盗匪案件适用法律划一办法之规定,凡误用刑律者,自应发交覆审。引律无误而覆审认为处刑失入者,始能予以更正。	盗匪案件适用法律划一办法	2	修正盗匪案件适用法律暂行细则	3
582	减处徒刑之盗匪案件,应送覆判。	盗匪案件适用法律划一办法	3		
583	凡以营利为目的,连续将鸦片烟售卖于人者,当然成立刑律第二百六十六条之罪,"贩卖"二字并非两事。	暂行新刑律	266	刑法	271
	刑律之开设馆舍,并不以兼售鸦片为条件。开设烟灯,即可成立。	暂行新刑律	269	刑法	273
	有心行贿而被人诈骗者,系诈欺取财之被害人。	暂行新刑律	382	刑法	363
584	预审免诉裁判已确定之部分,不能径为公判。	刑事诉讼律	256		
585	僧尼被诱,其师无告诉权。但若无告诉权者之告诉,其师得声请检察官指定代行告诉人。	刑事诉讼律	265	刑事诉讼法	217
586	在上诉期间内合法声明不服者,应照通常控告审程序进行。	刑事诉讼律	381	刑事诉讼法	381
587	选举法所规定之年龄,无庸扣足月、日。	参议院议员选举法	3		
588	定婚后女患疯癫重病者,自可查照大理院四年上字第二三五七号,就于该律例类推解释之判例办理。	前清现行律民事有效部分	男女婚姻条		

589	应用判决案件，审判厅误用决定者，若在开始言词辩论后者，得提起控告及上告。其已经确定者，亦得依非常程序救济。	刑事诉讼律	459	刑事诉讼法	433
590	判决中已确定之一部与他未确定部分不相牵连者，自可先予执行。	民事诉讼执行规则	4		
591	妻虽具备无子之条件，而有三不去之理由者，仍不准其夫离异。至所称"无子"之义，系指妻达到不能生育之年龄而言。此项年龄应准用立嫡子违法条内所定五十以上之岁限。	前清现行律民事有效部分	出妻条		
	无承继权之族人，不能告争承继。惟于修谱发生争议时，得提出拒绝登谱或请求削谱之诉。如不因修谱涉讼，自应认为无确认身分关系之实在利益，予以驳斥。	前清现行律民事有效部分	立嫡子违法条		
592	会审公廨判决之案，如另系属于他审判衙门时，仍得按律诉追。	暂行新刑律	6		
593	地审厅合并管辖之案件，控诉审应由高等厅受理。	法院编制法	27		
	当事人声请宣告原决定，应依声请回复原状之例，以决定裁判。其声请如有理由，自应准予回复原状，依法受理。	刑事诉讼律	384	刑事诉讼法	385
	补行宣示程序之案件，应重行牌示，使上诉期间得以计算。	县知事审理诉讼暂行章程	40		
594	同案共犯先后捕获，判决日期不同，处刑各异，自应分别办理。后获之犯，无庸依前获之犯续送覆判。	司法部饬	3年1118号		
	对于县判呈诉不服案件，如合部批之条件及程序者，均得用书面审理。	司法部批	4年9071号		
	证人无故不遵传到案，即绝对须处罚。又此项罚金执行，应归审判厅。	各级审判厅试办章程	71		
595	失火延烧尸棺，应构成失火烧毁他人所有建筑、矿坑、船舰以外之物罪刑。	暂行新刑律	190条3项	刑法	187条2项

596	服食吗啡及含有吗啡之物以代用者，应构成吸食鸦片烟罪。	暂行新刑律	271	刑法	275
597	所谓事实错误得行再审者，即指因新发见或得使用可受利益之书状，或有其他使裁判基础事实，足以动摇之条件而言。草案所定悉合条理，自可予以采用。	民事诉讼律	605		
598	形式上缺席之判决，固应准其声明障碍。如缺席人于障碍期内未经声明者，该缺席判决自应认为确定。	县知事审理诉讼暂行章程	33		
	县知事已正式送达判词且经牌示者，其送达判词之程序既认其较牌示为郑重，自无再行牌示之必要。其上诉期间，仍应自送达之翌日起算。	县知事审理诉讼暂行章程	40		
599	妇人夫亡，无子守志者，立嗣之权本在于妇。亲族代为立后，如不同意，自可主张无效。	前清现行律民事有效部分	立嗣子违法条		
600	已送审之被告准保与否，应由审判厅核办。	刑事诉讼律	117	刑事诉讼法	84
601	刑事被告人对于谕知辩论终结提出抗告，虽无理由，仍应送院核办。	刑事诉讼律	421	刑事诉讼法	419
602	控告审判决，其处刑虽不重于初判，被告人应有上告权。	覆判章程	8条3项		
	覆审判决仍须宣示并牌示。	县知事审理诉讼暂行章程	31		
603	关于渎职罪中"同额"二字之解释，不过明示并科罚金之标准，不得拘泥此二字而置总则第二十三条、第五十七条各规定于不顾。	暂行新刑律	147	刑法	135
604	离婚后听妇携女适人者，其女之主婚权自应由妇行使。	前清现行律民事有效部分	男女婚姻条		
605	刑诉草案未颁行部分，除现行法令已有规定者外，认为条理，自可参酌采用。	大理院解释例	5年统字525号		
606	同一物重复典当，在后者，依法无效，自无告争回赎之可言。若系典当在先，复得其同意加典别人者，应各自典当日计算时限，从原业主比例取得所有权。	清理不动产典当办法	2		

607	在官地荒山离祖墓丈余营葬者，刑事自不为罪，民事亦非侵权。	暂行新刑律	10	刑法	1
608	照印花税法判处罚金如有不服，应由上级司法衙门刑庭受理上诉。	印花税法罚金执行规例	2	司法机关依印花税暂行条例科罚及执行规例	1
609	未婚夫和同被人鸡奸者，可为解除婚约之原因。	前清现行律民事有效部分	男女婚姻门		
610	盗匪案件，仍应依刑律各本条褫夺公权。	暂行新刑律	380	刑法	355
611	包赌收规情形不一，应就具体案件研究其应否构成犯罪，不能一概认为赌博共犯。	暂行新刑律	276	刑法	278
612	开设烟馆，兼售烟膏供人吸食者，只成立一罪。	暂行新刑律	269	刑法	273
613	对于官有荒山以历管为理由互争放牧者，系属占有之诉。无论县知事如何判断，均应认为普通司法案件受理其上诉。	法院编制法	19条2款		
614	报纸登载出版法所禁止各款，应由著作人、发行人、印刷人等负责。至出版法之著作人，即报纸条例之编辑人。	出版法	14 15 16		
615	含有吗啡毒质之一粒金丹，是否为吸食鸦片之代用，乃事实问题，无从悬揣。	暂行新刑律	271	刑法	275
616	开设标厂，应参照大理院六年上字二八〇号之判例处断。	大理院判例	6年上字280号		
617	误以前妻为死亡而再娶者，自应准其请求，予以撤销。惟后娶者自愿为妾，亦可准许。	民律草案	1343		
618	判决确定之案，当事人之一方复提出与判决内容相反之请求，原县径予批准，自应认为一事再理之判决，许其控诉，不能以普通之批谕论。	县知事审理诉讼暂行章程	46		
	县知事审理诉讼章程所谓"批谕"者，自指关于诉讼程序之裁判而言。若关于实体上之裁判，必须开言词辩论，以判决之形式行之。	县知事审理诉讼暂行章程	40		

619	引律错误或解释异例之裁判,不能请求再审。在刑事对于违法判决虽得提起非常上告,民事通常案件则不许。	民事诉讼律	608		
	控告审曾经裁判之件声请再审,虽并第一审裁判亦有不服,应由原控告审判衙门管辖审判。	民事诉讼律	603		
620	入人家捆绑索赃,约期携取,有于限期内代索得赃者,是否构成强盗罪,抑为诈欺取财罪,应以被害人丧失意思自由与否为断。	暂行新刑律	382	刑法	363
			373		348
621	高检察官对于县知事误送覆判案件之控告,应予受理。	县知事审理诉讼暂行章程	40		
622	捏名行贿,系犯刑律第二百四十三条之罪。	暂行新刑律	243	刑法	224
623	上告审非审理事实之衙门,自不能认定事实,下级审亦不受该项判决之拘束。	民事诉讼律	579		
	亲族会之组织,应根据习惯办理,无选定、指定之可言。	民律草案	1440		
624	以妾为妻,如妻已死亡者,本为律所认许。	前清现行律民事有效部分	妻妾失序门		
625	妨害交通罪中冲撞、颠覆、破坏、搁沉四项,各自独立成罪。	暂行新刑律	214	刑法	198条3项
626	盟旗选举诉讼,应以都统署审判处受理。	参议院议员选举法	90		
627	因金额涉讼,应以原告起诉时请求之额定其管辖。	民事诉讼律	6		
	上告审攻击管辖错误,如认为有理由,则高等审判厅自应撤销地方审判厅之第二判决,更为第二审之审判。	民事诉讼律	583		
628	永佃权之抵当,不能援用不动产典当办法。	清理不动产典当办法	2		
629	刑事原告诉人不服判,呈由检察厅送审后,仍准其撤销控诉。	刑事诉讼律	360	刑事诉讼法	367
630	矿业条例罚则,法庭自应适用。	暂行新刑律	9	刑法	9
631	抱养他人子女不发生亲子关系,但得认为利害关系人,得声请检察官指定代行告诉人。	刑事诉讼律	265	刑事诉讼法	217
632	八代远祖,不能以尊亲属论。	暂行新刑律	82条1项	刑法	14

633	灶户以盐斤私自卖给私贩,当然包括于私盐治罪法第一条之内。	私盐治罪法	1		
634	处徒刑之盗匪案件,自不能舍刑律分则,适用盗匪法。	盗匪案件适用法律划一办法	3		
635	覆判发交覆审后,地方庭决定驳回原县再审,自属无效。	覆判章程	4	覆判暂行条例	4
636	县知事受理诉讼,如无试办章程第十条各款之情形时,毋庸回避。	各级审判厅试办章程	10		
637	刑事被告人声请拒却,无庸咨询检察官之意见。	刑事诉讼律	29	刑事诉讼法	26
638	在监罪犯脱逃未遂致伤害他人者,应以累犯论。	暂行新刑律	19	刑法	65
639	收藏来福枪,应照收藏军用枪炮罪科断。	暂行新刑律	205	军用枪炮取缔条例	2
640	洗用旧邮票,应以伪造有价证券论。	暂行新刑律	242	刑法	227
641	共同伤害一人致死,事前虽无共同意思,均应以共同正犯论。	暂行新刑律	313	刑法	296
			29		42
642	无权审理之官厅判决,法律上不能认为有效,虽在执行中脱逃者,不成立脱逃罪。	大理院判例	6年上字201号		
643	覆判案件判决后,被告人声明障碍,提起控诉,应视其有无理由分别准驳。	刑事诉讼律	381	刑事诉讼法	381
644	守义冢人发掘坟墓,盗取九岁幼女尸体奸宿,只应依刑律第二百六十二条处断。	暂行新刑律	262	刑法	264
645	解释中所称"易科罚金之审判衙门",系指应行执行裁判检察厅之同级审判衙门,其请求权系专属于检察官。	暂行新刑律	44		
646	顶替犯罪到案诬服,与顶替自首不同,应依妨害公务罪处断。	暂行新刑律	153条2项	刑法	142条2项
647	买烟款客,系吸食鸦片烟之从犯。	暂行新刑律	271	刑法	275
			31		44
648	掳人勒赎之罪,依刑律总则减等者,仍应褫夺公权。	暂行新刑律	380	刑法	355
649	收买他人抱养子女应否科罪,应视其目的而定。	暂行刑律补充条例	9		
		暂行新刑律	14		

650	代盗摇船，临时并未实施强盗行为，不能谓为共同正犯。	暂行新刑律	29	刑法	42
651	意图诈收十一村捐款，委托他人代收者，应以诈欺取财俱发论。	暂行新刑律	382 23	刑法	363 69
652	覆判审所为更正之判决经确定后，发见被告人等对于初审判决有合法上诉时，覆判审之判决应作无效。	刑事诉讼律	381	刑事诉讼法	381
653	刑律补充条例第六条之罪，其亲告权专属于尊亲属，不能指定代行告诉人。	暂行刑律补充条例	6		
654	妻族无干涉立继之权。	大理院解释例	统字第553号		
655	地方管辖案件误引初级管辖条文判罪，上诉审应属高等厅。	法院编制法	27		
656	和诱二十岁以上男子，意图营利或诈欺及侵害人身自由者，得依刑律各本条处断。	暂行新刑律	357	刑法	314
657	承发吏不依正式手续而请求书记官抄录案内报告各件，并称有抄录费者，以行求贿赂论。	暂行新刑律	140	刑法	128
	已补实官陆军军官，若未令其退休，虽就他职，仍应以现役军人论。至与军人共犯之常人，既由通常衙门发觉，自无庸送陆军审判。	陆军刑事条例	6		
658	办理预审之推事，不能为合议庭之主任推事。	法院编制法	20		
659	县知事未牌示之堂判，苟其内容已就讼争关系予以判断，即为有效判决。至未牌示而当事人已受副本之送达者，其上诉期间可从送达之翌日起算。	县知事审理诉讼暂行章程	40		
660	掳人勒赎之罪有减等原因者，依刑律总则各减等本条办理。	暂行新刑律	54	刑法	77
661	前清县判拟绞监候案未经核准者，仍应照覆判章程呈送覆判。	覆判章程	1	覆判暂行条例	1
662	检察官在期间内声明上诉，虽送案稍迟，仍应认为合法。	刑事诉讼律	377	刑事诉讼法	378
663	假冒他人祖莹而窃卖者，系犯诈欺取财罪。	暂行新刑律	382	刑法	363

664	质权者非依契约或得本人同意变卖抵押品，并以代价交付第三人，应构成侵占罪。第三者如系知情，应以赃物罪论。	暂行新刑律	392 397	刑法	357 376
665	指地借钱如依该地习惯，其行为之主目的系于地上设定使用收益权利者，应即认为典当办法之所谓典当，其投税与否在所不问。	前清现行律民事有效部分	典卖田宅条	民法	924
	官吏在行政法上有一定之范围，与刑律第八十三条之职官相当，非如刑律官员范围之广。	暂行新刑律	83	刑法	17
666	三人以上共同略诱，内有一人携带凶器者，即成立刑律补充条例第十条之罪。	暂行刑律补充条例	10		
	受事主请托向盗匪说合回赎被掳人，从中渔利，应构成共犯罪。收受盗匪赠与之财物，应构成受赠赃物罪。	惩治盗匪法 暂行新刑律	4 397	惩治绑匪条例 刑法	3 376
	兵士不能以官吏、官员论。但探访队乃系从事于公务之职员，包括于刑律官员之内。	暂行新刑律	83	刑法	17
667	检察官不服预审决定，应向预审推事所属之审判衙门声明抗告。	修改各级审判厅试办章程	22		
668	审理刑事案件，检察官不能拒绝莅庭。	各级审判厅试办章程	110		
669	第一审程序违法之判决，第二审可径予纠正，毋庸发还原审。	刑事诉讼律	384	刑事诉讼法	385
670	发回重审案件之控告人屡传不到，得注销控诉，唯应认为缺席判决之一种。	各级审判厅试办章程	67		
	被告辅佐人之上诉期间，准除去在途之日计算。	补订各级审判厅试办章程	5		
	依试办章程，凡附带犯罪得不经起诉而审判者，以第一审为限。	各级审判厅试办章程	27		
671	声请再议，其准驳之权属于上级检察厅。	大理院解释例	统字第374号		
	统字三八一号解释系专指独立罪名而言，试办章程第一百零三条但书所谓"必须通知检察厅存案"，在判决后通知亦无不可。	各级审判厅试办章程	103		

	县知事兼有审、检职权，犯罪事实既经审理明确，不能诿为未经起诉。其漏判者，第二审得并案判决。	大理院判例	2年上字第155号		
	未嫁之女为尼，被略诱、和诱，其本生父不论在家、出家，均有告诉权。至已嫁之女为尼，若与夫家离异者，夫及夫之尊亲属无告诉权。若未离异仅别居者，应仍有告诉权。夫族无人告诉时，其父自应有告诉权。	刑事诉讼律	263	刑事诉讼法	215
	检厅侦查结果发见被告人构成违警罚法之罪，自可提起公诉或送交该管官署。	刑事诉讼律	308	刑事诉讼法	253
	当事人在审判厅对于民事缺席判决声明窒碍之期间，系用上诉期间。该期间内如并无声明，原判自属确定。惟仍得依声请回复原状及再审之法例，以图确定后之救济。	县知事审理诉讼暂行章程	40		
672	银行破产未经官署允许，滥出兑券，并贬价趸售者，应构成诈欺取财罪。	暂行新刑律	382	刑法	363
673	巡警查获烟苗，擅行处罚钱物者，应构成渎职罪。	暂行新刑律	148	刑法	140
674	简易庭受理案件，如认为情节重大，应科三等以上之刑者，应呈请移付他庭。如越权处刑，自属无效。	简易庭暂行规则	8		
675	伪造当票，应以伪造有价证券论。	暂行新刑律	242	刑法	226
676	商业限制设店区域之行规，如果出自共同议定并经官署立案者，应认为有效。	大理院判例	3年上字257号		
677	私地井水，虽所有者可以自由营业，但不能认为权利。	前清现行律民事有效部分	官地井水条		
678	分析遗产及遗嘱授产等诉讼，如系以解决身分为前提之案，无论系由原告并行陈诉，或由被告以之为反诉或抗辩，均应认其于财产争执外有人事上之争执。	各级审判厅试办章程	111		

679	诉讼当事人之一方为县署掾属时，县知事可令他方当事人请求回避。如当事人不愿请求时，毋庸回避。	各级审判厅试办章程	12		
680	地审厅合并管辖案件，虽预审决定仅以初级案付公判者，仍应由高等厅受理控诉。至被告仅请求易科罚金，尚不能即认为舍弃上诉权，其上诉期间内之上诉仍应认为合法。	法院编制法	27	刑事诉讼法	363
		各级审判厅试办章程	60		
681	县知事驳回告诉人之判决，并未对于被告宣告无罪，系违法判决。主文内仅宣告甲之罪刑，而理由中称乙无庸议，应认为检察职权之不起诉处分。	刑事诉讼律	384	刑事诉讼法	385
			279条2款		244
682	先犯之罪，其起诉权既因时效而消灭，则不能因后犯罪而复活前之诉权。	暂行新刑律	69	刑法	97
683	冒称受信人之名向邮差索取信件拆阅者，应构成妨害邮件暨妨害秘密之俱发罪。	暂行新刑律	215	刑法	202
			362		333
			23		69
684	刑律各该条例规定准用之例，即将所举他章各条移用于本章之罪之谓。	暂行新刑律	377条1项	刑法	339
685	甲男掌击甲妇倒地，致碰死乙孩者，应成立过失致人死伤罪。	暂行新刑律	324	刑法	291
686	原告请求分析遗产额在千元以下，被告以身分争执为反诉者，第一审应指令被告向地方厅起诉，并中止本诉之进行。如在控诉审始以身分为抗辩理由者，由控诉审调查审判。	民事诉讼律	791		
	于实施更新审理或声明窒碍重为审理时，未参与本案之推事，不能以前审官论。	各级审判厅试办章程	10		
687	凡因执行方法及于执行时应遵守之程序抗告到院者，若系地方管辖案件，概予受理审断。其属于初级管辖或因执行官吏违背职务上义务或执行迟滞等件，均不予受理。	民事诉讼执行规则	10		

688	警备队兼充法警职务，应认为刑律官员。	暂行新刑律	83	刑法	17
	保卫团团总，亦可认为行政官佐理。	暂行新刑律	83		
689	被害人于第二审判决确定后始因伤身死，若合于再理编之各条件，得声请再审。	刑事诉讼律	444	刑事诉讼法	441
690	检察官有请求预审之权，审判衙门对于此项请求自无驳回之根据。至检察官对于预审决定未付公判之部分、提起控告时其已付公判之部分不得停止进行。	各级审判厅试办章程	105		
691	非常上告，均应由总检察长向大理院提起。	刑事诉讼律	460	刑事诉讼法	433
692	县知事审理案件之上诉期间，不能以宣告时为起算。至驳斥上诉之批谕，系属越权行为，当然不生效力。	县知事审理诉讼暂行章程	40		
693	预审免诉部分检察官如有不服，应为合法之声明，不能于他部分公判中主张。	各级审判厅试办章程	22		
694	有监督监狱职权之县知事，非看守护送官员。其无故释放刑期未满人犯，自不成立刑律第一百七十二条之罪。	暂行新刑律	172	刑法	172
695	三人共谋诈财内一人犯杀伤罪，其余二人无帮助指导等行为，不能认为有杀人之意思，只能成立诈财未遂罪。	暂行新刑律	382 388	刑法	383 3项
696	夫犯无期徒刑，其妻不能由姑主婚改嫁。	民律草案	1343条后段		
697	对于执行命令之抗告，仍不停止执行。	司法部通饬	4年312号		
698	县知事审理诉讼章程所称之"拘役、罚金"，系指法定刑而言。	县知事审理诉讼暂行章程	32		
699	先和诱而后和奸，或先和奸而后因奸情热和诱者，应依第二十六条从一重处断。如先和奸而因营利及其他目的和诱者，应并科其刑。	暂行新刑律	26 23	刑法	74 69

700	案在前清出详而未准者,应备录全案,径送覆判。	覆判暂行简章	1		
701	公判中发见应行预审之案件,应由审判官咨询检察官,以决定移送预审。	大理院解释例	3年统字127号		
702	私制私运火硝者,应照制造贩运爆裂物科罪。	暂行新刑律	205	刑法	201
703	预审付公判,原无必须经过抗告期间始付公判之必要。	刑事诉讼律	308		
	判决文内缮写错误,并非违法判决,上级审自无庸以裁判为之更正。	刑事诉讼律	384	刑事诉讼法	385
704	本夫事前纵容其妻犯奸,虽经告诉,依刑律应以无效论。即使因奸酿成其他犯罪,亦只能以因奸发生他种犯罪之原因,不能认为独立别成一罪,当然不受补充条例第七条"仍应论之"之拘束。	暂行刑律补充条例	7		
705	当事人上诉权,不能因原判之违法而被剥夺。	刑事诉讼律	381	刑事诉讼法	381
706	代替物之没收,仍以业经搜获者为限。	暂行新刑律	48	刑法	60
707	图骗保险银两而放火未遂,应以放火及诈欺取财之未遂罪,从一重处断。	暂行新刑律	26	刑法	74
708	民事审判,不受刑事判决之拘束。	各级审判厅试办章程	47		
709	守志之妇立继,姑虽有不予同意之权,仍应本于正当理由,不得藉口嫌隙不继之条概予拒绝。如有争执,审判衙门自可秉公裁断。	前清现行律民事有效部分	立嫡子违法条		
710	和解后如有无效或可以撤销之原因者,得径向原销案衙门声请继续审判。	民事诉讼律	284		
711	再审之案,应依通常程序审理。	刑事再理办法	454	刑事诉讼法	456
712	犯人于脱逃后甫经缉获,尚未到案又发觉他罪,应认为两个再犯罪,各科其刑。	暂行新刑律	25	刑法	72
713	教唆他人犯聚众劫夺,按律逮捕人于前,又加实施犯罪行为于后,此种情形,应依刑律第一百六十九条第二项,以教唆犯处断。	暂行新刑律	169条2项	刑法	170

	检察官控诉意旨有脱漏时，自可补正。	刑事诉讼律	357	刑事诉讼法	358
	略诱价卖未成，既具营利之意思，亦应构成刑律第三百五十一条第一项之既遂罪。	暂行新刑律	351	刑法	257
714	补行宣示后复送覆判或控诉之案件，应另具意见书或意旨书。	覆判章程	2	覆判暂行条例	2
715	以堂谕代判决之地方管辖案件，如已依法牌示或送达者，上诉逾期，应认为确定。	县知事审理诉讼暂行章程	42		
716	销毁制钱之铜块未经法院审判宣告没收者，均可依命令处分。	暂行新刑律	48	刑法	60
717	会匪号召党徒收藏爆裂物，并勾通外匪定期抢劫城市，实有扰乱公共之犯意，不必着手，已构成惩治盗匪法第四条一款之罪。	惩治盗匪法	4	惩治盗匪暂行条例	1
718	共同略诱与得价转卖，均各成立略诱罪。	暂行新刑律	351	刑法	257
719	童养媳对于未婚夫之父母，应以亲属论。	暂行新刑律	82	刑法	14
720	于查封房屋之封条上黏贴冤单，其罪名之成立与否，应视其是否违背查封标示之效力以为断。	暂行新刑律	154	刑法	145
721	执行新拍卖债务人产业之日期，仍无合格声明拍卖价格者，自可再行酌减，无强交债权人管业之理。	民事诉讼执行规则	71		
	抗告决定书，应一律送达于当事人。如抗告人之相对人认为不利时，仍许对之为再抗告。	民事诉讼律	589		
722	兑换券既不能维持票面之价额，自应依市价折合。	民律草案	328	民法	201
723	婚姻案件，不能强制执行。除由执行衙门传唤劝导外，别无执行方法。	民事诉讼执行规则	88 条 2 项		
724	国家将人民抵押之田地收为官产，纯属私法行为，不得认为行政处分，审判衙门自应依法受理，通知该收产机关代表国家出而应诉。	民事诉讼律	303		
725	被告未到案，原告之理由不当，证据不确者，可为驳回请求之通常判决。	民事诉讼律	465		

726	住持盗卖庙产经人告发充公，而受主不服提起上诉，司法官署自应受理。	寺庙管理条例	23条但书		
727	国家与个人关于私法关系之争执，应归司法衙门受理裁判。	民事诉讼律	18		
728	公务员代表国家提起民诉，仍应缴纳诉费，并缮具诉状。	民事诉讼律	170		
729	执行财产如系嗣母赡产，有据可查，嗣母自可主张异议。即非赡产而已家产净绝别无可供养赡者，亦应酌留财产，俾资度日。此与嗣子负债已未得母同意无关，均可一律办理。	不动产执行规则	6		
730	人事诉讼被上诉人匿避难传，得依法例行补充及公示送达。传唤再不到庭，即依职权调查凭证，为一造审理之通常判决。	各级审判厅试办章程	39		
	告知参加同从参加法理相同，应准与上诉同时参加。	民事诉讼律	83		
	县署如批明上诉处所，当事人逾上诉期间仍不上诉者，认为原判确定。如并未批明，即应从宽办理。	县知事审理诉讼暂行章程	42		
	判词若由县抄送，即已送达，可代牌示。	县知事审理诉讼暂行章程	31		
	捆身字约无效，自可随时还钱取赎。	民律草案	175		
731	通常判决，必本于两造辩论之结果者而后可。至缺席判决，乃对于通常判决之特别法则，但必其判决系本于当事人一造缺席之效果者，斯得适用是项程序。	民事诉讼律	268		
732	父子同居共财由子购置之财产，如别无可认为父遗之根据，自系子之私产，未便听父处分。若确系遗产，亦应于不害应继遗留分之限度内为处分之行为。	前清现行律民事有效部分	立嫡子违法条		
733	随房基地，如果并未在典卖范围之内，自不发生回赎问题。如已与房屋同时出典，而未经列载契内，自应与房屋同论。惟既未经裁判，并不能解释为已包括于前判之内，则除依法请求补判或另行诉理外，未便以前判为根据并予强制执行。	民事诉讼律	479		

734	前清初级审厅民事判词式堂谕，虽未依章办理，如确系终结判断，并非当然无效。	县知事审理诉讼暂行章程	30条2项		
	盗取田内泥土，应构成窃盗罪。	暂行新刑律	367	刑法	337
735	孀妇改嫁，应由夫家尊长主婚。未得主婚者之同意而为婚姻者，则主婚权人得请求撤销，惟并非当然无效。其撤销效力，亦自不能溯及既往。	大理院解释例	4年统字371号		
736	管辖区域境界不明，既经决定指定，嗣后行政衙门虽另定境界，亦毋庸移归他处审判。	民事诉讼律	37		
737	未经检察官起诉之案判处罪刑，应依非常上告救济。如为控诉经判决驳回公诉确定后，仍得提起公诉。	刑事诉讼律	459	刑事诉讼法	433
738	俱发与累犯互合者，应依刑律第二十五条并执行之。	暂行新刑律	25	刑法	72
739	发还更审之案，仍由原厅受理，毋庸移付分厅。	刑事诉讼律	18	刑事诉讼法	20
740	初犯判决未宣示及牌示者，自属无效，不能认为再犯。徒刑改受笞刑，应以受执行徒刑论。	暂行新刑律	19	刑法	65
741	更新审理，应于诉讼记录内记明更新程序。更新后，仍须传讯前审业经到案之证人。	刑事诉讼律	312	刑事诉讼法	276
742	审判衙门预审之决定，可认为再审章之判决。合于该章再审条件者，得请求再审。	刑事诉讼律	446	刑事诉讼法	442
743	妇女亦得为强奸罪之共犯。	暂行新刑律	六章	刑法	六章
744	不动产典当办法第九条所谓"习惯"二字，系指不及六十年回赎期间之习惯而言。	不动产典当办法	9		
745	省议会议员之选举诉讼，应准其上诉。至初选事务，既系县知事为监督，若以之为被告提起诉讼，自可依民事诉讼法草案指定管辖规定，声请指定管辖。	民事诉讼律	37		
746	议员兼差，候补议员要其辞职未遂，与之涉讼，并非选举诉讼，审判衙门自不能予以受理。	民事诉讼律	483		

747	伪造契据投税，经官署黏尾盖印者，应依刑律第二十六条比较第二百四十一条、第二百四十三条从一重处断。若伪造、变造已黏尾盖印之地契，应依第二百三十九条处断。	暂行新刑律	26 241 243 239	刑法	74 231 224 225
748	地审厅预审推事经声请拒却，其拒却裁判，应合议抑独任，法无明文规定。惟此等较为重要之裁判，务宜用合议制。	刑事诉讼律	32	刑事诉讼法	29
749	强盗事前同谋事后得赃者，以共同正犯论。	暂行新刑律	29	刑法	42
750	胞兄受寄同居胞弟所窃之赃物于卧室，应免除其刑。	暂行新刑律	381	刑法	341
751	因管有而发生私自变换之行为，应构成侵占罪。	暂行新刑律	392	刑法	357
752	明知为他人所有物而擅取之者，应构成窃盗罪。	暂行新刑律	367	刑法	337
753	千元以下控告案件，凡判决在上诉期间内或由大理院发还更审者，仍准上告于大理院。其尚未判决业经控告到厅者，即在各该厅另庭受理上告。惟分厅并无另厅，自应依照编制法第五十二条，由本厅代理审判。至未经部定有案者，仍应经部核准报院备案。	法院编制法	52		
754	国家与人民因典当涉讼者，仍应凭诉讼解决。	大理院解释例	6年统字724号		
755	声请回复原状，当事人或不免常有疏忽。使果有确证，虽在判决之后，亦只有准其声请。该项声请，查明系有理由，即应另行受理上诉。从前驳回上诉之裁判，自属当然失效。	民事诉讼律	236		
756	上告审发见控告逾期之件，应以调查原控告审是否违背诉讼程序为范围，并不及于事实。	民事诉讼律	579		
	当事人数人中之一人上诉时，除有代理关系外，条例上亦惟必须一致确定之共同诉讼，其利益乃得及于未经合法上诉之人。	民事诉讼律	75		

757	注销之案，未经送达于当事人，自难发生确定效力。	民事诉讼律	232		
758	刑律放火、决水罪，无共有物之规定。如有故意放火烧毁共有建筑物，应以烧毁他人所有物论。	暂行新刑律	200	刑法	189
	损坏罪之成立，只需丧失其一部之效用，不以建筑物全失其效用为要件。	暂行新刑律	405	刑法	381
	盗匪案件减处徒刑，无论审判之形式如何，依划一办法，均应准其上诉。	盗匪案件适用法律划一办法	3		
	刑律第四百零八条所准用之第三百七十八条，乃禁止私有物及电气以所有物论之规定。第三百八十一条乃亲属相盗免除其刑之规定，与共有物无涉。	暂行新刑律	408	刑法	386
	覆审判决既不重于初判，不得上诉。	覆判章程	8		
	原告诉人上诉，其结果可予驳回之件，如被告不到，可用书面审理。	刑事诉讼律	383	刑事诉讼法	383
759	诱拐犯不能交出被诱人时，如查明系有意藏匿或庇纵等情，自可准用押追，否则亦可依试办章程办理。	各级审判厅试办章程	42		
	有功国家社会之成年未婚人能否立后，应参照大理院六年上字一一八九号判例办理。	前清现行律民事有效部分	立嫡子违法条		
760	陆军审判条例所称"发觉"，系指凡有司法警察权之机关而言，非专以普通司法机关或军事检察机关为限。	陆军审判条例	18		
761	公司照牌与外商商标相同，自不构成刑律罪名。	暂行新刑律	10	刑法	1
762	商会董违抗省令软禁私人，应依妨害公务、私擅监禁罪分别处断。	暂行新刑律	153	刑法	142
			344		316
763	典铺知情受典赃物，应成立受寄赃物罪。	暂行新刑律	397	刑法	376
764	窝主容留强盗，行劫二家，均分得赃物各罪，应照刑律第二十三条之规定处断。	暂行新刑律	23	刑法	69

765	预审决定免诉之部分,自不能再受裁判。惟如有合于刑诉再审条件时,得请求再审。	刑事诉讼律	446	刑事诉讼法	442
766	合并诉讼,不能认为两案。	民事诉讼律	7		
767	在宗祠敲毁公共物件,律无正条不为罪,但应负民事责任。	暂行新刑律	10	刑法	1
768	所后之亲,系指被继人即继父母而言。"不得"二字,须有不得之事实,审判衙门认为达于废继之程度者,始能许可。	前清现行律民事有效部	立嫡子违法条		
769	发掘坟墓罪,应依穴数计算法益。	暂行新刑律	260	刑法	263
			23		69
770	强盗预备之行为,不能以未遂论。	暂行新刑律	17	刑法	39
771	违禁罚法,法院自可援用。	暂行新刑律	9	刑法	9
772	以徒刑改受笞刑,虽未宣示及牌示判决,仍以已受执行徒刑论,自应认为再犯。	暂行新刑律	19	刑法	65
773	商号托庄客代卖之货,买受人能否提取,应视庄客之性质为牙行或为代理商及普通代理人而异其效力。	商人通例	60	民法	576
					558
774	妻判归原夫后,其怀胎所生之子后夫如不为认领,自仍由妻收养。	民律草案	1404		
	聘娶有夫之妇,如不知情,则所交财礼自可依不当利得之原则向受者要求返还。否则为不法原因之给付,自无请求返还之理。	民律草案	929	民法	179
			933		180
775	上诉期间内所递委任状中如已声明上告者,自可准理。	民事诉讼律	572		
776	强取他人所有物,若系条件具备,虽因钱财纠葛,仍应以强盗罪处断。	暂行新刑律	370	刑法	346
777	被告人在上诉中脱逃者,应停止公判程序,不能撤销其上诉。	刑事诉讼律	337条2项	刑事诉讼法	307
778	出嫁女对于同居继父,仍应以亲属论。	前清现行律民事有效部分	服制门		
779	夫不能禁妻之信教。	临时约法	6条7款		
780	孀妇未嫁前所定之监护人应认有效,惟仍须由亲属共同监督。	民律草案	1417		

781	案卷焚毁，如尚有判词可稽者，自可继续审理。	民事诉讼律	554		
782	审理中发见地方厅有权管辖之部分，应即分别径为第一审审理，不必先下初级审管辖违误之裁判。	刑事诉讼律	384	刑事诉讼法	385
783	县为民刑事混合裁判之案，如因刑事上诉兼及民事而管辖各异时，刑事案件不得因民事纠葛停止进行。	民事诉讼律	247		
	私诉部分，上级审若以行政程序发交无管辖公诉权之衙门，应不受其拘束。	私诉暂行规则	1 3 10		
	抗告之件，无论是否合法或有无理由，均须加以裁判，然必以管辖权限为前提。	刑事诉讼律	424 425	刑事诉讼法	422 423 424
	县知事审理诉讼章程所为之批谕，何者属于公判范围，何者属于侦查处分，系事实问题，应就各案进行程度认定，不能为抽象的解释。	县知事审理诉讼暂行章程	37		
	违法驳回公诉之判决，未经撤销，不能就本案内容再为裁判。如案经确定，非合于再审者，无从救济。	刑事诉讼律	444	刑事诉讼法	441
784	强盗结伙在途行劫，应依惩治盗匪法处断。强盗杀人未遂，应依刑律处断，系想像上俱发，应依刑律第二十六条从重，适用惩治盗匪法第三条第一款科罪。	惩治盗匪法	3	惩治盗匪暂行条例	1
	违警罚法并无对于即决处分可以请求正式审判之规定，惟审判衙门既可援用，则关于适用违警罚法之部分，自可并予裁判。	暂行新刑律	9	刑法	9
	未牌示之判决，无确定之效力。当事人无论何时，皆可上诉。	刑事诉讼律	357	刑事诉讼法	358
	原案未提起控告，后声请再审驳回，始提起控告，如县判之未经宣示者，除当事人已受执行，可视为舍弃上诉权。其原案之尚未确定裁判者，虽因对于驳回再审之请求而为控诉，该管审判衙门除有他之不合法外，仍应就原案为第二审审判。	刑事诉讼律	372	刑事诉讼法	375

	共同侵入人家行劫,将事主殴伤逃逸,其后同伙枪击事主之子致死,既无共同意思,自不负强盗杀人之责。惟其同伙于本人伤害事主之行为应有预见,当然为强盗伤人之俱发罪。	暂行新刑律	373	刑法	343
785	谋买未遂以致田亩荒废者,刑律无正条,不为罪。惟荒废所生之损害,可为民事上之请求。	民律草案	386	民法	216
786	行政官阳为禁烟,实则按亩收取捐款者,应以诈欺取财论。	暂行新刑律	386	刑法	363
787	因伤害所生之抚慰费用,系属损害赔偿,于适当限度内准其领受。	民律草案	386	民法	216
788	投税匿价,在契税条例施行前者,不为罪。	暂行新刑律	10	刑法	1
789	被告人在上诉中脱逃者,应停止公判程序,不能撤销其上诉。	刑事诉讼律	340	刑事诉讼法	307
	吸食鸦片已有着手情形者,即构成未遂罪。	暂行新刑律	274	刑法	275
790	控诉审得为书面审理之件本有限制,惟原县仅属不起诉处分,是案件未经第一审判决,于控诉为不合法,自得用书面决定驳回。	刑事诉讼律	383	刑事诉讼法	383
791	女尼犯奸,其告诉权属于其尊亲属。	暂行刑律补充条例	6		
792	强卖、和卖之共犯如有营利意思,均可依刑律第三百五十一条处断。若仅收受藏匿被强卖、和卖人者,补充条例第九条第二项规定至为明晰,应分别预谋、未预谋援律处断。	暂行刑律补充条例	9		
793	检察官就县判案件提起控诉,其上诉日期系自文卷到日起算,原判有无牌示,自属无关。若检察官于文卷到日后提起控诉,既已逾期,应依法驳回。	刑事诉讼律	383	刑事诉讼法	383
794	继承人未确定前之遗产,应由该管地方官厅保管。	民律草案	1	民法	1
795	奸非罪中得相和解,系指有告诉权者已经收受财贿而言。	暂行新刑律	294条2项	刑法	259条2项
796	刑律第三百五十三条之预谋,系就收受藏匿人与和诱人相约在实施诱拐以前而言。	暂行新刑律	353	刑法	258

797	初选之选举诉讼，如县知事为被告声请指定管辖者，高等厅认为正当，自可指定他厅县依法审判。	民事诉讼律	37		
798	事主不明之赃物，于法无没收之根据。若施扣押或保管后，得依刑事诉讼律草案执行编办理。	刑事诉讼律	500	刑事诉讼法	496
	店伙侵入店主卧室行窃，应依刑律第三百六十七条处断。	暂行新刑律	367	刑法	337
799	于强盗行劫之前仅被邀驾船过荡，自系从犯。其他连劫之户并无预谋，应不负俱发之责。	暂行新刑律	374	刑法	344
			31		44
800	初选上诉，自可适用控告程序。	参议院议员选举法	97		
801	计算利息，应以裁判执行完结之日为止。	民律草案	330	民法	203
802	报载选举舞弊不能作为判决根据，如传审为难者，可为缺席判决。	民事诉讼律	493		
803	犯意之连续，全凭事实之认定，不能强立标准。	暂行新刑律	28	刑法	75
	刑律第四百零六条，无准用第三百八十一条之规定，或为立法上之缺陷，不成解释问题。	暂行新刑律	406		
	最重主刑若非拘役、罚金，自不能为缺席判决。	刑事诉讼律	350	刑事诉讼法	311
	据被告人取保前之辩论即行判决，非缺席判决。	各级审判厅试办章程	36		
804	毁弃损坏罪中之文书，系指已经制作完成而言。	暂行新刑律	404	刑法	380
805	与匪预通接济枪弹者，可认为事前帮助犯。	惩治盗匪法	4	惩治盗匪暂行条例	1
		暂行新刑律	31	刑法	44
806	检察官对于从刑部分声明控诉，然从刑与主刑有牵连关系，审理范围应及全部。至同案共犯之无罪部分，尚系属于覆判审，第二次判决当然不能存在，仍应进行覆判程序。	覆判章程	10	覆判暂行条例	10
807	不服初选后之处分，应依诉愿及行政诉讼方法办理，司法衙门毋庸受理。	诉愿法	1		
		行政诉讼法	1		

808	托人代理之买卖行为，如可认为买空卖空，其代垫之款项，不外资助犯罪之物，自应不准其有请求偿还之权。	民律草案	252	民法	111
809	因共有权案件确定之结果，自得提起主参加之诉。惟主参加须于本诉讼系属之第一审判衙门为之，控告审判衙门不得径予受理。	民事诉讼律	34		
	当事人一造死亡，无人承继诉讼，自可暂予中断，无将控诉撤销之理。	民事诉讼律	238		
	上告审发还更审之案，关于该案法律之见解，依法院编制法，下级审判衙门自应受其拘束。	法院编制法	32		
810	伙友无代理公司之权，所订合同当然无效。	民律草案	236	民法	170
811	制造光面铜元出售，应以伪造货币之事前帮助犯论。	暂行新刑律	229	刑法	211
			31		44
812	搜查鸦片无据而栽赃者，应构成诬告罪。	暂行新刑律	182	刑法	180
813	妇为夫父强奸或非理殴打，致笃废疾者，均应准其离异。	民律草案	1362		
814	异姓子为嗣已久，未经告争权人主张其无效，消灭其身分，则其子孙自可出继本姓他支。	民律草案	1390		
815	选民死亡，团董将投票通告扣留，隐匿不报，不能认为办理选举违背法令。至选民已经死亡，由他人投票，如其结果致不足当选票数，自属当选无效。	参议院议员选举法	90		
816	在奸所格毙一兵，系正当防卫，应不为罪。若将尸体遗弃，自当依律科罪。	暂行新刑律	258	刑法	262
817	刑律尊亲属，包括养父母、养父母之父母在内。	暂行新刑律	82	刑法	14
818	孀媳既经嫁卖，于姑即为义绝，纵在未嫁卖前之犯奸行为，其姑亦不许有亲告权。	暂行刑律补充条例	6		
819	县视学辞职，经县批准，应以业已辞职论。	省议会议员选举法	6		

820	匪众入城以抢劫盐当为目的，自非掠夺公署、占据城市可比。旋被军警击退，未至实施程度，其通匪开城之人，自亦不能论为实施帮助，应以强盗未遂处断。	暂行新刑律	379	刑法	348条2项
821	不合再审条件，不能予以再审。	刑事诉讼律	446	刑事诉讼法	442
822	离婚后之子女应归其父，但有特别情形，可暂归其母抚养。至抚养费用之标准，应以受抚养人生活之需要及抚养人之财力为断。	民律草案	1366		
			1369		
823	由招股所组织之商店，自应认为合伙，其股东自系分担无限责任。	民律草案	796	民法	667
824	出继子之妇被拐，本生父应有告诉权。	大理院解释例	统字55号		
825	大清银行欠人之款，应由法院受理。	民事诉讼律	18		
826	抗告虽无理由，惟并非抗告不合法，亦非必停止执行，仍应依通常手续申送。	民事诉讼律	597		
827	饭店对于结欠房饭费死者遗留物之优先扣押权利，如查明有此习惯，自可认为法则采以判断。	民律草案	1	民法	1
828	以毒药搀入食品，使人迷失本性，自应依刑律第三百一十三条并查明伤害程度，适用第八十八条，以致废疾或笃疾处断。	暂行新刑律	88	刑法	20
			313		292
	夫不肯与妻为床第之欢，如有程度，可认为不堪同居之虐待，应认义绝，自可准其离异。	前清现行律民事有效部分	出妻条		
	击落牙齿二枚，应以轻微伤害科断。	暂行新刑律	313条3款	刑法	293
829	居丧嫁娶，应行离异，不以身自主婚为要件。	前清现行律民事有效部分	居丧嫁娶条		
830	以白禀提起选举诉讼，因不合程式批驳后，始行具状更正，仍应认为合法起诉。	省议会议员选举法	90		
831	债务人于假扣押决定后，不声明抗告，亦不声请债权人起诉者，审判衙门除劝谕债权人起诉外，无径依其请求即准予管业之理。	民事诉讼律	659		
			660		
832	同在一旅馆窃取他人房内之财物者，应以侵入论。	暂行新刑律	368	刑法	338

833	上级审误认管辖发交下级审审理，其决定若已确定，下级审应受其拘束。	刑事诉讼律	347	刑事诉讼法	308
834	同胞兄对于出继同胞弟之寡弟妇与人和奸，既非尊亲属，当然无告诉权。	暂行刑律补充条例	6		
835	抢夺营队之枪支子弹，应依惩治盗匪法处断。	惩治盗匪法	4	惩治盗匪暂行条例	1
836	裁判上及执行中之和解，均得予以执行。至债务人之财产，除法令上不许供执行者外，均可执行。	民事诉讼执行规则	4		
837	得价典妻，如其真意系属绝卖，当依刑律补充条例，处典者以和卖罪，受典者不能论罪。若双方并无买卖意思，典者等于得利纵奸，法无处罪正条。	暂行刑律补充条例	9		
838	会首村正如可认为行政官员之佐理，而滥罚充公，当依渎职罪处断，否则构成诈欺取财罪。	暂行新刑律	148	刑法	140
			382		363
	告发人于检察官不起诉处分无请求提起上诉权，只得声明再议及抗议。	刑事诉讼律	286	刑事诉讼法	248
839	应覆审与应更正之部分互见时，除从刑失出仍予更正外，应为覆审之决定。	覆判章程	4条3款	覆判暂行条例	6条3款
840	被告所犯窃盗及受贿赃物罪，照章不送覆判。虽引律错误，应俟非常上告方能纠正。	刑事诉讼律	459	刑事诉讼法	433
841	褫夺公权，以宣告徒刑以上之刑为限。	暂行新刑律	47	刑法	58
842	关于矿山窃盗之赃物罪，仍依刑律科断，应注意故意之要件。至没收及追缴价额，自系司法收入。	暂行新刑律	397	刑法	376
843	控诉时不缴控诉讼费，或缴不足额及撤销后再缴讼费，应否予以受理之解答。	大理院判例	4年抗字156号		

844	使用国家公有水面，自以不害及他人使用之限度为原则。但国家得于例外情形，限于依特别法律行为或具有特种条件之人，始许其使用。如因此而侵害岸上业主之土地所有权者，业主自得请求排除其侵害。	民律草案	984	民法	765
845	江河及其他公有之水面，其所有权自应属之国家。除特别限制使用方法或使用之人外，人民皆有自由使用之权。	民律草案	1000	民法	775
846	被承继人与承继人家积有嫌怨，因而憎恶应继本人者，亦许另择贤爱。	前清现行律民事有效部分	立嫡子违法条		
847	虚位待继固属不应许可，而素有嫌隙之人，亦不得强令立嗣。	前清现行律民事有效部分	立嫡子违法条		
848	人民争执官产为其私有者，系属私权关系，审判衙门自应予以受理。	民事诉讼律	18		
849	无记名证券如有旁证，足以证明其债权之真实，自可请求偿还。	民律草案	900	民法	720
850	判决确定后不能变更，如有可受利益裁判之书状，得声请再审。	民事诉讼律	605		
851	心神丧失之姑，其同居寡媳自可为保护人。其委任代理诉讼人，自应认为有效。	各级审判厅试办章程	52		
			54		
	异姓入继子孙，依该族惯例已取得权利者，族人非得其同意，自不能率予剥夺。	大理院解释例	6年统字591号		
852	控诉时未缴控诉费，撤销后如于接受决定后二十日内补缴讼费或声请救助，自应仍予受理。若逾期始行补缴，自未便漫无限制，致案悬不能确定，故不应予以受理。	诉讼费用规则	5		
853	异姓子承继已久，未经告争权人主张其无效，消灭其身分，即不得谓为异姓乱宗。	民律草案	1390		
854	查抄没地亩，系属国家财产，应归何省管理处分，法令初无规定。如两省发生争执，似应咨明财政部核议解决。	暂行新刑律	48	刑法	60

855	立契时与偿还时兑换券价额有涨落时，应以两者相差之价额为其折补之标准。	民律草案	328	民法	201
856	善堂公置义地被人盗买，如未经合法代表善堂之人依法追认，其买卖行为自属无效。	民律草案	236	民法	170
857	确定判决，除合于再审条件准其请求再审外，自无无端翻案之理。如形式不合，可令补具诉状，或就其实质分别予以受理。	民事诉讼律	605		
858	金银号价买劫盗所得金银物而并不知情，且公然价买者，自应于犯人不明或无力缴价之时，由失主自行备价收回。	前清现行律民事有效部分	给没赃物门1段、2段		
859	凡一切文字记号，皆得谓之书状，均可据以请求再审。至人证，则显非书状，自不能据为再审之原因，以防流弊。	民事诉讼律	605条11款		
	族中堂名既不得为权利义务主体，自不能以之为被告人。	民事诉讼律	54		
	凡地方管辖之执行案件，无论为地厅抑为县知事之裁判，均可再抗告至大理院。	民事诉讼执行规则	10		
860	判决确定之案，虽发见管辖错误，亦无决定移转之理。至再审应向原判决衙门提起者，固不问该原判是否合法。	民事诉讼律	603 604		
861	十七岁男子之行为，苟无其他无效或撤销之原因，自属完全有效。	大理院判例	3年上字797号		
862	县诉章程所称"原审事件"一语，应以县知事判决所引律文为标准，并非以当事人所告诉、告发之罪名为标准。	县知事审理诉讼暂行章程	36条2款		
	地方厅如遇县判管辖错误之案，认为自有本案第一审管辖权者，应撤销原判，径为第一审审判。	刑事诉讼律	384	刑事诉讼法	385
863	邻县受理地方管辖刑事案件第二审，固属管辖错误，但已确定，不能更据原告诉人呈诉，由高厅受理原县控告。惟该呈诉在原县判后期间内者，仍可受理，否则只有依法提起非常上告救济。	刑事诉讼律	460	刑事诉讼法	434

864	诱未满十六岁之女价卖为娼者，以营利略诱论。	暂行新刑律	351	刑法	257
865	俱发罪中若先发之罪已受执行者，应照刑诉草案，将已经执行之刑通算后定之刑。	刑事诉讼律	509	刑事诉讼法	498
866	请解释刑诉律执行编，准用他编各条文之范围（他编各条并未公布有效，未予解释）。				
867	覆判案件，该章程所未规定者，当准用刑诉法草案第九条之当然解释。数人犯一罪，其事物管辖不同者，可由上级审判衙门合并管辖。	刑事诉讼律	9	刑事诉讼法	15
	覆判章程所称"应核准与更正之部分互见时，以应更正论"等语，不过为制成覆判书之形式。而于执行刑期为被告人利益起见，仍可按照追认性质办理。	覆判章程	4	覆判暂行条例	6
	核准更正，应用判决，覆审应用决定。如一案而并用核准更正、覆审时，可参照覆判章程第四条第二项第三款之法意，制判形式，应为覆审之决定。	覆判章程	4	覆判暂行条例	6
868	上告发还更审之案不许撤销，被告既经在逃，应即中止审理。	刑事诉讼律	340	刑事诉讼法	307
869	替人向强盗说项而分得赃物者，应以正犯论。	暂行新刑律	73	刑法	348
870	图利价卖亲女，应依补充条例第九条，查照刑律第三百五十一条处罪。该女既有婚姻预约，除劝谕夫家倍追财礼女归后夫外，自未便以裁判强令仅受赔偿。	前清现行律民事有效部分	男女婚姻门		
871	惩治盗匪死刑之囚，应援用刑律总则减等与否，承审官本有裁量之权。即援刑律第五十四条减本刑一等或二等，其轻重之权衡亦尚有伸缩之余地。即或法文未备，亦难舍置不用。	惩治盗匪法	3	惩治盗匪暂行条例	1
872	填塞公众汲饮之井，应依妨害饮料水罪处断。	暂行新刑律	300	刑法	204
873	子妇不孝，不能请求法院施以惩戒。	暂行刑律补充条例	11		

874	预审中未能将被告传唤或勾摄到庭，虽经调查证据，自可毋庸遽予终结。至计算审限，应自被告能传唤、拘摄时起算。	刑事诉讼律	306		
		刑事诉讼审限规则	2		
875	修正覆判章程公布以前之案件，依该章程第一条尚在期间内者，概须查照新章办理。若新章不在覆判之列，即无庸覆判。	覆判章程	1		
876	故意伤害人而用绳索捆缚者，应依伤害罪及私擅逮捕罪从一重处断。	暂行新刑律	26	刑法	74
877	应处徒刑之被告人为缺席判决，显系违法。被告人若声明控诉，应予受理。	刑事诉讼律	350	刑事诉讼法	311
	覆审判决之案处刑较初判加重之案，均准声明控告，毋庸再送覆审。	覆判章程	7	覆判暂行条例	11
878	已嫁之女犯奸，须夫族无告诉人时，母族之尊亲属方有告诉权。如夫族尊亲属舍弃告诉权，母族尊亲属即不得再行告诉。	暂行新刑律	290	刑法	245
879	县知事审理判决，宣示牌示并制原本，其牌示内容固属有效。原本载明理由较详，亦法所不禁，控诉审应依法受理。	刑事诉讼律	381	刑事诉讼法	381
880	覆审判决若轻于初判处刑时，原告诉人得呈诉不服。	覆判章程	11	覆判暂行条例	11
881	既经成立之省议会因选举议长、副议长有疑义时，自不得依选诉讼解决。	省议会议员选举法	90		
882	两县会审判决，自属违法，应据当事人不服予以撤销，发回更审。惟虽为会审之形式而并非未参与评议判决者，仍应认为有效判决。	民事诉讼律	551		
883	控诉审判决后，当事人声请复勘，自非合法。惟上告审如认原审以前所践之程序本有不合，自可发还，更为审判。	民事诉讼律	582		
884	刑事判决书中仅载赔偿银钱而未判处罪刑者，只能认为私诉判决，公诉部分应由县知事补判。	刑事诉讼律	384条2项	刑事诉讼法	385条2项

	县判主文内仅载"本案免诉、免究",或堂谕内载"被告人不处刑事制裁"各字样,既以判决形式终结,自应认为各该种之判决,受理上诉。	刑事诉讼律	384	刑事诉讼法	85
885	推事遇有应行回避之情形,若未至司法官惩戒法第三十一条、第三十二条之程度者,仍许执行职务。	民事诉讼律	42		
886	诱拐妇女而妇女携有子女者,其子女既非为犯罪之目的物,自不别构罪名。	暂行新刑律	351	刑法	257
887	违警罪之处罚应由警察机关办理,法院不应单独受理。	违警罚法	14	违警罚法	14
888	羁押日数折抵方法,应从被告人利益解释之原则。若遇奇零日数,仍准折抵一日。	暂行新刑律	80	刑法	23
889	硫磺为军用爆裂物,如有私制、私运者,应依刑律第二百零五条处断。	暂行新刑律	205	刑法	201
890	己地被人侵占,于控诉期内将他人之屋拆毁,自应依律衡情处断。惟建屋人亦有回复原状交地之义务,拆屋之赔偿,应以超过回复工事必要程度部分之损害为限。	暂行新刑律	406	刑法	382
891	夫外出四年未归,其妻之父复凭媒改嫁。如其夫外出果系行踪不明音问断绝者,其父所为自非犯罪。惟其女如不愿改嫁而为其父串谋诱卖者,仍应按律论罪。	暂行新刑律	351	刑法	257
	于再审条件相合时,亦可为被告人不利益起见请求再审。对于该确定之部分,不得另案起诉。	刑事诉讼律	446	刑事诉讼法	442
	既有确定判决,虽系引律错误,仍应提起非常上告,以资救济。	刑事诉讼律	459	刑事诉讼法	433
892	烟酒公卖简章中之罚则,系行政处分,司法衙门无庸受理上诉。	刑事诉讼律	383	刑事诉讼法	383

893	有共同之犯意，仍为共同实施犯罪行为之正犯。	暂行新刑律	29	刑法	42
894	初审判决无罪，第二审认为有罪时，应即改判。	刑事诉讼律	384	刑事诉讼法	385
895	祖遗荒地被他人以己之户名报粮耕种，自可认为为他人管理事务。其因耕种所得花利，苟无反证，即可承认为已占有，均应依民事法则分别办理。	民律草案	925	民法	177
	统一解释权，以关于法令之质疑者为限。	法院编制法	35		
896	私人契约之解释，应由审判衙门调查，斟酌立约当时之情形，期得立约人之真意，自不能仅拘泥于语言文字。	民律草案	200	民法	98
897	对于异姓乱宗，非有承继权者不得告争。	大理院解释例	6年统字564号		
898	兼祧虽不合法，不得于兼祧人死后再行告争。	民律草案	1390		
899	无权处分之契约，均应作为无效。如以卖主为诉讼相对人时，其判决对于特定承继人之买主，亦属有效。乙如参加辅助，自应准许抗告，得不拘名称，以参加上诉论。	民事诉讼律	83		
900	采用邻县上诉制之县知事受理第二审案件，以送达为判决之宣示，自不能认为无效。	县知事审理诉讼暂行章程	31		
901	当事人对于管辖决定既经甘服，任其确定，审判衙门自无庸再予置议。	民事诉讼律	40		
	未缴讼费之控告人，于接受撤销决定后二十日内补缴讼费或声请救助者，仍应予以受理。	诉讼费用规则	5		
902	共同诉讼之代理权，应有全体委任之证明。	民事诉讼律	97		
903	律载"嫌隙"，专指应继人与被继人而言。立嗣会议，妄占重要地位，自应尊重其意思。	前清现行律民事有效部分	立嫡子违法条		
904	已经判决之债权，若债务人宣告破产，应与他债权者平等分配。	民事诉讼执行规则	47		

905	选举议长舞弊，系省议会暂行法未规定之事项，应照该法第三十六条办理。	省议会暂行法	36		
906	子已成年，其父母为之退婚而未得其同意者，其退婚不能视为有效。	民律草案	1343		
	抢婚虽干例禁，惟尚难据为撤销婚约之原因。如果抢婚行为外，依律并可认为另有强奸之行为者，应准离异。	前清现行律民事有效部分	男女婚姻门		
907	拨授田地，如契约载明何人享受，应以契约之真意为断。	民律草案	200	民法	98
908	因失踪而立约退继，双方均系善意，自非无效。	民律草案	1399		
909	孀妇改嫁，应以其自己之意思为重。同姓不宗之婚姻，既不违反法律，自属有效。惟主婚人虽可受财，本供孀妇费用，不能视为给予特别之利益。至随身珠镯、衣服，既属私产，自有完全行使之权。所生幼女，如父家近亲并未公议养育方法，应听生母携带抚养。	前清现行律民事有效部分	男女婚姻门		
	孀妇因贫改嫁，有主婚权人要索财礼未遂，即以拐告诉。如有犯诬告罪之故意，自应依律处断。	暂行新刑律	182	刑法	180
910	控诉人届辩论日期不到案，被控诉人曾经具状声明附带控诉，当庭禀请结案，证据确凿，自应先撤销控诉人之控诉。如被告诉人之附带控告在法定期间内，即可认为独立控告。	民事诉讼律	552		
	当事人既经声明上诉，同时声请回复原状者，其障碍事实自应由上诉审判衙门并予调查裁判。	各级审判厅试办章程	65		
	缺席判决，如系本于两造辩论或一造审讯之结果，并非因原告缺席即予驳斥，或被告缺席推定自白者，则仍以不合法之通常判决论，上诉审判衙门即可受理上诉。	县知事审理诉讼暂行章程	36		
	人事诉讼，如两造均不到案，复不能试行和解，应认为休止，暂行停止进行。	民事诉讼律	754 781		

	声明上告后，该案件即已系属于上告审，故有提出和解状者，自应迅予送由上告审核办。	民事诉讼律	585		
911	外国教堂得享有土地所有权，人民捐助土地及教堂代表人将地退还原主，均属有效。	民律草案	61	民法	26
912	关于保护心神耗弱人等或浪费子弟，向有呈请司法衙门立案之惯例者，亦可由该地方审判厅为布告立案。	民事诉讼律	766		
913	同父周亲，律许兼祧。夭亡且未婚配，不得为之立后。夭亡而已婚或未婚而已成年者，均准立后。	前清现行律民事有效部分	立嫡子违法条		
	孀妇对于夫在时所立之异姓义子，事经十余年且已登入宗谱，忽欲主张无效，自应诉指具体事实，经审判衙门查明属实并认为正当时，始准废继，另行择立。	前清现行律民事有效部分	立嫡子违法条		
914	女子与人定婚而再许他人者，无论已成婚与未成婚，其女应归前夫。惟仍不能强制执行，自应体会律意，劝谕前夫，俾策两全。	前清现行律民事有效部分	婚姻门		
915	以行政行为之手段侵害他人优先承领之权利者，系回复侵害之民事诉讼，司法衙门仍可受理。	法院编制法	2		
916	本院征收讼费则例未经施行以前，遇有声请救助案件，由控诉审判衙门调查属实，作成报告送院办理。	大理院民事讼费则例	27		
917	同宗之妻虽已改嫁，而娶为妻妾者，非有效婚姻，自可拒绝入谱。惟所生之子，要不得谓非钱戊之子，不应拒绝入谱。	前清现行律民事有效部分	娶亲属妻妾门		
918	地方管辖案件，高等审判厅不能为上告审判。	民事诉讼律	583		
919	转租契约，无拘束所有人之效力。	民律草案	658	民法	443
920	银行兑现时所发债券，其后券价虽跌，债务人持向原行加息赎取押款，自无拒绝之理。至存款，如在跌价之前，应照付现款或补贴差额。	民律草案	328	民法	201

921	不能证明所有或占有之坟墓，自无禁止他人祭扫之理。	民律草案	1261	民法	940
922	准禁治产之立案，仅足为公之证明，并无创设权利之效力。	民事诉讼律	766		
	家财父死后，应归子有。处分行为虽应得母之同意，但因营业负债致其家财被执行者，则与卑幼私擅用财之条无关。	民事诉讼执行规则	4		
923	前夫之女与后夫前妻之子为婚姻者，自应认为有效。	民律草案	1334		
924	缴款时与执行时票价有涨落，应按照执行当时市价补水清偿。				
	夫亡无子，因族议立继争讼，于控诉中亡故，如有拟继之人，自应由其继受诉讼。	民事诉讼律	238		
925	高检厅接收县署汇报案件内发见原判错误者，得于接收卷宗后十日内提起控诉。	各级审判厅试办章程	60		
926	两姓互争祖墓，如绝无他种证明方法时，得开墓查验。惟因地方情形，宜先劝谕当事人得其同意行之。	民事诉讼律	448		
927	正当防卫须查明是否杀人，抑系伤害及有无过当情形。	暂行新刑律	15	刑法	36
928	刑事裁判未经宣示者，自可用正式判词谕知裁判，覆判审亦应就其正式判决而为审判。	刑事诉讼律	252	刑事诉讼法	184
929	强制拍卖后，物主对于拍定人仍负瑕疵担保之责任。惟为保护拍定人起见，如债务人无资力时，亦许其向债权人为返还价金一部或全部之请求。	民律草案	563	民法	349
930	关于公诉告发，无论何人，均可办理。惟请求赔偿应以有权人为原告。	民事诉讼律	66		
931	石槛墙脚之本体，即系一种记号，得据以请求再审。	民事诉讼律	605		
932	判定房屋查封备抵第三者，纵善意买受，债权人之优先受偿权仍就存在。	民律草案	1150	民法	873
933	覆判审判决后，发见有再审之原因者，应归覆判衙门管辖。	刑事诉讼律	447	刑事诉讼法	445

934	匪徒聚众图夺县署兵器未遂，应以强盗未遂罪处断。	暂行新刑律	379	刑法	348
935	掳人勒赎之案，其仅知情藏匿被掳之人分得赃洋者，应以准正犯论，与受赠赃洋罪从一重处断。	暂行新刑律	26	刑法	74
936	质权及抵押权，无论其目的物为债务人本人或他人所有，既为财产权之一种，自无不可强制执行之理。	民事诉讼执行规则	93		
937	抢亲如别无义绝情事，自不能据为离异之原因。惟察其情形已难相处，自可妥为劝谕，无以职权径予判离之理。	前清现行律民事有效部分	婚姻门		
	债务人借他人不动产作担保品，至执行时如物主对于其借供担保之事实并无争执，自可依试办章程为查封受理之处分。	各级审判厅试办章程	41		
	保人无论是否人钱并保，除对于代债务人清偿一层并无争执外，自应另案办理，不能于执行债务人案中径予扣押。	民律草案	868	民法	745
	童养媳虽未成婚，子死另许。然既因交有聘金，发生童养关系，则援孀妇再醮之例，子父自可主婚。	前清现行律民事有效部分	婚姻门		
	丈量地亩，自应以当事人买卖当时之意思为准。如意思不明，即以当时该地通行之丈尺为准。	民律草案	1	民法	1
938	担保物权契约内载明之票价涨落，应以定约当时之意思为断。	民律草案	200	民法	98
939	兼祧双配后娶之妻，得认为妾。如以被欺重婚为由，亦应准其请求离异。	民律草案	1362		
940	本诉讼既因和解终结，则从参加人即失其所辅助之主体。如对于两造有所请求时，可以另案起诉。	民事诉讼律	87		
941	翁姑夫均亡，庶母如向管家政变卖遗产，自系代理性质。其媳主张变产不能同意，即应证明此项行为未经委任，不在代理家务范围之内可。	民律草案	1325		

942	现行律以十六岁为成年，即有完全行为能力。至商人通例已满二十岁为营商能力者，系特别规定。	前清现行律民事有效部分	户役脱漏户口律		
		商人通例	5	民法	12
943	先买权之竞合，依条理应以权利成立在先者为先顺位。	民律草案	1209	民法	884
	共有人之私债，只应就该所有部分执行，无侵及他人共有部分之理。	民律草案	1045	民法	819
944	调查员为办理选举人，应停其复选区内之被选举权。	省议会议员选举法	8		
945	供差务担保之田，未经消灭担保差务以前，不得私擅变卖。违者及知情中人，均应按律论罪。	暂行新刑律	391	刑法	256
946	擅卖公共祖坟地，应查明情形，依刑律侵占、窃盗各本条处断。谋买者及知情中人，亦应依刑律侵占、窃盗各本条或仅依故买赃物论罪。	暂行新刑律	391	刑法	356
			367		337
			397		376
947	案经知事就被告审理判决，自应受理上诉。惟县判"免诉、免究"等字样，应审查内容，不得概认为无罪判决。	刑事诉讼律	384	刑事诉讼法	385
948	因财谋杀，自应以强盗杀人论。诱令被害者至行为地点，应以共犯论。	暂行新刑律	376	刑法	345
	债务之履行不问债务者是否真意，既有交付行为，即应发生效力。	民律草案	430	民法	309
949	伪造信函，意欲陷害他人受刑事处分者，自可援据刑律第一百七十八条论罪。	暂行新刑律	178	刑法	175
950	官吏滥罚入己，应以入己之意思先后分别科断。	暂行新刑律	382	刑法	363
			148		136
			392		357
951	债务人将产业卖与他人，债权者向买受人恐吓，要求金钱，自确备欺罔恐吓条件，应以诈财论罪。	暂行新刑律	382	刑法	363
952	注销上诉之案，无庸详送覆判。	各级审判厅试办章程	66		

953	现行律载"户绝"二字，系指一家而言。户绝财产出典与人，非应继之人无找价作绝之权。唯应继在最先顺位之人，得为保存行为。	前清现行律民事有效部分	卑幼私擅用财条		
954	争管寺院系为住持之身分者，应归地方管辖。至事物管辖之合意管辖，既经废止，自不能以曾在控告审未经主张，即不许以管辖错误为上告理由。	民事诉讼律	2 569		
955	以烟土抵田产之典价，应构成贩卖鸦片烟罪。	暂行新刑律	266	刑法	271
956	用烟土为劳力之报酬以抵资费者，应构成贩卖鸦片烟罪。	暂行新刑律	266	刑法	271
957	先发两罪已经审判确定，复审判后发见余罪更定其刑者，只应就前判所定合并执行之刑与后判之刑，依第二十三条更定执行之刑。	暂行新刑律	23	刑法	72
958	未经前审审判之部分，自可另案诉理。	刑事诉讼律	256	刑事诉讼法	259
959	打击错误，应分别有无过失论断。	暂行新刑律	324	刑法	301
960	未经呈准政府发行之彩票，为刑律所禁止，不能以有价证券论。虽经伪造，亦不成立刑律第二百四十二条之罪。	暂行新刑律	242	刑法	226
961	结伙在途行劫，并杀死事主，自系惩治盗匪法第三条第一款。共犯内一犯并奸占事主之妻，如他犯亦有犯意，仍系共犯，均得照刑律补充条例第十条处断。	暂行刑律补充条例	10		
962	水上警察犯罪，应分别是否普通犯罪，以定管辖。	警察犯罪改照修正陆军刑事条例适用各条			
963	商会长擅将封闭钱庄图章等物携存商会，虽事出越权，未能科罪。	暂行新刑律	10	刑法	1
964	假他人名义伪造契据盗卖土地者，应构成窃盗罪、行使伪造私文书罪，从一重处断。知情故买者，应成立故买赃物罪。	暂行新刑律	367 343 397	刑法	337 224 376

	控诉审判决内仅载"采用第一审之事实"字样，并未重叙事实，形式虽嫌未备，既经合法审理，不能认为违法。	刑事诉讼律	385		
965	刑律第六十三条从论理解释，应限于具有该条一款、二款之一要件，及三款、四款之两要件，而受四等以下有期徒刑或拘役之宣告者，方可宣告缓刑。	暂行新刑律	63	刑法	90
	同时在两地开设馆舍供人吸烟，与同时在两地栽种罂粟情形相同，应认为一罪，酌量科刑。	暂行新刑律	269	刑法	273
	上告审判决无论是否违法，除依再审或提起非常上告外，无法救济。	刑事诉讼律	444 459	刑事诉讼法	441 433
966	随母再醮改姓娶妻成家，迨其终身，并无发生争执，自应认为承继确定；或仅系养子关系，而义子亦得酌分财产。若既非继子又非养子，则仍由本宗侄承继其嗣，自属不成问题。	民律草案	1390		
967	官吏藉故杀已准投城之匪，抄财入已，应依强盗杀人罪处断。	暂行新刑律	376	刑法	345
968	伪造或行使伪造私文书者，须他人因而受害或确有受害之虞者，方得论罪。	暂行新刑律	243	刑法	224
969	上告审认定控告逾期将原判撤销之件，如确非出于当事人之过失者，准其声请回复原状。	民事诉讼律	232		
970	妨害内债信用惩罚令各条所定徒刑、罚金，既无并科明文，自应认为选择刑。	妨害内债信用惩罚令	1		
971	立嫡子违法门"支属"二字，不限于五服以内。	前清现行律民事有效部分	立嫡子违法门		
972	没收私盐及其余各物，应照财政部呈准没收私盐变价办法及司法部没收物品处分规则办理。	没收私盐变价办法	六年财政部呈		
		没收物品处分规则	6		
973	明知当事人、代诉人在衙门所在地居住，可以知悉牌示者，其牌示始为有效。	县知事审理诉讼暂行章程	21		

974	所有权人于其所有物因他人债案被执行时，得向受主之占有人提起返还之诉，或向债务人诉请返还及赔偿损害。	民律草案	986	民法	767
975	选举议长效力，应查照省议会暂行法第三十六条办理，检举犯罪与该项选举效力及议决案无关，惟刑律犯罪应以国会及地方议会议员之选举为限。至大理院解释，除法院编制法第三十五条但书情形外，自有拘束之效力。	省议会暂行法	36条	刑法	分则六章
		暂行新刑律	分则八章		
		法院编制法	35条		
976	无权代理行为，如本人表示追认者，须有使其行为发生效力之意思。	民律草案	236	民法	170
977	犯刑律脱逃罪所侵害之法益既系国家，则犯人如以连续之意思触犯同一罪名，自应以连续犯论。若系故纵，应依刑律第一百七十二条处断。	暂行新刑律	28	刑法	75
			172		172
978	执行刑期，应自裁判确定之日计算。羁押日数，不得率准抵销。	暂行新刑律	79	刑法	23
979	向镇守使署捏报他人为匪者，自应成立诬告罪。	暂行新刑律	182	刑法	180
980	经控诉审撤销控诉状之案件，无庸再送覆判。	各级审判厅试办章程	67		
981	五等有期徒刑执行中发生窒碍情形，得以易科罚金。	刑事诉讼律	494		
982	县案虽经提法司核准，仍应详送覆判。	覆判章程	1		
983	孀妇改嫁未得主婚人同意，只得请求撤销，尚不得谓无婚姻关系，亦不得谓为犯罪。	民律草案	1344		
984	童养媳与人奸通，未婚夫无告诉权，但得声请检察衙门指定代行告诉人。	刑事诉讼律	265	刑事诉讼法	217
	侵入向不任人通行之坍塌围墙内行窃，应以侵入窃盗论。其在第宅范围外无人居住之牛栏窃取牛只者，系犯第三百六十七条之罪。	暂行新刑律	368	刑法	338
			367		337
985	累犯罪之刑与前判之刑应并执行，惟前判既系无期徒刑，则后判之刑自不合刑律第四十四条易科条件。	暂行新刑律	44		

986	判决之婚姻案件虽不能强制执行,然判决之效力固应存在。惟如提起撤销重订婚约之诉,审判衙门尚可斟酌情形,妥为劝谕办理。	前清现行律民事有效部分	男女婚姻条		
	违背婚约,将女另嫁,虽志在得财,不得谓为诈欺,自不成立诈财罪。	暂行新刑律	382	刑法	363
987	以罂粟壳与他种药料搀合为丸,用治疾病者,自不为罪。	暂行新刑律	10	刑法	271
988	现有人居住之木簰,应以船舰论。如有被劫情事,自可依律处断,惟并应查明是否在途被劫。	暂行新刑律	373	刑法	344
989	因诈财生逮捕,逮捕虽系诈财方法,仍应论罪,从一重处断。至因逮捕并致成伤别无故意者,应依第三百四十七条照第二十三条科断。	暂行新刑律	382 344 26 347 23	刑法	363 316 74 70
990	有强暴、胁迫使人不能抗拒之情形而勒取财物者,应成立强盗罪。其仅以欺罔恐吓使人交付财物者,系诈欺取财罪。	暂行新刑律	370 382	刑法	243 363
991	违反族规涉讼与权利义务有关者,审判衙门应予受理。若与确认身分并无关涉,不得谓为人事诉讼。	民律草案	1065	民法	828
992	刑事案件,应以经过最后之上诉期间及当事人最后声明不上诉之日,为判决确定期。	县知事审理诉讼暂行章程	40		
	未决羁押之人,经判决确定后仍然监禁者,虽尚未备执行手续,仍应将此项监禁日数算入刑期。	暂行新刑律	79	刑法	23
993	检察官指定代行告诉人,应以被害人事实上不能告诉,现在又无他人得行使告诉权之案件为限。	刑事诉讼律	265	刑事诉讼法	217
994	孀妇被人略诱,其姑既不告诉,检察官即不得指定代行告诉人。至被略诱人如果与犯人已有合法之婚姻,固非离婚后,其告诉为无效。但在未有婚姻关系以前之告诉,非经撤销,仍不得谓亦无效。	暂行新刑律	355		

995	彼此互殴，不得主张防卫权。虽一方受伤较重，不能因其伤重免责，应于法律范围内酌量处断。	暂行新刑律	15	刑法	36
			313		293
996	诈取马匹仍然跑回，不得谓其行为之未遂。	暂行新刑律	382	刑法	363
997	移置将死之人于他处，如果确系冀免拖累，自不为罪。	暂行新刑律	10	刑法	1
998	审判余罪者，无论为普通审判衙门或特别审判衙门，均应径自定其执行之刑。	暂行新刑律	24	刑法	72
999	新闻记者将议员在议场诬抵官员之言词登载报纸，如有故意匿、饰、增、捏而损害他人之名誉，自应依出版法第十七条适用刑律处断。	出版法	17		
1000	县知事回避案件，承审员亦不应与审。	县知事审理诉讼暂行章程	5		
1001	初审判决对于诉讼物之一部谕令邀中清算，虽有未合，究系判决。关于事物管辖，自属不生疑问。	民事诉讼律	7		
1002	意图营利，私送略诱二十岁以上之男子于外国者，在刑律虽无论罪明文，如有私擅逮捕监禁或诈欺之事实，固得按照刑律各本条处断。	暂行新刑律	344	刑法	314
			382		
1003	无服尊卑为婚，现行律既未经列入禁止之条，自不能遽认为无效。	前清现行律民事有效部分	尊卑为婚条		
	死者不能立为人后，以孙祢祖，即非合法，戊之过继，即非事实，但现无有承继权人出而告争，而族人复无告争权利，自未便仅因该族人等之告争，遽判戊交产。	大理院判例	6年上字810号		
1004	诈欺取财罪中所称之"所有物"，系指该物为人所有，现有人持有，并非无主物、遗失物等而言。	暂行新刑律	382	刑法	363
1005	保甲甲丁因知赌博输钱之人家有钱款，又将雇车图逃，遂分持枪械强入其家，将其捆绑带回保甲公所，并开枪击伤其父身死，应以强盗、诈欺、赌博及伤害、杀人、逮捕各罪，分别拟断。	暂行新刑律	373	刑法	348
			385		363
			276		276
			324		291
			344		316

1006	继承人与被继人素有嫌怨，即丧失应继之权，自无许其告争之理。	前清现行律民事有效部分	立嫡子违法条		
1007	同一案件三次确定判决，照兼理诉讼章程，县知事一事不能二判，自得由原审依当事人声请再审判决，回复初次县判。	县知事审理诉讼暂行章程	43		
1008	官票作废，自应以依约请求取赎日之票价，折合现金取赎。	民律草案	328	民法	201
1009	选举诉讼既准用民诉程序，自应许其和解。	民事诉讼律	284		
1010	现有人居住之木簰被劫，应以第三百七十三条论。若在途被劫，应以第三百七十四条第一款论。	暂行新刑律	373	刑法	344
			374		348
1011	控诉案件与覆判案件应分别判决。惟后判罪刑时，前判罪刑如系确定，应依刑律第二十四条并更定其刑。	暂行新刑律	24	刑法	72
1012	明知其父所持之物系他人寄存而窃取者，自应依刑律第三百八十一条办理。	暂行新刑律	381	刑法	341
1013	扯毁教民私宅所供圣像，非对坛庙、寺观及礼拜所之所为，应以损坏罪论。	暂行新刑律	406	刑法	382
1014	中俄恰克图条约虽承认外蒙古自治，然中国人民所犯刑事案件，仍应由中国官吏依照现行法律处断。其裁判如属违法，自得依刑事再理暂行援用各条内关于非常上告之规定。	刑事诉讼律	459	刑事诉讼法	433
1015	生母招赘后夫生子，关于承继一点，与前夫之子已属利害相反，即不能代为抛弃承继之权利。但前夫之子对于同居继父，亦应认其负扶养义务，酌判赡养。	民律草案	1378		
1016	代诉人以函询本人需费时日，为请求回复上诉权之原因，自属不应许可。	民律诉讼律	232		
1017	债务人遵执行命令缴案官票作废，应查明判决，以定债务人应否负担损失。如系判明债务人应偿还票银，而其既于未作废日以前缴厅，自不任赔偿损失之责，否则债务人仍应承担损失。	民律草案	328	民法	201

1018	赎产涉讼土地，所有人于判决未确定前缴案之官票，典权人本无提前收款之义务。至判决确定后官票损失，自未便令典权人负担。	民律草案	328	民法	201
1019	贩卖烟土，虽有土药局收税凭单，倘非行为当时法律明许，仍应依律酌办。	暂行新刑律	14	刑法	34
1020	前清末年不违定章之烟土买卖，仍属有效。但烟土债务因法令禁止不能给付，可依债权法则办理。	民律草案	361	民法	225
1021	检察长于诉讼上居被害人地位时，所属检察官应否回避，法律既无明文，应由总检察厅或呈部酌核办理。	刑事诉讼律	40	刑事诉讼法	34
	诬告罪之成立，以明知所诉虚伪为要件。即令所诉非全虚伪，但其中有一部分不实，被告人又明知而妄诉，仍应构成诬告罪。	暂行新刑律	182	刑法	180
1022	入赘夫之父，应以刑律尊亲属论。	暂行新刑律	82	刑法	14
1023	以粪灌人之所为，应视有无伤害或私擅逮捕监禁之情形，分别依刑律各本条及违警罚法处断。	暂行新刑律	313	刑法	293
			344		316
		违警罚法	50	违警罚法	50
1024	掳人勒赎，固以强暴、胁迫使人不能抗拒而交付财物，与刑律强盗罪尚无不同，自应依刑律强盗罪褫夺公权。	暂行新刑律	47	刑法	57
1025	公诉权消灭之原因，自可斟酌刑诉律草案第二百五十九条为标准。	刑事诉讼律	259	刑事诉讼法	243
1026	凡已控诉，始终未经控诉审就实体上审理之案件，虽在终结并上诉确定之后，均仍应送覆判。	覆判章程	1	覆判暂行条例	1
1027	承垦荒地，虽补价逾期，仍得定相当犹豫期间，令其补缴。	国有荒地承垦条例	30		
1028	典主届期不税，只有照漏税罚办，自无许原主仍能回赎之理。	契税条例	7		
1029	奸生子在父母正式婚姻后出生者，即取得嫡子身分。	民律草案	1409		
1030	烟土已成禁物，致从前所订契约未能履行者，应由借主赔还银两。	民律草案	361	民法	225
1031	聘定后发见天阉，自系残废，应照现行律男女婚姻各条办理。	前清现行律民事有效部分	男女婚姻门		

1032	虚名待继与以孙祢祖不同，判例所称"依律认虚名待继为有效"，尚未准令已故之人得以出继。	大理院判例	8年上字394号		
1033	强窃盗之已遂、未遂，系以盗取财物已、未入手为标准。	暂行新刑律	370	刑法	343
1034	受刑人执行实有窒碍时，可依刑诉律执行编救济，毋庸易科。	刑事诉讼律	487 489	刑事诉讼法	485
1035	在司法筹备处声明上诉者，仍应以合法声明论。	民事诉讼律	536		
1036	在特别审判衙门行其职务者，当指平政院及其他受理特别诉讼之审判衙门而言。	修正律师暂行章程	1	律师章程	1
1037	当庭谕知宣示判决日期，被告人避不到案者，仍得宣示判决。	刑事诉讼律	348	刑事诉讼法	325
1038	奸妇因奸酿成他罪，其奸夫奸罪亦应论断。	暂行刑律补充条例	7		
1039	合并诉讼，被控诉人对于控诉人已折服之部分要可提出附带控诉，亦无逾期可言。	民事诉讼律	561		
1040	根据族规，革族后其子孙果系良善，自可请求复族。若两造争执，不能自决，并得提起民事诉讼。	民事诉讼律	305		
1041	继子如合于兼祧条件，亦许兼祧。至亲族会议，若族长、房长个人应回避时，可令公选代表与议。如回避情形涉及全房之族众，自可由审判衙门秉公酌定。	前清现行律民事有效部分	立嫡子违法门		
1042	判断诬告罪时，审判官应查明犯罪事实是否与法定要件相符。	暂行新刑律	182	刑法	180
1043	覆判审对于原县宣告缓刑违法，自应更为判决或覆审决定。	覆判章程	4	覆判暂行条例	4
1044	不动产之窃盗罪，以犯人就不动产已有自己或第三人所有之意思，行使所有之权利为既遂，不以占有与否为既遂、未遂之标准。	暂行新刑律	367	刑法	337
1045	私盐案内连带所获之没收物品改归盐务收入，应咨商司法部办理。	声请没收私盐变价办法	六年财政部呈准		

1046	误信他人已休之妻而故买为妻者，自应适用刑律错误法理，不为罪。	暂行新刑律	13	刑法	24
1047	案件终结始派并未出庭之审判官补充审判，参与判断之评议，此项判决，自不合法。应为另行审理，或由前参与审理之审判官于判决内署名、盖印为宜。	刑事诉讼律	312	刑事诉讼法	270
1048	原告请求以所有为理由向占有人告争时，如不能证明确系有权，则占有人之取得占有无论是否正当，应仍听其维持现状，判将原告请求驳回，无庸再问被告有无占有之事实。	民律草案	1275	民法	943
	判明后夫之子不得承受前夫财产，当时既未声明不服，即已确定，自无再行争执之理。	民事诉讼律	480		
1049	受行政处分之损害而提起民诉者，审判衙门自应受理。	大理院判例	4年上字1022号		
1050	因妻常住母家愤而强卖者，既非图利，自应依补充条例第九条处断，其妻对于本夫得径行告诉。	暂行刑律补充条例	355		
		暂行新刑律	9		
1051	男女婚姻，其主婚权在父母，惟须得祖父母之同意。	前清现行律民事有效部分	男女婚姻条		
1052	孀妇改嫁，夫家之胞伯母如仅为余亲身分，则依律自应由母家父母主婚受财。母家父母对婚姻如未主张撤销，可仅判归财礼。	前清现行律民事有效部分	居丧嫁娶条		
	招夫入赘，虽不能有承继人之效力，而本身及其直系卑属要已发生家属之关系，援照养亲子关系之例，孀媳改嫁，如其母家无父母、祖父母为之主婚，入赘家之余亲是自可主婚受财。	前清现行律民事有效部分	居丧嫁娶条		
1053	外国教堂租买田地之权，以建造教堂及附属学堂或茔坟之用为限，其以外之买地行为，自非有效。	中法续约	六款		
1054	买卖为婚并无婚书或财礼者，不生婚姻之效力，无重婚、离异之可言。果有虐待情形，自可断绝关系。至和诱及有夫奸罪，如有合法告诉，仍应论之。	暂行刑律补充条例	12		

1055	县知事应送覆判之案,如经控告,自无庸更送覆判。惟初判如有错误,自仍不能审核纠正。兹经变更从前解释,认未经控告审就实体上审理之案件,仍应送覆判。	覆判章程	1	覆判暂行条例	1
	私诉规则既许被害人向受理公诉之第二审衙门为之,第一审漏未判决之私诉被害人,如不向原审请求补充审判,径向第二审有所请求,当然可由受理公诉之第二审判衙门并案判决。	私诉暂行规则	28		
	检察官指定代行告诉人,无一定限制,如以命令批示或言词记明笔录者,均属有效。	刑事诉讼律	265	刑事诉讼法	217
	须亲告之案件,既经审判衙门以欠缺诉追条件判决驳回公诉,显未就本案实体上裁判。嗣后如有合法告诉,仍可另案办理。	刑事诉讼律	263	刑事诉讼法	215
	一人所犯数罪均经起诉,而第一审漏未判罪时,其漏判部分如与控告部分同一事实或与部分之事实有方法结果之牵连关系者,控告审均得以职权径行审判,不必更由检察官请求。	刑事诉讼律	374	刑事诉讼法	362
1056	大理院统字六七一号解释并未变更,惟二年上字一五五号判例近已酌改,应参照统字一零五五号解释办理。	大理院解释例	6年统字671号 8年统字1055号		
1057	委任代诉人并无限制,如代诉人为虚伪之告诉时,应查明其诬告行为是否出于本人之委任而定其应负之责任。	县知事审理诉讼暂行章程	9		
	县诉章程第九条第三项"应处拘役、罚金"云者,系指法定主刑而言。	县知事审理诉讼暂行章程	9		
	宣示刑事判决,应传原告诉人。惟既不得强制原告诉人到庭,自应仍准其委任代诉人到庭。	县知事审理诉讼暂行章程	31		
1058	依法派员会审之盗案,仍应按照惩治盗匪法第五条、第九条办理。	惩治盗匪法	5 9	惩治盗匪暂行条例	3 6

1059	后犯之罪与前判盗罪，若非构成特别法上之一罪，又与统字一○五五号漏判情形不同，自不得并案审判。	暂行新刑律	24	刑法	72
1060	后发之罪，既与前判之罪构成特别法上一罪，自应并为一案审理。	暂行新刑律	23	刑法	70
1061	发掘无主坟墓所侵害之法益乃系社会，应以行为定其罪数。但合于连续犯之条件，仍应依连续犯规定论罪。	暂行新刑律	262	刑法	264
			82		75
1062	夺还改嫁之孀妇，不能以略诱罪论，应以私擅逮捕罪处断。	暂行新刑律	344	刑法	316
1063	意图离婚而虚构事实向官厅告诉者，并非意图他人受刑事处分，不成立诬告罪。但如有侮辱之故意，在公开法庭亦为此项陈述时，自可认为公然侮辱罪。	暂行新刑律	182	刑法	180
			361		325
1064	私权之得丧，不因旧契未验而受影响。	民律草案	983	民法	765
1065	离婚后子女养生费，其父能否行使亲权，均属原判范围外之事实，自可另案诉请，依法判定。	民律草案	1370		
1066	股份应分之红利为利息之一种，毋庸算入诉讼物价额之内。	民事诉讼律	7		
1067	强盗打毁事主门窗，入室行劫，尚未得赃者，应以未遂论。	暂行新刑律	379	刑法	344
1068	公然侮辱罪，以实施侮辱于特定之人为要件。	暂行新刑律	155	刑法	146
1069	田亩未经报户入册，应照国有荒地承垦条例办理。	国有荒地承垦条例	27		
1070	单行章程之罚则与违警罚法之规定不符者，不得认为有效。	江苏省整顿牙行登录税章程	16		
1071	背夫潜逃，其夫另行婚娶，自应认为婚姻关系业经解除。乃其夫复将妻诱回价卖，当然得依诱拐罪处断。	暂行新刑律	351	刑法	257
1072	声明舍弃上诉，复于上诉期内声明不服，经控告审驳回之案，仍应详送覆判。	修正覆判章程	1	覆判暂行条例	1
	将妻绝卖与人，非经明示回复关系后，不能认为夫妇。	民律草案	1341		

1073	强窃盗不知所犯系侵害两人财产监督权者,应从其所知论罪。	暂行新刑律	368	刑法	338
1074	以违约为理由主张解约交房之诉,应依民诉律草案第十一条计算诉讼价额并定管辖。	民事诉讼律	11		
1075	当选人包括候补当选人在内。	省议会议员选举法	91		
1076	预审决定之案,检察官不得撤销公诉。	刑事诉讼律	258		
1077	伪造钱票,不以该商店有无发行为成立要件。	暂行新刑律	242	刑法	226
1078	审判中业经审核之自白,被告人在审判外复述者,不得据以请求再审。	刑事诉讼律	446	刑事诉讼法	442
1079	伪造印贴诈得财物,应以其行使是否具备连续犯要件分别处断。	暂行新刑律	239	刑法	225
			26		74
1080	代匪购买粮食及卖米与匪,不能认为犯罪。若代匪帮探军情,自应分别情形论罪。	暂行新刑律	10	刑法	1
1081	户绝之坟墓被掘者,族房长得为代表告诉人。	刑事诉讼律	264	刑事诉讼法	214
1082	强奸未遂,事后杀人行为应依刑律第三百一十一条处断。至尊亲属强奸卑幼,仍应照第二百九十三条、第二百八十五条、第二十三条论罪,惟须有告诉乃论。	暂行新刑律	311	刑法	282
			293		242
			285		240
			23		70
1083	律师代人作状,如果不知所作之诉状系诬告人者,自不负共同责任。	暂行新刑律	13	刑法	24
1084	只身出外,未曾携有家财,其个人经营所得之资,兄弟不能均分。	民律草案	1330		
1085	坟山涉讼,苟当事人一方主张地上坟茔为祖坟者,系亲属案件,应归地方管辖。	大理院判例	6年抗字75号		
1086	明知他人奉县谕帖捕人,率众持械夺脱人犯,应依刑律补充条例第十条加重治罪。其后虚伪报称被匪并私擅逮捕之行为,均应按刑律各本条处断。	暂行刑律补充条例	10		
		暂行新刑律	184	刑法	182
			344		316
			182		180
1087	司法衙门代行军事审判之案件,其审判程序均照通常程序办理。	刑事诉讼律	357	刑事诉讼法	358

1088	债权人遵判将判结钱文收受后，复向第二审衙门控词禀请提讯或饬县执行者，应依妨害公务及诈欺取财罪从一重处断。	暂行新刑律	153 382 26	刑法	142 363 74
1089	坟山既供公用，自可厝葬。其掘弃他人空棺，自应赔偿损失。	民律草案	967	民法	196
1090	官厅与商民订立契约，因契约内容发生争执者，两造均得提起民事诉讼。	民事诉讼律	18		
1091	抗告审误会原县判决，未经牌示决定重为审判。如原告人在抗告期内既未依法声明不服，原县重为审判，尚非不合。	民事诉讼律	600		
1092	控诉与覆判得合并审理，惟须分别裁判。至应行覆判之件，如提解困难，尽可酌用覆判章程办法，不得书面审理。	修正覆判章程	5条1、2、4款	覆判暂行条例	7条1、3款
1093	缉私营名誉医官犯罪，应归通常司法衙门管辖。	各级审判厅试办章程	46		
1094	因虐待行为致人自杀者，无处罚之专条，自无杀人罪可言。惟姑殴其媳，虽未成伤，苟非出于家长惩戒权之必要范围内，仍可按照违警罚法第五十条第一款酌量处罚。	违警罚法	50	违警罚法	50
1095	为匪徒执役之人，如果于匪徒犯罪行为确有同谋或帮助证据者，应以共同正犯论。	暂行新刑律	29	刑法	42
1096	设教诱众携带爆裂物，自应按照惩治盗匪法第四条一款处断。乡愚入教，希图保护身家并无同谋者，得依治安警察法处断。	惩治盗匪法	4	惩治盗匪暂行条例	1
		治安警察法	28 9		
1097	不服官厅之处分，应依法诉愿或提出诉讼于平政院，普通司法衙门无庸予以受理。	行政诉讼法	1		
		诉愿法	2		
1098	从场立嗣并无异议，而平日又属素有嫌隙之人，自不得再行告争。即使另有应继之人招赘婿，仍得均分财产。	前清现行律民事有效部分	男女婚姻条		

1099	判处死刑之盗匪，派员会审改判徒刑者，检察官声明控诉，仍应依盗匪案件适用法律划一办法第三条受理上诉。	盗匪案件适用法律划一办法	3		
1100	初级管辖之案件及简易庭判决之案，均应以地方合议庭为第二审。	法院编制法	19		
1101	简易庭判决之案，应由地方合议庭受理上诉。	地方审判厅刑事简易庭暂行规则	11		
1102	处分人依不动产典当办法已取得所有权者，因其权能业有补充，不得再以无权处分向买得人告争无效。	清理不动产典当办法	2		
1103	对剿匪军对讹指他人谋抗官军者，应成立诬告罪。	暂行新刑律	182	刑法	180
1104	检厅起诉诬告罪时，应查明其所告事实是否虚诬。	暂行新刑律	182	刑法	180
1105	现行法虽无宣示准禁治产之制，依据习惯，得为限制能力之立案。惟契约既经撤销，即应依不当利得法则返还同额款项。	民律草案	929	民法	179
1106	刑法犯案件改处违警法罪名者，原告诉自可呈诉不服，惟应以地方审判厅为第二审。	刑事诉讼律	372	刑事诉讼法	375
1107	业经拆卸之铅字及机器，不能认为出版法第十三条之印版。	出版法	13		
1108	当事人在法定上诉期间内声明不服者，无论其初系用何种名称，均应认为已有合法之上诉。	民事诉讼律	536		
1109	以行政程序起诉，已受行政处分，如被害人请求赔偿或被罚人自认有牙行营业权，而以有意侵害其权利为理由提起诉讼时，均应认为民事诉讼予以受理。	法院编制法	2		
1110	"续典"二字，乃同一当事人间更新典约之意，自不包含转典在内。	清理不动产典当办法	2		
1111	兼桃子无嗣，除择立时别有分别承嗣之表示外，仍可由一嗣子承桃。	民律草案	1390		
1112	继母与嗣子因废继涉讼，判决结果继母无处分遗产之权，其诉讼拘束中之买卖行为，自属无效。	民律草案	312		

1113	县署所判刑事案件发见错误，得以检察职权提起上诉。如案已确定，认为应行再审者，亦可径为开始再审。	刑事诉讼律	357 444	刑事诉讼法	358 441
1114	覆审判决处刑与初判处刑相等，不许其再有不服。	修正覆判章程	7	覆判暂行条例	11
1115	买主所持之契据，不因他案判决作废而受影响。	民事诉讼律	484		
1116	高等分厅因推事回避不足合议庭法定人数时，得由高等本厅代理审判。	大理院解释例	7年统字753号		
1117	脚夫或船户争水路上运送权涉讼者，应照当事人请求之损害赔偿定其管辖。	民事诉讼律	4		
1118	未分之家财，无论年代久远，均无禁止分析之理。	民律草案	1472		
1119	不服初级管辖之执行命令，得向地方厅声明抗告，不服自仍可向高等厅声明再抗告。	民事诉讼律	589		
1120	同一诉讼目的，前后当事人不同时，是否一事再理，应以当时有无代理为断。	民事诉讼律	481		
1121	立契时与偿还时官帖价额相差者，应照立契时之市价清偿。	民律草案	328	民法	201
1122	上告审未经通知被上告人答辩即行判决，自属违法。除合于再审条件得声请再审外，别无救济方法。	民事诉讼律	605		
1123	妇女再醮，即与夫家脱离关系，从其后夫。离异仍居前夫家内，亦不能认为亲属。	民律草案	1317		
	本夫于奸夫、奸妇有现可行奸或续奸之情形，当场杀死奸夫者，皆应按照刑律第十五条，以紧急防卫论，不专以将行奸或行奸未毕为标准。	暂行新刑律	15	刑法	36
1124	已离奸所追杀奸妇，应论杀人罪。惟得依刑律第十三条第二项，并酌用第五十一条、第五十四条减等问拟。至砍落人之头颅，如在被杀人已毙之后，系出于另项原因者，尚应负损坏尸体罪责。论杀人罪时，并应依第二十三条处断。	暂行新刑律	311	刑法	282

1125	义子不得于所养父母，自可援照废继规定解除关系，并不许将财产携归本宗，义子之子孙亦同。	前清现行律民事有效部分	立嫡子违法条		
1126	立契时载明制钱，至清偿时期失其通用之效力时，自可由债务人任择其他通货以供清偿。	民律草案	328	民法	201
1127	拨配存款，系民事诉讼性质，自应依审判，不得以行政批令代替裁判。	临时约法	49		
1128	附诉之请求额高于主诉者，仍应以主诉定其管辖。如附诉之利息系另一债权者，则应加入计算。	民事诉讼律	7		
1129	杀人后将尸用席包裹抬埋人迹罕到之沼坑者，系并犯遗弃尸体罪。	暂行新刑律	258	刑法	262
1130	未用执行程序之监禁日数，既得算入刑期，则判处罚金之被告人自应类推解释，亦准将判决确定后之监禁日数折抵罚金。	暂行新刑律	79	刑法	23
1131	欺隐熟地粮税与领垦荒地外科匿报之情形不同，不能援引国有荒地承垦条例办理。	国有荒地承垦条例	27		
1132	原告诉人呈诉不服后，虽准其自行呈请注销，然法律上控告人本为检察官，既别无明文规定，自不得复因原告诉人两传不到，遽即将案撤销。原告诉人纵经死亡，仍应审判。	修正县知事审理诉讼暂行章程	39		
1133	警备队之长官、士兵如有犯罪，依法本应由军事机关审理，无庸再行委托普通司法机关代行审判。	修正陆军审判条例	1		
1134	现行律所谓"不事舅姑"，系指虐待及重大侮辱而言。	前清现行律民事有效部分	出妻条		
1135	告争坟墓系确认尸体之身分关系，应咨询检察官意见。	法院编制法	90		
1136	一方有公诉案，一方另自提起诉讼，于民事有所请求者，则为纯然之民事诉讼，无所谓独立私诉。	民事诉讼律	1		
	当事人对于县判声明不服，本可认为有合法之上诉声明。又县知事审理诉讼，于实体上之裁判，不能以批为之	县知事审理诉讼暂行章程	29		
	被告人提起反诉，自应征收诉费。至第一审因反诉人未缴费用不予受理审判者，仍应令其另案起诉。	民事诉讼律	318		

1137	约明用车运载之货物，运送人私擅改用船运载，以致损失者，应负赔偿之责。	民律草案	769	民法	633
1138	被诱人与犯人为妾，不得适用刑律第三百五十五条第二项之规定。惟被诱人既系新寡，则除已归宗或夫家并无亲告权人或其亲告权人均不能行使亲告权外，其父尚不得告诉。	暂行新刑律	355		
		刑事诉讼律	263	刑事诉讼法	215
	远年借贷，如于借券外更有佐证，足证明其确实成立，别无消灭原因，自应仍许其请求。	民律草案	304	民法	125
1139	重复典卖，其后典、后卖无效，继续有效之前清现行律典卖田宅内定有明文。故无论出典人是否濒于破产，只最先之典权人就该房优先受偿有余，始能比例平均分还。	前清现行律民事有效部分	典卖田宅门		
	祖遗田产经过两代，如不能证实其多年所以不争之原因，自可认定其业已舍弃，不能再行告争。	民律草案	295	民法	140
1140	父外出，母为其女主婚，该件婚姻自属有效。	前清现行律民事有效部分	男女婚姻门		
1141	不服预审决定之抗告，应由本厅受理。	各级审判厅试办章程	22		
1142	关于不动产之执行，自非依拍卖方法办理不可。惟须先查明该债权人等之债权果系确实，并非串冒，且于前诉卖产有不能知情，非其懈怠情形，始得准予另行拍卖。	京师地审厅不动产执行规则	2		
1143	榷运局招商包销，为民事契约，如有争执，应照民事诉讼应予受理。	法院编制法	2		
1144	不服征收官署处分科罚者，司法衙门无庸受理。	契税条例施行细则	16		
	不依法贴用印花之契约簿据，如于诉讼时发见者，由审检厅及兼理司法县知事依法处罚。如由司法衙门处罚，于理不能向行政官署诉愿，故认应归上级司法衙门受理，非谓所有处分均应受理。	印花税罚金执行规则	2		

1145	帮助藏匿被略诱人，应依刑律第三百五十三条处断。	暂行新刑律	353	刑法	258
1146	剌打与吗啡同性质之物为吗啡之代用者，应依吗啡治罪法处断。	暂行新刑律	271	刑法	275
1147	如果被胁入伙，其被胁程度显系丧失意思自由，自应依刑律第十三条第一项宣告不为罪。若仅犯罪情节较轻，只得于未遂、减轻之外，再酌用同律第五十四条减等问拟。	暂行新刑律	13	刑法	24
			54		72
1148	惩治盗匪法之罪，既无处罚未遂明文，该法之未遂犯自得按照刑律各本条减等处断。	盗匪案件适用法律划一办法	3		
	盗匪被官署追撮，为人隐匿不法行为未经发觉之人，尚难论以本罪，但须查明有无事前帮助情形。	暂行新刑律	180	刑法	177
	盗匪触犯各条文，如合于加重专条，自应科以加重之罪。若仅本刑相等，除合刑律第二十六条条件外，应依第二十三条各科其刑。	暂行新刑律	23	刑法	70
	容留匪徒并有隐护情形，意在资其便利者，自可以事前帮助论。	暂行新刑律	31	刑法	44
	供犯罪所用之物本以动产为限，栽种罂粟之土地不得没收。	暂行新刑律	48	刑法	60
1149	代行告诉之案，须查明是否本人委任，始能判断。	刑事诉讼律	263	刑事诉讼法	215
1150	债务人踪迹不明，原诉讼代理人应为执行程序之证人，陈述债务人之所在及其财产之有无。如系违法伪证，自可依法办理。	暂行新刑律	181	刑法	179
1151	检察官指定代行告诉人，但以被害人事实上不能告诉，现在又无他人得行使告诉权者为限。	刑事诉讼律	265	刑事诉讼法	217
	数次贩卖鸦片烟，陆续开设烟馆，其行为本可各自独立。如就各行为有连续意，则系连续犯罪。	暂行新刑律	28	刑法	75
	窃盗罪侵入加重，乃保护各人于居住看守之一定场所内财产之安全。其以他法实施与侵入同样结果之行为者，亦应论以本罪。	暂行新刑律	368	刑法	338
	窃盗如果查明确系拟往窃某处，行至中途被获，始得以未遂论。	暂行新刑律	379	刑法	337

1152	当事人误用诉讼程序，经指示后于相当期间内补具声明者，均为有效。若迁延过久者，自可认为抛弃上诉。	民事诉讼律	560		
1153	刑律所称"被追摄人"，包括业经官署通缉票捕者而言，不以现被跟踪追捕之人为限。	暂行新刑律	177	刑法	174
	明知为匪而藏匿家内供给饮食，如于匪徒所犯具体事实且系知情，故意资以便利，俾其易达目的者，应以事前帮助论。	暂行新刑律	31	刑法	44
	匪徒所给钱洋若系赠与意思，而显多出伙食代价之外，受赠人且明知其为赃物者，并应科以受赠赃物罪。	暂行新刑律	397	刑法	376
1154	强盗故意杀害事主，其未遂罪应否减等，审判官当可自由裁量。	暂行新刑律	376	刑法	350
1155	前清犯罪事越三十余年，如果查明更无他项强制处分及诉讼行为再中断其时效，则起诉权之期限早已经过，公诉权即经消灭，应不罚办。	暂行新刑律	69	刑法	97
1156	司法衙门受军事高级长官委托之案，如在陆军部通令禁止以前，仍照通常程序办理。	大理院解释例	8年统字1087号		
1157	正犯既无正条可科，即无事前帮助从犯之可言。	暂行新刑律	10	刑法	1
	受被掳人之家属嘱托，以善意向匪说赎，既无通匪行为，索取谢金又无恐吓情事，应不为罪。	暂行新刑律	10	刑法	1
1158	代强盗探听驻防军队多寡及富户家数，显属强盗之预备行为。在强盗罪既无处罚预备明文，自无论罪之根据。	暂行新刑律	10	刑法	1
1159	邮差因侵占邮件内银洋，致将同递之信件毁弃者，应以所侵害法益之个数计算其罪数。	暂行新刑律	403	刑法	380
			362		333
1160	稽查队查获烟犯，纵令逃逸，应依刑律第一百七十二条或二百七十二条分别科断。	暂行新刑律	172	刑法	172
			272		
1161	盗匪窝主如系知情故意资以便利者，应以事前帮助论。掳人勒赎，不能证明被掳人数者，可先就已审实之部分办理。	暂行新刑律	31	刑法	44
		惩治盗匪法	4	惩治盗匪暂行条例	1

1162	孀妇犯奸，如已确实有据，得令退居母家。	前清现行律民事有效部分	犯奸门		
1163	诉讼法原则，判决不能拘束当事人及承继以外之人。参加人另行起诉，自非一事再理。如败诉之当事人有继承人，且不为所反对，参加人并可为之上诉，同时参加。	民事诉讼律	83		
1164	俗所称之"长孙"，系指长房嫡出年最长者而言。惟分析之财，除当事人明白表示合意或该地方有特别习惯足资解释，应多给长房外，依照现行律户役卑幼私擅用财条例，自应依子数均分。	前清现行律民事有效部分	卑幼私擅用财条		
1165	控诉审根据当事人限状撤销案，自非缺席裁判性质，应依抗告程序办理。	民事诉讼律	587		
1165	审判衙门有依据职权调查证据之义务，不得仅令当事人提证。经详予调查尚无凭据，自可据以判决。	民事诉讼律	345		
1166	民事上诉期间起算点，各级审似以统一为宜，应由司法部呈明修正。	各级审判厅试办章程	61		
1167	刑事判词内所判决之民事案件，虽系程序错误，自非根本无效。俱既经厅令原县更审，如果相对人经合法送达决定之后，以一事不再理为由请求更改决定，自可准予更改，否则仍应依照决定更为审判。	民事诉讼律	550		
1168	银行存款应依存款时收入之现款或票券时值定其应支付之款。	民律草案	328	民法	201
1169	银行在券价低落期内陆续发行各种兑换券，应按照发行日期价格兑现。	民律草案	328	民法	201
1170	私人所出市票，应守折合补水办法。	民律草案	328	民法	201
1171	刑事案件一经起诉，在审判确定前，羁押保释人应悉由审判衙门核办。	刑事诉讼律	117	刑事诉讼法	84
1172	为匪引路脱逃，应构成刑律第一百七十七条之罪。	暂行新刑律	177	刑法	174

1173	刑事案件一经起诉,在审判确定前,羁押保释人应悉由审判衙门核办。	刑事诉讼律	117	刑事诉讼法	84
1174	店铺自立多种账簿,均漏贴印花,照件数分别处罚,不适用刑律总则关于连续犯之规定,自可认为合于刑律第九条但书之规定。	暂行新刑律	9	刑法	9
	印花税法对立契据人之罚则,不得适用于执持契据之人。至契据立在该法施行前者,免贴印花。	印花税法	4		
			11		
1175	堕胎罪第三百三十七条,应认为第三百三十五条所列之人犯第三百三十四条罪者之加重规定。至土婆,如果以收生为业,未经官府准许,仍应认为第三百三十五条所称"产婆"。	暂行新刑律	337	刑法	305
1176	预制毒饼谋毙一人,结果致他一人分食,毒发俱毙,如果并无确定及不确定之预见,自难论以故意杀人罪。至应否论其过失致人死罪,应就其所置毒饼之大小及谋毙之人有无分食之惯行而为本人所预知,分别其是否能注意而不注意以为断。	暂行新刑律	311	刑法	282
			324		291
1177	预审既仍属之审判衙门,预审推事亦推事之一,预审亦诉讼程序之一,遇有声请拒却时,应行停止预审,应查照该呈准草案第三十四条第三项规定办理。	刑事诉讼律	34		
1178	重婚罪以有结婚事实为成立时期。提起公诉权之时效期限,自结婚行为完成之日起算。	暂行新刑律	69	刑法	97
1179	加入以暴行,应查明是否合于妨害他人行使权利罪之条件。	暂行新刑律	358	刑法	318
1180	贩卖药品,不知其内含鸦片烟质者,应不为罪。	暂行新刑律	13	刑法	24
1181	造意犯以被教唆者实施犯罪行为为构成要件,行贿罪尤须对于官员就其职务以贿赂为营求而后成立。被教唆人既未因买嘱实施犯罪行为,而所买嘱之事又与其职务无关,自不构成犯罪。	暂行新刑律	10	刑法	1
	阴谋杀人,虽一方以杀人商之他方,而他方绝未同意更无谋议时,即杀人阴谋罪亦不成立。	暂行新刑律	328		

1182	无原审衙门判断之原文，殊难认为已有判决，应由第一审审判衙门继续审判。	县知事审理诉讼暂行章程	29条3款		
1183	律师在特别审判机关行使职务，自以该机关为审判机关为限。	修正律师暂行章程	1	律师章程	1
	惑于风水，意图迁葬，发掘尊亲属坟墓，因不注意碎棺毁尸者，自难论罪。	暂行新刑律	13	刑法	24
	通常不服缉私营处分者，应向监运使公署声明。惟缉私警官弁为巡警之一种，如其触犯普通刑章，除有特别规定者外，仍应由司法官署审判。	各级审判厅试办章程	46		
1184	警察甲夺取素不相识之人之汗巾用以捆人，而事后又不返还，自应以强暴妨害他人对于所有物之行使权论。因此伤人致死，应依律从重科刑。	暂行新刑律	358	刑法	318
			313		296
			26		74
1185	原告诉人呈诉不服，法律上控告人本为检察官，不得仅因原告诉人两传不到遂将上诉撤销。	县知事审理诉讼暂行章程	三九		
	县知事原判主文内宣告褫夺公权、抵折徒刑或没收，理由内未引律文，控告审得予补引说明，尚与判断结果无关，自无改判之必要。反是而原判漏引律文，于罪刑有出入，即与判断结果有关，控告审若予纠正，仍应开庭审理，不能仅凭书状办理。	刑事诉讼律	383	刑事诉讼法	384
	县知事对于同一案件而为两次判决，其第二次判决既属违法，必经上级审判决撤销，始失效力。	刑事诉讼律	384	刑事诉讼法	385
1186	未决羁押抵刑之部分，无妨算入刑律第六十六条所定期限之内。	暂行新刑律	66	刑法	93
1187	既成立之省议会，因选举议长、副议长有疑义时，自不得依选举诉讼解决。	省议会议员选举法	90		
1188	一女二聘，前聘者兼祧，已娶二妻，既不能重为婚姻，应准撤销，将女断归后聘之夫。若女自初即愿为妾，则前约可认为聘妾之约，并非订婚，尚属有效。又或女并无此意，而后之订婚亦未经取其同意，仍应依例准其撤销。	民律草案	1335		

1189	事前同谋，事后得赃，应以实施正犯论。若系劝人往劫，即属造意犯。	暂行新刑律	29 30	刑法	42 43
1190	合并管辖案件，县知事本应以地方厅职权审理之。既仅判处初级管辖之罪，其未判部分如系受诉或侦查有案，而受理上诉之地方审判厅（或邻县）又有该部分之第一审管辖权，自得分别径为第一审及第二审审理。否则应移送检察厅核办，无庸呈送高等审判厅。	刑事诉讼律	384	刑事诉讼法	385
	如果确因有不正当之侵害，急用扁担格拒，致人成伤，复查明确无杀人之心，则其防卫行为即不能谓为过当。	暂行新刑律	15	刑法	36
1191	意图他人受刑事处分，捏造匪函，故意遗失城门守卫冈兵近处，自不得即谓告发，亦与散布流言或以诈术损害他人信用者不同，应依刑律第一百七十八条论断。	暂行新刑律	178	刑法	175
	刑律补充条例第七条，乃指因奸直接酿成其他犯罪者而言。若为便利诱拐计陷害他人，尚非直接因奸酿成。	暂行刑律补充条例	7		
1192	伪造营业合同，虽经朦混签押，但内容全部均系虚伪，又未经本人追认，自系伪造证明他人权利义务之私文书。查核情形，应注意是否成立侵占及妨害人行使权利之罪，或成立诈财罪，均酌依刑律第二十六条处断。	暂行新刑律	26	刑法	74
1193	法定刑拘役、罚金案件，得置被告代理人。如果仍有传案必要，并得停止公判。	刑事诉讼律	53	刑事诉讼法	272
	被害人之亲属于验尸场上撕毁官员衣服，或系一时情急，非分别查明确有妨害公务撕毁衣服之故意证据，不得论罪。	暂行新刑律	153	刑法	142
1194	某甲被殴毙命，某丁在刑律并民事法上如果均无何项责任，县知事或检察官遽以免办重罪为词，欺罔恐吓，使交财物，于使交财物时即有为人所有意思者，固得按照诈财罪处断。否则民法上若应担负责任，则其便宜处分类似调处，仅系程序不合，尚难论以诈财。	暂行新刑律	382	刑法	363

1195	毁坏城墙建筑房屋,得论以损坏他人所有物罪,并应构成窃盗罪。	暂行新刑律	406	刑法	382
			367		337
1196	主婚人受聘礼,不能视同卖价,即不能成立刑律补充条例第九条之罪。	暂行刑律补充条例	9		
1197	烧毁或毁坏自己与他人公共所有物,仍应以他人所有物论。	暂行新刑律	406	刑法	382
	管理乐户妓女章程第十二条二款,无论与刑律伤害罪条文有无关涉之效力,既较行政章程为强,对于处罚之人,仍得提起公诉。	刑事诉讼律	308	刑事诉讼法	253
	开设烟馆,因供人吸食兼售烟膏,自系一罪。若以贩卖之意思另行出售者,则应更论贩卖之罪。	暂行新刑律	269	刑法	273
	印花税法应科罚金之案件,既由审、检衙门处罚,如有不服,自应由上级审、检衙门受理。	印花税法罚金执行规则	2		
	证人所处罚金,系秩序罚性质,应制作决定。如有不服,亦得声明抗告。	各级审判厅试办章程	71		
	再审案件如经再审衙门将其原裁判撤销,则原上告审判决无所附丽,当然失其效力,不生撤销问题	刑事诉讼律	454	刑事诉讼法	456
1198	县知事于迫不及待情形时,将持械拒捕之盗匪枪毙,尚无不合。	惩治盗匪法施行法	4		
1199	本夫既经外出,则本夫之尊亲属,其因奸妇恋奸情热,听从奸夫和诱潜逃,民事法上之权利亦被侵害,当然可以独立告诉。	刑事诉讼律	263	刑事诉讼法	215
1200	父母强卖子女、翁姑强卖子媳及夫强卖妻,被卖人之其他尊亲属均得独立告诉。童养媳与人和奸,夫之尊亲属及童养媳本生尊亲属同有告诉权。	刑事诉讼律	264	刑事诉讼法	216
1201	买卖为婚虽不能认为婚姻成立,若其后双方补立婚书或履行以妾为妻之礼式者,仍可认为有婚姻关系。	民律草案	1341		
	被承继人及守志之妇自行立继,如于昭穆伦序不失,不许族人以次序告争。	前清现行律民事有效部分	立嫡子违法条		

1202	第二审判决主文错误，如理由中别无释明，自以当事人于当时所争之范围为限，执行衙门应予查明办理。	民事诉讼执行规则	6		
1203	妻诬告夫确实有据者，自可认为义绝，准其离异。	前清现行律民事有效部分	出妻门		
1204	律师章程所谓"特别审判衙门"，指法令有特别规定者而言。警察厅及军事法审处如无特别规定，自不包括在内。	修正律师暂行章程	1	律师章程	1
1205	录事对于卸任县知事请求补发薪金，自以薪金曾约定数额且国家已将公费发足而为县知事自身所拖欠者为限，得提起民事诉讼。	民事诉讼律	304		
1206	统字第五百七十号之解释，对于独立私诉亦得适用。	大理院解释例	四 6年统字570号		
1207	祖父为孙女主婚，既已成婚，其母如无正当理由，不能事后主张撤销。	前清现行律民事有效部分	男女婚姻门		
1208	买女系属残疾，得请求离异。	前清现行律民事有效部分	男女婚姻门		
1209	诉讼管辖，应以原告起诉时请求之目的物而定。	民事诉讼律	6		
1210	因奸未遂，因而致人死伤，应分别伤害程度，依刑律从一重处断。	暂行新刑律	26	刑法	74
1211	未毕业伪称文凭遗失呈请补发文凭者，构成刑律第二百四十一条之罪。	暂行新刑律	241	刑法	231
	伪造私文书如与他人权利义务无关，自不得为罪。	暂行新刑律	243	刑法	224
1212	警官刑讯伤人致死，应查照陆军审判条例第一条，并依刑律第三百一十三条及第二十六条从一重处断。	陆军审判条例	1		
		暂行新刑律	313	刑法	296
			26		74
1213	裁判文所称"讼费"，自不包括执行费用在内。如经呈准援用京师地审厅不动产执行规则者，自可查照办理。	京师地审厅不动产执行规则	5		
1214	水利讼争物计算价额，应以其一年可望增加收获之确实利益之二十倍为其诉讼物价额。	民事诉讼律	11		

1215	典妾与人奸通及被人诱逃,自不能援用刑律补充条例第十二条主张有告诉权。	暂行刑律补充条例	12		
1216	县知事经裁判确定,应被拒却。再由检察官声请移转管辖时,只需审查其是否具备条件。若仅以案系警察分所长所诉,即更易县知事之管辖权,自有未合。	刑事诉讼律	19	刑事诉讼法	21
1217	关于补送覆判起算执行刑期,为被告人利益起见,仍可按照追认性质办理。	大理院解释例	7年统字867号		
1218	受雇为匪侦探,应分别情形查照统字第一〇八〇及一一六一号解释办理。	大理院解释例	8年统字1080号 1161号		
1219	法定刑本应覆判之案,虽因行为时有精神病判决无罪,仍应送经覆判。	覆判章程	1		
1220	既经上告审为有权限之判决,无论内容是否合法,下级审均应遵照办理。	法院编制法	45		
1221	在接战地域内之案件,既依司令官主张,亦不能说明其与该地军事究有何利害关系者,仍应属于普通法院管辖。各军所属军政执法处之审判,自非合法,不能有效。	大理院解释例	2年统字52号		
	告诉无效之案,应区别不起诉处分及驳回公诉,分别向上级衙门声明再议或控告,不得以抗告程序救济。	刑事诉讼律	286 372	刑事诉讼法	248 375
1222	夫因妻不守妇道私行潜逃而卖,自非意在图利。妻若曾经同意,只应成立普通和卖罪,依刑律补充条例第九条第一项、刑律第三百四十九条第二项、第三百五十五条,须告诉乃论。叔父不得独立告诉,但得为当然代诉人,仍以不违反本人之意思为限。	暂行刑律补充条例	9		
		刑事诉讼律	264	刑事诉讼法	216
1223	邮局之火车押袋员将所收信件未经盖戳之票揭下卖钱,仍将原信递到,自系犯侵占公务上管有物之罪。	暂行新刑律	392	刑法	357

1224	修盖桥梁、房屋、墙垣，如确有不法领得改为已有之故意，而其地本归其所管有者，应成立侵占罪，但仍应分别衡情处断。	暂行新刑律	391	刑法	356
	因个人便利修筑桥梁，且车马既可由桥底出入，尚未至壅塞程度，自难论以刑律第二百一十条之罪。	暂行新刑律	210	刑法	199
1225	和诱罪既经判决确定，和奸罪自无从再判刑罚。	暂行新刑律	26	刑法	74
1226	县佐明知无审判权所为之审判，不待撤销，根本无效，亦不生一事不再理问题。	县佐官制	3		
1227	控告中被告人避匿不到且无从勾摄者，仍应停止公判。	刑事诉讼律	336	刑事诉讼法	307
1228	知情故纵，不得论以奸非罪。无现在不正之侵害，不得以正当防卫论。	暂行新刑律	294	刑法	259
			15		36
1229	契约内载明所佃之地限于种植某种特定之物，不得由佃户一造任意改种。	民律草案	769	民法	536
1230	媳受继姑串同嗣孙虐待、拒绝[其回夫家]，自可请求给与养赡财产；或证实嗣子不孝事实，提起废继之诉，并请返还财产。	前清现行律户部则例	民人继嗣条		
1231	夫妻不相和谐，两愿离异，虽未经裁判，亦应发生效力。	前清现行律民事有效部分	出妻条		
1232	既经业主有效撤佃之后，若佃户补清欠租，不经业主同意，仍不能回复佃权。	大理院判例	2年上字140号		
1233	认知之诉，既已得钱和解，自不许其再行告争。	民事诉讼律	285		
1234	绝产充公，出而告争，自可以县知事为被告，向该管法院提起确认之诉，并得依法提起行政诉讼诉愿，请求撤销处分。	民事诉讼律	305		
1235	证人之义务，不问其是何职分，均应遵传到庭作证。	各级审判厅试办章程	68		
1236	药品含有鸦片或吗啡毒质，可为鸦片或吗啡代用者，应以鸦片或吗啡论。	暂行新刑律	266	刑法	271
1237	覆判案既经上告，其后均应适用通常上诉程序办理。	刑事诉讼律	第三编第三章	刑事诉讼法	第三编第三章

1238	强盗图财入己，其事前同谋须以共同利害关系参与谋议，并有同意计划推出他人担任实施之事实。如果合此等条件，自应论以共同正犯，算入结伙数内。否则如仅局外赞助，不得谓为同谋，应以事前帮助论。	暂行新刑律	29	刑法	42
			31		44
1239	随嫁之女归宗，其母即失其主婚之权。	前清现行律民事有效部分	男女婚姻门		
1240	县知事判决之刑事案件，如发见显已具备可准折抵未决羁押日数之情形，而原判未经提及是否准抵者，应以漏判论，得请由县知事核明裁判。	暂行新刑律	80	刑法	64
1241	检察厅请求指定被告辩护人，应由审判厅酌夺情形，先为准否之裁判。	刑事诉讼律	317	刑事诉讼法	170
	帮助携带鸦片烟，应以正犯所犯处断。至赃物罪之赃物，一经更换性质，即不能作为赃物。	暂行新刑律	29	刑法	42
	当事人请开合议庭之案件，审判衙门认为无庸开合议庭时，自可驳斥。	法院编制法	5		
1242	宣告缓刑之条件本甚明显，惟刑律第六十三条第二款系第一款补充规定，不必兼备。	暂行新刑律	63	刑法	90
	有罪无罪，既经审判确定，则无论所判有无错误，除合于再理条件应依再理程序分别再诉、再审或非常上告外，不得率行变更。	刑事诉讼律	444	刑事诉讼法	441
	罪犯证据之认定，系采用心证主义。控告审未经依法审理，遽判无罪，检察官得声明上告。	刑事诉讼律	326	刑事诉讼法	283
	刑律第三百五十五条第二项所称"非离婚后，其告诉为无效"，应认为专指被诱人而言。其有独立告诉权之人，仍得告诉。	暂行新刑律	355		
1243	误判管辖之案件虽经确定，仍应适用改定民诉审级之部伤，分别受理控告及上告。	民事诉讼律	2		
1244	杀人时当场助势，应以准正犯论。	暂行新刑律	29	刑法	44

1245	以共同利害关系参与谋议，并有共同计划互相推定担任实施杀人之事实，自应负共同杀人责任。又杀人弃尸、强取财物、窃盗、侵占及受赠赃物各罪，均应分别拟断，并论俱发。	暂行新刑律	29	刑法	42
			23		69
1246	关于对县知事裁判上诉期间起算，自以大理院历来解释为当。	县知事审理诉讼暂行章程	40		
1247	水利权有准物权之性质，故准用地上权之规定。	民事诉讼律	11		
1248	身有残疾，定婚时未经特别告知，经其同意，则虽已立婚书、交聘财或并已成婚，亦准撤销。	前清现行律民事有效部分	男女婚姻门		
1249	承审员回避之案，除县知事自行引避外，诉讼当事人若以为县知事亦应回避，自可准用刑诉律草案关于回避各条，请由直接上级审判衙门裁判。	刑事诉讼律	29	刑事诉讼法	26
			32		29
1250	丈量地亩，自应以当事人买卖之意思为准。如意思不明，即以当时该地通行之丈尺为准。	大理院解释例	8年统字937号		
1251	私诉判决，不受公诉之约束。	私诉规则	19	刑事诉讼法	509
1252	共有人对于共有常产之一部告争回赎非不合法，其他共有人不愿参加，亦应听之。	民事诉讼律	82		
1253	第二审判决未确定前提出私诉，仍由第二审审判。	私诉规则	28		
1254	不动产之买卖，只以当事人两造之合意即生效力，不以立契为要件。	民律草案	558	民法	345
1255	证明不动产所有权，固不以契据为惟一之方法，即如历来完全行使所有权之事实及其他曾经合法移转之证明，亦可据为证凭，否则不过事实上之占有而已。	民律草案	1276	民法	944
1256	强盗在外把风，于伙犯入室后之伤人行为，应共同负责。若于伤人以外临时起意杀人，自不负责。	暂行新刑律	29	刑法	44
1257	检察官提起上诉或抗告以后，未便准其撤销。	各级审判厅试办章程	66		

1258	因重大过失延烧他人房屋财物者，应负赔偿之责。	民律草案	945	民法	184
1259	关于覆判案内应核准与应更正、应覆审之部分互见时，亦当以应覆审论。尤应履行覆审程序后，始得另行裁判。	覆判章程	4	覆判暂行条例	6
1260	携款购土，尚在途次，系意图贩卖而收藏之预备行为。	暂行新刑律	274	刑法	271
1261	县知事之回避、拒却、引避，应准用刑事诉讼律草案各规定办理。	刑事诉讼律	29	刑事诉讼法	26
			32		29
1262	县知事判决之刑事案件，未经传同原告诉人宣示，系属程序违法，上级审则应依法受理，予以指正，无庸发还补行宣示。	县知事审理诉讼暂行章程	31		
1263	高厅检察官对于不应送复判案件提起控诉时，应由地方审判厅受理上诉，并得由高厅检察长命地方厅检察官提起控诉。	县知事审理诉讼暂行章程	36		
1264	孀妇如系良家妇，与人相奸，应成立暂行刑律补充条例第六条之罪。惟既无尊亲属告诉，应不论罪。为和诱若奸夫具备和诱条件，孀妇之子以不违反本人意思为限，当然得为代诉人。	暂行新刑律补充条例	6		
		刑事诉讼律	263	刑事诉讼法	215
1265	店伙将汉票汇水银抬高，收入私账，作为存款，应依刑律第三百八十三条、第三百八十五条、第二十九条第一、第二项分别处断。	暂行新刑律	383	刑法	366
			385		
			29		42
	以官票完纳釐金，以铜元付账，仍与刑律第三百八十三条相符。如系情轻，可予酌减。	暂行新刑律	383	刑法	366
	烟行惯例，行用必取两分，号伙所得一分。确在烟行应得两分之内，且出烟行自愿减收，自可认为出自赠与，不得请求追缴。	民律草案	622	民法	406
1266	现行律婚姻条例所载"余亲主婚"，并未指明卑属不应在内，亦无必须同居之限制。故余亲中主婚，其在婚嫁之子女已达成年者，主婚人但系成年余亲，他人不得告争。若婚嫁子女未及成年，则由余亲之充保护人者主婚。惟主婚权人如有嫌隙虐待、故意抑勒阻难或其他不正当行使主婚权之事实者，均应认其丧失权利。	前清现行律民事有效部分	男女婚姻条		

	同宗为婚，无法律上利害关系之族人不得告争。审判衙门审理诉讼，不能不告而理。故除此项事实经合法成讼，得以职权调查裁判外，自难为无诉之审判。	前清现行律民事有效部分	娶亲属妻妾条		
1267	强盗既着手而并伤人，即不问财物入手与否，应依强盗伤人各条处断。	暂行新刑律	373	刑法	343
1268	覆判核准案件检察官上告，经上告审将原判撤销发还更为审判，应适用通常上诉程序办理。	大理院解释例	9年统字1237号		
1269	妇女犯罪，褫夺公权，无特别规定，亦应依法适用。	暂行新刑律	46	刑法	56
1270	保证他人投入匪帮，如事前知有具体抢劫某人之事实始行保人者，以从犯论，否则仅属治安警察犯内之从犯。	治安警察法	9		
			28		
		暂行新刑律	31	刑法	44
1271	依法令设立小学校之教员，与刑律所称之"官员"相符。	暂行新刑律	83	刑法	17
1272	转典房产契约，既经所有权人事前否认并提议取赎，自无拒绝交屋之理。	民事诉讼执行规则	4		
1273	判决应照数偿还之债务人，如果确系家产净绝，其子年稚，无履行能力，应缓予执行。	民事诉讼执行规则	7		
1274	立继行为，须经择继人及承继人与其父母之同意。惟其父母之不同意确无正当理由时，由审判衙门以裁判代之。	民律草案	1394		
1275	婚姻涉讼之管辖，自应以被告普通审判籍所在地定其管辖。	民事诉讼律	13		
1276	子妇以言语激愤尊亲属自杀，应审核事实，以教唆帮助自杀论罪。	暂行新刑律	321	刑法	290
1277	当事人于上诉期间内向县诉请改判，无论已逾上诉期间，应认为已有合法上诉。	县知事审理诉讼暂行章程	40		
1278	孀妇改嫁系被强迫，未曾表示情愿及追认，自应准其请求撤销。	民律草案	1341		

	惩治盗匪法第四条第一款，本系刑律关于危险物之特别法。该法既无褫夺公权之规定，自应依刑律二百零九条核断。	暂行新刑律	209	刑法	210
1279	匪徒如果于匪首收藏爆裂物，意图扰害公安，确有同谋或随从实施之情形，自系共同正犯。若仅为匪执役知情，而于该项犯罪行为并未预闻，亦无随从实施确证者，尚难指为共犯。	暂行新刑律	204	刑法	201
1280	危险物各罪各有构成要件，判断时自应注意	暂行新刑律	203	刑法	200
1281	父母因惩戒其子，请求法院施行监禁处分，系惩戒作用，无刑罚性质，不能委任辩护。	暂行刑律补充条例	11		
1282	以侮辱故意而利用公开法庭指摘，与讼争事项毫无关系，而有损于他人之名誉之事项，如经合法告诉，固可论以公然侮辱人罪。	暂行新刑律	360	刑法	325
	冒名到案应讯，系于官员执行职务时施诈术，应分别依律量情处断。	暂行新刑律	153		
	本意在取消旧社长，如果又故意使受刑事或惩戒处分，以为促其取消之方法，因而虚构事实，以书面或言词向该管官署告诉、告发者，自可成立诬告罪。	暂行新刑律	182	刑法	180
	捏列他人之名诬告，于诬告罪外并犯伪造私文书又行使罪。	暂行新刑律	243	刑法	224
1283	县判违法，控告审应审查判决，毋庸发还更审。	刑事诉讼律	384	刑事诉讼法	385
1284	妻与人通奸，本应俟本夫或其尊亲属告诉，方可论罪，夫兄无从代行告诉。对于奸夫之诱拐，自得为当然代诉人。	暂行刑律补充条例	6		
	所典之妻虽非法律上之妻，要有担任养育之义务。如再转卖，系犯刑律补充条例第九条第一项之罪。	暂行刑律补充条例	9		
1285	控诉审受谕知新缺席判决之当事人，因确系濡滞日期，经上告审驳回上告后，提出新证据，声请再审，本不合法。惟此项法理，大理院业经酌予变通。	民事诉讼律	608		

1286	代人购买烟土，吞没卖价，应查明如于受托后起意吞没卖价，系帮助贩烟及侵占，应论俱发。如以吞没意思担任代卖，系帮助贩烟及诈财，应从一重处断，均与民法不当利得法理尚无抵触。	暂行新刑律	2626	刑法	74
1287	债务人就查封之物发生异议时，得向受嘱托之执行衙门声明抗告。	民事诉讼执行规则	10		
	对修县志之人提起民事诉讼，请求屏除其名誉上之侵害，此项条理与民法草案第五十一条所定之理由同。	民律草案	51	民法	18
1288	声请再审案件认为合法受理者，判决书内应写"再审原告人、再审被告人"字样。	民事诉讼律	604		
	发见新书据声请再审，应向原判决第二审衙门为之，前之管辖错误不能再问。	民事诉讼律	603		
	告争祖坟，如因彼造犹有争执，请求为之确认，自可认为已有先决之反诉，应为亲属事件，归地方管辖	民事诉讼律	791		
	非继承人或有应继资格最先顺位之人，原不能请求赎产。惟既告争回赎，无论持何理由，均应为之裁判。计算诉讼物价额，自应适用民事诉讼律草案第九条之规定。	民事诉讼律	9		
	既为上告审判决在前，后判自应受其拘束。惟依编制法经过变更成例程序，固非不许其后之判例与前有异。然为威信起见，仍以前判旨为宜。	法院编制法	45		
1289	告争祖坟，因谓其诉或反诉目的在确认坟尸为何代祖先，故应以亲属事件论。	民事诉讼律	791		
1290	一罪先发，已经确定审判，余罪后发者，仍应依刑律第二十四条并适用惩治盗匪法办理。	暂行新刑律	24	刑法	72
	军政执法处得审判民刑事案件，以在接战地域内为限。若在警备地域内者，系无权限之审判，当然无效。	戒严法	11 12	戒严条例	7 8

1291	有报官或救护之义务而不报官或救护者,可依不作为犯之例处断,否则均不为罪。至官人若系有警察职务者,应照刑律第一百四十六条办理。	暂行新刑律	146		
1292	实质为地方管辖案件,形式为对高等分厅裁判上告案件,均惟大理院有受理上告权限。高检厅遽行受理,并以决定撤销分厅判决,自属违背法令,依院例得送由总检察长提起非常上告。第在未经非常上告审判决前,高等厅判决自非当然无效。	刑事诉讼律	459	刑事诉讼法	433
1293	受托向匪说赎,从中吞款,应查明侵占及不作为杀人等罪,从一重处断。若系欲从中渔利,并不知匪徒索款数目时,应依统字第六六六号解释论罪。其知匪徒索款数目不给者,应查明与侵占杀人等论俱发。又如系与匪勾串、帮助、勒赎,则应以准正犯论,并科余罪。	暂行新刑律	23 26	刑法	70 74
1294	两造讼争山杨,以坟立证,如并就坟内尸骨为先决争执,自系有诉或反诉,应仍认为亲属事件。所争是否有服祖先,在所不问。惟案经上告审判决确定,除以编制不合法声请再审外,自非当然无效。	民事诉讼律	791		
1295	分析家产果属有效,除长子多给与否依习惯外,自应按子数均分。其生母如别无过误,其子应得之财产自应由生母管理。	民律草案	1376		
1296	冒充陆军稽查为诈称官员罪,以此为诈财方法,应与诈财从一重处断。至稽查为陆军官制所无,不得谓为军属。	暂行新刑律	26	刑法	74
1297	选举诉讼被告人迭传不到,自可准用民诉程序,为缺席或新缺席判决。	民事诉讼律	493		
1298	家长与妾之关系不适用夫妻离异之规定。如能证明有不得已事由者,应准一造片面声明解约。	大理院判例	5年上字840号		

1299	以他人之地为庙地强令退出,非行政处分之事项。当事人向县署声明争执,应认为起诉。	民事诉讼律	305		
1300	前清督抚所出之告示,系显指民教直接关涉案件,向与仇教事件无涉之公所借砖,自不包括在内。	民律草案	324	民法	227
1301	预立卖契,为期满不赎即行作绝之准备,自非有效。	民律草案	1222	民法	893
	永佃权人苟于所佃之地就用法不为有害土地之变更,并原约又无限制者,应准佃权人自由改种。	民律草案	1095	民法	842
1302	假扣押规则,以假扣押物所在地之审判厅为管辖审判厅。在本案已系属他审判厅时,亦得适用。如因急速情形而又无不便调查之情形时,自得向假扣押物所在地审判厅径行声请。	京师地审厅假扣押规则	4		
	寺庙若可认为财团法人,自不因建筑物另建即归废止。故令其财产只系变形并未灭失,寺庙应认为尚存。如未取消住持资格,则就庙债仍应代表受诉。	民事诉讼律	59		
	增租数额,当事人间意思无可解释,自可斟酌因改建增加之利益,由审判衙门判断适当之租款。	民律草案	638	民法	423
1303	强盗罪与诈财罪,应审核交付财物时是否已因威胁丧失意思自由,分别处断。	暂行新刑律	370	刑法	343
			382		363
1304	明知人并未犯罪,而以陷害人之决意告诉、告发者,方为诬告。	暂行新刑律	182	刑法	180
1305	因奸营利,便于私图,亦应论以诱拐,否则当依私擅逮捕人之律处断。至抢去衣服、银洋,如系图为自己或他人所有,当然并犯强盗罪。	暂行新刑律	349	刑法	257
			370		343
	伪造婚书,其为诱拐之方法者,从一重处断。苟因事发始起伪造,藉图抵制或卸责,则应各科其刑。如已行使时,亦同。	暂行新刑律	243	刑法	224
1306	刑律第四十七条但书之规定,系对于褫夺公权之制限。如法律明定必须褫夺公权者,当时无引用该条法意之余地。	暂行新刑律	47		

	明知醉饱之人跌地必致受伤，而仍决意推跌者，仍照伤害人致死律处断。	暂行新刑律	313	刑法	296
1307	若无伤害人预见及决意，仅因临时拖扯，应注意而不注意者，当依过失致人死律及违警罚法第五十条第一款，从一重科处。	暂行新刑律	324	刑法	291
1308	指摘事实，其意仅在供攻击防御之用，并未轶出讼争事须之范围者，不能成立诬告及侮辱罪。	暂行新刑律	182	刑法	180
1309	华洋诉讼案中执行异议诉讼，被告之一既系中国人，审判衙门自未便不予受理。至外国人之债权人，如果情愿应诉，则依照本院关于对条约国人反诉之成例，认其抛弃条约上权利为有效，亦可受理并判。	民事诉讼执行规则	11		
1310	外国审判衙门之裁判，在本国非当然有执行效力，自不受其拘束。	民事诉讼执行规则	11		
1311	行使伪造文书，是否从事公务之官员，及文书内容有无足证他人权利义务之事实，均应分别科处。	暂行新刑律	153	刑法	142
1312	上告审发还更审案件，控诉衙门应依通常程序更为调查证据，认定事实，并无拘束可言。	刑事诉讼律	414	刑事诉讼法	413
1313	征收户粮，归入私囊，并于正数以外浮收者，应视其是否依法令从事公务之职员，分别渎职及诈欺取财论罪。	暂行新刑律	147	刑法	135
			382		363
1314	检察官将案移送审判，自以将全案卷宗移送为便。惟被告未经拘保或传到，其犯罪已有确据者，亦得起诉。至第二审案牵涉上诉期限，覆判审案得用书面审理，事实上均难连同人卷一并移送。	刑事诉讼律	377	刑事诉讼法	378
1315	以自己所有土地卖于条约上无权利之外国人，当然无效。至以国有或共有土地盗卖于外国人，应分别有无合法管理权能，论以窃盗或侵占罪。	暂行新刑律	367	刑法	337
			391		356

1316	地方厅简易案件关于执行之声请或声明异议，由地审厅长裁断。如有不服，自未便令其再向地审厅之合议庭声明，应向高等厅抗告。至简易案件本属于地方管辖者，应以高等厅为终审。	民事诉讼执行规则	10		
1317	电灯用户擅自更改，侵害公司之利益者，应准其请求违约费。	民律草案	394	民法	250
1318	假调处之名行恐吓手段有据，意在以自己价值不敷抵偿之物品代他人抵偿债务，换得他人预备抵偿价值较多之产者，应以诈欺取财论罪。	暂行新刑律	382	刑法	363
1319	谱牒系记载族人之身分，除异姓乱宗，主修谱牒之人得以拒绝记载外，其他族人身分之取得是否合法，要无审查之余地。	大理院判例	5年上字834号		
1320	契约当时明订，还债时统依官帖计算，毋庸折合现币，自仍有效。	民律草案	328	民法	201
1321	以省长或财政厅为被告，请求确认无代人赔偿公款责任，并不以直接纠正处分为旨，系民事确认性质之诉，司法衙门要难违法拒不受理。	民事诉讼律	305		
1322	因奸酿成其他犯罪，若有告诉权者并不告诉或明示舍弃告诉权，或被害者并非本夫或尊亲属时，则其奸罪应不论。	暂行刑律补充条例	7		
1323	掳人而意非得财，乃欲令许婚，所称"备款回赎"，不过空言恫喝。此系强暴、胁迫使人行无义务之事，而以私擅逮捕为方法，应依各该法条从一重处断。	暂行新刑律	358	刑法	318
	盗匪结伙到家索钱，逼写代卖约据，应以强暴、胁迫使行无义务事之罪论。其向盗匪告知尚有房地代卖得价者，亦应构成教唆罪。	暂行新刑律	358	刑法	318
1324	县知事判决未经合法牌示，只经提传宣示者，其上诉期间无从起算，应讯取被告意见是否不服，再行分别依控告或覆判程序办理。	县知事审理诉讼暂行章程	30		
			31		

1325	县知事违法滥罚,并未叙明妨害法庭秩序事由或妨害公务事实者,自属越权行为。如原堂谕语意可认为县诉章程第二十八条之秩序罚,本不准上诉,则亦非上级审所得改判。高检厅本监督之职权,得指令其仅只执行范围内有效部分之罚金。	法院编制法	61 63		
1326	被诈欺而为婚约,虽已成婚,仍可依法请求撤销。如资明有使体力上、精神上受强制,致丧失意思之自由,应成立强奸罪,并应告诉乃论。	暂行新刑律	285	刑法	240
1327	银行因基本金不足,利用借贷方法诱人入股,应查明有无诈欺情形,分别准其撤销原约或责令履行债务。	民律草案	257	民法	114
1328	因履行义务伪造失票,使足证义务消灭之事实,应依行使伪造文书罪量刑科处。惟债权人若有罪,非合法应得,则伪造失票又毋庸论罪。	暂行新刑律	243	刑法	224
1329	高审厅受理刑事上告案件,得酌核情形,取具当事人双方理由书,用书面审理。	刑事诉讼律	403	刑事诉讼法	401
	审厅公判中发票,得自行指挥该厅所属司法警察执行。如无此项人员,得移请检厅指挥执行,检厅不得拒绝	法院编制法	95		
1330	毁坏公共所有物,应以他人所有论。如因修缮必要之由而毁损者,则仅涉及民事问题。	暂行新刑律	406	刑法	382
1331	略诱罪之所侵害者,系指被诱人之自由权、夫权及尊亲属之监督权而言。	暂行新刑律	349	刑法	257
1332	因码头涉讼之案件,如未受有损害,只系确认权利者,应就其所争部分之权利据实估计其价额,以定管辖。	民事诉讼律	4		
1333	代人领款被劫,应否赔偿,须查明是否出于不可抗力。	民律草案	766	民法	535

1334	守志孀妇又复自行改嫁，夫兄虽不能强其不嫁，然如财产上及主婚权有关，自应许其告争。	民律草案	1378		
	不服高审厅第二审判决声明上告后请求撤回，应送院核办。	民事诉讼律	585		
	于承继毫无争执，单纯请求分析产业之案件，则仍依其诉讼物价额以定管辖。	民事诉讼律	6		
	对于私诉部分之第二审判决声明上告，亦应由高审厅径行送大理院核办，毋庸由同级检厅报送。	民事诉讼律	585		
	上告大理院案件，不遵限期照缴讼费，或不声请救助，或补缴已逾期者，不在嘱托调查裁判之列，仍应送院核办。	大理院解释例	7年统字916号		
1335	检察厅于卷到后十日内声明控告，虽提出意旨书及移送人犯较迟，仍属合法。	各级审判厅试办章程	60		
1336	漏贴印花或虽贴而未盖章、画押，其契约并非无效。	印花税法	1		
1337	警察束缚人，使失自由，可照渎职罪及滥用职权逮捕罪，从一重处断。	暂行新刑律	26	刑法	74
1338	应属地方管辖案件，县知事误引初级管辖律文，判决后上诉于地方厅，应由地方厅撤销原判，自为第一审审判。应属初级管辖案件，经县知事误引地方管辖律文，判决后上诉于高等厅，应由高等庭撤销改判，其终审仍属于大理院。	刑事诉讼律	384	刑事诉讼法	385
1339	惩治盗匪法拟处死刑案件，省公署提交高审厅覆审，自应通知检察官执行职务。如认原判引律错误，应依刑律改判，亦当自为覆审判决，并准上告。	盗匪案件适用法律监一办法	3		
1340	受托说勒赎，并无勾串帮助情形，自不能论以勒赎准正犯。惟若明知被掳之人已死，犹用欺骗手段使人交钱，并以钱改洋，要求补数，显属连续诈财。否则因欲从中渔利，以钱改洋，要求补数，亦应成立勒赎共犯。	暂行新刑律	34	刑法	46

1341	子纠匪抢劫，其父如可认为事后受赠赃物，应任赔偿之责。家产既未分析，即尚系为其父所有，应先就其财产执行赔偿费用，余财如何分析，听其自行办理。	民事诉讼执行规则	4		
1342	终审判决违背法令，除具备再审原因得求再审外，别无救济之途。惟高审厅就他案执行上告审职务时，其法令上之见解，得自行纠正。	法院编制法	32		
1343	县署再审判决之案，无论有无理由，如经当事人声明不服，应照普通控诉案件受理。	民事诉讼律	616		
1344	亲子认知之案，如采用容貌为证据，得命令明晰摄影附卷。惟仅凭容貌判断有无血统关系，应择专门家依法鉴定。	民事诉讼律	407		
1345	对于同一案件之第一审及第二审裁判，同时请求再审，与对于上告审之判决，以涉及本案判决基础事实为条件请求再审时，均专属控告审管辖，此外则归原审衙门管辖。	民事诉讼律	603		
1346	覆判核准案件，发见县署判决后确有合法上诉者，仍应进行控告审程序。	大理院解释例	6年统字586号		
1347	山东省贩运制钱出境章程第三条内之"或"字，合上下文语气解释，似不可通，应另查复核答。	山东省贩运制钱出境章程	3		
1348	内乱罪案件，惟大理院有管辖权，非军民长官所能越俎代谋。	刑事诉讼律	6	刑事诉讼法	5
1349	华洋诉讼，被告反诉，中国审判衙门有权审判。	大理院判例	4年上字2035		
1350	监禁处分应由审判衙门宣告，并得于无罪判决书内谕知。又监禁不得逾治疗必须期间，应调查实况，酌定为延期或解禁之处分。如有他法可以代替监禁，使其人不生危险时，亦得不予监禁。	暂行新刑律	12	刑法	31

1351	商号欠团体经理之国家资财,已将不动产抵偿,其团体主任利用利息项下现金购买贱价公债票,按票面价额偿还欠款,而将原抵之不动产挪出,图为团体所有,系犯刑律第三百八十三条之罪。捏称得团体同意,将各商号偿还所欠国家款项之债票京钞均作现金折合,仍令找补欠款,系图利自己或团体者,亦犯第三百八十三条之罪。若偿还国家借出款项本有债票京钞,亦得依票面抵算规定时,应并照第三百八十二条、第二十六条处断。在公款中浮支挪移,用作赠遗报馆及旅行建筑等费,皆托名因公,并于账中伪定名目,应查明确系托名因公,与处理事务无涉者,为侵占。若属为国家处理事务之行为,并未经国家规定或合法允许时,则犯第三百八十三条之规定,应与伪造或行使伪造文书,从一重科处。	暂行新刑律	383	刑法	366
			382		363
			26		74
1352	财政单行条例与县官制第一条显有抵触,因选举检查员,警察队长无故将选举投票匦损毁,自无从适用刑律一百六十一条处断。如果确无别情,系属无故毁损物件,亦仅能照毁损办理。	暂行新刑律	161	刑法	153
1353	未婚妻确愿守志,自应准其为夫择继,并保管遗产。	前清现行律民事有效部分	立嫡子违法条		
1354	知其有图劫之意,乃犹据实告知他人之行踪者,应以事前帮助犯论。	暂行新刑律	31	刑法	44
1355	前清判决之案,卷宗散失,无从查考,自可重开审判。前清判决之案果未执行,亦可送交覆判。	覆判章程	1	覆判暂行条例	1
1356	本属初级管辖案件,应交地检厅提起控告者,则于卷到该地检厅后起算上诉期间。	各级审判厅试办章程	60		
1357	本于诈欺之定婚,许其撤销,并非当然无效。妻受夫不堪同居之虐待,自可请求离异,并许其拒绝同居。又定婚与成婚仪式,为婚姻成立之要件。	民律草案	1345		
			1362		

1358	高审厅误受理初级管辖案件之控告，则其上告审自应由大理院受理审判。	法院编制法	36		
1359	租赁房屋既定有期限，所犯赌博、吸烟，若不能认其于房屋确有何种危害，自不能据为解约之理由。	民律草案	669	民法	450
1360	行亲权之父或母，指凡未经丧失亲权之父或母而言。得请求惩戒之子，则不问已否成年。	暂行刑律补充条例	11		
1361	检察官主张婚姻无效或撤销，必须依法起诉。若仅于上诉审陈述意见，审判衙门自不能认为独立请求，予以裁判。	民事诉讼律	775		
1362	夫出走三年，其妻别行改嫁，当时虽未经告官给照，如认其确有逃亡之据，始终毫无音信踪迹，其年限又属合法者，改嫁即属有效。至当事人如果并无各愿离异之明确表示，亦不合于上开逃亡之条件，则改嫁之婚姻自不合法，应准撤销。	前清现行律民事有效部分	出妻条		
		民律草案	1343		
1363	检察厅应以刑事犯起诉之案，审判厅审理结果，得依违警罚法判决。	刑事诉讼律	326	刑事诉讼法	320
1364	当事人撤销上诉，原则上毋庸再予裁判。惟依法不能撤销之上诉，或因上诉人缺席，或因不缴费撤销其上诉者，则均应以决定行之。	民事诉讼律	559		
1365	不许流质，为民事法保护债务人之要则。惟在商行为则异于单纯之民事契约流质，应属有效。	民律草案	1222	民法	893
1366	判例所称"交付精神病院或其他处所，禁制其自由"云云，关于监禁处所，包括甚广，凡可以禁制自由之处所皆属之。	暂行新刑律	12	刑法	31
1367	夫得妻之同意租于人为娼，立有租约，如本夫与娼家有买卖意思，托名为租夫，应成立和卖或营利和卖罪。娼家应区别是否主动诱卖，抑系被动买受，应成立营利和诱或收受被和卖人之罪，妻兄为当然代诉人。	暂行刑律补充条例	9		

1368	妻因夫出外三年不归而改嫁,经前夫之子寻获,诱同母妹逃遁,并非自便私图。即令婚姻有效,尚难论以诱拐罪。	暂行新刑律	351	刑法	257
	前夫有无告诉权,应以后夫与其妻之婚姻是否有效定之,如主婚者确系营利诱卖,应不待告诉论罪。	暂行新刑律	351	刑法	257
1369	原告人请求撤销诉讼,自无不许之理。惟被告对之如有争执,应另行起诉。	各级审判厅试办章程	57		
1370	律师在会审公廨办理诉讼,其收受报酬,不受律师章程之制限。	修正律师暂行章程	19	律师章程	19
1371	既未确认该地为私产,或就该地有其他所有权以外之物权,自不得以大理院之决定抗阻行政衙门之处分。	诉愿法	1		
1372	对于要约可认为已有承认者,应负赔偿之责。否则反乎常理之特约,自无遵守之义务。	民律草案	208	民法	161
1373	对于原检察官不起诉之处分,可以声明再议,其期间准用上诉期间。	刑事诉讼律	287	刑事诉讼法	247
1374	既将官荒购买缴价备案,则其地已为私人所有。乃犹袭用从前县署之变卖官荒事务所名义,并刻戳记加盖票据,掣给与人,应依刑律第二百四十八条、第二百四十六条之罪,依第二十六条处断。	暂行新刑律	26	刑法	74
1375	交付烟土,如其意专在为人治病,不在贪得土价,不能论以贩卖鸦片烟罪。	暂行新刑律	267	刑法	271
	覆判审发见第一审土地管辖错误之判决,应提审改判。控诉审发见第一审违法判决,亦应改判。	覆判章程	7	覆判暂行条例	7
1376	立继行为并不以书据为要件,惟立继事实应有明证。	民律草案	1396		
	叔父强令侄媳改嫁,除犯刑律第三百五十八条之罪外,如可认为强卖,更应查明受用钱财可否认为营利,与前条之罪从一重处断。	暂行新刑律	351	刑法	257
			358		318

	保卫团团总应包含于巡警官员之内。	暂行新刑律	146	刑法	140
1377	保卫团团总对于不在职务权限之内之刑事告诉，故意越权受理，应成立渎职罪。	暂行新刑律	146	刑法	140
	持枪把捣人，未及伤人而误触枪机，致路人殒命，自不能谓其有伤害之故意，应分别有无过失，断定其应否论过失致伤。	暂行新刑律	324	刑法	291
1378	捐产涉讼既经大理院决定认为民事案件，高等厅应受其拘束，予以受理。	法院编制法	45		
1379	出典契约已逾六十年，加典契约虽未及二十年，仍依原典契计算时限，不准取赎。	清理不动产典当办法	2		
1380	出立凭单交中人代为借款，自不能以中人携款潜逃对抗债权人，拒绝偿还。	民律草案	952	民法	188
1381	行求贿赂罪须直接或间接对于官员或公断人所执行之职务为之，间接时并须其行贿之意已达于官员或公断人始能成立。	暂行新刑律	142	刑法	128
1382	按律逮捕之人，因他人求保时便利脱逃者，其保人应否犯罪，应以有无预见及决意为断。	暂行新刑律	171	刑法	171
1383	被告人之羁押、保释，凡在起诉后，审判确定前，虽应由审判衙门核办，如检察官认为应行羁押，遇有急迫情形，仍得径行逮捕。	刑事诉讼律	114	刑事诉讼法	81
1384	售卖含有吗啡或鸦片毒质之物者，应以所含之物质定其所犯为贩卖吗啡或贩卖鸦片烟之罪。若兼含两种物质，则以二罪俱发论。	暂行新刑律	23	刑法	70
1385	明知所属员役确有犯罪嫌疑，经人告发或经上级检察官厅令饬查办，又确有故意不为受理，自系触犯渎职罪。	暂行新刑律	146	刑法	140
1386	杀人罪与强盗罪并案判决，控诉审应依法定程序分别办理。	刑事诉讼律	387	刑事诉讼法	379
1387	官产被人民侵占、冒认等事，虽由行政官厅办理，而侵占、冒认之情形如可认为犯罪行为，检察官厅仍应侦查起诉。	刑事诉讼律	308	刑事诉讼法	253

1388	二等以上徒刑案件应指定辩护人，系指法定本刑而言。	刑事诉讼律	317	刑事诉讼法	170
1389	刑律补充条例第十一条之监禁处分，虽未传被惩戒人到案审理，尚非违法。惟违反但书之决定，应准被惩戒人声明疑义。	暂行刑律补充条例	11		
		刑事诉讼律	511	刑事诉讼法	502
	监禁处分既非刑罚，自不适用行刑权时效之规定。	暂行新律补充条例	74	刑法	101
1390	华工在英国犯罪，经英国裁判所判处罪刑，执行未完递解回国，仍得依刑律处断。但已受其刑之执行或经免除者，得免除或减轻本刑。	暂行新刑律	6	刑法	8
1391	刑律所称"伤害"，并不限于外伤。凡有损害人身机能之行为，皆可成立伤害罪。	暂行新刑律	313	刑法	293
1392	山东省禁止贩运制钱出境章程第三条原文，意图贩卖制钱之下，私运出境之上，既有"或"字，自系分上、下文，为二事。惟仅止意图贩卖制钱，苟无贩卖或私运之行为，实际上仍无从处罚。而私运出境，虽似不限于有贩卖之意思，然尚难谓之私运，则原文"或"字实与赘设无异。	山东省禁止贩运制钱出境章程	3		
1393	警队在甲县搜获烟犯，解送乙县讯办，是甲、乙两县均有土地管辖权，应以先受公诉者为管辖衙门。	刑事诉讼律	15	刑事诉讼法	19
1394	刑事案件于起诉后始得选任律师辩护，其在侦查中并无律师得为之行为，实无职务罪言。如果律师竟谓检厅案件可以行使职务，代为辩护无罪，因而取得被告人之财物，自属诈欺取财。若仅预订起诉后之契约，则属惩戒问题。	暂行新刑律	382	刑法	363
	审判衙门对于未经检察官起诉之案件，除有特别规定外，不得径为审判。	各级审判厅试办章程	103		
1395	移送管辖之案，在侦查中发见诬告嫌疑，原应另案办理。则检察官送审意见书可否认为起诉，尤须就其内容审查是否已备起诉之要件。	刑事诉讼律	256	刑事诉讼法	260

1396	未决羁押日数可否准抵刑罚，除系县知事判决之案件有时得以漏判论外，本应由审判衙门于判决时一并裁判。	暂行新刑律	80	刑法	64
1397	推事未就职前曾受检厅委派调查案件，现在对于该案固非法律所应回避，惟当事人得据为拒却之原因。	刑事诉讼律	29	刑事诉讼法	26
1398	亲告罪只需有告诉权人告诉有案，审检厅即可起诉或公判，本无庸告诉人到庭，亦不得因其不到案即认为抛弃告诉权。	刑事诉讼律	263	刑事诉讼法	215
1399	以尸体抬至他人家宅，应构成妨害秩序罪。	暂行新刑律	225	刑法	320
1400	县知事判决之案，经覆判审决定发交或发还覆审判决后，除依覆判章程分别情形准当事人上诉与否外，不再送覆判。	覆判章程	7	覆判暂行条例	11
1401	不满十年之典当，虽附有"到期不赎，并无增找"字样，仍准回赎。	清理不动产典当办法	2		
			8		
1402	子欠私债，其父无代偿之义务。判决主文内既不及其父，即无向其父执行之理。	民事诉讼执行规则	4		
1403	出继人既已成年，其自己又并无归宗之意思，自不许其本生父请求退继。	民律草案	1401		
1404	依一般破产法理，诉讼费用应就破产财团优先受偿。	民事诉讼律	114		
1405	前夫之女嫁后夫之子，律所不禁。其婚约同时记载于孀母再醮婚书之后，亦非无效。	前清现行律民事有效部分	尊卑为婚条		
1406	文官高等考试及格人员，在学习期内虽非完全取得官吏资格，自无许其兼充议员之理。	省议会议员选举法	7		
1407	县知事于债务案件堂谕内附加行政处分，如有不服，应由上级行政长官为之解决。	民事诉讼律	599		
1408	自制木狗私刑，将妻钉锁，自可认为不堪同居之虐待，许妻诉请离异。	民律草案	1362		

	甲故无子，又无依法为其择继之人，即应由亲族会议依照法定次序为其立继。继定后，甲女即应由其抚养。	民律草案	1395		
	告争家财，验有亲族写立分书是实者，断令照旧管业，不许重分。	前清现行律民事有效部分	典质田宅条		
1409	率领多人侵入佃户家，强行搬运他人寄存之苞谷，应犯刑律第三百七十三条第一、第二款之罪。	暂行新刑律	373	刑法	344
1410	土匪已缴械投诚，领有护照回籍，逾年复犯抢案，其投诚前所犯各罪，如未依法赦免或经过时效，应仍论罪。	暂行新刑律	23	刑法	69
1411	县知事判决之初级管辖案件，高审分厅以地方庭职权受理上诉者，固应以高审本厅为抗告审。若以高审分厅职权审判，则高审本厅不得受理抗告。	法院编制法	27		
1412	抢亲不能为解除婚约之原因。至民教结婚，纵使有违教规，亦无许其离异之理。	民律草案	1362		
1413	发掘坟墓，损坏盗取尸体及殓物者，刑律既有明文规定，自应按照该条项及第二十六条从一重科处。维犯罪情节较重，亦只得科以该条第一项最高度之刑。	暂行新刑律	262	刑法	264
			26		74
1414	律师惩戒之执行，应从速送达命令之日，起算其停职日期。	律师惩戒会暂行规则	18	律师惩戒委员会规则	20
1415	妇女因夫逃亡三年以上不还而改嫁者，为现行律所允许。	前清现行律民事有效部分	出妻条		
1416	原告诉人虽于县判原本案由未载其名，照章固得呈诉不服。	县知事审理诉讼暂行章程	38		
	未受委任代诉，不能认为本案原告诉人，不得呈诉不服。如系代诉，则可令其补具委任状，均予受理。	县知事审理诉讼暂行章程	38		
	县判主文免诉具有判决形式，控诉审自应受理上诉。惟须侦查其内容，不得概认为无罪判决。	大理院解释例	8年统字947号		
1417	扰乱商会议场秩序，仅得科以妨害安全罪。	暂行新刑律	358	刑法	318

1418	处女与人和奸，如无尊亲属告诉，不能论其奸罪。惟奸夫有侵入第宅或诱拐情形，仍可按律问疑。	暂行刑律补充条例	6		
1419	同复不动产所有权之诉，自应先审究原告之主张是否真实，及其请求是否合法，以为判断。	大理院判例	3年上字883号		
1420	同姓为婚，无撤销权之族人妄行告争，审判衙门自可依法驳斥其请求。	大理院判例	7年上字1527号		
1421	计算民事诉讼物金额或价额超过一千元云者，自应依国家通行之货币计算。	民事诉讼律	4		
1422	未交讼费，未用诉状，均可补充。代理行为既经追认，则第一审原判当然有效。	民事诉讼律	96		
1423	查赃物之数额于刑事审判中自应由审判官以职权调查。至附带私诉，原告即被害人，自不能不负相当之证明责任。	民事诉讼律	416		
1424	已成婚后发生之恶疾，不能为离异原因。	前清现行律民事有效部分	男女婚姻门		
1425	由地涉讼，既以由地为其祖遗之业，并坟墓为其祖坟为起诉请求之目的，与争继产而涉及承继问题者相同，自应以亲属事件，归地方管辖。	民事诉讼律	31		
1426	立继并不以继单为要件。如果承继属实，自不容妄相争执。	大理院解释例	9年统字1376号		
1427	准禁治产之宣告，其效力不过为一种公证，不生对抗善意相对人之效力。	大理院解释例	4年统字228号		
1428	饥民抢劫粮食，应否依刑律第十三条第二项减轻，系事实问题。至一再减轻，应依第五十五条、第六十一条办理。	暂行新刑律	13	刑法	28
			55		78
			61		87
1429	覆判章程第四条之裁判，系用书面审理，固不必因被告脱逃而停止覆判程序。惟依第五条，审判时自应中止审理。	覆判章程	4	覆判暂行条例	6
			5		7

1430	将前清知县之堂谕，移填于该县前清所遗曾经盖印之空白公事用纸，以为曾经胜诉有案之证明，系滥用真正之公印文又行使伪造公文书，应依刑律各本条处断。若伪造在赦令以前，则仅应论行使伪造公文书罪。	暂行新刑律	246 239	刑法	235 225
1431	上级审厅决定移转管辖之案，自不能责令检察官必予起诉。惟告诉人对于不起诉处分，得声明再议。	刑事诉讼律	286	刑事诉讼法	248
1432	就同一事件发见已受之判决，得据以提起再审之诉。	民事诉讼律	605		
1433	中间判决后之上诉费用，仍照诉讼物价额征收。即再终局判决后，当事人如仍声明上诉，亦仍照旧征收。	民事诉讼律	128		
	燃烟熏人，尚难认为放火。至是否意图伤人，抑有杀人之间接故意，或仅妨害人行使权利过失致人死，均须从事实解决。	暂行新刑律	324	刑法	291
1434	殴已受伤之人致死，除其当时意在杀人，应查明所加害是否以促其身死，分别其为杀人既遂或未遂外，如仅意在伤害，亦应查明所加害足以促人身死时，依伤害人致死罪处断。	暂行新刑律	313	刑法	296
	因有奸制给衣食等物，果系赠与，后复强取而去，当然成立强盗罪。苟仅借给，只得就其夜入人室捆人，分别情形科断。至通奸一节，女父既有继容情事，虽经告诉，亦属无效。	暂行刑律补充条例	7		
1435	县知事所为之批谕，即正式审判衙门之决定。命令一经发表于外，非当事人声明不服，不得擅自变更。惟如羁押、保释、扣押及证据等批谕，审判衙门固得审核情形自行撤销。	刑事诉讼律	421	刑事诉讼法	419
1436	窃盗罪之目的物，只需属于他人事实上支配者，不必问其支配者之为何人。	暂行新刑律	367	刑法	337

1437	收割烟苗，无论为割断烟苗之本体，或割破罂粟之实而沥其浆，均可由定著于土地之物而为动产。如收割即为制造鸦片烟之实施行为，应依刑律从一重处断。	暂行新刑律	368	刑法	338
	私种罂粟，如有制造鸦片烟之意思，自属犯罪。而其招工收割是否为栽种罂粟之继续行为，抑即为制造鸦片之实施行为，应视罂粟已成为鸦片烟之质料与否定之。	暂行新刑律	266	刑法	271
1438	伪证罪之成立，必依法令于司法或行政公署为适法之证人而违背陈述真实之义务为要件。	暂行新刑律	181	刑法	179
1439	刑诉律草案第三百一十六条所称"应科二等有期徒刑以上之刑"，在第一审应以检厅起诉文所认之法定刑为准，在上诉审应以原判宣告刑为罪。	刑事诉讼律	316	刑事诉讼法	170
1440	非官员而受官员之雇佣或嘱托，补助官员执行职务者，即刑律分则所称"佐理"。故代法警拘人，中途放逃犯人，自系犯看守护送佐理纵令按律逮捕人脱逃罪。	暂行新刑律	172	刑法	172
1441	杀人后遗弃尸体，如意在灭迹，应从一重处断。若另一犯意，应论二罪俱发。又图财杀人，系强盗杀人罪，若于杀人后起意脱取衣物，而死者有无承继人不明时，仍应论以刑律第三百九十三条第一项之罪。	暂行新刑律	376	刑法	345
			393		358
1442	发交裁判既经确定，下级审应受拘束。	法院编制法	45		
1443	明知地非己有，而有欺罔官厅使陷错误之行为者，应依妨害公务罪处断。	暂行新刑律	153	刑法	142
1444	上诉期间内递有委任状，委任律师辩护。第二审本案一切法律点及事实点显已表示不服原判之意，自应认其控告为合法。	各级审判厅试办章程	60		
1445	缉私营官兵犯罪，当然应由普通审判衙门管辖。惟此项官兵既属警察之一种，并应注意呈准之警察犯罪，援用军律办法。	警察犯罪改照修正陆军刑事条例适用各条	22		

1446	夫强卖妻未得身价，仅得科以单纯强卖罪。	暂行刑律补充条例	9		
1447	明知罂粟壳煮水可顶鸦片烟瘾而故意贩卖，应审查是否意在供人为鸦片烟之代用。	暂行新刑律	266	刑法	271
1448	匪首图谋攻击军队，尚未实行攻击，既不能认为犯惩治盗匪法第四条二款之罪，则被匪派遣侦探军队人数，亦不能认为该条款之从犯。	惩治盗匪法	4	惩治盗匪暂行条例	1
1449	诬告罪并以明知所诉虚伪为构成要件。若告诉人误认有此事实或以为有此嫌疑而告诉，固不得遽指为虚伪。	暂行新刑律	182	刑法	180
	调奸未达猥亵程度，不得指为强奸。至意图赫诈教唆他人吞服鸦片要挟，如确有自杀之意，系犯连续教唆自杀及诈财未遂之罪。	暂行新刑律	320	刑法	290
1450	县知事审判之刑事案件，上级检察厅发见错误，提起控告，即不能认该县判为已确定。	暂行新刑律	79	刑法	23
1451	亲告罪撤销之时期，以未经第一审开始辩论前为限。	刑事诉讼律	259	刑事诉讼法	243
	对于共同犯罪之告诉，本不可分。如共犯一人业经告诉审判，或告诉后又经撤销，则其他共犯自不得歧异。	刑事诉讼律	269	刑事诉讼法	220
	第一审驳回公诉之案，第二审原得发还原第一审更为审理。但既经终审发还第二审更审，第二审应自为本案之审判。	刑事诉讼律	413	刑事诉讼法	385
1452	先发之罪已经确定审判，余罪后发者，应更定其刑。	暂行新刑律	24	刑法	72
1453	对于县知事不起诉处分声明再议，不论初级或地方管辖，应由高等检察厅受理。	刑事诉讼律	286	刑事诉讼法	248
	声明再议期间，似以分别厅县，准用上诉期间为宜。	刑事诉讼律	287	刑事诉讼法	247
	逾期声明再议，应予驳回。	刑事诉讼律	289	刑事诉讼法	250
	上级检察厅发见原厅不起诉处分错误时，得令原厅重行侦查，提起公诉。	刑事诉讼律	293	刑事诉讼法	250

	对于经过不起诉处分之案，以另一理由告诉，该管衙门仍应受理。	刑事诉讼律	435	刑事诉讼法	252
	司法部令第五〇九号明言"控诉审系口头审理，与上告审情形不同，答辩程序可略予变通"云云，则地方检察厅检察官遇被害人经由该厅转送上告理由时，应一律出具答辩书。	刑事诉讼律	395	刑事诉讼法	396
1454	强盗在外把风，系分担实施行为之一部。入室伙犯对于在外把风之人所有行为，应否共负责任，与在外把风者对于入室伙犯之行为并无区别。	大理院解释例	9年统字1256号		
1455	俄原华被案件，既无俄员要求会审，即应与通常案件同论。	法院编制法	2		
1456	以连续犯意同种行为，侵害同种法益者，皆为连续犯罪。	暂行新刑律	28	刑法	75
1457	刑事判决案件如经确定，除显然违法得以非常上告纠正外，并无补判办法。	刑事诉讼律	459	刑事诉讼法	433
1458	刑事判决如经确定，除显然违法得依非常上告纠正外，唯县知事审理之案件，有时得行补判，并应注意暂行援用之刑事诉讼律草案执行编第四百九十七条至四百九十九条之规定。	刑事诉讼律	459	刑事诉讼法	433
1459	科刑标准条例第五条所称，系刑律第三百七十三条第一款之罪。在场持有火器者，系指在场而又执持火器之人而言。	科刑标准条例	5		
1460	法定最重主刑系四等有期徒刑以下，因累犯加重至三等有期徒刑以上时，不在覆判章程应送覆判之列。	修正覆判章程	1		
1461	上告审发还更审之案，既不许被告人注销控诉，原告诉人自亦不许注销呈诉。	大理院解释例	4年统字233号		
1462	仅受训戒处分之律师在决议未确定以前丧失资格（指撤销登录言）者，定有司法部变通办法，然仍严加制限。	律师惩戒会暂行规则	18	律师惩戒委员会规则	20

· 134 ·

1463	初判一经决定，覆审即应视同撤销。至附带私诉，应严守不告不理之原则。未经当事人声明上诉，亦不得并送覆判。	修正覆判章程	5	覆判暂行条例	5
1464	公布各条例所指之赈务或办赈，自有相当范围。又受委任办赈，通常应有委任文件，然不得谓舍此别无委任方法。	办赈犯罪惩治暂行条例	1		
1465	窃取支票冒名签字取款者，应依窃盗及伪造有价证券并行使，从一重处断。	暂行新刑律	26	刑法	74
1466	请求返还充公房屋，系私法讼争之件，与行政处分无涉。	法院编制法	2		
1467	当事人既有约定特种通货履行债务，应依契约本旨给付。	民律草案	328	民法	201
1468	民事案件判决确定后，当事人声请执行状内既称传案押追或云强制执行，已可认为确有声请开始强制执行之表示。既奉部令将诉讼费用规则第六条第四项暂缓实行，自应遵办。	诉讼费用规则	6		
1469	假扣押、假处分之声请，由审判厅以决定审判之。强制执行事务，由民事执行处依声请或以职权行之。	民事诉讼执行规则	4 101 104 121		
1470	县知事裁判案件，未经传讯当事人依法辩论者，不能谓已经第一审判决。	大理院解释例	2年统字32号		
1471	祖父母、父母俱在而又系同居者，其主婚权应属于父母。	大理院判例	7年上字298号		
	婚姻预约，苟其形式具备，纵其后媒证亡故，亦无碍于婚姻效力。	大理院判例	4年上字1417号		
1472	第一审判决虽经双方状请执行，既经控诉审撤销改判，其判决即不存在。	民事诉讼律	548		
1473	直隶旗产圈地售租章程当然继续援引，不因省议会有禁止售租之议决而失效。	直隶旗产圈地售租章程			

1474	慈善机关收育女子，不能认其有主婚权。	前清现行律民事有效部分	男女婚姻条		
1475	亲女有权承受遗产。对于无权占有之人，自可出为告争。	前清现行律民事有效部分	卑幼私擅用财条	已嫁女子追溯继承财产施行细则	1
1476	应归军事审判之案，在部令禁止委托代行审判，自无庸受理。	陆军审判条例	1		
1477	无效之婚姻，根本上不能认有婚姻存在，一切亲属关系自亦无从发生。虽对于男之尊亲属有犯，应照通常之律处断。	暂行新刑律	82	刑法	14
	须尊亲属告诉乃论之罪，本生父母虽得告诉，但以所继父母均亡故或事实上不能告诉时为限。若能告诉而不告诉，或有法律上不得告诉原因，本生父母自不得告诉。	暂行刑律补充条例	6		
	有告诉权者并不告诉，不以有积极之表示为限。又明示舍弃告诉权一语，既曰舍弃，当然系在未告诉时，与撤销告诉不同。	大理院解释例	9年统字1322号		
	子对于出母，妻对于夫之出母，均应认其为尊亲属。	暂行新刑律	82	刑法	14
	甲地检察官曾因证据不足为不起诉处分之案件，乙地检察官如果查有可以起诉之证据，自得起诉。	刑事诉讼律	308	刑事诉讼法	253
	应行没收之物，如审判衙门不能宣告没收或漏未宣告，检察官厅固得斟酌情形，施以没入处分。	刑事诉讼律	497	刑事诉讼法	493
	检察官提起上诉，但有足以证明其在期间内者，即属合法。	刑事诉讼律	357	刑事诉讼法	358
	检察官对于主任案件如有不服，本得自由上诉，不受他人意见之拘束。若已改由他人主任，则应由检察长命令行使职权。检察长对于所属检察官主任之案件，得自上诉。	刑事诉讼律	357	刑事诉讼法	358
	原告人对于未经宣示或牌示之案，如确未知案已判决及判决内容，自应于知悉之日起十四日内，许其呈诉不服。	县知事审理诉讼暂行章程	40		

1478	科刑标准条例，主刑仅有死刑，无可裁酌，自无适用之余地。果有合于刑律总则得予减等情形，仍应适用总则酌予减等。	暂行新刑律	54	刑法	76
1479	县知事判决民事案件，以采用送达主义为原则。其控诉期间之起算，自有明文可以依据。	县知事审理诉讼暂行章程	40		
1480	再审合法案件，再审原告人屡传不到，可照审判厅试办章程办理。	各级审判厅试办章程	39 67		
1481	外国人民愿受民国法庭审判者，自应予以受理，照通常诉讼程序办理。	民事诉讼律	39		
1482	县知事虽兼有审判、检察两种职权，但无论其用何项职权处理案件，悉应以县知事审理诉讼暂行章程为根据。该知事以检察职权提起上诉，自当适用该章程之规定。	县知事审理诉讼暂行章程	40		
1483	治安警察法第九条第三款，系规定第一、第二款以外之不正当秘密结社。	治安警察法	9		
1484	覆判案内未经按照科刑标准条例办理者，得认为应行覆审之件。	修正覆判章程	5	覆判暂行条例	4
1485	伤害人致骨碎、骨损或脱节，其初不能行动医治，数月始能动移，仍应以致废论。	暂行新刑律	88	刑法	20
1486	前清发遣人犯，改处徒刑及执行刑罚，应由检察衙门径自分别改予执行。又改处徒刑人犯从前受刑日期，均准算入刑期。	暂行新刑律施行细则	4 5		
1487	选举诉讼若在选举日前，自得随时起诉。	众议院议员选举法	90		
1488	解释县知事审理诉讼章程第三十一条所称"批谕"，系指裁判书类之准许上诉者而言。	县知事审理诉讼暂行章程	31		
1489	县判主文仅称告诉驳回，而理由内容已有判断，当由控告审受理。	刑事诉讼律	381	刑事诉讼法	381
1490	覆判审遇有应核准与应覆审部分互见者，自应为全部覆审之决定，不得分别裁判。覆审衙门亦应按照覆审之范围，以职权自为审判。若覆判审竟予分别裁判，检察官对于违法核准部分又不提起上告，则核准部分即属确定，非依再审程序再审，不得变更原确定判决之事实。	修正覆判章程	6	覆判暂行条例	6

1491	无力缴纳过怠金者，不能援用民诉执行规则，应依试办章程第四十二条办理。	各级审判厅试办章程	42		
1492	商人求偿垫款系私权关系，可向法庭起诉。	法院编制法	2		
1493	会员除名或停止选举权，不在商会法范围以内。	商会法	31		
1494	以高审厅长为被告，在第一审法院起诉，不应有民诉案第三十七条第一款、刑诉案第十八条情形，即不生指定管辖问题。	民事诉讼律	37		
		刑事诉讼律	18	刑事诉讼法	20
1495	惩治盗匪案件转报长官时，检察官为参考起见，可提出意见书。	惩治盗匪法	5	惩治盗匪暂行条例	3
1496	有担保之债权自应较普通债权受优先清偿。若担保物先为普通债权者，实施查封、拍卖时，应向该执行审判衙门声明异议。	民事诉讼执行规则	54		
1497	当事人因情形急迫，行途又为战争所阻，以文电委任代理，自可认为合法，但应将证明书据粘附委任状。	各级审判厅试办章程	54		
1498	孀妇改嫁，主婚所受财礼纵未置备嫁奁，不能指为侵没。	前清现行律民事有效部分	居丧嫁娶条		
1499	宣判厅审理盗匪案件，应通知检察官执行职务。	大理院解释例	9年统字1339号		
1500	上诉人不补缴讼费，应视为撤回上诉，将案注销。如上诉人于接受撤销决定后二十日内补缴讼费者，仍予受理。	民事诉讼律	538		
1501	清理不动产典当办法所谓"回赎"云者，系备价请求收还典当物之意，并不以向宣判衙门告争为限。	清理不动产典当办法	3		
1502	办理选举人员捏造选民紊乱选权，可提起选举诉讼。	众议院议员选举法	90		
1503	惩治盗匪法所称"累犯"，应从狭义解释，以初犯及累犯均属刑律第三百七十三条之罪而既遂者为限。	惩治盗匪法	3		

1504	俄侨涉讼事件，复向我国法院起诉，应予受理。	民事诉讼律	39		
1505	和奸所侵害之法益不同，当然成立两罪。惟不经告诉仍应论者，统字第一三二二号解释已有制限，其初犯之奸罪自须告诉。	暂行刑律补充条例	7		
1506	湮灭罪证应论罪者，所用之物自当按律办理，否则不得没收。	暂行新刑律	48	刑法	60
1507	公共财产如果依法成为法人，则与捐施者间自不生共有之关系。对于法人本体，亦无共有、独有之关系。	民律草案	146	民法	60
1507	行政区划，如府、厅、州、县取消后，若其原有公益财团，亦依法成为法人，则其与地方发生关系，如选派董事及管理公款之类，自以法人事业所及为限。	民律草案	159	民法	62
1508	控诉方未通知律师到庭辩论即行判决，可以上诉救济。	民事诉讼律	564		
1509	商会法所规定会董，虽不得再行连任，但依法仍得再行当选，并得加入互选当选为会长。	商会法	24		
1510	省议会议员与国会议员应各依法选举，则省议员选举调查单，于众议院议员选举不生效力。	众议院议员选举法	23		
1510	投票人于投票簿上皆须本人签字，并由投票管理员及监察员加盖图章，否则不能有效。	众议院议员选举法	45		
1510	投票入场券，选举法上并无此规定。若为程序上郑重起见，自非违法。	众议院议员选举法	39		
1510	调查员依法应由初选监督委派，不得自行委托商会各公所及同乡会为选举调查。	众议院议员选举法	2		
1511	选举人虽抛弃选举权，仍得对于当选人起诉。	众议院议员选举法	91		
1512	县知事受理之案移转管辖时，须向直接上级审判衙门声请。惟移转应以该上级审管辖之下级审为限。	刑事诉讼律	18	刑事诉讼法	21

1513	科刑标准条例第三条所称"当场"二字，如确有侵害之虞，或侵害方去而又在实施或预备侵害之场所者，皆属之。又第四条系指由致命部位穿透致命部位而言。	科刑标准条例	3 4		
1514	仅为刑律第三百七十三条第二款之罪犯作底勾者，系事前帮助之从犯，自难认为首谋。	科刑标准条例	5		
1515	刑律时期以年记者，阅十二月，显不以日计算，与计月之法不同。	暂行新刑律	77	刑法	21
1516	看守所所丁系辅助执行司法行政事务之吏员，应包含于官吏犯赃治罪条例所称"官吏"之内（即非司法官吏）。	官吏犯赃治罪条例	2		
1517	现行选举法对于徒刑而未褫夺公权者，并无限制其被选举权之规定。惟在徒刑执行中，无停止执行而任其就职之理。	国会组织法	18		
1518	检察官声请以命令处刑之书状，无庸指定刑期或金额。	处刑命令暂行条例	2	刑事诉讼法	462
1519	初选举人对于复选当选人无起诉权。	大理院判例	10年上字45号		
1520	控诉案经宣判，即不许撤销。如出审判官之过失，系判决违法。	刑事诉讼律	389	刑事诉讼法	389
1521	杀人等重案，军民长官准其和解，司法衙门不受拘束，仍应依法办理。	临时约法	51		
1522	使用他人注册商号，有意蒙混，自属不正之竞争，应依商人通例第二十条办理。	商人通例	20		
1523	本届之选举诉讼，仍不得提起上诉。	众议院议员选举法	82 84		
1524	谋杀从犯，刑律得减等处断，自非必处死刑。至事前预谋助给枪械，实施时并未在场，应审查事实处断。	暂行新刑律	31	刑法	44
1525	妇人于夫亡后被处和奸罪刑，除夫之直系尊亲属以为品行不检请求宣告丧失管理财产权外，如夫家犹未脱离关系，则现行律上守志妇之权利尚不丧失。	前清现行律民事有效部分	立嫡子违法条		

1526	舍弃上诉权，如能证明非出本意，即属无效。除逾期外，毋庸声请回复，舍弃声明异议之声明权亦同。至未将正本送达之处刑命令，被告人无论何时，均得声明异议。	处刑命令暂行条例	7	刑事诉讼法	467
	处刑如经执行而未如期声明，则此项命令即与确定判决有同一之效力。	处刑命令暂行条例	14	刑事诉讼法	475
1527	覆判审发见第二审之决定及第二次县判违法，仍得用覆判程序撤销违法之县判，进行控诉审程序。	刑事诉讼律	384	刑事诉讼法	385
1528	选举诉讼，亦应除去在途期间计算。	补订各级审判厅试办章程	5		
1529	刑律补充条例所称"其他犯罪"，不包含违警罚法。	暂行刑律补充条例	7		
1530	受缓刑宣告未经撤销者，仍应有选举及被选举权。	大理院解释例	5年统字532号		
1531	被略和诱人之胞叔母舅，固为利害关系人，即可指定为代行告诉人。但其告诉权除被害本人系未成年者外，不得违反被害人之意思而舍弃。既经合法明示舍弃，不得再行声请指定代行告诉人。	刑事诉讼律	265	刑事诉讼法	217
	被略和诱人既不在处罚之列，苟非别有犯罪嫌疑，检察官固不得为管收或交保等处分。果有此类处分，应以声请再议为救济方法。	刑事诉讼律	286	刑事诉讼法	248
1532	商人破产，除依习惯办理外，可适用破产条理。至破产程序之裁判，在审判衙门认为有必要时，自得经言词辩论之。	民事诉讼律	296		
1533	离异之诉，如系审判上之和解条件成就，自可请求执行。	民事诉讼执行规则	4		
1534	地方人以地方款呈准官厅备案，所组清查地方各机关款项之机关，在实体法上能否为权义之主体，虽属待决问题，而于民诉法上应认为有起诉之资格。	民事诉讼律	305		

1535	本届选举诉讼，不许上诉。	众议院议员选举法	82		
			84		
1536	依法设定之地役权，不因该供役地或需役地之所有权转移而变更其效力。除有法定消灭原因外，自得继续享用。	民律草案	1114	民法	856
			1115		857
1537	领得森林地照者，当为森林地法之业主，不必即为土地业主。	森林法	2		
1538	共同诉讼之一人单独与相对人和解，不能拘束其他共同诉讼人。	民事诉讼律	74		
1539	非选举监督委任之员而执行管理投票职务，不因事后追认而生效。	众议院议员选举法	16		
1540	犯刑律之罪者，科刑标准条例如有特别处刑之规定，应照统字一四七八号解释并依同条例科处。	大理院解释例	10年统字1478号		
1541	旗下巡防营兵士如果与陆军刑事条例第七条第四款相符，应依陆军审判条例第一条，归军法会审。否则既在内地犯罪，应归普通司法衙门管辖。	陆军刑事条例	7		
1542	裁判未经对外宣布，不生效力，应另行审判。若已宣布，则虽仅有某人处某刑极简单之裁判，不得认为无效。	县知事审理诉讼暂行章程	31		
1543	推事声请回避，应以曾参与前审之终结者为限。	刑事诉讼律	28	刑事诉讼法	25
1544	选举诉讼因明令不适用通常上诉程序，当然不许抗告。当事人提出不合法之抗告，仍由上诉衙门裁判。	民事诉讼律	599		
1545	附带请求声明上诉时，应按该部分征收费用。	修正诉讼费用规则	5		
1546	一案中有应送覆判及毋容覆判二罪，自应分别办理。至二罪中之一罪，如经上级审撤销改判，其他一罪已先确定，上级审并应按照刑律更定其刑。	暂行新刑律	24	刑法	72
1547	科刑标准条例所称"致命部位穿透致命部位"，指自致命部位穿由他之致命部位透出而言。	科刑标准条例	4		

1548	不合法之通常判决，便宜上应许其上诉，并非谓只能上诉，不能声明窒碍。	民事诉讼律	498		
1549	以强暴、胁迫妨害人行使权利者，若系故意，并无误会情形，当然构成刑律第三百五十八条之罪。	暂行新刑律	358	刑法	318
	已宣判尚未确定案件所援据之法律，如经变更，仅得提起上诉，由上级审按照新法改判。	刑事诉讼律	384	刑事诉讼法	385
	现行诉讼规例采用直接审理主义，虽共犯中一人业已审判，其他共犯被获到案时，仍应依法另审。	刑事诉讼律	250	刑事诉讼法	180
	已宣判之案件，非经合法撤销或依法可认为已撤销者，不得以同一审级重为审判。	刑事诉讼律	346	刑事诉讼法	184
1550	县知事违法决定易科罚金，检察官发见后得声明抗告，撤销原决定，依判执行。	刑事诉讼律	425	刑事诉讼法	419
1551	僧道募得烟土，携归施舍，苟无贩卖意思，应不为罪。	暂行新刑律	13	刑法	24
1552	旗产圈地之所有权系在地主，而不在佃户，但其所有权概受永佃权之限制。至于左右翼牲税局执照、验契执照及地方官红契，在诉讼法上固有公证之效力，而不能专凭此以主张所有。	直隶旗产圈地售租章程	2		
1553	开窟挖矿，深入他人地腹，应照矿业条例办理。	矿业条例	59		
1554	犯罪情节备具科刑标准条例第五条所列之条件，原审依刑律处拟呈送覆判时，应依统字第一五四〇号、第一四八四号、第一四七八号各解释办理。	大理解释例	10年统字1540号1484号1478号		
1555	向法院具状内有"轻薄浮躁"等字样，不成公然侮辱罪。	暂行新刑律	155	刑法	146
1556	强盗行为完毕以后，在逃拒捕杀人，系于强盗罪外另犯杀人罪，与科刑标准条例第二条第六款相当。	科刑标准条例	2		
1557	买良为娼者，应以是否主动买取，抑由被动买受定其所犯者，为诱拐罪，抑系收受罪。	暂行新刑律	351	刑法	257
			353		258

1558	本厅推事为民事上告人，其他推事无庸回避。	民事诉讼律	46		
1559	房屋租赁契约尚未满期，业主诉请迁让者，应依民诉第十一条定其管辖并征收审判费用。其未订期限或业经期满者，依第二条第一款定其管辖，依第五条征收审判费用。	民事诉讼律	11 2		
1560	选举诉讼只限制其上诉，并未限制其声明窒碍。	民事诉讼律	498		
1561	诉讼物价以起诉时为准，不能因诉讼中增加价额而变更管辖。	民事诉讼律	6		
1562	坟墓之所有权与坟地之所有权虽可分离，然出卖坟地于买约内既别无留保，则周围树株当随土地同时移转，日后不能主张所有。	民律草案	985	民法	766
1563	科刑标准条例第五条所称"在场持有火器者"，系指在场而又执持火器之人而言。	科刑标准条例	5		
1564	各法令所称"三人以上"，或指共同正犯，或并指其他共犯，其关系不必尽同，判罪时应分别情形处断。	暂行新刑律	29	刑法	42
	嫡母、继母、养母、嫁母、出母、同居继父从继母嫁之另有养父关系者，均包含刑律所称"父母"之内。	暂行新刑律	82	刑法	14
	预审决定，于到庭之被告人得宣示，于未到庭者应送达。	各级审判厅试办章程	22		
	预审决定误引法条为理由而提起抗告，纵属无谓，究不能禁止抗告。	刑事诉讼律	416	刑事诉讼法	414
	公判推事，应不受预审决定内引律之拘束。	刑事诉讼律	346	刑事诉讼法	320
	一罪先发，已审判确定，虽经执行完毕，始发觉余罪，应更定其刑。	暂行新刑律	24	刑法	72
1565	刑律补充条例之惩戒请求权，专属于行亲权之父或母。	暂行刑律补充条例	11		
1566	告诉权不因年龄而受制限，亲告罪均可委托代诉，惟须注意所委托之范围（抑和奸或和诱）。	刑事诉讼律	263	刑事诉讼法	215

1567	本夫告诉强奸审系和奸者,其和奸罪应认为已有告诉。	刑事诉讼律	263	刑事诉讼法	215
1568	匪伙仅秘密行动,不合于惩治盗匪法各条规定者,得按照刑律或治安警察法处断。	暂行新刑律	203	刑法	200
1569	选举监督之县知事如为被告,得声请指定管辖。其声请如认为正当,不拘厅县,皆可指定。	民事诉讼律	37		
1570	当选人所得票数,除去冒名替投之票仍满法定额数者,其当选仍属有效。	众议院议员选举法	75		
1571	选举舞弊涉及知事,只需具有法定原因,即应指定管辖。	民事诉讼律	37		
1572	省议会议员选举法第九十条之选举日,应包括开票日而言。	省议会议员选举法	90		
1573	人事诉讼,检察官得为上诉。	法院编制法	90		
1574	当事人果有确证证明县判并未牌示者,控诉期间即无从起算,该判决自不能确定。但虽未牌示而经送达者,可自送达之翌日起算。	县知事审理诉讼暂行章程	31		
1575	另案提县侦讯之羁押日数,不能算入监禁日期以内。	暂行新刑律	45	刑法	55
1576	关于省选法第九十条所称"选举日",应包括开票日而言。如有指定管辖决定后起诉日期之声请,即可认为有起诉之意思。若在五日以内,应由指定管辖衙门受理。	省议会议员选举法	90		
1577	选举诉讼既宜速结,虽涉及刑事问题,不应率予中止。	众议院议员选举法	93		
1578	选举诉讼既准用民诉程序,如果被告人屡传不到,具备试办章程第三十九条之条件者,自可即时判决。	各级审判厅试办章程	39		
1579	控诉案件洋商愿受裁判者,应即受理。	民事诉讼律	39		
1580	刑律所称"贿赂",不包括不正利益在内。惟官吏犯赃治罪条例第一至第三条既于贿赂外明定有"其他不正利益"字样,则官吏明知于其职务有关而受人宴请,自与该条例第一、第二条所称"收受不正利益"相当。	官吏犯赃治罪条例	1	刑法	128
			2		129
			3		130

1581	刑律第二百三十一条第二项前段脱漏"意图行使"字样。	暂行新刑律	231		
1582	将童养媳得财另行许嫁者，实系价卖之变相，其犯罪自应成立。	暂行刑律补充条例	9		
1583	初选选民对于复选当选人无起诉权。	众议院议员选举法	90		
1584	定婚后一造若罹残病并未通知，自不能以他造未经声明解除，仍请履行婚约，而禁其别字。	前清现行律民事有效部分	男女婚姻门		
1585	不合宣告死亡条件者，其财产只能选定管理人暂为保存行为。	大理院解释例	7年统字794号		
1586	嫡子已经出继而本房只有庶子者，其庶长子之承继权与嫡子无异。至兼挑之独子，其本生父又生他子，当以完全出继论。	前清现行律民事有效部分	立嫡子违法条		
1587	确定判决判定商业经理人之责任，即应依判执行，执行时不能再就事实调查，免以执行命令变更判决之内容。如果该经理人已经解任，非无异议之诉可资救济。	民事诉讼执行规则	11		
1588	监察员不能提起选举诉讼，如有合法声请保全证据者，可于裁判后将票匦发还。	民事诉讼律	450		
1589	俄国新旧法律均难认为有效，应准酌各地方新旧法令作为条理采用。	法律适用条例	2		
1590	甲国革命团体在中国领土内与人订结契约，当然立于私人之地位。	法律适用条例	2		
1591	共犯中一人单独请求移转管辖，由上级审衙门决定移转。其未经声请之共犯，为诉讼上便利起见，一并移转时，得按照犯人所在地之规定，认为有土地管辖权。	刑事诉讼律	16	刑事诉讼法	17
1592	收藏小六轮手枪，未向该管官署领有枪照，应依刑律第二百零五条处断。	暂行新刑律	205	军用枪炮取缔条例	2

	声请指定管辖已逾法定期间者，可以不合法径予驳斥。	大理院解释例	10年统字1576号		
1593	起诉须有一定之事实，依统字第一五七二及一五七六号解释办理。则起诉权无待保留，更不生中断法定起诉期间之问题。	大理院解释例	10年统字1572号		
	当事人于法定期间内提出诉状，而误向其他审检或监督司法行政衙门投递者，亦可认为有效。	大理院判例	6年抗字156号		
1594	选举诉讼，原告无确凿证据，空言主张，被告虽未到场，自得为驳回之判决。	各级审判厅试办章程	39		
1595	盗匪掳人勒赎，被害人登时力挣脱逃，尚难谓掳人系属未遂。	惩治盗匪法	4	惩治盗匪暂行条例	1
1596	八旗官兵现服兵役者，即属军人。	陆军刑事条例	6	陆海空军刑法	5
1597	故纵牛马入他人田园，仍与违警罚法第五十二条相当。	违警罚法	52	违警罚法	52
1598	本夫告诉强奸审系和奸者，应认为已有告诉。	刑事诉讼律	263	刑事诉讼法	215
1599	复选起诉期间，仍应除去在途之日计算。如用邮禀起诉，应以到署之日为准。	补订各级审判厅试办章程	5		
1600	监察员兼选举人者，应以选举人之资格起诉。至证据保全之声请应否准许，须依法裁判。	众议院议员选举法	90		
1601	小学教员，应停止其被选举权。	众议院议员选举法	8		
1602	选举诉讼受理后，如原被告传不到案及不缴讼费等情事，均照普通诉讼程序办理。	各级审判应试办章程	39		
1603	刑律所称"逮捕、监禁人"，原指逮捕或监禁之人而言。	暂行新刑律	168	刑法	170
1604	刑诉草案执行编第四百八十九条之停止执行，即刑律第七十六条所称"停止执行"之一种行刑权之时效。遇有依法律停止执行者，停止之。	暂行新刑律	76	刑法	102
1605	妨害选举罪之成立与选举法无涉，其诉讼程序亦不得牵混。至刑律第二百七十二条所列人员，本无处罚烟犯权限，自不得谓不处罚系不与相当处分。	暂行新刑律	272		

1606	覆判审对于程序违误之判决，应予撤销。	修正覆判章程	4	覆判暂行条例	4
1607	官吏犯赃治罪条例所称"官吏"，与刑律所称"官员"不同。惟依章程或成案指定办理之雇员，尚可认为官吏。	官吏犯赃治罪条例	1 2 4		
1608	官吏擅将衙署之闲房隙地租出弥补私亏者，应称成侵占罪。	暂行新刑律	392	刑法	357
1609	强盗致人死或笃疾之罪者，应照人数计其罪数。若并伤人，亦应另科罪刑。	暂行新刑律	373	刑法	343
1610	告诉人不服再议，声明抗议，检察厅应否用处分书行之、抑批示行之，似可斟酌情形办理。	刑事诉讼律	290	刑事诉讼法	250
1611	诱拐罪中除第三百四十九条及第三百五十三条外，其他各条依第三百五十五条第一项规定，本非亲告罪，警察官厅自可径依司法警察职权办理。至被害人外无行使告诉权之者，检察官厅且得指定告诉代行人。遇有此种情形，应转送检察官厅核办。	刑事诉讼律	265	刑事诉讼法	217
1612	夺取他人塘池之水，应依妨害水利罪处断，有时亦成立损坏罪。	暂行新刑律	197 406	刑法	382
1613	看守所书记如系依章程或成案指定办理公务之雇员，自可认为官吏。	官吏犯赃治罪条例	1		
1614	莅审推事虽可指定一人，然既以高等厅推事名义，又为求合于法院编制法之精神起见，应将覆判章程第六条之"覆命"，解为应在判决之前由该推事前往审理复命，参与合议庭判决后，再由厅令县谕知。	修正覆判章程	6		
1615	现行法令对于刑事诉讼已采直接审理主义，故凡得用书面审理之情形，在法令上均有特别规定。如案件轻微，可用他法救济，不得显违法令明文。	刑事诉讼律	250	刑事诉讼法	180
1616	办理选举之县知事，既停止被选举权，虽经解任，于复选仍受限制。	省议会议员选举法	8		
1617	低价买入赃物，不过有获利之希望，尚非实有所得，不能论以赃物罪。	暂行新刑律	397	刑法	376

1618	声明再议被驳后再有不服，可请上级检察厅核办。	大理院解释例	9年统字1453号		
1619	盗匪案件审实后，应先履行宣判程序，而后呈报省长。	惩治盗匪法	5	惩治盗匪暂行条例	3
1620	督军署咨议，如非官职，即不能认为军属。	陆军刑事条例	7	陆海空军刑法	6
1621	地方厅误认管辖之决定，高审厅不受拘束，可用他法救济。	刑事诉讼律	384	刑事诉讼法	385
1622	当事人于诉讼进行中死亡，未经有人受继诉讼以前，当然生法律上程序中断之效力。但审判衙门因相对人之声请，得命应受继诉讼人进行诉讼，以免迟滞。	民事诉讼律	238		
1623	妇女归宗，应依现行律所定之条件为断。若孀妇却系自愿大归另行改嫁者，应以别论。子于继母以归宗为名订立字据，不能认为有合法契约之效力。	前清现行律民事有效部分	出妻条		
1624	诉讼代理权不因本人亡故而消灭，但诉讼行为有须本人特别委任者，代理人不得擅自为之。	民事诉讼律	102		
1625	清理不动产典当办法第三条原为保护典主，俾于三十年以后未满六十年以前，取得一种原业主只能找不能告赎之权利。又因向来习惯，满六十年方成绝产，故于中段许以三年之犹豫，俾得回赎。	清理不动产典当办法	3		
	已逾三十年之典当，事实上却可证明原业主业经户绝典产，自可视为作绝，转卖契约亦自有效。	清理不动产典当办法	3		
	民法上权利之抛弃，属于有权利者自由，原典主虽自愿以经过之年限让渡与转典主，仍将原业主告找权利依法保留，自为法所不禁。	清理不动产典当办法	3		
1626	第一审误认新案为旧案，应取实质主义，由控诉审于判决理由内纠正。	刑事诉讼律	384	刑事诉讼法	385
1627	经外国审判确定执行或免除之刑，不适用刑律第二十四条更定其刑之规定。	暂行新刑律	24	刑法	72

1628	依法本不得羁押证人，若因其在监禁执行中而羁押之，则其性质系继续从前之监禁，其羁押日数自得算入刑期。	暂行新刑律	45	刑法	55	
1629	民事当事人已向有管辖权之法院起诉或经判决确定，不许再行起诉。至就同一诉讼标的物对于案外之第三人起诉，得予受理。	民事诉讼律	310			
1630	省议会议员不能充任劝学所所长。	省议会议员选举法	6			
1631	一本一利为现行律之强行规定。如执行名义仅载付息至执行终结之日，则执行衙门就利息执行，以至原本之数为止。	前清现行律民事有效部分	违禁取利条			
	推事执行案件，系推事开庭讯问，遇有妨害职务或其他不当之行为者，自得依法院编制法第六十一条之规定办理。	法院编制法	61			
	民事诉讼执行规则第一百三十四条第一项，系规定应以判决裁判，并未规定应以职权为赔偿损害之判决。民事诉讼不干涉主义之原则，仍不能不为适用。	民事诉讼执行规则	134			
	被告因假执行或免假执行所给付之物，即为损害之一种，民事诉讼执行规则第一百三十四条既规定债权人赔偿损害，则大理院四年上字六九九号判例，应解为包含在内。	民事诉讼执行规则	134			
	执行案件由债务人请保人到庭担保供明，债务人如不履行，保人承认担任清偿此种。在执行衙门之担保既无争执余地为便利，计得径保人执行。	民事诉讼执行规行	4			
	保证人为主债务人不为履行之时，有履行责任。如有执行名义，可据得查照通常执行法规办理。	民事诉讼执行规则	7			
	依数个独立之执行名义合并执行工作，虽得依试办章程分别办理，但收局工作原为不得已之规定，务须格外慎重。	各级审判厅试办章程	42			
	工作中将理曲人释放，即系撤销前决定。欲再继续工作，自应另行决定。	各级审判厅试办章程	42			

	连带债务人之一人如有执行名义可据者，可收局工作。若于工作中查出其他债务人有隐匿财产可供全部之清偿，应释放该工作人。因工作可消灭之债额，应为扣除。	各级审判厅试办章程	42		
	债务人之资力不能科以过怠金，而又属实有履行之能力而故意不履行者，自不能适用拘押民事被告人暂行规则十一条予以管收。	民事诉讼执行规则	88		
1631	罚金、过怠金及由具保给人担保之讼费，如有执行名义可据，得径依民诉执行规则及试办章程第四十一条执行。	各级审判厅试办章程	41		
	诱拐人尚难交出，不知情之第三人更属无法寻交，自难向承继人执行。但执行衙门为便利计，尚得酌量情形办理。	民事诉讼执行规则	87		
1632	妨害选举罪，应以国会及地方会议员之选举为限。	暂行新刑律	161	刑法	149
1633	违法判决既已声明控诉，应由控诉审撤销改判。	刑事诉讼律	384	刑事诉讼法	385
1634	如认预审调查尚未明了，可重付预审。	刑事诉讼律	306		
	出嫁女逃回母家，其父母兄弟因之藏匿，除另有犯罪之目的外，若仅因其与夫家失和，暂行藏匿以待调处者，自不成犯罪。	暂行新刑律	353	刑法	258
	法院编制法第六十条所称"服装不当"，系指奇异服装不及备通常之服装而言。故不穿鞋袜者，应包含在内，不穿长衫者则否。	法院编制法	60		
1635	违警罚法第四十三条第二款之"江湖流丐"，本非绝对不可分。惟该款既以强索钱物为条件，则谓江湖为流丐之形容词，亦无不可。	违警罚法	43	违警罚法	43
	违警罚法第八条所称"同一管辖地方"，应以区署管辖或分署而与本署划地分辖为标准。所谓"分驻所"，若仅有派出所性质，则不能依以定管辖。	违警罚法	8	违警罚法	8

	刑律第二十五条情形,本应以判决宣告并执行。其于本案判决后发见者,自应送由审判衙门决定,但应注意是否与该条所定情形相合。	刑事诉讼律	480	刑事诉讼法	498
	法院判决不为罪后,如需施行感化及监禁之处分,商得警厅之同意,自可照行。	暂行新刑律	11	刑法	30
			12		31
1636	选举调查员捏造选民,即亲以诈术将选举人资格必要之事项登载名簿,应依刑律第一百五十八条第二项处断。	暂行新刑律	158	刑法	152
1637	议员听选人先时入所,而投票仍在八时以后,尚不得为选举无效之原因。	省议会议员选举法	37		
	选举人投票不适用代理,虽经监督批准,亦属当选无效。	省议会议员选举法	44		
	当选无效与犯妨害选举罪适用法律不同,勿容牵混。但收买行为如经刑事确定判决处以罪刑,自得认为有省选举法第八十四条第四款原因,许其起诉。	省议会议员选举法	84		
1638	应给付之物件种类等项未予判明,自得许其另案起诉,或请求补充判决。	民事诉讼律	479		
1639	庄书保管庄册所受之利益,在地方习惯既得为买卖之标的,自可认为财产权,法庭应予受理诉讼。	民事诉讼律	5		
1640	僧尼传继涉讼,究与家制上之身分承继不同。虽属于地方管辖,无庸检察官莅庭。	民事诉讼律	792		
1641	清理不动产典当办法第三条之法意,本系指该办法施行时未满六十年,已逾三十年之典当而言。设于该办法施行后始逾三十年之典当契约,自不发生三年犹豫问题。	大理院解释例	10年统字1625号		
1642	发掘坟墓,以所有主之数定其罪数。	暂行新刑律	260	刑法	263
1643	用药迷人取人财物,即为药剂使人不能抵抗之强盗罪。如明知其药可毒死人,则应成立强盗杀人罪。	暂行新刑律	370	刑法	346
			376		350
1644	为匪司账,并为登记被掳人姓名、住址、家产者,此种行为如果确有犯罪故意,应以准正犯论。又掳掠妇女欲为妻妾者,系犯略诱罪。	惩治盗匪法	4	惩治盗匪暂行条例	1
		暂行刑律补充条例	10		

1645	揽种情形，其预缴之押租若经返还，即可令佃人退佃。是尚不能认为有永佃权存之在，佃户私相转顶，业主当然不受拘束。该地习惯，应有法之效力。	民律草案	1090	民法	834
	欠租在二年以上或一年内，有意抗欠，颗粒不交者，自许撤佃。	民律草案	1100	民法	846
	虽不欠租，地主实欲自种，或因其他情形，亦许收地。惟佃户所受损失，须给相当补偿。	民律草案	1101	民法	848
1646	应置辩护人之案件，如无委任辩护人或不指定辩护人出庭辩护，均得据为上告之理由。	刑事诉讼律	316	刑事诉讼法	170
1647	议员收贿、行贿，须在行为中或实施后即经发觉者，方可为现行犯。	刑事诉讼律	202	刑事诉讼法	49
1648	试办章程第八十三条所称"其保证金于本案完结后发还之"，系指保释中并无逃亡等情事者而言。否则得参照刑诉律案第二十五以下各条没入保证金。	各级审判厅试办章程	83		
1649	知本犯之情而共同者，自应负共犯加重责任。	暂行新刑律	34	刑法	46
1650	大理院解释统字一五八九号，系因俄国新国家未经我国承认，不能认俄人为有国籍之人，但实际上与其他无国籍之人情形不同。若依法律适用条例，均应适用俄人之本国法，则前号解释自得斟酌地方新旧法令，作为条理采用。	大理院解释例	10年统字1589号		
1651	强盗罪中所称"海洋"，包括沿岸海面而言。	暂行新刑律	374	刑法	352
1652	县知事所为刑事判决未经对外发表者，应由原县依法审判。若已对外发表，应由第二审受理纠正。	县知事审理诉讼暂行章程	31		
1653	民诉合意管辖，既在初级厅及第二审为本案辩论，即应认为已经合意管辖，不得复行主张管辖错误。	民事诉讼律	40		
1654	土地介于两省，各争管辖，应查照民诉律草案第三十七条办理。	民事诉讼律	37		
1655	无效判决不发生执行力，毋庸予以执行。	大理院判例	3年抗字66号		

1656	民事执行规则第十条虽未定有送达明文，但既许当事人抗告，即应送达。至抗告期间，应依据前条七日之规定办理。	民事诉讼执行规则	10 9		
1657	凡依据法理或凭证或当事人曾经到场时之辩论以为裁判者，虽不必即认为合法，而应以通常判决论。此种不合法之通常判决，为当事人省讼累计，应许其声明上诉。	民事诉讼律	494		
	声明窒碍合法，原审衙门应即回复缺席以前之程度，重开审理，自毋庸分别决定。至辩论之范围，应斟酌案情，不宜有所限制。	民事诉讼律	503		
1658	关于选举诉讼能否上诉及声明窒碍各点，查照大理院统字第一五四八、第一五六零、第一六五七、第六七一号足资解决。	大理院解释例	10年统字1548号1560号1657号		
1659	选举调查员于其选举区内，应停止其被选举权。	省议会议员选举法	8		
1660	推事未曾参与前审，不能以前审官论，应无庸回避。	民事诉讼律	42		
1661	调验烟瘾，不外实施调查证据程序。至于言词辩论，虽可委任代理，然法院因必要情形，得命当事人本人到场。如传呼不到，尚得在审判衙门外实施调查。	民事诉讼律	347		
1662	因废盐引为发给恤金，自系赔偿损失，为私法上之权利。如有争执，应归普通司法衙门受理。	民事诉讼律	304		
1663	土炮鸟枪均属科刑标准条例所称"火器"。又强盗共犯，如未侵入第宅，仅在门外把风接赃，尚不得指为同条例所称"在场"。	科刑标准条例	5		
1664	被告人向审厅请求保释，且判决尚未确定，虽审厅已将全案卷宗函送检厅，仍由审厅核办。	大理院解释例	8年统字273号		
1665	刑律所定侵占公务上管有物，侵占者即非官吏，亦可构成本罪。	暂行新刑律	392	刑法	357
	榷运局运销科主任，是否官吏犯赃治罪条例所称"官吏"，应参照统字一六零七号解释，从事实上解决。	官吏犯赃治罪条例	1 2 4		

	共犯对于法院判决合法上诉，经上级检察官于接近期内发见下级审判决错误者，若下级审系县知事，自可于接收卷宗后十日内提起上诉。但对于正式法院之判决，不得援用此例。	各级审判厅试办章程	60		
1666	刑事第一审判词主文内有刑期未列罪名，如在理由内已将所犯之罪叙明，即不得据为上诉理由。	刑事诉讼律	383	刑事诉讼法	384
	法定主刑系五百元以下单独罚金之案，纵所科在百元以上，亦无庸送请覆判。	修正覆判章程	1		
	覆判章程第一条所称"易科罚金"，系指刑律分则选择刑内之罚金而言。	修正覆判章程	1		
1667	缺席判决既不能认为无效，则当事人如有不服，自应由上诉审受理审判。	刑事诉讼律	372	刑事诉讼法	358
1668	不合法之承祧，若生存中有应继之人出而告争，其告争自属合法。	大理院解释例	7年统字898号		
1669	律师当然停止职务与律师停职系属两事。	补订律师停止职务办法	1		
		律师暂行章程	37	律师章程	37
1670	上诉既经撤销，对于假执行之声请，毋庸受理。	民事诉讼律	559		
1671	管辖错误而本案判决已经确定者，自非另有合法之再审原因，无从救济。如果承继部分未经地审厅从判，自可由高审厅受理控诉	民事诉讼律	605		
1672	刑事简易程序条例施行后，对于抗告之决定，应引用新条例。	刑事简易程序暂行条例	12		
	简易庭判决之刑事案件，其控诉审管辖应依通常程序办理。	刑事简易程序暂行条例	2		
1673	刑事简易程序明定有"地方审判厅简易庭"及"地方审判厅分庭"字样，于兼理司法之县知事，自不适用。	刑事简易暂行条例	1		
			10		

1674	为辩驳或叙事起见，公然指摘事实，以致侮辱人者，参照统字一二八二及一三〇八号解释办理。	暂行新刑律	360	刑法	324
	重婚罪之公诉时效，从其举行相当礼式之日起算。	大理院解释例	2年统字15号		
	同谋杀人或同谋强盗者，亦论为共同正犯。	暂行新刑律	29	刑法	42
	犯人到案供述曾犯某罪，如某罪未经发觉，自与未发余罪相当。	暂行新刑律	51	刑法	38
	于骚扰时附和助势者，应依刑律第一百六十五条处断。	暂行新刑律	165	刑法	157
	刑律第三百一十六条第二项之罪，仍应依人格法益计算罪数。	暂行新刑律	316		
1675	以一个行为帮助多数正犯时，应论一罪。	暂行新刑律	31	刑法	44
1676	被告人对于预审起诉之裁决，不得为抗告。	刑事诉讼条例	432	刑事诉讼法	415
1677	失踪未经依法宣示亡故以前，某所委任管理财产之委任关系，自无消灭之理。如果管理不当，确有事实可凭者，利害关系人亦可请求法院另任管理人，以资救济。	民事诉讼条例	741		
1678	甥妻再醮，于母舅之堂兄弟或再从兄弟，自不能与再从姨之律有明文者相提并论。	前清现行律民事有效部分	尊卑为婚条		
1679	不遵缴讼费，亦不声明救助，依法应予驳回之件，系用决定为之驳回后，于二十日期间内补缴者，仍予受理。至缴未足额之诉，驳回时毋庸发还。	各级审判厅试办章程	86		
1680	检察官依简易程序起诉案件，按照新条例第七条应否仍依通常程序办理，简易庭得自认定，既无须移交，亦无须附加理由。	刑事简易程序暂行条例	7	刑事诉讼法	463
	检察官声请以命令处刑之前，应否传讯被告人，应由检察官酌量办理。被告人已到案，仍得依简易程序起诉。	刑事简易程序暂行条例	3	刑事诉讼法	462

	简易庭推事于认定事实有必要时，得传讯被告人或调查其他证据。则简易庭推事自不得以被告人未到为理由，即改依简易程序审判。至通常法庭何时始得驳回公诉，推事有发各项厅票及强制处分之权。被告人隐匿未到，应设法逮捕。	处刑命令暂行条例	3	刑事诉讼法	464
1681	选举议长时将选举票撕毁，应依刑律第二百二十二条、第三百五十八条、第四百零四条，从一重处断。	暂行新刑律	222 358 404	刑法	159 318 380
1682	陆军测量局测量士支俸比照陆军准尉官，系军佐而非军用文官。既系实官尚在，虽已辞去测量局三角课班员，仍不可谓非军人。	修正陆军刑事条例	6	陆海空军刑法	5
1683	法官于法庭指斥律师无法律知识，于法律固无根据。惟按之刑律第三百六十条所称"指摘事实"及违警罚法第四十四条第三款所称"骂詈嘲弄"之条件，尚不相符。	违警罚法	44	违警罚法	44
		暂行新刑律	360	刑法	324
1684	债务人已将款项缴出后，复请求停止发给债权人具领者，此可认为对于执行方法有所声请。	民事诉讼执行规则	10		
	民诉属于初级案件，既由地方厅长裁断，其抗告应归高等厅受理。	民事诉讼执行规则	10		
	当事人既系对于批词（命令）声明不服，又经该庭长加具意见书，自与经过裁断无异，应受理抗告。	民事诉讼执行规则	10		
1685	判决主文既宣示为诉讼费用，则有以抄录及送达费一并请求者，亦可据以执行。	修正诉讼费用规则	1		
1686	既处债务人以过怠金，而仍不为一定行为，或债务人赤贫无力，不能缴纳过怠金者，既未便援用收局工作之规定，解释上尚难认有他项救济方法。	民事诉讼执行规则	88		

1687	处刑命令暂行条例第五条，系指法定主刑。虽系五等有期徒刑以下之刑，而审判衙门认为应处五等有期徒刑，或另有其他情形，认命令处刑为不当者而言。	处刑命令暂行条例	5		
	处刑命令，既限于轻微案件方得适用。处刑纵有出入，亦无再许检察官声明异议之必要。与检察官声请以命令处刑，经审判衙门依第四条第一项各款以决定驳回者不同。	处刑命令暂行条例	4		
	处刑命令，如经被告人声明异议，仍应由地方审判厅简易庭另为正式第一审之审判，故以明文特定声明异议之期间。	处刑命令暂行条例	9		
	处刑命令，应以正本送达于被告人。即因被告人得声明异议，检察官既如上述不许声明异议，当然毋庸送达。	处刑命令暂行条例	7		
1688	兼理司法之县知事，不能援用刑事简易程序暂行条例。	大理院解释例	11年统字1671号		
1689	刑事简易程序暂行条例业于十一年一月二十五日奉命公布，原呈发生疑问之条文为新条例所无，自无庸置议。	刑事简易程序暂行条例	12		
1690	高厅受理选举诉讼，如有民诉草案第三十七条或第四十六条第二项情形，须指定管辖或为拒却推事之决定者，依合法当事人之声请，得由直接上级衙门受理。	民事诉讼律	37		
			46		
1691	代步既在禁止之后，不能强令当户受损失。又代步不能赔偿时，自可向本典请求。	民律草案	242	民法	169
1692	邻县上诉暂行办法并非全国一律适用。司法部十年第一零六八号训令所谓"此件应归消灭者"，系专指适用邻县上诉办法之省份而言。	邻县上诉暂行简章	二		
1693	高检厅侦查内乱案，羁押期间应自该厅检察所依刑诉条例第七十七条执行羁押之日起算。	刑事诉讼条例	77	刑事诉讼法	69

1694	为虚伪陈述之证人，事后畏罪潜逃，系刑事诉讼律草案第四百四十五条不能提起公诉之一种。惟同律第四百四十六条所列为被告人不利益得请求再审之情形，则第四百四十五条自不在内。	刑事诉讼律	445	刑事诉讼法	443
			446		447
1695	县知事以行政职权用堂谕处罚，无论是否合法，司法衙门不应受理。	大理院解释例	9年统字1407号		
1696	照章呈送覆判之案，如高等检察厅于接收后十日内提起控诉者，应依控诉程序受理。必控诉不合法，始得仍行覆判。	县知事审理诉讼暂行章程	64		
1697	县区未设地审厅，其县议员选举诉讼，可由邻县地审厅依当事人之合意，予以受理。至高审厅为第一审之判决，自得向大理院上诉。	县议会议员选举规则	51		
1698	县议员选举规则第五十一条但书所称"高审厅"，兼分厅而言。且邻县地审厅如有当事人之合意，亦可受理，自不患无起诉之处。	县议会议员选举规则	51		
1699	刑诉条例第二十二条第二款"数人共同犯罪"，系指刑律第二十九条第一项以下各种共犯而言。即刑律第三百六十一条之以共同正犯论者，亦包含在内。	刑事诉讼条例	22	刑事诉讼法	14
1700	行政衙门之设权行为，其后依职权变更或撤销，受益人只得向上级行政衙门诉愿或提起行政诉讼。	诉愿法	1		
		行政诉讼法	1		
1701	清理俄人旧案处第二号布告所示一定期间，系为限制当事人续诉起见。若已经第一审判决之案，虽先已声明上诉，而并未照该号布告办理，自应认为撤回上诉，该判决即属确定。若有请求执行者，自应依清理俄人旧案处章程第六条，予以照准。	清理俄人旧案处章程	6		
1702	奉省整理田房税契章程，应完全适用第四条规定"典当之契逾二十年不赎者，即作绝卖"。其定章以前已逾二十年之典契，准再展限一年，逾限亦应作绝。	奉省整理田房税契章程	4		

1703	京师地审厅拘押民事被告人暂行规则，均系呈部特行核准有案。县知事所得援用者，仅限于华洋诉讼。	京师地审厅拘押民事被告人暂行规则	1		
1704	民诉条例公示送达，非依当事人之声请，不得为之。如原告人所在不明，不能将言辞辩论日期送达，被告人又不声请公示送达，诉讼程序即属无从进行。	民事诉讼条例	183		
1704	驳斥假扣押声请之裁决，原法院无更正之余地。惟当事人提出之新事实及证据方法，认为应行假扣押时，亦可劝谕当事人撤回抗告，更为假扣押之声请，或不撤回而另行声请，以图迅速。	民事诉讼条例	558		
1705	县知事之违法判决，检察官可用非常上告救济。若已提起控诉，审厅仍应依法办理。	刑事诉讼条例	451	刑事诉讼法	433
1706	被告人对于不重于初判处刑之覆审判决声明上告，经上告审撤销原判决发还第二审更为审理时，应由第二审衙门依法院编制法受理后，参照刑诉草案各条款法理，以裁判确定为理由，判决免诉。	法院编制法	45		
	经理订立契约，苟在其营业范围以内，而他方又为不知情之第三者，即不必别经董事委托，当然为有效行为。	商人通例	32	民法	555
1707	公司股东会议决之章程，未经呈报有案，如系违反公司条例施行细则第四条所谓"重要事项"，自应适用该条，解为无效。如系依公司条例或商人通例应行注册之其他事项，应适用商人通例第十一条。此外，凡经公司股东会议决，即属有效。	商人通例	11		
	甲、乙订有双务契约，甲负给付银钱之义务，既为不作为，则乙之履行并不须有作为之能力，自不得以此即谓其契约有失效原因。	民律草案	534	民法	266
1708	判决确定后，非有民诉条例第五百六十八条之情形，不得提起再审之诉。	民事诉讼条例	568		

1709	因诈财与人口角而伤人，应各科其刑。	暂行新刑律	23	刑法	70
1710	无告诉权人为虚伪之告诉，不构成诬告罪。	暂行新刑律	182	刑法	180
1711	选举人于初选举日起五日内以舞弊起诉，于五日后追加其他违背法令之事实，苟非变更诉之原因，既不应受期间之限制。如系别一事提起诉讼，则应受限制。	众议院议员选举法	90		
1712	上诉经驳斥后再缴讼费，如定有犹豫期间者，应予受理。	补订各级审判厅试办章程	5		
1713	民事执行费用，以必要部分为限，亦不得解为必由胜诉人支出。	民事诉讼执行规则	8		
		诉讼费用征收细则	9		
1714	外国法院裁判之案件，愿向吾国法院从新起诉，应予受理。	民事诉讼条例	39		
1715	选举诉讼既规定以开票后十日为限，当然包括开票日在内。	县议会议员选举规则	51		
1716	应行作绝之产，如典主仍允找价，应为有效。	奉省整理田房税契章程	4		
1717	专供运送烟土所用之车马，自应依律没收。	暂行新刑律	48	刑法	60
1718	团总非自治法之官吏，而为刑律上之官员。	暂行新刑律	83	刑法	17
1719	停止刑罚执行，由检察官指挥或许可者，县知事自可准照办理。	刑事诉讼律	487	刑事诉讼法	485
1720	系属第二审及更审并发还原县覆审案件，被告人均得声请移转管辖。	刑事诉讼条例	30	刑事诉讼法	22
1721	拳术家之语，果由于经验或技能所得，自可依法命其鉴定，酌予采用。唯审判官取舍证据，本不受何项拘束，当就案件情形审查认定。	刑事诉讼条例	125	刑事诉讼法	118
1722	刑诉条例施行后，诉讼程序当依明文规定。	刑事诉讼条例施行条例	1	刑事诉讼法施行条例	1

	用迷药取人财物，若于船行海上之商船内行之者，即为在海洋行劫之罪。	暂行新刑律	374	刑法	352
1723	妨害选举，系属刑事诉讼，未设审检厅各县之妨害选举案件，应仍依县知事审理诉讼章程第三条，及呈准暂行援用之刑诉律管辖各节，由各县受理。其管辖该县上诉审之地方审检厅，自无权受理。	县知事审理诉讼暂行章程	3		
1724	军人犯罪在任官任役前，而发觉在任官任役中者，以军法会审判之。是如发觉亦在任官任役前者，即不合于前项之规定，自当仍由普通法院审判。	各级审判厅试办章程	46		
1725	刑事诉讼条例之送达方法，当按照民诉办理。	刑事诉讼条例	209	刑事诉讼法	203
1726	仓库使用人如对于寄托物亦有管有之责而领得之者，自属侵占业务上管有物之罪，否则应成窃盗等他罪。惟侵占罪本非以财产监督为被害法益，故如侵占者明知各物属于数人，应论数罪。否则应视其行为之次数，及犯意连续与否，分别论定。	暂行新刑律	392	刑法	357
1727	洗用旧邮票，刑律早有论罪明文，邮政条例关于此点，不过明予揭出，于刑律本条并无出入。	暂行新刑律	242	刑法	226
1728	县知事复审判决，既经送高检厅接收，即已对外发表。检察官上诉期间，应由接收之翌日起算。	修正覆判章程	7		
1729	养母招夫入赘，与出嫁无异，不能行使亲权请求惩戒。	暂行刑律补充条例	11		
1730	铺商所建之房被焚后，又由房主自建，如租期未满，自应仍由原商承租。如租期已满，或无租期，又或租期未满而原商已不愿承租，则只能依法请求返还其押租。既未设定铺底在前，自无许主张铺底之理。	民律草案	671	民法	450
1731	县议会议员选举规则第五十一条"提起控诉之地方审判厅"，包括该县上诉之地方审判厅。	县议会议员选举规则	51		

1732	出售伪金丹，即其中并无吗啡毒质者，如明知为伪而冒作真者出售，应成立诈财罪。如不知为伪而误作真者出售，虽所知系贩卖吗啡罪，仍应依刑律第十三条第三项第二款，从其所犯之诈财罪处断。	暂行新刑律	382 13	刑法	363
1733	证人请求应得之费用，无论曾否命被告预缴，应先由国库垫给。若证人亦未请求，虽经被告预缴，亦无庸照给，并应发还被告。	刑事诉讼条例	122	刑事诉讼法	114
	刑诉条例第四百二十四条第二项之"确定事实"，系指原判所认定事实而言。	刑事诉讼条例	422	刑事诉讼法	405
	命私诉人出庭，应依刑事诉讼条例第三百六十五条、第三百七十二条，准用第二百八十八条，用通知方式。	刑事诉讼条例	365	刑事诉讼法	346
	刑诉条例第二十条内刑法之"法"字，系"律"字之误。	刑事诉讼条例	20		
1734	民诉条例非取必用律师诉讼主义，因之，律师费用即无令败诉人负担之理。	民事诉讼条例	97		
1735	继子出赘，其承继关系不因此而消灭。其子孙对于被承继人公产之持分，自有告争之权。	前清现行律民事有效部分	民人继嗣条		
1736	渔户不得以渔稞飞占土地。	前清现行律民事有效部分	检踏灾伤田粮条		
1737	妇人夫亡，并无遗产，又无承继人者，对于夫债应负偿还责任。其曾向夫之债务人主张债权者，更不待论。	民律草案	1467		
	盖有限制不许抵押盗卖与外国戳记之地照，抵借外国人债款者，其抵押设定行为，自属无效。	民律草案	252	民法	111
	承还保人无论曾否约明无先诉抗辩权，自非向债权人为代位清偿后，无行使债权人抵押之理。	民律草案	872	民法	749
1738	声请指定管辖，应认为有起诉之意思。至起诉，并不以诉状送达相对人始生效力。	民事诉讼律	37 303		

1739	监禁处分之裁判错误,与再审规定不符,且亦毋庸纠正。	暂行新刑律	12	刑法	31
1740	刑律所称"更犯徒刑",系指法定刑而言。受刑人虽仅被处罚金,但其所犯之罪主刑内既有徒刑,则于执行时如发觉其为累犯,仍应按照刑律更定其刑。	暂行新刑律	21	刑法	67
1741	古冢坐落异姓地内,不许其同族人请求标管。	民律草案	1295	民法	960
1742	官公吏因支薪争执,非司法衙门所能受理。	法院编制法	2		
1743	设有公益财团,其选任董事及管理财产人,自捐助人于捐助时起,议有成规,实行数百余年,自得仍行恪守,不得改订。	民律草案	146	民法	62
1744	未婚男女犯杀人罪,被处徒刑在三年以上者,应许其解除婚约。	前清现行律民事有效部分	男女婚姻条		
1745	修堤经常费,自系定期给付之一种,应依民事诉讼律管辖各节第十二条规定,计算其诉讼物价额。惟既以临时费与经常费合并起诉,即应合并其两请求计算价额。	民事诉讼律	7		
1746	附买回期限之卖契,为典契之一种。惟逾期不赎,即以合意作绝论。	清理不动产典当办法	2		
1747	当庭和解,应以和解笔录为准。否则当事人有所争执,自应向和解时诉讼所系属之审判衙门请求更行审判。	民事诉讼条例	448		
1748	控诉事件,应由控诉法院指定日期辩论而为裁判,不得以批示驳斥。	民事诉讼条例	262		
1749	请求追加判决,须法院所为裁判或诉讼费用有所脱漏时为之。	民事诉讼条例	273		
1750	被告人虽已死亡,其附带民事诉讼部分应移送管辖第一审民事法院审判。	刑事诉讼条例	10	刑事诉讼法	511
1751	传票、拘票,均应由书记官签名。	民事诉讼条例	190		
1752	关于强和卖罪之指定告诉人,应先尽统字第一千二百号解释内所举之人指定。如无此等人,自得依统字第八号解释办理。	大理院解释例	9年统字1200号		

1753	检察官所发之传票，应参照检察厅调度司法警察章程第六十二条、第六十三条，由司法警察办理。	检察厅调度司法警察章程	62	刑事诉讼法	202
	送达文件准用民诉条例，自系指准用其送达程序而言，不得为收费之根据。	刑事诉讼条例	209	刑事诉讼法	203
1754	覆判章程本为特别程序，凡有明文规定者，自应悉依章程办理。	修正覆判章程	1	覆判暂行条例	1
	因刑事诉讼条例施行，致管辖变更之案件，在第一审进行程度合于所称"开始审判情形"，应依同条例第三百三十一条或第三百四十一条办理。惟高审厅接收不服管辖内下级法院判决上诉之案，无论已否开始审判，均不得不予受理。	刑事诉讼条例	331	刑事诉讼法	308
	刑诉条例第三百五十八条既称"得为起诉"，被害人当然有选择之自由。	刑事诉讼条例	358	刑事诉讼法	337
1755	无论某种官员犯伪证诬告罪及鸦片烟罪，应免现职。	暂行新刑律	150 176		
1756	征收刑事讼费，应查照司法部呈准修订诉讼费用规则关于刑事部分之规定。	刑事诉讼条例	第七编		
	刑事传票及处分书之送达，应由司法警察办理。	检察厅调度司法警察章程	62	刑事诉讼法	202
1757	民诉条例内准用各条，应将被准用之条文加以必要之变更而用之。第三审为专审法律之法院，自无于判决书中须列事实之理。	民事诉讼条例	266 499 549		
1758	补正上告状之适当期间，应以二十日为限。但民事诉讼条例施行以后，遇有此等情事，应由审判衙门先限令其补正。如不遵期补正者，则驳回其上诉，即不许再行补正。	民事诉讼条例	536		
1759	民诉条例施行后，审厅试办章程应即失效，惟县诉章程则否。	县知事审理诉讼暂行章程	1		
1760	为拒绝加入查封起见，可请求法院确认他人之债务为非真实。	民事诉讼条例	287		
1761	省议会对于某公司为按月抽捐之议决，不能认为职权以内之事，其议决即非合法。	省议会暂行法	10		

1762	民诉条例施行前提起之诉讼，应依该条例终结。其施行前已经合法成立之行为，自不必适用该条例裁判。	民事诉讼条例施行条例	1		
1763	谕知被告负担讼费，应视被告负担力酌定。其无罪部分所需讼费，应由国库负担。	刑事诉讼条例	478		
			480		
1764	当事人提起再审之诉，原参与第一审判决之推事毋庸回避。	大理院判例	6年抗字18号		
1765	刑诉条例第三百四十二条列举二款，如合其一，即不得变法条之列。	刑事诉讼条例	342	刑事诉讼法	320
1766	公司条例所称"股东于会议事项有特别利害关系者"，乃因其事项之决议，该股东特别取得权利或免义务，又或丧失权利或新负义务之谓。	公司条例	145		
1767	选举人确因特别事故未能到场投票，而报到薄中乃有该选举人名义签到投票之事实，亦应以管理员及监督员是否知其冒替未令退出为断，不能为一般之断定。	省议会议员选举法	50		
	换给票纸，管理员未将该换票人记载于投票录，固属不合。但使别无情弊，不能遽认为选举无效之原因。	省议会议员选举法施行细则	16		
	选举票纸短少，法律既未限其必于何时呈报，则呈报稍迟，自不能遽指为违法。至有无舞弊情形，系属事实问题。	省议会议员选举法施行细则	22		
1768	民诉条例所称"妨碍诉讼终结及显然无益之上诉"，应由法院就当事人或其代理律师之行为参酌各该案情形认定裁判，自无抽象标准之可言。	民事诉讼条例	548		
			566		
1769	民事执行规则援用之试办章程，自仍有效。	民事诉讼执行规则	7		
1770	民诉条例所称"律师酬金"，即指公费而言。	民事诉讼条例	133		
1771	股东兼任职员，以为舞弊把持之具，应由职员以外之股东，自己尊重其议决权，不任意委人代理。对于他人之代理是否合法，亦可严行考查。而对于董事、监察人造具之簿册，尤可详细检阅，依法举揭，初非毫无救济之法。	公司条例	182		

1772	对于谕知拘役或百元以下罚金之第一审判决，不得为被告利益起见而上诉。法文既未明指检察官或自诉人，则被告当然亦受该条之限制。	刑事诉讼条例	389		
1773	军官于退职回籍后犯刑法上之罪，审理中虽复充军官，仍由普通法院审判。	大理院解释例	11年统字1724号		
1774	依刑事诉讼条例施行条例第十三条之规定，刑事简易程序暂行条例并未失效。	刑事诉讼条例施行条例	13	刑事诉讼法施行条例	17
	刑诉条例预审规定，本无检察官应执行之职务，当然不得参与。惟有特别规定，按诸第二百八十二条及第一百九十一条，尚非绝对不许检察官莅庭。	刑事诉讼条例	282		
	刑事诉讼条例第二百二十二条所称"或其亲属"，乃指法定代理人、保佐人之亲属而言。	刑事诉讼条例	222	刑事诉讼法	216
	刑诉条例既于告诉设有期限，则告诉人逾期不告诉，即不得行使告诉权，检察官自亦不能提起公诉。但已有合法告诉者，不在此限。	刑事诉讼条例	224	刑事诉讼法	218
	刑诉条例第七编规定之诉讼费用，其范围及计算应视被告负担力酌定。以俱发罪诉追者，其无罪部分所需讼费，应由国库负担。	刑事诉讼条例	478		
1775	民诉条例第一百三十二条已于施行条例第七条规定暂不适用，凡关于声请救助之证明，应依诉讼费用规则办理。	修正诉讼费用规则	18		
	民诉条例施行条例第一条，是本条例施行前已经合法成立之诉讼行为，不得依本条例而认其为无效。	民事诉讼条例施行条例	1		
1776	上诉程式不完备，送达证书尚未附卷，应由第二审法院书记官催取送达证书后，将上诉状连同诉讼卷宗送大理院核办。	民事诉讼条例	506		
1777	共同诉讼人既愿在特别审判籍法院共同起诉者，自无拒而不受之理。	民事诉讼条例	64		

	时效制度，现行法令尚无明文规定，债务人即已亡故，数十年中又无一次催告，是否抛弃，应由法院斟酌审认。	民律草案	311	民法	128
1778	被承继人亡故而守志妇尚生存者，应由守志妇行使立继之权。若系守志妇伯母及兄弟等出名所立抚约，守志妇自得主张其为无效。	前清现行律民事有效部分	立嫡子违法条		
	现行律所谓"同父周亲"，以同父之兄弟为限。若本条同父而业经出继他房者，于本生父之兄弟，即不得为同父周亲。	前清现行律民事有效部分	立嫡子违法条		
1779	参与编制簿册所根据之账目，被攻击为有协同舞弊情事者，须有股东指出其舞弊事实，经股东会议决，始可剥夺其议决及代理权。	公司条例	145		
1780	夫之遗金，应归其守志之妻管有，惟不得滥行处分。	前清现行律民事有效部分	立嫡子违法条		
1781	商人破产，应先适用习惯法	民律草案	1	民法	1
1782	特别法令之未定有抗告期限者，应适用民诉条例办理。	民事诉讼条例	555		
1783	缴讼费被驳斥之当事人，系由审判长定期补正。而此项期限又得依声请或职权以裁决伸长，自不能再行准用请求回复原状之规定。惟审判长定期补正时不宜过短，应斟酌讼费数额及地方之经济状况，并将法律上之效果明予示知，以促其注意。	民事诉讼条例	290		
1784	第一审、第二审案件因程式未备，驳斥后应准上诉。至第三审案件，仅得提起再审之诉，以为救济。	民事诉讼条例	290		
1785	民事假扣押为保全诉讼之程序，与本案诉讼程序不同。当事人对于扣押法院声明异议后，在相对人隶属之特别法院请求追付。如该特别法院依法有管辖该案之权，自应予以受理。	民事诉讼条例	295		
1786	褫夺刑律第四十六条第二款之公权者，无论被选举在前抑系在后，其被选举之资格不因而丧失。	暂行新刑律	46	刑法	56

1787	计算诉讼标的价额，依民诉条例第五条第一项，原则上应由法院酌量核定。惟因算定困难或其他情事，法律上亦有将其方法明定者，如该条例第六条至第十三条是。	民事诉讼条例	5		
1788	违约金在当事人意思不明时，应推定为损害赔偿数额之预约迟延利息，亦所以填补债权人之损失者，性质上不容同时并存。至当事人于第二审主张违约金，若非变更诉之原因，应予准许。	民律草案	394	民法	250
1789	凡起诉以后诉讼标的之价额增减、住址变更或有其他情事，均于受诉法院之管辖无所影响。	民事诉讼条例	296		
	县知事兼理司法事务暂行条例第六条所称"承审员受县知事之监督"，不包括检察职务在内。	县知事兼理司法事务暂行章程	6		
1790	民诉条例所定证据，当然包括人证在内。	民事诉讼条例	568		
1791	统字第二七一号解释未经变更，惟应参照统字第一四四九号解释。	大理院解释例	4年统字271号		
			9年统字1449号		
1792	司法印纸规则所称"书状"，则律师阅卷声请书，自应包括在内。至民事委任诉讼代理之书状，当然为民事书状，除贴用挂号费外，应依修正诉讼费用规则第七条加贴审判费五角。	修正诉讼费用规则	7		
1793	两造当事人利益虽不平均，如被告并未提起反诉，只以原告之诉讼标的为准。又附带主张，既不计算价额，则上诉时自不应与主诉部分合计。	民事诉讼条例	5		
			7		
1794	总董处分公产之行为，不能认为无效。如有损害法人，只得依法另求救济。至于私权上之争执，应由司法衙门受理。	民事诉讼条例	284		
1795	民诉条例第五百三十一条系关于第三审程序之规定，邻县所为之第二审判决，当然包括在内。	民事诉讼条例	531		

1796	诉讼标的价额既经第一审核定,当事人并未声明异议,第三审无变更之余地。	民事诉讼条例	531
1797	法院所为判决,以主文为准。无论所附理由如何,不受影响。	民事诉讼条例	266
1798	上诉程式未备,应由上诉法院审判长限期补正。至补正期限已满,当事人仍未遵行,即由法院为驳斥上诉之判决。	民事诉讼条例	508
			549
1799	惩治盗匪案件在国会未经议决以前,暂照原颁旧法继续办理。	惩治盗匪法	1
1800	惩治盗匪案件在国会未经议决以前,暂照国务会议议决办法通行。	惩治盗匪法	1
1801	刑事确定判决既经非常上告判决撤销,则民事确定判决之基础判决亦不存在。当事人依据民诉条例,执非常上告判决声请再审,自属合法。	民事诉讼条例	568
1802	商家已陷破产之状态,系指已经关闭或实际已不能营业者而言。无论何种法律行为,破产债权人均得否认其成立。	大理院判例	3年上字671号
1803	清理不动产典当办法第二条,系关于施行前典产之规定。关于施行后典产,自应适用第八条另有明文。至满期在本办法施行后,而立契在施行以前,仍应适用第二条。	清理不动产典当办法	2
1804	省议会议员选举法第五十四条、第六十八条与众议院议员选举法所定无异。	省议会议员选举法	54
			68
1805	讼争财产而以确认身分为前提之案件,仍应按照财产金额定其管辖。	民事诉讼条例	1
1806	裁判管辖地点既经当事人先行约定,自应受其拘束。	民事诉讼条例	39
1807	上诉未缴讼费,如实系无力缴纳,尚得依法救助,不能遽认为不合法。	民事诉讼条例	508
1808	上诉讼费既无明确之标准可以核计,得依民诉条例第五条办理。	民事诉讼条例	5
1809	刑事讼费,各审级应各自谕知。其无讼费者,自无庸谕知。	刑事诉讼条例	478

1810	告诉人于上诉期限内呈诉不服，虽无理由，检察官应仍予提起上诉。	修正县知事审理诉讼暂行章程	25 26		
1811	告诉人声请再议，经上级检察长驳斥后，并未另定有救济方法，告诉人自不得再行声请。	刑事诉讼条例	252 253	刑事诉讼法	248 250
1812	未经第二审法院判决之案件，自应适用民诉条例第五百七十一条前段规定，专属第一审判决原法院管辖。	民事诉讼条例	571		
1813	婚姻无效与确认婚姻成立不成立之诉，依民诉例第六百六十八条、第六百六十九条，自应专属夫之普通审判籍所在地之法院管辖。	民事诉讼条例	668 669		
1814	被告对于预审起诉之裁判，不得抗告。	刑事诉讼条例	432	刑事诉讼法	415
1815	刑事诉讼费用如漏未谕知，不得补判。如谕知免其缴纳，应由国库负担。	刑事诉讼条例	484		
	县知事审理刑事案件，在未判决以前，应以告诉原状所列法条或事实定其管辖。若原诉情形亦不明时，无妨征取县知事之意见。	修正县知事审理诉讼暂行章程	30		
1816	第三审法院对于计算讼争利益，有审查核定之权。	民事诉讼条例	531		
1817	限令补缴抄录送达费之裁决，应许其于十日之期限内提起抗告。	民事诉讼条例	555		
	检察厅人员奉派出外调查证据之旅费，尚非修正诉讼费用规则第十六条之费用。	修正诉讼费用规则	16		
1818	上级审撤销科刑之判决，而另为科刑以外之判决，应将原判负担诉讼费用之部分一并撤销，自无单留此部分以待执行之理。	刑事诉讼条例	480		
	被告就本案之判决上诉，而上诉书状并无不服谕知负担诉讼费用部分之意旨者，依刑事诉讼条例第四百八十二条及第三百七十六条之精神，仍以对于负担诉讼费用之部分有上诉论。	刑事诉讼条例	482		
	下级审谕知被告无罪，经检察官上诉后，上级审另为科刑之判决，并谕知被告负担诉讼费用。若并谕知负担第一审诉讼费用，应由执行上级审裁判之检察官执行。	刑事诉讼条例	486		

1819	印花税法施行细则第八条谓"应加盖戳记",而同细则所定发行则有数种,自应依其种类,按照上述,分别认定其为公印文,抑系私印文。	暂行新刑律	246	刑法	235
					234
1820	刑事声请预审案件,在终结前不得撤回。刑诉条例第二百八十七条所称"得撤回之起诉",系专指未经声请预审之案件而言。	刑事诉讼条例	287		
1821	承领外国人资本,向主管官署领垦国有荒地者,殊难论以外患罪。	暂行新刑律	109	刑法	108
1822	县知事执行侦查羁押被告之权限,固由刑事诉讼条例所付与,且明定为与地方检察官同,自应遵守本条例关于地方检察官之规定,不得独异。	刑事诉讼条例	233	刑事诉讼法	227
			75		67
1823	检察官对于预审起诉之裁决,不得抗告。如所认定之事实错误,则关于声请书原载事实之部分,自以有不起诉之裁决论。	刑事诉讼条例	432	刑事诉讼法	415
1824	告诉乃论之罪,县知事判决后,被害人声明不服,应认为私诉人之提起上诉。	刑事诉讼条例	358	刑事诉讼法	337
1825	刑诉条例第三百五十八条告诉乃论之罪,自系指刑律第三百八十一条第二项对其他亲属犯前项所列各条(即第三百六十七条及第三百七十七条第一项)之罪而言。	刑事诉讼条例	358	刑事诉讼法	337
	私诉裁判,仍应依刑事诉讼条例第四百八十六条之原则,由检察官指挥执行。	刑事诉讼条例	486	刑事诉讼法	477
1826	判处无期徒刑之案件,不必将羁押日数折抵刑期。	暂行新刑律	80	刑法	64
1827	惩治盗匪案件,省长仅得认为有疑误时饬令再审,或派员会审,或提交高等审判厅覆审,并无自行改判之权。	惩治盗匪法	9	惩治盗匪暂行条例	6
1828	预审处分以断定案件之应否起诉为限,不必如公判中调查证据之详备。	刑事诉讼条例	267		

1829	撬毁浮层瓦屋之棺木而窃取衣饰者，对于毁盗只论一罪。至是否侵入窃盗，应视瓦屋是否认为建筑及有无人看守居住为断。	暂行新刑律	258	刑法	262
1830	再审案件，经谕知无罪判决者，其已执行之刑罚，无从回复。故刑事诉讼条例第四百七十七条另定一救济方法。	刑事诉讼条例	477	刑事诉讼法	460
1831	科刑被告应负担之诉讼费用，不以证人、鉴定人、通译各费为限。凡诉讼费用规则第十三条至第十六条所定各费，均属之。	刑事诉讼费用负担准则	1		
1832	警备队士兵，不得以准军人论。地方警备队之性质，既与警察队同，则此项士兵自不得更以准军人论。	修正陆军刑事条例	7	陆海空军刑法	6
1833	日本守备军法院判决，如果依法认为确定，而其时并无再审之制以为救济。则至接收之后，许其提起再审之诉，自应从我国法院成立之日起计算期限。	民事诉讼条例	573		
1834	法院遗失判词，而有宣判笔录记明主文，不得更为判决。若主文无可稽考，则应由原为判决之法院进行审理，更为判决。	民事诉讼条例	271		
1835	刑诉条例内并无检察官得以职权指定告诉人之规定。至所称"关系人"，凡法律上、事实上与被害人有利益关系之人，均属之。	刑事诉讼条例	223	刑事诉讼法	217
1836	凡依法令或成案从事于公务之人员，均系《刑律》所称"官员"。至其侵匿搜获之吗啡、金丹，是否成立侵占罪，应从事实上审查认定，与其身分是否官员无关。	暂行新刑律	83	刑法	17
1837	法院认附带民事诉讼为繁难，得移送同级法院之民事庭审判。	刑事诉讼条例	5	刑事诉讼法	510
1838	告诉人依县知事审理诉讼章程呈诉不服之案，第二审自无从以裁决驳斥。	修正县知事审理诉讼暂行章程	25		
1839	处分案件，既经地方最高行政官署令派委员会同拟具办法，并呈由该官署核准，即可径照诉愿法第五条办理。至上级特种行政官署虽已裁撤，应有接收之机关，人民提起诉愿，即以该机关代表为被诉愿人。	诉愿法	5		

1840	律师公会因选举会长涉讼，应由法院受理。	民事诉讼条例	22		
	计算刑期，应从刑律时例之规定。	暂行新刑律	77	刑法	21
	买卖奖券，应认为犯罪行为。	暂行新刑律	279	刑法	281
1841	刑事诉讼条例于法院之裁决及预审推事之裁决，对之得抗告与否，系分别规定。第二百七十六条既仅规定检察官对于不起诉之裁决，得于三日内抗告，而对于起诉之裁决并无得抗告之明文，自在不许抗告之列。	刑事诉讼条例	276		
1842	告诉人呈诉不服，依修正县知事审理诉讼章程，无庸以裁决准其上诉。在裁判前，告诉人得依同章程第四十二条及刑诉条例第三百八十一条，请求检察官撤回上诉。	刑事诉讼条例	381	刑事诉讼法	367
	命私诉人缴纳保证金，本无期限，惟为迅速起见，以定有相当期限为宜。此种期限，应准展期。其逾期被驳斥者，不得声请回复原状。	刑事诉讼条例	361		
	刑诉条例第三百六十三条所称"通知检察官，以已经告诉论者"，谓检察官仍依公诉程序办理。	刑事诉讼条例	363	刑事诉讼法	343
	告诉人除统字一八二四号解释文所称情形外，非同条例第三十条及第二条所称"当事人不得声请指定或移转管辖"。	刑事诉讼条例	30	刑事诉讼法	22
1843	被告上诉人死亡，无庸再行裁判即可终结。	刑事诉讼条例	340	刑事诉讼法	318
1844	检察官对于预审不起诉之裁决，应抗告于直接上级法院。	刑事诉讼条例	434		
1845	委派自治团体办事人员，应属参事会之职权。依县自治法第三十六条第一项，县知事以参事会会长名义加以委任，亦无不可。	县自治法	22		
			36		

1846	监务官署解送私盐案内,连带所获之物品,经司法衙门判决没收后,应否送还盐署或扣留,应参照统字第九七二号及第一〇四五号解释办理。	大理院解释例	8年统字1045号		
	刑律上所谓"事前纵容或事后得利而和解之无效告诉",系指已发生之奸罪而言。	暂行新刑律	294	刑法	259
1846	同时谕知数个四等有期徒刑以下之刑者,如合于刑律第六十三条之条件,亦得缓刑。但如其中有一罪谕知三等有期徒刑以上之刑者,即不得缓刑。	暂行新刑律	63	刑法	90
	同时谕知数个五等有期徒刑或拘役者,如合于刑律第四十四条之条件,得各别折易罚金。但如其中有一罪谕知四等有期徒刑以上之刑者,即不得折易罚金。	暂行新刑律	44		
	同一奸夫、奸妇犯奸罪,因经过起诉时效期限消灭后,对于复犯之奸罪,得行使告诉权。	暂行新刑律	69	刑法	97
1847	金钱债务以谷作利息者,其计算以订约时之市价为标准,但应受现行律禁止重利之拘束。	前清现行律民事有效部分	违禁取利条		
1848	凡关于上诉是否合法之再审之诉,应由原为判决之第三审法院管辖。	民事诉讼条例	571		
1849	因田山涉诉案件,其诉讼标的价额未满百元,自属不得上诉。	民事诉讼条例	531		
1850	省议会议员因刑事嫌疑通缉,其议员资格尚不能认为应行丧失。	暂行新刑律	46	刑法	56
1851	抵押权人就担保物之卖价,得不经裁判先受清偿。	民律草案	1135	民法	860
1852	无记名期票,如有被盗或遗失情事,应准挂失,并应依公示催告程序由法院宣示证券无效。	民事诉讼条例	653		
1853	诉讼印纸贴用,第二审法院亦应依法调查。如有不足,应令补缴。	征收讼费注意事项	8		
	法院核定诉讼标的,亦须经过一定之程序。若不能认第一审法院已经审核确定,则上诉至第三审时,仍得自行审查核定。	民事诉讼条例	531		
	第三审未缴讼费,驳斥上诉后,当事人以在第二审缴费之收据提起再审,应予受理。	民事诉讼条例	571		

1854	检察官须先从事侦查，因侦查而得有证据，再依适当之条理辨认，足断为嫌疑而后可声请预审或起诉。若仅有侦查之动机，自不足称为犯有犯罪嫌疑。	刑事诉讼条例	257	刑事诉讼法	253
	检察官声请预审，并无特定某犯罪行为，系某人所为之认识时，只应依通常之预审程序办理。	刑事诉讼条例	264		
1855	结伙执持枪械拒捕，系犯该罪应具备之条件，只需有人携带枪械，而已足缉私条例所称。	缉私条例	3		
1856	省议员有犯罪嫌疑，虽通缉在前，若在开会期内，非经省议会之许可，仍不得逮捕。	省议会暂行法	28		
		刑事诉讼条例	58	刑事诉讼法	51
1857	执行费用一经执行，无论是否因执行终了，均得依法向债务人征收。	修正诉讼费用规则	9		
1858	商事公断之判断，不得即为执行名义，应由管辖法院依通常宣告裁判程序为之宣告，始得强制执行。	商事公断处章程	19		
1859	确定判决之效力，不能拘束第三人。至法院判决之是否有效，并不以其适用实体法或程序法是否正当以为准。	民事诉讼条例	474		
	民事判决确定之事项，刑事判决不受拘束。	刑事诉讼条例	335	刑事诉讼法	314
	执行时债务人之保人，对于债权人之受有损害，自应负相当之责任。惟债权人应另以诉主张，不能径向保人执行。	民事诉讼执行规则	7		
1860	当事人一造亡故，并无合法承继人承受诉讼，第一审传讯他造判决，他造声明不服，应视亡故者为积极的当事人或消极的当事人，而分别驳斥或纠正之。	民事诉讼条例	213		
1861	原告让受人担当诉讼，被告既不同意，自不许第三人代为担当。	民事诉讼条例	297		
	被告就第三人之担当诉讼如已同意，则该案判决应列第三人为原告。	民事诉讼条例	297		
	诉讼费用如原告一面败诉，应由代为担当诉讼人负担。	民事诉讼条例	297		

1862	应行登记而不登记之物权，一经第三人交易，不能有对抗之效力。	不动产登记条例	5		
1863	选举诉讼既准用民诉程序，自应许其和解。	大理院解释例	8年统字1009号		
1864	住址之意义，应以有永居之意思而住于一定之处所者认定。	民事诉讼条例	15		
1865	确定判决既确认运盐契约无效，则被告不能再行持引运盐，自属当然结果，执行衙门可依规则办理。	民事诉讼执行规则	91		
			92		
1866	第一审判决所载之事实如系合法，第二审判决书内无须重叙，仅载明引用已足。	民事诉讼条例	522		
		刑事诉讼条例	401		
1867	民事判决书中均应依法记明事实一项。惟第三审为法律审，以不调查事实为原则，故于理由项下将此等事项记明，亦无不可。	民事诉讼条例	266		
1868	管理寺庙条例第十一条所称"寺庙"，应包括庙产在内。至第二十一条所谓"财产"，当然指一切财产而言。惟为达第十条管理目的所为必要之处分，即属管理行为。	管理寺庙条例	11	监督寺庙条例	8
			21		11
1869	公示送达，应依当事人之声请。如两造均所在不明，即无从为公示送达。至特别代理人，限于为被告选任，既不能为公示送达，即无庸选任。	民事诉讼条例	183		
			186		
1870	律师声请阅览卷宗，应加贴声请费。	征收诉讼费用注意事项	15		
1871	上诉利益不逾百元，如在民诉条例施行前合法上诉者，仍应受理。至诉讼标的之价额，第三审应依职权调查。	民事诉讼条例施行条例	1		
		民事诉讼条例	531		
1872	败诉人拒不收受判词，送达吏又未将判词置于送达处所。上诉期间即无从起算，自难遽予执行。	民事诉讼条例	170		

1873	上诉利益是否不逾百元，第三审法院自有审查之权。既经第三审受理上诉发回更审，第二审当然受其拘束。	民事诉讼条例	531		
	抗告程序与上诉程序不同，第二审所为之裁决，其案件虽不逾百元，仍得向第三审法院提起抗告。	民事诉讼条例	552		
1874	因更审判决未判更审前第三审讼费，当事人声请补判，自应以判决补充。	民事诉讼条例	273		
1875	地方官衙门遇有华洋刑事诉讼案件，虽或先由普通法院予以预审，而一经将原案撤销移送后，应即受理。	华洋诉讼办法	3		
1876	犯罪于判决时已查明为三犯，不问再犯之刑会否加一等，应依三犯例判加二等。若至执行第三次之刑时，始发觉第二次漏未加重，不得更定其刑。	暂行新刑律	20	刑法	66
			21		67
1877	现行律所谓"利息"，包含损害赔偿性质之迟延利息在内，均受一本一利之限制。	前清现行律民事有效部分	违禁取利条		
1878	刑诉条例第五条及第十条于"附带民事诉讼得移送管辖民事法院审判"之规定，并无不同。	刑事诉讼条例	5	刑事诉讼法	10
			10		11
1879	刑诉条例所称之"法定代理人及保佐人"，即未成年之行亲权人或保护人之类。	刑事诉讼条例	374	刑事诉讼法	359
1880	应受判决之拘束，至第二审更审判决而又上诉时，如无其他不合法之原因，第三审法院应予受理。	民事诉讼条例	542		
	民诉条例第五百三十一条既有规定，凡关于财产权涉讼事件，无论属于初级或地方管辖，均应同一适用。	民事诉讼条例	531		
	所谓"不逾百元之利益"，本应由第三审以职权调查。若已经就实体上判决发回第二审，即应认为业已调查完毕。	民事诉讼条例	541		

1881	原典主以典权移转与人，契约内并未注明"回赎"字样者，不许再行回赎。至该地习惯，原典主得足典价，即脱离关系，与永无回赎权，自应认当事人意思在移转典权。	清理不动产典当办法	3		
			9		
1882	诉愿法所称"达到"，系将处分书或决定书交付于应行收受人之义。惟对于不特定人所为之处分，虽仅张贴布告，亦应以达到论。	诉愿法	8		
1883	受救助人败诉时，其已许暂免之审判费用，仍须经法院裁决，始得命其补纳。至铺保与户邻切结，并非担保讼费，仅于日后发见当事人不应受救助时，得令补缴。	修正诉讼费用规则	18		
		民事诉讼条例	138		
1884	买卖现洋金票之定单，自应包括在预定买卖货物之单据内，依法贴用印花。	印花税法	2		
1885	不动产之活卖契，若卖主给付利息，不能适用典当办法。	清理不动产典当办法	2		
1886	声请执行人取得债务人之地亩，其第三人之典权仍归继续存在。	民事诉讼执行规则	11		
1887	死后遗产之处分，亲生子以子数均分。养子为所后之亲喜悦，及亲女就关于义男女婿之规定类推解释，均得酌分财产。妻于自己生活情形，亦得请求养赡财产。	前清现行律民事有效部分	户役门		
1888	刑律第六十九条于起诉权之时效应自何时起诉，本有明文。如无特别法令，自应按照规定计算。	暂行新刑律	69	刑法	97
1889	起诉书状应记明被告犯罪事实及所犯法条。如未记明，只得由法院自行补救。	刑事诉讼条例	281	刑事诉讼法	258
1890	第三审发回更审之案，不许撤回上诉。刑诉条例第三百八十一条规定，亦至明显。	刑事诉讼条例	381	刑事诉讼法	367

	上诉后提出理由书逾期，如非上诉人之过失，自许声请回复原状。	刑事诉讼条例	214	刑事诉讼法	208
1891	私诉案件于公诉程序应由检察官陈述或辩论之事项，既改由私诉人行之，自毋庸检察官出庭。	刑事诉讼条例	365	刑事诉讼法	346
	反诉之相对人本亦被告，反诉与私诉同判决时，应一并列入当事人栏内。	刑事诉讼条例	266		
1892	贩运、贩卖、私藏赌具者，刑律既无论罪明文，自不为罪。若经警察法令禁止后，应依违警罚法处罚。	违警罚法	33	违警罚法	33
1893	声请移转管辖，并不以系属审判厅之案件为限。	刑事诉讼条例	29	刑事诉讼法	21
1894	伪造具有证券形式，足使人误信为真者，均属伪造有价证券。	暂行新刑律	242	刑法	226
1895	地方审判厅管辖第一审最轻本刑为三等有期徒刑之罪，预审推事应以职权指定律师为之辩护，否则自属违法。至指定辩护人与选任辩护人，于执行职务并无何种区别。	刑事诉讼条例	178	刑事诉讼法	170
1896	上诉理由书内既限定从刑部分为县诉章程所不许上诉者，自属上诉违法。	修正县知事审理诉讼暂行章程	29		
1897	羁押之被告受罚金、无罪、免诉等判决撤销押票者，系指受此项判决之时而言。	刑事诉讼条例	350	刑事诉讼法	328
1898	驳斥裁决确定之日，原判决亦即确定。至撤回上诉，若他造当事人本无上诉权或依法已不得上诉，则撤回之日即原判决确定之日。	刑事诉讼条例	413	刑事诉讼法	397
			381		367
1899	案经覆判发回覆审，已在第一审辩论终结之后，自不在刑诉条例第二百二十五条第一项得撤回告诉之列。	刑事诉讼条例	225	刑事诉讼法	219
1900	民诉条例第六百六十八条所称"婚姻"二字，应包括婚约在内。	民事诉讼条例	668		
1901	寺庙住持不告官厅，擅自拚伐森林，如非供寺庙必需之用途，自应受修正管理寺庙条例之限制。	修正管理寺庙条例	11	监督寺庙条例	8

1902	慈善团体应有代表对外之人，其传票、诉状即可径向该代表人送达。如依法收受传票，而无故不应诉，自应依民诉条例第四百五十七条办理。	民事诉讼条例	457		
1903	法院文书送达，于居住所不获会晤应受送达人时，将文书付与其长成之同居亲属或雇人者，与付与应受送达人有同一之效力。	民事诉讼条例	164		
1904	卷证遗失，上诉时可依法搜集或发回更审，不得认原判决为无效。	民事诉讼条例	271		
1905	无诉讼能力人告争遗产，应认为不合法。至德领有无选任管财人之权，固应审究。而在该遗产执行人职务尚未终了以前，共同原告能否请求移转占有，亦应予以调查解决。	民事诉讼条例	54		
1906	按照本国法律主张反诉之案，与本诉并为一案审理，并无违背条约之可言。	大理院解释例	3年统字97号		
1907	犯罪未遂，因未完成如该本条之行为，与既遂所生之实害不同。不准除免条款，既无明文规定，则此项较轻之案，自系准予免除。	不准免除条款	共44条		
1908	法院编制法第六十四条所谓"在法庭"，系仅指开庭当日而言，嗣后对于本案仍可代理、辩护。	法院编制法	64		
1909	医生怠于医术上应尽之注意，致有不良结果，不能以已经合意即不负责。	管理医师暂行规则	25	修正医师暂行条例	24
1910	买卖契约经催告而仍迟延不为履行时，得解除契约，并得请求赔偿。	民律草案	591	民法	367
1911	凡成年之人即有完全行为能力，除关于商人能力别有规定外，现行律尚有卑幼不得擅用私财一条。凡家财均不得私擅处分，私财则完全自由。	前清现行律民事有效部分	卑幼私擅用财条		

	抗告有理由者，抗告法院应就原裁决之范围自行裁决。如不自裁决发回更为预审，原法院虽应更为预审裁决，然不受任何拘束。	刑事诉条例	442	刑事诉讼法	424
1912	修正县诉章程第二十四条所载"判决未谕知额数者，依诉讼卷宗定之"等语，乃指应就卷宗审查其应负担讼费之事实，按照诉讼费用规则计算方法，定其额数而言。	修正县知事审理诉讼暂行章程	24		
1913	被告在押脱逃，既无从传唤，而出示限令依期投案，法令又无根据，自应按照刑诉条例第三百三十条办理。	刑事诉讼条例	330		
1914	现制初级管辖案件，暂归地方厅办理。既可由该地方审判厅受理上诉，则再议案件，自以向该地方检察厅声请为宜。	刑事诉讼条例	252	刑事诉讼法	248
1915	对于县知事不起诉处分之案，应视其管辖之为初级或地方，分别向地方或高等检察厅检察长声请再议。	刑事诉讼条例	252	刑事诉讼法	248
1916	高审厅受理应属地审厅管辖之第二审案件所为之判决，当事人声明不服，应由大理院管辖三审。	刑事诉讼条例	331	刑事诉讼法	308
1917	邮政条例第三十一条除剥脱邮票外，仅限邮局员役窃取者而言。如有侵占情形，仍应依刑律第三百九十二条办理。	邮政条例	31		
		暂行新刑律	392	刑法	357
1918	上诉利益不逾百元之件，既于民事诉讼条例施行前合法受理，不得遽驳斥其上诉。	民事诉讼条例施行条例	1		
1919	成婚虽未成年，然除合与法定离婚条件外，无离异之余地。	民律草案	1362		
1920	刑诉条例第九十二条第二项之裁决，应依第四百八十五条但书及第四百八十六条第一项但书，指挥执行。如有经传唤无正当理由不到等情形，亦应依第八十八、第八十九等条办理。	刑事诉讼条例	92	刑事诉讼法	85
			89		82
1921	易科罚金，自以由检察官请求法院裁决为当。	暂行新刑律	44		

1922	以和奸起诉，经审理认为强奸之案件，得变更起诉所载犯罪适用之法条，径行判决，无庸更付预审。	刑事诉讼条例	342	刑事诉讼法	320
1923	东省特别区域，高等及地方法院之土地管辖，以东省铁路界线为管辖区域。凡在所管辖区域内之诉讼案件，更无其他效力较优之法令分割其管辖。无论是否华人与华人之诉讼，或无领事裁判权国人民为被害人，华人为被告；或华人为被害人，无领事裁判权国人民为被告，均应由该法院管辖之。	东省特别区域法院编制条例	5		
1924	上海会审公廨，既非合法之司法衙门，自无拘捕人之权限。交涉员署据公廨呈请签票提人，法院自无协助之义务。又中国人犯罪，虽犯罪地系在租界，应由中国法院审判。	刑事诉讼条例	53	刑事诉讼法	45
1925	关于著作权公诉期间之计算，如已有注册行为者，其公诉期间应从注册之日起算。无注册事实者，仍自行为完毕之日起算。	著作权法	43		
1926	不服县判，已逾上诉期限之案，应向原县知事声请回复原状。	修正县知事审理诉讼暂行章程	42		
	上诉期限，应由各该检察官接受卷宗后起算。	修正县知事审理诉讼暂行章程	27		
1927	罚金依刑律分则定额，以四分之一为一等，或加或减，而后再就加成之额再加四分之一，或就减成之额再减四分之一。其加减至三等以上时，亦同。	暂行新刑律	58	刑法	83
	刑诉条例第三百五十九条第一项，系关于私诉之规定，与告诉无关。至何人得告诉或独立告诉，刑诉条例第二百一十九条第一项以下，另有规定。所应注意者，刑律第三百四十九条之诱拐罪，被诱人固为被害人，即其夫或尊亲属亦不失为被害人。	暂行新刑律	349	刑法	257

1928	被告逃亡，其所犯系在赦令颁布以前，又不在不准除免之列，自应停止审判之程序。	刑事诉讼条例	330	刑事诉讼法	307
1929	没入保证金之处分，实包含于羁押、具保处分之内。	刑事诉讼条例	446	刑事诉讼法	428
1930	十四年一月一日之赦令未经指明所予赦免者，为何日以前之罪，则其效力之所及仍应以一月一日以前为界限。	暂行新刑律	68		
1931	案件如经移转管辖，则原管辖法院之检察官，对于该案即不得撤回起诉。至原管辖法院业经开始审判之案，依例已不得撤回起诉。后虽移转管辖，但既曾一次开始审判，自亦不得撤回。	刑事诉讼条例	287	刑事诉讼法	264
1932	上海会审公廨，不能认为合法之司法衙门。如就其所为民事判决，请求内地审判衙门协助执行，自予以拒绝。	大理院判例	6年抗字288号		
1933	国家机关依司法上之地位负有债务，对之提起诉讼，自应以现在代表该机关之长官为被告。	民事诉讼条例	16		
1934	诉请法院以裁判代亲族会之议决，立自己为被承继人之嗣子，此项诉讼不在民诉条例嗣续事件范围之内，应依通常诉讼程序予以审认。	民事诉讼条例	689		
1934	嗣续事件，若以第三人为被告提起确认立嗣成立之诉，而嗣亲或嗣子可受确定判决之利益者，则其被告即应认为适格。	民事诉讼条例	669		
1934	夫以聘妻之父为被告，以婚约成立为理由，诉令被告令其女履行婚约，应依通常诉讼程序办理。	民事诉讼条例	668		
1935	多数债权人对于未曾宣布破产之债务人，呈准法院所设立之管理财产团。对于未有加入该团体之其他债权人，自不受其拘束。	民律草案	501	民法	290
1936	律师协会代表应以各公会固有会员为限。至协会章程既明定代表须由总会选定，则评议员会即属无权干涉。	律师协会章程	1		

1937	交通部如准两汽车公司以上行驶同一路线，则一汽车公司，自不得擅自主张专业。惟行政官厅为便宜起见，特许一公司专业，亦无不可。至马车与汽车营业不同，不得认为同业。	长途汽车公司营业规则	16		
1938	律师公会会长送参政互选后，被举为新会长，如已就职，虽发生诉讼，而在判决确定撤销其资格以前，仍得出席互选参政。	律师暂行章程	26	律师章程	26
1939	共同诉讼人一同起诉或一同上诉时，各人缴纳审判费之标准，应依其诉讼标的之性质而定。又共同诉讼人内一人或数人已受诉讼救助者，对于他共同诉讼人，不生影响。	民事诉讼条例	66		
1940	撤回上诉，只需被上诉人已为附带上诉，即应得其同意。否则附带上诉即无丧失效力之理。	民事诉讼条例	526　528		
1941	修正北京律师公会暂行会则第十六条所谓"有会员三分之一以上到会"，系指议场内列席人数而言。	北京律师公会暂行会则	16		
1942	民诉条例第六百六十八条所称"婚姻"二字，应包括婚约在内，自应由检察官莅场陈述意见。	民事诉讼条例	668		
1943	市自治制如尚未奉教令施行，暂行市乡制亦未经省令废止或变更，则现时裁判市自治会选举诉讼，自仍应适用暂行市乡制。	江苏省修正暂行市乡制	110		
1944	乙县管辖案件，甲县知事无审判权，应将其判决废弃，发由第一审管辖法院另为裁判。	民事诉讼条例	521		
1945	确定的不能成就之解除条件，自应视为无条件，但不影响于契约之效力。	民律草案	243	民法	99
1946	对于不动产为所有权保存登记后，未经移转登记，自不得对抗债权人。	不动产登记条例	5		
1947	折价了事，应有双方合意。如就折价办法已合意，仅就折价标准不能成立合意，应以原约交货时之市价计算。	民律草案	592	民法	346

1948	不动产登记条例第三条所定应为登记之事项，必须实有此事项而为登记，始生登记之效力，否则应许权利人诉请涂销。	不动产登记条例	3		
1949	关于人事诉讼，检察官起诉或提起上诉，原系代表国家，其应征之审判费，自应参酌民诉条例第六百八十八条规定，毋庸预缴。而于胜诉时，再命他造负担。	民事诉讼条例	688		
1950	现律以十六岁为成丁。成丁之人，有完全行为能力。婚姻亦法律行为之一，故男女当以十六岁为有婚姻之能力。	前清现行律民事有效部分	男女婚姻条		
1951	债权人虽为有领事裁判权国人民，仍得以之为被告，向中国执行审判厅提起执行异议之诉。	修正民事诉讼执行规则	11		
1952	因坟地涉讼，又有起迁坟墓纠葛，是以一诉而主张两项标的。该起迁坟墓之纠葛，即无从计算价额，则第三审法院即不能依民诉条例第五百三十一条驳斥上诉。	民事诉讼条例	531		
1952	民诉条例第四十一条所谓"非财产权上诉讼"，系指人事诉讼等有关公益之事件而言。若普通民事事件，即令其非关于财产权，亦应适用关于合意管辖之规定。	民事诉讼条例	41		
1952	上诉利益不逾百元之件，第三审法院判决，既在民诉条例施行以后，自无论其曾否发回更审，应依民诉条例施行条例第一条，适用民诉条例第五百三十一条之规定。	民事诉讼条例施行条例	1		
1953	民诉条例既规定诉讼代理人关于强制执行之诉讼行为，依当事人之委任得以为之。则前颁限制律师受债权人委任办理执行案件之司法部令，自属失效	民事诉讼条例	85		
1954	检察官对于未到案之被告为不起诉处分，尚不得指为违法。所犯嫌疑是否三等至五等徒刑之罪，原可不问。	刑事诉讼条例	249	刑事诉讼法	244

1955	呈准不准除免条款，于未遂罪，既系准予免除，则犯强盗之罪，并有杀伤之行为时，如果财物并未入手，其加害人身体，又能证明为故意杀人未遂，自应依令除免。	不准除免条款	末项		
1956	刑事案件之不起诉处分书，既以送达于告诉人为必要程序，则遇有住址不明时，只得准用刑诉条例第二百零六条以为送达，并应经检察官之许可。	刑事诉讼条例	206	刑事诉讼法	199
1957	检察官在法庭辩论，无论其为何项主张，法律上既无制限，自难因与起诉文不符，即谓系变更起诉，指为违法。	刑事诉讼条例	323	刑事诉讼法	300
1958	羁押之被告，经具保声请停止羁押，于接收保证金释放后，并无刑诉条例第九十条免除保证责任之原因，判处拘役确定，经传唤执行，无正当理由不到者，自以没入保证金为宜。	刑事诉讼条例	91	刑事诉讼法	84
1959	外国人在外国窃物，运至中国境内，由中国人故意买得该物，依刑律第二条，中国法院对于外国人虽不能论罪，而故买者仍应论故买赃物罪。	暂行新刑律	397	刑法	376
1959	刑律所称"搬运赃物"，系指知情搬运他人所窃取、强取等得来之物而言。窃盗自运窃得之物于他处，系窃盗后应有之状态，无所谓搬运赃物，故不成立搬运赃物罪。	暂行新刑律		刑法	376
1960	上诉期限自送达判决之翌日起算。县知事宣告民事判决后未经送达正本，当然不生确定效力。	民事诉讼条例	269		
1961	房屋租赁契约未定期限，而于解约有争执，应按照预告期限内之租息征收审判费用。	大理院解释例	10年统字1559号		
1962	地方公款被侵害时，除管理人外，应许当地多数人推举代表诉请保护。	刑事诉讼条例	227	刑事诉讼法	221

1963	婴孩既与育婴堂脱离关系，堂董自无过问婚姻之权。惟婴孩经人收养甚久，实际上已为家属。其家长对于他人冒妄许婚，自可主张无效。	民律草案	1344		
1964	邮政机关人员侵占邮件，在刑事上固应邮员个人负责，而民事上本诸侵权行为之法则，自得向邮政机关请求赔偿。	邮政条例	23		
1965	大理院十年上字第一四八五号判决，系根据原立租约认房东于出典时，请求交房，房客不得拒绝，此项判例现时业已废止。	大理院判例	10年上字1485号		
1966	依民诉条例第八十五条但书之规定，则关于强制执行之一切诉讼行为，均系包括在内。执行推事如就异议抗告为裁断或决定，而对当事人或关系人有使其为言词辩论或陈诉之必要，应定日期，以在法院内适合之处所开之为宜。此时律师受有委任，应许其代理到场。	民事诉讼条例	85		
1967	民事诉讼执行规则既无特别规定，无债务人名义者，自不问公款、私款，均不许其执行。惟在公款如债务人及债权人均无异议，执行衙门自得据该管机关函请，由他案执行所得价金中代为扣付。	民事诉讼执行规则	37		
1968	刑事案件如果甲县有管辖权，而乙县亦有管辖权，则以甲县判决在前，应仍由乙县受理。否则应依刑事诉讼条例第二十八条第二项，由甲县以检察职权，向甲、乙两县共同之上级法院，声请指定其管辖。	刑事诉讼条例	28	刑事诉讼法	20
1969	徒刑人犯，无论曾否执行完毕及因何保释，一经大赦免除罪刑，即根本消灭，应与未曾处徒刑者无异。	暂行新刑律	68		

1970	前处徒刑之罪，如在赦令条款不准免除之列，执行后未逾五年，更犯徒刑以上之罪，为赦令条款所不准除免者，应依再犯加重例办理。否则前之罪刑业经根本消灭，更犯时，应视同初犯。	暂行新刑律	19	刑法	66
1971	典主之推吐据，如可认为系属更新典约，而其订立又在清理不动产典当办法施行以前，则自立据时起算。苟未逾该办法第二条及第三条之期限，自应许其回赎。否则仅为续典，自无许其回赎之理。	清理不动产典当办法	2		
1972	不动产登记条例所称"公立机关"，系指国家或地方自治团体所设立之机关而言。私立学校、医院等不包括在内。	不动产登记条例	144		
1973	传票无从送达，自不能视为撤回上诉，应予停止进行。至停止后诉讼卷宗，当然由该法院保存。	民事诉讼条例	233		
1974	我国民诉条例第二十条之规定，与德国民诉法第二十九条之规定相似。	民事诉讼条例	20		
1974	保留权之保留意义，如系指买回而言，得以契约订定，大理院判决已有关于买回之先例。	大理院判例	3年上字119号		
			10年上字811号		
			12年上字125号		
1975	数宗诉讼由当事人分别提起者，虽经第一审法院合并判决，仍应各别缴纳审判费。惟上诉审判费，以上诉之标的为限。其非该上诉人声明上诉之部分，无论原判是否为有利益于该上诉人，均不应并计在内。	修正诉讼费用规则	2		
1976	起诉程式未备，法院限令补正，当事人于限满后未判前补正。如法院并无伸长期限之裁决，其补正自为无效。	民事诉讼条例	198		
			202		

1977	争产涉讼，当事人之一造既已死亡，其承继人即他造之当事人此外再无合法承继之人，则其所提起之上诉，自因无对立当事人而不能存续，应即终结，毋庸裁判。	民事诉讼条例	213		
1978	亡失之证券，应以实体法所许者为限，始得适用民诉条例第六百五十三条，依公示催告程序，宣示无效。	民事诉讼条例	653		
1979	当事人约定以元豆付利，如按时价实超过月息三分之限制，自应折减至三分为止。又算利标准，如原本江钱已因毛荒跌价，亦应按照当时钱价折合银洋计算。	前清现行律民事有效部分	违禁取利条		
1980	起诉未缴纳审判费或缴不足额，而第一审法院忽于调查时，不问系由何造上诉，第二审法院除认有不可补正之情形外，仍应限期令其补正。惟因其不遵行而为驳斥其诉之判决，则须于上诉合法时，始得为之。	民事诉讼条例	290		
1981	养女之主婚权属于养父母。教堂因该女原系由保赤会收养，以特约保留同意权，尚非无效。惟该女现既成婚，教堂如无正当理由，仍不得仅以其未经同意主张撤销。	民律草案	1348		
1982	姑媳争执财产管理权，系本于身分关系。既不能就管理权本身计算价额，自应依修正诉讼费用规则第三条第一项征收审判费。	修正诉讼费用规则	3		
	限令补缴审判费之裁决，自无提起异议办法，且系关于指挥诉讼，亦不得抗告。惟审判衙门认为实有错误，则无论当事人有无声请诉讼救助及是否已被驳斥，均得依职权予以更正。	民事诉讼条例	551		
			278		
1983	合伙债务非单纯合伙各人之债务可比，原应由合伙员共同负责。惟此项条理并无强行性质，如有特别习惯，得依习惯办理。	民律草案	828	民法	681
1984	公款涉讼，原公署不能进行诉讼时，自应由主管国库之财政部依法承受，国务院并非适格之当事人。	民事诉讼条例	16		

1985	依日本民事诉讼法判决，须经宣告，如无从认定该判决曾经合法宣告，即应无效。当事人向中国法院诉争，如误为一事再理判决确定，应许其以前述情形为理由提起再审。	民事诉讼条例	568		
1986	优先取得权，既系习惯上相沿已久，其所设定者，自为习惯相沿之物权，仍得认为一种质权，予以登记。至流质部分，如系商行为，本属有效。惟须为所有权移转之登记，始得以之对抗第三人。	不动产登记条例	4		
1987	简易庭判决上诉案件，地审厅审理中发见案非简易庭管辖，如不能认为有民诉条例第四十条第二项之合意，应将简易庭判决及诉讼程序废弃改判，驳斥原告之诉。	民事诉讼条例	521 290		
1988	当事人最初提起上诉，原在法定期限以内，经判决驳斥后，始向有管辖权之法院提出上诉状，为当事人便利计，应认为已有合法之上诉。	民事诉讼条例	500		
1989	声请破产，如确已具备要件，法院自应依法进行。第一审停止甲、乙间涉讼事件，并入破产案中办理，尚无不合。	民事诉讼条例	214		
1990	抵押权设定，如在查封以前，应予依法登记。在查封以后，只得为预告登记。至大理院十五年上字第七一一号判例所谓"判决前"，系指第二审言词辩论终结以前而言。	大理院判例	15年上字711号		
1991	国籍法第十二条既只规定"依自愿归化外国，取得外国国籍者，应经内务部许可"，则丧失国籍人之妻及未成年子随同取得外国国籍，自毋庸经过许可程序。	国籍法	15		
	丧失国籍人之遗产承继，应视其本国法若何，不能仅以其子之已否成年及是否取得该外国籍为解决之标准。	法律适用条例	20		

1992	以亲族之资格，声请宣告准禁治产，应以最近亲族为限。如实无最近亲族，而族长、房长系经过亲属会议，本诸族、房之公意以为声请，法院亦得斟酌情形，予以准许。	民律草案	23		
1993	婚姻关系之当事人为夫妇，两造协议离婚，应由该夫妇为之。父母为子女所订离婚字据，除认子女已有合意外，自属当然无效。	民律草案	1359		
1994	承担字内容，仍系关于典权诉请确认，应依典价征收审判费。	修正诉讼费用规则	2		
1995	已绝旁系尊属之坟及坟地被人侵害，如该旁系子孙在继承法上，立于应继之地位或该坟地向归其管理，虽未依律继承，亦应认其有告争之权。	民律草案	957		
1996	自治团体征收自治税，为公法关系，民事法院无管辖权。对于滞纳自治税之不动产，只有自治市自为公卖处分之一途。惟法院为其他物权之请求执行时，应居于优先顺位。	民事诉讼执行规则	84		
1997	公司注册规则施行细则第十二条所列九种文件，既无强制性质，则注册官厅于未备具文件之禀请事件，若有其他文件或显著事实，认为足备查核，尽可不令补具，径予核准。	公司注册规则施行细则	12		
1998	抵销以当事人互负之债务为限。对于一合伙人之债权，不能以与所欠合伙债务相抵销。	民律草案	465	民法	334
1999	大理院统字一六二五号解释中"匪惟受同条之适用"一语，系采用原函乙说，原以无甚关系，故未改正，并非有所遗漏。	大理院解释例	10年统字1625号		
2000	刑诉条例第四百四十四条所称"驳斥上诉之裁决"，系指原第一审或原第二审依据刑诉各条驳斥上诉之裁决而言。至上诉审驳斥上诉，均应以判决行之，并无得以裁决驳斥上诉之根据。	刑事诉讼条例	444	刑事诉讼法	426

2001	刑事告诉人不服第二审判决，直接向第二审法院声明上诉，此与刑诉条例第四百一十三条第一项及第四百二十四条所称"上诉违背法律上之程式者"相当，应分别依如该条项办理。	刑事诉讼条例	413	刑事诉讼法	397
			424		407
2002	刑诉条例关于送案程序，如起诉或上诉，须经由检察官按审级送交，均有明文规定。而于移送发回或发交，则未明定如何手续，非条文有缺漏，盖谓以收例发，当然可知其应经由检察官转送。	刑事诉讼条例	281	刑事诉讼法	258
			392		378
			415		398
			341		319
			400		385
			429		412
2003	盗匪入村，鸣枪示威，黏贴索洋，其手段为胁迫或以强暴兼胁迫，则村民之送洋，实由慑于匪威，失其意思之自由，自不得以财物系出自他人交付而谓并非以强暴、胁迫强取，仍应以强盗法条论罪。	暂行新刑律	370	刑法	346
2004	连续犯，系为各自独立之数个行为，对于同一法益，予以同样之侵害。若以一个行为，持续的予人以侵害，尚不足称为连续犯。惟既于赦免后，仍持续其赦前之诈欺行为，迭受银元之交付，自不在赦令所予免除之列。	暂行新刑律	382	刑法	363
2005	国有荒地承垦条例内所附罚则，系行政罚。	国有荒地承垦条例	24		
			25		
			26		
2006	医生玩忽业务上必要之注意而致妇女小产，对于胎儿固因胎儿罪章，无相当律条，不负责任。若已致妇女精神上或身体上有伤害时，则对之可成立第三百二十六条之罪，	暂行新刑律	326	刑法	301
2007	原堂断如系执行裁断性质，当事人虽提起上诉，第二审认为抗告裁决驳斥，形式上尚未违法。第三审驳斥再抗告，亦无不合。如第二审裁决实质上实有不当，只有依再审程序救济。	民事诉讼条例	568		
	原确定判决，业经合法废弃确定，并有假借法院裁判侵害他人权利之事实，自可成立侵权行为，请求回复原状或赔偿损害。	民律草案	945	民法	184

2008	原合同如系关于具体事项，约定美国领事为公断人，则为公断契约，尚非无效。但如其内容在约使美领事实行审判，则系剥夺双方诉讼于中国法院之权，自应认为无效，不生违约问题。	民事公断处暂行条例	1		
2009	律载"夫逃亡三年不还者，听经告官给照改嫁"，其告官程序，即民诉条例所称公示催告程序。管辖法院除同条例第六百三十五条外，既别无规定，自应适用同条例第十四条，解为夫之普通审判籍所在地之初级审判厅。	民事诉讼条例	635		
			14		
2010	约据所载"至期如本利不到，将自己房地许钱主承管，作为死业，不准回赎"等语。该部分自系流质契约，不能有效。	民律草案	1150	民法	873
2011	铺底权如与所有权同属一人，自因混同而消灭，不得更为登记。至就旧铺底权设抵押权，亦属无效。如经登记，应准前担保权人诉请涂销。	民律草案	1146	民法	866
2012	私生子，现行律称"奸生子"，乃指其母无妻妾关系，怀胎所生之子女而言。私生子亦有请求认领之权。惟须待父认领以后，始生亲子关系，并其相当之权利义务。	民律草案	1408		
			1408		
	关于私生子认领诉讼，民诉条例已有明文准许，曰"亲子关系事件程序，为特别诉讼程序之一种"。	民事诉讼条例	693		
	现行律载"奸生之子如别无子立应继之人为嗣，与奸生子均分财产"等语，盖律例原意及我国习惯，均以血统为重，故其母嗣后取得妻妾身分，私生子又经其父认领，仍可取得嫡子或庶子之身分。	民律草案	1409		
	私生子与母虽不经认领，仍可有亲子关系，以生相当之权利义务。如前所述，则对于母可以请求扶养，对于父亦可请求认领及扶养。	民律草案	1408		

	私生子之遗产承继权，有亲生子者，依子数与半分；无子，与应继之人均分；并无应继之人，则承继全分。	前清现行律民事有效部分	卑幼私擅用财条		
2012	中国国家，现时尚无自行施行监护之制度。但各地方多设有育婴堂类，为财团法人性质，以养育并监护私生子为目的，地方行政长官有监督该机关之权。	民律草案	1410		

大理院解释例全文检查表二
（以关系法条为序）

民律草案	
第一条	统字第559号 统字第794号 统字第827号 统字第937号 统字第1781号
第八条	统字第228号
第二十三条	统字第1992号
第三十条第二项	统字第206号
第五十一条	统字第1287号
第六十一条	统字第911号
第一百四十六条	统字第1507号 统字第1743号
第一百五十九条	统字第1507号
第一百七十五条	统字第730号
第二百条	统字第896号 统字第907号 统字第938号
第二百零八条	统字第1372号
第二百三十六条	统字第810号 统字第856号 统字第976号
第二百四十二条	统字第1691号
第二百四十三条	统字第1945号
第二百五十二条	统字第808号 统字第1737号
第二百五十七条	统字第1327号
第二百九十五条	统字第1139号
第三百零一条	统字第82号
第三百零四条	统字第1139号
第三百一十一条	统字第1778号
第三百一十二条	统字第1112号
第三百一十五条	统字第144号
第三百二十四条	统字第1300号
第三百二十八条	统字第722号 统字第855号 统字第920号 统字第1008号 统字第1017号 统字第1018号 统字第1121号 统字第1126号 统字第1168号 统字第1169号 统字第1170号 统字第1320号 统字第1467号
第三百三十条	统字第801号
第三百六十一条	统字第1020号 统字第1030号
第三百七十一条	统字第147号
第三百七十二条	统字第147号
第三百八十六条	统字第785号 统字第787号
第三百九十四条	统字第1317号 统字第1788号
第四百三十条	统字第948号
第四百六十五条	统字第1998号
第五百零一条	统字第1935号
第五百三十四条	统字第1707号
第五百五十八条	统字第1254号
第五百六十三条	统字第929号

第五百九十一条	统字第 1910 号	第一千零六十五条	统字第 991 号
第五百九十二条	统字第 1947 号	第一千零九十一条	统字第 1645 号
第六百零七条	统字第 140 号	第一千零九十五条	统字第 1202 号
第六百二十二条	统字第 1265 号	第一千一百条	统字第 1645 号
第六百三十八条	统字第 1302 号	第一千一百零一条	统字第 1645 号
第六百五十八条	统字第 919 号	第一千一百一十四条	统字第 1526 号
第六百六十九条	统字第 1359 号	第一千一百一十五条	统字第 1536 号
第六百七十一条	统字第 1730 号	第一千一百三十五条	统字第 1851 号
第七百六十六条	统字第 1333 号	第一千一百四十六条	统字第 2011 号
第七百六十九条	统字第 1137 号 统字第 1229 号	第一千一百五十条	统字第 932 号 统字第 2010 号
第七百九十六条	统字第 823 号	第一千二百零九条	统字第 943 号
第八百二十八条	统字第 1983 号	第一千二百二十二条	统字第 1301 号 统字第 1365 号
第八百六十八条	统字第 937 号	第一千二百六十一条	统字第 921 号
第八百七十二条	统字第 1737 号	第一千二百七十五条	统字第 1048 号
第九百条	统字第 849 号	第一千二百七十六条	统字第 1255 号
第九百二十五条	统字第 895 号	第一千二百九十五条	统字第 1741 号
第九百二十九条	统字第 774 号 统字第 1105 号	第三编 六章 四节	统字第 272 号
第九百三十三条	统字第 774 号	第一千三百一十七条	统字第 1123 号
第九百四十五条	统字第 1258 号 统字第 2007 号	第一千三百二十五条	统字第 941 号
		第一千三百三十条	统字第 1084 号
第九百四十八条	统字第 480 号	第一千三百三十四条	统字第 923 号
第九百五十条	统字第 417 号	第一千三百三十五条	统字第 1188 号
第九百五十二条	统字第 1380 号	第一千三百四十一条	统字第 207 号 统字第 1072 号 统字第 1201 号 统字第 1278 号
第九百五十七条	统字第 1995 号		
第九百六十七条	统字第 1089 号		
第九百八十三条	统字第 1064 号		
第九百八十四条	统字第 844 号	第一千三百四十三条	统字第 617 号 统字第 696 号 统字第 906 号 统字第 1362 号
第九百八十五条	统字第 1562 号		
第九百八十六条	统字第 974 号		
第一千条	统字第 845 号	第一千三百四十四条	统字第 983 号 统字第 1963 号
第一千零四十五条	统字第 943 号		

第一千三百四十五条	统字第232号 统字第1357号	第一千四百四十条	统字第623号
		第一千四百六十七条	统字第1737号
第一千三百四十八条	统字第1981号	第一千四百七十二条	统字第1118号
第一千三百五十九条	统字第1993号	前清现行律民事有效部分	
第一千三百六十二条	统字第813号 统字第939号 统字第1357号 统字第1408号 统字第1412号 统字第1919号	服制门	统字第778号
		给没赃物门	统字第858号
		户役门	统字第363号 统字第942号 统字第1887号
第一千三百六十六条	统字第225号 统字第822号	立嫡子违法条	统字第485号 统字第502号 统字第553号 统字第564号 统字第591号 统字第599号 统字第709号 统字第732号 统字第759号 统字第768号 统字第846号 统字第847号 统字第903号 统字第913号 统字第913号 统字第971号 统字第1006号 统字第1041号 统字第1125号 统字第1201号 统字第1353号 统字第1525号 统字第1586号 统字第1778号 统字第1778号 统字第1780号
第一千三百六十九条	统字第822号	
第一千三百七十条	统字第1065号	
第一千三百七十六条	统字第1295号	
第一千三百七十八条	统字第1015号 统字第1334号	
第一千三百八十三条	统字第153号	
第一千三百九十条	统字第814号 统字第853号 统字第898号 统字第966号 统字第1111号	
第一千三百九十四条	统字第1274号	
第一千三百九十五条	统字第1408号	
第一千三百九十六条	统字第1376号	
第一千三百九十九条	统字第908号	
第一千四百零一条	统字第1403号	
第一千四百零四条	统字第774号 统字第2012号	
第一千四百零八条	统字第2012号 统字第2012号	民人继嗣条	统字第1230号 统字第1735号
第一千四百零九条	统字第1029号 统字第2012号	别籍异财条	统字第484号
第一千四百一十条	统字第2012号	卑幼私擅用财条	统字第418号 统字第455号 统字第953号 统字第1164号 统字第1475号
第一千四百一十二条	统字第372号	
第一千四百一十七条	统字第780号	

	统字第 1911 号 统字第 2012 号	嫁娶违律条	统字第 566 号
典卖田宅门	统字第 226 号 统字第 665 号 统字第 1139 号 统字第 1408 号	尊卑为婚条	统字第 1003 号 统字第 1405 号 统字第 1678 号
检踏灾伤田粮条	统字第 1736 号	娶亲属妻妾门	统字第 917 号 统字第 1266 号
婚姻门	统字第 253 号 统字第 253 号 统字第 253 号 统字第 371 号 统字第 569 号 统字第 576 号 统字第 914 号 统字第 937 号 统字第 939 号	出妻条	统字第 350 号 统字第 350 号 统字第 534 号 统字第 591 号 统字第 828 号 统字第 1134 号 统字第 1203 号 统字第 1231 号 统字第 1362 号 统字第 1415 号 统字第 1623 号
男女婚姻门	统字第 312 号 统字第 454 号 统字第 483 号 统字第 588 号 统字第 604 号 统字第 609 号 统字第 870 号 统字第 906 号 统字第 909 号 统字第 986 号 统字第 1031 号 统字第 1051 号 统字第 1098 号 统字第 1140 号 统字第 1207 号 统字第 1208 号 统字第 1239 号 统字第 1248 号 统字第 1266 号 统字第 1424 号 统字第 1474 号 统字第 1584 号 统字第 1744 号 统字第 1950 号	犯奸门	统字第 358 号 统字第 437 号 统字第 556 号 统字第 1162 号
		纵容妻妾犯奸条	统字第 465 号
		违禁取利条	统字第 1631 号 统字第 1847 号 统字第 1877 号 统字第 1979 号
		宜地井水条	统字第 677 号
		清理不动产典当办法	
		第二条	统字第 606 号 统字第 628 号 统字第 1102 号 统字第 1110 号 统字第 1379 号 统字第 1401 号 统字第 1746 号 统字第 1803 号 统字第 1885 号 统字第 1971 号
妻妾失序门	统字第 624 号		
居丧嫁娶条	统字第 829 号 统字第 1052 号 统字第 1052 号 统字第 1498 号	第三条	统字第 1501 号 统字第 1625 号 统字第 1625 号

	统字第 1625 号
	统字第 1881 号
第八条	统字第 1401 号
第九条	统字第 744 号
	统字第 1881 号
不动产执行规则	
第六条	统字第 565 号
	统字第 729 号
不动产登记条例	
第三条	统字第 1948 号
第四条	统字第 1986 号
第五条	统字第 1862 号
	统字第 1946 号
第一百四十四条	统字第 1972 号
商人通例	
第五条	统字第 942 号
第十一条	统字第 1707 号
第二十条	统字第 1522 号
第三十二条	统字第 1707 号
第六十条	统字第 773 号
公司条例	
第一百四十五条	统字第 1766 号
	统字第 1779 号
第一百八十二条	统字第 1771 号
公司注册规则施行细则	
第十二条	统字第 1997 号
商会法	
第二十四条	统字第 1509 号
第三十一条	统字第 1493 号
商事公断处章程	
第十九条	统字第 1858 号
暂行新刑律	
第一条	统字第 42 号
第二条	统字第 184 号

第四条	统字第 443 号
第六条	统字第 592 号
	统字第 1390 号
第九条	统字第 8 号
	统字第 50 号
	统字第 159 号
	统字第 279 号
	统字第 630 号
	统字第 771 号
	统字第 784 号
	统字第 1174 号
第十条	统字第 23 号
	统字第 24 号
	统字第 102 号
	统字第 220 号
	统字第 257 号
	统字第 271 号
	统字第 336 号
	统字第 406 号
	统字第 499 号
	统字第 507 号
	统字第 531 号
	统字第 546 号
	统字第 546 号
	统字第 561 号
	统字第 607 号
	统字第 761 号
	统字第 767 号
	统字第 788 号
	统字第 963 号
	统字第 987 号
	统字第 997 号
	统字第 1080 号
	统字第 1157 号
	统字第 1158 号
	统字第 1158 号
	统字第 1181 号
第十一条	统字第 340 号
	统字第 1635 号
第十二条	统字第 131 号
	统字第 1350 号
	统字第 1366 号
	统字第 1635 号
	统字第 1739 号

第十三条	统字第 116 号 统字第 316 号 统字第 516 号 统字第 1046 号 统字第 1083 号 统字第 1147 号 统字第 1180 号 统字第 1183 号 统字第 1428 号 统字第 1551 号 统字第 1732 号	第二十一条	统字第 430 号 统字第 1740 号 统字第 1876 号
第十四条	统字第 465 号 统字第 538 号 统字第 649 号 统字第 1019 号	第二十三条	统字第 28 号 统字第 191 号 统字第 233 号 统字第 265 号 统字第 334 号 统字第 348 号 统字第 348 号 统字第 442 号 统字第 504 号 统字第 507 号 统字第 651 号 统字第 683 号 统字第 699 号 统字第 764 号 统字第 769 号 统字第 957 号 统字第 989 号 统字第 1060 号 统字第 1082 号 统字第 1148 号 统字第 1245 号 统字第 1293 号 统字第 1384 号 统字第 1410 号 统字第 1709 号
第十五条	统字第 48 号 统字第 49 号 统字第 433 号 统字第 539 号 统字第 927 号 统字第 995 号 统字第 1124 号 统字第 1191 号 统字第 1228 号		
第十六条	统字第 385 号		
第十七条	统字第 252 号 统字第 348 号 统字第 356 号 统字第 359 号 统字第 770 号		
第十八条	统字第 459 号		
第十九条	统字第 222 号 统字第 269 号 统字第 333 号 统字第 348 号 统字第 388 号 统字第 413 号 统字第 530 号 统字第 638 号 统字第 740 号 统字第 772 号 统字第 1970 号	第二十四条	统字第 64 号 统字第 222 号 统字第 321 号 统字第 412 号 统字第 998 号 统字第 1011 号 统字第 1059 号 统字第 1290 号 统字第 1452 号 统字第 1546 号 统字第 1564 号 统字第 1627 号
第二十条	统字第 1876 号	第二十五条	统字第 712 号 统字第 738 号

第二十六条	统字第 86 号 统字第 202 号 统字第 254 号 统字第 280 号 统字第 365 号 统字第 376 号 统字第 397 号 统字第 419 号 统字第 516 号 统字第 555 号 统字第 699 号 统字第 707 号 统字第 747 号 统字第 876 号 统字第 935 号 统字第 989 号 统字第 1079 号 统字第 1088 号 统字第 1184 号 统字第 1192 号 统字第 1210 号 统字第 1212 号 统字第 1225 号 统字第 1286 号 统字第 1293 号 统字第 1296 号 统字第 1337 号 统字第 1351 号 统字第 1374 号 统字第 1413 号 统字第 1465 号		统字第 359 号 统字第 370 号 统字第 370 号 统字第 401 号 统字第 411 号 统字第 414 号 统字第 443 号 统字第 463 号 统字第 468 号 统字第 493 号 统字第 499 号 统字第 512 号 统字第 530 号 统字第 641 号 统字第 650 号 统字第 749 号 统字第 883 号 统字第 1095 号 统字第 1189 号 统字第 1238 号 统字第 1241 号 统字第 1244 号 统字第 1245 号 统字第 1256 号 统字第 1265 号 统字第 1564 号 统字第 1674 号
		第三十条	统字第 1189 号
第二十八条	统字第 63 号 统字第 311 号 统字第 368 号 统字第 399 号 统字第 494 号 统字第 803 号 统字第 977 号 统字第 1061 号 统字第 1151 号 统字第 1456 号	第三十一条	统字第 221 号 统字第 235 号 统字第 286 号 统字第 341 号 统字第 464 号 统字第 647 号 统字第 799 号 统字第 805 号 统字第 811 号 统字第 1148 号 统字第 1153 号 统字第 1161 号 统字第 1238 号 统字第 1270 号 统字第 1354 号 统字第 1524 号 统字第 1675 号
第一编 六章	统字第 743 号		
第二十九条	统字第 258 号 统字第 268 号 统字第 341 号		

第三十四条	统字第 1340 号 统字第 1649 号	第五十五条	统字第 1428 号
第四十四条	统字第 243 号 统字第 334 号 统字第 645 号 统字第 985 号 统字第 1846 号 统字第 1921 号	第一编 第十一章	统字第 46 号 统字第 60 号 统字第 99 号
		第五十八条	统字第 1927 号
		第六十一条	统字第 1428 号
		第六十二条	统字第 356 号
第四十五条	统字第 89 号 统字第 128 号 统字第 408 号 统字第 1575 号 统字第 1628 号	第六十三条	统字第 112 号 统字第 334 号 统字第 532 号 统字第 965 号 统字第 1242 号 统字第 1846 号
第四十六条	统字第 234 号 统字第 366 号 统字第 1269 号 统字第 1786 号 统字第 1850 号	第六十四条	统字第 92 号
		第六十六条	统字第 1186 号
		第六十八条	统字第 1930 号 统字第 1969 号
第四十七条	统字第 133 号 统字第 204 号 统字第 500 号 统字第 841 号 统字第 1024 号 统字第 1306 号	第六十九条	统字第 282 号 统字第 282 号 统字第 682 号 统字第 1155 号 统字第 1178 号 统字第 1846 号 统字第 1888 号
第四十八条	统字第 25 号 统字第 408 号 统字第 492 号 统字第 572 号 统字第 706 号 统字第 716 号 统字第 854 号 统字第 1148 号 统字第 1506 号 统字第 1717 号	第七十六条	统字第 1604 号
		第七十七条	统字第 1515 号 统字第 1841 号
		第七十九条	统字第 978 号 统字第 992 号 统字第 1130 号 统字第 1450 号
		第八十条	统字第 113 号 统字第 888 号 统字第 1240 号 统字第 1396 号 统字第 1826 号
第五十一条	统字第 529 号 统字第 1674 号		
第五十四条	统字第 182 号 统字第 247 号 统字第 249 号 统字第 529 号 统字第 660 号 统字第 1147 号 统字第 1478 号	第八十二条	统字第 55 号 统字第 632 号 统字第 719 号

	统字第 817 号 统字第 1022 号 统字第 1477 号 统字第 1477 号 统字第 1564 号	第一百四十八条	统字第 403 号 统字第 673 号 统字第 838 号 统字第 950 号
		第一百五十条	统字第 1755 号
第八十三条	统字第 14 号 统字第 96 号 统字第 110 号 统字第 163 号 统字第 195 号 统字第 250 号 统字第 666 号 统字第 666 号 统字第 688 号 统字第 688 号 统字第 1271 号 统字第 1718 号 统字第 1836 号	第一百五十三条	统字第 530 号 统字第 551 号 统字第 551 号 统字第 646 号 统字第 762 号 统字第 1088 号 统字第 1194 号 统字第 1282 号 统字第 1311 号 统字第 1443 号
		第一百五十四条	统字第 720 号
		第一百五十五条	统字第 29 号 统字第 168 号 统字第 185 号 统字第 369 号 统字第 380 号 统字第 1068 号 统字第 1555 号
第八十八条	统字第 233 号 统字第 245 号 统字第 340 号 统字第 446 号 统字第 828 号 统字第 1485 号	第二编 八章	统字第 45 号 统字第 975 号
第一百零三条	统字第 75 号	第一百五十八条	统字第 1636 号
第一百零九条	统字第 1821 号	第一百六十一条	统字第 1352 号 统字第 1632 号
第一百四十条	统字第 516 号 统字第 657 号	第一百六十四条	统字第 320 号
第一百四十一条	统字第 516 号	第一百六十五条	统字第 444 号 统字第 1674 号
第一百四十二条	统字第 379 号 统字第 1381 号	第一百六十六条	统字第 425 号 统字第 463 号 统字第 473 号
第一百四十六条	统字第 53 号 统字第 1291 号 统字第 1377 号 统字第 1377 号 统字第 1385 号	第一百六十八条	统字第 307 号 统字第 1603 号
		第一百六十九条	统字第 713 号
第一百四十七条	统字第 21 号 统字第 603 号 统字第 1313 号	第一百七十一条	统字第 193 号 统字第 341 号 统字第 1382 号

第一百七十二条	统字第 516 号 统字第 694 号 统字第 977 号 统字第 1160 号 统字第 1440 号	第一百八十四条	统字第 1086 号
		第一百八十七条	统字第 56 号
		第一百九十条	统字第 595 号
		第一百九十七条	统字第 1612 号
第一百七十六条	统字第 1755 号	第二百条	统字第 758 号
第一百七十七条	统字第 71 号 统字第 236 号 统字第 326 号 统字第 1153 号 统字第 1172 号	第二百零三条	统字第 1280 号 统字第 1568 号
		第二百零四条	统字第 1279 号
		第二百零五条	统字第 389 号 统字第 438 号 统字第 466 号 统字第 471 号 统字第 639 号 统字第 702 号 统字第 889 号 统字第 1592 号
第一百七十八条	统字第 22 号 统字第 949 号 统字第 1191 号		
第一百八十条	统字第 1148 号		
第一百八十一条	统字第 1150 号 统字第 1438 号	第二百零九条	统字第 1279 号
		第二百一十条	统字第 1224 号
第一百八十二条	统字第 233 号 统字第 265 号 统字第 308 号 统字第 338 号 统字第 339 号 统字第 422 号 统字第 427 号 统字第 465 号 统字第 474 号 统字第 551 号 统字第 551 号 统字第 812 号 统字第 909 号 统字第 979 号 统字第 1021 号 统字第 1042 号 统字第 1063 号 统字第 1086 号 统字第 1103 号 统字第 1104 号 统字第 1282 号 统字第 1304 号 统字第 1308 号 统字第 1449 号 统字第 1710 号	第二百一十四条	统字第 625 号
		第二百一十五条	统字第 683 号
		第二百二十一条	统字第 75 号
		第二百二十二条	统字第 1681 号
		第二百二十五条	统字第 378 号 统字第 543 号 统字第 1399 号
		第二百二十九条	统字第 39 号
			统字第 111 号
			统字第 266 号
			统字第 811 号
		第二百三十一条	统字第 1581 号
		第二百三十二条	统字第 135 号 统字第 468 号
		第二百三十九条	统字第 377 号 统字第 509 号 统字第 747 号 统字第 1079 号 统字第 1430 号

第二百四十一条	统字第 230 号 统字第 747 号 统字第 1211 号		统字第 1236 号 统字第 1437 号 统字第 1447 号
第二百四十二条	统字第 442 号 统字第 640 号 统字第 675 号 统字第 960 号 统字第 1077 号 统字第 1727 号 统字第 1894 号	第二百六十七条	统字第 1375 号
		第二百六十九条	统字第 583 号 统字第 612 号 统字第 965 号 统字第 1197 号
第二百四十三条	统字第 474 号 统字第 560 号 统字第 622 号 统字第 747 号 统字第 968 号 统字第 1211 号 统字第 1282 号 统字第 1305 号 统字第 1328 号	第二百七十条	统字第 506 号
		第二百七十一条	统字第 54 号 统字第 205 号 统字第 264 号 统字第 304 号 统字第 526 号 统字第 596 号 统字第 615 号 统字第 647 号 统字第 1146 号
第二百四十六条	统字第 1430 号 统字第 1819 号	第二百七十二条	统字第 1160 号 统字第 1605 号
第二百五十七条	统字第 376 号	第二百七十三条	统字第 139 号
第二百五十八条	统字第 397 号 统字第 489 号 统字第 816 号 统字第 1129 号 统字第 1829 号	第二百七十四条	统字第 790 号 统字第 1260 号
		第二百七十六条	统字第 30 号 统字第 34 号 统字第 40 号 统字第 66 号 统字第 145 号 统字第 447 号 统字第 611 号 统字第 1005 号
第二百六十条	统字第 287 号 统字第 769 号 统字第 1642 号		
第二百六十二条	统字第 644 号 统字第 1061 号 统字第 1413 号		
第二编 第二十一章	统字第 109 号	第二百七十九条	统字第 1841 号
		第二百八十四条	统字第 291 号
第二百六十六条	统字第 58 号 统字第 125 号 统字第 132 号 统字第 136 号 统字第 179 号 统字第 583 号 统字第 955 号 统字第 956 号	第二百八十五条	统字第 504 号 统字第 1082 号 统字第 1326 号
		第二百八十七条	统字第 317 号 统字第 462 号
		第二百八十八条	统字第 491 号

第二百八十九条	统字第 258 号 统字第 295 号 统字第 489 号 统字第 491 号 统字第 507 号 统字第 540 号		统字第 828 号 统字第 995 号 统字第 1023 号 统字第 1184 号 统字第 1212 号 统字第 1307 号 统字第 1391 号 统字第 1434 号
第二百九十条	统字第 4 号 统字第 470 号 统字第 878 号	第三百一十六条	统字第 1674 号
第二百九十一条	统字第 15 号 统字第 16 号 统字第 20 号 统字第 26 号 统字第 42 号 统字第 65 号	第三百一十七条	统字第 294 号
		第三百一十八条	统字第 320 号
		第三百二十条	统字第 1449 号
		第三百二十一条	统字第 1276 号
第二百九十三条	统字第 1082 号	第三百二十四条	统字第 431 号 统字第 685 号 统字第 959 号 统字第 1005 号 统字第 1176 号 统字第 1307 号 统字第 1377 号 统字第 1434 号
第二百九十四条	统字第 27 号 统字第 179 号 统字第 394 号 统字第 399 号 统字第 475 号 统字第 795 号 统字第 1228 号 统字第 1846 号		
		第三百二十六条	统字第 2006 号
第三百条	统字第 872 号	第三百二十七条	统字第 431 号 统字第 489 号
第三百零八条	统字第 121 号	第三百二十八条	统字第 1181 号
第三百一十一条	统字第 340 号 统字第 392 号 统字第 401 号 统字第 512 号 统字第 518 号 统字第 529 号 统字第 1082 号 统字第 1124 号 统字第 1176 号	第三百三十一条	统字第 204 号
		第三百三十七条	统字第 1175 号
		第三百四十三条	统字第 964 号
		第三百四十四条	统字第 3 号 统字第 218 号 统字第 762 号 统字第 989 号 统字第 1002 号 统字第 1005 号 统字第 1023 号 统字第 1062 号 统字第 1086 号
第三百一十二条	统字第 550 号		
第三百一十三条	统字第 117 号 统字第 247 号 统字第 322 号 统字第 450 号 统字第 641 号 统字第 828 号	第三百四十五条	统字第 323 号
		第三百四十七条	统字第 989 号

第三百四十九条	统字第15号 统字第17号 统字第20号 统字第20号 统字第33号 统字第37号 统字第122号 统字第190号 统字第465号 统字第471号 统字第504号 统字第507号 统字第555号 统字第556号 统字第1305号 统字第1331号 统字第1927号	第三百五十八条	统字第73号 统字第461号 统字第1179号 统字第1184号 统字第1323号 统字第1323号 统字第1376号 统字第1417号 统字第1549号 统字第1681号
		第三百五十九条	统字第393号 统字第500号
		第三百六十条	统字第10号 统字第19号 统字第505号 统字第1282号 统字第1674号 统字第1683号
		第三百六十一条	统字第1063号
		第三百六十二条	统字第683号 统字第1159号
第三百五十一条	统字第37号 统字第150号 统字第203号 统字第347号 统字第537号 统字第713号 统字第718号 统字第864号 统字第886号 统字第891号 统字第1071号 统字第1368号 统字第1368号 统字第1376号 统字第1557号	第三百六十七条	统字第252号 统字第278号 统字第375号 统字第457号 统字第507号 统字第517号 统字第548号 统字第735号 统字第752号 统字第798号 统字第946号 统字第964号 统字第984号 统字第1044号 统字第1195号 统字第1315号 统字第1436号
第三百五十三条	统字第555号 统字第796号 统字第1145号 统字第1557号 统字第1635号		
第三百五十五条	统字第282号 统字第994号 统字第1050号 统字第1138号 统字第1242号	第三百六十八条	统字第444号 统字第832号 统字第984号 统字第1073号 统字第1151号 统字第1437号
第三百五十七条	统字第291号 统字第378号 统字第656号		

第三百七十条	统字第 527 号 统字第 776 号 统字第 990 号 统字第 1033 号 统字第 1303 号 统字第 1305 号 统字第 1643 号 统字第 2003 号	第三百七十七条	统字第 684 号
第三百七十一条	统字第 91 号	第三百七十九条	统字第 66 号 统字第 162 号 统字第 421 号 统字第 451 号 统字第 476 号 统字第 477 号 统字第 820 号 统字第 934 号 统字第 1067 号 统字第 1151 号
第三百七十三条	统字第 3 号 统字第 66 号 统字第 66 号 统字第 66 号 统字第 66 号 统字第 212 号 统字第 375 号 统字第 411 号 统字第 478 号 统字第 493 号 统字第 504 号 统字第 527 号 统字第 620 号 统字第 784 号 统字第 869 号 统字第 988 号 统字第 1005 号 统字第 1010 号 统字第 1267 号 统字第 1409 号 统字第 1609 号	第三百八十条	统字第 234 号 统字第 610 号 统字第 648 号
		第三百八十一条	统字第 750 号 统字第 1012 号
第三百七十四条	统字第 275 号 统字第 439 号 统字第 440 号 统字第 799 号 统字第 1010 号 统字第 1651 号 统字第 1723 号	第三百八十二条	统字第 119 号 统字第 126 号 统字第 215 号 统字第 334 号 统字第 362 号 统字第 377 号 统字第 397 号 统字第 403 号 统字第 415 号 统字第 426 号 统字第 474 号 统字第 475 号 统字第 519 号 统字第 523 号 统字第 583 号 统字第 620 号 统字第 651 号 统字第 663 号 统字第 672 号 统字第 695 号 统字第 838 号 统字第 950 号 统字第 951 号 统字第 986 号 统字第 989 号 统字第 990 号 统字第 996 号 统字第 1002 号 统字第 1004 号
第三百七十六条	统字第 268 号 统字第 392 号 统字第 948 号 统字第 967 号 统字第 1154 号 统字第 1441 号 统字第 1643 号		

	统字第 1088 号
	统字第 1194 号
	统字第 1303 号
	统字第 1313 号
	统字第 1318 号
	统字第 1351 号
	统字第 1394 号
	统字第 1732 号
	统字第 2004 号
第三百八十三条	统字第 1265 号
	统字第 1265 号
	统字第 1351 号
第三百八十五条	统字第 1005 号
	统字第 1265 号
第三百八十六条	统字第 786 号
第三百八十八条	统字第 134 号
	统字第 523 号
	统字第 695 号
第三百九十一条	统字第 449 号
	统字第 945 号
	统字第 946 号
	统字第 1224 号
	统字第 1315 号
第三百九十二条	统字第 195 号
	统字第 326 号
	统字第 475 号
	统字第 664 号
	统字第 751 号
	统字第 950 号
	统字第 1223 号
	统字第 1618 号
	统字第 1665 号
	统字第 1726 号
	统字第 1917 号
第三百九十三条	统字第 444 号
	统字第 459 号
	统字第 1441 号
第三百九十七条	统字第 235 号
	统字第 340 号
	统字第 572 号
	统字第 664 号
	统字第 666 号

	统字第 763 号
	统字第 842 号
	统字第 946 号
	统字第 964 号
	统字第 1153 号
	统字第 1617 号
	统字第 1959 号
第四百零三条	统字第 1159 号
第四百零四条	统字第 804 号
	统字第 1681 号
第四百零五条	统字第 355 号
	统字第 758 号
第四百零六条	统字第 93 号
	统字第 376 号
	统字第 803 号
	统字第 890 号
	统字第 1013 号
	统字第 1195 号
	统字第 1197 号
	统字第 1330 号
	统字第 1612 号
第四百零八条	统字第 758 号
暂行新刑律施行细则	
第四条	统字第 170 号
	统字第 211 号
	统字第 1486 号
第五条	统字第 1486 号
暂行新刑律补充条例	
第二条	统字第 309 号
第四条	统字第 462 号
第六条	统字第 364 号
	统字第 405 号
	统字第 409 号
	统字第 467 号
	统字第 556 号
	统字第 653 号
	统字第 791 号
	统字第 818 号
	统字第 834 号
	统字第 1264 号
	统字第 1284 号

	统字第 1418 号 统字第 1477 号	第十一条	统字第 345 号 统字第 401 号 统字第 445 号 统字第 458 号 统字第 873 号 统字第 1281 号 统字第 1360 号 统字第 1389 号 统字第 1565 号 统字第 1729 号
第七条	统字第 360 号 统字第 409 号 统字第 472 号 统字第 489 号 统字第 497 号 统字第 540 号 统字第 704 号 统字第 1038 号 统字第 1191 号 统字第 1322 号 统字第 1434 号 统字第 1505 号 统字第 1529 号	第十二条	统字第 353 号 统字第 428 号 统字第 1054 号 统字第 1215 号
		第七十四条	统字第 1389 号
		惩治盗匪法	
		第一条	统字第 155 号 统字第 1799 号 统字第 1800 号
		第二条	统字第 154 号 统字第 196 号
第九条	统字第 11 号 统字第 94 号 统字第 213 号 统字第 214 号 统字第 248 号 统字第 342 号 统字第 386 号 统字第 401 号 统字第 524 号 统字第 555 号 统字第 649 号 统字第 792 号 统字第 837 号 统字第 870 号 统字第 1050 号 统字第 1196 号 统字第 1222 号 统字第 1284 号 统字第 1367 号 统字第 1446 号 统字第 1582 号	第三条	统字第 240 号 统字第 275 号 统字第 784 号 统字第 871 号 统字第 1503 号
		第四条	统字第 260 号 统字第 578 号 统字第 666 号 统字第 717 号 统字第 805 号 统字第 835 号 统字第 1096 号 统字第 1161 号 统字第 1448 号 统字第 1595 号 统字第 1644 号
第十条	统字第 347 号 统字第 439 号 统字第 666 号 统字第 961 号 统字第 1086 号 统字第 1644 号	第五条	统字第 208 号 统字第 357 号 统字第 1058 号 统字第 1495 号 统字第 1619 号

第九条	统字第 1058 号 统字第 1827 号	第七条	统字第 1541 号 统字第 1620 号
第三十条	统字第 580 号	第八条	统字第 436 号
惩治盗匪法施行法		修正陆军刑事条例	
第四条	统字第 1198 号	第六条	统字第 1682 号
盗匪案件适用法律划一办法		第七条	统字第 1832 号
第二条	统字第 180 号 统字第 181 号 统字第 187 号 统字第 284 号 统字第 328 号 统字第 332 号 统字第 390 号 统字第 398 号 统字第 581 号	吗啡治罪法	
		第一条	统字第 210 号
		施打吗啡条例	
			统字第 107 号
		死罪施行办法	
			统字第 100 号
			统字第 108 号
		易笞条例	
		第四条	统字第 246 号
第三条	统字第 237 号 统字第 261 号 统字第 262 号 统字第 315 号 统字第 582 号 统字第 634 号 统字第 758 号 统字第 1099 号 统字第 1148 号 统字第 1339 号	缉私条例	
		第三条	统字第 1855 号
		惩办国贼条例	
		第二条	统字第 292 号
		民事诉讼律	
		第一条	统字第 1136 号
		第二条	统字第 1243 号 统字第 1559 号
		第三条	统字第 954 号
私盐治罪法		第四条	统字第 1117 号 统字第 1332 号 统字第 1421 号
第一条	统字第 633 号		
第二条	统字第 404 号		
陆军审判条例		第五条	统字第 1639 号
第一条	统字第 1133 号 统字第 1212 号 统字第 1476 号	第六条	统字第 627 号 统字第 1209 号 统字第 1334 号 统字第 1561 号
第十八条	统字第 760 号		
陆军刑事条例		第七条	统字第 766 号 统字第 1001 号 统字第 1066 号
第一条	统字第 469 号		
第六条	统字第 657 号 统字第 1596 号		

	统字第 1128 号 统字第 1745 号	第六十六条	统字第 930 号
		第七十四条	统字第 1538 号
第九条	统字第 1288 号	第七十五条	统字第 756 号
第十一条	统字第 335 号 统字第 1074 号 统字第 1214 号 统字第 1247 号 统字第 1559 号	第八十二条	统字第 1252 号
		第八十三条	统字第 231 号 统字第 730 号 统字第 899 号 统字第 1163 号
第十三条	统字第 1275 号	第八十七条	统字第 940 号
第十八条	统字第 727 号 统字第 825 号 统字第 848 号 统字第 1090 号	第九十五条	统字第 453 号
		第九十六条	统字第 1422 号
		第九十七条	统字第 902 号
第三十条	统字第 85 号	第一百零二条	统字第 1624 号
第三十一条	统字第 1425 号	第一百一十四条	统字第 1404 号
第三十四条	统字第 809 号	第一百二十五条	统字第 396 号
第三十七条	统字第 143 号 统字第 736 号 统字第 745 号 统字第 797 号 统字第 1494 号 统字第 1569 号 统字第 1571 号 统字第 1654 号 统字第 1690 号 统字第 1738 号	第一百二十八条	统字第 1433 号
		第三编	统字第 6 号 统字第 7 号 统字第 12 号
		第一百七十条	统字第 728 号
		第一百七十四条	统字第 171 号
		第二百三十二条	统字第 757 号 统字第 969 号 统字第 1016 号
第三十九条	统字第 563 号 统字第 1481 号 统字第 1504 号 统字第 1579 号	第二百三十六条	统字第 755 号
		第二百三十八条	统字第 423 号 统字第 809 号 统字第 924 号 统字第 1622 号
第四十条	统字第 563 号 统字第 901 号 统字第 1653 号		
第四十二条	统字第 885 号 统字第 1660 号	第二百四十七条	统字第 90 号 统字第 783 号
第四十六条	统字第 1558 号 统字第 1690 号	第二百六十八条	统字第 731 号
第五十四条	统字第 859 号	第二百八十四条	统字第 710 号 统字第 1009 号
第五十八条	统字第 229 号		
第五十九条	统字第 1302 号		

第二百八十五条	统字第1233号	第五百零三条	统字第1657号
第二百九十六条	统字1532号	第五百零六条	统字第351号
第三百零三条	统字第724号 统字第1738号	第三编 四章	统字第57号
第三百零四条	统字第1205号 统字第1662号	第五百三十一条	统字第67号 统字第68号 统字第70号 统字第302号
第三百零五条	统字第1040号 统字第1234号 统字第1299号 统字第1321号 统字第1534号	第五百三十三条	统字第223号 统字第285号
		第五百三十六条	统字第481号 统字第1035号 统字第1108号
第三百一十条	统字第1629号	第五百三十七条	统字第31号
第三百一十八条	统字第97号 统字第1136号	第五百三十八条	统字第352号 统字第1500号
第三百四十五条	统字第1165号	第五百四十七条	统字第313号
第三百四十七条	统字第1161号	第五百四十八条	统字第1472号
第四百零七条	统字第1344号	第五百五十条	统字第1167号
第四百一十六条	统字第1423号	第五百五十一条	统字第171号 统字第513号 统字第882号
第四百四十八条	统字第926号		
第四百五十条	统字第1588号	第五百五十二条	统字第910号
第四百六十五条	统字第725号	第五百五十四条	统字第781号
第四百七十九条	统字第228号 统字第514号 统字第733号 统字第1638号	第五百五十九条	统字第1364号 统字第1670号
		第五百六十条	统字第1152号
		第五百六十一条	统字第1039号
第四百八十条	统字第1048号	第五百六十四条	统字第1508号
第四百八十一条	统字第1120号	第五百六十九条	统字第954号
第四百八十三条	统字第746号	第五百七十二条	统字第285号 统字第775号
第四百八十四条	统字第1115号		
第四百九十三条	统字第802号 统字第1297号	第五百七十四条	统字第141号 统字第384号
第四百九十四条	统字第1657号	第五百七十六条	统字第238号
第四百九十八条	统字第402号 统字第1548号 统字第1560号	第五百七十九条	统字第171号 统字第623号 统字第756号

第五百八十二条	统字第 883 号	第六百零八条	统字第 619 号 统字第 1285 号
第五百八十三条	统字第 627 号 统字第 918 号	第六百一十六条	统字第 1343 号
第五百八十五条	统字第 910 号 统字第 1334 号 统字第 1334 号	第六百五十九条	统字第 831 号
		第六百六十条	统字第 831 号
		第七百五十四条	统字第 910 号
第五百八十七条	统字第 74 号 统字第 77 号 统字第 1165 号	第七百六十六条	统字第 912 号 统字第 922 号
		第七百七十五条	统字第 1361 号
第五百八十九条	统字第 721 号 统字第 1119 号	第七百八十三条	统字第 910 号
第五百九十条	统字第 171 号	第七百九十一条	统字第 686 号 统字第 1288 号 统字第 1289 号 统字第 1294 号
第五百九十四条	统字第 146 号		
第五百九十七条	统字第 826 号		
第五百九十九条	统字第 273 号 统字第 1407 号 统字第 1544 号	第七百九十二条	统字第 1640 号
		民事诉讼条例	
第六百条	统字第 522 号 统字第 577 号 统字第 1091 号	第一条	统字第 1805 号
		第五条	统字第 1787 号 统字第 1793 号 统字第 1808 号
第三编 五章	统字第 416 号	第七条	统字第 1793 号
第六百零三条	统字第 224 号 统字第 619 号 统字第 860 号 统字第 1288 号 统字第 1345 号	第十四条	统字第 2009 号
		第十五条	统字第 1864 号
		第十六条	统字第 1933 号 统字第 1984 号
		第二十条	统字第 1974 号
第六百零四条	统字第 115 号 统字第 227 号 统字第 558 号 统字第 860 号 统字第 1288 号	第二十二条	统字第 1840 号
		第三十九条	统字第 1714 号 统字第 1806 号
		第四十一条	统字第 1952 号
第六百零五条	统字第 217 号 统字第 456 号 统字第 597 号 统字第 850 号 统字第 857 号 统字第 859 号 统字第 931 号 统字第 1122 号 统字第 1432 号 统字第 1671 号	第五十四条	统字第 1905 号
		第六十四条	统字第 1777 号
		第六十六条	统字第 1939 号
		第八十五条	统字第 1953 号 统字第 1966 号
		第九十七条	统字第 1734 号

条文	统字号	条文	统字号
第一百三十三条	统字第 1770 号	第四百四十八条	统字第 1747 号
第一百三十八条	统字第 1883 号	第四百五十七条	统字第 1902 号
第一百六十四条	统字第 1903 号	第四百七十四条	统字第 1859 号
第一百七十条	统字第 1872 号	第四百九十九条	统字第 1757 号
第一百八十三条	统字第 1704 号 统字第 1869 号	第五百条	统字第 1988 号
第一百八十六条	统字第 1869 号	第五百零六条	统字第 1776 号
第一百九十条	统字第 1751 号	第五百零八条	统字第 1798 号 统字第 1807 号
第一百九十八条	统字第 1976 号	第五百二十一条	统字第 1944 号 统字第 1987 号
第二百零二条	统字第 1976 号	第五百二十二条	统字第 1866 号
第二百一十三条	统字第 1860 号 统字第 1977 号	第五百二十六条	统字第 1940 号
第二百一十四条	统字第 1989 号	第五百二十八条	统字第 1940 号
第二百三十三条	统字第 1973 号	第五百三十一条	统字第 1795 号 统字第 1796 号 统字第 1816 号 统字第 1849 号 统字第 1853 号 统字第 1871 号 统字第 1873 号 统字第 1880 号 统字第 1952 号
第二百六十二条	统字第 1748 号		
第二百六十六条	统字第 1757 号 统字第 1797 号 统字第 1867 号		
第二百六十九条	统字第 1960 号		
第二百七十一条	统字第 1834 号 统字第 1904 号	第五百三十六条	统字第 1758 号
		第五百四十一条	统字第 1880 号
第二百七十二条	统字第 1749 号 统字第 1874 号	第五百四十二条	统字第 1880 号
		第五百四十八条	统字第 1768 号
第二百七十八条	统字第 1982 号	第五百四十九条	统字第 1757 号 统字第 1798 号
第二百八十四条	统字第 1794 号		
第二百八十七条	统字第 1760 号	第五百五十一条	统字第 1982 号
第二百九十条	统字第 1783 号 统字第 1784 号 统字第 1980 号 统字第 1987 号	第五百五十二条	统字第 1873 号
		第五百五十五条	统字第 1782 号 统字第 1817 号
第二百九十五条	统字第 1785 号	第五百五十八条	统字第 1704 号
第二百九十六条	统字第 1789 号	第五百六十六条	统字第 1768 号
第二百九十七条	统字第 1861 号 统字第 1861 号 统字第 1861 号	第五百六十八条	统字第 1708 号 统字第 1790 号 统字第 1801 号

	统字第 1985 号 统字第 2007 号	第七条	统字第 1273 号 统字第 1631 号 统字第 1769 号 统字第 1859 号
第五百七十一条	统字第 1812 号 统字第 1848 号 统字第 1853 号	第八条	统字第 1713 号
第五百七十三条	统字第 1833 号	第九条	统字第 1656 号
第六百三十五条	统字第 2009 号	第十条	统字第 687 号 统字第 859 号 统字第 1287 号 统字第 1316 号 统字第 1656 号 统字第 1684 号 统字第 1684 号 统字第 1684 号
第六百五十三条	统字第 1852 号 统字第 1978 号		
第六百六十八条	统字第 1813 号 统字第 1900 号 统字第 1934 号 统字第 1942 号		
第六百六十九条	统字第 1813 号 统字第 1934 号	第十一条	统字第 1309 号 统字第 1310 号 统字第 1587 号 统字第 1886 号
第六百八十八条	统字第 1949 号	第三十七条	统字第 1967 号
第六百八十九条	统字第 1934 号	第四十七条	统字第 904 号
第六百九十三条	统字第 2012 号	第五十二条	统字第 424 号
第七百四十一条	统字第 1677 号	第五十四条	统字第 1496 号
民事诉讼条例施行条例		第七十一条	统字第 721 号
第一条	统字第 1762 号 统字第 1775 号 统字第 1871 号 统字第 1918 号 统字第 1952 号	第八十四条	统字第 1996 号
		第八十七条	统字第 1631 号
民事诉讼执行规则		第八十八条	统字第 510 号 统字第 511 号 统字第 723 号 统字第 1631 号 统字第 1686 号
第四条	统字第 173 号 统字第 239 号 统字第 590 号 统字第 836 号 统字第 922 号 统字第 1272 号 统字第 1341 号 统字第 1402 号 统字第 1469 号 统字第 1533 号 统字第 1631 号		
		第九十一条	统字第 568 号 统字第 1865 号
		第九十二条	统字第 1865 号
		第九十三条	统字第 936 号
		第一百零一条	统字第 1469 号
		第一百零四条	统字第 1469 号
第五条	统字第 508 号	第一百二十一条	统字第 1469 号
第六条	统字第 1202 号		

第一百三十四条	统字第 1631 号 统字第 1631 号
修正民事诉讼执行规则	
第十一条	统字第 1951 号
民事非常上告暂行条例	
第一条	统字第 152 号
民事公断处暂行条例	
第一条	统字第 2008 号
破产法规	
	统字第 147 号
刑事诉讼律	
第一条	统字第 118 号 统字第 188 号
第六条	统字第 87 号 统字第 1348 号
第九条	统字第 867 号
第十五条	统字第 88 号 统字第 219 号 统字第 448 号 统字第 487 号 统字第 1393 号
第十六条	统字第 434 号 统字第 1591 号
第十八条	统字第 219 号 统字第 270 号 统字第 739 号 统字第 1494 号 统字第 1512 号
第十九条	统字第 36 号 统字第 36 号 统字第 36 号 统字第 36 号 统字第 36 号 统字第 503 号 统字第 1216 号
第二十一条	统字第 536 号

第二十二条	统字第 216 号
第二十七条	统字第 487 号
第二十八条	统字第 1543 号
第二十九条	统字第 637 号 统字第 1249 号 统字第 1261 号 统字第 1397 号
第三十二条	统字第 748 号 统字第 1249 号 统字第 1261 号
第三十四条	统字第 1177 号
第四十条	统字第 1021 号
第五十二条	统字第 452 号
第五十三条	统字第 138 号 统字第 1193 号
第五十四条	统字第 35 号
第六十二条	统字第 169 号
第六十五条	统字第 309 号
第一百零七条	统字第 542 号
第一百零八条	统字第 304 号
第一百零九条	统字第 304 号
第一百一十四条	统字第 1383 号
第一百一十七条	统字第 600 号 统字第 1171 号 统字第 1173 号
第一编 三章四节	统字第 293 号
第二百零二条	统字第 1647 号
第二百三十六条	统字第 305 号
第二百五十条	统字第 402 号 统字第 1549 号 统字第 1615 号
第二百五十一条	统字第 303 号
第二百五十二条	统字第 928 号
第二百五十六条	统字第 51 号 统字第 299 号

	统字第 584 号 统字第 958 号 统字第 1395 号	第二百八十七条	统字第 1373 号 统字第 1453 号
第二百五十七条	统字第 51 号 统字第 299 号	第二百八十九条	统字第 327 号 统字第 1453 号
第二百五十八条	统字第 1076 号	第二百九十条	统字第 1610 号
第二百五十九条	统字第 1025 号 统字第 1451 号	第二百九十三条	统字第 535 号 统字第 1453 号
		第三百零一条	统字第 549 号
第二百六十三条	统字第 174 号 统字第 360 号 统字第 361 号 统字第 671 号 统字第 1055 号 统字第 1138 号 统字第 1149 号 统字第 1199 号 统字第 1264 号 统字第 1398 号 统字第 1566 号 统字第 1567 号 统字第 1598 号	第三百零六条	统字第 874 号 统字第 1634 号
		第三百零八条	统字第 2 号 统字第 41 号 统字第 267 号 统字第 281 号 统字第 671 号 统字第 703 号 统字第 1197 号 统字第 1387 号 统字第 1477 号
		第三百一十一条	统字第 186 号
第二百六十四条	统字第 1081 号 统字第 1200 号 统字第 1222 号	第三百一十二条	统字第 741 号 统字第 1047 号
		第三百一十六条	统字第 1439 号 统字第 1646 号
第二百六十五条	统字第 8 号 统字第 585 号 统字第 631 号 统字第 984 号 统字第 993 号 统字第 1055 号 统字第 1151 号 统字第 1531 号 统字第 1611 号	第三百一十七条	统字第 1241 号 统字第 1388 号
		第三百二十六条	统字第 190 号 统字第 1242 号 统字第 1363 号
		第三百二十七条	统字第 494 号
第二百六十九条	统字第 1451 号	第三百二十九条	统字第 544 号
第二百七十九条	统字第 681 号	第三百三十六条	统字第 1227 号
		第三百三十七条	统字第 777 号
第二百八十六条	统字第 44 号 统字第 838 号 统字第 1221 号 统字第 1431 号 统字第 1453 号 统字第 1531 号	第三百三十九条	统字第 38 号
		第三百四十条	统字第 789 号 统字 868 号
		第三百四十六条	统字第 1549 号 统字第 1564 号

第三百四十七条	统字第 149 号 统字第 833 号
第三百四十八条	统字第 1037 号
第三百五十条	统字第 803 号 统字第 877 号
第三百五十四条	统字第 256 号
第三百五十七条	统字第 72 号 统字第 137 号 统字第 713 号 统字第 784 号 统字第 1087 号 统字第 1113 号 统字第 1477 号 统字第 1477 号
第三百五十八条	统字第 337 号
第三百六十条	统字第 629 号
第三百六十一条	统字第 338 号
第三百六十二条	统字第 233 号
第三百六十五条	统字第 281 号
第三百七十二条	统字第 9 号 统字第 301 号 统字第 310 号 统字第 331 号 统字第 784 号 统字第 1106 号 统字第 1222 号 统字第 1667 号
第三百七十四条	统字第 1055 号
第三百七十六条	统字第 452 号
第三百七十七条	统字第 125 号 统字第 194 号 统字第 662 号 统字第 1314 号
第三百七十九条	统字第 189 号
第三百八十一条	统字第 95 号 统字第 586 号 统字第 643 号 统字第 652 号 统字第 705 号 统字第 879 号 统字第 1489 号

第三百八十三条	统字第 156 号 统字第 479 号 统字第 486 号 统字第 758 号 统字第 790 号 统字第 793 号 统字第 892 号 统字第 1185 号 统字第 1666 号
第三百八十四条	统字第 43 号 统字第 59 号 统字第 160 号 统字第 179 号 统字第 179 号 统字第 299 号 统字第 330 号 统字第 452 号 统字第 573 号 统字第 594 号 统字第 669 号 统字第 681 号 统字第 703 号 统字第 782 号 统字第 862 号 统字第 884 号 统字第 884 号 统字第 894 号 统字第 947 号 统字第 1185 号 统字第 1190 号 统字第 1283 号 统字第 1338 号 统字第 1527 号 统字第 1549 号 统字第 1621 号 统字第 1626 号 统字第 1633 号
第三百八十五条	统字第 965 号
第三编 三章	统字第 1237 号
第三百八十七条	统字第 1386 号
第三百八十八条	统字第 354 号
第三百八十九条	统字第 1520 号
第三百九十五条	统字第 1453 号

第四百零三条	统字第 1329 号	第四百五十四条	统字第 1197 号
第四百一十三条	统字第 1451 号	第四百五十九条	统字第 589 号 统字第 737 号 统字第 840 号 统字第 891 号 统字第 965 号 统字第 1014 号 统字第 1292 号 统字第 1457 号 统字第 1458 号
第四百一十四条	统字第 520 号 统字第 533 号 统字第 1312 号		
第四百一十六条	统字第 44 号 统字第 51 号 统字第 74 号 统字第 547 号 统字第 1564 号		
		第四百六十条	统字第 691 号 统字第 863 号
第四百一十七条	统字第 490 号	第四百八十条	统字第 277 号 统字第 1635 号
第四百二十一条	统字第 318 号 统字第 601 号 统字第 1435 号	第四百八十七条	统字第 1034 号 统字第 1719 号
第四百二十二条	统字第 319 号	第四百八十九条	统字第 525 号 统字第 1034 号
第四百二十三条	统字第 178 号		
第四百二十四条	统字第 382 号 统字第 383 号 统字第 783 号	第四百九十四条	统字第 192 号 统字第 981 号
		第四百九十六条	统字第 246 号
第四百二十五条	统字第 783 号 统字第 1550 号	第四百九十七条	统字第 1477 号
第四百二十七条	统字第 244 号	第五百条	统字第 798 号
第四百三十五条	统字第 1453 号	第五百零一条	统字第 157 号
第四百四十四条	统字第 689 号 统字第 783 号 统字第 965 号 统字第 1113 号 统字第 1242 号	第五百零九条	统字第 865 号
		第五百一十一条	统字第 1389 号
		刑事诉讼条例	
		第五条	统字第 1837 号 统字第 1878 号
第四百四十五条	统字第 1694 号		
第四百四十六条	统字第 742 号 统字第 765 号 统字第 821 号 统字第 891 号 统字第 1078 号 统字第 1694 号	第十条	统字第 1750 号 统字第 1878 号
		第二十条	统字第 1733 号
		第二十二条	统字第 1699 号
		第二十八条	统字第 1968 号
第四百四十七条	统字第 263 号 统字第 933 号	第二十九条	统字第 1893 号
第四百五十二条	统字第 201 号	第三十条	统字第 1720 号 统字第 1842 号

条文	解释号	条文	解释号
第五十三条	统字第 1924 号	第二百八十七条	统字第 1820 号 统字第 1931 号
第五十八条	统字第 1856 号	第三百二十三条	统字第 1957 号
第七十五条	统字第 1822 号	第三百三十条	统字第 1913 号 统字第 1928 号
第七十七条	统字第 1693 号		
第八十九条	统字第 1920 号	第三百三十一条	统字第 1754 号 统字第 1916 号
第九十一条	统字第 1958 号		
第九十二条	统字第 1920 号	第三百三十五条	统字第 1859 号
第一百二十二条	统字第 1733 号	第三百四十条	统字第 1843 号
第一百二十五条	统字第 1721 号	第三百四十一条	统字第 2002 号
第一百七十八条	统字第 1895 号	第三百四十二条	统字第 1765 号 统字第 1922 号
第二百零六条	统字第 1956 号		
第二百零九条	统字第 1725 号 统字第 1753 号	第三百五十条	统字第 1897 号
		第三百五十八条	统字第 1754 号 统字第 1824 号 统字第 1825 号
第二百一十四条	统字第 1891 号		
第二百二十二条	统字第 1774 号		
第二百二十三条	统字第 1835 号	第三百六十一条	统字第 1842 号
第二百二十四条	统字第 1774 号	第三百六十三条	统字第 1842 号
第二百二十五条	统字第 1899 号	第三百六十五条	统字第 1733 号 统字第 1891 号
第二百二十七条	统字第 1962 号		
第二百三十三条	统字第 1822 号	第三百七十四条	统字第 1879 号
第二百四十九条	统字第 1954 号	第三百八十一条	统字第 1842 号 统字第 1890 号 统字第 1898 号
第二百五十二条	统字第 1811 号 统字第 1914 号 统字第 1915 号		
		第三百八十九条	统字第 1772 号
第二百五十三条	统字第 1811 号	第三百九十二条	统字第 2002 号
第二百五十七条	统字第 1854 号	第四百条	统字第 2002 号
第二百六十四条	统字第 1854 号	第四百零一条	统字第 1866 号
第二百六十六条	统字第 1891 号	第四百一十三条	统字第 1898 号 统字第 2001 号
第二百六十七条	统字第 1828 号		
第二百七十六条	统字第 1841 号	第四百一十五条	统字第 2002 号
第二百八十一条	统字第 1889 号 统字第 2002 号	第四百二十二条	统字第 1733 号
		第四百二十四条	统字第 2001 号
第二百八十二条	统字第 1774 号	第四百二十九条	统字第 2002 号

第四百三十二条	统字第 1676 号 统字第 1814 号 统字第 1823 号	第三条	统字第 1680 号
		第七条	统字第 1680 号
		第十条	统字第 1673 号
第四百三十四条	统字第 144 号	第十二条	统字第 1672 号 统字第 1689 号
第四百四十二条	统字第 1912 号		
第四百四十四条	统字第 2000 号	刑事诉讼费用负担准则	
第四百四十六条	统字第 1929 号	第一条	统字第 1831 号
第七编	统字第 1756 号	诉讼费用规则	
第四百五十一条	统字第 1705 号	第五条	统字第 852 号 统字第 901 号
第四百七十七条	统字第 1830 号	第六条	统字第 1468 号
第四百七十八条	统字第 1763 号 统字第 1774 号 统字第 1809 号	诉讼费用征收细则	
		第九条	统字第 1713 号
第四百八十条	统字第 1763 号 统字第 1818 号	征收讼费注意事项	
		第八条	统字第 1853 号
第四百八十二条	统字第 1818 号	第十五条	统字第 1870 号
第四百八十四条	统字第 1815 号	诉愿法	
第四百八十六条	统字第 1818 号 统字第 1825 号	第一条	统字第 807 号 统字第 1371 号 统字第 1700 号
刑事诉讼条例施行条例			
第一条	统字第 1722 号	第二条	统字第 1097 号
第十三条	统字第 1774 号	第五条	统字第 1839 号
刑事诉讼暂行管辖		第八条	统字第 1882 号
第十九条	统字第 61 号	行政诉讼法	
刑事诉讼审限规则		第一条	统字第 807 号 统字第 1097 号 统字第 1700 号
第二条	统字第 874 号		
第六条	统字第 255 号		
华洋诉讼办法			
第三条	统字第 1875 号	私诉规则	
刑事再理办法		第十九条	统字第 570 号 统字第 1251 号
第四百五十四条	统字第 711 号		
刑事简易程序暂行条例		第二十二条	统字第 562 号
第一条	统字第 1673 号	第二十八条	统字第 1253 号
第二条	统字第 1673 号		

私诉暂行规则		第五条	统字第 1429 号
第一条	统字第 783 号	第七条	统字第 877 号 统字第 1375 号 统字第 1400 号
第三条	统字第 783 号		
第十条	统字第 783 号		
第二十八条	统字第 1055 号	第八条	统字第 602 号 统字第 758 号
修正诉讼费用规则		第十条	统字第 806 号
第一条	统字第 1685 号	第十一条	统字第 880 号
第二条	统字第 1975 号 统字第 1994 号	修正覆判章程	
第三条	统字第 1982 号	第一条	统字第 263 号 统字第 277 号 统字第 1072 号 统字第 1460 号 统字第 1666 号 统字第 1666 号 统字第 1754 号
第五条	统字第 1545 号		
第七条	统字第 1792 号		
第九条	统字第 1857 号		
第十六条	统字第 1818 号		
第十八条	统字第 1775 号 统字第 1883 号	第三条	统字第 165 号 统字第 296 号
覆判暂行简章		第四条	统字第 289 号 统字第 296 号 统字第 420 号 统字第 1606 号
第一条	统字第 700 号		
覆判章程			
第一条	统字第 148 号 统字第 176 号 统字第 661 号 统字第 875 号 统字第 982 号 统字第 1026 号 统字第 1055 号 统字第 1219 号 统字第 1355 号	第五条	统字第 288 号 统字第 1092 号 统字第 1463 号 统字第 1484 号
		第六条	统字第 1490 号 统字第 1614 号
		第七条	统字第 1114 号 统字第 1728 号
第二条	统字第 714 号	第十一条	统字第 290 号
第三条	统字第 172 号 统字第 452 号 统字第 460 号	第十三条	统字第 345 号
		处刑命令暂行条例	
第四条	统字第 635 号 统字第 839 号 统字第 867 号 统字第 867 号 统字第 1043 号 统字第 1259 号 统字第 1429 号	第二条	统字第 1518 号
		第三条	统字第 1680 号
		第四条	统字第 1687 号
		第五条	统字第 1687 号

第七条	统字第1526号 统字第1687号	第九条	统字第545号 统字第1096号 统字第1270号 统字第1483号
第九条	统字第1687号		
第十四条	统字第1526号		
科刑标准条例		第二十八条	统字第249号 统字第541号 统字第545号 统字第1096号 统字第1270号
第二条	统字第1556号		
第三条	统字第1513号		
第四条	统字第1513号 统字第1547号	检察厅调度司法警察章程	
第五条	统字第1459号 统字第1514号 统字第1563号 统字第1663号	第六十二条	统字第1753号 统字第1756号
		办赈犯罪惩治暂行条例	
		第一条	统字第1464号
法律适用条例		戒严法	
第二条	统字第1589号 统字第1590号	第二条	统字第52号
		第九条	统字第47号
第二十条	统字第1991号	第十条	统字第47号 统字第52号
不准除免条款		第十一条	统字第1290号
	统字第120号 统字第1907号 统字第1955号	第十二条	统字第1290号
		没收物品处分规则	
违警罚法		第六条	统字第972号
第八条	统字第1635号	没收私盐变价办法	
第十四条	统字第887号		统字第972号
第三十三条	统字第1892号	声请没收私盐变价办法	
第四十三条	统字第1635号		统字第1045号
第四十四条	统字第1683号	各省城商埠审判厅筹办事宜管辖门	
第五十条	统字第177号 统字第1023号 统字第1094号		统字第5号
		各级审判厅试办章程	
第五十二条	统字第1597号	第十条	统字第283号 统字第349号 统字第373号 统字第579号 统字第636号 统字第686号
警察犯罪改照修正陆军刑事条例适用各条			
	统字第962号		
第二十二条	统字第1445号		
治安警察法			
	统字第391号		

第十二条	统字第 142 号 统字第 679 号
第二十二条	统字第 495 号 统字第 693 号 统字第 1141 号 统字第 1564 号
第二十四条	统字第 127 号
第二十五条	统字第 582 号
第二十七条	统字第 299 号 统字第 671 号
第三十六条	统字第 803 号
第三十九条	统字第 730 号 统字第 1480 号 统字第 1578 号 统字第 1594 号 统字第 1602 号
第四十一条	统字第 937 号 统字第 1631 号
第四十二条	统字第 501 号 统字第 759 号 统字第 1491 号 统字第 1631 号 统字第 1631 号 统字第 1631 号
第四十六条	统字第 1093 号 统字第 1183 号 统字第 1724 号
第四十七条	统字第 708 号
第五十二条	统字第 274 号 统字第 851 号
第五十四条	统字第 274 号 统字第 851 号 统字第 1497 号
第五十七条	统字第 1369 号
第五十八条	统字第 76 号
第五十九条	统字第 435 号

第六十条	统字第 164 号 统字第 319 号 统字第 402 号 统字第 680 号 统字第 925 号 统字第 1335 号 统字第 1356 号 统字第 1444 号 统字第 1666 号
第六十一条	统字第 400 号 统字第 1166 号
第六十五条	统字第 114 号 统字第 910 号
第六十六条	统字第 306 号 统字第 387 号 统字第 952 号 统字第 1257 号
第六十七条	统字第 251 号 统字第 670 号 统字第 980 号 统字第 1480 号
第六十八条	统字第 1235 号
第七十一条	统字第 554 号 统字第 594 号 统字第 1197 号
第七十七条	统字第 129 号
第八十一条	统字第 71 号
第八十三条	统字第 1648 号
第八十四条	统字第 395 号
第八十六条	统字第 1679 号
第八十七条	统字第 79 号 统字第 84 号
第九十二条	统字第 574 号
第一百零三条	统字第 671 号 统字第 1395 号
第一百零四条	统字第 495 号

第一百零五条	统字第 690 号		统字第 602 号
第一百一十条	统字第 668 号		统字第 730 号
第一百一十一条	统字第 161 号 统字第 678 号		统字第 900 号 统字第 973 号 统字第 1057 号
第一百一十四条	统字第 69 号		统字第 1262 号 统字第 1324 号
第二节	统字第 575 号		统字第 1488 号 统字第 1542 号
修正各级审判厅试办章程			统字第 1574 号 统字第 1652 号
第二十二条	统字第 344 号 统字第 667 号	第三十二条	统字第 698 号
补订各级审判厅试办章程		第三十三条	统字第 598 号
第五条	统字第 671 号 统字第 1528 号 统字第 1599 号 统字第 1712 号	第三十六条	统字第 276 号 统字第 862 号 统字第 910 号 统字第 1263 号
补订高等以下各级审判厅试办章程		第三十七条	统字第 174 号 统字第 783 号
第五条	统字第 81 号 统字第 432 号		统字第 175 号 统字第 190 号
高等审判分庭管辖条例			统字第 200 号
第三条	统字第 410 号		统字第 200 号 统字第 200 号
县知事审理诉讼暂行章程			统字第 200 号
第一条	统字第 1759 号	第三十八条	统字第 259 号 统字第 289 号
第三条	统字第 1723 号		统字第 298 号
第五条	统字第 283 号 统字第 325 号 统字第 1000 号		统字第 441 号 统字第 1416 号 统字第 1416 号
第七条	统字第 166 号	第三十九条	统字第 298 号 统字第 1185 号
第九条	统字第 1057 号 统字第 1057 号		统字第 435 号 统字第 482 号
第二十五条	统字第 199 号		统字第 521 号
第二十九条	统字第 198 号 统字第 498 号 统字第 1136 号 统字第 1182 号	第四十条	统字第 594 号 统字第 598 号 统字第 618 号 统字第 621 号
第三十条	统字第 734 号 统字第 1324 号		统字第 659 号 统字第 671 号
第三十一条	统字第 407 号 统字第 429 号		统字第 692 号

	统字第 992 号		统字第 1613 号
	统字第 1246 号		统字第 1665 号
	统字第 1277 号	第二条	统字第 183 号
	统字第 1477 号		统字第 329 号
	统字第 1479 号		统字第 1516 号
	统字第 1482 号		统字第 1580 号
第四十二条	统字第 715 号		统字第 1607 号
	统字第 730 号		统字第 1665 号
第四十三条	统字第 1007 号	第三条	统字第 1580 号
第四十五条	统字第 501 号	第四条	统字第 1607 号
第四十六条	统字第 618 号		统字第 1665 号
第六十四条	统字第 1696 号	官吏犯赃治罪法执行令	
修正县知事审理诉讼暂行章程			统字第 297 号
第二十四条	统字第 1912 号	第一条	统字第 242 号
第二十五条	统字第 1810 号	第二条	统字第 324 号
	统字第 1838 号	契税条例	
第二十六条	统字第 1810 号	第七条	统字第 1028 号
第二十七条	统字第 1926 号	契税条例施行细则	
第二十九条	统字第 1896 号	第十六条	统字第 1144 号
第三十条	统字第 1815 号	印花税罚金执行规则	
第三十九条	统字第 1132 号	第三条	统字第 343 号
第四十二条	统字第 1926 号		统字第 608 号
简易庭暂行规则			统字第 1144 号
第八条	统字第 674 号		统字第 1197 号
县知事审理简易案件办法		印花税法	
	统字第 314 号	第一条	统字第 1336 号
县知事兼理司法事务暂行章程		第二条	统字第 1884 号
第六条	统字第 1789 号	第四条	统字第 1174 号
县佐官制		第十一条	统字第 1174 号
第三条	统字第 1226 号	第十三条	统字第 158 号
知事惩戒条例		地方审判厅刑事简易庭暂行规则	
第一条	统字第 367 号	第十一条	统字第 1101 号
官吏犯赃治罪条例		京师地审厅民事执行处规则	
第一条	统字第 1580 号	第六条	统字第 209 号
	统字第 1607 号	京师地审厅拘押民事被告人暂行规则	
		第一条	统字第 1703 号

京师地审厅假扣押规则		修正律师暂行章程	
第四条	统字第 1302 号	第一条	统字第 1036 号 统字第 1183 号 统字第 1204 号
京师地审厅不动产执行规则			
第二条	统字第 1142 号	第十九条	统字第 1370 号
第五条	统字第 1213 号	补订律师停止职务办法	
东省特别区域法院编制条例		第一条	统字第 1669 号
第五条	统字第 1923 号	律师惩戒会暂行规则	
山东省禁止贩运制钱出境章程		第十八条	统字第 1414 号 统字第 1462 号
第三条	统字第 1347 号 统字第 1392 号	北京律师公会暂行会则	
江苏省修正暂行市乡制		第十六条	统字第 1941 号
第一百一十条	统字第 1943 号	国会组织法	
江苏省整顿牙行登录税章程		第十八条	统字第 1517 号
第十六条	统字第 1070 号	临时约法	
直隶旗产圈地售租章程		第六条	统字第 779 号
第二条	统字第 1473 号	第四十九条	统字第 1127 号
	统字第 1552 号	第五十一条	统字第 1521 号
奉省整理田房税契章程		中法续约	
第四条	统字第 1702 号 统字第 1716 号	第六款	统字第 1053 号
清理俄人旧案处章程		司法部饬	
第六条	统字第 1701 号	第 312 号	统字第 697 号
番例条款		第 1118 号	统字第 594 号
	统字第 101 号	司法部批	
理藩院则例		第 9071 号	统字第 594 号
	统字第 197 号	国籍法	
律师暂行章程		第十五条	统字第 1991 号
第二十六条	统字第 1938 号	参议院议员选举法	
第二十七条	统字第 62 号	第三条	统字第 587 号
第三十条	统字第 106 号	第六条	统字第 78 号
第三十三条	统字第 123 号	第七条	统字第 78 号
第三十七条	统字第 1669 号	参议院议员选举法施行细则	
律师协会章程		第十三条	统字第 571 号
第一条	统字第 1936 号		

众议院议员选举法	
第八条	统字第 1601 号
第十六条	统字第 1539 号
第二十三条	统字第 1510 号 统字第 1510 号
第三十九条	统字第 1510 号
第四十五条	统字第 1510 号
第七十五条	统字第 1570 号
第七十七条	统字第 83 号
第八十二条	统字第 1523 号 统字第 1535 号
第八十四条	统字第 1523 号 统字第 1535 号
第九十条	统字第 1 号 统字第 626 号 统字第 815 号 统字第 1487 号 统字第 1502 号 统字第 1583 号 统字第 1600 号 统字第 1711 号
第九十一条	统字第 1511 号
第九十三条	统字第 1577 号
第九十七条	统字第 800 号
省议会暂行法	
第十条	统字第 1761 号
第十七条	统字第 496 号
第二十八条	统字第 515 号 统字第 1856 号
第三十六条	统字第 905 号 统字第 975 号
省议会议员选举法	
第六条	统字第 819 号 统字第 1630 号
第七条	统字第 1406 号
第八条	统字第 944 号 统字第 1616 号 统字第 1659 号

第三十七条	统字第 1637 号
第四十四条	统字第 1637 号
第五十条	统字第 1767 号
第五十四条	统字第 1804 号
第六十八条	统字第 1804 号
第八十四条	统字第 1637 号
第九十条	统字第 830 号 统字第 881 号 统字第 1187 号 统字第 1572 号 统字第 1576 号
第九十一条	统字第 1075 号
省议会议员选举法施行细则	
第十六条	统字第 1767 号
第二十二条	统字第 1767 号
县议会议员选举规则	
第五十一条	统字第 1697 号 统字第 1698 号 统字第 1715 号 统字第 1731 号
县自治法	
第二十二条	统字第 1845 号
第三十六条	统字第 1845 号
国有荒地承垦条例	
第二十四条	统字第 2005 号
第二十五条	统字第 2005 号
第二十六条	统字第 2005 号
第二十七条	统字第 1069 号 统字第 1131 号
第三十条	统字第 1027 号
妨害内债信用惩罚令	
第一条	统字第 970 号
邮政条例	
第二十三条	统字第 1964 号
第三十一条	统字第 1917 号

矿业条例		第五条	统字第 349 号 统字第 1241 号
第五十九条	统字 1553 号		
森林法		第六条	统字第 349 号
第二条	统字第 1537 号	第十九条	统字第 613 号 统字第 1100 号
长途汽车公司营业规则			
第十六条	统字第 1937 号	第二十条	统字第 488 号 统字第 658 号
报纸条例			
第十条	统字第 167 号	第二十七条	统字第 593 号 统字第 655 号 统字第 680 号 统字第 1411 号
管理寺庙条例			
第十一条	统字第 567 号 统字第 1868 号	第三十一条	统字第 300 号
第二十一条	统字第 1868 号	第三十二条	统字第 809 号 统字第 1342 号
第二十三条	统字第 726 号		
修正管理寺庙条例		第三十五条	统字第 98 号 统字第 528 号 统字第 896 号 统字第 975 号
第十一条	统字第 1901 号	第三十六条	统字第 1358 号
管理医师暂行规则			
第二十五条	统字第 1909 号	第四十五条	统字第 105 号 统字第 1220 号 统字第 1288 号 统字第 1378 号 统字第 1442 号 统字第 1706 号
著作权法			
第四十三条	统字第 1925 号		
出版法			
第十三条	统字第 1107 号	第五十二条	统字第 753 号
第十四条	统字第 614 号	第六十条	统字第 1635 号
第十五条	统字第 614 号	第六十一条	统字第 1325 号 统字第 1631 号
第十六条	统字第 614 号	第六十三条	统字第 1325 号
第十七条	统字第 999 号	第六十四条	统字第 1908 号
法院编制法			
第二条	统字第 557 号 统字第 915 号 统字第 1109 号 统字第 1143 号 统字第 1455 号 统字第 1466 号 统字第 1492 号 统字第 1742 号	第九十条	统字第 13 号 统字第 80 号 统字第 104 号 统字第 1135 号 统字第 1573 号
		第九十五条	统字第 1329 号
		第九十八条	统字第 124 号
		第一百五十八条	统字第 103 号

大理院民事讼费则例	
第二十七条	统字第 916 号
大理院判例	
二年上字 140 号	统字第 1232 号
二年上字 155 号	统字第 671 号
三年上字 797 号	统字第 861 号
三年上字 883 号	统字第 1419 号
三年上字 1257 号	统字第 676 号
三年抗字 66 号	统字第 1655 号
三年上字 119 号	统字第 1974 号
三年上字 671 号	统字第 1802 号
四年上字 2035 号	统字第 1349 号
四年上字 1022 号	统字第 1049 号
四年上字 1417 号	统字第 1471 号
四年抗字 156 号	统字第 843 号
五年上字 834 号	统字第 1319 号
五年上字 840 号	统字第 1298 号
六年上字 201 号	统字第 642 号
六年上字 280 号	统字第 616 号
六年抗字 288 号	统字第 1932 号
六年上字 810 号	统字第 1003 号
六年抗字 75 号	统字第 1085 号
六年抗字 156 号	统字第 1593 号
六年抗字 18 号	统字第 1764 号
七年上字 298 号	统字第 1471 号
七年上字 1527 号	统字第 1420 号
八年上字 394 号	统字第 1032 号
十年上字 45 号	统字第 1519 号
十年上字 811 号	统字第 1974 号
十年上字 1485 号	统字第 1965 号
十年上字 125 号	统字第 1974 号
十年上字 711 号	统字第 1990 号

大理院解释例	
二年统字 15 号	统字第 1674 号
二年统字 32 号	统字第 1470 号
二年统字 52 号	统字第 1221 号
二年统字 55 号	统字第 824 号
三年统字 97 号	统字第 1906 号
三年统字 127 号	统字第 701 号
四年统字 228 号	统字第 1427 号
四年统字 233 号	统字第 1461 号
四年统字 271 号	统字第 1791 号
四年统字 371 号	统字第 735 号
四年统字 374 号	统字第 671 号
五年统字 482 号	统字第 552 号
五年统字 525 号	统字第 605 号
五年统字 532 号	统字第 1530 号
五年统字 553 号	统字第 654 号
六年统字 564 号	统字第 897 号
六年统字 570 号	统字第 1206 号
六年统字 586 号	统字第 1346 号
六年统字 591 号	统字第 851 号
六年统字 654 号	统字第 553 号
六年统字 671 号	统字第 1056 号
六年统字 724 号	统字第 754 号
七年统字 753 号	统字第 1116 号
七年统字 794 号	统字第 1585 号
七年统字 867 号	统字第 1217 号
七年统字 898 号	统字第 1668 号
七年统字 916 号	统字第 1334 号
八年统字 937 号	统字第 1250 号
八年统字 947 号	统字第 1416 号
八年统字 1009 号	统字第 1863 号
八年统字 1045 号	统字第 1846 号
八年统字 1055 号	统字第 1056 号

八年统字 1080 号	统字第 1218 号	十年统字 1478 号	统字第 1554 号
八年统字 1087 号	统字第 1156 号	十年统字 1484 号	统字第 1554 号
八年统字 1161 号	统字第 1218 号	十年统字 1540 号	统字第 1554 号
八年统字 1173 号	统字第 1664 号	十年统字 1548 号	统字第 1658 号
九年统字 1200 号	统字第 1752 号	十年统字 1559 号	统字第 1961 号
九年统字 1237 号	统字第 1268 号	十年统字 1560 号	统字第 1658 号
九年统字 1256 号	统字第 1454 号	十年统字 1572 号	统字第 1593 号
九年统字 1322 号	统字第 1477 号	十年统字 1576 号	统字第 1593 号
九年统字 1339 号	统字第 1499 号	十年统字 1589 号	统字第 1650 号
九年统字 1376 号	统字第 1426 号	十年统字 1625 号	统字第 1641 号
九年统字 1407 号	统字第 1695 号		统字第 1999 号
九年统字 1449 号	统字第 1791 号	十年统字 1657 号	统字第 1658 号
九年统字 1453 号	统字第 1618 号	十一年统字 1673 号	统字第 1688 号
十年统字 1478 号	统字第 1540 号	十一年统字 1724 号	统字第 1773 号

大理院解释例全文检查表三
（以民国法律条文为序）

民法			
第一条	统字第 559 号 统字第 794 号 统字第 827 号 统字第 937 号 统字第 1781 号	第一百七十七条	统字第 895 号
		第一百七十九条	统字第 774 号 统字第 1105 号
		第一百八十条	统字第 774 号
		第一百八十四条	统字第 1258 号 统字第 2007 号
第十二条	统字第 942 号	第一百八十五条	统字第 417 号
第十八条	统字第 1287 号	第一百八十六条	统字第 480 号
第二十六条	统字第 911 号	第一百八十八条	统字第 1380 号
第六十条	统字第 1507 号	第一百九十六条	统字第 1089 号
第六十二条	统字第 1743 号	第二百零一条	统字第 722 号 统字第 855 号 统字第 920 号 统字第 1008 号 统字第 1017 号 统字第 1018 号 统字第 1121 号 统字第 1126 号 统字第 1168 号 统字第 1169 号 统字第 1170 号 统字第 1320 号 统字第 1467 号
第六十三条	统字第 1507 号		
第七十五条	统字第 228 号		
第九十八条	统字第 896 号 统字第 907 号 统字第 938 号		
第九十九条	统字第 1945 号		
第一百一十一条	统字第 808 号 统字第 1737 号		
第一百一十四条	统字第 1327 号	第二百零三条	统字第 801 号
第一百二十五条	统字第 1139 号	第二百一十六条	统字第 785 号 统字第 787 号
第一百二十八条	统字第 1778 号		
第一百四十条	统字第 1139 号	第二百二十五条	统字第 1020 号 统字第 1030 号
第一百五十一条	统字第 144 号		
第一百六十一条	统字第 1372 号	第二百二十七条	统字第 1300 号
第一百六十九条	统字第 1691 号	第二百三十一条	统字第 147 号
第一百七十条	统字第 810 号 统字第 856 号 统字第 976 号	第二百三十三条	统字第 147 号
		第二百五十条	统字第 1317 号 统字第 1788 号

第二百六十六条	统字第 1707 号	第八百四十三条	统字第 1645 号
第二百九十条	统字第 1935 号	第八百四十六条	统字第 1645 号
第三百零九条	统字第 948 号	第八百四十八条	统字第 1645 号
第三百三十四条	统字第 1998 号	第八百五十六条	统字第 1536 号
第三百四十五条	统字第 1254 号	第八百五十七条	统字第 1536 号
第三百四十六条	统字第 1947 号	第八百六十条	统字第 1851 号
第三百四十九条	统字第 929 号	第八百六十六条	统字第 2011 号
第三百六十七条	统字第 1910 号	第八百七十三条	统字第 932 号
第三百七十九条	统字第 140 号		统字第 2010 号
第四百零六条	统字第 1265 号	第八百八十四条	统字第 943 号
第四百二十三条	统字第 1302 号	第八百九十三条	统字第 1301 号 统字第 1365 号
第四百四十三条	统字第 919 号	第三编 八章	统字第 272 号
第四百五十条	统字第 1359 号 统字第 1730 号	第九百二十四条	统字第 82 号 统字第 665 号
第五百三十五条	统字第 1333 号	第九百二十六条	统字第 226 号
第五百三十六条	统字第 1229 号	第九百四十条	统字第 921 号
第五百五十五条	统字第 1707 号	第九百四十三条	统字第 1048 号
第五百五十八条	统字第 773 号	第九百四十四条	统字第 1255 号
第五百七十六条	统字第 773 号	第九百六十条	统字第 1741 号
第六百三十三条	统字第 1137 号	已嫁女子追溯继承财产施行细则	
第六百六十七条	统字第 823 号	第一条	统字第 1475 号
第六百八十一条	统字第 1983 号	刑法	
第七百二十条	统字第 849 号	第一条	统字第 23 号 统字第 24 号 统字第 102 号 统字第 220 号 统字第 257 号 统字第 271 号 统字第 336 号 统字第 406 号 统字第 499 号 统字第 507 号 统字第 531 号 统字第 546 号 统字第 546 号 统字第 561 号 统字第 607 号
第七百四十五条	统字第 937 号		
第七百四十九条	统字第 1737 号		
第七百六十五条	统字第 844 号		
	统字第 1064 号		
第七百六十六条	统字第 1562 号		
第七百六十七条	统字第 974 号		
第七百七十五条	统字第 845 号		
第八百一十九条	统字第 943 号		
第八百二十八条	统字第 991 号		
第八百四十二条	统字第 1302 号		

	统字第 761 号 统字第 767 号 统字第 788 号 统字第 963 号 统字第 997 号 统字第 1080 号 统字第 1157 号 统字第 1158 号 统字第 1158 号 统字第 1181 号		统字第 828 号 统字第 1485 号
		第二十一条	统字第 1515 号 统字第 1841 号
		第二十三条	统字第 888 号 统字第 978 号 统字第 992 号 统字第 1130 号 统字第 1450 号
第三条	统字第 184 号		
第八条	统字第 1390 号		
第九条	统字第 8 号 统字第 50 号 统字第 159 号 统字第 279 号 统字第 630 号 统字第 771 号 统字第 784 号 统字第 1174 号	第二十四条	统字第 116 号 统字第 316 号 统字第 516 号 统字第 1046 号 统字第 1083 号 统字第 1147 号 统字第 1180 号 统字第 1183 号 统字第 1551 号
		第二十八条	统字第 1428 号
		第三十条	统字第 340 号 统字第 1635 号
第十四条	统字第 55 号 统字第 632 号 统字第 719 号 统字第 817 号 统字第 1022 号 统字第 1477 号 统字第 1477 号 统字第 1564 号	第三十一条	统字第 131 号 统字第 1350 号 统字第 1366 号 统字第 1635 号 统字第 1739 号
		第三十四条	统字第 538 号 统字第 1019 号
第十七条	统字第 14 号 统字第 96 号 统字第 110 号 统字第 163 号 统字第 195 号 统字第 250 号 统字第 666 号 统字第 666 号 统字第 688 号 统字第 1271 号 统字第 1718 号 统字第 1836 号	第三十六条	统字第 48 号 统字第 49 号 统字第 433 号 统字第 927 号 统字第 995 号 统字第 1124 号 统字第 1191 号 统字第 1228 号
		第三十七条	统字第 385 号 统字第 539 号
		第三十八条	统字第 529 号 统字第 1674 号
第二十条	统字第 233 号 统字第 245 号 统字第 340 号 统字第 446 号	第三十九条	统字第 252 号 统字第 348 号

	统字第 356 号 统字第 359 号 统字第 770 号		统字第 1153 号 统字第 1161 号 统字第 1238 号 统字第 1244 号 统字第 1256 号 统字第 1270 号 统字第 1354 号 统字第 1524 号 统字第 1675 号
第四十一条	统字第 459 号		
第一编 六章	统字第 743 号		
第四十二条	统字第 258 号 统字第 268 号 统字第 341 号 统字第 359 号 统字第 370 号 统字第 370 号 统字第 401 号 统字第 411 号 统字第 414 号 统字第 443 号 统字第 463 号 统字第 468 号 统字第 493 号 统字第 499 号 统字第 512 号 统字第 530 号 统字第 641 号 统字第 650 号 统字第 749 号 统字第 893 号 统字第 1095 号 统字第 1189 号 统字第 1238 号 统字第 1241 号 统字第 1245 号 统字第 1265 号 统字第 1564 号 统字第 1674 号	第四十六条	统字第 1340 号 统字第 1649 号
		第五十五条	统字第 89 号 统字第 128 号 统字第 408 号 统字第 1575 号 统字第 1628 号
		第五十六条	统字第 366 号 统字第 1269 号 统字第 1786 号 统字第 1850 号
		第五十七条	统字第 133 号 统字第 204 号 统字第 1024 号
		第五十八条	统字第 500 号 统字第 841 号
		第五十九条	统字第 234 号
		第六十条	统字第 25 号 统字第 408 号 统字第 492 号 统字第 572 号 统字第 706 号 统字第 716 号 统字第 854 号 统字第 1148 号 统字第 1506 号 统字第 1717 号
第四十三条	统字第 1189 号		
第四十四条	统字第 221 号 统字第 235 号 统字第 286 号 统字第 341 号 统字第 464 号 统字第 647 号 统字第 799 号 统字第 805 号 统字第 811 号 统字第 1148 号	第六十四条	统字第 113 号 统字第 1240 号 统字第 1396 号 统字第 1826 号
		第六十五条	统字第 269 号 统字第 333 号

	统字第 348 号 统字第 388 号 统字第 413 号 统字第 530 号 统字第 638 号 统字第 740 号 统字第 772 号		统字第 998 号 统字第 1011 号 统字第 1059 号 统字第 1147 号 统字第 1290 号 统字第 1452 号 统字第 1546 号 统字第 1564 号 统字第 1627 号
第六十六条	统字第 1876 号 统字第 1970 号	第七十四条	统字第 86 号 统字第 202 号 统字第 254 号 统字第 280 号 统字第 365 号 统字第 376 号 统字第 397 号 统字第 419 号 统字第 516 号 统字第 555 号 统字第 699 号 统字第 707 号 统字第 747 号 统字第 876 号 统字第 935 号 统字第 989 号 统字第 1079 号 统字第 1088 号 统字第 1184 号 统字第 1192 号 统字第 1210 号 统字第 1212 号 统字第 1225 号 统字第 1286 号 统字第 1293 号 统字第 1296 号 统字第 1337 号 统字第 1351 号 统字第 1374 号 统字第 1413 号 统字第 1465 号
第六十七条	统字第 222 号 统字第 430 号 统字第 1740 号 统字第 1876 号		
第六十九条	统字第 28 号 统字第 233 号 统字第 265 号 统字第 334 号 统字第 348 号 统字第 348 号 统字第 442 号 统字第 473 号 统字第 504 号 统字第 507 号 统字第 651 号 统字第 683 号 统字第 699 号 统字第 764 号 统字第 769 号 统字第 1245 号 统字第 1410 号		
第七十条	统字第 191 号 统字第 989 号 统字第 1060 号 统字第 1082 号 统字第 1148 号 统字第 1293 号 统字第 1384 号 统字第 1709 号		
第七十二条	统字第 64 号 统字第 321 号 统字第 412 号 统字第 712 号 统字第 738 号 统字第 957 号	第七十五条	统字第 63 号 统字第 311 号 统字第 368 号 统字第 399 号 统字第 494 号 统字第 803 号

	统字第 977 号 统字第 1061 号 统字第 1151 号 统字第 1456 号		统字第 657 号 统字第 1381 号 统字第 1580 号
第七十六条	统字第 443 号 统字第 1478 号	第一百二十九条	统字第 516 号 统字第 1580 号
		第一百三十条	统字第 1580 号
第七十七条	统字第 182 号 统字第 247 号 统字第 249 号 统字第 529 号 统字第 660 号	第一百三十二条	统字第 53 号
		第一百三十四条	统字第 403 号
		第一百三十五条	统字第 21 号 统字第 603 号 统字第 1313 号
第七十八条	统字第 1428 号	第一百三十六条	统字第 950 号
第一编 十一章	统字第 46 号 统字第 60 号 统字第 99 号	第一百四十条	统字第 673 号 统字第 838 号 统字第 1377 号 统字第 1377 号 统字第 1385 号
第八十三条	统字第 1927 号
第八十七条	统字第 1428 号
第八十九条	统字第 356 号
第九十条	统字第 112 号 统字第 157 号 统字第 334 号 统字第 532 号 统字第 965 号 统字第 1242 号 统字第 1846 号	第一百四十二条	统字第 530 号 统字第 551 号 统字第 551 号 统字第 646 号 统字第 762 号 统字第 1088 号 统字第 1194 号 统字第 1311 号 统字第 1443 号
第九十一条	统字第 92 号	第一百四十五条	统字第 720 号
第九十三条	统字第 1186 号	第一百四十六条	统字第 29 号 统字第 168 号 统字第 185 号 统字第 369 号 统字第 380 号 统字第 1068 号 统字第 1555 号
第九十七条	统字第 282 号 统字第 682 号 统字第 1155 号 统字第 1178 号 统字第 1846 号 统字第 1888 号
第九十八条	统字第 282 号	第二编 六章	统字第 45 号 统字第 975 号
第一百零一条	统字第 1389 号
第一百零二条	统字第 1604 号	第一百四十九条	统字第 1632 号
第一百零三条	统字第 75 号	第一百五十二条	统字第 1636 号
第一百零八条	统字第 1821 号	第一百五十三条	统字第 1352 号
第一百二十八条	统字第 379 号	第一百五十六条	统字第 320 号

第一百五十七条	统字第 425 号 统字第 444 号 统字第 463 号 统字第 473 号 统字第 1674 号		统字第 1063 号 统字第 1086 号 统字第 1103 号 统字第 1104 号 统字第 1282 号 统字第 1304 号 统字第 1308 号 统字第 1449 号 统字第 1710 号
第一百五十九条	统字第 1681 号		
第一百六十条	统字第 75 号		
第一百七十条	统字第 307 号 统字第 713 号 统字第 1603 号	第一百八十二条	统字第 1086 号
		第一百八十四条	统字第 308 号
第一百七十一条	统字第 193 号 统字第 341 号 统字第 1382 号	第一百八十七条	统字第 595 号
		第一百八十九条	统字第 758 号
第一百七十二条	统字第 516 号 统字第 694 号 统字第 977 号 统字第 1160 号 统字第 1440 号	第一百九十八条	统字第 625 号
		第一百九十九条	统字第 1224 号
		第二百条	统字第 1280 号 统字第 1568 号
第一百七十四条	统字第 71 号 统字第 236 号 统字第 1153 号 统字第 1172 号	第二百零一条	统字第 389 号 统字第 438 号 统字第 466 号 统字第 471 号 统字第 702 号 统字第 889 号 统字第 1279 号
第一百七十五条	统字第 22 号 统字第 949 号 统字第 1191 号		
		第二百零二条	统字第 683 号
第一百七十七条	统字第 1148 号	第二百零四条	统字第 872 号
第一百七十九条	统字第 1150 号 统字第 1438 号	第二百一十条	统字第 1279 号
		第二百一十一条	统字第 39 号 统字第 111 号 统字第 266 号 统字第 811 号
第一百八十条	统字第 233 号 统字第 265 号 统字第 338 号 统字第 339 号 统字第 422 号 统字第 427 号 统字第 465 号 统字第 474 号 统字第 551 号 统字第 812 号 统字第 909 号 统字第 979 号 统字第 1021 号 统字第 1042 号	第二百一十二条	统字第 135 号 统字第 468 号
		第二百二十四条	统字第 474 号 统字第 560 号 统字第 622 号 统字第 747 号 统字第 964 号 统字第 968 号 统字第 1211 号 统字第 1282 号

	统字第 1305 号 统字第 1328 号	第二百五十六条	统字第 258 号 统字第 295 号 统字第 489 号 统字第 491 号 统字第 507 号 统字第 540 号 统字第 945 号
第二百二十五条	统字第 377 号 统字第 509 号 统字第 747 号 统字第 1079 号 统字第 1430 号		
第二百二十六条	统字第 442 号 统字第 676 号 统字第 960 号 统字第 1077 号 统字第 1727 号 统字第 1894 号	第二百五十七条	统字第 15 号 统字第 20 号 统字第 20 号 统字第 33 号 统字第 37 号 统字第 122 号 统字第 150 号 统字第 190 号 统字第 203 号 统字第 347 号 统字第 465 号 统字第 471 号 统字第 507 号 统字第 537 号 统字第 555 号 统字第 713 号 统字第 718 号 统字第 864 号 统字第 886 号 统字第 891 号 统字第 1071 号 统字第 1305 号 统字第 1331 号 统字第 1368 号 统字第 1368 号 统字第 1376 号 统字第 1557 号 统字第 1927 号
第二百二十七条	统字第 640 号		
第二百二十九条	统字第 230 号		
第二百三十一条	统字第 747 号 统字第 1211 号		
第二百三十四条	统字第 1819 号		
第二百三十五条	统字第 1430 号 统字第 1819 号		
第二百四十条	统字第 317 号 统字第 462 号 统字第 504 号 统字第 1082 号 统字第 1326 号		
第二百四十一条	统字第 291 号		
第二百四十二条	统字第 1082 号		
第二百四十三条	统字第 990 号		
第二百四十五条	统字第 4 号 统字第 470 号 统字第 878 号	第二百五十八条	统字第 555 号 统字第 796 号 统字第 1145 号 统字第 1557 号 统字第 1635 号
第二百四十六条	统字第 491 号		
第二百五十二条	统字第 179 号		
第二百五十四条	统字第 15 号 统字第 16 号 统字第 20 号 统字第 26 号 统字第 42 号 统字第 65 号	第二百五十九条	统字第 27 号 统字第 394 号 统字第 399 号 统字第 475 号 统字第 795 号

	统字第 1228 号 统字第 1846 号	第二百七十六条	统字第 50 号
第二百六十一条	统字第 376 号	第二百七十七条	统字第 139 号
第二百六十二条	统字第 397 号 统字第 489 号 统字第 816 号 统字第 1129 号 统字第 1829 号	第二百七十八条	统字第 30 号 统字第 34 号 统字第 40 号 统字第 66 号 统字第 145 号 统字第 447 号 统字第 611 号 统字第 1005 号
第二百六十三条	统字第 287 号 统字第 523 号 统字第 769 号 统字第 1642 号	第二百八十一条	统字第 1841 号
第二百六十四条	统字第 644 号 统字第 1061 号 统字第 1413 号	第二百八十二条	统字第 340 号 统字第 376 号 统字第 392 号 统字第 401 号 统字第 489 号 统字第 512 号 统字第 518 号 统字第 529 号 统字第 1082 号 统字第 1124 号 统字第 1176 号
第二编 十九章	统字第 109 号
第二百七十一条	统字第 58 号 统字第 125 号 统字第 132 号 统字第 136 号 统字第 179 号 统字第 583 号 统字第 955 号 统字第 956 号 统字第 987 号 统字第 1236 号 统字第 1260 号 统字第 1375 号 统字第 1437 号 统字第 1447 号	第二百八十三条	统字第 550 号
		第二百九十条	统字第 1276 号 统字第 1449 号
		第二百九十一条	统字第 685 号 统字第 1005 号 统字第 1176 号 统字第 1307 号 统字第 1377 号 统字第 1434 号
第二百七十三条	统字第 583 号 统字第 612 号 统字第 965 号 统字第 1197 号	第二百九十三条	统字第 322 号 统字第 450 号 统字第 828 号 统字第 828 号 统字第 995 号 统字第 1023 号 统字第 1391 号
第二百七十四条	统字第 506 号
第二百七十五条	统字第 205 号 统字第 264 号 统字第 304 号 统字第 526 号 统字第 596 号 统字第 615 号 统字第 647 号 统字第 790 号 统字第 1146 号	第二百九十六条	统字第 117 号 统字第 247 号 统字第 473 号 统字第 641 号 统字第 1184 号

	统字第 1212 号 统字第 1307 号 统字第 1434 号	第三百二十五条	统字第 1674 号 统字第 1683 号
第二百九十八条	统字第 294 号		统字第 10 号 统字第 19 号 统字第 1063 号 统字第 1282 号
第三百条	统字第 320 号		
第三百零一条	统字第 431 号 统字第 959 号 统字第 2006 号	第三百三十条	统字第 393 号 统字第 500 号
第三百零五条	统字第 1175 号	第三百三十三条	统字第 683 号 统字第 1159 号
第三百一十三条	统字第 37 号	第三百三十七条	统字第 252 号 统字第 278 号 统字第 375 号 统字第 457 号 统字第 507 号 统字第 517 号 统字第 548 号 统字第 735 号 统字第 752 号 统字第 798 号 统字第 946 号 统字第 964 号 统字第 984 号 统字第 1044 号 统字第 1151 号 统字第 1195 号 统字第 1315 号 统字第 1436 号
第三百一十四条	统字第 656 号 统字第 1002 号		
第三百一十五条	统字第 17 号 统字第 504 号 统字第 556 号		
第三百一十六条	统字第 3 号 统字第 218 号 统字第 762 号 统字第 989 号 统字第 1005 号 统字第 1023 号 统字第 1062 号 统字第 1086 号		
第三百一十七条	统字第 323 号		
第三百一十八条	统字第 73 号 统字第 461 号 统字第 1179 号 统字第 1184 号 统字第 1323 号 统字第 1323 号 统字第 1376 号 统字第 1417 号 统字第 1549 号 统字第 1681 号	第三百三十八条	统字第 444 号 统字第 832 号 统字第 984 号 统字第 1073 号 统字第 1151 号 统字第 1437 号
		第三百三十九条	统字第 684 号
		第三百四十一条	统字第 750 号 统字第 1012 号
第三百一十九条	统字第 291 号 统字第 378 号	第三百四十三条	统字第 421 号 统字第 440 号 统字第 527 号 统字第 784 号 统字第 1033 号 统字第 1267 号
第三百二十条	统字第 378 号 统字第 543 号 统字第 1399 号		
第三百二十四条	统字第 505 号		

	统字第 1303 号 统字第 1305 号 统字第 1609 号	第三百五十二条	统字第 1651 号 统字第 1723 号
第三百四十四条	统字第 212 号 统字第 411 号 统字第 439 号 统字第 451 号 统字第 493 号 统字第 527 号 统字第 799 号 统字第 988 号 统字第 1010 号 统字第 1067 号 统字第 1409 号	第三百五十五条	统字第 234 号 统字第 610 号 统字第 648 号
		第三百五十六条	统字第 326 号 统字第 449 号 统字第 946 号 统字第 1224 号 统字第 1315 号
		第三百五十七条	统字第 195 号 统字第 475 号 统字第 664 号 统字第 751 号 统字第 950 号 统字第 1223 号 统字第 1608 号 统字第 1665 号 统字第 1726 号 统字第 1917 号
第三百四十五条	统字第 948 号 统字第 967 号 统字第 1441 号
第三百四十六条	统字第 162 号 统字第 375 号 统字第 776 号 统字第 1643 号 统字第 2003 号
第三百四十七条	统字第 91 号	第三百五十八条	统字第 444 号 统字第 459 号 统字第 1441 号
第三百四十八条	统字第 66 号 统字第 66 号 统字第 66 号 统字第 66 号 统字第 476 号 统字第 477 号 统字第 478 号 统字第 504 号 统字第 620 号 统字第 820 号 统字第 869 号 统字第 934 号 统字第 1005 号 统字第 1010 号	第三百六十三条	统字第 119 号 统字第 126 号 统字第 134 号 统字第 215 号 统字第 334 号 统字第 362 号 统字第 377 号 统字第 397 号 统字第 403 号 统字第 415 号 统字第 426 号 统字第 474 号 统字第 475 号 统字第 519 号 统字第 583 号 统字第 620 号 统字第 651 号 统字第 663 号 统字第 672 号 统字第 695 号 统字第 786 号
第三百四十九条	统字第 66 号
第三百五十条	统字第 268 号 统字第 275 号 统字第 392 号 统字第 1154 号 统字第 1643 号

	统字第 838 号 统字第 950 号 统字第 951 号 统字第 986 号 统字第 989 号 统字第 990 号 统字第 996 号 统字第 1004 号 统字第 1005 号 统字第 1088 号 统字第 1194 号 统字第 1303 号 统字第 1313 号 统字第 1318 号 统字第 1351 号 统字第 1394 号 统字第 1732 号 统字第 2004 号		统字第 1013 号 统字第 1195 号 统字第 1197 号 统字第 1330 号 统字第 1612 号
		第三百八十六条	统字第 758 号
		刑法施行条例	
		第二条	统字第 211 号
		陆海空军刑法	
		第五条	统字第 1596 号 统字第 1682 号
		第六条	统字第 1620 号 统字第 1832 号
		惩治绑匪条例	
第三百六十六条	统字第 1265 号 统字第 1265 号 统字第 1351 号	第二条	统字第 260 号 统字第 578 号
		第三条	统字第 666 号
第三百七十一条	统字第 3 号	惩治盗匪暂行条例	
第三百七十六条	统字第 235 号 统字第 340 号 统字第 572 号 统字第 664 号 统字第 666 号 统字第 763 号 统字第 842 号 统字第 946 号 统字第 964 号 统字第 1153 号 统字第 1617 号 统字第 1959 号 统字第 1959 号	第一条	统字第 154 号 统字第 155 号 统字第 275 号 统字第 578 号 统字第 580 号 统字第 717 号 统字第 784 号 统字第 805 号 统字第 835 号 统字第 871 号 统字第 1096 号 统字第 1161 号 统字第 1448 号 统字第 1595 号 统字第 1644 号
第三百八十条	统字第 804 号 统字第 1159 号 统字第 1681 号	第二条	统字第 196 号
第三百八十一条	统字第 355 号 统字第 758 号	第三条	统字第 208 号 统字第 357 号 统字第 1058 号 统字第 1495 号 统字第 1619 号
第三百八十二条	统字第 93 号 统字第 431 号 统字第 473 号 统字第 890 号		

第六条	统字第 1058 号 统字第 1827 号	第二十一条	统字第 1494 号 统字第 1968 号
修正盗匪案件适用法律暂行细则			统字第 36 号 统字第 36 号 统字第 36 号 统字第 36 号 统字第 36 号 统字第 61 号 统字第 503 号 统字第 1216 号 统字第 1512 号 统字第 1893 号
第一条	统字第 261 号 统字第 262 号		
第三条	统字第 180 号 统字第 181 号 统字第 187 号 统字第 284 号 统字第 328 号 统字第 332 号 统字第 390 号 统字第 581 号		
禁烟法		第二十二条	统字第 216 号 统字第 536 号 统字第 1720 号 统字第 1842 号
	统字第 107 号	第二十五条	统字第 1543 号
第六条	统字第 210 号	第二十六条	统字第 637 号 统字第 1249 号 统字第 1261 号 统字第 1397 号
刑事诉讼法			
第五条	统字第 118 号 统字第 188 号 统字第 436 号 统字第 1348 号	第二十九条	统字第 748 号 统字第 1249 号 统字第 1261 号
第十条	统字第 87 号 统字第 1878 号	第三十四条	统字第 1021 号
		第四十五条	统字第 1924 号
第十一条	统字第 1878 号	第四十九条	统字第 1647 号
第十四条	统字第 1699 号	第五十一条	统字第 1856 号
第十五条	统字第 867 号	第六十四条	统字第 309 号
第十七条	统字第 434 号 统字第 1591 号	第六十七条	统字第 1822 号
		第六十九条	统字第 1693 号
第十九条	统字第 88 号 统字第 219 号 统字第 448 号 统字第 487 号 统字第 1393 号	第七十一条	统字第 542 号
		第七十二条	统字第 304 号
		第七十四条	统字第 71 号 统字第 304 号
第二十条	统字第 219 号 统字第 270 号 统字第 487 号 统字第 739 号	第八十一条	统字第 1383 号
		第八十二条	统字第 1920 号
		第八十四条	统字第 600 号

	统字第 1171 号 统字第 1173 号 统字第 1958 号	第二百一十六条	统字第 1200 号 统字第 1222 号 统字第 1774 号
第八十五条	统字第 179 号 统字第 1920 号	第二百一十七条	统字第 8 号 统字第 281 号 统字第 585 号 统字第 631 号 统字第 984 号 统字第 993 号 统字第 1055 号 统字第 1151 号 统字第 1531 号 统字第 1611 号 统字第 1835 号
第一编 七章	统字第 293 号		
第一百一十四条	统字第 1733 号		
第一百一十八条	统字第 1721 号		
第一百七十条	统字第 1241 号 统字第 1388 号 统字第 1439 号 统字第 1646 号 统字第 1895 号		
第一百七十七条	统字第 169 号	第二百一十八条	统字第 1774 号
		第二百一十九条	统字第 1899 号
第一百八十条	统字第 402 号 统字第 1549 号 统字第 1615 号	第二百二十条	统字第 1451 号
		第二百二十一条	统字第 1962 号
第一百八十四条	统字第 928 号 统字第 1549 号	第二百二十四条	统字第 186 号
		第二百二十七条	统字第 1822 号
第一百九十九条	统字第 1956 号	第二百三十条	统字第 338 号
第二百零二条	统字第 1753 号 统字第 1756 号	第二百四十三条	统字第 1025 号 统字第 1451 号
第二百零三条	统字第 1725 号 统字第 1753 号	第二百四十四条	统字第 681 号 统字第 1954 号
第二百零八条	统字第 1891 号	第二百四十七条	统字第 1373 号 统字第 1453 号
第二百一十四条	统字第 174 号 统字第 1081 号	第二百四十八条	统字第 44 号 统字第 838 号 统字第 1222 号 统字第 1431 号 统字第 1453 号 统字第 1531 号 统字第 1811 号 统字第 1914 号 统字第 1915 号
第二百一十五条	统字第 305 号 统字第 360 号 统字第 361 号 统字第 671 号 统字第 1055 号 统字第 1138 号 统字第 1149 号 统字第 1199 号 统字第 1264 号 统字第 1398 号 统字第 1566 号 统字第 1567 号 统字第 1598 号		
		第二百五十条	统字第 535 号 统字第 1453 号 统字第 1453 号 统字第 1610 号 统字第 1811 号

第二百五十一条	统字第 327 号	第三百一十四条	统字第 1859 号
第二百五十二条	统字第 1453 号	第三百一十八条	统字第 38 号 统字第 1843 号
第二百五十三条	统字第 2 号 统字第 41 号 统字第 267 号 统字第 381 号 统字第 671 号 统字第 1197 号 统字第 1387 号 统字第 1477 号 统字第 1854 号	第三百一十九条	统字第 2002 号
		第三百二十条	统字第 1363 号 统字第 1564 号 统字第 1765 号 统字第 1922 号
		第三百二十三条	统字第 303 号
第二百五十八条	统字第 1889 号 统字第 2002 号	第三百二十四条	统字第 303 号
		第三百二十五条	统字第 1037 号
第二百五十九条	统字第 51 号 统字第 958 号	第三百二十八条	统字第 1897 号
第二百六十条	统字第 51 号 统字第 1395 号	第三百三十七条	统字第 1754 号 统字第 1824 号 统字第 1825 号
第二百六十四条	统字第 1931 号	第三百四十三条	统字第 1842 号
第二百七十条	统字第 1047 号	第三百四十五条	统字第 138 号
第二百七十二条	统字第 35 号 统字第 452 号 统字第 1193 号	第三百四十六条	统字第 1733 号 统字第 1891 号
第二百七十六条	统字第 741 号	第三百五十八条	统字第 72 号 统字第 137 号 统字第 713 号 统字第 784 号 统字第 1087 号 统字第 1113 号 统字第 1477 号 统字第 1477 号 统字第 1667 号
第二百八十一条	统字第 494 号		
第二百八十二条	统字第 190 号		
第二百八十三条	统字第 1242 号		
第二百九十二条	统字第 299 号		
第三百条	统字第 1957 号		
第三百零七条	统字第 777 号 统字第 789 号 统字第 868 号 统字第 1227 号 统字第 1928 号	第三百五十九条	统字第 1879 号
		第三百六十二条	统字第 1055 号
		第三百六十三条	统字第 337 号 统字第 402 号 统字第 680 号
第三百零八条	统字第 149 号 统字第 833 号 统字第 1754 号 统字第 1916 号	第三百六十七条	统字第 629 号 统字第 1842 号 统字第 1890 号 统字第 1898 号
第三百零九条	统字第 256 号		
第三百一十一条	统字第 803 号 统字第 877 号	第三百七十二条	统字第 233 号

第三百七十五条	统字第 9 号 统字第 301 号 统字第 310 号 统字第 331 号 统字第 784 号 统字第 1106 号 统字第 1222 号		统字第 894 号 统字第 947 号 统字第 1185 号 统字第 1190 号 统字第 1283 号 统字第 1338 号 统字第 1451 号 统字第 1527 号 统字第 1549 号 统字第 1621 号 统字第 1626 号 统字第 1633 号 统字第 2002 号
第三百七十七条	统字第 452 号		
第三百七十八条	统字第 125 号 统字第 194 号 统字第 662 号 统字第 1314 号 统字第 200 号		
第三百七十九条	统字第 1386 号	第三编 三章	统字第 1237 号
第三百八十一条	统字第 95 号 统字第 586 号 统字第 643 号 统字第 652 号 统字第 705 号 统字第 879 号 统字第 1489 号	第三百八十六条	统字第 354 号
		第三百八十九条	统字第 1520 号
		第三百九十六条	统字第 1453 号
		第三百九十七条	统字第 1898 号 统字第 2001 号
		第三百九十八条	统字第 2002 号
第三百八十三条	统字第 156 号 统字第 479 号 统字第 758 号 统字第 790 号 统字第 793 号 统字第 892 号	第四百零一条	统字第 1329 号
		第四百零五条	统字第 1733 号
		第四百零七条	统字第 2001 号
		第四百一十二条	统字第 2002 号
第三百八十四条	统字第 486 号 统字第 1185 号 统字第 1666 号	第四百一十三条	统字第 520 号 统字第 533 号 统字第 1312 号
		第四百一十四条	统字第 51 号 统字第 74 号 统字第 547 号 统字第 1564 号
第三百八十五条	统字第 43 号 统字第 59 号 统字第 160 号 统字第 179 号 统字第 299 号 统字第 330 号 统字第 452 号 统字第 573 号 统字第 594 号 统字第 669 号 统字第 681 号 统字第 703 号 统字第 782 号 统字第 862 号 统字第 884 号	第四百一十五条	统字第 44 号 统字第 490 号 统字第 1676 号 统字第 1814 号 统字第 1823 号
		第四百一十七条	统字第 319 号
		第四百一十九条	统字第 318 号 统字第 601 号 统字第 1435 号 统字第 1550 号

第四百二十条	统字第 319 号	第四百六十二条	统字第 1518 号 统字第 1680 号
第四百二十一条	统字第 178 号	第四百六十三条	统字第 1680 号
第四百二十二条	统字第 382 号 统字第 383 号 统字第 783 号	第四百六十四条	统字第 1680 号
		第四百六十七条	统字第 1526 号
第四百二十三条	统字第 783 号	第四百七十五条	统字第 1526 号
第四百二十四条	统字第 783 号 统字第 1912 号	第四百七十七条	统字第 1825 号
第四百二十六条	统字第 2000 号	第四百八十五条	统字第 525 号 统字第 1034 号 统字第 1719 号
第四百二十八条	统字第 1929 号	第四百九十三条	统字第 4477 号
第四百三十三条	统字第 589 号 统字第 691 号 统字第 737 号 统字第 840 号 统字第 891 号 统字第 965 号 统字第 1014 号 统字第 1292 号 统字第 1457 号 统字第 1458 号 统字第 1705 号	第四百九十六条	统字第 798 号
		第四百九十八条	统字第 277 号 统字第 865 号 统字第 1635 号
		第五百条	统字第 192 号 统字第 246 号
		第五百零二条	统字第 1389 号
		第五百零九条	统字第 570 号 统字第 1251 号
第四百三十四条	统字第 863 号	第五百一十条	统字第 1837 号
第四百四十一条	统字第 689 号 统字第 783 号 统字第 965 号 统字第 1113 号 统字第 1242 号	第五百一十一条	统字第 562 号 统字第 1750 号
		刑事诉讼法施行条例	
		第一条	统字第 1722 号
第四百四十二条	统字第 742 号 统字第 765 号 统字第 821 号 统字第 891 号 统字第 1078 号	第十七条	统字第 1774 号
		覆判暂行条例	
		第一条	统字第 148 号 统字第 263 号 统字第 277 号 统字第 661 号 统字第 1026 号 统字第 1055 号 统字第 1072 号 统字第 1355 号 统字第 1754 号
第四百四十三条	统字第 1694 号		
第四百四十五条	统字第 263 号 统字第 933 号		
第四百四十七条	统字第 1694 号		
第四百五十二条	统字第 201 号		
第四百五十六条	统字第 711 号 统字第 1197 号		
第四百六十条	统字第 1830 号	第二条	统字第 714 号

第三条	统字第 172 号 统字第 296 号 统字第 452 号 统字第 460 号	第五十条	统字第 177 号 统字第 1023 号 统字第 1094 号
第四条	统字第 165 号 统字第 289 号 统字第 296 号 统字第 420 号 统字第 635 号 统字第 1043 号 统字第 1484 号 统字第 1606 号	第五十二条	统字第 1597 号
		惩治官吏法	
		第二条	统字第 367 号
		律师章程	
		第一条	统字第 1036 号 统字第 1183 号 统字第 1204 号
第五条	统字第 288 号 统字第 1463 号	第十九条	统字第 1370 号
第六条	统字第 839 号 统字第 867 号 统字第 867 号 统字第 1259 号 统字第 1429 号 统字第 1490 号	第二十六条	统字第 1938 号
		第二十九条	统字第 62 号
		第三十二条	统字第 106 号
		第三十五条	统字第 123 号
		第三十七条	统字第 1669 号
第七条	统字第 1092 号 统字第 1375 号 统字第 1429 号	律师惩戒委员会规则	
		第二十条	统字第 1414 号 统字第 1462 号
第十条	统字第 806 号	戒严条例	
第十一条	统字第 290 号 统字第 877 号 统字第 880 号 统字第 1114 号 统字第 1400 号	第二条	统字第 52 号
		第五条	统字第 47 号
		第六条	统字第 47 号
		第七条	统字第 52 号 统字第 1290 号
第十三条	统字第 345 号	第八条	统字第 1290 号
印花税暂行条例		军用枪炮取缔条例	
第五条	统字第 158 号 统字第 343 号	第二条	统字第 639 号 统字第 1592 号
司法机关依印花税暂行条例科罚及执行规例		修正医师暂行条例	
第一条	统字第 608 号	第二十四条	统字第 1909 号
违警罚法		监督寺庙条例	
第八条	统字第 1635 号	第八条	统字第 567 号 统字第 1868 号 统字第 1901 号
第十四条	统字第 887 号		
第三十三条	统字第 1892 号		
第四十三条	统字第 1635 号	第十一条	统字第 1868 号
第四十四条	统字第 1683 号		

大理院解释例全文正文

■ 统字第 1 号

民国二年一月十五日大理院复江宁高等审判厅电

江宁高等审判厅鉴：

庚电悉！选举诉讼，本法既无不得上诉明文，自难加以限制。且查《选举法》第八十二、八十四各条，均采审判确定主义，当然准有上诉权。照本法第九十条规定，初选为三级审，复选为二级审，应即依法办理。

附：江宁高等审判厅原电

大理院鉴：

《选举法》第九十条规定，是否初选为三级审、复选为二级审，抑皆无上诉权？请解释电复。

江宁高审厅庚

■ 统字第 2 号

民国二年一月二十五日大理院复浙江、江宁两省审、检厅并通行各省审、检厅电

各省高等审、检厅鉴：

江宁、浙江等省审、检厅电询："《选举法》规定，'初选、复选，分别向高等地方厅起诉。'刑事应否由同级检察厅起诉"等语。

查《选举法》所规定，系指选举诉讼而言。至犯《暂行律》第八章之罪时，仍应依照普通刑事诉讼程序，由地方或初级检察厅分别起诉，并请转知各级审、检厅查照办理。

大理院

附：浙江省法院、检事厅原电

司法部、大理院鉴：

选举诉讼，既遵照《选举法》第九十条办理，其选举犯罪审级，是否与选举诉讼相同，抑照普通刑事诉讼手续办理？请速电示。

浙江省法院、检事厅叩个

附：江宁高等检察分厅原电

大理院、总检察厅钧鉴：

《选举法》规定，"复选举，向高等审判厅起诉。"刑事应否由同级检厅起诉？请速电示遵行。

江宁高等检察分厅祃

■ 统字第 3 号

民国二年一月二十九日大理院复山东高等审判厅电

山东高等审判厅鉴：

贺电悉！结伙入室、拴人勒赎，系犯第三百七十三条、第三百四十四条两罪。其在途者，系犯第三百七十四条、第三百四十四条两罪，并应依第二十三条及第二十九条处断。

· 255 ·

大理院

附：山东高等审判厅原电

司法部、大理院钧鉴：

结伙入室或在途拴人勒赎，是否照三百七十三条、三百七十四条强盗罪科断？请解释电示。

山东高等审判厅贺

■ **统字第 4 号**

民国二年二月三日大理院复广州地方审判厅电

广州地方审判厅鉴：

电悉！解释《暂行刑律》，应依第一说，并参照二百九十四条三项。

大理院

附：广州地方审判厅原电

大理院长钧鉴：

和奸罪限于有夫之妇，律有明条。惟亲属相为和奸，如系处女或无夫之妇，应否论罪，乃一疑问。第一说谓，但系亲属，即无夫妇女，罪皆成立。此说系以二百九十条乃独立条文，为前条之例外，不相连贯。故解释上"亲属"二字，包无夫之妇与女言。第二说谓，二百八十九条"和奸有夫之妇"一语，贯彻二百九十条，故下条不复赘"妇女"字，仍须有夫之妇乃论。钧院为统一解释法律最高机关，二说孰是，悬案待复。

广州地方审判厅叩卅一

■ **统字第 5 号**

民国二年二月四日大理院复奉天高等审判厅电

奉天高等审判厅鉴：

卅电悉！府不能为县案控告审，应查照前法部定《各省城商埠审判厅筹办事宜》管辖门内开各节办理。

大理院支

附：奉天高等审判厅原电

大理院鉴：

案经县、府两次判决，上诉到厅，是否适用上告程序，抑用控告程序？请示遵。

奉天高等审判厅卅

■ **统字第 6 号**

民国二年二月十日大理院致河南高等审判厅转开封律师公会电

河南高等审判厅转开封律师公会：

漾电悉！藩库因存款与商号涉讼，当然适用民事诉讼程序。

大理院

附：河南律师公会原电

司法部、大理院、律师公会钧鉴：

藩库对于普通商号，因存款问题涉讼，是否适用一切民事诉讼程序，以保持司法独立？乞电示遵。

开封律师公会叩漾

■ 统字第7号

民国二年三月十日大理院复湖北高等审判厅电

湖北高等审判厅鉴：

微电悉！选举诉讼，准用现行民诉程序，由民庭审判。至妨害选举罪，纯系刑事，由检厅起诉后归刑庭，依刑诉审级及程序办理。

大理院印

附：湖北高等审判厅原电

大理院钧鉴：

筹备国会事务局一月号日及三月有日通电：选举诉讼与检厅无关，其上诉期间依普通民诉规定办理。究竟选举诉讼，能否作为普通民诉案件？其决定为选举诉讼与妨害选举法，职权属检厅或属审厅、属刑庭或属民庭？检厅已提起之选举诉讼，应否受理？统祈电示只遵。

鄂高等审判厅微叩

■ 统字第8号

民国二年三月二十六日大理院复上海地方审判厅函

径启者：

二年二月十九日准贵厅咨关于买卖人口适用法律困难问题列举请由本院解释。兹经本院开民刑庭全体会议议决各款，抄送请即查照。

本院议决，关于买卖人口适用法律各问题：

一、买契之真伪，系调查证据问题，法律不能强定不明之证据为伪造，致故入罪。

二、《暂行新刑律》第九条规定，"本律总则于其他法令之定有刑名者，亦适用之。"依此则《刑律》第六章共犯罪之规定，当然适用于买卖人口之犯罪。其居间者，若系主谋，可以适用《暂行新刑律》第三十条之规定；若系助恶，可以分别情形，适用该章其他条文之规定。

三、发堂择配，该条款并无明文。略诱、和诱，既非离婚后不能告诉，则当然解释之结果，自不能因其有买卖之行为而强迫自由结婚者离婚。

四、按诉讼法理，亲告罪若无代行告诉人时，管辖检察厅检察官得因利害关系人之声请，指定代行告诉人；若无利害关系人声请，检察官亦得以职权指定之。故此等情形，只需由检察官指定一人（例如，发觉该儿童之巡警）为告诉人，即可受理。

五、此层非刑事法所能补救，须社会救贫事业发达，始足以济其穷。

附：上海地方审判厅原呈

窃查买卖人口非文明国所宜有，而新《刑律》无规定条文。厅长前曾向江苏高等审判厅请示办法，旋奉复文，"以从前施行之禁革买卖人口条款为一种单行法，与民国并无抵触，案照袁大总统蒸电，当然有效；嗣后凡遇有此项案件发生，自应援用该条款，处以罚金"等语。由是，司法者得所依据，而于维持人道主义，亦不无裨益。惟是法律有常，人情无定，或罪犯工于趋避而法律难知，或行为适用条文而人情不顺，或为律文所未载，或为事实所难行。试举数端证之。例如，诱拐人口之犯罪，为避重就轻计，往往造一伪契，作为价买而得。盖买卖人口，不过罚金，非若略诱、和诱罪，须处以三等至五等有期徒刑也。然使确系诱拐，则照诱拐科罪可耳。乃有实系买来，而契内所列卖主无从访查，即无可以证实其价买之据。上海闽粤人所买子女，恒多此类，此而坐以诱拐之罪，似不免过于苛刻。然既无买卖之确证，而仅凭一纸空文即认为买卖，处以极轻之罚，则拐匪知所趋避，每拐一孩，即造一买契。幸不发觉，可遂其诱拐之奸；不幸而被获，亦只得极轻之罪。恐此后匪胆愈张，拐风愈炽，而伤天害理之事，且将日出而不穷。拟请嗣后遇有此等案件，概以略诱、和诱分别论罪。盖与其失出而使拐匪得以漏网，毋宁失入而使买卖人口者有所寒心，庶于违背人道之买卖，亦可藉以稍戢。如或议为过苛，尽可由法官酌度情形，于法定刑期酌量核减。此一事也。

买卖人口，卖者、买者均有罪矣。惟居间者应得何罪，律无正条。此等居间之人，或竟助恶，或竟主谋，藉以营利，其心术之狠恶，实非卖者、买者所可比。若援"律无正条不为罪"之文，竟得逍遥事外，揆诸事理，岂得谓平？似应一律论罪，以昭惩戒。惟律无明文，不敢谬加比附，以致漏网者多。此一事也。

查条款所载买卖人口为妻，亦在永远禁止之列，违者治罪。其被买者，旧例辄发堂择配。然或所买之妻出于自愿，且与其夫极有感情，或已有生儿女者，一旦强令离异，是一举而鳏人之夫、寡人之妻、孤人之子，似亦非人道主义所忍出。查新《刑律》略诱、和诱罪，第三百五十五条第二项，"被略诱、和诱人与犯人为婚姻者，非离婚后，其告诉为无效。"夫略诱、和诱，情同盗贼，犹得保全其非正式之婚姻；买卖人口，虽非文明国所宜有，然就习惯与事实论之，固出于双方自愿，亦并未宣告离婚，而一经发觉，转欲断令离异，亦非情理之平，此而欲贯通新旧法律，以期适合于人情。司法者，直无从解决。此一事也。

又新《刑律》第三百五十五条云，"第三百四十九条及第三百五十三条之罪，须告诉乃论。"夫使拐匪诱人子女，携之他方，为其地巡警所发觉。其亲族既无从得其踪迹，不能向拐往之地具诉；年幼儿童，既不能言其乡里，又不知诉之官厅；其将援告诉乃论之文，释拐匪而不罪乎？且使拐匪为无罪，则巡警转有误拿良民之罪乎？殊令人无从索解者也。此又一事也。

又买人子女为子孙者，除照律处罚外，身价入官，人口交亲属领回。夫人非极贫，何至于鬻子女？今虽谓他人父，而可以藉得温饱。设仍交其亲属，则是夺之温饱之中，而复迫之饥寒之地，且难保其父母之不再出卖乎？此又一事也。

凡此种种，皆经验上之困难，非理想上之空言，其应如何变通办理及另定办法之处，统乞核示遵行。

■ 统字第9号

民国二年三月二十五日，大理院复湖北高等审检厅电

湖北高等审检厅鉴：

元电悉！未经辩论［之］判决，系违背程序法，当然可以作为控告受理。

大理院印

附：湖北高等审检厅原电

大理院总检察厅钧鉴：

第一审未经口头辩论，以书面判决无罪［之］案件，能否作控告受理？恳示遵。

鄂高等审检厅元叩

■ 统字第10号

民国二年三月二十六日大理院致总检察厅函

径启者：

据京师第四初级检察厅呈称："前清《修正报律》第十一条载，'损害他人名誉之语，报纸不得登载，但专为公益，不涉阴私者，不在此限'等语。按'阴私'二字，其意义有广狭之不同，故解释之范围亦不能一致。例如，报载'某议员花费金钱若干运动当选'、'某官吏使用金钱若干运动差缺'。又如，载'某甲素好烟赌'、'某乙素好冶游'。诸如此类，能否论为涉及阴私？职等评议，意见异同。若非请求解释，确定范围，则法律之解释，既不免有彼此误会之处，而诉讼进行，终不免有窒碍难行之点。为此呈请详加解释，确定范围，从速复示，以便遵行"等因到院。

查前清《修正报律》第十一条但书所谓"专为公益，不涉阴私"，有二要件：一、须能证明其事实。二、须关系公益，非专属个人私德之事实。原呈所举各例，依此标准，自可得当然之解释。为此函请贵厅转行知会。

■ 统字第11号

民国二年三月二十六日大理院复广东高等审判厅电

广东高等审判厅鉴：

买卖人口条款当然适用。其中所称"某等罚"，应照前清现行《刑律》罚金刑之标准处断。

大理院感印

附：广东高等审判厅原电

大理院长鉴：

买卖人口条款应否适用？条款内，"因贫卖女"一节有处七、八等罚规定；惟新刑律无此刑名，应折科罚金，抑概不处罚？请电复。

粤高等审判厅敬

统字第 12 号

民国二年三月二十八日大理院复湖北高等审判厅电

湖北高等审判厅鉴：

各电条复如下：

一、本院按照现行法例解释。依现在有效法令定有官职并由现行法例认为有任用权者合法任命之现任本职、从事于国家公务之人员，概为"现任官吏"。故各省现任人员，如为法令所定并奉有该省长官正式委任令、现从事国家公务者，自应认为"官吏"，依法停止其被选举权。

二、现行《选举法》解释"办理选举人员"，当以该法定有名目者为限。如因便宜，于法定外临时增设之员，不能以办理选举人员论。

三、选举诉讼，既准用民诉程序，如依现行民诉法例，应为缺席判决时，自可照办。

四、民、刑事诉讼，除法有特别规定外，本可并行。若选举诉讼外，并有妨害选举罪之嫌疑，仍以刑诉审级程序，另案办理。

五、现任官吏辞职未准，不得谓非在职，故仍适用停止被选举权条文。

六、马电所称"起诉日期"，自应认贵厅主张为合理。

七、马电请将阮毓崧刑事起诉一节，仍由贵厅按照法定程序办理。

大理院宥印

附：湖北高等审判厅原电一

大理院钧鉴：

鄂省第一区选民王春华等控众议员欧阳启勋当选资格不符一案，原告主张"欧阳未经辞职批准被选，纯系选举诉讼，应属民事"；被告主张"选举期前辞职，内务司揑捺不批，妨害选举，应属刑事"。究竟先从刑事审理，抑先从民事审理？又被告屡传不到，可否缺席判决？知事属荐任官，未奉大总统正式任命，仅奉曹内务司委任状者，应否作为现任官？统祈钧院电示只遵。

鄂高等审判厅筱叩

附：湖北高等审判厅原电二

司法部、大理院钧鉴：

去岁九月，筹备国会事务局寒电内开："参议院议决第二款之'现任'字样，应以'系荐任[1]以上官，以现奉有正式任命令；系委任官，[2]以现奉有正式委任令而现任本职者为限'云云。查知事为荐任官，未奉大总统正式任命令，仅奉有内务司委任令者，应否作为现任官？鄂省欧阳启勋被控一案，属厅正在办理进行中，顷接民政长函称：内务总长删电内开：'欧阳启勋应按法停止其被选举权，迅速行令该复选监督另行依法递补，以重选政。除函复司法总长外，相应电行，仰即知照等因，准此！'除训令

---

[1] 荐任官，民国时期第三等的文官，由各主管长官推荐给中央政府任命，官居简任以下、委任以上。如中央各部、局的科长、各省的县长。——点校者注

[2] 委任官，民国普通文官（与高等文官相对），由所属长官委用。各部的科员、县的科长、司法机关的书记官等，一般均系委任官。——点校者注

该复选监督遵照外，相应函请贵厅查照办理等因。"又查筹备国会事务局复山东都督巧电、复吉林都督佳电、复江西都督铣电、复广西都督漾电、复广东都督江电、复四川民政长冬电、复浙江都督冬电、复江西都督佳电、复奉天高等审判厅支电等因，查参议院议决者，系一种法律；筹备国会事务局各电及内务部删电，均系一种命令。此种命令是否根据法律？属厅办理此案，应以何者为准据？恳即电示只遵。

鄂高等审判厅巧叩

附：湖北高等审判厅原电三

大总统、国务院、参议院、司法部、大理院、筹备国会事务局均鉴：

案查湖北选举第二区公民方觉慧等控阮毓崧当选违法一案，前由同级检察厅受理却下。该原告等迭次呈诉检厅，始行送审。当以权限解释未清，电询大理院，旋奉复电："选举诉讼准用现行民诉程序，由民庭审理"。当以案关选举，理应提前赶办，未便再事驳回，且民诉程序均采言词辩论主义，故传于本月十三日审理。讵该被告阮毓崧届期未到，以委员长林义函复，漫肆讥评，负固不服，并要挟缺席裁判，赔偿损失。职厅当以此案仅传一次，且未经原告之请求，未便以其负气不到，遽予缺席裁判，致不能完全保护该原告之利益，故特申明理由，函准选举总监督转饬到案，并改定辩论日期。催传去后，旋准选举总监督函复，据该被告函称各节，更属恣口谩骂，诋侮百端，蹂躏法权，莫此为甚。今拟将本案继续进行，并咨请同级检察厅按律起诉。讵该被告怙恶不悛，反捏词电陈，任登各报。查复选举诉讼，当然属于职厅之职权；《选举法》中既无书面判决之明文，复依现行民诉程序审判，职厅何能拒而不理？至选举总监督之批示，可否作为审判确定，固属特别问题。至其期间一节，鄂省二月十日举行复选举，该原告十五日已赴检察厅起诉，旋经批驳，复呈诉五次，是其起诉期间，非由该原告等之逾限，乃由官厅权限未清所致，自不得认为经过。至谓该原告等非选举人一节，该原告等是否有选举权及选举人，应作如何解释，该被告自可到庭主张。纵该被告理应被选，即驳回之判决，亦应复行一定程序，岂能均如该被告所意想？查《临时约法》，人民有诉讼于法院、受其审判之权。须知，权利所在，义务随之，即人民有受法院审判之义务。该被告何得以前清积习，庞然自大？窃职厅长原无党籍，至承审法官有党籍者，早已遵令脱党在案，何复党见之可言？依法受理而曰滥用职权，送达传票而曰凶狞险恶，不知该被告何所见而云然？职厅依法而居违法之名，该被告知法而逾法律之外，使职司法者执法无从，而有心违法者反可超然法外，司法前途，何堪设想？且职厅对于此案，毫无成见。该被告事前误会，不知猛省；事后复强悍无忌，任意摧残，似此侮辱官厅、妨害公务，证据确鉴，无可遁饰。本应依法起诉，惟该被告先行电陈，职厅未便率行办理，除另行呈报外，所有该被告诬告官吏及侮辱官厅等情，应如何办理之处？特先电陈鉴核，并乞均示只遵。

湖北高等审判厅马叩

■ **统字第 13 号**

民国二年四月二日大理院复广东高等审判厅电

广东高等审判厅鉴：

寝电悉！《试办章程》"被告人有上诉权"之规定，因与其后颁布《法院编制法》第九十条第一款规定相抵触，依后法胜于前法之例，当然失其效力；被害人应无上诉权，但得向检察厅申诉。如检察官认为有理由，自当提起上诉。

大理院冬印

附：广东高等审判厅原电

大理院长鉴：

《刑事上诉试办章程》［规定］检察官、原告人、被告人、代诉人有上诉权。《诉讼律（草案）》则［规定］当事人、检察官、辩护人、法定代理人及夫有上诉权。现《草案》未颁布，《章程》未取消，被害人有无上诉权？请电复。

粤高等审判厅寝印

■ 统字第 14 号

民国二年五月二日大理院复黑龙江高等检察厅电

黑龙江高等检察厅鉴：

敬电悉！八旗官兵，现服兵役者，即属军人。查《都督府条例》，无军事顾问名目，既非官职，不能认为军属。

大理院冬印

附：黑龙江高等检察厅原电

大理院鉴：

八旗官兵，是否军人？都督府军事顾问，是否军属？祈示复。

黑龙江高检厅敬叩

■ 统字第 15 号

民国二年五月二日大理院复京师地方检察厅函

径复者：

准贵厅函开："法律上，夫妇关系之成立应具备如何要件？又《新刑律》第三百四十九条第二项之和诱罪构成要件如何？请提前解释函复"等因。

查夫妇关系之成立，专就刑法上解释，须具备形式上之要件，即以举行相当礼式之日（例如，旧礼式之迎娶、入赘，新礼式之举行结婚）作为夫妇关系成立。至查《新刑律》第三百四十九条第二项之和诱罪，系指以强暴、胁迫、诈术以外之手段，引诱满十六岁以上之妇女或未满二十之男子而言。其妇女不问其有夫无夫，亦不问其成年与否。相应函复贵厅查照可也。

此复！

附：京师地方检察厅原函（附单）

敬肃者：

查夫妇关系于犯罪成立上多有莫大之关系。今我国《民律》尚未颁行，夫妇关系之成立要件，言人人殊，莫能一定。又《新刑律》第三百四十九条第二项之和诱罪，因法律未列举其构成要件，亦致异论丛生，每多出入。兹特就左列二点，谨请贵院提前解释，函复过厅，以凭办理，实为公便。

此致!

计开：一、法律上夫妇关系之成立，应具备如何要件？二、《新刑律》第三百四十九条第二项之和诱罪，构成要件如何？

■ **统字第 16 号**

民国二年五月二日大理院复总检察厅函

径复者：

准贵厅函送京师第一初级检察厅呈称，"《民法》未颁，重婚罪之成立，必以婚姻成立与否为前提。若婚姻方式无一定标准，此种问题，实难解决。请转咨详示解释指令遵行"等因。

查婚姻成立，专就刑法上解释，须具备形式上之要件，即以举行相当礼式之日（例如，旧礼式之迎娶、入赘，新礼式之举行结婚）作为婚姻成立。相应函复贵厅查照转行。

此致!

附：总检察厅原呈

径启者：

据京师第一初级检察厅呈称："《民法》未颁，重婚罪之成立，必以婚姻成立与否为前提。若婚姻方式，无一定标准，此种问题，实难解决。请转咨详示解释，指令遵行等因。"相应钞录原呈，函送贵院核办。

此致!

附：京师第一初级检察厅原函

为呈请事：

窃维《民法》未颁，户籍登记亦未实行，每有重婚案件发生，常患无所依据。征之社会习惯，又复方式复杂。即就北京一隅而论，有经媒妁说合，双方承诺，婚姻即成立者；有经媒妁说合后，须放小定，婚姻始成立者；有经媒妁说合后，须放大定始成立者；有经奠雁后，送达婚帖婚姻始成立者。种种不同，其在法律上，究以何种方式，可认为婚姻成立之标准？际此过渡时代，《民法》颁布尚需时日，而《暂行新刑律》重婚罪之规定，又不能停止效力。惟按重婚罪之成立，必以婚姻成立与否为前提。若婚姻方式无一定标准，此种问题，实难解决。应请钧厅转咨大理院，详示解释，指令遵行，实为公便。

谨呈!

■ **统字第 17 号**

民国二年五月二日大理院复河南汝宁地方检察厅函

径复者：

查抢夺路行妇女，即为强暴、胁迫[方式]略取妇女之行为，按诸《暂行新刑律》，应构成第三百四十九条之略诱罪。至被抢妇女以外之人，因惊致病身死，在法理上不得认为与抢夺行为有相当之因果关系。盖刑律上所谓犯罪，只以刑律分则各条所明示或暗示之行为与其结果为限，而对于法文以外之结果，有时应负民法之责任，而于刑法问题无涉。故如抢夺妇女，只能成立略诱罪；此外，在刑法上不负何等责任，亦不得另成一罪。

此复！

附：河南汝宁地方检察厅原呈

为呈请指令事：

案查抢夺路行妇女，前清现行律立有专例，而《新刑律》则无专条。现在敝厅辖境，发见此项事实，如审理得实，应适用何条？且被抢孀妇，更有孀姑同行，惊吓得病，因而致死，该行抢夺人应否负此责任？如有责任，是否另成一个罪，抑或为前之行为所吸收？祈为令示只遵。

谨呈！

■ 统字第18号

民国二年五月五日大理院复天津高等审判分厅函

径复者：

准贵分厅咨呈："凡强制罚之不属普通刑法范围者，如挂号民信局违犯邮章之罚则之类，向由各该管局署自行照章处分。其有不受处分而赴司法衙门起诉者，司法衙门是否有适用各项单行章程制裁之权？其所科罚金，是否与《刑法》上之罚金同为司法上之收入？"等因。

查法令有明文规定之刑罚，其性质自与刑法法典内之刑罚无异，当然得向司法衙门请求正式裁判。至经裁判后所科罚金，自应归入国库。惟吾国现在会计未能统一，各省办法不同，其应否作为司法上收入，应由该管行政官署决定。此复！

附：天津高等审判分厅原咨呈

为呈请解释事：

凡强制罚之不属普通刑法范围者，如挂号民信局违犯邮章之罚则之类，向由各该管局署，自行照章处分。其有不受处分，而赴司法衙门起诉者，司法衙门是否有适用各项单行章程制裁之权？其所科罚金，是否与刑法上之罚金，同为司法上之收入？乞解释示遵，实为公便。

谨咨呈！

■ 统字第19号

民国二年五月十三日大理院复京师第四初级审判厅函

径复者：

准贵厅函开：本年四月十二日《政府公报》载钧院致总检察厅公函内开："前清《修正报律》第十一条但书所谓'专为公益，不涉阴私'，有二要件：一须能证明其事实；二须关系公益，非专属个人私德之事实。虽能证明其事实，苟专属个人阴私者，固不能阻却犯罪之成立；即属公益，苟不能证明其事实，亦不应在此范围之内。查前清《报律》第八条，报纸登载错误，若本人或关系人请求更正或将更正书、辩驳书请求登载者，应即更正或将更正书、辩驳书照登。又钧院元年上字第十七号判决理由内称：犯罪行为，应以行为时具备法定要素为成立条件，断不能因事后之匡正或其他之追悔行为而妨碍其成立。《报律》第八条更正之义务，系为维持公益起见，令编辑人负特种之义务，与第十一条犯罪之成立毫无关系。是《报律》第十一条犯罪之成立，似有不问事实之有无［之意］；不过有无其事，编辑人更负更正之义务而已。反言之，则所谓'专为公益，不涉阴私'者，似亦只需问其是否关系公益，非专属个人私德之事实。法文及立法意，固亦无所谓证明事实之义意含其中也。往覆审释，疑窦殊多"等因到院。

查《报律》第八条更正之义务，与第十一条犯罪之成立，两不相涉，毫无关系。本院判例，言之甚明。不得据此谓第十一条犯罪之成立，不问事实之有无也。质言之，第八条所谓错误，不专指损害他人名誉而言，范围极广。以极端言，即称颂揄扬之语，亦可请求更正，且并不问事实真系错误与否。苟其更正辩驳词意不背法律，并具备姓名、住址者，报纸即有更正之义务；非谓"有其事实，即无更正之义务"。观于该条，文义自明。至第十一条之但书，则仍以前次本院函复总检察厅两层为要件。至本院元年上字第十七号判决之意义，系谓"如无其事实，虽事后更正，仍不能阻却犯罪之成立。"即言两条毫不相关也。观判决全文，其义自能明晰。相应函复贵厅查照可也。

此复！

附：京师第四级审判厅原呈

为呈请解释事：

本年四月十二日《政府公报》载钧院致总检察厅公函内开：前清《修正报律》第十一条但书所谓"专为公益，不涉阴私"，有二要件：一须能证明其事实；二须关系公益，非专属个人私德之事实。是虽能证明其事实，苟专属个人阴私者，固不能阻却犯罪之成立；即属公益，苟不能证明其事实，亦不应在此种范围之内。查前清《报律》第八条，报纸登载错误，若本人或关系人请求更正或将更正书、辩驳书请求登载者，应即更正或将更正书辩驳书照登。又钧院元年上字第十七号判决理由内称：犯罪行为，应以行为时具备法定要素为成立条件，断不能因事后之匡正或其他之追悔行为而妨碍其成立。《报律》第八条更正之义务，系为维持公益起见，令编辑人负特种之义务，与第十一条犯罪之成立毫无关系。是《报律》第十一条犯罪之成立，似又不问事实之有无［之意］；不过无其事，编辑人更负更正之义务而已。反言之，则所谓"专为公益，不涉阴私"者，似亦只需问其是否关系公益，非专属个人私德之事实。法文及立法意，固亦无所谓证明事实之义意含其中也。往覆审释，疑窦殊多。在司法独立，审判者固自有自由认定之权，然钧院实统一法律最高机关，应请重加解释，以便遵循。

此呈！

■ **统字第 20 号**

民国二年五月十二日大理院复上海地方审判厅函

径复者：

准贵厅咨呈内开："《新刑律》于惩治略诱、和诱、和奸等罪，均有分别之规定。惟参观互证，似有未尽允洽、未尽完备之处。条举五项，呈请核示"到院。

兹特为解释分列于左：

一、有夫之妇被人和诱，若无奸通事实，诱之者仅构成和诱罪，其妇当然不成立犯罪。若有奸通事实，则诱之者，构成和诱、和奸二罪俱发，其妇亦构成和奸，但二者皆必须告诉乃论。

二、和诱妇女离其所在地为奸通，乃系二行为。若其妇女系有夫之妇或系该和诱人本宗缌麻以上之亲属，则和诱人当然系犯俱发罪，不得谓之以犯一罪之方法或其结果而生他罪也明矣！

三、来函所引用本院判决，恐系未综核判决全文，致生误会。此段乃判决理由中叙明辩护人杨光湛之主张。观于上文，有该辩护人所称"和诱之成立"云云可知。下文自"查《暂行新刑律》第二百八十三条"云云，至"殊属非是"，则系本院驳斥该辩护人之语，亦即本院判决之理由。细观前后文自明。

四、重婚非亲告罪，检察官可以不待告诉，即行检举。且和诱后为婚姻者，不必皆系重婚。如未婚男子或鳏夫和诱未婚女子或孀妇或妾之类是。若果系重婚，检察官自可提起重婚之诉，何必待其告诉？更何必俟其离婚？律文前后，并不抵牾。

五、《暂行新刑律》第三百四十九条及三百五十一条略诱、和诱男子，以未满二十岁者为限。立法者之用意，因二十岁以上之男子，当然有完全之知识能力，自不能为人所略诱。若果系强暴胁迫，致使人不能抗拒，则按其情形，自可适用私擅逮捕罪或强暴胁迫罪各本条。至被诈术诱拐，尤为成年者所罕有；纵今有之，亦不过一时受其愚弄，事后亦易脱其羁绊。若事实上被拘束不能脱离时，则亦可适用私擅逮捕罪、私擅监禁罪本条。

以上五项解释。相应函复贵厅查照可也。

此复！

附：上海地方审判厅原呈

为咨呈事：

窃《新刑律》于惩治略诱、和诱、和奸等罪，均有分别之规定。惟参观互证，似有未尽允洽、未尽书完备之处，不得不请贵院核示者。谨条举如下：按律文，和奸有夫之妇者，处四等以下有期徒刑或拘役；其相奸者，亦同。而被诱者，则律无正条。夫奸者，不过奸于其家；一离其家，即入于诱之范围。然则，荡检逾闲之妇女，与其在家与人和奸而得相奸之罪，不如随人同逃而无被诱之罪之为愈矣！是导妇女以淫奔之风也。此其有待于解释者一。又使人诱妇女出外为桑田蔓草之行，虽未诱令逃去，而既诱之离家，则固犯和诱之罪矣。以其和诱后之行为言，则又犯和奸之罪矣。查第二十六条云"以犯一罪之方法或其结果而生他罪者，从一重处断。"然则，此等案件，将仅以和诱论乎，抑处以和奸俱发罪乎？若仅以和诱论，则与仅仅和诱而图奸未遂者，有何区别？揆诸情理，其应处以俱发罪也，当无疑义。特未明载律文，不敢臆断，此其有待于解释者二。《司法公报》载贵院判决邱树仁和诱陈五妹并和奸一案，理由有云："和诱，虽尊亲属及本夫，亦无告诉权；其告诉权，只限于被害者，即被和诱之本人是也。"夫被和诱之本人，恋奸情熟，万无出而告诉之理。至尊亲属与本夫，于妇女在家与人通奸时，尚得有告诉之权，乃至随人逃去或且被卖，则惟坐视而莫可如何！既非情理之平，亦岂维持风化之道？此其有待于解释者三。或曰贵院此案判词，殆以第三百五十五条为根据。查第三百五十五条于告诉乃论之下，复特著其词曰，"被略诱、和诱人与犯人为婚姻者，非离婚后，其告诉为无效。""其"字即指上被略诱、和诱人而言。被害人告诉有效与否，且有所制裁，则被害人以外之无告诉权，更可想见！是诚然矣！然窃有惑焉。查第二十三章重婚罪之规定，"有配偶而重为婚姻者，处四等以下有期徒刑或拘役；其知为有配偶之人而与为婚姻者，亦同。"夫所谓"有配偶而重为婚姻者"，固兼男女而言，则使略诱、和诱有夫之妇而与为婚姻，其在被诱者一方面，固明明有配偶而重为婚姻也；其在诱人者一方面，则即知为有配偶之人而与为婚姻也。于此而不离婚，乃至虽告诉而无效。然则，重婚之律，且有时而不行矣！律文前后抵牾，殊不可解。此其有待于解释者四。第三百九十四条及三百五十一条律文于所略诱、和诱之男子，特指明未满二十岁。然则，诱二十以上之男子，为无罪乎？其以强暴胁迫者，犹可以私擅逮捕论，若以诈术拐取者，又将何如？夫使所用诈术为被诱者所可抵抗而不能抵抗，犹得曰"年至二十以上，能力不足，自取其咎耳"，然以略诱者之居心阴狠而竟得无罪，殊非维持人道主义。况所谓诈术者，安知不用迷药之类，使被害者失其抵抗之能力乎？而求之新律，固明明无科罪正条也。且或意图营利将二十岁以上之男子，移送国外贩为猪仔，亦将不罪之乎？此其有待于解释者五。凡此五端，皆为事实所恒有，处理一不当，即不免启人民之疑而损法律之效。应请贵院解释示遵，实为公便。须至咨呈者。

■ 统字第 21 号

民国二年五月十二日大理院复吉林地方检察厅函

径复者：

准贵厅电开："官公吏放卖国有土地，经民政长咨交省会议定价目，能否作为正价？倘该管官吏擅自增加，是否作为图利国库，额外浮收，构成《刑律》一百四十七条之罪？又《吉省放荒规例》承认丁佃有先领特权。若该管官吏前后矛盾，任意准驳，是否构成《刑律》一百四十八条妨害人行使权力之罪？严格适用，不无疑义"等因到院。

查放卖国有土地，乃国家与人民之私法上买卖行为，与《暂行刑律》第一百四十七条所谓征收各项入款之性质，迥然不同，当然不能发生刑事问题。省议会所议定价目，自系合于《省议会暂行法》第十六条第七款所议决者。该款议决，非经行政长官，以民政长名义公布后，不能直接对于行政官及人民发生拘束力。此项议决价目，若该省民政长曾经以民政长名义公布，命人遵守，则自可作为正价放卖。官吏如擅自增加，人民自可向该官吏或其直接上级官署，提起行政诉愿。如未经民政长公布，则不发生效力。至于《放荒规例》，自系一种行政法规，其规定丁佃之优先购买权，虽然当然有法律上之效力，但该管官吏任意准驳，只系违背行政法规，不能构成刑法上之犯罪。该佃户自可依诉愿或行政诉讼程序，向该官署或其直接上级官署提起诉愿，或向管辖行政诉讼官署提起行政诉讼。除由电简单奉复外，相应详细解释，函复贵厅查照办理。

此复！

附：吉林地方检察厅原电

大理院钧鉴：

官公吏放卖国有土地，经民政长咨交省会议定价目，能否作为正价？倘该管官吏擅自增加，是否作为图利国库，额外浮收，构成《刑律》一百四十七条之罪？又《吉省放荒规例》承认丁佃有先领特权。若该管官吏前后矛盾，任意准驳，是否构成《刑律》一百四十八条妨害人行使权力之罪？严格适用，不无疑义，并乞电示只遵。

吉林地方检察厅

■ **统字第 22 号**

民国二年五月十五日大理院复京师第三初级检察厅函

径复者：

准贵厅函呈："查《新刑律》第一百七十八条内载'湮灭关系他人刑事被告事件之证据，处四等以下有期徒刑、拘役或三百元以下罚金'等语。所谓湮灭他人证据者，其成立湮灭之罪，是否专指案经告诉、告发后而湮灭者言？抑或未经告诉、告发，明知他人犯罪而先行湮灭者，亦含在内？"等因到院。

查湮灭证据罪，不限于犯罪发觉以后，虽在犯罪未发觉以前，苟预知可为他人犯罪之证据而湮灭者，亦成立该罪。惟须他人之犯罪案件，系属于审判衙门，始能为湮灭证据罪之既遂时期。相应函复贵厅查照可也。

此复！

附：京师第三初级检察厅原函

敬肃者：

查《新刑律》第一百七十八条内载"湮灭关系他人刑事被告事件之证据，处四等以下有期徒刑、拘役或三百元以下罚金"等语。所谓湮灭他人证据者，其成立湮灭之罪，是否专指案经告诉、告发后而湮灭者言？抑或未经告诉、告发，明知他人犯罪而先行湮灭者，亦含在内？此种问题，实难解决，理合呈请钧院详示解释，指令遵行。

此呈！

■ **统字第 23 号**

民国二年五月十五日大理院复奉天高等审判厅函

径复者：

准贵厅呈称，买卖人口，《新刑律》无明文，应适用何项法律？并引司法部令及本院复广东审判厅电，谓互相抵触，请解释到院。

查买卖人口，新律既无专条，则前清《禁革买卖人口条款》当然有效，应适用该条款处断。若该条款无明文规定者，应依《新刑律》第十条之规定不为罪。至谓本院复广东电与部令抵触，查司法部解释法律之命令，不问何级审判衙门，皆不受其拘束。相应函复贵厅查照可也。

此复！

附：奉天高等审判厅原呈

为呈请事：

案查司法部令前奉天提法司文内开：查《暂行新刑律》第三十章略诱及和诱罪，对于买卖人口无明文规定，在解释上得谓略诱实包括买卖言之。故买者用强暴、胁迫或诈术略取妇女或未满二十岁之男子者，为略诱罪；即在卖者，亦然。买者和同诱取时，为和诱罪；即在卖者，亦然。如此解释，则买卖人口，当然依第三十章处罪。又贵院电复广东高等审判厅内开：买卖人口条款，当然适用。其中所称某等罚，应照前清《现行刑律》罚金之标准处断各等因。查买卖人口，其义甚广，设使一概适用前清施行之条款，非特与部令相抵触，即以该款范围而论，亦属过狭。盖《禁革买卖人口条款》，只有纂入废止《现行刑律》内之因贫而卖子女一项，可以适用，其他各种买卖，仍无专条。近来此等案件，层见叠出，其方法亦非一律，若不明定制限，诚恐办理不无错误。究竟何者可以适用前清条例，何者赅入《新刑律》范围，现在地方以下各级法院，纷纷请示，以致无凭答复。理合呈请鉴核，即希明白示复，以便通令援用，是为切盼！

此呈！

■ 统字第 24 号

民国二年五月十四日大理院复长沙地方检察厅电

长沙地方检察厅鉴：

鱼电悉！卖婢为人妻妾，新律及《买卖人口条例》均无治罪正条，当然不为罪。旧律关于此等行为规定，已失效力，不能援用。

大理院、总检察厅寒印

附：长沙地方检察厅原电

大理院、总检察厅钧鉴：

卖婢为人妻妾，新律暨《前清禁革买卖人口条款》均无作何治罪明文。检察厅对于前项犯罪，能否援据旧律，请求适用？悬案待理，乞即示遵。

长沙地方检察厅鱼印

■ 统字第 25 号

民国二年五月十六日大理院复浙江湖州第三地方审判厅函

湖州地方审判厅鉴：

寒电悉！《刑律》所谓供犯罪所用之物，以动产为限，房屋当然不能没收。

大理院铣印

附：湖州第三地方审判厅原电

大理院钧鉴：

犯《刑律》第二百六十九条之罪者，其馆舍似应解为供犯罪所用之物，是否有当？

立候电示。

浙江第三地方审判厅印寒

■ 统字第 26 号

民国二年五月二十日大理院复江苏高等检察厅电

苏州高等检察厅鉴：

铣电悉！《刑律》第二百九十一条"配偶"二字，专指已成婚者。

大理院号印

附：江苏高等检察厅原电

大理院、总检察厅鉴：

《新刑律》第二百九十一条"配偶"二字，未婚夫妇是否包含在内？请电示。

江苏高等检察厅铣

■ 统字第 27 号

民国二年五月二十三日大理院复四川高等审判厅电

成都高等审判厅鉴：

马电悉！和奸，未经本夫告诉，当然不能论罪。律有明文，不容曲解。

大理院梗印

附：四川高等审判厅原电

大理院长钧鉴：

按《刑律》，"和奸罪，须本夫告诉乃论。"近有覆判案件，系奸夫因和奸杀死本夫，奸妇并不知情，除奸夫应科杀人罪外，其和奸一罪，业经口案证明。欲科以罪，已无本夫呈诉；欲放任不科，则本夫因奸被杀，奸妇反得逍遥法外，似于社会风纪有妨。究应如何拟办，祈电示遵。

四川高等审判厅马叩

■ 统字第 28 号

民国二年五月二十八日大理院复济南地方审判厅函

径复者：

准贵厅五月二十一日呈请解释买卖人口罪应适用何种法律，并引司法部令，谓与本院先后复广东、上海各审判厅电函相抵触等因到院。

查买卖人口，新律既无专条，则前清《禁革买卖人口条款》当然有效。至该条款所定罪刑，固欠完备，然法律不完全及不当者，司法官除正当解释适用外，不能因其不完、不当而牵强附会，或舍之而曲解他法以适用也。司法独立，载在《约法》，司法部解释法律，以部令命审判官适用，显系违背约法，不问何级审判衙门，当然皆不受其拘束。至所举之例，谓甲买自乙，复卖与丙，自系二罪俱发，应适用刑律总则俱发罪之规定。管辖问题，亦应遵照颁布《刑事诉讼律》管辖各节定之。相应函复贵厅查照可也。

此复!

附：山东济南地方审判厅原呈

窃本厅于中华民国元年十月二十七日奉前山东提法司令：以奉司法部令开，据呈烟台地方审判厅判决何中臣贩卖人口一案，原判不依《暂行律》第三百五十一条第一项处断，而按第三百五十三条第二款论罪，殊属错误。以后遇有贩卖人口之案，不论买者、卖者，应一律适用《暂行律》第三十章，无庸照向章办理，令即转饬各厅遵照等因。又查本年四月十一日《政府公报》内载钧院电复广东高等审判厅请示买卖人口条款应否适用各节文内开：买卖人口条款，当然适用。其中所称"某等罚"，应照前清《现行刑律》罚金之标准处断。又本年四月十二日《政府公报》内载钧院议复上海地方审判厅请示关于买卖人口适用法律各问题第二款，援用《暂行刑律》第九条规定，亦认买卖人口条款为一种有效之法令各等因。

查本厅收受贩卖人口之案极多。调查犯罪事实，往往同一贩卖者，对于同一被贩者，甫买之甲，复卖之乙。方价买时，咸得被贩者父母承诺，而后成立契约。在贩卖者，虽有希图营利之意思，初无欺诈胁迫之行为；在被贩者，亦皆由其父母之贫迫，并无表示同情之决意；似与《刑律》第三百五十一条、三百五十二条所定略诱、和诱之性质，均不甚符。而买卖人口条款，酌定罪名一条，则只规定卖者应处何罚、买者应处何罚，于兼事买卖之贩卖者，处以何项刑罚，亦未定有专条。是关于贩卖人口之案，若照前次部令办理，既与钧院意见相背，且与律文词旨，不无异同。若照钧院前电论科，又嫌该条款所定罪刑，稍有未周，且与部令先后抵触。究应援据买卖人口条款处断，抑或适用刑律第三十章暨他项法令科刑之处？本应未敢臆测。

再此项犯罪行为，无论使用何种法令，按照《刑律》第九条规定，刑律总则，除其他法令有特别规定外，当然范围一切对于贩卖者科刑之准则。是否应认买为一罪、卖为一罪，以俱发论，抑或认为一罪？

又如按买卖人口条款处罚，以前清《现行刑律》罚金刑为标准，则所科最重之刑，不过罚至数十元而止，案件是否应属初级厅管辖？

以上各节，均属不无疑问。钧院为统一解释法令机关，理合呈请鉴核，详晰示复，俾资遵守，实为公便。

谨呈！

统字第29号

民国二年五月二十八日大理院复总检察厅函

径复者：

准贵厅函送京师第四初级检察厅呈称，现行《刑律》为普通法，前清《报律》为特别法，惟普通法有具体的规定，而特别法仅有概括的规定，究应如何适用之处？不得不请指示。并举报载受贿贪赃侵蚀公款之例，谓应否适用《刑律》第一百五十五条第一项之规定，抑或适用《报律》第十一条之规定？又举报载官员受贿，同时并载其丑行之例，谓是否俱发，抑应从重等因到院。

查《报律》第十一条，专系《刑律》第三百六十条之特别法，非一百五十五条之特别法。该厅所谓"概括"、"具体规定"等语，未免误会。《刑律》第一百五十五条之行为，《报律》既无规定，即系对于报馆无特别法；无特别法者，当然适用《刑律》。例如报馆教唆杀人，自应适用《刑律》第三百十一条及第三十条，其不能谓《报律》第十一条系概括的规定而牵强附会也明矣！以此论结，则该厅所举之前例，乃对于官员职务公然侮辱，当然适用《刑律》第一百五十五条第一项；其后例，自系俱发，依《报律》第三十条规定，不适用《刑律》俱发从重之规定，则《刑律》俱发罪一章，当然不能适用，从重问题，亦不发生。相应函复贵厅，令行该厅查照施行。

此复！

附：总检察厅转抄京师第四初级检察厅原呈

为呈请事：

案现行《刑律》为普通法，前清《报律》为特别法。故特法有规定者，则不适用普通法，此特别法优于普通法之效力也；特别法无规定者，当然适用普通法，此普通法所以与特别法并行不悖也。惟普通法有具体的规定，而特别法仅有概括的规定，应如何适用之处，不得不请大理院指示者。例如，报载某议员违法受贿、某司法官贪赃枉法、某财政官侵蚀公款，诸如此类，应否适用刑律第一百五十五条第一项之规定，抑或适用《报律》第十一条之规定？又如，报载某官员行求贿赂，同时又载其种种丑行，是否论为数罪俱发？据《刑律》至《报律》并科其罪，抑或从一重论，仅科以《刑律》或《报律》之罪？职等评议，意见异同。为此呈请钧厅，转呈大理院详加解释，指令遵行，实级公谊。

此呈！

■ 统字第 30 号

民国二年五月二十九日大理院复京师警察厅函

径复者：

五月二十七日准贵厅函请解释《暂行新刑律》第二百七十六条，迅予函复等因到院。

查《新刑律》该条所谓"财物"，不问其贵贱多寡；虽至少者，亦不能不谓之[非]财物货币，尤为明了。故以铜子数枚或制钱数文聚赌者，亦构成该条犯罪；不能以其数量少，遂谓为系供人暂时娱乐之物。该条但书所谓"以供人暂时娱乐之物为赌者"，即指赌饮食等物而言。贵厅来函解释理由甚为正当，相应函复贵厅查照可也。

再本院虽为统一解释法令之机关，但无通饬下级审判衙门之权限。至检察厅皆受司法总长总检察长之指挥监督，本院尤不能干涉。所请通饬审、检各厅一节，碍难照办。

此复！

附：京师警察厅原函

径启者：

本月十九日准京师地方检察厅函开：本厅近来收受贵厅内外城各警察署所送赌博案件颇多，就中不成罪名者，亦复不少。查《刑律》二百七十六条规定"赌博财物者，处一千元以下罚金，但以供人暂时娱乐之物为赌者，不在此限"等语。即如此次外右一区所获赌博之武德全等四名，确系供暂时之娱乐，当然不成为罪。除将该被告人从速开释外，为此将原文送还，函请查照，转饬各署，嗣后注意以护《约法》而保治安等因。

当经饬外右一区署将此案文卷检齐送厅，查武德全、张芝瑞、孙长桂、张德山四人同寓西河沿斌魁店内，供认于本月十五号夜间聚赌，各有输赢不讳，并当场抄获供犯罪之物纸牌一副，并赌斗钢元八十四枚零一文、捆钱小菠箩一个。该区以武德全等四名，既具犯罪要件，又系现行，其构成犯罪，毫无疑义；以犯罪而事逮捕，揆之《临时约法》第六条第一款似无违背。乃地方检察厅引《刑律》第二百七十六条，竟谓"此次所获赌博之武德全等四名，确系供暂时之娱乐，当然不成为罪"等语。本厅细绎此条法意，凡赌博财物者，除无责任人外，当然构成犯罪，并未指明财物多寡之程度。惟以"财物"二字范围宽泛，故但书云"以供人暂时娱乐之物为赌者，不在此限"。但书所指之"物"，系对上"财物"而言。换言之，即赌博供人暂时娱乐之物者，不在此限。与前清《现行刑律》杂犯内云"若赌饮食者，勿论"之意略同。复以娱乐之物为赌，有存永久性质者，故特以"暂时"二字制限之。若如地方检察厅原函，以武德全等赌博财物一案确系供暂时娱乐，似认赌博为娱乐之事，殆以此条犯罪要素必须以赌博为常业；否则，虽当场抄有赌具、财物，及以孤注为输赢者，均不能构成此罪。第恐如此解释，势必使惯行赌博之人，皆藉口暂时娱乐一语，任意聚赌，破坏法律，害及社会，良非浅鲜。本厅职权所在，有罪必发，若依此次地方检察厅所下解释，则本厅对于应发见赌博案件，漫无标准。除将外右一区署原文一件，仍送还地方检察厅存查外，为此函请贵院查照，酌核武德全等四名究能构成赌博犯罪与否，及此条但书究应如何解释？且赌博财物，至若何程度即不为娱乐？希即迅予指示明白函复，并通饬审检各厅，以凭办理。

此致！

■ 统字第 31 号

民国二年六月四日大理院复浙江高等审判厅并通饬审检各厅电

浙江高等审判厅鉴：

东电悉！调卷与诉讼确定，本无关系。法院因案调卷，现行法规并无时期限制。无论知为确定与否，均属可行，毋庸举示理由。下级审判衙门，自不能无故拒绝。

大理院支印

附：浙江高等审判厅原电

司法部、大理院钧鉴：

法密呈谅达，司法机关调阅案卷，是否有一定期限？上诉期间外调卷，是否须示明理由，下级机关始有送卷之义务？恳速详示，本厅向前杭县地厅调钱张案卷，并未令停执行，合再声明。

浙江高等审厅东印

■ 统字第 32 号

民国二年六月十六日大理院复黑龙江高等审判厅电

黑龙江高等审判厅鉴：

支电悉！部令发生效力以前，各县卷内如有足以表示其判决之批谕，不问其形式若何，均认为已经判决，不必发还。

大理院蒸印

附：黑龙江高等审判厅原电

大理院钧鉴：

各县上诉案件，原审衙门多未依式作成判词。在司法部第一百八十二号训令未经公布之先，本厅业经受理者，应否继续审理，抑一律发还各县，重行审判？请示遵。

黑龙江高等审判厅支

■ 统字第 33 号

民国二年六月十六日大理院复吉林地方审判厅函

径复者：

准贵厅五月三十一日呈称，"前清买卖人口条例所载，仅以因贫而卖子女一项，自可适用。惟其他非由于略诱、和诱之各种买卖情节，严于因贫，方法又非一律；此等行为，若以为律有治罪专条而当然不以为罪，则对于因贫而卖子女一项，情节较轻，虽以款有明文，当治以罚金之罪，衡情略迹，未免蹈畸重畸轻之弊"等因，请解释到院。

查买卖人口除因贫卖子女外，其不出于略诱、和诱甚鲜。前清《买卖人口条例》之因贫而卖子女一款，其"子女"二字，应从广义解释。凡受其抚养监督，而无父母或其他监督者之人，皆可谓之子女。此前清《现行刑律》之文例。观于该条例第一款所用"子女"二字，可知决非专指自己子女而言。惟贩卖不归自己抚养监督之他人子女，自系略诱或和诱。故该条第一款，当然因《新刑律》施行而失其效力。相应函复贵厅查照可也。

此复！

附：吉林地方审判厅原文

为呈请事：

顷阅本年五月十七日《政府公报》内载贵院统字第二十三号复奉天高等审判厅解释买卖人口函开：以买卖人口，新律既无专条，则前清《禁革买卖人口条款》当然有效，应适用该条款处断。若该条款无明文规定者，应依《新刑律》第十条之规定不为罪。至谓本院复广东电与部令抵触，查司法部解释法律之命令，不问何级审判衙门，皆不受其拘束。相应函复查照等因。查前清《禁革买卖人口条款》所载，仅以因贫而卖子女一项，自可适用。惟其他非由于略诱、和诱之各种买卖，情节严于因贫，方法又非一律；此等行为，若以为律无治罪专条，而当然不以为罪，则对于因贫而卖子女一项，情节较轻，虽以款有明文，当治以罚金之罪，衡情略迹，未免蹈畸重畸轻之弊。现在各种买卖案件，层出不穷，既不能援《刑律》之略诱广义包含，又未便以律无专条而任意科罚，究应如何办理之处？理合呈请贵院鉴核，希即电示，以便援用。

谨呈！

■ 统字第 34 号
民国二年六月十六日大理院复奉天高等检察厅函
径复者：

准贵厅本月三日函请解释《刑律》第二百七十六条之罪到院。

查该条所谓"财物"，不问其贵贱多寡，虽以铜元数枚、制钱数文聚赌者，亦构成该条犯罪。至该条但书所谓"供人暂时娱乐之物"，系指所赌之物为供人暂时娱乐者，例如赌饮食物之类；非谓赌博之目的，为暂时娱乐也。贵厅来函所引二例，均系该条前半情形。相应函复贵厅查照可也。

此复！

附：奉天高等检察厅原函
径启者：

查《刑律》第二百七十六条条文云，"赌博财物者，处一千元以下罚金，但以供人暂时娱乐之物为赌者，不在此限。"本条规定，虽已明了，然尚有致疑之处，若不明辨，何以遵循？按"赌博财物者，处一千元以下罚金"二语，从严解释，则是但［凡］"赌博财物"，即应处罚，自无疑问。然本条但书又云"但以供人暂时娱乐之物为赌者，不在此限"。是"但以供人暂时娱乐之物为赌"一语，其中是否尚含有财物之意？若自文理上观之，乃承上文"赌博财物"而来，则似含有财物之意，不过以暂时供人娱乐，故不处罚耳；若从严解释，则又似不能含有财物之意。以本条前半之规定从严解释，只视博而有财，即应处罚也，是以又不应含有财物之意矣。例如，甲、乙等五人因大雪不能出外，互约以看牌为戏，胜负以洋一角为限。是此情节，究应适用《刑律》二百七十六条前半之规定，亦应适用后半但书之规定？又如有甲、乙，在球房击球，而言明胜负决一千元。是此情节，又应适用第二百七十六条前半，抑或后半但书之规定？均费解释者也。若非详加解释，将何以资循守？贵院有解释法律之权，用特函请详释示遵，实为公便。

此致！

■ 统字第 35 号
民国二年六月十八日大理院复芜湖地方审判厅电
芜湖地方审判厅：

蒸电悉！《刑律》第二百一十四条第二项之业务人，依诉讼法理，不能用诉讼代理人。

大理院巧印
附：芜湖地方审判厅原电
大理院鉴：
《刑律》第二百一十四条业务人犯罪，能否按《刑诉》第五十四条法理处断？候复！
芜湖地方审厅蒸

■ 统字第36号

民国二年六月十八日大理院复芜湖地方审判厅函
径覆者：
准贵厅本月三日来呈，关于刑事法胪列五款请解释到院。兹分款解释列左：
一、官吏离任，职权当然移转于继任者。审判衙门据无职权者之声请，以为决定，其决定自系违法。惟此种决定，非经抗告，由上级审以决定撤销，不生效力。
二、据《刑事诉讼律》第十九条第二款以广义解释，声请移转者，其声请不能谓之违法。至此等声请有无理由、是否正当，则在受声请之审判衙门据事实以认定耳。
三、《刑事诉讼律》之指定及移转管辖，与《试办章程》之回避，迥然两事。《刑事诉讼律（草案）》第一章第四节"审判厅职员之回避、拒却及引避"一节，即系与《试办章程》"回避"之规定相当。《草案》该节虽未经公布施行，而立法者以该节与"指定及移转管辖"一节，并列于草案中，即可知其为两事。
四、本款决定自系违法。但非经抗告由上级审撤销后，不失其效力。
五、本款决定当然无效。因判决既确定，则无管辖问题，而其决定，亦无所依归。
以上五款解释，相应函复贵厅查照可也。
此复！
附：安徽芜湖地方审判厅原文
为呈请解释事：
一、官吏职权之行使，以在本任时为限。升任或转职后，对于前任之职权，当然消灭。如有检察长于调转后，对于前厅已起诉之案件，向上级审判衙门朦请移转管辖，上级审判衙门不察，据之以为决定，其决定是否发生效力？二、《刑事诉讼律》第十九条第二款"因被告人身份"一语附注理由云："例如系有旧恩或宿怨之人，恐有曲庇陷害等情。"此有旧恩或宿怨之人，应非寻常无身份之使用人，且应解为与审判官全体有此种关系。如仅在厅长监督之下且非其直接雇佣之员役犯刑事之嫌疑时，硬引《刑事诉讼律》第十九条第二款之"因被告人身份，恐审判有不公平"，声请移转管辖。其声请是否违法？三、《刑事诉讼律》之"管辖指定及移转"与《各级审判厅试办章程》之"回避"，一则指审判厅全体而言，一则指审判官个人而言。有解为"此两项有联属之关系者"，其解律是否错误？四、援用《刑事诉讼律》第十九条第二款以下决定，未经同律第二十三条、第二十四条、第二十五条之手续，其决定是否违法？五、检察厅提起公诉请求公判，审判厅未接通知，派不应回避之推事为适法之判决。判决确定后，接上级厅移转管辖决定之通知。此项违法之决定，与适法之判决效力孰大？以上五条，统恳解释复示遵行。

谨呈！

■ **统字第 37 号**

民国二年六月十八日大理院复芜湖地方审判厅函

径复者：

准贵厅本月五日呈称，"买卖妇女为娼应否适用前清《现行刑律》买良为娼条例"等因，请解释到院。

查娼妓既许营业，则前清现行律买良为娼之特别规定，当然不能适用。《暂行新刑律》虽无专条，然其买卖原因之出于略诱、和诱者，自可适用各本条处断。其合乎《新刑律》第二百八十八条者，则适用该条。若与因贫卖子女之条例相符者，亦可适用该条例。要之，买卖人口行为，不问是否为娼，在法律上当然不能生效力。至于能构成犯罪与否，则视其有无触犯刑律律文为准。相应函复贵厅查照可也。

此复！

附：安徽芜湖地方审判厅原文

案查贵院复奉天高等审判厅解释买卖人口应适用法律函内开："买卖人口，《新刑律》既无专条，则前《禁革买卖人口条款》当然有效，应适用该条款处断"等因。查该条款规定，"遇有买良为娼案件，务须尽法惩治，勿事姑息"等语。买良为娼，新律并无专条，惟前清《现行刑律》犯奸门买良为娼条例，"私买良家之女为娼者，徒三年。知情卖者，与同罪；媒合人及串通说合之中保，减一等。女不坐，发归宗。"今有人价买有夫之妇为娼，本夫知情立契；杜鹗后，买主带往他处为娼，其妇不愿充当娼妓。此等案件，可否适用前清《现行刑律》犯奸门卖良为娼条例处断？又娼妓营业，本为法律所不禁，而此等妇女多由买卖而来，若照此问拟，大有办不胜办之势。且买主既费钜金买得，又遵章纳税，一朝发觉，非惟损失钜金，仍须治以重罪，似不无抵触之处，未尽得情理之平。可否作为民事办理？[将]妇女当庭发配或给亲属领回，为买主追还身价？理合呈请鉴核，即希明白示复，以便遵办，是为盼切。

此呈！

■ **统字第 38 号**

民国二年七月三日大理院复江苏高等审判厅电

江苏高等审判厅鉴：

巧电悉！刑事被告上诉后死亡，应由受理上诉衙门驳回公诉。

大理院肴印

附：江苏高等审判厅原电

大理院鉴：

刑事被告提起上诉后死亡，该案件应如何办理？请示！

江苏高等审判厅巧

■ 统字第 39 号

民国二年七月三日大理院复湖北高等审判厅电

湖北高等审判厅鉴：

巧电悉！宝银不能作为货币。

大理院肴印

附：湖北高等审判厅原电

大理院钧鉴：

现在币制未定，宝银可否作《新刑律》分则第十七章之货币论？恳示遵。

鄂高等审判厅巧

■ 统字第 40 号

民国二年七月七日大理院复吉林高等审、检厅电

吉林高等审、检厅鉴：

马电悉！商人以银或物之市价赌赛高低，与空买空卖既系一事，则自应以赌博罪论。

大理院阳印

附：吉林高等审、检厅原电一

大理院鉴：

查《新刑律》赌博罪，是否包有商人赌赛银物市价空买空卖在内？请示遵！

吉林高等审、检厅元

附：吉林高等审、检厅原电二

大理院鉴：

巧电悉！前电请解释"商人以银或物之市价赌赛高低，与空买空卖系属一事"，敬复！

吉林高等审、检厅马印

■ 统字第 41 号

民国二年七月七日大理院复江苏高等审判厅电

苏州高等审判厅鉴：

陷电悉！现行编制法已采用国家诉追主义，设有检察官，被害人自不能请律师出庭。

大理院阳印

附：江苏高等审判厅原电

大理院钧鉴：

刑事被害人请律师出庭，可否拒绝？请电复遵行。

江苏高等审判厅陷

■ 统字第 42 号

民国二年七月七日大理院复西安地方审判厅电

西安地方审判厅鉴：

筱有电悉！兼祧双配所娶均在《新刑律》施行前时不为罪。若在《新刑律》施行后娶者，以重婚论。至妻亡有妾，现仍娶妻者，不得以重婚论。

大理院阳印

附：西安地方审判厅原电

大理院长鉴：

兼祧双配，妻亡有妾，现仍娶妻，是否均以重婚论罪？请速指示。

西安地方审判厅筱印

■ 统字第 43 号

民国二年七月二十日大理院复陕西高等审判厅电

陕西高等审判厅：

虞电悉！第二审发见共犯，仍应由配置第一审检察官向管辖第一审衙门起诉，不得由第二审径行宣告罪刑。

大理院真印

附：陕西高等审判厅原电

大理院钧鉴：

甲、乙共同犯罪，第一审疏漏，仅对于甲宣告罪刑。第二审发见真实，除处罚甲外，可否径宣告乙罪刑？请解释示遵。

陕西高等审判厅虞印

■ 统字第 44 号

民国二年七月十二日大理院复福建高等审判厅电

福州高等审判厅鉴：

筱、虞电均悉！《试办章程》第五十八条第三项早经编入《编制法》，为第十九、第二十七、第三十六各条。至各该条所称"按照法令抗告"，现行法上尚无限制明文。故凡依明文或法理所为之决定、命令，除如指挥诉讼等，依据法理惯例，碍难准其抗告者外，余均应受理。至抗告期间，解释上当然用上诉期间。

又对于检察官不起诉处分，可向原厅声明再议；仍被驳斥不服，可递呈于上级检察厅，请求按照《编制法》各条为一定处分。亲告罪案件，如亲告人在庭告诉，检察官即时依法为口头起诉者，自应受理，但应将情形记入公判笔录。

大理院文印

附：福建高等审判厅原电

大理院钧鉴：

《审判厅试办章程》第五十八条第三项内开："凡不服审判厅之决定或命令，依法律于该管上级审判厅上诉者，[曰]抗告。"现在诉讼律，除管辖外，尚未实行。所谓

"依法律"者，应依何律？第六十条及《补订办法》第五条，刑事上诉期间，并无控诉、抗告之别。抗告期间是否准用十日之例？又对于检察官不起诉之处分，如有不服，是否援用草案法理声明再议，抑用何法救济？亲告罪案件，如亲告人在庭告诉，未经检察官正式提起诉状者，可否准予审理？统乞示遵。

闽高审厅筱

■ 统字第 45 号

民国二年七月二十二日大理院复广东高等审判厅电

广东高等审判厅鉴：

庚电悉！地方自治选举犯罪，应适用《新刑律》第八章。

大理院养印

附：广东高等审判厅原电

大理院鉴：

地方自治选举，如有犯罪，应用该章程第五章，抑《新刑律》第八章？请电复。

粤高等审判厅庚

■ 统字第 46 号

民国二年七月二十六日大理院复奉天高等审判厅函

径复者：

准贵厅六月二十日呈请解释《刑律》加减例到院。

查来呈于刑律加重减轻之例，解释已甚明晰，立论更为精详，洵合乎立法者之本意。本院认贵厅解释为正当，故不复赘。相应函复贵厅查照可也。

此复！

附：奉天高等审判厅原文

为呈请事：

准奉天高等检察厅函开：据辽阳地方检察厅呈称，"案查王德杀伤赵书年一案，经审判厅于五月初十日判决王德照杀人未遂罪，折衷处有期徒刑十五年。本厅核之加减之原则，似未相符。查加减必于本罪主刑最重限度上或最轻限度下，按等加减，方为允协。该厅于第三百十一条之三种主刑中，减去死刑之一种，加上二等之一期，则为无期徒刑。至二等有期徒刑之裁量范围，对于被告处一等有期徒刑十五年，是仍在本条选择刑之范围以内。本厅检察官认为不当，提出意见书，请求上诉等情，相应将原卷函送查收覆审"等因。

查《暂行新刑律》第五十七条第一项注意书内载，"处二等以上有期徒刑（即一等或二等有期徒刑）减一等，即为二等或三等有期徒刑"等语。是尚留有二等有期徒刑余地，并未从最轻主刑上减为唯一之三等有期徒刑。又内载，"二等或三等有期徒刑，加一等为二等以上（即一等或二等）有期徒刑"等语。是仍留有二等有期徒刑余地，并未从最重刑上加为唯一之一等有期徒刑。盖缘立法本意，在审判官按犯人情节行其自由裁量之权，但于二等以上有期徒刑上减一等，为二等或三等有期徒刑；无论如何，从最重主刑上减，仍然免科一等之有期徒刑，不得谓犯人不收减轻之利益。于二等或三等有期徒刑上加一等，为二等以上有期徒刑；无论如何，从最轻主刑上加，仍不能科三等之有期徒刑，不得谓法律不收加重之效果。既于立法精神，实能贯彻，并于法官裁量，亦无背驰。是以法院向来适用加减之法，大率如是。又同条第二项注意书内载，"处死刑、无期徒刑或一等有期徒刑，加一等，即为死刑或无期徒刑"等语。是不过去其一等有期徒刑，此外尚留死刑及无期徒刑二种，以为审判官自由裁量地步。如加二等，始去其无期徒刑，只处唯一之死刑。又内载，"无期徒刑或二等以上有期徒刑，加一等，即为无期徒刑或一等有期徒刑，加二等即为唯一之无期徒刑"等语，其例复与前同。又同条第三项注意书内载，"四等以下有期徒刑或拘役，减一等为五等有期徒刑或拘役，减二等为拘役"等语。是不过去其四等之有期徒刑，此外尚留五等有期徒刑或拘役二种，以为审判官自由裁量地步。如减二等，始去其五等有期徒刑，只处唯一之拘役。我国立法，意既如此；即征诸学说暨各级审判厅历办成案，孰不如此？若照核检察官所称加减之法，是原定主刑系二等至四等，应加一等时，即须处以一等有期徒刑，应减一等时，即须处以五等有期徒刑，审判官仅能在应加之最高主刑刑期上或应减之最低主刑刑期上，为唯一之加减。如此解释，不惟舍犯人情节于不问，审判官失自由裁量之权，且其办理加等之时，亦多窒碍。盖减刑条文，均系得减，并非一定必减，果系情节较重，尚可不减，自无情重罪轻之虞；而加刑律意，纯系必加，并无得加之语。假如有犯条文所规定为一等至三等有期徒刑者，论其情节，不过处以三等之最轻徒刑已为适当，然因应加一等，即必须处以无期徒刑，如此办理，究有失入之讥。盖以第五十七条第二项论之，如前举之例，应加重一等时，仅去其一等有期徒刑，尚有一死刑、一无期徒刑，为审判官之裁量范围。此则以本应处以三等极轻之刑，因加重一等，遽处以无期徒刑，揆之法理，殊有未合。但该检察官所主张，既与本厅之意旨不合，究应如何适用之处，理应呈请钧院。对于加减条文，希为明晰解释赐复，以便遵行，是为公便。

谨呈！

■ 统字第47号

民国二年七月二十七日大理院复司法部函

径启者：

本月二十六日午后一时五十分接贵部函称，"现奉大总统依法戒严令，北京已定为警备地域。查《戒严法》第九条之规定，与司法行政皆有关系。本部已召集员司及各级司法官共同讨论，汇为说明书。惟内中有关系法律解释问题，相应钞送贵院酌核见复"等因。

查《戒严法》关于司法各条之解释，贵部所见，与本院见解相同处颇多。兹特就贵部所询各节，逐一解答如下：

一、查《戒严法》第三条第三项所称"应时机之必要，区别布告"等语，即指宣告戒严时，应因时机、必要，指定地域，宣告为第二项第一款或第二款之戒严地域而言；并非于指定地域宣告戒严后，更须另为判定，再行布告。盖因指定之地域，若与普通行政区域名称一致，自毋庸有特别之解释。即或偶然于一地方内更特限定地域，则必于宣告戒严时，预行声明故也。据七月二十一日大总统令，宣告北京为戒严之警备地域，已有确定之区域矣。其北京界域，究何所指？自不能不按照普通行政上惯用之意义而定。司令官若因明晰示众起见，将北京语义另加说明，布告周知，固亦便民之道，特不能即据《戒严法》第三条规定，以拘束之耳。

二、《戒严法》第九条第二项，既于行政官及司法官上，加"地方"二字为之限制，则该条所称"行政官"、"司法官"，自当以与戒严地域有地方的关系之行政官、司法官为限。而依现行法令，所称"地方"，概指省以下之区划而言。其与一定地域有地方所关系之官吏，普通行政官，则如顺天府尹及各省民政长、观察使、县知事及其他府县内之各行政官是；司法官，则如高等以下审、检厅之司法官、暂时行使司法权之县知事及其帮审员皆是。至于各部行政长官及大理院总检察厅司法官，皆非以一定之地方为执行职务之区域；各该衙门，纯系统辖全国事务之机关。即不能适用该法，受司令官之指挥。惟各该官吏因事实上便利，得任意将关系军事之事务，通知于戒严司令官耳。此皆于解释该法，有不得不然者也。

三、《戒严令》第九条、第十条所称"司法事务"，专指审判以外之行政事务而在戒严司令官有预闻之必要者而言。盖依现行法律，《约法》上审判独立之条，初不因戒严令宣告而中止；且《戒严法》第十三条，因《约法》第十五条而认为有限制《约法》第九条人民自由之必要，特将该特定之审判事务移归军政执法处处办。即因司法衙门之审判无从干涉，而当时情形，实不能不令司法衙门以外之机关执行审判事务，故特规定如此。况法文于此，仅称"司法事务"，于彼则称"民刑事案件"，其真意所在，已显然矣。至于该法第九条，所谓"与军事有关系者"，凡直接、间接侵损军事利益或将侵损之者皆是。至称"有关军事之司法事务"，究竟范围如何？本属因案解释，不能预为限定。然概略言之，民事意义，当从广义，其民商事件之与军事有关系者，均应包括在内；刑事，则如《暂行新刑律》第二编第二章至第七章、第九章至第十九章、第二十四章至二十六章、第二十九章、第三十一章至第三十六章各罪中，恒有关系军事者。不过，第二章至第四章之罪，属于大理院职权者，依《戒严法》不应受司令官之指挥。若大理院总检察厅任意通知其情形于司令官，事实上固多便利，然不能即谓为"受其指挥"也。且在特别法（如《报律》）上之犯罪，亦常有与军事有关系者，即在上开以外普通刑法上之犯罪，亦不能谓其与军事皆毫无关系，是又不可不注意者也。

四、《戒严法》第九条、第十条所称"受指挥"之意义如何，尤不可［不］明定界限。查审判以外之事务而为戒严司令官有预闻之必要者，始受司令官之指挥。故凡与军事有关系之刑事案件，未至审判，即未经起诉以前，究竟应否起诉、起诉后应如何实行公诉？该地方检察官职权上得为之上诉，是否应行上诉？皆应先报告于戒严司令官，受其指挥。若在该地方审判衙门，则凡与军事有关系之民刑事案件，其起诉及审判，皆应随时逐一报告于司令官。司令官，除关于此类案件一般的进行之迟速等事，尚得过问外，所有审判官之审理及判决，皆未便干涉之也。

五、至于民刑事执行问题，本非难以解决。夫执行事务，自不得谓非司法事务，其所践程序，虽无《约法》上之保障，而法令多所规定，不容任意措施。此种事务，仍由通常机关处理。戒严司令官对于与军事有关系民刑案件之执行，仍须于现行法令所许范围内，行其监督。通常机关处理执行事务后，自应随时报告。若《戒严法》第十四条之规定，则与本问题毫无关涉者也。

以上数端，均系本院于《戒严法》关系司法各条之见解。既经贵部函询，自应列举解答，即希贵部查照可也。

此致！

■ 统字第48号

民国二年八月七日大理院复陕西高等审判厅电

陕西高等审判厅鉴：

有电悉！奸夫将行奸或已行奸未毕时，若有非杀死奸夫不能排除现时侵害情形而本夫杀死奸夫者，应依《刑律》第十五条以紧急防卫论。其毋须杀死奸夫，以他法即可以排除现时侵害而本夫杀死奸夫者，应依该条但书之规定论。若行奸已毕，虽在奸所杀死者，不得援用该条。至杀死奸妇，不问是否在奸所、登时，皆不能适用该条，但得依五十四条酌减。

大理院阳印

附：陕西高等审判厅原电

大理院钧鉴：

奸所获奸、登时杀毙者，能否适用新《刑律》第十五条但书之规定？祈速解释。示遵

陕西高等审判厅有印

■ 统字第49号

民国二年八月十四日大理院复甘肃司法筹备处电

甘肃司法筹备处长鉴：

蒸电悉！奸夫将行奸或已行奸未毕时，若有非杀死奸夫不能排除现时侵害情形，而本夫登时杀死奸夫者，应依《刑律》第十五条以紧急防卫论。其毋须杀死奸夫，以他法即可排除现时侵害而本夫杀死奸夫者，应依该条但书之规定论。若行奸已毕，虽在奸所杀死，应依第三百一十一条论，不得援用第十五条。至杀死奸妇，不问是否在奸所、登时，皆应依第三百一十一条论，但均得斟酌情形，依第五十四条或第十三条第二项减轻。

大理院咸印

附：甘肃司法筹备处原电

大理院鉴：

凡本夫于奸所见奸夫奸妇行奸，登时将奸夫奸妇杀死者，应否查照《暂行新刑律》第三百一十一条及第十三条第二项减等处断？祈电复。

甘肃司法筹备处长蒸印

统字第 50 号

民国二年八月二十二日大理院复直隶高等审判厅函

径复者：

准贵厅本月十三日咨呈，请解释"贩卖施打吗啡应适用《新刑律》第三百零七条，抑应查照前法部通行章程及上年司法部令办理"等因到院。

查吗啡虽系一种药品，然新《刑律》第三百零七条"违背法令，贩卖药品"云云，其所谓"法令"，即指禁止贩卖此种药品之法令而言。若无此项禁止法令，则虽贩卖，亦不能构成该条犯罪。而禁止贩卖吗啡之法令，即系前清现行律造畜蛊毒杀人条例中，"凡制造施打吗啡针之犯，不论杀人与否，应依造畜蛊毒律绞罪上，减为烟瘴地方安置"云云。此项条例，新《刑律》中无该当条文，亦不背乎民国国体，当然继续有效。又不能认此项条例为新《刑律》第三百零七条所吸收。盖该条例，若认为无效，则《刑律》第三百零七条之所谓"违背法令"云云，其法令毫无根据，而贩卖吗啡将成为无罪矣！况施打行为，第三百零七条中并无明文，尤不能强谓之包括。《刑律》第三百零七条乃对于一般贩卖违禁药品之普通规定，而该条例，乃对于药品中之吗啡专设禁止并处罪之特别规定，且其行为，又不仅限于贩卖也。贩卖吗啡，谓之"一行为，触犯二法条"，即学者所谓想像上之俱发罪，则可；谓为专触犯《刑律》第三百零七条，而置前清《现行刑律》条例于不顾，则不可。故此项犯罪，仍应适用前清《现行刑律》条例及《暂行新刑律施行细则》办理。相应函复贵厅查照可也。

附：直隶高等审判厅原咨呈

为咨呈解释事：

本年八月六日，准同级检察厅函送天津地方检察厅检察官华国文抗告天津地方审判厅片驳王立五卖打吗啡药针一案到厅。检阅诉讼记录，此案先经天津地方检察厅侦查，王立五实系贩卖施打吗啡针人犯。查照中华民国元年六月二十四日司法部令，据现行例及《暂行新刑律施行细则》起诉到地方审判厅。该审判厅于开庭研讯后，认吗啡为妨害卫生、应行禁卖之药品中之一种，王立五贩卖吗啡，适触犯新《刑律》第三百零七条之罪。其所卖价值，综核二倍之数，未达三百元，认为不在地方审判厅管辖范围内，以厅片将公诉驳回。原检察官对于该厅所适用之手续法、实体法，均有不服，是以抗告前来。查此案手续法之问题，不难解决，惟关于事务管辖，则当以应适用何种实体法为先决问题？本厅查关于吗啡之罪，在前清时代，本系一种特别章程，曾经前法部通行各直省问刑衙门及各级审判厅，一体遵照在案。今虽国体变更，然查照元年三月十日大总统命令，所有从前施行之法律，除与民国国体抵触各案应失效力外，余均暂行援用，以资遵守。是关于吗啡罪之前法部通行章程，当然继续有效。该章程既继续有效，即当然查照元年六月二十四司法部令，仍据现行例起诉、审判，并适用《暂行新刑律施行法》，比照新旧律刑名办理。惟该地方审判厅认王立五之贩卖吗啡，当适用《新刑律》第三百零七条论罪科刑，系本乎新法废旧法之大原则，所持亦未尝无理由。究竟该条能否包括贩卖或施打吗啡针之犯罪，抑此等犯罪仍应查照前法部通行章程及上年司法部令办理？事关法律问题，相应呈请钧院解释，以便遵循。

■ 统字第 51 号

民国二年九月三日大理院复福建高等审判厅函

径复者：

接准八月十五日来呈，称"本院判决陈履和上告一案与李鸿山上告一案，前后判例不同，究以何说为是"等因。

查本院现行事例，凡共同被告人中，有一人经上告审认为原审判衙门对于该上告人之判决，限于适用法律错误或公诉不应受理之两条件，不能不撤销时，则凡未上告之共同被告人，亦受利益之影响，对于各该被告人之判决部分，当然可以一并撤销。本院元年上字二十三号判决中，王成志、褚永德二人因李鸿山一人之控告而重予审判。同年上字二十七号判决中之祝蒋氏、罗福胜、熊景春三人，因陈履和一人之控告而重予审判，其情事相同。本院以各该控告审之审判，因与上开两条件相当，为被告人利益起见，故均予以撤销原判。惟一则第一审亦属违法，并于撤销；一则第一审系属合法，遂予维持。判例主义，本自一贯，毫无抵触之处。但此项判例，以上告审为限，控告审未便援用。至被害人无上诉权，当然不得在审判衙门提起抗告。惟本院于本年七月十二日复贵厅文电应须参照。又《审判厅试办章程》第一百零三条中所谓"附带犯罪"，与《刑事诉讼法（草案）》第二百五十六条第二项、第二百五十七条第二项相当。相应函复贵厅查照可也。

此复！

附：福建高等审判厅原呈

为呈请事：

窃读《司法公报》第五号登录钧院判决陈履和上告一案，判词内有"江西高等审判厅因陈履和一人之控告，遂对于祝蒋氏、罗福胜、熊景春一并更为审判，实与不告不理及一事不再理之原则相背，亦属违法"等语。又读《司法公报》第四号登录钧院判决李鸿山等上告一案，判词内有"共同被告人中，有一人经上告审认为原审衙门对于该上告人之判决，限于适用法律错误或公诉不应受理之两条件，不能不撤销时，则凡未上告人之共同被告人，亦受利益之影响，对于各该被告人之判决部分，当然可以一并撤销"等语。前后判例不同，究以何说为是？如采共同被告人利益之说，则此项办法，未谂是否仅限于上告审，抑凡控告审亦可援用？理合呈请察鉴示复，俾便遵循。再，抗告亦上诉之一种。被害人既无上诉权，是否被害人亦不得提起抗告？又《各级审判厅试办章程》第一百零三条中所谓"附带犯罪"者，指何场合而言？事关解释法律，统乞示遵，实为公便。

谨呈！

■ 统字第 52 号

民国二年九月八日大理院复北京警备司令处函

径启者：

本月五日接准贵司令官二年保字第五号来函称，"查国务院函开事件，关系《戒严法》内审判管辖之解释问题。本司令官对于接战地域所有该管各案件，按照现行法令,自有协助之责。惟《戒严法》疑义所在,若非商由贵院决定办理,实觉困难。查现行《法院编制法》,大理院有统一解释法令之权,相应列举应商各条,函请贵院查照决定见复。计开《戒严法》疑义二则"等因到院。

本院查贵司令官所开《戒严法》疑义二则,皆得于现行法规或条理上求其根据,自应详晰叙复于下:

一、现行《戒严法》关于因戒严所生司法上之效果,本分别警备地域与接战地域二种,各不同其规定。警备地域,司令官仅对于与该地域内有地方关系之司法官,就其关系于军事之司法事务而与审判无涉者,得于一定范围内,行其指挥。盖因事实上之必要,如是已足,故法律有第九条之明文。至于接战地域,则大不然,司令官之职权,颇为扩张。寻常与该地域有地方关系之司法官所执行之一切司法事务,均得于一定范围而行其指挥;且该地域内发生与军事有关系之一切民刑事案件,均由军政执法处处理,并不许其上诉。是关于该部分之案件,即停止各普通法院之审判权。此项规定,全然根据于《约法》第三十六条及《戒严法》;对于《约法》第四十九条,则为一种变则之规定,与《约法》第五十一条所称干涉审判,可谓毫无关系。盖《戒严法》此种规定,亦为《约法》所许。以《约法》上变则之规定,限制常则之规定,于理本属正当。本年八月三日《政府公报》揭载本院致司法部关于戒严令解释之公函,系专就警备地域立言。彼时,因北京为警备地域,司法部来文质疑,又仅限于北京故也。兹据来函第一则询及"《戒严法》第十一条所称'案件',既无'地方'字样之限制,则凡属于大理院特别权限案件,是否亦归该接战地域军政执法处受理审判?"本院本于上开法理,亦认该条及第十二条,对于第十条,纯系独立法文。大理院既为普通法院,而特别权限案件又系刑事案件,则不得不与他法院之刑事案件同论,亦归该地域军政执法处受理。惟应注意者,该条法文,凡案件归军政执法处审判,应以与军事有关系者为限。所谓"与军事有关系者",即其处置得当与否,于该地军事利害,不能不直接或间接受其影响者是也。若该案件,即依司令官主观的标准,亦不能说明其与军事确有关系之理由者,当然仍应属于普通法院管辖;如系大理院特别权限案件,亦当然仍归大理院审判。此现行《戒严法》之法理也。

二、依《刑诉法(草案)》关于管辖各节(现在有效部分)第十三条至第十七条,凡土地管辖诸项,普通法院相互间之关系,自可准据办理。若一方为普通法院,一方为特别法院,或双方皆特别法院时,究竟应否同论,似不能毫无疑义。按犯罪人或犯罪行为,若在特别法院管辖区域内时,则该特别法院按照一般原则,对于该犯罪人固亦有管辖之权。倘或如第十三条所定被告犯数罪,及第十三条、第十四条所定共犯有数人时,其中若有犯罪人或其犯罪行为并不在该特别法院管辖之内者,则该特别法院既无合并管辖之明文,严格言之,自不便主张合并审判。惟查《刑诉(草案)》第十三条至第十七条规定之精神,全为审理案件可节省劳力、费用,并便于引证、质证,及避免判决之抵触或权衡上不能公平等而设。特别法院审理案件,若确备此等条件,有合并管辖之必要者,在现行法上,亦复无禁止不能合并审判之明文；则揆厥事理，因其必要，遽欲援用上开条文作为程序法之条理，冀以补充法律之不备，按照法律通例，亦不得悉予禁斥。不过，特别法院欲实行合并管辖时，应注意者三事：（一）实际须确备上开立法精神上所要求之条件，于公益上有合并审判之必要时；（二）须于该案先普通法院而着手受理；（三）共犯有数人，欲将犯罪人或其行为不在管辖地内之犯罪人合并审判时，须严守现行刑法上共犯之本义。倘依照刑法法理，并不得谓为同一案件之共犯者，绝对不得有援引之理等是也。故此三种注意，若有未备，则该特别法院已失其应用条理之本旨，自不能遽引刑诉各该条文，以为限制普通法院管辖权之根据。《戒严法》第十一条、第十二条之军政执法处，即系特别法院之一种，不过其依法律规定所兼行之职务，为普通法院职掌之一部耳。以上说明诸理，于军政执法处全然适合。特尤有不能不注意者，军政执法处因上开共犯合并管辖之理应予并案审判之人犯，通常仍以其关系于军事之案件者为限。盖接战地域内，军政执法处对于普通刑事案件之权限，通常仅以有关军事者为限。是其应行移送之共犯，亦必为有关军事案内之人犯。该军政执法处，既不能违法受理无关军事之刑事案件，即不能审讯无关军事案件之人犯。此又当然之理也。

以上关于《戒严法》之解答二则，除钞送国务院外，相应函复贵司令官，即希查照办理可也。

此致！

■ **统字第 53 号**
民国二年九月十九日大理院复福州地方检察厅电
福州地方检察厅鉴：
《刑律》第一百四十六条所谓"不应受理"，系指依客观的标准，认为不应受理者而言。冬电所举之例，若自客观的方面观察，有非传唤被告不能明其性质之情形，则传唤被告自不得谓之不应受理而受理。
大理院皓印
附：福州地方检察厅原电
大理院钧鉴：
《刑律》第一百四十六条"不应受理而受理"云云，应如何解释？如有人以刑事告诉，其内容为刑事诉讼性质，抑行政诉讼性质，未能遽断，检察官可否传讯被告人？若传讯后，结果为行政诉讼，检察官触犯本条之罪否？案悬待决，恳速电示。
福州地方检察厅叩冬

■ **统字第 54 号**
民国二年九月十九日大理院复景德镇地方检察厅电
景德镇地方检察厅鉴：
寒电悉！《刑律》第二百七十一条罪，系易科罚金，应依徒刑定管辖。
大理院皓印

附：景德镇地方检察厅原电

大理院钧鉴：

《刑律》第二百七十一条罚金，是否易科之一种、应否以徒刑定管辖？请解释电遵。

景德镇地方检察厅寒

■ 统字第 55 号

民国二年九月二十五日大理院复湖南高等检察厅电

湖南高等检察厅鉴：

江电二例，均应以尊亲属论。

大理院有印

附：湖南高等检察厅原电

大理院钧鉴：

出继子对于本生父母及亲子对于出母有犯，是否应以尊亲属论？乞解释示遵。

湘高检厅江印

■ 统字第 56 号

民国二年九月二十五日大理院复金华地方审判厅电

金华地方审判厅鉴：

养电所举例，碍难认为人烟稠密处所，只与《刑律》第一百八十七条相当。

大理院有印

附：金华地方审判厅原电

大理院公鉴：

一村十家毗连，烧毁其一，是否相当《刑律》第一百八十六条第一项规定？乞电示只遵。

浙江金华地方审判厅叩养

■ 统字第 57 号

民国二年十月十五日大理复浙江都督暨高等审、检两厅长电

浙江都督暨高等审判厅长、检察长鉴：

鱼电接悉！依《戒严法》第十三条解释，对于接战地域内军政执法处，按照第十二条规定，代法院执行之审判，得为上诉。故该处所行审判，依大总统批准《民诉（草案）》关于管辖之规定：一，如系第一审性质，自应分别准其向地方或高等审判厅声明控告；二，若为第二审，亦应分别准向高等审判厅或大理院声明上告。所有期间及程序，均依普通办法。惟因期间已过致失上诉权者，应准声请；认其回复原状，仍以自窒碍原因停止，即法院已能审判，毋庸该处代行之翌日起，二十日内声明上诉者为限。至向该处请求再审一节，查照法理，似有未协。特复！

大理院总检察厅咸印

附：浙江都督暨高等审、检厅原电

司法部、大理院、总检察厅鉴：

浙军政执法处适用《陆军审判章程》，以五日为再审期间。在此期间内提起再审之民刑案件，移交于法庭，或人民径向法庭请求再审者，为免人民拖累起见，似未便拘执法理，拟请即认军处判决为初审判决，仍准法庭程序施行二审。

浙都督朱瑞、代高审长冯毓德、高检长王天木鱼叩印

■ 统字第 58 号

民国二年十一月十三日大理院复福建高等审判厅函

径复者：

准贵厅七月十五日函请解释"戒烟丸中含有鸦片各毒质者，能否依《刑律》第二百六十六条处断"等因到院。

本院查《刑律》[中之]鸦片烟，自系指广义而言，凡以鸦片搀和制造之物，不问其为丸药、为他种形式，皆得依该条处断。相应函复贵厅查照可也。

此复！

附：福建高等审判厅原函

敬启者：

准福建禁烟局总办咨开，奉民政长令，奉内务部通令各省，将制造、售卖戒烟丸药各铺户，严加禁止等因，当经出示严禁，限十月内，所有城乡各处制售戒烟丸各店一律闭歇，并通饬各属遵办在案。惟此项丸药，多含吗啡鸦片各毒质，名为戒烟，实则流毒，既经禁止，如有制造及私卖私买各种烟丸者，可否援照贩卖鸦片烟律治罪？应请转请核示等因，并附丸药一小瓶，并洋文化验单前来。

查新《刑律》第二百六十六条所载，原仅指鸦片烟而言。惟此项贩卖烟丸，若仅照第三百零七条规定办理，则所科罚者，不过罚金，不足以示惩儆。恐贩烟者皆趋于贩卖烟丸，吸烟者亦改为吸食烟丸，阳避鸦片之名，阴滋鸦片之害，于属行禁烟之旨，殊恐不能达到。且据上海化验局验明该丸含鸦片质极多，似亦非寻常违背法令贩卖药品者所得比。惟事关解释法律，应将禁烟局送来洋文化验单译文各一件，随文送请钧院核示，以便遵办。

此上！

附：译上海工部局卫生科科长士登利化验单

上海工部局化学科于一千九百十三年三月二十四日收到第一二九二八号报告，于一千九百一十三年四月初二日验出。此丸体质不甚大，外面暗红色，中系棕色。此丸显有鸦片气味。现已验明，此丸内含鸦片质极多。查鸦片中，最灵之质系吗啡。兹将提验吗啡之法试验此丸，其结果得：每万份中，含有吗啡一百七十八份。按最净之鸦片药，每百份中含有十份吗啡。以此推算，则该丸每千份中，应含有一百七十八份之最净鸦片药质。若以寻常吸食之鸦片质计算，则该丸所含鸦片质自应较多也。

统字第 59 号

民国二年十一月十三日大理院致福建高等审判厅函

径启者：

据闽清初级审判厅七月十八日呈请解释法律四条到院。经本院解释如左：

一、《刑事诉讼律（草案）》关于管辖各节公布施行后，前清《初级暨地方审判厅管辖案件暂行章程》，除前法部呈文保留之民诉事物管辖及私诉管辖外，其他部分，当然失其效力。

二、林乔皋一案，上告人并未提起私诉上告，则本院自不能审查其私诉判词。至原判关于私诉之当否，系对于具体案件之批评，本院例不答复。

三、本条答复见第一条。

四、控告审发还第一审，应以原判系管辖错误或驳回公诉者为限。如第一审已经受理后之判决，控告审则不能发还。《刑诉（草案）》虽未实行，审判通例，固已如斯。然控告审若为违法之发还判决，依现行法例，除由检察官或被告人提起上诉外，无他法可以救济。

以上解释四条，并抄录原呈，相应函请贵厅转行该厅查照可也。

此致！

附：闽清县初级审判厅原呈

为呈请指示事：

查《刑事诉讼律》第一条，"审判衙门关于刑事诉讼之事物管辖，除《法院编制法》及他项法律，有特别规定外，均依本律办理。"本条所谓"他项法律"，如《初级暨地方审判厅管辖案件暂行章程》第九条、第十条两条，为《刑事诉讼律》"管辖"各节所未规定者，可否包括在内，仍行援用？应请指示者一。

查中华民国元年八月十二日福建高等审判厅判决林乔皋殴打冯钗、冯椿致轻微伤害一案，林乔皋所欠冯宗模三个月租金之私诉，亦并入公诉判决。嗣林乔皋不服，上告。经钧院于中华民国二年二月十一日上字第十号判决驳回上告在案。林乔皋所欠冯宗模租金，既非《各级审判厅试办章程》第四十七条所列举之附带私诉，而福建高等审判厅将该租金并入刑事案件办理者，是否适合《初级暨地方审判管辖案件暂行章程》第十条之法理？应请指示者二。

查《初级暨地方审判厅管辖案件暂行章程》第十一条，"初级暨地方审判各厅，除本章程规定外，有以其他法令定其管辖权者，应依各该法令办理。"本条之意义，是否谓本章程规定之外，尚有以其他法令定其管辖者，依其他法令办理；非谓有其他之法令，而本章程即概不可援用？应请指示者三。

查《刑事诉讼律（草案）》第三百八十四条，"控告审衙门认控告为有理由者，应就原判决撤销控告之部分，更为判决。"设控告审衙门认控告为有理由，仅撤销原判决，而不更为判决，仍将该案件发还第一审衙门更为审理。第一审衙门若可代控告审判决，则审级不能分明；若从新更为审理，则判决之后，又可依法控告。控告审衙门设又如前发还时，则第一审衙门势必更审，无有了时。此种更为审理，究竟是否合法？又控告审衙门误认第一审衙门判决之案件有同律第三百八十四条第二项不当之判决，而将该案件发还原审衙门。原审衙门从法律、事实各方面俱能证明其判决之适法，并能确指控告审衙门判决有违法时，对于所发还之案件，应如何办理？有无法律可以根据？应请指示者四。

以上所述各节，俱关法律疑义，理合呈请钧院察核指示，迅赐电复，以便遵循，实为公便。

此呈！

■ 统字第 60 号

民国二年十一月十三日大理院致总检察厅函

径启者：

据辽阳地方检察厅呈称，"关于加减例之适用，本院三月十日判例与七月二十四日函复奉天高等审判厅之解释两歧，请示遵"等情到院。

本院查七月二十四日公函之解释，系本院最近解释，当然从该函之意见。应请贵厅转行该厅查照可也。

此致！

附：辽阳地方检察厅原呈

为呈请事：

案查王德杀伤赵书年一案，前经同级审判厅判决，以杀人未遂，应按《暂行新刑律》第十七条第三项减等，于第三百一十一条主刑范围内处以一等有期徒刑十五年。本厅核之加减之原则，似未相符，当即提起控诉，请求改判在案。兹阅七月三十日《政府公报》载，"奉天高等审判厅呈请，以查《暂行新刑律》第五十七条第一项注意书内载，'处二等以上有期徒刑，即一等或二等有期徒刑，减一等，即为二等或三等有期徒刑'等语。是尚留有二等有期徒刑余地，并未从最轻主刑上减为唯一之三等有期徒刑。又内载有'二等或三等有期徒刑，加一等，为二等以上，即一等或二等有期徒刑'等语。是仍留有二等有期徒刑余地，并未从最重刑上加为唯一之一等有期徒刑。盖缘立法本意，在审判官按犯人情节行其自由裁量之权，但于二等以上有期徒刑上减一等，为二等或三等有期徒刑，无论如何，从最重主刑上减，仍然免科一等之有期徒刑，不得谓犯人不收减轻之利益；于二等或三等有期徒刑上加一等，为二等以上有期徒刑，无论如何，从最轻主刑上加，仍不能科三等之有期徒刑，不得谓法律不收加重之效果。既于立法精神，实能贯彻，并于法官裁量，亦无背驰。是以法院向来适用加减之法，大率如是。又同条第二项注意书内载，'处死刑、无期徒刑或一等有期徒刑，加一等，即为死刑或无期徒刑'等语。是不过去其一等有期徒刑，此外尚留死刑及无期徒刑二种，以为审判官自由裁量地步；如加二等，始去其无期徒刑，只处唯一之死刑。又内载'无期徒刑或二等以上有期徒刑，加一等，即为无期徒刑或一等有期徒刑；加二等，即为唯一之无期徒刑'等语。其例复与前同。又同条第三项注意书内载，'四等以下有期徒刑或拘役，减一等为五等有期徒刑或拘役，减二等为拘役'等语。是不过去其四等之有期徒刑，此外尚留五等有期徒刑或拘役二种，以为审判官自由裁量地步；如减二等，始去其五等有期徒刑，只处唯一之拘役。我国立法，意既如此；即征诸学说暨各级审判厅历办成案，孰不如此？若照该检察官所称加减之法，是原定主刑系二等至四等，应加一等时，即须处以一等有期徒刑，应减一等时，即须处以五等有期徒刑，审判官仅能在应加之最高主刑刑期上或应减之最低主刑刑期上，为唯一之加减。如此解释，不惟舍犯人情节于不问，审判官失自由裁量之权，且其办理加等之时，亦多窒碍。盖减刑条文，均系得减，并非一定必减，果系情节较重，尚可不减，自无情重罪轻之虞；而加刑律意，纯系必加，并无得加之语。假如有犯条文所规定为一等至三等有期徒刑者，论其情节，不过处以三等之最轻徒刑已为适当，然因应加一等，即必须处以无期徒刑，如此办理，究有失入之讥。盖以第五十七条第二项论之，如前举之例，应加重一等时，仅去其一等有期徒刑，尚有一死刑、一无期徒刑为审判官之裁量范围。此则，以本应处以三等极轻之刑，因加重一等，遽处以无期徒刑，揆之法理，殊有未合。但该检察官所主张，既与本厅之意旨不合，究应如何适用之处，［理应呈］请钧院，对于加减条文，查为明晰解释赐复各等因。当奉钧院函复高等审判厅，解释加重减轻之例，甚为明晰，认为正当"等因。查本年三月十日，钧院对于奉天辽阳审判厅判决任炳全私卖烟土一案，判决例以"原判于加重之例，亦欠体会。按刑之加重减轻，须于本罪应科主刑最重限度以上或最轻限度以下，按等加减，方足以贯彻立法之精神。观《暂行刑律》第五十六条、第五十七条之规定，即可得当然之解释。乃原判所引第二百六十六条，其主刑本有三种，而对于被告酌定为四等有期徒刑二年，仍在本条选择刑范围之内，何足收加重之实效"各等因。本厅对于同级厅判决王德杀伤赵书年一案请求改判，即遵照此案判决例之主张。前奉钧院函复，以奉天高等审判厅解释为当，嗣后关于刑之加重减轻，自应即照此次解释。惟前次判决例，是否有效？究应如何奉行之处，理合呈请指示遵行。谨呈！

计呈送同级审判厅判决任炳全私卖烟土一案之理由一纸。

谨将同级审判厅判决任炳全私卖烟土一案之理由钞录呈阅

援据法律某条文及理由：查《暂行新刑律》第二百六十六条，"制造鸦片烟或贩卖或意图贩卖而收藏者，处三等至五等有期徒刑，并科五百元以下罚金。"又第二百七十一条，"吸食鸦片烟者，处五等有期徒刑拘役或一千元以下罚金。"又第十九条，"已受徒刑之执行、更犯徒刑以上之罪者，为再犯，加本刑一等。"又第二百七十五条，"犯第二百六十六条至第二百七十二条之罪者，得褫夺公权"各等语。此案任炳全，即任廷全，曾于宣统三年八月间，因私卖鸦片烟泡，已受徒刑之执行；免除之后，未逾五年，该犯仍绳旧辙，复向日本车站不识姓名工人，陆续贩卖烟膏，殊属不法，自应照第十九条之律，加等问拟。该犯任炳全，即任廷全，应于原犯第二百六十六条处三等至五等有期徒刑律上，加一等处二等至四等有期徒刑；拟处四等有期徒刑二年，并科罚金五十元，并照第二百七十五条律，褫夺其三年内全部公权。杨玉堂违禁私吸，应照第二百七十一条律，拟处五等有期徒刑三月，并照第二百七十五条律，褫夺其一年内全部公权。由检察厅拟除羁押之日，分别执行。起获烟膏烟具，案结销毁。

此判！

■ 统字第 61 号

民国二年十一月十三日大理院复奉天高等审判厅函

径复者：

准贵厅九月五日呈请解释刑诉暂行管辖第十九条到院。

本院查该条所谓"直接上级衙门"，系就广义立言者。地方厅管辖区域内，只一初级厅，则此初级厅关于本条声请移转管辖，且应直接向高等厅为之，毋庸经由地方厅。相应函复贵厅查照可也。

此复！

附：奉天高等审判厅原呈

为呈请事：

查刑事诉讼暂行管辖第十九条，"遇有左列各款情形，应由检察官向直接上级审判衙门声请转移管辖"等语。细绎律义，是系属初级厅案件，遇有该条左列各款，则皆向该管地方厅声请；如地方厅遇有移转之案，则向高等厅声请。按此解释，似无疑义。然地方厅管辖区域内有两个以上之初级厅，则一初级厅有声请事件发生，地方厅尚可移他之初级厅；若管辖区域内只有单独之初级厅，遇有声请，则地方厅无可移转，势必转呈高等厅决定。但此种手续非特稽延时日，亦且徒费周折，殊非便利之道。嗣后单独初级发生此项案件，可否准予径向高等厅声请之处，理合呈请，鉴核示遵。

谨呈！

■ 统字第 62 号

民国二年十一月三十日大理院致奉天高等审判厅函

径启者：

准辽阳地方审判厅函请解释《律师暂行章程》到院。

本院查该章程第二十七条载，"律师公会应议定会则，由地方检察长，经高等检察长呈请司法总长之认可。"第二十八条载，"会则应规定之事项，多系公会成立之要件。"是会则未经认可，不能有效；会则未生效力，公会即未达成立时期。故在该会则认可前，法律上无可加入之律师公会。相应钞录，原呈函请贵厅转行该厅查照可也。

此致！

附：辽阳地方审判厅原函

径启者：

谨按《律师暂行章程》第二十二条，"律师非加入公会，不得执行职务。"兹查本厅区域内律师依据《律师暂行章程》第六章各条之规定，选举职员，组织公会。其会则虽经议出，尚待核准。而揆之同章程第二十七条之规定，律师公会应议定会则云云，则该会在会则议出之后、未核准以前，在法当然视为成立。盖会则既由公会所拟，而公会必由会员组成，要素完成，机关自备，其参与该会组织各员，似宜以加入公会论。如以加入公会论，则与同章程第二十二条毫不抵触，当然得以出庭辩护。至部复长沙高等检察厅号电，似专指未经依法选举，仅由发起人拟则，径呈核准之场合而言。应否如是解释？大理院为统一机关，理合请示遵行。

此致！

■ 统字第 63 号

民国二年十一月十三日大理院复广西高等审判厅函

径复者：

准贵厅九月十六日呈请解释"和诱重婚罪，犯在赦前，是否作为犯罪"等因到院。

本院查和诱重婚，在其行为关系之继续中，自应认为连续犯之一种。唯此种连续犯之性质，以被诱及结婚当时为既遂时期。若被诱及结婚当时，系在赦令前，则自应在免除之列。其赦令后行为继续与否，非所问也。相应函复贵厅查照可也。

此复！

附：广西高等审判厅原呈

案准桂林地方检察厅函开：为和诱重婚，犯在赦前，赦后仍然继续，是否作为犯罪，不能决定，函请详拟解释，转呈大理院核示饬遵事。查《司法公报》第八期内载，司法部复广西司法筹备处请示各节电有云，"和诱重婚，系即成犯。故赦前所和诱重婚之人，虽至赦后尚在犯人处，仍应以赦前犯罪论。惟追人及不认婚姻为有效，乃别一问题"云云。又载京师高等审判厅判决检察官因马四奸拐张耕田之妻一案，其理由有云，"虽马四、张刘氏，事犯在赦令以前，然自赦令以后，以投案为止，其和诱、和奸等罪，仍系连续进行，并无中止。对于赦令后之所为，仍应照科，不在援免之列"等语。是同一赦前和诱，而一以为无罪、一以为有罪，解释不同，无所适从。伏查司法部第二百八十六号令山东司法筹备处文内开，解释法律，宜求统一，所有已设法院及未设法院地方，对于现行各项法律有疑义不能决定者，应径请高等审判厅详拟解释，呈请大理院核示等因。今和诱重婚，犯在赦前，至赦后仍然继续，是否仍作犯罪，不能决定，理合备文函请详拟解释，转呈大理院核示饬遵，此致等因。准此，查该检察厅所指京师高等审判厅判决理由与部令不符之处，本厅无从解释，理合具文呈请贵院核示，以便转饬遵照。

此呈！

■ 统字第 64 号

民国二年十一月十三日大理院复湖南高等审判厅函

径复者：

准贵厅九月十九日呈请解释"既决人犯在监犯罪，应如何办法"等因到院。

本院查此等情形亦系俱发之一种，应依《刑律》第二十四条规定，先将其在监所犯之罪，独立审判，俟确定后，再将前后两罪之刑，依第二十三条之例，更定其刑。相应函复贵厅查照可也。

此复！

附：湖南高等审判厅原呈

查《暂行新刑律》第十九条原案理由，关于再犯罪之构成，限于初犯有期徒刑执行完毕、无期徒刑或有期徒刑之一部免除后未过五年。又俱发罪之要件，依《刑律》第二十三条，限于未确定审判前同时发觉。兹有既决人犯在监犯罪，认为再犯；则正在刑期进行中，认为俱发；则在确定审判后，若认为独立一罪，设前罪已处徒刑十五年，后罪又处刑徒十五年，推之三犯四犯，合计必至徒刑数十年。而有期徒刑最长期，不得过二十年之规定，似仅为俱发罪而设；既不认为俱发罪，当然不能适用，势必合并执行，其流弊不致使犯人终身监禁不止，核与立法之本旨，似有未符。于此场合，究应如何解释之处，理合呈请钧院指令遵行。

此呈！

■ 统字第 65 号

民国二年十一月十三日大理院致总检察厅函

径启者：

据安东地方检察厅电称，"《刑律》第二百九十一条重婚罪，解为有妻再娶。若有夫再嫁，是否亦犯此罪？"请电示等情到院。

本院查《刑律》第二百九十一条所谓"有配偶而重为婚姻"，当然包括有夫再嫁者而言。应请贵厅令行该厅查照可也。

此致！

附：安东地方检察厅原电

大理院钧鉴：

《刑律》第二百九十一条重婚罪，解为有妻再娶。若有夫再嫁，是否亦犯此罪？请电示。

奉天安东地方检察厅

■ 统字第 66 号

民国二年十一月十三日大理院复奉天高等审判厅函

径复者：

准贵厅十月六日函开，关于刑律解释问题七条，兹分条解释于下：

一、强盗拒捕伤人，自系构成第三百七十三条之罪。若所伤系执行职务之官员，则系构成第三百七十三条及第一百五十三条之俱发罪。

二、强盗指明目的地，行至中途被获者，应以未遂论。

三、数次赌博，既非常业，又无继续之意思者，以数罪论。

四、参照本院复陕西高等审判厅二年统字第四十八号电文。

五、第三百七十三条、第三百七十四条之条件，不问触犯一条件或二条件，皆只构成一罪。至第三百七十四条，为第三百七十三条之加重条文。关于一行为，犹不能以二条并论俱发。来函所引判例，似有误会。盖判例所谓"并科"者，系指人身法益，当分别定罪。侵害一法益，即系一罪；侵害数法益，即系数罪，宜并科也。

六、本例自系构成四个第三百七十三条第三款之罪。

七、第三百七十四条第四款既明有"盗所"二字，则本例自不能以该条论，仍系构成第三百七十三条、第三百四十四条及第二百八十五条三罪俱发。

以上解释七条。相应函复贵厅查照可也。

此复！

附：奉天高等审判厅原函

径启者：

查窃盗因防护赃物、脱免逮捕、湮灭罪证而当场施强暴胁迫者，依《暂行新刑律》第三百七十一条规定，当然以强盗论。如有强盗得赃，在盗所或甫离盗所，而因防护赃物、脱免逮捕或湮灭罪证致将逮捕之巡警施以伤害，未至笃疾者，得依第三百七十三条之强盗伤人律处断。则巡警本系执行职务之人，抑依第一百五十三条第三项之妨害公务致人伤害律处断？则强盗伤人最重之主刑，可至无期徒刑，而妨害公务致人伤害之最重主刑，至多不过科以有期徒刑二十年。以情节较重之犯，似不应仅处有期徒刑，此犹仅就强盗之对于巡警而有以上之情形者也。如有强盗得财之后，甫离盗所，经事主追捕，致被强盗伤害者，得依第一百七十三条处断；则该盗已离盗所，抑依第三百七十条及第三百一十三条，并适用第二十三条处断，仍系比较第一百七十三条规定，不能科以无期徒刑，未免情重罚轻。又有倡甫离盗所，可以在盗所论，而适用第一百七十三条。若离盗所二、三日或四、五日者，则以非盗所论，而适用第二十三条。究竟"盗所"二字，果与强盗伤人有重大之关系否耶？此其应请解释者一。

强盗无预备罪之处罚，止罚着手及实行两端。着手之标准，据最新学说，则谓以与实行切近者为唯一之界限。强盗行为之与实行切近者，即谓强盗或触手于目的财物之时，或侵入于事主第宅以内，方得谓为着手；若仅将赴于目的地，是仍在强盗预备阶级，不能以着手论。如有强盗指明某地及某事主之名而欲强劫，惟因行至中途，被警捕获，谓可依已着手者而处罚以未遂罪，则与触手于目的财物或侵入于事主第宅之学说不合；如谓可依未着手者而宣告无罪，则社会心理，又谓此等行为，实宜处罚。究应如何适用？此其应请解释者二。

赌博数次之行为，依第八十条连续犯之规定，以无俱发罪为原则。《暂行新刑律》之修正案语称，"累日赌博，应按以赌博为常业之一罪科断。至未以为常业者，仍应以连续犯一罪论"，即是此意。然近来亦有倡数次赌博可科以俱发者，究应孰是孰非？此其应请解释者三。

本夫于奸所登时杀死奸夫奸妇者，据最新一般学说，谓本夫对奸夫，固宜行使正当防卫权，即对奸妇，亦宜行使此权。盖缘奸妇亦系侵害本夫权利之人，故第二百八十九条有相奸罪同之规定，即因奸妇为加害本夫之人而处以罚。惟犯奸者，既可不分奸夫奸妇，均应处罚，即防奸者，亦宜不分奸夫奸妇，均应免罪。即或有过当之可论，断无可以剥夺其正当防卫权者。乃近时，亦有倡本夫对于奸妇不准行使防卫权者，其说果正当欤？此其应请解释者四。

强盗伤害二人，又连致死一人，据判决例，应依第三百七十四条第三款前半及后半两段，并科其刑。倘有结伙三人，在途行劫之犯，又连伤害二人，可否按照同条第

一、第二两款并科其刑？又或有结伙三人，在途行劫，又连伤害一人，未至笃疾，可否按照第三百七十三及第三百七十四条两条，并科其刑？如应科以两条之刑，得按第二十三条科以俱发之罪，抑按第二十六条，从重处断？又强盗侵入第宅，又连伤害二人以上，得按第三百七十四条第三款处断，抑按同条同款及第三百七十三条第一款并科其刑？此其应请解释者五。

强盗同时抢夺甲、乙、丙、丁四家财物，又连伤该四家各一人，未致笃疾，果系触犯四个第三百七十三条第三款之罪，抑系触犯四个第三百七十四条第三款之罪，或系触犯一个第三百七十四条第三款之罪？均属昧所适从，此其应请解释者六。

强盗于盗所强奸妇女，第三百七十四条第四款曾用明文规定。倘系强盗侵入第宅，将妇女捉去，带至贼巢强行奸污，如按同条同款科刑，则贼巢迥异盗所；如按第三百七十三条及第二百八十五条规定，仍适用第二十三条科刑，则该盗于贼巢强奸妇女较诸盗所情节尤重，即使适用第二十三条，亦不能处以死刑，讵非情重罚轻，究应适用何律？此其应请解释者七。

为此函请钧院详细指示，俾有遵循，实为公便。

此致！

■ 统字第67号

民国二年十一月十三日大理院复浙江高等审判厅函

径启者：

前接贵厅来函称，案据浙江第一地方审判厅呈称，"《各级审判厅试办章程》第三十九条，于即时判决，条文过简；前清《民诉律草案》既未公布，则五百三十一条等之规定，难于援用。是申请故障之救济方法，无明文为之标准，甚非公平保护之意，因特呈请指示"前来。查对于即时判决之救济方法，法律既无明文，究应如何解释，殊难悬断。为此钞录该厅原呈，陈请查核，俯赐解释，以便转饬各属，一体遵行等因。

本院查《高等审判厅以下试办章程》所称"即时判决"，自应认为缺席判决。其对于此种救济之法，本无明文规定，自应斟酌条理，利便诉讼之进行。本院判例认为，应准声明窒碍，庶于审级之利益及当事人之利便，得以维持。至声明窒碍，亦为一种之不服声明，故期间即准用上诉期间。所有详情，概于本院民事判决二年上字第九十九号及决定第十二号、第十三号，及本院复湖北高等审判厅呈文内叙及，相应钞送贵厅查照可也。

此致！

附：浙江高等审判厅原文

为呈请事：

案据浙江第一地方审判厅呈称，"《各级审判厅试办章程》第三十九条，于即时判决，条文过简；前清《民诉律草案》，既未公布，则五百三十一条等之规定，难于援用。是申请故障之救济方法，无明文为之标准，甚非公平保护之意，因特呈请指示"前来。查对于即时判决之救济方法，法律既无明文，究应如何解释，殊难悬断。为此钞录该厅原呈，陈请钧院查核，俯赐解释，以便转饬各属一体遵行，实为德便。

谨呈！

附：浙江第一地方审判厅原呈

窃查近世民事诉讼法之原则，为期审判之公平，故取双方审理主义，藉原被辩论之情词，得事实纷争之真相。又以有时当事者不尽到庭，则绝对本此原则而应用，致诉讼进行不能迅速，亦非清讼保民之意。故各国民事诉讼法，皆设变式之手续，有缺席判决之制，仅依当事者一方之陈述以为判断。本原则以求兼职之益，藉变例以济原则之穷，正变相济，施行无碍。民国肇与，法令未备，从无缺席判决之名。惟查《各级审判厅试办章程》第三十九条，有即时判决之规定，殆即各国之所谓缺席判决。惟条文甚简，仅规定可以即时判决之原因，至手续如何、效力如何，胥无规定。因之，施行之际，疑窦颇多，有不得不请厅长之指示者。查各国立法例，对于对席判决之救济方法，则有上诉，而于缺席判决，则除不许申请故障之新缺席判决以无懈怠为理由者，得申请控诉外，通常之缺席判决，皆以申请故障为唯一之救济方法。诚以上诉审与第一审行使审判权之方向不同，而审级所关，未可越理。原审裁判所所为之缺席判决，对于诉讼物，既非双方审理，则对于事实之审查未确，若使即为控诉，与设审级之精神相背，故令申请故障，而不许申请控诉。按之前清《民诉律草案》第五百三十一条之规定，除对于不许声明窒碍之缺席判决，以并非濡滞日期为理由者外，禁止受谕知者之为控告。惟《草案》在前清既未公布，即非大总统所谓"继续有效之法律"。虽现行《各级审判厅试办章程》无明文规定者，暂可依法理以为断，即时判决之名，章程中已有规定，而对于即时判决之救济方法，是否用申请故障，则无明定依据明文。对于判决之救济，不问对席判决、即时判决，依同章程第五十八条之规定，仅有控诉、上告之方法。若以法无明文，依据法理而认定，对于即时判决，除不许申请故障之缺席判决以无懈怠为理由者外，概用申请故障之方法，不许即为控诉，又恐原审衙门以为申请故障，法无明文，因而不予准理，则使受即时判决之宣示者，救济无方，甚非公平保护之意。且事关法制，各厅办法应归一律，厅长再四思维，未敢擅专，合行呈请钧厅明白指示。抑犹有请者，如蒙钧厅决定，许用申请故障之办法，则故障期间及申请程序等，是否概依《民诉律草案》之规定？又在从前对于第一审之即时判决，已经声明控诉者，应即改令申请故障。惟其故障期间，应从何时为起算之始期？统乞明示，俾资遵循。

此呈！

■ 统字第68号

民国二年十一月十三日大理院复湖北高等审判厅函

径启者：

接贵厅二年民字第四号公函称，"近查贵院判例，对于民事缺席判决，受缺席判决之当事人，许其声明窒碍，并定声明窒碍期间，准用关于上诉期间之规定。即如贵院决定杜秉钧上告王缙丞一案，应由该上告人已声明窒碍之原高等审判厅更为审判，认定该上告人四月十日所为之声明为合法，本案在原审厅应已恢复缺席以前之程序各等因。惟本厅更审此案，对于该上告人声明之窒碍，觉有虚伪之处，若漫予承认，不但诉讼诸多延长，亦恐长人民诈伪之风。复查民诉法例，凡声明窒碍，审判衙门因职权调查窒碍之是否合法。不应许可之窒碍或不遵程式、不遵期间而声明者，应认为不合法，以判决驳回。此案既经贵院认定该上告人声明之窒碍为合法，在原审厅应已恢复缺席以前之程序，本厅本应遵照，更为本案辩论。惟调查窒碍之是否合法，属于缺席判决审判衙门之职权。贵院决定此案，因本案于四月一日判决，该上告人于四月十日声明窒碍，准照上诉期间扣算，自在期间以内，是贵院仅认定该上告人声明窒碍之期间为合法。至所声明之窒碍，有无虚伪、应否许可，缺席审判衙门，似不无调查之余地。只因无例可援，未敢擅自拟断，用特开列数条，函请贵院详加解释：（一）声明窒碍，至如何程度，方能许可。如浑言疾病等类，可否作为窒碍？（二）如所声明之窒碍为虚伪时，应否许可？（三）不应许可之窒碍，系如何窒碍？以上各条解释毕后，并请迅赐函复，以资遵从"等因。

  查现行法律，关于缺席判决之程序，并未详晰规定，自应斟酌条理，以便诉讼之进行。本院判例，认对于缺席判决，得准用上诉期间，向原审声明窒碍。原审衙门自应先调查合法与否（即应许可与否）；如不合法，径以决定驳回。然所谓"合法"者，乃指所声明窒碍之判决须为缺席判决，及应受理声明之原判衙门，并在期间内；其提出声明之当事人，亦系受缺席判决之一方等而言。至于该声明有无理由，即受理后，如何判断之问题，应用判决程序裁判之。缺席判决，无论受裁判之当事人是否出自故意，抑有无过失，一经合法声明，均应一体回复缺席前之程度，更为新判决。盖因当事人之缺席致有碍诉讼进行，似应予以何等之限制，始可准其回复。然声明窒碍，有一定之期间，过期即属确定；即声明合法，再开审理，仍行缺席时，即为新缺席判决。对于新缺席判决，不得再声明窒碍，而仍以并未濡滞日期为理由者为限，始准其声明上诉。准此条理，已属办法周严；若令当事人以一回之缺席，遽生重大之效果，或不免有丧失权利之事，殊非衡平之道，亦为数国立法例所不取。故本院将上开条理，采为判例，良非无故。贵厅所称各节，似于诉讼法上所谓合法与否，即应否许可之真义，不无误解。除另钞送本院判决二件备考外，合将解答理由，函请查照可也。

  此致！
  附：湖北高等审判厅原函
  径启者：

  近查贵院判例，对于民事缺席判决受缺席判决之当事人，许其声明窒碍，并定声明窒碍期间，准用关于上诉期间之规定。即如贵院决定杜秉钧上告王缙丞一案，应由该上告人已声明窒碍之原高等审判厅更为审判，认定该上告人四月十日所为之声明为合法，本案在原审厅应已恢复缺席以前之程序各等因。惟本厅更审此案，对于该上告人声明之窒碍，觉有虚伪之处；若漫予承认，不但诉讼诸多延长，亦恐长人民诈伪之风。复查民诉法例，凡声明窒碍，审判衙门因职权调查窒碍之是否合法。不应许可之窒碍，或不遵程式、不遵期间而声明者，应认为不合法，以判决驳回。此案既经贵院认定该上告人声明之窒碍为合法，在原审厅应已恢复缺席以前之程序，本厅本应遵照，更为本案辩论。惟调查窒碍之是否合法，属于缺席判决审判衙门之职权。贵院决定此案，因本案于四月一日判决该上告人于四月十日声明窒碍，准照上诉期间扣算，自在期间以内，是贵院仅认定该上告人声明窒碍期间为合法；至所声明之窒碍，有无虚伪，应否许可，缺席审判衙门似不无查调之余地。只因无例可援，未敢擅自拟断，用特开列数条，函请贵院详加解释：（一）声明窒碍，至如何程度方能许可？如浑言疾病等类，可否作为窒碍？（二）如所声明之窒碍为虚伪时，应否许可？（三）不应许可之窒碍，系如何窒碍？以上各条，解释毕后，并请迅赐函复，以资遵从，为盼。

此致！

■ 统字第 69 号

民国二年十一月三日大理院复江西高等审厅电

江西高等审判厅鉴：

景德地审厅东元电询，《试办章程》第一百一十四条是否包括民事？查该条专指刑事执行言。依现行规例，民事判决，仍由该案第一审审判厅依法执行。希转知。

大理院江印

附：景德镇地方审判厅原电

大理院钧鉴：

《试办章程》第一百一十四条执行，是否包括民事？

景德镇地方审判厅东

大理院鉴：

东电及何厅发执行命令？请并复。

景德地方审判厅元

■ 统字第 70 号

民国二年十一月三日大理院致云南高等审判厅电

云南高等审判厅鉴：

号电悉！被告以疾病为理由声请延期，如认为可用代理或毫无确证，自可决定驳回延期。驳回后，传唤不到庭并无人代理，查系具备缺席判决要件，可予缺席判决。但应依法送达，准用上诉期间、准其声明窒碍。

大理院江印

附：云南高等审判厅原电

司法部、大理院钧鉴：

民事被告人，屡票传，辄称病请假。案悬不结，派医调查，又不得面。可否饬医径入卧室，强制诊察？请示复。

云南高等审判厅叩号印

■ 统字第 71 号

民国二年十二月五日大理院复福建高等审判厅文

福建高等审判厅鉴：

寝电悉！《试办章程》第八十一条之取保，审判官如确认有窒碍情形，自可照驳。至取保候审人逃走，原保人真有藏匿情形，自应依刑律处断；若原保人并不知情，则不能科以刑罚。

大理院东印

附：福建高等审判厅原电

大理院钧鉴：

《审判厅试办章程》第八十一条，"刑事轻微案件，被告准取保候审。""准"之一字，审厅是否有审查准驳之权？如认该被告情节可恶或恐保外有湮灭证据之虞，罪质虽属轻微，可否仍行管收？又取保候审之人，如讯期不到或至远逃，原保人应负何项责任？可否按藏匿犯罪人章论罪？统乞示遵。

闽高审厅寝

■ **统字第 72 号**

民国元年十一月十五日大理院复松江府地方检察长电（补录）

松江府地方检察长鉴：

佳电悉！刑诉草案，现在尚未生效，依《法院编制法》及《审判厅试办章程》，检察官自应有上诉权。

大理院铣印

附：松江府地方检察长原电

大理院钧鉴：

刑事第一审原告官，能否遵照《刑诉律》第三百五十七条第一项规定，声明上告？乞解释，电示只遵。

华亭地方检察长佳

■ **统字第 73 号**

民国元年十二月三日大理院复四川高等审、检厅电（补录）

四川高等审、检厅鉴：

电悉！查买卖人口，早经前清禁革，该条款自应继续有效。惟于卖妻无专条，只能以不为罪论。至买卖契约，当然无效。如有强迫情形，仍应照《刑律》第三百五十八条处断。

大理院印

附：四川高等审、检厅原电

大理院鉴：

夫因家贫不能养妻，将妻价卖。此种行为，有乖人道，虽新《刑律》无此专条，是否不认为罪？祈速电示遵照。

四川高等审、检厅印

■ **统字第 74 号**

民国元年十二月十二日大理院复天津高等审判分厅咨（补录）

元年十二月十四日准贵厅呈请解释"抗告方法，是否适用于外州县"。当经本院开民刑庭总会议决，分民刑诉讼两种。其刑事诉讼，各州县未经审讯，即与批驳，作为检察不起诉之处分，被害人得请求高等检察厅命令各州县仍须受理；如已经审断，而当事人不服时，得赴高等审判厅控告。若民事诉讼，未经各州县判断，到高等厅控告者，高等厅作为控告不合法，以决定驳回。决定之内容，令仍俟各该州县判断后，方能控告。相应咨复贵厅查照。

此咨！

附：天津高等审判分厅原呈

为呈请事：

职分厅管辖区域内，各州县所审理案件，往往有未经初审判决，违法控告者；迨经驳回，则又依抗告之手续，复行陈请。近来，又有以不服原审衙门决定为理由，径行抗告者。查各州县，原非纯粹审判衙门，于判决案件，既有控告之途，又设有覆判特别制度，立法至周且密，裁判错误，不患无救济之方法。且程途较远，抗告期间恒不能适用，抗告人又往往变更事实，以为主张理由之地步。若行文调卷，每一、二月不能送达；迨送达阅视，认其抗告为无理由者，自应决定驳回。往返之间，费日已多；一旦驳回，抗告人抵死不归，而其相对人之受损失者，更不知几何！是保护诉讼人之行动，反足以生诉讼进行上之障碍，而贻当事人以拖累之苦。似此情形，抗告方法似有不宜适用于外州县者。查解释统一之权，在于贵院，相应呈请批示，以便遵循。

此呈大理院！

■ 统字第75号

民国元年十二月二十一日大理院复湖南高等审判厅咨（补录）

元年十二月十四日准贵厅呈请解释"私放飘布案件，应如何引用律条？"当经本院开民刑庭总会议决，应即钞录议决原文，咨请查照。

此咨！（计件钞）

钞录议决原文

查私放飘布，《治安警察法》亦有规定。惟现在此法尚颁未行，所有此项犯罪，应查察其行为之目的与意思。若系妨害秩序，应按照第二百二十一条办理；若其行为之目的与意思为预备或阴谋内乱者，应即查照第一百零三条处断。

附：湖南高等审判厅原呈

案准同级检察厅起诉吴春生、王永田私放飘布一案，经本厅提讯，放飘属实，并有飘布、令旗等证物，系获案时，在吴春生等身上搜获。嗣吴春生另犯他罪，被处徒刑，久已判决确定，已在徒刑执行中；而放飘一案，因通缉共犯刘桂林未获，尚未判决。惟查新《刑律》第十条，法律无正条者，不问何种行为不为罪。此项开堂放飘之犯，专以劫盗财物、扰乱秩序为目的。在湖南，此风尤甚，未便视为放任行为。而此次吴春生、王永田又仅止身有飘布，尚无劫盗财物、扰乱秩序之实行行为。按之新《刑律》，即无放飘正条，是否应作内乱罪第一百零三条解释，抑系应作妨害秩序罪第二百二十一条解释？查内乱罪第一百零三条系属钧院专辖，而妨害秩序罪第二百二十一条应由该管地方厅起诉。律条之适用未明，即事物之管辖难定，理合呈请钧院，俯赐查核批示只遵。

此呈！大理院

■ 统字第 76 号

民国二年一月十一日大理院复广西高等审判厅电（补录）

广西高等审判厅鉴：

来呈请订民事上告统一办法。查本院前次通告，系指对于本院上告者而言。至高等以下上诉事件，现在诉讼法尚未颁布，仍照《试办章程》办理。

大理院

附：广西高等审判厅原呈

为呈请事：

民国元年十一月六号奉贵院咨开，本院审理民刑案件，采用口头辩论。业将填送传票各项办法，通咨在案。查诉讼当事人分隶各省，传票到庭期限，悉由本院填定，殊难准酌适宜。现在拟订办法，除有紧急情形，仍由本院电请各省高等审判厅，代行填写传票转传外，其寻常应传诉讼当事人传票，由本院填就姓氏、案由等项，其到院日期，则请贵厅自行酌定填注，分别转行送达当事人。由当事人于收据上签名、盖印或画押，责令原送达人，缴由原送达各衙门交还高等审判厅，汇缴本院一面，即将传票内限定日期，先行具报本院，以资查考等因。旋于十二月二号，又奉贵院咨开第十号通告内载，现在诉讼律尚未颁布，所有在本院为民事诉讼上告之期间，本院为保障人民权利，力图诉讼当事人便利起见，特从宽展暂定办法。凡京师及各省民事案件，经由高等审判厅第二审判决者，于宣告判决后七日内，以牌示为公示送达，公示以七日为期。对于本院上告期间，自公示期间终满之次日起算，定为二十日，逾期不得提起上告。第十二号通告内载，民事上告案件，除在京师高等审判厅判决者，得由上告人或代理人赴院呈递上告状外，其各省上告案件，概由当事人在原审判衙门呈递上告状。如声明上告已逾上告期间，或在高等厅已为终审，及未经第一审、第二审，径行对于本院请求审理者，均由高等审判厅以决定驳回，并将决定书送达当事人。对于该决定，得转由原审判衙门向本院提出抗告。其不合法定程式者，即由原审判衙门以决定令其补充完全。该上告期间，即自声明之日起算。若当事人声明上告合法，原审判衙门，即应将上告状、答辩状，并检察案卷证件，转送本院审理各等由，奉此。查广西法院，自开厅以来，关于刑事上诉程序，向照《审判厅试办章程》第六十一条；民事上诉，准用前条刑事上诉之规定，呈请原检察厅移送上级检察厅办理。与贵院此次所定办法，不无抵触，当由本厅备文，咨请司法司根据贵院所定办法，变更旧章，一体通饬，遵照办理，俾期统一，而免分歧在案。嗣经司法司电部请示，民事上诉，照前法部所定《审检厅试办章程》第六十一条规定，应呈请原检察厅移送上级检察厅等因。顷准本省高等审判厅咨，以现在大理院于民事上诉案件均与高审厅直接交涉，请饬地方以下各审厅照办，无庸再由各检察厅移送前来。查《民诉律》未奉颁布，前项《试办章程》效力似仍继续，应如何办理？祈示遵。旋奉法部电复，以民事上诉，于《民诉律》未颁以前，应如来电，仍照《试办章程》第六十一条办理。兹准司法司录同前电，咨复过厅，准此。查《试办章程》第六十一条，与贵院所定民事上告案件办法，多所抵触，究应如何办理之处，本厅无从依据，相应备文，呈请贵院查照，咨商法部，妥订统一办法，分别通令，以资遵守，盼切施行。

此呈！大理院

■ 统字第 77 号

民国二年一月十四日大理院复湖北高等审判厅电（补录）

湖北高等审判厅鉴：

民事上告案件，应照本院第十二号通告办理。惟此项通告，专指对于本院上告者而言。高等以下上诉事件，《民诉法》尚未颁行，仍依《试办章程》。至民事抗告，《试办章程》有规定者，自可适用。否则，斟酌条理，采用民诉法意亦可。

大理院铣

附：湖北高等审判厅原电

大理院钧鉴：

民事上告案件已奉十二号通告，由原审判衙门送院。其对于本厅声明上告、控告案件，可否援照十二号通告，一律径由原审判衙门呈递？再，民事抗告，《民诉法》未颁行以前，能否暂照前清《民诉草案》办理？统乞酌定统一办法，电示遵行。

湖北高等审判厅叩

■ 统字第 78 号

民国二年四月四日大理院复湖南高等审判厅电（补录）

湖南高等审判厅鉴：

勘电悉！《选举法》，"签到不及领票者，不能认为到会。"若遽将人数算入选举，自难有效。已经给票而选举人确系拒绝不肯收受者，应认为弃权，以到会论。至领票故意不投者，自应认为弃权。

大理院支印

附：湖南高等审判厅原电

大理院鉴：

参议员选举，如选举人到会达法定人数内，五分二未投票，而按照《选举法》第六、第七条，其已投之票，应否有效？签到未领票者，可否作为到会？乞速复示。

湘高等厅勘

■ 统字第 79 号

民国二年四月十一日大理院复浙江高等审、检厅电（补录）

浙江高等审判厅、检察厅鉴：

冬电悉！对高等厅第二审判决上告到院案件，径由原审判厅送院；对地方厅判决上诉高等厅者，仍须依《试办章程》第六十一条、准用第六十条办理。惟当事人于上诉期内，向两厅中一厅声明不服者，认为期间内合法上诉。判决前应征收之诉讼费用，因诉讼法上受诉衙门为审判厅，应由审判厅征收。

大理院尤印

附：浙江高等审检厅原电

司法部、大理院鉴：

《试办章程》第六十一条，民事上诉，是否亦须呈请原检察厅移送上级检察厅，再转送上诉审判衙门？第八十七条诉讼费用，是否应由原检察厅征收？请详电复。

浙江高等审检厅冬印

■ 统字第 80 号

民国二年四月十五日大理院复福建高等审判厅电（补登）

福建高等审判厅鉴：

依《法院编制法》第九十条，被害人当然无上诉权，部令不过饬遵该法办理。凡在该法颁布以后之被害人上诉，自不应受理，但被害人自可向检察厅请求检察官提起上诉。

大理院洽印

附：福建高等审判厅原电

司法部、大理院钧鉴：

查接管卷内，二月二十号准高等检察官片送尸亲黄治铨等［就］地方审判厅元年十二月二十六号黄家成被刺案内所为林斯琛、黄乃裳二人无罪之判决不服控诉一案。前查黄治铨系于一月一号在地方检厅上诉，核与法定期间相符。当经分庭正在调查，适阅三月六号公报内载，司法部指令七十六号内开总检察厅指令"被害人无上诉权"等因。此案黄治铨系已故黄家成之父，为被害人家属，按照指令，不得上诉。惟该上诉人之日期，系在未奉指令以前，可否准予受理？乞示遵。

福建高等审判厅叩元

■ 统字第 81 号

民国二年五月十五日大理院复浙江高等审、检厅电（补录）

浙江高等审、检厅廉、郑两厅长鉴：

艳、元两电悉！《审判试办章程》并无即时及普通抗告之分。抗告既为上诉一种，自应适用补订章程上诉期间。"判词"二字，解作裁判书，义尚可通。至决定，当然以送达为宣示方法。因《编制法》发布在后，依第五十五条，惟判决须开庭宣告；《试办章程》第三十六条刑事宣判规定，当然不能适用。

大理院铣印

附：浙江高等审、检厅原电

大理院钧鉴：

《试办章程》第六十条有"宣示判词"字样。是五十八条之抗告，当然不能适用第六十、六十一条之期间。现在抗告应以几日为期？急待解决，恳电示遵。

浙江高等审、检厅艳印

统字第 82 号

民国二年五月十六日大理院复奉天高等审判厅电（补录）

奉天高等审判厅鉴：

文电均悉！《田房税契章程》，"典当，逾二十年不赎者，即作绝卖。"自应以时效原理解释。凡找价在二十年内者，认为时效中断；找价在二十年外者，无中断效力，时效仍为完成。惟推察事实，当有找价在二十年内，而当事人意思有确证可以认定其即为卖绝者，应即以卖绝论。

大理院铣印

统字第 83 号

民国二年五月十七日大理院复吉林高等审、检厅电（补录）

吉林高等审、检厅鉴：

寒电悉！乙、丙应依第七十七条第二项，认为候补当选人。其与同条第一项或第二项之候补当选人票数相同时，仍应依第七十八条，查照第五十八条办理。

大理院印

附：吉林高等审、检厅原电

大理院鉴：

据《众院复选举法》，复选当选人，如甲、乙、丙三人同票，甲以抽签当选，其乙、丙二人，是否依第七十七条第二项之规定，作为候补当选人？乞电复示。

吉林高等厅寒

统字第 84 号

民国二年五月二十日大理院复浙江高等审、检厅电（补录）

浙江高等审判厅、检察厅鉴：

冬电悉！对高等厅第二审判决上告到院案件，径由原审判厅送院；对地方厅判决上诉高等厅者，仍须依《试办章程》第六十一条、准用第六十条办理。惟当事人于上诉期内向两厅中一厅声明不服者，认为期间内合法上诉。判决前应征收之诉讼费用，因诉讼法上受诉衙门为审判厅，应由审判厅征收。

大理院尤印

统字第 85 号

民国二年六月十八日大理院复浙江高等审判厅电（补录）

浙江高等审判厅鉴：

六月十日文悉！浙省改组前地方及县法院，既非按照《法院编制法》组织，贵厅变通办法，尚无窒碍。所有前地方及县法院审判案件，应即比照现行法例，道府州县判案办理，均以经第一审论。

大理院巧印

附：浙江高等审判厅原呈

为呈请事：

案查本省改组前，各地方法院已判决、未确定及省法院已受理、未判决案件，径归大理院管辖，经前提法司电奉司法部祃电核准遵办在案。嗣奉钧院铣电开，沈文龙等上告各案收到。惟查《法院编制法》第三十六条，民事诉讼，大理院只能受理不服高等厅第二审判决上告之案。浙省改组之前，应向地方厅起诉案，已由初级厅为第一审审判，自可依据大总统批准有效《民诉草案》关于管辖各节第三十条、第四十条，认为当事人就事物或事物并土地管辖，已有合意，则第二审当然仍为地方厅，第三审即应归高等厅。至依《草案》第四十一条不能为合意管辖，及刑事上告之件，惟有准用现行法例。如《各省城商埠审判厅筹办事宜》管辖一节中，"未设审厅地方，虽道府县数审级，其上诉于审判厅，仍以一审论。"将各该案初级厅不认为一审级；其地方厅审判认为第一审审判，由贵厅更为第二审审判。如此办法，似与法理事实尚属适合，且本院将来受理各该案上告，亦可与《编制法》不相抵触。如以为然，即希电复，以便将卷送还等因。当以改组后办法，系经司法部核准，通行各级厅遵办在案。现复更张，恐滋纷扰，乞再核示等情，分别函电，具复在案。旋又奉钧院江电开，函电俱悉，尊处苦衷，是所深知。惟照部电，与《编制法》不能贯彻，本院未便曲从。所有照整理旧案办法第二类移院之案，仍拟送回；至其余各类，本院可暂不顾问，与总厅熟商意见相同，务希谅并速复，余另函详各等因到厅。前呈送上告各案，既与《法院编制法》第三十六条未甚相合，自应变通办法。惟铣电合意一层，揆之事实，殊有未妥，不如准用现行法例。无论民刑事，除轻微案件外，凡前经地方及县法院审判者，可比照道府州县之审理，均以经第一审论，由本厅更为第二审，以留上告钧院之余地，于法理既可无背，于民权亦得其平。除由本审判厅呈司法部外，理合备文呈请钧院，核示祈遵。

此呈！

统字第86号

民国二年十二月十一日大理院复交通部函

径复者：

准贵部本月二日函称，"查各处铁路轨道上之物件，无论钜细，均关紧要。设有偷窃损坏，易生绝大危险。是以妨害交通，刑律定有专章，用意至为郑重。乃近来各处审判人员，对于此等案件，为依律判决者，固足以资惩儆，而仍照普通窃犯科罪，以致顽民无所徵畏，亦在所不免。本部为预防危害起见，相应函请贵院，迅赐通令各省高等审判厅，分行各地方法院暨各县帮审员一体知照，嗣后遇有偷窃、损坏已成路轨上物件之案，务须核其情节，按照妨害交通罪章内所定各条，分别科断，勿得仅以普通窃盗论，俾重交通，而杜危害"等因到院。

本院查因偷窃而损坏铁路轨道及于轨道上行车必要之物件者，构成妨害交通与窃盗二罪。盖系以犯一罪之方法而生他罪，自应依《刑律》第二十六条，比较妨害交通罪与窃盗罪，从一重处断。本院解释意见如此，除通行各级审、检厅备考外，所有上告案件，均系一体办理。相应函复贵部查照可也。

此复！

附：交通部原函

径启者：

查各处铁路轨道上之物件，无论钜细，均关紧要。设有偷窃损坏，易生绝大危险。是以妨害交通，刑律定有专章，用意至为郑重。乃近来各处审判人员，对于此等案件，其依律判决者，固足以资惩儆，而仍照普通窃犯科罪，以致顽民无所儆畏者，亦在所不免。本部为预防危害起见，相应函请贵院，迅赐通令各省高等审判厅，分行各地方法院暨各县帮审员，一体知照：嗣后，遇有偷窃、损坏已成路轨上物件之案，务须核其情节，按照妨害交通罪章内所定各条，分别科断，勿得仅以普通窃盗论，俾重交通而杜危害。至级公谊，并希见复。此致！

统字第 87 号

民国二年十二月十二日大理院复湖北高等审判厅函

径复者：

准贵厅函询，"覆判案内，有第一审依内乱罪判决之案，应如何办理"等因到院。

本院查内乱罪之第一审并终审管辖权，固属于本院，惟案件究竟是否具备内乱条件，抑仅系骚扰罪或强盗罪而原判误引内乱律科断者？该案件既系属于贵厅，自应由贵厅审查事实。如认为无紊乱国宪之目的，仅能构成骚扰强盗等罪者，径由贵厅撤销原判，自行改判；若认为确系内乱罪者，则由贵厅撤销原判，宣告管辖错误。先将卷宗送同级检察厅，经由总检察厅送院；俟本院审查后，再行提解人犯。相应函复贵厅查照可也。

此复！

附：湖北高等审判厅原函

敬启者：

查司法部《司法公报》载，民国元年五月初九日公布内开：《刑事诉讼律（草案）》得暂行援用之"管辖"各节第六条载："大理院，除《法院编制法》第三十六条所定终审管辖权外，于左列案件有第一审并终审管辖权：……第三，内乱罪"等因。奉此，职厅顷收到各审检所送来覆判案，内有长阳县审检所判决会匪李占元等一案，原判系依《暂行新刑律》内乱罪科断。窃以此案，既经该所认为内乱罪，其第一审并终审权俱应属钧院，在职厅实不能管辖。若依通常案件，径予覆判，恐与法律不合。所有此案进行办法，应否依据诉讼律将原判撤销，着该所提解人犯送由钧院审理，抑或略为变通，由职厅将原案卷宗申送钧院覆判？其应如何办理之处，职厅未敢专擅，希即明白指示，以便遵照为盼。

此致！

■ **统字第 88 号**

民国二年十二月十七日大理院致总检察厅函

径启者：

据江苏高等检察厅电称："《刑诉律》第十五条之场合，[1] 后受公诉审判衙门之判决，有效否？祈电示"等因到院。

本院查该条后受公诉审判衙门之判决，虽系违法判决，然非经上诉，由上级审判衙门撤销其判决后，不失效力。相应函请贵厅，转行该厅查照可也。

此致！

附：江苏高等检察厅原电

大理院、总检察厅钧鉴：

《刑诉律》第十五条之场合，后受公诉审判衙门之判决，有效否？祈电示！

江苏高检厅文

■ **统字第 89 号**

民国二年十二月十七日大理院复京师高等审判厅函

径复者：

准贵厅十一月八日函请解释"前清现行律典卖田宅律内之十等罚，是否仍照旧例"等因到院。

查《新刑律施行细则》关于十等罚既无明文，而十等罚之性质，实无异于罚金，自应仍照每等五钱之例，比照新刑律罚金，并依《刑律》总则之规定（例如俱发、累犯等情）办理。相应函复贵厅查照可也。

此复！

附：京师高等审判厅原函

径启者：

案据霸县呈称，"窃查民国成立，奉颁《暂行新刑律》，而户律未奉颁发。是新律所未规定者，旧律当然有效。查前清现行律典买田宅律内载，'凡典买田宅不税契者，处五等罚，仍追契内田宅价钱一半入官。不过割者，一亩至五亩，处四等罚；每五亩加一等，罪止十等罚；其不过割之田入官'等语。查《暂行新刑律施行细则》，五刑均奉规定，而十等罚未奉明文。遇有此等案件，是否仍照旧例，每等罚银五钱，抑须另行办理，实属无所适从。究应如何罚办，特请批示只遵"等因。查解释法令属于贵院之职权，该知事呈称各节，究应如何核办，理合函请贵院分析指示，俾有率从。俟核定以后，仍请函送过厅，以便转照，实级公谊。

此致！

---

[1] 1911年《刑事诉讼律（草案）》第15条规定："凡审讯，原告或被告及诉讼关系人均准其站立陈述，不得逼令跪供。"——点校者注

■ 统字第 90 号

民国二年十二月二十四日大理院复云南高等审判厅函

径复者：

准贵厅十一月一日函请解释"民事审判中，发见刑事案件，送检察厅起诉时，应用何种手续？设检察厅拒绝不受，是否即由民庭审判"等因到院。

查民事审判中，发见刑事案件时，审判衙门自系以告发者之资格，用公函送交同级检察厅起诉。若同级检察厅于该案件无第一审管辖权时，则由该厅转送有第一审管辖权之检察厅起诉。若检察厅为不起诉处分，则审判衙门民庭只能就民事争点为裁判，不得判及罪刑。相应函复贵厅查照可也。

此复！

附：云南高等审判厅原函

径启者：

查各级审判编制，向分民、刑两庭。凡属刑事之案件，应由检察厅提起公诉，归刑庭审判；属于民事之案件，即由当事人直接提起诉讼，归民庭审判。盖以刑事为公诉，检察厅代表国家，为维持公益起见，故公诉当以检察厅为原告；民事乃私诉，当事人可以直接起诉者，所以保护人民之利益也。准此法理，似公重而私轻，则凡于民事审判中发见刑事之案件，亟应停止民事审判，送交检察厅提起公诉，然后由公诉附带私诉而判决；各国律文规定，大率如此，自无何种疑义。现在本厅受理案件，查于民事第二审或第三审中，始发见刑事，其刑事自系未经第一审判决，照例应送交同级检察厅，由检察厅发交第一审机关提起公诉。但于此场合，本厅对于同级检察厅，究应适用何种手续，何项书面？又曾经本厅民庭认为刑事，送交同级检察厅提起公诉之案件，检察厅拒绝不受，送回本厅，是否即由本厅民庭审判？此等情事，随在发生，究应如何办理，本厅无从根据。若竟无一遵守之法，于诉讼进行，实多滞碍。相应函请查核见复，实叨公便。

此致！

■ 统字第 91 号

民国二年十二月二十四日大理院复陕西高等审判厅函

径复者：

准贵厅十一月二十九日函请解释"新刑律第三百七十一条系概括而论，抑专指已遂者论"等因到院。

本院查该条规定，系包括窃盗已遂、未遂而言，但虽在窃盗未遂时，若有该条行为，仍应以强盗既遂论。相应函复贵厅查照可也。

此复！

附：陕西高等审判厅原函

径启者：

据西安地方审判厅呈称，"为请解释事：查新刑律第三百七十一条内载，'窃盗，因防护赃物、图免逮捕、湮灭罪证而当场施强暴、胁迫者，以强盗论。'但窃盗有已遂、未遂，究竟此条系概括而论，抑专指已遂者论？理合呈请，迅速鉴核解释示遵。此呈！"据此，查贵院为全国统一解释法令之最高机关，相应函达，希即解释见复，以便转知。

此致！

■ 统字第92号
民国三年一月二十三日大理院复总检察厅函

径复者：

准贵厅函开：接湖南高等检察厅电，请解释"缓刑期内更犯罪者，检察官请求撤销缓刑之宣告，是否向原宣告之审判厅行之，抑向审理更犯罪之审判厅行之"等因到院。

本院查《新刑律》第六十四条第一款规定云，"缓刑期内更犯罪受拘役以上之宣告者"云云。是因更犯罪而撤销宣告，应在更犯罪受刑之宣告以后，自应由审理更犯罪之审判衙门于判决后，撤销其宣告。相应函复贵厅，转饬查照可也。

此复！

附：总检察厅原函

径启者：

据湖南高等检察厅电称，"缓刑期内更犯罪者，检察官请求撤销缓刑之宣告，是否向原宣告之审判厅行之，抑向审理更犯罪之审判厅行之？请转送贵院解释"等因前来，相应函请查核办理。

此致！

■ 统字第93号
民国三年一月二十四日大理院复奉天高等审判厅函

径复者：

准贵厅函请解释"毁损测量队木标、石点，应依《刑律》第四百零五条第二项，抑应依第四百零六条第一款处断"等因。

本院查测量所用木标、石点，不能谓之建筑物，自应依四百零六条第一款处断。相应函复贵厅查照可也。

此复！

附：奉天高等审判厅原函

径启者：

据绥中县审检所呈准县行政公署函开：转准驻绥东三省陆军测量局三角课第一班函称，"该队在县属杨宝屯等处所造木标、石点，被人毁弃，损失甚多，请为设法查究等因。当由县公署令行警察各区并传知各该管百家长协同查报去后，旋据杨宝屯百家长贲香圃等禀报，查有梁景明挖毁标石等情，派警将梁景明传获函送到所。查《暂行新刑律》第四百零五条第一项，'损坏他人所有建筑物、矿坑、船舰者，处三等至五等有期徒刑，或一千元以下一百元以上罚金。'又第二项，'损坏第一百八十六条之建筑

・311・

物、矿坑、航舰者，处二等或三等有期徒刑。'细绎律文，两项区别意义：第二项之主刑所以较第一项加重者，原以损坏第一百八十六条所列各款之建筑物，关系最钜，危害实大，故重其刑。而测量队所造木标、石点，虽系为绘图所用，询诸该队人云，'所绘之图，并非专为军事之用'，且系间接，尤非直接可比，以性质言，于第一百八十六条第四款所举迥不相同，固不能为其储藏军需品之建筑物。况埋置标点地址均在旷野田园无人之处，设有被人毁损，自未便与损坏第四百零五条第二项之规定，相提并论，应在同条第一项概括范围之内。现该队正在绥境从事测量进行之际，所造标点甚多，乡民无知，迷信难除，惑于风水之说，故为迁毁或过失损坏，时所不免。迭经由县通令，正饬各警严加保护，一有照顾难周之处，该队则称为损坏军需品之建筑物，函请究办。应依何项起诉处断，而又无判决成例可循。主刑既有轻重，处分尤贵持平，所有损坏陆军测量队所造木标、石点，应援用刑律何项科罪缘由？理合呈请查核解释，指令遵行"等因到厅。查测量队所造木标、石点，有非专为军事之用者，诚如该所所云，与刑律第一百八十六条第四款之所有物性质不同。然按木标、石点似亦与建筑物有别，可否按照第四百零六条第一款处断？从违莫决，为此函请钧院，从速指示，俾有遵循，实为公便。

此致！

■ 统字第 94 号

民国三年一月二十四日大理院复总检察厅函

径启者：

据江西高等检察厅电称，"查买卖人口条款中，因贫卖子女者，于略卖子孙处八等罚上减一等，处七等罚，买者处八等罚，身价入官，人口交亲属领回一项，经前宪政编查馆，纂入《现行刑律》。今《现行刑律》既已全部废止，则此项即为废止之一部分，在根本上当然无解释适用余地，曾经钧部院往复驳辩在案，似无庸专电请示。惟同级审厅，现又发见适用该条款事实，究竟应何依据？务乞钧部院协商解决示遵"等因到院。

查本院关于买卖人口罪解释，前清《现行刑律》买卖人口条例为有效，叠次答复各级审、检厅函电，载在公报。又审理上告案件，已屡有判决例，该厅明知故昧，分电本院及司法部请求解释，实属意存尝试。应请贵厅令行该厅，并通行京外高等以下各级检察厅，嗣后关于解释法律，本院已有判例或已有答复他处函电登载公报者，毋庸再行渎陈，否则概不答复。

此致！

附：江西高等检察厅原电

司法总长、大理院长钧鉴：

查买卖人口条款中，因贫卖子女者，于略卖子孙处八等罚上减一等，处七等罚，买者处八等罚，身价入官，人口交亲属领回一项，经前宪政编查馆，纂入《现行刑律》。今《现行刑律》既已全部废止，则此项即为废止之一部分，在根本上当然无解释适用余地，曾经钧部院往复驳辩在案，似无庸专电请示。惟同级审厅，现又发见适用该条款事实，究竟应何依据？务乞钧部院协商解决示遵！

江西高检察厅叩元

■ 统字第 95 号

民国三年一月二十六日大理院复江西高等审判厅电

江西高等审判厅鉴：

寒电悉！控告审不能援照上告审判例，撤销未经提起控告之判决部分。

大理院梗印

附：江西高等检察厅原函

大理院长鉴：

控告审衙门，对于判决确定未经提起控告之判决部分，因判决发现引律错误，可否援照第九号《司法公报》内载判词类第二十页贵院判决例，以未控告之被告人受有利益为限，撤销改判，抑应函请同级检厅另行提起非常上告？乞即电遵！

江西高等检厅寒

■ 统字第 96 号

民国三年一月二十三日大理院复总检察厅函

径复者：

准贵厅本月十七日函开：据湖南高等检察厅电称，"兵士是否吏员？请电示"等因。案关解释法律，应请速行示复等因。抄录原电，函送到院。

本院查现役兵士，碍难以吏员论。相应函复贵厅转饬查照可也。

此复！

附：总检察厅原函

径启者：

据湖南高等检察厅电称："兵士是否吏员？请电示"等因。案关解释法律，应请贵院速行示复，以凭电饬遵照。

此致！

附：湖南高等检察厅原电

总检察厅钧鉴：

现役兵士，是否以吏员论？乞电示！

湘高检厅元印

■ 统字第 97 号

民国三年一月三十一日大理院复山东高等审判厅电

山东高等审判厅鉴：

济南地审厅元电开：德商与华买办债务纠葛，德商请将华买办主张德商应负债务，另归领事裁判，应否适用反诉法理，一并管辖等因。查华买办如系提起反诉，查明合于反诉法理，专就我国法律言之，自应一并由该厅受理。希速转知。

大理院卅一印

附：济南地方审判厅原电

大理院钧鉴：

德商来厅，呈诉华买办欠债。华买办主张，德商欠伊债务尤多。德商请将华买办主张部分，另归领事参理。应否照准，抑按反诉与本诉同辖之法理办理？紧急待决，请解释示遵。

济南地方审判厅叩元

■ 统字第 98 号

民国三年二月七日大理院致总检察厅函

径启者：

准成都地方检察厅十二月铣电陈请解释行贿罪等因到院。

本院查照向例，高等以下各级检察厅，非经由贵厅，不得直接向本院请求解释；其直接以函电请求者，概置不复，已通行在案。因置不复，乃该厅一月文电，又催复铣电；本应仍置不复，惟恐或有误会之处，相应函请贵厅转饬遵照。

再查阅该电内容，虽有干支等代名词，而实则一具体之案件。本院向例关于具体之案件，概不答复。该厅纵依一定程序请求解释前来，亦不在本院答复之列，应请贵厅将此节一并转饬该厅遵照，并由贵厅径自令行饬遵可也。

此致！

附：成都地方检察厅原电

大理院鉴：

有甲、乙二人，各用定期红票，托丙、丁运动说事，丁转托戊，戊又托己。戊、己均学生，己佯允诺，索款得票，即向民政长举发。甲、乙是否成立行贿罪？此项红票是否赃物？丙、丁、戊说事过钞，是否赃物罪中牙保，抑系帮助正犯？请解释示遵。

成都地方检察铣厅印

■ 统字第 99 号

民国三年二月七日大理院复湖南高等审判厅函

径启者：

准贵厅函开：据永州地方审判厅呈请解释判例与刑律加减例冲突等因到院。

查本院关于加减例之解释，先后不同，该厅所引判例，系本院旧解释。本院最近解释，已详见民国二年统字第四十六号复奉天高等审判厅函及统字第六十号致总检察厅函。该厅所陈意见相合，均已登载《政府公报》。相应函复贵厅转饬该厅查照可也。

此复！

附：湖南高等审判厅原函

案据永州地方审判厅呈称，窃读第十号《司法公报》登载大理院判决宋小五伤害罪一案、任炳全鸦片烟罪一案、田振文杀人罪一案，理由内开："刑之加减，须于本罪应科主刑最重限度以上、最轻限度以下，按等加减，方足以贯彻立法之精神；不得在本条选择刑范围之内酌定刑等"等语。厅长翰再三研究，颇有疑义。除律得减轻者，审判官或减或不减，可以自由酌量，于科刑，尚无窒碍之处；惟律应加重者，审判官自由伸缩之权，未免受其拘束。例如，有人犯轻微伤害罪，已酌量犯罪情形，处以五等有期徒刑二月，及其再犯，其情形仍与前次相同，自应照第三百一十三条第三款三等至五等有期徒刑加一等处断。然仅加至二等至四等有期徒刑，尚不为苛，如必从本条最重限度加为唯一之二等有期徒刑，恐不无法重情轻之虑。又如犯赌博罪者，初次已处罚金一元；若再犯赌博时，其犯罪状态及犯人资产，仍与初次无异，必照第二百七十六条罚金最重限度加一等，处以一千二百五十元以下一千零一元以上罚金，未免过严，似不如仅就一千二百五十元以下之范围内酌处数元或数十元之罚金，较为持平。

翰不揣冒昧，谨将刑律加减例择要解释于左：

一、《刑律》第五十七条第一项载，"最重主刑系死刑，应加重者，止加重其徒刑；无期徒刑应加重者，止加重其有期徒刑"等语。例如，第三百一十一条"杀人者，处死刑、无期徒刑或一等有期徒刑；加一等，则应处死刑、无期徒刑。"审判官于此范围内，或处以死刑，或处以无期徒刑，仍有选择之权，不必定处以唯一之死刑也。又如第三百一十三条第一款，"伤害人致死或笃疾者，[处] 无期徒刑或二等以上有期徒刑；加一等，则应处无期徒刑或一等以上有期徒刑。"审判官于此范围内，或处以无期徒刑，或处以一等有期徒刑，仍有选择之权，不必定处以唯一之无期徒刑也。

二、《刑律》第五十七条第二项载，"最轻主刑系拘役，应减轻者，止减轻其徒刑；徒刑减尽者，止处拘役"等语。例如，第二百八十九条"和奸有夫之妇者，处四等以下有期徒刑或拘役；减一等，则应处五等有期徒刑或拘役。"审判官于此范围内，或处以五等有期徒刑，或处以拘役，仍有选择之权，不必定处以最轻之拘役也。必减至二等或三等，然后，止处唯一之拘役。若如大理院之判例，则最轻主刑系拘役者，无论最重主刑为四等或五等徒刑，减一等，则止处拘役矣！何以律文有只减轻其徒刑之规定？

三、《刑律》第五十八条第二项，"罚金应加减者，最多额与最少额同加减之；其仅定有最多额者，止加减其最多额"等语。例如，第四百零五条"损坏他人所有建筑物、矿坑、船舰者，处三等至五等有期徒刑，或一千元以下一百元以上罚金。"罚金加一等则为一千二百五十元以下一百二十五元以上，减一等则为七百五十元以下七十五元以上；审判官对于犯四百零五条应加一等科刑者，或从轻科以一百二十五元，对于犯四百零五条酌减一等科刑者，或从重科以七百五十元，均不为违法。又如第二百七十三条"收藏专供吸食鸦片烟之器具者，处一百元以下罚金"，加一等，则为一百二十五元以下，减一等，则为七十五元以下；审判官处加等者之罚金数元十数元，均无不可，不必定照本罪应科罚金最重限度一百元以外科断；其处减等者之罚金，七十元六十元均无不可，不必定照本罪应科罚金最轻限度一元科断。

右就管见，举例解说，是否有当，未敢自信。惟既有所疑，急求折衷，理合呈请钧厅查核，函致大理院请将判例与刑律加减例相冲突之处，酌定解释，转饬只遵等情到厅。相应函致贵院，请烦查照解释，以便转饬遵行。

此致大理院！

■ 统字第 100 号

民国三年二月七日大理院复直隶高等审判厅函

径复者：

准贵厅一月十二日函请解释"死罪以下施行办法中，再审制度是否专采被告利益主义，抑系专采被告不利益主义"等因到院。

本院查该施行办法中，非常上告及再审皆系专采被告利益主义。其中，所谓"如人命案件，被害者实未死亡"等例，虽系列举，然所举之例，皆系利于被告者。如系兼采被告不利益主义，则其例必有一二为不利于被告者。又该办法中云，"非常上告及再审为刑事诉讼一大端。吾国将来编订此项法典，应如何参酌厘定，尚待研究，未便轻率悬拟"等语。其所谓"未便轻率悬拟"者，即该办法中不敢轻于兼采被告不利益主义也。至于此二种主义之得失，则系立法问题。现行法既如此规定，司法机关自不能不依其精神而解释。相应函复贵厅查照。

再本院解释法令，以答复国家机关询问者为限，其以私人或团体名义来问，概置不复；曾经通告并叠经办理在案。来函称"系据天津律师公会呈请转呈"云云，按照本院通例，本不能答复，惟原函附陈意见甚为详明，故认为贵厅所询问，自应函复贵厅。至律师公会可毋庸以公文转饬，以符本院定例。

此复！

附：直隶高等审判厅原函

径启者：

案据天津律师公会呈称，前宪政编查馆所定《死罪施行详细办法》不知是否今尚施行？其中所列之再审，是否专采被告利益主义？如该法今尚施行，且采被告利益主义，设被告经确定判决为无罪，而审判厅不遵守该法，竟决定再审，其决定是否违法？呈请详拟解释前来。

查前清宪政编查馆核议《死罪施行详细办法》，按照民国元年三月十日大总统命令，于《刑事诉讼律》未颁布以前，其当继续有效，固不待言。至原呈所开决定再审是否违法之疑问，则当以《死罪施行办法》关于再审之规定，是否专采被告人利益主义为先决问题。查原文中有云，"非常上告及再审制度，各国不一其例，有专为被告人利益而行之者，有兼为被告人利益或不利益而行之者，要皆以提起于判决确定后为限。"又云，"非常上告及再审为刑事诉讼一大端。吾国将来编订此项法典，应如何参酌厘定，尚待研求，本未便轻率悬拟"等语。是当日规定再审时，对于应否专采被告人利益主义之问题，即未予以解决。故就其所举各例观之（如人命案件而被害者实未死亡、据证定罪而证佐者查系不实、或案非共犯而发觉本案别有犯罪之人及查明实系无罪而原判所据事实竟断定为有罪者之类），虽似专在被告人利益一方，惟详绎法文，再审之提起，似当以"查有事实上极端错误"一语为条件。其如某某之类云者，不过约略举世，包括甚广，与非常上告节内之具体的规定条件，显有不同，究未便以彼例此。如再审亦专取被告利益主义，设令有一犯罪人，始因不能证明，经审判厅宣告无罪，迨判决确定后，检察官又发见确实犯罪证据，而竟不能为求刑权之行使则，非惟令被害者衔冤莫诉，且与刑律上有罪必罚之原则相反。此就条理上解释之，尤未便认《死罪施行办法》再审节内之所谓事实错误，专以被告利益为限也。惟现行法令中并无关于再审明备之规定，究应如何解释，未敢悬断。为此，附录原呈，函请钧院核示饬遵，实为公便。

此致！

计附原呈一件

天津律师公会为呈请事：

窃查本年三月二十日司法部二百八十六号指令内开："解释法律，宜求统一。所有已设法院及未设法院地方，对于现行各项法律有疑义不能决定，应径请高等审判厅详拟解释，呈请大理院核示"等因。兹据前宪政编查馆所定《死罪施行详细办法》，不知是否今尚施行？其中所列之再审条文，是否专采被告利益主义？如该法今尚施行，且采被告利益主义，设被告经确定判决定为无罪，而审判厅不遵守该法，竟决定再审，其决定是否违法？可否取消？为此呈请贵厅详拟解释，转呈大理院核示只遵，实为公便。

谨呈！

■ 统字第 101 号

民国三年二月七日大理院复青海办事长官函

径启者：

二年九月十一日准咨呈称，"查本衙门管辖青海及黄河北俟熟番民，前清时，西宁办事大臣文呈进番例条款，于嘉庆十四年三月间，经军机大臣会同刑部理藩院议奏，奉旨允准，历经遵办在案。敝长官查调番例条款，专以罚办番民犯罪。现在民国肇造，百度维新，此项番例条款，可否改良另行规定，抑暂照旧办理之处？相应咨呈贵院查核见复，并附呈番例条款一本等因。"一月八日又准电称："青海番例条款，谅早公鉴。此间番性强悍，动行抢劫，惩办重大各案，一涉轻纵，强暴之徒益行贪顽胆玩，管见必较内地法律增重方宜。冒昧贡愚，尚乞采择"等因到院。

本院细察番地情形，并详核该条款，其中自不无应行修改之处。惟在未经修改以前，番地民情风俗，迥异内地，自不能一律绳以《新刑律》。《暂行新刑律》实施之区域，当然以前清《现行刑律》能适用之区域为限。查前清《现行刑律》，向不适用于该番地，故该番例条款，在未经颁布新特别法令以前，自属继续有效。除函致司法部及蒙藏事务局外，相应函复查照可也。

此复！

■ 统字第 102 号

民国三年二月十九日大理院复广东高等审判厅函

径复者：

准贵厅一月三十一日函请解释"贩卖、贩运、私藏博具之所为，是否无罪"等因到院。

本院查《新刑律》立法本旨，博具并非禁制品，观同律第二百七十六条之但书，可以得当然之解释。则单纯贩卖、贩运、私藏者，自非犯罪行为。相应函复贵厅查照可也。

此复！

附：广东高等审判厅原函

径启者：

现据永安县审、检所呈称，现准同所检察员移送郑亚元私运纸牌赌具一案。当经讯称，民平日挑担度日；此货担系由中心坝温贺氏转驳，交城内曾荣华店，实不知筐中系何货物等语。旋即传曾荣华到案。据称，敝店未曾购买此货；该挑夫入店时，即已拒绝不纳，有左右店邻及站街警察可询等语。查该筐之标签，止收内件交曾荣华转交蓝塘庆记收入名内附十数字。后查蓝塘市亦无庆记店号；曾荣华虽当众拒绝不纳，而郑亚元显系肩挑赌具。此案之事实如此。惟查《刑律》关于赌博罪共七条，其内容无贩卖、贩运、私藏之规定，将适用总则第十条，则此项赌具显系犯禁之物，置而不问，恐涉轻纵。厅长操全省最高解释法律之权，理合将前情呈报，伏乞训示只遵等情。据此，查解释法律，系属贵院权限，相应函达贵院，希为解答，实级公谊。

此致！

■ 统字第103号

民国三年二月十九日大理院复广东高等审判厅函

径复者：

准贵厅一月三十日函称，准高等检察厅转据南海第二初级检察厅呈请解释关于起诉权时效中断问题到院。

本院细阅原呈，乃系具体案件之应起诉与否，自属于检察之职权。该高等检察厅理应呈请总检察厅示遵。如总检察厅认为法律之点有疑义者，始向本院请求解释，庶不致有逾越权限，淆乱统系之嫌。现该厅函请贵厅转请本院解释，本院未便遽予答复，相应函复查照可也。

此复！

附：广东高等审判厅原函

径启者：

案准高等检察厅函开：现据南海第二初级检察厅呈称，"查《新刑律》第六十九条，'有提起公诉权，自犯罪行为完毕之日起算，于法定期限不起诉者，因时效而消灭'之规定。迩来，本厅收受各机关移送案件，如江浦行营本年六月间拿获之烟犯何连等五名，羁押三月余，解送都督府军法局，至十一月十一日转送地方检察厅，同月十三日片送到厅。又广东警察厅于本年二月间，逮捕之行求贿赂犯陈凤文一名，延押惩戒场，至十一月三日，始移送到厅。按吸食鸦片烟，系犯《刑律》第二百七十一条之罪，处五等有期徒刑、拘役或一千元以下之罚金，而五等有期徒刑、拘役或罚金之起诉权，逾六月即消灭。烟犯何连等五名，自江浦行营拿获时起算，辗转羁留，已将满六月之期限。行求贿赂，系犯同律第一百四十二条之罪，处四等以下有期徒刑、拘役或三百元以下之罚金，而四等有期徒刑之起诉权，逾一年则消灭。陈凤文行求贿赂，民国元年十月间犯罪行为已完毕，算至本年十一月三日亦将满一年之期限。是以上二案，稍延数日，即罹于时效，而犯罪之刑罚请求权，当然消灭，应无疑义。惟同律七十二条第一项，又有侦查及预审上强制处分，则提诉时效当中断之规定。倘被告人被羁留各机关后，未移送法院之前，此中期间，将认为一种侦查处分而中断其时效乎？抑此种纯系不法监禁，不能认为侦查处分而中断其时效乎？事关提起公诉应如何办理之处，伏乞指令只遵"等情到厅。查解释法律，应属贵厅权限，据呈前情，相应函请查照办理等由。准此，查解释法律系属贵院权限，相应函达贵院，希为解答，实纫公谊。

此致！

■ 统字第 104 号

民国三年二月十九日大理院复广西高等审判厅函

径复者：

准贵厅一月二十八日呈请解释"检察官上诉，是否一律适用上诉期间"等因到院。

本院查现行刑事诉讼制度，系采国家诉追主义。自《法院编制法》施行以后，《各级审判厅试办章程》中之与该法抵触者，已失其效力。关于公诉，检察官以外，无所谓原告，被害人不得列于当事人之内。所以然者，复仇主义，为文明国所共禁；国家之设刑罚，乃为国家公益，为社会全体之安宁秩序，以求达一般预防、特别预防之目的，决非为被害者个人复仇也。明乎此而后知，审判官对于被告科刑之有无及其轻重，被害者固无容喙之余地。检察官采用被害人之意见以为上诉，虽非法律所禁止，然亦与采用其他毫无关系者之意见以为上诉者无异，法律上仍认为检察官之意见，检察官上诉之见诸语言文字者，亦只能称为自己之意见。如斯，安能因系采用被害者之意见而可以不拘定上诉期间？又安能为声请回复原状之理由（原呈谓"声明故障"云云，不知"声明故障"系对于缺席判决而言；上诉逾期所声明者，乃回复原状也）？原呈所云，"被害人于上诉期间将尽时，始行陈述意见"云云，事实上似有此种情形，而法律上既认为检察官之上诉，则检察官断无于判决宣告后，毫无动作，直至上诉期间将尽时，忽着手调查应否上诉，此理极为明晰。假令检察官可以采用被害者之意见，而声请回复原状，则被告人亦可以因采用某人之意见，而声请回复原状，此两种性质，固毫无区别也。如斯，又安用设上诉期间？原呈引京师高等审判厅判决以为例。查该案系该厅改组时接收之旧案，自属通融办法，嗣后自不得援以为例。改组以后，亦不应有此情形。原呈称"各厅发生案件，类此甚多"云云，殊堪骇异。相应将详细理由，函复贵厅，转饬查照可也。

此复！

附：广西高等审判厅原函

中华民国二年十二月二十九日，案据桂林地方审判检察厅呈称："窃查被害人无上诉权，经司法部指令河南高等检察厅请解释一案，已经载明，并登之《司法公报》。又第八期《司法公报》载京师高等审判厅判决马四奸拐张耕田之妻一案，其判词内载，'本案系由原告人张耕田上诉'。查《各级审判厅试办章程》第五十九条，虽有准原告人上诉之明文，然因《法院编制法》第九十条第一项之规定，此款早应废止。此案属本厅改组以前旧受案件，是否依据《试办章程》五十九条收受，不得而知。惟查系由同级检察厅移付，应认该原告人向检察厅陈述意见，检察厅认为正当，采用其说，因得调阅原卷备文移送到厅。故本厅仍认本案上诉人为检察官，而非原告人张耕田，以符法意等语。合而观之，被害人虽无上诉权，然为意见陈述之请求，检察官若采用其说为之上诉，此种上诉，认为适法，是前例具在，固无疑义。但查《各级审判厅试办章程》，刑事上诉期间，规定十日。此项法定期间，似凡有上诉权者，俱应遵守。假使上列之案，被害人张耕田对于京师地方审判厅判决后，于上诉期间将尽时，始行到上级检察厅为意见陈述之请求。斯时，若以十日之法定期间拘束，检察官而为上诉，事实上势有所不能。倘逾此期间而为上诉，审判厅对于此种案件，是否认为不适法而却下，抑须检察厅声明故障，而后云适法？或直认张耕田于上级检察厅陈述意见时，检察官已着手上诉，即有中断上诉期间之效力，以为适法而受理？现在各厅发生案件，类此甚多，若不明定办法，恐多歧义。惟此系关于法律解释问题，厅长、检察长等，未敢妄为臆拟，理合会衔具文呈请查核示遵"等情。据此，随于艳日电呈贵院，电云，"被害人请求上诉，经上级检察官以职权于上诉期限内提案，因搜查证据起诉，逾限二日，律师抗辩，应否受理？请复电示遵。"嗣因日久未奉电复，又于哿日电请贵院示复各等因在案。兹于三年一月二十三日，奉贵院梗电开，"艳哿电悉，既云'被控人上诉'，又云'检察官起诉逾限'，吐词不明，无从解答"等因。奉此，查来电，"被控人"系"被害人"，"害"误作"控"，想系译电之误，理合将原呈录送贵院查核，并请示遵，实为公便。

此呈大理院！

■ 统字第 105 号

民国三年三月五日大理院复总检察厅函

径复者：

前据直隶高等检察厅呈请解释以女易男问题，当经本院以"该呈所称某判决例，未经指明"，函请贵厅转饬详复在案。现准贵厅函称：据复称，"缘由周县办理牛黄氏等告诉贾黑小以女换男一案。因牛黄氏等辱骂官长，该县呈请将两案移转管辖，旋准同级审判厅决定。其决定理由中，有'以女换男，纯粹的人事诉讼'之语。本厅当时以为实属刑事问题，若指为人事诉讼，不能认为正当。惟其决定理由所述之语，与本案移转管辖上无直接关系，未便据此再抗告。然恐该县据此决定之理由，将来办理此案，致生错误，故不得不请求解释，以为救济之地步"等语。相应据情函复等因，并将原案卷宗汇送到院。

查本院虽有统一解释法律之权，而对于特定案件之质问，向不答复。且诉讼通例，惟最高法院判决之可以为先例者，始得称为判决例。该厅前次来呈云"某判决例"，以为系指本院而言，因查核无着，始令详复。既据称"系高等厅判决"，本院自无庸代为解释，相应函请贵厅转饬该厅，嗣后毋得再以此等问题渎陈可也。

此复！

附：总检察厅原函

径启者：

据直隶高等检察厅呈称："有法律问题，例如某甲甫产一男子，某乙以己之女子暗易之，甲发觉，因而告诉。据乙以诈术略取甲之男子，应构成刑法上略诱罪；乙之抛弃己之女子，又应构成刑法上之遗弃罪。此为刑事问题殆无疑义。惟查某判决例中，有以此为纯粹人事诉讼者。若发见此问题，适用法律，恐有抵触，请代请贵院加以解释"等因。相应据呈送请核办。

此致！

附：总检察厅原函

径复者：

前准贵院函称直隶高等检察厅呈请解释以女易男问题。该呈所谓"某判决例"，未经详细指明，碍难为适当之解释，嘱本厅转饬明白见复等因。当经令饬呈复去后，兹据复称，"缘由周县办理牛黄氏等告诉贾小黑以女换男一案。因牛黄氏等辱骂官长，该县呈请将两案移转管辖，旋准同级审判厅决定。其决定理由中，有'以女换男，系纯粹的人事诉讼'之语。本厅当时以为实属刑事问题，若指为人事诉讼，不能认为正当。惟其决定理由所述之语，与本案移转管辖上，无直接关系，未便据此再抗告。然恐该县据此决定之理由，将来办理此案，致生错误，故不得不请求解释，以为救济之地步"等语。相应据情函复，并将原送卷宗，送请查收核办。

此致！

■ **统字第 106 号**

民国三年三月五日大理院复江苏高等审判厅函

径复者：

准贵厅二月七日函请解释"《律师章程》所规定之司法事务及公同利害事项之标准"等因到院。

本院查该章程所称"司法事务"，系指司法制度法令规则及其他法院处务方法之改良等类而言。所称"公同利害事项"，系指《律师章程》及律师待遇之改良等类而言。要之，该章程中所称"建议"二字，即条陈之意，只许抽象的陈述自己意见，以备采择。相应函复贵厅，转饬查照可也。

此复！

附：江苏高等审判厅原呈

为呈请事：

案据华亭地方审判厅呈称，"查《律师暂行章程》第三十条第三款及第四款，有关于司法事务，建议于司法总长；或审判衙门之事项及关于律师公同利害，建议于司法总长。或审判衙门之事项之规定，按司法事务，实兼审判上所执之事务及司法行政上之事务两种而言，范围颇广。即仅就司法行政上之事务而论，亦甚复杂。本条所指之司法事务，究指何种事务而言？又律师公同利害之事项，究指何种事项而言？殊无一定之标准，亟应明白解释，以资遵守。呈请转请院示等情前来。"相应据情转请钧院示遵。
谨呈！

■ 统字第 107 号
民国三年三月十四日大理院复江西高等审判厅电
江西高等审判厅鉴：
漾电悉！关于吗啡犯罪，应适用前清现行律中《施打吗啡条例》。
大理院未印
附：江西高等审判厅原电
大理院鉴：
施打、被打、自打及贩卖制造吗啡针等犯，新律无正条，旧律不适用，究依何法审理？乞解释电遵。
赣高等审判厅叩漾印

■ 统字第 108 号
民国三年三月五日大理院复黑龙江高等审判厅函
径复者：
准贵厅二月十四日函称，"检察厅为被告人不利益起见请求再审者，应否视为合法"等因到院。
本院查《死罪以下施行办法》规定，非常上告与再审，均系采被告利益主义。未经改正以前，其为被告不利益提起再审者，自不能视为合法。相应函复贵厅查照可也。
此复！
附：黑龙江高等审判厅原函
径启者：
请求再审之案，查照前清《死罪施行办法》，大概为被告人利益起见。至检察厅为被告人不利益起见而请求再审者，应否视为合法，开审公判？希请贵院明示遵行。
此致！

■ 统字第 109 号
民国三年三月十七日大理院复总检察厅函
径复者：
准贵厅函称，据浙江高等检察厅呈请"解释关于禁烟案件，应否适用本省取缔种烟条例，田亩充公，是否行政处分"等因到院。
本院查《暂行新刑律》公布以后，关于刑事鸦片烟罪，各省自定之条例，自属无效；无论行政、司法衙门，皆不得援用。若并非加犯人以刑罚，仅因行政上之便宜，犁拔烟苗，司法衙门固可置之不问。至并将田亩充公，则于现行法令似乏根据。然此种办法，究系违法之行政处分，现在仍应由该管上级行政长官撤销，司法衙门无从受诉。相应函复贵厅转饬查照可也。

此复！

附：总检察厅原函

径启者：

案据浙江高等检察厅呈称，宁海县人民娄振耀于花屿塘田内私种烟苗，经该县知事会同禁烟委员亲自查获，将烟苗犁拔，田亩充公。娄振耀呈请调卷核办，当经令饬该县知事详细具复。兹据该知事呈称，娄振耀于花屿塘有田二百五十亩，历来招人耕种，以罂粟为多。前于下种时，娄振耀自知烟禁甚严，曾请前往犁拔；后赴该乡查禁烟苗，复见该花屿塘有烟苗多处，因其报告在先，并非故意违禁，遂限于二十日内自行犁拔净尽；讵至限满往查，仍见烟苗如故。查《种烟条例》内载，"种户依《新刑律》第二百六十四条，送交该管法院惩办；业户知情而故纵者，依前条办理。"其劝导不服，先行报告，或实系居住窎远，不知情者，免其议罚。娄振耀既属有意违限，不得诿为不知，自应依照浙省《取缔种烟条例》第二条，将烟苗犁拔，田亩充公，纯系行政处分，并未经过审判手续等情。查浙省《取缔种烟条例》，当时仅经省议会议决；《暂行新刑律》既早已颁布，关于禁烟案件，此项条例，应否适用？田亩充公，是否属于行政处分？请转送贵院，详细解释等因，相应据呈送请核办。

此致！

■ **统字第110号**

民国三年三月十七日大理院复总检察厅函

径复者：

准贵厅函称，据浙江高等检察厅呈请解释"法警庭丁，是否包括《刑律》八十三条之内"等因到院。

本院查司法警察人员及庭丁，皆系依现行法令（均有明文）从事于公务之职员（有职人员），自包括于《刑律》第八十三条所称官员之内。该条所谓"官员"，与官吏异义。该厅来函于《试办章程》第十七条，既不免失之曲解，又于刑律"官员"字义，误与官吏混同。相应函复贵厅转饬查照可也。

此复！

附：浙江高等检察厅原函

径启者：

案据浙江高等检察厅呈称：案据吴兴地初检察厅合电称，法警庭丁是否包括《刑律》八十三条官吏之内，乞电示等情到厅。本检察长查《各级审判厅试办章程》第十七条，有"指挥司法警察官执行"一语。司法警察之下加以"官"字，即可知本条之官吏，包括法警在内。惟庭丁系雇佣性质，《法院编制法》第八十四条明有规定，似不能与官吏等视。请转送贵院，迅予解释等因。相应据呈送请核办。

此致！

■ 统字第 111 号

民国三年三月十七日大理院复贵州高等审判厅电

贵州高等审判厅：

筱电悉！该省纸币，是否《刑律》第二百二十九条第三项，经政府命令允准或委任发行之银行券？若与该条相当，则该电情形，自应以伪造货币论。情节如有可原，可适用第五十四条酌减。

大理院霰印

附：贵州高等审判厅原电

大理院鉴：

黔纸币系抽签兑现，有人涂改纸币号数，希冀兑现，被银行查出，应否适用伪造货币或诈欺取财条文？祈电示。

贵州高等审厅筱叩

■ 统字第 112 号

民国三年三月十七日大理院复总检察厅函

径复者：

准贵厅函开：案据江苏高检厅电称，"《刑诉律》第五百零一条'检察官请求缓刑'之规定，可否援引？请转求解释"等因到院。

本院查《刑诉草案》尚未颁行，自不能援用。惟《暂行新刑律》，既有缓刑之规定，则检察官认为有缓刑之必要时，自可适用诉讼通例，向法院请求。相应函复贵厅转饬查照可也。

此复！

附：总检察厅原函

径启者：

案据江苏高检厅电称，"《刑诉律》第五百零一条'检察官请求缓刑'之规定，可否援引？请转求解释"等因。相应函请贵院查照核办见复。

此致！大理院

■ 统字第 113 号

民国三年三月十七日大理院复总检察厅函

径复者：

准贵厅函称：案据广东高等检察厅呈称，"《刑律》第八十条'未决羁押日数'，是否包括受理以前在他机关之羁押"等因，转请解释到院。

本院查《刑律》第八十条所谓"未决羁押"，指判决确定前一切羁押而言。至于羁押处所，是否未决监？羁押时期，是否在检察官开始侦查以后？皆可不问。在检察官开始侦查前，羁押于他机关者，亦得谓之未决羁押。相应函复贵厅转饬查照可也。

此复！

附：总检察厅原函

径启者：

案据广东高检厅呈称：现据南海第一初检厅呈称，窃查《刑律》第八十条，未决羁押之日数，得以二日抵徒刑拘留一日或抵罚金一元。详绎立法者之意，盖以重要案件，搜查证据，必须慎重，监禁之期，因之延长，故立此例以补救之。法至善也！惟条文之解释，不无可疑之点。夫所谓"未决期内"者，固谓未判决以前之羁押期内也。至所谓未判决以前其折抵日数，究应由何时起算？有谓自受理以后，至判决以前者；有谓受理以前，其在他机关之羁押，亦得为未决期内之羁押日数，可合并折算者。但由前之说，则刑期之计算易明；由后之说，则羁押之调查难确，然为犯人利益计，似属不无理由。敝厅执行判决，对于判决书内，准以该条折算之明文，或判决书内更有明文，其他机关羁押之日数，亦准以折算者。解释既属分歧，执行更滋疑虑，理合呈请钧厅指令解释，俾得有所遵循等情。查统一解释法律之权，依照《法院编制法》，自属于贵院，呈请本厅转请解释等因。相应据情函达，请烦贵院查照核办见复。

此致！大理院

■ 统字第 114 号

民国三年三月二十四日大理院致浙江高等审判厅电

浙江高等审判厅鉴：

个电悉！所陈一节，自可解为意外事故，适用《试办章程》六十五条但书办理。

大理院敬印

附：浙江高等审判厅原函

大理院长钧鉴：

浙江被裁地、初各厅，移交手续甚繁，距离接办日期不相接，致上诉期间，颇有出入。其自被裁各厅停止之日起、至该管衙门接收之前一日止，能否适用《各级审判厅试办章程》第六十五条但书？乞迅赐解释，电示遵行。

代高审长叩个印

■ 统字第 115 号

民国三年三月二十八日大理院复吉林高等审判厅电

吉林高等审判厅鉴：

敬电悉！再审确定之案，复备再审理由时，仍准再审。

大理院俭印

附：吉林高等审判厅原电

大理院鉴：

再审已确定之案，又发见错误，能否再准再审？请电示遵。

吉林高等审判厅敬叩

■ 统字第 116 号

民国三年三月三十日大理院致总检察厅函

径启者：

准衢州地方检察厅电称，"甲用木器殴伤乙肩背之先，将乙推入石灰堆中，乙被灰屑眯目，视能减衰，甲推乙之行为，应否以故意论罪，抑系过失？乞速示遵"等情到院。

本院查此问题，甲之推乙入石灰堆，如系预知其为石灰堆而故意推入者，自应以故意论。若并未预知石灰堆而推者，自不为罪；有重大之不注意者，以过失论。此系事实问题，有无故意，在于调查事实。相应函请贵厅转饬查照可也。

此致！

附：浙江衢州地方检察厅原电

大理院钧鉴：

甲用木器殴伤乙肩背之先，将乙推入石灰堆中，乙被灰屑眯目，视能减衰，甲推乙之行为，应否以故意论罪，抑系过失？乞速示遵。

浙江衢地检厅叩

■ 统字第 117 号

民国三年三月三十日大理院复新疆司法筹备处函

径复者：

准贵处呈称，案据署焉耆县知事徐堃呈报，蒙民阿拉希携侄早都乔尔朴找寻失羊，冒向宜牙子查问，口角争殴；宜牙子之甥阿希木拢护，被乔尔朴用棒向殴，阿希木夺棒，回殴乔尔朴，不期乔尔朴之弟早都跑至身后，致棒头误撞早都左额角，移时身死一案。原判适用过失致人死伤律，究竟误杀、过失杀，是否各有分别？请解释到院。

据本院现在意见，《新刑律》第三百一十三条伤害罪，只需犯人有伤害人之意思，对于人加暴行而生伤害之结果，即能成立其结果。虽发生于犯人所预期以外之人，亦不能谓非故意伤害罪。盖有伤害人之意思，复生伤害之结果，自有因果联络之关系。本案阿希木本有伤害人之意思，惟其结果，致非其所预期之早都受伤身死，自应依《刑律》第三百一十三条第一款科断，不能适用因过失致人死伤律。相应函复贵处查照可也。

此复！

附：新疆司法筹备处原呈

为呈请示遵事：

窃查民国二年十一月十九日，案据署焉耆县知事徐堃呈报，蒙民阿拉希携侄早都乔尔朴找寻失羊，冒向宜牙子查问，口角争殴；宜牙子之甥阿希木拢护，被乔尔朴用棒向殴，阿希木夺棒，回殴乔尔朴，不期乔尔朴之弟早都跑至身后，致棒头误撞早都左额角，移时身死一案。除原文另案呈报不叙外，复查该县判词内称，该犯阿希木，因夺棒回殴乔尔朴，误伤乔尔朴之弟早都身死，应依《暂行新刑律》第二十六章杀伤罪内，第三百二十四条因过失致人死伤第一节致死或笃疾者，五百元以下罚金。又依

第四十五条，罚金于审判确定后，令一月完纳；逾期不完纳或无资力者，以一元折算一日，易以监禁等词，呈请核转前来。本处详核案情，并参阅旧刑律载"因斗殴而误杀旁人者，以斗杀论"。注云，"至死者，绞；若过失杀伤人者，准斗杀伤罪，依律收赎"各等语。是误杀、过失杀，各有规定，且情殊罪别，办理亦无参差。今《暂行新刑律》虽无前项专条，谅不至以误杀统归过失，认为确定也。兹该焉耆县知事以该犯阿希木因夺棒回殴乔尔朴，误伤乔尔朴之弟早都身死一案，判词内谓"《暂行新刑律》误杀无专条，误杀即过失杀也。"具文声叙，哓哓致辩，意似确有把握然者。本处遍查律内，实无原犯误杀，即拟过失之文。且《暂行新刑律》系概括主义，除过失、疯病杀人有专条外，其余无论何项情罪，应就杀伤人致死者，处死刑、无期徒刑、一等有期徒刑各节范围内酌量裁定，以昭公允。究竟误杀、过失杀，是否各有分别，引断不容相混。抑如该县所拟"误杀即过失杀"，本处无案可稽，不足以资折服。人命关重，未敢擅便，除呈法部外，理合呈请钧院查核，明白指示饬遵。

谨呈！

■ 统字第118号

民国三年四月十日大理院致江西高等审判厅函

径启者：

准赣州地方审检厅哿电称，准赣县知事咨，"奉民政长令，烟赌案归县，尽法惩治。法令冲突，请解决，以清权限"等因到院。

本院查《刑事诉讼律（草案）》"管辖"各节，经前法部删除修正，呈明大总统批准颁发在案。是已设审、检厅地方刑事案件，自应遵照该草案，一律归审、检厅审判，未便因地方长官命令，而违背大总统所批准之《刑事诉讼律（草案）》。相应函请贵厅转饬查照可也。

此致！

附：赣州地方审、检厅原电

司法部大理院钧厅：

准赣县知事咨，"奉民政长令，烟赌案归县，尽法惩治。法令冲突，请解决，以清权限。"

赣州地审、检厅哿印

■ 统字第119号

民国三年四月十日大理院复成都高等审判厅电

成都高等审判厅鉴：

东电悉！应以诈欺取财论。

大理院灰印

附：成都高等审判厅原电

大理院钧鉴：

铢鲨银锭，搀以恶劣金属使用者，应照伪造或行使通用货币论罪，抑照诈欺取财问拟？乞电示遵。

　　高等审判厅东印

■ 统字第 120 号

民国三年四月十日大理院复奉天高等审判厅电

　　奉天高等审判厅鉴：

　　支电悉！不包未遂。

　　大理院灰印

　　附：奉天高等审判厅原电

　　大理院钧鉴：

　　《新刑律》命盗不准除免各条，包未遂犯否？请电示！

　　奉高审厅支

■ 统字第 121 号

民国三年四月十日大理院复总检察厅函

　　径复者：

　　准贵厅函称：案据湖南高等检察厅呈，据岳阳地检厅呈称，"在医师法及其他医事法规未公布以前，《暂行新刑律》第三百零八条能否援用？呈请转函示遵"等情到厅。相应据情，函请查核办理等因到院。

　　本院查《新刑律》第三百零八条，在医师法及其他医事法规未公布以前，自不能援用。但该管行政官署若以命令规定，非受允准，不得营业，则在命令之有效期间及地域内违反其命令者，仍应适用该条。相应函复贵厅转饬查照可也。

　　此致！

　　附：总检察厅原函

　　径启者：

　　案据湖南高等检察厅呈：据岳阳地检厅呈称，"在医师法及其他医事法规未公布以前，《暂行新刑律》第三百零八条能否援用？呈请转函示遵"等情到厅。相应据情，函请贵院查核办理见复，以便转饬遵照。

　　此致！

■ 统字第 122 号

民国三年四月十八日大理院致京师高等审判厅函

　　径启者：

　　准京师第四初级审判厅呈称：查前清《禁革买卖人口条款》第二条，"凡因贫而卖子女者，处七等罚；买者，处八等罚。"又"略卖、和卖案内，不知情之买者，亦照此办理"。其非子女而买卖，与知其略和卖而买者，是否应适用《暂行新刑律》？略和诱各罪，抑仍能比附援引？悬案待决，应请迅予解释，以便遵循等因到院。

· 328 ·

本院查前清现行刑律买卖人口条例之继续有效者，以因贫而卖子女者为限，其非子女而买卖者，多可认为由略诱和诱得来，自应审酌事实，依《新刑律》略诱和诱处断。如知其略和卖而买者，以共犯论。至"子女"二字之义，仍应参照本院二年六月五日统字三十三号复吉林地方审判厅函。相应函请贵厅，迅即转行京师地方审判厅，转饬查照可也。

此致！

附：京师第四初级审判厅原呈

为呈请解释事：

查前清《禁革买卖人口条款》第二条，"凡因贫而卖子女者，处七等罚；买者，处八等罚。"又"略卖、和卖案内，不知情之买者，亦照此办理。"其非子女而买卖，与知其略和卖而买者，是否应适用暂行新刑律？略和诱各罪，抑仍能比附援引？悬案待决，应请迅予解释，以便遵循。

谨呈！

■ **统字第 123 号**

民国三年四月三十日大理院复直隶高等审判厅函

径复者：

准贵厅号电称："律师受有罪之判决，在执行完毕之后，是否尚有付惩戒之必要？乞示遵"等因到院。

本院查律师受有罪判决，执行完毕，而依《刑律》及《律师章程》当然丧失律师资格者，自无惩戒之必要。其并未丧失律师资格者，若认为系触犯《律师章程》惩戒规定时，自可依照惩戒章程，即付惩戒。刑法与惩戒罚性质不同，当然得以并科。相应函复贵厅查照可也。

此复！

附：直隶高等审判厅原电

大理院鉴：

律师受有罪之判决，在执行完毕之后，是否尚有付惩戒之必要？乞示遵。

直隶高等审厅号印

■ **统字第 124 号**

民国三年五月六日大理院致总检察厅函

径启者：

据浙江汤溪县知事呈称：民国二年十二月二十二日，浙江高等审判厅对于贡厥金假盖图章侵吞公款之所为第二审判决，汤溪前审检所认为违法，当于上告期间，以第一审原告官名义提出上告意旨书，连同原卷一并备文呈送浙江高等检察厅，请予转呈总检察厅，依法提起上告在案。嗣阅数月，曾否准予转呈，未奉指令。民国三年三月二十八日，经知事备文呈请，旋奉指令内开："据该县呈称贡厥金案提出上告，是否准予转呈等情到厅。查《法院编制法》第九十八条，'检察官均应服从长官命令。'《各级审判厅试办章程》第九十八条，'凡属检察官职权内之司法行政事务，上级检察厅有直接或间接监督之权。'本案原判，确有未合，经本厅提起控诉，同级审判厅第二审判决破毁原判，理由充足。本厅认为上告所请转呈之处，应毋庸议，合行令仰该知事知照。此令！"等因下县。知事伏查民国二年十二月十二日第五百七十八号《政府公报》公电门内载：元年十一月九日，松江府地方检察长以第一审原告官能否上告等情，电呈钧院请示。旋由钧院电复，依《法院编制法》及《审判厅试办章程》，检察官自应有上诉权等示。是第一审原告官有上诉权，已无疑义。浙江高等检察厅无故驳回，实系违法。复查民国二年六月十日，钧院特字第十七号通告内，有"本院现在判例认定，人民于原高等审判厅送达判决后二十日内声明不服者，皆为合法上告，予以受理。高等审判厅有误为驳回决定者，即予撤销；其高等检察厅误为驳回批词者，认为当然无效"各等语。是浙江高等检察厅对于本案上诉驳回之命令，已在当然无效之列。夫《法院编制法》第九十八条，"检察官均应服从长官命令"一语，系指职权内之合法命令而言。《各级审判厅试办章程》第九十八条，"凡属检察官职权内之司法行政事务，上级检察厅有直接或间接监督之权"各等语，系指司法行政而言。与本案之驳回，毫无关涉。浙江高等检察厅竟引为批驳之根据，实属引律错误。总之，法律上，既予第一审原告官以提起上诉权，则第一审原告官提起上诉后，其第二审同级之检察官，除法律规定得以驳回外，当然有检送案卷转呈上诉之义务。知事职兼检察，不敢放弃职权，除一面向原高等检察厅声明抗告外，理合声叙缘由，备文抗告，仰祈查核，将原命令撤销；一面并乞饬下浙江高等检察厅，速将原卷连同上告意旨书，转呈核办，藉以维持法权等因到院。

　　本院查该县知事所陈于现行法检察官之职权及本院解释通告，均有误会之处。《法院编制法》第九十八条，"检察官均应从长官之命令"，系指关系检察职权之一切命令而言。至《各级审判厅试办章程》第九十八条，因《法院编制法》之公布而失其效力，尤不足引以为据。本院统字第七十二号复松江府地方检察长电中，"上诉"二字，原包括上告、控诉、抗告三种，第一审检察官依法自可提出控诉、抗告。原电谓"检察官自应有上诉权"，非谓"第一审检察官有独立上告权"。又本院二年特字第十七号通告，系专指民事而言。刑事判决宣告后，上告期间自宣告翌日起算为十日，通行已久。观于原通告中，所谓"送达判决后，二十日内声明不服"云云，即可知其为民事。又查现行法，抗告只能对于审判衙门之决定或命令为之。人民对于检察厅官员之处分，虽可向上级检察厅声明抗议，而下级检察官员对于上级检察官员之命令，查照上开编制法，自系有服从而无抗议。该知事对于浙江高等检察厅之命令，来院抗告，不能认为合法。唯关系法律及本院复电通告之解释，相应函请贵厅，转行浙江高等检察厅转饬查照可也。

　　此致！

　　附：汤溪县知事原呈

　　为抗告事：

　　案查民国二年十二月二十二日，浙江高等审判厅对于贡厥金假盖图章侵吞公款之所为第二审判决，汤溪前审检所认为违法，当于上告期间，以第一审原告官名义提出上告意旨书，连同原卷一并备文呈送浙江高等检察厅，请予转呈总检察厅，依法提起上告在案。嗣阅数月，曾否准予转呈，未奉指令。民国三年三月二十八日，经知事备文呈请，旋奉指令内开："据该县呈请贡厥全案提出上告，是否准予转呈等情到厅。查《法院编制法》第九十八条，'检察官均应服从长官命令'。《各级审判厅试办章程》第九十八条，'凡属检察官职权内之司法行政事务，上级检察厅有直接或间接监督之权。'本案原判，确有未合，经本厅提起控诉，同级审判厅第二审判决破毁原判，理由充足。本厅认为上告所请转呈之处，应毋庸议，合行令仰该知事知照。此令！"等因下县。知事伏查民国二年十二月十二日第五百七十八号《政府公报》公电门内载：元年十一月九日，松江府地方检察长以第一审原告官能否上告等情，电呈钧院请示。旋由钧院电复，依《法院编制法》及《审判厅试办章程》，检察官自应有上诉权等示。是第一审原告官有上诉权，已无疑义。浙江高等检察厅无故驳回，实系违法。复查民国二年六月十日钧院特字第十七号通告内，有"本院现在判例认定，人民于原高等审判厅送达判决后二十日内声明不服者，皆为合法上告，予以受理。高等审判厅有误为驳回决定者，即予撤销；其高等检察厅误为驳回批词者，认为当然无效"各等语。是浙江高等检察厅对于本案上诉驳回之命令，已在当然无效之列。夫《法院编制法》第九十八条，"检察官均应服从长官命令"一语，系指职权内之合法命令而言。《各级审判厅试办章程》第九十八条，"凡属于检察官职权内之司法行政事务，上级检察厅有直接或间接监督之权"各等语，系指司法行政事务而言。与本案之驳回，毫无关涉。浙江高等检察厅竟引为批驳之根据，实属引律错误。总之，法律上，既予第一审原告官以提起上诉权，则第一审原告官提起上诉后，其第二审同级之检察官，除法律规定得以驳回外，当然有检送案卷转呈上诉之义务。知事职兼检察，不敢放弃职权，除一面向原高等检察厅声明抗告外，理合声叙缘由，备文抗告，仰祈查核，将原命令撤销，一面并乞饬下浙江高等检察厅，速将原卷连同上告意旨书，转呈钧院查核。除分行外，相应函复贵部查照饬遵。

此致！

■ 统字第 125 号

民国三年五月十五日大理院致总检察厅函

敬启者：

据直隶雄县知事呈请解释"服食含有鸦片丸药及施打吗啡，应适用何种法律"等因到院。

本院查原呈所称谢占元吸食鸦片一案，情形既系具体案件，业经判决，自不能予以解答。惟该县知事又称，"嗣后遇有此种案件，应如何审判"云云。查《吗啡治罪条例》，业经公布，关于施打吗啡自应适用该条例。至服食含有鸦片烟丸药，仍应查照本院二年统字五十八号解释，依《刑律》第二百六十六条处断。至虑烟犯戒断以后，上诉证据消灭，则系证据问题。第一审苟能合法证明其犯罪，上诉审自不能因上诉时犯人已无烟瘾，而即置第一审证据与不问，遽行认为无罪。相应函请贵院转饬直隶高等检察厅，转饬查照可也。

此致！

附：直隶雄县审检所原文

为呈请事：

案准全省禁烟善后局函开："准贵县函送办理烟犯谢占元等详细情形等因。准此，查贵县判结各案，尚属妥协，应照来函办理，除呈报外，相应函达查照。"又奉高等检察厅一一八号批呈送谢占元等判决书一案内开："据呈乙悉。所呈判决原本，应即发还存案。此批！"旋奉高等检厅令开："民国三年三月四日，据商民谢兆元以伊兄谢占元吸食鸦片一案并未公判等情上诉来厅。查此案，前据该县呈报并送判决原本批发在案。乃该上诉人呈称，'并未提起公诉，由帮审员公判'等语。究竟此案，是否正式判决、依法宣告，非调阅原卷，无凭核办。令即声复，并送原卷各等因。随将此案原卷送厅。于四月六号，奉到高检厅长匡批，据呈已悉。谢占元因戒烟服食烟药及打吗啡，此等行为，系戒烟之手段，并未构成《刑律》第二百七十五条之罪。该所此次判决，实属错误。惟此刻判决，业已确定，应由本厅长依法提起非常上告，以图救济。仰即知照，卷存候送审。此批！"奉阅之余，不胜惶骇。此案不特全县观瞻所系，即于全局烟禁，亦关系匪轻，消息虽微，影响实大。此种批示，知事绝对不能认为正常办法，尤不敢安于缄默，敢为钧院缕晰陈之。

查此案谢占元，以县议员资格，违法私吸、打针，经知事侦查得实，立即票传讯验。该犯闻风逃匿，后经勒追乡地，始行获案。到庭，即由伊附身衣内搜出烟丸一盒，并验明新旧施打吗啡针孔，均开单附卷。更令当堂在书记座次，自书亲供。是日，旁听者不下百十余人，众目共睹。法庭对于此案手续，丝毫不紊，且该犯证据在身，尤为颠扑不破。该犯自入监之后，即烟瘾大作，知事同管狱官陈璇，亲至监内视察，亦为伊同房监犯共见共闻。全国禁烟亦既有年，议员资格，尤严限制，纵令戒烟，何待今日？吗啡之毒，酷于鸦片，两罪并科，厥罪尤重。如谓"经官调验夹带烟丸不足为犯烟之证"，是必携带烟具到官而后始可为正确之判决？揆诸法理，恐未必然。伏查二年统字五十八号钧院复福建高审厅函，"本院查《刑律》'鸦片烟'，自系指广义而言，凡以鸦片搀和制造之物，不问其为丸药，为他种形式，皆得依《刑律》第二百六十六条处断。"又查二年内务部通令各省，"将制造售卖戒烟丸各铺户，严加禁止"各等语。院函既解释《刑律》关于鸦片治罪系指广义而言，与谢占元一案两相对照，其为构成二百七十五条之罪，更属明了。如此次高检厅批示，指服食烟药及打吗啡系戒烟手段，又明明指为狭义的，而非广义的。夫戒烟又有何手段可言？现值烟禁厉行，此不为罪，倘在家私吸，一经调验到官，便可明带烟丸、先打吗啡，则禁烟机关，何异虚设？严厉进行，转为多事，默念前途，能毋滋惧。知事虽愚，亦未尝不知检察职权系为保障人民，第恐惩羹吹齑，邻于扣槃扪烛，深虑此后打针、私吸，人人具此保障之希望，则烟禁更无澄清之日；外人之訾议，益将有所凭借。且此案宣告判决后，乃逾越上诉期间多日，始据犯事人之弟，以未经公判，赴厅上告。其实并无障碍，究竟何以逾期？至是否依法公判，于呈送判决书之日，不难审察；迨发还判决书，原本既未指驳，其认为合法可知。是此案匪惟无提起上告之必要，亦更无救济之可言。惟准驳之权，操之自上，本毋庸预为陈明。第当兹烟禁方严，实不敢稍涉瞻徇，嗣后遇有此种案件，究竟如何审判，方能保持法律发生效力？按施打吗啡针照畜虫毒杀人减等以烟瘴安置，改处一等有期徒刑；如自行置针施打或受打者，及服食含有鸦片丸药，确无抵瘾者，均应适用何种法律？知事实无所遵依，用敢呈请钧院解释，庶有依据。抑更有进者，烟犯判决后，依法执行，倘逾上诉期间，烟犯瘾已戒除，是不啻证据消灭。乃犯罪人于此时间上告，上级厅仍复准理，又将适用何种法律，以图救济，应请一并训示。

至此案搜获谢占元烟丸，体质不甚大，外面暗红色，与二年十一月十三日《政府公报》登载上海工部局西医士登利化验之丸药相似。因本所检查三次烟犯，均带有此种济中华丸药，是以确知此丸含有吗啡抵瘾性质。合并声明，所有恳请解释指示缘由，理合呈请钧院迅赐批示只遵。

谨呈！

■ 统字第 126 号

民国三年五月十五日大理院复广东高等审判厅函

径复者：

准贵厅函请解释"私带伪烟料膏，应否查照贩卖鸦片烟治罪"等因到院。

本院查伪烟料膏内，如无鸦片烟及其同性质之成分，自不能援照贩卖鸦片烟律治罪。若欺骗他人，贩卖得财，无论已遂、未遂，均应以诈欺取财论；其仅有携带行为者，不能构成犯罪。相应函复贵厅查照可也。

此复！

附：广东高等审判厅原函

径启者：

现据曲江县审检所呈称："案准太平关监督方政公函，本年三月二十三日夜，据北关分关员司缉获曾宝贤私带烟料膏三包，当即扣留，呈请罚办前来。业令将烟料扣留，并从宽将曾宝贤交曾同孚号取保出外，并将烟料三包送请发落，并请传讯罚办等由。准此，当经饬传讯究，惟查缉获之曾宝贤所贩，系属伪烟料膏，应否查照贩卖鸦片烟治罪，法律尚无正条，未敢擅拟。除将曾宝贤暂行发所看守外，相应呈请查核，伏乞迅赐指示，俾资遵办，实为公便"等情。据此，查解释法律系属贵院权限，据呈前情，相应函达请贵院请即分别解释见复，以便转饬遵照，实级公谊。

此致！

■ 统字第 127 号

民国三年五月十五日大理院复江苏高等审判厅函

径复者：

准贵厅呈称，"地方厅第一审刑事案件，凡起诉时，或付预审，或付公判，均由同级检察厅检察官按照《试办章程》第一百零五条规定办理。惟是公判案件，或本系重罪，受理时误认为轻罪，或由轻罪发觉其他重罪者，该章程第二十四条载称'由审判官移送预审'等语，此项规定，是否径由审判官声请厅长派送预审，抑应由审判官加具决定书，咨询检察官意见，再送预审？条文既未明白详叙，本厅亦未便擅自解释等因，呈请指示前来。查对于移送预审程序，法律既无明文规定，究应如何解释之处，权属钧院，合请解释，以便转饬遵行"等因到院。

本院查该章程第二十四条所规定，移送预审之程序，既无明文规定，自应由公判审判官咨询检察官，以决定移送预审（如该厅设有专任预审庭者，径移交该庭；如未设专任预审庭者，交由厅长指定预审推事）。相应函复贵厅转饬查照可也。

此复！

附：江苏高等审判厅原呈

为呈请解释事：

案据吴县地方审判厅呈称，"地方厅第一审刑事案件，凡起诉时，或付预审，或付公判，均由同级检察厅检察官按照《试办章程》第一百零五条规定办理。惟是公判案件，或本系重罪，受理时误认为轻罪，或由轻罪发觉其他重罪者。该章程第二十四条载称'由审判官移送预审'等语，此项规定，是否径由审判官声请厅长派送预审，抑应由审判官加具决定书，咨询检察官意见，再送预审？"条文既未明白详叙，本厅亦未便擅自解释等因，呈请指示前来。查对于移送预审程序，法律既无明文规定，究应如何解释之处，权属钧院，理合备文呈请查核，俯赐解释，以便转饬遵行，实为公便。

谨呈大理院

■ 统字第 128 号

民国三年五月十五日大理院复黑龙江高等审判厅函

径复者：

准贵厅五月二日函称："凡依《现行刑律》应处罚金，无力缴纳者，是否按照该律，每银一两折工作四日，抑将应罚银两折合银元，适用《暂行新刑律》第四十五条以一元折算一日，易以监禁之处？相应函请核示遵行"等因到院。

本院查罚金易监禁，在《新刑律》颁行以后，自应适用《新刑律》第四十五条折算。相应函复贵厅查照可也。

此复！

附：黑龙江高等审判厅原函

径启者：

凡依《现行刑律》应处罚金，无力缴纳者，是否按照该律，每银一两折工作四日，抑将应罚银两折合银元，适用《暂行新刑律》第四十五条以一元折算一日，易以监禁之处？相应函请贵院核示遵行。

此致大理院！

■ 统字第 129 号

民国三年五月十五日大理院致总检察厅函

径启者：

据淮安高等检察分厅宥电称："《各级审判厅试办章程》第七十七条亲族范围，

是否依《刑律》文例解释，出服之族得免伪证否，抑依《刑律》第一百五十三条二项处罪？乞电示只遵"等因到院。本院查《各级审判厅试办章程》第七十七条规定，"原告、被告之亲属，不得为证人或鉴定人。"浑言之曰"亲属"，并未缕举，殊涉疑义。依诉讼法通例，关于拒绝证言之亲属，其范围自不能与刑律总则文例之亲属范围相同。查该章程颁行在《新刑律》施行以前，此条立法原意，实本旧律亲属相为容隐条推阐而出。旧律此条，虽因《新刑律》施行已失效力，然在诉讼法未经颁行以前，凡旧律斟酌习惯之规定，为现行法所未备者，仍可以资参考。兹据旧律定亲属之范围如下：

凡同居、若大功以上亲及外祖父母、外孙、妻之父母、女婿，若孙之妇、夫之兄弟及兄弟妻，有罪相为容隐；雇工人为家长隐者，皆勿论。（亲属相为容隐条）

此条除雇工人外，亲属约分左之三项：

一、同居。注云：同为同财共居，不限籍之同异，虽无服者亦是。按此项专指同宗言。

二、大功以上亲。注云：谓另居大功以上亲属，系服重。按此项，亦指同宗服重，以其重于小功、缌麻也。

三、外祖父母、外孙、妻之父母、女婿、孙之妇、夫之兄弟及兄弟妻。注云：系恩重。按列举各项正图，妻为夫族，妻亲、外亲，各图皆有之。服轻情重，故异余亲。

依以上解释，可知《试办章程》第七十七条之亲属，自应以右列三项为标准，而不能以出服与否为断。至原电所引《刑律》第一百五十三条二项，系妨害公务罪，疑条文数字有误。相应函请贵厅转行该厅查照可也。

此致！

附：淮安高等检察分厅原电

大理院钧鉴：

《各级审判试办章程》第七十七条亲族范围，是否依《刑律》文例解释，出服之族得免伪证否？抑依刑律第一百五十三条二项处罪？乞电示只遵！

淮安高检分厅宥印

■ 统字第 130 号

民国三年五月十五日大理院复广东高等审判厅函

径复者：

准贵厅函称，"粘贴印花烟土，律无明文，请解释"到院。

本院查该省贩卖粘贴印花烟土，是否根据法令、有无一定区域？原呈所称"审判买卖烟土案，以有无粘贴印花为断，系指未届禁绝期限区域而言"云云，系依据何项法令，抑系该所意见，综观原呈，词意未尽明晰，碍难解答。应由贵厅详细查复，并将关系贩卖烟土各项法令，检送来院，以备查核。相应函复贵厅查照可也。

此复！

附：广东高等审判厅原函

径启者：

现据新宁县审检所呈称，现准新宁县知事兼检察事务吕鸿元片开，案据新昌警区拿获私买烟土之朱灼培一名，并洋烟土一圆、发货单一张，一并呈解到县。提讯朱灼培，坚不承认私买情事。诘以烟土从何而来？据供称，"朱文交与带回家中。"复诘以货单系何人交与？供称，"要问新昌乾丰泰店方知。"当经票拘，据朱文并无其人，只将乾丰泰司事朱芬一名，拘获到案。讯据朱芬，供称，"由伊经手，将烟土卖与朱灼培，得价银一百九十元"等情不讳。侦察朱灼培、朱芬违禁买卖烟土，证据确凿，确有犯罪嫌疑，除将烟土印封完密存库，矣确定判决当众销毁外，相应提起公诉，将朱灼培、朱芬二名，片送贵帮审员，按律审判等由。计送朱灼培、朱芬二名，案卷一束到所。准此，当经提讯朱灼培，供称该洋药是乾丰泰的，其价银系由朱文饬民带交该店等情。又据朱芬供称，"平日在乾丰泰当司事，亦系该店股东，朱灼培之洋药，是民卖与他的。该店自前清至今，均是卖印花洋药，并开一单交与朱灼培，写明印花洋药一颗。至该洋药，系由江门成昌打饷馆付来"各等情。据此，当以此案未准县知事将烟土送所验明，究竟有无粘贴印花，无从查核。旋即函致县知事，请将烟土送所，以便验明核办。兹准函复。查前据新昌警区解来拿获朱灼培所卖公烟土一个，确系粘有印花。惟查审判买卖烟土案，以有无粘贴印花为断，系指未届禁绝期限区域而言。县属种烟、吸烟、卖烟三种，久经严禁，犯则按照法律严办，早届禁绝之期。兹朱灼培、朱芬买卖烟土，似应问以有无买卖，未便以有无粘贴印花为断，亦未便以买卖系属公土，稍存迁就等由。准此，查贩卖粘贴印花烟土，《刑律》无规定明条，应如何办理之处，理合呈请查核批示只遵，实为公便等情。据此，查解释法律系属贵院权限，据呈前情，相应函请贵院，希即明白解释见复，以便转饬遵照。

此致大理院！

统字第 131 号

民国三年五月十六日大理院复新疆司法筹备处函

径启者：

准贵厅呈称：案据英吉沙尔县知事张得善呈称，"民国三年二月十五日，知事风闻县属怕渠地方出有子伤父死一案，讯之居民，茫无确据。查怕渠距城一百三四十里不等，知事当即轻骑驰诣亲查。行九十里，至阿克图八栅，访悉缠民卡比里，素患疯疾，用铁砍砍伤其父刁列提顶心，移时身死等情。查卡比里系阿拉庄人，距阿克图八栅三十里，知事径往其地，调集乡约头目及其家属，讯悉民国三年二月初十日早起，缠民刁列提至本庄礼拜寺同众念经，念毕回家，被其子疯病卡比里，用做木工之铁砍砍伤顶心，移时身死，尸身业已安埋等情。知事即饬开窆取尸，遂命检验吏谢正元如法相验，验得已死缠民刁列提，问年七十二岁，身长四尺五寸，顶心接连偏右有铁器伤一处，伤长二寸，前宽二分、后宽一分，骨损。饬取凶器比对，尸伤相符，委系受伤身死，余无别故。尸伤裹埋标记，遂即填格取结，讯取确供，谨具判决录，并问答笔录，据情定罪，拟遵照《新刑律》第三百一十二条杀尊亲属者处死刑,即行绞决。又查第十二条有'精神病人之行为不为罪,但因其情节得施以监禁处分'等语。此案事关逆伦,似未便引用前律。究竟如何办理之处,除径呈新疆都督兼民政长喀什观察使鉴核外,理合呈请处长示遵。计呈判决录一本"等情。据此,查此案该犯卡比里,因患疯疾,用铁砍砍伤其父刁列提身死,《新刑律》并无治罪专条。若照三百一十二条处死刑,则与未经染患疯病杀死尊亲属者,无所区别,应否照第十二条,因其情节,施以监禁处分之处?合请指令饬遵,计钞呈等因到院。

　　本院查旧律子孙于祖父母、父母有犯杀伤致死,罪至磔刑,即系因疯,仍依律问拟。从前审理此项案件,地方官因关系风教,恐涉考成,率以疯病为词,几于千篇一律。刑部以其于罪并无出入,未予驳诘,逮后删除重刑,改磔为斩。复以因疯究与寻常不同,量改绞决。虽有斩、绞之殊,而问拟死刑则一。《现行刑律》第三百一十二条杀尊亲属处唯一之死刑,加重之意,仍本旧律。若系因疯,不能不适用第十二条精神病人行为不为罪之规定,与从前办法相去悬绝,不仅罪名轻重之出入也。缠民卡比里用铁砍砍伤伊父刁列提身死一案,有无虚伪,须用专门医学诊察,尤宜防家属及邻佑之捏饰;果系证据确凿,自应依第十二条施以监禁处分。若非因疯,承审官无关考成,亦无所用其规避,不可仍绳旧贯,致枭獍之徒,悻逃法网也。相应函复贵处查照办理。

　　此复!
　　附:新疆司法筹备处原文
　　为呈请核示事:
　　中华民国三年三月十八日,案据英吉沙尔县知事张得善呈称,"民国三年二月十五日,知事风闻县属怕渠地方出有子伤父死一案,讯之居民,茫无确据。查怕渠城一百三四十里不等,知事当即轻骑驰诣亲查。行九十里,至阿克图八栅,访悉缠民卡比里素患疯疾,用铁砍砍伤其父刁列提顶心,移时身死等情。查卡比里系阿拉庄人,距阿克图八栅三十里,知事径往其地,调集乡约头目及其家属,讯悉民国三年二月初十日早起,缠民刁列提至本庄礼拜寺,同众念经,念毕回家,被其子疯病卡比里,用做木工之铁砍砍伤顶心,移时身死,尸身业已安埋等情。知事即饬开窆取尸,遂命检验吏谢正元如法相验,验得已死缠民刁列提,问年七十二岁,身长四尺五寸,顶心接连偏右,有铁器伤一处,伤长二寸,前宽二分、后宽一分,骨损。饬取凶器比对,尸伤相符,委系受伤身死,余无别故。尸饬裹埋标记,遂即填格取结,讯取确供,谨具判决录,并问答笔录,据情定罪,拟遵照《新刑律》第三百一十二条杀尊亲属者处死刑,即行绞决。又查第十二条有'精神病人之行为不为罪,但因其情节,得施以监禁处分'等语。此案事关逆伦,似未便引用前律。究竟如何办理之处?除径呈新疆都督兼民政长喀什观察使鉴核外,理合呈请处长示遵。计呈判决录一本"等情。据此,查此案该犯卡比里,因患疯疾,用铁砍砍伤其父刁列提身死,《新刑律》并无治罪专条。若照三百一十二条处死刑,则与未经染患疯病杀死尊亲属者,无所区别。应否照第十二条因其情节,施以监禁处分之处?理合呈请钧院鉴核,指令饬遵。
　　谨呈大理院

■ 统字第 132 号

民国三年五月二十八日大理院复广东高等审判厅电

广东高等审判厅鉴：

铣电情形，《刑律》第二百一十七条不能包括。

大理院勘印

附：广东高等审判厅原电

大理院鉴：

因戒烟服食丸药，内含有鸦片毒质者，是否依《刑律》第二百七十一条论。请电复！

广东高审厅铣

■ 统字第 133 号

民国三年五月二十八日大理院复陆军部函

为咨复事：

准贵部函称，前准山西都督判决张占雨一案，原判张占雨系犯《暂行新刑律》第三百一十一条之杀人罪，处无期徒刑，并褫夺公权全部二十年等因。本部以该犯张占雨，既经判处无期徒刑，则终身公权，当然无从发生。发回再拟去后，兹准复称，按《新刑律》第三百三十一条之规定，其犯第三百一十一条之杀人罪者，当然在得褫夺公权之列。复查同律第四十七条载，"于分则有得褫夺公权之规定者，得褫夺现在之地位，或于一定期限内褫夺前条所列资格之全部或一部。"是犯第三百十一条杀人罪，得褫夺公权者，应有一定之期限。又引《司法公报》二年一号大理院判决王福升杀死王群子之所为，处无期徒刑，褫夺公权全部三十年一案，为原判之证明等因到部。究竟曾否判有此案，并如何判决之处，本部无从查考，应请查明详细见复等因到院。

本院查处无期徒刑者，依《刑律》终身监禁于监狱，似无褫夺公权之必要。然《刑律》总则第十三章、第十四章，有假释与赦免之规定。其是否假释或赦免，均在判决确定以后，审判官宣告判决时，自属无从逆料。例如某甲犯罪处无期徒刑，判决时未宣告褫夺公权，以后若查其情节，主刑虽可特赦或减轻，而又未便令其遽享有公权，则办理不能无窒碍。故审判官于判决时，应不问其主刑之种类，惟审查其应否褫夺公权。若认为应褫夺公权者，虽主刑系死刑或无期徒刑，亦应依律褫夺。又查《刑律》第三百三十一条规定，"犯三百一十一条之罪者，得褫夺公权。"第四十一条规定，"于分则有得褫夺公权之规定者，得褫夺现在之地位，或于一定期限内褫夺前条所列资格之全部或一部。"是犯三百一十一条之罪，宣告褫夺公权，自不能因主刑系无期徒刑，遂不设一定期限。此本院叠经著为判例。王福升一案，即系依此先例判决。相应咨复贵部查照可也。

附：陆军部原函

径启者：

前准山西都督判决张占雨一案，原判张占雨系犯《暂行新刑律》第三百一十一条之杀人罪,处无期徒刑,并褫夺公权全部二十年等因。本部以该犯张占雨,既经判处无期徒刑,则终身公权,当然无从发生。发回再拟去后,兹准复称,按《新刑律》第三百三十一条之规定,其犯第三百一十一条之杀人罪者,当然在得褫夺公权之列。复查同律第四十七条载,"于分则有得褫夺公权之规定者,得褫夺现在之地位,或于一定期限内,褫夺前条所列资格之全部或一部。"是犯第三百一十一条杀人罪,得褫夺公权者,应有一定之期限。又引《司法公报》二年一号大理院判决王福升杀死王群子之所为,处无期徒刑,褫夺公权全部三十年一案,为原判之证明等因到部。究竟贵院曾否判有此案,并如何判决之处,本部无从查考。相应函请贵院查明,详细见复。

■ 统字第134号

民国三年六月二十五日大理院复河南高等审判厅函

径复者:

准贵厅鱼电称,"甲姓在乙姓祖茔隙地,虚设祖坟,系犯《刑律》第三百八十二条第二项之罪,抑应归民事办理?"等因到院。本院当以来电所称行为及目的不明,函请详复在案。兹准贵厅函开:"甲姓虚设祖坟,系于本年清明日,偕同十余人借祭扫为名,公然在乙姓祖茔隙地,由平地筑成祖坟九塚,尚无与乙姓殴骂争闹事情。乙姓是日向甲姓询问后,即自带地契来厅告诉。甲姓始终坚称,系伊数百年前祖坟,惟查甲姓并无碑识地契,亦无他项凭证"等因到院。

查本案情形,自构成刑事上罪犯,应以诈欺取财未遂论。如用强暴胁迫,则应依《刑律》第三百七十二条处断。相应函复贵厅查照可也。

此复!

附:河南高等审判厅原函

径复者:

准贵院刑字第七百六十八号函开:准贵厅鱼电称,"甲姓在乙姓祖茔隙地,虚设祖坟,系犯《刑律》第三百八十二条第二项之罪,抑应归民事办理"等因到院。查来电所云"虚设祖坟者",究系何种行为及其目的所在,殊不明了。本院碍难据以为解释之标准,应请贵厅详细见复,以凭核办,此致等因。准此。甲姓虚设祖坟,系于本年清明日,偕同十余人,借祭扫为名,公然在乙姓祖茔隙地,由平地筑成祖坟九塚,尚无与乙姓殴骂争闹事情。乙姓是日向甲姓询问后,即自带地契来厅告诉。甲姓始终坚称,系伊数百年前祖坟,惟查甲姓并无碑识地契,亦无他项凭证。合即遵示详复,悬案待理,恳祈迅赐解释,实纫公谊。

此致!大理院

■ 统字第135号

民国三年六月二十五日大理院复直隶高等审判厅函

径复者:

准贵厅函开:"查《新刑律》第二百三十二条第一项之犯罪,以意图行使而收受,或收受后行使或意图行使而交付,或自外国贩运各行为,为构成犯罪要件。如有人在国内地方以贱价贩卖伪造货币，双方均明知其为伪货而买卖之，其卖者是否构成意图行使而交付之罪、买者是否构成意图行使而收受之罪"等因到院。

查故买伪造货币及故卖伪造货币，如系意图行使，自应依《刑律》第二百三十二条第一项处断。相应函复贵厅查照可也。

此复！

附：直隶高等审判厅原函

径启者：

查《新刑律》第二百三十二条第一项之犯罪，以意图行使而收受，或收受后行使或意图行使而交付，或自外国贩运各行为，为构成犯罪要件。如有人在国内地方以贱价贩卖伪造货币，双方均明知其为伪货而买卖之，其卖者是否构成意图行使而交付之罪、买者是否构成意图行使而收受之罪？相应函请贵院解释示复，以便援用。

此致！大理院

■ 统字第 136 号

民国三年六月二十五日大理院致江苏高等审判厅函

径启者：

据上海地方审判厅详称："窃阅《政府公报》内载，钧院统字第五十八号复福建高等审判厅函内有'查《刑律》鸦片烟，自系指广义而言。凡以鸦片搀和制造之物，不问其为丸药、为他种形式，皆得依该条处断'等因。而统字第一百三十二号复广东高等审判厅电则以'因戒烟服食丸药，内含有鸦片毒质者，《刑律》第二百七十一条不能包括。'函电情形，似有牴牾，本厅因之发生疑问：（甲）钧院复福建高等审判厅函是否系《刑律》第二百六十六条之特定解释，不能概括《刑律》第二百七十一条之犯罪情形而言？故制造贩卖戒烟丸中，含有鸦片毒质者，当依《刑律》第二百六十六条处断，而服食戒烟丸内含有鸦片毒质者，不得依《刑律》第二百七十一条科刑。然钧院函中，有'查《刑律》鸦片烟，自系指广义而言'之语，则又似《刑律》第二十一章鸦片烟罪之全部，均当从广义解释，不限于第二百六十六条之情形也。（乙）统字第五十八号函系有意制造贩卖代鸦片烟之戒烟丸，而统字第一百三十二号电，则系因戒烟而服食之戒烟丸。是否系犯罪动机，有所不同，故适用刑罚，亦因之而异？（丙）统字第五十八号函所谓'以鸦片搀和制造之物'，是否以有纯粹鸦片烟质之搀入，故适用《刑律》鸦片烟罪？而统字第一百三十二号电，是否以仅有化学上鸦片烟一部分之毒质，故不能适用刑律鸦片烟罪？上列各情，究应如何适用，本厅未敢擅决，理合详请钧院明晰解释指示只遵"等因到院。

查本院统字第五十八号函与统字第一百三十二号电解释，并无牴牾。《刑律》鸦片烟，自应从广义解释，唯《刑律》二百七十一条之犯罪，以吸食行为为构成要件，服食含有鸦片毒质之丸药，不能谓之吸食。统字第一百三十二号电系谓"《刑律》第二百七十一条吸食，不能包括服食"，非谓鸦片烟不能包括含有鸦片毒质之丸药。该厅所称甲、乙、丙三项疑问，自无从发生。相应函请贵厅转饬该厅，查照可也。

此致！

附：上海地方审判厅原文

详为请求解释事：

窃阅《政府公报》内载，钧院统字第五十八号复福建高等审判厅函内有"查《刑律》鸦片烟，自系指广义而言。凡以鸦片搀和制造之物，不问其为丸药、为他种形式，皆得依该条处断"等因。而统字第一百三十二号复广东高等审判厅电，则以"因戒烟服食丸药内含有鸦片毒质者，《刑律》第二百七十一条不能包括。"函电情形，似有抵牾，本厅因之发生疑问如下：

（甲）钧院复福建高等审判厅函是否系《刑律》第二百六十六条之特定解释，不能概括《刑律》第二百七十一条之犯罪情形而言？故制造贩卖戒烟丸中含有鸦片毒质者，当依《刑律》第二百六十六条处断，而服食戒烟丸内含有鸦片毒质者，不得依《刑律》第二百七十一条科刑。然钧院函中，有"查《刑律》鸦片烟，自系指广义而言"之语，则又似《刑律》第二十一章鸦片烟罪之全部，均当从广义解释，不限于第二百六十六条之情形也。

（乙）统字第五十八号函系有意制造贩卖代鸦片烟之戒烟丸，而统字第一百三十二号电，则系因戒烟而服食之戒烟丸。是否系犯罪动机，有所不同，故适用刑罚，亦因之而异。

（丙）统字第五十八号函所谓"以鸦片搀和制造之物"，是否以有纯粹鸦片烟质之搀入，故适用《刑律》鸦片烟罪？而统字第一百三十二号电，是否以仅有化学上鸦片烟一部分之毒质，故不得适用《刑律》鸦片烟罪？

上列各情，究应如何适用，本厅未敢擅决，理合详请钧院明晰解释，指示只遵。

谨详！大理院

■ **统字第137号**

民国三年六月二十九日大理院复甘肃高等审判厅函

甘肃高等审判厅鉴：

敬电情形，如程序合法，自应受理。

大理院艳印

附：甘肃高等审判厅原电

大理院钧鉴：

普通刑诉，原判无罪，检察官为被告人不利益起见提起控诉，职厅可否受理？请电示只遵！

甘肃高等审判厅叩敬

■ **统字第138号**

民国三年七月七日大理院复云南高等审判厅电

云南高等审判厅鉴：

迥电悉！附带私诉，原系民事诉讼，因便宜计，归刑庭一并审理。关于私诉部分，得委任律师代理。

　　大理院东印

　　附：云南高等审判厅原电

　　大理院钧鉴：

　　控诉审公诉附带私诉之被害人，能否委任律师代理或辩护？请复！

　　滇高审厅迥印

■ 统字第139号

民国三年七月六日大理院复广东高等审判厅函

　　径复者：

　　准贵厅函称：现据南海第一初级审判厅呈称，窃自厉禁吸食鸦片烟，烟具实为供犯罪所用之物，《刑律》第二百七十三条明定收藏罚则。警察捕拿烟犯，兼搜烟具以为物证。然烟具之解释，向未分明，辄有并非专供吸食鸦片烟之具及确非烟具，亦连搜解案者，人民惨被骚扰。查《刑律》第二百七十三条明言"收藏专供吸食鸦片烟之器具"，可见堪供吸食之用，并非专供者，不为罪也。窃计器具堪供吸食鸦片烟之用者，种类甚多；限以专供，则狭义解释，止有烟枪、烟斗；广义解释，亦不过并及烟铊、烟钩、烟刀而止。他如烟灯可以照物，烟剪可以裁物，烟戥可以称物，烟盘、烟罐、烟盒、烟缸等可以载物，并非除供吸食鸦片烟用外，别无可用，似不应列入违禁品中。敝厅受理烟犯，常有身上只一空盒，家中只一烟灯，辄被拿解，人民以为并非犯罪行为，警察以为收藏供犯罪用之物品，甚至屋内筐盒、茶盘、卧枕以及种种工具、傢私，亦并搜括。若非解释明白，行知警厅，曷胜其扰！窃拟以烟枪、烟斗、烟灯、烟托、烟钩五种，为专供吸食鸦片烟之器具，除外无庸干涉。敝厅未敢擅专，为此呈请钧厅鉴核，恳转呈大理院明白解释，俾资遵守等情。据此，查解释法律系属贵院权限，据呈前情，相应函请明白解释，从速见复，以便转饬遵照等因到院。

　　本院查《刑律》第二百七十三条之鸦片烟器具，以专供吸食者为限。其于供吸食鸦片烟以外，通常尚可以供他项用途之器具，不能称为专供吸食鸦片烟器具；仅收藏此等器具，自不能构成该条之罪。至何种器具系专供吸食之用、何种器具非专供吸食之用，吾国幅员辽阔，从前各省习用不一，碍难遽定其界限，仍应由各省于案件发生时就此标准认定。相应函复贵厅查照可也。

　　此复！

　　附：广东高等审判厅原函

　　径启者：

　　现据南海第一初级审判厅呈称，窃自厉禁吸食鸦片烟，烟具实为供犯罪所用之物，《刑律》第二百七十三条明定收藏罚则。警察捕拿烟犯，兼搜烟具以为物证。然烟具之解释，向未分明，辄有并非专供吸食鸦片烟之具及确非烟具，亦连搜解案者，人民惨被骚扰。查《刑律》第二百七十三条明言"收藏专供吸食鸦片烟之器具"，可见堪供吸食之用，并非专供者，不为罪也。窃计器具堪供吸食鸦片烟之用者，种类甚多；限以专供，则狭义解释，止有烟枪、烟斗；广义解释，亦不过并及烟铊烟钩烟刀而止。他如烟灯可以照物，烟剪可以裁物，烟戥可以称物，烟盘、烟罐、烟盒、烟缸等可以载物，并非除供吸食鸦片烟用外，别无可用，似不应列入违禁品中。敝厅受理烟犯，常有身上只一空盒，家中只一烟灯，辄被拿解，人民以为并非犯罪行为，警察以为收藏供犯罪用之物品，甚至屋内筐盒、茶盘、卧枕以及种种工具、傢私，亦并搜括。若非解释明白，行知警厅，曷胜其扰！窃拟以烟枪、烟斗、烟灯、烟托、烟钩五种，为专供吸食鸦片烟之器具，除外毋庸干涉。敝厅未敢擅专，为此呈请钧厅鉴核，恳转呈大理院明白解释，俾资遵守等情。据此，查解释法律系属贵院权限，据呈前情，相应函请贵院，恳即明白解释，从速见复，以便转饬遵照，实纫公谊。

此致大理院！

■ 统字第 140 号

民国三年七月八日大理院致直隶高等审判厅函

径启者：

接准贵厅文电略称，"关于典当房地回赎时效问题，据丰润鸡泽及蠡县呈请解释示遵"等因。

本院查现行法令，除奉天有特别章规外，凡典当（习惯每称为"活卖"）房地，逾期虽久，仍应听其回赎。盖时效制度，非法有明文，碍难以判例创设。惟本院为释明立法本意，调和利益起见，曾于二年上字二百零二号判决中详示理由及其限制，即屡次发送贵厅。各案判决中，亦尝说及。故以为贵厅应已知之。兹又准电催，除附送本院二年上字二百零二号判决外，相应函请贵厅查照饬遵可也。

此致！

附：直隶高等审判厅原函

径启者：

案据丰润县审、检所呈称，窃查丰邑民事诉讼，以典当房地交涉为最多。前清旧例，当然无效，不能引用，而民国《民律草案》尚未颁行，以致时效之规定，实无依据。然按诸旧日习惯，凡属典契，不拘年限，价到回赎，又似毫无限制。究应作何解释，拟合呈请核示只遵等因到厅。旋据鸡泽县审、检所，亦以同情事件，呈请解释前来。本厅查前清现行律关于民事部分，与国体如无抵触之处，现在本可适用。惟该律关于典当房地之事，规定简略，诚无相当之条文暂资引用。至《民律草案》，虽亦规定时效，然不惟未经颁布，弗能援用。即按法理言之，依时效而取得所有权者，须占有者于占有之始，以所有之意思于一定期间内继续占有然后可。若既明为典当关系，是其权原之性质，自初即不能认为以所有之意思为占有，与取得时效占有之条件，未能符合。固无论占有经过之年限若干，如于典当关系，证明无疑，地名亩数，俱各相符，业主亦无顶冒情弊，皆应准照习惯，准令备价回赎，庶于保护所有权之条理，方无悖戾。惟现行法令中，并无此项明文之规定，直省亦无此项单行条例。究应如何解释，未敢悬断。为此附录原呈，函请钧院核示饬遵，实为公便。

此致大理院！

统字第 141 号

民国三年七月十一日大理院复广东高等审判厅函

径复者：

准贵厅函称，《上告案件注意事项》第三条第三项载，"声明上告之文件，得仅记入不服之旨，不详叙上告理由，但应速补呈备相当程式之上告理由书"等语。此项规定，原为谋上告人便益起见，惟查近日诉讼当事人，往往受高等厅第二审败诉判决后，于法定上告期间内，仅提出上告状，声明上告，并于声明上告状内，自行叙明限于某日补呈上告理由书。迨逾自定补呈上告理由书之期数月，仍未补呈，迭由控告审原审查判衙门催促，亦任催罔应者。按之现行规例，此种上告，并无逾越法定期间，固不得目为无效。然参之《民诉草案》第五百七十四条，则提出上告理由书之期间，亦只定于上告期间已满后三十日，且此期间，虽当事人之合意，仍不得伸张，限制綦严。惟现在《民诉律》尚未颁布施行，现行规例又未有提出上告理由书期间之规定，倘长此任其延缓，不特诉讼进行，固多窒碍，且在控告审之败诉人，亦或有利用缓呈上告理由书，以延滞该案判决之确定而损害对方之利益者。但对于此项延缓，如何救济，现行规例，既无明文，则《注意事项》第三条第三项所谓"应速补呈"之范围，究应如何解释，殊难臆断。相应函请贵院，迅赐解释复示遵行等因到院。

本院查前咨开《上告案件注意事项》第三条第三项之规定，原为上告人之便益而设。乃上告人反利用缓呈上告理由书，以延滞该案判决之确定，而损害对手人之利益，殊背立法之意。应请贵厅，嗣后，凡遇声明上告案件，仅具不服之旨，未详叙理由者，由贵厅定一相当期间，令其补呈理由书；如过期尚未补呈时，除通知对手人仍可具状陈述外，即请先检齐该卷，送院核办可也。

此复！

附：广东高等审判厅原函

径启者：

案查贵院咨开：关于上告，贵院《案件注意事项》第三条第三项载，"声明上告之文件，得仅记入不服之旨，不详叙上告理由，但应速补呈备相当程式之上告理由书"等语。此项规定，原为谋上告人便益起见，惟查近日诉讼当事人，往往受高等厅第二审败诉判决后，于法定上告期间内，仅提出上告状，声明上告状内，自行叙明限于某日补呈上告理由书。迨逾自定补呈上告理由书之期数月，仍未补呈，迭由控告审原审判衙门催促，亦任催罔应者。按之现行规例，此种上告，并无逾越法定期间，固不得目为无效。然参之《民诉草案》第五百七十四条，则提出上告理由书之期间，亦只定于上告期间已满后三十日，且此期间，虽当事人之合意，仍不得伸张，限制綦严。惟现在《民诉律》尚未颁布施行，现行规例，又未有提出上告理由书期间之规定，倘长此任其延缓，不特诉讼进行，固多窒碍，且在控告审之败诉人，亦或有利用缓呈上告理由书，以延滞该案判决之确定，而损害对方之利益者。但对于此项延缓，如何救济，现行规例，既无明文，则《注意事项》第三条第三项所谓"应速补呈"之范围，究应如何解释，殊难臆断。相应函请贵院，迅赐解释复示遵行。

此致！

■ 统字第 142 号

民国三年七月十一日大理院复山西高等审判厅电

山西高等审判厅鉴：

宥电悉！该二条云"诉讼人"，不云"诉讼当事人"，自可解为包含诉讼代理人在内。惟律师希图拖延诉讼，滥行援用第十二条，声请拒却者，自可依法请付惩戒。

大理院元印

附：山西高等审判厅原电

大理院钧鉴：

按《各级审判厅试办章程》第十条第二款及第十二条审判官与诉讼人关系之规定，究系单指诉讼当事人，抑系包含律师为诉讼代理人而言？祈解释速复为盼！

晋高等审判厅宥

■ 统字第 143 号

民国三年七月十一日大理院复陕西高等审判厅电

陕西高等审判厅鉴：

电悉！地方厅案件，应移转管辖者，得移转于高等厅管辖内之县知事。

大理院元印

附：陕西高等审判厅原电

大理院鉴：

陕西仅一长安地审厅，如有声请移转管辖案件，别无相当衙门，应如何办理？请示遵！

陕西高等审判厅印

■ 统字第 144 号

民国三年七月二十四日大理院致广东高等审判厅函

径启者：

前接贵厅本年二月十一日来电称：据广州地审厅呈称，"据商民陈允燎诉称，民父启犹承办堤岸工程，前粤督周馥谓偷工减料，将陈联泰店等产机查封，请查案平反，给还前封产业及垫款等情。查《法院编制法》第二条，'审判衙门审理民刑事诉讼，但关于行政诉讼等另有法令规定者，不在此限。'现行政诉讼，尚无规定，应否受理？请示！"等语，应如何办理，请钧院核示等因到院。本院当以问涉具体案件，与本院所定解答范围不能符合，未便答复。现在想该案早经解决，本院为划清行政与司法权限，勉滋误会起见，兹特补行声明：嗣后，凡系国家关于私经济事情与人民发生权义关系之件，均应查照行政法条理，一律适用司法法规，在普通司法衙门予以解决。贵厅前电所述情形，自系国家于私法上行使私人自卫权之一例，此项争讼，仍应适用民事法规办理。《民法（草案）》虽未颁行，其中与国情及法理适合之条文，本可认为条理，斟酌采用。即希贵厅查阅该《草案》第三百一十五条以下规定可也。

此致！

附：广东高等审判厅原电

司法部、大理院鉴：

据广州地审厅呈称，"据商民陈允燎诉称，民父启犹承办堤岸工程，前粤督周馥谓偷工减料，将陈联泰店等产机查封，请查案平反，给还前封产业及垫款等情。查《法院编制法》第二条，'审判衙门审理民刑诉讼，但关于行政诉讼等另有法令规定者，不在此限。'现行政诉讼尚无规定，应否受理？请示！"等语，应如何办理，请钧部院核示。

广东高等审判厅蒸印。

■ 统字第 145 号

民国三年七月十八日大理院复农商部文

为咨行事：

准贵部咨开：据全国商会联合会总事务所呈称，窃查本会大会期内，据吉林省事务所提议商人买卖期羌不应认为赌博一案，大致谓买卖期羌，届时以现货交易，与买空卖空性质迥不相同。今吉林地方检察厅以商人以银或物之市价，赌赛高低，近于赌博，呈由民政长电经大理院，误作法律解释，认为赌博论罪，牵及全城商号，曾经开会讨论。佥谓商人仅以银物之市价买卖，并无银物交易，凭一纸空条，订定期限，互找赔赚者，是谓之空；若以银或物，指定期限，届期实交银物者，是谓之期。期与空迥有区别，不能相提并论，应即提交大会公议等语。经会场议决，交付审查。旋据审查报告，考核原文之请求、吉林代表之报告、会场之言论，细心研究，此案既属买卖，又订期双方兑现，纯是商行为，非犯罪行为。以物易银，定期交现，预订价值，不问涨落，乃商人营业之当。如买卖汇票，或承办货物，或预先订盘，限期交现，习惯固属相沿，法律亦所不禁，营业自由，确为正当。买卖期羌，亦系此等营业性质，应由本会查照原案，呈请农商部转咨司法部令饬吉林高等审判厅复讯明确，予以正当之解决。此本审查会主张之理由也等语。后经大会通过，理合检同议案，具文呈请鉴核，迅予转咨司法部令饬吉林高等审判厅详加讯问，妥为解决等情到部。查此案上年长春地方审判厅因福兴义柜伙一案，曾经请由贵院解释，以赌博论罪，并经前工商部先后函请贵院分别解释，并商请总检察厅划定期限各在案。此次全国商会联合会大会期内，经吉林事务所提议各节，是否可行？相应检同原议案，咨行贵院查照核复，以凭办理等因，并附送商会联合会议案一件到院。

查民国二年六月，据吉林高等审检厅元电称，"《新刑律》赌博罪是否包有商人赌赛银物市价、空买空卖在内，请示遵"到院。本院当以来电语意不明，经电询详情，旋据该厅马电复称，"前电请解释'商人以银或物之市价，赌赛高低，与空买空卖系属一事'"等因到院。当经本院以"商人以银或物之市价赌赛高低,与空买空卖既系一事,自应以赌博论",电复该厅。旋据前工商部来函,转据吉林商务总会呈请解释适当,以免后累。复经本院以"买空卖空,系指奸民设局、诱人赌赛市价涨落者而言,前清现行律规定甚为明晰。本院解释该项行为,应以赌博罪论,亦即以此为范围。其商人买卖,先交押款,临限仍收现货者,自不在内"等因,函复前工商部各在案。此次全国商会联合会所称"以物易银,定期交现",纯系买卖行为,既与买空卖空性质不同,自不在本院前电范围之内,不能认为赌博罪。相应咨复贵部查照。

此咨!

附:农商部原咨

农商部为咨行事:

据全国商会联合会总事务所呈称,窃查本会大会期内,据吉林省事务所提议商人买卖期羌不应认为赌博一案,大致谓买卖期羌,届时以现货交易,与买空卖空性质迥不相同。今吉林地方检察厅以商人以银或物之市价,赌赛高低,近于赌博,呈由民政长电经大理院,误作法律解释,认为赌博论罪,牵及全城商号,曾经开会讨论。金谓商人仅以银物之市价买卖,并无银物交易,凭一纸空条,订定期限,互找赔赚者,是谓之空;若以银或物,指定期限,届期实交银物者,是谓之期。期与空迥有区别,不能相提并论,应即提交大会公议等语。经会场议决,交付审查。旋据审查报告、考核原文之请求、吉林代表之报告、会场之言论,细心研究,此案既属买卖,又订期双方兑现,纯是商行为,非犯罪行为。以物易银,定期交现,预订价值,不问涨落,乃商人营业之当。如买卖汇票,或承办货物,或预先订盘,限期交现,习惯固属相沿,法律亦所不禁,营业自由,确为正当。买卖期羌,亦系此等营业性质,应由本会查照原案,呈请农商部转咨司法部令饬吉林高等审判厅復讯明确,予以正当之解决。此本审查会主张之理由也等语。后经大会通过,理合检同议案,具文呈请鉴核,迅予转咨司法部令饬吉林高等审判厅详加讯问,妥为解决等情到部。查此案上年长春地方审判厅因福兴义柜伙一案,曾经请由贵院解释以赌博论罪,并经前工商部先后函请贵院分别解释,并商请总检察厅划定期限各在案。此次全国商会联合会大会期内,经吉林事务所提议各节,是否可行?相应检同原议案,咨行贵院查照核复,以凭办理。

此咨大理院院长!

■ 统字第146号

民国三年七月十八日大理院复广西高等审判厅电

广西高等审判厅鉴:

江电悉!抗告自不能停止假扣押之执行。

大理院巧印

附:广西高等审判厅原电

大理院钧鉴:

抗告能否停止假扣押?请电示遵!

广西高审电江印

■ 统字第 147 号

民国三年七月十八日大理院复财政部支

为咨行事：

准贵部函称：准吉林民政长呈称，窃查吉省公款贷给商人生息者甚多，其发生诉讼时，自应遵照民事诉讼程序办理。惟现在各种法典，尚未完全颁布，有应请解释者数端：一、凡公款存放商号生息，如遇商号因亏倒闭，是否不受《破产律》之限制，比诸其他债权者有优先权？二、如因债务者延不履行提起诉讼时，债权者应得利息，有主张算至起诉之日为止者，有主张算至确定判决之日为止者；有主张按照民国二年第四号《司法公报》载大理院判决刘铭勋与刘劲卿因路工涉讼一案判例，算至执行判决之日为止者，又有主张若债务者生意歇业，其利息即算至债务者歇业之日为止者。究据何说主张为合法？三、如以不动产契约担保之债权，其不动产之管理收益，有由债权者代为处理者。由债务者自行处理者一旦该不动产基于不能归责于人之事由而灭失时，此项损失，是否统由债务者一方负担？以上问题，影响于公家财产甚钜，应请钧部转大理院迅予解释，以便遵循等因到院。

查国家在私法上之地位，与个人同。故凡公款存放商号生息，如遇商号因亏倒闭，自亦应受破产法规（前清《破产律》已于前清光绪三十三年十月二十七日废止，故现遇破产事件，均依破产条理及习惯法则以为判断。所谓破产法规者，即指破产条理及习惯法则而言）之限制，不能较其他债权人有优先权。如因债务人延不履行债务提起诉讼，债权人应得利息，自应算至判决执行之日为止。盖金钱债权，其债权关系存在一日，即应有一日之利息故也。惟债权人请求截止算利之日，在判决执行日前者，则审判衙门依不告不理之原则，自无庸多判。至以不动产担保之债权，无论其不动产之占有移转于债权人，或不转移于债权人（即系抵押抑系不动产质），如该不动产基于不归责于人之事由而灭失者，其损失均应由债务人一方负担，债权人于此情形，不过仅丧失债权之担保而已（仍存普通债权）。相应咨复贵部转行查照可也。

此咨！

附：财政部原函

径启者：

准吉林民政长呈称，吉省公款贷商生息，其发生诉讼时，应据何法为判决？请由部转行解释，以便遵循等因前来。查该民政长所呈各项问题，事关法典解释，相应照录原件，函送贵院查照解释，函复过部，以便转行遵照可也。

此致大理院！

■ 统字第 148 号

民国三年七月二十四日大理院复直隶高等审判厅函

径复者：

准贵厅函开：案查本年七月五日《政府公报》内载，司法部第二百一十三号饬知《覆判简章》业经修改，另定《覆判章程》第十一条公布如后，仰即遵照等因。奉此，查该章程第一条第一项内载，"最重主刑三等有期徒刑以上或罚金五百元以上者"等语。是此项应送覆判之案，较原章范围扩大。惟查该章程第一条第一款中"最重主刑"四字，是否指法定主刑，抑所科最重之刑？若以法定之刑解释，则匪但地方厅管辖案件全数应送覆判，即初级管辖之第三百六十七条、第三百七十七条之窃盗罪及其赃物之罪，亦一并包括在内。案件纷繁，应接不暇，以是立法原意，究竟如何，不无疑义。且因该条第三款内有"处刑最重"字样，前后对照，又若系指所科之刑。究应何解，无所适从。相应函请贵院迅予解释，俾有遵循等因到院。

本院查《覆判章程》第一条第一款，"最重主刑"系指法定主刑而言。其第二项（该条第一项，并无第三款）"处刑"二字，亦指法定处刑而言。所谓"处刑最重"，仍与最重主刑同一意义，仅用语不同耳。相应函复贵厅查照可也。

此复！

附：直隶高等审判厅原函

径启者：

案查本年七月五日《政府公报》内载，司法部第二百一十三号饬知《覆判简章》业经修改，另定《覆判章程》十一条公布如后，仰即遵照等因。奉此，查该章程第一条第一项内载，"最重主刑三等有期徒刑以上，或罚金五百元以上者"等语。是此项应送覆判之案，较原章范围扩大。惟查该章程第一条第一款中"最重主刑"四字，是否指法定主刑，抑所科最重之刑？若以法定之刑解释，则匪但地方厅管辖案件全数应送覆判，即初级管辖之第三百六十七条、第三百七十七条之窃盗罪及其赃物之罪，亦一并包括在内。案件纷繁，应接不暇，以是立法原意，究竟如何，不无疑义。且因该条第三款内有处刑"最重"字样，前后对照，又若系指所科之刑。究应何解，无所适从。相应函请贵院迅予解释，俾有遵循，至感公谊。

此致！

■ **统字第 149 号**

民国三年七月二十二日大理院复湖南高等审判厅电

长沙高等审判厅：

真电案件，控诉审应归高等厅管辖。

大理院梗印

附：长沙高等审判厅原电

大理院长均鉴：

《刑诉（草案）》第三百四十七条规定管辖错误办法，固无疑义。惟此种案件如在已裁之地初合议厅判决者，其控诉审，是否仍属同等地方厅，抑应属高等厅？请解释示遵！

湘高等审厅叩真

■ 统字第 150 号

民国三年七月二十四日大理院复山东高等审判厅函

径复者：

准贵厅函开：兹有意图营利，和诱未满十六岁幼女一案，依《刑律》第三百五十一条第二项处断。而该条对于妇女，无年龄之区别。若依第三百四十九条第三项处断，而该条又无意图营利明文。案悬待判，究竟应依何条之处？相应函请贵院迅予解释见复等因到院。

本院查和诱未满十六岁妇女，依《刑律》第三百四十九条第三项规定，其行为既以略诱论，则意图营利，和诱未满十六岁妇女，自应以意图营利略诱论。当然依《刑律》第三百五十一条第一项处断。相应函复贵厅查照可也。

此复！

附：山东高等审判厅原函

径启者：

兹有意图营利，和诱未满十六岁幼女一案，依《刑律》第三百五十一条第二项处断。而该条对于妇女，无年龄之区别。若依第三百四十九条第三项处断，而该条又无意图营利明文。案悬待判，究竟应依何条之处？相应函请贵院迅予解释见复，实级公谊。

此致！

■ 统字第 151 号

（系秘密未公布）

■ 统字第 152 号

民国三年七月二十五日大理院复总检察厅咨

为咨行事：

接准贵厅咨呈：查《民事非常上告暂行条例》既经司法部拟定，呈奉大总统批准通行，迭经遵照办理在案。近来援例请求之案，又有数起。惟对于原定该条例第一条，显然与《约法》或其效力相等之法律"优待条件"一语引用时，每滋疑义。事关法律解释，相应备文咨请贵院核明见复，俾便适用，而免分歧等因到院。

本院查该条例第一条所称，系指该条判决与此等法规直接有抵触者而言。例如，法院受理《平政院编制令》所称行政诉讼及《陆军审判试办章程》所称军事审判等，即是直接与《约法》第四十五条有所抵触，可依该条例第一条规定，由法院自图救济。反是，若《约法》第五条第三、第六等款，第七及第十等条规定之事项，法院依据法律审判，当然不生疑问。即令法院于适用法律不无错误时，亦只可谓之违法，不得谓其为直接违反《约法》；以此理由提起民事非常上告，即非合法。至该条例第一条所称与《约法》效力相等之法律，如《大总统选举法》、《国会组织法》及其他本应订入《约法》，而以同一之程序，另订单行法者，皆是。不过，现在事实，此项规定，殊非必要，因尚无可提起民事非常上告之机会，自可置之弗论。又"优待条件",专指《约法》第六十五条所称"中华民国元年二月十二日所宣布之大清皇帝辞位后优待条件"而言。盖此,本系具体名称,非抽象规定,不容误会。既准咨询,相应解答,咨复贵厅查照可也。

此致!

附:总检察厅原咨

为咨请解释法律事:

案查《民事非常上告暂行条例》既经司法部拟定,呈奉大总统批准通行,迭经遵照办理在案。近来援例请求之案,又有数起。惟对于原定该条例第一条,显然与《约法》或其效力相等之法律"优待条件"一语引用时,每滋疑义。事关法律解释,相应备文咨请贵院核明见复,俾便适用而免分歧。

此咨大理院!

■ **统字第 153 号**

民国三年七月二十八日大理院复河南高等审判厅函

径复者:

接贵厅函称,"今有某氏于归某姓后,未及六月生子。或有主张既非血统,自无亲子关系者;或有主张在习惯上,应认为亲子关系者。究竟如何适用,相应函请钧院迅赐解释"等因到院。

本院查所称"某氏于归某姓未及六月生子",所生之子,与某姓自无血统关系,依现行法例,不能认为亲子,但有时仍可称为继父。至对于某氏,则无论何时,均系母子关系。贵厅所询,是否有关承继,来函并未道及,今姑从略。

此复!

附:河南高等审判厅原函

径启者:

今有某氏于归某姓后,未及六月生子。或有主张既非血统,自无亲子关系者;或有主张在习惯上,应认为亲子关系者。究竟如何适用,相应函请钧院迅赐解释,实为公便。

此致!

■ **统字第 154 号**

民国三年八月五日大理院复河南高等审判厅函

径复者:

准贵厅七月十六日函开:"查《政府公报》登载钧院二年统字第六十六号解释内载'强盗指明目的地,行至中途被获应以未遂犯论'等语。今有甲、乙、丙、丁、戊五人共同强盗,已指明目的地,中途被警盘获,自应以强盗未遂犯论。惟当法警逮捕之时,甲、乙掷放炸弹,尚未伤人,与丙、丁、戊同逃,乙、丙旋被追获。复经巡警协力逮捕,丁又开放手枪,伤人致死,与甲、戊同逃,旋亦均被追获。查《刑律》第三百七十三条第三款,不能以未遂犯论。甲、乙、丙、丁、戊五人，中途被获，只能按照该条第二款以未遂犯论罪；其临拿拒捕未至伤人，律无作何治罪专条，应否不为罪，抑或构成妨害公务罪？又查《刑律》第三百七十四条第三款，只有既遂犯。甲、丁、戊既为强盗未遂犯，自不能依该款论罪，应否构成伤害人罪及妨害公务罪，再各依第二十三条处断？再强盗罪送请覆判，在《惩治盗匪条例》未经公布以前，应否仍由本厅依《新刑律》办理？钧院为统一解释法律机关，幸祈速赐解释，以便遵循"等因到院。

查本院二年统字第六十六号解释，系指单纯强盗并无杀伤行为者而言。至强盗业有杀伤行为，自应依各该本条（第三百七十三条、第三百七十四条、第三百七十六条）论罪。来函所举之例，况系将炸弹手枪拒捕，实犯强盗杀人罪，据《刑律》解释应依三百七十六条处断。依第二十九条之例，甲、乙、丙、丁、戊掷放炸弹之所为均应负强盗杀人未遂罪之责任，甲、丁、戊放枪击死人之所为，又均应负强盗杀人既遂罪之责任。又司法部定适用《惩治盗匪条例划一办法》业经通行，覆判应依该办法第二条处理。相应函复贵厅查照可也。

此复！

附：河南高等审判厅原函

径启者：

查《政府公报》登载钧院二年统字第六十六号解释内载："强盗指明目的地，行至中途被获，应以未遂犯论"等语。今有甲、乙、丙、丁、戊五人，共同强盗，已指明目的地，中途被警盘获，自应以强盗未遂犯论。惟当法警逮捕之时，甲、乙掷放炸弹，尚未伤人，与丙、丁、戊同逃，乙、丙旋被追获。复经巡警协力逮捕，丁又开放手枪，伤人致死，与甲、戊同逃，旋亦均被追获。查《刑律》第三百七十三条第三款，不能以未遂犯论，甲、乙、丙、丁、戊五人中途被获，只能按照该条第二款以未遂犯论罪。其临拿拒捕未至伤人，律无作何治罪专条，应否不为罪，抑或构成妨害公务罪？又查《刑律》第三百七十四条第三款，只有既遂犯，甲、丁、戊既为强盗未遂犯，自不能依该款论罪，应否构成伤害人罪及妨害公务罪，再各依第二十三条处断？再强盗罪送请覆判，在《惩治盗匪条例》未经公布以前，应否仍由本厅依《新刑律》办理？钧院为统一解释法律机关，幸祈速赐解释，以便遵循，悬案待决，无任翘企。

此致大理院！

■ 统字第155号

民国三年八月五日大理院复奉天高等审判厅函

径复者：

准贵厅函称，转据安东地方审判厅详请解释《惩治盗匪条例适用办法》等因到院。

本院查司法部定适用《惩治盗匪条例划一办法》业经通行，地方厅自应依该办法第一条办理。相应函复贵厅查照办理可也。

此复！

附：奉天高等审判厅原函

径启者：

案据安东地方审判厅详称，"七月三号《政府公报》内载大总统第八十九号教令公布《惩治盗匪条例》。查该条例性质，不过一种命令，命令原无变更法律之先例。该条例既经公布，而《暂行新刑律》第三百七十三暨第三百七十四等条，是否存在？复查该条例第二、第五各条，仅明定县知事暨军队长官，并未及于法庭；似该条例之性质，专为行政裁判及军事裁判之单行条例。然第七条又有提交及移送高等厅审理之规定。高等为各地方厅直接主管官厅；高等既能适用该条例，各地方厅亦应否适用？又查本年三月二十四日七二一号《奉天公报》内载钧厅寅字七十六号训令内开：'奉天都督函准国务院咨，奉大总统批准发下，奉省党匪勾结为患，嗣后，凡关于乱党、马贼、土匪、教匪等犯，统按军法惩办'等因在案。按'嗣后'二字，据普通解释，当对于批准以后、各官厅公文到达之日所发生之案件而言。其对于未批准以前而该案已经受理者，又当如何办理？以上各节，职厅未便擅专，详请鉴核示遵"等因。查据上述问题，非有明晰解释，难免误会，相应函请钧院分别解释，逐款示复，以便通饬遵照。

此致大理院！

■ **统字第 156 号**

民国三年八月五日大理院咨复司法部文

为咨行事：

准贵部咨称："据广东高等审判厅详称，'查本厅接管刑事上诉案件，凡二百余宗，而不合诉讼程序者，什居八九。就中，以逾期上诉及被害人上诉为尤多。此项案件，有收受至年余或数月而未办者、有经出票拘传而开庭讯问数次者，若一时概行依法驳回，势必骇人耳目而误会者，将以此为法院拒绝诉讼，动滋怨谤。若悉数违法受理，则既授当事人以上诉之资料，且其中无益上诉者，徒烦手续，于清理积案上，不无障碍之处。厅长筹维再四，略拟办法如下：（一）凡不合诉讼程序之上诉案件，原判援引法律、认定事实均无错误，而检察官亦认该上诉为无理由者，拟以诉讼不合程序驳回。（二）凡不合程序之上诉案件，其案情重大，原判于法律或事实显有错误，而检察官于上诉期间外提出意见书，认该上诉为有理由，经本厅审查无异者，量予变通，开庭审理。（三）凡不合程序之上诉案件，上诉人以某种理由为上诉，检察官于上诉期间外提出意见书，认该上诉为无理由，而另指摘原判不适法之部分，请求变更原判者，拟以不合诉讼程序驳回。其系案情重大，另由检察官提出非常上告或再审之诉。以上数端，均于不得已之中，为一时权宜之计，大院（部）如另有他种方法，俾与法律、事实两不相妨，自应遵循，以资救济。如何之处，统乞训示饬遵'等情，分详到部。查该厅所详各节，似属可行，事关诉讼程序，应否即予核准，相应咨请查照，迅速核复，以便转饬遵照"等因到院。

本院查该厅长所拟办法，其第一、第三两款，自属可行。唯第二款称对于不合程序之上诉，竟予开庭审理，实违背现行诉讼程序之大原则。虽系该省有特别情形，该厅长于不得已之中，为变通办法之计，唯此端一开，诚恐人民纷纷引为先例，而法院则不能以该省系一误遂准再误为驳回之理由。此种情形，似宜仍仿该厅长所拟第三款办法，其原判事实错误者，一面以不合法驳回，一面由检察官迅即提起再审；其事实无误，专系引律错误者，一面以不合法驳回，一面由检察官分别提起非常上告，并由检察官将办法详细告知被告人。如此，则既不显违程序法则，而于实际，亦无窒碍，被告人仍可收上诉之实效，法院亦不致受违法之攻击。相应咨复贵部查照。

此咨！

附：司法部原咨

司法部为咨行事：

据广东高等审判厅详称，"查本厅接管刑事上诉案件，凡二百余宗，而不合诉讼程序者，什居八九。就中，以逾期上诉及被害人上诉为尤多。此项案件，有收受至年余或数月而未办者、有经出票拘传而开庭讯问数次者，若一时概行依法驳回，势必骇人耳目而误会者，将以此为法院拒绝诉讼，动滋怨谤。若悉数违法受理，则既授当事人以上诉之资料，且其中无益上诉者，徒烦手续，于清理积案上，不无障碍之处。厅长筹维再四，略拟办法如下：（一）凡不合诉讼程序之上诉案件，原判援引法律、认定事实均无错误，而检察官亦认该上诉为无理由者，拟以诉讼不合程序驳回。（二）凡不合程序之上诉案件，其案情重大、原判于法律或事实显有错误，而检察官于上诉期间外提出意见书，认该上诉为有理由，经本厅审查无异者，量予变通，开庭审理。（三）凡不合程序之上诉案件，上诉人以某种理由为上诉，检察官于上诉期间外提出意见书，认该上诉为无理由，而另指摘原判不适法之部分，请求变更原判者，拟以不合诉讼程序驳回。其系案情重大，另由检察官提出非常上告或再审之诉。以上数端，均于不得已之中，为一时权宜之计，大院（部）如另有他种方法，俾与法律、事实两不相妨，自应遵循，以资救济。如何之处，统乞训示饬遵"等情，分详到部。查该厅所详各节，似属可行，事关诉讼程序，应否即予核准，相应咨请贵院查照，迅速核复，以便转饬遵照。

此咨大理院长！

■ 统字第 157 号

民国三年八月四日大理院复长沙高等审判厅电

长沙高等审判厅：

艳电悉！缓刑应从甲说。

大理院支印

附：长沙高等审判厅原电

大理院钧鉴：

缓刑办法，甲说据《刑诉（草案）》谓"应与谕知刑罚同时宣告"，乙说据《刑律》谓"谕知刑罚后亦得宣告"。细绎《刑律》第六十三条语意，该条"起"字，系规定实行缓刑期间之起算，非规定宣告缓刑期间之起算。甲说似胜，是否？乞电复！

湘高审厅叩艳

统字第 158 号

民国三年八月七日大理院复山东高等审判厅电

径启者：

接准贵厅公字第一三九号函称："案因博兴县民张金第以赵立勋于宣统二年九月初十日，凭中张凤刚、赵东岭等，取伊京钱三百千正，一分六厘行息，定明十月为期，本利全归，立有文契，迄今抗不偿还；于本年四月二十七日，具控博兴县，案经讯结。博兴县以查张金第所呈借款字据，价值在百元以上，未满五百元，依《印花税法》第二条，应贴用印花四分。该两造财物成交，系在《印花税法》颁行以前，应依第十三条'遇有诉讼时，仍应按照第二条税额补贴印花；如不依法贴用，应依第八条之规定，按照应贴数目，罚贴印花百倍'。遂于法庭上，一面向该原告张金第解释印花税法各条，一面令其照章交费，领贴印花。该原告抗不遵贴，博兴县因即具详本厅。本厅当批此案张金第控赵立勋抗债不还，既据来文声叙，该债券系宣统二年九月初十日成立，则依法律不溯及之原则，《印花税法》系民国元年十月公布，其第十二条并规定施行之期，当然不能于旧时文契而强其遵照新法办理等语。去后，复据该县详称奉批云云。惟查法律效力，固以不溯既往为原则，但《印花税法》业于民国元年十月二十一日公布，其第十三条云，'财物成交，在本法所定印花施行以前者，免贴印花，但遇有诉讼时，仍应按照第二条税额补贴印花。'本法既有此规定，似旧时文契，遇有诉讼，亦应遵照新法律办理。钧厅批示，仅指第十二条规定施行之期，究竟第十三条尚有效否，是否适用？嗣后，遇有此等案件，究应如何办理？法令所关，既未便稍涉含混，条文简括，亦未敢妄加揣测，惟有恳请钧厅详加解释，俾资遵守，而免误会等情。本厅又批，据再详请解释《印花税法》第十三条条文，该知事尊重法律，不厌求详，固属可嘉。惟本厅对于张金第抗贴印花一案，仍认其为有理由。兹为解释《印花税法》第十三条条文如下：查该条文文义阐微，不能轻易看过，欲援用该条文但书之规定，要先解释该条文前段之规定。该条文前段云，'财物成交，在本法所定印花施行以前者'一语，系因《印花税法》既已公布，依法律原则论，应即生效力。惟本法规定，有'印花发后三十日为施行'一语，则其效力之发生，应在印花发后三十日。'印花发后三十日'云者，即为该法效力发生之停止条件；该条件如未成就，即该法效力无从发生，与已公布即生效力者不同。惟由公布之日至印花发后三十日，其间尚隔许多时日；在此时日之间，当有财物成交之事，而该法效力又未发生，苟无明文规定，将使奉法者无所遵循，故复申之曰'财物成交，在本法所定印花施行以前者，免贴印花'。立法主旨，系指明本法公布以后、印花发到后三十日以前之中间时日，财物成交，不得以公布即生效力为理由，令贴印花。惟免贴印花，自属优异，而至于供诉讼上之证明，势不能不加以负担，故于但书规定之曰，'遇有诉讼时，仍应按照第二条税额补贴印花'。该但书系谓本法公布以后、印花发到后三十日以前，其间财物成交兴讼者，应行补贴印花；并非谓民国以前之财物成交，于本法公布以后、印花发到后三十日以前兴讼，亦一律应补贴印花也。该条文所以不定财物成交在本法施行以前，而定财物成交在本法所定印花施行以前者，实可玩味而得之。且查民国以前之财物成交，兴讼于民国成立以后，至印花发后而尚未结案者，实不计其数。若均着其补贴印花，则是以民国施行之法律而溯及于民国以前，殊与法律不溯既往之大原则相反，且因此而苛扰丛生，尤非定法律以谋福利之主旨也。本厅长前在法制局参事任内，该法系为本厅长所核定，当日对于该法第十三条之前段条文，即系本此主旨，故不惮烦言，为该知事解释之。惟本厅虽以职权下此解释，而为详慎起见，对于此节，当备文函请大理院下统一之解释，俟函复后，再行饬知此批等语。查本应对于所辖各县之请求解释法律，虽可下以解释，惟统一解释之权，自属贵院。本厅对于此案之解释，是否有当？相应函请贵院鉴核见示"等因到院。

本院查效力不溯既往，本为法律之大原则，而依立法政策，有不得不予以溯及效力者，则必于条文特别明示。至其效力之范围，亦即以所明示者为限。财物成交在《印花税法》施行以前，按照原则，自不应补抽印花税。惟该法认为财物成交，有时虽在施行前，而既涉及诉讼，则于一定范围内，应令适用该法补贴印花，故有第十三条但书之规定。细绎第十三条上句，系指印花税法公布后、未发生效力前之财物成交而言，并非统括该法未公布前之远近时期。该条但书，既系例外规定，即应以该法公布后、未发生效力前之财物成交者为限，始能适用。如谓该条解释，应统括公布前远近时期，则不惟苛扰丛生，即于法文"所定印花"四字，亦不免成为衍文，殊非立法之本意。贵厅长之见解，系属正确，希即转饬该知事遵照可也。

此致！

附：山东高等审判厅原函

径启者：

案因博兴县民张全第以赵立勋于宣统二年九月初十日，凭中张凤刚、赵东岭等，取伊京钱三百千正，一分六厘行息，定明十月为期，本利全归，立有文契，迄今抗不偿还；于本年四月二十七日，具控博兴县，案经讯结。博兴县以查张全第所呈借款字据，价值在百元以上、未满五百元，依《印花税法》第二条，应贴用印花四分。该两造财物成交，系在印花税法颁行以前，应依第十三条"遇有诉讼时，仍应按照第二条税额，补贴印花；如不依法贴用，应依第八条之规定，按照应贴数目，罚贴印花百倍"。遂于法庭上，一面向该原告张全第解释《印花税法》各条，一面令其照章交费，领贴印花。该原告抗不遵贴，博兴县因即具详本厅。本厅当批此案张全第控赵立勋抗债不还，既据来文声叙，该债券系宣统二年九月初十日成立，则依法律不溯及之原则，《印花税法》系民国元年十月公布，其第十二条并规定施行之期，当然不能于旧时文契而强其遵照新法理办理等语。去后，复据该县详称奉批云云。惟查法律效力，固以不溯既往为原则，但《印花税法》业于民国元年十月二十一日公布，其第十三条云，"财物成交，在本法所定印花施行以前者，免贴印花，但遇有诉讼时，仍应按照第二条税额补贴印花。"本法既有此规定，似旧时文契，遇有诉讼，亦应遵照新法律办理。钧厅批示，仅指第十二条规定施行之期，究竟第十三条尚有效否，是否适用？嗣后，遇有此等案件，究应如何办理？法令所关，既未便稍涉含混，条文简括，亦未敢妄加揣测，惟有恳请钧厅详加解释，俾资遵守，而免误会等情。本厅又批，据再详请解释《印花税法》第十三条条文，该知事尊重法律，不厌求详，固属可嘉。惟本厅对于张金第抗贴印花一案，仍认其为有理由。兹为解释《印花税法》第十三条条文如下：查该条文文义阐微，不能轻易看过，欲援用该条文但书之规定，要先解释该条文前段之规定。该条文前段云，"财物成交，在本法所定印花施行以前者"一语，系因《印花税法》既已公布，依法律原则论，应即生效力。惟本法规定，有"印花发后三十日为施行"一语，则其效力之发生，应在印花发后三十日。"印花发后三十日"云者，即为该法效力发生之停止条件；该条件如未成就，即该法效力无从发生，与已公布即生效力者不同。惟由公布之日以至印花发后三十日，其间尚隔许多时日；在此时日之间，当有财物成交之事，而该法效力又未发生，苟无明文规定，将使奉法者无所遵循，故复申之曰"财物成交，在本法所定印花施行以前者，免贴印花"。立法主旨，系指明本法公布以后、印花发到后三十日以前之中间时日，财物成交，不得以公布即生效力为理由，令贴印花。惟免贴印花，自属优异，而至于供诉讼上之证明，势不能不加以负担，故于但书规定之曰，"遇有诉讼时，仍应按照第二条税额补贴印花"。该但书系谓本法公布以后、印花发到后三十日以前，其间财物成交兴讼者，应行补贴印花，并非谓民国以前之财物成交，于本法公布以后、印花发到后三十日以前兴讼，亦一律应补贴印花也。该条文所以不定财物成交在本法施行以前，而定财物成交在本法所定印花施行以前者，实可玩味而得之。且查民国以前之财物成交，兴讼于民国成立以后，至印花发后而尚未结案者，实不计其数。若均着其补贴印花，则是以民国施行之法律而溯及于民国以前，殊与法律不溯既往之大原则相反，且因此而苛扰丛生，尤非定法律以谋福利之主旨也。本厅长前在法制局参事任内，该法系为本厅长所核定，当日对于该法第十三条之前段条文，即系本此主旨，故不惮烦言，为该知事解释之。惟本厅虽以职权下此解释，而为详慎起见，对于此节，当备文函请大理院下统一之解释，俟函复后，再行饬知此批等语。查本厅对于所辖各县之请求解释法律，虽可下以解释，惟统一解释之权，自属贵院。本厅对于此案之解释，是否有当？相应函请贵院鉴核见示，不胜翘企之至。

此致！

■ 统字第 159 号

民国三年八月十四日大理院复山东高等审判厅函

径复者：

准贵厅函开：案据济南地方审判厅长详称，"查本年六月六日《政府公报》公布《官吏犯赃治罪条例》第二条载'枉法赃至五百元以上者，处死刑'等语。其一人犯数罪，合计枉法赃至五百元以上者，是否包括在内？又犯赃罪，在该条例公布以前、未经确定审判者，是否适用该条例，抑仍依《暂行新刑律》办理？案关解释法律，本厅未敢擅拟，理合详请鉴核，转请大理院明确解释示复只遵。悬案以待，望速施行等情到厅。"相应函请贵院迅速解释，即希见复，以便饬遵等因到本院。

本院查《官吏犯赃治罪法》，依《刑律》第九条之规定，当然适用《刑律》总则。而依《刑律》总则第二十三条之规定，俱发罪应各科其刑，自不能合并数罪之赃计算，应分别各罪之赃，依法各科其刑；复依《刑律》第二十三条定其应执行之刑。又查《刑律》总则第一条第二项前段，在确定审判前者，应依新律处断。是《官吏犯赃治罪条例》颁布后，未经确定审判案件，当然依该法处断。相应函复贵厅查照可也。

此致！

附：山东高等审判厅原函

径启者：

案据济南地方审判厅长详称："查本年六月六日《政府公报》公布《官吏犯赃治罪条例》第二条载：'枉法赃至五百元以上者，处死刑'等语。其一人犯数罪，合计枉法赃至五百元以上者，是否包括在内？又犯赃罪在该条例公布以前、未经确定审判者，是否适用该条例，抑仍依《暂行新刑律》办理？案关解释法律，本厅未敢擅拟，理合详请鉴核，转请大理院明确解释示复只遵。悬案以待，望速施行等情到厅。"相应函请贵院迅速解释，即希见复，以便饬遵。

此致！

■ 统字第160号

民国三年八月二十六日大理院复江苏高等审判厅函

径复者：

准贵厅函开："查上诉案件，如检察官为被告人不利益而提起上诉，上诉衙门固得依律加重，自无问题发生。若仅由被告人不服原判提起上诉，检察官并未提起附带上诉，而原判确系引律错误，其应行改正条文之最轻刑等又较原判所科之刑为重，以上诉为被告人利益之原理论，仅由被告人声明上诉，似不能遽行加重。惟原判拟律，既经错误，上诉衙门明知之而不予改正，已自坐违法判决之咎；因改正之结果而加重刑等，又与禁止不利益变更之原理有违；改正条文而不变更刑期，则事实与判决理由及刑罚，又各相龃龉。现行法规，既无明白规定，即按诸《刑诉（草案）》，亦无法理之可据。究应如何解决，本厅殊无依据，抑以现行法规无明文规定之故，得以自由判决。此种问题，究应如何解释之处，相应函请贵院解释示遵"等因到院。

本院查现行法制，并无禁止刑事被告人上诉不得为不利益判决之明文。原判若系引律错误，上诉衙门对于上诉之部分，不问系由检察官上诉，抑系由被告人上诉，皆应以职权纠正之。至因纠正违法判决而所科之刑，虽较重于原判之刑，亦无不可，本院叠经著为先例。相应函复贵厅查照可也。

此复！

附：江苏高等审判厅原函

径启者：

查上诉案件，如检察官为被告人不利益而提起上诉，上诉衙门固得依律加重，自无问题发生。若仅由被告人不服原判提起上诉，检察官并未提起附带上诉，而原判确系引律错误，其应行改正条文之最轻刑等又较原判所科之刑为重，以上诉为被告人利益之原理论，仅由被告人声明上诉，似不能遽行加重。惟原判拟律，既经错误，上诉衙门明知之而不予改正，已自坐违法判决之咎；因改正之结果而加重刑等，又与禁止不利益变更之原理有违；改正条文而不变更刑期，则事实与判决理由及刑罚，又各相龃龉。现行法规，既无明白规定，即按诸《刑诉（草案）》，亦无法理之可据。究应如何解决，本厅殊无依据，抑以现行法规无明文规定之故，得以自由判决。此种问题，究应如何解释之处，相应函请贵院解释示遵，实纫公谊。

此致大理院！

■ 统字第 161 号

民国三年九月四日大理院复总检察厅函

径启者：

准贵厅总字第五百十四号函称：据浙江高等检察厅详称，"查缺席判决，不许上诉，仅许声明窒碍，历经审厅办理在案。但声明窒碍期间，仍准用上诉期间，亦经大理院于民国二年十一月统字第六十七号函复浙江高等审判厅在案。似此，则凡缺席判决之案，在上诉期间内，受缺席判决之一方，若并不声明窒碍者，其缺席判决，即为确定，殆可知也。浙江高等审判厅于民国二年十二月十日对于朱家富与吴胡氏违约弃养一案，曾下缺席判决，依法送达，朱家富（即受缺席判决之一方）于民国二年十二月三十一日收到判决副本，注明送达证有案。然则，朱家富如需声明窒碍，自应于民国三年一月二十日以前声明，方为合法。乃迟至民国三年八月一日，具状向浙江高等审判厅声明故障。该厅并不调查，径予传审，片请检察官莅庭；当由本厅查阅卷宗，朱家富声明窒碍，并不合法，应依民国二年十一月大理院复湖北高等审判厅统字第六十八号公函内开，本院判例认'对于缺席判决，得准用上诉期间。而原审声明窒碍，原审衙门自应先调查合法与否（即应许可与否）。如不合法，径以决定驳回'云云办理，无庸派员莅庭。函致该厅去后，即经该厅长杨荫杭来厅面称，'依据《民诉律》第五百零二条第二项，应以判决驳回；既用判决，必须开庭审理，仍请派员莅庭'云云。查《民诉律》于中华民国统一后，未经正式公布，大理院于民国二年对于严树棠抗告决定曾经明认在案。该厅长主张适用《民诉律》，本厅实未便赞同。且即依《民诉律》第五百零二条理由内载'审判衙门应以职权调查'云云，仍是职权调查，并不是开庭审理。况大理院复湖北高等审判厅公函，明明有'径以决定驳回之'一语乎！现在既经拒绝派员莅庭，是否适当？以及本厅遵照大理院判例办法，有无误解？应请转咨解释示遵"等情。据此，除批示外，合行函请贵院解释复厅，以便转饬遵照。又八月二十八日，准浙江高等审判厅详称，"本厅于八月二十一日，审理朱家富与吴胡氏带子私逃一案，因案关人事诉讼，当即照章通知同级检察官莅庭。乃当事人已依期报到，检察官竟拒绝莅庭；其不肯莅庭之理由，其始谓'本案已经缺席判决，朱家富既未在上诉期间内声明故障，自当绝对确定，贵厅忽予传讯，不知是何用意，本厅未便派员莅庭'云云，此第一说也。但此案据朱家富状称，'传讯之时，身在山东，家中均系妇孺，现已请假回里'等语，而本厅查阅送达证书，于受送达人栏内，受缺席判决人，并未署名；于隔栏内有一花押，则不辨何人所书。又细查案卷，当时传票，由其弟朱祈夫代收；临审时，亦由朱祈夫以代诉人名义出庭。前任民庭，不许其弟朱祈夫出庭，且对造当事人，并未请求缺席判决，而由莅庭之检察官主张缺席审判。本厅查核以上情形，疑点甚多，认为应行传讯。乃检察厅认为不应传讯，此本厅对于检察厅所主张之第一说不能缄默者也。其后，检察厅检阅诉讼通例，始知不由过失、不知缺席判决之送达、不能遵守窒碍期间者，亦有声请之余地，乃又改变其第一说，谓'此类声请，按照大理院办法，应以决定驳回，不应以判决行之；既应用决定，既不应开庭，既不应莅庭'，此第二说也。但此案是否应准、应驳，本厅尚未调查明了，在检察官固不能于开庭审理前，预行要求驳回也。又此案是否应用决定，抑应用判决，本厅亦自有权衡。在检察官固不能强派本厅用判决，又安能强派本厅用决定？藉曰'按照诉讼通例，不合法之声明窒碍，应用判决驳回，则判决之形式，固应开言词辩论'。藉曰'按照钧院函复湖北高等审判厅之办法，应用决定驳回，则决定之形式，虽可以不开言词辩论，然审判厅苟认为应开言词辩论，亦非检察厅所能阻挠。'若照检察厅之说，用决定即不应开言词辩论，恐无此诉讼通例。况上述钧院原函，明言审判衙门应先调查合法与否。此案当事人既经传案，自应令当事人当庭呈验各据，以资调查。如果认为合法，应准其回复缺席前之程度。乃检察厅欲维持原缺席判决，不愿本厅更加研究，此本厅对于检察厅所主张之第二说，更不能贸尔赞同者也。抑更有言者，本厅果有违法之处，在检察官亦应当庭主张，不应拒绝出庭，使诉讼不能进行。乃检察厅来函，谓'检厅只能对于适法之审判，有派员莅庭之义务'云云。本厅闻之，窃不胜惶惑。此案尚未审判，彼安能预料其不适法？检厅果用猜度逆臆之法而不肯出庭，则以后无论人事诉讼、刑事诉讼，皆可以此为藉口，而拒绝莅庭充其弊。苟检察官逆料一案与审厅主张不同，即可预定审厅将为不适法之审判而一律不肯出庭，而审厅受《各级审判厅试办章程》第一百一十条、第一百一十一条之限制，势不能执行职务。审厅定期开庭而到期不能开庭，当事人远道而来，废然而返，既丧失官厅威信，又使诉讼濡滞不结，尚复成何事体？果如检厅所说，则以后拘传开庭一切程序，皆须预得检厅之认可，且审判官之主张，亦须先与检厅同意，否则，临时不肯出庭，即足以挟制审厅，使不能行其审判。寻绎审、检分制之原意，似不如是。本厅无可如何，只能停止进行。详请钧院指示办法，究竟此案，检察厅对于本厅请求莅庭，应否有拒绝之权？除并详司法部外，伏乞训示遵行各"等因到院。

本院查缺席判决声明窒碍不合法者，自应以职权径予决定驳回，毋庸开庭，以维利便。惟声明窒碍后，法院因审查合法与否，尚须讯问当事人，为相当之调查。例如，声明窒碍期间之起算，根据于送达判词，而送达于法律上是否有效，即生重大疑问者，自可加以讯问，以备职权处置之参考。又或与声明窒碍，同时声请回复原状者，如系合法，则应开庭辩论，裁判应否许可其回复原状。至于检察官遇有审判厅请求莅庭案件，苟系名义上以该当《试办章程》第一百一十一条各款为词者，即其实质上实非适法，检察官尽可于莅庭时，陈述意见，自毋庸事前拒绝，免生公务上意见之冲突。除函复浙江高等审判厅外，相应函复贵厅查照饬遵可也。

此致！

■ **统字第 162 号**

民国三年九月二十二日大理院复京师地方审判厅函

径启者：

据京师地方审判厅第一六三三号函开：兹有人触犯《惩治盗匪条例》第一条第一款之罪，核其情节，系属未遂；如依《暂行刑律》第九条之规定，当然适用同律第十七条处断。但该条第二款已明订"未遂犯之为罪，于分则各条定之。"则《惩治盗匪条例》，既非《刑律》分则，自未便援用。而该条例内又无未遂犯为罪之规定，应否宣告无罪，抑或通用《刑律》第十七条处断，相应函请迅速解释，复示遵行等因到院。

本院查《惩治盗匪条例》，系犯该条例第一条各款强盗既遂罪之特别法。此种强盗未遂罪，该条例既无明文规定，依《刑事》第十七条规定，自应适用该律第三百七十九条、第十七条处断。相应函请贵厅转行查照可也。

此致！

■ **统字第 163 号**

民国三年九月二十二日大理院致总检察厅函

径启者：

据四川高等检察厅筱电称，"律师出庭被人侮辱，应否照侮辱官员论罪？乞电示遵"等因到院。

本院查《刑律》"官员"二字，不能包括律师。相应函请贵厅电饬查照可也。

此致！

■ **统字第 164 号**

民国三年九月二十二日大理院复湖南高等审判厅函

径复者：

准贵厅五零八号函开：查刑事上诉期间之起算，依二年九月司法部呈准修正《各级审判厅试办章程》，称"自宣示判词之日始，为十日"。《刑诉律（草案）》第三百五十八条，亦称"自谕知裁判日起算"。故如某月八日判决之案，无论宣告时刻之早晚，均以是月十七日午后十二时为确定之期。而钧院三年五月六日致总检察厅，浙江汤溪县知事抗告该省高检厅不能认为合法函内载，"刑事判决宣告后，上告期间自宣告翌日起算为十日，通行已久"等语。此函语意，核与《试办章程》略有不符，本厅于此，窃滋疑义。盖此函系指上告而言，且系钧院受理上告案件办法，其控告、抗告期间暨各高等厅受理上告案件，究应援据此函之例，抑仍适用

《试办章程》之规定？并于此点，牵涉于审判确定者甚切，不有明确之解释，则议论纷歧，至为不便。为此，函请指示只遵等因到院。

查本院三年统字二百二十四号致总检察厅函内称，"刑事判决宣告后，上告期间自宣告翌日起算为十日，通行已久"等语，系指本院受理刑事上告之期间而言，所以别于本院受理民事上告期间，观该函前后文义自明。至高等厅受理刑事上告及控告、抗告，自应依《试办章程》第三百五十八条办理。盖本院上诉期间，因《刑诉律》尚未颁行，无明文规定，不得不自定事例，以便人民遵率。高等以下审判厅，既有《试办章程》之明文，自不能援用本院事例，而违背现行有效法令。相应函请贵厅查照可也。

此复！

［按刑事上诉期间，规定于《试办章程》第六十条、《刑诉（草案）》第三百五十八条，原文疑有错误］

■ 统字第 165 号

民国三年九月二十五日大理院复总检察厅函

径复者：

准贵厅总字第五百五十三号函开：案据山东高等检察厅详称，"查司法部重订《覆判章程》，业经公布遵行。惟各条文中尚有应请解释者，如该章程第三条第一款、第二款所列，核准及覆审两种决定，是否无论被告人及检察官，均不许抗告？非经明白解释，于指挥执行时，动生人民误会，理合详情转送解释"等情。除批示外，相应据情函请贵院解释复厅，以便转饬遵照等因到院。

本院察《覆判章程》第三条，核准及覆审两种决定，该章程中无许其抗告之明文，自不能提起抗告。相应函复贵厅，转饬查照可也。

此复！

■ 统字第 166 号

民国三年九月二十五日大理院复湖南高等审判厅电

湖南高等审判厅：

个电悉！《知事兼理诉讼章程》第七条之民事请求，系指附带私诉而言。私诉审理，应附带于刑事，但判决仍应分别宣告。

大理院有印

附：湖南高等审判厅原电

大理院钧鉴：

《县知事兼理诉讼章程》第七条载，"附带于刑事案件内，为民事请求者，应附带审理。"所谓民事请求，是否指附带私诉，抑或独立民事亦可于刑事判词内附带判决？乞详释示遵。

湖南高等审判厅叩个

■ 统字第 167 号

民国三年十月一日大理院致四川高等审判厅函

径启者：

准成都地方审判厅文电称，"《报纸条例》第十条五款是否包括在检厅告诉已准、未准一切案件而言？请示遵"等因到院。

本院查该条例第十条第五款"未经公判之案件"，当然包括检察厅侦查中之案件而言。再各地方审判厅对于本院请求解释文电，应经由该管高等厅转行，业经本院去年通行在案，以后仍应遵照办理，以保持法院之统系。相应函请贵厅转饬查照可也。

此致！

■ 统字第 168 号

民国三年十月一日大理院复黑龙江高等审判厅电

黑龙江高等审判厅鉴：

筱电悉！未经公判案件，当然包括侦查中而言。侮辱公署，该条例既无特别明文，应依《刑律》处断。

大理院东印

附：黑龙江高等审检厅原电

大理院钧鉴：

《报纸条例》第十条第五款"未经公判之案件"，在检察厅侦察处分中案件，是否包括在内？又报馆登载侮辱公署事实，是否准照《报纸条例》第二十三条，由发行编辑人同负责任？请解释示遵！

黑龙江高等审判厅筱叩

■ 统字第 169 号

民国三年十月一日大理院复湖南高等审判厅函

径复者：

准贵厅函字第五一六号函开：查《各级审判厅试办章程》，"无刑事被告，得置代理人、辅佐人"之规定。其第五十二条及第五十九条第一款，虽有得委任他人代诉之规定，然惟职官、妇女、老幼、废疾为原告时，始得委任。固非尽人可得而委任，更非为被告时所得而委任。且查此种规定，因《法院编制法》之颁布，已失其效力。"原告"二字且不存在，何有于原告之代诉人？是提起公诉后，无论被害人、被告人，皆不得遣人代诉也。又查《刑诉律（草案）》第五十三、第五十四等条，有"被告人得置代理人"之规定，然仅限于拘役、罚金或法人犯罪之案件。其第六十二条有被告辅佐人之规定，然仅限于被告之法定代理人或其夫。且其辅佐人系居于被告人之侧而辅助其诉讼行为，非有完全之代理权。其曰"独立实施被告人所得为之诉讼行为者"，谓不似辩护人之必经选任也（否则，直是代理，与第五十三条之规定相冲突），此条规定，甚为明晰。自钧院民国二年二月判决林其昌挟嫌杀死林其东一案之判决先例出，而刑事被告辅佐人之界说始纷然以起。或从狭义，谓高等以下各级审判厅应以《试办章程》为根据，不当适用此项判例；或从广义，谓既有此项判例，各审判厅自可援照施行。本厅以为高等以下各厅，能否适用此项判例，自是先决问题，应请先为解决。如何适用，则尚有左例之问题，仍待解决：（一）林其昌案判决之理由，系就钧院受理之上告案件而言，其高等以下各厅受理之控告、抗告案件，是否应与上告案件并依此例办理？（二）所谓"法律上、事实上与被告有利害关系之有能力人"之界说，究竟如何？所谓能力，是否指民法上之行为能力言？（三）所谓"不反乎被告明示之意思"之界说，究竟如何？设有被告人于前审之判决或决定后，并未声明不服，而辅佐人仅以己之名义，声请上诉，其上诉是否有效？（四）辅佐人既得为被告人所得为之诉讼行为，则当审理时、判决时，其被告本人是否仍须到庭？以上各点关系于上诉合法不合法者，均极密切，而又为事实上之所恒有。既有异说，不能不求统一之解释，以为适用之标准。本厅悬案待决，相应函请迅赐指示遵行等因到院。

查本院二年上字第九号判例所称"被告辅佐人"，与《试办章程》之代诉人，系属两事。《试办章程》之代诉人，即系代理人。现行法制，刑事被告人，原则上不许用代诉人，惟《县知事审理诉讼暂行章程》许处拘役、罚金刑之被告人及法人犯罪，得委任被告代理人到案。至本院判例所许之被告辅佐人，系依诉讼通例，许被告亲属等辅佐被告，以助其诉讼行为，即与《刑诉（草案）》之被告辅佐人，其性质无异。惟人民法律知识，尚在幼稚时代，故被告辅佐人之范围，较刑诉所定略广，不以法定代理人及夫为限，使人民便于受上诉之实益，与受被告人之委任而为其代理人者不同。故虽被告辅佐人提起上诉，而口头审理时，仍须令被告本人到庭。《试办章程》既无禁止辅佐人明文，而辅佐人性质又与代诉人不同，则高等以下各厅，自可依诉讼通例援用（现在直隶等省，业经有援用此例者）。

本院判例所称"有能力人"，系指有民法上行为能力而言。

至所称"不反乎被告明示之意思者"，系谓虽未得被告同意，而其行为与被告明示之意思不相冲突。例如，被告受第一审判决后，并未合法表示上诉意思，而亦未合法表示不上诉意思，其心中欲上诉与否不可得而知。于此情形，其被告辅佐人以己之名义，声请上诉，即可认为合法。

综以上解释，来函所举四问题，均可解决。相应函复贵厅查照可也。

此复！

■ 统字第170号

民国三年十月六日大理院复司法部函

径复者：

准贵部法字第一五五一号函开：据奉天高等审判厅转据沈阳地方审判厅详称，"前大理院判拟监候处决人犯孙尚志，按照《暂行新刑律施行细则》第四条之规定，并无如何改定执行明文，应如何办理"请示到部。查原详所引前大理院判词，系依前清《现行刑律》强盗律内监候处决例，参用名例内监禁待质例之大意，拟结此种判决，应如何执行？在前清《现行刑律》施行时代，已生疑问。今《暂行新刑律》施行，而其施行细则中，并无如何改刑之规定，则此案尤难办理。事关法令疑义，相应钞录原详，函请查照见复等因到院。

本院查前清《现行刑律》贼盗门之监候处决，与名例门之监禁待质，名异而实同，均非一种刑名；以现在诉讼通例言，不过中止诉讼程序，而仍维持被告之未决羁押。既系未决羁押，故《刑律施行细则》无改订执行之规定。本案前大理院之判决乃撤销高等厅原判，发还更为审判，同时并令中止诉讼程序，维持未决羁押判决，非判定罪刑之判决。观原判内有"仍令饬缉逸犯杨广才等到案，质讯明确，再行分别核办"一语，即可知非判定罪刑判决。惟旧律时代，死罪人犯重证兼重供，故虽有共犯供词足以证明该被告犯罪行为者，仍非取有被告输服供词，不能据以定谳。此所以有强盗无自认口供、伙盗已决无证者，监候处决之规定。现在诉讼通例，重证不重供，证据确凿，虽不对质，未经被告自白或俯首无词者，亦可定罪。既据原详称此案孙尚志强劫事主李兰家财物，业经已获正法之王永斌供明。该犯起意纠邀王殿清、杨广才、王殿才等，强劫李兰银铺财物，并拒伤事主，得赃属实；证人傅长发亦曾到案供明孙尚志分赃各散。续获伙犯王殿清，亦供认听从孙尚志持械伙抢李兰财物，得赃犯系先后拿获，供出一辙。就证供而论，孙尚志为此案正盗，似属无可滋疑。大理院以孙尚志未曾与证人傅长发在押之王殿清提同环质，疑为专恃正法之王永斌口供为根据，将该犯改拟监候处决。本厅以王殿清同为抢劫李兰案犯，王殿清现已判决拟斩，与孙尚志情罪悬殊，案关出入，不厌求详，自应移请查照，提同环质，以昭核实而期平允等语，则本案在现在自可继续进行，仍应由该管高检厅向原高审厅请求续行审理，由原高审厅为更审判之判决。相应函复贵部查照可也。

此复！

统字第171号

民国三年九月二十六日大理院咨司法部文

为咨行事：

接准贵部九月二十三日第三零七号来咨，历举拟复广东高等审判厅详请变通民事程序办法七款，并据咨称综览七款，本经验之成见，为救弊之良谟，作为立法论，似大致可采。《民事诉讼律》正在着手编订，原详已钞送法律编查会，以备参考。第就中仍有关系法律解释之点，究应如何核办之处，既据并详贵院，相应钞录原详，咨请核复，以便转饬遵照等因到院。

本院分别答复如下：

一、来咨第一款所述本院现行办法一节，查本院判决例，凡参与辩论人，若以审判长所发指挥诉讼之命令，或审判长及陪席推事之发问为违法，有所不服者，应自向该审判衙门声述异议，即由该审判衙门以决定裁判之，不许遽行声明抗告。至对于审判衙门，因指挥诉讼所为分离、并合、限制或中止辩论之决定，如有不服，亦只能径向审判衙门声请其自行依法撤销。又证据决定，审判衙门得自行撤销或变更，而当事人亦可声请其撤销，并本于新辩论声请其变更，惟均不许遽行抗告。凡此诸端，皆本院依据条例，对于诉讼法则之解释，意在限制抗告，以图诉讼进行之迅速。此外，依诉讼法条理，苟有可以认为绝对不许有抗告程序之件，即限制之，亦无不可，惟现在尚乏其例。至来咨第一款所述抗告程序，正合现在办法，惟抗告审衙门直接收受抗告状办法，仍应参照本院二年咨送各省上告注意事项中第八条之说明。又本院对于上告不合法之件（如向本院请求四审，或已显然逾期，或未经第一审并第二审审判等例）已于民国元年特字第十二号通告，及二年上告注意事项中，嘱托原高等审判厅就近代为驳回，以期速结而图利便。惟不服驳回之决定者，始准来院抗告，而实际于驳回后来院抗告之件，殊属不多。现在拟凡抗告事件，如系上开不应许可之件，亦即准用上告事例，嘱托原厅径予驳回，容再通行一体照办可也。其余来咨第一款中所述意见，本院均表示赞同，不另叙复。

二、来咨第二款事关立法问题。据本院意见，控告、上告期间，在现行法上，并不嫌过长。盖征之实例，请求回复上诉权者颇多，即可知吾国人民不甚注意期间之弊。况因逾越期间，致怀冤屈而不能伸，并不能合乎回复原状或再审等条件者，以现在社会心理观察之，已失事理之平，并不足维持法律及司法之威信。是对于判决之上诉期间，或须略予延长，更无缩短之理。至抗告期间，宜分别种类，略予缩短，则甚赞同。然非细心厘厘，修正法文不可也。

三、来咨第三款，大致同意，惟所称前清法部奏定《各省城商埠各级审判厅等办事宜》第四管辖一节，似惟本院始可援用；至于审判厅不满三百元之民事案件，将来修正法令时，如并予限制，不许其上告于大理院，则亦本院所可赞同。

四、来咨第四款所述再审一节，查再审理由，据本院判决例，已认《民诉（草案）》所列为合于条理，予以采用。惟《草案》第六百零六条规定中，有与现行法例令审判衙门于当事人举证责任外，更负搜集证据义务之点，不能毫无抵触。现在此点，亦尚无判决成例。至再审期间，非法有明文，自难以裁判为限制之根据。

五、来咨第五款所述一节，本院别无意见。

六、来咨第六款所述书面审理一节，查现在本院执行上告审职务，除因调查本院职权内得调查之事实问题关系各点，认为有必要情形者外，概以书面审理，一则系维持当事人之利便，一则图诉讼进行之敏速。高等审判厅执行上告审职务时，自可参照办理。此由于上告审职务之性质，有不得不然者也。至于控告审，除控告不合法案件得以决定驳回者外，对于判决案件，本院从来意见，均谓应于开言词辩论后，始得为适当之判决。其有仅凭一面之词以为判断之基础者，概行发还，令其更为审理。唯查控告审案件，如确系当事人两造均明晰，自认于系争事实已属毫无争执，只关于法律上之见解有所不同，并经控告审判衙门调查其情形确当者（如请求履行债务案件，债务人已自白或承认债权及利息全部，而并无他种习惯事实之主张，只因无力清偿，请求展期或主张时效及其他法律上见解有异之例。又如缺席判决,经缺席当事人合法声明窒碍,而第一审误谓缺席系出自故意过失,以无理由驳斥不准重开审理之例等皆是),则虽在控告审,准其以书面审理,亦无不可。盖控告审衙门于此时,毫无事实可以审讯,其当事人两造均无可以提出争执之事实,故合径用书面审理,实于当事人为有利而无害也。然苟限制不严,至因上告审查明后发还更审,则为省略手续,反致延滞进行,当事人尤不堪其苦矣,此不可不预为顾虑也。

七、来咨第七款所述办法,甚为正当。关于送达,自可酌认《民诉(草案)》规定为正当之条理,予以采用,藉补《试办章程》之缺陷。从前高等、地方审判厅往往有以牌示贴出判决全文或判决主文于厅外,即不复送达判词者,于厅务诚为简便,其如当事人之苦痛何?当事人因不知何日可以揭示,以致疲于奔命,或竟因作上诉理由,坐候送达判词而不知上诉期间早已逾越,致陷于非常不利益之地位者,必更不少。尤甚者,竟于不经宣告之决定,亦以牌示代送达,一似当事人本应日日候判于厅外也者。当事人于裁判之日,尚苦不知,自无不逾越上诉期间之理。此种办法,即按之现行法令,亦属违背,不能发生效力,本院已有判例。该厅之陈说,毋乃不当。

以上七款,本院意见与贵部虽稍有出入,而该厅请示办法,固有可以备修正法令之参考者,亦有全然出于误解者,本院详加考核,分别解释。相应咨复贵部转饬查照可也。

此咨!

附:司法部原咨

为咨行事:

接准广东高审厅"详为清理积案,拟请变通民事程序,请示遵"等因前来。

原拟第一款,谓抗告须严加限制。查贵院现行办法,凡诉讼中,审判长因指挥诉讼之命令及审判厅关于指挥诉讼之决定,只准向原审衙门声明异议,请求变更,不得抗告。该厅于此项限制,似可采用。此外,凡不经言词辩论之裁判而驳斥诉讼程序之声请者,得对之为抗告,此时,似更无制限之良法。至声明抗告之程序,现行办法,均参照《诉讼律(草案)》办理,向原审衙门或抗告审衙门提起;其向原审衙门提起,经该衙门认该抗告为有理由者,撤销其原判,否则,直接移送抗告审衙门,不经此批驳一段程序。至判词应依定式作成,于《各级审判厅试办章程》第三十八条明有规定,以批示准驳一节,似庚法定之程序。又不服抗告审衙门之决定,依现行法例,准其再抗告。原拟不得再行不服一节,似限制过严,转非持平之道。

原拟第二款谓上诉期间,须分别制限。查《各级审判厅试办章程》原定十日,嗣以各省因逾期声请窒碍者甚多,修正为二十日。上告审既无终审,尤宜审慎周详,似不应缩短为十日。抗告期间仅限三日,亦嫌过促。第视其他上诉期间,无妨稍短或酌减为其他上诉期间之半,似亦折衷之一法,容俟修改法文时参酌办理。

原拟第三款谓无理上诉,应加制裁,自是有鉴时弊之言。第迟延利息、损害赔偿,不待当事人之请求而为之,似干涉太甚。为保护债权人之利益起见,则不若以职权为假扣押至假执行之宣示。可否采用干涉主义之处，亦待斟酌！倍纳保证讼费一节，尤似未便，对于意图妨碍诉讼终结提起上告者，科以罚锾，诚为防健讼之一法。第定此罚则，即规定处罚之制裁，据《约法》第五条必依法律行之而后可。至因上告所应受之利益不逾二百元者，不准上告一节，查现行法例，对于县知事受理不及三百元之案件，尽有根据前清法部奏定《各省城商埠各级审判厅筹办事宜》第四管辖一节行之者，该厅可否援用之处，亦希查核。

原拟第四款再审请求，应严定范围一节，自可参照元年十二月支电，依据《民诉（草案）》法理办理。至期间之限定，无可据为标准，似无从酌定。

原拟第五款于第三人权利大有关系，似宜斟酌。此时，登记法规未备，办理执行，诚大难事。现拟将《不动产执行规则》酌量修正，原拟留备参考可也。

原拟第六款谓上诉审，请准用书面，以期敏捷。查现行事例，上告审，原以书面为原则；控告审，但系纯然法律问题，经当事人声明或审判厅调查确实者，似可放行。

原拟第七款谓判词，请用揭示以代送达。查决宣示之方法，《审判厅试办章程》第三十六条明有规定，"除言词辩论中，当庭可宣示之决定、命令外，其余自应恪守法定程序，以职权造送正本。"原拟似难通融。若谓避匿抗拒，难于造送，则在审判厅一方，既已尽其职务，自可以公示之法济其穷。至谓内容早已传播，甚或招摇撞骗，则事在用人之当否，似与法制无与也。

综览七款，本经验之成见，为救弊之良谟，作为立法论，似大致可采。《民事诉讼律》正在着手编订，原详已钞送法律编查会，以备参考。第就中仍有关系法律解释之点，究应如何核办之处，既据业详，相应钞录原详，咨请核复，以便转饬遵照。

此咨！

■ **统字第 172 号**

民国三年十月二十八日大理院复湖南高等审判厅电

湖南高等审判厅：

艳电悉！覆判案内，宣告无罪之被告，自应一并覆判。至漏未处分之被告，既未经第一审确定判决，则不能覆判，应由高检厅饬县知事为第一审审判。

大理院勘印

附：湖南高等审、检厅原电

大理院鉴：

覆判案件，原审宣告无罪或漏未处分之被告，本厅如认为有罪或仍无罪时，应否依该章程第三条第一、二两款，分别办理？悬案以待，乞电复！

湘高审、检厅艳

■ **统字第 173 号**

民国三年十月二十八日大理院复湖南高等审判厅函

径复者：

准贵厅函字第五六七号函开：案据长沙地方审判厅厅长章朝瑞详称，案准同级检察厅咨开："案奉高等检察厅批第四五四号开详悉。查教养局之性质，属于行政范围，非专为民事理曲人而设。事实上虽亟应设筹，但应由行政官厅主政，本厅未便越俎代谋。检察厅为实行公诉之机关，依《法院编制法》第九十条第一款之规定，只于公诉负监察、执行之责。关于附带私诉，法律既未明定，自应由审厅饬吏执行。此案公诉判决既已终了，执行私诉部分，仰即咨送原审厅办理可也。此批！"等因。奉此，查此案前经敝厅详请高等检察厅批示遵行在案。奉批前因，除将关于公诉已了、尚须执行私诉各案卷，逐起检齐，随时咨送贵厅核办外，相应照录原详，备文咨行贵厅查照施行。计录送原详一纸等因。准此，查同检厅原详，系因执行黄自强、陈启元谋夺东产一案，被告等应赔偿杨绍卿典价钱三百七十四千文。刑期满后，谕令期限措缴，辄以无从筹备为词，令其觅保耽承。又无确实铺户来厅，依《审判厅试办章程》第四十二条之规定，拟送入教养局作工。而本省教养局尚未成立，习艺所又已改设分监，执行困难。是以详请高等检察厅核示办法，顾高等检察厅批示所云，仅为检察厅解除责任，而于执行困难之点，究应如何办理，并无何等之解释。而同检厅自将前由咨行过厅后，数日内即准陆续送交执行。私诉案至二十余起之多，或系征追赃物，或系赔偿被害人之损害，该被告等如查系实有财产，自可径行释放，饬吏对于其财产执行。无如（赤贫者居其多数），既不便径行释放，又无的保可以责付。若羁押民事看守所内，渠等多无亲属，顾送伙食，从何筹备？若仍羁入刑事，由公家津贴，则刑期业经届满，又多此例外之支销，公家之负担益形过重；不予执行，于法院保护人民之旨，未免有戾切实办理，则事实之窒碍滋多。筹维再四，殊乏良策，用是详请钧厅，俯赐核示办法，以便遵行，是为至幸，谨详等因到厅。据此，查刑事案件附带私诉，应由何厅负监察、执行之责，法律无明晰之规定。敝厅未敢臆断，除将执行困难情形，另文详请司法部示遵外，合行函请钧院，迅赐解释，以资遵循，实为公便等因到院。

本院查附带私诉，其性质原系民事诉讼，因审判程序之便利，故附带于私诉，由刑庭审判。至其执行，自应与公诉分别办理，当然由审判厅依民事执行程序为之。相应函复查照可也。

此复！

■ 统字第 174 号

民国三年十月二十八日大理院复湖北高等审判厅电

湖北高等审判厅：

马电悉！诉讼通例，亲告罪被害人亡故，得由亲属告诉，但不得与被害人之意相反。希参照《刑诉（草案）》。

大理院勘印

附：湖北高等审判厅原电

大理院鉴：

《刑律》第三百三十条开，"第三百一十四条第三款、第三百一十七条及第三百二十五条第三款之罪，须告诉乃论"等语。若尊亲属比时因忿自尽并未告诉，揆诸人情法理，应如何办法？乞电示遵！

鄂高审厅马印

■ 统字第 175 号

民国三年十一月三日大理院复总检察厅函

径复者：

准贵厅总字六四一号函开：据广东高等检察厅详称，查《县知事审理诉讼暂行章程》第三十八条末段，"刑事案件之原告诉人或其代诉人，得向第二审审判衙门呈诉不服，请照上诉审程序办理"等因。现在解释此条程序，分为两说：甲说谓，仍照通常上诉程序，原告诉人只能向检察厅呈诉不服。须检察官认为有理由者，始以检察官名义代行提起上诉；否则，即予驳斥。乙说谓，法文既特别规定"向审判衙门呈诉不服"，则不问检察官认为有无理由，原告诉人实有独立上诉之权，检察厅接受其诉状后，即应转送审判厅审理，无驳斥之余地。二说究属孰是？理合详请示遵等情。据此，查所请各节，事关法律解释，相应据情函请解释复厅，以便转饬遵照等因到院。

本院查该条既明载"原告诉人或其代诉人，得向第二审审判衙门呈诉不服"等语，则其向审判厅呈诉者，准驳之权，自操之审判厅。若系向检察厅呈诉者，则除不合法者外，均应转送同级审判厅核办，检察官不能以无理由驳斥。唯此系特别规定，并非认原告诉人有独立上诉权，观该条第二项"请照上诉审程序办理"一语，其义自明，但检察官当然不受告诉人意见之拘束。若第二审开庭审理，检察官自可为独立之主张。原详甲、乙两说，均稍有未协。相应函复贵厅转饬查照可也。

此复！

■ 统字第 176 号

民国三年十一月三日大理院复山东高等审判厅函

径启者：

准贵厅第三七五号函开：本年九月十七日奉司法部六百四十一号饬开，本部修订《覆判章程》第一条第一款"最重主刑三等有期徒刑以上"之规定，将《刑律》窃盗罪及其赃物之罪，亦包括在内。县知事审理第一审案件，属于此种刑事甚多，案情既大抵轻微，审理亦不难精确。现拟以此种刑事案件为除外，重将原章程补订如后，仰即转饬各该县知事一体遵照等因。奉此，查新《刑律》第三百六十八条之罪，处二等或三等有期徒刑之名，不为不重。司法部补订修订《覆判章程》第一条但书所谓"窃盗罪"，是否该条罪犯，亦以轻微案件论，均包括在内？又下文"及其赃物之罪"，自是指窃盗赃物而言，惟据《刑律》第三百七十七条之规定，为罚金至五百元以上，是否亦包括在但书以内，均为除外之列，不必详送覆判？自修订《覆判章程》公布后，各县详送覆判案件，关于此类日益增多，所有疑义，相应函请速赐解释，以便转饬遵照等因到院。

本院查修订《覆判章程》第一条但书，仅称"但《刑律》窃盗罪及其赃物罪不在此限"等语，并无限制，则《刑律》第三百六十八条、第三百七十七条第一项、第二项之罪及其赃物罪，均当然包括在内。相应函复贵厅查照可也。

此复！

■ **统字第 177 号**

民国三年十一月四日大理院复山东高等审判厅函

径复者：

准贵厅公字第三八号函开：案据济南地方审判厅详称，查《刑律》第八十八条笃疾、废疾项下，未有毁败或减衰头发之明文；强剪妇女头发，亦不在毁败机能、变更容貌之列。惟同条第三项称"轻微伤害者"，谓前二项所列以外之疾病、损伤，似统括对于身体。所谓损伤而言，头发为身体之一部分，强剪头发，是否构成伤害罪，属于法律问题，理合详请钧厅鉴核，转请大理院解释示遵等情到厅。除批示外，合即据情转请查核，迅予解释，以便饬遵等因到院。

本院查《刑律》第三百一十三条伤害罪之成立，以毁损人身生理的机能为要件。换言之，即须使人身生理的机能受损害也。强剪头发，虽属强暴行为，然被害者生理的机能，未受损害，即未达伤害程度，不能依第三百一十三条处断。唯《刑律》关于施强暴未至伤害之行为，以对于尊亲属者为限，有第三百一十七条之规定；其对于常人之单纯强暴罪，则属于《违警律》范围。故强剪妇女头发，除系《刑律》分则各罪中以强暴为要件者之手段行为，应依各本条处断外，其单纯强剪头发，只能构成违警罪。相应函复贵厅查照可也。

此复！

■ **统字第 178 号**

民国三年十一月四日大理院复湖南高等审判厅函

径复者：

准贵厅函字六零二号函开：据长沙地方审判厅详称，"案准同级检察厅咨开：'案奉高等检察厅批敝厅详为奉饬调送彭湘等上诉一案卷宗缘由。蒙批据详已悉。除由本厅向同级审判厅调卷核办外，仰即函知该同级审判厅。嗣后，对于刑事上诉案件，应查照《试办章程》第六十条及第一百一十二条办理，着即遵照，此批等因。奉此，查本案前奉高等检察厅饬当经敝厅具详在案，奉批前因，相应钞黏原饬及详一纸，备文咨行贵厅，请烦查照施行'等因。准此，查刑事抗告案件，职厅向例均须直接详送钧厅核办。缘查《刑诉律（草案）》法理，关于上诉手续，只声明控告或上告案件，应由原审衙门将案内之文件及证据物，送交同级检察厅转送配置上级审判衙门之检察厅。至抗告案件内之文件证据物，并无径由检察厅转送之明文。核其理由，缘控告或上告，系对于原审判衙门之终局判决，而声明不服。上级审判衙门接受该案件后，须从新公开辩论，手续重大，检察官代表国家行使诉权，不可不有准备，以为该诉讼之当事人，是以应将文件证据物交其先行查阅。至抗告，系对于原审衙门之决定而声明不服，原审衙门认为有理由时，应即更正原决定，认为无理由时，然后检同声明书并出具意见书，径行送交上级审判衙门。上级审判衙门接受该案件后，得以调查决定或驳回抗告，或撤销原决定，务用简单之手续，所以免程序之复杂，而使诉讼得以迅速终结。《草案》第三百七十七条，及三百九十八条、四百二十一条规定，极为明晰。《各级审判厅试办章程》第六十条系规定宣示判词后上诉之办法，第一百一十二条系规定判决后上诉之办法，至对于决定之抗告，并无何处之规定。决定与判决，其性质迥不相同，则该二条之手续，当然不能援用。职厅去年审理桃源法官吴英翰等一案，吴英翰两次提起抗告，均系径将案件呈送钧厅。上月二十八日详送彭敦秉等抗告一案，即援前例办理。兹准前因同级检察厅既经声述异议，自非详请钧厅指示办法。折衷一是，不足以资遵守，而免争持等语"到厅。查事关法律解释，系属钧院权限，相应据情函请核示等因到院。

本院查抗告案件，详送文件卷宗，《试办章程》并无明文规定，自无庸必须经由原检察厅，得由原审厅附具意见书径送上级审。相应函复贵厅查照可也。

此复！

■ 统字第179号

民国三年十一月四日大理院致浙江高等审判厅函

径启者：

据杭县地方审判厅详称，"窃查《县知事审理诉讼暂行章程》第一条之规定，'凡未设审检厅各县，第一审应属初级或地方厅管辖之民刑诉讼事件，均由县知事审理。'是县知事受理案件之初，本无初级与地方之分，而现在各县知事署，其承审员又仅一人，亦无预审及提起公诉之手续，故欲辨别其孰为初级孰为地方，自当以其判决所适用之条文为标准。其判决属于初级者，则第二审为地方厅，属于地方者，第二审为高等厅。然使告诉人对于县知事署告诉之罪名，属于地方管辖，县知事判决之罪名属于初级管辖，原告不服上诉，其第二审管辖，究属高等，抑系地方？使谓属于地方，受理以后，万一被告罪名，实在三等有期徒刑以上，地方厅因管辖之关系，既不能撤销原判，自为审理。县知事本有受理之权，亦不能谓第一审管辖违法发还重审，即使发还，县知事仍固执原判，将若何救济？此请示解释者一。公判以公诉为前提，是为刑诉之通例，《试办章程》第二十六条之规定，'凡诉讼案件，经检察官或预审官送由本厅长官分配后，审判官得公判之。'是未提起公诉之案件，审判官无公判之权，本无疑义。然使有同一之被告，而侵害两人之法益，例如甲诈欺乙之钱财，又诈欺丙之钱财，检察官或预审官，仅以甲对于乙之诈欺罪起诉，第一审亦未依同章程第二十七条之规定并判，至第二审始发见甲有诈欺丙之行为。于此场合，甲对于丙之诈欺取财罪，例应由配置检察厅命令起诉。然能否为便利起见，不俟另行起诉，第二审将第一审未判之部分，并案公判？此请示解释者二。新《刑律》第二百六十六条之意图贩卖鸦片烟罪，所谓'意图'二字，本属无形，如仅仅收藏或私行夹带，毫无贩卖之证据，能否作为犯本条之罪？此请示解释者三。查新《刑律》第二百八十三条至第二百八十六条之罪，须被害人或其亲属告诉乃论，第二百九十条之罪，须妇女之尊亲属或本夫告诉乃论。又同律第三百一十四条第三款、第三百一十七条第三款、第三百二十五条第三款，第三百四十九条、第三百五十三条、第四百零六条、第四百零七条，及《刑律》第三十一章，除第三百五十八条外之罪，均须告诉乃论，是否专指被害人告诉，并不包括亲属在内？此请示解释者四。综核以上各情，究应如何办理，案关法律问题，未便妄事牵引，合请察核，迅予解释，俾便遵行"等因到院。

本院查县知事既兼有地、初两审管辖权，则应归地方管辖案件，县知事误以为初级管辖案件判决后，上诉于地方厅，地方厅自应为管辖错误之判决，将该案件详送于高等厅为第二审审判。又查第二审发见被告有附带犯罪，未经第一审者，依本院判例，自可并案公判。又查《刑律》第二百六十六条之"意图"二字，系构成要件，无贩卖之故意者，虽收藏鸦片烟，亦不能为罪。至意思虽属无形，如果有贩卖意思，自可以有形证据说明。又查《刑律》第二百八十三条至第二百八十六条之罪，告诉权属于被害人或其亲属，第二百八十九条之罪，告诉权专属于本夫，第二百九十条之罪，告诉权属于尊亲或本夫，其他《刑律》中之亲告罪，告诉权属于被害人，但被害人之法定代理人及其夫，亦得独立告诉（参照本院元年上字第二十九号判例，及二年统字第二十号复上海地方审判厅函）。又告诉权之属于被害人者，被害人亡故，其亲属以不反于被害人之意思为限，亦得告诉（参照本院三年统字第一百七十四号，复湖北高审厅电）。相应函请贵厅转饬查照。又本月十九日，复据该厅电请解释，电码多讹，系何项问题，无从悬揣。又本院上年曾经通行各级审、检厅，凡下级审判厅，请求本院解释法令，应经由该管高等审判厅，否则概置不复在案。嗣后该厅对于本院请求解释，仍应遵照办理，详由贵厅转送来院，以免越级之嫌，并希贵厅一并转饬遵照。

此致！

■ 统字第180号

民国三年十一月十日大理院复陕西高等审判厅电

陕西高等审判厅鉴：

本应依《惩治盗匪条例》处断案件，县知事误引《刑律》判决，覆判时应以决定发还原县，或发交其他第一审衙门覆审。至提交及移送案件，应依该条例处断者，高等厅应适用该条例判决。

大理院灰印

附：陕西高等审判厅原函

为函请解释事，窃适用《惩治盗匪条例划一办法》三条，业经司法部通电在案，自应遵照办理。惟尚有应请解释者数端：查《划一办法》第二条称上诉中，仍依《刑律》处断，但在控告审者，不得复准上告，此外高等厅并无适用《惩治盗匪条例》之明文，是无论条例施行前，上诉中之盗案，与以后合于《刑律》范围之上诉覆判各盗案，高等厅均应照《划一办法》，仍依《刑律》处断也。若条例施行后，各县详送上诉覆判各盗案，设有与《惩治盗匪条例》相合，而该县误引刑律判决者，高等厅既无适用条例之明文，自未便改用条例，是否驳回原县，令照《惩治盗匪条例》第二条办理？此应请解释者一。又《惩治盗匪条例》第七条，"巡按使对于县知事及军队之报告，认为有疑误时，得提交高等审判厅审理。直辖最高级军官，对于军队之报告，认为有疑误时，亦得移送高等审判厅审理。"此项案件，如高等审判厅审理后，果系与《惩治盗匪条例》不符，自应依《刑律》处断。如与《惩治盗匪条例》实属相当，是否仍发还原县，按该条例第二条办理？此应请解释者二。又《惩治盗匪条例》第一条第一款，凡强盗入室过船及侵入有人居住之处所，纠众至三人以上，不论曾否伤人，但有一人执持枪械者。查此款'枪械'二字，是否用赅括解释，抑用分类解释？如用赅括解释，则火枪、洋枪、快枪均可谓之枪械。如用分类解释，则凡火器，均可谓之枪，而金刃、木棒等类，均可谓之械也，此应请解释者三。以上均系关于法律上之解释，必先求毫无疑义，而后遇有此等案件时，乃能有一定办法，除详司法部外，相应函请解释，以便遵照办理。

此致！

■ 统字第 181 号

民国三年十一月十日大理院复湖北高等审判厅电

湖北高等审判厅鉴：

本应依《惩治盗匪条例》处断案件，县知事误引《刑律》判决，覆判时，应以决定发还原县，或发交其他第一审衙门覆审。

大理院灰印

附：湖北高等审判厅原函

径启者：

案查《治匪条例》，已奉颁布，敝厅对于此项案件，由同级检察厅移送来厅，内有各县知事判决，在条例颁布以后者，应否由厅覆判，抑饬县径详巡按使核办各缘由？前于九月迥日电请司法部解决去后，旋于勘日奉复电开：迥电悉！县知事审理盗匪案件，若为条例第一条，及政事堂通电所不包括者，应依《刑律》处断，仍送覆判。其本应依条例处断案件，县知事误引刑律处断送覆判者，应如何办理？已由陕西高审厅函请大理院解释，俟登公报后，查照等因。奉此，敝厅自应静候公布，遵照办理。惟现在阅时已久，查近期政府司法部各公报，尚无此项解释刊载，而敝厅此项案件，日积日多，因未定有划一办法，均停案以待。相应备文直接函请贵院查核解释，俾资遵守，而利进行，并希从速见复为荷。

此致！

■ 统字第 182 号

民国三年十一月十日大理院复山东高等审判厅电

山东高等审判厅鉴：

东电情形，依《刑律》第九条，得适用第五十四条。

大理院灰印

附：山东高等审判厅原电

大理院鉴：

兹有合于《惩治盗匪条例》，奈情极轻之罪，能否依《刑律》总则第五十四条酌减？悬案以待，乞速电示遵。

山东高等审判厅东

■ 统字第 183 号

民国三年十二月八日大理院复江苏高等审判厅函

径复者：

准贵厅函开：案据上海地方审判厅长袁钟祥，详为转请解释法律事，兹有官吏二人以上，共同犯枉法赃至五百元，有主张适用《官吏犯赃治罪条例》第二条者，有主张适用该条例第五条者，谨将其主张之理由，列举如下，究以何说为正当？理合详请鉴核，迅赐转请大理院解释饬遵等因，并列举甲乙二说到厅。准此，相应据情列举甲、乙二说：甲说，官吏二人以上共同犯枉法赃至五百元，虽各人所得未及五百元，而既为一罪，当然适用新《刑律》总则，共同正犯之规定，应共负《官吏赃罪条例》第二条之责任；乙说，查《官吏赃罪条例》，系根据于前清律例，其母法既为计赃论罪，则子法亦当依此解释。官吏二人以上共同犯枉法赃，虽至五百元，而每人所得不及五百元，应依该条例第五条处断，若适用共同正犯之规定，未免赃轻刑重。函请迅予解释见复，以便转饬遵照等因到院。

本院查《刑律》总则第九条规定，"本律总则于其他法令之定有刑名者，亦适用之。"是《官吏犯赃治罪法》，亦应适用《刑律》总则各规定，故计赃亦应以甲说为正当。相应函复贵厅转饬查照可也。

此复！

■ 统字第 184 号

民国三年十二月八日大理院复吉林高等审判厅函

径复者：

准贵厅三年刑字第二十七号函开：查法人犯罪，各国通例均有明文规定，加以制裁。我国律文，并无法人治罪正条，如遇此等案件，究应如何办理？一也；又法人犯罪，其事实均系自然人代表，设代表人原为法人本体谋利益，然此行为即犯罪之行为，其责任归诸法人，抑归诸代表人？二也；又法人犯罪，果应处罚，如犯《暂行新刑律》徒刑，及并科罚金之罪，是否仅处罚金，抑应并处徒刑？三也。以上三点，现在吉省发生此项问题，亟待解决，应请迅予解释，以凭遵办等因到院。

本院查法人非有明文规定，不能有犯罪能力，故普通《刑律》罪刑不能适用。该处如关于特种犯罪，有处罚法人之章规，自应以该种法人为该种犯罪之被告，否则法人不能为被告。至实施普通《刑律》上犯罪行为之人，无论系为自己或谋法人之利益，仍应依《刑律》处罚。相应函复贵厅查照可也。

此复！

■ 统字第 185 号

民国三年十二月八日大理院复安徽高等审判厅函

径复者：

准贵厅第四八六号函开：案查民国二年五月二十七日钧院统字第二十九号，复总检察厅转送京师第四初级检察厅函开："查《报律》第十一条，专系《刑律》第三百六十条之特别法，非一百五十五条之特别法。《刑律》第一百五十五条之行为，《报律》既无规定，即系对于报馆无特别法，无特别法者，当然适用《刑律》。例如报馆教唆杀人，自应适用《刑律》三百一十一条及第三十条，不能以《报律》第十一条系概括的规定，而牵强附会。依此结论，如报载某议员违法受贿，某司法官贪赃枉法，某财政官侵蚀公款诸例，乃对于官员职务，公然侮辱，当然适用《刑律》第一百五十五条第一款"等语。嗣奉大总统教令第四十三号，《报纸条例》公布后，前清《报律》已经废止，设有报纸登载失实，触犯《刑律》第一百五十五条之规定，可否仍依钧院统字第二十九号解释，适用《刑律》，抑应适用《报纸条例》？不无疑义。相应函请详为解释，俾资遵守等因到院。

本院查《报纸条例》第二十四条，仍系《刑律》第三百六十条之特别法，非第一百五十五条之特别法，而第一百五十五条之行为，《报纸条例》并无规定。依特别法无规定适用普通法之例，如有犯该条之罪者，自应适用《刑律》。相应函复贵厅查照可也。

此复！

■ 统字第 186 号

民国三年十二月九日大理院复湖北高等审判厅函

径复者：

准贵厅函开：案查审判厅《试办章程》第一百零三条规定，非现行犯，附带犯罪伪证罪，未经检察官起诉者，不能径付公判。惟间有检察官起诉文内，只认甲、乙、丙有罪，而审理中发见丁亦有罪；又或检察官指定赵有罪，而审理结果赵无罪，而李有罪。此两种案件，其丁之犯罪，与李之有罪，均仅由莅庭检察官口头起诉，未另具起诉正文，可否一并判决？贵院为解释法律最高机关，理合函请解释示遵等因到院。

本院查检察官既当庭用口头起诉，若经补具起诉文，或记明笔录者，均可一并判决。相应函复贵厅查照可也。

此复！

■ 统字第 187 号

民国三年十二月九日大理院复黑龙江高等审判厅电

黑龙江高等审判厅鉴：

敬电情形，应适用《惩治盗匪法》。

大理院佳印

附：黑龙江高等审判厅原电

大理院鉴：

《惩治盗匪条例》颁布后，本应适用该条例处断案件，地方厅误引《刑律》判决，于上诉时，高等厅应否改用《惩治盗匪条例》处断？请示遵。

黑龙江高等审判厅敬印

■ **统字第188号**

民国三年十二月十八日大理院复总检察厅函

径复者：

准贵厅函开：案据广东高等检察厅，转据广州地方检察厅详称，"盐务缉私兵犯普通罪，是否归司法裁判？悬案以待，电请函院解释"等情到厅。相应据情函请查核见复，以便饬遵等因到院。

本院查盐务缉私兵，其性质系属警察之一种，其犯罪自应归通常司法官署管辖。若系以有军籍之军人充当者，则依其身分，仍应归军法官署管辖。相应函复贵厅，转饬查照可也。

此复！

■ **统字第189号**

民国三年十二月十八日大理院复广西高等审判厅电

广西高审厅鉴：

《刑诉草案》第三百七十九条之相对人，系指诉讼相对人而言。例如被告上诉，其相对人为检察官，微电情形，与该条不符。

大理院巧印

附：广西高等审判厅原电

大理院钧鉴：

例如一案内，甲被告依期控告，其相对人乙被告，过期后提出从控告，可参照《刑诉法》第三百七十九条办理否？乞示遵。

广西高审厅微印

■ **统字第190号**

民国三年十二月十九日大理院复湖南高等审判厅函

径复者：

准贵厅函开：查《县知事兼理诉讼暂行章程》第三十八条内载，"原告诉人或其代诉人，得向第二审审判衙门呈诉不服，请照上诉审程序办理"等语。此等人呈诉不服，是否仍须由配置第二审审判衙门之检察官，详细调查，如确有理由，即由该检察官代行提起上诉？又《刑律》第三百五十五条第二项中"其告诉为无效"之"其"字，是否专指被略诱、和诱人而言？抑兼法定代理人及其夫而言？又拐取已聘未婚之妻或子妇、弟妇者，应否以略诱、和诱论？又略诱、和诱人主张未诱之先，原与被诱人有婚姻预约之关系，而其所主张之事实不明者，应否认为附带私诉，径由刑庭调查事实，分别判决？抑应先将该部分移送民庭，另案办理？以上四端，均各持解说，未便率从，相应函请明白剖示等因。

本院查《知事兼理诉讼暂行章程》第三十八条，原告诉人呈诉不服办法，业经本院统字第一百七十五号，复总检察厅函内详细解释在案，希参照该号解释。至《刑律》第三百五十五条第二项之"其"字，系指一切有告诉权者而言。又拐取已聘未婚之妻或子妇弟妇者仍构成略诱、和诱罪。盖因已聘未婚妻妇，其监督权仍属于女家，拐取行为，即系侵害其监督权，故构成犯罪。但依其情节，或可适用第五十四条酌量减轻。又附带私诉，不能由被告人提起，婚姻预约之有无，非查明不能为刑事判决者，刑庭当依刑事诉讼程序，调查此种事实，以为判决之资料，无移送民庭之必要。此等调查事实之行为，亦不能强名之曰私诉。相应函复贵厅查照可也。

此复！

■ **统字第 191 号**

民国三年十二月二十四日大理院复云南高等审判厅电

云南高审厅鉴：

文电悉！杀人已死后之脱取行为，以死者有承继人为限，成立窃盗罪，否则为侵占遗失物。将死之脱取行为，成立强盗罪，均与杀人罪俱发。

大理院敬印

附：云南高等审判厅原电

大理院鉴：

谋杀人已死或将死之际，始起意将其衣物脱取，脱取行为，成立何罪？乞示。

滇高审厅文印

■ **统字第 192 号**

民国三年十二月二十四日大理院复浙江高等审判厅电

径复者：

准贵厅详称，"查新《刑律》第四十四条所定易科罚金之办法，应否由审判衙门于判决时，或判决后因检察官请求，别以决定谕知，抑系纯属检厅职权，无请求决定之必要？各庭办法，既不一致，疑问亟待解决，理合具文详请，迅予解释示遵"等因到院。

本院查《刑律》第四十四条之易科罚金，应由审厅于判决时，或判决后，因检察官之请求，别以决定谕知。此系法院职权，非检察职权，不能径由检厅处分。相应函复查照可也。

此复！

■ 统字第 193 号
民国三年十二月二十四日大理院复黑龙江高等审判厅电
黑龙江高审厅鉴：
十八电情形，乙应依《刑律》第一百七十一条处断。
大理院敬印
附：黑龙江高等审判厅原电
大理院鉴：
据龙江地审厅详称，"现有甲犯罪送押，乙于中途商允法警，替甲入监，后经发觉，乙应按《刑律》何条处断？请转电解释示遵"等语，合请核复为荷。
黑龙江高等审判厅十八印

■ 统字第 194 号
民国三年十二月二十四日大理院复江西高等审判厅电
江西高审厅鉴：
电悉！原告诉之呈诉，经高检厅同意者，应以高检厅检察官为控告人。
大理院敬印
附：江西高等审判厅原电
大理院钧鉴：
查贵院统字第一百七十五号复总检察厅函内载有"并非认原告诉人有独立上诉权"一语。县知事判决案件，如原告诉人不服，控告于高检厅，由高检厅转送高审厅时，应否认高检厅检察官为控告人？请迅赐解释电复遵行。
江西高审厅叩

■ 统字第 195 号
民国四年一月六日大理院复奉天高等审判厅函
径复者：
准贵厅刑字第七八四号函开：据试署怀德县知事尹寿松详称："《刑律》第三百八十六条，于雇员是否适用事？查《刑律》第三百八十六条，'官吏处理公务，图利自己或第三人，或图害国家公署，背其职务，损害国家公署之财产者，处二等或三等有期徒刑，第八十三条称官员者，谓职官吏员，及其他依法令从事于公务之议员、委员、职员'等语。是犯第三百八十六条之罪，必具有第八十三条之身分，方能适用。设如国家因节省经费起见，税局之内，不设征收委员，其经收税款，由局长指定雇员办理，而雇员填写税票，大头小尾，多收少报，一经发觉，论其损害国家之财产，实与第三百八十六条相符，论其身分，似又与该条不合。此种案件，是否适用第三百八十六条，抑应另用他条？判断之处，不无疑义，用特详请解释，以资引用，悬案以待，祈速示遵等情。"据此，查从事于公务之雇员，是否包在《刑律》第八十三条所谓官员以内？事关解释法律，本厅未便专擅，相应函请贵院，希即详为解释等因到院。

本院查《刑律》'官员'二字，第八十三条有一定要件，故非依法令从事于公务之职员，当然不能包括于'官员'二字之内。至该县知事原详所举之例，如中央或该省有指定雇员办理公务之章程，或成案者，其雇员自可认为《刑律》上之官员。但原详所称大头小尾，多收少报情形，若系以隐匿不报之款，归入己有者，应构成《刑律》第三百九十二条之侵占罪，非第三百八十六条之罪。第三百九十二条之罪，并不以官员为限。相应函复贵厅转饬查照可也。

此复！

■ 统字第 196 号

民国四年一月十二日大理院复河南高等审判厅电

河南高审厅鉴：

宥电悉！依《惩治盗匪法》处徒刑案件，毋庸送覆判。

大理院文印

附：河南高等审判厅原电

大理院鉴：

依《惩治盗匪法》第二条处徒刑，及第三条减等人犯，是否仍应覆判？请核示。

豫高审厅宥印

■ 统字第 197 号

民国四年一月十二日大理院咨司法部文

为咨行事：

准贵部咨开：据察哈尔都统署审判处长周树标详询，"前清《理藩院则例》，民国是否适用，或一律适用《新刑律》？乞鉴核示遵"等因前来。查《理藩院则例》，所载各项处罚，与《新刑律》比较重轻，相去悬殊，按诸蒙古现在情形，似未便遽尔适用《新刑律》处断。事关适用法律，究应如何适从之处？相应钞送原详，咨请贵院查核，迅速见复，以便饬遵等因。

本院查前清《理藩院则例》，系对于蒙古地方之特别法规，其关于民事及诉讼程序执行程序等规定，自应继续有效。至关于罪刑部分，该则例审断门规定，蒙古例无专条引用刑例。是该则例关于刑律部分乃前清刑律之特别法，依后法胜前法，特别法胜普通法之原则，前清《刑律》，业经因《暂行新刑律》之施行而失其效力。该则例即系《暂行新刑律》及其他现行刑事法规之特别法，关于罪刑，该则例有明文规定者，适用该则例。该则例规定适用刑例，或别无明文者，适用《暂行新刑律》及其他现行特别刑法。唯查该则例仍袭用斩绞军流等刑名，既与现行法不一致，而其中收赎折枷等易刑处分之规定，其标准亦不能与现行刑名相比照。且该则例虽系对于蒙古之特别法，然亦颇有轻重，失其权衡之处，似宜斟酌。现在蒙古情形，并现行刑法酌加修改，以便援用。相应咨复贵部查照。

此咨！

附：察哈尔都统署审判处原详文

　　详为请示前清《钦定理藩院则例》，民国是否适用？谨乞鉴核事。本年十二月五日，奉察哈尔都统署第一千二百九十四号饬开：为饬县知事，据署理察哈尔镶白旗总管印信察哈尔正蓝旗参领郭勒敏色详称，"为转报事，印房案呈前准理刑官移开，为移拟罪办理转报事，今将本旗移到入前锋瓦齐尔胡雅克图家窃银一案，班迪都噶由监提出尔，审得供称今年二十六岁，系察哈尔鞑克济尔嘎勒佐领下人，母拉什济特弟鲁普桑等，现在同外祖母孟克鄂勒哲依在一家居住。小的忽起窃意，于本年六月初八日骑着自己马由家出来，寻行偷窃，于初九夜进入头佐领下前锋瓦齐尔胡雅克图家，毁坏柜锁，内装小口袋两条银八包，独自一个偷取，包在衣襟骑马前行急走，想要未亮之先回家。日出后，在野地柳棵子内开看，路上丢失两包，下余五十两大宝一个，十两小宝十九个，十两锞子八个，五两锞子四个，二两小锞子五十二个，片银五十两，带着各处花费。人看见可疑情形，于十四夜骑着自己马逃走，到正白旗第二左领下会庙，因念经出银，被其左领下护军校三英胡毕图疑惑，将我拿解到此，小的此外，并无另行为盗是实等语，复行详，鞫审讯，仍照前确供不失。查蒙古则例内载，'窃银等物，价至一百二十两以上者，为首绞监候秋审入缓决'等语，又查《刑律》内载'蒙古窃案，一时俱发，以一为重，从一科断'等语，今审得此案班迪都嘎尔所窃银七百五十两，内有头佐领下前锋瓦齐尔胡雅克图银三百二十两，巴彦都隆庙吉赛呢拉巴嘎勒桑扎木苏银一百八十两，第四佐领下毕勒格库济赛即二百五十两，在一家存贮，独自偷窃，其前锋瓦齐尔胡雅克图被窃银数较多。请将班迪都嘎尔从重照偷窃银一百二十两以上例拟绞监候，其所窃之银，经事主认收银三百八十两四钱，勿庸赔给外，伊花费银四百二十一两六钱，应由贼犯班迪都嘎尔名下追出赔给。若无力赔给，着落该管官员等赔给，是否相符之处？相应移旗恳请转行详报都统署伏乞指示，俟回示时遵办外，并该犯手掌供单一并移付等因。准此，理合照理刑官所移转行详报，计手掌供单一纸等情。据此，合将供单饬发该处，仰即详核具复，以凭饬遵此饬，计发供单一纸"等因。奉此，查蒙古则例，即《理藩院则例》修改，"偷窃银两等物计赃拟罪，目内第六条规定，偷窃一百二十两以上为首者绞监候，秋审时入于缓决"等语，又查《新刑律》第三百六十八条规定，"窃盗有左列行为之一者，处二等或三等有期徒刑，其第一款规定侵入现有人居住或看守之第宅、建筑物、矿坑、船舰内者"各等语。今班迪都嘎尔入前锋瓦齐尔胡雅克图家窃银一案，若适用《理藩院则例》，应按照修改偷窃银两等物计赃拟罪，目内第六条办理；若适用《新刑律》，则应按照第三百六十八条办理。惟查民国元年三月十日大总统令，现在民国法律未经议定颁布，所有从前施行之法律，及《新刑律》，除与民国国体抵触各条应失效力外，余均暂行援用，以资遵守，此令等因。谨绎令文义意，按照察哈尔特别情形，则前项《理藩院则例》，似未便谓为与民国国体有所抵触，若遽尔援引，又与《新刑律》所规定同罪者处罚不同。事关适用法律，本处未敢擅专，理合详请总长鉴核，究竟《理藩院则例》，民国是否适用，或一律适用《新刑律》，以昭划一之处？统乞迅速批示遵行，实为公便。

　　谨详！

统字第 198 号

民国四年一月十五日大理院复福建高等审判厅电

径复者：

准贵厅三年审字第八百九十四号函开：据福建律师公会函称，"按现行法例，关于法律解释，以大理院为统一机关。兹查县知事审理诉讼，凡判决民、刑事案件，应照部令以判词行之，原无疑义。惟刑诉事件，于侦查后，下不起诉处分者，在县知事衙门，恒用批谕，告诉人如有不服此项批谕，是否应照《县知事审理诉讼暂行章程》第四十条，于法定期间，提起抗告？逾此期间，即为谕定，抑或逾期尚可继续进行？现在此种案件甚多，莫衷一是，用恳转请大理院解释"等语。窃谓此问题所应究研之点，当分为二：一，对于县知事之批谕，是否无论何种批谕，均适用《县知事审理诉讼章程》第四十条抗告期间之规定？查部令凡判决应送覆判之案件，不依式作成判词宣告者，即为无效。是县知事对于案件之判决，而以批谕行之，其不适用抗告确定期间，似无疑义；二，县知事受理各案件，能否适用侦查不起诉处分之办法？查《县知事审理诉讼暂行章程》第二十九条第一款，'对诉讼人呈请有所准驳者，以批行之，第二款于诉讼之进行有所指挥者，以谕行之。'此项规定，是否对于诉讼人之请求，认为不确或不当，及诉讼上一切程序而言？若谓对于案件终结，均得以批示作为不起诉之处分，则事实上有发生困难之点。例如甲诉被乙抢劫，乙辩诉，知事以被害人甲传讯到迟，遽以批示，将全案注销，旋即卸事。被害人向后任知事状诉，经知事查被告人实有抢劫之嫌疑，复行传讯，而被告人遂以一事不再理为理由，提起抗告（本厅现已发生此种事实）。若认该批谕为不起诉处分，则告诉人逾期声明，自难准理，而于本案又无新发生之事实以为再诉之理由，将令加害者悻逃法网，被害者呼吁无门。揆诸立法本旨，当不若是，此特就事实而言。再以法理言之，依现行法例及《各级审判厅试办章程》，均无因告诉人不到案，即可批示注销之规定，此种不合法之批示，似不能有何等之效力。且县知事以一人而兼检察及审判之职权，其起诉与否，在程序上亦自难划分。窃以为诉讼之呈请，有所准驳及诉讼进行之指挥，与本案之命运无关者，自应依《县知事审理诉讼暂行章程》第二十九条第一款、第二款以批谕行之。若关于本案之终结，除简易案件外，概应依同条第三款以判决行之，不得以最简之批谕。为对于全案终局之判决，而限告诉者以决定最短之确定期间，庶手续归于划一，而实际亦无窒碍。兹据律师公会函请转达贵院，请求解释，因既发生实例，一并缕陈，究应如何办理之处，相应函请贵院迅赐解释，以便遵办等因到院。

本院查现行刑事诉讼制度，系采用职权主义，亲告罪以外之案件，虽无人告诉，有检察职权官吏，亦得侦查起诉。县知事兼有检察职权，办法自无两歧，安能因告诉人不到案，即可以批示注销？此等批示，自未便认为不起诉处分。贵厅解释《县知事审理诉讼暂行章程》等现行法制之意见及办法，自系正当。相应函复贵厅查照可也。

此复！

■ 统字第 199 号

民国四年一月十五日大理院复总检察厅函

径复者：

准贵厅三年总字第八八四号函开：案据山东高等检察厅详称，据恩县知事朱是详称，"已判之案，发生充分证据，原判事实或法律错误，本审级可否以检察官职权提起上诉，抑可自行撤销原判，重为判决"等因到厅。查于同一审级自行撤销原判，重为判决，无此法理。惟县知事可否以检察官职权提起上诉问题，解之者有二说：甲说谓，县知事对于自己判决之案，自己攻击错误，提起上诉，不免矛盾；乙说谓，县知事依据各项法令及事实上状态，实兼有审检官性质，其于未成诉讼以前，为各种侦查逮捕处分，皆实行检察职权也。于已判决以后，为执行指挥各处分，亦实行检察官职权也。故当其审理诉讼宣示判决时，所兼审判官之职权，对于该案事件，可谓终了。此后如发见原判法律事实错误，无论在上诉期间内，可行使检察职权提起上诉，即经过上诉期间，亦可。根据非常告，及再审程序，详上级机关办理。如于各县知事明知所判错误，不许其请求救济，匪特于知事之良心不安，并于被告人之实害尤大。且许知事提起上诉，更正原判与否之权，仍属上级审判衙门，并无何等流弊。以上二说，究以何说为当？律无明文，事关法律解释，理合详请转院解释示遵等情。据此，相应据情函请查核见复，以便饬遵等因到院。

本院查现行制度，县知事兼有审判、检察两种职权，对于以审判职权所为之判决，如发见有应行提起上诉或再审之事由时，自可以依其检察职权提起上诉，或再审。原详所举两说，以乙说为正当。相应函复贵厅转饬查照可也。

此复！

■ 统字第 200 号

民国四年一月十六日大理院复总检察厅（湖南高等审判厅）函

径启（复）者：

准贵厅（湖南高等审、检厅）函称，"统字第一百七十五号函内载，'查该条即《县知事审理诉讼暂行章程》第三十八条，既明载原告诉人或其代诉人，得向第二审审判衙门呈诉不服等语，则其向审判厅呈诉者，准驳之权，自操之审判厅。若系向检察厅呈诉者，则除不合法者外，均应转送同级审判厅核办，检察官不能以无理由驳斥。惟此系特别规定，并无认原告诉人有独立上诉权，观该条第二项请照上诉审程序办理一语，其义自明。但检察官当然不受告诉人意见之拘束，若第二审开庭审理，检察官自可为独立之主张'等因。现在，尚有疑义，约分四点：一，对于原告诉人或其代诉人之呈诉不服，或准或驳，可否从权用批，抑应以决定行之？二，原告诉人或其代诉人之呈诉不服，经第二审审判衙门认为不合法，或无理由，已被驳斥，能否提起抗告？三，准理以后，是否可认该原告诉人或其代诉人为控告人，抑仍应以检察官为控告人？四，准理以后，该原告诉人或其代诉人，能否兼委律师出庭辩论？所有以上各疑点，相应函请钧院解释示遵"等因到院。

本院查第一点，所谓批与决定名异而实同。其事之简单者，固可以极简易之决定为之，若事情复杂，虽用批亦不能不详细声叙理由，并无难易之可言，自应以决定行之，以昭划一；第二点，原告诉人对于第二审决定，并无可以抗告之明文，而第二审既配置有检察官，如有不服，自应向检察厅呈诉，依上告程序办理；第三点，经检察官同意者，得以检察官为控告人；第四点，第二审既有配置之检察官，则关于公诉部分，原告诉人不能委任律师出庭。相应函复（请）贵厅查照（转饬查照）可也。

此复！

■ 统字第 201 号

民国四年一月十九日大理院复奉天高等审判厅电

奉天高审厅：

齐电情形，在现行法制未经修改以前，不能作为再审受理。

大理院效印

附：奉天高等审判厅原电

大理院长鉴：

有案经地厅判无罪，检官上诉，又经高等以逾期驳回，依法例不能请求再审。惟高检长发见有犯罪证据，合请求再审无他法，可否以再审受理？祈电示。

奉高审厅齐

■ 统字第 202 号

民国四年一月二十五日大理院复司法部咨

为咨行事：

准贵部咨开：据署江苏高等检察厅检察长徐声金详称，"据江宁地方检察厅称，'窃查《新刑律》鸦片烟罪第二百六十六条之规定，系指贩卖烟土而言。其有似土非土，意图搀和贩卖者，《刑律》尚无规定。遇有该项案件，究应依第二百六十六条，抑依第三百八十二条办理？现在发见此种案件，急待解决，请核转大理院俯赐解释，俾可遵循'等因。查该厅既称现有似土非土，意图搀和贩卖之案，关于法律适用问题，亟待解决，相应咨请迅予解释，以便转饬遵照"等因到院。

本院查《刑律》第二百六十六条之鸦片烟，应取广义解释，凡含有鸦片烟质之物，均可名为鸦片烟，业经本院统字第五十八号解释，函复福建高等厅在案。原详所称"似土非土，意图搀和贩卖"等语，意义殊不明晰。如其中含有鸦片烟质，而大部分系以他物搀和，伪称烟土贩卖者，自系《刑律》第二百六十六条及第三百八十二条之俱发罪，应依第二十六条处断。如纯系他种物质，丝毫未含有鸦片烟质者，则应依第三百八十二条处断。相应咨复贵部转饬查照可也。

此咨！

■ 统字第 203 号

民国三年十二月二十九日大理院复安徽高等审判厅电（补录）

安徽高审厅鉴：

电悉！买良为娼，如有和、略诱情形，应依各该本条处断。

大理院陷印

附：安徽高等审判厅原电

大理院钧鉴：

买良为娼，《买卖人口条例》未指定刑名，应如何处断？乞电示遵。

安徽高等审判厅印

■ 统字第 204 号

民国三年十二月三十日大理院复总检察厅函（补录）

径复者：

准贵厅总字第八百六十号函开：《暂行新刑律》第二十六章杀伤罪中，第三百三十一条内载，"犯第三百一十二条、第三百一十四条第一款第二款及第三百二十六条之罪者，褫夺公权。"查第三百一十二条、第三百一十四条，均系对于尊亲属之犯罪。至第三百二十六条玩忽业务上注意，则系对于普通人之犯罪，与前两项似嫌不伦。该条中第三百二十六条"六"字，是否为第三百二十一条之误，抑立法者别有用意所在？事关法律解释，相应函请贵院查核见复等因到院。

本院查《刑律》规定，褫夺公权之标准，对于丧廉耻逆伦常之犯，虽罪情较轻者，亦均定为褫夺公权，即必须终身褫夺其公权。对于其他故意犯罪之情节较重者，则定为得褫夺公权，即褫夺与否，任诸审判官之裁量。纵褫夺亦必须有一定期限，而不能终其身（参照《刑律》第四十七条、第四十八条）。至因过失而犯之罪，本非出于犯人恶意，除国交罪重大情形之宣告二等以上有期徒刑者，褫夺公权（参照《刑律》第一百一十九条，第一百二十条，第一百三十一条），其余并无必褫夺公权之规定。本章三百二十五条过失伤害尊亲属，其最重主刑为三等有期徒刑，及三百一十一条故意杀人罪，尚不在必褫夺公权之列，则权衡其轻重，第三百二十六条自不在必褫夺公权之内。细绎前后条项，该条所引自系对于尊亲属罪之条文无疑。而查本章对于尊亲属罪，除第三百一十二条、第三百一十四条外，尚有三条自属其较重之第三百二十一条，教唆尊亲属自杀罪。则原文"六"字，显系一字之误刊，复证以前清修订法律馆印行《刑律草案》及按语，皆相符合。依此解释及引证，决非立法者别有用意，实系勘误。相应函复贵厅查照可也。

此复！

■ 统字第 205 号

民国四年一月二十七日大理院复总检察厅函

径复者：

准贵厅四年第十七号函开：据上海地方检察厅电称，"现当禁烟綦严，吸食鸦片烟者，概以大理院统字一三六号函解释，吸食不能包括服食，诿为吞服烟泡、烟灰，希图脱罪，究竟该项吞服，是否包括《刑律》第二百七十一条吸食之内？敬乞转求解释，电示只遵等情。"据此，相应函请解释复厅，以便转饬遵办等因。

本院查统字第一三六号解释《刑律》第二百七十一条之吸食，不能包括服食，系声明统字一三二号电，因戒烟服食含有鸦片烟质之丸药，其服食不能包括于该条吸食之内。盖《刑律》第十三条规定，非故意之行为不为罪，因戒烟而服食丸药，只有戒烟之故意，并无吸烟之故意，此等服食，不能视为该条吸食之代用，自不能成立犯罪。若故意服食含有鸦片烟质之物，为吸食之代用，即系有吸烟之故意，当然包括于该条之内。如吞服烟泡、烟灰，或知情服食伪称之戒烟丸，纯为吸食之代用者，自应构成吸食鸦片烟罪。相应函复贵厅，转饬查照可也。

此复！

■ **统字第 206 号**
民国三年十二月二十一日大理院复陕西高等审判厅电（补录）
陕西高等审判厅鉴：

养电悉！现行法无死亡宣告制度。然走失多年，不知下落之人，条理上自应斟酌办理。故如甲走失无踪，又无子嗣，则其妻因生活必要处分财产之行为，自系有效。但对手人若知其下落，即系恶意。某甲归来，可主张撤销。

大理院印

附：陕西高等审判厅原电
大理院钧鉴：

某甲年三十余无子，不知下落，约阅数年，妻乙将其房卖于知情之丙，是否有效？请电释。

陕高审厅叩养

■ **统字第 207 号**
民国四年二月一日大理院复河南高等审判厅函
径复者：

准贵厅函开：今有甲妇被夫休弃离婚，父母以女被休为耻，拒不收容。甲妇丐食至乙男家，与乙男合意，留居不去，历年余，甲妇业已怀孕，忽乘间外出，复与丙男合意同居不返，未几生女，其女应归乙男，固无疑义。惟甲妇与乙、丙均未经过一定婚姻仪式，两造因欲得甲妇，争讼不休，询之甲妇，愿与丙继续为婚，而对乙则誓不肯从。究竟甲妇一方，对于乙男最后表示反对之意思，能否有效取消以前双方合意之效力？抑或以从前合意，而未经过婚姻一定之仪式，作为无效？敝厅无所依据，贵院有统一解释法律之权，悬案待理，敬乞迅赐解释，以便遵循等因。

本院按法律认为无效之法律行为，自无拘束当事人之效力。甲妇与乙男既无合法之婚约，法律上甲妇当然不受其拘束。故其现在拒绝与乙为婚，自无不可。相应函复贵厅查照可也。

此复！

■ 统字第 208 号
民国四年二月十日大理院复浙江高等审判厅电

浙江高等审厅鉴：

庚电悉！报告系指第五条之详报，"审实"二字，包括审理判决在内。

大理院灰印

附：浙江高等审判厅原电

大理院钧鉴：

《惩治盗匪法》第九条第一项之报告，是否即指第五条审实后详报？"审实"二字，是否指判决而言，抑仅作审问解释？悬案待决，请速示遵。

浙江高审厅印庚

■ 统字第 209 号
民国四年二月十七日大理院复直隶高等审判厅电

直隶高等审判厅鉴：

蒸电悉！关于执行命令之抗告，希查照《京师地审厅民事执行处规则》第六条之条理办理。

大理院霰印

附：直隶高等审判厅原电

大理院鉴：

关于执行命令声明抗告，如予受理，则阻碍执行。但查现行法亦无禁止明文，究竟应否受理？应请解释示复。

直高审厅蒸

■ 统字第 210 号
民国四年二月十八日大理院复黑龙江高等审判厅函

径复者：

准贵厅函开：据龙江地方审判厅长雷人龙详称，"本厅审理案件，现有用吗啡搀合制造药丸，藉以抵瘾一案。按大理院民国二年统字五十八号复福建高等审判厅函载，'凡以鸦片搀合制造之物，不问为何种形式，皆得以《刑律》第二百六十六条处断。'依此解释，则以吗啡搀合之丸药，似亦构成《吗啡治罪条例》第一条之规定。惟刑法禁止类推解释，究竟是否适当？未便擅断，理合详请转请解释"等情。据此，相应函请核复，以便转饬遵照等因到院。

本院查《吗啡治罪法》第一条所称制造吗啡，自系广义，当然包括制造含有吗啡之物，而生吗啡实害者言。故以吗啡制造丸药，应依该条处断。相应函复贵厅查照。

此复！

统字第 211 号

民国四年二月十八日大理院复司法部咨

为咨行事：

准贵部咨开：前据察哈尔都统署审判处长周树标详询，前清《钦定理藩院则例》，民国是否适用等因，转咨贵院，旋准咨复。该则例，即系《暂行新刑律》及其他现行刑事法规之特别法。关于罪刑，该则例有明文规定者，适用该则例等因到部。当即钞录原咨，批饬遵照去讫。兹复据该处长详询，该则例修改偷窃银两等物，计赃拟罪目内第六条规定，偷窃一百两以上为首者，绞监候，秋审时入于缓决。现行法令，既无秋审缓决办法，可否适用《暂行新刑律施行细则》第四条第三款处断等因前来。查施行细则，原为新旧刑律接替之际，所适用之规则。今于《新刑律》尚未普及之时，既暂准该则例作为特别法而适用，则该则例所规定之执行程序，现行法令，业经废止者，似可援用该细则办理。事关适用法律，相应钞送原详，咨请贵院查核迅予咨复，以便转饬遵照等因到院。

本院查《暂行刑律施行细则》，系规定新旧律接替时办法，特别法中援引旧律执行程序，而为现行法所废止者，自可以适用该细则办理。相应咨复贵部查照。

此咨！

统字第 212 号

民国四年二月十八日大理院复直隶高等审判厅电

直隶高等审判厅鉴：

微电情形，其情轻者，自可依《刑律》第三百七十三条处断。

大理院巧印

附：直隶高等审判厅原电

大理院鉴：

《盗匪法》第二条之强盗犯，与《盗匪条例》，微有不同。究竟该条之罪，是否亦为纯粹的特别法，抑仍为情轻，仍可依常律第三百七十三条处断？悬案以待，乞解释电示。

直高审厅微

统字第 213 号

民国四年二月十九日大理院复山东高等审判厅函

径复者：

准贵厅公字第四十九号函开：案据济南地方审判厅详称，"案查民国三年十二月二十五日，《政府公报》登载法律第二十三号，《暂行刑律补充条例》第九条，仅规定关于和卖被扶助养育保护之人者，依《刑律》第三百四十九条处断，并无言及和买之人，应依《刑律》何条办理。则和买人口，是否应依《暂行新刑律》第三百四十九条第二项或第三项处断？案关法律解释，未敢悬拟，合请鉴核转详，迅予解释电示只遵，悬案以待，盼切施行"等情。据此，相应函请即予解释见复，以便饬遵等因到院。

本院查和买关系人，以助成强卖和卖人犯罪之目的，实施收受藏匿之行为，如牙保、人贩、窝主等类，自应适用《补充条例》第九条第二项，分别有无预谋论罪。若系以慈善养育之目的，收养为妻妾子女仆婢者，不问有无给付钱财，依《刑律》总则第十四条，当然不能论罪。相应函复贵厅查照可也。

此复！

■ 统字第 214 号
民国四年二月十九日大理院复福建高等审判厅函

径复者：

准贵厅宥电开：《暂行刑律补充条例》第九条，仅有关于和卖之规定，其和买各人如何处断，乞迅示遵等因到院。

本院查和买关系人，以助成强卖和卖人犯罪之目的，实施收受藏匿之行为者，如牙保、人贩、窝主等类，自应适用《补充条例》第九条第二项，分别有无预谋论罪。若系以慈善养育之目的，收养为妻妾子女仆婢者，不问有无给付钱财，依《刑律》总则第十四条，当然不能论罪。相应函复贵厅查照可也。

此复！

■ 统字第 215 号
民国四年二月十八日大理院复湖北高等审判厅函

径复者：

准贵厅函字第二十六号函称，"查《新刑律》第八十三条所称官员，系指职官吏员，及其他依法令从事于公务上之议员、委员、职员而言。兹有某甲冒称一省矿主代表，与外商私立合同，将全省官私矿产，概行载入，定期勘采，该甲一人，是否触犯《刑律》第二百二十六条之罪？案悬日久，亟待判结，钧院为解释法律最高机关，理合肃函只请示遵"等因到院。

本院查《刑律》第二百二十六条"官员"二字，依八十三条文例，有一定之范围。冒称一省矿主代表，不能谓为诈称官员，但如有第三百八十二条情形者，仍依该条处断。相应函复贵厅查照可也。

此复！

■ 统字第 216 号
民国四年二月十九日大理院复总检察厅函

径复者：

准贵厅总字第一百二十一号函开：现据湖北高等检察厅电称，"未设法院各县，原告诉人声请移转管辖，无理由者，应否送审判厅决定？或由本厅批示驳回？乞电示等情"到厅。查声请移转管辖，依《刑事诉讼律（草案）》"管辖"各节，限于检察官或被告人得声请之。惟未设法院各县，依《县知事审理诉讼章程》之规定，原告诉人得向第二审审判衙门呈诉不服，检察官不能以无理由驳斥。至声请移转管辖之无理由者，能否批驳，并无明文规定。事关法律解释，相应函请贵院解释见复，以凭转饬遵照等因到院。

本院查《县知事审理诉讼章程》，并无声请移转管辖之规定，而依《刑事诉讼律（草案）》管辖各节之规定，则声请权在检察官与被告人。是原告诉人并无声请移转管辖之权。其检察官认为无理由者，自毋庸代为声请，送审判厅决定，得径行驳斥。相应函复贵厅，转饬查照可也。

此复！

■ 统字第217号

民国四年二月二十六日大理院复直隶高等审判厅函

径复者：

准贵厅四年函字——五号函开云云等因到院。

本院查请求再审，必须具备一定条件，始得许可。法例所关，岂得以事涉外人，稍存迁就？惟查阅前案诉讼记录，捷成洋行对于李静轩，系主张合伙，即以合伙债权人，而为履行合伙债务之请求。至此次所递之禀，则除主张李静轩系太成股东外，并称该行所交定金，系向太成购货之用，太成对于大有，纵有负债，李静轩亦不应擅行扣留，而请求判令赔偿定金，并其他之损害。此禀如系合法成讼，则两案性质显有不同，依前案判决，李静轩既非合伙员，固不能与吴绍先同负合伙之债务，而关于捷成洋行所交吴绍先等之购货定金，据称系汇交李静轩，由其收受。如果讯明属实，依照法理，李静轩亦当然无领收之权责，更无擅行扣留之理由。至于李静轩如讯明系冒为太成号合伙员，诈取该行购货定金，以遂其扣抵债款之私图，对于该行即不能不任侵权行为之责，抑或并非诈取，而于该行误为交付时，径行受领，以抵吴绍先之欠款，其对于该行亦应负偿还不当利得之义务。该行对于前案判决，欲徒以空言请求再审，依律解释，固属绝对不能准许。而以此部分请求为限，自可由其提出确实证凭，另行起诉。该管法院，亦可依法使该案两造，各尽其攻击防卫之能事。至其与前案诉讼原因，既各不同，即与前案判断，两不相妨，无所谓一事再理。此种法理，为各国诉讼律例所通同，该行不自深究，辄以贵厅原判为不公，言出非礼，殊属非是。相应函复贵厅，迅即转饬天津地方审判厅，查照办理可也。

此复！

附：直隶高等审判厅原函

径启者：

案据天津地方审判厅长刘豫瑶详称，"详为据情详请鉴核事，案查捷成洋行诉吴绍先等欠款一案，前据该洋商禀请再予判决，曾于三年十二月十七日详奉钧厅批饬，迅速依法执行，原禀发还等因。遵即于十月十九日咨行交涉公署，转知德领事，并于是月二十八日本月二十日先后咨催丰润县、滦县，迅将查封吴绍先等之地亩房产，及大有号之房产，觅主变价，各在案。兹又准交涉公署咨送该行原禀，与德领来函，仍复坚执前词，要求改判。窃查此案前奉批饬，已两次咨行被告财产所在地之各该管县，迅速变价，俾资抵偿。惟事属隔境，执行本极困难，且查所封各处财产，不足抵偿债款全部，自在意计之中。至能否一时觅主得价，尤难预料。现德领事既申述异议，究应如何办理？合再详请鉴核施行，计钞送禀词一件，德领事函一件等情。"据此，查原禀所称各节，系为对于确定之判决而请求再审，吾国诉讼律未颁，再审之诉，应具何种条件，及应以何级审判衙门为管辖，势不得不准诸条理。惟本案事关华洋诉讼，关系匪浅，更非采用至当之条理，尤不足以适时势而昭慎重。究竟捷成洋行所禀各节，能否认为合法，事关法理解释，相应钞附原禀原函请求钧院解释再审法理，俾得遵循。愚案以待，无任翘企。

此致！

附：捷成洋行原禀

禀为骗取货款，前判万难承认，仰恩照会华官，仍归原审地方厅，再予判决，以维商业而保血本事。窃商于壬子腊月，由兴隆东栈赵庆经手，批定丰润县胥各庄泰成号花生一百吨，言明癸丑二月交齐，支去定银三千两正。又于壬子腊月及癸丑二月批定该泰成号猪鬃三套，共计一百七十六箱，言明亦于癸丑三、四两月交齐，先后又支去定银六千两正，二共支银九千两正，均有批票收条为证。乃泰成号铺掌吴绍先，支取定银后，除交过花生三万斤外，即据函称渠所领去买货之定银，全被伊同伙股东，即大有号铺掌李静轩扣留，将以抵还吴绍先之旧欠大有私债等语。查泰成号股东有三：一吴绍先，一高子峰，一李静轩，人所共知。敝行防范周备，深恐人言之不实，故于壬子秋季，由经理人杨弼臣，买货手冯子何，前往胥各庄，面见该股东李静轩。该李股东以股东资格招待，辄曰，我们为贵行购货，诚实可靠等语，有杨洪二人为证。再汇银之时，均由大有号汇胥各庄，有汇票为凭。李静轩以泰成号股东资格收受，而敝行认李静轩有泰成号股东之资格而支付，此有经手人兴隆东栈赵庆为证。盖该赵庆以泰成号有殷实可靠之李静轩为股东，知其必有按期交货之能力，始为介绍，并为担保。假使李静轩并非股东，不特赵庆不为介绍担保，即于货银，敝行无支付与李静轩之必要，而李静轩亦无收受敝行货银之资格，则李静轩之为泰成号股东，已无疑义。敝行之银，专为买货之用，该三股东，均有按期交货之责。吴与大有，纵有私债，乃系个人之事，李断不能以泰成本柜卖货定银，用以抵偿大有之理。现在惟有责成李静轩，将定银九千两，先行退还本行，然后将赔偿利息等银，一并向三股东着追。再前经地方审判厅判定主文，被告吴绍先等，以泰成号名义，支用原告定银九千两，除交付花生折价，并偿还银五百两外，尚欠银七千二百九十七两七钱二分，应由该被告三人共同措偿，其附加利息并赔偿金额，共银二千两，应由李静轩一人缴纳，讼费归该被告等负担云云。本行原控一万三千五百九十余两，而厅判以九千二百九十余两，本行彼时之所以承认者，实愿即速得有现银，不愿再费手续，致滋拖累，乃迟之又久，分文未得，赔累愈深，不得不重新起诉，除照原控之数索偿外，仍索利息自被告收银之日起，至被告还银之日为度。为此恳请贵领事照会华官，迅将李静轩等提传到案，严予追究，实为公便。

附：德领事原函

敬复者：

本国捷成洋行，诉泰成号吴绍先等欠款一案，前准去年十二月三十日来函，并附还原禀一件等因，阅悉之余，本领事碍难认可。实因办理此案，殊欠公平，其缘由，愿将全案情形，重言以申明之。查前克领事于一千九百十三年三月二十六日，函送此案，于九月二日经地方审判厅判决，该行并未承认，仍于期内声明上诉。嗣经前任交涉员函嘱，婉劝该行曲从了结，本署当即劝谕，据该行特别呈明，如将所判之数，克日付清，便可遵允不再上诉。然此案仍归高等厅者，盖以泰成号股东之一李静轩，竟不服断，声明上诉，嗣于一千九百十四年四月间，经高等厅判决，该判词含混模糊，不合法律，实令人难以索解。据本领事之意见，恐出乎法律之外，别有原因。迨其后案归大理院，又由大理院发还高等厅，复由高等厅仍呈大理院。观大理院之判词，独于李静轩一方面，竭力洗刷，谓为无涉，竟将欠款责成无力偿还之二股东吴绍先、高子峰。本领事有见于此，是以于去年十二月三日函请再审，意以为重新彻底根究，可将以前审判之弊窦，一为廓清。至于谓再审，或谓重新起诉，此不过名词上之运用，其实毫无关系。高等厅此次具复，故为牵混其词，然本领事暨该行所请求者，最为明显，想贵特派员，精明练达，定能洞悉靡遗，故再特请转致该管官，重新判断。该行虽请重新起诉，而所索定银赔款利息等项之数，与初起诉时所禀无异，而得谓之新请求耶？所谓再审者，系将此案从首逐节研究，绝非继续审理。该行此次所禀，既与前禀无殊，且亦不能不如此禀陈，以免与前禀或有参差之虑，该管官当照原禀详慎追求，万不得任意拒驳。此案乃德商控诉华商，其办理之法，按照中德约章，由本领事与贵特派员和衷商办，其司法官如何判断，暂不具论。如司法不肯尽力追办，且不能使欠债人即速还债，本领事固难承受，而在贵特派员，不得以司法官之判断相对待，无论何时何地，遇有洋商控诉华商案件，贵特派员有应尽之责。故于此案，惟贵特派员是赖，倘司法官不能秉公察理，即为不能得司法之辅助，自有另行设法，必期达到目的而后已。以司法官而论，凡于洋商控诉华商案件，果能秉公从速了结，固为能尽其职守，若偏袒支延，自必酿成交涉。一经查出司法官办理之不善，嗣后凡有案件，本领事绝不承认归其办理，试问司法前途，有无障碍耶？本领事现于此案，尚未便照此而行，只愿司法官能顾全名誉，该行不致重受亏累，仍望贵特派员，一秉大公，转行该管官严速判结。倘有窒碍，不能秉公速结之处，惟有在津或北京严重交涉，仍将该行原禀附函，送请查照。望切施行迅复，是为至荷，顺颂时祉。

统字第218号

民国四年三月二日大理院复司法部咨

为咨行事：

准贵部咨开：准江西巡按使电称，"两造因事械斗，致掳人勒赎，似应分别情罪，按律科断，不在《惩治盗匪法》之内，是否乞示"等因到部。事关解释法律，相应钞录原电，咨请查照办理等因到院。

本院查《惩治盗匪法》第四条第三款，掳人勒赎，系指匪徒豫以得财意思掠夺人身者而言。若豫先并无得财意思，因他故掠夺人身，事后经人调停，得有财物者，不能以该条论，应依《刑律》私擅逮捕监禁等罪科断。相应咨复贵部查照办理。

此咨！

附：江西巡按使原电

司法部钧鉴：

查《惩治盗匪法》第四条第三项，掳人勒赎者，处死刑，自系指匪徒利人钱财，凭空擅禁，因而勒赎者而言。若两造素识，因事械斗或别有衅情，怀挟嫌怨，致有掳人勒赎之事，似应分别情罪，按律科断，不在《惩治盗匪法》之内，是否如此解释？谨乞明示，以便通饬遵办。

江西巡按使皓印

■ 统字第219号

民国四年三月九日大理院复河南高等审判厅函

径复者：

准贵厅函开：据沈邱县详称，"据报县民崔奇，被安徽阜阳县民张春荣等放枪轰毙，崔修贞亦被扎伤一案。随即诣验属实，并闻彼造亦有死伤。当经咨商阜阳县会传解讯，时阅多日，未准传解。现在两造各求便利，分别请在本县传讯。复经知事会同阜阳县知事详询调查，此案犯罪地虽在阜阳境内，而犯人所在地，分在两县。沈邱民、崔金斗起诉在先，阜阳民张金铭起诉在后，究竟应归何县管辖？未敢擅专，合理依律详请指定管辖"等情到厅。按刑诉管辖律第十二条及第十五条规定，土地管辖，本自明了。若因之而起权限之争议，自非由上级审判衙门指定管辖，则两造虽各在本县告诉，势必迟滞不能进行，终无解决之日，殊非法律保护人民之道。惟查同律第十八条载，'遇有左列各款情形，应由检察官向管辖各审判衙门之直接上级审判衙门，声请指定管辖'等语。细绎文义，似应以上级审判衙门有直接管辖各审判衙门之权限者，方可据其声请，而为指定管辖。此案阜阳县隶属于安徽高等审判厅，沈邱县隶属于敝厅，则敝厅不能为阜阳县直接上级审判衙门，犹之安徽高等审判厅不能为沈邱县直接上级审判衙门，可以无疑。如上级审判衙门既无直接管辖其他审判衙门权限，则本厅不能指定阜阳县为管辖审判衙门，犹之安徽高审厅不能指定沈邱县为管辖审判衙门，又可无疑。就此情形，如使上级审判衙门无论何方，率行指定有直接管辖权限之审判衙门，在理论上不免争持。又使两方同时各行指定有直接管辖权限之审判衙门，在事实上更虑冲突，则两方之诉讼，仍然不能进行，其结果终必归于合并管辖。而一方之经济、劳力、时间，亦为徒费，且于人民毫无裨益。究竟二处以上之上级审判衙门，对于各审衙门，各有直接管辖权限，应否以先受公诉之审判衙门为准，即由其直接上级审判衙门指定？抑或由犯罪地审判衙门之直接上级审判衙门指定？更或以犯人所在地、犯人之多寡为断，并由二处以上之上级审判衙门会商，再由一处之上级审判衙门指定？律无明文，无所依据。贵院有统一解释法令之权，事关诉讼法则，悬案待决，相应据情转请查核，迅予解释，以便遵循等因前来。

本院查本案情形，依《刑事诉讼律（草案）》管辖章第十五条规定，应以先受公诉之审判衙门为管辖审判衙门。至第十八条第二款规定，系指二处以上审判衙门为有管辖权之裁判，其裁判已确定者而言。例如贵厅及安徽高等审判厅，均有此项确定裁判，则自应以本院为直接上级审判衙门。相应函复贵厅查照可也。

此复！

■ 统字第220号

民国四年三月九日大理院复司法部咨

为咨行事：

准贵部咨开：准内务部咨称，"贩卖罂粟种子罪刑，经贵部核拟，请将贩卖罂粟种子，或意图贩卖而收藏或贩运者，定为处五等有期徒刑、拘役或一百元以下罚金等因，呈奉大总统批令，如拟办理，由部通行遵照在案。惟呈文内于仅收藏而非意图贩卖者，既无明文规定，应如何解释之处，请查核见复"等语。查本部前拟贩卖罂粟种子罪刑，原注重贩卖、贩运方面，其收藏而出于意图贩卖者，亦处以同等之刑。盖一则禁绝贩卖，非对于有犯意之收藏，亦严行处罚，无以收杜渐防微之效；一则收藏而非意图贩卖，若概予科刑，又未协罪罚相当之旨，故参酌《新刑律》鸦片烟罪及《吗啡治罪条例》各规定，拟为上开办法，呈准通行在案。兹准内务部咨询各节，使所藏罂粟种子，确能证明其非意图贩卖，则除有必要情形，或须为行政处分外，在司法上既无明文规定，似不应处以罪刑。事关解释法律，相应钞送内务部原文，咨请查核见复，以凭转咨等因到院。

本院查《刑律》收藏鸦片烟罪，《吗啡治罪法》收藏吗啡罪，俱以意图贩卖为犯罪成立之条件，贵部解释，甚为正当。相应咨复贵部查照。

此咨！

附：内务部原咨

为咨行事，准政事堂钞交署四川巡按使陈廷杰呈，汇报川省上年禁烟情形，并将《禁烟施行细则》，缮呈请示文一件，奉大总统批令内务部查核备案，此批等因。奉此，查该省所拟《施行细则》第三章第二十三条，载有"收藏罂粟种子者，准照行政执行法处以怠金"之语。惟查贩卖罂粟种子罪刑，既经贵部核拟请将贩卖罂粟种子，或意图贩卖而收藏或贩运者，定为处五等有期徒刑、拘役，或一百元以下罚金等因，呈奉大总统批令，如拟办理，由部通行遵照在案。查呈文内于仅收藏而非意图贩卖者，既无明文规定，应如何解释之处？相应咨行贵部查核见复，以凭办理可也。

此咨司法部！

■ 统字第221号

民国四年三月九日大理院复江西高等审判厅电

江西高等审判厅鉴：

冬电悉！代买鸦片供人吸食或贩卖，依《刑律》第三十一条以从犯论。

大理院佳印

附：江西高等审判厅原电

大理院钧鉴：

甲自己不吸食，亦不贩卖鸦片，受乙嘱托代买，应否讯明乙嘱托代买之目的，为自己吸食抑贩卖，依《刑律》第二十九条第二项，或第三十一条第一项，分别处甲吸食或贩卖罪之准正犯或从犯？请解释电示。

江西高审厅冬

■ **统字第 222 号**
民国四年三月十三日大理院复总检察厅函
径复者：

准贵厅函开：据甘肃高等检察厅详称，"查大理院统字第六四号解释，既决人犯在监犯罪，亦系俱发罪之一种，应依《刑律》第二十四条规定，先将其在监所犯之罪，独立审判，俟确定后，再将前后两罪之刑，依第二十三条之例，更定其刑等语。查刑诉通例，审判衙门判词宣布后，不能自行变更。所谓先将其在监所犯之罪，独立审判，俟确定后，再将前后两罪之刑，依第二十三条之例，更定其刑，是否另作判词，抑即于原判内添入更定刑名？执行上深滋疑义。理合详请钧厅，转请大理院解释示遵"等因到厅。相应函请解释见复，以便转饬遵照等因前来。

本院查既决人犯，在监犯罪，依本院最近之判例，认为系《刑律》第十九条之再犯。至《刑律》第二十四条情形，应俟确定后，别以决定更定其刑。相应函复贵厅转饬查照。

此复！

■ **统字第 223 号**
民国四年三月二十日大理院复陕西高等审判厅电
陕西高等审判厅鉴：

对于法院或县知事裁判，因不知程序，误向将军或巡按使署声明不服。经其指示，即来司法衙门投状，或即由各该衙门送厅者，为当事人便利计，认为于上诉期间内，已有合法声明。

大理院号印

附：陕西高等审判厅原电

大理院鉴：

对于法院或县知事裁判，向将军或巡按使署声明不服，能否遮断上诉期间进行？为当事人诉权存否问题，请速释电示。

陕高审厅叩

■ **统字第 224 号**
民国四年三月三十一日大理院复四川高等审判厅电
四川高等审判厅鉴：

佳电悉！所询该种再审情形，以控告审诉讼程序行之。

大理院卅一印

附：四川高等审判厅原电

大理院钧鉴：

再审之诉，有《民诉律草案》第六百零三条第二款情形，其废弃上告审判衙门之判决，以何程序行之？乞示知。

高等审判厅叩佳

■ 统字第 225 号

民国四年三月三十一日大理院复云南高审等厅判电

云南高等审判厅鉴：

删电悉！夫妇离异，其亲生或抱养子女，原则应从父。但有特别约定时，亦得从母，不能听子女自愿。

大理院卅一印

附：云南高等审判厅原电

大理院鉴：

夫妇离异，妇另嫁，亲生或抱养子女，应从父，抑从母，或从子女之愿？乞示。再一月元电计达，并候示遵。

滇高审厅删印

■ 统字第 226 号

民国四年四月一日大理院复安徽高等审判厅函

径复者：

准贵厅元字第八九四零号函开：窃查典当房地契约，载明年限回赎，典限已满，标的物价额低落，不及典价，业主不愿回赎，典主不愿得业。关于此项低落之损失，究应归何方负担？既无明文可为依据，尤无习惯堪以采用。惟查继续有效之现行律例，载有"契未载绝卖字样，或注定年限回赎者，并听回赎；若买主无力回赎，许凭中公估找贴一次，另立绝卖契；若买主不愿找贴，听其别卖，归还原价"等语。此项例文，本可适用于典当房地定期回赎之契约，但细绎"买主不愿找贴，听其别卖，归还原价"文义，只限定买主不愿找贴，始听业主别卖，责令业主归还典当原价。而于业主不希图找贴，典主不愿得业，应否责令业主别卖？至于别卖所得价额，不及原典价额，是否仍责令业主于卖价之外补足原价？实未详细规定。窥立法之意，原系根诸当半之习惯，预料典物必超过典价之倍，万无典物不及原价之理，故法意只虑及此。现因时势变迁，发生此标的物陡落之事实，例文简略，实无相当之条文，暂资引用。究应如何解释？未敢悬断。为此函请钧院核示遵行等因到院。

本院按现行律例，若买主不愿找贴，听其别卖，归还原价之规定，于典主不愿得业时，自应准用。盖买主典主微有不同，其不愿得业则一，故不能不适用同一之规定。至别卖所得，如不及原价，自应责令业主补足。盖典当之标的物，不过为典价之担保，不能即充典价之清偿，而令典主受意外之损失也。相应函复贵厅查照可也。

此复！

■ 统字第 227 号

民国四年四月一日大理院复湖北高等审判厅函

径复者：

准贵厅函开：案据黄陂刘秀山诉称，"为依法再行声明抗告事，民控金永声诬堕一案，不服夏口地方厅民国三年十二月一日庭讯时所为之决定，声明抗告，经大厅决定，竟将民抗告驳回。民又对于大厅决定，声明再抗告，并请检卷申送大理院。大厅收发员，当将民再抗告状，捧呈大厅承审官查阅后，始收民状，着民缴纳抗告费二元，送卷费三串，并各给收条一纸收执为据。讵上月二十八日大厅送达决定书，又将民再抗告驳回。谓'按照诉讼程序，本厅为终审，当然无可上诉，该抗告人之声请再抗告，殊难认为合法'云云。伏查现行法例，大理院为终审衙门，凡人民对于大理院之决定不服者，仍可向大理院声明抗告。换言之，即对于大理院承审推事之决定不服，尚可向大理院长提起抗告也。本案虽经界涉讼，应以大厅为终审，按照上开法例，民对于大厅所为之决定，虽不能声明再抗告，请求检卷送院，仍可对于大厅承审推事所为决定，向大厅厅长声明不服也。所有不服理由，民已于再抗告状内述之矣，总之民已提供证据，夏口厅之决定，实系不适法，不可能。大厅承审官竟不将夏口厅决定撤销，除向大厅请求救济外，为此迫叩高审厅长，准予查核全卷，以昭平反，而免冤诬。倘再此状驳回，是实致民于死地等情"到厅。查此案前经本厅一再决定驳回在案，据诉前情，究竟有无此种法例，是否该抗告人捏造，本厅无从悬揣。钧院为解释法律最高机关，所有疑问，自应随时请求指示，除批据诉各节，仰候函询大理院，有无此种抗告事例，再行核夺，送卷邮费发还，此批等因牌示外，相应函请钧院迅予赐复，以便遵循等因到院。

本院按抗告为对于特定之决定或命令，不服上诉之方法，自非向上级审判衙门不得为之。又按终审衙门之裁判，除有特别情形（例如再审）外，不许当事人再声明不服。该件既系终审决定，即无不服之余地。该当事人所称各节，均系捏造。相应函复贵厅查照可也。

此复！

■ 统字第 228 号

民国四年四月一日大理院复山东高等审判厅函

敬启者：

接准贵厅函电所询各件，分别解答如左：

一、查本院对于卑幼私擅用财条例之解释，据历来判例，凡（一）卑幼私擅处分其父兄之财产者，与处分他人财产同，无论契约之相对人是否善意（即是否知情），其物权移转契约为无效（但有代理关系时，不在此限。又债权契约，并无效契约，当事人仍可依债权法则办理）；（二）如父亡母存，家产已传诸其子，而其子已达成年者（现行律例以年十六岁为成年），无论其家财系由自己或其母管理，非得其母之同意，不得私擅处分家财。违者其母苟未追认，有撤销之权（非当然无效）；（三）若其子年幼应分之家财，由母（母亡而另有家长保证人时亦同）代行管理。而其子将未得有其母特许处分或管理及处分之财产，私擅处分时，当然可适用未成年人为负担义务行为之民事法条办理；（四）反是，卑幼得有私财，为现行法律所不禁，除仍应适用上述第三种限制外，已达成年之子，均可自由处分。至前述第一至第三情形，纵有时其子具备法理准禁治产之条件，尚无必待宣告之必要。惟在前述第四情形及父母均故，成年人之于承继财产（家产）或因浪费等事，有以宣告为宜者，然现行法令，关于此事，虽无明文规定，如实际因心神耗弱，或为聋为哑为盲及浪费等情，本置有保护人或向由其同居近亲任保护之责者，则虽未宣告准禁治产，苟无保护人之同意与追认，对于恶意（知情）之契约，相对人当然可由其保护人等，准用民事法准禁治产者之行为得撤销之例办理。即因有万不得已情形，声请审判衙门为之立案者，审判衙门似可酌用准禁治产条理，予以立案。第应否准用此项程序，准其立案，仍应斟酌各该地方习惯办理。且于立案之后，契约相对人，如能证明实因正当事由，而不知者，亦除有惯例外，仍难认其有对抗之效力。

二、诉讼费用负担问题，本院意见，概依《民诉草案》所采用之条理办理（参照本院讼费则例，此项则例前经函送在案）。本院自民国三年四月十五日后，始依据则例征收讼费，故以前裁判，未判及负担，非漏判也。至依照法例不应征收或征收逾额者，自应分别发还纳费人。惟三年四月十五日以前上告本院之案，所有照《审判厅试办章程》已缴之讼费，业经本院于三年五月函复司法部毋庸退还在案，故应退还者，仅以在当时亦系逾额缴纳者为限。若上告案件，系由高等厅受理，而漏判讼费负担者，事与司法部第二三一号训令情形相同，自可查照民事讼费负担规例，并该令办理，即将余额发还纳费人可也。

三、脱漏未判之部分，当然无判决既判力之可言，不能以一事不再理原则，拘束其不应再诉。惟请求追加判决，依照现行法规，并无期限之制限。且关于该部分既未审判，即亦不能有上诉之期间。故虽在上诉期间外，仍准其声请原衙门补充审判，毋庸令其再诉。如此办理，似于当事人较为便利，而该部分之诉讼关系，亦可从速了结也。

四、再审讼费，可准照本院讼费则例办理（参照司法部饬）。

以上四项，相应答复贵厅查照办理可也。

此致！

附：山东高等审判厅原函四件

径启者：

案据济南地方审判厅长张允同详称，"查现行法令无规定准禁治产之明文，我国《民律》及《民事诉讼律》既未颁布，对于此项声请，苦无法律之可据。查现行律卑幼私擅用财门，只有对于卑幼处罚之规定，至其行为之效力能否对抗第三者，则未著有明文。如果依据条理予为宣告，窃恐以一般人民不知之法理，害及第三者之权利；若径予驳斥，又失保护公益之道。事关解释法律，理合详情转咨核示"等情到厅。据此，除批示外，相应函请贵院查核，迅与解释，以便饬遵，实为公便。

此致！

径启者：

今有民事上告案件，征收上告人保证金，逾于该案所应征讼费之额数。及该案判决，上告人虽系败诉，然未判定讼费之负担者，事越年余，执行终了，既难为补充判决，而上告人忽请求发还其所缴之保证金，若依司法部第二百三十一号郑重征收民事讼费训令所开，其诉状之被驳斥者，已缴之费，应归原告负担等因办理。则是否将该上告人原缴保证金全数，除去该案应征讼费额数，不予发还外，其余额仍准其领回？抑以原判决未经判定讼费之故，全部概予发还？二者以外，抑或更有他种办法？事属疑义，急待解决，相应函请贵院迅赐解释，即希见复，以便遵行。

此致！

径启者：

案据济南地方审判厅详称，"窃按民事以一事不再理为原则，则案经确定判决，自未变更为审判。惟若原判对于当事人请求之主目的，竟至脱漏，而当事人在上诉期间内，既未声请为追加判决，此后更就脱漏之部分，提起独立之诉，是否违背一事不再理之原则？考之学说，虽有主张当事人既以诉为请求，而对此请求，未受裁判时，无所谓确定之判定。即非一事再理之事由，故更得提起独立之诉。然查各国诉讼法例，多无明文规定，究竟对于已经确定判决之案件，能否为追加之判决？暨能否更就脱漏之部分，提起独立之诉？滋有疑义，理合详情鉴核，转请大理院解释示遵"等情。据此，相应照钞原详，函请贵院解释见复，以便转饬遵照。

此致！

径启者：

窃诉讼之必征讼费，向有定章，本厅历经遵办在案，固无疑义可陈。独有再审之诉，在性质本为诉讼之一种，而应否征收讼费？律无明文。查贵院成例，对于此种诉讼，亦系一律征收讼费，而其理由，则以院例为言。至高等审判以下各厅，于此问题，既无明文之足据，又无前例之可援，究竟可否仿照贵院办法，特设一例，实行征收讼费之处？事与人民财产权利有关，本厅未便擅拟，现在悬案待决，除详候司法部鉴核外，相应函请贵院迅予解释见复，以便遵行，实级公谊。

此致！

统字第229号

民国四年四月八日大理院复京师地方审判厅函

径复者：

准贵厅一四四号函开：查现行《各级审判厅试办章程》第五十二条，载有幼为原告时，得委任他人代诉等语，条文称幼，虽未划定年龄，然即文求义，则凡今立法通例所称未满七岁之未成年人，应作幼论，似无疑义。惟按诸诉讼法理，委任他人代诉，其性质系诉讼行为，须具有诉讼能力者，方可为之。诉讼能力，以有意思能力为前提，凡实体法上因缺意思能力，认为无行为能力者（绝对无能力者），在诉讼法上，亦无诉讼能力。此匪特今各国立法例所普认，即我《民事诉讼律草案》第五十五条亦定有明文。惟现在《民律》及《民事诉讼律》尚未颁行，而本厅受理民事案件中，竟有未满七岁之人，委任他人代诉者。此项诉讼，经本厅以职权审查，若据《审判厅试办章程》第五十二条规定，文面似可径予受理。然核诸实际情形，及诉讼能力通例，殊有未妥。究竟此项条文，应否依据文面解释？苟系初生之儿，即得委任他人代诉，抑或别予解释，俾符法意之处，相应函请贵院迅赐示遵等因到院。

本院查现行法，既以十六岁为成年，则凡未满十六岁之人，自不能有效为法律行为。故十六岁未满之人，如有表示意思之能力者，其行为只需得其保证人之同意；若并无其能力者，尚须其保证人代为之，始为有效。委人代诉，既系一种法律行为，未满七岁之人，自不能独自擅为。审判衙门收受此种诉状后，应即斟酌情形，责令提出保证人之委任状，或提出本人已得保证人同意之证明书，以防诉讼之无效。相应函复贵厅查照办理可也。

此复！

■ 统字第 230 号

民国四年四月七日大理院复四川高等审判厅电

四川高等审判厅鉴：

江电悉！假冒前清官吏，取得民国官吏，应依《刑律》第二百四十一条处断。

大理院阳印

■ 统字第 231 号

民国四年四月三十日大理院复四川高等审判厅电

四川高等审判厅鉴：

铣电悉！民事从参加人，得为所辅助之当事人，独立声明上诉。如该当事人自行撤销，即失上诉效力。否则该当事人，仍认为上诉人，虽未自行到厅辩论，亦不能以懈怠日期论。

大理院三十印

附：四川高等审判厅原电

大理院钧鉴：

民事从参加人，不得当事人同意，能否独立上诉？乞电示遵。

川高审厅叩铣

■ 统字第 232 号

民国四年四月二十二日大理院复浙江高等审判厅电

浙江高等审判厅鉴：

号电悉！现行律例，男女婚姻条载，"男女定婚，若有残疾，务明白通知，各从所愿，又妄冒已成婚者离"各等语。天阉系属残疾，其初若未通知，自应准其离异。

大理院养印

附：浙江高等审判厅原电

大理院钧鉴：

顷准鄞县地审厅电称，"有甲男系天阉，乙女不知，与之结婚，婚后发见，得请离否？悬案待决，乞转电"等情，请解释示遵。

浙江高审长号印

■ **统字第 233 号**

民国四年五月十二日大理院复湖南高等审判厅电

湖南高等审判厅鉴：

佳电情形，应以废疾论。刑事被告舍弃上诉权，以有亲递之书状者为有效。但由审判长及主办书记官负责，作成笔录记明。其以言词声明不愿上诉，请速送执行之旨者，亦得认为有效，否则仍准上诉。至以一状诬告三人，如行为合诬告罪条件，当然为同种类想像竞合犯，解释《刑律》，应认为三罪俱发。

大理院支印

附：湖南高等审判厅原电二件

大理院鉴：

挖瞎一目，是否废疾？悬案以待，乞电示。

湘高审厅叩佳

大理院鉴：

刑事被告当庭声明舍弃上诉权，复于法定期间状请上诉，是否有效？又如以一状而诬告三人，是否仍论一罪？乞电复。

湘高审厅叩梗

■ **统字第 234 号**

民国四年五月七日大理院复直隶高等审判厅函

径复者：

准贵厅第八百五十九号函开：查强盗犯罪，依《刑律》处断者，并应依第三百八十条及第四十六条终身褫夺其公权之全部或一部。其《惩治盗匪法》第三条、第四条之犯罪，依《刑律》总则中减等各规定，减处徒刑者，固不便引用分则第三百八十条之文。若径引第四十六条以褫夺公权，则似失之鹘突；若竟不予褫夺，则适用特别法之结果，反比普通法犯少一从刑之制裁，亦似欠条理。究竟减处徒刑之特别法盗犯，关于褫夺公权部分，应如何办理之处？用特函请解释等因到院。

本院查减处徒刑之特别法盗犯，仍应适用《刑律》第三百八十条、第四十六条，宣告褫夺公权。相应函复贵厅查照可也。

此复！

■ 统字第 235 号

民国四年五月八日大理院复察哈尔都统署审判处函

径复者：

准贵处四年第四十二号公函称，"兹有甲乙兄弟二人，甲为强盗，与他强盗抢人羊马数百头，均交乙牧放，乙又被匪差遣侦探军队驻所，但并无实行帮助抢劫事实，乙犯是否盗匪共犯，并系引线？再民国三年九月政事堂据吉林巡按使电询，《惩治盗匪条例》疑义三条，暨江苏巡按使电商捉人勒赎犯，请照军法惩办，特为解释《惩治盗匪条例》规定通电。现《惩治盗匪条例》，既经取消，政事堂补充解释之电，是否一并取消？事关法律解释及适用，关系紧要，应请解释"等因到院。

本院查乙因兄甲抢得羊马，代为牧放，应构成《刑律》第三百九十七条第二项受寄赃物罪。其被匪差遣侦探军队驻所，并无实行帮助抢劫情事，此系实施犯罪行为以前帮助正犯，与旧例所谓探听事主消息通线引路之引线不同（至引线如何办罪，仍应分别实际情形处断），应依第三十一条科以从犯之刑，系俱发，仍按第二十三条处断。至民国三年八月二十七日政事堂补充解释《惩治盗匪条例》之电，因《惩治盗匪法》施行已失效力。相应函复贵处查照可也。

此复！

■ 统字第 236 号

民国四年五月十日大理院复四川高等审判厅电

四川高审厅鉴：

鱼电情形，如尚在追蹑，未入捕人实力范围，应照一百七十七条藏匿被追蹑人科罪。

大理院灰印

附：四川高等审判厅原电

大理院钧鉴：

应逮捕人，尚在追蹑，有便利脱逃之者，应否照第一百七十一条科罪？只候示遵。

四川高审厅叩鱼

■ 统字第 237 号

民国四年五月十一日大理院复云南高等审判厅函

径复者：

准贵厅第二百三十九号函开：查民国三年政府公报内载，钧院复湖北高等审判厅灰电开，本应依《惩治盗匪条例》处断案件，县知事误引《刑律》判决，覆判时应以决定发还原县，或发交其他第一审衙门覆审。又同日复山东高等审判厅电，有合于《惩治盗匪条例》，奈情极轻微之罪，依《刑律》第九条得适用五四条酌减。又四年一月二十五日政府公报内载，钧院复河南高等审判厅文电开，依《惩治盗匪法》处徒刑案件，无庸覆判各等因。是凡强盗犯《惩治盗匪法》第二、三条之罪，按其情节有合于《刑律》总则减等各条之规定者，自可不必绝对的处以死刑，应援照《刑律》第九条适用总则各条，于所犯《惩治盗匪法》第二、三条上减等处断，固无疑义。惟是上开钧院复湖北暨山东高等审判厅两电，系在《惩治盗匪条例》时代，今该条例既经废止，则解释该条例之院电，并奉司法部三年七月拟定适用《惩治盗匪条例划一办法》敬电，暨八月二十七日政事堂通电，是否均尚能继续适用？此应请示遵者一。按照普通法例，《刑律》总则之定规，既可分别适用于惩治盗匪法则，各县审办此项依该法减等处徒之盗匪案件，是否仍照《惩治盗匪法》第五条，由高等审判厅核转，并照第十条由高等审判厅汇报？如应由厅汇报，则查第十条条文内，仅有执行死刑人犯之规定，及前奉司法部颁发之盗匪案件执行死刑人犯一览表，亦仅能填载执行死刑之人犯，并无徒刑人犯可以填载汇报之明文。如上开钧院解释，依《惩治盗匪法》处徒案件，既不经过覆判，则关于此项案件之核转汇报程序，似应明白规定，始足以昭明慎，此应请示遵者二。以上二点，或由各县发生，亟待解决者；或由本厅收受办理无据，特请钧院衡核批示，俾资遵循，而免盾误。所有解释《惩治盗匪条例》一切文电，是否能继续于《惩治盗匪法》及惩治盗匪法减处徒刑人犯？应如何核转汇报各缘由，除详司法部外，相应函请钧院查核示遵等因到院。

本院查政事堂三年八月沁电，业经堂电取消司法部三年七月敬电，因《惩治盗匪法》及四年三月二日《盗匪案件适用法律划一办法》通行后，亦已废止，而该办法之第三条，本院亦已承诺。至本院统字一百八十一号、一百八十二号解释，除《惩治盗匪法》第二条之情轻者，可径依《刑律》第三百七十三条处断，已另有解释外（见统字二百一十二号），于其余各条，俱继续有效。至《惩治盗匪法》减处徒刑人犯，如何核转汇报，事关司法行政，既经详部，应候部饬可也。相应函复贵厅查照。

此复！

统字第 238 号

民国四年五月十二日大理院复总检察厅函

径启者：

接悉贵厅函称，据福建高等检察厅详称，"刑事上告人延不提出意旨书，应如何办理？送请核示到厅。当以上告人提出意旨书之期间，既无明文规定，经已批令先为催告之手续在案。现复据该厅电称，声明上告后十日内，不提出上告意旨书者，可否援据诉讼法理送请审厅决定驳回？请转院解释示遵"等情，相应函请贵院核办等因到院。

查本院办理民事上告案件，凡提出上告声明书经催告后，仍不提出意旨书者，为便利起见，仍径以职权调查原判有无违法（实体法及序程法）予以判决。刑事上告提出意旨之期间，现行法令既无明文规定，应即准照上开民事上告办法办理。相应函复贵厅转饬查照可也。

此致！

■ 统字第 239 号

民国四年五月十二日大理院复重庆高等检察分厅电

重庆高等检察分厅，转饬地检厅：

江电悉！私诉判决，由审厅准据民事执行例规执行。

大理院元印

附：重庆地方检察厅原电

大理院钧鉴：

公诉附带之私诉判决，应否由检厅执行？

重庆地方检察厅江印

■ 统字第 240 号

民国四年五月十二日大理院复云南高等审判厅电

云南高审厅鉴：

铣电悉！本院关于《惩治盗匪条例》之解释，凡于《惩治盗匪法》无抵触者，均可继续适用。

大理院元印

附：云南高等审判厅原电，

大理院鉴：

三年十一月钧院复陕西高审厅灰电，可否适用于《惩治盗匪法》？祈示遵。

滇高审厅铣印

■ 统字第 241 号

民国四年五月十二日大理院复总检察厅函

径启者：

接贵厅第二六二号函开：案据广东高等检察厅详称，"窃查私诉之规定，分为两种：一曰独立私诉，一曰附带私诉。按《私诉暂行规则》第十四条载，'除本规则规定外，私诉应依审判衙门之审级，准用刑事诉讼规定'等语。所谓私诉者，是否包含独立私诉而言？又独立私诉，系单独民事上私权之争议，应否准用刑事诉讼规定办理？详请转送解释"等情。据此，事关法律解释，相应函请贵院查照解释复厅，以便转饬遵照等因到院。

本院查该规则第十四条所称私诉，当然不包含独立私诉言。独立私诉，除有特别规定外，应准用民事诉讼法规办理。相应函复，即希转饬查照可也。

此致！

■ 统字第 242 号

民国四年五月十九日大理院复总检察厅函

径复者：

准贵厅第一二二号函开：案据山东高等检察厅详称，"窃查《官吏犯赃治罪法》所称官吏，依《官吏犯赃治罪法执行令》第一条规定，适用于现任国家机关职务之职员，及其他公职公吏。证以《刑律》总则第八十三条规定，官吏之意义，似范围较宽，不必以现行法令所规定之公职公吏为限，只以实际上从事公务为断。如各县沿前清习惯所雇之差役，现在公署执行司法及行政各事务者，大都均可认为公职公吏，但无明文根据，每遇差役犯赃案件发生，适用时，不免颇有疑义。现鲁属各县差役，仍旧恶习，对于人民诉讼事件，必多方要索，甚至贿以重金，即将要犯释放，长此不改，后患何极，非治以严刑峻法，不足以资惩儆。虽依《官吏犯赃治罪执行令》第一条解释，似可按《官吏犯赃法》，处以极刑，但生命攸关，非请明晰解释，颇乏标准，难期划一。理合详请鉴核，函院解释，俾有遵循"等情。据此，案关法律解释，相应函请贵院查照，解释复厅，以便转饬遵照等因到院。

本院查《官吏犯赃治罪执行令》第一条第一项所称公职公吏，应从广义解释，各县差役，无论是否法定机关，其应执行公务（如执行法警，或承发吏，或其他行政职务）而犯赃者，自可适用该法处断。惟须超越公定规费范围以外者，始以赃论。相应函复贵厅转饬查照可也。

此致！

统字第 243 号

民国四年五月二十日大理院复察哈尔都统署审判处函

径复者：

准贵处四年第四十五号函开：案据兴和县详称，"详为遵批更正详复事，民国四年四月二十四日奉审判处第三百三十八号批，据该县详送本年三月份司法收入月报表悉，表列罚金一项，说明栏内，注赵亮状诉曹步云奸拐伊妇一案，判处并科定为五等有期徒刑一年六个月，按照《刑律》第四十条易科罚金五百四十元。查《新刑律》第三十七条第二项第三款第五号五等有期徒刑一年未满二月以上，又查第四十四条'受五等有期徒刑或拘役之宣告者，其执行若有窒碍，得以一日折算一元，易以罚金各'等语，该县既判处曹步云五等有期徒刑，何以刑期定为一年零六个月？既按照《新刑律》第四十四条易科罚金，何以援引第四十条？如五等系四等之误，则不能易科罚金。该县擅改《刑律》，误用条文，种种错误，荒谬已极。县知事兼理司法，责任綦重，断不可以人民之生命财产，视同儿戏。合将原表发还，仰该县赶速明白详复另表造送，勿延，此批，表发还等因。奉此，遵查判得曹步云于三年前和奸赵亮之妇赵吴氏，实犯和奸罪，应依《新刑律》第二百八十九条所规定，处以五等有期徒刑九个月。其于本年二月二十三日诱拐赵吴氏逃走，又犯和诱罪，应依同律第三百四十九条第二项所规定，处以五等有期徒刑九个月十五日。系俱发罪，应依同律第二十三条第三款合并并科之，定为执行刑期一年六个月。唯据曹步云供称时有癫痫病发，执行实有窒碍，自愿出洋，恳准易作罚金赎罪前来。饬差查明，所称疯病，尚属实情，所请将徒刑易以罚金，亦尚与例相符，应依同律第四十四条之规定，准将伊应并科之刑期一年零六个月，按照实有窒碍执行例以一日折算一元,易以罚金五百四十元等语,惟此案详报时,援引第四十条,实系笔误,业经遵批更正,兹奉前因,理合妥造表式,备由详送鉴核施行谨详等情。"据此,除批详悉,所称曹步云并科两个五等有期徒刑,因窒碍执行,折易罚金,似有未合。按该犯系俱发罪,两罪并科,已超越五等刑期范围,究应准否折易罚金?仰候函请大理院解释,再行饬遵。此批,印发外,查该犯曹步云两罪并科,其刑期已超越五等徒刑之最长期,而刑名则仍属五等,如执行有窒碍之处,可否尚准折易罚金?相应函请贵院,迅速解释见复,以便饬知该县遵照,实为公便等因到院。

查判处刑罚,既属五等有期徒刑,虽系俱发,执行刑期定在一年以上,自无不可易作罚金之理。惟执行窒碍,须从严格解释,不得滥用。相应函复贵处查照可也。

此复!

■ 统字第 244 号

民国四年五月二十一日大理院复湖南高等审判厅函

径复者:

准贵厅函字第二百十一号并第四百零四号函,以预审决定有罪,可否准予抗告等因,请求解释到院。

查现行法令对于预审决定之抗告,既无禁止明文,自应认为许其抗告于抗告审判衙门。惟对于抗告审判衙门。因此项抗告所为之决定,则不许再抗告。盖现行法刑事诉讼,对于同一事件,以三审为原则。此种事件,既经三次审查决定,自无许其再抗告之必要。相应函复贵厅查照可也。

此复!

附:湖南高等审判厅原函二件

径启者:

案据长沙地方审判厅详称,"详为预审决定有罪,可否准予抗告,请示办法事。窃查职厅第一审案件,本属殷繁,有因预审决定有罪,该被告人不俟公开审理,遽尔声明抗告。查预审向归检察厅,诉讼人对于检察厅,向无抗告之规定。现归审判厅,可否准予抗告,不无疑义。职厅受理此种案件,因决定而声明抗告者,不一而足。悬案以待,能否准予抗告,职厅又未敢擅专,理合备文详请钧厅查核,并请批示只遵"等情。据此,查事关预审抗告程序,因无事例可援,未便遽予批示,据详前情。相应函请贵院解释见复,以凭饬遵。

此致!

径启者:

查刑事被告人,对于付重罪公判之预审决定,在外国刑诉法,虽有许可得为抗告之规定,然因毫无实效,徒延未决羁押之时日,现多废除此制。即征诸吾国《刑诉律(草案)》,预审属诸检察官,虽无决定抗告之可言,然对于处分而声明再议,亦只限于谕知不起诉之事件,且只限于告诉人、告发人,或从事侦查之司法警察官与检察官,并无被告人得对有罪处分声明再议之规定。是被告人对于付重罪公判之预审决定,征诸各国现行诉例，均不得为抗告。惟查吾国《刑诉律（草案）》"抗告"章，系采不服决定原则上皆得为抗告主义，关于不得为抗告者，均用明文列举之。故被告人对于付重罪公判之预审决定，究竟能否抗告，颇滋疑义。悬案待决，恳请贵院详为解释示遵。

此致！

统字第 245 号

民国四年五月二十一日大理院复江西高等审判处电

江西高审厅鉴：

巧电情形，应以废疾论。

大理院马印

附：江西高等审判厅原电

大理院钧鉴：

甲被乙剜瞎右目，其左目尚能视，应否认为毁败视能，以笃疾论？乞电示。

江西高审厅

统字第 246 号

民国四年五月二十二日，大理院复山东高等审判厅函

径启者：

准贵厅第一六三号函称：案据济南地方审判厅长张允同详称，"查《易笞条例》第四条内称，'罚金易监禁，再易笞刑者，于依《刑律》第四十五条第一项处断时，并宣告之'云云。查罚金易监禁，为检察官执行时之一种处分，见于《刑事诉讼律（草案）》第四百九十六条。虽该草案现在尚未实行，而按之法理，实属于检察官职权内之处分。该条例第四条后段所谓处断及宣告云云，是否指检察官执行命令而言？似宜求明确之解释，以免滋有疑义"等情，相应据情函请贵院解释，以便饬遵等因到院。

查《刑律》第四十五条第一项第二款所定易监禁处分，固应由指挥执行之检察官以命令执行。惟《易笞条例》，对于易监禁而再易笞刑者，为慎重起见，以第四条规定承审官于宣告本刑时，一并宣告，即应遵照办理。相应函复贵厅转饬查照可也。

此复！

统字第 247 号

民国四年五月二十二日大理院致新疆司法筹备处函

径启者：

准贵处第二六五号详称，案据署沙雅县知事艾学书详称，"缠民阿西木于中华民国四年一月二十四日黄昏时，由外佣工回家，因斥其妻阿以提汉，尚未备饭，口角用棒殴妻，阿以提汉将身闪侧，致误伤阿以提汉怀抱四龄幼女怕提汉囟门，登时身死。原判以遍查新律，并无生父误伤幼女，作何规定明文，适用第十条，法律无正条者，不问何种行为不为罪，及第十三条非故意之行为者不为罪，是否允协？请

示遵办"前来。代处长逐加查核《新刑律》第三百一十三条伤害罪，只需犯人有伤害人之意思，对于人加暴行而生伤害之结果，即能成立，其结果虽发生于犯人所预期以外之人，亦不能谓非故意伤害之所为。盖有伤害之意思，复生伤害人之结果，自有因果联络之关系。本案阿西木，本有伤害人之意思，惟其结果，致非其所预期之幼女怕提汉，应否依《刑律》第三百一十三条第一款照误伤凡人致死，酌量减等科断？抑或即照原判，适用法律无正条者不为罪之声请？法令所关，未便率忽，遍查律内，并无恰合专条，未敢妄加揣测，理合详请钧院鉴核，明确解释示复遵办等因到院。

查尊亲属伤害卑幼，除该当《暂行刑律补充条例》第八条情形外，概依常律科罪论减。来详情形，即希贵处查照三年三月三十日本院统字第一一七号复函办理可也。

此致！

■ 统字第248号

民国四年五月二十二日大理院复总检察厅函

径复者：

准贵厅第五百五十五号函称，据广西高等检察厅详称，"查大理院关于买卖人口罪，解释前清现行刑律买卖人口各条例为有效，并审理上告案件，屡有判例。又大理院统字第七十三号，复四川高等审、检厅电开：查买卖人口早经前清禁革，该条款自应继续有效。惟于卖妻无专条，只能以不为罪论，至买卖契约当然无效等语。依此解释，则因贫而卖子女，应适用前清《买卖人口条例》处断。因贫而卖妻，应不为罪。而现颁《暂行新刑律补充条例》第九条规定，依法令契约担负扶助养育保护义务，而强卖和卖其被扶助养育保护之人者，依《刑律》第三百四十九条、第三百五十一条、第三百五十二条及第三百五十五条处断等语，依此规定，则无论卖妻卖子女，均难免刑律之制裁。究竟前清《买卖人口条例》及统字第七十三号解释，是否因《刑律补充条例》第九条之颁布，而失效力？此应请解释者一。买卖人口，法所必惩，若父母因贫而当子女，双方约定期限取赎，此种行为，既与买卖人口有别，亦不能为略诱和诱罪。但人非至贫，万不至于当子女，既当之后，至期能否赎回，又当视日后之生计如何。若期满而无力取赎，则被当者永为他人子女，名虽曰当，而实与卖无异。甚至甲以女当乙，乙复当之丙，辗转相当，几不知为何人之女，此种违背人道之行为，尤甚于买卖人口，广西境内，此风尤甚。如遇此项案件发生，是否依照刑律略诱和诱各条处断，抑以律无正条不为罪论？此应请解释者二。大理院有统一解释法律之权，理合详请转咨解释，俾资遵循"等情。据此，相应函转贵院，请烦查照解释复厅，以便转饬遵办等因到院。

查《刑律补充条例》业已施行，前清《买卖人口条例》当然失效，关于卖妻及子女均应依该条例第九条处罪。若出当子女，即辗转相当，其以慈善养育之目的，代为收养，应予不论。如或托名为当而为买卖之变相，或为略取之方法者，自得依法科断。相应函复贵厅查照饬遵可也。

此致！

■ 统字第249号

民国四年五月二十四日大理院复河南高等审判厅函

径启者：

准贵厅复字第十四号函开：今有匪徒设会，诱众开堂放飘，乡愚无知，并不识其宗旨所在，但希图保护身家，遂亦入会，当由匪徒发给口号令旗等件，以为凭据。然查其情节，既未尝制造收藏或携带爆裂物，又未尝聚众劫略，自不能适用《惩治盗匪法》处断。且入会本意，只在保护身家，又非谋为不轨，且不识匪徒宗旨所在，亦未便谓系附和随行，及未遂阴谋之内乱罪，其他似无相当条文可以援用。惟事经陆军发觉，起获犯证，交由县知事分别科处徒刑罚金，并不援用律文，如此办法，可否认为特别处分，以示儆惩？豫省会继匪患，此类甚多，究应如何办理之处，急待解决，相应函请贵院迅予解释，俾获遵循等因。又函字第十七号函同前由，请求解释到院。

查开堂私放飘布，系属秘密结社，应受《治安警察法》之制裁，凡加入此等结社者，自可依该法第二十八条处罪。若乡愚图保身家，情有可原，仍得依《刑律》第九条之规定，适用第五十四条处断。相应函复贵厅查照可也。

此复！

■ 统字第250号

民国四年五月二十四日大理院复福建高等审判厅电

福建高审厅鉴：

巧电悉！依《法院编制法》第一百四十二条特置之通译，自应认为《刑法》上之职员。

大理院敬印

附：福建高等审判厅原电

大理院钧鉴：

审检各厅通译生，能否认为《刑律》上吏员或职员？乞解释电示。

闽高审厅叩巧

■ 统字第251号

民国四年五月二十四日大理院复江西高等审判厅函

径复者：

准贵厅民字第七七号函开：查上诉人经两次传案不到者，上诉状即行撤销，为《试办章程》第六十七条所明定。惟该条条文甚简，仅规定可以撤销之原因，至撤销之程序及其效力如何，胥无规定。因之适用之际，疑窦颇多，各处向来办法，亦殊不一。有不问被上诉人曾否到庭，概以决定为之，使其得以声明抗告者；有因被上诉人曾经到庭，声请缺席裁判，即以判决为之，使其得以声明窒碍者，究应如何办理之处？相应函请贵院解释赐复等因到院。

查《各级审判厅试办章程》第六十七条之撤销上诉，据本院历来判例，皆解为缺席裁判之一种，自以用判决行之为宜。但法律既无明文规定，即用决定裁判者，亦非全然不当。惟无论其为判决、决定，皆应许其依法声明窒碍，以保护缺席当事人之利益。相应函复贵厅查照可也。

此复！

■ 统字第 252 号

民国四年五月二十六日大理院复江苏高等审判厅电

江苏高审厅鉴：

沁电情形，依本院判例，应以窃盗着手未遂论。

大理院印宥

附：江苏高等审判厅原电

大理院鉴：

窃盗指明目的地，至中途被获，应否以未遂犯论？

苏高审厅沁

■ 统字第 253 号

民国四年五月二十六日大理院复江西高等审判厅函

径复者：

准贵厅民字第五二号函开：查前清《现行律例》内载，"孀妇自愿改嫁，由夫家祖父母、父母主婚。如夫家无祖父母、父母，但有余亲，即由女家祖父母、父母主婚。如母家亦无祖父母、父母，仍由夫家余亲主婚"等语。今有孀妇夫家别无近亲，仅有服外之族曾祖，母家亦无祖父母、父母，仅有胞姊母，该孀妇改嫁时，夫家之族曾祖与母家之胞姊母，互争主婚权，究应如何办理？又童养媳未及成亲，夫死择配，似与孀妇改嫁有别，究竟前项律例，可否援用？再养女（抱养时只言抱养为女，并无特别意思表示）之主婚权，应归抱养之父母，抑归本生之父母？以上疑点，本厅悬案待决，相应函请贵院迅赐解释见复等因到院。

查律例所谓夫家余亲者，系以该律妻为夫族服图内之尊亲为限。服外族曾祖，当然不包含在内。孀妇夫家既无余亲，推亲亲之义，母家胞姊，服属大功，由其主婚，自属允当。童养媳未及成亲而夫死，虽与孀妇改嫁有别，然关于主婚权，自以准用该条例为宜，但已解除关系，回归母家者，不在此限。至养女抱养当事人间，并无特别意思表示者，应由养父母主婚，苟无特别情事，自无本生母家容喙之余地。相应函复贵厅查照可也。

此致！

■ 统字第 254 号

民国四年五月二十七日大理院复吉林高等审判厅函

径复者：

准贵厅刑字第四号函开：《刑律》第二十六条规定，其处罚例有二学说：甲，吸刑说，即较轻刑吸收于较重刑之谓；乙，吸罪说，即较轻罪吸收于较重罪之谓。例如处罚夺人之刀杀人之犯，如采吸刑说，则杀人罪，虽得因赦除免，然夺刀之盗罪，不得除免。如采吸罪说，则不惟杀人罪得因赦消灭，即夺刀之盗罪，亦可随之消灭。究应适用何说？此其应请解释者一。以犯杀人结果而生弃尸罪，如系出于防卫过当之行为，而杀人罪又理应减等，此时如从一重处断，将从杀人本刑减等后，再与弃尸之刑比较轻重，抑从不减等杀人本刑，与弃尸刑，比较轻重，究应如何比较？此其应请解释者二。现在吉省发生此项犯罪事实甚多，本厅从违莫决，希即明白指示，以便遵照等因到院。

本院查《刑律》第二十六条系采一罪主义，唯所主之例，第一，夺刀杀人不能生强盗罪。盖强盗罪之成立，依《刑律》第三百七十条，以意图为自己或第三人所有为构成要件。夺刀杀人，其夺刀时行为，虽属强暴，然其目的在杀人，不在夺刀为己有，或第三人所有，自不能生强盗罪。第二，杀人弃尸，如弃尸行为，可认为杀人之结果，自应依《刑律》第二十六条之规定，先定其从一重处断之罪，如或有减轻事实，就其最重刑减轻处断。相应函复贵厅查照。

此复！

■ 统字第 255 号

民国四年五月二十七日大理院复京师高等审判厅函

径复者：

准贵厅函称：据地方审判厅长黄德章详称，"查《刑事审限规则》，业经司法部呈请大总统批令公布施行在案，凡属审检衙门，自应只遵。然规则条文中，有不能不请求明白解释者，试略举之：查《暂行新刑律》采证据真实主义，自当以人、物两证为重。管辖区域外无论矣；即京城之内，往往有传一证人、提一证物，票数发而尚无着落者；又有证人辗转指证，必须继续添传者；计数次往返之间，浃旬之期限已过。将草率以判决耶，则拂良心上之主张；将悬案以待证耶，则受法律上之束缚。此种困难情形，设当事人请求变更日期，固可认为适法之延展，其期间扣除于第六条第六款之内。如当事人不知请求或竟不请求，则将如何办理？又如《刑律》杀伤罪，旧律之保辜期限虽不适用，而此项罪名，必须经过一定期间，俟被害之程度确定，始能为适当之裁判，则古今中外，均无异致。盖杀人尚有已遂、未遂之分，伤害亦有轻微、废笃之别；未遂者有得减之文，轻微者未匝月之谓。今规则除命盗及其他重案外，统限二十日终结。假定有一杀人未遂之案，以伤状之外形论，死否尚难预知；若不待其伤愈，迫于审限而径予判结，则认为未遂者俄而变为已遂矣！更假定有一伤害之案，轻微、笃废断难一望而知。本厅数年来办理此种案件，向以当庭查验平复，及检验吏出具平复结或被害人自具平复结为凭。盖总则文例既明定三十日以上为废疾与轻微之界限，即杀人未遂而成为伤害者，尤不能不待被害者笃废轻微之确定，以为减等与否之准绳。值此之由，时间延滞，是否可认为'其他依法令各该职务必待进行'、应归纳于第六条第十款扣除期间之内？上述各节，亟待剖析，以定指归，为此详请钧厅转函大理院解释，俾资遵守"等情前来。相应据情函达等因到院。

本院查该厅所举第一种情形，如检察官因此请求延展日期者，自可依《审限规则》第六条第六款办理。如原、被两造均未请求展期，而法院苟非滥用《试办章程》第六十九条之规定行使其职权，自应依《审限规则》第六条第十款扣除其期间。至第二种情形，保辜期限，现行法并无明文规定，而按照《试办章程》第七十五条，选用鉴定人实施鉴定，仍不能收确实之效用者，则案件之不能进行，洵非承审官员之咎，亦应依照该条款准予扣算期间。相应函复贵厅转行查照可也。

此复！

■ **统字第 256 号**

民国四年五月二十七日大理院复直隶高等审判厅函

径复者：

准贵厅敬电开：涞水县知事何隆恩案，四月十六日上诉到厅，五月十四日审理终结，因读十八日报载批令宣告延期，此案应否继续判决，有无抵触？未敢擅断，请示遵行等因到院。

查该案初审判决，既未确定，批令亦无执行明文，自应继续宣告判决。相应函复贵厅查照可也。

此复！

附：直隶高等审判厅原电

司法部大理院钧鉴：

涞水县何隆恩案，四月十六日上诉到厅，五月十四日审理终结，因读十八日报载批令宣告延期，正拟请示办法。奉六四八号饬查，始查悉前批除详请另陈外，此案业奉批令，应否继续宣告判决，有无抵触？未敢擅断，请电示遵行。

直高审厅叩敬印

■ **统字第 257 号**

民国四年五月二十七日大理院复奉天高等审判厅函

径复者：

准贵厅四年刑字第四二一号函开：有人于官员执行职务时，辄以词近谩骂之文牍，向执行职（职字下疑有脱字）公署之直辖长官投递，是否构成《刑律》第一百五十五条之罪？相应函请解释等因到院。

查《刑律》第一百五十五条之侮辱方法，凡言语、举动、文字、图画，俱包含之。惟侮辱必有指摘事实，而非当场者，尤以公然为条件。若仅止谩骂，已难构成犯罪，至词近谩骂更可不论。相应函复贵厅查照可也。

此复！

■ 统字第 258 号

民国四年五月二十七日大理院复吉林高等审判厅电

吉林高等审判厅鉴：

卅电悉！政事堂原电已取消，窝主事前知情容留，事后受赃者，应依《刑律》第三十一条分别强窃盗各本条，及第三百九十七条，并第二十六条规定处断。如窝主有共同实施行为，或于实施之际帮助正犯者，仍应依第二十九条办理。至引线如何办罪，亦须照实际情形分别处断。又奸夫因奸犯其他罪者，奸妇如非共犯，应只论奸罪。

大理院感印。

附：吉林高等审判厅原电

大理院钧鉴：

《刑律》第三百九十七条，是否包强窃盗窝主事前知情容留，事后分赃者在内？又政事堂通电关于强盗引线窝主办法，现在是否有效？如无效应依何法处断？又奸夫因奸另犯他罪，奸妇未与共犯，该奸妇能否依《刑律补充条例》第七条仍论奸罪？请电示遵。

吉高审厅卅

■ 统字第 259 号

民国四年五月二十九日大理院复湖北高等审判厅函

径启者：

接贵厅支电称，"刑事惟被告人及检察官有上诉权。兹有原告诉人上诉案件，经莅庭检察官认为无理由，应认孰为上诉人？乞电示遵"等因到院。

查《县知事审理诉讼章程》第三十八条末段，既称"向第二审判衙门呈诉不服，请照上诉审程序办理"等语，其非认原告诉人有独立上诉之权，即不得以原告诉人为控告人，毫无疑义。惟有此特别规定，检察官虽以原告诉人不服之旨，为无理由，不能遽行驳斥，不予送审。送审之后，亦不得以己见撤销公诉。而控告人之名称，则恒属之检察官，特检察官陈述己见，应不受告诉人意旨之拘束而已。此理骤闻之，似觉奇异，然刑诉立法例，往往有检察官既以原告官资格起诉，而其后虽发见起诉权消灭事由，若经过一定时期，即不准撤销公诉者，于此时检察官即系居原告之地位，而不得不自陈所诉为无理由，请予驳回公诉。以彼例此，毫不足怪。相应函复查照可也。

此致！

■ 统字第 260 号

民国四年六月一日大理院致吉林高等审判厅电

吉林高审厅鉴：

四年刑字第三八号函悉！掳人既遂，虽未得财，以掳人勒赎既遂论。如有应减情形，仍用《刑律》第九条、第五十四条处断。

大理院东印

附：吉林高等审判厅原函

径启者：

案据吉林长春地方审判厅详称，"为详请事，案查《惩治盗匪法》第四条有第三款掳人勒赎者之规定，核其既遂罪，必须勒赎得赃，始为既遂。倘已掳人尚未勒赎得赃，而被害人乘间逃回，似应以未遂论。但《惩治盗匪法》并无未遂之规定，可否按照大理院统字第一百六十二号解释，再依大理院统字第三号解释办理？抑或仍照《惩治盗匪法》第四条规定，死刑上减等？本厅现有似此案件，亟待解决，理合详请钧厅查核，转请大理院解释，饬遵施行"等情。据此，本厅查犯《惩治盗匪法》上之罪，如果实系未遂，固可适用《刑律》第九条及第十七条予以减等。惟查《惩治盗匪法》第四条第三款之掳人勒赎规定，并未定有得财明文。是该罪成立，自应以掳人已成备有勒赎行为者，即可认为既遂时期，是否得赃，与既遂未遂，似无关系。盖该罪为盗匪法内之特别罪，非如《刑律》第三百七十条之强盗，须以取得财物为要件。又查该规定系采包括主义，亦非如前清律内所定捉人勒赎，尚有赃数次数及被捉人数或年龄之区别。至钧院统字第三号解释，似仅适用于《惩治盗匪法》未经施行以前，至该法施行以后，似即当然失效，不能照旧适用。是该厅所请掳人勒赎而未得赃一节，似应仍行查照《惩治盗匪法》第四条第三款规定办理，不能援用《刑律》未遂犯办法，是否有当？理合函请钧院核示，俾有遵循。

此致！

■ 统字第 261 号

民国四年六月五日大理院复湖北高等审判厅电

湖北高审厅鉴：

第四四号函悉！依《惩治盗匪法》并《刑律》处徒刑案件，经部商准上诉。又该法虽未规定褫夺公权，依加重法文之性质，仍尽本法办理。

大理院虞印

附：湖北高等审判厅原函

径启者：

案查《惩治盗匪法》第二条、第三、四条各款所揭之罪，原审依《新刑律》加减例减处徒刑，应否许其上诉，或送复判？前经同级检察厅于民国三年十二月十八日电部请示，已奉司法部有电开、电悉，应准上诉，或送复判等因在案。嗣查本年一月二十五日第九百七十五号政府公报内载，本年一月十二日钧院复河南高等审判厅，统字第一百九十六号，文电内开、电悉，依《惩治盗匪法》处徒刑案件，毋庸送复判等因。查《惩治盗匪法》第二条，"强盗犯《刑律》第三百七十三条之罪者，得处死刑。"是其选择刑之范围，或依《惩治盗匪法》第二条处死刑，或依《刑律》第三百七十三条处无期徒刑，或二等以上有期徒刑，已予审判官以自由裁量之余地。其犯《惩治盗匪法》第三条或第四条各款之罪者，如遇有得减理由，依《刑律》第九条之规定，自得适用《刑律》总则加减例酌量处断。现在各县对于此项盗匪案件，其依《刑律》第三百七十三条，或依

《刑律》总则加减例判处徒刑，已经声请上诉或送复判者，不一而足。究竟应依司法部有电办理，抑应依钧院统字第一百九十六号文电办理？又查《刑律》第九条之规定，其得适用于其他法令之定有刑名者，仅以《刑律》总则为限，按《刑律》第三百七十三条、第三百七十四条、第三百七十六条、第一百八十六条之罪，现均列入《惩治盗匪法》第二、第三两条之内。查照《刑律》第三百八十条及第二百零二条之规定，原应褫夺公权，但此项规定，究属《刑律》分则之范围，依《刑律》第九条，似不能适用之于《惩治盗匪法》。其《惩治盗匪法》第四条第一款之罪，原与《刑律》第二百零三条相类，及同法同条第二款之罪，亦与《刑律》第一百零一条相类，而情节均较《刑律》规定尤重，查照《刑律》第一百零六条宣告二等有期徒刑以上之刑者，及第二百零九条之规定，均在褫夺公权之列。兹查《惩治盗匪法》内，既无褫夺公权之明文，则此种犯罪，似尤不能以类推解释，而并为褫夺公权之宣告。现查各县审判《惩治盗匪法》第二条及第三、第四两条各款犯罪之案件，有并依《刑律》褫夺公权之规定，宣告从刑者，亦有并未宣告者，究竟孰为适法？其宣告从刑，是否可认为勿论解释之一种？非请钧院并赐解释，不足以资遵守。以上所举疑义，均属悬案以待，除关于盗匪减处徒刑案件，应否准其上诉或送覆判之部分，并详请司法部核示外，理合函请钧院查核，迅赐复示，实为公便。

此致！

■ **统字第 262 号**

民国四年六月七日大理院复陕西高等审判厅电

陕西高审厅鉴：

前电悉！依《惩治盗匪法》处徒刑案件，经部商准上诉，改遣毋庸于判决宣告。

大理院虞印

附：陕西高等审判厅原电

大理院钧鉴：

查依《惩治盗匪法》处徒刑案件，业经钧院解释，毋庸送覆判。惟此种案件是否不准上诉？又合于徒刑改遣者，是否可于判决书中叙明？统祈电示。

陕高审厅印

■ **统字第 263 号**

民国四年六月五日大理院咨复司法部文

为咨行事：

接准贵部第四零三号咨称：据福建高等检察厅详称，"现行再审制度，原审衙门与原审同等或上级审判衙门，均可为再审之审判。虽不以提起于原审衙门为限，然苟未将原审之系属，先行认定，则再审之提起，究难着手。普通上诉及覆判更正或覆审案件，靡不经过第二审之审判，在何级审判衙门判决确定后，提起再审，即以何级审判衙门为原审衙门，自无问题发生。惟覆判核准案件，初审判决被告人，虽未提起上诉，然以县知事审理诉讼，非如法院有独立行其职务之检察机关，乃为覆判制限。非经覆判之后，虽在被告人一方已经承认原判，可以确定，而在国家一方，终不能谓之确定。当提起再审之时，欲认县知事为原审衙门，则核准之际，决定实由于高等；欲认高等厅为原审衙门，则县知事判决之后，并未经过第二审之判决，原审之系属，既难明了，则再审之进行，亦多窒碍，请核示"等情。事关诉讼程序，相应咨请贵院查照，迅行解释复部，以便饬遵等因到院。

查县知事宣示《覆判章程》第一条之判决后，必经该高等厅核准，始有执行之效力。则凡经核准之判决，即不啻高等厅所自为，不过为程序利便起见，该章程不令再为同一内容之判决，而只为核准之决定。在再审程序，自应即以高等厅为原审衙门，按之事实，亦较便捷，且无县知事以再审判决，撤销高等厅核准决定之虞，足以维持上级衙门之威信。相应咨复贵部饬转查照可也。

此咨！

■ 统字第 264 号

民国四年六月五日大理院复上海地方审判厅电

上海地审厅：

东电悉！《刑律》关于鸦片烟罪，非有新法律废止或变更，仍应适用。故吸食鸦片，不问曾纳印税与否，一律科罪。

大理院微印

附：上海地方审判厅原电

大理院钧鉴：

吸食贴有财部印税之鸦片，应否科刑？谨乞电示。

上海地审厅印东

■ 统字第 265 号

民国四年六月五日大理院复云南高等审判厅电

云南高审厅鉴：

东电情形，以数罪论，参照五月二十日公报本院支电。

大理院微印

附：云南高等审判厅原电

大理院鉴：

以一行为诬告多数人，究为一罪或数罪？祈示遵。

滇高审厅东印

■ 统字第 266 号

民国四年六月十二日大理院复江西高等审判厅电

江西高等审判厅鉴：

第一零一号函悉！未经政府允准发行银钱票，自应以有价证券论。惟在部定准许发行银币办法前，由省长官正式允准或追认者，亦得依《刑律》第二二九条第三项办理。

大理院文印

附：江西高等审判厅原函

径启者：

现本厅审理案件内，有伪造赣省民国银行发行之九五钱票百文千文钱票一案，原判认为通行货币，依《暂行新刑律》第二百二十九条处断。本厅当以案关罪名出入，处断自应审慎，调查该行发行此项钱票，系在光复时由省城绅商为维持省城市面计共同集议，将前清官银号已经发行之钱票，悉数查交该行加盖图记，继续行使，并由该行新制赣省民国银行大小钱票，经赣省都督出示发行，以资周转。本省人民在前清时因铜元缺乏，业已通用，故此项纸票发出，遍行本省城内，毫无阻滞，他如九江市面间亦通行。人民携此纸票纳税完粮，官厅亦照收受。惟查该行多系商股，发行时又无经中央政府命令允准，或委任发行之文件可稽。虽本省省库设在该行，依法解释，仍不能辨明该行发行纸票性质，曾经函询该行在案，兹据答复函述各节，又属含混，不易辨别，是为通用货币，抑为有价证券？为此抄录本厅咨询该行函稿，及该行复函，统请查核，伪造该行发行此项纸票，究应依据《刑律》何条处断？未敢悬拟，案悬日久，亟待判结，钧院为解释法律最高机关，相应函请迅示只遵，实为公便。

此致大理院！

附：江西高等审判厅致赣省民国银行原函

径启者：

本省通用大小九五钱票，查在前清系由江西官钱局发行，曾经奏明有案，载在票之背面，自无疑问。惟贵行于民国初年，即继续发行此项钱票，曾否援照前清官钱局成案，经民国政府允准发行？抑以贵行营业关系，按照前清江西官钱局大小九五钱票规则仿行？敝厅亟待辨明性质，俾有依据，相应函请贵行检查原案，迅予赐复。如有关系此项钱票发行权之一切文件，并希录送一份过厅，以资参考，实纫公谊。

此致赣省民国银行！

附：赣省民国银行复江西高等审判厅原函

径复者：

准贵厅公函，本省通用大小九五钱票，查在前清，系江西由官钱局发行，曾经奏明有案，载在票之背面，自无疑问。惟贵行于民国初年，即继续发行此项钱票，曾否援照前清官钱局成案，经民国政府允准发行？抑以贵行营业关系，按照前清江西官钱局大小九五钱票规则仿行？敝厅亟待辨明性质，俾有依据，相应函请贵行检查原案，迅予赐复。如有关系此项钱票发行权之一切文件，并希录送一份过厅，以资参考等因。准此，查此项钱票，自辛亥年光复伊始，市面制钱告罄，铜元缺乏，当时政府尚未成立，经各界谘商务总会表决，将前清官银号钱票，悉数查清，一律发交敝行，加盖图记，继续发行，并由敝行，新制大小钱票及铜元、银元、各钞票发行，以济市面，而一币制。至中央政府成立后，承准前财政司咨开，都督发交财政部咨开，有查币制不能统一，则财政无从整理。本部现拟确定本位，厘正统系，以成完善之币制。现在所有官办银行钱号发出之纸币数目种类各项，分别列表送部等因，由司转行到行，敝行即将纸币数目种类各项，分别列表咨呈前财政司报部在案，此即关于各钞票发行权之文件，兹准前因，为此函复贵厅，请烦查照是荷。

此致江西高等审判厅！

■ 统字第 267 号

民国四年六月十二日大理院复四川高等审判厅电

四川高审厅鉴：

支电悉！于判决确定之犯，发觉余罪，应由该管检察官起诉。

大理院文印

附：四川高等审判厅原电

大理院钧鉴：

现有巡警所长，率队焚杀数十命，掳掠财物，原审仅处渎职罪之刑，已经执行。其他共犯上诉，始次本厅发见，确有共犯情事，检察官亦称原审漏查，现应如何办理？只乞示遵。

高审厅叩支（电内文字间有错误均依来电照录）

■ 统字第 268 号

民国四年六月十二日大理院复江西高等审判厅电

江西高审厅鉴：

微电悉！强盗杀人，以实施强盗，知杀人之情，即有共同之意思者为限，负共同责任。

大理院文印

附：江西高等审判厅原电

大理院钧鉴：

甲、乙、丙伙劫戊家，甲一人杀毙事主，余人应否共负强盗杀人责任？乞迅赐电示。

江西高审厅微

■ 统字第 269 号

民国四年六月十四日大理院复总检察厅函

径启者：

接准贵厅四年第三九二号函开：据山西高等检察厅检察长详称，"查《刑律》第二十三条第三款，科多数有期徒刑者，不得逾二十年，此指俱发罪言之，至累犯罪，并无此种限制明文。设如某甲初犯处徒刑十二年，执行半年，又犯逃走罪，照累犯加重科徒刑十五年，统计前后刑期，在二十年以上，若一并执行，似与有期徒刑性质未合，究应如何执行之处？详请核示"到厅。查既决人犯，在监犯罪，依贵院最近判例，认为再犯，其执行刑期，应否合并计算？抑比照《刑律》二十三条第三项末段，加以限制？适用上不无疑义，事关法律解释，相应函请贵院核办示复等因到院。

查《刑律》第二十三条第三款，系俱发罪之特别规定，累犯章内，既无准用明文，自难比照该条计算。立法精神，盖以预防累犯，有特别加重之必要，故不示限制，证以第五十六条第二项规定，自可合并执行。相应函复贵厅转饬查照可也。

此致！

■ 统字第 270 号
民国四年六月十四日大理院复察哈尔都统署审判处函

径启者：

接准贵厅四年第二七号函开：案查中华民国三年九月二十三日，奉察哈尔都统饬，据兴和县知事详报，判决胡二丑人扎伤胡二拐，因伤致死一案，饬处查核具复等因。奉此，遵于十月二日分别附具理由，依据《覆判章程》，恳请转饬该县覆审详复。旋奉察哈尔都统批示，已据详转饬遵照各在案。兹据该县知事详称，"民国三年八月三日，前任赵知事业将此案详请绥远都统署审判处覆判，四年一月十二日奉到覆判决定书，合并声叙"等情。据此，查此案于民国三年八月三日，由前兴和县赵知事送绥远覆判，于今年一月十二日绥远始覆判完结发县。但该县于三年七月二日已划归察区，则该县覆判，应归本处管辖。惟该案已由绥远覆判，是否作为有效？本处未便擅专，应援《刑事诉讼律（草案）》第三节第十八条第二款规定，请贵院指定管辖，希即见复，俾有遵循，实为公便等因到院。

查现行刑事诉讼规例，凡无管辖权之判决，与权限外之判决不同，不能认为当然无效。如仅系土地管辖违误，并不许以为上告理由。若判决确定后，发见事实上或法律上确有错误，与现行再审或非常上告条件相符者，自可查照前宪政馆《核议死罪施行办法》所载办理。至所请指定管辖一节，按照批准通行之《刑诉律（草案）》"管辖"章第十八条第二款规定，系因两处以上之审判衙门，有积极争议者，始得适用。该条所谓确定判决，乃指本案辩论前之判决而言。若已适用实体法为本案判决后，自不能再行援引该条款，请求指定管辖。即希贵处查照办理可也。

此致！

■ 统字第 271 号
民国四年六月十四日大理院复察哈尔都统署审判处函

径启者：

准贵处四年第三九号函开：设有赵乙等控诉钱丙、孙丁等捏名诬告赵甲一案，迭经预审，据赵乙等供称，赵甲被获惩办，所列罪状，均系钱丙、孙丁等数人捏名禀控。质之钱丙、孙丁等，始均不肯承认，赵乙等又未提出有力证据。正在侦查中，据钱丙自首，系自一人捏名递禀，惟所诉各节，均经有司衙门派委查明，始将赵甲置诸法典各等情。据此，查钱丙既已自首，则捏名之行为已确，唯所告诉之事，并非虚伪，是仅有捏造假名禀控之行为，并非诬告，《暂行新刑律》第一百八十二条之罪，似当然不能成立。惟法律攸关，不厌详慎，应请贵院解释等因到院。

查捏名禀控并非虚伪之事实，《刑律》既无正条，当然不能为罪，但有第二百四十三条伪造私文书情形时，不在此限。若赵甲有确实证据，可以证明其并无犯罪事实，系属冤诬者，虽经判决确定，亦应问钱丙以诬告之罪。相应函请贵处查照办理可也。

此致！

■ 统字第 272 号

民国四年五月二十日大理院咨复京兆尹文

为咨行事：

准贵尹咨开：据安次县详称，"窃查安邑民事案件，以田地涉诉为多。现值清查地亩之际，而尤以争赎远年典当之地涉讼为多，调验契据，均系时逾数十年，或远隔百余年之物，原典人及中证人等，亦均物故有年久，无从传质，于是两造各执一词，争讼不已。推原其故，实由于昔时地价极贱，今时地价昂涨所致。现在《民律》尚未颁布，关于典当房地回赎时效，又别无法令规定。虽前清现行律，关于民事部分，与国体如无抵触之处，可以适用，然该律亦未规定典当房地回赎年限，审判实无依据。惟查前清旧例，典契满三十年者，不准回赎；未满三十年者，准照例分别找赎。知事拟请按照此例参酌习惯，量为变通，将典当契约，分为有期限、无期限两种，酌定准赎不准赎之年限。以契内注明有'若干年回赎'字样者，为有期限之契约；契内注明有'钱到回赎'字样而无年限者，为无期限之契约。有期限之典当契，未满三十年者，准其回赎，已逾三十年者止准找贴一次，即归绝契，不准回赎；无期限之典当契未满五十年者，准其回赎，已逾五十年者，惟其找贴一次，即归绝契，不准回赎，找贴之数，不逾原典价十分之五。似此规定回赎时效，据以审判，庶争赎典地之诉讼，或可渐次清结，究应如何办理？知事未敢擅专，拟合具文详请查核批示，以便遵行"等情。据此，查京兆地亩辚轕多，推其原因，当时旗民不准交产，而按诸事实，又诸多窒碍。民间私自通融，名为推当，实即典卖，巧黠之徒，藉为争执。加以现在地价渐昂，当时贱价典当者，群思收赎，以图余利。受典当之户，业经数十百年，久已视为己物，亦决不愿任其贱价赎回，此种种辚轕所由起也。然两造各执一词，即缠讼永无息日，若不明定办法，终无以息讼端而安良善。查该县所请分为有期无期两种，有期者以三十年为限，限外只准找贴原典价十分之五；无期者以五十年为限，限外亦只准找贴原典价十分之五，均定一次为绝。参酌法理，体察与情，办法尚称平允。惟事关解释法律，应请迅予解释等因到院。

本院查前清乾隆十八年定例，本有以三十年内外分别听其找赎，及不许找赎之办法。迨宣统元年修订，法律馆以时隔百余年，应无从前契载不明之产，当将年限节删，遂致援用失据。惟经济状态，变迁不常，土地价值，低昂亦异，如因条例无文，不论年限久远，概许赎回，从此葛藤无已，讼累因之，殊非保护社会生活安宁之道，则时效制度，诚为及今审理土地案件最急之端。然制定此条例，绝对溯及既往，亦恐生偏倚之弊。揆度与情，权衡事实，仍须斟酌典契之有无期限，经过期间之长短，价值相差之比例，及收赎之方法，逐一订定，方无窒碍。事关立法，除将原咨并本院意见，咨行司法部外，相应咨复贵尹查照。

此咨！

■ 统字第 273 号
民国四年六月十二日大理院复陕西高等审判厅函
径复者：

准贵厅审字第一零六号函开：查钧院二年特字第十二号通告，载各省民事上告案件，概由当事人在原审衙门呈递上告状。如声明上告，已逾上告期间，或在高等厅已为终审，径行对于本院请求审理者，均由高等审判厅以决定驳回等因，实足节约无益之劳资，法至善也。惟此种办法，仅指上告而言，至对于贵院请求审理之已逾期间之抗告，及对于高等厅所为终审决定之抗告，能否适用通告办法，径由高等审判厅以决定驳回？并无明文。相应函请鉴核赐复，俾有遵循等因到院。

查不合法之抗告，本院认为可以嘱托原厅径予驳回，已于三年十月六日咨行司法部在案，希即查照办理可也。

此复！

■ 统字第 274 号
民国四年六月十二日大理院复浙江高等审判厅函
径复者：

准贵厅函开：查《各级审判厅试办章程》第五十四条规定，"祖孙、父子、夫妇及胞兄弟等，均可委任代诉。"而对于母子间能否相互委任代诉，并无规定。又第五十二条规定，"职官、妇女、老幼、废疾为原告时，得委任他人代诉。"而上列各项人等，如为被告时，能否援例委任代诉？亦无明文，均属疑问。本厅现在发生此项事实，急待解决，为此详请钧院解释，以凭核办等因到院。

查该章程第五十四条及五十二条规定，均非强行法规，于所举情形自可类推解释，一律适用。

此复！

■ 统字第 275 号
民国四年六月十六日大理院咨司法部文
为咨复事：

准贵院咨开：六月六日据四川高等审判厅歌电称，"窃盗图脱拒捕，伤害事主致死，应否照《刑律》三百七十四条及《惩治盗匪法》第三条第一款处断？乞示遵"等因。事关解释法律，相应咨请详细解释见复，以便饬遵等因到院。

本院查窃盗事后行强，依《刑律》第三百七十一条，当然以强盗论。其伤人致死，自应依《刑律》第三百七十四条，及《惩治盗匪法》第三条第一款处断。但斟酌情形，仍得适用《刑律》总则之规定，相应咨复贵部转饬查照。

此咨！

■ 统字第 276 号

民国四年六月十六日大理院复湖南高等审判厅函

径复者：

准贵厅函开：查《县知事审理诉讼暂行章程》第三十八条第二项后半载，'原告诉人或其代诉人得向第二审审判衙门呈诉不服，请照上诉审程序办理'等语。似于刑事原告诉人或其代诉人，只许呈诉不服于第二审审判衙门，不能再向上告审审判衙门呈诉不服。惟湘省地方审判厅设置颇少，凡县知事之原审事件，应属初级厅管辖者，系以邻县为上诉机关，前经详请司法部批准在案。是湘省情形，与《县知事兼理诉讼章程》第三十六条第二款不同，如刑事原告诉人或其代诉人，对于邻县之第二审判决，仍有不服，既无检察官代为提起上告，又似为定章所限，不能径自呈诉不服于上告审审判衙门。究竟此种呈诉案件，敝厅应否受理？颇滋疑义，案悬待决，相应函请钧院迅予解释赐复等因到院。

本院查邻县审理上诉案件，原系《县知事审理诉讼暂行章程》第三十六条第二款之例外。揆诸该条款立法原意，此等案件应否提起上告，除被告人外。其权仍属于检察官。各县虽未设检察官，而本于检察一体之原则，原告诉人等对于邻县第二审判决，如有不服，仍可直接请求高等检察厅提起上告。相应函复贵厅查照可也。

此复！

■ 统字第 277 号

民国四年六月二十一日大理院复总检察厅函

径复者：

准贵厅函开：据山西高等检察厅详称，据绛县知事卢重庆详称，"为呈请示遵事，奉宪台饬开，奉总检察厅第二五七号饬，据甘肃高检厅详询既决人犯在监犯罪，大理院认为俱发罪之一种，是否另作判词，抑于原判内添入，更定刑名等情，函由大理院解释，以在监犯罪最近判决例，认为再犯。至《刑律》第二十四条情形，应俟确定后，别以决定更定其刑等情，通饬遵照下县等因。奉此，查统字第六四号解释，诚属错误，今改用决定，似审判上亦无判罪用决定之先例。《刑律》第二十四条本包有两种罪刑，其第一种，为一罪已经审判确定，而后发之罪，在审讯中者，甘肃所询在监犯罪，即属此种。如此者，似应于后罪宣告时，于其主文内指明本罪犯某条罪，处某刑。又该犯前犯某罪，已经确定处某刑，应依《刑律》第二十四条更定其刑，处某刑云云，则于律意手续，皆为吻合。盖二十三条与二十四条，不过犯罪发觉之后先，而非手续之同异，当然适用同一办法。今大理院于判处二十三条之罪，如王治馨等案，概系如此办理，则二十四条之俱发罪，亦应相同。其第二种，为数罪各经审判确定后，虽知为俱发，并无未决之罪在审讯中者。于此而照俱发科罪，则不能无审判官自行变更判决之嫌疑，甘肃之询问，大理院之解释，意旨在此。知事以为判决不能自由变更，系指同一案而言，如非同一案，当然不生此问题。故无论二十四条规定，第一种，无所谓变更之嫌疑，即其第二种，亦无所谓变更之嫌疑也。无嫌疑，自不妨仍用判决，若虑其有嫌疑而改用决定，试问保障判决之原则，既不能再以判决变更，顾反可以决定变更乎？况改用决定，必发生种种困难。俱发罪虽合处一刑，而仍各自宣告，原为保证犯罪人利益起见，其利益之日期，即自确定后起算。通例判决用宣告，决定则不必宣告，今改用决定，是否用同一宣告手续，其日期又如何起算？对于决定之不服，应用抗告，将来对此种决定，是否亦用抗告？决定不必呈报上级机关，而县知事兼理诉讼，则有覆审之规定，此种决定应否请求覆判？是皆不能无疑。知事以为俱发罪之用判决，似无何等嫌疑，质之二十四条条文，亦仍以应用判决为正当之解释，拟请详请总检察厅转函大理院明白解释，以便遵行"等情到厅，理合据情转请核示等情。据此，查请示各节，事关法律解释，相应函请核复，以便转饬遵照等因到院。

本院查《刑律》第二十四条前半规定一罪已经审判确定，余罪后发，尚在审判中者，自应于后之判决所定罪刑外，合之该被告人前犯某罪，已经确定之刑，依第二十三条各款，更定其刑，本属不待赘言。惟本条后半规定数罪各别经确定审判，其更定执行之刑，尚须一种程序。本院前于统字第二百二十二号解释，为应以决定行之者，并非虑再用判决有变更前判之嫌也。盖数个判决，各已确定，其犯罪事实，无庸再开审判，只以《刑律》上俱发罪有取限制加重主义之规定，故于刑之执行，仍有更定之必要。惟其为执行之一种程序，故审判衙门只需据检察官之声请，对于该声请而为裁判，当然可用决定（县知事有检察审判两种职权，本院统字第一百九十九号解释，可以隅反）。此项决定，专系更定被告所犯各经确定判决之数罪所应执行之刑，非变更已确定之判决，与上级审撤销变更下级审判决之性质迥异，各本案之确定判决，仍完全不失其效力。前清法律馆编定《刑事诉讼律（草案）》第四百八十条之规定，即是此意，毫无可疑。原详所称改用决定后，必发生诸多困难问题，似可无虑。至此项决定虽许抗告，然亦不过程序上之问题（例如误行驳回声请，或非犯罪事实为判决之审判衙门），而于原判罪名更不能有所动摇。且此决定，虽不宣告，而被告人于通知到达后起算抗告期间，亦无害于其利益。又查此项决定，既系更定执行刑罚，其轻重出入，颇有关系。故各确定判决中，若有应送覆判案件，无论该判决曾经覆判与否，均应将决定，连同各判决并送覆判。相应函复贵厅转饬查照可也。

此复！

统字第 278 号

民国四年六月二十二日大理院致山西高等审判厅函

径启者：

据太原地方审判厅巧电称，"甲窃乙衣包，内有丙、丁物，是否以一罪论？"请解释示遵等情到院。

本院查侵害财产法益之犯罪，应依监督范围以计算罪数。该电情形，丙、丁之物既在乙衣包内，属于乙监督范围，则甲之窃盗，应以一罪论。相应函请贵厅转饬查照。

统字第 279 号

民国四年六月二十一日大理院复广西高等审判厅电

广西高等审判厅鉴：

铣电悉！《官吏犯赃治罪法》，依《刑律》第九条规定，当然可以适用《刑律》总则各规定。

大理院养印

附：广西高等审判厅原电

大理院鉴：

适用《官吏犯赃治罪条例》第二条，得否依《刑律》第九条援用第五十四条减等？祈示复。

广西高审厅铣印

统字第 280 号

民国四年六月二十五日大理院复总检察厅函

径复者：

准贵厅第五三二号函开：案据京师高等检察厅详称，"按《刑律》第十八章规定，伪造文书罪，其中文书分公私二种。而同律第八十三条第三项，则有称公文书者，谓官员及公署应制作之文书等语，依此则显然可判定为公文书或私文书者，固无困难。惟私文书与公文书合体之时，例如以伪造契据投税，经官厅黏尾盖印者，究应认为官文书，抑应认为私文书？不无疑义。且因发觉之先后，罪名亦有变更。即以前例言之，未经投税之伪造契据，于制作终了，其罪亦已完成，此时为伪造私文书无疑。设于投税后，始行发觉，如认为官文书，则投税以前之伪造行为，是否一并论罪？或认为第二百四十三条及第二百四十条第二项，或第二百四十一条之想像上俱发？或认为第二百三十九条之独立罪？关系法律解释，请函院核办饬遵"等情。据此，相应函请贵院查照解释复厅，以便转饬遵照等因到院。

本院查伪造契据，应构成《刑律》第二百四十三条之伪造私文书罪。至以伪造契据投税，经官署黏尾盖印者，应以第二百四十三条及第二百四十一条之俱发罪，依第二十六条处断。相应函复贵厅转行查照。

此复！

统字第 281 号

民国四年六月二十五日大理院复江西高等审判厅函

径复者：

准贵厅第一七二号函开：据职属南昌地方审判厅长林大文详称，"窃查《暂行新刑律》第三百五十五条第一项规定之告诉权，依二年五月十七日《政府公报》载大理院统字第二十号函复上海地方审判厅第三款解释，属诸被和诱人及本夫或尊亲属。设有某甲婢女某乙，被某丙和诱至家，拟与其弟成婚。被和诱人某乙，自己并不告诉，既无本夫又无尊亲属可以适法告诉之人，某甲是否有告诉权？事关法律解释，应请钧厅查核俯赐解释，或转达解释之处，伏候钧裁，悬案以待，望速施行谨详"等情。据此，查解释法律，系属贵院权限，据详前情，相应函请迅予解释见复，以便转饬遵照等因到院。

本院查被和诱之妇女，自己不告诉，而又无本夫或法定代理人行使告诉权者，该管检察厅检察官，因利害关系之人声请，可以指定代行告诉人（参照本院二年统字第八号复上海地方审判厅函）。原详所举之例，某甲对于其婢女，自可认为利害关系人，得声请检察官指定代行告诉人。相应函复贵厅转饬查照。

此复！

■ **统字第 282 号**

民国四年六月二十六日大理院复四川高等审判分厅函

径复者：

准贵分厅黄字第三八四二号函开：案据长寿县知事详称，"《新刑律》第六十九条载，'提起公诉权之时效期限，依左例定之'等语。详查本条后列各款，凡自死刑以至拘役罚金，其起诉期限，均已明白规定，固无疑义。惟各条犯罪主刑，多有三等或二等者，当起诉之时，未经审判，刑名之重轻未定，则起诉之期限，究应以何者为凭？如和诱罪应处三等至五等有期徒刑，其起诉期限，是否以最重主刑依三等有期徒刑三年之例计算，或以最轻主刑依五等有期徒刑六月之例计算？此其应请解释者一。又本律第三百五十五条第二项载，'被略诱和诱人与犯人为婚姻者，非离婚后其告诉为无效'等语。是告诉之有效无效，应视离婚与否为断。但离婚日期，如已在成婚日期十年八年起诉权消灭之后，其起诉期限，是否作为行为中断，自离婚之日更行起算？或仍以犯罪行为完毕之日起算，应消灭其起诉权？此其应请解释者二；又细绎前条律文意义，既曰非离婚后其告诉为无效，自系指结成正式婚姻与犯人为妻者而言，然当时修订《刑律》，因采取一夫一妻之制，不能有妾之称谓，故全律无一妾字。现奉《刑律补充条例》，已有妾之称谓，凡因身份成立之罪，妻妾多属同相。如有被略诱和诱人与犯人为妾，而非正式婚姻者，其未离婚以前，是否准其告诉？或仍应俟离婚后始能告诉？此其应请解释者三。凡此种种，均于受理诉讼，大有关系，理合详请解释"等情到厅。据此，查解释法律，系属贵院特权，兹据前情，理合函请解释，以便转饬遵照等因到院。

查第一问题，公诉权之时效，自应以各该罪条最重之主刑为计算之标准；第二问题，略诱和诱罪以犯罪完成之日为时效之起算点，如离婚在时效到来之后，则公诉权当然消灭，并无中断之可言；第三问题，妾之身份与妻不同，《刑律》第三百五十五条第二项不适用之。相应缕复贵分厅查照饬遵可也。

此复！

统字第 283 号

民国四年六月二十六日大理院复总检察厅函

径复者：

准贵厅函称，案据京师高等检察厅详称，"前据永清县详送本年一月份司法月报表，其罚金数目表内，列有妨害公务案一起，系有该县适用《刑律》第一百五十五条处断。本厅以该县办理此案，程序似不合法，当饬知调卷。兹据该县详送此案卷宗，并陈论数条，略称查《暂行新刑律》第七章妨害公务数条，细绎条文，系对官厅官员执行职务时加侮辱，并非对于官员涉及个人私罪上之行动，所以定律称为妨害公务。又查《县知事审理诉讼暂行章程》第五条规定，'县知事或承审员之回避，准用《各级审判厅试办章程》第十条至第十三条规定'等语，查原章程第十条载，应行回避之原因如左：一，审判官自为原告或被告者；二，审判官与诉讼人为家族或姻亲者；三，审判官对于承审案件，现在或将来有利害关系者；四，审判官于该案，曾为证人、鉴定人者。第十一条载，'有前条之原因时，经该审判官或检察官或诉讼人声明后，由该管长官核夺。'又查原章程六十一条有'妨害法庭执务，或其他不当之行为者，审判长得酌量轻重，照左例各款分别处分各条款'等语，知事细绎第十条各款第二以下各款，知事均无回避。惟第一款载称审判官自为原告或被告者，再三细绎，此二句语意，似审判官为原告为被告，均涉及审判官个人私罪上之行动，似与律载妨害公务有别，证之原章程第六十一条，妨害法庭执务，得由审判长，酌量分别处分。自然妨害公务者，得由县知事兼理司法者，分别处分，两相印证，自然明了。所以《暂行新刑律》于第七章各条称名为妨害公务罪，既称妨害公务，则非个人私罪上之行动可知。原章程第十条第一款应行回避原告被告语意，自系指审判官涉及个人私罪上之行动，证以妨害法庭执务一语，已可概见。既未涉及私罪上之行动，似无须声明回避。知事当时查阅条文，似属误妨害公务条文，与原章程第十条第一款原告被告之文，不属妨害之内，故未声明回避，遽然定断，谓知事误解条文则可，谓知事违法则不可。又称'以上回避引证各节，恳请转详大理院解释'云云，按原详所称各节，约言之，应解决者，不外两点：第一，即《刑律》第一百五十五条上半段规定之罪，应以何者为被害人是也？按同条第一项之罪分两种，前半为当场侮辱罪，或称直接侮辱罪，后半为非当场侮辱罪，或称间接侮辱罪。所谓当场，非但面接而已，凡能达其视听之范围皆是，细绎律文，当场侮辱罪之成立，系在官员执行职务之时，似被侮辱者为执行职务之官员，并非职务。至非当场侮辱罪之成立，因其虽非当场，而竟妨其职务，公然为之，味一'其'字明执行此职务者为官员之个人，既对于其所执行之职务，加以侮辱，则其结果，被害者似仍为官员之个人，并非职务。故在学理上，总称此两种犯罪，为侮辱官罪，因其涉及职务之故，使与普通之侮辱罪相区别，而列之广义妨害公务罪中。揆立法之精神，亦以此种非行，本系对于个人之攻击，然因其直接害官员之威信，间接即害国家之威信，为保障国家威信起见，不能不先于官员个人之威信加以保障，否则妨害政务之进行者甚大。《刑律》第七章特设此条，以保障执行职务之官员，意似在此。原详乃称系对官厅官员执行职务时加侮辱，并非对于官员涉及个人私罪上之行动，语殊费解。至《法院编制法》第六十一条所谓'妨害法庭执务或有其他不当行为'云云，系专为妨害法庭秩序者而设，与《刑律》第一百五十五条之罪，显有分别，固不能以彼例此也。原判乃以《法院编制法》之条文，谓为《各级审判厅试办章程》之条文，尤属错误。第二，即侮辱官员之罪，是否应由被侮辱之官员，即立于被害人地位者自行审判？如其审判，其判决是否违法是也？查《县知事审理诉讼暂行章程》第三章规定回避，第五条前半云，县知事或承审员之回避，准用《各级审判厅试办章程》第十条至第十三条之规定。再查《各级审判厅试办章程》第十条第一款，审判官自为原告或被告者，又第十一条有前条之原因时，经该审判厅或检察官，或诉讼人声明后，由该管长官核夺。其应明白解决者，即同章程第十条第一款之'原告'二字。自《法院编制法》颁布后，依该法第九十条第一款之规定，充刑事原告者为检察官，故审判官除为民事原告之外，就刑事言，只有为告诉人或告发人之时，无为原告之时。是同章程第十条第一款之'原告'二字，实赅括刑事告诉人或告发人在内。县知事虽兼理审检职务，然既为被害者，即居于告诉人之列，以自行告诉之案件，而自行审判，其酿成不公平之结果也必矣。故遇此情形，似宜依《县知事审理诉讼暂行章程》第五条前半之规定，准用《各级审判厅试办章程》第十条第一款，并准用第十一条之程序办理，方为合法。固不能援《法院编制法》第六十一条审判长得酌量处分之例，以为印证。夫以依法应行回避之案件，乃贸然审判，无论其出于故意，或因疏忽，其为违法则一。惟事关法令解释，又据该知事详请送院，理合具文详请转函解释，以便饬遵"等情。据此，相应函请贵院查照办理等因到院。

本院查《刑律》第一百五十五条妨害公务罪，官员自系被害人，该条刑罚，与《法院编制法》审判长维持法庭秩序之罚，其性质自不可混而为一。县知事为被害人时，依《县知事审理诉讼暂行章程》第五条，准用《各级审判厅试办章程》第十条及第十一条自应声请回避，由该管长官核夺，原厅解释甚为正当，相应函复厅转行查照。

此复！

统字第284号

民国四年六月十九日大理院复黑龙江高等审判厅函

径复者：

准贵厅第三十八号函开：本应依照《惩治盗匪法》处断案件，经铁路交涉局误引《新刑律》判决，同时该被告又因他案系属于他之审判厅时，巡按使查核铁路交涉局会审原判引律错误，为事实上之便利，饬由该被告人所在地审判衙门依法办理。就中主张各异，或谓铁路交涉局会审判决之案，虽系引律错误，然既属特别审判衙门管辖范围，普通第一审审判衙门，对于特别审判衙门所为之判决，无改判权。巡按使对于铁路交涉局之报告，认为如有疑误，应准用《惩治盗匪法》第九条之规定饬令再审或提交高等审判厅覆审；或谓铁路交涉局判决之案，依前清光绪二十七年十二月签订重设黑龙江铁路交涉总局，并酌设分局，增改章程第七条内开，华人犯徒流以上之案，均归将军（即现在之巡按使）核办云云之结果，则地方厅奉巡按使依法办理之饬知后，应即按照《惩治盗匪法》第五条之规定，由该管审判厅审实后，附具全案，报由高等审判厅长转报巡按使核办，俟得复准后执行。二说应以何者为是？又铁路交涉局会审判决通常刑事案件，依签订章程第六条，交由地方官照办时，查系不应系属会审权限范围，应否由所在地第一审审判衙门依法诉理，更为决判？合请迅速解释，复示遵行等因到院。

本院查《惩治盗匪法》第五条，系规定第一审审实后，应行报告程序，第九条系规定报告后，上级衙门认为有疑误时，饬令再审或覆审程序，于再审或覆审后，该审判衙门仍应照第五条规定办理。故于已经审判或未依该法第五条报告之件，两说均欠妥洽。本件该被告人既因他案，系属于他之审判衙门，经巡按使关于已判盗匪之罪，发见错误，为便利起见，应由受诉审判衙门，分别已未确定，依照《盗匪案件适用法律划一办法》之二，并援用《暂行刑律》第二十三条及第二十四条规定处断。其通常刑事案件，依签订章程，该局无权受理者，即系权限外之行为，不发生何等效力，应由有管辖权之审判衙门，另行处理。相应函复贵厅查照。

此致！

■ 统字第 285 号

民国四年六月三十日大理院复奉天高等审判厅函

径复者：

准贵厅刑字第四九八号函开：查修正《各级审判厅试办章程》第三十六条第三项，关于刑事上诉期间之起算，照民事各规定。又司法部通饬，民事上诉，应自宣示判决之日始，而宣示程序，规定于同章程第三十六条系用送达主义各等语。伏查刑事宣示，如被告人不能到庭者，按照民事实施送达，固称便利。第被告人亲自到庭听判，若再予以送达，似觉徒增繁琐。究竟是否仅就传唤不到者，适用送达主义？抑并亲自到场者，亦用送达主义？如果一律送达，而上诉期间之起算，应否加以区别？事关适用法律，亟待解决，用特函请钧院解释，速为示复，以便遵循等因到院。

本院查修正《各级审判厅试办章程》第三十六条第三项之刑事上诉期间，系专指第一项但书，及第二项被告人不出庭而宣告判决，应照民事规定起算。相应函复贵厅查照。

此复！

■ 统字第 286 号

民国四年六月三十日大理院复湖北高等审判厅函

径复者：

准贵厅函字第三二零号函开：案据宜城县知事详称，"强盗数十人，麋聚一处，有人专为强盗烧锅煮饭，并未同抢，就表面观，似烧锅煮饭，非犯罪行为，然明知其为强盗而为之炊爨，使强盗得以果腹，而荼毒社会，不得谓非事前帮助，其人是否构成从犯罪名？未敢臆断，悬案以待，理合详乞钧厅鉴核，迅赐解释只遵"等情。据此，查案关解释法律，敝厅未便擅专，相应函请查照迅赐解释见复，以便饬遵等因到院。

本院查《刑律》从犯，以事前帮助为要件。而所谓事前帮助通例，指加入犯罪预备或着手行为之一部而言。原详所称为强盗炊爨，不能谓之犯罪预备，或着手行为，即不得以从犯论。相应函复贵厅查照。

此复！

■ **统字第287号**

民国四年六月二十九日大理院复山西高等审判厅电

山西高等审判厅鉴：

宥电情形，应以一罪论。

大理院陷印

附：山西高等审判厅原电

大理院钧鉴：

掘墓凿开两棺者，是否以一罪论？抑依俱发论？乞电复。

晋高审厅宥印

■ **统字第288号**

民国四年七月六日大理院复云南高等审判厅函

径复者：

准贵厅第二一六号函开：案据洱源县知事唐树年详称，"窃既决、未决人犯各种法律，分别甚属明晰，本无他种疑问。惟由知事衙门判决三等以上有期徒刑，业经详送覆判，尚未奉到覆判之案，此等人犯，究应视为既决，抑或视为未决？如已视为既决，则因案牵连之人，经知事衙门判决无罪者，应即立时释放，方为正办。何以前此前知事李廷锐判决李老二等行劫未遂一案，其李小贵、杨兴贵二人业已宣告无罪，仍须覆判到时，方行释放，而钧厅并不以为非，则视为既决之说，殊不足据也。然则应视为未决乎？查通常法例，凡经过上诉期间之案，即应照判执行，而《覆判章程》，亦有上诉期限经过后五日内详送覆判之规定。其所以必须经过上诉期限者，以明判决确定，原审衙门得照判执行也。原审衙门既已照判执行，若犹视为未决，仍以二日抵徒刑一日，于受刑人甚觉不利，殊非慎刑恤狱之道，则视为未决之说，亦未可信也。若以知事衙门为第一审，可视为既决，覆判机关为第二审，应视为未决，此在必须覆判之案，犹可言也。然有时覆判机关，视为不须覆判，仍发交知事衙门覆判者，是知事衙门既为第一审，又为第二审，既可视为既决，又可视为未决矣。此等案件，若欲提起上诉，将以大理院为上诉机关乎？亦仍以覆判机关为上诉机关乎？若仍以覆判机关为上诉机关，则知事衙门已为第二审覆判机关，应无再为第二审之理。若以大理院为上诉机关，则与四级三审之制，又属不合。是以知事衙门为第一审，可视为既决，覆判机关为第二审，应视为未决之说，更不足取也。总之此案疑窦多端，殊难释然，钧厅为解释法律机关，理合详请指示饬遵"等情到厅。当经本厅批示，详悉，来文请示各节，以送请覆判之案，究应视为既决或未决之问题为最要。查《覆判章程》第一条所列应送覆判案件，皆初审判决后，经过上诉期间者，既云判决，当然在既决之列。再查该章程第七条、第九条所规定，非经覆判审判决确定饬知后，不能执行。则已送覆判尚未覆判之案，可视为既决，惟不能谓为判决确定。《各级审判厅试办章程》第四十条、第六十五条有与覆判章程相抵触者，准诸狭义法优于广义法之例，限于覆判案件，当以狭义之《覆判章程》为适用。至释放刑事被告一层，查放免亦即执行之一，案未判决确定饬知执行，该被告尚居于刑事嫌疑犯之地位，仍应看管。但系初审认为无罪之被告，照《各级审判厅试办章程》第八十一条之规定，当然解释可以准其取保候案。至《刑律》第八十条所谓未决前羁押日期，仍指未发监执行前之日期而言，观前第七十九条第二项，可以索解而得。则凡送覆判之案，未饬知执行，能看管而不能监禁。既未受监禁，自不能算入刑期，惟得照羁押日期扣抵。被告人未受监禁，又何不利益之有？至由本厅以决定发还或发交覆审案件，则受覆审之衙门为第二审，大理院为上告审，此毫无疑义者。盖由本厅发还发交覆审，乃以覆审权，委任移转于被发还发交之衙门，本厅之决定于表示委任移转之手续等，非本厅已覆判，而又令被发还发交之衙门重覆判也，来详谓与四级三审之制不合，未免误会。本厅见解若此，惟统一解释法律之权，属于大理院，应俟函请解释见复后，再行饬知等语在案。查所请各节，事关法律解释，除批示外，相应据情函请钧院解释复厅，以便转饬遵照等因到院。

本院查现行法，既决、未决之分，以判决确定发生执行力与否为界限。判决确定前者，为未决；确定后发生执行力者，为既决。而判决有即时确定者，如终审判决是；有经过上诉期间即确定者，如通常第一第二审判衙门判决是；有经过上诉期间后，尚须经过法定程序，始确定者，覆判案件，即属于此种。依《覆判章程》规定，此种案件，初审判决经过上诉期间后，尚不能视为确定，即不能发生执行力，必须经覆判裁判确定，始能发生执行力。故覆判裁判确定前之案件，均视为未决，不能执行。至覆判审发还原县覆审案件，其性质与上告审发还原第二审更审者无异，其覆审仍系第一审，对于此等案件，依修改《覆判章程》第八条之解释，只能声明控告于控告审判衙门，与现行四级三审之制，亦并无不合。又《审判厅试办章程》第四十条、第六十五条，乃规定判决确定之一种，与《覆判章程》不能谓有抵触，自可并行不悖。至覆判确定前之拘禁，当然系未决羁押。贵厅来函及原详，各有误会。相应函复贵厅查照。

此复！

统字第289号

民国四年七月七日大理院复总检察厅函

径复者：

准贵厅第五九三号函开：准贵院第二百号公函内开："本院查第一点，所谓批与决定，名异而实同。其事之简单者，固可以简单之决定为之，若事情复杂，虽用批，亦不能不详叙理由，并无难易之可言，自应以决定行之，以昭划一"等语。细绎贵院复函本意，似仍以现行规例上应用决定者为限，其应用判决者，自不得以决定更代。惟查湖南高等审判厅原函，仅浑言呈诉不服，其为控告或为抗告，或为其他之声请，并未明白声叙。现时各处告诉人等，对于县知事之裁判不服者既多，而又杂以覆判案件，诚恐不免偶有误会。若一律径用决定，反致程序混淆，似非慎重狱刑之道。相应函请贵院关于原告诉人等对于县知事裁判不服者，何种应用决定，再为详细解释，俾便饬遵，实级公谊等因到院。

查本院对于湖南高等审判厅第一点解释，系专指批与决定，实质上并无区别，毋庸以批代决定而言，其用决定之范围，自以现行规例应用决定者为限。若其事件，在现行规例应用判决者，虽由原告诉人呈诉不服，亦应以判决行之，不得以决定代判决。原告诉人依《县知事审理诉讼暂行章程》第三十八条第二款呈诉不服案件，除因不合法驳回及其性质属于抗告等，应以决定裁判者，当然用决定外，其依现行规例应以判决裁判者，不得用决定。至覆判案件，依《覆判章程》第一条以在上诉期内，未据声明上诉者为限，其裁判之形式，应用决定与应用判决，该章程第三条第四条已有明文，分别规定，自应依该章程办理。其在上诉期间内业经声明上诉者，不能依覆判程序，而依《县知事审理诉讼暂行章程》第三十八条至第四十二条之规定，则原告诉人等在上诉期间内，呈诉不服者，其案件以有声明上诉论，仍应依通常控告程序办理。其应送覆判案件，原告诉人呈诉不服不合法者，对于该呈诉，固可以决定驳回，而对于本案仍应依《覆判章程》办理。相应函复贵厅查照。

此复！

统字第290号

民国四年七月八日大理院复江苏高等审判厅函

径复者：

准贵厅微电称，"大理院鉴，覆判案件经本厅改判发县后，被告人复向本厅控诉，当用决定驳回，对此决定，能否抗告？如不允许，应作何办理？悬案待决，恳速电示"等因到院。

本院查被告人不谙覆判程序，对于原县所谕知之覆判判决，误认为县判提起控诉者，如合于上告期间及条件，自应认为对于覆判判决业经声明不服，命其向原县或同级检察厅补具上告意旨书送院；其不合上告期间及条件者，原厅得以决定驳回，对于此项决定，仍应许其抗告。相应函复贵厅查照。

此复！

统字第291号

民国四年七月七日大理院复四川高等审判厅电

四川高等审判厅：

歌电情形，分别依《刑律》各该本条照俱发例处断。

大理院虞印
附：四川高等审判厅原电
大理院钧鉴：
有猥亵邻女，反诬告其父匿盗，威迫迁居。复以妨害生命迫胁，致女父自缢死。由迫胁已逾第三百五十三条限度，应如何科断？只乞示遵。
川高审厅叩歌

■ **统字第 292 号**
民国四年七月十四日大理院复总检察厅函
径启者：
接贵厅函称，"《惩办国贼条例》，业于本年六月二十二日奉大总统令公布在案。查该条例第二条第二款内开，'私与外国人订立契约，损害本国国家之权利'等语，又该条第三款内开，'其他勾结外国人为不利本国国家之一切行为'等语，条文意义所包颇广，适用上易滋疑义。其第二款内所称契约权利，应以何种为范围？第三款所称不利国家之行为，应以何者为标准？应请贵院明白解释，以凭办理"等因到院。
本院查《国贼条例》之设，本由《刑律》外患罪推广而出，以有卖国之行为为断，范围本极狭小。该条第二款情形，既云私与外人订立契约，复以损害国家之故意为条件，凡牺牲本国国家利益，求助外人以逞私谋，或贪图重利潜通外人，故为损害国家之行为者，均成立该款之罪。如非上项所揭所订契约，系经中央政府及有允许权之各省行政长官认为正当，特予允许者，不在此限。所谓本国国家之权利者，系指国家生存发达或自卫上有重大关系之权利，及本国有明文认为国家特权者而言。至第三款情形，乃前二款以外之行为，仍以私相勾串，损害国家之故意为条件。若仅止工商业务之损害，虽于国家间接亦蒙不利，而按其心术，初无损害国家之故意者，除他项法令，定有限制及罚则者，仍照办理外，自不成立本款之罪。相应函复贵厅查照。

■ **统字第 293 号**
民国四年七月二十日大理院复山东高等审判厅函
径复者：
准贵厅七月四日函开：案查前寿张县知事王中隽不服济南地方审判厅判决声明控诉一案，本厅已于六月十二日判决在案。查该案附带控诉部分内关于王仝氏一款，证人武鸿勋、刘庆榜二名，曾经本厅饬县传讯去后，旋据该县详复武鸿勋等于阴历四月间，定行投审等情云云。本厅悬案以待，届期未据详送投审前来，遂经本厅刑庭评议决定，以该证人等久未到案，自未便久稽时日，即根据原审及本厅诉讼记录以为判决。嗣据武鸿勋、刘庆榜于六月间具状，赴同级检察厅投审。六月三十日准同级检察厅函称，'案据寿张县人武鸿勋、刘庆榜等，因该县前知事王中隽图贿一案，遵传投讯，具状到厅。'据此，查武鸿勋等，系贵厅传讯之人，既据来案投审，应即函请查照，以完手续。除将来状存厅备查外，该武鸿勋、刘庆榜二名均住城内呈祥店，相应并请知照等因。本厅查该案已经判决后,证人到案,似不能再行开庭审理。惟此案现已上告,本厅可否另用调查方法,提该被告人王中隽与该证人等对质,取具该证人等口供,以为将来或有覆审时采证之预备?本厅未便专拟,况该案可否提起附带上告,业经同级检察厅电详司法部请示,并蒙司法部调取卷宗核办在案,则将来如果准其提起附带上告,亦有传讯该证人等之必要。与其俟届时再行传讯,何如就该证人等现在投案在省,豫为质证,较为便利。惟事关诉讼手续问题,除详请司法部批示只遵外,理合函请贵院查核见复等因到院。

本院查法院于判决宣告后,不能再就本案为审理程序。讯问证人,亦审理程序之一种,自不能于宣告判决后为之。惟检察厅之侦查行为,无论何时,均得讯问证人及被告人。本案情形为事实上之便利,自可由检察厅讯问,以备参考。相应函复贵厅查照。

此复!

■ **统字第 294 号**
民国四年七月二十日大理院复湖北高等审判厅函

径复者:

准贵厅三六七号函开:案据武昌地方审判厅详称,"今有甲价买二岁小儿乙为子,养育二十年,浪费家产,不受甲管束,并揪扭甲扑地殴打,甲妻头部均已成伤,致甲将乙送请惩戒。子说谓,乙对于甲,无血统关系,不能依《新刑律》第一百一十七条处断;丑说谓,清例乞养义子,或收养三岁以下遗弃小儿,虽不许以之立嗣,仍酌分给财产,是乙对于甲之遗产,既有承继权,当以尊亲属论。案悬待判,究依照何条办理?理合备文详请钧厅,转至大理院速赐解释,以便遵循"等情到厅。案关适用法律,相应函请查照,迅赐解释,以便饬遵等因到院。

本院查《刑律》尊亲属,应包括养父母在内。收养三岁以下遗弃小儿,本为现行律所许,虽不能以之立嗣,而亲子名义则存。本案情形,应依《刑律》第三百一十七条处断(原函一百十七条之'一'字,当系'三'字之误)。相应函复贵厅查照。

此复!

■ **统字第 295 号**
民国四年七月二十日大理院复河南高等审判厅函

径复者:

准贵厅复字第二十四号函开:有奸夫甲、乙起意谋杀本夫丙,与奸妇丁预商,丁向拦劝。翌日丙、丁同行,甲、乙要截于途,杀丙移尸近地而逃。丁临时并未下手,事后喊叫,凶已远遁,指尸验明,获甲质讯属实,因奸酿命,丁妇与甲、乙之和奸,固当分别论罪。至对于甲、乙共同杀人,似无责任可言。惟事前知情不告,临时袖手不救,事关社会风化,究应如何办理?急待解决。钧院有统一法律解释之权,悬案待理,恳祈迅示只遵等因到院。

本院查本案情形,奸妇事前既已拦劝,事后又复喊叫,并无同谋实施,自不能以杀人共犯论,只应科以奸罪。相应函复贵厅查照。

统字第 296 号

民国四年七月八日大理院复湖北高等审判厅电

湖北高等审判厅鉴：

三五七号函悉！谋杀之戊，是否姑之本夫？即其女亲父，该女是否同谋？希将案情详复。

大理院庚印

附：湖北高等审判厅原函

径启者：

兹有姑甲与其媳乙商同其女丙之奸夫丁，谋杀其夫戊，即时毙命。其姑甲与媳乙，并丙之奸夫丁，各有应得之罪，自无疑问。惟丙女事前知情含默，着手时复随同到场，但未下手，丙女是否应负《新刑律》第三百一十二条之责？悬案待决，即乞复示只遵。

此致！

大理院复湖北高等审判厅函

径复者：

准贵厅三七九号函开：本年七月九日，接准钧院庚电开，三五七号函悉，谋杀之戊，是否姑之本夫？即其女亲父，该女是否同谋？希将案情详复等因。准此，查襄阳县详请覆判王李氏与儿媳王杨氏，及其生女王女（无名字）并女之奸夫刘克美（即刘老三）共同谋杀本夫王成才身死一案，案内已死王成才，确系王李氏之本夫，即王女之亲父。此案据王女在原审衙门供称，"今年二月十九日，刘老三在我嫂子房里，嫂子对他细说日子难过，要把公公王成才谋死，请刘老三帮忙，许钱四十串，随后我妈也到嫂子房里，与刘老三商量，将我爹谋死的话，比时小女子在堂屋听他们那样说法，未有做声。至二十日我哥王荒林不在家，那天晚上，二更后，刘老三来我嫂子房里合同我宿，我妈到嫂子房边轻轻拍门，嘱咐我们不要睡着，随后又来说我爹已经睡着了，刘老三走前，嫂子带着铁锤走后，小女子跟在顶后，走到我爹房里，刘老三上前抓住我爹的头发，掀到地下，我爹喊叫两声，刘老三就一手掐住咽喉，嫂子揪住我爹的小便，随手递给铁锤，刘老三接过手去，就照我爹左耳门左肩打了两下，我爹就不能做声了。那时我妈站在一旁，小女子看我爹那样子，就吓得不得了，当时刘老三一手抓住头发，一手抬着胳膊，嫂子抬了一双胳膊，我妈抬脚，抬到嫂子房里地下，嫂子用铁剪把我爹的小便剪了，小女子在旁看见，并未帮同下手"等语。据此，除王李氏在押自缢，无庸置议，刘克美初判依《新刑律》第三百一十条判处死刑，王杨氏亦依同律第三百一十二条判处死刑，均无疑义外，惟王氏女一名，事前知情含默，着手时复随同到场，但未下手，是否构成《新刑律》第三百一十二条之罪？应请钧院解释，以昭慎重，兹准前因。相应函复即希查核见复等因到院。

本院查刑事诉讼，被告人自白，固可采为证据，然事实有疑窦者，自不能专据被告供词定案。本案即系详送覆判案件，关系谋杀逆伦，情节较为重大，王女供词不无疑点，究竟有无同谋，自不能专据该女初审供词，为判决之根据。应依《覆判章程》

第三条第一款，认为证据未足，为覆审之决定，并依第四条第三款提审，严密调查，详为研讯，期无枉纵。从前审理此等案件，地方官因关系风教，恐涉考成，认证采供，率有不实。现在承审官本无处分，亦无所用其规避，不可仍绳旧贯，致枭獍之徒，幸逃法网。相应函复贵厅查照。

此复！

■ **统字第 297 号**

民国四年七月二十三日大理院复察哈尔都统署电

察哈尔都统署鉴：

皓电情形，以合于《官吏犯赃治罪法》及执行令之条件为限，以不枉法赃论。

大理院梗印

附：察哈尔都统署原电

大理院鉴：

据审判处函称，"官吏受贿，对所行职务，并无违反法令之结果，是否以不枉法赃论？请电贵院速复遵办"等因特达。

察哈尔都统署皓

■ **统字第 298 号**

民国四年七月二十八日大理院咨司法部文

为咨行事：

准贵部咨开：查《县知事兼理诉讼暂行章程》第三十八条、第三十九条，关于原告诉人呈诉不服程序之规定，原有两种解释，贵院根据该章程作文字论理之解释，本部权衡检察官职权，作系统解释，以致取义歧异，其间应如何折衷之处？曾由部咨请贵院解释，并准咨复。如果将来依文理解释施行之后，其效果远不及系统解释，仍请贵部知照，以便审酌变更等因，当由部准咨通饬各在案。兹据江苏高等审判厅长蔡元康详称，"用文理解释，于刑事审限及判决确定期间两点，似不如适用系统解释为愈"等情到部。本部查原详所称各节，尚系实情，可否变更解释之处？相应抄录原详，咨请查核办理等因到院。

本院查《县知事兼理诉讼暂行章程》第三十八条、第三十九条，关于原告诉人呈诉不服程序，经本院就该条文理解释，其无理由者，准驳之权，应操诸审判衙门，函复总检察厅。嗣经贵部本于检察职权作系统解释，咨商到院，当经本院咨复在案，兹准前因。查该厅原详所举两端，均由奉行法则者之有错误，而非实在窒碍情形。征诸诉讼通例，宣告无罪案件，除已依法保释外，应于判决确定后释放被告人。所以留上诉之余地，即在禁止原告诉人直接呈诉不服之法院，亦宜遵守此法则，以备检察官之上诉。又纵令对于县知事判决，采系统解释，检察官根据原告诉人之呈诉不服，认为有理由提起上诉者，亦事所恒有，均不能于判决宣告后，未经过上诉期间，即行释放。该章程之原告诉人呈诉不服，亦受上诉期间之拘束，其情形自无歧异。原详所称"无罪放免之被告人，或远适异乡，或住所未明，无从传讯"云云，显系第一审判决后，未俟确定，即行释放。假令系检察官上诉，又将如何办理？此乃第一审县知事执行上之错误，而非此项解释独有之窒碍。至原详虑羁押日数较久，折抵后，尚有不利于被告，则保释制度，本应励行，无故羁押，实为文明法制所不许。纵令无从保释，或必须羁押者，而第二审兼为事实审，对于第一审之量刑，于法定范围内，本可自由增减，亦自有救济之途，是在执法者之善于运用。且此种情形，于检察官上诉案件，亦不能免，又非此项解释独有之窒碍。原详所举，既未能为施行之窒碍情形，本院即不能据以为变更解释之理由，俟将来实有窒碍难行之处，再行审酌变更。相应咨复贵部转行查照。

此咨！

■ 统字第 299 号

民国四年七月二十八日大理院复直隶高等审判厅函

径复者：

准贵厅一四一一号函开：案据保定地方审判厅详称，"窃查法院现行刑诉制度，系采用弹劾主义。然因事实便利之故，往往于程序法中特设例外之规定，如《审判厅试办章程》之第二十七条，及《刑诉草案》之第二百五十六、二百五十七两条第二项之但书是也。惟是此等规定，苟于制限之范围稍欠明了，即于适用之标准，诸多疑窦。查《审判厅试办章程》第二十七条云，'审判官于公判时发见附带犯罪，不须预审者，得并公判之。'所谓附带犯罪者，自系别乎独立犯罪而言，而究以何种罪质为限，从无列举之明文，此其疑点一。再若参照《刑诉草案》第二百五十六、二百五十七两条之法意，则其各但书中所谓应'急速审理者'云云，必于何种情形，始合于急速之程度，亦颇难认定。例如合于治盗法之盗犯，其可资供证之共犯，已奉核准执行，或在监病已垂毙，可否认该盗犯为应急速审理者，而不待检察官之处分，径行审理。既审理矣，设如检察官始终未为书面或口头起诉之处分，欲求同意，而可资供证之人已死，能否即予判决，此其疑点又一。又如控诉审中，发见第一审有漏未判决之罪，或漏未判罪之人时，此刻若必将漏判之部分发回第一审，另为补判，于关提人犯等，往往发生阻碍。本案进行之事实，于审限颇有关系，若由控诉审一并判决，又于被告人三审之利益，有所妨害，此亦一可疑之点。以上数端，均关法律之适用，本厅未敢臆断，拟合详请转函大理院详为解释，以便遇案有所依据"等因前来。相应函请解释，以便饬遵等因到院。

本院查（一）《审判厅试办章程》所谓附带犯罪，该章程虽无列举规定，而依诉讼通例，以与诉讼事实罪质上有牵连密接之关系者为限，其情形可分为五种，本院三年上字第二百九十六号判决，已有先例可以参照。（二）原详所称共犯将执行或病危情形，依诉讼法则，本可以他案纪录，采为本案证据，如有必要，亦可以通知该管检察厅迅先取供。此种情形，不在《刑诉草案》所谓应急速审理之列。若虑检察官始终不为起诉处分，则与通常案件，检察官应起诉而不为起诉者同。事关检察职权，自有相当之救济方法，更无碍于审限之进行。（三）一案而第一审有漏未判罪之人，自应发交第一审审判。关提人犯等事，亦自有相当之办法。至第一审对于一人已起诉案件，而有漏未判罪之部分，可由控告审并为审判，其理由详见本院二年上字第一百五十五号判决例。以上三端，或系通常诉讼程序，为审判官所应知，或系本院著有先例，本毋庸再为解释，相应抄录本院判决。函复贵厅转饬查照。

此复！

■ 统字第 300 号

民国四年七月二十九日大理院复总检察厅函

径启者：

准甘肃高等检察厅个电称，"高等分庭名义，不分审检，刑事诉状之呈递，即亦无审判、检察衙门之分。究竟由检察官审查后，依法送审，或批驳，抑由推事径理？法无明文，权限莫辨，敬祈解释示遵"等因到院。

本院查高等分庭，既设有检察官，则依事务之种类，从来在高等本厅，向系由检察厅收受，转送审判厅，或批驳者，仍应由检察官收受转送审判厅或批驳。若本厅向系由审判厅径行受理者，亦应由推事直接受理。相应函请贵厅，转饬查照可也。

此致！

■ 统字第 301 号

民国四年七月三十一日大理院复陕西高等审判厅电

陕西高等审判厅：

沁电悉！修改《覆判章程》第八条之控告案件，应照通常控告程序办理。

大理院卅一印

附：陕西高等审判厅原电

司法部大理院鉴：

修改《覆判章程》第八条一项二项之控告案件，其事实明确，仅引律错误者，若必开言词辩论，及提解人证，徒以滋累，且无实益，是否仍以书面审理行之？法无明文，请速示遵。

陕西高审厅叩沁

■ 统字第 302 号

民国四年八月四日大理院复奉天高等审判厅函

径复者：

准贵厅民字第二四五号函开：婚姻事件，一造请求离异，原判未予准离，请求人不服上诉，彼一造屡传不到，如请求人之证据确凿可信者，可否为缺席判决？又控诉显无理由，其证据亦不充分者，可否为驳回之判决？悬案待结，用特函请贵院，迅予解释见复，以便只遵等因前来。

本院按人事诉讼，固不能因当事人一造之不到案，推定其为自白。但审判衙门，如以职权调查证据确凿则虽一造不到，仍得为判决。此种判决，仍属通常判决，只许上诉，不许声明窒碍。相应函复贵厅查照可也。

此致！

■ 统字第 303 号

民国四年八月七日大理院复山东高等审判厅函

径复者：

准贵厅八六一号函开：案据济南地方审判厅长张允同详称，"查《各级审判厅试办章程》第三十八条云'无罪之判决，但须声明放免之理由，不列定款'等语。是凡同一被告人，经检察厅起诉触犯数罪，而审判厅判决仅能成立一罪者，应于主文内列明被告人所犯某罪，处以某刑。其余不能成立之数罪，仅须于理由栏内声明某罪不成立，或不能证明，应行放免之理由，不必于主文中列举，被告人某部分无罪，又某部分无罪。惟现有一说，谓同一被告人，触犯数罪，其能成立罪名之部分，固应于主文中列明所犯何罪，所处何刑。即其余不能成立之各罪，亦应于主文内，列举被告人某部分无罪，又某部分无罪。若仅于理由栏内，声明各无罪部分放免之理由，而不于主文中列举其无罪之部分，应以未经判决论。议论两歧，颇滋疑义，案关法律解释，本厅未敢悬拟，理合详请钧厅鉴核，转请大理院迅予解释电复只遵，悬案以待，恳即施行"等情前来。相应函请贵院迅予解释，以便饬遵等因到院。

本院查检察厅对于同一被告人，指明数罪起诉，审判衙门审判之结果，认为仅能成立一罪者，判决主文中，只需对于有罪部分，列举罪刑。其不为罪之部分，毋庸列举，但理由中应将无罪之理由声叙。其或因行为法益之异，而一罪数罪之学说，不一致者，则无罪部分，亦可于主文中分列，以明示准绳，而免误解。又纵非此类原因，而将无罪部分列入主文者，虽不免有繁冗之嫌，仍不能谓为违法。原详所举两说，以第一说为是。至审判厅《试办章程》第三十八条所谓无罪之判决，系指被告人行为全部无罪之判决而言。所谓定款，即指该条列举之五款而言。所以省略判决之形式，已与现行判决定式不符，与本问题毫无关涉，原详此点，不免误解。相应函复贵厅转饬查照。

此复！

■ 统字第 304 号

民国四年八月六日大理院复广东高等审判厅电

广东高等审判厅：

养电悉！吸食贴有印税鸦片，仍构成犯罪，希参照本院微电。审判衙门命令羁押或取保者，检察厅不能撤销该命令，但检察厅得请求审判衙门撤销，并得因他案件羁押暂保释人。

大理院鱼印

附：广东高等审判厅原电

大理院钧鉴：

吸食鸦片贴有财政部印税者，应科刑否？再在预审或公判中之刑事被告人，经审判厅命令羁押者，检察厅得撤销该命令而取保之否？或经审厅命令取保者，检厅得撤销该命令而羁押之否？统乞电示。

粤高审厅养

■ 统字第 305 号

民国四年八月七日大理院复甘肃高等审判厅电

甘肃高等审判厅：陷电情形，仍须亲告乃论。

大理院鱼印

附：甘肃高等审判厅原电

大理院钧鉴：

一人犯二亲告罪，一罪已经亲告，审理中又发见一罪，未经亲告，应否照附带之例，一并论罪？祈速解释见复。

甘肃高审厅陷印

■ 统字第 306 号

民国四年八月七日大理院复奉天高等审判厅函

径复者：

准贵厅刑字第六九二号函开：查被害人对于县知事判决刑事案件，不服呈诉于控诉审，未经开始辩论以前，声请注销上诉状，可否按照《各级审判厅试办章程》第六十六条，准如所请？不无疑问，相应函请钧院，迅予解释等因到院。

本院查原告诉人对于县知事判决呈诉不服后，声请撤销者，自应照准。相应函复贵厅查照。

此复！

■ 统字第 307 号

民国四年八月六日大理院复陕西高等审判厅电

陕西高等审判厅：

支电情形，应依《刑律》第一百六十八条处断。

大理院鱼印

附：陕西高等审判厅原电

大理院鉴：

据绥德县知事详称，"某甲处有期徒刑执行中，因病保外潜逃，是否成立《刑律》第一百六十八条之罪？"案关解释法律，请速示遵。

陕高审厅叩支

■ 统字第 308 号

民国四年八月七日大理院复山东高等审判厅函

径复者：

准贵厅八六六号函开：历城人高商氏，诬告赵任氏压毙伊子一案，曾经济南地方审判厅判决,以高商氏在未至确定审判前,已行自白,依《刑律》第一百八十二条第二项之规定,免除其刑。嗣据济南地方检察官不服,提起控诉,详由高等检察厅转送到厅,其意旨略称,"查律对于诬告自白,得免除其刑,系出于预防个人受害之政策,立法用意,本属了然。所谓个人受害者,系指被诬告人而言,并非指构成诬告罪之诬告人而言。审是,则所谓未至确定审判者,亦自系就被诬告之事件,尚未经确定审判。是时为虚伪之告诉者,一经自白,则被诬告人可免意外之受害,故法律不吝惜规定免刑,以为之奖励,以期贯彻真实发见主义,而免刑罚或有失平也。然则律文未至确定审判或惩戒,而一经自白,当然系指被诬告之人,就被诬告之事件,业经诉追审判,尚未至判决确定,而为虚伪之告诉者,即行自白。于此场合,若酌量免刑,自与法意相符。若为虚伪之告诉者,未至提起公诉,即证明其系属诬告,是时被诬告之人,已无意外受害之虞,即不得援用自白免刑之例,致与立法用意相反。不然,使但就律文字面诠解,置立法用意于不顾,谓凡虚伪诬告之罪,苟在确定审判以前自白者,皆得免刑,则诬告罪之被告人,于宣判而未确定之时,初罪刑已无可逃,率皆自白以图避就,是则本律第十二章,岂非几同虚设乎?本案高商氏诬告赵任氏压毙其子,系于侦查中证明诬告,当时所诉追者,为高商氏诬告之事件,并非赵任氏被诬告之事件,二者截然两事,不可混同。就法意而言,对于被诬告事件,未至确定审判而自白者,始得酌量免刑。本案起诉后,仅有诬告事件,而被诬告事件,已不存在,原判强行混同,遽予免刑,引律似属失当"等语。本厅查《刑律》第一百八十二条之规定,其立法本意,原为保护被诬告人一种之政策,如该控诉人控诉之意旨,必限定被诬告人业经追诉以后,诬告人之自白,方为有效。虽于刑事政策上无甚背驰,然公诉权有一定之时效,该管检察厅得对于被告之事件,于一定之时效内,而诉追之,是被诬告人非经公诉权消灭以后,其危险依然存在。况免除其刑与否,系属审判官一种自由之职权,故本厅亦认该案第一审之判决,对于法律不为错误,不过控诉人所主张,似亦不为无见。事关统一解释,相应函请贵院迅予解释见复等因到院。

本院查《刑律》第一百八十二条第二项之确定审判,系指被诬告人之审判而言,观于其下'或惩戒'三字,意义尤为明了。至未至确定审判,应包括被诬告事件侦查中而言。纵令被诬告事件,侦查结果未予起诉者,诬告者若经自白,仍得适用该项免除其刑。相应函复贵厅查照。

此复!

■ **统字第 309 号**
民国四年八月七日大理院复广东高等审判厅函
径复者:

准贵厅一六三三号函开:据广州地审厅电称"查《刑律补充条例》第二条第三项亲属犯者,免除其刑。若依《审判厅试办章程》第八十二条,将被告人责付于其家属时,该家属有犯,能否科刑?又在预审或公判中之刑事被告人,原检察厅就于同一案件，能否自行提传讯问？若得自行讯问，其录供应否移送原审判厅？如不移送，则裁判上恐失其参考之资料，乞示遵"等情。据此，相应函请钧院解释，迅赐函复，以凭转饬遵照等因到院。

本院查被责付之家属，犯《刑律补充条例》第二条之罪者，应依该条第三项免除其刑。至预审或公判中，检察厅认为应讯问被告人者，得随时请求预审推事或审判衙门讯问。若系因侦查他案应行讯问者，得径行讯问其笔录中足供预审或公判案件之参考者，应送交预审推事或审判衙门。相应函复贵厅转饬查照。

此复！

■ **统字第 310 号**
民国四年八月七日大理院咨复司法部文
为咨行事：

准贵部咨开：据陕西高审厅电称，"修改《覆判章程》第八条一项二项之控告条件，其事实明确，仅引律错误者，若必经言词辩论，则提解人证，徒以滋累，且无实益，是否仍以书面审理行之？法无明文，请速示遵"等因前来。查控告审案件如事实毫无争执，只关于法律上之见解有所不同，并经控告审衙门调查其情形确当者，准其以书面审理等因。经贵院于三年九月间，解释广东高审厅详请变通民事程序办法文内声明在案。兹覆判既系特别诉讼，其程序尤贵简速，虽系刑事，似亦可援照前因。凡属事实明确，证据充足，但系引律错误案件，准其径用书面审理，以促诉讼进行。既据并电贵院，相应咨请查核，迅予见复，以便饬遵等因到院。

本院查该厅沁电，业经本院统字第三百零一号电复在案。至本院统字二百七十一号解释广东高等审判厅变通控告审办法，原系指民事而言，以干涉主义为原则之刑事诉讼，不能径行援用。且此等案件，以前虽由覆判发还或发交，而覆审后，既经控告，其性质自与通常控告案件无异，自不能仍以覆判案件论。相应抄录原电，咨复贵部查照。

此咨！

■ **统字第 311 号**
民国四年八月九日大理院复新疆司法筹备处电
新疆司法筹备处长电悉：
所述情形，若犯意继续者，应以连续犯论。
大理院佳印

附：新疆司法筹备处原电
大理院钧鉴：
甲于九月二十六日入乙宅窃马二匹，十月二十三日，又入乙宅窃马二匹，原贼原失主，赃犯亦同，应否按二十八条作连续犯？抑作二罪俱发？请解释示遵。
代处长叩

统字第 312 号

民国四年八月九日大理院复广西高等审判厅函

径复者：

准贵厅第五十号函开：查与国体并无抵触继续有效之前清现行律，关于婚姻门内载"男女定婚之初，若有残疾"等语，'若'字之下，律注加一'或'字，'残'字之下，律注加'废或'二字，'疾'字之下，律注加一'病'字。合律注而言，适成若或有残废或疾病一语，据律文解释'疾病'二字，当然指残废以外之疾病而言。但'疾病'二字，包括甚广，究以何种疾病为限，并达于如何程度为标准？例如花柳、梅毒、肺痨，是否可认为本律所称疾病之一种？又外国名为精神病及白痴，是否即中国所谓癫狂痴呆之类？此种精神病，是否包含于本律所称疾病之中？又本律'残废'二字，如生殖机能有窒碍或失其效力时，又如身体有《暂行刑律》第八十八条笃疾所列各款，废疾所列第一至第四各款时，是否亦包含于本律残废之内？统乞解释示遵等因前来。

本院按该律称疾病者，谓依现在医术，其程度达于不易治疗，而于生活上有碍，或为常情所厌恶之疾病。如于订婚之初，不将其通知，得彼造之情愿，应准解约。至'残废'二字，指人五官四肢阴阳之机能，有一失其作用者而言，与《刑律》第八十八条笃疾、废疾之范围，不能尽同。相应函复贵厅查照可也。

此复！

统字第 313 号

民国四年八月十二日大理院复广西高等审判厅电

广西高等审判厅鉴：

第三四零号函悉！该件自以第一说为当。控告审所为受理之决定，于合法送达后，如当事人声明不服，得为更正。

大理院文印

附：广西高等审判厅原函

径启者：

例如有甲、乙二人因钱债纠葛涉讼案件，经第一审判决，原告人甲不服判决，即向上级审判衙门控诉，经上级审衙门以批却下控诉。控诉人甲，对于此项驳斥批示，并未于上诉期内提起抗告，第一审衙门即查照原判决执行在案。以上诉讼进行，俱系在前清时代所经过。迨至民国成立，原告人甲，复向原第一审衙门诉请另案审判，并声明前判甚公，均已遵依。经原第一审衙门审理终结，认定原告人甲，所请另案起诉事项，概系前判之所经过，一事不能再理，以决定驳回其请求，该原告人甲不服决定，即抗告于原上级审衙门。原上级审衙门，又认该案于前清时代，经第一审判决后，原告人甲，曾依法控告，当时虽被批驳，其控告应仍有效，决定撤销原批，视为控诉受理。于是该案于诉讼进行上生二疑问：一说谓，该案不应受理，其主张理由，以原告人甲，于第一审判决后，虽曾依法控告，然既经控告审衙门以批驳之，该原告人甲，如果不服，即应提起抗告。而该原告人，对于控诉审衙门所为驳斥控诉之批示，于当时上诉期间内，即不抗告，并服执行，自不能不认原判为确定。且在前清时代，控诉审衙门，原有以批却下控诉之办法，则难谓其所为驳斥控诉之批示为全然不合。该案既经执行，自应依于一事不再理之原则，不应视为控诉受理。又一说谓，该案应予受理，其主张理由，以原告人甲于第一审判决后，曾依法控诉，当时虽被批驳，仍与诉讼法例究有未合，其控诉仍应存续有效。既经原控诉审衙门，自为更正撤销原批，准予受理，即应照原决定视为控诉受理。似不应只就原告人甲，对于原第一审衙门所为驳回另案起诉之决定，而为之抗告，予以裁决云云。综观二说，均属持之有理，由前之说，则不免与控诉审衙门自为更正撤销原批之决定致有冲突；从后之说，则不免与一事不再理之原则相反。因无法例可援，故两说相持，莫衷一是，为此函请钧院，详加解释见复，实为公便。

此致大理院！

■ **统字第314号**
民国四年八月十七日大理院复湖南高等审判厅函

径复者：

准贵厅函字七四九号函开：查司法部三年十一月二十一日呈准县知事审理简易案件，拟请准以堂谕代判决文内开嗣后拟请，将县知事受理案件中，民事属于初级管辖，刑事毋庸覆判者，划为简易案件，准其得以堂谕行之。而对于堂谕，当事人不声明上诉时，并准其得径送执行，藉收简捷清理之效。至其他属于地方管辖之民事，及应送覆判之刑事案件，仍应照《县知事兼理诉讼暂行章程》，依定式作成判词，以昭慎重。又司法部饬三年第一一一八号内开，毋庸覆判之案件，照章应以法定之主刑四等有期徒刑以下，或罚金不满五百元者为限（中略）。兹为便利起见，暂准各县知事于法定最重主刑为三等有期徒刑之案件，宣告四等有期徒刑以下之刑者，亦得以堂谕代判决，毋庸详送覆判，其余仍照章办理。又司法部饬四年第七三八号内开，县知事审理初级管辖案件，并准概用堂谕，免作判词各等语，是则准以堂谕代判决之案件，其范围本属明了。惟此项案件，如当事人声明上诉时，应否由县知事补作判词？其判词所标之日期，应否与堂谕相同？尚未见明文规定。就刑事言之，上诉之后，若认原堂谕为无效，则发还重审，动辄需时。然司法部原呈内既称对于堂谕，如当事人不声明上诉，并准其得径送执行，则当声明上诉时，必须补充作判词，似无疑义。若竟认原堂谕为有效，则不独显违定章，实与司法部原呈用意抵触。且其堂谕内容，科刑者多不引律文，无罪者又不宣告无罪，而宣告免议、免究、免罪谕令调处各名词，甚或同案有多数之被告人，而堂谕内仅列一被告人之名，与其名下缀一'等'字，以概其余。是其判决之内容及其范围，均不明了，上诉审受理此案，困难滋多。此次堂谕，应否认为无效发还重审，依法另制判词？伏乞迅赐解释只遵等因到院。

本院查县知事遵照部章，得以堂谕代判词案件，如有合法上诉，自应补作判词。相应函复贵厅查照。

此复！

■ 统字第 315 号
民国四年八月十七日大理院复山东高等审判厅函
径复者：

准贵厅九一六号函开：《盗匪案件适用法律划一办法》第三条，有应依《刑律》减处徒刑，及应《刑律》总则减等之区别。其称应依《刑律》者，自包括总则、分则在内，但减处徒刑，究应以何者为标准？不无疑义。查《惩治盗匪法》系纯粹死刑，所谓减处徒刑自是对于该法上之死刑而言，则减处似应以该法为标准。惟应依法律减处徒刑者，明明规定，由某某机关适用《刑律》处断，则减处似又应以《刑律》为标准。盖既适用《刑律》，自应处以《刑律》上所犯之本刑也。如以《惩治盗匪法》为标准，即仅能适用《刑律》总则第九、第五十四、第五十六等条依次酌减，更无适用分则余地（法与律两刑不能并用）。与适用总则减等之规定，既无区别。如以《刑律》为标准，则'减'字似又近于无据。且《惩治盗匪法》上所指定《刑律》上各条之罪，其中如第三百七十三条、第一百八十七条第一项及第二项之前半，有犯该条项之罪应减处者，在《刑律》上其本刑范围内，不必减等，已尽系徒刑。似此场合，是否必受减等之拘束？抑不必减等，无须根据该法，可径用《刑律》处断？查《划一办法》第三条，系专为减等而设，若无一定标准，一经适用，不免致有疑误。以上疑点，本厅未能遽决，理合函请解释见复，以便遵循等因到院。

本院查《盗匪案件适用法律划一办法》之三，除后段系应依《刑律》总则减等之办法外，其前段所谓应依《刑律》减处徒刑，并非专为减等而设，系指《刑律》第三百七十三条之犯罪，依《惩治盗匪法》第二条规定，可以依该法处死刑，并可依《刑律》分则处徒刑者而言。此项犯罪，若不依《惩治盗匪法》处死刑，而依《刑律》第三百七十三条处徒刑时，应依《划一办法》之三，所定机关程序办理。至《刑律》第三百七十四条、第三百七十六条之刑罚，因《惩治盗匪法》之规定，五年内停止其效力，又《刑律》第三百七十三条之俱发累犯及强盗犯，第一百八十六条、第一百八十七条、第一百七十条第二项之罪，亦因《惩治盗匪法》之规定，五年内不能适用《刑律》分则，依俱发例处断。相应函复贵厅查照。

此复！

■ 统字第 316 号
民国四年八月十八日大理院复湖北高等审判厅函
径复者：

准贵厅四四三号函开：案据荆门县知事详称，"本年七月十八日奉钧厅第八百三十九号饬知，以据宜城县知事详奉钧厅函，'准大理院函复，以为强盗炊爨，不能谓之犯罪预备或着手行为，即不得以从犯论'等因。奉此，自系因执炊爨……者，并未同行上盗之故，惟既明知为强盗，而甘心为之执炊爨其为不守国法，为强盗一流之人，自不待言。虽未同行上盗，而所得之工食，即属强盗抢劫之所得来，照旧例但分得盗赃者，即作从犯论。今因格于新律，若使竟不为罪，殊觉失之宽纵。查受赠与赃物者，照律应处以四等以下有期徒刑、拘役或三百元以下罚金，管见以为为强盗执炊爨者，似应准此论罪。又挑夫船户，除为被强盗临时胁迫为之挑运者，准不论罪外，如系向为强盗挑运寄囤赃物，均应准此，庶足以减少强盗之辅助，而使人民相戒，不敢为盗供役使，是否有当？理合具文详请厅长俯赐查核，详请司法部核示饬遵，实为公便，除详巡按使转咨外，谨详"等情。据此，除批据详已悉，该县所称为盗执炊，应照受赠赃物论罪，所拟实有未当。但既明知为盗而仍为执炊爨，若竟不加惩儆，似乎不免失出，准再函请院示，再行饬遵。至挑夫船户为盗挑运，既非胁助受役，自有《刑律》第三百九十七条第二项可以援用，该县拟均以受贿赃物论罪，尤为不合。仰即知照，此缴印发外，查案关解释法律，不厌求详，相应再行函请酌夺见复，以便通行遵照等因到院。

本院查为强盗执炊，不能谓为犯罪行为，前经本院统字第二百八十六号函复在案，兹准前因。查旧律载"洋盗案内，被胁在船内为匪服役，或事后被诱上船，并未随行上盗者，自行投首，照律免罪，若被拿获，均徒三年，年未及岁，仍照律收赎"等语，是为盗执炊，依旧律固有分别处罚免罪之规定。惟《新刑律》重在故意，非故意之行为不为罪，总则已有明文。为盗执炊，即无为盗之故意，又非强盗之行为，安能牵强附会，而入人以罪。又失出一语，指律应重而失之轻者言，为盗执炊，律无罚条，更何能妄议为失出？司法衙门公牍，于此等用语，似宜审慎出之。相应函复贵厅转饬查照。

此复！

■ 统字第317号

民国四年八月二十六日大理院复新疆司法筹备处电

新疆司法筹备处：

《刑律》第二百八十七条二项之羞忿自杀，以被害人为限。来电情形，不能构成该条之罪。

大理院宥印

附：新疆司法筹备处原电

大理院钧鉴：

查《刑律》第二百八十七条奸非致被害人羞愤自尽，或意图自杀而伤害者，是否专指妇女论？抑妇女之父、母、夫包括在内？且父、母、夫因妇女被人调奸未遂，羞忿自杀或伤害者，奸夫能否成立罪名？本处现发生此项案件，请解释示遵。

代处长印

■ 统字第318号

民国四年八月二十六日大理院复广东高等审判厅电

广东高等审判厅马电：

抗告应提出于原审厅审查更正，或加具意见书送上级审。

大理院宥印

附：广东高等审判厅原电

大理院钧鉴：

预审决定免诉案件，原检察官如有声明抗告，应否将抗告声明书，提出于原审判衙门审查，更正原决定，或加具意见书，送交抗告审判衙门，抑由原检察厅直接送由配置抗告审判衙门之检察厅，转送抗告审判衙门？乞电示。

粤高审厅马印

统字第 319 号

民国四年八月二十六日大理院复总检察厅函

径复者：

准贵厅第九三二号函开：据山东高等检察厅详称，"查刑事被告人于上诉期经过后数日，或数月，或数年，仍有希图翻异声明上诉者，奉钧厅批示，此类事件，无论有无理由，均应送请审判厅以决定驳回遵办在案，惟被告人不服此种决定，法应许其抗告。查现行法规，除《县知事审理诉讼章程》，对于抗告期间有明文规定外，至《各级审判厅试办章程》，则视抗告为上诉一种，其期间与普通上诉期间无殊。究竟前项抗告期间，应否仍适用普通上诉期间，抑应准据法理，另定较短之期间，以示限制？且前项抗告，如系对于大理院声明时，其期间与该期间之起算点，能否适用《各级审判厅试办章程》规定？亦不无疑义。至声明抗告后，依法非有特别规定，不停止执行。如被告提出前项声请后，在审判厅未决定前，或决定后，在抗告中，究竟应否停止执行，亦无明文规定，指挥颇乏标准。再审判厅对于前项声请，如因现行章程无明文规定，拒绝裁判，究竟应否仍照《各级审判厅试办章程》，送上级厅核办？亦颇滋疑义。以上数端，均关法律解释，理合详请转函大理院"等情，相应据详送请核办等因到院。

本院查原详所称抗告期间，现行法无明文规定者，自应依普通上诉期间计算，其对于本院声明者，亦应遵照本院上诉期间事例，自翌日起算为十日，本无疑义。至抗告中以不停止执行为原则，既无明文规定，并未经抗告审或原审以决定停止执行，自应不停止执行。又审判衙门对于此种声明，不能拒绝裁判，虽系不遵期间，不合程序者，亦应以决定驳回，更无疑义。相应函复贵厅转饬查照。

此复！

统字第 320 号

民国四年八月二十五日大理院复江西高等审判厅电

江西高等审判厅：

删电情形，已有豫约并指明处所，且有妨害地方静谧之虞者为限，应依《刑律》三一八条及第九章处断。

大理院宥印

附：江西高等审判厅原电

大理院钧鉴：

聚众械斗，应否援用《刑律》第三百十八条第二项聚众决斗以骚扰罪论之规定，依第一百六十五条、第一百六十六条分别科断？

赣高审厅删

■ 统字第 321 号

民国四年八月三十日大理院复湖南高等审判厅函

径复者：

准贵厅函字第七九二号函开：案据宁乡县知事甘鹏展详称，"为请示遵行事，窃有以同一虚伪事实，一面登载报端，一面告诉公署。其登载报端，已治以《刑律》第三百六十条之罪，其告诉公署，又应治以同律第一百八十二条之罪。如果同一衙门同时审判，自应照同律第二十六条之例，从一重处断。乃登载报端一节，系长沙地方审判厅之宣告，并执行完毕，而虚伪告诉，系属署受理，此案是否成立两个罪名，照同律第二十四条更定其刑？抑或以同一事实之故，仅构成一个罪名？又民国男子应兼祧而妻二妻，可否仍援前清习惯，称从末减？抑或以一夫多妻之故，构成《刑律》第二百九十一条之罪？均悬案以待，理合详请厅长迅赐解释，批示只遵"等情。据此，除民国男子因兼祧而妻二妻一节，业经抄录二年统字第四十二号解释，转饬该知事知照外，至以同一虚伪事实，一面登载报端，一面告诉公署，是否成立两个罪名？相应函请解释见复，以便转饬遵照等因到院。

本院查犯罪事实，指犯罪行为所构成之事实而言，妨害名誉罪之行为，与诬告罪之行为，情形各别。则其犯罪事实，自系二事，应各自构成一罪，不能因其所捏造之虚伪事实相同，而认为一罪。原详情形，应依《刑律》第二十四条办理。相应函复贵厅转饬查照。

此复！

■ 统字第 322 号

民国四年八月三十日大理院覆总检察厅函

径复者：

准贵厅第九七零号函开：案据浙江高等检察厅电开，据鄞县地检厅电称，"甲殴落乙上下牙齿四粒，经鉴定不能复生，究依第三百一十三条何款科断"等情，乞核转大理院解释电复遵照等情。据此，查事关法律解释，相应函请查照，解释复厅，以便转饬遵照等因到院。

本院查殴落牙齿，依《刑律》第八十八条应以轻微伤害论，依第三百一十三条第三款处断。相应函复贵厅转饬查照。

此复！

■ 统字第 323 号

民国四年八月三十日大理院复四川高等审判厅电

四川高等审判厅鉴：

敬电情形，不能以第三百四十七条之致死伤论，应依《刑律》第三百四十五条处断。

大理院卅印

附：四川高等审判厅原电

大理院鉴：

监禁尊亲属致自杀者，应否适用第三百四十七条？乞示遵。

四川高审厅敬

■ 统字第 324 号

民国四年九月二日大理院复四川高等审判厅电

四川高等审判厅：

俭电情形，应依《官吏犯赃治罪法执行令》第二条办理。

大理院冬印

附：四川高等审判厅原电

大理院鉴：

《官吏犯赃治罪条例》第二条所载"枉法赃"，是否专指该官吏自己分内职权足以枉法者言？祈电示遵。

四川高等审判厅俭

■ 统字第 325 号

民国四年九月二日大理院复江苏高等审判厅电

江苏高等审判厅：

陷电情形，依《县知事审理诉讼暂行章程》第五条所援用《试办章程》各条核夺，或代理规定办理。

大理院冬印

附：江苏高等审判厅原电

大理院钧鉴：

县知事对于应回避之案，径行判决，经第二审衙门发见，能否照常审理？抑须撤销原判，移转管辖？乞迅电示遵。

苏高审厅陷印

■ 统字第 326 号

民国四年九月二日大理院复云南高等审判厅电

云南高等审判厅：

勘电情形，某甲应依《刑律》第一百七十七条及第三百九十二等条处断，不能以潜逃论。

大理院冬印

附：云南高等审判厅原电

大理院钧鉴：

某甲经征国税，捏称被劫失税款三万余元，税局司事某乙，查系嫌疑重犯。在官厅侦察间，甲遣乙他去，己仍留案，抵饰巧避潜逃之名。至乙一定住所，甲供迭次异词，以致无从侦缉，赃款全数无存，显系陆续运销，是否触犯《官吏犯赃例》第四条？抑仅犯《刑律》第三百九十二条之罪？事关法律解释，敬请电示。

滇高审厅勘印

■ 统字第 327 号

民国四年九月二日大理院复广东高等审判厅电

广东高等审判厅：

沁电情形，应参照本院鱼电办理。至被告人不服检察官之羁押，得请求再议。

大理院冬印

附：广东高等审判厅原电

大理院钧鉴：

预审决定免诉后，经审厅命令取保之被告人，原检察厅因欲声明抗告，得撤销审判厅取保之命令而羁押该被告人否？又被告人不服检察官之羁押，请求撤销该处分时，是否依照法理，以该检察官所配置之审判衙门审判之？乞示遵。

粤高等审厅沁印

■ 统字第 328 号

民国四年九月三日大理院复总检察厅函

径复者：

准贵厅九零四号函开：据黑龙江高等检察厅详称，案据龙江地方检察厅详称，"案奉钧厅第四四一号饬开，案准同级审厅函开，准大理院函开，准贵厅函开，本应依照《惩治盗匪法》处断案件，经铁路交涉局误引《新刑律》判决，同时该被告又因他案系属于他之审判厅时，巡按使查核铁路交涉局会审原判引律错误，为事实上之便利，饬由该被告人所在地审判衙门依法办理。就中主张各异，或谓铁路交涉局会审判决之案，虽系引律错误，然既属特别审判衙门管辖范围，普通第一审审判衙门，对于特别审判衙门所为之判决，无改判权，巡按使对于铁路交涉分局之报告，认为如有疑误，应准用《惩治盗匪法》第九条之规定，饬令再审，或提交高等审判厅覆审。或谓铁路交涉局判决之案，依前清光绪二十七年十二月签订重设黑龙江铁路交涉总局，并酌设分局，增改章程第七条内开，'华人犯徒流以上之案，均归将军即现在之巡按使核办'云云之结果，则地方厅奉巡按使依法办理之饬知，后应即按照《惩治盗匪法》第五条之规定，由该管审判厅审实后，附具全案，报由高等审判厅长转报巡按使核办，俟得复准后执行，二说应以何者为是？又铁路交涉局会审判决，通常刑事案件，应签订章程第六条，由地方官照办时，查系不应系属会审权限范围，应否由所在地第一审判衙门依法诉理，更为判决？合请迅速解释到院。本院查《惩治盗匪法》第五条，系规定第一审审实后，应由报告程序。第九条系规定报告上级衙门认为有疑误时，饬令再审或覆审程序，于再审或覆审后，该审判衙门仍应照第五条规定办理，故于已经审判或未依该法第五条报告之件，两说均欠妥洽。本件该被告人既因他案系属于他之审判衙门，经巡按使关于已判盗匪之罪，发见错误，为便利起见，应由受诉审判衙门，分别已未确定，依照盗匪案件，适用《划一办法》之二，并援用《暂行刑律》第二十三条，及第二十四条规定处断。其通常刑事案，依签订章程，该局无权受理者，即系权限外之行为，不发生何等效力，应由有管辖权之审判衙门，另行处理等因。准此，除分饬外，相应函请贵厅查照等因。准此，合亟饬仰该厅查照等因。奉此，查适用《惩治盗匪条例划一办法》之二，系指上诉案件而言，司法部之饬文，已经叙明，例如铁路公司之通事犯强盗案件，按照黑龙江铁路交涉局增改章程第二条，系牵涉铁路公司之事，经该局会审判决，详由巡按使核办，以其引用刑律处断错误，发交龙江地方审判厅照《惩治盗匪法》改判，同时并未因他案系属于该厅，亦非上诉案件，究竟该厅能否改判？此一疑问也。至细绎大理院之解释，谓'其通常刑事案，依签订章程，该局无权受理者，即系权限外之行为，不发生何等效力，应由有管辖权之审判衙门另行处理'云云。反言之，须该局有权受理之案，始发生效力，认其判决为有效。虽一则为特别审判，一则为普通审判，究系同为第一审审判衙门，似无改判之权。且查司法部于民国三年三月二十一日令总检察厅，关于哈尔滨铁路交涉会审局判结王浩文一案，应以吉林高等法院为上诉机关，已载诸民国三年第八号司法公报。按王浩文一案，乃系华人与华人诉讼，而此案之被害人，亦均系华民，并未涉及外人。据此以言，则第一审审判衙门，对于该局判决之案，尤为不能改判。大理院解释使用《惩治盗匪条例划一办法》之二，似与此项设例，稍有异点，颇滋疑义。事关管辖，应转请大理院更为解释，以便遵循"等情到厅。理合具文详请鉴核施行等因前来，相应据详送请核办等因到院。

本院查统字第二百八十四号解释，系指被告人因他案系属于他审判衙门者而言，该审判厅来函所论，亦即指此。其发交案件之被告人，并未因他案系属于所在地之审判衙门者，自与该号解释无涉。至疑同为第一审审判衙门，有无改判之权一节，原解释中已明言分别已未确定，并援用《刑律》第二十三条、第二十四条规定处断，普通审判衙门遇此情形，亦同一例。细绎原解释，及《刑律》第二十三条、第二十四条，法意自明，并无疑问。相应函复贵厅转饬查照。

此复！

统字第 329 号

民国四年九月九日大理院复贵州高等审判厅电

贵州高等审判厅：

江电情形，应依《刑律》总则共同正犯例各以逾贯论，希参照本院统字一八三号解释。

　　大理院佳印

　　附：贵州高等审判厅原电

　　大理院钧鉴：

　　两官吏以共同行为，共得枉法赃五百元，应否均以逾贯论？乞速电复。

　　黔高审厅江印

■ **统字第 330 号**

民国四年九月九日大理院复广西高等审判厅电

　　广西高等审判厅：

　　东电情形，以该地方厅有本案之第一审管辖权为限，得依《刑诉草案》第三百八十四条第三项办理。

　　大理院佳印

　　附：广西高等审判厅原电

　　大理院鉴：

　　知事对于本属地方管辖案，误为初级案，引律判决。上诉地方厅，可否参照刑诉三八四条三项办理？乞电示遵。

　　桂林高审厅东印

■ **统字第 331 号**

民国四年九月十八日大理院复安徽高等审判厅电

　　安徽高等审判厅：

　　蒸电悉！控告案件，不能适用覆判程序。

　　大理院巧印

　　附：安徽高等审判厅原电

　　司法部、大理院钧鉴：

　　修改《覆判章程》第八条一项二项之控告案件，因提解人证，诸多困难，可否指定推事莅审复命后，由合议庭判决？乞电示遵。

　　皖高审厅叩蒸

■ **统字第 332 号**

民国四年九月十八日大理院复吉林高等审判厅函

　　径复者：

　　准贵厅刑字八十七号函开：查盗匪案件经第一审判处死刑，详由该管衙门，转报使署核准执行，《惩治盗匪法》第五条第一项定有明文，固无疑义。惟有盗匪案件第一审判决无罪，或依《刑律》减处徒刑，有上诉权人声明控诉，第二审认为应依《盗匪法》处死刑者，其转报手续，并无明文规定，可否于判决后，仍依《盗匪法》第五条第一项径报使署核准？抑有他项办法？本厅现有此等案件，急待解决，相应函请贵院解释示遵等因到院。

本院查《惩治盗匪法》颁行后，应适用各该法条处断之案件，第一审误用《刑律》，经控告审发见者，依司法部定《盗匪案件适用法律划一办法》第二之乙款规定，应适用《惩治盗匪法》处断。来函情形，自系应适用《惩治盗匪法》处断案件，第一审误适用《刑律》不为罪或减轻者，仍应依该办法第二之乙款办理。该款既规定应适用《惩治盗匪法》处断，则其转报程序，亦应依该法规定，径报巡按使。相应函复贵厅查照。

此复！

■ **统字第 333 号**
民国四年九月十八日大理院复四川高等审判厅函
径复者：

准贵厅审字一五三号函开：案据成都地方审判厅，详请解释官员非其职务，为人关说他事，而过付贿赂，或另取报酬，是否贪赃共犯，抑属行贿帮助？又官员非其职务为人关说，取得贿赂，而有职权之官员，并不知情，是否诈欺，抑应论犯赃？又审判确定后，甫执行复脱逃，或犯他罪时，是否适用《刑律》第二十一条，或第二十四条处断等情？当经本厅于前月十五日电请贵院解释在案，因久未准电复，复于本月感日电贵院文云，"《官吏犯赃治罪条例》第二条枉法赃，是否专指官吏以自己分内职权足以枉法者言？请电示遵"等语，静候电复外，至该厅原详称犯人于审判确定后，甫执行其刑之时，复犯脱逃或其他罪名，认为累犯，则初犯之刑，尚未执行，认为俱发，则后犯之罪，又在前犯确定之后，是否以《刑律》第二十一条或第二十四条处断等情，相应函请解释赐复等因到院。

本院查贵厅删电，当经本院马电以电文简略，讹字较多，请详复，嗣准贵厅俭电，复经本院冬电解释各在案。又审判确定后尚未执行时犯脱逃罪者，科刑后，与前科之刑并执行之；若已在执行中者，无论所执行日期之多寡，均以累犯论。至《刑律》第二十一条系指本为累犯，判决前未经发觉，至判决确定始发觉者而言；第二十四条系指确定审判前犯数罪，而发觉有先后，或个别经审判者而言，均与本例不符。应相函复贵厅查照。

此复！

■ **统字第 334 号**
民国四年九月十八日大理院复京师高等审判厅函
径复者：

准贵厅第二七六号函开：据蓟县详称，"查《刑律》第四十四条，'受五等有期徒刑或拘役之宣告者，其执行若实有窒碍，得以一日折算一圆，易以罚金。'又第六十三条'具有左列要件，而受四等以下有期徒刑或拘役之宣告者，自审判确定之日起，得宣告缓刑五年以下三年以上'各等语，是受五等有期徒刑或拘役之宣告者，亦得宣告缓刑，本甚明晰。惟设有犯第二十三条之多数五等有期徒刑，并科已在四等以上有期徒刑年限之内，倘执行实有窒碍，是否仍可折易罚金？又科多数之四等有期徒刑，并科已在三等以上有期徒刑年限之内，倘具有六十三条第一、二、三、四款之要件，是否仍可宣告缓刑？法律既无规定，其间不无疑义，应请解绎者一。又盐店贩卖官盐，其有短斤之弊，自应依第二百五十三条第二项从第三百八十二条处断。设有搀和沙水，因而获利者，是否亦应照第三百八十二条科罪？而前次短斤或搀和沙水被害者，不止一家，是否应依第二十三条之俱发罪并科？抑须依第二十八条之规定，以一罪论？此皆不无疑义，应请解释者二。请查核解释"等情到厅。查法律解释，务期统一，而统一解释之权，操诸贵院，除批示外，相应函请解释，希即赐复，俾便转饬遵照等因到院。

本院查《刑律》易刑及缓刑，均以宣告刑为标准，而非以执行刑为标准，各条已有明文规定。故同时宣告数个五等有期徒刑或拘役者，得各别易刑，又同时宣告数个四等有期徒刑以下之刑者，亦得缓刑，此就律文解释，固甚明了。但易刑律中，'实有窒碍'四字，应从严格解释，不得滥用。又自缓刑制度之适用而言，该制度原为偶发犯而设，对于同时同地之行为，因法益之异致生数罪俱发之结果者，其宣告刑，即均在四等以下，且合于其他法定条件，原不妨适用缓刑。若异时异地之数罪俱发，则其人之恶性较著，且多系习惯犯，虽不能谓绝对不能适用缓刑，而用之不可不慎，务期不失该制度之本意。至盐店售盐搀和沙水，如系以特别廉价贩卖，而买者又系知情购买，则不能成立犯罪；若仍照普通市价贩卖，买者亦并不知情，则应以诈欺取财论。被害者既非一家，亦应依财产法益之例，以数罪俱发论。相应函复贵厅转饬查照。

此复！

■ **统字第335号**

民国四年九月十八日大理院复京师地方审判厅函

径复者：

准贵厅函开：业主与佃户，因佃地关系涉讼，如关于增租、欠租、收地等纠葛案件，依法自应归初级管辖。惟业主主张地系民地，佃户主张地系佃地，此等诉讼，似系所有权之争执，是否仍应依业主与佃户因佃地关系涉讼之例，属于初级管辖范围？案悬待理，相应函请贵院迅赐解释等因前来。

本院按业主主张地系民地，佃户主张地系佃地之诉讼，其实系争执其地上有无永佃权之存在，自应依《民事诉讼律草案》第十一条定其管辖。相应函复贵厅查照可也。

此致！

■ **统字第336号**

民国四年九月二十九日大理院复奉天高等审判厅函

径复者：

准贵厅刑字九七六号函开：案据锦县详称，"该县于本年六、七月间，先后发生张连文等私运制钱六捆一案，日商佐伯次郎惠贩运制钱三万一千五百吊一案，并锦西县虹螺镇，杨德山以钱化铜二万余斤，由顾俊升、赵辅臣代售营口英商源来盛洋行李明远一案。除关于英日两商，照约交涉外，其收买制钱私运出口，以及私化制钱，究竟援据何律重惩之处？理合详请示遵"等情。据此，查贩运制钱出口，以及销毁制钱，《新刑律》并无作何治罪专条，事关解释法律，本厅未便专擅，相应函请解释示复等因到院。

本院查销毁化币及贩运化币出口，律无正条，不能为罪。此等行为，行政上自有防遏救济之法，毋庸以刑罚制裁。盖化币之销毁，或贩运出口，必其法定价格低于实质市价，故小民销毁贩运以图利，若令其法价高于市价，则无利可图，此等行为，不禁自绝。相应函复贵厅转饬查照。

此复！

■ 统字第 337 号

民国四年九月二十八日大理院复江西高等审判厅函

径复者：

准贵厅三八三号函开：案据九江地方审判厅长梅诒榖详称，"详为陈请转函解释法律事，（一）预审决定上诉期间起算点问题，兹有甲、乙两说，主张不同。甲说谓，决定宣示以后，上诉期间起算点，应自卷宗咨送检厅之日起算。乙说谓，《各级审判厅试办章程》第六十条，'凡刑事上诉，自宣示判词之日始'云云，预审决定自系判词（判词即为裁判，裁判分为判决、决定、命令三种）之一种，对于预审决定而为抗告，亦系上诉之一种，观于条文凡字自明。且舍此以外，亦并无关于预审决定规定送达之明文，矧既经宣示，应否声明上诉，固不必俟诉讼记录送交。大理院三年声字第一号判例，三年统字第一百零四号解释，叠经著为成例，当然以宣示之日起算。可无俟宣示以后，再以卷宗时咨送检厅之日起算。如以宣示以后，再以卷宗咨送检厅之日起算，则是抗告期间，较诸控告期间尤长，亦与诉讼通例相反。（二）检察官批示，可否认为上诉问题？甲说谓，检察官对于告诉人所为之批示，如对于原判有不服之词，即可认为声明上诉，正不必俟上诉意旨书提出，方得谓为上诉。乙说谓，检察官不服上诉，系对于审判衙门声明，应以提出上诉意旨书为准则。至其对于告诉人，诉状所为之批示，在审判衙门当然不能认为上诉，否则一经批示以后，累月经年，再行出具上诉意旨书，殊于裁判确定亦大有妨碍。以上两种问题，甲、乙各一说，均属言之有故，持之成理。事关法律解释，理合具文详请钧厅鉴核，转函大理院迅予解释饬遵，实为公便，谨详"等情。据此，相应函请迅予解释见复，以便转饬遵照等因到院。

本院查现行法制，刑事判决，必须宣告。至决定，则除言词辩论中当庭决定外，均以不宣告为原则。《试办章程》第六十条规定，及本院三年声字第一号判例，统字第一百零四号解释，均指判决而言。其宣告之决定，固可准用，若未经宣告之决定，其上诉期间，应依民事诉讼程序，自送达之日起算。预审决定，亦以不宣告为原则，自以送达之日，为上诉期间起算点，但预审决定之曾经宣告者，仍应自宣告之日始。至检察官上诉日期，原不以提出上诉意旨书之日为标准，其在上诉期间内，向审判衙门以言词或书状声明不服者，均可认为合法上诉，但以言词声明者，须经记明笔录。若对于告诉人之批示，不能认为上诉之声明。相应函复贵厅转饬查照。

此复！

■ **统字第 338 号**
民国四年九月二十八日大理院复四川高等审判厅电
四川高审厅：
哿电悉！匿名告发，毋庸受理。但检察官因其情形，亦可以实施侦查。至匿名诬告，应依《刑律》诬告罪处断。
大理院俭印
附：四川高等审判厅原电
大理院钧鉴：
匿名告发，应否有效？匿名诬告，是否应负刑事责任？
川高审厅哿

■ **统字第 339 号**
民国四年十月九日大理院复山东高等审判厅函
径复者：
准贵厅一二三零号函开：案据济南地方审判厅长张允同详称，"查《新刑律》第一百八十二条第一项之罪，其成立要件有三：一以意图他人受刑事或惩戒处分为第一要件，故无使人受刑事或惩戒处分之目的者，不列于本罪；二以向有管辖权之相当官署而为虚伪之告诉为第二要件，故欲使人受刑事处分而告诉于行政衙门，欲使人受惩戒处分，而告诉于审判衙门，均非本罪；三以诉时有特定之人为第三要件，故无特定人时，须据第一百八十四条论罪。今有甲人民向肃政厅诬告乙侵占地方上公款，子说谓，肃政厅系专为纠弹官吏违法之机关，对于人民违法普通刑事案件，并无管辖权。现以人民向肃政厅诬告人民犯罪，实与诬告罪之第二要件不合，自不能依《暂行新刑律》第一百八十二条处断；丑说，谓肃政厅对于人民违犯普通刑事案件，虽无管辖权，然其性质亦与检察相似。现以人民向肃政厅诬告人民犯罪，自不能认为欠缺诬告罪之第二要件，应以《暂行新刑律》第一百八十二条处断。议论两歧，颇滋疑义，案关法律解释，本应未敢悬拟，理合详请钧厅鉴核，转请大理院迅予解释，电复只遵"等情到厅，相应据情函请迅予解释电复等因到院。

本院查《纠弹法》第六条规定，肃政厅只能受理人民告诉告发官吏之案件，其人民告诉告发人民之案件，不在肃政厅受理职权之列。其诬告者，自不备诬告罪之条件，不能成立犯罪。但对于曾经任职之员，告诉告发其在职之行为者，以告诉告发官吏论，其诬告者，仍构成诬告罪。相应函复贵厅转饬查照。

此复！

■ 统字第 340 号

民国四年十月九日大理院复湖南高等审判厅函

径复者：

准贵厅九三四号函开：案据芷江县知事傅良弼详称，"窃司法一事，为人民生命财产之保障，关系极为重要。惟社会之事实无穷，律文之规定有限，官厅审理各种案件，往往因特异之事实，为法律条文所束缚，因发生疑义，而不能释然者，即未敢任意比附，又不能妄为臆断，办理殊形困难，谨就管窥所及，有不能不请求明白解释者，谨略陈之。前读《政府公报》，大理院复京师高等审判厅统字第二百五十五号公函内开，本院查该厅所举第一种情形，如检察官因此请求延展日期者，自可依《审限规则》第六条第六款办理，如原被两造均未请求展期，而法院苟非滥用《试办章程》第六十九条之规定，行使其职权，自应依《审限规则》第六条第十款扣除其期间。至第二种情形保辜期限，现行法并无明文规定，而按照《试办章程》第七十五条选用鉴定人实施鉴定，仍不能收确实之效用者，则案件之不能进行，洵非承审官员之咎，亦应遵照该条款准予扣算期间等因。惟对于保辜期限，现行法并无明文规定一语，尚难释然。知事查元年三月十日前奉大总统命令，凡前清法令除与民国政体相抵触者，应失效力外，余均得认为有效。前清现行律保辜条例，与民国政体并无丝毫抵触，而对于被害人尚有保护之利益，究竟此项条例，可否援用？并未明白指示，不无疑义，此应请解释者一。胎儿未出生为母体之一部，法律上原不认其有人格。然我国刑律补笺解释，明言杀死胎儿，另成其他之罪，然于其间不无疑问。假如甲妇身怀孕偕幼女乙，在途遇丙男，对乙女为猥亵之行为，甲妇詈之，丙男怒，拔刀杀伤甲妇，登时毙命，由甲妇亲属向官厅起诉，并申明甲妇有身孕数月，当经验明不虚，拿获丙男到案，自认杀死甲妇，但不知其有孕，此就犯人不知其为孕妇而杀之，因而致胎儿于死者言也。又如甲、乙二兄弟家颇富，同居未分产，甲无子而乙有子，甲之妻丙有孕数月，甲病故，乙涎甲之产，明知丙有孕而故杀之，意在致胎儿于死，以绝甲后而占其产，此就犯人明知为孕妇而杀之，因而致胎儿于死者言也。审判官对于此二种案件，以情节论，后者自应加重，然按诸《刑律》杀死胎儿，既无明文规定，又未便援堕胎及伤害各罪科断，势不得不援同律第十三条第三项第一款，及同律第二十六条之规定，分别处断。然细绎各条，于补笺上另成其他之罪一语，不无抵触，且于各国保护胎儿，及我国《刑律》堕胎罪，列为专条规定宗旨亦嫌冲突。究应如何处断？方足以昭平允，而重人道，此应请解释者二。又本年七月《政府公报》内载，'大理院复湖北高等审判厅统字第二百八十六号公函内开，有人为强盗炊爨，不能以从犯论'各等语，所谓不以从犯论者并非无罪也，不过较从犯为轻耳。究应援何律处断，是否无罪？未经明指，尚难释然，此指事前帮助者而言。假如有人受强盗之嘱托，在途接运赃物，此种人犯，于实施犯罪行为之际，帮助正犯，是否构成《刑律》第二十九条后半之规定之罪？

抑应认为加入犯罪着手行为之一部，仅构成《刑律》第三十一条规定之罪？遇有此等人犯，究竟构成何罪，应援何律处断？此应请解释者三。设有甲、乙二儿童，甲年仅十龄，乙年为十二，两儿比邻而居，素不相睦，其父兄恒令其不相见。一日甲、乙两儿于无人处撞遇，甲儿突持刀将乙儿刺伤，登时殒命，由乙父报经官厅验讯属实，按《暂行新刑律》第十一条之规定，甲儿当然不构成犯罪，不过得施以感化教育而已。然按同律第五十条之规定，则又可援三百一十一条之范围科断，不过可酌量减等而已，合前后二律文观之，不无抵触。知事查二年六月，政府提出《刑法草案》于参议院，于十一条未满十二岁人句，改为未满十五岁，于五十条则删去'未满十六岁人'字样，然迄未颁布，未便妄为援引，究应如何处断？此应请解释者四。以上所述，事关法律解释，未敢臆断，悬案待决，理合具文详请钧厅查核，迅示解释批示只遵，深为公便"等情。据此，除批候转请解释外，相应函请解释见复等因到院。

本院查（一）前清《现行刑律》保辜期限之规定，除条例中第一条关于抬验之程序，现行法别无明文规定，可以参酌办理外，其余有关于审限者，有关于《刑律》论罪之标准者。其关于审限者，《试办章程》既有鉴定之规定，《审限规则》又有第六条第十款扣除期间之规定，而本院统字第二百五十五号函，业经解释明晰，本与保辜期限名异实同，施行自无窒碍可言。现行法既有明文规定，则前清现行律保辜期限，关于审限之规定，当然失其效力。至关于《刑律》论罪之标准，则《暂行刑律》第八十八条、第三百一十三条，关于伤害致死笃疾、废疾、轻微伤害之标准，已有明文规定，新律重在因果关系，非似旧律因逾一定期间，即可轻减责任，此新旧立法不同之点，则此项规定，亦因《暂行刑律》之施行而当然失其效力。该县原详，徒知前清法令与国体不相抵触者，均认为有效，而不知新法施行，旧法失效之大原则。（二）前一例不问丙男是否知甲妇有孕，均系犯猥亵行为与杀人二罪俱发。后一例乙既系故杀，亦应依第三百十一条杀人罪论，若系堕胎致死，初无杀死丙妇之故意，则应依第三百三十七条第二项援用第三百三十四条、第三百一十三条，依第二十三条处断，均与第十三条、第二十六条无涉。《刑律》第三百十一条杀人罪，重者可处死刑，较堕胎罪诸规定，轻重悬殊，何至宗旨冲突？原详所称刑律补笺，不知何书，查前清法律馆《刑律草案》理由及修正案语，均无此语。即就原详所引另成他罪一语释之，亦不过谓仅杀死胎儿者，另构成堕胎罪，自与并其母体而杀害之情形迥然不同，于律文规定，并无抵触之可言。（三）本院统字第二百八十六号解释，为盗执炊不能以从犯论，即系谓律无正条不能为罪。原详所称较从犯为轻，不知系何犯，律无明文，何能妄拟？至受盗嘱托搬运赃物，《刑律》第三百九十七条第二项有明文规定，何得明知故昧，而认为帮助犯？（四）《刑律》第十一条，既定责任年龄为十二岁，则未满十二岁人之行为，当然不为罪。而第五十条所谓未满十六岁人，即系指十二岁以上，未满十六岁者而言，断未有无行为责任之未满十二岁人，仍科以减等刑之理，律文并无抵触，原详似乏常识。相应函复贵厅，转饬查照。

此复！

■ 统字第 341 号

民国四年十月十四日大理院复四川高等审判厅电

四川高等审判厅鉴：

冬电情形，系在事前，以强盗从犯论；在实施中者，以准正犯论；在强盗被获后为便利脱逃者，以便利脱逃罪论。

大理院删印

附：四川高等审判厅原电

大理院钧鉴：

受雇与劫匪充侦探，专探官军消息，应否以便利脱逃，及强盗从犯论罪？乞示遵。

四川高审厅叩冬

■ 统字第 342 号

民国四年十月十四日大理院复甘肃高等审判厅电

甘肃高等审判厅鉴：

歌电情形，可为离婚原因，乙不能论罪，希参照二一三号解释。

大理院删印

附：甘肃高等审判厅原电

大理院钧鉴：

甲因贫卖妻，乙知情故买为妻。改嫁数月，甲隶返还，妻请与甲离异，问妻之请求能否有效？乙可否依《刑律补充条例》第九条第二项论罪？迄速示遵。

甘肃高审厅歌

■ 统字第 343 号

民国四年十月十四日大理院复江苏高等审判厅电

江苏高等审判厅电悉：

此项罚金，其性质系行政罚，与刑罚异。依该规则第二条规定，审检厅均可直接处分。

大理院删印

附：江苏高等审判厅原电

大理院钧鉴：

《印花税法罚金执行规则》，审检厅发见应处罚者，是否专属刑庭办理？以第一审名义处罚，是否有效？检厅发见者能否直接处分？乞速示遵。

江苏高等审判厅

■ 统字第 344 号

民国四年四月十五日大理院复浙江高等审判厅函

径复者：

准贵厅十月二日函开：地审厅预审决定案件，配置原审检察官于法定期间内，并未声明不服。上级检察厅对于原决定发见错误，饬令原检察官提起抗告时，其抗告期间，能否变通办理，以上级检察厅接到卷宗之日起算？抑仍依《试办章程》第六十条之规定？悬案以待，伏乞即行示复，以便遵行等因到院。

本院查《各级审判厅试办章程》第二十二条，业经司法部呈请修正。检察官对于预审决定，如有不服，自应依修正该条末项规定，依抗告程序行之，其期间为十日，但有声请回复原状之理由者，仍得声请。相应函复贵厅查照。

此复！

■ **统字第 345 号**
民国四年十月十五日大理院复京师高等审判厅函
径复者：

准贵厅第二八六号函开：据固安县详称，"知事详报本年四、五、六三个月，以堂谕代判决之刑事案件月报表，请查核一案，奉钧厅批吴振发等，如果构成《刑律》第一百八十二条之罪，据同条第二项虽得免除其刑，而据同条第一项法定主刑，系二等有期徒刑，不在得以堂谕代判决之列，应依《覆判章程》第一条之规定办理，无庸填列表内等因。查《修正覆判章程》第一条第一项第一款内开，'最重主刑三等有期徒刑以上者，'第二款内开，'因减等而降至前款所揭以下者'各等语，诬告人犯，系有犯罪行为，而依法律免除其刑者，因其最重主刑，系在三等有期徒刑以上，故应依《覆判章程》第一条办理。若人民告诉或警察发见人犯，原涉嫌疑，最重主刑系在三等有期徒刑以上，而审理结果，全部宣告无罪者，告诉人或被害人，并未依限提起控诉，此等案件，应否详送覆判？又覆判案件，因适用法律未能允洽，经钧厅撤销原判，更为判决，而于原审所判主刑从刑，均无动摇者，其刑期之起算点，可否准由原审上诉期满之日计算？又依《暂行刑律补充条例》第十一条，请求惩戒之案，应否准亲告罪论？若于进行时或执行中，原请求人请求撤销，应否批准？例内并无明文规定，无所遵循，请鉴核批示遵行"等情到厅。查法令解释，务期统一，相应函请解释，以便转饬遵照等因到院。

本院查宣告无罪案件，毋庸送覆判。又覆判审改判，无论刑期有无出入，其刑期均应自覆判确定之日起算，但覆判审于覆判时，应斟酌未决羁押折抵之规定。至依《暂行刑律补充条例》第十一条请求惩戒之案，依其性质得准原请求人请求撤销。相应函复贵厅转饬查照。

此复！

■ **统字第 346 号**
民国四年十月十六日大理院咨司法部文
为咨行事：

准贵部咨开：查前清旧制，蒙古死罪案件，引用蒙古例者，由理藩部复核，会同法司具奏；参用《刑律》者，咨交大理院覆判，会同法部具奏。嗣于宣统二年二月经宪政编查馆附片奏定，"嗣后凡内外蒙古死罪案件，不论所引何律，概归理藩部主稿，咨送大理院覆判；遣罪以下人犯，应发遣者，由理藩部咨送大理院覆判"等语，是蒙古地方刑事案件，在前清时已与内地同用覆判制度。民国元年以来，覆判事项，业已改归各省高等审判厅及司法筹备审判各处办理，而蒙古阿尔泰地方，尚未有司法机关。刑事案件，初审判决后，覆判程序，无由实施，又未便认为确定审判。前数年间，该地秩序未定，绝无刑事案件报部，实际尚无问题发生。现准阿尔泰办事长官咨报，该公署判决莫锡田杀人处死刑一案前来，若咨请送往邻省覆判，于审级制度，似属较符。惟特别区域，最高行政公署判决之案，而以邻省司法衙门为上诉机关，究嫌未妥。兹拟参酌旧制，在该地未设司法机关以前，所有该公署判决死刑、无期徒刑案件，暂送贵院覆判，如荷赞同，即由部转咨施行，相应咨请查核见复等因到院。

本院查覆判案件，向由本院办理者，内地已改归各省高等审判厅，及司法筹备处审判处办理，所以符合审级制度。蒙古地方既未设专司审判机关，则向由该地最高行政公署判决案件，自未便以邻省司法衙门为覆判机关。而依前清旧例，由本院覆判，亦无越级之嫌，所有蒙古判决死刑、无期徒刑案件，在该地未设司法机关以前，暂由本院覆判办法，本院意见相同。相应咨复贵部查照。

此咨！

■ **统字第 347 号**

民国四年十月十九日大理院咨司法部文

为咨行事：

准贵部咨开：接准江西巡按使咨询掳人价卖，可否适用《惩治盗匪法》掳人勒赎之条，请予核复等因到部。本部查掳人价卖各案，可否适用掳人勒赎处断，事关解释法律，相应抄录原咨，咨请查核见复，以便转咨等因到院。

本院查掳人价卖，系意图营利，以强暴略诱，与《刑律》第三百五十一条相当。原咨所举，甲肆威吓，迫乙随行之例，乃系以胁迫略诱，《刑律》第三十章强暴、胁迫、诈术三者并举，犯罪方法各不相同，不能举一以概其余。《刑律》第三百五十一条之罪，若系三人以上携带凶器犯者，依《刑律补充条例》第十条规定，应加一等，得处死刑，其条件既与政事堂沁电结伙三人以上相合，而罪刑亦与《惩治盗匪法》掳人勒赎相等，并无轻纵及情法失平之可言。《刑律补充条例》颁布在《惩治盗匪法》以后，该条立法原意，亦即所以补盗匪法掳人勒赎规定之所不及，盖盗匪法既定为勒赎，则价卖与勒赎本系两事，自不能强混为一谈，而蹈比附援引之嫌。至本院统字第二百十八号咨贵部文，所称掳人勒赎，系指匪徒预以得财意思，掠夺人身者而言等语，系重在预有得财意思，所以别于初不为得财而掳人者。观下文"若并无得财意思，因他故掠夺人身，事后经人调停得有财物者，不能以该条论"等语，其义自明。掳人价卖，虽亦有得财意思，然其犯罪方法不同，自不能相混。亦如诈欺取财与以诈术略诱价卖同系用诈术，同有得财意思，而不能谓诈术略诱价卖，可以依诈欺取财条文科断也。相应咨复贵部查照。

此咨！

■ 统字第 348 号

民国四年十月十九日大理院复吉林高等审判厅函

径复者：

准贵厅刑字九十九号函开：查累犯加重律文内，止有浑括之规定。兹有某甲在徒刑执行中，复犯二罪，是否将二罪各加本刑一等，再依俱发律处断？抑二罪中，止加重其一罪，他之一罪，仍照本刑处断？若采后说，其二罪轻重不同，是否于重罪上加等，不于轻罪上加等？此应请解释者一。又强盗指明目的地，行至中途被获者，应以未遂论，已奉有钧院解释。兹有某甲指明某日将赴某事主家强抢，确有供证，但于未起身时，即被拿获，可否仍以未遂论？此应请解释者二。又强盗同时抢劫三家财物，该三家同在一院内居住，该强盗又明知其为非一家，是否以三罪俱发论？此应请解释者三。为此函请钧院概赐指示，悬案待决，望速施行等因到院。

本院查在徒刑执行中犯二罪，均合于累犯条件者，均为累犯，各加本刑一等，再依俱发例处断。强盗虽预定某日强抢某家，而于未起身时被捕者，尚系在预备时期，并未着手，不能以未遂论。至强盗同时抢劫三家财物，该三家虽在同一院内居住，若明知其为非一家，且其财物不属于共同监督范围内者，自应以三罪俱发论。相应函复贵厅查照。

此复！

■ 统字第 349 号

民国四年十月二十一日大理院复江苏高等审判厅函

径启者：

接贵厅四年第一零八零号函开：查现行《各级审判厅试办章程》第十条规定，审判官应行回避之原因，本条第五款规定审判官对于该案，曾为前审官，而被诉讼人声明不服者，为回避原因之一。推立法者之意，无非以上级审有纠正下级审审判错误之权，审判官曾经参与前审审判者，于上诉审更使审理，即不易得公平之审判，故设此制，以维持审级之精神。则本条"前审"二字，自系指前一审级而言。若原审官于承审案件，经当事人上诉后，由上级审撤销原判发还更审者，是项更审，仅为审理程序上之关系，苟使别无应行回避之原因，则当更为审判之时，原审官自无回避之必要，即非包含于本条'前审'二字范围之内。又同章程第十一条规定，"有前条之原因时，经该审判官或检察官或诉讼人声明后，由该管长官核夺。"按本条所云由诉讼人声明者，正与诉讼通例所谓声请拒却相当。惟通例于声请拒却案，系由推事所属审判衙门裁判，与现行章程规定，由该管长官核夺者不同。在审判衙门为是项裁判，以决定之形式出之，如果不服，尚有声明抗告之机会。现行章程既定由长官核夺，则核夺之表示，应出以如何之形式？为一问题。是项诉讼法上之事务，如照章由长官核夺后，当事人心有不服，应准以何法救济等因到院。

本院查该章程所称"前审"二字，系同一之推事，在下级审曾参与审理者而言，发还更审之案，当然不能包括。惟为维持公平起见，此种案件之分配，应更庭并易人（原主任推事，调归更改之庭时），办理较为妥善，此本于司法行政上之经验，与该章程所称回避原因，原不相涉。至该章程第十一条所称"长官核夺"云云，因发布在后之《法院编制法》有第五条、第六条之规定，所有诉讼事项之审判权，已全属之各厅，即各该厅以法院资格有审判权，由合议庭或单独制之推事行使之，声请拒却，是否正当，本为诉讼上之事项，毫无司法行政之性质。自编制法施行后，自应改归审判厅受理，依通常决定程序办理，毋庸再由长官核夺。关于此点，本院最近已有判例。相应答复，即希查照可也。

此致！

■ 统字第350号

民国四年十月二十一日大理院复福建高等审判厅电

福建高等审判厅鉴：

巧电悉！一，甲走失后，乙善意娶甲妻为妇，毋庸强之归甲。二，合定婚条件之童养媳，准用律例出妻条，夫逃亡三年不还，听其改嫁之例，事前虽未告官，如逃亡别有证明，即仍有效。

大理院马印

附：福建高等审判厅原电

大理院钧鉴：

有甲出洋八年无信，甲母将甲妻赘乙为夫。经四年甲归，乙婚可否撤销？又有一女幼为甲童养媳，旋翁姑病故，甲远出不归，女父将女配乙成婚，时阅五年，并已生子，甲归，乙婚能否继续有效？乞解释示遵。

闽高审厅巧

■ 统字第351号

民国四年十月二十一日大理院复奉天高等审判厅电

奉天高等审判厅鉴：

民字四五七号函悉，新缺席判决，须接连二次不到。甲于第二次辩论日期，既已到场，只应宣示缺席判决，惟仍可严加谕饬。

大理院马印

附：奉天高等审判厅原函

径启者：

民事诉讼，有甲（原告）于言辞辩论日期不到场，依乙（被告）之声请，为驳回请求之缺席判决，甲复声明窒碍，乙又不到。复依甲之声请为被告（即乙）败诉之缺席判决，乙复声明窒碍，甲又不到。对于甲应否照《民诉草案》第五百零六条办理，抑别有办法？用特函请钧院迅赐解释见复只遵。

此致大理院！

■ 统字第 352 号
民国四年十月二十一日大理院复陕西高等审判厅电
陕西高等审判厅鉴：
一九二号函悉！未经第一审案件，向第二审衙门声明时，例不受理。所称判决驳回，理由中误指为行政诉讼等情，该判决仍只能认为驳斥不合法上诉之裁判。虽经确定，若再上诉，自可一面驳回，一面指示向第一审管辖衙门另诉，仍依通常程序办理。
大理院马印
附：陕西高等审判厅原函
径启者：
如有第二审管辖权之审判衙门，对于未经第一审裁判之民事诉讼，误认为行政诉讼，为无审判权之判决时，该判决业经确定，当事人始向上级审判衙门声明不服，能否驳回，由有第一审管辖权之审判衙门，依民事诉讼程序受理？及受理后当事人对于第一审裁判，有不服时，能否仍由曾为无审判权之判决之第二审审判衙门为控诉审？上开问题，关系诉讼程序，至为重要。相应函请钧院解释，以俾遵循，而昭统一。案悬待决，祈速赐复，实纫公谊。
此致！

■ 统字第 353 号
民国四年十月二十日大理院复广西高等审判厅电
广西高等审判厅鉴：
一四号函悉！同一家长之妾，苟系同为家属，自应依据《刑律补充条例》，认为其有亲属关系。
大理院有印
附：广西高等审判厅原函
敬启者：
现据兼理司法事务中渡县知事电称，"同夫之妾，是否有亲属关系？"请示解释前来。查统一解释法令，事属贵院职权，兹谨备函请迅赐释答，以便转行知照，俾有遵循。
此致大理院！

■ 统字第 354 号
民国四年十月二十六日大理院复总检察厅函
径复者：
准贵厅一二八零号函开：原告诉人在第一审衙门，为所诉之人指摘有犯罪事实，双方或仅原告诉一方，经审判衙门判决有罪。原告诉人向第二审声明不服，复经第二审撤销原判，宣告无罪。于上诉期间内，第一审未判决前之原告诉人（即宣告无罪者），对于原告诉部分（即被害部分），声明不服，是否仍以被告论，抑或认为被害人，由检察厅处分？相应函请解释见复等因到院。
本院查原告诉人，既系对于原告诉部分之第二审判决，声明不服，即属被害人之声明，应由检察厅处分，相应函复贵厅查照。

此复！

■ 统字第 355 号

民国四年十月二十六日大理院复广东高等审判厅函

径复者：

准贵厅二一三五号函开：现准广东岭南道道尹电函内开："平除未葬骸骨土坟，应否照《新刑律》第二百六十条发掘坟墓处断？抑照第四百零五条损坏他人建筑物处断？想贵厅办有成例，请查核示复，悬案以待，勿迟为幸"等由。准此，查此等事实，本厅未经办有成案，无可查复，准文前由，究竟应援照《刑律》何条处断之处？相应函请查照核示，以便答复等因前来。

本院查《刑律》第二十章发掘坟墓罪之坟墓，自应以葬有尸体或遗骨等类者为限，其平除未经埋葬之空坟，不能依该章各条论罪，只能援照毁弃损坏罪处断。相应函复贵厅转行查照。

此复！

■ 统字第 356 号

民国四年十月二十六日大理院复总检察厅函

径复者：

准贵厅一二八一号函开：查《刑律》第一百十六条、第一百五十条、第二百零二条、第二百二十条、第二百六十五条、第三百三十一条、第三百五十六条、第三百八十条、第三百八十九条及第四百条等条，规定内所称"其余文字"，未遂是否在内？按之总则第六十二条之规定，似不能包括未遂，仍应依各本条褫夺公权，究应如何适用之处？相应函请解释见复等因到院。

本院查《刑律》第十七条第二项规定未遂犯之为罪，于分则各条定之，第三项规定未遂罪之刑，得减既遂罪之刑一等或二等，是分则中所称本章或某条之未遂犯罪之条文，即系根据总则第十七条第二项规定，该章程各条或所指某条之未遂犯，亦论罪之义，并非一种独立罪名。而各本条之未遂罪，依第十七条第三项规定，仍应依各本条所定刑名、刑期处断，不过得减一等或二等，则依第六十二条从刑不随主刑加重减轻之规定，其既遂从刑，若系必褫夺公权者，其未遂亦应褫夺公权。来函所引各条，若本罪既遂不在其余范围内者，其未遂罪亦不在其余范围之内（参照本院最近判例四年上字九百零一号）。相应函复贵厅查照。

此复！

■ 统字第 357 号

民国四年十月二十七日大理院复湖北高等审判厅函

径复者：

准贵厅五六八号函开：案据湖北第二高等审判分厅监督推事谢健详称，"案查

《盗匪案件适用法律划一办法》之三内开：应准上诉或送覆判之案件约分三种：（一）非《惩治盗匪法》上之强盗罪，应依《刑律》处断者；（二）《惩治盗匪法》得处死刑之犯罪，依《刑律》减处徒刑者；（三）《惩治盗匪法》处死刑之犯罪，依《刑律》总则减处徒刑者。除此三种以外，并无得准上诉或送覆判之明文。是县知事依《惩治盗匪法》判处死刑之案件，有无疑误，均应适用《惩治盗匪法》第五条第一项或第四项或第九条各种程序办理，原无疑义。至依《覆判章程》第四条第一、第二两款覆审判决，或改依《惩治盗匪法》加重处死刑，而所引条款显有不符，或主刑虽无疑误，而从刑未依《刑律》宣告，或对于一人盗罪部分，依《盗匪法》加处死刑，他罪部分又依《刑律》另处徒刑，并适用《刑律》第二十三条第一款，定其执行之刑，而所引条文或皆错误，或只《刑律》一部分错误，可否控诉？又依《覆判章程》第四条第三、第四两款覆审判决，改依《惩治盗匪法》加处死刑，或系《盗匪法》与《刑律》并出，可否上告？以上所举，依《惩治盗匪法》，似不得上诉；依《覆判章程》，又似得为上诉，究应如何办理之处，悬案待决，理合备文详请钧厅，转请大理院迅赐解释饬遵谨详"等情。据此，查依《覆判章程》第四条各款覆审判决，改依《惩治盗匪法》处断之案，仍应查照《惩治盗匪法》第五条第一项或第四项各种程序办理，当然不得上诉。惟案关解释法律，敝厅未便擅专，据详前情，相应函请迅赐解释见复，以便饬遵等因到院。

本院查《覆判章程》乃一般案件之普通程序法，《惩治盗匪法》中关于盗匪之程序规定，乃对于盗匪案件之特别程序法。两法中规定有异者，依特别法胜于普通法之原则，自应依《盗匪法》办理。原判纵有错误，亦只能依《盗匪法》所定救济方法救济。贵厅解释意见，甚属正当。相应函复贵厅转饬查照。

此复！

■ **统字第358号**

民国四年十月二十日大理院复江苏高等审判厅电

江苏高等审判厅鉴：

祃电悉！查抑勒妻妾，与人通奸，准其离异，律有明文，于童养媳自应准用。

大理院哿印

附：江苏高等审判厅原电

大理院钧鉴：

民事婚姻预约案件，童养媳之未婚夫及其姑，纵容抑勒卖娼，应否解除婚约，归还母家？请电复示遵。

苏高审厅祸印

■ **统字第359号**

民国四年十一月四日大理院复总检察厅函

径复者：

准贵厅一三四二号函开：据直隶高等检察厅详称，"为详请事，查强盗案内之捉人勒赎，必共同掳捉，方为正犯。如有事前并未预谋，当事亦未上盗，迨至掳人以后，始听从向事主说和回赎。此等人犯，如依共犯罪内之为从论，则事前并无帮助行为；如依赃物罪内之牙保论，则赎人似又不同买物。究竟此等案件，应依何条处断？又如强窃盗内之共同犯，中途因别故不行，而伙盗业经抢劫得赃，或以为系属事前帮助之从犯，或以为系属意外障碍之未遂犯，究以何说为宜？事关法律解释，应请钧厅函送大理院核明示"遵等因到厅。事关适用法律，相应函送速予解释，以便饬遵等因到院。

本院查掳人勒赎之掳人行为，与勒赎行为，均系实施犯罪行为之一部，其听从向事主说合回赎者，自系帮助勒赎，仍可谓为实施犯罪行为之际帮助正犯，应依《刑律》第二十九条第二项以准正犯论。至强窃盗之共同正犯，中途因别故不行，其所谓别故，系出于自己任意中止者，为准未遂犯；非出于己意，而因他故不行者，为未遂犯。相应函复贵厅转行查照。

此复！

■ 统字第360号

民国四年十一月五日大理院复河南高等审判厅函

径复者：

准贵厅函开，今有甲某黑夜到孀妇乙家，意图强奸乙妇。乙之族侄丙某，闻乙惊呼，持刀往救，甲被丙扎伤逃去，乙、丙恐丑声外扬，未行告诉，甲反以途遇丙某行凶诉县。验明甲实受伤，获丙讯出前情，票传乙妇质证，乙妇状称与丙相同，并请摘释。经县批驳，乙妇旋即被传到案，供明前情，依强奸未遂定罪。惟查《刑律》第二百九十四条第一项，犯第二百八十五条之罪，须被害人或其亲属告诉乃论。此案乙妇被传作证，似不能谓为实行告诉。且被害人之意思，始终均恐丑声外扬，中间复有状请摘释，谓为业经告诉，亦觉牵强。再查因奸酿成其他犯罪，虽未经有告诉权者之告诉，仍应论罪，《暂行新刑律》补充条例，已有规定。然仅列和奸，其因强奸者，并无明文。究竟甲某强奸乙妇未遂，乙妇被传作证，状请摘释未准，到案陈述之供词，可否作为告诉？抑应依《暂行新刑律》补充条例第七条仍论其罪，作当然之解释？或不能准用该条，应依《刑律》第二百二十五条科断之处？急待解决，敬祈迅赐示遵等因到院。

本院查亲告罪之告诉，原不以书状为限，其到案陈述请求处罚者，自可认为有告诉权者之告诉。若到案陈述，是否请求处罚，意思不明者，讯问官应当庭询明其意见，以凭核办。至《刑律补充条例》第七条，所谓因奸酿成其他犯罪，系指奸夫或奸妇犯他罪，其犯罪行为，与奸行有相当因果关系者而言。且该条所举条文，亦明以和奸为限，自与本案情形无涉。相应函复贵厅查照。

此复！

■ 统字第 361 号

民国四年十一月十一日大理院复安徽高等审判厅电

安徽高等审判厅：

重婚系取消行为，非无效行为。故重婚未经取消以前，其告诉仍有效。

大理院真印

附：安徽高等审判厅原电

大理院钧鉴：

重婚罪，于重婚中与人奸通，重婚之夫，因告诉奸罪，发觉重婚，其奸罪之告诉，能否有效？悬案待决，祈电示遵。

皖高审厅叩艳

■ 统字第 362 号

民国四年十一月十二日大理院咨司法部文

为咨行事：

准贵部咨开：案据山西高审厅详称"大理院解释伪造货币罪范围过狭，可否咨请变通解释"等因到部。本院查所称办理为难各节，尚系实情，可否予以变通解释之处，相应抄录原详，咨请贵院查核，迅予见复，以便饬遵等因。查原详称查生银为货物之一种，不得目为通用货币，行使伪银，不能构成《暂行新刑律》第二百二十九条及第二百三十二条之罪，迭经大理院明白解释，并奉钧部通饬遵办各在案。窃谓通用货币，以有一定程式者为限，生银无一定程式，不得目为通用货币，于法理上固无可议。惟吾国币制，尚未划一，征收赋税，多以银计，虽东南各省，改用银元折合，而本位则仍属于生银。西北各省，地多偏远，银元尚未流通，直以生银缴纳。至于民间买卖，无论多寡，率用生银，是银锭银块，与通用银元，效力相等，究与别种货物不同，如不认为货币，则法律与事实，未能适合。且行使伪银，依诈财律处断，虽条文不同，而科罪则一，于事实上尚无妨碍。如伪造生银，尚未行使，为警察发见者，则律无正条，应不为罪，于社会信用，影响甚大。据各县知事，以伪造银块银锭案件，请示适用律文者，已有数起。职厅束于成例，不敢为有罪之主张，而审按被告心术，与地方习惯，又未便竟认为无罪，理合将办理为难情形，详请钧部鉴核，府准咨行大理院变通解释，以符现情，而免流弊，实为公便等语。

本院查《刑律》分则第十七章，所称货币，指铸造权专属于国家而有法定强制通用力者而言。故人民私造之货币，纵令成色分两，与真者丝毫无异，仍应构成伪造货币罪。盖立法本意，重在禁遏私铸，以保国币之信用也。生银虽为地方习惯所沿用，然其铸造权，既非专属于国家，亦无法定通用力，苟成色分两无差，既不能名之为伪造，而一造拒绝不受，亦无法以强制之，其性质与货币迥异，即证以前清旧律，"私铸铜钱者绞，伪造金银者，徒三年"。刑之轻重，已相悬殊。而于铜钱曰私铸，于金银曰伪造，其用意亦与《暂行刑律》无异。《暂行刑律》因此等伪造生银行为，当然包括于诈欺取财之内，故不另设专条。其已行使者，固属诈欺取财既遂；即未行使，而以行使之意思伪造者，仍系诈欺取财未遂，何得谓律无正条？若制造之意思，不过以为玩具模型等用，并非冒称金银使用者，既无害于社会，自无庸处罚。相应咨复贵部，转饬查照。

此咨！

■ 统字第 363 号

民国四年十一月二十一日大理院复江西高等审判厅电

江西高等审判厅鉴：

支电甲既已出继，乙子对之，自不得仍为同父周亲。

大理院号印

附：江西高等审判厅原电

大理院鉴：

甲、乙为亲兄弟，甲已出继，乙子对于甲，是否仍为同父周亲？乞电示。

赣南审厅支印

■ 统字第 364 号

民国四年十一月二十三日大理院咨司法部文

为咨行事：

准贵部咨开：案据贵州高检厅详，"拟请将《刑律》第三百五十五条告诉权，扩充解释"等因到部。本院查所称各节，尚系实情，惟事关解释法律，可否设法变通之处，相应抄录原详，咨请查核见复等因到院。

本院查《刑律》第三百五十五条之告诉权，本院最近判例因《刑律补充条例》之颁行，谋与该条例第六条告诉权之范围相权衡，已明示有准绳。即该条告诉权，女子，除属于本人及未成年之监督人外，其已成年未嫁者，尊亲属仍有告诉权；孀居者，夫之尊亲属亦有告诉权，详见本院四年上字第三百四十三号，上字第九百零五号判决理由。至原详所称尊亲属以外之亲属关系者，亦许有告诉权，则未免过于广泛，施行必不免有流弊，且与《补充条例》第六条，及《刑律》他项条文告诉权之例，不能一律，应毋庸置议。相应抄录本院判例，咨复贵部，转饬查照。

此咨！

附：贵州高检厅原详

详为据情转详仰祈鉴核示遵事，案据贵阳地方检察长杨长溶详称，"窃查《刑律》第三百四十九条，'以强暴胁迫，或诈术拐取妇女未满二十岁之男子者，为略诱罪，处二等或三等有期徒刑；第二项，和诱者处三等至五等有期徒刑；第三项，和诱未满十六岁之男女者，以略诱论。又第三百五十五条、第三百四十九条及第三百五十三条之罪，须告诉乃论'等语。查此告诉权，当属之何人，在《刑律》虽无明文规定。然依各国诉讼通例，及大理院现行判例之解释，其告诉权当属于被害者本人，及未成年者监督人，除此而外，即不得有告诉权。揆之法律，尊重个人自由意思之宗旨，其解释自属正当。但查黔省民生凋敝，风俗浇漓，犯罪事实，除强盗窃盗外，以和诱罪为最。

和诱之中，多系无夫之妇，或未嫁之女，此种青年女子，被人和诱，既无本夫告诉，查其年龄，又多在十六岁以上。现中国《民律》尚未颁布，妇女成人年龄，亦无一定之标准。查大理院刑事判决，非字第二十一号，总检察厅检察长，以陕西高等审判厅判决陈万寿和诱陈邵氏一案，认为引律错误，提起非常上告一案，经大理院判决，其理由文内，邵廷贤有女年已及笄，其父邵廷贤即无告诉权，考之礼记内则篇，女子十五而笄，二十而嫁，是以及笄之女子，当在已成年之列。据此而观，则十六岁以上女子，被人和诱，除由本人告诉外，在法理上即不得再有告诉权。然就事实而论，成年之女，既被和诱，半出于自由意思，决不肯自行告诉，而为其父母兄弟者，百方寻获，耗损金钱，偶一访得，势不得不控赴官厅，冀一惩处，而官厅乃以无告诉权，径与驳斥。是被害者冤无可伸，犯罪者法无可畏，妙龄弱质，因此误入魔障，堕弃道德者，不知凡几。况社会恶徒，专以此为诈财手段，蔓延盘踞，不可禁止，被诱者亦轻走私逃，沿成惯习，而恬不为怪，伤风败俗，鲜耻寡廉，莫此为甚。在立法之初，侧重个人自由主义，亦为各先进国之成例，然此放任自由，实与世道人心有关，养奸纵凶，未免有奖励犯罪之嫌，而且法与事违，亦不足以惬社会一般人之心理。况黔省此种犯罪事实，又发生最易，如认十六岁以上为未成年，准予告诉。固属违法，而一概认为成年，不准受理，又于事实不无窒碍，在法律上本无所据。而先虚悬以成年未成年之例，以强合于法理上之学说，而置一般社会情形于不顾，亦非刑事政策之所应有。兹拟请将《刑律》第三百五十五条之告诉权，略微扩充，凡被和诱妇女，除本人得有告诉权外，其无夫之妇，或未嫁之女，无论是否成年，苟为被和诱者之尊亲属或亲属关系者，皆准其告诉，检察官当与诉追。是与《新刑律》用意虽有未合，然就黔省风俗上观察，犯罪镇压，不无稍有裨益。检察长实地体察，颇觉窒碍，故敢不揣冒昧，据实陈明，遇此种犯罪发生，除本人告诉外，其尊亲属能否准其告诉，权予受理？事关法律解释，未敢擅专，所有拟详请扩充《刑律》第三百五十五条告诉权各缘由，理合具文详陈，伏乞鉴核转详示遵"等情。据此，查该检察长所陈各节，本为维持善良风俗，尊重道德起见，法院往往以此种不能受理案件，为世诟病，默查大势，要亦非独黔省一地为然，谅必久在大部洞鉴之中。但法律型范全国，原持大同主义，固不能以一时一地之未便，遽行更张。兹据该检察长详称各情，查原文所指扩张范围等语，虽有未当，现际法律改良时代，可否恳由钧部嘉纳采择，备作刍荛之处，是否有当？理合据文详请钧部鉴核示遵施行。

谨详！

■ 统字第365号

民国四年十一月二十四日大理院复云南高等审判厅电

云南高等审判厅：

马电情形，应比较《刑律》第二百四十二条、三百八十六条，依二十六条，从一重处断。

大理院梗印

附：云南高等审判厅原电

司法部、大理院钧鉴：

邮局员洗用旧邮票，可否照伪造有价证券例处断？

滇高审厅马印

■ **统字第 366 号**

民国四年十一月二十三日大理院复陕西高等审判厅电

陕西高等审判厅：

铣电情形，应依法褫夺。

大理院梗印

附：陕西高等审判厅原电

大理院鉴：

《刑律》第四十六条第五款之公权，妇女犯罪，是否一律依法褫夺？请赐电释。

陕高审厅铣印

■ **统字第 367 号**

民国四年十一月二十四日大理院复甘肃高等审判厅电

甘肃高等审判厅：

青电悉！现行法，知事以受有《知事惩戒条例》所定之处分者为限，称为已受惩戒处分。仅被撤任，不能谓已受惩戒处分。

大理院有印

附：甘肃高等审判厅原电

大理院钧鉴：

县知事被人诬告，由巡按使撤任讯办，应否作已受惩戒处分论？请解释示遵。

甘肃高等审判厅青

■ **统字第 368 号**

民国四年十一月三十日大理院复山西高等审判厅电

山西高等审判厅：

有电情形，不能以连续犯论。

大理院卅印

附：山西高等审判厅原电

大理院钧鉴：

甲四次发掘四姓坟墓，均寄赃于乙，乙应否仍以连续犯论？祈赐解释。

晋高等审判厅有

■ 统字第 369 号
民国四年十二月一日大理院复湖北高等审判厅函
径复者：

准贵厅七百号函开：案据武昌地方审判厅详称，"今有某向湖北高等检察厅，投递白禀，内载'扶同徇隐，屈法惠奸，废事殃民，准情背律，及无怪诉讼当事人，多称检察厅为诉讼上之障碍物'等语。甲说，某之行为，应构成《新刑律》第一百五十五条第二项之罪；乙说，禀词非众人共见共闻之物，若科以该条项之刑，公然之要件实未具备。案悬待判，究应依据何条办理？理合备文详请钧厅，转至大理院迅赐解释，以便遵循等情。"据此，查投递禀词，似不得谓非公然侮辱，惟究竟是否构成《新刑律》第一百五十五条第二项之罪？案关解释法律，敝厅未便擅拟，据详前情，相应函请迅赐解释见复，以便饬遵等因到院。

本院查向本官署投递白禀，不能谓为公然侮辱，自与《刑律》第一百五十五条第二项之要件不合，不能构成该条之罪。相应函复贵厅查照。

此复！

■ 统字第 370 号
民国四年十二月二日大理院复湖南巡按使电
湖南巡按使鉴：

感电悉！《刑律》第二十九条正犯、准正犯，法定刑范围虽同，而同一案之共同正犯，或准正犯，科刑原不必定须相等，得由承审官斟酌犯罪情节、犯人性质，分别处断。至强盗把风，乃实施行为之一部，自系共同正犯，则在房门外堂屋门口，无论认为把风与否，于罪名出入无关。

大理院冬印

附：湖南巡按使原电
大理院鉴：

敝署近月以来，按照《惩治盗匪法》办理盗匪各案件，其中有事实发生，为法文所未载者，有情罪相揆，在法文无可拟者，谨分举于左，敬乞详示。例如有强盗殴人，结伙行劫某家，甲某与乙某为首，纠邀丙某、丁某、戊某三人，分携枪棒，偕赴盗所。至某家时，甲某与乙某入房搜赃，丁某与戊某在堂屋门口，丙某在房门外，均把风接赃，事后甲、乙、丙、丁、戊均得赃俵分，照《刑律》第二十九条之规定，皆为正犯，应各科其刑，而情节似有轻重之殊，处刑未审有无轩轾，请核示者一。又如准正犯一项，按照《刑律》第二十九条第二项之规定，于实施犯罪行为之帮助正犯者，准正犯论。未审科刑与正犯有无区别？律内未奉明文规定，请核示者二。又强盗在外把风，似应以在大门外为原则，而在房门外，或在堂屋门口，可否认为在外把风？请核示者三。事关法律解释，讨论期于详密，敬祈迅赐电示，无任跂系，金鉴感。

■ 统字第 371 号

民国四年十二月二日大理院复河南高等审判厅函

径复者：

准贵厅函开：径启者，今有某甲有二女，长女嫁某乙为妻，次女现年二十一岁，尚未许人。长女适乙后，生有二子，乙因时常外出，即与其妻寄住甲家，乙妻病笃，甲次女亲侍汤药，乙妻临终，虑二子年幼，托甲次女照顾，乙于妻故后，即自回籍，其二子仍留甲家，由甲次女为之抚养。乙感其抚养之义，央媒乞续弦于甲，甲次女亦颇情愿，私自达意于其父，甲固拒之，亟将次女另许于丙，甲次女虑其志之终不能遂也，乃携乙二子，逃于乙家，因此涉讼。经人调处，某丙始愿退婚，旋即翻悔，而甲坚执不可，当庭愿将次女领回，听其一死，再三开导，牢不可破。而甲次女谓先已私就某乙，必欲从一而终。欲重父命，则恐因丧节以轻生；若竟遂女志，又虑与社会心理不合。现当新旧法律过渡之时，应如何依据，以求适当？贵院有统一解释法律之权，敬祈从速核示等因前来。

本院查民法原则，婚姻须得当事人之同意，现行律例，虽无明文规定，第孀妇改嫁，须由自愿，则室女亦可类推。以定律言，婚姻固宜听从亲命，然苟乖乎礼教，背乎人情，审判衙门，仍有裁夺之权。此案甲之次女就乙，系因伊姊临终嘱托，抚养二子，与苟合不同，甲坚执欲夺其志，另许于丙，殊无理由。女子以名节为重，应仍令归乙，以符从一之义。

此复！

■ 统字第 372 号

民国四年十月二十日大理院复浙江高等审判厅函

径复者：

准贵厅详称，本年六月三十日，据新昌县知事宋承家详称，"查前清现行律，现在继续有效。立嗣子违法门，载'妇人夫亡无子守志者，合承夫分，须凭族长择昭穆相当之人继嗣，其改嫁者，夫家财产，及原有妆奁，并听前夫之家为主'。又同律男女婚姻门，载'孀妇自愿改嫁，由夫家祖父母父母主婚；如夫家无祖父母父母，但有余亲，即由母家祖父母、父母主婚；如母家亦无祖父母、父母，仍由夫家余亲主婚。'细绎律文，孀妇自愿改嫁，而经夫家或母家主婚者，不特丧失其管理处分夫家财产，及原有妆奁之权，并缘前夫而生之亲属关系，亦当因以间习俗，每有妇人，夫亡有子，得夫亲同意，而行招夫养子之举，亦有无子招夫者，于后夫既缔婚姻，于前夫则仍为亲属，以管有财产之权，属之再醮之妇，律以妇嫁出于庙绝之义，已显不可通。遇有此种事情，是否招夫之妇，对于前夫家之财产管理无权？抑属招赘之夫，为婚姻无效？详请转院解释"等情。据此，查该县所详，事关法律解释，理合据情转详钧院核示等因前来。

本院按妇人夫亡有子，为养子招夫者，如系得夫亲同意，对于夫家，虽因再醮而断绝关系，而对于其子，仍可认为夫亲所设定之监护人，自有代理其子管理财产之权。如无子而招夫者，关于前夫家之财产，自应由夫家做主，该妇人自不能再行干涉。至其婚姻，苟具备法定要件，即属有效，与管理财产与否，毫无关系。

此复！

■ 统字第 373 号

民国四年十二月十一日大理院复重庆高等审判分厅电

重庆高等审判分厅：

发还更审，原审官不能为回避原因，但为公平起见，得更庭易人，参照统字三四九号解释。

大理院真印

附：重庆高等审判分厅原电

大理院钧鉴：

发交更为审判案件，原审接续，应否回避？乞速示遵办。

川高等审判分厅有

■ 统字第 374 号

民国四年十二月二十五日大理院复湖北高等审判厅函

径启者：

据湖北第一高等审判分厅函称，"兹有甲，因妻乙与人潜逃，情急自缢身死。甲母及其族人，以诱拐逼毙等情，向乙之姨母丙，具状告诉。经县知事调查，丙窝奸系由甲嘱托，厥后乙与奸夫和好，私自潜逃，乙之母家，向甲索人，甲因情急自尽。未几，甲母同族人，已将乙寻获，遂认定丙不为罪，将原告诉人之陈请，以批词驳回之。该原告诉人，对于县知事批词，于其期间内提起抗告，由同级检察分厅，调卷函送到厅。"查县知事以一机关，兼检察、审判两职务，其所为之不起诉之批示，揆之刑诉法理，一经告诉人声明再议，即应由高等检察厅分别合法与否，及有无理由，或予驳回，或命令初审衙门审判。不经审判厅予以何种决定，盖应否起诉，非审判厅之职权所能认定也。然查《县知事审理诉讼暂行章程》第三十七条第一款所载，对其批谕，不服上诉者为抗告一语，又似无论何种情形，一经抗告，即应由审判厅决定。究应如何办法？无一定程序可依，敝分厅未敢擅拟，钧院为全国法律统一机关，恳即解释示复，以资遵守。再悬案待决，故未详由本厅厅长函转，合并声明等因到院。

本院查县知事以一身兼审判、检察两种职权，其批谕自有决定与检察处分两种性质。其性质属于审判决定者，应依该章程向上级审判厅抗告；其性质属于检察处分者，应向上级检察厅请求再议。相应函请贵厅转行查照。

此致！

统字第 375 号

民国四年十二月二十五日大理院复河南高等审判厅函

径复者：

准贵厅复字第五十号函开：案据氾水县知事详称，"为详请示遵事，兹有甲、乙、丙、丁、戊五人，共谋行窃，行抵事主住所，被男女事主二人，警觉起捕。甲、乙与丙、丁、戊，同将男事主捆绑，吓禁声张，又把女事主按捺在地，用刀棍将其拒伤，得赃逃逸。该事主伤痕，旋亦平复，核其情罪，初谋虽在行窃，实已构成《刑律》第三百七十条，及第三百七十三条第二款第三款之罪，犯《刑律》第三百七十三条之罪者，按照《惩治盗匪法》，应处死刑。惟查本年第二十八期司法公报，刑事栏内，部批江苏高审厅盗匪减等应分别办理文，内载'减等一层，有应分别办理者，即《刑律》第三百七十三条之犯罪，正犯既得依《惩治盗匪法》第二条处死刑，亦得依《刑律》第三百七十三条处无期徒刑，或二等以上有期徒刑'等语。所谓得依《刑律》第三百七十三条处无期徒刑或二等以上有期徒刑者，是否指窃盗临时行强，拒伤事主，情节较轻各案而言？抑尚别有解释？又窃盗结伙三人以上，临时行强，伙犯拒毙事主，内有一贼，讯系仅止在外看守，并未入室行窃，而当伙犯拒捕之际，则又系目击情形，惟并未帮同下手，是否仅照《刑律》第三百六十八条，处二等或三等有期徒刑？抑或照《刑律》第三百七十四条，量予减等？以上两项事犯，均在赦令以前，不准援免，罪关生死出入，未敢草率定拟，案悬待理，理合详请鉴核俯赐示遵"等情。据此，查统一法律解释，系属贵院特权，该县所请解释各情，相应函请速赐解释，以便转饬遵照等因前来。

本院查《惩治盗匪法》第二条规定，系得处死刑，故《刑律》第三百七十三条之规定，不因《惩治盗匪法》之施行，而停止其效力。凡犯该条之罪者，既得依《惩治盗匪法》处死刑，亦得依《刑律》处无期徒刑，或二等以上有期徒刑，是在审判官斟酌案情定之。其依《刑律》处断者，亦不以窃盗临时行强为限。至窃盗临时行强，伙犯在外看守，并未共同实施行强者，应仍以盗窃论。相应函复贵厅转饬查照。

此复！

统字第 376 号

民国四年十二月二十七日大理院复山东高等审判厅函

径复者：

准贵厅一六二四号函开：案据寿张县知事详称，"查发掘坟墓，《刑律》设有专条，惟平毁他人坟墓，如何科罪？律无明文，而情事较重，又不能以律无正条，遽以不为罪论，可否援照《刑律》第二百六十条处断"等情，详请解释到厅。本厅查贵院系统一解释机关，为此函请解释，即希见复，以便转饬遵照等因到院。

本院查平毁坟墓，如无发掘情形，应依第二百五十七条，及第四百零六条、第二十六条处断。相应函复贵厅转饬查照。

此复！

■ 统字第 377 号

民国四年十二月二十七日大理院复察哈尔都统署审判处函

径复者：

准贵处函开：案据代理张北县知事高崇佑详称，"详为请求解释法律事，窃民国四年十月七日，奉钧处第四九六号饬，开，转奉司法部一二九二号饬，准政事堂单交批令官吏赃罪广义解释，凡公署内外一切书手、杂役、乡约保长人等，均包括在内，固无疑义。惟前清王府公府，由国家发给公印，民国成立，继续有效，该王公得以该府公印发给印照，出放马厂、山厂、荒地，国家均认为有效。以形式而论，该府系私人宅第，与执行公务之衙署，固有不同。王公系私人资格，与执行公务之官吏，亦有歧异。惟以实质而论，该王公府印，系国家颁发，与颁发署印，毫无歧异，按之《刑律》，绝对不能认为私印。其所发印照，国家既认为有效，民户收执，亦可确定权利主体与官署行为，毫无区别。如有王公府职员、夫役人等，假借王公府名义，私设地局，伪造印照，放卖荒地，并以王公府名义，出示晓谕地户，按亩勒捐，所得之款，尽入私囊，该管王公一概不知，该员役等，是否认为官吏犯赃罪办理？抑或按诈欺律处断？案关法律解释，未敢擅专，理合具文详请查核，转咨大理院请求解释只遵，悬案以待，请速施行谨详"等情。据此，相应据情函请解释，转饬遵照办理等因到院。

本院查王公府印信公文，固属公文书公印，其伪造印照，自应构成伪造公文书公印等罪。然该夫役人等，并无放荒收捐之职权，其假冒王公府名义，放荒勒捐，应构成诈欺取财罪。相应函复贵处转饬查照。

此复！

■ 统字第 378 号

民国四年十二月二十七日大理院复山东高等审判厅函

径复者：

准贵厅一六二三号函开：案据栖霞县知事详称，"今有甲、乙，本有夙嫌，后来甲母病故，甲将尸体移往乙家，希图泄愤，被乙告发，甲应构成何罪"等情请示前来。本厅查贵院为统一解释机关，合即函请解释见复饬遵等因到院。

本院查本案如有胁迫情形，应构成《刑律》第三百五十七条，及第二百二十五条之罪，否则亦应成立第二百二十五条之罪。相应函复贵厅转饬查照。

此复！

■ 统字第 379 号

民国四年十二月二十五日大理院复湖南高等审判厅电

湖南高审厅：

庚电悉！"行求"二字，须指定具体贿赂，但不限于提供。

大理院感印

附：湖南高等审判厅原电

大理院钧鉴：

《刑律》第一百四十二条之"行求"二字，仅言报酬一语，是否成罪？抑须指定贿金额数，或以获金提供，方能成立？乞电示。

湖南高等审判厅庚印

■ **统字第 380 号**

民国四年十二月二十五日大理院复湖南高等审判厅电

湖南高审厅：

寒电情形，构成《刑律》一百五十五条之罪，应由检察厅起诉。

大理院感印

附：湖南高等审判厅原电

大理院钧鉴：

理密，被告人于控告审庭讯时，坚称原检厅侦查未密，指检察官为受贿，毫无实据，应成何种罪名？控告审能否附带判决？乞电复。

湖南高等审判厅寒

■ **统字第 381 号**

民国四年十二月三十日大理院复四川高等审判厅电

四川高等审判厅：

敬电情形，撤销后，应速通知检厅起诉。院判系业经起诉案件，情形不同。

大理院卅印

附：四川高等审判厅原电

大理院钧鉴：

原检察厅漏未起诉部分，经第一审并案判罪，控诉审虽当时予以撤销，而其罪状又甚明确，似难置诸不议，应否依钧院一五五号判例撤销后，由原检厅请求更予并案判罪？乞示遵。

四川高等审判厅敬印

■ **统字第 382 号**

民国四年十二月三十日大理院复总检察厅函

径复者：

准贵厅一七零号函开：案据浙江高等检察厅详称"查诸暨袁振涛告诉袁生照等纠抢谷石一案，诸暨县于十月四日判决牌示，袁振涛于十月十一日呈诉不服，请求详送卷宗。经原县批驳不准。袁振涛不服县批，于十一月十五日具状来厅，声明抗告。经本厅调阅县卷，不准详送卷宗之批示，系十月十六日批，抗告期间，业已经过。查呈诉不服，为原告诉人应有之权利，应予维持。而抗告逾期，原批确定，又未便移送审厅，此案应如何办理之处，理合详请送院解释，电示遵行"等情。据此，除批示外，相应函请查照解释见复，以便饬遵等因到院。

本院查原告诉人呈诉不服，逾法定期间者，自系不合法，得由检察厅驳斥，毋庸送审，希参照本院三年统字第一七五号复贵厅函。相应函复贵厅转饬查照。

此复！

■ **统字第 383 号**

民国四年十二月三十一日大理院复广西高等审判厅函

径复者：

准贵厅第五十四号函开，县知事为第一审判决，刑事案件，按照《县知事审理诉讼暂行章程》第三十八条第二项，原告诉人不服上诉，到高等审判厅。经高等审判厅以上诉无理由，决定驳回。原告诉人仍不服决定，声明抗告。查抗告亦上诉之一种，被害人如有不服，得向检察官请求，以职权提起上诉。对于审判厅之决定或判决，并无许原告诉人提起上诉之明文。原告诉人不服决定，向本厅声明抗告之件，可否由本厅径行驳回，抑送请钧院，或同级检察厅核办？应如何办法，相应函请贵院解释，以便遵循等因到院。

本院查《县知事审理诉讼暂行章程》，因县知事以一身兼审检职权，故许原告诉人呈诉不服。第二审既配置有检察官，自无庸许原告诉人对于第二审裁判呈诉不服。原告诉人之抗告，自系不合法，应由检察厅核办。相应函复贵厅查照。

此复！

■ **统字第 384 号**

民国五年一月二十九日大理院复直隶高等审判厅电

直隶高等审判厅鉴：

宥电悉！当事人于判决后，仍请续审者，应由该厅依法办理。如仅系误解程序，并非不愿上诉，而递状又在上诉期间内者，按照先例，准由厅指令补具上告状，照章送院。

大理院艳印

附：直隶高等审判厅原电

大理院钧鉴：

法密，审判长于宣告辩论终结时许诉讼人提出追加理由书后，定期宣判，当事人因不到庭，并不受判词，亦不肯上告，请求续开辩论者，应否即认该请求为上告或抗告之声明，径送上诉衙门裁判，以图救济，而招折服？案关交涉，祈解释速复。

直高审厅宥印

■ **统字第 385 号**

民国五年二月九日大理院复山东高等审判厅函

径复者：

准贵厅一七六五号函开：设有富户甲某，与强盗乙、丙为邻，久畏慑之。乙、丙曾掳一事主匿藏于家，希图勒赎，当夜该事主逃至甲家求救，甲询知系乙、丙架掳之事主，惧其脱逃，祸且累己，遂通知乙、丙，复将事主捉去，于此有二说焉：甲说谓，甲之通知乙、丙，不过为惧祸起见，非有帮助掳架之意思，当依《刑律》第十三条不为罪论。乙说谓，该事主逃至甲家，甲苟尤其潜逃，乙、丙不得达勒赎之目的，事主亦遂免生命之危险，甲虽素惧乙、丙之凶恶，然当时即不通知乙、丙，乙、丙亦未必遂害及甲，乃既不允其自逃，而又通线于乙、丙，令其复行掳去，得达勒赎之目的，则甲之通知乙、丙，不可为非对于乙、丙之犯罪，为加工行为。二说究系孰是？悬案以待，恳祈迅赐解释，以便遵循等因到院。

本院查甲之行为，自系帮助勒赎。但其惧祸，若有《刑律》第十六条情形者，应依该条不为罪，或减轻其刑。相应函复贵厅查照。

此复！

■ 统字第386号

民国五年二月九日大理院复安徽高等审判厅函

径复者：

准贵厅七十九号函开：查《暂行刑律补充条例》第九条第一项之犯罪，当以强卖和卖为成立之要件。设有翁姑，强将其孀媳嫁与他人为妻，凭有媒妁，取得财礼时，其翁姑究应构成何种罪名？甲说谓，婚姻必以双方合意为要素，未得孀媳同意，私行强嫁，取得财礼，其出嫁行为，实为卖之变相，应依《补充条例》第九条，适用《刑律》，照营利略诱论罪。乙说谓，《补充条例》第九条，必以卖为要件，既经凭有媒妁，不能以未得孀媳同意，即谓为强卖。至因出嫁而取得财礼，尤为社会上一般习惯。如以取得财礼即为卖，则凡父母之嫁女，而取得财礼者，均应以卖论，实与人情大相悖谬。盖卖买含有处分性质，故买者对于被买者之本身，及其家族间之关系，与娶者对于被娶者本身，及其家族间之关系，迥不相同，苟无特别买卖契约，即不构成《补充条例》第九条罪质。又其出嫁，虽系强迫，然以翁姑而嫁其媳，其原因非由于略和诱得来，亦不能以略诱罪论，只应照《刑律》第三百五十八条科断。二说未知孰是？此应请解释者一。又设有翁姑因子外出未归，将其媳和嫁与人为妾，凭媒书立婚约，取得财礼。甲说谓，应构成和卖之罪；乙说谓，卖之要件未备，只能成立重婚罪；丙说谓，重婚罪以婚姻为前提，和嫁与人为妾，缺重婚之要件，只应以奸非罪论。三说孰当？此应请解释者二。上述问题，不无疑义，相应函请迅赐解释等因到院。

本院查翁姑强嫁孀媳，应依甲说。其和卖有夫之媳，与人为妾，应构成和卖罪，其媳构成和奸罪。相应函复贵厅查照。

此复！

■ 统字第 387 号
民国五年二月九日大理院复山东高等审判厅函
径复者：
准贵厅一七六四号函开：《审判厅试办章程》第六十六条，"上诉人除检察官外，准其注销上诉。"盖谓检察官代表国家行使诉权，不容枉断事实法律，滥行提起或舍弃也。惟该条所称检察官，是否仅指原起诉之检察官而言？抑高等检察官对于县判声明上诉者，亦应依照该条之规定办理？事关疑义，相应函请示遵等因到院。
本院查《试办章程》第六十六条所称检察官，自系包括各级检察官而言。相应函复贵厅查照。
此复！

■ 统字第 388 号
民国五年二月九日大理院复总检察厅函
径复者：
准贵厅一九号函开：前清各省州县办理刑事案件，有以堂判罚充苦力，交习艺所拘押者。查此项刑名，为新旧刑律所不载，而其性质，略与徒刑相似，应否以曾受徒刑之执行论？关于累犯问题，每滋疑义，相应函请解释等因到院。
本院查前清州县判罚苦力，往往将刑罚与行政罚混而不分，自应依其性质，以为区别。如其行为性质，系初犯《刑律》者，虽系罚充苦力，仍应以受徒刑之执行论。至其行为，本非触犯《刑律》，则州县之判罚充苦力，只能以行政处分论，不能谓已受徒刑之执行。相应函复贵厅查照。
此复！

■ 统字第 389 号
民国五年二月九日大理院复河南高等审判厅函
径复者：
准贵厅五十七号函开：今有甲商与乙匪相识，乙托甲代购枪炮，甲代寻尚未购得，被获到案。若认为构成《新刑律》第二百零八条，适用同律第二百零三条第二项之未遂罪，则该条系专指炸药、绵火药、雷汞及其他类此之爆裂物而言，依同律第二百零五条规定，枪炮并不在上列爆裂物以内。若即认为构成同律第二百零五条之收藏未遂罪，则甲代乙寻购枪炮，原系意图供给他人犯罪，其目的并不在自己收藏。若以甲为乙寻购枪炮与上列刑律各条犯罪要件，均不相合，则《刑律》又无其他相当条文可科。似此为匪寻购违禁之物，若不加以惩创，亦非防卫治安之道，究竟甲商为乙匪寻购枪炮应如何办理之处？事关法律解释，敝厅未敢擅拟，钧院有统一解释法律之权，相应函请解释等因到院。
本院查甲商为乙匪寻购枪炮，系《刑律》第二百零五条之事前帮助犯。相应函复贵厅查照。
此复！

■ 统字第 390 号

民国五年二月十日大理院复察哈尔都统署审判处函

径复者：

准贵厅第七号函开：案查办理惩治盗匪案件，兼理司法县知事误引《刑律》，详由本处覆判，业经决定驳回覆审，明白指示在案。该知事于覆审判决，仍照《刑律》处断，详报前来，本处殊难处理。窃查贵院院字一百八十号复陕西高等厅电，由高等厅适用《惩治盗匪条例》判决者，仅限于提交移送案件，与前案情形，迥乎不同，无从援用。究竟前案情形，是否仍发还该县知事覆审？抑由本处更正判决？事关司法手续，相应函请示遵等因到院。

本院查盗匪案件，县知事误引《刑律》，既系因依《覆判章程》详送覆判者，自应依《盗匪案件适用法律划一办法》第二条甲项办理。相应函复贵处查照。

此复！

■ 统字第 391 号

民国五年二月十日大理院复湖南高等审判厅函

径复者：

准贵厅第三三号函开：现行《治安警察法》，应否认为特别刑法？审判衙门，对于此项法则，能否援用？相应函请解释见复等因到院。

本院查《治安警察法》，当然系特别刑法，审判衙门自可援用。相应函复贵厅查照。

此复！

■ 统字第 392 号

民国五年二月十一日大理院复湖南高等审判厅电

湖南高审判厅：

寝电悉！意图正当继受财产而杀人者，应依第三百一十一条处断。若杀人而不法取得财物，如谋害行旅等，行同强盗，应以强盗杀人论。

大理院真印

附：湖南高等审判厅原电

大理院钧鉴：

图财物杀人，应否认为犯《刑律》第三百七十六条，该当《惩治盗匪条例》第三条之刑处断？乞电示。

湖南高等审判厅寝印

■ 统字第 393 号

民国五年二月十一日大理院复总检察厅函

径复者：

准贵厅第九四号函开：假冒他人商号，制成物品，并用印有他人商号之纸张包裹，而贩卖之者，是否能构成《刑律》上妨害他人信用罪？或行使伪造私文书罪？

解释上不无疑义。事关罪名出入，相应函请解释等因到院。

本院查假冒他人商号，依《商人通例》第二十条规定，得呈请禁止使用，并得请求损害赔偿，单纯此等行为，自不能构成刑法上犯罪。若意图损害他人业务上信用，而以假冒商号为《刑律》第三百五十九条所谓诈术之手段者，自应依该条处断。相应函复贵厅查照。

此复！

■ **统字第 394 号**

民国五年二月十一日大理院复四川高等审判分厅函

四川高等审判分厅：

虞电悉！《刑律》本夫，系指已成婚之夫而言，未婚夫当然无告诉权。

大理院真印

附：四川高等审判分厅原电

大理院钧鉴：

童养未婚妻犯奸，其未婚夫有无告诉权？敬乞电示遵办。

川高审分厅叩，虞印

■ **统字第 395 号**

民国五年二月十二日大理院复山东高等审判厅函

径复者：

准贵厅感电开：《审判厅试办章程》第八四条载，"凡因诉讼所生之费用"，是否包括审判上、审判外一切讼费而言？其"因诉讼人一面所生之费用"一语，系何解释？八十六条所载"诉讼费用"字样，是否专指审判上费用？悬案待理，统希列举电复只遵等因到院。

查该章程第八十四条所载，"凡因诉讼所生之费用"，乃指讼费一节所定之各项费用而言，自不能更有审判上审、判外之分。该条所谓因诉讼人一面所生之费用者，即谓该章程无令相对赔偿规定之费用，如律师费、当事人旅费等，即其一例。至第八十六条所称诉讼费用，其应随时征收者，例如依第八十七条、八十八条、第九十条、第九十一条规定国家所应征收之费用。其俟宣示判词后始行征收者，例如依第八十九条规定国家所应征收之费用是也。

此复！

■ **统字第 396 号**

民国五年一月三十一日大理院复陕西高等审判厅函

径复者：

准贵厅函开：奉部饬第一五七四号尾开，"嗣后遇有民事上诉，延不纳费案件，应由该管衙门，定一相当期间，责令照缴，或声请救助，并声明如到期不遵行，即视为撤销上诉。如当事人到期仍不遵缴，亦不为救助之声请者，即视为撤销上诉，以杜流弊。为此饬仰各该厅一体遵照，此饬"等因。奉此，当即遵行在案。惟因转送贵院审理之上告及抗告案件，若于声明时未缴诉讼费用，是否由本厅照部开办法，分别准否移送，以昭划一？抑或贵院另有特别办法之处？既无明文，罔资依据，相应函请贵院复示，以便遵循等语前来。

查该号部饬，系司法部咨商本院后所发，向本院上告及抗告案件，自应一律办理。惟为慎重起见，部饬内所称对当事人应行声明事项，即请贵厅概用书状指示，俾便稽核。

此复！

■ **统字第 397 号**

民国五年二月二十三日大理院复福建高等审判厅电

福建高等审判厅：

庚电情形，甲应依《刑律》第二十六条，比较第二百五十八条二项及第三百八十二条，丙、丁应依第二十六条，比较第二百五十八条二项，及第三百八十五条，均从重处断。已应依第三百八十五条处断。

大理院漾印

附：福建高等审判厅原电

大理院钧鉴：

有甲向乙索钱不遂，盗取乙父遗骨勒赎。又有丙、丁共同盗取戊父殓物及遗骨，后复与乙串同，令戊出钱赎取遗骨，惟尚无恐吓情事，二例各犯何罪？乞解释电示遵行。

闽高审厅叩庚

■ **统字第 398 号**

民国五年二月二十四日大理院复总检察厅函

径复者：

准贵厅第一四五号函开：据浙江高等检察厅详称，"查县知事适用《惩治盗匪法》处死刑之案，经核准衙门饬令再审，县知事就于同案，改处徒刑，其判决应否准许上诉？或送覆判？律无明文，解释不一。有谓，《盗匪案件适用法律划一办法》第三条，明定县知事就于《惩治盗匪法》上之犯罪，适用《刑律》处断，或依《刑律》总则减等者，仍依通常程序，准其上诉，或送覆判，此种案件，既与该办法第三条相合，自应依据该办法办理，此一说也。有谓，该办法第三条，准上诉或送覆判之案件，系指县知事第一审受理者而言，其依饬再审改处徒刑之案件，不包含于该办法第三条之内。盖此种案件之覆审衙门，有县知事，或县知事与会审员、高等审判厅、司法筹备处、审判处五种（《惩治盗匪》第九条）。此种衙门所为之判决，自与县知事第一审受理者不同，该办法第三条，就于管辖衙门，既规定为地方厅与县知事，其所为判决，当然为第一审判决，该法第三条所许上诉或送覆判之案件，自应以县知事第一审受理者为限，不能漫无界限。谓凡县知事就于盗匪案件处徒刑者，无论为第一审判决，或覆审判决，皆应许其上诉，或送覆判。是县知事以同一审衙门，而为别异之判决，判决之性质既殊，则办法自不一致。且自立法之精神言之，在《惩治盗匪法条例》施行之际，被告人之上诉权，既受限制，覆判之利益，亦被剥夺。《盗匪案件适用法律划一办法》第三条规定，虽为对于盗匪案件之被告人，不独较之通常案件之被告人，显可受多数审级审理之利益。又县知事依饬再审，改处徒刑之判决，核与《覆判章程》上县知事所为覆审判决之性质，不甚相远。而在通常案件，被告人对于处刑不重于初判之覆审判决，法律不许上诉，在盗匪案件，被告人反可有权上诉，厚其所不当厚，殊非立法之本旨。据此，则县知事就于盗匪案件依饬再审，改处徒刑之判决，自可断定为不许上诉或送覆判，此又一说也。所举两说，孰为正当？如采前说，则县知事以外覆审衙门所为之判决，可否上诉？如上诉，程序如何？如采后说，县知事此种覆审判决，是否依严格解释，认为即时确定？抑应依类推解释，认为《覆判章程》上覆审判决之一种，检察官对之有上诉权？事关法律解释，理合备文详请咨院解释饬遵"等情。据此，除批候核咨办理外，相应据情函请解释见复，俾便饬遵等因到院。

本院查县知事就盗匪案件，依饬再审改处徒刑之判决，应准上诉，并送覆判。原详所举两说，自以第一说为正当。盖覆判案件，覆审不重于初判，不许被告人上诉者，因初判后经过上诉期间，被告人未经上诉，始送覆判，是被告人对于初判，业已无不服之可言。若盗匪案件处死刑者，乃法律上不许上诉，非被告人不愿上诉，则依饬再审改处徒刑者，依《划一办法》第二条，当然有上诉权。至县知事以外覆审衙门之判决，应各依其审级向直接上级衙门上诉，自可参照修改《覆判章程》第八条《分别声明上诉》一语办理。相应函复贵厅转饬查照。

此复！

■ 统字第 399 号

民国五年二月二十四日大理院复山东高等审判厅函

径复者：

准贵厅一零三号函开：今有甲、乙、丙、丁数人，均与某妇和奸，始终未经本夫告诉，甲因妒奸杀乙，丙、丁与某妇并不知情。除甲与某妇之奸非罪，照《刑律补充条例》第七条，仍应按律判处外，丙、丁二人和奸某妇之罪，是否仍应科刑？不无疑义。若令与甲同科，而因奸酿成之他罪，丙、丁实绝无关系。若竟置之不议，其奸非罪又已因他罪同时发觉，此应请解释者一。又某妇与甲、乙、丙、丁相奸，虽奸夫多人，在某妇仅止一个奸非行为，对于奸夫，似不同侵害法益，某妇应否以连续犯罪论？抑仍应照俱发例处断？此应请解释者又一。以上两疑问，悬案以待，函请速赐解释等因到院。

本院查前一例丙、丁奸罪应俟告诉乃论。后一例奸妇之犯意，若系继续者，应以连续犯论。相应函复贵厅查照。

此复！

统字第 400 号

民国五年三月四日大理院复陕西高等审判厅函

径复者：

准贵厅审字第七七号函开：查《高等以下各级审判厅试办章程》第六十一条规定，"凡民事上诉，自送达判词之日起，限于二十日内禀请原审判衙门转送上级审判衙门。"而贵院四年抗字第三八三号决定，载"民事上告于本院之期间，自送达判词之翌日起为二十日各"等语，计算方法，显有不同。按《试办章程》，既不能适用于贵院，则判例与该章程虽有歧异，亦不得谓为抵触，固属毫无问题。惟照特字第十二号贵院通告办法，委托高厅审查之上诉案件，究以何为依据？不无疑义存焉。若以判例为依据，自送达翌日起算期间，则同一高等厅之裁判，何严于自为管辖之案件，而宽于转送贵院审理之案件？若以《试办章程》为依据，自送达之日起算期间，则又似严于请求高等厅转送之案件，而宽于径向贵院声明之案件？错综参伍，罔期于平，倘任意为之，甚非所以昭统一而树审判之威信也。惟有函请贵院，予以正当之解释；或咨商司法部，改订原章，俾臻一律之处，出自钧裁，不胜翘企之至等因前来。

查关于民事上诉期间之起算，司法部已有通饬，希即查照办理可也。

此复！

统字第 401 号

民国五年三月六日大理院复浙江高等审判厅函

径复者：

准贵厅详称，据杭县地方审判厅长周衡详称，"窃查刑事案件，出入关系甚钜，所有适用法律各种疑点，自应胪陈请示，以期有所遵循，兹谨将发生疑点，为钧厅详晰陈之：一，有审判兼检察职务之官吏，依《惩治盗匪法》宣告盗匪死刑后，为防劫狱起见，于详请长官核准以前，执行枪毙。又同上官吏缉获内乱犯后，因不知法令，未经详解管辖内乱罪衙门审判，擅判死刑，并于详请长官核准以前，执行枪毙，以上两种行为，是否构成《刑律》第三百一十一条之故意杀人罪？二，甲意图营利，略诱乙女，事后冒为己女，价卖于不知情之丙为妻，有丁、戊知情而为中保，丁分得钱，戊未受钱，丁、戊两人构成何罪？又如前例，甲将乙女嫁于不知情之丙为妻，有丁、戊知情而为媒证，丁受媒金，戊则否，丁、戊两人应构成何罪？三，《刑律补充条例》第九条和卖、强卖罪之规定，似有营利、非营利之区别，不知此种犯罪，究有非营利之场合否？四，被告人犯《刑律》应受徒刑及拘役之二罪，兼犯《刑律补充条例》第十一条应受监禁之罪，是否将三种刑名合并执行？以上四问题，职厅现在办理刑事案件，适发生此种疑点，理合详请钧厅，俯准核转大理院，迅予解释，电示只遵"等情到厅。据此，查案关疑点，并待判决，自应亟予据情转详请释，以便转饬遵循等因到院。本院查第一例，应构成《刑律》第三百一十一条杀人罪。第二例，甲既系意图营利略诱，丁、戊知情，不问有无得财，应依实施中帮助正犯者,以准正犯论。第三例,如因贫卖子女者,即非营利。第四例,《补充条例》第十一条之监禁处分,与刑罚不同,应分别执行。相应函复贵厅查照。

此复!

■ 统字第 402 号

民国五年三月六日大理院致湖北高等审判厅函

径启者:

据湖北第一高等审判分厅函称,刑事上诉人,经两次传讯不到,依《审判厅试办章程》第六十七条撤销上诉状,遵钧院判例,久已视为缺席判决之一种。查民事缺席判决,其声明窒碍之程序,依《民诉草案》之条理为之,亦有钧院判例可遵。刑事诉讼依该章程第六十七条所为之缺席判决,是否准用民诉窒碍程序?应请示遵者一。又修正《试办章程》第三十六条第一项后半规定,既经辩论终结,自是对席判决,惟同条第二项仅据被告人取保前之辩论,似不得不视为缺席判决,此种缺席判决,是否亦得准用民诉窒碍程序?应请示遵者二。查民诉窒碍期间,依现行事例,准用《试办章程》第六十一条民事上诉期间之规定。刑事声明窒碍,是否准用同章程第六十条上诉期间之规定,其期间为十日?应请示遵者三。事关诉讼程序,理合只请解释等因到院。

本院查缺席判决,声明窒碍,自可准用民诉程序。但《试办章程》第三十六条第二项之判决,既以当事人辩论为根据,仍系对席判决,不能以缺席判决论。至刑事声明窒碍期间,自可准用上诉期间为十日。相应函请贵厅转行查照。

此致!

■ 统字第 403 号

民国五年三月六日大理院复察哈尔都统署审判处函

径复者:

准贵处函开:查有官吏按法令定限罚金数目以外,另收罚金,未入私囊,尽作公用,又并不据法令之滥罚,亦作公用。二项虽系枉法,既未入已,并非赃款,是否应按诈欺取财处断,究当援引何律?又甲机关官员藉乙机关案件,诈丁某之财,乙机关官员绝不知情,而乙机关工役丙,实行分赃,丁某并未悉乙机关官员不知情,其造意实行求贿赂。在甲机关官员固系诈欺,而乙机关之工役,是否可援司法部四年一二九二号饬之胥役索诈论?丁某情实被诈,心实行贿,可否按一百四十二条处断?诸多疑义,相应函请解释等因到院。

本院查第一例滥罚充公,并未入已之官吏,应依《刑律》第一百四十八条处断。第二例乙机关工役自应以胥役索诈论。至丁既未向有权限之乙机关官员行贿,仍系诈欺取财之被害者,不能依《刑律》第一百四十二条论罪。相应函复贵处查照。

此复!

■ 统字第 404 号

民国五年三月六日大理院复察哈尔审判处函

径复者：

准贵处函开：案查《私盐治罪法》第一条，"凡未经盐务署之特许，而制造贩运售卖，或意图贩运而收藏者，为私盐"等语。兹有农民扫刮地上盐土，意图淋水，以备自己吃食，及喂养牲畜之用，是否为制造私盐？再盐土为制盐原料，查同法第二条所列各款数目，是否以单纯制成之净盐论？抑包括制盐之盐土在内？诸多疑义，相应函请解释，悬案以待，希速见复等因到院。

本院查本案情形，不能谓系制造私盐。至该法第二条所列数目，自系指净盐而言。相应函复贵处查照。

此复！

■ 统字第 405 号

民国五年三月六日大理院复山西高等审判厅函

径复者：

准贵厅函开：今有甲、乙二人，素有微嫌，嗣乙与甲之寡居堂嫂丙和奸，甲更加气愤，纠邀数人将乙捆缚，推入沟内跌毙，丙并不知情，其与乙和奸，应否论罪？第一说谓，甲杀人，系因乙、丙和奸酿成，丙虽不知情，应依《补充条例》第七条，仍应论以和奸罪，第二说谓，《补充条例》第七条规定，专指犯和奸罪之本人，又因奸酿成其他犯罪而言。至第二者之甲犯杀人罪，虽与乙、丙之奸有关系，究不能谓为因奸酿成，丙之和奸罪，仍不能依《补充条例》第七条科断，究以何说为当？相应函请解释等因到院。

本院查本案情形，自以第二说为正当，但丙之尊亲属告诉时，仍应依《补充条例》第六条论丙之和奸罪。相应函复贵厅查照。

此复！

■ 统字第 406 号

民国五年三月六日大理院复吉林高等审判厅函

径复者：

准贵厅函开：案奉吉林巡按使公署饬开，案据德惠县详称，"知事讯据傅立君、谭永安供称系榆树县人，因榆树县街商杨老贡有制钱五箱，黄铜一箱，价雇伊车运载至长春史家皮铺交卸等语，当饬令该车户函知杨老贡来案查讯。兹据榆树县商铺洪茂升执事李凤池投案，讯供伊铺掌柜，因年关事忙，不能来案，起获之制钱黄铜，系伊铺雇车装运至长春付偿饥荒，偿还何铺，伊不知道，究应如何办理？请核示只遵等情，据此。查司法部奏准禁销毁制钱罪刑办法，尚未议及私运一节，案关法律解释，应由高等审判厅援照成案，径行解释，或再由该厅电询大理院请示办法，俟得复后，饬行该县知照"等因到厅。本厅查禁销毁前清制钱罪刑办法，止有销毁前清制钱（在十千以上，或虽十千而销毁不止一次者）及剪边图利之罪刑（销毁者，处一等至三等有期徒刑，剪边者处四等以上有期徒刑）规定。对于私运此等制钱，未及销毁或剪边者，暨欲销毁或剪边此等制钱而未遂者，该罪刑办法均无明文规定。该杨老贡之雇傅立君等装运制钱五箱、黄铜一箱到长春偿债一节，果属实情，既未讯出黄铜，系由销毁制钱而来，该制钱又无销毁或剪边情事，是装运制钱并黄铜赴外偿债，即不能受刑事上之处分。若谓装运此等制钱出外，保无有意图销毁或剪边情节，倘经讯实，亦止在销毁或剪边之未遂程度，依该罪刑办法，既无此项未遂犯明文规定，亦应在法例无正条者，不问何种行为不为罪之列。本厅解释如此，究属正当与否，未敢深信，相应函请迅示解释，俾有遵循等因到院。

本院查本案情形，贵厅解释甚为正当。但此项黄铜，若查系由制钱销毁而成者，仍应依该办法论罪。相应函复贵厅查照。

此复！

■ 统字第407号

民国五年三月六日大理院复总检察厅函

径复者：

准贵厅函开：《县知事审理诉讼暂行章程》第三十一条内开"刑事判决以牌示，又提传原告诉人及被告人于法庭宣示之日始发生效力"等语，'又'之意义，是否作'或'字解释，与县知事以选择之权？抑含有'并'字意味，须牌示与提传宣示二者为必不可缺之程序？按该章程第四十条第二款规定，"刑事控诉期间，由牌示判决之翌日起。"是判决效力，似应以牌示为标准。然设如县知事审理案件，仅履行宣示程序，未经牌示判决，或虽经牌示判决，而于宣示时止提被告人，并未传原告诉人，原告诉人亦无届期不到庭情形，此等判决，能否发生效力？均不无疑义，应请解释见复等因到院。

本院《查县知事审理诉讼暂行章程》第三十一条之'又'字，系'并'字之意，该条两种程序，均须履行。既未经牌示又不合法宣示其判决，显然违法，自属无效。相应函复贵厅查照。

此复！

■ 统字第408号

民国五年三月六日大理院复察哈尔都统署审判处函

径复者：

准贵处函开：案查有民人某甲等扫刮地上盐土淋水以为吃食及喂养牲畜之用，被某盐局巡役某乙等搜获，竟私行勒罚某甲等洋百元。事经某甲等状诉该管司法官署，经函询某盐局，据复所罚百元，系按《缉私条例》第五条规定，以变价为罚款。查变价系没收所变卖价值，罚金为国家对于违法之处分，罚金是否可将变价作充，抑变价即可代罚金，或系关于盐务别有章程？均滋疑义，相应函请解释等因到院。

本院查变价乃就具体物件，实施没收处分之一种办法；罚金系抽象的财产罚。

二者性质迥然不同，不能混而为一。相应函复贵处查照。

此复！

■ 统字第 409 号

民国五年三月六日大理院致湖北高等审判厅函

径启者：

据湖北第一高等审判分厅函称，兹有甲男与孀妇乙和奸，乙之兄弟，因捉奸被甲及甲之兄弟殴毙，乙已于斗殴时潜逃，按《刑律补充条例》第七条，甲固应论和奸罪。惟乙自身既未构成其他犯罪，复无尊亲属告诉，应否论相奸罪？似不无疑问。又前例乙之兄弟因捉奸被甲之兄弟殴毙，于斗殴时，甲、乙均已潜逃，未构成其他犯罪，亦无乙之尊亲属告诉，甲、乙应否论和奸罪？似尤不无疑问。谨按《补充条例》第七条，业经钧院统字第三百六十号解释，所谓因奸酿成其他犯罪，系指奸夫或奸妇犯他罪，其犯罪行为，与奸行有相当因果关系者而言。甲说谓，依次解释，其义最狭，非奸夫或奸妇自身犯他罪，则不能论和奸罪，故第一例孀妇乙及第二例奸夫甲与孀妇乙，均不能论和奸罪。乙说谓，《补充条例》第七条为求适合国情而设，所谓其他犯罪，须用广义解释，无论是否为奸夫或奸妇自身，即第三人犯罪确与该奸行有相当因果关系者，虽无告诉权者之告诉，亦应论奸夫奸妇和奸罪。盖于个人名誉，家庭和平，虽不论奸罪，已属不能维持，且于此而不论罪，尤不足以重社会之公益。故第一例孀妇乙及第二例奸夫甲与孀妇乙，均应论和奸罪。丙说则折衷其间，谓，《补充条例》第六条，只需有相奸者之尊亲属告诉，无论告诉人或原告人，是否并对于相奸者求刑，审判官当以职权依同条第一项后半对于相奸者宣告罪名，故第一例奸夫甲依第七条论和奸罪时，据第六条为当然解释，孀妇乙自应论相奸罪。至第二例奸夫甲与孀妇乙既未犯他罪，自不得仅以第三人之犯罪。指为与甲、乙奸行有相当因果关系，盖该条例第七条文理解释当如是也。敝分厅现有此种案件，急待解决，理合函请示复等因到院。

本院查该厅所举二例，依《刑律补充条例》第七条规定，应以丙说之解释为正当。相应函请贵厅转行查照。

此致！

■ 统字第 410 号

民国五年三月十日大理院复总检察厅函

径复者：

准贵厅函开：据四川高等检察厅电称，"《高等审判分庭管辖条例》第三条所定覆判权限，以宣告刑为准，有无错误，请核示"等因到厅。本厅查该条例第三条所称"除科死刑"等语，是否指宣告之刑，抑指法定刑而言？解释上不无疑义。相应函请解释示复等因到院。

本院查该条所定覆判权限，系以法定刑为标准，与《覆判章程》第一条规定事同一律。相应函复贵厅查照。

■ 统字第 411 号

民国五年三月十日大理院复河南高等审判厅函

径复者：

准贵厅复字第七号函开：今有某甲随同乙、丙、丁十余人结伙行劫，甲手持铁铜，一同上盗至事主村外，甲忽腹痛难支，盗首嘱令某乙代为按揉，丙、丁诸人，遂进村入室行劫，拒伤事主二人，出视某甲，告知拒捕情由，并分给赃物，扶同逃遁。丙、丁等构成《惩治盗匪法》第三条第一款所列《刑律》三百七十四条之罪，已无疑义。惟某甲因病尚在村外，核与在外把风者，似有不同，对于入室伤人，应否负责？查同律第十七条犯罪，已着手因意外之障碍不送者，为未遂犯。因同律三百七十九条，对于三百七十四条第三款，并无未遂之规定，而甲事后分得赃物，强盗目的似已达到。究竟应依同律第三百七十三条所列第一第二两款之未遂论，抑并依同律第三百九十七条之赃物罪论，适用同律二十三条以俱发罪？论事关法律疑问，相应函请迅赐解释等因到院。

本院查本案甲既系事前同谋，事后得赃，虽未入室行劫，仍应依《刑律》第三百七十三条以共同正犯论。至乙、丙、丁拒伤事主二人，既非甲所预知，则甲对于伤人行为，自不应负责。相应函复贵厅查照。

此复！

■ 统字第 412 号

民国五年三月九日大理院复福建高等审判厅电

福建高等审判厅：

来电情形，应由审判厅据检察官声请，以决定依《刑律》第二十四条更定其应执行之刑。

大理院佳印

附：福建高等审判厅原电

大理院钧鉴：

审判确定后，尚未执行，因有他罪，又经审判确定。如审判厅未宣告合并执行，是否由检察厅径予合并执行？抑须由审判厅更为决定？乞速电复。

闽高审厅印

■ 统字第 413 号

民国五年三月十日大理院复山西高等审判厅函

径复者：

准贵厅函开：案据右玉县知事详称，"为详请示遵事，窃查接管卷内有甲、乙、丙、丁四人共同行窃犯案，经审判确定各科罪刑。惟未及执行，甲越狱脱逃，曾经详报在案。兹逾二年，现因他事另犯《刑律》，经人告发，捆缚送案。其前罪是否仍照原判执行，再依律科处现犯罪刑，合并处断？抑或消灭更为审判？究应如何处罚，知事未便臆揣，惟有仰恳钧宪解释指示，俾所遵循"等情到厅。据详情形，如以为累犯，则未受执行；如以为俱发，则系审判确定后令犯他罪。事关法律解释，敝厅未便遽行批示，相应函恳钧院迅赐解释等因到院。

本院查原详情形，应将后罪判决后，与前罪之刑合并执行，希参照本院四年统字第三百三十三号复四川高等厅解释。相应函复贵厅转饬查照。

此复！

■ **统字第414号**

民国五年三月十三日大理院复绥远审判处电

绥远审判处：

虞电情形，应以共同正犯论。

大理院寒印

附：绥远审判处原电

大理院钧鉴：

顷据五原县详称，"有甲、乙、丙在途着手行劫，甲施放洋枪，丙马惊跑，丙跟踪寻马，及找获后，甲、乙业已得赃，丙回亦分得余赃，丙是否以共犯论？抑以从犯论？悬案待决，请速释"等情。查贵院判例要旨，数犯中有一犯实施行为之时，他犯虽未动手，若所犯之事实，在原定计划范围之内，亦视作共同正犯。又共犯之一人，只需有一部实施，对于罪刑，即应共同负责。今丙业已着手，复又分赃，似应认为共犯，是否相合？未敢据拟。谨乞明示，以便饬遵。

绥远审判处虞

■ **统字第415号**

民国五年三月十三日大理院复安徽高等审判厅电

安徽高等审判厅：

庚电情形，应依《刑律》三百八十二条二项处断。

大理院寒印

附：安徽高等审判厅原电

大理院钧鉴：

有卖地而故将连界之他人地址盗卖者，应构成何罪？抑不为罪？乞电示遵。

皖高审厅叩庚

■ **统字第416号**

民国五年三月十五日大理院咨司法部文

为咨行事：

准贵部咨开：于绍襄与王菊生因经界涉讼，向湖南高等审判厅上告一案，前据王菊生禀称，"该民并不知有上告，上告审亦未将上告状送达，以致无从辩诉"等情。当经本部饬知该厅查复去后，兹据该厅复称"此案系用书面审理，亦未将上告状送达"等情前来。查该厅于上告人提起上告后，未通知被上告人答辩，遽行改判，于审理应尽之事，显有未尽。现再审条件，尚无明文规定，遇有此项情形，本部拟饬令再审，以资折服。惟事关审判，相应咨请贵院查核，是否同意，即希见复，以凭办理，此咨等因到院。

本院按再审条件，现在虽无明文规定，但《民事诉讼律草案》中，关于再审各条，应认为条例援用，屡经本院判例说明，并解释在案。上告案件，未经将上告状送达被上告人取其答辩，以办事程序论，诚属疏漏。然以此即作为再审原因，则恐诉讼当事人转藉为拖延诉讼之计，于审理中延不答辩，判决后又复借口请求再审，实于诉讼进行，大有阻碍，似不应认此为再审原因为宜。相应咨复贵部查照可也。

此咨！

■ 统字第 417 号

民国五年三月十六日大理院复山东高等审判厅电

山东高等审判厅鉴：

刑字三七四号函悉，丙如知情代运，即系与甲共同为侵权行为，对乙应连带任赔偿损害之责。

大理院铣印

附：山东高等审判厅原函

径启者：

设有甲盗窃入庄主乙家牵牛出门，恐路径不熟，被人追获，托该庄素识之无赖者丙，约与少许酬费，运往庄外某地，己则先往该地等候，及牛至而收之，卖后遂潜逃焉。失主觅盗及牛无所获，查知丙为运牛，扭获送案，丙承认曾为运牛出庄，交与甲盗不讳，丙犯三百九十七条第二项之赃物罪，固无容疑。惟被害者可否对于丙要求回复损害？颇滋疑义。本厅适有此项案件，急待解决，敬乞贵院迅赐解释，俾有遵循，并恳急速赐复，以免悬案久待，不胜盼切之至。

此致大理院！

■ 统字第 418 号

民国五年三月十六日大理院复上海地方审判厅电

上海地方审判厅鉴：

勘电悉！据现行律，《卑幼用财条例》类推解释，经认知之同宗奸生子，如他无应继之人，亦得告争。

大理院铣印

附：上海地方审判厅原电

大理院鉴：

关于异姓乱宗之案，同宗之奸生子，有无告争权？立待解决，请径复。

上海地方审判厅叩勘

■ 统字第 419 号

民国五年三月二十日大理院复热河审判处电

热河审判处：

文电情形，应依《刑律》第二十六条，比较《刑律》各本条及《矿业条例》，从重处断。

大理院马印

附：热河审判处原电

大理院鉴：

查《矿业条例》第九十四条，"窃采矿质者，处以五年以上之有期徒刑，或三千元之罚金。"今有某甲窃采矿质，自称矿局总办，并以总办名义张贴告示，刊刻印信，其诈称官员一罪，依贵院判例成立无疑，其余是否成立《刑律》第二百三十九条，及第二百四十八条之罪？其窃采矿质，应处徒刑罚金，可否并由法院判决，并应否比较各罪用第二十六条吸收主义？请一并解释电示，至级公谊。

热河都统署审判处文

■ 统字第 420 号

民国五年三月二十日大理院复四川高等审判厅电

四川高等审判厅：

元电情形，系初判失出，应为覆审之决定。

大理院马印

附：四川高等审判厅原电

大理院钧鉴：

覆判案件，初审事实认定犯二个独立罪，甚为明确，而仅科下罪，核与《覆判章程》第三条二款暨一一六二号部饬情事不同，应否由覆判审补科？抑发回覆审？敬乞电示只遵。

川高等审判厅叩元印

■ 统字第 421 号

民国五年三月二十一日大理院复山东高等审判厅函

径复者：

准贵厅函开：设有某甲听从某乙纠同丙、丁等多人，在途行劫，某甲已同上盗，因行走稍后，及至盗所，乙、丙、丁等行劫已毕。关于某甲部分，有认为正犯者，谓甲虽未到场共同实施，既与乙表示同意，成此犯罪之结果，即应负同一责任。有认为未遂者，谓甲虽表示同意，并已同行上盗，究因落后未及到场，共同实施犯罪之行为，应以着手未遂论。以上二说，应以何者为是？抑别有相当处分？本厅未便解决，理合函请解释，以便遵循等因到院。

本院查某甲共谋上盗，因落后未至盗所，若事后未分得赃物，应以未遂犯论。相应函复贵厅查照。

此复！

■ 统字第 422 号

民国五年三月二十日大理院复山东高等审判厅函

径复者：

准贵厅函开：设有某甲诬某乙侵吞公款，向肃政厅告诉，词连某县知事。经肃政厅咨由该省巡按使派员查复，某甲系属诬告。某乙饬交该管地方检察厅，向同级审判厅提起公诉。该地方审判厅，以人民在肃政厅告诉人民，不备诬告条件，判决无罪后，起诉检察官。又以该被告人某甲当未赴肃政厅告诉之先，曾在该省高等检察厅及总检察厅据同一之事实，诬告某乙，均被批斥等情，提起控诉。甲说谓，某甲在各衙门诬告某乙，虽其所捏诬之事实皆同，而既在各个衙门告诉，当以在每一衙门所告者，为一个独立诬告罪，则在各衙门诬告，自成为各个独立诬告罪。检察官对于某甲在高等检察厅及总检察厅诬告之事实，不在第一审衙门提起公诉，而向控诉审衙门控诉，不能认为有理由等语。乙说谓，某甲诬告某乙，虽先后向各衙门告诉，然对于某乙特定之人，捏指其特定之行为，出而告诉，虽所告诉之衙门不一，而某甲惟一之目的，实不过欲达到某乙身受刑事处分而已。且其诬告行为，系继续进行，当然不能以各个独立诬告罪论，则起诉检察官对于某甲在高等检察厅，及在总检察厅诬告某乙之事实，在起诉时，虽脱漏未及，而既于控诉审提起，控诉审自不能以不告不理之理由，予以驳回。且刑事案件，第一审虽未审判，而在控告审发见有可以并案审理者，得由控告审并案判决。本案即姑如甲说所主张，在各个衙门诬告，应处各个之诬告罪，而检察官既对于本案提起控诉，控诉审既知其有在高等检察厅及总检察厅诬告之事实，亦自可予以审理判决，则甲说所谓再向第一审衙门起诉者，理由殊不充（原文误作允）分。核参二说，似以第二说为有理由，究竟是否有当？抑更有其他解决之处？应请指示赐复，以便遵循等因到院。

本院查以诬告一人之目的，向各种机关投诉者，应以一诬告罪论。第二审既系事实审兼法律审，则一罪中在第一审漏未提出之证据，自可补行声明。相应函复贵厅查照。

此复！

■ 统字第 423 号

民国五年三月二十二日大理院致吉林高等审判厅长特派员电

吉林高审厅栾厅长传特派员鉴：

外部转电悉！当事人亡故，若本无代人，诉讼程序，即行中断。上诉期间，至继承人或其妻等继受诉讼时止，暂停进行。《民诉草案》详定，可参照其条理办理。来电中亲属如系有继续诉讼资格人，因继受声明上诉，自非逾期。至县判未用正式判决，依四年五月十二日司法部饬，毋庸发还，即由第二审依法办理。

大理院养印

附：大理院咨外交部文

为咨行事：

准贵部转送吉林高等审判厅特派员请解释法律电文一件，业经本院解释电复，相应抄录原电函送贵部查照。

此咨！

附：吉林高等审判厅长特派员原电

外交部并转大理院：

奉外部十三日、十五日两点敬悉，顷有日本商人控追华民欠缴期豆案，经县知事以堂谕判决，缴或还定款，越日被告监毙，该县即按破产例强制执行，其亲属不服到省上诉，查核案情，实有疑窦。惟受理则已逾期，不理又恐冤屈，查县知事审理民事，三百元以上者，应有正式判决书。此案数已逾万，该县以堂谕代判决，实属违章，可否破毁原判，发还原县更为正式判决？伏候钧示。

吉林高审厅长特派员叩

■ 统字第 424 号

民国五年三月二十三日大理院复吉林高等审判厅电

吉林高等审判厅鉴：

霰电悉！

败诉人离省，可向其在省财产为执行，代理人不负何等责任。

大理院印漾

附：吉林高等审判厅原电

大理院鉴：

民事债权案件，诉讼人向未出庭，纯由律师始终完全代理。终审败诉，诉讼人已离省，应偿债务，无法执行，其完全代理人，有无应负责任？请速电复。

吉林高审厅霰印

■ 统字第 425 号

民国五年三月三十日大理院复江西高等审判厅电

江西高等审判厅：

来电情形，均应共同负责。

大理院陷印

附：江西高等审判厅原电

大理院钧鉴：

聚众骚扰时，执重要事务之一人，犯《刑律》第一百六十六条罪，首魁及其余执重要事务者，应否负责？又何人实施，犯行不明时，如何处断？悬案待决，恳速电示。

赣高审厅

■ 统字第 426 号

民国五年三月三十日大理院复重庆高等审判分厅电

重庆高等审判分厅：

养电墨票，若系有流通性质之汇票、期票、支票，应以诈欺既遂论，否则以未遂论。

大理院陷印

附：重庆高等审判分厅原电

大理院钧鉴：

有甲诈得乙之墨票，尚未兑钱，应否以诈欺既遂论？敬乞示遵。

川高审分厅叩养印

■ 统字第 427 号

民国五年三月三十日大理院复吉林高等审判厅电

吉林高等审判厅：

个电情形，仍应以诬告论。

大理院陷印

附：吉林高等审判厅原电

大理院钧鉴：

甲告乙犯子、丑、寅、卯四罪，子、丑属实，寅、卯虚伪，仍构成诬告罪否？请电示遵。

吉高审厅个

■ 统字第 428 号

民国五年四月十二日大理院复四川高等审判分厅电

四川高等审判分厅鉴：

兼祧后娶之妻，应认为妾，已久著为判例矣。

大理院文印

附：四川高等审判分厅原电

大理院钧鉴：

有在前清时兼祧双娶，后娶之妻，其身份现在应如何认定？悬案待决，乞速示遵。

川高审分厅叩印

■ 统字第 429 号

民国五年四月十七日大理院复安徽高等审判厅电

安徽高等审判厅：

真电情形，应发交该县补行宣示程序。

大理院巧印

附：安徽高等审判厅原电

大理院钧鉴：

兹有如钧院统字第四零七号解释，所称无效之判决，经被害人逾期上诉，应认为上诉期未经过，直予受理，或应饬补行宣示程序？悬案待决，乞速示遵。

皖高等审判厅真印

■ 统字第 430 号

民国五年四月十七日大理院复福建高等审判厅电

福建高等审判厅：

阳电情形，释放前发觉者，依《刑律》第二十一条更定三犯之刑；释放后发觉者，不能更定。

大理院巧印

附：福建高等审判厅原电

大理院鉴：

有甲变更姓名，三次犯罪，其再犯三犯，均未加重。于执行完毕后，始行发觉，应否于再犯之罪，加本刑一等，于三犯之罪，加本刑二等，更定其刑，一并执行？乞电示遵。

闽高审厅阳

■ 统字第 431 号

民国五年四月十九日大理院复吉林高等审判厅函

径复者：

准贵厅函开：兹有甲与乙有仇，乙与丙、丁、戊在屋环坐，甲由窗隙用枪向乙施放，中伤乙、丙、丁、戊四人，均未致死。是甲对于乙，已有致死之决心，虽乙幸未殒命，究应论以杀人未遂，固无疑义。惟致伤丙、丁、戊三人，甲应科何罪？于此有三说焉：（子）说谓，甲对于丙、丁、戊虽无杀人之故意，而丙、丁、戊与乙环坐一室，甲当用枪击乙之时，其能伤及于丙、丁、戊者，当然为甲所能预见，与手段错误者不同，应依被害人数，各论以杀人未遂罪。（丑）说谓，甲对于丙、丁、戊不惟无意致死，亦并无意伤害，不过因不注意而致伤害，应各论以过失伤害罪。（寅）说谓，甲施放一枪击伤乙、丙、丁、戊四人，是一行为而生数结果，理应以行为之数定标准，不能以结果之数定标准，合依《刑律》第二十六条处断。三说孰是？未敢臆断，理合函请迅予解释等因到院。

本院查本案情形，以甲有无预见为断。若有预见，应从子说；若无预见，则分别有无过失，而断定其应否论过失杀伤。相应函复贵厅查照。

此复！

■ **统字第 432 号**

民国五年四月十九日大理院复总检察厅函

径复者：

准贵厅函开：据浙江高等检察厅详称，"查《各级审判厅试办章程》，系民国二年九月间修正，在二年九月以前判决之案，如有犯罪人以未奉县署宣示判词为理由，声请饬县宣示，至宣示后该犯罪人即声明不服，调查县卷，既无可以证明宣示程序之记载，由原县查询旧日县署书记，又以未闻宣示为言。此等情形，若不许控诉，则犯罪人难保无确系未知判决者；如概予控诉，则从前县卷，大都无从证明已否宣示，势必有藉词翻案之事。究竟《各级审判厅试办章程》未修正以前，县署未宣示之判决，能否有效？抑别有限制之法？事关疑义，理合备文详请钧厅查核，伏起转院解释示遵"等因前来。相应据详，送请核办等因到院。

本院查《补订试办章程》第五条，虽经修正，而旧规定，仍有对于各县判决计算上诉期间之方法。则其计算，自应自宣示之日始，其未宣示者，自属无效。相应函复贵厅查照。

此复！

■ **统字第 433 号**

民国五年四月十九日大理院复河南高等审判厅函

径复者：

准贵厅函开：案据宁陵县知事详称，"甲某之子乙，赋性憨傻，娶妻丙与丁某通奸，甲某查知，约同戊、己徒手往捉喊拿，意在送官究治。讵丁由丙房中持刀突出，先将戊扎伤，己即取棍，戊即拾砖将丁格伤，丁复向戊、己扑砍，甲顺取门旁防夜苇枪，用木柄抵格吓殴，适伤丁头部倒地，并用枪扎伤其足部，正拟送官，讵丁伤重，移时身死。乙某之妻丙，旋亦羞愧自缢殒命。此案甲某等应否按照《新刑律》第十条宣告无罪？抑应照第十五条及五十四条、六十一等条，于伤害人致死本罪上累减科断？请示解释"前来。敝厅查该县详称情形，有应行研究者三端：（一）甲于格伤丁之头部倒地以前之行为，似合于《刑律》第十五条前半之规定，不得以防卫过当论。（二）如以前行为合于该条前半规定，则甲于格伤丁之头部倒地后，并用枪扎伤丁之足部，其扎伤丁之足部之行为，即无防卫过当之可言。设丁之头部受伤甚轻，而因足部伤重身死，固系犯伤害人致死之罪。倘丁之足部受伤甚轻，系因头部被击致死，是否仅应依轻微伤害论罪？（三）戊、己虽系甲约捉奸之人，但系徒手前往，意在捕获送官，初无伤害意思之预谋，对于甲之行为，应否共负责任？事关法律解释，敝厅未敢专擅，除此示外，相应函请解释等因前来。

本院查本案情形，戊、己应以正当防卫论，甲应以防卫过当论。相应函复贵厅转饬查照。

此复！

■ **统字第 434 号**

民国五年四月十九日大理院复察哈尔都统署审判处函

径复者：

准贵处函开：查有一案系二处审判衙门均有土地管辖权，该案送复判后，驳回复审。按土地管辖第十五条后半规定，决定发县。该县旋又声请调查窒碍，归其他衙门审理。此案本处实难为两次矛盾之决定，是否应声请贵院决定移转？相应函请示遵。悬案以待，希速见复等因到院。

本院查本案情形，得由原声请衙门，依《刑诉律草案》第十六条办理，毋庸由贵处决定。相应函复贵处查照。

此复！

■ **统字第 435 号**

民国五年四月十九日大理院复江西高等审判厅函

径复者：

准贵厅函开：查兼理司法县知事判决第一审刑事案件，照章应送覆判者，县知事于判决未确定以前，依《办理命盗案规则》第十四条第一项，详报高等审检厅查核备案时，高等检察厅检察官对于该判决，是否可以提起控诉？甲说谓，依《县知事审理诉讼章程》第六十四条，及《各级审判厅试办章程》第五十九条、第一百二条规定，高等检察厅检察官对于县知事判决案件，无论应送覆判与否，自可声明控诉。乙说谓，现在县知事兼有审判、检察职权，县知事于判决后，第详送查核备案，并未声明上诉。此外被告人，原告诉人，于上诉期间内，亦未声明不服，则原判决，依《县知事审理诉讼章程》第四十二条前半段规定，即为确定。高等检察厅检察官，纵发见原判显有违法，亦只能俟该案详送覆判时，附具意见书，送覆判审救济，对于已确定之判决，不能提起控诉。以上二说，见解不一，究以何说为是？事关法律解释，应请钧院查照，烦为解释。倘甲说系数正当，则上诉期间系十四日，抑系十日？自宣告判决之日起算，抑自牌示判决之日起算？公文在途之日，应否扣除？祈一并解释等因到院。

本院查本件情形，应以甲说为正当。至其上诉期间，应依《县知事审理诉讼暂行章程》计算，并除去在途之日。相应函复贵厅查照。

此复！

■ **统字第 436 号**

民国五年四月十九日大理院复河南高等审判厅函

径复者：

准贵厅函开：查军人犯罪，均依陆军军法会审审判之，《陆军审判条例》第一条规定，本自明了。惟从前营汛，现尚未尽改编，自都司以下至兵，仍设缺额，曰某营都司或某汛兵，此项人员，应否视同《陆军刑事条例》第七条第一款所揭之军人？抑或视同同条例第八条第四款之准军人（该两条其余各款均似不相符合）？再县知事公署设有警备队（并非驻扎本县之警备队）并有队长，应否视同同条例同条款之准军人？又将军行署侦探长委充之侦探员，应否视同同条例第八条第二款之准军人？抑更有进者？以上各例，如视同军人或准军人，则非普通司法机关所能审判，自可断言。然现在县知事兼理司法，而豫省各县知事，又均有将军行署军法课课员衔，遇有军人犯罪，往往由该管高级长官开去缺额，饬交县知事审判，详报敝厅查核，如此办理，是否合法？敝厅是否应照核办？目下已经发现此种情形，急待解决，相应函请解释等因到院。

本院查所举各项人员，均应以《陆军条例》之准军人论。至县知事兼有军法职，自可审判。贵厅如曾受有权限官署之嘱托，亦得核办，但须与普通审判案件有别。相应函复贵厅查照。

此复！

■ **统字第 437 号**

民国五年五月四日大理院复江西高等审判厅电

江西高等审判厅鉴：

东电悉！舅姑抑勒子妇与人通奸，如其夫亦知情而不阻止，可认为有义绝情状者，自应许其离异。

大理院支印

附：江西高等审判厅原电

大理院鉴：

四年十月贵院复苏厅哿电，是否依四年五四六号判例，专指本夫而言？抑舅姑抑勒，亦准离异？乞速电示。

赣高审厅东印

■ **统字第 438 号**

民国五年五月六日大理院复山东高等审判厅电

山东高等审判厅：

函电悉！私藏军用枪弹，依《治安警察法》第二十三条，应依《刑律》第二百零五条处断。

大理院庚印

附：山东高等审判厅原函

径启者：

案据济南地方审判厅厅长张允同详称，"今有某甲收藏军用枪弹十九粒，应否构成《暂行新刑律》第二百零五条之罪？不无疑义。甲说谓，枪弹虽系军用，然第二百零五条既明举军用枪炮，则单纯收藏子弹，不能包括于其内，且单纯之子弹并无爆裂之能力，亦不能谓为第二百零三条以外之军用爆裂物，实与第二百零五条所列情形不合。乙说谓，子弹系枪炮之附属物，军用子弹，当然包括于军用枪炮之内。丙说谓，单纯之弹，并非绝对不能爆裂之物，即不得谓非第二百零五条之军用爆裂物。解释分歧，莫衷一是，案关法律解释，未便草率定狱，理合详请转请迅予解释电示只遵，悬案待决，赐速施行"等情到厅。相应备函转请贵院，迅予解释，即希见复，以便饬遵。

此致大理院！

■ **统字第 439 号**

民国五年五月六日大理院复吉林高等审判厅电

吉林高等审判厅：

养电悉！单刀木棍，应认为凶器。三人途劫情形，仅成立《刑律》第三百七十四条第一款之罪。

大理院庚印

附：吉林高等审判厅原电

大理院钧鉴：

单刀或木棍等物，是否为《刑律补充条例》第十条之凶器？又三人途劫，轻微伤害事主一人，是否认为《刑律》第三百七十四条第一款，及第三百七十三条第三款之俱发罪？抑为第三百七十四条第一款之单独罪？请电示遵。

吉高审厅养

■ **统字第 440 号**

民国五年五月八日大理院复直隶高等审判厅函

径复者：

准贵厅函开：《刑律》第三百七十四条第三款之致人死或笃疾，是否承前第三百七十三条第三款，必以伤害为条件？抑不必要有切肤之伤害，但于强暴胁迫实施下，发生此种结果时，即应使实施暴行者，负加重之责？例如强盗多人，持械前往甲家掳捉，于未侵入甲家之先，在街遇见甲之邻人乙，将其抓住，询以甲之宿处，因乙不肯言，用快枪向之威吓，乙受惊倒地，因而越日身死，此案盗犯，是否应构成强盗致人死之罪？如不构成前罪，该强盗等于犯掳捉罪外，其对于乙之威吓行为，是否另触犯他项罪名？上述问题，不无疑义，相应函请贵院迅赐解释，以便遵循等因到院。

本院查本案情形，仍系强盗行为之结果，自应以强盗致人死论。相应函复贵厅查照。

此复！

■ **统字第 441 号**

民国五年五月八日大理院复总检察厅函

径复者：

准贵厅函开：案查前准贵院统字第二百号复本厅函内，"由原告诉人对于第二审决定，并无可以抗告之明文，而第二审既配置有检察官，如有不服，自应向检察厅呈诉，依上告程序办理"等语，'上告'字是否上诉之误？抑或指对于决定而亦可上告之意？事关法律疑义，相应函请查明见复等因到院。

本院查该号'上告'二字，自系'上诉'二字之误缮，即指抗告程序而言。相应函复贵厅查照。

此复！

■ 统字第442号
民国五年五月八日大理院复绥远都统署审判处公函
径复者：

准贵处函开：警察犯警察犯罪，适用《陆军刑事条例》第八十一条之罪，同时又犯《惩治盗匪法》第二条之罪，应否适用《刑律》第九条前半，以俱发论？如应以俱发论，《惩治盗匪法》第三条第五款规定之俱发，此项俱发，应否包括在内？再伪造钱帖，应否依《刑律》第二百四十二条以伪造有价证券论？悬案以待，应请钧院迅予解释，俾便遵循等因到院。

本院查《陆军刑事条例》，与《惩治盗匪法》之犯罪者，自应依《刑律》以俱发罪论。但《盗匪法》第三条第五款之俱发，系指犯二个以上之《刑律》第三百七十三条罪而言，与此案情形不同。至伪造钱帖，除官许兑换券外，应以伪造有价证券论。相应函复贵处查照。

此复！

■ 统字第443号
民国五年五月九日大理院复陕西高等审判厅函
径复者：

准贵厅函开：案据石泉县知事详称，"兹有甲、乙、丙三人，因防卫抢婚，殴伤丁、戊二人，戳伤己一人致毙。讯系甲殴伤丁，乙殴伤戊，丙戳伤己致毙。虽属同时下手，而各仅伤害一人。如甲则仅伤害丁，其对戊、己之伤害，仅止当场，并未下手，此时之甲，除论伤害丁之罪外，其对于戊、己之伤害，是否应依《刑律》第三百一十五条，以从犯论？抑或照《刑律》第三百一十六条，以最重之伤害为标准，皆以共同正犯论？若照《刑律》第三百一十六条，则甲是否只论伤害己致死罪？抑或并论伤害丁、戊罪，按《刑律》第二十三条办理？请迅赐解释"等情到厅。本厅按所详各节，事关法律解释，未便擅断，相应函请贵院查照，迅赐解释，以便转饬遵照等因到院。

本院查本案情形，甲、乙、丙三人既系共同实施，自属《刑律》第二十九条之共同正犯，非第三百一十六条之同时犯。又三人均有实施行为，亦不得以第三百一十五条之从犯论，故甲、乙、丙对于丁、戊、己三人之伤害，均应负共同正犯之责。惟各共同正犯实施行为，既有轻重之别，则于法定主刑范围内处刑，亦自有伸缩之余地，不必强处同一之刑。再本案既据称系防卫抢婚，则是否合于《刑律》第十五条之条件？亦须审查。相应函复贵厅转饬查照。

此复！

■ 统字第 444 号

民国五年五月九日大理院复湖北高等审判厅公函

径复者：

准贵厅函开：兹有甲、乙两村人，因口角起隙，互相殴打，甲村某受有微伤，因藉此坐拼于乙村某家。甲村其他之人，千百成群，亦皆接踵前往，宰食鸡豕，打毁什物，盘踞其家，数日不去，乙村某之邻近各户，皆望风他徙，所有鸡畜等物，亦被甲村人宰杀。此种情形，是否应依《刑律》第一百六十五条，及第一百六十六条处断？此应请解释者一。如以为骚扰犯罪，甲村诸人，原因畛域私见，遂致不谋而合，其中并无指挥一切之首魁，某某之借口受伤，首先坐拼，究竟应依该条何款论罪？此应请解释者二。又甲村诸人之宰杀鸡豕，即就其家自由啖食，尚未携归，此种情形，是否构成强盗罪？此应请解释者三。案悬待理，伏乞迅赐指示，以凭遵行等因到院。

本院查本案情形，如于地方静谧有妨害者，自应认为骚扰罪。而骚扰罪各本条，虽有首魁罪刑之规定，并不以首魁为要件，如无首魁，自应依该条第二、第三两款分别论罪。至宰杀鸡豕行为，既称各户他徙，应分别情形以窃盗或侵占论。相应函复贵厅查照。

此复！

■ 统字第 445 号

民国五年五月九日大理院复总检察厅函

径复者：

准贵厅函开：查《暂行刑律补充条例》第十一条，载"行亲权之父或母得因惩戒其子，请求法院施以六个月以下之监禁处分"等语，'法院'二字，是否从广义解释，包含审判、检察而言？若从广义解释，关于本条应行之程序，应否适用通常诉讼律规定？解说分歧，不无疑义。甲说，本条纯为惩戒处分，请求人应直接向审判衙门呈诉，或诉经检察厅送交审判衙门，由该衙门指定推事，审查所请求之事实，有无具备监禁条件以决定行之。乙说，本条与其他补充各条，同属刑法罚之一种，请求人须呈诉检察厅，由检察厅侦查起诉。开公判时，亦须请检察官莅庭，以判决形式为之。究以何说为是？又'行亲权之父或母'一语，核其意义，应以行亲权为要件。譬如父行亲权，子对于父或母，实已有受本条处分情形，而父以他种原因，不欲请求惩戒。母因不得父同意，自行出名呈诉者，能否概予受理？以上各节，均请解释见复等因到院。

本院查该条'法院'二字，以甲说为正当。'父或母'一语，父在自应依其父之意思为断。相应函复贵厅转饬查照。

此复！

■ 统字第 446 号

民国五年五月九日大理院复奉天高等审判厅函

径复者：

准贵厅函开：兹有甲夫殴伤乙妇，负致命伤三处未死，旋乙妇气愤自行服毒，走出屋外呕吐，又复归寝，即告家人以服毒腹痛之事，经家人营救无效，当晚毒发身死。原判认为殴伤，系属致命，即不服毒亦死，因即依伤人致死论罪。然中间加入乙妇自己服毒之行为，因毒身死，甲之行为因果关系，应否中断？此应请解释者一。如认为因果关系中断，则甲所殴之伤，有致命左额角接连左太阳近上木器伤一处（皮破骨损，斜长二寸八分宽七分），致命右耳根木器伤一处（斜长一寸九分，宽八分，皮破骨损），致命脊背木器伤，排连两处（均斜长二、三寸不等，宽三、四分，皮破），伤痕甚重，然被殴之乙，当日即死，并不能证明合于《刑律》第八十八条何种之伤害，究应科以何种之伤害罪？此应请解释者二。为此合行函请解释等因到院。

本院查本案情形，乙妇之死，如确系因甲之殴打行为，自应以伤害致死论。若确系因自己服毒行为，则其伤害应用鉴定方法，证明其系废疾，抑系轻微伤害，分别论罪。相应函复贵厅查照。

此复！

■ 统字第 447 号

民国五年五月十日大理院复新疆司法筹备处电

新疆司法筹备处：

沁电情形，若系赌博财物，应依《刑律》第二百七十六条处断。

大理院蒸印

附：新疆司法筹备处原电。

大理院钧鉴：

偶然斗牌俱乐，可否按赌博科罪？律无正条，乞解释示遵。

代新疆司法筹备处长沁印

■ 统字第 448 号

民国五年五月二十六日大理院复江西高等审判厅函

径复者：

准贵厅函开：查《刑事诉讼律（草案）》第十五条规定，"二处以上审判衙门均有土地管辖权者，应以先受公诉者为管辖审判衙门。"此项规定，在已设审检厅地方，固属不生疑问。县知事兼理司法，原有检察、审判两种职权，并无所谓提起公诉，亦无所谓受理公诉。设有某甲在子县被人具状告诉，逃至丑县，发觉被获，业已开始审理。子、丑两县，均为兼理司法，县知事能否以子县先受告诉为先受公诉，定为管辖审判衙门？又如前例，子县为兼理司法县知事，丑县为已设审检厅地方，发觉某甲犯罪，业已提起公诉，是否仍以子县先受告诉为先受公诉？事关法律解释，相应函请贵院查照，烦为解释等因到院。

本院查本案情形，如县知事先有受诉之意思表示者，如批准之类，自可认为先受公诉。相应函复贵厅查照。

此复！

■ 统字第 449 号

民国五年五月二十六日大理院复河南高等审判厅函

径复者：

准贵厅函开：据确山县知事详称，"窃查现有甲之父，承当乙之父地若干亩，因原当主及原承当人，均已物故，乙邀同原中向甲回赎地亩。甲临时贿串中证出头作证，谓地亩早已由乙之父回赎，迨集讯明确，地亩仍在甲手。中证系甲临时贿串，伪为作证，承当地亩文约，亦匿而不献，意欲吞没。此种情节之案，能否援照《刑律》第三百九十一条之例处断？悬案待理，理合详请鉴核示"遵等情到厅。查统一解释法律，系属钧院特权，相应函请迅赐解释等因到院。

本院查本案情形，应以《刑律》第三百九十一条之侵占罪论。相应函复贵厅，转饬查照。

此复！

■ 统字第 450 号

民国五年五月二十六日大理院复总检察厅函

径复者：

准贵厅函开：据直隶高等检察厅详称，"今有甲因细故，与乙口角，乙持他物将甲殴伤，甲夺物殴伤乙腿膝等处，乙卧地撒泼，致被阶石碰伤头部嗣因头部伤口进风身死。适用法律，于此有二说焉：一说谓，乙头部石伤，虽非甲所殴，然其撒泼致碰，实因被殴气愤而然，不得谓无因果之联络。据旧律罪坐所由之义，谓宜科甲以《刑律》第三百一十三条第一款之罪，而后再援第五十四条酌减，方足以昭情法之平；一说谓，伤害人致死，必系死于本人所殴之伤，故昔日共殴案件，必推究何伤致死，方以何人当重罪。若如乙之伤口进风，由于自碰，则与甲之伤害无涉，谓宜科甲以第三百一十三条第三款之罪，庶足以防冤滥。此二说似皆持之有故，究以何说为宜？请送院解释，以便遵办"等因前来，相应据详送请核办等因到院。

本院查本案情形，乙既系自己卧地撒泼，致被阶石碰伤，进风身死，则于甲之行为，不能谓有刑法上因果关系，自以后说为是。相应函复贵厅转饬查照。

此复！

■ 统字第 451 号

民国五年五月二十六日大理院咨司法部文

为咨行事：

准贵部咨开：据吉林高等审判厅详称"兹有初判衙门详送转报某甲强盗一案，

经职厅查核某甲犯有数罪，虽情无可原，但均系《刑律》第三百七十四条及第三百七十六条之未遂罪，依《刑律》第十七条第三项之规定，原可不予减等，判处死刑。惟所科之刑，应否根据《刑律》第三百七十四及三百七十六各条文（不必援用《惩治盗匪法》第三条第一款及第二款办理）？抑或根据《惩治盗匪法》第三条第一、第二各款办理？于此有两说焉：甲谓，强盗未遂各罪，既不在《惩治盗匪法》范围之内，某甲所犯，无论减等与否，均应依《刑律》第三百七十九条，于同律第三百七十四条及第三百七十六条本刑上酌量科断，即处至死刑。在判决确定前，某甲应有上诉权。至判决确定后，原审县知事应依覆判程序办理，无庸报请高审厅转详巡按使核办。乙谓，依大理院统字第三五六号解释，'未遂犯论罪，并非一种独立罪名，仍应依各本条处断'云云，则某甲所犯《刑律》第三百七十九条之罪，仍是犯同律第三百七十四第三百七十六各本条之罪。又大理院统字第三一五号解释有'《刑律》第三百七十四条、第三百七十六条之刑罚，因《惩治盗匪法》之规定，五年内停止其效力'云云，则某甲所犯《刑律》第三百七十四条及第三百七十六条之未遂罪，无论减等与否，均应依《惩治盗匪法》办理（即如果减等，只能依该法所定唯一死刑上减一等或二等，不能依《刑律》所定三种或二种主刑上减一等或二等）。其办理程序，除依《刑律》总则减等时，应适用《划一办法》第三款外，若判处死刑，即由县知事报请高审厅转详巡按使核办，并不准被告人上诉。以上二说，不惟实体法上显有差异，即程序法上，亦截然不同，究应如何办理？职厅莫衷一是，理合详请指示，或转商大理院，予以解释"等情前来，相应咨请查核见复等因到院。

本院查《惩治盗匪法》，并无未遂规定，则强盗未遂，应以甲说为正当。相应咨复贵部转饬查照。

此咨！

统字第 452 号

民国五年五月二十七日大理院复湖北高等审判厅函

径复者：

准贵厅函开：案据湖北第一高等审判分厅详称，"查职分厅受理刑事上诉案件内，对于程序上有不能解决者数起。其一，有被告人张甲、李乙共犯，应处分四等以下有期徒、刑拘役之罪。县署堂谕内，认定犯罪事实后，未引《刑律》条文，罚张甲苦力一月，罚李乙种树千株，苦力已随判执行。被告人于经过上诉期间后，共同声明控诉，更于控诉进行中，张甲再犯应处徒刑之罪。甲说谓，张甲初犯，既系应处徒刑之罪，依大理院统字第三百八十八号复总检察厅函，第一审堂谕虽未引用律文，亦自发生判决效力，仍应以已受徒刑之执行论。李乙虽未受执行，而已经过上诉期间，控诉均应决定驳回。张甲再犯之罪，应由第一审依《刑律》第十九条处断。乙说谓，罚苦力罚种树，非《刑律》上之刑名，不得谓之科刑。未引律文，虽有犯罪事实，不得谓之定罪。既未定罪科刑，自不能视为具有司法上判决之性质，盖国家科刑权之结果如是也。兹张甲、李乙，既对于判罚苦工、罚种树之堂谕，声明不服控诉，审判衙门应以职权纠正之，均予决定发还更审。至张甲后犯之罪，只能依《刑律》第二十三条俱发罪处断，不能依《刑律》第十九条再犯罪处断。大理院统字第三百八十八号函，系专指前清州县判罚苦力而言，本案情形不同，自难援用。且《刑律》第十九条，以已受徒刑之执行，为构成再犯罪要素之一。如依甲说，试问张甲前犯之罪，宣告刑应视为拘役，抑应视为徒刑？既无宣告刑为标准，乌得视执行苦力为已受徒刑之执行，遽以再犯罪论。丙说谓，县知事对于张甲、李乙罚苦力罚种树，而不引律科刑，虽属裁判失当，但张甲、李乙不于上诉期间内声明控诉，实自舍弃其上诉权，例应视为确定。乃于裁判确定后，始行声明控诉，合予决定驳回。至张甲后犯之罪，应由第一审衙门依相当律文科处，不能如甲说，作再犯罪办，以其前案未受徒刑之执行也。又不能如乙说作俱发罪办，以其后案非在前案确定审判前发觉也，此应请示遵者一也。其二，有被告人张甲犯应处四等以下有期徒刑、拘役，或三百元以下罚金之罪。第一审堂谕内处罚苦力一月，并罚钱五十串，其钱即以给付被害人，未引律条，亦未依据事实认定罪名，该被告人于上诉期间内声明控诉。甲说谓，控诉审判衙门仍应为控诉审程序之进行，以职权纠正第一审违法之审判。乙说谓，第一审实不具有司法上之判决性质，应以未经第一审判决论，决定发还更审，此应请示遵者二也。其三，有被告人张甲犯应处单处罚金刑之罪，第一审判决后，张甲因被押，遣李乙代理上诉，并附陈委任状，惟未说明被委任之权限，亦未请求票传本人。甲说谓，《各级审判厅试办章程》第五十二条及五十五条之'原告、被告'字样，依文理解释，仅限于民事诉讼得委任代理，刑诉代理，为该章程所不许。故无论被告应处何种刑名，凡委任代诉人上诉者，即应决定驳回。乙说谓，刑事代诉人，仅立于代诉地位，不得看作本人。故代理上诉，不得谓为不合法，惟不得传代诉人到庭讯问，观《试办章程》第三十六条第二项自明。若因有代诉人之代诉，而即票传代诉人，因其两次不到，依同章程第六十七条撤销者为违法。丙说谓，《各级审判厅试办章程》第五十二至五十六等条，所谓代诉人，依该章程第五十五条之解释，即《刑诉法》条理上之诉讼代理人。该章程第三十六条第二项，系指未经委任代理者而言，不得误解为不许委任代理。自不妨依据《刑诉草案》第五十二条、第八十一条、第三百八十六条各条理，于应处拘役罚金刑之被告人，认代理为合法，以补《试办章程》规定之不及。盖依现行事例，于不与《试办章程》明文抵触之范围内，得依刑诉条理以为办案标准也。且《县知事审理诉讼暂行章程》第九条第三项，应处拘役罚金刑之被告人，得委任代理到案，已有明文规定。而控诉审判衙门，独不能适用此种条理，事实上尤为窒碍。至委任状虽未说明代理权限，然既未请求票传本人，亦自得因其情形（如案情明了，程途过远之类），视为于诉讼上一切行为，均为本人代表，得径向该代理人传讯。该代理人如两次传不到案，依《试办章程》第六十七条撤销，于法并无不合，此应请示遵者三也。其四，有甲与乙妻丙通奸多年，谋杀乙而娶丙，检查一切供证，丙实有共同谋杀嫌疑。初判除处甲罪刑外，宣告丙无罪，详送覆判。甲说谓，修订《覆判章程》第一条第三款及第三条第二款，依文理解释，自不因一案中有他犯罪刑，应送覆判，遂对于宣告无罪之被告人，亦同受覆判衙门之裁判。故宣告无罪之被告人，纵于该案有重大嫌疑，亦只属于检察范围之内。乙说谓，宣告无罪之被告人，既于该案有重大嫌疑，只能依《覆判章程》第一条第三款及第三条第二款为类推解释，由覆判衙门决定发还覆审。盖既经初审判决，复同案详送覆判，即属审判上之事务，无论检察官有无如何主张，覆判衙门应以职权为纠正之裁判，此应请示遵者四也。以上四端，均急待解决，以资遵守，理合详请厅长函转大理院迅赐解释示遵谨详"等情。据此，查该分厅请求解释，约有四项，其第一项，似应以丙说较为正当。第二项，以甲说为当。第三项，应从乙说。第四项，亦应从乙说办理。惟案关解释法律，敝厅未便擅专，相应函请钧院迅赐解释见复，以便转饬遵照等因到院。

本院查第一例，以丙说为正当。第二例，以甲说为正当。第三例，以丙说为正当。第四例，丙之犯罪部分，亦应由覆判审一并覆判，希参照本院三年统字一百七十二号解释。相应函复贵厅查照。

此复！

■ **统字第453号**
民国五年六月三日大理院复京师高等审判厅函

径启者：

接贵厅函开：今有某机关官员，因犯《刑律》第三百八十六条之罪，致国家受财产上之损害，经检察官提起公诉，某机关在受理公诉之审判衙门，并未请求回复损害，亦未在检察厅为该项之请求，检察官对于该案，有无提起附带私诉之权限？不能无疑。相应函请贵院俯予解释，以便遵循等因到院。

本院查《法院编制法》第九十条第二款，检察官于刑事以外之案件，虽得依法令为公益代表人，实行特定事宜，然依照法令，若另有主管衙门，并未定明检察官因辅助起见，得为其代表人向司法衙门，为民事诉讼行为者，自可毋庸为之代理。来函所述情形，该管检察厅检察官仅可注意该管行政官署，促其派人代行私诉，以尽维持公益之责。至提起附带私诉一节，查照上开法文，似有未协。相应函复贵厅查照可也。

此致！

■ **统字第454号**
民国五年六月十四日大理院复山西高等审判厅函

径复者：

准贵厅第四一六二号函开：案据山西第二高等分庭详称，今有某甲亡故，其继室乙，携七岁生女丙，改适丁为继室，约定五年令丙归宗未果，后经甲之堂弟戊主婚，将丙与丁前妻之子己订为婚姻，尚未成婚，丙与甲前妻之子庚，诉请解除契约。按之前清现行律，同母异父之兄弟姊妹不得为婚姻，而此则丙对于丁为同居继父，己对于乙为继母，丙与己为异母异父之兄妹，得为婚姻与否？律无明文。究竟丙己间之婚姻契约，是否有效？事关法律解释，职庭未敢揣拟，应请钧厅俯赐转函大理院解释示遵，悬案以待，乞速施行等情，据此。查旧律娶同母异父之姊妹，本有明文禁止，查核本案情形，丙与己虽非一母所生，然乙对丙己同有母之名义，若许丙与己为婚姻，似欠允洽。况丙之适人，应由乙主婚，本案据称系经甲之堂弟主婚，按诸律文规定，亦有未合。但事关解释法律，自应据情函请钧院迅予解释函复，以便转饬该分庭遵照办理等因到院。

本院查同母异父姊妹，尚有血族之关系，依前清《刑律》当然禁止为婚。若前夫之子女，与后夫前妻之子女，与同母异父之间，在前清旧律虽有治罪专条，业于宣统二年删除，自属不在禁例。至主婚一层，查例载夫亡携女适人者，其女从母主婚，丙女如未经归宗，而其母又在，则戊之主婚自属无效。又定婚亦须得当事人同意，若定婚当时未经得丙女同意，今丙女既诉请解除婚约，亦无强其成婚之理。相应函复贵厅转饬遵照可也。

此致！

■ **统字第 455 号**

民国五年六月二十日大理院复江苏高等审判厅电

江苏高等审判厅：

寒电悉！查本院判例，自己及直系卑属，无承继权者，无论现继之人，是否异姓，均不得对之告争。丁若非应继，又非应继人代理，自可驳斥。

大理院号印

附：江苏高等审判厅原电

大理院钧鉴：

甲死后，嫡妻乙以庶子丙名义，发讣治丧，族长丁，系已经认知之奸生子，遵照钧院统字第四一八号解释，应以他无应继之人为限，援例得告争。现竟欲别图应继之人，丁以族长名义，谓丙系异姓子，非甲亲生，应行另立继嗣起诉，并声明仅求另立继嗣，告而不争，丁有无诉权？乞解释示遵。

江苏高等审判厅叩寒

■ **统字第 456 号**

民国五年六月十七日大理院复湖北高等审判厅函

径复者：

准贵厅函开：案据湖北第一高等审判分厅详称，窃职分厅顷有民诉案件，经上告审判决后，当事人提出文契一纸，请求再审。甲说，认此请求合于《民诉法草案》第六百零五条第十一款之条件，应受理再审；乙说，认此请求不合于该条第十一款之条件，不应受理再审。据甲说意旨，谓再审制度，为保护当事人权利起见，对于该条第十一款之条件，应从广义解释，如当事人于本案判决确定后发现一种公文书或私文书，均可提起再审之诉，以公私文书可受再审时裁判之利益，是该款'书状'二字，范围颇广；据乙说意旨，谓再审之诉，对于确定判决之不服声明，故立法者严定其原因，使不能轻动确定判决，对于该条第十一款之条件，应从狭义解释，以该条第五至第十各款规定，本案受他裁判之效力，足以除去本裁判确定之效力，若第十一款之规定，系指当事人发见他案他裁判之书状，与本案有关系可受利益者而言，是该款'书状'二字，范围颇狭。二说孰是？悬案以待，理合详请转函大理院迅予解释，俾可遵循，实为公便，谨详等情，据此。案关法律解释，相应据情函转钧院，烦为查照，早日赐复，以便饬遵等因前来。

查再审原因所谓发见可受利益之裁判之书状者，自指一切公私书状而言，并不限于他案他裁判之书状。相应函复贵厅转饬遵照可也。

此复！

■ 统字第 457 号
民国五年六月二十二日大理院复安徽高等审判厅函
径复者：

准贵厅函开：案据芜湖地方审判厅长雷铨衡详称，为请求解释适用《森林法》疑义事，今有甲某坟山树木丛生，被乙盗卖数十株与丙、丁、戊，三人伙同砍伐，分运回家。嗣经甲某查知，指名告诉，原审适用《森林法》第二十一条及第二十三条分别处断，关于此点，约分二说：甲说，谓《森林法》所称森林，须具备一定之要件，有一定之范围，必其土地可供造林之用，经申报一定官署，认为森林者，方得谓之森林，故《森林法施行细则》第一条设有报告规定。可见普通未报官登记之林木，如私有花果园及防护家宅之树木，或公园与寺院内之树木等类，大都非有特别规定，不得视同《森林法》上之森林。本案甲某坟山所有树木，既未照章报官，被乙盗卖，似应依《刑律》处断，不得适用森林法；乙说，谓现行《森林法》，既未规定森林之性质及范围，即应以现状是否森林为标准，施行细则所定报告程序，不过一种稽核方法，并非认定森林之要件。甲某坟山上之树木，既已成林，似应依特别法优于普通法之原则，仍以适用森林法为当。且森林法明载私有林在内，如谓窃盗未经报官之私有林，适用《刑律》；窃盗已经报官之私有林，则适用《森林法》。查《刑律》窃盗刑名，较《森林法》所定窃盗刑名重至数倍，是报官私有林，受特别法之保护，反不若普通法保护为严，恐非立法本旨。若谓窃取未经报官之林木，不构成犯罪，只负民事赔偿责任，然其行为确与构成窃盗罪要素相符，亦不得强认为民事范围，据此种种情形观察，足见适用《森林法》不以报官与否为断。两说各持一是，究应如何办理？悬案待决，理合详请钧厅鉴核，转函大理院迅为解释等情，据此。相应函请解释见复等因到院。本院查《森林法》森林之解释，应以甲说为正当。相应函复贵厅查照。

此复！

■ 统字第 458 号
民国五年六月二十二日大理院复安徽高等审判厅函
径复者：

准贵厅函开：案据英山县知事详称，今有某甲经其父亲禀送忤逆，查讯甲父及某甲所供情形，仅达《刑律补充条例》第十一条规定之程度，随照该条例，将某甲判处六个月以下之监禁。是某甲之所犯，当然送监执行，某甲之囚粮，似不能不与其他已决囚犯同一开支，归入县署应行填报之乙种囚量统计月表一并计算，惟目前填送之囚粮统计月表，实为将来办理刑事统计年表根据之一。查大理院本年复浙江高等审判厅统字第四百零一号之解释前例情形，只能认为监禁之处分，不能认为刑罚之制裁，是某甲之判处监禁，究竟能否与普通受刑罚裁判之已决囚犯同一开支？囚粮列表填报及日后办理刑事统计年表，应如何区别登列？实不无疑问，此应请解释者一；又如前例，某甲曾经其亲父禀经前任处以拘役数月，未经限满，责付保释，今又经其亲父以不知悛改，二次禀县请究，其情形实等于累犯，而累犯仅限于《刑律》，其处分应否酌量加重？该《刑律补充条例》第十一条，又无明文规定，此应请解释者二；又如前例，某甲未经判决宣告监禁以前，其未决羁押日期，能否与普通之刑罚犯同援《刑律》第八十条得以二日折扣一日？抑应遵照大理院之解释，否认其为刑罚犯，不与折扣，或将其羁押日期与判处监禁日期，合并计算？及判决宣告监禁以后，应否照普通刑事诉讼程序，俟经过上诉期间后，再予执行？抑毋须拘此程序，一经判决即予执行？此应请解释者三。以上三例，都为二说，甲说谓，现行《刑律》，沿自前清，本未完全，故近年以来先后颁布之特别法令，如私盐，吗啡，惩治盗匪，销毁制钱等法，不一而足，凡援照各该特别法判罪之犯，均得与《刑律》分则所列罪犯一体援用《刑律》总则，及《各级审判厅试办章程》规定之一切程序。况此项《刑律补充条例》，本为补充《刑律》而设，所有前列第二、第三两例，似可援用《刑律》总则各条及《试办章程》之规定程序办理。其第一例所举之囚粮统计月表，似无甚关系，即日后造办刑事统计年表，亦可归入该表之特别法犯一栏，分项填报；乙说则谓，援照《刑律补充条例》，判罪各犯，原可一体援用《刑律》总则，惟该条例第十一条规定之监禁处分，纯粹系惩戒的作用，无刑罚的性质，当然遵照大理院之解释，不能认为刑罚制裁。既不能认为刑罚制裁，即不能援用《刑律》总则与刑诉程序，及视同其他特别法犯一律归入刑事统计，并视为普通刑法囚犯同一待遇，其应需口粮，似可责令请求惩戒人担负支结。以上两说，究以何说为正当？欲求前三例之解决，似不外后举之两说，英邑现有此种情事发生，立待决定，理合详请鉴核批示遵办等情，据此。案关法律解释，理合据情函请解释等因到院。

本院查《刑律补充条例》第十一条监禁处分之解释，应以乙说为正当，惟口粮既无明文规定，原则上自应由官给。相应函复贵厅查照。

此复！

■ **统字第 459 号**

民国五年六月二十二日大理院复察哈尔审判处函

径复者：

准贵处函开：兹有甲某为乙丙所邀，拟抢劫其戚丁某，至半路因己意中止，而乙、丙亦未抢劫丁某，转抢戊某，甲在半路走后，因开枪声，群言乙、丙抢劫戊某，甲因在旁伺见乙、丙等携赃逃至无人居住之破窑内分赃完竣，已行后，遂到破窑内见有所余之赃，但未敢竟行携走，至次日甲又约己同往将余赃检获携匿己家。甲、己所犯之罪，是否侵占，究应援引何条？未敢擅断，事关法律解释，相应函请示遵等因到院。

本院查本案情形，甲应以强盗中止犯，及《刑律》第三百九十三条之犯罪论，己应以《刑律》第三百九十三条之共犯论，相应函复贵处查照。

此复！

■ 统字第 460 号
民国五年六月二十二日大理院复直隶高等审判厅函

径复者：

准贵厅函开：查贵院三年统字第一百七十二号解释文开，覆判案内宣告无罪之被告，自应一并覆判。又四年判决直隶高等检察厅检察官，对于吴桥县就王成德等伤害人致死，及轻微伤害之所为，覆审判决，声明上告一案，判词理由内开，查《修正覆判章程》第一条第二项，称一案中有数犯处刑不同，其处刑最重者，为前项之刑时，应将案送覆判等语。是全案送付覆判，应以处刑之共犯为限，若未处刑者，当然不在覆判范围之内，其经初判谕知无罪者，苟无合法声明上诉，纵全案送付覆判，而关于该部分之判决，即属确定云云，并本此理由，将覆审判决王三聋子罪刑之部分撤销，仍维持吴桥县民国三年一月十四日初判判决谕知无罪之效力在案。兹阅本年五月二十七日政府公报公布贵院复湖北高等审判厅函开，第四例（原例开甲与乙妻丙通奸多年，谋杀乙而娶丙，检查一切供证，丙实有共同谋杀嫌疑，初判除处甲罪刑外，宣告丙无罪，详送覆判）丙之犯罪部分，亦应由覆判审一并覆判，希参照本院三年统字一百七十二号解释等语。本厅综合判例与解释文观之，似显有异同，则适用《覆判章程》第一条第二项时，不无疑义，相应函请贵院详细解释示复等因到院。

本院查本案判例解释有歧异者，应以最近之判例或解释为标准。相应函复贵厅查照。

此复！

■ 统字第 461 号
民国五年六月三十日大理院复湖北高等审判厅函

径复者：

准贵厅函开："兹有夫甲强嫁其妻乙，并未收受钱物，依《刑律补充条例》第九条规定，似可援《刑律》第三百四十九条处断。惟既未得钱，核与该条例第九条'卖'字定义，未免抵触。若认为无罪，而该条例所称依《刑律》第三百四十九条处断一节，又似等于虚设。案关法律解释，理合函请钧院速赐解释示遵"等因到院。

本院查夫强嫁妻，未得财者，不能以《补充条例》第九条之强卖论，但有强暴胁迫者，应依《刑律》第三百五十八条处断。相应函复贵厅查照。

此复！

■ 统字第 462 号

民国五年六月三十日大理院复吉林高等审判厅电

吉林高等审判厅：

霰电情形，所引律文，均无错误。

大理院卅印

附：吉林高等审判厅原电

大理院钧鉴：

强奸未遂，杀死妇女是否适用《刑律补充条例》第四条处断？又强奸未遂，用刀伤害妇女致死，是否适用《刑律》第二百八十七条第一项第一款处断？请电示遵。

吉高审厅霰

■ 统字第 463 号

民国五年七月八日大理院复安徽高等审判厅电

安徽高等审判厅：

艳电情形，实施不明者，应共同负责。

大理院庚印

附：安徽高等审判厅原电

大理院钧鉴：

《刑律》第一百六十五条所列各款之人犯，第一百六十六条之罪，其何人实施犯行不明时，应否共同负责？乞电示遵。

皖高审厅艳印

■ 统字第 464 号

民国五年七月八日大理院复山西高等审判厅函

径复者：

准贵厅函开：案据右玉县知事周炳奎详称，今有奸夫甲乙共同谋害本夫丙毙命，事前曾向丙妻丁妇说知，丁虽未首肯，亦未阻止，实施时，丁并不知情，事后甲、乙先后均经向丁妇告知害死情由，丁妇亦不出头告诉，是否应以从犯处断？抑或按《刑律》第十一章论罪？不无疑义，相应恳请厅宪俯准核转大理院，请求迅予解释，以便适遵等情，据此。相应函请钧院迅赐解释，以便转饬遵照等因到院。

本院查奸夫杀死本夫，奸妇事前既未同谋，实施时又不知情，自不能以从犯论，其事后仅知情不告诉，亦与《刑律》第十一章之罪不符。相应函复贵厅转饬查照。

此复！

■ 统字第 465 号

民国五年七月八日大理院复山西高等审判厅函

径复者：

准贵厅函开：案据交城县知事吴鸿恩详称，为详请训示事，窃有某甲因贫极与妻乙商明，凭媒写立卖契押字，得价卖与某丙为妻，事经半载，忽状诉某丙奸拐，侦查研审，甲认和卖，乙认被和卖，丙认和买，做媒及写契之丁认得劳金钱文。查大理院法律解释，关于卖妻及子女，均应依《刑律补充条例》第九条处罪。又因贫而卖子女，即非营利，类推解释，因贫卖妻亦非营利，是甲应依《刑律》第三百四十九条第二项处断，丙应依第三百五十三条第二款第一项处断，仍有亟待请示者数事：一，甲先既得价，复控奸拐，是否应并论诬告罪，依《刑律》第一百八十二条免除之？二，乙被和卖，丙系和买，是否仍应论奸罪？三，丁系事前作媒，临时书写卖契，是否应依其实施者处断，准正犯论？四，甲丙买卖，均系不法，似乙即均当与之离异，但乙若请求愿归甲或丙时，是否能准其请求？五，甲所得价，系不法行为，应否追缴没收？如法应追缴，而甲实无力缴出，当如何处分之？六，设法不应追缴，甲所得价，而乙又得归于甲，是否应令甲还丙所出身价？以上各节，悬案待判，合无仰恳训示只遵等情到厅，案关解释法律，理合函请钧院迅赐指示，以便转饬遵照等因到院。

本院查本案情形，甲之和卖，自应依《刑律》第三百四十九条第二项处断，事后复控奸拐，亦应以诬告论。惟丙之成立罪名与否，应参酌本院四年统字第二百一十三号解释之标准判断，既系和买为妻，则奸非罪自不成立。至丁应以甲之准正犯论，乙妇应依前清现行律离异归宗，甲所得价，固应没收，但此种没收，《刑律》无追征明文，故已费失者，自不能追征。相应函复贵厅转饬查照。此复！

■ 统字第 466 号

民国五年七月十日大理院复直隶高等审判厅函

径复者：

准贵厅函开：案据宁津县知事陈谔详称，窃查私贩火硝，硝之为物，性质爆烈，为制造火药原料，遇有此种硝犯，应否按照《刑律》第二百零四条科刑？抑或另有单行硝犯处分章程？知事无所依据，事关适用法律问题，理合备文详请转详大理院解释示遵等情前来。查私贩火硝与《新刑律》第二百零四条、二百零五条之条件，似均不相当，可否适用前清现行律内奸民与贩焰硝条例治罪之处，本厅未敢擅断，相应函请解释见复等因到院。

本院查私贩火硝，应依《刑律》第二百零五条处断。相应函复贵厅转饬查照。此复！

■ 统字第 467 号

民国五年七月十日大理院复江苏高等审判厅函

径复者：

准贵厅函开：据淮阴县知事快邮铣代电内称，今有良家妇甲，因夫乙外出，数年无踪,与丙和奸,姑丁告诉,奸有胎孕,可证乙为存亡莫卜之人,认为有夫无夫,殊难解决,(子说)乙外出无踪,并非死亡可比,《暂行新刑律》第二百八十九条之告诉权,专属于本夫,尊亲属不在此例,姑丁告诉不能有效;(丑说)乙既数年无踪,归期难测,告诉时效,恐有逾过,应援《补充条例》第六条,以无夫论,姑丁告诉当然有效。二说孰是?悬案待决,乞赐解释示遵等情到厅,据此。查解释法律事属钧院权限,据电前情,相应函请解释见复等因到院。

本院查本案情形,乙之外出,如可以认为失踪,自以丑说为正当;若仅止不在,尚不能认为失踪者,则应以子说为正当。相应函复贵厅转饬查照。

此复!

■ **统字第 468 号**
民国五年七月十日大理院复江西高等审判厅函
径复者:

准贵厅函开:案据兼理司法永修县知事详称,窃查《新刑律》第二百三十二条载,意图行使而收受他人伪造之通用货币,或意图行使而交付于人等语,是收受交付,均以意图行使为罪名成立之要素。今有某甲受某乙嘱托,代为收买伪票及票板,许买成酬钱若干。某甲贪图谢金,代为收买,遂将某丙所造伪票及票板订价取来,交付某乙。某乙系在官人役,即将某甲带案,某丙闻风远扬,照律文推求,是某甲收受交付之两种行为,仅有贪得谢金之意思,而行使伪币无甚干涉,究应如何办理?理合具文详请钧厅解释只遵等情,据此。相应函请解释见复等因到院。

本院查某甲为某乙收买为票,将丙之伪票交付于乙之行为,乃该条实施中之帮助犯,应以准正犯论。相应函复贵厅查照。

此复!

■ **统字第 469 号**
民国五年七月十日大理院复察哈尔都统署审判处函
径复者:

准贵处函开:案查贵院复总检察厅统字一百八十八号函开,盐务缉私兵其性质系属警察之一种,其犯罪自应归通常司法官署管辖等语,嗣由内务部呈警察犯罪,适用《陆军刑事条例》,已经批准在案。但贵院解释与内务部呈先后两不相谋,系属间接规定,缉私兵犯罪,是否与警察视同一律,适用《陆军刑法》?抑或适用《新刑律》?事关适用法律,未敢擅专,即请贵院迅赐解释等因到院。本院查盐务缉私兵,其性质既系警察之一种,自应与警察视同一律,适用同一之《刑律》。相应函复贵处查照。

此复!

■ 统字第 470 号

民国五年七月十日大理院复湖北高等审判厅函

径复者：

准贵厅函开：案据宜城县知事朱介曾详称，窃一国之法律，须根据一国之历史与国情，中国历史上国情上，首重人伦，故中国自有刑法以来，凡关服制罪名，无不特别加重，即《暂行新刑律》无夫奸不构成刑事犯，而于缌麻以上亲属和奸者，该律第二百九十条处刑范围，较第二百八十九条有夫奸之制裁为重，诚以伦常为人生大本，悬法宜严。查前清现行律娶亲属妻妾者，以服制之轻重定罪刑之轻重，今《民法》未颁，婚姻制防，前清《现行刑律》当然继续有效，惟有效者仅制防其婚姻，设于成婚后告诉，在审判衙门当然不认其婚姻成立，而男女间是否仍独立为奸非罪，照新刑律第二百九十条办理，大有疑义，于此有二说焉：甲说，既犯婚姻制防，男女间媾和即属奸非；乙说，虽犯婚姻制防，男女间究因婚姻条件而媾和，只当撤销其婚姻，并不能为奸非。窃谓中国最重人伦社会上于兄亡以嫂为妻，弟亡以弟妇为妻者，此类恶习惯，似应从甲说以维风化。惟事关法律解释，未敢臆揣，现在案悬待结，似此案件，究应如何处分？理合详乞钧厅鉴核，函转大理院解释示遵谨详等情。据此查该县来详所引甲乙两说，似以甲说为正当，惟案关解释法律，敝厅未便擅专，相应函请解释见复等因到院。

本院查本案情形，应以甲说为正当，相应函复贵厅转饬查照。

此复！

■ 统字第 471 号

民国五年八月二日大理院复热河审判处电

热河审判处：

虞电前段甲、乙均应依《刑律》第二零五条处断；后段甲、乙、丙、丁、戊等，均应依略诱论，惟得酌减，不能适用十四条；乙只应负民事上责任。

大理院冬印

附：热河审判处原电

大理院鉴：

兹有甲意图营利，售卖枪支，确无接济匪徒，及供给他人犯罪情事。查售枪营利如何治罪，律无专条，按诸事实，系先收藏，而后售卖，甲既未受公署命令，甲应否即照《新刑律》第二百零五条判决？又乙专为人收拾废枪出售，废枪本无用之物，经乙收拾，即变为利器，其情形有似制造，乙应否照同律第二百零五条判决？又甲为胞弟聘定乙女，未经成婚，乙将未婚女又聘与丙，在乙家成婚已数月，嗣经甲率领媒人等七八人到乙家将该女抢回，与胞弟完娶，并将乙捆绑欲送官究治，经人劝解始散。丙欲报复前仇，事隔两月后，约邀丁、戊等八九人，持械前往甲家，意图将乙女抢回，入室搜寻未得，即将甲家院内所堆秫秸烧毁。甲即以丙率众，明火等恶告诉，旋即自白。查甲系家主，因乙一女两聘，率媒人将乙女抢回，以法理而论，甲固可依法告诉，由官讯明判决领回，不应遽行作强暴胁迫举动。然乙女既字于甲弟，婚虽未成，已为甲家聘定之人，乙无再聘权，甲率人往抢，手续固属不合，甲应否依据《刑律》第十四条不为罪？抑须仍照第三百四十九条处断？丙嗣后率众持械前往情节固属凶暴，但衅由甲之先抢而起，丙、丁、戊等惟于同律第三百四十九条之罪是否成立？乙一女两聘，违背善良风俗，惟律无专条，乙究应如何判断？以上各款，请一并解释电示，至级公谊。

热河都统署审判处虞

■ 统字第472号

民国五年八月二日大理院复江苏高等审判厅函

径复者：

准贵厅函开：据溧阳县知事庚邮代电，内称查《刑律补充条例》第七条各种疑义，迭经大理院解释，本已足资寻绎，惟所谓仍应论之之规定，似不免有受限制之处，既有疑问，敢请决之。该条所谓因奸酿成其他犯罪，是否包括亲告罪及非亲告罪而言？并无判例可循。设其他犯罪仍属亲告罪范围，则他犯之罪，且在不告不论之列，而奸罪从何论之？此不明了者一也；如因奸而又犯其他亲告罪（如因奸而酿成和诱略诱，因奸而酿成毁损器物，因奸而酿成对于尊亲属施强暴或致轻微伤害等罪），有告诉权者，仅告诉其他犯罪之部分，对于奸非部分，并未告诉，或直声明不愿告诉，问官能否依其职权，并论其奸罪？此不明了者二也。溧署现有类似此等案件，立待判决，即请迅赐解释，俾有遵循等情，据此。查解释法律，事属钧院权限，据电前情，相应函请钧院迅予解释见复为荷等因到院。

本院查《补充条例》该条所称因奸酿成其他犯罪，兼包括亲告罪而言，但所酿成之亲告罪，未经亲告时，奸罪自不应论。又对于他罪告诉，对于奸罪舍弃告诉权者，亦不能并论。相应函请贵厅转饬查照。

此复！

■ 统字第473号

民国五年八月二日大理院复湖北高等审判厅函

径复者：

准贵厅函开：今有甲帮与乙帮挟有夙嫌，乙帮丁因甲帮丙殴打其本帮戊临时聚众千余人，手持木棍铁钩等械，拥至甲帮住所，希图报复。甲帮闻风逃避，丁等遂将甲帮三十余家门窗板壁一切器具，尽行打毁，并伤害一人致死。事后调查，甲帮又确有失去衣服银钱首饰情事，究系何人行抢，尚不分明。子说谓，于实施强暴行为之际，其被害人之所有物被人抢去，凡在场实施暴行之人，应共负强盗之责，依《刑律》第二十九条第一项之规定，丁实触犯第三百七十四条第三款，及第三百七十三条之俱发罪，按照《惩治匪盗法》第三条第一、第五各款处断；丑说谓，丁固应负强盗之责，尚应构成骚扰罪；寅说谓，丁事前无强盗之预谋，仅有逞凶报复之故意，只应构成骚扰罪，及伤害损毁俱发罪。三说分持，案悬待判，事关生死出入，究应如何办理？相应函请钧院迅赐解释以便遵循等因到院。

本院查本案情形，如害及一地方静谧，应以寅说为正当。相应函复贵厅查照。此复！

■ 统字第474号
民国五年八月二日大理院复山东高等审判厅函

径复者：

准贵厅函开：案据栖霞县详称，今有甲、乙等数人虚构三个事实，诬告丙、丁，其中以一个事实，单独告丙，一个事实，单独告丁，一个事实告丙、丁共犯，然系一状告发，甲乙等是否应科诬告俱发罪？抑因其一状告发，成立一个诬告罪？应请解释者一也；甲诬告人而捏列乙、丙等名义，同为告发人，经乙、丙等知觉否认，于未经确定审判前，到案陈明，是甲之诬告罪，当然成立，其捏列乙、丙等名义，应如何科罪？应请解释者二也；甲诬告乙而嘱托撰述词状，丙本无法定书状资格，因图利故为撰述，应否认为诬告共同犯？又如甲本无诬告乙之意思，因丙所撰述状词竟构成诬告行为，甲实不知状内情形，该丙是否成立《刑律》第三百八十三条之既遂罪，应请解释者三也；教唆人犯罪，法律本有专条，然有一种之教唆，每因当事人无罪可科，遂不能绳若辈以法律，若辈竟以此为生活，例如甲、乙二人，因地亩纠葛，原无涉之决意，经丙教唆起诉，藉此渔利，虽当事人未经告诉，然于社会公安实有莫大妨害，可否科以诈欺取财罪，以资取缔？应请解释者四也。以上诸点，皆有疑义，事关罪刑出入，理合详请俯赐分别解释，批示只遵等情到厅。本厅复核请释各条，均关法律细点，既无明文规定，未便擅拟，诚思贵院为法院最高机关，理合函请分别解释，迅速函复，以便转饬遵照等因到院。

本院查第一例成立二个诬告罪；第二例甲于诬告罪外，并犯伪造私文书罪；第三例丙如有使乙受刑事处分之意思，自应以诬告论；第四例丙若无诈欺之行为，不能以诈欺取财罪论。相应函请贵厅转饬查照。

此复！

■ 统字第475号
民国五年八月三日大理院复安徽高等审判厅函

径复者：

准贵厅函开：案据芜湖地方审判厅详称，"今有甲某私带猪牛皮制成之料土，意图出卖与人挽制伪鸦片烟，或售与他人转卖；甫抵目的地，尚无买主，即被搜获。此种情形，揣诸法理，料土既无鸦片成分，自不能与贩卖烟土同论。查律无意图贩卖料土处罚专条，原则上已不为罪，且仅有携带行为，尚未表示何种犯意，亦难认为构成犯罪。惟详查经营此业之人，多系土棍流氓，意图诈财，十居七八，虽料土未经出卖，尚无特定被害之人，然其预期之目的，非自己直接诈财，即系供给他人犯罪，实属不法行为，若无制裁方法，未免涉于轻纵。现芜埠发见此类事件甚多，其可以证明诈欺者，固可依诈财律处断。惟确系贩卖料土，并无诈欺意思，或仅有携带行为，尚未出卖者，究竟应否成立犯罪？抑或属于违警范围内，不无疑

· 517 ·

义？此应请解释者一。又看守所所丁乙某，于检查犯人时，搜得鸦片烟土，匿不陈报，侵没入己，并恐吓该犯人如言鸦片被搜，必加重其罪。此种情形，或谓搜得鸦片，系所丁公务上管有物，无论是否暂时占有，均包括管有物内，应构成《刑律》第三百九十二条之罪；或谓所丁有恐吓行为，应构成《刑律》第三百八十二条之罪。然恐吓乙某系所丁事后湮灭犯罪之方法，并非诈取鸦片之手段，究以何说为当，颇滋疑义。此应请解释者二。又子某与丙妻丑通奸，经丙查实告诉，并声明只请究办子某罪，不究丑罪；因家中无人侍奉，情愿将丑某领回完聚，查和奸罪，须本夫告诉乃论，已于《刑律》第二百九十四条第二项明白规定，惟本夫对于一犯罪行为中之共同关系人，有无选择告诉权，不无问题。甲说谓，和奸罪，律须本夫亲告，原为防护私人名誉；现和奸事实，既经本夫向官署申告，其名誉污秽，自无所用其隐饰。查律定亲告罪，原指犯罪行为而言，并非指犯罪之个人。如一定犯罪事实已经有告诉权者。依法告诉，自应由检察官侦查共同犯罪之人，一并提起公诉，方符有罪必罚之旨。若令私人自由选择，将流弊滋生，殊失国家科刑权之公平。即令有窒碍情形，法律上原有救济方法，并于告诉人无何种不利益之结果。乙说谓，和奸罪之处罚，以防护夫权，维持家庭秩序为本旨。既经法律授与本夫亲告权，则本夫因维持家庭必要情形，自可于其法定权限内，有选择告诉权。审判衙门依不告不理之原则，自不能对于告诉以外之人为裁判。况亲告罪原许告诉人撤销，若不许其选择告诉，似于事实上不免窒碍。以上两说，究以何说为是？此应请解释者三。事关法律疑义，若无统一标准，适用时颇多困难，理合详请鉴核，转函大理院迅为解释"等情。据此，理合函请解释等因到院。

　　本院查第一例无诈欺行为者，不能构成《刑律》罪名；第二例应依等三百九十二条处断；第三例以甲说为正当，本夫不能选择告诉。相应函复贵厅转饬查照。

　　此复！

■ 统字第 476 条

民国五年八月四日大理院复湖北高等审判厅函

　　径复者：

　　准贵厅函开：案据宜城县知事朱介曾详称，"窃自《惩治盗匪法》施行以来，复有《施行法》及《盗匪案件适用法律划一办法》，以资依据。惟《施行法》乃手续作用；《适用法律划一办法》各条，仅指示在《刑律》上本有罪名者。若《惩治盗匪法》第四条各款之罪，均非《刑律》上所有罪名，如实犯各该款罪名，其情轻者，固可依《刑律》第九条适用同律减轻宥恕各条；若犯未遂罪，则《惩治盗匪法》及《施行法》与《划一办法》均无规定明文，是否亦可依《刑律》第九条适用同律第十七条及该条第三项处断，殊有疑义。盖该条第二项规定，未遂犯之为罪，于分则各条定之。若《刑律》分则各条未规定未遂罪者，审判衙门于该未遂罪，即不能予以制裁。今若于《惩治盗匪法》上第四条各款未遂罪，依《刑律》第九条、第十七条第三项处断，则置该条第二项于何地？或谓强盗未遂罪，《刑律》

尚予制裁，盗匪同类，自当依照上开法条处断。窃谓法律禁类推，决不能臆揣定谳。职县现有掳人勒赎未遂案，悬而待结，究应如何处分，理合详乞钧厅鉴核批示只遵，或函转大理院解释示遵，实为公便谨详"等情。据此，相应函请迅赐解释等因到院。

本院查掳人勒赎，本系《刑律》强盗罪一种，《惩治盗匪法》系特予加重。该法既无未遂处罚明文，自应依《刑律》强盗未遂各本条处断。至其《刑律》无罪名者，该法又无罚未遂规定，自不能处罚。相应函复贵厅，转饬查照。

此复！

■ **统字第 477 号**
民国五年八月十日大理院复察哈尔都统署审判处函
径复者：

准贵处函开：案查《惩治盗匪法》施行后，《刑律》第三百七十四条已完全失其效力，但此条既失其效力。则《刑律》第三百七十九条内所举第三百七十四条第三款外之强盗未遂罪，亦应失其效力。如有该条所犯强盗未遂，是否即按《刑律》总则第九条、第十七条，《惩治盗匪法》第三条第一款减处？抑仍按《刑律》第三百七十九条处断？案关法律解释，相应函请示遵，悬案待复等因到院。

本院查强盗未遂，仍应依《刑律》第三百七十九条所举各本条处断，希参照本院统字第一百六十二号解释。相应函复贵处查照。

此复！

■ **统字第 478 号**
民国五年八月十日大理院复察哈尔都统署审判处函
径复者：

准贵处函开：案查强盗侵入第宅，尚未抢劫财物，或已经侵入第宅，强索银两，尚未到手，均未实施其他强暴行为；值此时，巡警赶到，将该犯拿获。于此有两说焉：甲说谓，其目的为强暴抢索财物，虽因意外障碍，未达目的，但已侵入第宅；查《刑律》第三百七十三条之规定，所列举本未以得财为标准，当以强盗既遂罪论；乙说谓，该犯犯罪虽已着手，而因意外障碍，未遂目的，虽实行侵入第宅，尚未实行强抢、强索财物到手；查第三百七十三条之规定，虽未列举以得财为标准，而实根据于第三百七十条而来，既未强取他人所有物到手，当以强盗未遂论。二说未知孰是。事关解释，相应函请示遵等因到院。

本院查强盗罪既遂、未遂之分，不以得财与否为断，凡以强暴、胁迫、强取他人所有物之意思而实行强取者，虽未得财亦属既遂。是已侵入第宅、强索银两未到手者，固系既遂；即侵入第宅、尚未抢劫者之侵入行为，可认为强暴者，亦不能谓非既遂。相应函复贵处查照。

此复！

统字第 479 号

民国五年八月十日大理院复甘肃高等审判厅电

甘肃高等审检厅：

电悉！被告未经第一审判决，提起控告系不合法，仍应由审厅驳回。

大理院蒸印

附：甘肃高等审判厅原电

大理院钧鉴：

如有甲被乙告诉到县，未经该县判结，甲提起控诉，固属不合。此种案件，若必须送审，未免徒费手续，似无实益，能否由检厅径自办理？请示遵。

统字第 480 号

民国五年八月二十六日大理院复河南高等审判厅函

径复者：

准贵厅民字第一四九号函开：据开封地方审判厅详称，"为详请解释法律事，设有某甲于所有地上建筑楼房，安置锅炉、烟突等物，邻佑某乙等以某甲建筑楼房、安置锅炉，将生火险，妨害公安，报告警察厅；经警察厅命令禁止建筑。某甲以某乙等妨害物权，诉于审判厅。审判厅对于此种诉讼，应否受理？有子丑两说：子说谓，某甲与某乙等纯系私人间物权之争执，审判厅应予受理；丑说谓，某甲与某乙等虽系私人间物权之争执，然人民建筑楼房等物，应报由警察厅，经审查是否妨害公安，核准后方可建筑。《违警律》第三十四条第二款对于建筑物之建筑修缮，不依法令章程，禀经警察官署准许，擅兴土木，或违背官署所定图样者，设有处罚明文。某甲之建筑是否妨害公安，属于警察处分范围，审判厅不应再为受理。二说究属何说为正当，职厅未敢擅拟。事关法律解释，悬案待结，理合详请鉴核，转函大理院迅赐解释，俾资遵守"等情。据此，钧院有统一解释法律之权，相应据情函请从速核示，以便饬遵等因前来。

查凡国家以行政处分对于人民为一种处置者，无论该处分正当与否，其撤销或废止之权，自在上级官署或行政诉讼衙门，司法衙门要无干涉之余地。惟其间如有以私人资格，假行政官厅之处分，为侵权行为之手段者，则其被害人除得向该管行政或行政审判衙门请求撤销或废止其处分外，并得对于加害人向司法衙门提起民事诉讼，请求其设法回复原状或赔偿损害。此本院判例屡经说明者也。所询情形，某甲既以警察厅禁止其建筑命令为不法、乙等妨害其物权为理由，提起诉讼，自应予以受理。相应函复贵厅转饬遵照可也。

此复！

■ 统字第 481 号

民国五年八月三十日大理院咨司法部文

径启者：

准贵部函开：本年八月七日据广东司法厅厅长详称，"此次该省独立，各县公署多有被军队占据，致案牍卷宗被毁散失。案经控诉审调卷，竟无从检送。会议办法：甲说，第一审诉讼记录散失，应发还更为审理；乙说，由控诉审接续审理，无庸再为发还。两说相持，莫衷一是。惟无论发还与否，而诉讼记录既无从查考，当事人提出证据若干，有无瑕疵，于审理事实上殊难认定，究应如何办理之处，请核示遵行"等因到部。查该厅所陈各节，自系实在情形。卷宗散失，应筹妥善办法。惟甲、乙两说，关于审判上之进行程序，应请贵院解决。即希见复，以便转令遵照等因到院。

查控告审为事实审，有接续审理之性质，控告程序，不啻为第一审辩论之再开，殊与上告程序不同。来函情形，如果确知第一审业已判决，自可依照通常程序，予以进行，毋庸发还第一审更审，以免拖延，而资利便。至证据如因附卷一并遗失，即应设法另行搜集他证，重新审究，或并向原审人员讯明当日提出各证之情形及内容，藉资参考。相应函复贵部转饬遵照可也。

此致！

■ 统字第 482 号

民国五年九月二日大理院咨司法部文

为咨复事：

前接贵部第八九二号咨开：据直隶高等审判厅详称，"拟将该厅所属各县第一审判决应作判词而误用堂谕各案，分别以该堂谕已经作为副本送达，并判明一定争点及备具一定理由者，认为形式违误之判词，予以受理。其虽有堂谕副本而事理不明，或仅有堂谕而无副本者，应视未经正式判决之件，发回重审。请咨院备查"等因到部。本部查该厅所拟办法，系为划一受理标准起见，相应钞录原详咨请查核见复，以便饬遵等因到院。

查判词所以表示审判机关裁断之意思。诉讼法规所以规定一定之格式者，盖认依照所定格式发表意思，乃足以昭威信而臻完备。县知事兼理审判制度，本系一时权宜之计，则关于县知事民事审判程序之规定及其解释，亦应酌宜度势，不仅拘泥空理，而以实际可行利便人民为主。故除应绳以最小限度之限制外，断不能因县知事有所违误，辄认为根本无效，而徒使人民受奔走拖累之苦。判词格式，就最小限度言之，县知事但就本案或本案前之争执有一定之裁断，即已表示决断之意思者，苟经依法谕知，纵其理由异常简略，亦可解为已有裁判。若谓理由及其他之形式，均应详备，则但可以行政方法责成知事勉力为之，断不能以之为裁判成立之要件。贵部四年五月十二日第五九六号通饬，既系体会斯意，从宜解释。饬文中亦但称"尤不应专据形式之违误，率尔发还"等语，并无"如该厅原详形式违误之判词，或异于堂判形式而有另行制作之件"之字样，亦非变更原章程之规定。该厅所陈各节，既未免失之误会，且独为上诉审判衙门计，未为当事人设想，殊于解释《诉讼章程》应守之原则未能贯彻。

总之，县知事判案，但有一定之裁断，无论以何形式，苟经法定谕知程序，其理由纵极简略，均应认为第一审裁判业已成立；控告审判衙门即应进行控告审程序，不得谓为无效，辄予发还。其是否具备详明之理由，或其他之形式，皆不应认为裁判成立要件，只应由各该高等厅审判处长等指令，勉求完备。本院历来守此见解，控告审裁判如有差异，一律纠正。至县知事裁判按照《审理诉讼暂行章程》，本无必须以副本送达之限制，且于第四十条明定'牌示'字样，故本院历来解释，凡牌示有据或以较郑重之手续送达副本者，均认为合法，即起算上诉期间。该厅原详乃称"仅有堂谕，而无副本者，应视为未经正式判决"；又称"若其堂谕已经作为副本送达"云云者，即认为形式违误之判词，予以受理，尤有未合。相应咨复贵部，应请通令京外高等厅审判处筹备处转令所属一体查照可也。

此咨！

■ 统字第 483 号

民国五年九月四日大理院复安徽高等审判厅函

径复者：

准贵厅第九十号函开：顷据霍山县知事快邮代电内开："设有甲之女，自幼许与乙之嗣子丙为室，有婚书媒证。嗣后乙死，乙之子丙因犯窃盗罪，受五等有期徒刑之处分，甲遽悔婚，将女另许与丁之子，迎娶过门成婚。丙之本生父母，率丙控诉求还原娶，应如何办理？悬案以待，仰乞解释示遵"等情。据此，查事关解释法律，本厅未便擅拟，相应转请钧院，迅予解释，以便饬遵等因前来。

查悔婚再许，《现行刑律》男女婚姻门，本有禁止明文。第未成婚男子有犯奸盗，听女别嫁。此案丙既因犯窃盗被处徒刑，其已聘之甲女，自应许其悔婚另嫁。相应函复贵厅转饬遵照可也。

此复！

■ 统字第 484 号

民国五年九月四日大理院复江苏高等审判厅函

径复者：

准贵厅第八七六号函开：案据上海地方审判厅长袁钟祥详称，"窃属厅现因民事执行案件，发生疑问，特将案情设例如下：父子同居共财，子欠外债，对于祖遗财产，可否执行？于此，甲、乙两说：（甲说）其主张有二点：（一）祖遗财产，为父所有之财。父不能代还子债，即不能执行。（二）如子在外欠债，祖遗财产，可供执行，则家长无以维持家庭秩序。（乙说）其主张有三点：（一）中国旧例，以父子共财为原则，异财为例外。今本案之父子即未分财，即是共财，无论父子在外欠债，此祖遗财产，已为父子各债权者之暗默担保。如无此产，则债权者必不肯贷借钜款。当然可以执行。（二）父处家长地位，为家属财产之代表（即指祖遗财产言），而非一家之财产。悉为家长所有，子为家属一分子，即为家属财产所有者之一分子，对于祖遗财产，应得之持分，当然可以执行，并非父还子债。（三）家长维持家庭秩序，自有救济方法。如卑幼不听教训，则可送惩戒；如卑幼浪费，则可宣告准禁治产。今卑幼负债待偿，与私擅用本家财物者有别，安得害及善意之债权者？益可证明祖产可供执行。以上两说，俱言之成理，以何说为是，属厅未敢擅决，理合缮具缘由，详请鉴核，并祈迅予转详大理院解释示遵，不胜鹄候"等情。据此，相应函请钧院迅赐解释，以便饬遵等因前来。

查父在，子不得为家财之主体。故子所欠之私债，除就其私财（即子之特有财产）执行外，无就于祖产执行之理。自以甲说为是。相应函复贵厅转饬遵照可也。

此复！

■ 统字第485号

民国五年九月四日大理院复山东高等审判厅函

径复者：

准贵厅第七九四号函开：案查本厅前以异姓不得乱宗为立继之原则。设有张甲自幼给予李乙为义子，立有契约，永不归宗。李乙并为张甲娶妻李，乙后生子李丙，因张甲无子，遂邀同亲族公议，以李丙之子为嗣子，书立继单。当时张甲本宗人等，并无异言。事过十余年，张甲死后，忽有张甲之本宗弟张丁出头干涉，谓当以张氏卑属为嗣。此案张甲虽未从李姓，而自幼抱养于人，约不归宗，与本宗已绝关系，张丁有无干涉其立嗣之权力？其明系张氏子孙，当然不得以李氏子为子，则改立张氏卑属为嗣以后，当时在养父家所分得之财产，该承继人有无承受之权利？此其一也。遗弃三岁以下小儿已从收养家之姓，及无子准为立嗣，择立养家，则非其血统之亲，父亲则久失其姓氏，在例亦并无明定，此案应如何解决？又其一也。甲父为养子（自幼给养，年龄不可考），甲祖无子，遂以为子，族众未有异议。甲祖死，甲祖母又与甲伯祖母平分祖遗财产，使甲父承受无异词。甲父死，甲继承财产计六十余年间。该族中曾无一人告诉其为义子。今岁忽有甲远族人提出该族谱碑一张，谓修谱勒碑之年，甲父已十余岁，而碑文甲族名下缺载生子某某。又讣帖一张，谓甲族死时之讣闻，载螟蛉子某某（即甲父名）等语，告诉甲义孙霸产等情。此案告诉人，虽对甲为义孙乱统之诉，而实际不能不根究及甲父之为义子。惟是，甲父虽系义子，然在生前已取得为人子之资格，甲又继承多年，乃于数十年后追夺死者之人及生者之财产，揆之天理人情，均有弗当，而于社会公益理由，亦多未合。此案究竟如何解决？又其一也。以上问题，均系本厅悬案待决之件，敬恳贵院迅赐解释，俾得遵循等因前来。

查所询第一问题，张甲既未依法归宗，则立嗣之事，张姓族人即无干涉之余地。第二问题，遗弃小儿，既久失姓氏，已从养家之姓，则无子立嗣，自可择其养家同姓之子为后。至第三问题，甲父纵系异姓，亦非依法应继甲祖之人，且证明承继开始当时所以不告争之理由（即证明并未抛弃承继权），对甲不得告争。关于第一、第三两问题，因本院早有相类之判例在前，故搁置未复。兹据函催前来，相应函复,并希转饬遵照可也。
　　此复!

■ 统字第 486 号
民国五年九月六日大理院复山东高等审判厅电
　　山东高等审判厅:
　　皓电情形,既经检察官认为无理由,自可驳回。
　　大理院鱼印
　　附:山东高等审判厅原电
　　大理院钧鉴:
　　原告呈请控诉,检察官附具意见,认为无理由,转送到厅。未经审理,原告人死亡。本案是否仍应以检察官为控诉人,进行审理,抑可将呈请控诉驳回?请速示遵。
　　山东高等审判厅皓印

■ 统字第 487 号
民国五年九月七日大理院复湖北高等审判厅函
　　径复者:
　　准贵厅函开:案据湖北第一高等审判分厅详称,"兹有刑事案件发生于甲、乙两县相邻地点,同级检察官据原告诉人之禀状,声请指定管辖。以甲县为犯罪地,乙县为犯人所在地,两县均有管辖。惟甲县先受公诉,遂依据《刑诉律》'管辖'各节第十五条及第二十七条第一款,以决定指定甲县知事公署管辖。厥后,经甲县知事迭次调查,犯罪地实在乙县,不在甲县。至犯人所在地,除共犯中一人在甲县外,其余多数共犯又均在乙县。甲县知事遂依据《刑诉律》'管辖'各节第十二条及《县知事审理诉讼暂行章程》第四条,将该案件以判决移交乙县知事公署。同级检察厅复据原告诉人之请求,声明控诉到厅。查该案指定甲县管辖之决定,确定已久。除仅共犯中之一人所在地为甲县外,其他所据以为指定甲县管辖之事实,根本上不存在,似不得以先受公诉为标准。究应如何办理,事关刑诉程序,职分厅未敢擅拟,理合备文详请函转大理院迅赐解释示遵,谨详"等情。据此,查此案既经该分厅决定指定甲县管辖,即应由甲县受理。该甲县自不能对于已确定之指定,自由移交乙县。惟案关解释法律,敝厅未便擅专,相应函请迅赐解释见复,以便转饬遵照等因到院。
　　本院查本案既经上级审判衙门指定管辖,自应由被指定之甲县受理。相应函复贵厅转饬查照。
　　此复!

■ 统字第 488 号
民国五年九月七日大理院复安徽高等审判厅函
　　径复者:
　　准贵厅函开:案据怀宁地方审判厅详称,"查吴亚东等杀人及伤害一案前经职厅预审并公开判决，吴亚东等不服控告钧厅，复上告大理院。嗣奉大理院四年上字七百九十五号判决，将原判关于吴亚东、江明亮、王旭安之部分撤销，发回职厅为预审之裁判。又经职厅预审终结，决定吴亚东等无罪，同级检察厅检察官不服提起抗告；经钧厅裁判后，吴亚东等复声明抗告。兹奉大理院五年抗字第三十二号决定，其主文云，'原决定撤销本案抗告，应由怀宁地方审判厅裁判'等因。是本案对于不服预审决定声明抗告之裁判及公判第一审之审判，皆由职厅为之。惟查职厅现任庭员厅长及民庭庭长周晓峰，推事敬心地、王昌言、孙伟仅五人，合之实习推事陈斌共系六人。本案第一次预审，始由推事孙伟承办，因该推事曾参与第一次公判陪席，经当事人声请拒却，职厅为求审判公平，并咨询检察官意见，决定准其拒却，另行分配推事敬心地预审。至推事王昌言，亦因与当事人一方有同地关系，素未参与本案，现又自行引避。故厅员中尚无窒碍者，惟本厅长及实习推事陈斌二人而已。查本案系杀人案件，情节重大，依据《法院编制法》第五条第三款，将来公判，必用合议，因庭员分配困难，致发生三种问题：一、此次对于不服预审所为抗告之裁判，或无罪或付公判，关系重大，可否以承办抗告审之推事，更充第一审公判之推事？二、此次抗告审如决定应付公判时，承办第二次预审终结之推事，可否再充第一审公判之推事？三、如认以上所举抗告及预审之推事，不能再充公判推事，又无他庭员足资分配时，可否将本案咨请同级检察厅检察官，声请转移管辖？案悬待决，相应详乞钧厅转请大理院迅予解释，庶可免行无益之程序，所有应请解释缘由，理合详请查核施行"等情。据此，相应函请钧院查核释示，俾便饬遵等因到院。

本院查抗告审推事，当然不妨为公判推事。至预审推事，依《法院编制法》第二十条规定，亦得加入合议之数。相应函复贵厅转饬查照。

此复！

■ **统字第 489 号**

民国五年九月七日大理院复江西高等审判厅函

径复者：

准贵厅函开：案据兼理司法进贤县知事傅乃谦详称，"详为详请转请解释法律事，设有甲、乙、丙、丁四人，共同意图勒死甲子某戊，当时勒而未死，共疑已死，即行停止实施；嗣因丁独自意图抛尸灭迹，当场亲将戊推水溺死。是则，甲、乙、丙、丁之杀戊行为，与丁之抛戊行为，因果关系业已中断。该四犯勒戊之所为，是否依《刑律》第三百十一条、第三百二十七条、第二十九条及第十三条三项二款各处以杀人未遂罪？丁推戊入水之所为，并无溺死戊之意思，是否依同律第十三条三项一款，认为成立第二百五十八条之罪，而依第二十六条不予论科？又如，上例甲以戊实忤逆而起杀意，丙则独以戊在有碍其与戊母之奸情而决其心，则丙与戊母奸非行为，虽未亲告，应否认为酿成他罪，依《补充条例》第七条，仍论《刑律》第二百八十九条之罪？以上各节，事关法律解释，知事等心有所疑，未敢擅便，理合备文详请钧厅，俯赐转请大理院迅予解释示遵"等情到厅。据此，相应据情函请解释见复等因到院。

本院查第一例，甲、乙、丙、丁之杀戊行为，应以杀人未遂论，丁推戊入水之所为，既无杀意，除成立第二百五十八条之罪外，如有过失，仍应以过失杀论，均依第二十六条之例处断。又第二例自合于《补充条例》第七条之规定，仍应论《刑律》第二百八十九条之罪。相应函复贵厅转饬查照。

此复！

■ **统字第 490 号**
民国五年九月七日大理院复江苏高等审判厅函
径复者：

准贵厅电开：查对于声请移转管辖之决定，依钧院刑事判例，当事人不得为抗告。如违例抗告，应否送院核办，抑径由本厅驳回？乞电示遵等因到院。

本院查此项抗告，仍应送院核办。相应函复贵厅查照。

此复！

■ **统字第 491 号**
民国五年九月六日大理院复安徽高等审判厅函
径复者：

准贵厅函开：案据英山县知事详称，"今有甲、乙夫妇，有女丙、丁、戊三人。丙、丁均已出嫁，而住离不远，常川往来；戊则尚未许字，亦早已成年。甲、乙夫妇因迫于生计，嘱令该三女秘密卖奸，营利糊口，丙、丁、戊均奸淫成性，绝无反对。甲、乙虽指使其所为，亦毫无恃尊强制。惟丙、丁之夫，事前概不知情；嗣因戊与某己相暱，愿嫁为婚，己亦愿娶为室，因己之父母反对其事，并管教其子，不准冶游，己从此不复往来，戊因此短见自尽，致丑声外扬，人言沸腾。丙、丁之奸非行为，被各该本夫所发觉，提起亲告。甲、乙、丙、丁应如何分别论罪，主张不一。甲说谓，甲、乙嘱令其女之卖奸行为及对于戊之短见自尽，法律均无论罪正条，且无恃尊强制情形，与《刑律补充条例》第五条所定情罪亦不相符。甲、乙应照《刑律》第十条律无明文之原则，不问何种行为不为罪。至丙、丁之犯奸非，既经其本夫亲告，似应按《刑律》第二百八十九条论罪。乙说谓，甲乙之行为，法律虽无正条，其嘱令丙丁戊卖奸营利，虽亦未达强制程度，然决不能认为无背法令，正当业务，及不背善良风俗习惯之行为。按《刑律》第十四条立法之本意，当然衡情论罪。且妇女出嫁从夫，其丙、丁两女，既均已出嫁，自应以夫家为主体，既经各该本夫亲告到官，似得按照《刑律》第二百八十八条科甲、乙以相当之罪。至丙、丁之奸非行为，系卖奸而非和奸。卖奸之目的，在于营利。买奸者不能与和奸之奸夫并论，相奸者之地位亦因而不同。况丙、丁之犯奸，由于其本生父母所指使，虽曰奸淫性成，未经拒绝，究与出自本意之和奸有别。甲说主张照《刑律》第二百八十九条科丙、丁以和奸相奸之罪，是否允洽，殊滋疑问。若照本说，认甲、乙为引诱卖奸，则被引诱之妇女，法律无治罪之条，似得援《刑律》第十条不为罪。以上两说，究以何说为正当，理合详祈核示"等情。据此，查所陈各情，案关法律解释，理合函请查核解释示复等因到院。

本院查本案丙、丁既系已嫁之女，则甲、乙应以引诱卖奸论。至丙、丁奸非既经亲告，亦应依《刑律》第二百八十九条论罪。相应函复贵厅转饬查照。

此复！

■ **统字第 492 号**

民国五年九月八日大理院复湖南高等审判厅电

湖南高等审判厅：

宥电情形，仍得依《刑律》第四十八条没收。

大理院佳印

附：湖南高等审判厅原电

大理院钧鉴：

犯《刑律》第一百四十及一百四十一条罪，所收受之贿赂，应行没收，一百五十一条已有特别规定。惟犯一百四十二条及一百四十三条罪所交付之贿赂，于未收受前发觉者，可否依照四十八条第二款没收之？乞速电复。

湖南高等审判厅宥印

■ **统字第 493 号**

民国五年九月九日大理院复绥远都统署审判处函

径复者：

准贵处函开：今有甲与乙、丙、丁结伙四人，到戊家行劫。甲先用绳将戊捆缚，由乙、丙、丁用火烧烤，逼问财物，戊忍痛不过，将财物供出，由甲、乙、丙、丁抢劫而去，事后甲亦分得赃物。本案之甲，对于《刑律》第三百七十三条第一款第二款，当然与乙丙丁共同负责，为共同正犯，毫无疑义。惟对于该条之第三款，甲并未实施烧烤，仅先用绳将事主捆缚，是否亦应与乙、丙、丁为共同正犯？如应认为共同正犯，是侵害三个法益，为《刑律》第三百七十三条之三罪俱发，《惩治匪罪法》第三条第五款规定之俱发，此项俱发应一并包括在内？抑更有其他之解释？悬案以待，恳请迅予解释等因到院。

本院查本案情形，甲、乙、丙、丁均系《刑律》第三百七十三条之共同正犯，只系一罪，并非侵害三个法益，不能以俱发论。相应函复贵处查照。

此复！

■ **统字第 494 号**

民国五年九月十三日大理院复安徽高等审判厅函

径复者：

准贵厅函开：设有海关员役，侵占管有财物，被海关发觉，函请惩办。主任检察官侦讯时，该被告人因赃证确系，亦供认不讳。惟检厅笔录载检察官最终讯问被告，尚有无其他侵占之事，被告供后十余日，复侵占一次，复讯以后次侵占，是否临时起意？被告供称系临时起意，原检察官并未续行侦讯。其二次侵占，究系何日及详细情形，亦未函询海关，遂依侵占俱发罪起诉。送审判决后，被告人不服上诉时，只供侵占一次，绝对不认在检厅有自白二次侵占，及临时起意等情。上诉审因时机经过，又未能确得该被告人二次侵占之真实状况，究竟可否依检厅记录之被告人自白，认其有二次侵占罪？颇有疑义。或谓诉讼原则，不能变更前审自认之事实，本案被告人既在初审检厅自白有二次侵占情事，当然可认其二次之侵占罪成立；或谓自白虽系有力证据之一，然须自白之内容，可确明犯罪真相时，始能发生自白效力。倘仅为囫囵之自白，如被告人自称某月杀人众多，法院如未详细询得所杀何人，及杀人之地与时各种真确情形，当然不能截取被告一囫囵自白之语，判以杀人罪刑。本案被告自白与上例同，如无其他方法可证明所谓二次侵占之真相，法院即不得违背刑事采真实发见之主义，认其有二次侵占之罪。两说不一，究应何从？此应请解释者一也。又假令本案可据该被告在初审检厅之自白，或另调查其确有二次侵占事实，究竟此类情形，应认为俱发罪，抑应照连续犯以一罪论？甲说谓，连续犯，须有预谋可证明其数次犯罪，先有连续之意思，乃能以连续犯论。本案被告人在检厅自白二次之侵占，谓系临时起意，则其二次侵占，无与初次侵占之意思连续可知，应以俱发罪论。乙说谓，连续犯之多数行为，本系各别独立构成数罪，且规定在俱发罪中，不过立法者因此等犯罪，大概从犯人之身份职务，或犯罪客体及种种外因，确有容易连续犯同种罪数之倾向，故特规定连续犯法条为俱发罪之例外，处刑结果，比照俱发较轻，适用法律者，即当本此立法精神，以衡量犯罪事件。惟暂行《刑律》于连续犯条文，语至简浑，如适用发生疑义，只好就"连续"二字为文理的解释。第一，自主观上言之，连续犯只须普通观察上，足认其最初犯意，可为其以后犯行之发见，即可成立连续犯。例如继母对于前子为十余度之凌虐行为，致成废疾，虽最初未预定凌虐若干次，及某度为如何凌虐，然只需其最初有概括之凌虐决意，则可视为其此后多次凌虐行为之发见。且此等犯罪者之身份与外因，其犯罪自初既有凌虐决意，往往有容易连续其凌虐之倾向，当然依立法精神以连续犯论。第二，自客观上言之，认定连续犯犯人，有如何连续之预定意思，既不能如认定普通犯罪者犯意之可容易明了，则须就普通观察上，可认其后之行为，与最初之行为，有大体的连续关系，即不妨成立连续犯。例如厨人于一月内，分日酌窃主人之油盐酒脯米物共十余次，迨经发觉，主人询以每次是否临时起意，该厨人答称确系临时起意。但此类事件，自法理上言之，该厨人以职役上连续关系，最初既有窃取主物之概括意思，则其后不过遇有可窃机会，即容易连续其窃取行为。当然依立法精神，以连续犯论。不能截取该厨人顺口所答临时起意之语，即定其为十余个之窃盗罪俱发也。上述甲、乙二说，究以何说为当？此应请解释者二也。事关法理上统一解释权限，未便擅拟，相应函请钧院迅予解释见复等因到院。

本院查刑事诉讼以实体真实发见主义为原则，被告自白，虽可为一种证据，但是否虚伪，有无别情，审判官仍应详细审查。至第二审亦系事实审，并不受第一审讯问笔录之拘束。若检察厅之侦查笔录，更不能拘束审判衙门。但本案情形其以前自白是否可信，在直接审理之审判官详查情形，自由判断，非本院所得悬揣。又连续犯以意思连续为要件，其意思是否连续，亦在审判官之调查认定，并不受被告人供述之拘束。相应函复贵厅查照。

此复！

■ **统字第 495 号**
民国五年九月十三日大理院复安徽高等审判厅函
径复者：

准贵厅函开：案据怀宁地方审判厅呈称，"查《修正各级审判厅试办章程》第二十二条规定，'凡地方审判厅第一审刑事案件之疑难者，应行预审'各等语。依该条文义解释，凡刑事案件之应付预审者，须属地方审判厅所得受理之第一审，且涉于疑难者为限。若初级法庭管辖之案件，关系较小，并无疑难可言，自无付诸预审之必要。第依现行法院之编制，地方审判厅与初级审判厅，系属合并组织。凡初级法庭管辖之案件，亦属于地方审判厅受理。如检察厅以纯粹属于初级法庭管辖之案件，向地方审判厅请求预审，其请求是否合法，不无问题。甲说谓，现在地方厅与初级厅，虽系合并组织，然其合并者，仅组织机关之外部作用，而内部审级，仍属截然分离，如不服初级管辖法庭之判决，仍向地方厅合议庭控诉，可为明证。足见《修正各级厅试办章程》第二十二条所称'凡地方审判厅第一审刑事案件之疑难者，应行预审'等语，实专指地方厅所管辖之案件而言。若初级法庭管辖之案件，亦应包括在内，则《修正各级厅试办章程》时，系在初级厅未经合并以前，自须将二十二条删去'地方审判厅'五字，或于'地方'二字之下添入'及初级'三字，始能贯彻其主旨。且查诉讼通例，初级检察官关于初级审判厅管辖案件，认为侦查处分既完备者，毋庸请求开始预审。又初级审判厅管辖案件与预审案件，同时调查者，检察厅得并行预审，按其理由，无非以纯粹属于初级厅管辖之案件，关系轻微，故不许用预审程序，以实施概括之强制处分。核与《各级厅试办章程》第二十二条之立法本意，互相参观，如出一辙。可知，初级厅未经合并以前，并无设有预审推事之明文，且特定为独任制，其审判权仅以推事一员行之，故现在初级法庭合并于地方厅以后，亦无预审推事及合议庭之设置。若依大理院五年抗字第三十二号，以预审决定后，经当事人声明不服者，即以预审推事所属之审判衙门为抗告审判衙门之解释，则初级法庭，既无预审推事，又无合议庭可为抗告审之裁判，虽欲受理此案，将何从行其审判权乎？由是言之，是《各级厅试办章程》第二十二条所谓'应付预审案件'，当然不包括初级管辖之案件，自不得以地初合厅之故，遂谓初级管辖案件亦可付预审也。乙说谓，《修正法院编制法》第十九条规定，'地方审判厅有管辖左列刑事案件之权，第一审属于初级管辖，及不属大理院特别权限内之案件'各等语。可见，初级厅裁废以后，初级案件既由地方厅管辖，业有明文规定，而别无初级案件不付预审之限制，则《修正各级厅试办章程》第二十二条所谓'地方审判厅第一审刑事案件之疑难者，应行预审'各等语，实包括地、初两级之案件而言。且查同章程第一百零五条规定，'凡起诉时，或应付预审或应付公判，由检察官临时酌定'等语。兹由检察官酌定初级案件应付预审，则初级法庭自无拒绝受理之理。以上两说，究以何说为是？此应请解释者一。又同章程第一百零四条规定，'凡起诉时，须指明一定之被告人；其有不知姓名，而或知其形状及犯罪形迹，或遗物足资凭证者，均可请求搜查或预审。若全无犯罪形迹时，须俟警察访查确实后起诉'各等语。查搜查证据、逮捕犯人，惟预审推事始有此项强制处分之职责。故检察厅仅指明一定之被告人，其有不知姓名，而或知其形状及犯罪形迹，或遗物足资凭证者，即可请求搜查或预审。原以预审推事系补助检察官侦查之不足也。若公判庭为原告官与被告人开始言词辩论之地，依诉讼通例，除拘役、罚金案件之被告人及法人犯罪，得置被告代理人。又拘役、罚金之被告人，受传唤不到场者，得不待被告人之辩论，而行判决外，其余均须被告人出庭后，始得开始公判。而同章程第三十六条第二项亦称'刑事应处拘役、罚金之被告人，因取保在外传唤不到者，得据被告人取保前之辩论，即行判决'。可知公判厅于公判时，既非待被告人出庭辩论，不得开始。即检察厅尤非将被告人票传到案，或收所或取保使被告人得以依限到案者，始得请求公判。如检察厅以同章程第一百零四条既有请求'搜查或预审'字样，谓此项条文，不仅专指请求预审时，始能使用，虽请求公判时，亦可依据，故以最重主刑应处徒刑以上之被告人，于起诉以前，未经票传，或虽经票传而并未到案，仅据告诉人之告诉，即指定被告人姓名，请求公判，则公判庭能否依据上项条文，径予受理？此应请解释者二。案关法律疑义，若无统一标准，于适用时，殊多困难，理合具文呈请鉴核，转函大理院迅予解释，俾资遵依等情到厅。"据此，相应函请查核释示，以便令行遵照等因到院。

本院查第一例自以甲说为是。第二例依该章程之解释，除拘役、罚金外，只能请求预审，不能径付公判。相应函复贵厅查照。

此复！

■ 统字第496号

民国五年九月十八日大理院复四川高等审判厅电

四川高等审判厅：

微电解释，并无错误。

大理院效印

附：四川高等审判厅原电

司法部、大理院鉴：

法密，省议会系地方议会性质，依省会法规定，似无弹劾法院之权，解释有无错误？事机甚迫，立盼示遵。

川高等厅叩微

■ 统字第 497 号

民国五年九月十八日大理院复安徽高等审判厅电

安徽高等审判厅：

鱼电情形，不应论奸罪。

大理院效印

附：安徽高等审判厅原电

大理院钧鉴：

告诉无效之奸非罪，因奸酿成其他犯罪时应否仍论奸罪？乞电示遵。

皖高审厅鱼印

■ 统字第 498 号

民国五年九月十八日大理院复广西高等审判厅电

广西高等审判厅：

冬电情形，依县所引律论。

大理院效印

附：广西高等审判厅原电

大理院鉴：

堂谕代判词，认为有效与否，依县所引律论？抑依犯罪实质论？乞电示遵。

广西高审厅冬印

■ 统字第 499 号

民国五年九月二十日大理院复绥远都统署审判处函

径复者：

准贵处函开：据萨拉齐县知事李文鼎呈称，今有某甲贩违禁物，寄匿于某乙店内，托丙为牙保销售，丙已受寄，是否应以赃物论？如不以赃物论，丙将原物变更因而获利，应如何处断？又有某甲以漏税物寄匿于某乙店内，托丙为牙保销售，丙已受寄，是否应以赃物论？如不以赃物论，丙将原物变更因而获利，应如何处断等情到处，查解释法律，系钧院特权，据呈前情，相应函请解释等因到院。

本院查第一例丙系甲之共同正犯；第二例甲既不能构成《刑律》上犯罪，丙亦不能构成《刑律》上犯罪。相应函复贵处转饬查照。

此复！

■ 统字第 500 号

民国五年九月二十日大理院复总检察厅函

径复者：

准贵厅函开：据陕西高等检察厅呈称，案据陕西高等分厅鲁同恩详称，"查检察官办理刑事案件，对于法律上有不能解决者两端：其一有甲男因与乙女挟有讼嫌，假已故丙男之名，致函于乙女之夫丁男，谓乙女有辱身败节情事，丁男信以为实，遂与乙女离婚。甲说谓，信用者，即人于其财产方面之社会上地位；名誉者，即人之社会上地位也。若以诈术损害他人财产方面之社会上地位，始得以妨害信用罪论。至摘发他人一定之丑事恶行，当然为妨害他人之社会上地位，应依《暂行新刑律》第三百六十条论罪；乙说谓，信用有广狭二义。狭义之信用，为人于其财产方面之社会上地位。广义之信用，则包含人之财产方面以外之社会上地位而言。《暂行新刑律》第三百五十九条'信用'二字，乃广义之信用，并非狭义之信用。观该条规定，不曰损害他人业务上之信用，而曰损害他人或其业务上之信用，该条原案理由，不曰信用为人于其财产方面之社会上地位，而曰信用为处世最要之端者，已可概见。更就《修正刑法草案》签注汇辑，张谘议签注原案第三百七十三条（即《暂行新刑律》第三百五十九条），内称意图损害他人或其业务之信用，竟至散布流言或施诈术最足损坏人名誉或业务堕落之语，互相参照，该条'信用'二字，含有名誉之意，更属无疑。至《暂行新刑律》第三百六十条之罪，以公然为成立之要件，所谓公然者，即以自己之名义在多数人可以见闻之场所而为之之谓。甲男假已故丙男之名，致函于丁男一人，乃系诈术，并非公然，当然依《暂行新刑律》第三百五十九条论罪，此应请示者一也；又《暂行新刑律》第四十七条所谓'但以应科徒刑以上之刑者为限'一语。甲说谓，必须宣告徒刑以上之刑者，乃得褫夺公权；乙说谓，只要法定最重主刑系有期徒刑以上之刑，无论宣告何刑，均得褫夺公权。观《暂行新刑律》第三十一章内第三百五十九条、第三百六十条，均系易科罚金，该章第三百六十六条不曰犯本章之罪，宣告徒刑以上之刑者，得褫夺公权，而曰犯本章之罪者，得褫夺公权，可见《暂行新刑律》第四十七条所谓'应科徒刑以上之刑者为限'一语，系法定科刑，并非宣告之刑，此应请示者二也。以上两端，关系法律解释，理合详请钧厅鉴核，转详总检察厅函请大理院迅赐解释，以资遵守，实为公便等情，据此。案关法律解释，理合呈请解释示遵等因前来，相应据呈送请核办"等因到院。

本院查第一例应依《刑律》第三百五十九条论；第二例以甲说为是，其分则中不声明者，因总则第四十七条已有规定，故避其重复也。相应函复贵厅转饬查照。

此复！

■ 统字第 501 号

民国五年九月二十八日大理院复江苏高等审判厅函

径启者：

接贵厅五年第八七六号函开：案查接管卷内据溧阳县知事邱沅六月一日电称，查《县知事审理诉讼章程》第四十五条规定，因理曲人家产净绝，得将理曲人收教养局作工一月以上三年以下等语，查民事债务及刑事附带私诉案件，理曲人赤贫无偿，时所常有，而溧邑向未设有教养局，故不能照章施行。然令长此羁押，则与受处徒刑何异？自应参酌本地情形，以谋救济，知事一再筹思，似可酌定期限，令服相当之劳务，以代在局作工，期满开释，亦未始非清理图圄之一道。又理曲人所有物产，拍卖已尽，不敷抵偿，判定欠款，其余欠无偿之部分，能否更定免追，亦必须以作工处罚？若能更定，应以何种程序及方式行之，法例均无明文，请并赐解释，俾有遵循等因到院。

本院查教养局未经开办地方，自可以他种方法代为执行，惟仍以限制该当事人自由为限，不得与刑事犯同其待遇，或有其他苛待之情事。至《试办章程》第四十二条之法意，系于工作中查出隐匿家产实据者，则仍令补缴欠款，若执行完毕，即毋庸追取所欠，而完结其执行之程序。故债权人若以债务人产绝余欠不能清偿为理由，请求依照该条办理者，执行衙门自可酌予照办。惟债权人若仍须索取余欠，则应令其俟债务人有资财时，再向追索，所请管收工作之处，应不准行。除刑事部分，另文答复外，相应函复贵厅，即希转饬查照可也。

此致！

■ **统字第 502 号**

民国五年九月二十八日大理院复湖北高等审判厅函

径启者：

前接五年民字第三三四号函称：案据湖北第一高等审判分厅详称，"窃查现行律立嫡子违法条例内载，如可继之人，亦系独子，而情属同父周亲，两相情愿者，取具阖族甘结，亦准其承继两房宗祧等语，'独子'二字，能否包括嗣子在内？应请解释者一；被承继之人，于成年后亡故，其妇又未能孀守，斯时由亲属会主持立继，是否必须由亲及疏择立顺位最先之人？如仅从事实上维持家务起见，择立年长较疏之人，是否有效？现行律无明文可据，应请解释者二。职分厅现有此种人事诉讼，急待判决，理合详请厅长函转大理院迅赐解释转饬示遵此详等情到厅，相应据情函请查核赐复，以便饬遵"等因到院。

本院查：一、独子苟具备兼祧条件，自应准其兼祧，嗣子既取得子之身分，即应一律办理。二、亲属会立继，应守顺位条文，先亲后疏，故除应继之人，平日与被继之人确有嫌隙，自可准照例文，不立为嗣外，不得任意择斥，以杜朋争。盖律例立继，原应依照法定顺序，而例外则有择贤择爱之条，此种例外，本非为亲属会而设，当然无援用之余地。若虑所立之子年幼，不能维持家务，仅可依照习惯择立保护之人（监护人）。相应答复贵厅转饬查照可也。

此致！

■ **统字第 503 号**

民国五年九月二十八日大理院复广西高等审、检厅电

广西高等审、检厅：

删电情形，高等检察官得径行声请。

大理院艳印

附：广西高等审、检厅原电

大理院钧鉴：

依《刑诉律》第十九条，检察官声请移转管辖，律文并无限于配置该审判衙门之

检察官。若县应移转管辖案件，高检官得径向高审厅声请否？乞电示。

广西高等审、检厅删印

■ 统字第 504 号

民国五年九月二十八日大理院复热河都统署审判处电

热河都统署审判处：

梗电情形，乙自应成立《刑律》第三百七十三条之罪，与略诱强奸罪俱发。

大理院艳印

附：热河都统署审判处原电

大理院钧鉴：

前奉刑字第一六一八号公函，当即令行原审知事查复，兹接复称，孀妇甲被乙率人持械在途中抢劫到乙家逼奸不从，甲遂向乙谎说家中尚有女儿，愿同去抢来，大好过度，乙又纠邀多人持枪并挈甲同到甲家，将银钱衣物抢掠一空，仍将甲及甲女拥回，在甲意以同乙到家抢物，同居夫兄丙，必与乙对敌，将甲留下不放，丙并未在家，以致不能脱身，嗣后实系朝夕威吓逼迫，无力抗拒，以致成奸。又甲与丙，现系同居过度，并未析产等情。据此，查上述各节，乙应否成立《刑律》第三百七十三条第一第二两款之罪？敬乞解释示遵。再前发佥电内称乙遂与甲成奸，兹奉公函称乙遂与甲成婚，想系译电之误，合并声明。

热河都统署审判处梗

■ 统字第 505 号

民国五年九月二十九日大理院复四川高等审判厅函

径复者：

前准贵厅勘电，当以译码有误，意义不明，电请详复，兹准贵厅铣电开，勘电原文，系《报纸条例》，已奉明令废止，关于该条例第一条第八款之犯罪，应否适用《刑律》第三百六十条科断等语，敬再译陈等因到院。

本院查该条例第一条并无第八款，疑系第十条第九款之译误，若系指该款而言，则以达与《刑律》公然及侮辱两条件之程度者为限，应依《刑律》第三百六十条处断，相应函复贵厅查照。

此复！

■ 统字第 506 号

民国五年九月二十九日大理院复甘肃高等审判厅函

径复者：

准贵厅函开：案据会宁县知事王维卿详称，"查违禁偷种罂粟罪名，《刑律》定有专条，兹有某甲种烟苗已滋长，后又为乙用钱包去，乙又得钱将包得烟苗，全部转包于丙，一半地属僻背，正在收割时发觉，甲已潜逃，该乙与丙，应否仍治以第二百七十条之罪？悬案以待，乞速示遵，谨详"等情。据此，相应函请解释等因到院。

本院查本案情形，乙、丙亦应构成二百七十条之罪。相应函复贵厅转饬查照。此复！

■ 统字第507号

民国五年九月二十九日大理院复山西高等审判厅函

径复者：

准贵厅函开：据夏县知事韩寿椿呈称，为呈请解释法律事，今有甲与乙之妻丙通奸，被乙查知，甲与丙商定同逃，先由丙窃取其夫乙衣物若干件，交甲运往他所，丙亦于晚间由其家逃至别家，尚未及从甲远走，被乙查获，丙羞愤自尽，由乙诉案。查甲之所为，系犯和奸和诱两罪，惟尚未携丙远走，其和诱行为，应否以《刑律》第三百五十条第二项之未遂罪论，与和奸罪以俱发科断？此请解释者一也；又配偶者犯第三百六十七条之罪律，得免除其刑，惟甲之所为，第三百八十一条第三项已有明文规定，自无疑义。但其与丙接运赃物，应否以第三百九十七条第二项之罪论？抑仍以第三百六十七条之共犯论？此请解释者二也；又有甲犯窃盗嫌疑，被乙绑送到案，讯无实据，决定无罪，谕令不得再至乙村滋事，乙绑甲两手腕各有绳痕一道，验明未成伤，应毋庸议。案结后，甲又至乙村向丙讨债，被乙子丁撞遇，斥其不应违断复来乙村，拟唤乙绑甲送县，甲害怕跑走，丁持械尾随其后，甲走未远，自投路旁井中身死，验明并无殴伤，似此情形，甲之投井，既非丁所预料，以人命论，丁实无杀人之心，以伤害致死论，丁亦无伤甲之事，可否以第三百二十四条第一项之罪科办？此请解释者三也。以上三端，悬案待决，理合备文呈请鉴核批示只遵实为公便等情。据此，事关解释法律，本厅未便擅拟，相应转请钧院迅予解释，以便饬遵等因到院。

本院查前例甲系犯和奸，及第三百四十九条第二项之和诱既遂，并第三百六十七条之窃盗罪，自应以俱发论；后例甲之投井，既非丁之行为所致，更无过失可言，丁不能为罪。相应函复贵厅转饬查照。

此复！

■ 统字第508号

民国五年九月三十日大理院复吉林高等审判厅电

吉林高等审判厅鉴：

感电悉！仍从和约，毋庸执行判决，惟嗣后诉讼中和解者，即向该审衙门声明为便。

大理院卅印

附：吉林高等审判厅原电

大理院钧鉴：

债务诉讼在终审未决前，自行和息，及判后执行，发见与判决相反之和息契约，判与约孰为有效？乞电示。

吉林高等审判厅感

■ 统字第 509 号

民国五年十月三日大理院复福建高等审判厅电

福建高等审判厅：

啸电情形，不能成立伪造公私文书罪。

大理院江印

附：福建高等审判厅原电

大理院长钧鉴：

有甲因某案译造官署批词，诈称系自己由官署抄出，又有乙捏称丙曾立有契约，业经遗失，提出伪造之契约抄本，诈称系当时照原约录存，是否成立伪造公私文书罪？乞示遵。

福建高等审判厅啸印

■ 统字第 510 号

民国五年十月三日大理院复四川高等审判厅函

径启者：

接贵厅五年审字第一零二号函称：前准贵院发到尹雅安上告蒋德芳一案，判令蒋德芳将其三女许与尹雅安之婚约，不得解除，讼费被上告人负担等由，当即转发成都地方审判厅查照执行去后，兹据该厅详称，据尹雅安呈述蒋德芳违判狡推，屡恳执行，经该厅传案质讯，据蒋德芳供称伊女誓不愿嫁，现已削发为僧。于五月六日，尹雅安及蒋德芳夫妇与女一同到案，蒋德芳之女，年虽十九，剃发属实，并身着大领僧衣，口称誓不出嫁，如果强制，有死无生，而尹雅安坚称遵判接人，履行婚姻，不管是俗是僧，有发无发，两造争执，情词异常决裂，再三开导，均不遵依，因此特别情形，碍难强制，请予示遵等情到厅。窃查本案业经贵院判决，自应遵照执行，惟蒋德芳之女现已剃发，身着尼衣，誓不出嫁，并有如果强制有死无生等语，是蒋德芳之女，已表示悔婚之决心，若必强令成婚，恐酿他故，如或曲予变通，又违判决，兹据前情，理合函请迅予裁夺以便转饬遵照等因到院。

本院查本案情形，该蒋德芳之女，自有与尹雅安实行结婚之义务，惟此种义务，系属于不可代替行为之性质，在外国法理，概认为不能强制履行。盖若交付人身，直接强制，事实上仍未必能达判决之目的，即不致酿成变故，亦徒促其逃亡，曾无实益之可言。况若法律上夫对于其妻，并无监禁或加暴力之权，而刑法就不法监禁，及各种伤害之所为，且有明文处罚，则交付转足以助成犯罪，殊失国家尊重人民权利之本旨。我国国情，虽有不同，而事理则无不一致，此项办法，未可独异。至前清现行律所定婚姻条文，虽仍继续有效，而各项处罚，早因《新刑律》施行而失其效力。又民事拘押及收局工作，依《拘押民事被告人暂行规则》第十一条及《试办章程》第四十二条，均只限于财产执行之事件，并不能适用于上开之人事关系。是现行法上以罚金管押等为间接之强制亦有所不可，计惟有由该管执行衙门，以平和之方法，勤加劝谕，除此而外，实无强制执行之道，相应答复贵厅转饬查照可也。再本件因事关人事，并须创设新例，经再三讨究，故致答稍迟，合并声明。

此致！

■ 统字第511号

民国五年十月三日大理院复安徽高等审判厅函

径启者：

准贵厅第八三号函称：案据太平县知事龚豫奎详称，案查前清现行律，现在仍继续有效，其婚姻门，男女婚姻条载，若再许他人未成婚者，处七等罚；已成婚者，处八等罚；后定娶者，知情与同罪，财礼入官，不知者不坐，追还财礼，女归前夫，前夫不愿者，倍追财礼给还，其女仍从后夫。又出妻条载，其因夫逃亡三年之内，不告官司而逃去者，处八等罚；擅改嫁者，处十等罚各等语。今有一案，其夫于宣统元年十月间出门，其妻因传闻其夫已死，即于宣统三年腊月间改嫁，现经其夫告诉，照前项律文规定，后之婚姻娶者，虽不知情，除财礼追还外，其妻当然撤销，断还前夫，如前夫不愿，倍追财礼给还，其妻仍从后夫。又查此案发生在民国元年三月十日以前，不在不准免除条款以内，当免除其罪，均属毫无疑义。惟兹因前夫愿受其妻，而其妻以改嫁之故，对于前夫义断恩绝，强不依从，此时如先行责付其母好为劝导，而其母又系与后夫串通一气，势必至将其女领回，仍送后夫，如此非独法律不能保其威信，且恐为前夫者，亦必心不甘服。又若强交前夫领回，又恐有意外之虞，因之现将此女暂行管押，究应如何执行之处？理合具文详请，仰祈鉴核训示遵行，实为公便等情。据此，查本案其妻不愿跟随前夫，可否强制执行，不无疑义，相应函请钧院解释函复以便饬遵等因到院。

查来函所述情形，该女自负有仍从前夫之义务，惟此种义务，系属于不可代替行为之性质，在外国法理，概认为不能强制履行。盖若交付人身，直接强制，事实上仍未必能达判决之目的，即不至酿成变故，亦徒促其逃亡，曾无实益之可言。况若法律上夫对于其妻，并无监禁或加暴力之权，而刑法就不法监禁及各种伤害之所为，且有明文处罚，则交付转足以助成犯罪，殊失国家尊重人民权利之本旨。我国国情，虽有不同，而事理则无不一致，此项办法，未可独异。至前清现行律所定婚姻条文，虽仍继续有效，而各项处罚，早因《新刑律》施行而失其效力。又民事拘押及收局工作，依《拘押民事被告人暂行规则》第十一条，及《试办章程》第四十二条，均只限于财产执行之事件，并不能适用于上开之人事关系。是现行法上以罚金管押等为间接之强制，亦有所不可，计惟有由该管执行衙门，以平和之方法，勤加劝谕，除此而外，实无强制执行之道，本件既经该知事实施管押，已属过当，现在亟应还其自由，加以晓谕，相应答复，即希贵厅转饬查照可也。

此致！

■ 统字第512号

民国五年九月三十日大理院复江苏高等审判厅函

径复者：

准贵厅函开：又据六月皓日电称，窃查《刑律》及大理院判例，对于犯人实施行为，若系知情，皆应以共同正犯论。设有甲预谋杀乙，恐为乙所败，令丙、丁随从，专为己卫，仍由甲独力将乙杀死，丙、丁并未下手，此问题稍有区别。子说，丙、丁对于杀乙既共知情，且卫甲无异直接帮助，适足助成杀乙之结果，当然共同负责；丑说，丙、丁之目的，惟在卫甲，按其心术，并无共同杀乙之意思，不应共同负责，惟应以过失助成结果论，二说未知孰是。又杀人罪，对于尊亲族设有专条，似应论其身份，设有甲与其次子丙、丁谋杀其长子乙，丙、丁允从帮助，由甲与丁将乙杀死，丙虽一同在场，并未下手，甲之杀人罪，当然成立，自不待言，而丙丁之罪，则有二说焉：子说，知情共谋，当然同一构成杀尊亲属之罪；丑说，杀乙之意，出于其父，是杀兄之行为，已被杀子之目的吸取，其允从帮助，绝对失其身份之自由，只应以普通杀人共犯论，丙与丁一下手，一未下手，于罪名毫无出入，惟不必处同等之刑，应以何说为当？未敢臆断，事关法律，不厌求详，仰祈俯赐解释，俾资遵循。又据六月宥日电称，皓日请解释杀人法律问题，谅已早达，查电文内第二问题，'尊亲属'三字，是'兄长'二字之误（因情节重大应援用死刑）。又'普通杀人'四字，是'杀卑幼'三字之误（因情节较轻不必援用死刑），亟应声请更正，免误解释各等情到厅。前任蔡厅长未经解释，兹复据该县七月养日快邮代电称，六月元皓宥等日快邮三电请解释法律各疑问，悬案待判，即祈迅赐示复，俾有准绳盼甚等情到厅。查案关解释法律，敝厅未便擅专，相应函请解释等因到院。

本院查第一例原电既称丙、丁知情，又称无共同意思，究竟丙、丁是否知甲杀乙而有帮助之意思？希查明详复。至第二例丙、丁当然系《刑律》第三百一十一条之共同正犯。除民事部分另文答复外，相应函复贵厅转饬查照。

此复！

■ 统字第513号

民国五年十月六日大理院复广东高等审判厅函

径启者：

前接贵厅本年第三百三十二号函称：查接管卷内民国元年间，为甲村与乙村因水陂涉讼一案，案情颇重，两造争执，亦极为剧烈。当时司法制度未备，各省自为风气，粤省初设高等裁判所，该案未经过第一审判决，径由高等裁判所受理判决，嗣因当事人一造声明不服，并主张虽上诉至大理院，仍不能享受三审之利益。当时高等裁判所，即将原判作为第一审判决，而为控诉审之受理，此种办法，似于审级显有不合，应否按照程序，将该案发交广州地方审判厅重行审理？或即著该当事人上告钧院之处，恳请明示办法，以资遵守等因到院。

查来函情形，当时高等裁判所既已作为第二审案件受理，其控告如果现在尚未经贵厅续审判决，即未便令其遽向本院声明上告，仍由贵厅查照控告审。查明第一审所践程序，有重大疵累时，得将案发还第一审之法理，迅即依法判决。相应补行答复，即希查照可也。

此致！

■ 统字第 514 号

民国五年十月六日大理院复吉林高等审判厅函

径启者：

前接贵厅民字第三二号函称：兹有甲、乙共有住宅一所，计北房八间（所有物料工作毫无差异），其东截四间，有毗连之市房五间，其西截四间，有毗连之空地基一段，因分割起诉，由审判衙门判决，甲分领市房五间，住宅四间，乙分领住宅四间空地基一段。判决确定后，办理执行之时，甲、乙对于住宅一项，发生争议，乙以既经分得空地基，即应分领与地基毗连之西截四间，甲以现住西截四间为词，不肯挪移，执行衙门解决此项争议有两说焉：（子）谓住宅孰东孰西，既未经判明，即属漏判，应由当事人请求补充判决，再予执行，但当事人若不声请补判，应由执行推事酌量条理办理；（丑）谓补充判决，系指所告数部之中漏判一部而言，若所告仅止一部，审判衙门就该一部业已判明，只能适用当然之解释，不能适用补充之判决。今判词主文，既谓甲分领市房五间，住宅四间，则'分领'二字，自系贯注市房与住宅两项而言。又谓乙分领住宅四间，空地基一段，则'分领'二字，自系贯注住宅，与空地基两项而言。是甲之住宅与市房，判成一部，乙之住宅与空地基判成一部，既了如指掌，则毗连市房之东四间住宅，当然与市房同归甲有，而毗连空地基之西四间住宅，当然与空地基同归乙有，既系当然之解释，自可依照执行，实无补判手续之必要。二说孰是？未敢臆断，理合函请鉴核，迅予解释，俾有遵循等因到院。

查来函所述，事涉具体，未便答复，故久置弗议，惟近来诉讼人于补充判决，每有误解之处，特为补行声明。按补充判决，系指当事人以诉或反诉提出之请求，有遗漏未经判决依一定程序为之追加裁判者而言，《草案》第四百七十九条举示甚详，足备参考。至裁判主文，如不明了，应就其理由详加玩味，以资释明，如文字上显有错误，则当事人应依更正程序办理。来函情形，是否主文及理由有脱漏之处？不可得知。若绝不能认为有所脱漏，即由执行衙门就判决全文适当解释办理可也。

此致！

■ 统字第 515 号

民国五年十月七日大理院复黑龙江高等审判厅电

黑龙江高等审判厅：

冬电情形，应继续进行，但逮捕该议员，应得许可。

大理院虞印

附：黑龙江高等审判厅原电

大理院钧鉴：

省议会议员为刑事被告，在会期中，除受《省议会法》第二十八条限制外，是否仍应继续审理？抑须停止诉讼进行？请示遵。

黑龙江高等审判厅冬印

■ 统字第516号
民国五年十月九日大理院复绥远审判处函
径复者：
准贵处函开：据代理东胜县知事魏业镛呈称，看守所长看守夫，于已决未决人犯，得贿纵放，是否触犯《刑律》第一百四十条第二项，及第一百七十二条之罪，依第二十三条处断？其事后要求贿赂者，是否触犯第一百四十一条第二项，及第一百七十二条之罪，依第二十三条处断？抑仅依第一百七十二条处断？又如看守所长看守夫委系出于疏忽，致令已决未决人犯脱逃，《刑律》第一百七十二条所载'纵令'二字，是否包括疏忽而言？抑疏忽之行为，并不触犯该条之规定，应依《刑律》第十条认为无罪等情到处？查解释法律，系钧院特权，据呈前情，相应转请解释，俾便遵循等因到院。

本院查前一例所引各本条律文，均无错误，但均应依第二十六条处断。后一例既非故纵，仅系疏脱，则依《刑律》第十三条第二项，当然不为罪，惟应受惩戒上之处分。相应函复贵处转饬查照。此复！

■ 统字第517号
民国五年十月十二日大理院复总检察厅函
径复者：
准贵厅函开：案据陕西高等检察厅电称，"今有甲、乙二人预谋行窃，同入丙铺屋内柜台之外，借称买布，乘隙窃取布疋，是否构成《新刑律》第三百六十八条之罪？请迅转院解释"等因到厅。事关法律疑义，相应函请迅予解释等因到院。

本院查本案情形，只能构成《新刑律》第三百六十七条之罪。相应函复贵厅，转饬查照。

此复！

■ 统字第518号
民国五年十月十二日大理院复湖北高等审判厅函
径复者：
准贵厅函开：案据湖北第二高等审判分厅呈称，"案据郧西县知事详称，为详请解释事，兹有甲将乙杀死后，甲父丁嘱甲掩埋乙之尸体，盛有棺木，甲犯《刑律》第三百一十一条之罪固属无疑，但甲似乎又犯《刑律》第二百五十八条之遗弃尸体罪。细绎'遗尸'二字，倘遗弃荒野河井等处，自应成立此罪，兹甲掩埋乙之尸体，盛有棺木，是否亦成立此罪？果犯此罪，自可援引第二十六条办理。又丁嘱子甲掩埋之尸体，无非为湮灭甲杀人证据起见，甲成立遗弃尸体罪，丁亦属造意犯，有谓可援引《刑律》第一百八十条免除其刑，议论棼如，悬案待结，伏乞钧厅速赐解释，并附理由，实为公便等情。据此，事关解释法律，属厅未便擅拟，理合呈请转送大理院，迅予解释示遵，谨呈等情。据此，查此案甲、丁两人，除甲应构成杀人罪外，似不再成立何种罪名，惟案关解释法律，敝厅未便擅专，相应函请迅赐解释"等因到院。

本院查本案情形，贵厅解释甚属正当。相应函复贵厅转行查照。

此复！

■ **统字第519号**
民国五年十月十二日大理院复察哈尔审判处函

径复者：

准贵处函开：本处前询甲机关官员，借乙机关案件，诈丁某之财，乙机关官员，绝不知情，而乙机关之工役丙实行分赃一案，已奉贵院五年刑字第四七八号函开，乙机关工役，自应以胥役索诈论。查胥役索诈办法，奉司法部第二九二号饬开，胥役索诈，与官吏犯赃适用同一之法律各等因在案。兹查《官吏犯赃治罪法》，于本年七月十八日奉令废止，是根本法既经取消，此项解释自应失其效力，则乙机关之丙实行分赃一案，是否按照渎职罪，抑适用诈欺取财罪惩处？事关适用法律，本处未便悬拟，理合函请解释等因到院。

本院查本案情形，丙应以诈欺取财论。相应函复贵处查照。

此复！

■ **统字第520号**
民国五年十月十二日大理院复山西高等审判厅函

径复者：

准贵厅函开：案准同级检察厅函送钧院判决发还更审梁茂盛杀人一案到厅，查判决要旨，略开据上告人供称，在县充警备兵，第一审点单，亦标明警备步队。如果属实，则其犯罪依《陆军刑事条例》第八条，《陆军审判条例》第一条、第六条及第十一条规定，自不在普通审判衙门管辖范围之内。虽县知事兼有军法职者，可依其特别职权径行审判，然所适用之诉讼程序，究与普通案件不同。乃原审于汾阳县知事详送覆判后，不先就上告人之身份及汾阳县知事之职权，详细调查，以定本案应否受理，及第一审之受理者，系依于何种职权，遽依普通案件之程序发还覆审。以致第一审衙门所为之覆审审判，及原审所为之控告审审判，在程序上是否合法，尚不明了。本院更未便遽就本案内容，加以判断等因。当经本厅训令汾阳县知事将梁茂盛是否警备队，抑系地方巡警，查明呈复去后，兹据复称梁茂盛系从前地方警备队改练之巡警，其供词内所称在县充警备兵，暨点单内标明警备步兵，均误于习惯名称等因前来。据此，则梁茂盛确系警察身份，其所犯罪名，复不在警察犯罪适用《陆军刑事条例》各条之内，仍应由普通审判衙门管辖。惟本案覆审判决及控诉审判决，均经钧院撤销，已回复未经第一审判决时之状态。若由本厅更为判决，是对于第一审未经判决之案，为第二审判决，程序似有不合。如再发还该县为第一审审判，则原审受理此案程序，既非违法。本厅更审，本有调查事实之职权，不特无发还理由，且与钧院发还本厅更为审判之判决主文，亦有不符。究应如何办理之处，相应函请解释等因到院。

查本案本院判决系撤销控告审原判及该县覆审判决。至该县初判并未撤销，自不能谓系已回复未经第一审判决时之状态。既经上告审发还，自应由贵厅为第二审审判。相应函复贵厅查照。

此复！

■ 统字第 521 号

民国五年十月九日大理院复江苏高等审判厅函

径复者：

准贵厅第一三五三号函开：据上海地方审判厅长袁钟祥呈称，"查上诉期间与裁判确定关系至重，《县知事审理诉讼暂行章程》第四十条，有起算上诉期间之明文，无送达判词之规定，订正《县知事公署送达裁判副本暂行办法》，有送达判词之规定，无起算上诉期间之明文，因见解之不同，致适用之分歧。例如某县受理甲、乙诉讼案件，于牌示判词数十日后，始行送达。甲于送达判词以后，根据大理院五年九月统字第四八二号法律解释，暨司法部五年四月二十八日第三三一一号批示（批山东高审厅），二十日以内声明上诉，而乙则根据《县知事审理诉讼章程》第四十条，上诉期间，自牌示翌日起算之规定，提出抗辩，似乎各有理由。关于是项案件，应否予以受理？颇滋疑问。属厅现已受有是项案件，亟待解决，仰恳钧厅函转大理院迅予解释，以便遵行"等情到厅，相应据情函请贵院查核详释，以便转令遵行等因前来。

查《县知事审理诉讼暂行章程》关于裁判之谕知，只明定牌示办法，无必须以副本送达之制限，故既有牌示而又送达副本者，其送达副本，只可认为审判衙门法外之慎重，其上诉期间，自仍依法自牌示之翌日起算。本院五年九月统字四八二号法律解释，系指未经合法牌示，仅送达副本者而言，某甲据以主张，自属误会，合并予以说明。相应函复贵厅转饬遵照可也。

此复！

■ 统字第 522 号

民国五年十月九日大理院复安徽高等审判厅函

径复者：

准贵厅函开：据英山县详称，"今有某甲以胞侄孙乙出继于寡居堂嫂丙为孙，与丙孀媳丁为子，现乙已成立，而其家之财产，仍操之于丙，甲遂以个人名义，单独具状于第一审，请求批饬将丙之财产，移交于其孀媳丁管理。经第一审决定，丙居家长地位，按照习惯，当然有管理财产之权，移转与否，须得本人同意，审判衙门不能强制，批示却下。甲不服提起抗告，经第二审决定撤销原审批示，并主张传集审理，于是生有二说：（子）查民事诉讼，凡权利争执之剖断，应适用实体法规者，当然以判决表示，至人民请求之事项，关乎手续法规者，始以批示行之。今甲请求批饬丙将其原有财产权，移交于孀媳丁管理，其理由是否正当，自应传集抗告人与丙、丁到案审讯，予以正式判决，不得以批示却下，抗告审之撤销原批，主张传集审判，自属正当；（丑）一、甲所请求系他方与第三者财产管理权移转之关系，与甲自身初无利害关系之可言，此种请求，匪特侵及他人权利，不能认为当事者相互间之权利争执。且丁、乙两人，虽有继承之权，而丙为丁之亲生婆母，即为乙之继祖母，以家长身份行使其固有之家督权，更为中国习惯所许。今原审主张移转与否，须得本人同意，不能凭局外之请求，饬令交付于丁，予以批示驳回，系根据民事得采习惯之原则处理，并无不当。若照抗告审之决定，率予传集审理，未免长狡黠者侵害他人法益之渐。二、甲所提出书状，仅请求批饬，并未请求审理，再按诸审判法规，又明明有决定或命令表示之两种规定，今原审就当事人请求批饬之书状，认为请求无理由，以批示决定驳回，似于事实法理两无违背，纵抗告审认原批为违法，似亦只能重为合法之决定，不能主张由第一审传集审理，有违民事采用不干涉主义之原则。三、民事案件，大都为权利起见，如审判衙门因其为权利争执，不问其有无请求提审或请求之理由是否正当，概予传集审理，不能以批示驳回，匪特法规所定之决定或命令两种办法，形同虚设，实亦足以启人民刁讼之风。况《民律》未经颁布，对于民事诉讼，除适用习惯法及大理院之判例或解释外，别无何项实体法规足资援用，如子云云，尤不无疑义。以上二说，究以何说为正当？事关法律疑问，悬案待决，理合具文详请仰祈厅长鉴核，迅赐转详大理院速予解释，俾资遵办，实为公便。据此，查原详于决定与批之形式上区别，及实体法规与程序法规之法律上关系，并所谓民事不干涉，及民事得采习惯之学理上意义，多有误会，惟既据详请解释前来，相应照录原详，函恳钧院迅予解释函复，以便饬遵"等因前来。查丁如与丙争管理家财，自应由丁或其代理人起诉主张，甲以其自己名义，无故代人争讼，县知事以批驳斥，尚无不合。惟第二审既经撤销批示，发还审理，则除当事人对之更有抗告外，下级审判衙门，自应受其拘束，传集审理。相应函复贵厅，转饬遵照可也。

此复！

■ 统字第 523 号

民国五年十月十八日大理院复直隶高等审判厅函

径复者：

准贵厅函开：据玉田县知事李佩恩呈称，"窃维有罪议罚，惟各级审判厅兼理司法之县知事，及各巡官之于违警罚，有此职权，下此者不得擅罚也。设有各庄之村正村副，青苗会中之青夫会首人等于小民偷窃瓜豆禾稼，不报官厅，竟假乡会名义，任意苛罚，以致受罚之人，无力交款，计无所出，或自戕身亡，或自缢身死。若此者在盗者固有应得之咎，而会首村正等之擅罚，岂得谓之无罪？甚至其人并未偷窃，而会首青夫人等，敢栽赃勒罚，以致无知愚民，情急自尽，虽死由自取，实因被逼所致。以上情形，遍查《新刑律》并无相当条文，足资引用，是否按照三百五十七条胁迫罪，及三百八十二条诈欺罪科断？抑或别有适合条文，可以引用之处？知事未敢臆断，玉邑现有此种案件，急待讯判，理合备文呈请鉴核，伏乞逐节指令遵行各"等因到厅。本厅查如来呈后节所称，会首青夫人等以勒罚之目的，故意栽赃陷害人，自应以被害者之已否交付钱财为断，分别依《刑律》第三百八十二条第一项，第三百八十八条论罪科刑。惟如前节所称情形，该会首青夫人等是否构成犯罪，本厅不无疑义，钧院为统一解释法令机关，相应函请解释等因到院。

本院查原呈前后两节，均应依《刑律》第三百八十二条第三百八十八条处断。盖前节小民虽有窃盗之罪，而该会首村正等无处罚之权。相应函复贵厅转饬查照。

此复！

■ **统字第 524 号**

民国五年十月二十日大理院复江苏高等审判厅函

径复者：

准贵厅函开：案据溧阳县知事邱沅十月三日快邮代电称，查大理院解释因贫而卖子女，便非图利，若因子女妻妾有犯奸行为，愤而鬻卖，能否认为并非图利？请详赐解释示遵等情到厅。相应函转贵院，请予解释，以便令遵等因到院。

本院查本案情形，既非图利，自与因贫而卖者无异。相应函复贵厅转饬查照。

此复！

■ **统字第 525 号**

民国五年十月二十日大理院复总检察厅函

径复者：

准贵厅函开，案据山东高等检察厅呈称，"查停止执行，《刑事诉讼律草案》原有规定，但在该草案未颁布以前，如有依据该草案第四百八十九条之规定，向该管检察厅申请停止执行，该管检察厅可否援用该条法例办理？此应请解释者一也。又查县知事兼理司法，是以一身兼审判、检察两种职权，如有依据上开条理，向兼理司法县知事衙门申请，县知事可否以检察职权，径予准许？此应请解释者二也。以上两端，关系法律解释，应请函转大理院迅赐解释，以资遵守"等情。据此，相应据情函请解释见复，以便饬令遵照等因到院。

本院查该刑诉草案，虽未施行，而停止执行，为裁判之执行上所不可缺之制度，自可援用该草案各本条程序办理。至县知事既兼、审检职权，自能受理此项申请，径予准许，但仍应呈报上级监督机关。相应函复贵厅转饬查照。

此复！

■ **统字第 526 号**

民国五年十月二十日大理院复察哈尔审判处函

径复者：

准贵处函开：案查《暂行新刑律》第三百六十六条之收藏罪，上文贯以意图贩卖，则非意图贩卖而收藏者，不合该条之规定。可知，如有甲收藏烟土，自己并不吸食，亦未开设馆舍，而专供他人乙吃食，并不取偿，此等收藏罪，究应援引何条？事关解释，相应函请示遵等因到院。

本院查本案情形，甲应以《刑律》第二百七十一条之准正犯论。相应函复贵处查照。

此复！

■ **统字第 527 号**

民国五年十月二十日大理院复察哈尔审判处函

径复者：

准贵处函开：案据《暂行新刑律》第三百七十三条第一款云，侵入现有人居住或看守之第宅、建筑物、矿坑、船舰内等语，但蒙古习俗，所居住者皆毡庐毳幕，既经有人居住看守，作为第宅论，自系当然解释。若庐幕外纯系旷野，有强盗在其庐幕外抢劫有人看守之马，是否仍以第三百七十三条第一款论，抑按第三百七十四条处断？事关适用法律，相应函请解释等因到院。

本院查在庐幕外抢劫，应依《刑律》第三百七十条处断。若系结伙三人以上者，应依第三百七十三条第二款处断。相应函复贵处查照。

此复！

■ **统字第 528 号**

民国五年十月二十八日大理院复安徽高等审判厅函

径复者：

准贵厅函开：据英山县知事呈称，"窃军人犯罪，应受陆军军法会审之审判，不能由普通司法机关审理裁判，早已著为定例。而隶属各县知事管辖之保卫队，虽不能视为正式军人，然按其编制，亦均设有队长目兵等缺额，其每月饷糈又均由国库支出，似不能不认为《陆军刑事条例》第八条第四款所指之准军人同论。设有因案犯罪，县知事有无直接审判之权，及判决后呈报上级法院查核或送请覆判时，能否认为合法？均不无疑问。缘皖省各县知事，在民国二年以前，本均兼有都督府军法课课长衔，故对于一应军人，得以行使其审判权。厥后都督制改为将军制，前项兼衔，无形消灭，虽论其实际，遇有隶属各县之保卫队发生刑罪案件，仍由各知事自行审判，数年以来，初未发生何种问题，然按诸法例，究未尽合。近值国会重开，凡省县之监督言论机关，行将渐次恢复，办理稍不合法，难免贻人訾议。再查本年五月一日政府公报，所登之大理院复河南高等审判厅统字第四百三十六号之解释，以该省县知事公署所设之警备队，应以《陆军条例》之准军人论。县知事兼有军法职，自可审判，高审厅如曾受有权限官署之嘱托，亦得核办，但须与普通案件有别等语。今皖省各县之警备队，虽未一律普设，然均设有名异实同之保卫队，在警备队既应以准军人论，在保卫队亦当然视为准军人，自无疑义。第细绎大理院前项解释，县知事之能否审判军人，须视曾兼有军法职权为论断。兹查本省各县知事，仅少数兼有军法职衔，设遇多数未兼军职之县知事，管辖之保卫队或警备队，因案犯罪，若仍旧由县径行审判，固属逾越法权，难邀上级审认为合法。若遇案送由军事执法机关，加以裁判，不特事涉烦琐，诸费周章。且恐相对诉讼之普通被害人民，远道赴诉，益兹拖累，似亦不足以昭情法之平。应如何设法救济？及应否仍援民国元二两年之前例，加各知事以军法课长衔之兼职？俾得行使审判，以重军法职权，而利司法进行，免生障碍之处。事关全省，为事实必有之问题，理合就知事管见所及，专案具文，呈请鉴核示遵"等情到厅。据此，案关法律解释，相应据情函请解释等因到院。

查本院解释法令，以关系法令中疑义者为限。该县原呈，系条陈办法，请贵厅指示之件，并无法令上疑义，自应由贵厅核办，不在本院解释权限以内。相应函复贵厅查照。

此复！

■ **统字第 529 号**

民国五年十月二十八日大理院复总检察厅函

径复者：

准贵厅函开：案据浙江高等检察厅呈，转据浦江县知事张鼎治电称，"奸夫因逐其行奸，逼迫本夫之母，致服毒自尽，本夫痛母情切，于奸所，以奸夫之刀，在行奸已毕时，将奸夫奸妇致死，后即自首到案。审核情节，与大理院二年统字第四十八号四十九号解释，又是不同，能否适用《新刑律》第十五条，以正当防卫论？抑仍依同律第三百一十一条，照第五十一条、第五十四条酌减？悬案待决，请速解释示遵"等情前来。查案关解释法律，本厅未敢擅专，理合备文呈请转院解释示遵等情，据此。相应函请解释见复，以便转令遵照等因到院。

本院查本案情形，应依《刑律》第五十一条第五十四条于第三百一十一条主刑上，减轻处断。相应函复贵厅，转饬查照。

此复！

■ **统字第 530 号**

民国五年十月二十八日大理院复湖北高等审判厅函

径复者：

准贵厅函开：案据嘉鱼县知事呈称，"为刑事疑点，恳请解释遵循事，窃查刑事案件，出入关系甚钜，遇有发生疑点，非陈请指示，不足以资遵循。兹有赵甲之侄，被乙、丙共殴身死，已报县获案审押，乃赵甲得贿私和，捏称其侄系被丁、戊所杀，与乙、丙无干，丁、戊已逃外亡故，禀经县署撤销原案，释放乙、丙。不料事逾数年，赵甲之侄孙，又翻控乙、丙为正凶，竟置私和销案于不顾，究竟赵甲之侄孙翻控，可否认为有效？应请解释者一；赵甲受贿捏报，使官厅为一定之处分，是否应照《刑律》第一百五十三条科罪？抑或另构其他罪名？其得受贿款，可否追作没收？应请解释者二；此项出钱求和，及说合过付之人，有无应得罪刑？应请解释者三；累犯刑期合并执行，已奉大理院解释有案，自应遵照办理，惟已经执行之日期，可否准其计算？执行上不无疑问。设如马甲前犯科徒刑四年，已执行二年，后犯逃走罪科徒刑四年，则合并执行之刑期，是否仍须八年？抑只六年？应请解释者四；李乙因贫卖妻，应依《刑律》三百四十九条第二项科刑，固无疑义。倘李卖妻时，其妻之父母丁、庚，不惟表示同意，并且伙得财礼，究竟丁、庚是否构成罪名，究照何条处断？应请解释者五。以上五种，俱系羁案待决，理合呈请钧厅查核示遵谨呈"等情。据此，查第一问题，赵甲侄孙追控，自县署释放乙、丙之日起，仅隔数年，既未经过起诉时效，自应受理；第二问题，赵甲得钱私和，复诈称伊侄系被丁、戊杀害，致使县署将乙、丙释放，既与意图使官员为一定之处分，或不为一定之处分，而施诈术之要件相合，自应构成《刑律》第一百五十三条第二项之罪。至私和得钱，《刑律》既无论罪正条，则赵甲所得私和之款，当然不能没收；第三问题，其出钱求和，及说合过付之人，依《刑律》第十条均应无罪；第四问题，已受徒刑之执行，更犯徒刑之罪者为再犯，既应依《刑律》第十九条加本刑一等，即与《刑律》第二十四条情形不同，其前科未执行完毕之刑期，自不能再与后科加一等之刑期合并执行；第五问题，李乙因贫卖妻，依《刑律补充条例》第九条，自应适用《刑律》第三百四十九条第二项科断，其妻之父母丁、庚，事前同谋，事后分钱，亦当然以《刑律》第三百四十九条第二项之共犯论。惟事关法律解释，系属钧院主管权限，敝厅未便擅专，是否有当，相应函请解释到院。

本院查原呈第四问题，累犯加重所科之刑，应与前科未执行之刑期，合并执行，即须执行六年。其余各问题，贵厅解释，均属正当。相应函复贵厅转饬查照。

此复！

■ 统字第531号

民国五年十月三十日大理院复海军部函

径复者：

准贵部函开：设有人将自己所得之勋章奖章奖牌等件，卖让典质与他人，或抵偿财货债务，事经发觉，但其中实情，并无欺罔恐吓之行为，是否有罪？如需治罪，应适用现行《刑律》何条为比附处断？特此奉询，即祈详示，以便有所遵循等因到院。

本院查卖让典质抵偿勋章等件，现行律既无治罪明文，自应依《刑律》第十条不为罪。相应函复贵部查照。

此复！

■ 统字第532号

民国五年十一月二日大理院复山西高等审、检厅电

山西高等审、检厅：

佳电悉！缓刑期内，并无禁充议员明文，但本案未依《刑律》第一百八十五条免现职，系属误判，既经确定，无法救济。

大理院冬印

附：山西高等审、检厅原电

大理院钧鉴：

省议会议员某甲，于民国三年二月犯《刑律》一百八十二条罪，判处四等徒刑，缓刑三年，但未褫夺公权，亦未判免现职。现省议会召集，某甲尚在缓刑期内，能否复充议员？立待解释，请电复。

山西高审、检厅佳印

■ 统字第 533 号

民国五年十一月一日大理院复山西高等审判厅函

径复者：

准贵厅函开：梁茂盛一案，前由该县知事公署初判后详请覆判，当经本厅依《覆判章程》发还覆审。是该县初判，已于发还覆审时经本厅撤销，不复存在。此次钧院判决，但撤销控告审原判，及该县覆审判决，而本厅覆判时，发还覆审之决定，并未撤销。则该县初判，仍属不能回复，本厅即无从为第二审审判等因。

查本案经贵厅先为覆审之决定，嗣又为控告审判决，本院早已核见。院判主文所示"原判"二字，即包有决定判决在内，盖决定亦裁判之一种，于文字初无漏列也。且院判理由，所称原审于汾阳县知事详送覆判后，不先就上告人之身份，及汾阳县知事之职权，详细调查，以定本案应否受理，及第一审之受理者，系依于何种职权，遽依普通案件之程序，发还覆审，以致第一审衙门所为之覆审审判，及原审所为之控告审审判，在程序上尚不明了等语。可知本案审理之经过，自覆审决定起，均无维持之理由，故判决主文，一并予以撤销。通观全文，意本明显，又以现行事例，案经上诉，即适用通常诉讼之程序。本案初判判决，即经回复，自应由贵厅为第二审审判，亦属当然之办法。既据一再函陈疑义，应即缕细答复，即希查照可也。

此复！

■ 统字第 534 号

民国五年十一月六日大理院复云南高等审判厅电

云南高等审判厅鉴：

江电悉！夫逃亡三年，妇请别嫁，自系特别程序，经调查明确后，以决定裁判准否，并即登报或揭示公告。惟嗣后夫若出诉，即应另案判决。

大理院阳印

附：云南高等审判厅原电

大理院鉴：

例载夫逃亡三年不还，听经官告给执照别行改嫁，例云官似指司法官而言，其执照可否以决定代？请核示。

云南高等审判厅江印

■ 统字第 535 号

民国五年十一月十七日大理院复黑龙江高等审判厅电

黑龙江高等审判厅：

预审及公判中，检察官无论何时，均得行侦查，但不能妨碍预审及公判之进行。

大理院霰印

附：黑龙江高等审判厅原电

大理院钧鉴：

据龙江县地方审判厅呈称，"检察厅侦查处分完结，依法起诉后，于审判衙门预审及公判进行中，复请调回卷证，就本案再行侦查处分，应否认为合法？请电院解释示遵"等情，相应转请核示饬遵。

黑龙江高等审判厅印

■ 统字第 536 号

民国五年十一月十八日大理院复浙江高等审判厅电

浙江高审厅：

江电悉，该条审判衙门，系上级审判衙门，"请求"二字与"声请"无异。

大理院巧印

附：浙江高等审判厅原电

大理院钧鉴：

《刑诉律（草案）》第二十一条之"管辖审判衙门"，是否即第十九条之"管辖审判衙门"？抑指上级审判衙门而言？其理由中"请求"二字，与"声请"有无区别？悬案以待，乞速示遵。

浙江高等审判厅叩江

■ 统字第 537 号

民国五年十一月十八日大理院复四川高等审判分厅电

四川高审分厅：

虞电情形，系《刑律》三百五十一条二项之罪。

大理院巧印

附：四川高等审判分厅原电

大理院钧鉴：

买良为娼，并无拐诱情节，应否遵照统字二四八号解释，依《刑律补充条例》第九条第二项后半之规定处断？敬祈电示遵。再本分厅十月青电，暨一一三号函请解释各款，乞速电示。

川高等审判分厅叩，虞印

■ 统字第 538 号
民国五年十一月十八日大理院复福建高等审判厅电
福建高审厅：
勘电情形，不能成立杀人罪。
大理院巧印
附：福建高等审判厅原电
大理院钧鉴：有乡民拒捕杀人，未曾致死，县知事不依普通司法程序审判，率以应否军法处决，电该巡按使奉准执行枪毙，该知事应否成立杀人罪？乞电示遵。
福建高审厅勘

■ 统字第 539 号
民国五年十一月十八日大理院复总检察厅函
径复者：
准贵厅函开：案据广东高等检察厅呈称，准广东琼崖道公署咨开，据澄迈县知事易之门飞报称，"甲妻逃外，乙拐娶为妻，甲查知，不诉请查追，竟纠众至乙家抢回，并殴伤乙。乙之拐娶甲妻，固应以略诱和诱及奸非分别俱发科罪，甲殴伤乙，亦有伤害专条。惟甲纠众至乙家将妻抢回，应否科罪？如应科罪，当适用何律？属县此案颇多，罪名出入，关系甚重，请解释示遵等情。据此，案关解释法律，敝署未便擅拟，相应备文咨请贵厅长查照，希即核办示遵"等由。准此，窃查解释法律，事属大理院权限，准咨前由，理合呈请转院迅予解释示遵等情。据此，相应据情函请查照，解释见复，以便转令遵照等因到院。
本院查本案情形，甲之抢回行为，系防卫自己权利之行为，依《刑律》第十五条不为罪。至殴伤乙之行为，是否合于防卫条件，未经叙明，无从悬揣，应由该管衙门调查事实，自行核办。相应函复贵厅转饬查照。
此复！

■ 统字第 540 号
民国五年十一月十八日大理院复山西高等审判厅函
径复者：
准贵厅函开：案据隰县知事呈称，"设有甲与乙通奸，甲因恋奸情热，起意将乙姑丙致死，以图久远奸好，商承乙同意，甲独自一人，将丙引至村外，推入坡下跌毙，甲当然成立《刑律》第三百十一条之罪。而乙事前仅止知情，临时并非实施帮助，是否仅依《补充条例》，科乙以奸罪？查《新刑律》并无奸夫起意谋死奸妇之姑，奸妇知情不动手作何治罪明文？事关社会风化，究应如何办理，急待解决，应请钧厅咨院解释指令下县，以便遵办"等情前来。案关法律解释，相应据情转请核示只遵等因到院。
本院查本案情形，乙事前仅止知情，既无同谋实施，自不能以杀人共犯论，只应科奸罪。相应函复贵厅转饬查照。

此复！

■ 统字第 541 号

民国五年十一月十八日大理院复河南高等审判厅函

径复者：

准贵厅函开：例如有人散放票布，声言入会，可保身家，及日后有何等好处，其人即收受票布，续与一二同会相遇，在一处混事，听得有会中头目，在远处寨内纠聚二千余人，定期攻打省城，有争坐江山之语。该三人因无路费，不能前往，拟同劫夺，以为生活，即被警队拿住，其一人身上，搜有票布，余二人供认在会，票布寄在友人家中，能否成为《刑律》第一百零二条之罪？事关解释法律，相应函请解释等因到院。

本院查散放票布，系属秘密结社，应受《治安警察法》之制裁，凡加入者，均可依该法二十八条处断，业经本院四年统字第二百四十九号解释在案。本例情形，既无劫夺行为，则事同一律，与《刑律》第一百零二条无涉。相应函复贵厅查照。

此复！

■ 统字第 542 号

民国五年十二月四日大理院复云南高等审、检厅电

云南高等审、检厅：

敬电悉！预审中律师不能出庭。在押被告接见他人，起诉前，检厅得禁止；起诉后，审厅得禁止。

大理院支印

附：云南高等审检厅原电

分送司法部大理院钧鉴：

部颁判词程式，刑事预审有辩护人。按诸《试办章程》二五条，似律师在预审中不能出庭。又未提起公诉前，被告在押，律师能否接见，及能否向检厅呈递律师委任状？既提起公诉后，检厅认为应秘密时，能否停止接见？祈电示遵。

滇高审检厅敬印

■ 统字第 543 号

民国五年十二月四日大理院复湖南高等审判厅电

湖南高审厅：

感电解释，以甲说为正当。

大理院支印

附：湖南高等审判厅原电

大理院钧鉴：

《刑律》第二百二十五条解释，现有两说：甲说，分两截，上截指无故侵入者言，下截指入非无故，受阻止而不退者言；乙说谓，须无故侵入后又受阻止者不退出者，

· 551 ·

方论本罪，或受阻止之"或"字，当作"又"字解。二说孰当？乞即电示。

湘高审厅叩感印

■ 统字第 544 号

民国五年十二月四日大理院复襄阳高等审判分厅电

襄阳高审分厅：

养电情形，系违法判决。

大理院支印

附：襄阳高等审判分厅原电

大理院钧鉴：

县署覆审判决，未传原诉人，宣示是否有效？案待决，请径复。

襄阳高审分厅养

■ 统字第 545 号

民国五年十二月六日大理院复总检察院函

径复者：

准贵厅第一一九一号函开："遽江苏高等检察厅呈，转据江宁地方检察厅呈称，'本月初十日，准武进县咨送戴周氏，诉帮匪朱寿大，唆使伊子戴华清吵闹一案，业经县于十月二十三日，认定朱寿大实非安分之徒，另案讯明，照《治安警察条例》第九条及第二十八条，处以六个月徒刑。朱寿大不服上诉，因将原卷转解到厅，查该案原判，所引为《治安警察法》，该法第三十九条，惟云依本法科拘留及四十元以下罚金之事件，由该管长官等即决之，是科徒刑者，即不得不予被告以上诉之权，似可于意外得之。至于管辖一层，该法虽系离《刑律》而单独规定，然所支配者，究仍为一般之普通人民，及其区域，彼管辖法中，对于此项上诉机关，固无明文规定，然除向法庭上诉外，而此外亦并无其他关于此种上诉机关，法文之可据。事关应用法律，职厅未敢擅拟，究应受理与否？理合呈请迅予核示遵行等情到厅。查核该厅所呈各节，关于适用法律，职厅未便擅拟，理合具文呈请鉴核，俯赐转院解释示遵'等情。据此，相应函请解释"等因到院。

本院查本案情形，自应许其上诉，其管辖机关，仍依通常管辖各节，规定为初级管辖。相应函复贵厅转饬查照。

此复！

■ 统字第 546 号

民国五年十二月六日大理院复河南高等审判厅函

径复者：

准贵厅函开："案据嵩县知事张锡典呈称，'今有某机关于前清宣统元年，依法组织成立，由县饬刊木质钤记，发交启用，并转呈上宪立案。迨至民国，该机关自行解散，其后二年之久，另有数人，复行出而组织，前次钤记，并未缴销，又自刊一颗，与前刊印文不同，模型亦异，且未呈明显署，转呈立案。该机关现以文书攻讦他人，仍钤用第二次自刊图记，所有刊用未经立案图记，应否以伪造论？又某甲与乙因婚姻涉讼，自行呈明聘礼，单内开有烟土若干两，事在民国二年，当时烟土系交付女之父丙，而丙现已物故，其收受烟土，自应无庸置议。某甲以烟土作聘礼，是否依二百六十六条私藏论罪？以上两端，关系法律解释，理合呈请鉴核迅赐解释令遵'等情到厅。据此，查统一解释法律，系属钧院特权，相应函请解释"等因到院。

本院查原呈所称某机关，究系国家公之机关，抑系私人团体，意义殊不明显。如谓系公之机关，何以私人可以任意出而组织；若系私人团体，则其自刊图记钤用，更无成立犯罪之理。至某甲以烟土作聘，既非贩卖，亦非意图贩卖而收藏，与《刑律》第二百六十六条之条件不符。相应函复贵厅查照。

此复！

■ 统字第547号
民国五年十二月八日大理院复浙江高等审判厅函
径复者：

准贵厅铣电开："案据鄞县地方审判厅呈称，'窃查刑诉通例，抗告应于直接上级审判衙门为之，声明抗告，应于原审判衙门提出声明书。原审判衙门认抗告为有理由者，应更正原决定，认为无理由者，将该声明书及原审判衙门意见书，送交抗告审判衙门。而《各级审判厅试办章程》第二十二条，司法部呈请修正第五项载，当事人不服预审决定时，应向预审推事所属之审判衙门，声明不服意旨，依抗告程序行之等语。该项所称抗告，是否上诉之一种？如认为上诉，是否可以原审判衙门为抗告审判衙门？原审判衙门如认声明意旨为无理由时，可否不添附意见书，送呈直接上级审判衙门，而径自裁判，并毋庸援照刑诉通例办理？职厅怀疑莫释，谨请钧厅鉴准，迅赐电请大理院解释，悬案待决'等情前来。据此，相应电请钧院迅赐解释"等因到院。

本院查对于预审决定，向预审推事所属审判衙门声明不服者，该衙门应依抗告程序，自行裁判，毋庸送上级审。若对于此项裁判不服者，始得向上级审判衙门抗告。相应函复贵厅查照。

此复！

■ 统字第548号
民国五年十二月八日大理院复广西高等审判厅函
径复者：

准贵厅函开："现据宜北县知事王召学呈称，'甲随母乙下堂，就养于丙，称为义子，尚未改姓。嗣因母子商同，暗勾丁窃丙财物，密藏戊家，甲应否引《刑律》第三八一条第一项处断？恳电示只遵'等情到厅。事关法律解释，敝厅未敢擅拟，除先行令仰该县知照外，相应据情转请贵院，迅赐解释以便令遵"等因到院。

本院查本例情形，甲与丙既非同居亲属，当然不能适用《刑律》第三百八十一条第一项。相应函复贵厅，转饬查照。

此复！

■ 统字第 549 号

民国五年十二月七日大理院复甘肃高等审判厅电

甘肃高审厅：

电悉！检察官未举示犯罪事实，固无由开始预审，但检察官补充起诉，程序完备者，仍应为预审。

大理院庚印

附：甘肃高等审判厅原电

大理院钧鉴：

检察官请求预审，并未举示犯罪事实及罪名，预审庭决定驳回，是否合法？祈速解释电复。

甘肃高审厅

■ 统字第 550 号

民国五年十二月七日大理院复广西高等审判厅电

广西高等审判厅：

六零号函悉！本例乙应依《刑律》第三百一十二条处断。

大理院庚印

附：广西高等审判厅原函

径启者：

本年二月二十九日，曾以第六零号公函，函请贵院解释一法律问题，内称例如甲妇有寡媳乙，招赘丙为夫后，乙、丙同谋，将甲妇杀死，或谓乙虽招赘他人为夫，其对于甲，仍为姑媳关系，应依《刑律》第三百一十二条处断；或谓乙既招赘他人为夫，与改嫁无异，服制关系已断绝，应依第三百一十一条处断。二说未知孰是，谨请贵院解释示遵等语。迄今为日已久，未奉示复，相应再行函请贵院，迅赐解释示遵，悬案待决。

此致大理院院长！

■ 统字第 551 号

民国五年十二月八日大理院复安徽高等审判厅函

径复者：

准贵厅第二零一号函开：案据芜湖地方审判厅呈称，"窃查诬告罪成立，以申告于官为要件之一。而官之区别，或谓须有直接搜查犯罪之职权者，如检察官、司法警察官及地方长官兼有警察职务者均是，故以犯罪事实，申告于无权搜查之官，并不成立诬告罪，此狭义说也；或谓诬告他人，概刑事处分与惩戒处分而言，受申告之官，并不以有搜查犯罪职权者为限，如意图人受刑事处分，而误诉行政官署，意图人受惩戒处分，而误诉司法官署，各官署为便利人民起见，原可互为咨送查办，且现在省长监督司法，对于人民所控刑事案件，亦有发交司法官署讯办之权。是凡以虚伪事实，申告于官，确有使人受处分故意者，不问受申告之官，有无查办职权，均应构成诬告罪，此广义说也。又有谓诬告人使受刑事处分，固不限定于官吏平民，而诬告使人受惩戒处分，揣立法意系专对官吏而言，无论虚构何种事实，欲使人受何种处分，总须申告于有管辖权之官吏，方生效力。如诬控官吏于行政诉讼衙门，及诬控刑事于司法衙门，构成诬告罪，固无论已，即向一切司法官及有关司法官署之行政官诬告人罪，或以惩戒事件，诬告行政司法各官于各该官署之长官，均应构成诬告罪。反之，则以刑事案件，向纯粹行政官诬告，及以普通特别各官吏惩戒事件，向纯粹司法官诬告，均不能构成诬告罪，此说则似介乎广狭二义之间者也。假有某甲因民事执行案件，经主任执行推事传讯，坚供某乙犯渎职罪，并具甘结，嗣送由有侦查职权之原告官查明，确系虚伪陈述，究竟当庭供词，能否认为告发？及执行推事，是否受告发之官？不无疑义。依前狭义说，则执行推事，本无正当搜查犯罪之职权，但推事发觉犯罪事实，原可转送检察官侦查；如认推事非受告发之官，指为无罪，似于官厅威信有关，且与诬告罪保护国家法益及个人利益之本旨，未能悉符。即谓推事非受告发之官，而告发由于口头，法律并无限制明文，如经检察官侦查，与推事讯供相符，似仍可认为向有搜查犯罪职权之官为告发，究竟解决此等问题，以前述何说为是，不得不请求解释，此其一；又诬告自白，律文规定，得免除其刑，细绎文义，得免原非必免，实予审判官以自由裁量之权。揣诸诉讼条理，非法律全免刑罚，检察官不得径为不起诉之处分，可见诬告虽已自白，仍应实行诉追，即情节较轻，检察官原可为免刑之主张，既不失立法之精神，亦可袪专擅之弊，似于事实法律，两无妨碍。但有主张《刑律》第一百八十二条第二项，所谓未至确定审判而自白者，原包审判检察而言，于审判时自白，固可判免其刑。如于侦查时自白，即可由检察官径不起诉，减轻诉讼手续，免滋拖累，究应采用何说？非明请解释，颇乏标准，此其二；再承发吏所行职务，虽经《法院编制法》条举纲要，职务章程，胪列细目，然衡以事实，间有未能详尽者，如有民事被告人，一时未能羁押，经主任推事，谕令承发吏带同觅取妥保，即为法所未载，究竟取保对保，能否认为承发吏法定职务？实际上颇有争议。就《法院编制法》而论，承发吏既受审判厅之命执行，判断推事，谕令被告人取保，亦属广义判断之一种，承发吏奉谕带同取保，自属其当然职务。惟有一说，谓承发吏职务，章程既未列举带领取保之规定，即不能认为承发吏应执行之职务。两说纷持，于是影响于刑事问题，假有承发吏奉谕带同债务人某甲出外觅保，忽有第三人某乙，向承发吏施用诈术，致被谕取保之债务人，乘间逃逸，此等场合，依法既难构成便利脱逃罪，如认某乙向承发吏施用诈术，即应构成妨害公务罪。则依前说，认带同觅保为承发吏职务，固无疑义，若依后说，似无妨害公务之可言，究以何说为当？非转请解释，难释疑虑。至《刑律》第一百五十三条，所谓官员执行职务，是否必须法律明定之职务？抑或从事实上考察，凡属有关职务之一切公务，均包括在内？亦不无微疑，须并请解释，方资遵守，此其三。事关法律疑义，理合呈请核转迅赐解释"等因到院。本院查第一问题，以第三说为是；第二问题，以第一说为是，但检察官适用微罪不检举之例者，不在此限；第三问题，某乙应构成妨害公务罪，至《刑律》第一百五十三条之职务，除法令有明文规定外，并包括官员依正当原因所执行之一切国家公务而言。相应函复贵厅，转饬查照。

此复！

■ 统字第552号

民国五年十二月十一日大理院复总检察厅函

径启者：

准贵厅第一一零二号函开：案据江苏高等检察厅呈称，"据溧阳知事，呈请以堂谕代判词之案，如有合法上诉，应否必须补作判词？请转院解释，俾有遵循等情，转请送院核办"等情。据此，相应抄录原呈，函请查照解释等因到院。

本院查堂谕代判词之案，如有合法上诉，查照司法部三年呈准之案，及本院最近解释判例，均认为毋庸补作判词。相应函复贵厅转令查照。

此复！

附：江苏高等检察厅原呈

呈为呈请函转解释示遵事，案据溧阳县知事呈称，"本月十二日，奉钧厅指令，知事呈为遵令检送刘智益等轻微伤害钱如林一案原卷请鉴核由，奉令，呈卷均悉。"查大理院统字第三百一十四号，复湖南高等审判厅函，内载县知事遵照部章，得以堂谕代判词案件，如有合法上诉，自应补作判词等语，查本案经该知事于九月九日牌示判决，刘智益等即于法定期间内声明控诉，自应由该知事补制判词，以符法令。来呈称按照部令，不在应送覆判案件，毋庸制具判词等语，殊属非是，合将原卷发还，仰即遵照前令办理。至称刘智益等刑期届满一节，应有该知事先行交保，听候传唤可也，并仰知照此令等因，并发原卷一宗，奉此。查大理院五年六月二十二日，复直隶高审厅第四六零号公函，声明"本院判例解释有歧异者，应以最近之判例或解释为标准"，则凡判例解释，是否适用，应视有无最近之判例解释为断。县知事审理案件，刑事以无庸送覆判，民事以初级管辖范围为限，在呈准之后，得以堂谕代判，此为司法部三年十一月二十一日呈准之原案，嗣后屡有修改。如三年十二月三十日部批湖南高审厅详，四年一月十九日部批安徽高审厅详，则在十一月二十一日呈准以前之案，亦准堂谕代判，惟合法上诉案件，仍应补制判词。及四年十二月十八日部批京师地方审厅详，四年三月二十日部批山东高审厅详，则所有呈准以前，以堂谕代判决，检送上诉案件，准一律认为有效，妥为审理，以利进行。又四年二月十八日部批安徽高审厅详，则虽非简易民事案件，如当事人不上诉，或上诉不合法，亦毋庸制判词，而堂谕代判之范围，更较三年十一月二十一日原呈为广。又四年五月十五日司法部第五九六号通饬，有上诉审衙门受理各上诉案件，尤不应专指形式之违误，率尔发还等语，以上法令，均足证明刑事毋庸送致覆判之案，虽人民合法上诉，亦无必补制判词之必要，然此犹可谓在大理院复湖南高审厅第三一四号公函以前，或有不能适用也。近读五年五月二十七日，院复湖北高审厅统字第四五二号公函，第一审堂谕判决，虽引律违法，控诉审衙门，仍应为控诉审程序之进行，毋庸发还。又五年九月二日，院复司法部统字第四八二号咨，更大书特书，县知事判案，但有一定裁断，无论以何形式，苟经法定谕知程序，其理由纵极简略，均应认为第一审裁判业已成立，控告审衙门，即应进行控告审程序，不得谓为无效，辄予发还。又五年九月十八日，院复广西高审厅效电，亦认堂谕代判为有效，据此以观，似堂谕代判提起控诉之案，应补制判词，与无须补作判词，皆有判例解释，可资引证。惟应否以最近之判例解释为标准，则非知事所敢指定，前呈谓不在应送覆判案件，毋庸制具判词，并非茫无依据，既然钧应指为非是，发还补制，自应遵令办理，但溧邑土客杂处，诉讼非简，经费极绌，既无承审员之规定，又无余款可以增员助理，而人民对于堂谕代判之案件，不服上诉，事所常有。若必一一补制判词，势必延误时日，则问官更费手续，人民更受羁累，转失司法部大理院便利诉讼之本旨，无如法令纷纭，莫衷一是，惟有请求检察长俯赐据情转呈大理院统一解释，俾有遵循，奉令前因。理合补制判词，具文呈送，仰祈检察长鉴核令遵。再刘智益等业于本月十三日遵令交保，合并声明等情到厅，查该案被告刘智益等，既于法定期间内声明不服，该县知事判决，职厅根据大理院统字第三百十四号解释，令该县知事补制判词在案，兹据该知事呈引各项解释，转请前来，理合具情呈请钧鉴，函转大理院迅赐解释，转令下厅，俾便只遵，实为公便。

谨呈总检察厅！

统字第553号

民国五年十二月十三日大理院复甘肃高等审判厅函

径复者：

准贵厅函字第三三号函开：今有甲、乙二人，因丙妇夫亡无子，要求以己子承继未允，遂将丙妇商同强卖与人，经县提回丙妇，判决甲、乙不准干预，著丙妇另择嗣子，丙妇乃择同姓不宗之丁为嗣，已立嗣单，甲、乙向上级衙门声明不服。又经上级衙门判决丁之承继无效，著丙妇另行择立，丙妇竟仍以丁为嗣子，时阅十余年，终未遵判办理。及丙妇亡故，甲、乙又以异姓乱宗等情起诉，并声明不欲以己子承继，但求另择同宗为嗣。调查丙妇远近房亲，除甲、乙外，仅有远房侄子之戊一人，于此有二说也：甲说谓，现行律禁止异姓乱宗，同姓者当然不包括在内，且现行律例文，规定立继之顺序，于缌麻远房之外，又及同姓，此之同姓，自系指不同宗者而言。承继须尊重当事人之意思，丁既由丙妇意思，择立多年，自不能于丙妇死后，违反被承继人意思，再事变更，且戊于丙妇之夫，非同父周亲，照例亦不能兼祧；乙说谓，现行律禁止异姓，所重者系在宗绪，丁姓虽相同，究非同宗之人，即属违反乱宗之律。且丁于当时承继之时，业已判决无效，虽事实上被承继，仍照原立嗣单，俾丁奉承禋祀，承受财产。查财产可由被承继人意思，自由赠与，宗绪不能由被承继人意思，以不同宗之人，为不合法之承继。甲、乙既因与丙妇先有嫌隙，违背承继之例，而戊系属丙妇房侄，平日又无嫌怨，以之承继，似较允洽等语。案关法律解释，相应函请贵院解释示遵，以资依据等因前来。

查丁之承继无效，既经判决确定，自应另为丙妇之夫立嗣。惟承继事件，非自已或自己直系卑属，依法有承继之权，而未经抛弃者，始得告争，否则既无告争之权，而他人之承继，及占有遗产，是否合法，可以不问，审判衙门仍应为驳回请求之判决，本院久已著为判例，祈即查照办理可也。

此复！

■ 统字第 554 号

民国五年十二月十八日大理院复广西高等审判厅电

广西高审厅：

真电罚金，应由审厅处罚。仍不到，得行勾摄。

大理院皓印

附：广西高等审判厅原电

大理院鉴：

《试办章程》第七十一条，是否绝对处罚，归审厅抑检厅执行？罚仍不到，得拘致否？乞解释电遵。

广西高审厅真印

■ 统字第 555 号

民国五年十二月十九日大理院复云南高等审判厅函

径复者：

准贵厅函开：案据武定县知事李佐华呈称，"为呈请解释事，设有甲娶妻乙不睦，又娶妾丙，甲爱丙而虐乙。适有同村住人丁，已聘定戊为妻，因事阻碍，未得完娶，甲见丁欲娶不能，遂商之丁，愿将其妻乙嫁卖与丁为妻，又恐乙之母家干涉，嘱丁纠人佯抢，甲即将乙拉交丁接去，业以完配，后因礼银纠葛，甲又以强抢其妻起诉。查丁娶有夫之妇，固犯第二百九十一条之罪刑，然丁原配虽未迎娶，亦已正式聘定，是以有妇之夫，而娶有夫之妇，应否照俱发罪处断？此应请解释者一；甲以强暴胁迫，嫁卖其妻乙，律无处罪明文，查前大理院复函，关于卖妻及子女，依《补充条例》第九条处断。查该条例第九条载，依法令契约担负扶助养育保护义务，而强卖和卖被扶助保护之人者，依《刑律》第三百四十九条处断，惟《补充条例》，系民国三年十二月二十四日公布，未经国会通过，当然失其效力。今甲强卖其妻乙，应否照《刑律》第三百四十九条第一项处断？此应请解释者二；又乙自遭甲虐待强卖，已与丁完配，现不愿归甲，只愿归丁，或归其母家，查乙既受甲虐待，当然准其离异，而离异之后，究应判归丁乎？抑应判归母家另行择配乎？此应请解释者三，以上疑问，悬案以待，理合具文呈请解释示遵等情到厅。据此，兹将本厅解释列后，是否合法，相应函请钧院解释示知，以便转令遵照"等因到院。

本院查原呈所举之例，甲既以强暴胁迫卖其妻乙，即系强卖，依《刑律补充条例》第九条，应照《刑律》第三百四十九条第一项处断，丁构成《刑律》上略诱罪，及《补充条例》第九条第二项之收受强卖人罪，惟略诱乃收受强卖人之方法，应适用《刑律》第二十六条处断。乙既系因其夫强卖,自不能与丁成为法律上之婚姻,重婚罪即无由成立。《刑律补充条例》,未经明令废止,自属有效。至乙既不愿归甲,自可准用前清现行律,夫抑勒妻妾与人通奸例,准其离异归宗。相应函复贵厅转饬查照。

此复!

附:云南高等审判厅原呈解释

计开

第一问,甲商同丁嫁卖其妻乙,如未得其妻乙之同意,出于强嫁,照《刑律补充条例》第九条之规定,甲应依《刑律》略诱罪各条处断,丁纠人抢取乙为妻,构成《刑律》上之略诱罪,仍依该略诱罪各条处断。如甲已商得其妻乙之允许,则甲、丁仍依上引各律成和诱罪,乙为有配偶者,如已自愿与丁正式成婚,已构成《刑律》第二百九十一条之重婚罪。丁虽无配偶,但知乙有配偶,而以为婚姻,依该条二项之规定,仍成立该条之罪,与略诱和诱罪俱发。丁原有聘妻与否,于重婚之构成条件无关;

第二问,《刑律补充条例》,虽未经国会通过,但中央亦未以明令废止,自不能认为无效;

第三问,查前清《现行刑律》,关于民事有效各条例载,若用财买休卖休和娶人妻者,妇人离异归宗,自应援以为用。

■ 统字第556号

民国五年十二月十九日大理院复云南高等审判厅函

径复者:

准贵厅第二十七号函开:案据署维西县知事余斌详称,"窃县属近有甲某,于三年前与乙某未许字于人之女,调戏和奸,续甲又将乙女和诱至他处藏匿,离其本来居住正当监督者监督权支配以外。约两年余,生女一,刚二岁,乙叠寻未获。本年阴历八月间,甲公然将乙女引回自己原住所,作正式夫妇。甲原与乙同村,相距不过数百武,乙查知报告土弁处,令甲将乙女交回,甲于交回乙女后,所奸生之女未交,又复将乙女移于自己权力支配之下,是以乙情不能忍,起诉到县。查男女定婚,系要式行为,今甲与乙女因和奸而和诱,在乙既不能承诺于前,又来亲告于后,甲与乙女之构成《刑律》第二百八十九条,《补充条例》之和奸无夫妇女罪,及第三百四十九条第二项和诱妇女罪,已无疑义。惟甲与乙女奸生之女,若照私生子女之认知,判给与甲领回养育,吾国法律上实无明文规定。若照离婚后,子之监护,由父任之之例,判给与甲领回抚养,而法律又不准比附援引。况离婚时之所谓子者,系正婚所生,今甲与乙女之有女者,系苟合所生,不能混而一视,人人皆知。且查甲已有妻在,甲奸生之女,仍判给与甲,是不啻认甲与乙女之所为,为正当婚姻,则甲又当构成《刑律》第二百九十一条之重婚罪,处甲三罪俱发,未免前后矛盾。仅处甲以重婚罪,乙女纯无责任,而乙女又应行归甲,是刑罚制裁,不徒不能正风俗,反以败风俗。案关适用法律,知事未敢自由臆断,理合备文详请钧厅查核,迅赐解释。再甲自交回乙女后,又复诱回,是否处以两个之和诱罪?抑仅处以一个之和诱罪？悬案以待，立恳一并批示只遵等情，据此，当经本厅指令，详悉，甲某和诱乙某之女，并相奸宿，除甲某构成和诱罪外，如乙某为良家，则甲与乙女，均犯《刑律补充条例》第六条之罪，来详援引《刑律》第二百八十九条，殊属错误。甲将乙女交回与乙后，复行诱去，则又成立一和诱罪，与前罪行为各别，甲与乙女所生之子女，当然归甲收养，与是否正式婚姻无关，前清《现行刑律》关于民事有效各条例（如奸生子女，责令奸夫收养之类），自可援以为用。本厅所见如此，惟统一解释法律之权，属于大理院，是否合法，应俟转请解释见复后，再行令遵"等因，指令在案，相应函请解释等因到院。

本院查本案情形，贵厅解释意见，尚属正当。相应函复贵厅转饬查照。

此复！

■ **统字第 557 号**

民国五年十二月二十六日大理院复江西高等审判厅电

江西高等审判厅鉴：

庚电悉！省议会有议决省决算之权，惟省议会收支，应否核销，及核销是否有效，事属行政，应由该管官署依法办理。至会计官员，关于收支请求确认，无对于省议会支付赔偿义务，系民事消极确认之诉，得依法受理。

大理院漾印

附：江西高等审判厅原电

大理院鉴：

据南地厅呈，地方议会会计，以该会解散前收支曾经行政官厅核销，现议员提议清查，经会议决，由伊赔洋若干，提起确认支销之诉，是否《法院编制法》第二条之民事？请转请解释等情，相应电请贵院，迅予解释电复。

赣高审厅庚印

■ **统字第 558 号**

民国五年十二月二十七日大理院复陕西高等审判厅电

陕西高等审判厅鉴：

铣电情形，如在邻县上诉制度，未经更定以前，自系管辖错误，其判决并非当然无效。既经确定，除具备再审条件外，别无救济办法。

大理院俭印

附：陕西高等审判厅原电

大理院鉴：

甲县判决承继案，更经某县为第二审判决确定后，当事人声明不服乙县所为之判决，是否当然无效，或另有办法？悬案待决，请速示遵。

陕高审厅铣

■ 统字第 559 号

民国五年十二月二十九日大理院复四川高等审判分厅电

四川高等审判分厅鉴：

青电悉！查纳妾既为法所许，自不能以未婚纳妾，持为解除婚约之原因。

大理院俭印

附：四川高等审判分厅原电

大理院钧鉴：

未婚前纳妾，婚约相对人，可否主张解约？乞示遵。

四川高审分厅青

■ 统字第 560 号

民国六年一月十六日大理院复总检察厅函

径复者：

准贵厅函开：据吉林高等检察厅转据长春地方检察厅呈称，"兹有中国商人贩卖面粉假冒日商面粉公司商标，经该公司查获，呈请日领事救济，由交涉署转交来厅，侦查结果，实系假冒无误，惟引用法律实多疑义。甲说假冒商标，含有诈欺性质，应以诈欺取财论罪；乙说谓，同一货物同一重量，并无诈欺事实，不过假冒他人之商标，希图畅销而已，并未诈取何等利益，似不能认为犯罪，应归民事办理。查现行法律并无保护商标之规定，如日本则另以单行法定之，查日本《商标法》第十六条假冒商标者，处以禁锢或罚金，我国既未颁布此项单行法，《刑律》又无正条可引，办理实深困难，请求解释"等情。据此，相应据情函请查核见复等因到院。

本院查本案情形，应依《刑律》第二百四十三条第一项处断，希参照本院五年上字第一百七十五号判例。相应函复贵厅转饬查照。

此复！

■ 统字第 561 号

民国六年一月十六日大理院复福建高等审判厅电

福建高等审判厅：

感电情形，律无正条，不能为罪。

大理院铣印

附：福建高等审判厅原电

大理院鉴：

服食吗啡并未施行，应否成罪？乞电示遵。

福建高审厅感

■ 统字第 562 号

民国六年一月十六日大理院复宜昌高等审判分厅电

宜昌高等审判分厅：

卅电情形，系独立私诉，应归民庭审判。

大理院铣印

附：宜昌高等审判分厅原电

大理院鉴：

初审公诉未判，专对私诉声明控告，应否决定，移付民庭？案悬恳速电示。

宜昌高审分厅卅印

■ 统字第 563 号

民国六年一月十七日大理院复浙江高等审判厅函

径复者：

准贵厅五年函字第五二三号函开：案据浙江鄞县地方审判厅长张若聪呈称，"为呈请转呈解释示遵事，窃职厅现有疑未能决之法律问题二：第一，合意管辖之程序，是否可适用之于上诉审？抑仅以第一审为限？第二，上级审决定发交不属于下级审管辖之案件，使下级审受理审判，当事人对于决定，并未声明不服，下级审是否受决定拘束，明知管辖错误而仍予受理？抑另有其他救济之法？事关法律解释，理合具文呈请转呈大理院解释示遵，再职厅现有案件急待上述二点解释，以资解决，并乞从速施行"等情到厅。据此，事关法律解释，理合函请贵院鉴核迅赐示复只遵等因前来。

查合意管辖之规定，仅适用于第一审衙门，而事物之合意管辖，现在亦已废止。至上级审判衙门以决定将案件发交下级审判衙门审判者，苟当事人于上诉期间内对之并无不服，则其决定即已确定，下级审判衙门自应受其拘束，即使管辖错误，亦应予以受理。希即转饬遵照可也。

此复！

■ 统字第 564 号

民国六年一月十七日大理院复广西高等审判厅函

径复者：

准贵厅审字第一一号函开：设有甲身故无嗣，甲母择乙入继，已十余年，娶妻生子矣。民国二年，丙始以次序告争，提起诉讼，经终审判决，乙应承继为甲后，丙不得告争，是乙丙之争继案已确定矣。兹有该族族长及房族人等以乙系寅之次子，前曾出继其胞伯丑为嗣子，是乙为丑之独子，忍于己父之无后而为他人之后等情，复向第一审起诉，请求判令归宗。查乙是否曾出继于丑，双方尚有争议，此系解决该案应准受理后当为研究之事实，姑置勿论。兹假定乙果曾出继于丑，为丑之独子，前经终审判决，乙应承继为甲后，以后乙并无不得于现在所后之亲，为现在所后之亲请求归宗之事实，乙亦无因前次所后之亲丑无子，情愿归宗之意思。又乙前次所后之亲丑，身故已久，无由知其有无欲乙还宗之意，宗族人等有无因乙前次所后之亲丑无子，诉请判乙归宗之权？该第一审以此种请求，应否予以受理？颇有疑问，呈请解答前来，案关法律上之解释，贵院有统一解释法律之权，相应函请解释示遵，以便转令遵照等因前来。

本院按关于承继案件确定之判决，是否有拘束一般人之效力，姑勿具论，而族人非有应继资格并在最先顺位者，对于他人之不合法承继，无告争之权，审判衙门即可本此理由，予以驳斥，本院久已著为判例。希即转饬遵照可也。

此复！

■ **统字第 565 号**
民国六年一月十七日大理院复安徽高等审判厅函
径复者：

准贵厅第九三号函开：案据芜湖地方审判厅长雷铨衡呈称，"窃查《京师地方审判厅民事执行处规则》第六条载，当事人或利害关系人关于强制执行之方法声明异议时，由厅长裁断之云云。又查《不动产执行规则》第二条载，对于不动产之强制执行，以查封拍卖管理之方法执行之。现在执行案件，往往权利关系人，对于查封拍卖等方法声明异议，所持理由，或主张所有权，或主张典当权，或主张界址不清，或主张目的物错误，要之异议则一。除所有权之声明，依《京师地方审判厅民事执行处规则》第七条，应告知另行起诉外，其余各项声明，究竟应否认为关于强制执行方法之异议？此项异议，究应由厅长裁断，抑或以通常决定或批示解决？不无疑义。此应请解释者一；又拍卖物产，如遇第三人对于拍卖标的物声明有典质权之异议，依执行规则第四条，官厅自应加以调查，但调查结果，如确有典质权关系，自应分别拍卖有无实益，决定可否撤销或停止拍卖命令，若确无典质关系或权利不明了时，自应驳回其异议，免妨拍卖之进行，究竟确定此种关系，应以如何方式行之？及执行机关有无此种确定之权？颇无依据，此应请解释者又一。以上各疑点，均于现在实施程序重有关系，理合具文呈请钧厅府赐鉴核，明白指令只遵"等情。据此，查事关执行程序，本厅未便擅专，除指令外，相应据情转请钧院解释饬遵等因前来。

查第三人就强制执行之目的物，主张有足以妨止其物之让与或交付之权利者，俱为关于执行目的物之异议，与关于执行方法之异议不同，此等关于执行目的物之异议，除系主张不动产所有权者应依《不动产执行规则》第六条办理外，其主张典当权或其他权利者，应照通常诉讼程序，向该管审判衙门起诉。其受诉之审判衙门，亦应依通常诉讼程序审理裁判之，厅长无裁断之权，本院久已著为判例（本院四年上字第八三一号判决参考）。希即转饬遵照可也。

此复！

■ **统字第 566 号**
民国六年一月二十日大理院复吉林高等审判厅函
径复者：

准贵厅民字第一四零号函开：据榆树县知事呈称，"兹有县民因人事诉讼者，甲缘残弱无力养赡，将妻乙凭媒丙价卖与丁为妾，立有婚书，并甲、乙之兄戊、己亦同具名签押。乙居丁家已一年有余，现乙、己来案起诉，此案甲既得价卖乙，当然恩断义绝，而丁虽系凭价，又属故买有夫之妇，究非正当？此等人事诉讼，既无条例规定，地方陋习又往往有放鹰之风，究竟丁所持婚书，应否有效？乙请仍归前夫，应否照准？附带身价，又宜若何处置？请核示"等情。据此，查《暂行刑律补充条例》第十二条第一项，已规定《刑律》称妻者，于妾准用之，称有夫之妇者，于有家长之妾准用之。对于民事，妾于家长，能否比照夫妇认有婚姻关系，尚无明文，本厅未便擅决，合亟函请钧院速赐解释示遵，实为公便等因前来。

查现行律载买休卖休和娶人妻者，妇人离异归宗，来函所询情形，苟其事实与该律相当，故应许其离异归宗。若乙与甲协议离异在前，再嫁与丁为妾，则无许其翻异之理。相应函复贵厅，希即转饬遵照可也。

此复！

统字第 567 号

民国六年一月二十日大理院复安徽高等审判厅电

安徽高审厅鉴：

皓电悉！提庙产办学，虽系行政处分，惟僧道住持或原施主，得以被侵为理由，对声请提拨人提起民诉。该声请人若系寺庙以外之人，依《管理寺庙条例》第十一条，应负返还拨产及请求官厅更正义务。

大理院号印

附：安徽高等审判厅原电

大理院鉴：

系知事将庙产提充办学经费，是否属于行政处分？乞电复。

安徽高等审判厅叩皓

统字第 568 号

民国六年一月二十日大理院复安徽高等审判厅电

安徽高审厅鉴：

九一号函悉！该项佃权，依习惯既可由承佃人自由杜拨，自可查照执行动产不动产以外财产之成例，将该权供执行，惟不得另加限制，或其他不利于业主。

大理院号印

附：安徽高等审判厅原电

径启者：

案据芜湖地方审判厅长雷铨衡呈称，"今有某甲向佃种某地，依安徽习惯，有自由杜拨与他人佃种之权。现因负乙某债务，判决确定，甲除此杜拨权之某地外，无他财产可供执行，乙请求拍卖此杜拨权，此种杜拨权，可否依照不动产执行规则拍卖规定，公示招人杜拨？颇有疑义，悬案待结，理合呈请钧厅府赐鉴核，指令只遵"等情。据此，查事关法律解释，本厅未便擅专，除指令外，相应据情函请钧院解释，以便令遵。

此致大理院！

■ 统字第 569 号

民国六年一月二十日大理院复湖北高等审判厅电

湖北高等审判厅鉴：

五年四三二号公函悉！应从丑说，惟若废继应依律例办理。

大理院号印

附：湖北高等审判厅原函

径启者：

案据勒水县知事曹蕴键呈称，"窃照《民律草案》一千三百三十四条内载，在本律规定之亲属范围内不得结婚等语，又前清现行律婚姻门内载，凡娶同宗无服之亲及无服之妻者，除应死外并离异各等语，规定大致相同。诚以亲属结婚，匪惟渎伦，抑且伤死，中外各国莫不禁止，惟是我国《民律》尚未公布，前清现行律虽可援用，然因婚姻酿成刑事及其他之诉讼，办理颇觉困难。兹有某甲子故遗媳某乙，意欲立子承嗣，择定族侄某丙为子，并将媳某乙再醮某丙缔婚，未及数月，某乙又与族叔某丁奸通，并唆使某甲逐出某丙，某丙不服，乃以获奸唆逐毁嗣拆婚等情来案呈诉：（子）说，以某丙承嗣某甲，系因与乙婚姻关系而成立，其婚姻按律即属违法，则承嗣亦随之当然无效，更无亲告权之可言，此项诉讼，应予却下不理。（丑）说，以乙、丙既属嫂叔缔婚，依律自属大不合法，夫妻关系，当然不能成立，即令某乙与某丁确有奸非，依法亦无告诉之权，惟承嗣部分，系单独法律行为，仍不能随之消灭，致长悔嗣之风。（寅）说，以乙、丙婚姻虽不合法，然法律不溯既往，即无撤销之理由，不独承嗣系单独行为，仍应维持，即奸非告诉，亦不得谓不合法。（卯）说，乙、丙婚姻固不能认为合法，然某丁以尊长奸通卑幼，此风不可不整，虽无合法告诉，亦应治以应得之罪，至甲、丙之继承关系应否维持，须视某甲之意思为断。以上各说，或系偏重法理，或为采取习惯，虽各有一面理由，究应以何说为是？知事未敢擅定，合行具呈钧厅鉴核，指令遵行，实为公便，谨呈"等情。据此，查该县所呈各说，似应以丑说较为妥洽，惟案关解释法律，敝厅未便擅专，相应据情转请钧院迅赐解释见复，以便令遵为荷。

此致大理院！

■ 统字第 570 号

民国六年一月二十日大理院复四川高等审判厅电

四川高审厅鉴：

私诉管辖，应从所附带之公诉，虽在千元以下，上告案仍应送院。

大理院印号

附：四川高等审判厅原电

大理院钧鉴：

不服地厅第一审判决之附带私诉，价额在千元以下，其第二、三审，可否由本厅民一、二庭受理？

四川高等厅叩元

■ **统字第 571 号**

民国六年一月二十日大理院复吉林高等审判厅电

吉林高审厅鉴：

电悉！依《参议员选举法》第三条其被选举资格，应从众议员选举法所定。查照该法第七条二款现任官吏，亦应停止被选为参议员之权，是否候补当选人本无区别，故《参议员选举法施行细则》第十三条所称被选举人，应包括候补当选。

大理院号印

附：吉林高等审判厅原电

大理院钧鉴：

《参议员选举施行细则》第十三条之当选人，是否包括候补当选人？请速电示。

吉林高审厅印

■ **统字第 572 号**

民国六年一月二十日大理院复甘肃高等审判厅电

甘肃高等审判厅：

删电情形，自系赃物，价银应没收。

大理院号印

附：甘肃高等审判厅原电

大理院钧鉴：

故买因诈欺所得之物，应否以赃物论罪？价银能否没收？请解释示遵。

甘肃高审厅叩

■ **统字第 573 号**

民国六年一月二十五日大理院复湖北高等审判厅函

径复者：

准贵厅函开：兹有某甲对于某县知事加以侮辱，则某县知事既处于被害人之地位，实自为诉讼人，于法本应回避，乃该县知事不声明回避，径行判决。经某甲控诉于湖北第二高等审判分厅，该厅因钧院四年统字第三二五号冬电，有应依《县知事审理诉讼暂行章程》第五条所援用《试办章程》各条核夺，或代理规定办理云云，遂依照《各级审判厅〈试办章程〉》第十一条之规定，具文呈请核夺到厅。职厅意见，现分两派：据甲说则谓，《试办章程》第十条至第十三条所规定，应行回避及声明回避各办法，皆系指未经判决以前之程序而言，若应回避之审判官参与审判之后，已经终局判决，究属违法判决之一种，并非无效判决。即就钧院四年统字第三二五号解释观之，亦并未言及此项判决为无效。且依钧院三年上字第五五一号判例略开，凡第二审审判之案件除对于第一审所为管辖错误或驳回公诉之判决认为不当而撤销者，得以该案件发还原审衙门外，其余之裁判，均准用公判之规定，得以自行判决，无发还更审之必要云云。此项应回避而不回避之判决，即包括于钧院三年上字第五五一号判例所谓其他裁判之内，其案件既经声明控诉，尽可由该控诉审依法注销原判，自为适法之判决。该控诉审之推事，既无应行回避之原因，自不必由该控诉审依照《试办章程》第十一条呈请核夺。查《试办章程》第十条第一款既有审判官自为原告或被告者之规定，而前清定章程时所称原告，本系包含刑事原告诉人一并在内。则参观钧院三年上字第四八九号判例略开，上告人于第一审审理本案时，并未请求回避，而于控告审判决以后，乃藉此以为攻击原判及第一审判决之根据，不得为正当理由云云。及刑事诉讼法理所列得为上告理由之违法情形十种，内有法律回避之推事参与审判及被拒却之推事参与审判云云，其只能认为违法判决而决不能认为无效判决，尤属毫无疑义。据乙说则谓，钧院四年统字第三二五号解释冬电，原系答复江苏高等审判厅之陷电。查当时来电系称县知事对于应回避之案径行判决，经第二审衙门发现，能否照常审理，抑须撤销原判移转管辖，乞迅电示云云，钧院冬电既谓陷电情形应依《县知事审理诉讼暂行章程》第五条所援用《试办章程》各条核夺，或代理规定核办云云。即查钧院四年统字第二八三号解释，亦属相同，则此项应回避而不回避之判决，实为无效判决已属不言可喻，该控诉审既经发现，自应依照《试办章程》第十一条呈请核夺。惟该章程第十一条所称长官核夺云云，因发布在后之《法院编制法》，已有第五条、第六条之规定与之抵触，参照钧院四年统字第三四九号解释，应改归审判厅依通常判定程序办理。在乙说既以钧院四年统字第三二五号及第二八三号、第三四九号三次解释为根据，而在甲说亦不能谓非持之有故，言之成理。两说相持，莫衷一是，究应如何办理之处，相应函请迅赐解释，俾资遵守等因到院。

本院查所举两说，以甲说为正当，且与本院叠次解释原意并无不合。相应函复贵厅查照。

此复！

■ 统字第 574 号

民国六年一月二十七日大理院复安徽高等审判厅函

径启者：

接贵厅六年第二五号函开：案据芜湖地方审判厅长雷铨衡呈称，"窃查《各级审判厅试办章程》第九十二条规定各节，虽现在适用，均案成例，然细译条文，颇多疑义，有须请解释者数点：该条所定十里以外加征之银，原承上条文，义征作办公费，惟不能一日往返者，既征食宿费，是否仍应按里递加办公费？此应请解释者一也；其一日能往返者，照章无征收食宿费明文，必不能一日往返者，始按日加征食宿费，究竟该条所称每日系自开始之日起算，抑自次日起算？此应请解释者二也；'川资'二字，习惯上之解释，包括一切旅费而言，该条所指，是否火车轮船已通之处，专指票价及其他必要杂费？未通之处，专指帆船车马等费？画然于办公费食宿费之外，虽收川资，仍并征食宿办公等费？此应请解释者三也；如办公费、食宿费、川资三者判然各别，在管辖区域以外，必须派吏递送文书或传票之时，虽动辄千里，然计日可达，于川资、食宿费之外，是否仍应按里递加办公费？此应请解释者四也。以上四者，事关征收费用疑义，非明请解释，不足以定标准而资遵守，理合呈请钧厅鉴核指令只遵"等情。据此，查该厅所呈各节，疑义滋多，事关法律统一解释，除指令外，相应据情函请解释见复，以便令遵等因。本院分别解答如次：

一、该条所定办公费，系与食宿费并存，故仍得按里递加办公费；

二、该条规定加食宿费之理由，因系路远不能一日往返，实有食宿之必要，故所称'每日'二字，当然包括开始之日而言。盖开始之日，既不能返，亦应食宿也；

三、该条既令承发吏取有办公费及食宿费，则所谓'川资'即系指因乘船车实际必需之费而言，食宿办公费应并征取；

四、管辖外行使权限，以嘱托该管衙门代行为便，发送嘱托公文，应从妥速并省费用，来函情形，似非常有，如果两造均请如此办理，自可依照条文并征办公费。

以上四端，应请贵厅转饬查照可也。

此致！

■ **统字第575号**

民国六年一月二十七日大理院复浙江高等审判厅函

径复者：

准贵厅第一四号函开：案据杭县地方审判厅呈称，"窃查《民事诉讼律草案关于管辖各节》，已于民国元年四月七日由司法部呈准暂行援用在案，惟《草案》关于管辖之规定，虽较详细，然亦有特别规定于《各级审判厅试办章程》管辖章内，而为《草案》所付阙如者，例如《试办章程》第九条第二项关于管辖错误之规定，既为草案所未详，并与草案无抵触情形，揆诸立法例，此项条文，尚未经明文废止，似不在默示废止之列。近因适用之际，发生疑问，关于此项条文，能否得而援用？事关解释法律厅长未敢臆断，理合具文呈请钧厅查核迅赐转函大理院详细解释，俾资遵守等情"到厅。据此，相应备函转请钧院俯赐明白解释示遵等因前来。查《各级审判厅试办章程》内，关于管辖各条，除于《民事诉讼律草案》管辖各节抵触之部分外，自属继续有效。惟该章程第九条规定，显与其后发布之《法院编制法》审级制度抵触，自不能复认为有效。相应函复贵厅转饬遵照可也。

此复！

■ **统字第576号**

民国六年一月三十一日大理院复浙江高等审判厅函

径复者：

准贵厅五年函字第五八四号函请解释三项问题，兹分别解答如下：

第一问题：查《现行刑律》丧服制度，既未废止，则该律居丧嫁娶之规定，自应继续有效。惟此等公益规定，自非私人所能藉以告争，审判衙门亦不能径行干涉；

第二问题：妻犯七出而无三不去之理，自应认夫有出妻之权，其有三不去系犯奸者亦同，并依本律犯奸条愿否离异，仍应由本夫主持。至义绝应离，固在强制离异之列，然本为夫妇在未经官判离以前，其夫妻关系，自仍存在；

第三问题：《现行刑律》义绝律文，采用唐律，则义绝之事例，自可援据疏议，并非限定律文内离异各条。又该律第一节系指妻对于夫言，次节兼指双方犯义绝，应离不离一语，谓事实发生经官处断而故违者，方予科罪，寻绎前后用意，疑义自明。

总之以上三端，皆旧律为礼教设立防闲，遇有此类案件，仍宜权衡情法，以剂其平。现在《民法》尚未颁行，该律民事部分，虽属有效，而适用之时，仍宜酌核社会进步情形以为解释，不得拘迂文义，致蹈变本加厉之弊。相应函复贵厅转饬遵照可也。

此复！

附：浙江高等审判厅原函

径启者：

兹因对于后开各项法律，颇有疑异：

（一）按现在丧服制度尚未废止，前清现行律居丧嫁娶离异之规定，是否继续有效？

（二）按前清《现行刑律》，凡妻（于七出）无应出（之条）及（于夫无）义绝之状，而擅出之者，处八等罚，虽犯七出有三不去而出之者，减二等，追还完聚。又载若犯义绝应离而不离者，亦处八等罚，又同律附例载，妻犯七出之状有三不去之理，不得辄绝，犯奸者不在此限各等语。除律文所定罚则当然失效不生问题外，其律文追还完聚及义绝应离之规定，并附例全文，似尚继续有效，如果认为有效，则推究此项律例之精神，似（一）妻犯七出之状而无三不去之理，及虽有三不去之理而系犯奸，其夫出之者，可以无庸追还完聚，以其非擅出非不得辄绝而绝也。换言之，即夫于妻有此等情形时，律例上认其有出妻之权也；（二）至于义绝应离不离，原例附有罚则，系属强行法规，则夫犯义绝之状者，应强制其妻与之离异，妻犯义绝之状者，亦然。即事实上并未离异，亦应视其夫妻关系为不存在，如此解释，是否正当？

（三）按"义绝"二字，作何解释？律内并无小注，于是学者间遂有下列三种学说：（甲）唐律疏议曰：义绝谓殴妻祖父母、父母及杀妻外祖父母、伯叔父母、兄弟姑姊妹，若夫妻祖父母、父母、外祖父母、伯叔父母、兄弟姑姊妹自相杀，及妻殴伤夫之祖父母、父母，杀夫外祖父母、伯叔父母、兄弟姑姊妹及与夫之缌麻以上亲，若妻母奸及欲害夫者，虽会赦亦为义绝，妻虽未入门亦从此令云云，有谓此为"义绝"二字，原始之解释，应予采用者；（乙）明律注疏曰：义绝专指自得罪于夫者言，如殴夫及欲害夫之类，非谓殴姑舅等项也云云，有谓此说虽较唐疏为略，然唐疏亦有难行之处，仍以此说为当者，然细按此说，就妻绝于夫者言，未免于夫之利益保护过厚，律以妻齐之义，终有未合；（丙）清律注解（系私家注解非律内小注）曰：义绝者谓夫妇之恩情礼意乖离违碍其义已绝也，律中未曾备详其事，而散见于各条中，其所指为义绝者，亦复不同。有于法应离不许复合者，如所云虽异归宗仍两离之类，即本条应离不离亦是也；有其事可离，犹许复合者，如所云愿留者听，愿离者听之类，即本条从夫嫁卖亦是也云云，有谓现在既系继续适用清律，则当以清律时代之解释为准。此虽私家注释，然亦可认为向来惯习上之解释，予以采用者，似属不无理由，但细按此项注解，亦有瑕疵：（一）盖义绝之状，如已分列于各条，而各本条内又已标明应离之旨，则律文只云应离而不离者，亦处八等罚可矣，何必多此"义绝"二字之赘文耶？可见义绝之状，当别求于各条之外；（二）且义绝应离如以律有离异归宗仍两离之等类文句之条为限，则夫妻之一方，有谋故杀死他方之祖父母、父母期亲及外祖父母时，因同律谋杀祖父母、父母斗杀故杀人各条，并无夫妻离异之文，遂不能适用义绝应离之律。于是夫得以七出之理由出其妻，而妻则虽与夫有不共戴天之仇，苟不得其夫承诺，终无术可以离异，而不得不仍留于夫家，无论如何尊重夫权，亦不应有此偏倚不平之法，是此说仍难采用。以上甲、乙、丙三说，有无可取？并"义绝"二字之定义及义绝情状成立之要件如何？用特具函请求钧院查照，俯赐解释，俾有遵循，实级公谊。

此致大理院！

■ 统字第 577 号

民国六年二月三日大理院复四川高等审判分厅电

四川高等审判分厅鉴：

五年十月九日函悉！采丙说为是，并可就管收抗告，先予裁断。

大理院江印

附：四川高等审判分厅原函

径启者：

案据吴协和等对于巴县地方审判厅就该民等与苏积之等因会产涉讼确定判决后，所为强制执行之决定，声明再抗告一案由原审厅申送卷宗详请决定到厅。查该案内容，系吴协和等所属之永庆会，于乾隆年间，典当地基一副于苏积之等所属之中元会，价银五百两，嗣由中元会人等于该地基上建修房屋，转卖与熊姓，价银二千余两，事历百年无异。宣统三年迄民国元年，吴协和等突诉经前重庆地方审判厅暨上诉处两审判决，判词仅载有著苏积之等先备价向熊姓取回，再由永庆会向苏积之等取赎，各了各事等语，而于取赎之价格，及地基上所建之房屋应否拆废，或应由赎主认给代价各节，俱未加以判断，因是执行困难，迄未了结。本年九月，经巴县地方审判厅执行处详请该厅厅长决定，主文内载著永庆会吴协和、唐兴盛等备价银一千四百两，交中元会苏积之等收清完结，吴协和收所，案结释放等语，吴协和、唐兴盛等不服，声明再抗告到厅，经审查评议之结果，共分三说，莫衷一是：（甲说）谓关于强制执行之方法有声明异议时，依《执行规则》第六条之规定，当然得由厅长裁断。本案原判已就讼争物之权利主体，及其取赎之程序，明白认定，实施判断，则此次决定，虽涉及实体之权利义务，实乃一种执行方法，依《执行规则》第六条解释，原决定并无不合，应予维持等语；（乙说）谓执行方法之裁断，应仅限于原判已有相当裁定之范围内，如所断系在原判范围之外，而又涉及实体之权利义务，则系一种新判决或补充判决，不能认为一种执行方法。本案原判，既仅有取赎程序之判断，并未就赎价及房屋之处置并为判定，则据利害关系人之声明异议，只可依《执行规则》第七条，告知另行起诉，不能遽以决定形式为权利义务实体之判断，原决定殊不合法，应予撤销发还，依《执行规则》第七条办理等语；（丙说）谓原决定书，虽用决定形式，实际上系一种新判决，该判决内容，既与原有之确定判决无抵触，则纵令发还依《执行规则》第七条办理，亦不过由形式上略为变更，而实体上必不能有所出入。是发还之说，实足以滋拖累，似不如略其形式，作为控诉受理等语。窃查以上各说，系手续法上之疑义，本分厅未敢擅为解释，相应抄录原决定书，函请贵院查核电示只遵。再如依丙说办理时，可否就管收命令部分之抗告，先予决定？悬案以待，乞并示遵。

此致大理院！

计抄送决定书一份

巴县地方审判厅民事决定（五年份决字第十一号）

决定

抗告人：永庆会吴协和（年四十岁，巴县人屠帮）

唐兴盛

代诉：周树村（年三十八岁，巴县人屠帮）

申银才（年三十六岁，巴县人屠帮）

被抗告人：中元会苏积之（年六十六岁，巴县人屠帮）

陈秉之（年五十九岁，巴县人屠帮）

右抗告人对于本厅民事执行处遵照民国元年五月上诉审判处之判决令其备价赎业其所主张之价额与被抗告人所主张之价额大有差点，经本厅传讯决定如下：

主文

著永庆会吴协和、唐兴盛等备价银一千四百两正交中元会苏积之、陈秉之等收清完结，吴协和收所案结释放。

事实

永庆会因蒙山园地方会产上诉中元会苏积之等一案，民国元年五月十一日经上诉审判处判令苏积之先行备价向熊全和堂收回，再由永庆会向苏积之等赎取，彼此各了各事，免生纠葛等语在案。延至二年五月，苏积之始将熊全和堂买价银二千三百五十两，首尾了清，殊永庆会吴协和等仅缴五福楼红票一张，系银五百两在案，苏积之等尚未认领，并未具结完案，遽尔动土撤房，兴学招佃中更事变，横生阻力，以迄今日尚未完结，执行处推事黄翰藻再三催促，迫令将该房产查封拍卖，吴协和等不服提起抗告，经本厅长传讯，明确具悉吴协和始终坚持仅缴五百两银票一纸，以为当年当价止是五百，图占便宜，狡辩支吾责令收所乃得，此案真相苏积之等称余衢五、戴羽之等与伊说过一千八百两唐兴盛之，代诉人周树村称会众仅能出一千两，而上诉审判处原判究未确定赎取之价应备若干，故两造各执一说，未能解决。

理由

查该会产自中元会向苏积之等向熊全和堂取回以后，永庆会人并未将赎取价银交楚完结，殊属延玩，今又不服查封徒腾，口说所呈缴五百红票一张，既经五福楼声明无效，应俟案结时当庭销毁，由此看来永庆会人直是不名一钱，遂欲取回一份房产，岂有如此之理？细察案情，当令永庆会吴协和、唐兴盛迅速筹备价银，凭妥实商号过交清楚，完全取得所有权具结完案，以符上诉审判处原判。吴协和当庭狡辩，实有不甘了结之心，唐兴盛之代诉人周树村称会众仅能出银一千两，苏积之等则称曾说过一千八百两，各有主张，莫衷一是，两造要求酌定数目，以便商同会众，如数交付完结，永息争端，据上理由，故为判定如主文。

民国五年九月二十六日

巴县地方审判厅厅长：贺维翰

书记官：李芝芳

■ **统字第 578 号**

民国六年二月十日大理院复广西高等审判厅函

径复者：

准贵厅函开：案据博白县知事周继祖梗电称，"甲、乙、丙三人共掳丁男，意图勒赎，交戊看管，许以分赃，戊之行为，是否合《刑律》第三四四条？抑合《惩治盗匪法》第四条三款？县属现有此案，立待解释，伏候示遵"等情。据此，案关法律解释，未便擅专，相应据情函请迅赐解释等因到院。

本院查本案情形，戊系甲、乙、丙实施中之帮助犯，依《刑律》第二十九条第二项，当然以《惩治盗匪法》第四条第三款之准正犯论。相应函复贵厅转饬查照。

此复！

■ **统字第 579 号**

民国六年二月十七日大理院复四川高等审判分厅电

四川高等审判分厅鉴：

删电悉！原上告审推事就请求更审后之抗告，不得谓为前审官，无须回避。

大理院霰印

附：四川高等审判分厅原电

大理院钧鉴：

请求再审后之抗告，原上告审推事应否回避？乞示只遵。

川高审分厅删

■ **统字第 580 号**

民国六年二月十九日大理院复湖北高等审判厅函

径复者：

准贵厅函开：兹有掳人勒赎并杀毙事主一案，敝厅意见，现分两派：甲说主张，系犯《惩治盗匪法》第四条第三款及《刑律》第三百十一条之罪；乙说主张，系构成《刑律》第三百七十六条之罪，应依《惩治盗匪法》第三条第二款处断。据甲说则与钧院上年刑字第一五六八号函开掳人勒赎本系强盗罪一种等语不合；如乙说现查《刑律》强盗罪各条，并未列入掳人勒赎一款，似觉毫无根据，究应如何判断之处，案悬待决，相应函请迅予解释等因到院。

本院查掳人勒赎，本系强盗之一种手段，《惩治盗匪法》第四条第三款，仍为《刑律》强盗各条之加重条文，本案情形，自以乙说为正当。相应函复贵厅查照。

此复！

■ 统字第 581 号

民国六年二月十九日大理院复山东高等审判厅函

径复者：

准贵厅函开：《惩治盗匪法》上之犯罪案件，覆判审对于第一审误用《刑律》，而处刑尚无出入者，是否可为更正之判决？不无疑义。甲谓，据《盗匪案件适用法律划一办法》第二条甲款之规定，自应发交覆审；乙谓，第一审依《划一办法》第三条酌量减等适用法律，并无错误，而覆判审认为处刑失入者，始能予以更正；丙谓，既入覆判范围，依《覆判章程》第三条第三款，覆判审当然有更正之权。以上三说，未知孰是，惟本厅从经验上观察第一审误用《刑律》处刑，尚属相当之案，若必发经原审，既未免有碍进行。且《盗匪法》系惟一死刑，《划一办法》第二条甲款，明明规定适应《惩治盗匪法》处断，若覆审衙门于初审误用《刑律》处刑，并无出入之案，改照《盗匪法》处以死刑，一死一生，出入既太悬殊。就令依《划一办法》第三条酌予减等，假定初审为有期徒刑，复审改处无期徒刑，亦复轻重悬绝，盖覆审衙门，往往以发交覆审案件，认为情重罚轻，大半从重改处，若为判结迅速及被告人利益起见，似以丙说为最适当。钧院为解释法律统一机关，理合函请速赐解释以便遵循等因到院。

本院查依《盗匪案件适用法律划一办法》之规定，凡误用《刑律》者，以甲说为正当；引律无误者，以乙说为正当。至实际窒碍情形，可于发交覆审时声明，或以此等情形通饬所属各机关，以免误会。相应函复贵厅查照。

此复！

■ 统字第 582 号

民国六年二月十九日大理院咨司法部文，致贵州高等审判厅函

为咨复事：

准贵部咨开（径启者，准司法部咨开）：据贵州高等审判厅长电称，盗匪减徒案件，应否送覆判？部饬与院电两歧，请转院示遵等情。查盗匪减徒案件，照《盗匪案件适用法律划一办法》第三条，应送覆判，历经办理在案。原电所称，未免误会，相应抄录原电及本部三年所发第一一一八号饬文咨请查核，径电该厅知照等因前来。

本院查《盗匪案件适用法律划一办法》施行在本院解释之后，自应依该办法送覆判。至部饬第一一八号，尤与本院解释无涉。相应函请咨复贵部查照。

此咨！（函请贵厅查照。此致！）

■ **统字第 583 号**

民国六年二月二十日大理院复总检察厅函

径复者：

准贵厅函开：据浙江高等检察厅转据杭县地方检察厅呈称，查《刑律》第六章所定行求贿赂罪，必对于官员行求，始能成立。倘该行求者，其先有心行贿而被人诈骗，谓某官员系彼亲友能代营求而信之向之行贿，其诈骗者，系犯诈欺取财之罪，而被诈骗向之行贿者，能否成立行贿罪名？抑应以被诈欺者看待，或另有他种处分？又《刑律》第二百六十六条所定之贩卖鸦片烟罪，是否凡以营利为目的连续将鸦片烟售卖于人者，即可成立（如向他处购买烟土熬膏自吸，并图营利，连续于数月之长期间内在家中售卖于人）？抑须贩而卖者，方为贩卖鸦片烟？又二百六十九条规定，开设馆舍供人吸食鸦片烟者，是否凡于长期间内开设烟灯供人吸食鸦片者，即当以开设馆舍供人吸食鸦片烟论罪？抑须开设馆舍兼售鸦片烟供人吸食，始能成立该条之罪名？此等情形，各人见解不同，判决又复各异，请转解释等情到厅。据此，相应据情函请查核见复，以便转饬遵循等因到院。

本院查第一例被诈骗者，系诈欺取财之被害人；第二例《刑律》"贩卖"二字，并非两事，当然成立第二百六十六条之罪；第三例《刑律》第二百六十九条之开设馆舍，并不以兼售鸦片烟为条件。相应函复贵厅转饬查照。

此复！

■ **统字第 584 号**

民国六年二月二十三日大理院复安徽高等审判厅电

安徽高等审判厅：

皓电悉！预审免诉裁判已确定部分，不能径为公判。

大理院漾印

附：安徽高等审判厅原电

大理院钧鉴：

有图骚扰而杀人，预审决定杀人罪部分免诉，未抗告，公判应否受预审之拘束？乞电复。

皖高审厅叩皓

■ **统字第 585 号**

民国六年二月二十三日大理院复广东高等审判厅函

径复者：

准贵厅函开：僧尼被人和略诱，其师有无告诉权？祈速解释见复等因到院。

本院查僧尼对于其徒，本无告诉权。但僧尼被诱，若无告诉权者之告诉，其师自可声请检察官指定代行告诉人，希参照本院二年统字第八号、四年统字第二百八十一号解释。相应函复贵厅查照。

此复！

■ 统字第 586 号

民国六年三月一日大理院复山东高等审判厅函

径复者：

准贵厅函开：今有某县强盗一案，由同级检察厅函送覆判，业经本厅以决定核准在案。旋复据同级厅函称，某案于五年一月二十八日，由原告人某某呈请上诉到厅，正在核办间，复据该县详送覆判，原详称此案于四年十二月三十日宣判。据此，查核原告诉人呈请上诉已经过期，因认为有疑义，为慎重起见，除一面送覆判外，并调该县原卷核阅，时逾数月，始据呈送前来。细查卷内，仍系本年一月六日牌示，上诉仍未逾期，而覆判审已对于县判核准原告诉人既在上诉期内呈诉，未便因已经覆判，不予送审，相应检具诉讼书类，送请核办各等语。查同级厅函送覆判之时，函内并未声明调阅县卷查对判决日期及通知先行停止覆判等节，本厅故按照覆判程序办理。现此案已经覆判审决定，计有七八月之久，而同级厅又复送审，若再予受理，是一案而经覆判审控告审两次审理，似无此办法。若不予受理，而控诉人呈请控诉，又在法定期间以内，究竟如何办理？悬案待决，理合函请解释见复等因到院。

本院查本案情形，该原告诉人既在上诉期间内有合法之声明不服，则以前之覆判审核准决定，已属赘文，无存在之必要，自应进行通常控告审程序，此与一案经两次审理者不同。相应函复贵厅查照。

此复！

■ 统字第 587 号

民国六年三月五日大理院咨司法部文

为咨行事：

准贵部咨称：据直隶高等审判厅电称，《参议院议员选举法》第三条，凡有众议院议员选举之资格，年满三十岁以上者，得被选为参议员，照条文解释，似应扣足生辰月日确系满限三十岁以上者，方有当选资格。惟查民国元年调查选举人名册，均未载有生辰月日，关系选举人年龄计算方法，是否仍以生辰月日扣足为准？应请抄录咨商现有此项法律解释权之衙门，迅予解释训示，以便遵办等语到部。除咨内务部外，相应咨请查照示复，以便转令遵照等因到院。

查《参议院议员选举法》第三条所称年满三十岁一语，究应解为须扣足生辰，抑只计算岁历，法律别无明文注释，本滋疑义。惟查该法《施行细则》第十条称被选举人年龄，以举行选举之日计算，又于选举参议员准用之；众议员选举人名册，依《众议院议员选举法》第二十四条称，选举人名册，应载选举人姓名、年龄、籍贯、住址、住居年限各等语，该法施行细则既未声明举行选举之日须扣足计算，而选举人名册，法律亦未命将选举人诞生之月日详细列载，仅命其注明年岁，则选举法所规定之年龄，只须年历及岁，毋庸扣足，并无可疑，况采用扣足之说自须计算月日。揆诸我国现在情形，恐多窒碍，且有背法律期望选举诉讼迅速了结之本意，故凡法令之除有明文或按照本旨应为扣足解释外，似未便仅以通常用语之字义，阻碍法律之运行，本院接贵部来咨，因备参考起见，当即咨询内务部意见，兹据复咨系与本院见解相同。相应答复贵部转令查照可也。

此咨！

■ 统字第 588 号

民国六年三月七日大理院复浙江高等审判厅函

径复者：

准贵厅微电开：定婚后女患疯癫屡医不愈，未婚夫能否据以撤销婚约，乞电示等因前来。

查疯癫程度如系重大，自可查照本院民国四年上字第二三五七号就于律例类推解释之判例办理可也。

此复！

■ 统字第 589 号

民国六年三月九日大理院复总检察厅函

径复者：

准贵厅函开：本年二月十日政府公报，载贵院统字第五七七号并附四川高等审判分厅关于巴县地方审判厅就吴协和等与苏积之等因会产涉讼所为之决定一案，请解释原函内开。（上略）丙说谓，原决定书虽用决定形式，实际上系一种新判决，该判决内容既与原有之确定判决无抵触，则纵令发还依执行规则第七条办理，亦不过由形式上略为变更，而实体上必不能有所出入。是发还之说，实足以滋拖累，似不如略其形式，作为控诉受理等语，贵院复电以采丙说为是。查《刑律》类此案件，尚无先例，除上开情形外，如其他裁判依例应用判决而审判厅误用决定者，经当事人或检察官在期间内声明不服，上级审判衙门能否即作为控诉及上告案件受理？在确定以后，能否依非常程序救济？事关法律解释，应请贵院酌核见复等因到院。

本院查应用判决案件，审判厅误用决定者，以在开始言词辩论后者为限，得提起控告及上告，其已经确定者，亦得依非常程序救济。相应函复贵厅查照。

此复！

■ 统字第 590 号

民国六年三月十二日大理院复四川高等审判分厅电

重庆四川高等审判分厅鉴：

庚电悉！判决中已确定之一部与其他未确定部分不相牵连者，自可先予执行。

大理院文印

附：四川高等审判分厅原电

大理院钧鉴：

同一判决中，业经贵院驳回上告之部，可否先予执行？抑应俟更审部分终结后同时执行？又前月曾呈删电，立待示遵，并乞电示。

四川高等审判分厅庚印

■ 统字第 591 号
民国六年三月十四日大理院复江西高等审判厅函
径启者：

接贵厅函称：兹有关于前清现行律例疑义二端：（一）无子为七出之一，载在律注，惟世有成婚数年无子，而其后有子者，若不限以年岁，殊非持平之道。查立嫡子违法门律载，其嫡妻年五十以上无子者，得立庶长子等语。细绎律意，以妻年在五十以内，尚可望生育，则本此条律意为类推解释，凡妻年在五十以内，似不应以无子为出妻之条件，如此解释，是否正当？（二）异姓乱宗，惟同宗有承继权之人，始有告争之权，固无疑义；但同宗之人，并不争继，而以乱宗为理由，拒绝登谱或请求削谱，应否认其有告争权？以上二端，相应函请迅赐解释，俾有遵循等因。本院分别解答如下：（一）查现行律婚姻门出妻条所称无子之义，系指为人妻者，达到不能生育之年龄，而其夫除另娶外别无得子之望者而言。盖该律主旨，在于得子以承宗祧，故凡夫已有子（如妾或前妻已生子，或已承继有子之类），或虽不另娶妻，亦可有子者，当然无适用该条之余地，其不能生育之原因，仍须在妻，更无待言。至不能生育之年龄，诚如来函所述，应准用立嫡子违法条内所定五十以上之岁限。又妻虽具备无子之条件，而有三不去之理由者，仍不准其夫离异，此律所明定也；（二）无承继权之族人，不能以乱宗为理由告争承继，惟得于修谱发生争议时，提出拒绝登谱或请求削谱之诉，如不因修谱涉讼，自应认为无确认身份关系之实在利益，予以驳斥。至此种无承继权之族人，所以准其为此种诉讼者，盖正当之谱规（或有明文，或依习惯），亦不可不予维护，此种诉讼，即所以解决谱规上之争执也。

以上二端，相应函复贵厅查照可也。

此致！

■ 统字第 592 号
民国六年三月十六日大理院复江西高等审判厅函
径复者：

准贵厅电开：据九江地方审判厅呈称，"同一被告、同一罪责，经上海会审公廨处刑后，可否再由检察厅起诉，重行审判，依《刑律》第六条办理？乞转解释等情合行电达，请速示遵"等因到院。

本院查上海会审公廨系根据前清同治七年洋泾滨设官会审章程，本系因条约所生之特别制度。该公廨审理民刑事诉讼，依照条约，既应在中国领土内行使中国之司法权，则其裁判不能视为外国裁判，自无疑义。惟该公廨自辛亥以来，系由驻沪领事团代行管理，其判案之适用法律，亦与原条约所定不能相符。该项条约之效力，即因事实上一时之阻碍而停止，此种阻碍事实，中国国家既未明认其于国际间为有效，则此事实上之判断行为，不得即谓为条约上中国司法官署之裁判，亦毋可疑。犹之在中国国法上，毫无司法权限之机关或个人，纵使事实上处理司法案件，仍不能即视为法律上有效之裁判。故现在会审公廨判决之案，如仍系属于他处审判衙门，自未便执一事不再理之说以相绳，其刑事虽不能认为与《暂行刑律》第六条所称外国裁判相当，惟因被告尚未受有法律上之裁判，自应仍许该管检察厅按律诉追，以重法权，而维公益。相应函复贵厅查照。

此复！

■ 统字第 593 号

民国六年三月二十一日大理院复云南高等审判厅电

云南高等审判厅：

铣电情形，应由高等厅受理。

大理院马印

附：云南高等审判厅原电

大理院钧鉴：

地审厅合并管辖仅处初级案罪刑，地方管辖部分，无罪被告控诉，应由何厅受理？乞示。

滇高审厅铣印

■ 统字第 594 号

民国六年三月二十七日大理院复广西高等审判厅函

径启者：

准贵厅函开：查补订修订《覆判章程》第一条内载，一案中有数犯处刑不同，其处刑最重者为前项之刑时，应将全案送覆判等语。设有甲、乙、丙三人，共同和诱一妇女，案经告诉，甲先捕获，经县援暂行《刑律》第三百四十九条第二项，判处三等有期徒刑。逾数月续获乙，县又引同条项判处四等有期徒刑。更逾数月续获丙，县又引同律处五等有期徒刑。若非同案共犯，则甲应送覆判，而乙、丙依司法部三年十二月二十六日第一一一八号饬无庸送覆判。但现例是同案共犯，惟判决期日不同，初判书又各别甲、乙、丙应否并送覆判？如应并送覆判，则易一例言之，甲、乙先处四等有期徒刑以下之刑，既期满释放，而丙后处三等有期徒刑，覆判审应否溯及甲、乙，并予覆判？又如第一例，甲先经过覆判，乙、丙应否因与甲同案之故，续送覆判？此待解释者一；又县知事审判刑事案件，业经牌示判决，又经提被告人宣示，惟未传唤原告诉人，又无《县知事审理诉讼暂行章程》第三十一条第一项但书之情形，参照钧院五年四月十日非字第三十六号判例，应发还原县补行宣示之程序。此项补行宣示程序之案件，其上诉期间，应从补行宣示之翌日起算十四日，抑应从补行宣示之日起算十四日，并应否重行牌示，使上诉期间得与《县知事审理诉讼暂行章程》第四十条之规定相符？此待解释者二；当事人得对之而声明抗告之决定，因当事人抗告认为有理由，自得更正原决定。若原告诉人对于县判呈诉不服，经审判厅以逾期上诉决定驳回，原告诉人于审判厅之决定，本无有抗告权，但因该原告诉人声请更正原决定，经为决定之审判厅认为委曾在法定期间内表示不服，原决定显系错误，得更正原决定否？若不得更正原决定，该声请仍应驳回，则遇有此种情形，依何方法救济？此待解释者三；原告诉人对于县判呈诉不服，请照上诉程序办理或准或驳，参照钧院四年一月十六日复湖南高审厅之解释，应以决定行之。又参照司法部四年五月二十七日第五二九〇号批（批山东高检厅详），及四年九月一日第九〇七一号批（批江苏高审厅详），则各县告诉人上诉时，得用书面审理，但得用书面审理，系仅属于未经决定准照上诉审程序办理以前，抑决定准照上诉审程序办理之案件，亦得以书面审理行之？此待解释者四；《各级审判厅试办章程》第七十一条，内载处以三十元以下之罚金云云，其上并未系以"得"字，是否绝对的须处罚，因而发生二之见解：甲谓，法文内若有"得"字，则处罚固可，不处罚亦可，处罚与否，任于审判官之自由。本条并不曰得处以三十元以下之罚金，而曰处以三十元以下之罚金，则证人无故不遵传到案，即绝对须处罚；乙谓，该条之设，与《刑律》上之规定不同，其处罚无故不遵传到案之证人，无非为欲发见真实，故非有该证人到案，则不能发见真实之情形，自得加以罚金之制裁，强其到案；若该证人即不到案作证，而依于其他方法，已足以认定事实，无须该证人到案之必要，则该证人即无故不遵传到案，亦无须处罚。两说究以何为当？不能无疑。又该条处罚金，应否作成决定或判决书，抑仅当于案卷内记明其事由？又该罚金应由审判厅执行，抑应咨请检察厅执行？法令上既无明文，则究以何者为宜，亦未敢擅拟，此待解释者五。查统一解释法令，权属钧院，应请迅赐解释示遵等因到院。

本院查第一，所举之例，甲、乙、丙应分别办理，毋庸续送覆判；第二，补行宣示应重行牌示，依该章程第四十条计算上诉期间；第三，应依声请回复原状之例，以决定裁判。其声请如有理由，自应准予回复原状，依法受理；第四，如合于部批之条件及程序者，均得用书面审理；第五，以第一说为是，此项处罚金，毋庸作成裁判书，其执行应归审判厅。相应函复贵厅查照。

此复！

统字第 595 号

民国六年三月二十二日大理院复总检察厅函

径复者：

准贵厅函开：据江苏高等检察厅转据上海地方检察厅电称，"尸体能否解释为物？因失火延烧尸棺，是否构成一九零条第三项之罪？呈请转院解释，示遵"等情到厅，相应据情函请查核见复，俾便转饬遵循等因到院。

本院查本案情形，应构成《刑律》第一百九十条第三项之罪。相应函复贵厅转饬查照。

此复！

■ 统字第 596 号

民国六年三月二十二日大理院复福建高等审判厅函

径复者：

准贵厅函开：查上年十二月奉省长训令内开，据禁烟总局呈称，据建瓯浦城政和等县查禁烟苗委员陈梦麟呈称，"在建瓯东溪隆美南京店搜获叩噶草二百七十包，又在协美店搜获叩噶草六百八十包。查叩噶草，系用甘草以吗啡蒸透，服之可代鸦片，应请重申示禁"等情。查叩噶草曾经验有吗啡毒质，自应一律严禁，以祛烟祸。嗣又奉省长令开：据古田县知事呈称，"据查缉员刘存礼报称，坊间药店发见一种济众片，其色绯红，其形三角，厚约一分余，俗名三角饼，烟民争购，其效力等于鸦片。又有叩噶草，亦含有吗啡毒质。当将济众片购买数粒，其形式与报告相符。除济众片是否含有吗啡，呈请饬医化验外，查古邑贩运叩噶草及服食者颇多，是否依《吗啡治罪法》科断，抑照《刑律》鸦片烟罪处罚？应请解释等情。合行令仰解释令遵"等因。奉此，查四年二月十八日钧院复黑龙江高审厅函开：查《吗啡治罪法》第一条所称"制造吗啡"，自系广义，当然包括制造含有吗啡之物而生吗啡实害者言之。故以吗啡制造丸药，应依该条处断。又服食吗啡并未施打者，亦会电奉钧院解释，以律无正条不能为罪等因各在案。查闽省自《吗啡治罪法》颁布以后，吗啡与鸦片同时严禁。凡吸食鸦片施打吗啡者，争服食含有吗啡之物以相代替，因而制造或贩卖含有吗啡之药饼、药丸或叩噶草等，专供人服食者，种类日增，危害甚烈。虽制造贩卖，已有治罪明文，而服食者转不在禁止之列，似与正本清源之旨，尚有未符。并查钧院统字第一三六号函解释，吸食鸦片烟不能包括服食。又四年一月二十七日复总检察厅函谓，故意服食含有鸦片烟质之物，为吸食之代用者，即应构成吸食鸦片罪。查鸦片烟以化学分别化验，其中确含有吗啡质。上等鸦片，约有吗啡质百分之十。服食含有鸦片烟质之物为吸食之代用者，尚应治罪；服食鸦片烟中之吗啡，为吸食鸦片烟及施打吗啡之代用者，转不为罪，彼此相较，亦觉稍有未均。现在闽省各县服食吗啡及含有吗啡之药饼药丸或叩噶草者，发见颇多，倘能量予救济，似于实际不无裨益。兹为防止吗啡实害起见，所有服食吗啡及含有吗啡之物，以为吸食鸦片烟及施打吗啡之代用者，应否仍照前电，抑或另以他法救济之处？理合缕陈概要，函请核示遵行等因到院。

本院查服食吗啡及含有吗啡之物，以为吸食鸦片烟及施打吗啡之代用者，依本院四年统字第二百零五号解释，应构成吸食鸦片烟罪。相应函复贵厅查照。

此复！

■ 统字第 597 号

民国六年三月二十三日大理院复广东高等审判厅电

广东高等审判厅鉴：

删电悉！司法部支电称事实错误得行再审者，即指因新发见或得使用可受利益之书状，或有其他使裁判基础事实足以动摇之条件者而言。至再审条件，本院先例认《草案》六零五条所定大致合于条理，曾参酌现时诉讼法则，予以采用，与司法部见解相同。

大理院梗印

附：广东高等审判厅原电

大理院钧鉴：

元年十二月四日司法部复奉天高审厅支电内开：凡民事案件判决确定后，发见事实错误，得行再审等因，现在是否适用？乞电示。

粤高审厅叩删

统字第598号

民国六年三月二十四日大理院复安徽高等审判厅函

径复者：

接贵厅第七六号函开：查《县知事审理诉讼暂行章程》第三十三条，受缺席判决者，民事于牌示判决之翌日起，十四日以内，得对其判决声明障碍于县知事。第四十条，民事控诉自牌示判决之翌日起，二十日以内，为上诉期间，是声明障碍与声明控诉之期间各不相同。如受缺席判决之当事人，于牌示判词翌日起，十五日以外，二十日以内，声明控诉，其控诉期间，虽未经过，而依缺席判决不得声明上诉之法例，是否因该当事人未于法定期间内声明障碍，即认该缺席判决为确定？又该章程第四十条规定上诉期间，以牌示之翌日起算，如未经牌示而以较郑重之手续送达副本者，据钧院统字第四百八十二号解释，亦认为合法，即起算上诉期间，是自送达之翌日起经过二十日，原判亦即确定，实与牌示有同一之效力。设有送达而又牌示者，其送达之日与牌示之日不同时，如牌示在送达之前，依钧院统字第五百二十一号解释，其上诉期间，仍以牌示之翌日起算。但牌示在送达之后，其上诉期间，应否依送达之日起算？以上各节，不无疑义，相应函请解释示复，以便遵循等因到院。兹分别答复如下：

（一）查形式上缺席之判决，固应准其声明障碍，如缺席人于障碍期内未经声明者，该缺席判决，亦自可认为确定，惟应注意者：（甲）据本院判例，凡向他审判衙门或检察厅或监督司法行政衙门于期间内声明不服之旨者，以有合法声明上诉或障碍论，故若当事人当县判牌示后，已起程赴高等厅（他处类推）而扣算程期仍在十四日内者，仍准照前例，可认其有合法之声明障碍；（乙）县判本系通常判决之一种（例如当事人一造虽不到场，仍系依据法理，或其已到场时之辩论或凭证判断，并非本于其缺席之效果者是），而其形式上则误为缺席判决时，仍可依照通常判决之上诉程序，准其径行上诉；（丙）宣示缺席判决之要件未备（一造未受合法传唤，或审判衙门已知其因天灾或其他不可避之变故不得到场时），而仅传一造到庭，听其片面之词，遽行判决者，有时（如上二例）可认为有重大疵累之通常判决，无论其形式是否为缺席判决，仍可依通常判决之上诉程序，受理其上诉；（丁）对于确定之缺席判决，仍适用回复原状及再审之程序。

（二）县知事已正式送达判词且经牌示者，其送达判词之程序，既认其较牌示为郑重，则法文要求牌示之本旨，可谓业已贯彻，自无再行牌示之必要。故凡牌示在后，或竟不牌示者，其上诉期间仍应自送达之翌日起算，惟在行政上如系送达判词似应注明不再牌示及其上诉期间之起算，庶于人民不致发生误解。

以上二端，相应答复查照可也。

此复！

■ 统字第 599 号

民国六年三月二十四日大理院复浙江第一高等审判分厅函

径启者：

接贵厅审字第七一号函开：今有甲仅生一子乙，已娶妻丙而故。未几甲夫妇又故，丙守志承管甲财产有年。亲族为乙立后，以合法之丁继甲，待丁生子戊以继乙。于此有发生分产问题者：一说谓，丁已继甲，与甲发生亲子关系，与丙夫乙即发生大宗小宗关系，甲之遗产，当然与乙均分。若以甲之遗产已归丙承管，不许丁分析，则丁出继他宗，既不得分本宗同父兄弟财产，又不得分承继嗣父遗产，将因出继而丧失承继财产之权；一说谓，财产承继与宗祧承继，非绝对不可分离，丁一经继甲，虽与丙夫乙，同处于亲子地位，然丁之继甲，实因乙而发生，此种关系，必乙与戊承继关系成立，始得发生承继财产问题。丙所承管财产，丁若可主张均分，是丁之有无生子，既不可必。即乙能否达到取得嗣子目的，尚未可知，而先使乙妻丙丧失承管财产，实难强丙以必从。惟丙管理失当，依法自可制限。案关法律解释，急资引用，理合径行函请解释示遵等因到院。

查丁既系继甲为嗣，如果系由甲自己或其守志之妇（甲之妻）依法所立，自无论已否生子为乙之后，均应与乙房均分甲之遗产。惟据函称丁系为亲族所立，查律例妇人夫亡无子守志者，立继之权，本在于该妇，若上无直系尊属，且可专行。至律称须凭族长云云，不过以其为凭证之义，并非立继行为成立之要件，故亲族或族长决不能借口干预，或更为之代立，亦不能另为其亡夫之父立继，致蹈侵权之嫌。来函所称亲族立丁为甲后，待丁生子以为乙嗣一层，若非出自丙意，丙自可主张其无效，拒绝交出其遗产之一部。即令丙曾预闻，明示同意，而查照律例，虚名待继，限制綦严。立嫡子违法门内载称，若支属内实无昭穆相当为其子立后之人，而其父又无别子者，应为其父立继，待生孙以嗣应为立后之子等语。如果待继之约，未备该律所定各要件，即非依法成立，自不能有强当事人以必须履行之效力。斯时丙亦即无交出遗产一部之义务，又或豫与丁约（明示或默示）俟生子过继后，始交出遗产之一部者，亦属有效，丙自得据以拒绝交产。相应答复查照可也。

此致！

■ 统字第 600 号
民国六年四月三日大理院复广西高等审、检厅电
广西高等审、检厅：
艳电情形，应由审厅核办，该条自可参照。
大理院江印
附：广西高等审、检厅原电
大理院鉴：
已送审被告，准保否？由审厅，抑检厅核定？刑诉百十七条可否参照？乞解释电遵。
广西高审、检厅艳印

■ 统字第 601 号
民国六年四月三日大理院复江苏高等审判厅电
江苏高等审判厅：
陷电抗告，仍应送院。
大理院江印
附：江苏高等审判厅原电
大理院钧鉴：
刑事被告人对于谕知辩论终结提出抗告，本厅认为无理由，应否送院核办？乞电复。
苏高审厅陷印

■ 统字第 602 号
民国六年四月四日大理院复总检察厅函
径复者：
准贵厅函开：据陕西高等检察厅呈称，"查《覆判章程》第八条第一项载'依第四条第一项所为之判决，若重于初判处刑时，被告得于受谕知之翌日起，十日内分别声明上诉'等语，是覆审不重于初判处刑之案，被告即无上诉权，已属当然解释。惟检察官依同条第二项声明控告，控告审判决，仍不重于初判处刑，被告人可否声明上告？于此有两说焉：甲说谓同条第三项，明载'声明上诉发送记录及审判程序，适用通常规定'，据此，则被告人应有上告权；乙说，谓《覆判章程》第八条第一项，对于覆审不重于初判处刑之案，不许被告人上诉者，在立法原理，良由初判既未声明不服，判决即属确定，控告审处刑，既仍与初判无异，除检察官外，被告人仍应无上诉权。又查《县知事审理诉讼暂行章程》第三十一条载'刑事判决以牌示，又提传原告诉人及被告人，于法庭宣示之日始，发生效力'，'又'之一字，即'并'字之义，业经大理院解释钧厅令遵在案，是县知事初审判决之刑事案件，应以宣示并牌示始能发生效力无疑。兹有覆审判决并不重于初判处刑之案，只有宣示而无牌示，可否认为有效？于此亦有二说焉：甲说谓，虽系覆审，既由县知事为之，应仍受《县知事审理诉讼暂行章程》第三十一条之拘束，必须牌示后始

生效力；乙说，谓县知事判决之刑事案件，所由必须宣示并牌示者，立法精神所以防县知事阻遏人民上诉起见，覆审不重于初判处刑之案，被告既无上诉权，宣示后应即发生效力，实无牌示之必要。况《覆判章程》第八条第一项明称覆审若重于初判处刑时，上诉期间，以受谕知之翌日起算，并无'牌示'字样之规定，谕知意义，实与宣示无异，处刑较重者既以宣示为有效，其他自不待言。且其上诉期间为十日，并不以十四日为限，是明认覆审为县知事之一种特别办法，不受《县知事审理诉讼暂行章程》之拘束，据是以推，虽未经牌示，亦应认为有效。以上案情，均无明文根据，两说相持，莫衷一是，究以何说为当？呈请转院解释示遵"等情到厅，相应据情函请查核见复，俾便转饬遵照等因到院。

本院查原呈两问题，均应以甲说为是。相应函复贵厅转饬查照。

此复！

■ 统字第 603 号

民国六年四月四日大理院致京师高等审判厅函

径启者：

据京师地方审判厅函称："查征收官员图利自己于正数以外浮收金钱者，应处二等或三等有期徒刑，并科与浮收同额之罚金，《刑律》第一百四十七条第二项规定固极明了，惟案情不一，适用时，往往生有下列各疑义：甲，浮收金额未满一元者，此类计分两种：一，为自始未满一元者；二，为自始虽满一元，因减等未满一元者。第一种如依第一百四十七条第二项并科与浮收同额罚金之规定，宣告罚金，按诸第三十七条第二项第五款罚金一元以上，第四十一条宣告罚金不得未满一元各规定，显属违背。如不依第一百四十七条第二项并科与浮收同额罚金之规定宣告罚金，而第一百四十七条第二项不独明言此项罚金须行并科，且明言此项罚金须与浮收金额相同，是罚金之多寡，固在所不问，其必须并科则尤难免除。究竟应否宣告罚金？不能不待解释者一；第二种自始实满一元，无论依第三十七条第二项第五款及第四十一条并第一百四十七条第二项，均无不宣告罚金之理，惟因减等未满一元，此时若因第一种之解释，须依第三十七条第二项第五款及第四十一条不予宣告罚金，似不能不取同一之办法，亦不宣告罚金。但第一种系自始未满一元，即本刑未满一元，此种系自始已满一元，即本刑已满一元，二者实有区别，究竟第一种办法，能否适用？于此种极有可疑，不能不待解释者二；乙，并科金额与浮收金额不同者，此类计亦两种：一，为因减等不同者；二，为因俱发不同者。第一种因宥减、自首酌减各规定，已将第一百四十七条第二项所定二等或三等有期徒刑，予以减等，其并科与浮收同额之罚金，依第五十九条第一项，似应依第五十八条第一项并予减等。惟减等之结果，并科金额必少于浮收金额，与第一百四十七条第二项并科与浮收同额罚金之规定，势必抵牾，究竟应否减等？不能不待解释者三；第二种因犯第一百四十七条第二项之俱发罪，其所受多数有期徒刑，自应依第二十三条第三款于合并刑期以下，其中最多刑期以上，定其刑期，其所受多数并科与浮收同额之罚金，似不能独不适用第二十三条第五款于合并金额以下，其中最多金额以上，定其金额。惟依此定其金额之结果，并科金额与浮收金额，多不一致，与第一百四十七条第二项并科与浮收同额罚金之规定，亦必不合，究竟应否按照俱发罪定其金额？不能不待解释者四。相应函请贵院详予解释，俾资遵循。再本厅现有此种悬案待决，并请迅速见复"等因到院。

本院查《刑律》罚金依第三十七条第二项第五款规定为一元以上，则未满一元者，即不得谓之《刑律》上罚金，自不能依《刑律》条文以宣告，则原函第一问题浮收额未满一元者，当然不在并科之列；第二问题，浮收虽在一元以上，若因减轻减至一元以下时，并上述解释亦应免除，而不能并科；第三问题依《刑律》第五十七条第一项规定，自应并予减等；第四问题亦应依第二十三条第五款定其执行金额，盖各罪所科者，仍系同额罚金，而执行者，系依该条所定金额，观该条第一项规定"各科其刑，依左列定其应执行者"一语，其理由尤为明显。要之《刑律》第一百四十七条第二项所定"同额"二字，不过明示并科罚金之标准，不能拘泥此二字而置总则各种规定于不顾也。相应函请贵厅转行查照。

此致！

■ **统字第 604 号**
民国六年四月七日大理院复江西高等审判厅函
径复者：

准贵厅民字第二零四号函开：据江西高等审判分厅呈称，"据南康县知事呈称，'设有甲夫乙妇生女丙，嗣因夫妇不睦，协议离婚，经甲立退婚字与乙，再醮后夫丁，其女丙年已十五，随乙待字丁家，甲已在退婚字内批明丙及笄由乙主婚择嫁，概不干涉等语。及丙届婚姻年龄，甲出主张亲权，并称伊未允许，乙妇丙女皆不承认。查现行律载，嫁娶皆由祖父母、父母主婚；祖父母、父母俱无者，从余亲主婚；其夫亡携女适人者，其女从母主婚。今甲尚在，又主张亲权，核其退婚字内批载，似与强行法规不和，究竟此种批载，是否有效？未便臆断，悬案待决，呈请示遵'等情。据此，理合呈请转予函请解释示遵"等情前来，相应函请贵院讯予解释赐复，以便转令遵照等因。

查甲与乙离婚后，既听乙携女适人，则其女之主婚权，自应由乙行使。相应函复贵厅转饬遵照可也。

此致！

■ **统字第 605 号**
民国六年四月十日大理院复司法官惩戒委员会函
径复者：

准贵会函开："本会办理京师地方检察长尹朝桢并案惩戒一案，关于司法部原呈所称违法保释囚人及释囚脱逃两款，据该检察长申辩书称，'自元年以来，最高法院之判决例与解释，明称《刑诉法草案》除与现行法令章程有抵触之各部分外，与均承认为诉讼通例，凡检察官办理停止执行，无不根据该法第四百八十九条之条理，故大理院之统字第五二五号解释，又重言声明，总检察厅又据以通令奉行，可见相沿已久，各厅皆然'等语。查《刑事诉讼法草案》，现在尚未施行，贵院元年以来之判决例及解释，是否于统字第五二五号解释以前，即已明认该《草案》为诉讼通例，可以援用？相应函请查复，以凭办理"等因到院。

本院查《刑事诉讼律草案》未经颁行部分，除现行法令已有规定者外，自元年以来，叠经本院认为条理，参酌采用，著为先例，例如二年抗字第一号决定，统字第五十九号解释，固已言明。而统字第八号类推解释，与选任辩护人办法，均系采用该草案，实不自统字第五二五号始。相应函复贵会查照。

此复！

■ 统字第606号

民国六年四月十一日大理院复重庆四川高等审判分厅电

重庆四川高等审判分厅鉴：

个电悉！分别条答如下，典主对于业主依该办法应先取得所有权，转典主自转典日始，满六十年对于典主亦应取得所有权。至就同一物重复典当在后者，依法无效，自无告争回赎可言。若系典当在先，复得其同意加典别人者，应各自典当日计算时限，从原业主比例取得所有权。

大理院印真

附：四川高等审判分厅原电

大理院钧鉴：

业主依《清理不动产典当办法》第二条丧失告争权，第一位质权人能否向最后质权人告争所有权？乞电示。

四川高审分厅个印

■ 统字第607号

民国六年四月二十日大理院复广西高等审判厅电

广西高等审判厅鉴：

审字一五号函悉！使用官山如无特别章程惯例，乙葬距甲祖墓果有丈余，刑事自不为罪，民事亦非侵权。

大理院文印

附：广西高等审判厅原函

径启者：

案据马平县知事以快邮代电称，"设有官地葬山，甲先葬，乙后葬，距离一丈有奇，甲因起诉谓乙侵害其祖墓。查《新刑律》及《民律草案》，并无规定，应如何办法？伏候电示只遵，马平县知事黄诚淳叩阳印"等情前来。案关适用法律之解释，贵院有统一解释法律之权，相应函请解释示遵，以便转令遵照。

此致大理院长！

■ 统字第 608 号

民国六年四月十四日大理院复湖南高等审判厅电

湖南高等审判厅鉴：

真电悉！司法衙门按照《印花税法罚金执行规则》第二条处罚时，如有不服，于理不能令向行政衙门诉愿，自应由上级司法衙门刑庭受理上诉。

大理院寒印

附：湖南高等审判厅原电

大理院钧鉴：

县知事于审理诉讼中发见漏贴印花援照印花税法判处罚金，被罚者提起控告，该控告审衙门可否受理？乞电示遵。

湘高审厅长叩真

■ 统字第 609 号

民国六年四月十四日大理院复安徽高等审判厅电

安徽高等审判厅鉴：

真电悉！查现行律男女婚姻门载，"其未成婚男女有犯奸盗者，不用此律"。又犯奸门载，"男子和同鸡奸者，亦照此例办理"，是和同被人鸡奸，自民事方面言，亦系犯奸之一种，自可为解除婚姻之原因。

大理院寒印

附：安徽高等审判厅原电

大理院钧鉴：

未婚夫成年或未成年时，和意被人鸡奸，能否为悔婚原因？请电示。

皖高审厅叩真

■ 统字第 610 号

民国六年四月十九日大理院复察哈尔都统署审判处函

径复者：

准贵厅函开："案查《盗匪案件适用法律划一办法》第三条，《惩治盗匪法》上之犯罪，依《刑律》总则减等处徒刑，从刑是否褫夺公权？此有二说：（甲）不得夺权，理由有三：（一）《惩治盗匪法》上，并无褫夺公权明文；（二）《盗匪法》施行后，《刑律》分则三百七十四条已失效力，则三百八十条关于《盗匪法》列举各条之规定，亦当连带失效；（三）《盗匪法》第四条所规定第三款，《刑律》上尤无明文，律无正条，窒碍实多。（乙）得夺权理由：（一）强盗虽处徒刑，如遇赦或执行期满而公权尚在，危害社会必钜，倘褫夺之，则主刑虽消灭，从刑仍存在，于刑事政策上不无裨益；（二）《盗匪法》第四条《刑律》上并非全无明文，或适用内乱罪、危险物罪各条，至第三款之规定，尤当然包括《刑律》强盗手段之内，自应适用三百八十条处理。二说未知孰是？事关法律解释，相应函请贵院示遵"等因到院。

本院查盗匪案件《刑律》中有明文，仍应依《刑律》各本条褫夺公权，两说自以乙说为较是。相应函复贵厅查照。

此复！

■ 统字第 611 号

民国六年四月十九日大理院复广东高等审判厅函

径复者：

准贵厅函开："钧院二年上字第九十四号刑事判决内开，'包赌收规，律无处罚正条'等因，职厅愚见，包赌收规，如他人本无开赌意思，预先怂恿自认包庇者，似应以教唆论。其在实施开赌以前者，似应以从犯论；其在实施开赌之际者，似应以准正犯论，是否有当？乞速示遵"等因到院。

本院查包赌收规情形不一，应就具体案件研究，其应否构成犯罪，不能一概认为赌博共犯。相应函复贵厅查照。

此复！

■ 统字第 612 号

民国六年四月十九日大理院复福建高等审判厅电

福建高等审判厅：

蒸电情形，仍只成立《刑律》二百六十九条之罪。

大理院皓印

附：福建高等审判厅原电

大理院鉴：

依钧院解释，开设烟馆不以兼售鸦片烟为条件，是于所开设之馆舍内兼售烟膏供人吸食者，除成立《刑律》第二百六十九条之罪外，更可成立第二百六十六条之罪，是否应依第二百六十六条从一重处断？祈电示遵行。

福建高等审判厅蒸

■ 统字第 613 号

民国六年四月十九日大理院复广西高等审判厅函

径复者：

准贵厅函开："设有甲、乙二村对于附近官有荒山（为甲、乙双方所同认）以历管为理由，（或以葬坟，或以种树，或以放牧）互争为放牧之牧场，起诉于县知事，就双方所举历管之事实（如葬坟种树等事实），为之酌中划分界限，判定某方为甲村牧场，某方为乙村牧场，此种判定，是否系县知事依行政权作用，为某团体创设权利，属于行政处分？审判厅对于甲、乙不服上诉，能否认为司法事件受理？乞解释示遵"等因前来。

查甲乙既以历管为理由，互争放牧，自系占有之诉，无论县知事如何判断，均应认为普通司法案件受理其上诉。相应函复贵厅，查照办理可也。

此复！

■ 统字第 614 号

民国六年四月二十一日大理院复京师高等审判厅函

径复者：

准贵厅函开："报纸登载《报纸条例》第十条各款者，在该条例施行时代，依该条例第二十二条、第二十四条或由编辑人负责，或由印刷人负责，或由编辑人、发行人、印刷人共同负责，但在该条例废止之后，报纸如因登载应守秘密政务而触犯《刑律》上罪名时，其责任应属报馆何人担负？颇滋疑义，相应函请解释"等因到院。

本院查报纸系出版物之一种，《报纸条例》虽已废止，《出版法》尚继续有效，则报纸登载出版法所禁止各款，应由该法第十四条至第十六条各项人等负责，盖《出版法》乃《刑律》之特别法，而《报纸条例》又系《出版法》之特别法也。惟《报纸条例》称为编辑人者，《出版法》则称为著作人，二者均系出版物上记载之人。相应函复贵厅查照。

此复！

■ 统字第 615 号

民国六年四月二十六日大理院复总检察厅函

径启者：

准贵厅函开：本月十四日案据山西高等检察厅呈称，"据太原地方检察厅呈称，'查职厅近来发现大宗贩卖含有吗啡毒质之一粒金丹等案，层见迭出，若不严加惩处，不足以昭炯戒，而清流毒。惟查关于此项解释，按照司法部一零七二号通令，与大理院统字五百九十六号复福建高审厅公函，互相歧异，无从依据。查服食含有吗啡之物为吸食鸦片烟之代用者，尚构成吸食鸦片烟罪，而贩卖大宗含有吗啡之一粒金丹，纯系贩卖吗啡之变相，既与违背《药商管理章程》及《制限药用鸦片吗啡等品营业章程》之情形不同，是否依大理院四年二月十八日复黑龙江高审厅解释处断？抑系按照司法部通令办理之处？案关法律解释，应请转院解释示遵'等情到厅，相应据情函请贵院查核见复，俾便转饬"遵照等因到院。

本院查统字五百九十六号解释，系指为吸食鸦片烟之代用而服食含有吗啡之物，自应构成吸食鸦片烟罪。至司法部令，系指非为吸食鸦片烟之代用者而言，并无歧异。该厅所称发见之一粒金丹，究竟是否为吸食鸦片之代用？乃事实问题，本院无从悬揣。相应函复贵厅转饬查照。

此复！

■ 统字第 616 号

民国六年四月二十六日大理院复江西高等审判厅函

径复者：

准贵厅函开："案据江西高等审判分厅监督推事岳秀华呈称，'呈为法律上发生疑问，造具标厂情形清册恳请转送解释事，窃查发行彩票，原为赌博之一种，其与普通赌博不同者，盖在普通赌博，凡参与赌博者，皆有输赢财物之关系；而在发行彩票，则赌财物者，仅以购买彩票人为限，至于发行者，并不赌财物。因此无论结果有如何之情形，均不负担财物损失之危险，此为学者公认，两者区别之标准也。赣南标赌于开标之前，由带标人到处劝写，开标之时，写标人亦不必亲自到场，固与发行彩票之办法颇相类似。而开设标厂者，与写标者，实为赌财物之相对人，并非开设标厂者，立于办理开标之地位，不负担何等之危险。例如，写标者共有百人，每人出洋一角，所写之标字全数开出，则标厂即应向写标者各赔洋六十元（标赌最高之赔额为六百赔，但实际全数中者甚少），总数即损失六千元；反之，写标者百人所写之标字，全未开出，则写标者百人之洋，即全归开设标厂者之一方所有。由此点观察，则开标已与普通赌博大相符合，且其开标方法，系将一百二十纸弹用筛摇乱，每次舍弃三十纸弹，摇乱三次，舍弃三次，所剩之三十字纸弹，即为写中之标字，其中又分许多名色，是其方法又复与掷骰押实无异。故职分厅遇开设标厂之犯，向以《刑律》第二百七十八条处断，带标之犯，亦以该条及第二十九条第二项处断。上年依第二百七十八条判决李书骧幸南斗开设标厂控诉一案，李书骧等上告，经奉大理院上字第七百零七号刑事判决将其上告驳回在案。兹读大理院刑事判决六年上字第三十六号，即判决黄达卿对于职分厅判决帮助开设标厂上告一案判决，录认开设标厂即系发行彩票，其理由内有查阅本案诉讼记录所载买标、带标之情形及附卷之标尾、标娘各九张。则开设标厂者，并非聚众开设赌场，凡买标者不必到场聚赌，但出资买标即可希冀偶然之利益。此种标之性质，系预先以处分的方法使人提出财物，以抽签方法决胜负，而开设标厂之一方，不负担危险，乃发行彩票之一种等语。查同一事项，而先后判例歧异者，自应从最后之例为准绳。惟赣南开设之标厂者，实为赌财物之一方，且系以舍弃纸弹之方法决胜负，并不用抽签，只写标带标之情形，与发行彩票颇相类似，究应适用何条？不无疑问，理合将调查赣南标厂情形开列清册具文呈请厅长转送大理院迅予解释，俾资遵循，实为公便'等情到厅，相应检同清册据情函请钧院烦为解释见复"等因到院。

本院查开设标厂，本院最近判例，已有变更，希参照本院六年上字第二百八十号判决。

此复！

■ 统字第617号

民国六年四月二十八日大理院复江苏高等审判厅函

径启者：

接贵厅五年第一六三号函开："案据溧阳县知事邱沅快邮代电称，'兼祧后娶之妻，应认为妾，已久著为判例。设有甲原娶乙为妻，乙被贼掠去，失踪年余，传闻已因不屈遇害，甲遂正式娶丙为妻。未几，乙自贼中逃出回归，当然与甲仍为夫妇，甲无重婚意思，当然无罪，惟此时乙与丙之身份，似颇难论定。乙之地位，本名正言顺，而丙之地位，既不合于离婚条件，又不能指为后娶，强之为妾，究应如何处断？无可遵循。请赐转请解释只遵'等情到厅，据此。相应据情函请解释，以便转令遵照"等因到院。

查甲妻外出仅年余而归，既别无消灭身份（由婚姻关系所得妻之身份）之原因，则仍然为甲之妻，了无疑义。至甲后娶丙，在刑事重婚罪，纵或不能成立，而民事则就其已成之事实言之，仍然为二个之婚姻，现行法既不许一人二妻，丙与甲之婚姻，自应准其请求，予以撤销（以重婚为理由）。惟在判准撤销或自行离婚以前，其与甲之婚姻关系，亦尚存在，此种现象，普通犯重婚时，往往有之，若其自愿改妻为妾，于法尤无不可。相应函复贵厅转饬查照可也。

此致！

■ **统字第 618 号**
民国六年五月二日大理院复安徽高等审判厅函
径复者：

准贵厅第一一一号函开："县知事所判民事案件，业经确定，或虽未确定，而双方已表示甘服之意旨者，嗣后，该当事人之一方，复提出与判决内容相反之请求，原县亦径予批准，并谕令他方知照在案。此项批谕，既系变更原判，如受谕知之当事人，依《县知事审理诉讼暂行章程》第四十条第一项第三款声明抗告，自应由抗告审将该批谕撤销。倘经过七日之抗告期间，始行声明不服，应如何办理？乞速赐复以便遵循"等因前来。

查《县知事审理诉讼章程》第四十条第一项第三款所谓批谕者，自指关于诉讼程序之裁判而言，若关于实体上之裁判，必须开言词辩论，以判决之形式行之。又按一事不再理，为诉讼法上之大原则，县知事审判诉讼，依照该章程第四十六条之规定，亦自应适用。来函所述情形，自应认为一事再理之判决，许其控诉，不能以普通之批谕论。相应函复贵厅查照可也。

此复！

■ **统字第 619 号**
民国六年五月三日大理院复吉林高等审判厅函
径启者：

接准贵厅民字第四六号函称："案据吉林地方审判厅呈称，'窃以民事案件经第一审认为不成立，决定却下，原告人不服，依法提起抗告。经第二审认定原决定理由正当，复用决定手续驳回，确定后，原告人请求再审。此种再审案件，应归第一审管辖？抑应归第二审管辖？学说不同，此应请解释者一；甲省典当田房抽赎案件，原经第一、第二两审，认为典当期限已逾二十年，引用乙省单行章程决定，不准抽赎。确定后，原业主因见大理院有甲省不准引用乙省单行法之解释，援为再审条件，声请再审。子说，谓法律以不溯既往为原则，原判引用外省单行章程，虽不合法，但确定在大理院解释以前，当然不失其效力，况从前甲省引用乙省单行法判决确定案件甚多，倘均认为违法，恐纷纷请求再审，有失裁判之信用，似不能准予再审，破毁原判；丑说，谓原案违法引用外省单行章程，致人民权利有所损失，审判衙门为保护人民权利起见，自应用再审手续，予以纠正，万不能适用法律不溯既往之法理，维持违法之裁判。二说未知孰是，此应请解释者二。本厅现在发生此种案件，急待解决，理合呈请钧厅转请大理院迅予解释，电示遵办理'等情。据此，本厅以案关法律解释未便擅决，合亟函请查核速赐解释示遵"等因到院。

本院分别答复如下：

一、对于控告审曾经裁判之件，声请再审，虽并第一审裁判亦有不服，应由原控告审判衙门管辖审判。惟来函所称民事案件，经第一审认为不成立决定却下等情，是否系应受一事不再理原则拘束之事件？殊不明了；

二、引律错误或解释异例之裁判，不能请求再审。在刑事对于违法判决，虽得提起非常上告，民事通常案件则不之许，此各国立法例所通同也。

以上二端，相应函复贵厅转饬查照可也。

此致！

■ **统字第620号**

民国六年五月四日大理院复热河都统署审判处电

热河审判处：

勘电情形，应以被害人丧失意思自由与否，为区别该二项罪名之标准。

大理院支印

附：热河审判处原电

大理院钧鉴：

强盗入人家，捆绑索赃，约期携取去后，有于限期内代索得赃者，是否构成《刑律》第二十九条第二项之准正犯？抑构成三百八十二条之犯罪？乞示遵。

热河都统署审判处勘

■ **统字第621号**

民国六年五月十一日大理院复云南高等审判厅电

云南高等审判厅：

冬电情形，应依统字第四三五号解释受理，希参照五年抗字五二号判例，受理后应依通常控告程序审理。

大理院真印

附：云南高等审判厅原电

大理院钧鉴：

高检官发见各县呈报不愿送覆判而判决已确定之案，错误呈到后十日内控告，与钧院四年抗字六六号判例、统字四三五号解释似不符，但不能非常上告或再审，该控告应受理否？受理得照覆判书面审理否？乞示。

滇高审厅冬印

■ 统字第622号

民国六年五月十一日大理院复甘肃高等审判厅电

甘肃高等审判厅：

虞电情形，应成立该条之罪。

大理院真印

附：甘肃高等审判厅原电

大理院钧鉴：

甲与乙讼，甲败诉，假捏乙名，以密函行求贿赂，是否犯《刑律》第二百四十三条之罪？请速释示复。

甘肃高审厅虞印

■ 统字第623号

民国六年五月十日大理院复浙江第二高等审判分厅函

径复者：

准贵分厅函开："兹有后开法律疑义三条，因急待解决，特径行函达钧院，伏乞迅赐解释示复，俾有遵循"等因前来。特逐条解答如下：

第一、查亲族会之组织，现行法上并无规定，自应根据习惯办理，无选定指定之可言；

第二、查上告审非审理事实之衙门，自不能认定事实（并非法律上判断），下级审亦不受该项判断之拘束；

第三、不缴讼费撤销上诉办法，本院早有判例。

以上三者，希即查照办理可也。

此复！

附：浙江第二高审分厅原函所列法律疑义三条

（一）钧院三年五月八日上字第六五号判例有云，亲族会者。此项亲族会，（甲）应由何人召集？（乙）会员之标准人数如何？（丙）会员由何人指定或选定？（丁）须具有如何之资格，始得被选为会员？又具有如何情形者，应禁止其为会员？（戊）亲族会已为一次之决议后，复行会议而变更最初之决议时，应以何次之决议为准？（己）如亲族会之招集及会员之人数之指定、选定之资格，有不适当情形时，其决议之效力如何？

（二）假定有因不动产典当涉讼案件，控告审判决，认定自初即无出典事实，上告审判决因错误而判定其确有出典事实，惟是否经过六十年及该地方有无特别习惯之处，发还原审按照《清理不动产典当办法》更为调查裁判？此时被发还之控告审衙门，若竟以上告审判决内所确定之事实，为适用法则之前提，则显与真正案情不符，若不以为前提，则其趋势必至于不能以上告审法律上判断为判决基础，究以如何办理为当？

（三）假定有人不服第一审判决，提起控告，因未缴讼费，由控告审衙门限期命其补缴。逾期不缴又未声请救助，控告审衙门，遂以决定将其控告驳回。迨此项决定确定后，控告人始为诉讼救助之声请而合法者，其控告得受理否？于此凡有三说：（子）

消极说，谓驳回控诉之决定，既经确定，则一事不得再理。（丑）积极说，谓现在人民法律知识薄弱，于现行诉讼程序法规如声请救助等类，多未谙习，若从严格解释，固易收权义早日确定之效。惟现在各省最下级之司法机关，多未组织完备，误判之事，在所难免。如原判适用法则，极端错误，而又未具备再审或民事非常上告条件者，本端赖通常上诉程序，以为救济之方，再予严加限制，必至投诉无门，殊非保护私权之道。钧院历来关于上诉及声明窒碍等程序，皆采宽泛解释者。以此，且初因不合法而被驳，嗣后声请救助，即为补充合法，仍应予以受理。（寅）折衷说，除判决虽确定，而尚未开始执行，或其判决，除诉讼费用部分外，本无须执行。总之两造所系争之权利，仍尚继续在判决确定前之状态者，（例如甲，诉乙占其屋被驳，乙至今仍占其屋，一如判决确定前之状态者）外若已执行完结，或已开始一部分之执行者（反之如甲胜诉，乙已将屋交于甲者，则乙之控诉不得受理），则不得受理其控诉，以免纷扰而维秩序。以上三说，究以何说为是？

■ 统字第 624 号

民国六年五月十一日大理院复湖南高等审判厅函

径启者：

接贵厅六年函字第五零四号函开："案据道县知事余文鹄电称，'有以妾升妻一案，妻及长子早死，妾生子女且有德，夫愿升正，查与该族谱列相合，可否婚姻自由，任取习惯？悬案待决，乞电示遵'等情，据此。事关解释法律，敝厅未敢擅专，相应函请查核见复，以便转令遵照"等因到院。

查前清现行律中，现在继续有效之部分，关于定婚等项，曾经明晰规定，限制甚严，而妻妾失序门内复称"妻在，以妾为妻者，处九等罚，并改正"等语。则该律显系认许以妾为妻，不过对于妻在时为此项行为者，乃加禁止，认其无效。至以妾为妻，除成婚时，应守各律条亦应遵守外，关于定婚专有之律例，自不适用，故仅须有行为，并不拘于形式。相应函复，即希转饬查照可也。

此致！

■ 统字第 625 号

民国六年五月二十二日大理院复四川高等审判分厅电

四川高等审判分厅：

啸电悉！该条冲撞、颠覆、破坏、搁沈四项并列，各自独立成罪。

大理院养印

附：四川高等审判分厅原电

大理院钧鉴：

《刑律》第二百一十四条之颠覆、破坏、搁沈，是否以因撞冲而致如此者乃论？抑或虽未撞冲而致如此，罪即成立？敬乞示遵。

四川高等审判分厅叩啸

■ 统字第 626 号

民国六年五月二十三日大理院复喀喇沁左旗扎萨克衙门函

径复者：

准贵旗咨开：兹据卓盟喀喇沁左旗参议院议员选举人世爵乌云鹤等呈称，"卓盟改选参议院议员，全盘违背法令，应即依法提起选举诉讼，伏乞我扎萨克王传案公判事，窃查《参议院选举法施行细则》第十七条载，'蒙古青海之选举监督，应各就本管区划内之王公世爵世职造成选举人名册'，又第六条所载，'非有选举人总数三分之二以上到会，不得投票'。按前两条教令及法律之规定，于蒙古之选举监督，监督自应先就所管区划内，调查其王公世爵世职，造成名册，依法宣示，方为不背施行细则第十七条之规定。名册既定，方能确定合区选举人之总数，有选举人总数，而后始能遵循参议院议员选举法第六条之规定。第十七条之规定若否，则第六条之规定，自不能完全施行。现卓盟之选举，对于选举人数，漫未加察，未先造选举人名册，亦并未定选举人总数，任意迫使投票，是第六条、第十七条之规定，已成虚文。且选举票数，乃议员资格之要素，选举乃国家重典，犹关人民公权者至重，岂容任意破坏？而卓盟办理选举会人员，不但有以上所陈背法之事件，而其将选举教令之日期，擅行短缩、擅行延长，遂使各旗盲无所从，遽然乘机武断，竟使一盟六旗之选举人，五旗不克到会，试问东土默特一旗，乃一盟中六分一之小区，何得代表六分五之多数？况到场选举人，不过八十余人，而其当选人票数，竟增过百数十张，其候补当选人之票数，亦增过二百余张，不知每个人可投几张？职亲临会场投票，确观盟长署和硕军戴国如之子及包化南等代写名票，凡投票人员，除职强自书票外，均未得自行书名，据此可知选举办事人员全盘坏法无疑。今全部选举法，既被破坏殆尽，而本盟人民公权与《临时约法》第十二条之保障，亦难望生存矣。且又捏造国务院电报，指名勒举正当选人棍布扎卜并候补当选张文等，显犯《刑律》，更属法所难容。伏思我扎萨克既有历来之受理诉讼官署，更有拥护法律保障人民公权之责，自能提究判决。故谨依《参议院议员选举法》第十八条所规定及《众议院议员选举法》第九十条之规定，于选举起诉有效期内，电陈热河都统究查外，再请我扎萨克依法提起选举诉讼，秉公剖判，而彰国法。喀喇沁人民幸甚，全盟人民幸甚"等因。查此次选举，内外各省区以赶办不及，或因不足法定人数，电请政府缓限，或屡次不能开会者，亦多有之矣。敝旗亦以人数太少，电请展期，终未见准，以致继去选举员七十余名，不得到会选举，办事人员胆敢滋出此种弊端，诚属目无法纪，理即提究。奈事关国典，且最高法院有解释法律之权，相应咨请贵院解释《众议员选举法》第九十条所规定之本意，其所谓相当受理诉讼官厅者，于蒙古是否指历来受理诉讼之扎萨克衙门而言？祈详为解释赐复，以便依法受理而障公权等因前来。

当经函询蒙藏院，兹准函复，喀喇沁左旗案件原归理事司员，其上诉层级为热河都统等语，是贵旗关于参议院议员选举诉讼，自应以热河都统署审判处受理。相应函复贵旗查照办理可也。

此复！

■ 统字第 627 号
民国六年五月二十一日大理院复安徽高等审判厅函

径复者：

准贵厅第一四七号函开："民事案件，因金额涉讼，被告人答辩状所称之金额，超过原告人起诉时诉状所称之金额，应以何造主张定管辖？若经第一审（兼理司法县知事）判决，原告人径向地方厅控诉，被告人对于管辖亦无异议，乃于第二审判决后，在上告审始为管辖错误之声明，究应如何办理之处？事关法律解释，相应函请钧院解释示遵。再本厅现有此案发生，亟待进行，并希迅予赐复，实为公便"等因前来。

查因金额涉讼之案件，自应以原告起诉时请求之额，定其事物管辖。至事物管辖之合意管辖规定，既已废止，而现行事例，又取一般职权主义（审查管辖有无错误，自应径以职权行之）。故在上告审攻击管辖错误，如认为有理由，则高等厅自应撤销地方厅之第二审判决，更为第二审之审判。相应函复贵厅查照办理可也。

此复！

■ 统字第 628 号
民国六年五月十八日大理院复浙江高等审判厅函

径复者：

准贵厅函字第一五六号函开：案据鄞县地方审判厅呈称，"窃有某甲纳妾某氏近三十年，生子年已二十七，嫡妻逝世，亦将十年。近因修谱期迩，由甲到祠公宴族人，并演戏剧，请于谱底上将某妾'侧室'字样，改为'继室'。据称宗长、房长均经承认，不料宗长听唆翻悔，旋将谱底修正之'继室'字样取消，因而起诉到厅。职厅查某甲之妾，能否以继室名义载入宗谱，当以侧室能否扶为继室为先决问题。而扶侧为继，其手续若何，是否应得亲族会之同意？又为必须研究之要点。职厅调查惯习，对于扶正一事，并无一定办法，此应请求解释者一也；又查《不动产典当办法》第二条内载，'典产自立原约之日起，已经过六十年者，不论其间有无加典或续典情事，概作绝产论，不许原业主再行告争'，此就物权中之所有权而言也。若永佃权亦物权之一种，浙省各县将永佃权设定抵当权者，所在多有，因抵挡永佃权而涉讼者，亦无月无之。究竟永佃权之抵当，能否适用《不动产典当办法》？现行法令，查无明文规定，此应请求解释者二也。以上二事，或属身份问题，或关权利得丧，而法律皆无可依据，办理殊形棘手，理合具文呈请钧厅迅予函请大理院解释遵办"等情，相应函请贵院分别解释函复，以便转令遵照等因前来。

查《清理不动产典当法》，原专为清厘土地房屋之典当而设，永佃权之抵当，法令既无明文，自不能擅行援用。至扶侧为正，本院已有解释在前，附送解释一份，希即转饬遵照可也。

此复！

■ 统字第 629 号

民国六年六月一日大理院复湖北高等审判厅电

湖北高等审判厅：

有电情形，应准其撤销。

大理院东印

附：湖北高等审判厅原电

大理院鉴：

刑事原告诉人不服县判，呈由检厅送审后，原告诉人能否撤销控诉？乞电示只遵。

鄂高审厅有印

■ 统字第 630 号

民国六年六月一日大理院复四川高等审判厅电

四川高等审判厅：

径电悉，《矿业条例》，自应适用。

大理院东印

附：四川高等审判厅原电

大理院钧鉴：

《矿业条例》罚则，法庭能否适用？请示遵。

四川高审厅径

■ 统字第 631 号

民国六年六月一日大理院复山东高等审判厅电

山东高等审判厅：

有电情形，甲子与乙并无亲子关系，惟可认为利害关系人，得声请检察官指定代行告诉人，希参照本院统字八号、二八一号解释。

大理院东印

附：山东高等审判厅原电

大理院钧鉴：

某甲与妻离婚，妻适乙家，甲有子五岁，约明归妻抚养，六年后，准甲领回，乙及甲妻均允如约办理。惟甲子在乙家抚养时期之中，甲子与乙可否认为有亲子关系？甲子被人和诱，乙有无告诉权？悬案待决，乞赐电遵。

山东高等审判厅有印

■ 统字第 632 号

民国六年六月二日大理院复广东高等审判厅函

径复者：

准贵厅函开："兹据蕉岭县知事呈称，'窃敝县发生一发掘坟墓案，有某甲无子，觅得别县不同姓二十余岁之某乙为子，某乙在某甲家养育已有八年，某乙因与族人某丙挟有嫌怨，某乙遂乘夜将某丙之祖坟发掘，并将骸骨遗弃，拿获某乙到案，供认不讳。查某乙发掘某丙之祖坟，即某乙养父某甲之祖坟，该祖与某乙相隔已有八代之远，是否仍以尊亲属论？又异姓乱宗，法所不许，某甲以别姓之子为子，今发生此案，法律上是否认某甲之子为有效？抑以凡论'等情到厅。查上述各点，事关法律解释，相应据情函请钧院迅赐解释，以便令遵"等因到院。

本院查本案情形，依《刑律》第八十二条第一项规定，不能以尊亲属论。相应函复贵厅转饬查照。

此复！

■ 统字第 633 号

民国六年六月二日大理院咨财政部文

为咨复事：

准贵部咨开："为咨请解释事，查旧律内载，'凡盐场灶丁人等，除岁办正额盐外，夹带余盐出场及私煎盐货卖者，同私盐法'。又条例内载'拿获贩私盐犯，务须先将买自何人何地以及买盐月日数目究明，提集犯证，并密提灶户煎盐火伏簿扇查审确实，如系大伙兴贩，将本犯并卖盐及窝顿之人，照律治罪'各等语。是灶户自贩私盐，固属有罪，即不自行贩运，而以盐斤售卖于私贩，亦有应得之罪，旧律盐法，规定甚严。今《私盐治罪法》第一条载，凡未经盐务署之特许而制造贩运售卖，或意图贩运而收藏者为私盐，亦以贩运为一种犯罪之行为，售卖又为一种犯罪之行为。依此条文而论，灶户自贩私盐，固以贩运行为构成私盐罪，即不自行贩运而以盐斤违法售卖于私贩，此种行为，亦属构成私盐罪。因商人向场灶购盐，必由官给予准单，且须经过秤放之手续。若无前项准单，又未经过前项手续，而与灶户私相授受，其人必为私贩无疑。灶户明知其系私贩，而以盐斤售卖与之，供其贩私之用，实属犯罪行为。嗣后，拿获贩私人犯，究出卖盐灶户，自应一并送交法庭治罪，毋庸由行政官厅自行处分，致涉轻纵，且恐有侵法权。惟《私盐治罪法》条文甚简，究竟灶户以盐斤供给私贩，是否包括于第一条'售卖'二字之内？事关解释法律，相应咨请贵院查核见复，以咨遵守"等因到院。

本院查灶户以盐斤私自卖给私贩，当然包括于《私盐治罪法》第一条之内，贵部解释，并无错误。相应咨复贵部查照。

此咨！

■ 统字第 634 号

民国六年六月二日大理院复山东高等审判厅函

径复者：

准贵厅函开："强盗犯《刑律》第三百七十三条之罪，据钧院统字第三一五号公函解释，可以依《惩治盗匪法》处死刑，并可依《刑律》分则处徒刑，是犯该条之罪，不必处死刑者，自无适用《盗匪法》之必要，文义至为明晰。惟该条既有特别规定，自不能不认为《惩治盗匪法》上之犯罪。对于该条罪犯，无论减等与否，舍《刑律》分则而径用《盗匪法》，似亦非有何等错误。兹有覆判审发见第一审对于《刑律》第三百七十三条之罪，既并未处以死刑，仍依据《盗匪法》第二条适用《刑律》总则，酌予减等，其适用法律，诚未免太费周折。然必欲从而更正之，不惟以错误论，难期折服，且不啻视特别法为不应适用，此等判决，究竟应否认为有效？未敢臆断，理合函请钧院速赐解释，实级公谊"等因到院。

本院查《刑律》第三百七十三条之罪，如处徒刑，自不能舍《刑律》分则适用《盗匪法》，第一审判决不能谓非引律错误，自应更正。相应函复贵厅查照。

此复！

■ **统字第635号**
民国六年六月二日大理院复察哈尔都统署审判处函

径复者：

准贵处函开："案查有覆判死刑之案，经本处刑庭，按《覆判章程》第三条第二款，并第四条第三款，又同条第二款，及本处《变通附设地方庭事务管辖章程》第二条乙款各规定，因证据未足，引律错误，用刑庭正式决定书，发交地方庭覆审去后，旋经地方庭径行决定，驳回原县再审，地方庭决定是否合法？原县再为判决，是否认为有效？事关法律管辖问题，相应函请贵院迅速解释示遵"等因到院。

本院查本案地方庭决定，自属无效，该决定理由内所引《刑事诉讼律草案》条文，乃再审之规定，尤与本案情形无涉。相应函复贵厅查照。

此复！

■ **统字第636号**
民国六年六月二日大理院复总检察厅函

径复者：

准贵厅函开：据直隶高等检察厅呈称，"据沙河县知事呈称，'设有甲因犯烟赌被押，适甲家被劫，经县署从宽判罚开释，由此甲与原抓烟赌之巡警乙、丙挟嫌，赴地方最高行政公署告诉乙、丙栽赌诬烟，乘其未在家中，勾匪抢劫，乃经地方最高行政公署派员密查，甲所诉不实，而乙、丙又在县署呈诉，请求判甲乙诬告之罪，惟甲罪是否成立？有二说焉：第一说，谓甲控乙、丙栽赌、诬烟、勾匪、抢劫，是欲乙、丙受刑事处分，应在审判衙门告诉，方可发生效力，今甲既在地方最高行政公署呈诉，受理官厅，纯系行政性质，甲非对于相当之官署告诉乙、丙，甲之诬告罪，不能成立；第二说，谓地方最高行政公署，有监督全省司法之权，如甲所诉属实，即可提交审判衙门按律惩办，则甲在地方最高行政公署告诉乙、丙，与在审判衙门告诉乙、丙，同一发生效力，甲之诬告罪，当然成立。然甲之诬告罪，果依第二说成立，则是否应归本县审理？于此亦有二说：第一说，谓乙、丙为本县巡警，县知事有监督一县巡警之权，依《刑事诉讼律》第二十八条第四款之规定，推事为被告、被害人之法定代理人，监督监护人，保佐人者，不得执行职务。县知事既为巡警之监督，自应声请回避；第二说，谓《刑事诉讼律》未经公布部分，援用无效，依《县知事审理诉讼暂行章程》第五条之规定，本县知事对于此等案件，无声请回避之必要。以上所述诸说，各具理由，查民国二年经前检察厅长以人民控案涉及官吏，告诉不实办法，呈请司法部核准，分令有案，至县知事对于此等案件，应否回避？查《县知事审理诉讼暂行章程》，亦委无规定明文。惟知事以事关法律解释，诉讼手续，未敢臆断，理合呈请查核，迅予令示只遵'等情前来，事关解释法律，请转解释"等情到厅，相应据情函请查核见复，俾便转令遵照等因到院。

本院查本案情形，甲之诬告罪，自应成立，依《县知事审理诉讼暂行章程》第五条所准用之《审判厅试办章程》第十条各款规定，该县知事自无回避原因，何得谓无明文规定？至《刑事诉讼律草案》所称监督监护人，乃一名词，不得将'监督'二字截断解释。相应函复贵厅转饬查照。

此复！

■ 统字第637号

民国六年六月十五日大理院复凤阳高等审判分厅电

凤阳高等审判分厅：

俭电情形，无庸咨询检察官。

大理院删印

附：凤阳高等审判分厅原电

大理院钧鉴：

刑事被告人声请拒却，应否咨询检察官意见？悬案待决，乞电复。

安徽第一高分厅俭印

■ 统字第638号

民国六年六月十五日大理院复察哈尔审判处函

径复者：

准贵处函开："案查《暂行刑律》第十九条累犯规定云，已受徒刑之执行，则似执行完毕始为累犯，又同律第二十三条俱发规定云，确定审判前犯数罪者，则俱发罪非确定审判前不可。兹有已经覆判确定，令县在监狱内执行之犯，强暴脱逃未遂，伤害他人，其新犯罪，固应按同律第一百七十五条处断。但若从加重规定，则尚在执行中，与已受徒刑执行意旨，似属违背，若按俱发，则该犯等均为已确定执行之犯，又似与确定审判前规定抵触。且如按俱发办理，前确定执行之判决，是否取消？抑将前覆判已令县执行之判决年期加入后行判决之年限执行？以上各情形，如何之处，相应函请示遵，悬案以待，希速见复"等因到院。

本院查本案情形，应以累犯论，相应函复贵处查照。

此复！

■ 统字第639号

民国六年六月十五日大理院复吉林高等审判厅电

径启者：

准贵厅函开："来复枪（俗名洋炮）是否军用枪炮？其置备此枪时，未向该管官署领有枪照，即行收藏，惟讯系良民看家所用之物，能否构成《刑律》第二百零五条之犯罪？于此有两说焉：（甲）谓军用枪炮，以快枪、手枪等类为限，来复枪不在军用之列，无须经公署允准。且良民看家，惟来复枪是赖，其家藏户蓄，几成惯例，若必经允准，是限制良民之自卫，立法本意，绝不若此，应以不论罪为是。（乙）谓来复枪系三十年前之军用枪炮，现在军界虽不使用此枪，惟查《刑律》条文但曰'军用枪炮'，并不以现用者为限，既经私藏，自应论罪。以上二说，未知孰是，理合函请钧院速赐解释，俾有遵循"等因到院。

本院查来复枪不能谓非军用枪炮，本案情形，《刑律》第二百零五条之罪，当然成立。惟据来函所述情形，似与《刑律》第十四条第三段行为相合，应否依该条不为罪，乃事实问题。相应函复贵厅查照。

此复！

■ 统字第640号

民国六年六月十五日大理院复京师警察厅函

径复者：

准贵厅函开："案准北京一等邮局迭次函称，'近来各信筒开出之信件，多系贴用已废邮票，带有洗刷痕迹，请照信面所开人名住址查明，依法究治见复'等因，当以洗用旧废邮票是否成立刑事罪名，函询京师地方检察厅。去后，旋准复称'查邮局人员洗用旧废邮票，曾经大理院统字第三百六十五号解释，应依《刑律》第二百四十二条、第三百八十六条从一重处断，业经通行在案。至投信人洗用旧废邮票，不在此项解释范围以内，本厅亦无成案可稽'等因前来。查信件行使废票，在邮局查出，原有退回或罚受信人等方法为之救济，而在投邮人方面，即因此失其通信之效力，此非至愚之人，谁肯出此洗刷手段，惟听任行使，不加惩罚，似于邮政前途，不无妨碍。且查贵院统字第三百六十五号解释，系专指邮局人员而言，其投信之人，当然不在此项范围以内，况近日发见行使废票之人，或为童呆无知，或为贫苦学徒，偶然洗用，情节颇轻，若照《刑律》第二百四十二条第二项行使之例科刑，亦觉过重，按之行政罚法又无适当条款。现在迭准邮局函催究办，本厅既责无旁贷，而地检厅复称无成案可稽，究竟投信人洗用旧废邮票一事，其罪名之能否成立及法文之如何适用，均待亟为解释，相应函请查照迅予赐复，悬案以俟，至为公盼"等因到院。

本院查邮票乃有价证券之一种，洗用旧废邮票，自系触犯《刑律》第二百四十二条之罪，此外别无相当条文。惟此种犯罪情节轻微者，可依《刑律》第十三条第二项及第五十四条减轻。相应函复贵厅查照。

此复！

■ 统字第641号

民国六年六月十五日大理院复热河都统公署函

径复者：

准贵署函开："兹有甲与乙同行至中途，甲将乙辱骂，并取乙木棍猛殴，乙夺棍还殴，将甲致命脑后打伤骨塌，甲犹蹲伏叫骂。适有与甲、乙均不认识之丙道经该处，上前询问，乙向告前情，丙即上前排解，甲竟迁怒于丙，厉声辱骂。丙怒，仍取乙木棍向甲打去，亦伤甲致命脑后骨塌，棍折，甲移时身死，因两伤部位轻重相同，不能辨认某处为某所殴。照以上情节，子说，谓乙、丙既在场同殴甲致死，虽非事前有共同之意思，确系《刑律》第三百一十六条第一项之同时犯，应均照第三百一十三条第一款伤害致死处断；丑说，谓乙殴甲虽在致命脑后骨塌，惟被殴之时，甲犹蹲地伏骂，不能断其有必死情形，嗣丙用木棍扑殴，始行身死。则甲之死，确系因丙之伤害，丙应负刑律第三百一十三条第一款伤害致死责任，乙尚须辨明殴甲之伤，是否成笃，抑系成废，分别照《刑律》第三百一十三条第一、第二两款负其责任。总之甲之死，乙、丙既非共犯，亦非同时犯，只可将甲、乙所殴之伤各负责任，以上二说，未知孰是。又乙、丙于甲死后将甲尸身抬至山下，应否论遗弃尸体罪？均请钧院查照，俯赐解释，俾有遵循"等因到院。

本院查本案情形，以子说为正当。相应函复贵署查照。

此复！

■ 统字第642号

民国六年六月十六日大理院复湖北高等审判厅函

径复者：

准贵厅函开："设有普通人民黄某经陆军审判处援引《刑律》第一百零三条及一百八十二条合处徒刑八年，函送监狱执行。黄某于执行中，乘间脱逃，是否构成《刑律》第一百六十八条之脱逃罪，及应否依照《刑律》第十九条累犯罪处断？本厅意见，约分三派：据甲说，则谓《刑律》第一百零三条之犯罪，依《刑事诉讼律》第六条第三款，惟钧院有第一审并终审管辖权；《刑律》第一百八十二条之犯罪，亦应由普通审判衙门管辖审判，既均非陆军审判处所能受理，则此项无权限之判决，在法律上当然不能认为有效。至《刑律》第一百六十八条，系以既决未决之囚，及其他按律逮捕监禁人脱逃为其要件。《刑律》第十九条，系以已受徒刑之执行更犯徒刑以上之罪者为其要件。所谓已决之囚，系指依法律应认为有既决效力之囚而言，所谓未决之囚，系指依法律应受羁押之囚而言。所谓按律逮捕监禁人，系指依法律应行逮捕监禁之人而言。若受无效之徒刑判决及无权限之逮捕监禁，当然不能包括在内。黄某所受陆军审判处无权限之徒刑判决，既属无效，在事实上虽已受徒刑之执行，而在法律上究不能认为已受徒刑之执行，则其在执行中所犯之脱逃行为，亦即不能认为更犯徒刑以上之罪。故黄某非独不能构成《刑律》第十九条之再犯，并不能构成《刑律》第一百六十八条之脱逃罪云云。据乙说，则谓《刑律》

第十九条所谓已受徒刑之执行，系指事实上已受徒刑之执行而言，其原受陆军审判处之徒刑判决，在法律上是否无效。既未经有权限之审判衙门撤销，其既判效力，即属业已确定，应仍认为已受徒刑之执行，其在执行中所犯之脱逃行为，亦当然认为更犯徒刑以上之罪。故黄某非独构成《刑律》第一百六十八条之脱逃罪，并应构成《刑律》第十九条之再犯云云。据丙说，则谓无效判决与违法判决不同，黄某原受陆军审判处无权限之徒刑判决，在法律上既当自初视为无效，则虽未经有权限之审判衙门撤销其判决，然其执行效力，究属无从发生，自不能以已受徒刑之执行论。惟黄某是否构成《刑律》第一百零三条及第一百八十二条之犯罪，既属待决问题，而陆军审判处亦系国家设立之官厅，纵无审判权限，究不能谓无逮捕权限，则其已经陆军审判处拿获监禁，虽不能谓为既决之囚，究不能谓非其他按律逮捕监禁人。故黄某虽不能构成《刑律》第十九条之再犯，而其在监脱逃之行为，仍应构成《刑律》第一百六十八条之脱逃罪云云。以上三说，应以何说为正当？事关法律解释，相应函请钧院迅赐电复，以资遵守"等因到院。

本院查本问题，以甲说为正当，希参照本院六年上字第二百零一号判例。相应函复贵厅查照。

此复！

■ 统字第643号

民国六年六月二十六日大理院复四川高等审判厅电

四川高等审判厅：

寒电情形，应以决定裁判其声请，视其有无理由，分别准驳。

大理院有印

附：四川高等审判厅原电

大理院钧鉴：

覆判案件判决后，被告人声明障碍，提起控诉，应如何办理？乞示遵。

川高审厅寒

■ 统字第644号

民国六年六月二十六日大理院复新疆司法处电

新疆司法处：

真电情形，只应依《刑律》第二百六十二条处断。

大理院有印

附：新疆司法处原电

司法部、大理院钧鉴：

现有守义塚人发掘坟墓，盗取年九岁幼女尸体，携炕奸宿，是否单照第二百六十二条，抑应并科第二百八十五条第二项奸罪？案悬待决，祈速电复示遵。

新疆司法处真印

■ 统字第 645 号

民国六年六月二十六日大理院复总检察厅函

径复者：

准贵厅函开："贵院三年统字第一百九十二号解释，内称'查《刑律》第四十四条之易科罚金，应由审判厅于判决时或判决后因检察官之请求，别以决定谕知，此系法院职权，非检察职权，不能径由检厅处分'等语。此项解释中所称审判衙门，是否专指第一审？抑包含各上级审？或仅以应行执行裁判检察厅之同级审判衙门为限？其请求权，是否专属于检察官？抑被告人亦得为独立请求？事关法律疑义，应请解释见复"等因到院。

本院查前次解释中所称审判衙门，系指应行执行裁判检察厅之同级审判衙门，其请求权系专属于检察官。相应函复贵厅查照。

此复！

■ 统字第 646 号

民国六年六月二十六日大理院复江西高等审判厅函

径复者：

准贵厅函开："案据兼理司法弋阳县知事唐鉴呈称，'案查《刑律》第一百七十七条第二项之顶替罪，须犯罪事实尚未发觉，或犯罪事实已发觉，而犯人尚未得知，或虽知犯人姓名，而其为被害人等所不相认，顶替者意图庇护本犯，纵令逃逸，即顶替本犯之姓名，投案自首，使官厅无从辨别真伪方能成立。兹有甲因案被押，旋由甲之族房，贿买无服族人乙到案诬服，审判衙门遂将甲释放，惟乙并非顶替甲之姓名，似与该项情形不同，可否援照该项处断？如不能援照该项处断，究应如何办理？事关法律问题，理合具文呈请察核示遵'等情，据此。案关法律解释，相应据情函请解释见复"等因到院。

本院查本案情形，与《刑律》第一百七十七条第二项情形不符，应依《刑律》第一百五十三条第二项处断。相应函复贵厅转饬查照。

此复！

■ 统字第 647 号

民国六年六月二十六日大理院复总检察厅函

径复者：

准贵厅函开：据江苏高等检察厅呈称，"据金坛县知事感电，内称，'今有甲令短工乙购买烟土，烹以款客，经丙中途盘获，乙据告甲，甲寻丙索取，未遇丙而逢与丙相熟之丁，丁寻丙嘱还甲，甲以土少于前，拒不收受，丙遂据以告发。甲之买土，既非自吸，又非贩卖，与意图贩卖，更非开灯售吸，《刑律》第二百六十六条，第二百六十九条，第二百七十一条，均难适用。又私撒烟子，意图破坏烟禁，与《刑律》第二百七十条之播种罂粟者之处心，迥不相侔，科以本条，未免情重罚轻，且涉援引比附之嫌。以上两项，究竟应援用何条？悬案待判，乞一并解释示遵'等情到厅，理合具文呈请鉴核函院解释，指令示遵"等因前来，事关法律疑义，相应函请解释等因到院。

本院查前一例，甲系《刑律》第二百七十一条之从犯；后一例所谓私撒烟子，意图破坏烟禁，何以与《刑律》第二百七十条之行为不同？原呈意义不明，希转饬详复。

此复！

■ 统字第 648 号

民国六年七月二十一日大理院复四川高等审判厅电

四川高审厅：

冬电情形，应褫夺公权，希参照本院统字二三四号解释。

大理院马印

附：四川高等审判厅原电

大理院钧鉴：

犯《惩治盗匪法》掳人勒赎之罪，依《刑律》总则减等者，应否附科褫夺公权从刑？乞示遵。

川高审厅冬印

■ 统字第 649 号

民国六年七月二十一日大理院复热河都统署审判处电

热河都统署审判处：

养电情形，希参照本院统字二一三号解释。

大理院马印

附：热河都统署审判处原电

大理院钧鉴：

查《暂行补充条例》第九条，强卖和卖抱养子女，应构成和略诱罪，其出价收买前项子女者，应否论和略罪？敬请电示。

热河都统署审判处养

■ 统字第 650 号

民国六年七月二十三日大理院复总检察厅函

径复者：

准贵厅函开：强盗共犯中一人事前同谋，事后分得赃物，依贵院迭次判例，认为强盗共同正犯。若系同谋后代为摇船，及到达目的地，并未共同实施强劫行为，仅在船上守候，而事后分得赃物者，依据前项判例，似应为同一之解释。惟查贵院本年上字第十一号判决陆章锡强盗罪一案，其理由内称上告人所供并未同道上岸之语，如果认为可信，则其代为摇船之行为，尚不能认为实施强盗之正犯。若如原判论断，一似但有事前代为摇船，事后分赃之事，即可推定其为在外把风，殊不能谓非武断等语，虽系对于在外把风之事实加以推究，然据此项理由，一若事前代为摇船，事后分赃，苟未同道上岸，即不成立共同正犯，似又与迭次判例稍有歧异。究竟上开判决，是否专在释明非在外把风？抑并否认其为共犯？解释上不无疑义，相应函请查核迅予赐复等因到院。

本院查陆章锡案系本院认为原审事实不明发还更审之件，'但'字以下理由，系注重在该上告人事前有无同谋，如事前仅系代为摇船，临时并未实施，自不能谓为强盗之共同正犯。至'在外把风'一语，因系原判所用，故引用之，于罪名成立无关，该号判决与本院迭次判例并无两歧。相应函复贵厅查照。

此复！

■ **统字第 651 号**

民国六年七月二十三日大理院复总检察厅函

径复者：

准贵厅函开：本月二十五日，据陕西高等检察厅电称，"意图诈收十一村捐款，委托一村村首代收转交，应否以诈财俱发论？悬案待决，请急转院解释示遵"等情到厅，相应据情函请查核见复等因到院。

本院查本案情形，自应以俱发论，相应函复贵厅查照。

此复！

■ **统字第 652 号**

民国六年七月二十三日大理院复总检察厅函

径复者：

准贵厅函开：覆判审覆判案件，如于审判确定以后，发见被告人等对于初审判决有合法之声明不服，则以前覆判审所为之裁判，依贵院统字第五八六号解释，认为不能存在，应进行通常控告审程序，与一案经两次审理者不同。惟前项解释，系对覆判审所为核准之决定而言，如于覆判审所为更正之判决，既经确定以后，发见被告人等对于初审判决，有合法上诉时，是否仍得按照前项解释办理，不无疑义。事关法律问题，应请查核见复等因到院。

本院查前次解释，虽系对于核准决定而言，然更正判决，事同一律，自应依前项解释办理。相应函复贵厅查照。

此复！

■ **统字第 653 号**

民国六年七月二十三日大理院复直隶高等审判厅函

径复者：

准贵厅函开：案据保定地方审判厅厅长赵秉琛呈称，"窃查亲告罪之无相当告诉人者，管辖检察厅检察官，得因利害关系人之声请，或即以职权指定代行告诉人等办法，照二年四月十二日，政府公报载，大理院复上海地审厅之解释，已无疑义。县知事既兼有检察职务，则其有指定此项代行告诉人之权能，亦属当然解释。惟关于此项指定办法，究以明示为限，抑默示亦可？例如甲、乙、丙、丁、戊兄弟五人，分居同院，甲、戊均早亡，戊妻与人通奸，依《刑律补充条例》第六条，须有尊亲属告诉，乃能论罪，戊家除乙、丙、丁等外，并无直系尊亲，兹由乙、丙、丁等，亲在戊屋将奸夫捉获，并已在县告诉，经县受理判决，且于判词首，列注有因乙等之告诉，特为审理判决等语，乙、丙、丁复不服控诉到厅，第二审是否可以县知事既有检察官之职权，又经起诉判决，且于判词首，列注有因某等告诉等语，参照《刑诉草案》第二百六十五条，即可认为该县已有默示的指定某等为代行告诉人之手续，而即予以受理？抑须驳回公诉，由该县另为指定代行告诉人，受理判决，如有不服，再准上诉，方为合法？惟此项手续上之错误，若经驳回，亦不过徒增当事者以往返之讼累，与厅县间事物之烦冗而已，此外并无何等实益，究以何者为适法？事并手续法之解释，拟合具文呈请函请大理院迅予解释示遵等情前来，相应函请贵院解释见复，以便转令遵照"等因到院。

本院查《刑律补充条例》第六条之罪，其亲告权专属于尊亲属，与一般亲告罪不同，不能指定代行告诉人，与本院前复上海地方审判厅解释之情形不同。相应函复贵厅转饬查照。

此复！

■ 统字第 654 号

民国六年七月二十八日大理院复江苏高等审判厅函

径复者：

准贵厅第六二九号函开：案于本年六月十一日据宿迁县知事严型电称，"今有某甲身故乏嗣，因无同父兄弟，待同祖兄弟生子立继，已悬八年。现甲妻乙亦故，并无遗嘱，其同祖兄弟九人，已多成丁婚娶，惟尚未生子，甲母丙以立继远房，恐起争端，主张仍待甲同祖兄弟生子为甲立嗣，持之甚坚，而甲妻弟丁，则请求立甲同曾祖兄弟之子为嗣，互相争执。知事以此案甲父早故，甲与其妻既皆死亡，是甲母丙居于家长地位，丙有承受财产之权，甲之立嗣，分应由丙主持，且甲之嗣子，即丙之嗣孙，丙须相依为命，若如丁之请求，立继远房，设遇不肖，于丙之生命财产，深有关系，强丙服，似非情理之平，而丁又坚持律无待生待嗣明文，不服丙之主张，究应如何办理？理合电请迅赐解释，电示只遵"等情到厅。据此，惟钧院有统一解释法律之权，相应据情函请解释，以便转令只遵等因前来。

查承继开始，现行法令既无明文，而本院判例，凡承继事件，非自己或自己直系之卑属有承继权者，不得告争，是丁对于甲之立继，自无干涉之余地。相应函复贵厅转饬遵照可也。

此致！

■ 统字第 655 号

民国六年七月二十六日大理院复湖北高等审判厅电

湖北高等审判厅：

个电情形，上诉机关应属高等厅。

大理院宥印

附：湖北高等审判厅原电

大理院鉴：

以地方管辖案起诉，初审引初级管辖条文判罪，上诉机关属何处？乞电示遵。

鄂高审厅个印

■ 统字第 656 号

民国六年七月二十七日大理院复广东高等审判厅函

径复者：

准贵厅函开：据廉江县知事朱廷铨呈称，"窃查《暂行新刑律》第三十章各条规定和诱男子者，只以未满二十岁为限，若二十岁以上并未规定，推原律意，实以男子已满二十岁后，智识充分，必不致被人和诱，故规定以未满二十岁为限。惟近来卑县属民和诱二十岁以上男子出洋者，间有发见，审查该犯，又专以营利为目的，此等人犯若不惩儆一二，恐将来效尤者众，良民受害日多，甚非保护民族之意。但查前清《买卖人口条例》，早已取消，究竟处理此项人犯，以何法为适用，可否仍处以和诱罪，抑以律无正条者不为罪论？理合呈请钧厅查核指令只遵"等语到厅，查事关法律解释，相应函请迅予解释赐复等因到院。

本院查和诱二十岁以上男子者，不能构成《刑律》和诱罪，但既系以营利为目的，如有诈欺或以侵害人身自由之行为者，自可以依《刑律》各本条论罪。相应函复贵厅转饬查照。

此复！

■ 统字第 657 号

民国六年七月二十七日大理院复浙江高等审判厅函

径复者：

准贵厅函开：案据鄞县地方审判厅电称，"查《陆军刑事条例》第七条称陆军军人者如下：（一）略，（二）召集中之在乡军人。第十二条称在乡军人者，谓在陆军现役以外之续备后备等兵役，及退役之陆军官佐及准尉官。《陆军审判条例》第六条，本条例称军人者，即《陆军刑事条例》第七条、第八条所揭之谓，归休兵及在预备后备兵籍者，非召集中，不得依军人之例各等语。兹有案内已补实官之陆军宪兵中尉，前充宪兵连排长，嗣因解散另就他职，是否即系召集中之在乡军人，通常司法衙门，有无管辖权？应请解释者一；如认为应归陆军审判衙门办理，其与军人共犯之常人，应否一并送由陆军审判衙门核办？应请解释者二；承发吏承办案件，受人委托抄录案内报告各件，不依正式手续，而转托录事径向书记官请求，如果并称有抄录费十元，书记官不允，因而破露，该承发吏录事是否构成《刑律》上贿赂之罪，究依何条科断？应请解释者三。以上三端，案悬待决，仰祈钧厅转电，迅赐解释，俾有遵循"等情前来，据此。本厅查贵院有统一解释法律之权，相应函请解释见复，以便转令遵照等因到院。

本院查已补实官陆军军官，若未令其退休，虽就他职，仍应以现役军人论，通常司法衙门即无管辖权。至与军人共犯之常人，即系由通常衙门发觉，自无庸送陆军审判。至第三问题该承发吏录事，自应构成行求贿赂罪。相应函复贵厅，转饬查照。

此复！

■ 统字第 658 号

民国六年八月三日大理院复河南高等审判厅函

径复者：

准贵厅函开：查办理预审事务之推事，仍得加入合议庭之数，《法院编制法》第二十条，本有明文规定。惟加入合议庭后，能否为主任推事？于此有二说：（甲）说按刑事诉讼法法理，办理预审事务之推事，不得为独任公判之推事，原所以保审判之公平，以此类推，则加入合议庭之后，当然不能为主任推事；（乙）说合议庭之裁判，系以三人之评议而定，非由于该预审推事单独之意思，并无审判不得公平之虞，法文既准加入，当然可以为主任推事，二说孰是？相应函请迅赐解释等因到院。

本院查现行法，关于此点，虽无明文禁止，然细绎《编制法》第二十条所谓仍得加入本庭合议之数一语，可知其立法用意，自系以甲说为是。相应函复贵厅查照。

此复！

■ 统字第 659 号

民国六年八月二日大理院复四川高等审判分厅函

径复者：

准贵厅皓电开：贵院判例，县知事未牌示之堂判，无从起算上诉期间等因，究竟此项堂判，可否以未经终局判决论？抑应概予受理？再虽未牌示，而当事人承认已受达者，可否以受送达之翌日起算上诉期间？悬案待决，敬乞示遵等因到院。

本院查县知事未牌示之堂判，苟其内容实已就讼争关系，予以判断，即为有效之判决，其上诉即应受理。至当事人已承认受有判词副本之送达，自可从其送达之翌日，起算上诉期间。相应函复贵厅查照。

此复！

附：四川高等审判分厅原电

大理院钧鉴：

贵院判例，县知事未牌示之堂判，无从起算上诉期间等因，究竟此项堂判，可否以未经终局判决论？抑应概予受理？再虽未牌示，而当事人承认已受送达者，可否以受送达之翌日，起算上诉期间？悬案待决，敬乞示遵。

四川高审分厅皓印

统字第 660 号

民国六年八月十一日大理院复四川高等审判分厅电

四川高等审判分厅：

电悉！勒赎案有减等原因者，依《刑律》总则各减等本条办理。

大理院真印

附：四川高等审判分厅原电

大理院钧鉴：

犯《惩治盗匪法》第四条第三款掳人勒赎之罪，应减等者，是否援用《新刑律》第三百七十三条处断？乞电示遵。

四川高审分厅叩

统字第 661 号

民国六年八月十一日大理院复浙江高等审判厅函

径复者：

准贵厅函开：案据浦江县知事呈称，"呈为呈明前清拟罪监犯边巨贤、边稻熟狗二名，查卷并无改定徒刑明文，应如何办理，请查核令遵事，窃知事于本年六月七日到任后，检查接管卷内，案据属县北乡廿八都中余村民人王家雷、王启鼎等，于前清宣统二年四月十七日呈报，伊村被诸暨边村边坤蛟等，纠众抢掳财物，烧毁房屋，轰毙三命等情一案，当年五月间，先后获犯边巨贤、边乾汉、边金狗、边稻熟狗等到案，即经前清浦邑知县李棻暨省委候补知县高振锽，迭次研讯明确，嗣于六月初六，拟处边乾汉、边金狗二名斩决，其边巨贤、边稻熟狗二名，拟绞监候例上量减一等，拟杖一百，流三千里等，嗣会衔详报在卷，惟并无批回附卷，迨民国元年三月间，复经张前民事长，查案呈请前都督暨前提法司核准，边乾汉、边金狗二名，仍照原议处斩各在案，至边巨贤、边稻熟狗二名，卷内仍无改定徒刑明文，惟查民国元年六、七、八、九四个月，造送之已决罪犯统计表内，援据法律条文一栏所载，该二犯照拟绞监候例上量减一等定拟，现遵《暂行新刑律施行细则》，改处二等有期徒刑监禁八年等字样，迄今该被告等在监执行已久，究竟应否认为审判早经确定，其从前经过之期，是否作为有效？事关法律解释，知事未敢擅专，理合备文呈明，仰祈查核指令遵行"等情前来。据此，本厅查前清判决重大案件，须经法部复准后，方能认为确定，本案被告边巨贤等，既未奉部核准，似应照章由县呈送覆判，然恐各县旧案类此者甚多，万一审查事实不明，发还覆审，事经多年，于搜查证据，诸多困难，是该县所呈各节，究应如何办理之处？查贵院有统一解释之权，相应函请查照解释见复，以便转令遵照等因到院。

本院查本案既未经核准，而依《覆判章程》，又系应送覆判之件，自应依该章程呈送覆判。相应函复贵厅查照。

此复！

■ 统字第 662 号

民国六年八月十一日大理院复广西高等审判厅函

径复者：

准贵厅函开：设有县知事判决刑事案件，高等检察厅于详报到达后十日外，始以检察官对于县判声明控诉等由，片送过厅，是向本厅声明控诉之日，已逾上诉期间。惟查检察官意见书之末，所标日期，系在上诉期间内，其控诉应否认为合法，不能无疑。如以为逾期之上诉，则意见书所标之年月日，固未逾期，似系于上诉期间内声明于检察长。但查钧院三年三月七日声字第一号判决理由项内载，有其二月一日任事之检察长固在，不能谓全厅行检察职务者，无一人也。该检察长于上诉期间内，未声明上告，逾期两月，据此等事由，声请回复原状，不能认为正当等语。是上诉期间，不独拘束检察官，即检察长亦受其拘束。如高检官控诉案件，于期外始向高审厅声明，似难认为合法。事关法律上见解，应请明白解释示遵等因到院。

本院查检察官声明上诉，既在期间以内，虽送案稍迟，自应认为合法。至本院前项决定案件，系期间内并未声明，上诉逾期，请求回复原状者，其情形迥不相同。又该案系对于同级厅裁判上诉，与对于县知事案件上诉者，亦有区别。相应函复贵厅查照。

此复！

■ 统字第 663 号

民国六年八月十六日大理院复总检察厅函

径复者：

准贵厅函开：据江苏高等检察厅呈称，据金坛县知事吴鹏江电内开，"今有甲冒乙祖茔出售于丙，丙系妇人，新遭夫丧，急于安葬，兼利价廉，凭中立契投税，一切修坟之事，悉委诸甲，乙扫墓睹新塚，访知前情，具诉到署。查茔地为不动产之一种，假冒窃卖，自非《刑律》第三十二章所可适用，又非事务管理及有其他物权，更不能援引《刑律》第三十四章，似惟《刑律》第三十三章可资引用"等语前来。

查本案刑事，自系《刑律》第三十三章之罪，至私擅售卖他人所有物者，不问买主是否知情，其卖约为无效，即应将原物交还物主，如因买卖无效，受有损失（在此案如迁坟等费），得因买主之请求，为之查明，责令擅卖之人赔偿。相应答复贵厅转饬查照可也。

此复！

■ 统字第 664 号

民国六年八月十六日大理院复湖南高等审判厅函

径复者：

准贵厅函开：案据浏阳县知事高维道呈称，"窃查《刑律》第三百九十一条规定，侵占自己依法令契约，照料他人事务之管有物、共有物，或属他人所有权、抵当权,及其他物权之财物者,为一般侵占罪,又《刑律》第三百九十二条规定,侵占公务上或业务上之管有物、共有物,或属于他人所有权、抵当权,及其他物权之财物者,为监守物侵占罪。征诸普通学理,所谓依契约照料他人事务之管有物,包含典押物(即质物)在内,而营质业者所保存之质物,亦认为业务上管有物之一种。今有某甲以动产向某钱店抵押银两,曾立有契约,定有期间,某甲届期向赎,某钱店因某甲于抵押款外,尚有普通往来债权债务关系未清,拒绝某甲取赎,未几某钱店竟不得某甲同意,将供抵押之动产变卖,除已代价抵销押款及普通往来债务外,更以其余额,私与某甲之债权人某丙抵拨,就抵押物论,似为因契约照料他人事务之管有物,而抵押又为某钱店营业部分之一,似又成为业务上之管有物,某钱店不得某甲同意,擅行卖渡,是否构成侵占罪?究应适用《刑律》第三百九十一条?抑应适用第三百九十二条?在某丙更是否构成赃物罪?事关法律解释,悬案以待,未敢擅专,理合具文呈请转呈大理院解释饬遵"等情。据此,相应函请查核见复,以便转令遵照等因到院。

本院查质权者,既非依照契约,又未得本人同意变卖抵押品,并以代价交付第三人,应构成《刑律》第三十四章之罪。本案情形,某钱店既系营业上为某甲管有其抵押品,则其变卖行为,自应依《刑律》第三百九十二条处断,某丙如系知情,亦应以赃物罪论。相应函复贵厅转饬查照。

此复!

■ 统字第 665 号

民国六年八月二十一日大理院复热河都统署函

径复者:

准贵署函开:审判处案呈据丰宁县呈称,"为呈请示遵事,窃查民间习惯,于不动产所有权之移转绝卖之外,各处通行者,惟典当之法。兹查丰宁习惯,有所谓指地借钱者,将所指之地归债权人管理,任意处置,契约之内,或言定期限,或不言定期限,钱到回赎,当未赎时,债务人得找使钱项,债权人亦得将地另行移转,其手续盖无异于典当,第因此涉讼者,则有承认为典当者,有不承为典当者。其承认为典当者,谓前清之时,禁止旗民不得变产,故旗民之间,遇有典当地亩之事,均代以指地借钱之名称,而所有手续,仍系典当之手续;其不承认为典当者,谓既称为指地借钱,则所指之地,不过为担保债务之标的物,与典当以地为代价物者,迥不相同,故典当结定契约,须照绝卖之例,减成投税,而指地借钱者,则无须投税。且前清民律,典当地亩,契内未载'回赎'字样者,一过三十年,即以绝卖论,而指地借钱一项,则并无此取缔。即今部定新章,凡远年典当之地亩,一过六十年,即不准回赎,而于指地借钱一项,仍无明文,足见指地借钱,其质实难与典当相提并论。以上二说,盖皆能持之有故,未经法理之解释,办理殊形棘手,查内地各省之债务,亦有以地亩作担保之标的物者,第其手续仅将契据交付债权人,而地亩仍由债务人处理,必俟至偿还之期,债务人不能清偿,始将所指之地,实行交付债权之人，即以成立绝卖之契约，与丰邑指地借钱者，所用之手续，盖无同者，稽之于讼事，则此项指地借钱之件，十有八七，系属民置旗产，故首说谓此名称为旗民间典当地亩之代名词，实不得不谓为确论，似乎此说难与争存，不知自地价日昂之后，凡远年典出之地亩，莫不急起抽赎，另行转卖以牟利，故近来土地之诉讼独多，幸部中规定，逾六十年者，不得回赎，争端藉以稍熄，而用指地借钱之名称者，未经类提，独得不受此取缔，故有回赎之权力者，莫不主张此说。且丰邑之地，多在岭壑之间，每有被冲坍塌之患，其稍识法理者，尤思利用此说之主张，以指地借钱为有担保之债权，则一旦担保之标的物，虽或消灭，仍得不丧失其债权，故首说所持，虽系溯源核实之论，非解释认为确定，不足使持此说者折服无辞。若以指地借钱之名义，实仅在普通抵押权之范围，遇有讼事，即依有担保之债权处断，非特使同一地亩之典当，而审理不能一律，且恐嗣后凡典当地亩者，均将用指地借钱之名称，而使法部定典当逾六十年不得回赎之新章，亦成虚文矣，所有此项名为指地借钱，而实用典当之手续者，可否依首说认为民典旗产之代名词，遇有讼事，一律准以典当论，适用六十年不得回赎新章之处，理合呈请解释示遵"等情。据此，查此案事关法律解释，自属钧院特权，相应函请查核解释见复，以便转令遵行等因到院。

本院查法律行为之解释，须探求其真意，不能拘泥于文字，为民事法之大原则，来函所述指地借钱情形，如依该地习惯，其行为之主目的，系在于地上设定使用收益之权利者，自应认为即典当办法之所谓典当，其曾否投税，在所不问。相应答复贵署转饬遵照可也。

此复！

■ 统字第666号

民国六年八月二十四日大理院复河南高等审判厅函

径复者：

准贵厅函开：案据沁源县知事呈称为呈请解释示遵事，"查《暂行刑律补充条例》第十条，三人以上携带凶器，共同犯《刑律》第三百四十九条至第三百五十二条各第一项之罪者，各依本刑加一等，其本刑系无期徒刑者，得加至死刑等语。细经此条法意，是以三人及凶器两项为加刑之要件，则虽有三人而不携带凶器，虽带凶器而未满三人，自不应照该条加重其刑。如结伙虽有三人，而携带凶器者，只一人或二人，应否加刑？无从臆断。其凶器是否专指刀枪而言，抑寻常棍棒竹板均包在内？此应请解释者一也；又《惩治盗匪法》第四条第三款掳人勒赎者，照大理院统字第三五九号解释，掳人与勒赎，均系实施犯罪行为之一部，其听从向事主说合者，自系帮助勒赎，应依《刑律》第二十九条第二项以准正犯论，如有由事主请托向匪直接说合回赎者，其说合之人，掳人实不在场，回赎亦未得钱，应否论罪？又或说合之人，因事主请托，从中渔利，而事主与盗匪，均不知其有得钱情事，此种行为，应否以帮助勒赎论？抑构成诈欺取财罪？又或因事主请托，并无得财之意，事后经盗匪赠与钱财，收受此种钱财，应否以受人赠与赃物论？又或掳人既不知情，勒赎亦未与闻，而只为窝票或看票，此种情节，亦应负担犯罪之责任，然其行为，又与掳人勒赎不同，似又为独立犯罪，究应以共同正犯论？抑应以收受藏匿被略诱人论？种种情形，疑义滋多，此应请解释者二也；又大理院统字第九六号称，查现役兵士，碍难以吏员论，而司法部元年九月二十日，令山东提法司，称王得胜（中略）冒充探访队，是又犯《新刑律》第二百二十六条之罪，依院令则兵士自不能谓为吏员，依部令则官员似足以包括兵士，究竟《新刑律》第二百二十六条之'官员'二字，能否包括兵士？而部院之解释不同，抑兵与队有所区别耶？此应请解释者三也；又大理院统字第一一一号称，《新刑律》第八十三条，所谓官员与官吏异议，然亦未明白解释，究竟官吏与官员如何区分？此应请解释者四也。以上四端，均关辨别罪质，及解释法律，理合具情呈请鉴核示遵"等情到厅。据此，查统一解释法律，系钧院特权，兹据前情，相应函请解释，以便转令遵照等因到院。

本院查第一问题，《刑律补充条例》第十条所谓三人与凶器两项系具备条件，至三人以上，只需有一人携带凶器，即构成该条之罪，"凶器"二字，系沿用前清律斗殴条例之名词，不专以刀枪为限，但寻常板棍，自不在此限。第二问题，事主请托说合之人，掳人既不在场，回赎亦未得钱，自不成立犯罪，若从中渔利，应构成《刑律》第三十四条之共犯，其事后受盗匪赠与钱财，乃受赠赃物罪。至所谓窝票看票之人，如不知系被掳之人，则不成立犯罪；若知系被掳勒赎之人，仍系实施中帮助正犯之共犯；若仅知系被诱拐之人，依《刑律》第十三条第三项第一款以藏匿被诱拐人论。第三问题，兵士不能以吏员论，但探访队乃系从事于公务之职员（有职人员），包含于《刑律》第八十三条之官员内，部院解释并无不同。第四问题，官吏在行政法上有一定之范围，与《刑律》第八十三条之职官相当，非如《刑律》官员范围之广也。相应函复贵厅查照。

此复！

■ 统字第667号

民国六年八月二十五日大理院复江西高等审判厅函

径复者：

准贵厅函开：案据署南昌地方审判厅长林祖绳呈称，"呈为呈请转呈解释只遵事，案准同级检察厅起诉龚凤藻等伪造公文书公印及鸦片烟一案，职厅预审决定，将龚凤藻等伪造公文公印一部免诉，检察官不服，提出抗告声明书，经职厅审查认该抗告为无理由，加具意见书，径呈钧厅核办，旋奉指令第一九六三号内开，据呈已悉，查不服预审决定，应向预审推事所属之审判衙门，声明抗告，修改《各级审判厅试办章程》第二十二条第五款，业已明白规定。本案现经不服该厅预审决定，自应以该厅为管辖抗告审判衙门，如对于该厅抗告审再有不服，始得向本厅声明抗告，该厅长径将本案呈送来厅，于管辖显有误会，合将原送卷宗三宗随文发还等因，奉此。遵即饬交刑庭依法办理去后，旋据该庭合议，金称查修改《各级审判厅试办章程》第二十二条第五款规定，当事人不服预审决定时，应向预审推事所属之审判衙门，声明不服意旨，依抗告程序行之，并同章程第五十八条第三款规定，凡不服审判厅之决定或命令，依法律于该管上级审判厅上诉者，曰抗告。又查大理院统字第一百七十八号，解释抗告案件，详送文件卷宗，得由原审厅附具意见书，径送上级审，统字第三百一十八号解释，抗告应提出于原审厅，审查更正，或加具意见书，送上级审各等语。综观以上各节，按诸《刑事诉讼律草案》第四百十九条、第四百二十条、第四百二十一条第一项第二项之规定，同一法理，故预审既系地方厅管辖，则受理抗告审之管辖衙门，当然属于高等厅，地方厅接受同级厅不服抗告声明书后，仅限于审查更正或加具意见书，送上级审之程序，本无可疑。并查大理院统字第二百四十四号解释，预审决定之抗告，对于抗告审判衙门因此项抗告所为之决定，不许再抗告。盖现行法刑事诉讼，对于同一事件，以三审为原则，此种事件，既经三次审查决定，自无许其再抗告之必要等语。又与《刑事诉讼律草案》第四百二十七条列举各款，许再抗告，其他情形，不许再抗告之法理互相贯彻盖不服预审决定，仅许向上级审判厅抗告一次，所谓经三次审查者，其一，指预审初次决定而言；其二，指提出抗告声明书后由原审厅审查更正，或加具意见书而言；其三，指上级抗告审决定而言，是以大理院四年抗字第六十五号刑事决定理由中，有预审抗告，以高等审判厅决定为最后之决定等语，前后贯通，职厅历年依此办法，本无疑问。惟细按大理院抗字第六十五号判例理由中，不服预审推事所为之决定，应向预审推事所属之审判衙门请求撤销或变更之，至不服该衙门对于此项请求所为之决定，虽许抗告，然应以高等审判厅决定为最后之决定，依其决定，不得更为抗告，及统字第五百四十七号解释，查对于预审决定向预审推事所属之审判衙门声明，不服者，该衙门应依抗告程序自行裁判，毋庸送上级审，若对于此项裁判不服者，始得向上级审判衙门抗告等语，为大理院最后之解释。夫前曰决定，后曰裁判，决定固为裁判之一，此项决定，当指认该抗告为有理由时，用决定更正而言，若仅更正一部，则抗告人尚有不服之可言，依法送上级审，至谓认该抗告全部为无理由时，亦以决定驳回，则意见书似属无用，可由检察厅径送上级审，然与抗告程序不合，究应如何办理？此不能不请求解释者一；审查更正或加具意见书，系属抗告程序问题，似与审级不同，兹奉指令以不服该厅预审决定，自应以该厅为管辖抗告审判衙门，如对于该厅抗告审再有不服，始得向本厅声明抗告云云，是第一审兼有抗告审之职权，按之《各级审判厅试办章程》第五十八条第三款规定，有无抵触？此不得不请求解释者二；如认预审决定之当事人对于地方厅，已获一次抗告之权利，再有不服，尚得向上级厅声明抗告，是否与预审不许再抗告之原理相悖？此不得不请求解释者三。反复寻绎，疑义滋深等语，请求解释前来，事关法律疑问，职厅长未便擅予核定，理合呈请钧厅转呈大理院详为解释只遵"等情。据此，查当事人不服预审决定，应以预审推事所属之审判衙门为抗告审判衙门，自行裁判，毋庸送上级审，若对于此项裁判不服，始得向上级审判衙门抗告，业经贵院统字第五百四十七号解释，暨五年抗字第三十二号判例释明在案。原呈谓受理预审抗告审判衙门，当然属高等厅，并谓预审不许再抗告，均属误会且预审抗告办法，修改《试办章程》第二十二条第五款，既有特别规定，同章程第五十八条第三款，自不能牵涉。又贵院统字第一百七十八号、第三百一十八号暨第二百四十四号解释，均在四年十月六日修改《试办章程》第二十二条以前，统字第一百七十八号，并非指预审决定，抗告不能适用。至《刑诉律草案》系采预审处分属检察制度，原呈援引该《草案》第四百十九及第四百二十七等条各规定，又属谬误。又贵院四年抗字第六十五号判例所称决定，暨统字第五百四十七号解释所称裁判，均指抗告审判衙门决定裁判而言，原呈误指为预审推事认抗告为有理由，更正原决定时之决定，并指提出抗告声明书后，原预审推事审查更正或加具意见书为一审，尤属曲解。原呈请求解释三端，本属不生疑问，惟既据该厅呈请解释前来，相应函请迅予解释，实级公谊等因到院。

本院查原呈所举三端，于现行法及本院解释判例，诸多误解，贵厅所释明者，甚属正当，即希贵厅转饬查照。

此复！

■ 统字第 668 号

民国六年九月四日大理院复江西高等审判厅函

径复者：

准贵厅函开：案据江西高等审判分厅监督推事岳秀华呈称，"呈为诉讼程序上发生疑义，恳请转院解释令遵事。查《高等以下各级审判厅试办章程》第一百十条，公判时，检察官应行莅庭执行职务，又《法院编制法》第九十五条，检察官不问情形如何，不得干涉推事之审判。兹职分厅受理高等检察分厅检察官对于会昌县判决温招赋藏匿罪人罪，声明控诉（控诉大旨谓罪不成立不应处以罚金）一案，经职分厅票传被控诉人两次，均未到案，并据称不能投案种种困难情形，邮寄到厅，当经细加审议，认为与《试办章程》第三十六第二项相合，可以即行判决，随即公开法庭审理，复经细加评议，指定开庭宣告判决日期，通知高等检察分厅派检察官莅庭去后，旋准该厅函称，查本案曾于本月二十日，准贵厅通知书，开言词辩论，当派朱检察官莅庭，旋据朱检察官复称开庭时，被告人并未到庭辩论等语。兹准通知前因是被告人既未到庭辩论，自无庸派检察官莅庭等语，似与《试办章程》所载应行莅庭本旨，不相符合，且近干涉审判进行，若谓检察官与推事主张不同，检察官仅可俟审厅裁判后，依法上诉，不能拒绝莅庭，必令推事听从检察官主张。惟现行法令，并无禁止检察官拒绝莅庭之明文，只有不得干涉审判之规定，究竟拒绝莅庭，能否解释为干涉审判之一？事关法律问题，未敢擅断，理合具文呈恳查核，转请大理院迅赐解释令遵"等情到厅，相应据情函请解释见复，以便转令遵照等因到院。

本院查审判衙门审理刑事案件，检察官有莅庭之职务，自不能拒绝，犹之检察官提起公诉案件，审判官不能拒绝裁判也。审理程序，纵有违法，检察官应于莅庭时陈述意见，或于裁判后提起上诉，自有救济之法。相应函复贵厅转饬查照。

此复！

■ 统字第 669 号

民国六年九月四日大理院复浙江高等审判厅函

径复者：

准贵厅函开：有甲、乙二人共犯杀人罪，县知事于获案后讯问多次，移付前审检所预审。预审庭仅提关系人及证人讯问，尚未将甲、乙二人审理，嗣审检所奉令裁撤。该县知事并未易人，故本案仍归原审知事审理，仅提告诉人及证人到案讯问，并未将甲、乙二人重行提审，该知事即以前次获案后供词，据以判处罪行。甲、乙二人声明控诉到厅，本厅查该知事既未更新辩论，复未履行辩论终结之程序，是项判决，应否作为无效，发还原审，依法裁判，抑仍由控诉审为实体上之判决？悬案以待，本拟电闻，因恐略而不详，故代以快邮，即乞电复，以便遵行等因前来。

本院查第一审程序违法之判决，第二审自可予以纠正，毋庸发还原审。相应函复贵厅查照办理。

此复！

■ 统字第 670 号

民国六年九月四日大理院复江苏高等审判厅电

江苏高等审判厅鉴：

养电悉！电述情形，自可依法注销控诉，惟注销控诉之判决，应认为缺席判决。

大理院支印

附：江苏高等审判厅原电

大理院钧鉴：

钧院发回重审案件，控告人屡传不到，又控诉人初传到案，以后屡传不到，可否均依《各级审判厅试办章程》第六十七条注销控诉，请示遵。

苏高审厅养印

■ 统字第 671 号

民国六年九月十四日大理院复浙江高等审判厅函

径启者：

据浙江第一高等分厅函称，查刑事曾经起诉第一审有漏未判决之部分，控诉审得并案判决，及有未经起诉之部分，第一审误予并案判决，控诉审撤销后，应速通知检厅起诉各节。均经钧院于四年统字第二九九号及同年统字第三八一号解释在案，固无疑义。惟兼理司法之县知事兼有审检职权，起诉公判，本属不易区分。如有曾经第一审审理明确之事实，同一被告人构成数罪而漏未判决者，控诉审对于漏未判决之部分，是否得并案判决？又钧院四年统字第三八一号之解释，是否专指独立罪名而言，抑兼附带犯罪而言？查《各级审判厅试办章程》第二十七条载，审判官于公判时，发见附带犯罪，不须预审者，得并公判之。依同章第一百零三条之规定，必须经过通知检察官存案手续，如审厅径予并判，未通知检厅存案，是否有效？又同一被告人别有附带犯罪事实，经第一审审理明确，因未起诉，亦未判决。控诉审莅庭检察官请求并判，是否可行？抑仍应按照第三八一号解释，通知第一审检厅，另行起诉？又检厅侦查结果，发见被告人构成违警罚法之罪，既不能作为特别法犯起诉，应否查照钧院解释印花税罚办法，径为行政处分，抑可勿论？又未嫁之女削发为尼，发生和诱、略诱各罪，应亲告者，其本生父在家或其本生父亦已出家为僧，有无告诉权？又已嫁之女为尼，本夫及夫家尊亲属有无告诉权？如本夫及夫家尊亲属均已死亡，前项本生父有无告诉权，抑必须指定代行告诉人？又查照修正补订《各级审判厅试办章程》第五条，上诉期限，应依道里远近，除去在途之日计算。兹有刑事被告人于宣判后管收在所，当庭并未舍弃上诉，其父于上诉期间外声明上诉，而以主张除在途程期为理由者，参照《刑诉律》草案第六十二条之条理，被告人之法定代理人或其夫，得以辅佐人之资格，随时并独立为被告人得为之诉讼行为，似应准予上诉。抑应以被告人为主体，不能主张除去在途程期，仍以十日期间为限，不许上诉？又民事声明窒疑期间，与上诉期间本有区别，依现行《县知事审理诉讼章程》及私诉暂行规则各规定，其期间长短，亦各不同。但钧院对于完全法院审理单纯之民事，其声明窒碍期间，既有准用民事上诉期间之解释，是否经过二十日期间，窒碍确定，本案亦即确定？抑于窒碍确定外，尚有上诉期间？又钧院统字第三七四号解释，县知事以一身兼审判、检察两种职权，其批谕自有决定与检察处分两种性质。其性质属于审判决定者，应依该章程向上级审判厅抗告；其性质属于检察处分者，应向上级检察厅请求再议。与司法部四年六月十六日第六零七四号批复，浙江高等检察厅详文所称，《刑诉律》草案除关于管辖各节外，未经颁行，不能援用，其有声请再议者，应批示驳回等语，不无抵触。遇有县知事属于不起诉处分批谕之类，人民提起抗告，审检两厅，如生权限上消极之争议，是否应依钧院解释办理？又刑诉草案自管辖各节以外，未经颁行，原不生效，除业经钧院采用该草案条理自应遵办外，当事人可否主张一律援用？以上各疑义，有为前寝电所及而奉函复陈者，有为寝电所未及者，兹奉前因，理合并案详陈，即祈解释示遵等因到院。

　　本院查第一问题，犯罪事实既经审理明确，不能诿为未经起诉，其漏判者，第二审得并案判决。第二问题，本院三八一号解释，系专指独立罪名而言。《试办章程》第一百三条但书所谓必须通知检察厅存案，即在判决后通知，亦无不可。第三问题，依《试办章程》，凡附带犯罪得不经起诉而审判者，以第一审为限。第四问题，自可提起公诉，或送交该管官署。第五问题，未嫁之女为尼，被略诱、和诱，其本生父不论在家出家，均应有告诉权。至已嫁之女为尼，若与夫家离异者，夫及夫之尊亲属无告诉权。若未离异，仅系别居者，仍应有告诉权。夫族无告诉人时，本生父自应有告诉权。第六问题，被告辅佐人之上诉期间，准除去在途之日计算。第七问题，当事人在审判厅对于民事缺席裁判声明窒碍之期间，系准用上诉期间。

该期间内如并无声明，原判自属确定，惟仍得依声请回复原状及再审之法例，以图确定后之救济。第八问题，本院统字第三七四号解释所谓请求再议，其准驳之权，仍属于上级检察厅。第九问题，刑诉草案未经颁行部分，其与现行法无抵触者，不能禁当事人不主张。至于援用与否，仍由审判官斟酌现行规例办理。相应函请贵厅转行查照。

此致！

■ **统字第 672 号**

民国六年九月二十二日大理院复奉天高等审判厅电

奉天高等审判厅：

麻电情形，应构成诈财罪。

大理院养印

附：奉天高等审判厅原电

大理院鉴：

银行号已破产，未经相当官署允许，滥出兑券，并有贬价尅售情形，是否构成诈欺取财罪？乞电示。

奉天高审厅麻

■ **统字第 673 号**

民国六年九月二十二日大理院复热河都统署审判处电

热河审判处：

齐电情形，应构成《刑律》第一百四十八条之罪。

大理院养印

附：热河都统署审判处原电

大理院钧鉴：

兹有巡长甲派警乙、丙查烟，乙、丙将查获私种烟苗八家，擅行处罚钱物，应照何条科断？是否成立《刑律》第一百四十六条或第一百四十八条之罪？敬祈解释示遵。

热河都统署审判处齐印

■ **统字第 674 号**

民国六年九月二十四日大理院复江苏高等审判厅函

径复者：

准贵厅函开：案于本年九月四日，据上海地方审判厅厅长袁钟祥呈称，"兹有甲、乙二人，甲犯《刑律》第三百六十八条之罪，乙犯第三百九十七条二项之罪，检察官侦查终结，认定甲犯第三百六十七条之罪，遵照刑事简易手续，提起公诉，判甲处三等有期徒刑，乙处四等有期徒刑。甲、乙同时声明不服，向地方庭提起控诉，查甲之处刑为三等有期徒刑，核与《简易庭暂行规则》第二条第二款之规定不符，地方庭对于甲之控诉部分，能否径予裁判，于兹窃有二说：第一说，查《简易庭暂行规则》，不论地方初级管辖案件，只需求刑在四等以下者，均有裁判之权，即使引律错误，越权处刑，但既经依法声请控诉，该管控诉衙门，自可予以更正，参照大理院统字第六百五十五号解释之法，自应由地方庭为实体法之审理；第二说，《简易庭暂行规则》第二条第二款既经明定求刑在四等以下，则凡审判官认为情节重大量刑应在三等以上之案件，自应照同规则第八条之规定，呈请移付他庭，今乃越权处刑，原判自属无效，应由上级审判衙门，为手续法上之裁判，发还该管法庭更为第一审审理。现在属厅遇有上开疑义，悬案待决"等情前来，相应据情函请钧院迅予解释，以便转令只遵等因到院。

本院查本案情形，以第二说为是，本院统字第六百五十五号解释情形，与本案相反，不能援用。相应函请贵厅转饬查照。

此复！

■ 统字第 675 号

民国六年九月二十四日大理院复总检察厅函

径复者：

准贵厅函开：据江西高等检察厅呈称，本年八月十五日，据江西高等检察分厅呈称，"为恳祈转请解释事，今有甲伪造乙当铺当票，该当票是否私文书？抑系有价证券？理合呈请钧厅转请解释"等情，据此。理合备文呈请鉴核，函院解释令遵等情到厅，相应据情函请查核见复，俾便转饬遵照等因到院。

本院查当票系有价证券之一种。相应函复贵厅转饬查照。

此复！

■ 统字第 676 号

民国六年九月十三日大理院复浙江高等审判厅函

径启者：

接贵厅六年第三三六号函开：案据长兴县知事电称，"今有甲于某处开店经商，乙复于甲店邻近十家内开同种商店，甲以行规禁止十间内营同种商业来诉，乙以《约法》营业自由为词，函询商会，亦称行规积习相沿，牢不可破等语，究竟似此前清禀请立案之商业行规，有无拘束审判之效力？再前项当事人如不服上诉，其第二审属何衙门管辖？并祈核示"等因到厅，事关法律解释，相应函请贵院迅赐解释示遵等因到院。

查《约法》第六条所定营业自由，本指法律范围内之自由而言，来函所称商业限制设店区域之行规，按之现行法规，尚无明文禁止，核与公安秩序及善良风俗，亦无违背，若果系出自共同议定，并经官立案，自应认其有效，（参照本院三年上字第一二五七号，广东永全堂上告案，及五年上字第三九九号，美香饼店等上告案判决）。至管辖仍应按照通常规定计算，因违背该行规所受损害以为定断。相应函请贵厅转饬查照可也。

此致！

■ 统字第 677 号
民国六年九月十三日大理院复京师高等审判厅函
径启者：

按贵厅六年函字第三零六号函开：据京师地方审判厅长黄德章呈称，"窃职厅执行于安翠等诉刘晏春水道一案，因警区拒绝协助，当开全厅会议，曾将会议情形，呈请酌夺在案，惟查外右二区警察署复函内有业经呈请京师警察厅规定办法，以便从根本上解决之语，复经函询警察厅去后，兹准该厅函复前来，绝对否认水道为权利。查法庭对于此项问题，意见既不一致，而警察厅又绝对不肯承认，设将来有承认水道营业之判决，若行政官厅不肯协助，势必无从执行，不独法庭威信尽失，恐尚有意外之纠葛发生，再四思维，似非有一种统一解释不可，为此抄录原函，拟请由钧厅转请大理院解释，俾司法与行政，不致发生冲突"等情前来。相应抄录原函，函请解释，以便遵循等因到院。

查民事现在继续有效之现行律载，京城官地井水，不许挑水之人把持多家，任意争长价值，及作为世业，私相售卖等语。兹就民事言，该律例对于以官地井水营业者，明禁其有分段专售之权，以此比例类推，私地井水，虽所有者可以自由营业，而把持售卖，则为贯彻律例保护一般市民之精神，亦当然应认其同归禁阻，是法有明文，即令习俗相安，仍未便显然悖反，此种惯行，即不能认为权利，而予以积极之保护。相应函复贵厅转行查照可也。

此致！

■ 统字第 678 号
民国六年九月十三日大理院复浙江高等审判厅函
径启者：

接贵厅六年第三六一号函开：据鄞县地方审判厅张若聪呈称，"窃查司法部民国五年十二月十五日，第四二二号通令内开，嗣后报部清册，如遇亲属（如婚姻、嗣子身份等类）继承（如分析遗产、遗嘱等类）等案，应概称为人事诉讼，费各三两，其系争财产，价逾百两时，依较多之额征收讼费等因。查分析遗产、遗嘱等类，既归入继承范围之内，称为人事诉讼，则不问所争遗产、遗嘱价额之多寡，其第一审是否均归地方管辖？事件如归地方第一审管辖应否亦依照《各级审判厅试办章程》第一百一十一条第三款之规定，片请检察官莅庭执行检察官之职务？事关解释法令，理合具文呈大理院赐予解释，以便遵办"等情到厅。相应函请钧院俯赐解释示遵等因到院。

查分析遗产及遗嘱授产等诉讼，如并不以解决身份为前提，即未便依人事诉讼规定，定其管辖，亦毋庸由检察官莅庭。至其以解决身份为前提之案，无论系由原告并行陈诉，或由被告以之为反诉或抗辩，均应认其于财产争执外有人事上之争执。相应函复贵厅转饬查照可也。

此致！

■ 统字第 679 号

民国六年九月二十五日大理院复浙江高等审判厅函

径复者：

准贵厅六年第三六零号函开：案据桐庐县知事颜士晋电称，"今有甲与乙山场涉讼，甲向县公署起诉，乙为县公署掾属（教育主任），县知事应否回避？于此有二说焉：第一说谓，乙与县知事同署办公，平日不无感情，为预防甲受审判上不公平之虞，县知事自应声请回避；第二说谓，甲虽系县公署掾属，查《县知事兼理诉讼暂行章程》第五条所准用《各级审判厅试办章程》第十条至第十三条，并无回避明文规定，自无回避之必要。以上两说，究以何说为正当？事关法律解释，未敢臆断"等情到厅，相应函请钧院俯赐解释示遵等因前来。

查原电所述情形，县知事自可注意诉讼当事人，令其依《试办章程》第十二条请求回避，如当事人不愿请求时，县知事自无庸引避。相应函复贵厅转饬遵照可也。

此复！

■ 统字第 680 号

民国六年十月八日大理院复总检察厅函

径复者：

准贵厅函开：案据安徽高等检察厅呈称，据芜湖地方检察厅呈称，"今有某甲因诈欺取财吸食鸦片烟罪，由检察厅诉请预审，决定诈欺取财罪免诉，吸食鸦片烟案付公判，阅五日，审厅分配案件，复历十五日，始由地方厅刑庭依《刑律》第二百七十一条判处罪刑，忽于判决书载明'简易庭'字样，甲不服声明控诉，究以何厅受理？学说不一，甲说谓，欲断定是案控诉应以何厅受理，第一须解决地审厅合并管辖案件应归何厅受理，第二须研究预审决定后公判庭有无经过管辖违之裁判，第三须解决简易庭判决是否合法是也。查地审厅合并管辖案件，仅处初级案罪刑，应由高等厅受理控诉，大理院统字第五九三号已有解释明文。甲所犯罪既为地审厅合并管辖，虽预审决定地方审管辖案免诉，仅以初级案付公判时，亦仅对于该部分审判。地审厅受理初级案件，原为法所不禁，受理以后，改归初级审判，必须经过管辖错误之判决，断不能以预审付公判之案件，自由分归初级审判，初级审亦断无径行审判此等案件之权。况《刑事简易庭暂行规则》第三条，简易案件由地方检察长认定之。第七条，简易庭推事自配受案件至谕知判决，不得逾二日，但得由地方审判厅长延长至五日。是案虽最重主刑，为五等有期徒刑，既未由检察长认为简易案件，且自配受案件至判决，竟逾十五日之久，审理宣判均在刑庭行使职务，与简易程序绝不相符，断不能以其判决书有'简易庭'字样，及审判厅长之自由分案，即认为简易案件以预审付公判之案件，既无地审厅管辖违之裁判。又违简易庭程序，自应与地厅合并管辖案件，仅处初级案罪刑者同一办法，由高等审判厅受理控诉；乙说谓，大理院统字第五九三号解释，与本案情形不同，彼由地方审判，此由简易庭审判,彼则地方审管辖,案公判时始为无罪之宣告,此则预审中将地方审管辖案免诉,而以初级案付公判,公判时,亦仅对于初级案而为审判,情形既不相同,自难援以为例。若谓地方审无管辖违之裁判,应认为地方审案件,则现在地方厅管辖地、初两审级,但使实级上为初级案件,分案时有分归初级审判之形式为已足,毋须多一管辖违裁判之程序。况上诉不得越级,初级审及简易庭案件,只能向地方厅控诉,断不能越级而以高等厅为控诉审,是案最重主刑为五等有期徒刑,依《简易庭暂行规则》第二条,实为简易庭管辖案件,纵该规则载明简易案件,须由检察长认定,并无禁止审判厅长认定之明文,是审判长未尝无自由认定之权,即谓分案及审判程序与简易规则微有不符,既由简易庭判决,则当日审判时原归简易庭管辖无疑,自不得与地厅合并管辖相提并论,应以地审厅合议庭受理控诉。二说各持一理,究以何说为正当?此应请解释者一;又如前例取乙说,上诉高等厅时,应为管辖错误之判决,若取甲说,高等厅认为管辖错误,应用何法救济?此应请解释者二;又如前例预审决定,将初级案付公判时,改归初级审管辖,应否先由地方审为管辖违之裁判,地审长有无认定简易庭案件之权?此应请解释者三;又被告于判处罪刑后,状请易科罚金,应否认为舍弃上诉权?其请求因不合法批驳,复于上诉期内声明上诉,其上诉是否适法?此应请解释者四。职厅现发生以上各种疑点,急待解决,理合备文呈请鉴核转呈"等情前来,理合具文呈请钧厅鉴核,转送大理院解释示遵等情到厅。查原呈所列各点,均属程序法之疑义,相应函请解释见复,以便转饬遵照等因到院。

本院查本案控诉,应由高等厅受理,若高等厅不受理,即系违法,自可依法上诉。至此等案件,地方审毋庸为管辖错误之裁判,地方审判厅长,依简易庭规则,无认定简易庭案件之明文,被告人仅请求易科罚金,尚不能即认为舍弃上诉权,其上诉期间内之上诉,仍应认为合法。相应函复贵厅转饬查照。

此复!

■ **统字第 681 号**
民国六年十月八日大理院复广西高等审判厅函
径复者:
准贵厅函开:设有甲赴县告诉乙犯伤害罪,县以判决之形式而下判决,惟判决主文,仅称本件告诉驳回,并不对于乙下有罪或无罪之判决。判决内容,亦仅称甲之告诉不成立,并未明言乙应宣告无罪。甲向第二审审判衙门呈诉不服,得认为经过第一审判决,而为第二审审判否,抑应认为《县知事审理诉讼暂行章程》第二十九条第一款所载批之一种?如认为驳回诉讼人呈请之批,则显然已具判决形式,与批谕不同。且批谕依第四十条第三款之规定,仅得于牌示之翌日起,七日以内声明抗告。今甲呈诉不服,虽在十四日以内,惟已逾七日之抗告期间,原判若显有错误时,甲不免穷于告诉,对于此种案件,应否认为原县对于乙为未下合法之第一审判决决定,发还迅为合法之第一审审判?此待解释者一。又设有甲赴县告诉乙犯强盗罪，县认甲为诬告，判决书主文，仅宣告甲罪刑，并未涉及乙。理由项内，则有谓乙无强盗行为，应无庸议。甲对于县判，除判处诬告罪刑之部分声明控诉外，因县不科乙强盗罪，另以原告诉人之资格，呈诉不服。乙之部分，应否认为未经第一审判决？如认为未经第一审合法判决，应发原县迅为第一审审判，抑应认为越级呈诉，不合程序，将本件呈诉不服决定驳回？此待解释者二。又覆判案件中，设有甲、乙两被告，县对于甲宣告罪刑，对于乙仅于判决理由项内，声明应免置议，并不揭于主文，且乙并未到案。其对于乙之部分，应否认为系以检察官职权为不起诉之处分？覆判审应否就于乙之部分而为裁判？此待解释者三。应请钧院迅赐解释示遵等因到院。

本院查第一例应认为违法之驳回公诉判决，应由第二审撤销后，发还为合法之裁判。第二、第三例，对于乙之部分，均应认为检察职权之不起诉处分。相应函复贵厅查照。

此复！

统字第682号

民国六年十月八日大理院复广西高等审判厅函

径复者：

准贵厅函开：设有某甲先后犯子、丑二罪，子罪最重主刑系三等有期徒刑，犯在二年一月一日，丑罪最重主刑系一等有期徒刑，犯在六年一月一日，二罪同于六年二月发觉，其起诉权时效期限，应否依《刑律》第七十条、第六十九条第二款定之，不无可疑，（甲）谓子罪犯在二年一月，依于《刑律》第六十九条第四款之规定，至五年二月一日，其起诉权已罹于时效而消灭，后虽别犯丑罪，子罪之起诉权时效期限，决不因之而受影响，故审判衙门，只得就某甲丑罪科刑，子罪应谕知免诉，如并论子罪，实有反于法律不溯既往之原则。《刑律》第七十条之规定，系指同时犯二罪或先犯罪，其起诉权尚未罹于时效，又犯罪者而言，故必须同时犯二罪，或先犯罪其起诉权，尚未罹于时效又犯罪，始应依该条据最重刑定其起诉权时效期限，兹所举之例，子罪之起诉权，早已罹于时效而消灭，自难援《刑律》第七十条追溯及之；（乙）谓《刑律》第七十条载二罪以上之起诉权之时效期限，据最重刑依前条之例定之云云，则凡发觉二以上之罪，则当据最重刑定其起诉权时效期限，甲所犯子罪，不得谓起诉权消灭，谕知免诉，盖《刑律》上时效制度之设，系基于二之观念：（一）主观的观念，刑罚实为改良犯人之具，处罚犯人，原冀其改过迁善，若犯罪已经过许久之时间，则前之恶性深者，难保不变为善良，已无处罚之必要；（二）客观的观念，处罚犯人，亦出于惩一警百之旨，若犯罪已经过许久之时间，其行为已不复为社会所注意，即予科罪，亦无裨于社会，且历时既久，则犯人所经营事业，难保不于社会上有绝大之关系，若溯及从前所犯而处罚之，于社会上不免转多窒碍，此时效制度所由设也。若前已犯罪，今复犯罪，则犯人之恶性固未改，其为社会所疾恶可知，就令事业上与社会有关联，然所犯重罪既不能不处罚，则轻罪亦何必置而不议，于此场合，时效制度已无存在之理由。若置轻罪于不议，殊与有罪必罚之主旨相违，犯人何因而获此有罪不能起诉之利益，兹所举例，明明有《刑律》第七十条依据，则据最重刑定其起诉权时效期限，谁曰不然，如甲说所主张，则律文当称同时犯二罪以上或先犯罪尚未经过前条所列期限，又犯罪，其起诉权之时效期限，据最重刑，依前条之例定之云云而后可，今《刑律》第七十条，不曰同时犯二罪以上，或先犯罪尚未经过前条所列期限，又犯罪，其起诉权之时效期限，据最重刑依前条之例定之，第曰二罪以上之起诉权之时效期限，据最重刑，依前条之例定之，则凡发觉二罪以上，应即据最重刑定其起诉权时效期限，其先犯轻刑者，犯在何时，可不必问，若必于律文所谓二罪以上认为同时犯，又必于二罪中认为先犯者，要以尚未经过第六十九条所定之期间为限，则非将第七十条律文添改，似不能为如是之解释。又犯在法律颁行以前，而颁行以前之法律，不以为罪者，始不得溯及既往而处罚之。今某甲所犯子罪，既非在现律颁行以前，亦不得藉口不溯既往，此而可藉口于不溯既往，则刑罚只可施于现行犯，不可罚及过往行为，宁有是理，如谓依此说极言之，则虽犯一拘役罚金罪，起诉权时效，亦可认为十数年仍未消灭，有何时效期限之可言云云，不知前既犯罪矣，谁使之复犯他罪，先既犯罪，后复犯罪则先所犯，因于后所犯而不能感时效制度之利益，又复何言，且设如某甲同时犯一拘役罪，又犯一死罪，或先犯拘役罪，未逾六月，又犯一死罪，十年始发觉，则依前说，亦以为应依第七十条之规定，认起诉权为未消灭，是拘役罚金罪，就今依前说，其起诉权亦何尝不有十数年仍未消灭之场合，何足以是为疑，两说究以何说为是？事关法律解释，权属钧院，应请迅赐解释电示只遵等因到院。

本院查本案情形，其先犯之罪，起诉权既已因时效而消灭，断不能因后犯罪，遂可以复活，与《刑律》第七十条之情形不同。相应函复贵厅查照。

此复！

统字第683号

民国六年十月八日大理院复安徽高等审判厅函

径复者：

准贵厅函开：案据怀宁地方审判厅呈称，"兹有甲某与乙某丙某因诉讼关系，两方立于反对地位，丙某在省城邮寄双挂号信缄一件，注明一定地址，交乙某拆阅，被甲某在途探悉，冒称乙某本人，向邮差索取，邮差不允，甲某复盖所寓店戳于收条之内，以作担保，该信缄遂被甲某诈去。嗣乙某久未收信，向邮局追问邮局转追店保，甲某始将该信缄交出，然下口已被开拆，原县审理判决，告诉人不服声明控告到厅，查本案关于法律上之疑义，凡有二说：（子）说甲某系以《刑律》第三百八十二条之手段，成立第三百六十二条之罪，与二百十五条之罪质并不相关，其否认第二百十五条之理由，盖谓该条所称妨害邮件之递送收发者，系指直接对于邮局有所妨害而言，如损坏邮政信箱之类为是。甲某诈索信缄，意在拆阅，对于邮局无直接妨害之意思及动作，故与第二百十五条情形不合。惟甲某信缄之冒取，系以欺罔行为，使人将所有物交付与己，与第三百八十二条之条件相合，迨邮局追索原信，甲某因有店保之故，情见势绌，始将原信交还，不得谓其最初无意图为自己所有之意思，与第三百八十二条之条件亦相合，甲某具备第三百八十二条之条件，故谓系第三百八十二条三百六十二条之俱发罪也；（丑）说甲某冒取双挂号信缄，致邮局不能将原缄交与乙某本人，即系妨害邮件之递送，其事实至为显然，该信缄经人冒取，不能交与乙某本人，邮局不免负有相当责任，不得谓非直接对于邮局有所妨害，而邮局应负之责任，且为甲某诈信时所可预见，又不得谓无妨害之故意，上项情形，与第二百十五条实相符合。查第三百八十二条所称他人所有物，系指一般之财物而言，开拆信缄，既有第三百六十二条之专条，妨害邮件之递送，又有第二百十五条之专条，第三百八十二条一般之诈欺取财，即不适用，故谓系第二百十五条及第三百六十二条之俱发罪也。以上二说，究以何说为正当？抑或另有适当条文？事关法律解释，案悬待决，理合呈请转函大理院解释令遵"等情到厅，相应据情函请钧院查核释示，以便令行遵照等因到院。

本院查本案情形，应成立《刑律》第二百十五条及第三百六十二条之俱发罪。相应函复贵厅转饬查照。

此复！

■ 统字第 684 号

民国六年十月八日大理院复贵州高等审判厅函

径复者：

准贵厅函开：案据镇远地方审判厅呈称，"窃查《刑律》第四零八条、第四零一条、第三九六条、第三九零条，规定第三七七条及第三七八条、第三八一条，于被告人犯诈财及侵占或受赠赃物，暨第四零四条、第四零五条等罪时，均得准用等语，细绎规定准用之例，一为禁止私有之物，一为亲属免刑，其意甚明。惟第三七七条如诈取及侵占或受赃他人依共有权质权及其他物权，或公署之命令，而以善意所管有自己之共有物或所有物时，是否舍各本章各本条之外，科以罚金？抑同时并科罚金？适用上不无疑义，为此理合具文呈请鉴核，转请解释"等情。据此，查《刑律》各该条规定准用之例，即将所举他章各条移用于本章之罪之谓，以第三百七十七条第一项言之，如诈取自己已典之物者，仍以诈欺取财罪论，侵占自己已典之物者，仍以侵占罪论，处刑仍照第三百七十七条第一项罚金规定办理，余可类推，该厅所呈似有误会，事关解释法律，相应函请钧院解释，以便转令遵照等因到院。

本院查原呈疑问，贵厅解释甚为明了。相应函复贵厅转饬查照。

此复！

■ 统字第 685 号

民国六年十月六日大理院复贵州高等审判厅电

贵州高等审判厅：

有电情形，应成立《刑律》第三百二十四条一款罪。

大理院鱼印
附：贵州高等审判厅原电
大理院鉴：
有甲妇背负乙孩，丙男掌击甲妇，妇倒跌致乙孩碰伤身死，丙对于乙是否应负伤害致死罪责？抑应负过失致死罪责？祈速解释示遵。
贵州高厅叩有电

■ 统字第686号
民国六年十月十八日大理院复浙江高等审判厅函
径复者：
接贵厅六年第三七八号函开：兹本厅对于程序法上发生两种疑义：（一）原告请求分析遗产额在千元以下，并经初级审受理，或缺席判决在案，后据被告以身份上之争执，提起反诉或抗辩，该初级审能否继续审理？抑或因被告之反诉或抗辩，即变更其管辖？如果继续审理，案关人事诉讼，初级审无此职权，倘变更管辖，是以被告之主张，定管辖之标准，按之诉讼管辖，以原告起诉时所请求之金额或价额定之，及反诉非与本诉依同种类之诉讼程序，不得提起之法例，未免发生疑问。又如初级审业经对席判决，被告在控诉审（即地方厅）始行以身份上之争执，为上诉及抗辩之理由，而于诉之原因，并未变更，控诉审能否撤销初级审之判决，自为第一审审判？抑径行送由高等厅为控诉审审理？亦属疑问；（二）设有推事在控诉审曾经陪席，后因更新审理，并未参与裁判，又或为程序不合（如两次传案不到之类），业经参与撤销上诉之裁判，旋经当事人声明窒碍后，并未参与本案之审理，是该推事就本案内容未曾发表意见，在上告审是否合于《各级审判厅试办章程》第十条第五款之原因，应行回避？本厅现适遇有上述两项情形之案，急待解决，理合函请钧院速赐解释，俾便遵循等因到院。
关于第一问题，查原告请求分析遗产额在千元以下，经初级审受理（或缺席判决）后，被告以身份上之理由，为拒绝分析遗产之抗辩者，虽属人事上之争执，初级审仍得自行调查，予以裁判。至被告以身份争执为反诉者，则依反诉非于本诉审判衙门就反诉亦有管辖权时，不得提起之法例，初级审自应指令被告向地方厅起诉，并依法暂行中止本诉之进行，或劝令原告撤销其在初级审之诉讼，将其争执一并向地方厅起诉，以期便利。又被告在地方厅控诉审，始以身份上之争执为抗辩理由时，自可认为在控诉审提出之新防御方法，予以调查审判。关于第二问题，查《各级审判厅试办章程》第十条第五款之规定，原防前审官在上诉审，仍固执其成见，有妨裁判之公平而设，故于实施更新审理或因声明窒碍重为审理时，并未参与本案之推事，自不能以前审官论，该条自不适用。相应函复贵厅查照办理可也。
此致！

统字第 687 号

民国六年十月九日大理院咨司法部文

为咨行事：

接贵部第八四二号咨开：据京师地方审判厅呈称，"民事执行处规则，关于民事执行之裁判，是否许为再抗告，查民国四年十一月八日，钧部对于山东高等厅请示民事执行程序各节之指令，第二项云，该规则无许再抗告之明文，抗告决定后，不准提起再抗告。惟职厅执行案件，当事人赴大理院提起再抗告，经院受理予以裁判者，已有多起，执行上往往发生困难问题，请咨商大理院酌定划一办法，俾资遵守"等因到部。据此，相应咨请查核，迅予赐复，以凭办理等因到院。

查本院历来判例，凡因执行方法及于执行时应遵守之程序抗告到院者，若系地方管辖案件，概予受理审断，其属于初级管辖，或因执行官吏违背职务上义务，或执行迟延等件，均不予受理。盖上项案件，在现行法令，并无不得为再抗告之明文，而查照现在外省厅实际情形，殊有复审之必要，故本院因维持执行裁断之公平，冀确定判决，得收真实之效益，不得不权其利害之轻重，予以受理。为此咨复，即请贵部转饬查照可也。

此咨！

统字第 688 号

民国六年十月十九日大理院复湖南辰州第一高等分厅电

湖南辰州第一高等分厅：

有电悉！兼充法警职务，自应认为《刑律》官员。保卫团团总，亦可认为行政官佐理。大理院号印

附：湖南辰州第一高等审判分厅原函

敬启者：

本月九日准贵院庚电内开：有电字码错误甚多，希另电详复等因，兹特抄录原电（县署警备队兼充法警职务，湘省并无定章，是否包括《刑律》官员之内？又保卫团团总，可否认为行政官佐理？乞电示遵），仍请贵院解释见复为荷。

此致大理院！

统字第 689 号

民国六年十月二十日大理院复总检察厅函

径复者：

准贵厅函开：据浙江第二高等检察分厅呈称，"兹有甲、乙将丙殴伤成废，经第二审判决确定后，丙始因伤身死。对于甲、乙能否声请再审？事关程序疑义，理合呈请转院解释示遵"等情到厅，相应据情函请查核见复，俾便转饬遵照等因到院。

本院查现行《刑事诉讼律》"再理"编，第四百四十六条规定，为被告人不利益起见，提起再审，以合于该条各条件为限。本案情形，若有该条所援用之第四百四十四条第二款确定判决，自可声请再审。相应函复贵厅转饬查照。

此复！

■ 统字第690号

民国六年十月二十日大理院复安徽高等审判厅函

径复者：

准贵厅函开：据芜湖地方审判厅呈称，"窃查应行预审案件，依《各级审判厅试办章程》第二十二条规定，以刑事疑难者为限。至五年大理院统字第四九五号解释，虽认未经传案之被告可请求预审，亦当然指犯罪事实不明之被告而言，是应否请求预审，无论被告已未获案，总须以案件是否疑难为标准。假有甲、乙、丙、丁、戊共同犯罪，已获甲、乙二人于侦查时即自白犯罪事实不讳，并供明丙、丁、戊三人共犯情形，检察官以共犯在逃，即将甲乙二被告送付预审，请求向甲、乙勒追丙、丁、戊到案究办，其预审理由，不外以究获在逃共犯为主旨，而案件毫无疑难可言。揣诸前列章程，本无预审之必要，惟既经检察官请求，究应否以决定驳回，径付公判？抑或仍然开始预审，专追在逃之被告，俟究获后再付公判？颇滋疑义。查预审不过一种继续侦查处分，定章所谓疑难，原指应续行侦查之犯罪事实而言，如被告难于到案，尽可由检厅缉捕，自难认为赅括'疑难'二字之内，请求既与法定不符，即宜径予驳回，俾免滥用预审程序。致已获被告，徒受羁押之苦，此就事实法律两方观察，均无窒碍之办法，但无明文根据，不得不明请解释，此其一；至此种不应预审之案，如可以决定驳回，径付公判，究应否许检察官抗告？亦不无争论，或谓预审决定许抗告，《试办章程》第二十二条第五款已有规定，既无限制明文，自应仍许抗告；或谓预审为准备公判程序，检察官请求主旨在付公判，虽决定不依预审程序，既准径付公判，结果相同，抗告既无实益，如对决定内容有异议，或谓引律不符，或谓被告未获，一则可于判决后以上诉救济，一则依大理院四九五号解释，不在付公判之列，当然可以缉获另结，并无不服之余地，似不宜许其抗告，致滋拖累，究以何说为是？非解释无所依据，此其二；又检察官对于预审决定未付公判之一部，提起抗告，其已付公判部分，如系无关抗告之另一被告人，究应否停止其公判进行？亦须请求解释，此其三。上陈数端，均于诉讼进行重有关系，若非明示标准，往往数日可结之案，延至数十日尚难终结，实贻累匪浅，理合呈请鉴核，转函大理院迅赐解释，俾资遵守"等情到厅，相应函请钧院查核释示，以便令遵等因到院。

本院查第一、第二问题，依《各级审判厅试办章程》第一百零五条规定，检察官有请求预审之权，则审判衙门对于此项请求，自无驳回之根据，况预审官认为案件明晰者，则预审程序一、二日可毕，何至因此而延滞诉讼进行；第三问题，并无应行停止公判进行之明文。相应函复贵厅转饬查照。

此复！

■ **统字第 691 号**

民国六年十月二十日大理院复察哈尔都统署审判处函

径复者：

准贵厅函开：兹有提起非常上告一案，某县按《刑律》第三百八十二条处甲四等有期徒刑。上诉后，地方庭管辖错误，径为第二审将乙被诈欺之财没收。确定后，被诈欺者，提起非常上告。就本案而论，某县为地方第一审，第二审当属高等，非常上告应属钧院。但地方庭既管辖错误，判决确定，欲提起非常上告，则第二审错误，非常上告之管辖，因不明了，欲付再审，则本案被告人并未不服，仅被诈欺者提起不服，没收一部分并非有极端错误之处，是否归某法院提起非常上告，抑付再审，归地方之上级另行审理？悬案以待，祈迅赐解释示遵等因到院。

本院查现行《刑事诉讼律（草案）》再理编，第四百六十条规定，非常上告之管辖权，专属于本院，故无论何审级之判决，其非常上告，均应由总检察长向本院提起。相应函复贵处查照。

此复！

■ **统字第 692 号**

民国六年十月二十三日大理院复安徽高等审判厅函

径复者：

准贵厅第二九七号函开：查《县知事审理诉讼章程》第四十条规定，民事控诉期间，自牌示判决之翌日起，二十日以内，司法部颁行状面内载，民事上诉期间，在县知事公署，自牌示或谕知判决之翌日二十日以内，章程与部令前后两歧，是否牌示与谕知两种，均可发生上诉起算之效力？又当事人于谕知或牌示二十日以内，已有不服之声明，县知事违法驳斥后，当事人未于相当期内径行上诉，以致逾期，是否仍应照钧院三年抗字第九十四号之判例办理？又县知事违法之批谕，（假如当事人于法定期内声明上诉，无故驳斥，或缺席判决，不许声明室碍，或不准委任代理等批谕），当事人经过七日之抗告期间，始行抗告，他方即根据《县知事审理诉讼暂行章程》第四十条第一项第三款请求驳回抗告，究应如何办理？再县知事判决民事案件，以牌示判词之翌日起算上诉期间，如虽未牌示，而以较郑重之手续送达判词副本者，钧院亦认为合法起算上诉期间，若县知事并未牌示判词，曾当庭谕知裁判之内容，并谕令双方各具遵结，将判断之内容，载入状内，受谕知之当事人，亦即遵谕办理，应否以具结之翌日起算上诉期间？不无疑义。甲谓《县知事审理诉讼暂行章程》第四十条，既规定民事上诉期间，自牌示之翌日起算，即不能以具结为起算上诉期间之标准，且结状亦有出于强迫者，若据以起算上诉期间，亦非允协；乙谓《县知事审理诉讼暂行章程》，并无送达判词之规定，钧院之解释，亦认为起算上诉期间者，不过以其使当事人得知判决内容之方法，较牌示为真确，则凡使当事人得知判决内容之方法，较牌示为真确者，皆可起算上诉期间，亦解释上当然之结果。就实际言之，牌示之判词，容有因疏忽未经阅及，致逾上诉期间者，若当庭谕知判决时，当事人即遵谕于结状内记明判断之内容，是以口头宣示外，并取具书状，其使当事人得知判决内容之方法，实较牌示为真确，而与送达无异，应即起算上诉期间。至结状如果出于强迫，在具结之后，尚有二十日之期间，本可自由上诉，以资救济，要如起算上诉期间之问题，毫不相涉，两说孰为正当？以上各节，相应函请解释，俾便遵循。再本厅承办案件，现有此种疑问发生，并希从速赐复等因前来。

查牌示为《县知事审理诉讼章程》所明定之裁判送达方法，自应本此以起算上诉期间，惟县知事有时不为牌示而转抄送判词正本于当事人，其履行送达之程序，较之牌示尤为郑重，故本院为便利计解释与牌示有同等之效力，得自其收受判词之翌日起算上诉期间，是以业已牌示复经送达者，其期间本院解为仍自牌示之翌日起算，以符法意。至裁判依法本须宣告（即谕知），不能与送达同论，乙说自属误会，即司法部颁行状面之'谕知'字样，姑不论不能遽解为口头之谕知，纵使为口头谕知之意，亦不能有变更该章程明文规定之效力，自不待言。又县知事违法驳斥上诉之批谕，系属越权行为，当然不生效力，上级审判衙门，自可径行受理其上诉。至声明窒碍，县知事本有裁判权限，其驳斥如有违法，自可查照本院统字第五九八号复贵厅之解释办理。

此复！

■ 统字第 693 号

民国六年十一月三日大理院复山西高等审判厅电

山西高等审判厅：

筱电悉！预审免诉部分，检察官不服，应为合法之声明，不能于他部分公判中主张。

大理院江印

附：山西高等审判厅原电

大理院钧鉴：

检察官对于一人以甲、乙两罪诉请预审，预审决定，甲罪不成立，检察官并未抗告，公判中检察官对于甲罪部分，能否仍为有罪之主张？乞电示。

晋高审厅筱印

■ 统字第 694 号

民国六年十一月五日大理院复总检察厅函

径复者：

准贵厅函开：据湖南高等检察厅电称，"有监督监狱职权之县知事，无故释放刑期未满人犯，是否成立《刑律》第一百七十二条之罪？乞转院解释电示"等情到厅，相应据情函请贵院查核见复，俾便转饬遵照等因到院。

本院查县知事并非该条所称看守护送官员，则本件情形，自不能成立该条之罪。相应函复贵厅转饬查照。

此复！

■ **统字第 695 号**

民国六年十一月五日大理院复浙江高等审判厅函

径复者：

准贵厅函开：据景宁县知事陈景元呈称，"窃查《刑律》第三十一条之从犯，须于实施犯罪行为以前有帮助正犯之行为，方能成立，今有甲率同乙丙往丁家诈财，丁不肯，致起争闹，丙气愤回家取刀一把，复往丁家砍伤丁致命数处，丁妻戊见丙砍伤其夫，出与角，亦被丙砍伤，登时毙命，隔日丁亦身死，丙回家取刀时，甲乙仍在丁家与丁相持，丙杀人时，甲乙并未动手，然亦坐视不救，及杀人行为完毕，丙逃，甲乙相继奔，经丁子协邻将甲乙寻获送案，前情供证确凿，则甲乙丙初犯《刑律》第三百八十二条之未遂罪，丙又犯《刑律》第三百一十一条杀人之俱发罪，均无疑义，惟甲乙是否为杀人俱发罪之共犯，颇滋疑窦，于是有二说：甲说，丙杀人虽非甲乙之初意，而着手时甲乙并未拦阻，而且坐视不救，即是当场助势，其杀人之犯意，即随丙临时而发生，依《刑律》第三百一十六条第三项之规定，甲乙实为杀人之从犯；乙说，甲乙之初意在诈财，丙回家取刀时，甲乙并不与同情，丙杀人，甲乙又无帮助指导等行为，不得以在旁坐视，认为有临时发生杀人之意思，则甲乙只能成立《刑律》第三百八十二条之未遂罪。案关人命嫌疑，深恐出入人罪，理合胪陈案情，备文呈请核转大理院解释令遵"等情。据此，合亟据情函请解释见复，以便转令遵照等因到院。本院查本案情形，以乙说为是，相应函复贵厅转饬查照。

此复！

■ **统字第 696 号**

民国六年十一月二十日大理院复湖北高等审判厅函

径复者：

准贵厅第八八三号函开：案据蕲水县知事曹蕴鉴呈称，"兹有某甲因犯强盗罪判处无期徒刑，家贫，其妻某乙，无人担负抚养义务，甲母某丙独意主婚，将乙改嫁某丁，婚姻业经成立，某甲始行告诉，究竟乙、丁婚姻，是否必须撤销？关于此点，厥有二说：（一）说某甲自由既经永久剥夺，某乙已无团聚之望，且其家贫，衣食无可依赖，强令不嫁，似非情理。某丙主婚将乙改嫁，并无不合，必将乙、丁婚姻撤销，不惟执行殊多困难，即实际上亦无以资生计，律无专条，揆诸情理，乙、丁婚姻，似无撤销之必要；（二）说某甲虽被判处无期徒刑，彼果在监守法，将来尚可假释，某乙不能因贫遽行改嫁，某丙虽为某甲之母，然既未得某甲同意，自亦不能单独为乙主婚，无论执行如何困难，乙、丁婚姻非判撤销，不足以维风纪，案关风化，悬案待结，应以何说为当？理合快邮电呈钧厅，俯赐查核解释示遵"等情。据此，查前清《现行刑律》婚姻门内载，其未成婚男女有犯奸盗者，男子有犯，听女别嫁，女子有犯，听男别娶等语，然仅以未成婚之男女为限，而对于已成婚之男女犯奸盗者，并无规定明文，是否可以类推解释？敝厅未便擅专，据呈前情，相应函请钧院查核，迅赐解释见复，以便转饬遵照等因到院。

本院查来函所述情状，如甲对于其妻本无遗弃之意思，自以第二说为是。相应函复贵厅转饬遵照可也。

此复！

■ 统字第 697 号

民国六年十一月二十日大理院复安徽高等审判厅函

径复者：

准贵厅第一二一号函开：案据芜湖地方审判厅长雷铨衡呈称，"查《京师地方审判厅民事执行处规则》第六条第三项载，庭长或代理执行职务推事，在发强制执行命令前，如已传讯当事人或其他利害关系人者，得对于命令，径向上级审判厅声明抗告云云，细绎此项规定，原系强制执行未经开始前之抗告程序，为防护抗告人利益起见，故力求迅速，许其径向上级厅抗告，核与同条第一二项规定裁断后之抗告程序，显有区别。至强制执行以后之一切命令，是否许当事人径向上级厅抗告？抑或就其抗告内容，欤察认为强制执行之异议或声请，必须厅长裁断后，始许抗告？未经明白规定，颇滋疑义，揣诸法理，虽审判衙门所为之决定命令，大都许当事人得为抗告，但须法律明文规定，亦有以明文禁止不许抗告之事件。盖恐当事人狡避义务，藉此拖延，致害相对人之利益，不能收敏捷之效果，故抗告虽属合法，依现行通例，尚须向原审判衙门声明，使原审判衙门有更正之余地。即关于执行之抗议、异议或声请等类，亦须经裁断程序，始得进行抗告，是无论何种抗告，除情事急迫，法律有特别规定外，必使原审衙门有审查余地，方可祛拖延取巧之弊，而准许抗告事件，尤必经法律明文规定，方免纠纷之烦。现行法令并无列举抗告规定，因之各推事每次当庭之宣言及一切驳斥之批示，几无再不有抗告之余地。现在职厅强制执行案件，往往当事人对于推事当庭限期履行债务之谕知，或查封拍卖及决定管理后之移转权利命令等类，动辄声明抗告，请送高等厅核办，亦有在发强制执行命令前，因推事传讯追款即提出抗告并附有声请性质者，如主张对于债权人尚有债权可以抵销之类，大率藉词拖延，并无实在可以停止执行之理由。惟此等抗告，既无拒绝根据，即须准予转送，遂至执行中止，甚至因执行发生之诉讼，亦未能进行，辗转积延，久悬莫决，殊非便利诉讼之道。查《京师地审厅执行处规则》第五条规定之抗议程序，仅以书记官、承发吏为违背职务为限，自不适用关于执行命令之抗告，究竟已发强制执行命令后之抗告，可否认为径向上级厅抗告之件，是否依通常程序，转送上级厅裁判？又在发强制执行命令前之抗告，附有声请性质者应否径送上级厅裁判，及抗告事件有无何种制限？不得不呈请核示，俾资遵守，理合陈述实情，呈请钧厅鉴核指令示遵"等情到厅，查事关解释法律，本厅未便擅专，相应据情转请钧院核示，以便令遵等因前来。

查《京地审厅民事执行处规则》第六条，关于抗告之范围，本限于因强制执行方法，及执行时应遵守之程序有所声请或异议，法文明定，不生疑义。不过视发强制执行命令前，有无传讯当事人或其他利害关系人，而有许其径行抗告，与经过裁断后始许抗告之区别而已。至抗告除有急迫情形外，本应由原衙门（如径递上级审判衙门者，应发交原衙门）具送意见，其结果亦与经过裁断无异。又抗告通常不停止执行，司法部早有部饬（四年三月十一日第三一二号通饬），初无稽延执行之嫌，惟如于执行时，债务人提出抵销抗辩，则除得债权人之同意，或另有确定判决外，自无照准之理。相应函复贵厅转饬遵照可也。

此复！

■ **统字第 698 号**

民国六年十一月二十八日大理院复总检察厅函

径复者：

准贵厅函开：查《县知事审理诉讼暂行章程》第三十二条第三款规定内载，刑事应处拘役罚金刑之被告人，经传唤不到者，得为缺席判决等语，所称应处拘役罚金，是否指法定刑而言？事关法律疑义，相应函请解释见复等因到院。

本院查该条所称之拘役罚金，系指法定刑而言。相应函复贵厅查照。

此复！

■ **统字第 699 号**

民国六年十一月二十八日大理院复总检察厅函

径复者：

准贵厅函开：据湖南高等检察厅呈称，"查和奸、和诱二罪俱发，是否依《刑律》第二十三条各科其刑？抑依同律第二十六条从一重处断？本年大理院上字第一百三十号第五百二十七号及第五百三十二号之判例，时有歧异，职厅嗣后办理此种案件，究应何所适从？理合呈请指令只遵"等情。据此，查事关法律解释，相应据情函请查核见复，俾便转饬遵照等因到院。

本院查和奸、和诱俱发，本院最近判例之标准，认为先和诱而后和奸，或先和奸而因恋奸情热和诱者，应依第二十六条从一重处断，其先和奸而因营利或其他目的和诱者，应依第二十三条并科。相应函复贵厅转饬查照。

此复！

■ **统字第 700 号**

民国六年十一月二十八日大理院复总检察厅函

径复者：

准贵厅函开：据浙江第二高等检察分厅转据浦江县知事呈称，"查接管卷内，属县北乡中余庄民人王家雷、王启鼎等于宣统二年四月间，呈报伊村被诸暨边村、边坤蛟等纠众抢掳财物烧毁房屋轰毙三命等情一案，当年五月间，先后获犯边巨贤、边乾汉、边金狗、边稻熟狗等到案，经前清浦邑李知县暨省委高委员迭次研讯明确，即于六月初六日，拟处边乾汉、边金狗二名斩决，其边巨贤、边稻熟狗二名，拟绞监候例上量减一等，拟杖一百，流三千里等词，曾衔详报在卷，惟并无批回附卷。迨民国元年三月间，复经张前民事长查案呈请前都督暨前提法司核准，边乾汉、边金狗二名，仍照原议处斩，至边巨贤、边稻熟狗二名，卷内仍无改定徒刑明文。惟查民国元年六、七、八、九四个月造送之已决罪犯统计表内，援据法律条文一栏所载，该二犯照拟绞监候例上量减一等定拟，现遵暂行《新刑律施行细则》，改处二等有期徒刑，监禁八年等字样，迄今该被告等，在监执行已久，究竟应否认为审判早经确定？其从前经过之期，是否作为有效？事关法律解释，即经知事呈由高等审判厅转院核示，旋即奉令，本案依大理院解释，应遵照《覆判章程》呈送覆判等因，奉此。理合将原卷备文呈送钧厅查核，转送覆判"等情到厅。据此，查前清办理应行详请核准之案件，所有拟办罪名详文，在未奉核准之先，因对于被告人尚未表示，与未宣示之判稿性质无异，必得核准后，始能发生确定力，亦必于奉准而表示后，始成为一种裁判，此种详而未准之案件，在元年公布之《覆判章程》施行之际，固可依据该章程办理，惟该章程早经失效，现在应送覆判与否，当以是否合乎现行《覆判章程》之规定为断。通观该章程前后条文，应送覆判之案件，当先有一有效成立之裁判，该裁判宣告之刑，又必合乎《刑律》上徒刑某等或罚金若干元以上，经过法定期间后，本此裁判以制作初判书，覆判审即以初判书为审判之标的。本案宣统二年，浦江县及会委所作之详文，既非有效成立之裁判，自不能据以制作初判书，初判书既无自发生，覆判审理实系难以着手。窃以本案与已经判决者，情形有别，似应由浦江县依法为第一审审判，判后如系应送覆判案件，再行依法办理，较为适当。大理院统字第六六一号解释，仅称本案应送覆判，而未释明理由，殊滋疑义，据呈前情，本案究应如何办理之处，理合呈请迅赐转院解释等情。据此，相应据情函请贵院查核见复，俾便转饬遵照等因到院。

本院查此种案件，在前《覆判暂行简章》第一条已有明文规定，应送覆判，现行《覆判章程》虽无明文，然并非否认此种办法，特因该简章制定于新旧法过渡时代，而《覆判章程》制定于民国三年，新法施行已久，逆料已无此种案件发见，故不为之规定，斟酌条理，自应备录全案供勘，径送覆判。相应函复贵厅转饬查照。

此致！

■ 统字第 701 号

民国六年十一月二十八日大理院复贵州高等审判厅函

径复者：

准贵厅函开：案据郎岱地方审判厅呈称，"窃查公判案件，因证人鉴定人供述不实，或本系重罪，受理时误认为轻罪者，或因轻罪发觉其他重罪者，均由审判官移送预审，为《高等以下各级审判厅试办章程》第二十四条所明定。惟是该条条文，仅规定移送预审原因，至移送手续，则无规定，适用之际，颇有争议。甲谓关于此种案件，条文既经明定，由审判官移送预审，只需主任员审查明确，合于法定原因，载明诉讼记录，即将卷宗径送预审庭审理，不必更用决定，咨送检厅。其所主张理由,盖以此种办法,纯为审判厅内部之关系,务期手续单简,而使诉讼得以迅速终结,此第一说也;乙谓凡属检厅请求公判案件,如由审判官移送预审,须用决定程式,咨付检厅,俟得其同意,先将请求公判之诉撤销,然后移送预审,始符诉讼程序,此第二说也。以上二说,究以何说为当?悬案待决,惟事关法律解释,属厅未敢擅断,理合备文呈请鉴核示遵"等情。据此,事关解释法律,相应函请钧院查核见复,以便转令遵行等因到院。

本院查公判中移送预审办法,本院三年统字第一百二十七号,复江苏高等厅函内,曾详为解释,原呈所举两说,均欠妥协。相应函复贵厅转饬查照。

此复!

■ 统字第 702 号

民国六年十一月二十八日大理院咨财政部文

为咨行事:

准贵部咨开:查火硝一物,为制造军火原料,本部前于民国四年五月间,呈奉前大总统批准,开办官硝厂,在于直隶山东河南等处分设各厂,采制火硝,以供各兵工厂制造军火之用。除兵工厂自制火硝外,凡在直东豫三省境内硝户,非经本部官硝厂之特许,不得制造,即官硝厂采制之火硝,非有陆军部之执照,不得购运。此项火硝,性质爆裂,有关军用,在《刑律》上自应认为军用爆裂物之一种,查《暂行新刑律》第十四章危险物罪,第二百零五条,未受公署之命令允准委任,而制造收藏第二百零三条以外之军用爆裂物者,处四等以下有期徒刑拘役,或三百元以下罚金等语,是凡私制私运火硝者,即属构成《刑律》第二百零五条之罪,行政官署缉获此项刑事人犯,自应移送法庭,按律治罪,以尊法权。惟律文简括,非有明确之解释,或以为律无正文,办理易涉歧误,究竟火硝一物,是否属于《刑律》第二百零五条之军用爆裂物?应请贵院解释示复,俾资遵守等因到院。

本院查火硝系军用爆裂物,私制私运者,自应成立《刑律》第二百零五条之罪。相应咨复贵部查照。

此咨!

■ 统字第 703 号

民国六年十一月二十八日大理院复安徽高等审判厅函

径复者:

准贵厅函开:据芜湖地方审判厅呈称,今有某甲因诈欺取财及吸食鸦片烟等罪,经检察官诉由预审决定诈财免诉,吸烟付公判。嗣按普通刑事案分配公判,经主任推事于受分配之翌日开庭审理,原主任检察官当庭主张,对于预审决定,尚拟抗告。本案尚在抗告期内,请求缓开辩论,当经主任推事宣示暂停公判。迨经过抗告期间后,检察官并未正式提起抗告,始由主任推事开始辩论,依律判决。惟因吸烟案多属简易,于判词末误书简易庭,而卷面则仍为第一审戳记(地方管辖案件外,另有初级审戳记)。旋经被告人提起控诉,由控诉审发见,一面驳回控诉,一面于主文内将"简易庭"三字更正为刑事庭，关于上述情形，有应请解释者两端：（一）预审决定后，是否须经过抗告期间始付公判？或谓预审决定，法许抗告，自应经过抗告期间，始付公判；或谓预审决定后即付公判，判决可期敏捷，如有不服，尚可以上诉救济。即对预审决定，必须抗告，亦可于开始公判时声明，以便停止公判。似此办理，于诉讼进行及当事人利益，两无妨碍，原无必须经过抗告期间，始付公判之必要，究以何说为是？应请解释以资进行。（二）控诉审纠正原判决书"简易庭"三字，是否适法？或谓案件是否简易，应由检察长认定。照章只有简案由审厅改为繁案，并无准审厅推事自认繁案为简案之明文。既原非简易案件，又未依简易程序审理，仅判词末书为简易庭，不过文字错误，依现行法例，原可由原审推事以决定更正。既经控诉审发见，径以职权更正，似不得谓为违法。或谓原审判词末署名刑事简易庭，于审级及裁判内容无关，形式上无论缮写有无错误，均非违法判决，控诉审予以更正，殊乏法律上之根据。两说各持一是，究应如何解决？不得不请求核示。事关法律疑义，理合呈请鉴核，转函大理院迅予解释，俾资遵守等情到厅，相应函请钧院查核释示，以便令遵等因到院。

　　本院查第一问题，以第二说为是；第二问题，既显系判决文内缮写错误，上级审自毋庸以裁判为之更正。相应函复贵厅转饬查照。

　　此复！

■ **统字第 704 号**
民国六年十一月二十八日大理院复总检察厅函
　　径复者：

　　准贵厅函开：据湖北高等检察厅呈称，"案依《刑律补充条例》第七条，凡犯《刑律》第二百八十九条及《补充条例》第六条一项之罪者，若因奸酿成其他犯罪时，虽无有告诉权者之告诉，仍应按律论罪，已详大理院五年统字第四零五号及四零九号等解释，可无疑义。惟是《补充条例》第七条所谓虽未经有告诉权者之告诉一语，是否可以包括有告诉权者，虽告诉亦无效之无告诉时在内？尚未奉有正当解释。属厅现有一案，系甲夫明知其妇乙与某丙通奸，因吸食鸦片兼犯小窃，无力养妻，故意纵容不问，致该妇乙与丙别居，俨如夫妇，后乙背丙又与丁通奸，以致丙怒而杀丁。似此情形，若但以奸论，虽经甲之告诉，依《刑律》第二百九十四条第二项后半，应以无效论，夫无效即不能据以论罪之谓。换言之，亦即欠缺犯行上可以处罪的必要条件之谓，于此场合，窃谓即使因奸酿成其他犯罪，亦只能以奸为发生他种犯罪之原因，不能认为独立别成一罪，既非独立别成一罪，则当然不受《补充条例》第七条仍应论之之拘束也明矣。惟案关法律解释，理合呈请函院迅予解释示遵"等情到厅，相应据情函请贵院查核见复，俾便转饬遵照等因到院。

　　本院查本件该厅解释尚属正当。相应函复贵厅转饬查照。

　　此复！

■ 统字第 705 号

民国六年十一月二十八日大理院复山东高等审判厅函

径复者：

准贵厅函开：今有某甲犯诈欺取财罪，经原县判处罪刑，亦经有宣示牌示之程序。某甲在法定期间内，并未声明上诉，及判决确定之后，向原县请求再审，而其请求之理由，并非有新证据之提出，且核与《刑事诉讼律》再理编第四百四十四条所规定之条件不合。原县并未审查该请求是否合法，遽行开始再审。而其审理之结果判云，某甲仍照前判处以罪刑，即日宣示，并牌示在案。某甲于判决之次日，即来省声明上诉，此案之办法，有甲、乙两说。甲说，原县第二次之判决，系违反一事不再理之原则，其判决当认为无效，判决既属无效，自无上诉之可言。今某甲于第一次有效之判决，抛弃上诉权，而偏于第二次无效之判决，始不服原县所处之罪刑，提起控诉，应认上诉为经过期间，予以驳回，并纠正原判违法之点，将第二次判决撤销，维持第一次判决之效力；乙说，不合再审条件，而准予再审者，不过就再审之原因，是否合法而为讨论。兹原县既将全案开始再审，当然许被告人声明上诉，第二审对于此案不能仅就程序上审查，须就控诉人所主张，本案事实之内容，予以审理。据上二说，一以再审为无效，一以再审为有效，究竟二说孰是？案关解释法律，敝厅未便擅拟，相应函请钧院迅赐解释见复，以便遵照施行等因到院。

本院查当事人上诉权，不能因原判之违法而被剥夺，本案上诉，自属合法。第二审应审查其再审之受理，是否合法，如不合法，撤销其再审判决；若系合法，则为本案之审判。相应函复贵厅查照。

此复！

■ 统字第 706 号

民国六年十二月一日大理院复总检察厅函

径复者：

准贵厅函开：《刑律》第四十八条，应行没收之物，以业经搜获者为限，其未经搜获之物，在律若无追征没收明文者，不得概予没收，业经贵院著为判例。惟查动产中有可以同种类同数量之物代替者（如纸币之类），是否与上开判例，仍取同一解释？事关法律疑义，应请解释见复等因到院。

本院查代替物之没收，仍以业经搜获者为限，与前项判例之解释无异。相应函复贵厅查照。

此复！

■ 统字第 707 号

民国六年十二月三日大理院复湖北高等审判厅函

径复者：

准贵厅函开：兹乙有住房一栋，在繁盛市场，与甲房屋毗连。甲屋系转租别人居住，自己则另住他处。甲、乙二人为图骗保险银两起见，商同放火。由乙买出放火人，并串通甲屋租户之雇工，于某夜乘甲屋租户主人不在家内，乙先将自己屋内遍泼洋油，并偕同所买放火人侵入甲屋内遍泼洋油，意在使火性猛烈，易于烧毁，旋因被甲屋租户之其他雇工瞥见阻止，尚未点燃。敝厅对于上开事实，分甲乙二说：甲说谓，乙既在自己并他人屋内遍泼洋油，是其犯罪行为，已直接施行于被害之客体，确系着手，应认为放火罪之未遂犯，并应论诈财未遂罪，依《刑律》第二十六条从重处断。乙说谓，放火罪以放火烧毁为犯罪构成要件，必须开始点燃，方为着手，如仅泼洒洋油，尚属预备。今乙于泼洋油之后，并未着手点燃，则甲、乙二人，自只构成《刑律》第二百条之罪。至诈财部分，既《刑律》上无处罚预备明文，尤应不予论罪。案关法律解释，敝厅未能解决，理合函达钧院，即请迅赐指示，以便只遵等因到院。

本院查本案情形，以甲说为是。相应函复贵厅查照。

此复！

■ 统字第708号

民国六年十二月十一日大理院复贵州高等审判厅电

贵州高审厅鉴：

七八号函悉！院例民事审判与私诉异，解决同问题之刑事判决，仅供参考，毋庸受其拘束。

大理院文印

附：贵州高等审判厅原函

径启者：

现有甲、乙买卖涉讼，第一审认定甲某（买主）提出买卖契约为伪造，照律科刑，并将该买卖并合判决。甲某不服，控告到厅；先由本厅刑庭审判刑事部分。查其事在赦令以前，宣告免诉，惟该判决详细说明，认定甲某伪造契约之理由，系犯《刑律》二百四十三条伪造私文书之罪，主文内载"甲某伪造私文书之所为免诉，追缴代笔人得受之银五十两入官"云云。甲某当时声明上告，称虽免诉，然认定其契约为伪造，损失不堪，实所不服。旋遵检察官劝谕，专以买卖部分诉恳本厅民庭审判，自请将刑事上告撤销。民庭于买卖部分，因第一审判决，仅及其原因，并附有条件，撤销发回更审。嗣第一审更审判决，认定甲某所呈买卖契约合法成立，甲某胜诉；乙某又控告到厅。审查后，发生（甲）、（乙）两说：（甲）说以刑事判决，应为民事判决之基础；（乙）说以刑事之免诉判决，与有罪或无罪之判决不同，不得为民事判决之基础。从甲之说，而刑事判决以免诉判及本案内容，显不适法。甲某受此不适法之判决，即确定其伪造契约之事实，殊失情理之平。从乙之说，则同一机关、同一事件，判决各异，不免致矛盾之诮。两说相持，莫衷一是，相应函请钧院就其契约是否伪造，应否由民庭自由认定，不受免诉判决之拘束？抑或免诉判决，仍须根据，无庸由民庭再加认定？迅赐解决，实为公便。

此致大理院！

■ 统字第 709 号

民国六年十二月十八日大理院致江西高等审判厅函

径启者：

接准贵厅六年民字第八六二号函开：兹有无子守志之妇乙，尚有姑媳在堂；姑媳二人，各欲为夫立子。讼经判决确定，乙应得甲之同意，为其夫择立昭穆相当之人为嗣。旋乙欲择丙为子，甲欲立丁为孙，相持不下，复起讼争。按之贵院判例，守志之妇，代夫行使择继权时，得本其主观之认定，以为应继之人与有嫌隙，屏不择立。然则，守志之妇之姑行使同意权时，是否得本其主观之认定，以为所择之人与有嫌隙，屏不同意？查丁系独子，核与兼祧条件不符。该族除丙外，并无可为乙夫立后之人，而甲夫除乙夫外，又无别子。设如甲得本其主观之认定，以为丙与有嫌隙，屏不同意，可否为甲夫立继，待生孙以嗣乙夫？相应函请解释赐复，悬案以待，盼速施行等因到院。

查律载"嫌隙不继"，系就被承继人，或其守志之妇与应继人间之关系而言（尊亲属于被承继人，及守志之妇亡故时，依法自行立继者亦同），姑于守志之妇立继之时，虽有不予同意之权，仍应本于正当理由，不得藉口所立之人与有嫌隙，而概予拒绝。所谓正当理由，姑媳间苟有争执，审判衙门自可秉公裁断，必令陈述具体事实，为之调查认定。如果所立之人克尽厥职，必无害于家室之和平，而其姑因有蔽惑，坚执不予同意，即可裁判允许以为之代。本院于为人后者迫于势须分财异居之情形，而其父母仍无故不予允许，及被继承人果系同父周亲，均已协意兼祧，而同族因有希冀，坚执不肯具结等事例，均准审判衙门查明其有无正当理由，酌以裁判为代。盖不如是，即无以济其穷，而推究立法之本旨，亦惟欲此类有同意权之人，正当行使权利，使行为者不致不当侵损其利益而已。来函所述情形，甲之屏不同意，是否正当，尚有审究余地，自未便遽用虚名待继之条，以资纷扰。相应答复，即希查照可也。

此致！

■ 统字第 710 号

民国六年十二月十八日大理院致安徽高等审判厅函

径启者：

准贵厅六年函字第一二六号函开：兹有某甲向某乙回赎远年典当房屋，乙谓典价五百余串，甲谓典价系八十串。又乙提出百年前甲祖辈借钱二百串，银一百余两各字样，以为抗赎之主张；甲则极端谓该字据系伪造，并谓典契不实。彼此争执成讼，旋经中处息，甲完全承认乙之主张，并与乙各具遵处归和，请求销案切结。由第一审传唤两造到庭讯问后，即于点名单上，下一堂谕，准予和解等字样。乃甲（即原告）于和解后数日内，复向第二审声明不服，谓该和解系原审知事迫令所为，非出于自己之本意云云。查现行法例，当事人在第一审因和解而终结其诉讼者，固不容声明控告，亦无抗告明文，而《县知事审理诉讼暂行章程》第二十九条、第三十七条规定，不服县知事之谕，得为抗告者，与准予和解堂谕之性质，究有区别。此项上诉，是否论为不合法之抗告，予以驳斥？若论为不合法之抗告，虽上述和解是否出于强迫难以证明，而考察该和解之内容，实与甲之主张悬殊，应否依和解法则，认为确定之事实与真实不符者，其和解为无效？如认为无效，究依何程序办理，以资救济？现适遇有此项案件，急待解决，理合函请钧院迅赐解释示遵等因到院。

查本院历来成例，凡主张审判上和解系有无效或可以撤销之原因者，得径向原销案衙门声请继续审判。该衙门于审判本案之先，并应就其主张之无效或可以撤销之原因，予以调查。如认所称不实，即可判决驳回，毋庸再就本案审判。当事人对于此项判决，亦当然可照常例上诉。至审判上和解之成立，并无必须裁判之明文。私权处分，本应尊重当事人意思之自由，亦无应经裁判之法理。该项批谕，当系代替记明笔录之意，自可驳斥抗告，并指令按照上开事例办理。相应答复贵厅查照可也。

此致！

■ 统字第 711 号

民国六年十二月二十一日大理院复广西高等审判厅电

广西高等审判厅：

阳电悉！再审应依通常程序审理。

大理院马印

附：广西高等审判厅原电

大理院钧鉴：

覆判确定案决定准再审，事实明确，能否书面审理？乞电遵。

桂高审厅阳印

■ 统字第 712 号

民国六年十二月二十四日大理院复热河都统署函

径复者：

准贵署函开：据代承德县知事杨玉璠呈称，"为法律疑义未易明了，恳予转请解释示遵事。伏查《刑律》'第十九条，已受徒刑之执行，更犯徒刑以上之罪者，为再犯，加本刑一等。第二十条'犯以上者，加本刑二等，仍依前条之例。第二十三条，确定审判前犯数罪者，为俱发罪，各科其刑。第二十五条，俱发与累犯互合者，其俱发罪依前二条之例处断，与累犯罪之刑并执行之'各等因。兹有某犯于在监执行徒刑中脱逃，已构成累犯罪中之再犯，自应加所犯之本刑一等处断，惟该犯于缉获时，又发觉自打吗啡行为，应否认为三犯？裁判时不无疑义。甲说谓，《刑律》所谓'三犯'者，以执行徒刑后犯罪次数为标准，该犯已受徒刑之执行，所犯脱逃罪，既应认为再犯，则于缉获后发觉之吗啡罪，当然认为三犯，应依《刑律》第二十条处断。乙说谓，认为三犯之要件，系依审判次数而言。如第一罪审判确定执行其刑后，又复犯罪，始可谓为再犯；则累犯罪之三犯，亦当经过再犯审判之确定，始与法意吻合。该犯之吗啡罪，系于脱逃后甫经缉获，尚未到案时发觉，尚未经过第二罪之审判，似应认为两个再犯罪，各科其刑，而依俱发与累犯互合之例办理。以上两说，究以何者为是，未便擅断。属县现有此项案件，急待判决，理合呈请查核转请大理院解释示遵"等情。据此，除指令呈悉，查统一法律解释，系属大理院特权，仰候转请解释明晰再行示遵。此令印发外，相应函请解释赐复，以便转令遵行等因到院。

本院查本案情形，以乙说为是。相应函复贵署转饬查照。

此复！

■ 统字第713号
民国六年十二月二十四日大理院复江西高等审判厅函
径复者：

准贵厅函开：据九江地方审判厅长梅诒穀呈称，"窃查：（一）甲教唆乙聚众劫夺，按律逮捕人于前，复又加入实施犯罪行为于后。但实施之时，并非执重要事务，甲应依《刑律》第一百六十九条第二项教唆犯处刑，抑应依第三十三条，适用第一百六十九条第二项，以余人问拟？（二）甲略诱乙向丙价卖，索洋十元，丙因来历不明，即时拒绝。甲之行为，当然于《刑律》第三百五十一条第一项、第三百五十四条、第十七条第一项处断，是否允协？（三）检察官对于县知事判决过失轻微伤害罪案件，向地方审判厅提起控诉；其控诉意旨书认为不成立过失轻微伤害，成立俱发，究系何罪俱发并未说明。应否函请检察官明示控诉律文？俾得先决管辖问题，庶免传讯，致滋拖累？以上三点，不无疑义，理合具文呈请钧厅查核，转函大理院迅赐解释示遵"等情。据此，相应据情函请贵院俯赐解释见复，以便转令遵照等因到院。

本院查第一问题，《刑律》分则对于此种犯罪之教唆者，有特别明文规定，自应依该项以教唆犯处断。第二问题，甲应成立第三百五十一条第一项之既遂罪，因该条只以有营利之意思为条件也。第三问题，所谓"成立俱发"云云，似系脱漏，自可由检察官补正。相应函复贵厅转饬查照。

此复！

■ 统字第714号
民国六年十二月二十四日大理院复江西高等审判厅函
径复者：

准贵厅函开：据江西高等审判分厅监督推事岳秀华电称，"覆判或检察官控诉案件，经决定发还补行宣示牌示后，复送覆判，或控诉时，应否另具意见或意旨书？乞转院解释"等情。据此，相应据情函请贵院迅赐解释见复，以便转令遵照等因到院。

本院查原电情形，自应另具意见书或意旨书，相应函复贵厅转饬查照。

此复！

■ 统字第 715 号

民国六年十二月二十四日大理院复四川高等审判厅电

四川高等审判厅鉴：

陷电悉！如已依法牌示或送达逾期，自为确定。

大理院敬印

附：四川高等审判厅原电

大理院钧鉴：

地方管辖案件，县知事以堂谕代判决，上诉逾期，是否认为确定？乞示遵。

川高审厅陷印

■ 统字第 716 号

民国六年十二月二十九日大理院复总检察厅函

径复者：

准贵厅函开：据直隶高等检察厅呈称，"查销毁制钱犯罪，查获铜块，本系因犯罪所得之物，依《刑律》第四十八条第三款之规定，应在没收之列。惟查本厅于民国五年奉直隶巡按使第二八八五号饬开：准财政部咨开，'中外奸商贩运制钱，镕铜取利，所有制钱铜块，均应照案悉数充公，由本部处置'等语。此种办法，显与《刑律》第四十八条相违反。财政部咨及巡按使饬，是否可以变更法律？现在巡按使此项饬文，是否继续有效？事关法律问题，本厅悬案待办，理合呈请转院解释"等情到厅。相应据情函请查核见复，俾便转饬遵照等因到院。

本院查此种财政部咨及巡按使饬，显系一种行政命令，与《刑律》规定并无抵触。凡未经法院审判宣告没收之件，均可依该项命令处分。相应函复贵厅转饬查照。

此复！

■ 统字第 717 号

民国六年十二月二十九日大理院复江西高等审判厅函

径复者：

准贵厅函开：据兼理司法南康县知事胡庆道、崇义县知事雷豫会呈称，"窃有三点会首，拜台结党，收藏爆裂物并勾通外匪，接济枪弹火药，定期抢劫墟市，事经发觉被拿。此种行为，应成立何项罪名？于此有二说焉：甲说谓，查《惩治盗匪法》第四条第一款之法意，以意图扰害公安，为本罪成立之最要条件。是必有扰害一般公共安宁之犯意，收藏爆裂物者，始得援引论罪，故此条称匪而不称盗。若会徒与邻境党羽勾通，均以得财为目的；数月前表示某月抢劫某目的地之意思，因而预购火药，未着手即经发觉，不惟难以匪论，即强盗罪亦尚未成立，似只构成《刑律》第二百零三条及《治安警察法》第二十八条之俱发罪。乙说谓，第二百零三条之危险物罪，即少数人意图为犯罪之用而收藏者，罪即成立。至会匪号召党徒，收藏爆裂物，并勾通外匪，接济枪弹火药，定期抢劫某处墟市，墟市为商民生命财产之所系，即公共安宁之所在，约期劫市，实有扰害公安之犯意可知，较之危险物罪，情节为更重。且盗与匪亦有时合而为一者，盗而不出自匪，固属事所常有。多数之匪，预备火药，定期举事，而绝对不含有得财之目的者，乃理之所必无。故掳人勒赎，本系以得财为宗旨，亦列《惩治盗匪法》第四条第三款称之为匪。盖匪而盗者，重在匪也。况《惩治盗匪法》第四条第一款之意义，原系弭祸乱于预谋，因无未遂之规定。既有扰害公安之犯意，收藏爆裂物之行为，不必着手，罪名当然成立。以上二说，未知究以何说为当？事关法律解释，未敢臆决，理合呈请钧厅查核，迅赐函转大理院解释示遵等情"到厅，相应据情函请贵院迅赐解释见复，以便转令遵照等因到院。

本院查本案情形，以乙说为是。相应函复贵厅查照。

此复！

■ **统字第 718 号**

民国六年十二月二十九日大理院复江西高等审判厅函

径复者：

准贵厅函开：据江西高等审判分厅转据雩都县知事呈称，"今有甲、乙二人，共同略诱丙妇，移送隔县价卖与丁（丁知甲、乙诱拐），得受银元。厥后，丁同戊（戊不知甲、乙诱拐）又将丙妇带往他县价卖。经本夫查知丙妇下落，诉经官厅，咨请该县将丙妇带案押解过县，讯出实情。甲、乙二人，固犯《刑律》第三百五十一条意图营利略诱罪，已无可疑，惟丁知丙妇系略诱而来，丁之犯罪，似应对于甲、乙为共同犯，先科以共同营利略诱罪，依第三百五十一条处断，再科以独立营利略诱罪，亦依三百五十一条以俱发罪合并核定罪刑。戊不知甲、乙诱拐情事，仅能负与丁共同营利略诱一个罪名。然于此有二说焉：（子说）谓丁虽知丙妇系被甲、乙诱拐而来，丁究未与甲乙共同实施，应负后之一个营利略诱罪，不能以共犯俱发论罪。（丑说）谓共犯之责任，须有共同之意思。丁虽知丙妇系被略诱人，究未与甲乙预谋略诱，只能科以第三百五十三条第二项第二款收受藏匿之罪，再合后之营利略诱，以俱发论罪。以上二说，究以何说为是？案悬待决，理合呈请函转大理院迅予解释示遵"等情。据此，相应函请贵院迅赐解释见复，以便转令遵照等因到院。

本院查本案情形，甲、乙、丁、戊，均各成立一《刑律》第三百五十一条之罪。相应函复贵厅转饬查照。

此复！

■ **统字第 719 号**

民国六年十二月二十九日大理院复总检察厅函

径复者：

准贵厅函开：据浙江高等检察厅电称，"童养媳对于未婚夫之父母，应否以尊亲属论？恳转院解释示遵"等情到厅。相应据情函请查核见复，俾便转饬遵照等因到院。

本院查童养媳对于未婚夫父母，应以尊亲属论。相应函复贵厅转饬查照。

此复！

■ **统字第 720 号**

民国六年十二月二十九日大理院复湖北高等审判厅函

径复者：

准贵厅函开：案据武昌地方审判厅长成应琼呈称，"窃职厅现有审理案件，发生疑问，特将案情设例如下：执行衙门因执行民事，将某屋查封，贴有封印。其屋主书写冤单一纸，黏贴其所施封条之上，仅漏二字未行遮盖。于此有甲、乙二说：（甲说）此项封印，系属官厅查封之标示。该屋主对于该封印虽未有损坏、除去、污秽等行为，而用冤单遮盖于其上，已违背其查封标示之效力，实犯《刑律》第一百五十四条之罪。（乙说）该屋主对于该封印既未有损坏、除去、污秽之行为，并未将该封印消灭，又未将被封门户打开，尚未达于违背查封效力之程度，不能成立《刑律》第一百五十四条之罪。以上两说，俱言之成理，以何说为是，职厅未敢擅决。理合缮具缘由，呈请钧厅鉴核，恳予函请大理院解释示遵"等情。据此，查该屋主既仅用冤单遮盖封印，自不能遽认为违背查封之效力，似应以乙说为正当。惟案关法律解释，敝厅未便擅专，相应函请钧院查核，迅赐解释见复，以便转令遵照等因到院。

本院查本案情形，如系将封印黏没，致无法使人知有查封之事实，即与损坏无异，所谓已失其查封标示之效力，自应依甲说处断。若仅系悬挂或悬黏于上，可以除去，而封印完全不损坏者，则不成立该条之罪。相应函复贵厅转饬查照。

此复！

■ **统字第 721 号**

民国六年十二月二十一日大院复安徽高等审判厅函

径复者：

准贵厅第三三二号函开：查《不动产执行规则》第二十四条第一项载，"拍卖期日无合格声明拍卖价额者，执行审判厅应酌减最低拍卖价，更定新拍卖期日。"等语。是执行衙门对于经过拍卖期日，无人拍买之不动产，本有自由减价之权。惟经一次减价后，于相当期内仍无拍买之人，应否累减，不无疑义。甲谓，该规则无再减之明文；如果无人拍买，只能照洪宪元年一月六日司法部批交吉林高等审判厅《修正民事诉讼执行办法》第四款，将执行之不动产交债权人管业，不得更为减价。乙谓，该规则有准许酌减之明文，无限制累减之规定，则酌减之范围，应以能否达执行目的为标准。如被执行之不动产，经过一次减价，仍无人出头拍买，足见所估价额不合现在经济情形；倘不许再减，是执行永无终结之时，而债权人之权利，亦终无保护之途，按之条理，究嫌未协。况拍卖办法，以声明较高价额者为拍买人，即令累减，亦不至害及债务人之权利。至部批《修正民事诉讼执行办法》第四款，"得依所定最低价发给执照，交债权人管业"一语，本系予执行衙门以自由酌量之权，并非强制规定。如债权额与拍卖物之价额相当或较少时，依据该款办理，固无

· 645 ·

不可。设拍卖物之价额高于债权额，而债权人又无款给付债务人，则令债权人管业之办法，即不可行，故予执行衙门以累减之权，实为必要。两说，孰为正当？又民事抗告案件，决定书内原只列抗告人为当事人，不以抗告人之相对人为当事人，故送达决定书，亦只以抗告人为限。其相对人对于抗告审所为之裁判，能否声明再抗告？如许其声明不服，则事实上既未受有裁判书，应如何起算上诉期间？俱属不能无疑。以上各节，敝厅现有此种问题，悬案待决，相应函请钧院迅赐解释，俾便遵循等因前来。

查新拍卖期日，仍无合法声明拍卖价格者，自可再行酌减，无强交债权人管业之理。至决定书内当事人栏中，虽不列抗告人之相对人，而送达决定正本，仍须一律送达。盖因决定如不利相对人时，仍许相对人对之为再抗告故也。相应函复贵厅查照办理可也。

此复！

■ **统字第 722 号**
民国六年十二月二十一日大理院复京师高等审判厅函
径复者：

准贵厅函字第四三二号函开：自中交银行纸币停止兑现之后，民事执行处执行债务案件，其判决主文仅止标明银元或洋元若干时，究应以现洋为准？抑或可以纸币充当？债权人与债务人时生争执，且有因此提起抗告者。本厅按此项争执之解决方法，应以现时银行纸币能否认为通用货币为先决问题，而能否认为通用货币，颇滋疑义。依政府维持纸币之命令内载，"公家出纳，一律使用"之文义解释，似认现时银行纸币，仍与现洋无异。而考之社会上民事商事，凡以纸币支付者，除本于特约或双方合意之外，均系折合现洋。是纸币在实际上已不能完全通用。因此情形，债权人与债务人两方各为自己之利益，主张支付方法，且均能持之有故，言之成理，自非有最高法院之统一解释，不足以资折服。用特函请贵院解释见复，以便遵照等因前来。

查现在中交两行之兑换券，既不能维持票面之价额，自应依市价折合，无令债权人无故受损之理。相应函复贵厅查照办理可也。

此复！

■ **统字第 723 号**
民国六年十二月二十一日大理院复浙江第一高等审判分厅函
径复者：

准贵分厅审字第二四二号函开：据乐清县呈称，"县属西乡民人刘乙青，聘定县城周熙如之女为媳，婚约成立，已逾数年。本年，原诉人刘乙青以男女年齿已及婚期，邀约原媒，前往通知，择本年七月迎娶；被诉人周熙如坚不认有前项婚约。经原诉人来署呈诉，传集审讯，认为婚约已经成立，判令刘乙青择日备礼迎娶，制作正式判词，分别送达去后，双方并无异词。俟案已确定，原诉人刘乙青备礼通知，被诉人拒不收受。又经传集来署，晓以大义，该被诉人周熙如当庭具结，愿于本年八月内听其迎娶。及期又不照行。该原诉人手持判决副本，并肩负礼物，来庭请求执行。饬吏调理，往复数四，迄无结果。该被诉人悔婚之意，已经显露，而原诉人日来请求，并质问法庭判决，是否发生效力，似此场合，究应如何执行，苦无成例可稽。听其悔赖，既与官厅信用有关；勉强执行，该被诉人又抗不就范，官厅对付已穷，应如何救济强令履行"等情前来。职分厅查执行人事诉讼，关于结婚事件，如属于女之自身绝对表示不愿者，曾经钧院于五年十月三日统字第五一零号函复四川高审厅在案。惟据呈称各节，似仅对于女父悔婚，不肯遵判，现行法例于执行上对于该女父有无相当制裁？苦无依据，理合函请钧院解释，迅予示复，以便饬遵等因前来。

查婚姻案件，不能强制执行，本院早有解释（参照五年本院统字第五一零号解释文件）。执行衙门，除传唤劝导外，别无执行方法。相应函复贵厅转饬遵照可也。

此复！

■ **统字第 724 号**
民国六年十二月二十一日大理院复安徽高等审判厅函

径复者：

准贵厅第三六零号函开：案据芜湖地方审判厅长雷铨衡呈称，"假有乙某指控甲机关侵占典业，兼诉佃户丙、丁、戊等抗租不缴。迨经依法通知后，甲机关声明系争田亩，原因业主子某与丑某官银号抵押契据关系，业依行政处分，收为官产；乙某误典，与机关无涉，拒绝为诉讼上之法定行为。关于此等案情，究应否受理，事实上颇有争论。或谓乙某诉请确定其典当权及收益权之有无，纯属私法上之行动。无论当事人为国家机关或个人，即应依民事通例，予以受理，并应依通常程序，直接审理，调查其权原与设定权利之顺序，及典质或抵押之性质，有无複典之关系。纵结果牵及行政处分，司法衙门不能为撤销或变更之裁判，亦不能不于私人权利加以切实之认定。如当事人拒绝到庭，似只有适用缺席程序办理。或谓乙某控争典产，既经甲机关施以行政处分，收为官产，如有异议，即应向该管行政衙门提起诉愿或行政诉讼，以资救济。司法衙门只应据书面之调查，予以驳回，并无直接审理之必要。盖诉讼涉及行政处分，纵为适法之裁判，如有牴牾，执行亦多困难；不如让诸行政范围，解决较为便利。以上两说，究以何说为是？现悬案待决，理合具文呈请钧厅鉴核，俯准转函大理院迅予解释，俾资遵守，实为公便"等情。相应据情函请钧院解释，迅予赐复，以便令遵等因前来。

查国家因与人民有抵押关系，将其田地收为官产，纯属私法行为，不得认为行政处分。如他人就于该土地主张权利之时，审判衙门自应依法受理，通知该收产机关代表国家，出而应诉。相应函复贵厅转饬遵照可也。

此复！

■ **统字第 725 号**
民国六年十二月三十一日大理院复黑龙江高等审判厅电

黑龙江高等审判厅：

蒸电悉！电询情形，可为驳回请求之通常判决，另文送备参考。

大理院卅一印

附：黑龙江高等审判厅原电

大理院钧鉴：

被告未到案，经审判衙门审查原先请求理由并不正当，或调查原告提出证据并非确凿可信者，应否为驳回之判决？请示遵。

黑龙江高等审判厅蒸印

■ 统字第 726 号

民国六年十二月二十日大理院致河南高等审判厅函

径启者：

接准贵厅民字第二四九号函开：案据正阳县知事呈称，"为呈请转呈解释事，查《寺庙管理条例》第十条规定，寺庙财产，不得抵押或处分之，但为充公益事项必要之需用，禀经该管地方官核准者，不在此限。又第二十五条规定，违背第十条规定抵押或处分寺庙财产时，由该管地方官署收回原有财产，或追取原价给还该寺庙，并准照二十三条规定办理。又第二十三条规定，各寺僧道或住持不守教规时，该管地方官得申诫或撤退之；其情节较重者，并得加以相当处分，但关于民刑事件，仍由司法官署依法处断。等语。今有某庙住持，不守教规，迭将该庙产业盗当、盗卖，经人告发，由该管地方官署依照《寺庙管理条例》第十条及第二十五条将所盗当、盗卖之庙产之一部收回，充公益事项必要之需用。该盗当、盗买庙产之受主，不服该管地方官署之处分，提起上诉于司法官署。司法官署是否应予受理审判，遂生法律上之疑问。（甲说）此案既经地方行政官署依照特别法规处分，该受主纵有不服，应向上级行政官署诉愿，方合三权分立之原则。是司法官署不应受理。（乙说）庙产之当、卖，系属不动产质权之行为，乃民事案件之一种，照《管理寺庙条例》第二十三条但书规定，则司法官署之受理，并无不合。（丙说）《民律草案》第一千一百二十五条内载，担保物权，为抵押权、土地债务、不动产质权，及动产质权，但法令有特别规定者，不在此限。此案《管理寺庙条例》第二十五条，既有由该管地方官署收回之特别规定，是该受主已失不动产质权人之身份，实无主张此种权利之权。况以特别法优于普通法而言，则此案之不应由司法官署处断，更不待辨。以上三说，孰是孰非？案关法令解释，理合呈请函转大理院迅予解释令遵"等情。据此，相应备文函请核示，以便令遵等因到院。

查地方官署，依《寺庙管理条例》，固有收回盗卖庙产之权，惟该条例所以赋予此项权限者，乃使其以代表公益之资格，为私权救济之行为。住持盗卖庙产，在私法上本属无效行为，原施主各得依法主张，不过原施主及其后人因有种种原因，未必即能出而过问，地方官署则可随时监视，适宜办理。其收回行为，虽以行政处分出之，而该项买卖之效力，不能因此即脱出私法之支配，买主若主张正当理由（如证明该卖业确非庙产，或已得官署允许及施主同意，并非盗卖等理由），谓卖约有效，而提起诉讼，司法衙门自不能斥为行政事项，不予受理。且为此收回处分之官署，在诉讼法上即应为被告官厅，未能拒不应诉。若地方官署系属兼理司法，其收回盗卖产业，又系本于人民之投诉（即并非纯然出自职权行为），则买卖当事人与该人民间业已成词，而后官署复以裁断之形式出之者，是已非该条例所谓收回处分，纯为司法审判。如有控告，该上级厅自应即予受理，此该条例第二十三条但书之所以应行援用也。原呈三说，均有理由未备之处。相应复请转饬查照可也。

此致！

■ 统字第 727 号

民国六年十二月二十日大理院复吉林总商会电

吉林总商会鉴：

电悉！查以违背章规侵损权利为理由，请求赔偿损害者，系属民事诉讼性质。其请求容有不当，而受诉之人，但为享权利负义务之主体，即无论其为法人或个人，并其法人无论应否另受官厅为行政上之监督，均应一体应诉，听候审判。国家与个人关于私法关系之争执，尚应归司法衙门受理裁断，该省信托公司，自不应超出法权之外。该件争执，应由该省厅秉公速判，所断如有未当，尽可依法上诉。

大理院哿印

附：吉林总商会原电

大理院钧鉴：

兹因官督商办信托公司，其章则、经部与本省最高行政长官核准之项，财政厅派员常驻公司检查。其奉部准检查大纲第十条，财政厅对于公司业务，认有违背法令，及其他不当行为，财政厅量予科罚；重者，停止营业或送法厅惩办。其公司一切行为，明系属于行政命令之下。现经行政长官认公司无违法行为，而有外人与公司并无交易者，在地审厅揑词枉决。此案是否应当行政处分？理合电请钧院解释，以清行政司法权限，而免不法之人无故捣乱。随电局汇去回电费，恳赐复电，是祷！

吉林总商会叩文

■ 统字第 728 号

民国六年十二月二十六日大理院复浙江高等审判厅电

浙江高审厅鉴：

皓电悉！公务员代表国家提起民诉，查据讼费法规，尚无免缴明文。至公函不能代诉状，如果代表人到庭陈述，得视为口头起诉；有必要时，令其补状。

大理院宥印

附：浙江高等审判厅原电

大理院钧鉴：

浙江邮务管理局局员诉追保证债务，应否依民诉程序遵具诉状，并缴讼费？抑或仅据公函，即可受理？悬案待决，祈速示遵。

浙江高等审判厅皓印

■ 统字第 729 号

民国六年十二月二十日大理院复浙江高等审判厅函

径复者：

接贵厅六年第四五七号函开：据新昌县知事金城呈称，呈为解释法律疑义，请示遵行事。查《审判厅试办章程》第四十一条，'民事判决，除被告遵断完案外，得查封家产，抵偿欠款。又《不动产执行规则》第六条，第三人对强制执行之不动产，以所有权为限，得向执行审判厅对债权人起诉主张异议。等语。兹有甲欠乙债务，乙于判决确定后，呈请强制执行，而甲之嗣母丙（甲嗣父已故），声明甲之负欠债务，并不同意，不能负责，主张保产养赡，提出异议。如执行债权，则被承继人抗议不认；如保存继产，则债权者无所取偿。于此有二疑问：其一，已成年之嗣子，未得嗣母同意，是否有处分继产之权？其二，嗣子负欠债务，如需破产抵偿时，嗣母对于债权人提出异议，是否有效？新邑现有此种案件，事关法律疑义，未敢悬断。应如何办理，理合备文呈请核示遵行等因到厅，相应函请解释示遵等因到院。

查执行财产，如系嗣母赡产，有据可查，嗣母自可主张异议。即非赡产，而已家产净绝，别无可供养赡者，亦应酌留产业或卖价，俾于相当期内可资度日。此与嗣子负债，已未得母同意无关，均可一律办理。现在民诉法律，尚未颁行，以上条理揆之国情，尚可予以采用。请即转饬知照可也。

此致！

■ 统字第 730 号

民国六年十二月三十一日大理院复安徽高等审判厅电

安徽高审厅鉴：

江电悉！一零九号及一五二号函内，除关缺席判决另文已详述外，（一）告知参加同从参加，法理应准上诉，同时参加。（二）人事诉讼被上诉人匿避难传，得依法例行补充及公示送达传唤；再不到庭，即依职权调查凭证，为一造审理之通常判决。（三）捆身字约无效，院有判例。子如自愿还钱赎寅，随时可行。（四）县判后，当事人于上诉期内请求覆审，应将卷状送厅核办，并由县一面令其补上诉状赴厅听审，至为便利，似可通饬照办。至旧案如县批明上诉处所，该民逾与上诉期相当期仍不上诉，院例认原判确定；如并未批明，空泛驳斥，该民实不知上诉处所者，从宽办理。（五）判词若由县抄送，即已送达，可代牌示。

大理院卅一

附：安徽高等审判厅第一零九号原函

径启者：

案据芜湖地方审判厅长雷铨衡呈称，"窃查本年三月三十日政府公报登载大理院复钧厅统字第五百九十八号函开：应注意事项之乙款云，'县判本系通常判决之一种（例如当事人一造虽不到场，仍系依据法理或其已到场之辩论或凭证判断，并非本于其缺席之效果者是），而其形式上则误为缺席判决时，仍可依照通常判决之上诉程序，准其径行之上诉'等因。经职厅详加研究，于所举例示范围，颇兹疑义。查《各级审判厅试办章程》第三十九条规定,'无论原告或被告有一造无故不到案者,即可据被告或原告声请及原告提出之确实证据,为即时判决。'即《县知事审理诉讼章程》第三十二条规定,亦大致相同。至曾经到庭辩论之原告或被告,虽宣判时未经到场,依《试办章程》第三十六条解释,征诸法理,并非缺席判决。又或原告请求不正当,经为驳回之判决,被告虽不到场,在法理上亦不得视为缺席判决,均属明了。究竟院例所谓'当事人一造虽不到场',是否指其始终未经到场者而言?抑或指其曾经到场者而言?又所谓依据法理或凭证判断情形,是否赅括原被两造而言?抑仅就原告一方所诉事实有理由者而言?至依据法理或凭证,是否与已到场时之辩论一项为列举要件?抑或仅据一项判断,即不得视为缺席判决?均于原函文义上发生疑问之处,不得不明请核示,俾资遵守,此其一。又院函所谓'形式上缺席之判决',揣诸例示情形,似对于实体而言。即凡属依据法理或已到场之辩论或凭证判断之案,虽当事人一造不到,亦非缺席判决之类。是果系如此解释,则上诉人屡传不到者,固可为撤销上诉状之缺席判决。若被上诉人迭传不到,上诉人声请结案,经审判官调查初审原卷及被上诉人曾在初审到场之辩论,认上诉人上诉理由正当,径为判决者,是否因其判决内容已解决关于实体上之争点,得援前项解释,认为非缺席判决,不无疑义。此应请核示者又一。再依据法理,应行参加人,已经依法告知参加,虽不到案参加,而判决效力,仍可及于该参加人。故参加人独立上诉,原为法律所许。假有甲、乙两造构讼,而告知参加人之丙某,坚不到案,迫经判决,丙某竟于法定期间内,独自声明上诉,究竟应否准其上诉?抑或另作初审新案办理?抑或适用声明窒碍办法,准其回复判决前之程度,尚可对于该参加人利害关系部分,有再行裁判之余地?亦于事实上颇有争论。此应请核示者又一。上述各点,于诉讼程序颇关重要,非有明确根据,易滋误会,理合呈请钧厅鉴核示遵,或转函大理院解释,转令遵照,实为公便"等情。据此,事关法律解释,本厅未便擅拟,相应据情函请钧院解释,以便转令遵照。

此致大理院!

又附:安徽高等审判厅第一五二号原函

敬启者:

民事缺席判决,据均院判例,通常应于当事人于相当时期,受有合法之传唤,届辩论日期无故不到案,经他造声请为缺席判决者,始得为之。所谓"合法传唤",指依送达程序,送达传票于当事人或其代理人者而言。兹有甲为其子乙与丙之女丁定婚,将届完娶,丙对于甲以发生婚姻无效之事实为理由,提起离婚之诉。经第一审判决后,丙复声明上诉,甲、乙竟避案远扬,无从查传。如因丙之请求,予以缺席判决,则甲、乙未受有合法之传唤;如停案不判,则丙女之婚姻关系,即属无从确定。究应如何办理,以资救济?又子受丑之金钱,将其女寅交由丑管领为娼。子对于丑,出立捆身字,丑对于子,出立领人字;约明满若干年后,仍由丑将寅交还于子。在期限未满以前,因赎身发生诉讼。其原立之捆约,属于何种性质,是否有效?又民事上诉当事人应以书状表示上诉之意思。查钧院判例,当事人受判决后,于合法上诉期内,曾以书状向原审判衙门表示不服之意旨者,无论该书状内有无"上诉"字样,或其状称仅在请求原审变更原判或更为审判者,仍认为于上诉期内已有合法之声明。苟当事人于判后请求原审（兼理司法之县知事）更审，经原审以一事不再理为理由批驳后，当事人仍不具状上诉，该案是否即永不确定？又原审于批驳此项请求时，并于批内以案经判决"如有不服，只能上诉，不能更审"等字样，指示上诉，该当事人仍不上诉；迨经过多日，他方请求执行，始声明异议，是否亦因该当事人曾具有请求复讯之诉状，无论经过若干日，均认为不确定？再县知事判决民事案件，应以牌示判词之翌日起算上诉期间。惟虽未牌示判词，当事人具有遵结并各抄有判词，乃经过数月或数年，始行声明上诉，其上诉应否认为合法？敝厅现有以上各种悬案，亟待解决，敬乞迅赐解释，俾便遵循，实级公谊。

此致大理院！

■ 统字第731号

民国六年十二月三十一日大理院复江苏浙江安徽黑龙江高等审判厅函

径启者：

迭接江苏公函第四〇一号、安徽公函第一〇九号、浙江公函第二九九号、黑龙江蒸电函、电开，关于通常及缺席判决，不无疑义等因到院。

查本院统字第五九八号解释第一条注意乙项内，列举通常判决之例有三种，即（一）当事人一造虽不到场，仍系依据法理判断；（二）或依据当事人已到场时之辩论判断；（三）或依据凭证判断等项，均非本于缺席之效果而为裁判。纵原判误称缺席判决，仍不外通常判决之一种，应准上诉等情。此所谓"通常判决"，固不必即认为合法，因系本于现在审判厅实际情形立言，故即令该通常判决为不合法，要不能即以缺席判决论，自无可疑。凡审理事实之审判衙门，以言词辩论主义为原则，非法有特别规定（或经判例解为合法之时），在判决程序，自不得不依法传唤两造到庭，令其各尽攻击防御之能事，断不得仅听一面之词，或为先后辩论，或隔别讯问，而使当事人发生一种偏颇不公之感想。故当事人一造若于续行辩论日期，经合法传唤不到场时，则除依法为缺席判决（参照后段说明）外，仍应令该造续行到场，尽其陈述（但声明陈述已尽，或实系无可辩论者，不在此限），而后为通常判决。概言之，通常判决，必本于两造辩论（就证据调查及其事实上、法律上之理由，实行攻击防御，或其对答之陈述）之结果者而后可。反是，虽因其判断并非本于当事人之一造不到场之效果，而仍可视为通常判决，便宜上许其上诉，但不得即谓为合法。此理于该号解释文件第一条注意丙项，已略示其梗概。对于此种不合法之通常判决，如在控告审衙门，应查明其是否于废弃原判后，仍应发还第一审更审之件（控告审得发还第一审更审之例，系有限制，兹不具论）。如并非应行发还更审，即应本于控告审为第一审辩论再开之特质（继续辩论主义），自行依法令两造辩论，为之裁判。如在上告审，除因法律问题，有时或径予改判，或驳回上告外，应将原案发还控告审更为合法审判，此为诉讼法则至当之条理，亦即本院历来所采用者也。

至于缺席判决，乃对于上开法则之特例，但必其判断系本于当事人一造缺席之效果者，斯得适用该项程序。否则，对于原、被告或上诉、被上诉人有为片面或先后或隔别审理，其裁判根据，并不在缺席一造不到场之效果者，虽不合法，仍均不得谓为缺席判决。其在人事诉讼，对于原告或上诉人，因其受合法传唤而不到场，得为缺席判决；至对于被告或被上诉人，则因人事诉讼程序，完全采用职权主义，无所谓自白，更无所谓推定自白，故得依据职权，于一造受合法传唤而不到场之时，就到场之一造，为片面审理。此种裁判，当然仍为通常判决。若在再审案件，因再审系一种诉之性质，故提起再审之人，即为原告，而其对造则为被告，与原案之原被告无须一致也。至现行《审判厅试办章程》第三十九条有即时判决之规定，其第一款及该章程第六十七条，虽与诉讼法理所称缺席判决同其性质，可以缺席裁判论，若其第二款，则被告并未因其不到场而得不利益（推定自白）之结果，故该裁判仍为通常判决之一种。又或适用该条对于无确切凭证之原告，虽于被告未经到场之时，亦得为驳回之判决，此种判决自亦通常判决之一种，应准败诉人一律依法上诉。尤应注意者，即《试办章程》既有第三十九条第二款规定，凡在审判厅如于被告或被上诉人不到场时，欲依据条理而为缺席判决，除应备条理上必须各要件外，仍应其原告或上诉人一面提出之证据（即应对造缺席，可不问其提出之反对证据如何），依审判衙门调查结果所得之心证为确凿可信者而后可，否则与法律上无理由者同其办法，仍应以通常判决，驳回其请求或上诉。此本于现行法上之解释，而于我国现情，尤为适当者也。又查原告或上诉人缺席时，除依法应再予依法送达传票予以警告外，对于原告或上诉人所持之理由及凭证，并无必须调查之明文，亦尚无准许为被告或被上诉人败诉之判例。凡此种种，均关于通常或缺席判决之法理。本院为析疑起见，故特引申其义，并案解答，即希贵厅查照可也。

此致！

■ 统字第 732 号

民国六年六月二十九日大理院复吉林高等审判厅函（补录）

径启者：

接准贵厅民字第六四号函开：例如，甲、乙父子同居共财，置买产业，多半系乙领名。甲后纳妾丙，甲已与丙置买田产，并赠与银两。乃临终时，又暗立遗嘱，将其自置及其子乙出名购置田产数处，估值十数万吊与丙。乙及其家属均不知情，亦无亲族作证。对于此项遗嘱，应否有效？有三说焉：（甲）无效说。有二理由：（一）田产契内，既系乙出名置买，即应认为乙有。纵系甲钱置买，亦含有一种赠与性质。已赠于乙者，断不能再赠于丙。（二）遗嘱赠与，本非中国社会惯习，法律亦无明文规定。有之，必须利害关系人之同意，方能有效。兹甲于生前已与丙置备田产，赠给银钱；甲故后，但使乙竭尽抚养义务为已足，无再赠与财产之必要。况遗嘱虽甲亲书，与有利害关系之乙，既未商明，亦无亲族作证，纯系一种乱命，与社会心理背驰，当然不能发生效力。（乙）有效说。有二理由：（一）谓家政统于至尊。甲为家长，当然有处分产业权利。乙处卑幼地位，无论财产是否乙名，甲既赠与与人，乙无反抗之权。（二）遗嘱赠与，旧法虽无规定，究为判例所许可。

既证明系甲亲立字据，无论乙是否同意，亦应认该为遗嘱为有效。（丙）折衷说。谓子承父业，虽为中国惯习，遗嘱赠与，亦为判例所许，应按遗嘱中所载财产，系甲名置买者，认其遗嘱处分为有效；系乙名置买者，仍归乙所有，甲无处分权。以上三说，究应以某说为适当？案关法律解释，相应函请钧院解释示遵等因到院。

查来函所称乙出名之财产，如别无可认为甲之财产之根据，自系乙之私产，则非得乙之同意，即未便听其处分。反是，如果确系遗产，则甲亦应于不害应继遗留分（据本院判例，本于立嫡子违法条例第一条末段之类推解释，遗留分须与得处分之遗财不失均衡）之限度内，为处分之行为，否则不能对抗其承嗣之乙。至为人妾者，由其家长承受之赠与及遗赠，依照律例，自须为其已故家长守志，始能继续享有。相应答复贵厅查照可也。

此致！

■ **统字第733号**

民国六年六月二十九日大理院复江苏高等审判厅函（补录）

径启者：

接贵厅六年第五八三号函开：案据泰兴县知事王元章五月艳日快邮代电称，"今有甲于六十年前将房屋典质于乙，而随房基地并未列入契内；后甲、乙因回赎争执，双方诉讼，甲受终审败诉之判决，房屋不能主张回赎，而未经列入契内之随房基地，并未经过裁判，甲有无请求收回之权？谨请函转解释示遵"等情到厅，相应函转并请迅于解释，以便令遵等因到院。

查随房基地，如果并未在典质范围之内，自不发生回赎问题；如已与房屋同时出典，而未经列载契内，自应与房屋同论。惟既未经裁判，并不能解释为包括于前判之内，则除依法请求补判或另行诉理外，未便以前判为根据，并予强制执行。相应答复贵厅转饬查照可也。

此致！

■ **统字第734号**

民国六年六月二十九日大理院复湖北宜昌高等审判分厅电（补录）

湖北宜昌高等审判分厅：

马电悉！所称判词，如确系终结判断，非当然无效。

大理院艳印

附：湖北宜昌高等审判分厅原电

大理院鉴：

清初级审厅民事判词，式同堂谕，未依《试办章程》第三十八条，是否有效？迄径示遵。

宜昌高审分厅马印

■ 统字第 735 号

民国六年六月二十九日大理院复浙江高等审判厅函（补录）

径启者：

准贵厅第一八九号函开：案据吴兴县知事电称，"今有甲屡次盗取乙田内泥土，以增倍己田，被乙撞获，是否成立窃盗罪？于此有两说焉：一谓，据学说法理，窃盗罪之客体，限于动产。田土属于不动产，当然不成立窃盗罪。乙只能以民事请求损害赔偿。一谓，窃盗客体，虽限于动产，惟田中泥土，仍系不动产内一部分之动产，如屋内之砖石等。甲之行为，亦应成立窃盗罪。两说未知孰是。又现行律载'孀妇改嫁，应由夫家父母主婚。'今有孀妇甲，早与其姑乙分居各炊，而甲自愿改嫁与丙，有媒有证，乙并不同意，乃以被丙奸诱起诉。甲与丙之婚姻，是否因缺主婚要件，作为无效？抑因甲、乙既不同居，可作有效？倘应撤销其婚姻，甲、丙是否成立和奸罪？抑应再科丙以和诱罪？律与判例，均无可考。吴邑现有以上两种案件，亟待解决，敬电请示，或请转大理院解释，均乞指遵"等情前来。据此，本厅查贵院有统一解释法律之权，相应备文函请解释见复，以便转令遵照等因到院。

本院查盗取田内泥土，应构成窃盗罪，以第二说为是。又查律例'孀妇改嫁，应由夫家祖父母父母主婚。'若未得该主婚权人同意，遂为婚姻者，则主婚权人得请求撤销，惟并非当然无效，其撤销效力，自亦不能溯及既往。又孀妇若不仅与夫祖父母、父母异居，并已与其家断绝关系者，不应再适用此项主婚之规定。且依律应有主婚权人同意者，若主婚权人恃权阻难，并无正当理由，亦可依照本院四年十二月二日统字第三七一号解释办理。本件甲、丙间之婚约，既有正式媒证，在未经乙合法请求撤销以前，尚系有效，其行为即非法律所禁止，并无犯罪可言。相应答复贵厅转饬查照可也。此复！

■ 统字第 736 号

民国七年一月二十六日大理院复江西高等审判厅电

江西高审厅鉴：

筱电悉！管辖区域境界不明，既经决定指定甲县，即就该争地取得土地管辖权，其后行政衙门虽已另定境界，亦毋庸移归他处审判。

大理院宥印

附：江西高等审判厅原电

大理院鉴：

讼争两县辖境不明之土地所有权，经决定指定甲县管辖，嗣由行政衙门详查，确定该土地系在乙县辖境内，该案应否依专属管辖规定，移归乙县管辖？乞速电示。

赣高审厅筱印

■ 统字第 737 号

民国七年一月三十日大理院复四川高等审判厅电

四川高等审判厅：

艳电情形，乙之判决既经确定，只能依非常上告救济。至甲之判决确定后，仍得提起公诉。

　　大理院卅印

　　附：四川高等审判厅原电

　　大理院钧鉴：

　　甲、乙均未经原检察官起诉，被处罪刑，仅甲控诉，乙应如何救济？又如前例，甲经判决驳回公诉，确定后能否再提起公诉？乞电复。

　　四川高审厅叩艳印

■ 统字第 738 号

民国七年一月三十一日大理院复京师高等审判厅函

　　径复者：

　　准贵厅函开：查《暂行刑律》第二十五条规定，俱发与累犯互合者，其俱发罪，依前二条之例处断，与累犯罪之刑并执行之云云。今有人前犯甲、乙二罪，乙罪先发，已经确定审判，于执行完毕释放后复犯丙罪，与甲罪同时发觉，审理结果，丙罪应处有期徒刑，甲罪应处无期徒刑，则甲、乙两罪，应依《刑律》第二十四条适用同律第二十三条第二款，更定为执行无期徒刑，自无疑义。惟甲、乙、丙三罪，既系俱发与累犯互合，是否仍受第二十三条第二款前半之限制，仅应谕知执行无期徒刑？抑依第二十五条并执行之规定办理？相应函请予以解释，悬案待判，迅赐见复，以便遵循等因到院。

　　本院查本案情形，应依《刑律》第二十五条并执行之。相应函复贵厅查照。

　　此复！

■ 统字第 739 号

民国七年一月三十一日大理院复江苏高等审判厅函

　　径复者：

　　准贵厅函开：江苏灌云县现划归江北高等分厅管辖，前本厅判决成君殿不服灌云县判决强盗罪一案，现经钧院发还更审，应否由本厅继续受理？或移付江北高等分厅受理等因到院。本院查发还更审之件，毋庸移付分厅审理。

　　相应函复贵厅查照。

　　此复！

■ 统字第 740 号

民国七年一月三十日大理院复江苏高等审判厅函

　　径复者：

　　准贵厅函开：甲于再犯时，始发见初犯之判决并未宣示及牌示，其初犯之判决，是否认为无效？甲应否［以］再犯论？又甲初犯徒刑改易笞刑，其所受笞刑，应否认为已受徒刑之执行？悬案待决，乞赐解释等因到院。

　　本院查未宣示及牌示之判决，自属无效，则甲不能认为再犯。又依《易笞条例》由徒刑改受笞刑，应以受执行徒刑论。相应函复贵厅查照。

此复！

■ 统字第 741 号

民国七年一月三十日大理院复浙江高等审判厅函

径复者：

准贵厅函开：案查控诉审审理刑事案件，因更换陪席推事更新审理，控诉人或被告人之年龄、籍贯、职业及控诉意旨犯罪事实均已重行讯问，惟前审业经到案之证人，未曾传讯，是否认为已履行更新之程序？事关解释法律，本厅现有此项疑义待决，相应函请查核，希即迅予电复，无任盼切等因到院。

本院查更新审理，应于诉讼记录内记明更新程序。更新后，既采为本案证人，仍应传讯。相应函复贵厅查照。

此复！

■ 统字第 742 号

民国七年一月三十一日大理院复总检察厅函

径复者：

准贵厅函开：据江西高等检察厅转据九江地方检察厅呈称，"窃查《刑事诉讼律草案》规定，预审系检察官职权，而依现行法制，预审属审判厅，大抵犯罪不能证明或证据不充分者，多为免诉之决定。设有甲经审判厅预审决定免诉，确定后，忽自白犯罪事实，核与该草案有效之第四百四十六条第二项，虽属相当，然请求再审则无确定判决，且与该项第一款所规定免诉之条件，似不相同；请求再诉，则非驳回公诉之决定，与该草案第四百三十五条亦不相合。遇有此等案件，究应根据某种法令，送请审判，以符有罪必罚之原则？事关适用法律上之疑义，理合呈请钧厅转呈总检察厅核示，或函院解释，俾有遵循"等情。据此，查该厅所呈情形，系决定免诉业已确定后，发见犯罪事实，与判决确定请求再审之条件，既不相同；即按诸再审之规定，《刑诉律》第四百三十五条又限定审判衙门依第三百十九条以决定驳回公诉之案件，亦不相符。《刑诉律草案》原以预审属检察官职权，故此类事实，于条文上不无窒碍之处。惟查审判厅第二审判决案件，间有以初判证据不确，于主文内宣告由原检厅另行侦查起诉。本件情形，对于原决定，既无适当条文可以引据，可否照上述办法，由原检察官单独另行起诉，径送公判？事关适用法律上之疑义，理合呈请核示，或函院解释令遵等情。据此，查事关法律解释，相应据情函请查核见复，俾便转饬遵照等因到院。

本院查审判衙门此种预审决定，自可认为《刑诉草案》再理编再审章之判决，合于该章再审条件者，得请求再审。相应函复贵厅转饬查照。

此复！

■ **统字第 743 号**

民国七年一月三十一日大理院复贵州高等审判厅函

径复者：

准贵厅函开：案据贵阳地方审判厅呈称，"窃查妇女对于他人强奸犯罪行为，或于事前帮助，或于实施之际帮助，或教唆强奸，是否照《刑律》第六章共犯各条分别科断？抑或以女子性质，不能为强奸犯罪主体？属厅近曾发见妇女帮助强奸之案，理合具文呈请核释"等情。据此，相应函请解释，以便转令遵照等因到院。

本院查妇女亦得为强奸罪共犯。原呈情形，自应依《刑律》第六章分别处断。相应函复贵厅转饬查照。

此复！

■ **统字第 744 号**

民国七年一月二十八日大理院复福建高等审判厅函

径复者：

准贵厅六年审字第七六三号函开：据寿宁县承审员沈必达呈称，"查《清理不动产典当办法》第二条前半规定，'典产自立原约之日起，已经过六十年者，不论期间有无加典或续典情事，概作绝产论，不许原业主再行告争。'又第九条规定，'本办法所定各节，各省已另有单行章程或习惯者，仍从其章程或习惯办理'等语。闽省从前既无颁行此项单行章程，关于审理不动产典当案件，自应参酌地方习惯办理。惟查寿宁民间典当土地房屋习惯，除业经找贴作绝或契载逾期不赎不准取赎外，其他普通之典当，无论中间贴借若干，倘原主备足原贴价额，则虽立约日期远在六十年以上（并无限制），典主亦应听其取赎，不得搁留。此种事实，确为该地人民历来施行，共信有拘束其行为之效力。依第九条规定，当然可以采用，以为判断之根据。而说者或谓，第九条规定，固为本法之例外，而适用例外时，仍当注意原则连带解释，方能贯彻立法之精神。例如第二条绝产期限定为六十年，倘地方习惯为五十年或七十年者，则与该条规定之精神相合，可以依照办理；反之，而为无限制习惯之场合，则典主权利，将永陷于不确定状态，与社会取引之安全，殊多妨害，即属不能采用。且各地方类此者颇多，倘尽可行，本法将同虚设，罕有实行之机会，未免违背立法之本意。以上二说，孰是孰非，未敢臆断。寿署现有此种案件，适用法律，颇滋疑义，理合具文呈请钧长查核。恳将该法第九条习惯二字俯赐解释只遵等情到厅。查原呈所称各节，全关法律解释。究竟如何办理，合行函请钧院解释示遵"等因到院。

本院查《不动产典当办法》，原为确定典主之权利，藉以保护交易之安全而设，故其第九条之规定，自指不及六十年回赎期间之习惯而言；其永久准许回赎及长于六十年回赎期间之习惯，既与该办法立法之精意有违，则自该办法施行后，自不能认为法则，予以援用此种解释。本院已有判例，希即转饬遵照可也。

此复！

■ 统字第 745 号

民国七年一月二十九日大理院复江苏高等审判厅函

径复者：

准贵厅第五十七号函开：案奉江苏省长公署第一六三号指令，金山县知事呈黄光裕等呈称，"对于现行《省议会议员选举法》有二疑义，据情呈请解释由。奉令开据呈已悉，交高等审判厅核议复夺此令，原呈抄发等因。奉此，查原呈略称，（一）《省议会议员选举法》第九十条规定，'选举人确认办理选举人有舞弊及其他违背法令行为，得自选举日起，初选于五日内向地方审判厅起诉，复选于十日内向高等审判厅起诉。'惟此项诉讼，是否应依通常程序办理，得于法定期间为上诉行为？（二）同条第二项规定，未设审判厅之处，得向相当受理诉讼之官署起诉。查《县知事兼理司法暂行条例》第一条规定，是县知事为相当受诉官署，毫无疑义。特办理初选事务，系县知事为监督，纵使其他办理人员有舞弊及违法行为，县知事自当分担责任。今以县知事审理初选诉讼，不啻自为判事，自为被告人，欲其不偏，实所不能。是否应予回避，另于其他相当官署起诉？上述二疑点，应请予转详解释等情。事关法律解释，相应函请贵院核示办理，以凭呈复转饬遵照"等因到院。

本院查参、众两院议员选举法之选举诉讼，不得援用普通上诉程序提起上诉，系于民国六年四月二十五日经大总统准国会议决法律公布有案。关于《省议会议员选举法》之选举诉讼，既无此项法规，自无禁止其上诉之理。至初选事务，既系县知事为监督，若以之为被告提起诉讼，自可依《民事诉讼法草案》指定管辖规定，声请指定管辖。相应函复贵厅转饬遵照可也。

此复！

■ 统字第 746 号

民国七年二月二日大理院复吉林高等审判厅电

吉林高等审判厅：

漾电悉！所询情形，既不合于选举诉讼，又非侵害私权之诉，审判衙门自不能予以受理。

大理院冬印。

附：吉林高等审判厅原电

大理院鉴：

议员兼差，候补议员要其辞职未遂，兴讼法庭，应否受理？请速示遵。

吉林高审厅漾

■ 统字第 747 号

民国七年二月十四日大理院复总检察厅函

径复者：

准贵厅函开：案查以伪造契据投税经官署黏尾盖印者，应以《刑律》第二百四十三条及第二百四十一条之俱发罪，依第二十六条处断，业经贵院于四年统字第二百八十号解释在案。唯私文书与公文书合体之时，例如以地契投税经官署黏尾盖印后，复就此项地契伪造，或就旧有盖印之契纸变造，其行为是否即构成第二百三十九条之罪？查贵院三年上字第四百零五号判决，对于上开各节，虽认为犯伪造公文书罪，然四年统字第二百八十号解释，并未连类说明，以后判例有无变更？相应函请核示见复等因到院。

本院查伪造契据投税经官署黏尾盖印者，应依《刑律》第二百一十六条，比较第二百四十一条，第二百四十三条，从一重处断。伪造变造已黏尾盖印之地契，应依第二百三十九条处断，本院判例解释，均无变更。相应函复贵厅查照。

此复！

■ 统字第 748 号

民国七年二月九日大理院复山东高等审判厅电

山东高等审判厅：

宥电情形，法无明文规定，合议独任均可。惟此等较为重要之裁判，务宜用合议制。

大理院佳印

附：山东高等审判厅原电

大理院钧鉴：

地审厅预审推事经声请拒却，拒却裁判，应合议，抑独任？乞电示。

山东高等厅审判宥印

■ 统字第 749 号

民国七年二月十四日大理院复热河都统署审判处函

径复者：

准贵处函开：兹有甲、乙二人与丙、丁等同谋在途行劫，惟上盗时，甲、乙二人在半途等候，并未在场实施，及丙、丁等劫获马匹，甲、乙又为帮同赶马，俟分赃物，甲、乙二人，应否作为帮助丙、丁等于实施行为中之准正犯？抑应视为事前帮助正犯之从犯论罪，并将事后搬运赃物照俱发罪办理？相应函请解释示遵等因到院。

本院查强盗事前同谋，事后得赃者，以共同正犯论。相应函复贵处查照。

此复！

■ 统字第 750 号

民国七年二月十四日大理院复吉林高等审判厅函

径复者：

准贵厅函开：案据长春地方审判厅呈称，"窃职厅审理案件，发生疑问，设例如下，甲、乙共同侵入某丙第宅，窃得衣物，甲将分得赃物，寄存同居胞弟丁之卧室，甲、乙成立《刑律》第三百六十八条之罪，丁成立第三百九十七条之罪，惟对于丁之处刑，有二说焉：（子）说丁知情受寄同居胞弟甲所窃赃物，自应按照同居亲属，适用第四百零一条及第三百八十一条之规定，免除其刑；（丑）说丁与甲虽系同居亲属，然对于丙并无身份之可言，自应将丁援引第三百九十七条，处以普通受寄赃物罪。盖以四百零一条所以援照第三百八十一条之规定者，核其立法本意，被害人与行窃者及受寄赃物之人，均有直系亲属及同居亲属之关系，始可适用，非行窃人与受寄赃物人系同居亲属所可比照，故丁不能援照上项规定免除其刑。二说孰是？殊难解决，理合呈请迅赐解释，指令遵行"等情。据此，相应函请贵院迅赐解释，以便转令遵照等因到院。

本院查本案情形，以子说为是。相应函复贵厅查照。

此复！

■ 统字第 751 号

民国七年二月十四日大理院复山西高等审判厅函

径复者：

准贵厅函开：设有某甲以煤油二十筒，雇脚户某乙运送，发单载明遗失煤油，照价赔偿，而某乙于中途发见二十筒中之一筒，装有银圆，遂买煤油一筒易之，于此有二说：第一说谓，某乙所管有者，系煤油而非银圆，只构成《暂行新刑律》第三百六十七条之窃盗罪；第二说谓，某乙之行为，因管有而发生，应构成第三百九十二条第一项之侵占罪。上列二说，以何说为当？事关法律解释，相应函请迅予解释等因到院。

本院查本案情形，以第二说为是。相应函复贵厅查照。

此复！

■ 统字第 752 号

民国七年二月十四日大理院复江苏高等审判厅函

径复者：

准贵厅函开：案据上海地方审判厅长陆守经呈称，"兹有甲之沙船，受某公司雇佣满载纱布放洋，为风吹折桅杆，势将倾覆，乙沙船经过该处，将甲船之舵工等悉数救上乙船，甲船舵夫等咸感其恩，即将所载之布多疋赠与乙船，乙船舵夫于受赠外，擅取甲船所剩之布多疋。其擅取时，亦明知为某公司所有物，嗣经某公司查知，告诉检察厅提起公诉，甲船舵夫之犯侵占罪，固无疑义，乙船舵夫于受赠外擅取布疋应构成何种罪名，于兹窃有二说：（第一说）甲之沙船虽未沉没，而其时已陷于重大危险，甲船舵夫，已失其管有之能力，乙船舵夫虽明知为他人所有物，而侵占于无人管有之时，当然构成《刑律》第三百九十三条或属于他人物权而利其管有之主要条件；（第二说）《刑律》第三百九十三条列举之遗失物、漂流物离其管有之财物，皆系不知物之权原属于何人，例如甲盗窃得赃物，藏于山穴之中，乙经过不知其为何人所有而侵占之，方可谓为侵占离其管有之财物。若明知为若人所有物而擅取之，则所有者虽一时失其持有，而擅取者之行为，当构成《刑律》之窃盗罪。本案乙船舵夫，擅取甲船之沙布，明知该布为某公司之所有物，核与第三百九

· 661 ·

十三条之主要条件不符，惟其时甲船并未有人居住及看守，应以第三百六十七条论罪。属厅现有上开疑问，为此呈请钧厅转函大理院请予解释"等情。据此，相应函情钧院解释见复，以便转令该厅长遵照等因到院。

本院查本案情形，乙船舵夫，应以《刑律》第三百六十七条之罪论。相应函复贵厅转饬查照。

此复！

■ **统字第 753 号**

民国七年二月九日大理院复浙江高等审判厅电

浙江高审厅鉴：

马代电悉！所称情形，自系立法缺陷，分厅并无另庭，又不能依《编制法》五一条代理者，自可依照该法五二条由本厅代理审判。惟未经部定有案者，仍应经部核准，报院备案。

大理院佳印

附：浙江高等审判厅原电

大理院钧鉴：

查司法部第二六七号饬文，内载千元以下控告案件，业经判决在上诉期间内，或由院发还更审者，仍准上告于大理院，其尚未判决，业经控告到厅者，即在各该厅另庭受理上告等语。现浙江省高等审判分厅，除以资深推事一员充该厅监督推事外，其余仅有正推事二员，候补推事一员，民刑事并未分庭，如遇有另庭受理之上告或抗告案件，而原厅推事，又大半为参与前审之推事，已不能为另庭之受理，此时若由高等本厅受理，是否与前开另庭受理之办法相合？悬案待决，务希迅赐解释，以凭遵办。

浙江高审厅马印

■ **统字第 754 号**

民国七年二月十六日大理院咨司法部文

为咨行事：

接准贵部本年第二九号咨开：安徽高等审判厅关于官厅与人民间因债权所生典当纠葛，应否归入行政处分？请求解释之件，查国家在法律上，原有两种资格，一为公法上之国家，一为私法上之国家（学者特称之为非司库司以别于公法上之国家）。公法上之国家，对于人民为权力服从关系，于一定限度内，固可用其强力；而私法上之国家，则与普通人同，其与人民间之权利义务本属对等关系，无所用其强力。盖非司库司如亦滥用强力，徒使民间不堪其扰，压力所施，影响于民心归向者尤非浅鲜，而国家现实所受之利益，则甚轻微，此为文明各国所不取，亦即为立宪制之精神所不许也。贵部咨开安徽高等审判厅呈明裕皖官钱局与崔经训堂崔晓涛等因抵押关系之纠葛，纯为国家与人民间之一种私法关系，不能认其收产行为，即为行政处分，业经本院于上年十二月二十一日答复该厅请求解释在案。兹又准贵部咨请解释前来，本院实有不能已于言者，近日行政衙门，因眩于一时之利便，对于人民之行为，即令事关私权，辄谓为行政处分，拒绝司法衙门审判，一若行政官吏对于人民，无事不可施以行政处分，即无事可容司法衙门干涉者，不得谓非误会，盖行政处分，乃国家本于其行政权之作用，对于人民，命其为一种作为或不作为，或对于人民为一种许可或免除，又或对于人民付与一种权利或剥夺其所与之权利，纯为国家在公法上之地位，始能有之动作。至于国家与人民私法上之关系，自不容以强权侵害人民（契约相对人及第三人）之利益，不能以其为国家之故，遂可无一不特异于常人也。前财政部呈准《大清银行清理商欠没收抵产办法》，姑假定其与《约法》并无抵触，应属有效，而该办法既明题为《大清银行清理办法》，则其适用，当然亦只限于大清银行，他银行及官钱局别无明文，即难藉口。况即退让一步，再说该办法之内容言，既仅限于债务人所有之产业应受拘束，而在该产业上第三人若确有权利者，自无并禁其提起民事诉讼之理。至财政部呈准《各省查追官产办法》，其理亦正相同，仍只限于其所有权已归公家而被人民侵占冒认者，始行适用。且该办法中，固已承认国家如为私法上行动时，仍应凭诉讼解决。兹裕皖官钱局因抵押关系，将崔经训堂田地收归官有，无非实行其对于崔经训堂之债权，纯为私法上之行动时，有何疑义？该案崔晓涛与崔杨氏有无串通情弊，诚属疑问，审判衙门，自应秉公迅速审断，而行政衙门藉口于行政处分，拒不遣员到案，究属不合。总之国家与人民，既立于私法上对待之地位，即不得偏重一方，如滥用强权，虽足以扩张收入，而易地以观，岂得为平？立宪国家尤宜体恤民隐，以符法治之实，故本院不惮烦言，应请贵部咨明财政部，并转令该厅查照可也。

此复！

附：司法部原文

司法部为咨行事，案据安徽高等审判厅呈称，奉安徽省公署令开，准财政部咨开，据安徽财政厅呈称，"案查本厅接管卷内，芜湖崔经训堂于光复前在和县开设汇公典一所，与芜湖裕皖官钱局往来用款，积欠过多，曾于辛亥年六月，将崔经训堂田契四纸，交该局作抵押品，嗣经迭次结算，该欠户始则一味延宕不清，继则赴县朦补该田执照，经本厅查悉，即于民国四年六月，援照钧部呈准《大清银行清理商欠没收抵产办法》，饬由芜湖县知事，将该欠户抵押田产，照行政处分没收，由本厅按年派员会县收租，曾经呈报省长公署有案。讵本年九月十六日，接芜湖地方审判厅来函，据崔晓涛以质权被占佃人揩租状诉本厅，及佃户朱国钧等请本厅委派代理人具状答辩，以便到庭主张一切等因，并抄送诉状一纸到厅，当以此项欠款抵押物，业已依法办理完竣。今崔晓涛在该厅诉称民国二年曾典受崔杨氏十里铺田一百亩，在本厅执行崔田之内等语，究之崔晓涛典受崔杨氏之田，无论其事之有无，及是否在本厅执行之内，亦只崔晓涛与崔杨氏直接关系，与本厅无涉，实未便派代表到庭，更无答辩之必要等语函复去后，旋准该厅来函，以此案准复前因，已据复呈请高等厅核示，兹奉高等厅令开，呈悉民事被诉人对于被诉事体，无论有无理由均不得拒绝为案内当事人，仰仍通知依限到庭辩论，如再行拒绝，应查照缺席裁判程序办理此令等因，奉此。现本案定于本月二十七日开庭审理，除票传原告崔晓涛及被告朱国钧等依限投讯外，相应函请贵厅届期委派代理人到庭辩论，主张一切，以凭核办等因到厅，准此。查此项田产，既抵押裕皖官钱局在前，当然取得债权资格，本厅前遵大总统公布批准《清理官款官产办法》，照行政处分没收押产，并无不合，崔晓涛如果有续典该田情事，系属另一问题，应由该厅传知崔杨氏到庭，退还典价，以清手续。若本厅必照司法诉讼手续派代表答辩，将来清理公款，窒碍良多，除电复该厅没收押产似应归行政处分，崔晓涛案本厅应否派代理人到庭，已呈请钧部暨省长核示外，理合具文呈请仰祈鉴核令指遵行等情"到部。查办理官有产业，应归行政处分，久经本部呈奉大总统批准在案，原为各产辗转太多，诉讼手续太繁，牵涉传审，有碍清厘起见，崔姓押产久不取赎，该厅当然没收，至崔小涛典受杨氏田亩，自系崔晓涛等双方之直接关系，该厅实无派人答辩之必要，除批示外，相应咨请贵省长饬知高等审判厅转饬知照，并希见复，至级公谊等因到署，准此。除咨复外，合亟令行仰即转饬遵照办理等因，奉此。职厅查现行法例，公法人为私法上之行动，亦应立于私人地位，受民事法规之支配。本案崔晓涛诉称安徽财政厅查封马村庵民田一百九十九亩三分之一业内有一百亩，曾经由业主在杨氏手典受，请求判令拨还，其所缮诉状，明列安徽财政厅为被告人，其所诉无论有无理由，普通司法衙门，苟非有法令根据，势难拒绝受理。今安徽财政厅不肯应诉，谓系援照财政部呈准《大清银行清理商欠没收抵产办法》及《清理官款官产办法》，查民国四年七月三十日，财政部呈准《查追大清银行商欠及没收抵押各产办法》，其所定没收之范围系指直接债务人之产业而言，在债务人固应受此项办法之拘束，若同一产业上，另有第三人之权利存在，该第三人能否以私权被侵害为理由，提起民事诉讼？原呈并无限制明文，不无疑义。且原呈所拟办法，系专为清查大清银行款项而设，则依据该办法没收抵押品时，亦当然以欠户抵与大清银行之产业为限。本案安徽财政厅清理裕皖官钱局押款纠葛，似与前项办法毫不相涉，即查财政部呈准各省查追官产，拟归该管地方行政官厅办理，无庸交由法庭审判，原文内亦系指官产久失清理，致被人民侵占冒认，或佃户霸庄欠租等事而言，显与因债权关系抵押之私人产业有别。又财政部公布之《管理官产规则》、《清查官有财产章程》、《清查官产处章程》、《官产处分条例》、《清查公款章程》各规定，亦无没收押产办法。安徽财政厅对于本案，自称取得债权资格，又谓照行政处分没收，似于公私法上，微有误会。财政部主张应归行政处分，又系根据官有产业办法，职厅详察本案大体，裕皖官钱局对于崔杨氏土地上有无正当之担保物权，尚未明白，似不得即确认为一种官产。究竟财政部以官厅与人民间因债权所生之典当纠葛，归入行政处分，是否有法令可资依据？理合抄具该案原状词，备文呈请转咨大理院解释后，再行饬由职厅转行芜湖地方审判厅遵照等情到部。据此，相应抄录原状词，咨请贵院解释见复，以便转令遵照。

此咨大理院长！

■ 统字第 755 号

民国七年二月十八日大理院复安徽高等审判厅函

径启者：

接准贵厅六年第三八五号函开：案据怀宁地方审判厅长程文焕呈称，"设有甲、乙两造，因民事在兼理司法县知事公署涉讼，经县判决，甲胜乙败；乙旋在县呈请复讯，县又批准。甲赴有管辖权之地方审判厅声明抗告，由厅查核，认为案已确定，决定将县批撤销，谓应照判执行；乙接地方厅决定后，向高等审判厅抗告，经高等厅决定驳回；驳回后，乙复向地方厅声请控告，地方厅据甲呈验原县判决印谕，认为控告逾期，复予决定驳回；乙又向高等厅抗告，又经高等厅决定驳回。嗣乙更以原县堂谕既未牌示，又未送达，旋即呈准该县补行送达，计补行送达之日，距至地方厅声请控告之日，并未逾法定上诉期间，请予再审前来，地方厅更予批驳，乙更向高等厅抗告，高等厅以甲前呈验原县印谕，究系如何发给，不无疑窦，决定撤销地方厅批示，指示由地方厅调查后再为决定，地方厅于此场合，究应如何办理？有二说焉：一说谓，民诉法理，再审之诉，类对于确定之终局判决为之，今乙既以县判并未确定为理由，乃反声请再审，此不合者一。地方厅既未为第二审判决，依法即不能向该审判衙门声请再审，此不合者二。有此两端，应予决定驳回，无调查之必要。一说谓，推测乙之本意，明系声请回复上诉权，不过诉讼人法律知识幼稚，误用'再审'字样，应予调查，如所称收受送达期日果实，可即按控告案件受理。总上二说，似以第二说为较胜，惟地方厅若调查属实，准其作为控告受理，则高等厅前两次驳回抗告之判定，遂致毫无效力，似又于法不合，就两说以权衡之，均难认为适当。本厅现有此种案件，亟待解决，事关法律疑问，拟合呈请钧厅鉴核，俯赐转请大理院解释示遵，实为公便"等情。据此，相应函转解释，以便饬遵等因到院。

查声请回复原状，应否限于未经该审判决以前（即与声明上诉同时为之），本为立法政策之疑义，惟查照我国现情，该项限制，既尚无明文宣布周知，当此新制试行之际，诉讼当事人实不免常有疏忽。使果有确切证凭，虽在判决之后，亦只有准其声请，该项声请，查明系有理由，即应另行受理上诉，从前驳回上诉之裁判，自属当然失效，历年成例，均属如是。相应函复贵厅转令查照可也。

此致！

■ 统字第 756 号
民国七年二月十八日大理院复浙江第一高等审判分厅函

径启者：

准贵厅七年审字第二号函开：窃《各级审判厅试办章程》第六十五条，凡逾上诉期限而不上诉者，其原判词即为确定，但因天灾或意外事变之障碍，刑事准向原检察厅，民事准向原审判厅声明，查无虚伪仍许上诉等语，是因天灾或意外事变之障碍致上诉逾期者，民事由原审判衙门查无虚伪，仍得回复上诉，自属明了。例如甲、乙、丙、丁四人与子、丑二人因财产涉讼，经第一审判决，甲、乙、丙、丁逾期上诉，第二审漫不注意，予以受理，嗣经上告审审查控告逾期，撤销原判，维持第一审判决。甲、乙、丙、丁四人奉到上告审判词后，具状声明当日向第二审上诉，乙一人行至半途，患病数日，以致逾期。此种案件，可否发交原审衙门调查？

抑径由上告审予以驳回？或上告审发见逾期时，即应发交原审衙门补行调查，再予判决？究竟如何办理之处，相应函请钧院解释，俾便遵循等因到院。

查上告审发见控告逾期之件，如不能仅就原卷解决时，自应查明控告之受理是否果不合法，此项调查，乃以调查原控告审是否违背诉讼程序为范围，并不及于本案事实。故虽上告审亦得为之，既毋庸遽行撤销原判，命控告审更为调查，亦尚难遽予改判（参照《民诉草案》第五百七十九条第二项，第五百七十五条第一项第四款）。来函所称办法，自有误会，惟既经上告审改判驳回控告后，当事人若另件声请回复原状，即应由控告审判衙门受状，查明系有理由，尚可另予受理。至途中患病，应以无代理人可以委任为限，准其回复控告之权。当事人数人中之一人上诉时，除有代理关系外，条理上亦惟必须一致确定之共同诉讼，乃得利益及于未经合法上诉之人（参照《民诉草案》第七十五条）。相应函请贵厅查照可也。

此致！

■ 统字第757号

民国七年二月十八日大理院复安徽高等审判厅函

径启者：

接准贵厅七年第三四号函开：据繁昌县呈称，"有县民潘佩文等与昔存今故之崔骏轩为山税纠葛涉讼一案，经前审检所于民国二年六月二十五日初审判决。潘佩文不服原判，于是年七月十四日法定期间内声明控诉，当经前审检所将本案卷宗，函送芜湖地方审判厅查核审理，因适值二次政变，芜埠独立，案暂中止，厥后秩序恢复，在原控诉人固未赴厅继续催案，在被控诉人亦未来县请求执行原判，迨三年三月六日，准芜湖厅函送谕票一纸，以本案停待已久，无论已未和解，自不能因当事人未经催案，不予催结，嘱即派吏谕饬各该当事人从速赴厅，具状声明，以免久悬"等因到县。准经前任派吏前往传谕两造，嗣据原吏报告，往催数次，潘佩文等未见一面，崔骏轩则称案经断结，款已交官，听潘姓控诉伊不便赴芜具诉等情，禀经前任函转芜湖地方厅将案注销。于三年六月七日，接准复文各在案，迄今时逾三载，各前任知事，均未执行原判，该原被双方，亦始终未经呈催，直延至本年一月六日，始据崔骏轩之子崔思永主张本案早经确定，请求照办执行具状到县知事调核原卷，因当时崔骏轩缴有税款钱二十千文，迄今未据潘佩文等具领，随通知先行领款，再行照案收税去后，兹据潘佩文等以本案诉讼中断，由于二次改革所致，且崔骏轩对于伊等之控诉，初非不知，当时即未答辩，事后亦延不声请执行原判，迄今时隔数年之久，主张相手方已认此案原判为无效，请求由县更始审理，具状前来。知事查本案情形，既经第二审将控诉案注销，则第一审之原判决，当然发生效力，只以前任知事于接准复文后，既不通知两造，亦不立予执行，在当事人又自行抛弃放任，延不具状声请，以至延滞至今，发生异议。若根据《各级审判厅试办章程》第四十一条办理，而该条文又以上诉期满后被告遵断完案为要件，今潘佩文等既未遵断领款，似乎不能适用。若根据《民律诉讼草案》规定之各种时效办理，而该

《草案》又仅适用管辖各节，余均不能援引，且当事人之声请执行原判，应否与其他之诉讼行为，同一受时效之拘束？更属不无疑义。所有本案双方所持理由，究以何造为正当，及现时作何进行，方为合法？案关诉讼手续法上之一种疑问各等情，呈厅转请解释前来，本厅查该案经第二审撤销控诉，已逾数年之久，当事人既未于法定期内声请回复原状，本应发生执行之效力，惟案经撤销后，当事人虽于诉讼行为迟未进行，而原县并未依法送达，该案能否认为已在确定状态中，实不能无疑，理合函请钧院，迅予解释赐复，用便饬遵等因到院。查来函情形，芜湖地方厅将控告一案注销之时，既未经依法送达于当事人，该项裁判，即尚未起算上诉期间，确定效力，自难发生。应即令该当事人补状向原厅声明窒碍，迅予进行审判可也。

此复！

■ **统字第 758 号**
民国七年一月三十一日大理院复浙江高等审判厅函
径复者：

准贵厅六年第五二零号函开：案据第一高等审判分厅呈称，"呈为胪举法律疑义，仰祈查核转请解释事。窃查《刑律》放火决水罪，无共有物之规定。如有故意放火烧毁共有建筑物，是否以他人所有物论罪？如应论罪，则例如甲、乙、丙三人共有一屋，各分数间居住，对于该屋共有之持分，各有财产监督权，甲故意放火烧毁与乙、丙共有之屋，计算法益若何？此应请解释者一。《刑律》第四百零六条第一款之损坏，与第四百零五条第一、第二两项之损害（司法例规系损害，别本系损坏，未知孰是），其解释有无区别？损坏罪之成立，是否以丧失效用为标准（司法公报第四十三期三年上字第五零八号大理院判例，以损坏建筑物要部，丧失效用，罪始成立）？如采丧失效用主义，则建筑物或所有物虽被损坏，而全部或一部之效用，并未丧失，是否可以勿论？此应请解释者二。查《刑律》第四百零八条载，第三百七十八条及第三百八十一条之规定，于第四百零四条、第四百零五条第一项第二项之罪，亦准用之，而第四百零六条之能否准用，并无明文规定。如有损坏共有物，而属于第四百零六条之范围者，是否以律无正条不为罪，抑系该条字句有错误处？此应请解释者三。原告诉人上诉，业经开庭审理，其结果可予驳回之件，如被告人全数或数人尚未到案，是否得依司法部四年五月二十七日之批示（批山东高检厅），用书面审理？此应请解释者四。县知事适用《惩治盗匪法》处死刑之案，经核准衙门饬令再审，县知事就于同案改处徒刑，依大理院统字第三百九十八号之解释，应依《盗匪案件适用法律划一办法》第三条准其上诉，但有人主张该办法第三条之规定，系县知事对于《惩治盗匪法》之案，自始即认为情轻，依《刑律》减处徒刑，或依《刑律》总则减等者而言，至核准衙门发还再审，自不适用。况《惩治盗匪法》第九条之规定，有饬令再审或派员会审，或提交高等审判厅覆审，程序不同。饬令再审或提交覆审，同以司法人员主持审判，则依审级上诉，尚无问题。至派员会审一项，如省长派一委员，与原县知事会审，既非独任制，又非合议制,组织既有参差,且以行政方面人员,与兼理司法人员会审系统,亦嫌紊乱,不如认《惩治盗匪法》第九条为一种特别规定,不适用《划一办法》第三条办理,较为妥洽。司法部四年六月十四日,复江苏高检厅电,主张亦同,据上一说言之,似亦成理。究竟派员会审,其结果减处徒刑之案,是否亦准上诉?此应请解释者六。又有《县知事依划一办法》第三条,减处无期徒刑之案,经覆判审认为失出,发还原县覆审,覆审判决,改处死刑,依《惩治盗匪法》第五条程序办理,核准衙门认有疑误,饬令再审,又改处无期徒刑,是第一次原县判决所处无期徒刑,被告人并无不服,至再审判决处无期徒刑时,忽复声明上诉,是否依该办法第三条仍准上诉?此应请解释者七。以上数端,即祈查核转请解释示遵"等情前来,相应据情函请贵院解释见复,转令遵照等因到院。

本院查第一问题之共有物,应以他人所有物论,其设例仍系一罪;第二问题,《刑律》第四百零五条一、二两项亦系损坏并非损害,该罪之成立,自以丧失效用为标准,但所谓丧失效用,只需丧失其一部之效用,不以建筑物全失其效用为条件,本院前项判例即此意。原文系损坏建筑物之要部,足致建筑物失其效用者,罪乃成立,意义本极明晰,原呈关于此点,不无误会;第三问题,《刑律》第四百零八条所准用之第三百七十八条,乃禁止私有物及电气以所有物论之规定,第三百八十一条,乃亲属相盗免除其刑之规定,与共有物无涉,原呈不免误视条文;第四问题,自可依部批办法,用书面审理;第六问题,盗匪案件减处徒刑,无论审判之形式如何,依《划一办法》,均应准其上诉;第七问题,覆审判决,既不重于初判,则依《覆判章程》第八条规定,不得上诉。除第五问题及第八问题另行核复外,相应函复贵厅转饬查照。

此复!

■ **统字第 759 号**

民国七年二月二十八日大理院复浙江高等审判厅函

径启者:

接准贵厅六年第五二零号函内开:和略诱案件,经被害人为附带私诉之请求,被告人于判决确定执行刑期已满,被和略诱人尚无着落,依司法部四年十月十四日核示京师地审厅办法,于刑期已满后,可仍将犯人羁押,至发见时释放。此项办法,原为维持法庭威信,贯彻私诉执行起见,意固甚善,惟犯和略诱罪案犯,多半有不知被诱人所在地者,责以发见,事实上实有绝对不能之势,其羁押结果,必至等于无期徒刑,可否准照《各级审判厅试办章程》第四十二条办理?此应请解释者五。又开查前清现行律立嫡子违法条例第三条内载,"其有子未婚而故,妇能孀守,已聘未娶媳以女身守志,及已婚而故,妇未能孀守,但所故之人业已成立,或子虽未娶,而因出兵阵亡者,俱应为其子立后。"又载"其寻常夭亡未婚之人,不得概为立后;若独子夭亡,而族中实无昭穆相当可为其父立继者,亦准为未婚之子立继"各等语,是未婚之人,除例有特别规定外,概不得为立后,意义甚明。惟今昔时势不同，法文遂虞缺略，如有成年未婚之人，学问经济，实有功于国家社会，与出兵阵亡为效力者，事同一例，斯人无后，似于人情法理，均有未安，应否类推解释，准其立后？应请解释者八等语。

查来函第五项所称情形，如系有意藏匿或庇纵尚有踪迹可寻，而特不肯觅交者，自可准用《拘押民事被告人暂行规则》第十一条押追。该条意义（并参照本院六年抗字第一五九号决定），如并无上项情迹，被诱之人已确非该诱犯力所能交者，亦可准用《试办章程》第四十二条办理，司法部示，当指第一种情形而言。至第八项所开现行律例各条解释，本院早经著有成例，相应抄送判例一件（本院六年民事判决上字第一一八九号），函请贵厅转令查照可也。

此复！

■ **统字第760号**
民国七年二月二十八日大理院复总检察厅函
径复者：

准贵厅函开：查《陆军审判条例》第十八条规定，军人犯罪在任官任役前，而发觉在任官任役中者，以军法会审审判之；所犯在任官任役中，而发觉在免官免役后者，则归普通法院审判之。法文中所称'发觉'，系泛指凡有行使司法警察权之机关而言，抑或专指军事检察机关或普通司法机关而言？解释之范围，广狭不同，则发觉之时期，先后有别，事关法律疑义，应请贵院查核见复等因到院。

本院查该条例所称发觉，系指凡有司法警察权之机关而言，非专以普通司法机关或军事检察机关为限。相应函复贵厅查照。

此复！

■ **统字第761号**
民国七年二月二十八日，大理院复浙江高等审判厅函
径复者：

准贵厅函开：案据鄞县地方审判厅快邮代电声称，"兹有某甲在内地开设制药公司，以中药化制各项药品发售广发布告，亦标明'浙江中国宁波大宝来制药公司'字样，惟其招牌与英商宝威西药药房商标'大宝来'三字相同，英商出而交涉，由警厅将某甲送案诉办，某甲应否构成刑罪？或构成前清光绪三十年《奏定商标注册试办章程》第二十一条第三款之罪？抑并不构成？均乞迅赐电院解释令遵"等情前来。据此，相应函请贵院查照，希即迅予解释，以便转令遵照等因到院。

本院查本件情形，自不构成《刑律》罪名。至前清《奏定商标试办章程》，前准农商部函复本院，据称向未实行。相应抄录原函，函复贵厅转饬查照。

此复！

附：农商部原函
径启者：

准函称近来津沪等埠，因商埠成讼者，日见其多，就中华商仿用洋商标者，洋商

每以曾在海关挂号为词，出而禁阻。查商标注册，在清光绪年间，本已定有试办章程，奏准以后，并无废止明文，究竟贵部办理商标事项，向以何项法令为根据？其由海关挂号送部之件，向来又如何核办？应请查复等因前来。查前清所订《商标试办章程》，向未实行，此项条例，本部现在筹订。至海关挂号送部之件，因无所依据核办并未经审查登录。相应函复贵院查照。

此致大理院院长！

■ 统字第 762 号

民国七年二月二十八日大理院复黑龙江高等审判厅电

黑龙江高审厅：

卅一电情形，应依《刑律》妨害公务私擅监禁各本条分别处断。

大理院沁印

附：黑龙江高等审判厅原电

大理院钧鉴：

据海伦县电称，甲知事因乙商会长违抗省令传押，乙嘱全体会董会议，勒令全城罢市，要挟释乙。次日甲派丙劝导开市，戊会董遣丁传为阻止，经丙将丁拘案，己会董率多人将丙掳至商会软禁，经各界调处始放。乙、丁、戊、己及众会董，应依何律科罪？案悬待决，请转院解释等语，希查核电复为荷。

黑龙江高审厅卅一印

■ 统字第 763 号

民国七年二月二十八日大理院复山西安邑第一高等审判分厅电

山西安邑第一高审分厅：

鱼电情形，应成立受寄赃物罪。

大理院沁印

附：山西第一高等审判分厅原电

大理院钧鉴：

典铺知情受典赃物，应否成立《刑律》受寄赃物罪？乞电示遵。

山西运城第一高审分厅鱼印

■ 统字第 764 号

民国七年二月二十八日大理院复四川高等审判厅函

径复者：

准贵厅函开：案据中江县知事李芳呈称，"窃查有甲窝留乙、丙、丁行劫戊家，分得赃物，乙、丙、丁仍留匿其家，数日后又复行劫己家，分得赃物等情。此案乙、丙、丁共同构成《刑律》第三百七十三条之罪，毫无疑义，而甲之事前帮助，依第三十一条之例，构成第三百七十三条之罪，亦毫无疑义。惟其继续窝留乙、丙、丁行劫戊、己两家究应认为连续，抑应认为俱发？则有两说：第一说，谓凡犯罪以同一行为而屡次为之者，《刑律》上认为连续犯，本案甲既系继续窝留乙、丙、丁行劫，则是以同一行为屡次为之，不问乙、丙、丁侵害法益有几，而就甲一方面观察，只能看做为以连续之意思事前帮助，应以连续犯论罪；第二说，为《刑律》上认定凡侵害一个法益，应作为一罪，若侵害二个法益，即应作为二罪，况连续犯之认定，应以须对于同一之法益，以特定或概括之犯意付与同一之侵害，为成立要件。本案甲既已帮助乙、丙、丁侵害戊、己二个法益，则其犯罪成立之数，从客观区别，已属明了，无论主观之意思行为，是否连续，皆与连续犯成立之要件不符，当然以俱发罪论。两说各异，究应何从？案关法律疑义，若无统一标准，于适用时殊多困难，理合具文呈请钧厅鉴核，转函大理院迅予解释，俾资遵循"等情到厅。当经本厅指令该县查钧院复吉林高审厅统字第二五八号电开，窝主事前知情容留，事后受赃者，应依《刑律》第三十一条分别强窃盗各本条，及第三百九十七条，并第二十六条规定处断等语。此案甲窝留乙、丙、丁行劫戊家，分得赃物，自应查照钧院解释处断。至甲复窝留乙、丙、丁行劫己家，分得赃物，另系一罪，应从第二说，照《刑律》第二十三条之规定处断，除指令该县外，是否允协？相应函请钧院查核见复等因到院。

本院查本案情形，贵厅解释甚属正当。相应函复贵厅转饬查照。

此复！

■ **统字第 765 号**
民国七年二月二十八日大理院复安徽高等审判厅函

径复者：

准贵厅函开：兹有甲、乙、丙、丁四人，在某戊所看守之第宅内，共同赌博，并由戊治具肴馔，供给饮食，该第宅适于是时起火，致全部焚烧，检察官侦查，认甲、乙、丙、丁、戊均应构成《刑律》第二百七十六条及第一百八十七条第二项之犯罪，诉请预审，惟起诉文事实栏内，载有是日因同伙争索赌钱，打翻油灯，遂致失火等语。案经预审厅预审结果，认定起火原因，由煮饭失火所致，遂以某戊失火罪，甲、乙、丙、丁共同赌博罪，决定送付公判，对于放火一罪，概行免诉，某戊之赌博罪，亦予免诉。检察官对于预审决定，并未抗告，迨经第一审公判时，检察官论告意旨，亦变更起诉时之主张，谓失火一罪，应由某戊负责，嗣经判决，除分别判处赌博罪刑外，第一审又另判甲、乙二人以失火罪刑，宣告某戊之失火部分无罪。甲乙二人不服，控诉到厅，本厅查甲、乙二人之失火罪部分，第一审能否再为判决？手续上不无疑义，于兹有二说焉：（子）说预审所免诉者为放火罪，失火一罪，起诉时虽未引用失火条文，然起诉文事实栏内，曾有因赌博失火之认定，即系已经诉追，第一审另判甲、乙二人以失火罪刑，似无不合；（丑）说本案起火原因，虽有失火放火之分，然其焚毁，系本于一个事实，检察官起诉文事实栏内，虽载有"失火"二字，然其所援律文，为第一百八十七条第二项，是明认该被告等为触犯放火罪名，预审庭对于甲、乙二人之放火罪，虽决定免诉，并未决定以失火罪与某戊同付公判，检察官对此决定，既未抗告，是该部分之裁判，业经确定，则无论为

· 671 ·

失火为放火，依据钧院统字第五百八十四号解释，甲、乙二人均无再受裁判之余地。缘就同一事宣告免诉，同时自不能谓对于检察官所主张之放火罪免诉，对于检察官未援用律条之失火罪并未免诉也。况公判中，检察官对于甲、乙二人，亦无请求科以失火罪刑之论告，第一审自不能再就甲、乙二人为失火罪之判决，应由第二审将甲、乙二人，失火罪部分予以撤销，宣告免诉。二说孰当？此应请解释者一也；再本案设应免诉，而甲、乙二人又确有失火嫌疑时，是否应由检察官提起再审？抑可另案提起公诉？此应请解释者二也。案关法律疑义，相应函请查核解释，悬案以待，并盼电复等因到院。

本院查预审决定，甲、乙关于烧毁房屋事实，既经免诉，未以放火或失火罪名付公判，自不能裁判。如甲、乙有合于刑诉再审条件时，得请求再审。相应函复贵厅查照。

此复！

■ **统字第 766 号**
民国七年二月二十日大理院复浙江高等审判厅函

径复者：

准贵厅第三二号函开：案据怀宁地方审判厅厅长程文焕呈称，"为呈请解释事，窃职厅现有民事控诉案件，系某甲对于某乙以一诉请求两事项，一为某乙收用某甲款项一千元，应如数返还；一为某乙盗典某甲田种一百五十五担七斗零，应即退回。某丙系该田受典主，出而参加。经第一审判决，某乙收用之一千元，折偿八百元与某甲，至盗典之田，著某甲备原价赎回管业等语，某丙不服控诉，由是对于管辖上发生两种疑问：一谓依现行民事诉讼法，诉讼物之价额，以起诉时之价额为标准，如以一诉请求数宗者，应将其价额合并计算，固无论某造对于某一部分判决不服，而于其上诉管辖，并无变更。该案诉讼价额既在千元以上，其控诉审应属于高等厅管辖；一谓应就当事人不服之部分定管辖，其典受之田，价额为六百八十元，其控诉审应属于地方厅管辖，悬案待决，究应据何说为是？理合备文呈请钧厅转致大理院迅赐解释，以便遵循"等情。据此，查来呈所述情形，其诉讼物本有两项，其钱债纠葛一项，为甲与乙之关系，典当纠葛一项，为甲与乙、丙之关系，当事人及诉讼物既不同一，究竟应分离裁判，抑应并案以一判决行之？不无疑问。又此案系丙就典当一项，独立上诉，而其对于甲乙间之钱债，纠葛既非立于当事人地位，应否将典当价额与钱债金额合并计算？亦滋疑义。据呈前情，理合转函钧院解释示遵等因到院。

查甲乙涉讼情形，显系并合诉讼，不能认为两案，丙既为从参加，自应由高等厅受理其控告。相应函复，即祈转饬遵照可也。

此复！

■ **统字第 767 号**
民国七年三月十二日大理院复浙江高等审判厅函

径复者：

据浙江第二高等审判分厅函称："案据永康县知事呈称，'案查受理刑事案件内，有甲控乙在大宗祠与祭，因争端敲毁厨房内碗碟等物，系公共所有物，查《刑律》第三十六章，并无此项条文，应否成立罪名，抑照私诉赔偿损失办理？为此备文请示，仰祈钧鉴俯赐解释指令只遵，实为公便'等情。据此，查所呈各节，案关法律解释，除指令候转请解释外，相应函请贵院解释见复，以便令遵"等因到院。

本院查本案情形，律无正条不为罪，但应负民事责任。相应函请贵厅转行查照。

此复！

■ **统字第768号**

民国七年三月十八日大理院复浙江高等审判厅函

径复者：

准贵厅七年民字第九二号函开：兹据江山县知事程起鹏俭电称，"查继子不得于所后之亲，照现行律例，本得准其告官别立，惟律内所谓所后之亲者，依通常解释，大抵指守志之妇而言。兹有守志之妇某甲，以继子某乙不肖，请求废继别立，某甲之姑某丙（即继子某乙之继祖母），以某乙并无不肖，请求免于废继。是姑媳之意见，既有龃龉，究竟应依何人意见以为判断？殊滋疑问。或谓某甲对于某丙名分上系属姑媳，自应以姑之意见为正当；或谓继母与继子关系较切，依倚之日较长，应以其媳之意见为准据，究以何说为是？此应请求解释者一；又请求废继，照现行律意，并无若何之限制，既无限制，其继母请求废继之条件，是否只要'不肖'两字而已足，不必提出若何之事实？抑审裁官仍得依据公益审核情形，而为允否之判断？法无明文，亦生疑问，此应请求解释者二。务请迅赐电示只遵"等因到厅，事关法律疑义，相应转请钧院俯赐解释示遵等因前来。

查现行律所谓所后之亲，自指被继人即继父母而言，至不得须有不得之事实，审判衙门认为达于废继之程度者，始能许可，本院早有判例。相应函复，并附送判词一份（本院四年民事判决上字第一六零八号），希查收转饬遵照可也。

此复！

■ **统字第769号**

民国七年三月二十三日大理院复浙江高等审判厅函

径启者：

据浙江第一高等审判分厅电称："今有一人发掘坟墓共七十余穴，内有姓名者共五十九穴，余均无姓可稽。惟五十九穴为系甲、乙、丙、丁各姓坟墓，计算法益，是否依穴数或依坟墓家数？案悬以待，乞速解释示遵"等因到院。

本院查发掘坟墓，应依穴数计算法益。相应函请贵厅转行查照。

此致！

■ 统字第 770 号

民国七年三月二十三日大理院复热河都统署审判处电

热河都统署审判处：

真电情形，尚系预备行为，不能以未遂论。

大理院梗印

附：热河都统署审判处原电

大理院鉴：

甲听从乙、丙等纠允伙劫，业指明目的地，未及约定日期即被获，应否成立强盗未遂罪？请电示。

热河都统署审判处真

■ 统字第 771 号

民国七年三月二十三日大理院复山东高等审判厅电

山东高等审判厅：

文电悉！《违警罚法》，自可援用。

大理院梗印

附：山东高等审判厅原电

大理院鉴：

《违警罚法》，法院能否援用？请赐电示。

山东高审厅文印

■ 统字第 772 号

民国七年四月二日大理院复总检察厅函

径复者：

准贵厅函开：据江苏高等检察厅电称，"二月二十五号阅二月二十日《政府公报》载大理院复江苏高审厅统字第七百三十六号解释内载，查未宣示及牌示之判决，自属无效，则甲不能认为再犯，又依《易笞条例》由徒刑改受笞刑，应以受执行徒刑论等语。今有甲于再犯时始发见初犯之判决并未宣示及牌示，依院解本属无效，甲自不能认为再犯。但甲初犯之徒刑，又业已改易笞刑，依《易笞条例》由徒刑改受笞刑，应以受执行徒刑论，则甲又是否应认为再犯，不无疑义。悬案以待，请转院解释示遵"等情到厅。查事关法律解释，相应据情函请查核见复，俾便转饬遵照等因到院。

本院查统字第七百三十六号解释，所谓未宣示及牌示之判决无效，系指无确定效力而言，当事人无论何时，皆可以上诉，盖判决之须宣示及牌示者，在使当事人知悉判决之内容。故上诉期间，由斯时起算，未宣示及牌示之判决，当事人何时得知其内容，无从悬断，自不能因上诉期间之经过而确定。若当事人已受执行，是已知判决之内容，自可认为舍弃上诉权，此项判决，即有确定之效力。原电所称之某甲，既已受执行，自应认为再犯，前号解释，因原函未经声叙明白，本院误认该函所称之甲为两例，故分别解释。相应函复贵厅转行查照。

此复！

■ **统字第 773 号**

民国七年四月二日大理院复江西高等审判厅函

径复者：

准贵厅七年民字第一一二号函开：兹有子地之甲商号，将货运往丑地，托乙庄客代卖，乙庄客将货卖与丙商号，丙商号即以乙之名义登入账簿。旋乙回子地，甲商号遂托丁代卖，而丙商号以甲商号嗣后运往丑地托丁代卖之货系与前货同一记号（系货物名号，并非商号），遂将该货提取，当经甲商号起诉，据称丙商号不应擅提托丁代卖之货，应由该号将货交出，又乙庄客卖与丙商号之货，尚未付价，应由该号将价给付，而丙商号则称乙庄客为甲商号之代理人，其所预支款项，除将从前所交及嗣后提出之货相抵外，不敷之数，应由甲商号偿还云云。关于本件之法律上见解，有二说：第一说，谓乙庄客系以自己之名，为甲商号代卖货物，观于丙商号之账簿，自属明了。故甲商号与丙商号之间，并无何等法律关系，甲商号与丙商号，均应与乙理涉，甲商号不能对于丙商号请求偿还卖价，丙商号亦不能对于甲商号请求偿还乙庄客预支之款，惟丙商号提取甲商号托丁代卖之货，应行交换甲商号；第二说，谓商行为之代理人，虽未明示其代本人，然其行为无论相对人是否知其代本人而为，均应对于本人生效力，惟相对人不知其代本人而为时，得向代理人请求履行而已。故乙庄客虽未明示其代甲商号卖货，而其卖货支款等行为，均应对于甲商号生效力，从而乙庄客代卖之货，如丙商号尚未付价，甲商号得直接向丙商号请求履行，如丙商号已经付价，而乙庄客且有预支，丙商号亦得直接向甲商号请求履行。以上问题，急待解决，相应函请贵院迅予解释见复，实为公便等因前来。

本院查函询情形，须先辨明乙庄客之性质，始能加以断定。盖如乙庄客为牙行性质，则除该地方有特别习惯可资依据外，以条理言，乙庄客与丙商号之行为，即不能直接对甲商号发生效力，甲商号托丁代卖之货，纵使与前货同一记号，丙商号亦不能擅自提取。如乙庄客为代理商或普通代理人性质，则乙庄客与丙商号之行为（该地方又有代理人不明示本人名义亦能对于本人生效之习惯），即应直接对于甲商号发生效力。其擅自提货之行为是否正当，虽不无审究余地，然就其得向甲请求交货之权力观之，甲商号自不得借口反抗。至货价及乙庄客预支之款，亦视乙庄客之性质及其代理权限之何如，始能解决，不能执一以论。相应函复查照办理可也。

此复！

■ **统字第 774 号**

民国七年三月二十一日大理院复察哈尔审判厅函

径复者：

准贵处函开：案据试署凉城县知事吴天澈呈称，"为呈请解释事，今有甲于民国六年阴历闰二月十三日，出外佣工，其妻乙于三月初四日被丙（系甲之叔祖父）

主婚价买于丁为妻，戊、己做媒，庚、辛等事后参加，立有婚书，并具名签押。嗣经甲呈诉前来，讯无遁饰，乙应判归甲收领，而丁所持婚书，当然无效，丙、戊已构成共同略诱罪，应依《刑律》第三百五十一条处断，庚、辛等均以从犯罪论。但此案应请解释有二问题，（一）附带身价，据大理院统字第五百六十六号，自无断追之必要，但对于此项问题，并未明白解释，不无疑义；（二）乙又值生产之期，将来胎儿出生时，究应如何处置，兹有二说：（子说）当以判决之日为准，如果胎儿出生在判决前，应归丁收养，否则归甲收养，盖因甲、乙夫妇关系尚未断绝，不过夫权一时之停止，乙、丁虽成配偶，究非正当；（丑说）无论胎儿出生在判决前与判决后，当然归丁收养，以血统主义而论，甲无收养之必要。况私生子尚准认知，而乙、丁婚姻虽属违法，与私生子又当别论，不过暂归甲抚育，丁酌给扶养费若干，俟脱离怀抱后，交丁收领较为妥协。以上各节，悬案待决，惟事关法律解释，职县未敢擅断，理合呈请钧处迅赐解释，以便遵循谨呈"等情。据此，查案关法律解释，本处未敢悬断，相应据情函请贵院迅予解释见复，以便转令遵照等因前来。

查丁娶甲妻，如不知为有夫之妇，则所交财礼，自可依不当利得之原则，向受者提起民事诉讼，要求返还；如系知情，则为不法原因之给付，自无请求返还之理。至甲妻所生之子，如丁不为认领，自仍由甲妻收养。相应函复希即转饬遵照可也。

此复！

■ **统字第 775 号**

民国七年四月二十日大理院复浙江高等审判厅电

浙江高等审判厅鉴：

铣电悉！期间内向厅所递委任状内，如已声明委托上告之意，自可准理。

大理院号印

附：浙江高等审判厅原电

大理院钧鉴：

当事人于上诉期间内，只递委任状委任律师代为声明上告，迨具上诉状声明上告时，已逾上诉期间，应否认为合法上告？请迅赐解释电复。

浙高审厅铣印

■ **统字第 776 号**

民国七年四月二十七日大理院复察哈尔都统署审判处函

径复者：

准贵处函开：案据宝昌招垦设治局局长林茂亭呈称，"呈为呈请解释法律事。窃如甲、乙二人，向有钱财纠葛，乙并不状请审判清偿，邀丙、丁、戊在途劫夺甲之马匹等物。于此有两说焉：一说，钱财纠葛，应赴国家设立审判机关起诉，听候审判曲直，乙计不出此，竟敢邀同丙、丁、戊途劫甲之马匹等物，即属强暴、胁迫强取他人所有物，构成强盗罪。虽非真正匪徒，情有可原，亦应按照《刑律》分则第三百七十四条、总则第五十四条科断。二说，强盗罪之成立，必须具有强暴、胁迫意图他人财物为目的。乙之途劫甲之马匹等物，虽具有强暴、胁迫之行为，究因钱财纠葛，与凭空意图他人财物者不同。此种强暴胁迫，仅成立扰害他人安全之罪，科以《刑律》分则三百五十八条，方得平允。以上两说，均持之有理；其中不同之点，不过一作以意图他人财物，一不作以意图他人财物。则因钱财纠葛，如乙之途劫甲之马匹等物，是否作以意图他人财物论？事关法律疑义，两说究以何说为是？治局现有此等案件，立待审判，理合具文呈请钧处核示解释，俾有所遵循，谨呈"等情。据此，事关法律解释，本处未便悬断，相应函请查核解释见复，以便转令该局遵照办理，实级公谊等因到院。

本案查虽因钱财纠葛而强取他人所有物，若具备意图为自己或第三人之所有及强暴、胁迫条件，仍应依强盗罪处断。情有可原者，可依第五十四条减等。相应函复贵处转饬查照。

此复！

■ **统字第777号**
民国七年四月二十七日大理院复湖北高等审判厅函
径启者：
据湖北第二高等审判分厅抄电称，被告人上诉，未经控诉审判决，遽行越狱潜逃，以及发还更审之被告人同上情形，应否均视为抛弃上诉权，依《试办章程》第六十七条，将上诉状撤销？悬案待决，请径复等因到院。

本院查被告人在上诉中脱逃，应停止公判程序，不能认为抛弃上诉权，撤销其上诉状。相应函请贵厅转饬查照。

此致！

■ **统字第778号**
民国七年五月七日大理院复热河都统电
热河都统鉴：
巧电悉！查现行律载称，"子者，男、女同。女于同居继父，应一律持服。"惟服图，既无"女出嫁降服"明文，自应无服。依《刑律》虽未在第八十二条第三项亲属之列，既曾与同居、受其抚养，于民法上仍应以亲属论。此复！

大理院印
附：热河都统原电
大理院鉴：
查服制图，同居继父，两无大功亲，齐衰不杖期；两有大功亲及后不同居者，齐衰三月。是否子、女一律？女已嫁者，仍有服否？此项子、女，与继父应否以亲属论？均无明文，请解释电复。热河都统巧

■ 统字第 779 号

民国七年五月九日大理院复江西高等审判厅电

江西高审厅鉴：

艳电悉！依《约法》信教自由之规定，夫自不能禁妻之奉教，此复！

大理院佳印

附：江西高等审判厅原电

大理院鉴：

妻奉天主教，夫得禁止否？乞电复。

赣高审厅

■ 统字第 780 号

民国七年五月九日大理院复安徽高等审判厅电

安徽高等审判厅鉴：

八六号函悉！丙既与乙子积有讼隙，应准甲亲属另推公正近亲监护。如监护人为乙未改嫁前所定者，应认有效，仍由亲属共同监督。

大理院佳印

附：安徽高等审判厅原函

径启者：

据宁国县知事陈德慈呈称，"现有甲兼祧别房，在别房另娶乙为室，与本房先娶之丙，并不同居共财；甲承认乙为兼祧房正室。甲已亡故，乙以再嫁之故不得行使亲权，将其子应得财产，委托同族之丁监护；乙仍监督之。今丙以妻妾名义，具诉否认，不知乙所委托监护其子财产之丁，能否准照《民律》亲属编草案第一千四百十二条第四款，以遗嘱指定之人论？该条款'母'字，是否不分嫡庶？理合呈请解释只遵"等情。当以所呈各节，按之现行法令，早有成例可为依据。即经本厅指令，"甲以兼祧他房另娶乙为室，应认为妾，不能取得妻之身分。甲亡乙嫁，如兼祧之房，别无直系尊亲属，当然以丙为其遗子之监护人。乙固不能行使亲权，乙所委托之丁，亦不能以遗嘱指定之人论。惟兼祧之房与本房向不同居共财，丙虽为监护人，然并无处分其财产之权，其亲族得随时监察之"等语去后，续据该知事呈称，"此案兼祧之房，并无直系尊亲属，丙与乙早有讼嫌，乙不承认丙为其子监护人，恐其子与财产受其危害，故委托亲信之丁。惟现行法例以丙为乙遗子监护人，然监护人对于被监护人之财产，有清账之责。乙虽不能行使亲权，如尚要求与监督人之列，能否依《民律》亲属编草案第一千四百三十条照准之处？再请指令只遵"等情。查《民律草案》，并无明文颁布，当然不能适用。乙系已嫁之人，不能行使监督权，亦无疑义。惟丙与乙如于本案未发生以前，即早有讼嫌，则对于甲之遗子及财产，能否尽监护之职、不加危害，虽系事实问题，然既有此原因，应否仍以丙为其子之监护人？抑于亲族中另择相当之人监护？不无疑问，相应函请钧院迅赐解释，以便饬遵，实为公便。

此致大理院！

■ 统字第781号

民国七年五月九日大理院复河南高等审判厅函

敬复者：

准贵厅函开：案据淅川县民张金城与张明学为家务涉讼控告一案，前令该县调送本案原卷，并传被控诉人张明学等来案核办在案。嗣据该县呈称，"查此案卷宗，前已被叛兵焚烧无存云云，理合具交呈复鉴核"等情。据此，查此案县卷，既经焚烧，敝厅无从根据，可否将该案令县重行调查裁判之处，相应函请钧院指示施行等因到院。

本院查案卷焚毁，固为重开审判之原因，但控诉衙门为事实审之续审，如第一审之裁判，尚有判词可稽，自可继续审理，无庸发县重判。相应函复即希查照可也。

此复！

■ 统字第782号

民国七年五月三日大理院复总检察厅函

径复者：

准贵厅函开：案据安徽高等检察厅呈称，据怀宁地方检察厅呈称，"兹有兼理司法之县知事，受理地方管辖案件。判决后，当事人不服声明控诉，经高等厅以原判仅处初级案件罪刑，决定管辖错误，发交该管地方厅为第二审审理，其决定亦已确定。遵照大理院六年统字第五六三号解释，下级审即应予以受理。但地方厅于受理后终局判决前，发见原县判决，虽仅处初级案件罪刑，然其中尚有地方管辖部分，宣示无罪，而查阅原判末页，又经载有'上诉机关高等厅'等字样，是原县对于本案，确系以地方管辖职权受理判决，并已表示明晰。遵照大理院六年统字第五九三号解释，控诉审又应由高等厅受理，则地方厅之受理本案，实行言词辩论程序后，能否即下管辖违误之判决，仍送由高等厅行第二审审判？于此，有二说焉：（甲说）谓上级审以决定发交不属于下级审管辖之案，其决定既已确定，下级审虽应受其决定之拘束，予以受理，但其决定拘束力，只及下级审应予受理之点为止。至受理后，若发见其诉讼程序或实体法上确有错误，则应有自由裁判之权，当然不更受原决定之拘束。是苟因事物管辖，下级审并无行第二审审判职权时，自得依诉讼程序，以判决谕知管辖错误，将原案仍送高等厅为第二审审判，以免变更审级之嫌。（乙说）谓高等厅既以决定将本案发交地方厅审理，是明认原县判决系属初级管辖。其决定苟已确定，则地方厅受理后，虽发见原判实系地方管辖，且确系以地方管辖职权判决之案，亦应认定原审误作初级审判决之程序办理；先下初审管辖违误之裁判，然后作为管辖案件，行第一审之判决，不能径行送回高等厅为控诉审判。盖上级审之决定，既经认定原判为初级案件而发交审理，则始终应受其拘束故也。综上二说，究以何说为是？抑另有其他正当办法？职厅现有此等案件，亟待解决"等情前来。查合并管辖案件，仅处初级案罪刑，地方管辖部分无罪，被告人不服控诉，遵照大理院统字第五九三号解释，自应由高等厅受理。惟卷查该案县知事以堂谕裁判，对于地方管辖部分，只谓"迭派侦查，亦无实据，自未可以理想之推

· 679 ·

测加之以罪"云云，玩其文义，似属检察职权上不起诉之处分，然与判处初级案罪刑，同一堂谕，应否认为宣告无罪，不无疑义。如应认为宣告无罪，则地方厅受理此案时，高等厅管辖错误之裁判，业经确定，惟有非常上告可以救济，地方厅当无再行判决管辖错误之余地。若应认为侦查处分，则地方厅当然受高等厅管辖错误裁判之拘束，就初级案罪刑之部分进行审理。倘审理中又发见初级案罪刑部分，有应归地方为第一审者，查照大理院统字第三百三十号解释，彼有管辖权之地方厅，应依《刑事诉讼草案》第三百八十四条第三项办理。但应否如原呈乙说，先下初审管辖违误之裁判，然后作为管辖案件，行第一审之判决？现无明文规定，未敢擅断，理合转呈鉴核示遵等情到厅。原呈所述各节，均属程序法上疑义，应请贵院解释见复，以便转饬遵照等因到院。

本院查合并管辖案件，县知事应以地方厅职权审理之。若其判决形式不备，上诉至高等厅，认其仅有初级管辖案件，[以]终局之判决决定发交该管地方厅为第二审审理，其决定亦已确定，自应受其拘束。关于初级管辖部分，依控诉审程序进行；其于审理中发见地方厅有权管辖之部分，应即分别径为第一审审理，不必先下初审管辖违误之裁判。盖合并管辖，有时仍得依通常管辖办理。该县对于初级管辖之部分，并不违误，固无庸撤销也。相应函复贵厅转饬查照。

此致！

■ **统字第783号**
民国七年五月三日大理院复安徽高等审判厅函

径复者：

准贵厅函开：据芜湖地方审判厅呈称，"今有甲某因市镇放火案，在县指控乙某；并经街邻多人群向乙某攻击，报由该处商会派员调查，搜集证据，函县依法核办。旋经县知事传集甲、乙二人质讯，供词各执，既当堂谕知候函商会查复核夺。比由乙某向地方厅声明抗告。此种案件，原非初级管辖范围，地方厅不能为上诉机关，依法应为管辖错误之裁判，似无疑义。但于诉讼进行中，尚有一种争论，或谓本案全属侦查范围，应由检厅依职权核办，不适用抗告程序，如经检厅转送审厅，即应认为不合法之抗告，予以驳回。若遽为管辖错误之裁判，一经转向上级厅抗告，即有撤销其裁判之必要，此一说也。或谓本案管辖，既明知错误，无论抗告是否合法、是否属于侦查范围，无管辖权之衙门，并无审查裁判之余地。即谓'应由检厅核办'，而是否应属其管辖范围，亦不能不预为认定。如果确系管辖错误之件，既经审厅决定管辖违异，似不能认为违法，即有撤销之根据。盖仅言'撤销'，势必发回原厅照办；是因裁判内容是否侦查问题，即谓管辖并不错误也。斯时，在审厅已无再行裁判之余地，在检厅，亦觉有违法处理之嫌。揣诸法理，似觉未当。此又一说也。以上二说，虽均为不受理之主张，而持论各异，究以何说为是？不得不明请解释，此其一。又县知事本兼有审判、检察两种职权。凡对县知事批谕不服抗告者，原应查明是否侦查性质，分别由审、检厅核办，但《县知事审理诉讼章程》

第三十七条第一款所载，为抗告之批谕，并无区别。究应如何认定属于侦查或公判之标准，颇滋疑义。或谓批谕有调查性质者，即属侦查范围；如已有犯罪事实之证明，仅系添传人证之批谕，则属于公判范围。或谓已传同原告诉人及被告人质讯后之批谕，即可认为辩论中之调查，应属公判范围，否则应属侦查范围。究以何说区分为是，须请释明，此其二。又管辖错误之件，大都因人民法律知识薄弱，昧于诉讼程序。如遇此等案件，在无权管辖衙门，本以宣告管辖违异为已足，但不明示有权管辖之审级，将使诉讼人投告无门；若一经明示，又不免指挥上级审裁判之嫌。究应如何妥善？于是不无疑义。或谓无权管辖之衙门，对于有权管辖之衙门，无论有无隶属关系，均只应于裁判理由内明白声叙，不必于主文内宣示。或谓以裁判宣示有权管辖之衙门，如仅依《法院编制法》宣示审级，与指定某处某署受理之意旨，显有区别；似不得以明示审级，即谓有指挥上级审裁判之嫌。盖上级审原不受下级审裁判之拘束，果系不应管辖之件，原可据有效之上诉，撤销下级审之裁判，发交应行管辖之衙门办理，似于实际究无妨碍。又或谓管辖错误之件，为诉讼人便利计，明示审级原无不可，惟对于有直接行政监督职权之上级审，不宜明示；余如同级衙门及异统系之上级或最上级之衙门，均不妨明示其有管辖权，俾诉讼人有所依据。各说纷持，易滋障碍，自应明请解释，以昭划一，此其三。再县判驳回告诉，并未声明有罪或无罪之案，依大理院统字第六八一号解释，应认为违法之驳回公诉，撤销发县为合法裁判，此毫无疑义者也。惟此等案件，如经上级审以程序不合，驳回控诉，究竟原县可否再为裁判，则不无问题。一说谓，仅就上诉程序驳回内容仍可裁判；一说谓，原判未经撤销，即无再为裁判余地。究从何说，应请解释，此其四。又附带公诉之私诉案件，依《私诉暂行规则》第一、第三、第十等条规定，应以受理公诉衙门为管辖衙门，本无疑义。惟公诉部分，经决定管辖错误后，如经有权管辖上诉之衙门，仅对公诉裁判，复将私诉部分，以行政程序发交原无管辖公诉权之衙门办理，遇此场合，自隶属关系言之，原不能拒绝受理，但自法律方面研究，究于私诉管辖问题，有无再为裁判余地？如径从事实上审查，予以裁判，究能否发生效力？均不无疑义，须明请解释，方有标准，此其五。又经县署为民刑事混合裁判之案，如因刑事上诉，兼及民事而管辖各异时，是否候刑事全部终结，再送有民事管辖权之衙门办理？抑或先判民事，再将刑事部分送有管辖权衙门办理？亦颇滋疑义，应请解释此其六。以上各节，多属悬案待决之件，理合呈请鉴核，转函解释令遵"等情到厅。相应据情函请钧院查核，迅予解示，以便令遵等因到院。

本院分别解答如下：

（一）抗告之件，无论是否合法，或有无理由，均须加以裁判，然必以管辖权限为前提。

（二）县知事审理诉讼之批谕，何者属于公判范围，何者属于侦查处分，系事实问题，应就各案件进行程度认定，不能为抽象的解释。

（三）审判衙门，对于应归上级审及其他同级审管辖之案件，均得于决定理由内，指示当事人以该管辖衙门。

（四）违法驳回公诉之判决，未经撤销，不能就本案内容再为裁判。如案经确定，非合于再审者，无从救济。

（五）私诉部分，上级审若以行政程序发交者，无管辖公诉权之衙门，应不受其拘束。

（六）刑事案件，不得因民事纠葛停止进行。

以上六端，应请贵厅转饬查照。

此复！

■ 统字第 784 号

民国七年五月三日大理院复山东高等审判厅函

径复者：

准贵厅函开：县知事对于刑事案件，仅将判决当庭宣示，并未照章牌示，究应认为违法判决，抑认为根本无效？此应请解释者一。又有同样之判决，被告人于宣示数月后，以发见新证据为理由，请求再审；旋经审理结果，认再审请求为不合法，予以驳回。当将再审判决宣示并牌示，请求再审之一方，于法定期间内声明控诉，应否仅就再审之请求是否合法予以判断？抑或前次判决，认为根本无效，发还补行牌示程序？此应请解释者二。甲、乙二人共同侵入某丙家行劫，甲将事主丙殴伤逃逸，乙于甲逃逸后，复将丙之子丁用枪击伤身死；甲应否负强盗杀人之责任，固应以其有无预见为断，惟乙对于甲之伤丙，应否按照人格法益，论以强盗杀人暨强盗伤害人之俱发，不无疑义。此应请解释者三。甲结伙三人以上在途行劫，依《刑律》第三百七十四条第一款之规定，应依《惩治盗匪法》第三条第一款处断，固无疑义。惟既结伙三人以上在途行劫，复将事主杀死；携赃逃逸后，事主移时复苏。关于法律适用，分为两说：（甲）查《惩治盗匪法》上之犯罪，既不包括未遂，则本案自应依据《刑律》第三百七十九条之规定，适用第三百七十六条处断。至于刑之重轻，乃系立法之缺陷，审判衙门惟有就其既成之事实，以为适用法律之根据，不得以法律之权衡失当，自蹈违法之嫌。（乙）强盗结伙三人以上在途行劫，既应依《惩治盗匪法》第三条第一款，处以唯一之死刑，而加入杀人未遂行为，反得处死刑无期徒刑，且依通常程序办理，衡之理论，殊不可通。本案情形，仍应依《惩治盗匪法》第三条第一款处断。两说孰是，未能悬揣，此应请解释者四。《违警罚法》，审判衙门可以援用，业经贵院解释。惟某甲对于违警罪之即决处分，请求正式审判时，是否可以受理？如认为可以受理，是否应经检察官之起诉？此应请解释者五。县知事认甲先犯《刑律》上之罪，嗣复触犯《违警罚法》之规定，以一判决宣示罪罚，并依《刑律》第二十三条定其执行之刑，确定后呈送覆判；覆判审认《刑律》上之犯罪，不能成立，所引违警罚法之条文，亦有错误，能否并予更正？此应请解释者六。以上问题，亟待解决，相应函请贵院查照，迅赐解释，实为公便等因到院。

本院分别解答如下：

（一）县判之未经照章牌示者，并非根本无效，不过不生确定之效力，当事人无论何时，皆可上诉。希查照本院统字第七百七十二号解释办理。

（二）依上述之例，是除当事人已受执行，可视为舍弃上诉权外，其原案之尚未确定裁判者，虽因对于驳回再审之请求而为控诉，该管审判衙门，除有他之不合法外，仍应就原案为第二审审判。

（三）乙枪击丁时，甲已逃逸，既无共同意思，自不负强盗杀人之责。惟乙于甲伤害丙之行为，应有预见，当然为强盗杀人及强盗伤人之俱发罪。

（四）结伙三人以上在途行劫，应依《惩治盗匪法》第三条第一款处断。强盗杀人未遂，应依《刑律》第三百七十六条、第三百七十九条处断；系想像上俱发，应依《刑律》第二十六条从重，适用《惩治盗匪法》第三条第一款科罪。

（五）现行《违警罚法》，并无对于即决处分可以请求正式审判之规定，当然不能受理。

（六）《违警罚法》，审判衙门既可援用，则于依法受理覆判后，关于适用《违警罚法》之部分，亦可并予裁判。

以上各节，相应函复贵厅查照。

此复！

■ **统字第 785 号**

民国七年五月三日大理院复湖北高等审判厅函

径复者：

准贵厅函开：设有甲谋买乙田未遂，买针遍投乙田。经乙查实，不敢耕作，以致该田荒废。甲之行为，遍查《刑律》，似无相当条文，相应函请钧院迅赐解释见复等因到院。

查甲之行为，《刑律》无正条可据，应不为罪。惟该田荒废所生之损害，可为民事上之请求。相应函复贵厅查照。

此致！

■ **统字第 786 号**

民国七年五月八日大理院复绥远审判处电

绥远审判处鉴：

来电悉！行政长官如先有得财之意，阳为禁烟，收取捐款，应以诈财论。

大理院庚印

附：绥远审判处原电

大理院钧鉴：

兹有行政长官派员赴各县，名为查禁烟苗，实则按亩收捐，又有吞款情形，是否以收受贿赂论？抑照《刑律》第一百四十八条处断？悬案待决，乞电示遵。

绥远审判处皓

■ 统字第 787 号

民国七年五月十五日大理院复山东高等审判厅函

径启者：

接准贵厅七年第二七四号函开：案据新泰县知事王文彬呈称，"窃有赵乙赴李丙家行窃，被丙瞥见，将乙殴伤；乙羞忿服毒自尽。乙父赵甲报县获案审押，经丙遣亲友调处，赵甲得钱私和，禀经县署撤销原案。不料事逾半年，赵甲反悔，竟置私和销案于不顾，控经上级检察厅饬县依法审决。赵甲私和所得之钱，应否追还？于此有二说焉：（一）李丙侵害赵乙生命，应负赔偿埋葬费之义务，依《民律草案》第九百六十八条，赵甲私和所得之钱抵作葬费应免追还。（二）李丙伤害赵乙仅受刑事制裁，于民事上不负何等义务，依《刑律》第三百一十三条并无罚金之规定，则赵甲私和所得之钱应追缴给领。以上二说，未知孰是，悬案待决，谨用代电呈请，迅示解释等情"到厅。本厅查该县所陈，既属法律问题，相应函请贵院迅赐解释，以便转饬遵照等因到院。

本院查不法行为人对于被害人或其家属，应就其行为于相当之因果关系范围内，负赔偿损害之责。丙仅将乙殴伤，对于乙或其家属，固应赔偿其疗治费，并给与抚慰费（参照院判前例，本应以具有不可恢复之情形为限），而于其羞愤自尽，则并无直接因果关系。该项私和之费，如果查明并非正当防卫，系应给与抚慰费用，即于其适当限度内，准其由甲领受，否则应行退还。相应函复贵厅转饬查照可也。

此致！

■ 统字第 788 号

民国七年五月二十日大理院复湖北高等审判厅函

径复者：

准贵厅函开：案据武昌地方审判厅呈称，"兹有某甲于民国元年九月，买乙田地，实价系四百八十串，契价仅载二百二十串，比已照契价投税。至民国六年，因另案由乙告发，经第一审判决，以某甲匿报契价，依据《契税条例》，处以罚金。某甲不服，声明控诉到厅。职厅对于此案，其主张有两说：甲说谓，中国惯例，关于人民匿报契价，素所厉禁。本案匿价投税事实，虽在《契税条例》未颁布以前，亦应依该条例第十条办理。乙说谓，现行《契税条例》第十条所载，指条例施行前未经投税之契延不投税，或补税时而匿报契债者，并不能包括条例施行前匿价投税者。本案投税，系在民国元年，虽有匿价情事，究与该条例第十条之规定不合，且又无适当之法律可援，应依《刑律》第十条宣告无罪。以上二说，似以乙说为是。惟案关法律，未敢擅拟，理合备文呈请钧厅鉴核，恳予转院解释示遵"等情。据此，案关法律解释，敝厅未敢擅专，相应函请钧院迅赐解释见复，以便转令遵照等因到院。

查《税契条例》及其施行细则，未规定有溯及力，应以乙说为是。相应函达贵厅查照饬遵。

此复！

■ 统字第 789 号
民国七年五月二十日大理院复湖南第一高等审判分厅函
径复者：

准贵厅函开：查刑事上诉人经两次传唤不到，依《各级审判厅试办章程》第六十七条，撤销上诉状，有例可遵，固无疑义。兹有刑事上诉人，向原县知事呈请转送上诉状于控告审审判衙门后，忽于起解以前，在监乘间脱逃，或在途逃逸，经检察厅通饬各属勒限协缉，积年累月，杳无踪迹。此种案件，往往宣告徒刑以上之罪，既未能即时判决，又不合书面审理之例，日久成为积案，永无裁判确定之期。按其实际，该上诉人于裁判前畏罪潜逃，不啻自愿撤回，可否依照《试办章程》第六十七条办理，以决定撤销之，俾司法事务，可免积压之弊，而行刑权之时效，亦得依此起算。事关解释法律，未敢擅专，相应函请贵院指示遵行等因到院。

查被告人在上诉中脱逃，应停止公判程序，不能径行撤销上诉。希查照本院统字第七百七十七号解释办理。相应函复贵厅转饬查照。

此复！

■ 统字第 790 号
民国七年五月二十日大理院复山西高等审判厅函
径复者：

准贵厅函开：案据第二高等审判分厅监督推事曹昌麟呈称，"为呈请核转解释事。查现行刑诉通例，被告人若精神障碍或因疾病不能到庭辩论者，应至其精神无障碍及能出庭时为止，停止公判，但于许可委任代理人到庭者，不适用之各等语。设有甲、乙、丙、丁四人，乙父为甲加害，甲父又为乙、丙、丁加害，被告人甲、乙，已受第一审判处徒刑。又宣告缓刑责付亲属之后，甲对于被告部分，于法定期间声明控诉，同时对于被害部分，以原审对于被告人丙、丁未予置议，呈诉不服。第二审受理开庭，甲到庭辩论一次，追定期第二次开庭，甲因得精神病，查验属实，仍付家属并交铺保，未经许可委任代理人［而］停止公判程序。嗣查记录，原审对于被告人丙、丁，并未宣告无罪，自属不起诉处分。惟案系伤害致死罪，可否将呈诉部分，另以书面决定驳回？此应请核转解释者一。又查现行法例，收藏鸦片烟限于意图贩卖者，始能科罚。吸食鸦片烟者，以有吸食鸦片烟行为为要件。至购买鸦片烟预备吸食者，以律无处罚正条，院判无罪（见三年七月非字第五四号）。设有甲被乙告发吸烟，第一审提验无瘾，仅于身上搜得烟土少许，遂以吸食鸦片烟论罚。甲声明控诉，第二审仍未验有烟瘾，又于甲身上搜得烟土少许，详细调查，并无意图贩卖证据。此等情形，已近着手吞服，似与预备而未着手者有异，可否依《刑律》第二百七十一条及第二百七十四条，以吸食鸦片烟未遂罪处罚？此应请解释者二。职厅现有此两种案件，亟待解决，以资援用，事关法律疑义，理合呈请钧厅察核，转函大理院迅赐解释示遵，实为公便"等情。据此，相应函请贵院查照，希即解释见复等因到院。

查第一问题，按照民国四年五月二十七日第五二九零号及同年九月一日第九零七一号司法部批，控诉审得为书面审理之件，本有限制，惟原县仅属不起诉处分，是案件未经第一审判决，于控诉为不合法，自得用书面决定驳回。第二问题，若吸食鸦片已有着手情形，即构成未遂犯，有律可援。相应函复贵厅转饬查照。

此复！

■ **统字第 791 号**

民国七年五月二十日大理院复江西高等审判厅函

径复者：

准贵厅函开：案据兼理司法星子县知事齐兆桂呈称，"窃查僧尼被诱，若无告诉权者告诉，其师可声请检察官指定代行告诉人，业经统字第五百八十五号解释在案。惟僧人和奸女尼，其女尼是否包含于《暂行刑律补充条例》第六条'良家无夫妇女'之内？如系包含在内，若无该条第二项有告诉权人告诉，其告诉权属之何人？可否亦照僧尼被诱之例，由其师声请指定代行告诉人，不无疑义，理合备文呈请解释"等情到厅。查《刑律补充条例》第六条之罪，其亲告权专属于尊亲属，与一般亲告罪不同，不能指定代行告诉人，业经贵院统字第六百五十三号解释在案。惟女尼是否包含《刑律补充条例》第六条良家无夫妇女之内，相应函请贵院迅赐解释，以便转令遵照等因到院。

查女尼犯奸，如该尼未经出嫁或嫁后夫死者，均可包含于《刑律补充条例》第六条"良家无夫妇女"之内，其告诉权各属于其尊亲属。希参照本院统字第六百七十一号解释。相应函复贵厅转饬查照。此复！

■ **统字第 792 号**

民国七年五月二十日大理院复山西高等审判厅函

径复者：

准贵厅函开：案准潞城县知事蔡宝廉呈称，"查《暂行刑律补充条例》第九条载，'依法令、契约担负扶助养育保护义务，而强卖、和卖其被扶助养育保护之人者，依《刑律》第三百四十九条、第三百五十一条、第三百五十二条及第三百五十五条处断。'又大理院统字第二百十三号解释内载，和买关系人，以助成强卖、和卖人犯罪之目的，实施收受藏匿之行为，如牙保、人贩、窝主等类，自应适用《补充条例》第九条第二项，分别有无预谋论罪各等语。查《刑律》第三百四十九条规定之略诱和诱，未必均系意图营利，故于第三百五十一条，另定有营利加重处刑之明文，若以上所载，即曰强卖和卖，又曰牙保，均含有得钱之意，凡此等人犯，因强卖和卖行为，而受有卖价，及充作牙保而得有酬谢钱文者，是否均应适用第三百五十一条意图营利之规定？仰请鉴核指示遵行"等情。据此，事关法律解释，相应函请贵院查照，迅予解释见复等因到院。

查和卖有未必营利者，已见本院统字第四百零一号解释，惟强卖和卖之共犯，如有营利意思，均可依《刑律》第三百五十一条处断。若仅收受藏匿被强卖和卖人者，《补充条例》第九条第二项规定，至为明晰，应分别预谋、未预谋援律处断，不能以一概论也。相应函请贵厅转饬遵照。

此复！

■ 统字第 793 号

民国七年五月二十一日大理院复河南高等审判厅函

径复者：

准贵厅函开：案据河南第一高等分庭呈称，查高等检察官对于各县判决刑事案件，得依法提起控诉，历经大理院解释在案。兹有县判不应送覆判案件，经高检厅于原县呈送判决清册内，察出原判援引律文错误，调卷审查，因不属管辖，训令职分庭检察官提起控诉，而检察官奉到文卷后，经过月余，始行提起控诉过庭，依大理院统字第六二一号及第四三五号解释，该控诉业已逾期，而细核县卷，原县未将判决依法牌示。职庭关于此之见解，有二说焉：（甲说）谓《县知事审理诉讼暂行章程》判决牌示之规定，系为保护被告人及原告诉人恐其不知判决内容，且为起算上诉期间便利而设，此种未经牌示之判决，如系被上告人上诉，或原告诉人呈诉不服，则无论其距判决日若干日，均应受理。至检察官就县判案件提起控诉，其上诉日期，系自文卷到日起算，原判有无牌示，自属无关，此案系检察官提起控诉，既已逾期，似应依法驳回；（乙说）谓县知事之判决，以依法牌示，始发生效力，此案检察官虽未于接到文卷之翌日起，法定期间内提起控诉，然县判既未牌示，不得以逾期论，仍应受理。以上二说，未知孰是，悬案待决，敬恳函转解释饬遵，实为公便等情，据此。查统一解释法律，系钧院特权，兹据前情，相应函请迅赐解释，以便转饬遵照等因到院。查所述情形，应以甲说为是。相应函请贵厅查照饬遵。

此复！

■ 统字第 794 号

民国七年五月三十一日大理院复京师高等审判厅函

径启者：

前准贵厅二三零号函开：案据宛平县知事汤铭鼎呈称，今有奥国侨民甲，生前在本县境租地营业，忽于上月被害身死，除刑事部分业已依法审理外，该故奥侨另有租约及债务纠葛，被人在京师地方审判厅暨本县公署呈称，均经受理。并准京地审厅函嘱保管所有该故奥侨遗产，即经本公署依民法无承继人之财产选任管理人管理，旋奉外交、内务两部文开，准司法部核复，"此项遗产，似应照内务部来文，比照处置敌国人民条规第四条，仍由该管地方官厅保管，较为周妥"等因。查本案关于该故奥侨遗产，有不能依处置敌国人民条规由地方官厅封管之理由。谨条举如下：（一）处置敌国人民条规，系对于敌国人民在战时住居内国之一种行政上的强制特别法规，具公法性质。而安格斯之死，其遗留财产，应有附属之状态，系私法上关系，援据公法为支配，根本上已属错误。况该条规第四条规定，系对于指定移居或出境之敌国人民之财产而为封管，实因第三条官厅保护敌国人民，有强令移居或出境之权能之结果,故附带及于财产,然必先有移居或出境之自然人在,而后始有财产封管办法。今该故奥侨既已死亡,人格因之终了,只能视为死体,不能称之为人,是应受该条规支配之主体,已不存在,单纯财产部分,更无援用该条例而为封管之理由。(二)继承因死亡而开始,各国法律,比比皆然。该故奥侨既系死亡,则其遗留财产,应参照《民律》继承编之规定办理,理无疑义。查中国《民律草案》第一千五百五十五条规定,"继承开始时无继承人,第一千四百六十八条之继承人出而承认,不能明其有无者,其继承财产作为法人,由亲属择定管理人。"立法本意,因人死亡而人格终了,不能为权务主体。在继承人未确定时,视继承财产为法人,以便继续死亡者之权务。又因法人自身不能为权务行为,故选定自然人代理一切行为。使该故奥侨之遗留财产,不依《民律》继承编之规定办理,则该项继承财产,自不能成立法人,不但义务方面发生阻力,使地方蒙其损害,即关于该故奥侨权利方面,亦无所附属,似觉无此法理。况中奥人民间私法上之关系,未因宣战而中止,则中奥人民间因私法关系,已发生、未发生之民事诉讼,自能照常进行。该故奥侨生前死后,既有被诉民事数起,无论官厅,不能为私人代理私法上之诉讼行为,且根本上已无受诉主体存在。要之,处置敌国人民条规,系一种行政单行法规;财产及继承问题,皆人民私权关系,两者性质上各不相容。是该故奥侨遗产,应依《民律》继承规定办法,较为适合。惟案关法律适用,不厌求详。该项遗产,究应依《民律》继承规定,选任管理人管理?抑应比照处置敌国人民条规第四条,由地方官厅封管之处?理合呈请查核,转呈大理院迅赐解释令遵等情前来,案关法律解释,相应据情函请查核见复等因到院。

本院按绝产应归国有,律有明文。而继承人未确定之遗产,应归何人管理,则毫无规定,自应依律无明文适用习惯;无习惯适用条理之原则,以为解决。查中国家族主义发达之结果,此种遗产,自有其家长、家族或亲戚为之管理,实际上不生争论,自乏习惯可资依据。而以条理言,此等财产,本暂时所有人不明之财产,除法律有明文外,亦无当然应认其为法人之理,惟若任其散失,不独有害其应继人及利害关系人之利益,而且影响于国家之经济。司法部认为应照内务部来文比照处置敌国人民条规,由该管地方官厅保管,虽于解释条文,有未尽允洽之处,而县知事本于其保护人民之职责,此项遗产,自应依利害关系人之声请,或径以职权自行保管,或以自己责任派人管理。又此项财产,既未便即认为法人,则在此保管期间内,保管人只能为一切保存行为;若径予处分及起诉、受诉,自属无权。相应函复贵厅转饬遵照可也。

此复!

■ 统字第795号

民国七年五月二十九日大理院复山东高等审判厅函

径复者:

准贵厅函开:案奉山东省长公署训令第一九七四号内开,"为训令事,四月二十三日据临沂县知事杨孝则，遵奉本署第三一三号指令，呈送县民姜闰堂以讹奸背处等情控姜杰等一案判决书到本公署。据此，查《刑律》第二百九十四条第二项之'事后得利和解'一语，其正当解释，当然指犯奸情事，为有亲告权者所知觉，不为依法起诉，受贿私和之行为而言。其虽有预备受贿行为而未遂者，应否以得利和解论，剥夺被害人亲属之亲告权？仰即查照核议"等因。奉此，本应以事关法律解释，未便擅拟，相应函请解释，从速赐复，以便转呈等因到院。

查《刑律》第二百九十四条第二项所称"得利和解"，系指有告诉权者已经收受财贿而言。若预备收受而未遂者，不在此限。相应函复贵厅查照。

此复！

■ 统字第796号

民国七年五月二十九日大理院复浙江第一高等审判分厅函

径启者：

准贵厅漾日代电函开：《刑律》第三五三条之"预谋"，是否收受藏匿人与和略诱人相约，在实施诱拐以前而言？若甲诱拐既遂后，始与乙商谋，乙因认诺收藏，乙是否以预谋论？乞电示等因到院。

查函开情形，不能以预谋科断。相应函复贵厅查照。

此复！

■ 统字第797号

民国七年六月一日大理院复浙江高等审判厅电

浙江高等审判厅：

初选之选举诉讼，未设审判厅地方，自以县知事为相当官署。惟如以县知事为被告，而其承审员又被拒却，声请指定管辖者，高等厅认为正当，自可指定他厅县依法审判。

大理院东印

附：浙江高等审判厅原电

大理院钧鉴：

据金华地审厅电称，"《众议员选举法》第九十三条规定，'选举诉讼，未设审判厅之处，得向相当受理诉讼之官署起诉。'兹兰谿选民咳馨等，以盛知事不宣示名册，来厅起诉，应否受理？乞电示遵"等因到厅，合亟电请钧院迅赐示遵。

浙高等厅陷印

■ 统字第798号

民国七年六月四日大理院复浙江高等审判厅函

径复者：

准贵厅函开：案据永嘉县地方审判厅呈称，"呈为引用法律，颇滋疑义，恳请转院解释示遵事。窃查甲某租赁三楼三底房屋一所，开设酒面馆为业，雇用乙某为伙。楼上右边一间，为甲某与其妻丙之卧房；中间隔开一间，而左边一间，即属乙之卧室。乃乙乘甲丙不备，进房行窃。于兹分甲、乙两说。甲说谓，侵入窃盗之所以加重其刑者，不外两种用意，即，（一）一经侵入，有妨家宅之安宁，情节较重。乙为甲店之伙，而乘间行窃，于家宅之安宁，并无妨碍。（二）侵入为侵害监督权之行为。乙在甲店为伙，店铺之内，无论甲间走至乙间，本属乙某应行出入之处所。故虽进房行窃，不发生侵害监督权之问题，自应依《刑律》第三百六十七条处断。乙说谓，侵入窃盗，无非以侵害他人之监督权而加重其刑，而监督权又非具体的存在，当各就其犯罪行为之状况，以体察其有无侵害，为侵入与否之论断。盖监督权本属无形，必待侵害而始见其存在，并不能以甲、乙同住一室，即可不发生侵害监督权之问题。甲之店屋全部，苟均供营业上之使用，则乙为店伙，当然有权出入，纵使行窃帐房以内之财物，自不得谓为侵入。乃乙之行窃地点，系甲眷属之卧房，非乙所能擅自进出之处所；既经乘间进内，于此场合，实发见监督权之侵害，自应依《刑律》第三百六十八条第一款处段，见解分歧，莫衷一是。此应请解释者一。又查刑事案件内，发见事主不明之赃物时，能否先行没收？于兹又分二说。甲说谓，赃物虽明明有权利者之存在，但于审判中未曾明了时，自不能将此项物品，长耀于无所归属之状况；应即查照《刑律》第四十八条第三款先行没收，再依没收处分规则第三条办理，方为正当。乙说谓，赃物本属有主之物，不过真正权利者，一时未能明了，已为甲说所是认。信是，则依《刑律》第四十九条，即属不应没收之件。虽《没收处分规则》第三条规定有'凡没收物品，应招人收领'者云云，似仅可于没收之后再行招人收领。甲说似非无据。殊不知解释法条，不容拘泥词句，寻绎该条之精意，系指应予招领之物品，经查照该规则办理而超过一定期间无人受领者，方可视同没收。盖没收为从刑之一，当然随主刑而确定。果如甲说所云，苟被没收物品之权利主体，于判决后、未确定前请求给领，自不能加以限制；则从刑不因上级审判之撤销而无端动摇，否则亦须经过一年而始能确定，在法理上殊不可通。况没收既系从刑之一，依刑罪止及一身之原则，惟对于被告方能适用，故《刑律》第四十九条之规定，良非无故。果如甲说所云，则案外之第三人（即赃物之所有人），亦间接受从刑之宣告，尤与法理相背。总之，此项规则，贯以'处分'字样，为检厅处分上之便利计，而有此项规定，要非审判上所应依据，顾名思义，自无可疑。此应请解释者二。就上开事实，究应如何依据，未便臆揣。事关法律解释，理合呈请鉴核，转请大理院解释训示，俾便遵循"等情前来。据此，相应备文函请贵院查照，请烦解释函复过厅，以便转令遵照等因到院。

查第一问题，以甲说为是。第二问题，事主不明之赃物，于法无没收之根据。若施扣押或保管后，得依《刑事诉讼律草案》执行编第五百条办理。相应函复贵厅查照。

此复！

■ 统字第799号

民国七年六月四日大理院复江苏高等审判分厅函

径复者：

准贵厅函开：今有甲中途遇乙、丙、丁等，被其邀往驾船过某荡去抢某姓。乙、丙、丁等持械上岸，连劫同姓之某姓十家；甲则在船看守。乙、丙、丁等劫得赃物，当被该邻地团练追回。核其行为，乙、丙、丁等应负《刑律》第二十九条、第三百七十三条之俱发罪，自无疑义。惟甲仅于事前帮助，只负同律第三十一条第一项之责任，亦似无疑义；惟甲应否负强盗从犯之俱发罪，分为子、丑二说：（子说）甲事前既无预谋，临事又无共同实施，是乙、丙、丁等连劫各家情事，显非甲所预见；甲虽明知乙、丙、丁等行劫，只应照《刑律》第三十一条第一项，处以第三百七十三条之一个罪，不得以强盗俱发罪论。（丑说）甲既明知去抢某姓事实，虽无事前预谋及同行上盗，而事先既无只劫一家之声明，则乙、丙、丁等连劫各家，自应照《刑律》第三十一条第一项，负第三百七十三条之俱发罪。矧让一步言，纵如子说，主张甲成立一个强盗罪，其被侵害之法益，于十家中究属何家，事实上亦无从认定。事关适用法律，究以何说为是，相应函请钧院解释，以昭统一，悬案待决，乞速赐复等因到院。

查甲于乙、丙、丁行劫之前，仅被邀往驾船过荡，自系从犯。但约定去抢某姓，而其余连劫之户，并无预谋，应不负俱发之责。相应函复贵厅查照。

此复！

■ 统字第800号

民国七年六月十日大理院复江西高等审判厅电

江西高等审判厅鉴：

支电悉！《众议员选举法》第九十七条，既仅称"初选，以高厅为终审"，且并无不得审理事实之限制，自可适用控告程序办理。

大理院蒸印

附：江西高等审判厅原电

大理院鉴：

初选上诉程序，应依控诉，抑依上告？乞速电复。

赣高审厅支

■ 统字第801号

民国七年六月十二日大理院复直隶高等审判厅函

径复者：

准贵厅函开：按民事现行规例，"计算利息，以裁判执行之日，为计算终结之期。"今有乙诉甲债务，依前例判决确定，于执行中发生争议。甲说谓，应以执行开始之日，即判决后交付执行之日为止；乙说谓，应以执行完结之日，即债务人实行提供现金之日为止。两说孰是，事关法令解释，理合函请贵院迅予指示赐复，以便遵行等因到院。

查计算利息至裁判执行之日为止者，自指执行完结之日而言。相应函复贵厅查照可也。

此复！

■ 统字第 802 号

民国七年六月十八日大理院复浙江高等审判厅电

浙江高等审判厅鉴：

愿电悉！报载只能为调查之导线，不能遽据为判决根据。至传审纵属为难，亦应依法传唤后为缺席判决，无以决定驳回之理。

大理院巧印

附：浙江高等审判厅原电

大理院钧鉴：

据永地审厅电称，"报载选举舞弊情形，可否作为判决之依据？又选举诉讼事实明了，传审为难，可审理或以决定驳回？急待电示只遵。"

浙高审厅愿印

■ 统字第 803 号

民国七年六月十九日大理院复浙江第一高等审判分厅函

径复者：

准贵厅函开：查拘役、罚金之被告人，系指法定刑而言，钧院业于统字六百九十八号解释在案，则减处拘役、罚金之被告人之不得适用《县知事审理诉讼章程》第三十二条缺席判决之规定，已无疑义。惟有法定主刑范围内拘役及易科罚金（并科罚金除外）而判处拘役、罚金之刑者，是否得与单纯法定之拘役、罚金刑，同以缺席判决行之？又《各级审判厅试办章程》第三十六条第二项，得据被告人取保前之辩论即行判决，是否以缺席判决论？本项"应处"二字，与《县知事审理诉讼章程》第三十二条，解释上有无异同？又赌博财物数次，如无连续之意思，自应以俱发论罪，亦经钧院解释在案。惟意思之连续与否，虽得由裁判官自由认定，然非定一标准，即认定殊有困难。拟以同一被告人，于同日同一场所，续行同一之赌博，为连续犯，否则以俱发论。日本大审院大正六年十月十一日宣告赌博之例，亦同此旨。是否可予采用？又《刑律》第四百零八条内载，"第三百八十一条之规定，于第四百零四条、第四百零五条第一项、第二项之罪亦准用之。"而第四百零六条之能否准用，并无明文规定。如有损坏所有物而属于第四百零六条之范围者，经直系亲属配偶或同居亲属告诉，能否免除其刑？如谓可能免除，则法律无正条，如谓不能免除，何以第四百零五条情罪较重，转邀宽典？以上各点均于适用上易滋疑义，理合函请钧院解释示遵等因到院。

本院解释如下：

第一、法条中最重主刑，若非拘役、罚金，即判处拘役或罚金，自不能为缺席判决。

第二、《各级审判厅试办章程》第三十六条第二项之判决，非缺席判决，参照本院统字第四百零二号解释。

第三、犯意之连续，全凭事实之认定，何能强立标准？

第四、《刑律》第四百零六条，无准用第三百八十一条之规定，或为立法上之缺陷，不成解释问题。

以上各节，即希贵厅查照。

此复！

■ 统字第 804 号
民国七年六月十九日大理院复河南高等审判厅函

径复者：

准贵厅函开：本年五月三十一日接确山县电称，"查《暂行新刑律》第四百零四条载，'毁弃关系他人权利义务之文书'一语，是否专指已经作成之文书而言？抑未作成之文书，亦包括在内？兹有甲立乙为嗣，请丙书继约，丁因争继不得，乘丙继约尚未作成之时，即夺去撕毁，丁应否照该条认罪？悬案待决，请解释示遵。确山县知事韦聊棪叩艳"等语呈请解释到厅。查统一解释法律，系属钧院职权，相应具函转请迅赐查照核示，以凭转令遵照等因到院。

查《刑律》第四百零四条所称"关系他人权利义务之文书"，系专指已经制作完成之文书而言。相应函复贵厅查照。

此致！

■ 统字第 805 号
民国七年六月十九日大理院复山东高等审判厅函

径复者：

准贵厅函开：案奉山东省长公署训令第二五八零号内开，"为训令事，案据临江县知事杨孝则呈称，'窃查现在地方不靖，土匪猖獗，抢劫焚杀，罪大恶极。推其所以猖獗之原因，实由于为匪代购枪械子弹者，有以致之。盖彼辈或与匪通气，或贪图金钱，以重价四出购买枪械子弹，接济匪人，从中渔利；是以匪人枪精弹足，敢与官兵抗拒。此种行为虽与盗匪稍异，而其实较之盗匪尤为可恶，如不严行惩治，实不足以寒其胆而儆效尤。嗣后如遇此种案件，可否援用《惩治盗匪法》第四条第一款办理之处，案关解释法律，知事未敢擅便，拟合具文呈请鉴核指令只遵'等情到本公署。据此，除指令印发外，合亟令仰该厅，迅即查核令遵具报查考此令"等因奉此。本厅查事关法律疑问，未便遽行议拟，应请贵院解释，迅速赐复，以便转呈等因到院。

本院查来函所述情形，如果与《惩治盗匪法》第四条所列"[与]犯匪预通声气，购售枪械子弹接济"者，自可认为《刑律》总则第三十一条之事前帮助，适用《惩治盗匪法》及《刑律》总则酌量科处。相应函复贵厅查照。

此致！

统字第 806 号

民国七年七月五日大理院复浙江高等审判厅函

径复者：

准贵厅函开：设有甲、乙二人，共犯杀人嫌疑，前经兼理诉讼之县知事判处甲以死刑，宣告乙无罪，并未宣示及牌示，即呈送覆判；经覆判审查明，初判关于甲之犯罪证据，尚未充足，且判词又未照章程牌示，因依《覆判章程》决定发还原县更审，惟对于乙之无罪部分，原决定毫未提及。兹据该县覆审终结，仍处甲以死刑，并处乙以无期徒刑；乙不服声明上诉，并据检察官对于甲、乙之从刑部分控诉到厅。本厅查原县第一次判决，虽未宣示，但依贵院统字第七百七十二号解释，仅不发生确定之效力，并不能视为无效判决。究竟该县第二次对于乙之有罪判决，是否违背一事不再理之原则？应否撤消，仍由该县将第一次无罪判决，呈送本厅复核？再检察官对于甲之从刑部分，声明上诉，控诉审审理范围是否不及于主刑？现本厅对于前列各款，不无疑义，相应函请查核见复等因到院。

查来函所设之例，甲之部分，虽仅对于从刑声明控诉，然从刑与主刑有牵连关系，审理范围应及全部。至乙之无罪部分，尚系属于覆判审；该县第二次判决，当然不能存在，应仍进行覆判程序。如初判果系失出，应查照该章程各条办理。相应函复贵厅查照。

此复！

统字第 807 号

民国七年七月六日大理院复浙江高等审判厅电

浙江高等审判厅鉴：

东电悉！初选监督对于已宣示当选之人，以应归无效为由不给证书，系初选完毕后之处分，不在第九十三及第九十五条得为诉讼之列。该被宣示人即有不服，应依诉愿即行政诉讼方法办理，司法衙门毋庸受理。

大理院鱼印

附：浙江高等审判厅原电

大理院钧鉴：

众议院初选当选人，于宣示当选十日后，为选举监督宣示当选无效。此种情形，似与《修正众议院选举法》第九十三条不同，该当选人对于此项宣示，可否提起选举诉讼？如可提起选举诉讼，其起诉日期，是否从宣示当选无效之日起算，并以五日为限？如以五日为限，当选人于期限内向高审厅具状声明，是否即可视为已有合法之起诉？上述三点，现在悬案待结，谨请迅予解释电示只遵。

浙高审东印

统字第 808 号

民国七年七月十日大理院复吉林高等审判厅函

径启者：

准贵厅民字第二十一号函称，"兹有甲商号受素有交谊之乙商人嘱托，在信托公司代理买卖期钞票期小洋。乙先交押款若干，旋即赔尽；后乙商由甲商号代垫押款，复在信托公司买期钞票若干，未几买回又行亏赔，因此争讼。此项债务，能否成立？分甲、乙二说：甲说谓，亏赔之总额超过原交押款数倍，后之押款虽系代理商号垫付，纯为得用起见，应属赌博性质，不能成立正当债务。乙说谓，甲商号与乙商人向有交谊，因信用作用，始在信托公司为乙代交押款及赔款，实居代理地位，并非与乙商人直接交易。如以赌博论，则甲商号之垫款，将安所取偿？以上二说，究属孰是，殊难解决。且吉林自信托公司成立以来，此等纠葛甚伙，如无相当办法，来日纠纷，更难解决。相应函请贵院详为解释，以便遵行"等因到院。

查甲托乙在信托公司代理之买卖行为，如可认为买空卖空，则乙之代垫款项，不外资助犯罪（赌博）之物，自不应准其有请求偿还之权。惟此种买卖行为，是否可认为赌博，附送判例二件（六年民判上八一八号、七年民判上九二号），希即查照办理可也。

此复！

统字第 809 号

民国七年七月十日大理院复四川高等审判厅函

径复者：

准贵厅电开：本厅对于程序法有疑问三端：（一）上告审发还更审案件，如上告后事势变迁，势不能以更审指示之范围办理，可否由第二审另行裁判？如此办理，有无违背《法院编制法》第四十五条或第三十二条之规定？（二）上告审发还更审，控告审因控告人迭传不到，将其控告撤销，用公示送达；公示期尚未满，该控告人即已死亡，无妻无子。除现与构讼之被告人可与承继外，别无嗣子可立；其母年逾八旬，即被控告人之祖母，亦声言不为立继；家族又远在数千里外，音问不通，无由主持。关于此等案件，是否依撤销之效力，即照第一审原判执行？（三）甲、乙争买丙之不动产，而丁因他案之确定判决，对于该不动产有共有权。在共有不动产未分析以前，甲、乙争买之标的物属丙、属丁虽未确定，但丙、丁之共有关系，自尚存在；乃丙竟擅以己名出卖。现丙已死，丁因共有权案件确定之结果，在控告审以主参加人名义，指甲、乙为被控告人，参加诉讼，应否准许？以上三端，敝厅怀疑未决，请迅赐解释，俾资遵循等因到院。

本院查第二问题，当事人一造死亡，无人承继诉讼，自可暂予中断，无将控诉撤销之理。至第三问题，丁如为自己有所主张，自得以甲乙为共同被告，提起主参加之诉，惟主参加须于本诉讼系属之第一审衙门为之，控告审衙门，不得径予受理。至第一问题，查上告审发还更审之案，关于该案法律上之见解，依《法院编制法》，下级审判衙门自应受其拘束，但来缄意义尚欠明了，碍难奉复。相应函复贵厅查照可也。

此复！

■ 统字第 810 号

民国七年七月十日大理院复广西高等审判厅函

径复者：

准贵厅函开：案据河池县知事以快邮代电称，"锡矿公司伙伴承总办令运锡出售；除售罄本宗锡块外，另以公司名义，用该伙伴私章，与地方贩买人订立买卖合同，未得公司总办同意，亦未盖公司图记及总办私章。此种合同，有无效力？如此发生二说：甲说谓，该伙伴系常年运卖公司锡块之人，则该伙伴已得总办信任，其有买卖之权；该伙伴所为之法律行为，即不啻总办之代表。此次在外所订之买卖合同，虽未得总办之同意，亦应发生效力。乙说谓，总办为公司之代表，行使公司之全权，则订立合同之权，亦为总办所特有；该伙伴不过为总办之一种使用人，承运一次，只有一次发卖之权。此次在外所订之买卖合同，系职务外之行为，既未得总办之同意，又无公司图记及总办私章，当然无效。二说各有理由，未知孰是，事关合约疑义，理合电呈查核。候电饬遵，悬案以待，恳速施行。河池县知事黄祖瑜呈江印"等情到厅。案关法律解释，贵院有统一法律解释之权，相应函请解释示遵，以便转令遵照等因到院。

本院查伙友如无代理公司之权，其所订立合同对于公司，自非当然发生效力。相应函复贵厅转饬遵照可也。

此复！

■ 统字第 811 号

民国七年七月十五日大理院复山东高等审判厅函

径复者：

准贵厅函开：今有某甲制造光面铜元，售卖于乙；复造成花纹，任意行使，则乙应构成《刑律》第二百二十九条之罪，当无疑义。甲与乙既无购买预约，又无共同伪造意思，自不能以共同正犯论。是甲之行为，系属《刑律》第二百二十九条之事前帮助？抑系第二百三十六条之预备原料？悬案待决，应请贵院解释，从速赐复，以便遵照等因到院。

查某甲之制造光面铜元出售，固不能科为乙之共同正犯，然其制成铜胚，显系供给材料，使收买者易于完成犯罪，自应以《刑律》第二百二十九条之事前帮助处断。相应函复贵厅查照。

此复！

■ 统字第 812 号

民国七年七月十五日大理院复察哈尔都统署审判处函

径复者：

准贵厅函开：兹有报告吸食鸦片一案，搜查人因搜查无据，暗自栽赃；《刑律》对于搜查人栽赃之所为，无适当专条。兹分甲、乙两说，请示解释：（甲说）搜查人之栽赃，不外佐实报告人之报告行为。报告人既属虚伪，栽赃人自应依《刑律》

第二十九条照报告人所犯之罪论罪。（乙说）栽赃人照报告人处罪，必栽赃人与报告人事前有商同之意思，临时有指示之行为。兹报告人与栽赃人事前既无商同之意思，临时亦无指示之行为，且奉长官命令搜查，不啻居于第三者地位，与依法令于司法或行政公署为证人之性质相同，当依《刑律》第一百八十一条伪证论罪。本处现有类此案件，立待判决，相应函请贵院，迅予解释，实为公便等因到院。

查搜烟栽赃，既经向有权接受报告之官署首告，则栽赃者应构成诬告罪；惟必须与报告人意思联络，始有共同正犯，否则利用不知情之报告人实施犯罪，系属间接正犯。来函所举两说，均未妥洽。相应函复贵处查照。

此复！

■ **统字第 813 号**

民国七年七月十日大理院复广西高等审判厅电

广西高等审判厅鉴：

审字第十一号函悉！甲对于乙虐待果属有据，且系非理殴打致陷乙于废、笃疾时，自应准乙与丙离异。又妇为子之父强奸者，院例亦准离异。

大理院灰印

附：广西高等审判厅原函

径启者：

案据中渡县知事杨熙光电称，"如舅甲强奸童养媳乙，经乙告发讯实。乙复诉称，因此始则虐待，继又逐回家，甲子丙与乙之婚姻应否离异？甲应处以何种徒刑？律无明文，刻下县属发生此种案件，立待判决，乞即解释蚀遵"等情到厅。查关于刑事处刑部分，应依《刑律》第二百八十五条处断，当经指令遵照。惟丙、乙婚姻应否离异之处，在现行律无相当之规定。案关法律解释，贵院有统一解释法律之权，相应函请解释赐复，以便转令遵照。

此致大理院院长！

■ **统字第 814 号**

民国七年七月二十二日大理院复山东高等审判厅电

山东高等审判厅鉴：

真宥电悉！以异姓子为嗣，虽为律所明禁，但历久未经告争权人主张其无效，消灭其身份，则甲之子孙，仍系乙姓之后，自可出继乙姓他支。

大理院养印

附：山东高等审判厅原电

大理院钧鉴：

设有一人系甲姓，出为乙姓子，已数十年。其子孙能否出继乙姓他支为嗣？案悬待决，乞电示。

山东高审厅真印

统字第 815 号

民国七年七月二十四日大理院复上海地方审判厅电

上海地方审判厅鉴：

号电悉！查《众议院议员选举法》所谓"办理选举违背法令"者，指违背有影响于选举结果正当之法令而言，本院早已著为判例（六年上字第一五三号）。电述前段情形，自不能认为办理选举违背法令。至后段情形，如其结果致不足当选票数，自属当选无效。

大理院敬印

附：上海地方审判厅原电

大理院钧鉴：

初选举监督责成乡董，由乡董委托各团董分送投票通告单。团董查有选民死亡，将通告单扣留，隐匿不报，是否为办理选举违背法令？又投票簿内所列选民，至投票时已经死亡，由他人具名投票，当时未被投票管理员监察员查出。该区选举是否作为无效？案关法律解释，理合电请钧院解释，悬案待决，乞速电复。

上海地方审判厅号

统字第 816 号

民国七年七月二十七日大理院复察哈尔都统署审判处函

径复者：

准贵处函开：兹有甲、乙二兵，入民家强奸妇女丙。其一正行奸时，为丙与父丁格毙；其一为丁一人在奸所外格毙之。后由丁约同父戊、女丙，将两尸遗弃山沟，匿案未报。查大理院统字二五四号解释，遗弃尸体，为杀人之结果，应依《刑律》第二十六条从一重处断。本案丙、丁之遗弃尸体，依大理院统字二五四号解释，固属毫无疑义。丁父戊前既未共同格毙，仅止帮同弃尸，自应另依《刑律》第二百五十八条论，不能根据大理院统字第二五四号解释不论，亦属显然。惟丙共同格毙一犯，遗弃两尸，是否仍论其一？敝处未敢臆断，理合函请贵院，迅予解释只遵等因到院。

查丙丁在奸所格毙一兵，均系正当防卫，应不为罪，只能就其遗弃尸体科断。丁又在奸所外格毙一兵，须查明有无防卫或过当情形，方能定罪。如系防卫过当，始能与遗弃尸体采用《刑律》第二十六条之例处断。惟丙既有遗弃两尸体之事实，于法应论为《刑律》第二百五十八条之俱发，但得审查情形，依第五十四条酌减。相应函复贵处查照。

此致！

统字第 817 号

民国七年七月二十七日大理院复总检察厅函

径复者：

准贵厅函开：案据直隶高检厅电开，"今有甲为其子乙将买异姓幼孩丙为子，抚养婚配。甲对于丙，是否为《刑律》上之尊亲属？于此，有二说焉：子说谓，

《刑律》尊亲属，应包括养父母在内，业经大理院第二九四号解释在案。依此项解释，则养父母之父母当然为《刑律》上之尊亲属。丑说谓，前清现行律服制图，现尚继续有效。《刑律》称亲属者，其亲疏等差，概以服图为衡，则解释《刑律》上之亲属及尊亲属，自应以服制图为根据。而查阅服制图中之三父八母服图，仅有养母而无养父，且注明养子系指'自幼过房与人'，细绎'过房'二字，当然系同宗而非异姓者可知。是收养异姓之子，即与服制无关，则甲对于丙，似难认为《刑律》上之尊亲属。以上二说，孰为正当？悬案待决，请转院解释示遵"等情。据此，相应据情函请贵院解释见复，以便转饬遵照等因。

本院查《刑律》尊亲属，包括养父母在内，故应从子说。相应函复贵厅查照。

此致！

■ **统字第818号**
民国七年七月二十七日大理院复安徽第一高等审判分厅函
径复者：

准贵厅函开：兹有甲某于三四年前，与乙某之孀媳丙某，在母家调戏和奸；续甲又将丙妇和诱至他处藏匿，约两年余，生一子，将二岁。乙某托人迭寻未获，并未向官厅告诉。本年阴历正月间，丙妇回母家省亲，其母将女丙（即孀妇丙某）送至夫家，交其姑管束。其姑乙某家道贫寒，因孀媳丙某不安于室，即将孀媳嫁卖与丁某为妻。丙某在丁某家同居数日，后因与甲某恋奸情热，借回母家索取存款为由，潜至甲某家避匿不出；经丁某查悉，报告警所，将丙妇领回。嗣由乙某以甲某奸拐其媳等情，向县署告诉；经县署讯明奸拐属实，认定乙某有告诉权，亦不另行指定代行告诉人，即依据《刑律》第三百四十九条第二项，判处甲某徒刑数年。甲某不服，提起控诉。伏查甲某和诱、和奸时，丙妇固在其姑乙某监督权之下，惟乙姑既将孀媳丙某嫁卖与人，则姑媳之关系，业已断绝，未知乙姑对于丙妇未嫁卖前之被和诱及和奸，尚有《暂行刑律》第三百五十五条第二项及《刑律补充条例》第六条第二项之亲告权否，不无疑义。案关刑诉程序，敝分厅未敢擅专，相应函请钧院迅赐解释示复，俾便遵循，悬案以待，无任翘公盼等因到院。

查孀妇业经嫁卖，于姑即为义绝，纵犯奸及被诱在未嫁卖前，其姑亦不许有亲告权。相应函复贵厅查照。

此致！

■ **统字第819号**
民国七年七月二十九日大理院复江西高等审判厅电
江西高等审判厅鉴：
敬电悉！如县批准辞职属实，自应认为业已辞职。
大理院艳印

附：江西高等审判厅原电

大理院鉴：

县知事呈由教育厅委任之县视学，经县批准辞职，尚未呈厅核准，应否以业已辞职论？乞速电示。

赣高审厅敬印

■ 统字第820号

民国七年八月五日大理院复晋南镇守使函

径复者：

准贵镇守使函开：查共同罪犯之成立，以有共同意思之联络，及实行之分担或加功于实施中之行为为要件。今如某处有匪数百人，欲入城抢劫盐当，使通匪之甲，代为开城引入，并由甲转邀乙同为开城入内行劫盐当，乙允从，遂由甲通知匪党，于某日动手。届时，果有匪党到城攻击，甲、乙等即将城门半开，移时有匪数百人，正欲抢入，即被军警击退。是甲、乙之行为，无论实行正犯等所犯为抢劫盐当或占据城市罪，其为实施行为中之帮助正犯，已无疑义。惟其应科罪名，究应适用《盗匪法》何条，则不无疑义。于此则分两说：子说谓，甲、乙商同为匪开城，仅知抢劫盐当，是实行正犯等攻打县城之事实，在甲、乙预期以外；即谓甲、乙系在当场不能毫无所知，然其预期与实行正犯等所犯之罪，既属相等，依《刑律》第十三条第三项第一款规定，自应依《盗匪法》第三条第五款以未遂犯处断。丑说谓，《刑律》第十三条第三项第一款，系指犯罪之事实出于犯人预期以外者而言。今甲、乙等当股匪数百人进攻县城之际，伙同开城，引匪抢人，则其侵占城市肆行掠夺之事实，当然在甲、乙预期之中，自应依《盗匪法》第四条第二款处断。两说未知孰是，务祈贵院迅速解释见复为盼等因到院。

查来函所称匪伙，既以抢劫盐当为目的，自非掠夺公署占据都市城寨者可比，丑说固不足采。惟匪众到城攻击，即被军警击散，于抢劫盐当（强取行为）仅系着手，尚未至实施程度，则甲、乙为之开门接应，亦尚不能论为实施中帮助；虽同系构成强盗未遂犯，然惩治盗匪法无罚未遂之规定，仍应依《刑律》第三百七十三条、第三百七十九条论罪。如确系谋劫多数盐当，得依俱发罪科刑，与《惩治盗匪法》条款无关。子说亦不尽然。相应函复贵镇守使查照。

此致！

■ 统字第821号

民国七年八月五日大理院复安徽第一高等审判分厅函

径复者：

案据泗县知事电称，"今有甲犯强盗罪，因审仅为贼摇船，依从犯例减等处刑，呈奉钧厅覆判确定。现因甲供出之伙犯乙被获到案，讯明甲实共同正犯，能否予以再审，更定其刑？乞电复"等情。据此，查该电所称情形，与再审条件不合，究应如何救济？钧院有统一解释法律之权，相应据情函情鉴核，迅予解释赐复，以便转令遵照等因到院。

查上开情形，既于《刑诉律草案》再理编第四百四十六条再审条件不合，现行法规又无救济方法，只能留供立法参考。相应函复贵厅查照。

此复！

■ 统字第 822 号

民国七年八月五日大理院复安徽高等审判厅函

径启者：

准贵厅函称，"兹有乙以甲妻之身份，对于甲提起宠妾灭妻之诉，甲以与乙非正式婚姻为抗辩理由。第一审以甲无正妻，又与乙同居多年，应认为有夫妇关系，断令由甲每月给乙扶养费三十元；乙之生母丙，听乙留养；其前夫之子丁，暂听与乙同居，俟丁能自营生活，再行分别。双方均未声明不服。事往数年，甲因丁已成年，请求照判迁居，乙谓丁系己于前夫生存时与甲通奸所生之子，不应迁居。甲、丁复行涉讼。案结后，甲指乙所生之女戊为奸生，对于乙提起离婚之诉。乙答辩理由，谓戊非奸生；甲既诬奸，是离婚之原因出于甲，请求断给生活费，准予离异。第一审断令甲、乙离异，由甲给与乙及其女戊生活费五千元。甲不服原判，声明上诉，谓请求离婚，系以奸非为原因，今裁判上既认无奸非事实，离婚原因已不存在，仍愿照前次确定判决，给与扶养费，不与离异；如必断离，而又认戊非奸生，则依夫妇离异时其子女从父之原则，应将戊之生活费划出，将戊交己抚育。又前判每月给扶养费三十元。是时，乙母丙及前夫之子丁并所生之女戊，均与乙同居过度。今丙已死亡，丁应迁居，乙之生活必要费，较前大减，断给生活费五千元，实属过钜。乙之答辩理由，谓戊非奸生，虽无离婚原因，但甲既诬奸提起离婚之诉，即不能不离；所断生活费五千元，尚觉过少，亦难甘服，并不愿将戊交甲抚育。据上各情，甲既认给乙抚养费不愿离异，仍否断？又戊仅数龄，上诉时，甲虽未主张为奸生，然起诉时曾指为奸生，甲、乙离婚后，应否令戊从父？又上诉审系乙主张离异，甲不愿离；如断离时，甲应否负担乙之生活费？如仍应负担，除斟酌甲之财力地位外，应否审究乙之生活程度，以其生活上必要费用为给费之标准？应请迅为解释"等因到院。

查夫妇如无法律上离婚原因，自非两相情愿，无率予判离之理。至离婚后之子女，原则应归其父，但有特别情形（年幼即其一端），即暂归其母抚养，亦无不可。判定夫妇互相抚养费用之标准，应斟酌受抚养人生活之需要及抚养人之财力。相应函复贵厅查照办理。

此致！

■ 统字第 823 号

民国七年八月五日大理院复吉林高等审判厅函

径启者：

准贵厅函开：案据长春地方审判厅呈称，"为呈请事，案准吉昌道尹兼长春交涉员函开，准驻长日领照开，兹据本地贸易协会禀称，'近来华商中以募集股份所组织之商店，即所谓由招股所组织者，其商店之股东，是否可视为无限责任之资本主？或与日本股份公司（株式会社）相同，应视为有限责任之股东？在日商颇难判断，于交易上甚感不便，拟请中国方面，赐以明确之决定'等语。查华商中以募集股份之形式所组织之商店，其字号及关于各种权利义务之文书，有不明记为株式会社（股份有限公司），且亦不照会社登记法（公司注册规则）登记（注册）者，此等商店，在形式上虽似为株式会社（股份公司），然难认为系按照公司办法而成立之会社（公司），恰于中国未实行会社法（公司条例）以前，由亲朋数人，仅依照默然之商家习惯而合股合伙或联财之组织无大差异，因而不认有对抗第三者，即所谓私法上之相对的效力。故此等商店，资本主之法律上之性质，其对于第三者之责任，不能如株式会社之株主（股份公司之股东）为有限，似不得不解释为立于无限责任者之地位。敝处解释如此，贵处意见如何，急欲一闻。为此，照会贵员查照，务乞从速惠复，无任祈盼"等因。准此，查近来各处商铺，恒有由招股成立，名为公司，而其实并未履行法律上之手续，致外商对于此种商店股东之责任，群怀疑虑。然此种商店，若依据法律严格解释，则其股东之责任，自属无限，断不能与股份有限公司之股东相同。该领事来照之解释，似属正当，惟事关法律问题，并有习惯关系，除函请商务会解释外，合函贵厅即乞查照解释见复，具级公谊此致等因。准此，案关外人交易，理合据情转呈钧厅鉴察府赐解释，以便函复实为公便等情。

据此，查此项交管官厅注册后，不得对抗第三者。函述情形，自应认为合伙，其股东依一般合伙习惯，自系分担（非连带）无限责任。相应函复贵厅查照办理。

此致！

■ **统字第 824 号**

民国七年八月六日大理院复总检察厅函

径复者：

准贵厅函开：案据江苏高等检察厅电称，"今有甲亲生子乙，出继于异姓丙为子，娶妻丁。现时乙、丙均死，丁乃依甲同居，被戊拐逃，甲有无告诉权？悬案以待，乞转院解释"等情。据此，相应函请查核见复等因到院。

查甲于乙为本生父，丁自属同一关系，参照本院统字第五十五号解释，甲有告诉权。相应函请贵厅查照。

此复！

■ **统字第 825 号**

民国七年八月七日大理院复陕西高等审判厅电

陕西高等审判厅鉴：

梗电悉！大清银行欠人之款，应由法院受理，本院早有前例。至钞票财部有无特别办法，俟行查再复。

大理院阳印

附：陕西高等审判厅原电

大理院钧鉴：

据长安地审厅呈称，"大清银行清理处清理账目，凡商欠暨没收、抵押各产，依四年七月卅日大总统批令，概归行政官厅办理。至因该行从前发行钞票，现在拒绝支付，致生纠葛，法庭应否受理，不无疑义。请电转解释"前来，相应电请迅赐解释电示，以便转令尊照。

陕高审判厅梗

■ **统字第 825 号**

民国七年八月十三日大理院复陕西高等审判厅函

径启者：

前准贵厅梗电，请解释大清银行欠款一节，业经本院阳电答复，其发行钞票清理办法，顷准财政部咨复到院。相应抄录全文，函送贵厅查照可也。

此致！

附：财政部原咨

为咨复事：

准贵院咨开：大清银行从前发行之钞票，贵部有无另定清理办法，即希查明从速见复等因。查大清银行总分行发行钞票，业经陆续清理，先后截止，现惟陕西、云南两处，尚有大清银行钞票未尽收回。除云南分行尚未定有清理办法外，陕西大清银行，当辛亥兵乱，钞票曾被抢失；嗣后设处清理，根据当时发柜库存两项账簿，详加查核，内实在行使钞票，计共七万余两。除历年陆续收回外，截至本年五月间，未经收回之票，尚有银票三万零九百三十五两八钱。当经本部令饬陕西清理处核准号码，开具清单，刻登广告，以两个月为限，民间持有大清银行钞票与单开号码相符者，均令先交该处查验，候期开兑，逾期不到，即行注销。所有抢失钞票，当时只载库存簿，不列发柜簿，无论该票有无印章号码，现落何人之手，一律注销作废。当经咨请陕西督军省长转饬地方官厅出示晓谕，将单开号码宣布周知。上月查验期满，计收验号码相符之票，共三千八百五十余两，业由该清理处限期开付。旋准陕西省长电咨，"以在外未收之票，为数尚多，人民损失过钜，请展限一月，自八月十六日起至九月十六日止。所有单列未验银票，准于展限内补行挂号，定期收兑，如复逾限，即作无效"等语，经部电饬陕西分清理处遵办各在案。准咨前因，相应咨复贵院查照可也。

此咨大理院！

■ **统字第 826 号**

民国七年八月七日大理院复四川高等审判厅电

四川高等审判厅鉴：

厅字第七号东代电悉！该件抗告，如来电所称，自无理由，惟并非抗告不合法，亦非必停止执行，仍希送院核判。

大理院阳印

附：四川高等审判厅原电

北京大理院钧鉴：

千元以下之民事案件，第一审知事于第二次堂谕判决后，复经第三次覆审，未书堂判，但于诉状后批明照二次堂谕办理，随照第二次堂谕作正式判词。该判词已否送达，卷内虽无由查悉，但当事人控诉时，已粘有堂谕及第三次批语。迨上告审判决后，忽称发见第一审无第三次堂谕，判词亦未送达，认为未经第一审终局判结，请求发回县署，更为第一审审判。经厅一再驳回，该当事人遂声明抗告于钧院。此项抗告，应否依通常手续申送办理？乞速电示遵行。

四川高等审判厅东印

■ 统字第 827 号

民国七年八月七日大理院复山东高等审判厅电

山东高等审判厅鉴：

先电悉！所称优先扣押权利，如查明有此习惯，自可认为法则，采以判断。

大理院阳印

附：山东高等审判厅原电

大理院钧鉴：

设有甲某住于乙所之饭店，结欠房、饭费若干，未偿而亡。乙店主将其遗留物件封存备抵，其他债权人丙、丁等，欲与均分，乙则以应有优先权为词。究竟乙对甲某遗产，是否有优先扣抵之权利？恳迅解释电示。

山东高等审判厅先印

■ 统字第 828 号

民国七年八月八日大理院复广西高等审判厅函

径复者：

准贵厅函开：案据河池县知事黄祖瑜呈称，"设有奸夫以一种药料，交由相奸人暗掺入本夫之食品内，其目的并非欲毒杀本夫，其药料亦不达杀人程度，不过欲使本夫之威严心性，变为故纵不羁之心性，以达其肆无忌惮之目的。此种行为，损害个人法益及有碍善良风俗，固不待言，若以《刑律》第三百一十一条未遂论，核与犯人之心术情节，殊有未合，若援用同律第十条，又不符有罪必罚之本旨。可否援引第八十八条第二项第五款，依第三百一十三条第二款处断？其疑义一。又批准援用之大清现行律出妻门载，'凡妻，无应出及义绝之状而出之者，处八等罚（中略）；若犯义绝应离而不离者，亦处八等罚'。'义绝'二字，并无具体之范围。设有中人家产之甲，娶贫贱之乙为妻，幼时未知男女之欢爱，夫妻尚无异词。迨情窦既开，甲遂抱有嫌贫爱富之念，始终不肯与乙为床笫之欢，决意娶妾，然又不表示与离异；乙因受甲虐待，遂请求离异。如此发生二说：子说谓，床笫之欢，为婚姻之最大目的，甲、乙情形，自可认为达于义绝之程度，应从乙之请求，准予离异。丑说谓，'义绝'二字，赅括遗弃不养而言，不必与乙为床笫之欢，始可以承宗祧

（即另立妾意）。甲乙情形，自不能认为义绝。二说究以孰是？再夫妻离异，法律无准夫家收回财礼之明文。如准离异，应否退回财礼？其疑义二。又如上例甲、乙吵闹时，遇其五十余岁岳丈丙出头干涉，甲又拳击丙之门齿，脱落二枚。法律上对于门齿，究认为《刑律》第八十八条第一项第五款之身体？或认为同项第六款之容貌？抑应认为第三百一十三条第三款之轻微伤害？其疑义三。以上三种，均为职县现有之案，关于认定罪刑，颇有疑义，特请明白解释，免失出入。伏查解释法律疑义，系属大理院特权，理合具呈文恳查核转院解释示遵，实为公便"等情到厅。相应函请贵院解释赐复，以便转令遵照等因到院。

查第一问题，照函述情形，如果所施毒药，系属有意使本夫迷失本性，自应依《刑律》第三百一十三条，并查明伤害程度，适用第八十八条以致废疾或笃疾处断。倘其意仅在威胁其夫纵令奸通，应依《刑律》第三百五十八条，以强暴、胁迫妨害人行使权利论罪。但此等事实，颇不近情，审理时宜注意是否毒杀未遂，勿为所蒙；

第二问题，查妻受夫不堪同居之虐待，应认义绝，准予离异，本院早有判例。函述情形，如有程度可认为不堪同居之虐待，自可准其离异。

第三问题，击落齿牙二枚，应以轻微伤害科断，希查照本院统字第三百二十二号解释。

以上各项，相应函复贵厅转饬查照。

此复！

■ 统字第829号

民国七年八月九日大理院复湖北第一高等审判分厅电

宜昌第一高等审判分厅鉴：

居丧嫁娶，应行离异，不以身自主婚为要件。至统字第五七六号解释，所谓"私人"，包含本人在内。

大理院佳印

附：湖北第一高等分厅原函

径启者：

兹有甲女夫死一月，经其翁及生母到场，凭媒与乙男正式结婚。越月，甲女无故翻悔，请求离异。关于现行律居丧嫁娶条引用，不无疑义。第一说谓，该条首节前半，"身自主婚"字样，为离异要件之一。甲女既非身自主婚，即不完备离异要件第二说谓，该条首节后半，有"仍离异及不离异"各字样，参合观之，身自主婚不得视为离异要件。且律文"主婚"二字，添注于"身自"二字之下，显系别于该条第二节为人主婚而言，实与要件无关。两说未知孰是，抑或别有解释，未敢臆揣。再者遵查统字第五百七十六号解释内开，"此等公益规定，自非私人所能藉以告争"等语。"私人"字样，仅指第三人言，抑或包含结婚之本人在内，尚不无疑点。案悬待判，恳速解释示遵。

此致大理院！

统字第 830 号

民国七年八月九日大理院复浙江高等审判厅电

浙江高等审判厅鉴：

宥电悉！限期补具诉状。补具后，应认为合法起诉。

大理院佳印

附：浙江高等审判厅原电

大理院鉴：

诉讼人于《省议会议员选举法》第九十条所规定之初选选举诉讼期间内，以白禀向县知事兼省议会议员初选选举监督提起诉讼，经原县以不合程式批驳后，始行具状更正，计已经过上述诉讼期间。其前所递之白禀，应否认为有效起诉？悬案待决，相应电请钧院，迅予解释示遵。

浙高等审厅宥印

统字第 831 号

民国七年八月十四日大理院咨司法部文

为咨复事：

准贵部咨开：据安徽高等审判厅呈称，"案据芜湖地方审判厅厅长雷铨衡呈称，'窃查假扣押事件，一经决定，照章原许债务人抗告，并许其声请命债权人起诉，均属保护债务人利益之方法。但有债务人于决定后，法定期间内并不声明抗告，亦不声请命债权人起诉；债权人为自己利益计，即声请将扣押目的物交其管业，抵偿债款。此种请求，法无明文，本无照准根据，惟长此迁延，将使债权永立于不确定之状态，似非便利人民之道。现职厅发见此项情形，办理颇形困难，非明定办法，殊乏依据，拟嗣后遇此场合，即据债权人之声请，通知债务人，命于一定期间内，声明意见。如愿交管业，即可照准，否则惟有酌定期间，告知债务人从速声请命债权人起诉；如逾期不声请或逾期并不声明意见，即可推定已经默认债权人之请求正当，均准径予管业。如此办理，似于法律事实，均尚无妨碍。所拟当否，职厅未敢专擅，理合呈请鉴核俯赐转呈司法部核示令遵'等情。据此，查该厅所拟办法，系为便利人民起见，是否有当，理合备文呈请钧部俯赐鉴核，抑或就近函商大理院后，再行转令俾便饬遵"等情到部。查该厅所呈各节，事与解释执行法令有关，相应据情咨请贵院查核见复，以便转令遵照等因，准此。

查债务人于假扣押决定后，不声明抗告，亦不声请债权人起诉者，审判衙门除劝谕债权人起诉外，无径依其请求即准予管业之理。惟债务人与债权人间有移转管业权之合意，则审判衙门自亦无庸干涉。相应咨请查照。

此咨！

■ 统字第 832 号

民国七年八月十七日大理院复总检察厅函

径复者：

准贵厅函开："案据江苏高等检察厅电称，'今有甲、乙同一旅馆，对房而居，素不相识，甲乘乙熟睡时，潜入乙房窃取财物，甲之成立窃盗罪，毫无疑义。但于此有二说焉：第一说，谓甲、乙既同在一栈，虽各房居住，潜入行窃，究与自外侵入有人居住之第宅者不同，应依第三百六十七条科断；第二说，谓甲、乙虽同在一栈，究系各房居住，自各有其监督权，甲侵入乙房行窃，实合于第三百六十八条第一项侵入条件，应依该条处断。以上二说，各有理由，事关法律解释，理合电呈鉴核转院解释示遵'等情到厅，相应据情函请查核见复"等因到院。

本院查本项问题，应以第二说为是，希查照本院七年上字第一百零九号判例。相应函复贵厅查照。

此复！

■ 统字第 833 号

民国七年八月十七日大理院复四川高等审判厅电

四川高审厅鉴：

上级审误认事物管辖，发交下级审审理之决定，若已确定，应受拘束，参照本院统字五六三号解释。

大理院筱印

附：四川高等审判厅原电

北京大理院钧鉴：

兹有某案，地检厅依一百六十八条起诉，地审厅依该条及六十九条免诉，检察官声明控诉，经本厅查系初级管辖，决定发地厅合议庭审理。嗣经该厅发见系一百六十九条之罪，复制决定书认为应由本厅受理第二审。查此案本厅决定在先，早经确定，兹据该审厅请示前来，应如何办理？乞示遵。

川高审厅养印

■ 统字第 834 号

民国七年八月十七日大理院复广西高等审判厅函

径复者：

准贵厅函开："现据上思县知事黄自明漾电呈称，'甲、乙同胞，乙出继本族，娶丙为妻，仅生一女身故，丙恋乙产，因未再醮，与丁和奸情热，俨同夫妇，照《刑律补充条例》第六条第二项，甲有无告诉权？乞转请解释示遵'等情到厅。查甲、乙既属同胞兄弟，乙复出继，甲非乙之尊亲属，当然无告诉权。惟事关法律解释，敝厅未敢擅专，相应据情函请迅赐解释见复，以便令尊等"因到院。

查此项问题，贵厅见解甚是。相应函复查照。

此复！

统字第 835 号

民国七年八月十七日大理院复浙江高等审判厅电

浙江高审厅鉴：

愿电悉！该法所称公署之兵器药弹云云，兼营队而言，被匪众在途掠夺，自应按该法第四条第二款处断。

大理院筱印

附：浙江高等审判厅原电

大理院钧鉴：

据长兴县知事电称，今有水师官长带队武装途行，被土棍聚众抢夺枪支子弹，是否构成《惩治盗匪法》第四条第二款之罪？迅赐解释电示。

浙高审厅愿印

统字第 836 号

民国七年八月十七日大理院复安徽高等审判厅电

安徽高审厅转芜湖地审厅：

第一三五号函悉！裁判上及执行中之和解，均得查照呈案内容，予以执行，惟保证人有争执者，仅对于保证人须另件诉理。至债务人所有财产，除法令或条理上不许供执行者外，均可斟酌债权数额，对之同时或先后执行。

大理院筱印

附：安徽高等审判厅原函

径启者：

案据芜湖地方审判厅长雷铨衡呈称，"今有甲诉乙欠债，经双方和解，具状备案，嗣乙违约不偿，甲请强制执行。迨经传追，乙复与甲具状和解，约定分期偿还，并由乙书立期票，倩丙商号盖章担保，交甲收执。经执行推事传同甲、乙，质明无异，各签押付卷。讵期到，甲持票索偿，乙、丙均置不理，甲复状请执行，并主张查封丙之财产，以备抵偿。关于此等案件，应否再予执行？不无问题。一说，谓和解为契约之一种，苟非显违法律，审判衙门不能干涉，原以尊重当事人之意思，故裁判上和解，依法生执行效力。若执行上和解，则执行效力已达，案经终结，自无再为执行余地。如因债务人屡次违约不偿，辗转执行，难免不辗转和解，则执行永无终结之日。况发生第三人之担保关系，既系自行约定，与向官署提供担保性质不符，径向执行，亦乏根据。遇此场合，似非有撤销和解原因，或对担保人及债务人另案起诉，不能再予执行。一说，谓和解虽经当事人自行约定，但既向官署陈明，即生绝对之拘束力。所有担保关系，与官署命供之担保同其效力，无论为裁判上或执行上和解，均可依法强制执行，以达保护债权目的。若因不履行和解内容，即须另案起诉，未免受债务人以延缓之机，且仅就担保部分起诉，犹可解为担保人应受裁判之利益，如向主债务人一并起诉，似不无一事再理之嫌。故欲收敏捷效果，虽经执行上和解，仍以再予执行为宜。二说孰是？应请解释。又某债务人有数种财产，业经查封，足敷债额之甲种财产，迭次减价拍卖，无人承买。复据债权人状请改封乙种财产拍卖抵偿，究竟事后可否选择？

亦不无问题。或谓债务人所有财产，均可供执行目的物，已卖之物，既难出售，自非改封其他容易出售之物，不能收执行之效果；或谓查封财产易售与否，照章得由债权人预为调查指明，即债权人未经指明，亦可由官署选择查封。惟一经查封拍卖以后，即难任意变更，以免妨害债权人一切财产之安全。究从何说？颇滋疑义。以上各点，均属悬案待结之件，理合呈请钧厅鉴核俯准，转函大理院迅赐解释示遵，实为公便"等情。据此，相应函转钧院迅赐解释，以凭饬遵。

此致大理院！

■ 统字第 837 号
民国七年九月二日大理院复总检察厅函

径启者：

准贵厅函开：案据浙江高等检察厅呈称，"据于潜县知事刘田毅元日代电称，'有本夫因家贫不能养妻，将妻价典，双方约定期限回赎。此种行为，有背善良风俗。《刑律》及《补充条例》，均无治罪专条。典者及受典者是否均不为罪？乞示遵'等情。据此，理合备文呈请鉴核，转请解释"等情到厅，相应据情函请查核见复等因到院。

查得价典妻，如其真意系属绝卖，当依《刑律补充条例》，处典者以和卖罪；受典者参照本院统字第二一三号解释，不能论罪。若双方并无买卖意思，典者等于得利纵奸，法无处罪正条。相应函复贵厅查照。

此致！

■ 统字第 838 号
民国七年九月二日大理院复四川高等审判分厅函

径启者：

准贵厅函开："案查五年十月钧院统字第五百二十三号解释，会首村正擅罚人民，应依三百八十二条处断。兹有乡间团保，拿获伪造假银之人，擅予处罚，或数十元或数元不等，罚款又未入己，应否仍照五百二十三号解释办理？抑应查照钧院统字四零三号解释，滥罚充公，依一百四十八条处断？抑可不负刑事责任？此应请解释者一。又原告发人对于地方检察厅却下命令，是否有声请再讯之权？又对于地方审判厅之判决，原告发人是否有请求地检厅申送控诉审之权？以上两点，不无疑义，相应以快邮代电，函请钧院迅赐解释，以便遵循"等因到院。

查第一问题，会首村正，如可认为合于行政官员之佐理，则滥罚充公，当依《刑律》第一百四十八条处断，否则仍构成第三百八十二条恐吓取财之罪。第二问题，告发人与告诉人异，对于检察官不起诉处分，虽得向原厅及上级检察厅声明再议及抗议，并无请求检察官提起上诉之权。相应函复贵厅查照。

此致！

统字第 839 号

民国七年九月二日大理院复河南高等审判厅函

径启者：

准贵厅函开："案据河南第一高等审判分厅呈称，'兹有县知事呈送覆判甲、乙共犯伤人致死一案。审查初判书，对甲所判之罪，显有失入，依《覆判章程》第四条第一项三款上段规定，应为更正之判决；而对乙所判之罪，又行失出，依同条项二款规定，应为覆审之决定。本案既系犯两个犯罪主体，可否对甲、乙二犯各别覆判，一则以判决更正，一则以决定覆审？抑或依照同章程第四条二项三款决定覆审，将甲罪应更正之部分，一并发交原县，令于覆审判决内依法更正？职厅对此问题，怀疑莫决。理合备文呈请函转迅予解释示遵，以便结案，实为公便'等情到厅，据此。查统一解释法律，系属钧院职权，案关办理覆判程序，相应具函转请迅予解释示遵，以凭转令遵照"等因到院。

查覆判案中应覆审与应更正之部分互见时，除从刑失出仍予更正外，应参照该章程第一条第二项之法意，依第四条第二项第三款为覆审之决定。相应函复贵厅查照。

此致！

统字第 840 号

民国七年九月二日大理院复绥远都统署审判处函

径启者：

准贵处函开："兹有甲某犯窃盗罪，判处五等徒刑，尚未确定，被匪劫狱、胁迫同逃。于逃出之翌日，受匪赠与赃物。经获案，依再犯例判处三等徒刑。判决后，逾数月，复因强暴脱逃未遂，依三犯例判处无期徒刑，呈送覆判。查甲某受赠赃物时，前案判决尚未确定，不能谓为再犯。其赃物罪之判决，系依第三百九十七条第一项及第十九条加等处刑，应否送覆判？不无疑义。如应送覆判，是该案判决未经确定，则再犯之根据，既不成立，而后犯之脱逃未遂罪，即不能谓为三犯；如不应送覆判，该案判决即属确定，其误认为再犯，以致后犯之罪成为三犯一误再误，显有出入。究应如何纠正？案关诉讼程序，敝处未敢擅专，相应函请钧院迅赐解释示复，俾便遵循"等因到院。

查该被告所犯窃盗及受赠赃物罪，照章不送覆判，虽误依再犯律处断，应俟非常上告方能纠正。至强暴脱逃未遂一罪，应由覆判审依法办理。相应函复查照。

此复！

统字第 841 号

民国七年九月三日大理院复热河都统署审判处电

热河审判处鉴：

陷电悉！《刑律》第四十七条但书，系指宣告刑而言，希参照本院统字五零零号解释。

大理院江印

附：热河都统署审判处原电

大理院钧鉴：

《刑律》第四十七条但书，系指处刑？抑指法定刑？祈解释电复。

热河都统署审判处卅

■ 统字第 842 号

民国七年九月四日大理院复江西高等审判厅函

径启者：

准贵厅函开：据江西高等审判分厅监督推事岳秀华呈称，"本年八月四日，据崇义县知事雷豫呈称，'窃查未得矿业权而窃采矿质者，《矿业条例》第九章第九十四条定有罚则。惟搬运、受寄、故买或为牙保者，该条例无处罚明文。是否应依《暂行新刑律》第三十五章第三百九十四条第二款处断？抑不为罪？又依《矿业条例》第九章第九十七条之规定，所追缴之价值金及拍卖所没收矿质之收入，是否归入司法收入？属县现有此类事件发生，办理不无疑义。理合呈请迅赐指令只遵'等情。据此，查《矿业条例》第九章规定之罚则，既由司法衙门处理，则依该条例第九十七条办法所得之收入自应认为司法收入之一种。至未得矿业权者所窃采之矿质，能否认为赃物，及他人为之搬运受寄故买及为牙保，应否依《暂行新刑律》第三百九十七条第二款处断？在矿业条例，并无明文规定。且此项行为实际上有于未开之先，与采矿人预约为之者；亦有事前未经预约，至开采后始行为之者。情形既各不同，尤属不无疑义。究应如何处断？事关法律解释，职分厅未敢擅专。理合具文呈请察核，转函解释示遵"等情。据此，相应据情函请贵院迅赐解释见复，以便转令遵照等因到院。

查关于矿山窃盗之赃物罪，仍依《刑律》科断，应注意故意之要件，但依《矿业条例》第九四条窃采矿质者，法定刑处三等至五等徒刑，而《刑律》第三九七条主刑二等至四等徒刑，适用时应于法定范围内斟酌，得其权衡。至没收及追缴价额，自系司法收入。相应函复贵厅查照。

此致！

■ 统字第 843 号

民国七年八月二十九日大理院复广西高等审判厅函

径启者：

准贵厅函开："查《民事诉讼费用征收规则》第三条第一项载，'当事人递诉状时，不照章缴纳费用，或缴不足额，该诉讼毋庸受理'。又颁行《诉讼状纸通行章程》第一款载，'凡赴各级审判厅诉讼者，民事、刑事，均应一体遵用，违者不予受理'各等语。是上诉案件，上诉人于上诉时不照章缴纳诉讼费用，或缴不足额者，自应依照《民事诉讼费用征收规则》第三条第一项之规定办理。又上诉状不用部颁状纸者，自应依照《诉讼状纸通行章程》第一款办理，固无疑义。在依法组织之审判厅，对于此不缴讼费、不用部颁状纸之上诉状，于诉讼人投递状纸时，自知据法予以指导。如不依法缴费，或更正部颁状纸，即不予以收受，自无问题发生。惟现在第一审全系县知事兼理诉讼，初级案件之第二审，多系邻县为上诉机关。此种县知事，于诉讼手续及现行法规，毫不研究。遇有声明不服判决之诉状递到，不问其有无缴纳讼费、是否用部颁诉状，概予收受，呈送上诉。而上诉审判衙门接收其呈送之上诉状，查悉其未缴讼费，或非用部颁状纸时，因见该原审未尽指导之责，遂权宜令该原审衙门，限期令该上诉人补缴讼费，或更正诉状，以凭核办。而该上诉人往往置之不理，三令五申，均不见该上诉人补缴讼费或更正诉状到案。则此种上诉，即属不合法之上诉，无论其上诉有无理由，均应依法决定驳回其上诉，自属当然之办法。但一经决定驳回之后，该上诉人于收到决定，又不即时补缴讼费或更正部颁诉状，声请回复原状；迨至经过数月或一、二年后，始行补缴讼费或更正诉状，声请回复原状。遇此场合，若驳回其声请，则现行法令尚无此项回复原状之声请之法定期间，而驳回即无根据。若准予回复原状，则败诉人之狡黠者，只需一纸不合法之声明、不服判决之诉状，投递于审判衙门，即可使胜诉人之权利，永久不能确定。似亦非立法之精意。查缺席判决之声明窒碍期间，经贵院解释，为依照上诉期间，定为二十日。则此项声明回复原状似与声明窒碍无异，是否亦可依照上诉期间，定为二十日？贵院有统一解释法律之权，应请明白解释，以便遵循"等因到院。

本院查不照章缴纳讼费或缴不足额，应践行何种程序，始能撤销其上诉，及撤销上诉后再缴讼费，应否再予受理，本院已均有解释。至使用颁行状纸，事同一律，亦可准照办理，相应抄送解释文件二份（统字第六百二十三号，又四年抗字第一五六号决定），希即查照可也。

此复！

■ 统字第844号

民国七年八月二十九日大理院复司法部函

径启者：

准贵部函开："准交通部函开：'招商、怡和两局移趸交涉一案，照普通法理解释，水面似应属于国有，未便由岸上业主自由处理。惟轮船局购置沿江岸地，即系为安设趸船之用，其目的原在水面。就习惯法论，倘船局购有岸地者，于附岸水面无使用之权利，亦觉未平。究竟水面应归国有？应为岸上业主所有？两说以何者为是？抑或主张国有，而岸上业主得有使用之权？请予核复'等因到部。查通行船只之江河水面，应归国有，自无疑义。惟岸上业主对于水面之使用权，我国法律，并无规定。究应如何解释？相应抄录原函，请即查照见复"等因到院。

查岸上业主使用水面之权，我国法律，虽无规定，惟水面既系国家公有，自其性质言之，在人民一方，自以不害及他人使用之限度为原则。但国家对于公有水面，得于例外情形，限于依特别法律行为，或具有特种条件之人，始许其使用（特别使用）。交通部原函所开困难情形，自不无酌量办理之余地。至使用水面之人，因而使及岸地，侵害岸上业主之土地所有权者，业主本于其所有权之效力，得请求排除其侵害，禁止使用岸地。相应函复查照可也。

此致！

附：司法部抄件

径启者：

前据商办轮船招商局电称，"怡和有移趸至局产荷花塘江岸水面之计，曾经函致镇江税务司声明该处系局置基产，其水面不能让于他人，当接税务司复函，允为存记。今怡和业已移趸，派人勘丈，全在局地水面，距岸仅二百余尺。日后商局趸船，如因淤浅移设，无处停泊，该处水面，既为商局地权攸关。且与华商营业大有窒碍，应请咨行转饬告知怡和洋行，即将新趸另行移泊他处"等情。当经据情分行查复去后，嗣准税务处咨称，"镇江关监督及总税务司原呈，均声明镇江水面，可以为怡和停泊趸船者，除现由理船厅指拨之处所外，已再无空间适宜处所，自属实在情形。惟镇江关监督，则以为事关双方营业利害，官厅解决，甚形困难，宜令税司饬令怡和与招商局自行协商办理。总税务司则以为岸上地主，并无处分水面之权，未便令怡和趸船再行移泊，是镇江关监督所主张者，调停办法，而总税务司则从权限上立论"等语前来。查水面一项，我国现行法律，曾否有何项规定，照普通法理解释，水面似应属于国有，未便由岸上业主自由处理？惟轮船局购置沿江岸地，即系为安设趸船之用，其目的原在水面。就习惯法论，倘船局购有岸地者，于附岸水面无使用之权利，亦觉未平。究竟水面应归国有？应为岸上业主所有？两说以何者为是？抑或主张国有，而岸上业主得有使用之权？以期情法兼顾，非详加研究，无由解决，相应函请贵部查照，核议见复，至纫公谊。

此致司法部！

■ 统字第845号

民国七年八月二十九日大理院致修订法律馆函

径启者：

准贵馆函开："准交通部函嘱'将水面、水力应归国有？抑归私有？详议见复'等因。查原函所称各节，事关法律解释，应由贵院核议，用特抄录原函送请议复"等因到院。

查江河及其他公之水面，其所有权自应属之国家，除国家特别限制使用方法或使用之人外，人民皆有自由使用之权。相应函复，并将复司法部文一并抄送查照可也。

此致！

■ 统字第846号

民国七年八月三十一日大理院复四川高等审判分厅函

径启者：

准贵厅函开："查前清现行律载，'无子立嗣，若应继之人平日先有嫌隙，别于昭穆，相当亲族内择贤、择爱，听从其便'等语。就该项律文字义观察，似择贤、择爱之例外规定，应以应继之本人，平日有无嫌隙为断。若被承继人与应继人家有无嫌隙，似非所问。而贵院三年八月上字第六一八号判例，又载有'若被承继人在生时与承继人家先有嫌隙，则亲族会议亦自不能违反例文规定，为无效立继'等语。现本分厅受理案件中，有当事人关于此项解释，争执甚烈。究竟现行律所称应继之人，是否专指应继本人？抑系包括应继人之本生父母及其家人而言？事关法律解释，相应函请贵院查核示遵"等因到院。

本院查律载"应继之人，先有嫌隙者"，自指应继之本人而言，但嫌隙本毋须有具体之事实。故被承继人如与承继人家积有嫌怨，因而憎恶应继本人者，亦许另择贤爱，本院六年上字六一八号判决，盖即此意。相应函复查照可也。

此致！

■ 统字第847号

民国七年八月三十一日大理院复江西高等审判厅函

径启者：

准贵厅函开："据东乡县知事呈称，'兹有甲、乙、丙兄弟三人，惟丙出继他房，生有三子两孙，其本支甲、乙各生二子。嗣因甲死，其子丁、戊亦相继亡故，均未有子。戊死在先，已由戊妻立丙某之孙为嗣。丁死在后，丁之妻己，因与丙某之子挟有讼嫌，欲立乙某之孙为嗣。惟乙某虽有二子，现尚无孙。丁之妻己，遂援虚名待继之例，经凭亲族书立继约，并写遗嘱呈请备案前来。当经批饬检谱呈核，丙以己非法立继等情，出而告争。查大理院判例，惟对于父有别子者，准为虚名待继，今甲之别子戊，虽已死亡，但既经立嗣，则甲之宗祧，不至于中断。依类推解释，自应以有别子论。究竟丁之继嗣，是否可由其妻己悬待乙孙出生后，再行承继？如不准悬待，则丙与己既有嫌隙，又非亲支，势不能强其孙以入继，必须择立别房之子，又恐非己之所愿。职署现有此种案件，急待解决，理合具文呈请钧长查核示遵'等情前来，相应函请迅赐解释见复，以便转饬遵照"等因到院。

本院查函述情形，虚位待继，固属不应许可，但承继开始，现行法上既无明文规定。守志之妇，自得于适当之期间内，俟有适当应继之人，再为立继，不得以素有嫌隙之人，强令立以为嗣。相应函复查照可也。

此致！

■ 统字第848号

民国七年八月三十一日大理院复浙江高等审判厅函

径启者：

准贵厅函开："据桐庐县知事代电称，'今有甲（清理各县官营产事务所所长），于丈毕某洲地送达通知，并布告各地户呈证缴价期满后，将有证据未于布告期内呈验之乙（人民）之沿江民地十二亩标卖。乙得悉，即将证据串单呈验，乃甲不加审查，径行标卖。乙因私权遽被侵夺，认甲处分为违法，向兼理司法之县知事提起私诉,经予受理,通知答辩。于此有二说焉:第一说,谓国家为谋增进利益,而为买卖租赁有偿行为者,则与私人间之行为无异,而同应受私法之支配,并无国家权力施行之余地。今国家设置之官产事务所所长甲,竟将未于布告期内呈据之乙之民地,擅行标卖,此种权力施行,实系无效行为,则甲自应受私法上之裁制。第二说,谓甲清丈某洲地完毕后,依法送达通知,并经布告,如再逾限验证缴价,即将该地认为官产,一概标卖。乃乙故意濡滞,直至布告期满后,始行呈验证据。在甲对于布告限满未经呈验证据之地户,应认为不能提出证据者论,依处分之时效,标卖该地,不得谓为违法,则甲自无应辩之必要。二说孰是?县属现有此种案件,立待进行,惟案关法律疑义,未敢擅专。理合电请查核迅予转函大理院解释指令只遵"等情到厅,相应函请钧院俯赐解释,以便转令只遵"等因到院。

本院查对于官产人民争执为其私有者,系属私权关系,审判衙门自应予以受理,该管衙门应代表国家应诉。惟桐庐县知事所称是否为人民争执所有,题义稍欠明了。相应函复贵厅转饬查酌办理可也。

此致!

■ 统字第849号

民国七年八月三十一日大理院复江西高等审判厅函

径启者:

准贵厅函开:据安福县知事呈称,"兹有某甲执有某乙手票一纸,上面只书银票及年月日字样,并无债权人及债务者姓名,亦无图章,下面只书某人经手二字,亦无花押中证。现某甲、某乙俱故,某甲之子向某乙之子要求给还,某乙之子坚不承认,并主张此票无效。某甲之子不服,主张此种手票,即无记名证券,'经手'二字,即花押之意,但系亲笔书立,必能生效。某乙之子,亦不认可,又无他证。查《民法草案》,虽有无记名证券之规定,然内容多不详尽。如此项手票,究竟能生效力与否?未敢臆断。案悬待决,伏祈钧厅示遵"等情到厅,相应函请贵院迅赐解释见复等因到院。

本院查该票如某甲之子,能有旁证足以证明其债权之真实成立,且为对乙所有之债权,并非单纯经手,自可据以请求偿还。相应函复查照可也。

此致!

■ 统字第850号

民国七年八月三十一日大理院复察哈尔都统署审判处函

径启者:

准贵处函开:"兹有甲、乙两造,因账务纠葛,在原县兼理司法事务之知事公署起诉,业已堂判牌示在案。而甲造于上诉期间经过后,又在县署请求传讯案内原有证人(其所指证人为甲造之胞兄弟,于法不能取得证人资格)。县署又准传讯,将前之堂判,略微变更。甲造于后之堂判上诉期间内上诉到处,经本处调查县卷,始悉前之堂判,业已确定。惟查乙造所呈流水底账,尚短甲造钱四百四十九文,似与《民诉律》第六百零五条第十一款相合。县署前堂判未及判明，本处对于此项上诉，是否据前堂判业已确定判决，决定驳回？抑据后堂判另有本处审理判决？案关法律疑义，理合函请贵院迅予解释只遵"等因到院。

本院查前判既已确定，自应本于一事不再理之原则判决维持原判之效力。如果乙造之流水簿，足为甲可受利益裁判之书状，可指令向原县依法声请再审。相应函复查照可也。

此致！

■ 统字第851号
民国七年九月四日大理院复浙江高等审判厅函
径启者：

准贵处函开："据新昌县知事呈称，'兹有甲犯精神病，心神丧失多年，已达宣告禁治产之程度。现与夫兄乙分产涉讼，因无法定监护人，由甲之寡媳丙，委任代理诉讼人。此项委任，是否有效？其说有二，第一说，成年之监护人以夫或妻祖父、母家长为顺序，媳系直系卑幼，不能为监护人，当然不能代为委任。第二说，丙为甲之遗产相续人，甲、乙分产涉讼，利害关系，于丙最为密切。丙之代甲委任，并非施行监护职务，乃系代理诉讼，照《审判厅试办章程》内第五十二条及第五十四条，似应有效。二者究以何说为是？应请解释者一。又异姓入继，无承继权之族人，得以乱宗为理由，提起拒绝登谱，或请求削谱之诉。其所以准为此种诉讼者，盖正当之谱规（或依明文或依习惯），不可不予以维护，大理院已有六年三月统字第五九一号公函明晰解释。但所谓正当谱规者，是否刊行之日，即生效力？如从前异姓入继子孙，族中准其点派总理干首各项执事，并准入祠主祭，旧谱载有姓名，新谱增修，凡例永远不准派充执事及入祠主祭。此项谱规，如予以维护，则有违从前习惯；如不予维护，则告争者又有明文为据。究应如何办理？应请解释者二。以上二端，事关法律疑义，案悬待决，呈请解释到厅。'理合备文转请俯赐解释，以便示遵"等因到院。

本院查甲既有同居寡媳丙，自可谓丙为甲保护人。故丙得本于保护人之权能，代甲起诉受诉，则其委任代理诉讼人，自应认为有效。至第二问题，异姓子孙，依该族惯例，既已取得权利，族人非得其同意，自不能率与剥夺。此与本院以前之解释并不抵触。相应函复即希查照办理可也。

此致！

■ 统字第852号
民国七年九月六日大理院复江西高等审判厅函
径启者：

准贵厅一二八号公函："据南昌地方审判厅呈称，'今有甲、乙两案，控诉人于适法期间内声明控诉，均未缴纳控诉审讼费。受诉审判衙门，照章定一相当期间，责令各该案控诉人补缴或声请救助。各该控诉人逾期并不遵行，遂均决定撤销其控诉。甲案控诉人，于接受决定后，二十日内补缴讼费来厅请求受理。而乙案控诉人，则于接受决定后二十日外，亦补缴讼费来厅请求受理。原决定衙门，对于甲、乙两案，应否受理？于是分有二说，（子说）甲案仍可受理，乙案不应受理。其理由以为该案控诉人，不于前定相当期间内补缴讼费，或声请救助，嗣经审判衙门决定撤销其控诉，系受一种濡滞之制裁，与两次传案不到，决定撤销其控诉状之案件，名异而实同。在两次传案不到之控诉人，于接受决定后二十日内，既可声明窒碍。而甲案控诉人，亦于接受决定后二十日内，补缴讼费或声请救助，自应仍予受理。至乙案控诉人，虽亦遵令来厅补缴讼费或声请救助，然已逾不变期间，自未便漫无限制，致案久悬不能确定，故不应予以受理。（丑说），甲、乙两案均不应受理。其理由以为受诉审判衙门，既定一相当期间，指示以应为之诉讼行为，该控诉人到期不愿遵行，即应视为撤回控诉。除被控诉人提起合法独立控诉，该控诉人得为附带控诉外，自不得于舍弃后，复行提起。故甲乙两案，均不应予受理。以上两说，究以何说为是？职厅现有此项案件，悬待解决，理合具文呈请钧厅察核转函大理院解释只遵'等情到厅。相应函请贵院迅予解释赐复，以便转令遵照"等因到院。

　　查函询情形，自以子说为是。相应函复贵厅转饬遵照。

　　此致！

■ 统字第 853 号

民国七年九月六日大理院复山东高等审判厅函

　　径启者：

　　准贵厅三七四号函："据沾化县知事呈称，'案据某甲之妻某乙，甲早故，孀守无子，并无同父兄弟，今拟立素所钟爱之丙为嗣，丁、戊均不承认。查丙父之五世祖，与甲之五世祖，系同胞兄弟。丁父之五世祖，与甲之五世祖，系堂兄弟。戊父与甲同祖。以服制论，戊最近，丙次之，丁又次之。查戊之祖系义子，丙之五世祖系姊妹之子，出嗣舅氏，均属异姓。现在丁以丙异姓乱宗，戊以自己服制较近，皆谓乙不应以丙为继，互相起争。因丁尚长其一岁，断无过嗣之理，且除丙以外，同族别无称继之人，非丙不嗣。丁、戊仍执前说，决不承认。彼此坚持不下，殊难解决。于是有两说焉：子云，乙既钟爱于丙，应以继丙为是，凡其他应承继者，或则年龄不相当，或则品行不端正，或则先有嫌隙，或则近为仇雠，若以为嗣，不但无益，适足增损。且乙非丙不嗣，亦未便相强，不如听乙之便为愈也。丑云，丁原与甲支派较远，究属同宗；丙原为乙所爱，究属异姓。即丁年长于乙，不便过承，亦应于同族中另行择继，若以异姓为嗣，似不宜也。二者一以分言，一以情言，究以何说为当？不无疑义。案关继承，不厌求详，拟合备文呈请鉴核，迅赐解释令示遵行，实为公便'等情。据此，查丙、戊均属异姓，原无疑义。丁之年长于乙，于承继问题，无所窒碍，贵院上字四四七号，亦已有明文解释。但丙之先世，系姊妹之子入继，已历五世之久，究竟可否继承？应请迅与解释，以便饬遵"等因到院。

查丙祖之承继，如历久未经告争权人主张其无效、消灭其身份，则丙对于甲，即不得谓为异姓。甲妻乙择爱立以为嗣，自非丁、戊所能告争。本院就此早有解释。相应函复，并检送解释法律文件一宗（统字第八一四号），既希贵厅转饬遵照可也。

此致！

■ 统字第 854 号

民国七年九月六日大理院复吉林高等审判厅函

径启者：

准贵厅第三三号公函：案奉吉林省长公署令开：案准奉天省长公署咨开：为咨行事，案据怀德县知事尹寿松呈称，案准吉林双阳县咨开，案查前奉吉林省公署密令内开，民国二年七月十七日，接国务院密电，"奉大总统令孟使蒸电悉，'务即饬将此项黄天教徒早为严禁解散，毋任蔓延生事为要'等因。查此案已会同孟护军使密令妥为防察，并委员查办在案。兹奉前因，合再通令该县遵照先令文内，事理严密，访查据实呈报"等因。当经茹前县会同陆军步兵第一团诚团长，于是年八月十一日，详准查封灵岩阁并严办首要案内抄没地亩，复于四年四月间，经梅前县详请将此案遗产，拨修文庙经费，奉吉林巡按使批准在案。惟此项抄没地亩，坐落贵县境内，印照四纸，计熟地八十九晌六亩六分七厘，迄今数载，尚未清查。缘奉吉林省长令，查国有、公有土地不动产分别表报等因。即应遵照，遴派妥员按段详查，以清经界而重租赋。除呈报并委令外，相应备文并附抄印照四纸，咨请贵县查照，希即转知所属警团帮同清界，实级公谊，此咨。计抄附印照四纸，并派调查员到县调查各等情。准此，知事当以抄没教徒地亩，既在县属管辖，自应提归本县，充作公益之用，当即分令各该管警团切实清查具复。旋据该区官陈浩权呈报，"清查此项没收地亩，除原照八十九晌六亩六分七厘外，尚查出程云阁种有灵岩阁没收印照三纸，计熟地二十九晌六亩一分一厘，共查得熟地一百一十九晌二亩八分八厘。均经查明清界告竣"等情到县。知事一面仍饬该管警区，迅速将此项地亩即予查封，并查明每晌能值价格若干，详为具复。一面咨请双阳县知照，并请将灵岩阁没收地照四纸，检咨过县各在案。伏查双阳县原咨，'拟得此案没收产业，拨修该县文庙经费'等语，各县文庙，应否修葺，自宜由本县另筹相当的款。安得以没收他县土地，为拨修该县文庙经费？实属毫无理由。且知事此次晋省会议各县应筹设贫民教养所，以清盗源，正虑经费筹措维艰。此项没收产业，约计可值价七千余元，以之变价，拨作贫民教养所费用，极为正当。除咨复双阳县知照，并分呈财政厅清乡局洮昌道尹外，所有灵岩阁没收地亩，拟提归本县举办贫民教养所费用各缘由，理合具文呈请鉴核，转咨吉林省公署转令双阳遵照，是否有当？伏乞训示只遵等情。据此，查此项抄没灵岩阁黄天教徒地亩，既系县境管辖，以属地主义论，自应提归该县充作公益之用。惟地亩价格，究值若干？俟令财政厅派员复估呈署核夺。除分令外，相应咨行贵公署请烦转饬双阳县知事遵照此咨等因。准此，查此项查抄地亩，

· 718 ·

虽系奉界管辖。但没收原案，系由吉省办理，来咨所拟办法，是否与法相合？合亟令仰该厅即便核议呈复，以凭核办此令等因。奉此，查此项没收地亩，应归何省处分，事关法律见解，未便擅决，应请查核解释示遵等因到院。

查此种没收财产，均属国家财产，应归何省管理处分，现行法令，初无规定，自无解释可言，如果省与省发生争执，似应咨明财部核议解决。相应函复查照可也。

此致！

■ 统字第855号
民国七年九月六日大理院复湖南高等审判厅函
径启者：

准贵厅一三九号公函：据慈利县知事呈，"自去岁以来，纸币之价渐低，铜元之价渐高，两相比较，所差甚远，而人民之因此争讼者，遂日起纷纷。如县民某甲与某乙互诉一案，甲于民国二年出典田业与乙，契载价交官票，去腊甲备官票取赎，乙要照铜元补水，甲否认，以致互诉。查湖南银行，为政府所设，纸币为银行所出。现时出纳铜元一枚，当三十用，虽无补折之名究有补折之实，不许要求补水，似属于理欠平。而纸币、铜元，同为政府发出之币，其不承认补水者，似亦持之有故，言之成理。且民间无相符价格，价低补水，价高折扣。当事人契未载明折补，用何标准，惹起纷争，未免滋事。又有据仅载'钱'，未注'铜元'、'纸币'，彼此争议，是非无考，知事辗转筹思，未得正当办法。且虑各县判决不同，诉讼前途有碍，理合将困难情形，呈请解决示遵"等情。据此，查债务涉讼案件，关于现金纸币折补问题，业经钧院于上年十二月统字第七二二号复京师高等审判厅函明白解释在案。惟据来呈所举事例，按诸前项解释，似有未尽吻合。究应如何办理之处？应请解释，以便令遵等因到院。

查函述情形，与本院上年十二月统字第七二二号复京师高等审判应函开各节，事同一律。取赎交价，应比较当事人立契时所交之价，以两者相差之价额，为其折补之标准。相应函复贵厅转饬遵照可也。

此复！

■ 统字第856号
民国七年九月六日大理院复四川高等审判分厅函
径启者：

准贵厅审字三号函称，"有善堂公置义地，被人将已葬坟处盗卖，经首人察觉，并涉及外交。究竟此种已葬有坟义地，是否永远不准出卖？及买受人前以不知情取得所有权，能否认为有效？殊难悬断，乞即解释赐复，俾便遵循"等因到院。

查善堂公置义地，被人盗卖，如未经合法代表善堂之人依法追认，则无论该地已否葬有坟墓，买受人是否知情，并是否涉及外人，其买卖无由认为有效。相应函复查照。

此致！

统字第 857 号

民国七年九月九日大理院复京师高等审判厅函

径启者：

准贵厅函：据香河县知事陈希彭承审官王凤至呈称，"查香邑民事案件，春耕在迩，地亩涉讼居多，既无民事法典可以遵循，而乡愚恒依旧例，毫无新律知识。值此过渡时代，若必责备求全，匪特妨民权利，适以滋生事端，所有疑点，不能不请求解释。例如，甲某以远年老契，与乙等多数各当事人控争淤地，经前任判甲胜诉。乙等仅谙旧例不肯具结，不知新律定有上诉期间。上诉逾限，判决确定，有交地者，有反抗者，甚或两相斗殴，互损禾稼。已经两任，虽加强制，不能执行。知事到任，仍复互控缠讼不已，查此案有与章程判例不合者数点：（一）甲虽升科并无地邻保结（查修正《京兆清查地亩章程》第八条，'业户呈报黑地，应加具地邻保结'云云，所以杜冒报之弊。按既判与甲，而地邻等仍不肯与出结，足见公道在人）。（二）甲契与淤地地名亩数不符，甲之执照，与甲契之地名亩数亦不符［查前章第十六条内载，'凡无粮黑地，（中略）并查验契据亩数不符'云云。按远年约据，是否废契，倘非地名一亩数相符，保无张冠李戴。甲于判决后次年始报升科，改从淤地地名、亩数，故与甲契不符，足见甲契确系另属他地之契］。（三）被冲坍塌时，甲未经报坍［查清律关于民事继续有效例载，'沿河沙洲地亩，被冲塌坍（中略）如从前未经报坍，不准拨给'］。（四）甲报升科，在他人之后，验契日期，亦在他人领照之后（查判例要旨《民律》第三编第二章第二节第九判旨各项，'荒地何人首报，即由何人承领'云云。按淤地无人报坍，即成无主官荒，又查修正《京兆清查地亩章程》第九条，'清查期间，无论平地山坡沙碱，凡属无粮黑地，不问有无红契，一律征收照费大洋二角，各业户领照之后，地已确定'云云。按章程效力，同于法律。乙等既领照在先，则地已确定，不知依据何法可以取消，岂违背法律确定之判决之确定效力，更优于法律所确定之效力乎）。（五）甲并无地邻证言证明（查判例要旨《民律》第三编第二章第二节，第二十二判首眉标地邻证凭足为判断基础）。（六）甲契与甲之执照，所载界邻不一致，且与现种该地之地邻，均不相符。（七）多数败诉人，并无分别供单（见诉讼记录五年十二月九日原判供单，似乎人民权利，轻于鸿毛）。（八）地邻且有反证（见诉讼记录本年四月十日地邻供单）。据以上诸点，原判实有未允，侵害当事人之权利，致起纷争，无法解决，似可适用《民诉》六百零五条第十一项之规定提起再审。惟各当事人不知依法定手续请求再审，仅用诉状辩论，主张所有；或于出庭辩论时，口头陈述，核与请求再审形式，未能悉合。若拘形式不予再审，使违法之判决有效，则甲、乙等之有无权利确定，其因争地而毁损之禾稼，亦应解决而处之以罚则。真有权利者，既失权利，又受处罚，岂非将错就错，冤上加冤乎？可否据实质上调查，确系侵害人民权利？但受有诉状后口头起诉，即得分别再审，以保护当事人之利益。其输服者，仍依不告不理之原则办理。再查滨川淤地，应归国有，律有明文，院有判例。除曾经报坍得以照拨外，其未经报坍者，不准拨给。收归国有，招民领种，诚为斩断葛藤止争之良法〔惟查清现行律关于检踏灾伤田粮条内例载，'沿河沙洲地亩被冲坍塌，令业户报官注册。遇有淤涨，亦即报官查文，照原报之数拨补。此外多余涨地，不许霸占。如从前未经报坍，不准拨给，（中略）余地许招民认垦，官给执照（中略）如有私行霸占，将淤地入官各'等语〕。关于此例，与近年颁行成文法有无抵触，能否引用之处？未敢臆断，以上二点，悬案待理，为此呈请鉴核迅赐明示"等因前来，案关法律解释，相应据情函请贵院查核见复等因到院。

查民事案件，一经判决确立，除合于再审条件，准其请求再审外，自无无端翻案之理。《民事诉讼律草案》关于再审之规定，早经本院认为条理，准予采用；其以言词起诉者，可令补具状词；当事人对于裁判声明不服者，亦得不拘于所用之名称，就其实质，分别予以受理，此均本院早有先例。至关于淤涨，本院亦早有判例。惟现行律收归国有之处分，系属行政官之职权，司法衙门自不能越俎为之。相应函复，并检送判词一份，即希贵厅转饬遵照。

此致！

■ **统字第 858 号**
民国七年九月十日大理院复京师高等审判厅函
径启者：

准贵厅函：据京师总商会函称，据京师金银号商会、首饰行商会声称，"各金银号首饰店等，以收买金珠首饰等项规则，来会声明，恳转请总商会请求高等审判厅，转请大理院解释，而免疑惑事。'窃北京金、银号，自壬子年正月十二日多数遭遇兵劫后，经顺天府暨内外城巡警总厅会同步军统领衙门，议定《金、银号首饰行收买金珠首饰规则》第五条，由市政维持会议决，经顺天府内外城警察厅，于民国元年五月十三日布告施行在案，业经遵行数年。查此项规则，系关于地方之部局法规，且为强行法之一种，乃有'某机关对于该规定认为无效，以为此项规则，为临时办法，《新刑律》颁行以后，当然失效'云云。窃查此项规则，系民国元年五月十三日布告，而《刑律》则施行于民国元年三月初十日。是该规则成立在后，何能谓新《刑律》颁行而失效？况该规则关于赃物之规定，于《刑律》赃物罪一章绝无抵触，系为收买货物者定明使其注意是否为赃物载簿详报厅区办法，如果商号并非故买，即不负赔赃之责，性质属于民事法，似不能谓为失效。今既有认为失效之说，则其是否有效，不能不请求最高法院之解释'等因。据此，相应恳贵总会转请高等审判厅转请大理院解释，以便遵守"等因。据此，相应据情恳请查核，准予转请解释，以便遵行，而免商界困难等情，附呈原定规则一纸前来。案关法律解释，相应将原定规则一纸函送，希为解释等因到院。

查该规则第一条及第二条及第五条，原为警察官厅之行政规则，与《新刑律》颁布，本无关系。至第三条办法，则与前清奏定继续有效之《各级审判厅试办章程》第六十八条，显有抵触，自不能认为有效。第四条办法，其性质既系民事法规，亦无由地方行政官厅制定之理。惟查该办法尚非全然不合条理，但使买主确不知情（即不知为劫盗所得之物），并公然价买者，自应于犯人不明或无力缴价之时，由失主自行备价收回（参照现行律给没赃物门条例第十二段），以昭平允。相应函复贵厅转行遵照可也。

此致！

■ 统字第 859 号

民国七年九月十日大理院复浙江第二高等审判分厅函

径启者：

准贵厅六一号函称，案查再审程序，应先调查其再审之诉是否合法，即审查其程序上，是否合乎再审之成立条件，如合乎再审成立条件，然后调查所举为再审之原因者，是否存在。当事人以发见可受利益裁判之书状，声请再审，自得认为合法，其书状当然包括公私文书而言。惟再审条件，应否严格解释，以书状为限？抑于书状之外、凡发见其他之物证（例如经界诉讼发见墙脚石槛之类）亦为合法？得更就再审原因，予以调查，如对于其他新物证，可以认为再审合法？此外对于新发见之人证，亦能认为合法否？此应请解释者一。又执行案件，若系地方管辖者，依钧院判例，对于提起再抗告，概予受理，已无疑义，惟县署办理之地方管辖案件，是否包含在内？又地方厅办理之初级管辖案件，依照司法部批指（四年十一月八日批山东高审厅），抗告审亦属于高等厅，如当事人提起再抗告时，是否亦予受理，可由高等厅送院核办？此应请解释者二。又家族于一定时期，举行一定之仪式，例如集合族众或提携灯笼至墓祭祀，因而损及他人甲之建筑物，甲以该族众执持之灯笼上，有某某堂字样，即对于该堂名起诉，请求赔偿。查堂名之作用，不过族众内部的表示，为某一支派之子孙于本族中有多少之权义关系，其对外与法人性质，自是不同，惟族人集合而为一定之行为，以共同之堂名，为全族之标识时，对于他人之不法行为，能否视为团体之行为，其堂名有无为被告人之资格？又负责者为团体，抑为个人？此应请示解释者三。以上三者，不无疑义，应请迅赐解释等因到院。

兹由本院分别解答：（一）凡一切以文字记号足供证明用之物，皆谓之书状，均可据以请求再审。至人证则显非书状，自不能据为再审之原因，以防流弊；（二）凡地方管辖之执行案件，无论为地厅抑为县知事之裁判，均可再抗告至本院；（三）族中堂名，既不得为权义主体，自不能以之为被告，且加害之人，并非绝无可以调查之道，如果被害人以全族之人为被告时，应迅予查明，免滋拖累。相应函复贵厅查照。

此致！

■ 统字第 860 号

民国七年九月十日大理院复湖南高等审判厅电

湖南高等审判厅鉴：

文江代电悉！判决确定，有拘束效力，该案件既经高审厅认为上告案件，发还原地审厅更审，当事人并无不服，自无由该厅复以决定送高厅为第二审之理。至再审应向原判决衙门提起者，固不问该原判是否合法。

大理院灰印

附：湖南高等审判厅文日快邮代电

大理院长钧鉴：

现在本厅发生民事诉讼上之争执，计有二端：（一）上年本厅审理上告案件，因调查事实，未臻明了，发还原地审厅更为审判，两造当事人并未声明不服。现在原地审厅践行更审时，发见管辖错误，欲以决定汇送本厅为第二审审判，于此有二说：甲说，管辖既经错误，从前经过程序，全属无效，应即仍送本厅为第二审审判。乙说，诉讼法例，违法判决，非经当事人声明上诉，由上级审判衙门撤销判决后，不失效力。故本厅以判决发还更审案件，应以当事人有无声明不服为前提，如未声明不服，判决业已确定，依照贵院统字第五六三号解释，原地审厅自应受确定判决之拘束，即使管辖错误，亦应予以更审，经判决后，当事人并不声明不服，依照贵院统字第五五八号解释，案经判决确定，并非当然无效，此就法例言，不外以裁判之确定，补管辖之欠缺，俾确定判决之效力，得以巩固而已；倘判决后当事人声明不服，本厅以职权调查，果系管辖错误，自可撤销从前之判决，更为第二审审判。现在本厅发还更审之判决，未经撤销以前，原地审厅当然应受确定判决之拘束，为第二审审判。以上二说各执，究以何者为是？应请解释者一。（二）再审之诉，有《民诉律草案》第六百零三条第二款情形者，应专属控诉审判衙门管辖，本不生问题。兹有上年十月，本厅判决上告案件，时逾四月，当事人以发见可受利益裁判之书状，向原地审厅声请再审，原地审厅审查再审之声请，认为合法，已作成决定书，分别送达，两造当事人并未声明不服。原地审厅进为本案调查叠经传讯四次，又以发见管辖错误，将用决定汇送本厅为再审管辖，于此有三说：甲说，前审确定判决管辖错误，现在提起再审之诉，不能专属原地审厅为控诉审管辖，应以本厅为其声请再审之管辖衙门；乙说前审程序，既以原地审厅为控诉审管辖，本厅为上告审管辖，案经判决确定，现在再审之诉，仍应专属原地审厅为其声请再审之管辖衙门，俟判决后当事人声明不服，再由本厅以职权调查办理；丙说，又以乙说再审之诉，专属原地审厅管辖，中间未有决定者而言，该案原地审厅审查再审之声请，认为合法，中间已经决定，为再审判决之前提，当事人对于决定，并未声明不服，自己确定，原地审厅更应受所为决定之拘束，不许自行撤销，何得于四次传讯后，忽送本厅为声请再审之管辖衙门总须由原地审厅判决后，当事人声明不服，再由本厅以职权调查办理，方合程序。以上三说各执，究以何者为是？应请解释者二。此项诉讼法上之争执，急待解决，务请迅赐解释，俾有遵循。

湖南高等审判厅文

■ 统字第 861 号

民国七年九月十一日大理院复绥远都统署审判处电

绥远审判处鉴：

青电悉！现行律以十六岁为成年，则十七岁男子之行为，苟无其他无效或撤销之原因，自属完全有效，惟有无他种情形仍应查明办理。

大理院真印

附：绥远审判处原电

大理院钧鉴：

现有一十七岁未成年之男子，未经家长及亲族会议之认可，径将房产价卖于素有债权者，是否认为无效，抑俟有撤销之请求，再判决撤销？悬案待决，乞电示遵。

绥远审判处叩青

■ 统字号第 862 号

民国七年九月十三日大理院复江西高等审判厅函

径启者：

准贵厅函开：查应属地方管辖案件，县知事误为初级管辖案件，判决后上诉于地方厅，依贵院统字第一百七十九号解释，地方厅自应为管辖错误之判决，将该案件呈送于高等厅为第二审审判。而依贵院统字第三百三十号解释，以该地方厅有本案之第一审管辖权为限，得依《刑诉律草案》第三八四条第三项办理，详绎前后两号解释，似地方厅有本案第一审管辖权者，以地方厅行第一审审判，否则即将案件呈送于高等厅，惟有第一审管辖权之地方厅，是否可不行第一审审判，径将案件呈送于高等厅？此应请解释者一。至所称有本案第一审管辖权，是否指有土地管辖权而言？此应请解释者二。又《县知事审理诉讼暂行章程》第三十六条第二款所称原审事件，应属初级管辖云云，究竟以告诉告发人对于县知事署所告诉告发之罪名为标准，抑以县知事判决所引用之律文为标准？此应请解释者三。以上各端，均系法律问题，相应函请迅予解释见复施行等因到院。

查本院统字第三百三十号，系最近之解释，地方厅如遇县判管辖错误之案，认为自有本案第一审管辖权者，应撤销原判，径为第一审审判。至《刑诉草案》第三百八十四条所称有第一审判权，系兼事物土地而言。又《县知事审理诉讼章程》第三十六条第二款所称原审事件，因县知事兼有检察职权，故应以所引律文为标准。相应函复查照。

此复！

■ 统字第 863 号

民国七年九月十三日大理院复湖南高等审判厅电

湖南高审厅鉴：

冬电悉！邻县受理地方管辖刑事案件第二审，固属管辖错误，但已确定，不能更据原告诉人呈诉，由高厅受理原县控告，惟该呈诉在原县判后期间内者，仍可受理，否则只有依法非常上告救济。

大理院元印

附：湖南高等审判厅原电

大理院公鉴：

甲县判决地方管辖刑事案，经乙邻县误为二审判决，原告诉人及被告人均声明不服，前经本厅以原告诉人上告不合法，被告人上告逾期决定驳回确定在案。兹复由同级检厅，将原告诉人不服甲县判决之上诉状，作控告案送审，应如何办理？恳电示遵。

湘高审厅冬印

■ 统字第 864 号

民国七年九月十八日大理院复山东高等审判厅电

山东高审厅鉴：

铣电情形，以营利略诱论，参照本院统字第五三七号解释。

大理院啸印

附：山东高等审判厅原电

大理院鉴：

甲诱未满十六岁少女，价卖与乙为娼，应依何条处断？请电复。

山东高审厅铣印

■ 统字第 865 号

民国七年九月二十八日大理院复江西高等审判厅函

径复者：

准贵厅函开：据九江地方审判厅厅长梅诒毂呈称，"窃查受刑人甲罪确定后，复经原县发见确定前乙罪，另行处刑，并依《刑律》二四条一项，更定其刑，对于上开事例，执行日期问题，约有两说：子说，谓甲、乙两罪，均应以更定其刑之裁判确定日起算；丑说，谓甲罪早经确定，果如子说，受刑人殊受意外不利益，应以甲罪确定日起算，再依乙罪及更定其刑之裁判所定执行刑期，统前后计算之。均属不无疑义，理合具文呈请转函解释示遵"等情。据此，相应据情函请迅赐解释见复，以便转令遵照等因。

本院查俱发罪，依《刑律》第二十四条之规定更定其刑者，若先发之罪，已受执行，应查照《刑诉草案》执行编第五百零九条，将已经执行之刑，通算后定之刑。相应函复查照。

此致！

■ 统字第 866 号

民国七年十月二日大理院复总检察厅函

径复者：

准贵厅函开：据浙江高等检察厅呈称，"案据邻县地方检察厅检察长金兆銮呈称，窃查《刑事诉讼律草案》执行编及准用他编各条，业经司法部呈奉大总统令准暂行援用，登载六月五日政府公报，及第九十一期司法公报，通行遵照在案。所有准用他编各条，既已公布，自不仅限于适用本编之际，方为有效，从前通行《刑事诉讼律草案》再理编时，准用各条，各厅亦均一律适用，未有限制。数年以来，颇称便利，故职厅刻已实行，惟细绎法文，尚多疑义。查微罪不检举之办法，我国相沿已久，亦近世立法例所时有，妇女轻微犯罪，司法部有免予检举之通饬，施行以来，收效甚宏，依《草案》第二百七十九条之规定，则此等事件，均在应行起诉之例，何去何从，殊难臆断，若仍照旧办理，是否亦应作成不起诉处分书？是项不起诉处分，在法律上之根据何若？应请明示者一也。现行通例，犯罪不能证明或证据不充分，均可为不起诉之原因，《草案》第二百七十九条第二款，既无犯罪不能证明可以不起诉之规定，自应概予起诉，惟犯罪不能证明，实可为宣告无罪之理由，检察官明知为犯罪不能证明，应宣告无罪，以格于法律，不能不起诉。非特有关承办检察官之成绩，且使被告人遭无辜之拖累，殊非保护人民之道，此应请明示者二也。《草案》第二百七十九条，乃初级检察官关于初级审判厅管辖案件之规定，现初级厅业已归并于地方厅，在初级管辖案件，固仍可以适用，若系地方案件，是否可以依据该条处断？如谓不能适用，则办理地方案件时，其有不起诉者，将何所根据？此应请明示者三也。不服《草案》第二百七十九条第二款处分之声明再议，应向该管地方检察长为之，观于《草案》第二百九十条，有地方检察长接受再议之声明，得命令所属地方检察官处分之规定，似专指初级案件而言，究竟《草案》第二百八十六条规定，地方案件，是否可以适用，抑或地方案件，另有其他相当法文？此应请解释者四也。以上四端，职厅疑莫能释，理合呈请查核转请解释令遵等情，据此。除指令外，理合据情呈请鉴核转请解释"等因前来，相应函请查核见复，以便转饬遵循等因到院。

本院查《刑事诉讼律草案》执行编，虽经令准援用，其中准用条文，限于通用执行编各条之际可以一并援用，并非他编各条，亦已公布有效，该地方厅检察长所述疑义各节，应毋庸议。相应函复贵厅查照饬遵可也。

此致！

■ 统字第 867 号

民国七年十月五日大理院复总检察厅函

径复者：

准贵厅函开：据湖南高等检察厅呈称，"《覆判章程》，现经修正施行，惟其中各条，就法理的解释，而不免有疑义者有五：（一）查《刑事诉讼律草案》，关于管辖各节内第七条第二项载，本刑有期徒刑之并科罚金或易科罚金者，应依最重有期徒刑定其管辖权等语，是法定最重主刑，系四等有期徒刑以下者，无论并科罚金或易科罚金之数若干，依同律《草案》第二条第二款之规定，均属初级管辖案件。现《覆判章程》第一条第一项第四款规定法定最重主刑，系四等有期徒刑以下，其并科罚金或易科罚金系五百元以上，而所科在百元以上者，应送覆判。设遇此等案件，被告人声明上诉时，是否仍依通常管辖办理，抑由高等审判厅受理？若依通常管辖办理，例如一案有甲、乙两被告，甲被告声明上诉，乙未上诉，是乙之部分，即在覆判之列，而覆判应由高等审判厅受理，上诉则非高等审判厅管辖，同一案件，而分属两审判衙门，办理程序，孰先孰后，且转折既多，易滋窒碍，自非明示准则，不足以昭慎重。（二）《覆判章程》第一条第一项第五款前半规定法定主刑，系依价额计算之单独罚金之案，因计算价额多寡，而初级审之管辖不同，其计算价额，率以二倍为标准。若二倍之数在三百元以上，固无何等疑问，万一价额二倍之数不及三百元，而所科在二百元以上，则又发生前述之疑问。（三）《覆判章程》第五条第一项第一、第二两款之覆审判决，其由检察官声明控告者，依同章程第七条第二项之规定，固不问同章程第一条第一项何款之案，均以高等审判厅为管辖控告审判衙门。若因重于初判，由被告人声明上诉时，设遇同章程第一条第一项第四款及第五款前半所列，依价额计算单独罚金不及三百元，而所科在二百元以上之案，查同章程第七条第一项仅规定分别厅庭署县，按照上述之规定，声明上述等语，则依通常管辖而论，上列各案，其控告审管辖，均不属高等审判厅，是否仍依通常管辖办理？若依此办理，设遇一案，一方已由被告人声明上诉，而检察官接受覆审判决后，又复声明控告，是一案件而分属两控告审判衙门，究应何所适从？（四）覆判核准之案，未经检察官上告者，依《覆判章程》第十条，可追溯自初判经过上诉期间之翌日起算刑期，原为利益被告人起见。设遇一案有甲、乙两被告，甲之部分可核准，而乙之部分应更正，又或主刑部分均可核准，而从刑部分失出应更正时，依同章程第四条第二项第一、第二两款之规定，应用更正判决，则关于核准部分，可否查照司法部四年六月五日第五六六二号批（山东高等检察厅详），开第四款办理？（五）依《覆判章程》第四条之规定，核准更正，应用判决，覆审应用决定。设遇一案有甲、乙、丙三被告，甲可核准，乙可更正，而丙应覆审时，能否于覆审决定中，将甲、乙两部分，分别予以核准或更正？抑仍须将此核准或更正之部分，一并覆审？以判决之形式，较重于决定，且判决可上告，而决定不准抗告也。以上五端，均关法律疑义，理合呈请核示只遵"等情到厅，案关解释法律，相应函请查核办理等因。

　　本院分别解答如下：第一例，查覆判案件，该章程所未经规定者，当准用刑诉法规依《草案》第九条之当然解释，数人犯一罪，其事物管辖不同者，可由上级审判衙门合并管辖，覆判案遇此情形，亦同一办法，但甲之上诉与乙之覆判，虽系合并管辖，仍应分别办理，乙之案件，如应覆审，自以提审为宜。

　　第二例，依前说明，准用合并管辖。

　　第三例，准用前例办法。

　　第四例，查司法部四年第五六六二号批，原本于同年第一二七二号批，核准案件，以系追认性质，可从初判确定日起算刑期，与更正部分，分别执行，无庸另为核准部分之决定。然现行《覆判章程》第四条第二项第二款开，应核准与更正之部分互见时，以应更正论等语，已将旧章第三条第一款改正，似与该两号部批所举情形，略有不同。惟详绎该章程第四条规定，不过为制成覆判书之形式，特行修正条文，而于执行刑期，为被告人利益起见，仍可按照追认性质办理。

第五例，参照《覆判章程》第四条第二项第三款之法意，制判形式，应为覆审之决定。

以上五项，相应函复贵厅查照。

此致！

■ 统字第 868 号

民国七年十月二十五日大理院复山东高等审判厅电

山东高审厅鉴：

祃电悉！上告发还更审之案，被告犹不许撤销，何论其他。甲既在逃，应即中止审理。

大理院径印

附：山东高等审判厅原电

大理院鉴：

今有某甲经县判处罪刑，其兄乙代行上诉，经控诉审以判决驳回控诉后，复行上告，由院发还更审，甲逃匿无踪，乙以中人名义，来厅撤销上诉，应否照准？祈即电示。

山东高审厅印祃

■ 统字第 869 号

民国七年十月二十六日大理院复察哈尔都统署审判处函

径复者：

准贵处函开：据署理丰镇县知事黄朴呈称，"为呈请解释示遵事，今有土匪甲等三人，乘乙住宿丙店，遂往该店将乙捆缚，逼要银洋两千元，乙央丙作保，缓日给付，甲等声言如不给付，定将丙家杀害，临行并将乙身所带银索练两条劫去。嗣乙等筹措艰难，复央丁同丙向甲等乞减未允，突有戊扬言于丁，谓此事如能付给三百元，即可了结，乙遂凑洋三百元，交丙由戊转付，甲等俵分，戊亦分得五十元。此案甲等三人，既未将乙掳去，其即时劫去银索，及后日勒要银元，似应按连续犯科以一个三百七十三条之罪，不便以掳人勒赎论。戊之情形，的系与甲等暗通，若仅科以赃物罪，未足蔽辜，惟是否科以正犯，抑应科以准正犯之处？本县盗案中现有上列情形，知事未敢擅断，理合具文呈请解释迅赐指令示遵，实为公便，谨呈"等情。据此，查案关法律解释，本处未便擅专，相应据情函请贵院解释示遵等因到院。

查甲匪所犯，自系《刑律》上之强盗罪，其犯罪进行中，戊又加担得赃分用，按其情形，亦属实施正犯。相应函复查照。

此复！

■ 统字第 870 号

民国七年十月二十六日大理院复河南高等审判厅函

径复者：

准贵厅函开：据温县知事快邮禀称，"县属有甲女已字乙孙为婚，定期媒说迎娶，甲推乙孙年幼商缓，图财将女卖给丙纳为妾，经乙诉控，查《新刑律》第二百九十一条，有配偶而重为婚姻者，处四等以下有期徒刑等语，细绎律义，系指有妻更娶而言，与纳妾并无关系。今丙与甲住址，相距匪遥，明知甲女已字与乙孙为婚，虽未迎娶过门，则一夫一妇之名义已具，甲因图财将女背卖，丙乃知情已字，买纳为妾，揆诸事实，丙之所为，似与犯第二百九十一条之罪，情节较重，丙与甲应如何处分？甲女应否离异，判归乙孙为妻？详查《刑律》，并无明文，案关法律，未便擅专，理合禀请解释详示，俾有遵循，而免错误，实为公便"等情。据此，查此案甲以其女图利价卖，依《补充条例》第九条规定，显系构成《刑律》第三百五十一条之罪。甲女既系乙孙已聘将娶之妻，依原则言，自应将甲女判归于乙，惟丙将甲女买入为妾，已有多日，如甲女主张节操，愿为丙妾，不作他人妇，似乙仅能向甲主张损害赔偿，碍难将甲女判归于乙。至丙之和买，既非有妻再娶，甲女亦不过与乙孙只有婚姻契约，重婚之罪，当然不能成立。惟查钧院历来判例，凡以慈善养育为目的而收买他人子女者，依《刑律》第十四条不以为罪，丙之收买甲女为妾，虽最终之目的，系出于养育，但甲女业已许人，且已定期迎娶，而甲之卖女，亦非因贫所迫，实系意在图财，均为丙所深知，乃仍复预谋收受，其情形与判例稍有不同，是丙之所为，究应依《刑律》第十四条不以为罪？抑应依《刑律补充条例》第九条第二项前段论罪？事关法律解释，敝厅未便擅拟，理合备文转请钧院迅赐示遵等因到院。

查甲如确非因贫而实图利价卖亲女，应依《刑律补充条例》第九条查照《刑律》第三百五十一条处罪，该女与乙孙已有婚姻预约，除劝谕夫家倍追财礼女归后夫，照现行律男女婚姻门第二段办理外，自未便以裁判强令仅受赔偿。丙如确知该女已经受聘又非迫于因贫而卖，竟收买为妾，即不得谓出于慈善养育之目的，与本院统字第二百十三号、第二百四十八号解释情形不同，自可依律论罪。相应函复贵厅转饬查照。

此复！

■ 统字第 871 号

民国七年十月二十六日大理院复浙江金华第二高等审判分厅函

径复者：

准贵厅代电开：窃查犯《刑律》第三百一十三条之俱发罪，依《惩治盗匪法》第三条第五款规定，应处唯一之死刑，此项死刑，系由俱发罪构成，而为一个独立之罪名，如援用《刑律》总则减等时，似应从死刑上递减而为一罪。设如递减二等，即为一个一等有期徒刑，最长刑期为十五年，不如适用《刑律》处数个一等有期徒刑，其最长刑期可至十五年以上，二十年以下。查《盗匪法》原为《刑律》强盗罪之加重，兹适用之结果，转较《刑律》为轻，似与适用本法之条理上，有所未合，应否于减等后，仍照《刑律》俱发罪科断？理合电请钧院解释等因。

查《惩治盗匪法》死刑之因，应援用《刑律》总则减等与否，承审官本有裁量之权，即援《刑律》第五十四条减本刑一等或二等，其轻重之权衡，亦尚有伸缩之余地，即或法文未备，亦难舍置不用。相应函复查照。

此复！

■ **统字第 872 号**
民国七年十月二十五日大理院复江苏高等审判厅电
苏州高审厅：
删电悉！填塞公众汲饮之井，自可照乙说酌量处断。
大理院径印
附：江苏高等审判厅原电
大理院钧鉴：
今有人藉口有碍风水，填塞路旁公用之井，自应负刑事责任，但于兹有二说焉：甲说谓，井由建筑而成，填塞亦损害方法之一种，应依《刑律》第四百零五条处断；乙说谓，井为饮料水之发源地，一经填塞，则水无从出，应依《刑律》第三百条处断。以上二说，各具理由，究应适用何项条文？事关法律，理合电请钧院解释，迅赐电复。
苏高审厅删印

■ **统字第 873 号**
民国七年十月三十一日大理院复总检察厅函
径复者：
准贵厅函开：直隶高等检察厅呈称，据饶阳县呈称，"查《刑律补充条例》第十一条，行亲权之父或母，得因惩戒其子，请求法院施以六个月以下监禁处分；而处分子之妇之不孝，并无明文。又《刑律》第八十二条第二项，妻于夫之尊亲属，与夫同，则处分子之妇之不孝，是否与其子同？复因上项而生疑虑问题，设监禁期满以后，不孝更甚于前，行亲权者复来请求，可否再施以监禁？抑另有救济办法？现饶邑发见此案，亟待解决。又前清现行《刑律》，本夫对于妻室，有收管之权，翁姑对于子之妇，有教令之责。兹有甲之子乙，娶妻丙，既不服乙之收管，又不从甲之教令，应如何处分"等情，转请解释前来。查事关法律解释，相应函请贵院解释见复，以便转令遵照等因到院。

查《刑律补充条例》第十一条但书，称有第一条第一款情形者，不在此限，细绎法意，该条但书除去第一条第二款情形，则子妇不在请求法院施以惩戒之列，当无疑义。况查前清现行律，子孙违犯教令门，有祖父母父母呈首子孙恳求发遣，及屡次违犯触犯者，即将被呈之子孙，发极边，足四千里安置，如将子孙之妇一并呈送者，即与其夫一并发遣等语，是子孙之妇，犹不能单独送惩，上项解释，益属正当，故于子之妇，即或不服管教，只有严加训饬之一途。相应函复查照。

此复！

统字第874号

民国七年十月三十一日大理院复安徽高等审判厅函

径启者：

准贵厅函开：据芜湖地方审判厅呈称，"窃查民国五年大理院统字第四百九十五号解释，虽未经到案之被告，检察厅可请求预审；又六年统字第六百九十号解释，依《各级审判厅试办章程》第一百零五条规定，检察官有请求预审之权，则审判衙门，无驳回其请求之根据，是检察厅预审之请求，被告虽逃未获案，审判厅固当然受理，惟如请求预审之被告，均未到案，在预审中经多方传究，亦迄未缉获，关于此种案件，预审应如何结束？究可否照多数被告人，其缉获者付公判，在逃者缉获另结之办法，予以缉获审结之决定，作为预审停止，不无疑义。又此种预审案件，既未查获被告，虽经接收卷宗，依《刑事诉讼审限规则》第二条规定，尚难起算审限，究竟此项审限，应自何日起算？亦滋疑义，悬案待决，理合具文呈请鉴核转请解释示遵"等情到厅。相应函请查核释示，以便令遵等因到院。

查预审中未能将被告传唤或拘摄到庭，虽经调查证据，自可毋庸遽予终结。至《审限规则》第二条，既称预审期限自接收人卷之日起算，此等预审，应自被告能传唤或拘摄时起算审限。相应函复贵厅查照。

此致！

统字第875号

民国七年十一月十一日大理院复总检察厅函

径复者：

准贵厅函开：据湖南高等检察厅呈称，"窃查《覆判章程》，现经修正施行，惟第一条规定应送覆判案件之范围，与旧章略有不同，值此新旧过渡时代，适用致生疑义。设有一案，初判系依《刑律》第二百七十六条科以罚金一元，县知事遵照旧章，呈送覆判，迨卷解到厅时，已在新章施行期后，查新章罚金案件，须所科在百元以上，始送覆判，是前案即不在覆判之列，应否由职厅以指令发回？抑仍送审？此应请解释者一；又如前项案件，以县知事初判经过上诉日期而论，系在旧章有效时代，因其中有一被告，在合法上诉期内声明上诉，故先送控诉审核办，迨控诉案件终结后，应将未上诉部分，更送覆判，惟其时旧章业已失效，而依新章规定，则不在应送覆判之列，究应如何办理？此应请解释者二。职厅办理此等案件，无所依据，悬案待决，理合呈请核示"等情到厅。事关法律疑义，相应函请查核办理等因到院。

查《覆判章程》，系适用于覆判之程序法，系在民国七年四月二十六日《修正覆判章程》公布以前之案件，依该章程第一条尚在期间内者，概须查照新章办理，若新章不在覆判之列，即毋庸覆判。相应函复查照。

此致！

■ **统字第 876 号**

民国七年十一月十一日大理院复甘肃高等审判分厅电

甘肃平凉高审分厅鉴：

第一二号函悉！《刑律》第三百四十七条，系犯私擅逮捕致人死伤之特别规定，若故意伤害人，其犯罪之方法，致触私擅逮捕法条者，即不在《刑律》第三百四十七条俱发之列，当依总则第二十六条处断。

大理院真印

附：甘肃高等审判分厅原函

径启者：

兹有甲诱乙至其家，用绳捆绑，吊于树上，打伤后即行释放，除办伤害罪外，逮捕之俱发罪，是否成立？于此生二说焉：甲说，甲将乙捆于树上，即属束缚人身体上有形之自由，依贵院民国三年四月二十五日上字第七十号判例，逮捕罪应认为成立；乙说，甲捆乙于树上，其意思仅在伤害，并不在逮捕，偶然用绳捆绑，遽加以逮捕之俱发罪，未免太酷。二说孰是？颇滋疑义，悬案待决，用函代电，伏乞贵院迅赐解释只遵。

此致大理院！

■ **统字第 877 号**

民国七年十一月十一日大理院复山东高等审判厅函

径复者：

准贵厅函开：今有《惩治盗匪法》上之犯罪，初判误引《刑律》，由覆判审发还覆审，旋经判决依《惩治盗匪法》、《刑律》第五十四条减等处断，此种覆审判决，应否仍送覆判？又初判认定事实，略谓甲、乙等结伙六人，抢劫某人财物云云，即依《刑律》第三百七十条论罪科刑，覆判审以究系在途，抑系侵入人家，事实尚未明确，依《覆判章程》第四条第一项第二款发还覆审。旋经覆审判决，认甲、乙共犯《惩治盗匪法》第三条第一款之罪，依《刑律》第五十四条减等论科，此种覆审判决，应否再送覆判？查现行法上之缺席判决，本以法定最重主刑拘役罚金为限，今有县知事对于应处徒刑之被告，不俟到案，即予判处罪刑，经被告声明控诉，应否径予受理？抑或为保护被告人审级利益起见，撤销原判，发还原审更为适法审判？以上问题，亟待解决，相应函请贵院查照分别解释，俾便遵循等因到院。本院分别解答如下：

第一问题，查现行《覆判章程》第七条之规定，该章程第五条第一项第一、二款之覆审案件，判决后处刑较初判加重之被告或检察官，均准声明控告，故原县或邻近厅庭及县知事所为覆审判决之案，无庸再送覆判；

第二问题，查《修正覆判章程》，业已于民国七年四月二十六日公布施行，原函所引第四条第一项第二款发还覆审等语，其中数目字有讹，惟解答同前；

第三问题，对于应处徒刑之被告人为缺席判决，显系违法。被告人若经声明控诉，应予受理，撤销第一审判决，为第二审审判。

以上三项，相应函复查照。

此致！

统字第878号

民国七年十一月十一日大理院复浙江高等审判厅函

径复者：

准贵厅函开：案据临海县知事快邮代电称，"今有甲女嫁于乙子为妻，乙子病故，甲以其女婿居与本宗缌麻以上之亲属相和奸，根据《刑律》第二百九十四条第三项之规定，提起诉讼，乙即援照《刑律》总则第八十二条第四项，不认甲为尊亲属以辩驳之。究竟甲对于已嫁之女，有无告诉权？应请解释，以资遵循，悬案以待，乞速示复"等情前来。本厅查贵院统字六百七十一号之解释，关于已嫁妇女，被和略诱之场合，限于夫族无告诉人时，本生父母方有告诉权，以类推解释，则已嫁妇女，与本宗缌麻以上之亲属相奸时，其告诉亦同。但查《刑律》第二百九十四条第三项载，第二百九十条之罪，须妇女之尊亲属或本夫告诉乃论云云，所谓妇女之尊亲属，是否包含母家之尊亲属在内？抑仍限于夫家无告诉人时，母家之尊亲属方有告诉权？本厅对于此点，尚有疑问，相应函请贵院解释，函知过厅，以便转令遵照等因到院。

查《刑律》关于奸非罪，应由尊亲属告诉之条件，与略和诱罪可为告诉之尊亲属，其解释当从一致，已嫁之女犯《刑律》第二百九十条之罪，亦应俟夫族无告诉人时，母族之尊亲属方有告诉权，如夫族尊亲属舍弃告诉，母族尊亲属即不得再行告诉，本院统字第六百七十一号解释，从夫族母族行亲告权之次序立言，并无疑义。相应函复查照。

此致！

统字第879号

民国七年十一月十一日大理院复浙江第一高等审判分厅电

浙江第一高审分厅鉴：

东代电悉！牌示并制原本，其牌示内容，固属有效，原本载明理由较详，亦法所不禁，控诉审应依法受理审判。

大理院真印

附：浙江第一高等审判分厅原电

大理院钧鉴：

兹有甲、乙、丙、丁、戊五人，共同犯罪，经县知事审理判决宣示牌示后，甲、乙、丙、丁、戊五人声明控诉，审理中由辩护人提出该判决牌示摄影，攻击牌示判决与附卷判决原本事实栏内，列举证据款数不符。查核附卷判决原本内，关于甲之犯罪证据，列有七款，而摄影牌示只有一、二、三、四等款，第一款并无报告人姓名，关于乙与丙、丁、戊犯罪之证据，原本均列五款，而摄影牌示则各列四款，且均以第二款移作第一款，其第三款所列报告人又均不记姓名，此种判决，究依牌示？抑依原本？抑应作无效发还更审？谨请钧示只遵。

浙江第一高等审判分厅东

统字第 880 号

民国七年十一月十三日大理院复总检察厅函

径复者：

准贵厅函开：案据江苏高等检察厅电称，"命盗覆判案件，在覆判中原告诉人不服声明控诉，经职厅以上诉逾期，批斥不准在案，旋由同级审判厅决定，发还原县。覆审判决后，在十四日上诉期间内，原告诉人声明上诉，应否受理？再《覆判章程》第七条载，依第五条第一项各款所为之判决，重于初判处刑时，被告得声明上诉，原有明文规定。惟该判决处刑若轻于初判时，原告诉人能否声明上诉？事关法律解释，理合电请转院解释示遵"等情到厅，相应函请贵院查核见复，以便转饬遵循等因到院。

查《覆判章程》第七条第二项称声明上诉，适用通常规定，则原告诉人依《县知事审理诉讼章程》第三十八条第二项呈诉不服时，当依同章程第四十条第二款刑事十四日期间之规定办理。至《覆判章程》第五条第一项第一、二款之判决，原告诉人限于较初判处刑为轻时，许其呈诉不服，以期与第七条被告人之控诉，得其平允。相应函复查照饬遵。

此复！

统字第 881 号

民国七年十一月二十一日大理院复浙江省议会电

浙江省议会鉴：

贵会议员任凤冈等及郑凝等电均悉！《省议员选举法》第五章所定选举诉讼，专指选举议员时发生之争执而言，既经成立之省议会，因选举议长、副议长有疑义时，自不得依选举诉讼解决。

大理院马印

附：浙江省议会议员任凤冈等原电

内务部、司法部、大理院钧鉴：

选举舞弊，依《省议会议员选举法》第九十条，复选应于十日内向高审厅起诉等语。本届省议会姜会明当选副议长，票内有误写姓名者，依本会互选细则第八条第四项，并第十一条规定，应作无效。讵秘书长楼守光朦混唱票，即由议长周继溁宣告当选，经凤冈等查有舞弊嫌疑，诉请高审厅调票勘验，依法解决在案。惟该厅以无法依据，尚无具体办法，应请钧部院饬令该厅准用《省议会选举法》第九十条所定复选诉讼程序，急速审判，以护法律，而重选政。

浙江省议员任凤冈、郑迈、姜恂如等叩

附：浙江省议会议员郑凝等原电

内务部、司法部、大理院钧鉴：

本届省议会，于齐日决选副议长，出席议员百四十五人，秘书长当众开票，按名唱报，姜君会明得七十四票，由周议长宣告当选副议长，姜会明当即就职，并登台演说，后续选审议长，以不足法定人数延会。翌日开会，有人忽发昨日选票疑义之动议，经多数议员依据互选细则驳诘，动议不成立，乃任凤冈等比附省议会复选诉讼程序，呈诉高厅，殊属法外行动。查选举副议长，根据《省议会暂行法》第十条，适用本会暂行互选细则办理，检票读票，均由在席议员，当场共同监视，该议员等如有疑义，何不据本细则第十条？投票时如发生选举疑义，由在席议员决定之之条文，当场提起质问，必待时效已过，始生异议，又动议不成立，明知无法依据，强欲比附选举诉讼，牵涉司法，蹂躏立法机关，以快其私。独不思互选副议长，系本会内部自身之关系，宣告当选，即时就职，与省议会复选经过若干日始行确定当选者，时效久暂，大有区别，岂能强行比附，抹煞本会法定之细则耶？要之此次互选，凝等公同在席监视，绝无疑义，断不能置议会法于不顾，别有行动，贬损议会之尊严，用特联名声明，以息横议，而维法律。

浙江省议会议员郑凝、余炳光、张炘叶亘本公叩

■ **统字第 882 号**

民国七年十一月十二日大理院复四川高等审判分厅电

四川高等审判分厅鉴：

马电悉！会审判决，自属违法，应据当事人不服，予以撤销，发回更审。惟虽为会审之形式，而并未参与评议判决者，仍应认为有效判决。

此复！

大理院文印

附：四川高等审判分厅原电

大理院钧鉴：

两县会审一案，其判决应否有效？乞示遵。

川高审分厅叩马

■ **统字第 883 号**

民国七年十一月十二日大理院复湖南第一高等审判分厅电

湖南第一高等审判分厅鉴：

巧代电悉！所述情形，判后复勘，自非合法，惟可令当事人具呈上告审衙门声明。上告审如认原审以前所践程序，本有不合，自可发还更为审判。

此复！

大理院文印

附：湖南第一高等审判分厅原电

大理院钧鉴：

案经判决送达后，控诉人以履勘不实，于上告期间内声请复勘，其他之一方，亦具状表示同意，可否准予复勘？查现行事例，第二审认定事实，未臻明了，上告审均发还更审，如不准其复勘，徒多往返，诉讼人诸不便利，但复勘后发见前次履勘不实，应如何办理？案悬以待，请迅电示。

湖南第一高等审判分厅巧印

■ 统字第884号

民国七年十一月二十七日大理院复江苏高等审判分厅电

江苏淮安高审分厅鉴：

铣代电悉！第一问，只能认为私诉判决，公诉部分，应由县知事补判；第二问，既以判决形式终结，自应认为各该种之判决，受理上诉。

大理院沁印

附：江苏高等审判分厅原电

大理院钧鉴：

查县知事审理刑事案件，堂谕认定被告人构成刑事事实，既不援引律文，又不判处罪刑，仅著赔偿银钱若干，或者自行量力认罚，此项判决，是否认为无效，以决定撤销原判，发还原审更为适法判决？抑作为违法判决，予以受理？此应请解释者一；原县判词，具有判决形式，主文内仅载本案免诉免究免予律议免于置议，或堂谕内载被告人不受刑事制裁各字样，此种判决，是否认为不起诉处分？抑认为无罪判决？此应请解释者二。上开问题，关系诉讼程序，至为重要，相应函请钧院解释，以便遵循，以昭统一，案悬待决，祈速赐复，实级公谊。

江苏高等审判分厅铣印

■ 统字第885号

民国七年十一月二十七日大理院复湖南第一高等审判分厅电

湖南沅陵第一高审分厅鉴：

咸代电情形，若未至《司法官惩戒法》第三千一百三十二条程度，仍许执行职务。

大理院沁印

附：湖南第一高等审判分厅原电

大理院钧鉴：

今有子案，发见受命履勘推事甲，与代理被控诉人律师乙，有共同受贿嫌疑，已函致同级检察厅侦查在案。丑案亦系甲推事履勘，乙律师代理，业经辩论终结，适值子案受贿嫌疑发生，丑案受命推事甲，可否参与评议？如许参与评议，于评议已决议后，宣告判词，经同级检察厅检察官侦查子案受贿属实，即日起诉，应如何办理？案悬以待，请电示。

湖南第一高等审判分厅咸印

■ 统字第886号

民国七年十一月三十日大理院复总检察厅函

径复者：

准贵厅函开：据江苏高等检察厅电称，"兹有甲某诱骗乙、丙、丁三妇出外，指明某地帮工，而乙、丙、丁三妇，各带有子女，七岁、五岁、三岁不等，待至某地，竟将三妇价卖，其营利略诱罪，当然成立；但对于乙、丙、丁三妇之子女，其中有三说焉：（子）说谓甲某营利略诱之目的，只在三妇，其三妇之子女，出于三妇之自行携带，并不在甲某略诱计划以内，甲某对之自不负责任；（丑）说谓刑事应论结果，不问甲某之计划如何，既将三妇及其子女一同略诱出外，其价卖三妇时，该三妇又仍各携其子女以去，则其对于三妇子女之侵害，以法律之法益而论，当以营利略诱俱发论罪；（寅）说谓营利略诱之法益，当以卖据为主，卖据内如有母子字样，则当然侵害数个法益，否则只有其母并不涉及子女，是其略诱目的，仅在其母而不在子女，当然侵害一个法益，但对于其子女，既经一同略诱，虽未连同价卖，不负营利责任，然苟有亲告权者之告诉，其略诱罪亦应成立。以上三说，究以何说为当？理合呈请鉴核迅予转院解释等情"到厅，相应据情函请贵院查核示复等因到院。

查诱拐罪之成立，亦以普通条件为必要，如被诱拐人之子女，不为犯罪之目的物，虽事实上携带同行，并不别构罪名。若将被诱拐人及其子女一并立据价卖，则犯罪之故意，已足证明，应予并科，希分别事理核办。相应函复查照。

此致！

■ **统字第887号**
民国七年十一月三十日大理院复总检察厅函

径复者：

准贵厅函开：案据甘肃高等检察厅电称，"毁损厅批，单独犯《违警罚法》，法院可否诉追？祈转院解释示遵等情"到厅，相应据情函请贵院查核见复等因到院。

查毁损厅批，如有犯《刑律》第四百零三条之故意，及合于该条之特别要件者，得依法办理。至违警罪之处罚，从该法第十四条审核，应由警察机关办理，法院不应单独受诉，惟因审理刑罚犯案件，应改处犯违警罚法上罪名或处俱发罪时，仍可适用该法处断，本院判例及解释，屡经照办。相应函复查照。

此致！

■ **统字第888号**
民国七年十一月三十日大理院复河南高等审判厅函

径复者：

准贵厅函开：案据济源县知事呈请解释各节到厅，除无甚疑义各节，业经敝厅依据各例答复外，惟内有关于时例问题一节，据该呈指称《刑律》第八十条未决期内羁押之日数，得以抵徒刑拘役一日，或抵罚金一圆，例如未决期内羁押三日，折抵二日则不足，折抵一日则有余，应须如何折抵？请示遵行等情。据此，究应如何依法折抵之处，不无疑义，相应具函转请迅赐核示，以便转令遵照等因到院。

查《刑律》第八十条羁押日数折抵方法，应从被告人利益解释之原则，若遇奇零日数，仍准折抵一日。相应函复查照。

此致！

统字第 889 号

民国七年十二月五日大理院复河南省长公署函

径复者：

准贵公署函开：案据河南官磺总局局长陶祖光呈称，"窃查私贩磺斤，必须严定限制，以重官运，惟河南官硝分厂，前奉盐务署令惩治私硝人犯，业经咨请大理院解释，火硝系军用爆裂物，私制私运者，自应成立《刑律》第二百零五条之罪，并分咨各省长官转饬各地方官在案。私磺与私硝，性质相同，似可援照前项条例办理，惟未经高等法院解释，无从依据。理合具文呈请省长，俯赐转咨大理院解释，缉获私磺人犯，应适用何项条文？并乞指令只遵，谨呈"等情到署。按硫磺为制造军火原料，查获私磺人犯，应适用《刑律》何项条文治罪？以资取缔，相应据情咨请查核解释，仍希见复，以凭饬遵等因到院。

查硫磺亦为军用爆裂物，与火硝性质相同，其有私制私藏及私自外国贩运者，应依《刑律》第二百零五条处断。相应函复查照。

此复！

统字第 890 号

民国七年十二月十三日大理院复湖南高等审判厅函

径复者：

准贵厅函开：案据湘阴县知事陈濬电称，"今有甲强占乙地建筑房屋，尚未竣工，乙于控告期内，将屋拆毁，是否构成损坏罪，应否赔偿？抑应照第十五条分别办理？悬案待决，乞转请解释饬遵"等情。据此，相应据情函请迅赐解释示复，以便转饬遵照等因到院。

查乙地被甲侵占，如系故意，甲固不免于犯罪，惟在此案情形，乙自无庸更用自力救济，遂将甲未竣工之屋拆毁，应论《刑律》第四百零六条之罪，衡情处断，冀得甚平。至赔偿一节，乙地果被甲占，甲应有回复原状交地之义务，乙之拆屋，如已超过回复工事所必要之程度，以该部分之损害为限，应予调查赔偿。相应函复查照。

此复！

统字第 891 号

民国七年十二月十三日大理院复察哈尔都统署审判处函

径复者：

准贵处函开：兹有甲之女乙，已嫁丙为妻，丙外出四年未归，甲复与其同姓丁主持凭媒戊改嫁己之子庚为妻，得身价一百六十千，甲使用九十七千，余归丁戊分用。乙适庚未及一年，丙闻信起诉，丁、戊在逃，乙复愿归丙，己与庚供不知为有夫之妇，系受丁、戊欺蒙等语。核其情形，纯粹刑事诉讼，甲、丁、戊图利谋卖有夫之妇，应依《刑律补充条例》第九条之规定，分别处断。第一审误认为婚姻之诉，征收讼费，原判令乙复归丙，尚无不合，而对于甲之犯罪，漏未起诉，复认丁、戊为犯诈欺罪，均属错误，但案经判决确定，第二审衙门发现甲、丁、戊之犯罪，可以职权另案起诉，而第一审之确定判决，是否根本失效？抑可视为一部分之判决？不无疑义，相应函请解释见复，以便遵循等因到院。

查第一审所为婚姻诉讼之裁判，与刑事部分无涉，甲应查明事实，按照略诱或强卖之律文起诉。但丙之外出，如果行踪不明，音问断绝，合于现行律所称逃亡三年不还之例，确有证据可资考按者，甲所为自非犯罪，惟乙不愿改嫁，出自甲等串谋诱卖者，仍应按律论罪。至丁、戊之是否犯罪，应依甲为准，既有确定判决，虽系引律错误，仍应分别提起非常上告，以资救济。又或成立共犯，其认定诈财事实，并未涉及诱卖，而于再审案件相合时，亦可为被告人不利益起见，请求再审，对于该确定之部分，不得另案起诉。相应函复查照。

此复！

■ 统字第 892 号
民国七年十二月二十八日大理院复总检察厅函
径复者：
准贵厅函开：案据江苏高等检察厅电称，"县知事援用全国《烟酒公卖暂行简章》，判处罚金案件，当事人不服上诉，司法官厅能否受理？悬案以待，乞转院解释"等情到厅，相应据情函请贵院核办示复，以便饬遵等因到院。

查《烟酒公卖栈暂行简章》第十八条之罚则，系属行政处分，与警察官署所处违警罚性质相同，司法衙门无庸受理上诉。相应函复查照。

此致！

■ 统字第 893 号
民国七年十二月二十八日大理院复河南高等审判厅函
径复者：
准贵厅函开：据沁阳县呈称，"查《刑律》第二十九条，二人以上共同实施犯罪之行为者，皆为正犯，各科其刑，于实施犯罪行为之际，帮助正犯者，准正犯论。又第三十一条，于实施犯罪行为以前帮助正犯者，为从犯，得减正犯之刑一等或二等。又第三百一十六条，二人以上同时下手伤害一人者，皆以共同正犯论。此三条中，一称行为之际帮助准正犯论，二称行为以前为从犯，三称同时下手以共同犯论，参观三条意义，皆以时间之先后取准。今有甲、乙、丙三人共殴丁一人，甲殴丁时，被丁反殴，受伤逃回，乙、丙二人，向丁重叠接殴，丁受伤后，越十日身死。当其相殴之初，甲固在场下手，但于丁受伤之际，甲已逃回，核与以上三条律文，均可适用，究竟担负何种罪名？应请解释"等情到厅。据此，查统一解释法律，系属钧院职权，相应备函转请查照，迅赐核示，以便转令遵照等因到院。

查甲、乙、丙三人，既有共同犯意，甲且在场实施，虽互殴受伤，先行逃回，仍为《刑律》第二十九条之正犯。相应函复查照。

此致！

统字第 894 条

民国八年一月十五日大理院复热河都统署审判处电

热河都统署审判处：

阳电悉！初审判决无罪，未经确定，声明上诉者，第二审依法调查，认为有罪时，应即改判。

大理院咸印

附：热河都统署审判处原电

大理院钧鉴：

第一审因证据不足，判决无罪案件，第二审究明犯罪证据，可否径行判决？抑发还第一审另为审判？祈电复。

热河都统署审判处阳

统字第 895 号

民国七年十一月二十三日大理院复安徽高等审判厅电

安徽高等审判厅鉴：

第二五五号函悉！乙既以甲之户名报粮耕种，自系为他人管理事物，其因耕种所得花利，苟无反证，自可认为甲占有，均应依民事法则分别判处。

大理院梗印

附：安徽高等审判厅原函

径启者：

案据旌德县知事呈称，"今有甲祖茔旁有荒地一片，因旅居于外，多年未归，被乙于前二十年丈量时，报明甲之户名，登记鱼鳞册，耕种至今，收租纳粮。现经甲回籍查知，诉乙侵占物权，乙辩诉称系甲之同族丙，从前代甲祭扫时，嘱令垦种报粮，作为甲家祭扫食之费，丙已身故十余年，并无契约字据可以证明，于此有二说焉：（一）乙开垦甲之祖茔荒地，并非田亩，虽系代为报粮，既未得业主之许可，每年收得租利，除完粮外，余利又尽行入己，事经二十年，始终未知会业主，即系侵占他人物权之财物行为，当然按照《刑律》第三百九十一条处断；（二）侵占行为应以该物占归自己管有为要件，乙虽离开垦甲之祖茔荒地，收得利益，既于清丈报粮时，以甲之户名报册，且代甲纳粮，则该物之所有权，并不因之移转，不过所得余利，匿而未报，按照现行律关于民事有效部分，凡盗种他人田园土地者，追所得花利，官田归官，民田给主之规定，乙应负民事上责任，并非侵占行为。二说未知孰是，事关法律疑义，究应如何处分？理合具文呈请鉴核，转函大理院解释示遵"等情到厅。相应据情函请钧院察核释示，以便令行遵照。

此致大理院！

统字第 896 号

民国七年十一月二十七日大理院复北京律师公会函

径启者：

前据贵会转呈，据律师赵立勋函请转呈大理院解释契约疑问等情到院。

查本院依《法院编制法》所有统一解释之权，系以关于法令之质疑者为限。至私人契约之解释，应由审判衙门调查，斟酌立约当时之情形（契约及其以外之事实），期得立约人之真意，自不能仅拘泥于语言文字。来呈转据律师赵立勋请求解释契约等情，实属无由答复。相应函致贵会转复知照可也。

此致！

附：北京律师公会原呈

为据情转呈事，本公会顷据律师赵立勋函称，"本会员于本月十三日，奉大理院通知内开，为通知事，七月二十三日、九月七日两据声请解释契约疑问等情。查本院定章，请求解释法令，以公之机关为限，应请改由律师公会将法律疑点，明晰条列，另文呈请可也，特此通知等因，奉此。相应将呈大理院之原呈，缮清函送贵公会，以凭备文转呈大理院声请，迅予解释见复，并希大理院解释见复后，即予转复本会员遵照办理等由"。据此，本公会查事关法律解释，相应转呈贵院查核迅予见复，以凭转复该律师遵照可也。

此呈大理院！

附：原呈一纸

为解释契约歧义，难昭折服，恳请迅予解释示遵事，窃本律师缘案关重要，业经三审判决，法庭对于当事人之契约解释歧义，实难令人心服，以息争议，故只将原契约及解释诸说，开呈钧院解释。原契约系立字人甲，于某年在乙之某处作某生理，数年来并无押款等情，所有前欠，承允概不追还，自立此字起，统照斯后乙之某处订章遵行，如提前者各节，均归无效。每日营业，以售货若干交租费洋若干，多则由此加算，如有短欠情事，得由乙勒令停止营业另易，此系甲情愿，空口无凭，特立此字为证云云，总括解释诸说，分为二说：（一）谓该契约对于押款，并无何等问题，乙对于甲索交押款，约无明文记载交押款若干字样，乙即不能向甲索交押款，乙若索交，不能不为违约。甲对于乙，惟于每日营业，以售货若干，提交租费若干为唯一之义务，永远无短欠情事，乙对于甲，即永远无勒令停业之权力，该约内虽未明载甲不短欠，乙即不能勒令停止甲之营业字样，即系契约，即系限制双方之具，如此解释，系属当然顺序之解释，并非自反面推测；（二）谓甲立给乙之字据，载称如有短欠情事，得由乙勒令停止营业一语，实为乙对于甲不得欠租之限制，至于不欠日租不得勒令停业，约内并无明文。甲从约文反面推测，谓乙亦应受此限制，系属误解，乙对于甲，得以自由解除租赁关系。以上二说，究以何说为正当？经法庭屡次审讯解释，终未得明确之解释，伏念钧院系解释法律文件机关，具呈叙明，特请钧院解释决定，从速见复赐遵，以昭折服而息争议，实为公便。肃此！

谨呈大理院公鉴！

统字第 897 号

民国七年十一月三十日大理院复福建高等审判厅电

福建高等审判厅鉴：

第六七六号函悉！查院例非自己或自己直系卑属，有承继权对于异姓乱宗，不得告争。所询情形，既系以孙祢祖，自为无权告争。

大理院卅印

附：福建高等审判厅原函

径启者：

据浦城县知事胡子民呈称，今有某乙之祖母丁，招某甲之伯叔祖丙为后夫，丙某无子，其父兄弟有七，人丁寥落，族亦式微，丙将丁前夫所生之二、三、四子（即乙某之父若叔），带归甲姓，承祀长二七三三房，由甲姓族房订立继书，已二十余年，相安无异。今甲姓人丁较多，甲藉口乙兼顾其本宗，将乙所奉甲姓木主搬去，经乙起诉，甲谓乙异姓乱宗，请求废继归宗。关于此案，有三说焉：（子）说异姓不得乱宗，律文明定，即查清乾隆三十九年杨嗣曾虽有从义改嗣徐姓成例，而彼则徐姓实无嫡派近支，亦无产业，今甲姓既有嫡派近支，亦略有产业，乙某又有本宗可归，当然令其归宗；（丑）说某乙之父若叔，承继甲姓，系甲姓当时人丁稀少，族房择立，非冒同宗者可比，甲某之父兄，既无异议于先，甲某不得主张乱宗于后，在甲姓无人时，则收养接继，有人时，则用计逼逐，招之则来，遣之则去，于理殊不可通。谓乙某兼顾本宗，即可令其归宗，乙某之叔等，其并未兼顾本宗者，亦必受其影响，于情亦有未合。矧甲某意在争产，并非尊重血统，但禁止乙某不得兼顾本宗，不得从甲某之请废继归宗；（寅）说甲姓现既有嫡派近支，乙某当然不必从父改嗣，以符律意，惟乙某从甲姓多年，原分财产，本属无多，仍旧给予，以示优遇，愿否归宗，抑仍从甲姓，听其自便。以上三说，应何适从？不无疑义，拟请钧厅详晰解释令遵，实为公便等情到厅。查原呈所称各节，全关法律解释，究应如何办理？相应函请钧院解释示遵。

此致大理院长！

统字第 898 号

民国七年十二月三日大理院复浙江第一高等审判分厅函

径启者：

准贵分厅审字二八零号函称：兹有甲故无后，甲母以与甲同祖兄弟之子丙兼祧，事隔二十余年，丙亦已故，现有应继之人丁（当兼祧时丁尚未出生），出而告争，此项不合法之兼祧（非同父周亲）能否撤销？于此有二说：（甲）说不合法之兼祧，当法律行为成立时，已具有撤销之原因，法文既无时效限制，自应撤销；（乙）说丙之兼祧，甲虽不合法，为时已久，丙亦病故，为维持社会起见，自未便认丁有告争权。是否应从乙说？职分厅未敢擅断，理合函请解释示遵等因到院。

查终丙之身，丁既未出而告争，自无于丙死后，再许其告争之理。相应函复查照，并检送解释成例一件，以备参考可也。

此致！

■ 统字第 899 号

民国七年十二月三日大理院复安徽高等审判厅电

安徽高等审判厅鉴：

二五九号函悉！无权处分之契约，均应作无效。如以卖主为诉讼相对人时，其判决对于特定承继人之买主，亦属有效。乙如参加辅助，自应准许该件抗告，得不拘名称，以参加上诉论。

大理院江印

附：安徽高等审判厅原函

径启者：

案据怀宁地方审判厅长程文焕呈称，兹有某甲盗卖祭田与某乙，事已成交，共有人某丙，出为理阻，被某甲殴伤，喊诉于某县受理。某县并未传某乙到案，判令买卖契约取销，判后始传某乙到案，谕令呈契核阅，某乙不服，抗告于上级审判衙门，于此发生二说：一说谓，该案判决前，某乙既未到案参加，即不受该案判决之拘束，应回县另案起诉，应将该抗告驳回；一说谓，该案确已终局判决，某乙对于原判声明不服，虽系误用抗告名称，然既有不服之意旨，又未逾越上诉期限，依现行法例，即应以声明控告论。以上二说，究属孰是？殊难解决，理合呈请钧厅鉴核，俯准转函大理院迅赐解释示遵等情到厅。据此，查案关法律解释，相应据情函恳钧院鉴核，俯赐解释示遵，实级公谊。

此致大理院！

■ 统字第 900 号

民国七年十二月三日大理院复广西高等审判厅函

径启者：

准贵厅四五号函开：采用邻县上诉制之县知事，受理第二审案件，关于判决之宣示，是否适用《县知事兼理诉讼暂行章程》之牌示主义？抑应适用《各级审判厅试办章程》之送达主义？其上诉期间计算，是否自牌示之翌日起？抑自送达之翌日起？颇有争议，急待解决，相应函请迅赐解释，以资遵守等因到院。

查《县知事兼理诉讼章程》，关于受理邻县上诉之程序，虽无明文规定，但该章程原为县知事兼理诉讼而设，程序力趋简易，上诉既尚系诉讼程序，解释上自无不许其准用之理，惟县知事为郑重起见，以送达为判决之宣示，亦不能认为无效。关于此点，县知事为第一审裁判时亦同，本院早经解释在案。相应函复贵厅查照可也。

此致！

■ 统字第 901 号

民国七年十二月三日大理院复浙江高等审判厅电

浙江高等审判厅鉴：

四八九号函悉！当事人对于管辖决定，既经甘服，任其确定，审判衙门自无庸再予置议。至统字八五二号解释，上告审事同一律，自应准照办理。

大理院江印

附：浙江高等审判厅原函

径启者：

查上级审判衙门，就管辖上所为之决定，确定后有拘束下级审判衙门之效力，已详钧院统字第五六三号解释。如下级审判衙门就管辖上所为之决定，确定后是否亦有拘束上级审判衙门之效力？又控诉人因逾限不缴讼费，并不声请求助，于接到控诉审判衙门撤销控诉之决定后，限于二十日内补缴讼费，或声请救助，控诉审判衙门仍应予以受理，已详钧院统字第八五二号解释，如上告人因逾限不缴讼费，并不声请救助，于接到上告审判衙门撤销上告之决定后，是否亦限于二十日内补缴讼费或声请求助，上告审判衙门始仍予以受理？事关法律解释，理合函请钧院迅予示复，俾资遵循。

此致大理院！

■ 统字第902号

民国七年十二月三日大理院复浙江高等审判厅电

浙江高等审判厅鉴：

五二六号函询情形，自以丑说为较妥，惟应限期令两造补具各本房全体委任之证明，如逾期不能补具，始能以无代理权驳回。

大理院江印

附：浙江高等审判厅原函

径启者：

据金华地方审判厅长郑汝璋漾电称，兹有某姓有远年祭产一处，向由甲、乙二房轮管，嗣有丙房之孙丁（个人），对甲房之孙戊（个人）起诉，为丙房告争轮管权，经前清县判，丁败诉。嗣又有丙房之孙己，仍以同一事实，及同一请求，对甲房之孙庚起诉，经第一审受理审判，庚不服上诉到厅。查此案各房子孙，散居各处，多至千百数，在事实上均不能举出合法之代表人，于此分为两说：（子说）以两造既各为本房互争轮管权，基于判决效力之结果，及真正之权利主体，当以各房为当事人。其丁、戊、己、庚间，本于各为其本房主张利益，按之诉讼条理，应视为各房之诉讼代理人，审判衙门就前清对于丁戊间之判决，应受一事不再理之拘束，于己庚间之诉讼，不能受理，否则共同诉讼，均可另易一人，迭为诉讼，似非立法之本意；（丑说）以前清丁、戊涉讼时，均未得有各本房全体之同意，依照大理院三年十二月十日上字第一一六四号判例，不能视为各房之代表人，基于判决效力，仅能及于当事人之法则，己、庚间系另一诉讼，不应受前判之拘束。本案当不问甲、丙两房人丁如何繁衍，审判衙门应先审查己、庚之诉讼，是否得有各本房全体之同意，具有合法之代理权为断，否则如己之代理权，并未完备，即应以起诉不合法驳回。以上二说，究以何说为是？恳转函大理院解释令遵等情到厅，相应转请钧院俯赐解释，以便转令只遵。

此致大理院！

■ 统字第903号

民国七年十二月三日大理院复安徽高等审判厅电

安徽高等审判厅鉴：

六九八号函悉！律载嫌隙，专指应继人与被继人而言。乙既系甲妾，立嗣会议，占重要地位，自应尊重其意思，惟主张是否正当，法院亦可查明情形，定其准否。

大理院江印

附：安徽高等审判厅原函

敬启者：

兹有甲因其妻无出，纳乙为妾，生有一子，甲与其妻，相继病故，甲之族人，以乙孀居子幼，兼居近母家，恐其浪费，协议以甲之胞姪丙与乙同居，以便监察财产，并照料一切。嗣因乙支取大宗存款，丙通知族人清查账项，因之涉讼，乙于诉讼中，愿依亲族会议和解完案，现因乙所生之子因病夭亡，甲之亲族又议以丙为甲嗣子，乙以丙年过三旬，与乙年龄相等，且因涉讼积有嫌怨，不愿以丙入继。甲之亲族，则以丙为甲之胞姪，亲等最近，除丙而外，甲之姪辈虽多，概系疏远，舍丙别立，必惹起同族争继之事，仍主张由丙承继，乙与族人争执不下，相互涉讼。查民国四年十月司法公报第四十三期，临时增刊判例要旨上册一零九页载，妾于家长正妻均故后，若欲立继，亦仅能请凭亲族会议为之主持，惟于会议时，虽无正妻择继之全权，尚得占重要地位等语。妾无择继之全权，而得于亲族会议占重要地位，苟亲族会议，与妾之意思相反，不能调和时，究应如何办理？又就上述案情而论，应依亲族会议，以丙承继？抑应令其别立？不无疑义，相应函请钧院，迅赐解释，俾有遵循，至级公谊。

此致大理院！

■ 统字第904号

民国七年十二月三日大理院复察哈尔都统署审判处函

径启者：

准贵处一七八号函称：据丰镇县知事黄朴呈称，"为呈请解释示遵事，今有甲向乙索债未偿，起诉判决，令乙归还甲市钱一千吊了结，嗣乙因尚有借欠丙、丁等各债，无力偿还，请求破产还债。当将乙所有财产点明查封拍卖，惟甲以乙所欠伊债，案已久经判决确定，应由拍卖款内，先行按照判定数目归还伊款，有余方能分配清还他人，具呈声请，究竟甲应否加入一般破产债权之列？抑以判决之故，应认为取得优先权？职县并无此种判例，无可援用，理合具文呈请鉴核俯赐解释指令只遵"等情。据此，查破产之效力，不得更为强制执行，若依甲之请求，则不免妨碍一般债权者平等之分配。本案情形，甲似不得以判决确定为取得优先权之原因，但既宣告破产后，前之确定判决，是否因之失效？抑或依据何种方法变更之处？不无疑义，事关法律解释，本处未便擅拟，应请解释，以便转令遵照等因到院。

查丙、丁对乙之债权，如果并非虚构，则甲就乙之财产，既无典质抵押等可受优先清偿之权利，即应受平等之分配，不能因其案结在先，遽谓应优先受偿。相应函复贵处转饬查照可也。

此致！

■ 统字第 905 号

民国七年十二月五日大理院复浙江省议会电

浙江省议会鉴：

电悉！省议会暂行法未规定之事项，应查照该法第三十六条办理。再以后议员请求解释，请由贵会代转，以符定章。

大理院微印

附：浙江省议员原电

内务部、司法部、大理院钧鉴：

选举议长舞弊，既不得援用复选诉讼程序，会内又不能解决，究依何法办理？乞速电示。

浙省议员叩

■ 统字第 906 号

民国七年十二月十四日大理院复江西高等审判厅函

径复者：

准贵厅六二七号函称：据临川县知事史式珍呈称，"窃属县现有某甲，凭媒聘订某乙随母改嫁之女为媳，十岁过门，往来夫母两家，上年因虐待逃逸。某乙向之索人，某甲当以乙女不甚听教，自愿退婚，书立退书，收回聘财，某乙遂将乙女别订于某丙，有媒证婚书，纳过财物，正议诹吉迎娶。某甲之子外贸回归，询悉前情，不直其父所为，耸令带同强夺成婚，乙女仅十五龄，虽未成年，某丙闻其已与甲子成婚，也自请撤销婚约，追还聘财。按法，女归前夫，原可不生疑问，惟某甲系先退后抢，此等婚姻，能否认为有效？厥有二说：（子说）某甲退婚，其子既未与闻，婚姻关系，即未断绝，不能因某甲独意退婚，遂认其婚姻为无效。至强夺成婚，出于防卫不正之侵害，按法亦不为罪；（丑说）某甲立约退婚，收回聘财，确有实据，原退书当然发生效力，不因其子之并未与闻，有所拘束。矧强夺成婚，实足构成《刑律》第三百四十九条第一项，及第二百八十五条第一项之俱发罪，苟非撤销婚约，问罪科刑，不足以维风纪。案关法律风化，悬案待决，究以何说为是？未敢臆断，理合具文呈请俯解释，指令只遵，实为公便"等情前来，应请迅赐解释，以便转饬遵照等因前来。

查院例子已成年，其父母为之退婚，而未得其同意者，其退婚不为有效。至抢婚本属有干例禁，惟依律尚难据为撤销婚约之原因，如果抢婚行为外，依律并可认为另有强奸之行为者，应准离异（参照现行律男女婚姻门），但须查明情形办理。希即转饬遵照可也。

此复！

■ 统字第 907 号

民国七年十二月十四日大理院复江西高等审判厅函

径复者：

准贵厅六四七号函称：设有甲将田拨授女婿（婿?）乙，甲女死时，双方订立字据，载明嗣后不得索还，惟甲女生有一子，该字据内，复载将来外孙抚育成立，女虽不在，见外孙尚有遗爱，所拨田亩，概归甲女所生之子承受，日后续娶所生之子无分等情。讵立字之后不久，甲女所生之子夭亡，究竟此项田亩，应否准甲收回？颇滋疑义，应请迅予解释等因到院。

查来函情形，如果调查证据，足知两造缔结该约之真意，实系限于甲女所生之子，始能享有该地，该子亡故，不能享受其益时，即应准其收回，则乙自应如约将地交出。否则乙固不能将地遗归续娶之子承受，甲亦无遽向乙索回该地之理。相应函复贵厅查照办理可也。

此复！

■ 统字第 908 号

民国七年十二月十四日大理院复浙江高等审判厅函

径复者：

准贵厅四九八号函称：据浦江县知事陈于邦支电称，"今有甲继乙之子丙为子，立继时丙才三岁，至丙十岁时二月甲死，六月丙名入谱，十月甲妻丁生遗腹子。丙至十三岁时，日事游荡，丁托乙领回管束，未及半年，丙即出逃失踪，六载不返。去岁甲族修谱，丁偕其姑（甲之生母）邀乙及两方亲属，声明丙之游荡及失踪情节，将丙退继除名，乙亦承认，丁当给乙田一石（浦江田亦以石计，一石田者，谓其田年产一石粮也），银四十元，立有退继笔据。今夏四月，丙（丙今年二十岁）始来归，诉请退继无效到署。此案乙之承认，是否有效？丙之请求，可否允许？抑或饬丁加给财产与丙，藉息争端？应请解释，俾资援用，悬案以待，只乞示遵"等因，事关法律解释，相应函请俯赐解释，以便转令只遵等因到院。

查丙失踪期内，乙既经亲属共认，代丙与丁立约退继，双方均系善意，（即不知丙尚生存），自非无效，丙不得再行告争。相应函复转饬遵照。

此复！

■ 统字第 909 号

民国七年十二月十四日大理院复福建高等审判厅函

径启者：

准贵厅六七七号来函：据福清县承审员徐兆麟，呈请转送本院解释各问题，兹分别解答如下：

第一问题：

（一）查婚姻应以当事人之意思为重，主婚权本为保护婚姻当事人之利益而设，故有主婚权人，并无正当理由，拒绝主婚时，当事人婚姻一经成立，自不能藉口未经主婚，请求撤销。至其拒绝理由，是否正当，审判衙门，应衡情公断。

（二）同姓不宗之婚姻，既不违反律意，自属有效。

（三）母家祖父母、父母，及夫家余亲，为孀妇主婚时，自应由其受财。

（四）主婚人所受之财，本以供孀妇置备嫁资，及其因婚嫁所需之费用，并非给与主婚人以特别之利益，来函似有误会。

（五）乙随身之珍珠、银镯、衣服等，可否认为私财，系为事实问题，不能一概而论，惟依现行律立嫡子违法门所载改嫁之项，以夫家财产，及原有妆奁为限，应归夫家做主，妇私自利得及承受之产，即为私产，不在此限。

（六）未婚之女，如其父家近亲，并未共同议定养育方法，或并无近亲者，自可听其生母携带抚育。如父家近亲所议养育方法，于该未婚女有不利益时，亦应由审判衙门裁判酌定。

第二问题：

（一）及（二）查照前第一问题之（一）解决。

（三）戊如有犯诬告罪之故意，自可成立犯罪。

第三问题：

孀妇如事实上本无可主婚之人，或查照第一问题解释，有主婚权人不正当行使主婚权时，乙丁间之婚姻，自不在准予撤销之列。

以上各节，应即函复贵厅，转饬遵照。

此致！

附：福建高等审判厅原函

径启者：

据福清县承审员徐兆麟呈称，今有甲已故，甲妻乙带幼女丙改嫁，与甲同姓不宗，无尊卑名分可考，且习惯上两村素有为婚姻者之丁为妻，并随身带去自己所用珍珠、银镯、衣服，婚约上乙自己出名，乙胞兄戊为在见，并有与戊同姓己为媒人，甲尚有分居胞娣庚，并同居胞弟辛在。查前清现行律继续有效婚姻门内载，孀妇自愿改嫁，由夫家祖父母、父母主婚，如夫家无祖父母、父母，但有余亲，即由母家祖父母、父母主婚，如母家无祖父母、父母，仍由夫家余亲主婚，倘夫家主婚受财，而母家统众强夺，及夫家并无例应主婚之人，母家主婚改嫁，而夫家疏远亲属强夺者，均处八等罚等语。依前律乙改嫁由庚主婚，固属正当，现婚约上由乙自己出名，戊为在见，乙丁之婚姻，是否有效？如果无效，现乙丁成婚已久，有何救济之法？应请解释者一；又查大理院判决例三年上字第五九六号理由内载，现行律载，凡娶同宗无服之亲，或无服之妻者，各处十等罚，律意所载，无非重伦序而防血统之紊乱，故同宗无服之解释，应不拘于支派之远近，籍贯之异同，但使有谱系，可考其尊卑长幼之名分者，于法即不能不谓同宗等语。现甲与丁同姓不宗，无尊卑名分可考，且习惯上两村素有为婚姻者，是否不在前例范围之内？应请解释者二；又查大理院判决例三年上字第七七二号内载，孀妇自愿改嫁，翁姑主婚受财等语，若母家祖父母、父母，及夫家母家余亲主婚，可否受财？应请解释者三；又查大理院复江西高审厅四年统字第二五三号内

· 748 ·

载，夫家余亲者，以该律妻为夫族服图内之尊亲为限等语，现辛为甲同居胞弟，依前例固不能主婚受财，但庚为甲分居胞婶依前例固可主婚，如并可以受财，是庚得有意外之利益，于甲家反无利益，似非理法之平，究竟财礼归何人收用？应请解释者四；又查大理院判决例二年上字第三三零号内载，为人妻者，亦得有私产，其行使私产之权利，夫在时不无限制，夫亡后有完全行使之权等语，现乙随身带去自己所用珍珠银镯衣服，是否可作为私产，有完全行使之权？应请解释者五；又查大理院判决例三年上字第四三二号内载，父亡随母改嫁之女，应由其生母主婚等语，现乙带幼女丙改嫁于丁，将来丙抚育成人，应由乙主婚，已无疑义，惟现因婚姻涉讼之初，丙是否可听乙带去抚育？抑或归庚与辛抚育？应请解释者六；又有甲已故，甲妻乙年四十九岁，因贫无靠，不得已托媒人丙改嫁于丁，并请甲分居胞兄戊主婚，戊要财过多，乙因以自由改嫁，戊即以丁卷拐乙，来县告诉，庭讯时见乙形容憔悴，情实可怜，戊请求受财二百元，始为主婚，应请解释者：（一）乙丁之婚姻，是否有效？（二）戊应否受财，并受财有无限制？（三）戊是否成立诬告罪？又有甲已故，甲妻乙因夫家母家，照例均无应为主婚之人，托媒人丙并婚约上乙自己出名改嫁于丁，乙丁之婚姻，是否有效？亦应请解释者也。以上三案，悬以待决，乞速示遵等情。据此，查该呈所称各节，纯属法律争点，究应如何办理？本应未便擅拟，相应函请钧院解释，俾便饬遵。

此致大理院长！

■ 统字第910号

民国七年十二月十六日大理院复湖南高等审判厅函

径启者：

准贵厅九月三十日快邮代电请解释民事诉讼程序上发生问题五端，兹分别解答于下：

（一）人事诉讼对于被告人、被上诉人不许缺席判决，本院早有先例。如两造均不到案，复不能试行和解，应认为休止，暂行停止进行。

（二）所叙情形，自应先依《各级审判厅试办章程》第六十七条规定，撤销控告人之控告。如被控告人之附带控告，不在法定期间内，即应并予驳回，如在期间内，则可认为独立控告。

（三）第一审缺席判决，查其内容，如系本于两造辩论或一造审讯之结果，并非因原告缺席即予驳斥，或被告缺席推定自白者，则仍应以不合法之通常判决论，上诉审判衙门，于来电情形，即可受理上诉。反是若纯系本于缺席效果而为之判决，尚应由县酌准其回复声明窒碍权，准其声明窒碍，更就原案重开审理。

（四）当事人既经声明上诉，其障碍事实，自应由上诉审衙门并予调查裁判。

（五）声明上告后，该案件即已系属于上告审，故有提出和解状者，自应迅行送由上告审核办。

以上五端，应即函复贵厅查照。

此致！

附：湖南高等审判厅原电

大理院鉴：

现在民事诉讼程序上发生问题，计有五端，按贵院统字第三零二号、第七三零号解释，人事诉讼一造不到，必调查证据确凿，而后为一造审理之通常判决。现有人事诉讼，票传七次，均已收受传票，而届辩论日期，两造终不到案，将如何办理？应请解释者一；诉讼法理，原告被告地位，确定于起诉之时，始终一贯，并无变更。现有第一审之被告人，为第二审之控诉人，届第一次辩论日期，控诉人不到案，而被控诉人即系第一审之原告人，曾经具状声明附带控诉，当庭禀请结案，调查证据，确凿可信，即依《各级审判厅试办章程》第三十九条第二款，予以缺席判决？抑须依同条第一款定限催传，仍不到案，再予缺席判决？应请解释者二；《县知事审理诉讼章程》第三十三条第一项，受缺席判决者，民事于牌示判决之翌日起，十四日内，得对其判决声明障碍于县知事。现有受缺席判决者，于牌示判决之翌日起，至第二十日向第二审衙门声明控诉，除去在途之日计算，已逾声明室碍期间，即由第二审衙门，径作控诉受理？抑须发还原县知事，经过同条第二项之程序，方能提起控诉？应请解释者三；《各级审判厅试办章程》第六十五条但书之规定，因天灾或意外事变之障碍，民事准向原审判厅声明查无虚伪，仍许上诉，是障碍之事实，有无虚伪，调查之职权，似专属于原审衙门。现有民事初级管辖案件，上告人逾上诉期间声明上告，同时声请回复原状，即由上告审衙门调查其障碍之事实？抑须发还原控诉审衙门先行调查裁判？应请解释者四；地方管辖案件声明上告后，未将上告意旨书提出，而提出和解状，应否汇送贵院核办？应请解释者五。以上五问题，亟待解决，本拟电请，恐简略不明，因用快邮代电，祈赐电复。

湖南高等审判厅卅印

■ 统字第911号

民国七年十二月十九日大理院复浙江第二高等审判分厅电

金华第二高等审判分厅鉴：

个代电悉！外国教堂，依条约应特别认为法人，得享有土地所有权。人民对之合法捐助土地，自应认为有效，其由教堂代表人，退还地主，毋庸适用《管理寺庙条例》，即可发生效力。

大理院皓印

附：浙江第二高等审判分厅原电

大理院钧鉴：

天主教堂，在中国能否认为财团法人？中国人民能否将已有田地，捐助为天主教堂财产（并非建筑教堂学堂医院基地之用）？于捐助之后，由受捐助之天主教堂管理人或代表人（例如理事）将该田地退还原捐助人，是否为有效之退还？不无疑义，案悬以待，用特快邮代电请钧院迅赐解释，实为公便。

浙江第二高等审判分厅个印

■ 统字第912号

民国七年十二月三十日大理院复总检察厅函

径启者：

准贵厅八四八号函开：据浙江高等检察厅呈称，案据鄞县地方检察厅检察长金兆銮，卅日代电称，"诉讼通例，检察官对于特种人事诉讼事件，得以起诉或上诉，惟现行法无明文，可否采用民律民诉草案法理办理？《民诉草案》管辖各节，第二条规定初级管辖案件，均列举之，禁治产准禁治产事件，是否应依《法院编制法》第十九条规定，属于地方管辖？抑应按照诉讼通例，属于初级管辖？又某甲以其子浪费为理由，声请宣告其子准禁治产，其子远出，不知所在，致未到案受讯，审判衙门认声请为有理由，决定宣告准禁治产，于此发生数疑问：（一）依统字第二百二十八号解释，父或母存，子纵具备法理上准禁治产之要件，尚无宣告之必要，此项解释，最近院判有否变更？（二）是项决定，于何时发生效力？（三）检察官认决定为不当时，得否独立提起撤销准禁治产宣告之诉？（四）如检察官不能独立提起，有无其他救济之法？（五）撤销准禁治产之诉，期间有无制限？悬案待决，请速转院解释示遵"等情。据此，理合据情呈请鉴核，转请解释示遵等因前来，相应据呈送请核办等因到院。

查本院统字第二百二十八号解释所称审判衙门，可酌用准禁治产条理，予以立案等语，系指各该地方关于保护心神耗弱人等，或浪费子弟，向有呈请司法衙门立案之惯例者，亦可由该管地方审判厅为之布告立案。此项布告，不过公示证明该声请人所述被保护人，有应受保护及由何人以何人为保护人之事实，审厅接受此项声请，自应讯明声请人保护人被保护人及其他利害关系人，足认所请均属实情，并查核保护人及应受保护之事项，是否合于法律，或习惯法则所认，然后为之公正，而以布告形式表示意思。究其效力，不过为一种公之证明，并非如确定裁判可以执行，即与各国良法准禁治产之制，不能尽合。关系人如以所证为不合事实法理，自得依照常例以诉讼（确认之诉），或抗辩主张自己应有完全处分财产之能力，或不认自称保护者，有合法之资格，或取得资格之事实，审判衙门查明所称属实，则依公证书得举反证之例，仍应判归胜诉。检察官固有维持公益之责，惟在准禁治产制度有明文采用之先，对于此等证明方法，似尚毋须参与此种办法，系因法无明文，参酌旧惯，权宜处置。如果实际并无此等惯例，则但认事实上之保护人为合法，被保护人未得同意，其担负义务之行为，仍准撤销，即足贯彻保护上开人等之本旨。至于精神病人，须由其保护人代为法律行为，否则全然无效，如有惯例，亦准立案，其理与上述各节正同。相应函复贵厅，转令遵照可也。

此致！

统字第 913 号

民国七年十二月三十日大理院复浙江高等审判厅函

径启者：

准贵厅五七四号函开：汤溪县知事呈请解释疑义，各节请为解释，兹分别解答如下：

第一问题，查现行律同父周亲，曾许兼祧，本院判例，亦尚无扩张解释；

第二问题，夭亡且未婚配，不得为之立后，故夭亡而已婚或未婚而已成年，（十六岁）均准立后，本院早已著为判例（参照本院六年上字第一一八九号判例）；

第三问题，乙可诉指具体事实，审判衙门查明属实，并认为正当时，准其废继另行择立，本院统字第八一四号解释，自非限制废继之意。

以上各节，相应函复贵厅转饬遵照可也。

此致！

附：浙江高等审判厅原函

径启者：

兹据汤溪县知事李洣呈称，查独子兼祧，除两相情愿，并阖族具结外，尤以情属同父周亲为最要条件。兹有孀妇乙，为其夫甲立继，遍查近支并无昭穆相当之人，亦无与甲同父周亲之侄可以兼祧，其远房族人，又非乙所喜悦，惟有小功侄丙可以承继，且为乙所钟爱，但丙亦系独子，是否可以兼祧？于是分二说：（子）说谓，独子兼祧，必须具同父周亲条件者，无非恐被承继人，置近房可继之人于不愿，并预防承继人妄争兼祧起见。今近支既无昭穆相当可继之人，远房族人又非乙所喜悦，丙之父与乙夫甲，虽非同父周亲，究属最为亲近，推诸亲亲之义，丙未始不可以兼祧；（丑）说谓，现行例既明定独子兼祧，为情属同父周亲，未便类推解释，如果乙夫甲，并无同父周亲之侄可以兼祧，近支又无应继之人，自应依立嫡子违法门第一条例所定，择立远房及同姓为嗣，何可应丙为乙孀妇所钟爱，率许兼祧，致蹈违背例文之嫌。究以何说为是？应请解释者一也；又查现行律立嫡子违法门第三条例内载，寻常夭亡未婚之人，不得概为立后。今有已故甲早达成年，但从未聘娶，是否可以立后？当以夭亡未婚，作何解释为准？于是亦分两说：（子）说谓，夭亡未婚云者，乃成年已婚之反比例，故为寻常之人（非因出兵阵亡）立后，须具备成年及已婚之二条件，否则虽非夭亡，而从未成婚，及虽已婚娶，而未达成年，均不得为立后。此观诸本条（第三条例）上文例语（已婚而故，妇虽未能孀守，但所故之人业已成立）可得当然之解释，实无所用其疑义；（丑）说谓，夭亡未婚，本非二事，既系夭亡，又属未婚，固不得为立后。倘所故之人，业已成年，无论已未婚娶，及业经婚娶，无论是否成年，均不在不许立后之例，若如（子）说所主张，世之因贫而不能娶妻，或具特别高尚志愿而不愿娶妻者，则虽年届耄耋，寿享期颐，死亡之后，仍不免为馁鬼。又我国早婚风俗，尚未禁止，未成年而娶妻者，颇不乏人，倘婚娶之后，不幸丧亡（指妇不能孀守而言），徒以距离成年相差数月或一年之故，不能得后嗣之祀，亦非情理之平。究以何说为是？应请解释者二也；又有乙孀妇之夫甲在世时，曾立异姓义子丙为嗣，并经族人同意，登入宗谱，迄今十余年，未经有告争权人主张其无效。兹乙孀妇忽自称丙系异姓入继，有碍宗祧，主张前立嗣子丙为无效，究竟乙能否主张丙之承继为无效？亦分两说：（子）说谓，以异姓之子为嗣，虽为律所明禁，但历久未经告争权人主张其无效，消灭其身份，其承继自属有效，已经大理院统字第八百十四号明白解释。丙继甲为嗣，历十余年之久，相安无异，并经甲在世时得族人同意，登入宗谱，其身份早已确定，倘无别种废继原因发生，乙自不得反其夫之意思，主张无效；（丑）说谓，大理院统字第八百十四号解释，系答复山东高审厅来电，查山东高审厅电文，系就异姓入继之子孙，能否出继他支而设问，故大理院答以历久未经告争权人主张其无效，消灭其身份，甲之子孙，仍系乙姓之后，自可出继乙姓他支等语。今乙主张丙之承继无效，系关系继子本身身份问题，非关系继子子孙身份问题，且乙系甲之配偶，其言语自有强大效力，与族人有告争权者之主张不同，上项事例（统字八百十四号解释），自难援用，未便以丙曾经入谱十余年，遂否认乙之主张。究以何说为是？应请解释者三也。职署现在受理案件，发生以上各问题，亟待解决，请求迅赐解释等情到厅，事关解释法律，理合转请钧院俯赐解释只遵。

此致大理院！

■ 统字第914号

民国七年十二月三十日大理院复河南高等审判厅函

径启者：

准贵厅五八九号函据襄城县知事呈称，"大理院上字第八三八号判例，凡女子与人定婚，而再许他人者，无论已成婚与未成婚，及后定娶者知情与不知情，其女应归前夫。又查大理院统字第五一一号从前夫义务之解释，谓此种义务，属于不可代替行为之性质，在外国法理，概认为不能强制履行，盖若交付人身直接强制，事实上仍必能达判决之目的，即不致酿成变故，亦徒促其逃亡，曾无实益之可言。况若法律上，夫对于其妻，并无监禁或加暴力之权，而刑法就不法监禁，及各种伤害之所为，且有明文处罚，则交付转足以助成犯罪，殊失国家尊重人民权利之本旨。我国国情，虽有不同，而事理则无不一致，此项办法，未可独异，谨按判例谓应归前夫，自不论其妻之依与不依，即未明言强制执行，自非强制，恐不能达到判决目的，第五一一号解释从前夫义务，又谓不可强制执行，于判例似不无窒碍。兹有某甲以乞烛夺婚，控某乙等到县，当经传同原被人证，详讯此案确情，缘某甲于十年前聘定某乙之次女为妻，童养二年余送回。前清二三年间，某甲与其母即移城内居住，又童养年余送回。民国四年，某甲入宏威军当兵外出，其母继亦同去。去年阴历三月，某乙又将此女送到某甲之胞叔家童养，八月回归。冬月，某乙因无力养育，遂将此女凭媒许某丙为妻，腊月迎娶，某丙并不知此女前已定婚情由。本年阴历五月，某甲回家，呈追到县，传案审讯，甫得概略，未及复讯，某甲又行外出，案即停止，十一月复回，传案详讯，事实遂明。此案若依据大理院判例，断后之婚姻娶者虽不知情，除财礼追还外，其妻当然撤销，断还前夫，如前夫不愿倍追财礼给还，其妻仍归后夫，惟某甲非要其妻不可。查此女与某丙为夫妇已十余月，恐即强制执行，意外之虞，实有如统字第五一一号所云，欲遽判归后夫，某甲又心不甘服，且与判例不合，兹于此有甲、乙两说焉：甲说谓，前清现行律婚姻门载，若有再许他人成婚者，处七等罚；已成婚者，处八等罚，后定取者，知情同罪，财礼入官，不知者不坐，追还财礼，女归前夫，按各项处罚，早因《刑律》施行失其效力。此等婚姻，诚不能论罪，但婚姻条文，仍属有效，依判例断归前夫，方为正当，且可以稍遏地方上悔婚之风，此一说理由颇为正大；乙说谓，妇女从一而终之义，当善为成全男女婚姻即已聘定，固不可变更，倘有意外，一经迎娶，非重有妨害善良风俗之处，为成全妇女起见，归诸已经迎娶之家，于道德人情方不触背。况统字第五一一号解释，洞达情理，详细曲尽，办理此等案件者，自不可少有拘泥。妇女若不肯从其前夫，酌量案情，判归后夫，方为合宜，不然判归前夫，致使法律不能保其威信，即执行衙门，反复劝谕，亦恐无以济其穷，此一说理由实中事宜。以上二说，均法律争点，深恐有失详慎，贻误转多，所有不能自决之处，合行具文呈请钧厅鉴核示"遵等情。据此，应请赐复，以便转令遵照等因到院。

查判决与执行，不可混为一谈，所询情形，依律自应判归前夫，惟仍未能强制执行。故此类案件，自应体会律意，劝谕前夫，如果不强女相从，即为倍追财礼，令从后夫，否则虽经判决，既未必贯彻所期，而财礼又不可复得，在前夫反为无益，两全之道，要在权宜。相应函复转饬遵照可也。

此致！

统字第 915 号

民国七年十二月三十日大理院复黑龙江高等审判厅函

径启者：

准贵厅三二五号函开："据龙江地审厅呈称，"窃查某甲在某县公署，充当科员，办理荒务，稔知乙领荒地内有浮多，遂用某堂名义报领该段荒地若干晌，领有执照，实行开垦。经乙在县起诉后，任县知事认为案系行政处分，呈请本省最高行政衙门核示。本省最高行政衙门，因甲已盖房穿井，并已垦熟一部分，未便勒令退还，从权将其已垦部分，归甲所有，其余部分，由乙段内域荒拨补，令县遵照。甲不服决定，赴平政院起诉，经院判决，维持原决定（见本年六月一日政府公报）。乙以本案系甲侵其所有权，系属司法范围，复请法庭审理，现在职厅对于本案，主张有二：（一）谓本案系关于放领荒地之事件，应属行政范围，既依行政诉讼程序，由平政院依法裁判，司法衙门似未便更为受理；（二）谓本件虽经平政院受理裁判，然出放该地浮多，为某县公署，而报领该地浮多，为该公署之科员，明明以行政行为为手段，侵害他人优先承领之权利，依照历来最高法院判例，司法衙门似应受理。以上二说，究以何者为是？理合照抄平政院裁决书，并关系文件，呈请鉴核转请解释示遵"等情，应请查核见复等因到院。

查来函所询情形，如果甲之起诉，其本旨在令乙设法退出报领之地，或请判令乙履行请求更正处分之义务，并非要求司法衙门直接取消行政处分，则该项诉讼，自系回复侵害之民事诉讼，来函列说，当以第二说为是。相应函复贵厅转饬遵照可也。

此致！

■ 统字第916号

民国七年十二月三十一日大理院复江西高等审判厅函

径启者：

前准贵厅第五九七号函开：以江西高审分厅监督推事岳秀华呈称，"民事诉讼当事人声请救助免予征收讼费（印纸费）各节，及所拟办法，转请核夺"等因到院。

查本院征收讼费则例，现在修改尚未竣事，其在修正则例未经施行以前，遇有声请救助案件，应即嘱托贵厅及分厅代为调查，是否无力缴纳，并具有切结公平裁判。惟此项驳回上告之决定，仍准在送达后二十日限内补缴印纸费，或具确实保结，即予送院回复原状审理上告。相应函请查照，并转饬该分厅知照可也。

此致！

附：江西高等审判厅原函

径启者：

据江西高等审判分厅监督推事岳秀华呈称，"查《民事诉讼费用征收规则》第十七条，载诉讼费用起诉人无力缴纳，请求免收时，须另具声请救助状，加具铺保或户邻切结者，得连同保结提出声请状，呈由该衙门核准后，方予免收。又《大理院民事讼费则例》第二十七条第一项载，当事人若因支出上告审所需讼费，致自己或其家族窘于生活，并取具确实铺保或户邻切结者，得连同保结提出声请状于原高等审判厅，转送本院，或径呈本院，请准免缴，第二项载前项声请，本院以决定裁判之各等语。是民事上告讼费，遇有当事人无力缴纳，出具妥保声请救助时，经原审衙门查明属实，仍应送由上告审核准，方可免予征收，固无疑义，并历经职分厅遵办在案。惟查近来上告案件之当事人，竟有并非无力缴纳讼费，亦复滥行声请，又或虽系无力缴纳，而担保人并不确实，每至判决确定，此项讼费，仍属无从征收。似此情形，非但影响司法收入，且与上开条件，亦不相符，若待转送上告审后，始行驳回，周折既多，徒费时日，转非便利诉讼进行之道。再四筹维，拟嗣后关于上告大理院暨钧厅之民事案件，其声请救助，业经查明不实时，即由职分厅径予驳回，俟其补缴讼费，或取具妥保后，再行转送上告审核办，似于慎重之中，仍寓体恤之意，是否可行？关系诉讼程序，未敢擅便，理合具文呈请厅长俯赐查核，并转函大理院核示只遵"等情前来。相应函请贵院迅赐核夺见复，以便转饬遵照。

此致大理院！

■ 统字第917号

民国七年十二月三十一日大理院复浙江高等审判厅函

径启者：

准贵厅第五六二号函开：据衢县知事谭家临电称，"赵甲嫁钱乙有年，并生女丙，嗣后钱乙病故，赵甲带女丙，再醮孙丁为妻，旋孙丁因家贫休妻，赵甲带丙又嫁钱戊，生子己、庚二人。盖钱戊与钱乙，系同宗无服之叔侄，本年该族修谱，族众钱辛等人不认赵甲为钱戊之妻，禁其子己、庚二人入谱，以致涉讼。职署审得其情，适用法律，乃有子、丑二说：子说，以大理院三年上字第五九六号判例，有禁止同宗相互间婚姻成立之明文，今赵甲既嫁钱乙生有女丙，又嫁钱戊生子己、庚，是钱戊与赵甲结婚，系娶同宗无服之亲，为现行法律所禁止，不能认为正式婚姻，即己、庚二子，亦难认为亲子；丑说，赵甲中间已改醮孙丁为妻，与钱乙情断义绝，无夫妇关系，钱戊再娶赵甲为妻，系娶孙丁之休妻，并非娶钱乙之孀妇，不能以娶同宗之妇论，己、庚二子，应认为钱戊之亲子。以上二说，究以何者为当？事关法理疑虑，理合电请俯赐解释，俾便遵循"等情到厅，应请迅赐解释等因到院。

查现行律娶亲属妻妾门，曾被出及已改嫁而娶为妻妾者，统应离异，钱戊娶赵甲自非有效婚姻。如果族谱并无准其载入之惯例，族人自可拒绝其入谱（参照本院四年上字第一二七一号判例），惟己、庚要不得谓非钱戊之子，不应拒绝入谱。相应函复贵厅转饬查照可也。

此致！

■ 统字第918号

民国七年十二月三十一日大理院复浙江第一高等审判分厅函

径启者：

准贵厅第四五六号函复本院七年民字第五七七零号函询各节，并抄送浙江第一高等审判分厅六年上字第十号民事判决，请求解释到院。

查本院六年上字第一四五八号判例，只谓地方管辖案件，高等审判厅不能受理为上告审审判，并未谓高等厅亦不能撤销其原判，更为第二审审判，其间毫无抵触。来函云云，似有误会。相应函复查照。

此致！

附：浙江第一高等审判分厅原函

径启者：

案准钧院本年民字第五七七零号函开："径启者：准函称《法院编制法》第三十六条，大理院有审判左列案件之权，第一终审，一不服高等审判厅第二审判决而上告之案件，二不服高等审判厅之决定或其命令，按照法令而抗告之案件等语，依此规定，是地方厅判决，无论管辖有无错误，自不能越级上告大理院。惟查钧院六年民事判决上字第一四五八号判例，地方第一审案件，地方审判厅误为第二审判决，高等审判厅收受此种上告发现管辖错误，不能撤销原判为第二审审理，究以何者为是"等因到院。查本院六年民事判决上字第一四五八号判例，与来函所述情形，殊不相符，是否叙述有误？无从悬揣，应请查明并从速详叙理由送院备核可也等因，奉此。查钧院六年民事判决上字第一四五八号判例内开，查现行法例，地方管辖案件，以本院为终审，当事人就此等案件，声明上告，应由本院受理（中略），乃原审就本案为上告审审判，亦属违法（中略），应将原判及浙江高等分庭所为之第二审审判，并予撤销等语。依此判例，凡地方管辖案件，地方审判厅误为第二审审判，高等审判厅收受此种上告，发见管辖错误，不能撤销原判，为第二审审判，此即职分厅前函所述之情形也。又查职分厅民事六年上字第十号判决，核与钧院六年统字第六二七号（复安徽高审厅）解释，幸不相背，乃奉钧院六年民事上字第一零五八号判决撤销后，适有职分厅受理上告案内，发见诉讼价额在千元以上，欲径送钧院受理，而此案所为第二审判决系属永嘉地方审判厅，并未经过职分厅第二审判决，依照《法院编制法》第三十六条第一款，似有未符。如依照统字第六二七号解释，由职分厅判决，似又违背钧院六年上字第一四五八号民事判决，此职分厅函请解释之由来也，除将职分厅六年上字第十号民事判决抄送查阅外，奉函前因，理合详叙理由声复。

此致大理院！

■ 统字第919号

民国七年十二月三十一日大理院致江苏高等审判厅函

径启者：

据上海地方审判厅呈称，今有甲将自业房屋租乙营业，乙死由丙继续，丙死由其妻舅丁继续，均未换约。未几丁以营业亏折，将该房连同营业部分，出租于戊，限期交让，届期丁不照约履行，戊黏约起诉，经缺席判决确定，令丁照约交房。于执行中查得该房于本案判决后，由甲向丁收回，另租于己营业，招牌更换，在丁实无房屋可交，而戊则据判请求，并请将该房查封，以便接管营业，是戊之主张，是否合法？于是有子丑寅三说：（子）说谓，甲为该房之所有人，丁不过为该房之租借人，丁既欠租，甲对丁本有索房解约之权。今甲、丁既协意改约，该房由甲收回，自不能将甲所有之房查封，强令交付于戊。即丁所租之房已不存在，执行之标的物，等于消灭，亦不能强丁负不能履行之义务，在戊只可对丁提起违约中所生损害赔偿之诉；（丑）说谓，本案既判令丁照约交房，则一经确定，自应发生效力。至该房是否为甲所有，抑为甲收回，均可置之不问。况查甲之收房，在本案判决以后，应受诉讼力之拘束，虽经收回，不能抵抗本案判决效力，依法自可将该房查封，交戊营业。如甲对于该房，果有所有权，自可依照《京地审厅不动产执行规则》第六条规定，以诉主张异议；（寅）说谓，本案判决确定，固应有效，现丁既无房屋可交，若不对于该房实施查封，即为执行违判。然如实施查封，甲出提起所有权异议之诉，判认甲乙解约为有效，又与本案相冲突，盖既认甲、乙解约为合法，势必取消本案之既判力也。且京《地审厅不动产执行规则》第六条规定，指给付之诉而言（见钧院七年抗字第二二七号），与本案情形不符，难以援用，似以子说为较当。以上三说，各持之有故，究竟以何说为是？抑或别有办法？因无明文规定，职厅不敢臆断，悬案待决，伏乞迅速解释只遵等因到院。

查甲既以所有人资格对丁业经收回租房，丁、戊间之判决，亦无拘束甲之效力，则执行程序，自不能就原出租人甲物实施，戊只能对甲主张其转租之效力，仍依转租法例处断，或对于丁请求赔偿因不履行转租契约所受之损失。惟丁之租房，如系自称业主，甲既收回该房，不肯交出，戊尚可对甲提出所有权确认并交房之诉，倘甲本非业主，系由丁与之串通，侵害戊之权利时，按照本院判例，得本于不法行为之原则，对甲及丁请求交房及赔偿。如该地方有铺底习惯，而丁之营业，亦有铺底时，则其营业移转，与租房之关系，仍应查照习惯办理。相应函请贵厅，转令该地方厅查照可也。

此致！

■ **统字第 920 号**

民国八年一月十七日大理院复湖南高等审判厅电

湖南高等审判厅鉴：

一九零号函悉！银行兑现时所发之债券，既曾视同现款，其后券价虽跌，债务人持向该银行加息赎取押款，该银行自无拒绝之理。至存款如在债券跌价之前，应照付现款或补贴差额。

大理院筱印

附：湖南高等审判厅第一九零号原函

径启者：

案据湘阴县知事陈浚呈称，窃查湘省纸币，价格低落，按之现在市情，每纸币纹一两，仅值现银数分，相差二十倍左右，人民清偿凤债，负担之重，达于极点，然补水问题，既经大理院迭著判例，已无疑义之可言。惟今有商办银行，自民国元年即发行银洋钱三种债券，在外行使，商民之在该行抵押贷款者，亦均通用现押款，债务人持该本行债券，照约加息，向之取赎押品，竟拒不收受，究竟该行以前所发之债券，可否持向该行取赎押品？颇滋疑义，于此有二说焉：甲谓该行并非国家银行性质，从前所发债券，确系吸收市面现金，现在以之取赎押品，在该行实无拒绝之理由；乙谓纸币与现金价格，相差甚远，系大势使然，该行不能独异，取赎押品，当然依照判例，酌量补水。以上二说，莫衷一是，应请解释者一；又无论何种银行贷出之款，如需补水偿还，则存款自亦应补水提付，究竟银行存款提付时，应否补水？可否以之抵偿贷款？亦属疑问，应请解释者二。理合呈请，迅赐转请大理院解释示遵等情到厅。相应据情函请贵院解释见复，以便转令遵照。

此致大理院！

■ **统字第 921 号**

民国八年一月十七日大理院复安徽高等审判厅电

安徽高等审判厅鉴：

真电悉！如原告不能证明该墓为其所有或占有，自无禁止他人祭扫之理。

大理院筱印

附：安徽高等审判厅原电

大理院鉴：

远年古墓，两族各指为其祖，互争祭扫，如墓之所有及占有，均穷于证明，可否许其共有祭扫权？盼速电复。

皖高审厅印

■ 统字第 922 号

民国八年一月二十一日大理院复浙江高等审判厅函

径启者：

准贵厅民字第三号函称：据宣平县知事电称，"属县因民事执行案件，发生疑问，应请俯赐解释"等因到院。

查准禁治产宣告制度，现在既尚无明文规定，纵依习惯准其立案，亦仅足为公之证明，并无创设权利之效力（参照本院七年统字第九百十二号解释），故如有证凭足以证明，并非浪费，其立案自难依据。且查来函所叙情形，似甲之负债，在其母请求宣告准禁治产之前，尤无溯及既往撤销其负债行为之理。至家财父死后应归子有，处分行为，虽应得母之同意，但因营业负债，致其家财被执行者，则与该项卑幼私擅用财之条无关，第二说自属误会。应请贵厅转令遵照可也。

此致！

附：浙江高等审判厅原函

径启者：

据宣平县知事陈邦彦电称，窃属县因民事执行案件，发生疑问，例如甲具有行为能力，独立营业，欠有债务二千余元，由各债权者诉经县公署执行，甲母乙恐执行其祖遗财产，即以甲浪费为主张理由，声请准禁治产，县知事不察，径予宣告，致执行困难，数年未结。第一说，以甲之债务，因营业所致，当然就甲之祖遗财产执行，不能认禁治产之宣告，为有对抗之效力。况乙声请准禁治产，在甲债务诉讼发生之后，是有意害及相对人之权利，当由后任知事撤销其禁治产之宣告，就甲之家产执行；第二说，以甲父虽亡，甲母尚存，故无论其母声请禁治产是否合法，官厅欲就其家产执行，似与大理院解释卑幼擅用财产例第二项不合。二说孰是？理合电请核夺示遵等因，事关执行案件，发生法律疑义，相应函请钧院俯赐解释，以便转令只遵。

此致大理院！

■ 统字第 923 号

民国八年一月二十一日大理院复湖南高等审判厅函

径启者：

准贵厅三二号公函称：据华容县知事呈称，"设有张甲之妻李乙，生女张丙、张丁，甲死，乙携女丁改适孙戊为继室，女丙寄养外家李氏，孙戊原配赵己无子，曾继胞侄庚为子，娶媳某氏早卒，乙因取得甲母及甲弟同意，凭媒将丙许配庚为继室，戊及乙之生母李，均无异言，惟乙之弟李辛，独以为不可，谓虽非同姓之亲，然事实上以女作媳，名分实有未当，提起婚姻取消之诉。在李辛所持异议，固有正当之理由，惟赵庚系继嗣之人，非李乙所生，且并非李乙改适孙戊后所立之嗣，设张丙于赵庚未承继之先，婚姻既已成立，势不能强李乙不改适孙戊，亦不能强孙戊不立继赵庚。是双方诉讼，各有理由，审判难得正确之解决，究竟如何判断之处？理合具文呈请查核指示遵行"等情。据此，当查来呈所举情节，系属解释法律事项，未便遽予指示，相应据情转请解释见复等因到院。

查庚、丙之婚姻，于现行律并无抵触，自应认为有效。即希贵厅转饬遵照可也。此致！

■ 统字第 924 号

民国八年一月二十三日大理院复湖南高等审判厅电

湖南高等审判厅鉴：

上年十二月卅一日代电悉！所询第一，如确定判决判令现金取赎，而从前缴案之数，只系票币，并未补水，则至执行时，自应按照执行当时市价补水清偿；第二，解决之理，与第一同；第三，如甲已有拟继之人，应由其继受诉讼。

大理院梗印

附：湖南高等审判厅快邮代电

大理院鉴：

有某甲与某乙因赎田涉讼一案，甲于第一审判决后，即照所判赎田银数，以票币呈缴，原审衙门亦予照收。嗣乙在法定期间内，声明上诉，经控告审判决赎田银两，应缴现银，如无现银，著以纸币银两，照依市价补水，乙仍不服声明上告，甲亦同时声明附带上告，辗转数月，始经判决确定。现届执行时期，甲造所缴票币，应行补水，固无异议，惟因票币价格，今昔悬殊，补水银两，应照何日市价计算？颇滋争执，综其理由，可分二说：一谓，甲既于第一审判决后呈缴银两，是已表示输服意思，以后虽仍不免缠讼，系因乙之控告所生影响，无论票币价格如何低落，与甲无关，应以缴款之日，即于赎田之日，其银两补水，亦照该日价格计算。不然原审衙门收存所缴银两，系为保护债权人冀免以后执行困难起见，以审判衙门既经收入执行之款，因社会经济变更，致生损失，欲令缴款人负责，当无是理；二谓，执行系判决确定以后程序，在判决未经确定以前，既无执行可言，则甲之先期缴款，实非适法行为，以后票价低落，系属自甘损失，审判衙门及相手方不任其咎。以上二说，未知孰是，此应请解释者一；又某甲于民国元年九月，以房屋典与某乙，订明四年为期，某甲于期满赎屋，乙以原交典价，系属现银，如以票币取赎，应加补水，且须贴补修理费等项，拒而不允，致起诉讼。现在该案尚未终结，票银与现银价格，相悬愈远，如以票银折合现银，应照民国五年九月期满之日票银价格折合补水？抑应照判决确定或执行之日价格折合补水？此应请解释者二；又甲夫亡无子，甲夫弟之子乙，凭族继甲为嗣，甲不允，欲立疏房之子丙。案经第一审判决，认乙为应继之人，甲不服依法声明控诉，旋甲亡故，乙请注销上诉。如此情形，即予注销？抑应中断诉讼程序？此应请解释者三。本厅现有该三种案件，濡笔待决，相应电请贵院迅赐解释见复。

湘高审厅卅一印

■ 统字第 925 号

民国八年一月三十日大理院复甘肃高等审判厅电

甘肃高等审判厅：

蒸电悉！高检厅接收县署汇报案内，发现原判错误者，得于接收卷宗后十日内提起诉讼，既属控诉，不得书面审理。

大理院卅印

附：甘肃高等审判厅原电

大理院钧鉴：

县知事判决窃盗案件，于经过上诉期间后，由高检厅发见错误时，能否依贵院四年抗字第六六号决定，提起控诉？又审厅对于此种控诉，能否查照原告诉人控诉例，用书面审理？乞解释电复。

蒸高审厅印

■ 统字第 926 号

民国八年一月二十八日大理院复安徽高等审判厅电

安徽高等审判厅鉴：

养电悉！开墓查验，于绝无他种证明方法时，依法非不可行。惟因地方情形，宜先劝谕当事人得其同意。

大理院勘印

附：安徽高等审判厅原电

大理院鉴：

两姓互争祖墓，甲谓内系三棺，乙谓内仅一棺，如穷于证明时，当事人一方或双方拒绝掘验，应否仍依职权开墓查验？乞电复。

皖高审厅养

■ 统字第 927 号

民国八年二月六日大理院复新疆司法筹备处电

新疆司法筹备处：

电悉！甲妇于被乙殴之际，用刀戳毙乙，应以正当防卫论。惟须查明是否杀人，抑系伤害人及有无过当情形。

大理院鱼印

附：新疆司法筹备处原电

大理院钧鉴：

今有甲妇因见分居夫弟乙偷摘地种苞谷，向斥，乙不服回骂，并揪住按地拳殴，甲妇被殴情急，随用身带割苞谷镰刀，扎伤乙毙命，是否援《刑律》十五条以正当防卫论，抑或按伤害科罪？案悬待决，乞示遵办。

新疆司法筹备处尤印

■ 统字第 928 号

民国八年二月十日大理院复察哈尔都统署审判处函

径复者：

准贵署审判处函开：兹有甲、乙因地亩诉讼挟嫌，甲将乙伤害，致成笃疾。经县判决（堂谕），甲一等有期徒刑十二年，未送覆判。乙以甲当时共犯，尚有丙、丁、戊请求拘讯，经县拘丙到案，屡讯未判，卸事后任县知事接准移交，认定甲、丙系属共犯，正式判决：甲一等有期徒刑十年，丙二等有期徒刑六年，呈送覆判到处。查堂谕并非正式，判词亦无宣告牌示，按司法部三年十二月二十五日第一一一八号通饬，县知事审理刑事案件，无庸覆判者，得以堂谕代判决。本案既为应送覆判案件，又未宣告，对于甲之堂谕，当然取消，认后任正式判词为有效。惟后任判决日期，距前任堂谕日期计二年六个月之久，若认后任判决为有效，则即羁押日期计算，于被告人甚不利益，如认后任判决为无效，则前任堂谕，殊不合式，如何之处？未便擅断，理合函请迅赐解释，实级公谊等因到院。

本院查刑事裁判未经宣示者，仅得视为文稿之一种，不生裁判效力。若曾经宣示，则判词程式及宣示程序，纵有错误，均属程序违法，一经合法上诉，仍应依法审判，不能谓第一审为无裁判。本案县署堂谕，如果实未宣示，自可用正式判词谕知裁判，覆判审亦应就其正式判决而为审判。至被告人未决期内羁押日数过久，本可按照《覆判章程》第四条第一项第三款，援引《刑律》第八十条，为更正之判决。相应函复查照。

此复！

■ 统字第 929 号

民国八年二月十一日大理院复浙江第一高等审判分厅函

径复者：

准贵厅虞代电称，设有甲、乙因债务涉讼，经审判衙门判决确定，债务人乙无力偿还，由执行衙门将乙所有房屋及基地，照章查封拍卖，仍由债权人甲拍定，向执行衙门领取移转证书，该证书内载屋基亩分若干，并附以有四至之上首老契，该拍定人并未声请实丈，即行管业。经过半年之久，该拍定人于原拍定房屋拆去，另筑墙围，与相邻者丙为经界涉讼，败诉后，始以原拍定之屋基亩分不足为词，声请原拍卖之执行衙门，减少价额，并赔偿因经界涉讼之损失。经原拍卖之执行衙门批斥，该拍定人不服，提起抗告。查此种抗告，纯系拍定人对于原拍卖之执行衙门所为之批示声明不服，能否适用抗告程序？如可认为抗告，则原审即原拍卖之执行衙门所为之批示，是否合法？如可认为合法，抗告审衙门，能否依据公拍卖之卖主，于买卖标的物之瑕疵，不负担保责任之法理，认该抗告为无理由，依决定方式，予以驳回，如认为不合法，抗告审衙门自应决定，将原批示撤销，但能否指示抗告人，即以原拍卖之执行衙门为相对人，向审判衙门正式起诉？悬案待决，理合快邮代电，请即解释示遵等因到院。

查强制拍卖，其物主（即债务人）对于拍定人，仍负瑕疵担保之责任，拍定人自可对于债务人诉请减价，或请解除卖约。惟为保护拍定人起见，如债务人无资力时，亦许其向债权人为返还价金一部或全部之请求。来函所叙情形，如果其短少亩分，足认为瑕疵，审判衙门于驳回抗告时，自可指令向债务人或债权人起诉。为此函请查照。

此致！

■ 统字第 930 号

民国八年二月十一日大理院复安徽高等审判厅函

径复者：

准贵厅一四号函开：据安徽第一高等审判分厅监督推事廖文洵呈称，"案据凤阳刁泽温与吴凤笙（即吴凤生）为学租涉讼不服县判，控诉到厅，经职分厅令调县卷，该县认此案纯系行政处分，初不肯送卷，嗣经迭次令催，始行将卷呈送。兹由职分厅民庭调查，有二说主张：（甲）谓刁泽温经管公益小学校财产，果有侵吞租稞情事，自应由代表该校之人提起诉讼，无论刑事民事，均入司法范围。原堂谕既令刁泽温赔缴学租钱一百三十三千九百文，自是以堂谕代判决，不得谓之行政处分。刁泽温不服该堂谕声明控诉，第二审审判衙门，当然予以受理；（乙）谓刁泽温侵吞学租，系由地方绅士禀报，经县知事令饬劝学所派员查复，有侵吞情事，遂传案讯问，断令刁泽温赔缴学租钱一百三十三千九百文，发交县立乙种蚕业学校拨充该校办理，苗圃经费之需，似此情形，既非由代表该校之人出名告诉，而断令赔缴之钱，又系发交蚕业学校充作办理苗圃之经费，其形式虽似司法审判，而其实质，要不失为行政处分，本件控诉，不能认为司法诉讼，予以受理。两说分歧，孰为正当？理合检齐全卷，备文呈请钧厅鉴核俯赐示遵，实为公便"等情。查事关解释管辖问题，应请鉴核赐复，以便饬遵等因到院。

查是否侵吞租稞，及应由何人请求赔偿，纯系民事诉争，并可由被害人附带于公诉以私诉主张。至赔偿之费如何处分，既非讼争事项，司法衙门尽可不问。又在该案情形，公诉告发，无论何人，均可办理。惟请求赔偿，应以学校代表人或经理该处学务学款之董事，或官员（代表国库）等人为原告。现告之人，如系无权，自可限期令其补具有权人之委状。相应函复贵厅转行查照可也。

此复！

■ 统字第 931 号

民国八年二月十一日大理院复湖北高等审判厅函

径复者：

准贵厅二、三号公函称，查经界诉讼，如于判决确定后，发见墙脚石槛之类，得据以请求再审，业经钧院于答复浙江第二高等审判分厅，统字第八百五十九号函内，明白解释在案。惟按该项解释，系谓凡一切以文字记号，足供证明用之物，皆谓之书状，究竟其所谓文字记号，是否系指石槛墙脚上，必有文字或记号而言，抑石槛墙脚之本体，即系一种记号？解释上尚属不无疑义，本厅现有此种案件，亟待解决，应请迅予解释等因到院。

查石槛墙脚本体，即系一种记号。相应函复查照办理。

此复！

■ 统字第 932 号

民国八年二月十一日大理院复浙江第一高等审判分厅函

径复者：

准贵厅沁代电称，兹有确定判决内载甲应偿还乙洋若干，限某年月日缴案给领，逾限不缴，准将甲所有房屋查封备抵等语，是该房屋即为该债务之担保，本无疑义。设甲于执行衙门未施查封以前，将该房屋契卖于丙，得价而逸。执行衙门据债权人之请求，能否适用物权有追及效力之条理，无论丙是否善意买受，追及物之所在实施查封拍卖程序？悬案以待，请迅予解释等因到院。

查审判衙门以判决设定抵押权，固非合法，惟既已确定，要不能谓为无效。来函所称确定判决，如系指定甲所有之某处房屋（特定），查封备抵，自可认乙就该房有优先受偿之权，丙纵善意买受，其权利仍旧存在，丙若不提出与乙债权相当之款，消灭其权利，乙仍可请求查封拍卖。如系泛言，准将甲所有之房屋查封备抵（不特定），则乙除依废罢诉权诉丙外，别无救济方法，自应查明原卷分别办理。相应函复查照。

此复！

■ 统字第 933 号

民国八年二月十四日大理院复总检察厅函

径复者：

准贵厅函开：案据山西高等检察厅电称，"覆判审判决确定后，发现有再审之原因，其管辖可否归覆判审衙门，抑系归初审县？揆之再审章，无明文。请转解释示遵"等情到厅，相应据情函请核办示复等因到院。

本院查覆判审判决后，发现有再审之原因者，应归于覆判衙门管辖。相应函复贵厅转饬查照。

此复！

■ 统字第 934 号

民国八年二月十五日大理院复山西高等审判厅函

径复者：

准贵厅函开查钧院五年统字第四七六号解释内开：查掳人勒赎，本系《刑律》强盗罪一种，《惩治盗匪法》系特予加重，该法既无未遂处罚明文，自应依《刑律》强盗未遂各本条处断，至其《刑律》无罪名者，该法又无罚未遂规定，自不能处罚等语。设有匪徒某甲，聚众持械意图掠夺县署兵器弹药钱粮，甫抵城下，被军迎击，某甲中枪身死，匪乙、匪丙被获，余匪窜散。于此有二说：（一）乙、丙为《惩治盗匪法》第四条第二款之未遂犯，而《惩治盗匪法》第四条第二款之规定，则本于《新刑律》第一百零一条第二项，《惩治盗匪法》既无罚未遂规定，应依《新刑律》第一百零一条、第一百零二条处断；（二）《惩治盗匪法》第四条第二款之犯罪，与《新刑律》第一百零一条之犯罪，性质不同，而管辖亦异。乙、丙系《惩治盗匪法》第四条第二款之未遂犯，该法既无罚未遂规定，自不能处罚。以上二说，究以何说为是？事关法律疑义，相应函请迅赐解释，实为公便等因到院。

本院查匪徒聚众，图夺县署兵器等物，甫抵城下，即经击散，被擒获者，在《惩治盗匪法》虽无处罚未遂明文，而其结伙图以强暴胁迫，强取他人所有物为自己或第三人之所有，且已著手实施，核与《刑律》强盗未遂罪相当。至内乱罪，固属于本院特别权限之案件，而《刑律》第一百零一条第二项，乃以意图内乱，为构成要件，与本件情形，亦不相符。相应函复贵厅查照。

此复！

■ 统字第935号

民国八年二月十五日大理院复山东督军电

济南张督军鉴：

电悉！甲掳乙勒赎，丙在事前如确已同谋，事后又分得赃洋，自系共同正犯。其仅知情藏匿被掳人分得赃洋，应准正犯论，与受赠赃洋罪，从一重处断。

大理院咸印

附：山东省长原电

大理院鉴：

今有甲掳乙勒赎，以乙交付掳人时并未同往之丙，藏匿家内，迨乙被赎回，丙与甲同分赃洋，该丙系共同正犯，抑系从犯？敝处悬案待决，事关法律解释，祈迅赐电示，无任企系。

山东省长陌

■ 统字第936号

民国八年二月十五日大理院复湖北第一高等审判分厅函

径启者：

准贵厅第三号公函开：据兴山县知事呈称，"判决确定之民事债务案件，除尽债务人动产不动产所有权依强制执行规则办理外，尚不足清偿债务，因并将债务人所典之不动产（因质权设定行为而占有之不动产）并予查封，此种不动产，可否为强制执行之目的物？又执行程序何如？请示遵"等情到厅，查该知事所呈情形，现无明文可据，实不免发生左列疑问，其一，债务人之质权目的物，所有权虽属之他人，然实为债务人之财产，究竟可否为强制执行之目的物？其二，如得为强制执行之目的物，可否由执行衙门先行限期催告，设定质权人取赎？其三，故意逾期不取赎，或无能力取赎，可否即令债权人代债务人占有其质权目的物（管理）？其四，如不得债权人之同意，或有其他窒碍时，可否将质权目的物拍卖？其五，拍卖质权目的物之卖得金，超过质权设定时之债权担保额，自应将其超过额返还设定质权人，倘不足时，应如何办理？其六，附有期限或条件之质权，而期限或条件未到时，或质权目的物为第三人所有权时，又应如何办理？其七，抵押权与质权之占有其物者，性质不同，可否并为强制执行之目的物？之七者，实皆为待决之问题，或者谓质权抵押权，均系一种担保物权，实即为该执行案件债务人之债权，所有权属之第三人，对于第三人之所有权，自不能为强制执行。然查民事物权法条理，对于质权或抵押权，设定人到期不为清偿时，得请求审判衙门拍卖，以此类推，则执行案件，对于债务人之质权或抵押权之目的物，自不妨依强制执行规则办理，惟事关法律疑问，理合函请解释等因到院。

查典权及抵押权，无论其目的物为债务人本人或他人（查明确系借用）所有，既均为财产权之一种，自无不可强制执行之理。其执行之方法，应准用执行债权之条理：于未到期者，由执行衙门传知业主或设定抵押权人，令其到期不得将款交与债务人（即典主或抵押权人），或并将其债权及担保权移转于债权人；于已到期者，则传知业主或设定抵押权人，将其典价押款交与债务人之债权人，消灭其物上之负担。又典权如系专以使用收益为目的者，应认为独立之物权，并可将其依法拍卖。为此函复贵分厅转行遵照可也。

此复！

■ 统字第937号

民国八年二月十五日大理院复浙江高等审判厅函

径复者：

准贵厅三五号函开：据吴兴县知事王国铎哿电，请解释法律疑问五端，应转请迅予解释等因到院，兹分别答复如下：

第一、丙与丁纵未成婚，然既因交有聘金，发生童养关系，自应援孀妇再醮之例，由甲主婚。

第二、抢亲如别无义绝情事，自不能仅据为离异之原因，惟察其情形，已难相处，自可妥为劝谕（即如谕知此种婚姻事件之判决，不能强制执行，而男子一方，因此反不能再娶，实际上于彼实有害无益），无以职权径予判离之理。

第三、保人无论是否人钱并保，除对于代债务人清偿一层，并无争执外，自应另案办理，不能于执行债务人案中，径予押追。

第四、如物主对于其借供担保之事实，并无争执，自可依该章程为查封管理之处分。

第五、丈量地亩，自应以当事人买卖当时之意思为准，如意思不明，即以当时该地通行之丈尺为准。

以上五端，应即函复贵厅，转令遵照可也。

此复！

附：浙江高等审判厅原函

径启者：

据吴兴县知事王国铎哿电称，今有法律疑问，请求解释者五：如甲自幼领乙女丙为子丁之童养妻，成年未及婚而丁故，丙须另许，其主婚权，是否仍属于乙？抑因丙为甲抚养多年，先又出有聘金，应属其权于甲？如权属乙，另许之财礼，应否令乙前受之聘返还于甲？此其一。又如抢亲系犯略诱罪，固无疑义，惟既经讯判，纵为原情减科，两造恶感已深，如女请离异，男坚不允，能否以职权判其离婚？此其二。又如民事执行中，债务人已逃，有保人而非人钱并保，能否将保人押令交出债务人，及令赔偿因迟延而受之损失？此其三。又如债务人借他人不动产作担保品，至执行时，能否照《审判厅试办章程》第四十一条，为查封管理之处分？此其四。又如丈量田地，从前均用鲁班尺核计弓亩，现在度量衡法尚未通行，当事人有主张密达尺及营造尺者，究以何式为当？此其五。职署均有似此待决之事，请求转电大理院解释等因到厅，相应函请钧院俯赐解释，以便转令只遵。

此致大理院！

■ 统字第 938 号

民国八年二月二十一日大理院复湖南高等审判厅函

径复者：

准贵厅第一一四号函开：据宝庆县知事呈称，"窃自湘省国帑奇绌，纸币绝无限制，以致纸币与现金价格低昂，变更莫测，大有一日千里之慨。伏查宝庆县境，向系纸币现金相辅而行之区，不意近今纸币低落，债务债权者关系，每因彼此履行以金融悬殊，致起诉讼。查不动产之典当，其典价与物产价格之变更，前于民国四年十月六日奉司法部规定清理办法，对于动产之债权债务者之关系，原未奉有规定明文。如甲为债权者，乙、丙、丁、戊均为债务者，均系称贷台票，间有以穀折交者，借据亦系载明台票，并载明还时，仍以台票，如不归还，听债权者将担保押借之田亩收产营业，而乙、丙系民国五年承借，丁、戊系民国六年上半年及下半年二次承借，该乙、丙、丁、戊自借时起，并未付过息钱。兹值台票价落，乙、丙、丁、戊均提议履行甲之债务，甲拒绝不受，致互诉到县，准理传诉，甲之理由，则谓契约上虽注明所借所还均系台票，该据上实载明有担保产物数目，请求折收担保物等语。乙、丙、丁、戊之理由，则谓契约上款项之收入借出，实载明目的物之目的物，如若不还，始能收益担保物品，倘台票价昂，伊岂能不偿台票各等语。查该甲之债权，契约上虽指明担保物产，究非典当可比，若竟照约履行台票，则甲之请求折入，似亦近理，而乙、丙、丁、戊之理由，谓台票价昂，伊岂能不偿台票一语，固是正当理由，惟该债权债务之关系，该债权者虽无如抵当权直接使用收益之利权，但既有担保物约上载明不还收产管业等语，倘台票果比相借时过昂，该债务者又岂肯偿台票，不过请求收其相当担保品而已，此理亦明甚，固不待言。属署固无订定法规可遵，当准情酌理，谕令债务者如系民国六年下半年所借，则每百千还二成铜元，八成台票；六年上半年者，则还四成铜元；系五年者，则还五成铜元，利息照此准算，该两造均未甘服，未便即判，理合据情转呈，仰恳查核训示只遵"等情。据此，查银行兑换券，若不能维持其票面之价额，应依市价折合，不能令债权人无故受损，业经贵院六年统字第七二二号解释在案，自无疑义。惟现在该当事人等所争，系担保产物赎还与折收之点，两方各为自己之利益，主张支付之方法，非有最高法院之解释，实不足以资折服，相应录呈函请解释赐复，以便令遵等因到院。

查定约当时，如台票与现洋比例，本有涨落，而当事人间确有无论如何涨落，均应以之偿还之意思者，则甲自不能以现在台票价落，拒绝回赎。反之当时意思，因台票本无涨落，故特指定为价还之物者，则乙等非依市价贴水，甲自可拒绝不受，到期后仍得就抵押品受偿，应即查明情形，分别办理。为此函复贵厅，转行遵照可也。

此复！

■ 统字第 939 号
民国八年二月二十四日大理院复江西高等审判厅函
径复者：
准贵厅第一〇〇号函开：据临川县知事史式珍呈称，"兹有某甲幼聘某乙之女为妻，七岁时过门童养，于今十年，尚未成婚，某甲因其亲叔身故无嗣，族议兼祧，业经成立，其亲叔已适人之胞姊，商诸其父，为聘某丙之女为妻，主张兼祧双配，因某丙之女，有为人和诱消息，某甲遂夺回成婚，按兼祧双配，非法所许，两者必离其一，于此有二说焉：（子）说，乙女虽已定婚，并非成婚，其未婚夫更与他人成婚，法律上既不以重婚罪论，则某甲与丙女之婚姻关系，决非无效。矧女子从一而终，一经断离，殊关风纪，乙女既未成婚，自是守贞待字之闺秀，不难别与他之一造，另缔良缘，应令乙女离异；（丑）说，丙女缔婚在后，按法无令前妻离异之理，况丙女系由某甲强夺成婚，虽无强奸事实行为，究不正当，当然丙女离异。两说相持，莫衷一是，事关风纪法律，属县现有此案发生，亟待裁决，理合具文呈请钧厅，俯赐解释只遵"等情到厅，相应据情函请解释等因到院。

查兼祧后娶之妻，得本于后妻之意思，认其为妾，本院早有判例。乙女既曾纳有聘财，过门童养，应视为订婚之妻，现乙女、丙女均不请求离异，审判衙门自无判离之必要，惟丙女如以自己被欺重婚为由，请求离异，亦应照准。相应函复贵厅转行遵照可也。

此复！

■ 统字第 940 号
民国八年三月四日大理院复安徽高等审判厅函
径复者：
准贵厅第四一号函开：兹有甲、乙、丙三人合伙经营商业，已经闭歇，嗣因结算股本分配余利，发生争议，仅系甲与乙在第一审衙门提起讼争，丙未加入，迨至第二审审理中，丙始参加诉讼，经第二审列为从参加人，续经上告审发还更审并令就丙之参加，是否合法，予以调查，更为裁判。甲、乙于发还更审后，协议和解，丙不承认，仍求继续审理，依民事诉讼法例，参加诉讼，本为辅助当事人一造所生之诉讼，如在诉讼拘束中，自可随时请求参加。今主诉讼既因和解而消灭，参加诉讼即无存在之余地，其参加是否合法，似亦无调查之必要。至丙与甲如有独立之利害关系，似应另向第一审起诉，乃仍根据上告审之判决，请求就参加之部分，予以调查，以便继续审理，能否认为合法？不无疑义，合行函请迅予解释示遵等因到院。

查本诉讼既已因和解终结，则从参加人即失其所辅助之主体，继续参加，即非合法，自可径以决定驳回，并得于理由中指示丙如对于甲或甲乙有所请求时，可以另案起诉。为此函复贵厅查照办理可也。

此复！

■ **统字第 941 号**
民国八年三月六日大理院复福建高等审判厅函
径复者：
准贵厅东电开：设如翁姑夫均亡，夫之庶母变卖遗产，以充家用，未经媳同意，媳能否主张无效等因到院。

查来电所称情形，如财产家政，向归庶母管理，自系代理性质，其媳主张变产不能同意，即应证明此项行为，未经委任，不在代理家务范围之内始可。为此函复贵厅查照。

此复！

■ **统字第 942 号**
民国八年三月十日大理院咨司法部文
为咨复事：
准贵部二一三号咨开：准外交部咨开，准日本使馆来函，"以奉外务省训令，函请将中华民国人成年年龄法规，及实际上办法，查明见复"等因到部。查我国关于民事上，究以达何年龄，方合成年资格一节，前于七年十月，本部因据驻横滨总领事呈请核示前来，经咨准贵部复开，前清现行律载以年满十六岁为成丁，此项律文，现仍继续有效。又民国三年九月，大理院上字第七九七号判例内称，现行律上以十六岁为成丁，成丁之人，自应认为有完全行为能力。四年四月大理院复京师地方审判厅统字第二二九号函称，现行律以十六岁为成年，凡未满十六岁之人，无诉讼能力等语，按照律文暨判例解释，自应以年满十六岁者为成年等因在案。兹准日使函询前来，应否仍即援照前开各节函复该使之处，事关律法对外信用，相应抄录日本公使原函译文，咨请贵部查照核明见复，以凭函复该使可也等因到部。事关法律解释，相应抄录原件，咨请迅为解释见复等因，准此。

查本院判例，向根据民事普通法规之现行律十六岁成丁之规定（现行律户役脱漏户口律），认届十六岁，即为成年，有完全行为能力（参照本院民国三年上字七九七号，及五年上字八三三号判决）。至《商人通例》第二章，系以满二十岁为营商能力之特别规定，盖以商业行为，较为复杂，故该条例特将其年龄加高。相应咨复贵部希即转咨可也。

此咨！

附：译日本使馆函

径启者：

案奉本国外务大臣训令内开：准司法省函称，"关于中华民国人成年年龄，案照先年民国制定《暂行民律草案》第十条，虽有满二十岁为成年年龄一条，然未足为法规之效力。又《商人通例》第四条，虽规定独立缔结契约，有负担养务能力者，得为商人，又于第五条规定，凡年龄未满二十岁，或心神丧失，耗弱者，聋者，哑者，盲者，及浪费者等，皆为无能力者，然难认为关于成年年龄之规定等语。因有疑义，经函询驻东京中国使馆，据复成年年龄一事，虽无一定之规定，从前则以满十六岁为成年云云，即希查明见复"等因。准此，相应函请查照，务希将贵国人成年年龄法规，及实际上办法，查明见复，实级公谊。

■ **统字第 943 号**

民国八年三月十一日大理院复湖北第一高等审判分厅函

径复者：

准贵分厅第七号函称：有法律疑点二：其一，典质权人及抵押权人，对于典质物或抵押物，是否有先买权？如有先买权，设与现例所许之亲族先买权竞合时，谁为最先之先买权？设一物甲、乙均有典质权时，或甲有典质权而乙有抵押权时，又谁为最先之先买权？其二，兄甲弟乙财产共有（遗产未分析），甲主持家政，乙个人所欠之债，即非基于家用关系，所欠之钱债，应由乙持分之财产负责？抑应由甲、乙共有之财产负责？此二疑问，理合函请解释等因到院。

查典质权人，因就典质物使用收益，为当事人双方利益，并有益于国家经济起见，故依习惯，认其有先买权，共有人（如兄弟或合伙或其他之共有）亦然。至抵押权人及其他无共有权之亲族，并非就物上有利用关系，即使有先买之习惯，亦应认为有背公序，不许存在，本院早经著有判例（参照本院民国二年上字三号及二三九号判例）。先买权之竞合，依条理应以权利成立在先者为先顺位。又共有人之私债，只应就该所有部分执行，无侵及他人共有部分之理。相应函复查照办理。

此致！

■ **统字第 944 号**

民国八年三月十二日大理院复筹备国会事务局函

径复者：

准贵局第十六号函开：准贵院函送蔡文彬等与施以成选举诉讼上告一案判决印本到局内开，判决主文，原判撤销，本案被上告人，于本届江苏省议会议员复选举之当选无效，系以本届江苏扬中县办理省议会议员初选被上告人曾充调查员，认为办理选举人员，依法应于本选举区内停止被选举权，为其理由。查选举法令之解释，一事关于立法上之解释，随时咨询参议院，关于条文上之解释，径由筹备国会事务局办理，各处遇有选举各法上之疑义，一切文电，均径达筹备国会事务局，由局分别核办，系于民国元年九月经临时大总统咨询参议院议决施行，凡《众议院议员选举法》与《省议会议员选举法》，其条文相同者，其意义即均相同，当然作同一之解释办理，选举人员应以《众议院议员选举法》第二编第一章第二节所列举者为限，调查员不包在内。又办理选举人员，于其选举区内停止其被选举权，例如办理初选举者，除于其初选本区之初选外，复选则不能停止其被选举权，均迭经前筹备国会事务局，明白解释，并刊布于政府公报。本局复于六年十一月间，依据本局条例所定，职权通电声明，前局解释，当然有效等因在案，是以各处历届办理众议院省议会议员选举，均依前项解释，以为准则，全国奉行，已成选举法令上之惯例。兹贵院前项判案，则谓调查员为办理选举人员，又谓初选举区之办理选举人员，应于复选举区停止被选举权，似与前筹备国会事务局所解释者，不无歧义。案经审判确定，自不容再有讨论。惟是审判选举诉讼，为一事，解释选举法令，又为一事，本局为保持选举法令解释上之信用，暨免除选政上之纷扰起见，用特声明所有前筹备国会事务局前此解释办理选举人员调查员不包在内。又办理初选举者，除于其初选本区之初选外，复选则不能停止其被选举权各节，不因此失其效力，以免将来办理选举，多所窒碍等因到院。

查本院审判案件适用法律，依法有最高解释之权，不受他种机关解释之拘束，曾经于国会复选举诉讼应否许其上诉案咨复国务院转咨国会在案。此次受理江苏蔡文彬与施以成，因省议会议员当选诉讼，认调查员为办理选举人，并停止其复选区内之被选举权，系依法评议议决，认为必如此解释，始合立法真意，足以防止选举之弊端，故予依法改判，既准贵局函开前因，应将贵局意见留备参考可也。

此复！

■ 统字第945号

民国八年三月十三日大理院复湖北高等审判厅函

径复者：

准贵厅函开：案据武昌律师公会函称，兹准在第二高等审判分厅执行职务之会员，娄仲和庞毓楚、李树中、黄为纶、赵一俊、李美煜等函开，"近某县发生一案，因清初规定五丁抽二，三丁抽一专例，凡属境内户民，无论富贵贫贱，均不能脱卸此种义务，且定有铺站雇佣铺兵铺司，承送往来公文。某甲计图免除丁务，遂商同各户，权将各个已有田产，抽押官厅，作为担保，就近承充本县铺兵铺司任务，官厅呈奉批准，对于该产另给执照，加以不准私相买卖限制，用免旷职，以义定名，故曰铺田，而年纳正税，仍与普通田产无异，承差之人，所得薪俸，亦与雇佣兵司相同，是权利义务，两不相偏，嗣或因家计不便，承差无人，甲固以该田该差推与乙，乙推与丙，辗转相推，沿为习惯。民国成立，受推之丙，以国家既无差务，公奉亦免，并未另设何种限制，今遂推付于丁，戊、己作中，庚代书，据兹辛诉诸官厅，请援用侵占罪章，共同罚办，究竟该田是否国有？抑系私有？丙、丁有无罪名，其余是否同负刑事责任？种种问题，迭经会员等集合讨论，终无真确解释，实成疑案，兹将共同讨论之结果，分为数说如下：（子）谓，铺田即军田之别名，国家对于军田，固不准私相买卖，然于惯例上却准私人递推，决非公产，铺田亦然，因之断定其为私有无疑；（丑）谓，铺田之名，既起源于先除抽丁义务之铺兵铺司，而其限制又因担保差务发生，现在差务公俸，既经消灭，则从前之限制，亦应同时消灭，断无权义免除，而担保差务之限制，仍独立存在之理，因是推定其受授人，决无罪之可名；（寅）谓，铺田之名，乃系国家对于私人田产，特别加以限制，似与军田屯田形同而实异。军屯之粮，向系纳于为卫署，而铺田年纳之税，系与普通纳税者等，该田是否国有或私有，未敢确定，受授人有无罪名，亦难明决。但代书推据人总属善意之第三者，不过于成立契约时，因当事人之延请，而始为之代笔，初无预谋情事，亦未分得利益，无论延请人罪名有无，当于书据者无涉；（卯）谓，管有铺田之人，有无罪名，当以该田是否国有为断。查该田于公有财产录中，既无记载可以证明，其为官产之据，而一般管有该田之户，逐年照常纳税，亦未领有承租字样，当可认定其为私有，处分私产，自不负刑事责任；（辰）谓，一县既分若干铺，承差之人，又号铺司铺兵，足见铺名，乃系官定名。是官定田名铺田，顾名思义，田属国有，可断言者，国有之田，私人擅自处分，当然构成侵占罪名。以上各说，均皆持之有故，言之成理，究以何说为当？未敢断定，为此函请会长，转请高等审判厅函请大理院详加解释，免滋群疑，并转饬襄阳第二高等审检分厅遵照施行"等因。准此，窃查该会员等，于该案发生法律上之疑点，集合研究，不以居辩护人之地位，偏执己见，惟求适用法律之正当，揆诸律师风纪，似无不合，为此依据《修正律师暂行章程》第三十二条第三项，函请贵厅转请大理院详加解释，以便遵守，并恳贵厅将大理院解释原文，转行第二高等审检分厅遵照办理，不胜祷切等情。据此，除函复业已转请大理院解释，俟准复后再行分别函告令知外，相应函请查核迅赐解释，以便转行知照等因到院。

本院查铺田既据称仅系承充铺兵铺司差务之担保物，则其所有权，仍应属于私人，惟并经官厅定有不准私相买卖制限，故担保之差务，未经消灭以前，提供担保物之某甲，自不得将其田地所有权，私擅变卖，违者及知情中人代笔人并买主乙，应分别情形，依《刑律》第二十九条第一第二项及第三百九十一条第二项论罪。若某甲并将各户之地，擅行出卖，更应查明情形，按律问拟。至买主乙买得后转卖与丙，丙又转卖与丁，在知情之丙、丁及中人代笔人，亦应分别依第二十九条第二项及第三百九十七条第二项处断。惟担保之差务，如已消灭，则出卖自己田地及中人买主等，自均不为罪，其递推之性质，如果并非买卖所有权，仅将种地及承差之权利出让，应准照习惯认为有效，某甲及中人并受推人等，亦均不为罪。相应函复贵厅转饬查照。

此复！

■ **统字第946号**

民国八年三月十三日大理院复河南高等审判厅函

径复者：

准贵厅函开：案据鹿邑县知事快邮代电呈称，"今有甲与数族人擅卖公共祖坟地，将其十世祖系名人墓，掘起遗骨，迁葬别处，尚有一棺未起，将地丈量价卖于乙，未经成交，即被族众查知起诉，甲与知情族人，是否应依《刑律》第二百五十七条及第二十九条、第三十一条、第五十四条分别处断？乙有谋买行为，丙为中人，是否均应依《刑律》第二十九条、第三十条分别论罪？悬案待决，伏祈解释示遵等情"到厅。据此，查统一解释法律，系属钧院职权，相应具函转请查照，俯赐迅予核示，以凭转令遵照等因到院。

本院查甲与族人擅将公共祖坟地卖于谋买之乙，应查明其是否责应管有，分别情形，依《刑律》总则共犯罪章、分则侵占窃盗各本条处断（关于不动产窃盗一层，系新例，应请注意），其仅知情之族人，并无教唆帮助或共同实施之行为者，自不为罪。至谋买之乙及知情中人，亦应查明情形，分别依《刑律》总则共犯罪章，及分则侵占窃盗各本条，或仅依故买赃物论罪。相应函复贵厅转饬查照。

此复！

■ **统字第 947 号**

民国八年三月十三日大理院复浙江第一高等审判分厅电

浙江第一高审分厅：

代电解释，尚属相符。案经知事就被告审理判决，自应受理上诉。惟县判"免诉免究"等字，应审查内容，不得概认为无罪判决。

大理院元印

附：浙江第一高等审判分厅原电

大理院钧鉴：

查钧院第六八一号解释内开，县判主文，仅称告诉驳回，认为违法之驳回公诉判决，应由第二审撤销后发还为合法之裁判。又第八八四号解释内开，县判主文虽仅载本案免诉免究免予律议免予置议，被告人不受刑事制裁各字样，但既以形式终结，自应认为各种之判决受理上诉各等因。前例县判，系仅就告诉人方面判断，而于被告人有罪无罪，并未为如何判断，以未经第一审论，故须发还第一审更为合法之判决。后例县判既就被告人方面判断，虽无无罪字样，而实质上免诉免究等语，即属无罪之代名词，故第二审可继续审判，毋庸发还第一审更为审判。依此解释，是否有当？悬案以待，迅请电示遵行。

浙江第一高等审判分厅敬印

■ **统字第 948 号**

民国八年三月十四日大理院复浙江高等审判厅函

径复者：

准贵厅函开：案据金华地方审判厅快邮代电称，"兹有甲、乙、丙三人，互相熟识，甲旧欠丁债洋六十元，将届偿还期间，拟先还四十元，中途为乙、丙探知，起意劝甲共同杀丁，意在银洋四十元，俾乙、丙平分，其余二十元，甲可无庸再还。甲从之，遂将银洋四十元，携至丁家交付，伪称尚有二十元，在距丁家数里之

· 773 ·

某地，令丁随同往取，并令带同已交付之四十元，外出倩人看验，丁信以为真，携款随甲同往，行至僻静处所，乙、丙突出，同时用刀将丁砍死，乙即在丁袖中，将甲所交付之四十元，悉数取去而散。关于本案，适用法律有二说焉：（子）说谓，甲之交付四十元于丁，乃骗丁外出暗杀之方法，并非履行债务之意思，在民法上不生债务履行之效力。假定甲真实履行债务，因后悔欲夺转履行之款，乃骗丁外出暗杀，是其意在夺款，当然以犯强盗之罪故意杀人论。本案甲系因财谋杀，甲、乙、丙只可谓之杀人，不得谓之强盗杀人，宜依《刑律》处断；（丑）说谓，甲虽因消极的赖债而杀丁，乙、丙实因积极的得财而杀丁，则乙、丙已具备强盗故意杀人之条件，至于甲之交付银钱，是否出于真意，及在民法上是否发生债务履行之效力，原可不问。盖乙、丙既以强盗之手段，夺取丁所持之款，甲虽无真实履行之意思，而乙、丙不能免除强盗之责任。本案甲虽因财谋杀，而乙、丙则纯为强盗故意杀人，当乙、丙实施犯罪行为之际，甲又在场帮助，则甲亦为共犯，宜依《惩治盗匪法》第三条第二款处断。二说未知孰是。又关于解决甲、乙间之债务关系，亦有二说：（一）说谓，债务之履行，不问债务者之交付，是否出于真意，以有形式上之交付为已足，故本案被乙丙夺取之四十元，只能以附带私诉请求返还；（二）说谓债务履行之是否有效，以债务者之履行，是否出于真意为断。本案丁之交付，并非真意，视为未经合法履行，应依通常民事程序请求偿还。二说亦未知孰是，案悬待决，恳转电解释等情"前来。据此，相应具函转请贵院查照，希即迅予解释函复过厅，以便转令遵照等因到院。

本院查履行债务，既有交付行为，即应发生效力，甲与乙、丙同谋杀丁，于履行一部债务之后，竟诱令随同至行为地点，使乙、丙劫财得以遂行，自应以强盗杀人共犯论，被劫洋元，被害人亦得本于共同不法行为，应负连带责任之理由，附带请求返还。相应函复贵厅转饬查照。

此复！

■ 统字第949号

民国八年三月十五日大理院复浙江高等审判厅函

径复者：

准贵厅函开：案据临海县知事电称，"今有甲某因犯他案羁押，乙某与其有嫌，明知戒严期内，检查綦严，遂捏丙某之名，致函与甲，内有谋乱等语，果被管狱员检出送县，提甲研讯，供不知情，并称无丙之名，令其详认信中笔迹，则云系乙所写，当拘乙来案，核对笔迹，甚属相符，是乙明明欲陷害于甲，应科乙以相当之罪，惟照《刑律》第一百八十二条，则乙非直接告诉于官厅，若照同律第二百四十三条，则乙无权义关系，至于援用同律第一百零三条，则又非乙之名义，且乙之目的不在此，究竟对于此等犯罪之事实，应依何条处断？非请解释，不足以成信谳，悬案以待，望速示遵等情"到厅。据此，敝厅查关于诬告之学说，本有两种解释：一则谓，诬告罪之成立，须告诉或告发于管辖衙门，如日本之江木胜本、冈田牧野等，及贵院民国五年统字第五百五十一号之解释是；一则谓，纵非向管辖衙门告诉或告发，然其告诉或告发能转达于管辖衙门者，其诬告罪仍应成立，如日本之大藏茂马、小畤传、泉二新熊等是。如依后说，则甲某因犯他案羁押，乙乃捏丙某之名致函于甲，内有谋乱等语，是明知管狱员有检查之手续，必将该函送县，乙之犯诬告罪，已无疑义。惟与贵院解释抵触，似诬告罪不能成立，乙既不构成诬告罪，则其捏造丙之内乱信函，其意欲使甲有内乱嫌疑，即系伪造他人刑事证据，然查《刑律》第一百七十八条之规定，所谓关系他人刑事被告事件云云，故伪造他人之证据，须俟他人已为刑事被告后，本罪方能成立。甲之内乱一案，尚未系属于审判衙门，即不得谓为被告，似与该条罪质又不符合。但查日本明治四十五年大审院之判例，及泉二新熊、牧野英一等之学说，即将来之刑事事件，亦包含在刑事被告事件以内，则乙又不妨以该条处断。至乙虽捏造丙之信函，然其信之内容，与私法上之效果毫无关系，自不能谓为证明他人权利义务之文书，与《刑律》第二百四十三条不合。惟事关解释法律，敝厅未敢擅专，故特函请迅予解释，俾得转令该县遵行，实为公便等因到院。

  本院查乙某捏丙之名，致函与甲，虽明知必被管狱员发见，故作谋乱之语，意图陷害，但并非告诉告发，尚难论以诬告罪。又伪造私文书之罪，《刑律》系以证明他人权利义务之事实，为其构成要件，亦与本件情形不符。至湮灭或伪造或行使伪造关系他人刑事被告事件之证据，本不以他人已为刑事被告，为论罪条件，凡在湮灭或伪造或行使行为，起诉权时效未消灭以前，经有权官署，于其职务上知悉该项证据所证明他人犯罪之事实时，即可按照本条处断，乙某伪造之函，既经县知事提甲研讯，自可援据本条论罪。相应函复贵厅转饬查照。

  此复！

■ 统字第 950 号

民国八年三月十五日大理院复山西高等审判厅函

径复者：

准贵厅第七三号函称：查钧院五年统字第四零三号解释，滥罚充公，并未入己之官吏，应依《刑律》第一百四十八条处断等语，如官吏滥罚入己，是否构成《刑律》第三百八十二条之罪？抑仍构成第一百四十八条之罪？事关适用法律，相应函请迅赐解释见复，实为公便等因到院。

  本院查官吏先有入己之意思，以滥罚为欺罔方法者，应依《刑律》第三百八十二条第一项处断。滥罚之后，保管中起意入己者，应依第一百四十八条、第三百九十二条及第二十三条分别实际情形科断。相应函请贵厅查照。

  此致！

■ 统字第 951 号

民国八年三月十五日大理院复直隶高等审判厅电

直隶高等审判厅：

寒电悉！甲如主张乙、丙、丁买卖契约根本均应失效，即或不当，系属民事争执，有时或只成立胁迫罪；若系另索金钱，又确备欺罔恐吓条件，自可论诈财罪。

大理院删印

附：直隶高等审判厅原电

大理院钧鉴：

有甲为乙多数债权中之一人，乙未破产前，有产卖渡于丙，丙复转卖于丁。乙破产后，甲藉口债权受损，屡以个人名义，向丁恐吓，要求金钱，甲之行为，能否成立诈欺罪？乞迅赐解释示遵。

直隶高审厅叩寒

■ 统字第 952 号

民国八年三月十五日大理院复江苏第一高等审判分厅电

江苏第一高等审判分厅：

代电悉！案经注销上诉，原判即属确定，照章亦无庸送覆判，惟如果可认为违法受理，得送总检厅依准备提起非常上告程序办理。

大理院删印

附：江苏第一高等审判分厅原电

大理院钧鉴：

查钧院复湖北高审厅统字第八七号解释，内乱罪之案件，应由系属衙门，审查事实，分别办理。又查《各级审判厅试办章程》第六十六条，规定上诉人，除检察官准其呈请注销上诉状，又查司法部四年六月十五日，对于江苏高审厅第六零一九号批示，上诉声请注销案件，无庸详送覆判各等语。今有县知事判处内乱罪之案，经被告人上诉到厅，正拟依照钧院解释，开始审查，复据上诉人状请注销，于此即发生困难问题。盖本案如依《试办章程》规定，既经上诉人呈请注销，即不问原判之合法与否，均应照准，且依司法部批示声请注销案件，无庸覆判，是此案裁判，业因注销而确定，即不得遵照钧院解释审查，如依钧院解释继续审查，不予注销上诉状，又与《试办章程》规定不合。事关适用法律，相应电请钧院解释，以便遵循，以昭统一，案悬待决，祈速赐复，实级公谊。

江苏第一高等审判分厅回印

■ 统字第 953 号

民国八年三月十七日大理院复山西高等审判厅函

径复者：

准贵厅第三三零号函开：据曲沃县知事郭拱辰快邮代电称，"查现行律载户绝财产，果无同宗应继之人，所有亲女承受，无女者酌拨充公。又大理院三年八月二十一日上字第六八三号判例，户绝财产，查明属实，或归亲女承受，或酌拨充公，决非同宗之人，以亲族资格，即可以主张管业。又四年十月三十日四十四期司法公报载，司法部批原业主确系人亡户绝，应准典主依旧管业，典主人亡户绝，应许原业主径行收回管业等情，综绎上开各款，所谓户者，似有一定界限，究竟现行律所谓'户绝'字义，有无界限？其界限以何为标准？设如有本户主甲，确已故绝，生前曾出典不动产与乙，现有甲之同曾祖之丙，与甲之同十世祖之丁，向乙告赎，查其文约，已逾三十年以上，按照《清理典当不动产办法》第三条，应行找价作绝，所有丙、丁，是否有受此项找价之权？如果丙、丁无受此项找价之理由，而丙、丁所居地方习惯，向以所谓户者，指同姓同宗而言，丙、丁持此为理由，其理由能否认为适法？悬案待决，伏乞迅赐解释示遵"等情。据此，相应函请迅赐解释，以便令遵等因到院。

查现行律户绝财产，果无同宗应继之人，所有亲女承受，则户者自系指一家而言，丙、丁如非甲应继之人，并已依法承继于甲，要无将赎产找价作绝之权利，惟应继在最先顺位之人，对于已将满限不得再赎之典产，得为保存行为。相应函复贵厅转饬遵照可也。

此复！

■ 统字第954号

民国八年三月十七日大理院复浙江第二高等审判分厅函

径复者：

准贵分厅快邮江代电称：有甲尼与乙僧争管寺院，经第一审判决，归乙僧住持，甲尼控诉，经地厅判决，归甲尼管理，乙僧以住持争执，第二审应由高厅管辖。今地厅判决，系属管辖错误，为上告理由之一，本厅查民事管辖各节，第二审之规定，均系列举于管理权之讼争，其管辖所属，不无疑义，且乙僧在地厅控诉审审理中，并未抗告，能否以上告声明不服？又甲尼以该寺由个人捐募建筑，系属私有，而乙僧主张为公寺，向由僧人传继住持，此项争执，应认为财产归属于何造之争执？抑得认为住持，应归何造之争执？均属不无疑问，未敢臆断，案悬以待，用特快邮代电，呈请迅为解释等因到院。

查争管寺院（非仅限于管理特定部分之财产），如系根据惯例，争其孰合于为该寺住持之身份，自应归地方管辖。又事物管辖之合意管辖，既经废止，自不能以乙僧在控告审未经主张（来文抗告，恐有误会），即不许以管辖错误为上告理由。又甲尼对乙僧既主张寺院，由其个人筹捐所建，即系请求确认该寺应由彼住持，仍系争为住持之诉讼。相应函复贵分厅查照办理可也。

此复！

■ 统字第955号

民国八年三月十七日大理院复总检察厅函

径复者：

准贵厅函开：据山西第一高等检察分厅呈称，"查大理院统字第五百四十六号解释，以烟土作聘礼，既非贩卖，亦非意图贩卖而收藏，与《刑律》第二百六十六条之条件不符等语。今有某甲以田产典与某乙，言明典价银二十二两，某乙仅交银十两零二钱，其余不足之数，以烟土六钱三分，交与某甲作抵，某甲不愿收受，以致涉讼。似此情形，某乙明系以烟土为金钱代替物，双方又无买卖之合意，但其中含有一定价额，究非纯然开单列为礼物可比，应否成立《刑律》第二百六十六条之罪？不无疑义，事关法律解释，理合呈请鉴核转院解释示遵"等情到厅。案关法律疑义，相应函请解释示复等因到院。

本院查《刑律》第二百六十六条所称贩卖，与民法上买卖之意义不同，凡意图交付鸦片，获得可计算价额之利益者，其行为均得谓之贩卖。某乙典得田产，图以烟土抵典价，自与用作聘礼而不能计算其所得金钱之利益者，不可同语，仍得依据该条处断。相应函复贵厅转饬查照。

此复！

■ **统字第956号**

民国八年三月十七日大理院复总检察厅函

径复者：

准贵厅函开：据山西第一高等检察分厅呈称，案据安邑县知事呈称，"今有某甲因案上诉，无钱书写状字，携带烟土三钱余，意欲给写状书记，作为报酬，行至路途，被警查获，转送到县。窃查《新刑律》第二百六十六条，及二百七十一条所载，系以贩卖或吸食为构成各本条犯罪之要件。兹某甲所携烟土，既非吸食，又非贩卖，固于第二百七十一条不合，即于第二百六十六条所定情形，似亦未甚允洽。复思当兹烟禁森严之际，若任其逍遥法外，是又背乎法律之精义，况查某甲虽无吸食及贩卖情事，而用为写状之报酬品，既据供称不讳，则是以烟土为金钱之代用，已彰明而较著矣，应否从广义解释，科以《刑律》第二百六十六条之罪？理合备文呈请解释示遵"等情到厅，事关法律解释，理合据情呈请转院解释令遵等因前来。相应函请核办示复，以便转行遵照等因到院。

本院查《刑律》第二百六十六条所称贩卖之意义，业经函复在案，劳力如何可以金钱计算价额？其意图用烟土为劳力之报酬，以抵资费者，仍得依该条酌量处断。相应函复贵厅转饬查照。

此复！

■ **统字第957号**

民国八年三月十八日大理院复总检察厅函

径复者：

准贵厅函开：据江苏高等检察厅电称，"今有某甲，前犯甲、乙两罪俱发，业经判决确定，嗣发觉余罪，依大理院统字第二七七号解释，应将前判之刑，与后判之刑，依《刑律》第二十四条，更定其刑，毋庸再用决定。惟更定之刑，是否指前判所定合并执行之刑与后判之刑，依俱发罪例更定其刑？抑系指前判甲、乙两罪，各别所处之刑，与后判之刑，依俱发罪例，更定其刑？事关法律疑义，请转院解释示遵"等情到厅。相应据情函请核办示复，以便转饬遵循等因到院。

本院查先发之甲、乙两罪已经审判确定，覆审判后发余罪更定其刑者，只应就前判所定合并执行之刑与后判之刑，依第二十三条之例，更定应执行之刑。相应函复贵厅转饬查照。

此复！

■ 统字第 958 号

民国八年三月十八日大理院复安徽高等审判厅函

径复者：

准贵厅函开：据蒙城县知事呈称，今有甲起诉乙，因甲女丙语言触犯乙，致被乙掌击，女丙气愤，服毒身死。庭讯时，甲、乙均未供有强奸女丙之事。判决确定后，甲之妻丁，忽称伊女丙，系被乙强奸，以致羞愤自尽，前次甲因颜面攸关，未提奸情，状请再审等语。究竟应否再审？呈请鉴核指令，俾有遵循等情到厅。查来呈所称情形，核与法定再审条件不合，惟应否认为另一告诉，由该县以职权受理，为第一审之审判，不无疑义。相应函请查核，迅予解释示遵等因到院。

本院查甲前诉乙掌击伊女丙，致丙气愤服毒身死，既未提及强奸事实，县署又未发现其行为，则强奸部分，显未经前审审判，自可另案诉理。相应函复贵厅转饬查照。

此复！

■ 统字第 959 号

民国八年三月十九日大理院复浙江第二高等审判分厅函

径复者：

准贵分厅代电称：兹有甲与乙在酒店同桌吃酒，因事争吵，甲掷碗欲伤乙，而误伤近旁（距丈余）另桌吃酒之事外人丙，甲之致伤丙，应科何罪？因生三说：（子）说依近年即民国六年贵院统字第六八五号解释，本案甲致伤丙，只应以过失伤害罪论；（丑）说依贵院三年统字第一一七号解释，本案甲致伤丙，仍应以故意伤害罪论。统字第六八五号丙男行为与乙孩结果中间，已介有甲妇动作，况系碰伤，并非丙男掌甲妇而误掌乙孩致伤，与本案情形不同；（寅）说甲妇之动作，无犯意亦无过失，为无责任行为，与丙男直接误伤乙孩无异，且乙孩之所以碰，实出于丙男伤害人之行为所致，于因果关系，亦觉无甚影响，参考五年统字第四三一号解释，乙、丙、丁、戊在屋环坐，甲用枪向乙施放，中伤乙、丙、丁、戊，甲之致伤，丙、丁、戊尚须问有无预见，益似结果发生，于犯罪人所预期以外之人，只应以有无过失论断。综上以观，丑说觉为近是，而寅说亦尚有理，究以何说为当？未敢臆断，案悬以待，用特快邮代电呈请迅予解释，实为公便等因到院。

查甲掷碗欲伤乙，而误伤丙，自系打击错误，参照本院统字第六八五号、第四三一号解释，甲对于乙本为伤害未遂，但《新刑律》无此规定，应不为罪，若系杀人，则应成立杀人未遂罪。对于丙既无预见，自不能谓其亦有伤害丙之故意，惟应分别有无过失，断定其应否论过失致伤。相应函请贵分厅查照！

此致！

■ 统字第960号

民国八年三月十九日大理院复总检察厅函

径复者：

准贵厅第一三八号函开：据上海地方检察厅电称，"浙江塘工有奖义券，是否有价证券？伪造者是否犯罪行为？请转院解释电示等情到厅，相应据情函请贵院核办示复，以便转饬遵循"等因到院。

本院查酿集财物，以抽签使人侥幸得利者，谓之彩票，有彩票性质之证券，苟非以慈善公益为目的，经呈奉大总统令准发行者，本为《刑律》所禁止，不得以有价证券论。虽经伪造，除具备他种犯罪条件又当别论外，自不成立《刑律》第二百四十二条之罪。相应函复贵厅转饬查照。

此致！

■ 统字第961号

民国八年三月十九日大理院复甘肃第一高等审判分厅电

甘肃第一高等审判分厅：

代电悉！甲、乙、丙自系《惩治盗匪法》第三条第一款共犯，惟丙之略诱，甲、乙如亦有犯意，仍系共犯，均得照《刑律补充条例》第十条处断。又丙略诱如并行奸，应查明强和及奸意起在当时，抑事后，分别依《刑律》第二十三条、第二十六条处断，并应查甲、乙有无帮助。

大理院皓印

附：甘肃第一高等审判分厅原函

径复者：

案据正宁县知事呈称，为呈请解释事，案据甲、乙、丙预知丁携眷搬家，带有纹银、烟土等物，于某日经过某处，约同在途行劫。至期甲、乙、丙各执刀棍，先到某处等候，丁果携眷由某处经过，甲、乙、丙一齐上前拦捉，甲擒住丁之妇人，丙由丁之背后用木棍将丁打倒在地，乙用刀刺丁咽喉身死，搜出纹银一百两，烟土一十八两，甲、乙拿去远扬，丙占丁妻为己妻，子为己子。丙现缉获，供认不讳，由前而论，丙犯《刑律》第二十九条共犯罪，由后而论，丙又犯第二十三条俱发罪，但强盗占人妻子，尚无明文规定，惟第三百七十四条第四项，于盗所强奸妇女者，是否照依该条第四项执行？案悬待结，伏乞解释示遵等情。据此，查甲、乙、丙在途行劫，甲擒丁之妇人，丙殴丁，乙杀丁，甲、乙、丙三人，均犯《刑律》第三百七十四条之罪，应依《盗匪法》第三条第一款处断。丁之妇人，由甲擒住，既在盗所，甲、乙、丙三人又共犯三百四十九条之罪，如情节重大，应依《补充条例》第十条处断。事后丙占丁妻为己妻，子为己子，若有强奸和奸情形，丙又犯奸非罪，应依各本条处断，是否有当？理合以邮代电，函请钧院迅赐解释，以便转行遵照。

此致！

■ 统字第 962 号

民国八年三月十九日大理院复总检察厅函

径复者：

准贵厅函开：案据江苏高等检察厅快邮代电称，兹据崇明县知事电称，"窃查四年十二月，内务部通行警察犯罪，适用《陆军刑事条例》各条，系属列举主义，如水上警察有犯刑法所揭之罪，是否归入通常司法机关管辖？尚无明文规定。属县现有民人诉水上警察案件，亟待解决，理合电请解释示遵，实为公便等情"到厅。案关法律解释，职厅未敢擅拟，理合电请迅赐转院解释示遵等情到厅，相应据情送请贵院迅予解释示复，以便转饬遵照等因到院。

本院查警察犯罪，统应查照本年二月七日内务部呈准改照《陆军刑事条例》，暨《陆军审判条例》，适用呈文（见二月二十三日政府公报）分别是否普通犯罪，即是否该当，其所引各条办理。水上警察，既系警察，亦应准用。若所犯系普通犯罪，自应仍归普通司法衙门审判。相应函复贵厅转饬查照。

此复！

■ 统字第 963 号

民国八年三月二十一日大理院复绥远都统署审判处电

绥远都统署审判处：

四号函悉！商会长擅将封闭钱号图章等物，携存商会，虽或事出越权，尚无律条可科，其将该号未到期空买银数结销，如无帮助赌博故意，又无《刑律》第三八三条情形，亦难论罪。

大理院马印

附：绥远都统署审判处原函

径启者：

兹有甲钱号执事，因有多人持本号凭帖拥挤兑现，不能开付潜逃。县商会长报由县署，将该号门封闭，号伙拘押县署，并自将该号图章账簿及钱帖携存商会。又该甲钱号有空买银数万两，尚未到期，商会长于该号倒闭后，在会公决，将该号空买银数，按时价结销，致令亏赔甚钜。查甲商号既由县署封闭，所有图章账簿钱帖，自应封存该号，以待解决，商会长竟私行携去，至买空卖空，系属不法行为，当然无效。商会长不为报县依法办理，乃又代为结销，以助成其犯罪行为，二者均应构成何罪？抑不为罪？悬案待决，理合函请钧院迅赐电示为盼。

此致大理院！

■ 统字第 964 号

民国八年三月二十二日大理院复总检察厅函

径复者：

准贵厅函开：据奉天高等检察厅呈称，案据安东地方检察厅呈称，"自有商租条约以来，各地奸民，假托此名，盗卖国土，有假地主名义，盗卖于外人者，有与外人勾串，专为地之媒介转嫁牟利者，损失国土，侵害权利，每有一案，纠葛纷起，甚堪痛恨。今又有一案，其触犯法条，稍有疑义，合请解释，俾便遵办。例如甲、乙、丙等，将丁所有之土地，假丁名义，伪造卖契，盗卖于戊，其戊实为外国人顶名，以己之名义，盗卖丁地，即转卖于外国人，在甲等明知戊之暗中有外国人而故卖之，在戊明知甲等为盗卖而故买之，则甲等是否构成诈欺取财罪？抑为窃盗罪？戊是否构成故买赃物罪？其转卖又构成何罪？若仅就甲等以他人所有物，伪造卖契，盗卖于人之行为观之，似应成为诈财罪，然戊实明知其为盗卖，而有故买赃物之嫌，非受诈欺之被害人，若科甲等以诈财罪，则必返还该项地价，不啻奖励为盗卖国土媒介之戊矣？更就甲等侵害丁之财产观之，实属窃盗行为，似应以窃盗论罪，然窃盗罪之物体，一般学者多解释为所持物可动物（如日本三冈万之助《刑法原理》，泉二新熊《日本刑法论》，大场茂马《刑法论》等书），其对于不动产而成窃盗罪者，如盗掘土块、盗伐树木等行为，究与土地有别，顾刑法上之所有物，并未区别动产不动产，其移转他人所持之行为，与移转他人权利之行为，皆可构成窃盗罪，如日本牧野英一即主此说。前清现行律，盗卖田宅，亦有治罪之条，今以伪契盗卖，是否可解为移转他人权利之行为，而科以窃盗罪？其盗买之戊，即科以故买赃物罪，其盗买而后转卖于外人，更成何罪？理合呈请转请大理院解释施行"等情。据此，除指令外，理合据情呈请鉴核转院解释示遵等因到厅，相应函请核办示复等因到院。

查甲、乙、丙将丁土地，假丁名义，伪造卖契，盗卖于戊，戊又明知其盗卖而故买之，则甲、乙、丙之盗卖，自不得谓系诈财，应斟酌我国现行土地所有权移转之制，认为构成窃盗罪（参照统字第九四六号解释，及上字第一八一号判例），与行使伪造私文书之罪，从一重处断。戊既系知情故买，应成立故买赃物罪。至戊买得后转卖于人，因后之转卖行为，为前之故买行为所吸收，仅得论以行使伪造私文书之罪。又转买者如亦知情，论律亦可依故买赃物之罪处断。相应函复贵厅转饬查照。

此复！

■ 统字第 965 号

民国八年三月二十二日大理院复总检察厅函

径复者：

准贵厅第九一号公函内开，据安徽高等检察厅呈称，案据芜湖地方检察厅呈称，"今有某甲犯吸食鸦片烟罪，第一审处罚金五元，褫夺公权全部一年，检察官不服判决，声明上诉。经控诉审撤销原判，另行判决，事实内仅载仍如本厅简易庭第一审认定之事实，兹采用之各字样，并未重叙事实。此种判决，究竟是否违法，主张不一。甲说谓，本案某甲之犯罪，为吸食鸦片烟，控诉审认定之事实，既与第一审相同，而事实又声明采用第一审认定之事实，则已表示认定之事实，已载于第一审判词之内，且已经公开审理，与并未经审查事实者不同。虽《各级审判厅试办章程》第三十八条规定，刑事判词定式，第二款须具犯罪之事实。本案判词，既有事实一栏，虽叙事简单，却不能谓为定式不备。纵大理院判例有控告审审理案件，其认定事实，若全以第一审之事实为准，并未依法重加认定，实与《试办章程》第三十八条第二款不合，应将原判撤销发还更审之语，亦指控告审全未认定事实者而言。与本案情形不同，虽未将事实原本叙出，近于疏忽，谓为事实不完备则可，谓为判决违法则不可；乙说谓，控告审有审查法律事实之权，从第一审认定事实，并无错误。控告审于审理终结后，仍应重加认定，不得据第一审之事实为控告审之事实，此就大理院前列判例，可以推定。所谓重加认定者，详言之，即将犯罪事实重新叙述之谓也。既须重新叙述，乃仅以采用第一审事实数字了之，虽判词列有事实一栏，与未列事实者何异。即如甲说之所主张，谓为已表示事实，载于第一审判词之内，亦只能谓为事实载在第一审判词，不能谓该判词已经载明事实。盖以既载明援用第一审判词欲查本案事实，势必翻阅第一审判词，始可了然，否则亦须将第一审事实，附载于后。况该判词为撤销原判之判决，尤未便以援用数字为认定事实之表明，虽曾公开审理不明，谓非审查事实。既未重叙事实，依照《试办章程》第三十八条之规定，又有大理院前列判例，自不得不认为违法。即就甲说所主张，谓为事实不备，事实既属不备，又安得指为与重加认定事实者相同，自不得不认为违法。二说各持一理，究以何说为是？此应请解释者一。又如同前例，申明上告时，取甲说则应为上告驳回之判决，若取乙说，上告审为上告驳回之判决，应以何法救济？此应请解释者二。又如某甲同时在相距里余之子、丑两地，开设馆舍，供人吸食鸦片烟，应成立一个罪名，抑成立两个罪名，亦分甲、乙两说：甲说谓，开设馆舍供人吸食鸦片罪，被害者乃社会国家。甲虽开设烟馆两处，被害者同一社会国家，法益只有一个，与同时被人殴成两伤之例相同，只能以一罪论；乙说谓，鸦片烟罪，虽与妨害社会公安秩序风俗信用各罪，依类排列，实因其有碍社会安全状态，故学者谓为害社会之法益，并非以社会为法益，亦非谓社会之法益只有一个，如人之身体生命惟一不可分也。盖开设鸦片烟馆之罪，只能以行为计算，不能以法益为断。甲既在相距里余两处地方，开设两个鸦片烟馆，不但有两个犯罪行为，抑且有两个犯意。即如甲说认为同一法益，既有两个犯行，则其犯意之是否连续，亦须认定。例如犯人于初一初二两日，先后窃取同一失主衣服，被害人与法益均只一个，然亦必犯人犯意连续，始得以一罪论，否则即须以二罪俱发论。甲之继续开设烟馆，犯意固属连续，惟其开设两处烟馆之犯意则并不得谓之连续。况《刑律》规定，对于侵害社会法益之罪，不一而足，如骚扰，如放火决水，如赌博，如伪造等罪，未有不以行为之个数，为数罪与否之标准者。若不问其行为之多寡，而仅以法益为准，则狡猾之犯人，难免不有以自身既已犯罪，正不妨多开数个烟馆，庶可多得利益之妄想。则不但与犯罪以行为犯意为标准之法理不合，且与刑事政策相背，自应以二罪俱发论。二说各执，究以何说为是？此应请解释者三。某甲犯略诱营利罪，控诉审谓其犯罪委系迫于境遇，被人引诱，且历供犯罪情形，毫无狡饰，认其犯性尚非甚强，核与《刑律》第六十三条缓刑条件相符，宣告缓刑。某甲之有无一定职业及亲属故旧，监督缓刑期内品行各节，则均未审查，究竟犯性尚非甚强，可否认为与缓刑条件相符？《刑律》第六十三条所列各款，应否宣告缓刑之审判衙门，事先审查，抑可无须审查？此应请解释者四。以上各种疑点，亟待解决，理合呈请转呈总检察厅函送大理院解释，指令示遵"等情前来，理合具文呈请转院解释指令下厅，以便转令遵照等因到厅。事关法律疑义，相应函请核办示复等因到院。

查第一问，判决形式，虽嫌未备，然既经依法审理，并声明认定如第一审判认之事实，又有合法证凭者，仍应认为已有合法之认定事实。本院判例，关于此点，系指并未依法审理认定，率依第一审判认之事实者而言。故遇控告审判决有此种情形者，只应审究其是否曾经审理事实，并是否依法审理，及其认定。如第一审判认相同之事实，是否得谓合法，即有无合法根据，要不能仅以其未重行叙述，遽认为违法，予以撤销，发还更审也。惟为完备起见，应由各厅处长官令饬各审判官，嗣后制作判词，务须注意，如有故违，自得依行政方法纠绳。第二问，上告审判决，无论是否违法，除依法再审后提起非常上告外，无法救济。第三问，开设馆舍供人吸食鸦片烟，本为吸食鸦片烟之帮助行为。惟《刑律》第二百六十九条，既定作独立罪名，且其刑较第二百七十一条为重，可知该条纯为保证社会法益而设。故同时在甲、乙两地开设馆舍，供人吸烟，与同时在甲、乙两地栽种罂粟，情形相同，应认为一罪酌量科刑。第四问，《刑律》第六十三条第一款、第二款之要件，无论何人，不能兼备。故从论理解释，应限于具有该条第一款或第二款之一要件，及第三款、第四款两要件，而受四等以下有期徒刑或拘役之宣告者，方可宣告缓刑。若事实审衙门，将不合此要件者宣告缓刑，或不审查其事实之合于此要件与否，而遽宣告缓刑，均属违法。（第五问另行函复）。以上各节，相应函请贵厅转饬查照。

此致！

统字第966号

民国八年三月二十四日大理院复总检察厅函

径复者：

准贵厅第九一号函开：据安徽高等检察厅呈称，据芜湖地方检察厅呈称，"有某甲生子乙、丙，乙出继与人，未成家而殇。甲死后其妻丁携丙（时年三岁）再醮与戊，由戊改从伊家姓名，娶妻成家，并无立为嗣子书据，戊死数年后，丙亦死亡，丙死之时，适值甲族收谱，丙亦收入，并出谱费，丙死年余，丁因丙无出，痛甲乏嗣，与甲之侄孙已庚，凭中立约，以庚嗣丙，以继甲胤，并言明丙所有之物，自己死后，均归庚有。逾年丁死，庚欲照约承继，戊之族侄孙辛与女婿壬主张物为戊有，丙为戊子，辛应继丙，互相涉讼，究竟庚应继丙？抑应辛继丙？学说不一：甲说谓，庚不应继丙，而其所持之理由有二：（一）丙年三岁归戊扶养，舍甲姓而从戊姓，依戊姓伦序取名，由戊为之娶亲，戊又未另立嗣子，且以父子相称，则丙、戊间父子关系，业经成立，虽无正式继书，依大理院民国三年第八四七号判例，继书并非承继成立之要件，自不得执此一端，遽认已成立父子关系为无效；

（二）丙、戊既成立父子关系，自应解决丙之有无归宗，为本案判决之标准。甲族宗谱，虽列丙名，谱之成立，在丙死后，虽修谱开始，适当丙死之年，既无丙自请入谱之凭证，丙死以后，门牌犹载戊所命之姓名，丙死时甲族又无亲房到场，是谱牒所载，显系甲族希图遗产，捏名擅列，绝非戊之本意可知，自不得执此为归宗之凭证。虽丁与己庚立、有继丙之约，该约成立，于丙死年余以后，无得丙同意之可言，丁又非丙守志之妇，亦无代丙立继之权，即有此权，丙既并未归宗，丙、戊间身份之关系，尚未消灭，焉得以甲族异姓之人，立为戊族后嗣？其契约当然无效。况大理院三年上字第一二三六号判例，有异姓乱宗，惟同宗而与承继权有关系之人，始有告争之权之判例。统字第八百一十四号，异姓子为嗣，历久未经告争权人主张无效身份，即不消灭之解释，应以辛继丙，自无庚继丙为嗣子之理；乙说谓，庚应继丙，而其主张之理由有三：（一）丙既随母下堂，戊为丙之义父，父子亲呼，亦固宜然，虽丙到戊家后，改从父族姓名，戊又为之娶妻，查芜湖习惯，随母下堂之人，并未承继义父，改从义父姓名者甚多，焉得执此为父子关系成立之根据？况并无承继书据，戊族又无宗谱可证，依芜湖习惯，谓丙有从戊姓之事实则可，谓父子关系成立则不可，大理院八四七号之判例，盖指同宗承继，业经成立者而言，并非谓异姓乱宗，均可无庸继书也；（二）异姓乱宗，为现行法所禁止，其行为当然无效，大理院二年六四号判例，虽在三年一二三六号判例之先。然一指告争权，一指承继效力，二者实不相蒙，即认丙、戊父子关系业经成立，法律上当然无效之行为，自应由审判衙门径为宣告。况出继嗣子，因不忍自绝父后，情愿归宗，现行法规定甚宽，法律对于本宗继子还宗既宽以顺人情，甲亡无子，竟因其子随母下堂，改从异姓姓名之故，即谓其出继异姓，不认为甲子，任其本宗绝嗣，焉有如此情理？况甲族收谱，将丙收入谱内，丙于本宗自幼所命之名，尚未废弃，不但可以证其业已还宗，更可证其并未继戊为子，否则丙于老家，相隔十余里，谱局中人，何以能知丙之所在？若谓其争产擅登，收谱之人，既非己、庚兄弟，断无不惮烦劳之理，焉得以毫无根据之事，妄行揣度？（三）丁虽非丙守志之妇，实为戊守志之妇，为丙立继，固无此权，为戊立继，则除丁以外，别无他人。丙果为戊继子，何以不从戊族，择立继子，竟与甲族立约为丙择继，以承甲祀，可见丙之改从戊族姓名，不过习惯上顺从继父之举，并非果有承继事实，即谓丙、戊间父子关系业经成立，亦可以丁之立约为丙妇宗之证据。况并无父子关系成立之可言，庚之继丙，自应认为有效，焉得以异姓之辛继丙为嗣？二说均各言之成理，究以何说为是？此应请解释者五。以上疑点，亟待解决，理合呈请转呈总检察厅函送大理院解释"等情前来，理合具文呈请转院解释指令，以便转令遵照等因到厅，事关法律疑义，应函请核办示复等因到院。

查丙对于戊，如可认为确经入继，具有证凭可资考按，则虽未立书据，亦应有效。且纵因异姓等理由，不能谓为承继合法，然迨其终身并无发生争执，自应认其承继关系，业已确定，则丙若非生前有表示归宗意思之事实，其后嗣即应由戊族昭穆相当顺位在先之人，依法承继。丁为丙之尊亲属，得丙守志之妇之情愿，固亦可以立继，惟戊姓应继之人，要得出而告争，请求确认立继无效，然若告争之人及其子孙系属无权，则不问庚之入继，是否合法，应归告争者败诉。反是若丙之于戊，仅系养子关系，绝无可以证明入嗣之证据，则丙之子嗣，不必即为戊之后嗣。如欲为戊之后嗣，自非有为戊嗣之应继资格不得告争，惟即令有权告争，而义子得酌分财产，亦不能即得承受戊之遗产之全部。若既非继子，又非养子，则庚之承继，固自不成问题，而已归丙有之财产，亦自应由其承受。至原文涉及证据说明之处，轶出解释范围，碍难解答，相应复请贵厅转令查照可也。

此致！

■ 统字第 967 号

民国八年四月二日大理院复贵州高等审判厅电

贵州高等审判厅：

有电悉！有权官吏，因图得匪徒财物，不依法定程序，或故入杀匪，抄财入己，应依强盗杀人罪处断。若先系不法杀人，后始起意抄财入己，自应以杀人强盗俱发论。其于不法杀人抄财后起意入己者，则应按照杀人侵占俱发科处。

大理院冬印

附：贵州高等审判厅原电

大理院钧鉴：

平密，设有官吏探知已准投诚之匪，饶有财物，藉故杀匪，抄财入己，是否成立强盗杀人，依《盗匪法》第三条第二款处断？抑或依《刑律》杀人强盗俱发从第二十六条处断？乞电示遵。

黔高审厅印有

■ 统字第 968 号

民国八年四月二日大理院复湖南高等审判厅电

湖南高等审判厅：

庚代电悉！伪造或行使伪造私文书，须他人因而受害或确有受害之虞，方得论罪，若与他人权利义务无关，自不得援照该条科处。

大理院冬印

附：湖南高等审判厅原电

北京大理院鉴：

据益阳县知事周壬呈称，兹有张甲在祖遗地基上，建筑房屋，李乙当以张甲该处地基，曾经伊先人捐归公有，提起诉讼。张甲因该地契据遗失，恐致败诉，爰伪造该地契据一纸，案经三审终结，该地判归张甲建屋，李乙复以张甲伪造契据告诉。查伪造契据，按照大理院四年六月复总检察厅统字第二八零号解释，自应依《刑律》第二百四十三条之伪造私文书论罪，毫无疑问，惟伪造私文书图样之构成犯罪，查照该条条文，系以足以证明他人权利义务之事实为要素。兹该处地基，既系张甲祖遗私业，张甲虽伪造该地契据，对于他人权利义务，并无足以证明之关系，实际上无被害之人，自无处罚之理，似与该条要素不合，不能成立该条之罪。究竟伪造自己所有祖遗产业之契据，是否亦成立该条罪名？关系法律解释，既滋疑义，未敢臆断，理合呈请查核俯赐转请解释，悬案待决，望速施行等情。据此，相应电请贵院迅予解释见复为盼。

湖南高审厅叩庚

■ 统字第 969 号

民国八年四月二日大理院复总检察厅函

径启者：

准贵厅函开：上告案件，经终审衙门认定控诉逾期，第二审受理错误，因以判决将原判撤销，维持第一审判决之效力，当事人于判决后，能否声明障碍理由请求回复原状？事关法律解释，相应函请查核见复等因到院。

本院查上告审认定控告逾期，将控告审原判撤销之件，若有确据足证明其控告逾限之原因，并非出于当事人之过失者，自得参酌现行民事诉讼法则，准其另件向原控告审衙门声请回复原状（即回复已丧失之控告权）。原控告审应调查有无回复理由，如无理由，径以决定驳斥，若有理由，该项控告，并别无不合法者，即应另行控告审审判。相应函复贵厅查照。

此复！

■ 统字第 970 号

民国八年四月二日大理院复京师高等审判厅函

径复者：

准贵厅函开：案据香河县知事呈称，"窃查《妨害内债信用惩罚令》第一条内载，届期付息还本，经理人有意迁延或不付者，处以一年半以下有期徒刑，二百元以下之罚金等语，是否徒刑与罚金并处？抑应单独处以徒刑，或罚金？解释不无疑义，审判恐涉错误，拟合呈请钧厅鉴核，迅赐解释示遵"等情。事关解释法令，相应函请俯赐解释，以便转令只遵等因到院。

本院查《妨害内债信用惩罚令》各条所定徒刑罚金，既无并科明文，自应认为选择刑，得衡情选科其一。相应函复贵厅转饬查照。

此复！

■ 统字第 971 号

民国八年四月十日大理院复京师高等审判厅函

径复者：

准贵厅第二六号函开：据永清县知事李树班快邮代电称，"查继续有效现行律，嫡子违法律中，有支属内实无昭穆相当可为其子立后之人，而其父又别无子者，应为其父立继，待生孙以嗣应为立后之子各等语，所有'支属'二字，以何为范围？颇滋疑义，遂有二说：甲说谓，习惯上所称为'支'者，系指一族内之分支而言，例如某族之始祖，生有甲、乙、丙三人，其后远孙遂称甲为长支，乙为次支，丙为三支。律中所称为'支属'者，应以甲支、乙支、丙支各为范围；乙说谓，习惯上所称'某支'者，本难作为确定标准，例如甲又生子，戊、丁则又以戊为长支，丁为次支矣，况律文所定立继之顺序，苟服制内无昭穆相当可承继之人，并许择立远房及同姓为嗣，故支属应将同宗远房包括在内，否则许立远房等文成为虚设。以上二说，究以何说为当？县署设有继案发生，是项法例，亟待援用，应恳俯赐转请解释示遵"等情到厅。相应转请迅赐解释函复，以便转令遵照等因到院。

查"支属"二字，不限于五服以内，本院早有判例，附送判词一份（七年上字一零八一号），相应函请贵厅转饬遵照可也。

此复！

■ **统字第 972 号**

民国八年四月十二日大理院复绥远都统署审判处电

绥远审判处：

皓电悉！没收私盐及其余各物，应分别按照六年十二月十日公报登财政部呈准办法，并三年四月司法部《没收物品处分规则》办理。

大理院文印

附：绥远都统署审判处原电

大理院钧鉴：

县署依《私盐治罪法》第九条没收之驮运私盐马匹，其变价，应归司法收入？抑归盐务收入？现属县有此项争执案件，亟待解决，乞速示遵。

绥远审判处皓

■ **统字第 973 号**

民国八年四月十五日大理院复广西高等审判厅函

径复者：

准贵厅审字八号函开：查贵院统字第九零零号解释开，查《县知事兼理诉讼章程》，关于受理邻县上诉之程序，虽无明文规定，但该章程原为县知事兼理诉讼而设，故程序力趋简易，上诉既尚系诉讼程序，解释上自无不许其准用之理，惟县知事为郑重起见，以送达为判决之宣示，亦不能认为无效，关于此点，县知事为第一审裁判时亦同等语，详绎贵院此项解释，似指当事人已知该邻县上诉机关牌示判决之旨者而言。盖当事人既知判决之旨，则与曾受送达者同，故为邻县上诉机关谋程序简易起见，解为该邻县上诉机关之裁判送达方法，准用第一审《县知事兼理诉讼章程》之牌示判决程序，兹有疑问者，邻县上诉机关，仅有牌示而无送达其牌示为当事人所不知，又邻县上诉机关，先经牌示后复送达，其牌示为当事人所不知，当事人仅依据送达而提起上告前之场合，则当事人完全不知有判决事实，无从提起上告后之场合，当事人提起上告，自送达之翌日起算，则未逾期，自牌示之翌日起算，则已逾上诉期间，于此二场合，该邻县上诉机关，均以牌示之翌日为上诉期间起算点，谓各该案均已确定，而当事人则均谓邻县上诉机关，无牌示判决明文，该当事人故不守候牌示回籍听候送达，何能以无法律规定之牌示判决，而责该当事人以遵从等语，提出抗辩。按该当事人等之主张，似不能谓为全无理由，盖因邻县上诉机关，无牌示判决之明文，当事人一闻宣告辩论终结，即行回籍，听候送达者，为事实上所常有。若法律无明文，又为当事人所不知之牌示判决，概以之起算上诉期间，则有使当事人不知判决，而空过上诉期间之弊。案关法律争议，本厅现有此种案件，相应函请贵院迅赐将邻县上诉机关，仅有牌示而无送达，其牌示为当事人所不知之场合，是否以未经送达论，不生上诉期间起算之效力？又先经牌示，后复送达，其牌示为当事人所不知之场合，是否以当事人接受送达之翌日，为上诉期间起算点？分别解释，俾有率循等因到院。

　　本院查县知事民事判决，因牌示发生效力，故于送达副本之外，又有牌示者，仍应以牌示为准。惟所谓牌示，并非漫无限制，必县知事或承审员明知当事人或其代诉人在衙门所在地居住，可以知悉牌示者，其牌示始为有效。若依可信之理由，足知当事人、代诉人已不在该地时，自非以其得知悉之方法，为裁判之谕知，不得发生效力。故在对席裁判，并未经当事人、代诉人声明，或由该衙门嘱令在当地听判（关于此点须有证明）者，自可推定其不在该地候判，应即查明果否他适，若已他适，并未留有听判人时，即依据卷件所载住址送达判词，在缺席裁判，本应经合法送达传票始得为之。若当事人、代诉人经收受传票，即已他适者，除查据卷件得知其所在处所，仍应送达判词外，自可以牌示谕知裁判。总之该章程立法之意，本在便民，断不能使人民反感不便，似此解释，实与立法精意相符。兹准函称各节，县知事诉讼无论其为第一审或第二审，若照前开解释，自无流弊。相应函复查照可也。

　　此复！

■ 统字第 974 号

民国八年四月十五日大理院复浙江高等审判厅函

径复者：

　　准贵厅一二九号函开：据新昌县知事金城呈称，"查《不动产执行规则》第六条第一项，第三人对于强制执行之不动产，以所有权为限，得向执行审判厅对债权人起诉，主张异议。又第二项，前项之诉，审判未确定前，审判厅得酌量情形，停止查封拍卖管理或限制之等语。寻绎该条文义，第三人主张所有权异议之诉讼，似当于查封公告拍卖之期内为之，且必对于债权人为之，方为合法。盖不动产之执行，系据债权人之调查申请官厅，因而为查封公告拍卖移转之种种手续，如第三人有利害关系，自应于此期内起诉，请求审判，则官厅即可停止执行以为纠正。若待执行完毕之后，始生异议，则产已易主，何从救济？现在执行案件，往往第三人于执行完毕，迟至一年或数月之后，始对于债务人主张所有权异议，在债务人之有资力者，尚可令其设法，其无资力者，虽到案质明，于事无济，势必牵涉拍买该产之受主。若该产于拍卖后，又转换受主，则牵涉愈多，受累愈众，而办理亦愈形困难，惟《执行规则》，既无第三人起诉期间之明文规定，亦无拍定移转后不准起诉之明文限制，究竟此种诉讼，应否受理，将原决定取消，更为审判？抑应驳回之处？事关法律疑义，请求解释"等情到厅，相应转函俯赐解释示遵等因到院。

本院查所有权人于其所有物，因他人债案被执行时，虽未经提起执行异议之诉，要无因此遽丧失其所有权之理，自得本于物权追及之原则，向受主之占有人提起返还之诉。如债务人误以他人之产，请求拍卖偿债时，亦得以有故意或过失之侵权行为为理由，向之诉请返还或赔偿损害，但如系与债务人串通诈财，自可另行依法办理。相应函复贵厅转令遵照可也。

此复！

■ 统字第 975 号

民国八年四月二十一日大理院复浙江省议会电

浙江省议会：

电悉！选举议长效力，应查照马微两电办理，检举犯罪与该项选举效力及议决案无关，惟《刑律》妨害选举罪，应以国会及地方议会议员之选举为限。至本院解释，除《法院编制法》三十五条但书情形外，自有拘束效力。

大理院马印

附：浙江省议会原电

大理院鉴：

顷准议员郑凝等函开：去年常会互选副议长时，任议员提出疑义，电请大理院解释，奉马电开，"《省议员选举法》第五章所定选举诉讼，专指选举议员时发生之争执而言，既经成立之省议会，因选举议长、副议长有疑义时，自不得依选举诉讼解决等因，是业经明示省议员选举法之范围，任议员复于养日以该案究依何法解决等词，电请解释。"续奉微电开，"省议会暂行法未规定之事项，应查照第三十六条办理等因，适阮议员性存有请求复检选票之提案，当于十日提交大会讨论，多数议员以根据微电查照本会互选细则九、十两条，认为绝无疑义，无庸复检选票。议长按议事细则付表决，计出席议员八十人，赞成复检选票者仅四人。"是本会遵照微电，适用会内自定各规则，完全自行解决也。刻闻杭地检厅奉总检察厅训令，以该案涉及《刑律》一百五十九条嫌疑，饬令重予吊票侦查。果尔，则此种办法，不但破坏本会议决法案，且显与大理院马微两电抵触，究竟省议会内部互选与普通选举，可否一律适用《刑律》？可疑一；大理院解释法例，是否各级司法机关，可不受拘束？可疑二；省议会自身关系，业经依法表决之案，司法机关可否任意破毁？可疑三。希速电请大理院解释等情，准此。用特转达迅赐电示。

浙江省议会

■ 统字第 976 号

民国八年四月三十日大理院复河南高等审判厅函

径复者：

准贵厅民字九九号函开：据开封律师公会呈称，"顷准本会会员崔律师寅生来函内开，刻因某甲之房契，交某乙保管，乙串出某丙假冒某甲，将房当于某丁，并即时以甲之名义，承赁该房由乙之商号作保取租。旋经甲觉察，向乙理论，乙自知理屈，央出某戊说合，言明如保管之契不能赎回时，情愿以其某处商号作保，立有字据。以上情形，有谓乙之行为，甲既允其立据，另寻担保，应认甲追认乙之当房行为；有谓乙之行为，甲所以允其另寻担保，系由于不信任而立，与追认大有不同，不能认为追认。二说孰为允当，颇滋疑义。寅生现在代理此种案件，急待解释，查大理院有统一解释法律之权，应请会长招集评议员评议此项问题，可否呈请高等厅转呈大理院解释之处，伏希见复为荷等因。本会当于本月十三日开评议会，依司法部《修正律师暂行章程》第三十二条，认为法律议案，共同讨论，当场表决，有呈请转呈解释之必要，除函复崔会员外，理合呈请转呈解释，并附会员崔律师寅生原函一件，伏乞鉴核转呈示遵等因。据此，相应函请解释赐复，以便饬遵"等因到院。

查无权代理，本人对于该代理人表示追认，虽非全然无效，惟追认须有使其行为发生效力之意思，若无此意思，即不能谓为追认。甲允乙立据之情形，究竟如何，系属事实问题，无由悬揣，希即查照上开说明，应用判断。再关于事实疑难，不应请求解释，并请转知，嗣后注意可也。

此复！

统字第 977 号

民国八年五月十日大理院复热河都统署审判处函

径复者：

准贵厅函开：案据承德县知事卢宗吕呈称，"为呈请解释法律事，兹有管狱员某，先后擅准既决犯八人请假回家，因而脱逃，自构成《新刑律》第一百七十一条之便利脱逃罪，察其前后犯意连续，应依同律第二十八条规定之连续犯，以一罪论，抑应依俱发罪处断，于兹有二说焉：（甲说）本案被害主体为国家，该管狱员以同一方法先后便利既决犯八人脱逃，所侵害者为国家一个法益，而犯意复行连续，应以一罪论；（乙说）我国采国家诉追主义，任何罪犯，无不侵害国家，惟侵害有直接间接之分，连续犯直接侵害者为个人之身份、名誉、身体、财产，或国家之仓廪府库，若直接侵害者非个人及国家，而为一般之社会者，则为惯行犯，查惯行犯《新刑律》未有明文规定，而其性质，散见诸分则者，不一而足，如第二百七十七条及第三百零八条之规定是也。惯行犯有一行为不为罪，多数行为方构成罪者，第三百零八条之规定是也，有一行为即成一罪，而多数行为另有专条规定，加重其刑者，第二百七十七条是也。该管狱员先后便利既决犯八人脱逃，使其逍遥法外，混于社会之中，是直接侵害者，确为一般社会，非抽象的一个法益，似应以上述第二种惯行犯论，而《刑律》又无明文规定加重其刑，当然依俱发罪处断。以上二说，不知孰是，本县现有此项案件，急待解决，理合具文呈请鉴核转电大理院迅赐解释示遵，实为公便"等情。据此，相应函请解释见复，以便转令遵行等因到院。

本院查犯《刑律》脱逃罪者，所侵害之法益，既系国家，则犯人如以连续之意思，触犯同一罪名，自应以连续犯论，惟该知事所陈情形，如果确为故纵，自系犯《刑律》第一百七十二条之罪，非第一百七十一条犯罪。相应函复贵处转饬查照。

此复！

■ **统字第 978 号**

民国八年五月十二日大理院复总检察厅函

径复者：

准贵厅函开：据浙江高等检察厅呈称，"案准同级审判厅第六三号公函内开，案据吴与县知事快邮代电称，'今有原判拘役一月之犯，判时无羁押日期，判文中故无折抵之语，该犯已请求抛弃上诉权送监执行。迨执行中呈诉人提起上诉，将该犯解省，羁押至两月有余，因呈诉人两传不到，将上诉撤销，发回第一审照原判执行，于此有三说焉：甲说，案经上诉，原判固应至撤销上诉状而确定，原判文中，既未载明将羁押日期准予折抵，即应以上诉衙门决定之日，为该犯执行起算之期；乙说，原判虽因上诉而未确定，但上诉结果，既系撤销诉状，即回复第一审执行之原状，除应除该犯后之解省羁押日期外，只应补足从前已执行之日数；丙说，原判既因上诉而未确定，不得将从前执行日期为有效，惟羁押日期，照判例总应作抵，况原判时因无羁押日期，故未记明折抵，尤应准予照算抵销，以免该犯受法外之羁滥。三说孰是，查无成例可援，谨代电请示，悬案待办，切恳迅赐指遵'等情前来。查该县所述各节，乃关于刑之执行，应由贵厅核办，不属本厅职权范围，据电前情，除指令外，相应函请贵厅查照，希即指令该县只遵可也等因。准此，查该县所述各节，究以何说为是，因无成例可援，未便遽断，理合备文呈请鉴核示遵等情到厅，事关法律疑义，相应函请解释见复，以便转饬遵照"等因到院。

本院查《刑律》第七十九条载明刑期自审判确定之日起算。所称情形，被告人虽在上诉期间内舍弃上诉权，而《县知事审理诉讼暂行章程》，既许原告诉人对于县判得呈诉不服，自非原告诉人亦已声明不呈诉，或经过上诉期间，并无不服者，不得谓为审判确定，即其执行不得谓为合法。况原告诉人呈诉不服后，纵经控诉审依据《各级审判厅试办章程》第七十六条撤销上诉，尚应认为缺席裁判，亦须经过一定期间方能确定，其刑期仍应自此项裁判确定之日起算。至被告人未决期内羁押日数可否准予折抵，应由审判衙门于裁判时，参酌所犯情节为之量定，执行衙门，不得率准抵销。相应函复贵厅转饬遵照。

此复！

■ **统字第 979 号**

民国八年五月十二日大理院复陕西高等审判厅函

径复者：

准贵厅函开：查《刑律》第一百八十二条之罪，系以意图他人受刑事处分、惩戒处分而为虚伪之告诉、告发、报告，为成立犯罪之要件。又贵院统字第五百五十一号复安徽高等审判厅函，解释诬告以原函第三说为是。查该原函第三说，谓无论虚构何种事实，欲使人受何种处分，总须申告于有管辖权之官吏，方生效力，如以刑事案件向纯粹行政官诬告，及以普通特别各官吏惩戒事件，向纯粹司法官诬告，均不能成诬告罪。是诬告罪之成立，除律文规定外，又以对于相当之官署为要件。现有某甲与某乙、某丙，挟有讼嫌，乘某丙嫁女之夕，亲朋咸集，遂起意报复，潜赴镇守使署捏报乙、丙等家，招集土匪，扰害地方，请发兵弹压剿灭。镇署以其报告情形急迫，饬派军官，带兵二十名同某甲驰往缉捕。当日夜半后，行抵该村，某甲即指丙家为匪窝，兵甫进院，丙家亲友人等均各惊起，疑是土匪抢劫，用枪自卫，遂致互相轰击，误毙丙家亲友三命，当经兵士拿获多人，带由镇署送县讯办，经县讯出某甲诬告情事，依《刑律》一百八十二条，将某甲判处二等有期徒刑六年，并褫夺公权全部十年，呈送覆判。查某甲以招匪扰害等情，捏报乙、丙，与律文意图他人受刑事处分，而为虚伪之报告相合固无疑义，惟镇署是否相当官署，于此有二说焉：第一说，谓镇署乃军政衙门，非受理刑事衙门，甲意图乙、丙受刑事处分，而赴镇署报告，按之本罪成立特别要件，殊属欠缺，应不成立；第二说，谓官署对于所报告之事件，有管辖权者，即为相当官署，某甲以招匪多人扰害地方等情，报告镇署，镇署系以防乱保民为专责，对于某甲所报告事件，按《惩治盗匪法》第七条第二款之规定，如果属实，则镇署有径行审判之权，既能直接管辖，即系相当官署，况因诬告误毙多命，案情重大，当然受法律之制裁。二说究以何说为是？本厅对于此等案件，急待解决，相应函请迅予解释，以便遵照办理等因到院。

本院查镇守使署，依《惩治盗匪法》第七条，本有查拿审判盗匪之职权，某甲与某乙、某丙，挟有讼嫌，乃向镇守使捏报为匪，不得谓非向相当官署告发，自应成立诬告罪。相应函复贵厅查照。此复！

■ **统字第980号**
民国八年五月十五日大理院复总检察厅函
径复者：

准贵厅函开：案据浙江高等检察厅电称，"兹有刑事上诉人，因伤害罪不服原审判决，声明上诉，两次传案不到，经控诉审依《各级审判厅试办章程》第六十七条决定撤销上诉，未据该上诉人于法定期间内声明窒碍，应否再送覆判？现无明文规定，悬案待决，应请转院解释示遵"等情到厅。事关程序法疑义，相应函请解释示复，以便转令遵照等因到院。

本院查案经控告并经裁判，自无庸再送覆判，惟据来函撤销上诉决定，已否合法送达，即是否尚准声明不服殊不明了，自属无从悬断。相应函复贵厅转饬查照可也。

此复！

统字第 981 号

民国八年五月十六日大理院复山东高等审判厅函

径复者：

准贵厅函开：案据长清县知事吴福森电称，"五等有期徒刑已执行月余，又有窒碍，可否易科罚金？乞电示遵行"等情到厅。事关法律疑义，相应据情函请迅赐解释，以便转饬遵照，至级公谊等因到院。

本院查受五等有期徒刑或拘役之宣告者，若于执行中发生实有窒碍情形，自得依照现行《刑事诉讼律（草案）》，关于执行编第四百九十四条办理。县知事兼有检察审判两职权，并可径行裁判，惟本院统字第二百四十三号解释，并应参照。相应函复贵厅转饬查照。

此复！

统字第 982 号

民国八年五月十七日大理院复总检察厅函

径复者：

准贵厅函开：案据浙江第二高等检察分厅快邮代电称，"民国元年间浙省县知事判决之无期徒刑或一、二等有期徒刑案件，而经提法司核准执行者，是否仍应送覆判，抑可视为合法，不无疑义。请转院解释示遵"等情到厅。事关程序法疑义，相应函送解释示复，以便转令遵照等因到院。

本院查县知事适用《刑律》判处无期徒刑或一、二等有期徒刑之案，在《覆判暂行章程》施行后，该省高等审判厅亦已成立，自应照章详送覆判。即在该章程施行以前判结，或该章程虽经施行，而高等审判厅尚未成立，提法司既并无核结此项案件权限，仍不能认其核准为合法审结，仍应覆判。相应函复贵厅转饬查照。

此复！

统字第 983 号

民国八年五月二十日大理院复山西高等审判厅函

径复者：

准贵厅函开：案据荣河县知事陈启绪快邮代电称，"兹有甲弟之妻乙，当初凭媒情愿许嫁丙某之子丁为妻，甲受聘金一百三十五元，立约主婚。因本地习惯，孀妇出嫁须经母家同意，孀妇乙之母戊，先允后悔，未表同意，将丙某原交一切信物退还媒人之手，孀妇乙由母家回甲家，声称与母戊生气，不由母家出嫁，愿由甲家出嫁，当由媒人往丙家通知。丙遂同其子丁，黉夜备车前往甲家，协同甲将孀妇乙叫起载去，与丙之子丁，业已成婚。嗣因孀妇乙之母舅己，以盗匪横行，聚众掳人等情告发，讯明前情，而孀妇乙来案翻悔，忽供伊当初实不愿意，并控丙与丙之子丁强抢强奸，于此问题，现拟二说：子说，以为丙既纳财礼，又有甲立与婚证，凭媒说合，不过未得伊母家同意，黉夜向甲家取人，手续不甚完全，与主婚人甲均不负刑事责任；丑说，谓信物既经退还媒人之手，婚姻关系已不存在，丙与子丁黉夜备车前往甲家取人，甲因谋利心急，亦并不拒绝，虽系出于孀妇乙愿意，丙应构成《刑律》第三百四十九条第二项和诱罪，甲构成《刑律补充条例》第九条和卖罪，丁应构成《刑律补充条例》第六条和奸、《刑律》三百四九条第二项和诱俱发罪，乙应构成《刑律补充条例》第六条相奸罪。二者以何说为当？案悬待决，请迅赐电示"等情到厅。事关法律解释，相应据情函请迅予解释赐复，以便转令遵照，实为公便等因到院。

本院查甲如负有扶助养育保护乙妇之义务，乙妇改嫁，又为甲所诱卖，聘金即系身价，自应成立和卖罪。至丙、丁是否犯《刑律补充条例》第九条第二项之罪，当以是否知情和卖为断。若系知情和卖，丁又与乙妇同犯奸非罪，亦无可疑，并须注意告诉条件。惟乙妇如果实系自愿改嫁，其改嫁又实为正式婚姻，并非被卖，则按照现行律孀妇夫家无祖父母、父母者，固得由母家祖父母、父母主婚，但即未得其同意，擅自与人为婚，亦只为民事得请求撤销之原因，尚不得谓无婚姻关系，亦不得谓为犯罪。相应函复贵厅转饬查照。

此复！

■ 统字第 984 号

民国八年五月二十日大理院复浙江第一高等审判分厅电

浙江第一高审分厅：

微代电悉！侵入向不任人通行之坍塌围墙内行窃，应以侵入窃盗论；其在第宅范围外，无人居住之牛栏窃取牛只者，系犯三百六十七条之罪；童养媳与人奸通，未婚夫无告诉权，但得声请检察衙门，指定代行告诉人。

大理院号印

附：浙江第一高等审判分厅原代电

大理院钧鉴：

本有外墙之第宅，因年久失修，外墙坍塌，出入可不由户，故其外墙之门，虽设不关。设有甲于已坍塌之外墙内第宅外窃取物件，究应依第三百六十八条处断，抑依第三百六十七条处断？又乙于他人第宅范围外之牛栏内窃取牛只，查该牛栏专为栏牛而设，应否认该牛栏与建筑物有别，不以侵入窃盗论？又童养媳与人和奸，相奸者如无尊亲属，可否认未婚夫有告诉权？悬案以待，统请迅予电示遵行。

浙江第一高等审判分厅微印

■ 统字第 985 号

民国八年五月二十一日大理院复热河都统署审判处电

热河都统署审判处：

微电悉！累犯罪之刑，与前判之刑应并执行，惟前判既系无期徒刑，则后判之刑自不合《刑律》第四十四条易科条件。

大理院马印

附：热河都统署审判处原电

大理院钧鉴：

已执行无期徒刑之犯，更犯徒刑以上之刑者，若依律易科罚金，应否照《刑律》第二十五条并执行之？祈电复。

热河都统署审判处微

■ 统字第 986 号

民国八年五月二十一日大理院复山西高等审判厅函

径复者：

准贵厅函开：案据太原地方审判厅呈称，"现有某甲女乙已与丙定婚，嗣甲悔婚，经确定判决，认乙、丙婚约为有效。甲志在得财又将女乙另许丁为室，丁不知乙、丙有定婚情事，交付聘礼，迎娶过门，甲对丁是否构成诈欺罪？及对于前项判决之效力，有无维持方法？事关法律解释，理合备文呈请钧厅转请大理院迅赐解释施行"等情到厅。案关解释法律，敝厅未敢擅拟，理合据情函请俯赐解释示复，以便转令遵照，实为公便等因到院。

本院查违背婚约，将女另嫁，虽志在得财，但不得谓为诈欺，自不成立诈财罪。至判决之效力，与判决之能否强制执行，本不应合为一谈。婚姻案件，虽不能强制执行（参照统字第五百一十号、第五百一十一号解释），然判决之效力，固仍存在，受确定判决之人，本得对于违背判决另定之婚约，请求撤销或另求赔偿，以代原约之履行。如果提起撤销重订婚约之诉，审判衙门尚可斟酌情形，加以晓谕，适用律例，男女婚姻门律条第二载前夫不愿赔追财礼之语，妥善办理。相应函复贵厅转饬查照可也。

此复！

■ 统字第 987 号

民国八年五月二十一日大理院复山西高等审判厅函

径复者：

准贵厅函开：案据平顺县知事呈称，"兹有甲医生，于数年前在河南药铺价买罂粟壳数枚，与他种药料掺和为丸，受偿为人治泻痢之疾。查此种行为，律无正条，是否以不为罪论？如果为罪时，应如何办理？理合呈请俯赐解释示遵施行"等因到厅。事关解释法律，敝厅未敢擅拟，理合据情函请贵院查照，俯赐解释见复，以便转令遵照，实为公便等因到院。

本院查贩卖罂粟，除系罂粟种子外，既无治罪明文，以罂粟壳与他种药料掺和为丸，用治疾病，又不得谓为制造贩卖鸦片烟，自不为罪。惟应注意是否为鸦片烟之代用，或有无诈欺取财情形。相应函复贵厅转饬查照。

此复！

■ 统字第 988 号

民国八年五月二十一日大理院复湖南高等审判厅电

湖南高审厅：

宥电悉！木簰现有人居住者，应以船舰论，惟并应查明是否在途被劫。

大理院马印

附：湖南高等审判厅原电

大理院钧鉴：

木簰与船舰相类似，如有被劫情事，可否引《刑律》三百七十三条第一款处断？悬案以待，乞电示。

湘高审厅宥

■ 统字第 989 号

民国八年五月二十一日大理院复贵州高等审判厅电

贵州高等审判厅：

陷电悉！逮捕虽系诈财方法，仍应论罪，惟依第二十六条，应从一重处断。至因逮捕并致成伤，别无故意者，应更依第三百四十七条，照第二十三条科断。

大理院马印

附：贵州高等审判厅原电

大理院钧鉴：

甲以犯诈财之方法，生逮捕罪，又因逮捕生伤害罪，依二十六条之例，逮捕罪已吸收于诈财罪中，其伤害人罪，应否同被吸收？如不被吸收，依三百四十七条俱发处断，则逮捕罪应不论，似与二十三条之例不符；依三百一十三条独立论罪，似又与三百四十三条及二十六条不符。如何适用？祈解释示遵。

黔高审厅叩陷印

■ 统字第 990 号

民国八年五月二十二日大理院复湖南高等审判厅函

径复者：

准贵厅函开：案因前据大庸县知事江普勋呈称，"窃维世替俗薄，宵小谲诈，而犯罪行为，因之狡幻，时有为律令所未备者。属县现办理刑事匪盗案件内，有一部分或入会为匪伙队筹饷勒财，若以结队筹饷而论，似涉内乱。然迹其事实，不过强盗图财，扰乱治安，究系蚩蚩愚氓，尚无潜窃紊乱观念，是不能以内乱处断。如谓为普通强盗罪犯，而条款分明亦无适当能引之明文，按照骚扰罪，又觉情重法轻。迨细审其犯罪心术与行为，似又合于惩治盗匪法令，而筹款无揭载之专条，仅具制藏或携带爆裂物与掳人勒赎各要件，法令均无从吻合，又未便比附援用。究应如何依据处判之处，事关法律解释，理合具文呈请钧厅俯赐查核，或转呈大理院解释，抑或判有先例，径由钧厅指示，统乞酌夺施行，实惟公便"等情。据此，当经敝厅以适用法律，必须根据犯罪事实，事实不明，则法律即无从适用。该县所称

'入会为匪伙队筹饷勒财'等语，究竟会为何会，匪为何匪，队为何队，筹饷之方法若何，勒财之情形若何，与夫被害人数之多寡又若何？均未逐一叙明，殊于援用法条，颇滋疑义，当经指令遵照前列各点，悉心审查明白呈复在案。兹复据该知事呈称，"例如匪首甲平居在家，开堂放票，呼朋引类，暗招乙、丙、丁等为其党徒，即江湖上之哥弟会，入其会者名为归甲之节，无事则各潜迹匿踪，一遇政变内乱，甲即带领乙、丙、丁等揭竿蜂起，托名附和，少以数十计，多至数百人不等，挟枪持械，横行乡曲，迹其心术，直在金钱。视其平日与己不谐，或蓄有家私之子、丑等良民，或声称本队缺饷，令其筹措，或直言要钱若干，允为保护，少以百计，多至数千，或令立即筹出，或稍缓以兑期，脱有不允，即许以放火烧屋杀命捉人，语虽近于恐吓，否即践诸实行，性最残忍，时有烧杀情事。而被勒之子、丑各家，一时难受政府官军之保护，畏其甲、乙等之横暴不仁，且虑否认而祸难立至，为顾全生命财产计，亦只得忍痛立允，或即日交款，或如限照兑者，不一而足。又因官厅正值政变内乱，无力保民，而受害之子、丑各家，大半隐忍不言，惧甲、乙等报复，亦有负曲欲伸奔官具控者，迫官厅戡定内乱，而该甲、乙等就歼灭者有之，丙、丁等就捕获者亦有之，一经鞫讯，而丙、丁等直认曾归甲节伙同筹、勒子、丑等家之财若干，俵分使用不虚，询以曾否烧杀捉抢，各供尚未犯过，而证以具控之子、丑，亦只称以勒财等语。此等丙、丁各犯，若谓内乱，尚无意图僭窃紊宪意思；若谓聚众胁迫罪，不止于骚扰，似近强盗，而无劫夺事实；确系盗匪，又乏勒财条文；如云诈欺取财，则又失之宽纵，究应何所依据科断？律无正文，殊难引用，理合详列事实，具文呈复核夺"等情。据此，查事关法律疑义，自应取统一之解释，相应函请贵院查照，希即迅赐解释见复，以便令遵等因到院。

本院查向人勒取财物，无论是否会匪聚众，如有强暴胁迫，使人不能抗拒之情形，应成立强盗罪。其仅以欺罔恐吓使人交付财物，其人尚未完全丧失自由意思者，自系诈欺取财，应审核事实处断。相应函复贵厅转饬查照。

此复！

■ **统字 991 号**

民国八年五月二十三日大理院复湖南高等审判厅函

径复者：

接准贵厅第三八二号函开：查据安仁县知事毛庆年呈称，"今有某甲私邀同宗之某乙、某丙等，各将自己名字，刊立木主，置于祠堂神龛之上，配享禋祀。经同宗之某丁等查悉，责其有违族规，应即取消。某甲等不理，某丁等遂据情诉案，于此分为子、丑、寅三说，子谓民事诉讼，必系私权之争执，某甲等置自己生存木主于祠堂神龛，实无侵害某丁等私权之可言。该各木主应否配享祖祀，有无违反族规，当然属于行政处分之范围，司法衙门对于此种案件，不宜受理。丑谓祠堂神龛系某甲等与某丁等之共同所有物，某甲等未得某丁等之同意，遽将自己木主置于祠堂神龛，是侵害某丁等之共同所有权，照依《民律草案》'所有权'编内载，各共同共有人，非经全体一致，不得行其权利之法条。又大理院判例要旨第四十三期物权编第四节，共有物权之解释，凡共有人之一人，非经全体同意，不得处分共有物之法例，此种案件，当归司法衙门受理。寅谓祠堂神龛，虽为甲、乙、丙、丁等之共同所有物，此项物权，究无实在私权之可以行使，不过为乃祖乃宗妥灵之所而已，与《民律草案》及现行判例所称之共有物，其性质微有不同。就令某丁等因某甲等之生木主私入祠龛，亦只得为亲族上之名义争执，当依《各级审判厅试办章程》第一百一十一条第二款之规定，归亲族事件办理。以上三说，究以何说为是？职署现有此种案件，亟待解决，理合具文呈请解释指令只遵等情。"据此，查案关法律，自应取统一之解释，相应函请迅赐解释见复等因到院。本院查因违反族规涉讼者，若与权利义务有关，应予受理。族人使用祠堂，若照族规定有办法（明文或惯例），应准被拒绝使用之人，或族长管理祠堂人，代表族众诉请裁判，其他族人若有直接利害关系者亦同。此等事件，与确认身份，若无关涉，不得谓为人事诉讼。相应函复查照办理可也。

此复！

■ 统字第 992 号

民国八年五月二十三日大理院复总检察厅函

径复者：

准贵厅函开：案据浙江第二高等检查分厅电称，"兹有县知事覆审判决案件，因被告人在上诉期内并未上诉，呈送高检厅接收，高检官以原判尚无不合，令县照判执行，关于此种案件之判决确定期及刑期起算点，可分两说：（甲说）谓此种案件，应参照《覆判章程》第十条追认之法理，以被告人方面上诉期间经过之日为确定，即以其日为刑期起算点；（乙说）谓终审以外之判决，其确定时期，以被告人及检察官双方明示不上诉，或上诉期间经过为标准。如双方上诉期间起算点不同时，应以后知判决内容之一方不上诉，或其上诉期间经过为判决之确定期。至执行始期，通常虽与确定日期相同，而依《刑律》第七十九条第二项规定，执行刑期，应以送监执行为准，是二者时期，亦不必全相一致。又羁押与执行，本属两事，性质亦复迥殊。羁押日数，虽可以两日折徒刑拘役一日，或罚金一圆，然欲追认其与执行有同等之效力，则必以法有明文为限。再判决确定，虽可发生执行力，然如上述案件，在县知事未奉高等检察厅《覆判章程》第八条之命令指挥执行以前，固亦无所谓执行。故就列举案件而论，应以高检官核明，无庸上诉之日期为县判之确定期，而刑期之起算，则以原县奉令指挥执行之日为标准。以上二说，未知孰是。又对于此种县判，检察官及被告人是否均应适用十四日之上诉期间，亦滋疑义。为此电请转院解释示遵"等情到厅。相应据情函请核办示复等因到院。

本院查刑事案件，对于县判声明上诉或呈诉不服者，其期间之起算，双方如有不同，自应以经过最后之上诉期间及当事人最后声明不上诉之日为判决确定期。又《刑律》第七十九条第二项，系指未受监禁者而言。凡未决羁押之人，经判决确定后，仍然监禁者，虽尚未备执行手续，仍应将此项监禁日数算入刑期。至被告人对于县知事覆审判决之上诉期间，及原告诉人呈诉不服之期间，按照《县知事审理诉讼章程》，均为十四日。检察官声明控告，依照通常上诉期间，则仅十日。相应函复贵厅转饬查照。

此复！

■ 统字第 993 号

民国八年五月二十三日大理院复湖北第二高等审判分厅电

湖北第二高审分厅：

巧代电悉！《刑律》第三百五十五条之亲告罪，虽得由检察官指定代行告诉人，但依本院最近成例，应以被害人事实上不能告诉，现在又无他人得行使告诉权之案件为限。其现有告诉权之人，能告诉而均不告诉者，不得援用前例。

大理院漾印

附：湖北第二高等审判分厅原代电

北京大理院钧鉴：

查《刑律》第三百五十五条所规定之告诉权，依钧院四年统字第三六四号解释，女子除属于本人及未成年之监督人外，其已成年未嫁者，尊亲属有告诉权。孀居者，夫之尊亲属亦有告诉权。至尊亲属以外之亲属关系者，则不认其有告诉权。又同年统字第二八一号解释，被和诱之妇女，自己不告诉，而又无本夫或法定代理人行使告诉权者，该管检察厅检察官，因利害关系人之声请，可以指定代行告诉人。两相比照，该条所定之告诉，是否限于除被诱本人外，无可以行使告诉权之人（如婢女被诱，自己不告诉之例），始准检察官指定告诉人，以资救济，抑虽有可以行使告诉权之人，而不为告诉（如妻被诱，本夫不告诉之例），检察官均得因利害关系人之声请，而指定告诉人，不无疑义。敝厅现有类此案件，亟待解决，用特电请解释，盼径示复。

湖北第二高等审判分厅巧印

■ 统字第 994 号

民国八年五月二十四日大理院复湖北高等审判厅函

径复者：

准贵厅函开：案据黄冈县知事曹蕴键敬日快邮代电呈称，兹有孀妇某甲，矢志守节抚孤。其姑某乙，贪图财礼，商同甲之娘室亲族，谋将某甲再醮某丙。婚约业经成立，财礼亦已交割，某甲侦悉，誓死不从。一面凭绅书立誓书表示心迹，一面央出户长某丁来案呈诉，经县审理判决，将该婚约撤销。惟因所交财礼，已经某乙使用，比即责令某丁如数代为偿还，并饬年给津贴若干，以作某甲养赡完案。讵料事阅数月，某丙复图谋娶，竟不凭同媒妁，将甲抢至其家，甲初矢志不从，着人信知某丁来案代为呈诉，复经准理票传，丙竟延不到庭，直至诱奸成熟，始行将甲交案。现甲已经失节，与丙感情甚浓，徵特不行告诉，转请维持婚约。惟丁则以彼系甲之户长，又属保护扶养之人，主张代行告诉，仍复继续诉追。事关略诱，且涉婚姻，解决此案厥有二端：（一说）孀妇再醮，固为法所不禁，惟须双方合意，婚约乃能成立。本案某甲前既矢志守节，足征并无再醮意思，且已讼经法庭，判决确定在案，婚约关系当然消灭，某丙竟敢强抢，实属有犯刑章。虽该被害本人，未经提起告诉，然丁既系甲之户长，又有保护扶养之责，若竟不许告诉，不惟背乎人情，抑且有伤风化，自可按照现行判例（大理院七年上字六六一号），由县依据检察职权，指定丁为代行告诉人。至于奸非部分，既无相当告诉，虽可置之不理，惟因略诱而成苟合，依法不得认为正式婚姻。（二说）略诱奸非之诉，依律均须告诉乃论，本案某甲前已誓不再醮，某丙竟行略诱行为，虽属不合，惟既未据相当之告诉，按照《刑律》第三百五十五条，及同律《补充条例》第六条各规定，某丙当然不受刑事之制裁。至若婚姻成立，固以具备要件为原则，而孀妇再醮，则当视孀妇之意思以为断（律载"孀妇再醮，悉有自愿"字样）。本案某甲前虽不愿再醮，讼经判决有案，但其被丙奸污以后，既不提起告诉，转请维持婚约，足征现在并无不愿再醮之意，自亦不得拘泥前案，强令守节，致违律准孀妇再醮之本旨。两说各执，案悬待结，应以何说为当，知事未敢擅专，理合快邮电呈钧厅，俯赐鉴核迅示只遵，实为公便等情。据此，查《刑律》第三百五十五条后半之规定"被略诱和诱人与犯人为婚姻者，非离婚后，其告诉为无效"。本案被害人甲事后既未告诉，并请维持婚约，似应以原呈第二说为当。案关法律解释，敝厅未便擅专，相应函请查核，迅赐解释见复，以便转饬遵照等因到院。

本院查《刑律》第三百五十五条之亲告罪，虽得由检察官指定代行告诉人，但依本院最近成例，应以被害人事实上不能告诉，现在又无得行使告诉权者为限。甲既有姑能告诉而不告诉，检察官已不得指定代行告诉人。况甲亦非不能告诉，其被略诱后，且已托人代为告诉，惟又经撤销，检察官不得反乎被害人明示之意思，而指定代行告诉人，更不待言。至被略诱人如果与犯人已有合法之婚姻，固非离婚后其告诉为无效，但在未有婚姻关系以前之告诉，非经撤销，仍不得谓亦无效。相应函复贵厅转饬查照。

此复！

统字第995号

民国八年五月二十四日大理院复江苏第一高等审判分厅函

径复者：

准贵厅函开：据赣榆县知事电称，"兹有甲、乙二人互殴成伤，甲受伤较重，惟事实上甲先殴伤乙，于此案情有三说焉：子说，甲殴乙，乙回殴，乙系对现在不正之侵害而出于防卫自己权利之行为，依《刑律》第十五条上半段之规定，不为罪。丑说，甲、乙互殴，依五年非字第三十五号判例，衅由互殴，本无防卫之可言，仍应论乙之罪。寅说，互殴固不能主张防卫，乙仍有罪，然甲先下手殴乙，不得谓无伤害意思，若置之不问，殊失法律之平，且不足以折服乙心，应将甲、乙二人照《刑律》第三百一十三条分别论罪。以上三说，究以何说为是？职县悬案待决,用具代电呈请示遵"等情到厅。据此,查统一解释法律,系属钧院职权,相应备函转请查照,迅赐核示,以便转令遵照等因到院。

本院查最近成例,凡互殴不得主张防卫权,应以彼此均有伤人故意,而下手之先后,又无从证明者为限。如果一方初无伤人之意,防卫情形,复极明显,自应仍以正当防卫论。至彼此互殴,虽一方受伤较重,不能因其伤重免责,应于法律范围内酌量处断。相应函复贵厅转饬查照。

此复!

■ **统字第 996 号**
民国八年五月二十四日大理院复察哈尔都统署审判处函
径复者:

准贵厅函开:兹有某甲以恐吓之手段,向乙某诈取马匹。乙由圈内牵出,交付甲手,该马恋主,拉至街门道,仍然跑回乙圈,甲亦不顾而去,于此有二说焉:一说,谓甲诈取乙马,业已到手,虽拉至街门道跑回乙圈,是为马之眷恋旧主,并非乙未给甲,及甲之行为未终结果未发生可比,当以既遂犯论。一说,谓诈取财物之既遂未遂,以得财与否为标准。甲虽诈得乙马,马到街门道即仍回乙圈,甲亦不复向乙索马,是乙于自己财产上,毫无损害之可言。既未发生损害,亦即欠缺得财之要件,应以未遂犯论。二说孰是,未敢臆断,相应函请迅予解释只遵等因到院。

本院查甲诈取乙马,既经到手,其犯罪之结果,实已发生。嗣虽马又跑回乙圈,甲亦不复向索,乙因得不受损害。然系犯罪行为终结后发生之事实,虽得为酌量科刑之参考,要不得谓其行为为未遂。相应函复贵处查照。

此复!

■ **统字第 997 号**
民国八年五月二十四日大理院复京师高等审判厅函
径复者:

准贵厅函开:案据昌平县知事呈称,"窃有甲、乙两人,因诉讼关系,乙情虚,知未能胜诉,复自行服毒,赴甲家做命图害。当时甲外出不在室中,迨后回来,见乙毒性发动,势将就毙,甲即将乙移回伊自己门首,喊叫开门,该家属不应,甲正欲走脱,适被巡逻警察瞥见,上前盘诘,乙已气绝,遂将甲带区转送来县。查乙委系自行服毒身死,甲并无逼迫谋害行为,惟明知乙气将告绝,复移回伊自己门首,是否犯罪?遍查律文,并无此项规定。现在属县急待判决此案罪名,出入攸关,不得不为慎重,拟合呈请钧厅迅赐解释示遵"等情,事关解释法律,相应函请俯赐解释,以便转令只遵等因到院。

本院查于人将死之际,故意移置他处以速其死者,虽应负刑事责任,惟甲如果确仅因乙服毒赴其家图害,乃移回乙家,冀免拖累,自不为罪。相应函复贵厅转饬查照。

此复!

统字第 998 号

民国八年五月二十七日大理院复总检察厅函

径复者：

准贵厅函开：案据浙江第二高等检察分厅呈称，"吕阿娜即逃兵吕金街伤害罪不服永康县第一审判决声明控告一案，前经同级审判分厅判决在案，当以吕阿娜曾犯《陆军刑事条例》第七十八条第三款之罪，即由职厅函送浙江督军公署核办，嗣准同署函称，该兵犯业经本署饬科按律判决。查该犯所犯伤害人致废疾之罪，控经浙江第二高等审判分厅，判决三等有期徒刑四年在先，逃亡罪由本署判处五等有期徒刑五个月在后，两罪各别，经确定审判，依《刑律》第二十四条之规定，应照同律第二十三条第三款更定其刑。惟伤害罪所处之刑较重，其应执行刑期，应由浙江第二高等审判分厅按律酌定，发县执行。相应将卷犯送请核办等由，复由职厅咨送同级审判分厅核办，兹准同厅函称，'本案适用法律，既不相同，审判管辖，又各有异，即执行方法，亦属各别，本厅似未便更定其刑等由。查《刑律》总则俱发罪章各条规定，与《陆军刑事条例》既无抵触，依同条例第一百零三条规定，自应并行适用。至更定权责，虽在后之审判衙门，但本案后之审判衙门，浙江督军公署军法课，既以本案卷犯送致职厅，为事实便利起见，则由职厅咨送同级审判分厅，径予更定，似亦为法所许，兹准同厅函复，不能更定'等由。究竟本案吕阿娜所科刑期，应否依法更定？如应更定，究应送请何处更定？事关程序疑义，理合备文呈请转院解释，以便遵循"等情到厅。相应据情函请核办示复等因到院。

本院查《刑律》第二十四条，于一罪先发，已经确定审判，复发余罪者，并无须俟后判确定后，再依第二十三条之例，更定其刑之明文。故依正当解释，审判余罪者，无论为普通审判衙门，抑系特别审判衙门，除不知被告人已受确定审判，或虽知已受审判，而该判决未经确定者外，为被告人利益计，统应径自援照该条定其应执行之刑。本案吕阿娜所犯伤害、逃亡两罪，经普通审判衙门，先将其伤害人部分判罪，如果系确定后始由督军署军法课判逃亡罪，则按照《刑律》第二十四条、《陆军刑事条例》第二十四条规定，督军署军法课自应更定其刑。督军署军法课函称'普通审判衙门所处之刑较重，应即由普通审判衙门定其应执行刑期'等语，按之法律，似乏根据。相应函复贵厅转饬查照可也。

此复！

统字第 999 号

民国八年五月二十七日大理院复总检察厅函

径复者：

准贵厅函开：据河南高等检察厅快邮代电称，"案据开封地检厅检察长张荩臣呈称'省会议员在议场发言，诬诋在职官员，报纸以旁听记名义修饰登载，议员对外固不负责，新闻记者应否构成《刑律》第三百六十条之罪？请转呈解释示遵'等语，事关法律解释，应乞转函大理院迅赐解释"等情到厅。相应据情函请核办示复，以便转令遵照等因到院。

本院查新闻记者，仅将议员在公开议场诬诋官员之言词，照登报纸，本不为罪。惟如有故意匿饰增捏，而合于《出版法》第十一条第八款规定之情形者，自应查照本院统字第六百十四号解释，依《出版法》第十七条，适用《刑律》处断。相应函复贵厅转饬查照可也。

此复！

■ 统字第1000号

民国八年五月二十七日大理院复山西高等审判分厅电

大同高审分厅：

蒸电悉！县知事回避案件，依《兼理司法条例》第二条、第六条一项，承审员亦不应与审。若经准用《编制法》第五十二条，以邻县知事代理，应即由其审判。承审员之误判，自应撤销发交另审。

大理院勘印

附：山西大同高等审判分厅原电

大理院钧鉴：

甲县回避之地方管辖案件，由乙县前往代理，复经甲县承审员会审，仅由承审员用甲县名义判决，能否撤销发交乙县审判？乞电示

大同高审分厅蒸印

■ 统字第1001号

民国八年五月二十七日大理院复安徽高等审判厅电

安徽高等审判厅：

虞代电悉！初审命邀中清算，虽有未合，究系判决，本不生来电疑问。

大理院勘印

附：安徽高等审判厅原电

北京大理院钧鉴：

径启者，今有某甲寄存物件于某乙，值银六百元，又存银三百五十元，并往来欠款二百元，共计一千一百五十元，向乙诉追。某乙亦以甲欠伊之银一千一百元反诉。初审对于某甲存物、存银两项，予以判决，对于欠款二百元及乙反诉之部分，谕令双方邀中清算，未加裁判。某乙不服，声明控诉，关于事物管辖之问题，两方互起争议。乙谓，民事诉讼物之价额，以起诉时定之，某甲起诉时其主张诉讼物之价额，既在千元以上，当然为地方管辖案件。虽初审对于甲所请求二百元之欠款及反诉各节，未予判决，但初判邀中清算之部分，仍应由控诉审衙门合并审判，其控诉审自应属高等审判厅。甲谓，起诉时虽在千元以上，其中二百元之欠款及反诉部分，仅谕令邀中清算，不得谓之已有判决。如双方清算未协，仍应由初审另为裁判。控诉审对于二百元之欠款及乙之反诉等项，既不能越级审理，即不能为诉讼物价额之合并，其控诉审仍应属于地方审判厅云云。查本案第一审对于原告人数宗请求之内，其未予判决之部分，能

否为诉讼物合并之计算？不无疑义。事关法律解释，应请迅赐函复只遵。

安徽高等审判厅叩虞印

■ **统字第1002号**

民国八年五月二十九日大理院复广西高等审判厅函

径复者：

准贵厅函开：现据平乐县知事陈榕康支电呈称，"今有妇人某甲，意图营利，移送略诱之男子某乙等十余人于中华民国外，未出国境，中途被获，起诉来案。讯据被诱之男子某乙等声称'年龄均在二十岁以上，因家贫无钱，听妇人某甲说，出洋打工，得钱最多，所以随他，过番伙食盘费，皆系某甲支给'等语。查某乙等年龄，皆在二十岁以上，虽被略诱，自不适用《刑律》第三百五十二条。遵照大理院解释，对于此种既遂犯，自应核其情节，援用第三百四十四条处断。该妇人某甲犯罪已着手，因意外之障碍，未能生犯罪之结果，当以未遂犯论。惟《刑律》第二十九章，并无未遂犯之规定，应否依照第十条办理之处，乞电示遵"等情到厅。事关法律解释，相应据情函请解释见复，以便令遵等因到院。

本院查意图营利，移送略诱之二十岁以上男子于国外者，在《刑律》第三十章，虽无论罪明文，如有私擅逮捕监禁或诈欺之事实，固得按照《刑律》各本条处断。惟来函情形，如果其间关系，是雇非卖，并得乙等真正之合意，即不特无营利略诱可言，且未侵害人身之自由，对于乙等若又未骗取其应得之财，此外亦无何等诈财情形，则甲自不为罪。相应函复贵厅转饬查照。

此复！

■ **统字第1003号**

民国八年五月二十三日大理院复河南高等审判厅函

径复者：

准贵厅民字第一一四号函开：案据邓县知事呈称，"顷据承审员张秉彝面称，兹有甲、乙夫妇，早故乏嗣，其遗产被丙、丁两寡嫂（均无出）与族侄戊把持浪费，不许立嗣。现亲族不平，为甲、乙议立继嗣，因族间除戊外，无其他合法之承继人，即以甲、乙已故族侄己（其生父尚有他子）继之。己子庚为嗣孙，戊遂伪造继约，谓伊早已承继甲、乙，来案告争，于是有子、丑两说焉：子说谓，己既已故，其承继权当然消灭，自不能再立为嗣。戊为合法之承继人，前此继约，虽系伪造，究不能因此剥夺其承继之权。丑说谓，无子立嗣，原为保护所继人之遗产及继续禋祀起见。戊既串通丙、丁，将甲、乙财产把持浪费，其不能保护遗产，已可概见。而又不许立嗣，迨经亲族会议立继之后，乃伪造继约搪抵，其意在争产，而无继续禋祀之诚意，又可断言。若以之为嗣，是不惟与立法之本旨不合，且亦违反所继人之意思。至己虽已故，他种权利，在法律上固不能存在，而承继权究不因之消灭。盖法律既许为死者立后，则死者自得立为人后，观现行律无禁止之明文，可得当然之解释，二说未知孰是。又有甲托祖母娘弟乙，为其女丙作伐，许于乙妻族侄丁为婚。丙、丁与乙，考之前清现行律服制图，均为无服之亲，则丙、丁自无服制关系。惟乙长丁一辈，长丙三辈，查现行律载'外姻有服者，皆不许尊卑为婚'。至无服者，虽亦有禁止明文，而皆分别列举，丙、丁并不在禁止为婚之列。惟对之于乙，确有辈分可靠，在法律固不禁止，于社会似有滞碍，此种婚姻，应否认为有效？颇滋疑义"等因到院。

兹分别解答如下：

（一）查死者不能立为人后，以孙祢祖，即非合法，又非自己或自己直系卑属，有承继权之人，对于他人之是否合法承继，是否有权管有遗产，不得告争，本院早已著为判例。戊之过继，即非事实，但现无有继承权人出而告争，而甲、乙族人复无告争权利，自未便仅因该族人等之告争，遽判戊交产。

（二）丙、丁虽属尊卑为婚，然现行律既未经列入禁止之条，自不能遽认为无效。

以上二端，相应函复转饬查照。再刑事部分，业已另函答复矣。

此复！

■ 统字第1004号

民国八年五月三十一日大理院复河南高等审判厅函

径复者：

准贵厅民字第一一四号函开：案据邓县知事呈称，顷据承审员张秉彝面称，"（上略）又甲将财物交乙管理，交付之时，有丙在场。嗣丙诈言甲嘱伊取还财物（丙与甲非亲属，财物亦无典质共有关系），乙即照交，甲不承认，向乙索还。查乙将甲寄存之财物交付于丙，本未得甲之承认，系因丙欺罔所致，自无词与甲对抗，应即照数赔偿，毫无疑义。惟被害者究属于甲，抑属于乙？有子、丑、寅三说：子说谓，应以财物之监管权为断。此案财物虽系甲之所有，然既经交乙管理，则乙有监督财物之权，自应认乙为被害者。丑说谓，应以犯人之意思为断。此案丙施欺罔于乙，实欲得甲之财，是乙虽为财物之监督人，而被害者实为甲也。寅说谓，应以所得之财物为断。如系特定物（某人衣服用具等类），则丙虽得之于乙，而实为甲之财物，应认甲为被害者。如非特定物（银钱等类），则乙既认赔偿，即为乙之财物，应认乙为被害者。三说似以子说理由较为正当，然无论甲或乙为被害者，而丙之诈财罪，适用法律，不无疑义。如以甲为被害者，查《刑律》第三百八十二条第一项，系以交付为要件，甲无交付行为，似与此项不合。第二项载'以前项方法，得其他财产上不法之利益者，是所得财产上之利益，虽与前项不同，而其用欺罔恐吓之手段，究与前项无异'，细绎该条第一项所谓'欺罔恐吓使人交付'云云，是指以欺罔恐吓直接施之于被害人而言也，兹丙并未直接施欺罔于甲，似与此项又不相合。如以乙为被害者，而《刑律》第三百八十二条第一项，只以交付所有物为构成犯罪，兹乙所交付者，系管有物，似与此项不合。又第二项载'得其他财产上不法之利益'一语，是否专指被害人所有财产上之利益？抑包括管有他人财产上之利益在内？固未敢臆断，但该项系指前项交付以外之财物而言，兹丙所诈取者，系乙交付之财物，似与第二项又不相符。以上数端，悬案待决，究应如何处断？未敢擅拟，恳请转呈解释"等语。理合具文呈请解释，以便饬遵等情到厅。据此，相应函请解释赐复，以便饬遵等因到院。

本院查诈欺取财罪之被诈欺者，与财产上实受损害者，本不必同系一人。《刑律》第三百八十二条第一项所称所有物，系指该物为人所有，现有人持有，并非无主物遗失物等而言。甲既将物交乙管理，丙虽明知其为甲物而向乙诈取，仍应成立该条项之罪。相应函复贵厅转饬查照。

此复！

■ 统字第1005号
民国八年五月三十一日大理院复总检察厅函
径复者：

准贵厅函开：案据奉天高等检察厅呈称，据兴城县知事呈称，"窃知事查有事主甲，与县属保甲甲丁乙、丙、丁、戊、己一共五人，共同赌博，甲输乙、丙、丁、戊、己共计小洋一百五十元，嗣后经人调处，令甲出洋一百二十元了事，约期交付。旋经乙、丙等查知甲家卖出蘼子，存有钱款，并闻甲有雇车逃走情事，乙持木棒，丙、丁、戊、己均持枪械，同于本日夜二更时候至甲家，甲家大门，早已关闭，遂由院墙跳入院内叫门，并放枪威吓。甲之工人开门放入，乙、丙、丁、戊、己进屋，与甲争闹，甲见丙持械闯入堂屋，甲急忙将丙枪械夺去，乙见丙之枪被夺，即用木棒击甲，误伤丙之顶心，伤势甚重。甲被乙等用绳绑起，带至保甲公所，当两造互殴时，甲父庚在西屋，甲丁（此系指保甲之甲丁）方面开枪，甲父庚中弹身死。细问甲及其家属，均称不知系何人放枪将庚打死。甲父庚身死后，本屯十家长，因早闻甲家枪声，赶至甲家查看，得悉前情，即至保甲公所，将甲松绑放回。丁、戊、己三人闻凶信逃走，乙、丙被十家长派人看守，不许远离，一面报告警所，将乙、丙送县公所讯问。查乙当时系持木棒，丙持枪械，又系被甲夺去，并受重伤，据情推断，乙、丙决非杀人正犯，但甲、乙、丙共同赌博，均应照《新刑律》第二百七十六条处断，毫无疑义。惟乙、丙各持枪棒，乘夜侵入甲家，强索赌债，开枪示威，私擅逮捕，并监禁甲之身体，最后又酿成命案。乙、丙此种行为，似系强暴胁迫，希图取得不法利益，可否照《刑律》第三百七十条，或照《刑律》第三百一十六条第三项，暨第三百一十一条处断？其中不无疑义，此种案情，究应如何判断之处？实难决定，理合具文呈请钧厅转请解释指令遵行，实为公便"等情。据此，除指令外，理合据情呈请鉴核，转院解释示遵等情到厅。相应函送解释示复，以便转令遵照等因到院。

本院查乙、丙、丁、戊、己，因甲赌博输钱，查知其家存有钱款，甲又雇车图逃，遂分持枪械强入甲家，应查明是否意图强取财物，抑图吓诈财物，分别依《刑律》第三百七十三条第一、第二两款，第三百八十五条，第三百八十二条第一项，

· 807 ·

及赌博罪之共同正犯问拟。又乙用木棒击甲，致误伤丙，旋并将甲绑起，带至保甲公所，其伤害甲、丙之事实，显非同时犯。唯既图伤甲而未遂，其未遂行为，自不为罪，应查明丙受伤程度，并科乙以过失伤害，及私擅逮捕监禁人之罪。丙虽受伤，对于私擅逮捕监禁人，如有共同认识，仍应负责。至庚如果系被保甲之甲丁开枪击伤身死，自应由甲丁担负责任。若为乙、丙方面之人开枪击毙，则开枪者即非乙、丙，如在共同计划范围内，或临时确有共同之认识，则乙、丙不特并应担负杀人罪责，或并应成立强盗故意杀人罪。甲丁杀人，其为乙、丙指使者，亦应依律办理。相应函复贵厅转饬查照。

此致！

■ **统字第1006号**

民国八年五月三十一日大理院复江苏第一高等审判分厅函

径复者：

准贵分厅审字第一二零号函称，"有甲、乙兄弟二人，甲出继于丙，乙死未生有子，甲命独子兼祧，有乙之缌服兄弟丁，代其子戊出而告争。按甲已出继，对于乙自不能视为同父周亲，似与兼祧之条件不符。丁与乙在前清积有讼嫌，素来不睦，考之有仇不继之义，又似未能承继。惟乙妻死之时，由甲之子挽发成服，虽未立有继书，而经乙承认，已有十八年之久。现乙死丁代其子戊出而告争，该族并无亲族可以会议，且无他人可以议继，两方各持一说，究以何方承继为合？希为解释示遵"等因到院。

查甲子兼祧乙，纵非合法，惟丁、戊父子生前，与乙既确有嫌怨，即应丧失其应继之权，自无许其告争之理。相应函复查照。

此复！

■ **统字第1007号**

民国八年五月三十一日大理院复广西高等审判厅电

广西高等审判厅鉴：

审字第二四号函悉！照《兼理诉讼章程》，县知事一事不能二判。来函情形，得由原审依当事人声请再审判决，回复初次县判。

大理院卅一印

附：广西高等审判厅原函

径启者：

案据宾阳县知事刘驷呈称，"为呈请察核示遵事，窃查县属大阮团高门十三村，与洪塘七村因水利涉讼一案，经于民国三年黄前任玉鸿判令两造平分水利，经各村村长具结遵判在案，尚未执行，旋即交卸。而高门十三村廖朝兴等，遂谋翻前判，迭控不休。至五年梁前任之芬，又将原判撤销，判令各修各圳。以致两造情词各执，缠讼多年，酿成命案五六起。及知事抵任，两造又各持一判，请求执行到署，究应如何办理？理合备文呈请查核，伏候指令只遵"等情到厅。经本厅令提全案卷宗审查，旋据该县将全卷呈送前来，并呈称窃查本案起衅，于前清宣统二年，经马前任判令同坝分流，嗣因十三村廖桂香等，抗不遵判，至有民国二年之械斗。是年九月复经北区乡董会查复，仍以同坝分水为请，廖桂香等仍违抗如故，以致案悬不决。三年九月，黄前知事玉鸿再饬大阮洪塘两甲团绅阮国桢等，征集两造父老意见，并亲诣履勘明确，随于十月十八依据该两造父老意见，仍照马任判令同坝分水，业经两造出具遵依摹结，并各将所受勒马桥下坝水灌荫之田亩，开列实数，加具摹结各在案。徒以黄前知事旋即交卸，未克执行，廖桂香等遂乘机谋翻前判，故有梁任之再判，詹任之决定，以致互控互斗，迭酿巨案。一波未平，一波又起，地方稍明利害爱桑梓者，未有不惜黄任之速去，而深慨廖桂香等之为祸乡邻也。知事抵宾伊始，延见地方绅士，多以此案为言，请速依照黄前任前判执行，为两造均利息祸。经即邀同保卫总所，暨北区团局各员绅前往该两造互争地点，详细履勘，并令召集两造当事人到所，持平调处，均以七村之田，非有旧圳之水不可，且非有双田坝不可，十三村之田，亦非开掘水圳引取江水不可，且所掘之圳，非经过七村之旧圳不可，事实如此，自非同坝分水，断无以均两造之利益，即无以绝本案之讼藤。故同坝分水，实为本案不易之办法，按之事实，既如彼访之舆论复如此，自应依照执行。惟梁任已将原判撤销，另为判决，廖桂香等，即执梁判为抗辩，究竟认为黄判有效，或应认梁判有效？事关法理问题，自未便擅行决定。现复迭据保卫总所暨北区团局各员绅呈请，速照黄任前判执行前来，并据洪塘七村遵将建筑水平费钱二百千文缴交保卫总所收存，以便采料兴工各在案，缘奉前因，谨将本案大概情形，连同全案卷宗，备文呈请查核。现值春耕，需水在即，此案如再延不确定，难免该两造复因争水构衅，再滋事端，伏候迅赐核饬，俾得遵照执行等情到厅。当以本案须请贵院解释，俟复到再行令知。至贵院解释未到之前，双方需水灌田，即由该县定一暂时分水办法，饬令两造暂时遵行，以免构衅，指令该县遵办在案。窃查本案高门十三村，廖桂香等与洪塘七村郑珍甫等，因水利涉讼，经黄知事玉鸿于民国三年十月十八日，以堂谕判决，谓勒马桥下之坝，判为二十村公共之坝，每年修筑费，按照受此坝水灌荫之田亩派出之，古定坝面十三村新开之圳，判令准其存立，其十三村新筑之坝，判令废去，不许再筑。唯于新圳口筑一水平，俾水分注于古定坝及新圳，以昭平允，此水平建筑费，亦照前条按亩派出之，水平即于今年收割后，由本县委阮绅等收费，督工建筑，筑竣报县立案，并勒碑永远遵守，倘再争夺，以致械斗者，即以匪论，取具二十村村长遵结存卷等语，有堂判及双方遵结附卷。复经该县于十月二十六日、十二月十九日先后谕令大阮甲洪塘甲绅耆阮国桢、吴殿魁等，及大阮甲绅阮树邦廖泉香等，赶紧集资估工建设水平，即系就该判决，而为执行。双方当事人均无异议，虽该黄知事之判决，曾否牌示或送达，卷内无从查考，然既经各该村长具结遵断之后，双方并无异议，继又奉谕集资兴工，设立水平，双方亦无不服之申立。黄知事执行未终，即已卸任，温知事继任，民国四年一月间，虽有大阮团颜守安（即高门十三村一方）递过一状，谓系勒押逼结，经温知事以"此案既经黄前任勘明断结各均遵依在案，兹又混渎图翻，不准并斥"等语，批驳日久，亦无异议，则该黄知事之判决，即不能不谓为确定。迨是年梁知事之芬继任，竟于十一月间，再就本案而为判决，查阅卷宗，并无判决正本附卷。惟据廖桂香等递南宁道尹呈内，黏钞有该梁知事之判词。又查卷宗五年一月间，苏知事任内，亦批有"该民等争夺水利，连年缠讼，经前任梁知事于十一月二十六日判决在案"之语，则梁知事确有此项判决，似无疑义。其黏钞判决主文，谓"大阮廖桂香等十三村修筑十三村坝，洪塘七村修筑七村古定坝，各管各坝，不得侵占"等语，此项判决，何时牌示，或何时送达，卷内无可查考。惟卷内黏有南宁道尹民国五年一月二十一日饬文，附钞郑珍甫呈巡按使原呈一件，内有延至梁任，始闻有各筑各坝、各修各圳之断法，究竟是何时堂判，并未传知民等。及苏任下车，民等具诉，蒙批经前任梁知事判决等因，民等始得知其理由。夫明明系民等水利，公判平分，民等尚隐忍遵从，恶等遵后复翻，翻而不理，又复贿私断，其心直欲绝尽民等二坝水利，将民等七村二千余亩粮田，变为石田而后快，不已奔辕上叩，伏乞做主施行等语。又查民国六年一月十五日，廖桂香呈广西省长呈文内，亦有"前经梁知事勘判给词，伊等不服从"之语，是郑珍甫等对于梁知事之判词，业已声明不服，尚有线索可寻，则梁知事之判决，即不得谓为确定。讵该郑珍甫等，在南宁道尹具呈之后，并不依法向上诉机关上诉，复在原县缠讼。至詹知事鸿达莅任，又于五年九月十四日，复就本案予以决定（形式虽为决定，内容实为判决），其决定书内开"此案业经黄、梁两前任判断，本知事第有决定之权，并无再判之权，兹决定梁前任判决书为较有理由，而设法以补救之"。查梁前任判令廖桂香等十三村占有十三村坝圳，郑珍甫等七村，仍修筑七村原有坝圳，自属管有原则，毫无可议。惟事实上十三村圳在内，七村圳在外，较易被水冲坏，兹为补充判决。十三村圳支流到十三村之处，被七村填塞，准由十三村自行开浚，其支流到七村处，在七村修复己坝己圳之后，原可无须此处支流灌溉，决定不许填塞，以防七村填圳，遇有水灾冲坏之时，可借此支流以分润，在平日自应准十三村造石拦水，以期专注，似此两利无害。至"七村修坝，准其在原处或在十三村之上流均可"等语，郑珍甫等于期间内向武鸣县上诉机关抗告，武鸣县以"遵照原判办理，毋庸多渎"等词，予以批驳。郑珍甫等提起再抗告于本厅，经本厅调查其再抗告已经逾期，予以驳回，则詹知事之决定，又已确定。查詹知事之决定，系认梁知事之判决为有理由，而又扩张其一部分。查梁知事之判决，本无确定可言，乃因詹知事之决定确定，而随之确定，此为本案该宾阳县历任判决，及手续错乱之大概情形也。查此案三判均已确定，论第二、三次之判决，虽属违法之判决，究非无效之判决。后确定之判决，未经撤销，似不能不依照执行。第据该县呈称，"征之事实，访之舆论，均以黄知事之判决为公允，梁、詹两任之判决及决定均属错误。"究有何方法足以救济？相应函请贵院解释。本案三次确定判决，应以何次判决执行？若依第二、三次判决执行，则该判决实有错误，且系违法之判决，有何救济方法？再本案虽系民事争执，连年均有械斗，毙命不鲜，伏乞迅赐解释，免致目前因春耕争水，复酿事端，实为公便。

此致大理院长！

■ 统字第1008号

民国八年五月三十一日大理院复湖南高等审判厅电

湖南高等审判厅鉴：

代电悉！甲仅缴支票，如果并未因此受有损失，自应令甲以依约请求取赎日之票价，折合现金，向乙取赎。

大理院卅一印

附：湖南高等审判厅原代电

大理院鉴：

今有某甲于民国五年二月间，将祖遗田业向某乙抵押省平官票银六千两，当时双方订有"取赎此业，无论年月远近，银价低昂，均照质押数目省平官票银为准"之特约。至六年八月，甲向乙取赎，乙以票银价低，拒而不允，甲遂于同年十二月起诉，并缴存票银六千两之即期支票在案。先经第一审缺席判决，某乙请求回复原状。后经第二审对席判决，乙又声明控诉。经控诉审两次传案不到，将控诉撤销，乙又请求回复原状，辗转经年。至民国八年督军布告省平官票银作废，某乙即以票银已废为理由，请求现银取赎，颇滋争执，于此有三说焉：（子说）当事人既订有"无论银价低昂，以票还票"之特约，自应受该特约之拘束，业经大理院统字第九三八号解释在案。况甲于六年八月间向乙取赎时，票银并未作废，不过票价较低而已，倘当时乙准其取赎，何致发生作废之事实。乙既违约拒绝，缠讼累年，则以后银票变为废票，系属自取其咎，相对人当然不负责任。（丑说）当事人虽订有以票还票之特约，然推当日立约之意思，无非为防日后票价低昂之争执起见，若已废之票银，则一钱不值，无低昂之可言，当然不能以废票取赎，自不受该约之约束。（寅说）甲与乙订约时，票银与现银本有涨落，故订此特约后，乙以票银低落之故，拒绝甲之取赎，固属非是。但至八年官票银之竟成废纸，亦非乙所能预料，若因社会经济重大变更之故，令乙一人全部负其损失，亦非持理之平，自应以甲曾向乙取赎日之票价，折合现金，判令取赎，方为公允。以上三说，未知孰是，本厅现有此种案件，濡毫待决，相应电请贵院迅赐解释见复。

湘高审厅印

统字第1009号

民国八年五月三十一日大理院复湖南高等审判厅电

湖南高等审判厅鉴：

漾代电悉！选举诉讼，既准用民诉程序，自应许其和解。

大理院卅一印

附：湖南高等审判厅原代电

北京大理院鉴：

兹有某县商会会长等，以该县初选事务所主任等违法舞弊，起诉地方审判厅，请将初选作为无效，业经原厅受理在案。现据双方呈递和解状结状，请予销案前来。查选举诉讼，系准用民事诉讼程序，民事诉讼采不干涉主义，而选举诉讼关系公权，是否亦采不干涉主义，准予和解？并无先例可循。乞即解释电示，以便令遵。

湘高审厅漾

■ 统字第 1010 号

民国八年五月三十一日大理院复湖南高等审判厅电

湖南高等审判厅：

沁代电系甲说。

大理院卅一印

附：湖南高等审判厅原代电

北京大理院鉴：

马电敬悉！查来电可分两说解释，甲说谓，'并'字为注意的，如木簰现有人居住，应以第三百七十三条第一款论；若在途被劫，应以第三百七十四条第一款论。乙说谓，'并'字为条件的，即木簰有人居住，并须在途被劫，方得第三百七十三条船舰论。究竟何说为是？仍祈电示为盼。

湘高审厅沁

■ 统字第 1011 号

民国八年六月六日大理院复湖南第一高等审判分厅电

湖南沅陵县第一高等审判分厅：

霰代电悉！控诉案件与覆判案件，应分别判决。惟后判罪刑时，前判罪行如已确定，应依《刑律》第二十四条并更定其刑。

大理院鱼印

附：湖南第一高等审判分厅原代电

大理院钧鉴：

今有甲、乙二人，均犯杀人罪，判处徒刑。一在控诉期间，一在上告期间，同时复犯逃监罪，经第一审照案单独判决，送请覆判到厅。如将该两犯上诉与覆判分案办理，待判决后合并执行，似于受刑者蒙加重之害。如将应覆判之案，归入上诉案内合并判决，又于法例无所依据。悬案以待，乞电示遵。

湖南第一高等审判分厅叩霰印

■ 统字第 1012 号

民国八年六月十日大理院复湖北高等审判厅函

径复者：

准贵厅函开：今有甲寄物于乙，乙之子丙，明知物系甲所有权，乘乙外出，与丁共同将甲物窃去，除丁当然成立《刑律》第三百六十七条之罪外，至丙既与乙有父子关系，应否援照同律第三百八十一条第一项免除其刑？敝厅对于此案，现分两说：甲说谓，犯罪重在故意，丙明知物系甲所有权，始起意行窃，虽似侵害乙之监督权，而实侵害甲之所有权，当然照《刑律》第三百六十七条处断。乙说谓，窃盗罪之成立，系以侵害监督权及占有权为标准，并不以被窃者之物，系持有或所有而歧异。如子明知丑、寅寄物于卯而将其物窃去，仍只能成立一个罪名。本案丙虽窃取甲之所有物，而实侵害乙之监督权，丙、乙既有父子关系，则当然照《刑律》第三百八十一条第一项免除其刑。两说相持，莫衷一是，敝厅刻正悬案待决，相应函请迅赐解释见复等因到院。

本院查窃盗为侵害财产监督权之罪，被窃之物，是否为所持人所有，本可不问。故丙虽明知其父所持之物，系他人寄存而窃取，但所侵害者既系其父之监督权，自应按照《刑律》第三百八十一条第一项办理。相应函请贵厅查照。

此复！

■ **统字第1013号**
民国八年六月十日大理院复总检察厅函
径复者：

准贵厅函开：据安徽高等检察厅呈称，"案据铜陵县知事呈称：'职县有甲、乙兄弟二人，因家务争吵。甲系教民，家供圣像一轴，于争吵后，见圣像碎坏，遂指乙暗串多人，扯毁圣像，报告教堂。该堂司铎往查属实，申请提究，业经传案讯明，对于引用条文，有三说焉：（子说）查扯毁圣像，律无处罚明文，按照《新刑律》第十条之规定，律无正条者不为罪，应不负何等责任。（丑说）信教自由，法律所保护，乙暗串多人，竟至甲家扯毁圣像，即系对他人礼拜所实施公然不敬之行为，有伤害公众信仰之程度，应依《新刑律》第二百五十七条处断。（寅说）乙扯毁圣像，系在甲居住私宅内，非对于坛庙、寺观及礼拜所之所为，其负处分之结果，应以毁弃损坏罪论。究以何说为是？案悬待决，请赐解释示遵'等因。据此，查此案论罪科刑，似应以寅说为当，但事关法律解释，职厅未敢擅专，理合备文呈请转院解释示遵"等情到厅。相应据情函送贵院核办等因到院。

本院查《刑律》第二百五十七条所称礼拜所，须为公众致其信仰之所，故意扯毁教民私宅所供肖像，与该条规定不符，自应以损坏罪论。相应函复贵厅转饬查照。

此复！

■ **统字第1014号**
民国八年月日大理院复司法部函
径复者：

准贵部函开：查蒙古案件，在前清之季，系与内地审判之案一律归大理院覆判。民国成立以来，除隶属各省区蒙旗之刑事案件，改由各省高等审判厅或司法筹备处审判处覆判，及阿尔泰地方死刑、无期徒刑案件，经本部呈明由贵院覆判外，其外蒙地方，因《中俄恰克图条约》之结果，情势与前情稍异。所有驻库大员，及各地方佐理员专审或会同蒙古官吏审断之中国属民刑事案件，经本部提出国务会议议决，毋庸覆判在案。惟现据库伦等处所报刑事案件，诸多错误，可否一律适用非常上告程序，以资救济，不无疑义。相应抄录《中俄恰克图条约》，函请贵院查核见复等因到院。

本院查《中俄恰克图条约》第二条，外蒙古本系中国领土之一部。又该条约虽承认外蒙古自治，其官府有办理一切内政之专权，然对于在自治外蒙古之中国属民，所犯刑事案件，无论是否涉及外蒙古人民，统应由中国官吏按照现行法律处断。既系中国官吏，在中国领土行使中国司法权，即非正式法院，其裁判如属违法，仍得依刑事再理暂行援用。各条内关于非常上告程序之规定，提起非常上告，由本院依法纠正，以资救济，而严保护。相应函复贵部查照可也。

此复司法部！

附：司法部原抄一件

大中华民国大总统，大俄国大皇帝，外蒙古博克多哲布尊丹巴呼图克图汗，愿将外蒙古现势发生之问题，公同协商解决，各派全权公使如左：

大中华民国大总统，特派都统衔毕桂芳、驻墨西哥特命全权公使陈箓，大俄国大皇帝，特派驻蒙古外交官兼总领事正参议官亚历山大密勒尔，外蒙古博克多哲布尊丹巴呼图克图汗，特派司法副长额尔德尼卓囊贝子色楞丹汉、财务长土谢图亲王、察克都尔扎布为全权专使，各专使将所奉全权文凭，互相校阅，俱属妥协，议定各款如下：

第一条 外蒙古承认民国二年十一月五日中俄声明文件及中俄互换照会。

第二条 外蒙古承认中国宗主权，中国俄国承认外蒙古自治为中国领土之一部分。

第三条 自治外蒙，无权与各国订立政治及土地关系国际条约。凡关于外蒙古政治及土地问题，中国政府担任按照民国二年十一月五日中俄互换照会第二条办理。

第四条 外蒙古博克多哲布尊丹巴呼图克图汗名号，受大中华民国大总统册封，外蒙古公事文件上用民国年历，并得兼用蒙古干支纪年。

第五条 按民国二年十一月五日中俄声明文件第三条，中国、俄国承认外蒙古自治官府有办理一切内政并与各外国订立关于自治外蒙工商事宜国际条约及协约之专权。

第六条 按照声明文件第三条，中国、俄国担任不干涉外蒙古现有自治内政之制度。

第七条 中俄声明文件第三条所规定中国驻库伦大员之卫队，其数目不过二百名。该大员之佐理专员，分驻乌里雅苏台科布多及蒙古恰克图各处，每处卫队不过五十名。如与外蒙古自治官府同意，在外蒙古他处添设佐理专员时，每处卫队不过五十名。

第八条 俄国政府遣派在驻库伦代表之领事卫队，不过一百五十名。其在外蒙古他处已设或将来与外蒙古自治官府同意添设俄国领事署或副领事署时，每处卫队不得过五十名。

第九条 凡遇有典礼及正式聚会，中国驻库伦大员应列最高地。如遇必要时，该大员有独见外蒙古博客多哲布尊丹巴呼图克图汗之权。俄国代表，亦享此独见之权。

第十条 中国驻库伦大员及本协约第七条所指在外蒙古各地方之佐理专员，得行使最高之监察权，使外蒙古自治官府及其属吏之行为不违犯中国宗主各权及中国暨其人民在外蒙古之各利益。

第十一条 自治外蒙区域，按照一千九百十三年十月二十三号中俄声明另件第四条以前库伦办事大臣乌里雅苏台将军科布多参赞大臣所管辖之境为限，其与中国界线以喀尔喀四盟及科布多所属，东与呼伦贝尔，南与内蒙，西南与新疆省之戈壁，西与阿尔泰接界之各蒙旗为界。中国与自治外蒙之正式划界，应另由中俄两国及自治外蒙古之代表会同办理，并在本协约签字后两年以内起首会勘。

第十二条 中国商民运货入自治外蒙古，无论何种出产不设关税，惟须按照自治外蒙古人民所纳自治外蒙古已设及将来添设之各项内地货捐一律交纳。

自治内蒙商民，运入中国内地各种土货，亦应按照中国商民一律交纳已设及将来添设之各项货捐，但洋货由自治外蒙运入中国内地，应按照一千八百八十一年陆路通商条约所定之关税交纳。

第十三条 在自治外蒙古中国属民民、刑诉讼事件，均由中国驻库大员及驻自治外蒙古各地方之佐理专员审理判断。

第十四条 自治外蒙古人民与在该处之中国属民民刑诉讼事件，均由中国驻库大员及驻自治外蒙古各地方之佐理专员或其所派代表，会同蒙古官吏审理判断。如中国属民为负责者（按此指民事被告而言），或被告人（按此指刑事被告而言），自治外蒙古人民为索偿者（按此指民事原告而言），或原告人（按此指刑事原告而言），则在中国驻库大员及驻自治外蒙古各地方之佐理专员处会同审理判断。如自治外蒙古人民为负责者或被告人，中国属民为索偿者或原告人，亦照以上会同办法。在蒙古衙门审理判断，犯罪者各按自己法律治罪，两造有权，各举仲裁，和平解决争议之事。

第十五条 自治外蒙古人民与在该处之俄国属民民刑诉讼事件，均按照一千九百十二年十月二十一号俄蒙商务专条第十六条所载章程审理判断。

第十六条 在自治外蒙古中俄诉讼事件，俄国属民为索偿者或原告人，中国属民为负责者或被告人，俄国领事或亲往或由其所派代表会审，与中国驻库大员或其代表或驻自治外蒙古各地方之佐理专员，有同等权利。俄国领事或其所派代表，在法庭审讯索偿者，及俄国证见人其负责者，及中国证见人，经由中国驻库大员或其代表或驻自治外蒙古各地方之佐理专员间接审讯。俄国领事或其代表人审查证据，追求赔偿保证，如认为必要时，得令鉴定人声明两造所有之权利，并与中国驻库大员或其代表或自治外蒙古各地方之佐理专员，会同拟定及签押判决词，中国官吏有执行判决之义务。如俄国属民为负责者或被告人，中国属民为索偿者或原告人，中国驻库大员及驻自治外蒙古各地方之佐理专员或亲往或其所派代表，亦可在俄国领事署观审。

第十七条 因恰克图、库伦、张家口电线之一段在自治外蒙境内，故议定将该段电线作为外蒙自治官府完全产业，凡关于在内外蒙交界设立中蒙派员管理之转电局，详细办法，并递电收费章程，及分派进款等问题，另由俄国中国及自治外蒙古所派代表组织之特别专门委员会商定。

第十八条 中国在库伦及蒙古恰克图之邮政机关，仍旧保存。

第十九条 外蒙自治官府，供给中国驻库大员及驻乌里雅苏台科布多蒙古恰克图之佐理专员暨其属员人等必要之驻所，作为中华民国政府之完全产业，并为该大员等之卫队，在其附近处让与必要之地段。

第二十条 中国驻库大员及其佐理专员暨所有中国官员使用蒙古台站时，可适用一千九百十二年十月二十一号俄蒙商务专条第二十一条之规定办理。

第二十一条 一千九百十三年十月二十三号中俄声明文件，声明另件，及一千九百十二年十月二十一号俄蒙商务专条，均应继续有效。

第二十二条 本约用中、俄、蒙、法四文合缮各三分，于签字日发生效力。将来文字解释，以法文为准。

恰克图专使电述，关于赦罪巡拜互换照会稿（正式照会文稿尚未寄到）。奉政府委任以政府名义声明，特准将所有附从外蒙之各蒙人加恩完全赦罪，并准内外蒙人民照旧自由行动居住。蒙人前往库伦为宗教上之巡拜呼图克图汗时政府不加阻止。恰克图专使电述，关于外蒙电线互换照会稿（正式照会文稿尚未寄到），兹协定按照恰克图条约第十七款所载张家口、库伦、恰克图电线内经由外蒙古段落之各电局，应于恰克图条约签订后，最多不得过六个月，由中国局员划归蒙古局员管理。又中蒙电线连接点，应由该恰克图条约第十七款所载之专门委员会定之。

■ 统字第1015号

民国八年六月十二日大理院复安徽高等审判厅电

安徽高等审判厅鉴：

江代电悉！丁虽为丙之生母，但关于承继甲之一点，既与丙利害相反，即不能代为抛弃继甲之权利，丙未经追认，原约即非有效。惟丙对戊，业发生一种之同居继父关系，亦应认其负扶养义务，酌判赡产。

大理院文印

附：安徽高等审判厅原代电

北京大理院钧鉴：

兹有某甲与某乙，系属兄弟，并未析产，相继物故。甲无子，乙遗一子某丙尚幼，乙妻某丁复凭亲邻招赘某戊为夫，照料家事，立有保产文约。并载明"日后生子，以先生之子继甲为嗣，余子始为戊之嗣子"。丁自招戊为夫后，复生三子，亦未添置产业。丁现在物故，丙已成年，与戊意见不合，戊根据入赘时与丁所订契约，主张以其先生之子继甲，丙不承认。究竟丁、戊间所订原约，是否有效？又戊自己别无财产，如原约应认为无效，应否酌量断给财产，以为所生三子生活之需？不无疑义。敝厅现有此项案件，亟待解决，应请迅赐解释，快邮函复为盼。

安徽高等审判厅江印

■ 统字第1016号

民国八年六月十二日大理院复安徽高等审判厅电

安徽高等审判厅鉴：

微代电悉！代诉人仅以函询本人需费时日，为请求回复上诉权之原因，自属不应许可。

大理院文印

附：安徽高等审判厅原代电

北京大理院钧鉴：

兹有某甲与某乙为水利涉讼，甲因住址距审判衙门所在地较远，委任其经理人丙为代诉人。第一审判甲败诉，丙以代诉人名义，代行控诉，控诉审复将控诉驳回。迨判决确定后，甲复遣丙以代诉人名义，具状声明窒碍，请予回复上诉权，状内略称"甲寄居他处，丙接到判词后，不知甲有无上告意思，曾寄函询问，因信函往来，需费时日，致逾上诉期间"云云。查当事人己身不到案，委任代诉人时，所有判词，当然交代诉人收受。至代诉人将判词转交当事人与否，乃该代诉人与当事人间内部之关系。此种事实，不但诉讼相对人不能知悉，即审判衙门亦属无从调查。如经过上诉期后，该当事人以代诉人交阅判词较迟，或代诉人以当事人行迹靡定，未能交阅，均可为回复上诉权之原因。则凡遇代诉人代收判词时，当事人与代诉人伙称该当事人接阅判词时，已届上诉期间，或伙称该代诉人未将判词交阅，该案即永不确定，不无流弊。此案一、二两审，均系丙为代诉人，甲始终并未到案，应否准其回复上诉权？不无疑义。敝厅现有此项案件，亟待解决，应请迅赐解释函复，以便只遵。

安徽高等审判厅缄印

■ 统字第 1017 号

民国八年六月十二日大理院复湖南高等审判厅电

湖南高等审判厅：

第四七六号函悉！如判决系判明乙应偿甲票纹，而乙既于未作废日以前缴厅，乙自不任赔偿损失之责。但判决未说明，只应偿票纹或仅一部指定票纹时，则甲以票价跌落，拒不收受，即属有理，乙应担承损失。

大理院文印

附：湖南高等审判厅原函

径启者：

案据长沙地方审判厅长郭秀如呈称，"窃职厅现有民事执行一案，甲、乙二人，缔结买卖契约，当由甲交付定银二百两，于民国八年二月二十八日三审终结，判令乙赔偿损失及返还定银，共票纹六百九十两，同年三月三十一日，发交执行，当即发执行命令。乙于四月九日，将票纹如数呈缴，遂于是月十一日票传甲来案具领。适湖南省长即于是日出示将票纹作废，兼之乙呈缴时之票纹，价格较甲交付定银时，愈形低落，甲即拒绝收受，提起抗告。究竟此项损失，应归何造负担？于此有两说：（甲说谓）债务人须于债务履行完竣，方能免责。乙虽照判呈缴，而甲并未收受，且乙呈缴时之票纹，价格复较甲交付定银低落，是未依债务之本旨履行，当然不能为谓履行完竣。况于甫行通知时，该票纹即行作废，在甲并无何等过失，而此又为不能预知之损失，依民法法理，亦不能令债权人负责，此项损失，应归乙负担。（乙说谓）乙既照判如数呈缴，自应认为合法提存，纵呈缴时之票纹，价格较交付定银时，虽有差异，只应于相差之限度内，由乙负责。且乙于初次发执行命令时，即行如数呈缴，自无履行迟滞之可言，此项损失，应归甲负担。二说皆言之成理，莫衷一是。理合备文呈请查核，转请解释"等情。据此，查事关法律，自应取统一之解释，相应据情函请贵院迅予解释见复，以便转令遵照，实级公谊。

此致大理院！

■ 统字第 1018 号

民国八年六月十六日大理院复湖南高等审判厅电

湖南高等审判厅：

第五四六号函悉！判决未确定前，乙本无提前收款义务。官票损失，自未便令乙负担。

大理院寒印

附：湖南高等审判厅原函

径启者：

案据慈利县知事呈称，"兹有民事执行一案，甲、乙二人，因赎当业涉讼。民国七年四月十三日，业经职署集讯判决，彼时现金纸币，尚无差异，判令甲照契载价额，出钱一千六百二十六串，向乙取赎，双方咸服，出具甘结在案。五月三日，开始执行。当由甲缴到官票钱一千六百二十六串，传乙具领，乙提起上诉，职署依法准予上诉。常德地审厅于民国七年十一月二日，将该案判决宣布后，甲不服，又上告钧厅，于民国八年三月七日判决确定，已将原卷发还在案，知事遵即派吏于本年五月二日照判执行。惟甲缴由职署封存旧官票钱一千六百二十六串，现已作废，乙拒不收受，甲拒不领还。且呈请照缴款时钱价扣算，彼此各执一理，颇难解决。知事查去年五月，钱价每票一串，值铜元二十余枚，此案究应如何执行之处，理合具文呈请迅示办法，悬案俟遵"等情。据此，事关法律疑问，应取统一解释，用特函请贵院迅赐解释见复，以便令遵。

此致！

■ 统字第 1019 号

民国八年五月三十一日大理院复甘肃高等审判厅电

甘肃高等审判厅：

电悉！贩卖烟土，虽持有土药局收税凭单，倘非行为当时法律明许，仍应依律酌办。民事另复。

大理院卅一印

附：甘肃高等审判厅原电

大理院钧鉴：

宣末贩卖烟土，其行为完成在元年十月前。结果债务，应否受法律保护？并陕西、河南宣末及元年十月后之土药局收税凭单，能否为本案不犯罪证据？案悬待结，请解释示遵。

甘高审厅印

■ 统字第 1020 号

民国八年五月三十一日大理院复甘肃高等审判厅电

甘肃高等审判厅：

前电民事部分，依《禁烟条例》前清末年不违定章之烟土买卖，仍属有效。但交土债务，如在民国元年三月十日后履行，系因法令禁止，给付不能，自可依照债权法则办理。

大理院号印

附：甘肃高等审判厅原电

大理院钧鉴：

宣末贩卖烟土，其行为完成在元年十月前，结果债务，应否受法律保护？并陕西河南宣末及元年十月后之土药局，收税凭单，能否为本案不犯罪证据？案悬待结，请解释示遵。

甘高审厅印

■ 统字第 1021 号

民国八年七月八日大理院复总检察厅函

径复者：

准贵厅函开：案据河南高等检察厅快邮代电称，据开封地方检察厅检察长张荩臣呈称："为法律疑问，恳请转院解释，以资遵守事。查检察官于诉讼上自为被害人时，当然回避。若地方检察长于诉讼上居被害地位时，所属检察官应否回避？有二说焉：（子）检察一体，检察长对于案件有监督所属检察官之权，为保护被告人利益起见，检察官遇检察长为诉讼上被害人之场合，当然回避。（丑）地方检察长，虽监督地方检察官，而检察官处理案件，仍得以自由意思，依法行使职权。现行法例，既无回避明文，当然无庸回避。且地方检察长、检察官，均受高等检察长之监督，其处分或有不当时，被害人尽可据以告发。若案经起诉，又有审判衙门主持公判，更无用其回避。又地方检察长，本得执行检察官之职务，其有代国家行使诉权之责任，与检察官无异。同厅之检察官，既不能以其他检官为被害人声明回避，即对于地方检察长之为被害人，亦无回避之必要。倘地方检察长为诉讼上被害人，不惟国家付与职权，不能行使，影响所及，并所属检察官，全体亦不能行使职权。是以一人之关系，竟使机关因而停滞，恐非立法之本意。此应请解释者一也。刑事被害人，就以一被害事实，于法院指控乙、丙二人。嗣经侦查，甲被害尚属实在，惟系乙所为，与丙毫无关系，徒以乙、丙有兄弟或主仆之关系，明知非丙，故意陷害，此种情形，甲对于丙，是否成立诬告罪？有二说焉：（子）诬告罪以虚构事实为成立要件，甲所诉被害之事实，既非虚伪，丙与乙又有特别关系，是甲之诉丙，因受乙之牵连，虽属非是，但事出有因，当然不能成立诬告罪。（丑）诬告罪以虚伪告诉、告发为成立要件。凡申告之事实，一涉虚伪即成立诬告罪。且细绎本条'虚伪'二字之意，虚者凭空捏饰之谓，伪者变更事实之谓，故所谓虚伪事实，系包含变更事实而言，非仅就凭空捏饰而言。如甲以乙之罪犯事实，意图陷害，一并诉丙，是对于丙指控之事实，与真正事实确有变更，已合虚伪条件，勿论原因若何，如证明其有诬告之故意，当然构成诬告罪。此应请解释者二也。以上二端，颇滋疑义，理合呈请鉴核，转呈总检察厅函请大理院解释，俾有遵循"等语。事关法律解释，应乞转院迅赐解释示遵等情到厅。相应据情函请贵院迅予解释见复，以便转令遵照等因到院。

本院查现行法律，于检察官担任案件，并无如何情形应行回避之规定。惟检察官执务应行注意事项，迭经贵厅通令遵照在案，其于该规则第九条以外情形，应否回避，法律既无明文，自应仍由贵厅或呈部酌核令遵。至诬告罪之成立，以明知所诉虚伪为要件。即令所诉非全虚伪，但其中如有一部分不实，被告人又明知而妄诉，仍属诬告。甲如果明知被害事实，与丙无关，妄行指告，意图陷害，当然构成诬告罪。相应函请贵厅转饬查照。

此复！

统字第 1022 号

民国八年七月八日大理院复河南高等审判厅函

径复者：

准贵厅函开：本年五月十七日，据河南第一高等审判分厅呈称，"今有某甲之子某乙，曾携钱一百串，入赘于某丙之女某丁。嗣某乙病故，某甲遣次子某戊赴某丁家内搜取财物，某丁情急，找向某甲滋闹，将某甲殴伤，是否成立伤害尊亲属之罪？亟待解释，理合备文呈请鉴核，转呈大理院迅赐解释，以便遵从"等情。据此，查钧院有统一解释法律之权，相应据情函转鉴核，希即解释见复，以便转令遵照等因到院。

本院查某甲之子某乙，虽入赘于某丙之家，但某丙之女某丁，既系某乙之妻，自不得谓某甲非其尊亲属。乃将某甲殴伤，当然成立伤害尊亲属之罪。如认为情有可原，固可按律酌减。相应函请贵厅查照。

此复！

统字第 1023 号

民国八年七月八日大理院复甘肃第一高等审判分厅函

径复者：

准贵厅函开：兹有某甲当获某乙之地，甲之亲属四家，分段耕种，地中有四家走路一条。后某乙将地向甲赎回，转卖于丙，丙将路径掘断，甲查知阻挡，彼此口角，丙同其子丁强以粪灌甲。丙、丁灌粪之所为，律无明文规定，应如何处断？伏乞钧院迅赐解释，悬案以待，等因到院。

本院查丙、丁强以粪灌甲，若有伤害或私擅逮捕监禁行为，自应依《刑律》各本条处断。如果无此情形，仅得援照《违警罚法》第五十条第一款科罚。相应函请贵厅查照。

此复！

■ 统字第 1024 号
民国八年七月八日大理院复湖北高等审判厅函
径复者：
准贵厅函开：本厅对于《惩治盗匪法》第四条第三款掳人勒赎之罪犯，应否褫夺公权，意见分歧。甲说谓，掳人勒赎罪，按照大理院统字第六四八号，暨第二三四号解释，应依《刑律》第三百八十条褫夺公权。乙说谓，掳人勒赎，在《刑律》本法上强盗罪之规定，并无相当正条可资依据，能否援引第三百八十条褫夺公权？实属待决问题。如果强盗犯掳人勒赎之罪，系属强盗与掳人勒赎两罪俱发，固可援引第三百八十条褫夺公权。若仅单纯犯掳人勒赎之罪，并无强取之事实者，则在《刑律》本法上，既无相当正条。而就其类似条文求之，亦不外二种，例如掳年满二十岁之男子勒赎者，在《刑律》上似只与私擅逮捕及诈欺取财俱发罪之性质相同（参观大理院二年统字第三号解释，虽在《惩治盗匪法》未公布以前，亦可互相发明。但其中关于褫夺公权之规定，除三人以上共犯单纯掳人勒赎罪，可依《刑律》第三百八十九条褫夺公权外，如系一人或二人单纯犯掳人勒赎罪，则依《刑律》第三百四十八条，及第三百八十九条，均只在得褫夺公权之列）。又如掳年未满二十岁之男子，或妇女勒赎者，在《刑律》上似只与略诱营利罪之性质相同（查《刑律》第三百五十六条，关于略诱营利，本在褫夺公权之列），准是以谈，掳人勒赎之罪质，无论依文理或论理解释，既核与《刑律》强盗各条之犯罪性质，不相关涉，则其褫夺公权，不能援引第三百八十条处断，似无疑义，无已。惟有视其所掳者为年满二十岁之男子，并构成三人以上共同勒赎之要件，则援引《刑律》第三百八十九条褫夺公权。若其所掳者，为未满二十岁之男子或妇女，则援引《刑律》第三百五十六条褫夺公权，较为近理。丙说谓，《刑律》第九条，本律总则，于其他法令之定有刑名者，亦适用之，但有特别规定者，不在此限。是其他法令对于《刑律》上之适用范围，要件凡三：（一）须定有刑名者；（二）须以总则为限；（三）须无特别规定。至褫夺公权，均系于《刑律》分则内分别规定，即与《刑律》总则无涉，自必以其他法令，已定有褫夺公权，或得褫夺公权之明文者，始得适用《刑律》总则第四十六条及第四十七条之规定。《惩治盗匪法》内，并无褫夺公权之明文，依大理院四年统字第二六一号解释，系谓'该法虽未规定褫夺公权，依加重法文之性质，仍尽本法办理'云云，所谓本法者，系指《惩治盗匪法》第二、第三两条所列举《刑律》各条之本法而言，其为《刑律》本法内所无者，即无褫夺公权之根据可言。又按大理院四年统字第二三四号解释，系谓'查减处徒刑之特别法，盗犯应适用《刑律》第三百八十条、第四十六条宣告褫夺公权'云云，所谓特别法盗犯者，亦系指《惩治盗匪法》第二条、第三条所列举《刑律》第三百七十三条、第三百七十四条、第三百七十六条之各盗犯而言。盖《刑律》第三百八十条，系载'犯第三百六十八条至第三百七十六条之罪者，褫夺公权，其余得褫夺之'云云，故《惩治盗匪法》上之非盗犯，则亦无援引《刑律》第三百八十条之根据可言。又按大理院六年统字第六四八号解释，系谓'冬电情形，应褫夺公权，希参照本院统字第二三四号解释'云云。查所附四川高审厅冬电，系专指犯《惩治盗匪法》掳人勒赎之罪而言，仅就大理院马电所载'冬电情形，应褫夺公权'二语，断章取义，固似掳人勒赎，亦应褫夺公权，而合下文'希参照本院统字二三四号解释'一语观之，则大理院第六四八号解释，仍与其第二三四号及第二六一号之解释，先后一致。盖《惩治盗匪法》第一条第二项，已明载称'强盗者，依《暂行刑律》所定，称匪徒者，谓有第四条各款情形之人'云云，是除第二条、第三条所列各罪，有《刑律》本法可援外，其关于第四条所列各款之罪，则在《刑律》本法上，均无相当之正条可资依据。掳人勒赎，既为《惩治盗匪法》第四条第三款，即与《刑律》第三百八十条，毫无关系。盖大理院解释法律原文之真意，系就《刑律》本法有褫夺公权之规定者，依加重法之性质，仍尽本法办理。若《刑律》本法，并无相当正条可援者，当亦不能类推及之，参观大理院六年统字第六一零号解释，似可互相发明。至乙说主张，仍未免近于类推，即亦难认为正确之根据云云。以上三说，究以何说为正当？相应函请钧院详赐解释，俾资遵守等因到院。

本院查《刑律》强盗罪所称强取，如以强暴胁迫，使人不能抗拒而交付财物者，亦在其内。《惩治盗匪法》之掳人勒赎，固以强暴胁迫，使人不能抗拒而交付财物，与《刑律》强盗罪尚无不同，自系《刑律》强盗罪之加重规定，故应依《刑律》强盗罪褫夺公权。乙、丙两说，均有误会。相应函请贵厅查照。

此复！

■ 统字第 1025 号

民国八年七月九日大理院咨司法部文

为咨复事：

准贵部咨开：查公诉权之消灭，《刑事诉讼律草案》第二百五十九条，规定綦详。现该草案虽未全部颁行，而实际上遇有公诉权消灭情形，亦多准据该草案条文办理。例如同条第一、第三及第六、第七各款所载，民国以来京外各法院办理此种案件，数见不鲜，即其明证。贵院判例所认公诉权消灭之原因，是否即以第二百五十九条所列举者为限？相应咨请查核见复等因到院。

本院查公诉权消灭之原因，在现行法令，既无明文规定，斟酌条理，自可以《刑事诉讼律草案》第二百五十九条所列各款为标准，本院于此外尚无他项先例。相应咨复贵部查照。

此咨！

■ 统字第 1026 号

民国八年七月十四日大理院咨司法部文

为咨复事：

准贵部咨开：查《覆判章程》第一条规定，"兼理司法事务之县知事审判左列刑事各案件，于上诉期间经过后五日内呈送覆判"云云，其立法本意，在纠正初判之错误与否，并不以被告人或原告诉人意思如何而受影响。本部四年第六零一九号批示，暨贵院统字第九五二号解释，对于声请注销上诉案件，许其无庸详送覆判者，彼时无非为减少诉讼，藉省烦重程序起见。惟查注销上诉案件，审判衙门多以决定行之，而于案中之情罪，是否相符，法律有无违误，俱未审查，一经报部，错误迭出。若一一于判决确定后，提起非常上告，或令请求再审，程序上更不胜其烦。此项案件，救济方法，似应以仍送覆判为宜。相应咨请贵院查核，量予变更前项解释，藉昭慎重等因到院。

本院查《覆判章程》第一条规定，"刑事案件，未据声明控诉者，于控诉期间经过后，呈送覆判。"则从文理解释，自以贵部四年第六零一九号批暨本院历次解释，认为一经控诉，即无庸更送覆判为是。惟设立覆判制度本意，在审核纠正初判之错误，若控诉后又经撤销等案，即不更送覆判，则此种初判，有无错误，自仍不能审核纠正，与立法本意，亦未尽合。本院见解，嗣后凡已控诉，始终未经控诉审就实体上审理之案件，虽在终结并上诉确定之后，均应仍送覆判。相应咨复贵部查照可也。

此咨！

■ 统字第1027号

民国八年七月十一日大理院复广西高等审判厅函

径复者：

准贵厅函开：查《国有荒地承垦条例》附则第三十条载，"本条例施行前，私垦荒地未经补价者，须于本条例施行六个月内补缴地价"等语，是垦熟荒地，须于该条例施行后六个月内照例补价，方许管业。如逾期限，即不在许补之列，此系明文规定，似无疑义。兹有人民私垦荒地已久，惟补价稍逾日时，或竟未补价，讼案发生后，始知《垦荒条例》内有补价办法。此种情形，如不许其补价，似乎不情，如竟许其补价，又与上述定例不符。悬案待决，相应函请贵院明白解释，俾有遵循等因到院。

查该条例第三十条虽明定补缴地价之期，但并未说明逾期不缴，即当然将地收回国有。故补价逾期，仍得定相当犹豫期间，令其补缴。相应函复贵厅查照可也。

此致！

■ 统字第1028号

民国八年七月十一日大理院复奉天高等审判厅函

径复者：

准贵厅函开：查民国二年三月间，奉前奉天都督张函请通行《奉天田房税契章程》，典当逾二十年不准抽赎等因，当经本厅转请钧院解释示遵。旋奉铣电开：文电均悉，《田房税契章程》典当逾二十年不赎者，即作绝卖，自应以时效原理解释。凡找价在二十年内者，认为时效中断，找价在二十年外者，无中断效力时效，认为完成。惟推察事实，当有找价在二十年内，而当事人意思有确证可以认定其即为卖绝者，应即以卖绝论等因到厅，早经通行遵办在案。惟查原文所拟各办法，列有逾限既不准原主回赎,届限即应由典主遵章过割投税,倘典主匿不投税,一经诉讼,仍断准原主回赎等因。关于此节,尚有疑义,究竟届限典主未曾过割投税,能否断归原主回赎?本厅未敢擅专,相应函请钧院查照,希将民国二年本厅转请解释各办法原文,详细赐复只遵等因到院。

本院查《奉天田房税契章程》,只有典主届限不税,照漏税罚办之规定,自无典主匿不投税,即许原主仍能回赎之理。前请解释原文所列办法,碍难认为正当。相应函复查照可也。

此复!

统字第 1029 号

民国八年七月十一日大理院复江西高等审判厅函

径复者:

准贵厅函称,案据乐安县知事沈文杰呈称,"职县今有某甲与某乙寡妇苟合有孕,凭媒婚娶,六月而生子丙,父母均认为己子,欲登谱牒,族人群议阻止,某甲诉县请示。窃查现行律卑幼私擅用财条,分析家财田产,奸生之子,依子量为半分,如别无子立,应继之人为嗣,与奸生子均分,无应继之人,方许承继全分。关于此点,有数疑问。本案乙妇与甲,先以苟合有孕成婚,六月而生丙,则丙是否以奸生子论?此应请解释者一。若丙以奸生子论,遇甲别有嫡子及嗣子者,则丙仅有财产权利,并无继嗣身份,既不能继嗣,是否即不能登谱?此应请解释者二。本案争执,虽谱牒问题,非财产继嗣问题,然此日谱牒之根据,即他日财产继嗣之标准。某甲日后有无别子,虽不可知,而宗族繁衍,自有应继之人。若以奸生子视丙,于登谱一节,暂从缓议,惟听其收养,不许逼逐,日后分给财产按律平均,似可以息争端而符法意。此应请解释者三。以上数端,职县无从依据,悬案以待,除批示外,理合具文呈请,俯赐解释遵行"等情。查该县来呈情形,可分为甲、乙两说:甲说谓,现行律于奸生之子,除准分受财产外,其父如无别子,是否并许立以为嗣,虽无明文可资依据,然参照卑幼私擅用财律,关于奸生子与嗣子均分家产之规定,似立奸生之子为嗣,为现行律所不许。此案某丙系某甲奸生之子,依律既无为嗣之资格,即无准其登谱之必要。乙说谓,我国族制,素视血统为重,因之各姓宗谱,惟以异姓乱宗,悬为禁例。奸生之子,既与其父有血统关系,似与养子之抱自异姓者,不能相提并论,故以奸生之子登谱,尚不在应行禁止之列。此案某丙如经某甲确认为其奸生之子,自可请求为某丙登谱。以上两说,究以何者为是?事关法律疑义,相应函请贵院,迅赐解释见复,俾便转令遵照等因到院。

本院查子因父母之正式婚姻,即取得嫡子之身份。所询情形,自不能仍以奸生子论。相应函复贵厅,转饬遵照可也。

此复!

■ 统字第 1030 号

民国八年七月十一日大理院复甘肃高等审判厅电

甘肃高审厅：

审字三九号函悉！请查照号电判乙丙赔还银两。

大理院尤印

附：甘肃高等审判厅原函

径启者：

案据山丹县知事呈称，"今有乙、丙二人，于前清宣统元年，各向甲订立契约，借银若干两，定期于是年十一月以内，与甲给付烟土若干两，无论烟土价值涨落，双方均无异议。无如至期甲之家中有事，而又与乙、丙距离千里，未及照约请求乙、丙履行。过后，甲曾继续以书函向乙、丙催索，乙、丙亦未应付。延至民国八年，甲始亲来乙、丙住地，面请乙、丙照约履行，乙、丙声称'原立契约，纯粹支烟，并非债务，况有一定之期限，甲既至期不行使其权利，烟土现已成为禁物，实属无法履行。至于偿还原借银两，又系契约以外之行为，不能承认'等语，此乙、丙方面之所主张也。甲则声称'虽未至期照约请求乙丙履行，然曾继续以书函向乙、丙催索，是对于自己之权利，并未抛弃。但烟土现虽成为禁物，事实上似难强迫。在契约之效力即失，而贷借之关系未除，应请乙、丙偿还原借银两，不能损失利益'等语，此甲方面之所主张也。两造各执一词，互相起诉到县。窃查此案甲、乙、丙订立契约，买卖烟土之未遂行为，既在《刑律》颁行以前，揆诸不溯既往之原则，自无刑事上何等责任之可言。惟此案情形复杂，原、被两造，似皆言之成理，现在《民律》既未颁布，实无成文法可以根据，究应如何裁判之处？知事未敢擅便，悬案以待，理合呈请钧厅俯赐解释示遵，实为公便"等情。据此，查来呈所述情形，似应以甲之主张为正当，惟事关法律解释，本厅未便擅专，相应转请钧院迅赐解释，以便饬遵。

此致大理院！

■ 统字第 1031 号

民国八年七月十日大理院复山东高等审判厅函

径复者：

准贵厅函开：案据蒲台县知事谢建基效日快邮代电称，"今有甲、乙自幼凭媒聘定婚姻，互传婚束，并无财礼，已逾十余年，尚未过门成亲。兹因乙发见甲之子丙，系属天阉残人，意在离婚另配，免误乙女终身，诉请官厅传验，证实判断。当经验明甲子丙，现届成丁十六岁，躯干魁伟，茎物肾囊俱全，惟茎物须用手按之，仅露出寸许，确异常人，而甲、丙反对离异，固否认为残人，颇属疑问。此种案情，究应如何判断之处？实难决定。理合据情呈请鉴核，俯赐转请解释指示遵行"等情到厅。事关法律解释，相应函请钧院查核示复等因到院。

查所询情形，自系残废，应查照现行律男女婚姻各条办理。

此致！

■ **统字第 1032 号**

民国八年七月十日大理院复山东高等审判厅函

径复者：

准贵厅函开：前据临淄县知事舒孝先快电代电称，"今有某甲无子，并无昭穆相当之侄可以立继，虽有侄孙乙、丙、丁多人，能否以乙、丙、丁已故之父虚名兼祧，俾便承继"等情，请示到厅。当经敝厅指令查已死之人，因辈次关系，立为人后，而以其子作为嗣孙，此种习惯，久经大理院采为判例，则以已故之胞侄虚名兼祧，即以侄孙作为嗣孙，自无不可，知照该县在案。兹又据该知事代电称，"接阅六月七日《政府公报》载大理院复河南高审厅函内载'死者不能立为人后，以孙祢祖，即非合法'等语，奉令前因。查前项虚名待继判例在先，六月七日报载解释在后，究应如何遵行之处？合再电请鉴核示遵"等情前来。查此项问题，判例与解释，微有差异，究应如何遵办？相应函请钧院查核示复，以便转令遵照等因到院。

查虚名待继，与以孙祢祖不同，判例所称依律认虚名待继为有效，尚未准令已故之人，得以出继。所询情形，应请转令查照本院复河南高审厅解释办理（见六月七日《政府公报》）可也。

此复！

■ **统字第 1033 号**

民国八年七月十五日大理院复安徽高等审判厅电

安徽高等审判厅：

养电悉！本院近例，关于动产之强窃盗罪，系以盗取财物已未入手为既遂、未遂标准。

大理院寒印

附：安徽高等审判厅原电

大理院钧鉴：

盗伙撞门未开，经事主鸣锣喊捕，匪惧逸去，应否以强盗未遂论？乞电示遵。

皖高审厅养印

■ **统字第 1034 号**

民国八年七月十六日大理院复山东高等审判厅函

径复者：

准贵厅宥代电开：据福山地审厅祃电称，"查《刑律》四十四条所谓执行实有窒碍，似应从狭义解释。兹有案犯因父病垂危，商铺将倒，影响及于生活，请求易科罚金。此种情形，应否认为实有窒碍？乞转电大理院核示遵行"等情。据此，查事关法律疑义，相应转请贵院迅赐解释，以便饬遵等因到院。

本院查《刑律》第四十四条所称窒碍，应从严格解释，除因执行国家或社会必受重大损害，现无他法足资救济者外，余均不应许可。损害国家利益之例，殊不常见，至损害社会利益之例，如该受刑人之祖父母、父母老疾，家无以次成丁，而依其为生活，或受刑人系孀妇，家有幼小，并无亲友可代为养育者，均得酌夺案情，认为窒碍，准其收赎。但藉此为护符，屡经犯罪者，害及社会之利益更大，仍不得允赎。至受刑人一身关系，现在《刑诉草案》"执行编"，既经暂准援用，依照该编第四百八十七条及第四百八十九条，尽有救济余地，毋庸适用第四十四条规定办理。相应函复贵厅查照。

此复！

■ 统字第 1035 号

民国八年七月十八日大理院复安徽高等审判厅电

安徽高等审判厅鉴：

佳代电悉！在筹备处声明上诉，仍应以有合法声明论？惟筹备处裁撤多年，并未向厅补诉，是否有意舍弃，可审究情形，分别判断。

大理院巧印

附：安徽高等审判厅原代电

北京大理院钧鉴：

兹有甲、乙二人，于民国二年，因公产涉讼，经第一审于是年判决后，乙曾向前司法筹备处声明不服，并未在上级审判衙门依法上诉，亦未经续向筹备处告争。迨至民国七年，复向第二审衙门声明控诉，可否认为上诉期间未经消灭？抑或认为已经确定之案？不无疑义。乞速赐解释示遵。

安徽高等审判厅佳印

■ 统字第 1036 号

民国八年七月二十一日大理院复山东高等审判厅函

径复者：

准贵厅第八五九号函开：案据济南律师公会呈称，"为呈请转详大理院详细解释会则，以便依遵事。窃查《修改律师公会会则》第二条内载，本会会员，依《修正律师暂行章程》第一条第一项及第九条至第十一条之规定，在各级审判衙门及特别审判衙门，并各县地方分庭，均可到庭执行法定职务。第不知所载特别审判衙门，究指何项衙门而言，规定颇欠明了，依从殊多困难。且会则之设，原为便于应用，平时无特别事项发生，固无问题可言。脱令偶有事故，究将何所适遵？事关司法，未便稍事含混，用谨依据《修正律师暂行章程》第三十二条，经本会议决，请求钧厅转呈大理院，将会则所定特别审判衙门，究指何项衙门？详予解释，以便依遵，实为公便等情。"据此，相应函请钧院俯准解释，俾便转令遵照等因到院。

查《修正律师暂行章程》第一条第一项所谓"并依特别法之规定，在特别审判机关行其职务者"，当指平政院及其他受理特别诉讼之审判衙门而言。相应函复贵厅转饬查照可也。

此复！

■ 统字第 1037 号

民国八年七月二十四日大理院复江苏第一高等审判分厅电

江苏淮安第一高等审判分厅：

感代电情形，仍得宣示判决。其他程序，亦可按照定章办理。

大理院敬印

附：江苏第一高等审判分厅原代电

大理院鉴：

据东海县知事快邮代电内称，"清江高等审判分厅长钧鉴，现有刑事案审理终结，当庭谕知被告人于某日到庭宣示判决。届期被告人闻知判罪，避不到庭，饬传无着，可否径予牌示判决，并将判决书送达被告家属，自牌示之翌日起算。俟上诉期满后，呈送覆判，一面缉拿该被告依法执行？悬案待决，伏乞核示只遵"等情到厅。查解释法律，贵院有统一职权，相应据情电请贵院解释，悬案待决，乞速赐复，以便转令只遵，实为公便。

江苏第一高等审判分厅感印

■ 统字第 1038 号

民国八年七月二十四日大理院复湖北第一高等审判分厅电

湖北宜昌第一高等审判分厅：

蒸代电情形，奸妇果系因奸酿成他罪，奸夫奸罪亦应论断。

大理院敬印

附：湖北第一高等审判分厅原代电

大理院钧鉴：

奸妇因奸酿成其他犯罪，奸夫不知情，除奸妇依《补充条例》第七条并论奸罪外，其奸夫应否论和奸罪？案悬待决，谨快邮代电，恳解释电遵。

鄂第一高等审判分厅叩蒸

■ 统字第 1039 号

民国八年七月二十四日大理院复浙江高等审判厅电

浙江高等审判厅鉴：

谏代电悉！民事当事人，既将甲、乙两项争执合并一诉，关于甲项，控诉人纵无不服，被控诉人要可提出附带控诉，亦无逾期可言。

大理院敬印

附：浙江高等审判厅原电

大理院钧鉴：

兹有控诉人与被控诉人因有甲、乙两项（并无相互关系）争执涉讼，现被控诉人对于控诉人已折服甲项争执之部分，逾期后复声明附带控诉，能否认为合法？乞俯赐解释，俾资遵循。

浙江高等审判厅谏印

■ 统字第 1040 号

民国八年七月二十五日大理院复总检察厅函

径复者：

准贵厅函开：案据浙江高等检察厅呈称，据丽水县知事钱诵檠上月俭日代电称："今有甲犯强盗罪，依甲之祖训（该祖训载明'谱内凡忤逆不孝，经父母、祖父母送官有案者，或从乱匪，或从强盗及偷窃确有实据者，或亲属犯奸有据者，均革出族外，免玷家声'云云），除送官惩究外，并应革族，不得享有本族公共权利（即每丁分内若干及入祠与祭之权利）。当因事已发觉，经官惩究，即由族公议将甲革族，并于谱内注明甲之子孙，永远不认为族人。四十年后，甲之子孙乙，忽向本族要求恢复原状，因不见允，涉讼到县。或谓，革族云者，即《刑律》上褫夺公权之别名，此权惟国家有之，若家族则不过一私团体耳，何能僭用国家之权？况经官惩究，已有相当之处分，若再准其革族则是一罪而有两个处分，殊与法律相抵触，此项请求，应认为有理由。或谓，革族云者，仅本族公共权利不得享受耳，《刑律》所列各项公权，该族并不过问，仍听国家处分之。何得谓为僭用？又何得谓一罪而有两个处分？况查该族祖训，并具二美，即（一）足以惩败类，（二）足以奖善良，匪特不与法律相抵触，并可为其后盾，藉资补助以救法律之穷。司审判者，得于该族祖训，当如何维持之，庸可徇情而听其破坏耶。即退一步而言之，其破坏与否，姑置勿论，但事在四十年以前，一旦而废之于四十年以后，其如法律不溯既往之原理何？此项请求，应难认为有理由。或谓，该族祖训，固当维持，不可破坏，惟甲之犯罪，只可将甲革族，甲之子乙，并无犯罪行为，乙之后裔，更无论矣，何得永远不认为族人？今顾不然，既伤人道，又背祖训（该族祖训并未载有'子孙永远革族'字样）。此种处分，无论逾若干年限，一经甲之后裔请求，即应代为更正，准其自新，岂得藉口于法律不溯既往，而认为毫无理由？以上三说，似应采用最后者，但无法律之根据。知事未便臆断，应请迅赐解释，俾便遵守"等情。据此，除指令外，理合呈请转院解释示遵等情到厅。相应据情函请贵院解释示复，以便转令遵照等因到院。

本院查革族既系根据族规，不许享有本族公共权利，自应认为有效。惟此种族规，当无牵连及于子孙之理。犯规被革之人，若其子孙果系良善，并无该当族规所定各情形，亦可向其族众（得以族长为代表）请求准令复族。若两造争执不能自决，并得提起民事诉讼。相应函复贵厅转饬查照可也。

此致！

■ 统字第 1041 号

民国八年七月二十六日大理院复浙江高等审判厅函

径复者：

准贵厅八年民字第二五八号函开：据新昌县知事余文燏呈称，"查现行例载，'无子者许令同宗昭穆相当之侄承继，先尽同父周亲，次及大功小功缌麻，如俱无方许择立远房及同姓为嗣。又应继之人，平日先有嫌隙，则于昭穆相当亲族内择贤择爱，听从其便。又如可继之人，亦系独子，而情属同父周亲，两相情愿者，取具阖族甘结，亦准其承继两房兼祧'各等语。综绎例意，应继次序，本有定则，例外许其择贤择爱，必以应继之人，平日先有嫌隙者为条件。今如被承继人及守志之妇，俱已丧亡，由亲族公议立嗣，本应依照法定顺序，无择贤择爱之例外可言。但被承继人之同父周亲，只有继子，别无大功小功缌麻服侄，此继子因被承继人夫妇俱故，事实上无同意之可言，能否依照顺序最先之例，令其兼祧？如许其兼祧，而族中拘于独子不能出继之说，不肯同意具结，能否以裁判代之？请解释者一。如前项继子不许兼祧，而族中少数人，另立一本房缌麻以外之服侄。此服侄之祖，与被承继人父，积有仇隙，生平不睦。被承继人故后，又与同父周亲争继涉讼，为族中多数人所不认，于是又于本房之外，另立一服侄，此服侄房份较远，争继积嫌之人，能否以舍亲及疏之理由，提起告争？抑亲族代行立继之时，亦得适用择贤择爱之例外，不必拘于顺序？请解释者二。亲族会之组织，现行法例，并无规定，依大理院六年统字第六二三号公函，应根据习惯办理。如习惯上应以被承继人本房房长、族长酌定，而事实上本房房族多系争继涉讼有案，应否令其回避？如回避之人，适为房长、族长，而亲族中又有故意作难，有所希冀者，能否由审判衙门，不论亲疏远近，调查族中合格之人，如宗祠中之总理干首等，令其组织会议？请解释者三。以上三端，办理俱极困难，新邑适有此种案件，亟待解决"等情到厅。事关法律疑义，理合转请钧院俯赐解释，俾资遵循等因到院。

　　查继子如合于兼祧条件，亦许兼祧。亲属会议，虽无择贤择爱之可言，而体察死者之意思，根据从前之事实，如承继最先顺位，本因其先代之关系确系与之素有嫌怨，则立次顺位者，亦无不可。至亲族会议，有利害关系参与争讼之人，固应回避，惟若系族长、房长个人应回避时，可令根据惯例，另行公选代表与议。若应行回避情形一方或两方，均涉及全房之族众，即系会议不能成立，自可由审判衙门依上开条例，秉公酌定。案经判决确定，发交执行者，执行衙门亦可亲自召集会议，或亲临监场，以完程序。相应函复贵厅，转饬查照可也。

　　此复！

■ 统字第1042号

民国八年八月七日大理院复杭县律师公会电

杭县律师公会：

七月十日代电悉！审判官应查明犯罪事实是否与法定要件相符，即诬告罪亦然。

大理院鱼印

附：杭县律师公会原电

大理院公鉴：

据本会会员王晟倪本章，以虚伪告诉、告发或报告为诬告罪之要件，如不查明事实，是否虚伪？是否与《刑律》第一百八十二条之法意相符？乞转请解释等情。当付本年第九次常任评议员会议决，照转请贵院明晰解释，电复至盼。

杭县律师公会

■ 统字第 1043 号

民国八年八月六日大理院复山东高等审判厅函

径复者：

准贵厅函开：查《刑诉律》第五百零一条之规定，"缓刑之谕知，应于谕知刑罚时，以判决行之。"兹有覆判案件，原县于宣示判决后，又因其他请求，宣告缓刑，核与上开规定不符，当然认为违法。惟原判结果，尚属允当，其缓刑部分，对于判决结果之当否，初不受其影响。若因宣告缓刑程序违法，遽将原判更正，是竟以程序不合，而摇动适法判决之基础，揆诸法例更正，究有未合。查原判既尚允当，则维持适法之判决，撤销违法之缓刑，于理论上似亦可通，但按诸《覆判章程》，此等办法，又复无所根据，究应如何办理，方臻妥善？应请速赐解释，以便遵循等因到院。

本院查《刑事诉讼律草案》"执行编"，虽经呈准援用，然于县知事并无亦应援用明文，但可按照条理及本院统字第一百五十七号解释，于量刑时一并审核，如应予缓刑，即与刑罚同时宣告。惟原县既经另予宣告缓刑，如果缓刑尚无不合，在判处罪刑判决内，亦未载明不应准许，则覆判审固得以更正判决，纠正其程序之违法，即将两次判决撤销，更为判决。若其缓刑亦系违反法定条例，或覆判审认为毋庸宣告缓刑，应予撤销，是初判实有事实不明，或引律错误，致罪失出之情形，自应为覆审决定。相应函复贵厅查照。

此复！

■ 统字第 1044 号

民国八年八月七日大理院复浙江高等审判厅函

径复者：

准贵厅函开：查《刑律》窃取他人所有物罪，一般学者，对于物之解释，均以可动物为限，惟牧野英一则谓动产均得为窃盗之目的物。贵院新近判例及解释，与牧野之说相同，本厅自应遵从贵院之解释，以为办案之标准，但于适用之际，尚滋疑义，故特举下列三点，再行函询，伏乞迅予解释，俾得遵循等因到院。

本院查不动产之窃盗罪，应以犯人就不动产已以自己或第三人（真正所有人以外）所有之意思，行使所有人之权利（处分及占有之，而收益所用）为既遂，不能仅以占有与否为既遂未遂之标准。若朦混过户，仅系以诈欺方法取得官署一种公之证明，并非即为取得权利之惟一根据（有反证时，公之证明亦可不采），与以诈欺方法使官署为错误判决，而取得财物之权利者，显有不同，不能谓系诈财，然亦不得谓其即系行使所有人之权利。本院统字第九百六十四号解释，系因来文只称甲、乙、丙等将丁土地假丁名义盗卖于戊，并未叙明对于土地除盗卖行为外，尚有其他如何行使权利之事实，故认此种盗卖行为，应斟酌现行土地所有权移转成例，以行使权利论，非谓不动产之窃盗，应以移转所有权为既遂。来文又谓过户即我国现行土地所有权移转之制，亦属错误，据本院判例，除关于赠与行为有特别例外外，移转不动产所有权，依我国一般惯例，应以双方正式立据为已足，其是否过户及移转占有，本可不问。故以处分行为为方法，窃盗他人土地者，一经正式立据出卖，即应成立犯罪。若就一般言之，当然以开始行使所有人权利为着手实施。如以自己或第三人所有，私擅处分占用或收益他人土地之意思，伪造契据，朦混过户，仅得认为窃盗预备。又于窃盗之后，因所有者出而告争，复伪造文书行使之，以图抵制，显非窃盗之方法，亦非窃盗当然之结果，应即依《刑律》第二十三条处断。相应函请贵厅查照可也。

此复！

■ 统字第 1045 号

民国八年八月七日大理院咨财政部文

为咨复事：

准贵部咨开：上年十二月间，据晋北榷运局转据包头运销局呈称，"据隆兴长卡电称：'鸿裕祥由河西支局领二等白盐牌照，并无报税，在八板水道假冒盐局名义，说立支局，售卖私盐，遍贴布告，恶罚良民甚多，业经派人会同北区警佐，将伪局长解光前并巡勇等六名拿获'等情。当即电饬该卡将该犯人等备文送县，并经转函五原县尽法惩办。兹复开此案业经迭次开庭审理，讯据解光前、刘洪挠、孙贞祥等贩运私盐，无可讳饰。惟诈财一节，讯无确供，已按照《私盐治罪法》第二条第一款，各判处五等有期徒刑四个月，业于本月十三日发监执行。至局役侯清亮、樊清子、马荣贵等三名，讯无帮助解光前等诈财行为，已分别取保开释。除私盐两石已交隆兴长卡处置外，所有该犯马三匹，应按律没收，作为司法收入等因，呈请核示"等情，转呈到部。当以此案没收私物，与普通私物不同，令饬援照民国六年十二月间，本部呈准私盐没收变价办法办理，毋庸作为司法收入，转行遵照在案。兹据复称，"此案业经饬据该局卞转准五原县公署咨开，此案准经呈奉审判处指令内开，司法官署或兼理司法事务之县知事，审理私盐案件，依《私盐治罪法》第九条没收之盐，及供犯罪所用之物，除关于私盐之处置，别有规定外，其余各物，即应依法办理。惟此案没收之马匹，既起有争议，当经电奉大理院文电内开，没收私盐其余各物，应按照三年四月司法部没收物处分规则办理等因。查财政部呈准办法，系对于没收私盐之特别规定，而于其余各物，并未叙及。详绎院电意义，是私盐应按照财政部呈准办法处置，没收之马匹，应按照司法部没收物处分规则办理，作为司法收入等因，咨请查照办理"各等因，呈转前来。查民国六年十二月本部呈准声明私盐没收变价办法案内，对于没收私物之变价，漏未叙及，故此次山西高审厅奉贵院文电，将此案没收之马匹，作为司法收入，于法理甚属相符。惟查善后借款合同，系以全国盐务收入作抵，私盐私物变价充公之款，系盐务收入之一种，向来各省缉私营队缉获私盐，及连带所获之物品，均由稽核人员会同盐务官署遵照民国三年十二月二十九日教令公布《缉私条例》第五条之规定，分别变价，除提成充赏外，归入盐务项下报解充公，历经办理有案。是私盐案内所获物品，与普通案件所没收之物品，办法本不相同。民国六年十二月，本部呈准私盐没收变价办法一案，司法部允将私盐变价之款，移作盐务收入，系为事实上困难起见。今若将私物变价之款，仍归司法收入，既与善后借款合同不符，恐生窒碍。相应咨请贵院查照私盐没收变价特别之规定，再予声明解释，通行各审判机关遵照，至级公谊，并希见复等因到院。

查本年四月十二日，本院复绥远都统署审判处文电所云没收私盐，及其余各物，应分别按照六年十二月十日公报登财政部呈准办法，并三年四月司法部没收物处分规则办理者，原以贵部呈准办法及司法部没收物处分规则，分别规定甚明，毋庸再事解释，故仅指示应适用之法令而止。兹准前因，贵部以私盐案内，连带所获之没收物品，应改归盐务收入，此节既为前项呈准办法内所未叙，似非仅由解释所能补充，应否照改之处，仍请贵部咨商司法部办理。相应咨复贵部查照可也。

此咨！

■ 统字第 1046 号

民国八年八月七日大理院复总检察厅函

径复者：

准贵厅函开：案据山东高等检察厅呈称，据阳信县知事呈称，"今有甲之妹乙，自幼未及一岁，送给邻县丙为义女，丙因无嗣，过继族姪丁为子。迨后乙养育成人，凭媒许配戊为妻，过门七年，戊将家产卖尽，屡次虐待，乙被逼逃回母家。又有戊之表兄己，唆使戊作己休之妻价卖，并商允丙之子丁赞成，由庚等四人串通媒说，卖给邻县辛为妻，立有字据，身价三百三十五千文，由戊、己、丁三人分使，甲未得分财，出头控告一案，除戊、己、丁庚等照《刑律》及《补充条例》分别治罪外，兹有疑问三点：（一）辛知戊己休之妻故买为妻，可否援引四年十月大理院统字三四二号解释，不能论罪？（二）乙既在丙家养育成人，出嫁后屡受戊凌虐，卖与辛为妻，夫妇和睦。如必须离异归宗，甲、丁两家，均无父母，判令交甲领回，甲必另卖。判令归丁收养，甲不甘心，丁己犯罪，可否免其离异，以绝后患？（三）戊等所得身价三百余千，如将乙判离，可否追还买主？抑追征入官？倘戊等花费净尽，无力缴纳，可否免其追缴？"以上三款，碍难解决，理合呈请鉴核令遵"等情到厅。查原呈所述各款，关系法律解释，相应函请贵院核办示复，以便转饬遵循等因到院。

本院查辛如果误信乙为戊己休之妻，故买为妻，自应适用《刑律》错误法理不为罪。至戊既卖乙，应准乙与之离异。乙之嫁辛，是否合法，戊固不能过问。即甲虽为乙之余亲，可以主婚，如果甲只因争取财礼为不利于乙之主张，审判衙门自可衡情准其为婚。相应函复查照可也。

此致！

■ 统字第 1047 号

民国八年八月七日大理院复海军部函

径复者：

准贵部函开：查审判案件，审官本有法定人数。如审理中甲审官因病不能出庭，临时由乙审官暂代出庭，至辩论终结止，嗣奉命令，甲审官因病缺席，以丙审官补充，丙审官亦在评议是案。惟并未出庭，究竟将来宣布判决，该判决书是否即由丙审官签名、盖印？抑由其他审官签名、盖印？事关法律，贵院为最高解释机关，用特函请查照见复，以凭办理等因到院。

本院查普通审判衙门审判案件，系采用直接审理主义，须由定数审判官，终始出庭审理，并应由该审判官为判断之评议。若在为评议以前，更换审判官，则须更新实施一切审理程序。惟议决裁判后宣示时，于判决内容已无关涉，不必以审判本案之审判官为限。至参与审判之审判官，如因故不能署名、盖印，可由审判长或资深陪席审判官附记其事由。来文所称甲审判官既在审理中因病不能出庭，改由乙审判官参与审理，终结后始改派并未出庭之丙审判官补充审判，遂由丙审判官参与判断之评议，则按照上述条理，此项判决，无论甲、乙、丙审判官均无署名、盖印之责任。且即署名、盖印，亦系不合法之判决，或则另行审理，或仍由乙审判官为判断之评议，即由该审判官署名、盖印为宜。相应函复贵部查照可也

此复！

■ 统字第 1048 号

民国八年八月四日大理院复浙江第二高等审判分厅函

径复者：

准贵厅第一二二号函称：案据金华地方审判厅呈称："职厅关于办理民事案件，近有疑义数端，（一）兹有甲妇因其夫在日，欠有乙之债务未偿，故将夫遗田产，立契卖与乙为业，经乙过户承粮。嗣甲依该地坐产招夫之惯例，招乙为后夫，并以乙之子丙，立为前夫嗣子。越数年乙又病故，有与甲前夫同宗之丁，乘乙丧至甲家取去契册等件。甲与丙遂各具状诉追，经县集讯，堂谕著甲凭丁择立前夫同宗亲支之人，为前夫嗣子，不得再以乙之子丙为嗣。未几，甲与丁又因搬取什物涉讼，复经原县传同甲、丁二人质讯，堂谕著'甲将卖与乙之产业，仍改归前夫原户承粮，其卖约即行作废'等语，甲遂将已卖之产迁入原户管业。惟时丙已回籍（丙居子县，甲居丑县，子、丑两县相距数百里），所有卖契等件，未经吊销。现在时阅十有余载，丙忽检呈卖契，对甲诉追所卖各产，究竟该产应否归丙管业？于此共有二说：（子说）以甲卖与乙之产业，虽经甲丁于前清涉讼时，由县断归原户，并将卖约作废，然其时乙已死亡，丙又非该案之当事人，此项堂谕，实无拘束丙之效力。即丙所执卖契，并不能因堂谕而失效力，无论丙于堂谕是否了知，现丙请求照契管业，不得谓为不合。（丑说）以丙父买受之产，由县断归原户，将其卖约作废，当时丙虽未曾在案。然甲自判断以后，即实行承管该产，丙既毫无异议，足见丙于堂

谕，已经明悉。兹乃以早经作废之契据，复行告争，自应予以驳斥。（二）又甲、乙两人，以土地所有权争执，甲为原告，乙为被告，两造于所有权，均无确切证明，审判衙门以职权调查，亦无结果。惟乙并主张占有事实，则系确凿，于此亦有子、丑两说：（子说）两造所有权之主张，既各无证明方法，惟乙之占有事实已明，审判衙门当就现状，予以维持，主文栏内应将系争地断归乙继续占有，以待真正所有权者出而告争。（丑说）本案主文，应驳回原告之请求，且以此为已足。盖驳回原告请求意义，即系维持现状，实际上并无出入。而本案诉之性质，为告争本权占有事实，仅属于抗辩方法之一种，断无就抗辩方法，列入判决主文之理（理由栏内，附予说明则未始不可）。（三）又上述情形，占有事实并不明了时（两造亦并未就占有事实为攻击防御），亦有子、丑两说：子说谓，两造于所有权，虽无证明，惟权利不能无所归属，审判衙门应调查系争地属于何方占有，直接为维持现状之判决（即断归何方占有）。丑说谓，本案既属本权之诉，甲于起诉原因不能证明，仍以驳回甲之请求为已足。至占有事项，系别一问题，依诉讼法则，占有之诉与本权之诉，不相牵涉，两造自可就占有事项，另行告争。若就子说，则是以本权之诉，而判断占有事项，似有未合。以上三端，案悬待决，请转呈解释示遵等情前来。相应函请钧院迅予解释赐复，以便转令遵照"等因到院。

兹由本院分别答复如下：

第一、丙于判令不得为甲前夫承嗣时，如并判明卖乙之产，仍应作为甲前夫财产，而甲前夫财产丙不得承受。则丙当时既未经不服，即已确定，无论甲、丁之判决，有无拘束丙之效力，丙自毋再行争执之理。

第二、以所有为理由，向占有人告争时，如其不能证明确系有权，则占有人之取得占有，无论是否正当，应仍听其维持现状，判将原告请求驳回，毋庸确认占有合法，此问题本院早有判例。

第三、应以丑说为是。原告请求，既不能有所证明，即毋庸再问被告有无占有之事实。

以上三端，即请贵厅转饬查照可也。

此复！

■ 统字第1049号

民国八年八月四日大理院复京师高等审判厅函

径复者：

准贵厅第四零七号函开：案据宛平县知事汤铭鼎呈称，"今有僧人甲有公庙空房五间，向系合村设立私塾，有学董乙、丙遵章就原有私塾，改设国民学校，呈请县公署核准。甲出而反抗，谓系私庙，改设学校，未得伊之同意，向县公署提起诉讼。县公署证明系公庙，依据《管理寺庙条例》第十条，将原诉驳回。甲复向地方法庭提起控诉，地方法庭依通常民事受理审判。查甲庙既系合村公庙，且原设有合村私塾，乙、丙改办学校，仍属地方公益，县公署据情核准，亦系一种行政处分。

甲不过以未得其同意，提起诉讼，既无私人财产关系，自不生民事问题。地方法庭对于此种控诉，能否认为通常民事受理？应请解释者一。又地方法庭既依通常民事受理，而其判决内容，以原审援用《管理寺庙条例》第十条为未合，乃援用《管理寺庙条例》第十一条判断，姑无论办理学务，系属地方公益，且就原有私塾改设，不能谓之侵占。而《管理寺庙条例》，明属一种行政处分，地方法庭援用该条例以为判断，是仍认此种诉讼为一种行政诉讼。既依通常民事受理控诉，而判决之结果，仍适用行政处分，此种判决，是否合法？应请解释者二。以上两点，拟请转院解释"饬遵等情。查甲既出而主张私庙，自系民事诉讼，法院办理寺庙案件，自得适用《管理寺庙条例》。据呈各节，未免误会。惟既据情转请解释，相应函请贵院解释赐复，以便转令遵照等因到院。

查个人利用行政处分，以侵害他人之权利，受侵害人得以不法行为为理由，对于侵害人提起民事诉讼，审判衙门依法自应受理，此早经本院著有判例。该案僧人甲系公庙之住持，当然为该庙之代表。因学董呈请将庙产改变用法，以其未为合法，请县诉理，自系民事诉讼性质，无论有无理由，均应受理其诉讼及上诉，依法审判。如认为权利不为侵害，固应驳回请求，反是法律上侵害属实时，亦应判令该学董设法声请更正行政处分，或径行回复原状，赔偿损害，要与直接撤销行政处分不同。至行政法规，不特其中关于私权之规定，司法衙门应予适用，其为解决讼端前提之事项，引用尤属数见不鲜。该案改变庙产一部为学校，固属行政处分，司法衙门毋庸过问。而呈请人之行为，是否侵害庙之权利？自应调查事实，审按法理，依《管理寺庙条例》第十条及第十一条，予以判断。相应函复转令遵照可也。

此复！

统字第1050号

民国八年八月八日大理院复浙江第二高等审判分厅函

径复者：

准贵厅啸代电开：兹有甲因妻乙常住母家，怂将乙强卖于丙为婚，得价五十余元。依钧院五年统字第四零一号第三例，及统字第四六五号解释，和强卖妻及子女而非营利之场合，似以因贫为限，然依统字第五五五号甲之解释，本案情形，似亦仅构成《刑律》第三百四十九条第一项之罪，是否有当？请解释者一。如仅构成《刑律》第三百四十九条第一项之罪，则于同律第三百五十五条第二项之告诉，发生三说：（甲说）强卖人甲与妻（即被强卖人乙），虽未经过离婚程序，然《刑律》第三百五十五条第二项，系指被略诱人与略诱人因略诱而成之婚姻而言。例如本案乙与丙如为婚姻时，非离婚后，不能对于丙告诉。（乙说）乙与甲仅具有请求离婚原因，究未经过离婚程序，《刑律补充条例》第九条第一项，系为强卖、和卖而设，则同条同项所载，依第三百五十五条处断，系指卖妻人与被卖人间之婚姻而言。且在《刑律》上卖妻并无正条，本不为罪，因《补充条例》第九条第一项，始构成《刑律》第三百四十九条及他条之罪。则卖妻告诉之程序，亦因该第九条第一项而补充。质言之，即被卖人乙对于卖妻人甲，非离婚后不得告诉。亦如《刑律》第三百五十五条，立法之意，所以重妇女从一而终之义。（丙说）《补充条例》第九条，系规定负扶助养育保证义务者，强卖、和卖其被扶助养育保证人之罪名，本条后段'依《刑律》第三百五十五条处断'云者，谓被强卖、和卖人对于强卖、和卖人（即《刑律》第三百五十五条所指之犯人）结有婚姻关系时，如欲告诉，非离婚后无效。申言之，本条上半之规定，为《刑律》之补充，而后段之离婚，仍依《刑律》本条解释，以与犯人所为之婚姻为限，于先有婚姻而后有犯行之本夫，并不补充包含在内。故如上例，甲、丙共犯略诱、和诱罪，乙与丙并无婚姻关系时，若欲告诉本夫甲之罪名，不必先与本夫甲离婚。如与丙有婚姻关系时，欲告诉丙之罪名，应先与丙离婚。以上三说，究以何说为是？应请解释者二。再被强卖、和卖人乙，与丙未经离婚以前，对于本夫甲径为告诉，在乙固构成重婚罪，其对于本夫所为之告诉，是否可以有效？应请解释者三。案悬以待，急候解决，用特快邮代电，呈请钧院迅赐解释，实为公便等因到院。

本院查甲因妻乙常住母家，气愤将乙强卖于丙为婚，既非图利，自应按照《刑律补充条例》第九条第一项，依《刑律》第三百四十九条第一项处断。至《刑律》第三百五十五条第二项，固谓'被和略诱人与犯人为婚姻者，非离婚后其告诉为无效'，显指被诱拐后与犯人为婚者而言，其被诱拐以前之婚姻，并不受该项之限制，乙对于甲，亦可告诉。又依民事法理，凡买卖为婚，并无婚书或财礼，亦与以妾为妻不同者，均不生婚姻效力，本案自不能论乙以重婚罪。不过甲卖乙后，乙当然可与离异。相应函复贵厅查照。

此复！

统字第1051号

民国八年八月十一日大理院复江苏高等审判厅函

径复者：

准贵厅第九九二号函开：案据丹徒县知事倪曾鎣电称，"兹有甲之孙女乙，与邻居丙妇之子丁，同至客栈住宿，丁于次日寄信与乙孀母戊，告知住在客栈，经甲、戊将乙追回，欲为择配，乙不愿另嫁，吞服洋烟被救。嗣又与丁同至南京，租房居住，寄信告戊，复经甲、戊诉县追回。讯据乙供称戊已将伊许字与丁，因甲欲悔婚另行嫁卖，是以与丁至客栈成婚，并至南京居住，有伊之姑丈己所写之允帖为凭。讯之甲、戊，则称乙幼时已许字戊之外甥庚为室，并无欲将乙嫁卖，戊并不认有将乙许字与丁之事，讯其字庚有无凭证，则亦不能提出证据，自虽认为实在，传讯乙之姑丈，即甲之女婿己，承认于丁未至客栈住宿之先，曾在戊家为之写立允帖，并谓戊当时实已允将乙许字与丁。惟允帖系甲出名，甲本人则是日适因外出，并未知晓，事后亦未向其告知等语。传戊覆审，则碍于甲不肯投案，以致案悬莫结。查男女婚姻，应由祖父母、父母主婚，如祖父母不允，孀母能否主婚？不无疑义。此案允帖系甲之名义，甲自己并未知晓，难生效力，甲复屡请严办丁之诱拐，而乙则至死靡他，身居善堂，坚欲与丁成为夫妇。若照律判罪，并予断离，难保无性命之虞，且妇女以名节为重，能否由戊主婚，予以断合？设戊因碍于甲，始终不承认允乙许婚，亦能否认定业已许婚之事实，予以断合，以符从一之义？事关法律解释，知事未敢擅便，理合快邮呈请鉴核示遵，实为公便"等情。据此，除指令所称各节，多系事实问题，尽可依据职权，详加研究。至男女婚姻，如祖父母不允主婚，孀母能否主婚，候转院核示外，相应据情函请贵院迅予解释函复，以便转令遵照等因到院。

查祖父母、父母俱在，而又同居，其主婚权在父母，惟须得祖父母之同意，本院早有判例（参照本院七年上字第二九八号判决）。至祖父母并无正当理由，不予同意，本得请由审判衙门斟酌情形，以裁判代之。相应函复贵厅转饬遵照可也。

此复！

■ 统字第 1052 号

民国八年八月十一日大理院复广西高等审判厅函

径复者：

准贵厅第四六号函开：案据河池县知事电称，"兹有孀妇甲，夫家无祖父母、父母，只有胞伯母乙为最亲（甲夫死时，由乙殓埋，并抚养甲数月），甲母家尚有亲生父母丙。今甲改嫁，由乙主婚收财，丙不知情，事后出头起诉，争执主婚收财，于此发生二说：子说谓，继续有效现行律婚姻门，孀妇改嫁，夫家如无祖父母、父母主婚，（中略）倘夫家主婚收财云云，（下略）则甲当然由丙主婚，依'主婚收财'四字解释，其财礼亦应由丙收受。丑说谓，财礼一项，不必一定由主婚人收受。甲夫虽绝嗣，其身家财产，乙尚可为之收理立继，岂无收受甲妇改嫁财礼之权？况乙曾殓葬甲夫，抚养甲妇于前，如财礼必定由丙收受，浸假甲妇不幸而至有三醮四醮，则丙得迭次主婚，迭次收财，于人情均所弗许。依此论说，甲妇改嫁，丙应主婚，乙应收财。以上子说严遵法理，丑说注重人情，各有理由，究以何说为是？应请解释者一也。又有甲生子乙，甲即病故，其妻丙乃招异姓丁某入赘，又生子戊。乙、戊即为同母异父之兄弟，嗣后乙、丙、丁相继亡故，乙之子庚自幼至长，均与戊同居，戊又物故，戊之妻己，居孀改嫁，甲与丁之余亲，互争财礼。于此又发生二说焉：一说谓，丁虽异姓，既入赘为丙夫，即为乙之继父，自是甲家之人，所生子戊，直与乙为同母异父之兄弟。况丁之死，用甲财殓葬，即戊娶妻亦同用甲财为婚聘，且戊毕世之生养死葬，均在甲家，并未归丁之宗族。今戊之妻己改嫁，财礼当以庚为余亲收之。第二说谓，丁入赘于丙，仅代丙养子，依继续有效现行律立嫡子违法条，异姓不能承继之规定，则丙不能认为甲姓之承继人，丁所有子，亦丁姓之后裔。今戊为丁之家族，即为戊之余亲，戊之妻己某改嫁财礼，当由丁族余亲收之。二说对于'余亲'二字，各有争执，究以何说为是？应请解释者二也。今职县有如此案发生，悬以待决，特电请解释，抑或转大理院统一解释"等情到厅。据此查解释法律，系属贵院特权，兹据前情，理合函请俯赐解释，以便转饬遵照等因到院。

兹由本院分别答复如下：

第一问题，如乙对甲，仅为余亲身份，则依律自应由丙主婚受财，丙对婚姻如未主张撤销，可仅判归财礼；

第二问题，丁赘甲家，虽不能有承继人之效力，惟丁及其直系卑属，要为甲家之家属，援照养亲子关系之例，戊妻改嫁，如其母家无父母、祖父母为之主婚，自应由甲家余亲主婚受财。

以上两端，相应函复贵厅转饬查照可也。

此复！

■ **统字第 1053 号**
民国八年八月十一日大理院复黑龙江高等审判厅函

径复者：

准贵厅第二四五号函开：案据呼兰县呈称，"兹有甲与乙合伙营商，生意亏赔，歇业后，甲与乙互讨外债，弥补亏赔。甲将伙中钱款，私自用罄，乙起诉到县，判令甲将所用伙中钱款，如数交出。甲不服声明控诉，经控诉审将其控诉驳回。甲仍不服，提起上告，正在上告期间中，甲用自己房产在丙处（即天主堂）押借钱款使用，乙闻信来县声请假扣押，当即允准，出有布告。丙（即天主堂）见布告，以用款押房不能扣押等情，出而反抗，并不俟解决，即用款将该房买受，明立契约。审判在先，抵押在后，法律上能否发生效力？丙（即天主堂）在中国设教，是否以外人论？《中法续约》第六款有'任法国教士在各省租买田地、建造自便'等语，所谓'租买田地，建造教堂'，是否专指建造教堂而言？抑建造而外，亦许有租买田地之权等情？呈请转请解释"到厅。相应函请钧院迅赐解释，以便转令遵照等因到院。

查条约，许外国教堂租买田地者，为供其建造教堂及附属学堂或茔坟之用。其以外之买地行为，自非有效。相应函复贵厅转令遵照可也。

此复！

■ **统字第 1054 号**
民国八年八月十二日大理院复山西高等审判厅函

径复者：

准贵厅函开：案据孝义县知事呈称，"兹有甲某于前清光绪二十九年，用价和买某乙之妻某丙为妻，约注因贫出卖，旋生二子。于民国四年被素识之某丁，将丙藉故拐逃，以夫妇名义，引居他处。经甲在某县状诉，悬案未结，而丙、丁在外已同居四年。今甲携子状诉到县，据甲供称，某丁和诱其妻，请行追还；据丁供称，某丙系伊价买，然无凭无证。据丙供称，因受甲之虐待而出，誓不归甲。当经咨请某县查卷，旋准，复咨某丁和诱某丙，卷查属实等情前来：查甲、乙之买卖人口，乙虽因籍隶不明，无从查获，究构成《刑律补充条例》第九条之犯罪；而甲系出于养育目的，应依四年统字第二一三号解释，不为罪。然于兹尚有疑义，亟待解释者三：（一）丁之和诱某丙，应依二年统字第二十号解释，丁犯和诱和奸俱发罪，丙犯和奸罪，则此外丙、丁是否复犯重婚罪？（二）按《刑律》第三百五十五条第二款规定'被诱人与犯人为婚姻者，非离婚后其告诉无效。'据被害者某丙主张，因受甲之虐待而出，并甘心舍弃生子，仍欲与丁连婚，誓不再归某甲，则被害者既不主张诱拐，而诱之者是否成立犯罪？且甲与丙之婚姻，可否离异归宗？（三）若甲、丙婚姻不能解除，而丙誓死不归，究应如何执行？以上各点，甲、丙、丁应如何处断？不无可疑。未便臆断，理合呈请鉴核训示只遵"等情到厅。案关解释法律，敝厅未便擅拟，理合据情函请钧院，俯赐解释见复，以便转令遵照等因到院。

本院查甲买丙为妻，依本院统字第二百一十三号解释，本不为罪，且事在民国元年大赦以前，现亦不能论罪。至甲与丙买卖为婚，并无婚书或财礼，亦与以妾为妻不同，按之现行律规定，尚难认其有婚姻效力，丙、丁自不成立重婚罪，而与甲亦无离异问题。果有虐待及其他不得已情形，依妾与家长断绝关系之例，应准其解除关系。丙从甲同居多年，并生二子，当然可认为与甲有妾之关系。丁之和诱及有夫奸罪，与丙之有夫奸罪，依《补充条例》第十二条第一项规定'如有合法告诉，仍应论之'。又《刑律》第三百五十五条所称'被诱人与犯人为婚姻者，非离婚后其告诉为无效'，专指被诱人之告诉无效。其有独立告诉权之人，仍得告诉。相应函复贵厅转令查照可也。

此复！

■ **统字第 1055 号**
民国八年八月十五日大理院复湖南高等审判厅函

径复者：

准贵厅函开：本厅现在对于刑事诉讼程序上，有三疑问：（一）同一被告人，构成数罪，业经起诉，而第一审有漏未判决之罪，依贵院统字第六七一号解释，第二审自得并案判决。惟对于此种漏判部分，有合法控告者，固得并案判决。若无合法控告，而仅由控告审莅庭检察官当庭请求，或并未经检察官当庭请求，而纯由审判衙门发见者，是否亦得并案判决？不无疑义。至附带私诉，被害人于第一审判决前，业经提起，而第一审对于所请求之全部或一部，漏未判决，被害人复向第二审声明控告，核其情形，与《私诉暂行规则》第二十八条之规定不符，是否应依公诉程序，即由第二审并案判决？抑应依民诉程序，仍由第一审补充判决？此应请解释者一也；（二）亲告罪无人告诉，依《诉讼通例》，审判衙门应以判决谕知驳回公诉。如该判决确定后，复经有告诉权者之告诉，或经检察官指定代行告诉人，再行提起公诉，查与再诉条件不合，审判衙门应否认为通常案件，重行审判？抑应查明是否合于再审条件，依再审程序，分别办理？其由检察官指定代行告诉人者，所有指定方法，是否须以命令或批示行之？抑或因检察官对于告发人，无相反之意思表示，即可视为默认，而不必另备指定之方式？此应请解释者二也；（三）不服县知事判决声明上诉之案件,既经上诉人声请注销上诉,无庸详送覆判,曾经司法部于四年第六零一九号批示江苏高审厅有案。其依《各级审判厅试办章程》第六十七条,'撤销上诉裁判确定者,事同一律,似可援照前项部批办理。'惟于此有二说焉:甲说谓,该案上诉,虽经注销或撤销,然控告审并未为实体法上之裁判,其结果与未上诉同,故应仍送覆判。乙说谓,覆判案件,以对于初审判决未据声明上诉为前提,今既声明上诉,显与《覆判章程》第一条之规定不符,当然不在应送覆判之列。如因控告审未为实体法上之裁判,而将依法注销或撤销之确定案件,重行审判,似不无一事再理之嫌,而《各级审判厅试办章程》第六十六条及第六十七条之规定,亦成赘设,故尤无更送覆判之理。合而观之,甲说固不无理由,而乙说根据法文,持论似较正当,究应以何说为是?此应请解释者三也。以上三端,事关法律疑问,相应函请贵院迅赐解释见复,以便遵行等因到院。

本院分别答解如下:

一、一人所犯数罪,均经起诉,而第一审漏未判罪时,其漏判部分,如与控告部分同一事实,或与该部分事实有方法结果之牵连关系者,控告审均得以职权径行审判不必更由检察官请求。若检察官声明附带控告时,尤应受理审判。惟第一审若系县知事虽兼有审判、检察两职权,然于自己审判之案,望其发见错误,提起控告,实为事所难能。原告诉人或其代诉人,多无法律学识经验,亦难望其适宜呈诉。故县署漏判部分,除上列情形外,控告审得径行审判。盖通观现行法制之精神,则审级之制对于县知事,本未严其界限,应有斟酌变通之余地也。至提起附带私诉,按照《私诉规则》,既许被害人向受理公诉之第二审衙门为之,则第一审漏未判决之私诉,被害人如不向原审请求补充审判,径向第二审有所请求者,当然可由受理公诉之第二审衙门并案判决;

二、须亲告之案件,既经审判衙门,以欠缺诉追条件或判驳回公诉,显未就本案实体上裁判,嗣后如有合法告诉,仍可另案办理。至检察官指定代行告诉人,其指定方法,虽无一定制限,如以命令批示或言词记明笔录者,均属有效。其在县知事审理之案件,若经叙入判词,或列明为告诉人何人姓名,亦得认为业经指定,但仅对于告发人无相反之意思表示,不得谓有指定事实;

三、县知事应送覆判之案,从《覆判章程》第一条文理解释,如经控告,自无庸更送覆判。惟不送覆判,则初判如有错误,仍不能审核纠正,与立法本意,反有违背。本院业经变更从前解释,认未经控告审就实体上审理之案,仍应送请覆判。

以上三端,相应函复贵厅转饬查照。

此复!

■ 统字第1056号

民国八年八月十五日大理院复总检察厅函

径复者:

准贵厅函开:案据直隶高等检察厅快邮代电称,"大理院二年刑事判决上字第一五五号判例，及统字第六七一号之解释，现在有无变更？乞转院释明电示"等情到厅。相应据情送请贵院核办示复等因到院。

本院查统字第六百七十一号解释，并未变更。惟二年上字第一百五十五号判例，近已酌改，希参照统字第一千零五十五号解释。相应钞录函请，贵厅转令查照可也。

此复！

■ 统字第 1057 号

民国八年八月十五日大理院复京师高等审判厅函

径复者：

准贵厅函开：据永清县知事李树梃快邮代电称，"兹有法律疑问如下：（一）查《各级审判厅试办章程》第五十二条，关于代诉人的规定，以职官妇女老幼废疾为限。而《县知事审理诉讼章程》第九条，委任代诉人并无限制，是否准用后法优于前法之法理，以《审理诉讼章程》为准？（二）设有代诉人为虚伪之告诉，其诬告之责任，一说谓，应以诬告之事实，是否出于本人之意思为标准，如果出于本人意思，当然有本人负责，否则应由代诉人负责；二说谓，前项标准，虽属近理，然实际上区别颇不容易，且足启轻讼饰控之风，例如有某甲系地方绅董，与某乙有嫌，乃撷拾乙之犯罪事实，使其家丁丙代诉，迨审判结果，将乙宣告无罪，甲乃委其责任于丙，丙本甲之家丁，当然承认其事。如照第一说，则应由丙负责，实欠公平，故除原告诉范围以外之情节，概由本人负责，方足杜弊。（三）《县知事审理诉讼章程》第三十一条规定：'刑事判决，以牌示又提传原告诉人及被告人于法庭宣示之日始，发生效力。'但本案系委托他人代诉，应否并提传本人到案？（四）《审理诉讼章程》第九条第三项：'应处拘役、罚金之被告人犯罪，得委任被告代理人到案。'所谓'拘役、罚金'，是否以法律上所定之主刑为准？以上问题，亟待解决适用，合即电请转恳解释示遵"等情。据此，事关解释法律，相应函请贵院俯予解释，以便转令遵循等因到院。

查第一问，《县知事审理诉讼章程》，于规定代诉人之条，既无限制，自应适用该章程办理。第二问，代诉人为虚伪之告诉者，应查明其诬告行为，是否出于本人之委任。若诬捏之事实，不在本人委告事项之内，本人自不负责，由代诉之诬告行为人负责。采用此说，若虑及本人可以诿过，则系证据问题，尚难仅凭代诉人片面之词，遽尔认定。且受诉之时，若就代诉人所陈控旨有疑义时，县知事尚可依《县知事审理诉讼章程》第九条第四项规定，仍传讯本人。至本人与代理人同谋诬告，而令代理人到案者，查有实据，本人亦应共同负责。第三问，依《县知事审理诉讼章程》第三十一条第一项前段，宣示刑事判决时，应传原告诉人。惟该条但书，既不强制原告诉人到庭，仍应准其委任代诉人到庭。第四问，《县知事审理诉讼章程》第九条第三项，应处拘役、罚金云云，系指法定主刑而言。相应函复贵厅、转令查照可也。

此致！

■ 统字第 1058 号

民国八年八月十六日大理院复黑龙江高等审判厅电

黑龙江高等审判厅：

鱼电悉！依法派员会审之盗案，仍应按照《惩治盗匪法》第五条、第九条办理。嗣后密码请注明，免致延误。

大理院铣印

附：黑龙江高等审判厅原电

大理院钧鉴：

县判盗案，依法派员会审无异，仍照原判处刑。或谓应交高等审判厅核议复夺，以昭慎重；或谓最后判决，案已终审，依法不能再有变通办理，应即覆准执行。是否以后说为是？祈电示遵。

黑龙江高等审判厅鱼印

■ 统字第 1059 号

民国八年八月十八日大理院复宜昌高等审判分厅电

宜昌高等审判分厅：

元电悉！后犯之罪与前判盗罪，若非构成特别法上之一罪，又与统字第一零五五号漏判情形不同，自不得并案审判，解释另快邮寄。

大理院巧印

附：宜昌高等审判分厅原电

大理院钧鉴：

盗匪案奉令提审中复犯他罪，可否径予并判？恩电示。

鄂宜昌高等审判分厅印元

■ 统字第 1060 号

民国八年八月十八日大理院复河南高等审判厅电

河南高等审判厅：

覃代电悉！后发之罪，既与前判之罪，构成特别法上一罪，自应并为一案审判。

大理院巧印

附：河南高等审判厅原代电

大理院钧鉴：

今有某甲犯《刑律》第三百七十三条之罪，经第一审依该条判决，某甲不服，声明上诉。越数日又发见某甲犯前条之罪，复经第一审依该条判决，并就前科刑期，依第二十三条办理。检察官以先后所犯，应依《惩治盗匪法》第三条第五款处断为理由，声明上诉。此项案件，究应分别审判？抑应合并审判？如应分别审判，其第二案应否依《惩治盗匪法》第三条第五款处断？悬案以待，谨乞示遵。

河南高等审判厅印覃

■ **统字第 1061 号**
民国八年八月二十一日大理院复福建高等审判厅函
径复者：

准贵厅函开：据晋江县承审员黄梅荣呈称，"今有甲、乙、丙等于数月间，先后挖掘官山坟墓百余穴，盗取棺内殓物（官山坟茔，强半无主，其盗取之法，系由坟旁挖洞，至尸棺上半部凿一小口，以手摸取殓物）。该犯等既以窃盗为目的，发掘坟墓，乃其窃盗方法，自应援窃盗及发掘坟墓二罪相当条文，从一重科断，固无疑义。惟坟墓被发既多，能否认为一种之连续犯？对此问题主张理由有二：子说谓，连续犯之性质，学说虽多，然最正当之解释，多认为犯人主观的意思之单一连续侵害客观的一个之法益者为连续犯。官山坟茔，亦犹家屋之建筑物，各有所有权，即有各个之法益。今该犯等虽以窃盗为惟一之目的，然既侵犯多数法益，自应按被侵害法益之数，照俱发例一一宣告罪刑；丑说谓，官山系官有物，虽无论何人，得以自由营葬，而管理之权，属诸官厅。该犯等发掘坟墓至百余穴之多，又半皆无主之坟，若一一宣告罪刑，已为事实上所不能。况该犯等强取殓物，意思纯出单一，又在数月期间继续进行窃官厅所管之物，则可认其行为为侵害官厅之一个管有物权，只应认为连续犯，以一罪论。至其因窃物而挖坟，系以犯一罪之方法，而生他罪，亦应援照《刑律》所犯各条从一重科断。二说主张理由不同，应以何说为当？晋江现发生有此种事实，悬案待决，理合将上列情由具文呈请查核示遵等情到厅。"按发掘坟墓而窃取殓物者，应构成《刑律》第二百六十二条第二项之罪，本无疑问。该承审员认为应援窃盗及发掘坟墓二罪相当条文从一重科断，显系错误。惟原呈所叙犯罪情形，是否应查明被掘坟墓数以俱发罪，抑可认为连续犯，以一罪论？事关法律解释，相应函请钧院迅赐解释见复，以便转令遵照等因到院。

本院查发掘坟墓，盗取殓物，在《刑律》第二百六十二条第二项，本有特别规定，自应适用该条项处断。至发掘无主坟墓所侵害之法益，乃系社会，业经本院变更从前解释，认定犯本罪者，应以行为定其罪数。甲、乙、丙数月间先后挖掘无主坟墓百余穴，盗取其殓物，如合于连续犯之条件（即以连续之意思，对于同一之法益，为同一之行为），自可依连续犯规定论罪。相应函复贵厅转令查照。

此复！

■ **统字第 1062 号**
民国八年八月二十一日大理院复总检察厅函
径复者：

准贵厅函开：案据山西高等检察厅呈称，"查有甲被监禁，其妻乙与丙通奸，乙之外叔祖丁讼丙审结，而甲旋死，嗣由甲父做主，以乙为丙之妾。丁耻乙先被丙奸，今又做妾，率人自丙家夺乙归还，按《新刑律》，外叔祖不在亲属范围以内，其于乙之奸非婚姻问题，均无过事干涉之理。今竟率人夺还，似应按其掠夺人身行为，科以私擅逮捕罪？抑系成立略诱罪？或止以妨害安全，处以《刑律》第三百五十八条之罪？事关解释，应请核予转院示遵"等情到厅。相应据情函请贵院核办示复等因到院。

本院查孀妇乙自愿为丙之妾，并确由夫家尊亲属做主改嫁，无论其改嫁是否合法，在其外叔祖，即属毋庸干预。乃率人夺权，虽非便于私图，不能论略诱罪。而私擅逮捕行为，自可依《刑律》第三百四十四条处断。惟审核案情，如有可原，仍可酌量减轻。相应函复贵厅转令查照。

此复！

■ 统字第1063号
民国八年八月二十一日大理院复总检察厅函

径复者：

准贵厅函开：案据湖南高等检察厅快邮代电称，"兹有甲女欲与乙男离婚，在审厅民庭状诉乙母丙虐待，其理由谓'曾见丙与丁通奸，丙衔恨。一日伊吃晚饭，入房取盐菜，丙乘间从身上取出白纸包一个，解散洒入饭碗，伊思白纸包必系毒药，欲持饭碗投鸣左右，必遭凌辱不休，于是不食走开'云云。审厅亦未咨送检厅侦查，乙随以丙年逾花甲，被甲诋毁诬枉，谓甲犯侮辱、诬告二罪，向检厅状请提起公诉。伏按大理院统字第三六九号'公然'二字之解释，及诬告构成之要件，均似有疑义。惟中国历代之法制，无不注重伦纪，当众骂詈人，违警尚有罚，此案如罪不成立，究应如何制裁，以维风化？悬案待决，乞转院迅赐解释示遵"等情到厅。相应据情函送贵院核办示复，以便转令遵照等因到院。

本院查甲女欲与乙男离婚，乃虚构事实，向官厅诬指乙母与人通奸，并有杀人嫌疑。纵所虚构之事实，足陷乙母于罪，然非意图乙母受刑事处分而告诉，自不得谓系诬告。其与指摘事实公然侮辱情形，亦有未符。惟如果甲女以侮辱乙母之故意，在公开法庭亦为此项陈述时，自可认为公然侮辱，依《刑律》第三百六十一条论罪。相应函复贵厅转令查照。

此复！

■ 统字第1064号
民国八年八月二十二日大理院复山西高等审判厅函

径复者：

准贵厅第一零五零号函开：案据沁水县知事李志巂呈称，"案查民国二年奉前山西全省民政长署国税厅筹备处会令发下《山西省验契章程》第四条内载：'凡旧契不呈验者，遇有诉讼时，不能作为凭据。'查现时验契期间已完，登记期间又毕，民间诉讼，尚呈有未验未登记之旧契，此项契据，是否能依该章程之规定，完全不认其为凭据？即使当事者失管业之权，抑只生不能对抗第三者之效力，致生疑义。理合备文呈请解释，讯赐示复，以便遵循"等情。事关法令解释，相应函请钧院迅赐解释，以便转令遵照等因到院。

查关于私权得丧之条，不得仅由行政官署，以命令规定。该章程所定各节，不过催促人民之验契，要无拘束审判衙门及民事当事人之效力，自可仍由行政衙门令其补税。相应函复贵厅，转令遵照可也。

此复！

■ 统字第 1065 号

民国八年八月二十二日大理院复安徽高等审判厅函

径复者：

准贵厅第二一二号函开：案据芜湖地方审判厅呈称，"今有甲夫乙妇，生有幼女丙，因合意离婚，案经三审终结，准其离异，幼女丙责归妇乙抚育，令甲出给乙丙母女养生费五千元。迨经执行，甲请求将丙应得之养生费，提供银行，以为日后婚嫁之用，于是发生数种问题。或谓甲给乙、丙养生费，判决既未分割，而丙复归乙抚养，则乙对于丙之财产，当然有管理及处分之权，甲即无干涉根据。且判称，养生费，自不包婚嫁费在内，甲主张留作婚嫁费用，尤有未合；或谓甲、乙虽离婚，而丙系甲之亲女，判由妇乙抚育，或因一时特别情形，其父女关系，自完全存在，依法未成年子女之财产，当然可由行亲权之父为之监督管理。虽母亦可行使亲权，而父既存在，并无丧失亲权之原因，自仍应由父行亲权为当，则甲给丙之养生费，甲请求提存银行，监督支付，似无不可；或谓丙既判决归乙抚育，则甲对于丙之亲权，因之受有限制，自于丙之财产，无监督管理之权。惟发见乙之护养教育有不良情事，或有故意损害丙之财产之事实，请求将丙领回自行抚养，并追回丙之财产，自行管理；又或因丙夭殇，其养生费之特分，应否属甲或乙之争执，均属原判范围外之事实，自可另案诉请，依法确定。案关执行，急待解决，究以何说为是？请转院解释令遵"等情前来。相应函请贵院解释，以凭饬转等因到院。

查所询情形，三说中自以最后之说为是。相应函复贵厅，转令遵照可也。

此复！

■ 统字第 1066 号

民国八年八月二十三日大理院复浙江高等审判厅函

径复者：

准贵厅第三三七号函开：据鄞县地方审判厅长张若骢呈称，"今有某甲诉请分析共有股份，计股本洋五百元，并请求将此股本内六年应得之红利，计洋二千余元，一并判还。究竟此项红利，是否即利息之一种？如应认为利息，照《民律草案》关于管辖各节第七条第二项之规定，本案即属初级管辖。案关法律解释，仰祈转请解释"等情到厅。相应函请钧院俯赐解释示遵等因到院。查股份应分之红利，既系由股本滋生之利得，即民诉草案第七条第一项所谓利息之一种。盖该条所谓利息，乃总括由原本所生滋息之意（非仅金钱债权之利息）。因其主诉原本之讼争解决，则其从诉滋息之讼争，即可随之解决，故毋庸算入诉讼物价额之内。相应函复贵厅，转令遵照可也。

此复！

■ 统字第 1067 号

民国八年八月二十五日大理院复热河都统署审判处电

热河都统署审判处：

个电情形，依统字第一零三三号最新解释，应以未遂论。

大理院有印

附：热河都统署审判处原电

大理院钧鉴：

关于强盗罪解释，钧院统字第四七六号与一零三三号不同。兹有强盗结伙打毁事主门窗，入室行劫，尚未得赃，事主惊觉格斗，贼负伤逃逸，应否以既遂论？祈电示遵。

都统署审判处个

■ 统字第 1068 号

民国八年八月二十八日大理院复总检察厅函

径复者：

准贵厅函开：案据江西高等检察厅呈称，"甲、乙、丙、丁等多人共同通电各报馆及省议会，谓'省议会议员，对于某议会案，信口狂吠，希图破坏，或为金钱颠倒，别有用意'等语。该电内容，仅指明某项议案，未指明议员姓名，是否成立《刑律》第一百五十五条第一项之侮辱官员罪？案关法律疑义，职厅立待解决，理合呈请鉴核"等情到厅。事关解释法律，应请贵院核办示复，以便转令遵照等因到院。

本院查《刑律》第一百五十五条第一项之罪，既以对于特定之人实施侮辱为要件。甲、乙、丙、丁多人共同通电各处，不能认明所指侮辱之人，自不得按照该条处断。相应函复贵厅转饬查照。

此复！

■ 统字第 1069 号

民国八年八月二十九日大理院复安徽第一高等审判分厅电

安徽凤阳第一高审分厅：

寝代电悉！甲所有之田二亩余，既于屯田升科之时，即未报户入册，自应按照《国有荒地承垦条例》第二十七条办理。

大理院艳印

附：安徽第一高等审判分厅原代电

大理院钧鉴：

兹有甲、乙二人，因经界涉讼。经县查明，属于甲所有之田二亩余，于屯田升科之时，未经报户入册，乃按《清律》欺隐田粮门，将甲漏税之田，收没入官，所隐税粮，依数缴纳，此外又依该律处以四等罚，罚银二两。经甲声明不服，提起控诉，关于法律上之研究，其说有三：（一）《暂行新刑律》虽已施行，但欺隐田粮之犯罪，

《新刑律》并无明文规定，故《清律》欺隐田粮门之处罚，应视为特别法，如《契税条例》相似，不能以普通之《刑律》颁布而失其效力。至于没收及补纳税粮部分，纯系行政处分，司法衙门不应过问。（二）没收补纳税粮部分，虽系行政处分，但在前《清律》上亦含有惩戒之意味，此种行政惩戒，并不轻微，故该门之罚法，当然因《新刑律》颁布而失其效力。（三）欺隐田粮，亦系诈欺取财之一种，自然包括于《新刑律》诈欺取财罪名之内。至《清律》欺隐田粮门之罚法，固应失其效力，即没收补纳税粮各节，亦系处罚性质，均应无效。以上三说，未知孰当。应请钧院迅赐解释，以便只遵。

安徽第一高等审判分厅寝印

■ 统字第 1070 号
民国八年九月二日大理院复总检察厅函

径复者：

准贵厅函开：案据江苏高等检察厅快邮代电称，今据溧阳县知事赵汝梅电称："查江苏省《整顿牙行登录税章程》第十六条规定'违者封闭'一语，当系受罚金宣告后，仍不领凭证之处分。此种处分，于罚金之执行，自不生何等影响。换言之，即不能以封闭代罚金之执行也。惟受罚金宣告，而无力完纳者，每一圆易拘禁一日，除《刑律》外，行政法规中，只《违警罚法》有明文规定。若牙行依前项章程受罚金之宣告，经强制执行而无效果，应如何办理？除分电财政厅外，理合呈请示复，俾有遵循"等情到厅。事关法律解释，理合电请转院解释示遵等情到厅。相应据情函请贵院解释示复，以便转令遵照等因到院。

本院查该章程第十六条规定，明谓"（上略）倘仍蹈故辙不捐领者，查出后除饬一律补领凭证外，处以五十元以上五百元以下之罚金，违者封闭。"是"封闭"自系被处罚金后仍不补领凭证之处分，与罚金各为一事。惟该章程县系违令罚则之性质，即该章程第二十条亦载明"本章程详请财政部及巡按使立案，定八月一日为施行之期，如有未书事宜，得随时详请修正"等语。而查所定罚则，竟与《违令罚法》及《违令罚法》第二条罚则令之规定不符，自非依照改正，不得认为有效援用。相应函复贵厅，转令遵照可也。

此复！

■ 统字第 1071 号
民国八年九月二日大理院复总检察厅函

径复者：

准贵厅函开：案据浙江高等检察厅呈称，"据诸暨县知事汪培生灰日代电称：'今有赵甲娶妻钱乙，成婚二年，背夫潜逃，由钱乙之父孙丙，出面卖与李丁，丁并不知情，成婚后已生子女。嗣赵甲因妻钱乙逃走，查无踪迹，另已婚娶，逾十二年。赵甲访悉伊妻钱乙被人拐卖，与李丁为妻，向该管检察厅告诉。经检察官决定公诉权时效消灭驳斥。赵甲心有不甘，遂将钱乙和诱回籍，价卖与周戊为妻，已生两子。被李丁查悉,以赵甲诱卖伊妻等情告诉。查李丁价买钱乙,本系有夫之妇,李丁与钱乙是否成立夫妇关系?李丁对于赵甲有无告诉权之存在?不无研究问题。如认为有告诉权,赵甲固应科罪,钱乙是否成立重婚罪名?又李丁请求追还钱乙,钱乙终不肯从,究应判归何人所有?殊多疑问。职县现有此种案件发生,急待解决,理合电呈鉴核,转请大理院解释示遵'等情。据此,除指令处,理合据情转呈,仰祈鉴核转院解释"等情到厅。相应函送贵院核办示复,以便转令遵照等因到院。

本院查钱乙虽系背夫潜逃,其夫赵甲既已另行婚娶,则甲、乙之婚姻关系,自应认为业经解除。乃甲复将乙诱回价卖,当然得依《诱拐律》处断。乙与李丁、周戊,如在价卖后,又经正式结婚,其与李丁结婚,且在甲未另娶以前,其公诉权时效,并未经消灭,固应论乙以重婚罪。若仅买卖为婚,并未更备正式婚书或财礼,又与以妾为妻者不同,本不发生婚姻效力,自无重婚罪可言。惟乙与丁既已同居多年,并生有子女,即非正式婚姻,似亦应取得妾之身份。今被甲诱回,尚应认丁有告诉权,有夫再嫁,如出故意,其有夫奸罪,一经告诉,亦应论之。至其应否归丁,则应视乙与丁若有婚姻关系,是否毫无离婚理由?若仅为妾,是否毫无不得已情形为断?(参照民事五年上字第八百四十号判例)相应函复贵厅,转令查照可也。

此复!

■ 统字第1072号

民国八年九月二日大理院复总检察厅函

径复者:

准贵厅函开:案据浙江第二高等检察分厅快邮代电称,"查被告人在上诉期间内声明控诉,而复经注销之案,毋庸呈送覆判,业经大理院解释有案。又被告人逾期控诉,应将控诉状并入覆判案内裁判,《覆判章程》第二条,亦有明文规定。如被告人或呈诉人于县知事判决时声明舍弃上诉,复于上诉期内声明上诉,经控诉审或检察官,以被告人或呈诉人会经舍弃上诉,将控诉或呈诉驳回,此种案件,核与上开二例,情形均有不同,应否仍送覆判?可分二说:一谓此种案件,与院释舍例,大概相同,依照院释,自可不送覆判;二谓覆判目的,在就县判内容加以审查,而为适当之判决。而以曾经舍弃(即不合法)驳回上诉,系形式上之判决或处分,与原被之在上诉期间内,未声明不服县判因以相对确定者(即原、被方面自后不能重行上诉)性质无甚区别。而于县判之内容,则毫未审究。若即作为绝对确定,不送覆判,与《覆判章程》特定某种案件,须经第二审实质审判之本旨,似不相符,应仍呈送覆判。二说孰是?此应请解释者一。又某甲将妻乙绝卖后,经若干年,复由甲父将乙买回,当时虽未重行婚礼,而继续同居,则与未卖时无异。此后若乙与人和奸,甲能否告诉?又背甲改嫁,能否构成重婚罪?于此亦有二说:一谓甲卖乙之后,夫妇关系,虽暂停止,买回则仍继续,甲可告诉,乙应构成重婚罪;二谓甲卖乙后,夫妇关系,即应消灭,买回既未另行婚礼,夫妇关系无由发生,甲不能告诉,又乙不能构成重婚罪。二说孰是?此应请解释者二。以上二点,亟待解决，理合电请迅赐转院解释，以便遵循"等情到厅。事关法律疑义，相应函请贵院核办示复等因到院。

本院查县知事审判刑事之案，应送覆判者，从《覆判章程》第一条文理解释，固以未经控告者为限。惟不送覆判，则初判如有错误，仍不能审核纠正，与立法本意，究嫌未洽。本院业已变更解释，认未经控告审就实体上审理之案，均应送请覆判。是当事人于判决时声明不上诉，旋又声明不服，经控告审驳回者，应仍送覆判。又某甲既将妻乙绝卖，乙如亦有愿离之意思，则甲、乙之婚姻关系，自已解除。嗣虽又由甲父将乙买回，非经明示回复关系（可准照以妾为妻者即取得妻之身分例办理），乙亦另无何项婚姻关系，自不得认其与甲仍为夫妇。至乙后与人和奸，应以甲、乙之关系，定甲能否告诉。乙又改嫁，是否构成重婚罪，亦应以甲、乙有无婚姻关系为断。相应函复贵厅转令查照可也。

此复！

■ 统字第1073号

民国八年九月四日大理院复江苏高等审判厅电

江苏高等审判厅：

勘代电悉！强窃盗不知所犯系侵害两人财产监督权，应从其所知论罪。

大理院支印

附：江苏高等审判厅原代电

大理院钧鉴：

今有业经分产甲、乙两兄弟，分买丙叔之田十五亩，甲七亩，乙八亩，丙挟甲嫌，不知系两人的田，领人将十五亩田内苗麦，尽行铲毁，是否侵害两个法益？抑系一个法益？兹分两说如下：（甲说）该田既有亩数可以划分，丙自应有相当之认识。今将乙田一并铲毁，自系侵害两个法益；（乙说）丙既不知为甲、乙两人的田，纵将乙田麦并行铲毁，只系侵害一个法益。以上二说，未知孰是，理合亟请钧院迅赐解释电示只遵。

江苏高等审判厅勘印

■ 统字第1074号

民国八年九月六日大理院复山东高等审判厅函

径复者：

准贵厅第九八七号函开：今有甲以市房出租于乙，开设铺面，其租字并无一定期间。乙歇业后，将房转租于丙，甲因未经同意，向乙提起请求勒令迁让之诉。按照《民诉律草案》第二条第二款，应归初级管辖，当无疑义。惟征收讼费，是否应照《民诉律草案》第十一条计算诉讼价额？抑或别有标准？事关法律疑问，相应函请贵院解释示遵等因到院。

查所询情形，自系以乙违约为理由，主张解约交房之诉，应依批准暂行援用之《民诉律草案》第十一条，计算其诉讼价额，并定管辖。相应函复贵厅转令查照可也。

此复！

■ 统字第 1075 号

民国八年九月六日大理院复甘肃平凉第一高等审判分厅电

甘肃平凉第一高审分厅：

七五号函悉！《选举法》第九十一条所谓当选人，当然包括候补当选人。所询情形，以甲说为是。

大理院鱼印

附：甘肃平凉第一高等审判分厅原函

径启者：

查《省议会议员选举法》第七十五条："复选以本区应出议员名额，除投票人总数，将得数之半为当选票额，非得票满额者，不得为复选当选人。"再查第七十七条："候补当选人，其当选票额，依第七十五条之规定。"设有某区某甲满票额当选，某乙未满票额，作为候补当选人，嗣后某甲被人告诉，经审判当选无效，照章递补某乙，某乙又被人以票数不合告诉，经选举总监督发交审理，审判衙门能否受理？兹有二说：甲说，《省议会议员选举法》第九十条："选举人确认办理选举人员有舞弊，及其他违背法令行为，得自选举日起复选，于十日内向高等审判厅起诉。"某乙虽不满票额，事已数月，久逾起诉期间，当然不能受理；乙说，查第九十一条"选举人确认当选人资格不符，或票数不实者，得依前条之规定起诉。"所规定者，只云当选人，并未言及候补当选人，推究立法之意，候补当选人，能否递补，尚无一定。某甲既被取消，某乙始变为当选人，应由递补之日计算，十日内为起诉期间，实际上较为适宜，候补当选人似不受前条之拘束。某乙票数显然不合，又受选举总监督之嘱托，自应受理。如法院置之不问，某乙不合法之候补，则又无法救济。以上二说，未知孰是，如从甲说，某乙之候补当选，显不合法。是否由选举总监督依第八十八条，以命令补选，以资救济之处，理合具文函请钧院迅赐解释，实为公便。

此致大理院！

■ 统字第 1076 号

民国八年九月六日大理院复河南高等审判厅电

河南高等审判厅：

代电悉！现行法系采推事预审制。案经预审决定，检察官即不得再撤销公诉。

大理院鱼印

附：河南高等审判厅原代电

大理院钧鉴：

案经检察官起诉，预审决定后，能否依《刑诉草案》第二百五十八条法理，撤销公诉？悬案以待，乞电示遵。

河南高等审判厅卅印

统字第 1077 号

民国八年九月八日大理院复湖南高等审判厅函

径复者：

准贵厅函开：据南县知事吴履观呈称，"有甲同时伪造乙、丙两商店钱票被获送案，讯明乙店向发钱票在外使用，丙店则向未发行钱票，关于适用法律，应论一罪，抑论二罪之点发生疑问，分为子、丑二说：子说谓，《刑律》一切伪造之罪，皆以社会上之信用为客体，其被害之法益，既为社会上之信用，而实施犯罪事实，又系同一时期，自应论为一罪。且丙店向未发行钱票，则甲所伪造丙店之钱票，并非对于社会上原有之物，为不法之摹造，无从构成伪造之罪名。丑说谓，甲之行为，间接为侵害社会上之信用，直接对于乙、丙两商店私人之信用实施加害之行为，应即认为侵害两个私人之法益，论以两个《刑律》第二百四十二条第一项之罪。至丙店虽向未发行钱票，然甲既经造成丙店之伪票，其结果足以使人信为真实之物，即足构成本罪，而社会上是否原有此物，在所不问。两说究以何者为是？职署现有此种案件，亟待解决，理合具文呈请解释令遵"等情。据此，查统一解释法令，系属贵院职权，相应据情函请解释见复，以便令遵等因到院。

查伪造钱票，虽其票内所书之商店，向不发行钱票，然既足使人误信为该商店所发行，仍应成立《刑律》第二百四十二条第一项之罪。至同时伪造乙、丙两商店钱票，如果出于一行为或系连续，自应认为伪造一罪。若先后行使而犯意又不连续，仍应认为行使二罪。相应函复贵厅查照转行。

此致！

统字第 1078 号

民国八年九月八日大理院复福建高等审判厅函

径复者：

准贵厅函开：据思明地方审判厅呈称，"受理某甲窃盗一案，经刑庭初级判决确定后，旋准同级检察厅检察官，以某甲在执行处供称，是日同往行窃，系三人先是商议，偷得同分，偷得后因恐发觉，即将赃物交与某乙，偷时某丙同在一块等语，依照颁行援用之《刑事诉讼律（草案）》第四百四十六条之规定，声请再审。查某甲在同级检察厅执行处供称各节，侦查及公判中均经供及，原起诉文内亦经叙明，于是有甲、乙二说之主张：甲说，以《刑事诉讼律（草案）》第四百四十六条第二项所谓在审判衙门，或在审判衙门外自白犯罪事实者，系指审理时，未曾自白，判决确定后自白而言。若侦查或公判中业已自白，审判官因种种理由，认其自白为不确实，而舍弃不采用，仅可为控诉之理由，决不在该项请求再审之内。本案某甲所供结伙三人行窃，在侦查及公判中，既曾供及，原判不予采用，虽在执行处重复自白，不能成立再审理由。乙说，以自白犯罪事实之解释，原不拘于判决确定后自白而言，即以前无论在审判衙门或审判衙门以外之自白，于判决确定后发觉，检察官因维持公益起见，亦得声请再审。质言之，即判决确定后发觉认定事实错误,声请再审之谓也,不能因公判时之认定,即认与再审之案件不符各等语。详核以上二说,似甲说较有理由,盖被告人既在侦查及公判中自白犯罪事实,检察官不据以起诉,审判官不据以判决,自己认被告人之自白为不足凭信,其后重复自白,决不能成立再审。若如乙说主张,出尔反尔,无案不可以再审,流弊甚大。惟案关法律解释,不厌求详,应如何解释之处,呈请核准转请大理院解释指令只遵"等情。据此,窃查该案情形似应以甲说为是,案关解释法律,相应函请钧院迅赐解释见复,以便转令遵照等因到院。

查被告人在审判外复述,在审判中业经审核之自白,即非审判外之自白,不得据以请求再审。相应函复贵厅转令查照。

此致!

■ **统字第 1079 号**
民国八年九月八日大理院复奉天高等审判厅函
径复者:

准贵厅函开:今有盐局局长私自伪造盐运使公印,并伪造店帖十张,诈得十家财物。核其所为,应依《刑律》第二百四十八条、第二百三十九条第一项、第三百八十二条第一项,适用第二十六条,从一重处断,自应以伪造公文书罪为重,依法仅能科以一个罪刑。若论以诈财罪,即应论处十个罪刑,其间不无疑义。相应函请贵院解释示遵等因到院。

查伪造公文书,既为诈欺取财之方法,应不问诈欺取财罪数之多寡,从一较重之伪造公文书罪处断。惟查来函所举之例,既由伪造印帖诈得财物,似其印帖已经行使。虽伪造本为一罪,而行使是否具备连续犯要件,尚应调查明确,分别论断。相应函复贵厅查照。

此复!

■ **统字第 1080 号**
民国八年九月八日大理院复广西高等审判厅函
径复者:

准贵厅函开:据隆山县公署电称,"兹有甲妇,住居于山谷间,出入市场,代匪帮侦探军情,购买粮食,并不伙从行劫,亦未分得赃物。又有乙男,住居于道路旁,业贩米生理,常有匪帮经过其家,乙男均以米卖与之,并无从劫分赃情事。查甲妇、乙男,或代匪侦探,或与匪购粮,或卖米与匪,其为通匪济匪无疑。然论罪科刑,以何条文为根据?颇滋疑窦,遂有二说:子说谓,甲妇乙男,并不与匪结伙行劫,亦未分得赃物,自与强盗之性质不符,而《刑律》上无代匪侦探购粮卖米之规定,以律无正条之原则而论,应宣告无罪;丑说谓,甲妇乙男,虽未从劫得赃,而有代匪侦探购粮卖米与匪等行为,自有共同犯罪之意思,应适用《惩治盗匪法》第二条、第三条第一款,及《新刑律》共犯罪第二十九条、第三十一条,并强盗罪第三百七十三条、第三百七十四条之规定,分别犯罪情形处断。以上二说,前者失之宽纵，后者失之严重，究应如何办理？县署发生此种案件，亟待解决，事关法律疑义，伏乞转请解释示遵"等情到厅。据此，相应函请贵院解释，以便转令该县遵照等因到院。

查代匪购买粮食，及卖米与匪，与本院统字第二八六号、第三一六号解释文内所称为盗执炊无异，尚不能认为犯罪。至代匪帮侦探军情，如果事实具体，并确有实据，自应分别情形论罪，希参照本院统字第三四一号解释文。相应函复贵厅转令查照可也。

此致！

■ 统字第 1081 号

民国八年九月九日大理院复江苏淮安第一高等审判分厅电

江苏淮安第一高审分厅：

巧电悉！如果所掘坟墓，确系户绝，族房长得为代表告诉人。惟检察官接收其他不合法之呈诉，认原判确有错误者，应依职权控告。

大理院佳印

附：江苏第一高等审判分厅原电

大理院钧鉴：

无后坟墓被掘，服内近支或族人，可否认为告诉人，有上诉权？希电示遵。

江苏第一高等审判分厅巧印

■ 统字第 1082 号

民国八年九月九日大理院复察哈尔都统署审判处函

径复者：

准贵处函开：兹有尊亲属甲，强奸卑幼乙未遂，乙逃回娘家（同住一村庄），向其父丙哭诉，丙随携女乙来甲家质论。甲初不认，继因证实，因羞变怒，私出尖刃，将丙杀死。此案适用法律之点，颇有争议：（一说）甲强奸乙未遂，又复杀丙身死，因果关系未断，实合《补充条例》第四条之罪，应按该条处判。如第三百七十六条强奸杀人律，直处杀人刑，不处其强奸刑，不得以俱发论。（一说）甲强奸乙未遂，与杀丙身死，虽因果关系未断，究非同时发生之事，不能依《补充条例》处判，应依《刑律》第二百九十三条及第三百一十一条以俱发论。（一说）强奸与杀人，既非同时发生，照俱发例判处，固无疑义。但杀人一罪，不应依《刑律》第三百一十一条，应援《刑律》第二百九十三条，与《补充条例》第四条，因该条例为强奸杀人者之特别法，应援特别法优于普通法之例，仍按俱发办理。（一说）《刑律》及《补充条例》，均无尊亲属亲属强奸明文，甲之强奸杀人，应只论杀人罪，而以强奸为一种原因，不过量其情节，加重其刑。以上各说，未知孰是，相应函请贵院迅予解释只遵等因到院。

本院查《刑律补充条例》第四条规定，乃指犯强奸罪当场故意杀人者而言。甲在强奸未遂，事后因丙闻知，找向理论，始又将丙杀害，其杀人行为，自应依《刑律》第三百一十一条处断。至尊亲属强奸卑幼，在律既无专条，仍应按照第二百九十三条、第二百八十五条、第二十三条论罪。惟依第二百九十四条第一项，须有告诉乃论。相应函复贵处查照。

此复！

■ 统字第1083号

民国八年九月九日大理院复广西高等审判厅函

径复者：

准贵厅函开：案据广西高等审判分厅监督推事陈国镛呈称，为呈请查核事，案据桂林律师公会副会长李元熙呈称，"为呈请据情转请解释法律事，窃律师一职，为司法上三大职务之一，其承办案件，代作词状，原属固有之天职。设有原告诉人甲，请律师乙代作诉状，律师乙并未变更甲之告诉意思，为之作状呈递，一旦甲成诬告罪，律师乙是否同负责任？子说谓，律师代作诉状，系其天职，其代作之状，既未变更告诉意思，原告甲出于诬告，自是甲负责任，与律师无涉。因律师对于原告人之告诉，无调查职责，既无调查职责，即子诬父，妻诬夫，人民诬官吏，悉属于原告诉人之意思，律师不过本其意思，于诉状中代为表示，原非共同行为，故不负责，此理甚明，似无疑义。惟执反对之丑说则谓，原告诉人甲之诉状，由律师乙代作，虽不变更甲之告诉意思，但纯信其一面之词，诬告与否，不加调查，即为作状，即属帮助行为。甲之告诉既诬，乙即因其不加调查而遽代为作状之故，应同负诬告责任。两说未知谁是，事关法律解释，应请送由广西高等审判厅转请大理院明白解释，以资遵守"等情。据此，案关解释法律，理合据情呈请查核办理等情到厅。据此，相应据情函请贵院解释函复，以凭转饬遵照办理等因到院。

本院查犯罪之成立，以有犯罪之故意为普通要件，惟有特别规定者，不在此限。律师代人作状，如果不知所作之诉状，系诬告他人，自不负共同责任。若明知其为诬告，仍为作状，显有犯意，则无论有无同谋，均应按律论共犯罪。相应函复贵厅转令查照可也。

此复！

■ 统字第1084号

民国八年九月十日大理院复浙江永嘉第一高等审判分厅电

浙江永嘉第一高等审判分厅：

乙既只身出外，未曾携有家财，其个人经营所得，即为乙之私有，甲不能主张均分。

大理院灰印

附：浙江永嘉第一高等审判分厅原代电

大理院钧鉴：

兹有甲、乙两兄弟，其父遗有薄产，并未分家。乙只身出外，数年后积资巨万，已将父遗薄产抛弃归甲独有，而甲对于乙自积资财，能否主张均分？悬案以待，请解释示遵。

浙江第一高等审判分厅东印

■ 统字第1085号

民国八年九月十日大理院复湖南高等审判厅函

径复者：

准贵厅第七八八号函开：据长沙地方审判厅厅长郭秀如呈称，"兹甲、乙二人，因坟山涉讼，甲指系争山地上之坟茔系古塚，乙则指为系其祖坟，是否即大理院六年六月十五日抗字第七五号判例，属于地方管辖之亲族案件？于此有两说：（子说）谓六年抗字第七五号判例，系指双方当事人，对于系争山地上之坟内尸体，均主张有亲属关系而言。兹乙虽指为祖坟，而甲指为古塚，则就甲一方面观察，对于该坟内之尸体，并无亲属关系，不得认为地方管辖之亲族案件。（丑说）谓六年抗字第七五号判例，既以确定当事人间与坟内尸体所存在之亲属关系，属于当事人一方或双方，均应先为解决。兹甲虽指为古塚，并未承认系乙之祖坟，亦应就乙一方面，与该境内之尸体，究竟有无亲属关系，以为先决问题，仍应属于地方管辖之亲属案件。以上二说，似以丑说为优。但案关法律问题，职厅未便擅拟，悬案待决，理合备文呈请钧厅转请大理院迅予解释示遵"等情。据此，相应具文函请贵院查核，迅予解释见复，以凭转令遵行等因到院。

查所询情形，自仍系亲属事件，应归地方管辖。相应函复贵厅转令查照可也。

此复！

■ 统字第1086号

民国八年九月十一日大理院复广西高等审判厅函

径复者：

准贵厅函开：据河池县知事东电称，"县属南丹甲家，被邻县乙某因奸劫杀四命，掠夺丙女为妻，事后有丁某数人，向甲家领红，并持有弹压谕仰团总查拿乙某之谕帖过县。查拿乙某经将乙、丙并获及甲家赃物数件，解往乙之甲长投论，仅留二人，在甲长家看守，分数人往请保董并办酒席，保董因事且隔大河，越日下午始到。时乙丙二人，尚绚在甲长家也。讵乙之父戊，当乙初被拿时，即先赴县报案，呈称其家被匪。次日转回见丁等尚在甲长处吃酒，遂率族众持械夺脱乙、丙，反绚丁某二人，即在甲长家看守之二人解交该县，指为抢劫其家之匪。幸丁某中持有弹压谕帖之一人未被捉获，时值该县知事清乡点团，该未被捉获之一人，遂将谕帖飞呈该知事核验，而该县之承审员，因为乙某之父所蒙蔽，坚不认乙某为其子，谓如果丁某奉令拿匪，何不先报地方长官保甲。又无谕帖当庭呈验，遂不待知事回署，竟认为匪案，通报行政高级长官。兹经职署咨请该县移解两造及书类到案，由案内证人发见上开情形，并证明乙某确系戊某之子。乙某之父戊，始无所遁词，当庭具限二个月将乙某及丙女缴案。伏查此案情节复杂，如果乙某到案，其犯罪固无疑问，但丁某数人不过拿匪之手续不合，既有弹压谕帖为凭，又经保甲等验明，并未掳掠其他财物，自不能认为匪徒。但此种拿匪前不报地方长官，迨拿匪后始报团甲之行为，是否有罪？抑应依何条处断？应请解释者一。丁某数人如果无罪，则所报之案，即属虚伪，应依《刑律》第一百八十三条处断，亦无庸疑。惟戊某率族众夺脱乙、丙，显系庇子为盗，代子脱罪，此种行为，于此发生二说：子说，谓丁某等奉谕拿获乙某，则乙某即系按律已经逮捕之人，戊某以强暴胁迫而夺脱之，戊某即属触犯《刑律》第一百七十条第二项之罪。丁某等得出丙女送交甲长家之后，丙女已经脱离乙某之势力范围，恢复平日之自由状态，戊某又掠夺丙女，是戊某又触犯《刑律》第三百四十九条之罪。乙某系按律应逮捕之人，丁某奉谕查拿乙、丙，原系行使其权利，戊某以强暴胁迫防害之，则戊并犯第三百五十八条之罪。丑说谓，戊某防害丁某等行使权利之行为，原为夺脱乙、丙之手段，已为夺脱乙、丙之行为所吸收，应依第二十六条从一重处断。丙女原为乙某犯罪之证人，戊某夺脱丙女，即系湮灭乙某犯罪之证据，依第一百八十条应免除其刑。是戊某只犯第一百七十条第二项之罪，不再负担他种罪名。以上二说，各有理由，究以何说为当？应请解释者二。事关法律疑义，恳请转院解释"等情到厅。据此，相应据情函请贵院迅赐解释，以凭转令该县遵照办理等因到院。

查丁某数人所持河池县谕帖，如果属实，则其持至邻县查拿乙某，事前不报地方长官，事后始报团甲，手续诚有不合，惟尚不成立犯罪。戊某若明知丁等系奉县帖捕乙，并带丙赴案，乃竟率众持械夺脱乙丙，应成立《刑律》第一百七十条第二项、第三百四十九条第一项（并依《刑律补充条例》第十条加重）二罪，其后赴县报称被匪，应成立第一百八十四条之罪。绚丁某二人指控为匪，应成立第三百四十四条、第一百八十二条（原电误作第一百八十三条）第一项之罪，惟与第一百八十条、第三百五十八条无关。相应函复贵厅转令查照可也。

此致！

统字第 1087 号

民国八年九月十一日大理院复山东高等审判厅函

径复者：

准贵厅函开：现有历城县警备队某甲，因挟嫌虚伪报告某乙为匪，并擅自逮捕，由队长某丙私刑逼供，令警士用木棍压伤左腿成废，并火烙其右肋。经历城县知事查明，函送济南地方检察厅，呈请高等检察厅转呈省长批令受理。复经济南地方审判厅，依《刑律》分别处断。某丙不服，提起控诉到厅，本厅查某丙即系历城警备队长，合于《修正陆军刑事条例》第七条第四款之规定，应以准陆军人论。虽经司法衙门审判，但据《陆军审判条例》，并无得为上诉之规定，惟其犯罪情节，适与普通《刑律》相合。原审判衙门，按照《刑律》处断，应否仍以普通诉讼程序准其上诉？相应函复贵院迅赐解释见复，俾便遵循等因到院。

查《修正陆军审判条例》第一条，载军人犯《陆军刑事条例》，或刑法所揭各罪，或违警罚法，及其他法律之定有刑名者（中略），均"依陆军军法会审审判之"等语（参照第三条第一项）。是军人犯刑法所揭各罪，亦应归军法审判，惟普通司法衙门，每有受该管军事高级长官委托，代行审判之事，此项委托，自系因事实上有不得已情形。《修正陆军审判条例》，既未明予禁止，若被告亦无异议，则在普通司法衙门，即毋庸遽予拒绝。第案经受托代行，其审判程序，准否上诉及上诉处所等事，均应查照普通司法衙门通常办法办理。相应函复贵厅查照可也。

此致！

■ **统字第 1088 号**

民国八年九月十日大理院复安徽第一高等审判分厅函

径复者：

准贵厅函开：案据泗县知事赵镜源皓电称，"今有甲与乙因事涉讼，经县集讯，判乙给甲钱若干完案，甲已遵判具结允服，乙亦凭人遵判将钱交甲收清。讵甲得钱后，忽以乙抗县不服，禀请第二审审厅亲提讯究，或饬县勒提公判。迨第二审审厅饬县依法审判，经知事检卷呈请核示，甲复禀请第二审审厅令县照判执行，于此有二说焉：（甲说）第二审审厅，以收受不服第一审之抗告案件为应行施行之职务，甲于第一审审判后，并未声明不服上诉，且已遵判收受判给钱文。今抹煞真情，捏情禀经第二审审厅饬县依法审判，甲应依《刑律》第一百五十三条处断，（乙说）甲于得钱后捏情赴第二审审厅禀准饬县依法审判，迨县检卷呈请核示，甲复禀请第二审审厅令县照判执行，是甲以欺罔手段禀请第二审审厅为之受理，而又冀以第二审审厅之威信，恐吓第一审向乙诈取钱文。不然，甲已遵判将判给钱文收受清楚，尚复有何禀请第二审审厅令县照判执行之可言？甲应依《刑律》第三百八十二条第一项处断。二说究竟孰是，悬案待判，理合电请核示只遵"等情。据此，案关法律解释，未便擅拟，相应函请钧院解释赐复，俾便转令只遵等因到院。

本院查甲如果确已收受所判乙之钱财，乃复意图诈取其财物，而利用高等审判厅之职权，以为方法，则其捏词禀请提讯或饬县执行之所为，自应依《刑律》第一百五十三条第二项、第三百八十二条第一项、第二十六条处断。相应函复贵厅转令查照可也。

此复！

■ **统字第 1089 号**

民国八年九月十一日大理院复湖南高等审判厅函

径复者：

准贵厅函开：案据耒阳县知事谭廷彦呈称，"窃审判案件，应以法律为根据，其法律无明文规定者，应行根据判例。兹有关于坟山事件，法律既无明文，判决又无先例，谨陈其事由如下：赵钱孙李四姓，公管坟山一处，赵姓之甲某，先后厝坟三冢，紧连一排，依习惯环筑石围罗疆内无隙地，至今已历百余年。中间甲某将罗疆内遍左一坟骸骨，迁厝他处，棺木仍存原坑（该地习惯如此）。今忽有赵姓之乙某悄悄地将甲某罗疆内遍左废冢，原存棺木掘弃厝葬一坟，似此情形，乙某是否侵害甲之私权？其掘弃甲之废冢棺木，应否负刑事上责任？以上二点，颇属疑问，理合备文呈恳钧厅俯赐查核，应否转院解释，伏乞钧裁施行"等情。据此，查案关法律，自应取统一之解释，相应函请贵院迅赐解释见复等因到院。

本院查所称情形，坟山既供公用厝葬，自无问题。其将人已置空棺掘弃，在律尚无相当条文可以援用，亦不为罪。惟在民事方面，如有损失，依应不法行为之例，判令赔偿。相应函复贵厅转令查照可也。

此复！

■ 统字第1090号

民国八年九月十二日大理院致甘肃高等审判厅转皋兰律师公会电

甘肃高等审判厅转皋兰律师公会：

删电悉！官厅与商民订约，因契约内容发生争执，两造均得提起民事诉讼。惟所称情形，殊不明了，应自审酌办理。

大理院文印

附：甘肃皋兰律师公会原电

大理院钧鉴：

今有官署甲与包商乙，订立合同，内载"乙商期满，所有存盐，由甲接收。"查此项系契约关系，甲立于私人地位，无处分权。现甲背约，乙应认为私法行为，向法院起诉？抑系行政诉讼事件？案悬待决，乞迅赐电遵。

皋兰律师公会叩删

■ 统字第1091号

民国八年九月十三日大理院复山西高等审判厅函

径复者：

准贵厅第一零九五号函开：案据大同县知事冯延铸快邮代电，"设有甲父乙子，同财共居，设立商号，乙在号内经管事务。嗣后该号歇闭，短欠丙铺债项，经丙诉请判还到县，乙因拖欠包款，被他县来文关传，业已事先逃躲。当传甲、丙到案，详细审查，甲、乙二人确系同财共居，设有商号，则该商号所欠丙铺债务，是甲本负有共同债还之责。惟乙为该号经理，屡经票传，匿不到案，而丙又声请迅速判追，以免拖累，是于本年某月某日，当庭饬令甲检视丙之账簿所列债额后，承认对丙应负债务，即行宣示缺席判决，谕令甲于一个月内偿还丙债，并于同日依法牌示在案。讵债务者意图拖延，二十六日后据甲、乙声明窒碍，县署以法定期间，既已经过，案即确定，谕斥不准。该甲、乙遂抗告于控诉审，附设地方庭审查决定，发县重为审判。惟查照章民事声明窒碍期间，原为十四日，而按上列事实，甲、乙声明窒碍期间，似已经过，照章可否撤销原判，重为审判之处，事关法律解释，未敢擅便，敬祈鉴核示遵"等情。据此，本厅以来文所称各节，未见明了，当经指令将原卷送核去后，兹据该县知事送卷前来。查此案某丙以甲、乙父子串谋抗债等情，在大同县知事公署诉请追偿债项（系以甲、乙二人为共同被告），经该县屡次传讯，某乙均未到案，遂于本年三月二十八日判令某甲偿还债务，并于判决稿之面页，注明"三月二十八日送稿，同日缮发，同日牌示"等字样。嗣某乙于四月二十三日，以"此案债务与父（指甲）无干，请调原告（指丙）账簿核算明白，民即设法承还"等情在县具状投质。经原县于四月二十四日批称，"案经判决确定，勿再狡渎，仰速遵谕清还，违则强制"等语。某乙不服批示，径赴山西第二高等审判分厅附设地方庭声明抗告。经该庭于本年五月十七日决定，其主文称"原批示撤销，本案仍应由大同县知事回复缺席以前之诉讼程度，迅予重为审判。"而理由则称"第一审八年三月二十八日判决，并未依法牌示，又无送达回证附卷"各等语，实属不无误会之处（其间尚经该厅令查牌示判决日期，并经该县呈复在案）。兹既据该县请示前来，相应连同原卷函请贵院迅赐解释，以凭令遵等因到院。

本院查地厅决定，自有误会。惟丙在抗告期内，既未依法声明不服，该知事重为审判，程序上尚非不合。相应函复贵厅转令查照可也。

此复！

■ 统字第 1092 号

民国八年九月十三日大理院复热河都统署审判处电

热河都统署审判处：

佳电情形，得合并审理，惟须分别裁判。至应行覆审之件，如提解困难，尽可酌用《覆判章程》第五条第一项第一、二、四款办法，不得书面审理。

大理院元印

附：热河都统署审判处原电

大理院钧鉴：

选择上诉，律原所许。设有甲、乙二盗，同时判决，事主对于甲部分，声明控诉，县署对于乙部分，呈请覆判。查卷甲部分事实疏漏，乙部分引律错误，罪有失出，于此有二说：子谓本案事实、法律，均有疏误，应全部提起控诉。惟乙盗事实明确，如提解困难，得以书面审理；丑谓控诉、覆判程序不同，此案声请各殊，应分别办理。何说为当？祈电示遵。

热河都统署审判处佳

■ 统字第 1093 号

民国八年九月十六日大理院复福建高等审判厅函

径复者：

准贵厅函开：据惠安县知事呈称，"今有某甲与某乙互犯轻微伤害罪，在审理中察知甲现为盐辑队营部名誉医官，经缉私统领盐运使及总教练均发给委任状验明无异。此项军医官，应否准陆军军属论？抑仍归通常审判？悬案待决，请示遵行"等情。据此，查事关法律解释，相应具函转请钧院迅赐解释见复，以便转令遵照等因到院。

本院查盐务缉私兵，系属警察之一种，业经本院统字第一百八十号解释有案。

甲系缉私营名誉医官，且与缉私兵之性质不同，自系常人，应归通常司法官署管辖。相应函复贵厅转令查照。

此致！

■ 统字第 1094 号

民国八年九月十六日大理院复山西高等审判厅函

径复者：

准贵厅函开：据孟县知事快邮代电称："假有甲婆乙媳二人，甲婆屡次虐待乙媳，乙媳因受其虐待自缢。查甲婆虐待行为，系指平素打骂衣食粗粝而言，若缢死后起诉到署，验无伤痕，甲婆是否负刑事上责任？如负刑事上责任，应适用某条处断？理合电请解释指示遵行"等情到厅。事关解释法律，敝厅未敢擅断，理合据情函请钧院俯赐解释见复，以便转令遵照，实为公便等因到院。

查现行《刑律》，除于教唆自杀及因犯奸非罪，致被害人羞愤自杀等情形，定有明文外，寻常因事令人气愤自杀者，尚无处罚专条。所称情形，如果并无唆令自杀以遂私心之事实，自无杀人罪可言。惟姑殴其媳，虽未成伤，苟非出于家长惩戒权之必要范围内，仍可按照《违警罚法》第五十条第一款酌量处罚。相应函复贵厅转令查照可也。

此致！

■ 统字第 1095 号

民国八年九月十六日大理院复江苏第一高等审判分厅函

径复者：

准贵厅函开：今有著名匪首甲，置备枪械，啸聚匪码（即匪党）数千余人，盘踞子省某县村寨年余。在邻县城乡集镇，四出抢架，不计次数，并攻破县城市寨多处。嗣因与他县著名股匪会合，复将匪码编成旅团营连排棚等名目，率领前往会合地点，沿途曾与官军抗敌数次，复因攻打某县败，窜丑省某县村寨，复被官军击散，擒获匪首甲及匪码乙丙丁戊己庚等。惟据乙丙丁戊己庚等，均供认先后投入码内，甲率领匪码前往会合地点，沿途占据村寨抗敌官军之时，该乙丙丁戊己庚等，亦均同在一处，但未持枪与官军对垒，亦未抢架，仅在码内由匪首甲派扛大旗，或看守户家（即看守被掳架之户家），或在棚内值事，或当差使，或照应小事，或当师爷（有占课卜卦者，有司账者），或喂牲口，或抬物，或推车，或抬受伤人，或剃头，或做饭当火夫，或仅在码内并无职务。于此情形，除匪首甲聚众公然占据城寨抢架，合于《惩治盗匪法》第四条各款，并无问题外，关于乙丙丁戊己庚等之行为，论罪与否，主张不一，大概可分二说：（一）谓匪首甲聚集匪码，占据子省某县村寨，即系实施《惩治盗匪法》第四条第二款规定之犯罪行为。乙丙丁戊己庚等，既明知其为匪首聚众，公然占寨，复先后投入码内，则乙丙丁戊己庚等，显属有意加入聚众，公然占据村寨之团体，其共同犯罪行为，已于投入码内时，完全成立，应依《刑律》第二十九条第一项，论以该《盗匪法》第四条第二款之罪。而乙丙丁戊己庚等，于入码后所执职务之不同，不过为该匪首甲内部编制之关系，其各人所执职务之重要与否，虽可为处刑轻重之裁量标准，究与犯罪成立与否无影响。（二）谓乙丙丁戊己庚等，虽投入匪首甲码内，而其成立《惩治盗匪法》第四条第二款之罪与否，应视其所任职务与聚众公然占据村寨，有无直接关系分别认定。查大理院统字第二百八十六号解释，为强盗炊爨不能谓之犯罪。预备或着手行为，即不得以从犯论，则为匪徒做饭当伙夫者，其不能谓为匪徒之从犯，自可断言。至为匪抬受伤人，为匪剃头等行为，核与执爨，亦无甚差异，其推车喂牲口扛物件等事，虽均为匪执役，尚难确认为预备或着手之一部。又为匪值事当差使或照应小事诸人，均非匪中特定名目，亦不得谓为帮助行为。惟为匪扛大旗看守户家值事棚内，颇属重要事务，为匪当师爷，似有参与情形，应分别论以共犯及从犯之罪。至如为记账之师爷，又显与为匪设谋有别，仍未便以事前指示方法论。又仅入码无职务者，尤难谓其有何种犯罪行为。以上两说，究以何说为正当？不无疑义。钧院有统一解释法律之权，相应函请钧院解释示遵等因到院。

本院查乙丙丁戊己庚，先后投入匪党，当匪徒公然占据村寨时，亦均在一处，如果于匪徒犯罪行为，确有同谋或帮助证据，则虽仅只随行，或所任事务与犯罪行为，并无直接关系，仍不得谓非共同正犯，均应依《惩治盗匪法》第四条第二款后半段处断。若只随从执役，或并知情而于匪徒犯罪行为，并未预闻，亦无帮助确据，纵亦不能谓非匪党，然不得以共犯论，此与本院统字第二百八十六号解释，意旨全然相同。相应函复贵厅查照可也。

此复！

■ 统字第1096号

民国八年九月十六日大理院复直隶高等审判厅函

径复者：

准贵厅函开：案据迁安县知事郑颐津快邮代电称，"兹有秘密教徒甲，设教诱众，诈称某军招兵，拥护皇帝，如入其教，可以保护身家，且所得饷银，又可养育妻室。乡愚乙、丙等，并不识其宗旨所在，但希图保身养家，遂纷纷入教。当由甲订期在某处聚集，届期甲携带爆裂品前往，甫抵该处，即被破获，乙、丙等来到，亦被先后拿住。查讯情节，甲之宗旨，无非利用若辈乡愚，以图抢劫，并非谋为不轨，自不能照内乱罪论。乙、丙等均系愚盲无知，并不识其宗旨所在，亦未便谓系附和随行，可无疑义。惟其究应构成何项罪名，于此有三说焉：子说，甲、乙、丙等身带爆裂品，结伙在三人以上，意图抢劫，实构成《惩治盗匪法》第二条之罪刑。惟该法无处罚未遂明文，应仍依《刑律》第三百七十三条第二款之未遂犯论，其情轻者，可照同律第五十四条酌予减等；丑说，该匪等既有携带爆裂物情形，且结伙多人，意图抢劫，实有扰害公安之虞，应依《惩治盗匪法》第四条第一款处断。在该法虽无处罚未遂明文，然该法原本于《刑律》之强盗罪，特予加重处分，若其结伙，以图强取他人所有物为自己，或第三人之所有，仅至着手，并未实施，核与《刑律》强盗未遂罪相当，自可仍援《刑律》第三百八十八条（当系三百七十九条之误）办理，免滋冤滥；寅说，乙、丙等入教本意，只在保身养家，并不识甲之宗旨所在，乡愚迷信，情实可原。甲虽携带爆裂品，而乙、丙等委不知情，又未尝实施劫略，故非特不能适用《惩治盗匪法》，即《刑律》强盗罪之犯罪成立要件，亦有未洽，应受《治安警察法》之制裁，自可依该法第二十八条处罪。其有携带爆裂品者，不妨更依该法第二十四条合并处刑。以上三说，未知孰是，究应如何办理之处，急待解决，理合呈请解释令遵"等因到厅。事关法律疑义，相应函请贵院解释见复，以便转令遵照等因到院。

本院查教匪甲，如果意图扰害公安，而携带爆裂物，自应按照《惩治盗匪法》第四条第一款处断。若仅图抢劫则无论其结果有无扰害公安之虞，均不得论以该法条之罪。甫抵聚集地点，即被拿获，不能谓于强盗行为已着手，亦与未遂犯之规定不符，但得依《刑律》第二百零三条及《治安警察法》第二十八条、第九条科断。至乙、丙等入教目的，如果系图保身养家，并无同谋者，仅得对于故意入党之人，适用《治安警察法》第二十八条、第九条处罚。相应函复贵厅转令查照。

此复！

■ 统字第1097号

民国八年九月十八日大理院复吉林高等审判厅函

径复者：

接准贵厅第七二号函开：今有甲早年在旗署（协领衙门）承领亮网地亩（系前清捕贡鱼江边滩地），由该衙门发给执照，每年交纳租项，向充该衙门津贴办公之用。自民国以来，吉省旗产，全归吉林清查土地局管理，拟定章程，加价出放，先尽原佃户承领，如原佃户不领，即另行外放，通行各该管县办理在案。现在甲将前领之地，拨卖一段与乙，余地亦呈请所在地审判厅拍卖在卷。嗣因买主乙请求该管县丙清丈，丙即呈请清查土地局。丁对于甲出卖之地，拟照变卖旗产章程，每垧收价大洋九元，经丁批准，丙即派员赴乙买地界丈讫。当饬乙缴价发给执照，并令甲对于未卖出之地，亦须照章交价清丈，方准出卖。甲不服向丙处呈请撤销原批，丙仍批驳不准，甲即状诉到厅。按此项事件，究属司法范围，抑系行政诉讼？在法律上颇费解决，合即函请贵院查核解释示遵等因到院。

查县知事因执行清丈章程，限制人民之买卖，无论其是否正当，既非本于何人之呈请，即无利用官厅处分。不法侵害之人，则该民对于处分如有不服，自应依《诉愿法》，向上级行政衙门诉愿，或更依行政诉讼法，提出诉讼于平政院。普通司法衙门，毋庸予以受理。相应函请查照可也。

此复！

■ 统字第 1098 号

民国八年九月十八日大理院复甘肃高等审判厅函

径复者：

准贵厅第七一号函开：案据陇西县知事王炳呈称，"为呈请示遵事，案查县属有某甲者，生前无子，妻乙生女丙，娶妾丁亦无出，嗣与女丙凭媒招赘某戊为婿，立有婚据，书明'养老，并生子顶立甲嗣'字样。同居有年，颇为甲所喜悦，嗣戊生子己，甲随依约立为嗣孙，焚香告祖命名，冠以甲姓，曾设筵以款亲族乡邻，当时来贺者，均无异言。今年已八岁，本年春间，甲、乙先后物故，突有甲早年分炊另居之堂弟庚，希图财产，怂恿甲妾丁执异姓乱宗之议，以庚子辛为应继人，年甫六、七岁，捏称甲生前已立庚为嗣，惟未过门，欲逐离丙、戊及己，并串通亲族，互相加攻，独霸遗产。丙、戊来案起诉，当庭验明婚约属实，而甲生前并无立辛为嗣之实据。查异姓乱宗，本为法律所不许，然以招婿养老，依倚多年，且为所后之亲喜悦，论断不能听其逐离。现行律有效部分，仍许均分家产，况甲立己为嗣孙时，甲族亲支近派内，别无相当应继之侄。且甲与庚，平凤不甚相洽，不能不择贤立爱，以重禋祀，于法究非故违。纵令庚之子辛为应继人，依律衡断，则招婚与嗣孙及应继之子，均当分受遗产。而庚自兴讼后，盘踞甲家，逼逐丙、戊及己，不得其门而入，当派公正绅耆确查庚与甲是否同曾异祖，而甲生前有无立辛明证，亲支正派内，有无较辛尤亲之侄，堪为继承人者，并调查甲遗产业以凭剖判去后。除查明田地牲畜粮食外，据生女丙指明伊父丁窖藏买粮所存制钱四百余串文，该绅视之属实。又据称尚有三四处，未敢发视，为数多寡，不得其详。查财物关系动产，案尚未决，该两造均处嫌疑地位。现虽派警严行封守，若数目较钜，未敢轻忽。且本案丁、庚主张之点，尚需调查，恐急切不能定判，所有此项窖藏钱物，应如何保管？将来此案应否援照现行律有效部分裁判，抑或另有判例可援？知事为慎重法律起见，未敢擅专，理合呈请鉴核令遵等情"到厅。除保管窖藏钱物部分，业由敝厅指令办法外，至引律判案部分，系属解释法律问题，相应函请贵院迅赐解释，以便令遵等因到院。

查戊、己虽系异姓乱宗，不能认所称婚约此点为有效。而如果庚曾于甲立己为嗣孙之时，从场并无异议，或平日与甲家实有嫌隙，自不得再行告争。即或庚子在应继之列，亦应由亲族共同议定，或以其子为甲嗣，或更依律，择立他人。且戊既系甲所招养老之婿，仍应依现行律婚姻门男女婚姻条规定均分财产。相应函请贵厅令行查照可也。

此复！

■ 统字第 1099 号

民国八年十月十六日大理院复浙江第二高等审判分厅电

浙江金华第二高审分厅：

江电情形，仍应依《盗匪案件适用法律划一办法》第三条受理上诉。

大理院鱼印

附：浙江第二高等审判分厅原电

大理院钧鉴：

今有甲、乙经地审厅依《惩治盗匪法》判处死刑，呈奉省长派员会审，甲依《刑律》处断，乙判无罪。检察官声明控诉，能否受理？请电示只遵。

浙江第二高等审判分厅江

■ 统字第1100号

民国八年十月九日大理院复广西高等审判厅函

径复者：

准贵厅函开：案据桂林地方审判厅厅长潘焱熊电称，"地审厅受理刑事第二审案件，是否以简易庭所判决者为标准？抑以《刑诉草案》第二条所列举之初级管辖案为标准？设有以地方案，诉由简易庭判决（例如原属地方案件，而检察官求刑在四等有期徒刑以下），或以初级案，诉由非简易庭判决（例如原属初级案件，因未具备《简易规则》第二条第一款之条件，检察官不认为简易案起诉），其第二审应以何厅受理？颇有争议，案悬待决，恳请转院解释示遵"等情。据此，查《刑事诉讼律草案》管辖各节，业已颁布施行，而《刑事简易庭暂行规则》，暨《处理简易案件暂行规则》内，仅规定简易庭所管案件。至简易庭上诉办法，尚无明文规定，则依当然解释，地方厅受理第二审案件，应照《刑诉律草案》管辖各节第四条办理。如该厅所举第一例，虽由简易庭判决，然既系地方案件，应以高审厅为第二审，其二例虽非简易庭判决，然既系初级案件，应以地审厅合议庭为第二审。复查司法公报第三八号四年八月三日司法部批四川高审厅详拟简易庭上诉办法内载："有如果刑事第一审案件，其犯罪事实据现在证据，认为已属明确，并合于《简易庭规则》第二条其他二条件，由简易庭受理判决者，无论是否初级管辖，其第二审概以地方合议庭行之。"由第二年第九号司法公报三年五月二十五日，京师地方审判厅布告简易庭刑事管辖内载："有不服地方审判厅简易庭裁判，而上诉之案件，应以地方审判厅合议庭为第二审"各等语。该厅疑窦，或系因此发生。但部批四川特别办法，各省自难援用，而该厅简易庭之设立，又系依《刑事简易庭暂行规则》，暨《处理简易案件暂行规则》平均轮配，现置各推检办理，业经详报有案。与京师地方厅布告简易庭办法，定有上诉程序者不同，则前项部批及京师简易庭办法，该厅自无援照之必要。依此推绎，似应仍照上述当然解释办理，较有根据。惟事关法律解释，系属贵院主管权限，敝厅未便擅专，是否有当，相应函请贵院解释，迅赐电复，以便转饬遵照等因到院。

本院查各级法院刑事事物管辖权，经于呈准暂行援用《刑事诉讼律草案》及《法院编制法》规定详明。虽初级审判厅，业经裁撤，归并地方审判厅，然第一审管辖，仍有初级、地方之区别。如初级审判厅裁撤后，修正呈准施行之《民事诉讼律草案》关于管辖各节第二条第一款（四年二月二十五日由部呈准施行），即其明证。三年五月七日司法部所发初级案件，仍以高等厅为终审。通电及四年第五百八十六号通饬，并京师初级厅归并办法，亦即根据以上法令规定施行之法。至《地方审判厅刑事简易庭暂行规则》，本系地方审检厅办事规则之一种，现虽亦经呈准施行（登本年九月二十一日政府公报），其第十一条"于简易庭之裁判，又有以地方合议庭为第二审"明文。然亦仅将高等审判厅管辖之一部，划归地方审判厅受理，并未变更初级管辖，是简易庭按照《刑事简易庭规则》办理之案，自应以地方合议庭为第二审。其非简易庭判决之案，如原属初级管辖者，应在地方合议庭上诉，亦无疑义。相应函复贵厅转令查照可也。

此复！

■ 统字第1101号

民国八年十月九日大理院复安徽高等审判厅函

径复者：

准贵厅函开：今有某甲犯伤害罪，经检察官侦查，认为情节轻微，向第一审衙门简易庭起诉，请依《刑律》第三百一十三条第三款主刑内最低限度处断。该庭受理判决后，当事人于法定期间内，声明上诉，因管辖上发生争议，约分二说：（子说）《刑事简易庭上诉办法》，依司法部四年八月三日第七九五号批示内开："由简易庭受理判决者，无论是否初级管辖，其第二审概以地方合议庭行之。"又民国三年五月二十五日，京师地方分庭及简易庭管辖程序布告内称："不服地方审判厅简易庭（中略）裁判而上诉之案件，应以地方审判厅合议庭为第二审"各等语。此案某甲虽犯轻微伤害罪，然既依简易程序起诉，并以简易形式判决，按照前项批示及布告事例，则地方厅合议庭，当然有受理本案第二审之职权；（丑说）刑事案件之事物管辖，应属地方审或初级审，及地方厅应管辖第二审何项案件之职权，已于呈准援用《刑诉草案》"管辖"各节第二、三、四等条，及《法院编制法》第十九条明白规定。至《刑事简易庭规则》，只以合于所定简易条件之案，适用简易程序审理，原为力求敏捷之办法，并非以该规则有变更刑诉及编制法所定审级管辖之效力。故刑事简易庭之管辖，只规定限于第一审案件，并无管辖上诉之特别规定。依法理当然解释，自应仍从通常上诉之审级管辖，在未经修正《法院编制法》及《刑诉法》或另定特别法以前，依大理院二年统字第二三号解释，审判衙门自不受何项命令之拘束。本案某甲原犯伤害罪，其法定主刑，在四等有期徒刑以上，既不在刑诉第二条初级管辖之列，即依《法院编制法》第十九条第二项，亦不能以地方厅管辖其第二审。上述疑义，两说各执，事关管辖，未便率断，相应函请查核解释示遵等因到院。

本院查《地方审判厅刑事简易庭暂行规则》，本系地方审、检厅办事规则之一种，不能变更各级法院事物管辖权限。唯该规则现由司法部呈准施行（载本年九月二十一日政府公报），其第十一条规定："简易庭之裁判，以地方合议庭为第二审"。是凡依该规则办理之案，自应按照该条由地方合议庭受理上诉。相应函复贵厅查照。

此复！

■ 统字第1102号

民国八年十月十六日大理院复浙江永嘉第一高等审判分厅电

浙江永嘉第一高等审判分厅：

支代电悉！绝卖所典他人不动产，自系无效。惟如果处分人依《不动产典当办法》，已取得所有权者，因其权能业有补充，不得再以无权处分，向买得人告争无效。

大理院铣印

附：浙江永嘉第一高等审判分厅原代电

大理院院长钧鉴：

兹有甲不动产典当于乙，乙转绝卖于丙，乙、丙间之契约，本不能发生拘束甲之效力。惟甲因《清理不动产典当办法》第二条，丧失其告争权，乙能否以典当权者无绝卖权为理由，向丙主张回赎？乞电复。

浙江第一高等审判分厅支印

■ 统字第1103号

民国八年十月十八日大理院复河南第一高等审判分厅电

河南信阳第一高审分厅：

支代电情形，并非间接正犯。如对剿匪军队为诬告，自可成立诬告罪。但应注意军队违法杀人，是否由其教唆。

大理院巧印

附：河南第一高等审判分厅原代电

大理院钧鉴：

今有某甲与乙丙丁戊等，素挟深仇，乘官军战胜会匪夺回城池之际，一面席请乙丙丁戊等聚饮，一面报知官军，谓"乙丙丁戊等又聚集多人，谋抗官军"，随带同官军将乙丙丁戊等拿获，有当场枪毙者，亦有带至县城枪毙者，其直接之目的，在利用无责任人力杀人，而直接之手段，则为诬告，究应成立杀人罪？抑应成立诬告罪？有两说：（一）谓应成立诬告罪。因诬告罪成立之要件，业已具备，诬告行为，又已完成，至官军如何处置乙丙等人，某甲自不负责。（一）谓应成立杀人罪。因官军甫经恢复城池，则附近一带，皆为官军之接战地域，与受理刑诉衙门性质迥殊。于此而诬报某人又聚众反抗，是引起军队之战斗力，与刑事处分，绝然不同。杀人时虽假手于无责任之官军，但为间接犯，与实施杀人无异。以上两说，究以何说为是，不无疑义。钧院有统一解释法律之权，相应电请速赐解释示遵。

河南第一高等审判分厅支叩

■ 统字第 1104 号

民国八年十月十八日大理院复杭县律师公会电

杭县律师公会：

江代电悉！所告事实，是否虚诬，在检厅起诉时，亦应查明。细绎前电，自可知悉，何庸再渎？

大理院巧印

附：杭县律师公会原代电

大理院公鉴：

鱼电敬悉！当即转知王会员等，兹据续称，《刑律》第一百八十二条，以告诉、告发、报告之事实，是否虚伪为先决问题。假如检察厅不就告诉、告发、报告之事件侦查其是否虚伪，遽以诬告起诉，是否与《刑律》第一百八十二条之法意相合？前奉解释，会员等尚不能明了，应再请明予解释，当付十二次常任评议员会通过。特此报告，即请详晰解释，不胜企盼。

杭县律师公会江

■ 统字第 1105 号

民国八年十月二十一日大理院复浙江永嘉第一高等审判分厅电

浙江永嘉第一高等审判分厅：

虞代电悉！现行法虽无宣告准禁治产之制，惟依据习惯得为限制能力之立案。所称情形，契约既经撤销，即无贷借关系，但应依不当得利法则，返还同额款项。

大理院马印

附：浙江永嘉第一高等审判分厅原代电

大理院院长钧鉴：

兹有甲之子乙，于宣告准禁治产后，将田立契向丙抵押，并出有收银凭字。除将契约撤销外，乙丙间债权债务关系，是否存立？甲能否主张撤销？乞电复。

浙江第一高等审判分厅虞印

■ 统字第 1106 号

民国八年十月二十二日大理院复安徽高等审判厅函

径复者：

准贵厅函开：兹有某甲以《刑律》上罪名，指控某乙到县。经该管县知事审讯结果，改依违警罚法判决。某甲以原告诉人之资格，声明控诉。本厅查原告诉人，对于刑事案件，虽能呈诉不服，然对为依违警罚法处罚之案件，能否准其上诉？法无明文规定，此应请解释者一。如能准许上诉，违警罚法之最重处罚，为拘留三十日，罚金三十元，是否依《刑事诉讼律（草案）》管辖之规定，概以初级管辖论？此应请解释者二。以上问题，系悬案待决之件，相应函请钧院迅予解释，俾便遵照等因到院。

本院查各级审判厅审理刑法犯案件，改处违警罚法罪名者，本准上诉。则县知事就刑法犯之原告诉案件，判处违警罪，自应准原告诉人呈诉不服，惟应以地方审判厅为第二审。相应函复贵厅查照。

此复！

■ 统字第1107号

民国八年十月二十七日大理院复山东高等审判厅电

山东高等审判厅：

法密，漾电各物不得认为《出版法》第十三条之印版。

大理院沁印

附：山东高等审判厅原电

大理院鉴：

法密，报馆排印报纸后，业经拆卸之铅字及机器，是否得认为《出版法》第十三条之印版？请密赐解释。

山东高审、检厅漾

■ 统字第1108号

民国八年十月二十七日大理院复湖北高等审判厅函

径复者：

准贵厅二七六号函开：案查钟祥、蒋铭之与李光彩等因婚姻涉讼控诉一案，已由本厅审理判决，于本年七月六日，送达判决正本在案。前据该控诉人蒋铭之，于七月十六日声请复讯到厅，当以该案判决尚未确定，该民如有不服，尽可依法上告，未便准予复讯，于同月十七日批示知照，又在案。兹该民并未于该项批示挂发后二十日内，来厅声明上告。至八月十三日，始据状请检送卷宗，以凭上告前来。本厅按该民虽曾于法定期间内有不服之意思表示，然既经本厅批饬依法上告，该民并未于批示挂发后二十日内声明上告，是本厅判决，自属已经确定，无再行准其上告之理。惟有主张该民既曾于法定期间内声明不服，则本厅判决，即无确定效力之可言，仍应认该民上告为合法者，其说是否正当？本厅未便擅拟，相应函请钧院希即迅予查核见复，俾便遵循等因到院。

查当事人在法定上诉期间声明不服之旨，其后在相当期间内复经补具上诉状者，无论其初系用何种名称，均应认为已有合法之上诉。相应函复贵厅查照办理可也。

此复！

■ 统字第1109号

民国八年十月二十九日大理院复浙江高等审判厅函

径复者：

准贵厅第四一九号函开：据吴兴县知事罗念慈皓代电称，"兹有某甲、某乙、某丙等多人，以行政程序，诉某丁私设苗行，多取用钱，农民受害，请即勒闭等情。当经调查明晰,某丁私设牙行属实,即予传讯,依部定《整顿牙帖章程》第十条,科以六十元之罚金。谕知处分后,某丁不服,提起诉愿,照章加具辩明书,呈送上级官厅。旋奉指令'事系民诉,令某丁依民诉法上诉'等因。伏查甲、乙、丙等之呈诉,并非对于某丁有权利义务关系,故以行政程序起诉,县署亦以某丁系违反《牙帖章程》,加以行政处分,某丁即对于此处分声明不服,似完全系属行政诉愿。今上级官厅指令认为民诉,未知是否县署办理错误?如果应认上述情事为民诉,则应以何人为两造主体?再用如何程序撤销前之处分?事关法律疑问,悬案待决,即乞转请大理院解释"等情到厅。相应函请钧院迅赐解释只遵等因到院。

查所陈情形,自系行政处分。惟甲、乙、丙如系被害人,以丁之不法行为为理由请求赔偿,或丁自认有牙行营业权,而以甲、乙、丙等有意侵害其权利为理由提起诉讼时,均应认于民事诉讼,予以受理。相应函复贵厅即希转令查照可也。

此复!

■ 统字第1110号

民国八年十月二十九日大理院复河南高等审判厅函

径复者:

准贵厅三零一号函开:案据河南武安县知事呈称,"兹有甲姓庄房一处,于前清道光二年出典与乙姓,于光绪十一年转典与丙姓,丙姓又于光绪十六年,转典与丁姓。迨至光绪三十年,乙姓将丙姓典约抽回,立约加价,直接出典与丁姓为业。现甲姓产未绝卖,私难回赎,出而告争,乙姓亦以丁姓不让回赎,请求判断。查《清理不动产典当办法》第二条:'有典产自立原约之日起,已经过六十年者,不论其间有无加典或赎典情事,概作绝产论,不许原业主再行告争'等语。本案若以甲姓立约之日起算,已逾六十年以上,惟中间辗转相典,以乙姓立约与丁姓之日计算,未满二十年,于此生二疑点焉:《清理不动产典当办法》所称'续典'两字,能否包含转典而言?且甲姓立约日期之时效,是否不由转典而中断?故甲姓主张所有权,出而告争,应否有效?请解释者一也。乙姓立约期限,虽未逾越二十年,但产系典当,能否得嬗递甲姓而取得所有?抑须以维持现时占有为正当?故乙姓请求回赎,是否适合法意?请解释者二也。此外尚有最要之点,即乙姓直接加典于丁姓之时,附立字据,声明'该房典与丁姓,永远居住,与乙姓无涉'字样,似有表示不回赎之意思,应否认为权利之抛弃?属县发生此种案件,依据恐有错误,理合代电乞示遵办"等情。据此,查解释法律,系钧院特权,相应据呈函请钧院核办,以便饬遵等因到院。

查《清理不动产典当办法》所谓续典,乃同一当事人及其包括承继人(即继嗣)间更新典约之意,自不包含转典在内。所称情形,甲姓即不能再行告争回赎,转典主亦须自转典日起满六十年,始能对于典主取得所有权。乙后既直接出典于丁,又自该出典日起未满二十年,自无拒乙回赎之理。至乙典约文义,可否认为有作绝之意思,自应依一般解释契约原则,调查实际情形(如价值及他种表示),斟酌认定，本院未便臆断。相应函复贵厅，转令查照可也。

此复！

■ 统字第 1111 号

民国八年十月三十一日大理院复河南高等审判厅函

径复者：

准贵厅第二九一号函开：案据新蔡县知事呈称，"为呈请解释示遵事，今有甲、乙、丙堂兄弟三人，乙、丙故绝，甲之独子丁兼承三门禋祀，亲族数出告争，未几，丁亦故绝。查丁并无同宗昭穆相当之侄辈承继，爰是择立远房同姓之戊为嗣子，仍系三门归一，亲族人等复出告争。究竟承继人戊对于丁之所遗，应概括承受乎？抑限制之使仅承受丁之一门，其他兼祧之门，则许另派他人乎？于此问题，共有二说：子说谓，戊既承继丁后，故凡丁之所遗，自当归戊承受，初不因丁兼祧而受影响。盖丁之兼祧，业经成立，当然不能以丁故绝，而打消已成立之手续。丑说谓，例许兼祧，所以重血统关系也，故兼祧之要件，曰须同父周亲。查丁与乙、丙，原系从堂叔侄，是兼祧之要件缺乏，在当日即不能成立。况丁又嗣绝，丁一门血统，尚无人赓续，如谓承继丁后之戊，可以仍兼有三门，直是灭绝乙、丙两门禋祀耳，揆诸情理，庶失其平。以上两说，似皆言之成理。现在《民律》既未颁布，实无成文法可以根据，究应如何裁判，知事未敢擅专，悬案以待，理合呈请鉴核俯赐解释示遵"等情。据此，相应据情函请钧院核示，以便饬遵等因到院。

查非自己或自己之直系卑属有承继权，对于他人之承继，是否合法，不得告争，本院早有判例。戊继丁仍兼承三门，如无合法告争之人，本可不予置议。况兼祧之子，更无所谓兼祧，故除择立时别有分别承嗣之表示外，当然由一嗣子承祧。相应函复贵厅转令查照可也。

此复！

■ 统字第 1112 号

民国八年十一月三日大理院复浙江高等审判厅函

径复者：

准贵厅三七三号函开：据云和县知事陈协恭号电称，"今有甲、乙二人，乙为甲之嗣子，甲为乙之继母，因废继一案涉讼，经大理院终审判决，乙仍为甲之嗣子，所有甲夫遗产，提出半数，任由甲处分，自应遵照执行。但甲于诉讼拘束之中，未判决以前，处分遗产，已超过半数，均系卖去得价，收用已罄。但照法律在诉讼拘束中之买卖契约，均属无效，倘涂销契约，则买主所出价洋，应否由卖主返还？买主提起债权诉讼，应否有效？且甲系贫老妇女，无力归还，此项债款，乙有无代偿责任等因，请求解释"到厅。相应转请钧院俯赐解释示遵等因到院。

查甲如依确定判决，本无处分其夫遗产（或一部分）之权，则其买卖自属无效。惟乙既为甲夫之嗣子，对甲应负赡养义务，甲如无力归还，自应由乙量力任偿还之责。相应函复贵厅，即希转令查照可也。

此复！

■ 统字第 1113 号

民国八年十一月七日大理院复京师高等审判厅函

径复者：

准贵厅函开：案据昌平县知事翁之铨呈称，"窃查诉讼事件，关系于人民生命财产者至钜，裁判稍戾公平，不特于良心不安，且有乖法律本旨。县知事兼理司法，于审判、检察两种职权，均负有责任。其对于自己判决之案，如发见原判法律事实错误，遵照大理院民国四年统字第一九九号解释，在上诉期间内者，自可行使检察职权提起上诉。已经过上诉期间者，亦可根据非常上告及再审程序办理，已属无有疑问。至若同署承审员审理判决刑事案件，其判决书本，照章县知事应共同署名盖章。设或发现原判事实或法律错误，是否亦得照前项解释，由县知事行使检察职权，分别提起上诉，或根据非常上告或再审？此应解释者一。又再审，有由被告人请求再审者，有本审级于判决确定后，因发现原判事实上有重大错误，而以再审方法救济者，遇有此项应行再审案件，是否县知事应以意见书呈明管辖上级机关核示，再为审理？抑因被告人请求，或本审级发现事实错误，认定应行再审，县知事即决定再审，更为审判？遍查律文及审理诉讼暂行章程，均无此项规定，此应请解释者二。事关法律解释，理合呈请钧厅转请解释示遵"等情。据此，事关法律解释，相应函请贵院俯予解释，以便转令遵照等因到院。

本院查县知事既兼有检察审判两职权，则无论县署所判刑事案件系自审理，抑或承审员审理，均得以检察职权提起上诉。对于业经确定之判决，如果合于再审条件（批准暂行援用《刑诉律》草案再理编第四百四十四条至第四百四十六条），认为应行再审者，亦可径为开始再审之批谕。至再审之案，若应归本县署管辖（再理编第四百四十七条），自无庸先行呈请上级官厅核示，相应函复贵厅转令查照。

此复！

■ 统字第 1114 号

民国八年十一月七日大理院复京师高等审判厅函

径复者：

准贵厅函开：查《覆判章程》第五条第一项第一款"判决处刑，不重于初判处刑时"，依同章程第七条之规定，被告人自不能声明上诉。至原告诉人能否呈诉不服，虽无明文规定，但依贵院统字八八零号（七年十一月十三日复总检察厅函）解释"原告诉人限于较初判处刑为轻时，许其呈诉不服，以期与第七条被告人之控诉，得其平允"云云。是覆审判决，处刑与初判处刑相等，原告诉人亦不能呈诉不服，甚为明显。惟处刑之轻重，既与罪质有关，则《覆判章程》及贵院解释所谓重轻云者，是否不问罪质有无变动，只以处刑为标准？例如初判认定某甲犯杀人罪，减处徒刑八年。及覆审判决，改为伤害致死罪，仍判处徒刑八年。又初判对于某乙因犯罪不能证明，宣告无罪，覆审判决，仍与初判无异，则原告诉人对于覆审判决，能否呈诉不服？不无疑义。相应函请贵院俯赐解释，以便遵循等因到院。

本院查《覆判章程》第七条，定明"更正覆审提审莅审各判决，重于初判处刑时，被告人得声明上诉。"本院统字第八百八十号解释，亦谓"覆审判决，原告诉人限于较初判处刑为轻时，许其呈诉不服，"自系以所处之刑为标准，于罪质不分轻重，即不问罪质有无变更。来文所举二例，于初判处刑尚无加重减轻，当然不许其再有不服。相应函复贵厅查照。

此复！

■ 统字第 1115 号
民国八年十一月七日大理院复浙江第二高等审判分厅函

径复者：

准贵厅第一五七号函开：案据金华地方审判厅呈称，"职厅前因办理民事案件，发见疑义数端，呈由钧厅函经大理院解释，并奉训令遵照在案。查第一问题，丙诉丁取去契册时，县判只令甲凭丁择立前夫同宗亲支之人为前夫嗣子，不得再以乙之子丙为嗣。并未判明甲卖乙之产，仍应作为甲前夫财产，丙不得承受。及至甲丁涉讼时，始经县判甲将卖与乙之产业，仍改归前夫原户承粮，其卖约即行作废等语。究竟此项判决，有无拘束丙之效力？职厅本列有子、丑两说，寻绎大理院解释，系以第一次县判有无一并判明为前提。今查第一次县判，既未并判，则子、丑两说，应以何说为当？仍属不无疑义。请转呈解释示遵"等情前来。查该厅前因办理民事案件，发见疑义数端，曾经职厅呈奉钧院第四零九五号函复转饬在案，兹据该厅呈称，对于第一问题所列子、丑两说，应以何说为当，仍有疑义，相应函请钧院迅予解释赐复，以便转令遵照等因到院。

查第一次县判，既未并判，则甲卖与丙父乙之财产，自仍由丙承受，丁与甲间之判决，自无拘束丙之效力。相应函复贵厅转令查照可也。

此复！

■ 统字第 1116 号
民国八年十一月七日大理院复湖北高等审判厅函

径复者：

准贵厅第二八六号函开：案据湖北第一高等审判分厅呈称，"职分厅受理宜昌县轩辕会为土地所有权控诉一案，因推事声明回避，不足合议庭法定人数，拟付本厅民事庭审理，已另具文呈明。惟关于适用法律，不无疑问，谨分陈于左：其一，分厅管辖案件，移付本厅，民刑庭审理时，对于移付之程序，有甲、乙两说：甲谓，依《法院编制法》第十一条之解释，须具备《民诉草案》第三十七条各款之条件，并应依该条为指定管辖之声请。盖本厅与分厅之土地管辖，既经区划各别，就审判权言，实不啻两个对立之审判厅；乙谓，依《法院编制法》第二十八条之解释，本厅与分厅之土地管辖，并非绝对的区域，与同法第十一条之规定情形各殊。盖分厅为本厅之支部，分厅之民庭刑庭，实不啻本厅之民事几庭刑事几庭，故学者有本厅含容分厅管辖之说（分厅管辖案件，得移付本厅，本厅管辖案件，不得移付分厅）。分厅受理之案件，于或种窒碍情形发生，当然径移本厅民刑庭审理，不适用《民诉草案》第三十七条之规定，并不能用一定之裁判程式。其二，推事声明回避，对于回避之程序，有甲、乙、丙三说：甲谓，因推事（如高审分厅推事）回避，倘管辖声请拒却之审判衙门（如高审分厅），不能行决定（如不足法定人数），据《民诉草案》第四十九条第一项，并同条第二项，准用第四十六条各规定，其决定即应由直接上级审判衙门行之；乙谓，分厅为本厅之支部，《民诉草案》第四十六条所谓'管辖声请拒却之审判衙门'，依《法院编制法》第二十八条解释之结果，当然概括本厅分厅而言。分厅因推事回避不能行决定时，其决定亦当然径付本厅民刑庭行之；丙谓，《民诉草案》第四十二条，系法定回避条件。推事既自知合于某条件声明回避，即无所用其裁判，证之同草案第四十六条第二项之但书更明。至同草案第四十九条，系指因甲推事之注意知乙推事有回避原因，而不自行回避者而言，情形各有不同也。其三，如分厅推事不自行声明回避，依《民诉草案》第四十九条及第四十六条，该分厅不能行决定时，究应送由何处审判衙门决定？右述三项疑问，案悬待决，理合具文呈请函转大理院明加解释，转令只遵"等情。据此，相应函请钧院迅赐解释见复，以便转令遵照等因到院。

查函询情形，与统字第七百五十三号解释情形相同，即祈查照该号解释办理可也。

此复！

■ **统字第1117号**

民国八年十一月七日大理院复湖北高等审判厅函

径复者：

准贵厅第二八九号函开：敝厅现有讼争码头不服第一审判决声明控诉之案件多件，一为两帮力夫，争该码头陆上运送权之界限（例如甲、乙两帮力夫，其运送货物之地点，均有一定界限，兹因对于丙码头，各主张系在其营业地点范围以内，应归伊运送货物云云），一为两帮船户，争该码头水上运送权之界限（例如上），情形虽稍有不同，而其对该码头均无土地所有权则一。惟是此种案件，依照民诉律管辖各节，能否认为不动产之经界涉讼案件？抑仍应计算该运送权每年收入之总价额，以定管辖之标准。现在此种案件，日见增加，倘无一定办法，诚恐于管辖上不免违误，相应函请钧院迅赐审核见复等因到院。

查来函所称各节，应照当事人请求之损害赔偿额定其管辖，本院早有解释。附送统字第六七六号解释油印一份，即希查照办理可也。

此复！

■ **统字第1118号**

民国八年十一月八日大理院复甘肃第一高等审判分厅函

径复者：

准贵厅第八四号函开：案据静宁县知事呈称，"呈为呈请解释事，窃查有甲乙丙丁四弟兄，于光绪十四年分家，田房四股均分外，有小铺房及货账未分。甲与丙分单后批明'某铺房及货账某某承应'，两单同样批文，只甲单书甲名，乙单书乙名，细查实系当日一人笔迹，并非后来伪书，乙与丁分单无此字样。据云当日乙与丁有老铺抵补云，甲与丙分单既有同样批文，却无'平分各半'字样，且自光绪十四年分后，甲将铺事经理，并承还账项千余串文，丙则始终未经理铺事，亦未向甲索过共有一半铺账。嗣甲与丙不睦，屡起讼端，丙从未一索此共有一半不动产。上年冬，甲老死，本年夏，丙由乡来城，索分此一半铺房，甲之子言丙无份，丙执分单索要，争闹不休，于此案有二说焉：甲说，不动产以分单为凭，应照单分给丙一半，其甲偿还各债算明，由甲与丙同担分还焉；乙说，分家已三十余年，丙概不过问，此不动产，岂能无故？今由甲管业三十余年，不能再与丙平分，即令甲侵占，其起诉时效，业已消灭。况分单系同样批文，并无'平分各半'字样，分单又为丙之父所为，当日有无含糊，谁能知觉？不能再与丙断分一半，知事详访当日甲、丙平分此物，平分时房不值钱，欠债甚钜，丙之父见此光景，弃而不顾，揣其用意，避祸不沾染也。不料三十余年之后，房价高昂，又因甲死，丙执分单，始索此一半不动产，图得利耳。似此情形，究应依上甲、乙何说判决，方符法理？案悬待判，理合仰恳厅长俯赐鉴核指令遵行"等情。据此，相应函请钧院迅赐解释，以便令行遵照等因到院。

查现行律"告争家财，但系五年以上，并虽未及五年，验有亲族写立分书是实者，断令照旧管业，不许重分"云云，系指已分之家财而言。至未分之家财，无论若干年，均无禁止请求分析之理。惟所询情形，如果可认为已有舍弃（消极意思表示），自得斟酌情形，根据证据办理，与上开法则，尚无抵触。相应函复贵厅转令遵照可也。

此复！

统字第1119号

民国八年十一月八日大理院复浙江高等审判厅函

径复者：

准贵厅第四一一号函开：查民国四年十一月八日，司法部批山东高等审判厅文开，"抗告既系对于厅长裁断，及执行命令而提起，虽属初级管辖，仍应向上级审判厅即高等审判厅声明之，又抗告决定后，不准提起再抗告"云云。此项批示，系专指对于地方厅长之裁断及执行命令而言，如系当事人对于县知事，就初级管辖执行案件所为之命令，及裁断声明抗告，是否适用？抑应向地方厅声明？如应由地方厅受理裁判，经该厅决定后，应否依照前述部批，不准声明再抗告？又查钧院统字第八五九号解释文开"凡地方管辖之执行案件，无论为地方厅抑为县知事之裁判，均可再抗告至本院"云云。是已许当事人对于执行案件，有再抗告之权，于此又分两说：甲说谓，前项解释，专就地方管辖之执行案件而言，其不服初级管辖执行案件所为之命令及裁判，依照司法部批示，既应向高等厅声明抗告。而高等厅又属初级管辖案件之终审衙门，当事人对于终审衙门所为之裁判，当然无再抗告之余地；乙说谓，前项解释既许当事人对于地方管辖执行案件之裁判，声明再抗告，初级管辖之执行案件，事同一律，亦自应许其声明再抗告。惟就管辖上言，此种再抗告，不妨由高等厅另庭受理，以资救济。两说孰是？又滋疑义。本厅现并受有此等案件，亟待解决，相应函请钧院迅赐解释，俾便遵循等因到院。

查初级管辖之执行案件，对于县知事之命令，应向地方厅声明抗告，不服自仍可向高等厅声明再抗告。盖现行法既无禁止再抗告之明文，自无不许其再抗告之理，相应函请查照办理可也。

此复！

■ 统字第 1120 号

民国八年十一月十四日大理院复山东高等审判厅函

径复者：

准贵厅第一二五七号函开：案据济南律师公会呈称，"为法律有疑，呈请解释事，窃有甲长子乙，以甲祖曾借地于丙祖，向丙为返地之诉。受败诉判决确定后，甲次子丁又以同一事实及同一目的，向丙起诉。审判衙门受理此案，是否为一事再理？于此有二说：（子）查诉讼通例，一事再理者，必其所受理之诉讼事件，前后之当事人间，有同一之法律关系，前后之请求，又有同一之目的，审判衙门就此种案件而为重复之诉讼行为也。此案前后请求，虽同一诉讼目的，然乙系甲长子，丁系甲次子，前后当事人既非同一，即非同一法律关系，不得为一事再理；（丑）查同一法律关系，不以同一当事人为必要条件，实以同一权利主体为必要条件。此案乙向丙起诉，所以主张甲之权利也，丁向丙起诉，亦所以主张甲之权利也。是此案权利主体为甲一人，其法律关系是一非二，故其子一人败诉后，即证明其之父甲权利不存在，无论其子有若干人，同受败诉之影响。如谓不然，设其子有十人，可以挨次起诉，势必经三审数十次判决，始可确定一案矣，有事理乎？故审判衙门受理丁诉，实为一事再理。二说孰是，案关法律疑义，理合具呈恳请贵厅转请大理院迅予解释，实为公便"等情。据此，查来呈所叙情形，似以丑说为当，惟事关法律解释，相应函请贵院核示饬遵等因到院。

查甲长子乙以前为诉讼时，如可认其已代理甲或丁（共有人）者，则判决确定后，丁自应受其拘束。其后之起诉，依一事不再理之原则，审判衙门不能复予受理。相应函复贵厅转饬查照可也。

此复！

■ 统字第 1121 号

民国八年十一月十四日大理院复吉林高等审判厅函

径复者：

准贵厅第八三号函开：案查某甲与某乙，因地价纠葛涉讼，早经判决确定，原诉及原判给付价额，均以吉林永衡官帖为本位。正在执行中，某甲以吉林永衡官帖，在契约成立时，每吊值铜元五十枚，现在仅值四枚，因向执行衙门，请求每吊按照铜元五十枚给付，此项请求，是否正当？可分二说：（一）甲说，应认为正当，谓双方成立契约时，官帖每吊实值铜元五十枚，依民国七年大理院统字七二三号解释，又同年统字八五五号解释，又民国八年统字九二四号解释，本案执行判决时，永衡官帖既不能保持其原有之价格，自应照成立契约时之市价清偿；（二）乙说，不认为正当，谓双方成立契约时，官帖每吊虽值铜元五十枚，而该帖票面，并无每吊兑换铜元若干之注载，故其价格无论低落至何地位，仅能求偿迟延所生之损失，不得要求比价所生差额。前说所引大理院统字各解释，系适用于有一定兑换金额之纸币及现金，而吉林永衡官帖，纯系一种随市涨落，无一定兑换金额之有价证券，当然不能适用前说。所引大理院统字各解释，应以民国三年十二月二十四日大理院上字一二二七号判例为根据，庶免惹起吉林社会一般纷扰。以上二说，未知孰是，案关法律解释，相应函请钧院迅赐解释示遵等因到院。

　　查所询情形，自以甲说为是。相应函复贵厅查照办理可也。

　　此复！

■ **统字第 1122 号**
民国八年十一月十五日大理院致浙江高等审判厅函
　　径启者：

　　据杭县律师公会文称，为建议事，接本会会员王衷海函称，"甲某与乙某讼争基地，第一、第二两审，均乙某胜诉。甲某不服，向高审厅提起上告，高审厅并未依法通知，及将上告状送达，致乙某不知有上告情事，无从辩诉。高审厅竟以书面为终审判决，判乙某败诉。乙某声请更审，高审厅误以不具请求再审条件，援引大理院统字四百十六号咨文决定驳回。揆诸法理，实难平允。究应适用何法，以资救济？乞交常任评议员会议决，请求解释"等情。当交本年第十四次常任评议员会会议，佥谓"民事诉讼，本取两造审理主义，一方攻击，一方防御，然后为第三者之审判官，据两方之主张，秉公裁判。除当事人一方自己抛弃对席审理之权利，审判官得为即时判决者外，断无仅凭当事人一方之片面的主张，即可裁判之理。况现行事例，第三审关于实体法上论争之件，亦以书面审理行之，则被上告人所应有之攻击防御及附带上告，全恃此一纸辩诉状为行使法定权利之手段。苟不将上告副状依法通知，则辩诉状何从提出？不独诉讼上之待遇原被两方，不相平等，且亦违反审判上（两造审理主义）之原则。虽贵院统字第四百十六号解释，不认此为再审之原因，然亦并非言舍再审外，不许有他项救济。盖违反两造审理主义，乃审判官之违法，并非当事人之借口拖延。诉讼进行，固贵迅速，而因审判官之违法，使诉讼当事人蒙其损害，又岂国家设立审判衙门之本意？故以法理言，此等一造审理之判决，论理应属无效。"惟第三审衙门，自己断不肯自认错误，当事人究应向何衙门声请救济，及用何种救济方法，应依法建议？请加解释等语到院。

　　查上告审未经通知被上告人答辩，即行判决，自属不合。惟一般违法判决，一经确定，除合于再审条件，得声请再审外，别无救济之法。来文所称上告审未取答辩，遽行判决一节，似未便认其与他种违法判决独异。如以此等办法，有损人民利益，自可请由司法部训令该管厅嗣后务宜注意期限，取具答辩后，再行审判。相应函请贵厅迅即转知查照可也。

此致！

■ 统字第1123号

民国八年十一月十五日大理院复湖南高等审判厅函

径复者：

准贵厅第一零六八号函开：据宝庆县知事凌绍典快邮代电称，"兹有妇人甲，嫁某乙为妻，生子丙女丁，又抚一子戊，抚约载明'成立后，永为乙之子。'未几乙死，甲再醮于己，随带乙之动产及丙丁戊三人前去抚养，甲之母族庚不知也，乙之母辛及乙之弟壬，因甲己再醮，将乙所分受之不动产，变卖偿乙之债务。旋甲与己失和，情愿离异，经甲之母族庚及乙之户族癸，共同将甲领回，辛壬事前毫不知情。迨同居年余，乙之子丙又死，甲向辛壬追究乙产，并愿抚丁戊成立，以为乙后，互诉到案。于此发生问题有三：（一）甲已醮于己，当与乙脱离关系，辛壬更无论也。但领回之后，与辛壬共居年余，是否可视为默认？（二）甲愿抚丁戊成立以为乙后，持论亦属正当。但甲已再醮于己，领回者又属庚癸二人，乙之财产已尽，辛壬是否负供给之义务？（三）甲既不能归乙，又不能归己，庚癸二人，并无若何关系，惟有听其自由择配。但丁戊二人，如何安置？以上三说，事关解释法律，知事未敢擅便，悬案待决，理合快邮代电，呈请示遵"等情。据此，查事关法律解释，相应函请贵院，请烦查照迅予解释见复等因到院。

查甲既再醮，即与乙家脱离关系，纵其后与后夫离异，又复与辛壬同居，亦不能再发生何等亲属关系。惟丁戊回归同居，如即系归宗，辛壬自应出资抚养。若尚未达成年，尚可认甲为其保护人。相应函复贵厅转令遵照可也。

此复！

■ 统字第1124号

民国八年十一月十七日大理院复京师高等审判厅函

径复者：

准贵厅函开：案据昌平县知事翁之铨呈称，"据承审官面称：'查有甲与乙相友善，甲妻丙与乙通奸有年，某日晚刻，乙托甲看守第宅而出，久候不归，甲径返至家内，外门未闭，以有月光，窥见卧炕上丙与乙均裸体合抱睡着，枕旁并置一刀，甲愤极，立即入室，抽刀砍乙左肋一下，丙惊醒，均急起各以一手夺刀未得，丙急向外奔，甲续砍乙中脊背一下，转身追及丙于卧室外墙下，乙负痛尾追，及阈而倒，甲即猛向丙左肋腋砍扎，同时并将乙丙头颅斩下，装以口袋，负之自首，除验勘属实外，并验得乙丙无余精流出。对于本案，法律上判决之主张，其说有三：第一说，参照大理院统字第四十九号解释，本案甲见乙与丙合抱睡着，不得不谓之行奸，亦不得不谓之行奸已毕，乙复带刀以防时，实无他法可排除行奸不正当之侵害。急抢刀而杀之，应依《刑律》第十五条前半，以紧急防卫论，不为罪。又杀死奸妇丙，应依第三百十一条论，负头颅自首，应依第五十一条减等处断。枕旁一刀之搁置，丙既与奸通有素，讵不知之于先，甲追而杀之，论情尤属大有可原，更依第五十四条再减本刑处断；第二说谓，甲返家见丙与乙裸体合抱而眠，愤持刀砍伤乙左肋，丙及乙均各惊起下坑，以手夺刀未得，而丙亦遂外奔，所谓受不正之侵害，至此时业已排除，此一段情形，固可谓为正当防卫。乃甲嗣后又复用刀扎损乙脊背，乙伤重，肠且流出，已跑离奸所栽倒门外，尚未气绝，甲又续持刀斩下其头颅，以致身死，此种行为，已属防卫过当，故杀死乙一罪，似应适用《刑律》第十五条但书之规定。又追及丙于门外，连砍其左腋肢等处，均深至骨，骨损，仍复斩下其头颅，以致身死。虽云捉奸，然而已跑出门外，既离奸所，又非奸时，追而杀之，亦究属过当；第三说，甲杀死奸夫乙、奸妇丙，既据甲自首，关于此点，尚无疑义。惟乙与丙既已睡熟，无论是否尚未行奸，抑系行奸已毕，均非正值行奸之时，事实甚明。既枕旁置有刀一把，并非所谓紧急危难，甲入室即抽刀在手，将熟睡之乙左肋砍伤，复于负痛走至门限跌倒之时，砍下头颅，更不能谓为正当防卫。至于丙逃至卧室外墙下，甲追而杀之，情节亦非甚轻。以上三说，究以何者为是云云。'据此，综核以上三说，本案情形，杀乙一罪，似以第二说适用《刑律》第十五条但书之规定论罪，并得斟酌情形依第五十一条减轻为正当。杀丙一罪，又似以第一说依《刑律》第三百十一条论，并得依第五十一条及第五十四条酌减为正当。事关法律解释，知事未敢妄为臆断，悬案待决，理合具文呈请钧厅转请解释示遵"等情。据此，事关法律解释，相应函请贵院俯予解释，以便转令遵照等因到院。

本院查本夫于奸夫奸妇有现可行奸或续奸之情形，当场杀死奸夫者，皆应按照《刑律》第十五条以紧急防卫论，不专以将行奸或行奸未毕为标准。若奸夫奸妇之一方，已离奸所，奸夫复无其他侵害事实，即不得适用该条，其追杀奸妇，应论杀人罪，亦不待言。唯此种犯罪，究因不知法令，得依《刑律》第十三条第二项，并酌用第五十一条第五十四条减等问拟。至砍落人之头颅，如在被杀人已毙之后，系出于另项原因者，尚应负损坏尸体罪责，论杀人罪时，并应依第二十三条处断。相应函复贵厅转令查照。

此复！

■ 统字第 1125 号

民国八年十一月十七日大理院复山东高等审判厅函

径复者：

准贵厅第一四一零号函开：案据临淄县知事舒孝先宥日代电报称，"今有甲收乙为义子，乙生子丙，经甲教养成立。后乙夫妇俱故，故甲为丙婚娶，给予财产，分居度日。讵丙夫妇不孝顺甲，经甲呈请拘究，应否依《刑律补充条例》第十一条之规定，将丙传案惩戒？又前项情形，甲与丙争讼成仇，应否援照大理院上字第三十五号'继子既与其母争讼成仇,应即废继,依法另立'之判例,勒令归宗。倘不勒令归宗,其争讼成仇,应否认为丙之忘恩,不能容许之行为,依大理院上字第二百一十二号判例,准甲追回财产。现甲气愤成疾,声言欲与丙夫妇拼命,倘不能传案惩戒,或追回财产,勒令归宗,有无其他救济方法?乞转院解释示遵"等情到厅。据此,查甲对于丙,并非行亲权之父母,当然不能为《刑律补充条例》第十一条之请求,除只令遵照外,关于民事部分,应否追回财产,颇滋疑义,相应函请钧院迅赐解释,以便转令遵照等因到院。

查义子不得于所养父母,果有具体事实可资考按,自可援照废继规定,由所养父母解除关系。又养子归宗不许将财产携归本宗,律有明文,义子之子孙,亦应同论。丙如果有不孝事实,自应许甲废除。惟据称业已给付财产分居各度,是否有不孝事实,即应查明情形,斟酌办理。相应函复即希转令遵照可也。

此复!

统字第1126号

民国八年十一月十七日大理院复浙江高等审判厅函

径复者:

准贵厅第四六八号函开:据江山县知事王毓芳东代电称,"今有某甲之父将房屋于同治五年典与某乙之祖,契约内载明'典价制钱一百千文'。现因某甲向某乙取赎,对于制钱发生问题,某甲以契上载明系属制钱,应照商会议定,每洋一元,折制钱(即当十文之铜元)一千三百四十文计算制钱,即以铜元一万枚作制钱一百千文。某乙以各处市面,每铜元一枚,折制钱八文或九文不等,拟请照《征收不动产契税办法》所载:'凡不动产契约中书有制钱者,每千作银元一元'之规定,令某甲还洋百元。知事查江邑市面,每铜元一枚,均作十文通用,惟洋价加长,考其实际,每铜元一枚,仅值大洋七厘零。兹本案契约所载,虽系制钱,但照某甲主张,仅以铜元归还,似不能谓为有理。盖同治年间每洋一元,仅值制钱八九百文,即前清光绪三十二、三年,每洋一元,亦不过值制钱九百数十文,迨铜元流行后,洋价始行加长。今以铜元代制钱,实与立约时写明制钱之真意为违。惟若照某乙主张,虽非无理,然市面通用,确系每枚作制钱十文,兹若责令某甲以英洋一元,作制钱一千,固与市价不符。且税契办法之规定,无非为收税之标准,并非洋元合制钱之定价,似亦难以援用。是照某甲之主张,与立约之真意有违,照某乙之主张,又属法无根据。究竟前清时契约上所载之制钱,今日偿还时,能否以市上通用每枚作十文铜元归还?如若不能,应作若何计算?殊难得正当之解决。理合电请俯赐迅予解释"等因到厅。相应备文转请钧院俯赐解释,以便转饬只遵等因到院。

查债权标的之特种通货,至清偿期失其强制通用之效力时,自可由债务人任择其他通货以供清偿。惟所用通货,若有市价者,自应以缔约当时之真意为准。如果真意重在价值,则清偿时,即应以所用通货,比价找补其差数。相应函复贵厅转令遵照可也。

此复！

■ 统字第 1127 号

民国八年十一月十七日大理院致江西高等审判厅函

径启者：

据江西南昌总商会第二十号呈称，本年九月二十五日，据江西南昌寿昌钱庄经理人樊浔河口瑞大钱庄经理人王元鼎等具声请书称，"缘河口永源祥，旧岁阴历六月十一日倒骗官商款项案内，关于该永源祥蓄心预存杭州开泰号内，计有大洋六千六百七十余元，一部分问题，除浔等各债权人先后汇同数宗请求理由，呈请官厅核办外，并具节略陈请贵会查照核议，据情分别转请层宪依法办理各在案。"兹以该部分蓄存款项，竟为铅山县前任知事，擅施秘密行为，违法处理，浔等以奉该县现任知事，始悉颠末，实难允服，理合崇案叙由，续请据情转为提出质问，略陈如下：（一）声请原因，本年七月三十日，铅山县公署致河口商会公函，另附书乞核。（二）声请事实，本案所有此部分之存款，是由浔等各债权人于该永源祥倒闭之后，报经河口商会，请求铅山县前任知事派员会同检查。该永源祥账据及开泰结单内，并无该款系由瑞源交付之注明。除由已故债务人熊吉祥开单曾将此款抵作债权人等摊偿外，并经河口商会电杭扣存待提归案备偿，且得杭商会据开泰承允照办，先后电函答复在案。嗣以玉山向与永源祥最有密切关系之瑞源钱庄（瑞源呈称伊为永源祥介绍各处往来，所与开泰亦伊担认，其与永源祥最有关系，固无可讳言），当永源祥倒闭之时，商等远近各债权人，均已先后齐至河口，请县查封该店财产。该瑞源在玉山距河不过一百余里，并未见伊前来，实行债权人之有益行为。讵以事隔已久，该瑞源不知与债务人有何串弊，始行出头声言伊庄亦有债权之份，以图藉此分得债权利益，暗与债务人共同分肥比犹幸蒙县署据理依法摈斥，伊之主张债权，不能发生效力。迨后该瑞源与债务人又不知若何串弊，始行提出妄争，复以自知无据可凭，乃以空言主张永源祥倒后，伊庄有误交开泰洋五千之元，徒斤斤执以永源祥非六月十一日倒闭，为其谬争之论点，亦经县署驳斥在案。殊该瑞源野心勃勃，并不依法请求，径向行政长官砌词上控，是否声气相通，别有希望之可恃？抑以行政上无须裁判，可以朦蔽，得其非法之处断而为之？固难悬揣。旋据瑞源既已上控江西省长朦准训令查复，曾经商等根据事实与其证据，分别提出抗辩，亦奉批谕，令县查办在案。嗣后商等以此抗辩，除奉省长令县查复批示外，不特铅山县署，从无何等合法审办之表示。即该瑞源亦久未闻有何实在反证之提出，在商等固谓瑞源已无再逞余地，则省长对于此部争点当然依法指定正式审判机关办理，所有扣存杭款，将来无论若何，可得法律上正当之解决。及至本年三月间、四月间，复将此案久延权利不能确定，一再提出此部联同各部，声请铅山县公署迅予办理。均蒙批示准如所请，提前分别究办（四月六日及五月二日批示可核），未有已将扣存杭款洋五千元，呈准提拨瑞源领取之谕知。奈后忽得杭款，已于三月间，由县呈准瑞源拨领之风闻，不胜骇异，苦以历未奉示，无凭主张，但以事有所闻，不为无因，只得据情于本年五月十九日，径向河口商会提出质问。又不料商会延至七月二十四日，始行据情转请铅山县署核示，当于同月三十日河口商会得据铅山县署现任知事公函，始悉该项扣存款洋五千元，早由吴前任知事呈准提拨瑞源领取之事实，是为浔等万难放弃，而有不得不请求据情转为提出质问也。（三）声请理由，本案关于此部分之争点，既为债权辗转，即系民诉问题，无论若何，均非行政所得干涉。兹据省长训令财政厅核议本案扣存待偿早经确定之杭款，暨铅山县前任知事一面已准瑞源提拨，一面又准浔等请拨之一切暗昧颠顶行为，显与《约法》第六章法院规定第四十九条、第五十条、第五十一条，大相抵触，委系以法令破坏国家法律。似此任以行政职权，处理民诉事件，不经正式裁判机关，徒以批令自由准驳，出尔反尔，损害浔等各债权人此一部分之权利，即莫伊何，其累犹浅。设使影响及于全部，效尤甚于将来，不特本案债权，不能享有法律完全之保障，即国家现行法制，其根本亦为之摇动矣，为祸又何堪设想？是为浔等请求据情转为提出质问之理由也。（四）声请意旨，就上略称，除另叙由径请省长核夺示遵外，合再声明请愿意旨，谨请贵总会长查核先后声叙抗议论点，提出大会，共同议决，准予依法提出质问，即请财政厅核复示以前为本案此一部份问题，先后驳准不一，究系根据何项事实？其以行政及执行审判权，又系根据何种法律？并恳据此径为据情转请北京大理院察夺，另为法律上之解释，以示保障债权之标准，计黏钞（公函县批）各一纸等情到会。据此，职会复加查核，该经理人等声请各节，具有充分理由，自非依法处理，何以维商业而保债权，兹据前情，理合照录公函县批，备文呈请钧院俯赐查核，恳予明令指遵等因到院。

查来呈所称，拨配存款情形，如果属实，自系民事诉讼性质，应诉由该管县秉公审判。两造如有不服，仍应向上级法院请求救济。所陈行政批令，具有处分性质，尚难代替裁判。相应函请贵厅迅即转知核会查照可也。

此致！

统字第1128号

民国八年十一月十八日大理院复江西高等审判厅函

径复者：

准贵厅第六八五号函开：查《民诉律草案》关于事物管辖章第七条规定，以一诉将利息损害赔偿违约费讼费，附带于主诉而请求者，不得将各宗价额合并计算。依此规定，如主诉请求额与附带诉请求额，系属同一事物管辖，或主诉请求额高于附带之诉者，应以主诉定其管辖，固无疑问。兹有某甲诉追某乙欠款，据其请求原本额为数不满千元，而附带诉求之利息额，则在千元以上，是否仍依主诉请求额定其管辖，认为初级事件？此应请解释者一。又如当事人原本债权为数本在千元以上，因债务人已履行一部，致起诉时请求之额，不满千元，而因该原本债权全额，所生之利息则为千元以上，同时请求者，究应依何者为标准，而定其管辖？此应请解释者二。事关适用法律疑义，敝厅悬案待决，相应函请贵院迅赐核复，以便遵行等因到院。

查以一诉将利息等附带于主诉而请求，不得将各宗价额合并计算者，无非因主诉与附带之诉，其原因事实，本系同一，由一审判衙门审判，可免彼此抵触。所询情形，仍应认为初级管辖事件。惟如果所附诉之利息，系另一债权者，则应加入计算。相应函复，即祈查照办理可也。

此复！

■ 统字第 1129 号

民国八年十一月十八日大理院复总检察厅函

径复者：

准贵厅函开：据贵州高等检察厅呈称，"兹有某甲与乙妇奸好，商同乙妇丙将乙杀毙，复商同将乙尸用箟席包裹，乘夜抬埋人迹罕到之苕坑内，希图灭迹，是否遗弃尸体罪？别为二说：（甲说谓）箟席非埋人之具，苕坑非埋人之地，且葬埋习惯，必须封筑坟堆。某甲及乙妇丙共同将乙尸体埋葬苕坑灭迹，依《刑律》第一百七十八条，虽不应论，然依第二百五十八条，仍应以遗弃尸体论。不过系犯杀人罪之结果，应从第二十六条处断方合；（乙说谓）我国现在埋葬尸体，原无何等方式及限制，其用箟席包裹抬埋苕坑内，即属埋葬之一种，不过较普通埋葬，稍形草率，不能因埋葬草率，即认为应犯遗弃尸体之罪。且某甲及乙妇丙意在湮灭自己犯罪之证据，并不能证明有遗弃之犯意，其遗弃尸体罪，自不成立。究以何说为是？如以甲说为是，则某丁、戊商同丙妇己将丙勒死后，即移吊丙尸于其屋后树上，装作自缢状，于杀人罪外，能否成立遗弃尸体罪，从第二十六条处断？属厅现有此等案件，亟待解决，理合呈请函院解释令遵"等情到厅。相应据情函送贵院核办示复，以便转令遵照等因到院。

本院查凡有殓葬尸体义务，不依惯行方法殓葬，及无此义务而有移弃之情形者，均应成立遗弃尸体罪。丙与甲共同杀乙后，竟复违反义务，不依习惯殓葬，将尸用箟席包裹，抬埋入迹罕到之苕坑，显系并犯遗弃尸体罪，应从杀人重罪处断。若来函第二问丁、戊、己将丙勒死，移尸吊于屋后树上，装作自缢，乃系藉以匿罪，未及殓葬，自不得遂认为遗弃尸体。相应函复贵厅转令查照。

此复！

■ 统字第 1130 号

民国八年十一月十八日大理院复总检察厅函

径复者：

准贵厅函开：案据浙江高等检察厅呈称，据吴兴县知事王国铎微日代电称，"兹有执行疑问，如第二审判处罚金人犯，并判明未决羁押日数，准予折抵，而该犯上告，奉院判驳回，发回原县执行。今该犯呈请照判，将未决日数折算，而大理院宣判之日，与行浙谕知该犯之日期，相距十余日，究以何日为判决确定（即为计算羁押起讫之期）？再如该犯声称无力呈缴罚金，本应交保调查，但现无人担保，不得不仍暂羁押。此项尚未决定易科监禁之羁押日期，能否以有执行效力论？职署现有似此案件，亟待解决，谨以代电请速示遵"等情。据此，理合备文转呈仰祈鉴核令遵等情到厅。事关法律疑义，相应函请贵院解释示复，以便转令遵照等因到院。

本院查上告审裁判在宣判之日，即属确定，又裁判之执行，依现行法令本有一定之程序。惟在有期徒刑之被告人，依《刑律》第七十九条规定"凡未备执行程序之监禁日数，既得算入刑期"。则判处罚金之被告人，在律虽无此项明文，自应类推解释。于罚金刑之被告人，亦准将判决确定后之监禁日数折抵罚金。相应函复贵厅转令查照。

此复！

■ 统字第1131号

民国八年十一月十八日大理院咨财政部文

为咨行事：

准贵部第四六八九号咨开：（上略）查吾国田地，久未清理，民间所有粮地，既不尽相符合，官厅所存簿册，亦复多不完备，以故隐匿脱漏，飞洒诡寄，种种弊混，所在皆是。今欲为正本清源之计，似应归入清查田赋案内办理，以免窒碍。现在所有关于业经垦熟地亩，人民如有欺隐粮税，被人告发，查明属实，拟请暂时比照《国有荒地承垦条例》第二十七条办理等因到院。

本院查欺隐熟地粮税，与领垦荒地升科，即未报户入册之情形，迥不相同，《刑律》第十条明定"法律无正条者，不论何种行为不为罪"，自不得比附援引，以为科断。本院前经咨请贵部，早为筹备，即因将来如遇此项案件发生，依律除宣告无罪外，别无制裁之条。来咨拟比照《国有荒地承垦条例》第二十七条办理，实与现行《刑律》所定未免抵触。相应咨烦贵部仍查照前咨酌夺办理可也。

此咨！

■ 统字第1132号

民国八年十一月十八日大理院复湖南高等审判厅函

径复者：

准贵厅函开：据常德地方审判厅长王凤苞快邮代电称，"查原告诉人呈诉不服之案，依大理院迭次法律解释，虽控告人名义，仍属检察官，然实际上原告诉人两传不到，即可依法撤销，并准原告诉人，自行呈请注销。是呈诉不服案系属审判衙门后，得由原告诉人自由取舍，而审判衙门，更须俟原告诉人到案，方可开始口头辩论。设有一案，原告诉人仅止一人，于传审时，据报死亡，又不能适用书面审理，应如何办理？现行法令无明文依据，伏乞示遵"等情。据此，查事关法律解释，相应函请贵院请烦查照，迅予解释见复，以便转令遵照等因到院。

本院查原告诉人呈诉不服后，虽准其自行呈请注销，然法律上控告人本为检察官，既别无明文规定，自不得复因原告诉人两传不到，遽即将案撤销。原告诉人纵经死亡，仍应审判。相应函复贵厅转令查照。

此复！

■ 统字第1133号

民国八年十一月十八日大理院咨陆军部文

为咨行事：

准贵部咨开：（上略）查警备队之官长士兵，依《修正陆军刑事条例》第七条第四款规定，原系准陆军军人，如有犯罪，按照《修正陆军审判条例》第一条规定，当然应归军事司法机关审理。贵院对于此案复山东高等审判厅函，亦声明应归军法审判。至复函内所称"普通司法衙门，每有受军事高级长官委托代行审判之事，此项委托，《修正陆军审判条例》既未明予禁止，即毋庸遽予拒绝"等语。复查本年三月司法部会同本部具呈大总统请令军事司法与普通司法各守权限，以杜侵越，而免争议，当奉明令照准在案。此次贵院对于应归军法审判之案，而谓普通司法可以受理，本部未便赞同，缘关于此类事件，如不解释明白，深恐将来各处，引以为例，致令普通司法与军事司法权限混淆，流弊甚大。相应咨复贵院查照，希将此案仍划归军事司法机关审理，并以后关于应归军法审判之案，应请普通司法衙门，均勿予受理，俾符法制，而免侵越等因到院。

本院查警备队之长官士兵，如有犯罪，依法本应归军事机关审理。军事高级长官，每有委托代行审判之事，诚如来文所称，或有普通司法与军事司法权限混淆之虞。惟委托办法，各省区行之已久，贵部迄未通行禁止，而现行法令，又无不准委托明文，亦与侵越权限不同。故本院从前认为被告人如无异议，无庸拒绝，并将此项解释，咨送查照各该审判衙门，亦经遵办在案。贵部既恐将来或致发生权限争议，即请通令各该长官，嗣后遇有此项案件，毋庸再行委托普通司法机关代行审判，以省手续。相应咨烦查照可也。

此咨！

■ 统字第1134号

民国八年十一月二十日大理院复安徽高等审判厅电

安徽高等审判厅：

沁代电悉！现行律所谓"不事舅姑"，系不孝之义，即指虐待及重大侮辱而言。如果查明所称事实，确已达于虐待或重大侮辱之程度，始得判令离异。

大理院号印

附：安徽高等审判厅原电

北京大理院钧鉴：

查现行律关于出妻之规定，凡不事舅姑及多言者，均在应离之列。兹有甲夫乙妇，不相和谐，甲夫并无虐待妻之行为，乙妇因不见悦于其夫，遂迁怒于舅姑，时时寻衅诟詈并有击碎家中什物情事。舅姑不堪其扰，即令甲、乙出外居住，甲不愿离父母另居，遂向乙提起离婚之诉，于是分二说：第一说谓，夫妇间因事口角，固不成为离婚原因。惟甲并无虐待行为，乙因不见悦于夫，一再与舅姑寻衅，故意诟谇不休，实属有乖妇道，显犯不事舅姑及多言之条件。甲请求离婚，以保家室之和平，并无不合。第二说谓，乙因不见悦于夫，致生诟詈此种口角细故，尚不能构成离婚之原因。二说未知孰是，合请钧院解释示遵。

安徽高等审判厅叩沁印

■ 统字第1135号

民国八年十一月二十二日大理院复安徽高等审判厅电

安徽高等审判厅：

歌代电悉！告争坟墓，系请判认与尸体之身份上关系，院例应询检察官意见。

大理院养印

附：安徽高等审判厅原代电

北京大理院钧鉴：

兹有甲、乙两姓告争坟山，甲指山内古墓，系葬其祖某子，乙则谓系葬其祖某丑。经咨询检察官意见，检察官以尸体在法理上谓之为物，故就刑事言之，发掘一家坟墓内有数棺者，依钧院解释，只构成一罪，不能科以俱发罪，足见尸体不能与人身权并论。今甲为子之后裔，乙为丑之后裔，双发均无异议，是甲与子及乙与丑间之身份关系，并无争执，司法衙门亦非对于其身份关系有所审判。其讼争之葬所，纯属物权性质，与人事诉讼有别。检查官无陈述意见之必要为理由，拒绝陈述意见。究竟此项案件，应否咨询检察官意见？不无疑义。乞迅赐解释示遵。

安徽高等审判厅歌印

■ 统字第1136号

民国八年十一月二十四日大理院复浙江高等审判厅函

径复者：

准贵厅艳代电开：本厅现于程序法上，发生疑问三端：（一）附带私诉与独立私诉之区别。甲说，在公诉中附带提起私诉者，谓之附带私诉；在公诉外独立提起私诉，或在公诉中附带提起而公诉宣告无罪及免诉或专关于私诉之控告，或上告者，谓之独立私诉（此说以钧院三年私诉判决第六号为根据）。乙说，在公诉外依据公诉事实，独立提起私诉者，谓之独立私诉；在公诉中附带提起私诉者，谓之附带私诉。不因公诉宣告无罪及免诉，或专关于私诉之控告及上告，而变更其诉之性质。此二说究以何说为当？如以甲说为当，设第一审公诉有罪，而第二审或终审宣告无罪者，能否在第一审谓之附带私诉，适用公诉程序？在第二审或终审，即变为独立私诉，改用民诉程序？（二）被告人提起反诉，应否征收讼费？如应征收，设第一审未经征收，即就反诉部分予以审判，控诉审应令反诉人补缴？抑应撤销反诉判决，使当事人另案起诉？又第一审因反诉人未缴讼费，不予裁判，控诉审应令反诉人补缴，即予受理为第二审裁判？抑应由当事人向第一审补缴，请求受理？（三）当事人对于县知事批示，不于上诉期间内声明抗告后，又以同一意旨具诉，县知事批以仍照前批办理。当事人对于后批在期间内声明抗告能否认为合法？如不认为合法，设该批已涉及实体上之裁判，按诸章程本属不合，当事人将又有何法救济？以上三端，悬案待决，理合电请钧院迅予解释等因到院。

查第一问题，自以甲说为是。所论结果，亦无不合。惟一方有公诉案，一方另自提起诉讼于民事有所请求者，则为纯然之民事诉讼，无所谓独立私诉。第二问题，反诉亦自应征收讼费（印纸费）。惟控诉审发见未缴费用时，应令其补缴（或准声请救助）。至第一审因反诉人未缴费用，不予受理审判者，则以控告审不能受理反诉初审之故，仍应令其另案起诉。至第三问题，当事人一经对于县判声明不服，依本院成例，本可认为有合法之上诉声明，应请查照办理。又依《县知事审理诉讼章程》，于实体上之裁判，不能以批为之，否则其声明不服办法，概应照控诉规定办理，不能认为抗告。相应函复贵厅查照可也。

此复！

■ 统字第1137号
民国八年十一月二十四日大理院复吉林高等审判厅函
径复者：

准贵厅第九十六号函开：兹有甲（商号）雇乙（车户）用车运货，约明"倘有途中短少水湿磨破等弊，由车户按市包补"。乙当因陆路泥泞，车不易行，将货改用船运，行至中流，被匪将货强抢数件，甲即以乙改船运货为违约行为，状请赔偿损失。乙谓货被匪抢，系出于不可抗力，不认赔偿。究竟此案被匪劫去之货，在乙应否负赔偿之责？法律上颇有疑义。本厅未能解决，相应函请贵院查核，解释赐复等因到院。

查运送人自己及其使用人，就运送品之送付保管，不能证明非怠于注意，致运送品有减失者，应任赔偿之责，此本院早有判例。所称"用车运载"，如果系原约内特别约明，乙竟私擅改用船运，不能谓非违约。否则可认为怠于注意时，亦应令其负赔偿之责。相应函复贵厅查照可也。

此复！

■ 统字第1138号
民国八年十一月二十五日大理院复湖北高等审判厅函
径复者：

准贵厅函开：案据蒲圻县知事刘世璬呈称，"查《刑律》三百五十五条第二项，被和诱略诱人与犯人为婚姻者，非离婚后其告诉为无效。而《民律》草案第一千三百三十六条，如从前婚解销或撤销之日起，非逾十个月，不得再婚。设有某甲之女乙新寡，未满百日，被某丙与丁、戊、己略至丙家，与丙为妾。经甲告诉到案，而乙则坚称不愿与丙离婚。具结在案，于此情形有四种疑问，应请解释。（一）法文上所谓婚姻，系指正妻而言。究竟做妾之行为，是否亦认为婚姻？（二）《民律》草案未经公布，其第一千三百三十六条，于现行法上能否认为有效？

(三)《民律》第一千三百三十六条如应认为有效，则乙、丙之婚姻，自应撤销。但撤销与离婚，是否有同一之效力？甲之告诉，应否仍依《刑律》第三百五十五条第二项为无效，抑仍应论丙以略诱之罪？（四）如《民律》第一千三百三十六条认为无效，则丁、戊、己之被告，是否同依《刑律》第三百五十五条第二项之规定为无效，抑应与丙分别仍论以略诱之罪？蒲圻现有上列案情，立待判断，事关法律解释，未敢擅专，理合快邮代电，恳请俯赐查核，迅予明白解释，实为公便"等情。据此，查案关法律解释，敝厅未便擅专，相应函请钧院查照，迅赐解释见复，以便转令遵照等因到院。

本院查《民律》草案未经颁布施行，自无法律效力。被诱人与犯人为妾，亦不得适用《刑律》第三百五十五条第二项之规定（参照统字二百八十二号解释）。且即与犯人正式为婚，凡有独立亲告权之人，仍可告诉（参照统字第一千零五十四号解释）。惟甲女既系新寡，除已归宗或夫家并无亲告权人，或其亲告权人均不能行使亲告权外，甲尚不得告诉。相应函复贵厅转令查照。

此复！

■ 统字第1139号

民国八年十一月二十五日大理院复甘肃高等审判厅函

径复者：

准贵厅第一零五号函开：案据甘肃第一高等审判分厅呈称，据泾川县知事呈称，"今有某甲，先将住房十数间，当乙居住，得价银百余两，并复指房揭钱百串。嗣因欠丙债千二百串，又将此房立约出当于丙。后丙催令交房，甲对乙无钱取赎，双方正在构讼，甲又因欠丁债二百余串，私自将此中空房两间半，出当于丁，即行搬住。勘察此房，系与人夹杂居住，辏辕甚多，固不能量予划分，就使拍卖，亦无人肯受。而甲现已家产无多，负债累累，势非破产不可。惟乙承当在先，甲到破产程度，对于债还房价一层，乙是否应享完全权利？而其欠丙债又为数独多，丙之竞争最力。究竟此案甲负乙、丙、丁三人之款，应如何酌断，始昭公允？又另有某甲故祖兄弟四人，甲祖行二，乙丙二人之祖行四，家产照四门均分，嗣甲父承继大房，乙丙之父系两兄弟，亦承继三房。前清同治初年回乱，甲父出门，因此大房田产，归并乙、丙先人经管。据甲声称'伊父光绪二年，曾邀凭亲族评令乙、丙先人，将所管大房之业交出，终霸不舍，现已空执分单，恳予究追。'而乙、丙则称'彼时地不值钱，又欠有债务，甲父一切推与伊父，利害不管，即其所继大房祖父丧葬等事，亦系伊父经理，甲父从未竞争产业。今事隔四十余年之久，伊父兄弟分析，伊等小辈又分，甲见地价翔贵，忽然起意争执，实难承认'各等语。查原被两造所言，似亦各有理由。惟此等争产问题，事阅两代，颇难判断。又执有前清道光年间借债契约，经手中证全无，此项契约，不知能否生效？"第一问题按大理院二年六月十一日上字第四六号判例，乙之两种担保物权，均有优先权，丙次之。再查三年八月十八日上字六七一号，乙、丙并可否认甲与丁之法律行为（丁与甲之权利义务仍然存在自不待言）。第二问题，原呈内载甲称"光绪二年，曾凭亲族评令乙、丙先人，将所管大房之业交出，终霸不舍，而乙丙则称彼时地不值钱，又欠有债务，甲父一切推与伊父，利害不管"等语。是就已往之事实，推究乙、丙之父辈，久已分析。乙、丙亦经分析，查大理院判例民法上之时效，固未适用。而事阅两代，如甲无确切有力之证据，自不能再行告争。第三问题，查大理院三年三月二十三日上字第一四七号，道光年间之借债契约，虽云中证全无，仍可生效。但应审查该约内容有无瑕疵等情。据此，惟该分厅所称各节是否有当，事关解释法律，相应转请钧院迅赐解释，以便转令饬遵等因到院。兹由本院分别答复于下：

第一问题，查重复典卖，其后典后卖无效，继续有效之前清现行律，定有明文。甲最先将住房典乙，如果属实，则其再典与丙、丁，均不能有效。故无论甲是否濒于破产，只乙就该房优先受偿，有余始能比例平均分还丙、丁。所引本院二年上字四六号判例，不无误会；

第二问题，甲如不能证实其多年所以不争之原因，自可认定其业已舍弃，不能再行告争；

第三问题，远年借贷，如于借券外，更有佐证足证明其确实成立，别无消灭原因，自应仍许其请求。

以上三端，即希转令查照可也。

此复！

统字第1140号

民国八年十一月二十五日大理院复山东高等审判厅函

径复者：

准贵厅第一四四二号函开：案据莱阳县知事王谟筱日快邮代电内称，"兹有甲夫乙妇，生女丙，年已及笄，甲外出谋生，时通信息，乙在家与夫侄丁商妥，擅主将丙许戊为妻，立有柬据。成亲两月之久，终未向甲通知。现在甲由外回归，询悉前情，坚不承认此项亲事，诉请法办乙、丁二人到县传讯。乙供仍执前言，丙、戊夫妇和睦，究竟此项婚姻，能否成立？乙、丁有无罪名可科？事关法律解释，知事未敢擅断，合亟电陈请示只遵"等情。据此，查所呈情形，初不发生刑事问题，惟其婚姻能否撤销，本厅未敢遽断，相应函请贵院核示饬遵等因到院。

本院查依家政统于一尊之义，甲妻乙为丙主婚，未经通知取甲同意，诚属不合。惟丙既已情愿与戊成婚，为维持社会公益计，自可准照现行律男女婚姻门所载"卑幼出外，其父后为定婚，卑幼不知自娶之妻，仍旧为婚之"法意，类推解释，认该件婚姻，仍为有效。相应函复贵厅转令遵照可也。

此复！

■ 统字第 1141 号

民国八年十一月二十六日大理院复河南高等审判厅电

河南高等审判厅：

皓代电情形，依《修正审判厅试办章程》第二十二条，该种声明不服，应由本厅受理。

大理院宥印

附：河南高等审判厅原代电

大理院钧鉴：

被告人于预审未终结前，声明移转管辖，预审推事未予停止处分，仍为预审决定。被告人以程序违法，声明抗告，是否归预审推事所属之审判衙门受理？抑归上级审判衙门受理？悬案以待，乞电示遵。

河南高等审判厅叩皓印

■ 统字第 1142 号

民国八年十一月二十六日大理院复广西高等审判厅函

径复者：

准贵厅第五六号函开：案据宜山县知事尹志电称，"兹有商号甲因亏折倒闭，各债权者分主各埠，先据乙、丙、丁查知赴县起诉，甲匿案不审。前任据乙、丙、丁之请求，将甲之铺屋查封变卖与子，已给予管业执照，并将卖获铺价分偿乙、丙、丁具领，未下判决，即予执行。现据戊、己、庚等债权人到案，主张债权，并声称'查得变卖甲之铺屋，售价太低，请求当众拍卖，并请将乙、丙、丁领获铺价追出，另自分配，迅下判决。'叠经票传，甲仍匿不赴审，子则以甲之铺屋，系由官厅估价，伊照价承买，业已给有管业执照为据，不应出尔反尔。戊、己、庚则坚称铺价确系太低，倘能当众拍卖，超出原价，为数必多，否则债权全归乌有，未免向隅。双方争执不决，甲之铺屋，可否准予当众拍卖抑或拍卖之后，准子有优先取得之权？乙、丙、丁分获之铺价，能否追出，另为判决？伏乞解释示遵"等情到厅。据此，查解释法律，系属贵院特权，兹据前情，相应函请俯赐解释以便转饬遵照等因到院。

查京地审厅《不动产执行规则》，该省既经呈准援用，则依该规则第二条规定"关于不动产之执行，自非依拍卖方法办理不可"。惟须先查明戊、己、庚等之债权，果系确实并非串冒，且于前诉卖产有不能知情，非其懈怠情形，始得准予另行拍卖。相应函复贵厅转令查照可也。

此复！

■ 统字第 1143 号

民国八年十一月二十六日大理院复甘肃高等审判厅电

甘肃高等审判厅：

电悉！榷运局招商包销，法律既别无规定，即无论契约内容如何，当然为普通民事契约。其因退包发生争执，自系民事诉讼，应予受理。

大理院宥印

附：甘肃高等审判厅原电

大理院钧鉴：

外省榷运局与包商包盐订约，经详盐署后，因退包发生纠葛。如存盐处置卤耗角两，缉私队军装费等项，是否可作民诉受理？抑另有办法？请解释示遵。

甘高审厅印

■ 统字第1144号

民国八年十一月二十八日大理院复湖北高等审判厅函

径复者：

前准贵厅函开：案据汉川县民人刘发元禀称，"缘民世居汉川，向在京山贸易，因该县谓民典契逾限未税，枉判民罚金一百九十八串，奔赴夏口地方检察厅上诉不理，适在坊间购得钧厅印行《民刑事诉讼须知》一册。细查册内二百另一页，刻有'鄂省变通税契办法便览'，适与县知事所判民典契逾限未税之罚金刑相合。惟该表典契逾限未税罚金不得超过三倍，县知事竟超过十倍，民即遵照上列表式，据情声请夏口地方检察厅再议，仍批不理。窃思钧厅编辑《民刑事诉讼须知》，原系为便利人民起见，今竟不能施行于下级衙门。如谓此项罚金刑，不属司法衙门管理，则册内何以列有鄂省变通税契办法便览表？如谓此项罚金刑，系属司法衙门管理，则夏口地方检察厅，何以屡批不理？孰是孰非，民实无所适从，除呈高检厅令饬再议外，为此声请大厅长台前，恳予明白批示，详细指释，以便遵从"等情。据此，当经敝厅批示禀悉。查该案京山县原判所处罚金刑，究系援用何种法律，来禀并未叙明。如系照《契税条例》处断，此项上述案件，应归司法衙门受理，仰即知悉，仍候高等检察厅核示此批挂发在案。旋复据该民刘发元禀称："缘民因典押谭文明契价三百串，京山县知事依《契税条例》，典契逾限六月以外未税，苛罚至一百九十八串。查钧厅刊刻《民刑诉讼事项须知》二百另一页鄂省变通税契办法便览表，典契项下逾限在六月以外者，处罚金不得超过三倍，该知事乃竟处罚至十倍之多，民不服于上诉期间内向夏口地检厅声请上诉，未理。于三月二十五日以声请解释，向钧厅请求，同日又以因罚控诉批示不理等情，向高检厅饬令再议，于二十八日奉钧厅批禀悉。查该案京山县原判所处罚金刑，究系援用何种法律，来禀并未叙明。如系照《契税条例》处断，此项上诉案件，应归司法衙门受理。仰即知悉，仍候高等检察厅核示。又于次日奉高检厅批状悉，据称因契未投税被处罚金，此系纯粹行政处分，该民如有不服，自应向该管上级衙门陈诉，夏口地检厅不理，并无不合，所请著无庸议等因。窃查京山县知事原判，系据《契税条例》处断，依上批解释，其属司法衙门受理无疑，乃钧厅解释如彼，而高检厅批示如此，岂审判与检察法律各有不同耶？而钧厅刊印《民刑诉讼须知》，为便利人民起见者，其将何以昭信守？除再呈高检厅核示外，为此呈请大厅长台前，恳予再行解释批示只遵，并恳合商高检厅查照办理，以昭大信"等情。据此，当经会同同级检察厅再三商议，对于此案，分二说：甲谓，《契税条例》罚金与印花税法罚金同为行政法规之处罚，查钧院六年四月十四日复湖南高审厅统字第六零八号解释，照《印花税法》罚金之上诉案件，应由上级司法衙门刑庭受理之例，则照《契税条例》罚金之上诉案件，亦当然归上级司法衙门刑庭受理。且敝厅七年五月据武昌地方审判厅请解释，因匿报契价，依据《契税条例》处以罚金，控诉案件之疑点，曾转函钧院解释在案，虽该案件系争应否处罚问题，非争管辖问题，然使该案果不应归司法衙门受理，则是根本上错误。乃该案既未经钧院驳斥，不应归武昌地方审判厅受理，并详赐解释，则此项案件，应归司法衙门受理，实属毫无疑义；乙谓，照《契税条例》罚金案件，显系行政处分，与全国《烟酒公卖暂行简章》所定罚则，性质相同。钧院七年十二月二十八日，复总检察厅统字第八九二号解释，则照《契税条例》罚金之上诉案件，司法衙门当然无庸受理。现在敝厅既与同级检察厅办理两歧，以上两说，究以何说为是？除批禀悉，已函请大理院解释矣，此批挂发外，相应函请钧院迅赐解释见复，以便转饬遵照等因到院。

本院查《契税条例施行细则》第十六条载："各征收官署，遇有违犯《契税条例》及本细则，应科罚金者，须算定罚款数目，发书通告该本人知悉"等语。是《契税条例》及施行细则各规定，除第八条系依《印花税法》，第九条按照《刑律》处断者，应由司法衙门办理外。其罚金既由征收官署处分科罚，则不服该官署所为处分者，司法衙门自无庸予以受理。至本院统字第六百零八号解释，因《印花税法罚金执行规则》第二条，固有不依法贴用印花之契约簿据，如于诉讼时发见者，由审、检厅及兼理司法县知事依法处罚之明文，如由司法衙门处罚，于理不能令向行政官署诉愿。故认应归上级司法衙门受理上诉，非谓所有处分，均应受理。又统字第七百八十八号公函，仅就《契税条例》及其施行细则有无溯及力为之解释，似难遽据为受理上诉之根据。相应函复贵厅查照可也。

此复！

■ 统字第1145号

民国八年十一月二十九日大理院复甘肃高等审判厅电

甘肃高等审判厅：

审字八五号函悉！丁于甲之掳丙，既始终不知情，后仅经甲告知为被拐人帮助藏匿，应依《刑律》第三百五十三条处断。

大理院艳印

附：甘肃高等审判厅原函

径启者：

案据甘肃第一高等审判分厅监督推事魏祖旭呈称，"呈为呈请解释事，兹有某甲结伙抢掳某乙及其妻某丙勒赎，得银又强奸某丙，某甲犯《盗匪法》第四条第三款，及《刑律》第二百八十五条之罪，固无疑义。嗣后某丁允租闲房与某甲、某丙居住，尔时某丁尚不知情。未几，某甲拟将某丙迁徙他处，借口探亲，约丁护送，许银三十两，临行告丁丙系拐来之妇，恐人盘诘，丁乃主张沿途隐匿真姓名，半途被获。丁之允租闲房，因不知情，似不能成立罪名。甲将丙移送他处，其行为显系藏匿，丁已知丙系被略诱人，图利帮同护送，是否成立《刑律》第三百五十三条之罪，以有无预谋依该条分别处断？或适用其他条文？理合具文呈请解释示遵"等情。据此，除指令外，相应函请钧院查核，迅赐解释，以便饬遵，至级公谊。

此致大理院！

■ **统字第 1146 号**

民国八年十一月二十八日大理院复总检察厅函

径复者：

准贵厅函开：案据吉林高等检察厅呈称，据延吉地方检察厅检察长吴继高呈称，"现有刺打鸦片水以抵吗啡瘾，法无治罪明文，可否照《吗啡治罪法》起诉？既无明文解释，办理殊无根据，理合呈请鉴核转请解释"等情。理合呈请转院解释，以便指令遵行等情到厅。相应据情函送贵院核办示复等因到院。

本院查刺打与吗啡同性质之物，为吗啡之代用者，应依《吗啡治罪法》处断（参照统字第五百九十六号解释）。惟所称鸦片水，按其质量，是否可为吗啡之代用？尚应切实查明。相应函复贵厅转令查照。

此复！

■ **统字第 1147 号**

民国八年十一月二十九日大理院复河南高等审判厅函

径复者：

准贵厅函开：案据南阳县知事呈称，"呈为解释事，案查盗匪轻罪，可依《刑律》处断，历经大理院解释暨《盗匪案件适用法律划一办法》第三条规定各在案。查《惩治盗匪法》第四条第二款之罪，与《刑律》第一百零一条相类，而情节较《刑律》规定尤重。查《刑律》第一百零一条，以意图颠覆政府，僭窃土地，紊乱国宪，为构成内乱罪之要件。兹有甲乙丙丁戊己庚辛壬，同赴分防巡缉队劫夺枪支，以为抢劫及入伍之用，并非意图内乱。行抵该处，尚未动手，即被该队破获，送经高级军官讯实，并讯明甲乙丙丁戊己庚从前抢掳有案，当依《惩治盗匪法》第四条第二款，电奉最高级长官核准处决，一面将被胁入伙情节较轻之辛壬交县，依律讯办。惟律无相当条文可资援用。理合呈请钧厅鉴核，俯准函院解释转令只遵"等情前来。据此相应据情函请钧院，迅赐解释，以便转令遵照等因到院。

本院查《惩治盗匪法》之罪，除第二条无庸处死刑者，本应按照《刑律》本条处断外，其余各罪，纵情节较轻，均不得适用《刑律》各本条科刑。又该法第四条第二款之罪，与《刑律》第一百零一条之罪，毫不相涉。来文关于此点，语意不明，无从答解。至该法原为强盗罪之特别法，该法虽无处罚未遂明文，仍应依《刑律》强盗罪各本条论断。惟被告人如果被胁入伙，其被胁程度，显系丧失意思自由，应依《刑律》第十三条第一项，宣告不为罪。若仅犯罪情节较轻，只得于未遂减轻之外，再酌用同律第五十四条减等问拟。相应函复贵厅转令查照。

此复！

■ 统字第 1148 号

民国八年十二月二日大理院复总检察厅函

径复者：

准贵厅函开：据奉天高等检察厅快邮代电称，"查犯《刑律》第三百七十三条第一第二两款，第三百七十四条第一二四款，第三百七十六条之未遂罪，按照大理院统字一六二号之解释，得依《刑律》第十七条之规定减等，固无疑问。但减等办法，是否与《刑律》第三百七十三条、第三百七十四条、第三百七十六条本刑上酌量减处其刑？此应请解释者一。又有人因在铁道用地内日本国人处佣工，替匪保险，其保险方法，或得其金钱多方包庇，或设法隐匿分受赃物，或仅留匪在家住宿，遇人盘查，为之设词隐护。除分受赃物，应依《刑律》第三百九十七条第一项处断外，其余行为，谓为强盗共犯，则其情又与《刑律》总则共犯罪章各条之规定不符，否则无相当条文，足资引用。若认为无罪，其情较之盗匪尤为重大，似亦未可置之不问。究竟是否构成犯罪？不无疑义，此应请解释者二。又有甲素为盗匪，因往来上下火车日人盘问，由乙声说系其同宗一家，因得在站存留。子说谓，甲既属匪人，已认为家族，即系有意隐匿匪人，应依《刑律》第一百七十七条处断。如果实属同宗，应查明情形，依第一百八十条免除其刑；丑说谓，《刑律》第一百七十七条，定明藏匿被追摄人或脱逃之逮捕监禁人，甲虽素为盗匪，然在日人盘查之时，甲既未经告发逮捕，亦未发见不法行为，不得谓为被追摄人，与该条所定情形不符，自不能援用该条处断。此外又无适合条文，可以引用，应不为罪。二说究以谁是？此应请解释者三。又甲掠夺公署枪械，伤毙看守人员，因攻夺不易，并放火焚烧房屋，实触犯《惩治盗匪法》第三条第二款、第三款暨第四条第二款之罪，是否依《刑律》第二十六条之规定，及加重条文之性质，从重处断？抑或认为俱发罪，分别科刑？此应请解释者四。又栽种罂粟之土地，应否没收？兹有数说：甲谓，罂粟非有土地不能栽种，所有栽种罂粟地亩，实为直接供犯罪所用之物，按照《刑律》第四十八条第二款规定，既属相符，其情形又与供给开设赌局烟馆之房屋有间，自应没收；乙谓，没收之物，以动产为原则，栽种罂粟地亩，既属不动产，不惟司法审判衙门，不能没收。即使行政官厅照行政处分以之充公，亦属违法，应行撤销；丙谓，栽种罂粟地亩，虽属不动产，不应没收，但此项土地，既为直接供给种植罂粟所用，如为严禁栽种起见，审判衙门固不便宣告没收，第由行政机关归入行政处内充公，亦不得谓为违法，司法衙门不宜过问。究以何说为是？此应解释者五。以上所述各节，均关法律解释，不无疑义，理合呈请鉴核转院解释示遵"等情到厅。相应据情函请核办示复，以便转令遵照等因到院。

本院查（一）《惩治盗匪法》之罪，既无处罚未遂明文，该法之未遂犯，自得按照《刑律》各本条减等处断。（二）隐匿赃物，如即受寄赃物分受又即受赠，在《刑律》第三百九十七条，各有罪行，应分别科处。所称"容留匪徒，并有隐护情形"，如确于匪徒所犯具体之盗行事实，系属事前知情，意在资其便利者，自可以事前帮助论。（三）《刑律》第一百七十七条之罪，固以被官署追摄或脱逃之逮捕监禁人为限，隐匿不法行为未经发觉之人，尚难论以本罪。况盘问者，并非有权官吏，但须查明有无事前帮助情形。（四）盗匪触犯各条文，如合于加重专条，自应科以加重之罪。若仅本刑相等，除合于《刑律》第二十六条条件外，应依第二十三条各科其刑。（五）《刑律》所称供犯罪所用之物，本以动产为限。栽种罂粟之土地，不得没收，即划归行政处分，亦须根据有效之法规办理。相应函复贵厅转令查照。

此复！

统字第1149号

民国八年十二月二日大理院复总检厅函

径复者：

准贵厅函开：案据浙江高等检察厅快邮代电称，"兹有甲之女乙，被丙、丁、戊诱逃。经警所先将丙、丁获案，由甲之族侄己代行告诉，并未照章附呈委任状。第一审亦未传甲到案，讯明有无委任代诉之事实，遽对于丙、丁各依《刑律》第三百四十九条第一项科断。丁即允服，送监执行，而丙不服判决，声明控诉。控诉审以甲屡传不到，认定己之代诉，非甲本意，缺欠诉追条件，将公诉驳回。嗣后共犯戊与乙一并就获，经第一审传甲到案讯问，据称前次己之告诉，实系伊所委托，又将戊宣告罪刑，业已确定。除戊之部分，应勿庸置议外，惟就丙、丁部分，尚有疑义。如谓本案第一审手续欠缺，不应受理，则对于同时判决之丁，已经执行完毕，应请提起非常上告，以资救济。如谓有告诉权之甲，业于事后到庭，证明己之告诉系属本意，应认第一审对于丁之判决为有效，则对于丙之部分，自当提起再审。以上两层，所谓非常上告以纠正法律上之错误为前提，则甲对于己之告诉，既经事后追认，在法律上已不发生问题，似与非常上告之条件不尽相符。至对于公诉驳回部分，提起再审，依《刑诉律》草案第四百四十六条第二项之规定，以自白犯罪事实为条件。则甲系告诉人，虽于事后追认己之代诉，究与丙之自白情形有别，亦与再审条件不甚相合。究竟应依何项手续，以纠正本案之错误？悬案待决，理合电请转院解释示遵"等情到厅。事关法律疑义，相应函请贵院解释示复等因到院。

本院查代行告诉，如能证明确系本人委任，自毋庸本人到庭。甲因女乙被丙、丁、戊诱逃，委任族侄己代行告诉。第一审未予查明是否确系甲所委任，遽判丙丁罪刑，办理手续，固嫌草率。控告审乃因甲经屡传不到，即认己之告诉，非甲本意，将丙公诉驳回，殊属不合。丁之部分，自不得提起非常上告。丙之部分，亦应因甲补诉，另案办理（参照统字第一千零五十五号解释），尚无请求再审之必要。相应函复贵厅，转令查照可也。

此复！

■ **统字第 1150 号**

民国八年十二月三日大理院复江苏高等审判厅函

径复者：

准贵厅第一六六五号函开：案据江宁地方审判厅文电称，"兹有民事债权案件，诉讼人籍隶异省，在本管区域内，并无财产，住所居所，又均不明了（诉状内注明之住所某处某号门牌，即委任某律师之事务所）。所有收受文件出庭陈述，纯由律师始终完全代理。终审败诉，应偿债务，无法执行。核其情形于统字四二四号解释有别，其完全代理人，有无应负交人到案之责任？仰祈迅予函转解释示遵"等情。据此，案关法令解释，相应函转贵院迅予解释，以便转令遵照等因到院。

查诉讼人踪迹不明，并无财产在原诉讼地内者，执行衙门得以原诉讼代理人，为执行程序之证人，令其陈述所在及有无财产存在何处。如系违法伪证，自可依法办理此类情形之案件，审判衙门应于判决以前，及早注意。相应函复贵厅转令查照可也。

此复！

■ **统字第 1151 号**

民国八年十二月六日大理院复安徽高等审判厅函

径复者：

准贵厅函开：据芜湖地方审判厅呈称，"今有某甲，惯行窃盗。一日身怀铁錾，徘徊僻巷，经岗警察获送案。除供明其他窃案外，对于最后拟窃之家，并未指实。于是应否成立未遂犯罪，不无争议。或谓某甲仅怀铁錾，尚未确定对于何人家宅施以侵入方法，即难认为犯罪已经着手，核与《刑律》第十七条规定不符，自无成立犯罪可言；或为窃盗指明目的地，至中途被获，应以窃盗着手未遂论，已经大理院四年统字第二五二号解释有案，则某甲之至某巷意图行窃，被警查获，自应认为窃盗未遂。两说纷持，究以何说为当？此应请解释者一。又有已成年之女乙，寄居甲开乐户营卖淫业（即俗谓搭班上房子之类），得利与甲均分，并无字据。乙与游客丙情好甚笃，相约偕逃，由丙携乙藏匿他埠。经甲查悉，向丙索人无效，即以诱拐等情，诉由检察官指甲为代行告诉人，依法起诉。查乙既未捆押于甲，亦非甲所抱养，并不生雇佣与亲属关系，自难认甲为乙之利害关系人。依大理院统字第二八一号解释，即不得指甲为代行告诉人。至按大理院统字第八号解释，虽检察官亦得以职权指定，但原文举例，只限于儿童被诱。若已成年之女子被诱，则除有正当利害关系人之声请可以指定告诉人外，自非由被害本人或其尊亲属告诉，无受理之根据。盖亲告罪，原为保护个人名誉或有监督权人而对于普通公诉所设之特例，若漫无制限，任指一人可为代行亲告人，则与立法本旨，不免背驰，参观大理院统字第九九三号解释可知。检察官因利害关系人之声请，指定告诉人，尚非毫无限制，焉有对于无利害关系之人，即可指为告诉人之理。但或谓统字第八号解释，虽举儿童被诱为例，原为事实上无告诉人及利害关系人，可以代行告诉之例外办法，并未声明检察官对于已成年之被诱人，绝对不能指定代行告诉人。则甲之告诉，自可仍予受理。审判官原有独立适用法律职权，既生疑问，自宜求确定见解，免滋误会，此应请解释者二。又如继续贩卖鸦片烟及继续开设烟馆等类，是否连续犯罪，亦颇有问题。或谓此等犯罪，均为妨害社会公益之犯罪，究其性质，大都非一次可以终结之行为。故事实上有一次贩运烟土而数次出卖，及数次贩运烟土而一次出卖者，并有一人而设数烟馆，及一馆而设数烟铺者，大都均只成一罪。因其犯罪原有继续性质，与事实上之连续犯罪不同，自难以贩烟、卖烟数次，及开馆设铺多寡为论罪之标准。并不能因其一部出卖，一部收藏待卖，及一面开设烟馆，一面兼售鸦片烟，分别论罪。故此等犯罪，似不必援引《刑律》第二十八条，于判决主文内为连续犯罪之宣示。但另有一说谓，贩卖烟土一次，与开设烟馆一日，即已成立犯罪，原非数时反复同一行为及结果持续始能成立之犯罪。若继续为同一行为，即系连续犯罪之一种，自不能不依《刑律》第二十八条认为连续犯罪。且无论所侵害之法益，为个人为社会，即与同一妇女屡次和奸，亦均属连续犯罪。两说各持一是，非释明无所遵守，此应请解释者三。又如窃盗藉词至船买物，窃取船舱外所置之衣物，或以竹竿自垣墙及窗棂外，钩取衣物等类，应否以侵入家宅或船舰论罪？事实上亦颇有争论。或谓依《刑律》第三六八条一款之法文解释，似侵入只以行窃之人为限，若以他法窃取他人家宅内之财物（如藉器具或技术或勾串宅内佣仆之类），或并未侵入其监督权密近之地，大都不包括在内。盖本条立法意旨，原在保护家宅安宁及一家之监督权，必于此两项均达侵害程度，始能构成本条之罪。故本条规定侵入外，尚须以现有人居住或看守为条件。可见虽有侵入之事实，如非有人居住或看守之第宅船舰，仍不成立本条之罪。因所窃财物，虽为有监督权者所有，但非其监督权支配所及之范围，且无所谓妨害家宅或船舰内之安宁也。由是可知船舰以外之衣物被人窃取，及屋内或院内之衣物被人在外钩取，均于家屋或船舰内之安宁无妨，自难释为三六八条之犯罪。或谓一船之内，均为船主监督权所支配，一经登船窃物，即属侵入范围。至窗外或院外钩取衣物，原属行窃人侵入之方法，不得不与入室同论，自均应构成《刑律》第三六八条之罪。现此等案件甚多，主任审判者，见解分歧，于裁判结果，重有影响，自应求正当解决，俾有遵循，此应请解释者四。上述疑义，多属悬案待决之件，理合呈请转函解释"等情到厅，相应据情函请钧院查核释示，以便令遵等因到院。

　　本院查（一）窃盗如果查明确系拟往窃某处（具体），行至中途被获，始得以未遂论。（二）《刑律》第三百五十五条之亲告罪，虽得由检察官指定代行告诉人，但以被害人事实上不能告诉，现在又无他人得行使告诉权者为限。乙与甲间，无论捆押契约不能有效，且据称并无捆押抱养等契约。法律上即无应保护之利益（如另有欠债自应依民事办理），当然无法律上之利害关系，毋庸因其呈告，遂予指定告诉人。（三）数次贩卖鸦片烟，陆续开设烟馆，其行为本可各自独立。如就各行为有连续犯意，则系连续犯罪。至二者所犯之律不同，烟馆仅售烟供人吸食，固应论以开设烟馆一罪。若于供人吸食外又以贩卖之意，另自出售，亦应分别论断。

（四）窃盗罪侵入加重，乃保护各人于居住看守之一定场所内财产之安全，其以他法实施与侵入同样结果之行为者，亦应论以本罪。相应函复贵厅转令查照。

此复！

■ 统字第1152号

民国八年十二月五日大理院复广西高等审判厅电

广西高等审判厅：

卅一代电悉！本院二年呈字一六号判例，因事实尚多窒碍，已改为于相当期间内补具声明者，均为有效。其相当期间，应视当事人道途距离，并各种情形而定。若迁延过久者，自可认为舍弃上诉。

大理院微印

附：广西高等审判厅原代电

大理院鉴：

诉讼当事人，对于县署判决，误问省署或道署声明不服，经奉批令，赴原县声明上诉。又诉讼当事人不服县署判决，误用抗告程式，经原县批驳，令其依法控诉。各该诉讼当事人，奉批后赴原审或上级审上诉，或改用控诉，有无期间之限制？抑应准用贵院二年呈字第一六号判例，概以二十日为补充期间？悬案待决，希即电复。

广西高等审判厅叩，卅一印

■ 统字第1153号

民国八年十二月九日大理院复山东高等审判厅函

径复者：

准贵厅函开：案据胶县知事陈训经感日代电称，"兹有甲妇明知乙、丙等系在拿著名巨匪，并非由于强暴胁迫，藏匿家内，供给伙食，先后计有四次，各一日数日不等。乙、丙临行，每赠甲妇洋数元钱数串，并许赎票之后，付洋一百五十元。嗣经军警探明追捕乙、丙仍藏甲妇屋内，当场搜获。惟一再研审，甲妇仅有窝匪行为，既未实施共同抢架，亦无帮助教唆实际，是否只依《刑律》第一百七十七条科断？所得钱洋，藉口伙食代价，固非纯然赠与，不负返还义务，亦与受寄不同，是否成立《刑律》第三百九十七条之罪？更有丁某亦如上列情形，藏匿已经犯罪尚未发觉之盗匪，有无罪名？如或有罪，适用何条？且《刑律》第一百七十七条'被追'二字，是否包括发觉后一切通缉票捕而言？抑专以跟踪追捕为限？均请迅赐解释指示遵行"等情到厅。据此事关解释法律，相应函请钧院解释，以便转令遵照等因到院。

本院查明知为匪而藏匿家内，供给饮食，如于匪徒所犯具体事实，且系知情，故意资以便利，俾其易达目的行为者，应以事前帮助论。匪徒所给钱洋，若系赠与意思，而显多出伙食代价之外，受赠人且明知其为赃物者，并应科以受赠赃物之罪。至《刑律》第一百七十七条所称被追摄人，系包括业经官署通缉票捕者而言，不以现被跟踪追捕之人为限。所举二例，甲妇是否触犯本条，应就事实断定，丁尚未备本条条件。相应函复贵厅转令查照。

此复！

■ **统字第 1154 号**
民国八年十二月十日大理院复吉林高等审判厅函

径复者：

准贵厅函开：据长春地方审判厅呈称，"为请求转请解释事，兹有甲结伙三人以上，侵入素识之钱铺强抢，共同用刀故意砍杀事主二人，后携赃逃逸，被砍事主，经医得愈。关于法律适用，分为两说：（甲）谓本案甲等故意杀害事主二人未遂之所为，系犯《刑律》第二十三条、第三百七十九条、第三百七十六条之未遂罪，虽不能依《惩治盗匪法》第三条第二款科罪，惟强盗仅止伤害事主二人，依《刑律》第三百七十四条第三款，《惩治盗匪法》第三条第一款，即应处以唯一之死刑。今故意杀害事主二人未遂，情节更重，反得依《刑律》本条分别减等，并依通常程序办理，不特情法失平，且启犯罪者避重就轻之弊。况本案既系犯一罪之方法，其结果致成《刑律》第三百七十六条之未遂罪，及第三百七十四条第三款、《惩治盗匪法》第三条第一款之既遂罪，自可参照大理院统字第七百八十四号第四款之解释，及《刑律》第二十六条比较刑期，从重处以《惩治盗匪法》第三条第二款之罪；（乙）谓大理院统字第七百八十四号第四款解释，系结伙三人以上在途行劫，与强盗杀人未遂两种行为，同时成立，故可依第二十六条处断。若甲强盗所犯除杀害二人未遂外，并无构成第三百七十四条之罪，素与上列解释不同，当然以第三百七十六条之未遂罪处断。如谓被杀未遂之二人均已受伤，可为想像上俱发，殊与《刑律》杀伤定义相背。倘虑轻重失平，则强盗杀害二人未遂，尽可不予减等，处二个死刑，何至流弊？若上诉权之有无，系程序问题，与处刑轻重无关。二说未知孰是，案关法律解释，理合呈请钧厅，转请大理院解释示遵"等情。据此，相应函请钧院解释赐复，以便转令遵照等因到院。

本院查犯强盗罪故意杀人者，《刑律》及《惩治盗匪法》各有专条。虽因《惩治盗匪法》漏定未遂论罪条文，仍应按照《刑律》处断，与《惩治盗匪法》上强盗伤害二人之罪刑，不免轻重失平。然强盗杀人与强盗伤害人，本应根究事实，不得率意牵混。其未遂应否减等，审判官尚可自由裁量，亦非不能得公平之裁判。至有无上诉权，固系程序问题，与处刑轻重无关。相应函复贵厅转令查照。

此复！

■ **统字第 1155 号**
民国八年十二月十日大理院复山东高等审判厅函

径复者：

准贵厅函开：案据观城县知事哿日快邮代电称，"兹有某甲于清光绪八年夏间某夜在地看禾，被人砸殴身死，当经其父乙报官验讯，指其子丙为正凶，当时丙已逃逸。嗣于是年不记月日已死县差丁，将丙缉获，中途乘间脱逃（缉获脱逃事实，虽卷无可稽，而现据丙供认不讳）。迭经历任县官于光绪九十年间比缉，并曾照例开参有卷，嗣后未有比缉开参卷宗。至本年十月，据已死差役丁之弟戊，将丙缉获，禀送县案。查丙所为事实，应构成《刑律》第三百一十一条杀人罪，按民国元年三月十日赦令，杀人正凶，在不准除免之列。惟自光绪八年迄今，已在三十年以外，《刑律》第六十九条之起诉权，似早消灭。即以第七十二条第一项论，起诉权时效，应因侦查行为而中断。则此三十余年间，曾未有何项比缉命令，是否即认侦查行为业已停止，并认该犯已取得起诉时效？亟待解决，理合代电呈请厅长鉴核示遵等情"到厅。据此事关法律问题，相应据情函请钧院迅赐解释，以便转令遵照等因到院。

本院查前清比缉，自可认为检察强制处分。惟比缉行为，一经停止，提起公诉权之时效期限，仍应开始起算。甲之犯罪，既在光绪九、十年间，比缉后即未有比缉之命令，如果查明更无他项强制处分及诉讼行为再中断其时效，则起诉权之时效期限，早已经过，公诉权即经消灭，应不罚办。相应函请复贵厅转令查照。

此复！

■ **统字第 1156 号**

民国八年十二月十一日大理院复山东高等审判厅电

山东高等审判厅：

微代电悉！本院与陆军部咨商，系嗣后军事审判案件，毋再委托普通司法衙门办理。故如受托在陆军部通令禁止前，仍应照统字第一零八七号解释办结，以免周折。

大理院真印

附：山东高等审判厅原代电

北京大理院钧鉴：

径启者：

警备队之官长士兵，如有犯罪，经军事高级长官，委托普通司法机关判决后，不服上诉，依钧院八年刑字第一三二七号公函解释，本可查照普通司法衙门通常办法办理。惟查本年十一月十八日政府公报，载钧院咨复陆军部文内开：（前略）查警备队之官长士兵，如有犯罪，依法本应归军事机关审理，军事高级长官，每有委托代行审判之事。（中略）贵部既恐将来发生权限争议，请通令各该长官，嗣后遇有此项案件，毋庸再行委托普通司法机关代行审判，以省手续等因。此就委托一方面言之，且限于咨请通令以后，文义至明。其在咨请通令以前，普通司法衙门曾受委托为第一审审判，被告人不服，声明控诉，经控诉审衙门受理而尚未判决者，可否仍依通常办法继续办理？相应函请钧院迅赐解释，以便遵循，实纫公谊。

山东高等审判厅微印

■ **统字第 1157 号**

民国八年十二月十一日大理院复安徽第一高等审判分厅电

安徽凤阳第一高等审判分厅：

鱼代电悉！正犯无正条可科，即无事前帮助从犯之可言。所称情形，惟应注意有无触犯《治安警察法》第二十八条或其他犯罪。

大理院真印

附：安徽第一高等审判分厅原代电

大理院钧鉴：

今有甲某派遣乙某赴某处侦探有无军队，以便行抢。讵乙某受甲某派遣后，适至某镇正在窥探有无军队间，即被拿获。查乙某构成事前帮助强盗之罪，固无疑义。惟甲某仅派人侦探有无军队，系强盗预备行为，强盗之预备行为，《刑律》无治罪明文。正犯甲某之罪，既不成立，从犯乙某之从犯行为，能否独立成罪？此中见解不一，应请钧院迅赐解释，以便只遵。

安徽第一高等审判分厅鱼印

■ 统字第1158号

民国八年十二月十一日大理院复江苏高等审判厅函

径复者：

准贵厅函开：案据宿迁县知事伍支涛电称，"兹有甲被乙诱入匪党，尚未随同掳劫。某日匪首丙，命甲前往某村探听驻防军队多寡，富户家数，以便纠众前往行劫。甫抵某村，即经军队将甲盘获查此等案件，甲系事前帮助之从犯，按之《刑律》第三十一条，从犯得减正犯之一等或二等。正犯系预备结伙侵入有人居住之宅第抢劫，因意外之障碍而未遂，应依《刑律》第三百七十三条第一款第二款，第三百七十九条，第十七条，于无期徒刑或二等以上有期徒刑上减一等，定为一等至三等有期徒刑。则从犯甲，当然于正犯丙所减定之一等至三等有期徒刑上，依《刑律》第三十一条之规定，减一等，处甲以二等至四等有期徒刑。但甫入某村，即被盘获，军队多寡，富户家数，均未及探，是从犯亦属未遂。若依未遂减等，则无适合条文，若不论罪，则又实有帮助行为，并非己意中止。究应如何拟判？又有丁被匪徒戊掳去勒赎，丁之家属己，因庚与戊认识，托庚往向说赎。庚先向己索得谢礼若干，复向戊说妥，将丁赎回。证明庚仅止与戊认识，并无通匪行为。按庚之索得谢礼，既非欺罔恐吓，又非受赠之赃，究竟应否论罪？以上二者，属署现有似此案件，亟待解决。事关适用法律，未敢臆断，理合电请鉴核，详赐解释"等情。据此，事关解释法律，敝厅未敢臆断，相应函请钧院迅赐解释，以便转令遵照等因到院。

本院查匪首丙遣甲往探某村驻防军队多寡，及富户家数，以便往劫，显属强盗之预备行为，尚不得谓其就特定之犯罪事实业已着手，即不得论以强盗未遂罪。在强盗罪又无处罚预备明文，则甲自无论罪之根据，丙亦无正条可科。惟均应注意其有无触犯《治安警察法》第二十八条或其他犯罪之确据。至受人嘱托，以善意为人向匪说赎，既无通匪行为，索取谢金，如果又无恐吓情形，尚不为罪。相应函复贵厅转令查照。

此复！

统字第1159号

民国八年十二月十一日大理院复福建高等审判厅函

径复者：

准贵厅函开：今有邮差因侵占一邮局所交递邮件内之银洋，逐将同递之快信四件挂号公文及信函三十四件、收件回执二十二件、普通信函六百零一件、明信片一百零八件、印刷物三十六件、货样三件毁弃。于此有数疑问：（一）该邮差侵占银洋，其成立《刑律》第三百九十二条之罪，固无疑义。惟因侵占银洋而毁弃信件，是否统以侵占管有物论，抑应以毁弃论罪？若以毁弃论罪，是否依第二十六条从一重科断？抑认其毁弃之物，与侵占之物，各各独立，初无因果关系，依第二十三条以俱发科罪？此应请解释者一。（二）快信等件，查非邮政专用应用之物，自难适用第二百一十六条第二百一十七条之规定，就中快信、挂号信函、普通信函三种，似可以第三百六十二条之信函论。然该条规定，系指无故毁弃者而言。今该邮差乃因侵占银洋，而于毁弃，似与纯粹无故者有间，且该条亦非专指从事邮政职务之人，关于邮差毁弃快信各件，但科以第三百六十二条之刑，亦觉未安。此应请解释者二。（三）除快信、挂号信函、普通信函而外，其余毁弃各件，应否以信函论者？尚有数问题：（甲）挂号公文，自难包括他人封缄信函之内。惟其在邮差递送之中，是否仍以邮局管有论，而包括于第四百零三条之中？（乙）回件收执，系证明收到寄件之据，似属关系权利义务之文书，应否以第四百零四条之文书论？（丙）明信片之性质，与第三百六十二条之封缄信函有别，印刷物货样，亦非信函可比，又均不能谓为关系他人权利义务之文书，似不能科以第四百零四条之罪。若援用第四百零六条第一款科断，而'毁弃'与'损坏'不同，究应以何条处断？此应请解释者三。（四）该邮差毁弃信物，计有八百余件之多。惟在邮递中，尚为彼一人管有，似在一监督权之下，应否只就所毁弃信物之种类各成一罪（如毁弃信函为一罪，毁弃公文为一罪，其余类推，不计件数），抑须就各种件数计算法益？此应请解释者四。案悬待决，敬祈迅电示遵等因到院。

本院查邮差侵占邮局交递信件内银洋，因将该信件毁弃，现有方法结果之关系，依《刑律》第二十六条，当从一重处断，侵占未遂亦同。其在实施毁弃信件中，始起意侵占，或毁弃信件，与侵占意思各有独立者，则应按照第二十三条论罪。至从事邮务之人，毁弃他人封缄之信函，既无加重专条，仍应依《刑律》第三百六十二条科处。又挂号公文，系官员委令递送，其未交由收受人领受以前，尚不得谓非官员所管有，毁弃者当然构成《刑律》第四百零三条之罪。回件收执，系证明义务解除之凭证，毁弃此项收执，与第四百零四条，亦属相符。明信片、印刷物、货样，固与封缄之信函不同，然系他人所有物，自可援用第四百零六条第一款问拟。惟所犯各条，均应依所侵害法益之个数，计算其罪数。相应函复贵厅查照。

此复！

■ 统字第 1160 号

民国八年十二月十一日大理院复山西高等审判厅函

径复者：

准贵厅函开：案据第二分厅歌日快邮代电内称，据平鲁县知事潘祥和快邮代电称，"兹有某甲充警务处专设之稽查队眼线，帮同队兵查烟，于某日某甲单独查获烟犯二名，带烟土一百余两，当有烟犯等一再哀求，纵令逃逸，只将烟土带回。对该管队长，伪称烟犯弃烟逃逸，追赶不及，遂将烟土带回等语。嗣经该队长察觉此情，将某甲由外调回，预讯属实，呈报警务处奉令咨送到县，当经审讯无异。查某甲系充稽查队眼线，虽职司帮同查烟，其身份应否认为巡警或官员佐理？此种行为，可否依《新刑律》第二百七十二条处断？或依同律第一百七十二条处断？抑或另依他条处断之处？属县适有此项案件发生，急待解决"等情。据此，该案究应如何处断？事关法律解释，职厅未便专擅，电请钧厅鉴核，迅赐转请大理院解释示复，以便转令遵照等情到厅。相应据情函请贵院查照，俯赐解释见复，以便转令遵照等因到院。

本院查警务处专设之稽查队眼线，如有法令根据，应认为依法令从事于公务之职员。其在法令上并有逮捕烟犯之职务者，则查获烟犯时，若已实施逮捕，即应认为看守按律逮捕人之官员。其因烟犯哀求，复纵逃逸，当然成立《刑律》第一百七十二条之罪。若查获烟犯后，因其哀求，不予逮捕，亦系对于烟犯不为相当之处分，应依《刑律》第二百七十二条处断。设令法令上并无根据，只因便利所雇用，则其不将烟犯带回，且向长官为不实之报告，在现行《刑律》，尚不为罪。惟若系随从警员办理，或受特别委托代办之时，尚应认为官员之佐理，适用相当条文处断。相应函复贵厅转令查照。

此复！

■ 统字第 1161 号

民国八年十二月十一日大理院复江苏第一高等审判分厅函

径复者

准贵厅冬代电开：案据沛县知事于书云敬快邮代电称，"近年江北土匪，结队成群，架人勒赎，人民切齿，一经获犯，情与法有难适合者数端：（一）土匪定留之处，匪称塌码，民谓窝家，匪于该庄如无暗通声气之户，绝不敢任意逗留。被架事主对于窝家，较恨匪为切，而《新刑律》无窝主条文，一旦释出，法理人情，殊嫌未洽。（二）土匪家人勒赎，必先有下底（即为匪通线）之人，暗中接洽。其匪首临时率伙同行，架得事主几人，有半路脱逃者，亦有被军队打落者，匪中散伙。但知在某处掳人，诘以姓某名谁，渠实未知，如获此等情节较轻之匪，必欲讯明抢掳人数姓名，按侵害若干法益判罪，情实为难。（三）江北当土匪者，俗为混穷，目为常事，有枪入码者，充当匪目，或称散老大，无枪者为匪服役，非尽好人。其对于抢架之际，或未同往，而平日助长声势，随匪公占都市，扰害地方，情殊不法。此等人犯，可否依《惩治盗匪法》第四条第二款下半段之规定，缘情减等办理？以上数端，悬拟未定，知事以行政官而兼理司法，双方并顾，办事殊形棘手。虽司法有独立精神，在上级厅碍难指示。然亦可采干涉主义，指示属僚，俾有遵循"等情。据此，查事关法律解释，理合据情转呈钧院迅赐解释，以便饬遵等因到院。

本院查盗匪窝主，如于匪徒所犯具体事实，系属知情故意资以便利者，应以事前帮助论。掳人勒赎，本应依所侵害法益之个数，计算其罪数。被掳人数难于证明时，可先就已审实部分办理。至被掳人姓名，本与判定罪数无关，若于人数已有证据，即可据以判断，随匪公然占据都市，凡属事前同谋，或有随从实施确证之人，均应论以《惩治盗匪法》第四条下半段之共同正犯。苟只随匪执役，或仅知情而于匪徒行为，并未预闻，亦无随从实施确证者，尚难指为共犯。关于助长声势，可否认为事前帮助，应依首段说明办理。相应函复贵厅转令查照。

此复！

■ 统字第 1162 号

民国八年十二月十三日大理院复奉天高等审判厅电

奉天高等审判厅：

敬电悉！孀妇犯奸，如已确实有据，得令退居母家，仍参照本院四年上字第一五六二号判例。惟孀妇如确已同意时，并得令其大归。

大理院元印

附：奉天高等审判厅原电

大理院钧鉴：

孀妇犯奸，经姑告诉被处徒刑有案。姑复诉请令妇归宗，能否准许？乞迅赐解释示遵。

奉高审厅敬印

■ 统字第 1163 号

民国八年十二月十三日大理院复陕西第一高等审判分厅电

陕西第一高等审判分厅：

哿代电悉！诉讼法原则判决，不能拘束当事人及其承继以外之人。丙另对乙起诉，自非一事再理。如甲有承继人，且不为所反对，丙并可为之上诉，同时参加。

大理院元印

附：陕西第一高等审判分厅原代电

北京大理院钧鉴：

今有甲、乙二人涉讼，经第一审判决，甲败诉，并未声明不服。但判决内容利害关系，直接于第三人丙。丙在第一审判决前，并未参加，原审亦未传讯。至判决后，始行独立控诉，此时败诉之甲已病故，并无妻子。查诉讼通例，参加人无论诉讼在何程度，均得随时参加，但不得独立提起控诉。今丙之独立控诉，于法固属不合。然判决之结果，于丙之利害关系，最为密切。若发还第一审更审，与发还之条件不合。若令丙向原审衙门请求再审，亦与再审之条件不符。若令丙向原审衙门另行起诉，似与一事不再理之原则冲突。此项事实，既无明文规定又无先例可循究，宜适用何种方法，以资救济？恳请钧院速赐解释，俾资遵守。

　　陕西第一高等审判分厅寄印

■ 统字第 1164 号

民国八年十二月十三日大理院复浙江高等审判厅函

径复者：

准贵厅第五零三号函开：据黄岩县知事张兰呈称，"今有甲、乙兄弟二人，各生一子，甲子年仅两岁，乙子年已十三岁，甲、乙分析家产，于长孙一项，各执一说。甲说，宗子以承祧为重，长房称为宗子，长房之长子，称为承重孙。现行律嫡孙服制重于众孙，次房无承重之礼，虽次房之子年长，不能以长孙论。乙说，长幼之序，重在年龄，同父兄弟，长者为长子，则兄弟之子，亦当以年长者为长孙。今次房之子年长，当然为长孙无疑。二说未知孰是，请求解释等情"到厅。相应函请钧院俯赐解释示遵等因到院。

　　查俗所称长孙者，应指长房嫡出年最长者而言，所谓大宗是也。该县如无反对习惯，自应以此为准。惟分析家财，除当事人明白表示合意，或该地方有特别习惯足资解释，应多给长房外，依照现行律户役卑幼私擅用财条例，自应依子数一体均分。相应函复贵厅转令查照可也。

　　此复！

■ 统字第 1165 号

民国八年十二月十三日大理院复山西高等审判厅函

径复者：

准贵厅歌代电开：兹有民事控诉人，于控诉审进行中，呈递限状内称，"请限四十日，找寻证据，如找不到，情愿撤销控诉"等语。限满证据仍未找到，该控诉人亦不提出何种声明，经控诉审判衙门依据限状，以决定将其上诉状注销。控诉人不服，于上诉期间内提起抗告，本厅对于此案，现分两说：（甲说）注销上诉状，系一种缺席裁判，该控诉人只能声明窒碍，由原审衙门回复原状，不能提起抗告。（乙说）当事人不能举证，既不能为缺席裁判之原因，而据当事人所呈不能于限内举证，情愿撤销控诉之限状，遽以决定撤销控诉，又与一般缺席裁判情形不同，当然不能认为缺席裁判之一种，其抗告自应由抗告审判衙门受理裁判。唯对于此项裁判，亦分两说：（一）谓控诉人限状云云，系一种条件附撤回控诉，于条件完成时，已发生拘束效力，不能再行翻悔。（二）谓限状云云，究与已经撤回者不同，满限后该控诉人既未续为撤回控诉之表意，当然不生拘束效力，审判衙门竟以职权代替当事人之意思，自属不合等语。究以何说为当？案关法律疑义，相应电请钧院迅赐解释，电示只遵等因到院。

查此种撤销上诉,本于当事人之声请,自非缺席裁判性质。至撤销上诉之行为,现行法令虽无不许附带条件之明文,惟查核所称限状辞句,似系声明其尚有凭据以明其控诉之非无理由,不能遽视为附条件之撤销上诉,应即受理抗告,斟酌办理。又查现行法令审判衙门,有依据职权调查证据之义务,不得仅令当事人提证。案经详予调查,尚无凭证自可据以判决,不得希图省事,勒令当事人撤销上诉。相应函复查照可也。

此复!

■ 统字第1166号

民国八年十二月十八日大理院咨司法部文

为咨复事:

准贵部第一○四五号咨开:案据江苏高等审判厅转据上海地方审判厅呈称,"查现在发售之诉状内刊注意事项第七款'民事上诉期间,在各级审判厅,自送达判词或决定之翌日起,二十日以内。'又重订《高等以下各级审判厅试办章程》第六十一条载:'民事上诉,自送达判词之日起,限于二十日以内。'所示期间,显有不符。旋奉司法部通饬开:'人民有依诉状所示期间声明上诉者,应一律予以受理。'又是年三月,大理院复陕西高等审判厅统字第四百号函亦称查照司法部通饬办理各等因在案。近顷奉到大理院八年一月抗字第十四号决定沈福祥再抗告案决定书一份,理由内载:'民事上诉期间,依据《高等以下各级审判厅试办章程》第六十一条,应自送达判词之日起,限于二十日以内为之'云云。依据大理院历来解释法律之惯例,应以最近解释为准。是民事上诉期间,仍自送达之日起算,而五年通饬尚未变更,易涉分歧,拟请迅予颁行画一章程"等情前来。查民事上诉期间之起算始期,诉状所载者,与《高等以下各级审判厅试办章程》之规定不符,业由本部于五年二月通饬酌予变通,并经贵院于是年三月解释照办在案。兹经贵院为最近之解释,依据《高等以下各级审判厅试办章程》规定办理,与本部五年通饬不无出入,自应颁行画一办法,以免分歧。惟事涉法律解释,究应如何规定之处,相应咨请酌核见复等因到院。

查关于控诉期间之起算点,本院前虽有统字第四百号之解释,嗣因民事庭会议认为显与法文有背,故将前解释变更。惟上诉期起算日期,各级审似以统一为宜,应请贵部具案呈明修正可也。

此咨!

■ 统字第1167号

民国八年十二月二十七日大理院复安徽第一高等审判分厅函

径复者:

准贵厅第一五六号函开:兹有某甲因某案涉讼,前经该县于民国四年十二月二日判决,其主文仅宣告某甲罪刑,而于事实及理由栏内已将民事部分并案声叙判决。嗣某甲追刑期已满,在第二审状称该县民事部分不予受理,声请令县讯判。惟其时未曾调卷审查，即经决定该县迅为第一审审判。现某甲仍执前情来厅具状声请，当经第二审调卷审查，始悉民事部分，业在刑事判词内并案判决确定。查各县民诉本可以堂谕代判决，此项在刑案判辞内所判决之民事案件，似不能认为无效。如认为有效，则第二审令县迅予审理之确定决定，将以何法取消？或此项决定，既无前提当然无效，无庸取消？相应函请钧院迅赐解释，俾便只遵等因到院。

查民事案件，除附带私诉外，本不能与刑事案件混合审判。惟现在县知事原兼有审判民刑事案件之职权，偶因程序错误，自非根本无效。但既经该厅决定令县更审，如果相对人经合法送达决定之后，以一事不能再理为由，请求更改决定，自可准予更改，否则仍应依照决定，更为审判。又若原县判决，并未依法牌示，则原判自不确定，应由该厅受理其上诉。相应函复，即希查照可也。

此复！

统字第 1168 号

民国八年十二月三十日大理院咨湖南省长文

为咨复事：

准贵省长咨开：据湖南财政厅厅长杨从权呈称，"案据湖南实业银行总理呈请解释借票还票争端"等情，应呈请转咨大理院解释饬遵到署。应即据情咨请详加解释见复等因。

准此，查就法理言之，银行经国家许可发行之兑换券，原为一种无记名债券，对于持有该券人应有按照券面支付现款之责，纵今后因停止兑现，该券在市场价有涨落视同货物，而该银行对于持券之人要无由免除责任。至发行兑换券如果系在券价低落之后，亦应按照发行当时价格，负支付现款之责。总之银行无论何时，皆为其发行兑换券之债务人，不能自视为货物，此不易之原理也。更进就事实言之，银行兑换券，固时有出入，若令银行就其兑换券负支付发行当时价额之责，则银行一度发出之兑换券，每收回一次，即不免有一次之损失，至三至再，受累益重，非预见票价不至跌落，或可以涨高，即不复敢于发行。而现在持券之人，较之时价可以多受支付，亦或有不当利得。然利害相权，应取其轻，若使银行对于兑换券，亦可视同货物，出入均照时价，则其弊银行可以滥发票券，每发行一次，券价既有低落，即可利得其差额。发票益多，而兑现益难，人民损失范围愈大，困苦益深，以此较彼，势不能不顾全多数人民之利益。况兑换券之价值在发行银行方面，以发行时为准，则市场券价亦当因需要之增加而昂起值，发行银行所受损失自可因之渐减。足征采用上说，尤无不当。由是以言，凡银行贷出之款，无论有无收受抵押，并无论其贷出时，所支给之款用票用现，债务人偿付欠款，得以该银行发行之券，依其发行当时价格折算充实。来咨所称湖南实业银行情形，如果该行发行兑换券在本省停兑之后，自可查明每次发券日期，即以发行当时该券所值价格为折算之标准。发行时市价若较各债到期应偿日之市价为高，则该行主张，并于债务人较为有利，尤无不可照办。至票券发行之日期，应以实际情形为准。银行本有营业报告书账簿，及其他对于监督官署之文件等项，可资稽考，尤不难据以定断。为人民便利计，监督官署，尚可将关系各项据实公告，咸使闻知，以免无谓争执。又查银行存款一项，应依存款时收入之现款或票券时，值定其应支付之款，此种办法本院早有成例，兹特检出统字第七二二号及第八五五号解释各一件，送请备考以上解答。应请贵省长查照令饬遵照可也。

此咨！

■ **统字第 1169 号**

民国八年十二月三十日大理院复湖南高等审判厅函

径复者：

准贵厅第一零一二号函开：据长沙地方审判厅长郭秀如呈称，"兹有一种银行系由省金库认拨股本四分之一，余系招募商股组织而成，发行各种兑换券，通行市面。迨二三年后，此项兑换券，即不能维持其券面之价额，而该银行在券价日渐低落期内，仍有陆续发行各种兑换券，以资周转。现持有前项兑换券人，向该银行主张，按照券面价额兑换现金。查此种情形，既非押存之款，与大理院统字第九二零号解释，似不相符。于此有三说焉：（甲说）谓该银行系商招官股性质，非纯粹官办者可比，似应按照券面价额兑换现金；（乙说）谓该银行在券价低落期内，仍陆续发行各种兑换券，若均照券面价额兑现，该银行不无损失，殊失情理之平，似应按照发行日期价格兑现；（丙说）谓该银行兑换券，在市面本有涨落，似应按照持兑之日市面价格折兑现金。以上三说究以何说为是？无可根据。悬案待决，理合备文，呈请查核，转院解释"等情。据此，查案关法律，自应取统一之解释，相应函请贵院迅赐解释见复等因到院。

查所询情形，自以乙说为是。其详细理由，已详本院统字第一一六八号复湖南省长解释。希即查照转令遵照可也。

此复！

■ **统字第 1170 号**

民国八年十二月三十日大理院复湖南高等审判厅函

径复者：

准贵厅第一一三二号函开：案查票币补水办法，曾奉省长令行会同财政厅核议，当援贵院历来判例及解释，通令各县遵办。嗣据湘乡县公民许国等呈以借约与借票两种情形，拟请一律补水等情，曾经查照成案批示，并令行该县遵办各在案。兹据湘乡县知事转呈该县商会函陈不能补水之理由前来，查事关解释法令，相应抄录该案文件，函请贵院查照，祈即见复，以便转令遵行等因到院。

查银行兑换券，尚应依例补水，私人于其所出市票，尤无独异之理。即就市场情形言，买卖损益，全在于各人之自谋，而立票付价自系以立给当时应给付之数额为准，不能更有侥幸之得失存乎其间。故市票之性质名称虽与通常银钱借贷有所不同，而其应守折合补水办法，则无不一致。至市票系约交湖南银行票者，立票人即应依立给当时该行票市价一律折合补水，银行于所出兑票既须依发行时市价补水，则市票出立人之损失，自可因之轻减。惟如果市票早经明白注明付票概不补水，亦可准其照办，否则国法贵乎持平，不能令一方无故不当利得也。又关于银行兑换券之补水办法，本院已有成例，兹特将统字第一一六八号解释一件，送备参考。相应函复查照转令遵行可也。

此复！

■ **统字第 1171 号**

民国八年十二月三十一日大理院复总检察厅函

径复者：

准贵厅函开：案据浙江第二高等检察分厅电称，"审判厅对于宣告无罪之被告人，可否于宣告后，将其释放或交保？可分二说：一说，法律无禁止明文，当然可以自由处分。一说，谓宣判后之案件，即已不系属于审判厅，审判厅对于被告人，不能为何等处分。且案未确定，检察官有上诉之权，被告人应由检察厅处分。以上二说，未知孰是，为此电请钧厅，迅赐转院解释，以便遵循"等情到厅。案关法律疑义，相应据情函送贵院核办示复等因到院。

本院查刑事案件，一经起诉，在审判确定前，羁押保释人，应悉由审判衙门核办，希参照本院统字第一千一百七十三号解释。相应函复贵厅转令查照。

此复！

■ **统字第 1172 号**

民国八年十二月三十日大理院复山东高等审判厅电

山东高等审判厅：

真代电情形，若系为现将被捕，即被追蹑之匪，引路脱逃，仍应依《刑律》第一七七条处断。

大理院卅印

附：山东高等审判厅原代电

北京大理院钧鉴：

《新刑律》第十章所谓逮捕人是否兼指捕获，及在实施逮捕中而未获者而言？例如匪被军围，甲为匪引路脱逃，甲是否构成第一百七十一条之罪，抑依统字第二三六号院解办理？乞电赐复。

山东高审厅真印

■ **统字第 1173 号**

民国八年十二月三十一日大理院复浙江第二高等审判分厅函

径复者：

准贵厅函开，案查预审决定免诉案件，经审厅决定取保之被告人，检厅不能径自撤销，该命令经钧院统字三零四与三二七解释在案。又公判宣告无罪案件，依照通例，除已依法保释外，应于判决确定后释放被告人，所以留上诉之余地，亦经钧院统字三零三号释明。惟后述公判案件，宣告无罪或有罪，仅科拘役，经审厅命令取保之被告人，检厅能否当庭同时径自命令法警将被告人发押，抑应参照统字第三零四号与三二七号及执行编五零三条办理？不无疑义。又被告人对于上述检厅两项之羁押，提出异议，是否呈由原检厅转送上级检厅核办？并乞迅赐解释等因到院。

本院查刑事案件，一经起诉在判决确定前，羁押保释人，自应悉由审判衙门核办。检察官厅除因另案依其职权或受命令委托，亦得依法办理外，对于本案被告仅得请求案件，系属之审判衙门，羁押保释。其在上诉期间内，及上诉审接收卷宗前，或案虽系属上诉审判衙门，并已接收卷宗，而被告仍在原审衙门所在地者，均得向原审请求上告案件，并得径向原第二审请求。至被告不服检察官之羁押处分，应向该检察官所属检察长，请求再议。再有不服，得呈由上级检察厅核办。相应函复贵厅查照。

此复！

■ 统字第1174号

民国八年十二月三十一日大理院复察哈尔都统署审判处函

径复者：

准贵厅函开：案据丰镇县知事黄朴呈称，"为呈请解释示遵事，查印花税贴用方法，立契据人应于授受前贴用，其不贴印花或未盖章画押者，自应向立契据人处罚。如立契据人死亡，所有执契据人是否仅将所执作为无效，免其处罚？此应请解释者一。又《印花税法》施行以前所立之契据是否一律科罚，抑或令其补贴印花，免于科罚之处？此应请解释者二。又店铺自立多种账簿，均行漏贴印花，是否认为连续犯罪，以一罪论，抑或按照件数科以俱发罪？此应请解释者三。职县现有上列情形，知事未敢擅断，理合具文呈请鉴核迅赐解释示遵"等情到处。除指令呈悉，来呈第一问题，立契据人于授受前未贴印花或未画押及贴不足数者，发见后立契据人死亡，应如何办法，无明文规定。似以责成执契据人，依法补贴画押，免其处罚为是，《印花税法》并无契据作为无效之规定。第二问题须查照三年十二月七日公布《修正印花税法》第十一条办理。第三问题，印花税罚金，并非犯罪性质，查《印花税法》第二条，关于应贴印花之契约簿据，皆分类为列举之规定，漏贴之件，自应逐件处罚，本处所见如此。惟第一、第二两问题，关系统一法律解释，即据呈请，仰候函请大理院解释转令遵照可也此令外，相应函请贵院解释见复，以便转令遵照等因到院。

本院查《印花税法》第六条，虽有契约簿据不贴印花或贴用未盖章画押者处罚之规定，而第四条则载'契据应贴之印花，由立契据人于授受前贴用加盖图章或画押'等语。是前条显系对立契据人之罚则，不得适用于执持契据之人。又依该法第一条，此项契约亦不得根本作为无效。至契据立在该法施行前者免贴印花，第十一条本有明文，店铺自立多种账簿，均漏贴印花，应照件数分别处罚，不适用《刑律》总则关于连续犯之规定。盖该法系以按照册数及使用年数，决定税额为本旨，依此解释自与连续犯始终以一罪处断之法意不符，即应认为合于《刑律》第九条但书之规定。相应函复贵处转令查照。

此复！

■ 统字第 1175 号

民国八年十二月三十一日大理院复浙江高等审判厅函

径复者：

准贵厅函开：案据嘉善县知事电称，"查《刑律》第三百三十五条之堕胎罪，为有身份者，加重其刑。如犯该条而致人死，律无专条，是否援用第三百三十七条仍照常人科断？颇滋疑义。又土婆以收生为营业，未经官厅准许，可否以产婆论？职署发觉此种案件，悬以待决，请转院迅赐解释，以便遵循"等情到厅。理合据情函请钧院，俯赐解释见复，以便转令遵照等因到院。

本院查第三百三十七条不仅为第三百三十三、四条加重规定，并应认为第三百三十五条所列之人犯、第三百三十三、四条罪者之加重规定。虽第三百三十七条第一项规定，较第三百三十五条第一项所定之刑，并不加重，但此系法文缺点，应待修正。若不依此解释，窒碍转多。至土婆如果以收生为业，纵未经官厅准许，仍应认为第三百三十五条所称产婆。相应函复贵厅转令查照。

此复！

■ 统字第 1176 号

民国八年十二月三十一日大理院复总检察厅函

径复者：

准贵厅函开：据山西高等检察厅快邮代电称，"兹有甲因仇乙，预谋杀害，制一毒饼，探乙外出，必经某路而回，因置饼于路旁。嗣乙回见饼拾归，与丙分食，毒发俱毙。是甲对于乙早有致死决心，自应以故意杀人论罪。惟丙死在甲预期之外，是否亦以故意杀人科断，抑以过失论？案悬以待，请转院解释示遵"等情到厅。查事关法律疑义，相应函请贵院解释示复，以便转饬遵照等因到院。

本院查甲于丙之分食毒饼，如果并无确定及不确定之预见，自难论以故意杀人罪。至应否论其过失致人死罪，应就其所置毒饼之大小及乙有无分食之惯行，而为甲所预知，分别其是否能注意而不注意以为断。此系事实问题，无凭悬拟。相应函请贵厅转令查照可也。

此复！

■ 统字第 1177 号

民国八年十二月三十一日大理院复安徽高等审判厅函

径复者：

准贵厅函开：兹有地方审判厅推事某甲，自为被害人，于辞职后告诉律师某乙，共同诬告，经地方检察厅侦查，诉请预审地方审判厅。各推事以某甲现虽辞职，然究系多年同僚，援据《刑事诉讼律（草案）》第三十六条第一项、第二十九条第二款，声明全体引避，被告律师某乙，亦依同项条文，拒却全厅推事，于是发生下列疑义：（一）查预审系紧要案件，依《各级审判厅试办章程》第十二条但书之规定，本可毋庸回避。惟《刑事诉讼律（草案）》第一章第四节，业经颁布该草案全部规定，预审属于检察厅，自不生回避问题，但现行法令，预审由审判厅办理，是预审推事，是否适用此项草案，颇滋疑窦。（二）《刑事诉讼律（草案）》第二十九条第二款，系以审判恐有偏颇为要件，所谓恐有偏颇，是否以诉讼经历中，发见确有偏颇时，始能成立，抑或因有同僚关系，被告人藉为口实，即得为拒却全体推事，或全体推事引避之理由？上列两点，系悬案待决之件，相应函请钧院迅赐解释，俾资遵循等因到院。

　　本院查《审判厅试办章程》第十二条但书，系指已经开始预审，始有请求回避之事实。而预审之案件，又须行紧急处分者而言，凡非预审，均不生推事回避问题也。且自《刑事诉讼律（草案）》第一章第四节，呈准暂行援用以来，该条已失效力。虽诉讼律草案在制定时，因当时之立法主义，未就预审为特别之规定，然现行法令，预审既仍属之审判衙门，预审推事亦推事之一，预审亦诉讼程序之一，自无不适用该草案之理。但遇有声请拒却时，应否停止预审，应查照该呈准草案第三十四条第三项规定办理。又第二十九条第二款既规定为恐有偏颇，自不待确有偏颇之发现，证以第三十条第二项所定之声请时期，尤觉显然。相应函复贵厅查照。

　　此致！

■ 统字第1178号

民国八年十二月三十一日大理院复直隶高等审判厅函

径复者：

准贵厅函开：案据涿鹿县知事周如璜呈称，"窃有某甲已有配偶，于宣统三年九月间，以兼祧关系，重娶某乙为妻。民国六年七月，某甲因与某乙感情恶劣，在法庭提起离婚之诉，法庭判决，准其离婚。旋经发见重婚，提起公诉，该某甲应否治罪？于此有两说焉：甲说谓，某甲定婚既在宣统三年九月，又有婚书为证，（某甲主张）事在民国元年三月十日，赦令以前，照大理院二年统字第六十三号解释，应在免除之列，不能为罪。即或婚娶在赦令后（某乙主张在民国元年十月），重婚罪系四等以下有期徒刑，按照《新刑律》第六十九条规定，至民国六年提起公诉权之时效，早已经过，更无治罪之可言。乙说谓，重婚乃继续犯之一种，时效当自离婚之日起算。本案离婚之日，即提起公诉之日，时效并未经过。且重婚罪以结婚当时为既遂时期，某乙定婚，虽在宣统三年九月，有婚书为凭，而某乙则主张结婚在民国元年十月，已不能援引大理院二年统字第六十三号判例处理，某甲即不能不负刑事上责任。职县发生此项案件，两说未知孰是，事关解释法律，悬案以待，理合恳乞钧厅，俯赐解释，或转请大理院解释遵行，实为公便，谨呈"等情。据此，相应函请贵院解释见复，以便转令遵照等因到院。

本院查重婚罪，以有结婚事实为成立时期。结婚以后，其婚姻状态虽云继续，应不认为延展犯罪期间。故如结婚事实，在民国元年赦令以前，应即赦免；若在赦令以后，无论定婚，在其前后，亦均应依《刑律》第六十九条第二项前半规定，自结婚行为完毕之日，起算时效期限。相应函复贵厅转令查照可也。

此复！

■ **统字第1179号**

民国八年十二月三十一日大理院复总检察厅函

径复者：

准贵厅函开：案据山东高等检察厅呈称，据济南地方检察厅检察长雷赟呈称，"兹有甲、乙、丙兄弟三人，父死抬至同姓戊地葬埋，经戊阻止，甲、乙、丙施以强暴手段，究应成立何罪？有子、丑二说：子说，主张应构成第三百九十三条之强盗罪，丑说主张律无正条不应论罪。二说孰是？未便臆断。理合呈请钧厅鉴核，转呈总检察厅示遵或转请大理院解释示遵"等情。据此，理合据情呈请钧厅鉴核示遵等情到厅。事关法律疑义，相应送请贵院解释示复，以便转令遵照等因到院。

本院查来函所述情形，应查明是否合于以暴行妨害他人行使权利罪之条件？甲等如明知地为戊有，何敢因葬埋之故，遽加人以暴行？其中似有别情。相应函复贵厅转令查照可也。

此致！

■ **统字第1180号**

民国八年十二月三十一日大理院复总检察厅函

径复者：

准贵厅函开：据直隶高等检察厅呈称，案据蔚县知事张秉泽呈称，"知事因审理讼案，发见戒烟梅花参茸片、天然戒烟丸两种。梅花参茸片，白色小圆丸，上刻梅花，系泰西大药房秘制。天然戒烟丸，则系黑色小丸，为黄楚九法制。或谓，此两种丸片，均含有鸦片或吗啡，曾经奉令禁售。究竟此种丸片，是否在禁售之列？如有违禁制售服食者，是否均应依法治罪等情。当经指令，凡戒烟药丸、药片，如含有鸦片或吗啡毒质，均在禁售之例，如有违禁贩卖，自应依律科罪。但须化验明晰，方有依据。仰即遵照去后，旋据该县呈称：'遵将两种丸片呈送警务处化验在案。兹奉警务处训令内开：案据该县呈送戒烟梅花参茸片、天然戒烟丸，恳请化验令遵等情。当即令行天津警厅化验去后，兹据复称，'职厅饬交化验课员张文藻依法化验，兹据复称，化验梅花参茸片及天然戒烟丸二种药内，均含有鸦片成分多量，并填表呈复前来。据此，除指令外，理合检同化验原表备文呈复钧处，鉴核令遵'等情。除指令外，合行令仰该县查照办理，此令等因。奉此遵查，此两种药丸药片，既经验有鸦片，当然在禁售之列。惟卷查前无禁售明文，现由知事出示布告，严禁贩卖。第是此两种药品，邑民系从外处贩来，不知内含鸦片，兹经化验明

· 913 ·

晰，出示禁售，嗣后如有违禁贩卖者，自当依律科罪。但在此次示禁以前，所查获贩卖此种药品之人，是否仍应科罪？抑因其不知内含鸦片之故，按照非故意之行为，不予科罪？事关适用法律，知事未敢擅拟，理合具文呈明，伏祈鉴核令遵。再贩卖含有鸦片之药丸药片，自应依《刑律》第二百六十六条科罪。如有人贩卖此种药丸、药片，兼卖鸦片烟，是否按第二百六十六条之俱发罪处断？并乞指令只遵，实为公便"等情前来。据此，查事关法律解释，理合呈请鉴核，转请解释示遵等情到厅。相应据情函送贵院核办示复，以便转令遵照等因到院。

本院查贩卖含有鸦片烟质之药品，论以贩卖鸦片烟之罪，本因其藉为鸦片烟之代用，故实际上仍为贩卖鸦片烟。若不能证明贩卖者，系知其内含鸦片烟质，无论行为在出示前后，均应依《刑律》第十三条第一项不为罪。至明知内含鸦片烟质与鸦片烟兼行贩卖，既同属贩卖鸦片烟，应即论以一罪。相应函复贵厅转令查照。

此复！

■ 统字第 1181 号

民国八年十二月三十一日大理院复贵州高等审判厅函

径复者：

准贵厅函开：案据织金县知事以快邮代电呈称，"今有甲某贿嘱监狱看守乙，代为设计杀害在监囚犯丙，立有'事成后酬谢银若干'字据一纸与乙。乙不受，立即举发，此项情形应否科甲以教唆杀人未遂罪？抑应科以预备阴谋杀人，及行求贿赂罪？如前例科甲以教唆杀人未遂罪，则有甲、乙两说：甲说，某甲起意贿嘱看守乙，为之杀害丙，已明明有杀人之决心，因碍于监狱重地，不能自行实施，乃假手该监主任看守，当立与字据，交付时已完成其着手行为，自非预备阴谋者可比。至该看守不允，将其字据呈报举发，此系意外障碍，即为教唆杀人未遂；乙说，谓教唆者犯罪，必被教唆者已实施犯罪之行为，教唆者之处分，必与被教唆者之处分相等。观《刑律》第三十条第一项教唆他人使之实施犯罪之行为者，为造意犯，'实施'两字及'依正犯之例处断'，'依'字'例'字自明盖刑法上之犯罪，以有犯意有犯行为原则。教唆无犯意者使生犯意，是有犯意，被教唆者并未实行，是无犯行。无犯行而有犯意，即不能加以处分。被教唆者既无处分，教唆者亦应无处分。本例看守乙既不受某甲贿嘱，立即举发，已无犯意之可言。某甲教唆未遂，亦徒有此犯意，若竟加以处分，不将与不罚犯意之原则相左乎？或曰教唆行为者，教唆者实施之，当其实施教唆，及着手于教唆之举动时，罪名即已成立。然此种教唆为独立罪，《刑律》第三百二十八条第一、二项，已特别规定。与其他之教唆犯不同，某甲仍应依预备阴谋杀人及行求贿赂罪处断。两说各执，某衷一是，理合呈请转函解释，示遵"等情到厅。查上例甲谋杀丙，尚在预备阴谋中，贿乙设计下手，亦系预备阴谋中之行为，似应以乙说为是。惟案关法律解释，未敢擅拟，相应据情函请贵院查照，希即解释见复，以便转令遵行等因到院。

本院查造意犯依《刑律》第三十条之规定，似被教唆者实施犯罪行为，为构成要件。行贿罪尤须对于官员就其职务以贿赂为营求，而后成立。来函所述情形，某乙既未因买嘱而实施犯罪，则某甲自无所谓造意犯。对于某乙所买嘱之事，又与某乙之职务无关，更难论以行求贿赂。惟谋阴杀人，《刑律》定有专条，某甲如于杀害某丙，并与某乙相为谋议，应即论以杀人之阴谋犯。否则甲虽以杀人商之乙，而乙绝未同意，更无谋议时，即杀人阴谋罪亦不成立。相应函复贵厅转令查照。

此复！

■ 统字第1182号
民国八年十二月三十一日大理院复总检察厅函

径复者：

准贵厅函开：案据浙江第二高等检察分厅电称，"前清办理应行详请核准之案件，其所拟罪名，未经核准者，遵照大理院解释，应录全案供勘，呈送覆判。兹有前清案件全卷业已散失，仅有罪犯判决录，由簿内载'某案某日判决，绞监候'字样。而讯据被告人，亦称前清曾犯某案不讳，但未供明曾受判决。此种案件，并无案卷可以依据，核与院释上例，又有不同。究竟可否认为已经判决，呈送覆判？不无疑义。理合电请转院解释，以便遵循"等情到厅。相应据情送请贵院核办等因到院。

本院查来函所述案件，仅有罪犯判决录，由簿内载'某案某日判决绞监候'字样，别无原审衙门判断之原文，或有负责任人所作，足供证明之公文，殊难认为已有判决。应由第一审审判衙门，迅予继续审判。相应函复贵厅转令查照。

此复！

■ 统字第1183号
民国八年十二月三十一日大理院致浙江高等审判厅函

径启者：

准永嘉律师公会呈开：顷准本会律师胡煦来函，内称，"现有法律疑问四则，（一）闽省盐商子丑寅卯等九船，由闽省装运税盐到浙，先至甲地完纳渔盐正税，领税单运照，指定宁波、温州、台州三府沿海销售渔户，盐未开舱出售，中途忽遇大风，即至温州三盘洋面避风。因该岛设有渔盐分销处，深恐九船闽盐入境，有碍分销处营业，逐串同缉私营收税官擅行逮捕，违法充公，并枪伤船户，每船各捕一人，滥押不放。盐商不服，提起诉讼，逐生法律上之疑问。查三盘海岛，既为食盐地点，渔盐入境，即可指为私盐，则三盘不应设立渔盐分销处。既有渔盐分销处，则三盘必非食盐地点，既非食盐地点，则渔盐当然可以入境。况闽盐九船并不在三盘开售，不过因避风暂泊，是以甲地稽征分所盖验盐印，毫无损动，而收税官与缉私营竟指九船闽盐为私盐，擅捕充公，是违法者在官吏不在盐商。查盐务官吏之违法行为，依照特别法规定，应向上级行政官署诉愿。所谓上级行政官署，其第一审是否属诸该管道尹，抑竟属诸该管运使及省长？咸谓缉私官弁，倚仗兵力擅捕税盐，收税官倚仗外债，妄行不法，通常司法衙门，决不受此种案件。即使受理，而司法官屈于缉私收税强权之下，盐商永无伸冤之日。究应归何种上级行政或司法官署受理，以期昭雪，而求救济？此应请求解释者一也。（二）查法部《修正律师暂行章程》第一条第二款'律师得受当事人之委托，得依特别法之规定，在特别审判机关行使其职务'各等语。所谓特别审判机关，谅非指通常司法衙门而言。倘使当事人委托律师办理行政诉愿，如对于行政之县知事衙门，或盐务及财政各机关及海陆军务审判处，应否得有辅佐或代理之权？此应请求解释者二也。（三）查《新刑律》一百五十九条'损坏遗弃，盗取尊亲属尸体者，处无期徒刑或二等以上有期徒刑。'又一百六十一条'发掘尊亲属坟墓，处二等到四等有期徒刑'各等语。今有某甲对于曾祖父母及祖父母之坟墓，惑于风水，无故发掘，并碎原棺，毁坏尸体，乱投瓮中，遂生法律上之疑问。（甲说）查前清律例，凡毁掘祖父母坟墓者，无论为迁葬为盗掘，均应分别治罪。即照《刑律》而论，某甲虽惑于风水掘坟，竟敢毁棺检骨，乱投瓮中，按之旧律，固应治罪，按之新律，损坏尊亲属尸体，亦应治罪；（乙说）犯罪以有无恶意为标准。今某甲虽有发掘之事实，原其心迹亦不过意图迁葬，与无故发掘者不同，应不为罪。究以何说为是？此应请求解释者三也。（四）今有国有荒山一大片，大约数十亩，以坑口为东西分界。乾隆大丈时，相传坑内虎豹不敢深入，即丈至坑口为止。是以坑口之南为十八号，坑口之北为十九号，坑口之东为丈山，坑口之西为荒山。甲、乙、丙三村人民均入荒山樵采，近以甲村住在坑口之东，将南面荒山渐辟成林。乙村知其垦出而争之，甲村即起诉法庭，以自己之十八、十九两号毗连为理由，乙往辩诉自知无可影戤，串通架书将册内添入垦字号山七亩，以关帝庙众户七亩田粮串为影戤，复又捏造乾隆二十四年丙村租山草稿，以为证明。第一审知乙村为移号混争，判决败诉。第二审既不传丙村人到案讯问，竟将坑口之东判归甲村，坑口之西判归乙村，甲村不服，提起上告。第三审判词内明知乙村无直接之凭据，又明知乙村主张不故七亩不知如何，仍未变更原判。案经三审终结，乙村声请执行颇有难为之处。若照乙村胜诉人之主张，只要坑南七亩之大，照判决主文执行，则坑南坑北数十里之国有荒山均归胜诉人所有。丙村人知司法衙门之判决主文实属错误，意欲出而参加，案已三审终结，不得已，丙村人复向行政衙门按照《国有荒地承垦条例办法》，具禀声请现在行政衙门暨原审衙门。执行推事明知本案判决主文实属违反当事人之意思，按之事实理由，各不相符。是项判决主文应否作为有效，抑或竟由行政衙门查照事实另行解决？此应请求解释者四也。以上疑点，急待解释，相应函请贵会，迅予转呈大理院，俯赐逐条解释，以明疑义，而定从违，至级公谊"等由到会。准此，查事关法律疑义，理合具文呈请钧院核示解释，以便转知只遵等因到院。

  本院查：（一）通常不服缉私营处分者，应向盐运使公署声明。惟缉私营官弁，为巡警之一种，如其触犯普通刑章，除有特别规定者外，仍应由司法官署审判。（二）《修正律师暂行章程》第一条第一项，固谓"律师并得依特别法之规定，在特别审判机关行其职务。"自以该机关为审判机关，且为特别法所允许者为限（参照统字第一千零三十六号解释）。（三）《刑律》犯罪以有犯罪故意为要件，发掘尊亲属坟墓，并有毁坏遗弃尸体之故意者，自应按律处断。若系惑于风水，意图迁葬，因不注意碎棺毁尸，尚难论罪。除民事部分另行函复外，即希贵厅转令查照可也。

此致！

■ 统字第 1184 号

民国八年十二月三十一日大理院复浙江第二高等审判分厅函

径复者：

准贵厅元代电开：兹有警察甲，因欲逮捕滋事人子，随手向素不相识之旁观人丑，夺取夏布长汗巾，用以捆缚，丑坚执汗巾不放，警察乙上前以枪柄向丑一击，适伤下部，丑负痛释手而走，甲即将夺得汗巾，与乙共同将子捆送至署。警察丙将子解缚后，问汗巾为谁之物，甲答称我向朋友借来，即持之而去，然并未还丑。越日丑因伤身死，现于夺巾伤人行为，发生数说：（甲）谓用强夺取他人持有物，移入自己所持有，即为强盗罪。本案甲于伤人既无预见，应成立单纯强盗罪，乙应成立强盗伤人罪。（乙）谓夺取汗巾，其初本无所有意思，不过用以捆人，非惟不成立强盗罪，且律无正条，应不为罪，故乙只成立伤害人致死罪。甲无伤人预见，不负共同责任。惟事后甲声称汗巾系向朋友借来，而并未还丑，且与丑素不相识，亦明知无从返还，成立诈欺取财罪。但乙并无诈取预见，亦不无共同责任。（丙）谓甲占有汗巾，应成立侵占《刑律》第三百九十二条，公务上属于他人所有之财物罪。（丁）谓夺取汗巾，甲、乙应成立《刑律》第三百五十八条，妨害人行使权利罪。惟乙与伤人为一行为，占有汗巾，甲应成立同律第三百九十三条侵占，属于他人物权，而离其管有之财物罪。诸说分歧，究应成立何罪？应请解释者一。再伤害罪求刑，是否以验伤为必要程序？例如上述，乙自承殴打旁观人寅，但寅并未验伤，第一审亦未论罪。控诉审因寅年老，不能到案，嘱托原县传验，伤已平复。惟据寅称，当时去油皮，尚属可信，能否科乙伤害寅罪，抑当时既未验伤，其后亦未验出伤痕，不能科刑？此应请解释者二。案悬以待，急候解决，用特快邮代电，呈请钧院，迅赐解释等因到院。

本院查甲乙共同夺取丑之汗巾，在夺取当时，如无为自己或第三人所有之意思，自不成立强盗之罪。汗巾既由夺取，亦与《刑律》侵占罪之条件有所不符。惟以强暴妨害他人，对于所有物行使权利，当然得照第三百五十八条处断，乙并应依伤人致死律，及第二十六条科刑。又甲在警署领取汗巾之际，若有以为自己或第三人所有之意及欺罔行为，并可援用诈财律问拟。至伤害人本不以被害人所受之伤，经官验明，为论罪条件。凡能证明被害人，确曾受何伤害者，均应按律办理。相应函复贵厅查照。

此复！

统字第 1185 号

民国八年十二月三十一日大理院复江西高等审判厅函

径复者：

准贵厅函开：查有兼理司法县知事判决之刑事案，往往以事实明确，情极轻微。因被告人羁押日久，判决后即将被告人释放者，旋检察官以原判引律错误，提起控诉。而被告人业已他适，无从传唤，致累月经年，空文往返，迄不到庭，案亦无从终结。又有原判对于被告人，褫夺公权，或折抵刑期，并没收部分，因未引律文检察官认为违法，声明控诉。依通常程序控诉案件，必须被告人到庭，始能审理。而路途窎远，旅费动需数十元或百余元不等，被告人因所费不赀，延不投审，若必勒令到案，于实际无审问之必要。而被告人跋涉长途，非特毫无实益，且于经济时间，受损匪浅。对于以上各案件，为事实上便利起见，可否适用书面审理？此应请解释者一。又县知事未谙刑诉法上一事不再理原则，于前已判决之刑事案件，另予审理判决，自应认为无效。检察官声明控诉，对于此项无效判决，可否以决定撤销，维持前判决之效力？再刑事上诉人，经两次传案不到者，依审判厅《试办章程》第六十七条，应撤销其上诉状。至原告诉人不服县知事，对于被告人所为无罪之判决，声明控诉，其状词内动列七八人或十余人，意图拖累，而原告诉人，又复迭传不到者，可否将其上诉状撤销？此应请解释者二。敝厅现有此种案件，亟待解决，相应函请贵院迅赐解释，俾便遵循等因到院。

查县知事刑事判决，漏引律文，依《县知事审理诉讼暂行章程》第三十条，固为违法判决。惟查如来函所举之例，原判主文内，宣告褫夺公权，折抵徒刑或没收理由内，未引律文，控告审得于补引，说明尚与判断结果无关，自无改判必要。则凡以此理由，声明控告者，均应认为不合法，以决定驳回，即毋庸开庭以判决裁判。反是而原判漏引律文，于罪刑有出入，即与判断结果有关，控告审若予纠正，应将原判主文变更者，仍应照常开庭审理，不能仅凭书状办理。至县知事对于同一案件，而为两次判决，其第二次判决，既属违法，必经上级审判决撤销，始失效力。来函拟以决定撤销，在现行法上，尚无根据，自应别求救济，留待立法之参考。又原告诉人呈诉不服法律上控告人，本为检察官，不得仅因原告诉人两传不到，遂将上诉撤销，本院早有成例（见统字第一一三二号解释文）。相应函复贵厅查照可也。

此复！

统字第 1186 号

民国九年一月六日大理院咨司法部文

为咨复事：

准贵部咨开：据直隶高等检察厅呈称，"饶阳县监犯韩渭滨，原判徒刑五年，又二个月未决羁押日数，准予折抵，于民国六年九月十四日入监执行，在监颇知后悔，拟请假释"等情。查该监犯韩渭滨，于民国六年九月十四日入监执行，至本年十一月呈请假释之，时刑期尚未逾二分之一，以羁押折抵之日数算入（计十个月），则已逾二分之一，似与假释之条件相合。然《刑律》六十六条但书'有执行未满三年者，不在此限'之规定。此'执行'二字，是否必须入监，始为执行；抑未决羁押折抵之日数，亦可视为执行？本律既无明文，自属疑问。查该条但书之原意，实指事实上入监，受自由刑之执行而言。犯人在监，执行未久，既未受监狱执行之感化，其是否实能悛悔，亦无由确知。故必须在监执行满三年后，始准假释。依该条立法之原意推之，决不以羁押之日数，视为但书所称之执行，故外国学说主张不算入者居其多数。如以算入为例，假有某犯羁押六年，判决刑期四年，未决羁押日数，准予折抵，是入监不及数月，即具有假释之条件，此与该条规定但书之法意，自属不符。再现在旧监多而新监少，呈请假释之案，恐多冒滥之嫌，尤以从严办理为得。未决羁押日数，究竟可否算入该条但书所称之执行？事关法律解释，相应咨行查核见复等因到院。

本院查《刑律》第八十条现定'未决期内羁押日数，得抵刑罚'。既系抵刑，自与免刑不同，法律上固应视为已经执行。虽假释出狱，系为奖励受刑人之悛悔。入监未久，不能认为已受监狱之感化，是否实能悛悔，亦无由确知。然第六十六条，定明'有悛悔实据者，始得许其假释'。究竟可否准许，尽有斟酌余地。且裁判准否折抵，亦有裁量自由，既经准抵，自系认所未经折抵，实应执行之刑期，为应受感化之期。本院意见，以为抵刑部分，无妨算入《刑律》第六十六条所定年期制限之内。相应咨复贵部查照见复可也。

此复！

■ 统字第1187号

民国八年十二月二十九日大理院复吉林高等审判厅函

径复者：

准贵厅第一二三号函开：兹有吉林省议会议员甲，被选副议长，乙以选举违法，请求宣告无效等情，状诉到厅。查此案应否归法厅受理？案关法律，颇费解决，合即函请贵院查核解释示遵等因到院。

查所询情形，本院早有解释，附送统字第八百八十一号解释一份，即希查照办理可也。

此复！

■ 统字第1188号

民国九年一月六日大理院复河南高等审判厅函

径复者：

准贵厅函据鄢陵县知事呈称："兹有县民某甲生子庚，庚生女乙，甲凭丙等五人媒说，将乙许给丁为妻（丁兼祧三房业娶二妻），得聘礼钱大钱一百六十串文，两家各换婚帖。未及迎娶，又凭戊等二人媒说，许给己为妻，又使聘礼钱大洋六十九元。戊等与己，均不知甲已经将乙许给丁为妻情事。亦未及迎娶，丁闻知消息，因之兴讼，讯明情由，媒人等均无使钱情事，甲造有假字谓'同丙等早与丁退婚，是以另为乙择主'。丙等到堂证明，并无其事。甲之子庚，并谓此事均甲主张，伊不为主。以上各节，法律之间，颇生疑义。甲之有罪无罪，因有二说发生：（甲说）谓一女二聘，系民事问题，使用聘礼，为本地习惯。即因人不知乙已定有先配之家，复又蒙使聘礼，亦与卖子女者异，自不能论罪。（乙说）谓一女二聘，若非有得财意思，自系民事问题。如以得财为目的，虽曰聘礼，即是卖子女变相，即待时迎娶，与交钱交人有别，其至一至再，得财目的，既不能掩，自应依《补充条例》第九条处罪。以上二说，究以何说为是？至如乙归丁归己问题，丁系兼祧三房，业已娶有两房妻室，自不能再令重为婚姻，可否将乙断归于己？丁之聘礼大钱一百六十串可否追还，抑追缴入官？如花费净尽，无力缴纳，可否免其追缴？甲之子庚，谓其女乙之一聘再聘，均甲主张，伊不为主。若甲论罪，庚可否付之不论？悬案以待，急候解决，理合呈请钧厅，转呈大理院鉴核，令示只遵"等情。据此，相应据情转请钧院，迅赐解释，以便转令遵照等因到院。

查所称情形，丁既不能重为婚姻，应准撤销，将女乙断归己。丁之聘金，依不法给付原则，不能请求返还。若女乙自初即愿为丁之妾，则前约可认为聘妾之约，并非订婚，尚属有效。又或乙女并无此意，而与己之订婚，亦未经甲取其同意，则与己之婚约仍应依例准其撤销。除刑事另函答复外，相应函复查照。

此复！

■ 统字第1189号

民国九年一月十四日大理院复奉天张巡阅使电

奉天张巡阅使鉴：

佳电情形，甲、乙如果系与丁、戊事前共同谋议并事后得赃，应以实施正犯论，丁、戊自可依《盗匪法》第三条第一款处断。若丁、戊系因甲乙劝其劫取，始决意往劫，甲、乙乃系造意犯。又或甲、乙本为丁、戊眼线，丁、戊据报行劫，甲、乙即为事前帮助犯，均不得算入结伙数内，丁、戊仅成立《刑律》第三百七十条之罪，与《盗匪法》无涉。

大理院寒印

附：奉天张巡阅使原电

大理院鉴：

今有甲、乙探明丙携带钱财路经某处，告知丁、戊前往途劫，甲、乙并未上盗，意图得赃俵分，丁、戊应科何罪？兹有二说，子说谓，丁戊途劫，既由甲、乙拉线，即系结伙三人以上，应依《盗匪法》三条一款处断。丑说谓，丁、戊途劫，虽系由甲、乙拉线，但并未上盗，实施犯罪时仅止二人，丁、戊仅成立《刑律》三百七十条之罪。二说究以何说为是？请迅赐解释电复为盼。

张作霖佳

■ 统字第 1190 号

民国九年一月十六日大理院复湖南高等审判厅函

径复者：

准贵厅函开：案据常德地方审判厅长王凤苞，快邮代电称，"今有一案，被害人以和诱和奸两罪，向县知事公署告诉，县知事仅引和奸律文判决。被害人呈诉不服，其第二审管辖，依大理院统字第八百六十二号之解释，应属诸地方厅，惟地方厅审理之结果，认定和诱属实，然此和诱罪，在地方厅实无第二审之事物管辖权。若依刑诉草案第三百八十四条第二项办理，则现行制度，地方厅受理邻县案件，以轻微之二审为限，又无第一审之土地管辖权。遇此情形，可否以管辖错误之决定，将案卷呈送高等厅核办？抑以被告人业经到案，依被告人所在地之法例，将原判撤销，由同级检察厅另案诉追？案悬待决，乞转大理院核示只遵"等情前来。相应函请贵院，即予解释见复等因到院。

本院查合并管辖案件，县知事本应以地方厅职权审理之，既仅判处初级管辖之罪，其未判部分，如系受诉或侦查有案，而受理上诉之地方审判厅（或邻县），又有该部分之第一审管辖权，自得分别径为第一审及第二审审理。否则应移送检察厅核办，无庸呈送高等审判厅。相应函复贵厅转令查照。

此复！

■ 统字第 1191 号

民国九年一月十六日大理院复湖北高等审判厅函

径复者：

准贵厅函开：案据光化县承审员粟培堃函称，"今有甲、乙担水争先，口争殴斗，甲先持扁担击乙，为乙所夺，复拾石击乙，乙以扁担格拒，不意伤甲头部，越十余日身死。乙为正当防卫过当，似无疑义。唯乙无死甲之心，且眇右目，其左目之光，亦只十分之三，实为过当之由来。而律无眇者宥减之条，可否于过当减等之外，适用五十四条累减？抑或竟以正当防卫论？又有甲奸乙之妻丙，丙死复奸其女丁，奸情惟戊知其详，且住乙门首。甲欲诱略丁，而恶戊为障碍，久思中伤，未得其便，遂捏一匿名匪党寄戊信函，内容纯系叛乱密秘之事，中有'某日在要塞起事，再攻某城镇'等语，写毕后故意于城门守卫冈兵近处遗失，果为冈兵所得，投报于营部，将戊逮捕。戊认信函为甲笔迹，诉于营部，将甲逮捕讯吐前情。甲对于戊，能否成立《刑律》第一百八十二条之诬告罪？或准同律第三百五十九条，以散布流言，诈术损害他人论？抑系二罪俱发，从重处断？再甲之奸罪，乙未告诉，准《补充律》第七条之规定，仍应论罪。惟甲原犯子、丑二奸非罪，此次犯罪，实原因于丑，援不溯既往之原则，当然只论丑罪。然《补充律》第七条条文明定'有因奸酿成其他犯罪'字样，能否子、丑并论，似亦不无可疑，乞明白示知"等情。据此，案关法律解释，敝厅未便擅专，相应函请钧院，迅赐解释见复，以便转令遵照等因到院。

本院查乙如果确因甲有不正当之侵害，于甲举石击打，尚未脱手之先，急用扁担格拒，致甲成伤。复查明乙确无杀人之心，则其防卫行为，即不能谓为过当。又虽系故意杀人，仍应查明甲用之石，及其击打，确不足以杀人，始得论乙防卫过当之罪。乙眇右目，左目之光，亦只十分之三，自可为调查犯行之考据。惟既与犯罪事实，及犯人心术，均尚无涉，即难引为《刑律》第五十四条减等之理由。又《刑律》第一百八十二条之罪，以向相当官署告诉、告发为一要件。甲捏造匪函，意图害戊，既只故意遗失城门守卫冈兵近处，自不得即谓为告发，亦与散布流言，或以诈术损害他人信用者不同。惟应依《刑律》第一百七十八条论断（参照统字第九百四十九号解释）。至《刑律补充条例》第七条，乃指因奸直接酿成其他犯罪者而言。甲因与乙奸通，意图将丁拐逃，恶戊为障碍，遂设法陷害。是其害戊，系为便利诱拐计，尚非直接因奸酿成。无论其与丁奸通，是否由于与丙奸通发生，均难援用本条。相应函复贵厅转令查照。

此复！

■ 统字第1192号

民国九年一月十六日大理院复江苏高等审判厅函

径启者：

据江宁律师公会函开：案准敝会会员杨铿函开，"敝律师现在经办案件，对于法律上，发生疑问一则。今有商人甲租赁乙所有汽车贸易，订期两年，该约中证人，系法院书记丙。讵丙于期限内，自请代甲照料，要求甲给予月薪，并私自邀丁，书立与甲合办之合同，伪称月薪契约，欺蒙甲不识字，令其签押，甲为其所愚，即予照签。其后丙竟将甲逐出，把持甲之业务，及甲租赁之车，自由贸易。甲一再胪列证物契约及证人丁，诉之法庭。法庭以为民事，予以却下，不予传讯。究竟丙书立合同，伪称月薪契约，是否系《刑律》第三八二条二项诈欺之所为？又丙之把持车务，是否系《刑律》第三九一条侵占之所为？函请贵公会，快邮代电大理院，迅予解释，以资进行"等情到会。准此，查事关法律疑问，相应据情函请钧院，迅赐解释见复，以便转知只遵等因到院。

本院查所称情形，如果属实，丙私造与甲合办汽车营业之合同，虽经朦甲签押，但内容全部均系虚伪，又未经甲追认，自系伪造证明他人权利义务之私文书。查核情形，当系犯他罪之方法。如起意在甲，允其照料业务之后，则其将甲逐出，以甲之车，自行贸易得利，应注意是否成立侵占及妨害人行使权利之罪？若起意在自请照料以前，则应注意是否成立诈财罪？均酌依《刑律》第二十六条处断。相应函请贵厅转行该会查照。

此致！

■ 统字第1193号

民国九年一月十六日大理院复山西高等审判厅函

径复者：

准贵厅函开：案据太原地方审判厅呈称，"查职厅受理第一审法定拘役罚金案件,被告人等取保在外候讯,间或染病不起,或避不到案,审判因此迟延,未能迅结。查《刑事诉讼律(草案)》第五十三条,载拘役、罚金之案件,得置被告代理人等语,职厅查阅各案卷宗证供,均已完备,虽不直接审理,事实亦甚明了。现该被告等,既难一时传到,各案又未便久悬,前项草案律条,虽未公布,可否援用,以速进行?此应请解释者一。又查刑事被告人,不服原判,本可委人代为上诉,此在《各级审判厅试办章程》第五十九条,已有明文规定。惟刑事第一审判处拘、役罚金案件,倘由检察官提起控诉,而被控诉人,因病不能到案,可否委任他人到庭陈述?此应请解释者二。以上疑问,悬案以待,理合备文呈请转请大理院,迅赐解释施行"等情到厅。相应据情转请贵院,俯赐解释见复,以便转令遵照等因到院。

本院查(一)法定刑拘役罚金之案,斟酌条理,自得置被告代理人。但因调查事实有必要时,仍得命本人到场。确有逃匿或湮灭罪证之情形者,亦得勾摄,惟应审慎办理。来函所述被告人染病一节,如果仍有传案必要,并得停止办公。(二)在第二审时亦同。相应函复贵厅转令查照。

此复!

■ **统字第 1194 号**
民国九年一月十七日大理院复总检察厅函

径复者:

准贵厅函开:案据湖北高等检察厅电称,"今有某甲被某丙殴伤身死,甲妻乙遂以丙、丁共殴伊夫身死等情控县请勘,知事某戊派承审员某己往验。己在尸场,被某乙将己衣服撕毁,经知事戊传案讯明,某丁于甲丙斗殴之时,实不在场,遂谕某丁交钱若干,免办重罪。某丁遵谕交钱,得获保释,某戊得钱到手,以三之二交乙,作为棺殓费,以三之一,名为赔偿某己衣服。按此甲之妻某乙,当然构成《刑律》第一百五十三条及第四百零六条之俱发罪,固无疑义。惟知事某戊对于某丁,既经讯明无干,又未经审判程序,遽令某丁出钱备办棺木,及赔偿毁衣之费,是否成立《刑律》第三百八十二条之诈财罪?抑认为第一百四十八条之滥用职权,使人行无义务之事之罪?又此等违法举动,县知事与检察官责任,有无区别?又如某己知情受财,应否负第三百九十七条第一项之罪责?案关法律疑义,应请钧厅转院解释示遵,悬案以待,乞速施行等情到厅。"相应据情函送贵院,迅予核办示复等因到院。

本院查某甲被殴毙命,某丁在《刑律》并民事法上,如果均无何项责任,县知事或检察官,遽以免办重罪为词,欺罔恐吓,使交财物,且于使交财物时,即有为人所有意思者,固得按照诈财罪处断。否则民事法上,若应担负责任,则其便宜处分,类似调处,仅系程序不合,尚难论以诈财。至于知情收受他人所诈之财,自不能谓非受赠赃物。又乙系被害人之亲属,或系一时情急,不无失误。非分别查明,确有妨害公务,撕毁他人衣服故意之证据,不得依各该条论罪。相应函复贵厅转令查照。

此复!

■ **统字第1195号**

民国九年一月十七日大理院复贵州高等审判厅函

径复者：

准贵厅函开：案据下江县呈称，"今有甲宅基，紧接城墙，于民国三年改修房舍，遂暗将城墙挖毁，将宅跨于其上，缘城墙甚矮，附近均有房舍，初未察觉，近始发见，于是有二说。子说谓，城墙之置，本为防守起见，顾自快枪发明以来，新奇百出，城墙几退处于无用之地，故在通都大埠，多有主张撤去者，甚至已令改作其他场所者亦有之。今甲之挖毁城墙，修建私宅，只负民事上侵占之责任。于必要之场合，可令其恢复原状，或赔偿损害，不能构成《刑律》第四百零五条第一项，或第二项之罪；丑说谓，城墙在今日之趋势，本未可专恃以无恐。但国家既无废弃之明文，而地方官新旧交替，城墙仍列册移交，是国家明认城墙之存在。且就事实言之，目前匪风未靖，所恃以防御土匪者，城墙尤为必要。况金城汤池，吾国素来所宝贵，准上所谕，城墙实为《刑律》第一百八十六条第三款之历史上之贵重建筑物。甲之挖毁，修建私宅于其上，自应构成《刑律》第四百零五条第二项之罪。恢复原状，或赔偿损害，系私诉当然之理论，不能以此解除刑事责任也。以上二说，究以何说为是，或应构成窃盗罪？抑亦别有正当之解释？县属现有此等疑问，立待解决，理合具文呈请，转院解释，俾资遵守"等情。据此相应函请钧院鉴核，迅赐解释，以便示遵等因到院。

本院查《刑律》所称"建筑物"，系指人可居住者而言。故意毁坏城墙，仅得论以损坏他人所有物罪（城墙所有权属之国库）。惟毁坏城墙，建筑房屋，如果并有为自己或第三人所有之意，尚构成窃盗罪，应依同律第二十六条处断。如果情节轻微，自可依法减轻。相应函复贵厅转令查照。

此复！

■ **统字第1196号**

民国九年一月十七日大理院复河南高等审判厅函

径复者：

准贵厅函开：案据鄢陵县知事许其寅呈称，"兹有县民某甲生子庚，庚生女乙，甲凭丙等五人媒说，将乙许给丁为妻（丁兼祧三房业取二妻），得聘礼钱大钱一百六十串文，两家各换婚帖。未及迎娶，又凭戊等二人媒说，许给己为妻，又使聘礼钱大洋六十九元。戊等与己，均不知甲已经将乙许给丁为妻情事。亦未及迎娶，丁闻知消息，因之兴讼，讯明情由，媒人等均无使钱情事，甲造有假字谓'同丙等早与丁退婚，是以另为乙择主'。丙等到堂证明，并无其事。甲之子庚，并谓此事均甲主张，伊不说主。以上各节，法律之间，颇生疑义。甲之有罪无罪，因有二说发生：（甲说）谓一女二聘，系民事问题，使用聘礼，为本地习惯。即因人不知乙己定有先配之家，复又蒙使聘礼，亦与卖子女者异，自不能论罪；（乙说）谓一女二聘，若非有得财意思，自系民事问题。如以得财为目的，虽曰聘礼，即是卖子女变相，即待时迎娶，与交钱交人有别，其至一至再，得财目的，既不能掩，自应依《补充条例》第九条处罪。以上二说，究以何说为是？至如乙归丁归己问题，丁系兼祧三房，业已娶有两房妻室，自不能再令重为婚姻，可否将乙断归于己？丁之聘礼大钱一百六十串可否追还，抑追缴入官？如花费净尽，无力缴纳，可否免其追缴？甲之子庚，谓其女乙之一聘再聘，均甲主张，伊不为主。若甲论罪，庚可否付之不论？悬案以待，急候解决，理合呈请钧厅，转呈大理院鉴核，令示只遵"等情。据此，相应据情转请钧院，迅赐解释，以便转令遵照等因到院。

本院查主婚人收受聘礼，本为现行律所许，不能视同卖价。甲将孙女乙许人为妻，虽经取得聘礼，要不成立《刑律补充条例》第九条之罪，且另许与己为妻后，经丁告争，犹复提出伪字，主张丁已退婚以助己，对己尤非诈欺取财。惟甲既伪造丁之退婚字据，则伪造关系他人权利义务之私文书，及其行使之罪责，自不能免。除民事部分，业经另函答复外，相应函复贵厅转令查照。

此复！

■ 统字第1197号

民国九年一月十七日大理院复总检察厅函

径复者：

准贵厅函开：据奉天高等检察厅呈称，"案据铁岭地方检察厅呈称，'（一）窃查放火决水罪，与损坏罪均无共有物之规定，大理院统字第七五八号、第七六七号先后解释不一。是否应以案情轻重，为区别之标准，抑应从最近解释？（二）《刑律》第二百六十九条之开设馆舍，并不以兼售鸦片烟为条件，业经统字第五八三号解释，同号解释第二例认为成立第二百六十六条之贩卖鸦片烟罪。今有开设馆舍，兼售烟膏，供人吸食，与第二例熬膏自吸，并售卖于人，事实相类。然依上开解释，于彼则应兼科第二百六十六条之罪，于此则仅科第二百六十九条之罪，似于权衡轻重，亦未得平。统字第六一二号解释，最近有无判例变更？（三）法庭照印花税法处罚，应由上级审厅刑庭受理上诉，业经统字第六零八号解释在案。然查统字第三四三号之解释，谓该法罚金为行政罚法，审检厅均可直接处分。是否法庭依裁判形式处罚，如有不服，应由上级审判衙门刑庭受诉，其用行政处分者，即可由上级各厅长官核办？（四）又依统字第五九四号之解释，证人所处罚金，毋庸作成裁判书，如有不服上诉应用何种方式，是否亦认为行政处分，照（三）之问题办理？（五）控诉审衙门为再审判决之案，结果将原判撤销，上告审判词，应否一并撤销？（六）甲乐户虐待妓女乙，将乙殴伤，乙禀由警察事务所，将甲查照奉天单行管理乐户妓女章程第十二条第二款，处以一月之拘留。嗣因甲不服拘留，告诉到厅，发见甲之伤害罪，能否起诉，约分二说：子谓，甲犯同一事实，曾受行政处分，衡情论断，检厅未便再予诉办。况甲系属行政处分中受理之检厅，非函请该所上级官厅，撤销其处分，不能进行；丑说，虐待妓女，系属行政处分，而既已成伤，即构成刑事罪名，检厅自应起诉。如谓情节轻微，业经拘留多日，检察官求刑，尽可主张从轻。况实行公诉，为检察官独立职权，自不受行政处分之拘束。二说孰是？理合呈请转院解释，示遵'等情。据此，相应函请贵院核复，以便转行遵照"等因到院。

本院分别解答如左：

（一）统字第七百六十七号解释，据本院最近意见，已变更烧毁或毁坏。自己与他人公共所有物，仍应以他人所有物论；

（二）统字第六百十二号解释，并未更改。开设烟馆，因供人吸食，兼售烟膏，自系一罪。若以贩卖之意思，另自出售者，则应更论贩卖之罪（参照统字第一千一百五十一号解释）；

（三）印花税法应科罚金之案件，得由审检衙门处罚者，依《印花税法罚金执行规则》第二条及第五条第二项本以于诉讼时发觉或告发者为限。既由审检衙门处罚，即应分别以裁判（审厅）及处分文（检厅）表示。如有不服，自应由上级审检衙门受理（参照本院统字第一千一百四十四号解释）；

（四）《各级审判厅试办章程》第七十一条之罚金，系秩序罚性质，依本院最近意见应制作决定。如有不服，亦得声明抗告；

（五）再审案件如经再审衙门将其原裁判撤销，则原上告审判决，无所附丽，当然失其效力，不生撤销问题；

（六）查所举《奉天单行管理乐户妓女章程》第十二条第二款，无论与《刑律》伤害罪条文，有无关涉《刑律》之效力，既较此项行政章程为强，对于业经按章处罚之人，仍得提起公诉，毫不受其拘束。

除民事部分，另行答复外，相应函复贵厅，转令查照可也。

此复！

■ 统字第1198号

民国九年一月十七日大理院复吉林高等审判厅函

径复者：

准贵厅函开：兹有甲盗结伙四人，入室强抢，正在各处搜翻之际，适有巡警进院，该甲盗等拒捕，被警拿获解县。经县知事督同承审员审实，拟处死刑。又有大帮盗匪，持械向屯户勒捐，约期交款，适帮内有一乙盗，因患目疾，到该屯养病，就便向被捐各户催款，被警查拿送县。经县知事督同承审员审实，拟处死刑。是值盗贼蜂起，适兼电报不通，该知事恐生意外，即援照《惩治盗匪施行法》第四条，将甲、乙两盗，先行枪毙后，始报请省公署备案。查该《施行法》第四条，系《惩治盗匪法》第七条、第八条及《施行法》第二条之变通办法，与《惩治盗匪法》第五条及《施行法》第一条所规定县知事办案之手续不同。惟县知事有监督警察之职权，该《施行法》第四条所称"防剿之军警各队首领长官"，是否兼县知事在内？又解县归审之案，是否与该条"当场拿获，立即审判执行"语义相符？如不能适用该条，该县知事，应得如何处分？有两说焉：（子）谓，县知事办理命盗案限期，及《惩奖暂行规则》第十九条、第二十条之规定，均指罪有出入而言。该县知事办理甲、乙两盗案，不过程序不合，其论罪科刑，尚无出入之可言，即不适用上列两条之规定，应依该规则第十八条"详报盗案程序不完例"惩处；（丑）谓，依贵院统字第四百零一号解释，该县知事应构成《刑律》第三百一十一条杀人罪。不惟与《惩奖规则》第十八条之过失不同，并超过第十九条、第二十条之过失出入程度，依举轻例重，为当然解释之通则，应照该规则第二十条请付惩戒，不能依第十八条由高等审、检厅惩处云云。二说各执一词，究竟办理该案之县知事，构成杀人罪与否？不无疑义。案关法律问题，相应函请贵院，详为解释，以便遵办等因到院。

本院查县知事依警察所官制，本兼有警察所长之职务，自系《惩治盗匪法施行法》第四条所指"警察队长官"。又该条所称"立即审判"，系指危迫不及待之情形言。甲盗持械拒捕，该地方当时，又果有危迫不及待之情形，县知事适用该条办理，尚无不合。至乙盗所犯何罪，据来文尚难认定。但既无持械拒捕情事，又非成股猝发，自不得适用该条。如果系因乙盗犯《盗匪法》上之罪，并合于《施行法》第一条情形，而电报又确已不通，使用其他通信方法，亦属迫不及待，且其行为，纯系奉行职务，别无私意存乎其间者，亦可认其行为，与第一条法意尚无违背。至此种情形，涉及犯罪问题，不能依县知事办理命盗案限期及《惩奖暂行规则》第十八条至第二十条规定，仅予惩戒。其应否成立杀人罪一层，尚须研考，以资解决。相应函复贵厅查照。

此复！

■ 统字第1199号

民国九年一月十七日大理院复山东高等审判厅函

径复者：

准贵厅函开：案据泗水县知事郑实慈呈称，"为呈请解释事，兹有甲外出，甲妻乙因恋奸情热，听从奸夫丙，知诱潜逃，甲父丁告诉和诱到县，关于告诉权之有无，于此分四说焉：子说，《刑律》三百五十五条之告诉权，依大理院统字第二百八十一号解释'妇女自己不告诉，而又无本夫或法定代理人行使告诉权者，该管检察官，因利害关系人之声请，可以指定代行告诉人'。细绎本号解释，既限于无本夫或法定代理人，始可指定代行告诉人。今乙虽无法定代理人，而其本夫甲，固明明存在，即使外出，亦当得其同意，出而代诉。丁系甲父，依法亦无径行告诉之权；丑说，大理院统字二百八十一号解释，所谓'无夫非孀妇之谓'乃其夫外出，暂时无夫行使告诉权之谓。今甲外出，乙适被诱，如通知甲归来告诉，辗转需时，势必潜逃无踪。丁既告诉该管检察官，即可认为利害关系人之声请，从而指定代行告诉人，毫不违法；寅说，于此场合，关于刑事部分，乙自己既不告诉，其告诉与否，自当听之。本夫丁之告诉，暨该管检察官之从而指定代行告诉人，均难认为适法。至丁以家长身份，对于不法行为之侵害，请求追还家属，自可依民事起诉，亦不虞乙之被诱失踪；卯说，《各级审判厅试办章程》'祖孙父子夫妇兄弟代诉者，不须附呈委任状，苟非利害相反，当然可以互相代理，而毋庸证明其代理权限之存在'。参照大理院上字第五百六十九号戤产涉讼判例，依据论理解释，甲父丁如出而代诉，自应认为有效。四说互歧，究应如何适用之处？理合备文呈请钧厅，核转解释示遵"等情到厅。查丑说于统字第二八一号院解，未免附会。卯说于律设亲告权之精神相背，自应以子说为正当。寅说所以救子说之穷，然于亲告权，亦不无关碍，似不如依检察职权，先予处分，而告诉与否，则听之本夫。事关法律疑义，相应函请钧院，迅赐解释，以便转令遵照等因到院。

本院查乙妇随奸夫丙潜逃，被其诱惑，不能告诉。其本夫甲又经外出，依本院最近意见，丁若系甲之尊亲属（《刑律》第八十二条第一项），其民事法上之权利，亦被侵害，当然可以独立告诉。相应函复贵厅，转令查照可也。

此复！

■ 统字第1200号

民国九年一月十七日大理院复总检察厅函

径复者：

准贵厅函开：案据浙江第二高等检察分厅电称，"父母强卖子女，或翁姑强卖子媳，及夫强卖妻，被卖者如系未成年者，应由何人告诉？如系成年者而自己不告诉时，是否不许他人告诉？又如上例，如和卖案件，被卖人无论曾否成年，自不至自行告诉，此时是否亦不许他人告诉？又童养媳与人和奸，其本生尊亲属及未婚夫之尊亲属，是否同有告诉权？案关法律疑义，理合电请迅赐转院解释，以便遵循"等情。相应据情函送贵院，解释见复，以便转令遵照等因到院。

本院查父母强卖子女，翁姑强卖子媳，及夫强卖妻，既父母翁姑及夫，自为被告人。依本院最近意见，被卖人之其他尊亲属，得独立告诉。此外《审判厅试办章程》第五十四条所列举之人，当然得为代诉人（当然代诉人）。若无独立告诉人及当然代诉人时，《刑律》第八十二条第二项所列其余之亲属，得由检厅酌量情形，准其为代行告诉人（指定代诉人）。和卖时亦同。代诉人均应以不违反被害本人之意思为限。如果讯明本人甘愿不告诉，则代诉人之告诉，即归无效，惟被害人若系未成年者则否。至未婚夫之尊亲属，本亦童养媳之尊亲属（统字第七百一十九号），而童养媳之本生尊亲属，亦应认为尊亲属。相应函复贵厅，转令查照可也。

此致！

■ 统字第1201号

民国九年一月十七日大理院复总检察厅函

径复者：

准贵厅一一八二号函开：据奉天高等检察厅呈称，"案据铁岭地方检察厅呈称，'有应请解释法律问题内，（七）查买卖为婚，虽因慈善养育情形，不成立刑事罪名，然依统字第一零五零号及第一零五四号各解释，以无婚书或财礼，亦与以妾为妻（不拘形式）不同，认为婚姻无效。如有甲买乙妻为妻，当时虽未具现行律上定婚条件，后经履行结婚相当礼式，依统字第十五及第十六号之解释，是否应认为婚姻成立？（八）甲无嗣，乙、丙争继涉讼，判乙承继。案经确定数年，有最先顺位之丁，经商回里（非抛弃告争权），因与乙争继告诉。'究竟承继确定案件，是否认有拘束一般人之效力，驳回丁之请求？抑可查照现行律立嫡子违法例文，依立嗣后生子之例类推解释，并准丁承继？"等因到院。

　　查买卖为婚，既无婚书财礼，又与以妾为妻不同者，虽不能认为婚姻成立，其有以为妾之合意者，应认为妾。若其后双方补立婚书，或履行以妾为妻之礼式（并无定式得从习惯）者，仍可认为有婚姻关系（答原问第七）。至被承继人及守志之妇，自行立继，如于昭穆伦序不失，不许族人以次序告争，律有明文。乙、丙涉讼，如系甲或其守志之妇，甘愿择立，自无许丁再行告争之理（答原问第八）。除刑事部分另函答复外，相应函请转令查照可也。

　　此复！

■ 統字第1202号

民国九年一月十九日大理院复浙江高等审判厅函

　　径复者：

　　据永嘉律师公会呈称："顷准本会律师胡煦来函内称，'现有法律疑问四则：（一）闽省盐商子丑寅卯等九船，由闽省装运税盐到浙，先至甲地完纳渔盐正税，领税单运照，指定宁波、温州、台州三府沿海销售渔户，盐未开舱出售，中途忽遇大风，即至温州三盘洋面避风。因该岛设有渔盐分销处，深恐九船闽盐入境，有碍分销处营业，逐串同缉私营收税官擅行逮捕，违法充公，并枪伤船户，每船各捕一人，滥押不放。盐商不服，提起诉讼，逐生法律上之疑问。查三盘海岛，既为食盐地点，渔盐入境，即可指为私盐，则三盘不应设立渔盐分销处。既有渔盐分销处，则三盘必非食盐地点；既非食盐地点，则渔户当然可以入境。况闽盐九船并不在三盘开售，不过因避风暂泊，是以甲地稽征分所盖验盐印，毫无损动，而收税官与缉私营竟指九船闽盐为私盐，擅捕充公，是违法者在官吏不在盐商。查盐务官吏之违法行为，依照特别法规定，应向上级行政官署诉愿。所谓上级行政官署，其第一审是否属诸该管道尹？抑竟属诸该管运使及省长？咸谓，缉私官弁，倚仗兵力擅捕税盐；收税官倚仗外债，妄行不法，通常司法衙门，决不受理此种案件。即使受理，而司法官屈于缉私、收税强权之下，盐商永无伸冤之日。究应归何种上级行政或司法官署受理，以期昭雪，而求救济？此应请求解释者一也。（二）查法部《修正律师暂行章程》第一条第二款'律师得受当事人之委托，得依特别法之规定，在特别审判机关行使其职务'各等语。所谓'特别审判机关'，谅非指通常司法衙门而言。倘使当事人委托律师办理行政诉愿，如对于行政之县知事衙门，或盐务及财政各机关暨海陆军务审判处，应否得有辅佐或代理之权？此应请求解释者二也。（三）查《新刑律》第一百五十九条'损坏遗弃，盗取尊亲属尸体者，处无期徒刑或二等以上有期徒刑。'又一百六十一条'发掘尊亲属坟墓，处二等到四等有期徒刑'各等语。今有某甲对于曾祖父母及祖父母之坟墓，惑于风水，无故发掘，并碎原棺，毁坏尸体，乱投瓮中，遂生法律上之疑问。（甲说）查前清律例，凡毁掘祖父母坟墓者，无论为迁葬为盗掘，均应分别治罪。即照《刑律》而论，某甲虽惑于风水掘坟，竟敢毁棺检骨，乱投瓮中，按之旧律，固应治罪，按之新律，损坏尊亲属尸体，亦应治罪。（乙说）犯罪以有无恶意为标准。今某甲虽有发掘之事实，原其心迹，不过意图迁葬，与无故发掘者不同，应不为罪。究以何说为是？此应请求解释者三也。（四）今有国有荒山一大片，大约数十亩，以坑口为东西分界。乾隆大丈时，相传坑内虎豹不敢深入，即丈至坑口为止。是以坑口之南为十八号，坑口之北为十九号，坑口之东为丈山，坑口之西为荒山。甲、乙、丙三村人民均入荒山樵采。近以甲村住在坑口之东，将南面荒山渐辟成林。乙村知其垦出而争之。甲村即起诉法庭，以自己之十八、十九两号毗连为理由；乙往辩诉，自知无可影戤，串通架书，将册内添入垦字号山七亩，以关帝庙众户七亩田粮串为影戤，复又捏造乾隆二十四年丙村租山草稿，以为证明。第一审知乙村为移号混争，判决败诉。第二审既不传丙村人到案讯问，竟将坑口之东判归甲村，坑口之西判归乙村，甲村不服，提起上告。第三审判词内明知乙村无直接之凭据，又明知乙村主张不敷七亩，不知如何，仍未变更原判。案经三审终结，乙村声请执行，颇有难为之处。若照乙村胜诉人之主张，只要坑南七亩之大，照判决主文执行，则坑南、坑北数十里之国有荒山均归胜诉人所有。丙村人知司法衙门之判决主文实属错误，意欲出而参加，案已三审终结，不得已，丙村人复向行政衙门按照《国有荒地承垦条例办法》，具禀声请。现在行政衙门暨原审衙门执行推事，明知本案判决主文实属违反当事人之意思，按之事实理由，各不相符。是项判决主文应否作为有效？抑或竟由行政衙门查照事实另行解决？此应请求解释者四也。以上疑点，急待解释，相应函请贵会，迅予转呈大理院，俯赐逐条解释，以明疑义，而定从违，至级公谊等由到会。"准此，查事关法律疑义，理合具文呈请钧院核示解释，以便转知只遵等因到院。

查第二审判决主文所谓"坑口东西"，如理由中别无释明，自以当事人于当时所争之范围为限；执行衙门，应予查明办理。至判决效力，原不能拘束第三人，丙村人本可复行对乙起诉。又司法衙门判决一经确定，纵使违法，除依法请求再审外，要无以处分变易之余地。所称之件，如有新书据或具备其他声请再审条件时，甲村人尚可向原确定判决之第二审衙门请求再审。相应函复贵厅转令查照可也。

此致！

统字第1203号

民国九年一月二十日大理院复直隶高等审判厅函

径复者：

准贵厅第二二零零号函开：据天津律师公会呈称，"为呈请事，窃据本会律师杜之堂呈称，'为呈请转呈解释事，窃律师引受案件，代作呈词，应以法律为根据。

今有夫甲妻乙，往岁由甲向法庭请求离婚，只判令由甲给生计费，另居观效，一年如不改悛，听甲离异另娶。一年之中，甲被丙、丁、戊、己殴毁侮辱。甲在县诉丙、丁等伤害，乙帮助丙、丁等单独递呈攻甲及丙、丁等被处刑罪，乙又造作伤痕，诉甲伤害。经第一审查明自残，将甲宣告无罪，甲亦未提诬告之诉。确定后，甲拟提起离婚之诉，是否合乎离婚条件？有两说：或谓，离婚影响及于社会者甚大，故所定条件极严，除散见现行律各条应行离异外，不得比附。此为不合条件。或谓，法律所以许离婚者，为保持家室之和平。今既助人控夫，又陷夫于罪，即在恩义两绝之列。律谓若犯义绝，应离而不离者，即此谓也。此谓条件已备。二说未知孰是，请求贵会呈请解释'等情。据此，理合具呈请求解释等情前来。"据此，查统一解释，系属贵院职权，据呈前情，相应函请贵院，迅予解释，俾便遵循，至级公谊等因到院。

查妻自己或助人诬告其夫，确实有据者，自可认为义绝，准其离异。相应函复贵厅查照可也。

此复！

■ 统字第 1204 号
民国九年一月二十日大理院复山东高等审判厅函

径复者：

准贵厅第一八七七号函开：据济南律师公会呈称："为再请转详大理院详细解释事。窃本会前因《律师暂行章程》第一条第一项内载，'在特别审判机关行其职务'云云，不知所谓'特别审判机关'，究指何项衙门而言？请求转呈大理院解释。旋奉贵厅转奉大理院第一零三六号函云：'查《修正律师暂行章程》所谓并依特别法之规定，在特别审判机关行其职务者，当指平政院及其他受理特别诉讼之审判衙门而言'等因到会。惟该条所谓受理特别诉讼之审判衙门，如警察厅及军事法审处，是否包括律师在该审判衙门虽不能莅庭，能否代撰状词？事关法律问题，仅以《修正律师暂行章程》第三十二条，经本会议决，专请贵厅转呈大理院详予解释，俾资遵章，实为公便"等情。据此，相应函请贵院俯赐解释，俾便转令遵照等因到院。

查《修正律师暂行章程》所谓"特别审判衙门"，指法令有特别规定者而言。警察厅、军事法审处，如无特别规定，自不包括在内（参照本院统字一一八三号解释）。代撰状词，除因与委托人有他种关系，由该特别审判衙门认许为代理人者外，系属执行律师职务，不应准其办理。相应函复贵厅查照转令遵照可也。

此复！

■ 统字第 1205 号
民国九年一月二十日大理院复山东高等审判厅函

径复者：

准贵厅寒代电开：今有某县充当录事之甲、乙、丙等，对于已经卸任之县知事丁，以强扣薪金等情，向地审厅起诉。经该厅受理，票传审讯，丁赴财政厅具呈申辩，谓"录事薪金，系遵照该厅续订公费办法办理。甲、乙、丙等发生争议，应属行政诉讼，非司法衙门所应受理"。经财政厅呈奉省长，令交本厅详细核议，分为两说：（甲说）录事系组织县公署之一员；县知事对于录事，本属公法上关系。该知事发给录事薪水，既系遵照财政厅续订公费办法，准于公费各款定数中，自行通融匀配，则无论按照原订，录事金额增多减少，皆属行政上处分行为。该录事如认此种处分为违法，自可向直接上级行政长官提起诉愿，不在司法衙门管辖范围之内。（乙说）录事为县署之雇员，其性质与民法上之雇佣无异。该录事等以强扣薪金起诉，纯系个人权利被侵害之问题，其属于民事诉讼，当无疑义，司法衙门应予受理。至其所诉有无理由（即该知事是否照章应予减发），则应俟审理后，始能断定，不能预计所诉之无理由而拒绝受理。以上两说，孰为正当，理合电请贵院速赐解释，电复遵行等因到院。

查录事对于卸任县知事请求补发薪金，自以薪金曾约定数额，且国家已将公费发足而为县知事自身所拖欠者为限，得提起民事诉讼。相应函复贵厅查照可也。

此致！

■ 统字第 1206 号

民国九年一月二十日大理院复浙江高等审判厅电

浙江高审厅鉴：

愿代电悉！统字五七零号解释，于高厅应受理之独立私诉控告案件，亦得适用。

大理院号印

附：浙江高等审判厅原电

大理院钧鉴：

统字第五百七十号解释，对于独立私诉，是否准用？悬案待决，请速示遵。

浙高审厅愿印

■ 统字第 1207 号

民国九年一月二十一日大理院复浙江高等审判厅函

径复者：

准贵厅第二七号函开：据新登县知事沁电称，"兹有甲之同居孀媳乙，将女丙许字于丁；甲不知情，又将丙许字于戊，亦未与乙较商。其后，乙知戊与丙定婚，即将其事告知于丁，令其择日娶丙。惟丙年已十九，誓愿嫁戊，不愿嫁丁，因向其祖甲，表示意思，请代做主。甲即促戊娶丙过门，并已成婚。乙固不服，涉讼到县。嗣经传讯，乙以主婚权自居，而丙否认戊之婚姻；甲则谓丁之婚姻，既未得伊同意，即难认为有效。丁与戊又相互告争，而丙之主张，与前无异，仍愿从一而终，不愿失节再嫁。遵照民国八年八月十一日大理院函复江苏高审厅第一零五一号内开：'查祖父母、父母俱在而又同居，其主婚权在父母，惟须得祖父母之同意（中略）。至祖父母并无正当理由，不予同意，本得请由审判衙门斟酌情形，以裁判代之'等因解释。在乙虽有主婚权，然既未得同居之甲同意，则丁之婚姻要件，似属欠缺；甲不认为有效，似非无理。至戊之婚姻，系由甲主婚，遵照前项解释，甲似无主婚权；今既代丙主婚，将丙许字于戊，则戊之婚姻要件欠缺，似亦与丁相同。丁与戊虽相互告争，然既同一欠缺婚姻要件，斯其婚姻似皆在无效之列。惟丙与戊成婚已久，且愿从戊不愿嫁丁，能否仍照前项类推解释，由审判衙门认定丙、戊业已许婚之事实，予以断合，以符从一主义？事关法律解释，请求核示只遵"等情到厅。相应转请钧院俯赐解释，以便转饬只遵等因到院。

查父母之主婚权，非可滥用。如父母对于成年子女之婚嫁，并无正当理由，不为主婚，审判衙门得审核事实，以裁判代之，本院早有前例（统字第三七一号）。甲之为丙主婚，姑无论是否合法，但丙既愿嫁戊，乙若无正当理由，更不能事后主张撤销。相应函复转令遵照可也。

此致！

■ 统字第1208号

民国九年一月二十一日大理院复河南高等审判厅函

径复者：

准贵厅第六三号函开：据新乡县知事电称："今有甲女乙与丙婚姻，预约时丙不知乙身有暗疾，迨至成婚，始知乙系实女，仅有夫妇之名，不能成夫妇之实。甲、丙会同盘问，乙亦承认。延医丁调治，据云'外实发生于皮肉，尚可剖割；内实则产门筋骨问题，难以施治'。探视乙病，确系内实，非药力人力所能治。丁以乙系实女，经丁鉴定，难望成夫妻之实，万无生育之理。嗣续为重，据此理由，诉请离异另娶，以承宗祧。于此有二说焉：子说谓，查现行律男女婚姻条载，'男女婚姻，若有残废、疾病，两家明白通知，各从所愿，不愿即止。若已有约而辄悔者，处七等罚。若已成婚者，处八等罚。若为婚妄冒者，已婚者离异'等语。乙病不在表面，究与残废疾病情形不同，甲从何得悉而明白通知？既非妄冒，不在应离之列。丑说谓，男女婚姻，首重嗣续，定律无子，即犯七出之一。乙病虽不在表面，与残废、疾病情形不同，而甲、乙分属父女，谓其平日毫无所闻，未免欺人之谈。若论知有疾病而并不明白通知，与妄冒何异？查报载浙江高等审判厅电：'有男系天阉，女不知，与之结婚后发见，得请离异否？'于四年四月二十日，蒙大理院统字第二三二号解释'天阉系属残疾。其初若未通知，自应准其离异。'今甲女情形，与前例相同，似不得饰言无从得悉，强令其合，任丙绝嗣之理。二说以何者为是？事关法律解释，理合电请示遵等情。"据此，事关法律疑义，除指令外，相应据情转请钧院查核，俯赐解释见复饬遵等因到院。

查所询情形，如果乙女经依法鉴定，确系无法可治，自以丑说为是。惟此种案件，似以设法调处，较为妥协。相应函复，即希转令遵照可也。

此致！

统字 1209 号

民国九年一月二十二日大理院复安徽高等审判厅电

安徽高审厅鉴：

谏代电悉！所询情形，如果并非反诉原告，又未提起先决之诉，自以乙说为是。

大理院养印

附：安徽高等审判厅原电

北京大理院钧鉴：

查钧院民国六年十月十八日统字第六百八十六号解释"原告请求分析遗产，额在千元以下，经初级审受理后，被告以身份之理由，为拒绝分析遗产之抗辩者，虽属人事上之争执，初级审仍得自行调查，予以裁判"等语。兹有原告甲，诉请与被告乙、丙分析遗产。其起诉状内，声叙其祖生子乙、丙、丁三人，伊父丁早故，所有祖遗产业，向系乙、丙经营，并未分析。现因人口众多，不愿伙居，应按三股均分等事实，为请求析产之理由。被告乙、丙，则以丁于生前已出继别房、原告无析分遗产之权为抗辩理由。其所争之遗产额，在千元以下。对于管辖上发生争议，分为两说：甲说谓，原告起诉状内，声叙丁与被告同父；被告抗辩理由谓，丁已于生前出继。是身份关系，自初即有争议，与诉讼中途发生之争议不同，应改为地方审管辖。乙说谓，诉讼物与诉之理由有别。依现行民事诉讼法例，诉讼管辖，因原告起诉时请求之目的物而定。至原告所叙事实理由与被告抗辩理由，无论其性质若何，并其主张系于何时，俱不能为定管辖之标准。按之诉讼经历当事人抗辩理由，所申述之事实，恒于本诉讼异其性质（例如债权人之承继人，以承继人名义，对债务人提起请求返还之诉，或出典人之承继人，对典主提起赎典之诉，债务人或典主以原告并非债权人，或典主之承继人为抗辩之理由之类）。各级审对于其主张理由之当否，具有调查裁判之职权。即依上开钧院解释，亦系为原告起诉时请求之目定管辖，非以被告提出抗辩理由之迟早定管辖。盖原告起诉，必表示请求之目的，并叙明事实理由。此案原告，系以请求判分祖遗产业为目的，因而叙及其祖生子乙、丙、丁等兄弟三人，应作三股分配等事实。此种事实，乃求判析产时所应声叙者。该原告并未以乙、丙不认丁为其祖之嗣子为原因，求为身份关系之判断，则其因请求析产而声叙之各事实理由，无论如何，具不得为本诉讼之目的物。初级审审查起诉状，明见原告请求之目的，为分析千元以下之遗产，并非请求判认身份关系，势难拒绝受理。至原告起诉时，被告对于原告之请求，有无抗辩，并抗辩理由如何，无从预揣。若据被告之抗辩理由，变更既定之管辖，是以被告之主张定管辖，显与程序法不合。以上两说，孰为正当？又除分析遗产外之其他各种初级案件，若被告之抗辩理由，涉及身份时，是否概应以钧院六年统字第六百八十六号解释为比例，由初级审调查裁判？以上各情，应请速复只遵。

安徽高等审判厅叩谏印

统字第 1210 号

民国九年一月二十三日大理院复安徽高等审判厅函

径复者：

准贵厅函开：据凤阳县知事呈称，"查强奸未遂，用刀伤害，妇女羞忿自尽，适用《刑律》第二百八十七条第一项第一款处断，固属不生问题。设有甲妻乙，与邻人丙通奸半载，甲不知情。嗣甲见妻乙与丙往来情密，颇深怀疑；乙惧被甲窥破隐情，向其滋闹，攸关颜面，意欲与丙断绝情好，而丙则恋奸情热，遇便仍欲与乙求欢，乙坚拒不从，致触丙怒，丙随持刀戳伤乙肩、甲大腿等处。乙恐丑声外布，被人耻笑，即于被丙戳伤半日后，自缢身死。似此场合，如科丙以《刑律》第二百八十七条第一项第一款之罪，似有未洽。惟乙、丙二人，初虽通奸，但乙恐被甲查知，已表示意思，向丙拒绝，而丙仍用强迫手段，加以伤害，致乙羞愤自缢，则乙之死，虽非为丙所杀，而因丙伤害之故，致乙怀羞轻生，其间有无因果联络关系之存在？如无因果关系，是否科丙以《刑律》第二百八十九条及第三百一十三条第三项之俱发罪？抑尚有他条可以适用？应转请解释示遵等情前来。查事关法律疑义，属县现有此等案件发生，亟待解决，理合据情呈请钧厅鉴核，俯赐转请解释，下县俾资遵守等情到厅。"查核来呈所称情形。奸夫丙似应构成《刑律》第二百八十七条第一项第一款之罪。惟事关法律疑义。自应函请钧院，查核解释示遵等因到院。

查甲妻乙虽曾与丙通奸，如果确已悔过，决与丙断绝关系，而丙犹以强暴、胁迫图奸，因乙不从，用刀戳伤乙肩、甲大腿等处，则系强奸未遂，因而致伤。除伤止轻微，应构成《刑律》第二百八十五条第一项、第二百九十三条、第三百一十三条第三款之罪外，若伤至废疾、笃疾，应构成第二百八十七条第一项第一或第二款之罪。其后乙羞愤自尽，果系因丙有强奸未遂行为所致，丙又构成第二百八十七条第二项之罪。应合上述情形，分别伤害程度，依《刑律》第二十六条从一重处断。如乙并无拒绝续奸凭据，系因别故被丙戳伤，则丙仅犯和奸、伤害二罪。应视奸罪曾否经甲合法告诉，伤害罪是否因奸酿成，分别情形，依《刑律》第二百八十九条、第二百九十四条第二项、《刑律补充条例》第七条论罪。乙之自杀，丙尚不应负责。相应函复贵厅转令遵照可也。

此复！

统字第 1211 号

民国九年一月二十三日大理院复总检察厅函

径复者：

准贵厅函开：据安徽高等检察厅呈称："今有赵甲与人争执经界，自己本有粮串印册可凭，因无上手卖契，乃伪钱乙早年出卖墨契一纸，所载经界，仍与印册相符。是权利并无虚伪，而名义又系假托，能否构成《刑律》第二百四十三条之罪？应请解释者一。又设有孙丙，曾在某学校肄业，因事退学后，并未补习卒业，忽向教育厅禀称毕业文凭遗失，请求转呈教育部补发毕业文凭。究竟丙是否单纯构成

《刑律》第二百四十一条之罪？抑应依第二百四十条第二项处断？应请解释者二。事关法律疑义，亟应呈请钧厅鉴核，迅予转院解释，并恳速赐示遵"等情到厅。相应据情送请贵院，核办示复，以便转令遵照等因到院。

查第一问题，甲伪造钱乙早年出卖墨契，所载经界，既仍与印册相符，如与他人权利义务，别无关系，自不得援照《刑律》第二百四十三条处断（参照本院统字第九六八号解释文）。第二问题，孙丙并未卒业，伪称毕业文凭遗失，请教育厅转呈教育部，补发毕业文凭，构成《刑律》第二百四十一条之罪。该条系由前条官员所掌文书内特提出文凭、执照、护照别为规定，故不必再适用前条第二项。相应函复贵厅转令遵照可也。

此复！

■ **统字第 1212 号**

民国九年一月二十四日大理院复总检察厅函

径复者：

准贵厅函开：案据江苏高等检察厅巧电称："兹有某甲被警官违法刑讯，县知事验有伤痕，该县以警察犯罪，应依《修正陆军刑事条例》第六十三条，归陆军审判衙门受理。某甲以该条并未规定有'因而致人死伤'之明文，依《刑律》第一百四十四条应归普通司法衙门受理。事关法律争执，职厅未敢擅拟，理合电请转院解释示遵"等情到厅。相应据情函送贵院核办示复，以便转令遵照等因到院。

查《刑律》第一百四十四条第一项之犯罪客体，以被告人、嫌疑人或关系人为限。而《修正陆军刑事条例》第六十三条则扩充之，是陆军军人对被告人、嫌疑人或关系人以外之人，为凌虐之行为，固应依该条例第六十三条处断。因而致人死伤，该条例既无明文，应查照《陆军审判条例》第一条，并依《刑律》第三百一十三条及第二十六条从一重处断。若对被告人、嫌疑人或关系人为凌虐行为，则系《刑律》上之犯罪，仍应依该条项处断；因而致人死伤，即应依该条第二项处断。警官刑讯伤人，系《刑律》第一百四十四条各项之犯罪，不在内务部呈准"警察犯罪，改照《陆军刑事条例》、《审判条例》，分别适用原单各条"之列（见八年二月二十三日政府公报），应仍归普通司法衙门审判。相应函复贵厅转令查照可也。

此致！

■ **统字第 1213 号**

民国九年一月二十九日大理院复浙江高等审判厅函

径复者：

准贵厅第四二号函开：据海宁县知事巧电称："查民诉判令，败诉人负担讼费。案件判决确定后，败诉人无力履行，胜诉人屡次状催执行，至生各种讼费。此项费用，应否仍归败诉人负担？抑主文所载败诉人负担之讼费，专指在本案审判终了以前之各项费用而言，而判决确定以后执行未终了以前，债权人因声请执行所生一切之费用，即不能包括在内，并令债务人一并负担？查《审判厅试办章程》第八十

四、八十五、八十六各条，并无明文规定，又无先例可援。现在宁邑执行未了之案甚多，当事人因执行迟滞，所生一切费用（如印纸费、状纸费、抄录费、来往川资费之类），请求与判令负担之讼费，一并征收，声请一次，即增加一次，若概予执行，殊多困难。究竟债务人，应否一并负担？案关法律解释，请求示遵"等情到厅。相应转请钧院，附赐解释，以便转饬只遵等因到院。

查关于因执行所生费用之负担，京地审厅《不动产规则》第五条已有规定。浙省如经呈准援用，自可查照办理。至对于其他财产之执行，亦应准行。裁判文所称讼费，自不包括执行费用在内。相应函复贵厅转饬遵照可也。

此致！

■ 统字第 1214 号
民国九年一月三十日大理院复广西高等审判厅函
径复者：

准贵厅真代电开：查贵院八年抗字第四五九号判例开，"讼争之物，系属水利，应以所失之利益几何，为讼争物之价额"等语。是否专对于起诉时，已有利益之损失者而言？若双方因水利争诉，系为将来利益计，当时并无所谓损失，应如何定其价额？如可预估将来所失利益，以定讼争物之价额，是否依水利所灌溉田亩内损失之滋息计算？抑照水利所灌溉田亩之价值计算？若系照将来所损失之滋息计算，究以未来之一年计算，抑以稍长之年限计算？如以将来之一年损失计算，两造涉讼，若达二年以上，讼争物之价额，又应如何核定？又以未来之损失，讼争物之价额，是否与《民事诉讼律》第六条相抵触？相应函请贵院明白解释，俾有遵循等因到院。

查所询情形，应准用《民诉草案》有效部分之管辖节第十一条规定，以其一年因水利可望增加收获之确实利益之二十倍，为其诉讼物价额。相应函复查照可也。

此致！

■ 统字第 1215 号
民国九年一月三十一日大理院复总检察厅函
径复者：

准贵厅函开：据浙江高等检察厅检察长陶思曾呈称，"案据临安县知事赵成恩微日代电称，'缘县属某甲，因病五年，家徒四壁，不得已于去年十二月间，将其妻乙出典与丙为妾，订明十年为满。嗣甲于今年六月间病故，所有丧费一切事务，均系丙代为垫支料理。现乙与丁通奸，被丁和诱至杭城，经丙追回，将乙与丁获送，请求核办等情到县。查因贫典妻，本不为罪，早经钧厅通令有案。然本案乙与丁先和奸而后和诱，乙能否认为有夫之妇，丙有无亲告之权，事属疑问。职署发生此案，亟待解决，应请指令遵行'等情。据此，查乙系甲之妻，出典与丙为妾，当然不能认为正式婚姻。乙纵与丁先和奸而后和诱，丙亦似无亲告之权。惟事关法律问题，未便遽断，理合备文呈祈钧长鉴核，转院解释示遵"等情到厅。相应据情函送贵院核办示复，以便转令遵照等因到院。

本院查典妻与人为妾，在民法上其契约系属无效，自无从发生家长与妾之关系。丙由甲典乙作妾，附有年限，如甲死后丙、乙并未另自合意作妾（认为新约）时，则乙与人奸通及被人诱逃，丙自不能援用《刑律补充条例》第十二条，主张有告诉权。相应函复贵厅转令查照。

此复！

■ 统字第1216号

民国九年一月三十日大理院复总检察厅函

径复者：

准贵厅函开：案据江苏高等检察厅呈称，据太仓县民政时兴等诉称，"为偏听诬陷，请求移转管辖"等情到厅。当经职听调卷送同级审判厅决定，以本案政时兴等，为警察分所长杨承露呈诉妨害公务及骚扰等情一案。查县知事兼有警察所所长职权。该分所长身为一等警官，其监督长官，当然属之县知事。长官对于掾属所诉之案件，恐其审判，难免无不公平之处，自在情理之内。该声请人之声请，不能不认为有理由，应将本案移转上海地方审判厅管辖在案。嗣由该太仓县知事代电称，"窃属县前据警察第二分所呈报政时兴等妨害公务及滋扰等情，饬据该区正董查复属实，依法提起公诉，传讯不到，嗣经该被告等诉请移转管辖，业奉决定照准一案。知事对于本案决定，不无疑义。谨提出意见如下：原决定书，系引《刑诉律草案》'管辖'各节第十九条第二项，而以原告系警察分所长，县知事系兼警察所长，恐审判有不公平为理由。查该条文载'因被告人身份、地位、情形或诉讼经历，恐审判有不公平者，但被告人于此情形，亦将声请之'等语。所谓'身份、地位、情形'，明系指被告人而言，不过一为检察官声请，一为被告人声请，且当然含有特别而非普通之意。此案政时兴等身份地位情形，有何异点？此其一。至'诉讼经历，恐审判有不公平'，既曰'经历'，似须略有事实。此案当时本为现行犯，知事查而后传，原极审慎，是否有违法定程序？而该被告等，预存一移转管辖之念，既不到案，始终亦无片纸只字来县，究为何种经历？此其二。该条文以'身份、地位、情形'，属之于被告，而决定书内理由，则以之属于原告，是否可以通融解释？此其三。警察为辅助检察机关，县知事兼有审判、检察两种职权。刑事案件由警察发觉者正多，本系执行职务，与其他原告不同。若谓原告系警察，县知事系兼警察所长，即恐其审判有不公平，则凡警察告发之案，皆得移转。以此类推，即县知事以检察职权自为原告之案，亦得移转。其抗传殴警之案，县知事即不能审理，是不啻剥夺县知事兼理司法之刑事审判权。官厅威信，地方治安，何以维持？县署与厅不同，审检两权，厅分而县合。分则可与警察无关，合则必与警察有关。知事非仅对于此案，诚恐影响所及，从此多事，地方之害，不可胜言。究竟该条文身份、地位、情形，系属被告，抑属原告诉讼经历？恐审判有不公平，是否须略有事实可寻？警察于刑事案，是否能为原告？县知事于警察，是否能绝不相关？其发觉之刑事案审判权，是否即受其拘束，均须移转？以上各点，敢请明晰指示，或据情转请解释饬遵，实为公便"前来。职厅以同级审判厅，依大理院统字第六百七十九号解释决定，移转管辖，并无不合。指令去后，顷又据该县知事代电，"请解释移转管辖疑义一案。顷奉第五一六七号指令，以同级审判厅之决定，系依照大理院统字第六百七十九号解释办理。知事细绎该项解释，疑义尤多。查该项解释，系甲与乙为田土争讼。因乙为县署教育掾属，恐偏徇私交、审判不公，大理院援《审判厅试办章程》第十二条。解释政时兴案，系援《刑诉律》第十九条第二项决定。六七九号案为私诉，系私权上所主张；政时兴案为公诉，系警察依照各项法规，执行职务。条文既不相侔，案情尤为迥异。知事对于前项决定及指令，殊难缄默，仍祈查照。先令电文明晰批示，或转请解释饬遵，以免疑义，而维司法"等因。据情呈请转院解释示遵前来。事关法律解释，相应函请贵院，核办示复等因到院。

查呈准援用之《刑事诉讼律草案》第十九条第二款，列举恐审判有不公平之原因，计有三种：（一）被告人身份；（二）地方情形；（三）诉讼经历。太仓县知事代电，将被告人身份、地方（"方"误"作"位）情形，联合为一，并将"恐审判有不公平"一语，单系属于诉讼经历言之，不无误会。又本院统字第六七九号解释文，仅系答复关于民诉应否回避之问题。此次江苏高等审判厅受理刑事被告人，声请移转管辖案件，自应查明是否与前列条件相符，而后决定。如被告人实系声请拒却，县知事则应查明是否合于同草案回避节规定；县知事，经裁判确定，应被拒却。再，由检察官依同草案第十九条第一款声请移转管辖时，只需审查是否具备该款条件。若仅以案系警察分所长所诉，即更易县知事之管辖权，自有未合。惟本案原决定，既经确定，自应仍照办理。相应函复贵厅转令查照可也。此致！

■ 统字第1217号

民国九年二月三日大理院复总检察厅函

径复者：

准贵厅函开：案据安徽第一高等检察分厅呈称，"据天长县知事陈肃启敬日代电称，'今有李甲，共同强盗、伤害二人之所为，于民国八年十月二十九日，经覆判更正，处一等有期徒刑十年，褫夺公权全部终身。查李甲系于民国元年七月十七日，经前知事援据《刑律》第三百七十三条第一、二、三款判处一等有期徒刑十年。即经宣布判词，收监执行。兹因奉令提法司无核结此项案件权限，补送覆判为更正之判决。其执行刑期，应以何日起算，不无疑问。于此有三说焉：（甲说）李甲虽系初审判决，即日收监执行，然未经过法定覆判程序，依据大理院统字第二百八十八号解释'覆判裁判确定前之案件，只能视为未决犯，不能发生执行力。'且覆判审又将原判更正，依照大理院统字第三百四十五号解释'覆判审改判，无论刑期有无出入，其刑期均应自覆判确定之日起算，但覆判审于覆判时，应斟酌未决折抵之规定'等语，自应以覆判确定之日为执行刑期起算点。（乙说）李甲于初审判决之日，即已收监执行，计今七年有余，已逾刑期三分之二。虽未经过法定覆判程序，确已受刑之执行；未送覆判，乃系初审衙门手续上之欠缺，似不能因此而害及被告人。况覆判更正原判，乃更正初判引用律文之错误，而所处刑期，仍与初判相同。覆判审并未依律将未决前羁押日数宣示折抵。若竟以覆判确定之日起算刑期，未免被告人深受法外之大不利益，似应援举《覆判章程》第十条'覆判核准后，检察官未经上告，应照初判执行徒刑或拘役者，其刑期自初判经过上诉期间之翌日起算'之规定。即以初判经过上诉期间之翌日，为执行刑期之起算点。（丙说）《覆判章程》第十条，系指覆判核准而言。初审原判，已经覆判审更正，究非完全核准，即与该章程第十条似有不合。覆判审既未将未决前羁押日数，依律作抵，依照《覆判章程》第六条及第四条第一项第二款之法意，初审判决，未经覆判，尚不能视为完全确定，则其起算刑期，仍应以覆判确定之日为始。以上三说，究以何说为正当？被告人既受法外之大不利益，应如何设法救济？事关执行刑期，未敢率忽，理合邮电呈请示遵'等情。据此，查来电所称，关于法律解释，职厅未敢擅专，理合具文呈请鉴核，俯赐转院解释指令遵行"等情到厅。相应据情函请贵院核办示复，以便转令遵照等因到院。

查李甲既系共同强盗、伤害二人，则其所犯，并非《刑律》第三百七十三条之罪。初判援据该条处断，似属失出，覆判遽予更正，亦似与《覆判章程》第四条第一项第三款之规定不符。惟既经确定，自可执行。至执行更正判决，除本院统字第八百六十七号解释文第四例以外，尚无追算办法。判决中并未判及折抵，即应照判定日数办理。相应函复贵厅转令查照可也。

此致！

■ 统字第1218号

民国九年二月三日大理院复安徽凤阳第一高等审判分厅电

安徽凤阳第一高等审判分厅：

马代电悉！统字第三四零号，系解释为盗执炊，不得论以从犯。第一一五七号系解释正犯，仅预备行盗，法无正条不为罪，自无从犯可言。先、后尚无出入。如受雇为匪侦探，应分别情形，查照八年九月十五日十二月二十七日公报载统字第一零八零及一一六一号解释办理。

大理院江印

附：安徽凤阳第一高等审判分厅原代电

大理院钧鉴：

案据泗县知事赵镜源电称，"受雇为匪侦探，钧院统字第三四零号与统字第一一五七号解释，各别究竟何去何从？请电钧院核示"等情到厅。据此，相应电请钧院解释，以便转令遵照。

安徽第一高等审判分厅马印

■ 统字第1219号

民国九年二月四日大理院复河南第一高等审判分厅电

河南信阳第一高等审判分厅：

敬代电悉！《覆判章程》第一条第一项第三至五款分别以法定及所科刑为准，第一、二款均以法定刑为准。县判无罪之案，除因犯罪不能证明及法律无正条不为罪外，关于《刑律》第十一条至第十六条行为，仅论外形，虽与分则各分条所列之犯罪行为相同，惟因有法律上之阻却原因，不予论罪。故按之行为各本条，皆有法定刑可据。所询杀人罪，法定刑本应覆判，虽因行为时有精神病判决无罪，仍应送经覆判。

大理院江印

附：河南第一高等审判分厅原代电

径启者：

有某甲因疯杀人，原县依《刑律》第十二条施以二年十一月之监禁处分，制成判词，呈由检厅具加意见，送请覆判。于此，应用何种程序裁判有两说：（一）谓应适用覆判程序。此案虽不在应送覆判之列，但覆判办法，本为慎重庶狱、救济县判错误而设。不应覆判而覆判，为慎重庶狱、救济错误起见，并不违法。（二）谓不应为覆判审之裁判。盖于疯人施以监禁处分，并非刑罚。《覆判章程》以最重主刑在三等有期徒刑以上者，始送覆判；尚除去窃盗及赃物罪。是三等徒刑以下之罪尚不覆判，而谓非刑罚制裁反行覆判乎？两说各执。如果第二说为是，将用何种程序裁判，均待速决。相应电请钧院解释，迅赐电复。

河南第一高等审判分厅敬叩

■ 统字第1220号

民国九年二月十八日大理院复江西高等审判厅函

径复者：

准贵厅函开：据江西高等审判分厅监督推事岳秀华呈称，"窃查诉讼通例，案件一经判决，除发还更为审判外，即不许复行调查。又查大理院七年十一月十二日复湖南第一高等审判分厅函开：'判后复勘，自非合法。惟可令当事人具呈上告审衙门，声明上告。上告审如认原审以前所践程序，本有不合，自可发还更为审判。又查大理院刑事判决六年上字第七百四十号理由内载，缓刑之宣告，依《刑律》第六十三条规定，须具一定要件。原判对于该上告人等，仅称依《刑律》第六十三条宣告缓刑，而并未释明其是否具备该条各款之要件，则其宣告之合法与否，本院即无从为法律上之判断。原判自系违法，应由本院撤销，发还原审衙门更为审判'各等语。是上告审认原审或第一审判决有违法时，除发还原审更为审判外，别无令原审或第一审调查之办法，极为明晰。兹有初级管辖某甲犯某罪一案，经初级审判处某甲拘役四十日，并依《刑律》第六十三条宣告缓刑三年。嗣经控诉审将某甲宣告无罪，复由检察官声明上告，经上告审将原判撤销，仍维持第一审判决之效力。惟

· 941 ·

其理由内开：'查宣告缓刑，依《刑律》第六十三条第四款之规定，须有被告人之亲属或故旧监督其缓刑内之品行。第一审未于论知前，传被告人之亲属或故旧堪胜监督之任者，到案具结，以资证明。尚核于法定案件，未能完备，应仍由第一审补行该项程序，以完手续'云云，似与上开事例，不无歧异。且补行该项程序，将来被告人之亲属或故旧堪胜监督之任者，如能遵传到案，具结证明，自无问题；万一其亲属或故旧无堪胜监督之任者，或有其人而不肯到案具结证明，又将下如何处分，尤属一大疑问。不为补行，则又违上告审之指示。究应如何办理，事关诉讼程序，未便擅拟，理合具文呈请查核转函大理院迅予解释，俾有遵循，实为公便"等情。据此，相应函请贵院迅赐解释见复，以便转令遵照等因到院。

本院查所称情形，于法自多不合。惟既经上告审为有权限之判决，无论内容是否合法，下级审均应遵照办理。相应函复贵厅转令查照可也。

此复！

■ 统字第1221号

民国九年二月十八日大理院复总检察厅函

径复者：

准贵厅函开：据浙江高等检察厅呈称，"案据浙江第一高等检察分厅呈称，'案查瑞安县民郑镜水，因罢市风潮，不服该县知事牵入军事范围，移交温处戒严司令官署审判一案，业经职分厅遵令派员查明原委，详复在案。兹据该民郑镜水、谢观玉状称，此案现经温处司令官署牌示，判处民等一等有期徒刑各十五年。依大理院统字第五十七号解释，声明控诉等情前来。据此，查大理院统字五十七号解释，系指军政执法处按照《戒严法》第十二条规定，代行审判与军事无关系之民刑案件而言。若与军事有关系之民刑案件，依《戒严法》第十三条规定，则不得上诉。此案既经温处戒严司令官署审拟，认为与军事有关，呈奉督军核定，复由该民等电诉奉令行查各在案，究应如何办理？职分厅未敢擅专，理合钞呈原状并理由书，备文呈请鉴核示遵'等情到厅。据此，查此案前奉钧厅令饬查复，当经令行该分厅委查具复，业已据情转呈在案。兹据称各节，究应如何办理之处，除指令外，理合检同附件，备文呈请钧厅核示，以凭饬遵"等情到厅。事关上诉程序疑义，相应函送贵院解释示复，以便转令遵照等因到院。

查《戒严法》第十一条载，"于接战地域内，与军事有关系之民事及刑事案件，由军政执法处审判之。"第十三条载，"对于第十一条之审判，不得控诉及上告"各等语。所谓"接战地域"，即《戒严法》第三条第二项所定"因敌之攻击或包围，应攻守之地域"是。所谓"与军事有关系之民刑事案件"，即其处置得当与否，于该地军事利害，不能不直接间接受其影响者是。若该案件，即依司令官主张，亦不能说明其与该地军事究有何利害关系者，仍应属于普通法院管辖。各军所属军政执法处之审判，自非合法，不能有效（参照二年九月八日本院复北京警备司令处函即统字第五十二号解释文）。所询瑞安县民郑镜水等一案情形，事涉具体案件，不在本院解释范围之内。相应函复贵厅转令查照可也。

此致！

■ **统字第1222号**
民国九年二月十八日大理院复安徽第一高等审判分厅函
径复者：

准贵分厅函开：案据泗县知事赵镜源呈称，"今有甲被夫乙，因其不守妇道、私行潜逃，价卖与丙为妻。现经甲之叔父丁、戊赴县告诉，集讯甲，誓死愿为丙妇，不愿再回乙姓。查丁、戊系甲之叔父，依法似不得有告诉权，甲既誓死不愿再回乙姓，按诸《刑律》第三百五十五条第二项，其告诉亦为无效。业经知事以堂谕代决定，却下公诉。惟现经知事详细研求《刑律》第三百五十五条，对于同律第三百五十一条之罪，似未包括在内。虽《刑律》第三百五十五条之规定，系不忍追求既往，致乖妇女从一而终之义。现闻甲之叔父丁、戊，以乙价卖其妻实系意图营利，声言不服。如果属实，则乙应构成《刑律》第三百五十一条之略诱罪，似不受《刑律》第三百五十五条之拘束，即不得拒却丁、戊之告诉权。惟被害人甲，现复具结声明，誓死愿为丙妇，不愿再回乙姓，且未请示将乙按律惩处，则其于未经离婚之前，如丁、戊再行来县抗告，知事应否准予受理？乞示遵"等情。据此，案关法律解释，未便擅拟，相应函请钧院解释赐复，俾便转令只遵等因到院。

查乙既为甲夫，乃将甲卖于丙为妻，如果确因甲不守妇道、私行潜逃而卖，自非意在图利。甲若曾经同意，乙只应成立普通和卖罪，依《刑律补充条例》第九条第一项、《刑律》第三百四十九条第二项、第三百五十五条须告诉乃论。丁、戊系甲之叔父，不得独立告诉，但得为当然代诉人，仍以不违反本人之意思为限（参照本院统字第一二零零号解释文）。至告诉无效之案，在检察厅应予以不起诉处分，在审判厅应判决驳回公诉。原呈称"经知事以堂谕代决定，却下公诉"云云，用语自有不合；应视诉讼进行程度，区别原堂谕性质，系不起诉处分，抑系驳回公诉，许代诉人分别向上级衙门声明再议或控告，不得以抗告程序救济。又甲既不愿归乙，乙又有卖离之意思，自可认两造均已愿离，毋庸强甲回乙家。相应函复贵分厅转令查照可也。

此致！

■ **统字第1223号**
民国九年二月十八日大理院复察哈尔都统署审判处函
径复者：

准贵处函开：案据丰镇县知事黄朴呈称，"兹有邮局火车押袋员某将所收车站上投递信件，未经盖戳之票揭去，卖钱花用；另以与票同大之纸垫盖日戳，以备藉口邮票自落之地，仍将原信递到，并无阻隔遗失。经局查知送案。查原信既未阻隔遗失，似不能以妨害交通论；票未盖戳，又与刷用旧票之情形不符。核其所为，系以一票而有递送两信之效力，致邮政上减去一票之收入，可否依《刑律》第三百九

· 943 ·

十二条科以侵占公务上物权财物之罪，抑别有相当罪名？知事未取擅专，理合具文呈请解释，迅赐指令只遵，实为公便"等情。据此，查统一解释法令，系贵院特权，相应函请贵院，迅赐解释，以便转令只遵等因到院。

本院查邮局之火车押袋员将所收车站上投递信件，未经盖戳之票揭下卖钱，自系触犯侵占公务上管有物之罪。相应函复贵处转令查照。

此复！

■ 统字第 1224 号

民国九年二月十八日大理院复甘肃高等审判厅函

径复者：

准贵厅函开：案据甘肃第一高等审判分厅呈称，案准同级检察分厅函称，"案据化平县知事呈称，'兹有某甲住宅，坐西向东，其东又系某甲场地，中为南北往来官道。惟官道地势低下，东西两旁，地颇高峻。乃某甲为自己利益计，竟于南北大道之中，横修桥梁一道，以图其个人由东赴西之便利。因而大道阻隔，往来不能通行，人民车马不得已均由桥底出入。往往桥下正有行人，而某甲男女桥上经过，辄将行人骡马惊咤，以致横行乱跳，跌伤肢体者，时有所闻，危险实甚。经同里乙、丙、丁等触起公愤，呈诉到案，应否认为妨害交通罪，照依《刑律》第二百一十条判断？又某甲住宅房屋墙垣，占官路约二丈余并经同里乙、丙、丁等联名公诉，应否认为侵占罪，照依《刑律》第三百九十二条判断？事关法律解释，知事均未敢冒为援引，理合一并具文呈请厅长鉴核，示遵'等情到厅。查适用法律，属贵厅职权，除指令外，相应函请贵厅查核办理，此致"等由。准此，查第一问题，车马既能由桥底出入，于《刑律》第二百一十条损坏壅塞之情形不同。甲之男女桥上经过，辄将行人骡马惊咤，致生危险。此种危险系由惊咤而来，亦非修桥直接所发生，构不成妨害交通罪。如防止危险起见，应以行政处分谕令将桥拆毁，回复以前之原状。第二问题，甲之房屋墙垣占官路二丈余，乃属侵权行为，应斟酌情形，甲应负返还或赔偿之责，不成立刑事犯罪。是否有当，理合转呈示遵等情。据此，查事关解释法律，敝厅未便擅拟，相应转请钧院，迅赐解释以便转令遵照等因到院。

查某甲修桥之本意，既不在壅塞陆路，但车马可由桥底出入尚未至壅塞程度，自难论以《刑律》第二百一十条第一项之罪。至所称"某甲男女于桥上经过，辄将行人骡马惊咤，以致横行乱跳，跌伤肢体者，时有所闻"，如对人有伤害之故意，利用骡马横行乱跳，以跌伤人者，应为伤害罪之间接正犯；于惊咤骡马易致跌伤人应注意而不注意者，亦应成立过失致人伤害罪；若并无故意、过失，应不为罪。至某甲于官道修盖桥梁房屋墙垣，如确有不法，领得改为己有之故意，而其地本归某甲管有者，应成立侵占罪；非所管有者，应成立窃盗罪（参照统字第一一九五号解释文）。无此意思，而与《违警罚法》第三十五条第一项第一款所称，"于私有地界外，建设房屋墙壁轩槛"等类云云相符者，应依该条款处罚。惟我国登记制度，尚未通行。人民占用他人土地，往往习不为怪，亦多有出于不知不觉者，自宜悉心审核，毋失惊扰。即令出自故意，亦应查明，是否经过公诉时效期限、违警起诉告诉、告发期间？对于有罪之件，仍应衡情处断。而行政官厅，亦可本于警察权之作用，于法定范围内，加以防止。相应函复贵厅转令查照可也。

此致！

■ 统字第 1225 号

民国九年二月十八日大理院复奉天高等审判厅电

奉天高等审判厅：

江代电情形，应依《刑律》第二十三条论罪者，自应照第二十四条办理。若系以和诱为连续行奸之方法，则应依第二十六条处断。其和诱，既经有罪判决确定，和奸罪自无从再判刑罚，应予驳回公诉。

大理院巧印

附：奉天高等审判厅原代电

北京大理院钧鉴：

今有甲男和奸乙妇，复行和诱。其和诱一罪，业经审判确定。现经有告诉权者，对于和奸罪诉由检厅，另行起诉。是否依《刑律》第二十四条更定其刑，抑有其他办法？希即示遵。

奉天高等审判厅江印

■ 统字第 1226 号

民国九年二月十八日大理院复湖北宜昌第一高等审判分厅电

湖北宜昌第一高等审判分厅：

江代电悉！县佐明知为刑法犯，无审判权而审判，不待撤销根本无效，亦不生一事不再理问题。惟被告人被押日数，依县佐官制三条，应算入未决羁押，准予折抵。

大理院巧印

附：湖北第一高等审判分厅原代电

大理院钧鉴：

本月三日被巴东县知事代电称，"兹有无司法权之机关（如县佐是）受理刑法犯案件，将被告人判决拘役，已执行终了。后经查知，此种非法判决，当然不能视为有效。惟应用何种手续撤销，于一事不再理之原则有无违反？职署现有此项案件亟待解决，敬乞监督示遵。或迅转大理院解释，俾有依据"等语。事关法律解释，敝分厅未敢擅专，理合据情电请钧院，俯赐解释见复，以便转令遵照。

湖北第一高等审判分厅印江

■ 统字第 1227 号

民国九年二月十八日大理院复广西高等审判厅电

广西高等审判厅：

原告诉人呈诉不服，应经由检察官提起控告。如不合法，应决定驳回，否则无庸先下决定。此类案件，如合司法部四年五二九零号、九零七一号批示，得用书面审理。可否置被告代理，希参照统字一一九三号解释办理。若必须令其到场，避匿不到，且无从勾摄者，仍应停止公判。《刑诉律草案》第三百八十六条，不得援用。

大理院巧印

附：广西高等审判厅原代电

大理院钧鉴：

被告人在上诉中脱逃，应停止公判程序，经贵院统字第七七七号解释，固无疑义。设有原告诉人，对于第一审呈诉不服，经控告审决定，准照控告程序办理，并经检察官同意，而被告人忽避匿不到，可否依《刑诉草案》第三百八十六条第二项所规定之法理，不待被告人辩论即行判决？请电复。

广西高等审判厅漾叩

■ 统字第1228号

民国九年二月二十四日大理院复山西高等审判厅函

径复者：

准贵厅函开：案据稷山县知事快邮代电内称，"现有某甲，在乙家佣工。乙与弟丙同院居住，丙及其妻丁均年四十，仅有女而无子。甲乘丙偶在外即调戏丁，因而成奸。丙后知情，以甲只三十余，或能令其妻受孕生男，遂佯为不知。日久无孕，丙、丁皆厌恶之，请其兄乙不准甲佣工。甲赴邻村闲住，不时到丙屋。丙、丁防闲特甚，墙内外及屋檐皆围以棘。如此者年余。甲色胆犹炽，于今冬某日深夜，乘丙出外，拟赴其家。丙闻消息，执木棒速回。值甲已进巷，距其宅门仅数步，丙以棒击甲。甲徒手与斗，而腰间所带切牛肉之小刀堕地。丙拾刀顺手一挥，无意之中，适中小腹。肠出，越日身死。诣验属实。似此情形，丙应否以正当防卫论，抑以杀人罪论？丙、丁当堂供认甲上年行奸不讳，丁应否处以奸非罪？理合呈情转函大理院，迅予解释"等情到厅。相应据情函请贵院，俯赐解释示复，以便饬遵，实为公便等因到院。

查丙妻丁与甲通奸固犯《刑律》第二百八十九条之相奸罪，惟丙知情故纵，显有《刑律》第二百九十四条第二项但书情形，则丁不问曾否因奸酿成他罪、曾否经丙告诉，其奸罪应予不论。甲于深夜乘丙外出，拟赴丙家，无论是否意图与丁续奸，既未进丙宅门，对丙并无现在不正之侵害；而丙以棒击甲，并拾刀刺伤甲身死，即无杀人故意，亦必有伤害故意，自不得诿为正当防卫。如认为情有可原，自可于法律范围内从轻处断。相应函复贵厅转令查照可也。

此致！

■ 统字第1229号

民国九年二月十八日大理院复直隶高等审判厅函

径复者：

准贵厅第一五九号函开：据天津律师公会呈称，为呈请事。窃据本会律师张务滋函称，"敬启者：本会员今因办理承种地亩之案件，发生法律上之疑问数点，亟应函请贵公会，转请解释。兹将各问题逐一说明于次。缘业主甲将田地佃给佃户乙，种植五谷，分收粮石，相沿已久，成为定例。乙亦屡次承认，向来种植五谷，与业主分收粮食，佃户得三分之二，业主得三分之一。今佃户乙，欲将此地改种瓜芋菜蔬，另行纳租，而业主甲则极端否认。其所持理由，以为多年遵守之成例，即为特约；且乙对此成例，屡次承认。按之特约之法理，是否以乙承认之事实，已足为特约之证明，法无明文，殊乏依据。此其一。且关于变更种植一节，业主甲尚有根据之理由二：（一）佃户乙既承认历年种粮分收，若改种瓜类，即为破坏特约。（二）分收粮食，业主得三分之一，佃户得三分之二。若改种瓜类，势必另行议租。一则破坏多年按成分粮之办法。二则，另行议租，难期公平。再则，议租如不成立，势必将地收回，而收回地亩，又必发生纠葛。以上理由，似属当然之理，应请依法解释。此其二。查前天津县议事会议决《死佃、非死佃之证据及办法》，关于死佃证据之规定，第一款至第六款，载有'红契注明全庄全佃，或全庄几分之几，或佃房或官房，或载明坑井、道路、场园、树木，皆在其内者，均为死佃'等语。今业主甲之红契内，虽载有佃房、官房，及坑井、道路、树木等，然其契载地亩，系分庄窠地、园地、田地三种，各有段落，弓口四至。今上开佃房、官房等，均坐落在庄园地之内，而不在田地之内。则红契内佃房等之注载，其证据力是否仅及于佃房、官房之庄园地，抑亦可及于田地之内？此其三。查死佃证据第九款载'必有庄头'。按'必有'之字义，玩味推解，似以非死佃之庄头，可有可无而死佃之庄头则必有之耳；并非以非死佃之地，即不得设置庄头也。故非死佃之地，如因必要而置有庄头，能否据此认定为此佃？此其四。再查死佃办法第四款载，'土地因自然变迁，增长或减少其生产力，及于久远者，得由业主与佃户商定增租、减租。惟分收粮石，不在此例。'据此，则业主与佃户间，如系向例分收粮石，似不能适用此第四款之规定。换言之，即不能由佃户一方之意思，将种植五谷，分收粮石之办法，改为种植瓜类，而另行付租也。此说是否？此其五。以上疑问五点，均待解决。惟希贵会查照函请直隶高等审判厅，转呈大理院赐予逐条解答，以资遵循"等情。呈请解释前来，并抄送天津议事会议决《死佃、非死佃办法》一份到厅。据呈前因，相应检同原件，函请贵院查核，迅为解释等因到院。

本院查契约，如果查系约明所佃之地，限于种植某种特定之物，则除经两造同意，变更特约，自不得由佃户一造任意改种。惟所称情形，系属事实及证据问题，应由该管法院调查办理，不得请求解释。二、天津县议事会之议决，并无民事法令之效力，审判衙门调查习惯法则时，得备参考而已。所讯各点，本院自未便予以解答。相应函复贵厅转令遵照可也。

此复！

■ **统字第 1230 号**

民国九年二月十八日大理院复江苏高等审判厅函

径复者：

准贵厅第一三五号函开：案据武进县知事电称，"今有甲因独子丧亡，为寡妇乙立子丙，早经确定。甲故后，乙之继姑丁，无故不认乙为媳，并串丙虐待、拒绝乙回夫家。现乙可否援照大理院三年上字六一六号判例，请求析产？特电请钧厅，核转大理院迅予解释示遵"等情到厅。据此，事关法律解释，相应函请迅予解释，以便转令遵照等因到院。

本院查所询情形，乙自可请求给与养赡财产，或证实丙不孝事实，提起废继之诉，并请返还继产。因乙夫既系独子，初无析产可言。如果丁自愿设定养赡财产与乙，犹有争执时，自可审酌遗产价额及其家境况，为之公平核定。又乙如欲另行立继，亦应得丁同意，丁无正当理由，不得遽行拒绝。在未经立继以前，乙只能管理家财。若于生活上有急迫情形，亦得处分自赡。相应函复贵厅转令遵照可也。

此复！

■ **统字第 1231 号**

民国九年二月十八日大理院复山西高等审判厅函

径复者：

准贵厅第一七六号函开：案据山西第二高等审判分厅呈称，准同级检察厅函开：案据朔县呈称："查有甲夫于去年秋季被其妇乙殴打，并未成伤。甲夫尚未成年，由行亲权之父丙及甲，提起人事诉讼，请求离异。讯问甲夫、乙妇，均供愿离。未曾宣告判决，乙妇之本生父丁与戊，将乙妇改嫁于己。除刑事依律判决外，所有人事诉讼，据甲夫仍请求追还完聚。于此场合，应如何处断？于是，有子、丑二说：子说谓，人事重在当事人意思。甲夫前虽请求与乙妇离异，此时后悔，苟未判决以前，夫妇关系，依然存在。今既后悔，当然能取消前言。应比照继续有效之前清现《刑律》'男女婚姻'律文：'若再许他人后定娶者，男家知情，财礼入官。不知者，追还财礼，给后定娶之人，女归前夫；前夫不愿者，倍追财礼，给还其女，仍从后夫办理。'今甲夫系前夫，既愿完聚，即不能断离。丑说谓，律文载'若犯义绝，应离而不离者，亦处八等罚'等语。甲、乙夫妇，前既愿离，意思业已表示，现在不能因其翻悔，断令完聚。况乙妇殴打甲夫，虽未成伤，已犯义绝。此项原例，附有罚则，系属强行法规。妻犯义绝之状者，应强制其夫与之离异。以上二说，究以何说为当？如以子说，则乙妇宁死不愿完聚。若依丑说，则乙妇自应归宗。惟甲夫原送之财礼及服饰，是否追还？职县现有此等案件，亟待解决，理合呈请鉴核示遵"等情。据此，查来呈所述情形，系属民事范围，如何解释之处，应由贵厅主持。除令行该县知照外，相应函请贵厅查照详释，径令该县遵照为荷等因。准此，查该县所呈，关系解释法律，职厅未敢擅拟，理合据情呈请钧厅鉴核，恳予转请大理院迅赐解释令遵，以便转令该县遵照等情到厅。相应函请钧院，迅赐解释函复，以凭转饬遵照等因到院。

本院查现行律，夫妻不相和谐，两愿离异者，准其离异。甲既提起离异之诉，乙在审判上，复明白表示承诺，即属两愿。虽未经裁判，亦应发生效力。乙在其后改嫁，既非重婚，并无许甲翻异之理。至财礼服饰，已经归其妻者，其后离异，亦毋庸返还。此层本院早有解释，希即查照办理可也。

此致！

■ 统字第1232号
民国九年二月十八日大理院致浙江高等审判厅函

径启者：

据浙江金华县农会呈称："为请求解释公布事。查浙江金华习惯：同一田地，分大买、小买大买者收租。（业主）小买者，永种。（永佃权）又曰大租、小租，如永佃人不自耕种，得转佃与他人耕种，所入租息，如大租之数，故曰小租。大买、小买，各有统系，买卖时不相干涉。惟小买人取得永佃权之初，须向业主订定租约，约上载明'每年租息若干'，及'租息不清，听凭改佃'等字。遇有租息拖欠时，先由业主提出租约呈追，经官署讯明实在，永佃人仍不肯补偿或无力补偿，再由业主依约声请退佃。退佃以后，核计小租之所入，足偿所欠租息之数，或永佃人自愿如数补清，永佃权仍归原永佃人所有，业主不得作难。此金华历来通行之习惯也。惟现在永佃一方，因农事改良，收成渐见发达，一班农民，趋重小买，以致小买权之价值，高出大买之上（例如，大买、小买值洋一百元；大买四十元；小买六十元）。查钧院判例，永佃权各项之规定，退佃原因，类分二种：（一）拖欠租银，许地主撤地另佃。（二）地主实欲自种，永佃人虽不欠租，亦应退佃。夫地主实欲自种，亦应退佃，此例在金华万不能通行。但亦未见有据此而声请退佃者，姑不置论。而少欠租银，许地主撤地另佃，此例与金华'租息不清，任凭改佃'之习惯，尚不抵触。惟退佃之后，补清租银，或已将小租抵清前欠，永佃权应仍归还原永佃人所有，此亦为金华永久通行之习惯。今钧院并无此种判例，而司法衙门又不根据习惯，以致永佃人，例无可援，诉不得直，致使有永佃权者所欠租银不达十元，而损失永佃之对价至数十元或数百元之巨。虽钧院判例，有偿还取得费用之规定，但今昔时价不同，远年契据已失，总不如补清租欠，回复永佃权习惯，双方无吃亏也。况利之所在，人必趋之。永佃权既为农民所注重，价格甚高，一经改佃，业主坐增半数以上之权利。若退佃之后，永无回复之地步，为业主者谁不百计图维，以为声请退佃之计划。此风一开，则永佃权之危险，实有不堪设想者！会长为维持农民计，敬呈地方习惯。凡因欠租而受撤约退佃之宣告者，是否仍可依据地方习惯，许其补清租息，返还永佃主权，以保双方利权？又查请求解释法令，以各级审检厅为限，前经会长具函请求浙江第二高等审判厅，代行请求解释，未蒙许可。事关阖邑普通人民利害，理合再行具呈，请求钧院群为解释，公布施行"等因到院。

本院查地主提出自种证凭，许其撤佃，户部则例本有明文。惟该则例，本只适用于旗地（本院判例亦专就旗地而言），于一般永佃民地，并不适用。至关于一般佃地之欠租，应至如何程度始准撤佃，本院亦有先例。检送判决文一份（二年上字一四零号）备考。惟既经业主有效撤佃之后，若佃户补清欠租，不经业主同意即可回复佃权，殊于土地之移转、经济之流通以及权利之效用等，多有窒碍。即使有此习惯，亦应认为有背公益，不能采用。又因撤佃结果，业已别有不当利得时，亦得依法另行办理。相应函请贵厅即行转令查照可也。

此致！

■ 统字第 1233 号

民国九年二月十八日大理院复湖南高等审判厅函

径复者：

准贵厅一九二号函开：案据汉寿县知事邢浚清呈称，"兹有某族，分天、地、元、黄四支，谱牒各自修纂，核其字派（如传、纪、广、昭、宪等派），则均相同。甲本天支系昭派，于前清乙巳年（光绪三十一年）十二月将休妻乙出嫁于丙（系元支传派），翌年乙生一子。其时，甲、丙两造，均无异议。己酉岁（宣统元年），丙病身故，乙即孀居，为丁聘戊童养为媳。民国四年，丁满九龄，适元支续修谱牒，共二十三册，已将丁名登载其上，只待发谱。甲乃主张丁系伊子，往该谱局阻其刊载。丙兄己与乙遂以卡谱绝嗣，控争到县。该谱局因发生纠葛，旋将丁名摘除，重新印刷散领。经县于是年七月十九日，集案讯结，判令己出钱三十串交甲，作另娶之资，两造各具永不反悔切结完案。究竟丁系何人之子，则未认定明确。本年阴历九年初九日，丁偕往亲家赴宴。甲邀合多人，在途将丁、乙拦至其家。乙比逃回，将情告诸己。己与乙复以夺子掠妇、背叛绝嗣，具诉到案。甲乙血统明确，冒认乱伦，辩诉前来。当经职署开庭审讯。据乙供称：'我嫁至丙家系丙午（指光绪三十二年）年十一月十八日未时生此儿子。果系伊子，他婚书何不载明？我支修谱，已将此子之名刊载（指先印之谱），又经前署长判决数年。我丈夫已经死了，所靠者是此儿子。今一旦被其夺去，请求做主。'据甲供称：'乙至丙家，翌年丙午岁三月十八日未时生此儿子。我嫁妻时，少不更事。故未将遗腹一节，登录婚书上。我现调有元支谱牒二册，并无丁名。如伊支那二十一册谱均有丁名，民愿将此子送归伊宅。'据丁供称：'我是丙午三月十八日未时生的。因母亲告示我，我才晓得。我到甲家来，是甲邀合四、五人接我来的'各等语。于是，分子、丑两说焉：（子谓）《民律》'亲族'编草案第一千三百三十三条，'同宗者不得结婚。'又第一千三百三十六条，'女从前婚解销或撤销之日起，非逾十个月，不得再婚。若于十个月，已分娩者，不在此限。'《民律》虽未颁布，无所适从。但甲、丙同姓共宗，其派相差四代。乙复嫁丙，是丙不啻以曾孙媳而为妻妾，伦常颠倒，风化奚存？且乙自前婚解销，并未经过十个月。而元支续修谱牒，先虽将丁名登载，继又将丁名摘除，前判固已确定，究未认明丁系何人之子，直等判犹未判。应将乙、丙婚姻撤销，听乙另行改嫁，认丁为甲之血统，戊亦随丁归宗，方为正办。（丑谓）

前判虽未将丁认定明确,然已甲讼争之点,则在于丁。维时甲已具结领钱,又未声明上诉,是甲已默认丁为丙子矣。况婚书未载明乙有无怀孕,迄今数年之久,案早确定。以云再审,而己与乙之诉状,并非《民诉律(草案)》六百一十二条左列各项事宜,甲亦非对于前判不服,若遽将前判变更,际此民情习狡,则凡判决确定之案,势必纷至沓来。援例请求更改,殊与司法上信用,大有妨碍。今乙名既已刊登元支谱牒,计惟有将错就错,强制执行,勒甲交丁与己,令元支下届修谱,将丁名补行登载,并治甲《刑律》第三百四十九条第一项之略诱罪,庶乙可从子而终,情法两得其平!以上二说,未知孰是?现在悬案待决,知事未敢擅专,理合具文呈请转院迅赐解释,俾有遵循"等情。据此,事关法律问题,自应求统一之解释,相应函请贵院,迅赐解释见复,俾便转令遵照等因到院。

本院查甲对乙认知之诉,既已得钱和解销案,自不许其再行告争。乙、丙婚姻是否有效,本可不问,应从丑说解决。惟甲应否科略诱罪,尚应另究。相应函复贵厅转令遵照可也。

此复!

■ 统字第1234号
民国九年二月十八日大理院复山西高等审判厅函

径复者:

准贵厅第二五九号函开:案据曲沃县知事郭拱辰快邮代电称,"兹有某村有户绝不动产若干,经村长报告区长,声请充公。复经区长查实呈报,经县核准,即由区长监察投标拍卖。拍定后,有子丑出而告争,主张该户绝产为其所有,并谓村长报告不实。子、丑之告争,是否成立民事诉讼,抑系行政诉愿?理合电请解释示遵"等情。事关法律解释,相应函请钧院迅赐解释,以便转令遵照等因到院。

本院查子、丑如以该地为其所有,并非绝产为理由,自可以县知事为被告,向该管法院提起确认之诉,并得依法提起行政诉讼诉愿,请求撤销处分。如村长故意虚报,可认为侵权行为者,更可对其个人提起赔偿损害之诉。相应函复查照可也。

此复!

■ 统字第1235号
民国九年二月二十七日大理院致广西高等审判厅函

径启者:

接据南宁总商会代电陈称,"本年一月四日本会忽接广西高等审判厅审判长黄用中通知票一件,票内注明'本厅于九年一月十三日一时,在民庭审讯张博泉与兴栈因钱债涉讼控诉一案,希即到庭作证。事关要公,幸勿延误。右通知陈子湘前南宁商会会长'等语。查《各级审判厅试办章程》第七十条载'审判官须讯问证人时,得发传票传讯,但证人有特别身份者,应就其所在地讯问之'等语。何故不遵章办理?此案陈子湘又非经签,认为证人,显有故意玷辱法定机关行为。况陈子湘当时尚未解会长职务,各署有案可稽,何以于陈子湘名下,注'前南宁商会会长'

字样？伊径直向黄审判长用中质问，答称'系采用孔桂池状词'。似此前票所谓作证张博泉与兴栈钱债涉讼案，即孔桂池事种种躲闪，采用无理由之根据，希图改变数年来第一审判决之事实，其立意如何，深堪诧异。嗣钞出孔桂池状，其状内大略以兴栈与南宁商会会长陈子湘违法分散桃源财产，湮没簿据，不拘到案，追缴该款，罪人陈子湘决于三日内逃遁回东。该状查已奉高审厅批。另传陈子湘于九年一月十三日来厅听候讯问云云。伏思桃源仙馆，自积欠兴栈银五千余两，逾期本利无还，始由总经理人区骈玉，偕同兴栈店东李铡伯赴本会亲立契约，以桃源仙馆全盘为抵押品。是时，陈子湘并未在会，因奉陈前省长面谕，赴贵县调处罢市风潮，有刘司令成贵、阚委员宗驷及省公署来往电牍可复查问。迨孔桂池经第一审邓知事沁之假执行数月，既不筹款偿还兴栈债项，又不依法声明上诉。逮陶知事敦勉接署，邕宁县始以前任判决确定实情，呈奉省长指令，依法强制执行，拍卖桃源仙馆，抵偿兴栈、公兴等十余店直接、间接分别优先权各债款，转函请本会办理。既代拍卖收银完竣，本会复以现有异议情形应否分派，函询陶知事。答称，'照前判决，分别提给，不容再有异议。'一切手续，各均主张慎重，毫无偏私意见。至簿据图章，凡交本会代存者，无论何人，均给有收据，久成一种习惯。何以孔桂池于民国五六年在第一审时期内，绝不声叙陈子湘有湮没簿据等事？迟至今日，捏端混扯，狡赖显然。查陈子湘于此案系遵商会法服从公务，且为官厅委托事件，与陈子湘个人绝无关系。倘以非有理由之诬告，不查案卷而审判长率尔采用，任意传唤到庭讯问，此后合议制之会长职务，谁肯担任？所有骗债习风，亦江河日下，无再挽救之术。即调查各省审判长，对于总商会会长，亦从未有以会中正当公务，不衡情酌理，听其牵涉于会长个人。况陈子湘自民国改革以来，办理南宁总商会会务，计今八年，拘守绳尺，一无荒谬，人所共悉。兹为维持市面经济流通及杜绝骗债人别生枝节，图延结案，以致法定机关信用全失，影响甚巨起见，迫电陈明，除呈广西省长及函广西高等审判厅长外，仰恳迅准核夺，并电令广西高审厅阚厅长，彻查究办，以彰法律威严，俾人权无失保障"等因到院。

本院查《各级审判厅试办章程》第六十八条："凡人皆有出头审判衙门，为证人之义务。不问其是何职分，均应遵传到庭作证。"至于该章程第七十条但书所称"特别身份应就讯者"，系指因执行公之职务，确有不能离去所在、自行到庭之情形者而言。所询情形，该管衙门是否办理合法，固无从知悉。惟仅就传唤该商会会长为证人，未经就讯言之，自无不合，所称实属误会。况被传到庭作证，亦尚无耻辱可言。相应函请转饬知照可也。

此致！

统字第 1236 号

民国九年二月二十七日大理院复河南高等审判厅函

径复者：

准贵厅函开：案据郑县知事王光第呈称，"为请示遵办事，案据县属警察所所长申绩升呈称,'本月二十日准郑县邮务局函送查获西药士的年四十瓶,由所化验两瓶到县。查士的年含有毒质,制造白丸,必需配用,应在违禁之列。提讯范兴远,供称'士的年是伊掌柜由上海贩运来郑'等话。除将范兴远看管外,查金丹吗啡,禁令甚严,士的年不过制造白丸一种之毒质,药品虽在违禁之列,而该药房以士的年不在禁品,在海关既已纳税,邮局以贴邮票,通行万国,药方并不禁运禁贩。现在辩诉到县。究应如何办理,理合呈请鉴核,转请大理院解释,以便遵办"等情。据此,查《吗啡治罪法》第十一条载,"在制药律未经颁布以前,凡关于高根、安洛因及其他化合资料之犯罪,亦适用本条例"。至贩运士的年药品,是否犯罪并无明文规定,似无从科以相当罪行。既据该县呈请,相应备文函请钧院,迅赐解释,以便转令遵照等因到院。

查原呈于士的年含有何种毒质及制造白丸如何应用,未据声明,无从解答。惟此项药品,如确含有鸦片或吗啡、高根、安洛因等毒质,而可为鸦片或吗啡之代用者,应以《刑律》所称鸦片或《吗啡治罪法》所称吗啡论。制造、贩卖或意图贩卖而收藏,或自外国贩运者,自属犯罪。若仅违犯管理药商章程及限制药用鸦片、吗啡等品营业章程,应依各该章程办理。相应函复贵厅应转令查照可也。

此致!

■ 统字第 1237 号

民国九年二月二十八日大理院复湖南沅陵第一高等审判分厅电

湖南沅陵第一高等审判分厅:

铣代电悉!覆判案件既经上告,其后均应适用通常上诉程序办理。

大理院勘印

附:湖南第一高等审判分厅原代电

大理院钧鉴:

兹有覆判案件,上告后经钧院发还更审审理。本案程序,似应仍照《覆判章程》办理。如为覆审之决定时,同章程第五条所列各款办法,似可视案情便利,择用其一。是否有当,敬待复示。

湖南第一高等审判分厅印铣

■ 统字第 1238 号

民国九年三月一日大理院复奉天张巡阅使电

奉天张巡阅使鉴:

谏电悉!强盗图财入己,其事前同谋,须以共同利害关系参与谋议,并有同意计划,推出他人担任实施之事实。甲如果合此等条件,自应论以共同正犯,算入结伙数内。否则,如仅局外赞助,尚不得谓为同谋,应以事前帮助论。惟来电情形,甲仅告令乙、丙行劫,是否同意其上盗具体计划,并约推乙、丙担任实施,及所议定分赃是否分配赃物,抑仅应兼论受赠,系事实问题,仍希查照寒电核实,分别办理。

大理院东印

附：奉天张巡阅使原电

大理院鉴：

甲与乙、丙同谋行劫，议定事后在乙家分赃。甲仅拉线，并未上盗，丙于劫后被获，乙携赃逃逸，以致甲未得赃。甲应否依贵院寒电解释，以实施正犯论，算入结伙数内？请电复。

张作霖谏

■ 统字第 1239 号

民国九年三月一日大理院复绥远都统署审判处函

径复者：

准贵处第五号函开：兹有某甲娶孀妇乙为继室，并携带生女丙寄养，约定十年归宗。现已届满，旋乙为甲势所迫，将丙与甲前妻之子，订为婚姻，并伪造乙之改嫁婚约，注明"丙随母过姓"，"子母"、"婆媳"字样。现丙绝不承认与丁配婚。嗣又因甲、丁素有凌虐行为，怒极自行归宗，商之堂兄戊主婚，将丙与己，订为婚姻。刚娶过门，尚未成婚，丁赴县喊诉。经县传讯，判决丁之婚约不备；己之婚姻，认戊无主婚权均无效，其丙仍归乙主婚。丙不服，控诉到处。职处依法审理，证明乙之婚约为伪造，认丙与丁无婚姻关系，自属无疑。惟甲、丁行为，异常强暴，初判认丙归乙主婚，其实乙在甲、丁权势范围之下，绝对不能自由行使主婚权。现丙誓死如一，决不改嫁，揆诸事实，甚为困难。于是，有子、丑二说焉：子说谓，钧院统字第四五四号解释"夫亡携女适人者，其女从母主婚"等语。现丙既未归宗，其母又在，当然归乙主婚。至事实困难问题，系属执行范围，与判决无甚关系。丑说谓，丙系随乙寄养，约定十年归宗，限期早已届满。兹丙既自行回宗，并商戊主婚配己，经己迎娶过门，虽未正式归宗，可采用当事人之意思，认丙与己婚姻为有效。况乙有事实上困难，如不从丙主张，将来恐不免他虞。综上二说，究以何说为是，抑另有解决办法？职处悬案以待，未敢擅专，理合据情函请钧院，迅赐解释，以便遵循等因到院。

本院查乙婚约所注"随母过姓"，"子母"、"婆媳"字样，既属伪造，而丙又系如约实行，离母归宗，乙即失其主婚之权。丙之嫁己，由戊主婚，是否合法，已非甲、乙等所能过问，审判衙门自无过事干涉之余地。相应函复贵处查照可也。

此致！

■ 统字第 1240 号

民国九年三月一日大理院复总检察厅函

径复者：

准贵厅函开：案据江苏高等检察厅呈称，据江苏第一高等检察分厅呈称，"案据涟水县管狱员姚宣呈称，'为判令不符，请示饬遵事。窃涟邑监狱，旧犯居多，判决已久者，往往执行令与庭谕不符。执行令内，注明未决以前，羁押日期，准予二日折抵一日，而县公署卷内庭判，并未注明折抵字样。管狱员每遇此种期满监犯，呈请县长核释，以致核算刑期，恒有相左。且各监犯未决以前，羁押竟有七、八年或二、三年者不等，若不予以折抵，殊失罪疑惟轻之意。按庭判与执行令，均属正式公文，究应如何办理？查人民触犯刑章，科以徒刑，所以示国法之森严。今因案牍不符而延长罪囚羁禁，无异刑外加刑，未免失人权之保障。管狱员负有执行徒刑专责，不得不详加审慎，庶几于国法人权，不纵无枉，可否依照执行令准予折抵之处，仰祈钧长裁夺，饬县遵行，实为公便。除呈请高等检察厅长外，谨呈'到厅。查该管狱员所请示遵事件，为执行令与庭判不符，据称已呈请钧厅，理合转呈钧厅鉴核，并祈指令遵行"等因到厅。据此查刑事案件，其未决羁押日期，予以折抵与否，自应与判决主文为断。至执行令与判决主文有抵触时，似仍应依判决主文办理。事关执行，职厅未敢擅拟，是否有当，理合备文呈请鉴核示遵等情到厅。案关执行疑义，相应函送贵院，核办示复等因到院。

本院查刑罚执行令，即指挥执行裁判之命令，自不得与裁判歧异。管狱员发见执行令有与裁判不符时，应即呈请该管长官核夺。至被告人未决期内，羁押日数可否准抵？刑罚虽应由审判衙门于判决时，一并审核裁判，但在县知事判决案件，若于判后发见，显已具备可准折抵之情形，而原判未经提及，是否准抵者，应以漏判论，得请由县知事核明补判。相应函复贵厅，转令查照。

此复！

■ 统字第1241号
民国九年三月二日大理院复总检察厅函
径复者：

准贵厅函开：据浙江高等检察厅呈称，案据鄞县地方检察长呈称，"窃属厅现发生各种法律疑点，兹为胪列于下：（一）应处二等以上有期徒刑案件，检厅依刑诉通例，请求指定辩护人时，审厅能否不指定，径开公判？分三说：（甲说）刑诉法既未颁布，即无所谓法定辩护人。二等徒刑以上案件之公判，虽无辩护人，亦非违法，故审厅有指定辩护人之权，而无其义务。检厅即请求指定辩护人，审厅亦不受其拘束。（乙说）二等徒刑以上案件，以有辩护人为宜。四年二月十一日部批奉天高审厅，已有准设强制辩护人之明文，检厅虽未请求指定，审厅尤应自为指定；检厅既为请求，审厅似无驳回之理。（丙说）二等以上徒刑案件，现行法规，无设强制辩护人之明文。四年十二月部批，亦无必设辩护人之语。故无辩护人，即非违法，与甲说相同。但检察官既经请求指定辩护人，审厅即不指定，亦应先用决定将检察官请求驳回，断不能置检厅请求于不顾，径开公判。（二）地方厅第一审案件，检厅请开合议庭公判，审厅以独任制审判，是否合法？如不合法，以何方法救济？分二说：（甲说）地方厅第一审案件繁杂者，始以合议庭行之。是否繁杂，其认定之权，应属诸审判机关。若简单之案，而检厅任意请开合议庭，匪特无异，且于审厅编制上有重大困难（因现在地厅组织简单，推事缺甚少。若合议庭案件过多，人员即不敷分配）。（乙说）依《法院编制法》第五条第三款，'第一审诉讼繁杂者，依当事人之请求或审判厅之职权，得以合议庭行之。'则解释上无论检官及被告人，均有请开合议庭之权，审厅实无反对之余地。犹之检厅依法请求预审，而审厅不得以案已明确，毋庸多费手续径行公判是也。故审厅对于请求开合议庭之案，径以独任制审判，实为违法。对于此种违法判决，可以上诉，由上级审破毁后，发还更审。（三）某甲意图吸食而携带鸦片，某乙帮其携带，某乙应成立何罪？分三说：甲说谓，《刑律》第二十九条之实施，包含阴谋、预备、着手、实行四者。某甲携带鸦片，意在吸食，系吸食鸦片之著手实施；某乙于某甲着手实施之际，为之帮助。某甲应成立《刑律》第二百七十四条之罪（着手犯），某乙自系该条之准正犯。乙说［谓］，《刑律》第二十九条之实施，指实施而言。某乙之帮助行为，乃实行犯罪以前之行为。不论某甲以后吸食与否、吸食既遂与否，某乙只成立《刑律》第三十一条第一项及第二百七十一条之从犯，不因某甲之既遂未遂，而变更罪质。丙说谓，意图吸食而携带鸦片，系预备行为，必开灯装烟，方谓着手。现行《刑律》既不罪，预备吸食鸦片，而意图吸食而收藏，又无科罚明文，则某乙之帮助携带不为罪。（四）窃盗以窃得之物质钱。其质票及质金，是否赃物？分二说：甲说［谓］，以统字第六六四号为根据，谓'侵占抵押品卖得之款既系赃物'，于窃盗罪自应为同一之解释，质票及质得金，均应认为赃物。乙说谓，赃物云者，因犯罪而取得所有权或管有权之财物之谓。至因犯罪所得之物之代价及质票，已非原来之物，自不能以赃物论。以上四疑点，亟待解决，理合备文呈请鉴核，转呈解释，以资遵循，实为公便"等情。据此，除指令外，理合据情转呈，仰祈鉴核转院解释，并指令只遵等情到厅。相应函送贵院核办示复，以便转令遵照等因到院。

本院分别解答如左：

一、现行法令，于何项案件须为被告指定辩护人，尚无明文。除经部令准用指定辩护人办法之省份，自当依照办理，否则系属违法外，其未定有此项办法之省区，应由审判衙门酌夺。对于请求，先为准否之裁判；惟即未为此项裁判，既无违法可言，自不能遽以此点为撤销原审审判之理由。

二、《法院编制法》第五条第一项第三款，既定为"案件系第一审而繁杂者，经当事人之请求或依审判厅之职权，亦以合议庭行之"。是当事人虽得请开合议庭，而案件是否繁杂，认定之权，仍属之审判衙门。则审判衙门认为无庸开合议庭时，自可说明理由，驳斥请求。如果实际情形，竟与认定不符，固属不合，惟控诉审有续审性质，亦毋庸遽予撤销发还理审。第为被告利益起见，第一审审判衙门，如经当事人请求，除案件显非繁杂外，自以由合议庭裁判为宜。

三、查帮助犯，应依正犯所犯处断。正犯携带鸦片，有时虽足为其吸食之证明，尚不能仅指其携带行为为犯罪正犯。如查明确无吸食或未遂情形，又非第二百六十六条、第二百六十八条等犯罪行为之一部，则无正犯可言，更无所谓帮助犯罪。

四、赃物罪所称"赃物"，系指不法行为人以不法行为侵害他人财产权，所得他人之原财物，他人得请求其交还者而言。一经变换性质，即不能作为赃物，构成该章各罪。惟质票既为原物之代表，自可视同原物，成立赃物罪。

以上四项，相应函复贵厅转令查照。

此复！

■ 统字第 1242 号

民国九年三月二日大理院复总检察厅函

径复者：

准贵厅函开：案据任邱县知事邹梦麟呈称，"窃查刑事诉讼判决，首重证据。证据之强弱，统以审判时之认定为转移，原无明文规定，且亦无一种或数种之限制。兹有子县强盗甲，与丑县事主乙，相距二百余里，素不认识。突于某月日夜，伙同丙、丁、戊等七八人，越房侵入乙家，劫去骡头马匹，并打伤事主乙，开门而逸，临行时又恐乙呼人追赶，硬将乙挟持，禁不声张，拖出村外数里，始行释放。查甲等行劫乙家时，乙在牲口圈内睡宿，因上马料，尚燃着灯未息。比时甲等入圈，一盗持枪将乙吓住，不令声张，甲遂向乙索取马衔。乙初不予，甲索之再三，与乙交言约数分钟之久。乙因与甲交言甚久，声音相貌，确已认识，但不知其姓名。后经控案由侦探查悉，仅将甲拿获，传乙来案对质。故将甲侧于别案数人之中，问伊家劫犯，有无左列之人，当乙指称甲系正犯，其余均称不是。问该犯何名，乙答不知；问何以认识，乙即答以灯光下索衔交言甚久，以故认识，并称确凿不诬，请求惩办等语。查甲与乙异县而居，相距二百余里，平时既不认识，自无仇恨（甲亦言与乙不相识，亦无仇恨）。惟此案赃物，已由丙、丁、戊等驾驶远扬；且在深夜行劫，除事主外，又无别人得见。搜查证据，并无确实；讯据甲供，否认此案行劫；迭次质讯，均各无异。但考查确情，乙之指甲为劫犯，实系认明声音相貌，决无游移，而甲矢口不认，又无别方法可以证明；似此情形，是否可以乙之认明即为证据完足，以资裁判？若认为证据不足，自应宣告无罪，然明明正犯，幸逃法网，情法似觉失平。此应请解释者一也。如前案既经解释，认为证据已足，第一审判决有罪，经覆判依控告之手续，认为证据不足，撤销原判判决无罪。检察官是否可以判决违法为理由，提起上告？此应请解释者二也。又此案甲经覆判判决无罪后，别有自首未发余罪，发交第一审审理。若认前罪为证据已足，第二审误为撤销，甲之犯罪，应视为业已成立第一审审理。未发余罪时，对于前罪，可否置而不问？如必并论，应依如何手续办理？此应请解释者三也。他如《刑律》第六十三条缓刑之宣告，是否必完全具备第一、第二、第三、第四款各条件？如必完全具备，则第二款之规定，应并作第一款之例外但书法文，始行吻合。否则，具有第一款条件，即无第二款条件，具有第二款条件，则第一款条件，形同虚设。如不必完全具备，则此条冠首，'具有左列要件'句下应添'之一'二字，方能明了。今该条无此二字，究应如何解释？引用上似觉多疑，此应请解释者四也。又《刑律》四三百五十五条第二项'其告诉为无效'之'其'字，读大理院三年十二月十九日复湖南高审厅统字第一九零号解释，此'其'字系指一切有告诉权者而言。本此解释，则被诱人与犯人为婚姻者，非离婚后无论何人告诉，均视为无效，固无疑义。惟读八年八月十一日大理院复山西高审厅统字第一零五四号解释，谓《刑律》第三百五十五条所称'被诱人与犯人为婚姻者，非离婚后其告诉为无效'，专指被诱人之告诉无效，其有独立告诉权之人，仍得告诉。本此解释，似觉此项'其'字，又系专指被诱人而言。前后合参，不无疑义，究应如何适从？此应请解释者五也。以上各点，悬案待决，理合呈请钧厅，俯赐查核，迅予转请大理院解释，示遵等情"到厅，相应据情函送贵院，核办示复，以便转令遵照等因到院。

本院分别解答如左：

一、查诉讼成例，系采用心证主义，取舍证据，一任审判官之判断。凡调查证据，合于法则（或补充法则之条理）者，均可以为裁判资料。惟认定犯罪事实所取证据，须有确切之证明力，并无他种合法资料可以动摇，及有他种可信资料足供佐证者，始得据为肯定之断定。所称乙之指供以外，尚应调查甲之素行，以及犯行时甲之所在动作，及其他关系各项，藉资佐证。

二、检察官有代表国家维护人民权利利益之责，故于上告合法之件，无论为被告人利益或不利益，均可声明。如果所称控告审判决，未经自行依法审理，仅以第一审判决理由不足，遽判无罪，自可以确定事实，未为合法理由，声明上告。

三、有罪无罪，既经审判确定，则无论所判有无错误，除合于再理条件，应依再理程序分别再诉、再审或非常上告外，不得率行变更。

四、宣告缓刑，依《刑律》第六十三条，须具有左列各款条件，本甚明显。惟该条第二款，系第一款补充规定，不必兼备（参照统字第九六五号解释）。

五、《刑律》第三百五十五条第二项所称，"非离婚后，其告诉为无效"，本院最近意见，认为专指被诱人而言。其有独立告诉权之人，仍得告诉，代行告诉人及指定代诉人则否。（参照统字第一零五四号解释）。

以上五端，相应函复贵厅转令查照。

此复！

■ 统字第 1243 号

民国九年三月十三日大理院复山西高等审判厅函

径复者：

准贵厅支代电开：有甲、乙两造，于民国元年（其时《民诉律草案》第二条第一款尚未修正）因债务纠葛，在县知事公署涉讼，其讼争金额系八十三钱一千六百余吊，合洋在三百元以上，千元以下。经该县判决后，甲向地方审判厅声明控诉，该厅误予受理为第二审判决。甲旋又向高等审判厅声明上告，经高等审判厅据元年民诉有效条文，认为管辖错误，以判决撤销原判，令甲自向有权管辖第二审审判衙门声明控诉。现甲来厅具状控诉，本厅对于此案，应否受理？抑依现在民诉修正条文，仍归地审厅受理？如认应由本厅受理，将来上告，究归何处管辖？请为解释等因到院。

查该厅收受上告，当时本应判由该厅自行受理，为第二审审判，乃误令另行控告，本有未合。现在此项判决，虽经确定，仍应由该厅适用四年三月二日司法部二六七号部饬，分别受理控告及上告。相应函复查照可也。

此复！

■ 统字第 1244 号
民国九年三月十六日大理院复广西高等审判厅函
径复者：

准贵厅函开：案据贵县知事有电称，"今有甲持刀追杀乙，丙从旁声援，甲遂将乙当场杀死，甲成立杀人罪，固无疑义。惟丙单纯的声援，似属当场助势之一种，是否成立犯罪？于此有二说焉。子谓，丙既无下手帮助行为，又非教唆，仅属当场助势而止，《刑律》于伤害罪虽设有当场助势之规定，而于杀人罪，则无当场助势明文，依《刑律》第十条不为罪。丑谓，伤害罪，当场助势，尚有刑责，杀人当场助势，反置不问，事理岂得谓平？丙值甲杀人之际，出谓声援，有丙之声援，甲更勇往直前，遂发生犯罪结果。丙于此结果，显与以重要助力，杀人罪既未设特别犯之规定，丙即应依《刑律》普通共犯第二十九条后段处断。二说未知孰是，职署现发生此种案件，案悬待决，恳请俯赐解释，电示只遵"等情。据此，相应函请解释见复，以便转令该县知事遵照等因到院。本院查于人犯罪时，当场助势，本为帮助实施之一种，应准正犯论。除在伤害罪已有明文定为以从犯论，自当按照科处外，其他犯罪之当场助势者，仍应依《刑律》第二十九条第二项处断。惟来函所称声援，是否可认为助势，系属事实问题，自应详慎查明办理。相应函复贵厅，转令查照可也。

此复！

■ 统字第 1245 号
民国九年三月十六日大理院复绥远都统署审判处函
径复者：

准贵处函开：今有甲、乙二人，均欠丙货债，恐其讨要，由甲起意，与乙密商，嗣后谁先遇丙，即由谁将丙杀害。旋乙遇丙于途，暗取木棒，将丙殴伤身死，尸用碎石掩埋。又将丙之骆驼及货物，带寄密处，骆驼纵逸，返以告甲，邀往均分货物，并将丙账簿焚毁。乙犯杀人弃尸，及窃盗俱发罪，甲犯受赠赃物罪，固无疑义。惟乙之杀人，系由甲起意，共同商议，甲是否杀人正犯，抑系从犯？又乙纵逸丙之骆驼，及与甲焚毁丙之账簿，是否构成《刑律》第四百零六条，及四百零四条之罪？抑认骆驼及账簿，均系乙窃取之物，其纵逸及焚毁，系窃取后之处分，不另构成他罪？案悬待决，相应函请钧院，迅赐解释示遵等因到院。

查甲既与乙均以欠丙货债，恐丙讨要，密商谁先遇丙，即由谁杀丙，是以共同利害关系，参与谋议，并有同意计划，互相推定，担任实施杀人之事实，则甲对于乙之杀丙，应负共同杀人责任（参照本院统字第一千二百三十八号解释文）。乙杀人后又弃尸，固系二罪，惟应注意弃尸，系杀人结果，抑无意思联络之别种独立行为？又其杀人，是否即为强取财物之手段？如于杀人后，临时起意，将丙之骆驼及货物带寄密处，应视丙有无承继人，分别成立窃盗或侵占遗失物之罪（参照本院统字第一九十一号解释文）。甲并非同谋取财，事后始随乙往，均分货物，又成立受赠赃物罪，均应与上列各罪论俱发。乙纵逸丙骆驼，及与甲焚毁丙账簿，系窃盗或侵占后之处分行为，不另成立毁弃损坏罪。相应函复贵处查照可也。

此致！

■ **统字第 1246 号**
民国九年三月十六日大理院复山西高等审判厅函

径复者：

准贵厅灰代电开：县知事公署裁判，依司法部民国四年第一四五四号通饬，应送达副本，并与牌示同日行之，否则无效，与贵院历来解释，显有冲突。本厅现有民事案件，当事人借口部饬，对于已牌示之县判主张，未经送达副本，不能起算上诉期间。悬案待决，希速解释等因到院。

查《县知事审理诉讼暂行章程》，为大总统教令所发布。关于对县知事裁判上诉期间之起算，自以本院历来解释为当。除咨司法部外，相应函复查照可也。

此复！

■ **统字第 1247 号**
民国九年三月十六日大理院复广西高等审判厅电

广西高审厅鉴：

有代电悉！水利权有准物权之性质，现行法既别无规定，故即准用第十一条地上权规定办理，前电无误。

大理院铣印

附：广西高等审判厅原电

大理院鉴：

兹准贵院本年民字第三二二号解释开：水利案件，应准用《民诉（草案）》有效部分之"管辖"节第十一条规定，以其一年因水利可望增加收获之确实利益之二十倍，为其诉讼物价额等因。窃查第十一条之规定，系言因地上权长期佃牧权，或其他赁借权涉讼者，应以一年之租金额二十倍为准，与水利案件，似不相类。私意十一条之'一'字或系'二'字之误，然查第十二条规定，系言因定期给付，或定期收获权利涉讼者，始以一年收入额之二十倍为准，与水利案件仍觉不甚相符。贵院前次解释之本旨，敝厅尚未明了，相应再请明白解释，俾有遵循。

广西高等审判厅有印

■ 统字第 1248 号

民国九年三月十六日大理院复河南高等审判厅函

径复者：

准贵厅二七七号函开：案据邓县知事呈称，"查前清现行律婚姻门，男女婚姻条略载，'若许嫁女已报婚书，及有私约（谓先已知夫身残疾、老幼庶养之类）而辄悔者，其女归本夫，虽无婚书，但曾受聘礼者亦是'等语。文内'及'字，应作'并'字解，抑作'或'字解？若作'并'字解，是虽报婚书，或已受聘礼而并无私约，则夫身有无残疾，与夫是否老幼庶养，并未预知。本诸上文，须行通知手续之原理，嗣后发见残疾等类，自应准其撤销。又如仅有私约，而未报婚书或受聘礼者，则婚姻关系尚未成立，本无所谓悔与不悔。如是论断，报婚书或受聘礼，与有私约为本条具备条件，二者不可缺一。第事关法律疑义，未便臆断，此应请示遵者一也。又如定婚以后，夫男左臂折断，丧失机能，应否准女离异别许？有两说也。积极说谓，男女定婚之初，若有残疾老幼庶养，务要两家明白通知，各从所愿，现行律定有明文。反言之即定婚之初，此方不行通知，定婚之后，发见残疾、老幼庶养之类，彼方即得主张离异。是定婚之初，不知残疾、老幼庶养，尚得听其离异。今也成婚之后，夫男发生残废，尤非女家所预知，当然得听离异别许，此就法理而言。揆诸人情，中国女子多无自立能力，嫁夫原所以靠终身，夫成残废，若不准离，于生活上大有关系。消极说谓，现行律规定，男女定婚之初，若有残废等类，务须两家明白通知，此系未定婚以前之手续。盖不履行此项手续，遽结契约，在法律上系一种有瑕疵之行为，故得为无效原因。若定婚之后，婚约既已成立，婚姻关系，亦从此确定，嗣后发生残废，苟于生育上无碍，不准辄悔。况我国习惯，往往定婚后，数年未娶，而人事之变迁无常，此数年中，得毋稍有变动耶。若无法定原因，辄准离异，则定婚以后，未娶以前之时间，其婚姻关系，恒在兀突不定之中，何须乎定婚？亦何所谓婚约？果如积极说所云，仍须履行通知手续，则该条应定为凡男女定婚，或成婚之初云云方通。今该条仅云定婚之初，其注重在定婚时无疑，只需定婚之际，两家并无隐匿，婚约即属有效，定婚之后发生残废，即不负通知义务。且此项条文，系属强行规定，岂容类推解释？以上两说，究以何说为当？此应请示遵者二也。属县现有此种案件发生，急待解决，理合具文呈请鉴核，俯赐迅予解释示遵"等情到厅。查解释法律，系钧院特权，相应据呈函请钧院核示等因到院。

查定婚须凭媒妁，写立婚书，或依礼收受聘财，始为有效，不得仅有私约，本院早有判例。律载私约系指对于特别事项之约定而言，即残疾、老幼庶养之类须特别告知双方合意。一经合意，并立婚书，或受聘财之后，自系不许翻悔。若事故在前，定婚时未经特别告知，经其同意则虽已立婚书，交聘财，并已成婚，亦准撤销。至若定婚后成婚前，一造身体上，果确已发生重大之变故，自可查照本院四年上字二三五七号判例，令其再行通知，如有不愿，应准解除。若业已成婚，则应适用一般无效撤销，及离婚之法则（参照历来判例、解释例）。如依各该法则均所不许，自无再准主张之余地。相应函复，即希贵厅转令查照可也。

此复！

■ 统字第1249号

民国九年三月二十日大理院复山西高等审判厅函

径复者：

准贵厅函开：案据稷山县知事彭作桢麻日快邮代电，内称，"现有甲失窃骡子一头，疑系乙、丙二人所为。起诉经承审员开庭审理，讯得乙、丙既无偷窃骡子行为。因乙身充乡地，与甲系属亲戚，丙实为邻佑，著该二人，协同警察寻找，此系当日之堂谕。乙、丙下堂之后，除不寻找外，反赴高等检察分厅，控诉诬告，承审员断以各赔偿五十金等语。嗣经高等分厅将原状发回，并训令依法办理等因，遵将乙、丙等传案讯问。该民既未偷窃甲之骡牲，不愿寻找，应免置议。惟控诉承审员，处断赔银之事，实属诬罔。查承审员当庭，并无此言，乙、丙任意捏造，希图承审受惩戒之处分。应否依《暂行刑律》第一百八十二条，处乙、丙以诬告罪？承审为被告，当然回避。惟同署之县知事，应否审理此案，宣告罪刑？抑应呈明上宪，移转管辖？事关法律解释，理合电请函转大理院，迅予解释"等情到厅。相应据情转请贵院，俯赐解释示复，以便饬遵等因到院。

本院查诬告罪，以所告虚伪之事实，足使他人因而有应受刑事或惩戒处分之嫌疑，为构成要件之一。乙、丙捏诉承审员，断令各赔偿五十金，是否合于此项要件，系事实问题。如果所揭事实，足使承审员因而有应受惩戒处分之嫌疑，自得谕以诬告罪，否则应于免议。至承审员回避之案，除县知事自行引避外，诉讼当事人，若以为县知事亦应回避，自可准用八年四月十八日呈准暂行援用之《刑事诉讼律（草案）》第一编第一章第四节第二十九条第二款、第三十二条，请由直接上级审判衙门裁判（《各级审判厅试办章程》第三节第十条至第十三条规定，因民、刑诉律草案各该部分，经呈准暂行援用，已失效力）。相应函复贵厅，转令查照。

此复！

■ 统字第1250号

民国九年三月二十五日大理院复江苏铜山县农会电

徐州铜山县农会：

哿电悉！所询应查取八年三月二日《政府公报》所登本院统字第九三七号解释第五段办理。

大理院有印

附：徐州铜山县农会原电

大理院钧鉴：

查人民田产买卖，敝县曩时，皆用清之五印尺丈量。近年敝县之湖田升科，官产买卖等，皆以民国四年公布之营造尺。现敝县有郑、吴两君，田产买卖，可否用营造尺？请以电训复，俾有遵循。

江苏铜山县农会叩哿

■ 统字第1251号

民国九年三月三十一日大理院复浙江第一高等审判分厅电

浙江永嘉第一高审分厅：

梗艳电悉！径电所询从前院例，系以私诉判决，应根据公诉判决确定事实。经评议变更认为私诉判决原则，虽应参照公诉确定事实，惟非必受其拘束，即于不得已时，亦得为反对认定。

大理院卅一印

附：浙江第一高等审判分厅原电

大理院钧鉴：

兹有甲告诉被乙诈取银洋十元，审依《刑律》第三百八十二条第一项及第八十条处断，并著乙将银洋十元缴案，给甲具领。于谕知判决时刑期已满，除关于公诉判决，乙乃当庭舍弃上诉权外，对于私诉判决，于法定期间内声明上诉，主张所受银洋十元，实系甲应偿之债务，并非诈取（核与在第一审主张无异，并非上诉变更事实）。经上诉审民庭审理结果，认乙主张属实，甲所诉诈取，殊无确据，依法应将原判关于私诉部分撤销，另为私诉。被控诉人，即原告诉人，关于私诉之请求，驳回之判决。惟查现行法例，私诉判决，当本于公诉判决确定之事实为基础（大理院民事判决，八年私诉上字第三零号）。此案乙诈取银洋十元，已为公诉判决确定之事实，关于私诉能否为与公诉判决确定事实相反之判决？不无疑问。悬案以待，务请电示遵行。

浙江第一高等审判分厅径印

■ 统字第1252号

民国九年四月三日大理院复浙江第二高等审判分厅电

浙江第二高审分厅：

咸代电悉！统字第九零二号解释，乃一共有人代理多数他共有人时，始适用甲等。若仅自己告争回赎，非不合法，戊、己不愿参加，亦应听之。

大理院江印

附：浙江第二高审分厅原电

大理院钧鉴：

今有甲、乙、丙、丁、戊、己、庚，有公共常产，即祀产一处，曾于先年出卖于上开共有人庚。兹甲、乙、丙、丁请求回赎，对庚起诉。而传据戊、己，供称不愿诉讼。应否依钧院统字第九零二号解释，即以甲等起诉不合法驳回？如应驳回，则更有多数人共有不可分之巨大财产，内有一二人与相对人别有原因，反对多数共有人之起诉，应如何救济？案悬以待，理合快邮电请钧院，迅赐解释，实为公便。

浙江第二高等审判分厅叩咸

统字第 1253 号

民国九年四月六日大理院复湖南第一高等审判分厅电

沅陵第一审判分厅：

漾代电悉！所询情形，仍得诉由第二审审判。惟如果案件已系属于上告审，自不得复引该条办理。

大理院鱼印

附：湖南第一分厅原电

大理院钧鉴：

兹有被害人于第二审判决未确定前，提出私诉，是否仍照《私诉规则》第二十八条由第二审审判？抑应发交第一审办理？悬案待决，敬乞示遵。

湖南第一高等审判分厅漾印

统字第 1254 号

民国九年四月六日大理院复山东高等审判厅函

径复者：

准贵厅第四五六号函开：据济南律师公会呈称，"今有甲买胞侄乙田地若干，乙将该地祖遗原契，交甲保管。甲复照数拨粮，耕种二十余年，并于甲之子丙丁戊分居时，卖主乙莅场说合，将该地搭配分摊，更无异议之声明。嗣因无绝卖文契，乙又出而争诉。究竟该地之买卖，是否有效？于此有二说。甲说，凡买卖田地，以文契为凭，叔侄间之买卖，与普通人无异。当时既未立有买卖契据，虽有其他旁证，不能认买卖为有效。乙说，凡买卖契据，原系一种证据主义，不能认为绝对条件。买卖之事实，既已成立，虽无契约，有其他之旁证可以证明，即能发生效力。况叔买胞侄之地，虽未从新立契，而又撤出该地之祖遗原契，是买地者不得谓之无凭。又照数拨粮，实含有登记之性质。且将此地分析时，卖主在场作中，并未声明异议。种种情形，均足证明有绝卖之事实。虽无绝卖之文契，亦不得认该买卖为无效。以上二说，究以何者为当？事关法律问题，应请转呈详细解释，实为公便"等情。据此。相应函请贵院查核办理等因到院。

查债权法上不动产之买卖，只以当事人两造之合意，即生效力，不以立契为要件（参照本院四年上字一八一七号判例）。乙之卖田，如能证实，自即生效，不许乙再行翻异。相应函请贵厅转令遵照可也。

此复！

统字第 1255 号

民国九年四月七日大理院复江西高等审判厅函

径启者：

据南昌律师公会呈称，顷据律师吴师吉函称，"今有山场一处，甲自明清两代，先后葬坟五十六冢，民国以来，亦葬有坟四冢。既陆续葬坟如此其多，似不得谓为借地葬坟。"惟无契据，可否即以其陆续葬坟数十冢，认为所有，抑应认为占有？

请即径呈大理院，迅予解释，以便遵照等因到院。

本院查证明不动产所有权，固不以契据为唯一之方法。即如历来完全行使所有权之事实，及其他曾经合法移转之证明，亦可据为证凭，否则不过事实上之占有而已。惟若证明不足，仅有占有事实时，则仅可适用保护占有之法则。对于请求人，除能证明有权请交外，可维持占有现状，驳回原告请求。相应函请贵厅转令遵照可也。

此致！

■ **统字第 1256 号**
民国九年四月十日大理院复河南高等审判厅电

河南高等审判厅：

江代电悉！本院成例，强盗在外把风，于伙犯入室后之伤人行为，因其为强暴胁迫当然之结果，应共同负责。若于伤人以外，临时起意杀人，则既非所预见，自不负责。

大理院灰印

附：河南高等审判厅原代电

大理院钧鉴：

今有甲、乙、丙、丁、戊、己、庚、辛八盗，分持洋枪刀棍，偕往行劫。及抵事主门首，甲、乙在外把风，余盗入室抢劫。惟丙、丁在前院行劫，拒伤雇工二人，戊、己在后院行劫，拒伤事主一人（前后两院有墙隔绝），庚、辛上楼行劫，拒伤事主二人，则甲、乙等八盗，应否负共同伤害责任？分为三说：（子说）甲等既同时分持洋枪刀棍，当然有伤人之预见，不论入室上楼与否，均应负伤害责任。（丑说）甲、乙既在外把风，则余盗入室，拒伤事主，自非甲乙所能预见，当然不负责任。即丙、丁拒伤前院雇工，戊、己拒伤后院事主，庚辛拒伤楼上事主，既非同在一处，亦毋须共同负责。至强盗分持枪械，比比皆然，苟非预先有共同伤害之计划，自不能推测其有伤人之预见，况依统字第二六八号、第四一一号、第七八四号解释，不能使负共同责任，更为明了。（寅说）甲、乙既在外把风，固不能使负伤害责任，惟丙丁戊己庚辛，入室抢劫，拒伤雇工事主，虽有前后院及楼上下之地点不同，然既同时入室分头下手，究不能不负共同伤害之责任。以上三说，究以何说为是？悬案待决，恳迅赐解释示遵。

河南高等审判厅叩江印

■ **统字第 1257 号**
民国九年四月十日大理院复江西高等审判厅函

径复者：

准贵厅函开：据江西高等审判分厅监督推事岳秀华呈称，"兹有高等检厅检察官，对于高等审厅决定之刑事案件（地厅管辖事件，非初级管辖事件）声明抗告，业由高等检厅备函，将检察官抗告意旨书，送付高等审厅。于是高等审厅按照诉讼事例，自行审查，认抗告之全部为无理由，即加具意见书，本拟检卷送交抗告审判衙门，乃以高等检厅函请将意见书及卷宗，送还该厅，以便追加抗告意旨，及将意见书等件，送付高等检厅。则该厅亦发见检察官抗告为无理由，遂用公函向高等审厅声明，业由本厅长官撤销。查民国二年二月十八日，总检察厅令所开，系下级检察厅提起上诉，不合程序或无理由，准由上级厅以命令驳回。又查《高等检察厅办事章程》第二十三条第二款抗告事件，甲号由地方检察官提起者，审查后若系不合法及无理由者，准用前款甲号之规定［即一控告事件，（甲）由地方检察官提起者，审查后若系不合法或无理由，应请示检察长，以命令驳回之］等语，则下级厅检察官之抗告上级厅检察长官，得以命令驳回，固甚明了。至于高等检厅长官，能否以命令将其本厅检察官之抗告撤销，并无明文规定。细绎《高等检察厅办事章程》第二十九条，检察官对于同级审判厅之决定，应行声明抗告之件，准用前条第一项之规定（即第二十八条，对于同级审判厅判决应行声明上告之件，由主任检察官提出上告意旨书，请示于检察长）等语。是检察官声明抗告，必须先得本厅长官同意，然后始能声明。由此言之，则本厅检察官之抗告，无异于本厅检察长官之抗告，本厅检察长官，似属不能以命令撤销本厅检察官之抗告。惟究竟本厅检察长，能否以命令撤销本厅检察官之抗告，事属法律问题，未敢擅决，理合具文呈请查核，转请大理院迅赐解释，俾有遵循"等情。据此，相应函请贵院，迅赐解释见复，以便转令遵照等因到院。

查《审判厅试办章程》第六十六条规定检察官上诉，不准撤销，则即奉本厅检察长之命令，亦未便准其撤销抗告。相应函复贵厅，转令查照可也。

此致！

■ **统字第1258号**
民国九年四月十二日大理院复湖北高等审判厅函

径复者：

准贵厅第二八号函开：据郧县知事李佑元呈称，据承审员黄能元面称，"查甲某有房屋一所，共计四间，甲自己居住一间，余均当与乙某居住。嗣甲因吸烟失慎，将床上铺草烧燃，延及楼窗板壁，致甲、乙二人居住之房间，及两人所有之衣物家具，均被烧毁净尽。乙某旋以损失之衣物、家具，约值一千余元，呈诉到县，请求判甲赔偿（只言衣物、家具，未言当价），于兹有两说：（一）绝对说谓，现行律杂犯门，载'凡失火延烧官民房屋者，处五等罚'，并无赔偿之规定，当然予以驳回。又仓库门载'若卒遇雨水冲激，失火延烧，盗贼劫夺，事出不测，而有损失者，委官保勘复实，显迹明白，免罪不赔'云云。前清以仓库财物，为国家所有，视民间财物为尤重，被火延烧，尚且不赔，其民间财物，自属不问可知。且查乾隆十二年成例，'凡租屋失火，例不赔偿。如被延烧者，业主起造后，或另租他人所有顶首银两，量偿三股之一'等语。按自行失火，既不赔业主之房屋，而于延烧场合，尤须令业主量偿银两，则被延烧之户，与失火之人，决不生赔偿问题，尤为显然。况现行律于放火故烧人房屋，规定详明，尽犯人财产赔偿，则前之所以不规定之意，显系不令赔偿，并非遗漏，尤不待言。且失火有延烧至数十百家，而损失层千累万者，若令失火之人，一一赔偿，未免过酷，且为势所难能，此就人情上立论，更无赔偿之余地也。故乙受损失，无论至何程度，及其失火，无论系何原因，甲均无赔偿之义务。（二）相对说谓，失火延烧，应否赔偿，应以过失之等次为断。依大理院三年第三五三号判例，失火可以分为重大过失，普通过失，轻微过失三种。普通及轻微过失，不任赔偿之责，若重大过失，则不得不量予赔偿。观该号判例所载，如典主自行失火，应听业主不付典价，消灭典主债权（重大过失），可知典价，系作为赔偿之资，并非无故消灭。即凡因重大过失，而延烧他人房宇财物者，不能不负赔偿之责，已可类推得之。且按之法理，亦有依据，如《民律草案》第九百四十五条第一项因故过失侵害他人之权利而不法者，于因加侵害而生之损害，负赔偿之义务。又第二项前项规定，于失火事件不适用之，但失火人有重大过失者，不在此限。又如日本明治三十二年，法律第四十号载，'凡失火者，非因重大过失而贻害他家者，不任赔偿之责'各等语。则重大过失，应负赔偿义务，尤为至当之条理也。虽现行律内无赔偿明文，然依法律无规定者，适用习惯，无习惯者，适用条理之原则，上项条理，尤属不能不予采用。且就人情立论，如祭扫坟墓，不戒于火，延烧邻近房屋，而该房屋所有人，又极贫寒，无力起造，若不令其赔偿，更于良心上有所未安。至加害人（失火之人）有无赔偿损害之能力，系为事实问题，与适用法律无关。况现行律放火，故烧人房屋，既载明并计所烧之物减价尽犯人财产，剉折赔偿。又载注若家产罄尽者免追，则失火亦未始不可以援用。盖放火与失火，在刑法有轻重之分，而在民法上则同为侵害他人财产，且加损害之行为，固无轩轾于其间也。故甲之失火，如为重大过失，即应赔偿乙之衣物、家具；如为普通及轻微过失，则无赔偿之责。但究为何种过失，应调查事实，衡情论断。以上两说，究以何者为是云云。据此，知事查第一说注重法文，第二说注重论理，比较上似以第二说为优。惟无成例可循，未便臆断，理合具文，呈请钧厅俯赐查核准。将关于此种事件之成例，抄发下县，并祈指示只遵，实为公便，谨呈等情。"据此，查来呈情形，似以第二说为正当，惟事关法律解释，相应函请即为解释复厅，俾便转令遵照等因到院。

查所询情形，自以第二说为当。相应函复贵厅转令查照可也。

此复！

■ 统字第 1259 号

民国九年四月十三日大理院复浙江第二高等审判分厅函

径复者：

准贵厅函开：查覆判案件核准与更正之案，皆以判决行之。兹有甲、乙二人共犯一案，甲应核准，乙应更正，依《覆判章程》第四条第二项之规定，以更正论。惟此更正判决之主文内，应否将甲之核准并予宣告？抑仅将初判关于甲之处刑部分，重为宣告？如不宣告核准，则甲之起算刑期，未免无所依据。而重为宣告，亦与利益被告人之旨不合，应请解释者一。又例如甲、乙、丙三人，共犯一案，甲应核准，乙应更正，丙应覆审，制判形式，依钧院统字第八六七号之解释，为覆审之决定。惟关于甲之核准，乙之更正部分，本应以判决行之，能否于决定主文中并予宣告？抑甲、乙二人，亦应连同宣告覆审？均于起算刑期，不无出入，应请解释者二。相应备函请钧院迅予解释等因到院。

本院查覆判案内，应核准与应更正之部分互见时，依《覆判章程》第四条第二项第二款既以应更正论。固应将原裁判一并撤销，另行宣告。其有应核准与应更正、应覆审之部分互见者，亦当以应覆审论，尤应履行覆审程序后，始得另行裁判。此项更正或覆审之判决，于本应核准之部分，虽无出入，然已不得谓其即为核准判决，自与同章程第十条所定情形不同。惟依统字第八百六十七号解释，其执行刑期，既可按照追认办法计算，则被告人亦不至因而受不利益之结果。相应函复贵厅查照。

此复！

■ **统字第 1260 号**

民国九年四月十三日大理院复江苏高等审判厅函

径复者：

准贵厅函开：案据丹徒县知事张玉藻电称，"兹有某甲住居淮安，与先不识之某乙同船，至镇改乘火车赴沪，在车站经军队检查，某乙形迹可疑连同某甲获案，并查出各携银元若干。某乙供曾为匪，而某甲确无为匪嫌疑，但供早年曾至上海贩卖烟土一次，此次携款至沪，仍拟购土等语。查《刑律》第二百七十四条载第二百六十六条之未遂犯罪，之今某甲赴沪购土，尚未到达目的地，中途被获，能否认为第二百六十六条之未遂犯？伏祈核示只遵"等情前来。据此，案关法律解释，相应函请贵院，迅予解释，以便转令遵照等因到院。

查所称情形，携款购土，尚在途次，系意图贩卖而收藏罪之预备行为，自不能按《刑律》第二百七十四条之未遂办理。相应函复贵厅转令查照可也。

此致！

■ **统字第 1261 号**

民国九年四月十三日大理院复江苏第一高等审判分厅函

径复者：

准贵分厅函开：案查民国八年四月，公布暂行援用《刑事诉讼律草案》第一章第四节各规定，并无县知事或承审员之回避，准予准用之明文。是凡关于县知事或承审员之回避，似应仍照《县知事审理诉讼暂行章程》第五条，准用《各级审判厅试办章程》第十条至第十三条之规定。惟查贵院复安徽高审厅统字第一一七七号解释内载"自《刑事诉讼律草案》第一章第四节呈准暂行援用以来，该《审判厅试办章程》第十二条已失效力"等语。虽为地审厅推事回避问题而发，与县知事回避无关，然参照贵院复总检厅据江苏高检厅转据太仓县知事代电统字第一二一六号解释内载"如被告人实系声请拒却，县知事则应查明是否合于同草案回避节规定"等语，则纯为县知事问题而解答。似关于县知事回避或拒却等问题发生时，亦应准用《刑事诉讼律草案》第一章第四节各规定办理。究竟贵院统字第一一七七号解释内，所谓"该第十二条已失效力"之语，是否专指各审判厅推事发生回避、拒却、引避各问题而言？抑《县知事审理诉讼暂行章程》第五条之准用规定，亦因该《刑事诉讼律草案》第一章第四节呈准暂行援用，而失效力？事关适用法律疑义，未敢臆断。相应函请贵院，俯赐解释，俾有遵循等因到院。

查关于县知事之回避、拒却、引避，应准用八年四月十八日呈准暂行援用之《刑事诉讼律草案》第一编第一章第四节各条，本院已有解释（统字第一二四九号）。相应函复贵分厅查照可也。

此致！

■ 统字第1262号

民国九年四月十四日大理院复总检察厅函

径复者：

准贵厅函开：案据江苏高等检察厅代电称，据海门县知事汪保诚电称，"奉指令呈送宋六斤等覆判案，以本案判决时，并未传同原告诉人宣示，于法殊有未合。饬即分别传提到庭补行宣示手续，重行牌示等因。查刑事原告诉人，除有极要之辩论外，往往惮于劳费，不愿到庭，听候宣判，法律事实，两相龃龉。本案业已遵令补传，如或原告诉人不遵票定期间，到庭时可否即予宣示判决，以免悬案之处，伏乞迅赐电示只遵"等情。据此，事关法律解释，职厅未敢擅拟，理合电请钧厅，俯赐转院解释示遵等情到厅。相应据情函送贵院，核办示复，以便转令遵照等因到院。

本院查《县知事审理诉讼暂行章程》第三十一条，既定明刑事判决须传原告诉人及被告人于法庭宣示，则不得仅提被告人宣判无疑。至原告诉人业经依法传唤，收受送达，而届期不到时，该条固亦有只提被告人宣示之明文，自可按照办理。惟县知事判决案件，未经传同原告诉人宣示，虽属不合，然系程序违法，在原告诉人一方上诉期间，固属不能进行。上级审则应依法受理上诉，于第二审（或覆审）裁判内，予以指正，无庸发还补行宣示。其以裁判发还者，检察官得于上诉期内提起上诉。若裁判业已确定，则下级审应受拘束。原告诉人果经依法传唤，仍不到案，自得依据上开条文宣示。相应函复贵厅转令查照。

此复！

■ 统字第1263号

民国九年四月十七日大理院复山西高等审判厅电

山西高等审判厅：

虞代电情形，应由地审厅受理上诉，并得由高检长命地检官提起控诉。

大理院筱印

附：山西高等审判厅原代电

大理院钧鉴：

高检官对于不应送覆判案件（系属初级管辖案件）提起控诉时，是否统由高审厅受理？抑应分别管辖，发交地审厅受理？乞电示。

晋高审厅虞印

■ 统字第 1264 号

民国九年四月十七日大理院复山西高等审判厅函

径复者：

准贵厅函开：案奉省署行知法字第六六号内开，据沁源王知事号电称，"今有某甲之母，孀妇某乙，与某丙和奸后，被某丙诱至其家续奸，某乙自己并不告诉，既无本夫，又无尊亲属人，以适法告诉。于此场合，依大理院统字第二百八十一号之解释，行使检察职权之官吏，可因利害关系人某甲之声请，指定代行告诉人，行使告诉权。但何人有被指定代行告诉人之资格，不无疑义。恳请转饬高审厅查核解释示遵"等情到署。合亟行仰该厅迅速解释，电饬遵照，特此行知等因。奉此，查解释法律，系属钧院职权，敝厅未便擅拟。案奉前因，相应备函转请钧院，迅予解释见复等因到院。

查孀妇乙，如系良家妇而与丙相奸，乙、丙应成立《暂行刑律补充条例》第六条第一项之罪。惟既无乙之尊亲属告诉，应不论罪。丙诱乙至其家续奸，如并非将乙移于自力支配之下，不过令乙就其家续奸，仍任乙来去自由者，尚不得认为和诱。若实系具备和诱条件，乙之子甲，以不违反乙本人之意思为限，当然得为代诉人（参照本院统字第一二零零号解释文），毋庸径行指定程序。相应函复贵厅查照可也。

此致！

■ 统字第 1265 号

民国九年四月十七日大理院复河南高等审判厅函

径复者：

准贵厅函开：案据邓县知事韦联棣呈称，"兹有甲号，开在汉口，派号伙乙、丙，来邓采办烟叶，以汉票银向丁、戊、己三钱店，购买铜元兑付烟款。乙、丙因薪金微薄，不敷酬应，商同丁、戊、己钱店，将汉票汇水银，每千两抬高十两或五两，收入乙、丙私账，作为乙、丙存款，立有折据为凭。嗣乙、丙被人中伤，经甲号派庚来邓调查，丁、戊、己即将乙、丙存银私折交出，乙、丙同犯诈财罪固无疑义。惟究应依《刑律》何条处断？有子、丑两说：子说谓，乙、丙意图为自己所有，以欺罔手段，使甲号将财物交付于己，与《刑律》第三百八十三条图利自己，及加害于本人之财产者均有不同，自应依第三百八十二条第一项处断。丑说谓，乙、丙既为甲号号伙，而以欺罔手段，诈取甲号财物，即系为人处理事务违背信义。虽财物系由甲号交付，而其意为图利自己则一，与第三百八十二条之规定，诈取一般人之财物者有别，应依第三百八十三条处断，此应请解释者一。又丁、戊、己对于乙、丙诈财行为应负刑责与否？亦有寅、卯两说：寅说谓，乙、丙诈财，意图为自己所有，丁、戊、己虽系知情，然亦不知其为犯罪行为，且未得财，是无犯意，当然不能成立犯罪。卯说谓，丁、戊、己虽未得财，而故将汇水抬高，付入甲账，是即帮助行为，应共负刑责。且乙、丙如不得丁、戊、己帮施，其欺罔手段，虽有诈财犯意，亦难生犯罪既遂之结果，则丁、戊、己自应照第二十九条第二项准正犯论，此应请解释者二。又丁、戊、己均为法人，查《新刑律》对于处罚法人，并无明文规定。果如丑说，则丁、戊、己究竟如何处罚，并应否算入乙、丙诈财人数以内？此应请解释者三。又湖北税厘，向以该省所出官票完纳，丁店代甲号完纳湖北张家湾厘金，均以铜元付账。查官票铜元，按照市价，间有出入。此种行为，是否诈财？亦有辰、巳两说。辰说谓，湖北官票票面价额，本系铜元百枚，又准完纳丁漕厘金，并不补水，是与铜元无异。虽市价间有出入，此乃奸商操纵，藉以渔利所致，并非官票与铜元实有差异。且商人原以营利为目的，在甲号既未于应纳税厘以外，多出一文，而丁店即因官票铜元，稍有出入，藉获微利，此亦商场习惯，并不涉及刑事范围。巳说，谓丁店代甲号完纳税厘，即系为人处理事务，与买卖不同。无论官票与铜元相差若干，既以官票完纳，应以官票付账，乃竟改付铜元，谓非图利自己而何？应照第三百八十三条处断，此应请解释者四。又邓邑烟行惯例，向取行用两分，乙、丙仅给予行用一分，余一分即入私囊。兹经甲号庚查出，以诈财具控，请求将未交之一分行用，如数追缴给领。而乙、丙谓该一分行用，系烟行应得利益，兹经烟行以善意赠与，实当利得，不肯退出。查乙、丙所得之一分行用，既在烟行应得之两分行用以内，在甲号实为应出之钱，自非诈取，即不能谓犯有刑事嫌疑。惟该款既系烟行应得利益，自与甲号无关，而庚请求判令乙、丙交出给领，是否正当？此应请解释者五。悬案待决，理合具文呈请钧厅，迅赐解释示遵，实为公便"等情。据此，除指令外，相应据情转请钧院，迅赐解释，以便转令遵照等因到院。兹分别解答如下：

第一、第二、第三问，乙、丙由甲派出采办烟叶，乃商同丁、戊、己将汉票汇水银，每千两抬高十两或五两，收入私账，作为存款，乙、丙系《刑律》第三百八十三条之共同正犯。丁、戊、己若知情故犯，系该条之准正犯，并均应依第三百八十五条、第二十九条第一第二项分别处断。并注意乙、丙是否连续犯，抑系数罪俱发？丁、戊、己既为钱店，如查照《公司条例》，尚未合法成为公司，不得认为法人，应由行为人负责。又法人可否处罚，参照本院统字第一百八十四号解释文。

第四问，官票与铜元，市价既有出入，则丁代甲以官票完纳厘金，以铜元付账，仍与《刑律》第三百八十三条相符。如系情轻，可予酌减。

第五问，如烟行惯例，行用必取两分，乙、丙所得一分，确在烟行应得两分之内，烟行所以减收，只为乙、丙，确非为甲，自可认为出自赠与，庚不得代甲请求追缴。

以上各节，相应函复贵厅转令查照可也。

此致！

统字第1266号

民国九年四月二十日大理院复山西高等审判厅函

径复者：

准贵厅真代电开：兹于适用现行律婚姻各条例，发生疑义数端：（一）男女嫁娶及孀妇改嫁例载主婚余亲，是否如该律嫁娶，违律主婚媒人罪条律注，包括有服卑幼在内（不限于尊长）？（一）余亲服制相同者，共行使主婚权，是否以尊卑为序，（如胞叔与胞兄互争主婚权时）？（一）直系尊属俱亡之女，经其不同居之胞兄，许字于人，其同居之胞兄（即现负养育义务者）与其不同居之胞叔，可否以未经同意为理由，诉请撤销婚约？（一）同宗为婚，可否由无利害关系之族人，以公益利由，出头告争？又审判衙门对于此种违律婚姻，能否径以职权干涉，乞迅赐解释电示只遵等因到院。

本院查现行律男女婚姻门条例所载，余亲主婚，并未指明，卑属不应在内，亦无必须同居之限制。故余亲中究应何人主婚，其在婚嫁之子女，已达成年者，自应凭其自由择定，无论以何人为主婚人，但系成年余亲，他人不得告争。若婚嫁子女，未及成年，则由余亲之充保护人（即监护人）者主婚。保护人有失权原因时，由其关系较亲之成年亲属主婚，不问伦次尊卑。至所谓关系之亲密，应斟酌各该实际情形定之，如照顾同居及服制等，均应酌及。惟主婚权人，如有嫌隙虐待，故意抑勒阻难，或其他不正当行使，主婚权之事实者，均应认其丧失权利。所询情形，婚嫁之男女，业已成年，应查询其自己之意思。倘未成年又无保护人，或其同居胞兄即为保护人，且别无失权原因时，自应准其请求撤销婚约。胞叔即在不得告争之列。至孀妇改嫁，律无明定者，上述条理，亦可准行（注意补正四年统字第二五三号解释例）。又同宗为婚，无法律上利害关系之族人，不得告争，审判衙门审理诉讼，不能不告而理。故除此项事实，经合法成诉，得以职权调查裁判外，自难为无诉之审判。相应函复贵厅查照可也。

此致！

统字第1267号

民国九年四月二十三日大理院复安徽高等审判厅电

安徽高等审判厅：

个电悉！强盗既着手而并伤人，即不问财物入手与否，应视受伤人数，及程度分别，依强盗伤人各条处断。

大理院漾印

附：安徽高等审判厅原电

大理院钧鉴：

强盗伤人而未得财，系既遂抑系未遂？悬案待决，乞电示。

皖高审厅个印

■ 统字第 1268 号

民国九年四月二十八日大理院复山西第一高等审判分厅电

山西安邑第一高等审判分厅：

覃代电悉！希查照统字第一二三七号解释，适用通常上诉程序办理。

大理院俭印

附：山西第一高等审判分厅原代电

大理院钧鉴：

覆判核准案件，检察官上告，经钧院将原判撤销发还，更为审判，是否回复覆判审程序？抑作为控诉案件？如以控诉论，则该案原系覆判之件，未经控诉者，从法理上研究，似以回复覆判审程序为宜，究应如何之处？乞迅赐解释示遵。

山西第一高等审判分厅覃印

■ 统字第 1269 号

民国九年四月二十九日大理院复总检察厅函

径复者：

准贵厅函开：案据浙江第二高等检察分厅代电称，"妇女犯罪，应褫夺公权时，能否褫夺其《刑律》第四十六条各款资格之全部？抑仅限于同条第三款、第五款之资格？可分二说：一说谓，依现行法令，妇女本无之资格，毋庸褫夺。一说谓，现行法令上，妇女本无之资格，将来不无取得机会，依律褫夺，实为有益。二说孰是？理合电请钧厅，转院解释，以便遵循"等情到厅。相应据情函送贵院，解释示复等因到院。

查《刑律》褫夺公权，褫夺其第四十六条所列资格之全部或一部，于妇女既无特别规定，似应一律适用。惟法律之适用，本以事实存在为基础，现行法令，对于妇女所不许之资格，当然无褫夺可言。审判衙门，即应斟酌办理。应请贵厅转令查照可也。

此致！

■ 统字第 1270 号

民国九年四月二十九日大理院复奉天省长函

径复者：

准贵公署函开：案据东三省清乡总局督办王顺存呈称，"窃查《惩治盗匪法》之施行，原以盗匪猖獗，日肆蔓延，仅依《刑律》制裁，则收效较缓，故特设重典，藉弭匪患。然历年以来，匪氛仍未稍熄者，虽其原因复杂，究以通匪之人有以致之。缘各处军警，因访拿贼匪不易，于是有假充贼人，入贼帮者，遇官兵剿匪时，即做内应，俗名拉大纲是也。贼人有鉴于此，此后凡投帮为匪者，非贼首亲信之户作保，不肯收留。例如甲投入匪首乙帮之时，先由乙素识之丙为甲保证，乙始允许。甲入帮后，迭次绑抢，旋甲及丙，均被拿获。甲之行为依盗匪惩治，固无疑问。而丙之行为如以盗匪处断，则律无正条，无从准据。若免除其刑，则济匪窝匪者，均尚论罪科刑，岂有保人入匪，以助匪势者，反可以免罪之理？故关于丙之行为，应成立何项罪名，凡有三说焉：子说谓，《刑律》第十条之规定，于法律无正条者，无论何种行为不为罪。盖恐其比附罗织人罪，今丙保匪之行为，既无专条，当然不能论罪。丑说谓，甲既无丙之保证不能入帮，则丙于甲入帮之时，其与以重要助力者，毫无疑义。故应以《刑律》第二十九条第二项之规定，于正犯实施犯罪行为之际，与以重要助力者，准正犯论。寅说谓，丙并非于甲实施犯罪行为之际，加以助力，乃系于甲实施犯罪行为以前，与以帮助耳，应依《刑律》第三十一条之规定，以从犯论，得减正犯之刑一等或二等。以上三说，未知究以何说为当？事关法律解释，未敢臆决，理合呈请鉴核"等情。据此，事关解释法律，相应函请贵院查照，希即迅予解释见复，以便转行遵照，实为公便等因到院。

查所询情形，甲如以绑抢某某（谓特定之人）之计划，央丙保入乙帮，丙知情保入后，甲即行绑抢，丙应为绑抢之从犯（视甲所犯之法条定之）。若甲经丙保入乙帮后，始从事绑抢，丙对于绑抢何人之事实，初不知情者，则仅为帮助加入秘密结社之从犯，应依《治安警察法》第二十八条、第九条第三款、《刑律》第三十一条处断。相应函复贵省长转令遵照可也。

此致！

■ 统字第 1271 号

民国九年四月三十日大理院复奉天高等审判厅函

奉天高等审判厅：

宥电悉！依教育法令设立之小学校，其教员即系依法令从事公务之职员，与《刑律》第八十三条所称官员相符。

大理院卅印

附：奉天高等审判厅原电

大理院鉴：

县立小学校教员，可否认为官员？祈电示。

高审厅宥

■ 统字第 1272 号

民国九年五月一日大理院复江西高等审判厅电

江西高等审判厅：

民字二三八号函悉！所称情形，乙、戊之转典，既经甲事前明白否认，并已提议取赎，戊自无对甲主张转典权，拒绝交房之理。

大理院东印

附：江西高等审判厅原函

径启者：

案据兼理司法都昌县知事，快邮代电称，"设甲有房屋一所，于清光绪年间典于乙，以宦游在外，未曾取赎。乙于一年内将其半拨典于丙，旋丙复以他适需款，将乙之拨约授丁，有无另订契约，现以莫悉，丙之所在，无从证明。未几，丁又转典于戊，戊即居此屋之一半，乙亦以其余之半典于己，均未超过原典价额。某年年终，甲、乙返里，乙以穷困向戊告贷，言明将赎丁、己之典，合并转典于戊。贷款后定期成契，约甲到场作中，甲始悉此事，即声明由其取赎，嘱乙、戊取消原议，乙、戊均诺，而成契如故。忽为甲所闻，催赎愈急，乙乃与赎，甲比以现款期票各半，取回原契，由乙另书限字，约两星期交屋，丁、戊之子，均到场签押。乙、后潜向戊赎典，应偿之典价，除兑现外，余由乙婿庚代票交丧，戊将原契缴出涂消。讵乙忽以典授不明，诉丁与戊，而甲遂无从管业。第一审时，甲适外出，嗣亦到庭以口头请求交产，初审、二审，乙均败诉。惟乙既赤贫，又系孀妇无子，庚亦穷乏无业，执行困难，甲有所有权，且受重大损失，以乙违反契约，请求判令交屋，戊到庭声明典价未清，表示否认，于此有二说焉：（一说）甲典屋于乙，甲既赎典将契收回，乙当然负有交屋义务。至乙与戊之纠葛，余款已另书票，典契又复涂销，是乙、戊由质权上之关系，一变而为债权债务之关系，应令戊先行迁居，以便甲收回此屋，免受损失。况甲取赎在前，曾力阻乙、戊契约之成立。乙、戊既允，复违秘密缔约，此种诈欺行为，根本上已难认为有效。（一说）乙对戊虽经赎典，然典价未清，则乙与戊质权上之之关系，尚未终了。戊在法律上，仍可享占有之权利，不得因甲请求，责令戊先行出屋。二说未知孰是。再如以第一说为是，乙与戊既为债权债务之争，诉讼终结后，自应按照《民事执行规则》办理。如以第二说为是，乙欠戊典价，并无财产可供执行，戊又坚不出屋，致甲无收回房屋之期，有无救济方法？请予核示，或转请解释"等情到厅。事关法律解释，相应函转贵院查核，请即解释见复，以便饬遵。

此致大理院！

■ 统字第1273号

民国九年五月一日大理院复浙江高等审判厅电

浙江高等审判厅：

民字一六七号函悉！所询情形，甲家如确系家产净绝，其子年稚，本无履行能力，即甲生前未曾羁押，亦应缓其执行。

大理院东印

附：浙江高等审判厅原函

径启者：

兹据鄞县地方审判厅宥电称，"兹有某甲欠某乙洋百余元，经上告审判决，判令照数偿还。因家产净绝，业由原审照章将甲羁押数月，旋即保外病故。其妻以夫亡子幼，状请从缓执行，原审批示不准，因而抗告到厅。职厅查《各级审判厅试办章程》第四十二条，内载'理曲人家产净绝，得收教养局，作工一月以上三年以下'。某甲在日，既经原审羁押数月，死后子年五岁，家无恒产，能否视为已收教养局，作工期满，从宽缓予执行？事关法令，请求解释"等情到厅。相应转请贵院，俯赐解释只遵。

此致大理院！

统字第 1274 号

民国九年五月一日大理院复浙江高等审判厅电

浙江高等审判厅：

民字第一七五号函悉！查立继行为，须经择继人及承继人，与其父母之同意。惟其父母不同意，确无正当理由时，审判衙门以裁判代替，亦属有效。本院对于人事法上，为当事人利益存在之同意权，向均采用此项见解。所询情形，自可酌夺办理。

大理院东印

附：浙江高等审判厅原函

径启者：

案据鄞县地方审判厅快邮代电称，"兹有某甲身故无后，其妻乙与姑丙，选择丁、戊、己、庚四人，请求判令一人，为甲嗣子。查此四人，虽均可继，然丁不愿为甲嗣子，己、庚之父，亦不愿将子出继，惟戊自己情愿入嗣。其父亦不表同意按之现行律，凡夫亡无子，守志之妇，凭同族长，固有择继之权，但应否得所择继承人，及继承人父母之同意，并无明文规定。职厅现受有上列情形案件，应如何裁判，无所依据。理合快邮电呈转院解释示遵，悬案以待，乞速施行"等情。据此，查为人子者，出继他人为嗣，其父或母，如尚生存，必得其同意而后可，已经贵院著有先例（七年上字第四七一号民事判决）。是子之出继，应得父母之同意，本不发生疑问。惟如原问，子已情愿出继，而其父不愿，应否查明其有无正当理由，为之裁判，实属疑义。为此函请贵院，迅赐解释，以便转令遵行。

此致大理院！

统字第 1275 号

民国九年五月一日大理院复山东高等审判厅函

径复者：

接准贵厅宥代电开：案据齐东县知事删代电称，"今有蒙阴县人某甲，侨居齐东，以女许字齐东县人某乙之子，现已结婚。济阳县人某丙，以某甲未以女许字某乙之先，曾以女许字伊子，在济阳县公署起诉。济阳受理咨传，某乙对于管辖，声请抗议，谓案应归齐东管辖，请咨复济阳县转饬某甲以原就被，来县起诉。究竟应归何县管辖？知事未敢擅拟，理合电请钧厅，指定管辖"等因。据此，查婚姻撤销及确认之诉，依人事诉讼条理，均系专属夫之普通审判藉管辖。惟照上诉情形，所称为夫之普通审判籍者，乙、丙两造，既互有争执，究以何方主张为当？事关法律解释，理合电请核示饬遵等因到院。

本院查婚姻涉讼之管辖，现行法令，既未另有规定，自应依照呈准有效之《民诉草案》第十三条，以被告普通审判藉所在地，定其管辖。相应函复贵厅转令遵照可也。

此致！

■ 统字第 1276 号
民国九年五月四日大理院复总检察厅函
径复者：

准贵厅函开：据湖南高等检察厅呈称，"案据衡山县知事曹作弼呈称，'呈为恳请指示律条，以凭按处，而免枉纵事。窃有甲妇生乙、丙、丁、戊四子，甲妇夫故后，将夫遗产业，除剋存自己赡养外，余均平分，给与四子。比时丁、戊二子年幼，分得遗业，仍由乙子代为经理。甲妇赡养，亦由乙子照料。近来丁子已达成年，不免浪费，甲妇以爱怜少子，约束亦不甚严，以致乙子及乙子之妻，遂渐次怀怨于甲妇。至本年乙子将原与甲妇并丁、戊二弟合住原宅，改作铺店营业。因房间过少，将甲妇与丁、戊另迁先年老屋，因距离不远，甲妇赡养仍由乙子兼顾。甲妇以为不便，一日携卷被褥返店，向乙子争论同居，乙子及其妻，均拒却之。甲妇气愤，竟乘间投身水井，天寒日暮，几乎冻毙，幸丁子寻著负出，抬归乙子店里。适乙子因事外出，左右族邻到场，将甲妇救苏，共斥乙子之妻，不应过逆母意，恐发生逆案，不免牵累户族等语。讵乙妻不自引咎，反以冷言激愤，致甲妇一时气不欲生，遂匿避暗室，引刀自刎，越七日负伤身死，乙子投案自首，甲妇后族，亦据情告发。比经验明，委系自刎伤负致死，讯明情节，乙子对于甲妇，平日忤逆其母，非有何种事实，不过因防闲幼弟浪费，致失母爱。此次激甲妇自伤致死，又非出于乙子，实出于乙子之妻不明妇道。据此事实，查《新刑律》第二十六章第三百二十一条第一项，系规定教唆尊亲属使之自杀，第二项又系规定帮助尊亲属使之自杀。该乙子之妻，既非教唆，又非帮助，自不能按该律科罪。即论第三百二十五条内载，因过失致尊亲属死伤各例，按诸乙妇所犯，又属似是而非。再查同律第三十一章第三百六十一条载，'对尊亲属，犯三百五十七条处四等以下徒刑'等语，论乙妇仅以言语激怒，尊亲属气愤自刎，亦非加害相胁迫所可比拟。遍查子妇以言语激愤，尊亲属自杀身死，律例规定，未有明文。如谓律无正条不为罪，竟判该妇宣告无罪，揆诸伦纪纲常之义，又未免失于轻纵。微特一般舆论，传为罕闻，且恐天性凉薄之辈，皆藉以为口实。如欲按律拟罪，则未著有明文，又未便擅自枉处。事关法律解释，不得不悬案待示，用敢缕呈事实，呈恳钧厅，俯赐查核，指示律条，以凭按处，而免枉纵，深为公便"等情到厅。据此，事关法律解释，理合呈请钧厅核转，解释令遵等情到厅。相应据情函送贵院，核办示复，以便转令遵照等因到院。

本院查乙妻，既知甲气愤，曾经寻死，犹用言语举动激促，如于甲被救之后，有使其再行决意，自杀情形，应以教唆自杀论。若甲死意本尚未息，乙妻仅以上项方法，坚其自杀之意，则属帮助犯，此在一般情形，均可适用。即如前清现行律人命门，威逼人致死，律条所载（《新刑律》未经规定）之情形，经查明其确有预见及决意，并不合于《刑律》第十四条规定时，亦可分别以教唆帮助自杀论（注意此系对于教唆、帮助自杀之新例）。所询如并无上述事实，依《刑律》第十条，自不成立犯罪，应审核事实办理。相应函复贵厅转令查照可也。

此复！

■ 统字第1277号

民国九年五月五日大理院复安徽高等审判厅函

径复者：

接准贵厅冬代电开：甲、乙为婚姻涉讼，经县判后，甲于上诉期内，向县诉请改判。县批以案经判决，如有不服，尽可依法上诉，所请改判不准。甲未于上诉期内上诉，亦未于批驳后二十日内上诉。迨经过数月，始行控诉，应否受理？乞速解释示遵等因到院。

查所询情形，希查照本院八年统字第一一零八号解释，斟酌情形办理。该解释所谓相当期间，应参酌当事人所在地，与上诉审判衙门所在地，距离之远近，交通之便否，及其他一切具体情事定之。相应函复贵厅查照可也。

此致！

■ 统字第1278号

民国九年五月五日大理院复湖北高等审判厅函

径复者：

接准贵厅第三八号函开：案据大冶县知事方荃呈称，"今有孀妇甲，先年随其夫迁往他县，佣工居住，生有一子，现将十岁。至民国五年，甲夫病故，民国六年五月间，甲夫兄乙，将甲改嫁与丙为婚，得财礼钱三百余串。甲、丙同居数月，相安无异，甲复与丙同回本县，在丙家又住数月无异。民国七年五月间丙送甲归宁娘家，自后甲长住娘家，丙即在甲娘家附近处佣工，亦无异议。今丙见甲行为不合，强甲回丙家，甲不愿，丙即控甲娘家勾奸图财。甲称伊不愿改嫁，系被乙强卖，丙强娶，恳恢复自由，由伊孀守抚子。甲娘家生母丁，复主张伊女，甲婆家既无父母，则甲改嫁，自应由丁主婚，方为合法。该甲系被乙强卖，丁未主婚，请将甲、丙婚姻撤销。属县堂讯时，其控奸一节，并无确据，当予却下免议。惟婚姻关系，仅表示该甲仍应随丙同居为婚，甲即在法庭，自用剪刀，私自戳伤，希图寻死。幸从速救护，尚未至重伤。比送医院医调，现已痊愈，而甲仍坚不从丙，丙主张如故。对于此案，解决有（子）（丑）两说：子谓，孀妇改嫁，婆家无父母，应由娘家父母主婚，且必得孀妇愿意，方为合法。该甲婆家，既无父母，娘家生父亦故，则改嫁时非娘家生母主婚，即不合法。且乙将甲改嫁，事在他县，距原籍有数千里远，以一柔弱女子，羁身远地，虽甲与丙同居成婚，该甲出于无力反抗之时，究不得谓乙、丙无强迫情事。既非孀妇愿意，又无有主婚权者主婚，甲、丙之婚姻，显不合法，应予撤销。丑谓，甲、丙同居数年，成婚已久，并无强迫实据，不得谓改嫁之初，非甲愿意，成婚之后，更无不愿之可言。至有主婚权之丁，当初虽未主婚，后甲、丙同至丁家，住经年余。丁果未承认甲、丙婚姻，应比时呈请撤销，何得俟年余以后，因甲、丙互争涉讼，始行呈诉？是丁当初虽未主婚，事后固已承认，且知情后历经年余之久，其声请撤销之权，亦应消灭，甲、丙之婚姻，仍应有效。二说孰是？应请解释者一。如以子说为是，则丙所出之财礼钱系交付于乙。今乙尚在他县，离丙数千里远，无从追还，又不能向甲、丁索取赔偿，该丙人财两空，殊不足以昭折服，应否设法追还财礼？应请解释者二。如以丑说为是，该甲宁愿寻死，不肯从丙，论婚姻法例，固碍难强制执行。但甲已从丙数年，并不能说出难堪事实，及离异原因，徒以不愿改嫁为词，若不强制执行，非特人情不可，而法律上之夫权，何所保障？若强迫将甲交丙带归，日后果有寻死命祸，亦属可惨，应如何办理？未敢擅专，应请解释者三。属县现有此种案件，急待解决，理合邮电呈明，谨乞明白指示"只遵等情。据此，查来呈所述，子、丑二说，似以丑说为正当。惟事关法律解释，本厅未便擅拟，相应函请钧院，迅予解释见复，俾便转令遵照等因到院。

本院查甲、丙之婚姻，果系被乙强迫，未曾表示情愿，其后与丙同居，亦系屈于势力，不得自由，未能认为追认，自应许甲请求撤销。丙向乙索还财礼，是否困难，即可无庸议及。反是甲曾经自愿，事后反悔，别无离异原因，则为法所不许。但此种婚姻事件，依例亦不能强制执行，仍以说谕丙调处息事为妥。且孀妇改嫁，依律如夫家无祖父母、父母，但有余亲，应由母家祖父母、父母主婚。甲之嫁丙，如夫家已无祖父母、父母，而未经丁之主婚，并未由其明白表示追认，亦无行为可以推定。仅只暂守沉默态度者，亦应准其请求，予以撤销。相应复请查照转令遵行可也。

此致！

■ 统字第 1279 号

民国九年五月六日大理院复湖南高等审判厅函

径复者：

准贵厅函开：案据益阳县知事周壬呈称，"兹有张甲收藏爆裂物，倡首组织匪军，刊刻伪关防伪戳记，派李乙充当书记，填发委状徽章，正着手组织，被逮到案。业经讯明，认甲意图扰害公安，收藏爆裂物，触犯《惩治盗匪法》第四条第一款之罪，已依该法处死。李乙仅充书记，情节较轻，依大理院复山东高等审判厅统字第一八二号解释，应依《刑律》第九条适用五十四条减等处断。既减轻该法，唯一处死之主刑，即应褫夺公权为徒刑之宣告，庶与特别法加重之本旨相符。查该法第三条之强盗犯，其应处徒刑者，依大理院复直隶高等审判厅统字第二三四号解释，固得依《刑律》第三百八十条宣告徒从。若乙之行为，系属《惩治盗匪法》第四条第一款匪徒共犯，与第三条之强盗犯有别，当然不能适用《刑律》第三百八十条办理。细按《惩治盗匪法》第四条第一款之犯罪性质，与《刑律》第二百零九条收藏危险物罪，颇相类似，可否即依危险物罪，该当褫夺公权之条文办理？殊不无疑义。理合呈请解释伤遵"等情。据此，事关统一法律解释，未便遽予核示，相应转请贵院解释见复，以便伤遵等因到院。

本院查匪徒如果于匪首收藏爆裂物，意图扰害公安，确有同谋或随从实施之情形，自系共同正犯。若仅为匪执役知情，而于该项犯罪行为，并未预闻，亦无随从实施确证者，尚难指为共犯。其仅同谋或随从实施收藏爆裂物，而于匪首系图扰害公安，无共同之犯意者，亦仅可按照《刑律》关于危险物罪各条科处，惟并应注意有无触犯《治安警察法》第二十八条第九条之情形。至《惩治盗匪法》第四条第一款，本系《刑律》关于危险物罪之特别法。该法既无褫夺公权之规定，依统字第六一〇号解释，应依《刑律》第二百零九条核断，不得援用统字第二三四号解释办理。相应函复贵厅转令查照。

此复！

■ **统字第 1280 号**

民国九年五月六日大理院复安徽高等审判厅函

径复者：

准贵厅函开：案据芜湖地方审判厅呈称，"窃今有某案，甲自药房内购有钬绿养数镑，因夜间向火，致将该药物引燃，轰伤同行之人乙致死。查钬绿养系药房内之西药，见火立即燃烧，其性质可比中国之土硝。惟化学中此种见火能轰燃之物甚多，究竟钬绿养能否认为《新刑律》第十四章内之危险物，不无疑义。理合呈请转函解释"等情到厅。据此，相应函请钧院解释，以便饬遵等因到院。

本院查凡有爆发性且有破坏力，可于瞬间夺人生命之药物，均得认为危险物。惟甲依法令，是否可以持有所称药物之人，所称药物可否即认为上项危险物，未据详叙，无从断定。总之《刑律》第十四章所定危险物各罪，各有构成要件，自应注意及之。相应函复贵厅转令查照。

此复！

■ **统字第 1281 号**

民国九年五月六日大理院复直隶高等审判厅函

径复者：

准贵厅函开：案据天津律师公会呈称，窃据本会律师杜之堂呈称，"为呈请转呈解释事，窃查《暂行新刑律补充条例》第十一条之规定，行亲权之父或母，得因惩戒其子，请求法院施以六个月以下之监禁处分，但有第一条第一款情事者，不在此限，固甚明了。惟被请求惩戒之子，能否委任律师辩护，不无研究之余地。或曰，请求惩戒案，依法应以决定裁判，无须经过言词辩论，法律无准用辩护人之规定。或曰，不然，律师辩护，本为被告之利益，凡对于《新刑律》而为被告者，皆许委任律师辩护。《补充条例》所以补《新刑律》之欠缺，法院即不得禁止委任辩护人，即按《补充条例》第十一条论之，被请求惩戒之子，是否应受惩戒之处分，而请求者之身份，是否有此权限，审判官皆须讯究。如不开言词辩论，何所据而裁决？且被请求惩戒之子，既为刑事被告，即应依被告之意思，委任辩护人。两说未知孰是，本律师现接上开案件，能否出庭辩护之处，即请贵会转呈解释，俾得有所遵循，实为公便，谨呈"等情。据此，理合呈请转函大理院，予以解释等情到厅。相应据情转请贵院，俯赐解释示复，以便饬遵等因到院。

查《刑律补充条例》第十一条之监禁处分，系惩戒作用，无刑罚性质（参照本院统字第四五八号解释例）。则行亲权之父或母，依该条向法院请求时，尚不得视其子为刑事被告人，自无所用其辩护，当然无委任辩护之可言。相应函复贵厅转知查照可也。

此复！

■ 统字第1282号

民国九年五月六日大理院复山东高等审判厅函

径复者：

准贵厅函开：案据曲阜县知事范学铭呈称，"为请示遵行事，兹有某甲、某乙纠集多人，意图取销旧社长，更换新社长，以便结党营私，捏称冒名保充，禀控到县。该县以旧社长谕充未久，优劣尚未可知，未便轻易更动，致滋纷扰，驳未照准。某甲复列举旧社长劣迹多端，禀请究换，经县分别委查，并集案质讯，所指劣迹，毫无实据，依行政处分，仍令旧社长应允，以息纷争。惟查此案，某甲、乙等因争充社长，联合多人，捏词禀控，纵所虚构之事实，足陷旧社长于罪，然非意图旧社长受刑事惩戒处分而告诉，似与《刑律》第一百八十二条之诬告罪要件不符。而其损坏旧社长之名誉，在公开法庭时，亦为前项劣迹之陈述，可否认为公然侮辱，按照《刑律》第三百六十条处断？再某甲、乙等因未遂初志，又冒列多人，罗织多词，以同一事实，迭次具状上诉审，集案质讯。及开庭时，只甲、乙二人到案，余人均未莅省，而某乙又系冒某丙之名，上诉审被其朦笼，未能究诬讯明。甲、乙实系理曲押交原县，集讯究办，经县提讯，认明某甲上诉姓名无误，某乙实系假冒某丙姓名，亦未声明代诉。是该上告人某乙，又犯《刑律》第一百五十三条于官员执行职务时诈欺之罪。此案某甲等，可否依《刑律》第三百六十条科断？某乙可否以二罪俱发论？职县现有似此项案件，急待解决，事关法律解释，知事未便擅专，理合具文呈请钧鉴，俯赐迅予解释，令示只遵"等情。据此，事关法律问题，相应据情函请钧院，迅赐解释，以便转令遵照等因到院。

查甲、乙等本意，在取消旧社长，如果又故意使受刑事或惩戒处分，以为促其取消之方法，因而虚构事实，以书面或言词向该管官署告诉、告发者，自可成立诬告罪，否则不能论罪。又查凡在法庭陈述事实，如其意仅在尽攻击防御之能事，并未轶出讼争事项之范围者，不成立侮辱罪。若以侮辱之故意，利用公开法庭指摘，与讼争事项，毫无关系，而损及他人名誉之事实者，应俟合法告诉，论以侮辱罪。甲、乙等应否论罪，应视其供状所表示之意旨如何，始能断定无从悬拟。至捏列他人之名诬告，于诬告罪外，并犯伪造私文书又行使罪（参照本院统字第四七四号解释文）。冒名到案应讯，系于官员执行职务时施诈术，应分别依律量情处断。相应函复贵厅转令查照可也。

此复！

统字第 1283 号

民国九年五月六日大理院复河南高等审判厅函

径复者：

准贵厅函开：案据洛阳地方审判厅长钱谦呈称，"设有某县审理刑事被告甲、乙二人，对于某甲，并未传讯一次，遽予罚金之堂判，而堂判内既不认定罪名，又未引用律文。查被罚之某甲所犯之罪，其最重主刑，系属徒刑，于法不能为缺席之判决。某县违法判决后，经高检厅发见，令知某地检厅，并饬某县将该案卷宗呈送某地检厅，依法核办。某县奉到高检厅公文，不将卷宗呈送某地检厅，乃自讯问未出庭之被告人，重予堂判，始将卷宗呈送某地检厅，由某地检厅审查原判违法，提起控诉。职厅对于上开案件，分为甲、乙二说：甲说谓，县知事审理刑事，被告人并未传讯一次，即处罪刑，堂判内既未认定罪名，又不引用律文，依统字第四九八号解释，其判决自属无效。虽第二次之堂判，补行律文，被告人亦曾到案，然同一审级对于同一之案件，如未经一定之程序，不能为二次之裁判。某县原判，无论有无违法，非上级审衙门，不能擅加更改。某县第一次之堂谕，未经上级审撤销，又为第二次之判决，更属违法，可予发还更审。乙说谓，控告审对于第一审之案件，除管辖错误及驳回公诉外，余无发还之必要。某县第二次违法之堂判，当然无效。其第一次被告人缺席之裁判，虽未认定罪名，引用律文，自可依统字第九号解释，未经辩论而判决之例作为控告受理，径予纠正，毋庸发还更审。以上二说，未知孰是。又如前例某县违法缺席判决某甲之罚金，未引律文。某乙虽曾到庭受罚，而堂判内罪名，既不认定律文，亦未引用某地检厅对于某甲缺席判决之部分。奉上级厅之命令，审查原判违法，声明控告，而于某乙之部分，则未置议。于此情形，审厅对于某乙之部分，是否以不告不理为原则，抑可径予审判纠正？职厅现有此项案件，悬案待决，敬恳函转大理院解释示遵"等情。据此，除指令外，相应据情转请钧院，迅赐解释示复，以便转令遵照，实纫公谊等因到院。

查所询情形，第一次堂判内，既不认定罪名，又未引用律文，应以其所认定之事实，定为应引何条。如与《县知事审理诉讼章程》第三十二条第三款规定相符，则缺席判决，并无不合。否则最重主刑，系属徒刑，该县用缺席判决，固属违法（因上诉可撤销，并非当然无效）。惟该县传被告人出庭讯问时，如可认为已准被告声明障碍，则第一次堂判已不存在，控告审应就第二次堂判审查。否则第二次堂判，亦属违法，控告审因检察官之控告，应于判决时将其撤销，同时就第一次堂判审查判决，并毋庸发还更审。至乙既经到庭受罚，裁判确定，别无控告，自不得与甲案同办。相应函复贵厅转令查照可也。

此致！

■ 统字第 1284 号

民国九年五月六日大理院复总检察厅函

径复者：

准贵厅函开：据浙江第二高等检察分厅代电称，案据建德县知事佥日代电称："兹有甲妻乙，被丙奸拐，甲外出谋生未归，踪迹莫明，未到案起诉，其家又无尊亲属。乙之母家，虽有尊亲属，然偏护乙、丙，不行告诉，仅由甲兄丁代为寻到，报警拘案，丁亦不正式起诉。讯乙、丙供认不讳，此案既无告诉人，应如何办理？倘丁起诉，因甲去向不明，未有委任状，能否代诉？又夫甲将妻乙，典当于丙二年，丙于期限内将乙卖于丁为妻，甲出典后走失，刻由甲父戊对丙、丁起诉，甲父之告诉有效否？请核示等情"前来。查事关法律疑义，理合电请钧厅，迅赐转院解释，以便遵循等情到厅。相应据情函请贵院，核办示复等因到院。

查第一问，甲妻乙与丙通奸，依《刑律》第二百九十四条第二项前段，本应俟甲告诉，方可论罪。甲出外未归，踪迹莫明，如与现行律逃亡三年不还之例，确系相符时，乙固得改嫁。惟若实系与人通奸，甲之失踪，亦已多年者，乙本为良家妇，则应依《刑律补充条例》第六条第二项前段，俟乙之尊亲属告诉论罪（参照本院统字第四六七号、第八九一号解释文），甲兄丁均无从代行告诉。丙诱拐乙，甲及甲、乙之尊亲属，有独立告诉权，甲兄丁得为甲或其尊亲属之当然代诉人。如甲已多年失踪，而又无尊亲属，惟乙意实欲告诉，只以事实上被屈丙势力下，不能告诉，且与丙并未成婚时，则丁亦得为乙之当然代诉人（参照本院统字第一千二百号解释文）。第二问，甲将妻乙典当于丙二年，丙于期限内将乙卖于丁为妻，除甲、丙有买卖意思，托名典当，应别论罪外，如甲丙确无买卖意思，真为有期之典当，则甲等于得利纵奸（参照本院统字第八百三十七号解释文）。丙虽不得以乙为法律上之妻，然于担任养育乙之义务，固已合法成约。其将乙卖于丁，系犯《刑律补充条例》第九条第一项之罪，甲父戊得独立告诉，惟应注意丁是否知情故犯（预谋）。相应函复贵厅转令查照可也。

此致！

■ 统字第 1285 号

民国九年五月六日大理院复浙江第一高等审判分厅函

径复者：

接准贵厅祃代电开：控诉审受谕知新缺席判决之当事人，因确系濡滞日期，经上告审驳回，上告后提出新证据，声请再审，能否参照《民诉律（草案）》第六零八号，认为不合法等因到院。

查因当事人过失，不许提起再审之法理，本院早经酌予变通。送上油印判词一份，即希查照办理可也。

此复！

统字第 1286 号

民国九年五月八日大理院复湖南高等审判厅电

湖南高等审判厅：

元电悉！乙如于受托后，起意吞没卖价，系帮助贩烟及侵占，应论俱发。如以吞没意思，担任代卖，系帮助贩烟及诈财，应从一重处断，均与民法不当利得法理尚无抵触。

大理院庚印

附：湖南高等审判厅原电

大理院公鉴：

甲托乙代买烟土，乙侵占卖价，是否于鸦片烟罪外，又犯侵占罪，从一重处断？抑仅构成一侵占烟土罪？此项事实，与民事不法行为法理有关，颇滋研究。悬案待决，乞速电示。

湘高等审厅元印

统字第 1287 号

民国九年五月十日大理院复安徽高等审判厅函

径复者：

接准贵厅沁代电开：兹有子、丑二人，为债务在甲省涉讼，判决结果，应由子负偿还债务之责。因子所有不动产，均在乙省，遂由甲省执行衙门委托子不动产所在地之乙省县署，代为查封执行。子对于查封之物产，发生争议，声明抗告。究应归何省上诉机关受理，管辖上不无疑义。又有某县修理县志，内列某甲为前清已革武举，甲主张业经开复，请将志书更正，县批以并未经开复为理由，驳斥不准。甲请求判决，县批谓，此事不属民刑诉讼，碍难判决。甲不服县批，抗告前来。究竟此种争点，系行政问题，抑属民事范围？亦属疑问。合请钧院迅予解释示遵等因到院。本院查债务人就查封之物，发生异议时，该债务人向受嘱托之执行衙门，声明抗告。至已革武举，是否业经开复，既与某甲之名誉有关，自可对该县修志之人，提起民事诉讼，请求屏除其名誉上之侵害。此项条理，与《民法草案》第五十一条所定之理由同。相应答复贵厅查照可也。

此致！

统字第 1288 号

民国九年五月十一日大理院复安徽高等审判厅函

径复者：

接准贵厅第八零号函开：案据怀宁地方审判厅呈称，兹据职厅民庭推事声称，"现有甲、乙二人，在县知事衙门因坟山涉讼。起诉之初，即指系争山内之坟数冢，均系孤坟，请求令乙将傍孤坟新葬之坟起迁。乙具状辩诉，则称该山系伊祖遗，并谓甲所指孤坟，均系伊祖坟，并非孤冢。经县知事审理结果，认定山坟均系乙有，判令照旧管业。甲不服控诉，于此对于管辖上发生疑问。子说谓，诉讼管辖，因原告起诉时请求之目的物而定。甲起诉时虽指系争山内之坟均系孤坟，而其主要目的则在争山，并请求判令乙将新坟起迁。县知事审理结果，虽将山坟一并判归乙有，仍系初级管辖案件，第二审应归地方厅管辖。丑说谓，现在县知事衙门，兼有初级、地方两种管辖，其收理及判决案件时，亦多不注明系初级或地方管辖字样。甲起诉时，与乙辩诉时，既均有坟之争执，且县知事审理结果，又将两造所争执者，认为乙之祖坟连山，判归乙有，是已确认乙与坟内尸体有亲属关系。依大理院统字一零八五号解释，自系地方管辖之亲属事件，第二审应归高等厅管辖。以上二说，究以何说为是？此应请解释者一。又前经高等厅为终审判决确定，有坟冢争执之坟山案件，现因发见新证据，攻击原确定判决，认定事实错误，请求再审时，应归高等厅管辖，抑归地方厅管辖？此应请解释者二。又声请再审案件，经决定准予再审后，判决时判词内所列当事人名称，部未颁有定式。有主张用再审原告人与再审被告人者，有主张原被告只可称之于第一审，若在控诉审请求再审时，仍应列为控诉人与被控诉人者。究竟在第一审与第二审时，应列何种名称为当？此应请解释者三。又有甲、乙二人为赎典涉讼，其系争田之实价，则值千五百元，原典则只四百元。该田原由甲之已故族人丙出典与乙，现甲并非丙之继承人，只以赎回作为祀产保祖为理由，向乙告赎，于此对于诉讼物价额之计算有两种主张。一谓，甲既非丙之继承人，即无告赎权，其竟出而告赎，显系纯为觊觎财产起见，是其目的专在争产，应以田之实价计算征收讼费。一谓，甲虽非丙之继承人，然既只以赎田为请求，无论其田价实值若干，仍应以典价计算，征收讼费。二说究以何说为当？此应请解释者四。以上各问题，亟待解决，请速呈请解释，以资遵守等情。理合据情呈请钧厅鉴核，转请大理院迅予解释示遵，实为德便"等语。本厅按原呈第一问题，甲起诉状内，如声叙乙于争山而外，并冒认坟冢以为占山地步，对于坟内尸体之身份上关系，已有争执状态者，当然为人事诉讼如涉讼原因。系只因互争价，在千元以下之山场，并未因坟冢发生交涉。迨甲起诉时，亦仅以乙不应于其山内孤坟旁，埋葬新冢，未经诉乙争占孤坟，又未于诉讼中提起先决之诉，乙亦未提起反诉，仅以该坟系属祖坟为理由，藉以证明山为己有，为拒绝起迁新坟之抗辩者，则依钧院九年一月统字第一二零九号解释，及六年十月十八日统字第六百八十六号解释，似仍为初级管辖案件。至钧院八年统字第一零八五号解释，不过认争坟为亲属事件。但争坟系属事实问题，必须原告起诉时，以争坟或争山并争坟为目的，求为身份关系之判断，始能认为人事诉讼。若因争山而藉坟为证，其理由上之争辩，涉及身份问题，亦认为人事诉讼，则与上述第六百八十六号解释，及最近一二零九号解释不合。又原呈第二问题，关系于皖省各级审判厅办理坟山案件之沿革，查皖俗迷信风水，告争坟山之案，最为繁多。自设厅以来对于此种案件，俱系依所争山地价格，为定管辖之标准。而所争地价，率在千元以下，故历年由本厅终审判决确定之案，约在千起以上，当事人亦从未发生管辖异议。盖身份上之争执，虽属人事诉讼，而争坟之是否关系身份，解释上不无疑义。因尸体在法律上，为一种物体，并无人身权，关于发掘坟墓之罪，发掘一冢而有数棺者，钧院判例，亦只认为一罪。当事人告争坟墓为祖坟，不过争执祭管，而原、被两造之祖，系属何人，不过为证明有坟墓祭管权之一种方法，并非于自己宗族上，发生身份争议。故皖省各厅，向来见解，未认为人事诉讼。自民国八年见（政府公报）登载钧院统字第一〇八五号解释，及统字一一三五号解释认争坟为请判认，与尸体上之身份上关系，于是始将争坟案件，改归本厅为第二审。惟此种案件，进行之现状，约分三类：（一）经地方审判厅为第二审判决后，上告于本厅者。（二）经上告审判决发还更审，当事人于更判后，复行上告于本厅者。（三）经终审判决确定后，当事人复依再审程序，声请再审者。关于第一种情形，自应由本厅将原判撤销，自为第二审审判。至第二种情形，已经本厅于发还更审时，为上告审之判决，当事人不服更审判决复行上告，应否复将原判撤销，自为第二审审判，向属待决问题。又第三种情形，系对于已经终审确定之案，发生再审之诉。查钧院六年统字第五百六十三号解释，'上级审判衙门以决定将案件发交下级审判衙门审判者，苟当事人于上诉期间内对之并无不服，'则其决定即已确定，下级审判衙门，自应受其约束，即使管辖错误，亦应予以受理等语。管辖确有错误，尚因有确定裁判而受拘束，则依此项解释类推，关于经终审确定后，声请再审之案，似不能于管辖问题，再有争议。且此项案件，从前由本厅为终审，现变更历来办法为第二审受理，系上级法院与下级法院，关于法律上见解不同之结果。按照现行法令，各级审判衙门，俱有独立解释法律之权。不过下级审与上级审之见解相异时，负有服从上级审解释之义务。然下级之判断，关于法律上见解，虽与上级审已有之解释相反，苟当事人并未诉经上级审，撤销其判断，仍不失其效力。则下级审于未发见与上级审解释相异以前，对于特定案件之确定判决，似不应复有异议。即钧院历来解释，或判例前后有不同时，系以最近解释或判例为准。亦未尝以前之解释或判例与后不同，遂认后之解释或判例有溯及力，而使以前对于特定事件之解释及判决受其影响。确定判决，既不受后来解释之影响，则对于确定案件请求再审，似亦无变更管辖之理。盖管辖再审之诉，依法有专属审判衙门，与通常诉讼程序不同。既系请求再审，除依再审程序定其管辖外，别无依据。原呈第二问题，似无疑问可言。又原呈第三问题，部中既未颁有定式，自应定一适当名称，以昭划一。至原呈第四问题，系属赎典之诉，似应依典价定其管辖。又除原呈所述情形外，本厅现因审理坟山案件，尚有数种疑问：（一）甲、乙讼争坟墓一冢，甲指为同族某丙之祖坟，乙指系己之祖坟某丙并未出头告争，应否以甲无告争权为理由，驳回其请求？（二）子姓地内有坟一冢，丑姓诉指为其祖坟，并指坟旁之地为原有之坟境。子姓则谓该坟并非自己祖坟，不知埋葬何人，丑姓祭扫该坟，亦不干涉。惟坟旁之地，概为己有，应否因其对于坟冢有不争状态，而认为专争土地所有权之诉？又本厅以前发还地方厅，更为第二审审判，经判决后复行上告之坟山案件，究应如何办理？亦属疑问。理合函请钧院并予解释示遵等因到院。

兹将函询问题，分别答复于下：

一、乙既称该坟系其祖坟，如因彼造犹有争执请求，为之确认，自可认为已有先决之反诉，应为亲属事件，归地方管辖。

二、乙发见新书据，声请再审，应向原确定判决之第二审衙门为之。以前管辖错误，不能再问。

三、声请再审案件，认为合法受理者，判决内应写'再审原告人'、'再审被告人'字样。为明了起见，于再审原被之下，加即'原案控告人'、'被控告人'等字尤妥。

四、甲及其子孙，既非丙之继承人，或有应继资格最先顺位之人，原不能向乙请求赎产。惟既告争回赎，无论持何理由，均应为之裁判。计算诉讼物价额，自应适用《民诉律草案》第九条规定。

五、如甲并非代理丙起诉，受诉自不能为丙争执祖坟。惟甲之主张，如系谓地为己有，坟则丙有，以之为对乙主张祖坟之抗辩时，尚非无权告争。

六、所称情形，如关于坟之一点，已有互认，并无争执时，则虽所争之地即在坟旁，仍为专争土地所有权之诉。

七、若既为上告审判决在前，后判自应受其拘束。惟依《编制法》经过变更成例程序，固非不许其后之判例与前有异。然为威信起见，非不得已，自以仍前判旨为宜。

以上数端，即希转令查照可也。

此复！

■ **统字第 1289 号**

民国九年五月十三日大理院复江西高等审判厅电

江西高等审判厅：

宥代电悉！《刑律》所定于民事不适用服制图，亦非适用于民事全体。现在《民律》既未颁行，亲属范围，自应就案件性质，各异其趋。维护远祖坟尸，依国情斟酌条理，当为子孙应有义务。关于此点，子孙对于远祖，应认为尚有宗亲关系。此外因宗祠谱牒发生身份上争执者亦然，故告争祖坟应以亲属事件论。盖谓其诉或反诉目的，在确认坟尸为何代祖先，有维护义务也。至对死者认亲属与权义关系，虽与外国立法例不合，惟此为我国特异之法律观念。如婚姻当事人死亡，其亲属及权义关系，并不消灭，亦其一例，希查照。

大理院元印

附：江西高等审判厅原电

大理院钧鉴：

贵院解释告争山场，涉及祖坟，即系亲属事件。查现行《刑律》第八十二条，于称亲属者，有明文列举。《民律草案》，亦宗亲限于四亲等。其理由谓，亲属之范围云者，即范围内之人，法律上不为亲属云云。现在告争山场，所涉及之祖坟，有上溯数十世年，远在宋、元时代者。此种案件，应否视为亲属事件？抑所称亲属之坟，仍以现行律本宗服图所载为限？案悬待决，请速电示只遵。

江西高等审判厅宥

统字第1290号

民国九年五月十四日大理院复浙江金华第二高等审判分厅电

浙江金华第二高等审判分厅：

感代电悉！第一问，《刑律》第三百七十三条之俱发罪，系同时审判，或可并案审判者，依《惩治盗匪法》第三条第五款应作一罪科刑，不适用《刑律》第二十三条，希参照统字第一零六零号解释文。若系一罪先发，已经确定审判，余罪后发者，仍应依第二十四条，并适用《惩治盗匪法》办理。第二问，军政执法处得审判民、刑事案件，依《戒严法》第十一、第十二条所定，以在接战地域内为限。若在警备地域内者，系无权限之审判，当然无效，并参照本院统字第六四二号解释文。

大理院寒印

附：浙江金华第二高等审判分厅原代电

大理院钧鉴：

兹有强盗犯二个《刑律》第三百七十三条之罪，由甲县（不在本厅管辖之内）先发一罪，适用《刑律》第三百七十三条判处徒刑，嗣又由乙县复发一罪，判决书中叙明甲县先发一罪，但仍仅依该条对于后发之罪，判处一徒刑，呈送覆判。若甲县判决，亦尚在同一管辖之控诉审，或覆判审中，依统字第一零六零号解释推之，固可决定提审，由控诉审并案办理，或发交一审判衙门，合并覆审。惟甲县判决，已经有管辖权之高等厅覆判核准，则乙县初判，应否以失出发还覆审，依照《惩治盗匪法》第三条第五款处断？不无疑义。如应依该法处断，则甲县确定判决，是否即属赘文，与不存在无异？抑应用如何程序撤销？案悬以待，理合快邮电呈，谨乞迅赐示遵。

浙江第二高等审判分厅感

大理院钧鉴：

兹有甲与乙在《戒严法》警备地域内，散放票布、印旗，预定日期在某地（亦在警备地域内）独立。甲领受印旗一面，票布二十九张，代为招人，同时并和诱丙之女在途同行，经县知事将甲拿获，送至该管戒严副司令部转解督军公署军法课审讯，认甲为内乱罪之从犯，依《刑律》第三十条、第一百零一条、第一百零三条判处三等有期徒刑三年后，复经原县将和诱一罪判决，处以五等有期徒刑十一月，与内乱罪刑定为执行刑期，三年八月呈送覆判到厅，于此有二说焉。甲说谓，内乱罪依《刑事诉讼律》第六条第三款，惟钧院有第一审并终审管辖权。军政执法处，得审判与军事有关系之民事、刑事案件者，依《戒严法》第十一条之规定，仅以接战地域为限。某甲犯罪地点，既为警备地域，则督军公署无权限之徒刑判决，法律上当然无效。原县适用俱发罪办理，实不合法，覆判审应予更正，撤销其执行刑期，仅就和诱一罪为之覆判。乙说，谓督军公署之徒刑判决，既未经有权限之审判衙门撤销其判决，即属确定，仍应适用俱发罪办理。两说未知孰是，现以发生此种案件，悬案待决，理各快邮电呈，恳祈迅赐示遵。

浙江第二高等审判分厅叩感

■ 统字第 1291 号

民国九年五月十四日大理院复热河都统署审判处电

热河都统署审判处：

青日代电情形，如该地法令，戊有报官或救护之义务，戊在当时又有第三人必并被害之预见，可依不作为犯之例处断，否则与其他邻右，均不为罪。至官人，若系有警察职务者，当照《刑律》第一四六条办理。

大理院寒印

附：热河都统署审判处原代电

北京大理院鉴：

据绥东县知事任良金电称："有盗三人到同伙某甲家，甲见三人枪马起意，用酒灌醉，邀同乙、丙、丁用枓棍等照头乱打，其一立毙，其一半死在炕喊叫，其一喊叫跳至屋外。近邻戊闻声出看，甲知事露跪求戊，戊询明，三人虽贼，然已打死二人，无法报官，允许不为声张，回家躲避，甲遂又将第三人打死。次日甲知事露，邀集官人邻右，求为设法，公同威吓官人。邻右雁其到官诬报，均许不为声张，事隔半年发露。甲、乙、丙、丁固各有应得之罪，近邻戊应如何办理？其余邻右扶同循隐，是否应按一七八条办理？官人匿报重案，是否应按一四六条办理？均请电示遵办"等情。据此，查本案情形，戊与邻右似应不构成犯罪，至官人若系巡警，应按渎职罪办理，是否有当？案关法律解释，相应电请贵院示遵。

热河都统署审判处青

■ 统字第 1292 号

民国九年五月十四日大理院复江西高等审判厅电

江西高等审判厅：

六九号函悉，所称情形实质为地方管辖案件，形式为对高等分厅裁判上告案件，均惟本院有受理上告权限。乃贵厅遽行受理，并以决定撤销分厅判决，自属违背法令。此种确定之决定，论实质应视为判决，依院例得送由总检长提起非常上告。并因决定未经论罪科刑，毋庸适用再理编第四六三条规定。第在未经非常上告审判决前，高等厅判决，自非当然无效，请即查照。

大理院寒印

附：江西高等审判厅原函

径启者：

据江西高等审判分厅监督推事岳秀华呈称："兹有兼理司法事务某县知事公署判决某甲奸非一案，某甲不服，声明上诉，由高检分厅，转送高审分厅核办。当经高审分厅审查原判，某甲虽止判和奸罪刑，而事实栏已叙明某乙在某甲家藏匿数日，某甲不无兼犯和诱嫌疑。遂认为地方厅管辖案件受理，及至判决，宣告某甲和诱罪刑，乃高检分厅检察官声明上告，并认为初级厅管辖案件，送经高审本厅审查，以查某县知事公署第一审判决，认甲某犯和奸罪，系初级管辖案件，第二审自应由高等审判分厅附设地方庭受理。兹经原审以高等审判分厅名义为第二审审判，显有未合。本厅咨询同级检察厅检察官之意见，亦复相同为理由，用决定将原判撤销，本案发交高等审判分厅附设地方庭为第二审审判。于此发生两说焉：第一说谓，查《法院编制法》第二十七条，高等审判厅有审判左列案件之权，第一款（略）第二款，不服地方审判厅第二审判决而上告之案件。又同法第三十六条，大理院有审判左列案件之权，第一项第一款，不服高等审判厅第二审判决而上告之案件。又民国四年十八日司法部第三三四号通饬颁布之管辖支系表内载，'控告审为高等分厅附设地方庭，而以高等本厅为上告审，控告审为高等分厅，而以大理院为上告审'。此案既经高检分厅送由高审分厅判决，无论此项判决有无关于实体法上之错误，或关于程序法上之错误，按照上开法令，均应送由大理院裁判，高等本厅并无审判之权。今高等本厅用决定将高等分厅判决撤销，似与法令未合，当然不生效力。高等本厅决定，既难生效，亦不能与大理院复安徽高等审判厅统字第五二二号解释（即下级审判衙门受上级审判衙门裁判拘束）相提并论。再就形式论之，查普通诉讼事例，凡原审系判决者，上诉审于撤销时，应以判决行之。今以决定将判决撤销，能否有效，亦觉不无疑义。据此以谈，则受发交之附设地方庭，应用决定裁判，不为受理，另送大理院为上告审之审判，此一说也。第二说谓，高等本厅用决定将高等分厅判决撤销，按诸《法院编制法》及司法部饬颁之管辖支系表，虽未尽相符，惟按部颁管辖支系表，高等本厅为高等分厅附设地方庭之上告审衙门，既经高等本厅将案发交地方庭为第二审审判，似应受其拘束，不能不为审判。但认系地方厅管辖案，不妨为管辖错误之决定，此又一说也。两说主张，究以何说为是？事关法律问题，未敢擅断，理合具文呈请迅予转函大理院俯赐解释，俾便遵循等情。"据此，相应函请贵院迅赐解释见复，以便转令遵照。

此致大理院！

■ 统字第 1293 号

民国九年五月十四日大理院复安徽第一高等审判分厅电

安徽凤阳第一高等审判分厅：

佳代电悉！乙如果系受甲托，向匪说赎，由甲领收，匪索赎款，自有照付义务。且于吞款结果，当有预见，应查明从侵占及不作为杀人等罪，一重处断。若款数系出乙意，欲从中渔利，并不知匪徒索款数目时，应依统字第六六六号解释论罪。其知匪徒索款数目不给者，应查明与侵占杀人等论俱发。又乙如系与匪勾串，帮助勒赎，则应以准正犯论，并科余罪。

大理院寒印

附：安徽第一高等审判分厅原代电

大理院钧鉴：

据泗县知事赵镜源快邮代电称："今有甲家被匪强抢，掳去四人，经匪函甲，嘱其托乙说赎。甲即如函往托，乙许以能出洋千元，快枪一杆，包将被掳四人，全行赎回，甲复一一照办。讵乙于得洋得枪后，仅给匪洋七十元，赎回一人，余被吞没，致匪枪毙被掳者二人，截留一人，今尚无着。乙现被控获案，乙是否依《刑律》第三百一十二条认为帮助勒赎？抑依《刑律》第三百八十三条从重置议？乞示遵等情。"案关法律解释，未便擅拟，相应恳请钧院，速赐解释，俾便转令只遵。

安徽第一高等审判分厅佳印

■ 统字第 1294 号

民国九年五月十四日大理院复浙江高等审判厅电

浙江高等审判厅：

霰代电悉！两造讼争山场，以坟立证，如并就坟内尸骨，为先决争执，自系有诉或反诉，应仍认为亲属事件。所争是否有服祖先，在所不问（详复江西元电另抄送）。惟案经上告审判决确定，除以编制不合法，声请再审外，自非当然无效。上告审见解，如与发还判决不同时，应依编制法变更成例办法办理。

大理院寒印

附：浙江高等审判厅原电

大理院钧鉴：

甲、乙二人，因坟山涉讼。甲指系争山地上之坟茔为古冢，乙则指为系其祖坟，应认为地方管辖之亲属事件，已经钧院统字第一零八五号解释在案。兹有甲、乙两造，为山场之所有权涉讼，而各以山内坟茔为其祖坟，用为争山之立证方法，或坟与山，均属讼争标的物。但所争者只为坟之所有权，而于身份上并无争执；或两造对于所争之祖坟，并无直系关系；或虽有直系关系，但已超出《民律》上亲属范围以外。是否均应认为属于地方管辖之亲属事件？再为坟山讼争案件，已经认为初级管辖事件，由高等厅为上告审，予以终审判决，该判决有无确定效力？抑因未经检察官莅庭，依照《各级审判厅试办章程》第一百十一条而谓为无效？如谓为无效，则以前认为已确定之案件，当事人均将以此理由请求重行审判，未免转滋纷扰；如谓为有确定效力，当事人对于由高审厅为上告审发还更审之坟山案件，于管辖上向无争议，迨更审后声明上告，始以亲属事件为理由，请高等厅为控诉审受理控诉，应否以管辖已经确定，不予照准？均属疑问。本厅现上有述案件，急待解决，用特快邮代电，敬祈钧院迅赐解释，俾有遵循。

浙江高等审判厅霰印

■ 统字第 1295 号

民国九年五月十七日大理院复安徽高等审判厅函

径复者：

准贵厅第一二九号函开："兹有某甲与戊，为家产涉讼一案。查甲有子乙、丙两人，丙于完婚后染精神病，迄今四十年未愈。甲于二十年前，将所有家产，分给乙、丙各执。因丙有精神病，所分之产，历年以来，俱由甲为之管理。又因丙妻丁，前生一子夭亡，为丙纳孀妇戊为妾，戊过门之后，丁复生一子己，戊亦生一子庚，现己已成年，庚仅五岁。甲因年逾九旬，丙既丧失精神，丁又长厚，虑戊照护其前夫子女，丁不能制危及丙之财产，趁自己生存时，请凭亲族，书立遗嘱，将前分给丙之家产，作为十一股，以六股份与己，四股份与庚，余一股作为丙生养死葬

· 991 ·

之费。令丙与己合度，由己扶养，丙故之后，所余膳产，即归己有。至庚所分之产，因庚系幼童，防戊滥用，甲仍照旧管理，言明每年凭族结算账目一次。戊不遵遗嘱，赴县告诉，经县传同甲、戊及族证等讯明，判令照甲所立遗嘱办理，驳回戊之请求。戊仍不遵，乘县令更换之后，复行具诉该县，再为判决，认甲之遗嘱无效，断令平分，且以甲年老，不准管理庚之财产。某甲不服，声明控诉。查一事不能再理，该县第一次判决，无论是否确定，其第二次判决，俱属根本无效。惟若第一次判决，应认为未确定时，则应以戊为控诉人。戊为丙妾，与丙并无夫妇关系，丙因患精神病，无处分及管理财产之能力，依大理院三年八月十八日上字第六六九号，三年八月三日上字第六零三号等判例，类推解释，系争财产，应由丁依法管理。惟丙之父甲尚在，财产向为甲管，则丁之管理权，不无限制。兹甲继续管理，丁亦同意，戊以妾之身份，自无否认之理。又依民事法理，祖若父就所有家财，有自由处分之权，并得以遗嘱为死后之处分，至兄弟分析遗产，系在直系尊亲属死亡之后，则无论为嫡子或为庶子，只应按人数均分。嫡子不能无故主张多分，自无可疑。若其祖于生存时，以遗嘱为嫡庶不平均之分析，并已得其母之同意，应否依直系尊亲属得自由处分财产之原则，认遗嘱为有效？如应认为无效，则庚既系幼童，丙丁俱存，戊为丙妾，能否出头告争？不无疑义，应请解释"等因到院。

查丙既有精神病，其所分财产，又向由甲管理，自可认甲为丙之保护人。甲以丙保护人资格，为丙子分析家财，自属有效。至分析家财，除各该地方有长子，因特种费用（如别无祭货应由长子负担之类）得酌量多给，以资抵补之习惯外，依律自应按子数均分，不得偏颇。己、庚既已分财异居，戊为生母，如别无过误，将因管理而危及庚之财产，自应仍由戊管理，甲遽收归自管，亦未尽合。又戊为所生子之分产，出而告争，亦属有权，相应函复查照。

此复！

■ 统字第 1296 号

民国九年五月二十一日大理院复河南高等审判厅电

河南高等审判厅：

筱电悉！冒充陆军稽查，为诈称官员罪，已见六年非字第七九号判例。以此为诈财方法，应与诈财罪从一重处断。至稽查为陆军官制所无，不得谓为军属。

大理院马印

附：河南高等审判厅原电

大理院钧鉴：

今有律师冒充陆军司令部稽查，犯《刑律》诈财罪，《陆军刑事条例》第七条中所规定之军属是否包含稽查在内，适用《陆军审判条例》第一条之规定？乞赐解释电复。

汴高审厅叩筱印

■ 统字第 1297 号
民国九年五月二十二日大理院复湖北高等审判厅函
径复者：
准贵厅筱代电称："选举诉讼案件，本适用民事诉讼程序，但遇有因当选议员，被人以吸食鸦片烟不应当选起诉，非传被告本人到案实施调验，不能解决。而被告人迭经被传托病不到者，能否准用民诉程序予以缺席判决？并能否于一度缺席判决后，更为新缺席判决？程序上不无疑义，应请迅为解释。"等因到院。
查当选诉讼，被告迭传不到，自可准用民诉程序为缺席或新缺席判决。但有代理人出庭，而所调查之证据均不足为断定事实否在之心证，仍应传讯本人时（参照本院五年上字第五三六号判例），如本人并无正当事故不到，自可认对造主张为真实，为通常判决。惟该省如已准行《京师拘押民事被告规则》，尚可援用该则第一条办理。相应函请查照。
此复！

■ 统字第 1298 号
民国九年五月二十二日大理院复安徽高等审判厅函
径启者：
准贵厅第一一七号函称：据无为县知事，快邮代电称，"今有某甲，因妻乙无生育，为似续计，娶丙为妾。甫半载，丙不堪乙之虐待，逃至母家寄居，旋产一子。某甲向县署诉追，经县传讯，判丙携子归甲。案已确定，阅二年余，甲之妻乙虐待丙妾如故，丙复携子逃逸至邻县某丁处佣工过活。某丁怜其困苦，又以寄住半载，无人寻问，于是听从丙意，托戊、己二人，媒合嫁庚为妻，婚书系丙自主，丁立承管字据，身价洋五十六元，丁、戊、己三人分用。丙与庚相得甚欢，并已有孕。历一年又数月之久，某甲寻至，以庚与丁戊己共同串拐，向县起诉。复经县传集，正在审理中，丙又产生一子，其结果丙抵死不愿归甲，要求归庚，庚亦声明娶丙，证据完全，婚姻当然有效。惟甲坚持不愿弃丙。于此有三说焉：子说，为人妾者，与其家长法律上，并不能认为夫妇关系，换言之即亦无离异问题之发生。惟丙因乙之虐待，一再背逃，最后甲亦听其他适，置不闻问，是显已表示遗弃之意思。丙以一弱女子，辗转流离，自愿改适，以全生命，酌理衡情，当为法律所许。庚之娶丙，既出聘财，复有媒妁婚证，应即认为合法，是则丙宜归庚，此一说也；丑说，自《刑律补充条例》出，凡关于妻之部分，于妾亦准用之。类推解释，夫虐待妻，必至重大伤害，始准离异。则凡妻虐待妾，未至最重伤害，其不能离异可知。丙背甲逃至丁处，甲虽未跟踪寻觅，然亦无确切遗弃之证明。既未正式取消甲之监督权，丙即不能以自嫁为理由，丁于丙无主婚权，承管亦属违法。执此以言，庚之婚书，其根本上不能发生效力，是则丙应仍归甲，此一说也；寅说，凡婚姻案件，交付人身，不能强制执行，大理院早有解释。丙对某甲，一逃再逃，誓死不从，恩义即已断绝，若强令从甲，诚如大理院统字第五百十号解释，即不致酿生变故，亦

· 993 ·

徒促其逃亡。至庚之娶丙，未得有主婚权人之追认，其婚姻亦难成立。查妇女本有离异归宗之例，应令丙大归母家，相依过活。其在甲家所生之子，当然由甲领养；适庚后所生之子，当然归庚。甲于丙逃走，并非有心遗弃，即不能成立犯罪。庚非知情故买，亦不能成立和买罪。丁于丙并不究明根底，辄为议婚得财，依法以和买罪论。惟丁已物故，免于执行，由承权人缴还分得财礼，戊、己帮同说合，以共同正犯论，所得身价，追还给主，此又一说也。以上三说，未知孰当，抑或别有相当处分？职县现发生此项案件办理困难，理合电请核示办法，以便只遵"等情。据此，查来禀内容，关涉法律疑义，相应转请解释等因到院。

查依本院民国五年上字第八四零号判例，家长与妾之关系，不适用夫妻离异之规定。如该家长或该女，能证明有不得已事由者，应准一造片面，声明解约。丙因受甲妻乙虐待逃避，甲亦不复过问，自可认其家长与妾之关系，业已解除。除丙携与同逃之子，如甲并未允丙携养，甲可请求领回外，其嫁庚之是否合法，自非甲家所能过问。除刑事另函答复外，相应函复贵厅，转令查照可也。

此致！

■ 统字第1299号

民国九年五月二十二日大理院复山西高等审判厅函

径复者：

准贵厅第六七五号函开：据山西第二高等审判分厅呈称，"职厅现有受理民事上诉案件，例如县立某学校校长甲，以该校经费不敷，请县署变卖某处庙产，补充校费。由甲查出乙店内地基一段，与庙产毗连，亦称系庙产，请准县署一并出卖，由丙缴价。买受后乙始查知，向县署声明该段地基，系其私产，县署仍认该地基为庙产，即以堂谕断令于十日内退出地基，交丙管业，并于堂谕内叙明该案为系行政处分。乙不服该县堂谕，来厅声明控诉。因是职厅对于本案主张有三说：（子）谓，原县判断该案既系行政处分，司法衙门自未便受理该案控诉；（丑）谓，系争地基，乙既争执为其私有，系属私权关系，司法衙门即应受理，可参照大理院统字第八四八号解释。况受行政处分侵害，而提起民事诉讼者，无论有无理由，审判衙门均应受理，亦经大理院统字第一零四九号解释有案，本案控诉自应受理；（寅）谓，个人利用行政处分，以侵害他人之权利，受害人固得以不法行为为理由，对于侵害人提起民事诉讼。但本案乙在原县，仅声明系争地基为其私产，不过为一种抗辩，并未对于甲正式起诉。即原县勒令限期交地之堂谕，纯系出自行政处分，亦非就甲、乙间诉讼关系，为司法上之裁判。是本案之乙，尚未受初审判决，何能适用民事诉讼程序，声明控诉？自应决定将乙此次控诉驳回，并指示其向原县对甲另行起诉。如乙对于日后县判，再有不服，方可受理其控诉。以上三说，究以何说为是？抑或此外另有何种适当办法？职厅现有此种案件，立待进行。案关法律疑义，理合呈请鉴核，转函大理院解释指令遵照"等情到厅。应据情函请迅予解释等因到院。

查以他人之地为庙地，令强退出，决非行政衙门得以行政处分解决之事项。乙向县署声明争执，应即认为起诉，依本院统字第四八零七及二六又九一五等号成例办理（并参照《判例要旨汇览》第三卷《法院编制法》第二至第四页各例）。相应函请贵厅转令查照可也。

此复！

■ **统字第 1300 号**
民国九年五月二十四日大理院复京师高等审判厅函
径复者：

准贵厅第二三五号函开：据代行宝坻县知事职务民政科科长牛尔裕呈称，"庚子教民甲，因拳匪构乱，房屋被毁。追及乱平，甲向某公所乙借砖三千九百块修理房屋，至今未偿。乙提起诉追，甲举出光绪二十九年大法驻中国钦差吕及北洋大臣直隶总督袁，告示主张该项砖块不应要偿。查该项告示内称：'凡有命案及各种轻重等罪，以及争竞词讼各件，与庚子岁相涉者，全行革除'等语。就文义见解，有二说：一谓该项告示，无论当时已未成讼事件，只因拳匪构乱而发生者，均已包括在内。甲所借乙砖块，不应偿还；一谓该项告示处分，系指已成者而言，如未成讼，虽原拳匪构乱而发生，不包括在内。甲所借乙之砖块，应予追还。二者孰是？不敢擅专，悬案以待，请转请解释示遵"等情到厅。应转请解释等因到院。

查前清督抚所出之告示，有无法令之效力，姑置勿论。即假定有法令之效力，该告示亦显指民教直接关涉案件。甲向与仇教事件无涉之公所借砖，自不包括在内。相应函请贵厅转令查照可也。

此复！

■ **统字第 1301 号**
民国九年五月二十四日大理院复吉林高等审判厅函
径启者：

准贵厅第一一二号函称：据富锦县呈称，"有甲将房屋抵押于乙，约明以六个月为期，期满不赎，即作卖绝。并由甲同时先写卖契一纸，交乙收执为据。至期满乙屡次催甲抽赎，逾限年余，甲迄未抽赎，乙即照约认该房院为卖绝，遂将旧有房屋改建洋式新房，甲始主张备价抽赎，涉讼到县。在甲当时预立卖契，应否认为有效？恳请转院解释"等情前来。案关法律解释，本厅未敢擅拟，相应据情函请解释，以便转令该县遵照等因到院。

查预立卖契，为期满不赎，即行作绝之准备，显反于普通民事条理"不许流质"之原则，自非有效。相应函复贵厅，转令查照可也。

此致！

统字第 1302 号

民国九年五月二十四日大理院复直隶高等审判厅函

径启者：

准贵厅第七零八号函开：据天津地方审判厅长呈称，"今有某甲买受之田亩，原经某乙出资，佃种（即永佃俗名死佃）有年，约定每年按成分租，向系种植五谷，嗣因乙改种瓜芋，甲持异议，提起诉讼。解决本案争点，本不外佃权之性质强弱及有无特约两问题。但关于两问题之认定事实上，不无争议。或谓永佃权为一种物权，有对抗一般之效力。依永佃权性质，原于他人土地上有耕作或畜牧之权，甲对于乙，既无不准改种之特约，即不能限制乙之自由耕种；或谓物权以所有权为最强，有完全处分所有物之权能。即于其权利上，设定他种权利，亦只依其所设权利性质之一定范围内受有限制，并非一经设定他种权利，即使其固有之处分权完全失效。至佃权为一种有限制之物权，即系永佃，亦只于其佃种范围内有完全之对抗力，并依法不能因行使佃权致害所有权人之利益。参照《天津县议定死佃办法》，其最要关键即在不准夺佃增租。且明定佃权可以有偿收回，尚非绝对的限制夺佃。至死佃为分租，活佃为额租，亦其固有之区别。是乙之佃权对抗力，原只限于夺佃增租，并不能限制甲之行使所有权，干涉其自由耕种。况按成分租为死佃固有办法，亦为甲乙不争之事实。虽非特约不准改种瓜芋，然按成分租，即系一种契约行为，既向以五谷为分租标准。如乙欲改分瓜芋，依契约原则，当然须得甲之同意，似无以一造之自由耕种致他造受无形之损失之理。若使乙之佃种漫无限制，则膏腴田亩一旦变为森林或草场，谓甲无干涉余地，殊非近于人情。两说分持，易滋障碍，此应请解释者一；又有某甲曾因修建庙宇，负欠乙某债务，嗣因庙地改归公用，将庙拆毁，并经该管官署许可，另行觅地给资建造。斯时代表该庙之权义主体，似仍属某甲无疑，自有负责清理庙债之义务。盖某甲主持资格并未合法取消，自仍为该庙之权义继续人。虽庙宇被毁，原属某甲与某官署之直接关系，其因庙所负一切债务，并不因之生移转或消灭之影响。故无论庙宇被毁与否，某甲负责偿债，实为当然之结果。但或谓庙宇为财团法人，庙宇既被拆毁，在新庙未建设前，即无权义主体之存在，某甲自不负偿债责任。如乙诉请追偿，即应驳回。此种见解，是否正当？不得不求一明确标准，俾免误会，此应请解释者二；又津埠房屋往往因变造发生增租问题，其在租借人一方之加工行为，固应视曾否得业主之同意及有无特约为断。惟业主为经济发达，或市政整理起见，将自己所有房屋加意修造、扩张范围，或以平房改造楼房，或以楼房改造更高楼房，有时未经租户同意不肯腾房兴造，亦有时会得租户同意不肯增长租价，纠葛滋多，恒缠讼不休，于是发生数种问题：（一）所有权人对于所有物之处分行为，应否得租借人同意？即业主改造出租房屋，应否租户认可是也？（二）出租之所有物变更原状后应否更新租赁契约？即出租房屋加工改造后，应否更缔增租契约及如何定其增租标准是也？依问题有谓按所有权较强于他种权利之性质，似不宜限制其得租借人之同意，致妨经济之发达。况未经定期之赁贷借原可依法随时声明解约，亦无得同意之必要；有谓租赁目的物之变更，于租借人之生活现状重有影响（如小商业不堪赁居较大房屋之类）。且津埠商场，素有只准租户不住，不准业主不租之习惯。似业主变造房屋，除对通常租赁住房得据以声明解约外，究以得租户同意为宜。依后问题，租赁目的物既已变更，更新租约实为当然结果。惟或谓缔约范围及增租标准，应让当事人自定，盖审判衙门对于此等增租价额最难得公允之标准，且未便以职权干涉当事人之自由意思也；或谓租约固应由当事人自定，第当事人对增租有争执，除有预约应自立新约外，审判衙门亦应以职权调查，核定相当标准。各说孰是？颇滋疑义，此应请解释者三；又假扣押之管辖衙门，依《京师地方审判厅假扣押规则》第四条规定，原属本案之管辖审判厅及假扣押物所在地之审判厅，并已第一审审判厅管辖为原则。惟同条第二项但书谓，本案系属于控告审，以控告审为管辖审判厅，固为便利当事人之声请，且孰知本案诉讼进行情形，易于裁判也。不过假扣押为保全诉讼之一种，办理最宜敏捷。如控告审判厅距假扣押物所在地窎远，并属交通不便之地，虽经决定扣押执行，多感困难。究可否仍向假扣押物所在地之审判厅声请假扣押？似不无问题，此应请解释者四。上陈各节，亟待解决，理合备文呈请鉴核，转函解释"等因。据此，查该厅所请解释，第一点，地亩永佃改种各节，核与本年一月间本厅转据律师张务滋呈请解释一案事实相同。又第三点房屋增租各节，亦与本厅办理薛俊麟等上告案经本厅发还该厅更审判决文内所叙理由相似。且文内或谓两说，即本厅判决发还该案之基础。该厅据以立言，是该两项解释事属终审，均有具体案件，既据呈请前来，应函请迅为解释等因到院。

查第一问，永佃权人，苟于所佃之地，就用法不为有害土地之变更，并原约又无限制者，应准佃权人自由改种。惟如果因改种，致地主所分之利益比较独少，当然可以前后收益为比例请求增给（增租理由）。至其改种是否为有害土地之用法，系事实问题，自应查明实际情形，公平审断；第二问，寺庙若可认为财团法人，自不因建筑物另建即归废止。故令其财产只系变形，并未灭失，寺庙应认为尚存。如甲住持资格尚未取销，则就庙债仍应代表受诉；第三问，使用租借，主若未依法（习惯法在内）解约，自不得妨害租户之使用。故改建房屋碍及使用时，应得租户同意；经同意改建后，租约是否可认为已有变更？或原约未改，只应否增租及增加若干发生争议，则应解释当事人立约，及其后同意时意思为断，碍难为抽象之解答？惟如果增租数额当事人间意思无可解释，自可斟酌因改建增加之利益，由审判衙门判断适当之租款；第四问，《假扣押规则》第四条，以假扣押物所在地之审判厅为管辖审判厅。在本案已系属他审判厅时，亦得适用。惟以记录等均存案件系属之审判厅，似以向该审判厅声请为便。如因急速情形，而又无不便调查之情形时，自得向假扣押物所在地审判厅径行声请。以上四端，即希贵厅转令查照。惟据来函称该厅所询各则，内有业经贵厅为上告审判决之件。查案经上告审判决，除于再行审判时，自依《编制法》变更成例外，下级审自应于法定范围内受其拘束。相应函复查照。

此复！

统字第 1303 号

民国九年五月二十六日大理院复绥远都统署审判处电

绥远都统署审判处：

江代电悉！应审核事实，当时交付财物，是否已因威胁丧失意思自由？分别依强盗或诈财法条处断，参照本院统字第六二零号解释文。

大理院宥印

附：绥远都统署审判处原代电

大理院钧鉴：

今有土匪甲等数人，遣其党伙，乙送交丙村公社订要财物单一纸，限期交付，并谓如过期不交，定行杀掠。嗣因军队追剿，未依限索取，旋屡捎信催逼，经丙村公社托人说合，少给甲乙等财物完事。现已获案，应否论以诈财罪？抑按强盗罪处断？悬案待决，乞速示遵。

绥远审判处江印

统字第 1304 号

民国九年五月二十六日大理院复安徽第一高等审判分厅电

安徽凤阳第一高等审判分厅：

盐代电悉！明知人并未犯罪，而以陷害人之决意告诉、告发者，方为诬告。不得仅以被告业经宣告无罪，即论告诉人以诬告。

大理院宥印

附：安徽第一高等审判分厅原代电

大理院均鉴：

案据泗县知事赵镜源蒸代电称："第一审审理，有人告诉刑事案件，当将被告人按律判处徒刑。被告人不服控诉，经控诉审撤销原判，将被告人宣告无罪。被告人即回第一审状请，将原告诉人按律究诬，第一审自应依法受理。惟本案事实，既经控诉审认定原告诉人证据薄弱，将被告人宣告无罪，原告诉人即属诬告成立，第一审即可按律科刑，似已无再事审查之余地。盖刑诉实究虚坐，不容两立，万一第一审再事审查原判证据，实系充分，既不能将控诉审释放之被告人复处徒刑，又不能将被告人请求究诬之原告诉人按律科罪，转觉处置两难。悬案待刑，是否有当？理合电乞转电大理院核示饬遵等情到厅。"理合据情电请钧院迅赐解释，以便转令遵照。

安徽第一高等审判分厅处盐印

统字第 1305 号

民国九年五月二十八日大理院复山西高等审判厅函

径复者：

准贵厅函开：案据稷山县知事彭作桢有日快邮代电称，"今有某甲由晋至陕，遇素识之乙引至丁家，丁素贫，任听妻丙卖淫，藉以糊口。甲与丙眠食最久，丁并使用甲大洋近百元，乙亦使用甲大洋二十元。甲恋奸情热，商诸乙，遂在乙宅挈丙以逃，甲属和诱，乙为帮助正犯，固无疑义。嗣后乙到晋率领二十余人到甲家抢去丙妇，并该妇衣服一包，内裹大洋十一元，经区警拿获送案。于此场合，乙之抢丙行为，应否科私擅逮捕罪，抑以略诱罪论？至其抢衣服及大洋十一元，并应否科强盗罪？合之从前帮助和诱，为三罪俱发？此应请解释者一。甲因事发，供称当日买诸乙手，并有丁婚书可证。其婚书贴用豫省印花，显系由陕回晋，路经豫者，顺便购贴婚书。经咨传到丁案证明，亦属伪造，应否科以伪造私文书罪，合之和诱为二罪俱发？此应请解释者二；案悬待决，伏乞转函大理院迅予解释"等情到厅。相应据情转请贵院，迅予解释见复，以便饬遵等因到院。

本院查乙，果于甲实施拐丙行为时，曾予帮助，自应准正犯论。其后率众将丙抢去，若意在便于私图（系如因奸营利等），亦应论以诱拐，否则当依私擅逮捕人之律处断。至其将丙衣服，及包内银洋一并抢去，如系图为自己或丙、丁以外之人所有，当然并犯强盗罪，即图为丙、丁所有。若包内银洋系属甲物，除其误认为丙或丁物外，仍应论以该罪。又甲拐丙后，若确曾伪造婚书，其为诱拐之方法者，从一重处断。苟因事发，始起意伪造，藉图抵制或卸责，则应各科其刑，如已行使时亦同。相应函复贵厅转令查照。

此复！

■ 统字第 1306 号

民国九年五月二十八日大理院复安徽高等审判厅函

径复者：

准贵厅函开：据芜湖地方审判厅呈称，"窃查新《刑律》第四十七条但书，照大理院统字第五零零号、八四一号解释，必须宣告徒刑以上之刑者，乃得褫夺公权。此项但书，系指宣告刑而言，职厅历来遵照办理在案。惟查同律第六十二条有从刑不随主刑加重减轻之规定，于是相为比例，发见疑义。如今有某案被告人犯《刑律》分则某罪，其本刑为徒刑，因情节轻微，减处拘役，依照前开院释，宣告刑既属拘役，不能褫夺公权。惟分则某罪为褫夺公权，在法律上必须褫夺，从刑既不随主刑加减，而褫夺公权，尤不能与得褫夺之规定，可由审判官自由酌量。是种场合，不宣告褫夺公权，似与法律尤不符合，于是发生二说：甲说，本刑既减处拘役，当然依照法律及院释，不宣告褫夺公权。第四十七条之但书，可用举轻以明重之义类推。至第四十六条之褫夺公权，若非主刑宣告徒刑，是项从刑，亦自不得宣告。乙说，谓第四十七条之但书，系规定得褫夺公权，不得以该条但书，谓并指第四十六条《刑律》分则，褫夺公权各条之规定，当依该第四十六条办理，不受第四十七条之拘束。且第六十二条明定从刑不随主刑加重减轻，减轻且为法所不许，况本刑因减处拘役，遂置褫夺公权之从刑而不宣告，似非合法。至于第四十七条既系规定，得褫夺公权，审判官本有不宣告褫夺之裁量，院释但书，不过加以不褫夺之限制，与法毫不背驰。是褫夺公权，纵主刑减至拘役，当然仍依各本条及第四十六条宣告。二说各执，未敢擅定，理合呈请转院解释，令遵"等情到厅。当查《刑律》第四十六条系褫夺公权之规定，虽因减等而降处拘役，其公权似当然在褫夺之列。惟事关法律疑义，既据该厅呈请照转前来，相应函请钧院，查核释示，俾便令遵等因到院。

本院查从刑不随主刑加重减轻，在《刑律》第六十二条既有明文，则主刑纵因减等，减至拘役，而褫夺公权不得减免，本甚明显。虽同律第四十七条但书，复有褫夺公权，以应科徒刑以上之刑者为限之规定，然只系对于得褫夺公权各条之制限。本院解释，亦因该条但书之褫夺公权，本在审判官自由裁量之列，主刑既仅处拘役，罚金即不夺权，于律尚无违背。故认该条所称，应科徒刑，可释为宣告刑。来函情形，系法律定明，必须褫夺，当然无引用该条法意之余地。相应函复贵厅转令查照可也。

此复！

■ 统字第 1307 号

民国九年五月二十八日大理院复甘肃高等审判厅电

甘肃高等审判厅：

审字四零号函悉！丙伸手揪甲，若非不正侵害，则甲将丙拖跌炕下，如果明知丙系醉饱，跌地必致受伤，而仍决意者，仍可照伤害人致死律处断。其无伤害人预见及决意，仅因临时拖扯，应注意而不注意者，当依过失致人死律，及《违警罚法》第五十条第一款从一重科处。

大理院勘印

附：甘肃高等审判厅原函

径启者：

案据隆德县知事邓济光呈称："兹有甲、乙二人，年将弱冠，彼此戏顽口角，乙将甲衣撕破，乙父丙往外撞遇，将乙斥责。散后甲持衣至乙家索赔，乙尚未归，丙归在炕上暖坐索赔之时，两相叫骂，丙性起伸手揪甲，甲乘势将丙拖跌炕下，并未殴打有伤。丙系醉饱之汉，跌地时即唤腹痛，内损身死。查甲持衣索赔时，不但无杀人之意思，即揪扭时，亦无伤害之故意。究竟应以伤害致死论罪，抑以过失致死科刑？不无疑义。悬案待决，理合具文呈请钧厅，迅予解释示遵"等情到厅。事关法律解释，相应据情函请贵院，迅赐解释见复，以凭饬遵，实纫公谊。

此致大理院！

■ 统字第 1308 号

民国九年五月二十八日大理院复浙江高等审判厅函

径复者：

准贵厅函开：案据仙居县知事电称，"今有教育会长甲，因他案于乙结讼，到庭质讯，乙当庭以口头诬指甲侵吞教育公款等语。即由甲提出各项簿据，状求查究，经职署查无侵吞事实，乙是否成立第三百六十条之罪，抑犯第一百八十二条之罪？敬乞解释示遵"等情到厅。据此，查统一解释法律，系属钧院职权，相应备函转请查照，迅赐解释见复，以便转令遵照等因到院。

本院查乙与甲既系因案涉讼，到庭质讯，乙始当庭诬指甲曾侵吞公款，应查明确系添砌案外事实，意图甲受刑事或惩戒处分而为虚伪之告发报告，方得论以诬告罪。若所指事实，涉及案内其意仅在供讼争之攻击防御用者，既不能谓为告发报告，尤难指有使甲因而受刑事或惩戒处分之故意。又查乙果利用公开法庭，指摘与讼争事项毫无关系，而有损于甲名誉之事实，纵不构成诬告罪，如经合法告诉，固可论以公然侮辱人罪。惟其意苟如上述系在攻击防御，并未轶出讼争事项之范围者，即亦不成立侮辱罪。相应函复贵厅转令查照。

此复！

统字第1309号

民国九年五月二十九日大理院复江苏高等审判厅电

江苏高等审判厅：

皓代电悉！债务人乙，为执行异议诉讼被告之一，既系中国人，审判衙门自未便不予受理。至外国人之债权人，主张条约上权利，不允应诉，固难相强。惟如果情愿应诉，藉防乙、丙间之勾串时，则依照本院关于对条约国人反诉之成例，认其抛弃条约上权利为有效，亦可受理并判。

大理院艳印

附：江苏高等审判处原电

北京大理院鉴：

案据上海地方审判厅长咸邮代电称："查中外条约，凡中国人民控告在中国有领事裁判权各国人民负欠钱债等项，归各该领事讯断。凡在中国有领事裁判权各国人民控告中国人民负欠钱债等项，归中国官员讯断。是中国官厅受理之华洋诉讼案件，自应限于华人为被告，其义甚明。其以在中国有领事裁判权，各国人民为被告来厅起诉者，固可援据条约，予以驳回。惟如有领事裁判权国人民甲为原告，请求将华籍被告乙之财产假扣押，经决定照准后，依法执行。乃有华籍之第三人丙，提起异议之诉，声称被封之财产系伊所有，以前案之债权人甲及债务人乙为共同被告，请求撤封。若照中外条约驳斥其诉讼，使其另向管辖权之外国领事署起诉，则一事而系属于中外两审判衙门，不但与《不动产执行规则》第六条第一项之规定不符，即前之假扣押决定，亦非外国领事所可干涉，势必事涉两歧，无从解决。若予以受理，又与中外条约，显有违背。此不独假扣押之事件为然，即一般华洋诉讼之强制执行事件，均属不无疑问。究应如何办理之处，属厅无成例可援。事关法权，未敢擅断，理合电请钧厅鉴核，迅予电请大理院解释只遵，实为公便"等情。相应电请贵院迅予解释，以便转行为荷。

苏高审厅皓印

统字第 1310 号

民国九年五月二十九日大理院复直隶高等审判厅函

径复者：

准贵厅第九二四号函称：案据天津地方审判厅长雷铨衡呈称，"兹有外国人甲（债权人），因债务诉中国人乙（债务人），案经判决确定，强制执行。由甲指出乙在中国地所有之不动产实行查封，而第三之中国人丙，对于该不动产主张所有权，以甲为被告提起异议之诉。按条约外国人为民事被告，不应受中国审判。但该不动产在中国地，又为中国人所有，倘以甲故受外国衙门审判，认该不动产为乙所有，或为丙所有，中国人及中国执行衙门，究能否受其拘束？现职厅有此种案件，究可否受理？亟待解决。理合呈请转电迅予解释示遵"等情到厅。相应函达贵院查照，并祈迅予解释，以便饬遵等因到院。

查关于华洋诉讼执行异议之管辖，本院已有解释。至外国审判衙门之裁判，在本国非当然有执行效力，自不受其拘束，此各国民诉立法例所同。所询情形，除丙已对乙提起执行异议之诉，可候其判决确定再行办理外，只可令甲另对丙在中国审判衙门提起，确认丙无所有权之诉。相应抄送解释例一件（统字第一三零九号复江苏高审厅电），函复查照令遵可也。

此复！

统字第 1311 号

民国九年五月二十九日大理院复山西第一高等审判分厅电

山西安邑第一高等审判分厅：

覃代电情形，如所求系使为或不为公务上一定处分，应照《刑律》第一百五十三条第二项施诈术罪处断。并应查明村长，是否依法令从事公务之官员及文书内容，有无足证他人权利义务之事实，分别依行使伪造文书各本条，均从一重科处。

大理院艳印

附：山西第一高等审判分厅原代电

大理院钧鉴：

据解县知事徐嘉清快邮代电称："设有甲村长，欲向县署要求某事，恐势力薄弱，拟联合乙村长署名盖章。乙村长不允，甲村长竟擅署乙村长之名下复盖甲村长图记（解县某某村图记，图记奉令由县刊发）。惟于甲字故意模糊，然甲字形体仍可辨认，现由公署发觉，甲村长应构成何罪"等语。案关法律解释，敝厅未便指示，应请贵院迅赐解释，以便转饬遵照。

山西第一高等审判分厅覃

统字第 1312 号

民国九年五月二十九日大理院复山西第一高等审判分厅电

山西安邑第一高等审判分厅：

皓代电悉！上告审发还更审之案，系限定若干之罪刑部分发还者，下级审自不得就已确定部分，更为审判。若与罪刑部分无涉，但对于证据或事实，就控诉审业经审理范围，加以评断，则除上告审法令上意见，下级审依法不得违背外，案经发还，即已回复控诉审原状，控诉衙门应依通常程序，更为调查证据，认定事实，并无拘束可言。

大理院艳印

附：山西第一高等审判分厅原代电

大理院钧鉴：

兹有杀人一案，第一审判决后，被告人控诉。控诉审以被告人在第一审业将杀人事实自白不讳，在本审又无切实反证足以推翻原判认定之事实，故仍采取该被告人在第一审初供定谳。判决后检察官上告，上告审认为该被告人自白杀人之事实尚属不虚，惟控诉审认定事实中一部分，尚有应行更审之原因，遂发还更为审判。控诉审复开庭集讯，据被害人方面供称，当日在第一审曾见被告人受批颊，及跪炼压杠等刑，始供出帮同杀人情形等语。准斯以谭，案经控诉审前次采取第一审初供定谳，复经上告审认为初供足采，现在发见被害人上述之供词，敝分厅加以研究，分甲、乙两说：甲说，上告审既认为第一审初供足采，只应就发还更审一部分之事实研鞠。上告审所认为可信之事实，无复行调查之余地。乙说，上告审发还更审之案件，审理中被害人既有上述之供词，是新证据发见，则第一审刑求所得之初供，根本已属动摇，自不妨另求证据定谳，无再采取第一审初供之必要。上告审所认为可信事实之部分，复加调查，以求真相，似尚可行。上列两说，究以何说为是，抑另有解决之方？乞迅赐解释，俾有遵循。

山西第一高等审判分厅皓印

■ 统字第 1313 号

民国九年五月三十一日大理院复湖北高等审判厅函

径复者：

准贵厅函开：案据应山县知事谢缉熙呈称，"兹有某甲曾充县署户总，凡经征田赋，推收户粮，均归管理，乙则随同帮办。前清末季，京汉铁路管理局丈购属县民田多处，其应行完纳银米数目，曾准该管理局开列户名，造册送县，饬甲过割，一面即将过割银米总数，详请前藩司，报部立案，乃甲因被购田亩之各业户，间有未经来县请求者，仍将应行过割户粮，照常征收，并不声请办法，且将征起之款，私入己囊。又征收丁漕，原有逃亡故绝之户，前清时代，曾将此项无著粮户名为黑粮，其额原有一定。甲因民间买卖产业，每有无粮之田，恐滋买主疑虑，遂于过割时，填报些微粮数，历年既久，积少成多。以理言之，既非报垦升课，则黑粮自应减少，乃甲竟不据实报请减少，额定黑粮，竟令乙捏造户名，仍为黑户，冀符原黑粮额，而所征之款，亦不归公。迨甲病故，乙于民国六年十二月接充户总，仍照旧贯办理，并将自己应纳之粮，逐渐推归无著，兹经发觉。在甲既已死亡，自可无庸置议，而乙之刑事责任，颇滋疑义，于兹有四说：子说，设田既被路局丈购，原业户自不负纳税义务，无粮之田，填报些微粮数过割，无论其为黑粮规复，抑系垦荒升课,然皆未经依法定手续核定,则其粮额,亦难视为正供。至将自己户粮,推黑无著,其必摊入于报完各业户,已无疑义,均系滥用职权,使人负担义务,某乙实犯《刑律》第一百四十八条之罪。丑说,设乙均系额外浮收,图利自己,应照《刑律》第一百四十七条第二项论罪。寅说,设乙经征丁漕,自应照原征之数呈缴,乃竟擅自侵蚀,实属构成《刑律》第三百九十二条之罪。卯说,设乙均系以欺罔之方法,得财产上不法之利益,自独犯《刑律》第三百八十二条第二项之规定,应照该条各别论罪。综上各说,似皆持之有理,究应如何办理之处,未便擅定。现在属县悬案待决,理合肃函代电,敬请鉴核,迅赐解释示遵"等情。据此,案关法律解释,敝厅未敢擅专,相应函请钧院,迅赐解释见复,以便转饬遵照等因到院。

本院查甲、乙既先后充当县署户总,凡经征田赋,推收户粮,均归管理。如其职务于法令有据,即为依法令从事公务之职员。乃于业经铁路管理局丈购,并经该局开列户名送县,饬甲过割之田地,仍照常征收户粮归入私囊,其系利用原业户于所卖田地外,尚有接连田地,应纳银米,即在正数以外浮收者,为《刑律》第一百四十七条之连续犯,否则只属诈欺取财。其不能认为依法令从事公务之职员,而有上述情形者,均应以诈财论。又无粮之田,本应于过割时填报实数,乙乃捏造户名,仍为黑户,仅征些微粮数且不归公,并将自己应纳之粮,逐渐推归无著,亦应分别其是否依法令从事公务之职员,按照《刑律》第三百八十三条或第三百八十六条及第二十八条论罪。乙捏造户名,仍为黑户,如果原业户并不知情,则其已交之粮为所吞没,并应论以第三百八十二条第一项之诈财,乙自己应纳之粮,推归无著,若确系令他人无故为之分担者亦同。惟均应注意其方法结果,有无伪造文书。至乙于甲未死以前之行为,并须查明事实,或并依连续犯处断,或依第三十三条与后之行为,分别科处。相应函复贵厅转令查照可也。

此复!

■ 统字第1314号

民国九年五月三十一日大理院复广西高等审判厅函

径复者:

准贵厅函开:查刑事诉讼,以直接审理为原则,苟人犯不到,则不能开始公判。又查民国七年公布之刑事诉讼审限规则第二条预审公判,及检察官拟具意见书之期限,自接收人卷或咨询之翌日起算。依此规定,则检察官送审案件,似宜以人卷均齐,始拟具意见书,连同人卷送审,方为合法。乃近来各检厅送案,多有人卷不齐,或人卷均无而拟具意见书送审者。在检厅则以为案经送审,职务即以终了,并无积压之可言。在审厅则以人犯与卷宗不齐,无从开审。势必往返备文咨提,辗转时日,至速亦延至数月,甚有延至年余之久,始行将人卷提到者,或竟不能提到,因之中止进行,归入未结游案者,不惟有背刑事审限规则之原旨,并失法律保证人民之精神,殊于诉讼进行,大有妨碍。又结案多寡,关于法院之成绩,此种提送人卷,原不属于审判处分,若因此而懈怠,诉讼进行,致多积压,将来考成,实难稽核。遇有此种情形，审厅应否根据审限规则第二条之规定，拒绝受理之处，相应函请贵院迅赐解释，以凭遵办等因到院。

本院查刑事诉讼审限规则，系规定办理案件之限期，与移送案件应否提送人卷尚无关涉。检察官将案移送审判，自以将全案卷宗移送为便，惟被告未经拘保或传到，其犯罪已有确据者，亦得起诉。至第二审案牵涉上诉期限，覆判审案得用书面审理，事实上均难连同人卷，一并移送。相应函复贵厅查照可也。

此复！

■ 统字第1315号
民国九年六月三日大理院复总检察厅函
径复者：

准贵厅函开：据吉林高等检察厅呈称，"案据延吉地方检察厅呈称，'案查今有甲以自己所有土地，卖绝于外国人，经乙告由县署以甲盗卖国土等情，函送到厅。'查该土地为甲所有权，似无盗卖之可言，其买卖究竟有效无效，殊乏根据。惟以一般之公例，土地所有权不许外人享有，论甲之出卖土地于外国人，自不能不干例禁，但究属行政处分，抑别有刑法上处分？此应请解释者一。又甲以国有土地或共有土地，盗卖于外国人，可否即依大理院统字第九四六号解释之新例，分别窃盗或侵占处断，抑应别有加重办法？此应请解释者又一。职厅现有此等案件，亟待解决，理合呈请解释令遵等情前来。案关法律解释，理合呈请钧厅，转请大理院分别解释，令由职厅转行遵照"等情到厅。相应据情函请贵院解释示复，以便转令遵照等因到院。

查第一问，甲以自己所有土地卖于条约上无权利之外国人，当然无效（参照本院八年上字第九一九号判决，见八年八月二十八日政府公报）。除另具备外患罪，或其他法令有罪条件外，尚不生刑事问题；第二问，甲以国有或共有土地盗卖于外国人，依本院统字第九四六、第九六四等号解释，仍应分别有无合法管理权，能论以窃盗或侵占罪。如非具备外患罪或其他特别法令之有罪条件，亦尚无加重办法。相应函复贵厅转令查照可也。

此致！

■ 统字第1316号
民国九年六月三日大理院复京师地方审判厅函
径复者：

准贵厅函开：统字第一一一九号复浙江高等审判厅函开，"初级管辖之执行案件，对于县知事之命令，应向地方厅声明抗告不服，自仍可向高等厅声明再抗告。又八年抗字第五二七号决定理由，'现行民事诉讼法则，初级管辖案件以高等审判厅为终审，其关于该初级管辖案件之执行程序，亦仍至该厅为终止。初级管辖案件，于执行中不服京师地方审判厅所为之裁断，自应以该厅合议庭为抗告审判衙门'云云。是初级管辖案件执行之抗告，仍应依现行诉讼普通程序办理。此在兼理

· 1005 ·

司法之县知事，与地方分庭遵照进行，毫无疑义。惟地方厅所属简易庭执行案件，均依《民事执行处规则》办理。该规则第二、第三两条之规定，均属于厅长之职权，第五、第六两条，且由厅长为之裁断，第六条第二、第三两项，不服执行裁断及命令，向上级审判厅声明抗告。又民国四年十一月八日司法部批山东高等审判厅内开：《民事执行处规则》第六条第二、第三各项之抗告，既系对于厅长裁断，及执行命令不服而提起，虽属初级管辖，仍应向上级审判厅即高等审判厅声明之（参照该规则第五条第二项规定，尤无疑义）。该规则无许再抗告之明文，抗告决定后，不准提起再抗告。是关于地方厅简易庭管辖案件，执行之抗告，应依执行规则特别程序办理，与贵院八年抗字第五二七号决定理由，不无歧异。嗣后本厅对于简易庭管辖案件执行之抗告，究依现行民事诉讼普通程序办理，抑依《民事执行处规则》特别程序办理？颇滋疑惑，应请迅为解释"等因到院。

查地方厅简易庭管辖案件，关于执行之声请或声明异议，既系依照《民事执行规则》第六条，由地审厅长裁断，则如有不服，自未便令其再向地审厅之合议庭声明，应即向高等审判厅抗告。至简易案件，本属于地方管辖者，依照八年九月二十日司法部呈准办法，应以高等厅为终审。则此项执行抗告，亦毋庸许其再抗告于本院，此当然之论结。本院从前解释以涉及此点为限，应准变更。相应函复查照可也。

此复！

■ **统字第1317号**

民国九年六月三日大理院复福建高等审判厅函

径复者：

准贵厅第二一八号函称：据福建闽侯律师公会呈称，"会员徐宗稚函开，'兹有电灯公司，与用户所定用灯契约，其关于计月之灯，契约中曾明载所用之灯位之数及盏数、光数，并经声明此所定之位数、盏数、光数，用户不得私自增加，违则察出后，由安灯之日起至被查之日止，照所私加之数，按普通价目两倍认罚。契约既经成立，用户乃将其用灯之位数、盏数、光数，自行更改，于此有二说：（一）谓契约重在用电之实费，例如契约本定用灯五位，位各一盏，盏皆十六枝光者，用户另自加设三位三盏，而改其光数为每盏十光。又如本定一百枝光之灯一位一盏者，用户另自加设九位九盏，而亦改其光数为每盏十光，此时位数盏数，虽有增加，而光数则未逾所定之量，实际上并无多费电力。又如本定十六枝光灯五位五盏而自改为十位十盏，此时若上半夜用此五盏之灯，下半夜用彼五盏之灯，此开则彼关，亦无多费电力。电力既不多费，则于供灯者之公司初无受损，故用户可以有此自由。（二）谓契约既有详细规定，则当事者即应如约遵行，不得专以电力或金钱计算，始合于契约，以行为为目的之本旨。况即如前例电灯之定价十枝光灯，每月售价洋九角，十六枝光灯，每月售价洋一元一角，百枝光灯每月售价洋六元三角，如前甲例十六枝光五盏之电灯定价，月为五元五角，十枝光八盏之电灯定价，月为七元二角，今以十六枝光灯五盏之价，而用十枝光灯八盏之灯，是月减电费一元七角。分析言之，即十枝光灯定价，本为每月九角，今如此取巧，是每盏月只费七角矣。又如前乙例十枝光灯十盏，月应价九元，一百枝光灯一盏，月应价六元三角，今以百枝光灯一盏之价，而用十枝光灯十盏之灯，是月减电费二元七角。分析言之，即十枝光灯定价，每盏本为每月九角，今则每盏月只费六角三分矣。盖公司电价，本以光数最低者为本位，而对于光数较高者，则以次减轻价目，以为奖励，若以上述甲、乙两例，光数虽不加多，而应缴之电费则大减少，用电者仅出十六枝光低价之费，而用十枝光高价之灯，不惟破坏公司对于光多电灯减让电价之办法，且直接减损公司之收入也。又如丙例，本定五盏电灯，乃自加为十盏，虽据称此开彼关，同时断不十盏并用，然电灯皆设在室内，深夜之中，开闭孰能监察？况电灯之关闭，不过机门一转换而已，又孰能举证而禁止之？是更长偷电之风，而公司受害为尤大，故应遵守契约原定之办法，不得许用户私自变更。以上两说，究以何说为是？事关法律疑义，应请贵会长呈由法院，转请大理院解释示遵，实级公谊等因。理合备文呈恳鉴核，转请大理院解释，实为公便"等情到厅。应转请即为解释等因到院。

查电灯若依光量计算价格，则位数盏数虽有增减，尚不害及公司利益，自不得认为违约。惟据来函称约定之电灯用费，不专以光数为比例，系以盏数合光数计算价格，则用户未经通知公司，得其同意，自不能擅自更改，以侵害公司利益，应查照本院成例，准公司按约请求违约费。至同光盏数之增加，用户难以此开彼关为辞，既无电表可以检验所费电力，且所约亦非专以电费计算，当然不应许可。相应函复贵厅转令遵照可也。

此复！

■ **统字第1318号**

民国九年六月四日大理院复山西高等审判厅函

径复者：

准贵厅函开：案据山西第二高等审判分厅呈称，"据偏关县知事蒋绍曾电称，'今有甲欠乙之债务，丙图利己与甲商妥，假调处之名，以自己价值不敷抵偿之物品，用恐吓手段，代甲抵偿债务，而易得甲预备抵偿价值较多之产。乙事后知觉，来署起讼，此案是否构成《刑律》第三百八十三条之罪？理合电请解释示遵'等情。据此，查事关法律解释，职厅未敢擅拟，理合据情呈请转院解释示遵，以便转令该县遵照"等情到厅。相应转请贵院，迅予解释见复，以便令行该厅转饬遵照等因到院。

本院查《刑律》第三百八十三条，乃依法令或契约或管理事务，为人处理事务，图利自己或他人，或图害本人，违背其义务，而损害本人财产者之罪。丙如果确系假调处之名，行恐吓手段有据，意在以自己价值不敷抵偿他人，欠乙债务之物品，换得他人预备抵偿乙债价值较多之产，系犯同律第三百八十二条之规定。相应函复贵厅转令查照。

此复！

■ 统字第1319号

民国九年六月五日大理院复安徽高等审判厅函

径复者：

准贵厅个代电称："今有某甲之子丙，病故无后，甲乃择立戊为其嗣子，即以丙妻丁妻之。事历年余，族人无异议，兹届修谱之期，族人对于丙妻嫁戊，认为不合法，拒绝入谱。查戊、丁之婚姻，丁之母家并无争执，甲之族人能否告争？如不能告争。其族人以维持谱规为理由，拒绝戊妻入谱，能否认为正常？不无疑义，合请迅予解释"等因到院。

查所询情形，除该族谱例，本有特别订定外，请查照本院五年上字第八三四号判例（见《大理院判例要旨汇览》第一卷《民法》第一二七页）办理可也。

此复！

■ 统字第1320号

民国九年六月五日大理院咨复司法部文

为咨复事：

准贵部第二二零号咨开：案据吉林高等审判厅转据吉林地方审判厅呈称，"吉林永衡官帖，不能保持其原有之价格，应照成立契约时之市价清偿，曾经大理院统字第一一二一号解释在案。惟查此项解释，于吉林钱法，窒碍难行，请转咨大理院另为最新之解释，以便遵行"等情到部。据此，应即抄录原呈，咨请见复等因准此。

查本院关于现在各省官私银行银号发行之钞票，曾于答复湖南省长解释文内，详细说明。所称吉省情形，在契约当时，如果可认为业已明白订定，还债时统依官帖计算，毋庸折合现币，自仍有效。兹将解释油印一件（统字第一一六八号），送请贵部令知查照可也。

此咨！

■ 统字第1321号

民国九年六月五日大理院复吉林高等审判厅函

径复者：

准贵厅第三九号函称：据吉林地方审判厅长裘黼章呈称，"今有清查土地局，在某县所属之镇市，创设商场事务处，委某甲为该处处长，发款令往购地开办。嗣该局为便于协助办事起见，续委该县知事某乙为该处会办。后某甲独自伪造公文，所购地亩，以少报多，侵占公款若干，事发潜逃。省长公署据该局呈报之后，送令某乙赔偿某甲所侵占公款之半数。某乙以此事伊既无共犯情事，实属与伊无干，依法不应负赔偿责任，依大理院统字第五五七号解释，来厅诉请免除赔偿义务，本厅应否受理？于此有二说焉：子说，谓省长公署责令赔偿，事属行政处分。此令如果违法，某乙应赴平政院诉愿，请求裁决，司法衙门不能受理。丑说，谓某乙应否负赔偿责任，应由司法衙门解决。某乙请求确认无对于该局支付赔偿义务，系民事消极确认之诉，司法衙门应予受理。究以何说为是？呈请解释"等情。据此，应即函请解释等因到院。

查关于国家与人民，及人民相互间之私权关系及国家对人民之科刑权，或其他处罚权，行政衙门应有法规根据，必于其范围内始得为有权之处分；越权处分当然无效。无效之处分，如果执行，自可由受处分人，向中央主管衙门请求救济。本件省长如果明知公款为某甲所侵占，而为令乙代偿之行政处分，倘求之法令，别无根据，则其处分似系越权。惟乙如以省公署或财政厅为被告，请求确认，无代甲赔偿公款责任，并不以直接纠正处分为旨，则仍系民事确认性质之诉，司法衙门要难违法，据不受理。相应函复贵厅转令遵照可也。

此复！

■ **统字第1322号**
民国九年六月五日大理院复浙江高等审判厅电
浙江高等审判厅：
二八八号函悉！《刑律补充条例》第七条解释，本院已有新例，系以奸夫奸妇双方或一方，因奸犯他罪之结果，致有告诉权之本夫或尊亲属死亡，或虽未死亡而不能行使其告诉权者为限，方可引该条论奸罪。若有告诉权者，并不告诉或明示舍弃告诉权，或被害者并非本夫或尊亲属时，则其奸罪应不论。

大理院微印
附：浙江高等审判厅原函
径启者：
案据当山县知事电称："奸夫因奸酿成其他犯罪，应照《补充条例》第七条办理。惟奸妇未与共犯他罪，其相奸行为，本夫亦不愿告诉，应否论相奸罪？请示遵行"等情前来。据此，本厅查《补充条例》第七条，既不以告诉为论罪之要件，纵本夫不愿告诉其和奸及相奸者，似仍应论罪科刑。惟查与贵院统字第四七二号之解释，"对于他罪告诉，对于奸罪舍弃告诉权者，亦不能并论"云云，稍有抵触。究竟前项解释，有无变更？相应函请贵院查照，请烦查核函复过厅，以便指令该县遵照。

此致大理院！

■ **统字第1323号**
民国九年六月五日大理院复绥远都统署审判处函
径复者：
准贵处函开："兹有土匪甲，问乙知何家有未嫁女，欲娶为妻。乙谓丙之女未聘。甲遂结伙三人，将丙携至乙家，勒令将女许伊为婚，否则备款回赎，乙亦帮甲说合，丙为佯允，未立婚书。嗣甲到丙家，强与其女成婚，丙与女皆因惧祸，不敢力抗，甲得同居月余而去，后复返回，丙因甲羽党歼灭，始行密报获案。甲之行为，是否构成拐人勒赎及强奸俱发罪？抑以其掳丙至乙家为强奸之手段，仅以强奸论罪？又乙于甲掳丙至伊家勒要其女时，帮助说合，是否为帮助掳人勒赎之准正犯？或事前帮助强奸之从犯？此应请解释者一。又土匪丁结伙十余人，到戊家索钱，因戊出外未果，转向己索要烟土等物。己向丁称戊虽不在家，尚有房地可令甲会庚等立约，代卖得价。丁遂逼令庚等将戊房地写代卖约据，卖与公社价银二千元，将约交己，己即付丁烟土数十两，旋己持约向戊索要房地，否则备价回赎。查丁结伙到戊家索钱，虽因戊出外未果，但既将其房地代卖得价，其构成强盗罪，似无疑义；惟其向己强索烟土等物，未生犯罪之结果，可否论以强盗未遂？又己既唆令丁将戊之房屋代卖，并给与烟土作为代价，以助成丁之强盗行为，为将来诈财之地步，后复向戊索要房地，或约据上所载款数未遂，应否以帮助强盗论，抑只论以诈财未遂罪？此应请解释者二。悬案待决，理合函请钧院查核示复，俾便遵循"等因到院。

查第一问，甲掳丙至乙家，如其意专在令丙将女许伊为婚，所称备款回赎，不过空言恫吓，本意非在得财，则系以强暴、胁迫使人行无义务之事，而以私擅逮捕为方法，应依各该法条从一重处断。如其意专在令丙备款回赎，或以许婚为纳赎之替代，则应成立掳人勒赎罪。乙实知情于甲实施中，帮助说合，应各查明情形，准以强暴胁迫使人行无义务事，或掳人勒赎之正犯论。丙许婚未立婚书，若并未得财礼，其婚约本非有效成立。甲到丙家强与丙女成婚，果加暴力于其身体抑压其有形的反抗，或告以将加重大危害，抑制其精神的反抗，均足使其丧失意思自由而奸淫之者，应成立强奸罪。乙如知有强奸之情，而以说合为事前帮助者，应并成立强奸从犯罪，均依俱发罪各该条文处断。第二问，丁到戊家索钱，因戊出外未果，转向己索要烟土等物，己唆丁逼令庚等将戊房地，写代卖约据，卖与公社，己付丁烟土数十两作为代价，旋己持约向戊索要房地，否则备价回赎。是丁并非直接以强暴、胁迫强取戊之钱或房地，对戊自不成立强盗罪。其逼写代卖约据，对庚等应成立以强暴、胁迫使人行无义务事之罪，对戊则成立不动产窃盗罪。己如并未在场，亦为其教唆犯，均各依第二十六条办理。丁索得烟土，虽系由己交付，应视交付者是否情愿、有无达到丧失意思自由之程度，分别成立强盗或诈财罪（参照本院统字第六二百二十号解释文），或不为罪。己有烟土数十两，是否栽种罂粟所得，并意图贩卖而收藏、与供吸食之用，丁索得烟土作何用途，与适用法律有关，应讯明事实。相应函复贵处查照可也。

此复！

■ 统字第1324号

民国九年六月五日大理院复总检察厅函

径复者：

准贵厅函开：案据湖南第一高等检察分厅代电称，"兹有前任县知事，判决应送覆判案件，卷内仅存宣示点名单及牌示底稿，并无初判书。其判处罪刑，除牌示稿中列有主文外，余皆无可考查。新知事莅任后，呈送覆判，发见上述缺点，此种案件，若发还原县补制判词，则新知事既未直接审理，自不能负此补充之责。若作未结论，令现任知事更新审理，则细查该案，不惟已具判决之雏形，且又经过宣示牌示之程序，似与一事不再理之原则相背。可否不拘《覆判章程》第三条规定，送请同级审判分厅覆判，抑或另有他法可资救济之处？伏乞示遵"等情到厅。事关法律程序问题，应请贵院解释示复，以便转令遵照等因到院。

查县知事判决，除已送达判词外，牌示非揭示全文，不生效力（但判决非无效），此为《县知事审理诉讼章程》第三十一条、第三十条当然之解释。故未经合法牌示，只经提传宣示者，其上诉期间无从起算。若非有舍弃上诉权之合法表示，随时均可上诉。该案应讯取被告意见，是否不服，再行分别依控告或覆判程序办理。相应函复贵厅转令查照可也。

此致！

■ 统字第 1325 号

民国九年六月九日大理院复河南高等审判厅函

径复者：

准贵厅函开：案据洛阳地方审判厅厅长钱谦呈称，"兹有某县审理民事案件，案内甲、乙、丙三人，在法庭互相詈骂。某县以某甲贿串族长，蔑断徇私，当堂辱骂某乙，侮辱法庭，罚某甲洋一百元，当日即于民事堂谕内，混合裁判，当庭宣示。某甲被罚后，如数缴县，由县专案具报高等检察厅并呈民事判决书一本，主文内载，某甲有意徇私，罚洋一百元充公，高等检察厅以某县违法滥罚，指令自行撤销。某县呈复，以侮辱法庭系正当理由，有意徇私系附属理由，因判决书内声叙附属理由之后，正当理由漏未声叙，呈请更正存案。复由高等检厅指令某县，既认定某甲有侮辱法庭情事，应照《刑律》第一百五十五条处罚，制成判决书，照章宣示牌示，并以该案系属初级案件，发交甲地检厅查明县判是否允协，依法核办。甲地检厅因无管辖权，函送乙地检厅办理，内附某县判词一本，乙地检厅检官，不于甲地检厅文到之十日内，提起控诉，乃向某县调取卷宗，而于卷宗到达后十日内控告。于此情形，发生疑问四：（一）县知事民刑合判，依五年上字第八十七号判例，认为非根本上之无效。某县以某甲侮辱法庭，罚洋一百元，当庭于民事堂谕内，宣示被罚之某甲，已将罚金缴县。但堂谕内未引律文，依统字四九八号解释，是否应认为无效，发还更审？此应请解释者一。（二）高等检厅接到某县详报文件及民事判决书一本后，以某县违法滥罚，指令某县依《刑律》第一百五十五条处罚，制成判决书，照章宣示牌示。而某县另制判决书，仍是民事判词主文栏内，某甲罚洋一百元，补引《刑律》第一百五十五条，并未履行宣示及牌示之程序，于此场合，究应认第一次之堂谕为判决，应以第二次改制之判词为合法？如以第二次另制之判词为合法，是否应发还某县补行宣示及牌示之程序？此应请解释者二。（三）某县处罚某甲，虽未牌示，然业于民事堂谕内，当庭宣示，某甲已受执行，罚金如数照缴。若第一次之堂谕，并非根本上之无效，依统字四三五号、六二一号、七九三号解释，高检官应于详报到达后十日内控诉。高检官不照上开解释办理，指令某县另制判词，经过十日期间后，始行令交甲地检厅核办。甲地检厅以无管辖权，函送乙地检厅办理，乙地检厅接到甲地检厅之公函，函内既附有某县之判决书，则某县对于某甲所处之罚金，是否违法，不待调卷，即可断定。乃不于甲地检厅公函到达后十日内，提起控告，而向某县调取卷宗，于其卷到十日以内，始行控诉。此十日之期间，是否以高检官接到详报到达后起算，抑应从乙地检厅接到甲地检厅公函后起算？依五年抗字五十二号判例，似可予以控诉驳回。然查统字六二一号十日之期间，系对于高检官而言，地检官能否适用，不无疑义。又查统字九二八号解释，高检厅接受县署汇报案内，发见原判错误，得于接收卷宗十日内，提起控诉。某县处罚某甲，系属专案详报之件，并附判词一本，是否可依统字九二八号解释，予以受理？此应请解释者三。（四）某甲与乙、丙二人，在法庭相詈，系属妨害法庭之秩序。查《法院编制法》第六十一条之秩序罚，应由维持法庭之审判长处分。依同法第六十三条之规定，不许上诉。某县误用他律处罚，某甲经上级检官发见控告，或由被罚人之控诉，第二审衙门，是否可以按照《法院编制法》第六十一条予以纠正？此应请解释者四。现在职厅受理此项案件，亟待解决，理合呈请钧厅转请大理院解释示遵"等情。据此，除指令外，相应据情转请贵院迅赐解释，以便转令遵照等因到院。

查原呈所称情形，不甚明了，兹分别设例，解答如下：（甲）如该县堂谕内，仅载某甲有意徇私，罚洋一百元充公，此外并未叙明某甲妨害法庭秩序事由，或妨害公务事实，或各该律条，既非《县知事审理诉讼章程》第二十八条之秩序罚，又非《刑律》第一百五十五条之刑罚，且于行政法规，亦无根据，自属越权行为，不能认为有效之行政处分。高等检察厅本于监督司法执行事务之职权，对于此种类似裁判之执行指示，办法尚属正当。该县呈复，以侮辱法庭，系正当理由，呈请更正，及经高等检察厅指令，应照《刑律》第一百五十五条处罚后，又改制判词，并不依法宣示牌示，则此项判词，仅属文稿之一种，不生判决效力，自无控告程序可言。（乙）如原堂谕语意，可认为《县知事审理诉讼章程》第二十八条之秩序罚，则此种处分，依《法院编制法》第六十三条本不准上诉，亦非上级审所得改判。原处罚金一百元，超过该法第六十一条第三款之范围，高等检察厅本于执行监督之职权，得指令其仅只执行范围内，即该处分有效部分之罚金。（丙）如原堂谕语意，可认为《刑律》第一百五十五条之罚金，则该堂谕有初判效力，且此类案件，并非办理命盗案规则，及司法部令所举，如官吏犯罪等，应行专报之案，有管辖权之乙地方检察厅，向该县调取卷宗，于其卷到后十日内提起控告，尚属合法。相应函复贵厅转令查照可也。

此致！

■ **统字第 1326 号**

民国九年六月十日大理院复热河都统署审判处函

径复者：

准贵处函开：现据阜新县知事杜秉纶呈称，"窃有甲欲娶乙为妻，因家内已有妻妾四人，恐乙之母不允，诳言为丙作伐，将乙许配丙为室，乙之母应允。经媒聘定，写立婚书，一切财礼衣饰等物，均由甲备办。过门之时，系丙交拜天地。至晚间合房时，甲突入洞房，与之成亲，乙见事变更，吵嚷不依，被甲迫逼，无奈勉从。经人质问，丙即出头顶替，认为夫妇。嗣甲起意，欲将乙价卖，被乙查知，逃回母家，遂以合谋顶替、逼妻卖奸等情起诉到县。查此案甲借丙名诱娶乙为妻，丙出名顶替，让甲奸宿。丙对于乙，是否有夫妇关系？其疑点有二：（子说）甲与丙串通一气，以欺诈手段，将乙迎娶过门，则甲、乙二人，当然为略诱共犯。乙对丙虽已成立婚书，究系略诱而来，实无夫妇关系。迨过门后，丙仅出头顶替，名为夫妇，实则由甲奸宿，甲复应构成《刑律》第二百八十九条之和奸罪，纵无告诉权者之告诉，但乙（即被诱人）对于丙，既无夫妇关系，当然有告诉权之存在。是甲为略诱、和奸俱发罪，丙为略诱共犯罪，毫无疑义。（丑说）丙与乙聘为婚姻，既有正式婚书，当然认为正式夫妇。至甲之事前备办财礼衣饰等物，及丙于过门后，将乙让与甲奸宿者，仅认丙为事前得钱纵容，则丙仅成立《补充条例》第五条第二项之罪。至甲与乙和奸，并无有告诉权者（指丙）之告诉，当然不能成立和奸罪。以上二说，不无疑义问题。职署现有此种案件发生，悬案待决，请赐解释示遵"等情。据此，查解释法律，系属钧院权限，据呈前情，相应函达，希即解释见复，以便转饬遵照等因到院。

查所询情形，丙本无与乙结婚之意思，因与甲串通，故向乙伪为表示。乙受其欺，承诺为婚，自系被诈欺而为婚约。虽已成婚，乙可请求撤销。乙在未经撤销婚约以前，法律上尚为丙妇，与甲并无婚姻关系。甲奸宿乙，如查明有使乙体力上精神上受强制，致丧失意思自由之事，应成立强奸罪。丙如有知情帮助情形，亦属共犯，均应俟合法告诉乃论。乙又得以被丙抑勒，与人通奸为理由，请求离异。如果甲并无前述情形，其与乙成奸，确系出乙当时之情愿，则甲、乙系犯相和奸罪。丙既纵容，自无告诉权。至甲起意，欲将乙价卖，被乙查知，逃回母家，如甲于诱拐，已有着手，应论略诱未遂罪。相应函复贵处转令查照可也。

此致！

■ **统字第 1327 号**

民国九年六月十日大理院复总检察厅函

径复者：

准贵厅函开：案据奉天高等检察厅代电称，"兹有甲银行为扩张营业起见，以贷款为招股方法，例如乙、丙等商号，向甲银行借款一万元，则书两万之借据（为数甚巨，此不过比例言之）实只使用一万元，其余一万元，在贷方则认为入股，在借方则认为借用，并非实钱之给付。且借贷未久，甲银行因滥发纸币之故，经省政府取缔，勒令将所发行之纸币一律收回。因之停止营业，故股票亦未发给，甲银行因准备金不敷收回纸币之数，遂向乙、丙等商号，催收入股之款。乙、丙等商号谓甲银行将濒于破产，何得尚在外以利诱导，劝人入股，实系诈欺取财。商号如果有钱入股，何须尚在银行借贷？委因距省窎远，不知甲银行内容，受其蒙蔽，是谓套股。经省政府办理二年有余，甲银行发行之纸币，迄未全数收回，乙、丙等商号除清外真正借款之外，所谓套股商号（辉南朝阳镇等数十家）全体反对，丝毫不缴。省政府因无结果，交由职厅依法办理。推原两方而实情之所在，在甲银行则因基本金之不足利用借贷方法，以为诱人入股之媒，在乙、丙等商号，则因地方偏僻，金融阻滞，需款孔殷，遇甲银行贷款之便，又因之入股，诚属一举两得。究之甲银行所贷出者，即系甲银行自己所印刷之纸币，并非现金。乙、丙商号所借入者，大抵半数为甲银行自己所发行之纸币（例如借甲银行两万元，实只借用甲银行所印刷之纸币一万元，此外一万元，虚立借据，作为入股）。半数则虚立借据，作为入股，而其利息，则贷款之利息，年一分五厘，入股之利息年六厘。虚立借据之股东，除以年六厘之股息相抵外，尚应补交甲银行贷款之利息九厘。此奉省多数银行，以贷款为入股之实在情形也。现在职厅由省长交办此案，如认乙、丙商号为正当股东，应即缴款，则明知甲银行亏累甚巨，若连累乙、丙商号，将有牵动市面之虞。如认乙、丙商号为受诈欺，则甲银行原有股东将群起反对，不认亏赔，则其所发行之纸币，将终无收回之一日。办理方法，困难万状。究竟可否认甲银行为诈欺，抑认乙、丙号为图赖亏赔之处？此等情形，当不独奉省为然，关系全国，在法律上应如何解释？若无根据，且影响甚大，理合胪举事实，电呈钧长转函大理院俯赐解释，俾便遵循"等情到厅。相应据情函送贵院核办等因到院。

本院查《刑律》诈欺取财罪所称"以欺罔使人将所有物交付于己"，系指欺罔他人使陷错误，而取得其财物者而言。甲银行如果明知基金不足，亏累甚巨，势将倒闭，犹用欺骗手段，使人陷于错误，即令其误信确实，有利而入股，自属诈欺取财。若其诱劝他人入股，并无欺罔行为，及使他人陷于错误之故意，则入股与否，固属他人自由，尚不得谓为诈财，应查明事实办理。至民事方面，作为入股之资，既已改为贷出，则股资固已缴足。所欠之款，乃为借项，此项入股及借款行为，亦应分别查明有无民事诈欺情形，准其撤销原约，退还入股之息金（有诈欺时），或责令履行债务（并无诈欺时），此均应由民事法庭办理。相应函复贵厅转令查照可也。

此复！

■ 统字第 1328 号

民国九年六月十日大理院复河南高等审判厅函

径复者：

准贵厅函开：案据鄢陵县知事许其寅呈称，"兹有甲妹乙，适丙为妻，丙卒乏嗣，未立嗣子。前清末年，其姑丁又死，戊为应嗣，族亲为之议继殡埋，请甲再三不至，事遂搁浅。嗣乙因讼牵戊在案，案于承嗣有因果关系，方传未讯。戊因乙之立继，甲于其中大有牵掣，不得已许甲钱若干，为立五月期票，交甲收存。甲即当令乙取戊为嗣，书立继约。至今已十余年，甲忽谓戊赖债不偿，呈诉到县。传案审讯，讯系戊承继时，因甲之挟制许甲之钱，戊谓钱已全行给付，有甲亲笔所立失票为凭，验对笔迹，又不相符。此两层问题，法律疑义生焉。甲取戊之利益一层，应否为罪？于此发生两说：第一说，谓甲为乙娘门兄，乙之取继，虽必由家长与亲属之共为妥议，甲亦应过问之人。戊虽应继，不得甲同意，既不能得乙同意。戊欲由甲得乙同意，甲于此得戊之利益，系道德上关系，非法律上关系，此自不能论罪。第二说，谓乙之取继，甲固为应行过问之人，不应于中取利。戊初未以钱许甲，甲即不到场，以钱许甲，甲即能使乙要戊为嗣。是其手段，足以生戊畏怖之观念，有不能不以钱许甲之实。此手段已犯刑事处分，自应构成三百八十二条第二项之罪。以上两说，究以何说为是？至戊伪造失票问题，于此亦有两说：第一说，谓甲得戊之利益，系不正当行为，即无此失票，审判上亦不能为之追偿。此等票据，于权利上无甚轻重，此自不能论罪。第二说，谓戊之以钱许甲，虽非得已，既许甲即为甲获得之权利。戊既以权利许甲，即不应伪造此失票。今既证明，系属伪造，即不能辞作伪之咎，自应构成《刑律》第二百四十三条第一项之罪。以上两说，又以何说为是？又如甲若无罪，此等债务，应否如数追偿，抑不能追偿？倘应行追偿，所赚嗣产业已花费净尽，又将如何办理？悬案以待，急候解决，理合呈请钧厅鉴核，转请解释示遵"等情。据此，除指令外，相应据情函请钧院，迅赐解释示复，以便转令遵照等因到院。

本院查夫亡守志之妇生存者，立嗣应由其作主，族亲不得干涉。戊之嗣丙，如只因族亲公议，并未经乙同意，本不能谓为合法。其对于甲许给报酬，托其说乙，始得应允，则甲若别无欺罔恐吓之行为，自不得认为诈财。此项酬劳费，别无不法原因，戊固有履行之义务。如果伪造之失票，足证对甲义务消灭之事实，在甲既不免因而受害，或有受害之虞，戊之伪造并行使，自应依行使伪造文书罪，量情科处。惟甲若有罪，即不得主张期票之债权，则戊伪造失票，又无庸论罪矣。相应函复贵厅转令查照。

此复！

■ 统字第 1329 号

民国九年六月十一日大理院复贵州高等审判厅电

贵州高等审判厅：

江电悉！审厅公判中发票，得自行指挥该厅所属司法警察执行。如无此项人员，得移请检厅指挥执行。检厅不得拒绝。此为《法院编制法》第九十五条、《试办章程》第十六、十七条当然之解释。至高审厅受理上告案件，得酌核情形，参照院例取具当事人双方理由书，用书面审理。

大理院尤印

附：贵州高等审判厅原电

大理院钧鉴：

高审厅受理刑事上告案件，定期传唤上告人，公开审讯，同级检厅若拒不出票，主张书面审理，是否合法？请速示遵。

黔高审厅江印

■ 统字第 1330 号

民国九年六月十日大理院复总检察厅函

径复者：

准贵厅函开：据广西高等检察厅呈称，"案据桂林地方检察厅呈称，'设如甲、乙合资经商，租定丙、丁等会中铺屋一所，共三进。旋因街邻失火，将前进烧毁，商定由租客出资修复，房东认帮银七十五两六钱，此外归租客支给。越十三年，甲、乙共开之商号歇业，翌年甲遂单独承租，旋又歇业，自将该铺屋转租与某戊。丙、丁等遂以转租渔利等情，诉经一、二、三审判决，均判令甲将该铺屋退回与丙、丁，所有从前修复前进用去资金若干，即由丙、丁等照数清偿与甲，丙、丁等更以甲呈之修理费单据系伪造，且数目混合，对此部分不服，诉经上告审衙门，指令另案诉由第一审衙门受理，因而尚未执行。此时，甲又将该铺屋，转租与某公司，将后进略加毁损，因又解约，致不修复。丙、丁等遂以毁损等情，以刑事起诉，该毁损罪是否成立？于此有二说焉：（子说）该案既经判决，解除契约业已确定，虽尚未执行，然某甲对于该铺已无处分之权，如有毁损情形，自应依毁损律办理。（丑说）该铺屋在未执行以前，某甲尚有占有及使用等权利，虽有毁损情形，不过仅负民事上赔偿之责任而已。究竟该两说，孰为正当？此应请解释者一。查大理院统字第七六七号解释，某甲控某乙在大宗祠内与祭，因争端敲毁厨房碗碟等物，系公共所有物。查此种敲毁共有物，律无正条不为罪，但应负民事上责任等语。兹某甲所租铺屋，系某会中共有物，如有毁损，可否依照上开先例办理？此应请解释者二。职厅现有此种案件发生，亟待解决，理合备文呈请钧厅查核，转呈总检察厅咨请大理院解释，以便遵循'等情。据此，查解释法律，为大理院特权，理合具文呈请钧厅察核，函院核办"等情到厅。相应据情函送贵院，解释示复，以便转令遵照等因到院。

查本院统字第七六七号解释，业经变更，凡烧毁或毁坏自己与他人公共所有物，应以他人所有物论（见本院统字第一一九七号解释）。况据原呈所称情形，甲所毁损者，系丙、丁等公共所有物，并非甲与丙、丁等公共所有物（即纯粹他人公共所有物，并非自己与他人公共所有物），尤属不成问题。惟所称"略加毁损"，是否确有专事毁损之故意，抑因有修缮必要以为之备？如因修缮，则仅涉及民事问题，应查明事实，分别办理。相应函复贵厅转令查照可也。

此致！

统字第1331号

民国九年六月十四日大理院复安徽高等审判厅函

径复者：

准贵厅函开：案据无为县知事李懋延快邮代电，"今有某甲，因妻乙无生育，为似续计，娶丙为妾。甫半载，丙不堪乙之虐待，逃至母家寄居，旋产一子。某甲向县署诉追，经县传讯，判丙携子归甲。案已确定，阅二年余，甲之妻乙虐待丙妾如故，丙复携子逃逸，至邻县某丁处，佣工过活。某丁怜其困苦，又以寄住半载，无人寻问，于是听从丙意，托戊、己二人媒合，嫁庚为妻，婚书系丙自主，丁立承管字据，身价洋五十六元，丁、戊、己三人分用，丙与庚相得甚欢，并已有孕，历一年又数月之久，某甲寻至，以庚与丁、戊、己共同串拐，向县起诉。复经县传集，正在审理中，丙又产生一子，其结果，丙抵死不愿归甲，要求归庚；庚亦声明娶丙证据完全，婚姻当然有效。惟甲坚执不愿弃丙，于此有三说焉：子说，为人妾者，与其家长法律上，并不能认为夫妇关系，换言之即亦无离异问题之发生。惟丙因乙之虐待，一再背逃，最后甲亦听其他适，置不闻问，是显已表示遗弃之意思。丙以一弱女子辗转流离，自愿改适以全生命，酌理衡情，当为法律所许。庚之娶丙，既出聘财，复有媒妁婚证，应即认为合法，是则丙宜归庚。此一说也。丑说，自《刑律补充条例》出，凡关于妻之部分，于妾亦准用之。类推解释，夫虐待妻，必至重大伤害，始准离异。则凡妻虐待妾，未至最重伤害，其不能离异可知。丙背甲逃至丁处，甲虽未跟踪寻觅，然亦无确切遗弃之证明，既未正式取消甲之监督权，丙即不能以自嫁为理由，丁于丙无主婚权，承管亦属违法。执此以言，庚之婚书，其根本上不能发生效力，是则丙应仍归甲。此一说也。庚说，凡婚姻案件，交付人身，不能强制执行，大理院早有解释。丙对某甲，一逃再逃，誓死不从，恩义即已断绝，若强令从甲，诚如大理院统字第五百十号解释，即不致酿生变故，亦徒促其逃亡。至庚之娶丙，未得有主婚权人之追认，其婚姻亦难成立。查妇女本有离异归宗之例，应令丙大归母家，相依过活，其在甲家所生之子，当然有甲领养。适庚后所生之子，当然归庚，甲于丙逃走，并非有心遗弃，即不能成立犯罪。庚非知情故买，亦不能成立和买罪。丁于丙并不究明根底，辄为议婚得财，依法以和卖（原作买）罪论。惟丁已物故，免予执行，由承继人缴还分得财礼。戊、己帮同说合，以共同正犯论，所得身价，追还给主此又一说也。以上三说，未知孰当，抑或别有相当处分？职县现发生此项案件，办理困难，理合电请核示办法，以便只遵"等情。据此，查来禀内容，关涉法律疑义，相应转请钧院解释，并希速复，以便饬遵等因到院。

查诱拐罪之所侵害者，在现行法应认为：（一）被诱人之自由权；（二）夫权（或家长权）；（三）尊亲属之监督权。若三者俱无所侵害，或均得意思之合法一致，则除由夫或尊亲属等主持价卖，系违反《刑律补充条例》第九条规定外，自不成立犯罪。丙如已满十六岁，而其与甲之关系，可认为业已合法解除，则已脱离甲之家长权。其嫁庚实出于自主，是于其自由权，亦无所损。如果其母家无尊亲属，或有之而亦与赞同,并无异议,是于其尊亲属之监督权,亦无所妨。已故之丁,乃听从丙意,托戊、已媒合,丁、戊、已对丙,本无《刑律补充条例》第九条之义务。其分用身价,如出自丙或庚情愿赠与,别无《刑律》第三百八十二条之诈取情形,则不成立何种犯罪。此系变更成例,应请注意。除民事已经统字第一二九八号函先行解答外,相应函复贵厅转令查照可也。

此致!

■ 统字第1332号

民国九年六月八日大理院复江苏高等审判厅电

江苏高等审判厅鉴:

沁代电悉!所称本县解释成例,系指当事人现已受有损害请求赔偿者而言。如尚未受有损害,只系确认权利关系者,应就其所争部分之权利,据实估计其约值价额,以定管辖。

大理院庚印

附:江苏高等审判厅原电

北京大理院鉴:

案据上海地方审判厅长张允同号日快邮代电称,"查讼争码头案件,依大理院统字第一一一七号及第六七六号解释,应照当事人请求之损害赔偿,额定其管辖。惟所谓损害赔偿额,系指当事人所受现实之损害,抑指未来全部损害,或每年收入之总额而言?设照现实之损害,如甲以乙在某码头运送,诉请审判厅禁止,并要求赔偿损害额若干元时,是否即依其损害额,定其管辖?其争执权利一层,可置不论,其讼费亦仅就损害额之数额征收。又甲、乙如仅互相争执码头地点,尚未实行越界运送,而甲即以乙混争码头,请求审判厅保全自己之运送权,排除乙将施之行为。则该案之管辖,究应以何为准,及讼费如何征收之处,均属不无疑义。属厅现有是等情形案件,亟待解决,仰恳迅予电请大理院解释示遵"等情到厅。据此相应电请贵院迅予解释,以便转令遵照为荷。

江苏高审厅沁印

■ 统字第1333号

民国九年六月十四日大理院复河南高等审判厅函

径复者:

准贵厅第六八五号函开:案据洛阳地方审判厅呈称,"为转请解释示遵事,例如有甲机关每月应领之经费,按月将甲机关领款三联收据,交由乙钱店派人赴外县丙拨款机关,代领款项。当时甲机关与乙钱店,言明每代领到一个月经费,由甲机关给发乙钱店川资若干。迨甲机关之经费,已由丙拨款机关照数拨付,乙钱店派去之领款人收讫,所有甲机关交与乙钱店带去之领款三联收据,亦已由乙钱店所派之领款人,照缴与丙拨款机关收转财政厅。乃乙钱店派去之领款人于领到款项后,运至中途,尽数被劫,由乙钱店报告甲机关。而甲机关以为此项款项,丙拨款机关既已照数拨付清讫,在丙拨款机关责任已了,乙钱店派去领款之人,既领到款项,自应负完全保管之责,在路上更应特别注意,乃竟被劫去,全系乙钱店派去领款之人,不注意所致,不能诿谓不可抗拒。该领款人既由乙钱店派去,其责任自应由乙钱店负担。拟责令乙钱店照数赔偿,否则甲机关办事员役薪工将无着落,谁负责任?至乙钱店当运款之时,中途被劫,应由乙钱店向在被劫地方之官厅另案诉追。此项主张,是否正当?理合呈请鉴核,转送大理院解释,以资遵守"等因到院。

本院查乙钱店既系代甲机关领款,如实有怠于善良管理人注意之证据,则其被劫,即非纯为不可抗力,自可责令赔偿,否则亦应判其免责。不能因甲机关经费无着,不问情由,遽令乙赔偿。相应函请贵厅转令查照可也。

此复!

■ 统字第1334号

民国九年六月十四日大理院复湖南高等审判厅函

径复者:

准贵厅元代电开:现在民事诉讼程序上,发生问题,计有七端:(一)查分析遗产及遗嘱授产等诉讼,如并不以解决身份为前提,未便依人事诉讼规定,定其管辖。故如原告请求分析遗产额,在千元以下,应属初级管辖,业经贵院统字第六七八号及一二零九号明白解释。惟查民国元年五月法部呈核管辖各节文内,载有"民事诉讼之事物管辖,除亲族承继分产,及婚姻事件,仍照《初级暨地方审判厅管辖案件暂行章程》办理外,余均拟照《民事诉讼律草案》管辖各节"数语(见司法公报第一年第一期公牍门第四页)。则该管辖案件,《暂行章程》第一条第二款第二项规定,承继分产案件,似仍继续有效。遂有主张分析遗产额,是否在千元以下,可不必问,概属于地方管辖者,因而生此疑问,应请解释者一。(二)凡因修筑桥路而受有损害,依贵院统字第一一一七号解释,可照当事人请求之损害赔偿额,定其管辖。惟修筑桥路,于公益上不无关系。遂有主张既关公益,无论其损害赔偿额之请求是否在千元以下,概属于地方管辖者,因而又生疑问,应请解释者二。(三)反诉应征收讼费,业经贵院统字第一一三六号解释。如当事人声明附带上诉,有在上诉期间内者,有在上诉期间外者,是否一律均应征收讼费?应请解释者三。(四)声请救助案件,是否无力缴纳,依照贵院统字第九一六号解释,已嘱托高厅代为调查,公平裁判。兹有当事人声明上告后,并不照缴讼费,经本厅酌定相当期间,令缴讼费或声请救助。该当事人逾期均不遵行,可否由本厅代予驳回,俟送达后二十日之期间内,如数缴纳,再汇送贵院核办?又若逾二十日之期间始行缴纳,查无窒碍情事,能否代予驳回,俟声明抗告再行汇送核办?应请解释者四。(五)孀妇甲前与夫兄乙,因家产涉讼,判甲矢志守节,案经确定,甲即自行改嫁。现在乙以甲既判矢志守节,声请执行,究照原判予以执行,抑再另案判决?应请解释者五。(六)地方管辖案件,经本厅第二审判决,当事人于上诉期间内,声明上告,复由原当事人具状撤回上告,本厅票传讯明属实,应否仍送贵院核办?应请解释者六。(七)查贵院私诉判决二年上字第二号内载:"现行则例私诉案件,先由本院刑庭准用刑诉程序,调查期间及程式合法与否,其认为不合法者,即以决定驳回,认为合法者,乃移归本院民庭,准用民诉程序受理"等语。兹有第一审判决处甲罪刑,并判甲返还诈取乙之赃物,本厅刑庭第二审改判甲为无罪。关于私诉部分,以无附带之可言,应另起诉。现在乙对于私诉部分之第二审判决,声明上告,究由本厅民庭检卷汇送贵院核办,抑仍准用刑诉程序,由同级检察厅汇送?应请解释者七。以上诉讼程序上之问题,急待解决,务请贵院迅赐解释,俾有遵循等因到院。兹将所询各条,依次解答如下:

一、该呈文引用之《初级及地方审判厅管辖案件暂行章程》所谓"分产"者,系指以承继为先决诉讼(本诉或反诉)之案件而言。于承继毫无争执,单纯请求分析产业之案件,则仍依其诉讼物价额,以定管辖。

二、本院统字第一一一七号解释,系脚夫或船户等关于码头运送权之争执,与修筑桥路无干。来文所谓"修筑桥路",系何种桥路,发生何种争执,未据说明,无由答复。

三、附带上诉与反诉性质不同,自未便准照反诉办理。

四、上告本院案件,不遵所定限期,照缴讼费,或不声请救助,或补缴已逾期者,不在嘱托调查裁判之列,仍应送院核办。

五、孀妇甲于争产案,声明守志,后又复自行改嫁,乙虽不能强其不嫁,然如与财产及主婚权有关,自应许乙再行告争,不能谓为一事再理。如果原判内已判明甲若不能守志,应不准管有家产者,自应照判执行,毋庸另案再理。

六、声明上告后,请求撤回,应送院核办。

七、所询情形,亦应径行送院核办。

以上各端,即希贵厅查照可也。

此复!

统字第 1335 号

民国九年六月十六日大理院复吉林高等审判厅电

吉林高等审判厅:

蒸代电悉!非专报案,该管检察厅得于卷到后十日内控告,见本院统字第一三二五号解释文。所称"令县解送人犯",无论是否同时调卷,如果于卷到前或其后十日内,经声明控告,即提出意旨书,及将人犯送审较迟,仍属合法。

大理院铣印

附:吉林高等审判厅原代电

北京大理院鉴:

县判刑事,不应送覆判之案,高检厅认为错误,于上诉期间内,令县解送人犯令文内,并有"发见错误,应由本厅查照总检察厅五年第二零七号饬文,并大理院四年抗字第六十六号判例办理,提起控诉,以资救济"等语。惟提出控诉意旨书及送审日期,均在上诉期间外,应否认为合法控诉?悬案以待,恳示复。

吉林高等审判厅蒸代电印

■ **统字第 1336 号**

民国九年六月十六日大理院复察哈尔都统署审判处函

径复者:

准贵处第七五号函称:据丰镇县知事呈称,"为再请解释示遵事,案查知事前因马生彦与马存喜债务纠葛,呈请解释《印花税法》摘要是否适用一案。于民国八年十二月二十一日,奉钧处指令第二六八九号内开:呈暨附件均悉!据请解释各节,当经本处以《印花税法》摘要可否供判案之引用,呈奉司法部第一二三一零号指令内开:呈及附件均悉!财政部所定《印花税法》摘要,原系根据《印花税法》,并无抵触之处。惟查此项摘要,专为下级商民便于省览而设,司法衙门,慎守法令,自不难援引正文,无取节略。嗣后有关于印花税涉讼案件,应仍查照各该正式法令办理,以示谨严,而免漏略,此令等因。奉此,令行指令该县,嗣后遇有此等事务,须援用正式法令为要,附件存此令等因。奉此,此嗣后遇有关于印花税涉讼案件,自当遵令办理;惟对于漏贴印花及未盖章画押之件,究竟是否有效,前呈未经请示,嗣后办理此项案件,仍属不无疑义。查《印花税法》第一条:'凡财物成交所有各种契约簿据可用为凭证者,须遵照本法贴用印花,方为适法之凭证'等语,其不照法贴用印花者,应视为无适法之凭证,似属当然解释。《印花税法》摘要上所谓'无效',当系根据此条而来。若摘要上宣告无效,而本法上仍视为有效,似与部令并无抵触之说不符。究竟漏贴印花及未盖章画押之件,应否认为有效?知事未敢擅专,拟合具文再请鉴核解释,迅赐指令,只遵"等情。据此,查此案前据该县知事呈请解释《印花税法》摘要是否尚能适用等情到处。当经本处以财政部民国四年印花税摘要之布告,可否供判案之引用,呈奉司法部第一二三一零号指令内开:呈及附件均悉:财政部所定《印花税法》摘要,原系根据《印花税法》,并无抵触之处。惟查此项摘要,专为下级商民便于省览而设,司法衙门慎守法令,自不难援引正文,无须节略,嗣后遇有关于印花税涉讼案件,应仍查照各该正式法令办理,以示谨严,而免漏略,此令等因。奉此,亦经转令该县遵照各在案。兹查来呈情形,似与贵院八年刑字第二一三二号解释"此项契约,不得根本作为无效"之解释不符。惟案关法律解释,本处未便擅拟,相应照抄前呈,一并转请解释见复等因到院。

本院查《印花税》第一条,不过说明各种财物成交之契约簿据,欲以为适法之凭证,须贴用印花而已,并非谓漏贴或虽贴而未盖章画押,其契约即归于无效。盖不贴用或不依法贴用印花,仅应令其受公法上之制裁,不能影响于私法上之行为也。相应函请贵处转令查照可也。

此复!

■ 统字第 1337 号

民国九年六月十七日大理院复山西高等审判厅电

山西高等审判厅：

歌代电情形，甲虽有威胁行为，而丙之投井，如果非甲预见，尚难论以教唆，或帮助自杀。惟查明甲如果束缚丙，使失自由，自可按照《刑律》第一百四十八条、第三百四十六条、第二十六条量情处断。

大理院筱印

附：山西高等审判厅原代电

大理院钧鉴：

今有警察某甲奉令查缉盗案，甲侦知某乙有重大嫌疑，前往逮捕。适乙不在，甲当向乙子丙追问下落，丙称现在某处，甲令丙引路同往。因恐丙逃，将其两手用绳捆缚，并未牵住。行至半途，丙果奔逃，甲尾追二里许，将及，丙畏惧，自行投井身死。甲是否构成《刑律》第三百四十六条及三百四十七条、三百一十三条第一款之俱发罪？乞电示遵。

晋高审厅歌印

■ 统字第 1338 号

民国九年六月十七日大理院复湖北高等审判厅函

径复者：

准贵厅函开：案据代理武昌地方审判厅长何同椿呈称，"窃查县知事审理刑事案件，援引律文，间有与事实不相符合者，如依大理院第八百六十二号解释，《县知事审理诉讼章程》第三十六条第二款所称'原审事件'，应以所引律文为标准，则凡属地方管辖案件，县知事误引初级管辖律文判决，上诉于地方厅，地方厅自不能为管辖错误之判决，将该案呈送于高等审判厅，为第二审审判。若依大理院第三百三十号解释，自为第一审审判，然依大理院第八百六十二号解释，所谓'有本案第一审审判权'者，必须兼有土地与事物两种管辖。以现在情形而论，地方厅对于外县，并无有土地管辖者。若作为控诉受理，撤销原判，更为判决，又核与《法院编制法》第十九条所谓'地方厅第二审'，系对于不服初级管辖法庭判决而控诉之案件者不合；若将原判撤销，发还原县覆审，然依《刑事诉讼律（草案）》第三百八十四条第二项之法理，又系限于第一审审判衙门所为管辖错误或驳回公诉之判决。此一疑问也。如应属初级管辖案件，县知事误引地方案件律文判决，上诉于高等厅，依《县知事审理诉讼章程》第三十六条第一款之规定，亦不能发交于地方厅审理。若自为控诉审审判，则初级管辖案件，终审属于大理院矣。若撤销原判，发还原县复审，其不合乎《刑事诉讼律（草案）》第三百八十四条第二项之法理一也。此又一疑问也。职厅对于此等疑问，主张各异。甲说谓，县知事对于初级及地方案件，虽均有管辖权，然适用初级管辖律文判案，对于该案，即立于初级厅地位；适用地方管辖律文判案，对于该案，亦即立于地方厅地位。如县判系引初级管辖律文，控诉于地方厅，认为实属地方管辖案件，即依《刑事诉讼律（草案）》第三百八十四条第三项之法理，撤销原判，径行第一审审判。其理由以该项所谓'第一审审判衙门，所有管辖之判决云'者，系指初级厅对于地方案件误为初级案件判决者而言。其所谓'控告审审判衙门，有第一审审判权'云者，系别于高等厅而言；因高等厅无第一审审判权，原非指土地与事物管辖也。如县判系引地方管辖案件律文控诉，于高等厅认为属实，初级管辖案件，亦应自为控诉审审判，撤销原判，更为判决。其理由以《刑事诉讼律（草案）》第三百四十七条有'地方审判厅于案件辩论终结后，发见该案件，系所属初级厅管辖，得作为管辖案件，行第一审判决'之法理。而《法院编制法》第十九条，对于地方厅第二审管辖，又明曰'不服初级管辖法庭判决，而控诉之案件'。而第二十七条对于高等厅第二审管辖，及第三十六条对于大理院终审管辖，仅曰'不服地方审判厅第一审判决而控诉之案件'，'不服高等审判厅第二审判决而上告之案件'，并未明定案件，究竟实属初级或地方管辖也。乙说谓，县知事适用初级管辖案件，律文判决，对于该案既立于初级厅地位，适用地方管辖案件；律文判决，对于该案既立于地方厅地位。则凡属地方管辖案件，误引初级管辖律文判决，以及应归初级管辖案件，误引地方管辖律文判决，均属违法，即系管辖错误之判决，控诉审应依《刑事诉讼律（草案）》第三百八十四条第二项之法理，将原判撤销，发还原县覆审。丙说谓，县知事对于初级及地方案件，均有管辖权。若发还原县覆审，原县仍执己见，或以所为判决并非宣告管辖错误，与驳回公诉，如有错误，控诉审应依法纠正，不予覆审，则无法救济。不如不以原县所引律文为标准。若实属地方管辖案件，误引初级管辖律文判决，控诉于地方厅，地方厅即为管辖错误之判决，将案呈送高等厅审理；若实属初级管辖案件，误引地方管辖律文判决，控诉于高等厅，高等厅亦为管辖错误之判决，发交于地方厅审理；既可免事实上之滞碍，亦不背初级案件以高等厅为终审，及地方案件以大理院为终审之原则。三说应以何说为是，非有精确之解释，无所依据。再地方厅对于控诉案件，认原判所为有管辖权之判决，以为不当，得行第一审审判时，其必先以判决撤销原判，声明本案由本厅自为第一审审判，然后再行第一审审判。抑得以一个判词内，声明原判撤销，本案由本厅自为第一审审判，另行宣告罪刑。悬案待决，理合备文呈请钧厅，转致大理院迅赐解释，以便遵循"等情。据此，查案关法律解释，敝厅未敢擅专，相应函请钧院查核，迅赐解释见复，以便转令遵办，实级公谊等因到院。

查第一问，应属地方管辖案件，经县知事误引初级管辖律文判决后，上诉于地方厅，依统字第三三零号、第八六二号解释，应由地方厅撤销原判，自为第一审审判。缘判决时，人卷均已送地方厅，地方厅即可以犯人所在地之关系，认为有土地管辖权。第二问，应属初级管辖案件，经县知事误引地方管辖律文判决后，上诉于高等厅，应由高等厅，撤销改判，其终审仍属于本院。此系兼采形式主义，为本院历来办法。以上二例，依现在情形，尚无变更之必要。至前述地方厅撤销原判，自为第一审审判，得用一判词，其主文与通常撤销改判之案无异，惟须加叙"自为第一审审判"字样，以示区别。相应函复贵厅转令查照可也。

此致！

■ 统字第 1339 号

民国九年六月十七日大理院复安徽高等审判厅函

径复者：

准贵厅函开：如有县知事依《惩治盗匪法》，拟处死刑案件，呈经省长公署认为有疑误，提交高等审判厅覆审。关于覆审程序，发生两种疑义：（一）高等审判厅审理此种案件，应否通知检察官行使检察职权？（二）审讯结果，如认为非《惩治盗匪法》上犯罪，能否径为第二审判决，抑仍发交相当审判衙门，更为第一审审判？第一问题，略分二说：甲说谓，检察官之设置，原所以代表国家，实行公诉，而为公判庭组织必要人员。无论何种刑事案件，既经法院开庭审理，检察官当然有调查事实及莅庭陈述意见职责。即依现行惩治盗匪事例观察，地方检察厅，发见有盗匪事件，尚可依法起诉，请求地方审判厅适用惩治盗匪专条，不过依盗匪法处死刑者，检察官不能上诉而已。高等厅依盗匪法覆审之件，事同一律，当然应由检察官行使检察上一切应有职权。乙说谓，此等案件，既由省长提交覆审，系属一种特别法上之程序。盖依《惩治盗匪法》拟处死刑，当事人并无上诉权，自可毋庸检察莅视审理。况查该法第五条第一项之转报及第四项转报时，附具意见书，均不经由高等检察厅。据此以观，是覆审时检察官不行使检察职权，决非违法。第二问亦分二说：甲说谓，此项案件，既由第一审审实，依法拟处罪刑，自与经过第一审审判无异。且案经省署认原审为有疑误，依法提交覆审，其提交意思，即在使高等厅可依法讯鞫，或适用《盗匪法》判决，或适用普通《刑律》判决。其适用《盗匪法》判决者，即依《盗匪法》程序申报省署；适用普通《刑律》判决者，即依通常第二审程序办理，毫无疑义。乙说谓，此种依特别程序，提交覆审之案虽经原审拟处罪刑，但于未奉省长核准执行以前，既不宣告判决，尚不能发生第一审判决之效力。今依覆审结果，既认为系普通刑法犯罪，似应仍照通常程序办理，将该案发交相当审判衙门，更为第一审审判，始与法定审级不悖。以上问题，亟待解决，相应函请钧院迅赐解释，俾有遵循等因到院。

本院查检察官之职权及审判衙门之组织，在《法院编制法》本有明文。盗匪案件，按照《盗匪案件适用法律划一办法》第三条，亦非绝对不许上诉，自应通知检察官执行检察职务。至审判衙门审判案件，除有特别规定外，自应适用通常审判程序。盗匪案件判处死刑者，虽须俟复准后执行，然不得谓为未经判决。高等厅经省长令交覆审，如认原判引律错误，应依《刑律》改判，亦当自为覆审判决，并得比照《划一办法》第三条，准其上告。相应函复贵厅查照。

此复！

■ 统字第1340号

民国九年六月十七日大理院复江苏第一高等审判分厅函

径复者：

准贵厅函开：案据沛县知事于书云代电呈称，"窃有甲之父，被匪乙架去勒赎，转托乙之族叔丙，向乙说定钱数，订明钱到人回。甲分次交清钱款，丙竟以钱改洋，要求补数，致迟时日，甲疑丙另有他意，窃恐人钱两空，报经就近保卫团，将丙获住起诉。丙之家属，转托人送信与甲云，将甲父尸身送回。经甲查明，前次交钱之日，其父业已身死。控丙与乙，局谋勒赎。就此事实，乙之架人勒赎，丙无教唆及帮助行为，未便以共犯论断；其向乙说钱赎人，系甲要求，亦不负何等处分。但甲父既在码内身死，丙能向乙说钱屡次入码，岂有不知甲父已死之理？乃竟朦弄得钱，藉不交人，是否触犯欺罔恐吓中之诈欺处分，依新《刑律》第三百八十二条第一项办理，抑以律无正条谕知无罪？事关解释法律，悬案待判，理合电请核示遵行"等情到厅。据此，相应函请贵院迅赐解释见复，以便转令遵照等因到院。

本院查丙如果系受甲托，向乙说赎，并无与乙勾串帮助情形，自不能论以勒赎准正犯。惟若明知甲父已死，犹用欺骗手段，使甲交钱，并以钱改洋，要求补数，显属连续诈财。其不知甲父已死，因欲从中渔利，以钱改洋，要求补数，则按照《刑律》第三十四条应成立勒赎共犯（参照统字一千二百九十三号解释）。相应函复贵厅转令查照可也。

此复！

■ 统字第1341号

民国九年六月十九日大理院复河南高等审判厅函

径复者：

准贵厅第七九二号函称：据南阳县知事呈称，"今有甲生孟、仲、叔、季四子。仲、叔二子娶妻后病故，并未分居。因季子纠匪抢劫乙家得赃，并将乙子杀死，甲未同谋知情。惟季所抢赃物，与甲花费，甲于事后知之，而季之兄孟暨其二嫂，皆不知情。嗣经法庭将季获案，讯明正法，而甲本有产之家，乙请求赔偿损失；可否将甲原有之产，按五股均分，甲自提养膳一股，其余之产，以孟、仲、叔、季四股分之，以甲所提一股之养膳，暨季应分一股之产，均为赔偿于乙，抑或将季所分一股之产，如数赔偿于乙，甲之一股养膳，免予赔偿之处，理合呈请查核，迅赐解决示遵"等情。应据情函请解释等因到院。

查甲如可认为事后受赠赃物，自亦任赔偿之责。其家产既未曾分析，即尚系甲所有，应先就其财产执行赔偿费用。余财如何分析，听甲自行办理。相应函请贵厅转令查照可也。

此复！

■ 统字第 1342 号

民国九年六月十九日大理院复陕西高等审判厅函

径复者：

准贵厅第一二一号函称：据长安律师公会会长吴应辰等呈称，"准本会会员陈钟秀来函内开：'查现制民事诉讼案件，有在高审厅终审者，例如对于高审厅终审判决，发见该判决有违背法令者、有违背大理院解释者、有与大理院解释不一致者而案已终审，又无再审原因可以救济，听其错误，则又破坏法令与大理院解释法令之效力。究竟对于此类判决，当用何法救济，使归统一，而免分歧'等因。准此，当经本会常任评议员会议决在案，理合具文呈请钧厅鉴核，转呈大理院解释示遵，实为公便"等情。据此，应函请即为解释等因到院。

查终审判决，纵使违背法令，除具备再审原因得请求再审外，别无救济之途。惟高等审判厅，就他案执行上告审职务时，关于其法令上之见解，自得依《法院编制法》第三十二条、第三十七条规定，变更成例，自行纠正。相应函复贵厅转令查照可也。

此复！

■ 统字第 1343 号

民国九年六月十九日大理院复察哈尔都统署审判处函

径复者：

准贵处第九四号函称：县署再审判决之案，控诉审发见再审之原因不成立，应否仍照普通控诉审案件受理，或撤销再审判决，维持原判之处，应请即为解释等因到院。

查县署再审判决，无论有无理由，如经当事人声明不服，自应仍照普通控诉案件受理，依法判决。相应函请贵处查照可也。

此复！

■ 统字第 1344 号

民国九年六月十九日大理院复江苏第一高等审判分厅电

淮安第一分厅：

文代电悉！查控告审采证系凭容貌时，自得命令明晰，摄影附卷，送上告审备核。惟仅凭容貌判断有无血统关系，非十分明显，亦应择定专门家，依法鉴定。

大理院皓印

附：江苏第一高等审判分厅原电

大理院钧鉴：

今有亲子认知案件，甲（认知者）与乙（受认知者）容貌毕肖。于审理时，因甲、乙间之容貌，为该案最重要证据，认为有摄影之必要，（甲之相对人亦极端主张），当庭指挥两造摄影附卷备核。甲借口就令上告，尽可传本人到庭审视，拒绝摄影。按事实认定，专凭证据。此种容貌相同之证据，绝无他物可资代替，究竟应否令甲摄影，以备参核，抑只需控诉审认定，便为已足？悬案待结，乞速示遵。

江苏第一高等审判分厅文印

■ **统字第 1345 号**

民国九年六月十九日大理院复山西第一高等审判分厅电

安邑第一分厅：

真代电悉！对于同一案件之第一审及第二审裁判，同时请求再审与对于上告审之判决，以涉及本案判决基础事实为条件，请求再审时，均专属控告审管辖。此外，则归原审判衙门管辖。

大理院皓印

附：山西第一高等审判分厅原电

北京大理院钧鉴：

查《民诉条例》再审之诉，专属原审判衙门管辖。依钧院统字第六一九号解释，对于控告审曾经裁判之件，应由原控告审判衙门管辖审判。于此有一疑问。例如某案业经第一审判决确定；控诉人于确定之后，向第二审声明控诉，由第二审认为不适法，即予决定驳回，嗣后，诉讼人声明再审，应否归控诉审管辖？略分二说：甲说，凡决定为裁判之一种，既经第二审决定后，参照钧院六一九号解释，即应归控诉审管辖。乙说，推测立法之用意，凡再审专属于原审衙门管辖者，原以再审之诉讼事件，不独理论上系依有声明不服之确定判决而终结之事件一部，且此两者，实互相关联，故使专属于曾经审理之衙门管辖，较为便利。今控诉审所为驳回控诉之决定，系因经过上诉期间之故。至于内容如何，并未审查，似与实际上业经受理为第二审审判者，微有不同。钧院六一九号解释，所谓"曾经裁判"云云，当指实际上业已受理已为第二审判决者而言。凡未经第二审审理判决之件，自应仍以原第一审审判衙门受理再审之诉。以上二说，究以何说为是？乞赐解释示遵。

山西第一高等审判分厅真印

■ **统字第 1346 号**

民国九年六月十九日大理院复奉天高等审判厅电

奉天高等审判厅：

蒸代电悉！已覆判核准案件，经发见县署判决后，确有合法呈诉不服，应查照统字第五八六号解释办理（见解释例三卷七十六页）。

大理院皓印

附：奉天高等审判厅原代电

大理院钧鉴：

设有刑事案件，由县知事为第一审判决后，告诉人于上诉期间内，赴高检厅呈诉不服。经甲检察官令县送卷核办，卷到分归乙检察官，乙未见提卷令稿及呈诉人所递诉状，遂送高审厅覆判。经高审厅为核准之判决后，甲乃复将该案依控诉程序送审。高审厅能否受理，自行撤销覆判判决，另为控诉审审判？疑义滋多，伏乞迅予解释电示遵行。

高审厅蒸

■ 统字第 1347 号

民国九年六月十九日大理院复山东高等审判厅函

径复者：

准贵厅函开：查山东省《禁止贩运制钱出境章程》第三条，"意图贩卖制钱或私运出境者，处六个月以下之徒刑"等语。于意图贩卖制钱之下，私运出境之上著一"或"字，是否意图贩卖制钱为一事，私运出境又为一事？颇滋疑义。相应函请钧院，迅予解释为何等因到院。

查《司法公报》第六十二期内登载该章程第三条固有"或"字，惟合上下文语气解释，似不可通。究竟该章程自发布后曾否经过修改，原本是否亦有"或"字？希查复后再行核答可也。

此致！

■ 统字第 1348 号

民国九年六月十九日大理院复陆军部函

径复者：

准贵部函开：准浙江督军东电开："本年五月二十四日《政府公报》，登载浙江第二高等审判分厅致大理院感电，'请解释内乱及和诱俱发罪管辖权限一案，经大理院统字第一二九零号电复，认为无效'等语。该厅感电所述案情，即本署判决金衢严属戒严副司令部呈解内乱犯吴增光一案。查三年一月承准国务院艳电，奉大总统令，'嗣后，如有内乱要犯，应由各该省军民长官就地审办，毋庸解送来京，以免别生枝节'等因。本署历年审判内乱案件，均系遵照前令办理。试以匪党图谋内乱，乘机窃发，办理稍疏，贻误非浅。本署判决吴增光犯内乱罪一案，既经大理院认为无效，吴增光所犯内乱罪一部分，是否消灭？及嗣后如有内乱案件发生，究应如何办理之处，理合电请示遵"等因，并准国务院函同前因到部。案关解释法律，相应函请贵院查照，详细见复，以凭转咨等因到院。

查《法院编制法》第三十六条及民国元年五月间大总统令准施行之《刑事诉讼律（草案）》"管辖"各节第六条，内乱案件，惟本院有管辖权。如果案为军警发觉，自应请由贵部转送司法部，或径送司法部令交总检察厅，或更径送总检察厅依法侦查，向本院起诉。遇有关系重要，实系不便解送之件，亦可依照《法院编制法》第三十九条、第三十八条，由本院令该处高等本分各厅或地方审判厅推事办理预审，或并就该处审厅开本院法庭审判。则案经咨送人犯，亦可毋须解京，殊无不便之处。即在戒严时，亦应依《戒严法》第一条、第九条至第十二条办理，不得逾越范围。复查《约法》三权鼎立，各不相妨，行政之事，非司法衙门所应过问；审判职权，亦非行政官署所可越俎代谋。本年二月十四日，奉大总统令，"嗣后，各省军民长官，凡关于司法事务，除有法令明文规定外，均应恪守权限，毋滋凌越"

等因。应请贵部查照前项明令通行京内外,各军民长官嗣后遇有应属本院职权案件,务宜依法办理。既毋庸虑及解交之不便,亦自不得隐匿真情,巧为规避。此次浙江军衙审判吴增光内乱一案,事同一律,即希咨由该省督军,迅将人卷咨送总检察厅,或送由司法部令交总检察厅依法办理可也。

此致!

■ 统字第1349号
民国九年六月二十五日大理院复吉林珲春地方审判分厅电
珲春地审分厅:
电悉!所询情形,请查照《判例要旨》一卷民诉六十一页四年上字二零三五号判例办理。再嗣后请求解释,希由高厅转院。
大理院有印
附:珲春地方审判分厅原电
大理院钧鉴:
华洋诉讼,被告反诉,能否并为审理?请电释示遵。
珲春地方审判分厅

■ 统字第1350号
民国九年六月二十六日大理院复安徽高等审判厅电
安徽高等审判厅:
文电悉!《刑律》第十二条,"监禁处分,应由审判衙门宣告,并得于无罪判决书内谕知。"又监禁不得逾治疗必须期间,应调查实况,酌定期间。逾期,其危险程度,并未轻减者,得为延期处分;期内若已痊可,得为解禁处分。又如有他法可以代替监禁,使其于人不生危险时,亦得不予监禁。至调查证据,应准用刑诉证据法则办理。
大理院宥印
附:安徽高等审判厅原电
大理院鉴:
《刑律》第十二条之监禁处分,应否由审厅决定?又监禁期有无限制?请电复。
皖高审厅文印

■ 统字第1351号
民国九年六月二十六日大理院复京师警察厅函
径复者:
准贵厅函开:案查《法院编制法》,贵院为最高审判衙门,有统一解释法令,必应处置之权。兹有某甲充商业团体会长,该团体会向官厅承领国库银两若干万,接济都市各商,原有期限利息等规定,由历任会长善良管理。嗣有某某商号六家,以无力偿还公款,各用不动产抵偿。自某甲接任会长后,用公款利息项下现金购买贱价公债票数万元，按照票面价额偿还公款，列入帐册，而以该六家原抵之不动产挪出，意图作为该团体所有。又于法庭拍卖不动产之证书上，公然书会长某甲名义，且与各商偿还公款之债票京钞，均作现金折合，皆诿为系得团体同意；复在公款中浮支挪移，用以作赠遗报馆及旅行建筑等费，皆托其名曰因公；且于帐中假立名目，有虚出虚入等弊。关于此案有二疑点：（一）为有罪无罪问题。是有二说：甲说曰，某甲管理公款，并未直接侵占入己，且得团体同意而后执行，况旧律虽有主守人不正收支挪移出纳，还充官用者，准监守自盗论之文，而新律则无正条，应认为无罪。乙说曰，某甲损害公家财产，兼于私文书有虚伪之登载，可认为有罪。此应请解释者一。（二）为适用法条之问题。凡法律理论于同一被害者，及同一监督之下，连续犯罪者，以一罪论，《刑律》第二十八条亦有明文。然一行为干数法者，往往有之。按商业团体及国家，皆为法人。今某甲为国家处理事务，图利商业团体，而损害国家之财产，是为犯第三百八十三条之罪。又商团帐册为私文书之一种，今某甲于帐册为虚伪之登载，足以证明对于他人权利义务之事实，是为犯第二百四十四条之罪。再按《刑律》第八十三条，依法令从事于公务之委员职员，亦得以官员论。商团会长，在原则上固不得认为委员职员，然因受官厅命令委任管理公款，是亦可谓为依法令从事于公务之员。今某甲如以犯论，固为犯第三百八十三条之罪，如以委员职员论，则为犯第三百八十六条之罪，究竟当适用何条？此应请解释者二。以上二点，靡衷一是，现敝厅发见有此等案件，亟待解决，相应函请贵院，逐一解释，迅予赐复等因到院。

本院查商号所欠某团体经理之国家资财，果已将不动产抵偿，某团体会长竟用利息项下现金，购买贱价公债票，按照票面价额偿还欠款，而将原抵之不动产挪出，图为团体所有，系犯《刑律》第三百八十三条之罪。所支用之利息，如系为国家保管之一般借款滋息，并未经国家允许，自由挪用时，尚应按照同律第三百九十一条、第二十六条办理。又来文所称，其于法定拍卖不动产之证书，用某团体会长某甲名义云云，究竟拍卖何项不动产，经过情形如何？来文未及叙明，碍难解答。惟其捏称得团体同意，将各商号偿还所欠国家款项之债票京钞，均作现金折合，仍令找补欠款，系图利自己或团体者，亦犯第三百八十三条之罪。若偿还国家借出款项，本有债票京钞，亦得依票面抵算，规定时应并照第三百八十二条第二十六条处断。至在公款中浮支挪移，用作赠遗报馆，及旅行建筑等费，皆托名因公，并欲账中假定名目，有虚出虚入等弊，亦应查明确系托名因公，与处理事务无涉者为侵占。若属为国家处理事务之行为，并未经国家规定，或合法允许时，则仍系触犯同律第三百八十三条之规定，均应与伪造或行使伪造文书从一重科处。先后触犯第三百八十三条之罪时，并应注意同律第二十八条之规定。相应函复贵厅查照。

此复！

■ 统字第 1352 号

民国九年六月二十八日大理院复总检察厅函

径复者：

准贵厅函开：案据直隶高等检察厅呈称，据饶阳县知事呈称："窃知事前奉省长令，发《省议会议决财政所单行条例》一本，令即遵办等因。查条例第三条内载'在县自治机关未成立以前，暂设检察员五人。'又第五条'检察员，由县知事召集城镇乡村长，分区投票选举'各等语。遵于三月十日召集城镇乡村长，按照划分警区投票选举中区，即以警察所为选举会场。讵是日中区，正在投票之时，忽有警察队长韩学山，无故将选举投票匦砸毁，骚扰会场。知事约束不严，咎无可辞，除先将该队长韩学山撤差，并改期重行选举，另文呈报外，所有韩学山骚扰会场，砸毁选举投票匦之所为，是否犯《刑律》第一百六十一条第二第三两项之罪，抑或另有别项规定，施以相当处分？理合据实具文呈请厅长查核，俯赐迅予示遵，实为公便"等情。据此，查事关解释法律，理合钞录《财政所单行条例》，备文呈请钧厅转函大理院解释示遵等情到厅。相应据情函送贵院核办示复，以便转令遵照等因到院。

本院查直隶省《财政所单行条例》，虽系该省省议会议决，由省令颁行。然查《省议会暂行法》，省议会议决本省单行条例之权限，以不抵触法律命令者为限。即据省官制，省长发布之省单行章程，除系执行法律与大总统令外，并须为其所委任，亦不得与现行法令抵触。遍查现行法律及大总统令，此项财政所单行条例，省长并无发布之权，且与大总统令颁县官制第一条显有抵触，省议会亦即无议决此项抵触官制之条例权限。复按行政法法理，无权限之行为，与普通违背法令不同，根本上不能认为有效。而《刑律》第一百六十一条之罪，依同律第八十四条，又限于依法令所设立中央及地方参与政事议会议员之选举。所称情形，自无从适用本条处断。如果确无别情，系属无故损毁物件，亦仅能查照毁损罪各本条办理。相应函复贵厅转令查照可也。

此复！

■ 统字第 1353 号

民国九年六月二十八日大理院复浙江高等审判厅函

径复者：

准贵厅第三四一号函称：据仙居县知事胡德良灰电称，"兹有甲走失多年，不知下落。未婚妻乙当甲走失后，因避乱移住甲家，迄将十年，甲无父母，与弟丙亦早分炊，临走时曾将家产以口头嘱托丙管理。乙虽在甲家，除房屋外，其衣食素由母家给与。现在乙不愿改嫁，欲在甲家留盼甲归成婚，或为甲守志立嗣，请求兼管遗产。丙以乙未经正式婚娶，不得与守志之妇同论。究竟此案，乙有无保管遗产权，及行使择继之权，请求解释"等情过厅。应转请解释等因到院。

查乙既与甲订有合法婚约，移住甲家后，又确愿为守志之妇，自应准其为夫择继，并接替丙代管之产，为甲或其嗣子保管。相应函复贵厅转令查照可也。

此复！

■ 统字第 1354 号

民国九年六月二十九日大理院复总检察厅函

径复者：

准贵厅函开：案据直隶高等检察厅呈，据平山县知事呈称，"今有客民甲，将女乙得受财礼，嫁丙为妻，旋将所得财礼洋元，借付丙用。甲既在丙家寄住，于一年后欲回原籍，向丙索要借洋，丙无力偿还，恨甲追索，不得已将驴变价，付还洋十六元，并另买小棉袄鞋袜。甲即定日起身，丙同族弟丁听闻，起意劫财，向丙说知，并问明甲带洋元起身日期，丙未禁阻，亦未将丁意告甲防备。甲起身后，丁假意伴送至途，将甲杀害，劫去洋元回村，丙见丁问知劫杀已遂，共守秘密，是丙于甲生命危险之际，预知不救，任丁所为，虽无同谋唆使分赃等情，然实有形帮助之力。似此案情，丙应否依新《刑律》第三十一条处罪，抑依第十条办理？罪名出入不容牵强。现在属县有此案件，难以解决，理合呈请钧厅鉴核，训示遵行，实为公便"等情。据此，查事关解释法律，理合备文呈请钧厅，转函大理院解释示遵等情到厅。相应据情函送贵院，核办示复，以便转令遵照等因到院。

本院查丁向丙查询甲带洋元，及起身日期时，丙果已知其有图劫之意，乃犹据实告知，则丙虽无同谋或教唆之行为，实难谓非故意帮助，应以事前帮助犯论。若丙告丁以甲带洋元，及起身日期后，始悉丁系图劫，亦未促令甲如期起程，或临时与丁同行，及为他项便利行为，自不得指丙为有帮助故意。惟子婿对于岳父，有无赡养保护之义务，现行法尚无明文。如果查明该地方习惯法则，认有此项义务，则丙不将丁意告甲，自系不作为犯，应即分别处断。否则按照《刑律》第十三条第一项前段及第十条，尚不为罪。相应函复贵厅转令查照。

此复！

■ 统字第 1355 号

民国九年七月二日大理院复总检察厅函

径复者：

准贵厅函开：据黑龙江高等检察厅呈称，案据龙江地方检察长王泳呈称，"呈为请核示事，窃查职厅看守所羁押人犯册内，有前清宣统元年收押人犯李海亭、宋福祥、吴成连等三名。调阅档卷，李海亭系犯强盗杀人罪，宋福祥系犯因奸杀人罪，经前清龙江府地方审判厅，一拟绞立决，一拟绞监候，报请提法司详部，尚未核准。又吴成连一名，查无卷宗可稽，提犯讯问，据供系打死陈三毛送案，当时过堂审判官只说'判决了，如何判决，我不知道'各等语。查前清县署判决重大案件，未经核准者，依大理院统字第六百六十一号复浙江高审厅函，仍应呈送覆判。上述李海亭、宋福祥两案，虽非县署判决，然查前清地方法院，并未按照《编制法》组织，所有判决内容，实与县署无异，似可比照县署判决，依覆判程序办理。至吴成连一名，案卷既经散失，已否判决，殊无可考，依大理院统字第七百八十一号复河南高审厅公函内称：'案宗焚毁，固为重开审判之原因。'二语推之，亦似可另作新案办理。以上三案，急待解决，可否转呈送院解释之处，理合呈请钧厅鉴核示遵"等情。据此，除指令外，理合呈请钧厅解释，以便转饬遵照等情到厅。事关程序法疑义，应请贵院解释示复，实级公谊等因到院。

查所询情形，案卷若已散失，曾否经过判决，无从查考，自可查照本院统字第七八一号解释，重开审判。其余两案之情形，能否送交覆判，本无明文规定。惟在前清，非依《法院编制法》编制之审判厅，不能视同依《编制法》成立之厅。如果案未执行，亦可准用现行《覆判章程》，送交覆判。相应函复贵厅转令查照可也。

此致！

统字第 1356 号

民国九年七月二日大理院复吉林高等审判厅电

吉林高等审判厅：

梗代电悉！本院铣电及统字第一三二五号解释，所称卷到后十日内控告，谓报到后始调卷，须卷到起算上诉期间，以示与专报案之于报到后起算上诉期间者有别。其本属初级管辖案件，应交地检厅提起控告者，则于卷到该管地检厅后，起算上诉期间，逾期声明控告，均非合法。余希查照本院判例解释例要旨汇览办理。

大理院冬印

附：吉林高等审判厅原代电

大理院钧鉴：

铣电所示声明控告之程序，若高检厅于卷到后十日内，仅有饬县解送人证之公文。除该文内有"提起控诉，以资救济"一语，并书稿存卷外，别无声明控告之表示。究竟此项文稿，能否认为控告之声明？祈迅示复。

吉林高审厅梗代电印

统字第 1357 号

民国九年七月三日大理院咨司法部文

为咨复事：

准贵部第五一六号咨开：案据驻朝鲜总领事呈称，"准朝鲜京城地方法院长，函询民事诉讼事件，关于我国结婚法律，又习惯上者，请解释见复，并抄件一纸前来。准此，理合将地方法院询问，关于法律上对于结婚事件三项，另纸录呈，祈赐察训示，以备函复"等情。据此，事关法律解释，相应咨请解释见复等因到院。兹由本院分别答复于下：

（一）本于诈欺之定婚，许其撤销，并非当然无效。至撤销只以意思表示为之，亦非必须诉求（参照本院《判例要旨汇览》第一卷《民法》第一三七至一三八页，四年上字第一零零号，五年上字第八七零号，及七年上字第一三六五等号判例）。

（二）妻受夫不堪同居之虐待，自可对夫请求离异，并应许其拒绝同居（参照本院《判例要旨汇览》第一卷《民法》第一四二页七年上字第一零零九号判例，第一四四页五年上字第一四五七号判例）。

（三）婚姻须先有定婚契约（但系以妾改正为妻者，不在此限）。定婚系以交换婚书，或依礼交纳聘财为要件，即为要式行为，但婚书与聘财并不拘于形式及种类。至定婚后成婚，亦须经习惯上一定之仪式。故原则上系合定婚与成婚，仪式为婚姻成立之要件（参照本院《判例要旨汇览》第一卷《民法》第一四零页三年上字第四三二号判例）。若夫婚姻之呈报，与婚书之纳税，系属行政事项，与私法上之婚姻效力无涉。

以上三端，应请贵部转复查照可也。

此咨！

■ **统字第1358号**

民国九年七月六日大理院复浙江第二高等审判分厅电

金华第二高审分厅：

个代电悉！本院统字第九零一号解释例，及九年上字第二号之判例，均尚未变更，该两例原属并行不悖。盖判例所云，乃指高审厅自己误受理初级管辖案件之控告者而言。若因别有关于管辖之确定，裁判受其拘束受理控告，则其上告审，亦自应以同一理由，由本院受理审判。

大理院鱼印

附：浙江第二高等审判分厅原电

大理院钧鉴：

查民事初级管辖案件，向地审厅声明控诉，经地审厅决定管辖错误，候呈送高审厅办理。当事人对于此等决定，得知抗告者，就经历上言之，洵属少有。依钧院统字九零一号解释，高审厅自应受理为第二审审判，本无疑义。惟依钧院九年上字第二号决定，金额在一千元以下，虽由高审厅为第二审判决，不得上告于钧院。假如两例并行，则高审厅虽明知初级管辖案件，亦只得受理。于控诉审判决后，当事人如有不服，更行受理上告，则高等厅于受理控诉之时，案件增加，纵无甚碍。而分厅员额较少，另庭受理，不无周折。且于一级受理两审，似非常例。是否对于此项地审厅管辖决定，送由高审厅所为之第二审判决，仍得上告于钧院？抑统字第九零一号解释，已有变更，当事人虽不抗告，得以职权调查裁判，发还地审厅为第二审审判，以符法定管辖？不无疑义，以未敢擅断，理合快邮电请钧院，迅赐解释，实为公便。

浙江第二高等审判分厅叩个

■ **统字第1359号**

民国九年七月六日大理院复吉林高等审判厅函

径复者：

准贵厅第二五二号函称："甲以房租与乙居住，兼营商业，订定十年为期，不准增租转佃，此外并无何等限制。嗣因乙在该房有赌博情事，被警署罚办，复因吸食鸦片烟，被处五等有期徒刑，执行期满释放。近年房租骤贵，甲即以曾经触犯烟赌为理由，向法庭诉请退房，于此分为子、丑二说：子说主张，甲以房屋租给于乙，系租与乙正当营业并居住，并非租与乙为不法行为。今既有烟赌等不法行为，实有害于社会，将来于房主难免不蒙损害，租赁契约，当然解除；丑说主张，乙租甲房，期定十年，无论如何事故发生，当然受契约上期间之限制，本无研究之余地。况乙构成烟赌犯罪，乙负刑法上之责任，即令自后再犯三犯，事前既有警察之防止，事后亦只受公法上累犯加重之制裁，于犯罪人个人之衣食住上，绝不受何等之影响。若如子说主张，追乙退租，万一人人皆如甲之心理，均不租房与乙，充其弊害，将来凡系执行刑期届满出狱之人，自己无房居住，势不至流离失所不止，不但民法上无此情理，即刑事上亦当无此政策。况乙租甲房，明定期限，甲又因房租昂贵，起意撤租，实怀恶意，遽难认为正当。事关法律问题，应请即为解释"等因到院。

查乙之租借房屋，既定有期限，所犯赌博吸烟，若亦不能认其于房屋确有何种危害，甲自不能据为解约理由。相应函请查照。

此复！

■ **统字第1360号**
民国九年七月六日大理院复直隶高等审判厅函
径复者：
准贵厅函开：据天津地方审判厅长雷铨衡呈称，"窃查暂行《刑律补充条例》第十一条，所载行亲权之父或母，细绎法文，似指依法固有亲权之父母而言。该条既仅言因惩戒其子，请求法院施以监禁处分，则子之成年与否，似亦非应否惩戒之要件。盖现行法令以十六岁为成年，而子之荡检踰闲，则大都在十六岁以上。若使父母仅能对于十六岁以下之子，请求惩戒，则该条立法之作用，事实上几同虚设。惟依法理研究，民法上规定之亲权，原为保护未成年者而设，《刑律补充条例》所定之惩戒处分，亦系采用民法条理为根据。又似已经成年之子女，已有完全行为能力，即无行使亲权之可言。究竟惩戒处分，是否仅以未成年者为限？颇有疑义，现职厅受有此类案件，亟待解决，理合呈请鉴核，转请迅赐解释令遵"等情前来。除指令外，相应函请贵院查照，迅赐解释以凭饬遵等因到院。

本院查《刑律补充条例》第十一条所称行亲权之父或母，指凡未经丧失亲权之父或母而言，得请求惩戒之子，不问已否成年。惟审判衙门，收受此项请求时，除应查明有无该条但书情形外，并须调查事实，核断其请求之理由是否正当，以定应否为监禁处分。其涉及民事部分，希参照民事解释例，及《判例要旨汇览》办理。相应函复贵厅转令查照可也。

此复！

■ **统字第1361号**
民国九年七月十三日大理院复湖北高等审判厅函
径复者：
准贵厅第二二二号函称：查现行律丧服制度，尚未废止，该律居丧嫁娶之规定，自应继续有效。惟此等公益规定，非私人所能藉以告争，审判衙门，亦不能径行干涉，业经钧院于六年统字第五七六号明白解释在案。惟私人既不能告争，审判衙门亦不能径行干涉，则就公益上有主张之权者，宜莫如检察官。惟查钧院九年上字第六零二号判决，对于检察官所为婚姻无效之主张，并未采用，则遇有此等案件，究应由具有何种资格之人主张，始能有效？殊滋疑义。应即函请解释等因到院。

查检察官主张婚姻无效或撤销，必须依法起诉。若仅于上诉审陈述意见，既不能认为起诉，审判衙门自不能认为独立请求，予以裁判。若谓在未设审检厅之处，倘亦须依法起诉，此种违法婚姻，即属无人告争，律例规定，必致成为虚设。则据本院七年上字第一五二七号及四年抗字第四一四号判例，婚姻之无效撤销，除检察官外，尚有当事人及一定范围内之亲属，可以主张，原不致等律例于具文。况在未设审检厅之处，检察官不能为此起诉，乃事实上不得已之事，岂容牵就？遽视检察官在上诉审之陈述，与起诉有同一之效力。相应函复贵厅遵照可也。

此复！

■ 统字第1362号

民国九年七月十三日大理院复山西高等审判厅函

径复者：

准贵厅第八一九号函称：据曲沃县知事郭拱宸快邮代电内称，"某甲于数年前偕其子乙外出，家留其妻丙，其女丁、戊。丙与丁、戊，于甲出走三年后，因无度用，随从同乡己庚逃荒来沃，经己、庚商同丙诈为孀妇，将丙价卖与辛为妻，并带丙之二女丁、戊，由己、庚将财礼银取得而去。时辛、丙已同居八年，由辛、丙主婚，将丁、戊二女皆已许字于人，而甲忽偕其子乙寻至辛家，与丙相认，辛亦在场。迨后乙乘辛不在家之时，将丙、丁诱出，意欲逃遁。经辛回归追获，互控到案。查此案事实已明，惟适用法律，诸多疑问。丙嫁与辛，原称孀妇，辛实不知丙为有夫之妇，已经同居八年，能否将丙判归前夫？如判归前夫，辛以八年扶养费，请求甲为偿还，能否断追？丁、戊已由丙主婚许字于人，其婚姻是否有效？又乙乘辛不家之时，将其母丙妹丁诱出，意欲逃遁，是否触犯《刑律》？又如某省甲外出后，其妻乙逃荒来沃，经丙、丁将乙价卖与戊同居一载，戊即病故。时甲来戊家，声言系乙夫之弟，闲住数日而去，后经戊之弟己主婚，将乙嫁与庚为妻，已得财礼银若干，乙庚已同居半载，甲控诉到案，丙、丁在逃。查甲之告诉，是否有效，能否将乙判归？如庚情愿听乙归前夫，惟请求断追原出财礼，以及半岁之扶养费，能否判令甲补还财礼及扶养费于庚？职县现有此等案件，事关应用法律，理合呈请解释示遵等情，应请即为解释"等因到院。

查（一）现行律婚姻门出妻条，夫逃亡三年不还者，并听经官告给执照，别行改嫁。至经官告给执照，本为防止后日争执起见，故如当事虽未告官，而事后争执，审判衙门认其确系逃亡有据，即出走后，始终毫无踪迹音信，其年限又属合法者，改嫁即属有效（参照《判例要旨汇览》第一卷《民法》一四七页）。甲如果合于上开条件，丙因无人养赡，自愿改嫁，殊非无效。惟甲如未死或未逃亡三年，则有夫重婚，夫应有请求撤销之权。而买卖为婚，亦为法所不许，当然无效。且孀妇（或逃亡者之妇）改嫁，有主婚权人于未经同意之婚姻，亦得以正当理由，主张撤销。丙、辛间之婚姻，有一于此，即尚难谓为合法，应分别核准请求，并无赔偿可言。否则婚姻即令完全有效，辛如果自愿听丙仍归前夫，与丙离异，亦属可许。甲若允其条件，自应听之。至甲女丁、戊之许婚，依现行律母有主婚之权，甲果逃亡合于前开条件，丙实为之主婚，自系有效；（二）甲与乙如果并无各愿离异之明确表示，亦不合于上开逃亡之条件，自应准其请求，认乙、戊间本无合法婚姻，而因戊弟己主婚姻成立之乙、庚间之婚姻，亦以有重婚关系，应准撤销，甲不任赔偿损害之责。否则婚姻若系完全有效，庚情愿退乙归甲，亦可准许。甲若允给费，仍应听之。惟己之主婚，若有不合，庚自可向之请求，返还财礼，均须分别情形，公平办理。除刑事问题另行答复外，相应函请贵厅转令遵照可也。

此复！

■ **统字第1363号**
民国九年七月十四日大理院复甘肃高等审判厅电
甘肃高等审判厅：
虞电悉！单纯犯《违警罚法》之案，审厅不应受理。若经检厅以刑事犯起诉后，第一审或上诉审审理结果，得改依《违警罚法》判决。
大理院寒印
附：甘肃高等审判厅原电
大理院鉴：
地检厅以甲、乙犯《刑律》起诉，审厅认乙犯违警法罚并判，是否违法？请电复。
甘肃高审厅虞印

■ **统字第1364号**
民国九年七月三十一日大理院复山东高等审判厅函
径复者：
准贵厅第一二二四号函称：本厅受理禹城县赵抡魁抗告一案，正在审查中。据该抗告人声请撤销抗告，当以决定准予撤销。该抗告人又对于本厅准予撤销之决定不服声明抗告，送经钧院于民国八年八月十四日决定理由内开："查现行规例上诉于裁判前，得随时撤回。本案抗告人，被萧汝山等向禹城县举发侵吞学款及诈财等情，由该县知事拘案羁押。该抗告人即向山东高等审判厅对于羁押命令提起抗告，旋即自知抗告不合法，向原厅具结撤回。虽原厅所为准予撤销抗告之决定不免赘冗，但按之上开规例之趣旨，并无违背。如该抗告人复对于原决定提起抗告，显属有意刁狡，毫无理由，应即驳回"等语。详绎文义，似上诉人撤销上诉，无庸加以决定。又查钧院上字第六三号判例，内称"《各级审判厅试办章程》虽无明文规定,斟酌诉讼通例,自应以决定行之"等语,又与前开判例似未符合。究竟审判衙门对于上诉人声请撤销上诉应否加以决定?应请解释等因到院。

查当事人撤销上诉,原则上毋庸再予裁判。惟依法不许撤销之上诉,或因上诉人缺席撤销其上诉或不缴讼费视同撤销者,则均应以决定行之。相应函复查照。

此复!

■ 统字第1365号

民国九年七月三十一日大理院复吉林高等审判厅函

径复者:

准贵厅第二七七号函称:据富锦县呈称,"奉钧厅指令,准大理院函复,准贵厅函称,据富锦县呈称,'有甲将房屋抵押于乙,约明以六个月为期,期满不赎,即作卖绝,并由甲同时先写卖契一纸,交乙收执为据。至期满,乙屡次催甲抽赎,逾限年余,甲迄未抽赎,乙即照约认该房院为卖绝。遂将旧有房屋,改建洋式新房,甲始备价抽赎,涉讼到县。在甲当时预立卖契,应否认为有效,恳请转院解释'等情前来。案关法律解释,本厅未便擅拟,相应据情函请解释,以便令该县遵照等因到院。查预立卖契,为期满不赎,即行作绝之准备,显反于普通民事条理——不许流质之原则,自非有效。相应函复贵厅转令查照可也等因,准此,合即令仰该县遵照办理此令等因。查院解既认预立卖契为期满不赎,即行作绝之准备,显反于普通民事条理——不许流质之原则,自非有效。然考之院判,则称(院判二年上字第二十四号判例)不动产所有权之移转,自以契约为诉讼法上最强有力之证据。又称买卖预约,苟无诈欺等情,不能谓为无效(院判三年上字第一百零四号判例)。又称契约上之抵消,当然有效(院判二年上字第九十五号判例)。此案既双方明订时间条件附契约,核与东三省习惯相符,确有法的效力(院判三年上字第八十六号判例)。遽认为无效,势必讼端迭起,于审判执行上,实属困难。盖甲既以抵押为预卖之表示,其为赤贫无告可知,而乙对于抵当物,既取得先买权(院判三年上字第一百零四号判例)。原约亦未注有'找贴'字样,则乙方面大兴土木,投资巨万,而甲方面一贫如洗,既不能强令乙方面舍弃权利(院判二年上字第一百三十号判例),应认乙方面合法之时间条件附契约为有效(院判三年上字第二百五十五号判例)。本县与俄接壤,华俄杂居,受理寄居内国之外国人与人民相互间之民事诉讼,向来遵照院判,以契约地法为准据法。而契约地法,即习惯法,准予买卖预约,双方签字,报部有案,历久不弊,而华侨获益不少,市面亦渐发达,是国家于诉讼之中寓有抚民之意。既称条件预约,显反普通原则,应以最近判例或解释为标准,理合呈请钧厅鉴核,转院为最近之解释施行"等情,应即据情转请解释等因到院。

查不许流质,为民事法保护债务人之要则,且于债权人,亦并无损害。盖债务人如至期不偿还债务,消灭其抵押权,债权人尽可请求拍卖抵押物,优先受偿。若依习惯法,抵押权人得有先买权者,亦尚可依法行使。其流质契约绝无认为有效必要。所引本院判例，均未免有所误会。惟在商行为，则异于单纯之民事契约，流质应属有效，早经本院成例所认。至何种行为系为商行为，应参考《商人通例》第一条，及关于商行为法之成例办理。相应函复贵厅转令遵照可也。

此复！

■ **统字第1366号**
民国九年八月三日大理院复总检察厅函
径复者：

准贵厅函开：据甘肃高等检察厅呈称，案据皋兰地方检察厅检察长许家栻呈称，"为呈请事，查《刑律》第十二条第一项载：'精神病人之行为不为罪，但因其情节，得施以监禁处分'等语。设如有甲无故在街砍伤乙、丙二人，由警察署拘送到厅。当经查明砍伤乙、丙之甲，确系染患精神病症，按诸《刑律》第十二条第一项前半段之规定，甲之行为不能构成犯罪。惟细核其病状，实于社会有意外之危险，饬法警详为调查，该甲又系由外方走来，并无亲属在省，可为相当之看护。依据该条项但书规定，暨大理院二年非字第三十七号判决例，自应先将甲暂行监禁，至其病愈时，再行释放，固属毫无疑义。惟本省既未设立精神病院，若职厅所设之看守所，又系多人杂居，并无独居房间，为施行便宜上必要之处分，应否将该甲函送监狱收禁？如监狱亦有未便拘收疯人之处，并可否将该甲送还警察厅禁制其自由？关于此项处置，现无明文规定，职厅未敢悬拟，理合具文呈请钧厅鉴核，并转请解释令遵，实为公便"等情。据此，事关法律解释，属厅未敢擅拟，理合具文呈请钧厅，转院解释，并祈指令遵行等情到厅。相应据情函送贵院，核办示复，以便转令遵照等因到院。

查本院二年非字第三七号判例所称"交付精神病院或其他处所，禁制其自由"云云，关于监禁处所，包括甚广，凡可以禁制自由之处所皆属之（并参照本院统字第一三五零号解释文）。所询送还警察厅禁制自由一节，如商得警察厅同意，自可照行。相应函复贵厅转令查照可也。

此致！

■ **统字第1367号**
民国九年八月三日大理院复总检察厅函
径复者：

准贵厅函开：据山西高等检察厅呈称，"案据太原地方检察厅呈称，'今有甲得其妻乙同意，租于丙为娼，立有租约，载明租金一百五十元，期限三年。由乙胞兄丁告诉到厅，甲在逃，丙可否依大理院五年上字第五二八号判例处断之处，案关法律疑义，请核示只遵'等情。据此，理合呈请鉴核，函送大理院解释示遵"等情到厅。相应据情函请贵院，核办示复，以便转令遵照等因到院。

查所询情形，如甲、丙有买卖意思，而托名为租，甲应成立和卖或营利和卖罪（参照本院统字第四零一号解释文）。丙应区别是否主动诱买，抑系被动买受，成立营利和诱或收受被和卖人之罪。乙之胞兄丁，对于上列各罪中之亲告罪，得为当然代诉人（参照本院统字第一千二百号解释文）。如甲、丙无买卖意思，甲又无《刑律补充条例》第五条情形，则甲等于得利纵奸（参照本院统字第八三七号解释文），丙亦不成立犯罪。相应函复贵厅转令查照可也。

此致！

■ 统字第 1368 号

民国九年八月三日大理院复山西高等审判厅函

径复者：

准贵厅函开：案据曲沃县知事郭拱辰快邮代电内称，"兹有某甲于数年前，偕其子乙外出，家留其妻丙，其女丁、戊。丙与丁、戊于甲出走三年后，因无度用，随从同乡己、庚逃荒来沃，经己、庚商同丙诈为孀妇，将丙嫁卖与辛为妻，并带丙之二女丁、戊，由己、庚将财礼银取得而去。时辛、丙已同居八年，由辛、丙主婚，将丁、戊二女，皆已许字于人，而甲忽偕其子乙寻至辛家，与丙相认，辛亦在场。迨后乙乘辛不在家之时，将丙、丁诱出，意欲逃遁，经辛回归追获，互控到案。查此案事实已明，惟适用法律，诸多疑问：丙嫁与辛，原称孀妇，辛实不知丙为有夫之妇，已经同居八年，能否将丙判归前夫？如判归前夫，辛以八年扶养费，请求甲为偿还，能否断追？丁、戊已由丙主婚，许字于人，其婚姻是否有效？又乙乘辛不在家之时，将其母丙妹丁诱出，意欲逃遁，是否触犯《刑律》？又如某省甲外出后，其妻乙逃荒来沃，经丙、丁将乙价卖与戊，同居一载，戊即病故，时甲来戊家，声言系乙夫之弟，闲住数日而去。后经戊之弟己主婚，将乙嫁于庚为妻，已得财礼银若干，乙、庚已同居半载，甲控诉到案，丙、丁在逃。查甲之告诉，是否有效？能否将乙判归？如庚情愿听乙归前夫，惟请求断追原出财礼，以及半岁之扶养费，能否判令甲补还财礼及扶养费于庚？职县现有此等案件，事关应用法律，理合呈请解释示遵"等情。相应函请钧院迅赐解释，以便转令遵照等因到院。

查第一问，丙、辛间婚姻即令有效，而乙与其母丙妹丁同逃，并非自便私图（如图奸价卖之类），尚难论以诱拐罪。第二问，甲对于己有无告诉权，应以乙、庚间婚姻是否有效定之。惟己如系营利诱卖，应不待告诉论罪。除民事问题，业经统字第一三六二号函先行答复外，相应函复贵厅转令查照可也。

此致！

■ 统字第 1369 号

民国九年八月三日大理院复司法部函

径复者：

准贵部第一三三二号函开：据滨江地方审判厅快邮代电称，"职厅受理波兰人福鲁布列夫斯基与杨光辅森林纠葛案，兹据福鲁布列夫斯基状请撤回诉讼前来。查本案原系杨光辅禀请哈尔滨木石税局，以波兰国人福鲁布列夫斯基违背局章，请求将其砍木权撤销。木石税局将杨之请求照准后，福鲁布列夫斯基抗议至吉林省公署，省公署之决定，仍维持木石税局办法。福鲁布列夫斯基复抗议至平政院，平政院以福鲁布列夫斯基系无约国人民，其诉讼应归法厅解决。福鲁布列夫斯基得此决定，即赴职厅诉请审理，同时吉林省公署亦准平政院决定，自以命令撤销前决定行知。职厅依法办理，正在进行中，该福鲁布列夫斯基状请撤回诉讼。查其撤回理由，系伊现于木石税局，领得新砍木票照，是其砍木权已经回复，自可毋庸讼理。第查验该波兰人所领新砍木票照，仍系杨光辅名义。质之杨光辅，则称伊并未出头领取，亦未承认福鲁布列夫斯基之砍木权，既据该波兰人状请撤回诉讼以为取得与胜诉同等之结果。自系发生疑问，关于此点有二说：甲说谓，本案福鲁布列夫斯基在法厅虽为原告，于行政诉愿时，则居于被告地位。平政院以管辖错误，决定令赴法厅解决，该福鲁布列夫斯基，既状请法厅进行审理，自应受诉讼拘束，静待裁判，不得以原系被告之人，一旦易为原告，即可自由撤回诉讼，以为取得胜诉之结果也；乙说谓，民事取不干涉主义，依《各级审判厅试办章程》，原告人自可随时撤销诉讼。该福鲁布列夫斯基，在法厅既为原告，其愿受法厅之裁判与否，尽可听其自由，其撤回诉讼应即照准。相手方杨光辅如有不服，尽可提起反诉，或继续原在木石税局之告诉，另在法厅起诉，始于手续法，不相违背。以上二说，未知孰是，相应以快邮代电，恳请解释示遵"等情。据此，事关法律问题，应请解释等因到院。

查本案既系福鲁布列夫斯基起诉，即令其新领杨光辅名义之砍木票照，谓为已回复其砍木权，或有出于误会。而依据诉讼法则，自无不许当事人撤销诉讼之理。惟杨光辅对之如有争执，应由其另行起诉。相应函复，即希转饬遵照可也。

此复！

■ **统字第 1370 号**

民国九年八月五日大理院复总检察厅函

径复者：

准贵厅第七五零号函称：案据江苏高等检察厅代电称，"中国律师在上海会审公廨办理诉讼，其收费数目与收费名目，应否受《修正律师章程》之制限？理合电请钧厅转院解释示遵"等情到厅。应即据情函请解释等因到院。

查上海会审公廨，尚非依条约合法编制，不应认为特别法院，早经本院解释有案。本国律师在该公廨代人为一切行为，其收受报酬等费，自毋庸依照《修正律师章程》予以制限。相应函复即希转饬遵照可也。

此复！

■ **统字第 1371 号**

民国九年八月五日大理院复吉林省公署电

吉林省公署鉴：

九日代电悉！查甲既未以清查土地局为被告，确认该地为其私产，或就该地有其他所有权以外之物权，自不得以与乙涉讼。受有本院之决定，即可抗阻行政衙门之处分。

　　大理院微印

　　附：吉林省公署原电

　　北京大理院鉴：

　　兹有甲系某县睬网地佃民，因不服本省清查土地局认为官产之处分，在本署诉愿，请予取消原处分。经本公署决定，仍认为官产，准该甲有优先承领权。该甲迄未遵照缴价承领，甲又因参加某乙关于此地之案，在贵院诉讼。经贵院决定，认定甲于此地有永久使用收益及转让权，复有丙对于此地发见可受利益之书状，声请再审。经贵院决定，本件应由本省高等审判厅调查裁判。此案尚未结束，该甲遽行登报拍卖此段地亩及派人看守卖沙，并经丁呈揭到署，当由本署令县查核办理复夺。嗣据该县呈复，业由县会同警察暂行设法禁阻。该甲不服，来署呈请取销禁阻之命令。现在办理此案，不无疑义，查该甲既未遵照承领，按照本署决定此地仍属官产，该甲遽行招售卖沙，似涉擅卖官产之嫌。惟甲所持理由，以奉有贵院决定，准有永久使用收益转让权为词，案经请求再审，尚未裁决。此案是否应仍饬照旧禁阻之处，应请解释见复，以便饬遵。

　　吉林省署佳印

■ 统字第1372号

民国九年八月五日大理院复察哈尔都统署审判处函

径复者：

　　准贵厅第一一二号函称：据丰镇县知事黄朴呈称，"为呈请解释示遵事，兹有甲转运公司，由乙店雇车运货。乙代雇车夫丙，运至中途，夜宿村店被劫，已获贼匪一名，讯明判罪，所失之货，未经起获者尚巨。甲责乙包赔，不允涉讼。查该发货单上，载有'路途不测，一切丢失，包揽人同脚户，照市价赔补'字样。惟该发货单，系由甲所出，以为运至验收之凭，乙、丙并未立给。甲公司如何包揽赔补字据？乙、丙应否赔补？知事未敢擅拟，理合呈请解释，迅赐指令只遵"等情。据此，事关法律问题，相应据情函请解释等因到院。

　　查乙、丙收受甲发货单，若依先例事实，或其他凭证，足证明其就单开内容确已了解，并无异议时，自可认其对于甲之要约已有承诺，则本于特约之效力，即应负赔偿之责。否则此种反乎常理（即对于不可测度之不可抗力，亦应负责）之特约，虽甲有要约，乙现尚未了知，自无遵约之义务。相应函请贵处转令遵照可也。

　　此复！

■ 统字第1373号

民国九年八月五日大理院复总检察厅函

径复者：

　　准贵厅函开：据福建高等检察厅呈称，"案查大理院二年第四四号解释'对于检察官不起诉处分，可向原厅声明再议。仍被驳斥，不服可递呈于上级检察厅，请求按照《编制法》各条为一定处分'等语。是原告诉人对于原检察官不起诉处分，可以声明再议，似无疑义。又六年十二月及七年十月先后奉钧厅第一八二七号、第一四八号两次指令，关于上级检厅指挥监督权之作用，与夫《刑事诉讼律草案》'执行编'各条中，准用条文之限制曾经明白指示在案，均已了解。现时当事人因大理院有上项之解释，援据声明再议程序，状称不服，且有与原处分时间相距数月者纷至沓来。既未便禁止其援引刑诉草案法理，又不能明示为再议办法未生效力。纵令可以根据监督权之作用，由上级厅负责，不拘于再议名义，亦不认为重行告诉告发。而期间一项，尚无明文可以依据，殊于办事手续上，极感困难。盖若声明不限一定期间，原检厅处分后，随时许由原告诉人等声明不服，则无论告诉之有无理由，凡案件系属于检厅处分者，均无终结确期。其因案件扣押或保管之物，究至何时可以撤销处分，亦不能表示一定之标准，而无辜之被告人证一方，且不免久滋讼累。查《刑事诉讼律草案》第二百八十七条声明再议期间，自接受知照之日起为三日。第二百八十九条声明再议期间内及再议中，得按其情形停止第二百八十四条处分等规定。一方为防止滥诉起见，一方并为保护被告人利益，用意极为周密。现在各该条虽未奉令颁布，惟声明期间，论诉讼上之原理原则，似可酌予参用，是否有当？理合备文呈请钧长查核，准予转呈司法部核定办法，指令遵循"等情到厅。查原呈所称各节，关系法律解释问题，系属于贵院职权，相应函请贵院解释示复，以便转令遵照等因到院。

查声明再议期间内及再议中，得按其情形停止撤销，押票、扣押及保管处分，固可不待明文规定，参用《刑事诉讼律草案》第二百八十七条法理办理。至声明再议期间，本系立法问题，按照现时情形，似以分别厅县，准用上诉期间为宜。相应函复贵厅酌核办理。

此致！

■ 统字第1374号

民国九年八月五日大理院复直隶高等审判厅函

径复者：

准贵厅函开：据天津律师公会呈称，窃据本会律师李洪岳呈称，"为呈请转呈解释事，某县有官荒地若干顷，因清理官产亟欲变卖，特设变卖官荒事务所于县署内，专理其事。嗣经某甲购买缴价备案，变卖官荒事务所因即取消，而某甲拟将已买之官荒，转卖得利，自行设立变卖官荒事务所。有乙、丙二人，分别认买，未立文约，由某甲掣给加盖，变卖官荒事务所戳记之票据以为凭证。后某甲因事与乙、丙冲突，乙、丙以某甲伪造公印文起诉。某甲是否犯罪？于此有二说：（甲）某甲为出售官荒便利起见，设立变卖官荒事务所，并刻用戳记，原系正当行为，'官荒'二字系属名词，应不犯罪；（乙）某县将官荒卖与某甲，已由官产变为私产，某甲转卖得利，虽不违法，而袭用从前县署之变卖官荒事务所名目，并刻戳记，应以伪造公印文论。二说未知谁是，请转呈解释，俾资遵循，据情转请"到厅。相应据情函请贵院，俯赐解释，以凭饬遵等因到院。

查甲既将官荒购买缴价备案，则其地已为私人所有，乃犹袭用从前县署之变卖官荒事务所名义，并刻戳记加盖票据，掣给乙、丙，应成立《刑律》第二百四十八条、第二百四十六条第一第二项之罪，依第二十六条处断。相应函复贵厅转行查照可也。

此致！

■ 统字第 1375 号

民国九年八月十日大理院复山西第一高等审判分厅代电

山西第一高等审判厅分厅：

庚代电悉！第一问，甲除应论吸食鸦片罪外，其因侦探诡称有病，一再恳请而分给烟土，如其意专在为人治病，不在贪得土价，尚难论以贩卖鸦片罪；第二问，覆判审应提审改判，如提审不便，得发交乙县覆审；第三问，控诉审审理后，亦应改判，二者均所以纠正原判程序违法。

大理院蒸印

附：山西第一高等审判分厅原代电

大理院钧鉴：

兹有应请解释各端，分析如下：（一）甲藏有鸦片烟土，原以供己吸食，被警闻之，即派侦探持洋前往诱买。甲本无意售卖，但因侦探向甲诡称有病，一再恳请分给烟土，甲遂受洋交付烟土。后经送案审讯，并未发见甲有其他贩卖烟土之具体事实。惟甲之交付烟土，收受土价，系被侦探所诱，能否认为已有贩卖烟土之故意？（二）又有被告在乙县犯罪，旋经上级行政官厅，令交丙县审理判决，能否认为合法之判决？惟此初判已送覆判，究应如何办理？（三）又有被告在丁县犯罪，业经丁县受理，尚未终结。旋据原告诉人攻击其办理不善，向该上级行政官厅呈诉，经该公署将该案发交戊县审判。判决后被告人声明控诉，控诉审审理中以戊县对于该案，本无管辖权，其受理审判系奉行政长官命令。兹既由戊县判决，被告人控诉，控诉审应否用判决撤销戊县判决，将该案发还丁县审判（或用决定声明原判无效）？抑为被告人便利起见，即由控诉审赓续审理判决之？悬案以待，乞迅赐解释，俾有遵循。

山西第一高等审判分厅庚

■ 统字第 1376 号

民国九年八月七日大理院复总检察厅函

径复者：

准贵厅函开：据山东高等检察厅呈称，"案据阳信县知事孙鸿运呈称，'今有甲年老无子，意欲过继胞弟乙之子丙为嗣，然事前既无书立继单，又无主继之人，证据毫无。嗣丙旋即因病身死，丙妻丁当然不能认为甲之子媳，乃甲辄行私立退字，将丁送回娘门，认听改嫁。甲则受用丁之娘门钱财，被丁婆母戊查知起诉。甲是否触犯《刑律》第三百五十一条之罪？抑系别有科断？案关法律问题，理合呈请鉴核，详细解释，迅示只遵，是为公便'等情。据此，查事关法律解释，理合呈请钧厅鉴核示遵"等情到厅。查原呈所称各节，关系成立犯罪与否问题，应请贵院解释示复，以便转令遵照等因到院。

本院查立继行为，并不以书据为要件。丙如已经甲明白表示，立以为嗣，虽无书据及人证，尚非无效（惟立继事实应有明证）。则丙既经死亡，丁又自愿归宗改嫁，甲因立予退字，将丁退回娘门，任听改嫁，自无不合。若丁不愿改嫁，亦不愿归宗，甲竟强令归宗改嫁，除犯《刑律》第三百五十八条之罪外，丁之改嫁如可认为强卖，更应查明甲受用丁之娘门钱财，可否认为营利，与前条之罪从一重处断。其仅意欲立丙为嗣，尚未明白表示，或过门亦无其他具体事实，足资考据，则丁既有婆母戊在，甲乃诱令改嫁，应分别所用方法，及是否营利依《刑律》诱拐罪各本条科处。私立退字，系假托他人名义时，其伪造文书罪，亦应依《刑律》第二十六条办理。相应函复贵厅转令查照可也。

此致！

统字第 1377 号

民国九年八月七日大理院复甘肃高等审判厅函

径复者：

准贵厅函开：案据甘肃第一高等审判分厅呈，据庆阳县呈称，"某甲单身业医，与乙同院居住，甲锁门出外，天降暴雨，水从鼠穴流入甲窨，乙从门隙窥见甲窨水深，门又锁闭，遂将甲门跟下挖一小孔，以便窨内之水泄出，免致损坏东西。次早急将甲寻回，甲开门见窨内小豆被水浸湿，指乙将水由门跟下孔内放入，故意侵害，彼此争执，甲遂赴距此三十余里某镇保卫团局喊告。团总丙初不准理，继由甲之族兄丁向丙请求，丙遂派团丁戊、己两人，前往查看。戊携带来福枪一根，并不知枪内装有子药。戊、己、甲一路同到甲家，当有邻人庚在旁说请，戊、己看水究竟从何处来的。戊嫌庚多嘴，即用手拿来福枪把向庚捣去，碰发枪机，甲适在戊背后右边，当中枪弹殒命。丁得知前去查悉情形，原系甲之理虚，遂将甲尸棺殓葬埋，并未报案，丙亦未具报，将戊送案。兹经发觉，查核情形，当时戊意只在持枪把捣庚，不料误触枪机，致生伤甲殒命之结果，戊应否依《刑律》第十三条及第三百二十四条第一项处断？此应请指示者一。又查《地方保卫团条例》第一条：'凡县属未设警察地方，因人民之请求，及县知事认为需要时，得报明本省长官，设立保卫团。'此项保卫团团总，是否包括在《新刑律》第六章巡警官员范围以内？此应请指示者二。如包在巡警官员内，前例丙所办之保卫团，仅以某镇为区域，甲之住处不在区域以内，且距团三十余里，甲喊告事实，又不属于保卫团职务范围，丙受丁请求竟然受理，派戊持枪前往，致生重大危险，事后又不将戊送案讯办，迹近藏匿，丙应否依《刑律》第一百四十六条及第一百七十七条分别处断？抑别有条文或不负刑事责任？此应请指示者三。案关适用法律，知事未便擅拟，致蹈枉纵之嫌，理合具文呈请钧厅电鉴，迅赐核示只遵，实为公便谨呈"等因。据此，查该县所呈各节，不无疑义，理合转呈核示等情。据此，查事关法律解释，本厅未便指示，相应据情函请贵院解释示复，以便令遵等因到院。

查第一问戊意在持枪把捣庚，未及伤庚而误触枪机，致甲殒命，应成立《刑律》第三百二十四条第一款之罪（参照本院统字第九五九号解释文）；第二问未设警察地方之保卫团，依《地方保卫团条例》第一条，为警察之代用，其团总应包含于《刑律》分则第六章巡警官员之内；第三问丙于甲之刑事告诉，明知不应受理，因丁之请求，而故意越权受理，应成立《刑律》第一百四十六条第一项之罪。惟戊并非被追摄人，或脱逃之逮捕监禁人，丙不将戊送案，尚难论以《刑律》第一百七十七条第一项之罪。相应函复贵厅转令查照可也。

此复！

■ 统字第 1378 号

民国九年八月十日大理院咨浙江督军省长公署文

为咨复事：

准贵公署咨开：案据嘉善县知事贺祖蔚呈称，"属县前清库书夏国勋，包完漕折，抑勒洋价，种种舞弊，民怨沸腾。辛亥十月，鼎革伊始，即经前嘉兴军政分府以该蠹书稔恶多年，积赃累万，拿获监禁，行县查封财产收管。袁前知事庆萱奉文后，将该蠹书房屋三所，田一千亩，一律征收入官（夏郭氏元年七月十号八月二十号词内，均称上年十一月初没收家产，民国元年之上年即系辛亥年）。此即独立时期戒严区域内军政机关命令，查抄夏国勋财产入官之经过情形也。厥后，嘉兴军政分府撤销，将夏国勋解回原县羁押，袁前知事以该蠹书应得罪名，当时未经宣示，复据伊妻夏郭氏具状呈求，故予释放。惟房屋田亩系奉军政分府命令查抄收管，爰依行政手续，经议会之议决，并呈奉前都督之令，准分别拨充习艺所及医院经费，此行政官处分军政分府没收夏国勋财产之经过情形也。夏国勋释放后，不知敛迹销声，乃竟逞刁健讼，初诉于嘉禾地方检察厅，以不合法被驳。再诉于平政院及内务部，又以逾限被驳。鼯鼠之技已穷，请求转移之诡计又出。大理院虽指定嘉兴县知事受理，然经郑重声明，应否成立诉讼，应由第一审衙门审究。讵该县既认定为行政处分，而仍以民事受理，于法例尚有误解。控诉审决定文内载：'按从前县知事兼有司法上、行政上两种职权，而其处理司法案件，与实施行政处分，又往往用同一形式，然二者性质，固已截然不同。其确为行政处分者，当然受上级行政机关之监督，非司法衙门所能纠正。即令当事人误向司法衙门上诉，亦应指令诉愿于该管上级行政长官；或提起行政诉讼，以资救济，毋庸予以受理，早经大理院著有判例。控诉人（即夏国勋）对于本案曾经具诉于平政院，以逾期批驳，是控诉人亦自认为行政处分，兹又向司法衙门具诉，原审竟以民事受理，按诸上述判例，显有未合。惟认本案为行政处分，要无不当'等语。是控诉审考证事实，参照判例，确认此案为行政处分，绝不予以民事受理者也。现据夏国勋控告于大理院，以国家关于私经济事情，与人民发生权义关系之件，应适用司法法规，由司法衙门予以解决，决定发还受理。近奉高审厅饬传原告，并以知事为被告人，票传质讯。知事伏查此案系行政官厅处分，军政机关所征收之财产，并不假行政处分为侵权之行为。且拨充各项用途（如习艺所、医院），俱关地方公益，亦无以国家关于私经济事情于人民发生权义关系之可言，与大理院一四四号解释例，即不相侔。即按诸凡以私人资格假官厅行政处分为侵权行为之手段者，被害人得向该管行政衙门或行政诉讼衙门请撤销或废止其处分外，并得提起民事诉讼之法例，更属背驰。论法例知事无应诉之义务，论事实则各项公益事业专恃此款支出，决无再事变更之余地。自奉高审厅传讯，各界群滋疑虑，请求设法维持原状者踵相接。知事身膺民社，讵忍以办理已久之善举，目击摧残，再四思维，惟有仰恳钧长，俯念地方公益将案系行政官吏处分，军政机关所没收之财产，并非侵权行为，暨绝非对于国家私经济行使自卫权各缘由，咨请大理院，准将原处分认为适当，毋庸再经审理手续，以杜纷扰。理合备文呈请仰祈钧长查核令遵，实为公便"等情。据此，查此案该前库书夏国勋，盘踞衙署十余年，包完漕折，抑勒洋价，种种舞弊，积赃累万。鼎革之初，经嘉兴军政分府访查属实，以军需孔亟，将其拿获监禁行县、抄没财产，其时尚在辛亥十一月浙省独立用兵期内，民国政府既未成立，一切规章无所依据。该前军政分府此项时令，纯系军政时代一种权宜办法，嘉兴县原审及高审厅决定认为行政处分，已属通融解释。各种司法机关成立在后，依法律不溯既往之原则，更未便援现行解释例暨判例以相绳。即姑就贵院解释例论，亦如原呈所称本案既无国家关于私经济行使自卫权之可言，亦与以私人资格假官厅行政处分为侵权行为之手段，得提起民事诉讼之法例不侔。如谓该前库书不认捐助，因而有所争执，即系国家关于私经济与人民发生权义关系，不得不归入民事诉讼。查该库书田产房屋，系经查抄在先，嗣后呈请，自愿捐助田一千亩、房屋三所，系为顾全体面起见，断不能因此变查抄为赠与。盖即无此举，其从前入官财产，亦决不能发还也，是所谓愿助与否，更属不成问题。本督军省长保障人权，尊重司法，与贵院具有同情，如果其事稍涉冤诬，岂有不予伸理。惟该前库书稔恶多年，赃私巨万，仅予抄没此项田房，已属从宽办理。乃复不知自咎，以久经确定之案，屡向贵院翻控。此端一开，浙省类似此案者，不一而足，或原征机关早经撤销，或所收财产已充军用，将来纷纷援例请求。行政官厅固虑多此纷扰，即司法机关，亦将穷于执行，实于国家威信，社会经济，两有妨害，此尤本督军省长所未能嘿尔而已者也。除指令外，相应咨请查照等因到院。

查夏国勋因捐产涉讼，既经本院九年抗字第三七号决定，认为民事案件，应予受理，则依《法院编制法》第四五条规定，高等厅自应受其拘束。该知事即应代表国家应诉，无拒绝到案之理。相应咨复，即希查照。

此咨！

统字第 1379 号

民国九年八月十日大理院复安徽第一高等审判分厅函

径复者：

准贵厅铣代电称，据天长县知事快邮代电称，"设有甲于前清道光八年，将卫田出典与乙，乙辗转典与丙、丁，经丁于光绪二十一年已满六十年后，又转典与戊，最后契内注明'不拘年限，归原军甲取赎'。后甲直接向戊取赎，缠讼多年，悬案未结。甲于奉文裁卫缴价时，遵章缴价，领有执照，究竟甲对此卫田有无取赎之权？于此有二说焉：一说，依《清理不动产典当办法》第二条之规定，暨大理院统字六百零六号及统字一千一百十号解释，凡典产自立原约之日起，已经过六十年者，典主对于业主，应取得所有权。甲原典时限既满六十年，后经丁转典与戊，甲并未直接向戊换立契约。丁之转典契，虽载有'不拘年限，归原军取赎'，及甲虽缴价领照，亦无准其取赎之理。原典主乙转典主丙、丁固非原军，不能向戊取赎，此田即应归戊执业。一说，甲原典时限，虽已经过六十年，然丁之转典与戊，尚在六十年之内，究与原业主加典或续典情事有别。卫田与民田不同，是以最后之转典契内，特注'不拘年限，归原军取赎'字样。且前清缴价章程，凡缴价领照者，即取得该田所有权。《清理不动产典当办法》，系于民国四年颁布在后，依法律不溯既往之原则，不能拘束缴价领照之效力。甲既遵章缴价领照，此田自应准其回赎管业。又设有子将民田种十石，先于道光二十九年出典九石与甲，后于咸丰六年又将余田一石，另契亦出典与丑。至光绪二十九年，复将先后两契，一并立契加典，于加典契内，注明'不拘年限，统归原典契一并取赎'字样。计算道光二十九年及咸丰六年迄今，均已经过六十年，子对此田，有无取赎之权？亦有二说：一说，子两次原典时限，虽均已经过六十年，然后之加典期，未及二十年，既于加典契内，注明'不拘年限，统归原典契一并取赎'。是原典契之时限，业已中断，加典契之注语，应生效力，自应依照加典契计算时限，准予原业主回赎管业。一说，《清理不动产典当办法》第二条明白规定：'典产自立原约之日起，已经过六十年者，不问其间有无加典或续典情事，概作绝产论，不准原业主告争。'虽其加典期未及二十年，不能因有不拘年限之注语。变更办法，仍应依原典契计算时限，不能准其取赎。以上二端，属县现有似此案件，亟待解决，理合快邮代电，请赐解释示遵，实为公便"等情到厅。应据情转请解释等因到院。

查第一问题，甲之出典，既已逾六十年，依《清理不动产办法》，自不许其回赎。丁之转典，于戊之契内如何注明，及甲之缴价领照，是否可认为取得其所有权，均可不问。至丁典戊契内所注归原军取赎一语，苟非可认为即舍弃取赎权之意思，既尚在六十年之内，自应许其回赎。第二问题，应以第二说为是。相应函复即希转饬遵照。

此复！

■ 统字第 1380 号

民国九年八月十日大理院复浙江第一高等审判分厅函

径复者：

准贵厅感代电称：设有甲知乙需款，代向丙借银，经丙允许，甲即以已向丙借定银洋若干等语告知乙。由乙出立凭票交甲，甲交于丙，丙即以银交甲，讵甲得款潜逃，以致乙、丙涉讼。查就地凭票习惯，须先由债权人持票向债务人照认，经债务人于票背签明'照即'两字，方为完备。丙于受票后，并未履行照认程序，遽将银洋交付于甲，原有重大过失。惟甲向丙借银，则不能谓非出于乙之委任，究竟能否以债权人所持凭票，有违习惯，因否认其债权存在，抑依债权契约，非要式行为之原则，仍应由债务人负责？悬案以待，务请即为解释等因到院。

查乙既出立凭单交甲，代为借款，如不能证明甲无收受借款之权限，自不能以甲携款潜逃而对抗债权人，拒绝偿还之理。至当地照票之习惯，是否与此凭票借款之情形相符，本院无凭臆断。相应函复查照。

此复！

■ **统字第1381号**
民国九年八月十一日大理院复总检察厅函
径复者：

准贵厅函开：案据山东高等检察厅代电称，兹据济南地方检察厅检察长雷赟呈称，"兹有甲某捏称系省长至亲，串同乙、丙、丁三人在外招摇。丁某与候补县知事戊某，同乡素识，遂以甲某能运动县缺等语，向戊某游说。戊某望缺心急，信以为真，即与丁某书立契约，指定县缺。言明到任后，交洋四千元，连同履历一纸，交丁某转由乙丙交付甲某收执。事经省长查悉，委员密查。委员亦托称与省长至好，能为运动县缺等语，向戊某探询，戊某不察，即将前情告知，并托代为运动，许以谢金三千元，写立字据。委员即据情报告，并呈缴戊某亲笔字据一纸。查本案甲、乙、丙、丁四人，系共犯诈欺取财之罪，自无疑义。惟戊某能否论以《刑律》第一百四十二条之罪？分子丑二说：子说谓，《刑律》第一百四十二条之罪，受赠者须系官员或公断人。盖本条之罪，因身份关系而成立，戊某虽有行使贿赂之行为，而甲某既非官员公断人，所谓目的错误，当然阻止其犯罪结果，刑罚上谓之不能犯；丑说谓，戊既信甲为省长至亲，书立契约，运动县缺，甲是否官员，戊固不得而知。省长系属官员，毫无疑义，戊之行使贿赂，直接虽系对甲，而间接系对省长，不得以省长不知情，即托言受赠者非官员，戊应成立第一百四十二条之罪。以上二说，职厅主张子说。惟事关法律解释，理合呈请转院解释示遵施行。再本案系奉钧厅转奉省长交办之件，停案以待，请以快邮代电，合并声明"等情前来。查案关解释，理合呈请钧厅鉴核，转请大理院解释，迅即赐示，以便令遵等情到厅。相应据情函请贵院，核办示复等因到院。

本院查《刑律》第一百四十二条之贿赂罪，须直接或间接，对于官员或公断人，所执行之职务为之间接时，亦须其行贿之意已达于官员或公断人，始能成立。据来函所述情形，甲自己既非官员，又未代达省长委员，亦非有权官员，其报告省长，尤难谓即代戊行贿。戊之行为，依《刑律》第十条均不为罪。相应函复贵厅转令查照。

此复！

■ 统字第 1382 号

民国九年八月十一日大理院复山东高等审判厅函

径复者：

准贵厅函开：案据桓台县知事田晋铎筱日快邮代电称，"今有甲某犯罪，被巡警乙某逮捕，适有丙某向乙某求情具保，乙某徇情擅释。乙某实犯《刑律》一百七十二条之罪，丙某是否构成教唆犯？并应如何判处？请转院解释示遵"等情。据此，事关法律问题，相应函情钧院，迅赐解释，以便转令遵照等因到院。

本院查保人在求保之时，即有便利按律逮捕人逃脱之意，应依《刑律》第一百七十一条及第一百五十三条第二项从一重处断。若仅事后起意，纵令逃逸，当照《刑律补充条例》第二条第一项科处。其无上二项之预见及决意，系甲乘机私自逃走者，则不为罪。所询情形，可依照办理。相应函复贵厅转令查照。

此复！

■ 统字第 1383 号

民国九年八月十一日大理院复总检察厅函

径复者：

准贵厅函开：据福建高等检察厅呈称，案据闽侯地方检察厅呈称，"查预审决定免诉，或公判宣告无罪案件，关于被告人之释放或交保，在审判确定前，悉应由审判衙门核办，检察官仅得请求案件系属之审判衙门羁押、保释，业经大理院统字一一七三号及二二九号公函解释在案。惟此类案件，如检察官认为应行上诉，自不得不请求审判衙门，将命令释放者交保或羁押，命令交保者羁押之，以防逃匿或湮灭证据。如审判衙门不同意时，检察厅对之应如何办理？考诸前项解释，尚无依据。呈请转请解释示遵"等情到厅。据此，查事关法律解释，理合呈请钧厅鉴核，转院解释示复饬遵等情到厅。相应据情函送贵院核办示复等因到院。

本院查刑事被告人之羁押保释，凡在起诉后审判确定前，虽应悉由审判衙门核办，但当事人如有不服，固得声明抗告。至检察官认为应行羁押之被告人，遇有急迫情形，事既出于非常紧急，并得径行逮捕，惟应送由审判衙门讯问。相应函复贵厅转令查照可也。

此复！

■ 统字第 1384 号

民国九年八月十一日大理院复直隶高等审判厅函

径复者：

准贵厅函开：据怀安县知事齐耀琛代电称，"兹有甲开设药铺，暗中售卖含有吗啡鸦片毒质之一粒金丹、红色代烟丸、辣克丸、粉红色毒制丸、黑色代烟丸多种，经拒毒会探员查获，送请罚办前来。甲是否应依吗啡治罪法第一条科罚，或依鸦片烟罪第二百六十条科罚，抑系以上两条之俱发罪？职县现在发生此等案件，应如何适用法律之处，未敢擅便，理合邮电请示"等情到厅。本厅对此问题，持有二说：子说谓，甲所售卖之丹丸，虽含有吗啡、鸦片两种毒质，而其唯一之目的，则在贩卖营利，系犯《刑律》第二百六十六条，及《吗啡治罪法》第一条想象之俱发罪，应依《刑律》第二十六条之例处断；丑说谓，丸内既有吗啡，又有鸦片，是贩卖此种丸药，事实上含有两种毒质，即属触犯《刑律》第二百六十六条及《吗啡治罪法》第一条之罪，应依总则第二十三条俱发罪处断。盖实质上既含有吗啡、鸦片两性，自不能分辨其孰为手段，孰为结果，而依第二百六十六条从一重问拟也。以上二说孰是，抑或另有他种见解？事关解释，未便擅专，相应函请贵院解释，以便转令遵行等因到院。

本院查售卖含有吗啡或鸦片毒质之物者，应以所含之物质，定其所犯为贩卖吗啡，抑系贩卖鸦片烟。若兼售两种毒质之物时，则当依《刑律》第二十三条论以二罪俱发。相应函复贵厅转令查照。

此复！

■ 统字第1385号

民国九年八月二十一日大理院复总检察厅函

径复者：

准贵厅函开：案据福建高等检察厅呈称，"查县知事兼理司法，关于刑事案件，本具有检察、审判两种职权。今如县公署或县公署所属各项员役人等，确有犯罪嫌疑，被人告发，依法即应速自检举。乃知事以僚属关系，置而不理，或明知其将成立刑事问题，任其逸去，并有经上级监督官厅发觉后，令饬查办之案，亦同有上述情弊者，此种消极行为，是否认为《刑律》上应受理而不受理之渎职罪，抑应认为废弛职务，依《文官惩戒条例》办理？区别之间，不无疑问，究应如何适从，理合呈请钧长，查核指示遵行"等情到厅。查原呈所称各节，关系法律疑义，应请贵院解释示复，以便转饬遵照等因到院。

本院查县知事，如果明知所属员役，确有犯罪嫌疑，经人告发，或经上级监督官厅，令饬查办，又确有故意不受理之情形者，自系触犯《刑律》第一百四十六条第一项之罪。其仅认定错误或懈怠草率，尚不能谓有犯罪之故意，即不得论罪。并应查明实情，定其应否受惩戒之处分。相应函复贵厅转令查照。

此复！

■ 统字第1386号

民国九年八月二十三日大理院复奉天高等审判厅电

奉天高等审判厅：

养代电情形，应分别依法定程序办理。

大理院漾印

附：奉天高等审判厅原代电

北京大理院钧鉴：

今有某甲犯两个杀人罪，经兼理司法县知事，于审理中发觉，某甲从前又犯两个强盗罪，遂并案判决。其杀人罪依《刑律》第三百一十一条处两个死刑，强盗罪依同律第三百七十三条第一、二两款，适用《惩治盗匪法》第三条第五款处一个死刑。某甲全部不服，声明控诉。于是发生疑问，查依《惩治盗匪法》处死刑之案，不许上诉，然某甲除犯盗匪罪处死刑外，复犯《刑律》第三百一十一条之杀人罪亦处死刑，未便因系依《惩治盗匪法》处死刑之犯，即剥夺其上诉权。是否应将关于强盗罪之控诉，予以决定驳回，另依《惩治盗匪法》第五条第一项、第四项规定办理？其关于杀人罪之控诉，仍依通常刑诉程序予以受理，俟关于强盗罪部分，转报核复后，分别办理，抑有他项办法？应请解释示遵。

奉高审厅养

■ 统字第1387号

民国九年八月二十三日大理院复总检察厅函

径复者：

准贵厅函开：案据浙江第二高等检察分厅代电称，"查财政部四年二月十六日原呈，有'拟请准将官产被人民侵占冒认等事，系由地方行政官厅办理，毋庸交法庭审判，以期速结'等语。关于侵占罪之检举权，是否受原呈限制，可分二说：一说谓，原呈既声明侵占事件，毋庸交法庭审判，自可毋庸检举。一说谓，原呈要旨在于官厅收回人民侵占冒认之官产，人民不得请求法院判断，原呈'侵占冒认等事，毋庸交法庭审判，以求速结'等语，亦即以查追官产为范围，至人民侵占冒认，是否触犯刑章，应否依法检举，系另一问题，不在原呈限制之内。职厅现有人民侵占官产之案，应否检举？不无疑问。理合电请钧厅，迅赐转院解释，俾资遵循"等情到厅。相应据情函请贵院迅赐解释，以便转令遵照等因到院。

本院查财政部呈准各省查追官产，归该管地方行政官厅办理，毋庸交由法庭审判，系定查追之方法，于《刑律》并不发生何项影响。原呈内所称侵占冒认及欠租霸庄各情形，如可认为犯罪行为，检察官厅仍应侦查起诉。相应函复贵厅转令查照。

此复！

■ 统字第1388号

民国九年八月三十日大理院复江西赣州高等审判分厅电

江西赣州高等审判分厅：

洽电悉！部令所称，系指法定本刑凡有二等徒刑以上之刑者而言，不问最轻之刑为何刑。

大理院卅印

附：江西赣州高等审判分厅原电

大理院钧鉴：

部令二等以上徒刑案件，应指定辩护人，是否指凡主刑内有二等徒刑者而言？请电示。

高审分厅洽印

■ 统字第 1389 号

民国九年八月三十日大理院复浙江高等审判厅函

径复者：

准贵厅函开：案据鄞县地方审判厅快邮代电称，"依《刑律补充条例》第十一条规定所为之决定，未传被惩戒人到案审理，是否违法？如系违法，是否当然无效，抑应依何法撤销？此其一。监禁处分，例不许上诉。设有违反该条但书规定之决定，应如何救济？此其二。监禁有异刑罚，《刑律》行刑权之时效自不适用，是否受监禁处分者，不能享时效之利益？此其三。以上三点，悬案待决，请速转院解释示遵"等情前来。相应据情函请贵院解释见复，以便转令遵照等因到院。

查第一问，《刑律补充条例》第十一条之监禁处分，既应以决定行之。即未传被惩戒人到案审判，遽予决定，尚非违法。第二问，违反《刑律补充条例》第十一条但书之决定，应如何救济，虽无明文，参照呈准暂行援用之《刑事诉讼律草案》第五百十五及五百十一等条，应准被惩戒人声明疑义。第三问，监禁处分，既非刑罚，自不适用行刑权时效之规定。相应函复贵厅转令查照可也。

此致！

■ 统字第 1390 号

民国九年八月三十日大理院复山东高等审判厅函

径复者：

准贵厅函开：案据益都县知事张寅，支日快邮代电报称，"查《暂行新刑律》第六条内载：'凡犯罪者，虽经外国确定审判后，仍得依本律处断。但已受其刑之执行，或经免除者，得免除或减轻本条之刑。'第八条内载：'第二条、第三条、第五条及第六条之规定，若因国际上有成例而不适用者，仍依成例。'兹有甲、乙二人，因充华工在英国犯罪，均经英国裁判所判处罪行，执行未完，递解回国，是否应照第六条规定，按照本律第一章法例各条列举款项，重行审判，定其有罪无罪，抑亦另有办法？职署并无先例可查，乞迅示遵"等情。据此，事关法律问题，相应函请钧院，迅赐解释，以便转令遵照等因到院。

查所询情形，国际上尚无不适用《刑律》第六条之成例。相应函复贵厅转令查照可也。

此致！

■ 统字第 1391 号

民国九年九月一日大理院复山西高等审判厅函

径复者：

准贵厅函开：案据朔县知事李翰晟呈称，"查有甲夫之妇乙，于八年阴历九月底，同次媳丁与伊前房长子丙冲突，丙微被殴打，尚未成伤。惟丙因惊成疯，于九年阴历二月初一日因疯病死。丙之内兄戊陈诉前来，适用法律，颇生困难，于是有子丑二说：子说谓，丙已二十余岁，伊之继母乙及其妻弟丁虽有共殴行为，并未成伤，《刑律》第八十八条重大不治之病，必有伤害痕迹，始可论定。丙既未成伤，乙、丁依《刑律》第十条并不负何等责任，只可依《违警罚法》第五十条第一款科断；丑说谓，丙虽成年，乙系伊之继母，平素家庭不和，时有虐待情事，此次乙、丁乘丙假寐，猛向共殴，则丙之神经，不能不感激刺，因激刺而成疯，已合《刑律》上重大不治之病之要素。且八十八条第五款，有于精神字样，与身体截然两层规定，观'或'字可知身体上纵未受若何伤害，精神上已被震动，因果亦已联络，应按第三百一十三条第一款以笃疾论。以上二说，究以何说为适当，属县现有此等案件，亟待解决，理合具文呈请钧厅，转请大理院迅予解释，转饬遵行"等情到厅。查解释法律，系属钧院权限，据呈前情，相应函请钧院，迅予解释见复，以便转饬遵照等因到院。

本院查《刑律》所称伤害，并不限于外伤，凡有损害人身机能之行为，皆可成立伤害罪。丙果因惊成疯，因疯致死，乙、丁自应负伤害人致死之责任。若有因果中断情形，则应查明丙之疯，是否不治之病，定其所犯为《刑律》第八十八条何项之伤害。相应函复贵厅转令查照。

此复！

■ 统字第1392号

民国九年九月四日大理院复山东高等审判厅函

径复者：

准贵厅函开：前准钧院第一五四五号公函内开："径复者：准贵厅函开：查山东省《禁止贩运制钱出境章程》第三条：'意图贩卖制钱，或私运出境者，处六个月以下之徒刑'等语。于意图贩卖制钱之下，私运出境之上著一'或'字，是否意图贩卖制钱为一事，私运出境又为一事？颇滋疑义，相应函请钧院迅予解释为荷等因到院。查司法公报第六十二期内，登载该章程第三条，固有或字，惟合上下文语气解释似不可通，究竟该章程自发布后曾否经过修改原本，是否亦有'或'字，希查复后再行核答可也等因，准此，当经呈请山东省长检查原案，奉令呈悉。查该章程经两次修正，检阅原本第三条，著有'或'字，仰即知照，此令"等因，并钞发该章程修正原本到厅。相应函复钧院，希即查核解释为荷等因到院。

查原文意图贩卖制钱之下，私运出境之上，既著有"或"字，自系分上下文为二事。惟仅止意图贩卖制钱，苟无贩卖或运之行为，实际仍无从处罚。而私运出境，虽似不限于有贩卖之意思，然参观第九条，可见无贩卖之意思，而运制钱者尚难谓之私运，则原文"或"字，实与赘设无异。相应函复贵厅查照可也。

此致！

■ 统字第 1393 号

民国九年九月六日大理院复总检察厅函

径复者：

准贵厅函开，据浙江第二高等检察分厅代电称，案据建德县震日代电称，"兹有甲县水警分队长，在甲县管辖区域内，搜获烟案，人赃并获，当由该队将人赃解送驻在乙县之水警队长（即分队长之长官）核办，随经该队长转解乙县讯办。惟查呈准援用之《刑事诉讼律》第二节第十二条规定之土地管辖，似以甲县为管辖衙门。今解往乙县审判，是否合法？以后遇有刑事案件，可否由警队随意变更管辖？请予核示"等情前来。查事关法律疑义，理合电请钧厅，迅赐转院解释，俾便饬遵等情到厅，相应据情函送贵院解释示复，以便转饬遵照等因到院。

本院查甲县纵系犯罪行为地，并为犯人所在地，但既经警队将案解送乙县，则乙县亦不能谓非犯人所在地。是甲、乙两县，对于本案实均有土地管辖权，应以先受公诉者为管辖衙门，本不得谓为变更管辖。相应函复贵厅转令查照。

此复！

■ 统字第 1394 号

民国九年九月七日大理院复总检察厅函

径复者：

准贵厅函开：据河南高等检察厅呈称，案据洛阳地方检察厅呈称，"有某甲被抢，甲之子乙及甥丙均被杀，甲以抢杀等情，将子丑、寅、卯、辰、巳、午、未、申等，告诉于检察厅。未及传讯，子、丑、寅、卯、辰、巳、午、未、申九人，由丁介绍律师戊办理，言明公费三百六十元，先交一百六十元，下余俟案结后无罪要钱，有罪不要钱，并订立契约二纸，分别收存。即由律师戊代子、丑、寅、卯、辰、巳、午、未、申撰辩诉状一件，嗣经传讯子、丑、寅、卯、辰、巳、午、未、申，均无抢杀情事，分别交保释放。对于律师戊，有左列三说：（一说）谓，《律师公会会则》第二条律师在各级审判衙门执行职务，又第三十条收取公费办法，已注明'第一审、第二审、第三审'字样，是律师执行职务，当然限于系属审判厅之案件。在检察厅侦查时，不能行使职务，故以无公费之可言，只有代作状词之权，其费用应按照第三十条撰拟状词所定数目范围内征收。律师戊代子、丑、寅、卯、辰、巳、午、未、申九人撰辩诉状一件，不依《公会会则》第三十条所定刑事辩诉状，不得逾二十元之范围内收取费用，且明知在检察厅不能行使职务，而故于子、丑、寅、卯、辰、巳、午、未、申，订立公费三百六十元之契约，并先收一百六十元之多，不惟违背《律师公会会则》，且显有欺罔之行为，应构成《刑律》第三百百十二条之诈欺取财罪；二说谓，律师虽不能在检察厅行使职务，然有代作状词之权，其费用亦公费之一种。既准律师代作状词，当然准其收取公费。在检察厅侦查之案件，并无禁止律师与当事人订立契约之明文，律师戊与子、丑、寅、卯、辰、巳、午、未、申订立契约，自不能谓为违法。惟律师戊代作辩诉状一件，应照《公会会则》所定不得逾二十元之范围内收费，而竟订立三百六十元之契约，先收一百六十元之多，系属额外浮收，只应受惩戒处分；三说谓，在检察厅侦查之案件，律师代当事人撰状词，其费用既系公费之一种，又无禁止与当事人订结契约之明文，其订约收费，自系合法。律师戊代子、丑、寅、卯、辰、巳、午、未、申订立三百六十元之契约，系依总收公费办法订立。如果提起公诉，在审判厅所有出庭辩护调阅卷宗等种种费用，均包括在内，即在检察厅而论，律师戊代作辩诉状一件，收费似属较多。然订立契约之初，并不能预知案件至如何程度而止，若撰拟状词，至数件或十数件，亦不再收费用，且总收公费办法以不逾总额为度，不能以件计算，律师戊不惟不构成诈欺取财罪，且亦不能受惩戒处分。以上三说，各有理由，究以何说为是？事关法律解释，职厅未敢擅断，理合备文呈请鉴核示遵"等情。据此，查事关法律解释，本厅未便处理，除指令外，理合备文呈请钧厅，转院解释饬遵等情到厅。相应据情函送贵院核办示复等因到院。

本院查诉讼规例，刑事案件于起诉后，始得选任律师辩护。其在侦查中，并无律师得为之行为，实无职务可言。如果律师竟谓检厅案件可以行使职务代为辩护无罪，因而取得被告人之财物，自属诈欺取财。若无上述情形，仅约代作状词，或系预订起诉后之契约，则约定数目，纵超过法定范围，亦属惩戒问题，应查明事实办理。相应函复贵厅转令查照。

此复！

■ 统字第 1395 号
民国九年九月八日大理院复直隶高等审判厅函

径复者：

准贵厅函开：据天津地方审判厅长雷铨衡呈称，"今有子、丑刑事两案：子案系两县人民，互殴伤害，各赴原县具诉，不愿邻县审理。由高等审判厅决定移转第一审管辖权于地方审判厅，经同级检察厅检卷函送审厅核办。自县至厅，始终未经一受理机关查传各被告到案。侦查指明一定之被告人，亦未经检察官附起诉正文，或加具意见声明预审或公判，究竟应否受理，事实上颇有争论。或谓法定管辖权，虽指审判厅而言，而配置受理审判厅之检察厅，当然包括于同一管辖权范围以内。如移转管辖案件，确未依法侦查，似应由配置受移转管辖之审判厅之检察官，仍予实施侦查程序。盖未经指明一定之被告人，举示犯罪事实，依律正式起诉，且应否预审或公判，亦不明了时，即与《各级审判厅试办章程》第一百零三条、一百零四条、一百零五条规定不符。公诉既无一定根据，审判即无一定之范围。若谓检察官未请求预审，即可开始公判程序，而被告未经到案，又与大理院统字第四九五号不能径付公判之解释，未能适合。似此等情形，宜酌以行政程序，送还检察厅，指定检察官依法侦查起诉，再行核办。否则准据刑诉草案第三百三十八条第一款及三百三十九条第三款之条理，决定驳回公诉。但另有一说，谓知事兼有检察职权，本案殴伤情形，既经各县知事分别验明在卷，即应认为已经起诉，且移转管辖，系以审判恐有偏颇为原因，则受移转管辖之审判衙门，自应本诸固有之调查职权，直接受理。两说各有所见，究以何说为是？此应请求解释者一。至丑案亦系奉高等审判厅决定移转管辖案件，经地方检察厅检察官实施侦查，认告诉人有诬告嫌疑，备具意见书，连同卷宗，函送审判厅办理。查所附意见书，并未备具通常起诉正文之形式，亦未援引律文声明请求公判或预审，究应否认为公诉程序已经完备，亦不无争议。此种条件，受理原因，虽与子案相同，然内容已经检察厅侦查，并附意见书，且以原诉案反坐诬控，结果与原衙门审理范围未能尽同。似应认为检察官独立诉追之案，仍以补具起诉正文为宜，否则犯罪事实不明，应适用何种程序审理，将与子案发生同一之困难。不过就事实论所认犯罪结果，原属移转管辖之一个呈诉事实，在检察官为省略手续起见，仅附意见。如从其意见内容，能察知一定被告人，及一定罪名，似亦未尝不可为受理根据。究如何认定，方为适法？此应请解释者二。现职厅受有此类案件，亟待解决，呈请转函迅赐解释令遵等情前来，除指令外，相应函请贵院查照迅予解释，以凭饬遵等因到院。"

本院查审判衙门，对于未经检察官起诉之案，除有特别规定外，固不得径为审判。虽县知事审理刑事条件，只需受诉或侦查有案，即可认为已有公诉。惟若犯人及犯罪事实未明，本不能谓已侦查或受诉，仍应先由检察厅核办。至移转管辖之案，在侦查中发见诬告嫌疑，原应另案办理。则检察官送审意见书，可否认为起诉，尤须就其内容，审查是否已备起诉之要件。相应函复贵厅转令查照。此复！

■ **统字第1396号**
民国九年九月八日大理院复热河都统署审判处函
径复者：

准贵厅函开：据建平县呈称，"为呈请事，兹查有本县监犯某，因犯杀人及烧尸灭迹俱发罪，于前清光绪二十六年收押至八年十二月，始确定判决，共计羁押日数二十余年。因判处无期徒刑未决期内羁押日数，未与抵折，今查该犯在监确有悛悔实据，与假释规则相符。惟执行经过期间，不无疑问，略分二说：（一）即未决期内羁押日数，计二十余年之久，因判处无期徒刑，未予抵折。虽监禁与羁押不同，若早为判决，十年已逾，况既有《刑律》第六十六条之规定，其羁押日数，即应折抵。是则呈请假释，应将羁押日数折抵，算入执行经过期间之内。（二）《刑律》八十条羁押日数之折抵，应在'得'字上着眼，即可抵可不抵也。原判既未抵折，无论久暂，当然不能算入。据以上二说，究以何说为是？本县监狱，现有此类囚犯，确有悛悔实据，可否呈请假释之处理？合呈请查核示遵"等情。据此，事关法律解释，除批令外，相应据情函请贵院解释见复，以便转行遵照等因到院。

本院查被告人未决期内羁押日数，可否准抵刑罚？除系知县知事判决之案件，有时得以漏判论外，本应由审判衙门于判决时，一并审核裁判。其系判处无期徒刑之案，更不生折抵问题。况被告人可否假释，系属行政处分，亦不得牵混。惟来函所称"某之未决期内羁押日数，既有二十余年，其在监又确有悛悔实据"，自可报由司法部，酌依别种方法办理。相应函复贵处转令查照。

此复！

■ 统字第 1397 号

民国九年九月八日大理院复贵州高等审判厅电

贵州高等审判厅：

效电情形，固非法律所应回避，惟当事人得据为拒却之原因。

大理院庚印

附：贵州高等审判厅原电

大理院钧鉴：

某推事未就职前，曾受检厅委派调查案件，现在对于该案，应否回避？乞电示。

贵州高等审厅效印

■ 统字第 1398 号

民国九年九月八日大理院复江西高等审判厅函

径复者：

准贵厅函开：据九江地方审判厅快邮代电称，"查《暂行新刑律》第二百八十九条之和奸罪，须本夫告诉乃论，同律第三百四十九条之和诱罪，须告诉乃论。兹有本夫某甲，向地方检察厅告诉某乙和奸、和诱其妻丙，藏匿无踪。检厅请示预审，某甲遵传投讯，至预审决定，移付公判时，屡次传讯某甲，避不到案。派警调查，亦不知某甲去向。此等情形，是否认本夫甲，在检察厅及预审庭，已有合法之告诉，公判庭虽屡传不到，仍可依法审理，宣告判决，无某甲到庭陈述之必要。抑因刑事采直接审理主义，亲告罪尤宜直接讯问告诉人。倘告诉人在公开审判时，避不到案，应认为抛弃告诉权，将本案公诉驳回。且基以上所开事实，如供证不确，非告诉人到案，无从认定，业经依法饬传，而告诉人终不投到，又应如何办理？亦一疑问。职厅对于前项案件，急待解决，恳请转函解释示遵"等情。据此，相应函请贵院，迅赐解释，以便转令遵照等因到院。

本院查亲告罪，只需有告诉权人，告诉有案，审检厅即可起诉或公判，本无庸告诉人到庭，亦不得因其不到案，即认为抛弃告诉权。如果确有传讯之必要，可照传唤证人之例办理。若竟无从传唤或勾摄，而审判衙门调查本案证据，又已尽职权上应尽之能事，不能得相当之证据，自应以证据不充分宣告被告人无罪。相应函复贵厅转令查照。

此复！

■ 统字第 1399 号

民国九年九月十五日大理院复京师高等审判厅函

径复者：

准贵厅函开：据兼理司法香河县知事翁之铨呈称，"今有雇工人甲，系乙担保，忽中暑身死。雇主丙恐甲之家属，或来讹索，即雇丁、戊将甲尸抬至乙家。适值乙出未归，安放院内而去。迨乙回家后，始悉前情，遂即告发请验。当经知事前往验明，甲确系中暑身死。查丙与乙并无夙嫌，丙同丁、戊将甲尸抬往乙家，对于乙之家属，亦无胁迫情事。此等行为，丙是否构成《刑律》第二百二十五条之罪，丁、戊是否依同律第二十九条第一项以共同正犯论，抑依《违警罚法》第三十四条第五款、第十条第一项分别处断？属县现有此种事实发生，立待解决，理合呈请转请解释，俾便遵循"等情。据此，相应函请贵院，迅赐解释，以便转令遵照等因到院。

查《违警罚法》第三四条第一项第五款所称尸体，有死出非命，或来历不明之限制，即其所称移置他处，亦自指不妨害家宅之安宁者而言。丙雇丁、戊将甲尸抬至乙家，经验明甲确系中暑身死，既非死出非命，或来历不明之尸体，而移置处所，又系妨害家宅安宁，应查照本院统字第三七八号解释文，论丙以《刑律》第二百二十五之罪，丁、戊亦属共同正犯。相应函复贵厅转令查照可也。此致！

■ **统字第1400号**
民国九年九月十五日大理院复总检察厅函
径复者：

准贵厅函开：案据江苏高等检察厅电称，"《惩治盗匪法》上之犯罪，初判误引《刑律》，呈送覆判，高审厅发还覆审，依《惩治盗匪法》处死刑，呈由省长发还覆审判决后，依《惩治盗匪法》减等处徒。以上情节，似与大理院统字第八七七号解释第一问内情形，微有不同，应否再送覆判？请转院解释示遵"等情到厅。相应据情函请贵院解释示复，实级公谊等因到院。

查县知事判决之案，经覆判审决定发交，或发还覆审判决后，除依《覆判章程》第七条分别情形，准当事人上诉与否外，不再送覆判。其因覆判审发交，或发还覆审判决后，复经过《惩治盗匪法》第九条之再审或会审等程序而处徒刑者亦同（参照本院统字第七五八号第八七七号解释文）。相应函复贵厅转令查照可也。

此致！

■ **统字第1401号**
民国九年九月十六日大理院复江西高等审判厅函
径启者：

据南昌律师公会微电称，"兹有甲将房屋出典于乙，批明'限议五年，钱还契转，五年不赎，并无增找'字样。现已八年，可否告赎，抑或作绝？特电请解释"等因到院。

查来电所称各节，查照《清理不动产典当办法》第二条及第八条规定，自应许甲回赎。相应函请贵厅转行遵照可也。

此致！

■ 统字第 1402 号

民国九年九月十六日大理院复浙江高等审判厅函

径复者：

准贵厅第四四五号函称：据嘉兴县邮代电称，"甲出名借乙之钱，系个人私用，而借票系其父丙代写，又盖有丙所开店内图记。后因甲违约不偿，丙曾出为理处，有愿偿款之意，但乙只对于甲起诉，故判词只令甲照偿。而甲实一无财产，乙乃请求向丙执行，及对丙之店铺，是否可行？约分两说：子说谓，甲之负债，虽属私用，但丙既代书票，又为店内加盖图记，并经出为调处，即有承认代偿之事实。况甲固丙之继承人，不能因其无独力财产，使债权人坐受损失。丑说谓，执行全须根据原判，判文内既不及丙，即无向丙执行之理。且父债子还，固当然之条理，子债父还，实未前闻。不能因丙本知借款之情，及先有调处之事，即向判文外之第三人执行。以上二说孰是，此请示者一。又如饥民抢劫粮食，虽聚众及数百人，有莠民主使纠合，但既不持械，又未抢及别物，更有妇稚同抢，纵经劫及数家，又经殴伤数人，其情实与通常强劫不同。除援《惩治盗匪法》或强盗罪律，再援第五十四条之律减等外，能否复援第十三条第二项酌减，抑或另有从轻办法？此请示者二。职署现有似此案件，深恐错误，敢乞指示，或请转乞大理院解释示遵"等情前来。据此，事关统一法律解释，未便遽予核示，应函请解释等因到院。

查第一问题，应以丑说为是。第二问题，事关刑事，应另行答复。相应函复贵厅转令遵照可也。

此复！

■ 统字第 1403 号

民国九年九月十六日大理院复山西高等审判厅函

径复者：

准贵厅第一四零六号函称，据霍县知事彭承祖快邮代电称，"本生父请求退继，法律无明文规定，能否生效？请核示"等情到厅。事关法律疑义，应即函请解释等因到院。

查出继人如已成年，其自己又并无归宗之意思，自不许其本生父，请求退继。若未成年，得斟酌情形，许其代理出继人为退继之请求。相应函复贵厅转令遵照可也。

此复！

■ 统字第 1404 号

民国九年九月十六日大理院复奉天高等审判厅函

径复者：

准贵厅第三五七号函称，据沈阳律师公会呈据本公会律师鲁懋勋函称，"查同人于法定职务外，尤怀有根据法令，劝解息争之心理，若法无具体规定，自应先请法院解释。遇事果与吾人之心理相合，则法院可减少无益案牍之繁，人民可减少无益诉讼之累。兹有须请解释者，如甲债权人对乙债务人，提起请求清偿之诉，于起诉时遵照《民事诉讼费用征收规则》第十七条，请准救济。乙败诉后，执行前请准宣告破产，法厅向乙征收此项讼费，应否以其数额加入破产债权额，而与普通破产债权受同等分配？若甲于起诉时，已遵照该规则第三条缴纳讼费，于前述场合，应如何办理？此应请解释者一。又甲债务人，因不能清偿债务，具状声请破产，法厅不依征收声请费办法，而依其现存财产市价，征收讼费，是否应遵照《民事诉讼印纸章程》第十五条，将征收逾额之款领回，归入破产财团？此应请解释者二。以上二例，均关法律解释，用特函请贵会，呈请奉天高等审判厅，转请大理院，迅予解释，俾有遵循，实级公谊"等情。据此，理合具文呈请鉴核，转请解释指令遵行谨呈等因前来。应函请解释等因到院。

查现在关于破产，虽无法规，然依照一般破产法理，诉讼费用应就破产财团优先受偿，甲之是否预纳，可以不问。至声请破产，照章只应征声请费，其征收逾额之数，自应由破产人或破产债权人声请发还，归入破产财团。相应函复贵厅转行查照可也。

此复！

■ 统字第 1405 号
民国九年九月十六日大理院复山西高等审判厅函

径复者：

准贵厅第一四九三号函开，据离石县呈称，"为呈请解释示遵事，今有甲妻乙，因甲故凭媒丙说合，经乙父丁主婚，写立正式再醮婚书，改嫁于戊。乙改嫁时，将女己随带与戊之子庚，一并结婚，并将己与庚婚配，附载乙与戊再醮婚书之后。甲之子辛不服乙将己主婚配给于庚，呈诉到庭。查子母婆媳，按之职县旧日习惯，例所不禁。现在此等事实，能否援用旧日习惯，并己与庚之婚姻关系，能否附带于乙与戊之婚书内，亦生同一之效力？判断不无疑义。职县现有此案，急待解决，理合备文呈请鉴核示遵"等情到厅。事关法律疑义，相应函请钧院解释示复，以凭转令遵照等因到院。查前夫之女，嫁后夫之子，律所不禁，其婚约同时记载于乙再醮婚书之后，亦非无效。相应函复贵厅转令查照可也。

此致！

■ 统字第 1406 号
民国九年九月十六日大理院复江西高等审判厅函

径复者：

准贵厅第六三七号函开：据高等审判分厅呈称，本年八月五日，据赣县律师公会呈称，"窃公会本年八月一日，常任评议员会提议，如省议员考试文官高等及格，经分配中央及地方行政官署学习。查《文官学习规则》第三、四、五条所载，学习员与学校肄业生性质相类。又查第六条特别事故请假，是否指婚丧大故而言？据上规定，凡在学习期内之学习员，能否兼充议员，请众讨论。经众议决，应呈请高审分厅转请解释，理合具文呈请转呈解释"等情到厅。事关解释法令，未便擅拟，理合具文呈请查核，转请大理院解释令遵等情到厅。据此，相应函请贵院解释见复，以便饬遵等因到院。

查文官高等考试及格人员，在学习期内，虽未完全取得官吏之资格，然官吏服务令及惩戒条例等法规，皆应准用，自无许其兼充议员之理。相应函复贵厅转令查照可也。

此致！

■ 统字第 1407 号

民国九年九月十六日大理院复山东高等审判厅函

径复者：

准贵厅冬代电开：今有某县知事审理甲、乙债务案件，以堂谕判，令乙还甲京钱一百余吊。复于该堂谕'此判即日牌示'等字样之后，另行谕知乙家道素丰，起意赖偿，应罚令捐出京钱三百吊，拨充将来开办因利局底款，并叙明此系行政处分云云。乙对此罚款，向地审厅声明不服，经该厅决定驳回。乙复抗告到厅，本厅民庭评议此案，分为两说：子说谓，县知事兼理司法，本具有司法及行政两种职权。伊于罚钱部分，既声明系行政处分，无论该处分是否合法，均应由上级行政长官为之解决，普通司法衙门不应受理。丑说谓，县知事虽有司法及行政两种职权，然当执行司法事务时，要当受诉讼法规之拘束。债务案件，只应就系争债额及讼费上，予以裁判，不应附加别种制裁。使因堂谕上载有行政处分一语，遂认为与诉讼无关，则恐有利用司法职权，以任意苛罚者，其流弊何可胜道？故关于此种上诉，仍应受理。以上两说，孰为正当。事关民事诉讼与行政诉讼之界限，理合电请贵院鉴核解释示遵等因到院。

查所询情形，应以子说为是。相应函复贵厅查照可也。

此致！

■ 统字第 1408 号

民国九年九月十六日大理院复直隶高等审判厅函

径复者：

准贵厅第一三一九号函称，据直隶第一高等审判分厅呈称，"据清丰县知事呈为呈请解释事。今有某甲娶妻某乙，业已数年。甲因外出谋事，将妻乙送往岳家寄居年余，回归往叫，适妻乙不在岳家，由甲状诉到案。讯据某乙供称，因糊口无资，往邻县亲戚家中就养，并称夫甲时常虐待，不能复合，经县判令仍回夫家完聚在案。讵知乙回家后，甲遂实行虐待，并自制木狗私刑，将妻乙钉锁至十数日之久，不令动转。乙受虐不过，乘间逃脱，甲追至丙村，复用铁钩将妻乙痛打不堪，随即逃避。经丙村首事人等，将乙抬送到案，验讯属实，甲随亦投案，供认前情不讳，乙誓死不回甲家，坚请断案。查大理院上字第一四五七号判例，载'夫妇之一造，经彼造常加虐待，至不堪同居之程度者，许其离异'等语。甲虐待妻乙，讯证明确，可否准其离异？如准其离异，甲是否构成《刑律》第三百四十四条及第三百一十三条之俱发罪，抑或甲之伤害行为，应认为正当防卫，止构成私擅监禁人罪？此应请解释者一也。又有某甲，身故无子，遗幼女一人，年甫十二。本门长房，有乙、丙兄弟二人，四房止丁一人，均系应继之人。乙主张丙应出继，并称甲之幼女，现归丙妻抚养，惟丙已出外多年，究竟现在何处，并无音信。丁提出抗议，谓丙已失踪，不能出继。乙则谓，丁系独子，丙纵失踪，伊系长房，且兄弟二人，甲仍应伊继，不应丁继。家族长因乙、丁争继不休，主张以旁门六服侄辈戊为嗣子，以息争端，亦未允洽。乙、丁二人，同为应继之人，甲所遗幼女，现又归乙之弟妻代为抚养，可否即以乙为甲后，抑应援争继不继之例，于乙丁之外，另择旁门侄辈，以为甲后？此应请解释者二也。又有甲、乙兄弟二人，同居合度。甲无子，乙生子丙一人，兼祧两房，先娶妻丁，继又娶妻戊，约定丁生子继长房甲后，戊生子继本房乙后。后丁生己一人，戊生子、丑、寅、卯、辰、巳六人。丙尚生存，己早身故，遗孙午一人，尚在同居。午因析产起诉到案，主张将祖丙所有财产，按两股均分，伊分一股，子、丑、寅、卯、辰、巳六人，应分一股，并称：'同治十年五月间，立有合同，言明日后所有田产，按两股均分，长房并准多分地十一亩。'查验合同，系由族人庚出名，并载明有辛、壬、癸三人，眼同说合，丙并未书名画押。丙谓当日只约定多给长房地十一亩，并未约定将来产业，按两门均分，并称：'伊承继两房时，仅有田地三十二亩，其余现有田地，均经伊手及伊子子丑诸人添置。'午则辩称：'听伊母在日，传说当初有地八十余亩。庚、辛、壬、癸诸人，早经身故，合同内容如何，代远年湮，已难证明。'丙现有地九十余亩，主张午一人分二十五亩，子、丑、寅、卯、辰、巳六人分六十余亩，并有亲族在场，书立分单。午先承认，分居数月，始行翻悔。午与子、丑诸人，均为丙之亲生子孙，丙对于自身所有财产，本有处分权，是否有自由分析之权？如认丙有分析财产之权，其所立分单，当然认为有效，已无问题发生。如认庚之合同为有效，丙所有财产，应按甲、乙两房均分，应照现有田产实数均分，抑应调查丙当初承继两房时所有田产，确数均分？不无疑义，此应请解释者三也。县属发生以上三种案件，急待解决，理合具文呈请查核示遵"等情前来。查该县所呈各节，均关法律解释，除指令俟呈请转请解释后，再行饬知遵照外，理合呈请鉴核，俯赐转请核示等情前来，应函请迅为解释等因到院。

查（一）甲于胜诉后，自制木狗私刑，将乙钉锁，自可认为不堪同居之虐待，许乙再行诉请离异。（二）甲故无子，又无依法为其择继之人，即应由亲族会议（利害关系人，均可请求族长召集）依照法定次序，为其立继。继定后，甲女即应由其抚养。（三）现行律告争家财（中略），验有亲族写立分书（中略）是实者，断定照旧管业，不许重分。丙为午及子、丑等分析家产，如果业经亲族在场，立有分单，午之承认，亦别无诈欺或胁迫情事，自不许午再行告争重分。否则无论庚之合同是否属实，午既指定分承长房，自应得分家产二分之一。惟应调查当初承继时，两房所有财产之确数，及其现有之财产是否原财产所滋生，以定均分之标准。

相应函复贵厅转令遵照可也。
此复！

■ 统字第 1409 号

民国九年九月十六日大理院复陕西第一高等审判分厅电

陕西南郑第一高等审判分厅：

东代电悉！甲子弟兄及其所带四十余人，侵入佃户家，强行搬运苞谷，似均犯《刑律》第三七三条第一第二款之罪。惟此项苞谷，如已具体分归甲子弟兄所有或共有，而佃户之管有又与《刑律》第三百七十七条第一项相符，则甲子弟兄应依该条第三项，其所带之四十余人，应依第三十三条、第二十九条第二项及第三百七十三条处断。又此四十余人，如不知强取之情，仅知以贱价买谷而前往搬运，应不为罪。

大理院铣印

附：陕西第一高等审判分厅原电

大理院钧鉴：

案据洋县知事江雄藩函称，今有甲、乙、丙、丁、戊、己兄弟六人分家，同众与甲提出山庄三处，与戊提出山庄一处，以作甲、戊起家之酬劳，均未载入分券，余产六股均分。嗣甲之父子（本院按此语当系指甲及其子而言），以戊不应得酬劳，蔓讼数年，经钧厅庭讯，将甲戊所提山庄共四处，仍照六股均分。判决已六个月，甲将山庄三处租谷十余石，全数收取，戊将山庄一处之苞谷，租稞十余石寄存佃户屋内。其时每斗苞谷依照市价，应该巢钱三串二百文，甲之子暗将戊寄存苞谷，每斗以钱一串文出卖，每人三斗二斗不等，共四十余人，由甲之子带赴戊佃客家，强行搬运。戊佃见甲子弟兄数人，手持马刀等凶器，率领多人，不敢阻拦，任将戊寄苞谷，全数搬运净尽。知事尔时，赴该处查验，调查不虚，堂讯数次，迄无异词，应否依《刑律》第三百七十条科断，抑此种行为在《刑律》上认为何种罪名？祈示知，俾有遵循为祷等情到厅。事关法律解释，敝厅未便擅拟，相应电请钧院迅赐解释，以便饬遵。

陕西第一高等审判分厅东印

■ 统字第 1410 号

民国九年九月十六日大理院复绥远都统署审判处电

绥远都统署审判处：

庚代电所称情形，如未经依法赦免，或经过起诉权之时效，仍应论之。

大理院铣印

附：绥远都统署审判处原代电

大理院钧鉴：

兹有缴械投诚之土匪，领有护照回籍，逾年余复犯抢案，其投诚前所犯各罪，应否并论？悬案待决，理合快邮代电，恳乞迅予解释，俾便遵循。

绥远审判处庚印

■ 统字第 1411 号

民国九年九月十七日大理院复总检察厅函

径复者：

准贵厅函开：案据江西高等检察厅呈称，据江西高等检查分厅监督检察官朱道融呈称，"窃查实质为地方管辖案件，形式为对高等分厅裁判上告案件，均惟大理院有受理上告权限，业经大理院解释有案。兹有兼理司法县知事公署判决初级管辖案件，据被告人声明控诉，经高审分厅审查，以上诉逾期原审判业经确定，认为不合法，决定驳回。复声明抗告，经高审分厅加附意见书，送由高审本厅，用决定将抗告驳回。于此有二说焉：甲说谓，初级管辖案件，高审分厅固无受理控诉权限，但依现行章程规定，地方庭职务，即由高等分厅职员兼任，形式上虽有高等分厅与地方庭之区别，而实际上本系同一职员。故实质为初级管辖案件，而误以高审分厅名义裁判者，应认为系依地方庭职权裁判。高审本厅按照现行法令，本有审判初级管辖案件之终审权，则其决定驳回抗告，实为有权限之裁判。乙说谓，对于初级管辖案件，声明控诉，其控诉是否合法，应由高审分厅附设地方庭调查判断，高审分厅予以受理，自系违法。对于高审分厅裁判声明抗告，应送大理院核办。乃高审分厅竟送高审本厅，而高审本厅遽予受理裁判，则此种裁判，于法不和，与大理院上开解释相符。以上二说，究以何说为是？事关法律疑义，理合备文呈请钧厅鉴核，转请解释示遵，实为公便"等情。据此，职厅查初级管辖案件，依民国四年三月司法部颁布之管辖支系表，自应以高等分厅附设之地方合议庭为第二审。如果以高等分厅名义，决定驳回，对于此项决定，似应向大理院声明抗告，高审本厅未便将高审分厅裁判案件，遽予受理。事关法律上疑义，除指令外，理合呈请钧厅核鉴，转请解释只遵等情到厅。相应据情函送贵院核办见复，以便饬遵等因到院。

本院查所称情形，系以地方庭职权受理裁判者，固应以高审本厅为抗告审衙门。若以高审分厅职权审判，则高审本厅之决定，即属违法。除误以高审分厅名义裁判，显可认为笔误外，其他误用名义，与误用职权，究难分别，仍不得谓非高审分厅之裁判。相应函复贵厅转令查照。

此复！

■ 统字第 1412 号

民国九年九月十七日大理院复山西高等审判厅函

径复者：

准贵厅第一四零五号函称，据盂县知事呈内略开："甲某（天主教民）以女许乙（非教民）已越多年。去年乙择日送帖完娶，甲称须乙入教，方可婚配。乙乃同媒丙至甲家，将甲女引回成亲。但甲女尚未及笄，甲以违禁早婚，横行抢亲，并以民教结婚，有违教规，请求离婚到县。除早婚（有本省单行令）及抢亲两部分，另行依法罚办外，所有民教结婚，能否以为离婚根据？请求指示"等情到厅。事关法律疑义，应据情函请解释等因到院。

查抢亲不能为解除婚约之原因，本院早有判例（参照本院判例要旨一卷民法第一百三十九页）。至民教结婚，纵有违教规，而依律要无许其离异之理。相应函复贵厅转令遵照可也。

此复！

■ 统字第1413号

民国九年九月十八日大理院复总检察厅函

径复者：

准贵厅函开：据湖北高等检察厅呈称，呈为恳请转咨大理院解释，以便饬遵事，案据通山县知事张药榜呈称，"窃属县有前明侍郎朱廷立，字子礼，号称两崖先生者，著有两崖集行世，为王阳明先生之受业生，杨椒山先生之受知师，为有明一代理学名臣，亦历史上颇有价值之人物。其母吴太夫人，嘉靖年间，封为二品太夫人，没葬茅田寺后山。其坟山暨对面案山，均系两崖先生所手置。至前清乾隆间，徐姓与朱裔争山败诉。嘉庆间方姓争山又败诉，戴姓占坟亦败诉。至民国三年又多姓争山，六年三审终结，两山仍判归朱，屡奉钧厅令饬执行。至八年十一月二十三日依判执行，订定界石，两造无争。越二十五日，吴太夫人坟被发掘，当即勘明，棺木被焚，烟焰三日不绝，香气扑鼻（观者谓棺木系檀香，犯人供系松香），惨不忍闻。据朱姓所控主谋下手二十余人，继续拿获过半，隔讯环质，该犯坚执三人，顶案主意（闻系密约，以三人顶罪，不供别人，则同养其家），自认掘坟焚棺不讳，独于尸骨坚言无有，谓朱以假坟占山，冀图推翻数十年争山之案。查勘吴太夫人之坟，当年厚葬棺椁外，用石炭砂石粘捶作圹，其坚如石，相传系朱文公制度。讯据确证，有尸骸未坏之语，余犯供明后，复又串翻其焚毁藏匿，供词纷纭。而顶案三犯，始终谓为空坟，谓为疑冢。查争山旧案，朱姓胜诉之点，本在吴太夫人之坟，有朱两崖种种确证之故。该犯等以数代败诉，非从根本推翻，绝难取胜，蓄谋已非一年，恐撄重罪而未发，及询民国法律，最重不过十五年（供明在卷）。计若牺牲数人自由，定获全胜，以吐前人之气，以贻后人之利，仍然犹疑未果。至着手时犹复秘询刑期，其共犯云只有有期徒刑（供明在卷），该犯等遂放胆发掘，并烈坟棺椁，冀图湮灭无形，作为假坟之证。乃天色已曙，复将尸骨搬藏，而棺木坚美，焚化不尽，终未达到目的。然匿尸不认，抵死以假坟为口实，此其蓄谋极险，手段极辣，情事极惨，案中情节，极为复杂。共犯人等，争相逃匿，仅拿获主谋正犯一名，实施正犯五名，余犯六名。而顶案者执言伊三人外，并无别人，其他自认者，亦串使翻供，案经七个月，审理十数次，尸骨仍无下落，余犯仍多在逃，亟欲判决，而惟恐不实不尽。总之吴太夫人之坟，则铁案不移，其尸骨非焚即匿，亦确无疑义，但判处罪刑，有应请解释之问题四说：甲说，此案若处以《刑律》第二百六十二条之罪，则适投犯人之意，不足以蔽其辜，有期徒刑又不能加至无期，仍宜依第十三条第四项之例处断；乙说，掘坟毁尸，为该律正条之明文规定。至放火行为，宜若不能为该条所羼收。两崖先生为历史上之人物，而母以子贵，该犯等已犯第一百八十六条第三款之罪，当按该条尽法惩处；丙说，查《惩治盗匪法》第四条第三款，其犯意不过勒交银钱而止，非必有放火或藏没其人之行为。该犯等意图勒交两山，而先焚化其棺椁，以湮没其祖骸为要挟之据，若科以《刑律》第二百六十二条之罪，终觉失出；丁说，此案该犯等以民国法轻，敢于相犯，是其亵玩国法，不知纪极。若使求此而得此，则凡《新刑律》轻于大清律者，皆足启人敢犯之心，殊非国家刑期无刑之旨。以上四说，当以何说主张为是？悬案待判，疑难莫决，理合呈请解释令遵"等情前来。遵查此案情形，似应以甲说为较正当，而《刑律》第十三条第三项之规定，仍与本案无关。惟解释法律之权，属于大理院，究宜如何办理之处，职厅未敢擅专，理合据情备文呈请转院解释令遵，实为公便等情到厅。相应据情函送贵院，核办示复，以便转饬遵照等因到院。

本院查发掘坟墓，损坏盗取尸体及殓物者，《刑律》第二百六十二条第一第二两项，既有明文规定，自应按照该条项及第二十六条从一重科处。纵犯罪情节较重，亦只得科以该条第一项最高度之刑。又其放火行为，既即损坏盗取尸体，或殓物之方法，亦应分别有无延烧危险，依第二十六条处断。惟此种坟墓，尚难谓历史上之贵重建筑物。相应函复贵厅转令查照。

此复！

■ 统字第1414号

民国九年九月十八日大理院复总检察厅函

径复者：

准贵厅函开：案据江苏高等检察厅电称，"查律师停职起算日期，是否以送达停职命令之日起算，抑以政府公报公布之日起算？悬案待决，请转院解释示遵"等情。相应据情函请贵院迅予解释示复，以便转饬遵照等因到院。

本院查律师惩戒之执行，依《律师惩戒会暂行规则》第十八条，既应由司法总长命令高等检察厅检察长转令地方检察长办理，则受停职命令之律师，自应从送达命令之日，起算其停职日期。至将议决书停职令送登政府公报，不过为公布之方法，与起算日期无涉。相应函复贵厅转令查照。

此复！

■ 统字第1415号

民国九年九月二十四日大理院复广西高等审判厅函

径复者：

准贵厅函开：案据桂林地方审判厅长潘焱熊，快邮删电呈称，"甲妇因夫丙当兵，出外八载，生死不明，流落为公娼，转而从良；有乙出资向弹压所（此为警察厅取缔公娼特设机关）声明，为之脱籍，纳以为室。当由甲亲立从良字据，内叙有'夫出外八载，生死不明'等字样。对于乙，应否以知情重婚论罪，颇有争议。子说谓，乙收执甲所立从良字据，知其夫生死不明，自不能推定为确已死亡。既不知其确已死亡，即不应遽纳为室。今遽纳为室，即应构成第二百九十一条之罪。丑说谓，第二百九十一条所揭，知为有配偶云云，当以知其配偶确尚生存为要件。若不能知其配偶确尚生存，即不能构成本罪。查甲所立与乙收执之字据，原声明'夫出外八载，生死不明'。既曰'生死不明'，从一方面观察，固不能推定甲夫确已死亡；从他方面观察，亦不能推定甲夫确尚生存。乙既不知甲夫确尚生存，出资向弹压所声明，在娼寮中赎纳为室，纵令甲夫率尔归来，在乙一方，仍可认为犯罪之事实，与生于其先之智识不一致，应以无故意论等语。二说孰是？职厅现有此案发生，急待解决，应请钧厅函请大理院，迅赐解释示遵"等情到厅。据此，相应据情备文函请贵院，迅赐解释函复，以资转令遵照等因到院。

本院查妇女因夫逃亡三年以上不还而改嫁者，原为律所允许。丙既出外八载，生死不明；如其生死不明，确已三年以上，则甲之改嫁，自无不合。乙除明知字据所载生死不明，确尚未满三年应论罪外，亦不得谓有犯意。相应函复贵厅转令查照。

此复！

■ 统字第1416号

民国九年九月二十四日大理院复江苏第一高等审判分厅函

径复者：

准贵厅函开：准淮阴律师公会函开："会员程汝藻承办控诉审刑事案，对于程序上，具有三疑点：（一）例如甲、乙两家，以刑事告丙，丙亦以刑事告甲、乙，结果县判主文免诉，具有判决形式，而判决理由内，则载明'关于刑诉各罪，均属不能成立，应按职权宣示免诉'。控诉审于此能否受理上诉？（二）甲、乙为原告诉人，对于被侵害之法益，亦同一主张，依照《县知事审理诉讼章程》第三十八条之规定，原有上诉权。但原县宣告判决堂单及饬警送达判决书文稿均载明，'甲、乙二人姓名，或甲等与丙互控殴劫'字样，而县判原本案由，仅串载'甲丙等互控殴劫一案'字样，并无乙名在内，乙于此能否与甲连名上诉？（三）甲、乙在第一审，对于丁、戊、己被害事实，固始终出名告诉（丁、戊、己仅投讯），而上诉内容，亦纯为丁、戊、己被害之事实（丁为甲乙雇工，戊为甲之堂侄，己为乙之胞弟，均系甲、乙命其前往，寄庄看守或督理挑沟之人）。但丁、戊、己既未列名于县判，且未于上诉法定期间内，委任甲、乙代诉，控诉审能否即认甲、乙为原告诉人有上诉权？或因甲、乙之声明不服，谕令丁、戊（除己系乙之胞弟，无须委任外）补具委任状，以弥其缺？经本会讨论，见解不一，理合函请代转大理院，请予解释，实为公便"等情到厅。事关解释，相应函请贵院迅赐解释，俾便函转等因到院。

本院查第一问题，已见统字第九百四十七号解释。第二问题，乙既系原告诉人，照章固得呈诉不服。第三问题，甲、乙不能认为本案原告诉人，不得呈诉不服。如系代诉，则可令甲补具委任状，均予受理。相应函复贵厅转令查照。

此复！

■ 统字第1417号
民国九年九月二十四日大理院复总检察厅函
径复者：

准贵厅函开：据山西高等检察厅呈称，"案据沁县知事快邮代电称，'今有甲以其商业上之事件，请求商会会议。商会召集会董，正在开议之际，甲莽撞到议场质问，并要胁许可其所请求之事件，以致扰乱秩序，所议不终。如甲之行为，究应依《刑律》第一百五十三条处断，抑依第二百二十二条处断？请核示'等情到厅。查据所称情形，与所咨各条颇有疑义，须资解释。为此，备呈只请钧厅鉴核，转院解释示遵"等情到厅。相应据情函送贵院核办示复，以便转令遵照等因到院。

本院查商会会董会议，并非官员执行职务。要挟许可所请求之事件，以致扰乱议场秩序，亦难谓有妨害集会之故意，仅得科以《刑律》第三百五十八条之罪。相应函复贵厅转令查照。

此复！

■ 统字第1418号
民国九年九月二十四日大理院复总检察厅函
径复者：

准贵厅函开：据贵州高等检察厅呈称，"案据郎岱地方检察厅呈称，'窃查今有甲女幼时，父亡母醮，依同居胞叔乙抚养成立，许字与丙为妻，未娶过门。民国七年三月间，有某丁与甲女调戏成奸，此后遇便续旧，不计次数。至民国八年阴历冬月初一日，甲即产生一女。案经乙声请指定代行告诉到厅。查六年大理院统字第六五三号解释，关于《刑律补充条例》第六条之罪，其告诉权专属于尊亲属，不能指定代行告诉人。惟乙以甲有玷门楣，坚请指定告诉，依律惩办，始终欲使甲与丁断绝私情为目的。而甲则不愿他嫁，誓与丁白首相依，丁亦表同情。双方争执极烈。是本案乙既非甲之尊亲属，当然无告诉权；依统字六五三号解释，又不能指定代行告诉人。但甲、丁归后，必愈无忌惮，而为所欲为。不特风化攸关，且恐乙、丙方面，以耻辱难堪，致酿成其他犯罪事实。应如何救济？庶不使法律与事实相龃龉，俾得其平，理合呈请示遵'等情。据此，查事关法律解释，职厅未便擅拟，理合据情呈请钧厅，转院解释示遵"等情到厅。相应函送贵院解释示复等因到院。

本院查甲与丁和奸，既无尊亲属告诉，自不能论其奸罪。惟丁如有侵入第宅，或诱拐情形，仍可按律问拟。相应函复贵厅转令查照。

此复！

■ 统字第1419号
民国九年九月二十八日大理院复甘肃高等审判厅函
径复者：

准贵厅第一五号函开：案据甘肃第一高等审判分厅呈据庆阳县知事呈称，"某甲诉称，同治兵燹后，有客民某乙之父，占垦甲家旧地四顷，庄二处。光绪五年九月间，甲祖将乙父诉县。经讯断令甲祖与乙父，每亩给苦工钱四百文，籽种三升，庄地准其回赎。甲祖回家，正措办钱文籽种间，乙父央人婉说，情愿认主佃种，立有佃种字据二张，各执一纸，请'照约究追'等词。经传某乙年迈，耳又重听，未能来案。乙子丙及侄丁到案，略称光绪年间，原判钱文籽种，当时甲祖违断，抗不照给。县复催促上粮，乙家遂领照上粮耕种管业，并未向甲家承佃，亦未代甲家纳粮。时隔两朝，人阅三代，甲家从未过问，并称'乙兄弟四人，早将前项田地，四股均分，长三分，得田地复变卖殆尽，现止二房丁，与四房丙，苦力垦种'等语。质之，甲亦称'自光绪迄今，此项土地权，甲家父子祖孙，从未经管，乙家亦未纳过租粮'。惟所持理由，一在光绪年间县判，一在契约与佃种字据。遍查档案，年湮代远，兵革几经，案卷无存，莫明真相。即如甲称当时县断属实，而甲祖并未照断履行，今时阅四十余年，甲实无可主张之余地。又查甲之契约，系一联二张：一系光绪六年前庆阳府所发执照，内载'认垦现争地名，田地二段四顷，庄二处，年纳丁银四两八钱，并无四界业户，填甲姓人名'；一系民国二年征信局所发契券，内载'现争地名，有庄三处，田地一十一段，计四百亩，四界注明，业主填甲姓堂名，后粘前甘肃布政司，契尾所有业户姓名庄地数目界址，均照契券内填注'。当查甲称甲祖控诉乙父，事在光绪五年九月。此项土地主权，县判结果为甲家所有，当时应有正当契约证明。仅甲持契约时代最早者，乃光绪六年五月，颁垦执照。据此推测，既无老契，从前县判，将何所凭？依是项不动产所有权，甲祖又从何取得？且甲现持粘连两契，业户名字不同，庄数地段，复不一致，自相矛盾，无可讳言。又查甲呈乙父佃种字据，系光绪五年十一月所立，前叙'庄地亩数，及讼断钱文籽种，均与现诉无异'。后叙'乙父认主佃种，每年地租准抵完粮差费，日后另领有地，再受工钱籽种，将地推出'等语。质之丙、丁，坚称不知，并称乙家于光绪六年自行上粮，并无以租代甲家完粮情事。甲祖、乙父及代书说合人证，均早经物故，虚实无从质讯。光绪六年至光绪二十五年，其间征册因改革散佚，又无可考。现查得光绪二十六年征册城化里一甲内，有乙及丁父两名，共正银五两零，按地科算，尚相符合，迄今二十余载，征纳无殊。是年征册同里同甲，内有甲父名下正银二两五钱余，按前地亩数，及执照内载丁银，几少一半。合之同里二甲内甲叔名下，正银七两零，又多一倍。乙既有粮，自无再代甲完粮之理。况查是年征册，乙及丁父两名，注明十月二十日完纳，甲叔两名注明九月十七日完纳。甲粮系甲自纳，益属有征；甲执佃种字据，谓乙以年租代甲纳粮之说，尤属不确。甲持乙父佃种字据，内载庄地四界，核与甲民国二年所领契券内载四界，迥不相符。复查乙所持契券，系民国二年征信局所发，亦粘有前甘肃国税厅筹备处契尾住种。前项庄地，自光绪迄今，已历四十余载，又经完纳丁粮，按之本地习惯，乙已取得前项土地所有权。且甲、乙相距仅二十里，甲家世代诗书，科名不绝，甲父尚在，甲年亦二十有五，前项土地权，数十年完全抛弃，今始诉争，难认上述甲之契据为有效。经讯再三开导，甲坚持前说，始终不移，丙、丁又同声叫屈。案关不动产所有权，知事未便臆断，如认甲诉争为有理，则乙之故兄卖过田地，乙、丁自不负责。乙、丁现有不动产所有权移转于甲，则甲应否依照从前县断，加给乙丁工钱籽种并称？案悬待决，理合转呈钧厅鉴核"等情。据此，事关解释法律，相应转请钧院解释见复，以便转令饬遵等因到院。

查关于回复不动产所有权之诉之办法，本院早有判例（本院《判例要旨汇览》第一卷《民诉法》八八页，三年上字八八三号判例）。相应函复，即希转令查照办理可也。

此复！

■ 统字第1420号

民国九年九月二十八日大理院复江西高等审判厅函

径复者：

准贵厅第六七一号函开：案据进贤县知事呈称，"今有某甲，以女乙许配于同姓之某丙，已经成婚数月。突有甲之族人丁、戊等，来案具诉。经县驳斥去后，丁、戊等又联同丙之族人己、庚等合词以续。经查明乙、丙，均系唐祖李渊第五子李恪之后裔，一脉相传，有谱可证。似此同宗为婚，大干风化，恳请予以撤销前来。按大理院七年度上字第一五二七号判例，载'婚姻事件，有撤销原因者，除当事人及其直系尊属、与同居最近亲属、暨代公益之检察官得诉请撤销外，其余族人，不得妄行干涉'等语。此案丁、戊、己、庚，对于乙、丙两方，均系普通族人，并非直系尊属，亦非同居最近亲属，按照上开判例，实无干涉之权。然查知事兼检察官职权，有代表公益之责，对于此种案件，依法本可主张撤销。惟甲、乙成婚日久，夫妇关系业已成立，若以官力强迫解除，毋论违反人情达于极点，且恐判决后，执行为难。细绎右述判例，检察官得诉请撤销云云，是得请非必请，似不无运用余地。知事办理该案，拟即以批示谕知终结，不再深究，藉顺人情而免缠讼，是否可行？请查核示遵"等情。据此，除以当事人既经提起诉讼，无论是否合法，均应予以裁判。至所称法律上疑义，候函院解释等语指令外，相应函请解释见复，以便饬遵等因到院。

查同宗为婚撤销权之所属，本院已有判例。所询情形，既系无撤销权之族人妄行告争，审判衙门自可仅依法驳斥其请求可也。相应函复，即希转令查照。

此复！

■ 统字第1421号

民国九年九月三十日大理院咨司法部文

为咨复事：

准贵部第七四五号咨开：案据奉天高等审判厅呈称，"奉省金融状况，与他省特殊。商民一切交易，均以小洋为本位，官署收支则以小洋一二合成之大洋为本位。而现货缺乏通行者，惟大洋票及小洋或铜元票（市价现银元一元，合小洋票一元六角，合大洋票一元三角三分有奇）。今照《整理司法收入规则》第二条规定，一律按现银元计算。征收虽仍可按照市价折收奉小洋或大洋票，于奉省金融，不生何等影响，但奉省关于诉讼物之金额或价额，概系以小洋票计算。职厅向来办法，诉讼物金额或价额，超过大洋票一千元者，即认为地方管辖事件；若折算现银元，则不过七百余元，应属初级管辖。厅长意见：《民诉律草案》第二条第一款规定，一千元以下之数，似当以现银元计算。惟事关法律解释，请咨大理院解释，以资遵守"等因到部。相应咨请见复，以便转令遵照等因到院。

查民事诉讼律诉讼物金额或价额，超过一千元云者，自应依国家通行之货币（即现洋）计算。相应咨复，即希转饬遵照可也。

此复！

■ 统字第 1422 号
民国九年九月二十八日大理院复江苏高等审判厅函

径启者：

案据江宁律师公会代电开："今有甲自称系乙之管事，与丙因田地以刑事向第一审县属代表告诉，未用状纸及委状，亦未缴纳保证金。县属认为民事，对于乙、丙而为判决。现丙对于原判不服上诉，乙出名委任律师代理，丙代理律师主张，对于原审甲之代理诉讼，有种种不合，原判当然无效。乙之代理律师主张，刑事改民事，不交讼费，可令补缴，未用诉状，与判决基础不生关系。乙既明示默示承认甲为其代理人，似属不成问题。惟双方各有主张，有无先例可以援据，报告到会，请求转请钧院解释赐复"等因到院。

查未交讼费，未用讼状，均可补充。甲既追认乙之代理行为，第一审原判自无无效之可言。相应函请贵厅迅即转知该会查照可也。

此致！

■ 统字第 1423 号
民国九年十月二日大理院复安徽高等审判厅函

径复者：

准贵厅江代电开："兹有甲、乙、丙、丁、戊、己、庚、辛等夜间共同行劫，伤害事主家二人，并劫去财物多件。经事主告诉将甲、乙、丙、丁缉获，并于甲、乙家获有赃物。事主于公诉进行中，附带私诉，除刑事部分将甲、乙、丙、丁分别按律科断外，关于私诉部分，事主所开失单，如衣服首饰银钱器物各项，价值六百余元，另有契据八十余纸。甲、乙、丙、丁等皆不认有行劫之事，对于事主所开失单之真实与否，概不置辩，于是对于私诉部分事实之证明，不无疑问。第一说，谓主张事实者，应负举证之责。失单所开各物，是否为该事主家原有之物？如系原有之物，价值究为若干？是否确被甲、乙、丙、丁等劫去？均应由事主分别一一证明，方能断令甲、乙、丙、丁赔偿；第二说，谓事主系声诉被劫，关于被劫事实，事主固负有举证之责。至于其家是否蓄有银钱暨私蓄银钱之额数，并衣饰物品之件数种类，与夫该财物是否确在被劫物品之内等问题，较之民间彼此交易财物，有证人证物可凭者，迥不相侔，实际上本属无法证明。若以此项问题，令事主负证明之责，直不啻将被害人之损害赔偿请求权从根本上取消，而故于不法侵害他人权利者予以利益。故事主所负之举证责任，应只以关于被劫事实为要件，若能证明实系被劫，则依举证责任转移之法例，甲、乙、丙、丁苟否认其失单，应付提出反证之责。倘并无反证而失单所开各物，又非显有不实之情形，除依事主之所主张外，别无解决之途。以上两说，究以何说为是？又甲、乙、丙、丁、戊、己、庚、辛等系共同加害人，对于事主损失之全额，是否负连带责任，各加害人均有完全赔偿之责？如不应负连带责任，则在逃之戊、己、庚、辛既已无从传讯，应否仅就事主请求全额之半数，令已获之甲、乙、丙、丁分别平均分任偿还亦属疑问。敝厅现有此种案件，亟待解决，应请迅予解释示遵"等因到院。

查赃物之数额，于刑事审判中，自应由审判官以职权调查。若于私诉审判，则因适用民事诉讼程序之结果，原告即被害人，自不能不负相当之证明责任。至加害人就其加害行为，应连带负责，本院早有判例。相应函复贵厅查照办理可也。

此复！

■ 统字第 1424 号

民国九年十月五日大理院复广西高等审判厅电

广西高等审判厅：

江代电悉！已成婚后发生之恶疾，不能为离异原因。

大理院微印

附：广西高等审判厅原电

大理院钧鉴：

案据贵县知事刘天佑呈称，"设有甲娶妻乙，业已九年，生子丙现年五岁。甲生丙后，身染麻风，乙尚未被传染，避匿母家。甲母丁告乙母戊，诱拐其媳乙。经讯明，判决戊无罪，已逾上诉期间，丁无异议。现已提起离婚之诉，亦经传审，乙以甲身生麻风，不堪同居为理由，而甲则只愿抛弃同居，不愿离异，以母老子幼为词。查现行法例，恶疾固得为离异之原因，但以订婚时，未经明白通知为限。既成婚后始生恶疾，是否亦得离异？案悬待结，乞电示遵"等情。据此，查贵院有解释法律之权，相应函请解释见复，以便转令遵照。

广西高等审判厅江印

■ 统字第 1425 号

民国九年十月五日大理院复湖北高等审判厅函

径复者：

准贵厅蒸代电开：兹有甲、乙两姓，因山地及坟冢涉讼。甲主张讼争山地，为其祖遗之业，约值钱十余串，四界昭然。现虽契据遗失，尚有看山合同可据，其中并葬有祖坟五冢。而乙则称讼争山地，系其契管之业，并非甲姓所有。又山内坟茔，系属古冢，亦非甲之祖坟。经县知事第一审判决，将山判归乙姓管业，山内坟茔，则认为甲之祖坟，判归甲姓祭扫，不许乙姓侵毁。乙姓并无不服，惟甲以山未判归，仍声明控诉。此种控诉，能否认为初级案件，归地方厅受理？于此有子、丑二说：子说谓，坟山争执，涉及祖坟，系属亲属事件，应归地方管辖，业经大理院明白解释有案。本案现在关于祖坟部分，虽已不争，然其始既经争及祖坟，在第一审即系一种地方管辖案件。依《法院编制法》由地方厅为第一审判决之案，其控诉审自应归高等厅管辖，不能仍归地方厅受理。丑说谓，坟山争执，涉及祖坟，依大理院解释，固属亲属事件，应归地方管辖。然坟与山并不必定相连属，其山地价值，不满千元，而因有坟冢争执，即作为地方管辖者，本可认为初级案件，与地方案件之并合现行制度。地方厅及县知事，既均兼有初级厅及地方厅两种职权，其审理此项并合案件，即得认为两种职权之兼施。本案控诉，既系对于山地部分，声明不服，自可认为其系对于初级厅之判决，声明控诉，由地方厅受理。抑更有进者，凡坟山争执，涉及祖坟，依照大理院解释，固属亲属事件，应归地方管辖。但遇有山地经界涉讼，并不以解决坟冢为前提，则在第一审固得分别判决。即高等厅受理控诉时，亦得专就坟冢部分，先予解决，而山地经界部分，则发交地方厅受理审判各等语。以上二说，究以何说为是？敬乞迅赐解释示遵等因到院。

查甲既以山地为其祖遗之业，并坟墓为其祖坟，为起诉请求之目的，与争继产而涉及承继问题者相同，自应为亲属事件，归地方管辖，应以子说为是。相应函复，即希查照。

此复！

■ **统字第 1426 号**

民国九年十月五日大理院复直隶高等审判厅函

径复者：

准贵厅第一五六四号函称：据天津律师公会呈称，"窃据律师房瑞麟呈称，'兹有甲、乙兄弟二人，分居各度，甲无子，乙有子四人。某年乙妻病故，时第四子丙方四岁，甲怜其幼弱，收在己房扶养，遂立为嗣子，乙表同意，但未写立继单。后八年，乙长子丁妻病故，葬于甲应占坟次之前，时甲未经注意。及丙十五岁，甲为做主完婚。后二年，甲妻病故，由丙执幡成服，并题点木主载有'孝男丙奉祀'字样。丙三十一岁，甲故。丁以世俗长房无后，应立次房之长子为嗣，与其妻葬于甲前，甲未拒绝，默认其将来可以为嗣为理由，出而争继。其主张是否正当？丙之继承有无瑕疵？敬请贵会转请解释，以资遵循'等情。理合呈请请解释"等情到厅。相应据情函请解释，以便转令只遵等因到院。

查立继并不以继单为要件，本院早有解释。丙果承继甲属实，自不容丁借口世俗惯例，及葬坟方位，妄相争执。相应函复贵厅转令遵照可也。

此致！

■ **统字第 1427 号**

民国九年十月五日大理院复浙江高等审判厅函

径复者：

准贵厅五四五号函开：据鄞县地方审判厅长张若骢电称，"兹有甲浪费无度，其母乙递状申请,宣告准禁治产。此种案件,究应属于地方管辖,抑属初级管辖?因无明文可以依据,电请转院解释"等因到厅。相应函请解释,以便转令只遵等因到院。

查所询情形,祈查照本院《解释例要旨汇览》第一卷,《民法》第三页、四页,四年二二八及七年九一二两号解释办理,立案普通自应在县为之。相应函复贵厅转饬遵照可也。

此复!

统字第1428号

民国九年十月六日大理院复浙江高等审判厅函

径复者:

准贵厅函开:据嘉兴县邮代电称,"甲出名借乙之钱,系个人私用,而借票系其父丙代写,又盖有丙所开店内图记。后因甲违约不偿,丙曾出为理处,有愿偿款之意,但乙只对于甲起诉,故判词只令甲照偿。而甲实一无财产,乙乃请求向丙执行,及对丙之店铺,是否可行?约分两说:子说谓,甲之负债虽属私用,但丙既代书票,又为店内加盖图记,并经出为调处,即有承认代偿之事实。况甲固丙之继承人,不能因其无独力财产,使债权人坐受损失,丑说谓,执行全须根据原判,判文内既不及丙,即无向丙执行之理。且父债子还,固当然之条理,子债父还,实未前闻。不能因丙本知借款之情,及先有调处之事,即向判文外之第三人执行。以上二说孰是?此请示者一。又如饥民抢劫粮食,虽聚众及数百人,有莠民主使纠合,但既不持械,又未抢劫别物,更有妇稚同抢。纵经劫及数家,又经殴伤数人,其情实与通常强劫不同。除援《惩治盗匪法》或《强盗罪律》,再援第五十四条之律减等外,能否复依第十三条第二项酌减,抑或另有从轻办法?此请示者二。职署现有似此案件,深恐错误,敢乞指示,或请转乞大理院解释示遵"等情前来。据此,事关统一法律解释,未便遽予核示,相应函请解释,以便转令遵照等因到院。

查《刑律》第十三条第二项之意义,详见本院四年上字第一一一号判例(《判例要旨汇览》第二卷第六页)。饥民抢劫粮食,应否依该条项减轻,系事实问题,非可一概论定。至一再减轻,应依《刑律》第五十五条、第六十一条办理,此外别无从轻办法。除民事部分,先行解答外,相应函复贵厅转令查照可也。

此致!

统字第1429号

民国九年十月六日大理院复总检察厅函

径复者:

准贵厅函开:案据安徽第一高等检察分厅呈称,"兹有甲、乙、丙在前清共犯强盗伤害人致死罪,经臬司于宣统三年拟处斩立决,报由大理院核判未结,即值改革,甲、乙、丙均经狱吏释放。现甲回籍,经被害人诉由知事提案收押。罪在赦令不准免除之列,依统字七百号解释,似应咨送覆判审,照盗匪案件适用《法律划一办法》第一条乙款仍适用《刑律》处断。惟臬司原案,系将甲、乙、丙三人并案拟罪，今乙、丙尚未获案，是否只就甲之部分覆判？抑仍将乙、丙并行覆判（行刑时效，或应覆审时，另一问题）之处，未敢擅专，理合呈请函转大理院解释，转令只遵"等情到厅。相应据情函送贵院核办等因到院。

查《覆判章程》第四条之裁判，系用书面审理，固不必因被告脱逃，而停止覆判程序。惟依第五条第一项各款审判时，自应仍参照本院统字第八六八号解释文办理。相应函复贵厅转令查照可也。

此致！

■ 统字第 1430 号

民国九年十月六日大理院复安徽高等审判厅函

径复者：

准贵厅函开：据怀宁地方审判厅呈称，"设有甲、乙二姓，在前清光绪三十二年，因争坟山在县涉讼，该县知事判有堂谕，甲得胜诉。嗣因光复，该案卷宗纷失。至民国七年，甲、乙因前争之地在县涉讼。甲因卷失，苦无佐证，乃觅得该县前清所遗曾经盖印之空白公事用纸，将光绪三十二年堂谕移填其内，为前清曾经胜诉有案之证明，向官厅行使。于是有二问题发生：子说，堂谕既非虚伪，盖印之空白用纸，亦属真实。甲对于原堂谕方式上，虽加以变更，而实质上毫无差异，不能成立伪造或行使公文书之罪。丑说，伪造公文书之罪名，系妨害官厅之威信，对于官厅而成立。堂谕虽属真实，当时并未发此印谕，甲以未经盖印之堂谕，誊入空白印纸之上，无论其堂谕之内容真实与否，而官厅之威信，业已被其妨害，不能不成立伪造公文书之罪。即使该项印谕，其伪造在于前清曾经赦令，然现在向官厅行使，亦应成立行使伪造公文书之罪。寅说，《刑律》第二百四十六条第二项，载'行使伪造之公私印文署押，或滥用真正之物者，依行使伪造公私文书各条之例处断'等语。所谓滥用真正之物，即凡属类似伪造者，亦包含在内。甲以真正空白印纸，填写未经盖印之堂谕，即属滥用真正之物，应成立滥用公文书之罪。以上三说，究以何说为是，抑或另有罪名？事关法律疑义，理合呈请钧厅转请大理院解释，俾便遵行"等情到厅。据此相应函请钧院，查核释示，以便伤遵等因到院。

查甲将前清知县（原误作县知事）之堂谕，移填于该县前清所遗曾经盖印之空白公事用纸，以为曾经胜诉有案之证明。无论堂谕文句，是否真实，系滥用真正之公印文伪造，又行使公文书，应依《刑律》第二百四十六条第二项、第二百三十九条、第二十六条处断。若伪造在赦令以前，则仅应论行使伪造公文书罪。相应函复贵厅转令查照可也。

此致！

■ 统字第 1431 号

民国九年十月六日大理院复总检察厅函

径复者：

准贵厅函开：案据黑龙江高等检察厅呈称，"窃据龙江地方检察厅呈称，'呈为呈请转呈解释事。窃有县署发生刑事案件，正在传讯之际，经上级审厅据被告人之声请，以决定移转所属地审厅为第一审管辖。地审厅查核案情，尚未经县知事以检察职权起诉，即将该案转送地检厅另行起诉。地检官侦查结果，认该案公诉不能成立，予以不起诉之处分。于此场合，分甲、乙两说：甲说谓，上级衙门之裁判一经确定，下级衙门即应受其拘束。本案既经上级审厅决定移转，下级审厅即可调查裁判，毋庸送由检官另起诉。乙说谓，不告不理，为审判上一大原则，本案在县署既未达到起诉程度，当然应送检察官另行起诉。但检官不能依普通程序，予以不起诉之处分。如采甲说，是显达不告不理之原则，上级审衙门之裁判，不免有变更法律之嫌。如采乙说，是强令检察官故入人罪，不克独立行使职权，于良心上殊有未安。究应如何办理？职厅现有此项案件，急待解决，理合呈请钧厅鉴核，并恳用快邮代电转呈解释，实为公便'等情。据此，除指令外，理合呈请钧厅鉴核，函转解释施行"等情到厅。相应据情函送贵院核办示复，以便转令遵照等因到院。

查所询情形，已见本院统字第一三九五号解释文。原文所称，"由检察厅核办"一语，自系兼指起诉不起诉言之。除告诉人等对于不起诉处分，得声明再议外，自不能以案经移转管辖之故，责令检察官必予起诉。相应函复贵厅转令查照可也。

此致！

■ 统字第1432号

民国九年十月十四日大理院复湖北高等审判厅函

径启者：

武昌律师公会代电称，"有甲、乙二人，因田土讼争，经前清某县署堂谕，判决归乙所有。民国二年甲复以前项讼争地，向某初级审判厅具诉，该厅根据前清堂谕，以判决驳回请求。甲又声明控诉，经某地方审判厅变更原判，改判各管讼争地二分之一，此后双方均未上告。现因甲请执行，乙不遵从，双方又由第一审而涉讼于第二审。此时解决方法，若认某地方厅改判之判决为有效，则前清堂判，业已确定，忽又废弃，似与一事不再理之原则相背。若认前清堂判为有效，则某地方厅改判之判决，既未诉由上告审审理撤销，又经确定，似亦不能失其拘束力。究竟以何者为有效？恳请迅赐解释示知，以便遵循"等因到院。

查所询情形，本院早有判例（本院《判例要旨汇览》第一卷《民诉法》一五五页上字第四二五号）。相应函请贵厅转行遵照可也。

此致！

■ 统字第1433号

民国九年十月十四日大理院复湖北高等审判厅函

径复者：

准贵厅第三二五号函称，"甲与乙因债务涉讼控诉一案，业经本厅先就责任问题，而为中间判决。甲不服声明上告，本厅因令按照诉讼物价额，缴纳讼费，甲抗不遵缴，并谓'本案系中间判决，仅解决该民有无偿还责任问题，对于偿还数目，尚未确定。是该民上诉部分，亦只就责任上声明不负偿还之义务，于数目上自不过问。依理而论，系一普通民事上诉，只能照非因财产涉讼之例，征收讼费，钧厅勒令缴纳讼费五十三元之多，不无疑义。应请详呈大理院解释，或即行更正'等语。本厅查民诉法例，当事人对于中间判决声明不服者，其应缴讼费，固无若何规定，即甲所称非因财产涉讼之例征收，亦显有未合。究竟中间判决后之上诉讼费，如系因财产涉讼者，应否照该诉讼物之价额征收？再如终局判决后，当事人仍声明上诉时，又是否不再征收讼费？事关法律解释，相应函请迅予解释"等因到院。

查中间判决后之上诉费用，仍照诉讼物价额征收。即再终局判决后，当事人如仍声明上诉，亦仍照旧征收。相应函复贵厅查照可也。

此致！

■ 统字第1434号

民国九年十月十九日大理院复总检察厅函

径复者：

准贵厅函开：案据山西高等检察厅呈称，"兹有甲、乙，各就一窑，挖取煤炭。日久窑内挖穿，争界未协，甲就穿处以柴草掺和辛辣之物，燃烟熏乙。乙之窑系井口，向用绳索升降，至是被熏，把绳上升，离底丈余，头昏跌地，致伤毙命。于此场合，甲应如何处罪？则有二说：其一注重于矿坑放火，谓燃烟即放火程度之较低者，煤矿为物，又易受火，今虽未至于发生实害，然不得不认为危险。况已致乙于跌死，故甲应依《刑律》第一百八十九条第二款及第二百零一条处断。其二则谓，燃烟不能发生爆裂或灰烬之患，实与放火有别。且其意亦只在使乙不得就窑工作，而非欲燃其矿物，故据昏跌伤毙之事实，甲仅应负伤人致死之责，依《刑律》第三百一十三条处刑定谳，方为允协。又有子被人殴，曾受重伤，丑未及知，另行加殴，未几子死。经官查悉，丑所加殴之伤，不至致子于死。惟按刑法原则参入，有责任人力致助，成某种举动之影响者，其责任即应更新。于是有以丑之加殴，视为一种助成，谓应使丑负杀人责任。其持反对论者，又以丑所加殴之伤，既不至于致子于死，是即于死之影响，未曾予以助成之力。不过伤子有据，仅负伤害责任，于法即足。以上各说，未知究以何者为适？此外，更有赵某与钱某之女和奸，曾为钱某之女制给衣饰等物，嗣钱某以要求不遂，拒赵与其女续奸。一日赵怒，率同五人夜入钱室，捆缚钱妻，检取前给其女各物以去，并未另取他物。钱先避匿，后以抢劫报官。讯悉赵及所率各人，是否应科以强盗罪？既因奸酿成他罪，而科钱女以奸罪之处？统请准予函院解释，以资遵办"等情到厅。相应据情函送贵院核办示复，以便转令遵照等因到院。

本院查，（一）甲之行为，是否放火，应查明事实核断。若据来文所称，甲系燃烟熏乙，尚难认为放火。至是否意图伤人，抑竟有杀人之间接故意，或仅妨害人行使权利，过失致人死，亦须从事实上解决。（二）丑之殴子，究系杀人，抑为伤害人，亦属事实问题。惟据来文所称，子之身死，既非由丑殴伤所致，丑殴子时，又不知子已受伤，除其当时意在杀人。应查明所加害，是否足以促子身死，分别其为杀人既遂或未遂外。如仅意在伤害，亦应查明所加害足以促子身死时，依伤害人致死罪处断。若所加害于子之身死，并无影响，只得论以伤害人而未致死之罪。（三）赵某因与钱女有奸，制给衣饰等物，果系赠予，则后复强取而去，当然成立强盗罪。苟仅借给，只得就其夜入钱室，捆缚钱妻，分别情形科断。其与钱女通奸，在钱女之父，既有纵容情事，虽经告诉，亦属无效，尤与《刑律补充条例》第七条所称"因奸酿成其他犯罪"不符（参照统字第一千三百二十二号解释）。相应函复贵厅转令查照。

此复！

■ 统字第1435号

民国九年十月十九日大理院复总检察厅函

径复者：

准贵厅函开：据浙江第二高等检察分厅代电称，"案据建德县知事张良楷快邮代电称，查《刑事诉讼律》第三编第四章第四百二十一条，'原审判衙门，认抗告有理由者，应更正原决定'。是原审认抗告有理由者，本可自行更正，但原审衙门，对于所为之批谕发现错误，未经当事人抗告，可否自行撤销？不无疑义。理合电请核示只遵守等情到厅。据此，事关程序疑义，理合电请钧厅，迅赐转院解释，以便令遵"等情到厅。相应据情函送贵院，核办示复等因到院。

本院查县知事所为之批谕，即正式审判衙门之决定。命令一经发表于外，非当事人声明不服，不得擅自变更。惟如羁押、保释、扣押及证据等批谕，审判衙门固得审核情形，自行撤销。相应函复贵厅转令查照。

此复！

■ 统字第1436号

民国九年十月十九日大理院复广西高等审判分厅函

径复者：

准贵厅函开：兹有甲盗知乙盗藏赃物于某地，而窃取之。查本案甲盗，窃取乙盗所藏赃物，与钧院五年六月二十二日统字第四五五号，甲己检获乙、丙两盗所遗余赃之情形，一系窃取所藏赃物，一系检获所遗余赃，略有不同。因彼案系乙丙分赃完竣已行，甲己始将其余赃检获。既曰'余赃'，则乙丙已无持有之意思，而甲己之检获之，亦无盗窃之意思，故应依《刑律》第三百九十三条论罪，固无疑义。此案则乙盗藏赃物于某地，不过系暂时收藏，尚有继续持有之意思。而甲盗之取得其物，又实有窃取之意思，并非以为余赃而检获之。故若论以窃盗罪，则非直接窃取；若论以侵占罪，则甲固向乙窃取。本案究应依何条处断？事关法律解释，相应函请贵院，迅赐解释示遵等因到院。

查窃盗罪之目的物，只需属于他人事实上支配之物，而不必问其支配者之为何人。故所有主或其代理人，事实上支配之物无论矣。即犯窃盗强盗等罪者，事实上支配之物，仍得为窃盗罪之目的物。相应函复贵厅查照可也。

此致！

■ **统字第1437号**
民国九年十月十九日大理院复广西高等审判分厅函

径复者：

准贵厅函开：案据通北县呈称，"查有某甲行经某处，见有他人所种烟苗一块，复邀同乙、丙、丁三人，前往收割。当在烟地，遇警拿获。此案情形，应否仍以私种罂粟论罪？又某甲在山私种罂粟多亩，下山招工收割，有乙、丙、丁、戊四人应招，并议定得烟三七分股。乙、丙、丁、戊行至中途，被警盘获。此案情形，应否以私种罂粟未遂论罪？案悬待决，理合备文呈请鉴核指遵"等情。据此，查某甲行经某处，见有他人所种烟苗一块，邀乙、丙、丁等前往收割。当在烟地，被警拿获。此种情形，甲、乙、丙、丁似均应以窃盗罪论。又某甲在山私种罂粟多亩，下山招工收割，有乙、丙、丁、戊等四人应招，并议定得烟三七分股。乙、丙、丁、戊，行至中途，被警盘获。此案情形，乙、丙、丁、戊四人，似应照《刑律》第二十九条第二项及第十七条之规定，以帮助栽种罂粟之未遂犯论。惟事关解释法律，未敢擅专，理合函请钧院核示等因到院。

查第一问，所称"收割烟苗"，无论为割断烟苗之本体，或割破罂粟之实，而沥其浆，均可由定著于土地之物而为动产。甲、乙、丙、丁如有图为自己或第三人所有之意思，而收取其可移动之物时，应依《刑律》第三百六十八条第二款处断。如收割即为制造鸦片烟之实施行为（详下文第二问内），并应与第二百六十六条从一重处断。否则应视有无损坏意思，分别依《刑律》第四百零六条第一款或《违警罚法》第五十二条第五款处断。第二问甲私种罂粟，如有制造鸦片烟之意思，自属犯罪。而其招工收割，是否为栽种罂粟之继续行为，抑即为制造鸦片烟之实施行为，应视罂粟已成为鸦片烟之质料与否定之。惟乙、丙、丁、戊仅止应招前行，尚未着手栽种罂粟，或制造鸦片烟，应不为罪。至原呈虽似叙述具体案件，惟请求解释在九年十月四日本院布告以前，故仍行解答。相应函复贵厅转令查照可也。

此致！

■ **统字第1438号**
民国九年十月二十九日大理院复京师高等审判厅函

径复者：

准贵厅函开：据安次县知事张象熴呈称，"窃有某甲为警察官吏，某乙为所辖人民。乙曾犯类似赌博之罪，被甲科以违警处分，乙从此怀恨，尝思报复。适值兵乱，某甲被变兵扭住，诬为奸细，适乙在旁，甲即令乙证明伊系某处警察官吏某人。而乙因前嫌未释，故意声言，并不认识某甲为何人，以致甲被变兵殴辱受伤，几至丧命。查某乙容心陷害某甲，实有消极犯罪行为，其应负刑法上之责任，本无疑义。惟究应成立一罪，抑应成立数罪，解释上发生二说：（一说）谓某甲当被变兵扭住，诬为奸细时，既央乙作证，而乙故意虚伪陈述，藉报宿恨。某甲虽被殴辱受伤，然非某乙所能预知，故只应成立伪证罪。（一说）谓某甲被兵殴伤，固非某乙所能预知。而某甲受伤之结果，实以某乙怀恨前嫌，而为虚伪陈述有意造成之，故应成立俱发罪。此两说中应以何说为当？案关法律解释，理合具文呈请鉴核"等因。据此，相应函请贵院解释见复，以便转令遵照等因到院。

查乙本认识甲为警察官吏，甲被变兵扭住，诬为奸细，令乙证明，乙因挟嫌声言不认识。甲（可能是笔误，应为乙。）并非依法令于司法或行政公署为适法证人，而违背陈述真实之义务（参照本院三年上字第三五号判决例），无由成立伪证罪。甲被变兵殴辱受伤，非乙所预知，与乙之声言不认识，无因果关系，乙自不应为变兵负责。再原呈虽似叙述一具体案件，惟请求解释，在本院第一号布告以前，故仍行解答。相应函复贵厅转令查照可也。

此致！

■ 统字第1439号

民国九年十月二十九日大理院复贵州高等审判厅函

径复者：

准贵厅函开：案据贵阳地方审判厅呈称，案奉第八一号训令开，案奉司法部第五四二号训令开，刑事辩护制度，所以保护被告之利益，维持审判之公平。故各国立法例对于重大案件，多采用强制辩护之制，即我国《刑事诉讼律草案》第三百一十六条，亦有详明之规定。现在律师辩护制度，业已实行，关于强制辩护之办法，自应一并援用。嗣后刑事案件，被告人应科二等有期徒刑以上之刑者，若未经选任辩护人，或所选辩护人不出庭时，应由审判衙门为被告指定辩护人，以昭慎重。转饬遵照办理等因，自应遵办。惟设置强制辩护，关于适用法定条文，不无疑义。查《刑事诉律草案》第三百一十六条规定，系以应科二等有期徒刑以上之刑为准。该条"应科"二字，是否指检厅起诉时，认定犯人所犯之法定主刑而言，抑系指宣告刑而言？又同条"以上"二字，依《刑律》第八十七条规定，系连本数计算。凡应强制辩护案件之主刑，是否以检厅起诉时，认定犯人所犯之法定主刑内有二等有期徒刑者为准，抑以二等有期徒刑为最低度之主刑者为限？例如检厅起诉，认定犯人触犯《刑律》第一百八十二条一项之罪，该条法定主刑，系二等至四等有期徒刑，其最高主刑，实为二等有期徒刑。又或检厅起诉，认定犯人触犯《刑律》第二百六十二条一项罪刑，该条规定，系处一等至三等有期徒刑，其最高主刑系在二等以上，最低主刑又在二等以下。如以上两条法定主刑中，均有二等有期徒刑，应否均在援用强制辩护之列？抑或必如《刑律》第三百五十一条一项二等有期徒刑为最低度主刑之规定，始能适用强制辩护？再检厅起诉，认定罪刑错误，经审判终结，发现应科二等以上有期徒刑，应否再适用强制辩护，重开辩论？又盗匪案件，依法不准上诉，若检厅依《惩治盗匪法》起诉之盗匪案件，应否一律援用强制辩护？以上各点，于实行上均有疑义，案关适用法条，应请据情呈院，迅赐解释，俾资遵守等情到厅。查法律解释，系属钧院特权，未敢擅拟。相应据情函请钧院查核见复，俾便转令遵照等因到院。

查部令援引《刑事诉讼律草案》第三百一十六条所称"应科二等有期徒刑以上之刑"，在第一审应以检厅起诉文所认之法定刑为准。经过预审者，应以预审决定所认之法定刑为准。在上诉审应以原判宣告刑为准（本院刑事上告案件，向系如此办理）。以宣告刑为准者，不问原判有若干罪刑，只需有一罪处死刑、无期徒刑或一、二等有期徒刑者，即属之。以法定刑为准者，查照本院统字第一三八八号解释文，不曰法定刑有二等徒刑，而曰法定刑有二等徒刑以上之刑。则凡法定最高刑为死刑、无期徒刑或一等有期徒刑者，皆属之（其法定最高刑为二等以下者，即不在内）。若起诉文预审决定或原判认定罪刑错误，而审判衙门认为应置辩护人，固得以职权指定（参照《刑事诉讼律草案》第三一七条第五款）。惟应在辩论终结以前为之，不得以此为理由，重开辩论。至审厅受理《惩治盗匪法》上案件，亦应指定辩护人。相应函复贵厅转令查照可也。

此致！

■ 统字第1440号

民国九年十月三十日大理院复总检察厅函

径复者：

准贵厅函开：据浙江第二高等检察分厅电称，"案据建德县张良楷代电称，'兹有法警甲，奉令拘致人犯，因自己不识犯人，由乙代理前往拘得，中途乙得钱放逃。乙非充法警，其代理行为是否可称官员？《刑律》第一百四十条及一百七十二条，能否援用？乞电示只遵'等情到厅。事关法律疑义，理合电请钧厅，迅赐转院解释，训示遵行"等情到厅。相应据情函送贵院核办等因到院。

查《刑律》总则第八十三条第一项官员以外，有非官员而受官员之雇用，成嘱托补助官员执行职务者，即分则第一百四十四、第一百四十五、第一百七十二、第二百七十二、第三百四十六等条所称"佐理"。是乙代奉令拘人之法警甲，前往拘人，既不生私滥逮捕问题，则其中途放逃，自系犯第一百七十二条看守护送佐理纵令，按律逮捕人脱逃罪。至其得钱一节，既非官员公断人，自不得援用第一百四十条。但须注意使人交付时，有无第三百八十二条第一项之欺罔或恐吓行为。再原电虽似叙述一具体案件，惟在九年十月四日本院布告以前，故仍行解答。相应函复贵厅，转令查照可也。

此致！

■ 统字第1441号

民国九年十月三十日大理院复山西第二高等审判分厅电

山西大同第二高等审判分厅：

元代电悉！杀人后弃尸，如意在灭迹，应从一重处断。若另一犯意，应论二罪俱发。又图财杀人，系强盗杀人罪，若于杀人后起意脱取衣物，而死者有无承继人不明时，仍应论以《刑律》第三九三条第一项之罪。再原电虽似叙述一具体案件，惟在本院第一号布告登报到达以前，故仍行解答。

大理院陷印

附：山西第二高等审判分厅原代电

北京大理院钧鉴：

据宁武县知事谢恩承快邮代电内称："今有甲、乙二人，共同将不识姓名之丙殴死后脱取其衣物，越日更将尸体遗弃他处。查大理院统字第二五四号解释，杀人后遗弃尸体者为杀人之结果，应依《刑律》第二十六条从一重处断。又统字第一九一号解释，杀人已死后之脱取衣物行为，以死者有继承人为限，成立窃盗罪，否则为侵占遗失物罪，均与杀人罪俱发。本案甲、乙之遗弃尸体，系在杀人后之第二日，而已死不识姓名之丙，又不确定有无承继人，依律定罪，不无疑义分子、丑二说：据子说，杀人后遗弃尸体，为杀人灭迹之当然结果，大理院解释杀人后之'后'字，无一定限制，不因即时越日而异其处断。甲、乙遗弃丙尸，虽系越日，亦为杀人后之当然结果，仍应依二五四号解释，从一重处断。至杀人已死后，脱取衣物，虽被害者为不识姓名之人，而承继人之有无，应不限时日，调查确实后，再行判处。即一日调查不明，一日不应定案；据丑说，杀人后遗弃尸体，固为杀人之结果，然要以有因果关联为断定。大理院解释杀人后之'后'字，有一定之界说，系专指杀人后即时遗弃尸体，有因果关系者而言。若甲、乙二人，于前一日杀人，第二日遗弃尸体，犯意为二，行为各一，毫无因果关系，不应适用从一重处断之例，当各别科刑，依俱发罪第二十三条定其执行。至杀人已死后，脱取衣物之行为，大理院一九一号之解释本无疑义。然丙之姓名，尚无法调查，而承继人之有无，更属难知。案关人命，不便久悬，应依法律上视为之例，视该不识姓名之丙为无承继人，而依侵占遗失物条处办也。二说未知孰是。职县现有此种案件发生，急待解决，理合电请解释，飞示只遵"等情前来。查甲、乙殴丙致死，越日遗弃尸体，如系意在灭迹，似应依院例从一重处断。至死后脱取衣物之行为，如查丙无承继人，虽得以侵占论罪，但甲、乙与丙素不相识，其杀人原因，是否为达攫取衣物之目的，尚不明了。除指令该县切实研鞫，务得真相，并候转请解释再行令遵外惟案关法律解释，职厅未敢擅拟，谨电请贵院解释，迅赐示复，以便转令遵照。

山西第二高审分厅元印

统字第1442号

民国九年十一月六日大理院复浙江第一高等审判分厅电

浙江永嘉第一高等审判分厅：

删代电悉！发交裁判既经确定，下级审应受拘束，只得认高等检察官为控告人。

大理院鱼印

附：浙江第一高等审判分厅原代电

大理院钧鉴：

兹有高等检察分厅于接县卷十日内提起控诉之案，经高等审判分厅审查，确非地方管辖案件（原判引律，本属初级管辖，控诉意旨，亦未主张究犯何条之罪），决定发交地方审判厅为第二审审判（裁判已确定），因而对于原控诉检察官之地位，不无疑义。甲说，地方审判厅判决刑事案件，而列高等检察分厅检察官为控诉人，则为审判之审判厅与配置之检察官，显非同级。在地方审判厅，不能认该控诉为合法。乙说，该案除由地方检察官莅庭，执行检察官之职务外，其控诉人当然仍为高等检察分厅检察官。盖案由高等审判分厅发交，并非高等检察分厅检察官径向地方审判厅提起控诉。况检察官本联为一体，自不得以原控诉人为高等检察分厅检察官，因而认该控诉为不合法。两说究竟孰是，理合请求解释。

浙江第一高等审判分厅印删

■ 统字第 1443 号

民国九年十一月六日大理院复总检察厅函

径复者：

准贵厅函开：据山西高等检察厅呈称，"案据方山县知事呈称，'兹有甲女乙男，因坟地所有相争。甲称其父丙母丁，终身无嗣，虽有同族，亦系早为分居他县，且只生甲女一人。自甲女出嫁后，其父丙母丁，已于前清光绪十八年先后病故，并买有坟地，即经该甲女同夫戊亲为合葬，迨后虽随夫戊移居他县，然每年仍按节来坟奠祭。惟坟地之契据，该甲女因年幼出嫁，已将该地契遗失。虽无地契，但有坟内墓葬之双骨可稽，并有该甲女父丙母丁合墓内镇砖镇瓦记载分明可证。坚请掘墓，验其砖瓦寻证，倘掘验有虚，情甘认罪。究竟甲女之告诉是否有效？抑或应属何人告诉？此应请解释者一也；再甲女所举之寻证办法，法庭可否允准掘验？掘验倘虚，甲女是否有罪？如属有罪，究竟应以诬告罪科处，抑应犯发掘坟墓罪，或系犯发掘坟墓而损坏遗弃罪？果系犯何罪？此应请解释者二也；又乙称坟地，系乙所有，系清道光十八年向郭姓所置，并有地契为据。但此契载共地六亩，已转卖刘姓四亩，下余二亩，即此坟地。查契载地名亩数，均属相符，惟于四至各至何人，契内尚未载明，无凭证明。是否即属此段坟地，抑或系属何段？且查买地人刘姓，已转卖又转经多人中间，各契每多遗失无稽。现坟地内所葬之墓冢，系属六冢。六墓之内，查明有墓主者甚多，复经乙之证人己，并称'各墓系由前清同治八年，已从始开葬二墓，其余各墓，历经光绪各年渐葬，已历年甚久。'概未经该甲女阻葬，今始出而告争，实系误争。据上情形，乙男所执无四至之文契，是否属于有效？此应请解释者一也；乙男并指坟内六墓，均系单骨，亦坚请掘验，如虚甘认侵占之罪。究竟乙请掘验属虚，是否即犯侵占之罪，抑或系犯何罪？此应请解释者二也。以上各疑点，亟待解决，理合备文呈请转呈解释示遵施行'等情到厅。理合具呈转请函院，解释示遵施行"等情到厅。相应据情函请贵院解释示复，以便转饬遵照等因到院。

本院查甲、乙如果明知地非己有，而又有欺罔官厅，使陷错误之行为，应依《刑律》第一百五十三条第二项处断，否则均不为罪。除民事部分另行解答外，相应函复贵厅转令查照。

此复！

■ 统字第 1444 号

民国九年十一月六日大理院复总检察厅函

径复者：

准贵厅函开：案据吉林高等检察厅呈称，"兹有某甲犯罪，经第一审判决，于上诉期间内以自己名义（姓名下印有指押）委任律师，向第一审检察厅投递委任状拦内，声明'不明法律，委任辩护，第二审本案一切法律点及事实点'云云。该律师于上诉期间后一日递声请书，声明'某甲不服第一审判决，委任律师声明上诉，请查阅文卷，以便代撰追加上诉状'云云。查甲虽未用正式诉状，声明上诉。惟其委任律师状内，确已表示不服之意思，应否认为控诉合法？众论分歧，殊乏根据，请予转院解释示遵"等情到厅。相应据情函送贵院核办等因到院。

本院查被告人对于审判衙门之裁判，如在上诉期间内，曾向官厅表示不服之意者，无论表示不服之形式有无错误，均应以有合法上诉论。甲经第一审判决后，于上诉期内既曾递有委任状，委任律师辩护第二审本案一切法律点及事实点，显已表示不服原判之意，自应认其控告为合法。再原呈虽似叙述一具体案件，唯在九年十月四日本院布告以前，故仍行解答。相应函复贵厅转令查照。

此复！

■ 统字第 1445 号

民国九年十一月八日大理院复总检察厅函

径复者：

准贵厅函开：案据江西高等检察厅呈称，"案准同级审判厅函开：本年五月十一日，据具呈人潘葆忠之妻潘顾氏呈称，'氏夫潘葆忠，籍隶松江，充缉私营队长。民国八年七月，道路传闻陈阿狗有贩私情事，氏夫即驰赴松江县辖境之头沱庙地方查缉。但见空船一双，询之陈阿狗，坚不承认贩盐，是以未敢逮捕。讵被人挟嫌诬告，缉私营执法处竟不问情由，捏砌供词，判处氏夫三等有期徒刑三年一月，未经合法裁判，并径自寄禁地方厅监狱在案。查民国四年二月一日财政、陆军两部，呈准之《缉私办法》，略称"遇有聚众持械拒捕，当场拿获各犯，暂由缉私营执法处办理；其他贩私人犯，即遵照缉私条例移送司法官署或兼理司法之县知事办理。"是缉私营执法处之职权为法令所规定者，只以聚众持械拒捕当场拿获之犯为限。无论氏夫并未犯罪，即使犯罪而未合于上开条例，非该执法处所能审判可知。乃竟滥用职权，非法审判监禁，法律何在？人权何在？氏呼吁无门，不得已抄呈原判决书，请求钧厅依法救济'等情，并附原判决书一件到厅。据此，当以查民国四年二月一日财政、陆军两部呈准《缉私办法》，以'遇有聚众持械拒捕，当场拿获各犯，暂由缉私执法处办理；其他贩私人犯，即遵照缉私条例，移送司法官署或兼理司法事务之县知事审理'等语。又民国三年十二月十八日大理院复总检察厅统字一八八号电开：'查盐务缉私兵，其性质系属警察之一种，其犯罪自应归通常司法官署管辖。若系有军籍之军人充当者，则依其身份，仍应归军法官署管辖'等语。兹本案潘葆忠，如果实系缉私营队长，并非当场拿获著名凶悍之枭匪，且非有军籍之军人，自应移送就近地方厅或兼理司法事务之县知事审理。咨请苏属缉私统领查饬依法办理，并请见复去后。兹准苏属缉私司令部咨复开：'准咨，当即令行该执法官查明呈复，转咨去后。'兹据该执法官韩宗潮复称：'案查民国四年三月九日，奉前两浙缉私统领刘第六十三号饬文内开，'为饬知事：本年二月二十五日奉监务署有电个电悉！苏五属缉私执法处改为两浙缉私执法处，移驻嘉兴，业经本属于本日饬知遵照。嗣后关于该营队官审判事宜，应准该执法官办理'等因。奉此，查该处前奉设立，系专司审判拘捕枭犯事宜，凡有关于军官违法各项，未便审讯。是以，统领电请盐务署，准由该处监理在案。兹奉前因，合亟抄录原电，饬仰该执法官遵照。嗣后遇有军官违法案件，听候发交该处审判，并详由本统领核夺执行，以重军法，而昭平允，切切此饬'等因。兹查本案潘葆忠既系本营第四营第五队队长，由统领发交执法处，遵照上开法令，依法审判。呈奉核准执行在案，是执法官受理本案，并无不合之处。理合查明缘由，呈请鉴核转咨等情。据此，相应咨复贵厅长查照等因。准此，查来咨所引两浙缉私统领，饬行两浙缉私执法处之饬文，是否足为本案管辖权限之根据，自应尚待研究。惟案属刑事范围，在未至审判程度以前，自属贵厅办理权限。相应备文抄同原呈及附件，移送贵厅，请予查核，迅为办理等因。准此，案关权限争执，职厅未敢擅拟，理合备文呈请钧厅鉴核示遵"等情到厅。查原呈所称各节，关系管辖权限疑义，应请贵院解释示复，以便转饬遵照等因到院。

本院查《临时约法》第四十九条载："法院依法律审判民事诉讼及刑事诉讼，但关于行政诉讼及其他特别诉讼，别以法律定之。"《法院编制法》第二条载："审判衙门掌审判民事、刑事诉讼案件，但关于军法或行政诉讼等，另有法令规定者，不在此限各"等语。缉私营虽系仿照陆军章制，但不得谓即陆军。其官兵除系有军籍之军人充当者外，尚非《陆军刑事条例》所称之"军人"。呈准缉私营附设执法处之权限，细核原呈及批令，又甚明了。此外，亦无此项官兵应归缉私营审判之特别法令，盐务署准由执法官办理之电不得认为上列条文所称特别法令，更不待言。是缉私营官兵犯罪，当然应由普通审判衙门管辖。惟依统字一百八十八号解释，此项官兵既属警察之一种，并应注意呈准之警察犯罪，援用军律办法。再原呈虽似叙述一具体案件，唯在九年十月四日本院布告以前，故仍行解答。相应函复贵厅转令查照。

此复！

■ 统字第1446号

民国九年十一月十二日大理院复安徽第一高等审判分厅函

径复者：

准贵厅函开：今有甲与妻乙不睦，意欲将乙出卖另娶。先托丙代卖，丙未允，嗣甲许将卖出身价，全归丙得，丙始承认。甲即嘱丙于某日在车站等候，届时甲对乙捏称已在南京租定房屋做生意，速与同去，乙信为真，随甲同往。行至车站，甲将乙交与丙，带之先行，谓已须赴别处取钱，晚车即到，暗乃转回。乙即由丙带往南京，强卖与人，得价数十元。惟甲在家，佯为不知，并未分用身价。后经乙之生父告发，甲应构成何罪？于此有三说焉：子说，钧院统字第四百六十一号解释，谓"夫强嫁妻未得财者，不得以《补充条例》第九条之强卖论"，系指夫强嫁妻未得财，并非指夫强卖妻未得财，嫁与卖迥不相同。本案甲欲卖妻乙，先托丙代卖，丙未允，甲始许卖出身价全归丙得，究非甲原无图利之意而卖乙，其所以未得财，系受丙之要求，始将卖出身价，让归丙得。并且临时又系甲用诈术，将乙由家诱出，交与丙带往南京强卖与人。甲与丙完全共同行为，即按钧院统字第七百九十二号解释，谓"和卖有未必营利者，已见本院统字第四百零一号解释"。惟强卖和卖之共犯，如有营利意思，均可依第三百五十一条处断。共犯丙既系意图营利，甲亦当照营利论，则甲适犯《刑律》第二十九条第一项、第三百五十一条第一项、《补充条例》第九条之罪刑；丑说，甲与丙略诱虽同，而丙得财甲未得财，甲系犯第三百四十九条、《补充条例》第九条之罪刑；寅说，甲因与妻乙不睦，先托丙代卖，丙未允，甲即许将卖出身价全归丙得，是志在将乙卖出以便另娶，本无一定图利之意思，并对于乙又无强暴胁迫之行为，应不成罪。究竟此三说，以何说为是？事关适用法律，理合函请钧院迅赐解释只遵等因到院。

本院查强卖和卖人，既不能悉认为营利。甲强卖乙，如果又无营利之意思，则虽允许他人得乙身价，仍不得指即意图营利而强卖，仅可科以单纯强卖罪。再来文虽似叙述一具体案件，唯在九年十月四日本院部告以前，故仍行解答。相应函复贵厅查照。

此复！

■ **统字第1447号**
民国九年十一月十三日大理院复总检察厅函
径复者：

准贵厅函开：案据山西第一高等检察分厅电称，"明知罂粟壳煮水可顶鸦片烟瘾而故意贩卖罂粟壳者，能否成立《刑律》第二百六十六条贩卖鸦片烟罪？乞转大理院解释示遵"等情到厅。相应据情函送贵院核办示复，以便转饬遵照等因到院。

查所称情形，应审查是否意在供人为鸦片烟之代用，参照本院统字第九八七号解释文办理。相应函复贵厅转令查照可也。

此致！

■ **统字第1448号**
民国九年十一月十三日大理院复福建高等审判厅电
福建高等审判厅：

佳代电悉！匪首图谋攻击军队，尚未实行攻击，既不能认为犯《惩治盗匪法》第四条第二款之罪；则甲被匪派遣侦探军队人数，亦不能认为该条款之从犯。至原问虽似以具体案件请求解释，惟在本院九年十月四日第一号布告登报到达以前，故仍行解答。

大理院元印

附：福建高等审判厅原代电

大理院钧鉴：

兹有匪首聚众，图谋攻击军队，派遣某甲至驻军处所侦探军队人数等情，以便进攻。当经驻军将某甲盘获，讯明匪首所在，并密请会剿，将匪众击溃。查甲被匪派遣侦探军队人数，并无实行攻击军队情事，依钧院统字第二三五号解释，系实施犯罪行为以前帮助正犯，应依第三十一条科以从犯之刑，本无疑义。惟从犯之刑应依正犯之刑分别处断。此案匪首正犯系图谋攻击军队，查《惩治盗匪法》第四条第二款，仅有掠夺公署之规定。"公署"二字，依钧院统字八三五号解释，系兼营队而言，揆其图谋攻击之意思，其情节尚较掠夺为重，他无加重条文，似其罪仍应依该条款问拟。惟尚未着手攻击即被军队将其击溃，是该匪首之攻击行为尚属未遂，即甲之事前帮助亦应科以未遂。惟该法并无处罚未遂明文，而《刑律》第十七条第二项规定未遂犯之为罪，于分则各条定之。该款罪名于《刑律》分则上并无规定，则甲之事前帮助未遂，究应依据何条科罪？抑甲之侦探军情，应认为匪首犯罪之预备行为？关于强盗罪，既无处罚预备犯之特别规定，应否依《刑律》第十条办理？悬案莫决，谨乞解释示遵。

闽高审厅佳

■ 统字第1449号

民国九年十一月十六日大理院复陕西高等审判厅函

径复者：

准贵厅函开：案据渭南县呈称，"为呈请转院解释事，窃属县现有刑事案件，对于适用法律疑问颇多，若不拟设学说，请求解释，恐于呈送覆判之际，错误干驳，耽延日期。除另开清折外，理合具文呈请钧鉴，转请大理院迅赐解释，指示只遵"等因到院。

本院查甲仅拉丙胳膊调奸，尚未达猥亵程度；且系调奸，亦不得指为强奸未遂，自不生《刑律》第二百八十七条第二项问题，尤与该条第一项第一款因而致人死之规定不符。至丁借此向甲敲诈教唆丙吞服鸦片烟要挟，如果确有使丙自杀之意，系犯连续教唆自杀及诈财未遂之罪，应依第二十六条处断。即仅图吓诈，丙亦无自杀决心，但丙吞服鸦片烟，既出其唆使，自有解救之义务。若于丙危急之际，故意不出解救，尚应负杀人之责任。纵非故意，亦应就其后之过失致人死，从一重科处。又诬告罪，并以明知所诉虚伪为构成要件，若告诉人误认有此事实或以为有此嫌疑而告诉，固不得遽指为虚伪刑事案件，审判衙门应以职权调查证据，亦不得以乙未能举证遽科以罪刑。再原呈虽似叙述一具体案件，唯在九年十月四日本院布告以前，故仍行解答。相应函复贵厅转令查照。

此复！

■ 统字第1450号
民国九年十一月十六日大理院复总检察厅函
径复者：

准贵厅函开：据山西高等检察厅快邮代电称，"各县册报，不应送覆判之案件查有重大错误者，历经遵照判例令电，分别地方初级管辖，由高地各检官提起控诉，以资纠正，判决确定后，转令原县查照执行在案。惟此种案件，均系原县于判决确定付执行之案，其计算刑期是否自控诉判决确定之日起算？抑追认从前执行日数为有效，自初判经过上诉期间之翌日起算？如自控诉判决确定日起算刑期，被告人甚不利益。事关执行，究应如何计算？应请转院解释示遵"等情到厅。相应据情函请贵院解释示复等因到院。

本院查县知事审判之刑事案件，既许上级检察厅检察官于发见其错误时提起控告；则一经控告，即不能认该县判为已确定，自亦不能以经过被告人或原告诉人上诉期间起算刑期。相应函复贵厅转令查照。

此复！

■ 统字第1451号
民国九年十一月十七日大理院复江西高等审判厅函
径复者：

准贵厅函开：据江西高等审判分厅监督推事岳秀华呈称，"兹有甲、乙二人，共犯亲告罪，经检察官起诉后，初级审指定审期，票传被告人审理。届期仅乙一人到案，即先就乙一人开始审理。及讯至原告诉人丙，据供业经友人劝解，在外了结，请将案撤销。初级审遂以查《现行刑事诉讼规例》亲告罪得撤销告诉本案。甲、乙损坏丙衣服，经丙向同级检厅告诉，检察官以甲、乙均犯《刑律》第四百零六条第一款之罪提起公诉。本厅审理时，据丙供称，民不告甲、乙了，并请求判决发还衣服等语，记明笔录在卷。按《刑律》第四百零六条第一款之罪，系属亲告，既据丙撤销告诉请求判决自应将甲、乙公诉均予驳回为理由，驳回公诉。复由检察官提起控诉，其理由内称：'甲、乙共同毁损丙衣服，经丙告诉到厅，传案讯明属实，认定甲等犯《刑律》第四百零六条第一款之罪，既不背同律第四百十一条规定，应即提起公诉，函送同级审厅讯办在案。当第一审公开审理时，曾经本检察官陈述案件要旨后，该丙始供称民不告甲、乙了，请求判决发还衣服等语。原审竟据违法之请求以判决驳回公诉。核与《诉讼通例》亲告罪开始第一审辩论后，不得撤销之法意不符（见刑诉律第三百三十一条及第三百三十二条及第二百五十九条第二款）。本检察官应以职权提起控诉'等语。旋经地方合议庭以查《刑事诉讼律草案》第二百五十九条，虽未经明文公布，然大理院所认公诉权消灭之原因即以此为标准，业经咨明司法部有案（见八年七月九日大理院咨复司法部统字第一零二五号），高等以下各级审判厅，自宜援用。查该条云：'提起公诉权，因左列各款情形消灭'；第二款云：'亲告罪撤销其告诉者，但开始第一审辩论后，不得撤销。'又查《刑事诉讼事例》，审判长或独任推事对被告人询明其姓名、住址、年龄、职业后，检察官应陈述案件要旨，言词辩论即以检察官之陈述案件要旨为开始期。本案原审推事于民国九年一月二十二日公开法庭，讯明乙姓名、年龄、住址、职业后，检察官又已为案件要旨之陈述，始据原告诉人声称不愿告诉，遂将公诉驳回，固有未合。惟查是日甲并未到案，按照上开事例，仅能谓关于乙部分已开始第一审之辩论，至甲部分则犹未也。据此而论，则丙撤销对甲之告诉尚难认为违法。夫撤销告诉，既有一部分合法与一部分不合法之分，然则究应认为公诉权之消灭，抑不消灭？自系疑问。查亲告罪本为尊重个人私权而设，故许原告诉人撤销亲告权之行使本有不可分之性质，其撤销告诉，当然亦不可分。今原告人撤销告诉，既有一部分合法，是不可不认公诉权全部消灭；且就被告人方面言之，撤销告诉一部分合法，认公诉权全部消灭，共犯人得以利益均沾，否则共犯人因一人已开始辩论，即均受不利益，衡情亦觉过严。本此理由，原审驳回公诉尚无不合，不过未予详加释明理由略嫌未备耳为理由，将控诉驳回。复有检察官上告，由上告审以查现行通例，公判庭上检察官陈述起诉要旨，即为言词辩论之开始。亲告罪撤销告诉，虽为公诉权消灭之一种原因（参照大理院统字第一零二五号解释），但其撤销告诉之程度要在未曾开始言词辩论前行之。若已经开始辩论，始行撤销告诉，则为法所不许（参照《刑事草案》第二五九条第二款但书之规定）。本案告诉人丙，以甲、乙等毁损自己所有服物向某检厅告诉，乞该厅检察官提起公诉，并于公判庭上陈述起诉要旨，且经被上告人乙辩论以后，该告诉人丙始声明撤销告诉。此种撤销本难认为合法，或疑本案第一审开始辩论之当时，甲未曾到庭，告诉人丙之撤销告诉对该被上告人之一部分，可因合法而生效。然亲告罪之告诉及于各共犯之全体，故在通例上，有数名共犯罪之场合，其告诉人虽声明共犯中之一人，要求处罚其他之人，虽明不必处罚，而其告诉之效力仍应及之。是被上告人甲，虽未到庭开始辩论，究因被上告人乙之到庭辩论而受其拘束。原立法本旨，亲告罪本系公诉独占权之一种例外规定，此种犯罪事件发生后，未经被害者向检举机关请求弹劾以前，原许被害人以告诉与否选择之自由。故自被害人告诉后，一达已经开始辩论之程度，即不许其任意撤销，实以期免发生轻率告诉之流弊。原判误认第一审根据告诉人丙于开始辩论后之撤销告诉为一部分之合法（对于被上告人甲之部分），因而指为公诉权全部消灭以驳回控诉，殊有未当为理由，将原判撤销发还更审。查亲告罪撤销之时期，学说本不一致，而现行法上又无明白之规定，今各审之解见，既各执一说。而细考八年七月间司法部咨询大理院文内，又仅以《刑事诉讼律》第二百五十九条第一、第三及第六、第七各款设例，并未言及该条第二款。究竟亲告罪撤销告诉应以何时为限制？及共犯中一人或数人已经审理或判决有罪，并原告诉人对其他之共犯能否撤销告诉？若能撤销，又能否影响及于已经审理或判决有罪之被告人？均不无疑义，此应请解释者一也。再如前例第一审系属驳回公诉，并未为本案之判决，今上告审发还原审更为审判，控诉审似应按照法理仍为程序法上之裁判，抑径行本案之审理？此应请解释者又一也。以上两点，均关法律问题，未便专擅，理合具文呈请查核转函大理院迅赐解释,俾有遵循"等情。据此,相应函请贵院迅赐解释见复,以便转令遵照等因到院。

本院查统字第一千零二十五号复司法部文,系解释公诉权消灭之原因,斟酌条理,可以《刑事诉讼律草案》第二百五十九条所列各款为标准,并非承认完全援用该条之规定。故亲告罪之撤销告诉,依此解释,虽应认为公诉权消灭之一原因,而撤销之时限尚不受该条第二款但书之拘束。惟本院最近意见已认此项时限,亦可参酌该条款但书之条理,以未经第一审开始辩论前为限。又对于共同犯罪者之告诉,本不可分,如共犯一人业经告诉审判或告诉后又经撤销,则其他共犯自不得歧异。至第一审驳回公诉之案,第二审原得发还原第一审更为审理。但既经终审发还第二审更审,第二审应自为本案之审判。再原呈虽似叙述一具体案件,唯在九年十月四日本院布告以前,故仍行解答。相应函复贵厅转令查照。

此复!

■ 统字第1452号

民国九年十一月十七日大理院复察哈尔都统署审判处函

径复者:

准贵处函开:兹有某甲曾犯结伙三人以上强盗二案,先发觉者由县判决呈送覆判,早已确定。现又发觉一案,关于适用法律减等,不无疑义:(甲说)先发之案,虽判决确定,为后发之案所牵动,故须更定其刑,宜将前后案合并,为三百七十三条之强盗俱发罪。依特别法先于普通法之例,应将前后案合并适用《刑律》第二十四条及《盗匪法》第三条第五款处刑。如因情节较轻,依《划一办法》第三条起首规定,适用《刑律》第九条及五十四条减等办法,在《盗匪法》第三条第五款死刑上减处徒刑。(乙说)先发之案,判决已经确定,不能为后发之案所牵动。后发之案须单独适用《盗匪法》第二条或依《划一办法》第三条规定减等,仍适用《刑律》处断,然后再用《刑律》二十四条更定其刑,并按第二十三条第三款定其执行之刑期,始为合法。以上甲乙两说,孰是孰非,未敢臆断。相应函请贵院解释,即希函复,以便遵循等因到院。

本院查所称情形,希查照统字第一千二百九十号解释办理,相应函复贵处查照。

此复!

■ 统字第1453号

民国九年十一月十八日大理院复总检察厅函

径复者:

准贵厅函开:案据浙江第二高等检察分厅呈称,"窃查大理院解释'凡对于检察官不起诉处分可向原厅声明再议;仍被驳斥,不服可递呈于上级检察厅,请求照《编制法》各条为一定处分'等语。如对于上级检察厅所为处分,再有不服,可否再向上级厅请求再议?此应请示者一。县知事就初级及地方案件均有管辖权,当事人对于不起诉处分声请再议时，应否分别初级地方案件由地方厅或高等厅管辖受理？此应请示者二。声请再议案件，在《刑事诉讼律草案》规定期间为三日而现行法令尚无明文规定，究竟此种案件应否受期间之限制？如应受限制，能否以《草案》为依据，抑应适用普通上诉期间？此应请示者三。再议案件，如受期间限制，则逾期案件，上级检察厅能否以逾期为理由，径予驳斥，抑应仍就案件内容依职权予以审查？此应请示者四。某种案件，既经过不起诉处分后，而当事人于期间经过后，复就同一案件以另一理由告诉时，能否再予受理侦查？（在法理上自宜受理侦查，惟县知事办理此种案件往往以已经不起诉处分率予驳斥，故请明白指示，以便遵守。）此应请示者五。下级检察官不起诉案件，不问当事人是否声明再议，上级检察厅如发见错误，可否随时令饬原厅重行侦查？此应请示者六。地方厅检察官关于控诉案件之答辩书依照司法部饬，虽可变通办理，而对于初级上告案件（依院释得用书面审理），应否一律出具答辩书？此应请示者七。以上七端，事关法律程序疑义，理合呈请钧厅核示只遵，等情到厅。"查原呈所列各款，均属程序法上疑义，应请贵院解释示复，实级公谊等因到院。

本院查第一问，声明再议被驳斥后，再有不服，可请上级检察厅核办。第二问，对于县知事不起诉处分，声明再议，不论初级或地方管辖，应由高等检察厅受理。第三问，声明再议期间，已见本院统字第一三七三号函内。第四问，逾期声明再议，应予驳回。第五问，对于经过不起诉处分之案，以另一理由告诉，该管衙门仍应受理。第六问，上级检察厅，发见原厅不起诉处分错误时，得令原厅重行侦查，提起公诉。第七问，四年四月二十一日司法部饬第五零九号，明言"控诉审系口头审理，与上告审情形不同，答辩程序可略予变通"云云，则地方检察厅检察官，遇被告人经由该厅转送上告理由时，应一律出具答辩书。相应函复贵厅转令查照可也。

此致！

■ 统字第1454号

民国九年十一月十八日大理院复总检察厅函

径复者：

准贵厅函开："案据江苏高等检察厅电称，'查强盗在外把风，于伙犯入室后之伤人行为，因其为强暴胁迫当然之结果，应负共同责任。若于伤人以外，临时起意杀人，则既非预见，自不负责，业经大理院第一二五六号解释在案。兹有在外把风之强盗，因事主出门逃避，开枪击毙两人，伤害三人，其入室搜赃之伙犯，对于此种行为，应如何分别负责？请转院解释示遵'等情到厅。相应据情函送贵院核办"等因到院。

本院查强盗在外把风，系分担实施行为之一部，入室伙犯对于在外把风之人所有行为，应否同负责任，与在外把风者对于入室伙犯之行为，并无区别。相应函复贵厅查照。

此复！

■ 统字第 1455 号

民国九年十一月二十六日大理院咨司法部文

为咨复事：

准贵部咨开："案据吉林高等审判厅呈称，'据滨江地方审判厅呈报，滨江县受理俄人卡萨特克英诉华人大顺昌一案，宣告辩论终结。在本年九月二十四日省长转电明令以前，送达判词在后，是否仍应作为有权审理之判决？如分庭接受，应作为第一审或第二审？理合据情转呈鉴核，咨院解释示复，以便饬遵'等情到部。查该厅所称各节，事关解释法令，相应抄录原呈，咨请贵院查核办理，并希迅予赐复，以便转令遵照"等因到院。

查本年九月二十三日大总统命令，虽声明侨居，俄民应照旧保护。而驻华俄国公使领事等官，待遇既经停止，则条约内关于中俄人民涉诉，俄员会审各条，亦当然效力停止。前订《华洋诉讼办法》，华人被告案件归地方行政官审断，原系拥护法权，防止洋员要求，在法院会审，实属权宜办法。兹俄原华被案件，既无俄员要求会审，即应与通常案件同论，不能适用上开权宜办法。凡非兼理司法之县知事，自无权审理此类诉讼。今明令既未别定施行期限及办法，而滨江县原非兼理司法，则自省长转电明令后，即无审理此案之权。虽辩论终结，在令到以前，而令到后所宣示之判决，究属无效。无论交涉员以指令撤销，县判是否正当，均应由地方厅接受，更为第一审审判。相应咨复贵部转令查照。

此复！

■ 统字第 1456 号

民国九年十二月七日大理院复山西第二高等审判分厅电

山西大同第二审判分厅：

宥代电悉！凡以连续犯意同种行为，侵害同一法益者，皆为连续犯罪。前后行为所触犯之条文，纵有不同，亦应以一罪论。

大理院阳印

附：山西第二高等审判分厅原电

大理院长钧鉴：

查以继续侵害一人之财产目的，先后为两次抢劫行为。惟一则单独行强，一则结伙三人以上，究应否认为连续犯？颇滋疑问。或谓"连续犯之构成"，只需犯意及结果同一，即以同一之连续故意侵害同一之法益，即为连续犯。至侵害之方法及程度虽有不同，原非连续犯构成与否之要件。或谓《刑律》第二十八条所谓"连续犯"，系指连续犯罪者而言，即须以同一故意侵害同一法益，触犯同一罪名，方成为连续犯。如其行为触犯二个律条以上之罪名，即不能适用以一罪论之规定。二说孰是？谨电请钧院迅赐核复。

大同山西第二高等审判分厅宥印

■ **统字第 1457 号**

民国九年十二月七日大理院复湖北高等审判厅函

径复者：

准贵厅函开："案据夏口地方审判厅呈称，'今有甲伪造折据二扣，经三审判决确定，均脱漏没收。现甲主刑执行终了，具状邀保，恳领折据，同级厅以系直接供犯罪所用之物，送请另行核判前来。此项折据，是否可以补充判决，抑将声请驳回？究应如何办理，职厅未敢擅专，理合备文呈请钧厅核示只遵'等情前来。查解释法律，系属贵院之权，相应函请贵院解释赐复，以便转令遵照"等因到院。

本院查正式法院所为刑事判决，如经确定，除显然违法得以非常上告纠正外，并无补判办法。相应函复贵厅转令查照。

此复！

■ **统字第 1458 号**

民国九年十二月九日大理院复总检察厅函

径复者：

准贵厅函开：案据湖北高等检察厅呈称，"夏口地方检察厅检察长王炽昌呈称，'职厅现有甲、乙合伙营业，亏折过多，遂商同伪造账册，将子号出入款项均载入丑号帐内，意图使丙分担欠款。嗣经丙诉甲伪造账册等情，由职厅起诉，同级审判厅判甲伪造私文书，宣告刑罚。甲不服，控诉及上告均经驳回，维持原判。迨执行终了，据甲具状，邀保凭领伪造账册前来。查该账册，系直接供犯罪所用之物，依《刑律》四十八条第二款，本应没收原判主文，三审均已脱漏，应否准领？分为二说：甲说谓，径送同级审判厅另行核判。乙说谓，判决确定后，发见脱漏，欲更正原判，除照呈准援用《刑诉草案》四百五十九条及四百六十条，提起非常上诉，别无救济之方。案关解释，未便擅专，理合呈请钧厅转呈总检察厅。函请大理院迅赐解释。悬案以待，电复遵行'等情到厅。案关解释法律，未便擅专，理合呈乞钧厅转送大理院解释示遵"等情到厅。相应据情函请贵院解释示复等因到院。

本院查刑事判决，如经确定，除显然违法得依非常上告纠正外，唯县知事审理之案件，有时得行补判，并应注意呈准暂行援用之《刑事诉讼律（草案）》"执行"编第四百九十七条至四百九十九条之规定。相应函复贵厅转令查照。

此复！

■ **统字第 1459 号**

民国九年十二月十五日大理院复直隶高等审判厅函

径复者：

准贵厅函开："兹据直隶第一高等审判分厅监督推事张梯云快邮代电呈称，'《科刑标准条例》第五条第一款规定，系《刑律》第三百七十三条第一款之罪。在场持有火器者，依照文义解释，似以强盗之入室、过船搜赃，并执持火枪或洋枪者为限。但又有一说，此款规定，系以前清律强盗门所载强盗及窃盗临时行强之

· 1094 ·

案,但有一人执持鸟枪、洋枪在场者,不论曾否伤人,不分首从,均斩立决之例为蓝本,应解为在场盗犯,但有一人执持火器者,其他共犯,均当受该条款之制裁。两说未知孰是。如从后说,其在外把风,或接递赃物之犯,是否亦包括该条款之内,处唯一之死刑?事涉法律疑义,于罪刑出入关系颇钜,呈请转请解释'等因。据此事关法令疑义,相应函请钧院解释,以便转令遵照"等因到院。

本院查《科刑标准条例》第五条第一款所称,系《刑律》第三百七十三条第一款之罪,在场持有火器者,系指在场而又执持火器之人而言。相应函复贵厅转令查照。

此复!

■ 统字第1460号

民国九年十二月十七日大理院复江苏第一高等审判厅电

江苏淮安第一高等审判分厅:

养代电悉!法定最重主刑,系四等有期徒刑以下,因累犯加等至三等有期徒刑以上时,不在《覆判章程》应送覆判之列,观该章程第一条第一项第一、第二款自明。

大理院筱印

附:江苏第一高等审判分厅原代电

大理院钧鉴:

查《覆判章程》第一项第一款,法定最重主刑,系三等有期徒刑以上者,应送覆判。如最重主刑系四等有期徒刑,因累犯加等而加至三等有期徒刑者,应否覆判?不无疑义。相应电请钧院解释,迅赐电复,以便遵办。

江苏第一高等审判分厅养印

■ 统字第1461号

民国九年十二月十八日大理院复浙江第二高等审判分厅电

浙江金华第二高等审判分厅:

冬代电悉!应以乙说为是。

大理院巧印

附:浙江第二高等审判分厅原代电

大理院钧鉴:

查原告诉人不服县判之呈诉,应准注销,依六年统字六二九号解释,本无疑义。惟四年统字第二三三号解释,上告发还更审之案,被告人不许注销。兹设有原告诉人,于上告审发还更审后,声请注销呈诉,应否照准?发生疑问:甲说,以《试办章程》第六十六条,并无发还更审后不许注销之限制。且案既发还,则原判已不存在,仍回复呈诉审未经判决以前之程度。参观现行通例,发还更审之案,仍得依同章程第六十七条撤销控诉自明。而被告人所以不准注销者,盖恐发还判决,有时指明原判罪刑失出,恐滥予照准,易启被告人希图免科重刑之弊。若在原告诉人,则无此种流弊。且在法律上地位，亦迥不相同，自不能以被告人类推，应准注销呈诉。乙说，上告审发还更审之案，既不许被告人注销控诉，则原告诉人事同一律，亦不许注销呈诉。二说未知孰是。事关法律解释，理合函请钧院解释示遵，实为公便。

浙江第二高等审判分厅冬

■ 统字第1462号

民国九年十二月十八日大理院复安徽律师惩戒会函

径复者：

准贵会函开：敬启者，"查《修正律师暂行章程》第二十四条载，'律师非加入公会，不得执行职务'。又二十五条载，'律师公会受所在地方检察长，或高等分厅监督检察官之监督'等语。今有某律师于加入公会，执行职务时，实有违律师章程之行为。惟于其行为发生后，即撤销登录，该管地方检察长，就其撤销登录以前之违反章程各行为，提付惩戒。于此有二说焉：甲说谓，律师撤销登录，退出律师公会，并不执行律师业务，该管辖区之检察长，对于退职律师，已失却其法律上之监督权。既无监督权，若犹提起惩戒之诉，惩戒会可认为不合法，不予受理。乙说谓，律师之应否受惩戒，应以该律师执行律师职务时有无违章之行为为断。违章之行为，既在执行职务之时，检察方面，就其在职时所为之行为，提付惩戒，律师惩戒会当然有受理惩戒之权。否则律师于其行为违法之后，为避惩戒计，故意撤销登录，即不得加以惩戒，匪惟启规避之门，且与立法之本意不合。二说孰是，事关法律疑义，相应函请贵院速赐解释"等因到院。

本院查所询关涉具体案件，查照本院九年十月四日布告，本可无庸解答。惟检查覆审查律师惩戒会，关于律师张益芳被付惩戒一案卷宗，本年五月二十日司法部来咨，对于仅受训戒处分之律师，在决议未确定以前丧失资格（指撤销登录言）者，定有变通办法，然仍严加制限。原咨足供参考，相应照抄一份，函请贵会查照可也。

此致！

■ 统字第1463号

民国九年十二月十八日大理院复直隶高等审判厅函

径复者：

准贵厅函开：案据万全地方审判厅长董玉墀呈称，"查《覆判章程》，有发交覆审与覆审判决应行适用者之规定，而对于初判之原判决，并无撤销明文。设如有发交覆审案件，该初判原判决，应由覆判审或覆审中何审撤销为宜？于此有三说焉：甲说，《覆判章程》第四条第一项第二款，仅仅规定为覆审之决定，并未规定撤销初判。查照普通诉讼通例，凡原审系判决者，撤销时应以判决行之。又大理院统字第一二九二号解释，以决定撤销原判决为违法，覆判审所为覆审之裁判，系用决定形式，自不能将初判原判决撤销。该项初判原判决，应由覆审中参照统字第二八八号解释，依更审中程序撤销。或参照统字一三三八号解释，依刑诉第三百八十四条第三项之法理，于覆审中撤销时加叙'本案应由本厅另为第一审审判'字样。此一说也。乙说，《覆判章程》第五条第二项规定各款，覆审之审判，分别厅、庭、署县，适用通常规定。依统字第二八八号解释，覆审仍系第一审，其在民诉缺席判决后之第一审，可以废弃前之第一审判决，而刑诉通常第一审，无此规定，其在刑诉第一审之再审应仍依第一审通常程序。又刑诉第四百五十五条规定之再审，亦仅有维持原判决规定，并无撤销或废弃原判决明文。如覆审判决依照发还第二审更审之例，于初判之违误者，固可将初判撤销。设如初判并不违误，则又将如何？依照更审中控告驳回之例办理，若依再审之例，维持初判原判决，又不免与上级审发交覆审之裁判抵触。虽刑诉第三百八十四条第三项，有撤销第一审原判另为第一审之规定，然该条项程序，系先为控告审后改为第一审者，与已经过覆判审发交之程序不同，援用亦未尽适合。故初判原判决，覆审中不能撤销，仍应由覆判审于为覆审之裁判时，同将初判撤销为宜。至于决定之能否撤销判决疑点，查照统字第一二九二号解释，乃谓高审本厅不应撤销高审分厅之裁判，尚非单纯谓决定不能撤销判决。况统字第五三三号解释，已明认覆审之决定，撤销初判之判决，并无不当。刑诉第四百十三条，已有以决定撤销原判决发还第一审明文，俱可资以解决。此一说也。丙说，诉讼通例，有无效之裁判，如统字第六五二号解释更正之判决、统字第八百零六号解释县知事第二次之判决，一有无效原因，不必撤销，即当然不能存在。《覆判章程》第七条第二项，对于覆审之判决，有控告上告之不同。该章程第五条第二项所谓适用通常规定，亦有厅庭署县之分别。故除第五条第三、第四两款之判决，可以适用控告审程序撤销初判外，其第一、第二两款之判决，一经发还或发交覆审，初判原判决即当然无效，不能仍为存在。故不必由覆判审明文撤销，亦不必由覆审中明文撤销。此又一说也。再查《覆判章程》，亦无覆判或覆审附带私诉规定。设如有公私各机关、刑事被害人，于被害后，声明被害情形，并非依法提起附带私诉，请求回复损害，而初判基于呈准地方最高行政长官依法责成赔偿之训饬，于一主文内，将未曾到案并未列为被告之多数村庄，判着赔偿损害。则该部分初判判决，是否认为行政处分，抑系认为附带私诉？如认为附带私诉，而发交覆审之裁判，未为一语涉及，则覆审中能否一并覆审？关于此点，亦有子丑两说：子说，覆判范围，以《覆判章程》第一条各项款所列举应送覆判者为限，该章程既无覆判附带私诉规定，故初判之附带私诉部分，覆判审不予覆判，覆审中亦不必一并覆审。丑说，依统字第八六七号解释，覆判章程所未经规定者，当准用刑诉法规。如初判无罪之判决，本不在该章程规定应送覆判之内仍需呈送覆判之类，尤为显著，故初判之附带私诉不合法者无论矣。如系合法提起之附带私诉，《覆判章程》虽无予以裁判之规定，亦不得不为类推予以裁判。纵使覆判审不予裁判，而在依《覆判章程》第五条第二项适用通常规定，仍系第一审之覆审，苟有合于私诉规则提起之附带私诉，能否亦不予以受理。又《私诉规则》第十条载：'公诉经送交案件嘱托审判、指定或移转管辖等决定者，私诉视为亦经决定'等语，该项发交覆审之裁判，如可认为包括私诉在内，覆审中当然受其拘束。如仅系将公诉部分发交覆审,亦应依私诉规则第十条,将该私诉部分,由覆审中予以覆审。惟既依《私诉规则》予以一并覆审,则该章程第十八条及其他有关系之各条文,俱可适用。以上两问题中各说,究以何说为是?如第一问题中以乙说为是,而已发交覆审之决定,并未将初判原判撤销,又应如何救济?事关法律疑义,并无判例及解释足资援用解决,理合具文呈请核转解释"等因。相应函请钧院解释见复,以便转令遵照等因到院。

查《覆判章程》第一条之案,虽未经声明控诉,于控诉期间经过后,仍不发生执行力。是该章程视初判之效力,与其他第一审判决不同,故初判一经决定覆审,即应视同撤销。该章程内所以不设撤销明文者,殆以初判既不应以决定撤销,而提审莅审之前,又不应有撤销初判之判决故耳。至附带私诉,应严守不告不理之原则,无论未经被害人提起附带私诉之案,判令被告人赔偿损害为不合法,即系合法判决之附带私诉,未经当事人声明上诉,亦无并送覆判之理。相应函复贵厅转令查照可也。

此致!

■ 统字第1464号
民国九年十二月二十八日大理院复总检察厅函

径复者:

准贵厅函开:案据吉林高等检察厅电称,"据滨江地检厅快邮代电内称,'兹有红十字分会会长及干事长赴俄属庙街,赈济华侨难民,侵蚀赈款。系由滨江道尹、吉黑江防司令,向商家担保给予,惟无地方长官委任文件,可否适用《办赈犯罪惩治条例》,请迅电院示遵'等因。案关解释,理合电请转院解释后电示,以便转饬遵办"等情到厅。查原呈所述情形,虽似一具体案件,惟关系新法令适用范围,仍请贵院解释示复,实级公谊等因到院。

本院查原电系叙述具体案件,查照本年十月四日本院布告,固可无庸解答。且所称系"由滨江道尹、吉黑江防司令,向商家担保给予"云云,语义不明,亦复无从置答。惟所应注意者,《办赈犯罪惩治暂行条例》第四条称:"本条例于办理赈务完竣之日废止"与《办赈惩奖暂行条例》第十三条相同。而《赈务处暂行章程》第一条又称"为统一赈务行政起见,特设赈务处,综理直、鲁、豫、秦、晋各灾区赈济及善后事宜",则教令第十九号以下公布各条例内,各所指之赈务或办赈,自有相当范围。又受委任办赈,通常应有委任文件,然不得谓舍此别无委任方法。相应函复贵厅转令查照可也。

此致!

■ 统字第1465号
民国十年一月二十一日大理院复哈尔滨东省特别区域高等审判厅电

哈尔滨东省特别区域高等审判厅:

微代电情形,应从窃盗及伪造有价证券并行使一重处断。

大理院马印

附：哈尔滨东省特别区域高等审判厅原代电

大理院钧鉴：

窃取他人所领银行存款空白支票，填写银数，冒名签字，向银行取款。此种行为，究应以窃盗及伪造有价证券从一重论？抑应以窃盗及伪造私文书与诈财从重论罪？事关法律疑义，应请释明示遵。

东省特别区域高等审判厅微印

■ 统字第1466号

民国十年一月二十二日大理院咨复财政部文

为咨复事：

准贵部咨开：准湖北省长咨开，案查接管卷内，张赵氏控诉官产处误收伊夫张赓扬充公房屋一案。前据湖北财政厅厅长魏联芳，迭次呈准湖北地高两审厅先后来函，并各清折，均经敝前任转咨贵部查照在案。兹据该厅长呈称，"准高等审判厅函开，'案查贵厅与张赵氏因房屋纠葛控诉一案，前由敝厅审查决定，送达决定正本。去后，嗣据该张赵氏声明抗告。复经敝厅加具意见书，连同全案记录，函送大理院核办，并函达贵厅查照各在案。兹准大理院调查决定，于本月十八日函发记录到厅，经敝厅查核，系认为应由敝厅受理控诉之件，亟应照办。除将大理院决定正本送达抗告人张赵氏收执外，相应照抄决定书一件，函达贵厅查照，希即补缴控诉讼费，并委任代理人到庭，以符定章而凭传审'等因前来。厅长查各省查追官产，拟归该管地方行政官厅办理，毋庸交由法庭审判一案，曾于民国四年间，经财政部呈奉大总统批准，由部通行各省遵办。原以立宪国既采三权分立之制，司法机关无审查行政官厅是否违法之权。官产收回国有，纯系行政处分，人民纵有不服，只能依照《诉愿法》及《行政诉讼法》办理，不能向法庭请求判断。原呈解释，本极分明，张赵氏一案，本厅认为行政处分，系遵照前项法令办理。若依此次大理院调查决定，仍归湖北高等审判厅审理，似与大总统批令不无抵触。事关法令，究应如何办理？理合照录决定书，缮折具呈，仰祈鉴核转咨财政部核示遵行"等情。计呈赍清折一合到署。据此除指令外，相应抄折转咨贵部，请烦核办见复等因到部。查本部前为清理官产免除迟误起见，曾于民国四年二月十一日，具呈各省查追官产，拟归该管地方行政官厅办理，毋庸交由法庭审判。以清权限而免窒碍等由，于是年二月十三日，奉大总统批令，准如所拟办理，即由该部通行遵照，并交司法部查照，此批等因，节经遵奉办理在案。兹查湖北省长咨据湖北财政厅呈称张赵氏控诉官产处误收伊夫张赓扬充公房屋一案，系在官产范围以内，似应遵照大总统批准成案办理。除咨复湖北省长外，相应抄录本部呈准原文及批令，咨请贵院查核办理，并希见复等因到院。

查民事诉讼，系为保护私权而设，凡人民有以所有权被不法侵害诉请救济者，无论其相对人为私人或为官厅，因为解决私法上法律关系，审判衙门均应予以受理，早经本院解释有案（统一四四）。张赵氏以其故夫张赓扬所有房屋，被武昌清理公产局以侵蚀公款为理由将该房屋充公，请求返还，系因私法上权利义务关系发生讼争之件，与行政处分，本自无涉。即按之贵部呈准查追官产拟归行政官厅办法内开侵占、冒认、欠租、霸庄等条件，亦与张赵氏所诉情形迥然不同。相应咨复贵部查核转咨饬遵。

此咨！

■ 统字第 1467 号

民国十年一月二十二日大理院咨复司法部文

为咨复事：

准贵部咨开："据吉林高等审判厅转据滨江地方审判厅代电称，'查职厅有华商甲，于一九一九年八月十日，为乙商号对于俄商丙负担债务日本金票一万元，当立欠券，担任代价以俄国一千九百十七年克林斯基所出绿色大帖，十五万五千五百零五元。自本日起以四个月为限，如数交付，不给利息，届时如绿色大帖作废，应交他项同等价值之俄币。甲至期用破绿色大帖交付，丙以当地习惯不用破帖拒之。延至今日，绿大帖价值锐减，仅与订立契约时十分之一相当，遂起诉讼。职厅对于本案法律上解释，分三说：（一）该契约内既声明以特种通货给付，无论特种通货之价值如何，不能再要求给付价格较高之他种货币。（二）甲于履行契约时绿色大帖价，虽云跌落，尚无大差。甲故意用当地不能通行之绿色大帖，致丙拒绝。现在此项大帖，价格极低，甲应依履行契约时之绿色大帖价值，易以同等价值之俄币。（三）甲既为乙负担债务日本金票一万元，约定以克林斯基所出绿色大帖代偿，届时绿色大帖作废，应交他项同等价值之俄币。现在俄国各局所各商号，均拒绝绿帖，虽无明文废止，与废止无异，甲仍应依立约时绿色大帖价值计算，交以相当之俄币如金鲁布之类。以上三说，究以何说为当？悬案待决，电恳转请咨院解释示遵'等情到部。事关法律解释，相应咨请贵院迅予解释见复，以便转令遵照"等因到院。

查当事人既有约定，应依契约本旨履行债务。如果清偿时，克林斯基所出绿色大帖，已完全失去通行之效力（事实上废止），即应依立约时绿色大帖价值比算，交付相当之俄币。如果绿色大帖犹有通行之效力，不过价值低落，则仍交付当地通行之绿色大帖，自难拒绝，但亦须依立约时价值折算补水。相应咨复贵部查照转饬。

此咨！

■ 统字第 1468 号

民国十年一月二十二日大理院复山西高等审判厅函

径启者：

准贵厅函开：据太原地方审判厅长王慎贤呈称，"窃查《诉讼费用规则》第六条第四项（即声请开始强制执行），业于本年十一月间，奉司法部令暂缓援用在案。惟该规则第六条最后规定，'前项（即指该条所列之一二三四五各项而言）以外之民事声请或声明，均须征收审判费用五角'等语。查民事案件判决确定后，由当事人声请执行，状内仅言'传案押追'，或漫云'强制执行'，并无请求查封债务人所有财产之意旨。此项声请，可否认为开始强制执行不再征费，抑包括于该条所谓声请、声明之内仍须征收审判费用五角？颇滋疑义。理合呈请转院解释，以便遵办"等情。据此，合行函达贵院，迅赐解释函复饬遵等因到院。

查声请状既称"传案押追"，或云"强制执行"，已可认为确有声请开始强制执行之表示，既奉部令将《诉讼费用规则》第六条第四项暂缓实行，应即遵办。相应函复贵厅查照饬遵。

此复！

■ **统字第1469号**
民国十年一月二十二日大理院复山西高等审判厅函
径启者：

准贵厅函开：据太原地方审判厅长王慎贤呈称："前奉部颁《诉讼费用规则》，职厅业经遵办呈报在案。惟该规则第六条第五项规定之声请假扣押、假处分，因适用之际，职厅民庭与民事执行处，对之颇有疑义，于是发生甲、乙两说。甲说谓，《诉讼费用规则》第六条第五项所载'声请假扣押、假处分，均系关于强制执行范围内之事项，凡诉讼当事人对于上项事件有所陈请，均须直接向民事执行处请求，由该处依法决定'。至民庭职司审判，对于该项强制执行事件之声请，当然无过问之余地。乙说谓，民事执行处专司执行，并无审判案件之权。例如《诉讼费用规则》第六条第五项所载声请假扣押假处分等，既系声请，自必照章予以决定。查决定虽与判决不同，然核其性质，仍系裁判之一种，依法自应由民庭审查决定。俟经过抗告期间，再将决定正本，移付民事执行处，按照决定意旨予以执行，方符法意。民事执行处万无自为决定，致蹈审判案件之嫌。二说相持，莫衷一是，究以何说为当？又《诉讼费用规则》第六条第四项声请开始强制执行，是否可向民庭声请，由民庭决定，移付民事执行处执行？抑声请开始之际，即须向民事执行处陈请，不再经过决定程序，径予执行？查该条规定列举各项，均须征收审判费用一元，声请开始强制执行，亦列在内。是所征之费，既系审判费用。而民事执行处，既无审判案件之权，即对该项声请，自无从事裁判之余地。按之实际，似应由民庭决定，移付民事执行处，依法执行，方符该案征收审判费用之意。但现行《民事诉讼执行规则》第四条第二项规定，'民事案件判决确定后，本厅审理各庭，应将诉讼记录，移付民事执行处'。如果当事人声请开始强制执行，仍须民庭解决后，再行移付执行。所以该案诉讼记录，又无由民事执行处送还民庭明文。倘有此等执行案件，似非划清权限，殊不足以利进行。理合具文，呈请转院迅为解释，俾便遵行"等情。据此，合行函达贵院迅赐解释函复饬遵等因到院。

查《民事诉讼执行规则》第一百一条第一项"假扣押之声请，专属于本案之管辖审判厅，或管辖假扣押物所在地之审判厅"。又第一百四条假扣押之声请，以决定审判之。又第一百二十一条,"假处分之命令及其程序,除有特别规定外,准用关于假扣押命令及其程序之规定"等话。是假扣押、假处分之声请程序,本属法有明文。又查《民事诉讼执行规则》第四条第一项"强制执行事务,由民事执行庭依声请或依职权行之"。是声请开始强制执行,亦无再由民庭决定移付之理,尤不生权限问题。相应函复贵厅查照饬遵。

此复!

■ 统字第1470号

民国十年一月二十二日大理院复陕西第一高等审判分厅函

径启者:

准贵分厅函开:"今有甲亡故无嗣,其产业为异姓乙所霸占。甲之族人丙,在县与乙涉讼,将甲之产业追回,并以同族之丁与甲承嗣。当时丁尚未成年,与丙同居。丙旋于丁承受之产业中,凭族提出八十石租稞之田,捐入祠堂收租,以作建立学校资本。及丁成年后,否认丙提产捐学之事,在县与丙涉讼。由县知事传讯后,堂谕该县东区团总(该团总为丙、丁二人之同族),集合族众从场核实议复,以凭执行。初经该团总召集族人议决,将丙所提捐与学之稞取消,复归丁所有。具禀呈复,并黏呈议决合同签押名单,当经原县批准存查在案。继因丙不服,又由该团总二次召集族人议决,将丙所提捐与学八十石租稞之田,仍捐为祠堂收租建兴学校之费,仍由该团总具禀黏单呈报于县。复经原县一面批令丁受遗产业,准酌提十分之四,归入祠堂,作为兴学基本;一面摘由抄发该团总转饬遵照在案。丁又不服,丙、丁双方在县请求审讯,县知事并未传集两造开庭辩论,仅批以'东区团局转呈议复各件,业经先后指令明确,仰自取阅'等语。丙、丁不服,来厅控诉。查原县批谕内容,均涉及案内事实。此种处分,可否认为一种判决?于此有二说焉:甲说,依钧院二年统字三二号解释,其批谕内容既涉及事实,自可认为已经判决,不必发还重行审判。乙说,凡审理事实之审判衙门,以言词辩论主义为原则,原县并未传集两造践履辩论程序,已属违法。且查第三二号解释,系指县知事直接向诉讼当事人所为之批谕而言,此则向诉讼当事人以外之第三人间接所为之批谕,诉讼当事人不能受其拘束,应认为未经判决,发还原审重行审判。二说未知孰是,相应函请钧院核示遵行"等因到院。

查县知事于受理诉讼案件所为批谕,其内容既涉及事实,可以认为已有一定之裁断,纵判决形式有所违误,亦应有效。若于实体上之裁判,未经传讯当事人依法辩论者,无论批谕内容如何,决不能谓已经第一审判决(参照本院统字第三二、第四八二、第六一八等号解释)。再原函虽似叙述一具体案件,惟在九年十月四日本院第一号布告到达以前,故仍行解答。相应函复贵分厅查照。

此复!

■ 统字第 1471 号

民国十年一月二十二日大理院复直隶高等审判厅函

径启者：

准贵厅函开：据天津律师公会呈称，"兹据本会律师宋树珍呈称，'为呈请解释事，窃查《民律》对于婚姻预约以及主婚人之规定，皆载在明文，主婚应由父母与祖父母。例如两层尊亲尽在，而子女从父母宦游他乡，家中祖父母亦未函商，即给孙男或孙女主婚。已通过婚书后，父母不同意，因是起诉。此等预约，可否认为有效？又婚姻预约在法律上系要式行为：一婚书，二聘礼。例如先通过年庚八字，并未纳过聘礼。嗣后，或男家或女家有一方不欲缔结，而为婚姻预约通过拒绝，缘是兴讼。此年庚八字，可否认为系属婚姻预约之一种？以上两情形，在法律上实为疑义问题。为此函恳贵会转请解释，以明法义而便遵循，实为公便'等情。据此，理合呈请钧厅转请解释"等情。据此，相应备文函请钧院，俯赐解释见复，以便转令遵照等因到院。

本院查（一）祖父母父母俱在，而又系同居者，应有父母主婚，本院早有判例［本院《判例要旨汇览》（第一卷）民法一三三页七年上字二九八号］。同居者主婚权，即尚属父母，则随从父母寄居他乡之子女，尤应由父母主婚。若祖父母在家所定之婚约，父母不同意者，自得撤销。（二）希查照本院《判例要旨汇览》（第一卷）民法一三二页四年上字一四一七号及同年上字三七九号，毋庸再行答解。相应函复贵厅转令遵照可也。

此致！

■ 统字第 1472 号

民国十年一月二十二日大理院致江西高等审判厅函

径启者：

据南昌律师公会邮代电称："兹有民事案件，经第一审判决后，双方均具结遵判，并先后状请照判执行。旋因执行上稍有争执，复由一方提起控诉，而控诉审竟将原判撤销，另行改判，上告审亦维持控告审之判决。查第一审判决后，既经双方状请照判执行即系舍弃上诉，该判决应即认为确定。既应认为确定，则连后此上告之判决，是为同一案件，而有两个确定判决。究应以何确定判决为有效？抑应查照《民诉草案》第六百零五条第十款之法理，（当事人就同一事件发见已受之判决者）声请再审，以图救济？案关法律解释，应请钧院详予解释，以便遵行"等因到院。

查《民诉草案》第六百零五条第十款，所称"当事人就同一事件，发见已受之判决者，应以有二确定判决为前提"。来函所称情形，第一审判决，既经控诉审撤销改判，其判决已不存在，即与请求再审之条件不合，自以上告审所维持之控诉审判决为有效。相应函请贵厅转行遵照可也。

此致！

统字第 1473 号

民国十年一月二十二日大理院复京师高等审判厅函

径复者：

准贵厅函称：据安次县知事张象熉呈称，民国九年十二月三十一日，奉京兆尹公署训令第二三五四号内开，案准顺直省议会快邮代电内称，"本会前以《旗圈售租章程》，关系人民利害，至为重要。当经两次修正，但兹事体大，推行欲期尽利，审议不厌求详，现正提出讨论，一俟议有结果，当即咨请公布。惟据贵区议员等声称'刻以旗圈售租，时有冲突，人民颇感困苦，请转咨禁止'等语。经由大会公决，合亟电请速令各县于此项修正章程未经公布以前，严行禁止，不得发见售租情事，即业经涉讼成案各件，一概搁置缓办，不准再有传讯追押"等情。是为至祷，顺直省议会印铣等因准此。除分令外，合行令仰该县知事遵照，体察地方情形，妥为办理此令等因。奉此，查直省编订《旗圈售租章程》，系前直隶巡按使呈奉前大总统令交部议准行，并由前京兆尹通令各属参酌办理。迫京兆租籽地章程停止援用，县知事审理此项诉讼，专赖售租章程，以资引用，而为判断。兹奉前因，细绎尹令体察地方情形妥为办理语气，仅系据情转行，原无确定禁止意思。第县知事行政兼理司法，百端待理，披览听断，惟日不足，若不明定办法，审判殊无依据，一有停顿，丛脞堪虞。京兆各县坐落旗圈，为数甚巨，该项诉讼络绎不绝。旗地租主，多系清之王公府第，侈言优待条件，任意售租，久为有与法律同等效力。省章程所许一旦禁止，自非有他项新章或此项章程修正并公布后不可。勿论章程如何修正，若未经公布以先，仅以省会名义快邮之件，停止援用于法律同等效力之章程，遽行禁止售租，虽曰严行，恐人民不负遵守之义务，因之涉讼成案，愈激愈厉。旗族圈地食租者，将其租权辗转卖买，从为法律所不禁。近有售租章程，严防以租权居奇，故售价一端，详细规定，并先尽原佃承受，往往仍发生纠葛。究其起衅，不外以佃权抵制租权，要求价廉，希图便宜为宗旨。县知事受理判结，未有不对于佃权曲予维持，援用《售租章程》之售价规定，酌量再减，以定售价，至为公允。如有不服，尚可以上诉为救济方法，殊无颇感困难之可言。今忽云禁止，又谓不得发见售租情事，则租主方面所感困苦，又当何说以解之耶？况复一则曰'一律搁置缓办'，再则曰'不准传讯追押'，言之雷厉，愈生疑窦。近世立宪国家，三权分立，不相干涉，闻有立法以待施行者，未闻有悬案以待立法也。一件搁置，数十件亦搁置，连千累百，难免酿成事端。不特此也，如果诉讼在第二审、第三审，是否亦同受此等拘束？一律停止进行，尤属困难。若论刑法上责任，应受理而不受理，或不为审判者，律有专条，试问谁负其责？因人民有诉讼之权，为公权之一种，载在《约法》，议会不能无故剥夺。法律为人民保障佃权、租权，自应持平对待，不能偏重一方。县知事如果隐忍搁置，亦必为诉讼当事人所不容。今日一状，明日又一状，人民疲于奔命，官厅亦不堪其扰，似非国家立法司法之本意。究竟此项诉讼，现在县知事公署能否遵照禁止，一律搁置不为审理？或审理是否仍可援用直隶《旗圈售租章程》？事关审判与法律适用互相冲突，未敢擅专。悬案以待，伏乞鉴核转请解释示遵等情到厅。相应转请解释，以便转令遵照等因到院。

查直隶旗产《圈地售租章程》，系民国四年七月三十一日奉大总统令准施行，与法律有同一之效力。非经依法修正或废止，司法衙门于圈地售租讼争案件，当然继续援引，不因省议会禁止售租之议决而失其效力。相应函复贵厅转令遵照可也。

此致！

■ 统字第 1474 号
民国十年一月二十二日大理院复山东高等审判厅函

径启者：

准贵厅来电称："据临淄县知事快邮代电称，'案查养女之主婚权，是否属之养女之家，抑属本生父母，或其余亲？如当初曾否言明并无证明时，其主婚权究应谁属？外国教堂所立慈善机关，对于养女有无主婚权？请示遵'等语。本厅查养女应由养父母或养母之翁姑主婚，钧院早有判例。惟外国教堂所立慈善机关，对于养女有无主婚权？殊滋疑义。事关对外问题，本厅未便擅拟，理合转请钧院解释赐复饬遵"等因到院。

查主婚在法律上与证婚之性质不同，而慈善机关之收育与养亲关系性质又不同，除法令有特别规定外，不能认其有主婚权。相应函复贵厅查照饬遵。

此复！

■ 统字第 1475 号
民国十年一月二十二日大理院复总检察厅函

径启者：

准贵厅函开：据山西高等检察厅呈称，"案据方山县知事呈称，'兹有甲女、乙男，因坟地所有相争。甲称其父丙、母丁，终身无嗣，虽有同族，亦系早为分居他县，且只生甲女一人。自甲女出嫁后，其父丙、母丁，已于前清光绪十八年先后病故，并买有坟地，即经该甲女同夫戊亲为合葬。迨后，虽随夫戊移居他县，然每年仍按节来坟奠祭。惟坟地之契据，该甲女因年幼出嫁，已将该地契遗失。虽无地契，但有坟内墓葬之双骨可稽，并有该甲女父、丙母丁合墓内镇砖、镇瓦记载，分明可证。坚请掘墓验其砖瓦寻证，倘掘验有虚，情甘认罪。究竟甲女之告诉，是否有效，抑或应属何人告诉？此应请解释者一也。再甲女所举之寻证办法，法庭可否允准掘验？掘验倘虚，甲女是否有罪？如属有罪，究竟应以诬告罪科处，抑应犯发掘坟墓罪，或系犯发掘坟墓而损坏遗业罪？果系犯何罪？此应请解释者二也。又乙称坟地系乙所有，系清道光十八年，向郭姓所置，并有地契为据。但此契载共地六亩，已转卖刘姓四亩，下余二亩，即此坟地。查契载地名亩数，均属相符。惟于四至各至何人，契内尚未载明，无凭证明。是否即属此段坟地，抑或系属何段？且查买地人刘姓，已转卖又转经多人，中间各契，每多遗失无稽。现坟地内所葬之墓冢。系属六冢，六墓之内，查明有墓主者甚多。复经乙之证人己，并称各坟，系由前清同治八年，已从始开葬二墓。其余各墓，历经光绪各年渐葬，已历年甚久，概未经该甲女阻葬，今始出而告争，实系误争。据上情形，乙男所执无四至之文契，是否属于有效？此应请解释者一也。乙男并指坟内六墓，均系单骨。亦坚请掘验，如虚甘认侵占之罪。究竟乙请掘验属虚，是否即犯侵占之罪，抑或系犯何罪？此应请解释者二也。以上各疑点，亟待解决，理合备文呈请转呈解释示遵施行'等情到厅。理合具呈转请函院解释示遵施行"等情到厅。相应据情函请贵院解释示复，以便转饬遵照等因到院。

查现行律载"户绝财产，果无同宗应继之人，所有亲女承受"等语，是亲女能否承受遗产，须视能合法定条件与否。如其有权承受，则对于无权占有遗产之人，自可出为告争。至当事人提出证据，法庭应如何采用，不在解释范围之内，应毋庸议。除刑事部分先行答解外，相应函复贵厅转令查照。

此复！

■ 统字第1476号

民国十年二月一日大理院复江苏第一高等审判分厅电

江苏淮安第一高等审判分厅：

陷代电悉！应归军事机关审判之案，如经陆军部通令禁止委托代行审判，自毋庸受理。

大理院东印

附：江苏第一高等审判分厅原代电

大理院钧鉴：

查钧院咨复陆军部统字第一一三三号解释："凡应归军法审判之案，无庸再行委托普通司法机关代行审判。"又电复山东高审厅统字第一一五六号解释："凡受托在陆军部通令禁止前，仍应照统字第一零八七号解释办结"各等因。是司法机关受托办理此种案件，似以陆军部禁止通令以前者为限。而在陆军部通令禁止后，有权限军事长官，即无须再行委托司法机关，其意义本极明了。惟查第一一三三号解释，仅称嗣后毋庸再行委托，并未言及再行委托后不得受理。假有在陆军部禁止之后，其有权限之军事长官，仍行委托，其情事显与统字第一一五六号所列之情形不同，司法机关应否受理？颇滋疑义，理合电请钧鉴，解释示遵。

江苏第一高等审判分厅陷

■ 统字第1477号

民国十年二月三日大理院复总检察厅函

径复者：

准贵厅函开，案据山东高等检察厅呈称，据济南地方检察厅检察长雷赟呈称，"为胪陈法律疑义，恳予转请解释事。查《刑律》补充条例第六条规定'和奸无夫妇女，须相奸者之尊亲属告诉乃论'，依统字第五五号及八二四号解释，'出继子对于本生父母，应以尊亲属论，其妻亦同'。孀妇犯奸，其夫之本生父母，依此应有告诉权。惟告诉权之行使，为家庭秩序计，似不能无一定顺序。本生父母是否限于所继父母及祖父母亡故，始可告诉？如所继父母及祖父母生前，曾舍弃告诉撤销告诉，或有告诉无效原因。其本生父母，是否不能告诉？此应请求解释者一。离婚之效力，在消灭夫妻及亲属关系。依统字五五号亲子对于出母有犯，应以尊亲属论。盖以出母虽为父所绝，而子无绝母之义，亲子关系，不随之消灭。但依《刑律》第八十二条第二项，'妻于夫之尊亲属，与夫同'。则妻对于夫之出母，是否以尊亲属论？此应请求请解释者二。依统字九零九号解释，孀妇改嫁，主婚人所受之财，本以供孀妇置备妆奁及其因婚姻所需之费用，并非给予主婚人以特别之利益。究竟此种财礼，其所有权属于何人？如主婚人未供上项用度，而有侵没情事，孀妇可否出而主张？并主婚人应否构成犯罪？此应请求解释者三。按现行律，以奸论之婚姻均应认为无效，因之不发生一切家属亲属关系。如因无效婚姻所娶之妻（假定曰妻），对于其夫之尊亲属有犯，应否以凡人论？查前清乾隆例案，载同姓为婚之禁，'虽不能因乡愚无知，而置律例之规定于不顾，然其名分已定，在未离异以前，殴伤尊亲属，不能以凡人论'。究竟此种例案，现在可否作为条理采用？此应请求解释者四。查《刑律》补充条例第七条规定，本为告诉乃论之例外，统字第一三二二号解释所谓'并不告诉'，是否指有为告诉之反对表示而言？又该号解释所谓'若有告诉权者明示舍弃'云云，其明示舍弃，有无时期之限制？是否在判决确定前，均可舍弃，抑与撤销告诉同？此应请求解释者五。查《试办章程》第六十条，'凡刑事上诉，自宣示判词之翌日始，限于十日内，禀请原检察厅转送上级检察厅，此盖包前条各刑事上诉人而言'。依总检察厅元年十月通令，上诉意旨书，均须一律填明日期，以便稽考，则检察官提起上诉，应以作成意旨书之日，为声明上诉之日，无须通知审厅。乃各厅旧例相沿，检察官提起上诉，须备函通知审厅，作为上诉声明，而不问意旨书作成之期日，此盖本《刑律草案》上诉之规定。究竟此种办法，可否并行？此应请求解释者六。按最近院例，县判未经宣示或牌示者，并非根本无效，不过不生确定效力。若被告人已受执行，即可认为舍弃上诉，其判决亦即确定。惟县判原告诉人可以上诉，此种未经宣告之判决，被告人虽已受执行或执行将满，原告诉人若有不知，即不能以确定对抗原告诉人，则原告诉人可否上诉？此应请解释者七。查违禁私造私有之物，暨供犯罪所用及预备之物，其扣押于司法衙门，而未经宣告没收者。如收藏烟土，不能证明意图贩卖，所扣押之烟土。破获赌案，其赌博未遂，所扣押之赌具。又如本应没收之物，判决漏未宣告，检察官亦未上诉，而案经确定。以上各种物件，不予发还，似乏根据；若概予发还，不独有损国家威信，亦且贻害社会，可否由检察厅以警察处分没收？此应请解释者八。查检察官自己对于其所为之不起诉处分，不受羁束，故虽曾为不起诉处分之事件，日后得犯罪之证凭，当然可以起诉。惟检察处分，既不生确定效力，则甲地检察官已为不起诉处分之案件，其犯人逃往乙地，乙地检察官对于同一事件，发现证据，可否径行起诉？又查微罪不检举处分，本为检察处分之一种，但推其用意，乃本便宜主义之妙用，予检察官以自由认定之权宜。除依再议程序外，可否变更原处分？此应请求解释者九。按检察一体之结果，同一长官所属之各检察官，可以互相代理，法律上视为其长官自己所行之事务，而对外发生效力。如甲检察官起诉案件，乙检察官莅庭陈述意见，本审理之结果，主张无罪或罪刑有变更，审厅据以判决，甲检察官可否提起上诉，贯彻其起诉之主张？又被告人上诉案件，审判衙门本检察官之主张，宣告无罪，检察官可否上诉主张有罪？此应请解释者十。凡此十端，均关法律疑义，办案每多窒碍，恳予转请解释，以资遵守"等情。据此，查事关法律解释，理合呈请钧厅鉴核示遵等情到厅，相应据情函请贵院解释见复，以便转饬遵照等因到院。

除第三问系以民事为先决问题，另行函复外，分别解答如下：

（一）须尊亲属告诉乃论之罪，本生父母虽得告诉，但以所继父母均亡故，或事实上不能告诉时为限。若能告诉而不告诉，或有法律上不得告诉原因，本生父母自不得告诉。

（二）子对于出母，既应认其为尊亲属，则依《刑律》总则第八十二条第二项规定，妻对于夫之出母，自亦应认其为尊亲属。

（三）无效之婚姻，根本上不能认有婚姻存在，一切亲属关系，自亦无从发生。则虽对于男之尊亲属有犯，仍应按照通常之律处断。

（四）统字第一三二二号解释所称"有告诉权者，并不告诉，不以有积极之表示为限"。又明示"舍弃告诉权"一语，既曰舍弃，当然系在未告诉时，与撤销告诉不同。

（五）检察官提起上诉，但有足以证明其在期间内者，即属合法。上诉意旨书内有无填写月、日，及曾否通知审厅，均于审判上不生绝对影响。惟为事务进行之便利起见，仍以并行为宜。

（六）原告诉人对于未经宣示或牌示之案，如确未知案已判决及判决内容，自应于其知悉之日起，十四日内许其呈诉不服。

（七）应行没收之物，如审判衙门不能宣告没收，或漏未宣告时，检察官厅固得斟酌情形，施以没入处分。其系县知事审理之案件漏判者，并得补判。

（八）甲地检察官曾因证据不足，为不起诉处分之案件，乙地检察官如果查有可以起诉之证据，自得起诉。微罪不检举之处分，如经认有应行检举之情形时，亦得起诉。

（九）检察官对于主任案件，如有不服，本得自由上诉，不受他人意见之拘束。若已改由他人主任，则应由检察长命令行使职权。检察长对于所属检察官主任之案件，得自上诉，尤无疑义。

以上九项，相应函复贵厅转令查照。

此复！

■ 统字第1478号

民国十年二月三日大理院复浙江第二高等审判分厅函

径复者：

准贵厅支代电开："窃查《科刑标准条例》第二条规定六款，为唯一之死刑，其理由因其情节至重，处以《刑律》第三百十一条最重之刑（见本条注解）。就本条条文言之，本无疑义。惟犯本条之罪，而有第一条规定各款之情形时，能否依第一条规定为法定刑内轻重之标准，处以无期或一等有期徒刑？关于此点，各说不一：（甲说）第二条条文既无适用第一条之明文，即与第一条不相连贯，为各别独立之规定。故犯第二条罪者，当然处以死刑。（乙说）第二条规定情节虽重，而于第一条所规定之各款事项，所在多有，亦应一律注重。该条与《刑律》第五十四条总则相类似，不过不许减等耳。故第二条条文虽处死刑，可不适用《刑律》总则，应适用第一条，于法定刑名内自由科刑。以上两说，均尚不无理由。应请解释者一。又本条例第三条，为对于《刑律》第二条特别注意之规定，似乎非当场激于义愤者，均在不许减等之列，但并无不许减等之规定，故仍不免有前述两说之疑义。又查阅该条注解云：（若伤害罪并无死刑在内，不得援以为例），此项注解，与条文效力原属不同。兹于三百一十一条之外，涉及三百一十三条条文、《刑律》总则第九条之规定，是否因之失效？再第三条上开注解，是否仍指命案，即伤害人致死而言，抑致笃废疾及轻微伤害，亦包括在内？虽有可原情形，亦不得援例减等。应请解释者二。犯《刑律》三百十一条之罪，并无本条例第二条各款情形而处以死刑，是否即失之过重？应请解释者三。本条例公布前，业经第一审判决，而现在系属于上诉审，或覆判审案件，应否照本条例办理？应请解释者四。本厅受理刑事上诉及覆判杀伤案件颇多，因《科刑标准条例》之适用，于应否改判及核准之处？悬案以待，用特快邮代电，请迅赐解释示复"等因到院。

本院查《科刑标准条例》，第一条规定"须各本条定有数种主刑，其轻重待裁酌者，方得适用"。若同条例第二条，"主刑仅有死刑，无可裁酌，自无适用之余地"。果有合于《刑律》总则得予减等情形，仍应适用总则，酌予减等。同条例第三条，"系对于杀人罪特别注意之规定，非加以限制"。故凡与此规定不合之案，而确有得减等之情形者，亦得援用《刑律》总则，酌量减轻。至同条例同条注称，"若伤害罪，并无死刑在内，不得援以为例"一语，乃释明同条所定之范围，与《刑律》第三百一十三条无涉。其犯同条例第二条所举情形以外之杀人罪，不因同条而受制限，亦无疑义。又同条例既经公布施行，所有未确定审判之案件，自应按照办理。相应函复贵厅查照。

此复！

■ 统字第 1479 号

民国十年二月四日大理院咨司法部文

为咨复事：

准贵部咨开：据姜宝璜呈称，"宋丽庚等串谋该民祖遗房屋一案，南汇县并未牌示判决，于七年十一月十四日，始收到判词副本，当签明收到月日于送达证上。是月二十七日，即声明控诉，实未逾二十日之法定上诉期间。乃上海地审厅，竟谓'此案系由南汇县于七年十一月三日牌示判决，至是月二十七日始提起控诉，业已逾期'，遂以决定驳回。声明抗告，亦被驳回，请令饬回复控诉原状"等情。当经本部令行江苏高等审判厅查复去后，兹据该厅查明此案县判，其原卷记录，曾载明"七年十一月三日牌示"。法定上诉期间，应自牌示之翌日起算为二十日，再以南汇县至上海之法定在途期限为二日，合计该案上诉期间，应至七年十一月二十五日届满。该民前向上海地审厅提起控诉，系七年十一月二十七日，已逾越法定上诉期间二日。经上海地方审判厅依法决定驳回控诉后，该民提起抗告，复经职厅审查决定驳回呈复前来。查此案既经该厅查明，已由南汇县牌示判决，上海地方审判厅即系根据牌示日期，除去南汇县至上海在途之日计算控诉期间，是该民所称未奉牌示并不实在。惟前据该民来呈，曾援引本部于民国四年所定《县知事公署送达裁判副本暂行办法》第四款之规定，主张本案纵令已有牌示，而送达既非与牌示同日，应自送达判词之翌日起算控诉期间。"本案系七年十一月十四日送达判词，是月二十七日提起控诉，实在法定上诉期间以内"等语，不能谓为未有理由。查本部前以各县上诉案件，每因批判不经送达，在人民则诿为不知已判，在各县则坚称业经牌示，以致枝节横生。曾定《县知事公署送达裁判副本暂行办法》十二款，于四年十月十四日通饬（载《司法例规》上卷三四八页至三五零页）在案。该办法第四款送达裁判副本，应与牌示同日行之。若牌示而未送达，或送达而不与牌示同日者，以未经牌示论。而依据贵院六年抗字第一八九号判例，"已践行牌示程序而复为送达者，仍应自牌示之翌日起（但应除去在途之日计算），计算上诉期间"等语，则与部定办法两歧。此案据江苏高等审判厅查复县判，系七年十一月三日牌示，姜宝璜声明控诉之日，系七年十一月二十七日。若自牌示之翌日起算，虽除去南汇县至上海之程限二日计算，亦已逾上诉期间，已无救济方法。惟依本部四年通饬自送达之翌日起算，果如该民来呈所称，系七年十一月十四日始接受判词，则未逾上诉期间，尚不无补救余地。究竟此案上诉期间，应从牌示之翌日起算，抑应从送达之翌日起算？相应咨请贵院查照，迅予为新解释见复，以便批示等因到院。

查县知事审理民事诉讼案件，如已践行牌示程序，而复为送达者，仍应自牌示之翌日起计算上诉期间。本院历来判例，持此见解，不仅六年抗字第一八九号为然。此系根据民国三年四月五日教令公布之《县知事审理诉讼章程》第四十条第一款，"民事控诉自牌示判决之翌日二十日以内"等语，认为正当之解释。四年十月贵部批准云南《县知事公署送达裁判副本暂行办法》第四款之规定，实不免与此项章程，先自两歧。惟该章程于本年一月十四日，已奉教令公布修正，第三十一条第一项"为民事批谕及判决，自送达之日始发生效力，但缺席判决无法送达者，得牌示之"，又第四十条第一款"为民事控诉，自送达或牌示之翌日起，二十日以内"各等语。据此，则县知事民事案件判决，已采用送达主义为原则，其控诉期间之起算，自有明文可以依据。相应咨复贵部查照。

此咨！

统字第 1480 号

民国十年二月四日大理院复江苏高等审判厅函

径复者：

准贵厅函开："据上海地方审判厅长戚运机电称，'窃查声请再审案件，经认为合法决定照准后，于就再审原因是否存在，审理时再审原告人屡传不到，可否撤销再审？被告人屡传不到，再审原告人请求缺席判决，可否照准？伏乞迅赐电院解释示遵'等情到厅。据此，相应函请贵院迅赐解释，以便转令遵照"等因到院。

查民事诉讼条理，再审合法案件，如依法应分别系属于第一审或第二审，自可查照《各级审判厅试办章程》第三十九条、第六十七条办理。相应函复贵厅转令遵照可也。

此复！

统字第 1481 号

民国十年二月十四日大理院复湖北高等审判厅函

径复者：

准贵厅函开：据黄冈县知事曹蕴键邮代电称，"兹有某甲有山一段，与某乙山地毗连。民国二年，某乙将其山地卖与瑞典国人，建造行道会福音堂。当时曾因界址纠葛，由甲提起诉讼，经县判决，划定界址。惟因双方坚持，迄未执行终结。直至上年屡准福音堂催请执行前来，始由当地警所，召集双方，划定界址，订立界石完案。讵料甫经订界，界石又忽被人掘倒，复经该堂报由警所，派警往查。始据天主堂教友声称，'该项山地，系属天主堂界，福音堂希图侵占，妄订界石，是以将其界石推到'等语。该福音堂遂以前情函县，请求实地履勘，调验印契，秉公核办前来。伏查本案争执之点，纯属经界纠葛，按照现行法例，应作民事诉讼。该堂以一公函请求履勘核办，似与法定手续不合。究竟应否予以受理？此应请示者一。至其所争经界，在当时虽为甲、乙二人之纠葛，惟是该案已经判决，并已执行终了，别无何种问题。今之争执，实为福音堂与天主堂间之纠葛，虽与甲、乙二人，不能谓无关系。究之诉讼当事之人俱属外国国籍，事关国际交涉，知事未敢擅专。究竟应否作为普通诉讼，由县受理审判？此应请示者二。再查外人在于内地传教，建设礼拜会堂，按照国际条约，只能租赁地皮，不得径行买受。兹据该堂所述，竟属买卖性质，究竟此项买卖契约，应否认为有效？此应请示者三。除分呈外交部特派湖北交涉员请示办法外，理合快邮电呈钧宪，俯赐鉴核迅示只遵，不胜盼祷之至"等情据此。查钧院民国七年九一一号解释例"有外国教堂依条约应特别认为法人，得享有土地所有权"等语，是外国教堂在中国买卖土地，自应认为有效。该知事请示第三项，似可依此解决。惟关于一、二两项请示之点，依本厅意见，似以第二项为应先决问题。如果该福音堂与天主堂纠葛，应作为普通诉讼，由该县受理审判，则原告人必须遵照民事诉讼一切手续，方予受理，应不能以一公函起诉。如不能作为普通诉讼，由该县受理审判，则关于第一项请示，即可毋庸置议。惟查《中英续约》第十五款载，"一英国属民相涉案件，不论人产，皆归英官查办"。又《中瑞那威条约》第二十五款载，"一瑞典国那威国等民人，在中国各港口自因财产涉讼，由本国领事等官讯明办理。若瑞典国那威国等民人，在中国与别国贸易之人，因事争论者，应听两造查照各本国所立条约办理，中国官员，皆不得过问"等语。是外国人与外国人涉讼案件，依照该条约，中国官厅应不得受理。第本案系福音堂与天主堂纠葛，并非外国之自然人可比。且其所争执者为土地经界，依条约中国既认为法人，得在中国享有土地所有权，则关于土地所有权之争执，中国官厅似不能置之不理，至于主权大有妨碍。究竟本案是否作为普通诉讼，应由该县受理审判？以及第一、第三两项疑问，究应如何解决之处？案关法律解释，本厅未便擅专。相应函请钧院迅予解释，以便转令遵照等因到院。

查外国人民如愿抛弃条约上之权利，受民国法庭审判者，自应予以受理，照通常诉讼程序办理。相应函复贵厅转令遵照可也。

此复！

■ 统字第1482号

民国十年二月十九日大理院复京师高等审判厅函

径复者：

准贵厅函开："查现行制度兼理司法之县知事，兼有审判、检察两种职权。本审判职权所为之判决，依统字第一百九十九号解释，固得依其检察职权提起上诉。惟其上诉期间，究依《县知事审理诉讼暂行章程》第四十条第二款，自牌示之翌日起十四日以内？抑依《各级审判厅试办章程》第六条，自宣示判词之翌日起十日以内？见解不一。甲说，谓既系对于县知事以审判职权所为之判决，上诉自应依《县知事审理诉讼暂行章程》第四十条第二款办理。乙说谓，县知事既以检察职权上诉，则计算上诉期间，自应与配置审判衙门之检察官同一办法。且县知事对于以审判职权所为之判决，当宣告判决时，业知判决内容，自无庸自牌示判决之翌日起算上诉期间，并与上级检察官必自接受卷宗后起算上诉期间者，情形亦有不同。故应准用《各级审判厅试办章程》第六十条，自宣示判词之翌日起十日以内。以上两说，究以何说为是？相应函请贵院迅赐解释"等因到院。

本院查县知事虽兼有审判、检察两种职权，但无论其用何项职权处理案件，悉应以《县知事审理诉讼暂行章程》为根据。该章程关于上诉一节，既有明文，则县知事以检察职权提起上诉，自当适用该章程之规定。相应函复贵厅查照。

此复！

■ 统字第1483号

民国十年二月十九日大理院复总检察厅函

径复者：

准贵厅函开：据吉林高等检察厅呈称，"案据延吉地方检察厅呈称，'设有甲国被乙国灭亡，其寄居民国之人民，欲脱离乙国羁绊，自立国家。在民国领土内，设立机关，组织队伍，预备向乙国反抗，屡经民国官厅解散，仍暗中进行不已。《治安警察法》第九条第三款之秘密结社，是否包括此种情形在内？主张不一。理合呈请钧厅鉴核，转院解释施行，等情到厅。相应据情函送贵院核办示复，以便转令遵照"等因到院。

本院查《治安警察法》第九条第三款，系规定第一、第二款以外之不正当秘密结社。来函所举情形，涉及具体事实，本院未便答复。相应函复贵厅查照可也。

此致！

■ **统字第 1484 号**

民国十年二月十九日大理院复陕西高等审判厅函

径复者：

准贵厅函开：窃查自民国九年十月二十一日，《科刑标准条例》颁行后，凡犯《刑律》第三百十一条之罪，合于该条例第二条所列情形，均应依该条例处断，自无疑义。设有犯《刑律》第三百十一条之罪，合于该条例第二条第一款案件，县知事初审判决，在《科刑标准条例》颁行以前，依《暂行新刑律》科断，于法固无不合。而呈送覆判，在《科刑标准条例》颁行以后，如依《覆判章程》第四条第一项第三款处刑轻重不当为更正判决，显与该款但书不得改处死刑之限制不合。若依《覆判章程》第四条第一项第二款罪有失出为覆审决定，则初审判决，引律并非错误。本厅现有此种案件，究应如何办理？相应函请贵院解释，以资遵循等因到院。

本院查《科刑标准条例》既经颁行，所有未确定审判之案，自应按照办理，已见统字第一千四百七十八号解释。则在覆判案内未经按照办理者，只得认为应行覆审之件，酌依《覆判章程》第五条为覆审之决定。相应函复贵厅查照。

此复！

■ **统字第 1485 号**

民国十年二月二十二日大理院复察哈尔都统署审判处函

径复者：

准贵处函开：兹有某甲伤害某乙，就伤害之时检验腕膝，确已骨折，不能动移。后医治数月，骨节虽仍显伏，而已能动移。就其伤害时言，则为笃疾，就其医治后言，又似废疾。论笃论废，究应以何时为标准？悬案以待，希贵院迅予解释，以凭判断，实级公谊等因到院。

本院查甲伤害乙腕膝，果验明乙确已骨折，自与《刑律》第八十八条第一项第四款后段相当。惟腕膝骨似不易打折，既折矣，亦不易接续。则来函所称骨折，是否指骨碎、骨损或脱节而言，均难悬揣。如仅伤至骨碎、骨损或脱节，则其初不能动移，医治数月后能动移，仍应以致废论。再原呈虽似叙述一具体案件，惟请求解释在本院九年十月四日第一号布告以前，故仍行解答。相应函复贵处查照可也。

此致！

■ 统字第 1486 号

民国十年二月二十二日大理院复总检察厅函

径复者：

准贵厅函开：查前清《刑律》判处发遣人犯，于《暂行新刑律》颁行以后，依《新刑律施行细则》第四条第四款规定，应处以一等有期徒刑十二年。惟于执行刑罚问题，发生疑义三点：（一）此项改处徒刑案件，是否须经审判衙门决定，始能依法执行？（二）该细则第四条第十二款载，'凡改处徒刑人犯，从前受刑期日，均准算入刑期'等语。旧律发遣，应以何时为受刑日期？是否以判决确定之翌日为准，抑应以起解日或到配日为受刑日期？（三）依该细则改处徒刑者，距前清判决日期，往往间隔若干年月，其未改处以前之日期，是否不算入刑期以内？事关《新刑律施行细则》疑义，应请贵院解释示复等因到院。

本院查《暂行新刑律施行细则》第四条载，"新《刑律》未施行前已经确定审判而未执行，及遣流徒案件在执行中者，按照《暂行新刑律》之规定，分别执行如下。"又第五条载，"前条第一款，第二款，应俟复准文到三日内执行。其余各款，于颁布本则之公报到后七日内执行"各等语。是改处不特并无须经审判衙门决定之规定，且应由检察衙门径自分别改予执行，已甚明显。至该细则第四条第十二款载，"改处徒刑人犯，从前受刑日期，均准算入刑期"云云。在旧律发遣之工作年限，固应由到配后起算，但《暂行新刑律》第七十九条载"已有刑期自审判确定之日起算"明文，自当按照办理，亦无未改处以前日期是否不算入刑期以内问题。相应函复贵厅查照。

此复！

■ 统字第 1487 号

民国十年二月二十八日大理院复江苏第一高等审判分厅电

江苏第一高等审判分厅鉴：

梗电悉！告称浮报选民，系属选举诉讼，其期间不得逾元年《众议院选举法》第九十条之限期。若在选举日前，自得随时起诉。

大理院勘印

附：江苏第一高等审判分厅原电

大理院钧鉴：

选举诉讼，依《选举法》初选举之日起，以五日内起诉。若在未经投票选举以前，有人以调查员浮报选民，及初选监督不加别除呈诉，可否认为选举诉讼？如认为选举诉讼，其起诉期间如何起算，抑并无起诉期间之限制？乞迅电示遵。

江苏第一高等审判分厅梗

■ 统字1488号

民国十年三月一日大理院复江苏高等审判厅函

径复者：

准贵厅函开：据丹徒县知事张玉藻代电称，"一月十五日《政府公报》载，'教令第三号《修正县知事审理诉讼暂行章程》第三十一条，民事批谕及判决，自送达之日始发生效力'等语。查凡递状者，均有批示。若必每批均须以送达之日始发生效力，似乎不胜其烦。修正文内'批谕'二字，是否即指堂谕代判决而言？不无疑义。应请解释示遵"等情厅。查原文"批谕"二字，当指凡属裁判书类，如兼理司法各县知事公署之批谕，系属决定性质者，当然包括在内。惟兼理司法各县知事公署，向例收受人民民事诉状，大概每状均有批示，此种批示，是否均须送达，始能发生效力？相应函请贵院解释，以资转饬办理等因到院。

查《修正县知事审理诉讼暂行章程》第三十一条所称批谕，系指裁判书类之准许上诉者而言。相应函复贵厅转令遵照可也。

此复！

■ 统字第1489号

民国十年三月一日大理院复总检察厅函

径复者：

准贵厅函开：案据浙江第一高等检察分厅呈称，"查大理院统字第六八一号解释内开，县判主文，仅称告诉驳回，认为违法之驳回公诉判决，应由第二审撤销后发还，为合法之裁判等因。其意系以县判专就告诉人方面判断，而于告诉人有罪无罪，并未审判，故以未经第一审论，发还第一审为合法审判。此系就判决主文与内容相符者而言，如县判内容，专就被告人无罪方面立言，或就告诉人及被告人双方论断，而其意旨，仍以被告人无罪为归宿，或有竟标明'无罪'字样者，其判决主文，则称告诉驳回，或原告之请求驳回，是主文与内容不相符合。应否依照上开解释，由第二审撤销后，发还为合法之审判，抑应由第二审受理控诉？不无疑义，理合备文呈请钧厅查核，俯赐解释"等情到厅。查原呈所称各节，系对于贵院解释发生疑义，相应函请贵院明晰示复，以便转令遵照等因到院。

本院查县公署裁判之主文用语与理由，或实际进行程度不符者，自应审查其裁判之内容，或实际进行之情形，加以认定，不得仅就用语错误之主文而为判断。来函所述之县判，当由控告审受理。相应函复贵厅转令查照。

此复！

■ 统字第1490号

民国十年三月一日大理院复广西高等审判分厅函

径复者：

准贵厅函开：案据灵川县知事岑德纯快邮代电称，"依现行《覆判章程》第四条第一项第二款、第五条第一项第一款，发还原审县知事覆审，并依同章程第四条第二项第一款，一并发还覆审之案件，其核准部分，在覆审中，发见事实与原判事实有异，经评论之结果，共分二说：甲谓，覆判案件，必须经过控诉期间，始行呈送。是该案当事人，对于事实业已承认无误，复经覆判审重行认定，自生确定效力。其认定事实所为核准之决定，不啻为其自身之判决，对于下级审，自有强固约束力，断非下级审所得变更。如发生新事实，足以摇动其判决基础者，别无救济方法，亦只可留供立法上之参考。乙谓，诉讼以真实发见为原则，最忌囫囵判决。如同章程以覆审论，如上述之案，自系因第四条第一项第二款情形而为发还覆审之原因。设一案共犯中，甲犯属于核准，乙犯属于覆审，乙犯得实，其起衅情节，大异原判，因乙犯而讯及甲犯，亦且发露与甲犯情形相同。若如甲说，势必一案共犯，而有两种不同之事实，岂不怪异？该章程所谓以覆审论者，释其文义，其核准部分，当然受覆审之牵动，已自失其拘束力，下级审径予改判，自无变更上级审判决之嫌，何所用其顾忌？以上两说，未知孰是，职县现有此种案件，立待解决，乞速核示只遵"等情。据此，查案经全部发还覆审，其应核准之部分，自未生确定效力。如发生新事实，覆审时仅可以重新审判，不得谓为变更上级审判决。在立法者正虑有此等场合，故设第四条第二项第一款之规定，以予覆审时活动之余地。况新定《覆判章程》，核准（指全部言）改用判决，俾第二审检察官以声明上告，故在覆判核准未经过上告期间以前，其判决尚未得谓之确定。况因发还覆审，又何确定之可言？故两说似以乙说为是。惟案关解释法律，敝分厅未敢擅专，相应据情函请贵院解释见复，以凭转令遵照等因到院。

本院查覆判案内，应核准与应覆审之部分互见时，除仅系从刑失出应更正外，以应覆审论，在《覆判章程》已有明白规定。则覆判审遇有应核准与应覆审部分互见者，自应为全部覆审之决定，不得分别裁判。覆审衙门亦应按照应覆审之范围，以职权自为审判。若覆判审竟予分别裁判，检察官对于违法核准部分，又不提起上告，则核准部分，即属确定，非依再审程序再审，不得变更原确定判决之事实。相应函复贵厅转令查照。

此复！

■ 统字 1491 号

民国十年三月四日大理院复浙江高等审判厅函

径复者：

准贵厅函开：据鄞县地方审判厅长陈宝琠呈称，"窃查现行《民事诉讼执行规则》第八十八条载，'确定判决，系命债务人为一定行为，而非他人所能代行者。债务人若不履行时，执行处得处债务人以千元以下之过怠金，以强制其履行债务'等语。兹有债务人某甲，经查照该条规定处罚，奈家系赤贫，无力遵缴，可否援用该规则第七条规定，仍依《试办章程》第四十二条办理？理合呈请钧厅转请解释，俾有遵循"等情前来。相应函请钧院俯赐解释，以凭转饬遵行等因到院。

查《民事诉讼执行规则》第八十八条所称过怠金，不过为易达执行目的之方法。无力缴纳者,不能援用同规则第七条规定,依《试办章程》第四十二条办理。相应函复贵厅转饬遵照可也。

此复!

■ **统字第 1492 号**

民国十年三月十四日大理院复福建高等审判厅函

径启者:

据福州总商会会长黄秉荣呈为呈请解释事。窃兹因政府创设某种捐税,且有特定征收机关。某商业中人,因负担过重,曾经全体群起抗议,其结果由该同业中之某商号号东甲,以本途认捐名义,出为领办。即如从前包办性质,亦经其本途各商共同承认其包办,并认定课额在案。每月课款,向由该包办人甲先行垫解,嗣后再向各商陆续收回,历办无异。现因该征收捐税机关,将此种捐税,收回官办,而各商积欠该包办人甲课款未还者,尚复不少(计有数十家,每家欠款多在千元以上)。而甲商人业经卸办,自失征收及追缴各职权。究竟对于此项提前先垫之课款,该甲商人与同业欠课各商人,是否看作债权债务之关系,仍应由呈请法院审理?查法律解释,权在钧院,案关商人讼争事件,理合代行呈请解释示遵等因到院。

查商人为同业各商垫解公款,向之求偿,系属私权关系,可向法院起诉。相应函请贵厅转行遵照可也。

此致!

■ **统字第 1493 号**

民国十年三月十四日大理院复浙江高等审判厅函

径启者:

据浙江新昌县商会梗代电称:"《商会法》第三十一条第二项,规定'商会事务所经费,由会员负担之'等语。倘有中途不缴纳经费之会员,应否除名或停止其选举权?理合呈请解释,以资遵守"等因到院。

查《商会法》第三十一条第二项,仅系商会经费应由会员负担之规定。至于会员之除名或停止选举权,不在本法规定范围以内。即希查照转行该商会可也。

此致!

■ **统字第 1494 号**

民国十年三月十四日大理院复广西高等审判厅函

径复者:

准贵厅删代电称,"各级审判厅属员,对于去任未久之高审厅长提起诉讼,应指定何处审判厅管辖?乞示遵"等因到院。

查以高审厅长为被告,在第一审法院起诉,不应有《民诉案》第三十七条第一款,《刑诉案》第十八条情形,即不生指定管辖问题。相应函复查照可也。

此致!

■ 统字第 1495 号
民国十年三月十二日大理院复总检察厅函
径复者：

准贵厅函开：据安徽第一高等分厅呈称，"查审判厅审理盗匪案件，必须检察官执行职务，大理院一三三九号解释，已有明文。然一经依《惩治盗匪法》判处死刑，则检察官虽明知事实绝不真确，情罪显失平允，亦毫无过问之余地。是判词虽载莅庭执行职务，实不啻器械使用，并无职务执行之可言。究竟上号解释所谓执行检察职务者，是否许检察官参照《惩治盗匪法》第五条第二项、第四项，对于判决认为有疑误时，得具意见书，咨由原审厅附案呈送省长核办之处，未能臆测。理合呈请钧厅，可否函请大理院解释令遵"等情到厅。相应据情函请贵院核办见复，以便转令遵照等因到院。

查《惩治盗匪法》第五条第四项，既仅许转报各长官，得于转报时附具意见书，自不应附呈检察官之意见书。惟检察官如为转报各长官参考起见，提出意见，固无不可。相应函复贵厅转行查照可也。

此复！

■ 统字第 1496 号
民国十年三月十六日大理院复山东高等审判厅函
径复者：

准贵厅函开：据济南律师公会呈称，"为请求转呈解释事，窃有甲内国人对于乙内国人，有担保债权，丙外国人对于乙内国人，有普通债权，乙对于甲、丙俱违约不偿。甲在司法衙门起诉，丙在华洋诉讼衙门起诉，同时判决确定。若华洋诉讼衙门执行先于司法衙门实施执行，将乙债务人对甲设定之担保物，查封拍卖时，究竟华洋诉讼衙门对该担保物之代价，依法应先辨济甲内国人之特别债权，抑先辨济丙外国人之普通债权？一执行衙门，可否执行二个衙门之确定判决？事关法律问题，请求贵厅转呈大理院详细解释，以便只遵"等情。据此，相应函请解释见复等因到院。

查有担保之债权，自应较普通债权受优先清偿。若担保物先为普通债权者实施查封拍卖时，应向该执行审判衙门声明异议。相应函复贵厅转令遵照可也。

此复！

■ 统字第 1497 号
民国十年三月十六日大理院复东省特别区域高等审判厅函
径复者：

准贵厅阳代电称，"诉讼当事人远在外国，因情形急迫，行途又为战争所阻，以文电委托代理，并向审判衙门证明，事实上万难依《各级审判厅试办章程》第五十四条附具委任状。此项文电，能否认为已有本人合法委任代理之确切书据，许被委任人有代理诉讼之权？请迅释明示遵"等因到院。

查来电情形，自可认为合法委任代理，但应将证明书据黏附部颁委任状。相应函复贵厅查照办理可也。

此复！

■ 统字第 1498 号

民国十年三月二十一日大理院复总检察厅函

径复者：

准贵厅函开：据山东高等检察厅呈称，"据济南地方检察长雷赟，胪陈法律疑义十点，请求解释到院。除关于刑事部分九点，由院先行解答外，内有依统字九零九号解释，孀妇改嫁，主婚人所受之财，本以供孀妇置备妆奁，及其因婚姻所需之费用，并非给予主婚人以特别之利益。究竟此种财礼，其所有权属于何人？如主婚人未供上项用度，而有侵没情事，孀妇可否出而主张？并主婚人应否构成犯罪？此应请求解释者三"等语。

查现行律"财礼"二字，征诸吾国风尚，比之献贽馈赆之例，应为主婚人所受，所有权即属于主婚人。纵未以之置备嫁奁或充当婚费，亦不能指为侵没，自不成犯罪。相应函复贵厅查照转饬可也。

此复！

■ 统字第 1499 号

民国十年三月十二日大理院复黑龙江高等审判厅函

径复者：

准贵厅函开：查依照《惩治盗匪法》第九条，由省长提交高等审判厅覆审案件，应否通知同级检察厅检察官执行检察官职务？有甲、乙二说：甲说谓，高等审判厅办理盗匪案件，依《惩治盗匪法》规定之程序，均无须由同级检察厅核转。故覆审盗匪案件，亦无庸通知检察官执行职务。乙说谓，高等审判厅办理盗匪案件，除《惩治盗匪法》有特别规定之外，仍应依照通常控诉审程序办理。查该法于覆审时，既无不应行知检察厅之特别规定，即应查照通常控诉审程序，通知检察官。况覆审结果，有时改依《刑律》处断，尤有通知检察官执行职务之必要。二说孰是，事关法律疑义，相应函请钧院解释示复等因到院。

查审判厅审理盗匪案件，应通知检察官执行职务，已见本院统字第一三三九号解释文（参照统字第一四九五号解释文）。相应函复贵厅查照可也。

此致！

■ 统字第 1500 号

民国十年三月二十五日大理院复浙江高等审判厅函

径复者：

准贵厅霰代电称，"上诉人未照章缴纳或缴足讼费，经定期责令照缴或补缴后，仅于期内声请救助，又经以非无资力或无适法保结为理由，决定驳回。上诉人于收受此项决定后,二十日内仍不补缴,可否即将上诉驳回,抑须再行定期催缴?乞示遵照"等因到院。

查来电所述情形,应视为撤回上诉。将案注销如上诉人于接受撤销决定后二十日内补缴讼费者,仍予受理。相应函复贵厅查照办理可也。

此复!

■ **统字第 1501 号**

民国十年三月二十五日大理院复浙江高等审判厅函

径复者:

准贵厅谏代电称,"《清理不动产典当办法》第三条,所谓'限本办法施行后,三年内回赎',是否以告赎为限,抑仅有理赎事实即以回赎论?乞示遵"等因到院。

查回赎云者,系备价请求收还典当物之意,并不以向审判衙门告争为限。相应函复查照办理可也。

此致!

■ **统字第 1502 号**

民国十年三月二十六日大理院复吉林高等审判厅电

吉林高审厅鉴:

漾电情形,如提起选举诉讼,应依法受理。

大理院宥印

附:吉林高等审判厅原电

大理院鉴:

办理选举人员捏造选民,紊乱选权,究为选举诉讼,抑为妨害选举,或归选举监督核办?请解释电示。

吉高审厅漾

■ **统字第 1503 号**

民国十年四月五日大理院复江苏省长公署电

南京王省长:

啸电悉!《惩治盗匪法》第三条第五款所称《刑律》第三百七十三条之累犯,应从狭义解释,以初犯及累犯均为《刑律》第三百七十三条之罪而既遂者为限,方合该条款特别加重之本意。

大理院微印

附:江苏省长公署原电

大理院鉴:

贵院统字一百二十号解释,《新刑律》命盗不准免除各条款,不包未遂。兹查《惩治盗匪法》第三条第五款之罪犯,并未区别既遂、未遂。设有初犯《刑律》三百七十三条之未遂罪,再犯同条之既遂罪,核与两犯既遂,究属有间。本条所指之罪犯,是否亦不包未遂？悬案以待，乞速电复。

王瑚啸

■ 统字 1504 号

民国十年四月七日大理院复东省特别区域高等审判厅电

东省特区高审厅鉴：

东电情形，应予受理。

大理院虞印

附：东省特区高审厅原电

大理院钧鉴：

现住中国之俄侨，两造曾在其本国境内司法衙门涉讼，判决未确定之事件，一造复向我国审判衙门起诉，能否受理？乞钧示。

东省特区高审厅东

■ 统字第 1505 号

民国十年四月七日大理院复山西第一高等审判分厅电

山西安邑第一高等审判分厅：

皓代电情形，所侵害之法益不同，当然成立两罪。惟不经告诉仍应论者，统字第一三二二号解释，已有制限，其初犯之奸罪，自须告诉。

大理院阳印

附：山西第一高等审判分厅原代电

大理院长钧鉴：

窃查和奸罪犯罪行为，多属继续，故对于同一奸妇，不论和奸次数若干，均以一罪问拟，固无问题。设奸妇中途身份变更，如先为有夫之妇，后为无夫之妇之类，而奸夫与奸妇，始终继续行奸。遇有不经亲告，仍应论罪之情形时，关于犯罪之个数，法律上不免发生疑问。甲说谓，以侵害之法益论，似属两个法益，应成立有夫及无夫奸两罪。乙说谓，犯人之意思及行为，始终并未间断，且所奸之奸妇，又隶属于一家，似应认为继续犯，科以一个有夫奸罪。究以何说为是？恳请钧院解释示遵。

山西第一高等审判分厅叩皓印

■ 统字第 1506 号

民国十年四月七日大理院复山西大同高等审判分厅电

山西大同高等审判分厅：

东代电悉！湮灭自己犯罪证据，应论罪者，所用之物，自当按律办理，否则不得没收。

大理院阳印

附：山西大同高等审判分厅原代电

大理院长钧鉴：

查被告湮灭自己犯罪证据，本应认为犯罪结果。惟供湮灭罪证所用之物品，应否没收？滋生疑问。或谓，湮灭罪证，既为犯罪结果，即系犯罪行为之一部，供犯罪行为一部所用之物品，自应没收。或谓，湮灭罪证，并非构成犯罪之必要行为，用供湮证之物品，即非直接供犯罪所用，自不能遽予没收。二说孰是？恳钧院迅赐核复。

山西大同高等审判分厅东电

■ **统字第1507号**

民国十年四月九日大理院复江苏高等审判厅函

径复者：

准贵厅函开：据松江县知事郭曾基一月敬电称，"今有某种公益财团，具有大理院二年上字二百三十八号判例之必要条件，固可认为法人，于社会上独立存在。惟此等法人财产，是否适用大理院三年一百八十一号庙产判例？虽在原施主间不生何等共有之关系，又法人既独立存在，对于法人本体，有无共有独有之关系？应行解决者此其一。又行政区划名称，以行政上之便宜取消后，公益财团法人，与地方发生关系，是否以主管官厅之行政区划为限？抑以法人事业所及之行政区划为限？抑须顾及以往名称，以已取消之行政区划为限？应行解决者此其二。悬案以待，伏乞转院解释示遵"等情到厅。当以所请解释之第二点内开，公益财团法人与地方发生关系，是否指控诉关系而言？又主管官厅及所称各种之行政区划，是否指裁判管辖而言？意义殊欠明了。电令该县详复以凭核转去后，兹据该县知事郭曾基电复称，"陷电敬悉！敬电所请解释之第二点，公益财团法人与地方发生关系下，拟请加（如选派董事及管理公款之类）主管官厅及所称之各种行政区划名称下，拟请加（如府、厅、州、县之类），谨电申复，幸乞迅赐转院解释为叩"等情。相应据情函请贵院迅予解释，以便转令遵照等因到院。

查第一点所称公益财团，如果依法成为法人，则与施捐者间自不生共有之关系。对于法人本体，亦无所谓共有独有之关系。第二点所称行政区划，如府、厅、州、县取消后，若其原有公益财团，亦依法成为法人，则其与地方发生关系。如选派董事及管理公款之类，自以法人事业所及行政区划为限。相应函复贵厅转令遵照可也。

此复！

■ **统字第1508号**

民国十年四月九日大理院致广西高等审判厅函

径启者：

据南宁律师公会呈称：兹据本会会员吴可秋函称，"现有甲、乙因民事案件，经上告审判决，发还控诉审更为审判。在未经开始审判前，经甲某具状向控诉审委任律师为代理人，并经律师具书声请阅卷，旋经控诉审批示指定日期到厅抄阅。殊阅卷后，控诉审于开审本案时，并未照章通知律师到庭辩论，遽行判决。此项判决，应否认为有效"等情。据此，除已函请广西高等审判厅转请解释示遵外，理合据情呈请钧院迅赐解释示遵等因到院。

查控诉审于合法委任律师，不通知其到庭辩论，即行判决，固属不合。但对于该判决如有不服之处，犹可以上诉救济，不得遽谓为无效。相应函请贵厅转令遵照可也。

此致！

■ 统字第 1509 号

民国十年四月九日大理院致江西高等审判厅函

径启者：

据中华全国商会联合会赣事务所干事冀士材等呈称，"窃查《商会法》第二十四条，规定'会长、副会长及会董任期满后，再被选者，得连任，但以一次为限'等语。此项规定施行以来，在实际上均感困难，曾经各省商会，迭向中央请求修正，迄未邀准。旋南昌总商会于九年五月三日，准江西实业厅转到农商部令第三零零号内开：会长、副会长与会董名称既殊，职务权限，亦各不同，依《商会法》第二十四条之规定，其任期当然不能合算。嗣后各商会于改选之时，所有会长、副会长与会董职任，应即各归各算，从前有因合算争执，尚未另行选定者，亦应照此办理。又于同年六月七日，奉江西省长公署转到农商部感电内开：《商会法》第二十四条连任次数限制，本以会长、副会长及会董各别计算，近经本部解释通行遵照，实际已无窒碍各等因。南昌总商会以遵照上开解释实行之际，尚有疑义，复于本年二月十二日以文电请求农商部核示，旋于同年同月二十六日奉批第二五二号内开：文电已悉！查连任会长选充会董，连任会董选充会长，自属可行。前次通令解释，所谓各别计算，义即在此。合行批示知照，此批等因。兹于同年三月一日，由南昌总商会照录上开电批转行到所。本所以此项通案，关系全国商会改选前途甚巨，事前倘无统一之解释，事后即难免无益之纷争。现在各商对于此案之主张，颇不一致，计分子、丑两说：子说谓，部令解释与《商会法》实有抵触之处，例如会董甲已连任一次，若遵照部令解释，遇改选时，自可当选为会长。惟会长一职，依《商会法》第十八条规定，系由会董互选，甲因受同法第二十四条之限制，不得当选为会董，自无由当选为会长矣。丑说谓，部令解释与《商会法》并无抵触，盖当选与连任系属两事，商会法之限制连任会长、会董之再行连任权，并未限制其再行被选权。观《商会法》第二十四条，不曰连任一次之会长会董任期满后，不得再被选，而曰再被选者得连任，但以一次为限。不曰再被选者以一次为限，而曰连任以一次为限，可以得其当然之解释。故连任之会董，虽不得再行连任，但依法仍得再行当选，当选之后，并得加入互选，当选为会长。至连任之会长，得被选为会董，尤属毫无问题。以上两说，各具理由，究以何说为当？本所未敢擅决，理合照录此案关系文件，呈请钧院俯赐查核指令解释，俾资遵守。"现在本省商会亟应改选者不少，其因连任问题，致起纠葛，急待解决者尤多。上开子、丑两说，孰为正当？恳请准予解释示遵等因到院。

查来呈所述各节，以丑说为是。相应函请贵厅转行该商会遵照可也。

此致！

统字第1510号

民国十年四月九日大理院复江苏高等审判厅函

径复者：

准贵厅东代电称：案据上海地方审判厅长戚运机三月三十一日快邮代电称："窃查民国元年公布《众议院议员选举法》，暨同法施行细则，有疑问数则，谨列举如下：（一）省议会议员选举调查单所载选举人之资格，核与《众议院议员选举法》规定选举人之资格相符，能否认为与众议院议员选举人名册，有同等之效力？（二）如该项调查单，可认为与众议院议员选举人名册有同等之效力，倘其中选举人名间有重复者，或无选举权者，能否谓于选举全体正常之结果，并无影响？（三）投票簿上投票人未曾签字，投票管理员及监察员在簿上加盖投讫图章，即将投票只给与投票人，是否违法？其选举能否认为有效？（四）查投票入场券，《选举法》上并无此规定。但办理选举人员，为办理事务便利上起见，发给选举人投票入场券，是否违法？（五）初选监督所委任主任调查员，因调查期限急促，转托商会与各公所及各同乡会代查选举人资格，能否有效？以上问题，关系重要，理合电请钧厅鉴核，伏乞转电大理院，迅赐解释，以便遵循"等情到厅。相应电转贵院，请迅核予解释，以便饬遵等因到院。

查第一问题，省议会议员与国会议员，应各依法选举。则省议会议员选举调查单，于众议院议员选举，不生效力。第二问题，希查照前段解答，并本院七年上字八八九号判例。第三问题，查《众议院议员选举法》第四十五条，同法施行细则第二十二条，皆有本人签字之规定，违者即不能有效。第四问题，投票入场券于选举法虽无规定，若为程序上郑重起见，自非违法。第五问题，调查员依法应由初选监督委派，调查员不得自行委托商会各公所及同乡会为选举调查。相应函复贵厅查照饬遵可也。

此复！

统字第1511号

民国十年四月九日大理院复江苏高等审判厅函

径复者：

准贵厅支代电称：案据江宁地方审判厅长邹麟书三月三十一日快邮代电称："兹有众议院初选举人甲、乙，以初选当选人丙、丁资格不符，票数不实，提起诉讼。查甲、乙虽系具有选举资格，并载入选举名册，惟于选举日均未入场投票，对于丙、丁究竟有无起诉权？别为二说：子说谓，《众议院议员选举法》第九十一条，规定仅限于选举人有起诉权。至如何而称为选举人，依大理院抗字第四十八号判例，须名册所载之人，始可称为选举人。甲、乙二人既具有选举资格，又经载入选举名册，自应认为有起诉权。其曾否投票，本可不问。丑说谓，甲、乙二人，本为选举人，但既未入场投票，即已抛弃选举权，自不得仍认为选举人，应无起诉权。事关适用《选举法》疑义，悬案待决，理合快邮呈请钧厅，转请解释示遵"等情到厅。据此，相应电请贵院迅予解释，以便饬遵等因到院。

查选举人虽抛弃选举权，仍得对于当选人起诉。相应函复贵厅查照饬遵可也。

此致！

■ 统字第 1512 号

民国十年四月九日大理院复总检察厅函

径复者：

准贵厅函开：据安徽高等检察分厅电称，"高等分厅管辖区内县知事受理之案，须移转管辖时，本区若无相当法院，可否移转于高等本厅管辖之相当法院审判？恳迅函请大理院解释，转令只遵"等情到厅。相应据情函请贵院核办见复，以便转令遵照等因到院。

本院查移转管辖，须向直接上级审判衙门声请，在呈准援用之《刑事诉讼律（草案）》，已有规定。则所移转之审判衙门，应以该上级审管辖之下级审为限，自不待言。高等分厅与高等本厅之管辖区域，既各不同。除高等分厅附设地方庭所为第二审审判，依特别明文，高等本厅即其终审衙门。故高等本厅对于省内初级案件，得在省内自由移转其管辖外，分厅下级审之案，当然不得移转于本厅之下级审管辖。如果分厅管辖区域内，确无相当衙门可以移转，只得请由分厅之直接上级审裁判。相应函复贵厅转令查照。

此复！

■ 统字第 1513 号

民国十年四月九日大理院复总检察厅函

径复者：

准贵厅函开：案据安徽第一高等检察分厅呈称，"窃查《科刑标准条例》，第三条所称当场激于义愤，'当场'二字，本与《刑律》十五条之'现在'相类。然细绎原注，似系指出于事后者而言，适用尚不无疑义。又第四条二款所称'致命部位穿透致命部位者'，或谓条文既无'或'字，而致命中之咽喉要害，又各别规定，本款当然释为由致命部位以穿透致命部位果尔则刀伤致命部位（无[三]、[四]款之情形）而穿透不在致命部位者，是否应以杀人论罪？仰祈函院解释令遵"等情到厅。相应据情函送贵院核办示复，以转令遵照等因到院。

本院查《科刑标准条例》第三条规定情形，除应以《刑律》第十五条处断者外，如确有侵害之虞，或侵害方去而又在实施或预备侵害之场所者，皆属之。又同条例第四条第二款所称"致命部位穿透致命部位"，指由致命部位穿透致命部位而言。若穿透不在致命部位，自与该条款不符。其是否杀人，审核事实认定可也。相应函复贵厅转令查照。

此复！

■ 统字第 1514 号

民国十年四月九日大理院复山东高等审判厅函

径复者：

准贵厅函开：案据峄县知事王陵基鱼日快邮代电称，"查司法部呈准《科刑标准条例》第五条第二款内载系'《刑律》第三百七十三条第二款之罪而为首谋者'等语，所谓'首谋'二字，如为匪人作底勾情事，是否包括在内？又发掘坟墓者，因犯《刑律》第二百六十条之罪，若于坟中内质，毫无侵害，仅将其坟顶土堆平没，与上条规定，迥不相同，应依何项法律处断？祈迅赐解释，以便只遵"等情。据此，事关法律问题，相应函请钧院迅赐解释，以便转令知照等因到院。

本院查仅为《刑律》第三百七十三条第二款罪犯作底勾者，系事前帮助之从犯，自难认为《科刑标准条例》第五条第二款所称"首谋"。平毁坟墓，应论何罪，业经本院统字第三百七十六号解释有案。唯可否认为平毁，须查明事实裁判。相应函复贵厅转令查照。

此复！

■ 统字第 1515 号

民国十年四月九日大理院复总检察厅函

径复者：

准贵厅函开：据直隶高等检察厅呈称，据天津地方检察厅呈称，"呈为呈请事，窃查《刑律》第七十七条，关于时期之规定后半，'有以年计者，阅十二月'一语。于此有甲、乙两说：甲说谓，依本条月计以三十日，则十二月之数，当然为三百六十日。乙说谓，十二月为一年度，应从历计算，须扣足三百六十五日为一年。两说相差五日，究以何说为是？事关法律疑义，若无统一标准，于适用时殊多困难。理合具文呈请钧厅鉴核，转呈总检察厅，函请大理院迅予解释，以资遵守"等情到厅。相应据情函请贵院核办见复，以便转令遵照等因到院。

本院查《刑律》第七十七条后段载明以年计者，阅十二月，显不以日计算，何得与计月之法牵混？相应函复贵厅转令查照。

此复！

■ 统字第 1516 号

民国十年四月十二日大理院复京师地方审判厅函

径复者：

准贵厅函开：查《官吏犯赃治罪条例》，业于三月二十九日，奉大总统教令第十一号公布施行，自应遵照办理。唯该条例所称"官吏"字样，看守所所丁，是否包含在内？又所丁如系官吏，是否与该条例第二条第三项所称之"司法官吏"相当？均不无疑义。相应函请贵院，迅赐解释，以便遵循，实为公便等因到院。

查所丁系辅助执行司法行政事务之吏员，应包含于《官吏犯赃治罪条例》所称"官吏"之内（即非司法官吏）。相应函复贵厅查照可也。

此致！

统字第1517号
民国十年四月十二日大理院复筹备国会事务局函

径复者：

准贵局函开：本局准黑龙江省长电称，"选民犯刑事罪，于判决确定执行尚未终了，又未经宣告褫夺公权者，法文既无限制其当选，当然为有效。但被选后，应否准予先行就职，抑俟刑期执行终了，再行发给证书就职，仍请解释"等语前来。查未经褫夺公权者，依现行《选举法》，不能停止其被选权。惟被选后，应现行就职，抑俟刑期执行终了，始给证书就职？事关司法范围，相应函请贵院，迅予解释，即行函复，以便转达等因到院。

查现行《选举法》，对于处徒刑而未褫夺公权者，并无限制其被选举权之规定，似此等人亦得当选为议员。惟参照《约法》第二十六条，已就职之议员犯罪，限于非现行犯及所犯非内乱外患之罪。在会期中须得议院许可，而后逮捕，此外与通常人犯罪无异。则对于在徒刑执行中当议员者，自无停止执行而任其就职之理。相应函请贵局查照可也。

此致！

附：筹备国会事务局原函

径启者：

本局准黑龙江省长电称："选民犯刑事罪，于判决确定执行尚未终了，又未经宣告褫夺公权者，法文既无限制其当选，当然为有效。但被选后，应否准予先行就职，抑俟刑期执行终了，再行发给证书就职，仍请解释"等语前来。查未经褫夺公权者，依现行《选举法》不能停止其被选权。惟为选后，应准先行就职，抑俟刑期执行终了，始给证书就职？事关司法范围，相应函请贵院迅予解释，即行函复，以便转达，实级公谊。

统字第1518号
民国十年四月十三日大理院复总检察厅函

径复者：

准贵厅函开：据吉林高等检察厅呈称，"案据吉林地方审检两厅呈称：'窃职两厅奉到司法部颁布《处刑命令暂行条例》后，业经遵办在案。查此等办法，日本已著先例。关于检察官声请书状，其适用法条项内，并指定求刑金额或刑期，我国能否援照？于此场合，分甲、乙两说：甲说谓，求刑金额或刑期，应由检察官指定。盖以此种命令，既不取推事直接审理之原则，当然由检察官侦查后，酌量拟定。则推事之裁断有所标准，得以收情罪相当之效。乙说谓，求刑金额或刑期，不应由检察官拟定。盖以裁判之权，属之推事，检察官若预为指定，不免侵越。且条例既无明文规定，检察官只能指明适用法条，不能预为裁判。按之事实，则甲说为优，征之法理，则乙说亦合，究之二说孰是，殊难断定，等情。据此，事关法理解释，职厅未便擅断，理合据情呈请钧厅转请解释示遵"等情到厅。相应据情函送贵院核办示复，实级公谊等因到院。

查《处刑命令暂行条例》第二条第一项各款内，并无如第六条第一项第三款之规定。是检察官声请以命令处刑之书状内，无庸指定刑期或金额，本甚明白。惟检察官侦查案件，亦有注意及于《科刑标准条例》第一条所定各种情形，因而确信该案被告人应量处某刑者，斯时自不妨附列其意见书状之后，以备简易庭推事参酌办理。相应函复贵厅转行查照可也。

此致！

■ **统字第 1519 号**

民国十年四月十五日大理院复绥远都统署审判处电

绥远审判处鉴：

佳电悉！初选选举人，对于复选当选人，无起诉权，希参照本院十年上字四五号判例。

大理院删印

附：绥远都统署审判处原电

大理院钧鉴：

未经当选之初选选举人，对于复选当选人，有无起诉权？请示遵。

绥远审判处佳

■ **统字第 1520 号**

民国十年四月十六日大理院复浙江第二高等审判分厅电

浙江金华第二高等审判分厅：

冬代电悉！案经宣判，即不许撤销。如出审判官员之过失，系判决违法。

大理院铣印

附：浙江第二高等审判分厅原代电

大理院钧鉴：

今有刑事案件，辩论终结之后，向检察厅具状声请撤销控诉。迨至该状片送到厅，本案已宣告判决，应否准予撤销控诉？如准撤销，已宣告之判决，应如何废弃？案关法律疑问，理合电请钧院，迅赐解释，实为公便。

浙江第二高等审判分厅冬

■ **统字第 1521 号**

民国十年四月十六日大理院复贵州高等审判厅电

贵州高等审判厅：

元电情形，司法衙门不受拘束，仍应依法办理。

大理院铣印

附：贵州高等审判厅原电

大理院鉴：

纠匪杀人暨掳人勒赎重案，省内军民长官，在统一或独立期间，可否以命令准其和解？此项命令，司法衙门是否受其拘束？请解释示遵。

贵州高等审判厅元

■ **统字第 1522 号**

民国十年四月二十六日大理院复江苏第一高等审判分厅函

径复者：

准贵分厅函开：案据盐城县知事唐慎坊敬日代电："据称谨查《商人通例》第二十条，'业经注册之商号，如有他人冒用，或以类似之商号，为不正之竞争者，该号商人，得呈请禁止其使用，并得请求损害赔偿。凡在同一城镇乡内，以同一营业而用他人已注册之商号，亦推定为不正之竞争。'今有在同一城内，以同一营业，而于他人已注册之商号加添一字，用为商号。惟其所发行之货所刊商号，则纯用他人之商号，并不加添一字。即有时加添，亦仅以小字缀于他人商号之下。其字体并不一律，他人商号之二字，字大而明显，所加添之一字，字小而模糊，非细加审视，不能辨认。且其招牌纸明明石印他人之商号，但临时墨笔写其所加添之一字，或木戳印其所加添之一字。似此虽非用他人已注册之商号，而实际上有意蒙混，故意使人误认为他人已注册之商号，是否亦可推定为不正之竞争，援照第二十条办理？事关法律解释，知事未敢擅专，理合电请钧厅，俯赐转呈大理院迅予解释。悬案以待，不胜叩祷"等因到分厅。据此，相应函请贵院迅赐解释，以便转饬遵照等因到院。

查该县所称情形，自属不正之竞争，应依《商人通例》第二十条办理。相应函复贵分厅转饬遵照可也。

此致！

■ **统字第 1523 号**

民国十年四月二十八日大理院咨司法部文

为咨复事：

准贵部咨开：据山西高等审判厅漾电开："本届众议院议员之选举诉讼，是否遵照六年四月二十日明令，不得上诉？乞赐电遵"等情到部。事关解释法律，相应抄录原电，咨请贵院查核办理，并希径行电复该厅遵照等因到院。

查民国元年之《众议院议员选举法》，依第八十二条、第八十四条，采用审判确定主义，故本院向来见解，当然准用普通民事诉讼程序受理上诉，并屡经本院判决确定有案。惟六年四月二十五日大总统令公布国会议决元年《选举法》之选举诉讼，不得援用普通程序提起上诉。既循立法程序公布，即应有法律之效力。现经令用元年《选举法》，此项法案，仍应一并适用。相应咨复贵部查照饬遵。

此咨

统字第 1524 号

民国十年四月二十七日大理院复直隶高等审判厅函

径复者：

准贵厅函开：案据抚宁县知事左忠谔呈称，"查科《刑标准条例》第二条内称，'犯《刑律》第三百十一条之罪，而有下列情形之一者，处死刑：一、出于预谋者。'细释文义，似系专指正犯而言。若仅事前预谋，助给枪械，实施之时并未在场之犯，是否亦包括该条款之内，处唯一之死刑？援用不无疑义。罪刑出入，关系甚钜，理合请转请解释示遵"等情。据此，事关解释法律疑义，相应函请钧院解释见复，转行遵照等因。

查谋杀从犯，按照《科刑标准条例》第二条第一款，及《刑律》第三十一条第一项，得减等处断，自非必处死刑。至原呈所称"仅事前预谋助给枪械，实施之时并未在场"云云，是否仅为从犯，抑与本院统字第一二四五号解释文内所称正犯情形相符？应审查事实。相应函复贵厅转行查照可也。

此致！

统字第 1525 号

民国十年五月三日大理院复浙江高等审判厅函

径复者：

准贵厅函开：案据云和县知事呈称，"查现行律载'妇人夫亡无子守志者，合承夫分，须凭族长择昭穆相当之人继嗣。其改嫁者，夫家财产及原有妆奁，并听前夫之家为主'等语。寻绎原文意旨，妇人夫亡无子，必须守志者，始得承其夫分，以凭族长择立相当之人为继嗣。又所谓'夫家财产及原有妆奁，并听前夫之家为主'，此系指改嫁之妇而言。如为守志之妇，按照现行法例，其原有妆奁固无论矣。即对于承继财产，自有管理之权，于必要时，更有处分之权，其属于共有者，亦得请求分析。设有妇人自夫身故后无子，并未改嫁，惟曾犯和奸罪，经官厅审理明确，宣告徒刑，执行完毕，仍居夫家。此等妇人，在法律上是否仍应认为守志之妇？对于前述律文，可否适用？又对于夫家所有财产，是否仍得主张管理及处分之权？均属不无疑义。职署现有此类案件发生，亟待解决，理合呈请转函解释"等因。相应函请贵院俯赐解释只遵等因到院。

查妇人于夫亡后被处和奸罪刑，除夫之直系尊亲属，以为品行不检，请求宣告丧失管理财产权外（参照本院三年上字六一六号、六年上字四六零号判例），如于夫家犹未脱离关系，则现行律上守志妇之权利，尚不丧失。相应函复贵厅转令遵照可也。

此致！

统字第 1526 号

民国十年五月三日大理院复四川高等审判厅电

四川高等审判厅转成都律师公会：

哿电悉！舍弃上诉权，如能证明非出本意，即属无效。除逾期外，毋庸声请回复，舍弃声明异议之声明权，亦同。至未将正本送达之处刑命令，被告人无论何时，均得声明异议。惟经执行而未如期声明，则此项命令，即与确定判决有同一之效力。

  大理院江印

  附：成都律师公会原电

  大理院钧鉴：

  文电奉悉！刑事简易庭不预审之公判，处刑命令，并未送达正本，且诱口头舍弃上诉。翌日，被告人以书状抗告，声明异议，诉权能否回复？请分别解释。

  成都律师公会叩寄印

■ **统字第 1527 号**

  民国十年五月三日大理院复浙江第一高等审判分厅电

  浙江永嘉第一高等审判分厅：

  文代电情形，第二审之决定及第二次县判，均系违法之裁判。惟第一次县判，既未经撤销，虽决定业已确定，同级审仍得用覆判程序撤销违法之县判，进行第一次县判之控诉审程序。

  大理院江印

  附：浙江第一高等审判分厅原代电

  大理院钧鉴：

  兹有甲诉乙杀其子丙，经县知事第一审判决后，甲于上诉期间内，呈诉不服，除径向有管辖权之第二审衙门，提出上诉状外，并同时于原审衙门声明案已上诉，请求送卷。讵原审衙门，因其声明不服，颇有理由，即予以提案复讯之批示。旋经第二审衙门调取卷宗，见有此项批示，谬以此案既经原县批准提案复讯。则前项判决，已不存在，当然以未经判决之案论等语为理由，以独任制（非清理积案期间）决定，发回原县为第一审审理。而配置检察官，亦不以为违法，并未提起抗告。因而原县重为第一审判决，嗣于经过上诉其间后，呈送覆判。于是，对于此案，发生如下两说：甲说，原县于甲合法呈诉不服状内，批以提案复讯，本属违法。而第二审衙门，据此违法之批示为基础，谬认原判已不存在，因而决定应由原县重为第一审审判，尤属违法。且控诉审衙门所为之决定，以独任制行之，当然不能发生效力。故本案覆判，应认第一次县判为有效，决定作为控诉受理。乙说，控诉审衙门所为之决定，虽属违法，既未经检察官提起抗告，该违法之决定，即属确定。本于下级审应受上级审裁决拘束之法例，则原县所为第二次判决，当然有效，应认本案呈送覆判为合法，可径以覆判程序行之。究竟两说孰是，理合请求钧院迅予解释。

  浙江第一高等审判分厅文印

■ **统字第 1528 号**

  民国十年五月三日大理院复安徽高等审判厅电

  安徽高审厅鉴：

  陷电所称期间，如指在途之日而言，应准用《补订各级审厅试办章程》第五款除去计算。

　　大理院江印

　　附：安徽高等审判厅原电

　　大理院鉴：

　　选举诉讼起诉期限，应否扣除期间计算？乞电复。

　　皖高审厅卅

■ 统字第 1529 号

民国十年五月十七日大理院复江苏高等审判厅函

　　径复者：

　　准贵厅函开：案据川沙县知事周庆莹电称，"《刑律补充条例》第七条，因奸酿成其他犯罪时之'其他犯罪'四字，是专指犯罪《刑法》，抑兼指《违警罚法》上之犯罪？乞示遵"等情到厅。查该条所载'其他犯罪'四字，是否专指刑法而言？惟无成例可稽。相应据情函请贵院迅赐解释，以便转令遵照等因到院。

　　查因奸酿成违警行为，尚非《刑律补充条例》第七条所称之"其他犯罪"。且查照本院统字第一三二二号、第一三六三号解释文，亦无因违警行为引用该条并论奸罪之机会。相应函复贵厅查照可也。

　　此致！

■ 统字第 1530 号

民国十年五月十七日大理院复山东高等审判厅函

　　径复者：

　　准贵厅勘代电称：案准山东筹备选举事务所函称，"现有初选当选人，于被选期后，发生刑事案件。当经判处徒刑二年，并褫夺公权十五年，因具缓刑条件，又经宣告缓刑四年各在案。究竟缓刑期间，其褫夺公权处分，是否一并从缓，并能否赴复选区投票？应请贵厅迅赐查核见复"等因。准此，事关法律问题，应请钧院迅赐解释电复，以便转知等因到院。

　　查本院统字第五三二号解释文，缓刑期内得充议员，并不以未褫夺公权者为限。则受缓刑之宣告者，不问原案曾否褫夺公权，苟未经撤销缓刑之宣告，仍应有选举权及被选举权。相应函请贵厅查照可也。

　　此致！

■ 统字第 1531 号

民国十年五月十七日大理院致江苏高等审判厅函

　　径复者：

　　据江宁律师公会代电称，"据会员林鸿藻报告法律疑义二则。其一，亲告罪于适用利害关系人声请指定告诉之疑义：（一）何者为利害关系人？查二年统字第八号大理院释例，既不采列举主义，则被和、略诱人之胞叔及其母舅，自非法定代理人，能否为利害关系人？（二）得为声请之利害关系人，能否被指定为代行告诉人？抑声请人与指定告诉人不能以同一之人为之？（三）被指定为代行告诉人，能否舍弃告诉权？如果舍弃告诉权，能否依上开释例，再行声请指定？其二，被和、略诱人管收领保之疑义：（一）被和、略诱人律固无处罚正条，如果追传到案，于侦查未完毕前，能否由检察厅以职权暂予管收？（二）如以管收为不必要，能否交由该家属具领或暂由何人具保？（三）管收领保，于被诱人之自由及其监督，不为无关似不能谓非刑事程序法上之待决问题。如果认为属于职权指挥，则其所为管收领保之准驳处分，上级衙门有无纠正之权？统祈转请大理院分别予以解释示遵"等情到会。据此，用特快邮代电，敬乞钧院分别解释，迅予赐复，俾便转知，不胜迫切待命之至等因到院。

查被略、和诱人之胞叔母舅，固为利害关系人，即可被指定为代行告诉人。指定代行告诉人之告诉权，除被害人本人系未成年者外，不得违反被害本人之意思而舍弃。既经合法明示舍弃，不得再行声请指定代行告诉人（并参照本院统字第一千二百号解释文）。被略、和诱人既不在处罚之列，苟非别有犯罪嫌疑，检察官固不得为管收或交保等处分。果有此类处分，应以声请再议为救济方法。相应函请贵厅转行查照可也。

此致！

■ 统字第1532号

民国十年五月十九日大理院复福建高等审判厅函

径复者：

准贵厅函开：据政和县知事黄体震代电称，"前清《破产律》早经废止，现遇破产事件，因该如何办理？再债务者自行声请宣告破产，应否受理？或受理后多数债权者甘任债务之迟延，对于本人之声请不同意时，应若何决定？此等决定，是否须经口头辩论？敬请电示只遵"等情前来。查钧院判例，地方各有特别倒号习惯者，应先一切破产条理适用。但各代电所称，究应适用如何手续？尚无明文可据。事关法律问题，相应函请钧院俯赐解释示遵等因到院。

查商人破产，除先依地方特别倒号习惯办理外，亦可适用破产条理。至破产程序之裁判，在审判衙门认为有必要时，自得经言辞辩论为之。相应函复贵厅转令遵照可也。

此复！

■ 统字第1533号

民国十年五月十九日大理院致江苏高等审判厅转江宁律师公会函

径启者：

据江宁律师公会快邮代电称：据会员林鸿藻报告，"今有离异涉讼，协定嗣后如有不堪同居之情事发生，证明属实，则妻听离，具状和解在案。其为条件附和解，至无容疑。嗣因条件完成，发生移送执行与重予裁判之程序法上疑义：第一说，一事不能再理，固不得以前后同一之法律关系，前后同一之原被告，并其前后同一之请求目的，复行予以裁判。按条件附和解，于条件之成就，已无异于协议离婚之一种，当为现行法例所容许，自无待于裁判。执行衙门照和解予以执行离异，自不得谓为强制。除拘押处分，不适用于婚姻执行外，凡关于裁断或命令之执行程序，不妨适用之。第二说，条件附和解，究与单纯和解之性质不同，只能视为本案之诉讼中止。如果条件成就，固应先由执行衙门传案讯明，以职权或据声请制为裁断或命令，着向原受理之审判衙门诉请继续进行，依法践行裁判程序。如是既不违反一事再理之原则，又保有当日和解设定听离条件之效力。二说究以何说为是，抑有无其他法例可资依据？即希转请大理院解释示遵"等情到会。据此，用特快邮代电敬乞钧院解释，迅予赐复等因到院。

查来电所述情形，如系审判上之和解，条件成就，自可请求执行。至关于条件成就与否有所争执，则不论审判上或审判外之和解，均须诉经裁判。相应函请贵厅转行遵照可也。

此致！

统字第 1534 号

民国十年五月十九日大理院致江西高审厅转南昌律师公会电

江西高审厅转南昌律师公会：

真电所称乙机关，在实体法上能否为权义之主体，虽属待决问题，而于民诉法上，应认为有起诉之资格。

大理院皓印

附：南昌律师公会原电

大理院钧鉴：

兹有地方人以地方款呈准官厅，办地方公益，合组甲机关，复以地方款呈准官厅备案。另组乙机关，为清查地方各机关款项之机关。现有曾经受过清查之甲机关，发生款项纠葛，而乙机关对于甲机关，能否为民诉法上权利义务之主体而诉追？有谓，乙机关因不能诉追直为己有，即不得为权义之主体；有谓，甲机关利害关系悉属地方，而乙机关既为地方人民所组织，且清查在先，当然可为权义主体。两说究以何说为是？事关法律争点，理合电请钧院，迅赐解释电复为祷。

南昌律师公会叩真印

统字第 1535 号

民国十年五月十九日大理院复山东高等审判厅电

山东高审厅巧电悉：

希查照本年五月一日公报、本院统字第一五二三号解释办理。

大理院皓印

附：山东高等审判厅原电

大理院钧鉴：

本届选举，适用元年《选举法》。关于选举诉讼，是否仍遵六年四月命令，不许上诉？请速电示。

山东高等审判厅巧印

■ 统字第1536号

民国十年五月十九日大理院咨司法部文

为咨复事：

准贵部咨开：今有土地所有人，于自己所有土地内划出一部分，预为他部分所有权之取得者，以书面设定一通行地役权，其后尽将各部分之地，分别让与于人。其辗转让受者，能否无偿且永久的继受该项地役权？换言之，即其设定行为有如何之效力？相应咨请查照，即希解释见复等因到院。

查依法设定之地役权，不因该供役地或需役地之所有权移转而变更其效力。除有法定消灭原因外，自得继续享用。相应咨复查照。

此咨！

■ 统字第1537号

民国十年五月二十七日大理院复吉林省议会电

吉林省议会鉴：

来电悉！领得森林地照者，当为《森林法》第二条之业主，不必即为土地业主。

大理院感印

附：吉林省议会原电

大理院钧鉴：

兹据公民松毓为森林事件请愿到会。查《森林法》第二条所谓之"业主"，是否即指已领得该森林之地照者而言，凡为土地之业主，即系森林之业主？事关法律上之疑义，请俯赐解释，以凭议决。

吉林省议会叩

■ 统字第1538号

民国十年五月大理院致江苏第一高等审判分厅转淮阴律师公会函

径启者：

据淮阴律师公会函称，兹有本会会员童振镛等函称："例有甲、乙必要之共同诉讼，经判决确定后，乙单独与相对人和解。其和解内容，固未得甲之同意，且与甲之利益相反。甲于此能否受乙和解之拘束？抑仍持原判，请求原审衙门依法执行之处？会员等因事关法律解释，未敢擅断，特函请贵会转请解释"等因到会。理合函请钧院迅赐解释，以便转知遵循等因到院。

查共同诉讼之一人，于判决确定单独与相对人和解者，不能拘束其他共同诉讼人。相应函请贵分厅查照转行可也。

此致！

■ 统字第 1539 号

民国十年五月三十日大理院复黑龙江高等审判厅电

黑龙江高审厅鉴：

谏电悉！非选举监督委任之员，而执行管理投票或监察职务，不因事后追认而生效。

大理院卅印

附：黑龙江高等审判厅原电

大理院钧鉴：

本届众院初选，有投票管理员、监察员甲、乙二人，均因故不能执行职务，委托记载票数之丙、丁代理。事后报经选举监督追认，能否有效？乞核示。

黑高审厅谏叩印

■ 统字第 1540 号

民国十年六月三日大理院复吉林高等审判厅电

吉林高等审判厅：

真代电悉！犯《刑律》之罪者，《科刑标准条例》如有特别处刑之规定，自应按照统字第一四七八号解释，并依同条例科处。

大理院江印

附：吉林高等审判厅原代电

大理院公鉴：

兹据吉林滨江地方审判厅厅长张锡龄呈称，"呈为俯赐转请解释事，案奉钧厅第一三零号训令内开：案准司法部刑事司第七四五号公函内奉总长谕，近据各厅处呈报刑事案件，原判理由内多有引用《科刑标准条例》各条款者。查此项条例，系专供审判官折衷注意之用，仅可作为拟律之心得，不必将原有条款引入判词等因，相应函请查照，并转行所属知照等因。除分行外，合亟令仰该厅知照此令等因。奉此，惟查《科刑标准条例》第二条载，'犯《刑律》第三百十一条之罪，而有下列情形者，处死刑（款略）。'又查《刑律》第三百十一条，'杀人者，处死刑、无期徒刑或一等有期徒刑。'又查大理院统字第一四七八号解释例内开：'（上略）若《科刑标准条例》第二条主刑仅有死刑，无可裁酌，自无适用之余地。果有合于《刑律》总则得予减等情形，仍应适用总则，酌予减等（下略）'各等语。若按照上开释例，第三百十一条所定死刑以下之无期徒刑、一等有期徒刑，实因《科刑标准条例》第二条各款而失其效力，绝对无再援用之余地。若依司法部刑事司原函，《科刑标准条例》既无援引之必要，凡合于该条例第二条之犯罪，而罪不应抵者，自可径按第三百十一条所定三种主刑裁量拟刑（《科刑标准条例》第五条与《新刑律》第三百七十三条之关系及疑义亦同）。究应如何办理之处，无所适从，理合呈请钧厅俯准转请解释示遵施行，谨呈"等情。据此，相应据情电请贵院迅予解释示复，以便转令遵照。

吉林高等审判厅真

■ 统字第1541号

民国十年六月三日大理院复吉林高等审判厅电

吉林高等审判厅：

元代电悉！所称巡防营兵士，如果与《陆军刑事条例》第七条第四款相符，应依《陆军审判条例》第一条，归军法会审。否则既在内地犯罪，应归普通司法衙门管辖。

大理院江印

附：吉林高等审判厅原代电

大理院钧鉴：

哲里木盟长，（蒙古王）旗下巡防营兵士，在内地因斗殴杀死住民案件，应否由普通司法衙门管辖？请赐解释，俾资遵照。

吉林高等审判厅元代电

■ 统字第1542号

民国十年六月三日大理院复总检察厅函

径复者：

准贵厅函开：案据河南高等检察厅电称，"查应送覆判案件，如由前任县知事判决，并未制成判词，仅于堂谕内注明某人处某刑，亦未引用律文及履行宣示牌示程序。以后，因后任县知事接准移交，复据被告人等声请更审，后任县知事欲补制判词，呈送上级审核办，不知前任县知事当时判罪之意旨理由及所引律文，欲认前任县知事堂判为无效另行审判，而《县知事审理诉讼暂行章程》第三十一条第二项，又有判决经牌示后不得更改之规定。此种情形，究应如何办理？"事关法律疑问，理合电请钧厅函转大理院迅赐解释［示遵为荷等因到院。查若裁判未经对外宣布］，一种不生裁判效力，应另审判。若已宣布，则虽仅有某人处某刑极简单之裁判，不得认为无效。既系应送覆判之件，自应由覆判审决定，用覆审程序另为审判。相应函复贵厅转令查照。

此复！

■ 统字第1543号

民国十年六月三日大理院复安徽高等检察厅函

径复者：

准贵厅函开：查控诉审推事，在第一审推事任内，曾经审讯一次之案，未至辩论终结，即行调任。该案控诉后，该推事应否参照《刑诉（草案）》第二十八条第五款所定，声请引避？不无疑义。相应函请钧院解释示遵为荷等因到院。

查《刑诉律（草案）》第二十八条第五款所称"推事曾与于前审者"，应以曾参与前审之终结者为限。相应函复贵厅查照可也。

此致！

■ 统字第 1544 号

民国十年六月六日大理院复江苏高等审判厅电

江苏高审厅鉴：

冬电悉！不合法之抗告，仍经由上诉衙门裁判。

大理院鱼印

附：江苏高等审判厅原电

大理院鉴：

据沪地审厅长咸运机面称，"选举诉讼，因明令不适用通常上诉程序，当然不许抗告。惟当事人故意提起抗告，原审能否即予批驳，以符选诉速结之本旨？请转解释"等情。请迅予解释饬遵为荷。

苏高审厅冬印

■ 统字第 1545 号

民国十年六月八日大理院复京师高等审判厅函

径复者：

准贵厅函开：查以一诉将利息附带于主诉而请求者，依《修正诉讼费用规则》第二条第三项，及《民事诉讼律草案》管辖节第七条第二项之规定，应仅按主诉诉讼物之价额，征收审判费用，本无疑义。惟第一审判决后，当事人仅就附带请求之利息部分，声明控告，究应如何征收审判费用？则有两说：甲谓，《修正诉讼费用规则》第五条，既规定民事控告审判费用，应按第一审征收之数加征十分之四，则当事人虽仅就附带请求之利息部分声明控告，亦应按第一审主诉诉讼物之价额，征收审判费用。且所谓主请求与附带请求，系指本案请求之主从关系而言。当事人仅就附带请求声明控告时，其控告虽为独立之控告，而其控告标的之请求，仍不失为本案之附带请求。此项附带请求，依《民诉草案》管辖节第七条第二项之规定，既不能算入诉讼物价额之内，即不能以其价额为征收控告审判费用之标准。若不按第一审主诉诉讼物之价额征收，此项控告，即无从征收审判费用。乙谓，以一诉将利息附带于主诉而请求者，在第一审虽不能将利息算入诉讼物价额之内，而在控告审之诉讼物，既仅为利息之部分，即已失其附带之性质，而变为独立之请求，自应按照声明不服部分之利息额征收控告审判费用。至《修正诉讼费用规则》第五条所谓'应按第一审征收之数加征十分之四'，系谓应按该规则第二条所定第一审征收审判费用之标准数，加征十分之四，非谓第一审已征若干，即不问控告之范围若何，以其已征之数为加征之标准也。盖控告审审判之范围，既以当事人声明不服之部分为限，则征收审判费用，亦应以该部分之诉讼物为限。否则在第一审请求万元之诉讼，仅就其中五十元之部分声明控告，仍征收控告审判费用，九十八元，似无此理。以上两说，究以何说为是，抑别有正当办法？相应函请解释见复等因到院。

查一部上诉，应按一部征收讼费。来函所称附带请求，依暂行援用之《民诉律草案》第七条第二项，虽不得将其价额合并计算，而仅就附带部分控告时，依《修正诉讼费用规则》第五条，既应征收控告审判费用，自应按该部分征收。至扩张请求，应行除外。相应函复贵厅查照可也。

此复！

■ 统字第 1546 号
民国十年六月七日大理院复陕西高等审判厅函

径复者：

准贵厅函开：查覆判案内，如有被告人触犯窃盗与诈财二罪，同时俱发，初判依律各科其行，合并执行，依照钧院统字第八四零号解释，覆判审仅能对于照章应送覆判之诈财罪予以覆判。但此项初判，对于窃盗、诈财二罪，计息既系合并刑期定其执行，则覆判审似不能舍弃窃盗罪部分，专为诈财罪之覆判。究应如何办理之处？殊涉疑难，相应函请钧院迅赐解释，俾资遵循等因到院。

本院查窃盗罪及关于窃盗之赃物罪，照章既毋庸覆判，而一案又有应送覆判及此项毋庸覆判二罪，则判决后自应分别办理。至二罪中之一罪，如经上级审撤销改判，其他一罪已先确定，在改判之上级审，并应按照《刑律》第二十四条，更定其应执行之刑。相应函复贵厅查照。

此复！

■ 统字第 1547 号
民国十年六月七日大理院复吉林高等审判厅电

吉林高等审判厅：

敬代电悉！《科刑标准条例》所称"致命部位穿透致命部位"，指自致命部位穿由他之致命部位透出而言。

大理院虞印

附：吉林高等审判厅原代电

大理院钧鉴：

《科刑标准条例》第四条第二款"致命部位穿透致命部位者"一语，关于解释上不无疑义，于此有三说焉：甲谓，致命部位为一项，穿透致命部位应另为一项。致命部位，谓致死之伤在致命部位者；穿透致命部位，谓致死之伤系由不致命部位而穿透致命部位者。原文简括，要已意在言外。至一五一三号解释，注重在穿透致命部位，虽带有"由致命部位"五字，乃根据原函而言，非以条文上必须加一"由"字为解释正文。乙谓，条文内不加"或"字，即不能分为两项，且一五一三号解释，已明认为由致命部位穿透致命部位，则非由甲致命部位穿透乙致命部位者，即与本条款不合。例如由脑后穿透囟门之类，方合本条款。若仅由脑后透内，是仅由甲致命部位穿透，尚无乙致命部位，与本条款仍为未合。丙谓，由致命部分穿透致命部位，不限于甲、乙两致命部位。例如由脑后穿入透内，亦系由致命部位穿透致命部位，应以本条款论。但由不致命部位而穿透致命部位者，与条文不合，不能以本条款论。以上三说，出入甚大，请钧院详赐解释，俾免歧异。

吉林高等审判厅敬代电

■ 统字第1548号
民国十年六月九日大理院致江苏高等审判厅转上海律师公会函

径启者：

据上海律师公会快邮代电称，据会员杨春绿函称，"当事人两造，均屡经出席为言词辩论，惟于辩论再开之日（同日宣告辩论终结并宣示判决），其一造始不出席，且于判决后声请中止诉讼。审判衙门依据大理院对于该案特定之解释，并依照统字第五九八号及七三一号解释内三种之例，完全符合，认为仍系通常判决，并于判决理由文内，记明为'通常判决'字样。今不出席之一造，于送达判词后二十日内，向原审衙门声明窒碍。问原审衙门对于是项声明，能否以大理院七年上字第一一零二号就《县诉章程》第三十三条所为缺席判决之判例，而使大理院统字第五九八号及七三一号之解释及依次解释而为之通常判决，一并失其效力"等语。合亟抄录全文，请迅解释等因到院。

查本院七年上字第一一零二号判例，系因当事人一造未于言词辩论日期出席，既不能不许其声明窒碍。又因原审已调查证据合法，认定事实，并非本于缺席之效果而为裁判，故便宜上又不能不许其上诉，与统字第五九八号第七三一号解释，本是一贯。盖该两号解释，不过示明缺席判决与通常判决之区别。不合法之通常判决，便宜上亦应许其上诉，并非谓只能上诉，不能声明窒碍。相应函请贵厅转行遵照可也。

此致！

■ 统字第1549号
民国十年六月十四日大理院复总检察厅函

径复者：

准贵厅函开：案据山西高等检察厅呈称，据情转请函院解释事。案据夏县知事呈称，"今有雇工乙，原在雇主甲家中佣工，乘间由其雇主家中窃取财物，能否以侵入现有人居住论，而依新《刑律》第三百六十八条第一款处断？抑应依第三百六十七条处断？此其应请解释者一。查修正《吗啡治罪法草案》，其第九条所谓'专管查禁吗啡事务之官吏'，是否专指如稽查队之专管搜查吗啡烟土者而言？如保安队及各区长有兼管查禁吗啡之责者，是否一并包含在内？各区之助理员及各村之村长，可否认为此项佐理之人？此其应请解释者二。案犯某甲，业已判决宣告，尚未确定，案内逸犯某乙，忽被获案，可否将前判取消，并案另予裁判？抑应将乙犯单独更为备作判词？此其应请解释者三。案犯某甲业已宣告判决，尚未确定之际，奉到修正案其罪加重，按新《刑律》第一条二款，应当更从新案拟处。惟此项拟处办法，能否将前判自行取消，更予另判？此其应请解释者四。查民间因贫出卖坟地于人，多将祖坟附带在内，买约内并未书明'祖墓周围之地几分不在卖数'字样。经年已久，或其墓之周围旧有小树长大，或系地归买主后，所增植之树木加长，则其后人多有借其墓址所在，争执此项树株者，在民事上此种根据，能否认为有效？此类案件，职县最多，此其应请解释者五。又如前项墓址周围所长树株，地主甲意欲伐卖，墓主乙强行干涉。若果认为该树株应归地主甲有其所有权时，乙之强加干涉，能否构成《刑律》第三百五十八条之罪？此其应请解释者六。以上各端，均系职县审判上时生疑问之案，应请准予转院解释，以资遵办"等情。据此，查事关法律解释，应请准予函院明示，以资遵用。惟第二段稽查队等项，均系山西特设机关，其职务权限，均有单行规程，是否适用修正《吗啡治罪法草案》第九条之规定？除由职厅另呈山西省长核示外，理合备呈只请钧鉴核转施行各等情到厅。查原呈所称各节，除第二问业由该厅另呈山西省长核示外，其第一问似系述一具体案件，亦与贵院九年十月四日第一号通告不合，兹就第三问至第六问各疑义，据情函请贵院分别解释见复，以便转令遵照等因到院。

本院查已宣判之案件，非经合法撤销，或系依法可认为已撤销者，不得以同一审级，重为审判。又现行诉讼规例，采用直接审理主义，虽共犯中一人业已审判，其他共犯被获到案时，仍应依法另审。至已宣判尚未确定案件，所援据之法律，如经变更，依上说明，仅得提起上诉，由上级审按照新法改判。其以强暴胁迫妨害人行使权力者，若系出于故意，并无误会情形，当然构成《刑律》第三百五十八条之罪。除关于民事部分另行解答外，相应函复贵厅转令查照。

此复！

■ 统字第 1550 号

民国十年六月二十日大理院复总检察厅函

径复者：

准贵厅函开：据浙江第二高等检察分厅电称，"查判处四等以上有期徒刑人犯确定后，县知事将其刑期折易罚金释放。县知事此种处分，究系无效，抑属仅指违法，可分两说：一说谓，此种处分，系违法决定，非根本无效。如经上级检察官发见，得依院释自发现之日起，十日以内声明抗告，抗告衙门撤销原决定后，始能依判执行。一说谓，此种处分，系根本无效，毋庸上级审审判衙门撤销，检察官一经发现，即可将人犯拘案执行。二说孰是？理合电请钧厅转院解释示遵"等情到厅。相应据情函请贵院核办见复，以便转令遵照等因到院。

查原电两说，以第一说为是。相应函复贵厅转令查照可也。

此致！

■ 统字第 1551 号
民国十年六月二十日大理院复山西高等审判厅函
径复者：
准贵厅冬代电开：僧道沿门募化，得鸦片烟土，携归寺观施舍，是否构成帮助吸食鸦片烟罪？乞赐解释等因到院。
查僧道将沿门募得之烟土携归施舍，苟无贩卖或帮助吸食等故意，应不为罪。惟烟土之为物，非布帛、菽粟可比，无论沿门募得，已属不易，即无故施舍，亦岂人情？则烟土究从何来，施舍是否实在，均应注意。相应函复贵厅查照可也。
此致！

■ 统字第 1552 号
民国十年六月二十一日大理院咨司法部文
为咨复事：
准贵部五二三号咨开：今有前清宗室赏给旗人之祭田圈地，在民国领有左右翼牲税征收局执照，暨验契执照。该田地之佃户，承佃多年，亦领有地方官发给之红契，此项执照红契，于该地之所有权有何关系？换言之，即（一）此项祭田圈地之性质如何，是否有完全所有权？（二）该旗人于民国后所领之左右翼牲税征收局执照，暨验契执照之效力如何？（三）佃户所领地方官发给之红契，对于旗人所有权关系如何？相应咨请解释见复等因到院。
查旗产圈地之所有权，系在地主而不在佃户，但其所有权概受永佃权之限制。至于左右翼牲税局执照，验契执照及地方官红契，在诉讼法上固有公正之效力，而不能专凭此以主张所有。相应咨复贵部查照。
此咨！

■ 统字第 1553 号
民国十年六月二十一日大理院复江西高等审判厅电
江西高审厅鉴：
庚电情形，希查照《矿业条例》办理。
大理院马印
附：江西高等审判厅原电
大理院钧鉴：
甲在自匿地内，开窟挖矿，深入乙之地腹，对于乙应否缴纳地租？乞解释电示。
赣高审厅庚印

■ 统字第 1554 号
民国十年六月二十一日大理院复山东高等审判厅函
径复者：
准贵厅函开：前准司法部刑事司函开：《科刑标准条例》，专供审判官折衷注意之用，仅可作为拟律之心得，不必将原有条款引入判词等因。准此，则该条例引用，固可不必，而折衷拟律，似尚不无窒碍。例如强盗犯《刑律》第三百七十三条之罪，依钧院第三一五号公函之解释，可以依《惩治盗匪法》第二条判处死刑，并可依《刑律》分则判处徒刑。而所犯情节备具《科刑标准条例》第五条所列条件，原审径依《刑律》拟处，呈送覆判，若竟予以核准，初判对于前项条例，并未折衷注意。按之上开函告，固显有未合，但该条例既不引入判词，原审依律处断，核与上开钧院解释，又并毫无抵触。若竟认为引律错误，亦恐失之武断。究应如何办理，方臻妥善，合请钧院迅赐解释，以便遵循等因到院。

　　本院查所叙情形，应如何办理之处，已见统字第一千五百四十号、第一千四百八十四号、第一千四百八十七号各解释，希查照可也。

　　此复！

■ **统字第 1555 号**
民国十年六月二十一日大理院复东省特别区域高等审判厅转律师公会电
东省特别区域高等审判厅转特区律师公会：
　　虞电情形，与《刑律》第一百五十五条之公然条件不符。
　　大理院马印
　　附：东省特别区域律师公会原代电
大理院钧鉴：
　　查钧院三六九号解释，向官署递禀，不成公然侮辱罪。如向法院具状，内有"轻薄浮躁，殊玷职守，人民财产，何以寄托"字样，是否构成公然侮辱罪？请俯赐解释，并电复。
　　东省特区律师公会虞印

■ **统字第 1556 号**
民国十年六月二十一日大理院复江苏高等审判厅电
江苏高等审判厅：
　　虞代电情形，系于强盗罪外，另犯杀人罪，而与《科刑标准条例》第二条第六款相当。惟是否另犯妨害公务罪，或与杀人有牵连关系，应并注意。
　　大理院马印
　　附：江苏高等审判厅原代电
北京大理院钧鉴：
　　强盗行为完毕以后，在逃逸中，约隔三日，经捕追及，竟行开枪拒杀帮同追捕之人。此种杀人行为，是否强盗杀人，抑系普通杀人？悬案待决，请即电复。
　　苏高审厅虞印

统字第 1557 号

民国十年六月二十一日大理院复山东高等审判厅电

山东高等审判厅：

真代电情形，应以是否主动买取，抑由被动买受，定其所犯者为诱拐罪，抑系收受罪。

大理院马印

附：山东高等审判厅原代电

大理院长钧鉴：

案据福山地方审判厅长吴宪仁虞日快邮代电称，"买受未满十六岁之娼妓为娼者，是否犯《刑律》第三百五十一条第一项或第三百五十三之罪？敬祈转院解释，电示只遵"等情。据此，合行转请钧院解释电示，以便转行遵照。

山东高等审判长张志叩真印

统字第 1558 号

民国十年六月二十三日大理院复江苏高等审判厅函

径复者：

准贵厅邮代电开：兹有本厅推事为民事上告人，被上告人声请本厅全体回避，可否由分厅推事代理，本厅办理或径用分厅名义自办？敬祈解释电示等因到院。

查来电情形，按照本院九年声字第一七零号判例，尚不生代理问题。相应函复查照可也。

此复！

统字第 1559 号

民国十年六月三十日大理院复京师高等审判厅函

径复者：

准贵厅三五一号函开：查关于应否解除租约迁让房屋案件之事物管辖，及征收审判费用之问题，因对于《民诉草案》管辖各节第二条第二款及第十一条之见解不同，所取办法，遂不免有所歧异。甲说谓，《民诉草案》管辖各节第二条第二款所谓因迁让房屋涉诉者，系指业主与租户间，对于房屋之应行迁让，并无争执，惟因迁让时生有纠葛以致成讼者而言。若关于应否解除租约迁让房屋之讼争，即系就赁借权有所争执时，不问租约订有期间与否，统应依该草案第十一条以定管辖，并征收审判费用。乙说谓，第二条第二款既明明规定因迁让房屋涉讼，则凡业主请求租户迁让房屋之讼争，无论租户对于迁让原因之解除租约有无争执，概应按照该款规定，以定管辖，始于迅速办结之法意相符。至征收审判费用，如定有期间者，固可依第十一条算定价额，以为征收之标准。惟细绎第十一条规定，即以争执期内之租金总额为定诉讼物价额之标准，则非因定有期间之赁借权涉讼者，不得适用该条之规定。若该条前段所谓以一年租金额之二十倍为准，系指争执期之长于二十年者而言，非可适用于未定期间之赁借权也。诚以未定期间之赁借权，依法本可随时声明解约，不能谓通常观念上，应有二十年之存续期间，其不能以一年租金额之二十倍为诉讼物之价额实属理所当然。故定有期间之赁借权业主于未满期前，以租户违约声明解除，请求迁让房屋时，其诉讼物之价额固可以声明解约后之期间之租金总额为准。若并未定有期间之赁借权，业主声明解约，请求迁让房屋时，则其诉讼物之价额，不得依第十一条之定之，仍应依该草案第五条之规定，由审判衙门酌量核定。以上两说究以何说为是？如以乙说为是，审判衙门之核定价额，宜采用何种标准？应否依民国四年十二月二日司法部第一二一零六号批示，所称以一月租金之二倍为准？相应函请贵院解释见复等因到院。

　　查房屋租赁契约，有永租之性质，或订有期限尚未满期，而业主声明解约诉请迁让者，应以呈准暂行援用之《民诉律草案》第十一条定其管辖，并征收审判费用。其未订期限，而于解约无争，或已订期限而业经满期，业主声明解约诉求迁让者，应依该草案第二条第二款定其管辖，依第五条由审判衙门酌量征收审判费用。其未订期限而于解约有争，业主声明解约诉求迁让者，应以预告期限内之租金定其管辖，并征收审判费用。盖该草案第十一条，既规定争执期内，权利人收入之租金总额，若少于二十倍，以其总额为准，则其租赁契约未订期限，又非有永租之性质者，即系就预告期限之能否迁让以为争执，自应以该期限内之租金总额定之。至所谓预告期限，如各该地方有惯例，应以惯例为准。相应函复贵厅查照可也。

　　此复！

■ 统字第 1560 号

民国十年七月二日大理院致江苏高等审判厅转上海律师公会函

　　径启者：

　　据上海律师公会会长蔡倪培邮代电称，据会员杨春绿函称，"关于选举诉讼，适用诉讼法上发生疑义。第一，（子）参众两院议员选举诉讼，不得上诉，故审判衙门对于此项诉讼所为第一审之审判，亦即为终审审判。而从来终审审判，尚未见有缺席判决之先例，当然不得声明窒碍，更未见有对于终审审判之通常判决得声明窒碍之先例。是此种诉讼，一经宣判，即为确定。现如败诉缺席当事人，对于审判衙门，依据法理凭证及当事人已到场时之辩论而为之，关于此项诉讼之通常判决声明窒碍时，其声明是否违法？（丑）又声明窒碍，即为（一种之不服声明），而参众两院议员选举诉讼，既不许上诉，即不得有不服之声明。如缺席当事人对于此种诉讼之通常判决声明窒碍时，其声明究与钧院二年统字第六七号解释有抵牾否？第二，（丙）依照钧院统字第六八号解释，当事人声明窒碍，原审衙门应先调查（所声明窒碍之判决，系为缺席判决）。如原审衙门并不从事调查，而对于通常判决之声明窒碍，遽予决定照准时，其决定是否与上开解释例（二年第六八号）冲突，是否违法？（丁）又钧院七年上字第一一零二号判决，查系编入于《判例要旨汇览》缺席判决项下。细阅判词原文，于'裁判'字上并未冠以'通常'字样，是该项判词内所称'许缺席当事人声明窒碍，亦许声明上诉'等语，明明为对于缺席判决，亦许声明上诉之一种例外规定，非为对于通常判决本许声明窒碍之规定。如败诉当事人，对于通常判决声明窒碍，而原审衙门根据此项判词（七年上字第一一零二号）决定照准时，其决定是否与钧院六年第五九八号第七三一号等解释，及四年上字第二四四五号五年上字第四四七号等判例冲突，是否违法等语。"合亟抄录全文，请迅解释等因到院。

查声明窒碍，系因一造未经到庭辩论，为保全其审级上之利益，于原审衙门为之。与上诉之向上级审声明者不同，终审衙门用言辞审理，即不能无缺席情形，自不能不有声明窒碍之方法以资救济。至选举诉讼，依《选举法》只限制其上诉，并未限制其声明窒碍，其余已详本院统字第一五四八号解释矣。相应函请贵厅转行遵照可也。

此致！

■ 统字第1561号

民国十年七月八日大理院复吉林高等审判厅函

径复者：

准贵厅四六一号函开：查现行制度，地方审判厅兼理初级管辖案件。设有民事诉讼，地方审判厅已核定其诉讼物之价额为不及千元，作初级事件受理，当事人亦系按千元以下缴纳讼费。判决后，当事人即向该厅控诉，该厅仍认为初级事件，并为第二审审判。当事人又声明不服，高等厅为上告审，依法不能调查事实，当然仍照初级事件受理，以第二审事实屡未审明，依法迭经发还更审。讼已数年，审经多次，当事人对于管辖问题，均无争议。如末次发还更审时，第二审讯据当事人两造供称"当时诉讼物价额，系在千元以上"，即将本案送高审厅行控诉审，高审厅能否自为第二审审判？分甲、乙、丙三说：甲谓，地审厅于末次发还更审中，既据两造均称当时诉讼物价额在千元以上，案属地方管辖，高审厅应自为第二审审判。乙谓，此种发还更审案件，地审厅不能仅据两造供称当时诉讼物价额在千元以上，即送高审厅行控诉审，应令地审庭加以调查。如果当时诉讼物价额实在千元以上，高审厅再自为第二审审判。丙谓，当事人当时既以初级事件起诉，又两经地审厅核定为初级事件受理，案经三审，发还数次，均无争议。即已确定为初级事件，不能于末次发还更审时，讯据当事人称为案属地方管辖，即可变更审级。且初讼时讼争地亩，多属荒山，价值甚贱，现已陆续开成熟，地价值增高。时过境迁，其时何处为荒熟地亩，无人详知。若如乙说，再令调查，亦无从得其当时实价，不免徒劳无益，而于久已确定为初级之事件，又以管辖问题，滋生纷扰，当非立法本意。若如甲说，由高审厅受理控诉，则前发还更审之判决，既未便自行撤销，亦不能因地审厅之贸然将案送还高审厅，无形之中归于无效，其将置于何地？不无有失上告审威信之讥。揆诸下级审应受上级审裁判拘束之例，地审厅亦不能不遵照更审，高审厅即不能自为第二审审判。以上三说，究以何说为是？事关程序法之疑义，管辖权之争执，相应函请贵院迅赐解释示遵等因到院。

查诉讼物之价额，以起诉时之价额为准。初级管辖案件，已经确定，虽在诉讼中诉讼物之价额增加，而管辖不能因之变更，相应函复贵厅查照可也。

此复！

■ 统字第 1562 号

民国十年七月八日大理院复总检察厅函

径复者：

准贵厅函开：据山西高等检察厅呈称：据夏县知事胪陈法律疑义，请求解释到院。除关于刑事部分各点，先行解答外，内开："查民间因贫出卖坟地于人，多将祖墓附带在内，买约内并未写明'祖墓周围之地几分不在卖数'字样。经年已久，或其墓之周围，旧有小树长大，或系地归买主后，所增植之树木加长，则其后人多有借其墓址所在，争执此项树株者。在民事上此种根据，能否认为有效？此应请求解释者五"等语。

查坟墓之所有权与坟地之所有权，虽可分离，然出卖坟地，于卖约内既别无保留，则周围树株，当随土地同时移转，日后不能更行主张所有。至买主所增植者，更不成问题。相应函复贵厅转令遵照。

此复！

■ 统字第 1563 号

民国十年七月十二日大理院复热河都统属审判处电

热河都统署审判处：

巧电悉！第一问已详统字第一四五九号解释文；第二问涉及具体案件，应不答复。

大理院文印

附：热河都统属审判处原电

大理院钧鉴：

《科刑标准条例》第五条第一款，系《刑律》第三百七十三条第一款之罪，在场持有火器者，是否须执持火器之本犯方适用之？抑系在场持有火器者，其余伙犯即未持有火器，亦共同负责？又甲听纠伙抢乙家，得赃逃后，越多日，被乙撞遇，上前捕拿。甲拒捕，用刀将乙扎伤，经警帮助，始将甲拿获。甲扎伤乙之行为，应否与前之强抢行为各自成罪，论为俱发，抑应论为连续也？即示遵。

热河都统署审判处巧

■ 统字第 1564 号

民国十年七月十三日大理院复总检察厅函

径复者：

准贵厅函开：据浙江高等检察厅呈称，案据鄞县地方检察厅检察长金兆銮呈称，"查职厅现有法律上疑义数种，经再三研究，仍难一致，理合另纸开列，呈请钧厅查核，转呈函院解释指令只遵，实为公便"等情。计呈法律疑义单一纸。据此，除指令外，理合备文钞同法律疑义单，呈请钧厅转院解释示遵等情到厅，相应函送贵院核办见复，以便转令遵照等因到院。除第七问另行函复外，分别解答如下：

（一）前清《刑律》三父八母服图内之嫡母、继母、养母、嫁母、出母，固应包含于《刑律》第八十二条第一项第二款所称父母之内，其同居继父从继母嫁之另有养父关系者，及庶母对于其所生子女亦同，此外则否。

（二）《刑律》第三百六十八条第二款，第三百七十三条第二款，第三百八十五条，《刑律》补充条例第三条，第十条，《私盐治罪法》第三条之类，或专指共同正犯言，或并指其他共犯而言，其关系不必尽同，判罪时应分别情形，并引第二十九以下各条项。如已说明其关系，而未将调项揭明者，上诉审可于理由内补正。

（三）预审决定，于到庭之被告人得宣示，于未到庭者应送达。

（四）以预审决定误引法条为理由而提起抗告，纵属无谓，究不能禁止抗告。

（五）一罪先发，已审判确定，虽经执行完毕，始发觉余罪，仍应依《刑律》第二十四条，更定其刑。但执行更定之刑，应参照本院统字第八百六十五号解释文。

（六）公判推事，应不受预审决定内引律之拘束。

以上各端，相应函复贵厅转行遵照可也。

此复！

附：鄞县地方检察厅原抄单

（一）前清《刑律》有三父八母名称，有几种可与《刑律》第八十二条之尊亲属相当？

（二）《刑律》总则第二十九条第一项规定，共同实施犯罪者，皆为正犯，各科其刑，此为罚共犯之标准，凡判断共犯之案，似应引用该条，以为根据。若《刑律》分则于犯罪之人数，另有明晰规定者，如三人以上窃盗、强盗、诈欺、取财、略诱之类，于判罪时，应否引用第二十九条？若不引用，应若何救济？

（三）现行通例，预审须宣告决定。若宣告时，被告一人不到，可否宣告？若全部不到，可否送达？

（四）《惩治盗匪法》上之未遂罪，应照《刑律》判决，大理院已有解释。设使预审决定书，误引用《惩治盗匪法》条文，应否抗告，或俟公判时另行主张？

（五）一罪已确定判决，余罪后发，应行更定，《刑律》第二十四条定有明文。设使执行完毕，已经释放以后，始发觉余罪，应否更定？

（六）公判推事，应否受预审决定时所引用法律条文之约束？

（七）人事诉讼，检察官能否上诉？

■ 统字第 1565 号

民国十年七月二十日大理院复江苏高等审判厅函

径复者：

准贵厅函开：案据川沙县知事周庆莹电称，"析产分居之祖，对于父亡母嫁之孙，有否《刑律补充条例》第十一条之请求权？法无明文，颇兹颖义，悬案待结，乞速示遵"等情到厅。相应据情函请贵院赐解释，以便转令遵照等因到院。

本院查《暂行刑律补充条例》第十一条，既明定"为行亲权之父或母，得因惩戒其子"云云，则该条之请求权，显系专属于行亲权之父或母。其祖父母无论已未析产分居，均不得请求。相应函复贵厅转令查照。

此复！

■ 统字第 1566 号

民国十年七月二十日大理院复吉林高等审判厅电

吉林高等审判厅：

铣代电悉！告诉权不因年龄而受限制。又亲告罪均可委托代诉，唯须注意所委托之范围。

大理院号

附：吉林高等审判厅原代电

大理院钧鉴：

未成年女子（年已十四、五能表示自己意思）被诱，该女子有无独立告诉权？又和诱和奸各罪，经本夫委托他人代行告诉，是否均属有效？抑仅能代诉和诱，不能代诉和奸？祈赐示。

吉高审厅铣

■ 统字第 1567 号

民国十年七月二十日大理院复甘肃高等审判厅电

甘肃高等审判厅：

马电悉！经本夫告诉强奸，审系和奸者其和奸罪应认为已有告诉。

大理院号

附：甘肃高等审判厅原电

大理院钧鉴：

本夫告诉强奸，能否包括告诉和奸在内，抑须另诉？请释示。

陇高审厅马印

■ 统字第 1568 号

民国十年七月二十日大理院复江苏第一高等审判分厅电

江苏淮安第一高等审判分厅：

梗代电情形，既不合于《惩治盗匪法》各条规定，只得讯明应否按照《刑律》或《治安警察法》处断。

大理院号

附：江苏第一高等审判分厅原代电

大理院鉴：

查钧院第七一七号解释内开：会首结党，收藏爆裂物，并勾通外匪，接济枪弹火药，定期抢劫墟市，即构成《惩治盗匪法》第四条第一款之罪名。设有匪徒仅与伙党秘密行动，并无《盗匪法》各条规定盗匪行为之具体目的，因被官军撞遇，该匪与伙党，竟持枪抗敌官军多时。此种情形，查与上开解释所举事例，微有不同，而又显属匪徒之犯罪，是否亦应包括于该《盗匪法》第四条第一款之内？不无疑义。事关法律解释，相应电请钧院迅赐解释。俾有遵循。

江苏第一高等审判分厅应梗印

统字第1569号

民国十年七月二十九日大理院复浙江高等审判厅电

浙江高审厅鉴：

阳电悉查选举监督之县知事，如为被告，依法自得声请指定管辖。其声请如认为正当，不拘厅县，皆可指定。乞参照本院统字七九七号解释。

大理院艳印

附：浙江高等审判厅原电

大理院钧鉴：

兹有极少数县份选民，以全省各县选举人名册浮五县初选监督为违法舞弊，声请指定管辖，是否合法？如需指定，则全省各县诉讼，非少数地厅所能受理，可否分别指定邻县为诉讼官署？乞电示遵。

浙高审厅阳

统字第1570号

民国十年七月二十九日大理院复吉林高等审判厅电

吉林高审厅鉴：

文电悉！当选人所得之票数，除去冒名替投之票，仍满法定额数者，尚非票数不实，当选系属有效。

大理院艳印

附：吉林高等审判厅原电

大理院钧鉴：

复选投票，如有选举人请假，他人冒名替投，惟当选人所得票数，除去冒投之票，仍合法当选，是否亦为票数不实，作为当选无效？乞速解释电示。

吉林高审厅叩文

统字第1571号

民国十年七月二十九日大理院致安徽高等审判厅转怀宁律师公会电

安徽高审厅转怀宁律师公会：

号电悉！甲说为是。

大理院艳印

附：安徽怀宁律师公会原电

大理院钧鉴：

因选举同册舞弊，涉及知事，声请指定管辖。甲说只需具有法定原因，即应指定管辖，乙说须调查舞弊实据，始得为准驳之裁决。二说孰当？乞速电遵。

安庆怀宁律师公会叩号

■ 统字第 1572 号

民国十年七月二十九日大理院复山西高等审判厅函

径复者：

准贵厅函开：据盂县知事闫廷杰虞日代电称："查《省议会议员选举法》第九十一条规定：'选举人确认当选人资格不符或票数不实者，得依前条之规定起诉。'第九十条规定：'起诉期日，自选举日起，初选五日内，复选十日内'各等语。本条所谓'选举日'，是否单指投票日，抑系包括开票日？法无明文，颇滋疑义。属县现有选举诉讼事件，请迅赐解释示遵"等因。查《省议会议员选举法》第九十条所谓"选举日"，是否即同法第二条所规定之选举日期？（即投票日）事关法律解释，本厅未便擅决，相应函请贵院赐解释，以便令遵等因到院。

查《省议会议员选举法》第九十条之"选举日"，应包括开票日而言，与该法第二条之选举日期不同。相应函复贵厅转令遵照可也。

此复！

■ 统字第 1573 号

民国十年七月二十九日大理院复总检察厅函

径复者：

准贵厅函开：据浙江高等检察厅呈称，"据鄞县地方检察厅检察长金兆銮呈称：查职厅现有法律上疑义数种，转请解释到院。除关于刑事部分各种，先行解答外，内开人事诉讼，检察官能否上诉，此应请求解释者七"等语。

查人事诉讼事件，检察官得为上诉，并希参照《法院编制法》第九十条及公布之《民诉法草案》第六编第五章。相应函复贵厅转令遵照可也。

此复！

■ 统字第 1574 号

民国十年七月三十日大理院复司法部函

径复者：

准贵部函开：查《县知事审理诉讼暂行章程》第四十条，在未修正以前，其第一款规定："民事控诉，自牌示判决之翌日起，二十日以内"等语。是控诉期间，应自牌示之翌日起算。倘有县卷内记录虽已载明牌示日期，而当事人则坚称住所与县公署相距咫尺，日候牌示，从未一见。县署所送达之判决书，又未载明何日牌示。在此种情形，如当事人能证明未见牌示属实，能否以未经牌示论？贵院有无此项相当判例？如有此项判例，希即抄送一份过部，以供参考。相应函请贵院查明见复等因到院。

查当事人果有确证证明县判并未牌示，记录所载牌示日期，系属不实者，控诉期间，既无从起算，该判决自不能确定。但虽未牌示而经送达者，可自送达之翌日起算，希参照本院六年抗字第一八九号判例。相应函复贵部查照。

此复！

■ 统字第1575号

民国十年七月三十日大理院复总检察厅函

径复者：

准贵厅函开：案据直隶高等检察厅呈称，"呈为法律疑义，请转院解释示遵事。窃查《刑律》第四十五条第一项第二款规定，'无资力者，以一元折算一日，易以监禁。'又第二项，'监禁于监狱内附设之监禁所执行之'各等语。设有罚金易监禁人犯，在监禁执行中，又因另案被人在别县告发，由该县提案侦讯，羁押数月。迨审理终结时，另案宣告无罪，复送回原监继续执行。其提县侦讯之羁押日数，能否算入监禁日期以内？颇滋疑义，分有二说：一说谓，提县侦讯羁押之日并非在监狱内执行监禁，自与《刑律》第四十五条第二项之规定不合，不应算入。一说谓，虽因另案提出，但仍在羁押，拘束其身体之自由，与监禁无异，为被告人利益起见，则羁押之日，当然算入。两说互有理由，事关法律解释，职厅未敢擅专，理合备文呈请钧厅鉴核，俯赐转函解释示遵"等情到厅。相应函送贵院核办见复，以便转令遵照等因到院。

查原呈两说，应以第一说为是。相应函复贵厅转行查照可也。

此致！

■ 统字第1576号

民国十年七月三十日大理院覆浙江高等审判厅电

浙江高审厅鉴：

养电悉！该法条所称"选举日"，应包括开票日而言。如有指定管辖之声请者，其声请即可认为有起诉之意思。若在五日以内，即应由指定管辖衙门受理。

大理院卅印

附：浙江高等审判厅原电

大理院钧鉴：

《省选法》第九十条之"选举日"，是否指投票日，抑兼开票终了日？又同条声请指定管辖决定后之起诉日期，是否仍以五日为限？悬案以待，敢求迅示，阳电并乞赐复。

浙高审厅养

■ 统字第 1577 号

民国十年八月二日大理院复山东高等审判厅函

径复者：

准贵厅冬代电称，查《众院选举法》第九十三条规定，"选举诉讼事件，应先于各种诉讼事件审判之。"寻绎法意，原期望速为审结。惟选举诉讼之内容，其当选是否有效，如有应以《刑律》上妨碍选举罪，及其他普通犯罪是否成立为先决问题时，选举诉讼之程序，应否暂行中止？本厅现分两说：（甲说）《选举法》诉讼，既希望速结，如因刑事中止，则与《选举法》第九十三条之本旨不符。（乙说）选举诉讼，即以罪刑能否成立为前提，则必俟刑事案件解决后，始能就当选之有效无效，加以判断，故选举诉讼之程序，应行中止。以上两说，孰为正当，抑或另有其他办法？事关法律疑义，拟请贵院速赐解释示遵等因到院。

查诉讼通例，民事诉讼中有犯罪嫌疑，牵涉其裁判者，法院虽得依声请或以职权命于刑事诉讼终结前，中止诉讼程序。惟选举诉讼，既宜速结，如独立可以进行，即不应率予中止。相应函复贵厅查照可也。

此复！

■ 统字第 1578 号

民国十年八月二日大理院复山东高等审判厅函

径复者：

准贵厅个代电称：查选举诉讼，除本法有特别规定外，本应适用民事诉讼程序。惟其诉讼内容，有应以刑事罪名（如鸦片烟罪）成立与否为先决问题者，被告人如屡传不到，能否适用《各级厅试办章程》即时判决之规定？计分两说：（甲说）被告人无故不到案，原告人申请结案，经审判官查明原告之证据确凿可信者，可即时判决。该章程第三十九条，既有明文规定，选举诉讼案件，果具备该条文中之要件，自应照章办理。（乙说）选举诉讼中既涉及刑事问题，刑事罪名，不能因被告不到场，而视为自认。则选举诉讼之涉及刑事者，即不能仅凭原告陈述之事实，据为被告败诉之判决。以上两说，孰为正当？事关法律疑义，拟请钧院迅赐解释示遵等因到院。

查选举诉讼，即应准用民诉程序，如果被告人屡传不到，具备《试办章程》第三十九条之条件者，自可即时判决。至选举诉讼，虽涉及刑事问题，苟无中止之必要，刑事问题自宜各别办理。相应函复贵厅查照可也。

此复！

■ 统字第 1579 号

民国十年八月五日大理院复四川重庆高等审判分厅电

重庆高审分厅鉴：

沁电情形，应即受理。

大理院微印

附：四川重庆高等审判分厅原电

大理院钧鉴：

洋商向兼理司法之县署诉追债务，华商不服县判，控诉到厅，洋商亦声明愿受裁判，领事始终未要求亲审，职厅可否受理？乞示遵。

川高审分厅叩沁

■ **统字第 1580 号**

民国十年八月十日大理院复湖北高等审判厅函

径复者：

准贵厅函开：案准夏口律师公会函开："径启者：案准会员苏尚文函开：设有官员公断人，于其职务受当事人之利害关系人之邀请，是否属于贿赂范围，其说不一：甲说，贿赂之解释，不限以金钱换算，凡属具体之物，足资精神上或肉体上之快愉者，皆得视为贿赂，应认为触犯《刑律》第一百四十条第一项之罪。乙说，官吏除惯例所许外，不得有嘱托公事之酬宴，官吏服务令第二十五条，已有明文规定。如官员公断人受当事人之利害关系人之宴请，必须证明确系关于公事之嘱托，始构成惩戒处分，不能比附《刑律》论拟。二说未知孰是，事关法律解释，相应函请转呈湖北高等审判厅，据情呈请大理院解释，以资依据，实级公宜等因。准此，查该会员所请各节，不无见地，相应函请贵厅查照，希即转呈大理院解释，以资依据，实为公便此致"等因。准此，查解释法律，系属贵院职权，准函前因，相应函请贵院解释赐复，以便转行遵照，实为公便等因到院。

查《刑律》第一百四十条至第一百四十三条所称'贿赂'，不包括不正利益在内，按之第一百五十一条（并与《官吏犯赃治罪条例》第五条相较）而立法之主义可知。惟《官吏犯赃治罪条例》第一条至第三条，即于贿赂外明定有其他不正利益字样，则官吏明知与其职务有关而受人宴请，自与该条例第一、第二条所称收受不正利益相当。至公断人既非官吏，应不适用该条例。又惩戒法规，本可与刑罚法令并行不悖。相应函复贵厅转行查照可也。

此致！

■ **统字第 1581 号**

民国十年八月十日大理院咨司法部文

为咨行事：

准贵部咨开：据江苏高等审判厅呈称，案据职厅民一庭书记官邱鸿藻呈称，窃鸿藻"恭读官版《暂行新刑律》至第二百三十一条，寻绎第一项律文，于减损金银币分量之上，冠有'意图行使'字样，是意图行使为第一要件，减损分量为第二要件，金银币为第三要件，三者缺一，当不构成本罪，立法意旨，至为明了。再读本条第二项律文（减损流通中华民国之外国金银币之分量者），并未揭明'意图行使'字样，如依文理解释，则单纯减损其分量者，不问其为行使与非为行使，均须论罪科刑，较之本条第一项减损本国金银币分量者，反缺少第一要件。是保护外国金银币之律反密，而保护本国金银币之律反疏。况既无行使之意思，其行为毫无恶性，于社会金融，亦不感如何危险，于此而亦处罚，未免过于苛细，立法本旨，必不然已。故依第一项之例而类推解释之，则第二项当然脱漏（意图行使而）五字，引用时仍应审究犯人有无行使之意思，以为解决有罪无罪之前提。然或者以为第一项'意图行使'四字之精神，可以贯彻至第二项之罪质之上，并不嫌有脱漏也。殊不知律文贵在严正，如欲使上文与下文意义贯彻，正叙时必用一'其'字，反叙时必用一'但'字，以为立意之枢纽，且须同列一项，以便读者。本条项目既分，便不能强其贯彻，非重言声明，无以解司法者之惑。况证以第二百三十二条第二项、第二百三十三条第二项，均冠有'意图行使'字样，并不嫌与各本条第一项相重复。以彼例此，则第二百三十一条第二项律文脱漏，俞属显然。方今立法方面，未加修正；司法方面，亦无统一解释，诚恐拘牵于文理之见解者，失入之弊有难免矣。鸿藻研究所及，未敢安于缄默，仅陈管见，仰祈鉴核转呈"等情。据此，理合转呈，仰祈鉴核指示等因到部。查来呈所称，事关法律疑义，相应咨请贵院解释见复等因到院。

查《刑律》第二百三十一条第一项前段，冠有"意图行使"字样，而第二项前段独无之，参照第二百三十二条、第二百三十三条各第二项，显系脱漏。相应咨复贵部查照可也。

此咨！

■ 统字第 1582 号

民国十年八月十日大理院复总检察厅函

径复者：

准贵厅函开：案据浙江高等检察厅呈称，"据邓县地方检察长金兆銮元日代电称，'将自己童养媳（子在）得财礼另行许嫁与人者，应否构成犯罪？请转呈函院解释示遵'等情。据此，查案关法律疑义，未便擅专，请予转院解释示遵"等情到厅。相应函送贵院核办见复，以便转令遵照等因到院。

查所称情形，许嫁实系价卖之变相，应成立《刑律补充条例》第九条之罪。惟应注意是否系未遂犯。相应函复贵厅转行查照可也。

此致！

■ 统字第 1583 号

民国十年八月十二日大理院复山东高等审判厅函

径复者：

准贵厅函开：查民国元年《众议院议员选举法》第九十条、第九十一条、第九十二条，皆载有"选举人"，虽未冠以"初选"或"复选"等字样，然在第九十条既有"初选自选举日起五日内，复选自选举日起十日内，分别起诉"之规定，则其所谓"选举人"，系分指"初选选举人"及"复选选举人"两者而言，可以想见。如复选举违法舞弊，理应由复选选举人提起诉讼。至初选当选人资格不符，亦应自初选选举日起，五日内向地方审判厅或相当之官署起诉，逾期即属确定。惟查钧院统字第一五一一号解释，选举人虽抛弃选举权，仍得对于当选人起诉，由此类推解释，则似不必初选当选人，亦可对于复选举之违法舞弊，提起诉讼。究竟在初选册上列名之选民，并非初选当选人，苟于复选完竣后，出诉初选当选人资格不符，是否合法？其对于复选举之违法舞弊，是否有权可以告争？案关适用《选举法》疑义，相应函请钧院解释，以便只遵等因到院。

查初选起诉日期，以自初选选举日起五日为限，《众院选举法》第九十条，自有规定。而初选选民对于复选当选人，无起诉权，本院统字第一五一九号解释，亦已示明。至第一五一一号解释，系专指有选举权者，虽未入场投票，仍得分别初选、复选，依其起诉日期，行使诉权。不能据该号解释类推为初选选民，可不拘期限，于复选后提起初选诉讼，及非初选当选人有提起复选诉讼之权，切勿误会。相应函复贵厅查照可也。

此复！

■ **统字第1584号**
民国十年八月十二日大理院复山西第二高等审判分厅函

径复者：

准贵分厅邮代电开：据神池县知事李阴岚快邮代电内称，"查大理院判例上字第二三五号载：'男女一造之残疾，生于定婚后者，亦须通知相对人，为所甘愿，始可使婚约继续有效。若为相对人所不愿，亦可许解除婚约'等语。如定婚后，男患疯癫，程度颇重，并未通知相对人，而相对人闻知，亦未声明解约，遽将其女又字他人。过门成婚后，经前夫亲属起诉，此事究应如何办理，恳请指示遵行"等情。据此，查事关法律解释，职厅未敢擅拟，仅电请钧院解释，迅赐示复，以便转令遵照等因到院。

查男女之一造，于定婚后若罹残疾，其婚约应否解除，当各从相对人所愿。依本院四年上字第二三五七号判例论之，其不愿者，断无强令继续之理。来函情形，罹疾之一造，既违背通知之义务，自不能以他造未经声明解除，仍请履行婚约，而禁其别字。相应函复贵分厅转令遵照。

此复！

■ **统字第1585号**
民国十年八月十三日大理院致吉林高等审判厅转滨江律师公会函

径启者：

据滨江律师公会函称：兹有无领事裁判权国人甲，欠无领事裁判权国人乙债务，未及偿还，旋即离哈出外办事，一年未归。传闻甲在外国身遇危难，已经死亡，乙久待不至，遂诉请有管辖权之法院，判甲偿债。但甲在哈既乏亲属，亦无承继人或代理人，因之关于程序问题，适用上发生数说：子说谓，甲已死亡，无合法之承继人或代理人出为应诉，依现行规例，应即认为中断，俟有承继人或代理人时，再为更始进行。丑说谓，甲生死不明，既逾一年之久，欠乙之债，证据又极确凿，若必俟其有承继人或代理人时，方为进行，是甲永远无人承继或代理，即乙之债权，永远无行使之日，揆诸情理，岂得谓平？此种案件，不能中断，应由受诉法院，用公示送达程序，为合法之传唤。如甲于一定期间内，不能到案，即依乙之请求，予以缺席判决。寅说谓，认为中断，固属不合，但甲已失踪，实际上无从传唤。且受诉法院及乙，既知甲遇难死亡，则难用公示送达程序，亦难以到场。依大理院六年第五九八号释解，要件不备，当然不能适用缺席判决。惟查甲曾在哈设有住所，欠乙债务，又系应依中国法之法律关系，依《法律适用条例》第八条，当审究甲在中国法上，是否具有死亡宣告之要件。如已具备，应参酌《民诉草案》第六九一至六九五各条法例，本于乙之声请，将甲宣告死亡。于届满一定期间后，即就甲在哈财产，为乙声明权利之裁判。以上三说，均各持之有故，言之成理，究以何说为当？解释上不无疑义，相应函请解释，以资遵循等因到院。

查来函情形，甲离哈才及一年，即为死亡宣告，亦尚不合条件。现在只能依利害关系人之声请，或以职权为甲选定财产管理人，暂为保存行为，希参照本院统字第七九四号解释。相应函请贵厅转令遵照。

此致！

■ **统字第 1586 号**

民国十年八月十五日大理院复浙江高等审判厅函

径复者：

准贵厅函开：兹有嫡长子出继他房后，本房只有庶子，并无嫡子，其庶长子，能否取得嫡长子之身份？又独子秉承两祧，其后本生父又生他子，应否以完全出继论？事关适用法律，相应函请俯赐解释只遵等因到院。

查现行律户役门立嫡子违法条载："嫡妻年五十以上者，得立庶长子"等语。妻无嫡子，既得立庶长子为嗣，则嫡子已经出继，而本房只有庶子者，其庶长子之承继权，自与嫡长子无异。至兼祧之独子，其本生父后又生子者，独子事实即已消灭，当以完全出继论，希参照本院六年上字一二九六号判例。相应函复贵厅查照可也。

此复！

■ **统字第 1587 号**

民国十年八月十六日大理院咨司法部文

为咨复事：

准贵部咨开：案据京师地方审判厅呈称，"确定判决所认定之经理人，对于商店债务，本应负清理偿还之责。若该经理人于执行中，声称原系副经理，且已经解除，另有正经理负责，在此情形，执行人员能否再就事实上调查，其已未解除经理，另行断定其有无情理偿还责任，请批示遵行，或转咨解释"等情到部。查此案内分二说：甲说，主张经理人在判决确定前，既未经商业主人解除经理，自不能于判决确定后，以解除经理为词，因而不负责任。盖不如是，则对于确定判决判令甲还债务，可随意移转于乙、于丙，是使执行以前之判决，等于具文。故办理执行案件，只能遵照确定判决执行，既无变更原判之权，即无调查其解除经理与否之必要。乙说，则主张债务人本于一定地位而负有债务时，若于确定判决，或其他之债务名义成立后，失其地位，即不能本于该债务名义，对于该债务人开始或续行强制执行。例如判令继承人清偿其所后之亲生前之债务时，若判决确定后，该继承人因废继归宗等原因，失其继承人之地位，即不能对于该继承人开始或续行强制执行，此为至当之条理。则依确定判决，对于商店债务，应负清理责任之经理人，若于判决确定后，失其经理人之地位时，自亦不能本于该确定判决，仍令该经理人负清理之责。故经理是否解除，即不能不予以调查各等语。究以何说为当，或另有相当解释？事关解释法律，相应咨请贵院解释见复，以便转示等因到院。

　　查确定判决，既判定商业经理人之责任，即应依判执行。执行时不能再就事实调查，免以执行命令变更判决之内容。如果该经理已经解任，非无异议之诉可资救济。相应咨复贵部转令遵照。

　　此咨！

■ 统字第 1588 号

民国十年八月十六日大理院致安徽高等审判厅转怀宁律师公会电

安徽高审厅转怀宁律师公会：

庚电悉！监察员之资格，非可提起选举诉讼，如有合法声请证据保全者，可于裁判后将票柜发还。

大理院铣印

附：怀宁律师公会原电

大理院钧鉴：

投票舞弊，经监察员诉由法院，将票柜调厅，被告即县监督主张行政权，须还匦开票，原告主张司法权，须当庭检证，坚持未决，乞电释。

怀宁律师公会叩庚

■ 统字第 1589 号

民国十年八月二十四日大理院复东省特别区域高等审判厅函

径复者：

准贵厅一八八号函开：案据本厅所属地方审判厅第三分厅推事周锡九呈称，"依《法律适用条例》，有时适用外国法律。惟查俄国改革以后法律与帝制时代法律，时有更改。设有原告主张适用帝制时代法律，被告主张适用改革以后法律，究应适用何者为宜？职厅现有此种案件，急待解决，理合呈请钧厅转电大理院解释令遵"等情。据此，查此案现有甲、乙二说：甲说谓，俄国旧政府已经消灭，则该旧政府所颁布之法律，当然失效。除该国现政府有明文仍准援用外，不能以该旧政府从前所颁布之法律为其本国法。该国现政府，我国对之虽尚未予以承认，然此系国际法上之问题，不能谓其政府未经成立。该国现时既分立数个政府，均各颁行其法律，则该政府所颁布之法律，自应认为《法律适用条例》第二条第三项之地方法而适用之，该国旧政府从前所颁布之法律，不能概行援用。乙说谓，俄国旧政府消灭，其固有法律，在国内当然丧失其效力，然自他国视之，要不能以其因党争或他故陷入于无政府时，遂不认该国固有法律为其本国法。现在俄国政府尚未经各国认其成立，其所谓法律，当仍以旧政府颁布之法律为据。如谓旧政府消灭，法律效力业已丧失，则新政府未经认其成立，法律效力亦无从发生。至《法律适用条例》第二条第三项规定，系以其地方法有不同时，为适用之标准。兹则非地方问题，仅依此犹不足以解决。查《法律适应条例》第一条，本以不背本国公共秩序或善良风俗者为限，得用外国法。际兹俄国新旧不接时代，只有就其旧法律中，具备上述条件者，酌量采用，现政府颁布之法律，不应引用各等语。以上二说，孰为正当？事关法律解释，本厅未便擅拟，相应函请钧院迅赐解答，俾便饬遵等因到院。

查俄国旧国家现已消灭，新国家尚未经我国承认，其所制定之法律，自均难认有法之效力。凡关于俄国人之诉讼，除其住所或居所地在中国或他国领域内，应依《法律适用条例》第二条例第二项办理外，其依《法律适用条例》，原应适用俄国法律者，应斟酌各该地方新旧法令，作为条理采用。相应函复贵厅转令遵照。

此复！

■ **统字第 1590 号**
民国十年八月日大理院复东省特别区域高等审判厅函
径复者：

准贵厅二零七号函开：据东省特别区域律师公会函称。"按甲国家帝制国体灭亡后，新共和政府既未成立，亦未统一。其一地方之革命团体，在中国领土内，设立代表新国家之军事行政机关乙办理军需事务，与该本国人民丙，订定运输契约；定款交讫，准备履行时，该革命团体之地盘，业被他派攻倒，不能运往，因而违约。旋即由乙诉丙于法院，请求还定款，谓其所定契约，未依帝制时代人民承办政府事业特别法规之方式，认为根本无效等语。丙亦因乙破坏契约，提起请求支付全部运费之反诉在案。查甲国家之此项特别法规，自欧战以来，迭经变更，衡以新法取消旧法之公例，当然不成问题。假定该特别法毫无变更，而当帝制国体消灭，国家组织完全破坏后，该特别法规在立法上已失其存在。盖该特别法，系规定人民对于承办国家事业，应提担保定款，不许超过半数，而国家对于人民，只以国库负其保证责任。但伊与丙定约时，国库已不存在，人民承办革命团体之事业，实有向其特索保证之势，乃乙竟于事后借口未用此项特别法之方式根本无效，图卸其违约责任。究竟对于帝制消亡当然失效之特别法，该革命团体私设之行政机关，能否援用？此应请解释者一也。又查甲国革命团体，在中国领土内擅设军事行政机关，已属侵害中国主权，其在甲国国法上，本未取得公法人格，则其在中国领土内与人民订结契约，是否当然立于私人地位？此应请解释者二也。又甲国革命团体，分立数十处，变更法令，前后歧出，其帝制时代之民商法，已难适用。查商务契约，限于不违反良俗公安者，在中国境内本可自由缔结，对于甲国之民商法及革命团体之新法，究竟是否仍须绝对的适用？至新旧两法，又如何适从，且乙与丙缔约时，已自知其本国法之失效，不能适用，所结契约，纯依行为地之方式，据此认定当事人之真意，是否当然适用中华民国现行法例？此应请解释者三也。中华民国与甲国帝制时代所结各种条约，甲国在中国领土境内，只有设置公使馆、领事馆、邮政局之规定，东省铁路租界内，只有设置关于铁路行政附属机关之规定。故假定该革命团体所设之军事行政机关乙，在该国法上虽取得公法人格，然按照互定条约，其在中国领土内，是否能认其以国家机关之资格，推行其国权之作用，实施其特别法之效力于中国之领域？此应解释者四也。相应函请贵厅转请大理院解释示遵"等情到厅。相应转函钧院查照，希即迅予解释见复，俾便饬遵等因到院。

查甲国革命团体，在中国领土内与人订结契约，当然立于私人之地位。其帝制时代所制定之特别法规，因帝制国体灭亡，已无法之效力。至法律适用问题，参照本院统字第一五八九号解释。相应函复贵厅转令遵照。

此复！

■ 统字第 1591 号

民国十年八月二十五日大理院复安徽高等审判厅函

径复者：

准贵厅函开：刑事第一审，属于甲县土地管辖之案，业经开始审讯。因共犯中一人单独请求移转管辖，由上级审判衙门决定移转乙厅。其未经声请之共犯，甲县乃一并移送。为诉讼上便利起见，可否适用《刑诉律（草案）》第三十条第二款之规定，归乙厅合并管辖？抑仍应由甲县另案裁判？不无疑义。相应函请钧院迅予解释等因到院。

查所称情形，乙厅得按照犯人所在地之规定，认为有土地管辖权（参照本院统字第一三三八号解释文）。相应函复贵厅查照可也。

此致！

■ 统字第 1592 号

民国十年八月二十五日大理院复绥远都统署审判处电

绥远都统署审判处：

删代电悉！小六轮手枪，系军用枪炮，惟应参酌统字第六五九号解释。

大理院有印

附：绥远都统署审判处原代电

大理院钧鉴：

收藏小六轮手枪，能否构成《刑律》第二百零五条之犯罪？请速示遵。

绥远审判处删

统字第1593号

民国十年九月二日大理院复安徽高等审判厅函

径复者：

准贵厅邮代电开：本厅办理选举诉讼，发生疑问数端：（一）《省议会议员选举法》第五十二条载，"初选监督，自各投票匦送齐之翌日，应约定时刻，先行宣示，届时亲临开票所督同开票，即日宣示。"第九十条载，"选举人确认办理选举人员有舞弊及其他违背法令行为，得自初选日起，初选于五日内向地方审判厅起诉，复选于十日内向高等审判厅起诉。未设审判厅之处，得向相当受理诉讼之官署起诉。"是选举与开票，并非同日，倘开票在选举五日以后，而因开票结果，始发见舞弊违法情事，或开票不依该法第五十二、三、四等条规定，及其他违法行为，能否起诉？其起诉期间为若干日，应自何日起算？（二）法定起诉日期，本不能以法院或当事人之意思自由延长。设当事人于法定起诉期内，以票匦未开，未悉舞弊内容为理由，声请保留起诉权，应否允许？如不许保留，其所具之保留状有无中断法定起诉期间之效力？（三）通常诉讼，随时皆可起诉。独选举诉讼，限制其于极短期内起诉，意在使选举关系迅速确定。设当事人不于法定期内向管辖审判厅衙门起诉，而曾以初选监督违法舞弊，向省署诉请救济，或以办理选举人有妨害选举罪之嫌疑，向检察厅告诉，迨经过起诉期间，始向审判衙门提起选举诉讼，应否予以受理？（四）选举诉讼，依法以选举人为限，有起诉权。设有于法定起诉期内向县署起诉状内，列某团体为原告，亦未注代表该团体之人名，其诉讼自属不能成立。惟于经过法定起诉期间后，有选举人甲、乙、丙、丁等向本厅声请指定管辖，谓"伊等已在县署用某团体名义起诉。"该起诉状既无甲、乙、丙、丁等之名，应否认其起诉为不合法？如认为不合法，对于指定管辖之声请，应否即由本厅以起诉不合法为理由，径予驳回？抑仍以决定指定管辖，由管辖第一审审判衙门，认其起诉不合法予以驳回？以上各节，统祈解释赐复等因到院。

查第一问题，希参照本院统字第一五七二及第一五七六号解释。第二问题，查起诉须有一定之事实，且依上开各号解释办理，则起诉权无待保留，更不生中断法定起诉期间之问题。第三问题，当事人于法定期间内提出诉状，而误向其他审、检或监督司法行政衙门投递者，亦可认为有效（参照本院六年抗字一五六号判例）。第四问题，声请指定管辖已逾法定期间者，可以不合法径予驳斥，参照本院统字第一五七六号解释。相应函复贵厅查照。

此复！

统字第1594号

民国十年九月二日大理院复山东高等审判厅函

径复者：

准贵厅邮代电开：查《各级厅试办章程》第三十九条第二款之即时判决，本以查明原告证据确凿为要件，惟如选举诉讼，原告以被告吸食鸦片，主张当选无效，并未提出何等证据，而被告屡传不到者，可否仅据原告之空言陈述，即认为证据确凿？如不能认为确证，可否因原告声请结案，而转为原告不利益之判决？事关程序上疑义，拟请钧院迅赐解释示遵等因到院。

查审判衙门对于无确凿证据之原告，虽于被告未经到场，自得为驳回之判决。相应函复贵厅查照。

此复！

■ 统字第 1595 号

民国十年九月二日大理院复山东高等审判厅电

山东高等审判厅：

文代电悉！所称被害人登时力挣脱逃，如在被掳以后，尚难谓掳人系属未遂。余希参照本院统字第二六零号、第四七六号解释文。

大理院冬印

附：山东高等审判厅原代电

北京大理院钧鉴：

盗匪掳人勒赎，被害人登时力争脱逃，系既遂抑系未遂？《惩治盗匪法》无处罚未遂明文，是否不能构成该法上之犯罪，仅能依《刑律》第三百五十八条问拟？乞电示遵。

山东高等审判厅文印

■ 统字第 1596 号

民国十年九月三日大理院复总检察厅函

径复者：

准贵厅函开：案据吉林高等检察厅呈称，"据吉林地方检察厅检察长徐良儒呈请，'窃吉林区域内旗下官员，有佐领、协领等现职，协领中又有由陆部呈准以副都统记名在人候升者。此项旗员，究竟系属军人与否，在法律上不无疑义。查《陆军刑事条例》第六条第一款所称，在陆军现役，自系包括官佐而言。协领等职，在前清制度，实属陆军，民国于优待条件内，既然承认，即不得谓非陆军官佐。至事实上充现役与否，可以不问。若又以副都统记名，依《陆军刑事条例》第九条之规定，谓'陆军官佐候补者，在军士之阶级不服军佐勤务者，准陆军军士。'尤与该条相合，均应认该协领等职为军人，此一义也。或曰协领等职，非沿前清旧制，不过因优待条件关系，仅存虚名，并无实在职务，与《陆军刑事条例》第六条第一款'现役'字样，显系不符。又况军人成立，系根据于陆军编制。协领等职，既非依陆军编制，碍难谓为陆军官佐。既不得为陆军官佐，即以副都统记名，根本上成立条件既缺，亦自碍难谓为陆军官佐候补者。即不然，再退一步言，就其不服现役属之在乡军人。然在乡军人，《陆军刑事条例》第十一条，明明指现役以外及退役人员而言，协领等职，既系现任，亦与在乡军人性质不合，则如《陆军刑事条例》第六条第三、第四两款，亦断难适用，殆均不得谓为军人，此又一义也。据右法律上疑义，既无明文可据，亦无先例可援，设遇有此项问题发生，在管辖上实有急待解决之必要，理合呈请钧厅，准予转行解释，庶临时有所遵循'等情。据此，理合呈请钧厅转院解释示遵"等情到厅。相应函送贵院核办见复，以便转令遵照等因到院。

查本问题，已详本院统字第十四号解释文。相应函复贵厅转行查照可也。

此致！

■ 统字第 1597 号

民国十年九月三日大理院复山西高等审判厅函

径复者：

准贵厅函开：查《违警罚法》第五十二条第六款，践踏他人田园或牵入牛马者，倘故纵牛马入他人田园，而非牵入，则与该款后半段规定犯意虽同，而手段则异，是否应负同一责任？相应函请贵院迅予解释为何等因到院。

查故纵牛马入他人田园，虽与《违警罚法》第五十二条第六款所称牵入者有别，然其意在利用动物践踏他人田园，仍于该条款前段相当。相应函复贵厅查照可也。

此致！

■ 统字第 1598 号

民国十年九月六日大理院复广西高等审判厅电

广西高等审判厅：

微代电情形，已详统字第一五六七号解释文。

大理院鱼印

附：广西高等审判厅原代电

径启者：

本夫告人强奸其妻，查讯经县判决，呈诉不服。对于和奸不告诉，可否即据强奸之告诉，论以和奸罪？案关法律疑义，相应函请钧院迅赐解释，俾有遵循。

广西高等审判厅微印

■ 统字第 1599 号

民国十年九月七日大理院复山西高等审判厅函

径复者：

准贵厅皓代电开：查《省议会议员选举法》载，"复选于十日内向高等审判厅起诉等语。"如该复选投票地，与高等审判厅不同在一地，其起诉期限可否除去起诉人在途之日计算？又起诉人于十日内，以邮禀起诉，而到达在十日外者，是否认为起诉逾限？又复选诉讼，被告之普通审判籍及复选地点，均在高分厅土地管辖区域内者，其起诉是否应由高分厅受理？法律均无明文，亦无成例可援，相应电请迅赐解释电遵等因到院。

查复选起诉期间，自应准用《补订试办章程》第五除去在途之日计算。又邮禀起诉，应以到达该厅之日为准，但仍许扣除法定在途程期。至选举诉讼之土地管辖，与普通案件同。若在分厅区域内者，应由分厅受理。相应函复贵厅查照。

此复！

■ 统字第 1600 号

民国十年九月七日大理院复安徽高等审判厅函

径复者：

准贵厅养电开：来铣电解释，监察员不能提起选举诉讼。惟查《选举法》第十六条规定，监察员即本区之选举人，是否该选举人起诉权，因充监察员而受限制？又原办选举县知事，以被控撤任，其新任知事，既非被告，自无扶同隐蔽之可虞。请求还匦开票，院为完成选举手续起见，暂允发还，并为保全证据起见，将匦加盖蜡封，声明开匦时，先行通知派员莅视，开匦后仍即送还，是否违法？以上两项问题，亟待解决，乞迅电复等因到院。

查监察员兼选举人者，以选举人之资格起诉方为合法。至证据保全之声明，无论应否准许，自应依法裁判。惟照来电情形，一方设法保全，使证据不至灭失，再为裁判，亦无不可。相应函复贵厅查照。

此复！

■ 统字第 1601 号

民国十年九月七日大理院复安徽高等审判厅电

安徽高审厅鉴：

有电悉！希查照各《选举法》办理。

大理院阳印

附：安徽高等审判厅原电

大理院钧鉴：

小学教员，有无初选被选权，乞示遵。

皖高审厅有印

■ 统字第 1602 号

民国十年九月七日大理院复安徽高等审判厅函

径复者：

准贵厅祃代电开：据芜湖地方审判厅邮代电称，"查本年八月十一日《政府公报》内载，'大理院复浙江高等审判厅电开：（上略）如果指定管辖之声请者，其声请既可认为有起诉之意思，若在五日以内，即应由指定管辖衙门受理等语。'惟既认该声请为有起诉意思，若该声请人于指定管辖决定后，延不投诉，或传不到案，可否由受理衙门，再定相当期间，通知该声请人来案，遵章具诉缴费，届时若不遵行，即视为未经起诉？又此后若据该声请人补具诉状，另行起诉，或以不可抗力为由，请求回复起诉权，应否照准？事关省议会选举诉讼程序，职厅未便擅断，理合呈请钧厅核示，抑或转请大理院解释示遵"等情。相应据情转请解释，并速赐复，以便饬遵等因到院。

查选举诉讼受理后，如有原、被告传不到案，及不缴讼费，或声请回复起诉权，均照普通诉讼程序办理。相应函复贵厅查照。

此复！

■ 统字第 1603 号

民国十年九月七日大理院复总检察厅函

径复者：

准贵厅函开：案据黑龙江高等检察厅代电称，"查《刑律》第一百六十八条构成条件，除既决未决囚脱逃，不生问题外，其对于按律逮捕监禁人脱逃者，见解有二：甲谓，按大理院民国六年统字第六四二号解释，暨五年非字第五十八号判例，所谓'按律逮捕监禁逃脱'者，系指已经逮捕监禁后脱逃者而言。倘仅逮捕尚未监禁，抑或甫入警察势力范围内乘间脱逃者，均与该条规定不合。乙谓，按律逮捕与逮捕后监禁者，应分别论之。所谓'逮捕者'，即按照法律被夺其自由，如在警察势力范围内，或在被捆缚中之例，尚未收容于法定处所而言。所谓'监禁'者，即按照法律被夺其自由于法定处所而言。无论逮捕脱逃或监禁脱逃，均应构成该条之罪。二说未知孰是，请转院解释示遵"等情到厅。相应函送贵院核办见复，以便转令遵照等因到院。

本院查《刑律》所称'逮捕监禁'人，原指逮捕或监禁之人而言。无论系按律被监禁人，抑属甫被逮捕人脱逃，均应按照同律第一百六十八条论罪。相应函复贵厅转令查照。

此复！

■ 统字第 1604 号

民国十年九月七日大理院复总检察厅函

径复者：

准贵厅函开：查行刑权之时效，遇有依法律停止执行者，其时效亦应停止，《刑律》第七十六条，已有明文。惟其停止执行，显与《刑事诉讼草案》第四百八十九条多有未符，则其时效应否停止，不无疑问。例如甲某因犯某罪，被处四等有期徒刑一年，于确定后业经入监执行，因病保外医治，虽经许可停止执行，实未预定期间（是时《刑诉草案》"执行编"尚未批准通行）。乃迟至数年以后，仍未继续执行。查其停止执行，于法既有未合，则行刑权之时效，是否停止？殊难臆断。相应函请解释，以明法意等因到院。

本院查《刑诉草案》"执行编"第四百八十九条之停止执行，即《刑律》第七十六条所称停止执行之一种。又《刑律》第七十六条虽称行刑权之时效，遇有依法律停止执行者停止之，但在《刑诉草案》"执行编"未经呈准援用以前，法律既不完备，自不能指参照条理停止执行者，为不合于《刑律》规定，不得停止行刑权之时效。至停止执行，本应预定期间。唯若未定，固属不合。而其停止执行，尚难谓为无效，行刑权之时效仍应停止。相应函复贵厅查照。

此复！

■ **统字第 1605 号**

民国十年九月七日大理院复江苏第一高等审判分厅函

径复者：

准贵厅函开：案据宝应县知事姚炳熊代电称，"提起妨害选举之刑诉，与告发当选人犯《刑律》第二百七十一条之嫌疑，其期间是否同受元年《众院选举法》、《省会选举法》第九十条第一项之分别制限？《刑律》第一百五十八条第一、二两项罪责之构成，是否依同《选举法》第八十二条第一款，所谓因舞弊而牵涉全数人员为标准？又《刑律》第二百七十二条所谓相当处分，其限度究系捕拿搜查，抑包处罚？请速赐解释令遵"等情到厅。事关法律解释，相应函请钧院，迅赐解释见复，以便转令遵照等因到院。

本院查刑事诉讼与选举诉讼，完全两事，何得牵混？又妨害选举罪之成立，《刑律》既有明文，凡合于同律所定，均属犯罪，亦与《选举法》无涉。至同律第二百七十二条所列人员，本无处罚烟犯权限，其不处罚自不得谓系不与相当处分。相应函复贵厅转饬查照。

此复！

■ **统字第 1606 号**

民国十年九月七日大理院复山西第二高等审判分厅电

山西大同第二高等审判分厅：

有代电情形，第二次县判，应予撤销。

大理院阳印

附：山西大同第二高等审判分厅原代电

大理院长钧鉴：

今有一种犯罪事实，经县判决后，送经覆判确定在案。嗣由原县发见犯罪事实，与原判律条不符，复重为审判，送请覆判。究竟覆判审对于此种程序违误之判决，能否予以撤销？抑或仅依《覆判章程》第四条第一项各款所定范围予以裁判？颇滋疑义。谨恳钧院鉴核，迅赐解释。

山西第二高审分厅有印

■ **统字第 1607 号**

民国十年九月九日大理院复浙江高等审判厅电

浙江高等审判厅：

删代电悉！《官吏犯赃治罪条例》所称"官吏"，与刑律所称"官员"不同。

惟依章程或成案指定办理公务之雇员，尚可认为官吏。

大理院佳印

附：浙江高等审判厅原代电

北京大理院钧鉴：

顷据杭县地方审判厅呈称，"窃以依章程或成案指定办理公务之雇员（如县知事对于征收地丁所雇用之征收员），遵照大理院四年统字第一九五号解释，可认为《刑律》第八十三条所称之官员，自属明甚。惟查《官吏犯赃治罪条例》所称'官吏'字样，似与官员异议，则前项依章程指定办理公务之征收官员，是否包含在内？如有侵占公款情事，是否得依该条例处断？不无疑义。职厅现有此种案件，亟待解决，理合备文呈乞钧厅，俯赐鉴核，准予电院解释令遵"等情。据此，案关解释法律，相应电请贵院查照，迅赐见复，以便饬遵，实为公便。

浙江高审厅删

■ 统字第 1608 号

民国十年九月九日大理院复总检察厅函

径复者：

准贵厅函开：案据奉天高等检察厅代电称，"据沈阳地方检察厅检察长邱廷举呈称，'官吏假公济私，适用法律，颇滋疑义，请转予解释事。窃以主管官吏未经呈报上级官厅，擅将属于衙署所有之闲房隙地租出，弥补私亏，关于此问题，有三说：甲说，构成侵占罪，以租赁虽不能与价卖同论，然所得赁金，应归公有，不归公而弥补私亏，当然包括于第三百九十二条范围之内。乙说，构成背任罪，以将闲房隙地租出，被他人管有，虽非变更，然公署之管理权，即受一种限制，不能谓于公署财产上绝无损害。况得钱归己，其为图利自己，更无疑义，应构成第三百八十六条之罪。丙说，此种行为，于公署财产上毫无损害，利用公署无用之物以得利，而于公署绝无蒙不利益之处，应受行政上之制裁，于刑事问题无关。以上三说，究以何说为当？职厅悬案以待，未敢擅断，伏乞转请解释示遵'等情。据此，理合据情电请钧厅赐予转院解释"等情到厅。相应据情函请贵院核办见复，以便转令遵照等因到院。

本院查主管官吏对于衙署之闲房隙地，如果仅有保管之责，其将该房地租出，在公署财产又不至于而受损害，自不生背任问题。惟房地之所有权，既属于公署，则所生之利益，应归公署。若竟挪以弥补私亏，实难谓非侵占。相应函复贵厅转令查照。

此复！

■ 统字第 1609 号

民国十年九月十二日大理院复河南高等审判厅电

河南高等审判厅：

东代电悉！犯强盗致人死或笃疾之罪者，应照被害人数计其罪数。若并伤人，未致死及笃疾，亦应另科罪刑。

大理院文印

附：河南高等审判厅原代电

大理院钧鉴：

《刑律》第三百七十四条第三款致人死或笃疾，是否以受伤人数计罪？抑包含于下文"二人以上"字样之内？如以受伤人数计罪，设又另有受微伤或致笃疾之一人，是否另论《刑律》第三百七十三条第三款之罪？乞解释示遵。

河南高等审判厅叩东印

■ 统字第 1610 号

民国十年九月十二日大理院复总检察厅函

径复者：

准贵厅函开：案据黑龙江高等检察厅电称，"有再议案件，经地检长交由受命检官处分，将再议驳回，该告诉人复声明抗议。本厅对此抗议，究应以批示行之，抑应以处分书行之？查现行法令，均无此项之规定。案悬以待，祈转院迅赐解释示遵"等情到厅，相应函送贵院核办见复，以便转令遵照等因到院。

本院查现行法令，于检察衙门所应为之命令，既无定式，似可斟酌情形办理。唯事关检察处分，仍请贵厅裁夺令遵。

此复！

■ 统字第 1611 号

民国十年九月十二日大理院咨内务总长文

为咨复事：

准贵部咨开：警政司案呈准江西全省警务处函称，"诱拐妇女之案，依《刑律》多须告诉乃论。然警察官负有维持风俗、保护人民之职责，似未便因无亲告之故，一任被害人转徙流离，而不过问，祈示复遵行等语，仰祈鉴核"等情。查《刑律》上之略诱及和诱罪，属于第三百四十九条及第三百五十三条者，依第三百五十五条，固须告诉乃论。然略诱或和诱人，如果查有意图营利，或移送被略诱、和诱人于国外之行为，则触及第三百五十条、第三百五十一条、第三百五十二条之犯罪，在法庭可提起公诉，在警察官厅，即可行使司法警察职权，本部意见如此。事关解释法律，并此外有无疑义，相应咨请贵院查核见复，以凭办理等因到院。

本院查诱拐罪中，除第三百四十九条及第三百五十三条外，其他各条依第三百五十五条第一项规定，本非亲告罪，警察官应自可径依司法警察职权办理。至须告诉案件，如果确无别情，有告诉权人又已声明不告诉，则被害人原不至更受意外之害，警察官厅固毋庸过事干涉。若有告诉权人并未表示不告诉，检察官厅尚应传讯明确。又被害人外无行使告诉权之人者，检察官厅且得指定代行告诉人，遇有此种情形，应移送检察官厅核办。相应咨复贵部查照。

此咨！

■ 统字第 1612 号

民国十年九月十二日大理院复总检察厅函

径复者：

准贵厅函开：案据山东高等检察厅呈称，"为呈请解释事，窃江河之水，应为国家公有物，业经大理院解释有案。惟私人塘池之水（如由纳粮田内，掘几分之几，作为塘池蓄水，以救余田），是否即属塘池所有者之所有物？彼此研究，因生争议：甲说谓，凡置塘池者，大抵蓄水以为灌救田禾，或蓄养鱼类之用。如谓水非塘池所有者之所有物，则与置塘池者之用意相违。且大理院既认江河之水应为国家公有物，则非江河之水，自可认为私有物。若有以强暴胁迫夺取之者，并应论以《刑律》强盗之罪。乙说谓，塘池之水，由于塘池涌积者半，由于各处流聚者亦半，虽塘池为其所私有，而水不能听其所独享。不过塘池所有者，对于其水，有优先使用权而已。纵有以强暴胁迫夺取之者，亦只触犯《刑律》妨害人行使权力之罪。按两说各执，究以何说为是？事关法律疑义，应请转院解释示遵"等情到厅。相应函送贵院核办见复，以便转令遵照等因到院。

查所称情形，如塘池于灌溉田亩之水利有关者，应分别犯意及其结果，依《刑律》第一百九十七条各项处断。若仅供蓄养鱼类用者，有时亦成立第四百零六条之罪。相应函复贵厅转令查照可也。

此致！

■ 统字第 1613 号

民国十年九月十五日大理院复山西第一高等审判分厅电

山西安邑第一高等审判分厅：

文代电悉！看守所书记，如系依章程或成案指定办理公务之雇员，自可认为官吏，参照本院统字第一六零七号解释。

大理院删印

附：山西第一高等审判分厅原代电

大理院院长钧鉴：

窃查《刑律》第八十三条规定之官员，凡从事于公务之职员，皆包括在内。又官吏在行政法上，有一定之范围，与《刑律》第八十三条之职官相当，非如《刑律》官员范围之广，业经钧院统字第六六六号函解释在案。依此解释，则官员与官吏之范围，显有不同。今有看守所书记（即雇员）收受贿赂，究应认为官员，依《刑律》上渎职罪问拟？抑系认为官吏，依《官吏犯赃治罪条例》处断？法律上不无疑问。理合恳请钧院，迅赐解释，电示只遵。

山西第一高等审判分厅叩文印

■ 统字第 1614 号

民国十年九月十五日大理院复奉天高等审判厅电

奉天高等审判厅：

漾代电悉！《覆判章程》第五、第七条之指定莅审，既为高等厅权限内之审判，自以指定高等厅推事为宜。其以他厅推事代理时，应依《法院编制法》第五十一条、第五十二条办理。至莅审推事，虽可指定一人，然既以高等厅推事名义，又为求合于《法院编制法》之精神起见，应将同章程第六条之复命，解为应在判决之前，由该推事前往审理，复命参与合议庭判决后，再由厅令县谕知。

大理院删印

附：奉天高等审判厅原代电

大理院鉴：

《覆判章程》第七条第三项，规定对覆审判决控诉之案，如提传人证，实在困难者，得由控告衙门，指定推事莅审等语。指定莅审之推事，是否限于控告审衙门之推事抑可指定其他审判衙门推事莅审。如何指定其他审判衙门推事莅审。是否以控告衙门推事名义行之？并是否须由莅审之推事参与本案判决？请解释示遵。

奉天高审厅漾印

■ 统字第 1615 号

民国十年九月十五日大理院复总检察厅函

径复者：

准贵厅函开：据黑龙江高等检察厅呈称，"县知事判决案件，如发见事实未明或引律错误者，检察官于文卷接收十日内，提起控告，参照大理院统字第九二五号及第一一八五号解释，不得适用书面审理。惟查修正《覆判章程》第七条第三项但书，有声明控告案件事实明确，仅系引律错误者，得适用书面审理之规定。如检察官对于县知事判决不应送覆判案件，提起控告，亦系事实明确，仅引律错误，而比较应送覆判案件，情节更属轻微，事实上确无直接审理之必要，似可仿照该章程但书规定，用书面审理，以期简捷。但无明文根据，未敢擅专，请转院迅予解释示遵"等情到厅，相应函送贵院核办见复，以便转令遵照等因到院。

本院查现行法令对于刑事诉讼，已采直接审理主义，故凡得用书面审理之情形，在法令上均有特别规定。统字第九二五号、第一一八五号解释，即本此意。如果案件轻微，可用他法救济，不得显违法令明文。相应函复贵厅转令查照。

此复！

■ 统字第 1616 号

民国十年九月二十一日大理院复安徽高等审判厅电

安徽高审厅：

鉴鱼电悉！办理选举之县知事，于其选举区内依法停止被选举权，虽经解任，于复选仍受限制。

大理院养印

附：安徽高等审判厅原电

大理院鉴：

办理选举之县知事，于初选完毕，复选未举行前解任，是否仍受《选举法》第八条之限制，不能在同区内当选？请示遵。

皖高审厅鱼

■ 统字第1617号

民国十年九月二十七日大理院复东省特别区域高等审判厅电

东省特别区域高等审判厅：

删代电悉！乙说所称，低价买入赃物，不过有获利之希望，尚非实有所得，自与《刑律》第三百九十七条第三项不符。

大理院感印

附：东省特别区域高等审判厅原代电

北京大理院钧鉴：

据第六分庭推事郝树宝元日代电称，"查《刑律》第三百九十七条第三项规定，'因犯前项之罪获利者'云云，其于同条第二项规定之故买一项，解释上计有二说：甲说，限于故买之后，转卖于人，因而获利者。乙说，除甲说该当因而获利外，其明知赃物之实值（非明知者不在此限），而低价买入，就其实值与低价之差额，亦为因而获利之一种。究竟两说孰是？亟待转请解释示遵"等情到厅。相应转函钧院查照，希即迅予解释示遵。

东特高审厅删印

■ 统字第1618号

民国十年九月二十九日大理院复总检察厅函

径复者：

准贵厅函开：案据东省特别高检所电称，"初级管辖案件，不服分厅检察官不起诉处分，向地方检察所声明再议。被驳回后，对于驳回再议之处分，能否再声明抗议？乞转院迅赐解释示遵"等情到厅。相应函送贵院核办见复，以便转令遵照等因到院。

查现行法令于声明再议，并无次数之限制，则声明再议被驳后，再有不服，可请上级检察厅核办，已详本院统字第一四五三号解释文。相应函复贵厅转令查照可也。

此致！

■ 统字第1619号

民国十年九月二十九日大理院复总检察厅函

径复者：

准贵厅函开：案据山东高等检察厅电称，"查犯《惩治盗匪法》第二条至第四条之罪者,由该管审判厅或兼理司法事务之县知事审实后,应附具全案,报由高等审判厅厅长或司法筹备处处长转报省长,俟得复准后执行,该法第五条第一项,已有明文规定。惟审实后,应否履行宣示程序?说者不一:或谓《惩治盗匪法》乃特别法之一种,该法第五条第一项,即称审实后呈报省长复准执行,则该管审判厅或兼理司法事务之县知事审理结果,认为事实明确,即可附具全案呈报省长核准执行,不必另行宣判。或谓审判厅及兼理司法事务之县知事,既为普通司法衙门,则其审理盗匪案件即应适用通常审判程序,无论判处何种罪刑,均应履行宣判程序,方为合法。惟此种案件,必经呈报省长核准后,始为完结。其宣判程序,应于省长核准后履行。或谓普通司法衙门审理盗匪案件,应履行宣判程序,已如第二说所述。惟查该法第五条第一项所谓呈报省长核准云云,乃指核准死刑办法而言,与审判程序无涉。宣判既为审判程序之一种,则普通司法衙门于盗匪案件审实后,应先履行宣判程序,而后呈报省长,方为正当。且查大理院统字第一四九五号解释,检察官对于审判厅判决之盗匪案件,认为有疑,误得于转报各长官时,提出意见书以供参考。倘如第一说主张不必履行宣判程序,或如第二说主张宣判程序应于呈报省长核准后履行,则判决意旨事前何从而知?检察官之意见何从提出?据此而论,尤足断定履行宣判程序应在呈报省长之前。以上三说,究以何说为是?事关法律疑义,理合电请转院解释示遵"等情到厅。相应函送贵院核办见复,以便转令遵照等因到院。

查原呈各说,应以第三说为是。相应函复贵厅转令查照可也。

此致!

■ **统字第 1620 号**

民国十年九月三十日大理院复江苏第一高等审判分厅电

江苏淮安第一高等审判分厅:

覃代电悉!督军署咨议,如非官职,即不能认为军属。

大理院陷印

附:江苏淮安第一高等审判分厅原代电

大理院钧鉴:

督军署咨议,是否合于《陆军刑事条例》第七条第二款所规定之陆军军属?不无疑义。乞迅赐解释,俾有遵循。

江苏第一高等审判分厅覃印

■ **统字第 1621 号**

民国十年九月三十日大理院复奉天高等审判厅电

奉天高等审判厅:

震代电情形,高审厅不受拘束,可用他法救济

大理院陷印

附：奉天高等审判厅原代电

大理院钧鉴：

设有刑事初级管辖案件，经第一审判决后，复经检察官向地方厅声明控诉。乃地方厅误认为地方管辖案件，决定第二审应归高等厅管辖。该案业已确定，高等厅能否受此项违法决定之拘束？不无疑问，事关法律问题，相应电请钧院解释示复。

奉天高审厅震印

■ 统字第 1622 号

民国十年十月一日大理院复山东高等审判厅函

径复者：

准贵厅代电开：查民事诉讼当事人于起诉后判决确定前亡故，并于该诉讼尚无合法之代理人者，其诉讼程序于受继人之受继前，应即认为中断。钧院早有定例，惟此种中断原因是否不问亡故者有无妻子，只因其一般或特定受继人未经受继诉讼，而即认为中断，抑必俟查明亡故者无妻无子，而始得认为中断。事关法律疑义，拟请钧院解释示遵等因到院。

查当事人于诉讼中亡故后，未经有人受继诉讼以前，当然生法律上程序中断之效力，但审判衙门因相对人之声请，得命应受继诉讼之人进行诉讼，以免迟滞。相应函复贵厅查照。

此复！

■ 统字第 1623 号

民国十年十月三日大理院咨司法部文

为咨复事：

准贵部咨开：兹有继母系孀妇，行为不正，经人说合，由其夫前妻之子，给与小米若干。即由该继母之母出具字据，将该继母归宗，另寻夫主。该继母仍不甘心，又经人说合，复由其夫前妻之子，给与钱财若干，再立归宗字据。此项契约在法律上能否发生效力，并应否认为违背善良风俗？事关法律解释，相应咨请贵院解释见复等因到院。

查妇女归宗，应依现行律所定之条件为断。若孀妇确定系自愿大归另行改嫁者，应以别论。故子于继母以归宗为名订立字据，不能认为有合法契约之效力。相应咨复贵部查照。

此咨！

■ 统字第 1624 号

民国十年十月四日大理院复江苏高等审判厅函

径复者：

准贵厅删代电开：兹有被继承人甲，因否认继承人乙之继承权，并请依法定继。经第一审驳回请求，甲声明不服，委任律师丙代理诉讼上一切行为。现甲于诉讼进行中死亡，事实上无人受继诉讼，丙之诉讼代理权应否继续存在，抑归消灭？事关法律解释，应请释明见复等因到院。

查诉讼代理权，不因本人亡故而消灭。但诉讼行为有须本人特别委任者，代理人不得擅自为之。审判衙门所为裁判，亦不得以代理人之名义谕知。相应函复贵厅查照办理可也。

此复！

■ 统字第1625号

民国十年十月七日大理院复福建高等审判厅函

径复者：

准贵厅函开：据闽侯律师公会呈称，"经本会会员庄枢元函开：查《清理不动产典当办法》第三条内载，'未满六十年之典当，无论有无回赎期限，及曾否加典赎典，自立约之日起算已逾三十年者，统限原业主于本办法施行后三年内回赎。如逾限不赎，只准原业主向典主告找作绝，不许告赎'等语。关于本条之疑义，厥有三问：第一问，本条'已逾三十年'一语，系指本办法颁行时已满三十年之典当而言，故于下文再予以三年之犹豫期间。设有当本办法颁行时未满三十年，而自其立约之日起算，至现在止，已满三十年者，可否同受本条之适用？第二问，已逾三十年之典当，虽未满六十年，而在事实上，确可证明原业主业经户绝，永远不能发生告赎或告找问题者，典主可否视为绝产，转售与人？第三问，已逾三十年之典当，原业主并未于本办法颁行后三年内告赎，设典主更将该业转典与人，且自愿将本办法第三条所列之权利（即以前经过之年限）让渡与转典主，当于契约中声明，'溯自初典日起经过六十年时，如原业主不行告找，即听凭转典主作为绝产。'此种条件，附入契约，能否认为有效？上开三问题，研究结果可以分为二说：甲说，第一问题，现行律为普通法，本办法为特别法，无特别法时应适用普通法，乃法律适用之原则。本办法第三条，既专为颁行时已满三十年者而设，则颁行后方满三十年之典当，应不包括在内，仍当适用现行律典卖田宅。门契未载'绝卖'字样者，并听回赎之条例办理。第二问题，原业主虽经户绝，然本办法对于前项情形尚无明文规定，若遽认为绝产，似有创设法律之嫌。第三问题，抛弃权利，固可任人自由。惟本办法有嗣后民间置卖产业，设定典当年限，以不过十年为限；又不满十年之典当，不准附有到期不赎听凭作绝之条件。今原典主将已经过之年限，让渡与转典主，更附以原业主不告找时听凭作绝之条件，核与本办法第八条法文规定，显有未合，即难认为有效。乙说，第一问题，本办法第三条，原为保护典主俾于已逾三十年以后，未满六十年以前，取得一种原业主只能告找不能告赎之权利。又因向来习惯，满六十年方成绝产，此项办法，遽行将其期限减少为三十年。设业主将产业典当与人，在本办法颁行以前，已满三十年，势必依本办法之颁行，同时丧失其回赎权，故于中段许以三年之犹豫。若立契在前，而满三十年在本办法颁行以后者，匪受同条之适用，且不发生三年犹豫问题，此乃当然解释，并无疑义。第二问题，原业主既经户绝，告找无人，在事实上不妨认为绝产。观于本办法第二条但书，且有典主久视典业为绝产，经业主相安无异者，以有合意作绝论之规定。是原业主存在而相安不赎者，尚可认为绝产，推之于原业主户绝之场合，更可得当然之见解。况如不认作绝，则典主欲将产业移转与人，不能不仍依典当之方式，而转典主与原典主间年限，又须更新，关系亦至为复杂，殊失法律保护权利安全之本旨。第三问题，在民法上权利之抛弃，属于有权利者自由，原典主虽自愿以经过之年限，让渡与转典主，仍将原业主告找权利，依法保留。是于转典主有益，而于原业主无损，自为法所不禁，当能发生效力。第八条所载，专指新为典当行为者而言，另为一事，与第二条所举全无关系，不宜比附。前后情形，屡有所遘，若非明示准绳，未免难于承办，为此函请公会查核，转请大理院迅赐解释示遵"等因。本会依司法部《修正律师暂行章程》第三十二条，认为法律案，理合呈请转请解释示遵等情前来，相应函请钧院解释见复等因到院。查关于第二问题，依《清理不动产典当办法》第三条及第二条但书，典产自可视为作绝，转卖契约，亦自有效。惟原业主之告找权，并不因而丧失，仍得由人继承（参照现行律绝产规定）。其余第一、第三问题，均以乙说为当。相应函复贵厅转令遵照可也。

此复！

■ 统字第 1626 号

民国十年十月十二日大理院复东省特别区域高等审判厅电

东省特别区域高等审判厅：

艳代电悉！第一审推事，既对于新旧案均有权审判，则其误认新案为旧案，与误用清理旧案处名义者无异。应取实质主义，由控诉审于判决理由内纠正。

大理院文印

附：东省特别区域高等审判厅原代电

大理院钧鉴：

设有某甲犯罪，检察官以新案起诉，预审及第一审推事，均兼清理俄人旧案，推事误认为旧案，以清理俄人旧案处名义，分别决定判决。某甲对于所判罪刑不服，声明控诉，检察官仍以新案送控诉审。甲说，以原审系程序上错误，应由控诉审于判决理由中为之更正。乙说，原审系管辖错误，应撤销原判，宣告管辖错误，将该案发还原审依法办理。究以何说为是？事关法律解释，应请钧院解释示遵。

东特高审厅艳印

■ 统字第 1627 号

民国十年十月十二日大理院复东省特别区城高等审判厅函

径复者：

准贵厅函开：据地方审判厅呈称，"查俄罗斯《刑律》第二章首节所列举之刑名，重刑有苦工七等，轻刑有监禁在狱限期三等，暂时看押限期四等，均系关于身体自由之刑。惟其重刑之苦工，是否即系中国《刑律》上之徒刑？轻刑之监禁在狱及暂时看押,是否即系中国《刑律》上之拘役及《违警罚法》上之拘留?均不无疑义。复查中国《刑律》上之徒刑,本应服定役,如以为与俄律之苦工刑相当,则于一罪先发在前,俄法庭已经判处苦工确定。一罪后发,经中国法院判处徒刑时,可否按照中国《刑律》第二十四条更定其刑?理合呈请钧厅电请大理院解释示遵"等情。据此,相应转函钧院查照,即希迅予解释示遵等因到院。

查《刑律》第二十四条,限于依《刑律》处刑,或其第九条所定之法令处刑而又无特别规定时,始能适用。其第六条所称经外国审判确定执行或免除之刑,自不在当然适用该条之例(仍参照《东省特别区域清理俄人旧案处章程》第六条及司法部九年第九三七号训令)。相应函复贵厅查照可也。

此致!

■ 统字第1628号

民国十年十月十三日大理院复总检察厅函

径复者:

准贵厅函开:据湖北高等检察厅呈称,"案奉钧厅训令第五一一三号内开:据直隶高等检察厅呈称,'查《刑律》第四十五条第一项第二款规定,'无资力者以一元折算一日,易以监禁。'又第二项,'监禁于监狱内附设之监禁所执行之各'等语。设有罚金易监禁人犯,在监禁执行中,又因另案被人在别县告发,由该县提案侦讯,羁押数月,迨审理终结时,另案宣告无罪,复送回原监继续执行。其提县侦讯之羁押日数,能否算入监禁日期以内,颇滋疑义。分有两说:一说,谓提县侦讯羁押之日,并非在监狱内执行监禁,自与《刑律》第四十五条第二项之规定不合,不应算入。一说,谓虽因另案提出,但仍在羁押拘束其身体之自由,与监禁无异。为被告人利益起见,则羁押之日当然算入。两说互有理由,乞转院解释示遵等情到厅。'当即函请大理院解释去后,兹准大理院刑字第一六四五号复函前来。查原呈两说,应以第一说为是等因。准此,查事关法律解释,各厅援据,应即一律,除指令外,合行令仰该厅查照,并饬所属一体遵照此令等因。奉此,查《刑律》第四十二条、第四十三条规定徒刑拘役之囚,于监狱监禁之令服劳役,而第四十五条第二项规定执行易科监禁之犯,无服劳役之明文。两相比较,律意待遇易科监禁之犯,似较徒刑、拘役之囚为优。依举轻括重之例,则大理院刑字第一六四五号解释,凡徒刑拘役之囚,因他故未在监狱监禁,而在他处羁押者,其期间当然不能算入监禁日期。例有因另案被人在别县告发,由该县提该犯到案审查,或另案须该犯到案证明,由该县提去质讯,致在县署羁押数月,始送还原监继续执行。关于此种羁押日期,依刑字第一六四五号解释,不能算入刑期。惟该犯如实系犯罪,被告固应受此种不利益之待遇;如系被人诬告诬扳及系充当证人,亦受此不利益之待遇,未免失情法之平。又未决羁押之被告人,向例羁押看守所,如不服二审未决上告于大理院,经终审未决文书之转移,案卷之邮递,往往终审判决后,经过一、二月,原检厅始奉到卷判,将该犯送监执行,其起算刑期。依大理院统字第九九二号解释，应从终审判决之日起算，而依刑字第一六四五号类推解释，似应从送监之日起算，关于此点，亦有疑义。又大理院统字第一一三〇号解释，注重事实，刑字第一六四五号解释，注重法理，究应遵守何号解释，亦不能无疑。理合呈请转院再赐解释，俾资遵循，而归划一"等情到厅。相应函送贵院核办见复，以便转令遵照等因到院。

查统字第九九二号、第一一三〇号解释文，所称"未备执行程序之监禁日数，得算入刑期"，均就本案言之。至直隶高等检察厅原呈称"有罚金易监禁人犯，在监禁执行中，又因另案被人在别县告发，由该县提案侦讯羁押数月"云云。既因另案羁押，其日数应由另案判决，定其算入与否。如另案宣告无罪，即与本非在监执行之犯人，被人告发而受无罪宣告者同。除诬告者及故意加损害之县知事等（参照《审判厅试办章程》第一〇七条第二项、《县知事审理诉讼章程》第八条但书）应负责任外，根本上无刑期可算，故本院刑字第一六四五号函（即统字第一五七五号解释文）取消极说。湖北高等检察厅原呈称"因另案须该犯到案证明，由该县提去质讯，致在县署羁押数月，始送还原县执行"一节，依法本不得羁押证人。若谓因其在监禁执行中而羁押之，则其性质系继续从前之监禁，无所谓因别案羁押。相应函复贵厅转行查照可也。

此致！

■ **统字第 1629 号**
民国十年十月十九日大理院复吉林高等审判厅函
径复者：
准贵厅七九五号函开：据滨江县呈称，"为呈请事，窃查华洋诉讼，原为收回领事裁判权之预备，在普通司法衙门，亦不得拒绝，曾奉钧厅通令遵照在案。设有同一原、被，同一诉讼标的物，先在普通或特别法院起诉，或已经判决，或在进行中而原告又向职署起诉；又或同一标的物，在普通法院判决，判令甲、乙履偿债务，胜诉人又以丙为债务主体（在法院辩论时并未提及），向职署另行起诉。此等案件，既关于手续法，又且为对外关系，究竟应否受理？知事无案可据，理合呈请鉴核解释示遵施行"等情。据此，案关法律解释，本厅未便擅拟，相应据情函请解释等因到院。

查民事当事人，已向有管辖权之法院提起诉讼，或经判决确定，依诉讼拘束或一事不再理之原则，不许再行起诉。至就同一诉讼标的物，对于案外之第三人起诉，是系另一诉讼，得予受理，相应函复贵厅转令遵照可也。

此复！

■ **统字第 1630 号**
民国十年十月二十一日大理院复江苏高等审判分厅函
径启者：
据铜山县大彭市教育会电称，"省议会议员，能否充任劝学所长？"事关法律解释，敬请示复等因到院。

查《劝学所规程》第一条、第二条、第六条之规定，劝学所所长不可谓非官吏，省议会议员不应充任。相应函请贵分厅转行遵照可也。

此致！

■ 统字第 1631 号

民国十年十月二十一日大理院复安徽高等审判厅函

径复者：

准贵厅三一二号函开：据芜湖地方审判厅长孙振魁呈称，"查确定判决，命债务人为一定行为，而非他人所能代行者，债务人若不履行，依《民事诉讼执行规则》第八十八条，仅得科以过怠金，与同章程第八十九条规定显有区别。设遇债务人之资力，不能科以过怠金，而又属实有履行之能力，而故意不履行，可否依《拘押民事被告人暂行规则》第十一条，酌予管收以督促其履行？此应请求解释者一。依《民事诉讼费用征收规则》，应向具保结人征收之担保讼费，又《法院编制法》第六十一条暨《试办章程》第七十一条之罚金，《民事诉讼执行规则》第八十八条之过怠金，如应缴纳人不为缴纳或无力缴纳，可否径依《民事诉讼执行规则》及《试办章程》第四十一条、第四十二条执行？此应请求解释者二。查判决之效力，本能拘束债务人之承继人，此在普通债务判决上之债务人，如于执行中亡故，自可向其承继人执行。惟依附带私诉，判令交人之被告死亡，此种因侵权行为所生之特种义务，揆诸实际情形，似非他人所能代（查诱拐等案，苟未于刑事侦查中将被诱人交案，迫至执行私诉辗转藏匿，或一再转卖，诱拐人尚难交出不知情之第三人，更属无法转交），可否向其承继人执行？此应请求解释者三。查执行案件，为便利起见，债务人不能一次完全履行，每由债务人请保到庭担保分期偿还，言明'债务人如不履行，保人担任清偿，不得异言。'笔录及保结上，均明白记载，保人于保结上署名盖章。此种在执行衙门所为之担保，本无争执之余地，如需保人代为清偿，而保人抗不履行，究应另案办理，亦可径由执行处责令保人履行？并统字九三七号解释，是否专指担保责任不明，发生争执者而言？此应请求解释者四。按现行律应付欠息，不得超过原本（即一本一利）之限制，本属强行规定。设判决或和解状，仅载付息自立约之日起至执行终结之日止，未载明利息不得超过原本。至执行将届终结时，计算利息，实已超过原本，关于超过部分是否仍应执行？此应请求解释者五。依《法院编制法》第六十一条、六十七条之规定，有妨害法庭职务或其他不当之行为者，审判官得酌量轻重，分别分处。此种规定，果仅适用于审判长或独任推事行审判时？抑推事执行案件开庭讯问当事人或其他利害关系人，遇有妨害职务或其他不当之行为者，亦可酌量为该条之处分？此应请求解释者六。查《民事诉讼执行规则》第一三四条，规定假执行之宣示，基于前条情形失其效力时，审判厅应以判决命债权人赔偿债务人因假执行宣示所受之损害。依此规定并参照同条第二项，似本案系属审判衙门，应依职权为赔偿损害之判决，非仅对于该项请求，应以判决裁判？此应请求解释者七。查大理院四年上字六九九号判例，原告对于被告因假执行或免假执行所给付之物，负返还之义务。又被告此项请求权，得于系属之诉讼，以单纯声请主张之。现行《民事诉讼执行规则》均无规定，惟此种规则，关于假执行各条，原本于京师地方审判厅假执行规则，似应仍从该号判例，此应请求解释者八。查民事执行债务人如家产净绝，斟酌情形，可决定工作者，即依部令及执行规则，援照《试办章程》第四十二条办理，以资结束。设遇有保证债务，因主债务人无力清偿，向保证人执行，而保证人亦属家产净绝，斯时如主债务人已逃匿无踪，可否决定保证人工作？此应请求解释者九。查《试办章程》第四十二条三年以下之限制，本对于一人负一债务而言。若一人负有多数之债务，同时或先后决定工作，是否合并执行，毫无制限？此应请求解释者十。又该条工作中，查出有隐匿家产实据者，得将理曲人释放，仍依同章程第四十一条执行。设执行之结果，仍不足清偿债务，对于其余欠，认为有工作之必要，应本前次决定继续工作，抑应另行决定？此应请求解释者十一。按连带债务债权人，得向连带债务之一人，请求其全部之给付。数人欠债，至执行时，均已家产净绝，债权人对于一人请求执行，或其他债务人逃匿无踪，可否对于一人决定工作？此应请求解释者十二。再本问题如认为可以对于一人决定工作，又发生疑问二则：一、连带债务人之一人，以清偿债务或其他行为而免共同之责者，就其各自负担部分有求偿权。一人决定工作，免除共同责任，可否对于其他债务人求偿？二、仅将一人决定工作，于工作中查出其他债务人有隐匿财产可供执行，是否仍应清偿全部，抑可除去执行工作人应分担之一部？亦应并请解释。以上诸端，均关法律疑义，可否转请解释，理合呈请鉴核施行"等情到厅。事关法律疑义，相应据情函请解释，以便饬遵等因到院。

查（一）《民事诉讼执行规则》第八十八条既无管收之规定，来函第一项情形，自不能适用《拘押民事被告人暂行规则》第十一条予以管收。（二）罚金、过怠金及由具保结人担保之讼费，如有执行名义可据（凡科罚金、过怠金及因具保结人担保讼费准许救助之裁判，皆得为执行名义），得径依《民事诉讼执行规则》及《试办章程》第四十一条执行。《试办章程》第四十二条，系以民事理曲人为限，不得准用。（三）交人义务，非承继人当然承继。来函所述诱拐情形，自难向承继人执行，但执行衙门为便利计，尚得酌量情形办理。（四）执行衙门之担保，既无争执余地，为便利计，得径向保人执行。本院统字九三七号解释，系指有争执者而言，与来函情形不同。（五）一本一利为现行律之强行规定；如执行名义仅载付息至执行终结之日，则执行衙门就利息执行，以至原本之数为止。（六）《法院编制法》第六十一条、第六十七条，原为维持法庭之秩序而设。来函第六项情形，既系推事开庭讯问，自得依该第六十一条之规定办理。（七）查《民事诉讼执行规则》第一百三十四条，系规定应以判决裁判，并未规定应以职权为赔偿损害之判决，民事诉讼不干涉主义之原则，仍不能不为适用。至该条第二项仅规定债务人于所系属之诉讼，得为此种赔偿损害之请求，不须新行起诉而已。（八）宣示假执行之本案判决，经废弃或变更时，被告因假执行或免假执行所给付之物，即为损害之一种。

《民事诉讼执行规则》第一百三十四条，既规定债权人赔偿损害，则本院四年上字六九九号判例，应解释为包含在内。（九）保证人于主债务人不为履行之时，有履行责任，如有执行名义可据，得查照通常执行法规办理（关于决定工作参照十项）。（十）依数个独立之执行名义合并执行，虽得依《各级审判厅试办章程》第四十二条分别办理，但收局工作，原为不得已之规定，务须格外慎重。（十一）工作中将理曲人释放，即系撤销前次决定。欲再继续工作，自应另行决定。（十二）连带债务人之一人，应负担全部之给付；如有执行名义可据，债权人对于一人请求执行，执行衙门对于一人决定工作，均无不可。此为工作之一人，因工作消灭共同责任，对于其他债务人，自有求偿权。若于工作中查出其他债务人有隐匿财产可供全部之清偿，应为释放；该为工作人因工作可以消除之债额，应为扣除。相应函复贵厅转令查照办理可也。

此复！

统字第1632号

民国十年十月二十一日大理院复江苏高等审判厅电

江苏高等审判厅：

删电悉！希查照本院统字第九七五号解释。

大理院马印

附：江苏高等审判厅原电。

大理院钧鉴：

《刑律》第一百六十一条第三款规定，于省议员选举议长，夺取选举票投票匦时，是否适用？乞电示。

江苏高等审判厅删印

统字第1633号

民国十年十一月七日大理院复山东高等审判厅电

山东高等审判厅：

代电及东电均悉，所称情形，系违法判决，应由控诉审撤销改判。

大理院阳印

附：山东高等审判厅原代电

北京大理院钧鉴：

兹有县知事受理刑事案件，被告人以诉讼经历不公平，声请移转管辖。讵县知事并不呈送直接上级审判衙门，径予决定驳回。同时并不就犯罪事实，令被告人言词辩论，即为有罪之判决（亦无应急速处分情形）。被告人不服，声明控诉，原判决是否有效？于兹有二说焉：甲说，依《刑事诉讼律（草案）》第二十六条，既经声请移转管辖，应即停止处分。该县并不停止处分，又未经言词辩论，此项判决，根本无效，应俟声请确定后，另由第一审审理。乙说，该县程序，虽属违法，然既已声明控诉，非无救济方法，控诉审只须将其违法程序撤销，径为第二审审判。二说未知孰是，悬案待决，务乞迅赐解释复电示遵。

鲁高审厅叩

■ 统字第 1634 号

民国十年十一月十日大理院复河南高等审判厅电

河南高等审判厅：

勘代电悉！既认预审调查尚未十分明了，可令重付预审。

大理院灰印

附：河南高等审判厅原代电

大理院钧鉴：

检察官对于预审免诉之决定抗告，被原审厅驳回，复声明再抗告。如认预审调查，尚未十分明了，可否由再控告审判衙门，令其继续预审，抑应令其径付公判？

河南高等审判厅勘印

■ 统字第 1635 号

民国十年十一月十日大理院复总检察厅函

径复者：

准贵厅函开：据浙江高等检察厅呈称，案据鄞县地检厅检察长金兆銮文日代电称，"兹有法律疑义数点，乞转院解释"等情，计单一纸到厅，理合抄单呈请转院解释示遵等情到厅，相应抄录原单，函送贵院核办见复，以便转令遵照等因到院。兹分别解答如左：

（一）查《刑律》第二十五条情形，本应以判决宣告并执行，其于本案判决后发见者，自应送由审判衙门决定，但应注意是否与该条所定情形相合。

（二）已出嫁之女逃回母家，其父母兄弟因之藏匿，除另有犯罪之目的者，应依法办理外，若仅因其与夫家失和，暂行藏匿以待调处者，自不成犯罪。

（三）详见本院统字第一三五〇号、第一三六六号解释文。

（四）查《法院编制法》第六十条所称服装不当，系指奇异服装及不备通常之"服装而言"，故不穿鞋袜者，应包含在内，不穿长衫者则否。

（五）违警罚法第八条所称"同一管辖地方"，应以区署管辖或分署而与本署划地分辖为标准。来文所称"分驻所"，若仅有派出所性质，则不能依以定管辖。

（六）违警罚法第四十三条第二款之"江湖流丐"，本非绝对不可分。惟该款既以强索钱物为条件，则谓"江湖"为"流丐"之形容词，亦无不可。

以上六端，相应函复贵厅转令查照可也。

此致！

附：原抄单

（一）《刑律》第二十五条规定累犯并执行之刑，应否请审判厅决定？

（二）已出嫁之女，逃回母家，其父母兄弟因之藏匿者，能否成罪？

（三）《刑律》第十一条、第十二条规定感化教育监禁处分，违警罚法第三条、第四条亦规定感化教育监置处分。若法院照第十一条、第十二条判决不为罪后，如需施行感化及监禁之处，能否将该部分送交警察厅办理？

（四）平民穿日常普通衣服，不穿长衫及鞋袜者，审判长能否禁其在法庭旁听？

（五）违警罚法第八条，规定同一管辖地方，系以警察厅管辖之区域为范围，或系以区或分署或分驻所为范围？

（六）违警罚法第四十三条第二款，江湖流丐，是否两种之人？

■ 统字第 1636 号

民国十年十一月十一日大理院复总检察厅函

径复者：

准贵厅函开：据浙江第二高等检察分厅电称，"选举调查员捏造选民，应否适用《刑律》第一百五十八条第一项处断？可分两说：一说谓，同项所规定者，为某种人资格所必要之事项；捏造选民，虽情节较重，究与同项规定不符。一说谓，'捏造选民'，非仅指捏造虚无之人格，并捏造其本无之资格，而调查结果，县知事即依据以宣示公众，实与同项相当。二说孰是？理合电请迅赐转院解释示遵"等情到厅。相应函送贵院核办见复，以便转令遵照等因到院。

查捏造选民，不仅捏造虚无之人格并捏造其本无之资格，即系以诈术将选举人资格所必要之事项登载名簿。第二说诚是。然即称由选举调查员捏造，则为《刑律》第一百五十八条第二项之登载，而非第一项之使登载。相应函复贵厅转令查照可也。

此致！

■ 统字第 1637 号

民国十年十一月十一日大理院复安徽高等审判厅函

径复者：

准贵厅邮代电开：本厅审理省议会议员选举诉讼，发生疑问数端：（一）《省议会议员选举法》第三十七条规定，"投票所每日启闭，以午前八时午后六时为率，逾期不得入内。"如违反该规定，听选举人先时入所，而投票仍在八时以后，是否为选举无效之原因？（二）选举人某甲，因身染疾病，呈请以其弟某乙代行投票，经复选监督批准代投，该区选举，是否因此无效？（三）该法第八十四条规定当选无效，系采列举主义。若当选人买收投票，其行为显干《刑律》，不在该条所示各款之内，能否提起当选无效之诉？以上数端，统祈迅予解释赐复，以便只遵等因到院。

查（一）如来函所称先时入所，而投票仍在八时以后，尚不为选举无效之原因。（二）依《省选举法》第四十四条，投票不适用代理，虽经监督批准，亦属当选无效。（三）当选无效，与犯妨害选举罪，适用法律不同，勿容牵混。但收买行为，如经刑事确定判决，处以罪刑者，自得认为有《省选举法》第八十四条第四款原因，许其起诉。相应函复贵厅查照。

此复！

■ 统字第 1638 号

民国十年十一月十一日大理院复浙江高等审判厅函

径复者：

准贵厅邮代电开：确定判决，只就定期给付之数额为之裁判，而于应给付之物件，若货币究属何种货币，若米谷究用何种升斗，若金银究属何项成色，未予判明。能否于执行时，就此争点为之裁断？如已经执行衙门裁断，并经再抗告衙门决定，予以维持，该裁断能否发生效力？如能发生效力，设当事人再就此货币种类、升斗、大小、金银成色等项，另案讼争，能否援一事不再理之原则，予以驳回？案关程序法上之疑义，理合电请钧院解释电复，以便只遵等因到院。

查真代电所述情形，自得许其另案起诉，或依法请求补充判决。相应函复贵厅查照。

此复！

■ 统字第 1639 号

民国十年十一月十一日大理院复浙江第二高等审判分厅函

径复者：

准贵分厅邮代电开：兹查浙省各县，自前清相沿，有庄书名目，为胥吏之一种，其主要职务，即就所管庄册之图分内（或称庄书）为人民办理推收粮产事务，而取得报酬，因此，在习惯上，可以互相买卖。例如甲将庄册转移于乙，取得代价，即由乙向县署呈请，更换己名。县署对于前项买卖行为，事实上亦无不认许，惟如该庄书有不法情弊，县署仍可自由吊册除名，易人办理，此庄书地位之大概情形。今设有某甲生前充当庄书，其次子乙于某甲身故后，即将己名呈报县署，一面即以己名行使庄书职务，而其兄丙以庄册系父遗财产，应公同承继为争执，于此发生疑问：（一）庄书地位，似系公职之一种，惟习惯相沿，既有以管册之利益为买卖之标的，并同时移转庄书之职务，究于法律上能否视为财产，适用公同承继之法则？（二）于未经收回官办以前（现已有部令收回官办，惟由县署呈准暂缓实行），如前例乙、丙争管庄册，向司法官厅起诉，应否受理？（三）如应受理其争管庄册，即一面涉及庄书之身份，此项讼争，系属初级管辖案件，抑属地方管辖案件？（四）征收审判费用，是否以估计庄册买卖例价格为标准，抑应从不可以金额价额计算之例办理（因庄书每年推收粮产收入之费至不确定不能预计）？敝厅办理是项案件，关于以上各节，悬未能决。理合快邮电请钧院迅赐解释示遵等因到院。

查庄书保管庄册所受之利益，在该地方习惯，既得为买卖之标的，自可认为财产权，法庭应予受理诉讼。其管辖及征收讼费，得依《民诉草案》第五条办理。相应函复贵分厅查照。

此复！

■ **统字第 1640 号**

民国十年十一月十一日大理院复江苏第一高等审判分厅函

径复者：

准贵分厅邮代电开：甲尼先招乙尼为徒，后因事龃龉，为解除师徒关系涉讼，此等身份争执，是否认为人事诉讼，应归地方管辖第一审？又是否尚须检察官莅庭？悬案待决。乞迅予解释电示遵行等因到院。

查僧尼之传继，究与家制上之身份承继不同。虽系不属于初级管辖，而可无庸检察官莅庭。相应函复贵分厅查照。

此复！

■ **统字第 1641 号**

民国十年十一月十一日大理院复江苏第一高等审判分厅函

径复者：

准贵分厅邮代电开：查《清理不动产典当办法》第三条前段载，"未满六十年之典当，无论有无回赎期限，及曾否加典续典，自立约之日起算，已逾三十年者，统限原业主于办法施行后三年内回赎。如逾限不赎，只准业原主向典主告找作绝"等语。寻绎该条法意，本系指该办法施行时（民国四年十月）未满六十年已逾三十年之典当而言。设于该办法施行后，始逾三十年之典当契约，究应如何办理？约分二说：甲说，谓该办法施行后三年以外，一逾三十年，即不准回赎，再无三年之犹豫期间（例如民国八年始满三十年至民国九年即不准回赎）。乙说，谓该办法施行后始逾三十年之典当，仍应援照该条三年内回赎之法例，准原业主于三十年典期届满后，三年以内回赎。（如前例民国八年始满三十年。在民国十一年以前仍准回赎）应以何说为是？未敢擅决，乞赐解释示遵等因到院。

查监代电所称情形，希照本院统字第一六二五号解释。相应函复贵分厅查照。

此复！

■ **统字第 1642 号**

民国十年十一月十五日大理院复安徽高等审判厅电

安徽高等审判厅：

元代电悉！发掘有主坟墓者，应以坟墓所有主之数定其罪数。

大理院删印

附：安徽高等审判厅原代电

大理院钧鉴：

发掘有主坟墓，是否以穴数计算法益，抑以行为论科？悬案待决。祈迅赐解释示复。

安徽高等审判厅元叩

■ 统字第 1643 号

民国十年十一月十七日大理院复江苏高等审判厅函

径复者：

准贵厅函开：案据宜兴县知事祖福广快邮代电称，"今如有人用迷药搅入食物给人吃食，希图窃财，致人昏迷数日，其昏迷能否认为伤害，抑即《刑律》第三百七十条第二项不能抗拒之谓？此疑点一。如被害中有一人，当以善意将药物转给第三人吃食，未至受害，而第三者因之昏迷或致死，则犯罪者对于未受害之一人，与对于第三者之昏迷或致死，有无责任？此疑点二。因关法律疑问，理合呈请解释示遵"等情到厅。据此，事关法律解释，相应函请贵院迅予解释，以便转令遵照等因到院。

查用药迷人，取人财物，即与《刑律》第三百七十条第二项所称"以药剂使人不能抗拒而强取者"相当。如被害者仅止不能抗拒，而无第八十八条第一项第五款、第二项第五款及第三项精神上之病，自无加重问题。否则应成立强盗伤人或致死罪。如明知其药可毒死人而给人吃食，则应成立强盗杀人罪（或系未遂犯）。除强盗伤人，系强暴胁迫当然之结果（参照本院六年非字第一六一号判例），不问伤何人应同一负责外，余希参照本院统字第一一七六号解释文。相应函复贵厅转令查照可也。

此致！

■ 统字第 1644 号

民国十年十一月十九日大理院复直隶高等审判厅函

径复者：

准贵厅函开：据广宗县知事刘振焕呈称，"查投入匪伙，专为匪司账，于匪拷问被掳人时，为之登记其姓名、住址、家产。此种行为，是否应准掳人勒赎正犯论？又贼匪持带枪械，掳掠妇女，欲以为妻妾，并非勒赎，但尚未奸污，究应依何法处断？迩来土匪猖獗，两项情事时有所闻。职县未敢臆断。理合备文呈请钧厅解释示遵"等情前来。事关法律疑义，理合函请钧院解释，以凭转饬遵照等因到院。

本院查第一问题，如果确有犯罪故意，而又仅于正犯实施之际帮助者，自应准正犯论。第二问题，既因自便私图，而掳掠妇女，系犯略诱罪，并应注意《刑律补充条例》之规定。相应函复贵厅转令查照。

此复！

■ 统字第 1645 号

民国十年十一月二十九日大理院致浙江第二高审分厅转江山县农会函

径启者：

据江山县农会会长毛犟呈称："（甲）江邑习惯，佃人向田主佃种，有揽种、浮种之不同。揽种者，佃人向田主出有押揽洋元，并订有合同契约。如田主欲令佃人退佃，须将押揽洋元返还方可，故其性质近于永佃权。浮种则不然，初无押揽洋元,仅以佃种交租为唯一之条件,故其性质近于赁贷借。是以原始之佃户,对于最初之业主,苟未缴有揽洋,以后虽经辗转相顶,至有代价而继续取得物权之业主,既不负偿还顶价之责任,亦不以曾经转顶,遽受永佃权之拘束。此项习惯,究竟有无法的效力?(乙)永佃权既经设定,而佃户不按约交租,查照钧院判例,原有可以消灭权利之规定。然欠租是否要在二年以上?其一年内有意抗欠,颗粒不交者,可否夺佃?(丙)法律上认为有通常永佃权之佃户,虽未欠交租谷,而地主对于该土地内,确有使用之必要。若葬坟造屋等重大之事实,地主可否声明收回使用土地权,并给还佃户取得权利时所费对偿之额,以为退佃之条件?抑或非经同意,绝对不得声请退佃?以上三项,理合呈请钧院迅赐解释,俾示只遵"等因到院。

本院查第一点所称揽种情形,其预缴之押租,若经返还,即可令佃人退佃。是尚不能认为有永佃权之存在,其佃户私相转顶,业主当然不受拘束。该地习惯,应有法之效力。第二点欠租,固为消灭佃权之一,其欠租在二年以上,或一年以内有意抗欠,颗粒不交者,自许撤佃。第三点永佃权人虽不欠租,然地主实欲自种,或因其他必要情形,亦许收地。惟佃户因收地所受之损失,非给以相当之补偿不可。相应函请贵分厅转行该会遵照可也。

此致!

■ 统字第 1646 号

民国十年十二月六日大理院复总检察厅函

径复者:

准贵厅函开:案据安徽第一高等检察分厅电称,"依《覆判章程》第七条第三项适用书面审理之案,判处二等有期徒刑者,原审厅并未指定辩护人,可否为上告理由?恳迅予转院解释示遵"等情到厅。相应函送贵院核办见复,以便转令遵照等因到院。

本院查应置辩护人之案件,无论为直接或书面审理,如无委任辩护人,审判衙门又不指定辩护人出庭辩护或令出具辩护意见书,均得据为上告理由。唯应置辩护人之标准,希参照统字第一千四百三十九号解释。相应函复贵厅转令查照。

此复!

■ 统字第 1647 号

民国十年十二月六日大理院复总检察厅函

径复者:

准贵厅函开:据甘肃高等检察厅删电,"省会于会期内选举省参事员,正投票中,议员间有买票卖票情事,被议员告发到厅。可否视为现行犯,即事逮捕?恳速转院解释电遵等情到厅。相应函请贵院核办见复,以便电令遵照"等因到院。

查议员买票卖票,固可成立收贿行贿等罪。惟必须在实施要求期约收受或行求等行为中,或实施后即时经发觉者,方可为现行犯。(参照《刑事诉讼草案》第二百零二条)相应函复贵厅转令查照可也。

此致！

■ **统字第 1648 号**

民国十年十二月六日大理院复总检察厅函

径复者：

准贵厅函开：据吉林高等检察厅呈称，"查《各级审判厅试办章程》第八十三条，'凡不依前条规定取保，而呈缴相当之保证金者，亦得释放，其保证金于本案完结后发还之。案保证金为预防逃亡而设，如有于缴纳保证金后潜逃，旋由官厅查获，其人畏罪，又复自尽，因是结案者，此项保证金，究应没入，抑应发还？查无明文规定，事关法律疑义，职厅未敢臆断，理合备文呈请转院解释示遵"等情到厅。相应函送贵院核办见复，以便转令遵照等因到院。

查《各级审判厅试办章程》第八十三条所称"其保证金于本案完结后发还之"，系指保释中并无逃亡等情事者而言，否则得参照《刑诉律案》第一百一十五以下各条，没入保证金，并依呈准暂行援用之该案第四百九十五条执行。惟如原呈所称情形，若于其逃亡后未经没入，自不应于其就获自尽后补行没入。相应函复贵厅转令查照可也。

此致！

■ **统字第 1649 号**

民国十年十二月六日大理院复安徽高等审判厅函

径复者：

准贵厅函开：据凤阳县知事李明智快邮代电称，"强盗共犯中之一人，系《刑律》三十四条之一方共犯，是否负《刑律》三百七十四条第一款结伙之责任？事关法律疑义，祈函院解释示遵"等情到厅。相应函请钧院迅予解释见复，以便转令该县遵照等因到院。

本院查知本犯之情而共同者，既不能谓无共同犯罪之认识，自应负共同犯罪加重责任。相应函复贵厅转令查照。

此复！

■ **统字第 1650 号**

民国十年十二月十二日大理院复东省特别区域高等审判厅函

径复者：

准贵厅五零五号函开：据地方审判厅厅长石福笺呈称，"为呈请解释示遵事，案查大理院统字一五八九号解释内开，'查俄国旧国家现已消灭，新国家尚未经我国承认，其所制定之法律，自均难认为有法之效力。凡关于俄国人之诉讼，除其住所或居所地在中国或他国领域内，应依《法律适用条例》第二条第二项办理外，其依《法律适用条例》原应适用俄国法律者，应斟酌地方新旧法令，作为条理采用'等语。是则俄人涉讼在本区域有住所或居所者，皆须依中国法办理。然关于身份、亲属、监护、继承等事，亦以中国法或他国法（即住所地或居所地法）适用于俄人，因习俗不同，实多不便，俄人必极感困难。且查《法律适用条例》第二条第二项规定，乃指当事人无国籍者而言，俄与我国虽为无约国，而其人能否视为无国籍者，亦不无讨究余地。若视为无国籍，而一方又称为俄国人，用语上亦嫌不稳。现在本厅关于此等适用法律问题案件颇多，因有上开解释，颇感困难，究应如何适用之处，亟待解决。理合具文呈请鉴核，转请大理院迅赐解释电示遵行"等情。据此，查此案前准钧院民字第五九一八号复函，当经本厅分行遵照在案。兹据前情，经本厅查核该厅长所陈感受困难各节，尚属实在情形。惟事关法律解释，究应如何适用之处，本厅未便擅拟，相应函请钧院迅予解释见复，俾便令遵等因到院。

查本院统字一五八九号解释，系因俄国新国家未经我国承认，不能认俄人为有国籍之人（与无约国人不同，通常称为俄国人系为用语上之便利）。但虽无国籍，而实际上与其他无国籍之人情形不同，故《法律适用条例》第二条第二项之规定，固应适用，而为便利计，又不能不认有例外。来函所述身份、亲属等事件，若依《法律适用条例》均应适用俄人之本国法，则依本院前号解释，自得斟酌地方（即俄人本国地方）新旧法令，作为条理采用。至普通民商事件，该俄国人在中国领域有住所或居所者，当然依中国法办理。相应函复贵厅转令遵照可也。

此复！

■ 统字第 1651 号

民国十年十二月十六日大理院复福建高等审判厅电

福建高等审判厅：

元代电悉！《刑律》第三百七十四条所称"海洋"，包括沿岸海面而言。凡在海面行劫者，均属本条犯罪。

大理院铣印

附：福建高等审判厅原代电

大理院钧鉴：

快邮代电，查《刑律》第三百七十四条第二款，在海洋行劫者，原案注意项下，所谓"海洋"，系国际法上不归中国、外国管领之海面。于此该款有两疑问：一为领海界限问题。国际法上之领海界限广狭，学说不一。中国领海，究以海里若干为范围，尚无明文规定。然有界限可言者，如因岛设县以及滨海各县，除所辖群岛外，其洋面习惯上亦有所辖一定之范围。遇有盗劫，被害人分别地点径赴该县报缉，该县亦因而受理。此等管辖，虽广狭或有不同，度未超过国际上主张最广领海之范围。是否就此县辖即可认为领海，而不以该款之海洋论？一为领海适用本律问题。揆定律之本意，原在保障海面航船，似非置领海不问也。若因其在领海之内，即不适用该款，是大洋得所保护，领海反失安全，似非法意。若谓其在领海之外，乃能适用该款，似与《刑律》第二条本律适用在中华民国内之规定，不无抵触。该款海洋，似难将领海除外，而专指国际法上海贼之大洋。惟领海应否在该款海洋之内，又难显违注意之解释。关于此点，是否仍以注意为标准？又假定该款海洋，包括领海在内，领海起点，国际法有高潮、低汐之别，中国未经规定。遇有沿海转送杂物小船，素止乘潮沿岸行驶，并不能驶出洋面，地虽沿海，而不能即目之曰洋。此等盗劫，是否分别航行与否，而以该条第一款及第三百七十三条第一款论？该款在《惩治盗匪法》上，系加重处刑，对于该款字义范围，不能不力求明确，敬乞钧院解释示遵。

福建高等审判厅叩元印

■ 统字第 1652 号

民国十年十二月十七日大理院复福建高等审判厅函

径复者：

准贵厅函开："查本厅受理合县民、刑上诉案件，查其送达宣示牌示程序，多所缺漏。本年奉修正《县知事审理诉讼暂行章程》第三十一条、第四十条后，除转行外，又复声明修正意旨，通令各县厉行。遇有缺漏者，亦复参照统字四二九号解释，以决定发还补行程序各在案。惟各县对于此等程序，缺漏仍多，而当事人上诉后，或原、被两造均已到省，或被告已由县解厅。查其上诉，确在期间之内，若因其未履行该章程第三十一条之程序，一律发还补行，似涉烦累，而于当事人又鲜实益。因详绎章程第三十一条规定之旨，送达宣示牌示，原为便当事人受谕知之方法，其第五项之牌示，于其上诉或声明障碍者，虽在期间内亦可撤除，尤见以当事人知悉谕知与否为标准。又统字第四二九号之解释，亦为逾期上诉者确定期间之办法。若该案判谕于送达等程序未能完全，而当事人已于法定期间内声明上诉，是当事人于其判谕内容，已可证明其知悉，控诉审就其卷内所载日期，亦复确可认为在法定期间之内。依统字六六九号解释，认为程序违法之判决，自可予以纠正，毋庸发还更审。统字一二六二号解释，县知事判决案件，未经传同原告诉人宣示，虽属不合，然系程序违法，上级审应依法受理上诉，于第二审裁判内予以指正，无庸发还补行宣示各意旨，似不必发还补行前项程序，即可受理。惟前项解释，非关送达等程序，后项解释，乃限于原告诉人。查统字第四二九号解释无效之判决，即指未宣示及牌示者而言。统字一三二五号解释，'改制判词，并不依法宣示牌示，则此项判词，仅属文稿之一种，不生判决效力，自无控告审程序可言'各等语。若该案遽由控诉审受理其判决，虽屡经解释，非根本无效。依上项解释，控诉审之应受理与否，究以何等为范围？尚无绝对之标准，于此颇滋疑义。今拟就所受案件情形，综合上开解释，分别办法，藉符修正各条，嗣后遇有此等缺漏程序案件，先以其上诉逾期与否为补行与否之区别，凡案卷可以查明其上诉，在该章程第四十条法定期间内者，即省略发还补行程序之决定，以已受谕知论，概由本厅受理。惟于裁判内予以指正，若其上诉逾期之案，其送达宣示牌示，系属缺漏，不能起算期间者，则依统字四二九号、五九四号解释，补行宣示等程序，以保其上诉之权利。其呈送覆判者，宣示牌示一有关漏者，除未提同原告诉人宣示，参照统字一二六二号解释办理外，均以未确定论，以决定发还补行，似此分别办理，但未知于该章程修正各条有无违背。闽南收复以来，本厅先后收受此等案件甚多，立待解决，相应函请钧院解释遵行"等因到院。

本院查县知事所为刑事判决，未经对外发表者，系文稿之一种，不生判决效力，应由原县依法审判。若已对外发表，仅未按照法定程序办理，则为违法之判决，覆判审或控诉审应予受理纠正。惟被告人或原告诉人未知县判内容时，应自其知悉之日起算上诉期间，在覆判审或控诉审，自当予以知悉之机会。如果该时原告诉人传唤不到，亦无他法，足使知悉县判内容，而案经检察官执行职务，亦可径与裁判。来文所拟办法，或误据已变更之解释（第四二九号），或于解释文有所误会。相应函复贵厅查照。

此复！

■ 统字第 1653 号

民国十年十二月十九日大理院复吉林高等审判厅函

径复者：

准贵厅函开：据吉林地方审判厅呈称，"为请赐解释事，设有民事案件，第一审核定其诉讼物价额不及千元，作初级事件受理。判决后当事人声明控诉，经原审厅管辖控诉审之合议庭，仍认为初级事件。行第二审审判后，当事人又声明上告，经上告审以事未臻明了，将案发还更审。正在更审进行间，被告人忽以本案讼争物价额起诉时，即在千元以上，当时误作初级事件受理，声请更正管辖，并请将案送归地方管辖。控诉审衙门为第二审审判，讯据原告人，亦称讼争物价额起诉时实在千元以上等语。究竟该案应归地方管辖之控诉审衙门审判，抑仍归初级管辖之控诉审衙门审判？于此有两说焉：甲说谓，本案虽系地方管辖案件，既经当事人两造受初级管辖审判衙门之审判，当时并无异议，即可作合意管辖论。嗣后即不得复行主张管辖错误，变更管辖，致滋纷扰。乙说谓，讼争物之价额，起诉时既在千元以上，当时误为千元以下，作初级事件受理。现在既经发见管辖错误，应令当事人补足讼费，将案送归地方管辖，控诉审衙门为第二审审判方属允当。以上两说，究以何说为是？理合具文呈请"等情前来。查来呈所指，是否即本年七月八日贵院统字第一五六一号解释，再求解释，无从悬揣。且亦未便蒙混，不予揭明。惟与前请解释情形，究竟有无龃龉？事关法律解释，本厅即未便擅拟，相应据情函请贵院解释示遵等因到院。

查《民事诉讼律草案》"合意管辖章"，关于事物之合意管辖，虽经司法部于民国四年三月二日以明文废止，惟据《民事简易程序暂行条例》第二条第二项，"前项以外之案件，当事人得依关于合意管辖之规定，受简易庭之审判。"是依民事诉讼物金额或价额，本应属地方管辖之件，而因当事人合意，得改由初级管辖（初级管辖案件，自应仍从民国四年部定办法，不得以合意变更）。来函所述情形，既在一、二审为本案辩论，即应认为已经合意，不得复行主张管辖错误。相应函复贵厅转令遵照可也。

此复！

统字第 1654 号

民国十年十二月二十一日大理院致安徽高等审判厅转怀宁律师公会电

安徽高审厅转怀宁律师公会：

寒电悉！希查照《民诉律草案》第三十七条办理。

大理院马印

附：安徽怀宁律师公会原电

大理院钧鉴：

土地介于两省，双方人民各赴本管县署诉争。所有两县各争管辖，案不能决，能否由当事人径向钧院声请指定管辖？乞复电。

怀宁律师公会寒叩

统字第 1655 号

民国十年十二月二十一日大理院咨司法部文

为咨复事：

准贵部咨开："民国三年抗字六六号判例，载有'司法衙门或依法行使司法权公署，对于未争讼之事项，予以裁判。即于其成立之条件，全然缺乏，法律上自无效力之可言'等语。是案外裁判，既属无效，虽经确定，似亦不能为执行名义予以执行，惟事关法律解释，究竟此项无效判决能否执行？相应咨请解释见复"等因到院。

查无效判决，不发生执行力。该管衙门，毋庸予以执行。相应咨复查照。

此咨！

统字第 1656 号

民国十年十二月二十一日大理院复福建高等审判厅函

径复者：

准贵厅函开：案据代行思明地方审判厅长职务刑庭长余杰呈称，"查《民事执行规则》第十条规定之裁断书，应否送达，及抗告期间之适用，兹有争议。甲说谓，该项裁断书，条文既未定有送达明文，依法即无送达之必要。若虑当事人不知其内容，尽可以其他方法使之得知（例如谕知或牌示之类）。至抗告期间，前条虽有规定，但本案既无准用明文，依通常适用法律顺序之惯例而言，自应适用民事上诉之期间为宜。乙说谓，该条文虽未定有送达明文，但既许当事人抗告，即应送达。此项送达程序，固不必明文规定。况以谕知或牌示代替送达程序，当事人究不能得知详细内容，势必仍行请求抄录，按诸事实，尤应送达。至抗告期间，本条虽未明文规定，但前条既定有七日之期间，自应依据该条办理，断无依据本法以外之民事上诉期间之理。况执行本贵敏捷，尤应缩短抗告期间，以免进行迟滞。以上两说，似乙说较强。但解释法律，不厌求详，究以何说为是？职厅未敢擅专，理合具文呈请钧长鉴核指令只遵，实为公便"等情前来。相应函请分别解释见复，以便转令遵照等因到院。

查来函所述情形，应以乙说为是。相应函复贵厅转令遵照。

此复！

统字第1657号

民国十年十二月二十三日大理院致江苏高等审判厅转上海律师公会函

径启者：

据上海律师公会八月十日及十一月二十四日先后函称：据会员杨春绿函称，"兹因关于选举诉讼，适用诉讼法上疑义两则：第一，查钧院统字第一五六零号解释内载'（上略）并未限制其声明窒碍，其余已详本院统字第一五四八号解释'等语。又查统字第一五四八号解释内载'不合法之通常判决（中略）并非谓只能上诉，不能声明窒碍'等语。是以上两号解释例，所称得以声明窒碍之通常判决，系以不合法之通常判决为限。又查钧院统字第七三一号解释内载'有概言之，通常判决，必本于两造辩论之结果者而后可'等语。更查钧院七年上字第二八八号判例内载'当事人于审判衙门辩论终结时，虽未到案，然其前次如曾经到案辩论，审判衙门本于其所为辩论，并参合前后供证，以为对席判决，按之法理，并无不合'等语，则此项对席判决，既已参合前后供证，即不得谓非本于两造辩论之结果，当然亦得列入于上述第七三一号解释例所称'而后可者'之列。因钧院第七三一号解释首段文内，原有'此所谓通常判决，固不必即认为合法'等语，而'固不必'字样，原系相对之词，显然表明非概括的意义。观于第七三一号解释原文中段，仍有'实系无可辩论者，不在此限'等语，可资参证。故此类之通常判决，虽不必皆可认为合法，亦不必皆可认为不合法。要之合于七年上字第二八八号判例情形者，即断然系按之法理并无不合之对席判决，而非不合法之通常判决。至钧院七年上字第一一零二号判例，系因当事人之一造不出席为言词辩论，与上开七年上字第二八八号判例情形，当事人曾经到案辩论者，迥乎不同，自不在上列范围之内。今如众院选举诉讼案内，两造当事人屡经对席，已各尽其攻击防御之陈述。惟于辩论已终结后，原审衙门决定辩论再开之日，其一造始于此次开庭时不出席。其不出席之一造，系县知事之初选监督，委有普通代诉人及律师为代理人，其不出席之原因，殆以陈述已尽，实系无可辩论之故。原审因原案已完全具备钧院统字第五九八号解释第一条注意乙项内列举通常判决之三种事例，径予判决，而于判决理由文内，记明'被告等此次虽经传未到，但依照大理院统字第五九八号及七三一号解释，仍得以通常判决行之'等语。则依照上述情形，该判决文所称之通常判决，是否合于七年上字第二八八号事例，抑系合于七年上字第一一零二号事例，而为不合法之通常判决？此应请钧院俯予解释者一。第二，照准声明窒碍与决定回复原状，在程序上是否为两个事项？今如众院选举诉讼案内，原审仅为照准声明窒碍之决定，而并未为回复原状之决定时，其程序是否尚嫌欠缺？如原案曾经对席辩论，则于重开审理时，应否适用继续辩论主义？如应适用继续辩论主义时，其辩论之范围，是否以缺席以后未经辩论者为限？此应请钧院俯予解释者二。"合亟将该会员转请解释疑义抄录全文，请求迅赐解释，以资遵循等因到院。

查（一）通常判决，应本于两造辩论之结果。若当事人一造于辩论终结之日（终结后再开辩论，即应以最后辩论日期为辩论终结之日）未经到场辩论，而审判衙门本他一造之声请，予以不利益之判决，即为缺席判决。惟本院历来判例，因我国审判厅情形，认通常判决之范围，不能不为扩大。故凡依据法理或凭证或当事人曾经到场时之辩论以为裁判者，虽不必即认为合法，而应以通常判决论。此种不合法之通常判决，为当事人省讼累计，应许其声明上诉。若该当事人为保持其审级之利益，向原审衙门声明窒碍，亦不能不为准许。盖以该当事人未经到场，或到场而未辩论，或辩论而有未尽（是否无可辩论为事实问题），即不能谓一审级已完全经过。此就现时审判厅情形观察，尚无变更之必要。至本院民国七年上字二八八号判例所谓按之法理并无不合者，系指审判衙门本于其所为辩论，并参合前后供证，得为通常判决而言。其通常判决之是否合法，能否声明窒碍，尚属另一问题。本院七年上字一一零二号判例，与二八八号判例，盖系各就一方面立言，并非如来函所称有迥乎不同之点。（二）声明窒碍合法，原审衙门应即回复缺席以前之程度（声明窒碍与因濡滞不变期间声请回复原状，系各别程序。来函所称回复原状，似指回复缺席前之程度言），重开审理，自毋庸分别决定。至辩论之范围，应斟酌案情，不宜有所限制。再本件关于不合法之通常判决，与声明窒碍，迭经本院解释，本可不生疑问。兹既据催请前来，仍即予以解答。相应函请贵厅转行该会遵照可也。

此致！

■ 统字第 1658 号

民国十年十二月三十日大理院复北京律师公会函

径复者：

前准贵会函称：据会员颜泽淇函称，"兹因关于诉讼法上应请解释之疑点三端：（一）查大理院统字第一五二三号复司法部文内载，'查民国元年之《众议院议员选举法》第八十二条、第八十四条，采用审判确定主义，故本院向来见解，当然准用普通民事诉讼程序受理上诉，并屡经本院判决确定有案。惟六年四月二十五日，大总统令公布国会议决，元年《选举法》之选举诉讼，不得援用普通程序提起上诉，既循立法程序公布，应有法律之效力。现经令用元年《选举法》，此项法案，仍应一并适用'云云，则关于参众两院议员选举诉讼之不得上诉，参核前项解释，实为现时《选举法》上之原则，按法意不得上诉之第一审审判，即为终审审判。而对于终审审判之通常判决，当然不得上诉，对于合法之终审判决，亦不得声明窒碍。是此项诉讼，一经判决，即为确定。现如审判衙门依据合法手续及当事人已到场时之辩论，而为此项诉讼之通常判决时，当事人之一造，因败诉而声明上诉或声明窒碍，此项声明，是否合法？应请解释者一。（二）复查大理院统字第六七号解释内载，'高等以下《各级审判厅试办章程》第三十九条所称即时判决，应认为缺席判决，对于此种判决救济之法，本无明文规定，自应斟酌条理，准其声明窒碍，

· 1193 ·

庶于审级之利益及当事人之便利得以维持。至声明窒碍，亦为一种之不服声明，故其期间即准用上诉期间'云云。查此项解释，系在六年四月二十五日公布国会议决参众两院议员选举诉讼不得援用普通程序提起上诉之法令以前，则参照前举统字第一五二三号解释，似关于参众议员选举诉讼，已无再行援用之余地。盖因选举诉讼，既不能提起上诉，自无审级利益之可言。倘对于合法传唤已经辩论，及经过其他合法手续之终审判决，有一种之不服声明，则终审衙门，是否得由此种声明，自行撤销其判决，更为审理，抑有其他之救济方法？应请解释者二。（三）再查统字第一五四八号解释内载，'不合法之通常判决，便宜上亦应许其上诉，并非谓只能上诉不能声明窒碍'云云。查照统字第一五二三号之解释，则此项解释，当然指普通诉讼而言。至选举诉讼，既不许其上诉，对于合法之通常判决，是否许其声明窒碍？对于终审判决之声明窒碍，是否亦适用上诉期间？应请解释者三。综核以上三种疑点，具函应请贵会迅予转呈请求解释，以资援引，实级公谊"等由。据此，本公会查事关法律解释，相应函转请求贵院查核，迅予解释见复，以凭转复等因到院。

查来函所述各点，希查照本院统字第一五四八、一五六零、一六五七及六七一号解释，足资解决。相应函复贵会转行查照可也。

此复！

■ 统字第1659号
民国十年十二月三十日大理院复安徽第一高等审判分厅函

径复者：

准贵分厅代电称："兹有复选当选人系调查员，查《省议会议员选举法》第八条，'办理选举人于其选举区内，停止其被选举权，但监察员不在此限'等语。按调查员当然属于办理选举人，依钧院八年判决蔡文彬、施以成一案，认调查员无被选举权。惟据某县呈复九年十二月六日奉安徽筹备省议会议员选举总监督聂宪藩训令开，十一月二十六日准筹备国会事务局有电开，准江苏省长号电开，关于调查员是否在办理选举人员之列一节，并声明筹备国会事务局解释与大理院判决案不符。惟元年参议院咨公府文开，'选举各法疑义，应径行由局核办'等语。是《选举法》之疑义，自以局文解释为依据。现距册报之日无多，究竟如何办理，即请迅复等语到局。查《解释选举法令》，系元年临时参议院议决，为本局应有之特权。所有解释案，不受普通法律之拘束。惟八年大理院判决蔡文彬、施以成一案，认调查员为办理选举人员，与本局迭次解释不符，当经去函大理院声明本局解释理由，并声明本局为保持选举法令解释上之信用，暨免除选政上之纷扰起见，所有前此解释办理选举人员调查员，不包在内。又'办理初选举者，除于其初选本区之初选外，复选则不能停止其被选举权各节，不因大理院之判决失其效力'等语，嗣准大理院函复，当以本局意见留备参考等语在案。此次选举之调查员，仍应查照本局迭次解释，不应停止其被选举权。除电复江苏省长外，合行通电查照等因准此。除分行外，合亟令仰该县知照此令等因。是又认调查员有被选举权，究竟如何办理之处？相应电请钧院迅赐解释示遵"等因到院。

查选举调查员，自系办理选举，依现行《省议会选举法》第八条，于其选举区内，应停止其被选举权，本院八年上字一四一号判例，现未变更。相应函复查照可也。

此复！

■ 统字第 1660 号

民国十年十二月三十一日大理院复江苏第一高等审判分厅函

径复者：

准贵分厅鱼代电开："关于缺席判决声明窒碍重为审理之案，如对席判决结果，仍维持缺席判决原判之效力，其曾经参与前次缺席判决之推事，能否承办此种上诉案件，抑应以前审官论，实行回避？乞迅赐解释示遵"等因到院。

查暂行援用之《民诉律草案》第四十二条，所谓"推事曾与于前审"，系指该推事就声明不服之裁判，曾经在下级审参与而言。来函所述情形，既系对于声明窒碍后所为对席判决声明上诉，而该对席判决并未经该推事参与，自不能以前审官论，应无庸回避。相应函复查照。

此复！

■ 统字第 1661 号

民国十一年一月六日大理院复山东高等审判厅函

径复者：

准贵厅文代电开："查选举诉讼，原告人以被告人吸食鸦片，主张当选无效，并未提出何种证据，但请求调验，而被告人仅委任代理出庭。查调验方法，必须有相当时间拘束身体之自由，民诉法上并无拘束当事人自由之规定，即令被告人到案，是否可据原告人之请求实施调验？又如被告人仅委任律师辩论，始终并不亲身出庭，吸食鸦片与否，无从认定。是否仍可为被告不利益之缺席裁判？案关程序法及证据法上疑义，拟请迅赐解释示遵"等因到院。

查调验烟瘾，不外实施调查证据程序，自可依法为之。至于言词辩论，虽可委任代理，然法院因必要情形，得命当事人本人到场。如传唤不到，尚得在审判衙门外实施调查。相应函复查照可也。

此复！

■ 统字第 1662 号

民国十年十二月三十一日大理院复江苏第一高等审判分厅函

径复者：

准贵分厅函开："查盐务署因废引而发给恤金，灶民主张商本灶业，引属于灶，恤金应归灶有。垣商主张引权，恤金应归商有，系奉主管之运副暨稽核所核定有案。此种争领恤金事件，是否属于盐务行政，应由盐场知事办理，抑认为人民私权争执，应归普通司法衙门受理？此应请解释者一。如认为应归普通司法衙门受理，则对于盐场知事所为之判决，与夫运副暨稽核所核准之原案，应如何处置？此应请解释者二。以上两点，相应函请迅赐解释见复"等因到院。

查因废盐引而发给恤金，自系赔偿损失，为私法上之权利。如有争执，应归普通司法衙门受理。场知事及运副稽核所所为之裁判或处分，应不受其拘束。相应函复查照。

此复！

■ **统字第 1663 号**
民国十年十二月三十一日大理院复山东高等审判厅公函
径复者：

准贵厅函开：案据济阳县知事陆锦燧呈称，"为呈请示遵事，查《科刑标准条例》第五条第一款规定，系《刑律》第三百七十三条第一款之罪，在场持有火器者处死刑。窃以'火器'二字，所包甚广，乡间用以打鸟之土枪，可否解释为火器？此其一。又《刑律》第三百七十三条第一款，系侵入家屋之强盗行为，假如持有火器之人，并未入室，仅在外把风接赃，'在场'二字，是否从狭义解释，抑包括在外把风接赃等而言？此其二。又寻绎《科刑标准条例》第五条第一款之主旨，其理由内已明言方今逃兵携带枪械流而为匪者，在在皆是，故特增第一款之规定，贯彻此旨，仅能及于逃兵，或其枪械系由逃兵供给而上。设有二人同伙，随同他人为盗，同犯《刑律》第三百七十三条之罪，并未入室，均在外把风，惟其一持一马棒，其一持一家中用以打鸟之土枪，论其案情，二人不甚悬殊，均不至死。若持土枪者，应依《科刑标准条例》第五条处唯一之死刑，不特失之太重，抑且同罪异罚。又因《科刑标准条例》，并非定有刑名之一种实体法，究竟依《科刑标准条例》加重者，可否依《刑律》第九条，得援第五十四条减轻回复其固有之刑？此其三。以上三端，属县因办理盗案，发生疑义，出入所关甚大，惟有仰乞钧厅核示，抑或转呈大理院解释之处，出自钧裁，悬案以待，伏候示遵"等情。据此，查所称各节，事关法律解释，相应转请钧院解释，以便转行该县遵照等因到院。

本院查土炮鸟枪，均属《科刑标准条例》所称"火器"。又强盗共犯，如未侵入第宅，仅在门外把风接赃，尚不得指为同条例所称"在场"。至同条例第五条，本系《惩治盗匪法》第二条科刑之特别法，犯者自应按照科处。如果可予减轻，亦应适用《刑律》总则各规定。相应函复贵厅转令查照。

此复！

■ **统字第 1664 号**
民国十年十二月三十一日大理院复总检察厅函
径复者：

准贵厅函开：据江西高等检察厅呈称，案据高等分厅监督检察官朱道融呈称，

"今有控诉审判衙门判决案件，被告人于宣判时，当庭口头声明上告，旋据被告人具状请求保释，并觅取保状，一并递由检厅转送审厅。时阅十日，审厅将保释一节，咨询检察官意见，正拟加具意见间，同日审厅复将全案卷宗（请求保释状暨保状均装订卷内）并提出被告人，一并函送检厅。当由检察官将被告人发票收押，于此场合，被告人保释事宜，应由审厅核办，抑或由检厅核办？程序上不无疑义。甲说谓，查大理院统字第一一七三号解释开，'刑事案件，一经起诉，在判决确定前羁押保释人，自应悉由审判衙门核办'等语。如上开情形，被告人虽已函送检厅，然其请求保释，系向审厅请求，且已于宣判时声明上诉，是判决亦未确定，应由审厅核办。乙说谓，《刑诉律草案》第一百一十七条载，'关于保释、责付事宜，应由命令羁押之官吏管理。'又第二项载，'由审判衙门管理者，应咨询检察官于决定后实施之'等语，曾经大理院统字第六零零号解释，可参照该条在案。如上开情形，被告人既由审厅提送检厅发票羁押，则保释事宜，即应由检厅命令羁押之官吏管理。且查自稽核刑事被押人办法颁行后，关于羁押被告人之权限及其责任，均极明了，曾奉司法部九年第一三六三号指令开，'上告于大理院之各人犯，于羁押表发票员姓名格内，应填承办检察官之姓名'等因，实与《刑诉律》第一百一十七条之意旨适相吻合。且判决案件，既经审厅连同人卷移送检厅，则关于该案如已确定，即应指挥执行，以及声明上诉，即应申送卷宗等事宜，概归检厅办理，审厅不能过问，何得如甲说所主张之保释一节，又独应归审厅核办？细绎大理院统字第一一七三号解释，并参照《刑律》第一百一十七条第二项所谓保释由审判衙门核办，当系指被告人尚在审厅羁押而未移送检厅者而言。至一经将被告人移送检厅羁押，则参照《刑诉律》第一百一十七条第一项，由检厅管理保释事宜，自系合法。以上二说，应以何说为是？应请转呈解释"等情。据此，理合备文呈请转院解释示遵等请到厅。相应函送贵院核办见复，以便转令遵照等因到院。

本院查原呈所述，以甲说为是。相应函复贵厅转令查照。

此复！

统字第 1665 号

民国十年十二月三十一日大理院复吉林高等审判厅电

吉林高等审判厅：

东代电悉！榷运局运销科主任，是否《官吏犯赃治罪条例》所称"官吏"，应参照统字第一六零七号解释，从事实上解决。至《刑律》所定侵占公务上管有物，侵占者即非官吏，亦可构成本罪。

大理院卅一印

附：吉林高等审判厅原代电

大理院鉴：

兹有榷运局运销科主任，侵占盐款，此项主任，是否依法令从事于公务之职员？函询该局，并无现行章程，仅称"此项主任，系由旧章科员改委，现支一等科员薪水"。及调其原章,该局又称遗失无存。究竟此项主任,应否认为《官吏犯赃治罪条例》上之"官吏",未敢臆断。至《刑律》所定侵占公务上之管有物,是否以官吏为限?理合一并电请钧院解释示遵。

吉高审厅东叩

■ 统字第 1666 号

民国十年十二月三十一日大理院复总检察厅函

径复者:

准贵厅函开:据黑龙江高等检察厅电称,"(一)查刑事案件,第一审判词主文内有刑期未列罪名,第二审应否撤销原判,另行判决?如未撤销另判,检察官可否提起上告?(二)共犯对于法院判决,合法上诉,经上级检察官发现其他共犯罪刑部分引律错误,可否于接收文卷后十日内提起上诉?(三)查《刑律》第三百二十四条第一款,法定主刑系五百元以下罚金,如所科在百元以上者,应否依照《覆判章程》第一条第一项第三款转送覆判?(四)查《覆判章程》第一条第一项第四款所载或易科罚金之'易科'二字,系指《刑律》第四十四条第一项而言,抑系指同律分则各本条所定法定主刑或科罚金而言?以上各疑义,请转院解释示遵"等情到厅,相应函送贵院核办见复,以便转令遵照等因到院。

本院查判词主文有刑期而无罪名,如在理由内已将所犯之罪叙明,即不得据为上诉理由。惟于俱发罪未予各科其刑,仅定有执行刑者,不在此限。又上级检察厅检察官于接近期内,发见下级审判决错误者,若下级审系县知事,自可于接收卷宗后十日内提起上诉,但对于正式法院之判决,不得援用此例。至五百元以下单独罚金之案,纵所科在百元以上,亦毋庸送请覆判。《覆判章程》第一条第一项第三款所称"易科罚金",系指《刑律》分则选择刑内之罚金而言。相应函复贵厅转令查照。

此复!

■ 统字第 1667 号

民国十年十二月三十一日大理院咨司法部文

为咨行事:

准贵部咨开:案据东省特别区域清理俄人旧案处呈称,"查职处受理华西力马淑阔夫侮辱上诉等案,核阅原卷,均系前俄地方分庭缺席判决。被告人声请原审衙门开庭审理之案,当经发交第一审庭依法办理去后,旋据呈称遵查三案卷宗,均系缺席判决。被告人向原审衙门声请审理之件,按现行刑诉法例,并无缺席判决声明窒碍之规定。此项声请,究应认为声明窒碍,抑应认为声明上诉,或径认该案为并未判决?职庭无法依据,理合呈请鉴核示遵等情前来。案关法律解释,职处未敢擅拟,理合备文呈请钧部,转行大理院迅予解释示遵"等情到部,相应咨请贵院查照办理,并希见复,以凭转令遵照等因到院。

本院查现行刑事诉讼法令,对于正式法院判决,既无声明窒碍之规定,而缺席判决，在法律上又不能认为无效。则当事人如有不服，自应由上诉审受理审判。唯此项判决，如已确定，当事人即无声明不服之余地，其声请审理为不合法。相应咨复贵部转令查照。

此咨！

■ 统字第 1668 号

民国十一年二月十一日大理院复浙江高等审判厅函

径复者：

准贵厅函开：兹据象山县知事李沫啸电称，"查独子承继他人，合于兼祧条件者，得回而兼祧本宗，业经大理院著为判例。不合法之兼祧，不得于兼祧人死后争，亦有大理院统字八九八号解释例足资依据。若不合兼祧条件之人，兼祧本宗之后，事隔多年，惟现尚生存者应继之人（于不合法兼祧人兼祧本宗后始出生者）能否出而告争？法无明文，颇滋疑义。职署现有此等案件发生，亟待解决，请求解释"等情到厅。相应转函钧院俯赐解释，以便转令只遵等因到院。

查依法成立之继嗣，固不得因其后情事变迁，复行变更既定之关系。若承祧本非合法，而于其生存中有应继之人，出而主张承继权，自与立继当时不出告争可以认为抛弃者不同，其告争自属合法。相应函复贵厅转令遵照。

此复！

■ 统字第 1669 号

民国十一年二月十一日大理院复奉天高等审判厅公函

径复者：

准贵厅函开："查补订《律师停止职务办法》第一款称，'律师有下列情形时，当然停止其职务。'又本款第三项称，'受惩戒会议决除名或停职之通告时'等语。依此规定，是被惩戒律师受惩戒会议决除名或停职之通告，即应停止职务。惟《修正律师惩戒会暂行规则》第十五条第一项称，'高等检察长或被付惩戒律师，得对于律师惩戒会之决议，于接受通知之翌日起二十日内，向司法总长声明不服。'又同规则第十六条称，'司法总长接受前条之呈送后，即分别为下列之命令：（一）不合法或无理由者，径驳斥之；（二）有理由者，发交覆审查律师惩戒会为覆审查'各等语，本规则既明定许其向司法总长声明不服，则确定期间，自应依十七条第一、第二两项之规定，发生效力，在未经覆审查议决以前，似未便停止职务。然补订《律师停止职务办法》第一款第三项所称'受惩戒会议决除名或停职之通告时停止职务'者，是否指被付惩戒律师受第一次惩戒会议决通告而言，抑系指确定后执行之通告而言？并无明文规定。遇有此项事件发生，殊属无所适从。相应备文函请钧院，希即解释见复，以便遵照"等因到院。

查补订《律师停止职务办法》所称'当然停止职务'，与《律师暂行章程》第三十七条第二款所称'停职'，系属两事。停职及训戒、除名等处分，应依《律师惩戒会暂行规则》第十七条、第十八条，俟确定后执行。至当然停止职务，依补订

《律师停止职务办法》，并不以律师惩戒会议决确定为前提。故该办法所称受惩戒会议决除名或停职之通告，自系指律师惩戒会依《律师惩戒会暂行规则》第十四条通知而言。来函混为一谈，不免误会。相应函复贵厅查照可也。

此复！

■ 统字第 1670 号

民国十一年二月十一日大理院复吉林高等审判厅函

径复者：

准贵厅函开："查《民事诉讼执行规则》，对于假执行之声请，无准用假扣押。以本案系属于控告审者，以控告审判厅为管辖审判厅之规定，究竟控诉审能否受理假执行之声请？其疑问一。如能受理，而假执行之声请，在本案依《各级审判厅试办章程》第六十七条，将控诉状撤销之后，是其审判无从记于判决主文，能否仍予受理？其疑问二。相应函请详为解释，以便遵循"等因到院。

查假执行之声请，于控诉审亦得为之。惟假执行之审判，依法应记明于判决主文，则上诉既经撤销，该项声请，自毋庸予以受理。相应函复贵厅查照。

此复！

■ 统字第 1671 号

民国十一年二月十一日大理院复山东高等审判厅函

径复者：

准贵厅函开："今有甲与乙在县为继承及财产涉讼，经该县合并判决。甲不服，向地方审判厅上诉，经该厅判决确定后，甲以管辖违请求回复原状到厅。本厅查第二审仅认为财产纠葛，即经判决确定，自未便撤销。似非经由第一审将关于承继部分，另案审判，本厅不能受理。而一事不再理又为审判上之大原则，究竟此种案件，是否以当事人发见新证据确有再审之原因为限，方可重加审判，抑或认前案县判为财产上争执之判决，将关于承继部分，令其另案审判？如以发见再审之原因为限，方可重加审判，则关于管辖违之确定判决，有无其他救济方法，可以使之回复原状？案关法律疑义，相应函请解释，以便只遵"等因到院。

查管辖错误，而本案判决已经确定者，自非另有合法之再审原因，无从救济。惟来函所述情形，如果承继部分，未经地审厅裁判，自可由高审厅受理控诉。相应函复贵厅查照。

此复！

■ 统字第 1672 号

民国十一年二月十六日大理院复四川高等审判厅函

径启者：

前准成都律师公会电称："奉到新施行《刑事简易程序条例》后，对于引用废止规则之判决不服抗告，其决定应否引用刑事新条例？请解释"等因到院。

查《刑事简易程序暂行条例》，已于本年一月二十五日奉令公布。所称情形，在新条例施行后，自应引用新条例。相应函请贵厅转行查照可也。

此致！

附：成都律师公会原电

大理院钧鉴：

奉到新施行《刑事简易程序条例》后，对于引用废止规则之判决，不服抗告，其决定应否引用刑事新条例？恳解释。

律师公会叩漾

■ 统字第1673号

民国十一年二月十六日大理院复总检察厅函

径复者：

准贵厅函开：据京师高等检察厅呈称，"查《刑事简易程序暂行条例》第二条载，'五等有期徒刑或罚金之案件，检察官应向简易庭起诉。'又第三条载，'最高刑为三等或四等有期徒刑之案件，情节轻微，且具备下列条件之一者，检察官得向简易庭起诉'各等语。至关于简易庭控诉审管辖，该条例虽无明文规定，然就法理言之，凡地审厅简易庭判决刑事案件，应以地审厅合议庭为控诉审，似无疑义。惟县公署判决罚金案件，其科刑虽在百元以内，而法定最重刑，确在千元以下者，被告人对于此项案件声明控诉，究应以高等厅为控诉审，抑仍以地方合议庭为控诉审？其见解往往不同。甲说谓，该条例第一条，载明'地方审判厅简易庭办理刑事案件，适用本条例之规定'云云。细绎该条意旨，是适用该条例者，以地方审判厅简易庭为限。至不分简易庭与公判庭之县公署，当然不能适用该条例。则凡县公署判决罚金案件，除合于《刑诉律草案》第二条第一款情形外，均应由高等审判厅受理第二审。乙说谓，凡罚金案件，依该条例第二条之规定，其性质均属于简易，不问其原审衙门有无简易庭，仍应以地方厅合议庭为控诉审。职厅详加查核，似以甲说为是，惟事关法律解释，未便擅专，理合呈请转院解释示遵"等情到厅。相应函送贵院核办见复，以便转令遵照等因到院。

查《刑事简易程序暂行条例》，业于本年一月二十五日奉令公布。关于控诉审管辖，仍无明文规定，应依通常程序办理。至该条例第一条、第十条既明定有"地方审判厅简易庭"及"地方审判厅分庭"字样，于兼理司法之县知事，自不适用。相应函复贵厅转令查照可也。

此致！

■ 统字第1674号

民国十一年二月十六日大理院复总检察厅函

径复者：

准贵厅函开：据浙江高等检察厅呈称，"案据鄞县地方检察厅检察长金兆銮以现有法律上疑义数点，另缮清单，呈请转院解释前来，理合照缮清单呈请转院解释示遵"等情到厅。相应函送贵院核办见复，以便转令遵照等因到院。兹分别解答如下：

一、仅于骚扰时附和助势者，应依《刑律》第一百六十五条第三款处断。其于杀伤放火等亦附和助势者，应参照本院统字第一二四四号解释文办理。

二、重婚罪之公诉时效，应参照本院统字第一五号解释文，从其举行相当礼式之日（例如旧礼式之迎娶、入赘，新礼式之举行结婚）起算，惟庙见仪式，是否为相当礼式之一部分，应审查事实。

三、《刑律》第三百一十六条第二项之罪，仍应依人格法益计算罪数。

四、共同正犯之意义，已详本院《判例解释例要旨汇览》，关于《刑律》第二十九条第一项之部分。而本院近例，同谋杀人或同谋强盗者，亦论为共同正犯（参照本院统字第一二三八号、第一二四五号解释文）。

五、犯人到案，审判官讯其另犯他罪否，彼即供述曾犯某罪。如某罪本未经官发觉者，自与《刑律》第五十一条所称"别首未发余罪"相当。

六、已详本院统字第一二八二号、第一三零八号解释文。

以上六端，相应函复贵厅转令查照可也。

此致！

中华民国十一年二月十六日

照录请求解释各点

一、按骚扰者若犯杀伤放火等事，应依第二十三条科断，《刑律》第一百六十五条一百六十六条定有明文。若骚扰时仅止附和助势者，应否亦负杀伤放火之罪？

二、设有人重婚娶妇，数月后始举行庙见仪式，其公诉时效，是否以举行庙见仪式之日起算？

三、《刑律》第三百一十六条第二项规定，是否只科一最重之罪，将其轻罪皆置不问？

四、《刑律》第二十九条之实施，是否专指实行而言？

五、设有犯人到案后，审判官询其另犯他罪否，彼即供述曾犯某罪者，是否与《刑律》第五十二条之别首未发余罪相当？

六、设有为辩驳或叙事起见，公然指摘事实，以至侮辱人者，能否成立《刑律》第三百六十条之侮辱罪？

■ 统字第1675号

民国十一年二月十六日大理院复山西高等审判厅电

山西高等审判厅：

感代电情形，如所举例，应论一罪。

大理院删印

附：山西高等审判厅原代电

北京大理院钧鉴：

新《刑律》并其他补充及特别法令，关于违犯国家禁令之罪名（例如鸦片烟、吗啡等罪），其帮助犯以一个行为帮助多数正犯时，应否以正犯之人数，定其犯罪之个数？请赐解释。

山西高等审判厅感印

■ 统字第 1676 号

民国十一年二月十六日大理院复东省特别区域高等审判厅电

东省特别区域高等审判厅：

支电悉！《刑事诉讼条例》对于第二百七十九条之裁决，并无得为抗告之规定，依第四百三十二条不得抗告。

大理院删印

附：东省特别区域高等审判厅原电

大理院鉴：

被告人对于预审起诉之裁决，能否抗告？乞电示。

东特高审厅支印

■ 统字第 1677 号

民国十一年二月十六日大理院复东省特别区域高等审判厅函

径复者：

准贵厅十年第四八七号函开：据地方审判厅长石福笺呈称，"窃职厅受理关于失踪人案件，有应解释者数端：一、兹有俄侨甲于西历一九一零年离哈返俄，曾委任其侄乙管理在哈房产，自一九一八年后，即无音信，生死不明。乙之弟丙，遂向本厅监护处呈称'乙管理不善，意存霸占，应将甲宣告失踪，另派丙为财产管理人。'关于此案，适用法律，发生两种见解：子说，俄法采失踪宣告制，故宣告失踪，即为委任消灭之原因，故当另选管理人。我国采死亡宣告制，未合死亡宣告条件之失踪人，本无庸宣告，故委任并不因失踪而失效，即不必另选管理人。照法律适用条例规定，对于生死不明人之财产，自应适用我国法以为裁决。按大理院统字第一五八五号解释，虽得依利害关系人之声请，或以职权为失踪人选定财产管理人，然此当指失踪人之财产，并未委任人管理者而言，若已有委任人可资管理，自不在此限。丑说，我国对于死亡宣告之年限条件，及失踪人之财产如何管理，现行法均尚无明文规定。观大理院解释，亦不能遽谓有委任人者不在此限。况本案乙、丙系胞兄弟，同为甲侄，甲如死亡无子女，乙、丙均有权继承该产。目下归乙一人掌管，难免不图独自侵吞。若不另派管理人，即无从监督，将来不免使其他继承人受损。甲既失踪，为保证继承人起见，甲之委任，亦当失效，应依大理院解释，准利害关系人之声请，另予选定管理人。此二说均各持之有故，究以何说为当？此应请解释者一也。二、按《法律适用条例》规定，监护依被监护人之本国法。是以本厅办理俄人监护事件，不独实体上适用俄法，即程序上以无所依据，亦暂照前俄法院成规，并仍设监护处，业于本年九月间呈报在案。惟查失踪者之财产管理人，究与监护人有别。在前俄旧例，选任此种管理人，为便于监督起见，亦归监护处办理。现在本厅是否即可准照选任监护人办法，亦由监护处选任，以资便利？此应解释者二也。三、俄法采失踪宣告制，故监护处必须俟民庭为宣告失踪后，始得选任管理人。而我国法失踪虽不必宣告，然其人是否失踪，亦应为相当调查而予以认定。若监护处得选任管理人时，则对于失踪之认定，是否即由监护处审查，抑归民庭裁决？此应解释者三也。四、死亡宣告，须公示催告，且属初级管辖。而调查失踪程序及管辖，且无明文规定，是否亦应照此办理？此应解释者四也。五、死亡宣告之年限及条件，实体法尚无规定，究应采如何之标准？此应请解释者五也。凡此五端，均关适用法律，悬案待决，理合具文呈请鉴核，转请大理院迅赐解释示遵，实为公便"等情。据此，相应函请迅予解释见复，俾便令遵等因到院。

查宣示亡故，实体法虽无规定，而该俄侨失踪，为时既不甚久，揆诸多数立法例所定年限，尚不足推定其已亡故。至失踪人未经依法宣示亡故以前，其所委任管理财产之委任关系，自无消灭之理。如果管理不当，确有事实可凭者，利害关系人亦可请求法院另任管理人，以资救济。而选任及调查之权，应属法院民事庭，以昭慎重，不当归监护处办理。又宣示失踪与宣示亡故，立法例虽殊，而其求权利之确定则同。宣示亡故之程序，应依《民事诉讼条例》办理。相应函复贵厅转令遵照。

此复！

■ **统字第 1678 号**
民国十一年二月十八日大理院复福建高等审判厅函

径复者：

准贵厅函开：据政和县知事卢应昌代电称，"现行律婚姻门尊卑为婚条例，甥舅不得为婚，违者离异。但甥之妻再醮于母舅之堂兄弟，或再从兄弟族兄弟，能否有效？律无明文，类推律文'再从姨'三字之意义，则舅之堂兄弟再从兄弟与甥之妻为婚，似在禁止之列。职县现有此种案件，苦无法例依据，敬请赐电示遵"等情。据此，相应转请解释见复，以凭饬遵等因到院。

查现行律尊卑为婚，及娶亲属妻妾两条，系用列举方法，不当漫为比拟。其中外甥女一项，系以堂为限，而不及再从，则舅甥妻之不能推及于再从可知。且与堂外甥女为婚姻者，只处十等罚，而娶舅甥妻者与同宗缌麻亲之妻，并举各处徒刑一年。此等罚则，虽已失效，而就原文观察，既系后者重于前者，则舅甥妻并不包括堂及再从在内，尤属显然，自不能与再从姨之律有明文者相提并论。相应函复贵厅转令遵照。

此复！

■ **统字第 1679 号**
民国十一年二月十八日大理院复四川高等审判分厅函

径复者：

准贵分厅代电开："《修订讼费规则》内载，'讼费不遵缴亦不声明救助者，应予驳回'。其驳回系用判决或用决定，未有明定。倘驳回后能否许用二十日期间，准其补缴受理？又缴未足额之数，当驳回时，于已缴讼费发还与否？俱乞电复，俾有遵循"等因到院。

查不遵缴讼费亦不声明救助，依法应予驳回之件，系用决定为之。驳回后于二十日期间内补缴者，仍予受理。至缴未足额之数，驳回时毋庸发还。相应函复贵厅查照。

此复！

■ 统字第1680号

民国十一年二月十七日大理院复总检察厅函

径复者：

准贵厅函开：据吉林高等检察厅呈称，"案据长春地方检察厅检察长萧露华呈称，'窃查《刑事简易程序暂行条例》第三条第二项窃盗及其赃物罪，所云窃盗，是否包括情重窃盗而言？分二说：甲说谓，法文于窃盗字上，并未加制限，是统括一切窃盗而言。若仅指普通窃盗，第二项不几赘文矣。乙说谓，第二项系根据第一项而来；第一项既仅限于最高刑为三等或四等有期徒刑，第二项自不得更为扩张。至法文添列第二项之理由，着重在不必具前项各款情形，并非赘文。此应请解释者一。同条例第十一条控诉期间之起算点，亦有二说：甲说，主张自宣示之日起算。乙说，主张自送达之日起算。又送达是否须送交判决全文，或仅抄送主文？若送达时仅称某某处刑若干月，不列罪名、刑名，是否适法？如不适法，可否为控诉之理由？此应请解释者二。检察官依简易程序起诉案件，审判厅是否可不附理由，移交通常法庭？甲说，除条例第九条所规定情形外，审判厅不得自由移交，否则第九条法文等于虚设。乙说，通常法庭，比简易庭审判，更为周密。即有不合第九条规定情形，因于被告人并无不利，自由移交，亦非违法。此应请解释者三。依照《处刑命令暂行条例》请求处刑之案件，检察厅应否传到被告人讯问？亦分二说：甲说谓，查现行法令，并无检察官必传到被告方可起诉之明文。依命令处刑案件，审判厅尚可不经审判，检察厅更无讯问之必要。乙说谓，法文仅规定不经审判，并未云不必侦查，检察厅自非传被告人到案，不得声请处刑。甲说又谓，处刑命令之立法意旨，在可免被告人到案，原系例外办法。若被告人既已出头于检厅，何独不可出头于审厅？故凡被告人已到案之案件，检察官只能依简易程序起诉，不能用命令处刑。乙说谓，请求命令处刑或依简易程序起诉，纯系检察官之自由，与请求预审或请求公判情形相同，法律并无限制。此应请解释者四。主前述甲说之检察官，不传被告人到案，请审判厅以命令处刑。审判厅以被告人未到，乃由命令处刑，改依简易程序审判，更由简易程序改移通常法庭，即以被告未到案为理由，以决定驳回公诉。是项决定，是否适法？甲说，推事有发各项厅票及强制处分之权，被告人隐匿未到，应设法逮捕。德国《刑事诉讼法》第二编第八章，可为借鉴。至驳回公诉，诉讼法上有一定之情形，《刑事诉讼律草案》[乃]现在办理刑事案件至当之条理也。其第三百三十八、三百三十九条规定驳回公诉之情形凡八，并无被告人不到，可以驳回公诉之规定。故是项决定，实难谓为适法。乙说审判厅以直接审理为原则。被告人既不到场，审判无从进行，故应驳回公诉，以资结束。此应请解释者五。以上各疑义，职厅厅员主张各执，应请转呈解释'等情。据此，理合备文呈请转院解释示遵"等情到厅。相应函送贵院核办见复，以便转令遵照等因到院。

查《刑事简易程序暂行条例》，业于本年一月二十五日奉令公布，原呈第一、第二问，为新条例所无，自可无庸质议。第三问，按照新条例第七条，应否仍依通常程序办理，简易庭得自行认定，既无须移交，亦无须附加理由。第四问，检察官声请以命令处刑之前，应否传讯被告人，应由检察官酌量办理。被告人已到案，仍得依简易程序起诉。第五问，《处刑命令暂行条例》第三条，"简易庭推事于认定事实有必要时，得传讯被告人或调查其他证据。"则简易庭推事，自不得以被告人未到为理由，即改依简易程序审判。致通常法庭何时始得驳回公诉，应以甲说为是（参照本院统字第一零二五号、第一四五一号解释文）。相应函请贵厅转令查照可也。

此致！

■ 统字第 1681 号

民国十一年二月十七日大理院复总检察厅函

径复者：

准贵厅函开：据江苏高等检察厅电称，"据江宁地检厅马代电，'查省议会选举议长，其选举票盖有议会印章，是项选举票，应否认为公文书？又当选举议长之时，正值开票唱名，突有多人将选举票撕毁。是项行为，是否犯《刑律》第二百二十二条及第三百五十八条之罪？理合呈请转请解释，以凭遵办'等情。据此，理合电请转院解释示遵"等情到厅。相应函送贵院核办见复，以便转令遵照等因到院。

查原代电所称情形，既与《刑律》第八十四条及第一百六十一条第三款所称之选举及选举票不同（参照本院统字第九七五号、第一三五二号及第一六三二号解释释文），自应依第二百二十二条、第三百五十八条、第四百零四条从一重处断。相应函复贵厅转令查照可也。

此致！

■ 统字第 1682 号

民国十一年二月十七日大理院复浙江高等审判厅电

浙江高等审判厅：

蒸代电悉！陆军测量局测量士，支俸比照陆军准尉官，系军佐而非军用文官。既实官尚在，虽已辞去测量局三角课班员，仍不可谓非军人。

大理院筱印

附：浙江高等审判厅原代电

大理院钧鉴：

查陆军测量局测量士，其支俸比照陆军准尉官，是否陆军文官？如该测量士已经辞去所任测量局三角课班员职务，而所授测量士实官，未经免除，应否认为退职之文官？案关法律疑义，应请钧院迅予解释示遵。

浙江高审厅蒸

■ 统字第 1683 号

民国十一年二月十七日大理院复江西高等审判厅函

径启者：

准赣县律师公会电称，"法官于律师陈述后、未宣告辩论中止前，律师以事实未明，再起发言，法官厉声侮辱'你当律师，法律知识都没有一点'等语，应否构成《刑律》第三百六十条之罪，或有无其他处分？请解释示遵"等因到院。

查法官于法庭指斥律师无法律知识，于法律固无根据。惟按之《刑律》第三百六十条所称"指摘事实"，及《违警罚法》第四十四条第三款所称"骂詈嘲弄"之条件，尚不相符。相应函请贵厅转行查照可也。

此致！

■ 统字第 1684 号

民国十一年二月二十一日大理院复湖北高等审判厅函

径复者：

准贵厅函开：本厅现因办理民事执行抗告案件，对于《民事执行规则》第十条之规定，殊多疑义。兹向钧院缕陈之：（一）该条第一项载，"当事人或利害关系人于强制执行之方法及于执行时应遵守之程序，有所声请或声明异议时，由厅长裁断之"等语。但除该项所载情形外，如债务人已将款项缴出后，复请求停止发给债权人具领之类，既非强制执行方法，亦非执行时应遵守之程序，此种事件，是否亦应由厅长裁断？此不无疑义者一。（二）该条第二项载，"不服前项之决定者，得向上级审判厅声明抗告"等语。此在地方案件，固无疑问。惟关于初级案件，亦已经由地方厅长裁断，或具送意见书（依六年六九七号解释例，由原衙门具送意见书者，其结果亦与经过裁断无异）。此时如发交地方厅合议庭受理，则以合议庭应受该厅厅长之监督，万难覆审该厅厅长之裁断，且与该项规定不合；如不发交地方厅合议庭，而径由本厅受理，则又有违四级三审之制。此不无疑义者二。（三）该条第三项载，"厅长或执行处推事，在发强制执行命令前，如已传讯当事人或其他利害关系人者，得对于命令径向上级审判厅声明抗告"等语。依该项规定，其得径行抗告而不必经过裁断者，系在发强制执行命令前已有传讯之事，始得为之。现在地方厅对于执行案件，竟有在发强制执行命令前，并未传讯，仅因当事人之声明（如对于批词声明不服之类），即由该厅厅长加具意见书移送本厅者。虽依钧院六年六九七号解释，有"由原衙门具送意见书者，结果亦与经过裁断无异"之语，然如上述案情，既与该项规定不合，又非有急迫情形，是否仍应由该厅厅长加以裁断，不得仍予径行抗告？此不无疑义者三。案关法律解释，相应函请迅赐解释，俾便遵循等因到院。

查第一点情形,亦可认为对于执行方法有所声请,尚属不生疑问。第二点情形,虽属初级案件,既由地方厅长裁断,其抗告应归高等厅受理。第三点情形,当事人既系对于批词声明不服,又经该厅长加具意见书,自与经过裁断无异,应受理抗告。相应函复贵厅查照可也。

此复！

■ 统字第 1685 号

民国十一年二月二十一日大理院复浙江第二高等审判分厅函

径复者：

准贵分厅函开：据金华地方审判厅呈称,"窃查《修正诉讼费用规则》第一条规定,'诉讼费用,分为审判、执行、抄录及送达四种。'又《诉讼费用征收细则》第十五条规定,'《修正诉讼费用规则》第二条至第七条所定之审判费用,均归败诉人负担'等语。兹关于执行讼费范围,不无疑义。查《修正诉讼费用规则》第二条至第七条各规定,仅指审判费用一种而言,当然不包括抄录、送达等费在内。惟执行名义,系照确定判决执行,而一般判决主文,概载诉讼费用归败诉人负担。依照《修正诉讼费用规则》第一条之规定,应将抄录、送达等费一并执行。然按诸《诉讼费用征收细则》第十五条所定范围,似又抵触。究应如何适应之处,理合备文呈请钧厅,转函大理院解释,指令只遵"等情。准此,相应据情转请迅赐解释示遵等因到院。

查《诉讼费用征收规则》第一条,既揭明诉讼费用分为四种,而《诉讼费用征收细则》第十五条所称"审判费用",显指其中之一种而言。若判决主文既宣示为诉讼费用,则有以抄录及送达费一并请求者,限于败诉人应行负担之额,亦可据以执行,与《诉讼费用征收细则》第十五条法文所定范围并无抵触。相应函复贵厅转令遵照。

此复！

■ 统字第 1686 号

民国十一年二月二十一日大理院咨司法部文

为咨复事：

准贵部咨开：据直隶高等审判厅转据天津地方审判厅呈称,"查《民事诉讼执行规则》第八十八条载,'确定判决,系命当事人为一定行为,而非他人所能代行者。债务人若不履行时,执行处得处债务人以千元以下之过怠金,以强制其履行债务'等语。细绎条文,有两种疑问：(一)既处过怠金,仍应强制债务人为一定行为。设债务人依然不为一定行为,该案究用何法结束,使债务人免永久羁押之累？(二)如被处过怠金之债务人,确系赤贫无力遵缴,按照大理院民国十年三月四日统字第一四九一号解释,不能援用同规则第七条规定,依《试办章程》第四十二条办理。究用何法救济,请转呈指令只遵"等情。据此,事关法律疑义,相应咨请查照解释见复等因到院。

查过怠金之性质，本为督促债务人之履行。若既处过怠金而仍不为一定行为，于法并无不得再处过怠金之限制。惟于赤贫无力而不能缴纳者，既未便援用"理曲人收局作工"之规定，解释上尚难认有他项救济方法。相应咨复贵部查照转饬遵照可也。

此咨！

■ 统字第1687号

民国十一年二月二十八日大理院复总检察厅函

径复者：

准贵厅函开：据浙江高等检察厅呈称，"案据鄞县地方检察厅检察长金兆銮呈称，窃查《处刑命令暂行条例》第五条，'案件应处五等有期徒刑，或因其他情形认处刑命令为不适当者，依简易章程审判之。'从文字上细绎本条法意，难得要领。若依论理解释，则又有二说：甲说谓，'或因其他情形者'，即指拘役罚金案件而言。乙说谓，本条'或因其他情形'句之'或'字系衍文。依甲说，则凡属五等有期徒刑、拘役或罚金案件，如认为不适当于处刑命令，均可改依简易程序审判。依乙说，则可以改依简易程序审判者，仅限于五等有期徒刑之案件。本条法文，究应如何解释？此应请指示者一。同条例第四条，'检察官对于驳回声请之决定，可以抗告。'而对于处刑命令所科之刑罚，过轻或过重时，是否可以声明异议？法无明文，此应请指示者二。又同条例于声明异议之管辖审判衙门，则规定为命令处刑之地方审判厅简易庭，于声明异议期间，则规定为七日；而于抗告则期间及管辖审判衙门，均未有规定，是否依照通常诉讼程序十日之抗告期间，而以控诉审判衙门为管辖抗告之审判衙门？此应请指示者三。同条例第七条规定，'处刑命令，应以正本送达于被告人。'而于检察厅之检察官，应否送达？则法无明文。是否是项命令，送达于被告人时，同时亦应送达于检察官？仅或俟处刑命令确定后，方通知检厅，传案执行？此应请指示者四。又查《刑事简易案件暂行条例》第二条，'五等有期徒刑、拘役或罚金之案件，检察官应向简易庭起诉。'是检察官对于凡五等有期徒刑、拘役或罚金之案件，不能有不向简易庭起诉之自由。而第四条又规定，'检察官于被告人到案后，应即起诉，至迟不得逾翌日。'则是，凡属五等有期徒刑拘役或罚金之案件，检察官于被告人到案翌日后起诉，即为违法。设遇上开案件，犯罪嫌疑极重，而侦调证据，又断非一、二日所能蒇事。恝然起诉，既无确证，遽然却下，亦嫌轻纵。对于此种案件，究应如何处理？此应请指示者五。以上五端，职厅疑莫能释，理合呈请钧厅训示遵行等情。据此，查事关适用条例，发生疑义，未便擅行解释，除指令外，理合据情转呈，仰乞鉴核示遵"等情到厅。查原呈所称各节，关系适用法令疑义，应请贵院解释示复，以便转令遵照等因到院。

本院查（一）《处刑命令暂行条例》第五条所称"案件应处五等有期徒刑，或因其他情形认处刑命令为不当者"云云，系指法定主刑虽系五等有期徒刑以下之刑，而审判衙门认为应处五等有期徒刑，或另有其他情形，认命令处刑为不当者而言。(二) 处刑命令，既限于轻微案件，方得适用，而按照同条例第一条规定，又系因检察官之声请，则处刑纵有出入，亦无再许检察官声明异议之必要；与检察官声请以命令处刑，经审判衙门依第四条第一项各款以决定驳回者不同。(三) 处刑命令如经被告人声明异议，仍应由地方审判厅简易庭另为正式第一审之审判，故以明文特定声明异议之期间。若同条例第四条之决定，本属审判行为，其抗告期间及管辖衙门，自应悉依通常之规定。(四) 《处刑命令暂行条例》，于处刑命令明示应以正本送达于被告人，即因被告人得声明异议；检察官既如上述不许声明异议，当然毋庸送达。(五) 《刑事简易程序暂行条例》，业于本年一月二十五日奉令公布，原呈发生疑问之第二条，为新条例所无，自无庸置议。相应函复贵厅转令查照。

此复！

■ 统字第1688号

民国十一年二月二十八日大理院复京师地方审判厅函

径复者：

准贵厅函开：兹有某甲等因赌博控诉一案，原审县知事将该被告人等，依《刑律》第二百七十六条，各处以罚金。该被告人等不服，声明上诉。经县署将全案卷证，送由同级检察厅，认为与简易规则相合，提起控诉。因控诉管辖上，发生争议，约分子、丑二说。子说谓，《刑事简易程序暂行条例》第二条，"五等有期徒刑、拘役或罚金之案件，检察官应向简易庭起诉。"其简易庭上诉办法，依司法部四年八月三日第七九五号批示，由简易庭受理判决者，无论是否初级管辖，其第二审概以地方合议庭行之。又大理院八年十月九日统字第一一零零号解释，地审厅受理刑事第二审之标准函内开："《地审厅刑事简易庭暂行规则》本系地方检察厅办事之一种，现虽亦经呈准施行，其十一条于简易庭之裁判，又有以地方合议庭为第二审明文，然亦仅将高等审判厅管辖之一部，划归地方厅受理，并未变更初级管辖。是简易庭按照《刑事简易庭规则》办理之案，自应以地方合议庭为第二审"等语。某甲等赌博罪，既经县知事判处罚金，按照前开函例，则地审厅合议庭，当然有受理第二审之职权。丑说谓，呈准《刑诉草案》第二条规定，"初级审判厅第一审管辖，止限于三百元以下罚金。"又《县知事审理诉讼暂行章程》第三条内载，"民、刑事诉讼事物及土地管辖，准用《民、刑事诉讼律草案》关于管辖各节之规定。"又同章程第三十六条，"不服县知事之审判者，得向下列各机关上诉：(一) 原审事件应属地方管辖者，在高等审判厅或分厅上诉；(二) 原审事件应属初级管辖者，在旧制管辖该县之府、厅、州内地审厅或分厅上诉"各等语。某甲等赌博罪本刑罚金，在千元以下，原非初级管辖案件，自不能以地审厅为第二审。窃维审级管辖，近为便利进行起见，不免时有变通。依法理当然解释，县知事审判赌博案件，自与京地审厅简易庭无所区别。据此推绎，则前开子、丑两说，似子说办法较为敏捷。惟本年所颁《刑事简易程序暂行条例》，并无上诉规定；又无县知事援用明文，事关管辖，相应函请解释见复等因到院。

本院查所称情形，已详统字第一六七三号解释文。相应函复贵厅查照。

此复！

■ 统字第 1689 号

民国十一年二月二十八日大理院复总检察厅函

径复者：

准贵厅函开：据吉林高等检察厅呈称，"据吉林地方检察厅检察长徐良儒呈称，窃查《刑事简易程序暂行条例》，经修正后，条文增加，范围益广，各省厅员，自应一体奉行。惟究竟何者为简易，何者非简易？界说不明，纷纷聚讼。各员见解，既难一致，各厅办法，尤多分歧。计应请明示范围，急待适用者，凡有两端：（一）查该条例第三条第二项规定云，'窃盗及其赃物罪，虽不具前项各款情形，检察官应向简易庭起诉'等语。该'窃盗'二字，究系单指《刑律》第三百六十七条之窃盗而言，抑并包括第三百六十八条及三百七十七条第一、第二两项之窃盗在内，颇滋疑义。关于此，有甲、乙二说：（甲说）应仅指三百六十七条之通常之窃盗罪而言。（乙说）应包括三百六十八条之加重窃盗罪及三百七十条之特种窃盗罪一并在内。甲说之理由谓，'本条前项已明确限定为三等、四等以下有期徒刑，若《刑律》第三百六十八条之罪，其法定最重主刑为二等，当然不能包括在内。虽本项有'不具前项各款情形'字样，然注重在'各款'二字，不注重在'前项'二字。质言之，即谓可不必备具各款自认或请求之情形，非可不必依据前项三等或四等之制限也。乙说之理由谓，本项既明定有'不具前项各款情形'字样，则凡前项各款一切制限，当然一律破除。如谓《刑律》第三百六十八条最重主刑已达二等，疑其抵触，不能包括在内，然试问三百六十七条之通常窃盗及其赃物罪，有时自不能不引用第三百九十七条处断，该条第二项最重主刑亦为二等，又将何辞以自解？且本项原文，既概云窃盗，并无限制，则《刑律》第三百六十八条及三百七十七条一、二两项窃盗罪及其赃物罪，均当然包括在内。此等文理解释，已见于三年统字第一七六号。该解释虽指《覆判章程》第一条但书之规定，似与本条例无关，然彼此文义，并无二致，则解释自应视同一例，尤为一定不易之理。（二）查该条例第四条增条但书规定云，'但第二条及前条第二项案件，系繁杂者，不在此限'等语。其云'不在此限'者，自系指本条规定之起诉期限而言。惟既不依本条期限起诉，究竟应送通常法庭，抑应仍送简易庭不无疑义。关于此，亦有甲、乙二说：（甲说）无论已未逾限，应改交通常法庭起诉。（乙说）虽已逾限，仍应送归简易庭起诉。甲说之理由，全注眼'繁杂'二字，谓即云'繁杂'，即非简易，自不得再向简易庭起诉。盖第二条及前条第二项规定，应向简易庭起诉者，为其原则，兹云'案件繁杂不在此限者'，为其例外。既属例外，当然改交通常法庭办理。倘案既繁杂，又经逾限，仍向简易庭起诉，情理亦觉难通。果如乙说，是无论案情如何，均非送归简易不可，恐简易范围，不若是之广，殊失立法之本旨。乙说之理由，则紧根'此限'二字，谓案虽繁杂，能仅破除期日之制限，不能变更简易之性质。盖案件是否简易，原不以繁杂与否为唯一之解说。观该条例分简易案件有应向简易起诉及得向简易起诉之别。是明明以法定主刑之重轻为区分简易之标准。其云'不在此限'者，固属例外之规定，然系本条不得逾翌日（期限上）之例外，非第二条及前条第二项应向简易庭起诉（大原则上）之例外。质言之，即因案件繁杂之故，虽已逾限，仍应向简易庭起诉，以符大原则之规定。正与前条第一项规定得向简易庭起诉，一经逾限，即不得向简易庭起诉者不同，文义显明，条理井然。果如甲说，是前条第一项三等、四等较重案件，纵或案件繁杂，且迁延日久，但能不逾被告人自认或请求之翌日，仍得向简易庭起诉；而第二条及前条第二项五等以下及窃盗较轻案件，应向简易庭起诉者，苟案件繁杂，纵令被告人自认或请求，反不得遵章依限向简易庭起诉；轻重倒置，情理尤其难通。至疑简易范围不应若是之广，不知该条例增修意旨，原在扩充简易范围，以促审判之迅速，而免案件之积压。原文具在，不难复按。综上两说，究应以何说为正当？案关法律解释，亟待适用，请转呈解释前来。理合据情呈请转院解释示遵"等情到厅。相应函送贵院核办见复，以便转令遵照等因到院。

本院查《刑事简易程序暂行条例》，业于本年一月二十五日奉令公布。原呈发生疑问之条文，为新条例所无，自无庸置议。相应函复贵厅转令查照。

此复！

统字第 1690 号

民国十一年三月二日大理院复安徽省议会电

安徽省议会鉴：

感电悉！查高等厅受理选举诉讼，如有《民诉草案》第三十七条或第四十六条第二项情形，须指定管辖或为拒却推事之决定者，依合法当事人之声请，得由直接上级衙门受理。至《法院编制法》第五十二条之代理，于《民诉草案》应行声请指定管辖案件，并不适用。

大理院冬印

附：安徽省议会原电

大理院钧鉴：

省议会初选诉讼，依照七年上字第二九号判例，上诉至高审厅即为终审。但按现行审级制度，高审厅对于此项诉讼，仍系控诉审而非上告审。不过，因选举诉讼期于速结，故设此限制上诉之例外，似与初级管辖案件，以高审厅为终审，而不得更有上级审判衙门者不同。且除上诉应受限制外，他如该管高审厅具有《民诉律草案》第三十七条所列各款情形之一，或依同草案第四十六条第二项，不能就拒却推事之声请行使裁判权时，应由直接上级审判衙门，据声请指定管辖或代行决定，则尚无若何限制之明文。遇有此类指定管辖或拒却推事之声请事件，是否应适用上述法条，由钧院核办，抑或另有他项办法？其拒却推事之声请，倘不应由钧院核办，是否可援用《法院编制法》第五十二条规定，呈请司法总长，令其他高审厅暂行代理？事关法律疑义，应请钧院迅予解释示遵。

安徽省议会叩感印

■ 统字第1691号

民国十一年三月四日大理院复江苏高等审判厅函

径复者：

准贵厅函开：据奉贤县知事快邮代电内称，"查典当禁设代步，早奉通令。各典拟具木榜规则，呈省核准布告，方生效力，向章如此。今有典当分设代步，违抗不闭，亦不纳税领证，改为分典；私受当货，转存本典，致当货无形失去，当户取赎不付，发生侵占刑诉。其私诉问题，在本典及代步主张，照本典呈准之木榜赔偿；在当户主张，以代步既非合法成立，又未拟具木榜呈准宣布，不能强移本典木榜内规则，抵抗受损失之当户，应照原价全赔。以上二说，何者为是？又代步出票收受当货，虽当货由本典失去，对于当户之损失，是否应归代步认赔？乃当户将本典经理，一并指控，按民事法理，可否责令本典共同负责？属县现有此案待判，敬乞解释示遵"等语到厅。当经电令抄呈各项木榜规则，以凭核办去后，兹据该县复称，"遵查木榜规条，为典当营业定法，应由各典当依据全省典业公会修改，呈奉民国三年韩前巡按使核准通行之规条，自行拟定呈县转报省长财政厅核准批回，再由县宣布，由各典当摹刊遵守者也。反言之，典当如不拟呈木榜规条核准宣布，则对于当户办法，即不能生合法之效力。故虽各典木榜文法大同小异，而一典一木榜，实为典当与当户所应遵守之重要法则也。所称'代步'、'代当者'，有本代，客代之别。本代系由本典分设，即用本典牌号及本典票据，但加盖某处代步或代当或接典图记，其资本由本典出者也。代步、代当接与所收当货，每多移于本典收藏，取赎时代步代当接典收钱，再向本典取货，转付当户。又客代则另一商人组织，别立牌号，自出票据。惟于票上注明'代当'字样。民国八年，全省典业公会，以代步名虽便民，实则害民，呈奉省长通令禁止，遵章纳税领证，改设公典，违即勒闭等因。乃各处代步、代当，匿报私开所在皆有。是以只有典当木榜规条，而无代步代当木榜规条。用特申明性质，附录木榜规条一份，请予并核解释示遵等语，并抄录典业木榜规条一份"到厅。相应函请解释见复，以便饬遵等因到院。

查代步既在禁止之后，自不能照官厅核准之本典木榜规则，强令当户受按成赔偿之损失。又代步既用本典牌号及票据典收货物，则于其不能赔偿时，自可向本典请求。相应函复贵厅转饬遵照。

此复！

■ 统字第1692号

民国十一年三月四日大理院复浙江第一高等审判分厅函

径复者：

准贵分厅青代电开：中华民国十年司法部第一零六八号训令，抄发失效及废止法令一览表内开："各县告诉人上诉案件，得酌用书面审理批，因十年八月颁布之《邻县上诉暂行办法》中已有规定，此件应归消灭"等因。虽未见公布原件，而推定其内容，当必有书面审理之规定。惟侧闻该办法并非全国一律适用，所谓"此件应归消灭"者，似系专指适用邻县上诉办法之省份而言。是否有当，理合电请解释遵行等因到院。

查《邻县上诉暂行办法》未见公布，如贵厅并未接到部令通行，则来电所称，自属正当。相应函复查照可也。

此复！

■ 统字第 1693 号

民国十一年三月六日大理院复东省特别区域高等审判厅电

东省特别区域高等审判厅：

感电悉！所称情形，应自该厅检察所依《刑诉条例》第七十七条执行羁押之日起算。第八十条羁押期间，不适用《施行条例》第二条。

大理院鱼印

附：东省特别区域高等审判厅原电

大理院钧鉴：

查总检察厅侦查之内乱案，至《刑诉条例》施行后，令交本厅检所侦查。其同条例第八十条之羁押期间，究自同条例施行日起算，抑自接收文卷或检官配受日起算？请解释示遵。

东特高审厅感印

■ 统字第 1694 号

民国十一年三月十一日大理院复浙江高等审判厅函

径复者：

准贵厅函开：案据永嘉地方审判厅呈称，"查呈准援用之再理编第四百四十五条载，'因不能提起或续行公诉，致不能有前条第一款至第四款确定判决者，得以他法证明其事实，请求再审，但因不能证明犯罪，致不能提起或续行公诉者，不在此限。'又第四百四十六条载，'遇有第四百四十四条第一款至第三款情形，为被告人不利益起见，得请求再审。'于此，不无疑义之点，约分为二：（一）为虚伪证言之证人，事后畏罪潜逃，不知去向者，可否认为第四百四十五条之不能提起公诉？（二）如可认为第四百四十五条之不能提起公诉，而又有他法证明其事实，则为被告人不利益起见，检察官可否依第四百四十八条第二项请求再审？以上两端，仰恳鉴核，迅予函院解释，以免疑义"等情前来。据此相应函请贵院解释见复，以便转令遵照等因到院。

本院查为虚伪陈述之证人，事后畏罪潜逃，系《刑事诉讼律（草案）》第四百四十五条不能提起公诉之一种。惟同律第四百四十六条所列为被告人不利益得请再审之情形，其第一项既定明第四百四十四条第一款至第三款，则第四百四十五条自不在内。相应函复贵厅转令查照。

此复！

■ 统字第 1695 号

　　民国十一年三月十七日大理院复总检察厅函

　　径复者：

　　准贵厅函开：据江苏第一高等检察分厅电称，"查县知事堂谕载明'以行政职权罚洋若干'，既未援引律文，且于行政法规亦无根据。此种堂谕，是否为行政处分，抑为统字第一三二五号解释所谓'越权行为'？司法衙门对于此种事件，应否受理？颇滋疑义，乞转院解释示遵"等情到厅。相应函送贵院核办见复，以便转令遵照等因到院。

　　查所称情形，如上级司法衙门审查其内容系属刑案，而县谕仅载明"以行政职权罚银若干"，且未援引律文，尚难谓已有刑诉第一审判决，应令原县依法裁判。否则无论处分是否合法，参照本院统字第一四零七号解释文，不应受理。相应函复贵厅转令查照可也。

　　此致！

■ 统字第 1696 号

　　民国十一年三月十七日大理院复浙江第二高等审判分厅函

　　径复者：

　　准贵厅函开：查钧院统字四三五号解释略称，"依《县知事审理诉讼暂行章程》第六十四条及《各级审判厅试办章程》第五十九条、第一百零二条规定，'高等检察厅检察官，对于县知事判决案件，无论应送覆判与否，自可声明控诉'等语。寻绎语意，县判如有错误，纵使该案罪刑为将来应行呈送覆判之件，上级检察官亦不必俟其呈送覆判，得径以控诉程序救济之也。至已经县署呈送覆判之案，与前开解释之事实不同，是否包括在该解释以内，未予提及。惟查覆判案件，本有《覆判章程》以资适用，其控诉程序，依该章程第七条第二项规定，应在覆审判决之后。假如县署照章呈送覆判之案，高等检察厅不依覆判程序送审，径行提起控诉，应否以控诉审受理，抑仍得依定章为覆判之裁判？因前开解释，与《覆判章程》规定，似有出入，于程序上不无疑义，敬请钧院迅赐解释，实为公便"等因到院。

　　查所称情形，如高等检察厅于接收后十日内提起控诉者，应依控诉程序受理，必控诉不合法，始得仍行覆判。相应函复贵厅查照可也。

　　此致！

■ 统字第 1697 号

　　民国十一年三月二十日大理院复浙江高等审判厅函

　　径复者：

　　准贵厅代电开：县议会选举诉讼，依照《县议会议员选举规则》第五十一条规定，应向地方审判厅提起，是该县知事当然无受理之权。但邻县设有地审厅者，能否就近由该地审厅受理？又依同条但书规定，经高审厅受理第一审判决后，能否再向大理院声明控诉？案关法律疑义，谨请解释，俾便遵行等因到院。

查县区未设地审厅，其县议员选举诉讼，可由邻县地审厅依当事人之合意，予以受理。至高审厅为第一审之判决，自得向本院上诉。相应函请贵厅查照。

此复！

■ **统字第 1698 号**
民国十一年三月二十日大理院复浙江第二高等审判分厅函

径复者：

准贵分厅电开：《县议员选举规则》五十一条但书，地方审判厅能受理者，是否以地方审判厅所在地之县、区为限？外县无高等审判厅与地方审判厅，应向何处起诉等因到院。

查《县议员选举规则》第五十一条，为未设厅区域定县议员选举诉讼之管辖，故有但书之规定。该但书所称"高审厅"，兼分厅而言。且邻县地审厅如有当事人之合意，亦可受理（参照统字第一六九七号解释），自不患无起诉之处。相应函复贵分厅查照。

此复！

■ **统字第 1699 号**
民国十一年三月二十五日大理院复总检察厅函

径复者：

准贵厅函开：据浙江高等检察厅呈称，"案据鄞县地方检察厅检察长金兆銮代电称，'查已颁布之《刑诉条例》第二十二条，牵连案列举五种。第一为主观的牵连，固无疑义。惟第二共同犯、第三同谋犯、第四同时犯，同为客观的牵连，分别胪列，解释上遂分二说：甲谓，共同犯指共同实施及实施际之帮助者而言。同谋犯指未参加犯罪行为本体之实施者而言，如造意犯及实施前帮助之从犯是。同时犯指无共同意思临时参加犯罪之行为者而言，如《刑律》第三百一十六条是。乙谓，造意犯及从犯，《刑律》定于共犯章，即《刑律》第三百一十六条之同时犯，亦以共同正犯论，皆为共同犯。同谋犯乃指预备阴谋罪而言，同时犯范围甚广，除同时伤害应以共犯论外，他如甲杀乙时，丙适到乙家行窃之类。究竟二说以何者为是，抑另有他说？请转呈解释'等情。据此，理合备文呈请转院解释示遵"等情到厅。相应函送贵院核办见复，以便转令遵照等因到院。

查《刑事诉讼条例》第二十二条第二款，数人共同犯罪，系指《刑律》第二十九条第一项以下之各种共犯而言，即《刑律》第三百一十六条之以共同正犯论者，亦包含在内。第四款数人同时在同一处所各别犯罪，系附带犯罪之一种，即本院三年上字第二九六号判例所举附带犯罪第二种之未通谋者。至第三款数人同谋犯罪，系与本院统字第一二三八号、第一二四五号解释文所举情形相符；在现行法令之下，只可谓为一种注意的规定。相应函复贵厅转令查照可也。

此致！

■ 统字第 1700 号

民国十一年三月二十五日大理院致江苏高等审判厅函

径启者：

据江宁律师公会邮代电称：据会员刘伯昌等报告，"查大理院三年上字一号、四年上字一〇二三号、又四年上字二三三六号各判例，释明关于行政上设权行为之讼争，何者属民事诉讼、何者属行政诉讼，何者应分别提起行政诉讼，并以其行政诉讼胜利之结果（即该处分，已经该管行政衙门审查侵权行为属实，撤销或废止之），得再提起设法回复原状之民事诉讼。以司法衙门既不能直接撤销该行政处分，并不能为废除或变更行政处分之判决各示例。其于定诉讼管辖上并其审理范围上，至为详尽无遗。今有关于实体上之待决疑问，即行政上设权行为之变更，能否影响于既得权利之存在？按同一之行政衙门，业已践行合法之训令程式，撤销前此所为之设权行为在案，并经过得为诉愿或行政诉讼之陈诉期间，该撤销处分，在行政衙门，自不得谓为无效。惟在司法法例，其因前此所为设权行为，受益人能否仍根据原案（即被撤销原案）在司法衙门主张既得权利之存续？案关司法与行政殊途，其于法律点，似不能不归诸一致。除管辖及审理范围，已有上开判例，可资查照外，独此涉及司法上实体法之研究，亦属法律上之疑义。合亟函致贵会，转请大理院解释示遵等情"到会。据此特快邮代电，敬乞分别解释，迅予赐复，俾便转知等因到院。

查行政衙门为付与人民利益而为之设权行为，其后复依职权予以变更或竟撤销之，仍不外乎行政处分。如受益人因此或有损害，自非依法向该管上级行政衙门诉愿或提起行政诉讼，难资救济；而要不能主张既得权利之存续，为民事上之请求。因司法衙门，未便直接撤销行政处分故也。相应函请贵厅转行该会查照可也。

此致！

■ 统字第 1701 号

民国十一年三月二十五日大理院复东省特别区域高等审判厅函

径复者：

准贵厅函开：兹有俄前法院判决，曾经声明上诉之民事旧案，各该当事人，并未于续诉期间内来处续诉。现在期限已过，该债权人向本处声请执行，应否照准？于此，有甲、乙两说：甲说谓，依照《清理俄人旧案处章程》第六条规定，"须经判决确定，方应予以执行。"该案既经上诉，又未在续诉期间内声请续诉，依照本处上年第二号布告，应将原案注销。嗣后即欲诉讼，只能向各厅庭从新起诉，既不能认为确定案件，应不准予执行。乙说谓，依照《清理俄人旧案处章程》第六条规定，由本处执行之案，虽应以已经判决确定者为限，但"对于旧案所为之判决、决定或其他处分，以及当事人之诉讼行为，概为有效，"同条已经明白规定。又同章程第五条第二项载："民事案件，由本处限定相当期间，令当事人来处续诉。"所谓"当事人"，虽未指明何造，然已判决者，其续诉应属于不服该判决之当事人。至其他之一造，对于该判决既无不服，自无声请续诉之必要。该案败诉人，在俄前法院虽已声明上诉，然并未来处续诉，即可认为撤回上诉。是原判决已经确定，自仍应由本处予以执行。至本处上年第二号布告，关于注销原案一节，其适用范围，应以旧案未判决，由本处第一审庭审理者为限。若已判决，应由本处第二审庭审理之案，而亦谓逾限不诉，即将原案注销。嗣后即欲诉讼，亦应向各厅庭从新起诉，是显与上述章程第六条"对于旧案所为之判决、决定或其他处分，以及当事人之诉讼行为，概为有效"之规定相抵触，自难援用各等语。本处查上年第二号布告，业经报部有案，并登载各报，中外周知，应有相当之拘束力，似不能任意否认。惟事关法律疑义，究以何说为当，未便擅决，相应照抄本处章程及上年第二号布告，函请钧院迅予解释见复，俾便遵照等因到院。

查清理俄人旧案处第二号布告所示一定期间，系为限制当事人续诉起见。若已经第一审判决之案，虽先已声明上诉，而并未照该号布告办理，自应认为撤回上诉，该判决即属确定。若有请求执行者，自应依《清理俄人旧案处章程》第六条，予以照准。相应函复贵厅查照。

此复！

■ **统字第 1702 号**

民国十一年三月二十五日大理院复奉天高等审判厅函

径复者：

准贵厅代电开：查《奉省整理田房税契章程》规定，"典当之契，逾二十年不抽赎者，即作绝卖。"此二十年之时效期间，如因业主找价，应更新计算，业经钧院著有判例。而《清理不动产典当办法》第二条则规定，"典契逾六十年者，不问有无找价换契情事，概行作绝。"设有业主出典地亩，已逾六十年，中间找价一次，自找价之日计算，尚未满二十年。关于此类事件，应援照何项章程处断，议论不一。甲说主张，满六十年之典契，应否一概作绝，为《奉省整理田房税契章程》所未规定，应仍适用《不动产典当办法》，不许业主抽赎。乙说主张，《清理不动产典当办法》第九条已有明文规定，"本办法所定各节，已另有单行章程或习惯者，仍从其章程或习惯办理"。奉省就于典契抽赎期限，既有单行章程，参照钧院五年上字九四五及六年上字三六七号各判例，《清理不动产典当办法》第二条已于奉省不能适用。且《奉省整理田房税契章程》将典契抽赎年限缩短为二十年，已于业主加以限制。如满六十年之契，仍援《不动产典当办法》，不许其享受时效中断之利益，亦非情理之平，故应仍依《田房税契章程》处断。究竟《清理不动产典当办法》第二条之规定，于奉省是否绝对不能适用，颇滋疑窦。事关法律解释，敬乞迅赐剖答等因到院。

查《奉省整理田房税契章程》，即《清理不动产典当办法》第九条所称之"单行章程"，自应完全适用。据该章程第四条："有嗣后典当之契，概以二十年为限，逾限不赎，即作绝卖，（中略）其定章以前已逾二十年之典契，准再展限一年，由原业主赶紧回赎；逾限不赎，概照新章办理"等语。即使业主找价可以更新计算，如逾展限期间，亦应作绝。相应函复贵厅查照。

此复！

■ **统字第 1703 号**

民国十一年三月二十五日大理院复江苏第一高等审判分厅函

径复者：

准贵厅代电开：查现行《京师地审厅拘押民事被告人暂行规则》第一条第一款之规定，"民事被告人经传唤三次不到者，得改用拘摄"久经各厅查照援用。惟县知事审理案件，遇有被告人三传不到者，是否亦可援用该规则之处，祈解释示遵等因到院。

查各省应援用《京师地审厅拘押民事被告人暂行规则》，均系呈部特行核准在案。该省县知事所得援用者，仅限于华洋诉讼，希查照司法公报第一五五期部致本院第九四三号咨文附表可也。相应函复贵厅查照。

此复！

■ **统字第 1704 号**

民国十一年四月一日大理院复东省特别区域高等审判厅函

径复者：

准贵厅函开：据地方审判厅厅长石福笺呈称，"查职厅受理俄侨案件中，有原告人于起诉后或声明上诉后，因事他去，所在不明，致传票无从送达。按照《民事诉讼条例》第一百八十三条之规定，虽可依当事人之声请，得为公示送达，但既系原告人所在不明，其到场之被告人，往往对于原告之诉追事件，在始即无诉讼之意思，自难强其依法声请。关于此等情形，既无他项条文足资救济，而于诉讼之进行，势必无法督促。职厅现有此种案件不少，究应如何办理，以免积滞之处，理合具文呈请钧厅核转示遵。"又同月二十三日，据该厅呈称："窃查《民事诉讼条例》第五百五十九条第一项规定，'原法院或审判长认抗告为有理由者，应更正原裁决，但以不受该裁决之羁束者为限。'又第二百七十八条规定：'裁决经宣告或送达后，为该裁决之法院审判长、受命推事或受托推事受其羁束，但关于指挥诉讼或本条例有特别规定者，不在此限'各等语。是则，除关于指挥诉讼或有特别规定者外，原法院或审判长，纵令认抗告为有理由，亦不得自行更正裁决，必须移送抗告审办理。如有假扣押声请人，对于驳斥声请之裁决，提起抗告，因其提出新事实及证据方法，不无理由，而又属于急迫情形者，若因前项规定之羁束，不能更正原裁决，必须移送抗告审，则往返送卷，需时恐多。即令抗告审准予假扣押，恐已有不及之虞，殊与假扣押贵敏捷之法意不符。该条立法本旨，是否如上解释，能否别求变通？事关法律疑义，理合呈请转恳解释"各等情。据此事关法律疑义，相应函请钧院迅予解释见复，俾便令遵等因到院。

查《民诉条例》第一百八十三条公示送达，非依当事人之声请，不得为之。如原告人所在不明，不能将言辞辩论日期之传票送达，而被告人又不声请公示送达，诉讼程序即属无从进行，在解释上本无变通办法。又驳斥假扣押声请之裁决，不在同条例第二百七十八条但书及第五百五十九条第一项但书规定之列，原法院自无更正之余地。惟当事人提出之新事实及证据方法，认为应行假扣押时，亦可劝谕当事人撤回抗告，更为假扣押之声请，或不撤回而另行声请，以图迅捷。相应函复贵厅转令遵照。

此复！

■ 统字第1705号

民国十一年四月七日大理院复奉天高等审判厅电

奉天高等审判厅：

敬代电悉！所称违法判决，如检察官以为控诉无实益，可于卷到十日后，以非常上告救济。若已提起控诉，审厅仍应依法办理。

大理院虞印

附：奉天高等审判厅原代电

北京大理院钧鉴：

案据营口地审厅代电称，"窃查检察官因知事判决案件，引律错误，而于文卷接受十日内提起控诉者，按照大理院统字第一六一五号解释，虽不得适用书面审理，显违法令而案情轻微者，似尚可用他法救济。兹如有亲告罪未经亲告，而知事违法判处徒刑，或亦执行终了，或残期转瞬即尽，则一经检察官控诉，自应援照上开释例，采用他法救济，以免重复拖累。惟该解释内之所谓'他法'者，究系何种方法，文字简单，无从推想。事与将来再犯有关，不予审理纠正，法令自难容许；嘱托审问，亦与上例冲突。原文意旨，当必在此两项办法以外也。敬祈电院明示，俾便遵循"等情。相应据情转请解释示复，以便转饬遵照。

奉高审厅敬印

■ 统字第1706号

民国十一年四月十日大理院复山东高等审判厅函

径复者：

准贵厅函开：查《覆判章程》第七条第一项载，"依第五条第一项各款所为之判决，若重于初判处刑时，被告得于受谕知后，按照上诉之规定声明上诉"等语。是覆审判决，若不重于初判处刑，不得上诉，规定至为明晰，并经钧院统字第七五八号解释在案。设被告人对于不重于初判处刑之覆审判决声明上告，经上告审撤销第二审判决，发还第二审更为审理，第二审应否受理？于兹有二说焉：（甲说）下级审应受上级审判决之拘束，无论是否违法应予受理。（乙说）既显与《覆判章程》相违反，若予受理，恐蹈适法而反违法之嫌。二说以何为是，抑或另有救济方法？相应函请解释，俾资遵循等因到院。

查所称情形，如果属实，应由第二审衙门依《法院编制法》第四十五条受理后，参照《刑事诉讼律草案》第三百八十七条、第三百三十八条第二款、第三百三十九条第一项第二款、第三百四十六条第二款法理，以裁判确定为理由，判决免诉。惟《覆判章程》第七条第一项所称"重于初判处刑"，依照本院成例，无论为主刑为从刑，为处刑或为执行刑，有一为初判所无或较初判为重，虽其他部分与初判相等或较初判为轻，或并初判罪刑而撤销之，均为重于初判处刑，原问或有误会。相应函复贵厅查照可也。

此致！

■ 统字第 1707 号

民国十一年四月十日大理院致浙江高等审判厅转鄞县律师公会函

径启者：

据鄞县律师公会快邮代电称：据会员蔡宗黄函称，"对于《公司条例》及契约法例上，发生法律疑点三项：（一）查《公司条例》第四章第一百五十八条第一项，'董事得各自代表公司。'是股份有限公司，惟董事有对外代表公司之职权。又就同条例第一百五十七条及同条例施行细则第三条规定，'公司得适用之。'《商人通例》第二十九条、三十条、三十一条解释之股份有限公司，董事会选任之经理人，系商业使用人之一，其职权专在营业所内，从属于董事，以助其营业。假如甲股份有限公司之经理，未经董事之委托，擅自代表公司，与乙股份有限公司订立双务契约，此系侵权行为，依法应作无效，固无待言。惟是否得认为根本上无效，抑或由董事会或股东会声明解除后，始为无效？子说谓，经理虽非董事，但既经董事会选任，则以经理地位缔结契约，似难对抗于不知情之相对方，不可遽认为根本上无效，应先审查该公司章程中规定经理之职权如何为断。丑说谓，《公司条例》为公司之根本法，双方均系公司，对于根本法有何不知情之可言？该契约既与《公司条例》及其施行细则不合，不可谓合法成立之契约；依三年上字第九八五号判例，自无拘束两造当事人之效力。即该契约上之权利义务，当然不能存在，无待解除。且就同条例第一百六十三条类推之，有对外代表权之董事，于公司业务如有违背法令或章程之行为，虽由股东决议而行者，对于第三者尚应自行负责，则无对外代表权之经理可以知矣。（二）公司股东会议决之章程，未经呈报在案。该章程与《公司条例》所定之重要事项，有违反之处，能否发生法律上之效力？子说谓，公司之主权，在股东全体。该章程既经全体股东议决，当然与《公司条例》有同等之效力。丑说谓，《公司条例施行细则》第四条有'从前成立之公司之章程与公司条例所定重要事项有违反者，应于一年内改正之'之规定。该章程于《公司条例》施行后数年，尚有抵触，在法律上当然不生效力。（三）甲、乙订有双务契约，甲负给付银钱之义务，乙负不作为之义务。设或乙自身丧失其作为之能力，甲是否得认为契约上根本失效，拒绝给付？子说谓，乙虽丧失其作为能力，其契约上之不作为仍如故也，甲自不得拒绝给付。丑说谓，甲负给付义务之原因，无非以乙有作为能力，而以契约制限其不作为。质言之，即该契约含有能作为而不作为为给付履行之条件。盖因乙让与其能作为之利益于甲而不作为，甲自应履行给付义务以报酬乙。今乙丧失其作为能力，则该契约上之根本消灭，即在法律上有失效原因。依五年上字第九八五号判例，甲当然不受原契约之拘束，即当然得免除其给付之义务。以上三项，子、丑二说，均持之有故，言之成理，无所遵循，请迅电院解释"等情。当付第十五次常任评议员会议决，照转请贵院明晰解释电复等因到院。

查（一）《公司条例施行细则》第三条规定，"公司条例施行后或施行前成立之公司，除依前二条适用公司条例外，并适用《商人通例》。"而据《商人通例》第三十二条，"凡关于营业上事务，无论涉讼与否，经理人有代商业主人办理之权限。"又第三十三条，"凡商业主人所加于经理人代理权之限制，不得对抗不知情之第三者。"是股份有限公司之经理，既经董事会选任，即有代公司办理营业事务之权限。来函所称"订立契约"，苟在其营业范围以内，而乙股份有限公司，又为不知情之第三者，即不必别经董事委托，当然为有效行为。至该条例第一百五十八条，不过谓"股份有限公司之董事，得各自代表公司"，并非谓一切对外之营业事务，非董事不得办理。（二）来函所称"章程"，如系违反《公司条例施行细则》第四条所谓"重要事项"，自应适用该条，解为无效。如系依《公司条例》或《商人通例》应行注册之其他事项，应适用《商人通例》第十一条。此外，凡经公司股东会议决，即属有效。（三）来函所称"乙负担之义务"，既为不作为，则乙之履行，并不须有作为之能力；自不得以此即谓其契约有失效原因。相应函请贵厅转行该会查照可也。

此致！

统字第1708号

民国十一年四月十日大理院致东省特别区域高等审判厅函

径启者：

据东省特区律师公会电开：案有因不特定物灭失涉讼者，判决偿还金钱代价时，业已确定。惟判还代价，与价不符，被告愿以同种类不特定物给付，执行不允，可否提起再审？敬求解释等因到院。

查判决确定后，非有该特区已施行之《民事诉讼条例》第五百六十八条情形，不得提起再审之诉。相应函请贵厅转行该会遵照可也。

此致！

统字第1709号

民国十一年四月十二日大理院复陕西高等审判厅电

陕西高等审判厅：

代电悉！因诈财与人口角而伤人，应各科其刑。

大理院文印

附：陕西高等审判厅原代电

大理院公鉴：

实施诈财之人，因诈财致与被害人口角，将被害人伤害身死者，其伤害人致死行为与诈财行为，究应依《刑律》第二十三条俱发罪处断，抑应依《刑律》第二十六条从一重处断？希速赐复。

陕西高等审判厅印

■ 统字第1710号

民国十一年四月十二日大理院复热河都统署审判处电

热河都统署审判处：

有电悉！以须他人亲告之犯罪事实诬告人者，不成立诬告罪。

大理院文印

附：热河都统署审判处原电

大理院钧鉴：

无告诉权人意图他人受刑事处分，为虚伪之告诉，应否构成诬告罪？请电示遵。

热河都统署审判处有

■ 统字第1711号

民国十一年四月十三日大理院复江苏高等审判厅函

径复者：

准贵厅函开：据上海县知事沈宝昌呈称，"窃查《众议院议员选举法》第八十二条第一款及同法第九十条所载法文，均有重要疑义。兹分别陈述如下：（一）《众议院议员选举法》第八十二条载，'凡有下列各款情事，为选举无效：第一款选举人名册，因舞弊牵涉全数人员，经审判确定者。'所称'选举人名册'，自系指本法第二十三条至第二十九条而言，惟此项选举人名册，按照本法第二十六条规定，'初选监督，应按各投票区分造选举人名册，于初选期六十日以前，颁发各投票所宣示公众。'又第二十七条规定：'宣示人名册，以五日为期。如本人以为错误遗漏，得于宣示期内，取具证凭，呈请初选监督更正。'又第二十八条规定：'宣示期满，即为确定，不得再请更正。其由初选监督判定更正者，应更正选举人名册，补报复选监督及总监督各'等语。寻绎法文，系因此项选举人名册，关系当选人名额之支配，不能久不确定，故以五日为期。宣示公众时效既满，即不得呈请更正。是对于调查之错误遗漏，专以宣示更正为救济方法，使全体选民。共同负责，得以随时呈请，并不涉及选举诉讼范围；名册既经确定，不能再有丝毫变更。至本法第八十二条所称'选举人名册，因舞弊牵涉全数人员'者，自系指选举人名册确定以后，于执行初选举之时，将确定名册，或有私擅变更增减、涂改挖补等情弊而言，并不包括宣示确定以前之事实。否则，选举人名册，自调查宣示以至呈报确定，系在初选期五、六十日以前（《省议会议员选举法》对于此条条文相同，而省会选举人名册，且规定于前年十一月三十日告成，距初选期，更有半年之久）。如果选举

· 1223 ·

人名册或有发见舞弊行为，选民在未确定以前，随时皆可呈请更正，何必须待至初选举后最短之五日法定期限内，方能起诉？因此证明本法第八十二条第一款，自系专指确定名册。今有人于选举诉讼五日期限内，提起选举人名册确定以前之事实，指为舞弊行为，援引本法第八十二条第一款，向司法衙门起诉，是否合法？此应请解释者一也。（二）《众议院议员选举法》第九十条载，'选举人确认办理选举人员有舞弊及其他违背法令行为，得自选举日起，初选于五日内，向地方审判厅起诉。'细绎法意，自系承上文本法第八十二条'凡有下列各款情事，为选举无效'而言。第一款，'选举人名册因舞弊牵涉全数人员，经审判确定者。'第二款，'办理选举违背法令，经审判确定者。'是确认舞弊与违背法令，系属截然两事。即筹备国会事务局十年四月虞电所称：'选民于五日内提起舞弊之诉讼，复于五日后于其所诉舞弊行为之范围外，因别一事件，又提起违法诉讼，应受《选举法》第九十条五日期间之限制，亦系认为两个行为。'盖选举诉讼，总不外舞弊与违背法令两端，条文所注重之点，自必在确认有一定不移之事实为断。选举诉讼，虽适用民事诉讼之程序，然民事诉讼，并无起诉时效之限制，故可以追加事实。而选举诉讼，则应受本条五日期间之限制，决不能于限内原诉之事实外，又于限外任意追加其他事实之理。诚如大理院统字第一五九三号之解释，起诉须有一定之事实，无待保留起诉权，更不生中断法定起诉期间之问题，否则于五日期限内提起诉讼之事实，系属于名册舞弊者，而限外又可以其他之事实，系属于违背法令者，以此继续追加，层层不已，则选举诉讼，将永无确定之日，本条所定起诉时效之限制，几同虚设。今有人于五日期限内，提起选举诉讼，其所述之事实，系指定本法第八十二条第一款，属于舞弊事项者。又于五日期限以外，节次追加其他之事实，指为属于第二款违法事项者，其续诉事件，能否不受法定五日期间之限制？此应请解释者二也。为此备文呈请转电，迅予详明解释示遵"等情。据此相应函请贵院解释，以便转行遵照等因到院。

查《众议院议员选举法》第二十七条第一项规定，"本人以选举人名册为错误遗漏，得于宣示五日期内，呈请初选监督更正。"与第九十条第一项，"选举人确认办理选举人员有舞弊及其他违背法令行为，得自选举日起，初选于五日内向地方审判厅起诉。"本系截然两事。而第八十二条第一款规定，选举名册因舞弊无效，并不限于选举人名册确定后之舞弊；则自不得以选举人名册确定后之舞弊，即为错误遗漏，遂诿其责于有权呈请更正之人，而不许选举人起诉。至第九十条第一项所称"舞弊"及"其他违背法令行为"云云，既规定"其他"二字，显非以舞弊与违背法令为绝对可分。第八十二条虽分作两款，然非谓舞弊者必不违背法令。故选举人于初选举日起五日内以舞弊起诉，于五日后追加其他违背法令之事实，苟非变更诉之原因，即不应受期间之限制。如系别一事件，提起诉讼，则应受限制。相应函复贵厅转行遵照。

此复！

■ 统字第 1712 号

民国十一年四月十四日大理院复东省特别区域高等审判厅电

东省特别区域高审厅鉴：

东电情形，如裁决内定有犹豫期间者，应予受理。

大理院寒印

附：东省特别区域高等审判厅原电

大理院鉴：

上诉人不缴讼费，经裁决驳斥后，经过十日再缴讼费，应否准予受理？乞电示。

特区高审厅东

■ 统字第 1713 号

民国十一年四月十八日大理院复东省特别区域高等审判厅函

径复者：

准贵厅函开：据地方审判厅厅长石福笺呈称，"查部颁《修正诉讼费用规则》第八条第一项载，'民事强制执行，依执行额之拍卖金额按下列等差征收执行费用。'第二项载，'执行物不经拍卖者，依其金额或价额征收前项费用十分之五'各等语，自应遵照分别办理。惟该项执行费用，应否由声请执行之胜诉人负担，抑应由败诉人负担？解释各有不同。甲说谓，《修订诉讼费用规则》第一条载，'诉讼费用分为审判、执行、抄录及送达四种。'是则诉讼费用，本包含执行费用在内。诉讼费用依法既应责令败诉人负担，则执行费用，亦应向败诉人征收。况《民事诉讼执行规则》第四十条载，'拍卖终结后，应依《诉讼费用规则》第七条所定额数，自卖得金中扣除执行费用，以其余额交付债权人。若其余额尚超过债权额时，则以其超过额交付债务人。'玩[味]上述文义，是该项执行费用，应由债务人（即败诉人）负担，更无疑义。乙说谓，《民事诉讼执行规则》第八条载，'执行之费用，以必要部分为限，归债务人负担，并应与执行之债权同时收取。'法文既明明规定必要部分归债务人（即败诉人）负担，则除必要部分外，当然应归债权人（即胜诉人）负担。且《诉讼费用征收细则》第九条载，'执行费用，由专任执行员核定后，出具应征数目证书，署名盖章，连同执行费用，送交发售处收费员。收费员黏贴印纸后，立即抹销，仍交还专任执行员。专任执行员出具收费证书，交胜诉人收领。'是该项执行费用，当然应由胜诉人负担。二说究竟孰是，事关法律解释，职厅未敢擅专，理合备文呈请钧厅鉴核，转呈司法部或转咨大理院解释示遵，实为公便"等情。据此，查来呈所称情形，事关法律疑义，相应径函钧院，请烦查照，迅予解释，俾便令遵等因到院。

查诉讼费用之种类，《诉讼费用征收规则》第一条定有明文。执行费用当然与审判费用等，同为应归责之败诉人负担，本无疑义。至《民事诉讼执行规则》第八条，系明定执行费用，以必要部分为限，归债务人负担。如因债权人之行为所发生之费用，不能认为必要，即应归债权人负担。又《诉讼费用征收细则》第九条，乃定征收执行费用之程序，不过由执行员出具应征数目证书，连同执行费用，交由收费员黏贴印纸抹销后，执行员再出收费证书交胜诉人收领，亦不得解为必由胜诉人支出。相应函复贵厅转令遵照。

此复！

■ 统字第 1714 号

民国十一年四月十八日大理院致东省特别区域高等审判厅函

径启者：

准东省特别区域清理俄人旧案处代电开：案奉钧院十一年民事第一四七二号公函开："查清理俄人旧案处第二号布告所示之一定期间，系为限制当事人续诉起见。若已经第一审判决之案，虽先已声明上诉，该判决即属确定，若有请求执行者，自应依《清理俄人旧案处章程》第六条，予以照准等因，自应遵照办理。惟依此解释，发生两项问题：一、查清理俄人旧案处第二号布告限期来处续诉之案，既系包括曾经提起上诉案件在内，则此项案件，如逾限不诉，似亦在应将原案注销之列。兹有某旧案上诉人，于经过续诉期限后，具状向某厅庭从新起诉，某厅庭应否予以受理？二、本处第二审庭，未奉此次解释以前，对于该项执行事件，如经债务人以应从新起诉为理由，声明抗告者，均用裁决撤销原执行命令，指示该债权人应依布告向各厅庭从新起诉。若照钧函解释，是此项裁决，显有错误。惟未经合法撤销，设有债权人依据裁决，向某厅庭从新起诉，某厅庭应否予以受理？如不应予以受理，该债权人既不能依据旧案判决声请执行，复不得从新起诉，究应如何救济？上列两项，均属法律疑问，悬案以待，应请迅予解释，俾便遵循"等因到院。

查《清理俄人旧案处章程》及该处第二号布告，原为清理积案变通办法，当事人无续诉之意思者，即予执行，固无不可。若就外国法院裁判之件，愿向吾国法院从新起诉，亦与一事再理情形不同，应予受理。相应函请贵厅查照转行可也。

此致！

■ 统字第 1715 号

民国十一年四月十八日大理院复浙江高等审判厅函

径复者：

准贵厅函开：据鄞县地方审判厅艳电称，"县议会选举诉讼依照《县议会议员选举规则》第五十一条规定，'以开票后十日为限，得向地方审判厅提起选举诉讼。'但此十日法定期间，究应自开票日起算，抑自开票之翌日起算，并未订明。职厅现有此种案件，急待解决"等情到厅。理合转请钧院迅赐解释饬遵等因到院。

查该条既规定以开票后十日为限，则计算期限，当包括开票日在内。相应函复贵厅转饬遵照。

此复！

■ 统字第 1716 号

民国十一年四月十八日大理院复奉天高等审判厅函

径复者：

准贵厅真代电开：案查本厅前以《清理不动产典当办法》与《奉省整理田房税契章程》规定两歧，适用上颇有疑义，曾经请予解释，并准复称"查《奉省整理田房税契章程》，即《清理不动产典当办法》第九条所称之'单行章程'，自应完全适用。据该章程第四条，有'嗣后典当之契，概以二十年为限，逾限不赎，即作绝卖（中略），其定章以前已逾二十年之典契，准再展限一年，由原业主赶紧回赎，逾限不赎，概照新章办理'等语，即使业主找价，可以更新计算，如逾展限期间，亦应作绝"等因在案。细绎复文语意，似凡在《奉省整理田房税契章程》颁布前，出典已逾二十年之契，如在展限期间，并未抽赎，即不问以后有无找价事实，概应作绝，不许业主仍行抽赎。核与钧院八年上字第六八五号就陈富贵与吴镇等涉讼一案判例，微有出入。究竟在奉省整理田房税契颁布前已逾二十年之典契，如过展限期后，业主向典主找价，典主已允找价者，能否仍依八年上字六八五号判例办理，仍有疑义，尚祈再予解释等因到院。

查应行作绝之产，如典主仍允找价，即系当事人舍弃时效之利益，应为有效。本院八年上字第六八五号判例与统字第一七零二号解释，并无抵触。相应函复贵厅查照。

此复！

■ 统字第 1717 号

民国十一年四月十九日大理院复总检察厅函

径复者：

准贵厅函开：据京师高等检察厅呈称，"查供犯罪所用之物，依《刑律》第四十八条第二款规定，当然没收。但有时不无疑问，例如有人于大车底加装夹板，并将车轴挖空，均藏烟土，意图运往他处出售。该项大车及拉车之骡马，是否没收？于此分为甲、乙两说：甲说谓，将大车底加装夹板并挖空车轴，内藏烟土运往他处出售，其输运之所为，只能为实行犯罪之手段；该项车马，非直接供犯罪所用之物，不能没收。乙说谓，将火车底加装夹板并挖空车轴，内藏烟土运往他处出售，则输运行为，即为实行贩卖鸦片行为；该项车马，即系供犯罪（贩卖鸦片）实行手段所用之物，即不能谓非直接供犯罪所用之物。依第四十八条第二款，应一律没收。究以何说为是，呈请转院解释示遵"等情。据此，相应函送贵院核办见复，以便转令遵照等因到院。

本院查凡将烟土运往他处出售，其运送即属犯罪行为。如果当时所用车马，又系专供运送烟土所用之物，自应依律没收。相应函复贵厅转令查照。

此复！

■ **统字第 1718 号**

民国十一年四月二十五日大理院复浙江永嘉第一高等审判分厅电

浙江永嘉第一高等审判分厅：

寒电悉！团总非《县自治法》上之官吏，而为《刑律》上之官员，参照本院统字第六六六号解释。

大理院有印

附：浙江永嘉第一高等审判分厅原电

大理院鉴：

保卫团团总，为《刑律》上官吏，已有判例。而浙省长解为公职，非县自治法上之官吏。究竟《刑律》官吏与《自治法》官吏有无区别？请电复。

浙江第一高审分厅寒印

■ **统字第 1719 号**

民国十一年四月二十九日大理院复总检察厅函

径复者：

准贵厅函开：据山西高等检察厅呈称，"查《刑诉律》第四百八十九条规定，'受谕知徒刑、拘役者，现罹疾病，恐因执行刑罚，致不能保其生命，或别因事故，至于处刑宗旨外有重大不利益者，检察官得因本人或其法定代理人或其夫之请求，随时预定期间，许可停止执行'等语。查县知事兼理司法，是以一身而兼审判、检察两种职权，原可受理申请停止执行。但有甲犯经县知事判决后，送往新监执行，而甲犯家属申请停止，仍向原判决之县知事官署请求，惟新监不属县知事监督；该县知事是否有此职权，径行受理，依律准予停止，到监咨提甲犯，由县交保之处，事关法律问题，乞转院解释示遵"等情到厅。相应函送贵院核办见复，以便转令遵照等因到院。

查呈准暂行授用之《刑事诉讼律草案》第四百八十七以下各条，关于受谕知徒刑、拘役者之停止执行，既应由检察官指挥或许可，则有检察权之县知事，自可准照办理（参照七年司法部训令第三五一号及第三零四号）。除原呈涉及具体部分，未便解答外，相应函复贵厅转令查照可也。

此致！

■ **统字第 1720 号**

民国十一年五月二日大理院复福建高等审判厅电

福建高等审判厅：

阳电情形，均得声请移转管辖。

大理院冬印

附：福建高等审判厅原电

大理院钧鉴：

系属第二审及更审并发还原县覆审案件，被告人能否声请移转管辖？乞示遵。

闽高审厅阳叩

■ 统字第 1721 号

民国十一年五月三日大理院复山东高等审判厅函

径复者：

准贵厅函开：查伤害致死罪之成立，自以伤为要件。据科学上见解，其伤害如在有骨处所，表皮上验明有伤，则骨上留有血癊，一经西医剖验，或按照《洗冤录》蒸骨检验，即易解决。惟据拳术家云，用拳术伤害人致死者，生前无伤，死后表皮上纵有伤痕表现，即蒸骨检验，骨上亦无血癊。被害家属本此理由拒绝开馆验骨。特别技能，依吾国习惯所闻，固有时非科学所能范围。惟案关检证方法，法律上能否采用前项拳术杀人无伤可验之说，或仍应严持科学方法，无论被害人拒绝与否，以验者为断？事无先例，相应函请钧院解释，俾资遵循等因到院。

本院查现行法令，于可认为有一定学识经验及技能者，均许选用为鉴定人。所称拳术家之语，果由于经验或技能所得，自可依法命其鉴定，酌予采用。唯审判官取舍证据，本不受何项拘束，当就案件情形审查认定。相应函复贵厅查照。

此复！

■ 统字第 1722 号

民国十一年五月三日大理院复江西高等审判厅函

径复者：

准贵厅函开：据江西高等审判分厅监督推事岳秀华呈称，"窃查现行事例，凡刑事书状，不论提起公诉与否，向系由当事人（除检察官外）投递检厅。其在提起公诉后，皆由检察官先阅，再行转送审厅。今阅《刑事诉讼条例》第三百七十八条，'提起上诉，应以书状叙述不服之理由，向原审法院为之。'同条例第三百七十九条第四项，'监狱或看守所长官，接受上诉之书状后，应附记接收之年月日时，送交原审法院。'第三百八十四条第一项，'舍弃上诉权，应向原审法院为之。'第三百八十五条第一项前段，'舍弃上诉权及撤回上诉，应以书状为之。'第三百八十七条，'提起上诉、舍弃上诉权、撤回上诉时，法院书记官应速通知他造当事人'各等语。则是，提起公诉后之刑事书状，似应直接向审厅投递。究应如何办理，不无疑义，理合具文呈请查核，转请解释示遵"等情。据此，相应据情函请贵院迅赐解释，以便转令遵照等因到院。

本院查《刑事诉讼条例》施行后，所有诉讼程序，自当悉依明文规定。惟在江西现尚未到施行日期，仍应按照现行事例办理。相应函复贵厅转令查照。

此复！

■ 统字第 1723 号

民国十一年五月三日大理院复总检察厅函

径复者：

准贵厅函开：据浙江高等检察厅呈称，"据鄞县地方检察厅代电称，'兹有法令疑点两则，急待解决，谨缮清单，请转电解释示遵'等情。据此，理合抄同清单，呈祈鉴核指令饬遵"等情前来。查事关法律疑义，相应抄录清单，函请贵院解释见复，以便转令遵照等因到院。

查第一问，用药迷人取人财物，若于航行海面之商船内行之者，即为在海洋行劫之罪，余希参照本院统字第一一四八号、第一六四三号、第一六五一号解释文。第二问，除民事部分另行解答外，妨害选举，系属刑事诉讼，既与选举诉讼有别（参照本院统字第七号解释文），则未设审检厅各县之妨害选举案件，应仍依《县知事审理诉讼章程》第三条及呈准暂行援用之《刑事诉讼律草案》"管辖"各节，由各县受理。其管辖该县上诉审之地方审检厅，自无权受理。相应函复贵厅转令查照可也。

此致！

■ 统字第 1724 号

民国十一年五月十日大理院复总检察厅函

径复者：

准贵厅函开：据黑龙江高等检察厅电称，"查被告人于充外县警察所所长任内，被人告发有刑事嫌疑。经第一审审判后，呈送复核，检察官提起控诉。迨提传被告人时，始知该被告人于第一审判决后，已改充军官。此种情形，应否依《陆军审判条例》第十六条前半段之规定，归军法会审审判，抑仍归普通法院审判？请转院解释示遵"等情到厅。相应函送贵院核办见复，以便转令遵照等因到院。

本院查《陆军审判条例》第十六条前半载，"军人犯罪在任官任役前，而发觉在任官任役中者，以军法会审审判之。"是如发觉亦在任官任役前者，即不合于前项之规定，自当仍由普通法院审判。相应函复贵厅转令查照。

此复！

■ 统字第 1725 号

民国十一年五月十日大理院复江西高等审判厅函

径复者：

准贵厅函开：据江西高等审判分厅监督推事岳秀华呈称，"窃查《刑事诉讼条例》第三百七十七条前段，'上诉期限为十日，自送达判决后起算'等语，则法院对于被告人及检察官，自应一律送达判词。惟对于检察官送达判词，按该条例第二百零八条规定，'对于检察官之送达，应于检察厅为之'。究竟于送达时，应否另备公函？不无论争。一说谓，既系向检察厅送达，应备公函。一说谓，按该条例第二百零九条，'送达文件，除本章程有特别规定外，准用《民事诉讼条例》'。又查

《民事诉讼条例》第一百七十二条规定，'送达应由送达吏作送达证书'各等语，是送达检官判词。虽向检厅为之，而仍应由吏作送达证书，以资证明，甚为明了，实无备公函之必要。且备公函，程序繁重，按之实际，尤多不便。以上二说，究以何说为是？理合具文呈请转院解释示遵"等情。据此，相应据情函请贵院迅赐解释，以便转令遵照等因到院。

本院查《刑事诉讼条例》施行后，关于同条例第二百零八条之送达方法，其第二百零九条及《民事诉讼条例》既有明文，自当按照办理。相应函复贵厅转令查照。

此复！

■ **统字第 1726 号**
民国十一年五月十日大理院复东省特别区域高等审判厅函

径复者：

准贵厅敬代电开：仓库使用人，明知为多数寄托人之财产，而陆续侵占。甲说，认为侵害各寄托人之法益，系俱发罪。乙说，各寄托人之财产，既寄托于同一仓库，其监督权属于仓库主人。寄托物之损失，仓库主人对寄托人直接负责，使用人不过对主人负责而已，应认为侵害仓库主人之法益，一罪论。究以何说为是？请解释示遵等因到院。

查仓库使用人如对于寄托物亦有管有之责，而领得之者，自属侵占业务上管有物之罪，否则应成窃盗等他罪。惟侵占罪本非以财产监督权为被害法益，故如侵占者明知各物属于数人，应论数罪。否则应视其行为之次数，及犯意连续与否，分别论定。相应函复贵厅查照可也。

此致！

■ **统字第 1727 号**
民国十一年五月十日大理院咨交通部文

为咨行事：

准贵部咨开：据邮政总局呈称，"据福建邮务长报告，上年十二月三十一日，胜发茶行铺伙刘善谋，在福州上杭街邮务支局，交寄天津快信一封，黏贴洗过之三分邮票四枚。当由管理局一面将原信扣留，并令寄件人取保，一面函请福建政务厅陈明省长，令行闽侯地方检察厅起诉。同级审判厅按照《邮政条例》第二十八条变造邮票罪处断，旋由同级审判厅判决，减处拘留十日。其理由据检察厅声称洗用旧邮票，前奉大理院六年统字第六四零号解释，此等犯罪，情节轻微者，可依《刑律》第十三条第二项，及第五十四条减轻。且此项《刑律》总则之效力，不仅及于《刑律》分则各条，并于其他法令之定有刑名者，亦适用之。故虽大理院解释在前，《邮政条例》公布在后，但大理院前项之解释，究未因之失效，予以减等，并无不合等情，报请核示前来。总局查大理院在《邮政条例》公布以前所发之解释，究竟能否有效，系属法律问题，未便执辩。惟洗用邮票，仅科以十日之拘役，处治未免太轻,殊不足以昭示儆惧。一经传飏,狡黠者将不惜以身试法,其影响邮政,何可胜言?应否由本部咨请大理院取消前项解释,俾将来遇有此等案情,专按《邮政条例》科断,以重邮政之处,敬祈鉴核示遵"等情。查洗用邮票,科罪太轻,固不足以儆效尤,而于邮局收入,恐受影响。此次胜发茶行铺伙刘善谋洗用旧邮票,审厅遵照贵院六年统字第六四零号解释,依《刑律》第十三条第二项及第五十四条减轻,判决虽无不合,但上项《刑律》,对于其他法令之定有刑名者,是否系相对的适用?不无疑义。该总局呈请转请取消前项解释,系欲尊重条例,并期足儆将来起见,似可照准。相应咨请贵院查核办理见复等因到院。

本院查邮票本属有价证券之一种,洗用旧邮票,即行使伪造之有价证券,在《刑律》早有论罪条文。《邮政条例》第二十八条关于此点,不过明予揭出,于《刑律》本条并无出入,不生应否适用《刑律》总则之问题。至统字第六百四十号解释,原谓洗用邮票之情轻者,可依《刑律》第十三条第二项及第五十四条减轻。各该条各有一定之减轻条件,且系得予减等,并非必须减轻,谓因解释以致轻纵,均有误会。相应咨复贵部查照。

此咨!

统字第1728号

民国十一年五月三十日大理院复甘肃高等审判厅电

甘肃高等审判厅:

哿代电悉!县知事覆审判决,既经送高检厅接收,即已对外发表。检察官上诉期间,应由接收之翌日起算,余希参照统字第一六五二号解释。

大理院卅印

附:甘肃高等审判厅原代电

北京大理院钧鉴:

查《覆判章程》第七条第二款,"检察官对于县知事覆审案件,控诉期间,系自接收判决之翌日起算。"又钧院七年第七九三号解释,"检察官就县判案件控诉,其上诉日期,系自文卷到日起算,原判有无牌示,自属无关"等语。设检察官接收县知事覆审判决,发见内容错误,不于接近期内移送控诉审判衙门核办,又以原判未经宣示牌示两种程序,不生判决效力。发县补行以上程序,于第二次接收卷判,经过多日,始行送审。查其控诉意旨,书尾所填月日,则在第一次接收判决后十日以内。惟检察官既认第一次接收之判决不生效力,能否于接收后十日内提起控诉?钧院第七九三号解释,是否兼指宣示而言?如其控诉合法,检察官可否于提出控诉意旨书后,径发县补行宣示牌示程序?并不问时间之久暂,于第二次接收卷判后,始应送由控诉审判衙门受理?再检察官对于此种判决之上诉期间,究应自第一次接收之翌日起算,抑应自第二次接收之翌日起算?均滋疑义。理合电请钧院,迅予解释赐复,俾有遵循。

甘肃高等审判厅哿印

■ 统字第 1729 号

民国十一年五月三十日大理院复福建高等审判厅函

径复者：

准贵厅函开：据邵武县承审员薛奋忠呈称，"《刑律》上尊亲属，包括养父母在内，业经大理院解释有案。今有已经招夫入赘之养母，对于养子忤逆，能否行使亲权送请惩戒？呈请训示遵行"等情前来。相应转请钧院解释见复，以凭转示遵行等因到院。

查养母招夫入赘，与出嫁无异。无论对于其原有之养子关系全绝与否，除系养母私抱之子外，已无从行使亲权，自不得依《刑事补充条例》第十一条请求惩戒。相应函复贵厅转令查照可也。

此致！

■ 统字第 1730 号

民国十一年六月十二日大理院复北京律师公会函

径复者：

准贵会函开：据会员蒯晋德函称，"查京师习惯，铺户因有特种原因，对于房主创设铺底，辗转出倒，业经法院认为物上权利，予以保护。今有或种公共建筑物，系由官厅经营，并派有专员管理（如市场等类）。且于其所定之管理章程内，订明'本场各商铺，不得私自转租转倒。如因事关闭或停业，逾三个月无力复业者，须呈明该管官厅，另招新商接做，不得指用铺底字号图记抵押款项'各等语。此种单行章程，自有强行之效力。设如各铺商违背定章，私自创设铺底，并经持有铺底字据之人，向法院主张铺底权利。此种违章创设之铺底，在法律上是否有效？再前述官厅经营之公共建筑物内，因铺商亏欠他人款项，由债权人诉追后，经法院以强制执行程序，将债务人铺内之存货家具等项，查封拍卖，即由债权人出价买受。而法院不问该铺之有无铺底，竟以铺底字样填入拍卖书内，发给买受人收执。此项拍卖书内容，亦与前述定章有背，是否可以有效？又上述之公共建筑物，前因被毁于火，房主一时无力修复，即由各铺商自行集资建筑，仍向原房主立摺租房。惟于原租价内减少十分之六，借示偿还建筑费用。但于租摺内以原建筑费相等之数，写成'押租'字样，并有如向房主商妥后准其转倒各项记载。此项约定，虽出于当事者双方意思，究与上述定章有背，是否能视为创设铺底之原因？再此项铺商自行建筑之房屋，现在又被焚毁，此次即由房主自行建筑。铺商方面，是否可以根据前曾出资建筑之故，向房主主张铺底？以上四层，设无统一之解释，易启行政司法处务之争，理合函请公会转呈大理院迅赐解释示遵，实级公谊"等由。据此，本公会查事关法律解释，相应函转请求贵院查核，迅予解释见复，以凭转复等因到院。

查铺底既为限制房主房屋所有权之一种物权，自非有房主明示或默示之意思表示，不能设定。由官厅经营之市场等，无论其管理章程内有无不准私设铺底之规定，如官厅既未为租用商人设定铺底权，则法院强制执行。纵使误开在内，其拍卖人关于该部分之买受，要属无效。不过有争执时，官厅须对之提起确认铺底权不存在之诉而已。至铺商自行建筑铺房，虽常为铺商取得铺底权之一种原因，但来函所述情形，似尚不能即认为设定铺底。盖租摺内显然批明，如向房主商妥后准其转倒云云，其意当系谓愿承受其押租债权之人，可以向房主商议承租其房。如房主不愿租与其人，则仍由房主受其押租之返还而已。铺商所建之房被焚后，又由房主自建，如租期未满，自应仍由原商承租。如租期已满，或无租期，又或租期未满而原商已不愿承租，则只能依法请求返还其押租。既未设定铺底在前，自无许主张铺底之理。相应函复贵会查照。

此致！

■ **统字第 1731 号**

民国十一年六月十二日大理院复总检察厅函

径复者：

准贵厅函开：据浙江高等检察厅呈称，"据鄞县地方检察厅代电称，'兹有法令疑点两则，请求解释'"到院。

除关于刑事部分先行解答外，第二问，"《县议会议员选举规则》第五十一条规定，'选举人认选举舞弊或违背法令，得向地方审判厅提起控诉'云云。管辖该县上诉审之地方厅，是否包含在内"等语。查《县议会议员选举规则》第五十一条，地方审判厅、管辖该县上诉审之地方审判厅，自应包括在内。观下文"但无地方审判厅之区域"云云，其意益明。相应函复贵厅转令遵照。

此复！

■ **统字第 1732 号**

民国十一年六月十五日大理院复总检察厅函

径复者：

准贵厅函开：案据山西第一高等检察分厅呈称，"据稷山县知事彭作桢电称，'职县搜获金丹，呈送警务处，多有化验无毒者。关于此有三学说：甲谓，查近来多有伪造金丹，欺诈渔利，似于造卖金丹罪外，又添一诈财罪名。乙谓，该犯如纯系伪造金丹，而未制造真金丹、贩卖真金丹，则只成立诈欺罪名，不成立造卖金丹罪名。丙谓，该犯如非已之伪造，而买自他人者，应分别知与不知办理。其明知为伪造而贱买，以图重价卖出者，则成立诈财罪名。至不知为伪造，而认成真金丹，并出售获利者，则成为贩卖金丹罪名。三者以何为是，或另有解释之处？乞指令饬遵'等情到厅。理合据情转请解释示遵"等情到院。相应函送贵院核办见复，以便转令遵照等因到院。

查出售伪金丹，即其中并无吗啡毒质者，如明知为伪而冒作真者出售，应成立诈财罪。如不知为伪而误作真者出售，虽所知系贩卖吗啡罪，仍应依《刑律》第十三条第三项第二款，从其所犯之诈财罪处断。惟以诈财之意思伪造，而未以之向人诈财，或仅移转于知情之人，尚难论以诈财罪。相应函复贵厅转令查照可也。

此致！

■ 统字第1733号

民国十一年六月十五日大理院复浙江第一高等审判分厅函

径复者：

准贵分厅沁代电开："《刑事诉讼条例》施行在即，兹有下列疑义四点，请求解释：（一）《刑事诉讼条例》第二十条，犯罪依刑法之'法'字，是否'律'字之误？（二）查《刑事诉讼条例》，关于传票之规定，仅分被告及证人两种。除告诉人、告发人及未起诉之共犯嫌疑人，立于证人地位，似应适用证人传票外，惟私诉人与公诉之检察官，同为原告（参照第三百六十五条）。则命私诉人出庭，是否适用通知方式之文件？（三）查《刑事诉讼条例》第四百二十二条，所谓'确定事实'者，究应解为原判认定事实，抑应解为此案真确事实？（四）查《刑事诉讼条例》第一百二十一条，'证人得请求法定应得之讼费'。又《修正诉讼费用规则》第十四条，'关于刑事证人到庭费，每次银币五角；食宿费每日银币五角以上、二元以下，由审判衙门酌定；舟车费按实数计算，其费用得命被告人预缴各'等语。倘被告人已遵命预缴，而证人并未请求其食宿舟车费用，应否照给？又或被告人无力预缴，而证人于到庭时已为法定应得讼费之请求，是否由国库垫给？"等因到院。兹分别解答如下：

一、《刑事诉讼条例》第二十条内刑法之"法"字，系"律"字之误。

二、命私诉人出庭，应依《刑事诉讼条例》第三百六十五条、第三百七十二条，准用第二百八十八条，用通知方式。

三、《刑事诉讼条例》第四百二十二条第二项之"确定事实"，系指原判所认定之事实而言。

四、诉讼费用应否由被告负担，应依《刑事诉讼条例》第七编，于裁判确定后，或诉讼不经裁判而终结后，分别办理。证人在诉讼进行中，依第一百二十二条（原问误作第一百二十一条），请求法定应得之费，无论曾否命被告预缴，应先由国库垫给。若证人并未请求，虽经被告预缴，亦无庸照给，并应发还被告。

以上四端，相应函复贵厅转令查照可也。

此致！

■ 统字第1734号

民国十一年六月十六日大理院复总检察厅函

径复者：

准贵厅函开：据东省特别区域高等审判厅检察所呈称，"据地方审判厅检察所主任检察官张奉先呈称，据本区域律师公会会长寇书成呈称，'为建议事，查五年二月十二日，大理院复山东高等审判厅统字第三九五号公函解释《试办章程》，诉讼费用'系专指国家所应征之讼费一节各项规定。除此，即该章程所称'因诉讼人一面所生之费用'，如律师费旅费等，无令相对人赔偿之规定。查此项解释，在该章程固属正当；惟《试办章程》规定于前清光绪三十三年，当时尚未发生律师制度，故规定亦无此条。自民国成立，律师制度创生，此种公费担负问题，即首先规定于各律师公会会则，迄今不改。即律师因公费自行提起诉讼，其公费以委托他律师之必要公费为限，由相对人负担之是也（见《滨江律师公会会则》第三十二条）。而一般当事人所以不得享此权利者，则以诉讼律未尝颁布，而《试办章程》时代，并无律师制度之规定。故公会同人，积数年来之经验，深知此项章程，不适于用。又值国家于东省特别区域，新颁适用《民事诉讼律》。查该律第九十七条载，'诉讼费用由败诉之当事人负担，但他造当事人支出之费用，以伸张或防卫权利所必要者为限，得要求赔偿'。似律师费用，已包括在伸张或防卫权利之必要费内。惟未经明白解释，终属疑点。查东省特别法庭，新收回无约各国领事权。所有诉讼各当事人，本其本国法律习惯，往往要求赔偿律师费用。法庭以现行法令无可依据，辄为驳回，或不为裁判，以致时发怨言，指摘不合。公会同人于此执务，虽百端说明，终不获谅解。然证以各国法律习惯及年来经验，则律师费用由相对败诉人负担，可得以下五种利益：（一）可使正当权利人享法律上之充分保护。按双方构成讼争状态，必因一造违法及失信而起。一经成讼，则权利正当者，固可得直。然因时间关系，或为防卫权利起见，所聘请律师之费用，败诉人不为担负则每一构讼，正当权利人必受此种损失，而违法失信之徒，反得借诉讼以损害相对人之利益，殊不足尽法律上保护责任。若判由败诉人负担，而正当权利可得充分保护。（二）可以减少无益诉讼。按社会进步，人心崄峻，往往因争意气而构诉讼，甚则有借诉讼之迟延，而谋取得非法利益。（例如，哈埠诉讼迟延利息，多照俄人旧例判给常年六厘，而败诉人利用诉讼迟延期，以诉争目的款在外经营，得利多至三分五分）因此诉讼当事人明知无理，亦发生诉讼。若以律师费用归败诉人负担，则理直者不虞受损，而无理者因负担加重，可以减少无益诉讼。（三）可以增进律师社会信用。按律师公费由被告负担，则公费数目多寡，必载明判词，可得中外当事人之谅解。（四）可以划一律师与当事人间之待遇。查《律师公会会则》，既有律师因公费问题，可以聘请律师提起诉讼，其公费由败诉当事人负担。而于当事人反不能享此利益，待遇亦似不平等。（五）与各国法律，取一致步调。查律师费用，由败诉当事人一造负担，为各国法律习惯所同。盖此为澄清讼源、保护权利唯一办法。不独海洋派之英美系为然，即大陆派之法国法系、德国法系，莫不皆然。（俄律亦系采大陆系）甚至因诉讼而间接所生之损害，亦令赔偿。则其所以保护正当权利人、防止无益之诉讼者，用意至为周密。又俄侨向受本国一九六四年所颁之《法院编制法》支配，其第三百九十三条亦载一造之律师费用，应归败诉人负担。其第八百六十八条所载者，尤为特色，即当事人自为诉讼，法庭亦当照律为之判办事费用，以其所费之时间、劳力，皆系有价值者也（间接赔偿）！此法行之已六十余年，深印人心，故感现时所行之《试办章程》为不便。若改律师公费归败诉人负担，可以与各国法律取一致步调，而间执訾议者之口。据右述五种利益观察，不惟无约国人诉讼应当适用赔偿律师公费制度，其他各级普通法院，亦应颁布《民事诉讼律》所载九十七条之规定，而加明白解释，一律遵守。因无约国人亦有散居各处，难免分歧。公会等管见以为，此系澄清讼源、保护权利人之唯一办法。故开滨江律师公会及特别区域律师公会联席会议议决，提出建议，恳乞转呈高等检察所分呈大理院、司法部，将新颁《民事诉讼律》九十七条，对于赔偿律师费用一层，加以明白解释。并请明令将本条颁布各省各级法院遵守，以昭划一，实为公便等情。谨据情转呈鉴核等情到所。理合呈请转院解释示遵等情"到厅。相应函送贵院核办见复，以便转令遵照等因到院。

查《民事诉讼条例》第九十七条但书，"他造当事人支出之费用，以伸张或防卫权利所必要者为限，得求败诉人赔偿"云云。所谓"必要"，自系就客观而言。通观该条例，非取必用律师诉讼主义，则延用律师，既非必要。因之，律师费用，即无依该但书规定令败诉人负担之理，相应函复贵厅转令查照也可。

此致！

■ **统字第 1735 号**
民国十一年六月十六日大理院复直隶高等审判厅函
径复者：

准贵厅函称：案据曲周县知事李祖谟电称，"吾国家族制度，宗祧之继承，极视为重要。在承继人享受承袭遗产之权利，亦应履行生养死祭之义务。而关于承继之方式，则亦各从其地之习惯。如，亲死则其子抱瓦摔盆，承继人对于被承继人之死时，必躬执此役，亲族乃公认其承继关系为确定；其承继人死后，必接葬于被承继人之坟前，名曰'接支领穴'，亦为继承上一种要件。此在北省习惯，大抵皆然。今有远年继承之事载在谱牒。惟其后，承继人出赘异姓为婿（俗称养老女婿）；及其卒也，亦葬于异姓坟地。对于被承继人，生不侍养，葬不接穴，乃承继人之子若孙，复舍异姓而争被承继人公产之持分，其是否有效，自以其祖父之承继关系存灭为先决问题。究竟其承继关系应否认为存在，乞解释电复"等情。据此，事关解释法律，相应据情函请解释见复，俾便令遵等因到院。

查现行律例，只有一子不得出赘之规定，继子虽亦应援用。但出赘当时，既无人出而争执，其承继关系即不能因出赘谓为当然消灭。使别无离去本宗之意思，其子若孙就被承继人公产之持分，自有告争之权。相应函复贵厅转令查照可也。

此致！

■ **统字第 1736 号**
民国十一年六月十六日大理院复安徽高等审判厅函
径复者：

准贵厅函开：据东流县农会会长李鸿文呈称，"据第四区八都湖广丰圩总董章焕等函称，'自广丰圩成立后，往往渔业户藉他县渔稞水尾及翎毛户藉翎毛钞银，与本县境内土地所有权之各业主互争土地，纷扰不休。有讼经数年尚未解决者，有已经起诉未受审判者,亦有正在预备起诉之中者,亦有已经起诉不待官厅解决而用自力救济者。董等目睹情形,全圩若狂,揆厥由来,皆原于法律不明,官厅无所依据,即人民无所遵守也!长此以往,势必酿成绝大风潮,心焉忧之。不得不函请解释,以资救济'等情到会。当经召集会议,佥云:向例,寸土归芦税,寸水归渔业。在清时代,是渔户不出,非渔户不入。渔户只能享有水利,不能享有地利,成例已久,习惯亦深。若以甲县渔稞水尾跨至乙县境内,即借甲县渔稞争管乙县境内之土地,则贵池县渔稞水尾跨至东邑境内七阁州处;东流县渔稞水尾上跨至江西省彭泽县马路口,南跨至秋浦县境之鲜鱼沟,北跨至望江县雷江口;桐城县渔稞水尾跨至怀宁县境内淮湖稍、江家稍等处,将来各该处之土地所有权者被他县渔户借水尾争地,不但发生县境之交涉,亦必牵涉省界问题。沧海桑田,变迁莫定。平心而论,渔稞不能享有地利,理法甚明。兹分析之:(一)县藉土地为专属管辖,坐落何县境内,归何县管辖,钱粮亦照县投完。水面则否。甲县水尾因跨至乙县境内,以甲县渔稞在乙县开垦田地,是以甲县之渔稞而管有乙县境内之土地,完纳渔稞,仍到甲县,则乙县之土地权,完纳正税,试问到何县投完乎?再退一步言之。从前有主之田地,或因滨江,或因滨湖,一旦坍倒水中,事所恒有,此项钱粮,只可报销,不能改作渔稞而管水利也。反之,渔稞在从前时代,凡水中塘窖、泥滩、水沟等处,均完渔稞(寸水归渔)。水涨时,听渔户随水船网取鱼,水退后,除土地所有权之各业主照据管业外,其塘窖听渔户车水取鱼,泥滩处听渔户摸泥作坝,拦搓取渔。一旦塘窖泥滩淤塞,变成土地,渔利荒废,此项渔稞,亦可只报销,以免冤粮。至此项新涨之土地,坐落何县境内,应归何县官荒。有承垦者,归承垦人按亩升科,方是正办。若以渔户藉从前废粮,飞占土地,往往江河中忽涨州岛,果归渔户者管有,则国家颁布《垦荒条例》不将虚设乎?(二)税则。正税与杂税不可混同。渔稞为杂税之一种。在前清为禁例,与翎毛稞相同,皆不准应试。是渔户不出,非渔户不入,即是此意。土地为国家正税,何可以杂税混争土地之正税而乱税则也?(三)权原。土地权与渔业权,两不相涉。土地权归土地之所有权者,渔业权专管水中之鱼利者(寸水归渔)。水面不能侵害土地。依大理院第八四四号解释,更可明了矣。(四)收益。所有权要素有三:收益其一也。土地收益在土地(寸土归芦税),渔业收益在水中(塘窖泥滩,亦必有水方可养鱼,专指取鱼塘窖、泥滩而言。寸水归渔,已见前说。),此收益目的两不相同也!总之,隔县渔稞,不能飞占土地,理法至平。惟法无明文,渔户遂有所借口,以致诉讼纷纭,案悬莫结,人民拖累,言之寒心。若不转请解释,则农业前途,何堪设想?属会职务攸关,碍难缄默,理合据情转呈钧厅鉴核,迅赐据情呈送大理院解释,以免纷争,而维农业,实为公便"等情。据此,相应转请钧院解释赐复,以便饬遵等因到院。

查现行律田宅门"检踏、灾伤、田粮"条例,关于沿河沙洲地亩,既有明文规定,即应依照办理,自无许渔户得以渔稞飞占土地之理。相应函复贵厅转饬遵照。

此复!

■ 统字第 1737 号

民国十一年六月十七日大理院复奉天高等审判厅函

径复者：

准贵厅代电开：案据辽源地审厅呈请解释法律三件到厅：（一）妇人夫亡，并无遗产，复无宗祧承继人，对于夫债，应否负责？设若该妇曾以其夫管理人之身分向夫之债务人主张债权，所负责任又当如何？（二）奉省各项地照，向盖有"此照如抵押或盗卖与外国人，即作无效"等字样木戳一方。设有人持盖有此项戳记之照向外国人押借款项，其效力如何？对于业主能否发生拘束力？（三）抵押权人将抵押之物转押与第三人时，另找有承还保人。此项承还保人约明无先诉抗辩权。如该抵押物恐有灭失或被他人侵害之虞，承还保人能否不经抵押权人之同意独立行使抵押权，向加害人提起诉讼？以上三端，应如何解释，属于钧院特权，相应转请迅予解释见复，以便转令遵照等因到院。

查妇人夫亡，并无遗产，又无承继人者，对于夫债应负偿还责任。其曾向夫之债务人主张债权者，更不待论。盖有"限制不许抵押盗卖与外国人"戳记之地照，抵借外国人债款者，其抵押设定行为自属无效。至承还保人，无论曾否约明无先诉抗辩权，自非向债权人为代位清偿后，无行使债权人抵押权之理。若抵押物恐有灭失或被他人侵害之虞，而债权人置之不顾，可认为抛弃其担保债权之物权者。则该保人于债权人就其所抛弃之权利可受赔偿之限度内，免其保证责任。相应函复贵厅转令遵照。

此致！

■ 统字第 1738 号

民国十一年六月十七日大理院复安徽省议会函

径复者：

准贵厅函开：按《省议会议员选举法》第九十条第一项，"选举人确认办理选举人员有舞弊及其他违背法令行为，得自选举日起，初选于五日内，向地方审判厅起诉；复选于十日内，向高等审判厅起诉。"第二项"未设审判厅之处，得向相当受理诉讼之官署起诉。"又按现行《民事诉讼法例》"诉之提起，应以诉状送达与相对人。诉状应记明当事人姓名、住址等各款事宜"。是凡初选或复选，因办理选举涉讼者，选举人应于五日或十日之法定期间内，向该管审判厅或相当官署提出具备法定要件之诉状，并送达诉状于相对人，方生合法起诉之效力。否则，其起诉不能合法，诉讼即不成立，固属无疑。惟选举人倘因该管审判衙门有因法律不得行审判权之情形，而未依法定期间向该衙门具状起诉，仅于期间内径向直接上级审判衙门为指定管辖之声请而提出起诉状于指定之管辖衙门，则已久逾法定期间，此种起诉是否可认为合法，即其诉讼是否成立，则不免滋生疑义。或谓选举人于法定期间虽未具状起诉于该管审判衙门，但既曾向上级审判衙门声请指定管辖实已表示提起该件诉讼之意思，不过未备起诉之形式。而其后向指定之管辖衙门提出起诉状，乃形式上之补正行为，而非至是时始为诉之提起，不能以此认为起诉逾期。然查起诉与声请指定管辖，在诉讼法上显属两种程序。自无因有指定管辖之声请，遂谓已有起诉效力之理。且起诉必向该管审判衙门为之，其诉状亦必具备法定要件并送达相对人，乃为有效。纵或该管审判衙门有因法律不得行审判权之情形，要其起诉仍应受法定期间之拘束。且此等情形于起诉状之向该衙门提出无妨，并无先行声请指定管辖之必要。而仅仅表示提起诉讼之意思，初未践行起诉之程序，似难即视为诉之提起。况系向上级审判衙门表示起诉意思，更于审级不符。然则此种起诉情形究属合法与否，非经正当解释，不能释然无疑。而统一解释法令，本为钧院之特权，此敝会所以具函恳请解释，以便遵循等因到院。

查声请指定管辖应认为有起诉之意思，本院已有解释。至起诉，并不以诉状送达相对人始生效力。相应函复贵会查照。

此致！

统字第1739号

民国十一年六月十七日大理院复吉林高等审判厅电

吉林高等审判厅：

江代电第一问，已见统字第一三五零号解释文。第二问显与再审规定不符，且亦毋庸纠正。

大理院筱印

附：吉林高等审判厅原代电

大理院钧鉴：

《刑律》第十二条之监禁处分应否附以期限，不无疑义。于是有两主张：（一）谓精神病人之行为绝对不负犯罪责任，其监禁期间，应以精神病痊愈，于社会无意外危险时为限，不能附以期间。（二）谓监禁处分以附有一定期限较便于执行。律以法文，又非违法，且系一种特别处分，苟期限未满，其病已愈，可请求变更原处分，先期保释。反之，期限届满，其病未愈，亦可请求更为延长之处分，于事实上亦无滞碍。二说孰是？此其应请解释者一。又监禁处分，审判官于裁判书内所叙事实有重大之错误。（例如，以伤害为杀死之类）应以何法纠正？于是发生甲、乙二说：（甲）谓监禁处分，虽无刑罚之性质，然依刑诉法意，关于管辖及程序准用刑事诉讼程序。既系事实错误，自可准用刑诉之再审程序，以资救济。（乙）谓刑诉再审之制，虽系关于事实之误点，但必限于有利益或不利益于被告人之确定判决为之。若精神病人之行为依法既不为罪，裁判书内所叙事实纵有错误，对于被告人实无有利益或不利益之可言，与再审条件不合。况现行刑诉法例，何者应用判决，何者应用命令，原有一定办法，非审判衙门所可任意择用。即何者错误应用何种程序救济，已有明文规定（如"再理编"再诉、再审、非常上告是也）监禁处分，应用命令。其所叙事实错误，自不能准用判决错误之程序滥予再审。二说孰当？如以乙说为是，究竟应用何法救济？抑系不能救济？此其应请解释者二。恳请迅赐指示，以资遵守。

吉林高等审判厅江代电

■ 统字第 1740 号

民国十一年六月十七日大理院复江苏高等审判厅函

径复者：

准贵厅函开：据江宁地方审判厅长林炳勋快邮代电称，"新《刑律》第十九条，'已受徒刑之执行，更犯徒刑以上之罪者，为再犯。'其所称'更犯徒刑'，系指法定刑而言，抑就宣告刑而言？设有某甲曾犯三罪，已受三次徒刑执行，及第四次犯罪于法定徒刑、拘役、罚金范围内，判处罚金。旋因无力缴纳，折易监禁，送监执行时，始经发觉为累犯，应否依照第二十一条规定更定其刑？事关法律疑义，拟请钧厅转院解释示遵"等情。据此，相应函请贵院迅赐解释见复，以便饬遵等因到院。

本院查《刑律》第十九条所称，"更犯徒刑以上之罪者"云云，系指法定刑而言。受刑人虽仅被处罚金，但其所犯之罪主刑内既有徒刑，则于执行时如发觉其为累犯，仍应按照《刑律》第二十一条办理。相应函复贵厅转令查照。

此复！

■ 统字第 1741 号

民国十一年六月二十一日大理院复安徽高等审判厅函

径复者：

准贵厅快邮代电开：绝嗣数百年之古冢坐落异姓地内，应否许与坟同姓？远支族人对于地主告争标管，乞迅解释示遵等因到院。

查所询情形，如其人不能证明该古冢未经合法移转且其自己有管理该冢之合法原因，自不许其对地主请求标管。相应函复贵厅查照。

此复！

■ 统字第 1742 号

民国十一年六月二十一日大理院复安徽高等审判厅函

径复者：

准贵厅函开：据芜湖地方审判厅号代电称，"警厅委任之秘书主张奉委之时非名誉职，因支薪问题与该厅长龃龉。即以该厅长为被告提起民事诉讼，司法衙门可否予以受理？悬案待决，请解释示遵"等情。事关法律疑问，相应转请解释示遵等因到院。

查官公吏应否支薪，并非私权关系。则关于此之争执，自非司法衙门所能予以受理。相应函复贵厅转令遵照。

此复！

■ 统字第 1743 号

民国十一年六月二十二日大理院复江苏高等审判厅函

径复者：

准贵厅函开：前准贵院十年民字第二四六二号公函，解释财团法人问题节，经本厅转令松江县知事遵照去后。兹复据该县知事温绍梁二月有日代电称,"奉经细绎,更复发生疑点:(一)选派董事及管理公产之类,以法人事业所及行政区划为限,固无疑义。惟查大理院四年上字第二零三号判例,'创立财团法人之捐助人,于捐助时所定选任董事办法,即为设定时所定规条之一部,本无选举董事之可言。'又三年上字一一五二号判例,'凡为公众利益起见,以一定之目的方法设置特定财产者,关于该财产之管理与管理人之选定,皆应以规条订定;若规条内关于此等重要事项遗漏未载,而议有成规,实行多年,为各利害关系人所确守,自不能以规条无明文而否认其存在'等语。则设有公益财团,其选任董事及管理财产人,自捐助人于捐助时起,议有成规,实行数百余年,至今未改,是否现在仍须恪守成规?抑当以事业所及为限另行改订?应行解决者,此其一。设如以事业所及为限,则须确定'事业'二字之解释。本县原意'事业'二字,如教育事业、慈善事业之类,以法人所实施之公益为限。财产不得谓事业,故事业所及法人所有动产、不动产之所在地不包在内。又事业所及,则有利害关系,故应选派董事及管理公款人,原指现时实在事业所及而言,并非出于悬拟推定。大理院是否同一见解?应行解决者,此其二。上述各点,又生争执,伏乞转院解释示遵"等情。据此,相应函请贵院解释,以便转令遵照等因到院。

查第一点,既据称"捐助人于捐助时起,议有成规,实行数百余年",自得仍行恪守,不为改订。本院前号解释与原代电所述判例,系各就一种情形立言,并非有所变更。至第二点,原代电所见极是。相应函复贵厅查照可也。

此致!

■ 统字第1744号

民国十一年六月二十二日大理院复山西高等审判厅函

径复者:

准贵厅函开:案据霍县知事姜靖呈略称,"未婚男女,男犯杀人罪,被处徒刑。女家因刑期极长,不能久待,请求解除婚约,是否合法?律无明文,恳请核示只遵"等情。事关法律问题,相应函请解释,以便转令遵照等因到院。

查现行律例载:"未成婚男女有犯奸盗者,男子有犯,听女别嫁;女子有犯,听男别娶。"又载:"期约已至五年,无过不娶;及夫逃亡三年不还者,听经官告给执照,别行改嫁"各等语。是凡犯有破廉耻之罪,与奸盗相类似。或被处徒刑在三年以上而经开始执行者,依律文类推解释,均应许男女之一造请求解约。来函所述情形,如被处徒刑在三年以上已经开始执行,自应许其诉求解除婚约。相应函复贵厅转令查照。

此致!

■ 统字第 1745 号

民国十一年六月二十二日大理院复湖北高等审判厅函

径复者：

准贵厅函开：兹有两造因堤费涉讼案件。据甲造主张，伊等田地虽有一百一十余石，然俱在岗岭之上，无须堤垸防水，即不能担任修堤费用。据乙造主张，甲某等田地既在兴修堤垸之内，理应出费。照堤工局订立《按亩收费章程》，甲某等今年应出临时费一千一百余串，又每年应出经常费百一十余串各等语。案经县署判决，甲某等不服，上诉到厅。惟本案诉讼物价额，除临时费一千一百余串外，其每年经常费百余串，是否可依定期给付之规定计算价额？抑另有其他方法计算？如不及一千元时，是否可作为初级管辖之件？相应函请解释见复等因到院。

查每年修堤经常费，自系定期给付之一种，应依《民事诉讼律》"管辖"各节第十二条规定。计算其诉讼物价额，如不及千元，应归初级管辖，自不待言。惟甲某既以临时费与经常费两请求合并起诉，即应依该律第七条第一款规定，合并其两请求计算价额。相应函复贵厅查照。

此致！

■ 统字第 1746 号

民国十一年六月二十二日大理院致江苏高等审判厅转江宁律师公会函

径启者：

据江宁律师公会代电称："据会员陈立人函称，查不动产之绝卖契与典契之分别，在现行律上规定：（一）契内注明绝卖永不回赎字样。（二）绝卖文契并未注有找贴字样，或注定回赎年限者，均为绝卖契。若（一）契内并未注明绝卖，（二）契内虽注明绝卖，而又注定年限回赎，（三）契内虽注明绝卖，而又注明找贴字样者，均为典契。大理院四年上字一九五零号判例，亦如此解释。然社会上尚有一种文契，首尾均载明绝卖，而所得代价，亦系时值卖价，但中间注明若干年内，银到回赎，逾期永不回赎字样。其性质如何则为现行法律所未经明定。倘认为绝卖契，则中间注有回赎字样；如认为典契，则又有逾期永不回赎字样。究为绝卖契，抑为典契？在法律上实有断定其性质之必要。于此分为两说：（甲说）谓凡文契中无论曾否载明绝卖字样，一经注定年限回赎，不问逾期与否，依律均为典契。（乙说）此项文契，为附有期间之绝卖契。果如甲说，则不免生以下两点之结果：（一）违背当事人之意思也。当缔约之时，经过若干年限，发生一定效果本系双方当事人所预见之事。详言之，当缔约之时，在让与人，本附以期间让与其不动产；而在让受人，亦未因附有期间而绝不买受。故此项期间双方均有遵守之义务。而此项文契，既与契约之原理相合，亦不违反强行法规，如强认为典契，逾期亦准回赎，实不免违背当事人之意思。（二）违背民法之原理也。查附期间之法律行为，既为通行民事制度所许，断无不适用于移转不动产所有权契约之理。就我国现行法例言之，《清理不动产典当办法》第八条曾有'不满十年之典当，不准附有'到期不赎，听凭作绝'之条件'之规定。依此解释，则十年以外之期间，当然有效。此虽属于典产之规定，然由此可知附期间法律行为之制度，实为现行法上所许。至现行律上所谓'注定年限回赎者'，系指附有回赎期间。而对于逾期不赎之效果如何未经明定者而言，与此项文契已经订明逾期永不回赎者，不能同论。况现行法并无禁止以附期间法律行为移转不动产所有权之明文，故此项文契为附有期间之绝卖契。期间一经完成，当然发生完全绝契之效力。如强认为典契，实不免违背上述民法之原理。以上甲、乙两说，未知孰是。现在社会上此项文契极多，往往发生纠葛，既无法律可以引据，又无先例堪资遵守。事关法律见解，敬乞转请解释，以资遵循"等因到院。

查所询情形，系附买回期限之卖契。依其性质自为典契之一种。惟逾期不赎，即以合意作绝论。《清理不动产典当办法》已有明文规定，希即查照办理。相应函请贵厅转行该会可也。

此致！

■ **统字第1747号**

民国十一年六月二十二日大理院复绥远都统署审判处函

径复者：

准贵厅函开：今有甲、乙涉讼，案经两造协议，当庭和解，载在笔录。惟补具和解状时，漏叙一部。嗣执行期间，一方根据和解状狡称一部和解，互相争执。究竟和解笔录与和解状当以何者为根据？相应函请解释示遵等因到院。

查所询情形，如当庭和解，确系当事人亲自到庭，而和解笔录，又经交给当事人阅看，或朗读与当事人知悉后，由当事人为甘愿之表示，其后和解状之漏叙一部确系单纯遗漏，别无其他情节者，自应以笔录为准，认其和解合法成立。否则，为当事人关于和解之成立或内容有所争执，自应由当事人向和解时诉讼所系属之审判衙门请求更行审判可也。相应函复贵处查照。

此复！

■ **统字第1748号**

民国十一年六月二十七日大理院复浙江第二高等审判分厅函

径复者：

准贵厅代电开：据金华律师公会函称，"准会员徐邦杰函开：设有甲、乙为祖产涉讼。初审衙门判决，甲遭败诉。甲遂于法定上诉期内，向上级法院声明控诉。上级法院并未依法受理，仅以批示驳斥不准。经甲迭次呈递上诉状，上级审衙门亦迭次以批示驳斥之。未几，上级法院裁并他处，甲亦不再递呈。历数年后，甲始向裁撤后新立之上级法院递状声请受理。此种场合，控诉衙门应否作为控诉审继续受理？于此有三说焉：子说，甲既以上诉期内声明上诉，虽迭遭上诉衙门批示之驳斥，然究未经上诉衙门合法受理，纵历数年后，仍应有控诉审受理。丑说，上级法院虽未依法受理，然既经批示驳斥甲之上诉，甲如无抛弃上诉之意思，自应以抗告之程序救济之。今甲当时对于驳斥之批示，既未依法抗告，至经过数年后，始请受理，自应作为抛弃上诉论，控诉审毋须继续受理。寅说，依现行法令，法院对于控诉事件，除不合法定程序及经过法定期间者得以决定驳回外，其余合法控诉之案，无论有无理由，审判衙门必须经过言词辩论手续而下判决，断无单用批示为驳斥之办法。是控诉衙门以批示驳斥甲之合法上诉，实系一种违法行为，并不发生抗告问题，纵甲未抗告，亦不能以此归咎于甲遂剥夺甲之控诉权，控诉衙门仍应继续受理。三说未知孰是，相应函请贵会议决，函请浙江第二高等审判分厅核转大理院解释赐复只遵。此致！"等因到会。准此，当由敝会提付评议员会议决，均称"事关手续法上之疑义，相应函请核转施行"等因前来。理合据情快邮电呈，仰祈钧院迅赐解释示遵等因到院。

查控诉事件，除法律上有特别规定或有特别情形（如本院三年统字第一七一号解释所指示者）外，应由控诉法院指定言词辩论日期，传唤两造到庭辩论，而为裁判来函所述情形，如果该上级法院就本案内容任意以批示驳斥，自属不生效力惟甲既历有数年，始行递状声请，究竟对于初审判决已否舍弃上诉权，尚应由法院依法调查认定，相应函复贵厅查照。

此复！

■ 统字第1749号

民国十一年六月二十七日大理院复安徽高等审判厅函

径启者：

据怀宁律师公会呈称：案准会员陈实辅函开，"今有甲妇系某乙之妾。乙死无子，甲建庵为尼，收尼丙为徒。甲死后，遗有寺院及田产，由尼丙继续住持。乙继子丁，始而在县争执田产，继而在地方厅附带争执寺院。丙以案情涉及身分，系地方厅管辖案件为词，请求高等厅纠正。高厅以地厅只就继承字约研究为合法，竟为驳回上告之判决。此种情形，如专以继承身分字约为前提，则管辖各节可以废除，且与大理院八年统字第九五四号解释争管寺院案及六年上字第一四五八号判决地方厅管辖案显有抵触。究应如何救济？应请解释者一也。又所有权争执之案件，上告衙门认定一种事实与审理结果有密切关系。于发还更审判词中，将该项事实指定原审调查裁判。讵更审衙门之判决，对于上告审指定之事实，仍付缺如。迨再行上告，而上告衙门对于原审漏未调查部分，亦竟未予置议。此种情形，若以确定判决为不能摇动，则案中关系事实未明，殊不足以达法律保障人民权利之目的，且与大理院四年统字第二二八号解释脱漏未判之部分可请求追加判决，并无期间之限制案相违反。应请解释者又一也。合上开两问题，相应函请贵会转呈解释为何"等因。准此，案关法律解释，理合呈请解释等因到院。

查请求追加判决，须法院所为判决于当事人之请求或诉讼费用有所脱漏，始得为之。来函第二项所述，既仅关于事实，自与法定情形不合。至来函第一项叙述事实既欠明了，且系具体问题，依本院民国九年第一号布告，应不予解答。相应函请贵厅转行该会查照可者。

此致！

■ 统字第 1750 号

民国十一年六月二十七日大理院复东省特别区域高等审判厅函

径复者：

准贵厅代电开：兹有附带民事诉讼，原告人于公诉第二审辩论终结前提起附带民事诉讼。经公诉第二审法院，以被告人已经死亡，谕知不受理之判决后，其附带民事诉讼部分依照《刑事诉讼条例》第十条规定，是否移送管辖第一审民事法院审判？乞电复等因到院。

查所询情形，自应移送管辖第一审民事法院审判。相应函复贵厅查照。

此复！

■ 统字第 1751 号

民国十一年六月二十七日大理院复浙江第一高等审判厅函

径复者：

准贵厅函开：查《民事诉讼条例》第一百九十条载，"审判长定日期后，法院书记官应作传票，送达于诉讼关系人，令其到场。"第二百九十二条载，"最初言词辩论日期之传票，除记明到场之日时及处所外，并应记明不到场时之法定效果。"第三百五十五条第一项，"传唤证人，应于传票记明下列各款事项：（一）证人及当事人。（二）证人应到场之日时及处所。（三）证人不到场时应受之制裁。（四）证人请求旅费及日费之权利。（五）法院。"第三百五十八条第三项，"应受前项裁决之证人得拘提之"各等语。究竟审判长及书记官应否各于传票、拘票签名，颇有疑义。请予解释等因到院。

查传票拘票，均应由作制该票之书记官签名。相应函复贵厅查照。

此复！

■ 统字第 1752 号

民国十一年六月二十七日大理院复直隶高等审判厅函

径复者：

准贵厅函开：据天津地方审判厅呈称，"呈为呈请解释事，今有某甲因贫卖女，依《刑律补充条例》第九条，系犯《刑律》第三百四十九条之亲告罪。因无告诉权人之告诉（被告人即有告诉权人），而被害人系未成年，亦未表示告诉意思，又无其他利害关系人声请指定告诉。由检察官起诉后，业经判决驳回公诉，确定在案。原检察官复以职权指定该厅司法警察为代行告诉人再行起诉，是否合法？厥有二说：甲说主张合法。谓，依统字第八号解释，检察官得以职权指定此等指定告诉，本属亲告之变例，不过具备告诉形式而已。乙说主张不合法。谓，查照统字第八条解释，系指诱拐他人子女，携之远方者而言，与自己因贫卖女者情形不同。如该被卖之子女，既未表示告诉而为之指定告诉人代行告诉，其父未免违反被害人之本意。且检察官虽得以职权径行指定，亦须如发觉该案之巡警与事实上可为告发人，故得指定为法律上之告诉人。若检察厅支配之司法警察对于该案毫无关系，并未有所见闻，指定为代行告诉人，不过禀承检察官之意思，直为检察官之机关，则检察官职权原系代表国家而为原告，何必多此一举？是虽具备告诉形式，实不啻取消告诉条件，与立法上规定亲告罪之本旨相违。以上二说，未知孰当。理合呈请钧厅转函大理院解释示遵"等情前来。查事关法律疑义，相应据情函达钧院解释，俾资饬遵，实为公便等因到院。

查关于强和卖罪之指定代诉人，应先尽统字第一千二百号解释内所举之人指定；如无此等人，自得仍依统字第八号解释办理。若原呈所称指定情形，究非合法。相应函复贵厅转令查照可也。

此致！

统字第 1753 号

民国十一年六月二十九日大理院复江西高等审判厅函

径复者：

准贵厅函开：据江西高等审判分厅监督推事岳秀华呈称，"窃查《刑事诉讼条例》第四十二条，'传唤被告，应用传票。'第四十四条，'传票应送达之。'又第九十三条，'传唤证人，应用传票。'第九十五条，'传票应送达之。'至送达应由何人行之，并未明白规定。乃查该条例第二百零九条，'送达文件，除本章程有特别规定外，准用《民事诉讼条例》。'又查《民事诉讼条例》第一百五十条，'送达应由法院书记官交承发吏庭丁或邮务局行之。'则刑事传票，应由承发吏送达，并以庭丁、邮差补助承发吏送达，尚属明了。惟送达民事传票，向应征收费用。究竟送达刑事传票，应否一律收费？此应请解释者一。又查旧章，检察官所发之传票，向由司法警察送达，而《刑事诉讼条例》第五十四条，'拘提由司法警察执行'，并未有司法警察送达传票之规定。检察官所发之传票，是否亦有承发吏送达，并以庭丁补助之？此应请解释者二。又查《刑事诉讼条例》第三百四十二条，'判决得变更起诉状所载犯罪应适用之法条，但以具备下列条件之一者为限：（一）变更之法条，其最重本刑与起诉状所载相等或较轻者。（二）变更之法条，仍据起诉状所载之事实者。'假如检察官起诉状所载法条为《刑律》第三百一十三条第一款（即伤害致死），而法院审理结果认系杀人，应照《刑律》第三百一十一条处断；又如起诉状所载系《刑律》第三百五十八条（即妨害安全），而法院认为应适用《刑律》第三百七十条（即单纯强盗）；又如起诉状所载系《刑律》第三百六十八条第二项（即结伙窃盗）或《刑律》第三百八十五条（即三人以上共犯诈财），而法院认为应援用《刑律》第三百七十三条第二款（即结伙强盗），其判决均当变更起诉状所载应适用法条。然上开情形，是否为仍据起诉状所载之事实，不无疑义。如不能谓系仍据起诉状所载之事实，究应为何种之判决？此应请解释者三。以上三端，均关法定程序，未敢擅决。且《刑事诉讼条例》施行之期在即，理合具文呈请转院解释示遵"等情。据此，相应据情函请贵院迅赐解释，以便转令遵照等因到院。

除第三问应另行函复外，兹分别解答如下：

一、《刑事诉讼条例》第二百零九条所称"送达文件，除本章有特别规定外，准用《民事诉讼条例》"云云，自系指准用其送达程序而言，尚不得以此为收费之根据。

二、检察官所发之传票应由何人送达，《刑事诉讼条例》无明文规定。应参照《检察厅调度司法警察章程》第六十二条、第六十三条，由司法警察办理。

以上二端，相应函复贵厅转令查照可也。

此致！

■ 统字第 1754 号

民国十一年六月二十八日大理院复浙江第二高等审判分厅函

径复者：

准贵厅艳代电开：兹敝厅对民、刑诉讼条例，有疑义五点，应请解释者，谨分款列述于下：（一）《刑事诉讼条例》为程序法，《施行条例》第一条之规定，当然包含管辖言之。兹查《诉讼条例》第十六条所定管辖，与七月一日以前所适用者不同。例如，《刑法》第三百八十二条之罪，在七月一日以前，是以地方厅为第一审，七月一日以后，应以地方厅为第二审。此类案件，如七月以前，高、地两厅审理未结者，是否仍照七月以前之管辖，照旧进行。或谓该条例第三百三十一条规定，审判开始后，即应继续审判，不发生上述问题。惟按本条为通常规定，并非为施行规定。如七月一日以后，不会依条例二百九十八条开始审判，是否以从前之审理，视为条例施行后之审判。又对于声明上诉，而未开始审判之案，是否照第三百四十一条移送原审衙门受理，仍属不无疑义。此应请示解释者一。（二）查《刑诉条例》第三百五十八条规定，"告诉乃论之罪，被害人得于未经告诉以前，径向管辖法院起诉。"按"法院"二字，当系专指审判厅而言。"得"字意义，被害人有是否径向审判厅起诉之自由。如被害人不径向审厅起诉，仍诉请检厅提起公诉，则凡关于私诉程序之规定，是否即不须适用（第二编第二章）？抑因其案件性质本属私诉，虽诉由检厅提起，仍应适用关于私诉各条之规定？此应请示解释者二。（三）例如，《刑律》第三百八十二条之诈财罪，依《刑诉条例》之规定，以地方厅为控诉审。而该条罪名，如为县署审判确定者，即在应送覆判之列。依《覆判章程》，不服原县覆审时，以高等厅为控诉审。二者上诉管辖不同，是否章程与条例可以各别适用？此应请示解释者三。上述疑义，理合快邮电请钧院，迅赐解释示遵等因到院。

本院查凡因《刑事诉讼条例》施行，致管辖变更之案件，在第一审进行程度，如已合于同条例所称"开始审判情形"者，自应分别依同条例第三百三十一条或第三百四十一条办理。惟高等审判厅接收不服管辖内下级法院判决上诉之案，无论已否开始审判，均不得不予受理。又同条例第三百五十八条所称"法院"，系指审判厅而言。既谓"得起诉"云云，被害人当然有选择之自由。同编同章，系私诉之特别规定。被害人如仍诉由检察厅提起公诉，即亦无可适用。至《覆判章程》，本为特别程序。凡有明文规定者，自应悉依章程办理。除民事部分另行函复外，即希贵厅查照。

此复！

■ **统字第 1755 号**
民国十一年六月二十九日大理院复江苏高等审判厅函
径复者：

准贵厅函开：查《刑律》第二百七十五条后段载："官员犯者，并免现职"等语。该条"官员"二字，见解不一。甲说谓，依《刑律》第八十三条第一项规定，官员系指职官吏员及其他依法令从事于公务之议员、委员、职员而言。故凡官员犯鸦片烟罪，于宣告刑罚时，并应宣告免其现职。乙说谓，第二百七十五条之"官员"，乃第二百六十八条税关官员及第二百七十二条巡警官员之略称。盖《刑律》并免现职之规定，如第一百五十条第二项及第一百七十六条第二项，均指犯职务之上罪者而言。税关巡警以外之官员犯鸦片烟罪，既与其职务无关，不应于宣告刑罚时，并依第二百七十五条后段宣告免其现职。以上两说，究以何说为是？事关法律解释，相应函请贵院迅赐解释见复等因到院。

查《刑律》分则关于并免现职之规定，如第一百五十条第二项及第一百七十六条，皆限定某种官员或其佐理，而第一百八十五条及第二百七十五条，不限定某种官员，且剔除佐理。故官员犯《刑律》第二百六十六条至第二百七十二条之罪，应免现职。相应函复贵厅查照可也。

此致！

■ **统字第 1756 号**
民国十一年六月二十九日大理院复总检察厅函
径复者：

准贵厅函开：据山西高等检察厅呈称，案据太原地方检察厅呈称，"查《审判厅试办章程》第十七条规定，'刑事传票，由检察官或预审推事指挥，司法警察执行之。'又第一百十九条后半规定，'俟《刑事诉讼法》颁布后，本章程即停止施行。'查《刑事诉讼条例》业经奉令颁布，自七月一日实行。是《诉讼条例》施行后，《试办章程》当然无效，固属毫无疑义。查《刑事诉讼条例》第四十四条载，'票应送达之'。第四十二条第二项载，'发传票之权，侦查中属于检察官，预审中属于预审推事，审判中属于审判长或受命推事'等语，是规定发传票之权，较《试办章程》为详，足征立法进步。而执行传票，应属司法警察，抑属承发吏，未经明文规定。于此有二说焉：（甲说）本条例第四十四条载，'传票应送达之。'第二百零九条载，'送达文件，除本章有特别规定外，准用《民事诉讼条例》。'查《民事诉讼条例》第一百五十条载，'送达应由法院书记官交承发吏、庭丁或邮务局行之。'再证之修正《承发吏职务章程》第一条第一项载，'承审判检察厅之命令而送达之事件。'第一款载，'发送传票'等语，是送达传票，应由承发吏执行，了无疑义。（乙说）查《民事诉讼条例》第一百七十二条载，'送达应由送达吏作送达证书，证明下列各款事项，由送达吏签名。'第一款载，'使行送达之法院'等语。又查民、刑事诉讼条例规定，'法院'专属审判厅之名称。显系执行民事传票，非指刑事传票而言。让一步言之，即指民、刑事传票而言，亦只限于审判厅所出刑事传票而言，非指检察厅传票而言。盖因检察厅不称'法院'故也。质言之，刑事传票，应由司法警察执行，不能由承发吏执行是也。以上二说，均能持之有故，言之有理，究以何说为当，此应请解释者一。再查本条例第二百五十一条载，'不起诉之处分书，应以正本或节本，送达于被告及告诉人。'第二百六十条载，'起诉之案件准用之'各等语，是起诉书及不起诉之处分书，均应送达，毫无疑义。究应以司法警察为送达吏送达之，抑应以承发吏送达之？此应请解释者二。查本条例第四百七十八条载，'谕知科刑之判决者，并应论知被告负担诉讼费用之全部或一部'等语。按刑事案件，征收讼费，减轻国库负担，用意至为完善。但检察厅不起诉处分，绝无科刑可言，而送达处分书及传票等件，应否征收钞录费、票费及送达费，以示一律？此应请解释者三。又查本条例第四百八十三条载，'负担诉讼费之判决，未经谕知额数者，由指挥执行之检察官定之'。是未经谕知费用额数者，应由检察官酌定，令被告人担负全部或一部之诉讼费用，固属当然解释。惟诉讼费用，未经明文规定，可否准用《民诉条例》诉讼费用各条暨九年七月十六日《政府公报》内载诉讼费用规则办理？此应请解释者四。以上四项，亟待援用，谨呈请转请解释"等情。据此，理合备文呈请转院解释示遵等情到厅，相应函送贵院核办见复，以便转令遵照等因到院。

查第一、第二问，已详统字第一七五三号解释。第三、第四问，应查照司法部呈准修订《诉讼费用规则》关于刑事部分之规定（见第一百三十五期《司法公报》）办理。相应函复贵厅转令查照可也。

此致！

统字第1757号

民国十一年六月二十九日大理院复浙江第一高等审判分厅函

径复者：

准贵分厅删代电开：查《民事诉讼条例》第二六六条第一项："判决应作判决书，记明下列各项事项：一，（略）；二，（略）；三，判决主文；四，事实，五，理由；六，（略）。"第四百九十九条："除本章有特别规定外，地方审判厅第一审程序之规定，于第二审准用之。"第五百四十九条，"除本章有特别规定外，第二审程序之规定，于第三审程序准用之。"是第二审、第三审判决书，似亦各应列有事实一项。惟甲说，第二百六十六条第二项既有事实项下"应记明当事人在言词辩论所为之声明及其提出之攻击或防卫方法，并调查证据所得结果之要领"之规定，则不经言词辩论之第三审所为之判决，其判决书似可略去事实一项。有大理院十一年民事上字第一五六号、第一八二号、第二一八号、第二三八号、第三三三号（均系适用《民诉条例》之判例）各判例，可资参考。而乙说以为，第二百六十六条第二项之规定，似系认定事实以外之记明，并非即系该条第一项第四款规定之事实。两说孰是，请予解释等因到院。

查《民事诉讼条例》第五百四十九条，既云准用，即应将被准用之条文，加以必要之变更而用之。第三审为专审法律之法院，自无于判决书中须列事实之理。相应函复贵分厅查照。

此复！

■ 统字第 1758 号

民国十一年六月二十九日大理院复浙江高等审判厅函

径复者：

准贵厅五五六号函开：谨按民事上告，因上告状程式违法，以决定驳回者，须当事人于适当期间内，有合法之补正，始予受理，早经钧院著为判例。所谓"适当期间"，是否准用法定上诉期间，以二十日为限。伏乞俯予解释只遵等因到院。

查本院判例所谓"适当期间"，应准用法定上诉期间，以二十日为限。但《民事诉讼条例》施行以后，遇有此等情事，应由审判衙门先限期令其补正，如不遵期补正者，则驳回其上诉。上诉既经驳回之后，即不许再行补正。相应函复贵厅查照。

此复！

■ 统字第 1759 号

民国十一年七月四日大理院复湖北第二高等审判分厅电

湖北襄阳第二高等审判分厅：

号代电悉！民、刑诉条例施行后，《审厅试办章程》应失效，《县诉章程》则否，覆判已有新章。

大理院支印

附：湖北第二高等审判分厅原代电

大理院钧鉴：

民、刑事诉讼条例施行后，《各级审判厅试办章程》及《县知事审理诉讼暂行章程》是否失效？又《刑事诉讼条例》第十六条各款所定初级审判厅，有第一审管辖权之案件。其法定主刑，有合于《覆判章程》第一条第一项各款者，是否仍应送覆判？敬希电示只遵。

湖北第二高等审判分厅号印

统字第 1760 号

民国十一年七月五日大理院复直隶高等审判厅函

径复者：

准贵厅函开：据天津地方审判厅长单毓华呈称，"兹有中国人甲，对于有领事裁判权之外国人乙及中国人丙，有债务关系。丙在外县署诉甲，经过判决确定，查封甲之家产。乙在职厅诉甲，经过判决确定，乙请加入丙案查封之甲产分配。丙谓乙与甲系伪造债务，陷害其真正债权，拒绝加入。按此等异议，与第三人对于查封之不动产主张所有权之情形不同，可否援照大理院民国九年统字第一三一零号解释，著乙另对丙在中国审判衙门诉请解决，不无疑义。理合呈请鉴核，转函大理院解释示遵"等情。据此，事关法律解释，相应据情备文函请解释，以便转令遵照等因到院。

查所询情形，丙为拒绝加入查封起见，自可对甲向中国审判衙门起诉，请求确认其对乙之债务为非真实，亦可对乙向各该国领事起诉，否认其对甲之债权为真实。本院统字第一三一零号解释，与此情形不同，不能援照。相应函复贵厅转令查照可也。

此复！

统字第 1761 号

民国十一年七月十五日大理院复农商部函

径复者：

准贵部函开：今设有某省议会，对于该省一地方之某电灯、电话、自来水、电车等类之一商办公司，以议决案之形式议决，"由该公司按月抽捐若干元，以之拨充该省内之某一城镇小学教员薪俸，并声明不得摊及用户"等语。查《省议会暂行法》规定，省议会之职权得为议决者六项，预算省税使用费规费，固在列举之内。惟此项抽捐，系于一省同种类之诸公司中指定某一公司，令其按月抽捐，并任意定抽捐之额数，令其继续缴纳。又仅以一省中之某一城镇之小学经费内之教员薪俸，为指定之用途，与省税使用费规费之性质，似不相合。且对于该公司更有不得摊及用户之议决，究竟此项议决，是否在于该暂行法所列举之议决职权以内？事关法律解释，相应函请解释见复等因到院。

查省议会对一地方某一公司为按月抽捐之议决，不能认为《省议会暂行法》第十条职权以内之事。其议决即非合法，则指定用途之当否，可以不问。至限该公司不得摊及用户，盖即不能与用户合意加价之意，尤为限制他人之私法行为能力，更属不合。相应函复贵部查照。

此复！

统字第 1762 号

民国十一年七月十九日大理院复浙江高等审判厅函

径复者：

准贵厅真电函开：《民诉条例》第五百三十一条一项，案件上诉在施行前，甲说,法律不溯既往,应就实体裁判。乙说,依《施行条例》第一条,当以新法驳斥。参照第二十三等条,并未就上述案件有反对规定。两说孰是,电请解释到院。

查《民事诉讼条例施行条例》第一条,乃谓施行前提起之诉讼,其以后之程序,应依该条例终结。非《民事诉讼条例》施行前,已经合法成立之行为,亦适用该条例裁判之意,应以甲说为是。相应函复贵厅查照。

此复!

■ **统字第1763号**

民国十一年七月二十日大理院复湖北第二高等审判分厅电

湖北第二高等审判分厅:

漾代电悉!计算讼费额数,应依修正《诉讼费用规定》第十一条以下各条办理。谕知被告负担讼费全部或一部,应视被告负担力酌定。以俱发罪追诉者,其无罪部分所需讼费,应由国库负担。余希查照新颁《司法印纸规则》及修正《诉讼费用现则》。

大理院马印

附:湖北第二高等审判分厅原代电

大理院钧鉴:

查《刑事诉讼条例》第四百七十八条规定,"谕知科刑之判决者,并应谕知被告负担诉讼费用之全部或一部"等语。计算此项诉讼费用之额数,究以何为标准?所谓"被告负担讼费之一部"者,是否指俱发罪案件内,有某部分判认有罪,某部分判认无罪之被告而言?且是否于起诉时,即须命被告预缴讼费,抑须俟判决确定后,始命其缴纳?又该条例第四百八十条第一项、第四百八十一条第一项所载由"国库负担之讼费",应否贴用诉讼印纸?以上各点,敝分厅未敢臆断,敬祈电示遵行。

湖北第二高等审判分厅漾印

■ **统字第1764号**

民国十一年七月二十日大理院复山西高等审判厅函

径复者:

准贵厅代电开:第一审判决之案,经控诉及上告两审维持原判者,当事人如向控诉审提起再审之诉,原参与第一审判决之推事,应否回避?伏乞解释电复等因到院。

查代电情形,毋庸回避。希参照本院民国六年抗字第一八号判例。相应函复贵厅查照。

此复!

■ **统字第1765号**

民国十一年七月二十四日大理院复江西高等审判厅函

径复者:

前准贵厅刑字第八三号函内开:请求解释之第三问,经本院于统字第一七五三号函内叙明，应另行函复在案（原问已叙入前函，故略）。兹查《刑事诉讼条例》第三百四十二条列举两款，如合其一，即在得变法条之列。该第二款所称"状载事实"，凡事实之概略或成分，为原状所载而加以诉追者均是。审理结果虽或更为详尽，要不得谓非原已有所记载。来函所举各例，以举列各法条观之，似与此尚无不合。相应函复贵厅转令查照可也。

此致！

■ 统字第 1766 号

民国十一年八月四日大理院咨财政部文

为咨复事：

准贵部咨开：据中国银行总裁王克敏呈称，"窃查《公司条例》第一百四十五条第三项载，'股东于会议事项有特别之利害关系者，于其事项之议决，不得加入决议之数，并不得为他人代理而行使其议决权'等语。何种会议事项，应认为与参与预会议之股东有特别之利害关系，尚乏判例、解释可资准绳。假有某股份有限公司，其股东兼任公司下列事务之一：（一）董事；（二）监察人；（三）总事务所各部主任；（四）分店经理人；（五）分店副经理；（六）其他使用人；（七）受聘任而不享职员奖励金之分配者。设遇下列会议事项，就上开（一）至（七）股东中，何者不得加入决议之数，并不得为他人代理而行使其议决权？（甲）对于董事造具监察人，复核《公司条例》第一百七十八条第一款至第四款簿册承认与否，或有无异议之表决。（乙）关于选任同条例第一百四十九条第二项之检查人。（丙）关于同条例第一百七十八条第五款公积金，及盈余利息分配案，而此项分配案，依章程应并定公司职员奖励金者。对于上开各事项，何者股东应认为有特别之利害关系，学者各主一说，莫衷一是。子说谓，（一）至（七）人员，既均兼任公司职员，与（甲）、（乙）、（丙）三事项，均应认为有特别之利害关系。丑说谓，对于（甲）、（乙）两事项，（一）、（二）两种人员既为造具及复核簿册之人，自应认为有特别之利害关系。（三）至（六）人员，如曾参与编制簿册或掌管簿册，所根据之账目者，亦不得加入决议。其余不在此例。至对于（丙）事项，仅（七）种人员，不在特别利害关系之例。寅说谓，承认簿册，参照同条例第一百八十二条，视为对于董事监察人免其责任。则遇（甲）事项付表决时，（一）、（二）两种人员，自不得加入决议。至其余（三）至（七）人员，既无应负之责，自可加入决议。（乙）事项付表决时，与（甲）同（丙）事项之奖励金，既为章程所许，非关于额数之争执，（一）至（六）人员，亦自可加入决议。至（七）人员，尤不成问题。卯说谓，股东兼充公司职员者，其利害关系既与其他股东相共。（一）至（七）各人员，对于（甲）、（乙）、（丙）三事项，原无特别利害关系之可言。以上诸说，究以何说为当，抑另有其他解决方法？事关法令疑义，伏乞咨行大理院解释，俾资遵循"等情到部。查原呈所称各节，事关法令疑义，应请贵院查核见复，以凭转行知照等因到院。

查《公司条例》第一百四十五条第三项，所谓"股东于会议事项有特别利害关系者"，乃因其事项之决议，该股东特别取得权利或免义务，又或丧失权利或新负义务之谓。甲、乙两事项之决议，原为查核董事监察人造具之簿册或报告有无弊窦，而免除其责任，故只一、二两种人员得不加入决议，并为他人代理。其余人员，若非曾经参与编制簿册或掌管簿册所根据之账目，被攻击为有协同舞弊情事者，自不应在禁止之例。至丙事项关于职员奖励金之议决，则凡股东充当职员得受奖金之分配者，自为有特别利害关系，不得加入决议，或为他人代理。相应咨复贵部转行查照。

此咨！

■ 统字第1767号

民国十一年八月四日大理院复山东高等审判厅函

径复者：

准贵厅虞代电开：今有选举诉讼案件，发见短少票纸四十五张。但复选监督，曾于选举完竣后第三日，以票纸短少情事函报总选举事务所。此于法律适用上，发生疑点。甲说谓，选举票纸实数与所领数，或多或少，事所恒有。法律上既未规定此种呈报必须在投票以前，复选监督只需呈报有案，无论在选举完竣后，何日何时，均不得谓之违法与舞弊，自不能因此主张选举为无效。乙说谓，法律于票纸之发交保存，各有明文规定，其郑重票纸，可想而知。办理选举者，断无有事前不检点票纸实数之理。如检点票纸与所领数目有多少情事，当然先期呈报，用示大公。若事前既未呈报，是事前业已检点，并无多少不符情事可知，乃至选举后发生争议，被人攻击时，始以一纸函报塞责，则所有发现短少各票，无从证明其非因抽票舞弊所致。为慎重选政计，当然可视为选举无效之原因。以上两说，未知孰是，此应请解释者一。《省议会选举法施行细则》第十六条，"投票人因错误污损投票纸及封筒时，得请求换给。前项投票纸及封筒之换给，管理员须将该投票人姓名，记载于投票录。"是如有换给票纸之人，应即记载于投票录，为法律所明定。兹因选举诉讼，发见废票十四纸，究系何人请求换给，投票录并未记载，在法律上是否违法，可认为选举无效之原因，事乏先例。此应请解释者二。《省议会议员选举法》第五十条，"投票人倘有冒替及其他违背法令情事，管理员及监察员得令退出。"兹查有选举人确因特别事故未能到场投票，而在报到簿中，乃有以该选举人名义签到、投票、选票之事实，其为冒替可知。当时管理员及监察员未令退出，是否仅系该管理员及监察员疏忽之咎，抑可认为冒替者系舞弊，办理选举者未令退出系违法？此应请解释者三。上述各节，因于法令上生有争议，又无成例可资遵守，相应函请解释等因到院。

查第一问题，短少票纸，法律既未限其必于何时呈报，则呈报稍迟，自不能遽指为违法。惟票纸短少，所关极重，复选监督于选举完竣三日后，始行呈报，有无舞弊情事，是属事实问题，应详查实际情形，始能解决。第二问题，查办理人违法，得为选举无效之原因，必其违法有影响于选举之公正者始可，本院早有先例。换给票纸，管理员未将该换票人记载于投票录，固属不合。但使别无舞弊情节，不能遽认为选举无效之原因。至第三问题，亦应以管理员及监督员是否知其冒替，未令退出为断，不能为一般之断定。相应函复贵厅查照。

此复！

■ 统字第 1768 号

民国十一年八月四日大理院复江苏高等审判厅函

径复者：

准贵厅函开：案据上海律师公会呈称，"窃查《民事诉讼条例》现在已奉实行。该条例第五百四十八条及五百六十六条所规定之'意图妨碍诉讼终结而上诉，及显然无益之上诉，得科上诉人及签名律师之罚锾'各等语。惟上诉本为救济原裁判或有偏颇之弊，因上诉而撤销原判或驳回上诉者，本无一定。在上诉人一方，岂有不希望撤销原裁判，而自陷于意图妨碍诉讼终结之行为？又上诉之有无利益，更无一定标准。尽有此方极为有利益，而他方以为毫无利益，法院之判决，亦时有撤销原判，更为利害相反之判决。可见法律之智知，既有高下，而见解又岂能尽同？究竟此意图妨害诉讼终结及显然无益两端，应以何者而定其范围，殊难适从。兹于七月二号本会第七次评议会议决，应行备文呈请钧厅，转请解释"等语。相应函请解释见复，以便转知等因到院。

查《民事诉讼条例》第五百四十八条及五百六十六条规定，应由法院就当事人或其代理律师之行为，参酌各该案情形认定裁判，自无抽象标准之可言。相应函复贵厅转行查照。

此复！

■ 统字第 1769 号

民国十一年八月四日大理院复吉林高等审判厅函

径复者：

准贵厅函开：案据吉林滨江地方审判厅长王铭鼎呈称，"为转请解释事，窃查《各级审判厅试办章程》第一百十九条载，'民事、刑事诉讼法颁行后，本章程即停止施行'等语。现民诉、刑诉条例，业奉明令颁布施行，该项章程自系废止。惟《民事诉讼执行规则》第七条第一项后半段，仍依《试办章程》第四十二条办理之规定。是否因《试办章程》废止，即失其效力？于此有二说：甲说谓，《民事诉讼执行规则》第七条第一项后半段之规定，原非依《试办章程》之效力而施行，不过立法者之省文而已。《试办章程》虽已废止，《民事诉讼执行规则》并未失效，自应仍认为有效，依《试办章程》第四十二条之办法办理。乙说谓，《民事诉讼执行规则》第七条第一项后半段之规定，系援用《试办章程》之规定。《试办章程》既经废止，则其根本已失效力，《民事诉讼执行规则》第七条第一项后半段之规定，当然因之失效，不能再为适用。二说孰是，事关法律解释，理合呈请钧厅转请大理院迅赐解释示遵"等情。据此，相应函请解释，以便转饬遵行等因到院。

查《民事诉讼条例》关于民事执行，既无规定，则《民事诉讼执行规则》关于执行援用之《试办章程》规定，自仍有效。相应函复贵厅转令遵照。

此复！

■ 统字第 1770 号

民国十一年八月四日大理院致浙江高等审判厅转杭县律师公会函

径启者：

据杭州律师公会啸代电开：教令公布之《民诉条例》第一百三十三条第四款，"法院得依声请或依职权，为受救助人选任律师代理诉讼，暂行免付酬金。"是普通诉讼，当事人请律师代理诉讼，应付酬金，与以前部令修正《律师章程》第十九条第一项不符。是否适用后法优于前法，及教令优于部令之通例办理，案关解释法令。经敝会常任评议会议决，请求解释，即请迅赐解释示知等因到院。

查《民事诉讼条例》第一百三十三条第四款之"酬金"，即指公费而言。盖公费本亦报酬之一种。修正《律师章程》第一九条第一项所谓"不得别立明目，索取报酬"，乃不得于公费报酬外，再索报酬之谓。相应函请贵厅转令该会遵照可也。

此致！

■ 统字第 1771 号

民国十一年八月四日大理院复北京律师公会函

径复者：

准贵会函开：据会员黄云鹏等函称，"查《公司条例》第一百四十五条第三项载，'股东于会议事项有特别之利害关系者，于其事项之决议，不得加入决议之数，并不得为他人代理而行使其议决权'等语。所谓特别利害关系，应如何解释？谨分别列举如下：（一）股东个人或个人以上本身之利害关系，请求大会决议者。（二）股东个人或个人以上，对于公司之行为，由他股东提议质问者。（三）董监事自身之薪俸报酬。（四）股东而兼任公司职务者，对于本身职务上之各案。（五）股东而兼任公司职务者之自身奖励金分配案。以上五项，是否应照《公司条例》第一百四十五条第三项之规定办理？此外，以股东而兼任公司职务者，是否均属特别关系？且是否兼有两种身分，一方行使职员职权，一方又行使其股东职权，与《公司条例》第一百四十五条第三项法意，有无抵触？再公司职员，是否可以承充各股东代表？盖缘近来公司职员而兼为股东者，往往利用两种身分，以为舞弊把持之具。甚者联络大小职员，到处包揽代表股东投票表决，便其私图，无法以破其奸，致公司前途，不堪设想，不可不防，应否在制裁之内？谨分别缮具理由，统祈转呈大理院明白解释，以袪群疑，而资遵守，不胜公盼"等因。据此，事关法律解释，相应转请解释，以凭转复等因到院。

查所询各问题，与财政部咨询情形相同。至谓"近来公司职员兼股东者，往往利用两种身分，以为舞弊把持之具，甚者联络大小职员，到处包揽代表股东投票表决,便其私图"等语,或系实情。惟此种弊端,应由职员以外之股东,自己尊重其议决权,非不得已不任意委人代理。对于他人之代理是否真实合法,亦可严行考查,而对于董事监察人造具之簿册,尤可于会议前或会议后(查照《公司条例》第一百八十二条)详细检阅,依法举揭,初非毫无救济之法。附上复财政部解释一件,即请贵会转行查照可也。

此复!

■ 统字第 1772 号

民国十一年八月三日大理院复东省特别区域高等审判厅电

东省特别区域高等审判厅:

养代电所述贵厅解释,尚属正当。

大理院江印

附:东省特别区域高等审判厅原代电

北京大理院鉴:

案据所属地审厅呈称:查《刑事诉讼条例》第三百八十九条规定之意义,职厅庭员见解,分为两说。甲说谓,法文既称"不得为被告利益起见而上诉",玩其语意,并以第三百八十二条之用语比例观之,明明系指检察官或私诉人而言,被告自身,当然不受该条之限制。况草案理由书内,有"惟情罪本重,而所科之刑失之过轻者,检察官或私诉人仍得上诉"之语,尤足证明本条法文,系专为检察官或私诉人而设,而与被告无关。如谓谕知拘役或百元以下罚金之第一审判决,即被告亦不得为自己利益起见而上诉,揆诸立法本旨,当不其然。虽同条例第四百零三条,有对于第三百八十九条之第一审判决有不服者,得上诉于管辖第三审之法院规定,但第三审法院所能纠正者,仅及法律问题,不及事实问题。设被告以第一审判决内所认定之事实,与真相不符,甚或影响及于附带民事诉讼,而欲从事实问题上求救济之法,其道何由?故无论第一审判决科刑轻重或谕知免诉,均不能谓被告无向管辖第二审之法院上诉之权。乙说谓,法文既未明指检察官或私诉人,则被告当然亦受该条之限制。两说各有理由,未知孰是,转请解释等情。据此,查对于谕知拘役或百元以下罚金之第一审判决,不得为被告利益起见而上诉,《刑事诉讼条例》第三百八十九条,已有明文规定。更参以同条例第四百零三条被告人之上诉,亦仅止一审,理甚明显,本无争议之余地。原呈甲说就该条文字曲为解释,谓被告自身当然不受限制。果如甲说主张,该条规定,专为检察官私诉人而设,将置被告之法定代理人、保佐人或配偶,及原审之辩护人、代理人于何地?况该条明明为限制上诉之规定,倘被告人仍准向第二审法院声明上诉,而检察官、私诉人,实际为被告利益而上诉者,又为绝无仅有之事,则其结果,该条等于具文。第二审法院,亦不能因此而稍有疏通,与立法者之本意,显属相反。复查第四百零三条统称之曰"有不服者,得上诉于管辖第三审之法院",并未限定何人得为此项上诉,自不能禁止被告人之提起。甲说既许被告得向第二审法院声明上诉,是否并许其不经第二审法院,得径向第三审法院声明上诉?恐亦不能自圆其说。至事实问题,设不能据第一审判判决而定,第三审法院仍得以发还更审之程序,再求详实,亦何至无救济之途？依本厅见解，当以乙说为是。惟事关法律疑义，未敢擅断，用特据情转请迅赐解释示遵。

东省特别区域高审厅养

■ 统字第1773号

民国十一年八月三日大理院复安徽高等审判厅电

安徽高等审判厅：

代电悉！希查照本院统字第一七二四号解释。

大理院江印

附：安徽高等审判厅原代电

大理院钧鉴：

兹有被告曾授陆军三等军法正，充任陆军某团行营军法官。嗣于退职（指军法官职务）回籍后，犯刑法上之罪，经法院受理审判，由上告审发还更审中。该被告畏罪，希图脱离法院管辖，复由陆军某团委充行营军法官，是否仍归普通法院管辖，继续审判，尚无明文规定，颇滋疑义。恳请钧院迅予解释，以便遵循。

皖高审厅

■ 统字第1774号

民国十一年八月四日大理院复总检察厅函

径复者：

准贵厅函开：案据直隶高等检察厅代电称："据保定地方检察厅检察长王凤苞呈称，窃查《刑事诉讼条例》，奉令于七月一日施行。现在期间将届，关于适用上不无疑义，谨为钧厅缕晰陈之：（一）告诉乃论之罪，依该条例第二百二十四条第一项，'告诉人应于知悉犯人之时起六月内为之。'设有告诉业已逾期，而犯人所犯之罪，尚未罹公诉之时效者，检察官能否据其告诉，而以职权进行诉讼？（二）审判厅开始预审时，该条例上既无检察官应行莅庭之明文，而又无预审推事于终结前咨询意见之规定。是否检察官对于预审案件，绝对不加参与？（三）该条例第七编，既规定诉讼费用，而其范围及计算之标准，均无明文。指挥执行判决之检察官，将何所据而办理耶？（四）该条例施行前所颁布之《刑事简易程序暂行条例》，是否认为一种特别法，仍予以适用？理合具文呈请钧厅鉴核，请赐解释。又据该厅虞日代电称，《刑事诉讼条例》第二百二十二条'或其亲属为被告者'之'亲属'二字，是否'配偶'之误？乞赐示遵"各等情。据此，理合电请转院解释示遵等情到厅。相应函送贵院核办见复，以便转令遵照等因到院。

兹分别解答如下：

一、《刑事诉讼条例》第二百二十四条第一项，既于告诉人之告诉设有限期，则告诉人逾期不告诉，即不得行使告诉权，检察官自亦不能提起公诉。但同条例施行以前，已有合法告诉者，不在此限。

二、同条例关于预审各规定，本无检察官应执行之职务，当然不得参与。惟按诸第二百八十二条及第一百九十一条第一项第三款，尚非绝对不许检察官莅庭。

三、详见本院统字第一千七百六十三号解释文。

四、《刑事诉讼条例施行条例》第十三条载，"在初级审判厅规复以前，《刑事诉讼条例》中关于初级审判厅之规定，于简易庭适用之。"是《刑事简易程序暂行条例》并未失效。

至《刑事诉讼条例》第二百二十二条所称"或其亲属"，乃指法定代理人、保佐人之亲属而言。原文并无错误。

相应函复贵厅转令查照。

此复！

■ **统字第 1775 号**

民国十一年八月十二日大理院复浙江第二高等审判分厅函

径复者：

准贵厅代电开：对于民、刑诉讼条例疑义五端，应请解释到院。除刑事部分先行解答外，关于民事部分，尚有两端：（一）《民事诉讼施行条例》第一条之规定，例如七月以前第二审判决后，已据声明上告而未审理之案，合于五百三十二条规定者，是否即依该条例终结之？又五百三十二条（"二"字应系"一"字之误）条文"利益"二字，是否包含诉讼费用在内？此应请示解释者一。（二）《民事诉讼条例》第一百三十二条第二项规定，"该管吏员，应为声请诉讼救助人出具证书"。唯查吏员之范围如何，并无规定。现在我国行政法制度上已有之吏员，事实上能为当事人出具证书者，系指何种吏员而言？至村警、乡警，即前清地保之变称，乡党自好者不为，能否视为吏员？此应请示解释者二等语。

本院查（一）《民事诉讼条例施行条例》第一条载，"《民事诉讼条例》施行前提起之诉讼，其以后之诉讼程序，应依《民事诉讼条例》终结之。"是本条例施行前，已经合法成立之诉讼行为，固不得依本条例而认其为无效。惟查本条例第五百三十二条所定在前，此法令虽无明文，而本院已早著为判例［见本院《判例要旨汇览》（第一卷）"民事诉讼法"，第一三八页］，希即查照办理。至本条例第五百三十一条第一项所谓"利益"，系指诉讼标的而言，不包含诉讼费用。观于第二项所载"计算前项利益，准用第五条至第十三条规定"，甚属明显。（二）本条例第一百三十二条第二项，因现行制度尚不完备，施行上诸多困难，已于《施行条例》第七条规定暂不适用。凡关于声请救助之证明，应依修正《诉讼费用规则》第十八条办理。相应函复贵厅查照。

此复！

■ **统字第 1776 号**

民国十一年八月二十八日大理院复浙江第一高等审判分厅函

径复者：

准贵厅函开：准钧院十一年刑字第一三二七号公函内开："《刑事诉讼条例》

现已实行。凡上诉于本院之案，必不合于该条例第四百十三条、第四百十四条情形，始得依照第四百十五条转送到院。于转送前，务希贵厅查照第四百十条、四百十一条、四百十二条办理。再法定程序，利在励行。而各种程式及期限，被告及私诉人或未必悉行了解，应如何随案促令注意之处，统希酌核办理，以维法律而保人民，无任感级等由。"准此，自应遵照办理。惟查民事第三审上诉状应表明之事项，《民诉条例》第五百三十七条有明文规定。果其上诉状完备而合程序，第二审法院书记官自应依法第五百四十九条，准用第五百零五条办理。尚其关于应表明之事项，显有欠缺，而依第五百四十九条，准用第五百零八条限令补正之权，属诸第三审法院审判长。原第二审法院书记官，应否径将表明不完备之上诉状，连同卷宗速送第三审法院？惟查第一百七十三条第二项："法院书记官应将送达证书附卷。"倘其时第二审原判送达证书，尚未据初级审判厅书记官送交，则诉讼卷宗，显未完备，以致第三审法院无从审查。上诉期间，似又未能速送。现有不服职厅判决上诉于钧院之案件，上诉程式既不完备，而嘱托原县知事送达判决之送达证书，亦未据送交到厅，能否将不完备之卷宗，连同不完备之上诉状，先行送交钧院核办？相应函请钧院，迅予指示，俾有遵循等因到院。

　　查所询情形，应由第二审法院书记官从速催取送达证书后，将上诉状连同诉讼卷宗送院核办可也！

　　此复！

■ 统字第 1777 号

民国十一年十月二日大理院咨司法部文

为咨复事：

准贵部咨开：案准外交部咨称，准哈尔滨交涉员呈称，"据滨江县知事呈，'现有领事裁判权国人民甲、乙，与华商丙、丁等赊给华人戊货物后，戊因生意亏累荒闭，负欠货款，不能清偿，并欲逃匿。甲、乙、丙、丁共同向办理华洋诉讼审判衙门声请假扣押，并起诉追偿。查戊对于甲、乙，固应归特别审判籍法院管辖，至戊与丙、丁，另有普通审判籍。今与外人共在华洋诉讼审判衙门起诉，应否并案收理？一说谓，《民事诉讼条例》第六十四条第二款，诉讼标的本与事实上法律上同一原因者，即许为共同诉讼。且普通审判籍被告因共诉不能并归特别法院管辖，法例亦无明文限制。今丙、丁与甲、乙诉讼标的之事实、法律原因相同，在戊之特别审判籍法院为共同诉讼，揆之法例，并无抵触之处。若或各归管辖法院，分案起诉，结果既难一致，于将来执行上，即多窒碍，自应并案管辖，用昭便捷。一说谓，华洋诉讼以县知事公署为初审，交涉员为终审，系二级制。普通审判系三级制。被告属隶普通法院管辖一部分之诉讼，设或并归华洋诉讼审判，其结果若有偏颇，于上诉审即被剥夺一级，遂减少一救济机关，与原、被双方上诉权利，俱蒙损害，殊失法律保障之精神。似宜分别将戊与甲、乙部分诉讼，归华洋诉讼法院管辖，其戊与丙、丁部分诉讼，仍归戊之普通审判籍法院管辖。至甲、乙、丙、丁与戊各行诉讼之标的物，归管辖任何法院保管，应以首先受理者担任之，矣各法院将诉讼审判结果，再行会同处分。似此办理，庶于审判管辖不致错误，而诉讼当事人，亦各享法律之自由。以上二说，究以何说为是，请鉴核解释令遵'等情。此案关系法律解释，相应咨请查照核定见复，以凭转饬遵照"等由。准此，查此案事关法律解释，究应如何办理之处，相应咨请查核见复，以凭转咨等因到院。

查丙、丁既显与甲、乙在戊特别审判籍所在地之法院共同起诉，该法院自无拒不受理之理。相应咨复贵部查照。

此咨！

■ 统字第1778号
民国十一年十月六日大理院致四川高审厅转成都律师公会函
径启者：

据成都律师公会鱼电称：承继适用现行律"妇人夫亡无子守志"一条，抚子必以守志妇人之名，主抚书、立抚约，已无疑义。倘其初有夺继之人为强而有力者，以守志妇之伯母及兄弟之名，共同为主抚人有立主抚约，此种抚约效力如何？又冬电称：六十年以下、五十年以上无抵押担保之普通债券，债务人已亡，且已证明此数十年中，又无一次之催告。此种债权抛弃，与时效已否经过，债券有无效力？又敬电称：同父周亲，是否只限于胞弟兄以上？均请迅予解释示遵等因到院。

查（一）被承继人亡故而守志妇尚生存者，应由守志妇行使立继之权。若系守志妇伯母及兄弟等出名所立抚约，守志妇自得主张其为无效。（二）时效制度，现行法令尚无明文规定。如来电所述，究竟是否抛弃、有无其他情事，应由法院斟酌审认。（三）现行律所谓"同父周亲"，以同父之兄弟为限。若本条同父而业经出继他房者（兼祧除外），于本生父之兄弟，即不得为同父周亲。相应函请贵厅转行该会遵照可也。

此致！

■ 统字第1779号
民国十一年十月六日大理院复财政部函
径复者：

准贵部函开：据中国银行呈称："前奉大部函抄送大理院统字第一七六六号解释内开：'甲、乙两事项之决议，只一、二两种人员，不得加入决议，并为他人代理。其余人员若非曾经参与编制簿册，或掌管簿册所根据之账目，被攻击为有协同舞弊情事者，自不应在禁止之列'等语。诠释上开解释，所谓'曾经参与编制簿册，或掌管簿册所根据之账目，被攻击为有协同舞弊情事者'，其被攻击之人，是否系指经股东会揭举之特定之人，并经证明有协同舞弊之具体事实者而言？抑系指不论经任何一股东。指一般参与编制簿册或掌管簿册所根据之账目之上下使用人员。混统斥为协同舞弊而言。又被攻击之人，是否须经股东会以决议禁止其行使议决权及代理权，抑因二、三股东之空言攻击，不经股东会决议，即丧失其权利？以上各疑义，非请求答解，关于公务上待决事项，无凭处理。伏乞大部咨行大理院赐予解释，俾资遵循"等情到部。相应据情函请贵院查核见复，以凭转饬遵照等因到院。

查本院前次解释所谓"曾经参与编制簿册所根据之账目，被攻击为有协同舞弊情事，不得加入议决，并为他人代理"云者，谓有一人以上之股东，指出其人协同舞弊之事实，经股东会决议议决，剥夺其议决及代理权者而言。若仅有一、二股东空言攻击，未经股东会议决者，其权利自无遽认为丧失之理。惟该项应否剥夺其议决及代理权之决议，既与其人有特别利害关系，其人于该决议，即不能加入议决，并为他人代理，自不待言。相应函请贵部查照。

此复！

■ 统字第1780号

民国十一年十月二十七日大理院复新疆司法筹备处函

径复者：

准贵处八月三十日电开：今有甲服官边省，父乙及弟四人，分住京寓及原籍，妻丙随任。甲身故无子，遗金逾万，丙矢志守节，拟俟夫弟辈谁生有二子时，择一立继。暂将遗金置产，每年提出息金三成，作为翁姑养老费。终养后，移作夫弟侄辈学费。余七成留归合法嗣子继承，以期节、孝两全。而乙欲执行亲权，必令丙全数交出，以为亲父对于子之遗产，有权取得，不能由丙享有及处分。丙不服，呈请将此案照依法律解释，以便遵办前来。查官吏遗金，系由精神劳力所得，与祖业性质不同。直接尊属于管有祖业外，对于子妇因夫服官所有遗产，似只能处于监护地位。又《民律草案》第一千四百六十七条第二项载，"妇人夫亡无子守志者，得承夫应继之分"。为继承人非至遗产无此项合法人承受时，直接尊属似无公然越权取得之理。因直接尊属取得遗产后，恐或径授他子，转令守志之妇，无所资以生存，而立继之事，将更不能办到也。究竟甲之遗产，于未立继以前，是否归其守志之妻丙所有，抑应归其父乙所有？案悬待决，亟须确定。事关法律解释，未敢擅拟，理合呈请钧院，迅赐解释示遵等因到院。

查现行律例，载有"妇人夫亡无子守志者，合承夫分"等语。来函所述甲之遗金，依该律文类推解释。在未立继以前，自应归其妻丙管有。惟丙亦不得滥行处分。相应函复贵处查照可也。

此复！

■ 统字第1781号

民国十一年十一月八日大理院致江苏高等审判厅函

径启者：

据上海总商会电称，"商号倒闭，如地方有特别习惯，是否先条理适用？又前清已废止之《破产律》以及钧院创设之判例，是否均只能认为条理之一种？请赐电示"等因到院。

查商人破产，如该地方有特别习惯法，自应先于一切条理适用。其前清已废止之《破产律》，仅有时得作为条理。至本院现行判例，虽不认有反对之条理存在，惟已有习惯法者，仍应先适用该习惯法。相应函请贵厅转行该会遵照可也。

此致！

■ 统字第 1782 号

民国十一年十一月八日大理院复京师高等审判厅函

径复者：

准贵厅函开：查《民事诉讼条例》规定提起抗告期限，除有特别规定外，应于裁决送达后十日之不变期限内为之。则现行《执行规则》中所载"抗告之未定有期限者"（如《执行规则》第十条），应否适用《民事诉讼条例》所定之抗告期限，不无疑义。相应函请迅予解释见复等因到院。

查普通抗告期限，在《民事诉讼条例》既有明文规定。则凡《执行规则》等特别法令之未定有期限者，于该条例施行后，自应适用该条例办理。相应函复贵厅查照。

此复！

■ 统字第 1783 号

民国十一年十一月十日大理院复江苏高等审判厅函

径复者：

准贵厅函开：查民事诉讼当事人不缴讼费，经法院裁决限期补正。当事人逾限仍不遵缴，始经第一审或第二审法院，依《民事诉讼条例》第二百九十条第一项第五款或第五百零八条第一项第一款之规定，以判决驳斥其诉或上诉。该被驳斥之当事人，于收受判决后，在二十日内缴纳讼费或声请救助，请求回复原状，应否准许？本厅庭员意见，分为二说：甲说谓，《民事诉讼条例》第二百一十条，仅谓当事人迟误声请回复原状之期限，或关于其声请之言词辩论日期者，不得更行声请回复原状，此项因不缴讼费而驳斥之判决，既不在第二百十条限制之列。则苟在二十日内缴纳讼费或声请救助，自应准其声请回复原状。乙说谓，第二百九十条第一项及第五百零八条第一项第一款但书，均载"但其情形可以补正者，审判长应定期限先命补正"等语，是已先予当事人以限期补正之机会。当事人逾此期限，即与迟误声请回复原状期限之性质相同。经法院以判决驳斥后，当事人只能于上诉期限内提起上诉，不得更行声请回复原状。又查当事人因不缴讼费被驳斥上诉，于收受判决后二十日内补缴讼费，惟并未说明障碍，仅请求仍予受理，应否准许，亦分二说：甲说谓，依贵院历来判例解释，在二十日内缴纳讼费者，不问有无障碍，均应准予受理。乙说则谓，《民事诉讼条例》及现行修正《诉讼费用规则》，并无明文规定，应不予受理。以上两种问题，究以何说为是？事关法律疑义，应请解释，俾有遵循等因到院。

查《民事诉讼条例》第二百零三条规定，"迟误诉讼行为者，除本条例有特别规定外，不得为该诉讼行为。"至于回复原状，依《民事诉讼条例》第二百零五条，以迟误必要之言词辩论日期或不变期限者为限。来函所述情形，既在《民事诉讼条例》另有规定，系由审判长定期补正。而此项期限，又得依声请或职权以裁决伸长，自不能再行准用回复原状之规定，以为救济。本院前此判例解释于二十日内缴纳讼费，仍准受理，系斟酌当时情形，认为适当之条理采用。现在《民事诉讼条例》既有明文，前例即应废止。惟审判长定期补正时不宜过短，应斟酌讼费数额及各该地方之经济状况，并应将法律上之效果（即以判决驳斥其诉或上诉），明予示知，以促其注意。相应函复贵厅查照可也。

此复！

■ 统字第 1784 号

民国十一年十一月二十三日大理院复湖北高等审判厅函

径复者：

准贵厅函开：查本年七月六日《政府公报》登载钧院复浙江高等审判厅统字第一七五八号公函内开："查本院判例所谓'适当期间'，应准用法定上诉期间，以二十日为限。但《民事诉讼条例》施行以后，遇有此等情事，应由审判衙门先限期令其补正。如不遵期补正者，则驳回其上诉。上诉即经驳回之后，即不许再行补正"等因。是上诉人之不遵限期补缴审判费用者，一经驳斥上诉之后，即不许再行补缴，固应遵照办理。但上诉人于驳斥判决送达后二十日内，来厅具状声明窒碍，补贴印纸，请求传案审理者，是否即应准其上诉？又第三审案件，如遇此种情形，应以何法救济？现在本厅此类案件甚多，亟待解决，相应函请解释示遵等因到院。

查一、二两审，因程序未备，所为驳斥其诉或上诉之判决，该当事人如有不服，应准上诉。至第三审案件，遇有此种情形，仅得于具备再审条件时，提起再审之诉，以为救济。其余已见本院统字第一七八三号解释，即希参照。相应函复贵厅查照。

此复！

■ 统字第 1785 号

民国十一年十二月七日大理院咨司法部文

为咨复事：

准贵部咨开：准外交部咨开：据滨江道尹代电称："据滨江县知事呈：'有甲、乙、丙三人，甲将丙处存款，让渡与乙所有后，即有戊以权利关系，向该管法院声请将让渡之款，施行假扣押。乙对于扣押法院声明异议，复以丙属隶特别审判籍，又在特别法院诉请追付存款，应否管辖受理，律章殊乏明文。于此有二说：子说谓，乙款被戊声请扣押后，乙既向扣押法院声明异议，自应听候该法院裁断，或再参加诉讼。似不宜因丙为被告属隶特别审判籍，又在特别法院起诉，于将来判决结果，难免登生冲突。特别法院对此诉讼，应即驳斥，不予受理。丑说谓，乙款经戊声请扣押后，对于扣押法院虽声明异议，究与起诉有间，当然不受《民诉条例》第二百九十五条、第二百九十条之诉讼拘束。丙既隶属特别审判籍，在特别法院诉请付款，自属合法；而特别法院职责所在，即宜管辖受理。以上二说，究以何说为是？现在属县办理华洋诉讼，发生前项案情，亟待解决，请转行解释示遵'前来。事关解释法律，相应咨行贵部查照核夺，迅予咨复，以凭转饬遵照"等因到院。查事关法律问题，相应咨请贵院解释见复，以凭转复等因到院。

查民事假扣押为保全诉讼之程序，与本案诉讼之程序不同。来咨所述情形，除认乙在假扣押法院已以戊、丙为被告合法提起异议之诉外，该特别审判籍所在地之法院，如依法有管辖该案之权，应予受理。相应咨复贵部查照。

此咨！

■ **统字第 1786 号**
民国十一年十二月十九日大理院复内务部函
径复者：

准贵部函开：现有某甲于民国元年在本省被选为参议院议员候补当选人，嗣因图利自己，背其职务，损害国家财产之所为，于四年六月，经法庭判处五等有期徒刑四月，褫夺为选举人一部分之公权在案。查《众议院选举法》第六条第一项"褫夺公权尚未复权者，不得有选举权及被选举权"之规定，系指在选举以前褫夺公权者而言。某甲受褫夺一部分公权，系在当选之后，其被选举权是否因此褫夺，候补当选资格应否取消？再查《暂行新刑律》第四十六条关于褫夺公权事项，其第二款仅列举为选举人之资格，并未列举被选举权，究竟被选举权是否包括在内？事关司法解释，相应函请贵院解释见复等因到院。

查《临时约法》及《议院议员选举法》于选举权、被选举权，本系分别规定。《刑律》第四十六条第二款仅称为"选举人之资格"，其第一款所称之官员，依第八十三条议员又在其内，则只褫夺前条第二款之公权者，无论被选举在前，抑系在后，其被选举之资格，均不因而丧失。《众议院议员选举法》第六条第一款，虽泛称褫夺公权，而褫夺公权在《刑律》既有明文，自系指为选举人及为官员之资格均经褫夺者而言。相应函复贵部查照。

此复！

■ **统字第 1787 号**
民国十一年十二月二十一日大理院复湖北高等审判厅函
径复者：

准贵厅函开：现有甲与乙因沟涉讼一案。据甲造在第一审起诉，主张所有田地，俱在某垸以内；历来收成，皆恃此垸为保障。讵乙某等因垸内有湖一口，每年故将该垸下段往时被水冲溃之倒口，延不堵塞，即水泛时略加修筑，亦系掩耳盗铃，因此垸内田地，时被水淹，受害匪浅。近来乙某等不但不遵前县示禁堵塞实在，乃又衔接倒口，挖沟一条，直达湖心，使水泛时湖水与河水易于连贯，贪图渔利，不顾民生，应请传案法办，以重堤防而保民命等情。经县知事署判决，乙造不服，上诉至地方厅。地方厅以其损失金额在千元以上，当然为地方管辖案件，将卷宗转送到厅。本厅曾传两造讯问，甲某等并不主张赔偿以前之损害，惟请求伊不再开沟并堵塞倒口，以为预防将来损害之计。核与地方厅认定情形，微有不符，致本厅核定诉讼标的之价额，仍无标准。虽查有九年三月十六日钧院复广西高审厅统字第一二四七号解释，谓水利权准用地上权规定办理（即现行《民诉条例》第十二条规定），以其一年因水利可望增加收获之确实利益二十倍，为其诉讼标的价额，但本案情形，亦与前项解释例纯然相反。甲某等不但不能因开沟而增加利益，反因开沟而大受损害。究竟本案征收审判费，是否仍应依前项解释，照《民诉条例》第十二条规定办理？本厅现在此类案件，数见不鲜，稍一不慎，即于管辖上不无错误。相应函请迅赐查核示遵等因到院。

查计算诉讼标的之价额，依《民事诉讼条例》第五条第一项，原则上应由法院酌量核定。惟因算定困难或其他情事，法律上亦有将其方法明定者。如该条例第六条至第十三条是。来函所述情形，在甲造不过一时受损，不能适用第十二条，自仍应依第五条办理。即，视甲造因开沟直接所受之损失若何，由法院依客观的评价酌量核定。相应函复贵厅查照。

此复！

■ 统字第1788号
民国十一年十二月二十一日大理院复吉林高等审判厅函

径复者：

准贵厅代电开：金钱债务约定利息并违约金，债权人于迟延利息之外，能否同时主张违约金？再第一审未经请求判违约金，在第二审提出控诉，能否扩张请求判违约金？统希予以解释，俾有遵循等因到院。

查违约金在当事人意思不明时，应推定为损害赔偿数额之预约迟延利息，亦所以填补债权人之损失者，性质上不容同时并存。至当事人于第二审主张违约金，若非变更诉之原因（例如，在第一审仅因解除契约等涉讼，至第二审主张违约金之类），即非别一诉讼，应予准许。相应函复贵厅查照可也。

此复！

■ 统字第1789号
民国十一年十二月二十一日大理院复察哈尔都统署审判处函

径复者：

准贵处函开：案据集宁招垦设治局局长杨葆初呈称："查《民诉条例》第二百九十六条内载'诉讼拘束发生后，虽定管辖之情事变更，于受诉法院之管辖无影响'等语。所谓'情事变更'，是否概括言之，抑仅就普通管辖言之？于此有二说焉：甲谓，仅就普通管辖言之，不包含专属管辖在内。盖立法本旨，在求诉讼进行迅速，权利早为确定，故以明文规定。诉讼拘束发生后，即普通管辖，亦不得变更，以免迁延之弊。而专属管辖，则于条文内特别规定。盖以某种事件，不专由某衙门管辖，则于诉讼进行，诸外窒碍，是以有专属之规定，亦以达迅速之目的者也。若将专属管辖，一并概括在内，于诉讼进行上发生困难情形，则反乎立法之本旨，而专属之规定，将有时等于虚设矣。乙谓，第二百九十六条规定之主旨，在确定管辖，使诉讼进行不发生窒碍。凡诉讼拘束发生后，不问为普通或专属之管辖，其定管辖之情事，无论如何变更，于受诉审判衙门管辖权上，不生影响，庶免往返移送更新审理之诸种手续，已达迅速之目的。如不包含专属管辖在内，则于文尾当加以'专属管辖，不在此限'八字。查该条既无此八字，又统言定'管辖情事变更'云云，当然专属管辖，亦应概括在内。然若如乙说，则因不动产经界涉讼，其管辖权初属两县，经当事人向一县起诉，诉讼拘束已发生。正在诉讼进行中，因设新治划分县界，遂将所争地完全拨入新治界内。于此时当事人（原告）未待判决，复向新治起诉，则应归新治受理。如甲说，则应依第二百九十五条一项、第二百九十条第六款暨第二百九十六条各规定，为驳斥之判决。孰舍孰从，颇滋疑义。此请解释者一也。又查因不动产经界涉讼，经受诉县署勘丈标界判决确定后，原当事人仍以原诉（即侵越界线）起诉。其所请于法院者，与前不少异。对于此种案件，是否依一事不再理之原则，并依《民诉条例》第二百九十条第七款规定，为驳斥之判决？抑应认为新事实发生（即复行侵界）并不背一事不再理之原则，予以受理？此请解释者二也。又查知事兼理司法事务，《暂行条例》第六条内载'承审员受县知事之监督'等语。所谓监督，其范围有无限制？承审员之职务，是否仅就审判上负责？于必要时，受县知事之命，负检察之责，抑应审判、检察一并负责，均无明文可资依据。此请解释者三也。以上三端，疑而莫释，恳请俯赐解释只遵等情。"

据此，查该局所陈第二疑义，既据呈称该案与前此确定判决之诉讼，系属同一事实，即不能认为新发生之事实，自应依《民诉条例》第二百九十条第七款办理。此不待解释而自明，业经指令知照在案。其第一疑义，所称《民诉条例》第二百九十六条，是否将土地管辖中之专属管辖概括在内？抑应如贵院民国四年抗字第一八九号判例仅以事物管辖中之诉讼物价额有变更之情事为限。又第三疑义所称《县知事兼理司法事务暂行条例》第六条，承审员受县知事之监督，其监督是否包括检查之职务，均似不无疑义。相应据呈函请贵院俯赐解释，俾便转行遵照等因到院。

查（一）《民事诉讼条例》第二百九十六条，系本诸诉讼开始之法院应行终结诉讼之原则以为规定。故凡起诉以后，诉讼标的之价额增减、住址变更或有其他情事，均于受诉法院之管辖，无所影响。来函所述情形，既经当事人向一县提起诉讼（当时管辖权虽属两县，而依《民事诉讼条例》第三十三条、第三十四条，得向其一处起诉），发生诉讼拘束，即应由该县终结；不得因诉讼进行中情事之变更，许其再向新治起诉。（二）承审员之设置，原所以辅助县知事，而审理诉讼事件，应无执行检察职务之时。该条例第六条所谓"受县知事之监督"，不包括检察职务在内。相应函复贵处转行遵照。

此复！

■ 统字第1790号

民国十一年十二月三十日大理院复东省特别区域高等审判厅函

径复者：

准贵厅邮代电开：《民诉条例》第五百六十八条第十二款仅言"发见未经斟酌之证据"，人证是否包括在内？案悬待决，请迅予解释示遵等因到院。

查《民事诉讼条例》所定证据，为人证、鉴定、书证、勘验四种。该第五百六十八条第十二款，既泛言"发见未经斟酌之证据"，当然包括人证在内。惟再审法院应注意该款但书及第五百六十九条第一项，以防滥诉之弊。相应函复贵厅查照可也。

此复！

■ 统字第1791号

民国十二年一月十七日大理院复黑龙江高等审判厅函

径启者：

前准呼兰律师公会电称，统字第二七一号解释现是否适用等因。

查该号解释，未经变更。惟应参照统字第一四四九号解释。相应函请贵厅转行该会查照。

此致！

■ 统字第1792号

民国十二年二月三日大理院致浙江第二高等审判分厅函

径启者：

据金华律师公会电开：查《司法印纸规则》第八条第三项载"前项以外之书状，无论用何种名义，均贴用司法印纸一角"等语。如律师阅卷声请书，是否即为前项以外书状之一种？又民事委任代理之委任书状，是否即民事书状？若为民事书状，除贴应挂号费外，应否加贴声请费？以上疑义，业由大会议决，请求解释。理合呈请解释示遵等因到院。

查《司法印纸规则》第八条第二项，既泛称"以外书状"，则律师阅卷声请书，自应包括在内。至民事委任诉讼代理之书状，当然为民事书状，除贴应挂号费外，应依修正《诉讼费用规则》第七条第二项加贴审判费五角。相应函请贵厅转令该会遵照可也。

此致！

■ 统字第1793号

民国十二年二月三日大理院复浙江高等审判厅函

径复者：

准贵厅函开：案据第二高等审判分厅呈称，据金华律师公会函称，"查《民诉条例》第五百三十一条第一项云，'对于财产权上诉讼之第二审判决，若因上诉所应受之利益不逾百元者，不得上诉。'第二项云：'计算前项利益，准用第五条至第十三条规定。'又查第五条第二项云,'核定诉讼标的之价额,应依交易价额;无交易价额者,依原告就诉讼标的所有之利益计算'等语。依此规定,颇有疑义。兹经敝会共同议决,宜请求解释者有二:甲说谓,计算利益若两造平均,犹有可说。倘两造之利益不平均时。例如,为水利诉讼之事件,在原告藉该水利以资灌溉者,田只一亩。假定每年租息,值洋四元,即以一年租息额之二十倍计算,其利益亦不过百元。在被告藉该水利以资灌溉者,田有数十余亩,每年租息,无庸以二十倍计算,而其利益亦不止百元。此等事件,原告于起诉时,依实际上之利益计算,购贴百元未满之印纸。倘至第三审时,应由被告上诉,此时被告能否照自己所有之利益,声明理由,购贴百元以上之印纸,提起上诉。此应请解释示遵者一。乙说谓,本条例第七条第二项云'以一诉将利息或其他滋息损害赔偿违约金或费用,附带于主诉讼标的而主张之者,不计算其价额'等语。依此规定,是原告购贴印纸时,附带于主诉讼标的之部分,不计算在内,已属明了。但购贴印纸时,只就主诉讼之部分而计算之。至上诉时,能否就附带于主诉讼之部分,一并计算其利益?例如,为山场涉讼事件,山契内载明之价额,或不满百元。若就山上之滋息计算在内,动辄逾百元以上。此等事件,第三审无论由何方上诉,能否声明理由,将附带于主请求之部分,一并计算在内,购贴百元以上提起上诉?此应请解释示遵者二。以上二者,敝会认为有请求解释之必要,相应函请转呈大理院请求解释示遵"等情前来。理合备文呈请,仰祈钧长核转等情到厅。据此,事关呈请解释法律,相应转请钧院解释示知,以便转令遵照等因到院。

查(一)两造利益不平均时,应视被告一造有无提起反诉。如被告有反诉,并就其反诉之部分,向第三审法院提起上诉,即应按照其反诉标的之价额,贴用印纸。否则,无论其抗辩若何,只以原告之诉讼标的为准。(二)附带主张,既不计算其价额,则上诉时自不应与主诉部分合计。相应函复贵厅转令遵照。

此复!

■ 统字第1794号

民国十二年二月三日大理院复北京律师公会函

径复者:

准贵会函开:据会员桂步骥、王善昌、章浚涵、郭定保等函称:"设有某地方公益财团法人,内设总董、协董、副董各一人。但对外一切,向由总董甲代表,协董、副董均不列名,有历来公私文书可证。甲并先曾有单独具名出卖公产之事。兹甲另将前经抵押他人之公产一处(其抵押时,亦系单独具名)转售与丁,即以售价备赎,余款存放生息(此后,甲亦单独出名购买他产,未发生争执)。当经正式立契约,交付方单,约期清业,地价业已由丁付清,并经招工订约承造,同时复向邻近购得地亩数处,置作义庄。至期,甲未履行,由丁诉经控诉审法院,判令甲照约移转管业。于执行中,协董乙、副董丙因所欲未遂,忽以未经事先同意,共同具名,出持异议,并因此项同意权之争议,现由其他法团向行政公署呈诉饬查。于此发生法律上疑问数则：（一）乙、丙对丁，是否得提起执行异议之诉，抑应为其他诉讼程序？子说谓，执行异议之诉，限于有所有权之第三人，乙、丙与甲同为该法团董事，殊难认为《不动产执行规则》第六条所称'得以提起执行异议之诉之权利者'，并称业经判定执行。乙、丙无论以何种诉讼程序，再行起诉，均不免违反一事不再理之原则。丑说，乙、丙于案未确定前，原应向第一审法院提起主参加之诉。惟现既判决，正在执行中，于法亦可提起执行异议之诉。而乙、丙既为该法团协董、副董，甲虽名居总董，果系私擅出卖，乙、丙自可代表该法团起诉。（二）丁向甲买受之产，乙、丙事后是否可持异议？子说，甲为总董，对外向虽由其代表，而在内部关系，乙、丙究亦居于董事之列。无论向来公私文书，乙、丙是否共同具名，而关于此次系争地产，倘乙、丙未予同意或追认，甲之处分行为，仍属无效。其以前卖结他姓房产之事，与系争房产之同意权，不相关涉。丑说，乙、丙对外既向不出面，历来公私文书，均系由甲具名；甲又有先曾单独出名卖产之事实，则丁由甲所买之产，虽仅由甲出名，苟其所缔契约，不逾法人目的之范围，并不失为善良管理之旨，不能谓为无效。且案经涉讼，二次判决，自立约以至涉讼，为时不为不久，乙、丙且亦明知。既称身为董事，何以早不参加？早年在甲既本有单独出名卖产之事，当时乙、丙更有知情默认之意。即依条理言之，乙、丙纵因权限争议，亦只能对甲向行政官厅请求一种行政处分。实难任其事后推翻卖约，致使善意买受之第三者丁蒙其损害。（三）此项法人内部之权限争议，究应入行政范围，抑应属司法审判？子说，案关地方公益法团之组织与权限。现既另由法团向行政公署饬查，倘行政机关已有受理之表示，司法衙门即无庸再行受理。丑说，该法团虽属行政上之组织，而买卖地产，究关私权上之争执。如向司法衙门提起诉讼，司法衙门仍应予以受理。以上三则，究以何说为是，事关法令疑义，尚乏依据，相应函请贵会转呈解释"等因。据此，当经本公会于本年十月六日开常任评议员会议决，关于第一项，甲如取得该法团代表资格，则其处理即有不当，乙、丙应依法另案起诉，而不能对抗第三人之丁。第二项，由前例言，乙、丙之同意权，系内部问题。甲之处分合法否，又系一问题。如以手续未尽为理由，则乙、丙可对甲单纯争其同意。倘甲之处分有损害及法团时，而乙、丙应对之为要偿之诉。关于第三项，纯属司法范围，众议佥同。惟事关法律解释，原属贵院职权，理合转请迅予解释示复等因到院。

查甲既为该法人总董，当有法定代理资格，其处分公产之行为，不能认为无效。如确有损害及于法人，亦只得依法另求救济。至因买卖地产涉讼，属于私权上之争执，应由司法衙门受理。相应函复贵会转行遵照可也。

此复！

■ **统字第1795号**
民国十二年二月五日大理院致直隶高等审判厅函
径启者：
据天津律师公会函开：窃前准律师黎炳文函称，"查《民事诉讼条例》第五百三十一条规定，'对于财产权上诉讼之第二审判决，若因上诉所应受之利益不逾百元者，不得上诉'等语。本条见解约分两派：甲说谓，凡属司法上之第二审判决，均应包括在内。是为文理上之广义解释。乙说极端反对，谓，本条文理与论理抵触，应从论理解释，以求立法之真意。即邻县所为之第二审判决，不能包括在内，但指法院之第二审判决而言。其理由：（一）本条例现仅适用于法院。县知事兼理诉讼，为暂行之法，不能适用。（二）倘邻县之第二审判决，亦适用本条，则是以邻县为终审，而不满百元之民事诉讼，直无受法院审判之途，其危险殊甚。且各邻不满百元事件，十居八九，安能剥夺其上诉之权？以上二说，未知孰是，应请转呈大理院，加以确定解释，俾便遵守"等语。当经本会于十月一日召集常任评议员会经全体议决，认为有请求解释之必要。相应函请迅赐解释，俾资遵守等因到院。

查《民事诉讼条例》第五百三十一条，系关于第三审程序之规定，不因《县知事审理诉讼暂行章程》之存废而有差异。邻县所为第二审判决，当然包括在内。相应函请贵厅转令查照。

此致！

统字第1796号

民国十二年二月十日大理院复奉天高等审判厅函

径复者：

准贵厅电开：查《民事诉讼条例》第五百三十一条第一项载，"对于财产权上诉讼之第二审判决，若因上诉所应受之利益不逾百元者，不得上诉。"又第二项载，"计算前项利益，准用第五条至十三条规定。"又第四百七十二条第二项载，"不得上诉之判决，于宣告时确定。不宣告者，于送达时确定"各等语。设有因财产权涉讼上诉第三审事件，上诉人因上诉所应受之利益，本显然在百元以上。惟该事件于起诉时，经第一审误为核定诉讼标的之价额未满百元，照此征收讼费。于此发生争议，或主张此项诉讼标的之价额，既经第一审核定为百元未满，无论其核定是否适当，经第二审判决送达后，即应确定。第三审法院，自不得就其内容，更行审查，应以判决驳斥上诉。或主张因上诉所受利益云者，不能仅依征收讼费之多寡为准，尚应就其内容详予审查。如其讼争标的之价额实在百元以上，因上诉所受之利益，亦已逾越百元，则虽第一审系按百元未满征收讼费，仍应就其上诉有无理由，予以裁判，不能谓上诉为不合法，径行驳斥。究竟经第一审核定诉讼标的价额不满百元之案，当事人于第二审判决后，是否即臻确定？倘提起上诉，上诉法院能否进就内容审究裁判？事关法律疑问，相应电请解释见复等因到院。

查民事诉讼标的之价额，既经第一审核定，当事人并未曾声明异议，即属确定，第三审法院无更行变更之余地。相应函复贵厅查照。

此复！

■ 统字第 1797 号

民国十二年二月十日大理院致浙江高等审判厅函

径启者：

据杭县律师公会电开：查《民诉条例》施行以后，凡对于财产权上诉讼，上诉所应受之利益不逾百元者，不得为第三审之上诉。设有财产权之诉讼，其交易价额，确系值一百五十六元。起诉系在《民诉条例》施行前。原告人以七十五元以上百元未满缴纳审判费起诉，被告并未觉察，原审又不依法调查。第一审判决，原告之请求驳回。第二审上诉又驳斥。惟其第二审判决，形式上虽驳斥上诉，而理由实于被上诉人（即第一审被告）权利，大有影响。被上诉人准备上诉，其时《民诉条例》已经实行，检查原起诉价额，系依照百元未满计算。关于第三审，应否准其上诉？现分两说：（甲说）《民诉条例》第六条，"诉讼标的之价额，以起诉时之价额为准。"该案诉讼价额，被告既未有声明异议，案经第二审判决，其起诉时之价额，形式上早已确定。况第三审为审查法律，无调查事实之权，故不能准其上诉。（乙说）《民诉条例》第五条第二项规定，"核定诉讼价额，应依交易价额。"又第三项，"法院因核定价额，得依声明或依职权调查证据。"今原告起诉价额，既非交易价额，法院又未依职权调查证据，即属违背法令，得据为上诉理由。且被告在当时，未能预料《民诉条例》实行有"上诉利益不逾百元者，不许为第三审上诉"之制限。今无端因原告人一己之意思所缴审判费为标准，剥夺他人上诉权，于法于情，均有未合；应准其依照《民诉条例》第五百三十七条第二项，记明得为上诉之利益，声明上诉。事关诉权之法律疑问，经十一年第二十七次常任评议员会议决，转请解释，以资遵循等因到院。

查法院所为判决，以主文为准。如代电所述，应视主文如何。若系驳斥原告所诉之主张或上诉，则被告一造，即系完全胜诉；无论所附理由如何，要毋庸另求救济。其余见本院统字第一七九六号解释，希为参照。相应函请贵厅转令该会遵照。

此致！

■ 统字第 1798 号

民国十二年二月五日大理院致山东高等审判厅函

径启者：

据济南律师公会电开：为法律有疑，请求解释事。窃民事上告期间，《民事诉讼条例》规定为二十日，当事人蓄意迟延，妨害进行，往往于上诉期间内，仅具声明上告状，于期满外，不遵法庭所定相当期间，补具正式上诉理由状，法庭因此不能送院，以致诉讼无法进行。遇有普通诉讼，关系尚浅。而选举诉讼，例应速结；期限问题，所关最重。究竟此种声明，于上诉期间外，不遵法庭所定相当期间补具正式上诉理由状，其上告是否可认为有效？如认为有效，究以延至若干时日为止，诉讼法并无规定。现在济南发生此等案件，急待解释，以资救济，理合电请迅予解释，俾资遵行等因到院。

查上诉程序未备（如上诉未缴讼费及未表明理由之类），依《民事诉讼条例》第五百零八条、第五百四十九条，原应由上诉法院审判长限期补正，不生无效问题。纵或嘱托原审衙门办理，亦应将送达证连同卷宗，即行申送。至补正期限已满，该当事人仍未遵行，即由法院为驳斥上诉之判决。相应函请贵厅转令遵照。

此致！

■ **统字第 1799 号**

民国十二年三月十六日大理院复江苏高等审判厅函

径复者：

准贵厅函开：据江苏第一高等审判分厅监督推事呈称："奉江苏督军省长公署令转国务院沁电：'查与《政府公报条例》第五条规定，亦不违背，应否仍照《强盗案件特别办法》及《过渡办法》办理，似多疑义，乞转院解释。'相应抄送国务院沁电，请解释见复"等因。

本院查惩治盗匪案件，在国会未经议决以前，暂照《国务会议议决办法》通行，业经司法部呈准（见本年三月三日《政府公报》并准司法部咨行在案），自无庸再为解释。相应函请贵厅查照。

此致！

■ **统字第 1800 号**

民国十二年三月二十八日大理院复湖北高等审判厅函

径复者：

准贵厅函开：据湖北第二高等审判分厅代电称："《惩治盗匪法》现已失效。所有掳人勒赎案件，有谓'系犯私擅逮捕及诈欺取财罪，应以一重处断'者，有谓'应依刑律强盗罪各条处断'者，究以何说为是？相应函请迅予解释赐复"等因。

本院查盗匪案件，在国会未经议决以前，暂照《国务会议议决办法》通行，业经司法部呈准（见本年三月三日《政府公报》并准司法部咨行在案），自无庸再为解释。相应函请贵厅查照。

此致！

■ **统字第 1801 号**

民国十二年三月二十八日大理院复江西高等审判厅函

径复者：

准贵厅十一年刑字第一零四号函开：据江西高等审判分厅监督推事岳秀华呈称，本年四月十七日，据赣县律师公会呈称，"窃公会本年三月定期总会，准会员黄厚瑄提议：按民事再审之诉，查照《民诉条例》第五百六十八条第十款载'为判决基础之刑事上判决，因其他确定判决废弃者'等语。依此条例，则本于刑事非常上告之判决，似得为声请再审之原因。然于此尚有疑问。例如，因土地涉讼前，前次确定判决系以刑事判有侵占罪刑之确定判决为基础，后因非常上告判决撤销该侵占罪刑之确定判决。当事人据以声请再审，是否合法？兹有二说：甲说谓，非常上告之判决，乃以刑事被告人虽在该土地有或行为，非因法令、契约照料他人事务或管有他人之土地，按诸刑律，不成立侵占罪。对于原确定判决所认定占用土地之事实，并未加以否认，欲执行非常上告判决为推翻民事确定判决之根据，于法不合。苟非有其他切实证据，自不能将确定判决，遽予动摇。乙说谓，犯罪事实以行为为要件，行为与犯罪要件不符，上告审当然撤销其罪行，自不须否认其事实。至于土地所有权之事实，原不属刑事范围，自无须加以干涉，即无从加以否认。况刑事确定判决，既经非常上告判决撤销，其内容事实，无论如何认定，其判决已不存在，更何待另以他词为之否认？该判决既不存在，则民事确定判决之基础判决，亦不存在，而民事确定判决，即已动摇。当事人依据《民诉条例》，执非常上告判决声请再审，自属合法。至在实际上能否推翻民事确定判决，又系另一问题。再审官尚有自由裁判之余地，不能为刑事确定判决所拘束。二说未知孰是等情。准此，当即提付共同讨论，佥以关乎法律疑点，应请转呈大理院解释"等情前来。理合呈请转院解释等情到厅。相应函请迅赐解释，以便转令遵照等因到院。

查来函所述情形，应以乙说为是。相应函复贵厅转行遵照可也。

此复！

■ 统字第1802号

民国十二年三月二十八日大理院致江苏高等审判厅函

径启者：

据上海总商会十一年十一月七日邮代电称，"钧院三年上字第六百七十一号判例'凡商家或普通人已陷破产之状态，而仍与他人为法律行为者，破产债权人自可为破产总债权人之利益，而否认其行为之成立'等语。因此发生疑问有二：查商家往来周转，全恃调款灵活，而我国商家资产负债，又向不公表，故一造未发生破绽或有停止支付之事实时，他人自无从预测其将濒于破产，而与之断绝交往，故所谓'已陷'二字之程度，是否仅仅商店内资产负债，不足相抵，即可谓之'已陷于破产状态'，抑须俟有某种支付不能照支，其窘象已为一般人所明了时，始可谓之'已陷于破产状态'？此两种范围解释之宽严，足以影响于社会金融之流通。如果资产负债，不足相抵，即可谓之已陷于破产状态，是我国商店账目，向不公布，凡与之有款项往来者，时时有契约取销之危险。此应请解释者一。又'仍与他人为法律行为'云云。玩'仍与'二字，应指在此时期内，新创设一种法律行为，使自己负支付之义务，以不利益于其他各债权人者而言。如果商家向有往来，到一定期间，例应给清之款，在债务人并非违法之支付，在债权人亦并非恶意之收受，是否尚应受本判例之限制，蒙追夺之危险？此应请解释者二。以上两点，应请迅赐解释示遵"等因到院。

查本院判例所谓"商家已陷破产之状态"，系指该商家已经关闭，或实际已不能营业者（例如银钱商不能支付之类）而言。至已陷于破产之状态，即应照破产程序办理，无论其行为为何种法律行为，均得由破产债权人为总债权人之利益，否认其成立。相应函请贵厅转行该商会查照可也。

此致！

■ 统字第 1803 号

民国十二年三月二十八日大理院复京师地方审判厅函

径复者：

准贵厅函开：查《清理不动产典当办法》第二条但书后段，"或原契内载有'逾期不赎，听凭作绝'字样，业主于满期时，并未依约回赎者，均以有合意作绝论"云云。解释上有两点疑义：（一）"或原契内载"云云，是否连贯上文，但本办法施行以前句？换言之，即本办法施行后出典不动产契内，载有"逾期不赎，听凭作绝"字样者，能否有效？（二）若应解为，仅指在本办法施行以前所成立之原典契载有此等字样者而言，则所谓"满期时，并未依约回赎者"，是否亦指在本办法施行以前而言？换言之，即立契虽在本办法施行前，而满期已在本办法施行后，届期典主并未依约回赎，亦未另立绝卖契据，或别经合意作绝者，可否以有合意作绝论？事关法律解释，理合函请迅予示复，俾资遵循等因到院。

查《清理不动产典当办法》第二条，系关于施行前典产之规定。关于施行后典产，在第八条另有明文。来函所述本办法施行后所立典契，自应适用第八条办理。至满期在本办法施行后，而立契在施行以前，仍应适用第二条。相应函复贵厅查照。

此复！

■ 统字第 1804 号

民国十二年三月二十八日大理院复浙江高等审判厅函

径启者：

据浙江杭县律师公会邮代电称，据会员徐佩棠函称，"查《省议会议员选举法》第五十四条载，'凡选举票无效者如下：其五款云，选出之人为选举人名册所无者'；又第六十八条载，'复选当选人，不以初选当选人为限'各等语。复选当选人虽不以初选当选人为限，究竟应否以选举人名册为限，条文简略，无所适从，应请转请大理院解释"等语。当付本年第二十九次常任评议员讨论，认为应请解释，理合转请迅赐解释示遵等因到院。

查《省议会议员选举法》第五十四条、第六十八条，与《众议院议员选举法》所定无异。本院民国七年上字九六六号判决已著为先例，希即参照。相应函请贵厅转行该会查照可也。

此致！

■ 统字第 1805 号

民国十二年三月二十八日大理院复山西高等审判厅函

径复者：

准贵厅十一年三零二八号函开：自《民事诉讼条例》颁布后，其讼争财产而以确认身分为前提之案件，虽不得认为人事诉讼，但其关于管辖问题，发生两说：甲说谓，既以确认身分为前提，即应按其身分关系（即人事诉讼以外之非财产诉讼事件），依该条例第三条定其管辖。乙说谓，其诉讼标的既专在财产，即应按其财产金额，依该条例第一条定其管辖。究以何说为是，未能解决。相应函请钧院俯赐解释，以便只遵等因到院。

查来函所述情形，应以乙说为是。相应函请贵厅查照。

此复！

■ 统字第 1806 号

民国十二年三月二十八日大理院复东省特别区域高等审判厅函

径复者：

准贵厅十一年十二月二十八日邮代电开：兹有俄人甲与乙（即俄罗斯保险公司驻哈代理处）因保险期满，领还保款涉讼。乙以原保险单内载有"发生一切争执，如未载明裁判管辖地点者，应在总公司所在地（驻法国巴黎）之法院管辖"字样，为管辖违之抗辩，特区法院应否受理？事关法律疑义，悬案待决，乞电示遵等因到院。

查本件管辖，既经当事人先行约定，如无无效或得以撤销之原因，自应受其拘束。相应函复贵厅查照。

此复！

■ 统字第 1807 号

民国十二年四月三日大理院复东省特别区域高等审判厅函

径复者：

准贵厅邮代电开：查有选任特别代理人（即被告代理）声明上诉，未缴讼费，经第二审法院根据《民诉条例》第六十二条第四项裁决，限声请公示送达人（即原告）先为垫付，乃逾限已久，尚不垫付。此项上诉，是否合法，乞迅赐解释电示等因到院。

查来函所述情形，应由法院以裁决命该代理人补正。如实系无力缴纳，尚得依法救助，不能遽认为不合法。相应函复贵厅查照。

此复！

■ 统字第 1808 号

民国十二年四月三日大理院复东省特别区域高等审判厅函

径复者：

准贵厅癸字第四九九号函开：查有民事案件之上诉人，仅对原判驳斥请求迟延利息部分声明不服，依照现行办法，自应就此部分金额征收讼费。惟查上诉人之请求给付利息，系自起诉之日起至执行终了之日止，未有确定数目。则计算诉讼标的金额，以何为准？事关适用法律疑义，相应函请钧院迅予解释见复，俾便遵循等因到院。

本院查民事上诉人仅就附带主张或原主张之一部提起上诉者，依本院判例，自应征收上诉讼费。惟来函所述情形，既无明确之标准可以核计，只得依《民事诉讼条例》第五条之规定办理。相应函复贵厅查照。

此复！

■ 统字第 1809 号

民国十二年四月十二日大理院复四川第一高等审判分厅电

四川第一高等审判分厅：

沁、感电均悉！刑诉讼费，各审应各自谕知，上诉审得补下级审之漏，均不必注明应征实数。其无讼费者，自无庸谕知。至谕知免缴，究嫌无据。余希查照上年九月九日《政府公报》所登司法部第六七六号令。又院判在《判例要旨汇览》刊行前未经采入汇览者，即不成为例。

大理院文印

附：四川第一高等审判分厅原代电

大理院钧鉴：

《刑诉条例》第四百七十八条，谕知科刑判决者，并应谕知被告负担诉讼费用之全部或一部。计算此项讼费额数，依钧院十一年统字第一七六三号复电，"照修正《诉讼费用规则》第十一以下各条办理"等语。查刑诉以三审终结，其各审应需讼费，当各不同。谕知判决时，若不明定应征实数，则执行时何所依据，可否如民诉判决各审于判决主文，注明某审厅征若干？又修正《诉讼费用规则》第十一条"以下所列各种讼费"，若办理该案毫无费用，则于判决主文，是否不必谕知？又被告确系无力负担者，于判决主文可否谕知免其缴纳，抑或待执行时酌定？又指定辩护人之公费及因被告逃逸之缉捕赏费，与检验死伤之检验费等，可否视为《修正讼费规则》第十七条之必要费用，而谕知判决，令被告负担？川省施行《刑诉条例》伊始，创征刑诉讼费，不能无所标准，敬乞指示，以便遵循。

四川第一高等审判分厅叩沁印

大理院钧鉴：

持无效契约以主张权利，不可谓非诈欺取财，系钧院三年上字第一零七号判决。此项判决，未见采入《要旨汇览》。是否依汇览例言一项"凡援引院判先例者，应专以此书为准"之说，不能援引为例。乞电示遵。

四川第一高等审判分厅叩感印

■ 统字第 1810 号

民国十二年四月十四日大理院复总检察厅函

径复者：

准贵厅函开：查《县知事审理诉讼暂行章程》第三十八条第二项后段，"原告诉人或其代诉人，得向第二审审判衙门呈诉不服，请照上诉程序办理"等语。该原告诉人系向审判厅呈诉者，准驳之权得操之审判厅；其向检察厅呈诉者，则除不合法者外，均应转送同级审判厅核办。检察官虽以原告诉人不服之旨为无理由，不能遽行驳斥。迭经贵院统字第一七五号、二九八号、二五九号解释有案。而据《高等检察厅办事章程》第二十四条第一款乙号所规定，"被害人提起上诉者，检察官审查后，其不合法或显然无理由者，得驳斥之。"与上开《县知事诉讼章程》殆若不无抵触之处。惟查《县知事诉讼章程》系原告诉人或其代诉人之呈诉不服，而《高等检察厅办事章程》则指被害人上诉而言。是上诉者仅为被害人，检察官自得审查其有无理由，以为提起上诉与否之标准。若在县知事审判时，曾为告诉人或代诉人者，既许其得呈诉不服，则除不合法者外，无论有无理由，似均应转送审判衙门核办，始与法意相合。惟事关法律适用，相应函请贵院解释见复等因。

本院查《高等检察厅办事章程》第二十四条第一款乙号所称"被害人提起上诉"，系包括旧《县知事审理诉讼章程》第三十八条第二项所称"原告诉人或其代诉人之呈诉不服"言之，其许检察官驳回上诉，固与旧《县知事审理诉讼章程》不无抵触之嫌。惟《县知事审理诉讼章程》业经修正（见本年三月三十日《政府公报》），观其第二十五条、第二十六条所定，可见告诉人于上诉期限内呈诉不服，虽无理由，检察官厅仍予提起上诉。否则，不问有无理由，检察官亦得驳斥。如检察官认县判为不当，应自行提起上诉或移送该管检察官上诉。此项规定，对于《高等检察厅办事章程》又属后法，自有优越之效力。相应函复贵厅查照可也。

此致！

■ 统字第 1811 号

民国十二年四月二十八日大理院咨司法部文

为咨复事：

准咨开：据奉天高等审判检察厅会呈称，"刑事案件，自《刑诉条例》实行后，告诉人对于检察官所为不起诉处分声请再议，上级检察长如认声请为有理由者，固应依法命令下级检察官查照遵办。惟关于声请无理由予以驳斥之件，该声请人仍复一再声请，究应如何处分，无明文规定。请核示"等情到部。事关解释法律，相应咨请贵院查核见复，并续准咨催速复等因。

本院查《刑事诉讼条例》，于告诉人依第二百五十二条声请再议，经上级检察长依第二百五十三条驳斥后，并未另定有救济方法，则告诉人自不得再行声请。相应咨请贵部查照。

此咨！

■ 统字第1812号

民国十二年五月九日大理院复江西高等审判厅函

径复者：

准贵厅民字第六五号函开：查《民事诉讼条例》第五百七十一条第一项规定再审之诉，若系对于同一事件之第一审及第二审判决，同时声明不服者，应属第二审法院管辖。兹有案件经第一审判决后，当事人一造声明上诉，因迭传未到，由第二审法院以决定撤销上诉，确定在案。现该当事人一造，以发见可受利益裁判之书状，声请再审。究竟应属第二审管辖，抑属第一审管辖，不无疑义。相应函请贵院迅赐解释复示遵行等因到院。

本院查来函所述情形，既未经第二审法院判决，自应适用《民诉条例》第五百七十一条前段规定，专属为第一审判决之原法院管辖。相应函复贵厅查照。

此复！

■ 统字第1813号

民国十二年五月九日大理院复陕西高等审判厅函

径复者：

准贵厅二月宥代电开：前夫甲以妻乙后夫丙为被告，提起婚姻诉讼，请确认自己与乙婚姻之成立，及乙、丙间婚姻之无效，是否专属于丙之普通审判籍所在地法院管辖？乞赐示等因到院。

查来函所述情形，依《民事诉讼条例》第六百六十八条、第六百六十九条，自应专属丙之普通审判籍所在地之法院管辖。相应函复贵厅查照可也。

此复！

■ 统字第1814号

民国十二年五月二十二日大理院复山东高等审判厅函

径复者：

准贵厅四月十七日、五月四日及同月十六日三次快邮代电称，被告对于预审起诉裁决，可否抗告，请示遵等因。

本院查本问题已详统字第一六七六号解释文。相应函复贵厅查照可也。

此致！

附：山东高等审判厅原代电

北京大理院公鉴：

凡对下级法院裁决，得抗告于上级法院，《刑诉条例》本有规定。惟被告人对于预审起诉之裁决，可否抗告，则有甲、乙二说。甲谓，《刑诉条例》第四百三十一条，对于法院裁决，既有抗告明文。预审起诉裁决，亦法院裁决之一法，无不许抗告之规定，被告人当然可以抗告。乙谓，被告人抗告，以无特别规定者为限。预审不过为诉讼之准备，系起诉前之一种程序，并非诉讼之本体，《刑诉条例》第二百六十七条理由栏内，已详细说明。预审既系起诉前之程序，依同条例第四百三十二条，被告人对于预审起诉之裁决，自无抗告之余地。两说未知孰是，案关法律疑义，相应电请钧院从速解释示遵。

　　山东高审厅印

■ **统字第 1815 号**
民国十二年五月三十日大理院复浙江高等审判厅函
　　径复者：
　　准贵厅函开：案据浙江第二高等审判分厅呈称，"窃查《刑事诉讼条例》第六条第二款规定，'附带民事诉讼之诉讼程序，准用《刑事诉讼条例》。《刑事诉讼条例》无规定者，准用《民事诉讼条例》'等语。依此规定，附带民事诉讼应即《民诉条例》缴纳各费，至由刑事所生之诉讼费用，于第七编专条规定，为审判职权内应予裁判之事项，似不应算入附带民事诉讼范围之内。即使漏判，仅予补判为已足，仍与附带民事诉讼性质有别。此于适用第五条移送办法，以及征收审判费数额，颇有出入，不得不为区分。惟告诉人已经依据《民诉条例》第一百十五条规定，并入计算书者，应否将前述诉讼费用部分剔除，或不令缴纳审判费，不无疑义。此应请示者一。又《刑诉条例》第四百四十六条规定，'对于检察官关于羁押具保及扣押物件发还之处分，有不服者，得声请该检察官之同级法院撤销或变更之'等语。此项规定，在有正式法院区域，自属不生问题。现在各县知事兼理司法，被羁押人对于羁押处分提起抗告，有径向地方审厅为之者，亦有径向高审分厅为之者。而该案究为初级案件，抑为地方案件？县卷记录不详，每苦漫无标准。即抗告审应为何受理，殊难认定，不得已拟。予取具原县意见书时，令原县依其职权，声明该案为初级或地方厅第一审之管辖，以凭受理，似较有据。此应请示者二。查刑事诉讼费用，应由有罪判决之被告负担，已于第七编内明文规定。其所负担之部分，依文字解释，当然包含该案诉讼所生之一切费用在内，即告诉人及法院与被告人自己三方因诉讼所生种种之费用也。惟告诉人一方之费用，既系法院应依职权判决有罪判决之被告人负担，不能并入附带民事诉讼范围之内，业已述明于第一款。设或检察官依第四百八十三条，免其缴纳，原告诉人能否本于私权被侵害之理由，另案独立提起诉讼，抑或其私权亦受检察官曾命免缴之限制？此应请示者三。又查司法部第一零三号训令，'关于抄录送达等费，当事人拒不缴纳，由该管司法衙门以裁决酌定期限，命其补缴'云云。按此项裁决，其性质与命令相同，统为司法行政上之事件，似可不用合议制，径由厅之名义行之，抑应分配庭员，认为庭员所办之其他事件？再当事人不服裁决，能否抗告，其期间为几日，均属不无疑义。按此项裁决，如能由受嘱托征收机关（如县署或地厅）于当事人拒绝缴纳时，径由该机关原办执行人员（例如地厅执行推事）裁决强制执行，可免文书往返转辗送达之繁，较易结束，是否可行？此应请示者四。以上四端，拟请赐示，俾有遵循"等情前来。查贵院有统一解释法律之权，据呈前情，相应函请查照，迅予解释见复，以便转令遵照等因到院。

本院查谕知科刑之判决者，于《刑事诉讼费用负担准则》所列各费，固应由法院以职权并令被告负担。如漏未谕知，除因本案上诉，得由上级审补正外，《刑事诉讼条例》尚无得予补判明文，尤不得于他案判决内裁判。至刑事诉讼费用，本与附带民事诉讼费用不同。同条例所称"讼费"，在《刑事诉讼费用负担准则》本有列举规定，其得请求者，并应向法院请求，被告直接对之不负何项责任。谕知被告负担之讼费，如经免其缴纳，即应由国家负担。又查县知事审理之刑事案件，在未判决以前，应以告诉原状所列法条或事实，定其为初级抑系地方管辖。若原诉情形亦不明时，无妨征取县知事之意见。除民事部分另行答复外，相应函复贵厅转令查照。再本院解释文件，定有制限，业经通告在案，嗣后务希查照办理。

此复！

■ 统字第1816号

民国十二年五月三十日大理院复浙江高等审判厅函

径复者：

准贵厅代电开：查《民事诉讼条例》第五百三十一条第二项，"载计算前项利益，准用第五条至第十三条规定"等语。关于此项规定，现在发生疑问：甲说，依统字第一七九六号、一七九七号解释例，民事诉讼标的之价额，若经第一审核定在百元以下，或原告起诉价额照百元未满计算，被告未曾声明异议者，当事人在第三审，即不得主张变更。是第三审法院，亦即毋庸按照第五条至第十三条予以核定。虽诉讼价额实在百元以上，仍应适用同条例第一项，认为不得上诉。乙说，计算同条第一项上诉之利益，既明白规定准用第五条至第十三条规定，则第三审法院对于上诉利益，当然有审查核定之职权。若已经第一审明白予以核定，或上诉人即为第一、二审照百元未满缴费之当事人，固不能再于第三审主张变更。反之，若原告在第一审所缴审判费，与诉讼标的之真正价额并不相符，而第一审法院又未加以注意，并未明白予以核定，其对手一造，因无得知原告缴费若干之机会（如书状缮本并不载明诉讼标的之价额及原告缴费之数目），致未声明异议，迨第二审判决结果，被告始行败诉。于此场合，当然不能以原告一造意思所缴审判费为标准，而不许被告即第三审上诉人声明异议。至其声明异议无论是否正当，不能谓第三审法院无审查核定之余地。若如甲说，是本项法文，只可就上诉人不利益方面予以核定（如，诉讼标的之价额为一百五十元，而其中原本只八十元，准用第七条规定，核定其为不满百元之类）殊非情法之平。再者，同一诉讼标的，有在第一审照百元未满缴纳费用，而在第二审又照百元以上缴纳费用，或在第一审系照百元以上缴纳费用，而在第二审又照百元未满缴纳费用，第一、二审均未加以注意。在第三审法院，依本项规定，更有审查核定之必要。且司法部颁布之《征收诉讼费用注意事项》内开"下级法院所应贴之印纸，上级法院亦须调查"等语。是上级法院本有调查下级法院征收讼费是否足额之职责，更足证明第三审法院不能以原告一造意思，在下级审所贴之印纸数额，为计算上诉利益之标准。以上两说，究以何说为是，事关法律疑义，应请迅赐解释示遵等因到院。

查《民事诉讼条例》第五百三十一条，既明定计算上诉利益，准用第五条至第十三条规定。则第三审法院就讼争财产，自有审查核定之职权。至本院统字第一七九六号解释，系指第一审之核定已经确定，当事人曾有声明异议之机会而不为声明者而言，并非谓第三审法院关于计算上诉利益，不得再行审查核定。相应函复贵厅查照。

此复！

■ **统字第1817号**
民国十二年七月十二日大理院复浙江高等审判厅函
径复者：

准贵厅函开：据浙江第二高等审判分厅呈称，"查司法部第一零三号训令，'关于抄录送达等费，当事人拒不缴纳，由该管司法衙门以裁决酌定期限，命其补缴'云云。按此项裁决，其性质与命令相同，纯为司法行政上之事件，似可不用合议制，径由厅之名义行之，抑应分配庭员，认定庭员所办之其他事件？再当事人不服裁决，能否抗告，其期间为几日？均属不无疑义。按此项裁决，如能由受嘱托征收机关（如县署或地厅）于当事人拒绝缴纳时，径由该机关原办执行人员（例如，地厅执行推事）裁决强制执行，可免文书往返、转辗送达之繁，较易结束。是否可行，应请解释见复"等因到院。

查限令补缴抄录送达等费之裁决，应由审判长为之。当事人如有不服，因法律上并无限制明文，应许其于十日之期限内提起抗告。至执行衙门为便利计，受嘱托为征收并为裁决，亦无不可。除刑事部分先行解答外，相应函复贵厅转令查照可也。

此复！

■ **统字第1818号**
民国十二年七月十二日大理院复总检察厅函
径复者：

准贵厅函开：据山西高等检察厅呈称，案据太原地方检察厅呈称，"据职厅执行处检察官呈称，'兹关于执行诉讼费用，发生疑问数则：（一）检察官、检察厅书记官、书记、司法警察及其他人员，奉派出外调查证据之旅费，可否比照《修正诉讼费用规则》第十六条规定，作为诉讼费用？（二）被告人对于下级审就本案之判决声明上诉，而据上诉书状所记载，并无不服谕知负担诉讼费用部分之意旨。此际执行下级审判决之检察官，得先为诉讼费用之执行否？（三）上级审撤销下级审科刑之判决，而另为科刑以外之判决者，关于下级审之诉讼费用，是否仍由执行下级审判决之检察官，根据下级审之判决，向被告人执行？（四）下级审谕知被告无罪，依《刑事诉讼条例》第四百七十九条（当作第四百八十条）第一项，诉讼费用当然不由被告负担。若检察官声明上诉，经另为科刑之判决，并谕知被告负担诉讼费用者，关于下级审之诉讼费用，是否一并由执行上诉审判决之检察官，向被告执行？以上四端，统乞鉴核示遵'等语。据此，查《刑事诉讼条例》（系《修正诉讼费用规则》之误）第十六条载，推事及法院书记官出外调查之旅费，依官吏出差旅费规则计算。是推事及法院书记官调查旅费，应照旅费规则计算，作为诉讼费用。而检察官及书记官出外调查，事同一律，除不起诉暨判决无罪等案，受本条例第四百八十条第一、第二两项限制，应由国库负担外，其余科刑判决案件，检察官等调查旅费，自应作为诉讼费用。参观《修正诉讼费用规则》第十七条及统字第一七五六号末段解释，其义益显。不过遇有本条例第四百八十四条情形，得免其缴纳耳。第二问题，被告人既声明上诉，虽无不服谕知诉讼费用之声明，而下级检察官亦不得先为诉讼费用之执行。盖因案已上诉，如上诉审撤销原判，宣告无罪，如此场合，既无被告之可言，又何有负担讼费之可议？此就法理言也。再就事实言，该上诉人既已受第一审误判有罪之拖累，万无再令该上诉人担负诉讼费用之理。依此解释，执行诉讼费用，非俟本案确定后，不能执行，其理益明。第三问题，上级审既撤销原判，宣告无罪，是下级审负担费用之谕知，根本上已不能存在。此案诉讼费用，应依本条例第四百八十条规定，'谕知科刑以外之判决者，诉讼费用由国库负担之。'第四问题，诉讼费用应由上级之检察官执行。若有本条例第四百八十六条第三项情形，亦可由上级审检察官指挥下级审之检察官执行也。以上四种解释，是否有当，案关条文疑义，理合呈请钧厅指令遵照"等情。事关解释，理合据情转呈核示施行等情到厅。查原呈所述各节，关系程序法疑义，应请贵院解释见复，以便通令遵照等因。

本院查第一问，检察厅检察官、书记官、书记、司法警察及其他人员奉派出外调查证据之旅费，尚非《修正诉讼费用规则》第十六条之费用。第二问，被告就本案之判决上诉，而上诉书状并无不服谕知负担诉讼费用部分之意旨者，依《刑事诉讼条例》第四百八十二条及第三百七十六条之精神，仍以对于负担诉讼费用之部分有上诉谕。第三问题，上级审撤销科刑之判决，而另为科刑以外之判决，应将原判决负担诉讼费用之部分一并撤销，自无单留此部分以待执行之理。第四问题，下级审谕知被告无罪，经检察官上诉后，上级审另为科刑之判决，并谕知被告负担诉讼费用。若并谕知负担第一审诉讼费用，应由执行上级审裁判之检察官执行，以执行必以裁判为前提也。相应函复贵厅转行查照。

此致！

统字第1819号

民国十二年六月十二日大理院咨司法部文

为咨行事：

准贵部咨开：准财政部函开：案准山东省长咨送山东印花税处拟订《山东省印花税法罚则补充章程》，请会核见复等因到部。查该章程第五条，"伪造处制县戳及其他法定代售机关戳记，加盖印花税票面出售或意图出售者，照《刑律》伪造公印文罪科断"等语。各印花税票发行所发卖印花于需用人，应于印花中央加盖该发行所字号戳记，系经《印花税法施行细则》第八条明白规定，如有作伪情事，自应从严处罚。惟各省印花税处所刊税票上之戳记，比照《刑律》公印文解释，是否适用？相应咨请查核见复，以凭办理"等因到部。事关解释法令，相应咨请贵院查核见复等因到院。

本院查现行《刑律》，即《约法》上所称之法律，非有同等效力之法律或此项法律所委任之命令，不得于刑律文义有所变更。至《刑律》所称"公印"，系指表示公署或官员资格又其职务之印信。称"公印文"者，即指此项印信之文字表现于其他物体者而言。《印花税法施行细则》第八条，既谓应加盖该发行所字号戳记。而同细则所定发行所，则有数种，自应依其种类，按照上述解释，分别认定其为公印文抑系私印文。相应咨复贵部查照。

此咨！

统字第1820号

民国十二年六月十二日大理院复总检察厅函

径复者：

准贵厅函开：案据山东高等检察厅电称，"查检厅起诉案件，得于第一审审判开始前撤回。《刑事诉讼条例》第二百八十七条第一项，已有规定。惟声请预审案件，于预审终结前，可否撤回，因无明文规定，颇滋疑义。此应请解释者一。再现行刑事通例，有由检察官侦查完结，直接起诉者，有由预审推事裁决，送交检察官起诉者。《刑事诉讼条例》第二百八十七条第一项'起诉'二字，是否专指检察官直接起诉而言，抑系包括以上两种？此应请解释者二。理合电请转院解释示遵"等情到厅。相应函送贵院核办见复，以便转令遵照等因到院。

本院查《刑事诉讼条例》于声请预审案件，并无得撤回之明文。则在预审终结前，自不得撤回声请。其经预审裁决交检察官起诉者，自更不得撤回起诉。可知第二百八十七条所称"得撤回之起诉"，系专指未经声请预审之案件言之。相应函复贵厅转行查照可也。

此致！

统字第1821号

民国十二年六月十四日大理院复热河都统署审判处函

径复者：

准贵处函开：查暂行《刑律》第一百零九条规定"中华民国人民意图使中华民国领域属于外国，而与开始商议者，处死刑、无期徒刑或一等有期徒刑"云云。就文意严格解释，似须被告人之犯意，有意图使中国领地属于外国国家主权之下，而与外国执政者开始商议，方能构成该条之犯罪。现有热区奸民某甲，承领某外国人民资本，冒以公司名义（公司未合成立），向主管官署领垦国有荒地一百余万亩。此种行为，依《国有垦荒条例》明文禁止外国籍人领荒之规定，该奸民承领之地，自不能归属于该出资之某外国人所有。即使归该外国人所有，要亦不能谓该地主权，已属于该出资某外国人所隶之国家。因个人在土地上之所有权，与国家在土地上之主权，系属两种性质，非可混为一事。据此以观，似该奸民情虽可恶，殊难论以《刑律》第一百零九条之罪。究应如何援引，相应函请贵院速赐解释等因到院。

本院查贵处见解尚属正当。再本院解释文件，定有制限办法，曾经通告在案，嗣后务希查照办理。

此复！

统字第 1822 号

民国十二年六月二十八日大理院复京兆尹函

径启者：

准佥代电开：据宛平县知事汤铭鼎电称，"查《刑事诉讼条例》第七十五条第二项载，'发押票之权，侦查中属于检察官，预审中属于预审推事，审判中属法院或受命推事，但检察官以受有检察长之命令者为限。'又同条例第二百三十三条略载，'县知事于其管辖区域内，为司法警察官有侦查犯罪之职权，与地方检察官同'等语。查各县司法事务，归并在即。而县知事侦查之件，在所必有。设有依法应行羁押人犯，而因搜索证据、传唤证人、拘提共犯等事，不能及时解送检厅核办时，势非暂行管押，不能尽侦查之能事。惟查县知事一职，在官制上与司法长官，既无统属关系，自无承受命令之义务，而刑诉第七十五条第二项之但书所规定者，又系专指检察官而言，且既非同属办事，在事实上尽有地势隔绝，万难随时秉承之势，似县知事于执行侦查应行羁押被告时，当然不受前述之限制。事关法律解释，理合电请转电大理院核示，以便遵照"等情到署。事关法律解释，理应照转，希即解释见复饬遵等因到院。

本院查《刑事诉讼条例》第二百三十三条，既谓县知事于其管辖区域内为司法警察官，有侦查犯罪之职权，与地方检察官同。而同条例第七十五条第二项又有发押票之权，侦查中属于检察官，但以受有检察长之命令者为限之规定，则非兼理诉讼之县知事，无论在官制或其他法令上，与司法长官有无统属关系，但其侦查犯罪之职权，固由本条例付与，且明定为与地方检察官同，自应遵守本条例关于地方检察官之规定，不得独异。县知事与地方检察长并非同署办事，似有不便，而非县知事兼理诉讼之区域，无不设有地方检察厅者，亦不致发生困难事实。相应函请转令查照。

此致！

统字第 1823 号

民国十二年六月二十八日大理院复总检察厅函

径复者：

准贵厅函开：据山东高等检察厅呈称，案据济南地方检察厅检察长郭秀如呈称，"查《刑诉条例》第二百七十六条，'检察官对于不起诉之裁决，得于三日内抗告。'至于检察官对于起诉之裁决，究竟能否抗告，因无明文规定，遂分为甲、乙两说：甲说谓，该条例第二百七十六条及第四百三十四条均系明指检察官对于不起诉之裁决抗告而言。是检察官对于预审裁决抗告之权限为列举的。无论提起即时抗告或通常抗告，均系对于不起诉之裁决为限。如其裁决认定之事实或法律有错误时，尽可在公判庭主张。乙说谓，该条例第四百三十一条规定，'当事人对于法院之裁决有不服者，得抗告于直接上级法院，但有特别规定者，不在此限。'就此条文观察，是凡法院之裁决，而无明文特别规定不准抗告者，当事人对其裁决，均有抗告之权，甚属明了。依该条例第十一条，检察官为当事人之一。预审庭起诉之裁决，既无检察官不准抗告之明文，检察官自有抗告之权。且起诉之裁决，不利于被告，被告人依该条例第四百三十一条，当然可以抗告，若不准检察官之抗告，两相权衡，未免失平。如谓检察官对于起诉之裁决不能抗告，则检察官自应依照该裁决所认定之事实及援引之条文起诉。设如预审庭认定事实或援引之条文错误，而公判庭又因受同条例第三百四十二条之限制，不能变更法条，又将如何？彼时再设法救济，则手续甚属繁难，诉讼当事人受累非浅。与其起诉后费繁难之手续，俾诉讼人受无益之拖累，何若由检察官抗告，经抗告法院为之纠正，较为便捷？以上两说，均不无理由。究以何说为是，理合呈请钧厅转总检察厅函转大理院解释，俾有遵循"等情。据此，理合据情转呈鉴核，俯赐函转解释等情到厅。事关法律疑义，相应据情函请贵院解释见复，以便转令遵照等因。

本院查《刑事诉讼条例》第四百三十二条，为对于第四百三十一条之特别规定，而第二百七十六条（至第四百三十四条，为关于抗告法院之规定）又为对于第四百三十二条之特别规定。预审推事所为起诉之裁决，既系关于诉讼程序裁决之一种，又无与第二百七十六条同样之特别规定，自应适用第四百三十二条，不得抗告（参照统字第一六七六号解释文）。至所虑认定事实错误一节，除其情形合乎统字第一七六五号解释释文所列，仍不能谓为错误外，若所认定者与预审声请书记载者，截然两事，则关于声请书原载事实之部分，自以有不起诉之裁决论。相应函复贵厅查照可也。

此致！

■ 统字第 1824 号

民国十二年七月十一日大理院复江苏高等审判厅函

径复者：

准贵厅函开：案据第一高等审判分厅监督推事钱谦呈称，"窃查《刑事诉讼条例》第三百六十五条，私诉之程序，系不经检察官参与，故审判时所应陈述或辩论之事项，均应由私诉人或其他代理人担任。盖以私诉者，系指以私人资格所提起之刑事诉讼，以别于检察官提起之公诉而言。惟该条例第三百五十八条所列举告诉乃论之罪，第一审判决系在县知事兼理诉讼衙门，其起诉之时，究以县知事以检察职权提起，抑或以被告人私人资格提起，认定本无标准。设判决之后，除被告人不服上诉外，而被害人亦呈诉不服，并依《刑事诉讼条例》第三百六十四条，委任私诉代理人出庭，于此场合，是否以私诉程序，仅令私诉人或其委任代理人出庭陈述及辩论，抑或仍认为《县知事审理诉讼暂行章程》，原告人呈诉不服之程序（参照大理院十一年抗字第二六号，原告人呈诉不服之案，应列检察官为上诉人。遇有驳回情形，亦系驳回检察官之上诉之判例），由检察莅庭论告？职厅就以上所述，不无疑义，理合呈请函转解释示遵"等情到厅。事关法律解释，相应据情函请贵院迅赐解释见复，以便转令遵照，并迭准函请速复等因。

本院查《刑事诉讼条例》第三百五十八条所列举告诉乃论之罪，经兼理司法事务之县知事为第一审判决后，被害人（即为第一审之告诉人）对于县判声明不服，应认为私诉人之提起上诉。再解释事项，前经定有限制，业于九年十月四日及十一年六月二十八日迭经通告在案，嗣后务希注意。相应函复贵厅转行查照可也。

此致！

统字第 1825 号

民国十二年七月十一日大理院复安徽高等审判厅函

径复者：

准贵厅函开：案据芜湖地方审判厅呈称，"查《刑事诉讼条例》第三百五十八条载，'告诉乃论之罪，被害人得于未经告诉以前，径向管辖法院起诉，但以下列各款为限，……'同条第四款载，'《刑律》第三百六十七条及第三百七十七条之窃盗及强盗罪'各等语。细玩此种规定，似专指《刑律》上亲告各罪而言。惟查《刑律》第三百八十一条第一项载，'于直系亲属配偶或同居亲属之间，犯第三百六十七条及第三百七十七条第一项之罪者，免除其刑。'同条第二项载，'对其他亲属，犯前项所列各条之罪者，须告诉乃论'各等语。是此项亲告罪，既限于第三百六十七条及第三百七十七条第一项之窃盗罪，则第三百七十七条第二项之窃盗罪及第三项之强盗罪，当然不在亲告罪之列，甚为明了。乃《刑诉条例》第三百五十八条第四款，关于第三百七十七条未限定第一项，且并将第三项之强盗罪亦规定在内，显与《刑律》规定亲告罪之范围不符，应用时究何所适从？此应请解释者一。又《刑诉条例》第二编第二章，私诉被告人经科处罪刑，判决确定后，应由审厅执行，抑应由检察官执行，分甲、乙两说：甲说谓，查《刑诉条例》第四百八十六条载，'执行裁判，由谕知该裁判之法院之检察官指挥之。但其性质，应由法院或审判长指挥者，不在此限'等语。是执行裁判，原则虽应由检察指挥，而检察官对于始终未加参与之私诉裁判，自应认为一种例外。否则，若由检察官执行，实际反觉不便。且同条但书所谓'其性质应由法院'云云，系包括私诉裁判在内，应由审厅执行。乙说谓，公诉与私诉，虽处理程序微有不同，究其性质无甚差别。该条但书所载，系指《法院编制法》第六十一条之程序罚，及诉讼法上对于证人等之罚锾。而'其性质上应由审厅执行者'而言，至私诉裁判，其性质既与公诉裁判无异，即当然不在该条但书之内，仍应归检察官执行。二说未知孰是？此应请解释者二。以上疑问，均待解决，理合具文呈请转函解释"等情。相应函请钧院查核释示，以便令遵等因。

本院查《刑事诉讼条例》第三百五十八条第四款所举《刑律》第三百六十七条及第三百七十七条之窃盗及强盗罪，既为该条前段所称告诉乃论之罪，自系指《刑律》第三百八十一条第二项，对其他亲属犯前项所列各条（即第三百六十七条及第三百七十七条第一项）之罪而言。原文浑举《刑律》分则第三十二章之罪，而未将"及强盗"三字删去，亦未于第三百七十七条之下加"第一项"三字，稍欠明了。然究不得解为应出于亲告罪范围之外。又私诉裁判，仍应依《刑事诉讼条例》第四百八十六条之原则，由检察官指挥执行，自以原呈乙说为是。至解释事项，前经定有限制，业于九年十月四日及十一年六月二十八日，迭经通告在案，嗣后务希注意。相应函复贵厅转行查照可也。

此致！

■ **统字第 1826 号**
民国十二年七月十一日大理院复总检察厅函
径复者：

准贵厅函开：案据黑龙江高等检察厅电称，"查《刑事诉讼条例》第三百四十六条第三款规定，凡被告人判处有期徒刑以下之刑，羁押日期，以必予折抵为原则，固无疑义。惟判处无期徒刑，在确定前羁押日数，应否折抵，有二说：一谓，判处无期徒刑，系永远监禁，无折抵之必要。一谓，判处无期徒刑，虽系永远监禁，然于《刑律》第六十六条假释期限，极有关系，扔应予折抵，以贯彻法义。二说孰是，应请钧厅转院解释"等情到厅。相应函请贵院核办见复，以便转令遵照等因。

本院查判处无期徒刑之案，向不适用《刑律》第八十条及《刑事诉讼条例》第三百四十六条第三款。即依《刑律》第六十六条假释，亦应就实际受执行之时期计算，与判处有期徒刑而准以未决期内羁押日数折抵者（见统字第一一八六号解释文）不同。相应函复贵厅转行查照可也。

此致！

■ **统字第 1827 号**
民国十二年七月十一日大理院复奉天高等审判厅函
径复者：

前准贵厅皓代电开：查敝厅前以强盗案件，经第一审法院依《刑律》判处徒刑，被告人不服上诉。第二审法院认为犯《惩治盗匪法》第三条第一款之罪，改拟死刑，呈奉省署，以情轻法重，径予减为徒刑。第二审法院对于此项减等案件，应否补作判词，另为宣判之程序？宣判后被告人如有不服，是否准许上诉，不无疑义。曾经代电请求解释在案，迄今多日，未准示复。敝厅现有此等案件亟待解决，乞速解释见复，以凭遵照等因到院。

本院查凡依《惩治盗匪法》处死刑之案件，所有审判程序，同法固有明文规定。省长仅得认为有疑误时，饬令再审，或派员再审，或提交高等审判厅覆审，并无自行改判之权。来电情形除可认为系令再审或覆审，应依法办理外，若经省长改判，本不生判决之效力，法院亦不得补作判词另行宣示。如果法院违法裁判，当事人自得依法上诉。再本院解释文件，曾经定有限制，业于九年十月四日及十一年六月二十八日，迭经通告再案，嗣后务希注意。相应函复贵厅查照。

此复！

■ 统字第1828号

民国十二年七月十一日大理院复山东高等审判厅函

径复者：

准贵厅函开：据福山地方审判厅厅长吴宪仁删代电称，"窃查《刑事诉讼条例》第八十条规定，'预审中，羁押被告期间至多不得逾四个月。而羁押期满未经起诉者，依同条第三项规定，本有以撤销押票论之'明文。惟遇有重大繁难案件，于预审开始后，叠函他处代为调查证据，延至四月以上，尚未函复，或函复不得要领，应否起诉，尚难断定。如将被告继续羁押，于法既属无据；停止羁押，被告又无保证。且所犯为命盗重案，未便保外候讯者，究应如何处理，理合电呈钧厅鉴核，函转大理院解释示遵，实为公便"等情。据此，相应函请钧院，迅予解释，以便转饬遵照等因，续准函请速复前来。

本院查《刑事诉讼条例》第二百六十七条规定："预审处分，以断定案件之应否起诉为限。审判时不易调查之事项，应一并调查。"可知预审时应调查之事项，自有限度，不必如公判中调查证据之详备。原代电所称情形，如果除函查外，已可认为有犯罪嫌疑（第二百七十九条）或有第二百四十九条之情形（第二百七十五条），而函查又非审判时不易调查之事项，应即分别为起诉、不起诉之裁决。否则，羁押期满，应将被告释放（第七十九条、第八十条），俟函复到后，分别情形为起诉、不起诉之处分。但应注意第八十八条再解释事项，本院早定有限制，业于九年十月四日及十一年六月二十八日迭经通告在案，嗣后务希注意。相应函复贵厅查照可也。

此致！

■ 统字第1829号

民国十二年七月十一日大理院复浙江高等审判厅函

径复者：

准贵厅函开：案据平湖县知事电称，"查《刑律》第二百五十八条第一项，系规定损坏遗弃盗败尸体之罪，第二项系规定损坏遗弃盗取遗骨遗骸及殓物之罪。其损弃与盗取并举，则仅有盗取而未损弃者，自应同科该条项之罪。惟浮厝及殡于瓦屋之棺，并未营葬及具有坟形，而被撬毁瓦屋或棺木，未经损弃尸体或遗骨等，仅将殓物如衣饰等窃取而将尸体仍掩藏于棺内者，是否仅应照该条第二项科罪？又如聚众三人以上，未损弃尸体，仅撬毁棺木窃取殓物者，其棺内之尸，本有继承人及尊亲属或夫,查照大理院统字第一九一号及第一二四五号解释,应依窃盗罪论。是否仅科以窃盗罪?其毁损棺木行为,既非发掘坟墓,应否认为窃盗之手段,不另犯罪?更如三人以上之窃盗,应照第三百六十八条第二款科罪,较第二百五十八条第二项之罪为重。此种结伙三人以上,未损弃尸体仅窃取殓物之犯,是否因第二百五十八条第二项定有专条,可不科以第三百六十八条第二款之罪?以上各疑问,遍查判例解释,并无明文指示,合亟代电呈请,迅赐训示等语。据此,相应函请贵院解释见复,以便转令遵照等因。

本院查《刑律》第二百五十八条之损坏盗取,为对于分则第三十二章及第三十六章之特别规定,而殓有尸体之棺木,又为殓物(参照本院十年上字第一二七一号判决例),则原电所称撬毁棺木而窃取衣饰,即系第二百五十八条第二项之损坏殓物而又盗取殓物,应论一罪。其撬毁瓦屋窃取者,应视瓦屋是否为建筑物、是否现有人居住或看守、损坏情形是否系损坏建筑物或系损坏所有物(参照关于毁弃损坏罪之解释及判决例)分别论。其盗窃方法上是否更犯他罪,即系三人以上盗取,亦不适用三人以上窃盗之规定,并与统字第一九一号及第一二四五号解释文无关。再解释事项,前经定有限制,业于九年十月四日及十一年六月二十八日迭经通告在案,嗣后务请注意。相应函复贵厅转行查照可也。

此致!

■ 统字第 1830 号

民国十二年七月十一日大理院复总检察厅函

径复者:

准贵厅函开:据安徽高等检察厅代电称,"顷据芜湖地方检察厅电称,'查《刑诉条例》,再审并不停止执行。设如判决确定,受刑人已受罚金及没收之执行,因再审结果,宣告无罪者,其已执行之罚金及没收物品,应否返还?如应返还,而罚金已黏贴印纸,没收物经处分不能回复原状者,究应如何办理?乞转院解释只遵'等情。查已经执行之罚金应否返还,法律无明文规定,理合转呈鉴核指令转饬遵照"等情到厅。查来呈所称,关系法律疑义,相应函请贵院查核解释见复,以便转饬遵照等因。

本院查为受刑人利益起见再审之案件,经谕知无罪判决,除原判未执行之刑罚不能执行外,其已执行之刑罚,自无从回复。故《刑事诉讼条例》第四百七十七条,另定一救济方法。相应函复贵厅转行查照可也。

此致!

■ 统字第 1831 号

民国十二年七月十一日大理院复江苏高等审判厅函

径复者:

准贵厅函开:案查《刑事诉讼条例》第四百七十八条载,"谕知科刑之判决,并应谕知被告负担诉讼费用之全部或一部"等语,似谕知科刑之判决,即应谕知负担诉讼费用。本厅前以案内实际,并无《诉讼费用规则》第十三条至第十六条规定之费用,未予谕知被告负担讼费。送经贵院于第三审判决内,指明违背《刑事诉讼条例》第四百七十八条规定,逐案予以纠正。本厅近来对于科刑判决,因而概行谕知被告负担讼费。兹阅本年四月十二日贵院统字第一八零九号复四川第一高等审判分厅电内开'其无讼费者,自无庸谕知'云云。是案内并无诉讼费用者,又可毋庸谕知负担,判例在前,解释例在后,似应遵照解释例办理。惟其'无讼费'云云,各厅见解不一。甲说谓,查《刑事诉讼费用负担准则》第八条载,'证人、鉴定人及通译于法定应得之费用,应于讯问完毕后十日内请求之'等语。则是谕知判决当时(判决应于辩论终结后七日内谕知),诉讼费用之有无,尚不能定断。如因谕知判决当时,证人等并未请求应得费用,即不谕知科刑之被告负担讼费。倘谕知判决后,证人、鉴定人或通译于十日内请求法定应得费用,此项费用,究应由何人负担,不无困难。统字第一八零九号解释,系专指案内并无鉴定人、通译,而又未传讯证人,判决当时,可以断定绝对无《诉讼费用规则》第十三条至第十六条规定之费用者而言。其有证人、鉴定人、通译而未请求者,仍应依《刑事诉讼条例》第四百七十八条谕知被告负担诉讼费用。乙说则谓,不论证人等将来请求与否,若谕知判决当时,并无诉讼费用,即毋庸谕知负担。两说究以何说为是,事关法律解释,相应函请贵院迅予解释见复,以便遵循。"续准铣代电请迅复等因。

本院查科刑被告应负担之诉讼费用,依《刑事诉讼费用负担准则》第一条规定,不以证人、鉴定、通译各费为限。凡《诉讼费用规则》第十三条至第十六条所定各费,均属之。且邮费、电信费、运送费之类,恒用于判决以前,谕知科刑判决时,均应注意。统字第一八零九号解释,系就上述各费均无者立言,固不问证人、鉴定人、通译等之曾否请求。来函甲说不以证人、鉴定人、通译等未请求诉讼费用,为无诉讼费用,其见解尚无不当。相应函复贵厅查照可也。

此致!

统字第 1832 号

民国十二年七月十六日大理院复广西高等审判厅函

径复者:

准贵厅函开:案准容县知事呈称,"窃职县前因匪乱不靖,特设地方警卫队两队,以备防守地方,剿捕盗匪。核其编制办法,队分四棚,设队长以统率之,由县知事委任,直接指挥调遣。至该队军械,则将地方购置公有枪弹拨用,饷项即以地方公款支给。虽名称与警备队有异,而性质与警备队实同。所有该项士兵犯罪,应否遵照大理院五年统字第四三六号解释,依《陆军刑事条例》第八条第四款,认为准陆军军人?迅赐解释示遵"等情。据此,查解释法令之权,属于贵院。本厅未便擅专,相应函请迅予解释,俾凭饬遵等因到院。

本院查统字第四百三十六号解释所指《陆军刑事条例》第八条第四款,早经改为第七条第四款(登七年四月十七日《政府公报》)。同条款关于警备队之规定,后又经明令删除（登十年八月十八日《政府公报》）。是警备队之官长士兵，在现行条例，已不认其为准陆军军人。该地方警卫队之性质，既与警备队同，则此项士兵，自不得更以准军人论。相应函复贵厅转令查照。

此复！

统字第 1833 号

民国十二年七月二十五日大理院复山东高等审判厅函

径复者：

准贵厅函开：据青岛地方审判厅厅长戚运机呈称，"查民事再审之不变期限，依《民事诉讼条例》第五百七十三条规定，'自判决确定后起算，为三十日。其有于判决确定后，始知再审理由或得主张之者，则自其知再审理由或得主张时起算'，本属至为明晰。惟青岛接收未久，依《山东悬案细目协定》第四条，关于日本裁判所民、刑事诉讼事件之裁判，承认有效。如当事人有在职厅以前在日本守备军法院判决确定案件，依大理院四年声字第五六号判例提起再审之诉。按其所知再审理由之时期，当然系在判决确定以前，本不能依照《民诉条例》第五百七十三条第二项规定，另行起算。第查从前日本守备军法院，并无上诉及再审之制。则如前陈情形之再审，其不变期限，应以何时起算？又当事人以不知法律有再审之规定，致逾越期间，为释明遵守不变期限之方法，是否亦得认为始知有再审理由或得主张者？职厅办理，不无疑义，理合具文呈请钧长鉴核指令只遵，实为公便"等情。据此，本厅查原呈所称再审之诉，其知有再审理由。虽在判决确定以前，而至我国法院成立以后，始得依我国法律以为主张再审之根据，则计算再审之诉之不变期限，似应以我国法院成立之日为起点。惟事关法律疑义，且与《鲁案协定》之条款有关，本厅未敢擅拟，理合转请迅赐解释饬遵等因到院。

查日本守备军法院判决，如果依法认为确定，而其时并无再审之制以为救济。则至接收之后，许其提起再审之诉，自应从我国法院成立之日起，计算期限。至于法律上规定，当事人当然应行知悉，如有以不知法律，为释明未能遵守不变期限之方法者，不得准许。相应函复贵厅转饬遵照可也。

此致！

统字第 1834 号

民国十二年七月三十日大理院复福建高等审判厅函

径复者：

准贵厅五月七日邮代电开：闽省军兴之际，各厅案卷，强半散失。检查民、刑各案，间有判词遗失，仅存宣判笔录及主文簿，或有宣判笔录而无主文簿者，致该案如何判决，以及虽有判决主文，而事实理由无从稽考。如视为已结，则无判词可据；如视为未结，则该案实已宣判，确有笔录及主文簿证明。又民事判决正本，有已经送达者，有未经送达者，而原本遗失无存。如更员补制原本，似非法律所许；如不补制，则未经送达者，无从证明，其已经送达者，能否认为合法，亦一问题。

以上各项情形,事关法律疑义,乞电示遵等因到院。

查判决一经宣告,对外即已完全成立。虽判词遗失,而有宣判笔录证明主文,或当事人两造就如何判决不为争执,或有争而一造能为合法之证明者,均不得更为判决。当事人如有不服,可即提起上诉(判决宣告后送达前,亦得以提起上诉。参照《民事诉讼条例》第五百条)。惟仅有宣判笔录,而主文无可稽考,则应由原为判决之法院进行审理,更为判决。至判决正本业经送达,当然认为合法,如当事人因法院停滞,致迟误上诉期限,得依法声请回复原状。相应函复贵厅查照。

此复!

■ 统字第 1835 号
民国十二年八月四日大理院复奉天高等审、检两厅函
径复者:

准贵厅代电开:查告诉乃论之罪,具有《刑事诉讼条例》第二百二十条第二项及第二百二十二条之情形,而无被害人之亲属得以告诉者,管辖检察官得依关系人之声请,指定告诉人,同条例第二百二十三条,已有明文规定。设有案件与该两条情形不同,被害人不知告诉,又无亲属得以告诉,复无关系人声请指定告诉人,可否仍适用民国二年统字第八号解释,由检察官以职权指定告诉人?又所谓关系人者,究指何项人而言?如发觉之巡警,可否认为关系人,均不无疑义。请钧院解释见复,以便遵循等因。

本院查《刑事诉讼条例》第二编第一章第一节,并无检察官得以职权指定告诉人之规定。统字第八号解释,应不复适用。至同条例第二百二十三条所称"关系人者",凡法律上、事实上与被害人有利害关系之人,均属之。再解释事项,前经定有制限办法,已于九年十月四日及十一年六月二十八日通告在案,嗣后务请注意。相应函复贵厅查照可也。

此致!

■ 统字第 1836 号
民国十二年八月四日大理院复山西高等审判厅函
径复者:

准贵厅函开:据平顺县知事孙锡章呈称,"呈为呈请转函解释示遵事,兹有依地方法令编制之村长(依法令之所定,由村民选出后,受县知事之委任,办理一村行政事务)、村副(依法令之所定,由村民选出后,受县知事之委任,辅助村长办理一村行政事务)、闾长(二十五家为闾。由闾民选定,受村长副之指挥,办一闾行政事务)、邻长(五家为邻。由邻民选定,受村长副、闾长之指挥,办理一邻行政事务)。如将本其职权,搜获吗啡、金丹共同侵匿。上项人员,是否系依法令从事于公务之职员,以《刑律》上之'官员'论,处以侵占公务上管有物之罪?抑系非属官员,依照常人员处以诈欺取财罪?查无明文可资以据,此应请解释者一。如应认为官员,则依地方法令编制之保卫团中之村团长、甲长、牌长以及团民等

[《山西改订地方保卫团施行细则》第三条，各县保卫团按每间为一牌，以间长为牌长；数间为一甲，以村副为甲长；一编村为一村团，以村长为村团长；（下略）]，如因本其职务有上开侵匿情事者，是否亦以官员论，不无疑义，此应请解释者二。职县现有此种案件，亟待解决，为此呈请厅长俯赐转函迅予解释，以资遵循"等情。相应据情函转贵院，迅予解释，以便转令遵照等因到院。

本院查凡依法令或成案从事于公务之人员，均系《刑律》所称"官员"（已见统字第一九五号解释）。来函列举人员，如合于上述解释，自可认为官员。惟其侵匿搜获之吗啡、金丹，是否成立侵占罪，应从事实上审查认定，与其身分是否官员无关。再本院解释文件曾经定有制限，已于九年十月四日及十一年六月二十八日通告在案，嗣后务希注意。相应函复贵厅转令查照。

此复！

■ **统字第 1837 号**
民国十二年八月四日大理院复安徽高等审判厅函
径复者：

准贵厅漾代电开：县知事第一审判决，谕知拘役或百圆以下罚金之案件，当事人不服上诉，能否适用《刑诉条例》第三百八十九条规定办理？悬案待决，乞电示。又代电开：查《刑事诉讼条例》第五条载，"法院认附带民事诉讼为繁难，应归民事法院受理者，不问诉讼程度如何，得移送管辖民事法院"等语。如刑事系地方管辖案件，附带民事依民事诉讼事物管辖，系初级管辖之件。刑事法院认该附带民事为繁难，应否将该附带之民事，移送民事初级法院审判？又如附带民事至刑事第二审审理时，始行提起，刑事法院如认该事件为繁难，能否将该件附带民事移交民事第一审法院审判，均不能无疑。事关法律解释，理合电请钧院，迅予解释示遵等因到院。

本院查不服县知事谕知拘役或百元以下罚金之案者，得向第二审上诉。在修正《县知事审理诉讼暂行章程》已有明文。又《刑事诉讼条例》既许因犯罪而受损害之人提起附带民事诉讼，则民事管辖及普通审级之规定，自无适用余地。如果认为案件繁难，仅得移送同法院之民事庭审判。再本院解释文件，曾经定有制限办法，已于九年十月四日及十一年六月二十八日通告在案，嗣后务希注意。相应函复贵厅查照。

此复！

■ **统字第 1838 号**
民国十二年八月四日大理院复总检察厅函
径复者：

准贵厅函开：案据四川第一高等检察分厅呈称，"查《刑事诉讼条例》第四百三十一条载，'当事人对于法院之裁决有不服者，得抗告于上级法院，但有特别规定者，不在此限。'同条第二项载，'证人、鉴定人、通译及其他非当事人受裁决者，亦得抗告。'第十一条载，'本条例称当事人，谓检察官、私诉人及被告'各等语。原告诉人既不在列举当事人之列，自不能适用当事人抗告之规定。若依《县知事审理诉讼暂行章程》，原诉人不服第一审判决请求上诉，第二审法院予以不准上诉之裁决，此种非当事人受法院裁判者，依第四百三十一条第二项规定，又予以抗告之权。复查大理院四年十二月三十一日统字第三八三号解释，'第二审既配置有检察官，原告诉人之抗告为不合法，应由检察厅核办'等语。此种解释，是否包含《县知事审理诉讼章程》之原诉人在内？又《刑事条例》施行后，依后法优于前法之原则，无论何种原诉人，但直接受法院裁决者，是否均得援照四三一条二项，取得抗告权？以上两种疑问，均关法律解释，理合呈请转院解释示遵"等情到厅，函送贵院核办见复，以便转令遵照等因。

本院查告诉人依修正《县知事审理诉讼章程》第二十五条呈诉不服之案，既应以检察官为上诉人，第二审自无从以裁决直接驳斥告诉人之请求。如果有此类裁决，告诉人得依《刑事诉讼条例》第四百三十一条第二项抗告（统字第三百八十三号解释，应不复适用），余可类推。相应函复贵厅转行查照可也。

此致！

■ **统字第 1839 号**
民国十二年八月二十日大理院复江苏省长公署函
径复者：

准贵署邮代电开：地方最高行政官署令派委员，会同县知事拟具办法，呈经该官署核准处分案件，如人民不服，应否仍照《诉愿法》第二条，提起诉愿，抑可径照同法第五条办理？再上级特种行政官署，以督军省长为督办，该官署处分案件，于该官署裁撤后，经人民提起诉愿，应以何人为被诉愿人？以上二项，均关法律疑义，且有此项事件发生，应请解释见复，以便核办等因到院。

查该处分案件，既经地方最高行政官署令派委员会同拟具办法，并呈由该官署核准，即可径照《诉愿法》第五条办理。至上级特种行政官署，虽已裁撤，应有接收之机关，人民提起诉愿，即以该机关代表为被诉愿人可也。相应函复贵公署查照。

此复！

■ **统字第 1840 号**
民国十二年九月十八日大理院复安徽高等审判厅函
径复者：

准贵厅电开：律师公会为选举会长涉讼，应否由法院受理，乞电示遵等因到院。

查律师公会为选举会长涉讼，自系普通民事事件，应由法院受理。再本院解释文件，定有制限办法，曾经通告再案，嗣后务希查照。相应函复贵厅遵照可也。

此复！

统字第 1841 号

民国十二年十月五日大理院复总检察厅函

径复者：

准贵厅函开：案据湖北高等检察厅呈称，据夏口地方检察厅呈称，"窃查《刑律》第七十七条规定，'时期以月计者，阅三十日'。《刑事诉讼条例》第二百十条规定，'期限以月计者，从历'。今有某犯判处徒刑四个月，自七月十日起算，若依《刑律》第七十七条规定计算，应以十一月六日为期满之日；若依《刑诉条例》第二百十条规定计算，应以十一月九日为期满之日。于此，主张有甲、乙二说：甲说：刑期计算，乃执行程序之一种。《刑诉条例》第八编已规定刑之执行程序，则刑期计算，自应适用《刑诉条例》第二百十条之规定。况现行国历，既改用阳历，不论年月，又以从历计算为宜。乙说：《刑律》'时例'一章，专为计算刑期而设。《刑诉条例》'期限'一章，专为计算诉讼期限而设。二者显然不同。现在，新《刑法》尚未颁布，则上述问题，自应适用《刑律》第七十七条规定为合法。且《刑律》规定刑期计算，原为保护被告人起见。若依《刑诉条例》第二百十条规定计算，于被告多不利益，殊失《刑律》保护被告之本旨。又查《刑法》第二次修正案第十五条，'以年计算者，从历'，而以月计者，仍规定阅三十日。该修正案虽未颁行，然足见刑期计算，与诉讼法上期限计算，不能混为一谈，应适用《刑律》第七十七条规定，可无疑义。二说各有理由，未知孰是。此应请解释者一也。查《各级审判厅试办章程》，'预审推事于预审终结决定前，应咨询检察官意见。如检察官于预审决定以前，发见被告人无罪证据，得于预审推事咨询意见时，请求为无罪之决定。'《刑诉条例》并无此种规定，检察官对于不起诉裁决，依第二百七十六条规定，虽得于三日内抗告，而对于不适当之起诉裁决，是否得以抗告，又无明文规定。设有检察官先以某甲有犯子罪嫌疑，送请预审，而预审推事，仍以同一罪名裁决应起诉后，检察官于未接受裁决书前，即发现某甲无罪凭据，可以证明确无犯罪情节。检察官对于此种起诉裁决，是否得以抗告，抑依照预审裁决，以子罪送公判庭判决？此应请解释者二也。又设有检察官先以某乙有犯丑罪嫌疑，送请预审，乃预审推事，误以寅罪裁决应起诉，而事实上某乙确系犯丑罪。检察官对于此种起诉裁决，是否得以抗告，抑不依照预审裁决，仍以丑罪起诉？此应请解释者三也。查《刑律》第二百七十九条、第二百八十条规定，'发行彩票及购买彩票者，均有处罚。'现在各种奖券，已奉明令停止发行。但各省市面，仍有各种奖券买卖。检察官是否得认为犯罪行为，根据明令，直接检举？此应请解释者四也。以上四端，均关法律解释，理合呈请核示"等情。据此，除指令外，谨请转院解释示遵等情到厅。相应函请贵院核办见复，以便转令遵照等因。

本院查计算刑期，应从《刑律》时例之规定，与《刑事诉讼条例》计算期限之规定无涉。又买卖奖券，如系合于《刑律》第二百七十九、第二百八十等条之规定，自应认为犯罪行为。至对于预审裁决抗告问题，查《刑事诉讼条例》，于法院之裁决及预审推事之裁决，对之得抗告与否，系分别规定。第二百七十六条既仅规定检察官对于不起诉之裁决,得于三日内抗告,而对于起诉之裁决并无得抗告之明文,自在不许抗告之列。统字第一六七六、第一八一四、第一八二三等号解释文,以关于此种裁决,不得抗告之根据一点为限,应变更解释。余仍希参照办理。相应函复贵厅转行查照可也。

此致!

■ 统字第 1842 号

民国十二年十月五日大理院复四川第一高等审判分厅电

四川巴县第一高等审判分厅:

灰代电悉!告诉人呈诉不服,依修正《县知事审理诉讼章程》第二十五条,无庸以裁决准其上诉。在裁判前,告诉人得依同章程第四十二条及《刑事诉讼条例》第三百八十一条,请求检察官撤回上诉。告诉人除统字第一八二四号解释文所称情形外,非同条例第三十及第十一条所称当事人,不得声请指定或移转管辖、命私诉人缴纳保证金。在同条例第三百六十一条,本无期限,惟为迅速起见,以定有相当期限为宜。此种期限,应准展期。其逾期被驳斥者,不得声请回复原状。又第三百六十三条第二项所称"通知检察官,以已经告诉论者",谓检察官应仍依公诉程序办理也。既经提起公诉,应依法办理。

大理院微印

附:四川第一高等审判分厅原代电

大理院钧鉴:

依《县诉章程》,原告诉人呈诉不服,经法院裁决,准其上诉。在未判决前,原告诉人有无径向法院请求撤销之权?又该章程之原告诉人,可否得照《刑诉条例》第三十条,直接向管辖法院而为管辖指定或移转之声请?再同条例第三百六十一条,私诉人缴纳保证金,既须由法院预计所需,命其缴纳。则命缴纳时,应否定以相当期间,逾期不缴纳,始援第三百六十三条,以裁决驳斥?倘如依此办法,能否许私诉人于逾期后,而为声明窒碍,准其补缴?至依第三百六十三条三款、四款规定以裁决驳斥者,照该条二项,法院应通知检察官,以已经告诉论。此种通知,是否即知照备案之意?倘检察官于接通知后,认该案应为受理,而以职权向法院起诉,则法院能否仍为驳斥之裁决?敬乞电示,俾有遵循。

四川第一高审分厅叩灰印

■ 统字第 1843 号

民国十二年十月五日大理院复东省特别区域高等审判厅电

哈尔滨东省特别区域高等审判厅:

各电悉!所称情形,无庸再经判决,即可终结。

大理院微印

附：东省特别区域高等审判厅原电

大理院钧鉴：

刑案经第二审判决，被告人声明上诉，未及补具理由，即行死亡。应否将该案送由钧院判决？否则，应用何法以资结束？请示遵。

东特高审厅叩冬

■ 统字第 1844 号

民国十二年十月五日大理院复甘肃高等审判厅电

甘肃高等审判厅：

江代电悉！原问两说，以乙说为是。

大理院微印

附：甘肃高等审判厅原代电

北京大理院公鉴：

查《刑事诉讼条例》第四百三十四条，规定"检察官对于预审推事不起诉之裁决，有不服者，得抗告于该推事所属法院之直接上级法院"等语。此项抗告，由直接上级法院受理，固无疑义。惟该推事所属之法院，应否受理裁决？本厅庭员意见，分为两说：（甲说），《刑诉条例》第四百三十四条，既定为"得抗告于该推事所属法院之直接上级法院"，其所云"得"者，盖原则上应向预审推事所属之法院抗告，而例外亦得向上级法院为之，并非该推事所属之法院，绝对不能受理。参观五年第五四七号及六年六六七号大理院解释，其义甚明。（乙说），《刑诉条例》第四百三十四条关于检察官对预审推事不起诉裁决之抗告，既明白规定直接上级法院，并无该推事所属之法院亦可受理之明文，则其所属之法院受理裁决，显属违法。以上两种意见，究以何说为是，事关法律疑义，未敢擅断。用特据情转请迅赐解释示遵。

甘肃高等审判厅叩江

■ 统字第 1845 号

民国十二年十月九日大理院致浙江高等审判厅函

径启者：

据临海县县议会议长李惠人呈称，查《县自治法》第二十一条"县议会职权应行议决事件"第一项"以县自治团体之经费筹办之事务"，并第六项"县自治团体财产、营造物、公共设备之经营及处分"等语。则凡属于县自治团体之经费所筹办各事务，并营造物、公共设备之经营及处分，县议会如不触犯本法第四十五条之规定，当然有完全议决之特权。又第四十二条第一项，"县参事会职权，执行县议会议决事项"。又同条第五项，"管理或监督县自治团体之财产营造物或公共之设备"。第六项，"管理自治团体之收入与支出"各等语。遵此则参事会之职权，除县自治团体之收入、支出及各项规定外，其余执行事务，当以县议会之议决为标准。但《自治法》第九条规定各项自治事务，种类繁多，不得不另设机关，以资办理。如育婴堂、因利局、平民习艺所、浮桥公所等各种慈善、交通、公共营业是也。至其中办事人员，各县议会或因法定既有完全议决之权，即可由县议会公推转请行政长官加委者；或照前议会停止时期，由县知事暂行委任得县议会同意者；或因县自治法内并无有县知事关系之明文，共执行县议会议决事项及管理或监督之权，完全属于参事会，则此项自治团体办事人员，亦当用参事会会长名义委任者。议论纷纭，莫衷一是。属会细绎法意，县议会对于自治团体，既有完全议决之权，当然视县议会之议决若何为依归。但律无明文，未敢臆断，理合备文呈请解释示遵等因到院。

查县议会议决事项，依《县自治法》第二十二条，既由县参事会执行，则为办理县自治事务委派人员，应属于参事会之职权。至参事会会长依《县自治法》第三十六条第一项，系以县知事任之。是县知事以参事会会长名义加以委任，亦无不可。相应函请贵厅转令查照可也。

此致！

■ 统字第 1846 号

民国十二年十一月五日大理院复浙江高等审判厅函

径复者：

准贵厅函开：案据定海县知事呈称，"适用《刑律》尚有疑义数则，分列于下：（一）同时宣告一个四等有期徒刑与一个五等有期徒刑之俱发罪，可否仅对于一个五等有期徒刑部分赎刑？如可，仅对于一个五等有期徒刑部分赎刑，其关于合并刑期中赎刑之数目，是否照所科五等有期徒刑之刑期完全计算，抑系须比较各科刑期之长短，折衷计算？（二）又如前例，同时宣告三等与四等以下有期徒刑各一之俱发罪（系同时同地之偶发犯），对于其四等以下有期徒刑部分，是否绝对不能宣告缓刑？倘可宣告缓刑，其合并刑期之缓刑刑期，如何计算？（三）查六年统字第六四二号解释，受无权限之徒刑判决，法律上应认为无效。又查同年统字五九二号解释，上海会审公廨之判决，中国尚未认其为法律上有效之裁判。倘有已受该公廨判处二月以上监禁之执行，更犯徒刑以上之罪者，能否构成《刑律》第十九条之再犯？（四）盐务官署解送私盐案内，连带所获之物品（如转供贩运私盐之器具），经司法衙门判决没收后，应否一并送还盐务官署，抑由司法衙门扣留？（五）《刑律》上所谓'因事前纵容或事后得利而和解之无效告诉'，是否仅指已发生之奸非罪而言，抑系以后再犯之奸非罪，其告诉，亦应无效？（六）又如同一奸夫奸妇犯奸罪，因经过起诉时效期限消灭后，能否对于复犯之奸非罪，行使告诉权？以上所列各条，似有疑义。该承审员系为慎重用法起见，理合备文呈请鉴核解释，俾有遵循"等情前来。据此，相应函请贵院查照，予以解释见复，以便转令遵照等因。

本院查第一问，同时谕知数个五等有期徒刑或拘役者，如合于《刑律》第四十四条之条件，得各别折易罚金（见统字第三三四号解释文）。但如其中有一罪谕知四等有期徒刑以上之刑者，即不得折易罚金。第二问，同时谕知数个四等有期徒刑以下之刑者，如合于《刑律》第六十三条之条件，亦得缓刑（同上）。但如其中有一罪谕知三等有期徒刑以上之刑者，即不得缓刑。第三问，既知有本院成例，即可解决。第四问，已见统字第九七二号、第一零四五号解释释文。第五问，律文系指已发生之奸罪而言。第六问，对于复犯之奸罪，得行使告诉权。若前后犯奸有连续关系，应依《刑律》第二十八条、第六十九条第二项计算时效。再解释事项，前经定有制限办法，通告在案，嗣后务请注意。相应函复贵厅转行查照可也。

此致！

■ 统字第1847号

民国十二年十一月六日大理院复陕西高等审判厅函

径复者：

准贵厅函开：查陕西习惯，每有金钱债务，约定每年交谷若干作利者。敝厅对于此项利谷，是否适用现行律"每月取利不得过三分；年月虽多，不过一本一利"之规定，发生疑义。甲说谓，此种利谷，当事人间已均认为使用原本金钱之对价，习惯上并久与普通利息同视，纵其为物，非与原本同其种类，亦应受现行律"每月取利不得过三分"及"年月虽多，不过一本一利"之拘束。否则，债权人必故意与债务人约定以与原本异种类之物作息，巧为盘剥。现行律禁止重利之规定，将成具文矣。至计算此种利谷之利率，及与原本金钱数额相当之谷额，则原可先将利谷，依市价折合金钱，再与原本金钱数额比较而得，并无难于核定之可言。乙说谓，法律上之利息，须与原本为同种类之物，且有以一定时间为标准，比例原本数额为原本百分之几或十分之几之利率。此项利谷，既与原本异其种类，其容量若干，又不能据以比例原本金钱数额而定百分之几或十分之几之利率，姑无论习惯上是否与利息同视，而在法律上只能认为一种报酬，不能谓为真正利息。斯现行律"每月取利不得过三分"及"年月虽多，不过一本一利"之规定，即难遽行援用。若谓利谷不妨先按市价折合金钱，再比例原本金钱定其利率，则谷价涨跌靡常，势必利率时有变动。是于约定利率，法定利率之外，另有随市价而定之利率，其说尤不可通。以上二说，未知孰是。倘以甲说为当，则其计算利率及与原本金钱数额相当之利谷数额，究按何时之市价予以核定？案关法律疑义，急待解决，理合函请迅予解释电复，俾资遵守等因到院。

查利息应否与原本同一种类，依从来学者之主张，本有积极、消极二说。惟就中国情形观察，以甲说为当。至利谷之计算，应以订约时之市价为标准。相应函复贵厅查照。

此复！

■ 统字第1848号

民国十二年十一月六日大理院复京师高等审判厅函

径复者：

准贵厅函开：查再审之诉及其管辖法院，均已规定于《民事诉讼条例》第五百六十八条及第五百七十一条，本属明显。设有因第三审法院，以诉讼标的价额不逾百元，依第五百三十一条驳斥上诉，当事人复以发见未经斟酌之证据，主张诉讼标的价额实逾百元，向第三审法院提起再审之诉。此项诉讼之管辖法院，本厅民事两庭，解释不同。有谓，既系第五百六十八条第十二款之情形，依照第五百七十一条第二款，自应专属原第二审法院管辖。有谓，此类再审之诉，乃系专关于诉讼程序，如属第二审法院管辖，若其结果应认为不合法或无理由，尚无问题。如果确有理由，则第二审法院势须废弃第三审原判决，或为应由第三审审判之裁判，或为该案诉讼标的价额若干之认定。前者殊有强使上级法院受其羁束之嫌，即生审级倒置之弊；后者再审原告之当事人，既不能适用上诉之程序，徒受此有利之判决，终无受第三审审判利益之机会。若由第三审自以职权，本于第二审再审判决予以受理，又属无所依据。况第五百六十八条第十二款，乃专指不服实体法上之确定判决而言，其仅关于诉讼程序之事件，即不应适用该款。观于第五百七十一条所载，本于该条第八至第十二款理由提起再审之诉者，专属第二审法院管辖，而本于该条第一至第七款理由提起再审之诉者，则专属为判决之原法院管辖。可知凡关于诉讼程序上得为再审之诉，均由为判决之原法院管辖。查核定诉讼标的价额，既为诉讼程序事件，自应依第五百七十一条，专属为判决之原法院管辖，不应由第二审管辖。事关法律解释，本厅既有争议，相应函请解释见复等因到院。

查《民事诉讼条例》第五百七十一条后段，虽规定对于第三审判决，本于第五百六十八条第八款至第十二款理由声明不服者，应专属原第二审法院管辖。惟查其立法理由，系因第三审判决，应以第二审判决确定之事实为基础，第三审法院无论驳斥上诉或自为判决，而第二审判决确定之事实，均属存在。故当事人提起再审之诉，以求动摇确定判决之事实，自应仍由第二审法院审判。如来函所述情形，既关于第三审上诉是否合法之事实，并非第二审法院所能裁判，应依第五百七十一条前段规定之原则，由原为判决之第三审法院管辖。相应函复贵厅查照。

此复！

■ **统字第1849号**

民国十二年十一月六日大理院复广西高等审判厅函

径复者：

准贵厅代电开：兹有因田山所有权涉讼案件，其起诉时之诉讼标的价额，未满百元。第三审可否援用《民事诉讼条例》第五百三十一条，驳斥上诉？悬案待结，祈速电复等因到院。

查代电所称，依《民事诉讼条例》第五百三十一条，自属不得上诉。相应函复贵厅查照。

此复！

■ 统字第 1850 号

民国十二年十一月六日大理院致江苏高等审判厅函

径启者：

据江苏砀山县农会等代电称，查江苏省议会议员曹赤烽因案通缉，应否丧失议会资格？乞赐解释示遵等因到院。

查省议会议员仅因刑事嫌疑通缉，并未经审判确定褫夺公权，其议员资格，尚不能认为应行丧失。相应函请贵厅转行该会等查照可也。

此致！

■ 统字第 1851 号

民国十二年十一月六日大理院复东省特别区域高等审判厅函

径复者：

准贵厅二八四六号函开：案据特区地审厅呈称，"窃查有多数债权人甲与俄侨乙，因债务案，业经判决确定，并将乙之房产，查封拍卖。第三人丙对该房产主张抵押权，经丙国领事来函证明属实。甲、乙对于丙之抵押权，亦均承认。甲并愿自拍卖价金，先清偿丙之债权。纵因清偿丙债权之结果，而不能受全部清偿，亦无异词。执行衙门能否依据当事人所不争之事实，就该未经法院审查之抵押权，于拍卖价金中，较他债权人优先清偿，抑不问其有无争执，均应指示其另案提起异议之诉，俟判决确定后，方能优先受偿？倘俄侨乙对于丙之抵押权，虽不否认，惟另主张该抵押权尚未到期（查原合同，系以六年为期，一年后有权回赎。逾期不赎则抵押权人取得所有权，自立合同后，距今只八阅月），第三人丙无权主张权利。此种补充主张，是否须指示丙另案起诉？若丙因有该国领事前次证明，并无另案起诉，执行衙门强制拍卖，则必先清偿丙之债权，丙国领事方无异议，否则困难实多。该俄侨乙在哈又无其他财产可供执行，长此迁延，甲之债权，清偿无期。执行衙门能否就不争之抵押权，虽有期限之限制，在丙既愿放弃，亦径以职权就拍卖价金先行消除之程序，再分配于各债权人？事无先例可资遵循，呈请转请解释等情到厅。"事关法律疑义，相应函请迅赐解释，以便转行知照等因到院。

查抵押权人就担保物之卖价，依法得较普通债务人先受完全之清偿。如来函所述，甲、乙对于丙之抵押权，既经承认不争，而所谓期限之限制，在丙又自愿放弃，自得依其意思，径以拍卖价金，消除抵押权，再分配于各债权人。至来函所谓该抵押权尚未到期，若果系指丙之债权而言，则应就未到期以前倒扣利息，以保公平。再本院解释文件，定有限制办法，曾经通告在案，嗣后务希查照。相应函复贵厅转行遵照可也。

此复！

■ 统字第 1852 号

民国十二年十一月六日大理院致江苏高等审判厅函

径启者：

据上海美国律师公会罗杰函称，上海钱店发行之期票，定期兑现，谓之庄票。在未到期之前，因窃盗止付，按先例第五六五及一一六四号主张权利。查庄票是否法律上谓之无记名证券之一，并非与银行兑换券相同，不准挂失？为此快邮代电，请烦贵院恩准破格，详为解释等因到院。

查无记名期票，自为无记名证券之一种。如有被盗或遗失情事，应准挂失。惟为避免纠葛起见，应依公示催告程序由法院以除权判决，宣示其证券无效。相应函请贵厅转行该会查照可也。

此致！

■ 统字第 1853 号

民国十二年十一月六日大理院复湖北高等审判厅函

径复者：

准贵厅函开：查本年二月二十日《政府公报》登载钧院复奉天高等审判厅统字第一七九六号解释例开："查民事诉讼之价额，既经第一审核定，当事人并未曾声明异议，即属确定。第三审法院，无重行变更之余地"等因。惟查司法部颁发之《征收讼费注意事项》第八款载："审判长或推事应随时调查司法印纸有无漏贴及是否足额。如认有漏贴或贴不足额时，应以裁决酌定期限，命当事人补贴。在下级审所应贴之印纸，上级法院亦须调查之"等语。如第二审法院发见第一审核定之讼费数额实有不足，当事人又未于第一审核定时声明异议，应否仍依此项注意事项，命当事人补缴，不无疑义。应请解释者一。又上述解释例所谓"核定"，是否须审判衙门经过一种审核程序？例如，谕令当事人缴纳讼费若干，或调查诉讼标的之价值，方可谓为核定？抑仅据当事人缴纳百元未满之讼费，审判衙门未令补缴，即可谓为已经核定？设有因财产权涉讼事件，其诉讼标的价额本在百元以上。惟原告人于起诉时，依百元以下之价额缴纳讼费。第一审并未就诉讼价额加以审核，遽判决驳斥其请求。原告人不服上诉，仍照百元未满价额缴纳讼费，第二审法院亦未就诉讼价额审核，遽予受理。判决结果，第一审之被告人败诉，向第三审法院提起上诉，始依百元以上之诉讼价额缴纳讼费，并声明一、二两审，原告人缴费若干，原告人及审判衙门均未向伊通知等情，第三审应否予以受理？本厅于此主张不一：甲说谓，诉讼标的之价额，应于起诉时定之。原告人起诉时，既依百元未满之诉讼价额缴纳讼费，审判衙门并未责令补缴，诉讼价额既属确定。被告人于第二审判决后，实无声明异议之余地。乙说谓，核定诉讼标的之价额，为审判衙门之职权。虽原告人起诉依百元未满之诉讼价额缴纳讼费，但审判衙门既未依法审核，又未告知被告人，则原告人缴费若干，审判衙门核定若干，被告人既均未得知，即无从声明异议。自未便因原告人希图减少讼费，及审判衙门未尽职权之故，使其丧失审级之利益。二说究以何说为是，此应请解释者二。又第三审案件，当事人未缴讼费，经第三审法院审判长裁决，限期补正（裁判书系由第三审法院直接送达），该当事人不于限内向第三审法院缴费，竟向原第二审法院缴纳。第三审法院因其逾期未缴，依照《民事诉讼条例》第五百四十九条、第五百零八条、第五百十七条之规定，以判决驳斥其上诉后，始据第二审法院，将该当事人缴纳之讼费印纸呈送前来，当事人遂以在第二审法院缴费之收据，提起再审之诉。此种再审之诉，是否合法，并应归何法院管辖？本厅主张亦不一致。甲说谓，《民事诉讼条例》第五百六十八条第十二款所规定"当事人发现未经斟酌之证据"，系指实体上之证据而言，故由审理事实之第二审法院管辖。至若第二审法院代第三审法院征收讼费之收据，虽可证明其上诉第三审之程式并无不合，但究于实体上毫无关系。第二审法院既不能仅以程序上可受利益裁判之证据，变更其实体上之判决，又不能仅变更第三审之判决，置实体上之判决于不问。是第二审受理之结果，实不能为合法之裁判，似应由第三审法院，依照《民事诉讼条例》第五百七十七条办理。乙说谓，《民事诉讼条例》第五百六十八条第十二款所载"当事人发现未经斟酌之新证据"，无论实体上之证据、手续上之证据，均应包括在内。故当事人以在第二审法院缴费之收据，对于第三审法院之判决，提起再审之诉，即不能不认为合法。至此项再审之诉，依《民事诉讼条例》第五百七十一条之规定，既专属原第二审法院管辖，应即由原第二审法院废弃第三审法院判决，再将该案原卷检送第三审法院受理上诉。两说分歧，莫衷一是。此谓请解释者三。现本厅关于此等案件甚多，亟待解决，相应函请迅赐解释，俾便遵循等因到院。

  查（一）诉讼印纸之贴用，系关于诉之程式。虽事件已系属于第二审，而第二审法院亦应依法调查，如有不足，应即令其补缴。至本院统字第一七九六号解释例，系指第一审法院核定诉讼标的已经确定，当事人曾有声明异议之机会，而不为声明者而言。（二）法院核定诉讼标的，虽不必以裁判宣示，而亦须经过一定之程序。例如调查交易价额之类是。若依诉讼卷宗并不能认第一审法院已经审核确定，而当事人亦非有声明异议之机会而不为声明，则上诉至第三审时，该第三审法院依《民事诉讼条例》第五百三十一条，本得自行审查核定。（三）第三审法院驳斥上诉后，当事人以在第二审法院缴费之收据提起再审之诉，应予准许。至《民事诉讼条例》第五百七十一条后段，虽规定对于第三审判决，本于第五百六十八条第八款至第十二款理由声明不服者，应专属原第二审法院管辖。惟查其立法理由，系因第三审判决应以第二审判决确定之事实为基础，第三审法院无论驳斥上诉，或自为判决，而第二审判决确定之事实，均属存在。故当事人提起再审之诉，以求动摇确定判决之事实，自应仍由第二审法院审判。如来函所述情形，则系上诉第三审发生之事实，不能由第二审法院审判，应依第五百七十一条前段规定之原则，由原为判决之第三审法院管辖。相应函复贵厅查照。

  此复！

统字第 1854 号

民国十二年十一月十六日大理院复江苏高等审判厅函

径复者：

准贵厅函开：案据丹徒地方审判厅厅长莫宗友呈称，"窃职厅办理刑事案件，发生疑问数端。（一）《刑事诉讼条例》第二百五十七条所谓'足认被告有犯罪嫌疑'云者，系在如何之程度，有无一定之标准？例如，仅据到案之被告指有某人在内，究竟有无其人，检察官未予调查，即对某人起诉或声请预审，是否可认为合法？现有甲、乙二说：甲说谓，本条仅为训示之规定，其所谓'足认有犯罪嫌疑'者，专凭检察官主观之断定，并无一定之标准。即如上述情形，检察官之职责，固有未尽，然其起诉或预审声请，仍不能不认为合法。乙说谓，本条既云'依侦查所得之证据，足认有犯罪嫌疑'者，当然有一定之标准。若漫无限制，有时不免累及于无辜（指被告确有其人，但非犯罪之人，检察官并未调查真实，而遽行起诉或声请预审者而言），或空费无谓之手续（指被告并无其人，因检察官业已起诉或声请预审，法院仍不能不为照例拘传与通缉者而言），则侦查机关，将等于虚设。如上述情形，其人之有无，尚不得而知，复何证据之足云？此种案件，侦查之手续并未完备，其起诉或预审声请，即系违背本条之规定，当然不能认为合法。此其一。（二）依《刑事诉讼条例》第二百六十四条第一项之规定，检察官声请预审之书状，必记载：（一）被告姓名及其他足资辨别之特征。（二）犯罪行为及所犯之法条。是被告姓名与犯罪行为二者，既为必须记载之事项，则声请书上是否须有特定某犯罪行为系某人所为之认识？例如，某甲中毒身死，其妻某乙控指某丙谋害，另有某丁等同时告发，又谓某甲实系被其妻某乙毒死。检察官侦查后，认某乙及某丙，均有杀害某甲嫌疑，并案声请预审。查某乙与某丙，立于利害相反之地位，某甲之死或系该二人中之一人所毒，或概与该二人无关，断不能该二人皆有杀害某甲嫌疑之理。检察官此种声请，并无特定某犯罪行为系某人所为之认识，可否认为已具备第二百六十四条第一项之条件？又分子、丑两说：子说谓，条文上既未明言须有特定某犯罪行为，系某人所为之认识，则只需有犯罪行为与被告姓名之记载，即为已足。上述声请书上，于被告姓名与犯罪行为二者，既为无缺，即应认为已具备本条第一项之条件，其是否有特定某犯罪行为系某人所为之认识，在所不论。丑说谓，预审声请书上，所以须被告姓名及犯罪行为并行记载者，不外使法院明了某犯罪行为系某人所为之意。其声请书上，必有特定某犯罪行为系某人所为之认识，方足符本条立法之精神。上述声请书上，虽有被告姓名及犯罪行为之记载，而依其记载，并不能特定某犯罪行为系属某人所为，即于本条第一项之条件，尚未具备，其声请自不能认为合法。此其二。（三）查《刑事诉讼条例》预审节内，并无不受理之规定。上述两种例示情形，如何认其声请为不合法，是否得为不受理之裁决？亦有两说：第一说谓，《刑事诉讼条例》预审节内，既无不受理之规定，则上述案件，虽其声请程序，可认为有违法之处，仍应为实质的审究，以决定其起诉之与否，不能径为不受理之裁决。第二说谓，《刑事诉讼条例》预审节内，虽无不受理之规定，而审判中依第三百四十条，则有不受理之判决。预审中除有特别规定外，自可援用其同一之法理办理。故上述案件，其声请程序，如可认为显有违法，即可参照第三百四十条第一款之规定，为不受理之裁决。此其三。以上三疑问，职厅庭员意见各执，究以何说为是？事关法律解释，理合具文呈请转函核示"等情。据此，相应函请贵院迅予解释见复，以便转令遵照等因。

本院查《刑事诉讼条例》第二百五十七条第一项之规定，谓检察官须先从事于侦查，因侦查而得有证据，再就所得证据，依适当之条理辨认足断为有犯罪嫌疑，而后可声请预审或起诉，本极明了。若仅据某人指某人犯罪，有时只可为侦查之动机，其中尚隔有"实施侦查得有证据"、"依证足资认断"数个阶级，自不足为本条所称之犯罪嫌疑（与同条例第二百三十六条参看）。又同条例第二百六十四条第一项第二款所称"行为"者，人之行为也。声请预审书记载被告姓名、其他足资辨认之特征，犯罪行为及所犯法律时，不特于某特定犯罪行为系某特定人所为，须有认识，且须指明。若并其人之犯罪行为而不知，何从指为被告而声请预审？反是，则某犯罪事实尚不知究系何人所为、将请对何人实施预审，在一声请书中，竟任犯罪事实与被告不相联属，于法实极刺谬。惟同条例关于预审，并无如何情形得为不受理裁决之规定。若竟遇有上述案件，亦只应依照通常之预审程序办理。至解释事项，前经定有制限办法，通告在案，嗣后务请注意。相应函复贵厅转行查照可也。

此致！

■ 统字第1855号

民国十二年十一月十七日大理院咨司法部及财政部文

为咨复事：

准咨开：准盐务署咨开：据松江运副转据青村场知事呈称，"查职场东区盐警因缉私被枭匪结伙拒捕，用扁担击伤警士孙芳洲立时身死一案，迭经呈报在案。查《缉私条例》第三条，'缉私营队于执行职务时，遇有结伙执持枪械拒捕者，得格杀之。'又《私盐治罪法》第二条，'携有枪械意图拒捕者，加本刑一等'各等语。前案枭匪结伙拒捕，执持伤人致死之扁担，是否包括枪械之'械'字内解释？请查核令遵等情。查民国新颁条例《惩治盗匪法施行法》第四条，有'盗匪持械拒捕'字样，并未言枪械。《缉私条例》及《私盐治罪法》则为'执持枪械拒捕'，此'械'字照狭义，似专指枪械而言。惟结伙贩私，以挑盐扁担拒捕，致毙盐警，事已发生。是扁担虽非凶器，而盐警与大帮私贩对拒之时，或因众寡悬殊，或因不甘退避，致尽职捐躯，实与军警缉盗被拒身死，同一惨害。若舍枪不能言械，彼大帮肩挑私贩，意存以扁担拒捕者，转得避重就轻。一再思维，殊难索解。呈请鉴核转咨司法部、大理院详为解释指令施行"各等情。查近场人民，私运盐斤，已成习惯。其在民风强悍之处，私贩结队成群，赴场偷运，遇见缉私营队，即以扁担拒捕。缉私营队既不便援'格杀勿论'之条例，开枪制止，又以人数众寡悬殊，势难徒手捕拿，临时应付，自属困难。但扁担为肩挑盐斤所必需，虽可资以拒捕，究与行凶器械不同。如果将扁担认为军械，则肩挑私贩，均可加以携有枪械，意图拒捕之罪。衡诸应得之咎，似失其平。且于缉捕私贩旁无证人之时，不肖兵士，指为以扁担拒捕，任意开枪格杀，亦属可虑。至《缉私条例》第三条内开，'结伙执持枪械拒捕'等字样，是否有联属之意义？若有结伙而不执持枪械，或执持枪械而非结伙者，缉私营队与私贩对拒之时，应如何应付？事关法律，自应一并详为解释，俾资遵守，除咨行大理院、司法部外，相应咨请查核见复等因。事关解释法令，相应转咨贵院查核办理并希见复等因，并准财政部、司法部咨同前因。

本院查《缉私条例》第三条及《私盐治罪法》第二条第二项所称"枪械"，固不专指枪支而言。然扁担本系寻常竹木器械，为肩挑盐斤者所必需，自不得因其有时可资以拒捕，遂谓与各该条所称"执持枪械拘捕"及"携有枪械意图拒捕"者相当。至"结伙执持枪械拘捕"一语，系犯该罪应具备之条件。惟既经结伙拘捕，只需有人携带枪械而已足，同伙中有不携带枪械者，亦与原条件不背。除咨复财政部、司法部外，相应咨请贵部查照。

此咨！

■ 统字第 1856 号

民国十二年十二月六日大理院复江苏省长电

南京江苏省长鉴：

皓代电悉！《省议会法》第二十八条，虽通缉在前，亦复适用。而通缉依《刑事诉讼条例》第五十八以下各条，并无得撤销之根据。

大理院鱼印

附：江苏省长原代电

北京大理院鉴：

省议员于省议会未开会前，由法院认为有犯罪嫌疑，通令协缉未获。至省议会开会期间，因未经办会法第二十八条之手续，可否径由本署撤销法院通缉？请即解释见复，以便核办。

江苏省长皓印

■ 统字第 1857 号

民国十二年十二月十一日大理院复山东高等审判厅函

径复者：

前准贵厅函开：据青岛地方审判厅长咸运机呈称，"窃查民事强制执行，依照修正《诉讼费用规则》第九条规定，应依执行标的，按拍卖与不经拍卖者，分别征收执行费用，本无疑义。惟所谓'不经拍卖者'，是否从狭义解释，限于《执行规则》所定之查封、管理，及其他执行中之因强制执行而终了者？抑或应从广义解释，凡经债权人声请或以职权开始执行后，即如尚未达于查封程度（例如，债务人之财产，尚在调查中，及应查封或命管理前，债权债务人已自行在外和解声请销案，或由执行中和解及其他终了者），亦得征收执行费用？适用上尚属不无疑问。

再该执行费用，如应从广义解释，可否于开始执行时，援照征收审判费用之例，先由债权人垫交？以昭划一之处，理合一并具文呈请钧长鉴核，伏乞训示只遵，实为公便"等情。据此，事关法律疑义，相应函请贵院解释赐复，俾便饬遵等因到院。

查修正《诉讼费用规则》第九条所定执行费，为应入国库之一种规费。一经开始执行之后，无论是否因执行终了，均得依法向债务人征收。除鉴定等费外，不应先由债权人垫交。再本院关于解释文件，曾有限制办法，通告在案，嗣后尚希查照办理。相应函复贵厅转饬遵照可也。

此复！

■ 统字第1858号

民国十二年十二月十四日大理院咨司法部文

为咨复事：

准贵部咨开：据吉林高等审判厅呈称，案据署滨江地方审判厅长王铭鼎呈称，"窃查《商事公断处章程》第十九条载，'评议员于公断后，两造均无异议，应为强制执行者，须呈请管辖法院为之宣告。'又《商事公断处办事细则》第五十条后半段载，'应禀请法院宣告强制执行'等语。详译'宣告'二字意义，似与实施强制执行有别。考之《民事诉讼执行规则》第四条，关于执行名义之事项，未列公断一节。益征公断结果，不能当然认为执行名义，似应经过宣告程序，方可执行。然宣告强制执行，应适用何种程序？对于宣告，当事人可否声明不服？若禀请宣告强制执行案件，要件不备（如两造未经同意），可否驳斥其禀请？又查《商事公断处办事细则》第五十条第二项规定，'其财产货物，如有关于行政范围，应即据情分别禀请各官署查核施行。'探索立法意旨，似法院仅为之宣告，至实施强制执行，仍应由公断处自行办理。以上各节，均乏依据。职厅现有是项案件，无法办理，拟请转请指示办法，以便遵循"等情。据此，呈请核示等情到部。查来呈所称，事关法令疑义，相应咨请贵院解释见复，以凭转复等因到院。

查公断人之判断，不得即为执行名义，应由管辖法院依通常宣告裁判程序，为之宣告，始得强制执行。如评议员声请宣告时，两造未经同意，不能认为业已理结，即应驳斥其声请。法院所为此项宣告，为保护当事人之利益计，得以声明不服。至实施强制执行，非假国家机关之公力，不得为之。《商事公断处办事细则》第五十条第二项，系承同条第一项前段，仅就既经理结，尚未禀请宣告者而言。并非依此规定，即可认法院仅行宣告，而实施强制执行由公断处自行办理。相应咨请贵部转行查照可也。

此咨！

■ 统字第1859号

民国十三年一月二十九日大理院复安徽高等审判厅函

径复者：

准贵厅函开：据芜湖地方审判厅代电称："兹有抵押债权人对于抵押债务人，

诉经判决确定，由执行处将抵押物（田亩）三次减价拍卖，无人承买，发给执照，交债权人管业。阅五、六月后，有人主张该拍卖物为共有，仅以债务人为被告，诉经判决买卖无效，且已确定。凡民事诉讼，除有特别规定外，判决效力，不及于第三人。买卖虽经判决无效，然原债权人（第三人）当然不受拘束。则是该拍卖物，同时有二个独立之所有权存在。关于此点，约有二说：甲说谓，该物既为共有，原债务人自不得擅自处分，判决当然有效。原债权人之所有权，自应消灭。若受有损害，亦只得向原债务人求偿。乙说谓，强制买卖与自由买卖不同。依《民事诉讼执行规则》第六十四条第六款，'对该不动产上有权利关系者，依限声明。'此所谓'限'，自系指同规则第六十五条而言（职厅实际办法自公告日起至投标之日，多至一个月）。自公告拍卖日起，至三次减价日止，实际近四个月，期间不为不长。拍卖物之共有人，既不于限内声明，即应丧失其声明权，其诉显不合法。不合法之诉，虽经判决确定，亦不发生效力。即该买卖仍属有效，所有权应属原债权人。以上二说，以何说为是，抑或另有解释之处？此应请解释者一也。执行债务人于传案执行时，应恐其逃亡起见，往往令觅保人，保其随传随到，于保状内虽载明'有不到情事，惟保人是问'等语，然若执行债务人屡传不到，在现行法令，对于保人并无若何之制裁规定。于是，执行债务人与保人勾串之弊生焉。在执行债务人有财产可供执行，不生问题。若并无财产，或虽有财产而不足清偿债务，即无从依《执行规则》第七条办理。而在交人之附带民事诉讼，尤觉困难。于此场合，可否径向保人强制执行，抑仅得依同规则第八十八条办理？此应请解释者二也。犯罪之是否成立，以民事之法律关系为断。其法律关系，经民事法院判决不成立，且已确定，刑事法院是否不受拘束？于此亦有二说：子说谓，应分别言之。若为天然事实（如亲子之类），不受拘束。若系法律行为，则裁判既已确定，无论何人不得再行主张，即不得为相反之认定。丑说谓，不问天然事实或法律行为，均不受拘束。以上二说，以何说为是？此应请解释者三也。以上三端，乞予转函大理院迅赐解释令遵"等情前来。相应函请解释见复，以便饬遵等因到院。

  查（一）确定判决之效力，除有特别规定外，不能拘束当事人以外之第三人。来函所述确定判决，既仅系债务人为被告，自非由该拍卖物之共有人，另以原债权人及债务人为共同被告，诉求确认裁判，即无从实施执行。至法院判决之是否有效，并不以其适用实体法或程序法是否正当以为准。甲、乙二说，均不免于误会。（二）执行时债务人之保人，既声明"如有不到情事，惟保人是问"，则债权人因此受有损害，自应付相当之责任。惟债权人向保人主张，应另以诉为之，不能于执行债务人案内，径向保人执行。（三）民事程序与刑事程序，原系各别进行。民事判决确定之事项，刑事判决自不受其拘束。再本件依本院限制解释办法，本可毋庸答复。惟既据催请前来，仍合予以解答，嗣后务希查照办理。相应函复贵厅转饬遵照可也。

  此复！

■ 统字第 1860 号

民国十三年一月三十一日大理院复山西高等审判厅函

径复者：

准贵厅三四七号函开：案据第一高等审判分厅虞代电内称，"兹关于法律上之疑点有二：（一）已成婚成年并无尊亲属之男子，亡故无嗣，临终时表示不愿立继，将其所遗财产，归于家庙。现有人对承继，出而告争，应否尊重其意思，不为立继，抑须必为立继，律无明文规定。应请解释者一。（二）当事人一造亡故，并无合法承继人承受诉讼。第一审审判衙门，仅传讯他之一造，即行判决。他之一造声明上诉。此种判决，如何救济？如应撤销，讼费归何人担负？颇滋疑义，应请解释者二。以上二点，伏赐转请解释示遵"等情到厅。相应转请钧院俯赐解释，并祈见复等因到院。

查来函第二疑点，应分别言之。凡诉讼的法律关系，系原告与国家及被告与国家之二面关系。只需当事人一造之行为，即以创设，并不必二面之关系并行存在，而后始能成立。故如积极的当事人（原告或上诉人）亡故，无合法之承继人承受诉讼，其与国家之诉讼关系，即归于消灭。而同时以此关系存在为前提之诉讼关系，即国家与消极的当事人（被告或被上诉人）之诉讼关系，亦应归于消灭。如系消极的当事人亡故，无人承受诉讼，则该积极的当事人与国家之诉讼关系，尚属存在。不过，法院得以当事人欠缺为理由，认其诉为不适法，予以驳斥（须有相对立之当事人为诉讼之适法要件）。来函所谓"他之一造"，如系第一审原告，因其诉被驳斥受有不利之裁判而声明上诉，则上诉法院应认其上诉为无理由，予以驳斥，并将诉讼费用，判由该上诉人负担。如系第一审被告，因其受有不利之裁判而声明上诉，则上诉法院应依法予以纠正。惟诉讼费用，因该上诉人既已胜诉，而一造又系亡故，殊无从为何人负担之裁判。至来函第一疑点，本院已有先例，希参照十二年上字第八九五号判决。再本件依本院限制解释办法，本可毋庸答复。惟既据催请前来，仍合予以解答，嗣后务希查照办理。相应函复贵厅转饬遵照可也。

此复！

■ 统字第 1861 号

民国十三年二月四日大理院复东省特别区域高等审判厅函

径复者：

准贵厅二四二三号函开：设有原告向被告诉追债务，被告提起反诉。经第一审判决，准其本诉及反诉一部，其余本诉、反诉，均予驳斥。两造同时上诉。嗣据原告于诉讼进行中，未经通知被告，忽与第三人对于诉讼之标的订立让与合同，并声请将本案诉讼行为由第三人承受，继续进行。对于此项声请，发生种种问题：（一）被告乙主张本案于第三人丙毫无关系，未便令其搀入，故原告甲仍不能脱离关系。而第三人丙与原告甲则谓已订让与合同，并经登记所证明，故第三人丙得代原告甲担当诉讼，请准原告甲脱离关系。（二）被告乙对于让与合同，如果同意，则本案判决对于第三人究依《民诉条例》第六十九条第七十六条称为参加人，准其担当诉讼，抑依同条例第四百九十九条、第二百九十七条称让受人为原告人，与原来之原告人并列，准其担当诉讼？（三）如果审理之结果，原告甲全部败诉，则讼费可否令第三人丙负担？事关法律疑义，相应函请钧院迅赐解释见复等因到院。

查（一）让受人担当诉讼，须经他造当事人之同意，在《民事诉讼条例》第二百九十七条第二项，设有明文。如来函所述，被告乙既不与同意，自不能许让受诉讼标的之第三人丙代担当。惟让受如系合法，其在实体法上之关系，尚应加以斟酌。（二）被告乙就丙之担当诉讼，如已同意（仅对于让与合同同意，尚不能认为但当诉讼亦已同意），则本案判决，应列该第三人丙为原告。至原来之原告人，因丙之代为担当，应已脱离诉讼，即毋庸并列。（三）诉讼费用，如原告一面败诉，应由代为担当诉讼之丙负担。再本院解释文件，曾定有制限办法通告在案，以后尚希查照办理可也。

此复！

■ 统字第1862号
民国十三年二月四日大理院咨司法部文
为咨复事：

准贵部五八四号咨开：据湖北高等审判厅厅长呈：为转呈夏口地方审判厅请解释《不动产登记条例》疑义内开：据夏口地方审判厅厅长陈长簌呈称，"窃查《不动产登记条例》第五条载，'不动产物权应行登记之事项，非经登记，不得对抗第三人。'关于本条适用，不无疑义。解释上计分三说：甲谓，自本条例施行后，凡应登记而不登记者，一经与第三人涉讼，法庭即应根据第五条而为判决。至本条例第一百四十五条之规定，系为加征费用而设，不能据以停止第五条之效力。如果诉讼中命为登记，仍能对抗，则第五条实等于虚设，亦与立法之本旨不符！乙谓，据本条例第一百四十五条规定，原有'命为登记'之文，则第五条之适用，必经命为登记而不登记者始可。换言之，即第一百四十五条规定，正所以限制第五条之适用，不能遽为不能对抗之判决。丙谓，《登记条例》施行前成立之物权，依法律不溯既往之原则，应依乙说办理。《登记条例》施行后成立之物权，当然受法之拘束，应依甲说办理。以上三说，究以何说为当，事关法律疑义，理合呈请钧厅，转呈解释示遵"等情。据此，案关法律解释，职厅未敢擅拟，理合转呈钧部鉴核示遵等因到部。查所请解释事项，并非关于登记程序之疑义，仍应由贵院解释见复等因到院。

查《不动产登记条例》第五条，既经规定以登记为对抗第三人之条件，则凡应行登记而不登记者，一经与第三人交易，即不能有对抗之效力。法院遇有此种事件，自应依第五条之规定而为判决。至《不动产登记条例》第一百四十五条，纯为加征登记费用而设。观其规定有"因他事发见"云云，其不能制限第五条之适用，实属显然。相应咨复贵部转饬遵照可也。

此咨！

■ **统字第 1863 号**
民国十三年二月二十八日大理院复江苏高等审判厅函
径复者：

准贵厅函开：案查张月海与郭镜清因省议会选举涉讼一案，前经江苏第一高等审判分厅于十一年二月八日判决。其主文内载："民国十年八月一日郭镜清之当选为江苏省议会议员，应属无效。即据郭镜清提起上诉，经贵院于十一年九月十六日判决驳斥后，旋据郭镜清提起再审之诉。复经该分厅及贵院于十一年十一月三十日暨上年十月二十四日先后判决驳斥，并由本厅呈报江苏省长鉴核各在案。兹奉指令内开呈及判词均悉：'查选举诉讼，适用民诉程序判决确定后，双方同意和解，核之民事所采不干涉主义，似无不合。惟选举诉讼，究与普通民事诉讼性质不同。倘和解内容，与原判主文完全相反，是否合法，法无明文规定。此案现据当事人声称案经和解，公恳免于执行，并请转饬审厅销案等情到署。合仰该厅呈请大理院解释，一俟复到，即呈报核办此令等因，并发郭镜清等原呈一件奉此。'查选举诉讼既准用民诉程序，自应许其和解；而和约与判决相反者，仍从和约，毋庸执行判决，曾经贵院八年统字第一零零九号暨五年统字第五零八号解释在案。"惟此项解释例，对于上述情形，是否适用，不无疑义。兹奉前因，相应抄录原呈，函请贵院迅予解释示复，俾便转呈等因到院。

查本院此项解释例，如来函所述情形，得以适用。相应函复贵厅查照可也。

此复！

■ **统字第 1864 号**
民国十三年二月二十八日大理院致安徽高等审判厅函
径启者：

据芜湖律师公会电开：兹有离婚之诉，夫原籍系甲省，父母兄弟寄居乙省，夫自身在丙省开医院。夫于丙省有无《民诉条例》六百六十八条之普通审判籍？请赐解释等因到院。

查普通审判籍，依《民事诉讼条例》第十五条，应依住址定之。住址之意义为何？在现行法令尚无明文规定。按条理言之，应以有永居之意思而住于一定之处所者，认为住址。如来电所述，夫自身既在丙省开设医院，似在丙省已有永居之意思。惟此系事实问题，尚应由法院依法审认之。相应函请贵厅转行该会遵照可也。

此致！

■ **统字第 1865 号**
民国十三年二月二十八日大理院复山东高等审判厅函
径复者：

准贵厅函开：兹有甲、乙、丙三人，共有盐引二百余道。由甲一人私自出典于丁运盐营业。甲旋即病故，经乙、丙查知情由，向丁起诉追引。初审判认关于乙、丙持分之部分典契无效。案经三审确定，乙、丙请求执行，地厅执行处对于此案，持有两说，请示到厅：（子说）寻绎原判主文，系确认契约无效，并未令丁返还盐引。如向丁追取盐引，是超出原判范围之外，且核与《民事执行规则》第八十七、第八十八、第八十九各条，无一相合，只得命乙、丙再行提起给付之诉，以资救济。（丑说）判决主文，虽仅系确认契约无效，然追还盐引，禁止丁再持引运盐，实为本案诉讼当然发生之效果。故按诸《民事执行规则》第八十九条，当然可以适用。如再令乙、丙另案起诉，试问诉讼进行中，有何事实可为辩论？有何证据可为调查？不过于原判主文上，加以"返还盐引"数字而已。倘再经三审始能确定，则历时甚久，徒践行无益之诉讼程序，而权利人愈受损失。且诉讼人请求给付某物，而法院仅判认契约有效者，往往有之。如逐案皆须另行起诉，则纷扰不堪，殊失诉讼法上节省劳力、时间及费用之本意。以上两说，各有理由，究竟孰为正当？《民事执行规则》第八十九条可否援用，抑另有其他法文可为依据？事关法律疑义，理合请求钧院迅予解释，以资遵守等因到院。

查确定判决既判认该典契关于乙、丙应有之部分无效，则丁之不能再行持引运盐，自属当然之结果。执行衙门可依《执行规则》第九十一条、第九十二条办理，不能适用第八十九条。相应函复贵厅查照可也。

此复！

■ **统字第 1866 号**

民国十三年四月二日大理院复浙江高等审判厅函

径复者：

准贵厅二月祃电开：查《民诉》五二二条与《刑诉》四零一条内"引用"二字，职厅民刑庭员见解不同。"引用"二字，是否事实项下载明引用原判事实为已足，抑将所揭事实重叙一过，方合法意？悬案已待，敢乞电复等因到院。

查《民事诉讼条例》第五百二十二条与《刑事诉讼条例》第四百零一条规定，原系节省程序，免为同一之记载。凡第一审判决所载之事实，如系合法，即无须重叙，仅载明"引用"已足。至当事人向第二审法院所为声明（即求如何裁判之声明），当然无引用之可言。惟通常系列入事实项内，自应并行记载。再本院关于解释文件，曾定有制限办法通告在案，以后尚希贵厅查照办理是荷。

此复！

■ **统字第 1867 号**

民国十三年四月二日大理院咨司法部文

为咨复事：

准贵部第五四四号咨开：据江苏高等审判厅呈称，案据上海地方审判厅长沈锡庆呈称，"窃查民事判决书方式，依照《民事诉讼条例》第二百六十六条第一项，应列事实一项。此段法文，系条例之总则，第一审、第二审、第三审均应适用，并无例外规定。惟查同条第二项既载有事实项下，应记明当事人在言词辩论所为之声明及其提出之攻击或防御方法，并调查证据所得结果之要领。则'事实'二字，自不能不从严格解释。然判决书中无第二百六十六条第二项所举事项可记者，如第二百九十条第一项及第五百零八条第一项所列不合程式或不备其他要件及无管辖权限等之判决，均专就诉讼程序加以调查，本无事实可言。若将案件经过情形记列为事实，又与条例所定之事实法意不符。查大理院统字第一七五七号解释例，已认第三审判决书中，无须有事实一项，则第一、第二审关于不合程式之判决，其情形似与上开解释例相同。又如《刑事诉讼条例》第三百四十条之判决，亦有同样情形。此种判决书事实一项，应否径从省略，颇滋疑义。事关判决方式，未敢擅专，请转呈核示"等情。据此，理合具文呈祈鉴核指令饬遵等情到部。查来呈所称，事关法律疑义，相应咨请解释见复等因到院。

查《民事诉讼条例》第二百六十六条，规定判决书应记明事实，而事实项下应记明当事人在言词辩论所为之声明及其提出之攻击或防御方法，并调查证据所得结果之要领。如来咨所述，虽于攻击防御方法及调查证据所得结果之要领，无可记载或不必记载，而两造关于诉或上诉，要不能无所声明，即无论是否经过言词辩论，均应依法记入（严格言之，关于诉或上诉之声明，固非事实。但通例均须列入事实项下，且现行条例已有明文规定，尤无庸疑）。至第三审判决书，并非于当事人之声明及法律上之陈述等可以不须记明，惟因第三审为法律审，以不调查事实为原则，故于理由项下，将此等事项记明；不另列事实一项，亦无不可。相应咨复贵部转行遵照可也。

此咨！

■ 统字第1868号

民国十三年七月一日大理院致江苏高等审判厅函

径复者：

准贵厅一零八八号函开：案据江苏第一高等审判分厅监督推事钱谦呈称，据宝应县知事严型漾代电称，"窃查民国十年五月二十日公布之修正《管理寺庙条例》第十一条载'寺庙不得抵押或处分'之等语。细绎本条立法意旨，仅限制寺庙不得抵押或处分，并不包括寺庙所有财产而言，显而易见。惟同条例第二十一条第一项载：'违背第十一条规定抵押或处分寺庙财产时，由该管地方官署收回原有财产（下略）'等语。本条既为第十一条之补充条文，而于寺庙之下则增'财产'二字，其限制范围，实较广于第十一条所规定。两条并列，似有抵触。参考民国四年十月二十九日公布之原条例第十条（即修正第十一条），寺庙之下亦有'财产'二字。究竟修正条例第十一条有无脱略文字，抑或同条例第二十一条第一项'财产'二字，系属衍文。案关法律疑义，未敢擅断。职署现有此类案件，急待适用法律，恳乞转请解释示遵"等情。据此，理合具文转呈鉴核俯赐转院解释等情。据此，事关法律解释，相应函请迅予示复转令遵照等因到院。

本院查《管理寺庙条例》第二十一条第一项，既载有"违背第十一条规定抵押或处分寺庙财产时，由该管地方官署收回"等语。则第十一条所称"寺庙"，应包括庙产在内。该两条用语，虽有详略，尚不能谓为抵触。至所谓财产，当然指一切财产而言。惟为达第十条管理目的所为必要之处分，即属管理行为，不在第十一条限制之列。如变卖容易腐败之物，或以收益供寺庙必要之用途，即其例也。相应函复贵厅转令查照。再本院解释文件，曾定有限制办法通告在案，以后尚希查照办理可也。

此致！

■ 统字1869号

民国十三年五月三日大理院致山东高等审判厅函

径复者：

准贵厅七五九号函开：窃查青岛地方审判厅接管日本法院，移交民事未结案内，有原、被两造当事人，均所在不明，无从送达。按照《民诉条例》第一百八十二条第一款，自得为公示送达。惟查同条例第一百八十三条："公示送达，依当事人之声请，经受诉法院裁决准许后，始得为之。"又第百八十六条："应依职权为被告选任特别代理人。现在两造当事人均所在不明，是否无须经当事人声请，亦可公示送达及以职权为两造选任特别代理人"。如果能不依声请办理，则此项费用，应如何支出？事关法律疑义，相应函请解释赐复等因到院。

查公示送达应依当事人之声请，在《民事诉讼条例》第一百八十三条第一项，已有明文规定。如来函所述，两造均所在不明，即无从为公示送达。至特别代理人，依《民事诉讼条例》第一百八十六条第一项，限于为被告选任。既不能为公示送达，即无庸选任，此项费用问题，亦不发生。再本院解释文件，曾定有限制办法通告在案，以后尚希查照办理。相应函复贵厅查照可也。

此致！

■ 统字第1870号

民国十三年六月三日大理院致浙江高等审判厅函

径启者：

据浙江永嘉律师公会邮代电称，查《司法印纸规则》第八条第二项载："前项以外之书状，无论用何种名义，均贴用司法印纸一角"等语。如律师阅卷声请书，是否即为前项以外书状之一？又民事委任状代理之委任状，是否即民事书状？若为民事书状，除贴用挂号费外，应否加贴声请费？以上疑义，经金华律师公会电请解释，当蒙钧院统字第一七九二号解释"第八条第二项既泛称'以外书状'，则律师阅卷声请书，自应包括在内"等语。又查《部颁征收诉讼费用注意事项》第十五款载，"无论是否律师声请阅览卷宗，或为其他声明者，亦应一律征收声请、声明等费。"与钧院一七九二号之解释是否抵触？以上疑义，经本会本年第八次常任评议员会议决，敬祈迅赐解释等情到院。

查本院统字第一七九二号解释，系在民国十二年六月二十八日《司法印纸规则》修正以前，其于律师阅卷声请书，解为该规则第八条第二项所称"前项以外书状"之一种，系仅就书状之类别而言。于应否加贴声请费，并未示及。不能因下文就委任代理之民事书状有"加贴审判费五角"之语，遂谓对于律师阅卷声请书，含有可以不纳声请费之意义。来函似疑该号解释与《部颁征收诉讼费用注意事项》第十五款抵触，未免误会。相应函请贵厅转知该会查照办理。

此致！

■ 统字第 1871 号

民国十三年五月三十一日大理院复广西高等审判厅函

径复者：

准贵厅第二零号函开：据桂林高等审判分厅呈称，"窃职分厅奉到新颁《民事诉讼条例》后，受理上告案件，有非请指令示遵，办理殊觉困难者，兹仅列举于此。查《民诉条例》第五百三十一条，'对于财产权上诉讼之第二审判决，若因上诉所应受之利益不逾百元者，不得上诉。'第二项载，'计算前项利益，准用第五条至第十三条规定'云云。如未奉条例之前，已受有此种上诉案件，尚未判决，则奉条例之后，可否以此种案件已依旧法上诉，并非依新条例上诉，不在禁止上诉之列，仍依条列上告后各程序进行完结？此应请示遵者一。又此后百元未满案件，依上开条例不得上诉，固无疑义。惟查因争山场、水利等涉讼案件，历来系由第一审衙门，比照百元未满案件征收讼费受理，向未依法定手续实行估价。此种诉讼标的价额，实际上多有不止百元者，但起诉时第一审既未实行估价，业经比照百元未满案件受理，第二审又经判决，依《民诉条例》第四百七十二条第二项规定，是此等案件，当判决宣告或送达时，业已确定。若此等案件之当事人，于上诉期内，至第三审衙门声请令第一审补行估价，请予受理，可否照准？此应请示遵者二。理合呈请示遵"等情到厅，据此函请迅赐解释转令遵照等因到院。

本院查（一）上诉利益不逾百元，既于《民诉条例》施行以前合法受理上诉，依《民诉条例》施行条例第一条规定，自仅其以后之诉讼程序，应依《民诉条例》终结。（二）《民诉条例》第五三一条，既明定"计算上诉利益，准用第五条至第十三条规定"，则诉讼标的之价额，第三审自应以职权调查。如有嘱托调查之必要，亦可依法办理。相应函复贵厅转令查照办理。

此致！

■ 统字第 1872 号

民国十三年六月三日大理院复山西高等审判厅函

径复者：

准贵厅一八七四号函开：据太原地方审判厅呈称，"今有甲（债权人）、乙（债务人）二人，因债务涉讼。案经判决，当庭宣判。惟送达判词，乙因败诉，拒不收受，而送达机关，亦未依照《民诉条例》予以留置送达，仍将送达文件一并缴回。事经数月，甲具状声请执行，乙借口未接收判词，拒绝履行判决书所载之义务。于此情形，是否可以乙事实上已经明了判决之内容，实施执行程序？抑应仍依《民事条例》补行送达，俟上诉期间经过后，再依执行规则办理？应请转呈解释示遵"等情到厅。相应据情转请解释示复饬遵等因到院。

查来函所述情形，该送达吏既未依《民诉条例》第一百七十条之程序办理，不能认为合法送达，上诉期限即无从起算，自难遽予执行。相应函复贵厅转饬查照办理。

此致！

■ 统字第1873号

民国十三年六月三日大理院复湖北高等审判厅函

径复者：

准贵厅第五一五号函开：案据武昌地方审判厅长陈翱呈称，"查《民诉条例》第五百三十一条第一项载，'对于财产权上诉讼之第二审判决，若因上诉所应受之利益不逾百元者，不得上诉'等语。是不满百元之案件，一经第二审宣示判决，即属确定，自无更行上诉之余地。设若当事人竟向第三审法院上诉，而第三审法院又误受理，将第二审判决废弃，发还更审，则第二审法院对于第三审判决发还之意旨，应否受其拘束？于此情形，有二说焉：甲说谓，上级法院判决之意旨，有拘束下级法院之效力。无论上级审程序上是否违误、有无审判之权，既经发还，下级审自应遵照更为审判。乙说谓，不满百元之案件，一经第二审判决，即属确定，第三审自无加以审判之权。若径行审判，并废弃原判发还更审，是明违反同条例第五百三十一条之规定，其判决自身已根本无效。依《官吏服务令》第二条第一款规定之法意，第二审自不受其拘束，无庸更行审判。此应请解释者一。若第二审法院遵照第三审法院之判决，更为审理判决，则他造当事人，能否依同条例第五百六十八条第十一款之规定，声请再审？依前甲说之主张，则谓更审前之第二审判决，业经第三审判决废弃，不复存在，与该条款得为再审之原因，显有不符。乙说则谓，不满百元之案件，第二审宣示判决后，即应确定，第三审自不得予以判决废弃。如竟加以判决，废弃第二审之判决，则第三审判决自身尚属根本无效，更审前之第二审判决，应不受其摇动。若第二审法院仍遵第三审法院判决意旨，更为审判，是对于同一诉讼所标的物，为二重之判决，则当事人尽可依同条例第五百六十八条第十一款之规定，声请再审。此应请解释者二。再查不满百元之案件，对于第二审之判决，不得上诉，固有明文规定。至第二审之裁决，能否抗告于第三审法院，亦有疑义。甲说谓，不满百元之案件，第二审即为终审衙门，对于判决尚不许上诉于第三审法院，自无许其抗告于第三审法院之理。况依同条例第五百五十二条上半段之规定，即诉讼事件终审法院所为之裁决，不得抗告，亦不得抗告于第三审法院。乙说谓，对于裁决，依同条例第五百五十条之规定，除有特别规定外，皆得抗告。不满百元案件之第二审裁决，既无不不许抗告之规定，即得抗告于第三审法院。此应请解释者三。更查民法上债权人与债务人间设立担保物权，其原因不过为债权之担保而已。设有子某与丑某因债务关系，指定甲不动产作抵，载明于契约内，成交时丑某忽将乙不动产契据交与子某作抵，而以甲不动产契据交与寅某作抵，则子某对于乙不动产，能否主张抵押权？一说谓，设立不动物权者，依现行法例，除有特别习惯外，须立字据，否则不生物权之效。且不动产物权之设立，并不以交付为要件。甲不动产既为子某订立契约时载明为供其债权之担保品，则无谕交付时为甲不动产契据，抑为乙不动产契据，子某仅能对于甲不动产主张抵押权。一说谓，契约上虽载明'为甲不动产'，但交付时既明为乙不动产之契据，子某明知其非甲不动产契据，竟承受而不生异议，则其对于抵押品，不啻默示承认更易。嗣后仅能对于乙不动产主张抵押权，即不能复及于甲不动产。此应请解释者四。以上诸点，究以何说为是，事关法律解释，理合具文呈请钧厅鉴核。俯赐准予转呈大理院解释，俾知遵循"等情。据此，相应函请迅赐解释，转饬遵照等因到院。

本院查上诉利益，是否不逾百元，第三审法院自有审查之权。既未认为不逾百元，受理上诉、发回更审，第二审当然受其拘束。从而更审中其他造当事人提起再审之诉，即不能谓与同条例第五六八条第十一款相合。至抗告程序与上诉程序，既经各别规定。同条例第五百五十二条所称"终审法院"，系指《法院编制法》规定受理上告之法院而言。第二审法院所为之裁决，苟非同条例第五百五十二条所称第四百八十三条事件，皆得向第三审法院提起抗告。至来函第四点，系属事实认定问题，未便解答。相应函复贵厅转饬查照办理。

此致！

■ **统字第 1874 号**
民国十三年六月十八日大理院复甘肃高等审判厅函
径复者：

准贵厅宥电开：按发还第二审更审案件，第二审对第一审判决如有变更，即可将第一审讼费予以改判。若前向第三审上诉人（即前在第三审缴费人），因更审判决未判第三审讼费，声请补判，第二审可否如请办理？应请解释示遵等因到院。

本院查第二审更审判决，脱漏更审前第三审诉讼费用之裁判，经当事人声请补充判决时，自应依《民诉条例》第二百七十三条办理。相应函复贵厅查照可也。

此复！

■ **统字第 1875 号**
民国十三年七月四日大理院复浙江省长函
径复者：

准贵公署五月东代电开：据浙海关监督兼宁波交涉员袁思永呈称，呈为转请解释华洋刑事诉讼疑义，仰祈鉴核令遵事。本年四月十五日，据鄞县知事姜若呈称，"本年四月七日，奉钧署第四八号训令，以本埠江北岸英人普士地住宅被劫一案，英领事要求观审，应将原案撤销，仍归地方行政官审办。除函复英领事查照，并函请鄞县地方审判厅，即将本案全卷暨所获赃盗，移送该署接收外。饬即遵照《华洋诉讼办法》定期审理，先将开庭日期呈报转知"等因到署。奉此，又于四月十三日，准鄞县地方检察厅函送本案卷证过署，知事详核案情，至关重要。但细绎法文，按诸事实，觉此中颇多疑义，有不得不先事声明者：（一）本案所获盗犯七名，业经鄞县地审厅预审终结，裁决起诉，乃因饬传被害人到案，以致领事要求观审，改归职署审理。但查本国司法衙门，对于刑事案件，向以检察官为原告，犯罪人为被告，该英人仅立于被害人地位，似与通常诉讼案件之直接为当事人者有间，且已由检察官郑庆章于实地履勘时，详加讯问。据普士地及普屠氏供述当时被盗情形，并据声明"自被盗后，业已移寓上海，应请代达审厅日后免传"等语各在案。是本案于起诉以后，似亦并无饬传被害人到案之必要。且被害人即或到案，亦不过讯问被害时之实在情形，英领事亦无要求观审之必要。究竟本案之性质，应否认为适用司法部所定之《华洋诉讼办法》，实为先决问题。此不得不声请解释者一也。（二）查司法部所定之《华洋诉讼办法》三条，系为两审制，第一审为地方官衙门，第二审为通商交涉使衙门或特派交涉员署，已为法文所规定。本案已获之盗，曾由郑检察官认为系犯暂行新《刑律》第三百七十三条之罪。将来职署审实后，如援《刑律》判处罪行，被告人设有不服，是否仅能向宁波交涉署提起上诉？又查《华洋诉讼办法》第三条内载，"华洋诉讼案件，其诉讼程序，除有与条约抵触及行政官厅不能适用处外，一切皆依通常诉讼办法"等语。然则职署审理本案，如依《刑律》判决确定后，应否适用《覆判章程》，呈由高等检察厅转送高等审判厅覆判，抑即呈送宁波交涉署覆判？由前之说，职署本为县知事署，似不能不适用《覆判章程》；由后之说，则《华洋诉讼办法》又并无覆判之规定。此不得不声请解释者二也。（三）本案发生于接近商埠地方，又系抢劫外人，情节至为重大。查《惩治盗匪法》第五条载，犯第二条至第四条之罪者，由该管审判厅或兼理司法事务之县知事审实后，附具全案报由高等审判厅厅长或司法筹备处处长转报巡按使核办，俟得覆准后执行。又同法施行法第一条内载，"依《惩治盗匪法》第五条审实之案件，该管审判厅或兼理司法事务之县知事认为案关重要，得先行摘叙犯罪事实，由电径报巡按使或都统核准，立即执行"各等语。职署并不兼理司法事务，纯为行政衙门，究竟能否引用《惩治盗匪法》，已为一大疑问？苟引用矣，又应否报由高审厅转报省长或径电省长核办，抑或报由交涉员核转？均为法文所未载，此不得不声请解释者三也。职署自民国成立以来，对于华洋诉讼，从未办过命盗重案。在法令上既多疑义，在事实上又无案可稽。知事一再筹思，与其贻误于后，仍不若审慎于先。奉令前因，理合具文呈请钧署鉴核，仰祈迅予转请省长俯赐解释指令只遵，实为公便等情。据此，窃查华洋诉讼实由条约所产生。当前清道、咸、同、光之际，司法尚未独立之时，条约所谓"地方官"者，既并司法、行政为一人而诉讼案件，又无民事、刑事之区别，是以照约受理，毫无窒碍。迨司法独立以后，约载各款，既与诉讼程序多有抵触。故遇领事要求观审之案，必须仍归地方行政官厅审理，实为一时权宜之计。民国以来，条约既继续有效，自不得不率由旧章。于是民国二年三月间，司法部即有《华洋诉讼办法》之规定。迄今行政官厅所以犹有司法权者，盖为条约所拘束。故近时兼理司法之各县知事，对于受理华洋诉讼之案，亦纯以行政官资格，照约行使职权，与司法范围固完全无涉。此华洋诉讼之本旨也。再查民国六年十二月间，司法部解释总检察厅呈请核示华洋诉讼疑问由指令第二项内开："案经领事要求观审，由地方官衙门（不问县知事兼理司法与否）受理第一审者，审判厅即无受理其上诉之权。"又第三项内开："案经兼理司法之县知事受理第一审，领事并未要求观审者，除外人自向审判厅上诉，审判厅仍应受理外，中国人向审判厅上诉，应由该审检厅于收受上诉状后，将案由通知交涉员，转达领事告知该案内之原告人（民事）或原告诉人（刑事）。如领事无异议，自应照常受理。否则，应饬上诉人向交涉公署上诉。至原呈称刑事案件，外国人为被害人者，应否解释为华洋诉讼等语，依现行惯例，应作为华洋诉讼各等因，是该知事所称之第二及第三疑点，上诉部分，即可迎刃而解。本案之应认为华洋诉讼，不能拒绝领事观审，及仅能向职署上诉各节，亦即毫无疑义。至应否适用《覆判章程》及能否引用《惩治盗匪法》一节，《华洋诉讼办法》虽无明文，然观于第三条所载，'除与条约并无抵触，一切皆依通常诉讼办法，及准照《审判厅试办章程》办理'之规定，似无不可照行。且该署虽为行政官厅，然于受理本案，即有临时司法之权，其平时兼理司法与否，本无问题。至引用《惩治盗匪法》时，应否报由职署转报，抑或径电钧署核办，则应以审得之案情及所引何条为标准。总之，华洋诉讼之案，无论民事、刑事，一经划归行政官厅审理之后，即与司法官厅根本脱离。一切诉讼程序，亦即不能再经司法官厅之手续。此一定不易之谕，亦解释本案疑点之要键也。据呈前情，仅陈管见，是否有当及究应如何解释之处，仍乞鉴核令遵"等情。案关法令疑义，应请贵院迅予解释电复过署，俾便饬遵等因到院。

本院查《华洋诉讼办法》，系因受条约制限所定之特别办法。所称之"地方官衙门"，并不限于向曾兼理司法。遇有案件，虽或先已由普通法院予以预审，而一经将原案撤销移送后，该地方官衙门应即受理。至其余观审之下审理判决后，除系依《惩治盗匪法》执行死刑仍应按照同法先请核准外，关于上诉，自应适用该办法第二条第一项之规定；其不上诉者依该办法第三条后段，亦毋庸覆判。相应函复贵公署转饬查照。

此复！

统字第 1876 号
民国十三年七月七日大理院复总检察厅函

径复者：

准贵厅第四三八零号公函开：据浙江高等检察厅呈称，据鄞县地方检察厅豪代电称，"被告犯罪三次，均判处徒刑。第一次之刑，已执行完毕释放。第二次判决，亦已执行完毕释放。惟当时不知其为累犯，漏未引刑律加重处罚。至第三次犯罪判决时，能否径依三犯之例，判决加重二等？若第三次得径行判决加重二等，判决确定后，于执行第三次刑时，始发觉第二次漏未加重，能否依《刑律》第二十一条规定，更定第二次之刑？此种案件，各厅办法不同，职厅无从依据，请迅电大理院解释，俾有遵循"等情。据此，除指令外，理合呈请鉴核等情到厅。相应送请贵院核办见复等因。

本院查《刑律》第二十条规定"三犯以上者，加本刑二等"，不以再犯已加本刑一等为限。而第二十一条规定，"凡审判确定后，于执行其刑之时，发觉为累犯者，依前二条之例，更定其刑。"意谓于执行完毕或免除后，发觉为累犯者，不得依前二条之例更定其刑也。据此，则原问所称"第三次犯罪"，于判决时已查明为三犯，不问再犯之刑曾否加一等，应依三犯例判决加二等。若至执行第三次之刑时，始发觉第二次漏未加重，不得依第二十一条更定其第二次之刑。相应函复贵厅转行查照可也。

此致！

■ **统字第 1877 号**

民国十三年七月十日大理院复奉天高等审判厅函

径复者：

准贵厅祃电开：迟延利息，是否适用七年上字二七七号判例，受一本一利之限制？乞即示复等因到院。

本院查现行律钱债门所谓"利"，不独填补利息，即有损害赔偿性质之迟延利息，亦应包含在内，均受一本一利之限制。相应函复查照办理。

此致！

■ **统字第 1878 号**

民国十三年七月十一日大理院复京师高等审判厅函

径复者：

准贵厅函开：案查民国十一年七月二日《政府公报》登载贵院六月二十七日复东省特别区域高等审判厅统字第一七五零号解释函内开："准贵厅代电开：'兹有附带民事诉讼，原告人于公诉第二审辩谕终结前，提起附带民事诉讼。经公诉，第二审法院以被告人已经死亡、谕知不受理之判决后，其附带民事诉讼部分，依照《刑事诉讼条例》第十条规定，是否移送管辖第一审民事法院审判？乞电复'等因到院。查所询情形，自应移送管辖第一审民事法院审判。"又十二年八月十二日《政府公报》登载贵院八月四日复安徽高等审判厅统字第一八三七号解释函内开："'《刑事诉讼条例》既许因犯罪而受损害之人提起附带民事诉讼，则民事管辖及普通审级之规定，自应无适用余地。如果认为案件繁难，仅得移送同法院之民事庭审判'各等因。查该条例第五条、第十条法文，均系移送管辖民事法院审判，似无何等歧异之处。"贵院先后解释，显有不同。是否该两条所载管辖民事法院，不应为同样之解释，抑系贵院解释有所变更？未便悬揣，相应函请贵院查照见示，俾有遵循等因到院。

本院查《刑事诉讼条例》第五条及第十条于"附带民事诉讼得移送管辖民事法院审判"之规定，并无不同。统字第一七五零号解释，已因后之解释变更。相应函复贵厅查照。

此复！

■ 统字第 1879 号

民国十三年七月十二日大理院复直隶高等审判厅函

径复者：

准贵厅三月真代电开：《刑事诉讼条例》第三百七十四条，关于法定代理人及保佐人之种类，并未明白列举。现本厅受理案件，多有由已成年被告之直系尊亲属或子、侄、兄弟等，独立提起上诉，能否认为合法，不能无疑。请将该条所指之法定代理人及保佐人之种类，明示范围等因到院。

查《刑事诉讼条例》第三百七十四条所称之"法定代理人及保佐人"，即系本院成例内所称"未成年之行亲权人或保护人"（一作"监护人"，见四年上字第三七四号及五年上字第六二二号判决例）、"心神丧失者之保佐人"（见七年上字第一零三号判决例）及"因精神耗弱或为聋、为哑、为盲及浪费等情所置之保护人"（见统字第二二八号及九一二号解释例）。被告之直系尊亲属等，如与本条规定不符，自不得独立提起上诉。再本院关于解释文件，曾定有制限办法，通告在案，以后尚希贵厅查照办理是荷。

此复！

■ 统字第 1880 号

民国十三年七月十二日大理院复吉林高等审判厅函

径复者：

准贵厅冬电开：设有因定不动产之界线涉讼，对于第二审判决上诉，所应受之利益，不逾百元，是否受民诉第五百三十一条一项之限制，不得上诉？此疑问一。若甲在第三审上诉时，主张因上诉所应受利益，价额已逾百元，未经调查而为判决，发还第二审更审。正在更审中，乙又以上诉所受利益，实不逾百元，甲不得上诉等情，向第三审声请照同条例第二百七十二条，更正为驳斥上诉之判决。第三审能否不受其判决之拘束，不俟第二审更审判决，即调查其因上诉应受利益之确实价额，而为驳斥上诉或声请之裁判？此疑问二。如应受其判决之拘束，至第二审更审判决而又上诉时，使两造于此扔有争执，第三审能否不因其曾为实体上之判决，而不得更为调查其价额，以为程序法上之判决？此疑问三。事关法律疑义，应请迅赐解释示遵等因到院。

查《民事诉讼条例》第五百三十一条，既规定因上诉所应受之利益不逾百元者，得不上诉，则凡关于财产权涉诉事件，无论属于初级管辖或地方管辖，均应同一适用。至此项利益，本应由第三审法院，以职权调查。若已经就实体上判决，发回第二审法院，即应承认程序上应行调查事项，业已调查完毕，无再行变更之余地。第二审更审判决后，当事人再向第三审法院上诉，如无其他不合法之原因，第三审法院当然予以受理。再本院解释文件，曾定有制限办法，通告在案，以后尚希注意，相应函复贵厅查照办理。

此致！

统字第 1881 号

民国十三年七月十四日大理院复山西高等审判厅函

径复者：

准贵厅第七八号函开：案奉山西省长公署行知内开：前据文水县知事呈称，"该县典地历来习惯转典主将原价得足，并原契随出后，即脱离关系，永无回赎之权，赎权归原业主。近来地价高贵，狡猾之转典主，每多告赎，以致依次告赎，无一宁日。并附送该县各村习惯表，请示能否适用《清理不动产典当办法》第九条之规定办理等情到署。当经本署指令查照《清理不动产典当办法》第三条、第九条之规定分别办理在案。兹复据该县以遵依习惯判结之案，一经上诉，即将原案推翻，适用困难等情，呈请明白指示前来。究应如何适用之处，合发前令两呈暨习惯表，行仰该厅核议具复"等因。奉此，敝厅以事关适用法律发生争议，当集民、刑两庭，共同核议，分为子、丑两说：子说谓，民事适用习惯，必须法律无明文规定，或与法律不相抵触者为限。来呈所称"转典主得足原价、将原契随出后，即永无回赎权"云云，不特剥夺转典主回赎之权利，并与《清理不动产典当办法》第三条所定回赎之期限显相抵触，自无适用此种习惯之余地。虽同办法第九条有仍从习惯办理之规定，然所谓习惯者，必与该办法毫无抵触者，始能援用，证之贵院上字第三十七号判例至为明显。来件既如上述显有抵触，自不能适用该办法第九条办理。惟契约当事人，如果载明有来呈所述情形，审判衙门为尊重当事人意思起见，未始不可采用。丑说谓，成文法之效力，固属优于习惯，而特别成文法之效力，更属优于普通成文法。查《清理不动产典当办法》第九条原文，系用"仍从"字样，并非用"得从"字样。此种特别法令予习惯以伟大效力，似不能与普通例外规定同等解释。且此项法令唯一主旨，系在清厘远年典产。该县习惯并不至与立法精神抵触，且能增加惯例之效力。即征之上字第三六七号判例，此项习惯亦可谓之各省特别习惯，仍可照该办法第九条办理。以上两说，各衷一是，未能依法取决。相应将原表册函送，迅赐解释示遵，并希将原表册一并发还等因到院。

查原典主以其典权移送与人，所立契约并未注明"回赎"字样者，自与转典不同，不得许其再行回赎。如来函所述文水县习惯，"原典主（文水县原呈所称'转典主'应系'原典主'之误）得足典价，即全行脱离关系"，与"永无回赎权"，自应认为当事人意思在移转典权。纵用"转典"字样，亦不能以转典论。相应函复贵厅查照办理。

此致！

■ 统字第 1882 号

民国十三年八月一日大理院复江苏省长公署函

径复者：

准贵省长文电开：查《诉愿法》第八条第一项，"诉愿自行政官署之处分书或决定书达到之次日起，六十日内提起之。"是诉愿之法定期间，以处分书或决定书送达于被处分人之次日起计算。倘行政官署之处分并未经送达手续，惟确已张贴布告，此项布告，是否与《诉愿法》第八条第一项"处分书或决定书之到达"有同一效力？相应电请解释见复等因到院。

本院查《诉愿法》第八条第一项所称"达到"，系将文件交付于应行收受人之义。惟对于不特定人所为之处分，虽仅张贴布告，亦应以达到论。相应函复贵省长查照可也。

此复！

■ 统字第 1883 号

民国十三年八月五日大理院复东省特别区域高等审判厅函

径复者：

准贵厅函字第一六二号函开：据本区域地方审判厅厅长呈称，"查职厅现因受理声请诉讼救助案件，日见增加。判决确定被救助之他造当事人败诉时，固可按照《民事诉讼条例》第一百三十九条办理，尚未损及司法收入。惟一遇有准予诉讼救助之原告并无同条例第一百三十八条情形，受有败诉之确定判决时，应否责令该原告或其保人补缴暂免之费用，即发生法理上之争执。其争执之理由，约分下开二说：甲说谓，准予诉讼救助之原告，既无《民事诉讼条例》第一百三十八系所列情形，虽受有败诉之确定判决，然查《民事诉讼条例》及《东省特区法院诉讼费用规则》，均无明文规定，应令补缴费用。是管辖该案之第一审法院，应作消极之解释，免予追征。乙说谓，查该原告既受有败诉之确定判决，是其伸张权利，显非必要，应认为欠缺准予诉讼救助之要件。即虽无《民事诉讼条例》第一百三十八条所列情形，然仍应依照《东省特区法院诉讼费用规则》第十七条第一项之规定，得随时责令该原告或其保人补缴暂免之费用。以上二说，言各成理。事关司法收入及法律解释，究以何说为当，职厅长未敢擅专，理合据情呈请钧长鉴核，伏乞准予转请解释指令只遵"等因。据此，相应函请迅赐解释见复转令遵照等因到院。

查确定判决系受救助人败诉者，其已许暂免之审判费用，仍须合于第一百三十八条情形，经由法院裁决始得命其补纳。其铺保与户邻切结，依修正《诉讼费用规则》第十八条及《东省特区法院诉讼费用规则》第十七条，系为证明之用，并非命其担保讼费。仅于日后发见当事人不应受救助之时，得对于证明不实之具保结人，随时令其补缴。至《民事诉讼条例》第一百三十条但书所谓"伸张权利显非必要"，应作如何解释，希参照本院十三年抗字第九三号判例，相应函复贵厅转令遵照办理。

此致！

■ 统字第1884号

民国十三年八月五日大理院致吉林高等审判厅函

径启者：

据滨江商会东代电开：哈滨市面，向有以吉江市钱买卖现洋、金票之定期交易。先由双方议定价格，互换定单，以为至期收交之执据。现在关于此项定单，贴用印花，发生争议。甲说谓，此项定单，既系定期买卖之执据，自应包括在《印花税法》第二条第一类"预定买卖货物之单据"之内。依该法规定，数满十元以上者，均贴用印花二分。虽金钱不能与货物同论，然既以金钱为买卖之目的物，则此时之金钱，亦当看作货物之一种，无容另滋疑义。且此项定单，其性质本属买卖之单据，不能因所买卖者系属金钱，而有所变更。乙说谓，查《印花税法》对于银钱各项单据，均列有专目，则预定买卖货物单据，当然指银钱以外之货物而言。买卖现洋金票之定单，当认为《印花税法》第二条第二类内期票之一种，其贴印花办法，亦应比照期票分别贴用。二说争执不下，敝会开会表决，电请解释，伏乞准予迅赐解释示遵等因到院。

查来电所述情形，应以甲说为是。相应函请贵厅转行该商会查照。

此致！

■ 统字第1885号

民国十三年八月五日大理院致浙江高等审判厅函

径启者：

据金华律师公会电称：今有不动产之活卖契，内载价额若干，每年付利几分，契尾批明原价取赎。此项活卖契，现已经过六十年，是否照《清理不动产典当办法》第二条前半段规定，抑为债权债务之关系？事关法律疑义，应请迅赐解释示遵等因到院。

查来电所述情形，如由卖主给付利息，该不动产并不交归买主使用收益，则虽名为活卖，实为抵押，自无适用《清理不动产典当办法》之余地。如因卖主积欠利息，该不动产交归买主使用收益，可认当事人之意思已改为典当，即应适用《清理不动产典当办法》，由此时起算该办法所定回赎期限。相应函请贵厅转行该会查照。

此致！

■ 统字第1886号

民国十三年八月五日大理院致江苏高等审判厅函

径启者：

据江宁律师公会电开：案据敝会评议会议决请求解释事："查执行地亩，已经裁判上确认有第三人典权存在。惟典产系于第三人依限（即拍卖布告之期限）声明后，由执行处发给权利移转书据，交声请执行人收受。第三人提起执行异议之诉时，已经执行程序终结，碍难就异议之诉为合法停止执行之裁判。于判决内谕知应另行提起损害赔偿之诉，以资救济。第三人待其判决确定后，遵判起诉，至是发生主体与责任问题。甲说，声请执行人，系由于执行处以强制执行之方法，取得其管业权。其在第三人虽受有损失，似应由官厅负责，声请执行人不负何等责任。乙说，参照大理院四年上字一五八五号判例，因行为人之故意或过失，致官厅误将他人所有权让与者，亦为侵权行为，自属由行为人独负其责。丙说，第三人已受有实际损害，如不能求偿于官厅，又不能求偿于声请执行人，应即求偿于出典人。但无典产可供交付，径向出典人解约求偿，不无疑问。舍此将何以填补损失？于法似不能无救济之途。案关程序、实体，均有法律上争议。究以何说为当，抑另有判例或释例可资援引？案关解释，理合快邮代电，敬乞迅予分别解释示遵"等因到院。

查典权为物权，本有对世之效力。如来电所述情形，该第三人之典权仍应继续存在。对于声请执行人，自可依法行使，不别生主体与责任问题。相应函请贵厅转行该会查照。

此致！

■ 统字第 1887 号

民国十三年八月三十日大理院复吉隆坡中国领事馆函

径启者：

据吉隆坡琼州会馆函开：本会顷奉当地政府华民政务司函询"华人死后遗产之处分，亲生子、养子及妻女应如何均产，曾求本会意见，以便定案实行"等语。查此系关我侨重大，本会同人又未明了法律，特请解释明白，以便本会送请居留政府立案施行，以免我侨死后遗产之争执等因到院。

本院查亲生子分析遗产，不问妻妾所生，止以子数均分。养子为所后之亲喜悦者，所后之亲死后，仍应酌分财产。此在现行律户役门，设有规定。亲女应否酌分，现行律虽无明文，而就关于义男、女婿之规定类推解释，苟为亲所喜悦，即无论其亲或存或亡，亦得酌量分给。至养子、女婿、亲女酌分标准，在现行律无可依据，而依条理言，自应较少于应分人数均分之额。又妻（即守志之妇）于夫死后，得就其自己生活情形及遗产状况，请求养赡财产。相应函请贵领事馆转行该会馆查照办理。

此致！

■ 统字第 1888 号（原统字第 1889 号）

民国十三年九月三日大理院复总检察厅函

径复者：

准贵厅函开：案据山东高等检察厅电称，"假有外国人在中国租借地内居住有年，于租借期间被同国人侵占财物。现在该租借地已经中国收回，该外国人即在中国法院诉请究办。经中国法院根据中国新《刑律》时效之规定及《刑诉条例》，认为起诉权已经消灭，予以不起诉之处分。然关于此点，解说分歧。（甲说）该租借地既经中国收回，该地所居之外国人，又为无条约国人民，自应遵从中国法律，以犯罪之日起算时效。（乙说）该外国人在租借地内，原为有条约国之人民。现在该项条约早已取消,而该租借地又经中国收回,固应适从中国法例。惟关于时效问题,应自收回该地之日计算。盖其犯罪之日,在该地未经收回以前,按照以前该国法律起诉时效,尚未经过,不能因中国收回该地,即令该被告人幸逃法网云云。事关法律疑点,为特呈请钧厅转院解释"等情到厅。相应函送贵院核办见复,以便转令遵照等因到院。

本院查《刑律》第六十九条第二项,于起诉权之时效,应自何时起诉,本有明文。如无特别法令,自应按照该规定计算。相应函复贵厅转令查照。

再本院解释文件,曾定有制限办法,通告在案,以后尚希查照办理是荷。

此复!

■ 统字第1889号(原统字第1890号)

民国十三年九月三号大理院复直隶高等审判厅函

径复者:

准贵厅函开:案据天津地方审判厅呈称,"窃职厅受理案件内,有被害人所受之伤,尚未痊愈,不能证明伤痕至若何程度。即据概括的援引《刑律》第三百一十三条,提起公诉。于此,对于该案,乃发生甲、乙二问题。(甲说)对于案件起诉,须俟被害人伤痕已愈,尚无明文规定。如公判庭发现被告系犯《刑律》第三百一十三条第一、第二两款之罪,尽可由公判庭认为标准,以图补救。(乙说)查《刑律》第三百一十三条之罪,其第一款须送预审,第二款须指定辩护人,第三款始无前项手续。刑等既不相同,审理当有区别。如于被告所犯罪刑未能认定,遽行起诉,似于侦查手续尚未完备;如必经公判庭审明后再图补救,不但于手续未合,且不利益于被告各等语。二说各有一是。理合呈请钧厅鉴核,转请大理院解释只遵,实为公便"等情。相应函请钧院查照解释,并希赐复,以凭转饬遵照等因到院。

本院查起诉书状,依《刑事诉讼条例》第二百八十一条第一项第二款,本应记载被告犯罪事实及所犯之法条。伤害案内,被害人受伤程度于被告犯罪事实及所犯法条,关系至钜,自应明白认定。如未记明,或在审判中始行发见其情形,又与已经过之程序未合时,只得由法院自行补救。相应函复贵厅转令查照。再本院解释文件,曾定有制限办法,通告在案,以后尚希查照办理是荷。

此复!

■ 统字第1890号(原统字第1891号)

民国十三年九月三日大理院复吉林高等审判厅函

径复者:

准贵厅支代电开:上告发还更审之案,不许被告人撤销上诉,系《刑诉条例》未颁布前之解释例。现《刑诉条例》对于撤回上诉之规定,较前为宽。关于发还更审之案,是否准令原上诉人撤回?贵院有无新解释例暨前例可否变更?祈电示遵等因到院。

查上诉经第三审发回更为审判之案,不许撤回上诉,本院之见解并未变更。现行《刑事诉讼条例》第三百八十一条载，"上诉于裁判前得撤回之"等语，是一经裁判，即不得撤回，亦至明显。再本院解释文件，曾定有制限办法，通告在案，以后尚希贵厅查照办理是荷。

此复！

■ 统字第1891号（原统字第1892号）

民国十三年十月四日大理院复四川第一高等审判分厅函

径复者：

前准贵厅代电开：《刑诉条例》第四百一十四条，对于上诉人不于期限内提出理由书者，原审法院应以裁决驳斥。经驳斥后，能否许上诉人声明窒碍，俾得回复原状？又同条例第三百六十五条私诉程序，既由私诉人负担陈述或辩论之事项，则除第三百六十七条第二项情形外，检察官是否无有通知莅庭之必要？又第三百七十条，反诉与私诉应同时判决。此种判决，如系合并做成一个判词，但查向来刑诉判词方式，于当事人栏内只列被告人姓名，其相对人则付阙如。今若仍旧贯，倘判决结果，反诉之相对人，有应负义务，而仅在主文上揭出，按诸方式，似欠妥洽。同条但书，"遇必要时，得于私诉判决后判决之，自以反诉事项，另作判词。"于此，反诉之相对人，在判词当事人栏内，当列出姓名。然究其名义，是否仍用被告人字样？或谓判决反诉与私诉并提之刑诉，不如改照民事判词方式，无论合并作判与否，概将两造当事人同列为宜。可否照办？上列各点，盼切示遵等因到院。

本院查上诉后提出理由书逾期，如非由于上诉人之过失，依《刑事诉讼条例》第二百一十四条第一项本许声请回复原状。又私诉案件，于公诉程序，应由检察官陈述或辩论之事项，既改由私诉人行之，自无庸检察官出庭。即公诉案内应记载出庭检察官之判词，亦应改列私诉人于当事人栏内。唯第二审及第三审案件，除系私诉人提起上诉外，得仅列被告。反诉之相对人本亦被告。反诉与私诉同判决时，自应一并列入。相应函复贵厅查照。再本院解释文件，曾定有制限办法，通告在案，嗣后务希查照办理。

此复！

■ 统字第1892号（原统字第1893号）

民国十三年十月四日大理院复全国商会联合会函

径复者：

前准贵会呈称：案据庆元县商会函称，"查现行释例第二十二章赌博罪大理院三年二月统字第一零二号解释，'查《刑律》立法本旨，博具非禁制品；观《刑律》第二百七十六条之但书，可以得当然之解释。则单纯贩卖、贩运、私藏赌具者，自非犯罪行为'等语。是否法律既不拘束，即商家有贩卖、贩运博具之事实，亦不得为犯罪论？其疑一。又法律不予约束，而该管警察局所出示禁止以后，各商家仍有贩卖、贩运博具行为者，是否应作为违警论，照违警律受相当之处罚？其疑二。又法律不予约束，警察局所又不出示禁阻，而各商家在无法可守、无示可遵以前，遇有贩卖、贩运博具情事者，应否履行处罚之义务？其疑三。以上三疑点，均关系商家极为密切。敝会为尊崇法律保障商权起见，相应备文烦请贵会查照，转请大理院明白解释见复"等情。当经敝会评议会集议，佥以该会既为尊崇法律保障商权起见，理合呈请钧院明白解释等因到院。

本院查贩卖、贩运、私藏赌具者，《刑律》既无论罪明文，自不为罪。若有关于《警察法令章程》禁止此项营业，而仍贩卖贩运，应依《违警罚法》第三十三条第一款处罚。至未禁止以前，既不得处罚，即无履行处罚之义务。相应函复贵会转行查照。

此复！

■ **统字第1893号（原统字第1894号）**
民国十三年十月四日大理院复广西高等审判分厅函
径复者：

前准贵厅代电开：敝分厅于法律有疑义数点：（一）《刑事诉讼条例》第二十九条，声请移转管辖，似以案件系属于审判厅者为限。若犯罪嫌疑人在起诉前不服地检长羁押，并以其有偏颇，向上级审判厅声请移转管辖，是否认为合法？（二）预审推事所为认定被告有罪之裁决，是否包括于《刑事诉讼条例》第四百三十二条所谓"诉讼程序之裁决"中？检察官可否以预审推事所为被告人有罪之裁决，认定事实、援引法律与己不同有所错误，而提起抗告？（三）《民诉条例》第五百三十一条，对于财产权上诉讼之第二审判决，若因上诉所应受之利益，不逾百元者，不得上诉。本条例施行细则第一条，"在本条例施行前提起之诉讼，其后之诉讼程序，应依本条例终结之。"则《民事诉讼条例》施行前所受理不逾百元之上诉案件，可否根据上开条文，以其无权上诉而驳回之，以终结其案件？如此终结，是否于法律不溯既往之原则有所违反？此三问题，均待解决。乞速电示尊等因到院。

本院查现行《刑事诉讼条例》，于声请移转管辖，并不以系属审判厅之案件为限。唯得声请之情形，同条例第二十九条已有明文。如不服地检长之处分，并以为其有偏颇，尚不得据以声请。除第二问已见统字第一千八百四十一号解释文、第三问系民事问题另行解答外，相应函复贵厅查照。再本院解释文件，曾定有制限办法，通告在案，嗣后务希查照办理。

此复！

■ **统字第1894号（原统字第1895号）**
民国十三年十月九日大理院复奉天高等审判厅函
径复者：

前准贵厅函开：据锦县地审厅呈称，"案查职厅受理行使伪造汇票一案。查该汇票之形式、金额，实与一般商号流通之汇票相同。惟其票面所载之存款、支款之人名，系属虚捏，行使人持之以付货价。于兹适合法律，发生疑问。一说谓，行使伪造有价证券者，只要所使之伪造票据具备有价证券之形式，足以使人误信为真实，而付以财物者，即足成立《刑律》第二百四十二条第二项及第三百八十二条第一项之罪。依第二十六条处断，并不以市面真有此种商号为限。一说谓，行使有价证券者，必须市面上本有此项证券流行。被人伪造而行使，或券面上所载支付之商号，向来虽无出票之事实，而被人伪造该商号之汇票，行使于市面，因而取得财物者，始足以论《刑律》第二百四十二条第二项及三百八十二条第一项之罪，依第二十六条处断。如虚捏商号发行汇票行使而取得财物者，只能论以《刑律》第三百八十二条第一项之罪。以上二说，未知孰是。请鉴核解释示遵"等情。据此，相应据情转请贵院查照解释示复，以便转令遵照等因到院。

本院查伪造有价证券，不以市面本有此项证券，或无此证券而有证券内所载之商号为限。如所伪造具有证券形式，足使人误信为真者，均属伪造有价证券。若并经行使，应从伪造及行使之一重处断，惟不得并论以诈财。相应函复贵厅转令查照。再本院解释文件，曾定有制限办法，通告在案，嗣后务希查照办理。

此复！

统字第 1895 号（原统字第 1896 号）

民国十三年十月九日大理院致浙江高等审判厅函

径启者：

前据杭县律师公会快邮代电开："《刑事诉讼条例》第一百七十八条第一项规定，'地方审判厅管辖第一审之案件，于开始预审时，未经选任辩护人者，预审推事得依职权指定律师为辩护人。其最轻本刑为三等有期徒刑之罪者，应依职权指定之'。是最轻本刑若为三等有期徒刑之罪，在预审开始时，即须为之选任辩护人，文义显然，毫无疑义。于此有最轻本刑为三等有期徒刑之案，检察厅移付预审后，被告人未选任辩护人，预审推事亦不为选任辩护人，而已迭次审问，名之曰非正式预审。因此，有甲、乙两说：甲说谓，显违第一百七十八条第一项后段之规定，即属违法。乙说谓，非正式预审，可不受第一百七十八条第一项后段之约束。又同条例第二百七十条第一项规定，'讯问被告，得许辩护人在场'。则有三说：甲说谓，预审讯问被告时，无论何等罪刑，辩护人之在场，预审推事有自由许可之权，即不许亦非违法。乙说谓，预审最轻本刑为三等有期徒刑之案，原为预防审判厅之威压及诱导讯问［［日本］板仓松太郎著：《刑事诉讼玄义》（中卷），一一二三页参照］。故于开始预审时，即应为之指定辩护人，法律精神显然可见。若讯问被告可以不须辩护人在场，则法律之精神全失。且第二百七十二条乃根据德国刑诉第一百九十一条而来，为《刑事诉讼法（草案）》第二百七十二条所明注。复查法律馆所译《德意志治罪法》第一百九十一条第一项，为'凡为检证时，许检事局被罪者及辩护人于此处分在席'，并无可以不许之文。是《刑诉条例》第二百七十二条所谓'得许辩护人在场'者，当无可以不许之意。丙说谓，第二百七十二条所谓'得许'者，当指普通预审案件，被告人自动选任辩护人者，或可有不许其在场之时；若预审推事以职权指定辩护人者，自无不许其在场之理也。以上两点，各说究以何者为是？应请迅予俯赐解释示遵"等因到院。

本院查地方审判厅管辖第一审最轻本刑为三等有期徒刑之罪，如开始预审时，未经选任辩护人，预审推事即应以职权指定律师为之辩护。此在《刑事诉讼条例》既有明文，不予指定，自属违法。所谓非正式预审，法令上并无根据。又此项案件，虽预审时应用辩护人，但第二百七十二条之讯问，于辩护人又定为"得许在场"，则有不许其在场之情形可知。参阅第一百八十三条规定，尤无疑义。至指定辩护人与选任辩护人，于执行职务，并无何种区别。相应函请贵厅转行该会查照。

此致！

■ 统字第1896号（原统字第1897号）
民国十三年十月九日大理院复山东高等审判厅函
径复者：

准贵厅函开："查《县知事审理诉讼章程》第二十九条第二项规定，'刑事判决仅系从刑失出，或虽失入而于被告权利无重大影响者，不得专就从刑上诉。'设有检察官对于县判案件，仅就从刑失出之点，提起上诉。及开庭审理，检察官当庭陈述上诉意见，则称县判主刑、从刑均有未合。此种上诉是否合法，分为二说：甲说谓，上诉理由，原不以其提出之理由书为限。检察官当庭陈述，亦为其上诉之理由，既已当庭主张主刑不合，其上诉即不能谓为违法。乙说谓，上诉理由，应以其提出之上诉理由书所记载者为限。理由书既仅就从刑上诉，即不能认为合法。两说未知孰是。事关法律疑义，理合函请钧院迅赐解释，实为公便"等因。

本院查专就从刑上诉，如系合法，上诉审固得依《刑事诉讼条例》第三百七十六条第二项审理及于有关系之主刑部分，此在审理方法则然。若检察官上诉，既于理由书内限定从刑部分，而为《县知事审理诉讼章程》第二十九条第二项所不许上诉者，自属上诉违背法律上之程式。相应函复贵厅查照。再本院解释文件，前经定有制限办法，通告在案。嗣后，务希查照办理。

此致！

■ 统字第1897号（原统字第1898号）
民国十三年十月九日大理院复江苏高等审判厅函
径复者：

准贵厅函开：案据吴县地方审判厅长岳秀华呈称，"窃查《刑事诉讼条例》第三百五十条第一项，'羁押之被告，受罚金、无罪、免诉或不受理之判决者，以撤销押票论'等语。适用此条，见解颇不一致。则有下列两说：（一）判决宣告说。此说谓，凡审理结果，羁押之被告，一经受罚金无罪免诉或不受理之宣告。按照该条规定，其押票即失效力，应由法院或审判长将被告释放，毋庸待判决之确定。此一说也。（二）判决确定说。此说谓，羁押之被告，既受罚金、无罪、免诉或不受理之判决，依理固不应继续羁押，但判决未确定以前，仍得不将被告释放。参照《刑诉条例》第二百五十五条及第二百七十七条之规定，自可明了。再详言之，判决未经确定，即起诉之罪名，依然继续存在，未判之先，犯最重本刑为拘役、罚金之罪，尚须经具保方能停止羁押。既判之后，宣告虽为罚金之刑，何能遽行释放？或谓未判以前，因恐被告逃亡，有妨审判进行，故须具保而后释放；既判以后，被告逃亡，可就其所有财产为之执行，似无羁押之必要。不知受罚金之判决者，若有财产可供执行，如果被告逃亡，固可就其财产为之执行。倘无力完纳，仍须易以监禁，岂可以判决罚金，遽行释放？况且，宣告无罪、免诉者，常有命、盗等重罪之被告。若不待判决确定，一经宣告即将释放，于理既不可通，按之事实，尤属窒碍难行。此又一说也。以上二说，究以何说为是，事关诉讼程序，未敢擅断，理合具文呈请转院解释"等情。据此，相应函达贵院请烦迅赐解释见复，以便饬遵等因到院。

本院查《刑事诉讼条例》第三百五十条第一项，既谓"羁押之被告，受罚金等判决者，以撤销押票论"。则受此项判决之时，即应以撤销押票论，本极明显。核阅同条例第二百五十五条上半段之规定，与前条尚无不同，而后半段于再议期限内及声请再议中，乃有得命羁押明文。是前条系指判决之时而言，尤无疑义。如果判决未经确定以前，检察官认为乃有羁押被告之必要，应准用同条例第九十二条，请求法院另行羁押。相应函复贵厅转令查照。再本院解释文件，曾定有制限办法，通告在案。嗣后，务希查照办理。

此复！

■ 统字第1898号（原统字第1899号）

民国十三年十月九日大理院复总检察厅检察长函

径复者：

前准贵厅函开："据湖北高等检察厅检察长王树荣电称，'今有上告案件，被告人在上诉期间内声明不服，因未于上诉后十日内提出理由书，经审厅裁决驳斥，旋声请回复上诉权。又经裁决驳斥，该被告人声明抗告，复请求撤销。于此场合，究以何日为判决确定之期？又有被告人于法定期间内声明上诉后，复自行请求撤销。此项案件，又应以何时为确定期间？案待执行，恳函院解释，以便遵循'等情到厅。相应函送贵院核办见复，以便转令遵照"等因到院。

本院查上诉后因提出理由书逾期经驳斥者，如他造当事人并未上诉，则驳斥裁决确定之日，原判决亦即确定。曾否声请回复原状，与判决确定无涉。至撤回上诉，除在他造当事人上诉期限内，他造当事人又未舍弃上诉，应俟经过此项期限，原判决方能确定外，若他造当事人本无上诉权，或依法已不得上诉，则撤回之日，即原判决书确定之日。相应函复贵厅转令查照。再本院解释文件，曾定有制限办法，通告在案。嗣后，务希查照办理。

此致！

■ 统字第 1899 号（原统字第 1900 号）

民国十三年十月九日大理院复江苏高等审判厅函

径复者：

准贵厅函开：据泰兴县快邮代电称，"嗣母告诉被子轻微伤害，由县依《刑律》第三百一十四条第三款判处徒刑，呈送钧厅。覆判认为犯罪事实尚未查讯明确，裁决撤销原判，发回覆审到县。正在更新查传之际，据告诉人以'事经亲族理明，不愿终讼'等词，状请撤回告诉前来。是否得依《刑诉条例》第二百二十五条办理"等情到厅。本厅各员对于以上问题，约分甲、乙两说：（甲说）主张，案经发回覆审，不过因其内容尚有未明，重行审讯。在先已受辩论终结之后，不得撤回，拘束仍应有效。（乙说）主张，发还覆审，即应重行开始审理，所有以前一切程序，均无存留余地。在覆审辩论终结前，自可依法撤回。究竟两说孰是？无从定断。相应函请贵院解释，以便转县遵照等因。

本院查案经覆判审发回覆审，已在第一审辩论终结之后，自不在《刑事诉讼条例》第二百二十五条第一项得撤回告诉之列。相应函请贵厅查照。再本院解释文件，前经定有制限办法，通告在案。嗣后，务希查照办理。

此致！

■ 统字第 1900 号（原统字第 1901 号）

民国十三年十月十七日大理院复陕西高等审判厅函

径启者：

准贵厅电开："《民诉条例》第六百六十八条所载'婚姻无效'、'撤销婚姻'与'确认婚姻成立或不成立'之'婚姻'二字，是否包括婚约而言？又当事人提起婚姻有效之诉，是否认为不属人事诉讼事件，应依通常诉讼程序予以审判？乞示遵"等因到院。

查《民诉条例》第六百六十八条所称"婚姻"二字，应包括婚约在内。至原告主张婚姻为有效之诉讼，即系确认婚姻成立之诉。如果当事人合于《民诉条例》第六百六十九条之规定，当然为人事诉讼。相应函复贵厅即希查照可也。

此复！

■ 统字第 1901 号（原统字第 1902 号）

民国十三年十月十七日大理院复浙江实业厅函

径启者：

准贵厅电开："寺庙财产，依《管理寺庙条例》，'非呈经地方官核准，不得自由处分'。今有某寺庙住持，不告官厅，擅自拼伐三百余亩之森林，价逾钜万，拼期七年。甲谓，此系处分寺庙财产，应受《管理寺庙条例》之限制。乙谓，非处分财产，系土地之收益。因树根尚在，可望萌芽或补种，不背《寺庙条例》之规定。究以何说为是？查无成例可援。特请迅赐解释示遵"等因到院。

查来电所述情形，如非供寺庙必要之用途，而擅自拼伐，自应受修正《管理寺庙条例》第十一条之限制。希参照本院统字第一八六八号解释。相应函复贵厅即希查照可也。

此复！

■ 统字第1902号（原统字第1903号）
民国十三年十月十七日大理院复湖北高等审判厅函

径复者：

准贵厅第五六五号函开："案据夏口地方审判厅长陈长簇呈称，'窃查公益财团，依照现行法例，原得以之为民事诉讼主体。又凡此种团体与他人间因私法上法律关系发生争执，依法亦应由司法衙门受理。设有甲人民以乙慈善团体（如济良所之类）为被告，提起交还子女之诉。经法院受理后，叠次传唤，乙团体总以事关团体行动，须俟召集董事会议决，方能到案为词。究竟该董事会何时议决，既无确期，而对于本案，亦不为正式答辩。察其用意，似系近于推诿。如果该团体长此藉口，意图拖延，可否由法院酌定相当期间，命其选举代表应诉？假定法院得酌定期间，命其应诉，而该团体仍不遵行，或以经董事会议决不能应诉，拒绝法院之传唤。此时法院可否向该团体径为留置送达，依据《民诉条例》第四百五十七条规定办理？如果不能依此办理，则原告方面起而诘难，究有何种方法应付？现职厅受有此类案件，急待解决，如何办理之处？理合呈请钧厅，迅予转呈指令只遵'等情。据此，相应函请迅赐解释，俾便转令遵照"等因到院。

查慈善团体无论是否成为法人，应有代表对外之人（如某院院长、某所所长及某某监督总办之类），无庸由法院命其选举。至传票、诉状，即可径向该代表之人送达。如依法收受传票，而无故不应诉，自可应依《民诉条例》第四百五十七条办理。相应函复贵厅转令查照办理。

此致！

■ 统字第1903号（原统字第1904号）
民国十三年十月十七日大理院复江苏高等审判厅函

径复者：

准贵厅第一八九七号函开：案据江苏第一高等审判分厅监督推事俞致需呈称，"查《民事诉讼条例》第百六十四条第一项，'送达于居住所，不获会晤应受送达人者，得将文书付与其长成之同居亲属或雇人'等语。则该亲属或雇人收受此项文书，应发生送达之效力，本无疑义。惟核计上诉期间，究应从该亲属或雇人收受之翌日起算？抑从该亲属或雇人转达应受送达人（即应受送达人了知之翌日）之翌日算起？是有二说：（甲说）同居亲属或雇人，只能代应受送达人收受文书，并无代行上诉之权。设以同居亲属或雇人收受文书之翌日起算上诉期间，则应受送达人如于送达交书前远出，或寻觅无，同居亲属或雇人不能于上诉期内转送应受送达人。该应受送达人即未了知文书内容，同居亲属或雇人复无权代行上诉，直无异剥夺应受送达人上诉权。故上开条项规定，仅止发生同居亲属或雇人收到文书之效力。其上诉期间,仍以应受送达人了知之翌日起算。(乙说)上开条项,既明定得将文书付与其成长之同居亲属或雇人,又大理院四年上字第一零八六号判例,'向当事人住址为送达,而有其弟(同居亲属)代收者,与当事人自行收受同'云云。则同居亲属或雇人代收文书,即与付与应受送达人有同一之效力,换言之,即视为应受送达人自己收受,当然以同居亲属或雇人代收文书之翌日起算上诉期间。倘如甲说,应受送达人如于送达人文书前,有必须远出情事,亦当指定送达代收人,向受诉法院呈明。若既不呈明指定送达代收人,自己又飘然远去,不知去向,法院送达文书于其同居亲属或雇人收受后,又复不能起算上诉期间,不特案件永无确定之日,且适予健讼人以拖延诉讼之机会,似与立法之精神有背。以上二说,未之孰是。事关法律疑义,理合呈请转院解释示遵"等情。据此,查法院文书送达于居住所,不获会晤应送受达人时,《民事诉讼条例》第一百六十四条第一项既有明文规定,得付与其成长之同居亲属或雇人。而同条例第五百条及第五百三十六条关于上诉期限,均规定为提起上诉,应于送达判决后二十日之不变期限内为之。似此项文书,一经付与应受送达人之同居亲属或雇人,即系合法送达,与付与应受送达人有同一之效力,其上诉期限,即应从该同居亲属或雇人收受判决后起算,方与法文相符。惟事关法律解释,本厅未便径令查照办理,相应函请迅予解释示复,转令遵照等因到院。

查诉讼文书,依《民诉条例》第一百六十四条送达,即系补充送达之一种,与付与应受送达人有同一之效力。其上诉期限,自应从该亲属或雇人收受判决之翌日起算。贵厅所持见解,极为正当,相应函复转令查照办理。

此致!

■ 统字第 1904 号(原统字第 1905 号)
民国十三年十月十八日大理院咨司法部文

为咨复事:

准贵部三二一号咨开:案据江西高等审判厅长陈经呈称,"呈为据第一高等审判分厅,以乱后民刑诉讼进行困难,呈拟办法,转请核示事。案据代理江西第一高等审判分厅监督推事萧笃秀呈称,'窃查职分厅民刑案件卷证,因前年六、七月间,被乱军蹂躏,及不肖之徒,乘机窃取,多遭损失,人犯亦被放逸一空。卷证损失,厅断殊乏根据;人犯在逃,进行尤感困难。再四筹思,酌拟办法,敬为军长缕晰陈之:(一)民刑事第二审案件,在上年六月十三日以前(即赣城失守以前),经职分厅暨地方庭判决后声明上诉,卷证遭乱遗失或不全者,如仍照常分别呈送钧厅及大理院核办,根据既失审理,自属为难。关于此类案件,拟径由职分厅暨地方庭就近传集人证,更为审判。如再声明上诉,即行分别呈送核办,案经更审一次,虽卷证难复旧观,而案情略具端倪,上诉审似不至无从审办。又民刑事第一审暨第二审案件,在乱事前判决,判词未及送达,经乱遗失,而各主任推事对于原判内容,记忆不清无从更拟者,拟由职分厅暨地方庭分别更为审判,以资救济。(二)属于职分厅暨地方庭公判及预审刑事案件，人犯被乱军放逸者，共计有一百一十余案之多。兼之各县呈送此类案件，纷至沓来。虽经节次分别严行拘缉，迄未如限获案，势不得不依法中止，而造送月报表册。如仍逐案填载，则辗转相循，未免徒繁手续。关于此类案件，拟由职分厅依《刑诉条例》，发通缉票责成各县一体严缉在逃人犯。俟获案后，再作新案受理。在人犯未到期间内，所有月报表册，概不列入。惟于备考栏内声明，以省繁牍。（三）此次赣南战事，各县所遭蹂躏，大致相同，属于各县刑事第一审判决声明上诉，未经呈送案件，有人犯无卷证者，拟径令各县迅予更为审理；有卷证无人犯者，拟令迅速缉获人犯后，并卷呈送核办。现在业已呈送到厅案件，无论有人犯无卷证，或有卷证无人犯，拟概行发还原县，令照前拟分别办理。又属于各县民事第一审判决声明上诉，未经呈送案件，卷证不全者，拟径令原县更为第一审判决。业经呈送到厅案件卷证不全者，并拟发还原县更为第一审判决。以上所拟各节，实因卷证遭乱遗失，经迭次布告，暨县赏查追，迄无下落。并人犯逃亡，一时难于拘获，出于万不得已之救济办法，是否有当？呈请鉴核示遵'等情到厅。据此，查该分厅前年因乱遗失各项卷证，曾据列册呈由职厅转报，并迭经令饬悬赏查追，设法搜寻在案。兹据前情，查核所拟办法，第一项后段拟将未经送达判词之案，更新审理；又第二项拟将乱时逃逸尚未获犯之案，暂不列报，似尚可行。至第一项前段及第三项，拟将该分厅第二审判决后声明上述案件，传集更为审判；对于各县第一审判决提起上诉案件，概令原县更为第一审判决各节，核与大理院统字第一八三四号解释（十二年八月三日复福建高等审判厅函）所载'判决一经宣告，对外即已完全成立'之语，不无抵触。似未可因卷证遗失，遂将原判作为无效，而重行审判。惟所失卷证，既未能查获，若无变通办法，实属无从进行。究应如何办理以资救济之处？职厅未敢擅专，理合据情转呈钧部鉴核，俯赐指示，俾便饬遵"等情。据此，查该厅所拟办法，除第二项拟将乱时逃逸尚未获案之犯，暂不列报，尚属可行外，其第一项前后两段及第三项，拟将该分厅第二审判决后声明上诉案件，传集更为审判，对于各县第一审判决提起上诉案件，概令原县更为第一审判决各节，核与贵院统字第一八三四号解释，多相抵触。自不能因卷证遗失，将原判作无效而更为审判。惟上诉卷证，业经遗失或不全者，如照常呈送上级审判衙门核办，根据既失，审理亦属为难。事关法律疑义，相应咨送贵院解释，再行转饬遵照等因到院。

　　查法院就诉讼事件，在宣告或送达以前，虽其如何裁判，已经决定，而依合议推事之评议或单独推事之意旨，尚得为之变更。若业经宣告或送达，则为判决之法院，应即受其羁束（参照《民事诉讼条例》第二百七十一条及本院民国十二年统字第一八三四号解释）。虽卷证遗失，审理上不无困难，然当事人提起上诉时，可由上诉法院依法搜集或发回更审。要不得以此即认原判决为无效，由原审法院更为判决。相应咨复贵部转行查照。

　　此咨！

统字第 1905 号

民国十四年一月十五日大理院咨司法部文

为咨复事：

准贵部十三年十一月六日咨开：据山东高等审判厅呈称，案据青岛地方审判厅厅长戚运机呈称，缘有林来喜与其所抚养年甫十岁之幼女哈哪庆仙，共同以德国人悦航米拉为被告，诉求判令交付遗产。林来喜陈述诉之原因，略称"哈哪庆仙系一千九百十四年生于青岛，其生母与我皆为德国人，李浩生非正式婚姻之妻。庆仙出生后十余日，其生母逝世，临终将庆仙托我收养。又不数十日，日德战起，我遂将庆仙带往上海避乱，李浩生为日俘虏，在日本居住。至一千九百十九年方回青岛，翌年八月立一德文认可书，认庆仙为其私生女，并言其死后庆仙之养母（养母二字，原文系 Tflegemuther）林来喜为女孩之利益起见，管理遗产，他人不得阻碍。至十月立一遗嘱，略言'我女庆仙，住于上海，其养母林来喜处，我并为之指定喀沙本克为监护人。我之执行遗嘱人，在青岛为喀沙本克，在德国为李陶生。'至去年六月，李浩生故于青岛，因喀沙本克、李陶生俱在德国，由驻济之德国领事委派德人悦航米拉为之管理遗产。我于李浩生死后三日，即偕同庆仙赶到青岛，屡屡要求接管，德领事与悦航米拉均不许。现在遗产被悦航米拉私擅变卖处分，并浮滥开支之出甚多，是以起诉"云云。哈哪庆仙与林来喜所述大致相同。被告抗辩，则谓"哈哪庆仙无诉讼能力，林来喜并非养母，认可书及遗嘱原文中 Tflegemuther 一字，应译为看护妇，不应译为养母。又李浩生常寄给林来喜钱用，有账为证，足见林来喜系看护妇而非养母，故林来喜不足为哈哪庆仙之法定代理人"云云。被告并提出喀沙本克之信一件，以证明其管理遗产，不仅由德领委任，且并受哈哪庆仙之监护人兼遗产执行之人委托。职厅查此案，于国际私法上有种种问题，谨分述如下：

（一）哈哪庆仙无诉讼能力，林来喜是否可为其法定代理人？此为诉讼是否合法之先决问题。一说，谓林来喜是否有法定代理人之资格，当以其是否取得养父母之身份为准。查德国民法上并无养子仅有代子承嗣，其第一千七百四十一条、第一千七百四十四条、第一千七百四十五条规定，承嗣契约须经主管官署批准，如嗣亲不满五十岁，更须得所属联邦国，或德国首相允准。此案林来喜不满五十岁，非特未经批准与允准，且 Tflegemuther 本与德民法上嗣亲之规定不符。又李浩生账上既有寄给林来喜钱用之记载，足见林来喜系李浩生所雇之看护妇，而非所谓养母。李浩生最后遗嘱中，指定喀沙本克为其私生女之监护人，亦足见李浩生自始即未以林来喜为其私生女之养母。再后遗嘱中，既指定监护人，监护人对被监护人之财产有代理之权，足见李浩生已将认可书中委托林来喜管理遗产之意思取消，故林来喜不足为哈哪庆仙合法之法定代理人。惟另有一说，谓林来喜与哈哪庆仙于李浩生立认可书之先，依我国现行律及大理院判决，早已因收养而成立养母养女关系，非有待于认可书而始成立，认可书仅可为成立养母关系之一种证据。盖立认可书之先，哈哪庆仙已由林来喜在上海抚养，此就认可书之趣旨而可明了者。且 Tflegemuther 分明是扶持抚养之母，不得强译为看护妇。至寄给钱花，林来喜固自言李浩生系其姘夫，

· 1338 ·

纵非姘夫而林来喜抚养其私生女为养女，李浩生因而酌寄钱用，亦系人情，不得因寄钱遽指为雇佣之证。且若为雇佣，何以立给林来喜书据，表明林来喜系哈哪庆仙扶持抚养之母，可以为哈哪庆仙管理嗣产，他人不得阻碍？查《法律适用条例》第十四条第一项"养子成立之要件，依当事人各该本国法"等语。设养亲、养子两方为国籍不同之外国籍，一方之本国法认为成立养子关系，而他方之本国法认为不成立时，应以与中国法相近似之法律为准。又如两方中一方为中国人，而中国法与他方之本国法不一致时，则尤应以中国法为准。此案林来喜为中国人，自应依中国现行律及大理院判例认为成立养女关系。更依《法律适用条例》第十四条第二项及大理院历来判例，林来喜以养母之身分，自可取得行亲权者，即法定代理人之地位。哈哪庆仙既为李浩生认领之私生女，依《法律适用条例》第十三条第二项载"认领之效力，依认领者之本国法"。查德民法私生子，除取得嫡子之法定地位外，私生子之父并无亲权。哈哪庆仙并无取得嫡子之法定地位，故李浩生仅为无亲权之父。即退一步言，李浩生纵有亲权，然哈哪庆仙既为林来喜之养女，依德民法第一千七百六十五条，李浩生亦应失其亲权。既有行亲权之养母，则养女即无另设监护人之余地。李浩生既无亲权，亦即不得指定监护人。故林来喜应以取得养母即法定代理人地位，而李浩生遗嘱中关于指定监护人一点，应为无效。（二）以上二说，未知孰是。如认林来喜非法定代理人，则此案自不难解决。惟恰哪庆仙自幼即由林来喜抚养，除林来喜外，别无亲属。李浩生虽指定喀沙本克为其监护人兼遗嘱执行人，然喀沙本克远在德国，自来即不曾执行职务。嗣产现系一与所有人毫无关系之人管理，而又无人监督，嗣产濒于危险。中国法院为保护该未成年人之利益起见，可否参加大理院判例及德国民法，依声请或依职权，选任监护人或遗嘱执行人，俾对遗产为善良之管理？（三）如应认林来喜已取得养母即法定代理人地位，则林来喜自可代为一切之行为。惟为此幼女毫无亲属以监督林来喜，恐林来喜对遗产有不利于幼女之处置。可否参照监督监护人办法，别选一人以为监督？又德侨死亡时，其以遗嘱指定之遗嘱执行人不在中国，该侨民在中国之遗产，德国领事有无不求中国官署为相当之处置，而径自委人管理之权？又立遗嘱人，以遗嘱指定遗嘱执行人，似系注重执行人之本人。故执行人能否自己毫不执行而尽委他人代理？又领事委派之人与遗嘱执行人委托之人，对于本人系处何种地位（代理人或事务管理人），应付何等责任？上述数端，现行法例均少有根据。因系涉外诉讼，且案内多含有适用外国法之处，究应如何解决？职厅未敢擅专，理合抄录原文认可书与遗嘱，呈请钧长鉴核，俯准转呈司法部训示只遵，计呈送德文认可书及遗嘱缮本各一件等情。据此，理合检同德文认可书及遗嘱缮本据情转呈，仰祈钧部鉴核指令只遵。再本日交涉公署派员来厅面称，"驻济德国领事曾向本署以非正式之谈话，略称德人李浩生临终遗嘱各情，系向德国领事署呈报立案，并未向中国官署有何等声明。前师领事因无承嗣人在场，为维持承嗣人利益，将其遗产暂收保存，委任驻青岛若翰米拉为该遗产之服务人。此服务人并无处理该遗产之权，不过承本管领事署委任服务而已。现在领事署希望此案从速解决，如中国官厅指定合法之法定代理人接管该项遗

·1339·

产，本领事署立将该项遗产移交"等因，并抄示德领事署对于青岛厅所为假处分之意见书类，合并附呈，以备参考等因。据此，查该厅所请核示各节，事涉法律疑义，相应检齐德领事意见书等件，咨送贵院解释见复，以便转饬遵照等因到院。

查哈哪庆仙系共同原告之一人，既年甫十岁，依《民事诉讼条例》第五十四条，自无诉讼能力。其起诉及其他诉讼行为，应认为不合法。又林来喜亦系原告之一，其诉之声明（即判令被告悦航米拉交付李浩生遗产之请求），似系请求判令被告将该遗产之占有移转于该原告，由其代哈哪庆仙管理。究竟此项请求是否正当？除养亲身分属于事实问题，应另由受诉法院依法解决外，自应以李浩生两次遗嘱为准。若其遗嘱实均已合法成立，且各不相抵触，则依前之遗嘱，林来喜虽有权为哈哪庆仙利益管理遗产，而依后之遗嘱，李浩生又已选定遗嘱执行之人二人。现据被告悦航米拉称，伊管理遗产不但系由德领委任，且曾受遗产执行人之委托。如果属实，则德领有无选任管财人之权，固应为之审究。而在该遗产执行人职务尚未终了以前，该遗产之占有及管理权，本尚在遗嘱执行人。现时林来喜是否即得向被告请求移转占有，亦应依法予以调查解决。本件本属具体事实，依本院向例，应在不予解释之列。唯既据称系属外人事件，情形不同，用特仍予解答。相应咨复贵部转饬查照可也。

此咨！

■ 统字第1906号

民国十四年二月二十八日大理院咨司法部文

为咨复事：

准贵部第五十一号咨开："准外交部咨开汉口英商泰和洋行与华商元昌义，因债务纠葛，对于本诉、反诉提出异议一案。准上年十月二十九日来咨，当经本部据复英使，兹复准该使文称，'英国法庭，办理此项案件，因顾及华洋诉讼案件之审理，按约应专归被告人本国官厅。故凡为被告英国人之反诉，按理不能受理。至关于湖北交涉员对于此案，并不商诸英领，亦不开庭审讯，竟行撤销县署原判，饬令更审，实为不合举动'各等因。查中英互控案件，按照条约规定，应视被告为何国之人，即赴何国官员处控告，并载明各按本国法律审断。此次英商控元昌义案，就条约而论，湖北交涉员署，按照本国法律主张反诉之案，与本诉并为一案审理，并无不合之处。惟英使此次来文，以反诉与本诉并为一案办理，认为未顾及条约之上国际情势，及英法庭相类案件之办法，请为注意。此节究应如何答复之处？相应抄录英使来文，咨请查核办理见复可也等因。准此，查英使来文，以反诉与本诉并为一案办理，认为未顾及条约上之国际情势，及英法庭相关案件之办法一节，殊与贵院统字第九七号解释持论不同。事关法律问题，应如何答复之处，相关咨请核议见复"等因到院。

查有领事裁判权之外国人，在中国为民事被告，依据条约，固不受中国法院之审判。惟在提起反诉之时，因已有本诉系属于中国法院，而反诉之标的，又多与本诉之标的相牵涉，或对于本诉之标的，得作抗辩主张，使其得于同一诉讼程序审判，殊为便宜。故本院三年统字九七号解释及四年上字二零三五号判例，均认为不应与普通被告同论（如再审之诉，不能因其被告是否外国人，及其有无领事裁判权，以定应否受理审判，亦其一例），而由中国法院，并予受理。此系保护两造之利益，现时仍未变更，并无违背条约之可言。相应咨复贵部转行查照可也。

此咨！

■ **统字第 1907 号**

民国十四年三月七日大理院复奉天高等审判厅函

径复者：

准贵厅蒸代电开："查民国元年大赦，关于《新刑律》命盗不准除免条款，不包未遂，业经贵院解释在案。此次司法部就大赦令除外部分颁行，不准除免条款，可否援照前例办理？有主积极说者，谓未遂犯之为罪，依《刑律》总则第十七条第二项规定'必分则上，定有明文者始罪之。'故分则上各罪，本条概指既遂而言。不准除免条款，既仅列各罪，本条未将未遂条文列入，则未遂犯当然在赦免范围以内。有主消极说者，谓未遂犯之为罪，虽由特别规定而成立，然其论罪科刑，仍须根据该罪本条。该罪本条，既在不准除免条款以内，自难予以赦免。究以何说为是？相应电请迅赐解释示遵"等因到院。

本院查赦令于强盗、匪徒、杀人、强奸、放火、决水等案，系因其情节及所生实害较重，不许援用赦典。按诸呈准不准除免条款所列不准除免各条，至为明了。犯罪未遂，因未完成各该本条之行为，与既遂之情及所生之实害不同。不准除免条款，既未明定有未遂情形者，亦在不准除免之列。则此项较轻之案，自系准予除免。相应函复贵厅查照。

此复！

■ **统字第 1908 号**

民国十四年四月九日大理院致安徽高等审判厅电

安徽高等审判厅：

转芜湖律师公会佳电两说，应以乙说为是。

大理院青印

附：芜湖律师公会原电

大理院钧鉴：

《法院编制法》第六十四条，赦会解释有二：甲说谓，既经禁止，即不得继续办理本案。乙说谓，法文既曰"在法庭"仅指开庭当日而言，嗣后对于本案，仍可代理辩护。二说孰是？乞电示只遵。

芜湖律师公会叩印佳

■ 统字第 1909 号

民国十四年四月二十九日大理院致东省特别区高等审判厅函

径启者：

据哈尔滨市董事会呈称："窃查哈尔滨红十字会医院医士乌拉怕贺因案被押，致使本会医生，极感困难。盖常有病人，经医士之尽力调治，而致死亡者。亦有解剖手术，虽经按照外科方法与科学上之要求，而得不良之结果者。亦常遇之事故，必须迅速而且繁重之解剖。盖病症非经解剖，则病人无从救治。然解剖亦不能每次均可奏效，因遇迅速，则解剖时，无法得病人亲属之同意，则医生处此地位，非常困难。卒至因守形势上之办法，而使医生负重大之责任。医务卫生科，以不谙中国法律及习惯之故。为此恳请钧局对于下列各条，准予解释，指令示遵，即（一）与病人解剖时，是否仅有病人书面同意（愿书）即足？（二）按照中国法律，中国人至何年龄为成年人，即至何年龄方有独立出具书面同意（愿书）之权？（三）妻未得夫之同意，对于解剖时，是否有权出具书面同意（愿书）？（四）如妻无此权，则妻患重病，必须迅速解剖，而其夫又不在场时，则将如何办理？（五）如小儿病时，父亲不在场时，则母亲是否有权对于小儿之解剖出具愿书？（六）已达成年而未出嫁之中国女子，是否有权对于自己受外科疗治时出具愿书，或必须父亲之同意？（七）对于受病者，因为病状或伤状重大受伤流血等之重症时，是否应得患病者之同意，方与治疗等情前来。查《法院编制法》第三十五条内载'大理院长有解释法令之权。'事关法律解释，理合转呈鉴核，详予解释，俾便饬遵，实为公便"等因到院。

查医生之剖治病人，固应经双方合意。即病情重大，尚能表示意思者，亦然。但病人之愿剖治，原系希望病愈。如医生怠于医术上应尽之注意，致有不良结果，自不能以其已经合意，即不负责。至于中国现行法令，系以届十六岁为成年。已成年者，无论男女，有独立订立此项契约之能力。其未成年者，应得法定代理人同意。如法定代理人不在场，其他直系尊亲属亦得予以同意。如均不在场，而病势又形危急，该未成年人亦得自行订约。若妻为未成年，应得其夫或翁姑或其他夫家直系尊属之同意。相应函请贵厅转行查照。

此致！

■ 统字第 1910 号

民国十四年四月二十九日大理院致江苏高等审判厅函

径启者：

据上海总商会巧代电内开："有买卖货物，缔结契约，订定价格及时间，买方向卖方出货，卖方向买方收价。到期价跌，买方延不出货，卖方存货久搁必坏。是否可由卖方另卖与人，并要求买方之损害赔偿？敝会因商人间，多有上项情事，未能解决，乞迅赐解释示遵"等因到院。

本院查买卖契约之一造，如已自为履行之准备，并催告相对人履行，而相对人迟延不为履行者，对于相对人得解除契约，并请求赔偿因解除契约所生之损害。至存货另卖在已经依法声明解约之后，尤属卖主之自由。相应函请贵厅转行查照。

此致！

■ 统字第1911号

民国十四年五月四日大理院咨司法部文

为咨复事：

准贵部第二七号函开：案准驻比利时公使馆函开，"顷据比国公证吏何登拔君函询中国成年年龄，并于'成年'二字特加说明，为'具备支配财产之自由权'等情前来。查吾国自民国三年大理院上字第七九七号判例，以年满十六岁为成年。后历来判决，皆援其例。又查《商人通例》在商人能力一章，对于未满二十岁之商人，有法定代理人各项规定。当时立法，似以商人责任重大，关系繁多，自应特加注重。商人行为能力，遂成为一种例外。因此吾国法律与欧洲不同，欧人一达成年，即完全自由。其财产婚姻，父母或监护人均不再干涉，社会上一切权利义务，亦均享受及负担。至吾国人成年以后，仍不脱父母或监护人约束，尤以二十岁以内者为然，更证以《商人通例》之例外。似吾国之普通成年，实属一种有限制的行为能力，不应与欧洲所称之成年同论。但其限制若何？是否除《商人通例》之限制外，毫无他项限制？抑关于财产之支配，仍有得父母或监护人允可，或他种限制之处？相应备文函请详复"等因。查来函所称各节，事关法律解释，相应函请迅予解答，以凭函复等因到院。

查本院历来判例，就现行律解释，以一届十六岁为成年。凡成年之人即有完全行为能力，得独立以法律行为，负担义务。除《商人通例》关于商人能力别有规定外，在继续有效之现行律，尚有卑幼不得私擅用本家财物一条。但此条规定原以家财与私财有别，家财非经同居尊长同意，不得私擅处分。至于卑幼自有私财，则该卑幼有完全之自由，不受何种限制。相应咨请贵部转行查照。

此咨！

■ 统字第1912号

民国十四年五月六日大理院复广西高等审判厅函

径复者：

前准贵厅十二年和字第十七号函开：案据兴业县邮电称，"《刑事诉讼条例》第四百七十八条'谕知科刑之判决者，并应谕知被告负担诉讼费用之全部或一部。'所谓'被告负担诉费'，是否依照民国十年十月二十四日《修正广西省征收诉讼费用规则》办理，或应如何谕知负担？又《县知事审理诉讼暂行章程》第二十四条'负担诉讼费用之判决，未谕知额数者，由县知事于执行时，依诉讼卷宗定之'。究竟诉讼卷宗，单指诉状而言，抑应如何定其额数？乞请解释示遵"等情。据此，查诉讼费一项，前经贵院解释，应查照司法部呈准《修订诉讼费用规则》关于刑事部分之规定，令饬该县外，惟《县知事审理诉讼暂行章程》第二十四条之谕知额数,究以何者为标准?查解释法律之权,属于贵院。本厅未便擅专,相应函请迅予解释,俾凭饬遵等因。又同年和字第十九号函开:案据桂林地方审判厅邮电称,"检察官不服预审推事不起诉之裁决,提起抗告,法院认为有理由者,依《刑事诉讼条例》第四百四十二条,应将原审裁决撤销,自行裁决。惟关于'自行裁决'一语,兹有二说:甲说谓,检察官既由于不服预审推事之不起诉裁决提起抗告,而抗告法院又认其抗告为有理由而裁决,则此语显系专指自为起诉之裁决而言。且原审法院既以检察官之抗告为无理由送交抗告法院,倘抗告法院认抗告为有理由,而不自为起诉之裁决,仅发还原审法院更为预审。倘原审法院仍为不起诉之裁决,而检察官亦仍不服再提起抗告,势必至辗转裁定,抗告终难确定。乙说谓,查上级审之认定,有拘束下级审之效力。果如甲说所云,则裁定后送付下级审公判时,其公判推事,必将因此而失其自由裁判之精神。二说孰是?职厅未敢臆断。又如以甲说为是,则当抗告法院发还原审法院更为预审时,原审法院对此不合法之裁决有无受其拘束之必要,抑另有他法,足资救济?职厅现有类此案件,亟待解决,案关法律解释,理合电呈钧厅查核,恳请俯赐转请贵院解释,电示只遵"等情。据此,相应函送贵院,迅予解释,俾便转饬遵照等因到院。

本院查受科刑判决之被告,所应负担之讼费,在《刑事费用担负准则》已有明文。至《修正县知事审理诉讼暂行章程》第二十四条所载"判决未谕知额数者,依诉讼卷宗定之"等语,乃指应就卷宗审查其应负担讼费之事实,按照《修正诉讼费用规则》计算方法,定其额数。又《刑事诉讼条例》第四百四十二条,既定为抗告有理由者,应自行裁定。则抗告法院,应就原裁决之范围自行裁决(例如预审推事,认为有《条例》第二百四十九条第一、第五两款情形所为不起诉之裁决,系不当者,应将原裁决撤销;其认为有第二百四十九条第二款至第四款情形所为不起诉之裁决,系不当者,应并为起诉之裁决),至为明显。如果不自裁决,发回更为预审,原法院虽应更为预审裁决,而裁决内容仍不受何项拘束。至为第一审判决时,不受裁决之拘束,更不待言。相应函复贵厅,分别转令查照。再本院解释文件,曾定有制限办法通行在案,嗣后务希查照办理。

此复!

■ 统字第 1913 号

民国十四年五月六日大理院复福建高等审判厅函

径复者:

前准贵厅快邮代电开:"《刑诉条例》第三百九十七条规定,'被告人不出庭者,得不待其陈述,径行判决'云云。其已受合法传唤之被告人,不肯出庭,得照该条办理,固不待言。如被告在押脱逃,经高等检察厅出示限令十日内投案,复经敝厅迭次拘捕,仍未就获。此等畏罪潜逃之被告人,当然不肯出庭。既有逃亡事实发生在前,自无传唤之余地,且其中所在不明者,尤居多数。若照刑诉第三百三十条停止审判,似有奖励逃脱之嫌,与立法本意,不无违反。现敝厅此等案件,搁积甚多，可否按照刑诉第三九七条办理之处？事关法律疑义，恳迅解释示遵"等因本院。

本院查《刑事诉讼条例》第三百九十七条，系指被告经依法传唤，无正当理由不出庭者而言。如系在押脱逃，既无从传唤，而出示限令若干日投案，在法令又无根据，自应按照同条例第三百三十条办理。相应函复贵厅查照。再本院解释文件，曾定有制限办法，通告在案。嗣后，务希查照办理。

此复！

■ **统字第 1914 号**
民国十四年五月六日大理院复陕西高等检察厅函
径复者：

准贵厅函开：案据陕西高等检察厅呈称，据陕西南郑地方检察厅检察长赖敏灵呈称，"为呈请解释事，查《刑事诉讼条例》第二百五十二条规定，'告诉人接受不起诉之处分书后，得于七日内，经由原检察官向上级检察长声请再议'等语。今我国未设初级厅，所有应属初级厅管辖案件，均暂归地方厅办理。如地方检察官于此等案件处分不起诉，其再议机关为地方检察长？抑为高等检察长？不无疑义。于兹有二说：甲说谓，地方审判厅办理初级管辖案件，其第二审既仍为地审厅，则于此自应类推解释，亦应以地检厅为再议机关，方符法律事务管辖之精神。《刑事诉讼条例》第二百五十二条，所以统定为向上级检察长声请，而未加分别者，盖以同条例原有初级厅之规定，并未计及地方厅有办理初级案件之事实也。乙说谓，《刑事诉讼条例》第二百五十二条，既有'经由原检察官向上级'字样，则所谓'上级'者，自系指实在办理该案检察官之上级而言。不问其案应属初级，应属地方，条文规定，甚属明了，解释自不得显违明文。且当《刑事诉讼条例》颁布之时，地方厅既已办理初级管辖案件矣，而法律条文遂即颁行，不加分别，则立法者之意可知。况检察一体与审厅不同，检察官所办案件，检察长亦应负责。若仍以原检察长为再议机关，诚恐有违法律规定，再议之初意，甚非慎重讼狱之道。究竟二说孰是？未敢擅断。悬案待决，理合呈请钧厅，迅予解释指令只遵，实为公便，谨呈"等情。据此，除指令外，谨具文呈请核示等情前来。事关法律解释，相应函送贵院核办见复，以便转令遵照等因。

本院查现制，初级管辖案件，暂归地方厅办理。既可由该地方审判厅受理上诉，则再议案件，自以向该地方检察厅检察长声请为宜。相应函复贵厅，转令查照可也。

此致！

■ **统字第 1915 号**
民国十四年五月六日大理院复总检察厅函
径复者：

准贵厅函开：据四川第一高等检察分厅监督检察官苏学海代电称，"查《刑事诉讼条例》第二百五十二条载'告诉人接受不起诉之处分书后，得于七日内经由原检察官向上级检察长声请再议'等语。是初级管辖之案，向地检长声请再议，地方管辖之案，向高检长声请再议，本极明了。惟查九年十一月十八日，大理院统字一四五三号解释内，'对于县知事不起诉处分声明再议，不论初级或地方管辖，应由高等检察厅受理'等语，核与《刑诉条例》规定微有不同。是否对于法院适用条例，对于县知事适用解释？抑或《刑诉条例》颁行以后，从前释例有抵触者，即不适用，遇有此等案件，由县知事分别初级、地方管辖，送地检长或高检长声请再议？事关法律解释，应请钧厅函院解释，以资遵守"等情到厅。相应函送贵院核办见复，以便转令遵照等因。

本院查《刑事诉讼条例》第二百五十二条载"告诉人接受不起诉处分书后，得于七日内到经由原检察官向上级检察长声请再议"等语。是初级管辖之案，应向地方检察厅检察长声请再议；地方管辖之案，应向高等检察厅检察长声请再议。诚如原电所云："对于县知事不起诉处分之案，亦应视其管辖之为初级或地方，分别向地方或高等检察厅检察长声请再议。但初级管辖之案，以邻县为上诉机关者，亦应向高等检察厅检察长声请再议。"相应函复贵厅转令查照可也。

此致！

■ **统字第1916号**

民国十四年五月六日大理院复山西高等审判厅函

径复者：

准贵厅函开："查《刑事诉讼条例》第三百三十一条'审判开始后，法院虽认该案件应属下级法院管辖，仍应继续审判之'，第三百九十三条'第二审程序，除本章有特别规定外，准用第一审审判之规定'。是高等审判厅受理刑事第二审案件，于审判开始后，虽认该案件应由地方审判厅管辖第二审，仍应为第二审审判，固无疑义。惟当事人对于第二审判决如声明不服，应由何级法院管辖第三审？该条例无明文规定。于此有二说：（甲说）该条例第三百七十三条第一项'当事人对于下级法院之判决有不服者，得上诉于上级法院'。高等审判厅之上级法院为大理院，应由大理院管辖第三审。（乙说）该条例第四百零二条'对于第二审判决有不服者，得上诉于管辖第三审之法院'。初级审判厅管辖第一审案件，其管辖第三审之法院为高等审判厅。虽高等审判厅为第二审，审判仍应由高等审判厅管辖第三审（另庭受理）。以上二说，均系言之成理，究以何说为当？敝厅召集民刑庭联席会议，未能取决。相应函请贵院释答，以便遵行"等因。

本院查所称情形，应由本院管辖第三审（参照统字第一三三八号解释文关于第二问之部分）。相应函复贵厅查照。再本院解释文件，前经定有制限办法通告在案。嗣后，务希查照办理。

此致！

■ 统字第 1917 号

民国十四年五月六日大理院复江西高等审判厅函

径复者：

准贵厅函开："据九江地方审判厅厅长张秉慈呈称，'查邮政机关员役，侵占其业务上管有之汇兑储金外之管有物时，应适用《邮政条例》第三十一条，抑适用《刑律》第三百九十二条？解释上不无争议。甲说，为该条例第三十一条，仅限邮局员役窃取者而言。如有侵占情形，仍应依《刑律》第三百九十二条办理。乙说，照该条例第十九条第二项及第三十条之规定邮局员役，惟对于邮局汇兑及储金有侵犯之行为者，始构成侵占罪。如侵犯汇兑及储金以外之物，不论系窃取或侵占，均应照该条例第三十一条处断。以上两说，究以何说为当？理合呈请转院解释示遵'等情。据此，相应据情函请贵院，迅赐解释，以便转令遵照"等因。

本院查《邮政条例》第三十一条，大部分均系指窃取行为而言。虽于剥脱邮票部分，不区别管有与非管有，似不免有将侵占吸入窃盗之处。然究不得谓凡属邮政机关员役，侵占其业务上管有之汇兑储金外之管有物时，均应依该条论作窃盗罪。故除剥脱邮票外，应以甲说为是。相应函复贵厅查照。再本院解释文件，前经定有制限办法，通告在案。嗣后，务希查照办理。

此致！

■ 统字第 1918 号

民国十四年五月八日大理院复广西高等审判分厅函

径复者：

前准贵厅代电开：法律疑义数端，除第一、第二点关于刑事问题，业已另函解答外，其第三点称"《民诉条例》第五百三十一条'对于财产权上诉讼之第二审判决，若因上诉所应受之利益不逾百元者，不得上诉。'本条例《施行细则》第一条'在本条例施行前提起之诉讼程序，应依本条例终结之。'则民事诉讼施行前，所受理不逾百元之上诉案件，可否根据上开条文，以其无权上诉而驳回之，以终结其案件？如此终结，是否于法律不溯既往之原则有所违反"等语。查上诉利益不逾百元之件，既于《民诉条例》施行前合法受理，依《民诉条例施行条例》第一条规定，仅以其后之诉讼程序，应依《民诉条例》终结，不得遽认为不合法而驳斥其上诉，参照本院统字一八七一号解释。相应函复查照。

此致！

■ 统字第 1919 号

民国十四年五月八日大理院复湖北高等审判厅函

径复者：

准贵厅第七二五号函开："兹有甲女由其母许与已成年之乙为妻，并于十三岁时，与乙举行婚礼。现甲女以在乙家虐待不堪为词，提起离婚之诉，且当庭供称'宁死不愿再归乙家'等语。于此有二说焉：子说，现行法例规定男女十六岁为成年，甲女与乙虽已成婚，其订婚及成婚，均在未成年时。大理院十年上字第一一五八号、一三八七号判定，既认成年后之女，对于未成年时，其父母代定之婚约，不肯同意，为贯彻婚姻尊重当事人意思之本旨，无强令受该婚约拘束之理。则甲女与乙成婚时，并无完全行为能力，不能谓甲女与乙成婚。既系表示同意，不得事后翻悔。况甲女既当庭坚执不愿再归乙家，尤不能强令归乙，致违反当事人之意思。丑说，甲女与乙成婚时，虽系未成年，惟既已成婚，则除合于法定离婚条件外，无翻异之余地。二说应以何说为是？现敝厅受有此类案件，亟待解决。相应函请钧院，迅赐解释，俾便遵循"等因到院。

查来函所述情形，以丑说为是。相应函复查照。

此致！

■ **统字第 1920 号**
民国十四年五月九日大理院咨司法部文

为咨复事：

准咨开：据江西高等检察厅检察长呈称，"同级审判厅，对于上诉第三审之被告，声请停止羁押所为许可之裁决，经职厅查有与法不合者，固已依法提起抗告。惟于事实、法律尚有应请释明之点，谨为钧长陈之，按监所系由职厅主管审厅羁押被告及提审各项，概须同时通知。民国八年八月曾奉钧部第五六一号训令遵办在案。上诉于第三审之被告，均系已经同级审判厅，随同卷判移送职厅羁押之人犯，似更无不先行通知，遽予提释之理。且查第二审法院，就上诉于第三审中之被告声请停止羁押，在《刑事诉讼条例》，亦仅付有裁决之权，并无由其执行之规定。乃职同级审判厅，竟于被告缴纳保险金，交保释放后，再予下一裁决。迨职厅接收裁决，被告早已保释。虽经提起抗告，而人犯往往已无从查传。甚至审厅许可保释之裁决，亦无人收受，询诸保人，并否认具保责任。如此情形，不特权限未能划清，即在事实上，亦诸多窒碍。再查《刑事诉讼律》原案第一百一十二条，明定保释命令，由检察官执行。《刑事诉讼条例》虽将该条删除，而该条例第九十二条，既规定以裁决行之，自系包括在裁判之列。依据同条例第四百八十六条之原则，似应由检察官指挥执行。况系已经移送职厅羁押之人犯，其性质亦未便适用该条之但书。职同级审判厅径予交保释放，在法律上是否适当？亦属不无疑问。究应如何办理，请鉴核示遵"等情到部。查原呈所称各节，事关解释法律，相应咨请贵院查核见复等因。

本院查《刑事诉讼条例》第八十三条，既明定"许可停止羁押之声请者，应于接受所定之保证金或证券证书后，停止羁押，将被告释放。"则第九十二条第二项之裁决，自应依第四百八十五条但书及第四百八十六条第一项但书，指挥执行。如有经传唤无正当理由不到等情形，亦应依第八十八、第八十九条等办理。至裁决送达何人接受？具保责任何时免除？例俱有明文规定。原呈所称"权限未能划清"云云，似属过虑。相应咨复贵部查照。

此咨！

■ 统字第1921号
民国十四年五月九日大理院咨司法部文

为咨复事：

准咨开：据京师地方检察厅检察长戴修瓒呈称："职厅执行五等有期徒刑或拘役人犯，若实有窒碍者，向例依照大理院三年十二月二十四日统字第一九二号，及八年五月十六日统字第九八一号之解释，送请审判厅，以裁决行之，历经办理在案。惟查此等解释，系依照《刑事诉讼律草案》'执行'编第四百九十四条之规定。现在《刑事诉讼条例》公布施行已久，《刑事诉讼律草案》当然无效，则根据该草案之解释，亦似无遵守之必要。详查《刑事诉讼条例》'执行'编第五百零九条内载，'依《刑律》第四十五条第一项，罚金应易科监禁者，由指挥执行之检察官命令之'等语。惟关于《刑律》第四十四条第一项受五等有期徒刑或拘役之宣告，其执行若实有窒碍，得易科罚金者，究应适用何种程序？独付阙如。又查《司法公报》第二十七次临时增刊，附有理由之《刑事诉讼条例》各条，均系参照原案编纂。如非遗漏，其笔削之处，似有用意。但未经立有专条，究属无所适从。《刑事诉讼律草案》第四百九十四条之法意可否沿用？疑义尚多。即依该条规定判决时亦可由检察官请求裁决，讵知判决未经确定，既不发生执行关系。检察官提前请求，事实上亦不一见。且就徒刑监禁而论，均系拘束身体自由，自较财产刑之罚金为轻。其由轻入重者，可由检察官命令之；其由重易轻者，反必须审判厅裁决之。揆之法理，岂得谓当？如谓《刑律》第四十五条第一项，无资力易监禁者，系属当然之结果，毋庸送请裁决。而不知《刑律》第四十四条，如经受刑人声明窒碍情形属实者，准予折易罚金，亦属当然之事，何须费无益之转折？推原律意，徒刑拘役人犯，依律得易科罚金，其必采由原审判厅以裁决行之者，或意在慎重将事，使审、检两厅互相牵掣，免滋流弊。然实际上检察官为防将来受刑人不能如数缴纳罚金起见，均系预先征收，假定为保证金之一种。往往检察官准请于前，而法院驳斥于后，在人民不明权限，多视法厅反复行事。似此于法厅威信，亦不无妨碍。况改由检察官行之，如有不当情形，尚有检察长纠正，以济其穷。总之《刑律》第四十四条，既限定五等有期徒刑，其情必非甚重窒碍情形。又叠经大理院解释及钧部一六五三号训令示有标准，亦非漫无限制。且于司法收入、刑事政策、社会利益均关至切。所有执行徒刑拘役人犯，依律得易罚金者，可否援照《刑事诉讼条例》第五百零九条之例，统由检察官命令之？事关刑事程序问题，职厅未便擅专，理合呈请批示只遵"等情到部。查来呈所称，事关解释法律，相应咨请贵院查核见复等因。

本院查《刑事诉讼条例》并未就《刑律》第四十四条第一项明定易科程序，殆以其初本铖对刑法案起草，不采易科制度，其后改作条例施行亦遂遗漏。惟处五等有期徒刑或拘役者，既须审查，其执行实有窒碍。而后易科罚金，自以由检察官请求法院裁决为当。本院固有成例，即贵部令文亦取此说（见《司法公报》第一百六十九号刑事类），似不宜改由检察官以命令易科。至同条例第五百零九条之规定，本以谕知罚金之判决主文内，已依第三百四十五条第三款及《刑律》第四十五条第一项第二款记明易科监禁之期间，故定为由检察官命令执行，似未可与易科罚金相提并论。相应咨复贵部查照可也。

此咨！

■ 统字第 1922 号

民国十四年五月九日大理院复安徽高等审判厅函

径复者：

准贵厅代电称："强奸案件，最轻本刑为二等有期徒刑，按照《刑诉条例》第二百六十二条第二项应付预审，至为明了。设如地检厅以和奸起诉，经审厅审理认为强奸。可否变更法条，不付预审，径行判决？如不能变更法条，则未经预审之违法判决，上诉审究应以何法救济？悬案待决，祈速解释示遵"等因。

本院查现行制度，预审为起诉前之程序。既以和奸起诉，经审理认为强奸，如与统字第一七六五号解释文内所称情形相符，得变更起诉状所载犯罪应适用之法条，径行判决，无庸更付预审。相应函复贵厅查照可也。

此致！

■ 统字第 1923 号

民国十四年六月四日大理院复总检察厅函

径复者：

前准贵厅函开："案据东省特别区域，高等审判厅检察所主任检察官祝谦代电称，'查特区内华人与华人涉讼案件，应归滨江地方审、检两厅受理，业经司法部于十年二月三日复职所梅前首席检察官感代电明白指示。兹职所对于该项部电，复发生疑义。查特区内，无领事裁判权国人民为被害人（告诉、告发、自首均同），华人为被告人；或华人为被害人，无领事裁判权国人民为被告人；以及无领事裁判权国人民与华人共同为被害人；或共同为被告人案件，向来虽均由特区法院受理，但此项部电内，并未言及。究竟此类案件，应归何处受理？应请解释者一。又特区法院管辖区域，系以东省铁路为界线，地跨吉、黑两省。而滨江地方厅之土地管辖，系以滨江县之辖境为限，不过为东省铁路经过之一部。向来办法，特区内华人与华人涉讼案件，其发生在哈尔滨者，固均由滨江地方审、检两厅受理。其发生在滨江县辖境以外各沿线者，可否由吉、黑两省就近普通地方厅或兼理司法之县知事受理，抑仍应专归滨江地方厅受理？应请解释者二。事关法院管辖，理合陈请转院解释示遵'等情到厅。事关法律解释，相应函送贵院核办见复，以便转令遵照"等因到院。

本院查《东省特别区域法院编制条例》第五条前段载"东省特别区域，高等及地方审判厅之土地管辖，以东省铁路界线为管辖区域。"是东省特别区域法院之管辖区域，既有明文，凡在所管辖区域内之诉讼案件，如无其他效力较优之法令划分其管辖权，则无论是否华人与华人之诉讼；或无领事裁判权国人民为被害人，华人为被告；或华人为被害人，无领事裁判权国人民为被告，均应由该法院管辖之。其系牵连案件以及同一案件，经二以上之法院受理者，应依《刑事诉讼条例》办理。司法部十年二月三日第三零零号电，在法令上并无根据。至东省铁路经过之处，除应归东省特别区域法院管辖之案件外，其属于滨江地方厅或其他地方厅管辖者，自应有各该厅受理。若各该厅并无管辖权，又不合于审理无领事裁判权国人民，《民刑诉讼章程》第二条所定之情形，则应由各该管县知事审判。相应函复贵厅转令查照。

此复！

■ **统字第1924号**
民国十四年六月五日大理院复总检察厅检察长函

径复者：

准贵厅函开："据湖北夏口地方检察厅代电呈称，'查上海公共租界会审公廨受理案件，依大理院判例，认为无法律上效力。兹有在上海犯诈财案件之被告，居住汉口，江苏交涉员署，据公廨呈请签票来汉守提，法院有无协助义务？又被告虽在租界犯罪，然原、被皆系中国人，被告又在内地居住，应否以原就被归中国法庭受理？事关法律疑义，并涉及国权，理合电请钧厅，转请大理院，迅赐解释电遵。再本件急待解决，用敢径呈，合并呈明"等情。据此，查事关解释，相应函请贵院，迅予核办见复，以便转饬令遵等因到院。

本院查《刑事诉讼条例》，于法院拘捕被告之程序，已有明文。上海会审公廨，既非合法之司法衙门（参观本院六年抗字第二八八号判例），自无拘捕人之权限。交涉员署据公廨呈请签票提人，法院自无协助之义务。又查中国人犯罪，虽犯罪地系在租界，而其应由中国法院审判，则无疑问。至其管辖法院，《刑事诉讼条例》亦有详细规定，查照办理可也。相应函复贵厅转令查照。

此复！

■ **统字第1925号**
民国十四年六月十三日大理院复湖北高等审判厅函

径复者：

前准贵厅代电开："查《著作权法》第四十三条规定，'关于本院之公诉期间，自注册之日起，以二年为限。'敝厅适用此条，发生疑义。甲说谓，该条所云注册，系指著作权人之注册而言。著作权人遇有损害其权利者，如在注册后两年以内，除请求赔偿外，并得提起公诉，请求处罚。乙说谓，该条所云注册，系指翻印仿造，及其他方法假冒著作权人之注册而言，如假冒著作权人未有注册之事实，则其公诉期间，即不受该条之制限。究应以何说为是？请迅予解释示遵"等因到院。

本院查《著作权法》第四十三条所称"关于本院之公诉期间，自注册之日起，以两年为限"等语，系指触犯本法之人，除无注册事实，仍自行为完毕之日起算公诉期间外，如有注册行为，则其公诉期间，应从注册之日起算，相应函复贵厅查照。再本院解释文件，曾定有制限办法通告在案，嗣后务希照办理。

此复！

■ 统字第 1926 号

民国十四年六月十三日大理院复奉天高等审判厅函

径复者：

前准贵厅函开：案据洮南地方审判厅呈，"以高等检察厅，因其他事由发见县判不当，依《县知事审理诉讼暂行章程》第二十六条，向地方厅提起上诉之案，关于上诉程序，有疑问二则：（一）上诉期间之计算方法分有两说，（甲说）应由检厅接到卷宗之日起，至审厅声明上诉之日止，中间是否超过十日为计算是否逾期之方法。（乙说）该案不应照普通方法计算，应依上级检厅接到卷宗之日起，至命令下级检厅起诉之日止，中间是否超过十日为计算是否逾期之方法。二说孰是？此应请解释者一。（二）如前项应以甲说为是，上诉业已逾期，检厅声请回复原状，依《刑事诉讼条例》第二百十五条后半所载'其逾上诉期限者，应向原审法院为之'等语，该条所称原审法院，能否包括兼理司法之县知事公署？亦分有两说，（甲说）原审法院，系指原办该案之衙门而言。如原办衙门，系兼理司法之县知事公署，则声请回复原状，应向该知事公署为之。（乙说）原审法院，系专指普通法院而言。兼理司法之县知事公署，不适用该条后半之规定，因县知事公署，不能受理裁判检察官之声请。如原办衙门系县知事公署，亦应向普通法院为之。二说孰是？此应请解释者二。请求解释示遵"等情到厅。事关解释法律，相应据情函请贵院，希即查照解释赐复，以便饬遵等因到院。

本院查《县知事审理诉讼暂行章程》第二十六条规定，"检察官发见县判不当时，既得分别管辖自行上诉，或移送该管法院检察官上诉。"而第二十七条又有"前条上诉期限，自各该检察官接受卷宗后起算"明文，是此项上诉期限，应自管辖法院之检察官接受卷宗后起算，极为明显。又因上诉逾期，声请回复原状者，依《刑事诉讼条例》，应向原审法院为之。该条规定，按照《县知事审理诉讼暂行章程》第四十二条，于县知事又在准用之列。则不服县判而又逾上诉期限之案，应向原县知事声请回复原状，亦无疑义。相应函复贵厅，转令查照。再本院解释文件，曾定有制限办法通告在案，嗣后务希查照办理。

此复！

■ 统字第 1927 号

民国十四年六月十三日大理院复山东高等审判厅函

径复者：

准贵厅函开：据掖县知事张蔚南呈称，"为法律疑义，请解释示遵事。查《刑律》五十八条罚金，依分则所定之额，以四分之一为一定加重减轻之。本条之规定仅加减一等者，固无疑义。设加减至二等以上，则有递加递减、通加通减二种计算方法。此两种计算，应适用何种？此应请解释者一。查《刑律》三百五十五条之告诉权，女子除属于本人及未成年之监督人外，其已成年未嫁者，尊亲属仍有告诉权，孀居者夫之尊亲属，亦有告诉权。见民国四年大理院统字三六四号解释明文。惟查《刑事诉讼条例》第三百五十九条'被害人之法定代理人、保佐人或配偶，得独立起诉'。是否《刑事诉讼条例》第三百五十八条第二款所载'《刑律》三百四十九条第二项之犯罪，被害人之法定代理人、保佐人或配偶，皆得行使告诉权'不限于统字三六四号解释所限定行使告诉权之人？统字三六四号解释，是否自《刑诉条例》颁布施行失其效力？此应请解释者二。以上法律二种疑义，理合具文呈请电鉴，解释示遵"等情到厅。据此，查该县所呈法律二种，不无疑义，相应函请钧院，迅赐解释，以便转令遵照等因。

本院查第一问，例如《刑律》分则某条所定罚金之额为千元以下、百元以上，而须加二等或减二等时，就原额加四分之一（为一千二百五十元以下、一百二十五元以上），再就加成之额加四分之一（为一千五百六十二元有零以下、一百五十六元有零以上），为递加；就原额减四分之一（为七百五十元以下、七十五元以上），再就减成之额减四分之一（为五百六十二元有零以下、五十六元有零以上）为递减；就原额径加四分之二（为一千五百元以下、一百五十元以上）为通加；就原额径减四分之二（为五百元以下、五十元以上）为通减。用后法，加尚无问题，减则至四等而尽，减尽将如何？律无明文，可知减尽，本非律之所许。故宜用前法，依分则所定之额，以四分之一为一等，或加或减，而后就加成之额，再加四分之一，或就减成之额，再减四分之一。其加减至三等以上时，亦同，庶与律意相符。第二问所举《刑事诉讼条例》第三百五十九条第一项，系关于私诉之规定，与告诉无关。至何人得告诉或独立告诉，《刑事诉讼条例》第二百一十九条第一项以下，另有规定。所应注意者，《刑律》第三百四十九条之诱拐罪，被诱人固为被害人，即其夫或尊亲属亦不失为被害人（参照统字第一千三百三十一号解释文）。相应函复贵厅，转行查照可也。

此致！

■ 统字第 1928 号

民国十四年六月十三日大理院复山西高等审判厅函

径复者：

准贵厅函开：案据太原地方审判厅长李钟翘呈，"为法律疑义，恳请转函解释示遵事。窃查刑事判决，依《刑事诉讼条例》第一百八十八条第一项，'除有特别规定外，应本于当事人之辩论为之'。设有被告逃亡，审判尚未开始之第一审刑事案件，因被告所犯系在赦令颁布以前，又不在不准除免之列，应予免诉。此项裁判，如以判决形式行之，则事实上既无从为言词辩论，是否即与上开条款相违？如认为程序上之判决，无庸经过言词辩论，则按之条例，又无明文可资援据，究应如何办理，方与法意相符？职厅未敢擅拟。事关法律疑义，理合具文呈请钧厅鉴核，准予转请大理院解释示遵，实为公便"等情前来。相应据情转请贵院俯赐解释，函复过厅，以便转饬遵照等因。

本院查所称情形，应以《刑事诉讼条例》第三百三十条，停止审判之程序。相应函复贵厅查照。再本院解释文件，前经定有制限办法通告在案，嗣后务希查照办理。

此致！

■ 统字第 1929 号

民国十四年六月十三日大理院咨司法部文

为咨复事：

准贵部咨开：查刑事案件缴纳保证金、停止羁押之被告人，于侦查中，受检察官之没入保证金处分后，如有不服，是否得依《刑事诉讼条例》第四百四十六条之规定，声请该检察官之同级法院，撤销其处分？法文意旨不明，殊滋疑义。关于此点，计有两说：甲说谓，刑诉第四百四十六条，仅规定关于羁押、具保、扣押及扣押物件发还之处分，得声请撤销或变更之。关于没入保证金之处分，该条并无得为声请撤销之明白规定。被没入保证金者，自不得援引该条声请撤销其处分。乙说，谓该条所谓'关于羁押、具保等之处分'云者，系指关于羁押及具保之一切处分等而言。没入保证金之处分，当然包括于该条。所谓关于具保处分之内被没入保证金者，如有不服，应得援引该条声请撤销其处分。以上两说，究应以何说为当？事关法律疑义，相应咨请解释见复等因。

本院查《刑事诉讼条例》第四百四十六条所称"检察官关于羁押、具保之处分"，系指第九十一条由检察官核定之处分而言。所称"检察官关于扣押及扣押物件发还之处分"，系指第一百四十五条由检察官核定之处分而言。故没入保证金之处分，实包含于羁押、具保处分之内，应以乙说为是。相应咨复贵部查照可也。

此咨！

■ 统字第 1930 号

民国十四年六月十三日大理院复总检察厅函

径复者：

准贵厅函开：据浙江高等检察厅呈称，"据临海地方分庭监督检察官华其渊俭代电称，'本年一月一日大赦令，系赦免一月一日以前之犯罪。惟一月一日之界限如何，不无疑义。兹有某甲等，于民国十三年十二月三十一日下半夜，即半夜后天明前，共同伤害某乙。隔十余日，因伤身死，某甲等是否在赦免之列？计有子、丑两说：子说，凡一日之界限，系由子时至亥时为止。故所谓'一月一日'，应由夜间子时即零时起算。本案既属下半夜，自在子时以后，不得谓为一月一日以前，即属不应赦免。丑说，既系十二月三十一日夜间，自系一月一日以前。子说《刑律》及赦令并未明定，不能悬拟。大赦令文又无'一月一日以前'字样，惟查司法部呈准拟订不准赦免条款，并办理赦案程序原文，有'一月一日赦令颁行以前'云云，可见本案应予赦免。且大赦系属恩典，乃咸与更新之意，故推测颁行赦令之意思；及以本案犯罪实在赦令尚未颁行以前而论，不得谓不应同沐恩典。两说互有理由，而出入甚巨，究以何说为当？悬案待结，理合电呈转请迅予解释示遵'等情。据此，除指令外，谨据情呈请鉴核俯赐转院解释指遵"等情到厅。相应函送贵院核办见复，以便转令遵照等因。

本院查民国十四年一月一日之赦令，未经指明所予赦免者为何日以前之罪，以视民国元年三月十日之赦令。指明为三月十日以前之罪者，似属异致。其实赦令颁行之日，既为一月一日，而其时刻又无凭计算，则其效力之所及，仍应以一月一日以前为界限（即连同赦令颁行之本日计算）。相应函复贵厅查照可也。

此致！

■ 统字第 1931 号
民国十四年六月十七日大理院复江苏高等审判厅函

径复者：

前准贵厅函开：据吴县地方审判厅厅长岳秀华呈称，"窃查有甲县受理某某一案，甲县知事因事实不能行使审判权，声请经上级法院，将该案件移转于乙地方审判厅管辖审判。尚未开始，忽据甲县知事以检官职权，具书撤回。查已经移转管辖案件，其撤回应由原县知事为之，抑由该地方法院之检官为之？《刑事诉讼条例》内虽无明文规定，然查检察厅之管辖区域，与各该审判衙门同。又检察官遇有紧急事宜，得于管辖区域外行其职务，《法院编制法》第九十二条及第九十三条设有明文规定。今甲县之案件既移转于乙厅，按照上开编制法规定，甲县知事之检官职权，早因审判职权之移转，为之消灭。况撤回起诉，又非紧急事宜，何能于管辖区域外行其职务？其理甚明。乃有人焉，谓甲县知事之撤回，为当乙厅之检官未便干预，其理由无非以撤回起诉，应由原起诉之检官为之也。究竟能否认甲县知事撤回为合法？此应请解释者一。又查移转管辖案件，本不限于原第一审法院审判未开始者，原第一审法院已开始审判者，亦复不少。换言之，上级法院不问原第一审法院审判进行至何种程度，如果原第一审法院，遇有《刑事诉讼条例》第二十九条所载情形，均得将此案移转于其管辖内他法院也。其未为审判开始者，自无问题可言。若原第一审法院已经开始审判，而受转移之法院尚未开始审判，能否照审判程序更新之例，仍许依《刑事诉讼条例》第二百八十七条得为撤回？亦属一疑问。此应请解释者二。以上两问题，急待解决，理合具文呈请，转请迅赐统一解释"等情。据此，相应函请贵院，迅予解释见复，以便转令遵照等因到院。

本院查案件如经移转管辖，则原管辖法院之检察官，对于该案已不得行使检察职权，即不得撤回起诉。至原管辖法院，业经开始审判之案，依例已不得撤回起诉。后虽移转管辖，但既曾一次开始审判，自亦不得撤回。相应函复贵厅转令查照。再本院解释文件，曾定有制限办法通告在案，嗣后务希查照办理。

此复！

■ 统字第 1932 号

民国十四年六月十九日大理院致浙江高等审判厅函

径复者：

准贵厅一六五号函开：案据杭县地方审判厅长费有浚呈称，"案查上海会审公廨审理诉讼案件，依照院判不能视为法律上有效之裁判。故公廨判决之案，当事人如复向他处审判衙门起诉，仍应予以受理，自无问题。惟公廨判决之民事案件，债权人请由公廨呈准外交部，特派江苏交涉员函请内地审判衙门协助执行。内地审判衙门，是否有司法上共助之义务，抑或认为无司法权限之机关，拒绝协助？事关法律疑义，理合备文呈请核转示遵"等情到厅。相应转函贵院，俯赐解释，以便转令只遵等因到院。

查上海曾审公廨，不能认为合法之司法衙门，在本院六年抗字二八八号判例，已详为说明。兹就其所为民事判决，请求内地审判衙门协助执行，自应予以拒绝。相应函复贵厅转饬遵行。

此复！

■ 统字第 1933 号

民国十四年六月二十二日大理院复安徽高等审判厅函

径复者：

准贵厅第四七号函开：据怀宁地方审判厅长费有浚呈称，"兹有某甲为国家营业机关长官，以机关名义与乙公司在营业范围内商业往来，积欠乙公司银洋若干元。甲去职，将营业所欠债务移交后任丙。丙对于甲任内所欠债务，绝不承认，并拒绝甲之移交。当此际丙又去职，继任丁不承认，亦与丙同。乙公司乃以甲为被告起诉，乙所主张谓，乙所以与该机关营业往来者，系因甲之信用关系，并非信任某机关。现甲虽去职，此项债务系甲经手，丙、丁既不承认，自应向甲请求偿还。甲所主张谓，国家机关在营业范围内所欠乙公司债务，原非甲之个人行为，应由机关负责。况甲已去职，移交后任，何能向其私人请求偿还？丁所主张谓，前任甲所欠债务，当交替时，前任丙绝不承认，并拒绝其移交。关于此项往来账目，无从查考，当然不能负责。以上甲、乙、丁三说，各具理由，应请钧厅详加解释，以便遵照，贵为公便"等情。据此，事关法律解释，本厅未便擅专，相应备函转请解释赐复，以便饬遵等因到院。

按国家机关，依司法上之地位，负有债务，对之提起诉讼，自应以现在代表该机关之长官为被告。但来函所述情形，以甲为被告起诉，虽属适格，惟其主张有无理由，应予审认。相应函复贵厅转行查照。

此致！

统字第 1934 号

民国十四年六月二十二日大理院复陕西高等审判厅函

径复者：

准贵厅哿代电开：关于承继婚姻案件发生疑问三则：（一）原告因亲族故意不开会，或无亲族得以开会代被承继人立嗣，诉请法院以裁判代亲族会之议决，立自己为被承继人之嗣子。此项诉讼，是否适用《民诉条例》所定嗣继事件程序办理？如需适用嗣继事件程序，其被告之适格，究系何人？苟原告以故意不开会之亲族，或被承继之人姻戚一、二人为被告提起此诉，应否以被告不适格，径予驳斥？（二）确认立嗣成立之诉，依《民诉条例》第六百六十九条第二项，似第三人仅得立于原告地位。苟嗣父或嗣子以第三人为被告，提起本诉，其被告是否适格？（三）夫以聘妻之父为被告（声明不告聘妻），以婚约成立为理由，诉令被告命其女履行婚约，是否依通常诉讼程序办理？敬请解释示遵，实为公便等因到院。

本院查第一问题，按《民事诉讼条例》，所谓"嗣继事件"，以立嗣无效、撤销立嗣与确认立嗣成立不成立，及废继或归宗之诉为限。本问题所述情形，不在其内。其被告之适格与否，应依通常诉讼程序，予以审认。第二问题，按《民事诉讼条例》嗣继事件，虽准用第六百六十九条第二项"由第三人起诉者，应以所后之亲及嗣子为被告"。但若以第三人为被告，提起确认立嗣成立之诉，而嗣亲或嗣子可受确定判决之利益者，则其被告即应认为适格。第三问题，应依通常诉讼程序办理。相应函复查照。

此致！

统字第 1935 号

民国十四年七月十八日大理院致东省特别区域高等审判厅函

径启者：

据东省特别区域律师公会代电称：查有多数债权人，对于未曾宣布破产之债务人，呈准法院所设立之管理财产团。对于未有加入该团体之其他债权人，是否应受其拘束，得单独行使债权？抑或不应受其拘束，可以单独行使债权之处？颇滋疑问。悬案待决，恳请解释，俾便遵循等因到院。

查债务人既未宣告破产，他债权人又未加入管理财产团，自不受其拘束。相应函请贵厅转行该会查照。

此致！

统字第 1936 号

民国十四年七月十八日大理院咨司法部文

为咨复事：

准贵部第四二零号咨开：据京师地方检察厅呈，"据北京律师公会会长林行现呈称，查《中华民国律师协会章程》第一条第二项规定，'协会代表，以各律师公会会长，或临时总会所选定之人充之'。是出席于协会之代表，非为各会之会长，

· 1357 ·

即为总会所选代表，固无疑义。惟是出席代表，设或有非以会长资格，乃由临时选定。而临时选定之人又非各公会本会会员，能否合格？颇生疑问。约分两说：甲说谓，协会组织内容，本由全国律师公会所构成。换言之，即应以各个公会实际代表为分子。况协会宗旨，胥在联络各会感情，交换代表学识，则代表人选，自应以各会固有会员之范围为准，庶不致与《协会章程》第一条、第二两条之立法精神相背戾。故各公会所选代表，自应仍以各公会固有会员为限，不能将各公会自由掺混、任意选定，致失各公会组织协会之本旨。乙说谓，协会事务所既限定设置于中央政府所在地，则各地公会距京遥远，在实际上都有不能赴京出席者。如此项代表不以各公会原有会员为限，则各地公会若有不愿出席者，自可选定中央政府所在地之公会会员，为该会全权代表出席协会。直至下届协会改选为止，始终充任，随时接洽，以期该代表所代表之公会，随时有与协会联络感情之机会。故贯彻《协会章程》第二条立法之本旨，似非广义解释，不能与组织协会之本旨相合。是所选代表，似不应以各公会原有会员为限。此两说之颇生疑问者也。又查各公会选定代表，照章自应由临时总会选定。但该会为求事实便利起见，仅由常任评议员会（八人）多数（五人）议决选定代表出席协会，是否违法？亦分两说：甲说谓，《协会章程》既明定代表（除会长外）须由总会选定，则评议员会即属无权干涉，何得以少数职员，代总会越权处置？故此项代表，若由评议员会议决选定，即属违法。乙说谓，各地公会召集总会，在实际颇感困难。查常任评议员会，既有议决会中一应进行事宜之权，则此项代表出席协会，本包含于会中一应进行事宜之内。是评议员会选定代表，不能认为违法。此两说之又颇生疑问者也。以上两说，均分甲乙两说，究属孰是？事关解释法律，当经常任评议员会议决。以为非经有权解释法律机关予以解释，不足以资遵循等情前来。理合呈请转咨解释，以便饬遵"等情到部。查来呈所称，事关解释法律，相应咨请贵院查核见复等因到院。

　　查该会呈称情形，均应以甲说为是。相应咨复贵部，转行查照可也。

　　此咨！

■ 统字第 1937 号

民国十四年七月二十八日大理院复江苏省长公署函

径复者：

　　准贵公署有代电开：查《长途汽车公司营业规则》第十六条，"交通部如准两公司以上行驶同一路线时"云云。查核本条文义，自以不准两公司行驶于同一路线为原则，而以交通部核准为例外。如有甲长途汽车公司呈请本路范围以内，不得经营同等事业。此项请求，是否合法？如果认为合法，核准后，又有乙马车公司，呈请于甲长途汽车公司路线内行驶马车，是否得认为同等事业？以上两端，事关法律解释。现有此项事件发生，应请贵院迅赐解释见复为何等因到院。

　　查《长途汽车公司营业规则》第十六条既规定，交通部如准两公司以上行驶同一路线，则一汽车公司，自不得擅自主张专业。惟行政官厅为便宜起见，特许一公司专业,亦无不可。至马车公司与汽车营业不同,不得认为同等事业。相应函复贵公署查照。

此致!

■ 统字第 1938 号

民国十四年七月二十八日大理院复安徽高等审判厅函

径复者:

准贵厅霰代电开:律师公会会长某甲送参政互选后,适值该公会改选,复被举为新会长。一部分律师公会会员攻击新会长选举违法,否认有互选参政之权。于此有二说:子说,甲被选新会长,虽发生诉讼,然新会长未经合法产出之时,旧会长资格依旧存在,仍得以旧会长资格出席互选参政。丑说,甲之旧会长,既经期满,其会长资格当然消灭。被选新会长既有诉讼,在诉讼未确定其资格以前,不得出席互选参政。二说孰是?事关法律疑义。选举事急,合电请钧院迅予解释,俾资遵循等因到院。

查甲被选为新会长,如已就职,虽发生诉讼,而在判决确定、撤销其资格以前,仍得出席互选参政。相应函复贵厅查照。

此致!

■ 统字第 1939 号

民国十四年八月一日大理院复京师高等审判厅函

径复者:

准贵厅第二七五一号函开:查民事诉讼当事人起诉,或提起上诉,均以就修正《诉讼费用规则》第二条、第三条及第五条所定应征之审判费用。购贴司法印纸,为其必须具备之程式,已经贵院著为先例。惟起诉或提起上诉者,如系多数人共同,则各共同诉讼人,究应各负购贴全额司法印纸之责任,抑以仅按其自己之诉讼标的之金额,或按其人数与利害关系之比例,购贴全额司法印纸之一部为已足?此项问题,在共同原告或上诉人中,有一人或数人已购贴司法印纸,或已受诉讼救助;而其余之共同诉讼人,并未购贴司法印纸时,于审查各共同诉讼人之诉讼或上诉程式,有无欠缺上均有解决之必要。现在本厅关于此种之解释,殊不一致,应请贵院予以解释,俾有遵循等因到院。

查共同诉讼人,一同起诉或一同上诉时,各人缴纳审判费之标准,应依其讼诉标的之性质而定。故如为可分关系(即可比例分配者),应按比例分别缴纳;为不可分关系,按人数平均缴纳;如为连带关系,或各人诉讼标的殊异,则各人按全额缴纳。又共同诉讼人内一人或数人,已受诉讼救助者,在通常共同诉讼,因适用《民事诉讼条例》第六十六条,对于他共同诉讼人,固不生影响。即在必要共同诉讼,因不适用同条例第六十七条第一款,亦应解为不生影响。又已缴全额者,在通常共同诉讼,仍因适用该第六十六条,对于他共同诉讼人不生影响。惟必要共同诉讼,则以适用第六十七条第一款,他共同诉讼人自不应再行缴纳。又各共同诉讼人，未补正其应缴之审判费者，如为通常共同诉讼，固应认其诉或上诉为不合程式，径为驳斥之判决；如为必要共同诉讼，则尚须更命他共同诉讼人补正。若再不补正，则应对全体为驳斥上诉之判决。相应函复贵厅查照。

此致！

■ 统字第1940号

民国十四年八月四日大理院致浙江高等审判厅函

径启者：

据杭县律师公会佳代电称，"《民诉条例》第五百二十六条内载'上诉人于言词辩论终结前，得将上诉撤回。但被上诉人已为附带上诉者，应得起同意'。第五百二十八条载，'若有下列各条情形之一，附带上诉失其效力：（一）上诉因不合法被驳斥者；（二）上诉经撤回者'。第二项又载，'虽有前项各款情形，若附带上诉在期限内提起者，视与独立之上诉同'等语。设如有上诉事件，于未开始言词辩论以前撤回上诉，被上诉人之附带上诉，系经过上诉期限后提起，因而对第五百二十六条但书所载'被上诉人已为附带上诉者，应得其同意'一语，发生争议。甲说谓，五百二十八条第二款'上诉经撤回，附带上诉失其效力'云者，依第五百二十六条但书之规定，系指已得附带上诉人之同意者而言。若未得其同意，附带上诉仍不失其效力。乙说谓，五百二十八条第二款所载'上诉经撤回，附带上诉失其效力'云者，系指提起附带上诉时，在上诉期限以外者而言。提起附带上诉，既在期限以外，而上诉人之撤回上诉，又在未开始言词辩论以前，则核之《民事诉讼法草案》第五百二十六条理由所称'以书状撤回上诉者，一经提出书状于法院，即应使生撤回之效力'。前清《民事诉讼律草案》第五百五十九条原案理由所注'撤回控告，在被控告人未开始言词辩论以前，毋庸待其同意，而得求息。'同草案第五百六十二条原案理由，又有'附带控告分为独立附带控告及从属附带控告。从属附带控告乃被控告人于控告期限经过之后，所为之附带控告。控告因不合法而被驳斥或撤回控告时，无再使带附控告存续之理由。此本条之所以设也'。又院判统字第一八九九号之最近解释，'上诉人投递撤回上诉状之时，即属附带上诉失其效力之时。附带上诉之效力既失，何必再行征求其同意？'此外，尚有五百二十八条第一款所载，'上诉因不合法被驳斥者，附带上诉失其效力'一款，可作为连带解决之根据。诚如甲说所称，'是法院为判决驳斥不合法之上诉时，亦须得附带上诉人之同意矣'等语。撤回上诉，既分两说，自非声请解释，不足以杜争执。特行声请迅予解释，俾得遵循"等因到院。

查撤回上诉，只需被上诉人已为附带上诉，即应得其同意。如未得其同意，其撤回不能生效，附带上诉即无丧失效力之理。至于提起附带上诉是否在上诉期限以内、撤回时期是否在开始言词辩论以前、被上诉人已否为本案之言词辩论，均所不问。相应函请贵厅转行该公会查照。

此致！

■ 统字第 1941 号

民国十四年八月八日大理院复京师地方检察厅函

径复者：

准贵厅第八一八号函开：案查《修正北京律师公会暂行会则》第十六条规定，"无论定期总会或临时总会，有会员三分之一以上到会，即可开会"等语。是非有三分之一以上会员到会，即不得开会，固无疑义。惟计算法定人数，是否以到会名簿内签到之人数为准标，抑系实际上出席人数为依据，不无疑问。甲说谓，到会会员与出席会员，截然不同。该条规定，既不曰"出席会员"，而曰"到会会员"者，其指签到人数而言，极为显然。且开会时设有名簿，使到会会员亲自签名于该名簿上者，则为计算法定人数之标准，而词亦属明了，故应以签到之人数为标准（本年四月二日司法部复上海律师公会第三三六号电令采用此说）。乙说谓，该条所云"到会"者，系指议场内列席会员而言。凡签到之会员，未必尽行列席议场中，往往有查点人数之惯例。若依甲说主张，则会员签到后，有多数人不列席时，仅或二三少数人，亦可开会议决事件，实与该条所定开会人数（三分之一以上）之本旨，大相背戾，故应以出席人数为依据。以上两说，各有理由，究以何说为当？案关法令解释，相应函请贵院迅予解释，以资遵循等因到院。

查来函所述，应以乙说为当，相应函请贵厅查照。

此复！

■ 统字第 1942 号

民国十四年八月十日大理院复江西高等审判厅函

径复者：

准贵厅哿电开：未成婚前，当事人提起确认婚约或解除婚约之诉，是否为《民诉条例》第六百六十六条之婚姻事件？应否请检察官莅庭？乞迅赐解释等因到院。

查《民诉条例》第六百六十八条所称"婚姻"二字，应包括婚约在内，本院已有解释（参照统字第一九零一号解释文件），自应由检察官莅场陈述意见。相应函请贵厅查照。

此复！

■ 统字第 1943 号

民国十四年八月十二日大理院咨司法部文

为咨复事：

准贵部第四二八号咨开：据江苏高等审判厅长朱献文呈称，"案据上海地方审判厅长沈锡庆呈称，窃查江苏省于民国二年六月以省令公布《修正暂行市乡制》。该制第一百十条规定，'本制修正后，得因中央颁布之法律修改或废止之'等语。查《市自治制》及《乡自治制》，业于民国十年七月三日以教令第十六号及第十七号公布，似前项《暂行市乡制》，现已不适用。惟《市自治制》第七十八条有'本制施行日期、施行区域，由内务总长经由国务总理呈准定之'之规定。此项施行日期及施行区域,有无明令公布,无从查考。于法律适用上,发生疑义,曾经电请内务部核示在案。兹奉内务部皓电内开:'查《市自治制》、《乡自治制》业于十年七月奉教令公布,并由本部通行各省区,迅将所属可以施行市自治制之特别市、普通市区域,暨日期分别认定,咨部呈请施行在案。此项法制,自颁布之日起,各省区即应一律遵行,所有江苏暂行市乡制,即不能再认为有效'等因。是《江苏暂行市乡制》,既不能再承为有效,而民国十年七月公布之《市自治制》尚未奉明令施行,则现时之市自治会选举诉讼,究应适用何种法律,以资办理之处,不无疑义。请转呈核示"等情。据此,理合具文转呈鉴核,饬遵等情到部。查原呈所称各节,事关法律解释,相应咨请查核见复,以凭办理等因到院。

查江苏省省令公布之《修正暂行市乡制》第一百十条,虽规定"本制修正后,得因中央颁布之法律修改或废止之"等语。但嗣后教令公布之《市自治制》第七十八条既另有"本制施行日期、施行区域,由内务总长经由国务总理呈准定之"之规定,则《市自治制》如尚未奉教令施行,而《暂行市乡制》亦未经省令废止或变更,现时裁判市自治会选举诉讼,自仍应适用《暂行市乡制》。相应咨复贵部,转行查照可也。

此咨!

■ 统字第 1944 号

民国十四年八月十四日大理院复山东高等审判厅函

径复者:

准贵厅快邮代电称,"设有甲县知事,奉省长委赴乙县行使审判权。此种判决,是否可认为已经第一审之合法裁判?否则,第二审究应自为判决,抑应发由合法管辖衙门另为第一审之裁判?法无明文,乞电示遵"等因到院。

查来电所述情形,乙县管辖案件,甲县知事无审判权,应将其判决废弃,发由第一审管辖法院另为裁判。相应函请贵厅查照。

此复!

■ 统字第 1945 号

民国十四年九月十七日大理院致江苏高等审判厅函

径启者:

据江宁律师公会快邮代电开:今有附解除条件之赁贷借契约,于为契约之当时,即系诸一造主观上确定的不能成就之解除条件,则该契约应否永受此不能解除之拘束?于是,发生法律上疑义,有三说:甲说,《民律》虽未公布,关于条件之法则,似不能不以客观上不确定的未来事实之成否,为一附随条款。若系诸一造主观上确定的不能成就之解除条件,究与设定条件之法意未合,殊为有害及相对人之利益,是谓之不道德条件;依法如不使之于立契约时即归于无效,自难为持平之保护。乙说,上述情形,不能遽认为不道德条件。要之,凡附有不能条件之法律行为,即其条件于立契约之当时,可由一造主观上确定其不能成就。如其条件为解除条件，依法应视为无条件，得由双方随时声明解除已足，保护契约各当事人之利益；似不必追溯立契约时，归于无效。丙说，附条件之法律行为，除因条件成就受不利益之当事人为违背诚实及信用，阻其条件不能成就，应视为条件已成就外，若条件之本身不能成就（即不能条件）或纵为不道德条件，既由于立契约时甘愿受其拘束，于法可无庸再加以保护。契约既以当事人意思为重，虽条件不适法，但亦未便背于当事人意思，遽令解除。于上三说，不无言之成理，持之有故，究以何说为是，抑有无其他成例可资依据？应请电院解释示遵等情。据此，案关法律解释，理合快邮代电，敬乞钧院，迅予分别解释赐复等因到院。

查条件系以制限法律行为之效力，按诸条理，自应以未来不确定之事实为其要素。如代电所述，既系确定的不能成就之解除条件，自应视为无条件，但不影响于契约之效力。相应函请贵厅转行遵照。

此致！

■ 统字第 1946 号

民国十四年九月十七日大理院咨司法部文

为咨复事：

准贵部四七六号咨开：案据山东高等审判厅呈报，"据青岛地方审判厅呈称，称《不动产登记条例》第五条载'不动产物权，应行登记之事项，非经登记，不得对抗第三人'等语。兹有某甲，对于某种不动产曾为所有权保存登记；[后]将该产移转于乙，未为登记。嗣甲因负债涉讼，抗不履行，经执行衙门据甲之债权人声请，将该产查封拍卖。此际之乙能否出而主张所有权，以对抗甲之债权人？事关登记疑义，应如何解决之处，请呈部解释等情。据此，理合呈请核示"等情到部。查该厅所请解释事项，并非关于登记程序之疑义，应请解释，相应咨请查照办理，并希迅复等因到院。

查所有权移转，依《不动产登记条例》第三条，系应行登记之事项。甲为所有权保存登记后，乙既未为移转登记，依同条例第五条，对于甲之债权人，自不能对抗。相应咨复贵部转行查照。

此咨！

■ 统字第 1947 号

民国十四年九月十九日大理院复江苏高等审判厅函

径复者：

准贵厅二八五五号函开：案据上海总商会代电称，"兹有商人订货，因违约涉讼，经终审判决确定照约执行。惟世隔数载，商业变迁，双方商店均已闭歇，股东死亡，货价亦与前不同，交割之间，殊多困难。依商人普通习惯，对于此种问题，多以折价了事。其办法是否适当？至折价之标准，有谓以违约时之市价计算者，有谓以判决确定时之市价计算者，又为疑点。究应如何办理之处？务乞转函大理院，俯赐解释示遵"等因。相应函请贵院，迅予解释示复，俾便转达等因到院。

查确定判决,既系命照约交货,如由法院执行,自仅有照约交货一途。折价了事,系和解办法,应有双方合意。如就折价办法已和意,而仅就折价标准不能成立合意,应以原约所定交货时之市价计算。相应函复贵厅,转令该会遵照。

此复!

■ 统字第 1948 号

民国十四年九月二十一日大理院复安徽高等审判厅函

径复者:

准贵厅二三九号函开:据芜湖地方审判厅厅长孙振魁呈称,"窃查现行律载,'若将已典卖与人田宅,朦胧重复典卖者,准窃盗论,田宅从原典买主为业。'是凡不动产之重复典卖其所有权,当然属诸第一买主,已极明了。惟自《不动产登记条例》施行后,有第二买主已为所有权移转登记,而第一买主并未为何种登记,适用上不无疑义。于此有二说:甲说,朦胧重复典卖,系无权处分,在实体法上,其处分行为无效。则无论第一买主,对于该不动产买受,在该条例施行前或后,曾否现实占有或管领,如果已立书据,或经裁判,即不问曾否登记,一经提起涂销登记之诉,法院应依判决涂销第二买主之登记,否则又当别论(例如子[为]所有权者,委任丑为代理人典卖不动产时,因子、丑两人相距较远,丑接收子所发之信后,即照子所委托范围,将该不动产典卖与寅。惟迟迟未曾通报,子不知情,致子需款紧急,不得已将该不动产典卖与卯。此时,子、丑两人均系有权处分,似不能认为现行律所载'朦胧重复典卖'。自《登记条例》颁布后,只能视寅、卯两人孰已登记。其未行登记者,自不得诉请涂销)。乙说,查所有权移转、保存之应行登记,明定于该条例第三条第一项。同条例第五条既载'不动产物权应行登记之事项,非经登记,不得对抗第三人。'是第一买主取得所有权既未登记,当然不能对于第三人(即不能对于第二买主)诉请涂销登记,只能向无权处分之卖主请求损害赔偿。现行律所谓'从原典买主为业'一语,在该条例施行后,应依登记之先后为准。如果依甲说得以诉请涂销登记,则不得对抗第三人之规定几等具文。事关法律疑义,究竟以何说为是,或另具有其他解释,未敢臆断,理合备文呈请鉴核,俯赐转院解释令遵,实为公便"等情。据此,相应函请解释赐复,以便饬遵等因到院。

查《不动产登记条例》第三条,所定应为登记之事项,必须实有此事项而为登记,始生登记之效力,否则应许权利人诉请涂销。故第一买主如实已取得所有权,则旧业主与第二买主之买卖契约,系无权处分,既不生所有权移转之效力。虽经登记,亦属无效,自应适用现行律重复典卖之规定,许其诉请涂销。相应函复贵厅转行查照。

此复!

■ 统字第 1949 号

民国十四年九月二十三日大理院咨司法部文

为咨复事:

准贵部六二三号咨开:据江苏高等审判厅长朱献文呈称,"案据丹徒地方审判厅厅长仇预呈称，'查关于人事诉讼事件，由检察长起诉及提起上诉者，应否依照《民事诉讼条例》及《修正诉讼费用规则》预缴审判费，不无疑义，理合备文呈请转函大理院迅予解释，俾有遵循'等情。查事关征收诉讼费用，究竟由检察官起诉及上诉之件应否预缴审判费，职厅未便擅断，理合具文呈请鉴核指令只遵"等情到部。查事关法律解释问题，相应咨请贵院查核见复，以凭指令遵行等因到院。

查关于人事诉讼，检察官起诉或提起上诉，原系代表国家，其应征之审判费，自应参酌《民事诉讼条例》第六百八十八条规定，毋庸预缴，而于胜诉时，再命他造负担。相应咨复贵部转令遵照。

此咨！

■ 统字第1950号
民国十四年十月一日大理院复司法部函
径复者：

准贵部一六五三号函开：准外交部函开："准国际联合会代表办事处转送联合会秘书厅致本部公函内称：'禁贩妇女保护儿童顾问委员会曾于一九二五年五月二十日至二十七日，在日来弗开第四届会议，有提交行政院之建议案。摘录如下：拟编关于和奸年龄及婚姻年之法律。此（和奸年龄）注意即在年龄以下，虽得被害者之同意，不得减轻其罪。'援集此项材料，与研究乌拉佳代表所提议（为道德上保护儿童及青年，规定和奸及婚姻年龄）之问题，有关行政院于一九二五年六月九日开会时，当即通过此项建议，函达查照，并请将下列二条之法律规定，通知本秘书厅：（一）法定婚姻年龄；（二）以被害者之年龄而减轻或加重，其对于未成年不道德行为（奸非罪）之情形，函请查照"等因到部。相应函请查照见复，以凭核复等因到部。除奸非罪一层，《刑律》定有明文外，查男女婚姻年龄，现行律男女婚姻条例内，仅有"男女婚姻，各有其时"数语。推勘例意，其为指婚姻年龄而言，虽无疑义，惟例文简略，并未将其所谓时明白揭出。考明制以男年十六、女年十四以上为结婚时期；前举例文，本诸明令，则其所称婚姻之时，当亦系沿袭明制。惟事关法律解释，未便遽断，相应函请贵院，迅予查核见复，以凭办理等因到院。

查现行律例仅载"男女婚姻，各有其时，"至法定年龄，别无明文可据。惟现律以十六岁为成丁，成丁之人，即应有完全行为能力。婚姻亦系法律行为之一，故男女当以十六岁为有婚姻之能力。相应函复贵部查照。

此复！

■ 统字第1951号
民国十四年十月二十四日大理院咨司法部文
为咨复事：

准贵部六七九号咨开：据山东高等审判厅呈称，"案据青岛地方审判厅厅长咸运机呈称，'窃查第三人对于强制执行之标的物主张权利，提起执行异议之诉，依法应属原执行审判厅管辖，本无问题。惟如为被告之债权人，为有领事裁判权国人民时，原执行审判厅能否受理审判，不无疑问。（甲说）此项异议之诉，原为该债权人提起诉讼请求保护其私权之结果所发生，性质上仅在解决应否允许就执行标的为执行而止，与普通诉讼不同。该债权人名义上虽为被告，实际上仍属实行其私权之一部；且此项诉讼之资料，均在原执行审判厅，自非向原执行审判厅提起、由原执行审判厅受理不可。其诉，虽与反诉之在本诉程序中行之者不同，而可以节省劳费，则一。以反诉之例观之，原执行审判厅，亦无不能受理之理。更就条约关系上论，该债权人既因为有领事裁判权国人民，即不可受中国法院审判，则第三人似应向领事馆提起执行异议之诉。姑无论此种见解合理与否，有困难与否、然在债务人，亦否认第三人权利时，要亦不能使中国人民受外国审判。故第三人虽以有领事裁判权国人民为被告，提起执行异议之诉，应本于诉讼上便利及平均保护两造利益之理由，由原执行审判厅受理审判。（乙说）可为强制执行之标的，以债务人之财产为限。故执行衙门于实施执行前，在法律上有为详密调查之职责。虽因执行务求简易迅速，有时不克毕尽职权能事，然在法律上，究属不尽职务上义务。是以现行法例，就此有三种救济办法：（一）主张执行衙门，违背职务上义务提起抗议；（二）对于侵害人主张私法上权利，提起损害赔偿之诉；（三）对于请求执行之债权人，主张无强制执行权，提起执行标的物异议之诉。在第三人用第三种办法，而被告之债权人为有领事裁判权国人民时，则因条约上特别关系，自不能以之为被告，由中国法院受理审判。至有领事裁判权国人民得为反诉，被告无非以在同一程序中行之，可以节省劳费；与执行异议之诉，为一个新发生之独立诉讼，不在同一程序中行之者不同，自不得相提并论。惟原执行审判厅虽不能受理此项异议之诉，而第三人仅可采用第一种办法，依照《民事诉讼执行规则》第九条提起抗议，以资救济'等语。两说各具相当理由，惟采用甲说，似欠法律上之根据。除该债权人有明示或默认愿受中国法院审判外，万一抗辩，不受审判，即属无法强制，甚且发生外交上之纠葛。若采乙说，则凡债权人为有领事裁判权国人民时，即无《民事诉讼执行规则》第五十四条之适用，殊与法律赋予人民此项诉权之本旨不符。且《民事诉讼执行规则》第九条之规定中，以违背职务上义务为条件，未尽职权能事，是否即为相当于该条件，已属疑问。万一在执行上已尽职权能事，绝无违背职务上义务可言，自不能援该条以为救济。或第三人尤以为违背职务上义务提起抗议，经裁断驳斥确定而提起执行异议之诉，又以无权受理予以驳斥时，仍属无救济之途。职厅现有此类案件，究应如何办理之处，事关涉外诉讼程序，未敢擅专，理合备文呈请钧长鉴核，俯赐转呈司法部核示，实为公便"等情。据此，理合据情转呈仰祈钧部鉴核指令只遵等情到部。查事关涉外诉讼程序问题，究应如何解释之处，相应咨请查核见复，以凭转令遵行等情到院，

　　查执行异议之诉，以系在原案之执行程序所发生，且其诉讼标的，在否认债权人之强制执行请求权。故债权人虽为有领事裁判权国人民，仍得之以为被告，向中国执行审判厅提起。相应咨复转行查照。

此致！

■ 统字第 1952 号

民国十四年十一月三日大理院复四川第一高等审判分厅函

径复者：

准贵厅一一八号函开：查因山田所有权涉讼案件，其诉讼标的价额未逾百元者，依《民事诉讼条例》第五百三十一条规定，不得上诉，经贵院统字第一八四九号解释，本属明显。设有因坟地涉讼（坟墓无争执），其第一、第二两审均系照百元以下案件征收审判费；第三审法院以职权调查，关于坟地价值确未逾百元，但有起迁坟墓纠葛。此种上诉案件，第三审法院能否依《民诉条例》第五百三十一条予以驳斥？此应请解释者一。又有因坟墓会章帮规或会员资格涉讼案件，本无价额可计，历来系比照百元以下案件征收讼费，且认为系初级管辖，往往第一审判决后，向地方厅声明第二审上诉。查此类案件，既非因财产权涉讼，核与《民诉条例》第二条列举各款情形不合，自应依同条例第三条，归地方厅管辖第一审。如地方厅已为第二审判决，两造于提起第三审上诉时，始声明管辖错误或始终不声明管辖错误，高等审判厅可否受理第三审上诉？抑或依《民诉条例》第四十一条，不适用合意管辖之规定，应撤销地方厅第二审原判，径为第二审审判？此应请解释者二。又上诉利益不逾百元案件，在《民诉条例》实行前上诉，经第三审法院受理审判发还更审，更审判决后复提起上诉。此际，第三审法院，依《民诉条例施行条例》第一条规定，可否适用《民诉条例》第五百三十一条将上诉驳斥？此应请解释者三。事关法律疑义，相应函请贵院，迅赐解释，俾便遵循等因到院。

查（一）因坟地涉讼，又有起迁坟墓纠葛，是以一诉而主张两项标的。该起迁坟墓之纠葛，即无从计算价额，则第三审法院，即不能依《民诉条例》第五百三十一条而驳斥上诉。（二）依法应归地方厅管辖第一审之件，如当事人不抗辩无管辖权而已由地方厅为第二审判决，自应认为已合意变更管辖。如无其他不合法之原因，高等审判厅即应受理第三审上诉。至合意管辖在法律上固有一定之制限，但《民诉条例》第四十一条所谓"非财产权上诉讼"，系指人事诉讼等有关公益之事件而言。若系普通民事事件，即令其非关于财产权，而亦应适用关于合意管辖之规定。（三）上诉利益不逾百元之件，第三审法院判决既在《民诉条例》施行以后，自无论其曾否发回更审，应依《民诉条例施行条例》第一条，适用《民诉条例》第五百三十一条之规定。相应函复查照。

此复！

■ 统字第 1953 号

民国十四年十一月四日大理院复直隶高等审判厅函

径复者：

准贵厅函开：准天津律师公会函称，"查《民诉条例》第八十五条规定，'诉讼代理人，关于诉讼事件，有为一切行为之权。'是律师关于执行案件，如受当事人特别委任，亦可出庭代理，至为明了。惟《民诉条例》颁行之前，司法部曾于民国十年四月间颁发第一一六三二号指令限制，律师受债权人委任办理执行案件者，只准与推事或书记官在办公室接洽，不准出庭代理等情在案。据上两种法令，依《民诉条例》，则律师办理执行，可以出庭；而司法部令，则只准在办公室接洽。双方规定，显有抵触。且一一六三二号部令系在《民诉条例》施行之前。至《民诉条例》施行后，此令是否尚能继续有效？事关法律解释问题，本会适用上极感困难，应请贵厅鉴核转呈大理院，为详细解释，俾便遵循"等因到厅。相应函转钧院解释见示，以凭饬遵等情到院。

查诉讼代理人，关于强制执行之诉讼行为，依当事人之特别委任，得以为之。此在《民事诉讼条例》第八十五条既设有明文规定，则以前颁发之司法部令，自属已经失效。相应函复转行查照。

此致！

■ 统字第1954号

民国十四年十一月二十一日大理院复福建高等审判厅函

径启者：

准思明律师公会电开：法定刑三至五等徒刑案，被告始终不到，委人代理。检事终结侦查、处分不起诉，是否适法？乞赐解释等因到院。

本院查现行《刑事诉讼条例》，于侦查并无"被告未到案者，不得侦查"之规定。即就侦查性质言，亦非必须被告到案。是检察官对于未到案之被告为不起诉处分，尚不得指为违法；所犯嫌疑是否三等到五等徒刑之罪，原可不问。相应函请贵厅转令查照。

此致！

■ 统字第1955号

民国十四年十一月二十一日大理院咨司法部文

为咨复事：

准贵部咨开：据吉林高等审判厅微日代电内称，"《刑律》第三百七十九条之未遂罪，不在赦令不准免除之列。但强盗未得财，而又杀人未死，已成重伤者，究应否一律免除，不无疑义。于此，有两说焉：（甲）谓犯强盗罪，同时又故意杀人，其杀人若不生死亡之结果，即不问其已否成伤及伤害程度若何，均应论以《刑律》第三百七十九条、第三百七十六条之未遂罪。强盗既未得财，杀人又属未遂，当然应依赦令援免；自不能因其杀人未遂，致生伤害，遂可舍弃杀人未遂，而科以强盗伤害人罪。（乙）谓强盗杀人，乃强盗伤人之加重条文。其杀人虽系未遂，而其伤人固属已遂，此与强盗杀人未遂、未致成伤者不同。未致成伤者，当然赦免；若已成伤者，赦令止免其加重之处分，不免其未遂之处分。否则，强盗无杀人意思而伤人者，虽轻微伤害，亦应治罪；其不仅于伤害人意思，而并以杀人为目的之强盗，虽伤人已致笃疾，或至二人以上，均以其未达杀死之目的，即予免除罪刑，殊属颠倒失平。且强盗已得财，而杀人未遂（亦未成伤）者，止赦其杀人未遂罪，仍治其强盗得财罪，此为一般法学家所公认。则杀人未遂而致重伤者，自应事同一律，分别已未致笃疾及是否伤至二人以上，治以强盗伤人本案之罪，方为正当。二说各有理由，孰是孰非，恳祈钧部将议赦本意赐示或转向大理院请加解释，以便遵守"等情到部。相应咨请贵院迅予解释见复，至级公谊等因到院。

本院查强盗杀人与强盗伤人，在现行法同属加重专条。强盗杀人，须有杀意，与强盗伤人之仅因暴行致生伤害，即应负伤人责任者，显亦有别。呈准不准除免条款，于未遂罪，既系准予免除，则犯强盗之罪，并有杀伤之行为时，如果财物并未入手，其加害于人身体，又能证明为故意杀人未遂，自应依令除免。相应咨复贵部转令查照。

此咨！

■ **统字第 1956 号**
民国十四年十一月二十一日大理院复京师地方检察厅函
径复者：

准贵厅函开：查《刑事诉讼条例》第二百五十一条规定，"不起诉之处分书，应以正本或节本送达于被告及告诉人。"是不起诉处分书之应送达于告诉人，已无疑义。惟若告诉人住址不明之时，其处分书应否送达并送达之程序如何，则可分为甲、乙两说。甲说谓，《刑事诉讼条例》第二百零六条第一款规定"得为公示送达之声请"者，仅限于当事人住址不明之时。而依同条例第十一条，则当事人系指检察官、私诉人及被告而言，不包括告诉人在内。故告诉人住址不明，即不得依第二百零六条及二百零七条规定为公示送达。乙说谓，《刑事诉讼条例》第二百零六条规定，固仅以当事人为限。但依第二百零九条及《民事诉讼条例》第一百八十二条第一款规定，则告诉人住址不明，亦应为公示送达。且因《刑事诉讼条例》第二百零七条第一项，有"须经法院许可"之特别规定，其公示送达更须经法院之许可。果如甲说主张，则不起诉处分，迄无确定之日，告诉人随时皆可声请再议，殊与立法本旨不符。二说均有理由，究以何说为是？事关法律解释，相应函请贵院，迅赐解释，以便遵循等因到院。

本院查《刑事诉讼条例》及《民事诉讼条例》于得为公示送达之人，均以当事人为限。刑事告诉人，本非条例所称当事人。唯刑事案件之不起诉处分书，既以送达于告诉人为必要程序，则遇有住址不明时，只得准用《刑事诉讼条例》第二百零六条以为送达，并应经检察官之许可。相应函复贵厅查照。

此复！

■ **统字第 1957 号**
民国十四年十一月二十一日大理院复江苏高等审判厅函
径启者：

准上海律师公会呈称，"为呈请解释事，窃于本年六月八日，本会第二次常任评议员会会长张一鹏提出议案一件,为检察官预审公判,引律两歧,未尽合法,应请院示一案。议案内开:'刑事起诉,应以书状为之',为《刑诉条例》第二百八十一条所明定。检察官于公判时,临时以口头变更起诉,与上开条文,自属抵触。兹有某案检察官以《刑律》第三百七十三条一项声请预审,预审裁决认为系犯《刑律》第三百七十七条三项之罪。原检察官对于是项预审裁决,业已遵照起诉。乃于公判时,重复主张第三百七十三条一项之罪,核与书状起诉之规定,显然抵触。按诸起诉不得变更预审裁决之法意,亦有未合。应请由会呈院指示,俾有遵循'等语。由过半数评议员到会决议,由会呈请解释"在案。理合具文呈请,伏乞钧院鉴核,俯赐解释示遵等因到院。

本院查现行《刑事诉讼条例》,无"得以口头变更起诉"之规定;于起诉程序,又有明文。是此项办法,实为条例所不许。唯检察官在法庭辩论,无论其为何项主张,法律上既无制限,自难因与起诉文不符,即谓系变更起诉,指为违法。相应函请贵厅转令查照。

此致!

■ 统字第 1958 号

民国十四年十一月二十六日大理院复总检察厅函

径复者:

准贵厅函开:据江苏高等检察厅呈称,"案据吴县地检厅呈称,'缘羁押之被告,经具保声请停止羁押。于接收保证金释放后,并无《刑诉条例》第九十条免除保证责任之原因;判处拘役确定,经传唤执行,无正当理由不到。于此场合,能否适用同条例第八十九条,没入其保证金?现分甲、乙两说:甲说,保证责任,既未免除,执行时当然得适用总则第八十九条,没入其保证金。乙说,同条例第八编,并无准用第八十九条之明文,当然不能援用。因执行传唤不到,只能发捕票,并无没入保证金权限。又前限没入保证金之处分,能否认为执行之指挥?亦分甲、乙两说:甲说,于执行时因传唤不到,没入保证金,应认为执行之指挥。如有不服,得声明异议。如裁决驳斥,得声明抗告。乙说,声明异议,系就执行之指挥违背裁判之一种救济方法。今因传唤不到,没入保证金,系执行以前之程序,与执行之指挥无涉。如有不服,仅得声请撤销,不得声明异议。如裁决驳斥,不得抗告。以上两问题,究以何说为是?仅呈请钧长,转送大理院,解释示遵'等情到厅。据此,除指令外,理合呈请转送解释示遵"等情到厅。相应函送贵院核办见复,以便转令遵照等因。

本院查羁押之被告,经具保声请停止羁押,于接收保证金释放后,因有罪判决确定,经传唤执行,无正当理由不到。斯时,既无免除具保责任之原因,自以没入保证金为宜。《刑事诉讼条例》第八编漏未定明,自应准用第九十一条及第四百四十六以下各条关于侦查中之规定,由检察官核定其处分。如有不服,得声请该检察官之同级法院撤销或变更。相应函复贵厅转行查照可也。

此致！

统字第 1959 号

民国十四年十二月三十一日大理院复黑龙江第一高等审判分厅函

径复者：

准贵分厅代电开：兹有外国人甲，在外国境内窃取外国人乙之所有物，运至中国境内，由中国人丙，故意买得该物。此时，丙是否成立故买赃物罪？有子、丑二说：子说谓，甲窃取乙之所有物，依《刑律》第二条规定，不适用本律。若检察官对于甲之窃盗行为提起公诉，受诉法院应为无罪之判决。甲之窃盗行为既属无罪，则甲所窃取之物，即无所谓赃物。丙之故意买得该物，亦自不能成立故买赃物问题。丑说谓，甲窃取乙之所有物，其窃盗行为自身仍构成窃盗罪；惟依《刑律》第二条规定，本律之效力，不能及于甲而已。其窃得乙之所有物，仍系赃物。中国法院对于甲虽不能论罪，而丙之故意买得该物，仍应按故买赃物论处。二说究以何说为是？又如丙应论罪时，而甲之搬运行为，应否论罪？事关法律疑义，而敝厅密迩俄疆，又常有此类案件发生，亟待解决。相应电请贵院，迅赐解释电复为荷等因。

本院查所称情形，丙应取丑说，论故买赃物罪。至《刑律》第三百九十七条第二项所称"搬运赃物"，系指知情搬运他人所窃取、强取等得来之物而言。若窃盗自运窃得之物于他处，系窃盗后应有之状态，无所谓搬运赃物，故甲不成立搬运赃物罪。相应函复贵分厅查照可也。

此致！

统字第 1960 号

民国十五年一月二十一日大理院复四川第一高等审判分厅函

径复者：

准贵厅函开：查修正《县知事审理诉讼暂行章程》第三十三条第二项，"前项批谕，得以牌示代送达。"又第四十二条，"《法院编制法》、《民事诉讼条例》、《刑事诉讼条例》及其他关于法院适用之法令规程之规定，除于本章程抵触者外，于县知事准用之。"又《民事诉讼条例》第二百六十三条第一项，"判决，应宣告之。"第二百六十九条第一项，"判决，应以正本送达。"依此规定，修正《县知事审理诉讼暂行章程》既无牌示判决之明文，现时各县知事判决民事案件，往往仅当庭宣告判决或牌示判决，并不将判决送达；而败诉人于判决宣告或牌示二十日以后，或时经数月或年余，于传案执行中，始提起上诉。此种上诉应否认为合法？经本庭评议之结果，略分三说：（甲说）依修正《县知事审理诉讼暂行章程》第三十三条第二项规定，仅关于批谕得以牌示代送达，至判决并无牌示明文。依该章程第四十二条规定，应适用《民事诉讼条例》第二百六十三条第一项、第二百六十九条第一项，履行宣告并送达之程序。如果县知事仅将判决宣告或牌示，而未依法送达，当然不生确定效力。（乙说）修正《县知事审理诉讼暂行章程》虽无牌示判决之规定，但判决一经当庭宣告，当事人即已知悉判决之内容，且复经牌示，仍不于二十

· 1371 ·

日之期限内提起上诉，殆时经数月或年余，传案执行中，始藉口未经送达为词声明上诉。似此情形，若仍拘泥送达程式，致宣示判决经年累月之案件，永远陷于不能确定之状态，使狡黠者藉此为拖骗地步，殊非立法之本意。况查《修正县知事审理诉讼暂行章程》第四十条，"人事事件裁判后，应自宣告或宣示之翌日起五日内，将全案卷宗及裁判书，呈送高等检察厅"等语。人事案件，亦无送达判决之规定，则其他民事案件，似亦无严格送达之必要。故县知事判决，一经宣告及牌示后，逾期不上诉，应即发生确定效力。（丙说）县知事将判决当庭宣告，当事人确已知悉判决之内容，复录判牌示，败诉人仍不于牌示二十日之期限内提起上诉，应以舍弃上诉权论。如果县知事未将判决当庭宣告，依法送达，仅录判牌示，究竟当事人曾否知悉判决内容，亦无从推测。此种上诉案件，依法应予受理。以上三说，究应以何说为是，抑或另有其他救济办法？事关法律疑点，悬案待决，相应函请贵院迅赐解释，俾有遵循等情到院。

查上诉期限，自送达判决之翌日起算。县知事宣告民事判决后，未经送达正本，其上诉期限，无从计算，自以甲说为是。相应函复查照。

此复！

■ 统字第 1961 号

民国十五年三月十五日大理院复湖北高等审判厅函

径复者：

准贵厅第二八四号函开：英有甲、乙两造，为解除租约涉讼一案。甲为租约原未订期限，现乙欠租三月，实有解约之必要。乙主张，因甲迫令加租，伊按原租金交甲，甲拒不收受，并非伊怠于支付，不能任意解除租约等情。此类案件，审判费应如何征收？有二说：子说谓，房屋租赁契约未定期限，而于解约有争执，依司法部十年七月十六日第九零零一号指令及钧院十年六月统字一五五九号解释例，应按照预告期限内之租息，征收审判费用。丑说谓，租约既未定期，乙根本上主张不得解约，并非争执迁让期限，自应照《民事诉讼条例》第十二条，以一年租息额之二十倍，为征收审判费用之标准。二说应以何说为是？现敝厅受理此类案件甚多，亟待解决，相应函请钧院迅赐解释，俾便遵循等因到院。

查所称情形，应以子说为是。相应函复查照。

此复！

■ 统字第 1962 号

民国十五年三月二十六日大理院复四川高等审判厅函

径复者：

准贵厅俭代电开：兹有某甲与某乙侵蚀公款，地方人民团体代表拟提起诉讼。但地方人民团体代表之解释，复有两说：一说谓，专指法定团体而言，如本县议事会、参事会、教育会、农会、商会、工会所举之代表是。一说谓，不专指法定团体而言。凡地方人民团体各种私法团，均包括在内。如教育研究会、实业促进会、团练联合会，均属地方人民之代表。两说究应以何为是？应请迅赐解释见复等因到院。

查地方公款被侵害时，除管理人外，应许当地多数人推举代表诉请保护。故以当地法定团体之名义起诉，固属适格。即未依法令或经官厅合法允许成立之私人团体，如可认为多数人之集合，亦可用该团体名义起诉。相应函复查照办理。

此复！

■ **统字第 1963 号**
民国十五年三月二十七日大理院复江苏高等审判厅函

径复者：

准贵厅四一一号函开：案据太仓县知事快邮代电称，"今有甲因夫与子女均故乏伴，向育婴堂血抱女婴乙。甲本有堂侄丙，声明俟乙长成，即以为丙之妻。旋甲病故，乙只六龄，由甲预嘱其堂弟丁（与丙亦为叔侄）收养，迄今九年。丁亦病故，乙年已十四岁，被丙取得财礼，捏冒丁之弟庚出帖，将其许配戊子己，并送至戊家为养媳。又己因患痘，右手有残疾，育婴堂董及丁子辛以戊抢亲呈控到县。丙已逃亡，而戊之妻壬（戊新故）则诉请维持婚约，究竟该堂董及丁子辛有无请求撤销丙庚妄冒主婚之权？乙之主婚权，是否属于丁子辛，抑应属于何人？此种无主婚权之婚姻预约，应否以裁判撤除？理合代电呈请解释示遵"等情到厅。事关法律疑义，相应函请解释见复，以便饬遵等因到院。

查所称情形，乙与育婴堂早已脱离干系，育婴堂董自无权过问。唯乙既由丁家收养甚久，实际上已为丁家家属。丁死后，如系其子辛为家长，自得向戊家诉请交人。丙既无主婚权，其与戊家代乙妄冒许婚，自应许辛主张无效。相应函复贵厅转行查照。

此复！

■ **统字第 1964 号**
民国十五年三月二十七日大理院咨交通部文

为咨复事：

准贵部一三八零号咨开：据邮政总局呈称，"四川会森昌民信局，因前寄上海包裹内有汇票，据云被擅行离局之邮员冉季鹏窃兑，在巴县地检厅控告。据东川邮务长来电，接到巴县地方审判厅传票，标于'十月二十六日，须管理局到厅，请电示总局，以该邮务长前此报告、附送法厅公函；有如不到厅，当依法裁决'等语。迫不得已，遂经电饬该邮务长派员出庭。惟查派员出厅一节，颇有疑问。为于将来遵循起见，谨提出下列各点，乞部指示，以便著为定章，通饬遵守：（一）邮局是否因其人员有疑为舞弊犯罪者，可被诉讼并代该员担负责成？（二）邮局是否可因他人有违反《邮政章程》行为，被人诉讼？（三）邮局对于以上所称之诉讼，是否能受《邮政条例》之维护？（四）政府机关是否能被诉讼，并是否能迫令在普通司法官厅出庭？所有以上各问题，理合呈祈鉴核示遵"等情到部。查该总局对于司法官厅票传邮政机关到庭质讯有所异议，提出四条，乞赐指示，以为将来得所遵循，亦是正当办法。惟事归司法范围，相应检送《邮政条例》及《邮政章程》各一本，咨请贵院察照，详加解释，迅赐见复，以便饬遵等因到院。

查邮政机关人员，如犯窃盗、侵占等情事，在刑事上固应由该邮员个人负责，而民事上因邮员为邮政机关之使用人，被害者本诸侵权行为之法则，自得向邮政机关请求赔偿。此征诸《邮政条例》第二十三条，原无庸疑。至于法院就此种事件，向邮政机关送达传票，代表该机关之局长，依法自须应诉，与《邮政条例》第23条维持保护之规定，并不相妨。相应咨复贵部转令遵照。

此咨！

■ 统字第1965号

民国十五年三月二十七日大理院咨司法部文

为咨复事：

准贵部八四五号咨开：案据闫瑞堂呈称，"该民租得李占元铺房一所，立有不欠租不准收房永租契约。讵李占元希图悔约，向法庭起诉，谓该房已经出典，引用大理院民国十年上字第一四八五号业已失效之判例，请求以出典为收房之根据。第三审亦竟据此发还第二审更为审判。更审推事对与第三审误认失效之判例，不加详察，遽予引用。查出典收房之判例，业经失效；有一事足以证明，即民国十四年大理院上字第二六九九号判决刘赵氏一案，院判后幅所载'上诉论旨，引用本院民国十年上字第一四八五号，早经废止之判例，攻击原判为不当自理有理'等语。其所谓'早经废止之判例'，即李占元在前次第二审所引大理院判决。此项判决，既经大理院最近之判决，谓为'早经废止'，则其错误自属显然。请咨询大理院对于前开判例，是否废止"等情到部。查原呈所称贵院民国十年上字第一四八五号之判例，究竟内容如何，是否已经废止失效？相应函请贵院查明见复等因到院。

查本院十年上字第一四八五号判决，系根据原立租约认房东于出典时，请求交房，房客不得拒绝。此项判例现时业已废止。相应咨复贵部转饬遵照。

此咨！

■ 统字第1966号

民国十五年三月十九日大理院咨司法部文

为咨复事：

准贵部七六号咨开：案准直隶高等审判厅长朱颐年呈称，"据天津地方审判厅呈为律师执行事务呈请转呈请示事。顷奉钧厅第五四八九号令开：案准天津律师公会函称，查《民诉条例》第八十五条规定，'诉讼代理人关于诉讼事件，有为一切行为之权。'是律师关于执行案件，如受当事人特别委任，亦可出庭代理，至为明了。惟《民诉条例》颁布之前，司法部曾于民国十年四月间颁发第一一六三二号指令限制，律师受债权人委任办理执行案件者，只准与推事或书记官在办公室接洽，不准出庭代理等情在案。据上两种法令，依《民诉条例》，则律师办理执行，可以出庭；而司法部，则只准在办公室接洽。双方规定显有抵触。且一一六三二号部令系在《民诉条例》施行之前。至《民诉条例》施行后，此令是否尚能继续有效？事关法律解释问题，本会适用上极感困难，应请贵厅鉴核转呈大理院详为解释，俾便遵循等情到厅。当经本厅函转大理院解释在案。兹准复称：'查诉讼代理人，关于强制执行之诉讼行为，依当事人之特别委任得以为之。此在《民事诉讼条例》第八十五条，既设有明文规定，则以前颁发之司法部令，自属已经失效。相应函复转行查照'等因。准此，除函复外，合行仰该厅遵照此令等因。奉此，自应遵照办理。惟查执行事务，当以《民事诉讼执行规则》为根据。按《执行规则》各条文所载，执行处关于强制执行之各项事务，并无推事出庭之规定。则执行处执行职务，非开言词辩论，要不得谓之'开庭'。且《执行规则》第一条规定，'地方审判厅，设民事执行处，办理关于强制事务。'则执行处不得谓之'执行庭'，尤为显著。乃该律师公会函称'依《民诉条例》第八十五条关于执行案件，如受当事人特别委任，亦可出庭代理'云云，是将出庭与代理混为一谈。抑知《执行规则》各条，并无开庭之规定，已如上述。该律师公会所称'出庭'，已系根本上错误。查司法部第一一六三二号指令，'关于执行案件，传询当事人，如债权人委任律师代理到案，即由执行推事或书记官在办公室接洽，面询一切；未令其偕同债务人出庭应讯'等因，不过认定律师不能出庭辩论，并非认其代理权之不存在也。该会函称'部令与《民诉条例》抵触'云云，其所谓抵触之事实，一为出庭，一为办公室接洽而已。按《民诉条例》第八十五条，并非规定'律师出庭，即为代理；不出庭，即非代理'之明文。是部令与《民诉条例》毫无抵触之处，何得谓接洽即非代理耶？况执行处办理关于强制执行事务之场所，并不限于法院之内。例如查封、拍卖等事务，当事人委任律师代理到场，亦恒有之事，然不得谓之出庭也。至于当事人委任律师到案，由执行推事或书记官在办公室接洽，非特与律师代理权不生影响，即按之《民诉条例》第八十五条之规定，亦不相背驰。且执行处依职权或债权人之声请办理强制执行事务，并无须两造对质及开庭辩论之必要。该会斤斤以出庭代理为请，实误认执行处为言词辩论之法庭，核与《执行规则》各规定显有未合。夫接洽一事，既与《民诉条例》第八十五条不相抵触，则司法部第一一六三二号指令纵属无效，而按之《民事诉讼执行规则》之立法精神，适相吻合，当然可以适用。故职厅关于执行案件，传询当事人时，如当事人委任律师代理到案，仍拟由执行推事或书记官在办公室接洽，俾符《民事诉讼执行规则》之意旨而免违法。是否有当，理合呈请钧厅，转呈司法部核示只遵，实为公便"等情到厅。正核办间，复据天津律师公会函称："窃本会于本年九月间，因会员代理执行发生困难，曾呈请钧厅转请解释，于十一月十三日奉到钧厅公函第三六零八号内开：'径启者：前准贵会函请转院解释《民诉条例》第八十五条之规定等因，业经函转在案。兹准大理院民字第一零六、一零七号公函内开：查诉讼代理人，关于强制执行之诉讼行为，依当事人之特别委任，得以为之。此在《民事诉讼条例》第八十五条既设有明文规定，则以前颁发之司法部令，自属已经失效。相应函复转行查照'等因到厅。除令行各地厅遵照外，相应函复贵会查照'等因。本会当即通知各会员遵照钧厅函开办理在案。讵天津地审厅，不但不遵解释，反诸多［方］刁难，竟以欲于执行中之代理，但准接洽，不准出庭等情，于十一月二十八日呈请钧厅，转呈司法部请示在案。查地审厅所具理由，略谓：（一）执行事件，据《民事诉讼执行规则》所规定者，为'执行处'字样，与普通民庭可以辩论之名目不同。在执行处，且无规定推事可以出庭之明文，何况律师？（二）谓律师公会所请求解释者，谓部令与《民诉条例》相抵触，殊不知条例准许代理，部令亦许代理，部令只准接洽，而条例亦未明定出庭云云。本会伏查《民事诉讼执行规则》，于执行处虽未有推事出庭之明文规定，然地方厅执行处传唤被告到庭时，推事未有不高坐法庭公案询问者；天津地审厅执行处亦尝出庭执行。可见，《执行规则》虽无明文规定'出庭'字样，而执行处既置推事，则事实上推事当然有出庭之必要。至《民诉条例》第八十五条规定，在立法例上，关于诉讼代理人代理强制执行事件，是取包括主义，非列举主义。'出庭'二字，自无庸赘。观但书以下'关于强制执行之诉讼行为，须特别委任'之语，可知已将'出庭'二字包括于诉讼一切行为之中，更何必赘'出庭'或'出处'字样，画蛇添足，挂一漏万。谓必明定列举，始可以出庭，则凡关于代理人之权限，如阅卷缮状、加具意见、搜集证据诸种行为，皆未列举，皆不可以实行，则皆不得为之。有是理乎？是《条例》所取包括主义，地审厅尚未细绎律意，求通文理。此在法律上、事实上，律师当然有代理出庭之权利，更不容有节外生枝，狡执混争之余地。况大理院有统一解释法律之权，所有司法部——六三二号只准接洽之令，既经解释失效，已属不成问题。若再循地审厅之呈请，仍令接洽，不准出庭，匪但于统一之解释有妨，且恐'接洽'二字，流弊甚多，转有碍于法院庄严。地审厅必欲循过渡时代不规则命令之积习，亦未免贻命令变更法律之诮，何以尊法权而清积弊？为此，请求钧厅鉴核，转请司法部驳斥天津地方审判厅之请求，仍遵大理院之解释，饬令迅速准许代理出庭，以符法例"等情。据此，查律师于执行事件，受有当事人特别委任，得以代理，《民诉条例》既定有明文，又经大理院解释，自应遵照办理。该厅此次来呈，专在解决执行事件，应否准律师出庭一点。事关法制，究应知何办理，理合据情转呈钧部鉴核指示，以便饬遵等因到部。事关法令解释，相应咨请贵院查核见复，以便饬遵等因到院。

按《民事诉讼条例》第八十五条但书，既泛称"诉讼代理人，关于强制执行之诉讼行为，得依特别委任为之"，则关于强制执行之一切诉讼行为，均系包括在内。地方审判厅长及执行推事，如就异议抗告及其他情形为裁断或决定，而对于当事人或关系人有使其为言词辩论或言词陈述之必要，自应定日期，且通常以在法院内，适于各关系人与法院会合为行为之处所开之为宜（参照《民诉条例》第二百七十四条、第百九十一条。此等规定，自亦准用于执行程序）。此时，律师受有委任，应许其代理到场。相应咨复贵部，转令遵照。

此咨！

■ 统字第 1967 号

民国十五年四月一日大理院复吉林高等审判厅函

径复者：

准贵厅函开：案准全国商会联合会、吉林省事务所转据密山县商会函开："今有商号欠商会营业税及用费，事属公款，与私款不同。是否不须具诉，得函请司法衙门，于因他案执行、拍卖该商号财产所得价金中扣付等因，相应函请转请解释见复"等因。准此，相应函请贵院解释见复，以便转知等因到院。

查现行《民事诉讼执行规则》，既无特别规定，无债务名义者，自不问公款、私款，均不许其执行。唯在公款，如债务人及债权人均无异议，执行衙门自得据该管机关函请，由他案执行所得价金中代为扣付。相应函复贵厅，转令遵照。

此复！

■ 统字第 1968 号

民国十五年四月二日大理院复浙江高等审判厅函

径复者：

准贵厅函开：兹有刑事案件，甲县为管辖错误之判决，将该案移付乙县审判。经乙县查明，该案甲县有管辖权，仍送还甲县。而甲县对于前次之判决，未经合法机关之撤销，可否径为实体上之裁判，深滋疑义。相应函请贵院解释见复为荷等因。

本院查该案虽经乙县查明甲县有管辖权，而乙县是否果无管辖，尚属疑问。如果甲县有管辖权而乙县亦有管辖权，则以甲县判决在前，应仍由乙县受理。否则，应依《刑事诉讼条例》第二十八条第二项，由甲县以检察职权，向甲、乙两县共同之上级法院，声请指定其管辖。（按《刑事诉讼条例》第二十八条第二项，应解为包括《刑事诉讼律草案》第十八条第三款情形在内，方合论理）相应函复贵厅查照可也。

此致！

■ 统字第 1969 号

民国十五年四月二日大理院复总检察厅函

径复者：

准贵厅函开：据江苏高等检察厅呈称，"案据吴保鑫状称，'民于民国九年被朱关松诉诈欺取财，奉常熟县公署判处四等有期徒刑一年二月，褫夺全部公权十年等因在案。及执行过半之时，司法部颁布《监犯保释条例》，荷蒙蔡管狱员枢援例保释。去年段执政就任，特沛殊恩，举行大赦，仁恩普被，万众欢腾。窃维赦令之颁，原所以济法律之穷，予人以自新之路。除赦令规定之特别重罪数种不赦外，不论所处之主刑及已、未发觉，已、未执行者，皆得与未犯罪者相同，本无疑义。惟伏查选举之单行法规定，如市乡制等，有曾处徒刑者，不得有选举权及被选举权。该项规定是否指未蒙赦者而言？现值自治恢复时代，选举公权，关系綦重，若不请示解释，何由只遵？为此，不得已沥陈疑义缘由，请求厅长鉴核，准予解释批示只遵'等情到厅。除批示外，查徒刑人犯经赦免后有无选举权固属一问题。此案该声请人，并非由大赦除免释出，系于大赦前，即已保释，则选举权之有无，更属疑问。理合据情呈请钧厅鉴核，迅赐转函大理院，分别解释示遵，俾便转饬遵照"等情到厅。相应函送贵院核办见复，以便转令遵照等因。

本院查徒刑人犯，无论曾否执行完毕及因何保释，一经大赦免除罪刑，即根本消灭，应与未曾处徒刑者无异。相应函复贵厅转行查照可也。

此致！

■ 统字第 1970 号
民国十五年四月三日大理院复山西高等审判厅函
径复者：

准贵厅代电开：大赦前曾处徒刑，执行完毕未逾五年，更犯赦令条款不准免除之罪，是否仍以再犯论？请解释示遵等因。

本院查前处徒刑之罪，如在赦令条款不准免除之列，执行后未逾五年，更犯徒刑以上之罪，为赦令条款所不准除免者，应依再犯加重例办理。否则，前之罪刑，业经根本消灭；更犯罪时，应视同初犯。相应函复贵厅查照可也。

此致！

■ 统字第 1971 号
民国十五年四月三日大理院复江苏高等审判厅函
径复者：

准贵厅文代电开：兹有已满六十年之典当不动产，（该产坐落各处，一次典当）业主于满六十年后，《清理不动产典当办法》施行前，向典主请求回赎。凭同亲族，由典主书立推吐据，与业主收执，载明"当时准抽赎一部，其余之田，统归日后一并回赎，不得再行抽赎"。至上年，业主根据前项推吐据，向典主请求一并回赎。于此，分为二说：（子说）推吐据既载有"其余之田，准其一并回赎"，是明明以回赎权授业主。若仍自出典时起算，指为已逾越《清理不动产典当办法》第二条所规定之期限，不仅与当事人之特约不符，即于法无溯既往力之原则，亦属相反。且《清理不动产典当办法》所规定之年限，在学说上系除斥期间，并非时效，即不生抛弃问题，自应准其回赎。（丑说）时效利益，无预为抛弃之理。业主于《清理不动产典当办法》施行前，向典主请求回赎时，虽已经过该办法第二条所规定之期限，但当时因该办法尚未施行，典主既无从预知有时效利益，因应业主之请求，书立推吐据。现在该办法久经施行，且[属]强行法规，典主所书立之推吐据，当然不生效果，自不应准其回赎。二说未知孰是，悬案待决，敬请解释只遵等情到院。

查典主之推吐据，如可认为系属更新典约，而其订立又在《清理不动产典当办法》施行以前，则自立据时起算。苟未逾该办法第二条及第三条之期限，自应许其回赎。否则，仅为续典，依照该办法第二条规定，自无许其回赎之理。相应函复查照。

此复！

■ 统字第 1972 号
民国十五年六月二十一日大理院复京师地方审判厅函

径复者：

准贵厅函开：查《不动产登记条例》第一百四十四条载称，"官署或公立机关自为登记权利人时，除为营利事业取得权利外，概免纳登记费"等语。惟所谓公立机关，是否包括一切私立学校、医院及其他以慈善或团体名义购置之产业在内？事关法律解释，相应函请迅予示复，俾资遵循等因到院。

查所谓"公立机关"，系指国家或地方自治团体所设立之机关而言。私立学校、医院等不包括在内。相应函复查照。

此复！

■ 统字第 1973 号
民国十五年六月二十二日大理院复广西第一高等审判分厅函

径复者：

准贵厅函开：现有更为第二审审判之案，对于传讯当事人之传票，一造曾受合法送达，未经投讯，对造所在不明。迨更新审理后，两造所在，均属不明，传票无从送达。而《民事诉讼条例》第一百八十二条第一款情形，依同条例第一百八十三条第一项，暨贵院统字第一七零四号解释例，非依当事人声请不得为之。是传票既未合法送达，不能认为迟误言词辩论日期。似不能依同条例第二百三十四条，暨第二百三十三条第二项，视同撤回上诉。是否应予停止进行？如停止后，设两造永无到庭就讯之日，则法院保存诉讼记录之责又觉失诸太重。应如何救济之处，相应函请解释见复等因到院。

查来函所述情形，自不能视为撤回上诉。应予停止进行，至停止后，诉讼卷宗当然由该法院保存。相应函复查照。

此复！

■ 统字第 1974 号
民国十五年六月二十二日大理院咨司法部文

为咨复事：

准贵部七七号咨开：顷准外交部函开，"准德使函称，'奉本国外交令（一）中国法令是否有与德国《民事诉讼条例》第二十九条之所谓履行地者相似之条例（德国《民事诉讼条例》第二十九条：因确认契约是否成立，或因契约之履行，或因不履行契约，或履行契约而不完全，即由履行争执责任之地方之法院管辖之）？（二）所有权之保留，能否由契约商定？以及在高级法院，曾否有此类之判决？请为查复'等因。相应函请贵部查明见复，以凭转复德使"等因到部。查德使函称事关法令解释，及判决例之调查，相应咨请查核见复，以凭转复等因到院。

院解释，以资遵循"等情到厅。相应备函，转请解释见复，以便饬遵等因到院。

按亡失之证券，应以实体法所许者为限，始得适用《民事诉讼条例》第六百五十三条，依公示催告程序宣示无效。现《票据法》虽未制定施行，但同条所谓"证券"，系指有价证券，即证券与所表现之权利系不可分离者而言，实属毫无疑义。至田房契据仅属证明权利之证据，并非有价证券。于遗失时，自不得声请法院公示无效。相应函复贵厅转行遵照。

此复！

■ 统字第1979号

民国十五年六月二十三日大理院复黑龙江高等审判厅函

径复者：

准贵厅函开：案据木兰县知事呈称，"呈为案生疑窦，仰祈鉴核解释示遵事。兹有某甲，于民国四年借使某乙江钱六千吊，约定每年利息元豆二十四石。按彼时元豆价值每石不过六七十吊，尚未超过三分利息。民国五、六两年，某甲交过利息江钱三千七百吊。虽未照约交付元豆，然因亦未超过三分利息，两造亦无异议。自兹以后，某乙向未追讨，某甲亦未履行。直至民国十四年秋，某乙忽追前债，请求某甲照约履行元豆利息。某甲以现在元豆每石值江钱三千余吊，超过原本数倍，遂以大利盘剥"等情状诉到县。职县对于此案约分三说：一说谓，元豆作息，系指特定物为利息之给付。其特定物之涨落本无一定，双方均无预见特识，应仍照约履行元豆利息二十四石。一说谓，原本江钱六千吊，利息元豆二十四石，若依彼时元豆市价而论，其所约定之利息，实未超过三分。现在元豆涨至三千余吊，如仍给付元豆，超过原本数倍。应依利息为使用原本对价之法理，责令某甲给付江钱利息三分。一说谓，现行律上，私放钱债每月取利不得过三分。年月虽多，不过一本一利。某甲借使某乙之江钱虽应偿还江钱，但彼时钱法尚优，应于一本一利外酌加贴水若干。于维持债权之中，仍实体恤债务之意。诸说分歧，莫衷一是。究应如何办理之处？理合具文呈请鉴核，解释示遵等情。据此查契约法理，契约除违反强行法规外，有等于法律之效力。某甲与某乙既已约明每年给付元豆利息二十四石，虽应照约履行，惟现在江钱毛荒，元豆之价值因需要供给之关系，亦较昔日为昂。若仍照约定之元豆二十四石作为利息，有时超过三分，似应按照立约当时江钱市行，将六千吊江钱原本折算洋银若干，再以洋银计算三分利息。如某乙必欲追索元豆，不妨照前算定利息数额，购买元豆以为给付，但仍须遵现行律一本一利之制限。此系强行法规之当然结果，且亦无背当事人立约之初意。原呈列举三说：其第一说，照约履行元豆，责令债务人未免太严。第二说，主张江钱原本应生江钱利息，虽亦言之成理，但现在江钱毛荒，较之立约当时，几达二十四倍以上。若仍给付江钱，债权人未免吃亏过巨。第三说，于一本一利外酌加贴水若干，更无根据。似均不足采。惟事关法律疑义，本厅未敢专擅，相应函请迅赐解释，以凭令遵等因到院。

所称情形，既约定以元豆付利，固应依约履行。惟月利不得过三分，乃为强行规定。原约年利元豆二十四石，如按时价实超过月息三分之限制，自应折减至三分为止。又算利标准，如原本江钱已因毛荒跌价，亦应按照当时钱价折合银洋计算。相应函复贵厅，转行遵照。

此复！

■ 统字第1980号

民国十五年六月二十四日大理院复山东高等审判厅函

径复者：

准贵厅一九八七号函开：案据青岛地方审判厅长咸运机呈称，"窃查审判费用为诉或上诉必须具备之程式。当事人提起上诉，不缴审判费用或缴不足额，经审判长限期补正，而仍不遵行，应认为上诉不合程序，予以驳斥。迭经大理院著有判例解释，固无疑问。惟下级审于当事人未缴纳审判费用忽于调查，竟予受理判决。上级法院审查当事人在第一审起诉程式有欠缺，能否以裁决限期补正？及当事人不遵限补正，能否认其起诉为不合法？"于此有二说焉：甲说谓，《民事诉讼条例》第九十六条第二项规定，"法院办理诉讼所需费用因当事人一造之行为或为其利益而生者，由该当事人支出；因两造共同之行为或为其共同之利益而生者，由两造共同支出。"第三项规定，"前项费用法院得命当事人预纳"等语。据此，是民事因财产权而起诉者，虽应依诉讼标的之金额或价额缴纳审判费用，然命当事人之预纳与否，法院原有自由酌量之余地。故如当事人于第一审法院未缴审判费用或未如额缴足，第一审法院亦未裁决命其缴纳补足遂予受理判决，本非法所不许。第二审法院尽可毋庸顾问。不能因当事人在第一审之审判费未交或交不足额，遂认其诉为不合法予以驳斥。乙说分为二说：（子说）谓审判费为诉讼程式之一。当事人不交审判费或交不足额，应认为程式欠缺。大理院统字第一七九八号解释及十二年上字第一八五六号判例，甚为明显。又下级审所应贴之印纸，上级法院应为调查。部定《征收诉讼费用规则注意事项》已有明文。按诸修正《诉讼费用规则》第二条所定，且非法院所得自由裁量。故如当事人在第一审之审判费未交或交不足额，即系不合程式。凡起诉之是否合于程式及备其他要件，法院应依职权调查。此在《民事诉讼条例》第二百八十九条明有规定。第二审法院，依同条例第四百九十九条对于第二百八十九条本在准用之例，当然应以职权自为调查。调查之结果，认为程式欠缺，自得依同条例第二百九十条规定，以裁决限期命其补正；如逾期不遵，予以驳斥。如谓第二审法院审查第一审之审判费用，在第二审诉讼程序中并未规定，即可毋庸过问，则第二审法院审查第一审之管辖权限及当事人在第一审起诉能力，均系第二审程序中未规定之事项。设有第一审应属专属管辖之事件，而误为可以合意管辖者，或当事人在第一审起诉时，并无诉讼能力，而误为有能力者，第二审均得依《民事诉讼条例》第四百九十九条，准用第二百八十九条及第二百九十条第一项规定办理。兹当事人在第一审之审判费未交或交不足额，同一不合法，第二审法院何独对此即不能依《民事诉讼条例》第四百九十九条准用第二百八十九条及第二百九十条调查判决？（丑说）谓审判费，除有特种情形（诉讼救助或大理院上字第六五五号所述情形）外，依大理院统字第一七九八号解释及十二年上字第一八五六号判例，似以为诉或上诉程式之一。程式，为起诉或上诉时即应具备，否则法院应于本案辩论前命其补正。故当事人缴纳审判费，应适用《民事诉讼条例》第九十六条第一项，与起诉或上诉同时立即支出，使程式自始即不欠缺，并非预纳；无适用同条第三项，认为预纳之余地。盖如认为预纳，即非起诉或上诉必须具备之程式，更不得于终结前贴用司法印纸。岂非与上开判例解释及《诉讼费用规则》、《司法印纸规则》与部定《征收诉讼费用注意事项》，均大相背谬。起诉不合程式（即如不交审判费），第一审法院如漫不加察，不知适用《民事诉讼条例》第二百八十九条、第二百九十条第一项第五款，限期先命补正，而遽为本案之判决，是其诉讼程序有重要疵累。本件经原告上诉或被告上诉，而非以原审忽于调查为理由时，第二审法院因此疵累与审级无关，不得依《民事诉讼条例》第五百零八条第一项第七款，认为应将事件发还（参照同条例第五百二十一条第一项）。又因未经限期先命补正之程序，亦不得遽依同条款，认为应将原告之诉讼驳斥。此际第二审法院或审判长应依《民诉条例》第四百九十九条，准用同条例第二编第二百八十九条第二百九十条第一项但书，限期命速补正。部定《征收诉讼注意事项》第八款，即为依照《民事诉讼条例》促法院注意而设。若原告逾限不遵，则第二审法院可适用《民诉条例》第五百零八条第一项第七款，认为应驳斥原告之诉。此际若原判本系驳斥原告之诉（系依别种理由），第二审应仅将原判理由予以纠正，不必废弃原判。若系被告上诉，主张原审对诉费忽于调查而有理由者，审判长虽可依《民诉条例》第五百零八条第一项第三款，求法院为判决，然因未经限期命其补正之程序，不得遽认应将原告之诉驳斥。故此际，亦惟有依《民诉条例》第四百九十九条、第二百九十条限期先命补正。原告遵即补正，则第二审法院惟有依《民诉条例》第五百零八条第三项指定辩论日期；如原告逾期不补，则应依五百零八条第三款及第七款及第五百十八条废弃原判，将原告之诉驳斥。《民事诉讼条例》于第一审程序，已有详密之规定。至第二审则除有特别规定之必要者外，其余尽使依《民诉条例》第四百九十九条，准用第一审之程序。如因第二审程序中，无可依职权审查起诉是否合于程式之条文，即谓不得依职权审查，则凡《民事诉讼条例》第二百九十条所列七款，第二审程序中均未规定。若当事人不知于此（如就诉讼标的，别有确定判决之类）为攻击防御而徒于实体法断断辩论，则第二审法院可皆不问乎？故第二审之审判长，依《民诉条例》第四百九十九条、第二百九十条第一项第五款，对于起诉不合程式者，有限期命其补正之权。如逾限不遵，可依同条例第五百零八条第一项第七款，不定日期求法院为判决。二说所持，各有理由，职厅长殊难解决。究竟第一审未交审判费或交不足额，第二审法院能否依职权调查？及第二审既以裁决限其补正，当事人并不遵行，是否可以判决？及此项判决应否指定日期、开庭辩论之处？案关法律疑义，理合呈请转院示遵等情。据此相应函请解释复知，以便令遵等因到院。

查起诉是否合于程式及备其他要件，上级法院亦应依职权调查。起诉应缴纳审判费，乃为《诉讼费用规则》第二条至第四条所明定，自属起诉程式之一。如未缴纳或缴不足额，而第一审法院忽于调查时，不问系由何造上诉，第二审法院审判长，除认有不可补正之情形外，仍应酌定期限，先命补正。唯因其不遵行而为驳斥其诉之判决，则须于上诉合法时始得为之。盖此项裁判，系认上诉为无理由，自应以有合法之上诉为前提。若仅由原告上诉，则该项欠缺或迟误之效果仅得专就原告上诉部分论之。盖被告既无上诉，自不得更以欠缺起诉程式为理由，而为不利于原告之裁判故也。相应函复贵厅转行遵照。

此复！

■ 统字第1981号

民国十五年六月二十五日大理院复山西高等审判厅函

径复者：

准贵厅函开：今有某甲（天主教民）留养天主教堂所立保赤会收养之五龄幼女乙为女。当时曾遵照该教多年成例，立有字据，内载"此女年至择配时，非经本堂神父或教主认可，不得擅自出定"等语。至女年十三，甲将乙许字于丙（耶稣教民）为妻。次年教堂闻之，派人追究，甲情急，将乙送至丙家成婚。乙现年十五，自称死不愿离。查慈善机关，除法令有特别规定外，不能有主婚权，苟无特别情事，应属于养父母，早经贵院先后解释。惟此案当留养时，教堂与甲曾订有特别契约，系为与保留其主婚权。乃甲单独主婚，是否有效？如认为无效，其婚姻能否离异？事关法律疑义，敝厅解说不一。相应函请解释赐复等因到院。

查养女之主婚权属于养父母。教堂因乙女原系由保赤会收养，以特约保留同意权，尚非无效。惟乙女现既成婚，该教堂虽有同意权，而苟无正当理由，仍不得仅以其未经同意，而主张撤销。相应函复查照。

此复！

■ 统字第1982号

民国十五年六月二十六日大理院复浙江高等审判厅函

径复者：

准贵厅灰代电开：姑媳因争执财产管理权涉讼，应如何征收讼费，职厅现分两说：（甲说）讼争标的既为财产管理权，不能谓与财产无关，自应照财产价额，征收讼费。（乙说）讼争标的仅在财产管理权，而与原有财产并无争执，自应认为非因财产权涉讼，依修正《诉讼费用规则》第三条第一项规定（百元未满）征收讼费。究以何说为是？又限令补缴讼费之裁决，如将非因财产权涉讼之案件，误认为应照财产价额缴纳讼费，限令当事人补缴，而当事人既未提出异议，并声请诉讼救助。以后该案终结，当事人有力缴纳费用，前述补正裁决限令照缴之数额，有无拘束效力？职厅亦分两说：（子说）该项裁决，依法虽不得提起抗告，但当事人如以为数额错误，尽可声述异议。既无异议，而又为救助之声请，对于裁决，自应受其拘束，事后不得辄指为无效，抗不遵缴。（丑说）该裁决在未经当事人提出异议、经原法院以职权更正之前,不能谓无拘束效力。不过声述异议,本无限期。当事人于声请救助后,仍不妨声请异议,请求更正。以上两问题,应以何说为是,抑另有他说,足资解决?职厅未敢擅断,敬祈见赐解释,俾资遵循等因到院。

查关于第一点,姑媳争执财产管理权,系本于身分关系。既不能就管理权本身计算价额(与管理时有报酬者不同),自应依修正《诉讼费用规则》第三条第一项征收审判费。关于第二点,依《民事诉讼条例》第五百六十七条第一项,仅对于受命推事或受托推事所为裁决,始许提起异议,审判长或独任推事限令补缴审判费之裁决,自无提起异议办法。且系关于指挥诉讼,依同条例第五百五十一条,亦不得抗告。惟遇此种情形,如审判长或独任推事认为实有错误,则无论当事人有无声请诉讼救助及声请救助是否被驳斥,均得依同条例第二百七十八条,以职权予以更正。即当事人亦无论何时,得依同条例第二百七十九条及二百七十二条声请更正。在未经更正前,当事人自应受其约束。相应函复查照。

此复!

统字第 1983 号

民国十五年八月九日大理院咨司法部文

为咨复事:

准贵部咨开:案据上海总商会函开,"于本月二十八日,据上海洋货商业公会、铁业公会、上海银行公会、上海绉业公会、上海金业公会、江浙丝经同业公会、蜀商公益会、上海银炉公会、振华堂洋布公所、南北市报关公所、中国棉业联合会、上海钱业公会、景纶堂纸业公所、上海华商杂粮公会、上海煤业公会、华商纱厂联合会、上海面粉公会、旅沪湖州糖杂货联合会、点春堂鲜猪业敦仁公所、上海米业仁谷公所、宁波旅沪同乡会、江西会馆、山东会馆、上海衣庄公所、南市花业吉云堂、上海铜锡业公会、木商会馆、商船会馆、上海运输同业公会、绸绫染业公所、绸业绪纶公所、钱江会馆联名函称,'窃维我国商业合伙之制,实居什九,上海一埠,亦不外此。惟近来上海公共租界会审公廨,对于合伙营业之债务案件,往往依据大理院判例判令合伙员连合分担。影响所及,实与商业隆替大有关系。盖上海商业中固有之习惯,本为按股分担。此项习惯,业经敝会等迭次咨询认为确实,今若一笔抹煞,判令合伙员须对合伙营业之债务连合分担,则公众对于合伙营业,势必视为畏途,谁复有意经营?商业方面所受打击,当非细微,查大理院判例二年上字六四号,本规定判断民事案件,应先依法律所规定;无明文者,依习惯;除法律明文规定外,本不受其他之约束。今按股分担之,为上海固有习惯,业经敝会等认为确定。于此,民法尚未颁布之前,究竟确定之习惯是否应受大理院判例之拘束,及连合分担等判例是否应受二年上字六四号判例之拘束,实为症结所在,应请明白解释,俾资遵循。再按大理院判例原为历年所著成例,其性质与依法制定之民法,迥然有别。现时我国民法,虽未颁布,似亦不能遽认该判例为民法。事关商业兴衰,未敢缄默,如何之处,务乞转电大理院司法部解释,并请院部通令各省司法官厅知照，俾便遵循，实深感祷'等语到会。查我国现时商店组织，除商埠地方之新式企业间有用公司制度组织外，其余则以独资与合伙为多。合伙组织，大率先订议据，载明每人所占股数，盈则按股均分，亏则按股分担，将来对外债务，即以此议据为标准。如果合伙员中有一人或数人资力不足时，其他合伙员，亦只认任自己所持有之股份而止；不足之数，则由债务人与债权人磋商折扣了结。此为商场历来通例。其与大理院合伙判例不同之点，即一则合伙员中有资力不足偿还债务时，其他合伙员有代为分担之义务，而此则严格限于自己所执有股份而止也。近时论者，或谓此种制度，未免薄于债权人而厚于债务人，有乖近世经济进步之原则及债权债务同等保护之通义。不知维护经济之进步，必先使投资者无意外之损失。如果一经占有若干股份，而日后因其他合伙员之牵涉，几举全部财产以殉之，权衡利害，谁不裹足？是非图实业之进步，乃阻实业之发展。近时有限公司之组织，即为杜绝此等弊害，使不致以一部分事业之失败，而举全部财产为殉，未闻其谓阻碍经济之进步、偏重债务人之保护，何独至于我国固有之合伙制度而疑之？如言保护债权人效力，未免太形薄弱，则合伙组织，虽为按股分担，而实具无限责任，较之有限公司其股东仅以缴足股份为止保障效力，已不可同日而语。此项商店，一方为债务人，一方亦兼为债权人，如果大拂人情，岂能数百年来相安无异，转于新设判例，断断以争此则薄于债权人而厚于债务人之说，未洽事理也。大理院新设判例，本为条理，而非法律。兹案所争执者，即为条理与习惯，孰先适用之一点。如蒙钧部咨院解释，确定应请通行国内各法院，庶几咸有准则，实为公便"等因到部。查上海总商会函称，事关贵院判例之解释，相应咨请贵院查核见复等因到院。

查本院历来判例，认合伙债务，除由各合伙员按股分担外，合伙员中有资力不足清偿其分担部分，尚应由他合伙员代为分担者。盖以合伙为公同业务，合伙债务非单纯合伙员各人之债务可比，原应由合伙员共同负责。苟合伙员有不能清偿其应摊债务，即属合伙之损失，依公司分配损益之原则，自应责令他合伙员代为分担。唯此项条理，并无强行性质，如有特别习惯，而合伙与债权人又无反对该习惯之意思表示者，得依习惯办理。至有无此种习惯属于事实范围，应由法院审认。相应咨复贵部转令查照可也。

此咨！

■ 统字第1984号

民国十五年八月十四日大理院复京师高等审判厅函

径复者：

准贵厅函开：设有督办某省军务公署因公款与人涉讼案件。在诉讼进行中，该公署因故障碍不能在受诉法院进行诉讼时，能否由国务院承受诉讼，或由其他机关承受？事关法律疑义，相应函请贵院迅赐解释，实为公便等因到院。

查来函所称情形，既因公款涉讼，而原公署又不能进行诉讼，自应由主管国库之财政部依法承受，国务院并非适格之当事人（参照《民事诉讼条例》第十六条第一项）。相应函复贵厅查照可也。

此致！

■ 统字第 1985 号

民国十五年八月十九日大理院复山东高等审判厅函

径复者：

准贵厅第三零八四号函开：案据青岛地方审判厅厅长咸运机呈称，"窃查《山东悬案协定细目》第四条规定，'中国政府承认青岛日本裁判所民、刑诉讼事件裁判并诉讼行为、不动产证明、公证拒绝证书作成及私署证书确定日期之效力'等语。职厅现有民事案件，当事人曾在前青岛守备军法院涉讼有案。惟一造声请该案并未宣判，亦未送达判决正本；一造声称业经判决，受有判决书，提出到案作证。经函请驻青岛日本领事馆查复，又准复称，'前守备军法院之民事裁判手续，系依军裁判令判决，经过宣告即生确定效力。该案现有判决原本存在，但记录中并无宣判笔录，亦无送达判决证书。查阅该军法院各种记录，多有不附此种文件者，料于判决或无影响'云云。职厅查该项判决曾否宣告、送达，既属无从证明，依法本不能认其有确定效力。惟如果不认有确定效力，是一方所受之判决，即须予以推翻。其与《协定细目》是否不生冲突？此应请解释者一也。又如此种案件，当事人另行起诉，经过中国法院判决，前述情形未及查见，只以该军法院既有判决存在，即认为一事不再理，业经判决确定；今经调查，始知并无宣判笔录及送达证书。假使该军法院原判不生确定效力，则此次调查所得情形，能否视为未经斟酌之证据，对前一事不再理之确定判决提起再审？此应请解释者二也。事属法律疑义，理合备文呈请钧厅鉴核，赐予转院解释示遵，实为公便"等因。据此，相应据情函请钧院解释，函复过厅，以便令遵等因到院。

查《青岛守备军裁判令》第八条，民事诉讼程序应准据《日本民事诉讼法》行之。而依《日本民事诉讼法》判决，须经宣告对外始生效力，且宣告判决为广义之言词辩论。按诸同法第百三十四条，其程式之遵守，仅得以笔录证之（改正《民事诉讼法》第百四十七条参照）。兹既无笔录存卷，无从认定该判决曾经合法宣告，即属根本无效。当事人向中国法院诉争，如误为一事再理判决确定，应许其以前述情形为理由提起再审。至《山东悬案协定》第四条所谓"中国政府承认日本裁判所民、刑诉讼事件裁判之效力"，系指其裁判已生效力者而言。若依其本国法，尚未生效，自得不予承认。惟此项案件，如当事人一造能证明他造已受判决送达（不必专以送达证书证明），历久无争或已执行终结，亦不应许其翻异，以免拖讼。相应函复贵厅，转令查照可也。

此致！

■ 统字第 1986 号

民国十五年八月三十一日大理院咨司法部文

为咨复事：

准贵部第二五七号咨开：据山东高等审判厅呈称，"据青岛地方审判厅呈，'职厅登记处，今据领租官地人甲与包工人乙共同声请，为设定优先取特权登记。其声请意旨略称，甲、乙两方订立合同，约明乙为甲垫款建筑，甲就此建物为乙设定优先取特权。工竣时，仍由乙保持占有。俟若干日后，甲不偿还垫款，此房之所有权即移转于乙'等情。职厅查此优先取特权之名义，原为现行《不动产登记条例》第三条所未规定，应否认为同条例第四条所称'习惯相沿物权'之一种？与其性质应如何认定？因有疑义发生。查职厅接收前青岛日本守备军法院移交登记案内，原有不动产工事先取特权之登记（登记费系千分之五）。其声请档案所载当事者约定情形与此略同。职厅接办以来，虽尚无此项登记，然诉讼案中，亦曾有此种事实发见，究其本源，实因胶澳区内领租官地建筑向有兴工期限，原租人每以一时资力不足，与包工人缔结此种契约，习惯上由来已久。惟审其内容，其契约中过期作绝之订定，实较日本民法中不动产工事先取特权之效力尤为强大，与不动产流质契约颇相近似。此种契约，在我国商事法尚承认其效力；在普通民事法例，则有无效之明文（大理院解释统字第一三六五号）。究竟该项权利应否认为《登记条例》第四条所称'习惯相沿物权'之一种？倘得如此认定，则按《登记条例》第一百二十七条、第一百二十六条各规定，究应如何认定其性质？抑尽可就该项权利之内容，认为一种效力最强之担保物权，适用同条例第四条第一百二十七条，准用第一百二十六条第七款予以登记？置其过期作绝之特约于不问，庶与民事法不许流质之条理，免相抵触。事关登记疑义，理合依照登记处规则第十条，备文呈请鉴核，转请解释示遵"等情转呈到部。查该厅所请解释事项，并非仅关于登记程序之疑义，应请贵院解释，相应咨请查照办理并希见复等因到院。

查所称情形，该项契约既系习惯上相沿已久，其所设定者，自为习惯相沿之物权。虽原为优先取特权名义，仍得认为一种质权，予以登记。至流质部分，如系通常法律行为，固属无效，不许登记，即以登记亦不生对抗力。但如系商行为（参照《商人通例》第一条第九款），则按诸本院统字第一三六五号解释，本属有效，自得并予登记。不过乙欲以所有权对抗第三人，仍须为所有权移转之登记而已。相应咨复贵部转令查照可也。

此咨！

■ 统字第 1987 号

民国十五年九月七日大理院复浙江高等审判厅函

径启者：

准贵厅函开：兹据第二高等审判分厅呈称，"窃查民事诉讼简易庭案件，以地审厅为上诉审。当事人对于简易庭判决，实体上不服，向地审厅声明上诉后，地审

· 1389 ·

厅发现该案非简易庭管辖之案，认为简易庭未依职权调查，并据当事人谓诉讼标的在一千元以上，请送高等厅核办。地审厅应否适用《民诉条例》第五百二十一条第一项，发回简易庭，再由该庭适用第四百六十九条办理？应请解释者一。又前述疑问，地审厅认为应由高等厅受理上诉，乃以上诉不合法判决驳斥并已确定。当事人遂向高等厅上诉，在高等厅本无受理简易庭上诉案之职权，能否适用前开第五百二十一条第一项发回简易庭？抑应由高等厅废弃简易庭判决，径行发交地方厅为第一审，或应径以上诉审级不合，驳斥其上诉？倘使驳斥，则该案上诉机关无可系属。是否须经第三十五条第三款指定手续以定上诉审管辖？应请解释者二。以上两端不无疑义，呈请转函解释等情到厅。理合备函转请俯赐解释，以便转饬只遵。"又据同分厅宥代电开，"敝厅对于简易庭判决上诉案件，地审厅审理中发现，案非简易庭管辖，应否适用《民事诉讼条例》第五百二十一条办理？乞迅予解释各"等因到院。

查该分厅转请解释之第一点，与其径向本院请求解释者情形相同。如地审厅不能认有《民事诉讼条例》第四十条第二项之合意，应依同条例第五百二十一条第一项、第二百九十条第一项第一款，将该简易庭判决及诉讼程序废弃改判，驳斥原告之诉，并得依第四百六十九条第一项，为原告便利计，谕知原告声请将该诉讼移送其所指定之第一审管辖法院。又转请解释之第二点，既经地审厅认为应由高审厅受理上诉判决确定，并据当事人转向高审厅上诉，则高审厅除认有其他不合法之情形外，即应受理。仍照上开办法判决，不能发生《民事诉讼条例》第三十五条第三款之情形。相应函复贵厅转令查照可也。

此致！

■ 统字第 1988 号

民国十五年十月二十一日大理院复奉天高等审判厅函

径启者：

准贵厅有代电开：查第二审法院于上诉事件无管辖权，未据当事人声请移送，径为驳斥上诉之判决。当事人于判决送达后，向有管辖权之法院上诉。其上诉期限应如何计算？于此有三说：（一）当事人不服第一审判决，本应向有管辖权之法院上诉，乃上诉于无管辖权之法院，又不于判决前声请移送，第二审判决驳斥上诉后，当事人再向有管辖权之法院上诉，如仍在第一审判决送达后二十日以内，方得认为合法。否则，第一审判决即已确定。至第二审送达后之二十日，为当事人上诉于第三审之期限，不能于当事人另向有管辖权之法院上诉时，引为上诉是否合法之标准。（二）当事人误向无管辖权之法院上诉，虽未声请移送，但第二审判决送达后二十日内，当事人如向有管辖权之法院上诉，仍应认为合法；如逾二十日，第一审判决即随第二审驳斥上诉之判决而确定。（三）第二审法院驳斥上诉之判决，系以无管辖权为理由。故第二审判决只能确定其管辖，第一审判决不随之确定。当事人即于第二审判决送达二十日以后，向有管辖权之法院上诉，仍应认其最初上诉之效力继续存在，不得谓为不合法。事关法律疑义，应请俯赐解释示遵等因到院。

查来电所述情形本以第一说为正当。惟现时当事人，往往因法院林立，不明上诉机关所在。故《民事诉讼条例》第二百六十九条第二项亦规定，对于判决，得为上诉者，审判长应于判决正本记明其提出上诉状之法院。如该第一审判决正本已将上诉法院依法记明，即从第一说（因审判长记明错误，以致误投上诉状，经过法定期限者，得为回复原状之原因）。若未及记明，而当事人最初提起上诉，原在法定期限以内，经判决驳斥后，迅即向有管辖权之法院提出上诉状，则依现时情形，为当事人便利计，应认为法定期限内，已有合法之上诉。相应函复贵厅查照可也。

此致！

■ **统字第1989号**
民国十五年十月二十一日大理院复贵州高等审判厅函

径启者：

准贵厅第一六号函开：今有甲，欠有乙、丙、丁、戊等数十余家债务，所有产业不足清偿。乙因催索债务，与甲先行涉讼于第一审。丙、丁、戊多人，亦先后具状于第一审，向甲索债。甲不得已，即向第一审声请破产。经第一审谕令在外和解，甲遂与乙、丙、丁、戊多人，在外集商和解，将所有产业，照破产办理，摊成偿还；不足之数，由甲立欠字交乙、丙、丁、戊多人，俟甲有力之时，陆续偿还。丙、丁、戊多人当即允许，惟乙独持异议。丙、丁、戊多人当言"除乙之外，愿与甲和解"，并具状于第一审，请求销案。经第一审照准在案，尚未履行。而甲因与乙债务不能了结，遂仍声请破产；经第一审准予宣告破产，并将甲、乙先行涉讼案裁决中止，并入破产案中办理。乙不服中止之裁决，声明抗告，主张"将甲抵押产业清偿本利，不应中止"等语。于此，有二说焉：子说谓，民国未设有破产法，遇有破产事件，适用习惯、条理二者而已。以习惯言，古今中外，无对于一人宣告破产之实例。以条理言，破产系为多数债权人，分配其未能满意之债务人少数财产而保持其均衡起见，故须设立财团，区别其优先权、普通权，以为适宜分配之标准。若债权人只有一人，上述各种程序，即属无所附丽，根本上无破产可言。今甲既与丙、丁、戊多人和解，则甲现有之总债权人，仅为乙一人而已。照上述习惯、条理，第一审准甲宣告破产，已属不合；并将甲、乙涉讼案裁决中止，并入破产案中办理，尤为错误。抗告人不服第一审中止之裁决，提起抗告，自应认为有理由。丑说谓，《民诉条例》第二百十四条载，"当事人受破产之宣告者，关于破产财团之诉讼程序，于依《破产法》有诉讼之承受，或破产程序终结前，中断本案。"甲虽与丙、丁、戊多人和解，仍系照破产办法摊还不足之数。由甲立欠字与丙、丁、戊多人，俟甲有力之时陆续偿还，不惟债务未经完结，而因乙持异议之故，并未履行。则丙、丁、戊多人无论与甲和解与否，当然认为破产财团之债权人。退步言之，就令丙、丁、戊多人债务均已完结，仅只乙一人有债权，而甲欠乙者设为一万元，所有财产仅一千元，而乙则非全数收足不可。此种情形，债务人舍请求破产之外，亦无他法。况审判衙门，一切诉讼费用及律师之公费等，均须由破产财产中提出。如子说所谓"一人不能破产"，则甲所有财产，既只有此数，乙又主张全数清偿，审判衙门将用何法以解决乎？故第一审准甲宣告破产，自无不合；并依上述条例，将甲、乙涉讼案裁决中止，并入破产案中办理，亦无不是。抗告人对于中止裁决不服提起抗告，殊无理由。以上二说，未知孰是？悬案以待，相应函请迅赐解释见复，以凭办理，实纫公谊。再债权人对于审判衙门宣告破产之裁决，可否声明抗告？亦请一并解释等因到院。

查甲声请破产，如确定已具备要件，法院自应依法进行。该第一审停止甲、乙间涉讼案件（当事人受破产之宣告者，依《民事诉讼条例》第二百十四条有中断之规定），并入破产案中办理，尚无不合。至丙、丁、戊等之状请销案，不过将其与甲涉讼之案撤回，并非成立协谐契约，即与能否声请破产无关。子说所谓"债权人只有一人"，殊不无误会。相应函复贵厅查照可也。

此致！

■ 统字第1990号

民国十五年十月二十一日大理院咨司法部文

为咨复事：

准贵部第四一一号咨开：案据直隶高等审判厅呈称，"据天津地方审判厅呈称，职厅收受张澹如声请抵押权设定登记一件，债额为五万一千元。抵押设定人系天津交易所标的物，共地基二段，二十五亩坐落天津中二区邵公庄后大道东。查抵押设定人，所有地基于本年三月二十七日，因日本人中田常一诉天津交易所王箴三债务纠葛，经职厅布告查封在案。嗣经张澹如与交易所因债务抵押关系，提起异议之诉，复经职厅判决驳斥。是案现系属第二审中判决，尚未确定。兹抵押设定人天津交易所，抵押权人张澹如，根据大理院十五年上字第七百十一号民事判决例，来厅声请抵押权设定登记。查抵押设定人之地基，业经另案查封，所有人一切处分行为，似宜受其限制。究竟应否准予登记？又大理院十五年上字第七百十一号判例内载，'苟在判决以前已经依法登记，或为预告登记'等因。查张澹如异议之诉，业经职厅判决。现在上诉中判例内所谓'判决以前'者，究属何审判决？以上二者，均有疑义之处，理合呈请转呈核示等情转呈到部。查该厅所请核示各节，并非仅关于登记程序之疑义，应请贵院解释。"相应咨请查照办理，并希见复等因到院。

查抵押权设定，如在查封以前，应准予依法登记；在查封以后，则只得为预告登记（预告登记亦应具备要件）。至本院十五年上字第七百十一号判例所谓"判决前"，自系指第二审言词辩论终结以前。因登记条例，既无时期制限，第二审言词辩论终结前，提出之资料，均得据以斟酌判断故也。相应咨复贵部转令查照可也。

此咨！

■ 统字第 1991 号

民国十五年十一月四日大理院咨司法部文

为咨复事：

准贵部第二五零号咨开：案准外交部函开："据厦门交涉员电称，现行修正《国籍法》第十五条所谓'丧失国籍人之妻及未成年子，随同取得外国国籍'云云，是否系谓应依照该法《施行细则》第八条之规定，禀请许可，始能认为外国籍民？又修正《国籍法》对于丧失国籍人已成年之子，并无明文规定。如丧失国籍人死亡，其成年之子及未成年之子，是否有权承继遗产？事关法律解释，请鉴核示遵等情。除函内务部外，相应抄录原电，函请贵部酌核见复，以凭转行遵照可也等因到部。"查外部函称，事关法令解释，相应咨请查核见复，以凭转复等因到院。

查《国籍法》第十二条第一项、第三项，既只规定"依自愿归化外国，取得外国国籍者，应经内务部许可"。则丧失国籍人之妻及未成年子随同取得外国国籍，自毋庸经过许可程序（成年之子不在此限）。至《施行细则》第八条文义上，尚欠明了，应解为依《国籍法》本法经内务部许可时，关于禀报程序所设之规定。又丧失国籍人之遗产继承，应视其本国法若何（参照《法律适用条例》第二十条），不能仅以其子之已否成年及是否取得该外国国籍为解决之标准。相应咨复贵部，转行查照可也。

此咨！

■ 统字第 1992 号

民国十五年十一月四日大理院复浙江高等审判厅函

径启者：

准贵厅第四六零号函开：案据平湖县知事张鹏呈称，"案据民人某某等，以族长、房长之资格，请求将族人某宣告准禁治产。究竟该族长、房长等是否有声请宣告准治产之权，法律上并无依据"等情，呈请指示到厅。于此分两说焉：一谓，族、房长等，如系无服之亲，自无干涉之权。一谓，设服内并无其他亲族，似乎族、房长等亦可出而声请。应以何说为是？理合备函转请俯赐解释示遵等因到院。

查以亲族之资格，声请宣告准禁治产，应以最近亲族为限。如实无最近亲族，而族长、房长系经过亲属会议，本诸族、房之公意以为声请，法院亦得斟酌情形，予以准许。相应函复贵厅转令查照可也。

此致！

■ 统字第 1993 号

民国十五年十一月四日大理院复京师高等审判厅函

径启者：

据京兆三河县承审官刘绍言呈称：窃查甲之子乙娶丙之女丁为妻。过门后，乙、丁互相抵触，遂成恶感。甲令其儿媳丁归宁月余，时丙在外省尚不知情。甲又与其子乙拿川资，令去找丙，逼迫同到甲家。因居一室，不令自由，逼写离婚字据，写为"各代子女离异，所有物件，在谁家者，算谁家的，两不找"等语。由甲、丙二人立字，并无第三人作证。此时丁在娘家，毫不知情。乙虽在家，亦未同面。查七年上字九七二号判例，"婚姻之当事人为男、女两造。若有主婚权人许婚，已在男女成年之后得其同意，此后不得反于本人之意思，由主婚人任意解除婚约。"是乙、丁均未当场，主婚人甲、丙自立之字据，当然无效。况丙、丁虽父女，而丁为出嫁之女，其父丙自无主张其物权之理。又六年上字一一八七号判例，"离婚之物，无论由何原因，其妆奁应听携去。"又二年上字二零八号判例，"嫁女妆奁，应归女有。其有因故离婚，无论何种原因，自应准其取去，夫家不得阻留。"又四年上字一四零七号判例，"离婚之原因，由夫构成，则夫应给妻以生计程度相当之赔偿。纵令离婚由妻造成，夫对于妻只得请求离异而止；妻之财产，仍应归妻。"又五年上字五六号判例，"婚姻一经成立，则聘财之效用即完。无因离婚之故，概予追还之理。"各有明文，昭昭可考。即退一步言之，乙、丁恶感已成，不得不为离异，亦宜由乙、丁自为离异，不容由甲、丙代为主持聘礼。既已成婚，即无返还之理，嫁妆财物亦不得由夫家阻留。至生计程度相当之赔偿，亦为法律所规定。况三年上字一零八五号判例，"婚姻关系，依法须离异者，应负慰抚之义务。亦生计赔偿之意也。"乃甲竟不照法律之程度，与其子乙另为娶妻，乙是否为重婚罪？甲是否为教唆重婚罪？尚待解释。而五年上字一一六七号判例，"有妻更娶妻者，后娶之妻，应离异归宗。"则乙后娶之妻，应在离异之列矣。以上各条，均待解释。理合呈请鉴核俯恳早日示遵等因前来。

查婚姻关系之当事人为夫、妇，两造协议离婚，应由该夫、妇为之。父母为子女所订离婚字据，除认子女已有合意外，自属当然无效。如来函所述，姑无论尚有强迫情形，而丁既不知情，即属未经合意。甲为其子另行娶妻，自得判令离异归宗。相应函请贵厅转令查照可也。

此致！

■ **统字第1994号**
民国十五年十二月十八日大理院复安徽高等审判厅函
径启者：

准贵厅梗电开：兹有甲以房屋出典于乙，乙转典于丙。转典时，乙出立承担字交甲手执，内容表示"丙有逼勒甲赎取，或自由改造等情，由乙一力承担"。现乙违反契约，甲诉请确认承担字真正成立。关于征收审判费，有二说：（子说）谓既系为赎典争执，应依典价征收审判费。（丑说）谓本件非因赎典涉讼，乃因确认承担契约涉讼，应依非财产涉讼征收审判费。二说未知孰是，抑别有解释之处？悬案以待，请迅赐解释，以便遵照等因到院。

查承担字内容，仍系关于典权诉请确认，应依典价征收审判费。相应函复贵厅查照可也。

此复！

■ 统字第 1995 号

民国十五年十二月十八日大理院复江苏高等审判厅函

径启者：

据江宁律师公会歌代电开：顷准敝会会员施德霖函称，"今有旁系子孙对于已绝尊亲属坟与连锁之坟地，被人侵害，在民事上有无阻止及告争之权？（甲说）民事诉讼以有直接利害关系人为限，该尊亲属直系子孙既绝，虽其坟及坟地被人侵害，只得任其所为。因旁系子孙，非其继承人，应无阻止及告争之权。（乙说）坟地与其他不动产迥异，而阻止告争又较处分行为不同。设不许旁系子孙有此权限，将坐视尊亲属坟及坟地，被人侵害。既非人情亲亲之道，且远房同宗依律亦有继承之权，不能谓无直接利害关系。若俟依律继承，将对于已被侵害之坟地，无从回复其权利。故旁系子孙为保全尊亲属坟地，亦应有阻止及告争之权。二说未知孰是"等情前来。当交敝会评议会议决，案关法律解释，理合快邮代电，敬乞迅赐解释，不胜待命之至。旋将评议会议案补抄附送，请迅赐解答各等因到院。

查已绝旁系尊亲属之坟及坟地被人侵害，如该旁系子孙在继承法上，立于应继之地位或该坟地向归其管理，虽未依律继承，而亦应认其有告争之权。相应函请贵厅转行查照。

此致！

■ 统字第 1996 号

民国十五年十二月十八日大理院复东省特别区域高等审判厅函

径复者：

准贵厅函开：案准东省特别区市政管理局咨开，"为咨呈事：案据哈尔滨市自治临时委员会呈称查《哈尔滨特别市自治试办章程》及中央市自治制，均设有自治税之规定。惟对于滞纳自治税之不动产，他国均依公卖处分行之。吾国仅《不动产登记条例》第三十一条，设有公立机关执行公卖处分之规定，尚无其他法规足资援用。究竟依现行法律解释，可否不经起诉，径依公卖处分征收？此应请解释者一。又关于公卖处分之执行，在此项法规未经颁行以前，可否暂行嘱托执行法院为之？此应请解释者二。设不依公卖处分执行，径向管辖法院提起诉讼，依《民事诉讼执行规则》第八十四条，'管理人，就不动产之收益，于扣除租税及其余公课，又管理费用外，须以其余额，交给债权人'之规定，及《强制执行法（草案）》第一四九条列诸'税公课'为第三顺位，'物权之请求'为第四顺位之条理，关于滞纳自治税不动产价金之分配，自治税顺位，是否优先于物权之请求？此应请解释者三。事关法律上之疑义，本会成立伊始，亟待解决，以利进行，应请钧局转请解释，示遵等情。据此，事关解释法律，相应咨请贵厅，转请大理院解释，咨复过局，以便饬遵"等因。准此，相应函请解释，函复过厅，以便转咨等因到院。

查自治团体征收自治税为公法关系，民事法院无管辖权。对于滞纳自治税之不动产，只有自治市自为公卖处分之一途。唯法院为其他物权之请求执行时，应居于优先顺位，参照《民事诉讼执行规则》第八十四条规定，至为明显。相应函复贵厅，转行查照可也。

此致！

■ **统字第 1997 号**

民国十六年二月二十三日大理院致京师高等审判厅函

径启者：

据北京律师公会函开：据本公会会员叶在均函称，"查《公司注册规则施行细则》第二章'注册时禀请办法'第十二条第一项规定，'股份有限公司设立之注册，由董事及监察人之全体禀请之。'第二项规定，'禀请应加具下列各种文件：（一）公司章程。（二）股东名簿。（三）股份由发起人认足者，认明各发起人认股之书信；另募股东者，各股东之认股书。（四）董事及监察人或检查员，照《公司条例》第一百十四条所定调查之报告书及附属文件。（五）照《公司条例》第一百三条所定检查员之报告书；经官厅裁减者，其判示之副本。（六）发起人选任为董事或监察人者，关于其选任之文件。（七）公司章程定为开业前得分派利息者，其核准之批示。（八）公司营业须先经批准立案者，其批准之印本及副本。（九）创立会议决录'云云。股份有限公司禀请注册时，设未备具该条第二项所列九种文件，注册官厅予以核准是否违法？于注册之效力有无影响？有甲、乙两说。甲说谓，该条第二项既有'应加具'之字样，即属强行法规。注册官吏于未备具该条第二项所列九种文件之禀请事件，准其注册，显属违法，应不生注册之效力。乙说谓，该细则第二章所定，乃注册时之禀请办法，其章目业已标明。其第十二条第二项所列文件，不过令禀请人于禀请时加具，以便注册官厅之查核而已，毫无强制性质。故其所列九种，并非凡设立之有限公司均须必有之文件。设如公司无定发起人当受之特别利益或报酬，其股东又无以银钱外之财产抵作股银，亦未选任发起人为董事或监察人；在开业以前，亦未定分派利息，亦无须先经批准立案之营业事项，即无该条第二项所列第五种至第八种之文件。其股份若于禀请设立注册前，均已收足；认股时，未曾有认股书信，亦未曾有认股书信之设定；在禀请时，于禀请书，或于股东名簿内，已将股东所认股分及已缴足股银叙明，则关于第三种、第四种文件，即无加具之必要。倘因有'应加具'字样，而认为强行法规，则不具备该第二项所列九种文件之公司，将不许其禀请注册乎？该条第二项所列九种文件，既无强制性质，仅以便注册官厅之查核，则注册官厅于未备具文件之禀请事件，若有其他文件或显著事实，认为足以备其查核，尽可不令补具，径予核准，殊难谓为违法。且注册核准之后，公司当然开业。若因其禀请手续有所欠缺，谓可影响于注册之效力，溯即既往。则已开业之公司，若因禀请时，偶有漏列文件，随时皆有失其注册效力之虞，于交易上似亦多不便。两说孰当，恳予解释"等情到会。经本会十一月一日常任评议员会讨论，认为确有疑义，应请迅予解释等情。并将会议记录，补送到院。

查来函所述情形，应以乙说为是。相应函请贵厅转行查照。

此致！

■ 统字第1998号

民国十六年二月二十六日大理院致吉林高等审判厅函

径启者：

据吉林滨江县商会电称：敝会常期会议，经会董提议。现有债务纠葛，关于适用债权法上抵销办法，颇有义疑。譬如甲为银行，乙为商铺，丙为乙出资，分设营业不同之商铺。乙为甲之债权人，丙为甲之债务人，均届偿还之期，又均系以金钱为给付，此时乙主张，以己对甲之债权，与甲对丙之债权，两相抵销，不悉是否合法？敝会讨论不能一致，公决电请钧院解释。悬案待决，务恳俯赐解释等情到院。

查抵销以当事人互负之债务为限。如对于一合伙人之债权，不能以与所欠合伙债务相抵销，在本院已有先例。本件据来电所述情形，如乙、丙两铺之出资系属一人，或虽为合伙，而合伙人同一者，自得主张抵销，否则应依上述先例办理。相应函请贵厅转行查照。

此致！

■ 统字第1999号

民国十六年三月二十三日大理院咨司法部文

为咨复事：

准贵部四二七号咨开：查贵院民国十年复福建高等审判厅函（统字第一六二五号）关于《清理不动产典当办法》第三条之解释内载，"若立契在前而满三十年，在本办法颁行以后者，匪惟受同例之适用，且不发生三年犹豫问题"等语。如就此号解释文义，通观该"匪惟受同条之适用"一语，其"匪惟"二字之下，"受"字之上，是否漏一"不"字？相应咨请贵院。查明见复等因到院。

查本院该号解释，关于第一问题，系采用原函乙说。因《清理不动产典当办法》第三条原为保护典主，俾于已逾三十年后、未满六十年以前，取得一种"原业主只能告找，不能告赎"之权利。但原业主之利益，亦不能不为顾及。故于本办法施行时已逾三十年者，许原业主以三十年之犹豫期间。若立契在前而满三十年，在本办法施行以后，则不生三年犹豫问题。当然受第三条之适用，原函"匪惟"二句，文字上颇欠允当。原以无甚关系，故未及改正，并非有所遗漏。相应咨复贵部查照。

此咨！

■ 统字第2000号

民国十六年四月四日大理院复四川第一高等审判分厅函

径复者：

前准贵分厅函开：准钧院公函（本年刑字第一二三三号）暨刑事裁决（本年

抗字第六一号）将本厅前裁决涪陵县夏罗氏上诉一案撤销，发由本厅更为审查裁判等由到厅。于此，窃不能无疑。查钧院复总检察厅及湖南高审厅统字二零零号，原诉人上诉所谓"批"与"决定"名异而实同，自应以决定行之。又《刑诉条例》第四百四十四条载，"对于抗告法院之裁决，以下列各款为限，得于三日内再行抗告。"第一款上半段载，"对于驳斥上诉"各等语。由前而言，以决定准驳上诉，固非无据。即由后而言，驳斥上诉，亦有可以裁决之明文。今钧院裁决夏罗氏抗告一案内开，"本件抗告人呈诉熊炳川等杀人，自系以当时有效之《县知事审理诉讼章程》第三十八条第二项为根据。原审即认为上诉无理由，亦应以判决驳斥，乃竟以裁决行之，显属不合"云云。是否上开"以决定行之"之解释已经失效？此一疑也。又钧院裁决，应照《刑诉条例》第三百九十九条规定，"第二审法院认为上诉无理由者，应已判决驳斥之。"窃意此乃准驳上诉，尚未入于第二审之程序。于第二审前，竟以判决行之；设准其上诉，又为第二审判决；不服，又为第三审，则一案不将有四个判决乎？此二疑也。又《刑诉条例》第四百四十四条第一款上半段载，"驳斥上诉"。既有可以裁决之明文，已如上所引细绎其文义，得于三日内再行抗告，是第二审可用裁决，愈觉了然。今云"应依第三百九十九条以判决行之"，对于此案应作何解释？此三疑也。再本件裁决主文内开，"更为审查裁判"。究竟此项裁判，是否裁决性质，抑为判决性质？此四疑也。种种怀疑，应请钧院解释示遵等因。

本院以案关具体，且法院于何时应以裁决驳斥上诉，于何时应以判决驳斥上诉，《刑事诉讼条例》均有明文规定。观明文即可知统字第二零零号解释文内所称，"对于原告诉人呈诉不服之准驳，应以决定行之"云云，应否再行沿用，故未答复。兹又准函请解释前来，本院查《刑事诉讼条例》第四百四十四条第一款，所称"驳斥上诉之裁决"，系指原第一审依第三百九十一条第一项、原第二审依第四百十三条第一项，或依第四百十四条"驳斥上诉之裁决"而言。至上诉审法院驳斥上诉，均应以判决行之（在第二审，应依第三百九十八条或第三百九十九条；在第三审，应依第四百二十四条或第四百二十五条），并无得以裁决驳斥上诉之根据（即统字第二零零号解释文，在《刑事诉讼条例》颁行以前，亦早经统字第二八九号解释文内酌加变更），原函实多误会。至夏罗氏呈诉熊炳川等杀人一案，应如何裁判，本院裁决理由业经释明，自无庸再加解释。相应函复贵分厅查照可也。

此致！

■ 统字第 2001 号

民国十六年四月四日大理院复山西高等审判厅函

径复者：

准贵厅函开：设有刑事告诉人不服县署所为第一审判决，照章呈由第二审检察官提起上诉。经第二审法院判决，告诉人不服，直接向第二审法院声明，上诉于第三审法院。于此，分二说：（甲）告诉人对于第二审法院之判决，虽无上诉权，惟既直接向第二审法院声明上诉，则配置第二审法院之检察官，自无权处分。应由第二审法院，依《刑事诉讼条例》第四百十三条第一项以裁决驳斥。（乙）第四百十三条第一项所谓"上诉"，系指有上诉权人之上诉而言（参照第三百七十三条至第三百七十五条，及第十一条）。告诉人对于第二审法院所为之判决，根本上无上诉权，不适用该条项规定，仍应送由检察官处分。以上二说，各有理由。敝厅开民、刑庭联席会议未能取决。事关法律疑义，相应函请钧院，迅赐解释为荷等因。

本院查所称情形，亦与《刑事诉讼条例》第四百十三条第一项及第四百二十四条所称"上诉违背法律上之程式者"相当，应分别依各该条项办理。惟告诉人此类诉状，有时足以促成检察官提起上诉，或其所叙理由可供参考，故第二审法院接收此类诉状，如在上诉期限以内，自以照录一分，转送检察官查阅为宜。相应函复贵厅查照可也。

此致！

■ 统字第 2002 号
民国十六年四月四日大理院复总检察厅函
径复者：

准贵厅函开：据江苏高等检察厅呈称，案据上海地方检察厅检察长孙绍康呈称，"窃查现行《刑事诉讼条例》第三百四十一条内开，'法院为案件不属其管辖者，除依第三百三十一条规定外，应谕知管辖错误之判决，并将该案件移送管辖法院审判'等语。其末段'并将该案件移送管辖法院审判'一语，适用上发生疑义。分为甲、乙两说。甲说谓，谕知管辖错误判决之法院，既认该案为非其职权所管辖而另有有权管辖之法院，应将该案件自己直接移送有权管辖法院审判，径行通知该管辖法院之同级检察厅，不必经过原审法院之同级检厅，及配置有权管辖法院之检厅转送，致多曲折。且参照同条例第四百条第二项'发还原审法院'等语，其与第三百四十一条之规定，其手续及意义完全吻合。法条文句，本极明了。例如，地检厅送请地审厅审办之第二审案件，地审厅判决管辖错误，认该案件第二审应归高审厅管辖，自应直接将该案呈送高审厅核办，由高审厅径行通知同级检察厅，不必送还地检厅，呈由高检厅转送。倘高审厅审理结果，认地审厅管辖错误之判决为不当而撤销之时，仍得将该案直接发还地审厅审判，亦不必送由高检厅转发。更证诸《刑诉条例》理由书内载，'第三百四十一条原订理由谓，本条除依原案第三百四十六条第一款谕知管辖错误外，并增入以职权移送一层，以期便捷'等语。是谕知管辖错误案件，理应由原审法院直接移管辖法院，所以取其便捷也。否则，由原审法院而移送检厅，由检厅而移送配署管辖法院之检厅，再由配置管辖法院之检厅而移送管辖法院，如此辗转周折，已无便捷之可言。此一说也。乙说谓，谕知管辖错误判决之法院，虽认为有管辖法院存在，仍应将案件送还同级检厅，再由同级检厅中，送配置有权管辖法院之检厅，转送审判认定，应依上诉手续移送。为事实上便利起见，未便径行移送有权管辖法院核办。如前例，地审厅谕知管辖错误之第二审案件，必须送还同级检厅，呈由高检厅转送高审厅审判。此又一说也。两者以何为是，事关法律适用疑义，谨请转请解释"等情。据此，除指令外，理合呈请鉴核转院，解释示遵等情到厅，相应函送贵院核办见复，以便转令遵照等因。

本院查《刑事诉讼条例》关于送案程序，如起诉或上诉，须经由检察官按审级送交，已于第二百八十一条第二项，第三百九十二条第一、第二项，第四百一十五条有明文规定。独于第三百四十一条之移送管辖法院，第四百条、第四百二十八条至第四百三十条之发回或发交，各法院均未定明如何移送发回或发交。非条文有缺漏也。盖谓以收例发，当然可知其应经由检察官转送。故本院于第四百二十八条至第四百三十条之发回、发交各案，无一不经由检察官转送。即第四百条第二项之发回及第三百四十一条之移送各案，亦应照此办理。相应函复贵厅，转行查照可也。

此致！

■ 统字第2003号

民国十六年四月四日大理院复直隶高等审判厅函

径复者：

准贵厅函开：据宁津县知事电称，"案查掳人勒赎，认为强盗行为中之一种手段，业奉大理院解释通行有案。惟近来盗匪又改变方法，既不掳人勒赎，亦不实行抢劫，只于夜间闯入村中，鸣枪示威，粘贴揭帖，指名索洋若干，限于几日内送往某处，否则即将该村烧杀云云。亦有匪等，并不前往示威，只秘密遣人在村粘帖索洋，村民慑于匪焰，惧其报复，往往不敢报官剿捕，如数送洋与匪，以求苟安一时。该匪等此等行为，若只照诈欺取财论犯，似不免于轻纵。或亦认为强盗之一种手段，又苦于无所依据。职县现有此等案件发生，急待解决，究应如何办理之处，理合电请钧厅鉴核，速赐解释示遵，实为公便"等情。事关法律问题，相应函请钧院查照，详为解释函复来厅，以凭转饬遵照等因。

本院查所称盗匪入村，鸣枪示威，黏贴指索，限日送往，否则即将村烧杀，以及并不前往示威，只密遣人黏贴索洋各情形，其手段为胁迫，或以强暴兼胁迫。则村民之送洋，实由慑于匪威，失其意思之自由，自不得以财物系出自他人交付而谓，并非以强暴、胁迫强取，仍应以强盗法条论罪。相应函复贵厅，转行查照可也。

此致！

■ 统字第2004号

民国十六年四月四日大理院复直隶高等审判厅函

径复者：

准贵厅函开：案准天津律师公会函开："据本会会员张允谦函称，敬启者：兹有甲、乙二人，均住天津。甲向乙言，北京面粉行市大涨，劝乙出资贩卖面粉，可获厚利。甲并称自己商情熟悉，可代为买卖。乙即委托甲，向面粉公司订购面粉，代为贩卖，运赴北京销售。嗣后甲向乙报告，已向天津丙面粉公司代为购订面粉一千袋，共价洋三千元，陆续交货，陆续付款。于十三年十二月二十九日，乙交付甲大洋一千元。又于十四年一月五日，乙交付甲大洋一千元。又于一月十日，乙交付甲大洋一千元。嗣后甲向乙报告，货物交齐，已搭火车运京销售，但行市骤落，不能售出，将面粉存在北京丁货栈内。继又向乙报告，北京丁货栈失火，存货被灾等语。乙闻之，甚为诧异。当即向天津丙公司调查，甲并无订购面粉之事，继又往北京调查，亦无丁货栈之商号，始知被甲诈欺。此种事实，甲连续诈财三次之所为，应成立诈欺取财罪，固无疑义。惟十四年一月一日颁布大赦令，甲连续诈财之所为，第一次诈财行为在大赦令以前，第二、第三两次诈财行为，在大赦令以后。按照赦令甲应否赦免，颇滋疑义。于此，生子、丑二说：子说谓，十四年一月一日大赦令，系赦免一月一日以前之犯罪。甲第一次诈财行为，虽在一月一日以前，然第二、第三两次诈财行为，至大赦令以后始行完毕。既有犯罪行为在大赦令以后，自不能准予赦免。丑说谓，按《刑律》学理上，连续犯有法律上之连续犯与事实上之连续犯二种。法律上之连续犯者，因法律之规定，非连续多数时间不能成立之犯罪也。事实上连续犯者，就法律之规定，得即时成立之犯罪；值其实施之际，因犯人所好，费多数时间之犯罪也。故事实上之连续犯，虽不免连续实施多数之犯罪行为，然犯人实施一次犯罪行为，其犯罪即完全成立，而数次反复为同一犯罪行为，依法律规定，亦仅能成立一罪。此在《刑律》第二十八条'连续犯罪者，以一罪论'，已有明文规定。甲连续三次诈财之所为。第一次诈财行为既在十二月二十九日，则诈财罪，犯在大赦令以前，已完全成立。以后虽有两次连续诈财之行为，按《刑法》第二十八条规定，只能成立一罪。犯罪成立既在大赦令颁布以前，自应准于赦免。又查大理院二年统字六三号解释，认和诱、重婚为连续犯之一种，而以被诱及结婚当时为既遂时期。如被诱及结婚，当时系在赦令前，则自应在免除之例；其赦令后，行为继续与否则非所问。此案甲三次诈财之行为，既为连续犯，而第一诈财行为，又在赦令前完毕，则甲犯罪既遂，系在赦令以前。事同一律，按上开解释，亦应赦免。又法院办理赦免案件，应以司法部呈准之不准除免条款为依据。关于连续犯，犯罪成立在赦令以前，而犯罪行为为继续在赦令以后之情形，该条款既未明定，亦在不准除免之例，当然准予除免。以上二说，未知孰是。事关法律问题，理合函请贵会转请解释，俾便遵循"等情前来。本会当即于十二月三十日召集常任评议员会议决，来函所称委系法律问题。其子、丑两说，均各言之成理。实有请求解释之必要，恳乞转呈大理院迅赐解释，以便转知，实级公谊等因。准此，相应据情函请钧院，迅赐解释为荷等因。

　　本院查连续犯，系以各自独立之数个行为，对于同一之法益，予以同样之侵害。原函所举情形，不过以一个行为，持续的予人以侵害而已，尚不足称为连续犯。惟既于赦免后，仍持续其赦前之诈欺行为，迭受银圆之交付（与持续状态不同），自不在赦令所予除免之列。相应函复贵厅，转行查照可也。

　　此致！

■ 统字第 2005 号

民国十六年四月四日大理院复山西高等审判厅函

径复者：

准贵厅函开：据第一高等分厅鱼电称，"《国有荒地承垦条例》内所附罚则，是否特别刑法，庭员见解各异。祈转请贵院解释示遵"等情到厅。相应据情函请贵院，迅赐解释，函复过厅，以便转饬遵照等因。

本院查《国有荒地承垦条例》内所附罚则，系行政罚。相应函复贵厅，转行查照可也。

此致！

■ 统字第 2006 号

民国十六年四月十三日大理院复总检察厅函

径复者：

准贵厅函开：据浙江高等检察厅呈称，"案据邓县地方检察厅呈称，'《刑律》第三百二十六条玩忽业务上必要注意致人死伤罪，能否包括医生玩忽业务上必要注意致人堕胎在内？于是，有两说焉：甲说谓，妇女堕胎，即已经受有伤害，当然包括在内，应照该条处断。乙说谓，《刑律》杀伤罪与堕胎罪，各列一章。因堕胎致死伤且照俱发罪科断，可见堕胎与伤害，系二种犯罪行为。必堕胎又有死伤，始能援照刑事第三百二十六条处断。若仅止堕胎，律无正条，应不为罪。两说均有理由，各厅办理成案不一，职厅无所适从。理合备文呈请钧厅，仰祈转呈大理院解释，以资遵循，至为公便'等情。据此，除指令外，谨据情呈请，转院解释示遵"等情到厅。查案关法律解释，相应函送贵院核办见复，以便转令遵照等因。

本院查《刑律》关于伤害罪之法益，为人之身体（致死情形兼及生命）。关于堕胎罪之法益，乃系胎儿。保护之注重处既有不同，故第三百三十七条于犯堕胎罪而致妇女死伤之较重情形，设特别规定（第二十六条但书）。盖所以谋保护之周备也！医生玩忽业务上必要之注意而致妇女小产，对于胎儿固因堕胎罪章，无相当律条，不负责任。若已致妇女精神或身体上有伤害时，则对之可成立第三百二十六条之罪，应查核情形判断。相应函复贵厅，转行查照可也！

此致！

■ 统字第 2007 号

民国十六年八月二十二日大理院咨司法部文

为咨复事：

准贵部五八号咨开：兹据人呈称，"有法律上应行解释事件。第一，假定有县知事堂断，系于执行时变更原判决所命给付之范围，究属判决性质，抑属裁决性质？嗣当事人照上诉之例，缴纳讼费，提起上诉，而第二审法院，乃认其性质为裁决，作为抗告受理，以裁决之形式驳斥之，迨提起再抗告，则上级法院引《民诉条例》第五百五十四条第二项规定，径行驳斥，未予受理。此种情形有无救济办法？

可否视该第二审法院，尚未就原上诉有所裁判，而得由当事人请求另为判决？第二，假定有滥用权利，欺罔法庭，得不当之确定判决者。在他国曾有认其为侵权行为，准被害人请求返还给付、赔偿损害之先例。贵院四年上字一〇二三及二三三六号判例，对于私人假行政官厅之处分，为侵权行为之手段者，许被害人对于加害人，依民事诉讼请求回复原状或赔偿损害。此项判例，对于假司法官厅之裁判，为侵权行为之手段者，可否类推援用？请咨院解释"等情到部。查事关法律上疑义，相应咨请解释见复等因到院。

查关于第一点，如原堂断系执行裁断性质，则当事人虽提起上诉，第二审认为抗告裁决驳斥，形式上尚未违法。第三审驳斥再抗告，亦无不合。如第二审裁决实质上实有不当，只有依再审程序救济。但原堂断如系因执行异议或再审及一事再理而为判决性质，既经当事人提起上诉，第二审依抗告程序办理，自属违法。虽经第三审裁决维持，乃得认为原件上诉未经终结，当事人尚可请求第二审进行审理。关于第二点，如原确定判决，业经合法废弃确定，并有假借法院裁判侵害他人权利之事实，自可成立侵权行为，请求回复原状或赔偿损害。相应咨复贵部，转饬遵照。

此咨！

■ **统字第 2008 号**
民国十六年八月二十二日大理院复东省特别区域高等审判厅函

径复者：

准贵厅一〇一四号函开：案准驻哈美国领事翰森函称，"设有美人与华人或俄人订立合同，规定'遇有争执，两方须呈美国领事仲裁。嗣后两方公须遵守，不得再有争议'。此种案件，未悉中国法庭能否认为可行？又如该华人或俄人，拒交美领仲裁，而中国法庭能否裁决认为违约，仍令依据合同，交付仲裁？至于指定仲裁之人，并非美领，乃为他人，其情节亦无不同？以上所陈，统希鉴核示复"云云。本厅查美国领事所称各节，解释上有甲、乙两说：甲说谓，民事以采当事人意思为原则。双方合同，既载如有争议应归美领仲裁，即应照约办理。法院亦应据各本人意思而认为有效。且仲裁性质，与民事公断无异。依照大理院十二年上字第八〇二号判例，则仲裁如经两造同意，法院当然认为有效。乙说谓，公断或仲裁，其裁判员均以平人组织，非领事官所得充任。盖领事基于特约，在我国取得裁判权，已属侵害法权。然犹以限于领事本国人为被告时，准其行使裁判权。若如原函所称，以领事而兼仲裁，是扩充领权范围，而华人与俄人为被告时，亦能裁判矣，侵害法权更进一步。此种契约，法庭万难承认有效。纵如原函所称，仲裁人员不由美领充任，然由美领指派之人，结果仍与美领无异。总之，美领所谓仲裁，与上述判例通常公断情形，迥不相同。无论如何，法庭不能认为有效。以上二说，究以何说为当？事关解释法律，未敢擅拟，相应函请予以解释，函复过厅，以便转函知照等因到院。

查原合同如系关于具体事项，约定美国领事为公断人，则为公断契约，尚非无效，法院得令其履行。但如其内容在约使美领事实行审判，则系剥夺双方诉讼于中国法院之权，自应认为无效，不生违约问题。相应函复贵厅，转行查照。

此致！

■ **统字第2009号**

民国十六年八月二十二日大理院复山东高等审判厅函

径复者：

准贵厅二一三一号函开：据青岛地方审判厅厅长咸运机呈称，"窃查现行《刑律》关于民事有效部分内载，'夫逃亡三年不还者，听经官告给执照，别行改嫁。'其告官程序，依大理院统字第五三四号解释，系属特别程序。所为特别程序，其别于诉讼程序而言，自无疑义。伏思此项程序，就大理院解释，既须调查明确，决定裁判。于土地管辖上，似不能不有一定之准绳。否则，以甲地之人，而远之千里外之乙官厅相告，在乙官厅势必感调查之困难，反无以为正确之裁判。惟吾国非讼事件，法令多未颁布。《诉讼条例》是否可以准用，又无明文可据。究竟此项呈请改嫁事件，应否区分管辖？如有管辖问题，究应以何为准，及能否准许当事人变更之处？事无先例，职厅未敢擅专。理合具文呈请，仰祈钧长鉴核示遵，实为公便"等情到厅。相应据情函请钧院，解释赐复，俾便转饬遵照等因到院。

查律称"告官程序"，即《民事诉讼条例》所称"公示催告程序"，管辖法院，除同条例第六百三十五条外，既别无规定，自应适用同条例第十四条，解为"夫之普通审判籍所在地之初级审判厅"。相应函复查照饬遵。

此致！

■ **统字第2010号**

民国十六年八月二十二日大理院复山西高等审判厅函

径复者：

准贵厅六九九号函开：案据武乡县知事呈称，"今有甲凭中人乙，利揭丙洋若干，十二个月为期，书立约据给丙收执。该约据内载'至期如还本利不到，有自己（甲）房院一所，地四亩，许钱主承管，作为死业，不准回赎'等语。及届期满，经丙催告，甲适在外染病，致逾期未将本利清偿。丙因同乙将甲所立产业完全占据。未几，甲自外归，清偿本利，抽赎产业。丙严为拒绝，因致涉讼。于此，有甲、乙两说焉：甲说谓，该契约既经当事人，两造意思合致，且不违反强行法规，当然依照契约之效力，丙取得所有权。乙说谓，该契约是在房院地亩之上，设定担保物权。届期债务人不为清偿，债权人只能拍卖担保物以充偿，不能取得所有权。二说孰是，未敢臆断。事关法律解释，理合具文呈请，转院解释示遵施行"等情到厅。查约据所载，"至期如本利不到，甲有自己房院一所，地四亩，许钱主承管，作死业，不准回赎"等语。该部分似系流质契约，不能有效。惟既据呈请解释，本厅未便擅拟，相应函请贵院，俯赐解释见复等因到院。

查所称情形，应以贵厅意见为是。相应函复查照。

此致！

统字第 2011 号
民国十六年八月二十六日大理院复京师地方审判厅函

径复者：

准贵厅第六九零号函开："查民律物权之规定，凡一宗不动产，其所有权及所有权以外之他项物权，归于一人时，其他项权利，因混同而消灭，此通例也。惟京师铺底权性质，因特别习惯，亦认为物权之一。如此种权利及所有权同属于一人，同时声请为二个权利登记，或先为房屋所有权登记，后为铺底权登记时，是否应依物权通例，视其铺底权因混同而消灭？此应请解释者一。又权利人往往因持有两种契据，先以房屋所有权之全部作为担保品，向甲借款若干，双方请求为所有权及抵押权之登记，固无疑义。迨后又将铺底权契据声请登记，同时又以此项铺底作为担保品，另向乙借款若干，或移转于乙，复由双方请求为铺底权，及以铺底供抵押之抵押权。设定登记或移转登记时，事为前债权人所知，则依《民律（草案）》一一四六条第二项之规定，请求涂销铺底之登记。当此场合，审判厅应否准予涂销或予驳斥？登记条例无明文规定。此应请解释者二。事关法律问题，相应函请速赐解释，以便遵循"等因到院。

查铺底权，如与所有权同属一人，自因混同而消灭，不得更为登记。至就旧铺底权设抵押权亦属无效。如经登记，应准前担保权人诉请涂销。相应函复查照。

此致！

统字第 2012 号
民国十六年十月二十二日大理院复司法部函

径复者：

前准贵部第一一二四号函开：准外交部函开，"关于保护私生子问题，接准联合会代表办事处函送国际联合会秘书长致本部 C. L. 七九号函一件，系五月二日至七日，保护幼童委员会在日来弗开第三届会议时通过之议决案。特将原函附送，请转行主管机关查照核夺等因，并附件到部。除分行内务部外，相应抄录来函并附件，函请贵部查核有无意见，并希从速见复，以凭转会等因，并附原函"到部。查我国民法尚未编定公布，原函所询各节，现在尚无成法可资依据。贵院对于此项案件，有无判例？如尚未著有判例，则遇有此项案件，应如何办理？相应抄录原件，函请查核见复，以凭转复等因到院。

查上开各问题，本院按诸我国法例及条理，认为应予分别解答如次：

一、私生子。现行律"卑幼私擅用财条例"内称"奸生子"，乃别于嫡庶子（妻生者，曰嫡；妾生者，曰庶子。均为亲生子。无亲生子而立他人之子者，曰嗣子。此三者，关于亲属、继承之权利义务，原则无差别），而指其母无妻、妾关系，怀胎所生之子女而言。其与父母相互之权利义务，应解为父母均有认领（认知）之权。私生子亦有请求认领之权。其母并可不待认领，仅因分娩事实，以亲生子关系，并与此相当之权利义务。惟父则须待认领以后，始生亲子关系，并其相当之权利义务。

二、关于私生子认领诉讼。《民事诉讼条例》已有明文，准许其程序。日亲子关系事件程序，为特别诉讼程序（人事诉讼程序）之一种，可参看该条例第六百九十三条至七百零四条之规定。

三、现行律前开条例内载有"奸生之子，（中略）如别无子，立应继之人（即同宗昭穆相当之侄）为嗣"等语。故在通常，固应解为苟有亲生之嫡、庶子，或虽无子而有应继之人，均不得立私生子为嗣。但律例原意及我国习惯，亦均以血统为重，故其母如嗣后取得妻妾身分，而私生子又经其父认领，自仍应解为可取得嫡子或庶子之身分。参看民国八年统字一零二九号解释。

四、私生子与母虽不经认领，仍可有亲子关系，以生相当之权利义务。如前所述，则斯时对于母，自有请求扶养之权利。即对于父，亦可一面请求认领，一面请求扶养，而在认领以后有此权利，更不待言。

五、私生子之遗产继承权。前开现行律例已有明文规定，即有亲生子者，依子量与半分。如别无子立应继之人为嗣，与均分；无应继之人，方许承继全分。至宗桃继承，可参看（三）之解答。

六、七两项，中国国家，现时尚无自行施行监护之制度。但各地方多设有育婴堂类，为财团法人性质，以养育并监护私生子为目的。该地方行政长官，亦均有监督该机关之权限。

以上各节，相应函复贵部查照。

此致司法部！

附录：司法部转来国际联合会代表办事处原函

径启者：

准国际联合会秘书长致大部 C. L. 七九号公函一件，内称"五月二日至七日，保护幼童委员会在日来弗开第三届会议时，通过下之议决案：

保护幼童委员会，因已决定研究私生子之地位，特请行政院，命秘书长将该委员会预备之问题表送达各国。

一、何者为私生子父母之权利义务？

二、私生子认父之诉讼，可否允准？如允准，则此项诉讼之手续如何？

三、何者为立私生子为嗣之条件？

四、私生子有何权力能要求其父母之给养？

五、何者为私生子承继及相续之权？

六、有无国家对于私生子施行监护权之制度？如有此项制度，则监护权如何组织之？

七、有无其他方法；如有其他方法，系属何种性质，藉法律或惯例，以担保私生子在道德上及实际上之保护？

行政院于六月十六日开会时，审查保护幼童委员会之报告，及因报告员之提议，特嘱将此项关于保护私生子之问题表，送达各国政府，以便各该政府能供给所需之消息"等语。相应将原函附送，函请大部，转行主管机关查照。

附录一　中华民国大理院历任院长

民国大理院是中华民国最高法院的前身，乃民国时期普通诉讼案件的最高审判机关。其前身是清末改制后的大理院。光绪三十二年（1906 年），清廷颁行《大理院审判编制法》，翌年正式定大理院官制，为全国最高终审机关，配置总检察厅。中华民国成立之后，大理院被保留。民国十六年（1927 年），国民政府定都南京，始将大理院改为最高法院；翌年公布《国民政府最高法院组织法》，定最高法院为全国终审审判机关，至此最高法院正式成立。自 1911 年至 1927 年，民国大理院院长如下：

任次	姓名	字	籍贯	就任时间	卸任时间	备注
1	许世英	静仁	安徽秋浦	1912 年 5 月 18 日	1912 年 7 月 26 日	
2	章宗祥	仲和	浙江吴兴	1912 年 7 月 26 日	1914 年 2 月 20 日	
署	董康	授经	江苏武进	1914 年 2 月 20 日	1914 年 8 月 1 日	
3	董康	授经	江苏武进	1914 年 8 月 1 日	1918 年	
4	姚震	次之	安徽贵池	1918 年	1920 年 6 月	
5	董康	授经	江苏武进	1920 年 6 月	1920 年 8 月	
6	王宠惠	亮畴	广东东莞	1920 年 8 月	1921 年 12 月 27 日	
7	董康	授经	江苏武进	1921 年 12 月 27 日	1922 年 5 月 26 日	
代	潘昌煦	春晖	江苏吴县	1922 年 5 月 26 日	1922 年 6 月 15 日	
8	罗文干	均任	广东番禺	1922 年 6 月 15 日	1922 年 9 月 19 日	
9	董康	授经	江苏武进	1922 年 9 月 19 日	1923 年 2 月 3 日	未到任前由余棨昌代。
10	余棨昌	戟门	浙江绍兴	1923 年 2 月 3 日	1928 年 2 月 25 日	1924 年 1 月 19 日准假，由潘昌煦代。
11	潘昌煦	春晖	江苏吴县	1924 年 1 月 19 日	?	
12	姚震	次之	安徽贵池	1928 年 2 月 25 日	1928 年	

附录二　大理院民国元年至七年度民、刑事庭审判长及推事一览表

庭\年别	民事 第一庭 审判长	民事 第一庭 推事	民事 第二庭 审判长	民事 第二庭 推事	民事 第三庭 审判长	民事 第三庭 推事	刑事 第一庭 审判长	刑事 第一庭 推事	刑事 第二庭 审判长	刑事 第二庭 推事	备考
元年度	庭长 汪燨芝 代理审判长 廉隅	廉隅 胡诒榖 沈家 朱献文 黄德章					庭长 姚震	林行规 高种 潘昌煦 张孝移 徐维震			元二年，民、刑事仅各设一庭。三年一月，增设民事第二庭；八月，增设刑事第二庭。六年十月，增设民事第三庭。至七年底，计民事三庭、刑事二庭
二年度	庭长 姚震	廉隅 胡诒榖 朱献文 林行规 黄德章 陆鸿仪 庄璟珂 李祖虞					庭长 汪燨芝	沈家 高种 潘昌煦 张孝移 徐维震 林荣			
三年度	庭长 姚震	廉隅 林行规 潘昌煦 陆鸿仪 ……	庭长 余棨昌	胡诒榖 朱献文 黄德章 李祖虞 林志钧			庭长 汪燨芝	高种 潘昌煦 张孝移 徐维震 钱承锴	庭长 董康 代理审判长 潘昌煦	祁耀川 郁华	各庭推事有于同一年度内……
四年度	庭长 姚震	林行规 陆鸿仪 冯毓德 许卓然 朱学曾 陈彰寿 石泉志 曹祖蕃 张康培 林鼎章	庭长 余棨昌	胡诒榖 李祖虞 孙鏊圻 李怀亮 陈尔锡 李栋			庭长 汪燨芝	张孝移 徐继震 钱承锴 李景圻 徐焕	庭长 董康 代理审判长 潘昌煦	祁耀川 郁华 潘恩培	年度者，有系年度开始后数月，始行增额或调庭者，均于曾经配置之庭并存其名，而略其月日。

附录二　大理院民国元年至七年度民、刑事庭审判长及推事一览表

续表

年别＼庭	民事						刑事				备考
	第一庭		第二庭		第三庭		第一庭		第二庭		
五年度	庭长	陆鸿仪 冯毓德 许卓然 朱学曾 石志泉 曹祖蕃 张康培 林鼎章	庭长	胡诒穀 李祖虞 孙鳌圻 李怀亮 陈尔锡 李栋 吕世芳			庭长	徐继震 钱承錱 李景圻 徐焕	庭长	祁耀川 郁华 潘恩培	
	姚震		余荣昌				汪爔芝		潘昌煦		
六年度	庭长	陆鸿仪 许卓然 朱学曾 石志泉 李怀亮 曹祖蕃 张康培 林鼎章 刘钟英	庭长	胡诒穀 李祖虞 孙鳌圻 陈尔锡 高种 李栋 吕世芳	庭长	许卓然 孙鳌圻 陈尔锡 林鼎章	庭长	徐继震 钱承錱 李景圻 徐焕	庭长	祁耀川 郁华 潘恩培	
	姚震		余荣昌		陆鸿仪		汪爔芝		潘昌煦		
七年度	庭长	朱学曾 胡诒穀 李怀亮 陈尔锡 曹祖蕃 张康培 李栋 吕世芳	庭长	曹祖蕃 李栋 吕世芳	庭长	李怀亮 许卓然 孙鳌圻 陈尔锡 张康培 林鼎章 刘含章	庭长	徐继震 钱承錱 祁耀川 徐焕 朱得森	庭长	李景圻 郁华 潘恩培 许泽新	
	姚震 余荣昌		余荣昌 李祖虞		陆鸿仪 朱学曾		汪爔芝 潘昌煦		潘昌煦 李景圻		

· 1409 ·